Pourquoi activer mon Code en ligne :

Selon mon édition, l'activation de mon Code
me permet d'accéder aux enrichissements suivants,
sur ordinateur, tablette et smartphone :

	CODE ÉDITION LIMITÉE*	CODE ÉDITION CLASSIQUE
Lettre d'actualité du Code	✓*	✓*
Accès aux codes officiels secs	✓	✓
Mise à jour en continu		✓
Liens vers la jurisprudence		✓
Accès aux commentaires et textes complémentaires		✓
Accès aux articles des revues Dalloz		✓

www.activation-dalloz.fr

La clé d'activation se trouve sous l'étiquette de couverture

* Disponible pour les titres suivants :
Code civil, Code de procédure civile, Code pénal, Code de procédure pénale,
Code de commerce et Code du travail.

1re édition

CODE PÉNITENTIAIRE

Annoté & commenté

Sous la direction scientifique de

STÉPHANIE RENARD
Maître de conférences HDR en droit public - Université Bretagne Sud

ÉRIC PÉCHILLON
Professeur en droit public - Université Bretagne Sud

et

JEAN-PAUL CÉRÉ
Professeur en droit privé et sciences criminelles -
Université de Pau et des Pays de l'Adour

LES CODES DALLOZ

Lefebvre Dalloz

DALLOZ

1re édition

Commentaires et annotations rédigés par

Équipe
de droit administratif

Julia SCHMITZ
Maître de conférences en droit public -
Université Toulouse I Capitole

Jean-Manuel LARRALDE
Professeur en droit public -
Université de Caen Normandie

Caroline TEUMA
Maître de conférences en droit privé
et sciences criminelles -
Université de Strasbourg

Équipe
de droit pénal

Joana FALXA
Maître de conférences en droit privé
et sciences criminelles -
Université de Pau
et des Pays de l'Adour

Muriel GIACOPELLI
Professeur en droit privé
et sciences criminelles -
Aix-Marseille Université

Coordination éditoriale par

Maud LÉNA
Rédactrice en chef de l'AJ pénal

avec le concours de

Céline VIVIEN
Éditrice aux Codes Dalloz

Lefebvre Dalloz

DALLOZ

ÉDITIONS DALLOZ
Tour Lefebvre Dalloz - 10, place des Vosges
92072 Paris La Défense Cedex - CS 90358

ISBN 978-2-247-22411-1

AVANT-PROPOS

Codifier, c'est opérer des choix, y compris lorsque la codification est à droit constant.

Le 1er mai 2022, le code pénitentiaire issu de l'ordonnance n° 2022-478 du 30 mars 2022 et du décret n° 2022-479 du 30 mars 2022 est entré en vigueur. Le choix de codifier ce qui est désormais officiellement appelé le « droit pénitentiaire » relève d'une volonté stratégique destinée à consolider le droit du service public pénitentiaire et à en assurer la cohérence, la lisibilité, l'intelligibilité et l'accessibilité. Cette ambition est assurément salutaire tant les règles de droit applicables en la matière étaient entremêlées, disparates, incertaines et pour certaines, difficilement accessibles.

Pour autant, la construction d'un code détaché du code de procédure pénale n'a pas atténué la diversité du droit pénitentiaire ni remédié à sa complexité. Faisant autant appel aux règles du droit public, notamment administratif, qu'à celles de la procédure pénale, le droit pénitentiaire relève d'un droit hybride, à la fois nourri par les principes du service public, l'impératif de sécurité et le respect des droits fondamentaux.

En elle-même, l'œuvre de codification, quoiqu'opérée à droit constant, n'a pas été des plus aisées. Parmi les difficultés rencontrées se situaient notamment celles du périmètre de la codification et de l'intitulé de ce nouveau code. Initialement envisagé comme un « code de l'exécution des peines » (ce qui conduisait notamment à exclure les prévenus de son champ d'application), le code pénitentiaire – code du service public pénitentiaire – répond aux préconisations formulées par la commission Cotte de 2015 (Rapp. à la Min. de la Justice, Pour la refonte du droit des peines, 18 déc. 2015). Ce choix n'est pas sans conséquences. Bien que les règles spécifiquement applicables aux personnes mineures aient été exclues de son champ (V. CJPM Dalloz), le code pénitentiaire consacre l'existence d'un droit du service public pénitentiaire dont le contentieux relève principalement des juridictions administratives. Cette dimension « administrativiste » explique que sa rédaction ait été confiée à la direction de l'administration pénitentiaire placée sous l'arbitrage de la Commission supérieure de la codification (sur les différentes étapes de rédaction du code, V. M. Wagner, L'élaboration du code pénitentiaire vue par une rédactrice, AJ pénal 2022. 288).

Publié le 5 avril 2022, avant même la date fixée par la loi d'habilitation, le code pénitentiaire a été rédigé en un temps record (M. Herzog-Evans, Code pénitentiaire : « something old, something new, something borrowed and something blue », AJ pénal 2022. 291).

Une telle précipitation ne pouvait que l'exposer à la critique et à une certaine instabilité (J. Falxa, Le code pénitentiaire, une codification à « droit inconstant », AJ pénal 2022. 295). A l'heure actuelle, certains de ses éléments clés sont encore discutés : son périmètre, son organisation interne, certaines des formulations retenues, ses manques et ses imprécisions.

Le code pénitentiaire n'en demeure pas moins une œuvre de compilation utile pour les agents de l'administration pénitentiaire, les avocats, les juges, les chercheurs... et les détenus-usagers. Sa parution, à la fois attendue et redoutée (J.-P. Céré, L'inédit code pénitentiaire, D. 2022. 896), marque l'émergence d'une discipline qui, sans être nouvelle, est désormais mieux identifiée, ce qui devrait favoriser sa connaissance et sa progression qualitative, et en améliorer l'effectivité. Encore faut-il en assurer la bonne compréhension pour que les risques d'une sur-application, d'une sous-application, voire d'une inapplication soient durablement maîtrisés (V. J.-M. Delarue, L'ineffectivité de la règle de droit dans les lieux de privation de liberté, in S. Renard et É. Péchillon (dir.), L'inapplication de la règle de droit : exploration des contours d'un phénomène mal connu, Mare & Martin, 2020, p. 153).

Il importait donc aux éditions Dalloz de publier le code pénitentiaire sous un format intégrant la nature complexe et vivante de ce droit. Tout comme les ***textes complémentaires****, les* ***annotations jurisprudentielles*** *aident à la bonne compréhension des dispositions codifiées qu'elles permettent de compléter, de préciser ou d'illustrer. Les* ***commentaires*** *et les* ***bibliographies*** *s'emploient à une mise en perspective du droit pénitentiaire ainsi replacé dans son contexte (historique, juridique, sociologique, politique...).*

Pour la première édition de ce code annoté et commenté, une équipe de chercheurs universitaires s'est réunie sous la direction scientifique de Jean-Paul Céré (Professeur de droit privé et de sciences criminelles, Université de Pau et des Pays de l'Adour), d'Éric Péchillon (Professeur de droit public, Université Bretagne Sud) et de Stéphanie Renard (Maître de conférences HDR en droit public, Université Bretagne Sud) :

— Joana Falxa, Maître de conférences en droit privé et sciences criminelles, Université de Pau et des Pays de l'Adour ;

— Muriel Giacopelli, Professeur de droit privé et sciences criminelles, Aix-Marseille Université ;

— Jean-Manuel Larralde, Professeur de droit public, Université de Caen Normandie ;

— Julia Schmitz, Maître de conférences en droit public, Université Toulouse Capitole ;

— Caroline Teuma, Maître de conférences en droit privé et sciences criminelles, Université de Strasbourg.

Associant des juristes spécialisés en droit public et en droit pénal, cette équipe a pu développer une analyse croisée du droit pénitentiaire tel qu'il résulte du code proprement dit mais aussi du droit international et européen, de la jurisprudence européenne, constitutionnelle, administrative et judiciaire, et des travaux des autorités administratives indépendantes (Défenseur des droits et Contrôleur général des lieux de privation de liberté notamment). En quelques mois, c'est un impressionnant travail d'analyse critique et de contextualisation de la plupart des dispositions de ce code qui a été accompli.

Un tel travail n'aurait pas pu être mené à bien sans la contribution plus ponctuelle – mais ô combien précieuse – de collègues ou d'anciens étudiants :

— Ariane Amado, Chargée de recherches au CNRS, docteure en droit privé et sciences criminelles ;

— Paul Ardré, Attaché temporaire d'enseignement et de recherche en droit public, Université Toulouse Capitole ;

— Margaux Dominati, Attachée temporaire d'enseignement et de recherche en droit privé et sciences criminelles, Aix-Marseille Université ;

— Emmanuelle Gindre, Maître de conférences en droit privé et sciences criminelles, Université de la Polynésie française ;

— Ludivine Grégoire, Maître de conférences en droit privé et sciences criminelles, Université de Pau et des Pays de l'Adour ;

— Éric Paillissé, Docteur en droit public, enseignant-formateur à l'École nationale d'administration pénitentiaire ;

— Romane Péchillon, Inspectrice des finances publiques ;

— Romain Vincent, Maître de conférences en droit public, Université de Poitiers.

Cette première édition a vocation à s'enrichir au fil du temps. D'ores et déjà, le lecteur trouvera l'essentiel des commentaires et de la jurisprudence utile dans les deux parties, législative et réglementaire, du code. Nous espérons qu'il pourra en tirer profit.

Jean-Paul Céré, Éric Péchillon et Stéphanie Renard

LISTE DES ABRÉVIATIONS

🏛	Hyperlien vers la décision intégrale accessible sur le Code en ligne
✎	Hyperlien vers l'article de revue accessible sur le Code en ligne
🏛	Hyperlien vers un texte complémentaire accessible sur le Code en ligne
Actu.	Actualité jurisprudentielle du Recueil Dalloz
Adde	Ajouter
AFDI	Annuaire français de droit international
AGRASC	Agence de gestion et de recouvrement des avoirs saisis et confisqués
AJDA	Actualité juridique de droit administratif (Dalloz)
AJ pénal	Actualité juridique pénal (Dalloz)
Al.	Alinéa
ALD	Actualité législative Dalloz (années 1983-1995)
anc.	Ancien
APJ	Agent de police judiciaire
App.	Appendice
Arch. pol. crim.	Archives de politique criminelle
Arr.	Arrêté
Art.	Article
Ass. plén.	Assemblée plénière de la Cour de cassation
ATIGIP	Agence du travail d'intérêt général et de l'insertion professionnelle des personnes placées sous main de justice
Aut. conc.	Autorité de la concurrence
BIBL.	Bibliographie
BIBL. GÉN.	Bibliographie générale
BICC	Bulletin d'information de la Cour de cassation
BLD	Bulletin législatif Dalloz (jusqu'à 1982)
BOMJ	Bulletin officiel du ministère de la Justice
Bull. civ.	Bulletin des arrêts des chambres civiles de la Cour de cassation
Bull. crim.	Bulletin des arrêts de la chambre criminelle de la Cour de cassation
C.	Code
c/	Contre
Cah. dr. de la santé	Cahiers de droit de la santé
Cah. dr. eur.	Cahiers de droit européen
Cah. just.	Les Cahiers de la justice
CASF	Code de l'action sociale et des familles Dalloz
CCC	Contrats Concurrence Consommation

CCH	Code de la construction et de l'habitation Dalloz
C. civ.	Code civil Dalloz
C. com.	Code de commerce Dalloz
C. consom.	Code de la consommation Dalloz
C. défense	Code de la défense
C. déont. publ. pénitentiaire	Code de déontologie du service public pénitentiaire
C. douanes	Code des douanes Dalloz
CE	Conseil d'État
CEDH	Cour européenne des droits de l'homme
C. éduc.	Code de l'éducation Dalloz
C. élect.	Code électoral Dalloz
C. envir.	Code de l'environnement Dalloz
Cep.	Cependant
CESEDA	Code de l'entrée et du séjour des étrangers et du droit d'asile Dalloz
C. for.	Code forestier Dalloz
CGCT	Code général des collectivités territoriales Dalloz
CGI	Code général des impôts Dalloz
CGLPL	Contrôleur général des lieux de privation de liberté
chap.	Chapitre
CHAP	Chambre de l'application des peines
Ch. mixte	Chambre mixte de la Cour de cassation
Ch. réun.	Chambres réunies de la Cour de cassation
Chron.	Chronique
CIJ	Cour internationale de justice
C. instr. crim.	Code de l'instruction criminelle
Circ.	Circulaire
Civ.	Chambre civile de la Cour de cassation
CIVI	Commission d'indemnisation des victimes d'infractions
CJA	Code de justice administrative Dalloz
CJCE	Cour de justice des Communautés européennes (1957 à nov. 2009)
CJM	Code de justice militaire
CJPM	Code de justice pénale des mineurs Dalloz
CJR	Cour de justice de la République
CJUE	Cour de justice de l'Union européenne (à partir de déc. 2009)
C. mon. fin.	Code monétaire et financier Dalloz
CNR détentions	Commission nationale de réparation des détentions
COJ	Code de l'organisation judiciaire
Com.	Chambre commerciale de la Cour de cassation
Comm. EDH	Commission européenne des droits de l'homme
Comm. révis.	Commission de révision (années antérieures à 2014)
Comp.	Comparer
concl.	Conclusions
conf.	Solution conforme
Cons. conc.	Conseil de la concurrence
Cons. const.	Conseil constitutionnel
Contra	Solution contraire
Conv.	Convention

Conv. EDH Convention européenne de sauvegarde des droits de l'homme et des libertés fondamentales
C. patr. Code du patrimoine Dalloz
C. pén. Code pénal Dalloz
C. pénit. Code pénitentiaire
CPIP Conseiller pénitentiaire d'insertion et de probation
C. pr. civ. Code de procédure civile Dalloz
C. pr. fisc. Code de procédure fiscale Dalloz
C. pr. pén. Code de procédure pénale Dalloz
CRD pén. Commission de réexamen des décisions pénales (années 2000 à 2014)
Crim. Chambre criminelle de la Cour de cassation
Crim. révis. Cour de révision et de réexamen des condamnations pénales
C. route Code de la route Dalloz
CRPA Code des relations entre le public et l'administration Dalloz
C. rur. Code rural et de la pêche maritime Dalloz
C. rur. et for. Code rural et Code forestier Dalloz *(jusqu'à 2010)*
CSA Conseil supérieur de l'Audiovisuel
CSI Code de la sécurité intérieure Dalloz
CSP Code de la santé publique Dalloz
C. sport Code du sport Dalloz
CSS Code de la sécurité sociale Dalloz
C. transp. Code des transports Dalloz
C. trav. Code du travail Dalloz

D. Recueil Dalloz
D. actu. Dalloz actualité
DA Recueil analytique de jurisprudence et de législation Dalloz *(années 1941 à 1944)*
DC Recueil critique de jurisprudence et de législation Dalloz *(années 1941 à 1944)*
DDH Déclaration des droits de l'homme et du citoyen de 1789
Décr. Décret
Décr.-L. Décret-Loi
DH Recueil hebdomadaire de jurisprudence Dalloz *(années antérieures à 1941)*
Doctr. Doctrine
DP Recueil périodique et critique mensuel Dalloz *(années antérieures à 1941)*
DR Décisions et rapports de la Commission européenne des droits de l'homme
Dr. pénal Droit pénal
Dr. soc. Droit social

---

ecqc En ce qui concerne
*eod. v°, eisd. v^is^* Même(s) mot(s) que celui (ceux) qui vient (viennent) d'être cité(s)
Err. Erratum

esp. Espèce

FGTI Fonds de garantie des victimes des actes de terrorisme et d'autres infractions
FIJAIS Fichier judiciaire automatisé des auteurs d'infractions sexuelles ou violentes

---

Gaz. Pal. Gazette du Palais
Gr. ch. Grande chambre

Hte C. just. Haute Cour de justice

---

ibid. Au même endroit
infra Ci-dessous
Instr. Instruction
IR Informations rapides du Recueil Dalloz

J. Jurisprudence
JAP Juge de l'application des peines
JCP Juris-Classeur périodique (Semaine juridique), édition générale)
JDI Journal de droit international (Clunet)
JLD Juge des libertés et de la détention
JNLC Juridiction nationale de la libération conditionnelle
JNRS Juridiction nationale de la rétention de sûreté
JO Journal officiel
JONC Journal officiel, numéro complémentaire
J. prox. Juge de proximité
JRLC Juridiction régionale de la libération conditionnelle
JRRS Juridiction régionale de la rétention de sûreté

L. Loi
Lebon Recueil des arrêts du Conseil d'État (Dalloz)
Liv. Livre
LPA Les Petites Affiches
LPF Livre des procédures fiscales

---

mod. Modifié

---

n° Numéro
NCPC Nouveau code de procédure civile (devenu Code de procédure civile – L. n° 2007-1787 du 20 déc. 2007, art. 26-III)
Nouv. Nouveau

---

obs. Observations
OPJ Officier de police judiciaire
Ord. Ordonnance

ORTC	Ordonnance de renvoi devant le tribunal correctionnel
P	Arrêt publié au bulletin civil ou au bulletin criminel de la Cour de cassation
p.	Page
Pan.	Panorama
préc.	Précité
Prot. add.	Protocole additionnel
Pr. pén. C.	Code de procédure pénale, 5e partie : instruction générale
QER	Quartier d'évaluation de la radicalisation
QPC	Question prioritaire de constitutionnalité
QPR	Quartier de prise en charge de la radicalisation
R.	Répertoire alphabétique de législation, de doctrine et de jurisprudence Dalloz (1845-1870)
RAPO	Recours administratif préalable obligatoire
rapp.	Rapport
Rappr.	Rapprocher
RCA	Responsabilité civile et assurances
RD pén. crim.	Revue de droit pénal et de criminologie
Rec. dr. pén.	Recueil de droit pénal
Rec. gén. lois	Recueil général des lois et de jurisprudence
Rect.	Rectificatif
Règl.	Règlement
RÉP. PÉN.	Répertoire de droit pénal et de procédure pénale Dalloz
Req.	Chambre des requêtes de la Cour de cassation
req.	Requête
réquis.	Réquisitions
Rev. adm.	Revue administrative
Rev. dr. homme	Revue des droits de l'homme
Rev. dr. int. dr. comp.	Revue de droit international et de droit comparé
Rev. pénit.	Revue pénitentiaire
Rev. pol. nat.	Revue de la police nationale
RFDA	Revue française de droit administratif (Dalloz)
RGDA	Revue générale du droit des assurances (depuis 1996)
RG proc.	Revue générale des procédures
RI crim. et pol. techn.	Revue internationale de criminologie et de police technique
RID comp.	Revue internationale de droit comparé
RID pén.	Revue internationale de droit pénal
RID pénit.	Revue internationale de droit pénitentiaire
RJ com.	Revue de jurisprudence commerciale
RPDP	Revue pénitentiaire et de droit pénal
RSC	Revue de science criminelle et de droit pénal comparé (Dalloz)
RTD civ.	Revue trimestrielle de droit civil (Dalloz)
RTD com.	Revue trimestrielle de droit commercial (Dalloz)
RTD eur.	Revue trimestrielle de droit européen (Dalloz)
RTDH	Revue trimestrielle des droits de l'homme

RUDH	Revue universelle des droits de l'homme
S.	Recueil Sirey
s.	Et suivants
Sect.	Section
Soc.	Chambre sociale de la Cour de cassation
sol. impl.	Solution implicite
Somm.	Sommaires
SPIP	Service pénitentiaire d'insertion et de probation
ss.	Sous
supra	Ci-dessus
TA	Tribunal administratif
TAP	Tribunal de l'application des peines
T. civ.	Tribunal, chambre civile
T. com.	Tribunal de commerce
T. confl.	Tribunal des conflits
T. corr.	Tribunal, chambre correctionnelle
TGI	Tribunal de grande instance
TI	Tribunal d'instance
TJ	Tribunal judiciaire
Tit.	Titre
TOM	Territoires d'outre-mer
TPICE	Tribunal de première instance des Communautés européennes
Trib. UE	Tribunal de première instance de l'Union européenne
T. pol.	Tribunal de police
V.	Voir
v° ou v[is]	Mot ou mots

TABLE DES MATIÈRES

CODE PÉNITENTIAIRE

TITRE UNIQUE	**TITRE PRÉLIMINAIRE**	**L. 1 – L. 8**

LIVRE I
SERVICE PUBLIC PÉNITENTIAIRE

L. 111-1 – L. 135-1
D. 112-1 – D. 136-6

TITRE I	**ACTEURS**	**L. 111-1 – L. 115-4** **D. 112-1 – D. 115-26**
CHAPITRE I	Dispositions générales	L. 111-1 – L. 111-3
CHAPITRE II	Organisation	L. 112-1 – L. 112-6 D. 112-1 – R. 112-66
SECTION 1	*Services centraux de l'administration pénitentiaire*	D. 112-1 – D. 112-6
Sous-section 1	Direction de l'administration pénitentiaire	D. 112-1
Sous-section 2	Services à compétence nationale rattachés au directeur de l'administration pénitentiaire	R. 112-2 – D. 112-5
Sous-section 3	Centre national d'évaluation	D. 112-6
SECTION 2	*Services déconcentrés*	R. 112-7 – D. 112-38
Sous-section 1	Directions interrégionales des services pénitentiaires et direction des services pénitentiaires d'outre-mer	R. 112-7 – D. 112-14
Sous-section 2	Établissements pénitentiaires	R. 112-15 – D. 112-34
Sous-section 3	Services pénitentiaires d'insertion et de probation	D. 112-35 – D. 112-38
SECTION 3	*Agence nationale du travail d'intérêt général et de l'insertion professionnelle des personnes placées sous main de justice*	D. 112-39 – D. 112-42
SECTION 4	*École nationale d'administration pénitentiaire*	R. 112-43 – R. 112-66
Sous-section 1	Dispositions générales	R. 112-43 – R. 112-44
Sous-section 2	Organisation administrative	R. 112-45 – R. 112-57
Sous-section 3	Organisation pédagogique	R. 112-58 – R. 112-60
Sous-section 4	Organisation financière	R. 112-61 – R. 112-66
CHAPITRE III	Personnels	L. 113-1 – L. 113-13 D. 113-1 – D. 113-69

SECTION 1	*Dispositions communes*	L. 113-1 – L. 113-3 D. 113-1 – D. 113-11
Sous-section 1	Composition	D. 113-1 – D. 113-3
Sous-section 2	Actions de formation	D. 113-4
Sous-section 3	Actions sanitaires et sociales	D. 113-5 – D. 113-6
Sous-section 4	Occupation des logements	D. 113-7 – D. 113-9
Sous-section 5	Autres dispositions applicables aux personnels	D. 113-10 – D. 113-11
SECTION 2	*Missions et attributions*	L. 113-4 – L. 113-13 R. 113-12 – D. 113-64
Sous-section 1	Missions et attributions des personnels de surveillance	L. 113-4
Sous-section 1	Dispositions générales	R. 113-12 – D. 113-20
Sous-section 2	Missions et attributions des personnels d'insertion et de probation	L. 113-5 – L. 113-10
Sous-section 2	Missions et attributions des personnels de surveillance	D. 113-21 – D. 113-22
Sous-section 3	Contribution des personnels pénitentiaires à d'autres missions de sécurité intérieure	L. 113-11 – L. 113-13
Sous-section 3	Missions et attributions des personnels d'insertion et de probation	D. 113-23 – D. 113-64
SECTION 3	*Compétences des personnels de direction et délégations de signature*	R. 113-65 – D. 113-69
CHAPITRE IV	Réserve civile pénitentiaire	L. 114-1 – L. 114-6 D. 114-1 – D. 114-16
CHAPITRE V	Acteurs de la prise en charge de la santé des personnes détenues	L. 115-1 – L. 115-4 R. 115-1 – D. 115-26
SECTION 1	*Établissements publics de santé rattachés aux établissements pénitentiaires*	R. 115-1 – R. 115-2
SECTION 2	*Unités médicales et services médico-psychologiques*	D. 115-3 – D. 115-26
Sous-section 1	Unités sanitaires	D. 115-3 – D. 115-11
Sous-section 2	Services médico-psychologiques régionaux	R. 115-12 – D. 115-13
Sous-section 3	Personnels de santé	D. 115-14 – D. 115-26
TITRE II	**DÉONTOLOGIE**	**L. 120-1** **R. 120-1 – R. 123-5**
CHAPITRE I	Dispositions générales	R. 121-1 – D. 121-4
CHAPITRE II	Dispositions applicables aux personnels de l'administration pénitentiaire	R. 122-1 – R. 122-24
SECTION 1	*Devoirs généraux*	R. 122-1 – R. 122-9
SECTION 2	*Devoirs à l'égard des personnes confiées*	R. 122-10 – R. 122-15
SECTION 3	*Droits et devoirs de la hiérarchie et des agents placés sous son Autorité*	R. 122-16 – R. 122-24
CHAPITRE III	Dispositions applicables aux personnes physiques et aux agents des personnes morales concourant au service public pénitentiaire	R. 123-1 – R. 123-5

SECTION 1	*Devoirs à l'égard des personnes confiées*	R. 123-1 – R. 123-3
SECTION 2	*Conditions d'interventions*	R. 123-4 – R. 123-5
TITRE III	**CONTRÔLE ET ÉVALUATION DES ÉTABLISSEMENTS ET SERVICES PÉNITENTIAIRES**	**L. 131-1 – L. 135-1** **D. 130-1 – D. 136-6**
CHAPITRE I	Visite des établissements pénitentiaires par les autorités judiciaires	L. 131-1 R. 131-1 – D. 131-5
CHAPITRE II	Visite des établissements pénitentiaires par les parlementaires et les bâtonniers	L. 132-1 R. 132-1 – R. 132-2
CHAPITRE III	Contrôle par les autorités administratives indépendantes	L. 133-1 – L. 133-3 R. 133-1 – D. 133-2
SECTION 1	*Contrôle par le Contrôleur général des lieux de privation de liberté*	L. 133-1 – L. 133-2 R. 133-1
SECTION 2	*Action du Défenseur des droits*	L. 133-3 D. 133-2
CHAPITRE IV	Contrôle par les autres autorités administratives	D. 134-1 – D. 134-5
SECTION 1	*Dispositions générales*	D. 134-1 – D. 134-3
SECTION 2	*Contrôle par l'inspection générale de la justice*	D. 134-4
SECTION 3	*Contrôle de la santé des personnes détenues et de l'hygiène*	D. 134-5
CHAPITRE V	Visite des établissements pénitentiaires par le comité européen de prévention de la torture et des peines ou traitements inhumains ou dégradants	L. 135-1
CHAPITRE VI	Évaluation des services pénitentiaires	R. 136-1 – D. 136-6

LIVRE II

DÉTENTION EN ÉTABLISSEMENT PÉNITENTIAIRE

L. 211-1 – L. 231-3
R. 211-1 – R. 240-9

TITRE I	**PRISE EN CHARGE DES PERSONNES DÉTENUES**	**L. 211-1 – L. 216-2** **R. 211-1 – D. 216-24**
CHAPITRE I	Affectation en détention	L. 211-1 – L. 211-7 R. 211-1 – D. 211-36
SECTION 1	*Séparation des femmes et des hommes*	R. 211-1 – D. 211-2
SECTION 2	*Dispositions applicables aux personnes prévenues*	D. 211-3 – D. 211-8
Sous-section 1	Affectation en établissement pénitentiaire	D. 211-3 – D. 211-4

Sous-section 2	Décisions de l'autorité judiciaire relatives aux modalités de la détention	D. 211-5 – D. 211-8
SECTION 3	*Dispositions applicables aux personnes condamnées*	D. 211-9 – D. 211-36
Sous-section 1	Orientation	D. 211-9 – D. 211-31
Sous-section 2	Parcours d'exécution de la détention	D. 211-32 – D. 211-36
CHAPITRE II	Entrée en détention	L. 212-1 – L. 212-9 R. 212-1 – R. 212-19
SECTION 1	*Conditions préalables à la mise sous écrou*	L. 212-1 – L. 212-5 R. 212-1 – D. 212-5
SECTION 2	*Formalités et registres d'écrou*	L. 212-6 – L. 212-8 D. 212-6 – D. 212-13
SECTION 3	*Accueil en détention*	L. 212-9 R. 212-14 – R. 212-17
SECTION 4	*Accès aux entretiens*	R. 212-18 – R. 212-19
Sous-section 1	Entretiens obligatoires	R. 212-18
Sous-section 2	Entretiens facultatifs	R. 212-19
CHAPITRE III	Encellulement	L. 213-1 – L. 213-9 D. 213-1 – R. 213-35
SECTION 1	*Encellulement individuel*	L. 213-1 – L. 213-6 D. 213-1 – D. 213-4
SECTION 2	*Modalités d'encellulement*	L. 213-7 – L. 213-9 R. 213-5 – R. 213-35
Sous-section 1	Temps passés en cellule et en dehors de la cellule	R. 213-5 – R. 213-16
Sous-section 2	Isolement	R. 213-17 – R. 213-35
CHAPITRE IV	Suivi de la situation pénale et administrative	L. 214-1 – L. 214-8 R. 214-1 – D. 214-32
SECTION 1	*Registres et écritures*	R. 214-1 – D. 214-3
SECTION 2	*Levées et formalités d'écrou*	D. 214-4 – D. 214-5
SECTION 3	*Dossiers individuels*	D. 214-6 – D. 214-17
Sous-section 1	Dossier des personnes condamnées ayant fait l'objet d'une procédure d'orientation	D. 214-10 – D. 214-14
Sous-section 2	Dossier des autres personnes détenues	D. 214-15 – D. 214-17
SECTION 4	*Formalités liées aux réductions de peine*	D. 214-18 *[abrogé]* – D. 214-23-1
Sous-section 1	Dispositions générales	D. 214-18 *[abrogé]* – D. 214-21
Sous-section 2	Retrait de réductions de peine	D. 214-22 – D. 214-23-1
SECTION 5	*Transmission de renseignements aux autorités administratives et judiciaires*	R. 214-24 – D. 214-32
CHAPITRE V	Transfèrements et extractions	D. 215-1 – R. 215-32
SECTION 1	*Dispositions générales*	D. 215-1 – D. 215-7
SECTION 2	*Transfèrements*	D. 215-8 – D. 215-21
Sous-section 1	Translations judiciaires	D. 215-8 – D. 215-11
Sous-section 2	Transfèrements administratifs	D. 215-12 – D. 215-15
Sous-section 3	Exécution des transfèrements	D. 215-16 – D. 215-18
Sous-section 4	Cas particuliers	D. 215-19 – D. 215-21

SECTION 3	*Extractions et sorties sous escorte*	D. 215-22 – D. 215-29
SECTION 4	*Transport et escorte des personnes détenues hospitalisées dans les unités hospitalières spécialement aménagées*	R. 215-30 – R. 215-32
CHAPITRE VI	Prise en charge spécifique de certaines catégories de personnes détenues	L. 216-1 – L. 216-2 D. 216-1 – D. 216-24
SECTION 1 [abrogée]	*Personnes détenues bénéficiant d'un régime spécial*	D. 216-2 – D. 216-9 *[abrogés]*
Sous-section 1 [abrogée]	Personnes détenues admises au bénéfice du régime spécial	D. 216-2 – D. 216-3 *[abrogés]*
Sous-section 2 [abrogée]	Modalités du régime spécial	D. 216-4 – D. 216-7 *[abrogés]*
Sous-section 3 [abrogée]	Commission consultative du régime spécial	D. 216-8 – D. 216-9 *[abrogés]*
SECTION 2	*Personnes détenues de nationalité étrangère*	D. 216-10 – D. 216-12
SECTION 3	*Personnes détenues appartenant aux forces armées*	D. 216-13 – D. 216-18
SECTION 4	*Personnes détenues majeures âgées de moins de 21 ans*	D. 216-19 – D. 216-20
SECTION 5	*Mères détenues vivant avec leurs jeunes enfants en détention*	D. 216-21 – D. 216-24
TITRE II	**MAINTIEN DE LA SÉCURITÉ**	**L. 221-1 – L. 227-3 D. 221-1 – R. 227-11**
CHAPITRE I	Dispositions générales	L. 221-1 D. 221-1 – D. 221-6
CHAPITRE II	Autorisations d'accès	R. 222-1 – D. 222-4
CHAPITRE III	Moyens de contrôle et de surveillance	L. 223-1 – L. 223-19 R. 223-1 – D. 223-11
SECTION 1	*Moyens de contrôle et de surveillance à l'intérieur de l'établissement pénitentiaire*	L. 223-1 – L. 223-16
Sous-section 1	Dispositifs techniques	L. 223-1 – L. 223-5
Sous-section 2	Vidéosurveillance	L. 223-6 – L. 223-16
SECTION 1	*Dispositifs techniques*	R. 223-1 – R. 223-7
SECTION 2	*Contrôle du domaine affecté à l'établissement pénitentiaire ou de ses abords immédiats*	L. 223-17 – L. 223-19
SECTION 2	*Contrôle des cellules et de la présence des personnes détenues*	D. 223-8 – D. 223-10
SECTION 3	*Répertoire des personnes détenues particulièrement signalées*	D. 223-11
CHAPITRE IV	Prise en charge dans des quartiers spécifiques	L. 224-1 – L. 224-4 R. 224-1 – R. 224-25

SECTION 1	*Prise en charge en unités pour personnes détenues violentes*	R. 224-1 – R. 224-12
Sous-section 1	Régime de détention	R. 224-2 – R. 224-4
Sous-section 2	Procédure de placement	R. 224-5 – R. 224-12
SECTION 2	*Prise en charge de la radicalisation*	R. 224-13 – R. 224-25
Sous-section 1	Quartiers de prise en charge de la radicalisation	R. 224-13 – R. 224-14
Sous-section 2	Régime de détention	R. 224-15 – R. 224-17
Sous-section 3	Procédure de placement	R. 224-18 – R. 224-25
CHAPITRE V	Fouilles	L. 225-1 – L. 225-5 R. 225-1 – R. 225-6
CHAPITRE VI	Usage des menottes et entraves	L. 226-1 – L. 226-2 R. 226-1
CHAPITRE VII	Usage de la force et des armes	L. 227-1 – L. 227-3 R. 227-1 – R. 227-11
SECTION 1	*Usage de la force*	R. 227-1
SECTION 2	*Usage des armes*	R. 227-2 – R. 227-11
Sous-section 1	Armement des personnels pénitentiaires pour l'exercice de leurs missions	R. 227-3 – R. 227-7
Sous-section 2	Acquisition, détention, transport et conservation des armes	R. 227-8 – R. 227-11
TITRE III	**RÉGIME DISCIPLINAIRE DES PERSONNES DÉTENUES**	**L. 231-1 – L. 231-3** **R. 231-1 – R. 235-12**
CHAPITRE I	Dispositions générales	L. 231-1 – L. 231-3 R. 231-1 – D. 231-3
CHAPITRE II	Fautes disciplinaires	R. 232-1 – R. 232-6
SECTION 1	*Dispositions générales*	R. 232-2 – R. 232-3
SECTION 2	*Fautes disciplinaires du premier degré*	R. 232-4
SECTION 3	*Fautes disciplinaires du deuxième degré*	R. 232-5
SECTION 4	*Fautes disciplinaires du troisième degré*	R. 232-6
CHAPITRE III	Sanctions disciplinaires	R. 233-1 – R. 233-2
CHAPITRE IV	Procédure disciplinaire	R. 234-1 – R. 234-43
SECTION 1	*Commission de discipline*	R. 234-2 – D. 234-11
Sous-section 1	Dispositions générales	R. 234-2 – R. 234-5
Sous-section 2	Assesseurs	R. 234-6 – D. 234-11
SECTION 2	*Poursuite disciplinaire*	R. 234-12 – R. 234-31
SECTION 3	*Prononcé des sanctions*	R. 234-32 – R. 234-42
SECTION 4	*Voies de recours*	R. 234-43
CHAPITRE V	Exécution des sanctions disciplinaires	R. 235-1 – R. 235-12
SECTION 1	*Dispositions générales*	R. 235-1
SECTION 2	*Confinement en cellule ordinaire*	R. 235-2 – R. 235-5
SECTION 3	*Mise en cellule disciplinaire*	R. 235-6 – R. 235-12

TITRE IV TRAITEMENT DE DONNÉES À CARACTÈRE PERSONNEL RELATIF À LA GESTION NATIONALE DES PERSONNES DÉTENUES EN ÉTABLISSEMENT PÉNITENTIAIRE (GENESIS) .... R. 240-1 – R. 240-9

LIVRE III
DROITS ET OBLIGATIONS DES PERSONNES DÉTENUES
L. 311-1 – L. 381-1
R. 311-1 – R. 382-1

TITRE I ACCÈS AU DROIT .... L. 311-1 – L. 315-9
R. 311-1 – R. 315-10

CHAPITRE I Accès à l'information .... L. 311-1 – L. 311-5
R. 311-1 – R. 311-13

SECTION 1 *Dispositions générales* .... L. 311-1
R. 311-1 – R. 311-5

SECTION 2 *Notifications aux personnes détenues* .... L. 311-2 – L. 311-5
D. 311-6 – R. 311-13

Sous-section 1 Par le chef de l'établissement pénitentiaire .... L. 311-2 – L. 311-4
D. 311-6 – D. 311-8

Sous-section 2 Par le greffe .... L. 311-5
R. 311-9 – R. 311-13

CHAPITRE II Points d'accès au droit et domiciliation .... L. 312-1 – L. 312-3
R. 312-1 – R. 312-2

CHAPITRE III Garantie des droits de la défense .... L. 313-1 – L. 313-3
R. 313-1 – D. 313-17

SECTION 1 *Représentation* .... R. 313-1 – D. 313-9

SECTION 2 *Confidentialité des échanges* .... R. 313-10 – D. 313-13

SECTION 3 *Relations des personnes détenues avec leur avocat* .... R. 313-14 – D. 313-17

CHAPITRE IV Requêtes et plaintes auprès du chef de l'établissement pénitentiaire .... R. 314-1

CHAPITRE V Accès au juge .... L. 315-1 – L. 315-9
D. 315-1 – R. 315-10

SECTION 1 *Dispositions générales* .... L. 315-1 – L. 315-4
D. 315-1 – D. 315-6

Sous-section 1 Recours administratifs .... R. 315-2

Sous-section 2 Modalités des recours par l'intermédiaire du chef de l'établissement pénitentiaire .... R. 315-3 – D. 315-6

SECTION 2 *Dispositions applicables aux personnes prévenues* .... L. 315-5 – L. 315-8
D. 315-7

SECTION 3 *Recours judiciaire visant à garantir le droit au respect de la dignité en détention* .... L. 315-9
R. 315-8 – R. 315-10

TITRE II	**HYGIÈNE, SANTÉ ET PROTECTION SOCIALE**	**L. 320-1 – L. 324-12** **R. 321-1 – R. 324-4**
CHAPITRE I	Mesures d'hygiène	R. 321-1 – R. 321-6
SECTION I	*Salubrité et propreté des locaux de détention*	R. 321-1 – R. 321-4
SECTION 2	*Hygiène personnelle des personnes détenues*	R. 321-5 – R. 321-6
CHAPITRE II	Accès aux soins	L. 322-1 – L. 322-13 R. 322-1 – D. 322-36
SECTION 1	*Dispositions générales*	L. 322-1 – L. 322-7 R. 322-1 – R. 322-11
SECTION 2	*Hospitalisations*	L. 322-8 R. 322-12 – R. 322-33
Sous-section 1	Dispositions générales	R. 322-12 – D. 322-14
Sous-section 2	Soins psychiatriques	R. 322-15 – R. 322-33
SECTION 3	*Soins spécifiques aux femmes détenues*	L. 322-9 – L. 322-10 R. 322-34
SECTION 4	*Accompagnement des personnes détenues en situation de handicap physique*	L. 322-11 R. 322-35
SECTION 5	*Visites des accompagnants hors la présence du personnel pénitentiaire*	L. 322-12 – L. 322-13
SECTION 5	*Suspension médicale de peine*	D. 322-36
CHAPITRE III	Alimentation	R. 323-1
CHAPITRE IV	Protection sociale	L. 324-1 – L. 324-12 R. 324-1 – R. 324-4
SECTION 1	*Dispositions générales*	L. 324-1 – L. 324-2
SECTION 1	*Prestations de sécurité sociale*	R. 324-1 – D. 324-2
SECTION 2	*Prestations de sécurite sociale*	L. 324-3 – L. 324-5
SECTION 2	*Autres prestations sociales*	R. 324-3 – R. 324-4
SECTION 3	*Dispositions relatives à l'assurance chômage*	L. 324-6 – L. 324-12
Sous-section 1	Dispositions relatives aux effets de la détention sur l'ouverture et le maintien du droit	L. 324-7 – L. 324-9
Sous-section 2	Dispositions relatives au financement de l'assurance	L. 324-10 – L. 324-11
Sous-section 3	Mesures d'application	L. 324-12
TITRE III	**PROTECTION DES BIENS ET AIDE MATÉRIELLE**	**L. 331-1 – L. 333-1** **R. 331-1 – D. 333-3**
CHAPITRE I	Documents personnels	L. 331-1 R. 331-1 – R. 331-2
CHAPITRE II	Valeurs pécuniaires et non pécuniaires	L. 332-1 – L. 332-4 R. 332-1 – R. 332-45
SECTION 1	*Dispositions communes aux valeurs pécuniaires et non pécuniaires*	R. 332-1 – D. 332-8-2

Sous-section 1	Dispositions générales	R. 332-1 – R. 332-6
Sous-section 2	Information de l'autorité judiciaire	D. 332-7
Sous-section 3	Gestion des biens en cas de décès ou d'évasion	D. 332-8 – D. 332-8-2
SECTION 2	*Compte nominatif*	D. 332-9 – R. 332-32
Sous-section 1	Dispositions générales	D. 332-9 – D. 332-10
Sous-section 2	Part affectée à l'indemnisation des parties civiles et créanciers d'aliments	D. 332-11 – D. 332-12
Sous-section 3	Part affectée à la Constitution du pécule de libération	D. 332-13 – D. 332-14
Sous-section 4	Part disponible	D. 332-15 – D. 332-17
Sous-section 5	Retenues, transmissions et saisies sur le compte	D. 332-18 – D. 332-20
Sous-section 6	Liquidation du compte à la libération	D. 332-21 – D. 332-22
Sous-section 7	Dispositions applicables à certaines personnes détenues	D. 332-23 – D. 332-24
Sous-section 8	Tenue du compte par la régie des comptes nominatifs	R. 332-25 – R. 332-32
SECTION 3	*Valeurs non pécuniaires*	R. 332-33 – R. 332-45
Sous-section 1	Cantine	R. 332-33 – D. 332-34
Sous-section 2	Vêtements	R. 332-35 – R. 332-36
Sous-section 3	Bijoux et effets personnels	R. 332-37 – R. 332-40
Sous-section 4	Équipements informatiques	R. 332-41
Sous-section 5	Réception et envoi d'objets	R. 332-42 – R. 332-43
Sous-section 6	Retrait et dépôt au vestiaire	R. 332-44 – R. 332-45
CHAPITRE III	Aide matérielle aux personnes détenues dépourvues de ressources suffisantes	L. 333-1 D. 333-1 – D. 333-3
TITRE IV	**MAINTIEN DES LIENS AVEC L'EXTÉRIEUR**	**L. 341-1 – L. 345-7** **R. 341-1 – D. 346-2**
CHAPITRE I	Visites	L. 341-1 – L. 341-9 R. 341-1 – D. 341-21
SECTION I	*Permis de visite*	R. 341-1 – R. 341-8
Sous-section 1	Dispositions communes	R. 341-1 – R. 341-3
Sous-section 2	Permis de visite des personnes prévenues	R. 341-4
Sous-section 3	Permis de visite des personnes condamnées	R. 341-5 – R. 341-8
SECTION 2	*Contrôle et autorisations*	R. 341-9 – R. 341-10
SECTION 3	*Déroulement des visites et parloirs*	R. 341-11 – R. 341-16
SECTION 4	*Action des visiteurs de prison*	R. 341-17 – D. 341-21
CHAPITRE II	Rapprochements familiaux	L. 342-1 R. 342-1
CHAPITRE III	Unions célébrées au sein de l'établissement pénitentiaire	D. 343-1
CHAPITRE IV	Information sur les évènements familiaux	L. 344-1 R. 344-1
CHAPITRE V	Correspondances	L. 345-1 – L. 345-7 R. 345-1 – R. 345-14

SECTION 1	*Correspondances écrites*	L. 345-1 – L. 345-4 R. 345-1 – D. 345-10
Sous-section 1	Correspondances écrites des personnes prévenues	L. 345-1 R. 345-1 – R. 345-2
Sous-section 2	Correspondances écrites des personnes condamnées	L. 345-2 R. 345-3
Sous-section 3	Contrôle et retenue des correspondances	L. 345-3 – L. 345-4 R. 345-4 – D. 345-10
SECTION 2	*Communications téléphoniques*	L. 345-5 – L. 345-7 R. 345-11 – R. 345-14
Sous-section 1	Dispositions communes	R. 345-11
Sous-section 2	Communications téléphoniques des personnes prévenues	R. 345-12 – R. 345-13
Sous-section 3	Correspondances téléphoniques des personnes condamnées	R. 345-14
CHAPITRE VI	Relations de certaines catégories de personnes détenues avec l'extérieur	D. 346-1 – D. 346-2
TITRE V	**EXERCICE DU CULTE**	**L. 351-1** **R. 351-1 – R. 352-9**
CHAPITRE I	Dispositions générales	L. 351-1 R. 351-1 – R. 351-5
CHAPITRE II	Assistance spirituelle	D. 352-1 – R. 352-9
SECTION 1	*Intervention des aumôniers agréés*	D. 352-1 – D. 352-6
SECTION 2	*Offices religieux*	R. 352-7
SECTION 3	*Entretiens individuels*	R. 352-8
SECTION 4	*Objets de culte*	R. 352-9
TITRE VI	**EXERCICE DU DROIT DE VOTE**	**L. 362-1 – L. 363-3** **R. 361-1 – R. 363-5**
CHAPITRE I	Information des personnes détenues	R. 361-1 – R. 361-3
CHAPITRE II	Inscription sur les listes électorales	L. 362-1 – L. 362-3
CHAPITRE III	Modalités du vote	L. 363-1 – L. 363-3 D. 363-1 – R. 363-5
SECTION 1	*Accès au vote*	D. 363-1
SECTION 2	*Organisation du scrutin*	R. 363-2 – R. 363-5
TITRE VII	**ACCÈS AUX PUBLICATIONS ÉCRITES ET AUDIOVISUELLES**	**L. 370-1** **R. 370-1 – R. 370-5**
TITRE VIII	**PROTECTION DE L'IMAGE, DE LA VOIX ET DES PUBLICATIONS**	**L. 381-1** **R. 381-1 – R. 382-1**

CHAPITRE I Dispositions communes .... L. 381-1
R. 381-1 – D. 381-2

CHAPITRE II Protection de l'image et de la voix des personnes prévenues .... R. 382-1

LIVRE IV
AIDE À LA RÉINSERTION DES PERSONNES DÉTENUES
L. 411-1 – L. 424-5
R. 411-1 – R. 424-31

TITRE I ACTIVITÉS EN DÉTENTION .... L. 411-1 – L. 413-2
R. 411-1 – D. 414-10

CHAPITRE I Dispositions communes .... L. 411-1 – L. 411-11
R. 411-1 – R. 411-8

SECTION 1 *Obligation d'exercer au moins une activité* .... L. 411-1
R. 411-1

SECTION 2 *Consultation des personnes détenues* .... L. 411-2
R. 411-2 – R. 411-6

SECTION 3 *Déroulement des activités* .... L. 411-3
R. 411-7 – R. 411-8

SECTION 4 *Compte personnel d'activité* .... L. 411-4 – L. 411-11

CHAPITRE II Travail .... L. 412-1 – L. 412-54
R. 412-1 – R. 412-82

SECTION 1 *Dispositions générales* .... L. 412-1 – L. 412-4
R. 412-1 – D. 412-7

SECTION 2 *Classement au travail et affectation sur un poste de travail* .... L. 412-5 – L. 412-9

SECTION 2 *Classement et affectation sur un poste de travail* .... R. 412-8 – R. 412-18

Sous-section 1 Décision .... L. 412-5 – L. 412-6
R. 412-8 – D. 412-13

Sous-section 2 Suspension et fin .... L. 412-7 – L. 412-9
R. 412-14 – R. 412-18

SECTION 3 *Contrat d'emploi pénitentiaire* .... L. 412-10 – L. 412-18
R. 412-19 – D. 412-47

Sous-section 1 Conclusion .... R. 412-19 – R. 412-24

Sous-section 2 Contenu et exécution .... R. 412-25 – D. 412-32

Sous-section 3 Suspension .... R. 412-33 – R. 412-36

Sous-section 4 Résiliation .... R. 412-37 – D. 412-47

SECTION 4 *Temps de travail et rémunération* .... L. 412-19 – L. 412-20
R. 412-48 – D. 412-68

Sous-section 1 Temps de travail .... R. 412-48 – R. 412-62

Sous-section 2 Rémunération .... R. 412-63 – D. 412-68

SECTION 5 *Protection de la santé et de la sécurité au travail* .... L. 412-20-1 – L. 412-20-11

Sous-section 1 Santé et sécurité dans les activités de travail .... L. 412-20-1 – L. 412-20-3

Sous-section 2 Inspection du travail en détention .... L. 412-20-4 – L. 412-20-11

SECTION 5 *Hygiène et sécurité du travail* .... D. 412-69 – D. 412-72

SECTION 6	*Modalités du travail*	L. 412-21 – L. 412-23 D. 412-73 – D. 412-74
Sous-section 1	Travail sur le domaine affecté à l'établissement pénitentiaire	D. 412-73
Sous-section 2	Période de mise en situation en milieu professionnel	D. 412-74
SECTION 7	*Discrimination et harcèlement*	L. 412-24 – L. 412-42
Sous-section 1	Discrimination	L. 412-24 – L. 412-35
Sous-section 2	Harcèlement	L. 412-36 – L. 412-42
SECTION 7 [ancienne]	*Protection sociale des personnes détenues sous contrat d'emploi pénitentiaire*	L. 412-24 – L. 412-25 *[anciens]*
SECTION 7	*Protection sociale*	R. 412-75 – D. 412-77
SECTION 8	*Établissements ou services d'aide par le travail*	L. 412-43 – L. 412-46
SECTION 8	*Contrat d'implantation*	R. 412-78 – R. 412-82
Sous-section 1	Conclusion et actualisation du contrat d'implantation	R. 412-78 – R. 412-79
Sous-section 2	Suspension et fin du contrat d'implantation	R. 412-80 – R. 412-82
SECTION 9	*Médecine du travail en détention*	L. 412-47 – L. 412-54
CHAPITRE III	Enseignement et formation professionnelle	L. 413-1 – L. 413-2 R. 413-1 – D. 413-10
SECTION 1	*Dispositions générales*	R. 413-1
SECTION 2	*Enseignement*	R. 413-2 – D. 413-5
SECTION 3	*Formation professionnelle*	R. 413-6 – D. 413-10
CHAPITRE IV	Accès aux activités culturelles, socio-culturelles et sportives	R. 414-1 – D. 414-10
SECTION 1	*Organisation des activités socio-culturelles et programmation culturelle*	R. 414-1 – D. 414-6
SECTION 2	*Accès aux activités physiques et sportives*	R. 414-7 – D. 414-9
SECTION 3	*Association socio-culturelle et sportive*	D. 414-10
TITRE II	**PRÉPARATION DE LA SORTIE DE DÉTENTION**	**L. 421-1 – L. 424-5** **D. 421-1 – R. 424-31**
CHAPITRE I	Dispositions générales	L. 421-1 D. 421-1 – D. 421-3
CHAPITRE II	Préparation des mesures d'aménagement de peine	D. 422-1 – D. 422-9
SECTION 1	*Libération sous contrainte*	D. 422-1 – D. 422-4-3
Sous-section 1	Dispositions applicables à la libération sous contrainte prévue au I de l'article 720 du code de procédure pénale	D. 422-1 – D. 422-4
Sous-section 2	Dispositions applicables à la libération sous contrainte de plein droit prévue au II de l'article 720 du code de procédure pénale	D. 422-4-1 – D. 422-4-3
SECTION 2	*Libération conditionnelle*	D. 422-5 – D. 422-9

CHAPITRE III	Décidions relatives aux aménagements de peine	L. 423-1 – L. 423-4 D. 423-1 – D. 423-7
SECTION 1	*Audiences sur les aménagements de peine*	L. 423-1 – L. 423-3 D. 423-1 – D. 423-3
SECTION 2	*Avis de la commission de l'application des peines*	L. 423-4 D. 423-4
SECTION 3	*Notification des décisions*	D. 423-5 – D. 423-7
CHAPITRE IV	Semi-liberté, placement à l'extérieur, permission de sortir et détention à domicile sous surveillance électronique	L. 424-1 – L. 424-5 D. 424-1 – R. 424-31
SECTION 1	*Dispositions générales*	L. 424-1 – L. 424-2 D. 424-1 – D. 424-9
SECTION 2	*Placement à l'extérieur*	L. 424-3 – L. 424-4 D. 424-10 – R. 424-21
Sous-section 1	Dispositions générales	D. 424-10 – D. 424-14
Sous-section 2	Agrément des structures de placement à l'extérieur	R.* 424-15 – R. 424-21
SECTION 3	*Permission de sortir*	L. 424-5 D. 424-22 – D. 424-30
SECTION 4	*Détention à domicile sous surveillance électronique*	R. 424-31

LIVRE V

LIBÉRATION DES PERSONNES DÉTENUES

L. 511-1 – L. 545-1
R. 510-1 – R. 545-5

TITRE I	**GESTION ADMINISTRATIVE DE LA LIBÉRATION**	**L. 511-1 – L. 513-1** **R. 510-1 – R. 513-1**
CHAPITRE I	Formalités relatives à la libération	L. 511-1 – L. 511-3 D. 511-1 – D. 511-3
SECTION 1	*Déclarations d'adresse*	L. 511-1 – L. 511-2 D. 511-1
SECTION 2	*Documents remis au moment de la libération*	L. 511-3 R. 511-2 – D. 511-3
CHAPITRE II	Informations relatives aux personnes libérées	L. 512-1 – L. 512-4 D. 512-1 – R. 512-6
SECTION 1	*Information de la victime*	L. 512-1 D. 512-1
SECTION 2	*Information des forces de sécurité*	L. 512-2 R. 512-2
SECTION 3	*Inscription au fichier judiciaire national automatisé des auteurs d'infractions terroristes*	L. 512-3 R. 512-3 – R. 512-4
SECTION 4	*Inscription au fichier judiciaire national automatisé des auteurs d'infractions sexuelles ou violentes*	L. 512-4 R. 512-5 – R. 512-6

CHAPITRE III	Protection sociale	L. 513-1 R. 513-1
TITRE II	**AIDE MATÉRIELLE À LA SORTIE DE DÉTENTION**	**L. 521-1 D. 521-1 – D. 522-4**
CHAPITRE I	Aide à l'hébergement	L. 521-1 D. 521-1 – D. 521-2
CHAPITRE II	Autres aides matérielles	R. 522-1 – D. 522-4
TITRE III	**LIBÉRATION CONDITIONNELLE**	**L. 530-1 D. 530-1 – D. 530-5**
TITRE IV	**MESURES DE SURVEILLANCE DES PERSONNES LIBÉRÉES**	**L. 543-1 – L. 545-1 R. 541-1 – R. 545-5**
CHAPITRE I	Accueil des personnes soumises à une rétention de sûreté dans un centre socio-médico-judiciaire de sûreté	R. 541-1 – R. 541-18
SECTION 1	*Notification de la décision de rétention de sûreté*	R. 541-1
SECTION 2	*Fonctionnement des centres socio-médico-judiciaires de sûreté*	R. 541-2 – R. 541-10
SECTION 3	*Régime de rétention des personnes retenues dans les centres socio-médico-judiciaires de sûreté*	R. 541-11 – R. 541-16
SECTION 4	*Centre socio-médico-judiciaire de sûreté de Fresnes*	R. 541-17 – R. 541-18
CHAPITRE II	Contrôle du respect de l'obligation de soins prononcée en l'absence de suivi socio-judiciaire	D. 542-1
CHAPITRE III	Contrôle du respect des mesures de surveillance judiciaire et de surveillance de sûreté	L. 543-1 R. 543-1 – D. 543-5
CHAPITRE IV	Placement sous surveillance électronique mobile à titre de mesure de sûreté	L. 544-1 – L. 544-3 R. 544-1 – R. 544-29
SECTION 1	*Commission pluridisciplinaire des mesures de sûreté et examen de dangerosité*	R. 544-1 – R. 544-3
SECTION 2	*Vérification de la faisabilité de la mesure*	R. 544-4
SECTION 3	*Pose et dépose du dispositif*	R. 544-5 – D. 544-6
SECTION 4	*Contrôle et suivi de la mesure*	R. 544-7 – R. 544-10
SECTION 5	*Habilitation des personnes auxquelles peuvent être confiées des prestations techniques concernant la mise en œuvre du placement sous surveillance électronique mobile*	R. 544-11 – R. 544-17
SECTION 6	*Traitement automatisé relatif au contrôle des personnes placées sous surveillance électronique mobile*	R. 544-18 – R. 544-29

CHAPITRE V	Mesure judiciaire de prévention de la récidive terroriste et de réinsertion	L. 545-1 R. 545-1 – R. 545-5

LIVRE VI

INTERVENTION DE L'ADMINISTRATION PÉNITENTIAIRE AUPRÈS DE PERSONNES NON DÉTENUES

L. 611-1 – L. 632-1
D. 611-1 – R. 642-4

TITRE I	**PRÉPARATION DE DÉCISIONS JUDICIAIRES**	**L. 611-1 – L. 612-1** **D. 611-1 – D. 612-1**
CHAPITRE I	Enquêtes sociales	L. 611-1 – L. 611-2 D. 611-1 – D. 611-2
CHAPITRE II	Enquêtes techniques préalables	L. 612-1 D. 612-1
TITRE II	**INTERVENTION AUPRÈS DE PERSONNES CONDAMNÉES**	**L. 621-1 – L. 626-1** **R. 621-1 – R. 626-1**
CHAPITRE I	Sursis probatoire	L. 621-1 – L. 621-3 R. 621-1 – D. 621-12
SECTION 1	*Dispositions communes*	R. 621-1 – D. 621-8
Sous-section 1	Convocation à comparaître	R. 621-1 – R. 621-5
Sous-section 2	Contrôle de la mesure	R. 621-6 – R. 621-7
Sous-section 3	Information de la victime	D. 621-8
SECTION 2	*Dispositions applicables au sursis probatoire renforcé*	D. 621-9 – D. 621-12
Sous-section 1	Évaluation de la personne condamnée	D. 621-9 – D. 621-11
Sous-section 2	Suivi renforcé	D. 621-12
CHAPITRE II	Détention à domicile sous surveillance électronique prononcée à titre de peine	L. 622-1 – L. 622-2 R. 622-1 – R. 622-31
SECTION 1	*Dispositions générales*	R. 622-1 – R. 622-2
SECTION 2	*Formalités préalables*	R. 622-3 – D. 622-5
SECTION 3	*Pose et dépose du dispositif*	R. 622-6 – D. 622-10
SECTION 4	*Habilitation des personnes auxquelles peut être confiée la mise en œuvre du dispositif technique de contrôle des personnes placées en détention à domicile*	R. 622-11 – R. 622-18
SECTION 5	*Suivi, contrôle et adaptation de la mesure*	R. 622-19 – D. 622-21
SECTION 6	*Traitement automatisé relatif au contrôle des personnes placées en détention à domicile sous surveillance électronique*	R. 622-22 – R. 622-31
CHAPITRE III	Peine de travail d'intérêt général	L. 623-1 – L. 623-2 R.* 623-1 – R. 623-23

SECTION 1	*Modalités d'exécution*	R.* 623-1 – R. 623-13
SECTION 2	*Contrôle de la mesure*	R. 623-14 – R. 623-23
CHAPITRE IV	Peine de stage	R. 624-1 – R. 624-4
CHAPITRE V	Bracelet anti-rapprochement imposé à une personne condamnée	R. 625-1 – R. 625-3
CHAPITRE VI	Suivi socio-judiciaire	L. 626-1
CHAPITRE VI	Suivi sociojudiciaire	R. 626-1
TITRE III	**EXÉCUTION DE MESURES JUDICIAIRES DE SURVEILLANCE**	**L. 631-1 – L. 632-1** **R. 631-1 – R. 634-1**
CHAPITRE I	Bracelet anti-rapprochement	L. 631-1 R. 631-1 – R. 631-14
SECTION 1	*Pose et dépose du dispositif*	R. 631-1 – D. 631-2
SECTION 2	*Habilitation des personnes auxquelles peuvent être confiées des prestations techniques*	R. 631-3 – R. 631-5
SECTION 3	*Traitement des données à caractère personnel*	R. 631-6 – R. 631-14
CHAPITRE II	Assignation à résidence sous surveillance électronique	L. 632-1 D. 632-1 – D. 632-5
SECTION 1	*Démarches préalables à la mesure*	D. 632-1
SECTION 2	*Exécution de la mesure*	D. 632-2 – D. 632-5
Sous-section 1	Pose et dépose du dispositif	D. 632-2 – D. 632-3
Sous-section 2	Surveillance du dispositif	D. 632-4
Sous-section 3	Modification des horaires d'assignation	D. 632-5
CHAPITRE III	Contrôle judiciaire	R. 633-1 – D. 633-2
CHAPITRE IV	Composition pénale	R. 634-1
TITRE IV	**EXÉCUTION DE MESURES ADMINISTRATIVES DE SURVEILLANCE**	**R. 641-1 – R. 642-4**
CHAPITRE I	Mesures individuelles de contrôle administratif de surveillance	R. 641-1 – R. 641-4
SECTION 1	*Enquête technique préalable*	R. 641-1
SECTION 2	*Pose et dépose du dispositif*	R. 641-2
SECTION 3	*Surveillance de l'exécution de la mesure*	R. 641-3 – R. 641-4
CHAPITRE II	Mesures de surveillance des personnes de nationalité étrangère assignées à résidence	R. 642-1 – R. 642-4
SECTION 1	*Enquête technique préalable*	R. 642-1
SECTION 2	*Pose et dépose du dispositif*	R. 642-2
SECTION 3	*Surveillance de l'exécution de la mesure*	R. 642-3 – R. 642-4

LIVRE VII

DISPOSITIONS RELATIVES À L'OUTRE-MER

L. 711-1 – L. 777-1
R. 711-1 – D. 777-8

TITRE I	DISPOSITIONS PARTICULIÈRES AUX COLLECTIVITÉS RÉGIES PAR L'ARTICLE 73 DE LA CONSTITUTION	L. 711-1 – L. 713-3 R. 711-1 – R. 713-5
CHAPITRE I	Dispositions communes aux collectivités régies par l'article 73 de la Constitution	L. 711-1 R. 711-1
CHAPITRE II	Dispositions particulières à la Guadeloupe, la Guyane, la Martinique et La Réunion	D. 712-1
CHAPITRE III	Dispositions particulières à Mayotte	L. 713-1 – L. 713-3 R. 713-1 – R. 713-5
TITRE II	DISPOSITIONS APPLICABLES À SAINT-BARTHÉLEMY	L. 721-1 – L. 721-3 R. 721-1 – R. 727-3
CHAPITRE I	Dispositions générales	L. 721-1 – L. 721-3 R. 721-1 – R. 721-2
CHAPITRE II	Dispositions spécifiques relatives au livre premier	R. 722-1
CHAPITRE III	Dispositions spécifiques relatives au livre deuxième	Néant
CHAPITRE IV	Dispositions spécifiques relatives au livre troisième	D. 724-1
CHAPITRE V	Dispositions spécifiques relatives au livre quatrième	Néant
CHAPITRE VI	Dispositions spécifiques relatives au livre cinquième	Néant
CHAPITRE VII	Dispositions spécifiques relatives au livre sixième	R. 727-1 – R. 727-3
TITRE III	DISPOSITIONS APPLICABLES À SAINT-MARTIN	L. 731-1 – L. 731-3 R. 731-1 – R. 737-3
CHAPITRE I	Dispositions générales	L. 731-1 – L. 731-3 R. 731-1 – R. 731-2
CHAPITRE II	Dispositions spécifiques relatives au livre premier	R. 732-1
CHAPITRE III	Dispositions spécifiques relatives au livre deuxième	Néant
CHAPITRE IV	Dispositions spécifiques relatives au livre troisième	D. 734-1
CHAPITRE V	Dispositions spécifiques relatives au livre quatrième	Néant

CHAPITRE VI	Dispositions spécifiques relatives au livre cinquième	Néant
CHAPITRE VII	Dispositions spécifiques relatives au livre sixième	R. 737-1 – R. 737-3
TITRE IV	**DISPOSITIONS APPLICABLES À SAINT-PIERRE-ET-MIQUELON**	**L. 741-1 – L. 745-1** **R. 741-1 – R. 747-3**
CHAPITRE I	Dispositions générales	L. 741-1 – L. 741-4 R. 741-1 – D. 741-3
CHAPITRE II	Dispositions spécifiques relatives au livre premier	R. 742-1 – D. 742-8
CHAPITRE III	Dispositions spécifiques relatives au livre deuxième.	L. 743-1 R. 743-1 – R. 743-4
CHAPITRE IV	Dispositions spécifiques relatives au livre troisième	L. 744-1 R. 744-1 – D. 744-2
CHAPITRE V	Dispositions spécifiques relatives au livre quatrième	L. 745-1 R. 745-1
CHAPITRE VI	Dispositions spécifiques relatives au livre cinquième	Néant
CHAPITRE VII	Dispositions spécifiques relatives au livre sixième	R. 747-1 – R. 747-3
TITRE V	**DISPOSITIONS APPLICABLES DANS LES ÎLES WALLIS-ET-FUTUNA**	**L. 751-1 – L. 757-1** **R. 751-1 – D. 757-6**
CHAPITRE I	Dispositions générales	L. 751-1 – L. 751-4 R. 751-1 – D. 751-4
CHAPITRE II	Dispositions spécifiques relatives au livre premier	L. 752-1 – L. 752-4 R. 752-1 – D. 752-9 *[abrogé]*
CHAPITRE III	Dispositions spécifiques relatives au livre deuxième.	L. 753-1 R. 753-1 – D. 753-13
CHAPITRE IV	Dispositions spécifiques relatives au livre troisième	L. 754-1 – L. 754-2 R. 754-1 – D. 754-10
CHAPITRE V	Dispositions spécifiques relatives au livre quatrième	L. 755-1 – L. 755-2 R. 755-1 – D. 755-3 *[abrogé]*
CHAPITRE VI	Dispositions spécifiques relatives au livre cinquième	L. 756-1 R. 756-1 – D. 756-3
CHAPITRE VII	Dispositions spécifiques relatives au livre sixième	L. 757-1 R. 757-1 – D. 757-6

TITRE VI DISPOSITIONS APPLICABLES EN POLYNÉSIE FRANÇAISE .... L. 761-1 – L. 767-1 R. 761-1 – D. 767-7

CHAPITRE I Dispositions générales .... L. 761-1 – L. 761-4 R. 761-1 – R. 761-4

CHAPITRE II Dispositions spécifiques relatives au livre premier.... L. 762-1 – L. 762-5 R. 762-1 – D. 762-20

CHAPITRE III Dispositions spécifiques relatives au livre deuxième. L. 763-1 R. 763-1 – D. 763-14

CHAPITRE IV Dispositions spécifiques relatives au livre troisième. L. 764-1 – L. 764-4 R. 764-1 – D. 764-20

CHAPITRE V Dispositions spécifiques relatives au livre quatrième .... L. 765-1 – L. 765-2 R. 765-1 – D. 765-7

CHAPITRE VI Dispositions spécifiques relatives au livre cinquième .... L. 766-1 R. 766-1 – D. 766-3

CHAPITRE VII Dispositions spécifiques relatives au livre sixième .... L. 767-1 R. 767-1 – D. 767-7

TITRE VII DISPOSITIONS APPLICABLES EN NOUVELLE-CALÉDONIE .... L. 771-1 – L. 777-1 R. 771-1 – D. 777-8

CHAPITRE I Dispositions générales .... L. 771-1 – L. 771-4 R. 771-1 – R. 771-4

CHAPITRE II Dispositions spécifiques relatives au livre premier.... L. 772-1 – L. 772-6 R. 772-1 – D. 772-18

CHAPITRE III Dispositions spécifiques relatives au livre deuxième. L. 773-1 R. 773-1 – D. 773-14

CHAPITRE IV Dispositions spécifiques relatives au livre troisième. L. 774-1 – L. 774-4 R. 774-1 – D. 774-20

CHAPITRE V Dispositions spécifiques relatives au livre quatrième .... L. 775-1 – L. 775-2 R. 775-1 – D. 775-7

CHAPITRE VI Dispositions spécifiques relatives au livre cinquième .... L. 776-1 R. 776-1 – D. 776-3

CHAPITRE VII Dispositions spécifiques relatives au livre sixième .... L. 777-1 R. 777-1 – D. 777-8

APPENDICE

I CONDITIONS DE DÉTENTION ..... p. 949
II MESURES NON PRIVATIVES DE LIBERTÉ ..... p. 1061
III RÈGLES PARTICULIÈRES ..... p. 1084
IV TRANSFÈREMENTS ..... p. 1105

CODE PÉNITENTIAIRE

Rapport au Président de la République,

Relatif à l'ordonnance n° 2022-478 du 30 mars 2022 portant partie législative du code pénitentiaire.

Monsieur le Président de la République,

Le service public pénitentiaire participe à la préparation et à l'exécution des décisions judiciaires, ainsi qu'à la sauvegarde de l'ordre public. En son sein, plus de 43 300 agents de l'administration pénitentiaire, dont près de 30 000 personnels de surveillance et 5 600 personnels d'insertion et de probation, contribuent à la sécurité publique et à la réinsertion de 235 000 personnes, parmi lesquels près de 70 000 personnes détenues. La direction de l'administration pénitentiaire, sous l'autorité du garde des sceaux, ministre de la justice, pilote les missions quotidiennes et sensibles de 187 établissements pénitentiaires, de 104 services pénitentiaires d'insertion et de probation (SPIP) et de 10 directions interrégionales, en coordination avec l'agence du travail d'intérêt général et de l'insertion professionnelle des personnes placées sous main de justice (ATIGIP) et l'école nationale d'administration pénitentiaire (ENAP).

Dans un rapport consacré à la simplification et à la clarification du droit des peines remis à la ministre de la justice en décembre 2015, au terme de dix-huit mois de travaux, la commission présidée par M. Bruno Cotte, président honoraire de la chambre criminelle de la Cour de cassation, a préconisé la création d'un code pénitentiaire.

Le 6° du I de l'article 109 de la loi du 18 novembre 2016 de modernisation de la justice du XXIe siècle a autorisé le Gouvernement à adopter par voie d'ordonnances la partie législative du code pénitentiaire, à droit constant, mais cette disposition a été censurée par le Conseil constitutionnel comme étant un cavalier législatif.

Dans leur rapport sur le sens et l'efficacité des peines, M. Bruno Cotte et Mme Julia Minkowski réaffirment l'intérêt de la création d'un code pénitentiaire, qui participe directement de l'exigence de plus grande accessibilité et de meilleure lisibilité des dispositions relatives aux peines.

Ce projet s'inscrit naturellement dans la continuité de l'adoption de la loi n° 2019-222 du 23 mars 2019 de programmation 2018-2022 et de réforme pour la justice du 23 mars 2019 et de la loi n° 2021-1729 du 22 décembre 2021 pour la confiance dans l'institution judiciaire, lesquelles ont fait évoluer en profondeur la norme pénale et pénitentiaire.

Cette proposition résulte d'une réflexion pluridisciplinaire et articulée aux attentes des praticiens qui font le constat d'un éparpillement des dispositions législatives et réglementaires formant le droit pénitentiaire, notamment au sein d'un code de procédure pénale présentant un volume excessif et un contenu qui devrait être recentré sur les règles encadrant la recherche, la poursuite, le jugement ou l'aménagement de la peine des auteurs d'infractions. Source d'incertitudes et même d'insécurité pour les magistrats chargés de l'application des peines et les fonctionnaires de l'administration pénitentiaire, cet éparpillement du droit pénitentiaire présente ainsi le risque d'une méconnaissance d'exigences constitutionnelles (objectif de valeur constitutionnelle d'accessibilité et d'intelligibilité de la loi ; principe de clarté de la loi).

En outre, la création d'un code pénitentiaire doit permettre de mieux faire connaître l'importance, la diversité et la spécificité des missions du service public pénitentiaire, tout en affirmant les droits des personnes qui lui sont confiées dans un document aisément accessible.

Ainsi, sur proposition du garde des sceaux, ministre de la justice, le Gouvernement a obtenu du Parlement l'habilitation de créer la partie législative d'un code pénitentiaire, par la voie d'une ordonnance et dans les conditions prévues à l'article 38 de la Constitution. L'habilitation parlementaire, fixée par les termes de l'article 24 de la loi n° 2021-1729 du 22 décembre 2021 pour la confiance dans l'institution judiciaire, prévoit que le code pénitentiaire doit être constitué du rassemblement des dispositions relatives au service public pénitentiaire, à son contrôle et à la prise en charge ainsi qu'aux droits et obligations des personnes qui lui sont confiées.

La partie législative du code pénitentiaire annexée à l'ordonnance qui vous est présentée a été conçue à droit constant, conformément aux termes de l'habilitation parlementaire. Cette même habilitation, en cohérence avec les principes énoncés à l'article 3 de la loi du 12 avril 2000 relative aux droits des citoyens dans leurs relations avec les administrations, a également autorisé les modifications nécessaires au respect de la hiérarchie des normes, à la cohérence rédactionnelle des textes, à l'harmonisation de l'état du droit, à la correction d'éventuelles erreurs et à l'abrogation de dispositions devenues sans objet.

La codification porte, pour l'essentiel, sur les dispositions de la loi n° 2009-1436 du 24 novembre 2009 pénitentiaire et sur celles du code de procédure pénale qui sont plus particulièrement relatives à l'organisation des établissements et des services pénitentiaires, aux droits et obligations des personnes confiées au service public pénitentiaire, au régime de la détention ou encore au travail des personnes détenues. Si les dispositions régissant l'organisation et le fonctionnement de la détention présentent, par nature, un volume relativement plus important, il importe de souligner que le code pénitentiaire valorise dans son plan et intègre pleinement dans son périmètre et son contenu les missions assurées par les services pénitentiaires d'insertion et de probation pour la prise en charge en milieu ouvert des personnes placées sous main de justice.

Tout en mettant en valeur l'ampleur et la diversité des missions des personnels de l'administration pénitentiaire, le périmètre de la codification ne retient pas les dispositions relatives aux ressources humaines ou aux statuts, dans la mesure où cette matière relève davantage du droit de la fonction publique et que certaines de ces dispositions viennent d'être reprises par le code général de la fonction publique publié en novembre 2021. Il en va de même pour ce qui concerne les dispositions du droit pénitentiaire qui concernent plus particulièrement les mineurs et qui ont vocation à demeurer codifiées au sein du code de la justice pénale des mineurs publié en septembre 2019.

Afin d'appréhender juridiquement la teneur de certaines missions de l'administration pénitentiaire, la très forte articulation fonctionnelle entre le prononcé de la peine par l'autorité judiciaire et son exécution par l'administration implique de prévoir au code pénitentiaire de nombreuses dispositions de renvoi vers le code de procédure pénale ou, dans une moindre mesure, le code pénal.

En outre, cette même articulation conduit à désigner le support de codification le plus approprié pour certaines subdivisions du code de procédure pénale régissant les interventions étroitement combinées des autorités administratives et judiciaires et mettant en jeu simultanément les droits des personnes en tant que justiciables d'une part et en tant qu'usager de l'administration pénitentiaire d'autre part.

Le choix entre un maintien au code de procédure pénale de certains groupes d'articles et leur transfert au code pénitentiaire a été opéré au regard de plusieurs critères : nature du sujet principalement traité, prérogatives et responsabilités majoritairement en cause, respect de la cohérence globale et de la vocation principale de chacun des deux codes, confort d'utilisation du lecteur. Dans certains cas très résiduels, une approche par groupes d'articles s'est révélée moins satisfaisante et a conduit à retenir une distribution ciselée des dispositions en cause entre les deux codes, alors qu'elles relevaient originellement d'un même ensemble.

Enfin, un soin particulier a été accordé à l'insertion de dispositions de renvois assurant une lecture fluide entre le code de procédure pénale, le code pénitentiaire et le code de la justice pénale des mineurs. Cette même préoccupation et le caractère interministériel de la politique pénitentiaire ont conduit à prévoir des liaisons avec d'autres codes, notamment le code de la santé publique et le code de la sécurité publique.

L'ordonnance qui vous est présentée comporte une annexe qui constitue la partie législative du code pénitentiaire. L'architecture du code repose sur un plan organisé en sept livres, traitant en premier lieu des principes et de l'organisation du service public pénitentiaire, puis détaillant la diversité des interventions de ce service auprès de différentes catégories de publics.

Ainsi, le code pénitentiaire s'ouvre sur un titre préliminaire rassemblant les dispositions générales et sommitales fixant les missions, catégories de publics et principes d'action du service public pénitentiaire. En particulier, la prohibition de la détention arbitraire et les exigences de la sauvegarde de la dignité de la personne humaine sont affirmées avec force. Par ailleurs, une disposition rappelle, dès l'introduction du code pénitentiaire, que les modalités spécifiques de la prise en charge des personnes mineures par l'administration pénitentiaire sont énoncées au code de la justice pénale des mineurs.

Le livre Ier du code pénitentiaire est consacré à la présentation du service public pénitentiaire. Le titre Ier présente les acteurs du service public pénitentiaire, notamment à travers une description de l'organisation de l'administration pénitentiaire et des missions de ses personnels. Le titre II est consacré à la déontologie du service public pénitentiaire, dont le champ d'application n'est pas circonscrit aux seuls agents de cette administration mais s'étend également aux intervenants concourant au service public pénitentiaire. Enfin le titre III rassemble les dispositions relatives au contrôle et à l'évaluation des établissements et services pénitentiaires, qui régissent notamment les prérogatives en la matière des parlementaires, des autorités administratives et judiciaires, et du Contrôleur général des lieux de privation de liberté.

Les livres II à V traitent des interventions de l'administration pénitentiaire en direction des personnes détenues.

Dans cet ensemble, le livre II est consacré à la détention en établissement pénitentiaire. Le titre Ier détaille les différentes phases de la prise en charge des personnes détenues, en traitant notamment de la mise sous écrou, des règles d'affectation et d'encellulement ou encore des transfèrements et extractions. Le titre II de ce livre rassemble ensuite les dispositions régissant le maintien de la sécurité dans les établissements, notamment celles qui concernent les moyens de contrôle, la prise en charge de personnes détenues dans des quartiers spécifiques, les fouilles, ainsi que l'usage de la force et des armes. Enfin, avant d'exposer dans un titre IV les règles d'un traitement de données à caractère personnel relatif à la gestion nationale des personnes détenues, un titre III rassemble la totalité des règles formant le régime disciplinaire.

Le livre III est consacré aux droits et obligations des personnes détenues et permet de consolider l'ensemble des dispositions en la matière, réparties selon huit thématiques correspondant à autant de titres couvrant de nombreux domaines (accès au droit, santé et protection sociale, gestion des biens, relations avec l'extérieur au moyens des visites et des correspondances écrites ou téléphoniques, exercice du culte, citoyenneté, accès aux publications écrites et audiovisuelles, etc.).

Le livre IV rassemble l'ensemble des dispositions régissant les dispositifs mis en œuvre pour la réinsertion des personnes détenues et qui correspondent, en premier lieu, aux activités en détention (titre Ier), dont le travail pénitentiaire, l'enseignement et la formation professionnelle. En second lieu, le titre II de ce livre IV est consacré à la préparation de la sortie de détention et décrit les interventions assurées par l'administration pénitentiaire pour, d'une part, la préparation des mesures d'aménagement de peine et, d'autre part, la mise en œuvre de dispositifs concourant à la réinsertion des personnes détenues sous la forme de mesures de semi-liberté, de placement à l'extérieur, de permission de sortir ou de détention à domicile sous surveillance électronique.

Le livre V est consacré à la libération des personnes détenues. La gestion administrative de la libération est traitée au titre Ier, tandis que le titre II est relatif aux aides matérielles susceptibles d'être accordées à la sortie de détention. Les dispositifs particuliers relatifs à la mise en œuvre de la libération conditionnelle et de mesures de surveillance sont respectivement traités dans les titres III et IV. Dans ce dernier titre, sont détaillées les interventions de l'administration pénitentiaire dans le cadre des mesures de rétention de sûreté, d'injonction de soins, de surveillances judiciaire, de surveillance de sûreté et de surveillance électronique mobile, ainsi que dans le cadre des mesures judiciaires de prévention de la récidive terroriste et de réinsertion.

Le livre VI traite de l'intervention de l'administration pénitentiaire auprès des personnes non détenues. Au sein du titre Ier, sont rassemblées les dispositions relatives à préparation de décisions judiciaires préalables à d'éventuelles mises en détention ou condamnation, sous la forme d'enquêtes sociales ou techniques. Le titre II est consacré aux interventions auprès des personnes condamnées dans le cadre des mesures de sursis probatoire, de détention à domicile sous surveillance électronique prononcée à titre de peine, de peine de travail d'intérêt général, de peine de stage, de bracelet anti-rapprochement imposé à une personne condamnée et de suivi sociojudiciaire. Le titre III rassemble les dispositions relatives à l'exécution des mesures judiciaires qui concernent des personnes ni détenues ni condamnées, tandis que le titre IV est relatif au concours apporté par l'administration penitentiaire à la mise en œuvre de mesures administratives de surveillance.

Enfin, le livre VII rassemble les dispositions particulières relatives aux outre-mer et applicables, d'une part, dans les collectivités régies par l'article 73 de la Constitution (Guadeloupe,

Guyane, Martinique, Mayotte, La Réunion, au titre Ier du livre VII) et, d'autre part, dans les autres territoires (Saint-Barthélemy, Saint-Martin, Saint-Pierre-et-Miquelon, îles Wallis-et-Futuna, Polynésie française, Nouvelle-Calédonie). Les dispositions spécifiques applicables à chacun de ces derniers sont exposées par référence aux six livres précédents, chaque territoire faisant l'objet d'un titre dédié (titres II à VII).

Outre l'annexe constituant la partie législative du code pénitentiaire et introduite par son **article 1er**, l'ordonnance qui vous est présentée comporte, dans ses **articles 2 et 3**, les dispositions d'usage prescrivant notamment la mise à jour des références d'autres codes ou d'autres lois auxquelles renvoie le code pénitentiaire, pour le cas où ces dispositions seraient modifiées, ainsi que le remplacement des références aux dispositions abrogées par l'ordonnance par les références correspondantes du nouveau code.

L'**article 4** modifie les dispositions du code de la justice pénale des mineurs pour y introduire une liaison avec le code pénitentiaire.

L'**article 5** modifie les dispositions du code de procédure pénale afin d'y introduire des liaisons avec le code pénitentiaire, d'y abroger des dispositions reprises par le nouveau code ou d'en actualiser les subdivisions en conséquence.

L'**article 6** ajuste la rédaction d'un article du code pénal en conséquence de la codification de la plupart des dispositions de la loi du 24 novembre 2009 pénitentiaire.

L'**article 7** abroge la loi du 22 juin 1987 relative au service public pénitentiaire, ainsi que la quasi-totalité des dispositions de la loi du 24 novembre 2009 pénitentiaire qui sont transférées dans le nouveau code ou qui ont épuisé leurs effets.

L'**article 8** assure le maintien en vigueur, des dispositions temporaires de l'article 100 de la loi du 24 novembre 2009 pénitentiaire qui ne sont pas codifiées et prévoyant, d'une part, l'expiration au 31 décembre 2022 de la dérogation au principe du placement en cellule individuelle dans les maisons d'arrêt et, d'autre part, la remise au Parlement, au troisième trimestre de l'année 2022, d'un rapport sur l'encellulement individuel.

L'**article 9** étend l'applicabilité de l'ordonnance et du code pénitentiaire en Nouvelle-Calédonie, en Polynésie française et dans les îles Wallis-et-Futuna.

L'**article 10** prévoit une entrée en vigueur du code au 1er mai 2022, de sorte que la codification du droit pénitentiaire coïncide avec l'entrée en vigueur à la même date de la réforme du travail pénitentiaire prévue par les articles 19 à 21 de la loi du 22 décembre 2021 pour la confiance dans l'institution judiciaire. Simultanément, la partie réglementaire du code pénitentiaire entrera également en vigueur le 1er mai 2022.

Tel est l'objet de la présente ordonnance que nous avons l'honneur de soumettre à votre approbation.

Veuillez agréer, Monsieur le Président, l'assurance de notre profond respect.

PREMIÈRE PARTIE : LÉGISLATIVE

(Ord. n° 2022-478 du 30 mars 2022, en vigueur le 1er mai 2022)

TITRE UNIQUE TITRE PRÉLIMINAIRE

BIBL. GÉN. ▶ **Ouvrages :** Boussard (dir.), Les droits de la personne détenue, *Dalloz, coll. Thèmes & commentaires, 2013*. – CNCDH, Les droits de l'homme dans la prison, *Doc. fr. 2007, vol. 1* ; Défendre en justice la cause des personnes détenues, *Doc. fr., 2014*. – Delarue, En prison. L'ordre pénitentiaire des choses, *Dalloz, 2018*. – Dourneau-Josette, Les conditions de détention, *Gaz. Pal. n° spéc. 40 du 9 févr. 2013*. – Herzog-Evans, Droit pénitentiaire, *Dalloz, 3e éd., 2019*. – Léauté, Les prisons, *PUF, 1990*. – OIP-SF, Le guide du prisonnier, *La Découverte, 2021*.

▶ **Thèse :** Péchillon, Sécurité et droit du service public pénitentiaire, *LGDJ, coll. Bibliothèque de droit public, 1998*.

▶ **Avis et rapports :** Benassaya et Abadie, Rapport visant à identifier les dysfonctionnements et manquements de la politique pénitentiaire française, *Rapp. Ass. nat. n° 4906, 12 janv. 2022, p. 166*. – CGLPL, Rapports annuels 2013 à 2022 ; Les droits fondamentaux à l'épreuve de la surpopulation carcérale, *Dalloz, 2018* ; Recommandations minimales du Contrôleur général des lieux de privation de liberté pour le respect de la dignité et des droits fondamentaux des personnes privées de liberté, NOR : CPLX2009511X, *JO 4 juin 2020, texte n° 88*. – CPT, Emprisonnement, *Extrait du 2e rapport général du CPT, 13 avr. 1992, CPT/Inf(92)3-part. 2*. – Garraud, Rapport fait au nom de la commission des lois sur le projet de loi pénitentiaire n° 1506, *Ass. nat. 2009, n° 1899*. – Hyest et Cabanel, Rapport sur les conditions de détention dans les établissements pénitentiaires, *Rapp. Sénat n° 449, 28 juin 2000*. – Lecerf et Borvo Cohen-Seat, Rapport d'information sur l'application de la loi pénitentiaire du 24 novembre 2009, *Rapp. Sénat, 4 juill. 2012, p. 51*. – Raimbourg, Rapport visant à instaurer un mécanisme de prévention de la surpopulation carcérale, *Rapp. Ass. nat., n° 2941, 2010, p. 18 s.*

▶ **Articles :** Blanc et Gorse, Retour sur quarante ans de politique pénitentiaire, *AJ pénal 2019. 528*. – Boussard, Le service public pénitentiaire, cadre de la reconnaissance des droits de la personne détenue, *D. 2013. 23*. – Céré et Japiassù, Le système pénitentiaire français, *in* Les systèmes pénitentiaires dans le monde, *Dalloz, Thèmes et commentaires, 2011, p. 165 s.* – Costa, Retour sur dix ans de jurisprudences suscitées par l'OIP sur la défense de la dignité et des droits fondamentaux des détenus, *in* CNCDH, Défendre en justice la cause des personnes détenues, *Doc. fr. 2014, p. 35*. – Delorme, Un nouveau service public pénitentiaire, *Gaz. Pal. 28 janv. 2010*. – Ferran, Combattre la surpopulation carcérale et l'indignité des conditions de détention. Dans les coulisses d'une « guérilla contentieuse », *RTDH [en ligne], Actualités Droits-Libertés, 10 avr. 2021*. – Fort, La protection de la dignité de la personne détenue, *AJDA 2010. 2249*. – Geffray et Lieber, Le droit pénitentiaire, un droit en construction, *AJDA 2008. 2389*. – Giacopelli, Le raz de marée du principe de dignité, *Lexbase pénal, nov. 2020*. – Habouzit, La codification du droit pénitentiaire, *RSC 2022. 657* ; Conditions matérielles de détention : une politique des peines escamotée, *RSC 2023. 167*. – Hazan, Appréciation de l'effectivité des droits des personnes détenues, *AJ pénal 2019. 532*. – Jennequin, La dignité de la personne détenue, *RFDA 2015. 1082*. – Karsenty, L'administration pénitentiaire des années 1990 : des crises pour un renouveau ?, *RPDP 1991. 261*. – Koubi, Pour un service public pénitentiaire garant du droit des détenus de ne pas être soumis à des traitements inhumains et dégradants, *JCP Adm. 2013. 2017*. – Péchillon, Regard d'un administrativiste sur la loi du 24 novembre 2009, *AJ pénal 2009. 473*. – Schmitz, La Constitution, la loi, le règlement et l'exécution des peines de détention, *RFDA 2015. 148*. – Tchen, Les droits fondamentaux du détenu à l'épreuve des exigences du service public pénitentiaire, *RFDA 1997. 597*. – Tulkens, Les développements récents de la jurisprudence de la Cour européenne des droits de l'homme, *Déviance et Société 2014/4 (vol. 38), p. 425 s.*

COMMENTAIRE

Majoritairement issu des dispositions de la loi pénitentiaire du 24 novembre 2009, qu'il réorganise, le titre préliminaire du code pénitentiaire rassemble « les dispositions générales et sommitales fixant les missions, catégories de publics et principes d'action du service public pénitentiaire » (Rapp. au président de la République relatif à l'Ord. n° 2022-478 du 30 mars 2022 portant partie législative du code pénitentiaire, *JO 5 avr.*). Il a ainsi vocation à dessiner les contours du service public pénitentiaire, dont il définit les missions et pose les principes directeurs.

Assez mal agencé, son organisation est typique des imperfections structurelles de l'ensemble du code. L'article L. 1, appuyé par l'article L. 3 relatif aux conditions de régularité de la détention, énumère les missions du service public pénitentiaire, dont l'article L. 5 précise les usagers. La disposition offre une définition de la personne détenue, désignée comme celle faisant l'objet d'une mesure privative de liberté à l'intérieur d'un établissement pénitentiaire, quel que soit son statut pénal.

Les articles L. 2, L. 4, L. 6, L. 7 et L. 8, quant à eux, renvoient à une perspective plus substantielle du droit pénitentiaire et, plus largement, du système pénitentiaire français, résolument ancré sur les droits fondamentaux. Alors que les grands principes du service public ne sont nulle part rappelés, le respect des droits et libertés des personnes détenues est au cœur des dispositions des articles L. 2 (source des droits garantis), L. 4 (droits fondamentaux des personnes mineures) et L. 6 (respect de la dignité et des droits fondamentaux de la personne détenue). Les articles L. 7 et L. 8, qui achèvent le titre, s'attardent sur le droit à l'intégrité physique et le droit au respect de la vie, déclinaisons particulières du droit de la personne au respect de sa dignité (art. L. 6).

Si l'insistance de la loi sur le nécessaire respect des droits et libertés fondamentaux des usagers du service public pénitentiaire n'est pas nouvelle, son inscription dans les tout premiers articles du code témoigne à la fois de l'influence de la jurisprudence de Cour européenne des droits de l'homme, propice à la fondamentalisation du droit pénitentiaire, et de l'ambition affichée de l'État français de répondre à ses obligations en termes de protection des personnes détenues. La reprise de ces éléments par le titre préliminaire répond ainsi à une logique programmatique dont on espère qu'elle sera suivie des moyens nécessaires à sa réalisation. ❑

Art. L. 1 Le service public pénitentiaire participe à la préparation et à l'exécution des décisions judiciaires.

Il contribue à l'insertion ou à la réinsertion des personnes qui lui sont confiées et à la prévention de la commission de nouvelles infractions.

Il concourt à la mise en œuvre de mesures de justice restaurative.

Il contribue à la sécurité publique et concourt aux actions de prévention de la délinquance.

Il participe à la préparation et à l'exécution de décisions administratives individuelles concourant à la sauvegarde de l'ordre public.

Il est organisé de manière à assurer l'individualisation de la prise en charge des personnes qui lui sont confiées par l'autorité judiciaire, l'exécution des décisions des magistrats compétents pour les nécessités de l'instruction ou du jugement à l'égard des personnes prévenues et l'aménagement des peines des personnes condamnées.

Il assure l'ensemble de ses missions dans le respect des intérêts de la société, des droits des victimes et des droits des personnes à l'égard desquelles il intervient.

BIBL. ▸ **Ouvrage :** Rivero, Les mesures d'ordre intérieur administratives. Essai sur les caractères juridiques de la vie intérieure des services publics, *Paris, Sirey, 1934*.

▸ **Thèse :** Péchillon, Sécurité et droit du service public pénitentiaire, *LGDJ, coll. Bibliothèque de droit public, 1998*.

▸ **Articles :** Auby, Le contentieux administratif du service public pénitentiaire, *RPDP 1987. 548*. – Conseil d'État, Le juge administratif et l'administration pénitentiaire, *dossier thématique en ligne, 2017*. – Coye et de Suremain, Respect des droits fondamentaux des détenus. Le Conseil d'État montre la voie au législateur, *Dedans Dehors nº 67-68, avr. 2009, p. 72*. – Deffains, De la responsabilité de l'État du fait des conditions de détention, *Gaz. Pal. 9 févr. 2013, nº 40*. – Ferran, La personne détenue encore à la recherche de son juge en France, *Déviance et Société 2014, nº 4 (vol. 38), 469*. – Guyomar, Le juge administratif, juge du service public pénitentiaire, *D. 2013. 147*. – Moderne, La responsabilité des services pénitentiaires à raison des dommages subis par les détenus, *RPDP 1982. 575*. – Moreau, La responsabilité de l'État à raison du fonctionnement des établissements pénitentiaires, *Mélanges Bouzat 1980. 105*. – Péchillon, Règlement intérieur type des établissements pénitentiaires : une réforme décrétale anachronique ?, *AJ pénal 2013. 304*. – Schmitz, La Constitution, la loi, le règlement et l'exécution des peines de détention, *RFDA 2015. 148* ; Responsabilité de l'État en raison des conditions de détention, *AJDA 2017. 637*. – Slama, Petit pas supplémentaire sur le plancher de garanties des droits fondamentaux et enlisement du statut constitutionnel des personnes détenues, *RTDH 2014. 652*. – Trémolière, La prison et ses juges : la détention à l'épreuve du dualisme juridictionnel, *RFDA 2017. 731*.

COMMENTAIRE

L'article L. 1 pose les contours du droit pénitentiaire, abordé comme le droit du service public pénitentiaire, soit le droit applicable aux modalités d'exécution de la peine. Cette discipline, qui relève du droit public, et plus particulièrement du droit administratif, s'est tardivement émancipée du droit de l'application de la peine qui se rattache davantage au droit pénal et à la procédure pénale.

C'est avec la décision *Fargeaud d'Epied* du 22 février 1960 (n° 01647 B) que le Tribunal des conflits en a tracé les premiers contours. En posant le principe de la compétence des juridictions administratives pour connaître des litiges relatifs au fonctionnement administratif du service public pénitentiaire, le Tribunal des conflits a favorisé une approche renouvelée du service public pénitentiaire et posé les jalons modernes du statut de ses usagers (V. Péchillon, Sécurité et droit du service public pénitentiaire, *LGDJ, 1998*). Tout en alignant sa jurisprudence sur celle du Tribunal des conflits, le Conseil d'État a d'abord montré une réticence marquée à l'affirmation de ce statut et des droits subjectifs afférents avant d'améliorer le droit à un recours effectif des personnes détenues par l'assouplissement global de sa jurisprudence.

L'affermissement du principe de légalité. Très progressif, cet affermissement, aiguillonné par la Cour européenne des droits de l'homme, a suivi un double mouvement initié par le Conseil d'État et le Conseil constitutionnel.

Jusque dans les années 1990, la mission de contrôle du juge de la légalité a été drastiquement diminuée par l'appel quasi systématique aux mesures d'ordre intérieur (décisions insusceptibles de recours), notamment lorsqu'étaient en cause des décisions individuelles de l'administration pénitentiaire. Le juge de l'excès de pouvoir considérait alors que de tels actes, quoique décisoires, « ne faisaient pas grief », soit qu'ils n'affectaient pas suffisamment la situation juridique de leurs destinataires pour qu'il soit utile de les soumettre au contrôle de légalité (V., par ex., pour une punition de cellule, CE 4 mai 1979 : *D. 1980. 433, note Drapier ; JCP 1979. II. 19242, concl. Franc*).

Sous l'influence de la jurisprudence de la Cour européenne des droits de l'homme, le Conseil d'État a toutefois considérablement infléchi sa position. Dans un premier temps, il a admis la recevabilité du recours pour excès de pouvoir au cas par cas : refus de respecter le secret des correspondances entre un détenu et son avocat (CE 12 mars 1980, n° 12572 B), refus de restituer des sommes bloquées sur le compte d'un détenu (CE 3 nov. 1989, n° 85424 A), interdiction de recevoir certaines publications (CE 10 oct. 1990, n° 107266 A), décisions relatives au nombre ou à l'espacement des repas des détenus (CE 15 janv. 1992, n° 97149 B). Dans un second temps, le juge a posé des critères plus généraux de recevabilité des recours en s'attachant non seulement aux effets juridiques des décisions adoptées mais également à leurs effets matériels sur la situation du détenu. A propos d'une punition de cellule de huit jours, l'arrêt d'assemblée *Marie c/ Garde des Sceaux* du 17 février 1995 indique que, « eu égard à la nature et à la gravité » de la mesure prononcée, la décision fait grief et est donc susceptible d'être déférée au juge de l'excès de pouvoir (CE, ass., 17 févr. 1995, n° 97754 : *JCP 1995. II. 22426, note Lascombe et Bernard ; ibid. 1996. I. 3906, note Maron ; RFDA 1995. 353, concl. Frydman ; ibid. 822, note Moderne et Céré ; RSC 1995. 381, obs. Couvrat ; AJDA 1995. 379, chron. Touvet et Stahl ; D. 1995. 381, note Belloubet-Frier*). Le même raisonnement est bientôt suivi pour admettre la recevabilité du recours porté contre la décision d'un directeur de centre de détention déterminant les conditions d'acquisition de matériel informatique (CE 18 mars 1998, n° 191360 B) ou celle prononçant la mise à l'isolement d'un détenu (CE 30 juill. 2003, n° 252712 B).

Cette jurisprudence, qui annonce déjà la loi pénitentiaire du 24 novembre 2009, a trouvé son prolongement et sa systématisation avec les trois arrêts d'assemblée *Boussouar*, *Planchenault* et *Payet* du 14 décembre 2007 invitant le juge de l'excès de pouvoir à apprécier la nature et l'importance des effets de la décision sur la situation des détenus pour déterminer si elle constitue ou non un acte administratif susceptible de recours. Sont dès lors recevables les recours dirigés contre les décisions de transfert d'une maison centrale à une maison d'arrêt où les conditions de détention sont plus strictes (CE, ass., 14 déc. 2007, n° 290730 B : *AJDA 2008. 128, chron. Boucher et Bourgeois-Machureau* ; *ibid. 2007. 2404* ; *D. 2008. 820, obs. Herzog-Evans* ; *ibid. 1015, obs. Céré, Herzog-Evans et Péchillon* ; *AJ pénal 2008. 100, obs.*

Péchillon ; *RFDA 2008. 87, concl. Guyomar* ; *RSC 2008. 404, chron. Poncela* ; *Dr. pénal 2008. Comm. 25, obs. Maron ; Procédures 2008, n° 61, obs. Deygas*), de déclassement d'emploi (CE, ass., 14 déc. 2007, n° 290420 B) et de soumission à un régime de rotation de sécurité (CE, ass., 14 déc. 2007, n° 306432 B). L'appréciation des effets de la décision dépend à titre principal de l'aggravation, qui peut être temporaire, des conditions de détention. A défaut, le juge considère que la décision relève d'une mesure d'ordre intérieur insusceptible de recours à moins qu'elle ne mette en cause les droits et libertés fondamentaux de la personne détenue.

Par ce double critère de qualification des décisions administratives, le juge de l'excès de pouvoir a provoqué un très net rétrécissement de la catégorie des mesures d'ordre intérieur qui font aujourd'hui figure d'exception au principe de la recevabilité des recours.

Mieux affirmé, le principe de légalité a aussi évolué dans ses sources et son contenu. A cet égard, l'entrée en vigueur de la question prioritaire de constitutionnalité a permis de rappeler le législateur à ses obligations de protection des droits et libertés posées par l'article 34 de la Constitution. Constitutionnellement chargé de fixer les règles concernant les garanties fondamentales accordées aux personnes détenues, le législateur ne peut, sans méconnaître sa compétence, renvoyer au pouvoir réglementaire la tâche de déterminer les conditions essentielles de l'organisation et du régime intérieur des établissements pénitentiaires (Cons. const. 25 avr. 2014, n° 2014-393 QPC : *D. actu. 28 avr. 2014, obs. Léna ; D. 2014. 1235, note Céré et Herzog-Evans* ; *Actualités Droits-Libertés 7 mai 2014, comm. Slama*). Comme dans toute matière touchant aux droits et aux libertés fondamentaux, il existe ici une réserve de loi qui oblige le législateur et contraint l'administration.

Le développement de la responsabilité administrative. Le contentieux de la responsabilité a suivi une évolution similaire. En premier lieu, le régime de droit commun, fondé sur la faute, s'est durablement assoupli. Au cours du XXe siècle, ce régime est d'abord passé de l'exigence d'une « faute manifeste et d'une particulière gravité » (CE 4 janv. 1918, n° 60668 B ; CE 4 janv. 1918, n° 53178 B) à celle d'une « faute lourde » (CE 3 oct. 1958, n° 34789 B) s'appliquant de manière générale à la responsabilité de l'État du fait des dommages causés par le service public pénitentiaire (CE, ass., 11 juill. 1947, n° 74033 B pour les dommages causés par des actes volontaires du personnel pénitentiaire ; CE, ass., 30 janv. 1948, n° 86780 B pour les dommages liés à de mauvaises conditions de détention). Ce n'est que par exception à ce principe, et de manière ponctuelle, que le juge se contentait alors d'une faute non qualifiée (dite « faute simple ») pour engager la responsabilité de l'État. A compter de 2003, la jurisprudence a toutefois franchi une nouvelle étape en généralisant le régime de la faute non qualifiée à l'ensemble du contentieux pénitentiaire, qu'il s'agisse d'assurer la réparation des préjudices causés par des atteintes à la personne (CE 23 mai 2003, n° 244663 B : *AJDA 2004. 157, note Albert* ; CE 9 juill. 2007, n° 281205 A : *AJDA 2007. 2094, note Arbousset* ; *RSC 2008. 404, chron. Poncela* ; CE, sect., 17 déc. 2008, n° 292088 B : *AJDA 2009. 432, concl. De Silva*) ou d'assurer l'indemnisation de ceux liés à des atteintes aux biens des détenus (CE 9 juill. 2008, n° 306666 B : *RSC 2009. 431, chron. Poncela*).

Comme le souligne Julia Schmitz, « le principe du respect de la dignité de la personne humaine est venu dynamiser ce contentieux, en permettant d'ouvrir plus largement les prétoires européen et national » (Schmitz, Responsabilité de l'État en raison des conditions de détention, *AJDA 2017. 637*). Non seulement, la responsabilité pour faute de l'État a été étendue aux hypothèses, nombreuses mais strictement déterminées, où les conditions de détention portent atteinte à la dignité humaine (CE, sect., 6 déc. 2013, n° 363290 B : *AJDA 2014. 237, concl. Hedary* ; *AJ pénal 2014. 143, obs. Péchillon*), mais le Conseil d'État a aussi progressivement allégé la charge de la preuve pesant sur le demandeur, tant en ce qui concerne le préjudice moral causé par de telles conditions de détention (CE 5 juin 2015, n° 370896 A ; CE, sect., 3 déc. 2018, n° 412010 B : *AJDA 2018. 279, chron. Faure et Malverti* ; *D. 2019. 1074, obs. Céré, Evans et Péchillon*) que la réalité de ces dernières, pour laquelle un commencement de preuve suffit désormais (CE 21 mars 2022, n° 443986 B : *D. actu. 31 mars 2022, obs. Paillisse ; AJDA 2022. 607* ; *RDLF 2022. Chron. 24, comm. Jennequin*).

En second lieu, ont été organisés des mécanismes de responsabilité sans faute qui permettent de dégager le droit à la réparation des contraintes et sujétions pesant sur l'administration pénitentiaire. Tel est notamment le cas lorsque le décès d'une personne détenue est imputable à des violences entre détenus (art. L. 8). ❑

I. MISSIONS DU SERVICE PUBLIC PÉNITENTIAIRE

1. Jurisprudence constitutionnelle. L'exécution des peines privatives de liberté en matière correctionnelle et criminelle a été conçue non seulement pour protéger la société et assurer la punition du condamné, mais aussi pour favoriser l'amendement de celui-ci et pour préparer son éventuelle réinsertion. • Cons. const. 20 janv. 1994, nº 93-334 DC • 19 nov. 2009, nº 2009-593 DC : *AJDA 2009. 2199 ; ibid. 2425, tribune Wachsmann ; D. 2009. 2797, obs. Lavric ; ibid. 2010. 1508, obs. Bernaud et Gay ; RFDA 2010. 34 ; RSC 2010. 217, obs. de Lamy* • 14 juin 2013, nº 2013-320/321 *QPC : AJDA 2013. 1252 ; ibid. 2014. 142, étude Quinart ; RDT 2013. 565, obs. Wolmark ; RDSS 2013. 639, note Brimo ; Constitutions 2013. 408, chron. Ghevontian*. • 25 avr. 2014, nº 2014-393 QPC : *D. actu. 28 avr. 2014, obs. Léna ; D. 2014. 1235, note Céré et Herzog-Evans ; Actualités Droits-Libertés, 7 mai 2014, comm. Slama* • 27 févr. 2015, nº 2014-450 QPC • 6 sept. 2019, nº 2019-799/800 : *JCP 2019. 1790, note Peltier ; Rev. des droits de l'homme, juin 2019, nº 16, p. 1, note Sizaire ; Constitutions 2019. 541, note Chassang ; ibid. 517, note Ponseille ; RFDC 2020. 717, note Perrier* • 4 nov. 2021, nº 2021-945 QPC : *D. actu. 29 nov. 2021, obs. Laref ; D. 2021. 2006 ; AJDA 2021. 2246*.

2. Exclusion des objectifs d'insertion et de réinsertion du champ des libertés fondamentales. En jugeant que les objectifs d'insertion et de réinsertion attachés aux peines subies par les détenus tels qu'ils sont fixés par l'al. 2 de l'art. 707 C. pr. pén. ne faisaient pas partie des libertés et droits fondamentaux des détenus, le juge des référés n'a pas commis d'erreur de droit. • CE 15 juill. 2010, nº 340313. ♦ En vertu du 3e al. de l'art. 10 PIDCP et des dispositions des 2e et 3e al. de l'art. 707 C. pr. pén., comme d'ailleurs selon les Recomm. du 11 janv. 2006 du comité des ministres du Conseil de l'Europe sur les Règles pénitentiaires européennes, l'exécution des peines privatives de liberté en matière correctionnelle ou criminelle a pour objet non seulement de punir le condamné, mais également de favoriser son amendement et de préparer son éventuelle réinsertion. L'objectif de réinsertion sociale des détenus n'est cependant pas au nombre des droits et libertés fondamentaux des détenus. • CE 13 nov. 2013, nº 338720 : *D. actu. 20 nov. 2013, obs. Poupeau ; AJDA 2013. 2287 ; RFDA 2014. 965, note Pollet-Panoussis*.

II. CONTRÔLE DU SERVICE PUBLIC PÉNITENTIAIRE

A. RÉPARTITION DES COMPÉTENCES JURIDICTIONNELLES

BIBL. Trémolière, La prison et ses juges : la détention à l'épreuve du dualisme juridictionnel, *RFDA 2017. 731*.

3. Compétence de principe du juge administratif. S'il n'appartient pas au juge administratif de connaître des actes relatifs à la conduite d'une procédure judiciaire ou des litiges relatifs à la nature et aux limites d'une peine infligée par une juridiction judiciaire, il est compétent en revanche pour connaître des litiges relatifs au fonctionnement administratif du service public pénitentiaire. • T. confl. 22 févr. 1960, nº 01647 B. ♦ Une mesure prise par une autorité administrative concernant un inculpé, et sans relation avec les nécessités de l'instruction, intéresse le fonctionnement du service administratif pénitentiaire et relève dès lors de la compétence de la juridiction administrative. • T. confl. 4 juill. 1983, nº 02289 B. ♦ Il appartient donc à la juridiction administrative de connaître des litiges relatifs aux décisions d'affectation des détenus. • CE 8 déc. 1967, nº 69544 B • T. confl. 4 juill. 1983, nº 02289 B : *préc.* ♦ ... Aux sanctions disciplinaires qui peuvent lui être infligées. • CE, ass., 17 févr. 1995, nº 97754 B : *JCP 1995. II. 22426, note Lascombe et Bernard ; JCP 1996. I. 3906, note Maron ; RFDA 1995. 353, concl. Frydman ; ibid. 822, note Moderne et Céré ; RSC 1995. 381, obs. Couvrat ; AJDA 1995. 379, chron. Touvet et Stahl ; D. 1995. 381, note Belloubet-Frier.* ♦ ... Aux décisions prises pour la gestion de leurs biens durant la détention. • CE 6 juin 2007, nº 287176 B : *AJDA 2007. 1160*. ♦ ... Ou concernant les fouilles corporelles intégrales auxquelles les autorités pénitentiaires décident de soumettre un détenu, afin d'assurer la sécurité générale des établissements ou des opérations d'extraction et dans le but de prévenir toute atteinte à l'ordre public. S'il n'appartient qu'au juge judiciaire de connaître des actes relatifs à la conduite d'une procédure judiciaire ou qui en sont inséparables, de telles décisions relèvent de l'exécution du service public administratif pénitentiaire et de la compétence de la juridiction administrative. • CE 14 nov. 2008, nº 315622 B : *Procédures 2009, nº 31, obs. Deygas ; D. 2008. 3013, obs. Royer ; ibid. 2009. 1380, obs. Céré ; AJ pénal 2009. 89, obs. Péchillon ; AJDA 2008. 2145 ; ibid. 2008. 2389, obs. Geffray et Liéber ; Gaz. Pal. 4-6 janv. 2009, obs. Herzog-Evans.* ♦ Le fait que l'administration pénitentiaire relève de l'autorité du garde des Sceaux n'est pas de nature à modifier l'incompétence des juridictions judiciaires dès lors que le litige intéresse le fonctionnement administratif des services pénitentiaires. • Bordeaux, 10 juin 2013, nº 12/00663.

4. Mesures non séparables de la procédure judiciaire. En revanche, il n'appartient pas à la juridiction administrative de connaître des litiges relatifs à la nature et aux limites d'une peine infligée par une juridiction judiciaire. Les juridictions judiciaires sont donc seules compétentes pour connaître des mesures qui ne sont pas détachables de l'exécution de la peine initialement infligée, telles que les décisions relatives : à une réduction de peine. • CE 9 nov. 1990, n° 101168 B : *AJDA 1991. 403, obs. Julien-Laferrière ; ibid. 1991. 546, note Belloubet-Frier ; RFDA 1991. 671, note Pradel ; D. 1991. 390, note Plouvin .* ♦ ... A une libération conditionnelle. • CE, sect., 4 nov. 1994, n° 157435 B : *AJDA 1994. 923 ; RFDA 1995. 816, note Pradel .* ♦ ... A une permission de sortie. • CE 9 févr. 2001, n° 215405 B : *LPA 3 août 2001, p. 23, concl. Seban ; RFDA 2002. 598, note Céré et Péchillon.* ♦ Il n'appartient pas davantage au juge administratif des référés d'ordonner la libération de personnes détenues en vertu de condamnations prononcées par les juridictions répressives. • CE 24 août 2005, n° 284363. ♦ Le juge administratif ne peut pas non plus connaître des actes relatifs à la conduite d'une procédure judiciaire ou qui en sont inséparables, tels que la décision du juge d'instruction de supprimer définitivement un permis de visite préalablement accordé. • CE 15 avr. 2011, n° 346213 B : *D. 2011. Actu. 1285, obs. Biget ; AJ pénal 2011. 248, obs. Péchillon ; RPDP 2011. 414, obs. Céré.* ♦ Il s'ensuit que les incidents contentieux relatifs à l'exécution des peines doivent être portés devant la juridiction judiciaire, ce contentieux n'étant pas au nombre de ceux dont il appartient à la juridiction administrative de connaître. • CE 23 nov. 2005, n° 284912 A : *AJDA 2006. 277 ; RFDA 2006. 389, concl. Aguila .*

B. ACTES D'ORGANISATION DU SERVICE PUBLIC PÉNITENTIAIRE

1° RÉGLEMENTATION NATIONALE

BIBL. Slama, Petit pas supplémentaire sur le plancher de garanties des droits fondamentaux et enlisement du statut constitutionnel des personnes détenues, *Lettre Actualités Droits-Libertés, 7 mai 2014, p. 9.*

5. Domaines de la loi et du règlement. Il appartient au législateur, compétent en application de l'art. 34 Const. pour fixer les règles concernant le droit pénal et la procédure pénale, de déterminer les conditions et les modalités d'exécution des peines privatives de liberté dans le respect de la dignité de la personne. • Cons. const. 19 nov. 2009, n° 2009-593 DC : *préc. note 1* • 25 avr. 2014, n° 2014-393 QPC : *préc. note 1.* ♦ ... Et de fixer les règles concernant les garanties fondamentales accordées aux personnes détenues dans les limites inhérentes aux contraintes de la détention. • Mêmes décisions. ♦ En renvoyant au décret le soin de déterminer ces conditions qui incluent notamment les principes de l'organisation de la vie en détention, de la surveillance des détenus et de leurs relations avec l'extérieur, l'art. 728 C. pr. pén., dans sa version antérieure à la L. du 24 nov. 2009, confie au pouvoir réglementaire le soin de fixer des règles qui relèvent de la loi, aucune disposition législative ne prévoyant les conditions dans lesquelles sont garantis les droits dont ces personnes continuent de bénéficier dans les limites inhérentes à la détention. • Cons. const. 25 avr. 2014, n° 2014-393 QPC : *préc. note 1.* ♦ La méconnaissance, par le législateur, de sa compétence dans la détermination des conditions essentielles de l'organisation et du régime intérieur des établissements pénitentiaires prive de garanties légales l'ensemble des droits et libertés constitutionnellement garantis dont bénéficient les détenus dans les limites inhérentes à la détention. • Mêmes décisions.

6. Réserve de loi. Si le pouvoir réglementaire est compétent pour organiser une mesure d'isolement, il ne peut lui-même en prévoir l'application tant que le législateur n'est pas préalablement intervenu pour organiser, dans son champ de compétence relatif à la procédure pénale, une voie de recours effectif, conformément aux stipulations de l'art. 13 Conv. EDH. • CE, sect., 31 oct. 2008, n° 293785 B : *RFDA 2009. 73, concl. Guyomar ; AJDA 2008. 2389, note Geffray et Liéber ; AJ pénal 2008. 500, obs. Péchillon ; D. 2009. 134, note Herzog-Evans ; ibid. 1918, obs. Gouttenoire .* ♦ Le régime disciplinaire des personnes détenues ne relève pas en lui-même des matières que la Const. range dans le domaine de la loi. Il appartient toutefois au pouvoir réglementaire de ne pas définir de sanctions portant atteinte aux droits et libertés dont les personnes détenues bénéficient dans les limites inhérentes aux contraintes de la détention. • CE 17 juill. 2013, n° 357405 : *Gaz. Pal. 26 sept. 2013. 16, obs. Guyomar.* ♦ Si le pouvoir réglementaire est compétent pour édicter le régime applicable aux détenus particulièrement signalés, les limites éventuellement portées aux droits des détenus par le régime ainsi défini ne peuvent cependant légalement intervenir que dans le respect des conditions définies par le législateur. • CE 7 déc. 2015, n° 393668 A : *D. actu. 22 déc. 2015, obs. Pastor ; AJDA 2015. 2415 ; D. 2016. 1220, obs. Céré, Herzog-Evans et Péchillon .* ♦ V. égal. • CE 30 déc. 2015, n° 383294 • 10 mars 2016, n° 392421 • 31 mars 2017, n° 39639 • 29 janv. 2018, n° 402506 : *D. actu. 12 févr. 2018, obs. Falxa.*

7. Compétence subordonnée du garde des Sceaux. Le garde des Sceaux, ministre de la Justice, dispose, dans les limites et conditions fixées par la loi, d'une compétence d'affectation des condamnés dans toutes les catégories d'établissements, mais il ne tient d'aucune disposition législative ou réglementaire le pouvoir de créer un régime de détention spécifique caractérisé par des rotations régulières et systématiques des détenus considérés comme particulièrement dangereux. • CE 29 févr. 2008, n° 308145 : *AJ pénal 2008. 289, obs. Herzog-Evans .* ♦ V. égal., s'agissant de la note, à caractère réglementaire, présentant les mesures spécifiques de surveillance des personnes détenues figurant au répertoire des détenus particulièrement signalés : • CE 30 déc. 2015, n° 383294.

8. Obligation d'agir du garde des Sceaux. Eu égard à la vulnérabilité des détenus et à leur situation d'entière dépendance vis-à-vis de l'administration, il appartient tout particulièrement à celle-ci, et notamment au garde des Sceaux, ministre de la Justice, de prendre les mesures propres à protéger leur vie. • CE 17 déc. 2008, n° 305594 B : *AJDA 2008. 2364, obs. Montecler ; AJ pénal 2009. 86, obs. Péchillon* • CE, ord., 15 mai 2020, n° 440367. ♦ ... Et à dispenser les traitements et les soins appropriés à leur état de santé ainsi qu'à leur éviter tout traitement inhumain ou dégradant afin de garantir le respect effectif des libertés fondamentales. • CE, ord., 15 mai 2020, n° 440367 : *préc.*

9. Nécessité des mesures. En prévoyant la possibilité d'interdire à une personne détenue de recevoir des subsides de l'extérieur, d'effectuer des achats en cantine ou de la priver de tout appareil acheté ou loué par l'intermédiaire de l'administration, les dispositions réglementaires contestées ont institué des sanctions susceptibles de porter atteinte au droit de propriété et, lorsque la personne détenue se trouve privée d'un appareil de radio ou de télévision, à son droit d'accès à l'information. Ces atteintes étant toutefois limitées dans leur champ, leur durée et leur portée, elles ne sauraient être regardées comme des atteintes substantielles aux droits invoqués. Il s'ensuit que les dispositions litigieuses n'ont pas institué des sanctions disciplinaires restreignant l'exercice de ces droits dans une mesure excédant ce qui est strictement nécessaire. Le Premier ministre n'a donc pas méconnu l'étendue de l'habilitation accordée au pouvoir réglementaire par le législateur. • CE 17 juill. 2013, n° 357405 : *Gaz. Pal. 26 sept. 2013. 16, obs. Guyomar.*

10. Principe d'égalité. Le principe d'égalité ne s'oppose pas à ce que l'autorité investie du pouvoir réglementaire règle de façon différente des situations différentes, ni à ce qu'elle déroge à l'égalité pour des raisons d'intérêt général pourvu que, dans l'un comme l'autre cas, la différence de traitement qui en résulte soit en rapport direct avec l'objet de la norme qui l'établit et ne soit pas manifestement disproportionnée au regard des motifs susceptibles de la justifier. • CE 25 mars 2015, n° 374401 : *D. actu. 1er avr. 2015, obs. Léna ; AJDA 2015. 662 ; Gaz. Pal. 22 juill. 2015, p. 19, obs. Roussel.*

2° RÉGLEMENTATION DES ÉTABLISSEMENTS PÉNITENTIAIRES

11. Compétence des directeurs d'établissement. V. art. L. 112-4 et R. 112-22.

12. Recevabilité des recours. La décision par laquelle un chef d'établissement pénitentiaire fixe les modalités essentielles de l'organisation des visites aux détenus est indissociable de l'exercice effectif du droit de visite. Par sa nature, cette décision prise pour l'application des dispositions réglementaires du C. pr. pén. affecte directement le maintien des liens des détenus avec leur environnement extérieur. Compte tenu de ses effets possibles sur la situation des détenus, et notamment sur leur vie privée et familiale, qui revêt le caractère d'un droit fondamental, elle est insusceptible d'être regardée comme une mesure d'ordre intérieur et constitue toujours un acte de nature à faire grief. • CE 26 nov. 2010, n° 329564 B : *AJDA 2011. 678, note Foujol ; D. 2011. 1306, obs. Péchillon ; Rev. pénit. 2010. 930, obs. Péchillon.*

13. Obligation d'agir des directeurs des établissements pénitentiaires. Eu égard à la vulnérabilité des détenus et à leur situation d'entière dépendance vis-à-vis de l'administration, il appartient à celle-ci, et notamment aux directeurs des établissements pénitentiaires, en leur qualité de chefs de service, de prendre les mesures propres à protéger leur vie. • CE 17 déc. 2008, n° 305594 B : *préc. note 8.* ♦ ... Ainsi qu'à leur éviter tout traitement inhumain ou dégradant. • CE, ord., 22 déc. 2012, n° 364584 B : *JCP Adm. 2013. Actu. 22 ; ibid. 2017, note Koubi* • 10 avr. 2013, n° 367343 • CE 28 juill. 2017, n° 410677 : *AJDA 2017. 1589, obs. de Montecler ; ibid. 2540, note Le Bot ; D. 2018. 1175, obs. Céré, Herzog-Evans et Péchillon ; AJ pénal 2017. 456, obs. Céré* • CE, ord., 26 avr. 2019, n° 429686 • CE 9 déc. 2021, n° 458871. ♦ Dans le cadre de l'épidémie de covid-19, il appartient aux chefs d'établissements pénitentiaires, responsables de l'ordre et de la sécurité au sein de ceux-ci, de s'assurer du respect des consignes données pour lutter contre la propagation du virus et de prendre, dans le champ de leurs compétences, toute mesure propre à garantir le respect effectif des libertés fondamentales des détenus et des personnes y travaillant ou y intervenant. • CE, ord., 8 avr. 2020, n° 439827 B : *AJDA 2020. 756 ; ibid. 1298, note Schmitz ; D. 2020. 1195, obs. Céré, Falxa et Herzog-Evans* • 8 avr. 2020, n° 439821 A : *AJDA 2020. 756*.

C. DÉCISIONS INDIVIDUELLES

14. Justiciabilité des décisions faisant grief. Eu égard à la nature et à la gravité de cette mesure, la punition de cellule constitue une décision faisant grief susceptible d'être déférée au juge de l'excès de pouvoir. • CE, ass., 17 févr. 1995, n° 97754 B : *JCP 1995. II. 22426, note Lascombe et Bernard ; JCP 1996. I. 3906, note Maron ; RFDA 1995. 353, concl. Frydman ; ibid. 822, note Moderne et Céré ; RSC 1995. 331, obs. Couvrat ; AJDA 1995. 379, chron. Touvet et Stahl ; D. 1995. 381, note Belloubet-Frier (ab. jur.* • CE 4 mai 1979 : *D. 1980. 433, note Drapier ; JCP 1979. II. 19242, concl. Franc*). ♦ Il en va de même pour la décision par laquelle le directeur d'un centre de détention détermine les conditions dans lesquelles les détenus peuvent acquérir du matériel informatique. • CE 18 mars 1998, n° 191360 B : *D. 1998.*

117 ; *RFDA 1999. 227, concl. Bonichot*. ♦ ... Ou ordonne la mise à l'isolement d'un détenu. • CE 30 juill. 2003, n° 252712 B : *AJDA 2003. 2090, note Costa* ; *D. 2003. 2331, note Herzog-Evans* ; *AJ pénal 2003. 74, obs. Remillieux* ; *Dr. pénal 2004, comm. 43, obs. Maron.*

15. *Aggravation des conditions de détention.* Eu égard à sa nature et à l'importance de ses effets sur la situation des détenus, une décision de changement d'affectation d'une maison centrale, établissement pour peines, à une maison d'arrêt constitue un acte administratif susceptible de faire l'objet d'un recours pour excès de pouvoir et non une mesure d'ordre intérieur. • CE, ass., 14 déc. 2007, n° 290730 B : *AJDA 2007. 2404* ; *ibid. 2008. 128, chron. Boucher et Bourgeois-Machureau* ; *D. 2008. 820, les obs., note Herzog-Evans* ; *ibid. 1015, obs. Céré, Herzog-Evans et Péchillon* ; *AJ pénal 2008. 100, obs. Péchillon* ; *RFDA 2008. 87, concl. Guyomar* ; *RSC 2008. 404, chron. Poncela* ; *Dr. pénal 2008. Comm. 25, obs. Maron* ; *Procédures 2008, n° 61, obs. Deygas.* ♦ Même solution pour : les décisions qui soumettent un détenu à des rotations de sécurité. • CE, ass., 14 déc. 2007, n° 306432 B : *D. 2008. AJ 90* ; *ibid. 820, note Herzog-Evans* ; *ibid. Pan. 1018, obs. Péchillon* ; *RSC 2008. 404 s., obs. Poncela* ; *AJ pénal 2008. 100, obs. Péchillon* ; *AJDA 2007. 2404* ; *ibid. 2008. 128* ; *Dr. pénal 2008. Comm. 25, obs. Maron* ; *Procédures 2008, n° 61, obs. Deygas.* ♦ ... Les décisions de déclassement d'emploi. • CE 14 déc. 2007, n° 290420 B : *AJDA 2008. 128, chron. Boucher et Bourgeois-Machureau* ; *ibid. 2007. 2404* ; *D. 2008. 820, note Herzog-Evans* ; *ibid. 1015, obs. Céré, Herzog-Evans et Péchillon* ; *RFDA 2008. 87, concl. Guyomar*. ♦ ... Les décisions relatives aux fouilles corporelles intégrales lors d'une extraction judiciaire. • CE 14 nov. 2008, n° 315622 B : *Procédures 2009, n° 31, obs. Deygas* ; *D. 2008. 3013, obs. Royer* ; *ibid. 2009. 1380, obs. Céré* ; *AJ pénal 2009. 89, obs. Péchillon* ; *AJDA 2008. 2145* ; *ibid. 2389, obs. Geffray et Liéber* ; *Gaz. Pal. 4-6 janv. 2009, obs. Herzog-Evans.* ♦ ... Les décisions de placement à l'isolement. • CE 17 déc. 2008, n° 293786 B : *AJ pénal 2009. 87, obs. Céré* ; *Procédures 2009, n° 65, obs. Deygas* ; *AJDA 2008. 2364, obs. Montecler* ; *D. 2009. 1376, obs. Péchillon*. ♦ ... Les décisions d'inscription de détenus sur le répertoire des détenus particulièrement signalés. • CE 30 nov. 2009, n° 318589 B : *AJDA 2009. 2320* ; *ibid. 2010. 994, étude Moliner-Dubost* ; *AJ pénal 2010. 43, obs. Péchillon*. ♦ ... Les décisions par lesquelles un détenu est placé en régime différencié. • CE 28 mars 2011, n° 316977 B : *AJ pénal 2011. 408, note Cliquennois et Herzog-Evans* ; *RPDP 2011. 409, obs. Céré* ; *D. 2012. Pan. 1294, obs. Péchillon*. ♦ ... Les décisions de sanction, y compris d'avertissement. • CE 21 mai 2014, n° 359672 B : *D. actu. 28 mai 2014, obs. Poupeau* ; *AJDA 2014. 1065*. ♦ ... Les décisions de retenue des biens ou équipements d'un détenu (ici informatique). • CE 9 nov. 2015, n° 383712 A : *AJDA 2016. 53, concl. Bretonneau*.

16. *Prolongation d'une décision initiale.* Dans le même esprit, la décision maintenant une inscription sur le répertoire des détenus particulièrement signalés est susceptible de faire l'objet d'un recours pour excès de pouvoir. • CE 28 déc. 2009, n° 328768 A. ♦ ... De même que la décision prolongeant une affectation en secteur « portes fermées ». • CE 28 mars 2011, n° 316977 B : *AJ pénal 2011. 408, note Cliquennois et Herzog-Evans* ; *RPDP 2011. 409, obs. Céré* ; *D. 2012. Pan. 1294, obs. Péchillon* • 24 août 2011, n° 341240 P : *D. 2012. 1295, obs. Péchillon* • 6 déc. 2012, n° 364584 B : *RPDP 2012. 942, obs. Péchillon.* ♦ ... Ou celle maintenant un détenu à l'isolement. • CE 26 juill. 2011, n°s 317547 et 328535 : *D. actu. 7 sept. 2011, obs. Grand.*

17. *Atteinte aux droits fondamentaux.* Est également recevable le recours dirigé contre une décision mettant en cause les libertés et les droits fondamentaux des détenus, telle qu'une décision de changement d'affectation entre établissements pénitentiaires de même nature qui rend plus difficile l'exercice par le détenu de son droit fondamental à conserver une vie familiale en détention. • CE 27 mai 2009, n° 322148 A : *AJDA 2009. 1076* ; *JCP Adm. 2009. Comm. 725* ; *Gaz. Pal. 23 juin 2009, p. 12.* ♦ Doivent être regardées comme mettant en cause des libertés et des droits fondamentaux des détenus les décisions qui portent à ces droits et libertés une atteinte qui excède les contraintes inhérentes à leur détention. • CE 13 nov. 2013, n° 338720 : *D. actu. 20 nov. 2013, obs. Poupeau* ; *AJDA 2013. 2287* ; *RFDA 2014. 965, note Pollet-Panoussis*.

III. RESPONSABILITÉ DU SERVICE PUBLIC PÉNITENTIAIRE

18. *Responsabilité à l'égard des agents.* V. art. R. 122-22.

A. À L'ÉGARD DES USAGERS

BIBL. Schmitz, Responsabilité de l'État en raison de conditions de détention, *AJDA 2017. 637*.

1° RESPONSABILITÉ POUR FAUTE

19. *Principe de la faute non qualifiée.* Dans les circonstances particulières de l'espèce, le suicide de l'intéressé doit être regardé comme la conséquence directe d'une succession de fautes imputables au service pénitentiaire. L'État doit être déclaré entièrement responsable des conséquences dommageables. • CE 23 mai 2003, n° 244663 B : *AJDA 2004. 157, note Albert*. ♦ V. égal., en l'absence d'une succession de fautes :

• CE 9 juill. 2007, n° 281205 A : *D. 2008. 1015, obs. Céré, Herzog-Evans et Péchillon ; AJDA 2007. 2094, note Arbousset ; RSC 2008. 404, chron. Poncela* (ab. jur. • CE 28 oct. 1983, n° 44268 A). ♦ Alors même qu'aucune de ces circonstances ne revêt le caractère d'une faute lourde dans l'organisation ou le fonctionnement du service de surveillance des détenus, la cour a pu, sans entacher son arrêt d'une erreur de droit, juger que la responsabilité de l'État était susceptible d'être engagée à raison du décès d'un détenu à la suite de l'inhalation des fumées toxiques provoquées par l'incendie volontaire commis par l'un de ses codétenus. • CE 17 déc. 2008, n° 292088 B : *AJDA 2008. 2364, obs. de Montecler ; ibid. 2009. 432, concl. de Silva ; AJ pénal 2009. 86, obs. Péchillon* (ab. jur. • CE 3 oct. 1958, n° 34789 B). ♦ La CAA n'a pas commis d'erreur de droit en jugeant que la responsabilité de l'État en cas de dommages aux biens des détenus lorsque sont mises en œuvre des méthodes de détention consistant à laisser ouvertes les cellules pendant la journée n'exige pas l'existence d'une faute lourde de l'administration. • CE 9 juill. 2008, n° 306666 B : *AJDA 2008. 2294, note Brondel ; RSC 2009. 431, chron. Poncela*. ♦ La responsabilité de l'État en cas de dommage aux biens des personnes détenues peut être engagée lorsque ce dommage est imputable, d'une part, à un défaut d'entretien normal de l'établissement pénitentiaire dont ces personnes sont usagères ou, d'autre part, en tenant compte des contraintes pesant sur le service public pénitentiaire, à une carence de l'administration dans la mise en œuvre des moyens nécessaires à la protection de ces biens. • CE 6 juill. 2015, n° 373267 A : *AJDA 2015. 1393, obs. de Montecler ; AJ pénal 2015. 561, obs. Otéro*. ♦ Des conditions de détention qui portent atteinte à la dignité humaine révèlent l'existence d'une faute de nature à engager la responsabilité de la puissance publique. • CE, sect., 6 déc. 2013, n° 363290 B : *AJDA 2013. 246 ; ibid. 2014. 237, concl. Hedary ; AJ pénal 2014. 143, obs. Péchillon* ♦ ... Qui, si elle est caractérisée, est de nature à engendrer, par elle-même, un préjudice moral pour la personne qui en est la victime. • CE 5 juin 2015, n° 370896 B.

20. Éléments d'appréciation de la faute. Compte tenu des contraintes pesant sur le service public pénitentiaire, l'organisation de méthodes de détention consistant à laisser ouvertes les cellules pendant la journée afin de favoriser un climat de détente ne saurait être subordonnée à l'affectation de surveillants à chaque étage de façon permanente. Dès lors, le simple fait que l'administration n'ait pas mis en place de mesures de protection particulière des biens personnels des détenus n'est pas en lui-même constitutif d'une faute. • CE 9 juill. 2008, n° 306666 B : *AJDA 2008. 2294, note Brondel ; RSC 2009. 431, chron. Poncela*. ♦ En raison de la situation d'entière dépendance des personnes détenues vis-à-vis de l'administration pénitentiaire, l'appréciation du caractère attentatoire à la dignité des conditions de détention dépend notamment de leur vulnérabilité, appréciée compte tenu de leur âge, de leur état de santé, de leur handicap et de leur personnalité, ainsi que de la nature et de la durée des manquements constatés et des motifs susceptibles de justifier ces manquements eu égard aux exigences qu'impliquent le maintien de la sécurité et du bon ordre dans les établissements pénitentiaires ainsi que la prévention de la récidive. • CE, sect., 6 déc. 2013, n° 363290 B : *AJDA 2013. 246 ; ibid. 2014. 237, concl. Hedary ; AJ pénal 2014. 143, obs. Péchillon* • CE 13 janv. 2017, n° 389711 B : *AJDA 2017. 83 ; ibid. 637, note Schmitz*. ♦ Des conditions de détention qui porteraient atteinte à la dignité humaine, appréciées à l'aune de ces critères, révèleraient l'existence d'une faute de nature à engager la responsabilité de la puissance publique. • CE 5 juin 2015, n° 370896 A. ♦ L'adoption, lors de l'extraction médicale d'un détenu et pendant son séjour dans un établissement hospitalier, de mesures de sécurité disproportionnées à sa dangerosité et au risque d'évasion qu'il représente est constitutive d'une faute susceptible d'engager la responsabilité de l'administration. • CE 16 mars 2018, n° 407857 : *AJDA 2018. 1430*. ♦ La responsabilité de l'État en cas de préjudice matériel ou moral résultant du suicide d'un détenu peut être recherchée pour faute des services pénitentiaires en raison notamment d'un défaut de surveillance ou de vigilance. Une telle faute ne peut toutefois être retenue qu'à la condition qu'il résulte de l'instruction que l'administration n'a pas pris, compte tenu des informations dont elle disposait, en particulier sur les antécédents de l'intéressé, son comportement et son état de santé, les mesures que l'on pouvait raisonnablement attendre de sa part pour prévenir le suicide. • CE 26 juill. 2018, n° 391551 • 10 nov. 2021, n° 448105.

21. Illégalité fautive. Une décision de placement préventif en cellule disciplinaire illégalement prise par le chef d'établissement est de nature à engager la responsabilité de l'administration pénitentiaire. • CE 14 mars 2011, n° 308167 : *D. 2011. 1307, obs. Péchillon ; RPDP 2011. 413, obs. Céré*. ♦ De même, l'adoption, lors de l'extraction médicale d'un détenu et pendant son séjour dans un établissement hospitalier, de mesures de sécurité disproportionnées à sa dangerosité et au risque d'évasion qu'il représente est constitutive d'une faute susceptible d'engager la responsabilité de l'administration. • CE 16 mars 2018, n° 407857 : *AJDA 2018. 1430*. ♦ V. encore, concernant les sanctions disciplinaires : • CE 18 nov. 2015 n° 380461 B : *AJDA 2015. 2236 ; D. actu. 26 nov. 2015, obs. Pastor*. ♦ Une illégalité même externe est susceptible de donner lieu à indemnisation s'il est établi un lien de causalité suffisant entre cette illégalité externe fautive et le préjudice invoqué à ce titre. • CAA Nantes, 18 juin 2015, n° 14NT00585. ♦ Il appartient dès lors au juge de plein contentieux de déterminer si, compte tenu de la nature et de la gravité de l'irrégularité constatée, la même décision aurait pu être légalement prise. • CE 18 nov. 2015, n° 380461 B : *AJDA 2015. 2236* ; *D. actu. 26 nov. 2015, obs. Pastor.* ♦ Dans tous les cas, un préjudice moral ne saurait être constitué de la seule illégalité pour le détenu concerné, à qui il appartient d'en justifier la réalité. Il en va cependant différemment en cas d'atteinte à la dignité de l'intéressé qui, lorsqu'elle est caractérisée, est de nature à engendrer, par elle-même, un tel préjudice. • CE 16 mars 2018, n° 407857 : *AJDA 2018. 1430*.

22. Preuve de la faute. S'il appartient en principe au demandeur qui engage une action en responsabilité à l'encontre de l'administration d'apporter tous les éléments de nature à établir devant le juge, outre la réalité du préjudice subi, l'existence de faits de nature à caractériser une faute, il en va différemment, s'agissant d'une demande formée par un détenu ou ancien détenu, lorsque la description faite par le demandeur de ses conditions de détention est suffisamment crédible et précise pour constituer un commencement de preuve de leur caractère indigne. C'est alors à l'administration qu'il revient d'apporter des éléments permettant de réfuter les allégations du demandeur. • CE 21 mars 2022, n° 443986 A : *D. actu. 31 mars 2022, obs. Paillisse ; AJDA 2022. 607 ; RDLF 2022, chron. 24, comm. Jennequin.*

2° RESPONSABILITÉ SANS FAUTE

23. Décès d'un détenu du fait des violences d'un codétenu. V. comm. ss. art. L. 8.

B. À L'ÉGARD DES TIERS

24. Principe de la responsabilité pour faute. La responsabilité pour faute (ici lourde) de l'État peut être invoquée dans l'hypothèse de l'existence d'un lien de causalité entre l'évasion d'un détenu et les faits incriminés. • CE 10 mai 1985, n° 48517 B.

25. Méthodes alternatives à l'enfermement. La responsabilité de l'État peut être engagée même sans faute en raison du risque spécial créé à l'égard des tiers par des détenus bénéficiaires d'une permission de sortir. • CE 27 mars 1985, n° 49928 B. ♦ Les mesures de libération conditionnelle, de permission de sortir et de semi-liberté constituent des modalités d'exécution des peines qui ont été instituées à des fins d'intérêt général et créent, lorsqu'elles sont utilisées, un risque spécial pour les tiers susceptible d'engager, même en l'absence de faute, la responsabilité de l'État. • CE, sect., 29 avr. 1987, n° 61015 B.

Art. L. 2 **Le service public pénitentiaire s'acquitte de ses missions dans le respect des droits et libertés garantis par la Constitution et les conventions internationales ratifiées par la France, notamment la convention européenne de sauvegarde des droits de l'Homme et des libertés fondamentales.**

Il se conforme aux règles fixées par le code de déontologie prévu à l'article L. 120-1.

BIBL. ▸ **Avis et rapport :** CNCDH, Les droits de l'homme dans la prison, *Doc. fr., 2007, vol. 1* ; Défendre en justice la cause des personnes détenues, *Doc. fr., 2014.* – GARRAUD, Rapport fait au nom de la commission des lois sur le projet de loi pénitentiaire n° 1506, *Rapp. Ass. nat. 2009, n° 1899.*

▸ **Articles :** BOUSSARD, Le service public pénitentiaire, cadre de la reconnaissance des droits de la personne détenue, *D. 2013. 23* . – CÉRÉ, Les règles pénitentiaires européennes et les conditions de détention, *Gaz. Pal. 9 févr. 2013, n° 40* ; Le contrôle des conditions matérielles de détention. Une protection efficace du droit européen ?, *AJ pénal 2018. 336* ; Surpopulation carcérale : l'arrêt quasi pilote de la CEDH, *AJ pénal 2020. 122.* – DELORME, Un nouveau service public pénitentiaire, *Gaz. Pal. 28 janv. 2010.* – DOURNEAU-JOSETTE, Les conditions de détention et la CEDH : les droits fondamentaux à l'assaut des prisons, *Gaz. Pal. 9 févr. 2013, n° 40.* – KOUBI, Pour un service public pénitentiaire garant du droit des détenus de ne pas être soumis à des traitements inhumains et dégradants, *JCP Adm. 2013. 2017.* – MOLINER-DUBOST, Déontologie et prison, *in* Blacher, Déontologie et droit public, *LGDJ 2014, p. 137.* – TCHEN, Les droits fondamentaux du détenu à l'épreuve des exigences du service public pénitentiaire, *RFDA 1997. 597.*

I. RESPECT DES DROITS DE LA PERSONNE DÉTENUE

1. Permanence relative des droits et libertés fondamentaux. Les personnes détenues dans des établissements pénitentiaires ne sont pas, de ce seul fait, privées du droit d'exercer des libertés fondamentales susceptibles de bénéficier de la procédure de protection particulière instituée par l'art. L. 521-2 CJA. L'exercice de ces libertés est toutefois subordonné aux contraintes inhérentes à leur détention. • CE, sect., 27 mai 2005, n° 280866 B : *AJDA 2005. 1579, note Rainaud* ; *D. 2006. 1080, obs. Péchillon*. ♦ A cet égard, les personnes détenues ne sauraient utilement se prévaloir des dispositions des L. du 30 juin 1881 et du 28 mars 1907 relatives à la liberté de réunion. • Même arrêt. ♦ Si aucune disposition législative ou réglementaire ne prohibe l'organisation dans l'enceinte des établissements pénitentiaires de débats associant au besoin des parlementaires, aucun texte non plus qu'aucun principe général n'ouvre droit à l'organisation de tels débats. • Même arrêt.

2. Vulnérabilité des personnes détenues. Eu égard à la vulnérabilité des détenus et à leur situation d'entière dépendance vis-à-vis de l'administration, il appartient à celle-ci, de prendre les mesures propres à protéger leur vie ainsi qu'à leur éviter tout traitement inhumain ou dégradant afin de garantir le respect effectif des exigences découlant des principes rappelés notamment par les art. 2 et 3 Conv. EDH. • CE 17 déc. 2008, n° 305594 B : *AJDA 2008. 2364, obs. de Montecler ; AJ pénal 2009. 86, obs. Péchillon* • CE, ord., 10 avr. 2013, n° 367343 • 26 avr. 2019, n° 429686 • CE 6 févr. 2023, n° 470228 : *D. actu. 20 févr. 2023, obs. Dominati* • CE, ord., 15 mai 2023, n° 472994 : *D. actu. 26 mai 2023, obs. Dominati.*

A. PROTECTION CONSTITUTIONNELLE

3. Const., art. 34. Réserve de loi. Il appartient au législateur, compétent en application de l'art. 34 Const. pour fixer les règles concernant le droit pénal et la procédure pénale, de déterminer les conditions et les modalités d'exécution des peines privatives de liberté dans le respect de la dignité de la personne et de fixer les règles concernant les garanties fondamentales accordées aux personnes détenues dans les limites inhérentes aux contraintes de la détention. • Cons. const. 19 nov. 2009, n° 2009-593 DC : *AJDA 2009. 2199 ; ibid. 2425, tribune Wachsmann ; D. 2009. 2797, obs. Lavric ; ibid. 2010. 1508, obs. Bernaud et Gay ; RFDA 2010. 34 ; RSC 2010. 217, obs. de Lamy* • 14 juin 2013, n° 2013-320/321 *QPC : AJDA 2013. 1252 ; ibid. 2014. 142, étude Emilien Quinart ; RDT 2013. 565, obs. Wolmark ; RDSS 2013. 639, note Brimo ; Constitutions 2013. 408, chron. Ghevontian* • 25 avr. 2014, n° 2014-393 QPC : *D. actu. 28 avr. 2014, obs. Léna ; D. 2014.1235, note Céré et Herzog-Evans ; Actualités Droits-Libertés, 7 mai 2014, comm. Slama* • 27 févr. 2015, n° 2014-450 QPC • 25 sept. 2015, n° 2015-485 QPC : *D. actu. 28 sept. 2015, obs. Fleuriot ; D. 2015. 2083, point de vue Céré ; AJ pénal 2016. 100, obs. Falxa* • 4 nov. 2021, n° 2021-945 QPC : *D. actu. 29 nov. 2021, obs. Laref ; D. 2021. 2006 ; AJDA 2021. 2246*. ♦ Il en résulte que le législateur doit assurer la conciliation entre, d'une part, l'exercice de ces droits et libertés que la Const. garantit et, d'autre part, l'objectif de valeur constitutionnelle de sauvegarde de l'ordre public, ainsi que les finalités qui sont assignées à l'exécution des peines privatives de liberté. • Cons. const. 25 sept. 2015, n° 2015-485 QPC : *préc.* ♦ La méconnaissance, par le législateur, de sa compétence dans la détermination des conditions essentielles de l'organisation et du régime intérieur des établissements pénitentiaires prive de garanties légales l'ensemble des droits et libertés constitutionnellement garantis dont bénéficient les détenus dans les limites inhérentes à la détention. • Cons. const. 25 avr. 2014, n° 2014-393 QPC : *préc.*

4. Droits de la défense. Parmi les droits et libertés dont bénéficient les personnes détenues, figure le droit à un recours effectif. • Cons. const. 24 mai 2016, n° 2016-543 QPC : *AJ pénal 2016. 334, note Herzog-Evans ; Dr. pénal 2016. 41, obs. Haas et Maron ; Dedans Dehors juill. 2016, n° 92, p. 44, comm. Ferran et Redon ; RFDC 2017. 240, obs. Perrier ; Constitutions 2017. 86, note Ponseille* • 22 juin 2018, n° 2018-715 QPC : *D. actu. 26 juin 2018, obs. Goetz ; D. 2018. 2287, note Roujou de Boubée ; AJ pénal 2018. 469, obs. Falxa* • 8 févr. 2019, n° 2018-763 QPC : *AJ pénal 2019. 222, obs. Grégoire*. ♦ ... Ainsi que les droits de la défense garantis par l'art. 16 DDH. • Cons. const. 4 nov. 2021, n° 2021-945 QPC : *préc. note 3.*

5. Dignité de la personne humaine. Le Préamb. de la Const. de 1946 a réaffirmé que tout être humain, sans distinction de race, de religion ni de croyance, possède des droits inaliénables et sacrés. La sauvegarde de la dignité de la personne contre toute forme d'asservissement et de dégradation est au nombre de ces droits et constitue un principe à valeur constitutionnelle. Il appartient au législateur, compétent en application de l'art. 34 Const. pour fixer les règles concernant le droit pénal et la procédure pénale, de déterminer les conditions et les modalités d'exécution des peines privatives de liberté dans le respect de la dignité de la personne. • Cons. const. 25 avr. 2014, n° 2014-393 QPC : *préc. note 3.* ♦ Il se déduit du Préamb. de la Const. de 1946 et de l'art. 16 DDH qu'il appartient aux autorités judiciaires ainsi qu'aux autorités administratives de veiller à ce que la privation de liberté des personnes condamnées soit, en toutes circonstances, mise en œuvre dans le respect de la dignité de la personne. • Cons. const. 2 oct. 2020, n° 2020-858/859 QPC : *D. actu. 23 sept. 2020, obs. Mucchielli ; ibid. 9 oct. 2020, obs. Engel ; AJDA 2020. 2158, note Bonnet et Gahdoun ; ibid. 2367, obs. Roujou de Boubée, Ginestet, Gozzi, Mirabail et Tricoire ; ibid. 1308, obs. Debaets et Jacquinot ; D. 2020. 2056, entretien Falxa ; ibid. 2021. 57, note Roux ; AJ fam. 2020. 498, obs. Mary ; AJ pénal 2020. 580, note Frinchaboy ; RFDA 2021. 87, note Perrier*. • Cons. const. 16 avr. 2021, n° 2021-898 QPC : *RFDC 2022. 191, note Recotillet.*

B. PROTECTION INTERNATIONALE ET EUROPÉENNE

6. Conv. EDH. Notion de loi. Les stipulations de la Conv. EDH, telles qu'interprétées par la CEDH, n'imposent pas, par la seule mention du terme « loi », que l'ingérence de l'autorité publique dans l'exercice du droit qu'elles consacrent soit prévue par un texte de nature législative au sens donné à cette catégorie d'actes normatifs par la Const., mais seulement qu'elle trouve son fondement dans une norme claire, accessible et prévisible. • CE 21 nov. 2018, n° 412741.

7. Normes internes. Rapport de compatibilité. Il est constant que l'article litigieux, édicté par voie de décret du Premier ministre, n'est affecté d'aucune inintelligibilité, et qu'il est accessible à toute personne susceptible de s'en voir appliquer les dispositions, comme d'ailleurs l'ensemble du C. pr. pén., dans des conditions de publicité suffisantes. En outre, et alors même que ses dispositions ne déterminent pas l'ensemble des hypothèses, par nature contingentes, dans lesquelles le ministre peut décider de procéder à un changement d'affectation d'un détenu « lorsque survient un fait ou un élément d'appréciation nouveau », elles apportent aux pouvoirs dudit ministre une limite effective, sous le contrôle du juge administratif, de nature à en interdire tout usage arbitraire. Il s'ensuit que les dispositions critiquées ne sont pas incompatibles avec les stipulations de l'art. 8 Conv. EDH. • CE 21 nov. 2018, n° 412741.

8. Conv. EDH, art. 2. Protection de la vie. V. notes ss. art. L. 7 et L. 8.

9. Conv. EDH, art. 3. Respect de la dignité. V. notes ss. art. L. 6.

10. Conv. EDH, art. 4. Interdiction de l'esclavage et du travail forcé. Dans son principe, l'obligation de travailler imposée à un détenu ayant atteint l'âge de retraite dans le but de réduire les effets nocifs de la détention n'est pas contraire à son droit à ne pas être soumis à un travail forcé ou obligatoire. • CEDH 9 févr. 2016, *Meier c/ Suisse,* n° 10109/14.

11. Conv. EDH, art. 5. Droit à la liberté et à la sûreté. Si le seul fait qu'un détenu souffrant de graves troubles mentaux ne soit pas intégré dans un établissement spécialisé n'a pas pour effet automatique de rendre sa détention irrégulière au regard de l'art. 5, § 1er, l'absence d'une prise en charge adéquate, sans encadrement médical approprié, et, donc, sans espoir réaliste de changement, constitue une épreuve particulièrement pénible et le soumet à une détresse d'une intensité qui excède le niveau inévitable de souffrance inhérent à la détention et entache la régularité de la détention au sens de l'art. 5 Conv. EDH. • CEDH 31 janv. 2019, *Rooman c/ Belgique,* n° 18052/11 : *Dr. pénal 2019, n° 4, comm. 78, Peltier ; JCP 2019. 7. 175, note Pastre-Belda ; ibid. 176, note Gonzalez ; D. 2019. 524, note Sferlazzo-Boubli.* ♦ V. égal. • CEDH 27 janv. 2015, *X c/ Suisse,* n° 43368/08, § 43.

12. Conv. EDH. Art. 8. Vie privée et familiale. Le fait de détenir une personne dans une prison éloignée de sa famille à tel point que toute visite se révèle en réalité très difficile, voire impossible, peut, dans certaines circonstances, constituer une ingérence dans sa vie familiale, la faculté pour les membres de la famille de rendre visite au détenu étant un facteur essentiel pour le maintien de la vie familiale. Il est donc primordial au respect de la vie familiale que l'administration pénitentiaire aide le détenu à maintenir un contact avec sa famille proche. • CEDH 23 oct. 2014, *Vintman c/ Ukraine,* n° 28403/05, § 78. ♦ Toute ingérence dans l'exercice de ses droits par un détenu doit être justifiée conformément à l'art. 8, § 2, Conv. EDH et l'intéressé doit disposer d'un recours effectif pour contester les mesures qui constituent une ingérence. • CEDH 23 oct. 2014, *Vintman c/ Ukraine,* n° 28403/05, § 84, 99, 104 et 115-117 : *préc.* ♦ Les autorités nationales doivent, en outre, offrir au détenu une possibilité réaliste d'exposer les raisons s'opposant à son affectation dans un établissement pénitentiaire donné, et d'obtenir que ces raisons soient mises en balance avec les autres considérations pertinentes à la lumière des exigences de l'art. 8. • CEDH 7 mars 2017, *Polyakova et a. c/ Russie,* nos 5090/09, 35845/11 et 45694/13, § 100 : *AJ pénal 2017. 301, obs. Lavric.* ♦ Pour autant, aucune stipulation de la Conv. EDH ne garantit aux détenus de choisir leur lieu de détention, la séparation et l'éloignement des détenus de leur famille constituant des conséquences inévitables de leur situation carcérale. • CEDH 23 oct. 2014, *Vintman c/ Ukraine,* n° 28403/05, § 78 : *préc.* • CE 21 juill. 2020, n° 441880 : *D. 2021. 1106, obs. Céré, Falxa, Herzog-Evans.*

13. Conv. EDH, art. 9. Liberté religieuse. Les autorités nationales ont l'obligation de respecter la liberté religieuse des détenus, en s'abstenant de toute ingérence non justifiée dans l'exercice des droits et en prenant, le cas échéant, des mesures positives en vue de permettre un libre exercice de ces droits, eu égard aux exigences particulières du milieu carcéral. • CEDH 17 déc. 2013, *Vartic c/ Roumanie,* n° 14150/08 • 9 juin 2020, *Erlich et Kastro c/ Roumanie,* nos 23735/16 et 23740/16. ♦ A cette fin, les autorités nationales doivent ménager un juste équilibre entre les intérêts de l'établissement, ceux de ces autres prisonniers et les intérêts particuliers du détenu concerné, dont font partie les droits attachés à l'exercice du culte. • CEDH 7 déc. 2010, *Jakóbski c/ Pologne,* n° 18429/062 • CEDH 17 déc. 2013, *Vartic c/ Roumanie,* n° 14150/08. ♦ Le choix d'adopter ou pas une réglementation détaillée relative aux modalités d'exercice d'une religion donnée en milieu pénitentiaire relève en principe de la marge d'appréciation des autorités de l'État, qui sont mieux placées pour se prononcer sur les besoins et les contextes locaux. • CEDH 9 juin 2020, *Erlich et Kastro c/ Roumanie,* nos 23735/16 et 23740/16.

14. Conv. EDH, art. 13. Droit à un recours effectif. Condamnation de la France pour violation de l'art. 3 Conv. EDH en raison de l'ineffectivité des recours préventifs pouvant être exercés pour faire cesser des conditions indignes de détention contraires à l'art. 3 Conv. EDH. • CEDH 30 janv. 2020, *J.M.B. c/ France*, n° 9671/15 : *D. actu. 6 févr. 2020, obs. Senna ; AJDA 2020. 1064, note Avvenire ; D. 2020. 753, note Renucci ; ibid. 1195, obs. Céré, Falxa et Herzog-Evans ; ibid. 1643, obs. Pradel ; ibid. 2021. 432, chron. Afroukh et Marguénaud ; RFDA 2020. 496, note Portier ; JA 2020, n° 614, p. 11, obs. Giraud ; AJ pénal 2020. 122, éude Céré ; RDLF 2020, chron. 46, comm. Schmitz ; GADS, 3e éd., Dalloz, 2021, n° 108.* ♦ Dès lors que la décision litigieuse ne porte pas atteinte à un droit garanti par la Conv. EDH, est inopérant le moyen tiré de ce que le TA aurait, par le jugement attaqué, méconnu les stipulations de l'art. 13 de ladite Conv. • CAA Paris, 24 mai 2017, n° 15PA00891.

15. Conv. EDH, art. 14. Interdiction des discriminations. La Cour conclut à la violation de l'art. 14 combiné avec l'art. 3 Conv. EDH concernant un détenu homosexuel maintenu pendant plus de 8 mois en isolement total de la collectivité carcérale pour le protéger de ses codétenus. Si les préoccupations de l'administration pénitentiaire selon lesquelles le requérant risquait de subir des atteintes à son intégrité s'il restait dans une cellule collective standard n'étaient pas tout à fait sans fondement, elles ne suffisaient pas à justifier une mesure d'exclusion totale de l'intéressé de la collectivité carcérale. En l'espèce, les autorités pénitentiaires n'avaient aucunement procédé à une appréciation adéquate du risque pour la sécurité du requérant et s'étaient bornées à croire qu'en raison de son orientation sexuelle, l'intéressé risquait de subir une grave atteinte à son intégrité physique. Pour la Cour, la mesure d'exclusion totale du requérant de la vie carcérale ne pouvait ainsi être justifiée. • CEDH 9 oct. 2012, *X. c/ Turquie*, n° 24626/09.

16. Recommandations du CPT. Les recommandations du CPT n'ont aucune valeur contraignante et ne peuvent être utilement invoquées. • CAA Douai, 2 mai 2016, nos 15DA00487, 15DA00493, 15DA00497 et 15DA00499 • CAA Douai, 28 mars 2017, n° 15DA01550. ♦ V. aussi art. L. 135-1 et les notes.

17. CDFUE, art. 51. Il résulte des stipulations de son art. 51 que la CDFUE s'adresse « aux États membres uniquement lorsqu'ils mettent en œuvre le droit de l'Union ». Les dispositions dont l'abrogation est demandée n'ayant pas pour objet de mettre en œuvre le droit de l'Union européenne, les moyens tirés de la méconnaissance des stipulations de cette charte ne peuvent être utilement invoqués à leur encontre. • CE 25 mars 2015, n° 374401 : *D. actu. 1er avr. 2015, obs. Léna ; AJDA 2015. 662 ; Gaz. Pal. 22 juill. 2015. 19, obs. Roussel* • CE, ord., 3 juin 2019, n° 431068. ♦ Un requérant ne peut donc utilement soutenir que la décision litigieuse du directeur d'établissement méconnaîtrait les art. 41 et 47 Charte UE dès lors qu'elle ne peut être regardée comme procédant de la mise en œuvre du droit de l'Union au sens de ces stipulations. • CAA Nantes, 24 avr. 2014, n° 13NT01439.

II. GARANTIES PROCÉDURALES

A. QUESTION PRIORITAIRE DE CONSTITUTIONNALITÉ

18. (In)compétence du juge ordinaire pour le contrôle de la loi. Il n'appartient pas au CE, statuant au contentieux, d'apprécier la conformité à la Const. des dispositions législatives. • CE, sect., 31 oct. 2008, n° 293785 B : *RFDA 2009. 73, concl. Guyomar ; AJDA 2008. 2389, note Geffray et Liéber ; AJ pénal 2008. 500, obs. Péchillon ; D. 2009. 134, note Herzog-Evans ; ibid. 1918, obs. Gouttenoire*. ♦ Toutefois, s'il n'appartient pas au juge administratif de contrôler la conformité d'un texte ayant force de loi à la Const., il lui revient de vérifier l'existence d'un tel texte. • CE 20 déc. 2004, n° 275076 • 21 juin 2005, n° 281635 • 23 juin 2005, n° 281774.

19. Incompétence négative du législateur. La méconnaissance par le législateur de sa propre compétence ne peut être invoquée à l'appui d'une question prioritaire de constitutionnalité que dans le cas où cette méconnaissance affecte par elle-même un droit ou une liberté que la Const. garantit. • Cons. const. 25 avr. 2014, n° 2014-393 QPC : *préc. note 3.*

20. Conditions de transmission des QPC. Il résulte des dispositions de l'art. 23-5 de l'Ord. du 7 nov. 1958 portant L. org. sur le Cons. const. constitutionnel est saisi de la QPC à la triple condition que la disposition contestée soit applicable au litige ou à la procédure, qu'elle n'ait pas déjà été déclarée conforme à la Const. dans les motifs et le dispositif d'une décision du Cons. const., sauf changement de circonstances, et que la question soit nouvelle ou présente un caractère sérieux. • CE 25 mars 2015, n° 374401 : *préc. note 17.*

21. QPC. Caractère sérieux de la question. Le retrait de crédit de réduction de peine faisant suite à une condamnation de l'intéressé à une peine privative de liberté pour un crime ou un délit commis après sa libération pendant une période correspondant à la réduction dont il a bénéficié a pour conséquence que le condamné exécute totalement ou partiellement la peine telle qu'elle a été prononcée par la juridiction de jugement. Ce retrait ne constitue donc ni une peine ni une sanction ayant le caractère d'une punition ; dès lors, le moyen tiré de ce que le retrait d'une réduction de peine serait contraire au principe *non bis in idem* ainsi qu'au principe de nécessité et de proportionnalité des peines est inopérant. Par suite, la question soulevée, qui n'est pas nouvelle, ne présente pas un caractère sérieux. • CE 25 mars 2015, n° 374401 : *préc. note 17.*

22. Caractère prioritaire de la question de constitutionnalité. Encourt la cassation l'arrêt de la chambre de l'instruction qui statue sur la détention sans examiner la QPC pour statuer sur ladite question par arrêt postérieur alors qu'il lui appartenait de statuer sur la transmission de la question et sur le fond dans les délais impartis par la loi en matière de détention. • Crim. 2 sept. 2010, n° 10-84.027 P : *D. 2010, n° 131, obs. Leprieur ; Dr. pénal 2012, chron. 1, obs. Georget.*

B. RÉFÉRÉ-LIBERTÉ

23. CJA, art. L. 521-2. Protection des droits des détenus. Les personnes détenues dans des établissements pénitentiaires ne sont pas, de ce seul fait, privées du droit d'exercer des libertés fondamentales susceptibles de bénéficier de la procédure de protection particulière instituée par l'art. L. 521-2 CJA. • CE, sect., 27 mai 2005, n° 280866 B : *AJDA 2005. 1579, note Rainaud ; D. 2006. 1080, obs. Péchillon.* ♦ Lorsque le fonctionnement d'un établissement pénitentiaire ou des mesures particulières prises à l'égard d'un détenu affectent, de manière caractérisée, un droit revêtant le caractère d'une liberté fondamentale au sens de l'art. L. 521-2 CJA dans des conditions qui excèdent les restrictions inhérentes à la détention, portant ainsi une atteinte grave et manifestement illégale à cette liberté fondamentale, et que la situation permet de prendre utilement des mesures de sauvegarde dans un délai de 48 heures, le juge des référés peut prescrire toutes les mesures de nature à faire cesser l'atteinte excessive ainsi portée à ce droit. • CE 28 juill. 2017, n° 410677 : *AJDA 2017. 1589, obs. de Montecler ; ibid. 2540, note Le Bot ; D. 2018. 1175, obs. Céré, Herzog-Evans et Péchillon ; AJ pénal 2017. 456, obs. Céré.* ♦ Lorsque l'action ou la carence de l'autorité publique crée un danger caractérisé et imminent pour la vie des personnes, les expose à être soumises, de manière caractérisée, à un traitement inhumain ou dégradant ou affecte, de manière caractérisée, son droit au respect de la vie privée et familiale dans des conditions qui excèdent les restrictions inhérentes à la détention, portant ainsi une atteinte grave et manifestement illégale à ces libertés fondamentales, et que la situation permet de prendre utilement des mesures de sauvegarde dans un délai de 48 heures, le juge des référés peut, au titre de la procédure particulière prévue par l'art. L. 521-2, prescrire toutes les mesures de nature à faire cesser la situation résultant de cette action ou de cette carence. • CE 6 févr. 2023, n° 470228 : *D. actu. 20 févr. 2023, obs. Dominati.*

24. Office du juge du référé-liberté. V. notes ss. art. L. 6.

Art. L. 3 **Le service public pénitentiaire exerce ses missions à l'égard des personnes suivantes :**

1° Les personnes détenues ;

2° Les personnes ayant exécuté une peine privative de liberté et faisant l'objet de mesures de surveillance décidées par les autorités judiciaires ;

3° Les personnes condamnées à des peines autres que l'emprisonnement ;

4° Les personnes non détenues et non condamnées faisant l'objet d'enquêtes ou de mesures de surveillance décidées par les autorités judiciaires ;

5° Les personnes non détenues et non condamnées faisant l'objet de certaines mesures de surveillance décidées par les autorités administratives.

Les personnes détenues sont les personnes faisant l'objet d'une mesure privative de liberté à l'intérieur d'un établissement pénitentiaire, qu'elles soient prévenues, au titre de poursuites pénales et sans condamnation définitive, ou qu'elles soient condamnées ou soumises à une contrainte judiciaire.

Principe d'égalité. Traitement différencié des personnes détenues. Le principe d'égalité ne s'oppose pas à ce que l'autorité investie du pouvoir réglementaire règle de façon différente des situations différentes, ni à ce qu'elle déroge à l'égalité pour des raisons d'intérêt général pourvu que, dans l'un comme l'autre cas, la différence de traitement qui en résulte soit en rapport direct avec l'objet de la norme qui l'établit et ne soit pas manifestement disproportionnée au regard des motifs susceptibles de la justifier. • CE 25 mars 2015, n° 374401 : *D. actu. 1er avr. 2015, obs. Léna ; AJDA 2015. 662 ; Gaz. Pal. 22 juill. 2015, p. 19, obs. Roussel.* ♦ Du fait des contraintes inhérentes à la détention et des nécessités du maintien de la sécurité et du bon ordre des établissements, les personnes prévenues se trouvent dans une situation différente selon qu'elles sont placées en détention provisoire ou laissées libres, le cas échéant, sous contrôle judiciaire, notamment pour l'exercice de leur droit à rencontrer leur avocat. • Même arrêt. ♦ La différence de traitement résultant de la nécessité, pour les personnes prévenues placées en détention provisoire, que leur avocat obtienne un permis de communiquer pour pouvoir les rencontrer est en rapport direct avec l'objet de la norme, qui est de préserver le bon ordre et la sécurité des établissements pénitentiaires. Cette différence de traitement n'étant pas manifestement disproportionnée au regard de cet objet, le requérant n'est pas fondé à invoquer la méconnaissance du principe d'égalité. • Même arrêt.

Art. L. 4 **L'administration pénitentiaire garantit aux personnes mineures détenues le respect des droits fondamentaux reconnus à l'enfant.**

Les modalités spécifiques de la prise en charge des personnes mineures sont énoncées au code de la justice pénale des mineurs.

1. Justice pénale des mineurs. Il résulte du principe fondamental reconnu par les lois de la République en matière de justice des mineurs, notamment la nécessité de rechercher le relèvement éducatif et moral des enfants délinquants par des mesures adaptées à leur âge et à leur personnalité, prononcées par une juridiction spécialisée ou selon des procédures appropriées. • Cons. const. 29 août 2002, n° 2002-461 DC • Cons. const. 10 févr. 2023, n° 2022-1034 QPC. ♦ Toutefois, ces exigences n'excluent pas que, en cas de nécessité, soient prononcées à leur égard des mesures telles que le placement, la surveillance, la retenue ou, pour les mineurs de plus de 13 ans, la détention. La juridiction, après avoir entendu ses observations et celles de son avocat, ne peut ordonner le placement ou le maintien en détention provisoire du mineur que si sa décision est spécialement motivée par la nécessité de garantir son maintien à la disposition de la justice. • Cons. const. 10 févr. 2023, n° 2022-1034 QPC.

2. Conv. EDH, art. 3. Le fait de détenir un mineur avec des adultes, avec une absence de traitement adéquat, est une violation de l'art. 3. • CEDH 20 janv. 2009, *Güvec c/ Turquie*, n° 70337/01.

Art. L. 5 **Nul agent de l'administration pénitentiaire ne peut, à peine d'être poursuivi et puni comme coupable de détention arbitraire, recevoir ni retenir aucune personne qu'en vertu d'un arrêt ou jugement de condamnation, d'un mandat de dépôt ou d'arrêt, d'un mandat d'amener lorsque ce mandat doit être suivi de détention provisoire, ou d'un ordre d'arrestation établi conformément à la loi, et sans qu'ait été donné l'acte d'écrou prévu par les dispositions de l'article L. 212-6.**

V. C. pén., art. 432-6.

1. Nécessité d'une décision juridictionnelle légale. Une mesure de détention provisoire ne peut résulter que d'une décision juridictionnelle valablement prise par l'autorité judiciaire, sauf à constituer une détention arbitraire prohibée par l'art. 5 Conv. EDH. La chambre de l'instruction qui s'est contentée de décerner mandat de dépôt, simple ordre adressé au chef d'établissement pénitentiaire de recevoir et de détenir la personne à l'encontre de laquelle il est décerné, sans aucune décision juridictionnelle de placement en détention provisoire, a privé arbitrairement l'intéressé de sa liberté. • Crim. 17 avr. 2013, n° 13-80.655.

2. Vérifications d'identité. Le chef d'établissement ou le fonctionnaire chargé du greffe placé sous son autorité, qui veille à la légalité de la détention des individus incarcérés, doit, entre autres, lors de la conduite d'une personne dans un établissement pénitentiaire en exécution d'une décision de justice, procéder à des vérifications d'usage pour savoir si l'identité du futur détenu correspond à celle mentionnée dans les actes judiciaires à l'origine de sa mise en détention. • CAA Marseille, 18 nov. 2010, n° 08MA03853.

3. Indépendance des poursuites exercées contre la personne détenue et de l'irrégularité de sa détention. La validité des poursuites exercées contre la personne détenue du chef de rébellion à la suite de faits commis au sein de l'établissement pénitentiaire ne saurait être affectée par le constat postérieur, par la juridiction compétente, du caractère irrégulier de la détention provisoire de celle-ci. Si, au moment où le juge d'instruction a ordonné la perquisition dans la cellule de l'intéressé, ce ui-ci était détenu sans droit ni titre depuis près de six mois et qu'il n'était incarcéré que dans le cadre de l'information en cause, les policiers ont agi dans l'exercice de leurs fonctions, pour l'exécution des lois, des ordres de l'autorité publique, des décisions ou mandats de justice, ce qui entraînait pour la personne détenue l'obligation de s'y soumettre, la poursuite pour rébellion ne procédant que du comportement de celle-ci envers les policiers. La CA a commis une erreur de droit en concluant que la poursuite était privée de toute régularité du fait que la comparution de l'intéressé trouvait son fondement dans une détention illégale. • Crim. 20 avr. 2022, n° 21-84.651.

4. Prolongation du titre de détention sans intervention judiciaire. La prolongation sans intervention judiciaire du titre de détention venant à expiration, prévue à l'art. 16 de l'Ord. du 25 mars 2020, est régulière si la juridiction qui aurait été compétente pour prolonger la détention rend, en matière criminelle, dans les 3 mois de la date d'expiration du titre ayant été prolongé de plein droit, une décision par laquelle elle se prononce sur le bien-fondé du maintien en détention. Une telle décision ne s'impose pas lorsque la juridiction compétente a statué sur la nécessité de la détention, lors de l'examen d'une demande de mise en liberté, toujours dans le délai précité. • Crim. 26 mai 2020, n° 20-81.910 : *D. actu. 29 mai 2020, obs. Christodoulou ; D. 2020. 1274, note Perrier* • 13 oct. 2020, n° 20-82.377 : *D. actu. 16 oct. 2020, obs. Recotillet ; D. 2020. 2012*.

Art. L. 6 L'administration pénitentiaire garantit à toute personne détenue le respect de sa dignité et de ses droits. L'exercice de ceux-ci ne peut faire l'objet d'autres restrictions que celles résultant des contraintes inhérentes à la détention, du maintien de la sécurité et du bon ordre des établissements, de la prévention de la commission de nouvelles infractions et de la protection de l'intérêt des victimes. Ces restrictions tiennent compte de l'âge, de l'état de santé, du handicap, de l'identité de genre et de la personnalité de chaque personne détenue.

BIBL. ▶ **Ouvrages :** Boussard (dir.), Les droits de la personne détenue, *Dalloz, coll. Thèmes & commentaires, 2013.* – Delarue, En prison. L'ordre pénitentiaire des choses, *Dalloz, 2018.* – OIP-SF, Le guide du prisonnier, *La Découverte, 2021, 912 p.*

▶ **Avis et rapports :** CGLPL, *Rapports annuels 2013 à 2022* ; Les droits fondamentaux à l'épreuve de la surpopulation carcérale, *Dalloz, 2018* ; Recommandations minimales du Contrôleur général des lieux de privation de liberté pour le respect de la dignité et des droits fondamentaux des personnes privées de liberté, *NOR : CPLX2009511X, JO 4 juin 2020, texte n° 88.* – CNCDH, Les droits de l'homme dans la prison, *Doc. fr. 2007, vol. 1* ; Défendre en justice la cause des personnes détenues, *Doc. fr., 2014.* – CPT, Emprisonnement, *Extrait du 2e rapport général du CPT, 13 avr. 1992, CPT/Inf(92)3-part. 2.* – OIP-SF, Dignité en prison, *2022, 24 p.*

▶ **Articles :** Boussard, Le service public pénitentiaire, cadre de la reconnaissance des droits de la personne détenue, *D. 2013. 23* ✎. – Céré, Les règles pénitentiaires européennes et les conditions de détention, *Gaz. Pal. 9 févr. 2013, n° 40* ; Le contrôle des conditions matérielles de détention. Une protection efficace du droit européen ?, *AJ pénal 2018. 336* ; Surpopulation carcérale : l'arrêt quasi pilote de la CEDH, *ibid. 2020. 122.* – Costa, Retour sur dix ans de jurisprudences suscitées par l'OIP sur la défense de la dignité et des droits fondamentaux des détenus, *in* CNCDH, Défendre en justice la cause des personnes détenues, *Doc. fr. 2014, p. 35.* – Deffains, De la responsabilité de l'État du fait des conditions de détention, *Gaz. Pal. 9 févr. 2013, n° 40.* – Delorme, Un nouveau service public pénitentiaire, *Gaz. Pal. 28 janv. 2010.* – Dourneau-Josette, Les conditions de détention et la CEDH : les droits fondamentaux à l'assaut des prisons, *Gaz. Pal. 9 févr. 2013, n° 40.* – Ferran, Combattre la surpopulation carcérale et l'indignité des conditions de détention. Dans les coulisses d'une « guérilla contentieuse », *RTDH [en ligne], Actualités Droits-Libertés, 10 avr. 2021.* – Fort, La protection de la dignité de la personne détenue, *AJDA 2010. 2249.* – Giacopelli, Le raz de marée du principe de dignité, *Lexbase pénal, nov. 2020.* – Habouzit, Conditions matérielles de détention : une politique des peines escamotée, *RSC 2023. 167.* – Hazan, Appréciation de l'effectivité des droits des personnes détenues, *AJ pénal 2019. 532.* – Jennequin, La dignité de la personne détenue, *RFDA 2015. 1082* ; Prouver l'indignité des conditions de détention dans le contentieux de la responsabilité : une gageure ?, *RDLF 2022. Chron. 24.* – Koubi, Pour un service public pénitentiaire garant du droit des détenus de ne pas être soumis à des traitements inhumains et dégradants, *JCP Adm. 2013. 2017.* – Moliner-Dubost, Déontologie et prison, *in* Blacher, Déontologie et droit public, *LGDJ 2014. 137.* – Parinet-Hodimont, Le référé-liberté face aux conditions de détention : la France doit revoir sa copie !, *RDLF 2020. Chron. 25.* – Roux, Prisons françaises et CEDH : les référés placés « en préventive », *DA 2020. 3. 31.* – Schmitz, Responsabilité de l'État en raison des conditions de détention, *AJDA 2017. 637* ; La CEDH, le juge du référé-liberté, et l'architecture de l'exécution des peines privatives de liberté !, *RDLF 2020. Chron. 46* ; Dialogue des juges en matière de conditions de détention provisoire, *AJDA 2021. 694.* – Senna, La qualité des conditions de détention, *Gaz. Pal. 9 févr. 2013, n° 40* ; Le référé-liberté dans le domaine pénitentiaire : un pas en avant, un pas en arrière, *Gaz. Pal. 17 oct. 2017.* – Tchen, Les droits fondamentaux du détenu à l'épreuve des exigences du service public pénitentiaire, *RFDA 1997. 597.* – Tulkens, Les développements récents de la jurisprudence de la Cour européenne des droits de l'homme, *Déviance et Société 2014/4 (vol. 38), p. 425 s.*

I. RESPECT DE LA DIGNITÉ DE LA PERSONNE HUMAINE

A. JURISPRUDENCE EUROPÉENNE

1. *Conv. EDH, art. 3. Obligations positives de l'État.* Même si tout emprisonnement comporte une part d'humiliation, l'incarcération n'est pas, en soi, constitutive d'un traitement inhumain ou dégradant. • CEDH 26 oct. 2000, *Kudla c/ Pologne*, n° 30210/96 : *RFDA 2001. 1250, chron. Labayle et Sudre* ✎ *; ibid. 2003. 85, étude Andriantsimbazovina* ✎ *; RSC 2001. 881, obs. Tulkens* ✎ *; RTD civ. 2001. 442, obs. Marguénaud* ✎ *; JCP 2001. I. 291, obs. Sudre ; RTDH 2002. 169, obs. Flauss.* ♦ Néanmoins, l'art. 3 Conv. EDH impose à l'État de s'assurer que tout prisonnier est détenu dans des conditions compatibles avec le respect de la dignité humaine, que les modalités d'exécution de la mesure ne soumettent pas l'intéressé à une détresse ou à une épreuve d'une intensité qui excède le niveau inévitable de souffrance inhérent à la détention et que, eu égard aux exigences pratiques de l'emprisonnement, la santé et le bien-être du prisonnier sont assurés de manière adéquate. • CEDH 14 nov. 2002, *Mouisel c/ France*, n° 67263/01 : *JCP 2003. I. 109, n° 2, obs. Sudre ; D. 2003. Somm. 524, obs. Renucci ; ibid. 303, note Moutouh ; RSC 2003. 144, note Massias ; Dr. pénal 2003, n° 52, obs. Maron et Haas ; RTDH 2003. 999, note Céré.*

2. Conv. EDH, art. 3. Indifférence du but. Si, en l'espèce, rien n'indique qu'il y ait eu véritablement intention d'humilier ou de rabaisser le requérant, l'absence d'un tel but ne saurait exclure un constat de violation de l'art. 3. • CEDH 20 janv. 2005, *Mayzit c/ Russie*, n° 63378/00 : *AJ pénal 2005. 165, obs. Herzog-Evans* • 7 avr. 2009, *Branduse c/ Roumanie*, n° 6586/03 : *RSC 2009. 651, obs. Roets*. ♦ Les autorités compétentes n'ont pris aucune mesure pour améliorer les conditions de détention du requérant, que l'on peut qualifier d'inacceptables. Cette attitude dénote un manque de respect pour l'intéressé. La Cour tient particulièrement compte du fait que, pendant 2 mois au moins, le requérant a dû passer une grande partie de la journée sur son lit, dans une cellule dépourvue de fenêtre et de système d'aération, où la chaleur devenait quelquefois insupportable. Lui-même et son compagnon de cellule devaient en outre utiliser les toilettes en présence l'un de l'autre. De telles conditions de détention, qui ont porté atteinte à la dignité du requérant et ont provoqué chez lui des sentiments de désespoir et d'infériorité propres à l'humilier et à le rabaisser, voire à briser sa résistance physique et morale, constituent un traitement dégradant au sens de l'art. 3 Conv. EDH. • CEDH 19 avr. 2001, *Peers c/ Grèce, § 75 : JCP 2001. I. 342, obs. Sudre* • 13 janv. 2009, *Aliev c/ Géorgie : Dr. pénal 2009, chron. 4, obs. Dreyer* (toilettes partiellement séparées du reste de la cellule et n'offrant pas une intimité réelle au détenu) • 4 févr. 2003, *Lorsé et a. c/ Pays-Bas* • 4 févr. 2003, *Van der Ven c/ Pays-Bas : JCP 2003. I. 160, n° 2, obs. Sudre ; RSC 2004. 441, obs. Massias* (quartier de haute sécurité) • 20 janv. 2011, *Payet c/ France*, n° 19606/08 : *D. actu. 27 janv. 2011, obs. Lavric ; D. 2011. Actu. 380, obs. Lavric ; ibid. 643, obs. Céré ; ibid. Pan. 1313, obs. Céré ; AJ pénal 2011. 88, obs. Herzog-Evans ; RSC 2011. 718, obs. Marguénaud ; Dr. pénal 2012, chron. 3, obs. Dreyer* (quartier disciplinaire) • 18 déc. 2012, *Cuprakovs c/ Lettonie*, n° 8543/04 (hôpital pénitentiaire) • 22 mai 2012, *Idalov c/ Russie*, n° 5826/03 (conditions de transport) • 26 sept. 2013, *Vitkovskiy c/ Ukraine*, n° 24938/06 (accès à l'eau durant deux heures et demie par jour).

3. Conv. EDH, art. 3. Souffrance physique ou psychique endurée. Il n'est pas nécessaire d'en arriver au constat d'une urgence médicale ou d'une douleur sévère et prolongée pour qualifier un traitement d'inhumain. • CEDH 15 juin 2010, *Ashot Harutyunyan c/ Arménie*, n° 34334/04, § 114 • 6 nov. 2012, *Zdravko Stanev c/ Bulgarie*, n° 32238/04, § 46. ♦ La souffrance liée à une affection physique ou mentale peut en elle-même relever de l'art. 3 Conv. EDH si elle se trouve ou risque de se trouver exacerbée par des conditions de détention dont les autorités peuvent être tenues pour responsables. • CEDH 5 mars 2013, *Gülay Çetin c/ Turquie*, n° 44084/10, § 101.

4. Conv. EDH, art. 3. Obligation d'enquête officielle. Lorsqu'un individu affirme de manière défendable avoir subi de graves sévices illicites et contraires à l'art. 3, cette disposition, combinée avec le devoir général imposé à l'État par l'art. 1er Conv. EDH de « reconnaître à toute personne relevant de sa juridiction, les droits et libertés définis [...] dans la Convention », requiert, par implication, qu'il y ait une enquête officielle effective. • CEDH 28 oct. 1998, *Assenov c/ Bulgarie : Rec. 1998-VIII ; JCP 1999. I. 105, n° 12, obs. Sudre ; D. 1999. Somm. 266, obs. Hennion ; RTDH 1999. 383, obs. Rosenberg.* ♦ Violation de l'art. 3 pour absence d'enquête effective dans une situation de violences de grande ampleur infligées aux détenus et visant à les punir pour leur grève de la faim pacifique. • CEDH 17 janv. 2013, *Karabet et a.c/ Ukraine*, nos 38906/07 et 52025/07 : *RPDP 2013. 395, obs. Céré.* ♦ Pour un détenu ayant reçu des coups de matraque en caoutchouc dans sa cellule car il avait jeté un banc contre la porte de la cellule et s'approchait en hurlant d'un surveillant. • CEDH 10 mai 2011, *Gladovi c/ Croatie*, n° 28847/08. ♦ Pour un détenu ayant un bras arraché lors de la répression d'une émeute en prison. • CEDH 5 juill. 2011, *Sacilik et a. c/ Turquie*, n° 43044/05.

5. Conv. EDH, art. 3. Critère de la preuve au-delà de tout doute raisonnable. Les allégations de mauvais traitements doivent être étayées devant la Cour par des éléments de preuve appropriés. Pour l'établissement des faits allégués, la Cour se sert du critère de la preuve « au-delà de tout doute raisonnable ». Une telle preuve peut résulter d'un faisceau d'indices, ou de présomptions non réfutées, suffisamment graves, précis et concordants. • CEDH 6 avr. 2000, *Labita c/ Italie*, n° 26772/95 : *RSC 2000. 667, obs. Massias*.

6. Conv. EDH, art. 3. Présomption de violation. En cellule collective, la norme minimale applicable au regard de l'art. 3 Conv. EDH est de 3 m^2 de surface au sol par détenu. Lorsque la surface au sol est inférieure à 3 m^2, le manque d'espace personnel est considéré comme étant à ce point grave qu'il donne lieu à une forte présomption de violation de l'art. 3. • CEDH 20 oct. 2016, *Mursic c/ Croatie*, n° 7334/13 : *AJDA 2017. 157, chron. Burgorgue-Larsen ; AJ pénal 2017. 47, obs. Robert* • 30 janv. 2020, *J.M.B. et a. c/ France*, n° 9671/15 : *D. actu. 6 févr. 2020, obs. Senna ; AJDA 2020. 1064, note Avvenire ; D. 2020. 753, note Renucci ; ibid. 1195, obs. Céré, Falxa et Herzog-Evans ; ibid. 1643, obs. Pradel ; ibid. 2021. 432, chron. Afroukh et Marguénaud ; RFDA 2020. 496, note Portier ; JA 2020, n° 614, p. 11, obs. Giraud ; AJ pénal*

2020. 122, étude Céré ; RDLF 2020, chron. 46, comm. Schmitz ; GADS, 3e éd., Dalloz, 2021, n° 108, § 256 et 257. ♦ La privation d'un espace personnel suffisant doit être compensée par une « liberté de circulation suffisante hors de la cellule et l'accès à un programme d'activités hors cellule adéquates ». • CEDH 20 oct. 2016, *Mursic c/ Croatie*, n° 7334/13 : *préc.*

7. Conv. EDH, art. 3. Surpopulation carcérale. V. notes ss. art. L. 320-1. ♦ Lorsque la situation ne concerne pas exclusivement le cas des requérants, mais présente un caractère structurel et systémique, la Cour peut décider d'appliquer la procédure de l'arrêt pilote (Conv. EDH, art. 46) eu égard au nombre croissant de personnes potentiellement concernées, aux arrêts de violation auxquels les requêtes pourraient donner lieu et au besoin urgent d'offrir aux personnes concernées un redressement approprié à l'échelon national. • CEDH 8 janv. 2013, *Torreggiani et a. c/ Italie : D. actu. 24 janv. 2013, obs. Léna ; D. 2013. 1304, obs. Céré ; AJ pénal 2013. 361, obs. Péchillon .*

B. JURISPRUDENCE INTERNE

8. Obligations constitutionnelles. V. notes ss. art. L. 2. ♦ Il appartient au législateur, compétent en application de l'art. 34 Const. pour fixer les règles concernant le droit pénal et la procédure pénale, de déterminer les conditions et les modalités d'exécution des peines privatives de liberté dans le respect de la dignité de la personne et de fixer les règles concernant les garanties fondamentales accordées aux personnes détenues dans les limites inhérentes aux contraintes de la détention. • Cons. const. 19 nov. 2009, n° 2009-593 DC : *AJDA 2009. 2199 ; ibid. 2425, tribune Wachsmann ; D. 2009. 2797, obs. Lavric ; ibid. 2010. 1508, obs. Bernaud et Gay ; RFDA 2010. 34 ; RSC 2010. 217, obs. de Lamy* • 14 juin 2013, n° 2013-320/321 QPC : *AJDA 2013. 1252 ; ibid. 2014. 142, étude Quinart ; RDT 2013. 565, obs. Wolmark ; RDSS 2013. 639, note Brimo ; Constitutions 2013. 408, chron. Ghevontian* • 25 avr. 2014, n° 2014-393 QPC : *D. actu. 28 avr. 2014, obs. Léna ; D. 2014. 1235, note Céré et Herzog-Evans ; Actualités Droits-Libertés, 7 mai 2014, comm. Slama* • 27 févr. 2015, n° 2014-450 QPC • Cons. const. 25 sept. 2015, n° 2015-485 QPC : *D. actu. 28 sept. 2015, obs. Fleuriot ; D. 2015. 2083, point de vue Céré ; AJ pénal 2016. 100, obs. Falxa* • 4 nov. 2021, n° 2021-945 QPC : *D. actu. 29 nov. 2021, obs. Laref ; D. 2021. 2006 ; AJDA 2021. 2246 .* ♦ La sauvegarde de la dignité de la personne contre toute forme d'asservissement et de dégradation est au nombre des droits réaffirmés par le Préamb. de la Const. de 1946, selon lequel tout être humain, sans distinction de race, de religion ni de croyance, possède des droits inaliénables et sacrés, et constitue un principe à valeur constitutionnelle. Il revient donc au législateur de déterminer les conditions et les modalités d'exécution des peines privatives de liberté dans le respect de la dignité de la personne. • Cons. const. 25 avr. 2014, n° 2014-393 QPC : *préc.* ♦ ... Et aux autorités judiciaires et administratives de veiller à ce que la privation de liberté des personnes condamnées soit, en toutes circonstances, mise en œuvre dans le respect de la dignité de la personne. • Cons. const. 2 oct. 2020, n° 2020-858/859 QPC : *D. actu. 23 sept. 2020, obs. Mucchielli ; ibid. 9 oct. 2020, obs. Engel ; AJDA 2020. 2158, note Bonnet et Gahdoun ; D. 2020. 2056, entretien Falxa ; ibid. 2021. 57, note J. Roux ; ibid. 2367, obs. Roujou de Boubée, Ginestet, Gozzi, Mirabail et Tricoire ; ibid. 2021. 1308, obs. Debaets et Jacquinot ; AJ fam. 2020. 498, obs. Mary ; AJ pénal 2020. 580, note Frinchaboy ; RFDA 2021. 87, note Perrier* • 16 avr. 2021, n° 2021-898 QPC : *RFDC 2022. 191, note Recotillet.*

9. Absence d'obstacle au placement en détention. Une éventuelle atteinte à la dignité de la personne en raison des conditions de détention, si elle est susceptible d'engager la responsabilité de la puissance publique en raison du mauvais fonctionnement du service public, ne saurait constituer un obstacle légal au placement et maintien en détention provisoire. • Crim. 18 sept. 2019, n° 19-83.950 P : *D. actu. 10 oct. 2019, obs. Azoulay ; AJ pénal 2019. 560, obs. Frinchaboy ; RSC 2019. 808, note Mayaud .* ♦ V. désormais C. pr. pén., art. 803-8.

10. Vulnérabilité des personnes détenues. Eu égard à la vulnérabilité des détenus et à leur situation d'entière dépendance vis-à-vis de l'administration, il appartient à celle-ci de prendre les mesures propres à protéger leur vie ainsi qu'à leur éviter tout traitement inhumain ou dégradant afin de garantir le respect effectif des exigences découlant des principes rappelés notamment par les art. 2 et 3 Conv. EDH. • CE 17 déc. 2008, n° 305594 A : *AJDA 2008. 2364, obs. Montecler ; AJ pénal 2009. 86, obs. Péchillon* • CE, ord., 15 mai 2023, n° 472994 : *D. actu. 26 mai 2023, obs. Dominati.*

11. Obligations négatives de l'administration pénitentiaire. Toute personne détenue doit l'être dans des conditions conformes à la dignité humaine de sorte que les mesures d'exécution des mesures prises ne la soumettent pas à une épreuve qui excède le niveau inévitable de souffrance inhérent à la détention. • CE, sect., 6 déc. 2013, n° 363290 B : *AJDA 2013. 246 ; ibid. 2014. 237, concl. Hedary ; ibid. 2014. 143, obs. Péchillon .* ♦ Une personne détenue est ainsi exonérée de son obligation d'obtempérer aux ordres du personnel pénitentiaire lorsque l'injonction qui lui est adressée est manifestement de nature à porter une atteinte à la dignité de la personne humaine. • CE 20 mai 2011, n° 326084 B : *D. actu. 1er juin 2011, obs. Grand ; AJ pénal 2012. 177, obs. Herzog-Evans ; AJDA 2011. 1364, chron. Domino et Bretonneau* (en matière disciplinaire). ♦ Pour que des opérations de fouille ne soient pas contraires à l'art. 3 Conv. EDH, il appartient à l'administration de justifier de leur nécessité et de la proportionnalité des modalités retenues. Si les nécessités de l'ordre public et les contraintes du service public pénitentiaire peuvent légitimer l'application à un détenu d'un régime de fouilles corporelles intégrales répétées, c'est à la double condition, d'une part, que le recours à ces fouilles intégrales soit justifié, notamment, par l'existence de suspicions fondées sur le comportement du détenu, ses agissements antérieurs ou les circonstances de ses contacts avec des tiers et, d'autre part, qu'elles se déroulent dans des conditions et selon des modalités strictement et exclusivement adaptées à ces nécessités et ces contraintes. • CE 14 nov. 2008, n° 315622 B : *Procédures 2009, n° 31, obs. Deygas ; D. 2008. 3013, obs. Royer ; ibid. 2009. 1380, obs. Céré ; AJ pénal 2009. 89, obs. Péchillon ; AJDA 2008. 2145 ; ibid. 2389, obs. Geffray et Liéber ; Gaz. Pal. 4-6 janv. 2009, obs. Herzog-Evans.*

12. Obligations positives de l'administration pénitentiaire. Eu égard à la vulnérabilité des détenus et à leur situation d'entière dépendance vis-à-vis de l'administration, il appartient à celle-ci de prendre les mesures propres à protéger leur vie ainsi qu'à leur éviter tout traitement inhumain ou dégradant afin de garantir le respect effectif des exigences découlant des principes rappelés notamment par les art. 2 et 3 Conv. EDH. • CE 17 déc. 2008, n° 305594 A : *préc. note 10.* ♦ De la sorte, eu égard à la nature d'une mesure de placement d'office à l'isolement et à l'importance de ses effets sur la situation du détenu qu'elle concerne, l'administration pénitentiaire doit veiller, à tout moment de son exécution, à ce qu'elle n'ait pas pour effet, eu égard notamment à sa durée et à l'état de santé physique et psychique de l'intéressé, de créer un danger pour sa vie ou de l'exposer à être soumis à un traitement inhumain ou dégradant. • CE, ord., 10 avr. 2013, n° 367343 • 26 avr. 2019, n° 429686. ♦ En tout état de cause, lorsque la carence de l'administration porte une atteinte grave et manifestement illégale à la liberté fondamentale des détenus de ne pas être soumis à des traitements inhumains ou dégradants, le juge administratif des référés peut prescrire toute mesure utile de nature à faire cesser cette situation. • CE, ord., 22 déc. 2012, n°s 364584, 364620, 364621 et 364647 B : *AJDA 2013. 12 ; D. 2013. 1304, obs. Céré, Herzog-Evans et Péchillon ; AJ pénal 2013. 232, obs. Péchillon ; JCP 2013, n° 87, note Le Bot ; JCP Adm. 2013, n° 2017, obs. Koubi* • CE 28 juill. 2017, n° 410677 : *AJDA 2017. 1589, obs. de Montecler ; ibid. 2540, note Le Bot ; D. 2018. 1175, obs. Céré, Herzog-Evans et Péchillon ; AJ pénal 2017. 456, obs. Céré* • CE, ord., 15 mai 2023, n° 472994 : *préc. note 10.*

13. Conditions de détention. V. notes ss. art. L. 320-1.

II. VOIES DE RECOURS

A. DROIT À UN RECOURS EFFECTIF

14. Conv. EDH, art. 13. Effectivité du recours. Un recours exclusivement indemnitaire ne saurait être considéré comme suffisant en matière de conditions de détention prétendument contraires à l'art. 3, dans la mesure où, par nature, un tel recours n'a pas un effet préventif – en ce sens qu'il n'est pas à même d'empêcher la continuation de la violation alléguée ou de permettre aux détenus d'obtenir une amélioration de leurs conditions matérielles de détention. • CEDH 22 oct. 2009, *Norbert Sikorski c/ Pologne*, n° 17599/05. ♦ Pour qu'un système de protection des droits des détenus garantis par l'art. 3 Conv. EDH soit effectif, les recours préventifs et indemnitaires doivent coexister de façon complémentaire. • CEDH 10 janv. 2012, *Ananyev et a. c/ Russie*, n°s 42525/07 et 60800/08.

1° JURISPRUDENCE ANTÉRIEURE À LA L. N° 2021-403 DU 8 AVR. 2021

15. Conv. EDH, art. 13. Insuffisance des voies de recours. A l'époque des faits, le droit français n'offrait aux requérants aucun recours préventif à même de faire cesser rapidement les conditions de détention inhumaines et dégradantes qui étaient les leurs. Si la Cour relève avec intérêt l'évolution jurisprudentielle ayant notamment conduit les juridictions administratives, y compris le Conseil d'État, à prononcer des injonctions sur le fondement des art. de la Conv. EDH, en vue de faire cesser rapidement des conditions de détention attentatoires à la dignité, elle n'en conclut pas moins à la violation de l'art. 13 Conv. EDH. • CEDH 21 mai 2015, *Yengo c/ France*, n° 50494/12 : *D. actu. 26 mai 2015, obs. Léna ; D. 2016. Pan. 1220, obs. Céré ; AJ pénal 2015. 450, obs. Senna* • 30 janv. 2020, *J.M.B. c/ France*, n° 9671/15 : *D. actu. 6 févr. 2020, obs. Senna ; AJDA 2020. 1064, note Avvenire ; D. 2020. 753, note Renucci ; ibid. 1195, obs. Céré, Falxa et Herzog-Evans ; ibid. 1643, obs. Pradel ; ibid. 2021. 432, chron. Afroukh et Marguénaud ; RFDA 2020. 496, note Portier ; JA 2020, n° 614, p. 11, obs. Giraud ; AJ pénal 2020. 122, étude Céré ; RDLF 2020, chron. 46, comm. Schmitz ; GADS, 3e éd., Dalloz, 2021, n° 108.*

16. DDH, art. 16. Insuffisance des voies de recours. Le 2d al. de l'art. 144-1 C. pr. pén. est contraire à l'art. 16 DDH dès lors qu'aucun recours devant le juge judiciaire ne permet au justiciable d'obtenir qu'il soit mis fin aux atteintes à sa dignité résultant des conditions de sa détention provisoire. • Cons. const. 2 oct. 2020, n° 2020-858/859 QPC : *préc. note 8.*

17. Création prétorienne d'une voie préventive de recours. Il appartient au juge national, chargé d'appliquer la Conv. EDH, de tenir compte de l'arrêt. • CEDH 30 janv. 2020, *J.M.B. c/ France,* n° 9671/15, sans attendre une éventuelle modification des textes législatifs ou réglementaires, et à ce titre de garantir à la personne placée dans des conditions indignes de détention un recours préventif et effectif permettant d'empêcher la continuation de la violation de l'art. 3 Conv. EDH. Cela s'applique également à la détention provisoire. • Crim. 8 juill. 2020, n° 20-81.739 : *AJDA 2020. 1383 ; D. 2020. 1774, note Falxa ; ibid. 1643, obs. Pradel ; ibid. 2021. 1564, obs. Perrier ; AJ fam. 2020. 498, obs. Mary ; AJ pénal 2020. 404, note Frinchaboy ; RFDA 2021. 87, note Perrier ; RSC 2021. 517, obs. Zerouki-Cottin ; RTD civ. 2021. 83, obs. Deumier.*

2° ORGANISATION ACTUELLE DES VOIES DE RECOURS INTERNES

18. Suppression de la faculté ouverte par la Cour de cassation. A la suite de la décision du Cons. const. n° 2020-858/859 QPC, du 2 oct. 2020, le législateur, par la L. n° 2021-403 du 8 avr. 2021 qui a inséré dans le code de procédure pénale un art. 803-8, entré en vigueur le 1er oct. 2021, a entendu instituer un recours autonome et exclusif permettant à toute personne détenue, qui estime subir des conditions de détention contraires à sa dignité, de saisir le juge judiciaire, afin qu'il y soit mis fin. La création de ce recours prive de son objet la faculté ouverte de manière générale par la Cour de cassation en raison de la carence de la loi. • Crim. 20 oct. 2021, n° 21-84.498 : *D. actu. 7 nov. 2021, obs. Fucini.* ♦ Toutefois, les moyens régulièrement soulevés avant le 1er oct. 2021 devant la chambre de l'instruction saisie dans le cadre du contentieux de la détention provisoire doivent continuer à être examinés au regard des principes dégagés par la Cour de cassation le 8 juill. 2020, sauf à méconnaître l'effectivité du droit à un recours dans les affaires considérées. • Même arrêt.

19. Voies d'action à disposition des personnes détenues. Il résulte de la combinaison des dispositions des art. L. 511-1, L. 521-2 et L. 521-4 CJA qu'il appartient au juge des référés, lorsqu'il est saisi sur le fondement de l'art. L. 521-2 et qu'il constate une atteinte grave et manifestement illégale portée par une personne morale de droit public à une liberté fondamentale, de prendre les mesures qui sont de nature à faire disparaître les effets de cette atteinte. Ces mesures doivent en principe présenter un caractère provisoire, sauf lorsqu'aucune mesure de cette nature n'est susceptible de sauvegarder l'exercice effectif de la liberté fondamentale à laquelle il est porté atteinte. • CE, ord., 20 déc. 2022, n° 469304 : *D. actu. 6 janv. 2023, obs. Dominati* • 15 mai 2023, n° 472994 : *préc. note 10.* ♦ En outre, s'il n'appartient pas au juge des référés de prononcer, de son propre mouvement, des mesures destinées à assurer l'exécution de celles qu'il a déjà ordonnées, il peut, d'office, en vertu de l'art. L. 911-3 CJA, assortir les injonctions qu'il prescrit d'une astreinte. • Mêmes décisions. ♦ L'exécution d'une ordonnance prise par le juge des référés, sur le fondement de l'art. L. 521-2 CJA, peut être recherchée dans les conditions définies par le livre IX du même code, et en particulier les art. L. 911-4 et L. 911-5. La personne intéressée peut également demander au juge des référés, sur le fondement de l'art. L. 521-4 du même code, d'assurer l'exécution des mesures ordonnées demeurées sans effet par de nouvelles injonctions et une astreinte. • Mêmes décisions. ♦ Par ailleurs, le législateur a introduit, par la L. du 8 avr. 2021 tendant à garantir le droit au respect de la dignité en détention, l'art. 803-8 C. pr. pén. permettant au juge d'ordonner à l'administration de mettre fin, par tout moyen, à ces conditions de détention dans un délai maximum d'un mois. • CE, ord., 20 déc. 2022, n° 469304 : *préc. note 19.* ♦ Enfin, il découle des obligations qui pèsent sur l'administration, que, en parallèle de la procédure prévue à l'art. L. 521-2 CJA, qui permet d'ores et déjà de remédier aux atteintes les plus graves aux libertés fondamentales des personnes détenues, le juge de l'excès de pouvoir peut, lorsqu'il est saisi à cet effet, enjoindre à l'administration pénitentiaire de remédier à des atteintes structurelles aux droits fondamentaux des prisonniers en lui fixant, le cas échéant, des obligations de moyens ou de résultats. Il lui appartient alors de statuer dans des délais adaptés aux circonstances de l'espèce. • CE, ord., 20 déc. 2022, n° 469304 : *préc. note 19* • 15 mai 2023, n° 472994 : *préc. note 10.* ♦ Les moyens tirés de la méconnaissance du droit au respect de la dignité de la personne humaine, ainsi que de son droit de ne pas subir une détention contraire à l'art. 5, § 1, Conv. EDH ne sont pas d'ordre public. • CE 13 nov. 2013, n° 338720 : *D. actu. 20 nov. 2013, obs. Poupeau ; AJDA 2013. 2287 ; RFDA 2014. 965, note Pollet-Panoussis.*

20. Suffisance du droit d'accès au juge. La procédure applicable aux requêtes en conditions indignes de détention garantit suffisamment le droit d'accès au juge au sens de l'art. 6 Conv. EDH. • Crim. 13 sept. 2022, n° 22-83.885 B : *D. 2022. 2118, obs. Ginestet ; AJ pénal 2022. 545, les obs. ; Dr. pénal 2022, n° 11, comm. 189, note Maron et Haas ; Gaz. Pal. 2022, n° 39, chron. Fourment ; Procédures 2022, n° 11, obs. Chavent-Leclère ; RSC 2023, n° 1, 167, chron. Habouzit.* ♦ Il n'y a pas lieu à transmettre la QPC interrogeant la conformité de l'art. 803-8 C. pr. pén. à l'art. 16 DDH qui garantit le droit d'accéder à un juge. • Même arrêt.

B. RECOURS PRÉVENTIFS

1° RÉFÉRÉ-LIBERTÉ (CJA, ART. L. 521-2)

BIBL. Parinet-Hodimont, Le référé-liberté face aux conditions de détention : la France doit revoir sa copie !, *RDLF 2020. Chron. 25.* – Roux, Prisons françaises et CEDH : les référés placés « en préventive », *DA 2020. 3. 31.* – Schmitz, La CEDH, le juge du référé-liberté, et l'architecture de l'exécution des peines privatives de liberté !, *RDLF 2020. Chron. 46.* – Senna, Le référé-liberté dans le domaine pénitentiaire : un pas en avant, un pas en arrière, *Gaz. Pal. 17 oct. 2017.*

21. V. notes ss. art. L. 2 et L. 320-1.

22. CJA, art. L. 521-1. Protection des droits des détenus. Les personnes détenues dans des établissements pénitentiaires ne sont pas, de ce seul fait, privées du droit d'exercer des libertés fondamentales susceptibles de bénéficier de la procédure de protection particulière instituée par l'art. L. 521-2 CJA. • CE, sect., 27 mai 2005, n° 280866 B : *AJDA 2005. 1579, note Rainaud ; D. 2006. 1080, obs. Péchillon .* ♦ Lorsque le fonctionnement d'un établissement pénitentiaire ou des mesures particulières prises à l'égard d'un détenu affectent, de manière caractérisée, un droit revêtant le caractère d'une liberté fondamentale au sens de l'art. L. 521-2 CJA dans des conditions qui excèdent les restrictions inhérentes à la détention, portant ainsi une atteinte grave et manifestement illégale à cette liberté fondamentale, et que la situation permet de prendre utilement des mesures de sauvegarde dans un délai de 48 heures, le juge des référés peut prescrire toutes les mesures de nature à faire cesser l'atteinte excessive ainsi portée à ce droit. • CE 28 juill. 2017, n° 410677 : *préc. note 12.*

23. Conditions d'intervention du juge du référé-liberté. Pour l'application des dispositions de l'art. L. 521-2 CJA, les conditions relatives à l'urgence, d'une part, et à l'existence d'une atteinte grave et manifestement illégale à une liberté fondamentale, d'autre part, présentent un caractère cumulatif. • CE 14 nov. 2008, n° 315622 B : *Procédures 2009, n° 31, obs. Deygas ; D. 2008. 3013, obs. Royer ; D. 2009. 1380, obs. Céré ; AJ pénal 2009. 89, obs. Péchillon ; ibid. 2008. 2145 ; AJDA 2008. 2389, obs. Geffray et Liéber ; Gaz. Pal. 4-6 janv. 2009, obs. Herzog-Evans.*

24. Atteinte grave et manifestement illégale à une liberté fondamentale. Le caractère manifeste de l'illégalité doit être apprécié au regard des moyens dont l'administration pénitentiaire dispose et des mesures qu'elle a déjà mises en œuvre. • CE 28 juill. 2017, n° 410677 : *préc. note 12.*

25. Carence de l'administration pénitentiaire. Eu égard à la vulnérabilité des détenus et à leur situation d'entière dépendance vis-à-vis de l'administration, il appartient tout particulièrement à celle-ci, et notamment au garde des Sceaux, ministre de la Justice, et aux directeurs des établissements pénitentiaires, en leur qualité de chefs de service, de prendre les mesures propres à protéger leur vie. • CE 17 déc. 2008, n° 305594 A : *préc. note 10.* ♦ … Ainsi qu'à leur éviter tout traitement inhumain ou dégradant afin de garantir le respect effectif des exigences découlant des principes rappelés notamment par les art. 2 et 3 Conv. EDH. • CE, ord., 22 déc. 2012, n°s 364584, 364620, 364621 et 364647 B : *préc. note 12* • CE 28 juill. 2017, n° 410677 : *préc. note 12.* ♦ Lorsque la carence de l'autorité publique crée un danger caractérisé et imminent pour la vie des personnes ou les expose à être soumises, de manière caractérisée, à un traitement inhumain ou dégradant, portant ainsi une atteinte grave et manifestement illégale à ces libertés fondamentales, et que la situation permet de prendre utilement des mesures de sauvegarde dans un délai de 48 heures, le juge des référés peut prescrire toutes les mesures de nature à faire cesser la situation résultant de cette carence. • CE, ord., 22 déc. 2012, n°s 364584, 364620, 364621 et 364647 B : *préc. note 12* • CE 28 juil. 2017, n° 410677 : *préc. note 12.*

26. Urgence. Dès lors qu'il n'est pas établi, ni même allégué, que l'intéressé devrait faire prochainement l'objet d'une mesure contraire à l'art. 3 Conv. EDH, la demande présentée au titre de l'art. L. 521-2 CJA doit être rejetée à défaut d'urgence. • CE 14 nov. 2008, n° 315622 B : *Procédures 2009, n° 31, obs. Deygas ; D. 2008. 3013, obs. Royer ; ibid. 2009. 1380, obs. Céré ; AJ pénal 2009. 89, obs. Péchillon ; AJDA 2008. 2145 ; ibid. 2389, obs. Geffray et Liéber ; Gaz. Pal. 4-6 janv. 2009, obs. Herzog-Evans* (à propos des fouilles intégrales). ♦ L'intervention du juge des référés dans les conditions d'urgence particulière prévues par l'art. L. 521-2 CJA est subordonnée au constat que la situation litigieuse permette de prendre utilement et à très bref délai les mesures de sauvegarde nécessaires. • CE 30 juill. 2015, n° 392043 B : *AJDA 2015. 1567 ; D. actu. 31 juill. 2015, obs. Mucchielli ; ibid. 31 août 2015, obs. Poupeau ; AJDA 2015. 2216, obs. Le Bot* • CE 28 juill. 2017, n° 410677 B : *préc. note 12* • CE 19 oct. 2020, n°s 439372 et 439444 B : *AJDA 2020. 1991 ; ibid. 2021. 694, note Schmitz ; D. 2020. 2121, obs. de Montecler ; AJ pénal 2020. 593, obs. Céré* • CE, ord., 20 déc. 2022, n° 469304 : *préc. note 19* • 15 mai 2023, n° 472994 : *préc. note 10.* ♦ Dans tous les cas, l'intervention du juge des référés dans les conditions d'urgence particulière prévues par l'art. L. 521-2 préc. est subordonnée au constat que la situation litigieuse permette de prendre utilement et à très bref délai les mesures de sauvegarde nécessaires. Le juge ne peut donc qu'ordonner les mesures d'urgence qui lui apparaissent de nature à sauvegarder, dans un délai de 48 heures, la liberté fondamentale à laquelle il est porté une atteinte grave et manifestement illégale. • Mêmes décisions.

27. Office du juge. Le juge peut ordonner à l'autorité compétente de prendre, à titre provisoire, une mesure d'organisation des services placés sous son autorité lorsqu'une telle mesure est nécessaire à la sauvegarde d'une liberté fondamentale. Eu égard à son office, il peut également décider de déterminer dans une décision ultérieure prise à brève échéance les mesures complémentaires qui s'imposent et qui peuvent être très rapidement mises en œuvre, telles que le remplacement de fenêtres cassées. • CE 28 juill. 2017, n° 410677 : *préc. note 12* • CE 19 oct. 2020, nos 439372 et 439444 B : *préc. note 26.* ♦ En revanche, il ne peut enjoindre des mesures d'ordre structurel qui, reposant sur des choix de politique publique, sont insusceptibles d'être mises en œuvre et de porter effet à très bref délai. • Mêmes arrêts. ♦ Doit ainsi être rejetée la demande d'injonction tendant à ce que le juge du référé-liberté ordonne au ministre de la Justice de prescrire la réalisation de travaux lourds au sein d'une maison d'arrêt, d'allouer aux services judiciaires et pénitentiaires des moyens financiers, humains et matériels supplémentaires, en vue notamment de développer l'offre d'activités proposées aux personnes détenues et de prendre les mesures de réorganisation des services ainsi qu'une circulaire de politique pénale. • Mêmes arrêts. ♦ Enfin, compte tenu du cadre temporel dans lequel se prononce le juge des référés, les mesures qu'il peut ordonner doivent s'apprécier en tenant compte des moyens dont dispose l'autorité administrative compétente et des mesures qu'elle a déjà prises. • CE 19 oct. 2020, nos 439372 et 439444 B : *préc. note 26.* ♦ V. égal. • CE, ord., 20 déc. 2022, n° 469304 : *préc. note 19* • 15 mai 2023, n° 472994 : *préc. note 10.*

28. Exécution des ordonnances. S'il n'appartient pas au juge des référés de prononcer, de son propre mouvement, des mesures destinées à assurer l'exécution de celles qu'il a déjà ordonnées, il peut, d'office, en vertu de l'art. L. 911-3 CJA, assortir les injonctions qu'il prescrit d'une astreinte. • CE, ord., 20 déc. 2022, n° 469304 : *préc. note 19* • 15 mai 2023, n° 472994 : *préc. note 10.* ♦ L'exécution d'une ordonnance prise par le juge des référés sur le fondement de l'art. L. 521-2 CJA peut être recherchée dans les conditions définies par le livre IX du même code, et en particulier les art. L. 911-4 et L. 911-5. • Mêmes décisions. ♦ La personne intéressée peut également demander au juge des référés, sur le fondement de l'art. L. 521-4 CJA, d'assurer l'exécution des mesures ordonnées demeurées sans effet par de nouvelles injonctions et une astreinte. • Mêmes décisions. ♦ Le juge de l'exécution saisi sur le fondement des dispositions de l'art. L. 911-7 CJA aux fins de liquidation d'une astreinte précédemment prononcée n'a pas le pouvoir de remettre en cause les mesures décidées par le dispositif de la décision juridictionnelle dont l'exécution est demandée. Il peut toutefois constater que l'ordonnance du juge des référés a été exécutée si l'administration justifie avoir adopté, en lieu et place des mesures provisoires ordonnées par le juge des référés, des mesures au moins équivalentes à celles qu'il lui a été enjoint de prendre. • CE 6 févr. 2023, n° 470228 : *D. actu. 20 févr. 2023, obs. Dominati* • 27 mars 2023, n° 452354 : *D. actu. 31 mars 2023, obs. Dominati.*

2° RECOURS EN CONDITIONS INDIGNES DE DÉTENTION (C. PR. PÉN., ART. 803-8, ET C. PÉNIT., ART. L. 315-9)

29. Objet préventif du recours. Le recours prévu à l'art. 803-8 C. pr. pén. ayant pour objet soit de permettre une amélioration des conditions de détention de la personne condamnée dans l'établissement où elle est incarcérée au jour de sa requête, soit d'empêcher la continuation de ces conditions lorsqu'elles seraient indignes, le transfèrement du plaignant rend son pourvoi sans objet. • Crim. 14 juin 2022, n° 22-80.023 • 10 août 2022, n° 22-83.293 • 8 févr. 2023, n° 22-82.512 • 15 mars 2023, n° 22-85.670.

30. Procédure. Selon l'art. 803-8 C. pr. pén., le JLD déclare recevable la requête portant sur l'examen des conditions de détention si les allégations de conditions contraires à la dignité de la personne humaine y figurant sont circonstanciées, personnelles et actuelles, de sorte qu'elles constituent un commencement de preuve de ce que ces conditions de détention ne respectent pas la dignité de la personne. Cette disposition vise à permettre le recours effectif et préventif exigé par la Conv. EDH tout en le réservant aux situations dont la description par le requérant convainc le juge de faire usage de ses pouvoirs de vérification. Il en résulte que le JLD ne peut statuer sur le bien-fondé de la requête sans avoir au préalable statué sur sa recevabilité. • Crim. 13 sept. 2022, n° 22-83.885 B : *D. actu. 29 sept. 2022, obs. Dominati ; D. 2022. 2118, obs. Roujou de Boubée, Garé, Ginestet, Mirabail et Tricoire ; AJ pénal 2022. 545, les obs. ; Dr. pénal 2022, n° 11, comm. 189, note Maron et Haas ; Gaz. Pal. 2022. n° 39, chron. Fourment ; Procédures 2022, n° 11, obs. Chavent-Leclère ; RSC 2023, n° 1, p. 167, chron. Habouzit.* ♦ Ce n'est que si le juge estime la requête recevable qu'il fait procéder aux vérifications nécessaires et recueille les observations de l'administration pénitentiaire. Il en résulte que, pour apprécier la recevabilité de la requête, le juge ne peut se fonder sur des observations de l'administration pénitentiaire qui lui ont été transmises avec celle-ci et qui répondent aux allégations qu'elle contient. • Crim. 31 mai 2022, n° 22-81.770 B : *D. actu. 5 juill. 2022, obs. Robert ; AJ pénal 2022. 384 et les obs.*

31. Recevabilité. Preuve. Saisie d'une description du demandeur qui évoquait un espace personnel réduit dans une cellule partagée avec d'autres détenus, la présence de cafards et de punaises de lits, un accès particulièrement limité aux douches non chauffées et dépourvues d'intimité, la chambre de l'instruction devait en apprécier le caractère précis, crédible et actuel, sans s'arrêter au fait que le rapport du contrôleur général des lieux de privation de liberté décrivait des conditions de détention antérieures à l'incarcération de l'intéressé, ni exiger de celui-ci qu'il démontre le caractère indigne de ses conditions personnelles de détention. • Crim. 20 oct. 2021, n° 21-84.498 : *D. actu. 7 nov. 2021, obs. Fucini.*

32. Demande de comparution personnelle. Il se déduit de la lecture combinée des art. 803-8, R. 249-24 et R. 249-35 C. pr. pén., d'une part, que la personne détenue peut, au moment du dépôt de sa requête, demander à comparaître devant le juge de l'application des peines, d'autre part, que, saisi d'une telle demande, ce magistrat doit procéder à cette audition s'il entend rendre une décision d'irrecevabilité et, enfin, que si la requête est déclarée recevable, l'audition doit être réalisée avant la décision sur le bien-fondé de celle-ci ; devant le président de la chambre de l'application des peines, la personne détenue peut présenter toutes observations utiles, personnellement ou par l'intermédiaire de son avocat, auxquelles ce magistrat est tenu de répondre. • Crim. 16 nov. 2022, n° 22-80.807 B : *AJ pénal 2023. 48, obs. Senna.*

33. Voies de recours. A défaut de texte législatif contraire, l'ordonnance du président de la chambre de l'instruction statuant sur une requête portant sur les conditions de détention d'une personne placée en détention provisoire entre dans les prévisions de l'art. 567 C. pr. pén., le pourvoi formé contre une telle décision étant dès lors recevable. • Crim. 31 mai 2022, n° 22-81.770 B : *D. actu. 5 juill. 2022, obs. Robert ; D. 2022. 2118, obs. Roujou de Boubée, Garé, Ginestet, Mirabail et Tricoire ; AJ pénal 2022. 491, obs. Falxa.* ♦ ... Et celle du président de la chambre de l'application des peines entre dans les prévisions de l'art. 712-15 C. pr. pén. en vertu duquel les ordonnances rendues par ce magistrat peuvent faire l'objet, dans les 5 jours de leur notification, d'un pourvoi en cassation qui n'est pas suspensif. • Crim. 16 nov. 2022, n° 22-80.807 B : *AJ pénal 2023. 48, obs. Senna.*

C. RECOURS COMPENSATOIRE

BIBL. Jennequin, Prouver l'indignité des conditions de détention dans le contentieux de la responsabilité : une gageure ?, *RDLF 2022. Chron. 24.* – Schmitz, Responsabilité de l'État en raison de conditions de détention, *AJDA 2017. 637.*

34. Conv. EDH, art. 3. et 13. Droit à la compensation. La souffrance causée à une personne détenue dans des conditions si mauvaises qu'elles sont constitutives d'un traitement inhumain ou dégradant au sens de l'art. 3 Conv. EDH ne peut être réparée par le simple constat d'une violation. Elle appelle le versement d'une indemnité (§ 47) dont le montant est un élément constitutif de l'effectivité du recours (§ 48). En l'espèce, insuffisance du montant alloué • CEDH 19 nov. 2020, *Barbotin c/ France*, n° 25338/16 : *D. actu. 23 nov. 2020, obs. Pastor ; ibid. 21 déc. 2020, obs. Diaz ; AJDA 2020. 2385.*

1° RESPONSABILITÉ POUR FAUTE DE L'ÉTAT

35. Caractère fautif des atteintes à la dignité de la personne. En raison de la situation d'entière dépendance des personnes détenues vis-à-vis de l'administration pénitentiaire, l'appréciation du caractère attentatoire à la dignité des conditions de détention dépend notamment de leur vulnérabilité, appréciée compte tenu de leur âge, de leur état de santé, de leur handicap et de leur personnalité, ainsi que de la nature et de la durée des manquements constatés et des motifs susceptibles de justifier ces manquements eu égard aux exigences qu'impliquent le maintien de la sécurité et du bon ordre dans les établissements pénitentiaires ainsi que la prévention de la récidive. • CE, sect., 6 déc. 2013, n° 363290 B : *AJDA 2013. 246 ; ibid. 2014. 237, concl. Hedary ; AJ pénal 2014. 143, obs. Péchillon* • CE 13 janv. 2017, n° 389711 B : *AJDA 2017. 83 ; ibid. 637, note Schmitz.* ♦ Des conditions de détention qui porteraient atteinte à la dignité humaine, appréciées à l'aune de ces critères, révèleraient l'existence d'une faute de nature à engager la responsabilité de la puissance publique. • CE, sect., 6 déc. 2013, n° 363290 B : *préc.* • CE 5 juin 2015, n° 370896 A. ♦ S'il appartient en principe au demandeur qui engage une action en responsabilité à l'encontre de l'administration d'apporter tous les éléments de nature à établir devant le juge, outre la réalité du préjudice subi, l'existence de faits de nature à caractériser une faute, il en va différemment, s'agissant d'une demande formée par un détenu ou ancien détenu, lorsque la description faite par le demandeur de ses conditions de détention est suffisamment crédible et précise pour constituer un commencement de preuve de leur caractère indigne. C'est alors à l'administration qu'il revient d'apporter des éléments permettant de réfuter les allégations du demandeur. • CE 21 mars 2022, n° 443986 B : *D. actu. 31 mars 2022, obs. Paillisse ; AJDA 2022. 607 ; RDLF 2022, chron. 24, comm. Jennequin.*

36. Caractérisation de la faute. V. notes ss. art. L. 320-1.

37. CJA, art. R. 541-1. Référé-provision. Qualifie inexactement les faits le tribunal administratif ayant considéré que les conditions de détention ne caractérisaient pas, dans les circonstances de l'espèce, une atteinte à la dignité humaine pour en déduire que l'obligation dont le requérant se prévaut à l'égard de l'État « n'était pas non sérieusement contestable » alors que l'intéressé, détenu au sein de la maison d'arrêt d'un centre pénitentiaire qui connaissait alors une forte surpopulation carcérale, a occupé plusieurs cellules collectives d'environ 12 m² accueillant trois personnes au lieu de deux, que ces cellules ne comportaient qu'une fenêtre grillagée et située dans un coin de la pièce, ouverture insuffisante tant pour apporter une lumière naturelle dans l'ensemble de la cellule que pour assurer la ventilation nécessaire, et que ces cellules, dans lesquelles les détenus pouvaient être amenés à prendre leurs repas, étaient dotées de toilettes dont les modalités de cloisonnement interdisaient toute forme d'intimité et induisaient des risques en matière d'hygiène. • CE, sect., 3 déc. 2018, n° 412010 A : *AJDA 2018. 279, chron. Faure et Malverti ; D. 2019. 1074, obs. Céré, Evans et Péchillon*. ♦ Les effets cumulés de ces éléments, dont il ne résulte pas de l'instruction qu'ils seraient liés aux exigences qu'implique le maintien de la sécurité et du bon ordre, constituent, eu égard à leur nature et à leur durée, une épreuve qui excède les conséquences inhérentes à la détention. Ils caractérisent, par suite, des conditions de détention attentatoires à la dignité humaine constitutives d'une faute engendrant, par elle-même, un préjudice moral qu'il incombe à l'État de réparer. • Même arrêt.

2° DROIT À LA RÉPARATION DU PRÉJUDICE MORAL

38. Présomption. Si elle est caractérisée, une atteinte à la dignité humaine liée aux conditions de détention est de nature à engendrer, par elle-même, un préjudice moral pour la personne qui en est victime sans qu'elle ait à en établir l'existence. • CE 5 juin 2015, n° 370896 A • CE, sect., 3 déc. 2018, n° 412010 A : *préc. note 37.* ♦ Pour une application : • CAA Douai, 11 mai 2021, n° 20DA00511. ♦ L'atteinte au respect de la dignité humaine constituée par des conditions de détention contraires à celle-ci qui ne sont pas sérieusement discutées par le ministre de la Justice entraîne, par elle-même, un préjudice moral « par nature ». Par suite, et alors même que les intéressés n'ont pas précisé expressément la nature du préjudice dont ils demandent réparation, l'obligation dont ils se prévalent à l'égard de l'État n'est pas sérieusement contestable et ouvre un droit à provision. • CAA Douai, 26 avr. 2012, n° 11DA01130 : *RPDP 2012. 413, obs. Céré.* ♦ En revanche, le lien de causalité entre les conditions de détention et le préjudice physique allégué doit être établi. • CAA Bordeaux, 4 oct. 2011, n° 10BX02902.

39. Caractères évolutif et continu du préjudice moral. Le préjudice moral subi par un détenu à raison de conditions de détention attentatoires à la dignité humaine revêt un caractère continu et évolutif. A condition de détention constantes, le seul écoulement du temps aggrave l'intensité du préjudice subi. • CE, sect., 3 déc. 2018, n° 412010 A : *préc. note 37.* ♦ Pour une application : • CAA Toulouse, 11 juill. 2022, n° 22TL20577. ♦ Par ailleurs, rien ne fait obstacle à ce que ce préjudice soit mesuré dès qu'il a été subi. Il s'ensuit que la créance indemnitaire qui résulte de ce préjudice doit être rattachée, dans la mesure où il s'y rapporte, à chacune des années au cours desquelles il a été subi. • CE, sect., 3 déc. 2018, n° 412010 A : *préc. note 37.* ♦ Si le caractère indigne de conditions d'incarcération dépend en partie de la durée durant laquelle elles ont été subies, le préjudice qui résulte de telles conditions de détention peut être apprécié avant qu'il soit mis fin à la détention ou au caractère indigne des conditions de celle-ci. La créance liée au préjudice évolutif que l'intéressé a subi du fait de ses conditions d'incarcération doit être rattachée non pas, dans son ensemble, à la seule année au cours de laquelle le détenu a été libéré ou cette situation a pris fin, mais à chacune des années durant lesquelles ce préjudice a été subi. • CAA Bordeaux, 11 mars 2019, n° 18BX03577.

40. Prescription quadriennale. Dès lors que rien ne fait obstacle à ce que le préjudice moral subi par un détenu soit mesuré dès qu'il a été subi, le délai de prescription de la créance relative à une année court à compter du 1er janv. de l'année suivante, à la condition qu'à cette date le préjudice subi au cours de cette année puisse être mesuré et que le créancier n'ait pas été empêché d'agir soit par une cause de force majeure, soit par l'ignorance de sa créance. • CAA Paris, 20 déc. 2018, nos 18PA00134, 8PA00138 et 18PA02159.

Art. L. 7 **L'administration pénitentiaire doit assurer à chaque personne détenue une protection effective de son intégrité physique en tous lieux collectifs et individuels.**

BIBL. ▸ **Articles :** Arbousset, *AJ pénal 2010. 277* (violences mortelles entre détenus et responsabilité sans faute de l'État : une avancée législative incomplète). – Courtin, *LPA 12 juill. 2007. 37* (responsabilité de l'État et contentieux de l'exécution des peines). – de Graëve, *RFDA 2009. 947* (le droit à la vie et l'administration pénitentiaire). – Delarue, *AJDA 2014. 119* (le juge et le matelas). – Fouchard, *AJDA 2011. 142* (décès violents de détenus en prison. Les évolutions récentes de la responsabilité de l'État). – Henry, *AJ pénal 2010. 437* (un suicide qui dérange : le suicide en prison). – Péchillon, *AJ pénal 2009. 473* (regard d'un administrativiste sur la loi du 24 novembre 2009). – Roets, Prévention des violations du droit à la vie par les forces de l'ordre : les obligations positives de disposer d'un cadre juridique et administratif pertinent et de former les agents, *RSC 2018. 175*.

I. PROTECTION DE LA VIE DES PERSONNES DÉTENUES

A. PRINCIPES GÉNÉRAUX

1. Conv. EDH, art. 2. Obligations des États. L'art. 2, § 1er, Conv. EDH astreint l'État non seulement à s'abstenir de provoquer la mort de manière volontaire ou irrégulière, mais aussi à prendre les mesures nécessaires à la protection de la vie des personnes relevant de sa juridiction. Cette disposition comporte également dans certaines circonstances définies l'obligation positive pour les États de prendre préventivement des mesures d'ordre pratique pour protéger l'individu dont la vie est menacée. Il en va notamment ainsi s'agissant des personnes détenues, qui par là-même se trouvent dans un rapport de dépendance à l'égard de l'État. • CEDH 25 janv. 2011, *Lorga c/ Roumanie,* n° 26246/05. ♦ Sans perdre de vue les difficultés pour les autorités d'exercer leurs fonctions dans les sociétés contemporaines, ni l'imprévisibilité du comportement humain, ni les choix opérationnels à faire en termes de priorités et de ressources, il faut interpréter cette obligation de manière à ne pas imposer aux autorités un fardeau insupportable ou excessif. Dès lors, toute menace présumée contre la vie n'oblige pas les autorités, au regard de la Conv. EDH, à prendre des mesures concrètes pour en prévenir la réalisation. Pour que l'on puisse conclure à l'existence d'une obligation positive, il y a lieu d'établir que les autorités savaient ou auraient dû savoir sur le moment qu'un individu déterminé était menacé de manière réelle et immédiate dans sa vie par des actes criminels d'un tiers et qu'elles n'ont pas pris, dans le cadre de leurs pouvoirs, les mesures qui, d'un point de vue raisonnable, pouvaient être considérées comme aptes à pallier ce risque. • CEDH 28 oct. 1998, *Osman c/ Royaume-Uni,* n° 23452/94.

2. Conv. EDH, art. 2. Obligation d'enquête. L'obligation de protéger le droit à la vie qu'impose l'art. 2 Conv. EDH, combinée avec le devoir général incombant à l'État en vertu de l'art. 1er de reconnaître à toute personne relevant de sa juridiction les droits et libertés définis dans la Conv. EDH, implique de mener une forme d'enquête officielle et effective sur les circonstances dans lesquelles le décès s'est produit. Il s'agit essentiellement, au travers d'une telle enquête, d'assurer l'application effective des lois internes qui protègent le droit à la vie et, dans les affaires où des agents ou des organes de l'État sont impliqués, de garantir l'obligation que ceux-ci aient à rendre des comptes au sujet des décès survenus sous leur responsabilité. Les autorités doivent avoir pris toutes les mesures que l'on pouvait raisonnablement attendre d'elles pour rassembler les éléments de preuve concernant le déroulement des faits. Si l'enquête présente des lacunes qui ne lui permettent pas d'établir la cause du décès ou d'identifier les responsables, qu'il s'agisse des auteurs directs du crime ou de ceux qui l'ont commandité ou organisé, elle risque de ne pas répondre à cette norme d'effectivité. Une exigence de célérité et de diligence raisonnable est implicite dans ce contexte, même s'il peut y avoir des obstacles ou des difficultés empêchant l'enquête de progresser dans une situation particulière. • CEDH 3 oct. 2013, *Yuriy Illarionovich Shchokin c/ Ukraine,* n° 4299/03.

3. Conv. EDH, art. 2 et 3. Grève de la faim. N'est pas établie la violation de l'art. 2 Conv. EDH alors que le détenu, décédé des suites d'une grève de la faim, avait refusé toute autre intervention que des vitamines et qu'il fut hospitalisé après avoir perdu connaissance. • CEDH 31 mars 2009, *Horoz c/ Turquie,* n° 639/03. ♦ Si les États ont l'obligation de protéger les personnes contre des agissements par lesquels ils menacent leur propre vie, et notamment de protéger les personnes se trouvant dans une situation particulière de vulnérabilité, tels que les détenus, une libération pour raisons de santé suite à une grève de la faim ne relève pas de cette obligation. • CEDH 26 mars 2013, *Rappaz c/ Suisse,* n° 73175/10.

B. SUICIDE D'UNE PERSONNE DÉTENUE

4. Conv. EDH, art. 2. Les autorités françaises ont manqué à leur obligation positive de protéger le droit à la vie de la personne détenue qui s'est suicidée après avoir été placée en cellule disciplinaire alors qu'elle souffrait de troubles mentaux. • CEDH 16 oct. 2008, *Renolde c/ France,* n° 5608/05 : *AJ pénal 2009. 41, obs. Céré ; GADS, 3e éd., Dalloz, 2021, n° 107* • CEDH 19 juill. 2012, *Ketreb c/ France,* n° 38447/09 : *D. actu. 19 sept. 2012, obs. Léna ; AJ pénal 2012. 609, obs. Céré.* ♦ Néanmoins, lorsque rien dans le comportement de la personne détenue ne laisse présager un suicide, l'administration pénitentiaire n'est pas tenue d'adopter des mesures particulières au-delà de l'accompagnement medical (mis en place en l'espèce). • CEDH 8 oct. 2015, *Sellal c/ France,* n° 32432/13, § 58 : *AJDA 2016. 232 ; AJ pénal 2016. 158, obs. Céré* (absence de condamnation).

5. Responsabilité de la puissance publique. La responsabilité de l'État du fait des services pénitentiaires en cas de dommage résultant du suicide d'un détenu, même mineur, peut être recherchée en cas de faute, sans qu'il puisse être posé comme condition que seule une faute lourde était de nature à engager cette responsabilité. • CE, sect., 9 juill. 2007, n° 281205 A : *AJDA 2007. 2094, note Arbousset ; D. 2008. 1015, obs. Céré, Herzog-Evans et Péchillon ; RSC 2008. 404, chron. Poncela.* ♦ V., déjà, pour la succession de fautes imputables au service pénitentiaire, non qualifiée de faute lourde. • CE 23 mai 2003, n° 244663 B : *AJDA 2004.157, note Albert.* ♦ Alors même qu'aucune de ces circonstances ne revêt le caractère d'une faute lourde dans l'organisation ou le fonctionnement du service de surveillance des détenus, la Cour a pu, sans entacher son arrêt d'une erreur de droit, juger que la responsabilité de l'État était susceptible d'être engagée à raison du décès d'un détenu à la suite de l'inhalation des fumées toxiques provenant des matelas que l'un de ses codétenus a enflammés. • CE 17 déc. 2008, n° 292088 B : *AJDA 2008. 2364, obs. de Montecler ; ibid. 2009. 432, concl. de Silva ; AJ pénal 2009. 86, obs. Péchillon .* ♦ La responsabilité de l'État en cas de préjudice matériel ou moral résultant du suicide d'un détenu peut être recherchée pour faute des services pénitentiaires en raison notamment d'un défaut de surveillance ou de vigilance. • CE 26 juill. 2018, n° 391551 • CE 10 nov. 2021, n° 448105.

6. Caractérisation de la faute de vigilance. La responsabilité de l'État en cas de préjudice matériel ou moral résultant du suicide d'un détenu peut être recherchée pour faute des services pénitentiaires en raison notamment d'un défaut de surveillance ou de vigilance. Une telle faute ne peut toutefois être retenue qu'à la condition qu'il résulte de l'instruction que l'administration n'a pas pris, compte tenu des informations dont elle disposait, en particulier sur les antécédents de l'intéressé, son comportement et son état de santé, les mesures que l'on pouvait raisonnablement attendre de sa part pour prévenir le suicide. • CE 26 juill. 2018, n° 391551 : *préc. note 5* • CE 10 nov. 2021, n° 448105 : *préc. note 5.* ♦ Alors que le jeune détenu a rencontré des difficultés d'adaptation à la vie en milieu carcéral qui se sont manifestées pendant la période de sa détention provisoire, il apparaît qu'aucun accompagnement particulier tenant compte de son état psychologique n'a été prévu avant qu'il ne soit placé pour la nuit en cellule individuelle. En outre, la ronde de surveillance normalement prévue dans la soirée, moment auquel le suicide a été commis, n'a pas été effectuée. Dans ces conditions, les défauts de vigilance ainsi manifestés sont constitutifs d'une faute de l'administration pénitentiaire de nature à engager la responsabilité de l'État. • CE, sect., 9 juill. 2007, n° 281205 A : *préc. note 5.* ♦ En l'espèce, à supposer même que l'incendie déclenché par l'intéressé ait en réalité constitué une tentative de suicide, le comportement antérieur du détenu ne pouvait laisser présager l'imminence d'un passage à l'acte. Compte tenu des informations dont elle disposait, en particulier sur les antécédents de l'intéressé, son comportement et son état de santé, l'administration pénitentiaire n'a pas commis de faute de nature à engager la responsabilité de l'État en le plaçant en cellule disciplinaire, d'une part, et en s'abstenant de lui retirer pour des motifs de sécurité le briquet et les produits de tabac dont il disposait. • CAA Marseille, 17 juill. 2020, n° 18MA01230. ♦ Sur le rejet du pourvoi concernant la décision de la CAA de Marseille : • CE 16 nov. 2021, n° 448862. ♦ En l'absence d'éléments de nature à faire suspecter un risque de suicide, les services pénitentiaires n'ont pas commis de faute en s'abstenant de procéder à une ronde supplémentaire. • CAA Nantes, 26 janv. 2018, n° 16NT02108. ♦ ... A une fouille de la cellule à la recherche d'un éventuel stockage de médicaments potentiellement dangereux. • CAA Bordeaux, 19 nov. 2019, n° 17BX03998. ♦ ... Ou à une retenue du « paquetage » habituel du détenu, comprenant notamment les draps dont l'intéressée s'est servie pour mettre fin à ses jours. • CAA Nantes, 26 janv. 2018, n° 16NT02108 : *préc.*

7. Retenue des objets et produits dangereux. V. notes ss. art. R. 221-4.

II. PROTECTION DE LA SANTÉ ET DE LA SÉCURITÉ

8. Exclusion du droit à la santé du champ des libertés fondamentales protégées par l'art. L. 521-2 CJA. Si, en raison du renvoi fait par le Préamb. de la Const. de 1958 au Préamb. de la Const. de 1946, la protection de la santé publique constitue un principe de valeur constitutionnelle, il n'en résulte pas, contrairement à ce qu'a affirmé le premier juge, que « le droit à la santé » soit au nombre des libertés fondamentales auxquelles s'applique l'art. L. 521-2 CJA. Toutefois, entrent notamment dans le champ des prévisions de cet article le consentement libre et éclairé du patient aux soins médicaux qui lui sont prodigués ainsi que le droit de chacun au respect de sa liberté personnelle qui implique en particulier qu'il ne puisse subir de contraintes excédant celles qu'imposent la sauvegarde de l'ordre public ou le respect des droits d'autrui. S'agissant des personnes détenues dans les établissements pénitentiaires, leur situation est nécessairement tributaire des sujétions inhérentes à leur détention. • CE, ord., 8 sept. 2005, n° 284803 B : *D. 2006. 124, note Bioy ; AJDA 2006. 376, note Laujidois ; Gaz. Pal. 2006. 1077, note Pissaloux.*

9. Prévention sanitaire. V. notes ss. art. L. 320-1 s.

10. Accès aux soins des personnes détenues. V. notes ss. art. L. 322-1 s.

11. Obligation de sécurité. Il appartient à l'administration, à l'échelon approprié à l'organisation des services, de prendre des dispositions de nature à répondre aux exigences découlant du principe de protection de la vie des détenus. L'obligation de protection de la vie des détenus peut notamment être de nature à imposer à l'administration pénitentiaire de mettre à la disposition de certains détenus des quartiers ordinaires, lorsque des circonstances particulières tenant notamment à leur comportement, à celui de leurs codétenus ou à la configuration de leur cellule le justifient, des matelas Celso utilisés dans les quartiers disciplinaires, faute de quoi sa responsabilité serait susceptible d'être engagée pour faute. • CE 17 déc. 2008, n° 305594 A : *AJDA 2008. 2364,* *obs. de Montecler* ; *AJ pénal 2009. 86, obs. Péchillon*. ♦ V. égal. • CE, ord., 11 juill. 2007, n° 305595 : *D. 2008. 1015, obs. Céré, Herzog-Evans et Péchillon*.

III. LUTTE CONTRE LES VIOLENCES CARCÉRALES

12. Conv. EDH, art. 3. Usage de la force. L'absence totale d'explication de la part du Gouvernement et l'impossibilité d'établir les circonstances exactes dans lesquelles le requérant a été blessé, alors qu'il se trouvait sous le contrôle des agents de l'État, ne l'empêchent pas de parvenir à un constat de violation matérielle de cet article (traitements inhumains et dégradants pour un détenu ayant une côte cassée qui n'a pas été soignée alors qu'il avait été plaqué fermement au sol par les ERIS car il refusait de sortir de sa cellule). • CEDH 20 oct. 2011, *Alboreo c/ France*, n° 51019/08 : *AJ pénal 2012. 175, obs. Herzog-Evans* ; *AJDA 2012. 143, obs. Burgorgue-Larsen* ; *D. 2012. 1294, obs. Céré* ; *RSC 2012. 263, obs. Marguénaud* • 17 janv. 2013, *Karabet et a. c/ Ukraine*, n°s 38906/07 et 52025/07 (usage de la force visant à écraser un mouvement de grève de la faim) • 3 avr. 2012, *Dimitar Dimitrov c/ Bulgarie*, n° 18059/05 (usage de la force lors d'un transfert).

13. Conv. EDH, art. 3. Violences entre codétenus. Vu la nature du droit protégé par l'art. 3, il suffit à un requérant de montrer que les autorités n'ont pas fait tout ce que l'on pouvait raisonnablement attendre d'elles pour empêcher la matérialisation d'un risque certain et immédiat pour son intégrité physique, dont elles avaient ou auraient dû avoir connaissance. Il s'agit là d'une question dont la réponse dépend de l'ensemble des circonstances de l'affaire en question. Il incombe dès lors à la Cour de déterminer si, dans les circonstances de l'espèce, les autorités auraient dû savoir que le requérant risquait d'être soumis à de mauvais traitements de la part des autres détenus et, dans l'affirmative, si elles ont pris, dans le cadre de leurs pouvoirs, les mesures qui, d'un point de vue raisonnable, auraient évité un tel risque. • CEDH 3 juin 2003, *Pantea c/ Roumanie*, n° 33343/96 • 17 janv. 2013, *Sizarev c/ Ukraine*, n° 17116/04 (violation de l'art. 3 pour un prévenu ayant reçu des coups d'un codétenu alors que selon le droit interne ce prévenu, compte tenu de son activité antérieure, aurait dû être placé à l'isolement). ♦ Les autorités pénitentiaires ne sauraient avoir une obligation de résultat, dès lors qu'elles prennent toutes les mesures que l'on peut raisonnablement attendre d'elles pour protéger l'intégrité physique du requérant. • CEDH 20 oct. 2011, *Stasi c/ France*, n° 25001/07 : *AJDA 2012. 143, chron. Burgorgue-Larsen* ; *RSC 2012. 238, obs. Roets* (non-violation pour un détenu placé à l'isolement à la suite d'un signalement). ♦ L'omission par les institutions concernées (profession médicale, police, autorités de poursuite et tribunal) de communiquer aux autorités carcérales les informations disponibles au sujet d'un détenu dangereux et l'inadéquation de l'examen de filtrage dont ce dernier fit l'objet à son arrivée en prison révèlent un manquement de la part de l'État défendeur à son obligation de protéger la vie du détenu placé dans la même cellule que lui en cas de décès consécutif à ces violences exercées par ce détenu dangereux. • CEDH 4 juin 2002, *Edwards c/ Royaume-Uni*, n° 46477/99.

14. Responsabilité de la puissance publique. Eu égard à la vulnérabilité des détenus et à leur situation d'entière dépendance vis-à-vis de l'administration, il appartient à celle-ci, et notamment aux directeurs des établissements pénitentiaires, en leur qualité de chefs de service, de prendre les mesures propres à protéger leur vie ainsi qu'à leur éviter tout traitement inhumain ou dégradant afin de garantir le respect effectif des exigences découlant des principes rappelés par les art. 2 et 3 Conv. EDH ainsi que la L. du 24 nov. 2009. L'État engage sa responsabilité pour faute simple du fait du manquement de l'administration à son obligation légale de surveillance et de sécurité des détenus. • CAA Toulouse, 18 oct. 2022, n° 20TL02310.

15. Caractérisation de la faute de vigilance. La circonstance que le codétenu de l'intéressé ait déjà, avant de l'agresser, manifesté un comportement violent à l'égard d'autres détenus et réfractaire à l'autorité ne suffit pas à caractériser un risque certain et immédiat pour son intégrité physique justifiant la mise en œuvre de mesures de surveillance renforcée ou de déplacement dans une autre cellule. Même si l'administration pénitentiaire n'ignorait pas, au vu de ses antécédents judiciaires et disciplinaires, le comportement potentiellement violent du codétenu du requérant, elle ne pouvait cependant pas raisonnablement prévoir compte tenu de l'absence de tensions préalables entre les deux codétenus et du caractère soudain de l'agression, que ce dernier présentait un risque d'être exposé à une atteinte portée à son intégrité physique de la part de son codétenu. • CAA Toulouse, 18 oct. 2022, n° 20TL02310 : *préc. note 14*. ♦ Il ne résulte pas davantage de l'instruction que cette agression n'aurait pu être possible qu'en raison d'un défaut de surveillance des locaux concernés dès lors qu'il n'est pas même allégué que les rondes réglementaires prévues après le coucher des détenus n'auraient pas été effectuées par le personnel pénitentiaire la nuit de l'agression. • Même arrêt. ♦ Enfin, la possession par l'auteur de l'agression de lames de rasoir et le fait qu'il les ait utilisées comme une arme contre l'intéressé ne révèlent aucune faute du personnel de surveillance, y compris en ce qui concerne le respect des règles de fouille des détenus dès lors, notamment, ainsi que le préconise l'ensemble des règles *minima* des Nations unies pour le traitement des détenus, qu'il est d'usage que les hommes détenus aient à disposition des outils de rasage pour pouvoir entretenir leur barbe. • Même arrêt.

16. Obligation de mise à l'isolement. Eu égard à la gravité potentielle de ses conséquences sur la situation du détenu, le refus du directeur d'un établissement d'accéder à la demande de mise à l'isolement d'un détenu craignant pour sa sécurité constitue une décision susceptible de faire l'objet d'un recours pour excès de pouvoir. Cependant, en l'absence d'un commencement de preuve des violences et menaces que le requérant allègue subir au centre de détention, les moyens tirés de ce qu'en refusant de le placer à l'isolement le directeur du centre pénitentiaire aurait méconnu les dispositions légales et réglementaires prévoyant que l'administration pénitentiaire doit assurer la sécurité des détenus et commis une erreur manifeste d'appréciation, ne peuvent qu'être écartés. • TA Châlons-en-Champagne, 12 oct. 2017, n° 1502646.

Art. L. 8 Même en l'absence de faute, l'État est tenu de réparer le dommage résultant du décès d'une personne détenue causé par des violences commises au sein d'un établissement pénitentiaire par une autre personne détenue.

BIBL. ▸ **Articles :** ARBOUSSET, Violences mortelles entre détenus et responsabilité sans faute de l'État : une avancée législative incomplète, *AJ pénal 2010. 277*. – DE GRAËVE, Le droit à la vie et l'administration pénitentiaire, *RFDA 2009. 947*. – FOUCHARD, Décès violents de détenus en prison. Les évolutions récentes de la responsabilité de l'État, *AJDA 2011. 142*.

COMMENTAIRE

L'article L. 8 correspond à une disposition introduite par la loi du 24 novembre 2009 qui, dans les circonstances qu'elle définit, substitue un régime de responsabilité sans faute de l'État au régime de responsabilité pour faute, certes « simple », jusqu'alors retenu par la jurisprudence. Cette disposition couvrant des situations heureusement rares, elle ne fait guère l'objet de contentieux. ❑

Conv. EDH, art. 2. Violences entre codétenus. L'omission par les institutions concernées (profession médicale, police, autorités de poursuite et tribunal) de communiquer aux autorités carcérales les informations disponibles au sujet d'un détenu dangereux et l'inadéquation de l'examen de filtrage dont ce dernier fit l'objet à son arrivée en prison révèlent un manquement de la part de l'État défendeur à son obligation de protéger la vie du détenu placé dans la même cellule que lui en cas de décès consécutif à des violences exercées par ce détenu dangereux. • CEDH 4 juin 2002, *Edwards c/ Royaume-Uni*, n° 46477/99.

LIVRE I SERVICE PUBLIC PÉNITENTIAIRE

TITRE I ACTEURS

CHAPITRE I DISPOSITIONS GÉNÉRALES

RÉP. PÉN. v° *Prison - Organisation générale,* par Céré.

RÉP. SERV. PUBL. v° *Services publics régaliens,* par Didriche.

BIBL. ▸ **Ouvrages :** Céré, La prison, *2e éd., Paris, Dalloz, 2016.* - Delafue, En prison. L'ordre pénitentiaire des choses, *Paris, Dalloz, 2018.* - Herzog-Evans, Droit pénitentiaire, *3e éd., Paris, Dalloz, 2019.* - Léauté, Les prisons, *Paris, PUF, 1990.* - Péchillon, Sécurité et droit du service public pénitentiaire, *Paris, LGDJ, 1998.* - Rivéreo, Les mesures d'ordre intérieure administratives. Essai sur les caractères juridiques de la vie intérieure des services publics, *Paris, Sirey, 1934.*

▸ **Thèse :** Péchillon, Sécurité et droit du service public pénitentiaire, *LGDJ, coll. Bibliothèque de droit public, 1998.*

▸ **Rapport :** Breton et Houbron, Rapport d'information de l'Assemblée nationale relative au régime des fouilles en détention, *8 oct. 2015, n° 1295.*

▸ **Articles :** Auby, *RD publ. 1987. 548* (le contentieux administratif du service public pénitentiaire). - Bonnemaison, Rapport au Premier ministre 1991 (la modernisation du service public pénitentiaire). - Blanc et Gorse, *AJ pénal 2019. 528* (retour sur quarante ans de politique pénitentiaire). - Boussard, *D. 2013. 23* (le service public pénitentiaire, cadre de la reconnaissance des droits de la personne détenue). - Delorme, *Gaz. Pal. 23 janv. 2010* (un nouveau service public pénitentiaire). - Dintilhac, *RPDP 1990. 133* (l'administration pénitentiaire : évolution et perspectives). - Falxa, *AJ pénal 2022. 295* (le code pénitentiaire : une codification à droit inconstant). - Froment, *RD publ. 2010. 687* (la loi pénitentiaire du 24 novembre 2009 : une ambition modérée). - Guyomar, *Dalloz 2013. 147* (le juge administratif, juge du service public pénitentiaire). - Habouzit, *RSC 2022. 657* (la codification du droit pénitentiaire). - Karsenty, *RPDP 1991. 261* (l'administration pénitentiaire des années 1990 : des crises pour un renouveau ?). - Koubi, *JCP Adm. 2013. 2017* (pour un service public pénitentiaire garant du droit des détenus de ne pas être soumis à des traitements inhumains et dégradants). - Lazerges, *RSC 1998. 180* (les établissements pénitentiaires à gestion mixte, un exemple de politique criminelle participative). - Liwerant, *Arch. pol. crim. 1999. 131* (les prisons à gestion mixte : l'entreprise dans le service public pénitentiaire). - Moderne, *RPDP 1982. 575* (la responsabilité des services pénitentiaires à raison des dommages subis par les détenus). - Moreau, *Mél. Bouzat 1980. 105* (la responsabilité de l'État à raison du fonctionnement des établissements pénitentiaires). - Mounaud, *RPDP 2008. 821* (la modernisation du service public pénitentiaire). - Niquege, *RFDA 2019. 749* (le pouvoir de police du directeur d'établissement pénitentiaire). - Péchillon, *LGDJ, 1998* (sécurité et droit du service public pénitentiaire) ; *CRDF 2004. 49* (l'accès au droit et le droit au recours) ; *AJ pénal 2008. 500* (encadrement du pouvoir normatif du garde des Sceaux en matière d'isolement) ; La réforme du code pénal et du code de procédure pénale, *ibid. 2009. 376* (plaidoyer pour une réforme concertée et dépassionnée du service public de l'exécution des peines) ; *ibid. 2012. 496* (compétence du juge administratif pour examiner la responsabilité d'une personne privée intervenant dans un établissement à gestion mixte). - Poncela, *RSC 2000. 252* (la responsabilité du service public pénitentiaire à l'égard de ses usagers détenus). - Portier, *AJDA 2019. 1738* (l'acquis jurisprudentiel de la CEDH en matière de fouilles à corps en milieu carcéral). - Slama, *D. 2013. 1221* (les travailleurs détenus, des agents publics ?). - Tchen, *RFDA 1997. 597* (les droits fondamentaux du détenu à l'épreuve des exigences du service public pénitentiaire). - Wagner, *AJ pénal 2012. 288* (l'élaboration du code pénitentiaire vue par une rédactrice : le code en quatre étapes).

COMMENTAIRE

Fondatrice, la loi du 22 juin 1987 relative au service public pénitentiaire définit les missions de ce service public à travers un prisme exclusivement régalien. D'une part, le service public pénitentiaire est le corollaire nécessaire d'un autre service public, celui de la justice pénale, en ce qu'il « participe à l'exécution des décisions de justice et sentences pénales » (art. 1er de la L. de 1987). D'autre part, il assume des missions liées au « maintien de la sécurité publique » (*ibid.*). Insusceptible de correspondre au périmètre contemporain d'intervention de ce service public singulier, cette définition est modifiée sensiblement par la loi pénitentiaire du 24 novembre 2009. Le communiqué de presse du

Conseil des ministres du 28 juillet 2008 proclame le projet de loi pénitentiaire comme une « loi fondamentale sur le service public pénitentiaire », en faisant de la « réinsertion » son « cœur d'intervention ». L'exposé des motifs du projet Dati insiste sur la nécessité de « clarifier les missions du service public pénitentiaire et les conditions de son exercice, en distinguant celles relevant de la compétence propre de l'administration pénitentiaire de celles nécessitant le concours d'autres partenaires publics ». Il mentionne, en outre, le concours des personnes privées (art. 2 de la L. de 2009 devenu art. L. 111-1 C. pénit.). L'article L. 1 du code pénitentiaire confirme aujourd'hui cette priorité, puisque la mission d'insertion et de réinsertion est la seconde activité de ce service public. Elle est d'ailleurs mentionnée immédiatement après celle de la préparation et de l'exécution des décisions judiciaires. Les articles L. 111-1 à L. 111-3 du code pénitentiaire sont donc directement issus des articles 2, 2-1 et 3 de la loi de 2009, abrogés par l'article 7 de l'ordonnance du 30 mars 2022. Plus précisément, ils concernent l'organisation et le fonctionnement du service public pénitentiaire à travers sa principale structure : l'administration pénitentiaire.

L'importance stratégique de l'équilibre entre administration centrale et services déconcentrés. Ainsi, l'article L. 111-1 dispose que l'administration pénitentiaire « veille à ce que les personnes condamnées accèdent aux droits et dispositifs de droit commun de nature à faciliter leur insertion ou leur réinsertion ». Cette disposition définit l'organisation générale des activités de service public qui se déroule dans les établissements pénitentiaires. Dans la continuité des lois de 1987 et 2009, c'est l'administration pénitentiaire, placée depuis 1911 sous le contrôle hiérarchique du garde des Sceaux, ministre de la Justice, qui est responsable de son bon fonctionnement. Mais cette disposition présente une singularité en ce qu'elle permet, voire incite l'« autorité » administrative à solliciter d'autres acteurs pour intervenir auprès des personnes détenues. Certes, les établissements pénitentiaires (V. art. L. 112-1 s.) sont des établissements dont les missions sont majoritairement assumées par des fonctionnaires. En matière pénitentiaire, la centralisation est forte, et l'emprise de l'échelon central, incarné par la Chancellerie, conduit autant à l'unité dans le fonctionnement du service public qu'à une certaine tendance à l'inertie. Mais, nonobstant le caractère régalien de ce service public, la loi autorise l'intervention et le concours d'intervenants extérieurs. Ainsi est envisagée, de façon assez large, la participation d'une multitude d'acteurs désignés comme les « autres services de l'État, [l]es collectivités territoriales, [l]es associations et [les] autres personnes publiques ou privées ». Dans le deuxième alinéa, le législateur insiste sur la principale mission assurée par l'ensemble des intervenants en milieu pénitentiaire : l'accès aux droits et aux dispositifs de droit commun de nature à faciliter l'insertion et la réinsertion des personnes détenues. Concrètement, les intervenants autres que les agents de l'administration pénitentiaire sont des agents du ministère de l'éducation nationale (mission d'enseignement et de formation, V. art. D. 413-5), les agents du ministère de la santé (USMP, ARS, V. art. R. 115-1 s.), des bénévoles associatifs qui assurent des actions de soutien pédagogique, des activités culturelles et sportives (GENEPI), des aumôniers (art. D. 352-1) ou encore des « visiteurs de prison » qui ont un rôle essentiel de réinsertion (V. art. R. 341-17 et D. 341-21). Ces interventions extérieures peuvent être réglées par des conventions ou des protocoles (V. art. D. 115-4) et, le plus souvent, par le biais d'une habilitation unilatérale délivrée, suivant les cas, par le ministre de la Justice ou le directeur interrégional des services pénitentiaires (V. par ex. art. D. 115-14 et D. 352-1). L'article L. 111-1 mentionne aussi les collectivités territoriales, mais, de ce côté-là, la tendance n'est guère à l'implication, comme le regrette le sénateur Jean-René Lecerf dans son rapport sur l'immobilier pénitentiaire (*2017, p. 98*).

L'importance du recours aux conventions pour l'organisation du service public pénitentiaire. Version modernisée des articles 2 et 2-1 de la loi pénitentiaire de 2009, l'article L. 111-2 autorise l'administration pénitentiaire à conclure des « conventions » avec divers partenaires qui constituent, selon l'expression gouvernementale consacrée, le « réseau partenarial de l'administration pénitentiaire ». Ces partenaires, qui sont souvent des associations ou d'autres services de l'État (ministère de la culture par exemple) et dont la liste est disponible sur le site internet de la chancellerie, concourent au fonctionnement du service public pénitentiaire. Plus particulièrement, ces conventions définissent les conditions et les modalités d'accès, pendant leur détention, des personnes condamnées aux droits et dispositifs mentionnés par les dispositions de l'article L. 111-1, c'est-à-dire principalement en matière d'insertion et de réinsertion. Les missions « insertion/réinsertion » sont ainsi consacrées comme l'une des priorités de l'administration pénitentiaire moderne. L'administration – le directeur de l'administration pénitentiaire – et les associations s'accordent donc sur une convention, dont le principal objet est de compléter les politiques publiques au moyen de « programmes d'actions » propres à chaque association (lutte contre la toxicomanie, accès aux cultes, accès au droit...). Dans certains cas, l'administration s'engage même à contribuer aux financements des programmes. Ces conventions sont soumises à un contrôle étroit de la puissance publique qui procède à leur évaluation périodique, ce qui nécessite, pour le partenaire de l'administration, la communication de ses documents financiers et peut, le cas échéant, déboucher sur des sanctions allant jusqu'au remboursement de la subvention, voire la rupture unilatérale. Juridiquement, les conventions visées à l'article L. 111-2 s'analysent comme des conventions pluriannuelles d'objectifs (CPO) qui se retrouvent dans plusieurs champs de l'action administrative (culture, jeunesse, sport) et dont la principale caractéristique est d'encadrer le versement de subventions par la puissance publique lorsqu'une association entend bénéficier d'une aide supérieure à 23 000 € (Décr. n° 2001-495 du 6 juin 2001). C'est la loi du 12 avril 2000 (art. 9 et 10), modifiée par celle du 31 juillet 2014, qui encadre la distribution des subventions par les personnes publiques. La circulaire Valls du 29 septembre 2015 baptisée « nouvelles relations entre les pouvoirs publics et les associations » incite les administrations – dont la pénitentiaire – à recourir à ces conventions d'objectifs pour encadrer les relations avec les associations qui « concourent à l'intérêt général ». En annexe, la circulaire fournit un modèle de convention, aujourd'hui utilisé par la Chancellerie. En toute hypothèse, la signature de ces conventions n'a pas pour effet de lier outre mesure l'administration dans le versement de la subvention, elles ne constituent qu'un « référentiel » (Hourson, Les conventions d'administration, *LGDJ, 2014. 352*) qui préserve, ensuite, la discrétionnarité de l'administration dans une réévaluation du montant de la subvention en fonction du respect des objectifs pris par son partenaire.

Les limites de l'externalisation. Héritage du mouvement entamé par la loi du 22 juin 1987, l'article L. 111-3 consacre une distinction fonctionnelle déterminante au cœur du service public pénitentiaire. D'une part, « les fonctions de direction, de surveillance et de greffe » sont assurées par l'administration directement. D'autre part, les « autres fonctions peuvent être confiées à des personnes de droit public ou privé bénéficiant d'une habilitation ». En conséquence, le noyau dur des fonctions liées à l'enfermement et à la sécurité au sein des établissements pénitentiaires doit toujours être détenu et exercé par la puissance publique, alors que les « autres » fonctions peuvent éventuellement être déléguées, essentiellement, mais pas exclusivement, au secteur privé. L'hypothèse ici envisagée ne doit pas être confondue avec celle prévue par l'article L. 112-5 (V. comm. ss. art. L. 112-5), relatif à la construction et l'aménagement de nouveaux établissements pénitentiaires au moyen de « marchés publics globaux sectoriels » (V. CCP, art. L. 2171-4 à L. 2174-6). L'article L. 111-3 entend régir les missions de service public exercées à l'intérieur des établissements pénitentiaires. Cet article doit surtout s'analyser comme une limitation des possibilités ouvertes par les dispositions de l'article L. 111-1. Plus précisément, il établit une réserve de compétence incompressible au profit de la puissance publique qui ne saurait se défaire de l'exercice de certaines activités touchant au cœur du fonctionnement du service public pénitentiaire. Conformément aux exigences qui résultent de la jurisprudence du Conseil constitutionnel (n° 2002-461 DC du 29 août 2002), le législateur a entendu exclure de toute possibilité de délégation les matières qui sont « inhérentes à l'exercice par l'État de ses missions de souveraineté » et dont font ainsi partie les missions de direction, de surveillance et de greffe à l'intérieur des établissements pénitentiaires. Les deux premières, en vertu de leur appartenance à la catégorie plus générale uvoirs de police administrative reconnue à l'État. La dernière, en vertu de son appartenance à la catégorie des missions relevant de l'autorité judiciaire.

Cependant, notamment pour tenir compte de difficultés budgétaires chroniques, le législateur a entendu ménager des exceptions permettant la participation de personnes privées à certaines missions relevant normalement de l'administration pénitentiaire. Cet aménagement, conformément à la jurisprudence constitutionnelle, intéresse donc des missions techniques, véritablement dissociables des missions inhérentes à la souveraineté. L'article L. 111-3 valide des hypothèses d'externalisation de certaines activités qui, sans être « le cœur de métier » de l'administration, viennent à son « soutien opérationnel » (Plessix), à tel point que Yolka peut parler de « démontage du service public pénitentiaire » (Surveiller et construire, le partenariat public/privé en prison(s), *in* Froment et Kaluszynski,

L'administration pénitentiaire face aux principes de la nouvelle gestion publique. Une réforme en question(s), *Presses Universitaires de Grenoble, 2011, p. 109*).

Relèvent donc de la sphère de compétences absolue de l'administration pénitentiaire les missions de direction, de surveillance et de greffe. En conséquence, la direction de l'établissement pénitentiaire est confiée à un membre du corps des « directeurs des services pénitentiaires » (V. art. D. 113-1) qui fait office de chef d'établissement aux très larges prérogatives (V. art. R. 113-12 s.). Cette fonction ne saurait alors être exercée par une personne qui ne serait pas placée sous l'entier contrôle de l'administration. La surveillance de ces établissements dépend de personnels spécifiques (V. art. L. 113-4). Ils constituent l'une des « forces dont dispose l'État pour assurer la sécurité intérieure » et, pareillement aux personnels de direction, ne sauraient être confiés à des entités privées. Quant aux greffes, ils sont chargés de tenir le registre d'écrou (V. art. L. 212-6 à L. 212-8 et D. 212-6 à D. 212-13). Le greffe est généralement tenu par plusieurs fonctionnaires (V. art. D. 212-6) appartenant au corps des « personnels administratifs », c'est-à-dire aux « corps des attachés d'administration de l'État, corps des secrétaires administratifs, corps des adjoints administratifs » (V. art. D. 113-1). Parce qu'ils concourent directement au service public de la justice – réservé par principe à l'État souverain – dans les établissements pénitentiaires, ces agents ne peuvent être remplacés par des salariés du privé.

Peuvent, *a contrario*, faire l'objet d'une convention avec des personnes publiques ou privées les « autres » fonctions de l'administration pénitentiaire. Depuis la loi du 22 juin 1987, certains établissements pénitentiaires (38 selon la Chancellerie) sont dits « à gestion mixte », ce qui signifie que des partenaires privés de l'administration prennent en charge des activités détachables des missions de puissance publique précitées. Parmi ces « autres » fonctions, prennent place des tâches techniques, comme l'entretien et la maintenance des locaux et des équipements, la fourniture des fluides et des énergies, l'hôtellerie et la restauration des personnes détenues ou encore l'entretien des vêtements ainsi que le nettoyage gratuit des effets personnels. Mais, en plus, se retrouvent des missions plus directement en lien avec le service public pénitentiaire tel que défini par la loi de 2009 et l'article L. 1 du code. Ainsi, ce que Jean-Marie Delarue appelle les fonctions « supports » des activités régaliennes sont souvent confiées à des prestataires privés. C'est le cas des activités d'insertion et de réinsertion, des ateliers de travail ou la formation professionnelle. Cette situation conduit le ministère de la Justice à considérer ces partenariats, fondés sur la loi de 1987 aujourd'hui reprise à cet article L. 111-3, comme des délégations de service public, alors qu'ils prennent en réalité la forme juridique de contrats de partenariat ou de marché public dans le cadre d'une politique d'externalisation. Le jargon administratif (V. Defranoux, La gestion déléguée des établissements pénitentiaires, *Mémoire ENAP, 2013, p. 17*) parle de « contrat de gestion délégué » (GD). La logique concessive (applicable aux délégations de service public) suppose, en effet, une rémunération du cocontractant de l'administration par le biais de redevances perçues sur les usagers, ce qui est exclu en matière pénitentiaire. La participation du cocontractant de l'administration à toutes les missions d'« exploitation et de maintenance » (CCP, art. L. 2171-4), autres que celles prohibées par l'article L. 111-3, conduit donc à une participation très forte du secteur privé dans les prisons. Ce qui n'est pas sans conséquence sur les pouvoirs de l'administration pénitentiaire, en particulier ceux du chef d'établissement qui est en concurrence avec le « responsable de site » recruté par le prestataire et normalement placé sous le contrôle hiérarchique du chef d'établissement. Pourtant, ce dernier se retrouve souvent contraint, voire démuni (J.-M. Delarue) face aux moyens contractuels dont disposent les partenaires privés pour se soustraire à son pouvoir d'organisation et de contrôle, d'où des difficultés dans la gestion quotidienne de ce service public singulier. ❑

Art. L. 111-1 Le service public pénitentiaire est assuré par l'administration pénitentiaire sous l'autorité du garde des sceaux, ministre de la justice, avec le concours des autres services de l'État, des collectivités territoriales, des associations et d'autres personnes publiques ou privées.

Chacune de ces autorités et de ces personnes veille, en ce qui la concerne, à ce que les personnes condamnées accèdent aux droits et dispositifs de droit commun de nature à faciliter leur insertion ou leur réinsertion.

1. Actes d'organisation du service pénitentiaire. V. notes ss. art. L. 1, L. 2, L. 3 et L. 6.

2. Autorité du garde des Sceaux. Exercice de l'autorité par le Premier ministre. Lorsque le Premier ministre exerce les attributions d'un ministre empêché par une situation de conflit d'intérêts, les agents mentionnés à l'art. 1er du Décr. du 27 juill. 2005 peuvent signer en son nom et sous son autorité, dans le cadre de la délégation de plein droit prévue par cet article, les actes relatifs aux affaires des services dont ils ont la charge. L'ordonnance attaquée est par suite entachée d'une erreur de droit en ce qu'elle a estimé qu'était de nature à faire naître un doute sérieux sur la légalité de la décision attaquée le moyen tiré de l'incompétence de la signataire de cette décision en l'absence d'une délégation de signature expressément consentie par la Première ministre. • CE, ord., 9 nov. 2022, n° 465784.

3. Représentation de l'État dans un litige qui concerne les services pénitentiaires. Les maisons d'arrêt, relevant de l'autorité du ministre de la Justice, ne sont pas au nombre des « administrations civiles de l'État » au sens des dispositions précitées de l'art. R. 431-10 CJA. Aucune disposition spéciale n'attribue aux directeurs des maisons d'arrêt compétence pour représenter l'État devant les TA dans les instances concernant les services pénitentiaires ; dès lors, seul le ministre de la Justice a compétence pour signer les recours et mémoires présentés au nom de l'État devant les juridictions administratives. • CE 31 mars 2008, n° 307435.

4. Pouvoir hiérarchique et qualité de chef de service du ministre de la Justice. Même dans le cas où les ministres ne tiennent d'aucune disposition législative un pouvoir réglementaire, il leur appartient, comme à tout chef de service, de prendre les mesures nécessaires au bon fonctionnement de l'administration placée sous leur autorité. • CE 7 févr. 1936, n° 43321. ♦ Même en l'absence d'un texte législatif ou réglementaire l'y habilitant expressément, le ministre de la Justice a, en sa qualité de chef de service, le pouvoir de déterminer certaines des conditions dans lesquelles les fouilles de détenus seraient effectuées. • CE 8 déc. 2000, n° 162995 B • CAA Versailles, 23 nov. 2021, n° 20VE02747. ♦ Il appartient notamment au ministre de la Justice, en vertu de son pouvoir d'organisation du service public pénitentiaire, en sa qualité de chef de service, de prendre les mesures propres à la vie des détenus. • CE 17 déc. 2008, n° 305594 B : *AJDA 2008. 2364, obs. de Montecler ; ibid. 2014. 119, chron. Delarue ; AJ pénal 2009. 86, obs. Péchillon*. ♦ Dans l'actuelle période d'état d'urgence sanitaire, il appartient aux différentes autorités compétentes de prendre, en vue de sauvegarder la santé de la population, toutes dispositions de nature à prévenir ou à limiter les effets de l'épidémie. Ces mesures, qui peuvent limiter l'exercice des droits et libertés fondamentaux, doivent, dans cette mesure, être nécessaires, adaptées et proportionnées à l'objectif de sauvegarde de la santé publique qu'elles poursuivent. Eu égard à la vulnérabilité des détenus et à leur situation d'entière dépendance vis-à-vis de l'administration, il appartient à celle-ci, et notamment au garde des Sceaux, ministre de la Justice, et aux directeurs des établissements pénitentiaires, en leur qualité de chefs de service, de prendre les mesures propres à protéger leur vie et à dispenser les traitements et les soins appropriés à leur état de santé ainsi qu'à leur éviter tout traitement inhumain ou dégradant afin de garantir le respect effectif des libertés fondamentales. • CE, ord., 15 mai 2020, n° 440367.

5. Exercice du pouvoir réglementaire du ministre. Réserve de loi. V. notes ss. art. L. 1, L. 2, L. 3 et L. 6. • CE 29 janv. 2018, n° 402506. ♦ Dans ce cadre, seules peuvent être apportées aux droits des détenus les restrictions résultant des contraintes inhérentes à la détention, du maintien de la sécurité et du bon ordre des établissements, de la prévention de la récidive et de la protection de l'intérêt des victimes, dans les conditions rappelées par la loi. • Même arrêt. ♦ Si la L. n° 2009-1436 du 24 nov. 2009 a déterminé les droits et devoirs des personnes détenues, en encadrant notamment l'usage du téléphone ainsi que des correspondances écrites et en reconnaissant aux détenus un droit à l'accès aux publications écrites et audiovisuelles, il n'appartenait qu'au pouvoir exécutif de déterminer la mise en œuvre des garanties déterminées par le législateur, et notamment les conditions de nature administrative et technique d'application de la L. du 13 nov. 2009. Il s'ensuit que la Circ. du 13 oct. 2009, qui présente un caractère réglementaire, n'empiète pas sur le domaine de la loi. • CAA Versailles, 10 janv. 2023, n° 21VE01839.

6. Incompétence des juridictions judiciaires pour connaître du contentieux du fonctionnement du service public pénitentiaire. Le fait que l'administration pénitentiaire relève de l'autorité du garde des Sceaux n'est pas de nature à modifier l'incompétence des juridictions judiciaires dès lors que le litige intéresse le fonctionnement administratif des services pénitentiaires. • Bordeaux, 10 juin 2013, n° 12/00663.

Art. L. 111-2 Des conventions entre l'administration pénitentiaire et les autres services de l'État, les collectivités territoriales, les associations et d'autres personnes publiques ou privées définissent les conditions et modalités d'accès, pendant leur détention, des personnes condamnées aux droits et dispositifs mentionnés par les dispositions de l'article L. 111-1.

Ces conventions comportent des objectifs précis, définis en fonction de la finalité d'intérêt général mentionnée au même article, ainsi que des résultats attendus, et faisant l'objet d'une évaluation régulière.

1. Interdiction de délégation de certaines fonctions liées au service public pénitentiaire. Sous réserve de ne pas déléguer à des personnes privées les missions de direction et de surveillance à l'intérieur des établissements pénitentiaires, tâches inhérentes à l'exercice par l'État de ses missions de souveraineté, les délégations doivent faire l'objet d'une habilitation dans des conditions définies par décret en Conseil d'État dans le respect des exigences propres au service public pénitentiaire imposé au titulaire dans le cadre de cette habilitation. Les dispositions critiquées, qui ont pour objet de faciliter et d'accélérer la construction des établissements pénitentiaires, ne portent pas atteinte, par elles-mêmes, au principe d'égalité d'accès à la commande publique. • Cons. const. 29 août 2002, n° 2002-461 DC : *Loi d'orientation et de programmation pour la justice.*

2. Convention avec une congrégation religieuse. La convention conclue entre l'État et une congrégation religieuse a pour objet de permettre aux membres de cette congrégation d'apporter leur concours au fonctionnement de 3 établissements pénitentiaires sous la forme soit de « prestations spécifiques non assurées par les fonctionnaires de l'établissement ou des partenaires extérieurs », soit de « fonctions complémentaires de soutien à la prise en charge des détenues ». Les sœurs sont, dans l'exécution des tâches qui leur sont confiées, placées sous le contrôle de l'administration pénitentiaire sans qu'il « n'existe aucun lien contractuel entre chacune d'elles et l'administration ». En décidant de conclure cette convention, le ministre s'est borné à prévoir les conditions de rémunération du concours apporté au fonctionnement du service public pénitentiaire sans méconnaître l'art. 2 de la L. du 9 déc. 1905. La convention exclut expressément des tâches susceptibles d'être confiées aux sœurs de la congrégation contractante, celles qui sont assurées par « les fonctionnaires de l'établissement ». Le moyen tiré de ce que l'acte approuvant la convention méconnaîtrait les dispositions du Décr. du 21 sept. 1993 portant statut particulier du personnel de surveillance des services déconcentrés de l'administration pénitentiaire manque en fait. • CE 27 juill. 2001, n°s 215550 et 220980.

3. Principe inhérent à l'identité constitutionnelle de la France. Lorsque l'autorité administrative a décidé de procéder au transport d'une personne en ayant recours aux services de compagnies aériennes privées, cette décision n'a pas pour effet de leur faire exercer des fonctions qui entrent dans le périmètre de la police administrative, qui ressortent du monopole de la puissance publique. Le Cons. const. considère l'indélégabilité des compétences de police administrative générale comme un « principe inhérent à l'identité constitutionnelle de la France » (DDH, art. 12), faute d'équivalent en droit de l'Union européenne. Il en résulte l'interdiction de déléguer à des personnes privées des compétences de police administrative générale inhérentes à l'exercice de la « force publique » nécessaire à la garantie des droits. Cette exigence constitue un principe inhérent à l'identité constitutionnelle de la France. • Cons. const. 15 oct. 2021, n° 2021-940 QPC, consid. 15.

Art. L. 111-3 Les fonctions de direction, de surveillance et de greffe des établissements pénitentiaires sont assurées par l'administration pénitentiaire. Les autres fonctions peuvent être confiées à des personnes de droit public ou privé bénéficiant d'une habilitation dans des conditions définies par décret en Conseil d'État.

Ces personnes peuvent être choisies dans le cadre d'un marché public prévu par les dispositions du 3° de l'article L. 2171-4 du code de la commande publique.

V. comm. ss. livre I, titre I, chap. I.

1. Application des règles pénitentiaires aux partenaires habilités. Il résulte de la combinaison des dispositions de la L. du 24 nov. 2009 que le législateur a prévu que le C. déont. publ. pénitentiaire, dont l'art. 11 de la loi impose l'élaboration, s'appliquerait non seulement aux agents de l'administration pénitentiaire, mais également à l'ensemble des intervenants en milieu carcéral bénéficiant d'une habilitation, au nombre desquels figurent les personnels de santé. Dès lors, le 3° de l'art. 4 du Décr. attaqué, qui doit être regardé comme incluant nécessairement dans son champ d'application les personnels de santé intervenant en milieu carcéral, n'a pas méconnu les dispositions de la L. du 24 nov. 2009. • CE 11 juill. 2012, n° 347148.

2. Responsabilité du partenaire habilité. Le dommage subi par l'intéressé a pour origine des fautes qui n'étaient pas détachables du service médical assuré par la société Dumez, pour le compte de l'État et sous son contrôle. Eu égard tant à la nature particulière que revêtait cette mission de service public administratif qu'aux conditions dans lesquelles elle était alors assurée, le détenu auquel des soins étaient dispensés dans le cadre qui était ainsi défini se trouvait, à l'égard de la personne, même de droit privé, chargée de cette mission, dans une relation de droit public. Il suit de là que le litige né de l'action en responsabilité relève de la juridiction administrative. • T. confl. 11 juin 2012, n° 3849.

CHAPITRE II ORGANISATION

BIBL. ▸ **Articles :** Boussard, Les droits de la personne détenue, *D. 2013. 23* (le service public pénitentiaire, cadre de la reconnaissance des droits de la personne détenue). – Clot, *Contrats*

Publics, 2021, n° 222 (les marchés publics globaux sectoriels : des marchés spécifiques ?). – FAVOREU, Les prisons dites privées : une solution à la crise pénitentiaire ?, *1987. 52* (approche constitutionnelle du principe de la participation du secteur privé au fonctionnement du service public pénitentiaire). – JEANNEAU et RICCI, *Contrats publics, n° 158, 2015. 53* (les marchés publics globaux). – YOLKA, *PUG 2011. 109* (surveiller et construire : le partenariat public/privé en prison(s)).

COMMENTAIRE

L'article L. 112-5 du code pénitentiaire est une disposition importante en ce qu'elle autorise les pouvoirs publics à recourir au secteur privé pour la construction des nouveaux établissements pénitentiaires. Mais, plus encore, par un renvoi au 3° de l'article L. 2171-4 du code de la commande publique, le législateur permet, « en outre », que le cocontractant soit chargé, dans un établissement existant, d'assurer l'« exploitation et la maintenance » du site, à l'exception des missions régaliennes (V. comm. ss. livre I, titre I, chap. I). Cet article constitue la dernière étape d'une longue série d'évolutions qui ont conduit la puissance publique à externaliser une bonne partie des activités liées à la construction, l'aménagement et le fonctionnement quotidien des établissements pénitentiaires. L'origine de cette disposition est à chercher dans la loi du 22 juin 1987. A cette époque, l'État souhaite multiplier les places de détention (15 000 nouvelles places, chiffre finalement ramené à 13 000), mais ne dispose pas des moyens budgétaires pour mener cette opération d'un seul tenant. Initialement, le projet de loi présenté par le garde des Sceaux Albin Chalandon prévoit un complet transfert au secteur privé de l'activité du service public pénitentiaire, y compris les missions régaliennes (art. 2 de la L. de 1987). Le Parlement fait finalement le choix de la « gestion mixte », et celle-ci s'est perfectionnée en trois temps qui correspondent, selon les termes de la Cour des comptes, à « trois générations de marchés publics ». Dans un premier temps, la loi autorise le recours par l'État à des marchés publics globaux portant à la fois sur « la conception, la construction et l'aménagement d'établissements pénitentiaires ». En conservant la maîtrise d'ouvrage, l'administration peut externaliser l'essentiel des activités de construction et d'entretien au secteur privé, cette formule permet la construction, en deux tranches, de 13 000 nouvelles places de prison entre 1987 et 1993, puis de 4 000 nouvelles entre 1997 et 2002. Dans un deuxième temps, la loi d'orientation et de programmation pour la sécurité intérieure (LOPSI) du 29 août 2002 libère la puissance publique de certaines obligations résultant de la loi MOP, puisque la maîtrise d'ouvrage peut être transférée au cocontractant de l'administration. La loi autorise en outre le paiement différé, normalement proscrit en matière de marchés publics. C'est plus précisément à travers la formule des LOA-AOT (location avec option d'achat doublée d'une autorisation d'occupation temporaire du domaine public) que se concrétise cette nouvelle étape. En lui-même, le LOA-AOT « contient plusieurs instruments contractuels » (Yolka). C'est un contrat aux termes duquel l'administration met à disposition du prestataire un terrain de façon temporaire (30 ans), sur lequel il construit un nouvel établissement qui, ensuite, est loué à l'administration pénitentiaire. Le financement reste entièrement public, il est simplement différé (préfinancement privé). En conséquence, les LOA-AOT conclus en matière pénitentiaire comportent un contrat de construction, un contrat de bail et une convention de financement. Ainsi que le relève Yolka, les LOA-AOT ont servi de fondement juridique au programme Perben de construction de 13 200 nouvelles places en établissements pénitentiaires. En complément, la loi d'orientation pour la justice du 9 septembre 2002 prévoit que ces contrats globaux permettent à l'État, en plus des missions initiales, de confier aux opérateurs privés diverses fonctions d'intendances ou d'entretien au sein des établissements pénitentiaires (art. 3 de la L. du 9 sept. 2002). Avec ce texte, toutes les missions qui ne relèvent pas du champ régalien (direction, surveillance, greffes) peuvent être externalisées (C. comptes, Rapp. sur les partenariats publics-privé pénitentiaires, 2011), dans un même « ensemble contractuel indivisible » (*ibid.*). Dans un troisième temps, les nouveaux projets d'établissements pénitentiaires prennent la forme des « partenariats public-privé », aujourd'hui nommés « contrat de partenariat » (V. CCP, art. L. 2200-1 s.). L'ordonnance n° 2004-559 du 17 juin 2004 permet à l'administration pénitentiaire de mettre fin « à la dualité entre les contrats de construction et les contrats de gestion déléguée » (Yolka) qui résulte des dispositions précitées. Ainsi, à l'intérieur d'un même instrument contractuel se retrouvent incluses toutes les missions pouvant être exercées par des prestataires privés dans le champ pénitentiaire (V. art. L. 111-3). C'est le PPPP, le partenariat public-privé pénitentiaire.

Ce dernier couvre à la fois la conception/construction, le financement de l'établissement, les services « bâtimentaires » ainsi que les services à la personne couverts par la gestion déléguée de la loi du 22 juin 1987, tels que le nettoyage, la restauration des détenus et des personnels (mess), l'hôtellerie et la buanderie, le transport, la cantine, l'accueil des familles, la formation et le travail. Aucun marché de gestion déléguée n'est alors nécessaire. Selon la Cour des comptes, en 2011, ce modèle du PPPP a conduit à la construction de trois nouveaux établissements et 25 % des établissements sont gérés au moyen de contrats de partenariat. En outre, il faut noter que depuis le décret du 22 février 2006, les programmes immobiliers du ministère de la Justice sont gérés par une agence, placée sous la tutelle de la Chancellerie et agissant en son nom par le biais d'un mandat (art. 4 du Décr. de 2006) : l'Agence pour l'immobilier de la justice (APIJ).

En droit positif et pour les projets immobiliers futurs, l'article 35 de l'ordonnance n° 2015-899 du 23 juillet 2015, codifié au code de la commande publique à l'article L. 2171-4, procède à l'unification des instruments contractuels qui permettent à l'administration pénitentiaire d'opter pour la gestion mixte. Sous l'effet des règles du droit de l'Union européenne, le codificateur les range dans la catégorie des « marchés globaux sectoriels ». L'article L. 2171-4 du code de la commande publique (auquel renvoie l'art. L. 112-5 C. pénit.) concerne un vaste ensemble de contrats relatifs aux domaines régaliens et dépendants des ministères de l'intérieur et de la justice ; l'alinéa 3 concerne spécifiquement le service public pénitentiaire. A la différence des marchés de conception-réalisation (CCP, art. L. 2171-2) et des marchés globaux de performance (art. L. 2171-3), les marchés globaux sectoriels de l'article L. 2171-4 du code de la commande publique ne sont pas conditionnés par la présence de motifs d'ordre technique ou d'objectifs de performance. Depuis 2017, le gouvernement s'attelle à respecter un plan de construction de 15 000 nouvelles places de prison. Comme pour les précédents plans, celui-ci recourt au procédé contractuel avec de grands groupes privés (Eiffage, Sodexo) et sur le fondement des dispositions de l'article L. 2171-4 du code de la commande publique. Par exemple, le futur centre pénitentiaire de Vannes fait l'objet d'un marché public global sectoriel relatif à sa conception, sa réalisation et son aménagement (*BOAMP 8 oct. 2022*).

L'article L. 112-6 du code pénitentiaire résulte directement de l'article 3 de la loi du 22 juin 1987. Depuis, le texte n'a fait l'objet que d'une modification formelle par le codificateur, puisque le 3e alinéa du I du nouvel article L. 112-6 prévoit que les établissements pénitentiaires érigés en « établissements publics administratifs nationaux » sont soumis à l'« ensemble des dispositions du présent code relatives aux établissements pénitentiaires », alors qu'auparavant, ils étaient soumis à celles de ces dispositions inscrites au code de procédure pénale. En 1987, conformément à la logique d'externalisation qui le guide, le législateur admet que l'État puisse ne plus seulement recourir à la régie directe pour gérer les établissements pénitentiaires. Le choix est ainsi fait de créer une nouvelle catégorie d'établissement public, technique juridique considérée comme plus souple et adaptée à un fonctionnement du service public pénitentiaire désormais voulu partagé avec le secteur privé. En droit administratif, la « formule de l'établissement public » est ancienne et résumée par Maurice Hauriou comme la « personnification d'un service public ». En effet, l'établissement public est d'abord un mode de gestion du service public caractérisé par le fait que ce service, tout en restant confié à un organisme public, reçoit une certaine autonomie sous la forme de la personnalité morale. L'établissement public répond donc à un triple principe, celui de l'autonomie (organisationnelle et financière), celui de la spécialité (compétences strictement délimitées) et celui de la tutelle (contrôle administratif). Cette catégorie de personne publique permet donc au législateur, à qui l'article 34 de la Constitution confie le monopole de leur création, de « tailler sur mesure la situation juridique des entités publiques spécialisées auxquelles il souhaitent [il souhaite] donner de l'autonomie, tout en les gardant sous leur [son] contrôle » (Truchet, Droit administratif, *PUF, 2021-86*). Appliquée au service pénitentiaire, une telle logique devait avoir pour double finalité d'alléger la charge du chef d'établissement et, surtout, de mieux distinguer les missions qui relèvent du cœur du service (ordre public, surveillance) de celles qui en sont le support. Le I de l'article L. 112-6 permet à l'État d'« ériger » un établissement pénitentiaire au rang d'établissement public administratif (EPA) et il détermine ses principaux caractères juridiques. Le principal est qu'il s'agit d'une entité placée sous la tutelle de l'État et dotée de la personnalité morale ainsi que de l'autonomie financière. La tutelle de la Chancellerie s'exprime à un double niveau. D'abord, il est précisé que le conseil d'administration de l'EPA est composé d'une multitude de représentants, directement associés depuis 1987 au fonctionnement du service public : représentants des collectivités territoriales, parlementaires, associations. Mais, le législateur de 1987, qui n'a pas été contredit sur ce point, impose que le conseil d'administration soit composé majoritairement de représentants de l'État, le service public pénitentiaire devant demeurer sous l'étroit contrôle du ministère de la Justice. Ensuite, c'est le garde des Sceaux qui choisit, parmi les représentants de l'État siégeant au conseil d'administration, celui qui occupe la fonction de président du conseil d'administration ; il est nommé par décret du président de la République sur proposition du garde des Sceaux. A l'image de la situation existant dans plusieurs grands établissements publics nationaux (grands ports maritimes), il peut exister dans les EPA pénitentiaires une distinction entre le président du conseil d'administration et le directeur de l'établissement (Plessix, Établissements publics, statut et structure, *J.-Cl. adm. 136*). Tous deux sont des emplois discrétionnaires, le premier est chargé d'exécuter les décisions du conseil d'administration et d'assurer le contrôle étatique, en particulier financier, sur l'établissement, alors que le second est chargé de la gestion quotidienne et opérationnelle de l'établissement pénitentiaire. D'ailleurs, le deuxième alinéa du III de l'article L. 112-6 concrétise cette dichotomie et implique un strict partage des compétences entre le président du conseil d'administration – et le conseil – et le chef d'établissement, puisque seul ce dernier traite des questions relatives « au personnel affecté par l'État, au régime disciplinaire et à l'ordre public » ; missions qui « sont de sa seule responsabilité », sous la tutelle du garde des Sceaux. Conformément à ses statuts, le conseil d'administration est l'organe délibérant de l'établissement pénitentiaire, il règle par ses délibérations les affaires de l'établissement. Le deuxième alinéa du III de l'article L. 112-6 confie à ce conseil d'administration la connaissance de toutes les questions « relatives à la gestion et à l'équipement de l'établissement... il vote le budget et approuve le compte financier ». A ces fins, le II et le III de l'article L. 112-6 aménagent un régime administratif précis. D'une part, le II oblige le ministère de la Justice à affecter aux EPA pénitentiaires les personnels nécessaires à leur fonctionnement, comme les agents de direction, des greffes, de surveillance, mais aussi des personnels techniques et socio-éducatifs, placés sous contrôle de l'administration pénitentiaire. D'autre part, le III établit les ressources financières permettant de concrétiser l'autonomie de ces EPA pénitentiaires : crédits attribués par l'État, prélèvements sur le pécule des personnes détenues lorsqu'elles ont causé des dommages dans l'établissement ou encore les dons et les legs.

En 2000, dans un rapport sénatorial intitulé « Prisons : une humiliation pour la République », les sénateurs soulignent que cette disposition n'a reçu qu'une seule application positive. Seul l'établissement public de santé national de Fresnes bénéficie de cette qualification depuis 1995 (double tutelle des ministères de la santé et de la justice). En droit positif, aucun autre établissement n'a été « érigé » en EPA national pénitentiaire. Si les missions techniques ou de supports sont, pour une bonne partie des établissements (58 selon la Chancellerie), déléguées au secteur privé sous le contrôle de l'administration, les missions régaliennes de direction, de greffe et de surveillance continuent de relever d'une maîtrise publique directe, c'est-à-dire de la seule compétence du chef d'établissement (V. comm. ss. livre I, titre I, chap. I). Dans le rapport de 2000, les sénateurs ont préconisé une expérimentation des dispositions de l'actuel article L. 112-6, afin d'assouplir et de « responsabiliser » les gestionnaires d'établissements pénitentiaires. Cette proposition est restée lettre morte, ce qui laisse également en suspens les difficultés entourant une possible complexité de gestion engendrée par la coexistence de deux organes exécutifs (le président du conseil d'administration et le chef d'établissement) dans un même établissement pénitentiaire. ❑

Art. L. 112-1 **Les établissements pénitentiaires reçoivent les personnes prévenues ou condamnées à une peine privative de liberté.**

Les établissements pénitentiaires sont :

1° Les maisons d'arrêt, au sein desquelles sont détenues des personnes prévenues ;

2° Les établissements pour peines, au sein desquels sont détenues des personnes condamnées. Un décret en Conseil d'État détermine les différentes catégories d'établissements pour peines au regard des régimes de détention qu'ils mettent en œuvre ;

3° Les centres pénitentiaires, regroupant des quartiers distincts dont certains correspondent aux catégories d'établissements pénitentiaires mentionnées aux 1° et 2°.

Art. L. 112-2 A titre exceptionnel, les maisons d'arrêt peuvent recevoir des personnes condamnées dans les conditions déterminées par les dispositions de l'article L. 211-3.

A titre exceptionnel, les établissements pour peines peuvent recevoir des personnes prévenues dans les conditions déterminées par les dispositions de l'article L. 211-2.

V. notes ss. art. L. 211-2 et L. 211-3.

Art. L. 112-3 Une maison d'arrêt est située près de chaque tribunal judiciaire, de chaque cour d'appel et de chaque cour d'assises, sauf auprès des tribunaux et des cours qui sont désignés par décret. Dans ce dernier cas, le décret détermine la ou les maisons d'arrêt où sont retenues les personnes prévenues, appelantes ou accusées ressortissant à chacune de ces juridictions.

Art. L. 112-4 Des règlements intérieurs types, fixés par décret en Conseil d'État, déterminent les dispositions prises pour le fonctionnement de chacune des catégories d'établissements pénitentiaires.

1. Réglementation des établissements pénitentiaires. V. notes ss. art. L. 1, L. 2, L. 3 et L. 6.

2. Compétence du ministre pour modifier le règlement intérieur local. La fixation des prix des produits proposés par la cantine d'un établissement pénitentiaire relève de la seule compétence du chef de cet établissement. Par suite, la demande tendant à l'annulation du refus de modifier le tarif de la cantine du centre pénitentiaire ne peut être regardée comme dirigée contre un acte règlementaire d'un ministre au sens du 2° de l'art. R. 311-1 CJA. • CE 27 juill. 2022, n° 463996.

3. Compatibilité du règlement local avec le règlement intérieur type. L'art. 728 C. pr. pén. habilite le pouvoir réglementaire à déterminer les dispositions relatives au fonctionnement des établissements pénitentiaires ; il résulte de la combinaison des dispositions de l'art. 728-1 C. pr. pén. et de l'art. 22 de la L. pénit. du 24 nov. 2009 que les chefs d'établissements pénitentiaires ne peuvent restreindre les transferts, vers leur famille, des sommes dont les personnes détenues ont la libre disposition que lorsqu'elles sont justifiées par les contraintes inhérentes à la détention, le maintien de la sécurité et du bon ordre des établissements, la prévention de la récidive et la protection de l'intérêt des victimes. • CE 25 févr. 2015, n° 375724. ♦ Le temps, au demeurant très court, éventuellement passé en cellule après 7 h / 7 h 55, selon le cas, et jusqu'à l'ouverture effective de celle-ci, relève du régime de l'enfermement diurne et ne saurait par suite être regardé comme méconnaissant les dispositions précitées de l'art. 4 du règlement intérieur type. Par suite, le règlement intérieur du centre de détention ne méconnaît pas l'art. 4 du règlement intérieur type des établissements pénitentiaires annexé à l'art. R. 57-6-18 C. pr. pén. • CAA Douai, 19 janv. 2021, n° 19DA01221.

4. Égalité de traitement. Le principe d'égalité ne s'oppose pas à ce que l'autorité investie du pouvoir réglementaire règle de façon différente des situations différentes, ni à ce qu'elle déroge à l'égalité pour des raisons d'intérêt général pourvu que, dans l'un comme dans l'autre cas, la différence de traitement qui en résulte soit en rapport direct avec l'objet de la norme qui l'établit et ne soit pas manifestement disproportionnée au regard des motifs susceptibles de la justifier. • CE 25 mars 2015, n° 374401 : *D. actu. 1er avr. 2015, obs. Léna ; AJDA 2015. 662 ; Gaz. Pal. 22 juill. 2015. 19, obs. Roussel.* ♦ Si le principe d'égalité implique qu'à des situations semblables il soit fait application de traitements semblables, il ne s'oppose pas à ce que l'autorité investie du pouvoir réglementaire règle de façon différente des situations différentes, ni à ce qu'elle déroge à l'égalité pour des raisons d'intérêt général pourvu que, dans l'un comme l'autre cas, la différence de traitement qui en résulte soit en rapport direct avec l'objet de la norme qui l'établit et ne soit pas manifestement disproportionnée au regard des motifs susceptibles de la justifier. • CE, ass., 11 avr. 2012, n° 322326. ♦ Il s'ensuit que la fixation de tarifs différents applicables, pour un même service rendu, à diverses catégories d'usagers d'un service public implique, à moins qu'elle ne soit la conséquence nécessaire d'une loi, soit qu'il existe entre les usagers des différences de situation appréciables, soit qu'il existe une nécessité d'intérêt général en rapport avec les conditions d'exploitation du service. • CE 22 oct. 2021, n° 436256. ♦ Pour une application pénitentiaire : • CAA Bordeaux, 27 oct. 2015, n° 15BX00590 • CAA Lyon, 22 juill. 2014, n° 14LY00113 • CAA Nancy, 28 févr. 2023, n° 20NC02711.

5. Illégalité des discriminations en fonction du mode de gestion de l'établissement. La décision du directeur d'une maison centrale qui a instauré un tarif d'accès des téléviseurs, aux chaînes gratuites de la télévision numérique terrestre a eu pour effet de placer, pour les personnes détenues dans cet établissement à gestion privée, l'obligation de s'acquitter d'une contribution dont n'ont pas à s'acquitter les détenus se trouvant dans des établissements à gestion publique. Cette distinction constitue une différence de traitement entre des personnes placées dans une situation identique, le mode de gestion des établissements pénitentiaires étant sans incidence sur le statut des détenus. De plus, cette différence de traitement n'est justifiée ni par une quelconque raison d'intérêt général, ni par l'existence d'une gamme de prestations plus étendues ou de services plus nombreux offerts par le prestataire. • CAA Nancy, 17 nov. 2022, n° 20NC00386 • 28 févr. 2023, n° 20NC02711. ♦ Les tarifs applicables aux cantines des établissements pénitentiaires sont fixés par le chef d'établissement, y compris lorsque cette activité est prise en charge par un prestataire privé. Par conséquent, en l'absence de différence de situation opposable entre des personnes détenues dans un établissement entièrement placé sous contrôle de la puissance publique et un autre dit « à gestion mixte », le principe d'égalité s'oppose à ce que les tarifs pratiqués par les cantines soient substantiellement différents en fonction du choix de gestion fait par l'autorité administrative qui, lui, n'est pas opposable aux détenus. • TA Dijon, 7 déc. 2022, n° 2202099.

Art. L. 112-5 **Dans les conditions fixées par les dispositions du 3° de l'article L. 2171-4 du code de la commande publique, les établissements pénitentiaires peuvent être conçus, construits et aménagés par un opérateur économique, dans le cadre d'une mission globale confiée par l'État à cet opérateur.**

V. comm. ss. livre I, titre I, chap. II, et ss. art. L. 111-3.

Exception à l'obligation d'allotissement pour les marchés publics globaux sectoriels. Il résulte des dispositions de l'art. 32 de l'Ord. du 23 juill. 2015 relative aux marchés publics que l'obligation d'allotissement ne s'applique pas aux marchés qui entrent dans l'une des 3 catégories mentionnées à la section 4. Par suite, le juge du référé précontractuel du TA a commis une erreur de droit en jugeant que les marchés publics globaux de performance étaient soumis à une obligation d'allotissement et en annulant, pour ce motif, la procédure de passation du marché litigieux faute pour celui-ci d'avoir été alloti. • CE 8 avr. 2019, n° 426096.

Art. L. 112-6 **I. — Les établissements pénitentiaires peuvent être érigés en établissements publics administratifs nationaux dénommés établissements publics pénitentiaires, placés sous la tutelle de l'État.**

Dotés de la personnalité morale et de l'autonomie financière, les établissements publics pénitentiaires sont administrés par un conseil d'administration comprenant des représentants de l'État, majoritaires, des parlementaires, des représentants des collectivités territoriales, du personnel, ainsi que des personnes morales, des associations et des personnalités choisies en raison de leur compétence dans le domaine de l'exécution des peines et de la réinsertion sociale. Le garde des sceaux, ministre de la justice, désigne le président du conseil d'administration parmi les représentants de l'État.

Les établissements publics pénitentiaires sont soumis à l'ensemble des dispositions du présent code relatives aux établissements pénitentiaires.

II. — Le garde des sceaux, ministre de la justice, affecte aux établissements publics pénitentiaires prévus par les dispositions du I les personnels de direction, du greffe et de surveillance. Ces personnels qui relèvent de l'administration pénitentiaire demeurent soumis à leur statut spécial.

A la demande du conseil d'administration de l'établissement ou non, le garde des sceaux, ministre de la justice, peut également y affecter des personnels administratifs, socio-éducatifs et techniques relevant de l'administration pénitentiaire et demeurant soumis à leur statut spécial.

III. — Les établissements publics pénitentiaires prévus par les dispositions du I disposent des équipements et crédits qui leur sont attribués par l'État. Ils bénéficient des prélèvements effectués sur le pécule des personnes détenues au titre de leur entretien et de la réparation des dommages matériels qu'ils ont causés dans l'établissement. Ils peuvent également recevoir, notamment, des dons et legs et le produit des emprunts.

Le conseil d'administration délibère sur les questions relatives à la gestion et à l'équipement de l'établissement pénitentiaire. Ces délibérations ne peuvent pas porter sur les questions relatives au personnel affecté par l'État, au régime disciplinaire et à l'ordre public, qui sont de la seule responsabilité du chef de l'établissement, sous l'autorité du garde des sceaux, ministre de la justice. Le conseil d'administration vote le budget et approuve le compte financier.

IV. — Les conditions d'application du présent article sont fixées par décret en Conseil d'État.

COMMENTAIRE

La possibilité d'ériger les établissements pénitentiaires en établissement public et donc de leur attribuer une personnalité morale date de l'article 3 de la loi n° 87-432 du 22 juin 1987 relative au service public pénitentiaire. Dans son rapport n° 449 (1999-2000) « Prisons : une humiliation de la République », la commission d'enquête du Sénat regrettait « la lourdeur administrative pénitentiaire et la centralisation de nombreuses décisions ne facilitant pas la responsabilisation des acteurs concernés », et appelait de ses vœux qu'il soit fait usage de l'article 3, pour faciliter la responsabilisation et l'amélioration de la gestion des établissements. En dehors du cas particulier de Fresnes du fait de son statut historique, le dispositif n'a pas connu de suite. La commission du Sénat, sans ignorer « qu'une telle évolution suscite des inquiétudes, notamment parmi les personnels », souhaitait le lancement d'« une expérimentation au sein d'une dizaine d'établissements, par exemple, afin d'évaluer l'intérêt du statut d'établissement public administratif ». Le code pénitentiaire n'est pas revenu sur le cadre légal envisagé en 1987 sans pour autant l'imposer. V. aussi le commentaire sous livre I, titre I, chapitre II, et sous l'article L. 111-3. ❑

CHAPITRE III PERSONNELS

SECTION 1 Dispositions communes

Art. L. 113-1 **L'administration pénitentiaire comprend des personnels de direction, des personnels de surveillance, des personnels d'insertion et de probation et des personnels administratifs et techniques.**

Art. L. 113-2 **Les personnels de l'administration pénitentiaire participent, à leur demande ou à celle de l'administration, aux actions de formation ou de perfectionnement assurées par l'École nationale d'administration pénitentiaire, les services déconcentrés ou tout autre organisme public ou privé de formation.**

Art. L. 113-3 **Conformément aux dispositions de l'article 257 du code de procédure pénale, les fonctionnaires des services de l'administration pénitentiaire en activité ne peuvent pas exercer les fonctions de juré d'assises.**

SECTION 2 Missions et attributions

SOUS-SECTION 1 Missions et attributions des personnels de surveillance

Art. L. 113-4 **Les personnels de surveillance de l'administration pénitentiaire constituent, sous l'autorité des personnels de direction, l'une des forces dont dispose l'État pour assurer la sécurité intérieure.**

Dans le cadre de leur mission de sécurité, ils veillent au respect de l'intégrité physique des personnes privées de liberté et participent à l'individualisation de leur peine ainsi qu'à leur réinsertion, dans les conditions déterminées par les dispositions relatives à la gestion de la détention en établissement pénitentiaire et à la mise en œuvre des droits et obligations des personnes détenues, prévues par les livres II et III du présent code.

Ils assurent également la protection des bâtiments abritant les administrations centrales du ministère de la justice.

SOUS-SECTION 2 Missions et attributions des personnels d'insertion et de probation

Art. L. 113-5 **Les personnels des services pénitentiaires d'insertion et de probation sont chargés de préparer et d'exécuter les décisions de l'autorité judiciaire relatives à l'insertion et à la probation des personnes placées sous main de justice, prévenues ou condamnées.**

A cette fin, ils mettent en œuvre les politiques d'insertion et de prévention de la récidive, assurent le suivi ou le contrôle des personnes placées sous main de justice et préparent la sortie des personnes détenues. Ils procèdent à l'évaluation régulière de la situation matérielle, familiale et sociale des personnes condamnées et définissent, au vu de ces évaluations, le contenu et les modalités de leur prise en charge.

Art. L. 113-6 En application des dispositions de l'article 712-1 du code de procédure pénale, le service pénitentiaire d'insertion et de probation informe les juridictions d'application des peines du premier degré des modalités de prise en charge des personnes condamnées qu'il définit et met en œuvre.

Art. L. 113-7 Conformément aux dispositions de l'article 774 du code de procédure pénale, les directeurs des services pénitentiaires d'insertion et de probation peuvent être destinataires du bulletin n° 1 du casier judiciaire afin d'individualiser les modalités de la prise en charge des personnes condamnées.

Art. L. 113-8 Les personnels des services pénitentiaires d'insertion et de probation procèdent à l'évaluation régulière de la situation matérielle, familiale et sociale des personnes condamnées et définissent, au vu de ces évaluations, le contenu et les modalités de leur prise en charge.

Art. L. 113-9 Conformément aux dispositions de l'article 132-70-1 du code pénal, le service pénitentiaire d'insertion et de probation peut être désigné par une juridiction de jugement pour procéder à des investigations de nature à permettre le prononcé d'une peine adaptée, à l'égard d'une personne physique dont le prononcé de la peine est ajourné.

Art. L. 113-10 Le service pénitentiaire d'insertion et de probation met en œuvre les mesures d'aide qui ont pour objet de seconder les efforts d'une personne condamnée en vue de son reclassement social, en application des dispositions de l'article 132-46 du code pénal.

SOUS-SECTION 3 **Contribution des personnels pénitentiaires à d'autres missions de sécurité intérieure**

Art. L. 113-11 En application des dispositions du titre V *bis* du livre VIII du code de la sécurité intérieure, les services de l'administration pénitentiaire désignés par décret en Conseil d'État après avis de la Commission nationale de contrôle des techniques de renseignement peuvent être autorisés à recourir à des techniques de renseignement dans les conditions fixées par l'article L. 855-1 de ce code. – *V. Décr. n° 2017-749 du 3 mai 2017 relatif à la désignation des services relevant du ministère de la justice pris en application de l'art. L. 855-1 CSI.*

Art. L. 113-12 Dans les conditions prévues par les dispositions de l'article 706-25-9 du code de procédure pénale, les agents individuellement désignés et habilités par le chef des services mentionnés à l'article L. 113-11 ont directement accès au fichier judiciaire national automatisé des auteurs d'infractions terroristes.

Art. L. 113-13 Dans les conditions prévues par les dispositions de l'article L. 132-10-1 du code de la sécurité intérieure, l'administration pénitentiaire contribue aux actions de prévention et d'information définies par ce même article.

CHAPITRE IV **RÉSERVE CIVILE PÉNITENTIAIRE**

Art. L. 114-1 La réserve civile pénitentiaire est destinée à assurer des missions de renforcement de la sécurité relevant du ministère de la justice ainsi que des missions de formation des personnels, d'étude ou de coopération internationale. La réserve civile pénitentiaire peut également être chargée d'assister les personnels des services pénitentiaires d'insertion et de probation dans l'exercice de leurs fonctions de probation.

La réserve est exclusivement constituée de volontaires retraités, issus des corps de l'administration pénitentiaire.

Les réservistes sont soumis au code de déontologie du service public pénitentiaire.

Un agent ayant fait l'objet d'une sanction disciplinaire pour des motifs incompatibles avec l'exercice des missions prévues au premier alinéa ne peut se porter volontaire pour entrer dans la réserve civile.

Art. L. 114-2 Les agents mentionnés par les dispositions de l'article L. 114-1 peuvent demander à rejoindre la réserve civile pénitentiaire dans la limite de cinq ans à compter de la fin de leur lien avec le service.

Les volontaires doivent remplir des conditions d'aptitude fixées par décret.

Ceux dont la candidature a été acceptée souscrivent un engagement contractuel d'une durée minimale d'un an renouvelable. Ils apportent leur soutien aux services relevant du ministère de la justice, dans la limite de cent cinquante jours par an.

Art. L. 114-3 Les agents réservistes participent, à leur demande ou à celle de l'administration, aux actions de formation ou de perfectionnement assurées par l'École nationale d'administration pénitentiaire, les services déconcentrés ou tout autre organisme public ou privé de formation.

Art. L. 114-4 Le réserviste exerçant des fonctions salariées qui effectue les missions prévues par les dispositions de l'article L. 114-1 au titre de la réserve civile pénitentiaire pendant son temps de travail doit obtenir, lorsque leur durée dépasse dix jours ouvrés par année civile, l'accord de son employeur, sous réserve de dispositions plus favorables résultant du contrat de travail, de conventions ou accords collectifs de travail, ou de conventions conclues entre l'employeur et le garde des sceaux, ministre de la justice.

Un décret détermine les conditions d'application du présent article. Il fixe notamment les conditions de forme et de délai dans lesquelles le salarié adresse sa demande d'accord à son employeur en application du présent article, l'employeur notifie au salarié son refus éventuel et le salarié informe l'administration pénitentiaire de ce refus.

Art. L. 114-5 Les périodes d'emploi des réservistes sont indemnisées dans des conditions fixées par décret.

Dans le cas où le réserviste exerce une activité salariée, son contrat de travail est suspendu pendant la période où il effectue des missions au titre de la réserve civile pénitentiaire. Toutefois, cette période est considérée comme une période de travail effectif pour les avantages légaux et conventionnels en matière d'ancienneté, d'avancement, de congés payés et de droits aux prestations sociales.

Aucun licenciement ou déclassement professionnel, aucune sanction disciplinaire ne peuvent être prononcés à l'encontre d'un réserviste en raison des absences résultant de la présente section.

Pendant la période d'activité dans la réserve, l'intéressé bénéficie, pour lui-même et ses ayants droit, des prestations des assurances maladie, maternité, invalidité et décès, dans les conditions prévues à l'article L. 161-8 du code de la sécurité sociale, du régime de sécurité sociale dont il relève en dehors de son service dans la réserve.

Art. L. 114-6 La réserve civile pénitentiaire participe au dispositif de sécurité nationale mis en œuvre par le Premier ministre en cas de survenance d'une crise majeure, en application des dispositions de l'article L. 2171-1 du code de la défense.

CHAPITRE V **ACTEURS DE LA PRISE EN CHARGE DE LA SANTÉ DES PERSONNES DÉTENUES**

BIBL. ▶ **Ouvrages :** Casile-Hugues (dir.), Santé et prison, *Cah. dr. de la santé, 2015, n° 21.* – Céré (dir.), Le droit à la santé et la prison. Quelle protection, quels enjeux ?, *L'Harmattan, 2017.* – Herzog-Evans, Droit pénitentiaire 2020-2021, *Dalloz, 2019, n°s 2232.00 à 2232.207.* – Yarroudh-Fleurion, La santé en détention au regard du droit européen, *Éd. Connaissances & Savoirs, 2017.*

▶ **Thèse :** Bonne-Harbil, Les droits de la personne détenue en matière de santé, *Thèse Université de Lorraine, 2016.*

▶ **Rapports :** C. comptes, La santé des personnes détenues : des progrès encore indispensables, *Rapport 2014, p. 251.* – CCNE, La santé et la médecine en prison, *avis n° 94 du 13 déc. 2006.* – CGLPL, Rapports annuels d'activité. – OIP, La santé incarcérée. Enquête sur l'accès aux soins spécialisés en prison, *juill. 2022, p. 41.*

▶ **Articles :** Ailincai, L'accès des détenus aux soins de santé, *in* Le Floch et Fleury Graff, Santé et droit international, *SFDI Pedone, 2019, p. 435.* – Bergoignan-Esper, Santé en prison : quelle législation ?, *RDSS 2009. 497.* – Brahmy, L'accès aux soins dans les établissements pénitentiaires, *AJ pénal 2010. 314.* – Delarue, La protection de la santé dans les lieux de privation de liberté, *Gaz. Pal. 15-16 janv. 2010, p. 10.*

COMMENTAIRE

Longtemps placée sous l'unique responsabilité de l'administration pénitentiaire, la prise en charge de la santé des personnes détenues a été confiée au service public hospitalier par la loi n° 94-43 du 18 janvier 1994 relative à la santé publique et à la protection sociale. Cette réforme du système de soins en milieu pénitentiaire a été confirmée par les articles 45 et suivants de la loi pénitentiaire n° 2009-1436 du 24 novembre 2009 dont les dispositions ont été réparties sur plusieurs chapitres du code pénitentiaire. L'accès aux soins et les droits afférents des personnes détenues relèvent désormais des dispositions contenues au sein du chapitre II du titre II du livre III du code (Droits et obligations des personnes détenues), en complément des « Mesures d'hygiène » prévues par le chapitre I. L'organisation de la prise en charge de la santé des détenus fait quant à elle l'objet des dispositions insérées au sein du présent chapitre, consacré aux « Acteurs » de cette prise en charge.

Cette distinction entre « acteurs » et « droits » n'empêche pas des redondances voire des incohérences d'organisation, les droits reconnus aux personnes détenues correspondant évidemment à des obligations du service public pénitentiaire et/ou du service public hospitalier.

A cette difficulté propre au plan du code pénitentiaire s'en ajoute une seconde, liée, cette fois, à la nécessaire collaboration de deux services publics à la culture et aux contraintes différentes. En réaffirmant le rôle premier des structures sanitaires (agences régionales de santé et établissements de santé) dans la prise en charge de la santé des détenus, le présent chapitre vise à une clarification des missions et des responsabilités de chacun pour la protection et l'amélioration de la santé des personnes détenues. Le codificateur ayant fait le choix de ne pas reprendre les dispositions pertinentes du code de la santé publique, il ne suffit pas pour autant à remédier à l'éparpillement normatif qu'illustrent les très nombreux renvois à ce code. A ce niveau, le Guide méthodologique relatif à la prise en charge sanitaire des personnes placées sous main de justice régulièrement publié et mis à jour par les ministères de la Justice et de la Santé depuis 1994, reste d'un précieux secours (V. aussi Instr. intermin. DGS/SP/DGOS/DSS/DGCS/DAP/DPJJ/2017/345 du 19 déc. 2017 relative à la publication du guide méthodologique relatif à la prise en charge sanitaire des personnes placées sous main de justice ; Note d'information DGS/DGOS/DGCS/DSS/DACG/DAP/DPJJ du 29 avr. 2019 relative à l'actualisation du guide méthodologique relatif à la prise en charge sanitaire des personnes placées sous main de justice). ❑

Art. L. 115-1 En application des dispositions de l'article L. 1431-2 du code de la santé publique, les agences régionales de santé sont chargées de l'évaluation et de l'identification des besoins sanitaires des personnes détenues, ainsi que de la définition et de la régulation de l'offre de soins en milieu pénitentiaire. – *V.* ***CSP.***

COMMENTAIRE

L'article L. 1431-2 du code de la santé publique définit les missions des agences régionales de santé (ARS) et les charge d'organiser l'offre de services en santé. Les ARS s'emploient notamment à répondre aux besoins en matière de prévention et de promotion de la santé, de soins et de services médico-sociaux et à garantir l'efficacité du système de santé, et veillent à ce que l'offre soit suffisamment adaptée et bien répartie sur le territoire pour satisfaire les besoins de santé de la population. Elles sont également chargées d'arrêter le projet territorial de santé mentale.

En redondance avec cette disposition, l'article L. 115-1 du code pénitentiaire reprend l'article 55 de la loi n° 2009-1436 du 24 novembre 2009 qui confie aux ARS le soin d'évaluer et d'identifier « les besoins sanitaires des personnes en détention » et de définir et de réguler « l'offre de soins en milieu pénitentiaire ». A ce titre les ARS pilotent la commission régionale santé-justice. ❑

Art. L. 115-2 Dans les conditions prévues par les dispositions de l'article L. 6111-1-2 du code de la santé publique, les établissements de santé dispensent des soins aux personnes détenues en milieu pénitentiaire et en milieu hospitalier, ainsi qu'aux personnes retenues dans les centres socio-médico-judiciaires de sûreté. – *V.* ***CSP.***

COMMENTAIRE

En complément de l'article L. 6111-1 qui définit les missions des établissements de santé publics, privés d'intérêt collectif et privés, l'article L. 6111-1-2 du code de la santé publique précise que, dans des conditions définies par voie réglementaire, ces établissements peuvent dispenser des soins à des catégories particulières de la population, dont les « personnes détenues en milieu pénitentiaire et, si nécessaire, en milieu hospitalier » (2°). Ces missions sont exercées facultativement. Quoique détachées du service public hospitalier, elles doivent en respecter un certain nombre de garanties.

En particulier, la personne détenue prise en charge doit recevoir un accueil adapté impliquant notamment un délai et des conditions de prise en charge conformes à son état de santé ainsi qu'une permanence d'accueil dans le cadre de la permanence des soins organisée par l'ARS. Cela implique, le cas échéant, une prise en charge par un autre établissement de santé ou par une autre structure en mesure de dispenser les soins nécessaires. Les établissements de santé doivent également assurer l'égal accès aux actions de prévention et à des soins de qualité.

Aux termes de l'article L. 5126-6, 6°, du code de la santé publique, les personnes détenues dans les établissements pénitentiaires bénéficient des services de pharmacies à usage intérieur des établissements de santé qui assurent les soins aux détenus au même titre que les personnes retenues en application de l'article L. 551-1 du code de l'entrée et du séjour des étrangers et du droit d'asile.

L'éparpillement des textes organisant la collaboration des services pénitentiaires et des services hospitaliers n'aide pas à clarifier la matière. Il faut, d'un côté, se référer au code de la santé publique, notamment à ses articles R. 3221-5 (secteurs de psychiatrie en milieu pénitentiaire) et R. 6111-27 et suivants, pour connaître les modalités d'intervention des établissements de santé privés (art. R. 6111-31) ou publics (art. R. 6111-32 s.) en établissement pénitentiaire. Les conditions de signature du protocole-cadre d'intervention et du ou des protocoles complémentaires sont précisées à l'article R. 6111-29. D'un autre côté, les articles R. 115-1 et suivants du code pénitentiaire complètent ces dispositions, auxquelles ils renvoient, pour préciser les conditions de fonctionnement des unités sanitaires en milieu pénitentiaire (USMP) – ex-UCSA –, elles-mêmes définies aux articles D. 115-3 et suivants.

L'article R. 115-1 rappelle que les dépenses engagées par les établissements de santé pour la prise en charge des personnes détenues sont assumées par l'État, principe posé à l'article L. 6111-6-1 du code de la santé publique et dont les conditions sont définies par les articles R. 6111-35 et R. 6111-40 du même code.

La nécessaire collaboration du service public pénitentiaire et du service public hospitalier dans la prise en charge des personnes détenues conduit parfois à des difficultés d'identification des responsabilités. Le principe prévalant aujourd'hui en jurisprudence veut que le service public hospitalier porte l'entière responsabilité de la qualité des soins dispensés. Au titre de ses missions générales, l'administration pénitentiaire doit toutefois « accomplir toutes diligences en vue de faciliter l'accès aux soins des personnes détenues », ce qui lui impose notamment de veiller à leur bonne organisation au sein de l'établissement pénitentiaire (CE 4 juin 2014, n° 359244). Le juge n'hésite pas à faire application de la théorie du cumul de fautes permettant à la victime, ou à ses ayants droit, d'engager la responsabilité de l'État pour l'entière réparation des préjudices nés d'une faute médicale à laquelle l'administration n'est pas totalement étrangère. Conformément aux règles générales de contentieux de la responsabilité, l'État peut néanmoins appeler l'établissement de santé en garantie ou engager une action récursoire dès lors qu'une faute médicale ou une faute de soins est à l'origine du dommage. A noter que la jurisprudence fait ici application des règles de la responsabilité médicale et hospitalière pour l'appréciation des préjudices indemnisables. Dans le cas où la faute du service public hospitalier a compromis les chances de la personne détenue d'obtenir une amélioration de son état de santé ou d'échapper à son aggravation, le préjudice réparé n'est donc pas le dommage corporel constaté, mais la perte de chance d'éviter que ce dommage soit advenu. ❑

I. PARTAGE DES RESPONSABILITÉS

1. Faute médicale. Les fautes commises par l'équipe médicale d'une unité de consultations et de soins ambulatoires (UCSA) lors de la prise en charge ou du traitement d'un détenu engagent la responsabilité de l'établissement public hospitalier. • CAA Douai, 6 juin 2017, n°s 15DA01768, 15DA01834. ♦ Dans le cas où cette faute a compromis ses chances d'obtenir une amélioration de son état de santé ou d'échapper à son aggravation, le préjudice résultant directement de la faute commise par l'établissement et qui doit être intégralement réparé n'est pas le dommage corporel constaté, mais la perte de chance d'éviter que ce dommage soit advenu. La réparation qui incombe à l'hôpital doit alors être évaluée à une fraction du dommage corporel, déterminée en fonction de l'ampleur de la chance perdue. • Même arrêt. ♦ La décision prise par le médecin de ne pas requérir un rendez-vous urgent ne saurait engager que la seule responsabilité de l'établissement hospitalier. • CAA Nancy, 3 déc. 2009, n° 08NC01370.

2. Traitement médicamenteux. L'art. L. 6112-1 CSP confie au service public hospitalier, dans des conditions définies par voie réglementaire, les examens de diagnostic et les soins dispensés aux détenus en milieu pénitentiaire. Il en résulte que la détermination du traitement médical des détenus et sa mise en œuvre relèvent de la seule compétence des personnels de santé, le chef d'établissement pouvant seulement s'opposer à ce qu'un détenu conserve à sa disposition des médicaments pour des raisons d'ordre et de sécurité. • CE 26 juill. 2018, n° 391551. ♦ Par suite, il ne peut être reproché à l'administration pénitentiaire d'avoir commis une faute en laissant le détenu gérer lui-même l'administration de ses médicaments alors qu'il était réticent à les prendre régulièrement. • Même arrêt.♦ V. égal. • CAA Nancy, 20 déc. 2007, n° 07NC00119.

3. Continuité des soins. Les dispositions combinées des art. L. 6112-1 et L. 6112-2 CSP et de l'art. D. 368 C. pr. pén. mettent à la charge de l'établissement hospitalier, dont dépend l'UCSA chargée de soigner les détenus, l'obligation de veiller à la continuité des soins assurés à ceux-ci par cette UCSA. Dans l'hypothèse où l'état du détenu soigné par l'UCSA ne nécessite ni un service de soins « aigus » en médecine gériatrique, ni une hospitalisation de long séjour, il appartient néanmoins à l'établissement hospitalier dont dépend l'UCSA d'orienter ce patient vers une structure adaptée à son état. • CE, ord., 9 mars 2007, n° 302182 A : *AJDA 2007. 1367, note Gründler ; AJ pénal 2007. 191, obs Péchillon ; RSC 2007. 350, chron. Poncela .*

4. Responsabilité propre de l'administration pénitentiaire. Il incombe à l'administration pénitentiaire d'accomplir toutes diligences en vue de faciliter l'accès aux soins des personnes détenues. • CE, ord., 26 avr. 2019, n° 429686. ♦ Si l'établissement hospitalier dont dépend l'UCSA chargée de soigner les détenus a l'obligation de veiller à la continuité des soins assurés à ceux-ci et, le cas échéant, d'orienter les détenus vers un autre établissement adapté à leur état, il revient à l'administration pénitentiaire, d'une part, de présenter les détenus à l'UCSA dès leur arrivée et, par la suite, chaque fois que necessaire, d'autre part, d'accomplir toutes diligences pour que les décisions médicales impliquant le déplacement des détenus vers un établissement de santé soient exécutées, le cas échéant avec la célérité qu'elles requièrent. • CAA Nancy, 3 déc. 2009, n° 08NC01370. ♦ Plus généralement, il appartient à l'administration pénitentiaire de veiller au suivi médical des personnes détenues à l'intérieur de l'établissement pénitentiaire. • CE 4 juin 2014, n° 359244.

II. CUMUL DE FAUTES

5. Règles d'imputation. Lorsqu'un dommage trouve sa cause dans plusieurs fautes qui, commises par des personnes différentes ayant agi de façon indépendante, portaient chacune en elle normalement ce dommage au moment où elles se sont produites, la victime peut rechercher la réparation de son préjudice en demandant la condamnation de l'une de ces personnes ou de celles-ci conjointement, sans préjudice des actions récursoires que les coauteurs du dommage pourraient former entre eux. Indépendamment du cas où une faute serait exclusivement imputable à l'établissement public de santé, lorsque les ayants droit d'un détenu recherchent la responsabilité de l'État du fait des services pénitentiaires en cas de dommage résultant du décès de ce détenu, ils peuvent utilement invoquer une faute du personnel de santé de l'UCSA de l'établissement public de santé auquel est rattaché l'établissement pénitentiaire s'il s'avère que cette faute a contribué à la faute du service public pénitentiaire. Il en va ainsi alors même que l'UCSA où le personnel médical et paramédical exerce son art est placée sous l'autorité du centre hospitalier. • CAA Nantes, 5 juill. 2012, n° 11NT00104. ♦ Le juge administratif, saisi par un détenu ou, en cas de décès, par ses ayants droit, d'un recours indemnitaire dirigé contre l'État et tendant à la réparation d'un dommage imputé à une carence fautive dans le suivi médical de l'intéressé à l'intérieur de l'établissement pénitentiaire, ne peut donc, sans erreur de droit, rejeter ces conclusions comme étant mal dirigées. • CE 4 juin 2014, n° 359244. ♦ En revanche, la responsabilité de l'État ne peut être engagée lorsque la faute est exclusivement imputable à l'établissement public de santé. • CAA Nantes, 5 juill. 2012, n° 11NT00104 (délivrance d'une double dose de méthadone à un détenu sans information à l'administration pénitentiaire pour qu'elle puisse prendre les mesures de surveillance adéquates et que soient prises les précautions minimales afin que ce produit dangereux ne puisse être absorbé par un autre détenu).

6. Caractère attractif de la responsabilité de l'État. Alors même que le décès du patient est principalement lié à une négligence du médecin responsable de l'UCSA, le manque de coordination entre les services pénitentiaires et les services sanitaires est de nature à engager la responsabilité pour faute de l'État. • CAA Marseille, 4 juill. 2013, n° 11MA01646. ♦ Commet une erreur de droit, la cour administrative d'appel qui rejette, comme étant mal dirigées, des conclusions indemnitaires fondées sur une faute de l'infirmière de l'UCSA alors qu'une telle faute, à la supposer établie, était imputable à une carence fautive dans le suivi médical de l'intéressé à l'intérieur de l'établissement pénitentiaire. • CE 4 juin 2014, n° 359244. ♦ Eu égard à la vulnérabilité des détenus et à leur situation d'entière dépendance vis-à-vis de l'administration, il appartient tout particulièrement à celle-ci de prendre les mesures propres à protéger leur vie. L'absence de consultation d'un médecin qui aurait permis de corriger l'erreur d'interprétation de l'infirmière de l'UCSA révèle un défaut de prise en charge adéquate par le service public pénitentiaire. • CAA Douai, 12 mai 2016, n° 14DA00997.

7. Contribution de la faute du service public hospitalier. Un détenu admis dans une unité hospitalière sécurisée interrégionale ou à l'établissement public de santé de Fresnes est fondé à invoquer une faute de ces structures médicales contribuant à une faute du service public pénitentiaire à l'appui de son action en responsabilité. • CAA Nantes, 14 nov. 2014, n° 14NT00957.

8. Appel en garantie. Il appartient à l'État, s'il s'y croit fondé, d'appeler en garantie l'établissement public hospitalier dont relève l'UCSA dont la faute a pu causer le dommage ou y concourir. • CE 4 juin 2014, n° 359244.

Art. L. 115-3 **Les agents et collaborateurs du service public pénitentiaire transmettent aux personnels de santé chargés de dispenser des soins aux personnes détenues les informations utiles à la mise en œuvre des mesures de protection des personnes.**

COMMENTAIRE

L'article L. 115-3 fait peser une double obligation sur les personnels pénitentiaires : celle du suivi des détenus et de l'information des personnels de santé et celle d'une collaboration dynamique avec ces derniers. Cela passe par la transmission de toute information utile à la protection des personnes détenues, notamment lorsqu'elles exercent une activité de travail (art. L. 412-47) et pour la prévention du risque suicidaire. On notera que cette communication dédiée au suivi médical et sanitaire des personnes détenues suit un sens unique, les personnels de santé étant pour leur part tenus au secret médical (art. L. 322-4) dans la limite toutefois des informations nécessaires à l'adoption et à la mise en œuvre de mesures de protection des personnes lorsque existe un risque sérieux pour leur sécurité (CSP, art. L. 6141-5, et C. pénit., art. L. 322-3).

Il appartient au médecin coordonnateur, agissant en lien avec le chef de l'établissement pénitentiaire, d'organiser une « commission santé » composée de représentants des équipes soignantes (somatiques et psychiatriques) et des services pénitentiaires. Cette commission est notamment chargée d'élaborer les procédures et les outils formalisés visant à la coordination et à l'information réciproque des équipes et des services. Elle veille à informer les différents professionnels sur leurs compétences et les limites de leur intervention, et joue un rôle d'impulsion en favorisant la mobilisation des services sur la prévention du suicide et les autres actions de prévention et de promotion de la santé. ❑

1. V. notes ss. art. L. 115-2.

2. Doctrine administrative. La circulaire prescrivant aux directeurs interrégionaux des services pénitentiaires, aux directeurs interrégionaux de la PJJ et aux directeurs généraux des ARS l'interprétation qu'il convient d'adopter des dispositions régissant les informations susceptibles d'être partagées entre professionnels de santé, d'une part, et professionnels de l'administration pénitentiaire et de la protection judiciaire de la jeunesse, d'autre part, pour les faits qui peuvent avoir des conséquences sur la santé et la sécurité des personnes détenues et des personnes intervenant en milieu pénitentiaire, n'a pas de portée réglementaire et ne donne pas d'instruction aux personnels des établissements de santé. • CE 22 oct. 2014, n° 362681 : *AJ pénal 2014. 595, note Péchillon*.

3. Signalement d'une maladie contagieuse. Les dispositions du CSP relatives à la transmission obligatoire de données individuelles à l'autorité sanitaire ne régissent pas les procédures à suivre et les mesures à prendre au sein d'un établissement assurant un hébergement collectif lorsque survient un cas de maladie contagieuse. Ainsi, elles ne font pas obstacle à ce que l'existence d'un tel cas dans un établissement pénitentiaire soit signalée au médecin de prévention du ministère de la Justice référent pour l'établissement pénitentiaire. • CE 22 oct. 2014, n° 362681 : *AJ pénal 2014. 595, note Péchillon*.

4. Suicide. La responsabilité de l'État en cas de préjudice matériel ou moral résultant du suicide d'un détenu peut être recherchée pour faute des services pénitentiaires en raison notamment d'un défaut de surveillance ou de vigilance. Une telle faute ne peut toutefois être retenue qu'à la condition qu'il résulte de l'instruction que l'administration n'a pas pris, compte tenu des informations dont elle disposait, en particulier sur les antécédents de l'intéressé, son comportement et son état de santé, les mesures que l'on pouvait raisonnablement attendre de sa part pour prévenir le suicide. • CE 10 nov. 2021, n° 448105.

Art. L. 115-4 Un protocole signé par le directeur général de l'agence régionale de santé, le directeur interrégional des services pénitentiaires, le chef de l'établissement pénitentiaire et le directeur de l'établissement de santé définit les conditions dans lesquelles est assurée l'intervention des professionnels de santé appelés à intervenir en urgence dans les établissements pénitentiaires, afin de garantir aux personnes détenues un accès aux soins d'urgence dans des conditions équivalentes à celles dont bénéficie l'ensemble de la population.

COMMENTAIRE

Également issu de l'article 46 de la loi n° 2009-1436 du 24 novembre 2009, l'article L. 115-4 anticipe, en ce qui concerne les soins d'urgence, sur le principe général posé à l'article L. 322-1 qui garantit aux personnes détenues l'accès à des soins continus et de qualité « dans des conditions équivalentes à celles dont bénéficie l'ensemble de la population ». Le protocole de soins d'urgence fait partie des protocoles complémentaires visés par l'article R. 6111-29 du code de la santé publique et l'article R. 115-1 du code pénitentiaire. Il est signé dans les mêmes conditions que ce dernier.

Les modalités de mise en œuvre des protocoles de soins d'urgence sont précisées à l'article R. 4311-14 du code de la santé publique. ❑

1. V. comm. ss. art. L. 115-1.

2. Droit à la vie. Eu égard à la vulnérabilité des détenus et à leur situation d'entière dépendance vis-à-vis de l'administration, il appartient tout particulièrement à celle-ci de prendre les mesures propres à protéger leur vie. • CAA Douai, 12 mai 2016, n° 14DA00997. ♦ Les obligations découlant des dispositions de l'art. 46 de la L. pénit. du 24 nov. 2009 peuvent être rattachées aux stipulations de l'art. 2 Conv. EDH protégeant le droit à la vie. • CAA Nantes, 2 oct. 2020, n° 19NT02791.

3. Urgence. Obligations de l'administration pénitentiaire. Il incombe à l'administration pénitentiaire d'accomplir toutes diligences en vue de faciliter l'accès aux soins des personnes détenues. • CE, ord., 26 avr. 2019, n° 429686 • CAA Lyon, 11 mars 2021, n° 19LY01989. ♦ Si l'établissement hospitalier dont dépend l'UCSA chargée de soigner les détenus a l'obligation de veiller à la continuité des soins assurés à ceux-ci et, le cas échéant, d'orienter les détenus vers un autre établissement adapté à leur état, il revient à l'administration pénitentiaire d'accomplir toutes diligences pour que les décisions médicales impliquant le déplacement des détenus vers un établissement de santé soient exécutées, le cas échéant avec la célérité qu'elles requièrent. • CAA Nancy, 3 déc. 2009, n° 08NC01370. ♦ Le délai de plus de douze heures dans l'accès aux soins médicaux nécessités par l'état de la personne détenue, dont l'aspect aurait dû faire suspecter par le personnel pénitentiaire une situation d'urgence, est à l'origine de la gravité de l'infarctus du myocarde ainsi que de ses séquelles. Ce retard révèle un défaut de vigilance fautif de nature à engager la responsabilité de l'État au titre du service public pénitentiaire. • CAA Lyon, 11 mars 2021, n° 19LY01989. ♦ La personne détenue transférée à l'UHSI le jour même où la demande en a été formulée par l'équipe soignante n'est pas fondée à soutenir que l'administration pénitentiaire a négligé de prendre les mesures propres à permettre une prise en charge médicale adaptée à son état. • CAA Nancy, 6 oct. 2016, n° 15NC02515.

4. Urgence. Responsabilité hospitalière. L'établissement hospitalier dont dépend l'unité de consultation et de soins ambulatoires (UCSA) chargée de soigner les détenus a l'obligation de veiller à la continuité des soins assurés à ceux-ci par cette unité et, le cas échéant, d'orienter les détenus vers un autre établissement ou service adapté à leur état. Carence fautive de l'équipe médicale qui, malgré les symptômes, s'est abstenue de solliciter en urgence un avis chirurgical dès réception des résultats des examens. • CAA Douai, 6 juin 2017, n°s 15DA01768 et 15DA01834.

TITRE II DÉONTOLOGIE

BIBL. GÉN. ▸ **Ouvrages :** FROMENT, Les surveillants de prison, *L'Harmattan, 2003.* – Conseil de l'Europe, CDPC, Projet de code de déontologie européen pour le personnel pénitentiaire, *7 nov. 2011.*

▸ **Articles :** Bernard, La déontologie des personnels pénitentiaires : quel cadre ?, *in* L'administration pénitentiaire face aux principes de la nouvelle gestion publique, *PU de Grenoble, 2011, p. 149-160.* – Colin, Le serment professionnel dans la fonction publique, *AJFP 2021. 127* . – De Nantois, Razac, Déontologie et fonction publique : les ambiguïtés d'une nécessité. L'exemple du code de déontologie du service public pénitentiaire, *Les chroniques du CIRAP, oct. 2011, n° 12.* – Delarue, Captivité et déontologie des gardiens pénitentiaires : répondre à une relation permanente et asymétrique, *pp. 67-77, in* La Déontologie des cadres publics : pour un service public responsable, *ESEN, 2012, 199 p.* – Duranton, Le code de déontologie du service public pénitentiaire : éléments de contexte et statut des intervenants associatifs, *in Prison justice, n° 108, mars 2016, p. 31-3.* – Enderlin, Regards croisés autour de la déontologie des personnels pénitentiaires, *pp. 19-39, in* Mbanzoulou (dir), Les métiers pénitentiaires : enjeux et évolutions, *Presses de l'ENAP, 2014, 274 p.* – Lopa Dufrenot, Le respect de la vie privée et familiale du fonctionnaire, *AJDA 2012. 2063* . – Moliner-Dubost, Déontologie et prison, *pp. 137-152, in* Blacher Philippe, Déontologie et droit public, *Paris, LGDJ 2014, 225 p.* – Roets, Prévention des violations du droit à la vie par les forces de l'ordre : les obligations positives de disposer d'un cadre juridique et administratif pertinent et de former les agents, *RSC 2018. 175* . – Wagner, L'élaboration du code pénitentiaire vue par une rédactrice : le code en quatre étapes, *AJ pénal 2022. 288* .

Art. L. 120-1 Le code de déontologie du service public pénitentiaire fixe les règles que doivent respecter les personnels de l'administration pénitentiaire ainsi que les agents des personnes de droit public ou privé habilitées en application des dispositions de l'article L. 111-3. Il est établi par décret en Conseil d'État. — *V. art. R. 120-1 s.*

Préalablement à sa prise de fonctions, tout agent de l'administration pénitentiaire déclare solennellement, par une prestation de serment, servir avec dignité et loyauté la République, ses principes de liberté, d'égalité et de fraternité et sa Constitution. Le contenu du serment et les modalités de sa prestation sont fixés par décret en Conseil d'État. — *V. art. R. 122-9.*

COMMENTAIRE

Le code de déontologie tient une place particulière au sein du code pénitentiaire qui s'y réfère dès son deuxième article. Non sans ambiguïté, celui-ci subordonne en effet l'action et les missions du service public pénitentiaire au respect des droits et libertés garantis par la Constitution et les conventions internationales ratifiées par la France, avant de préciser qu'il « se conforme aux règles fixées par le code de déontologie ».

Souhaité par la garde des Sceaux en 1998, un premier projet de « code de l'administration pénitentiaire », présenté comme un « élément de référence des personnels dans leurs pratiques professionnelles » (www.senat.fr/questions/base/2003/qSEQ030105171.html), avait été soumis à l'avis du Conseil supérieur de l'administration pénitentiaire en juillet 1999 et à celui de la Commission nationale consultative des droits de l'homme en janvier 2000. Quoique substantiellement amendé pour tenir compte des « nombreux remaniements » préconisés par la CNCDH (Avis du 27 janv. 2000 portant sur le projet de code de déontologie de l'administration pénitentiaire), le projet s'était alors heurté à l'opposition des principales organisations représentatives des personnels, le considérant au mieux comme inutile, car n'apportant pas de plus-value au code de procédure pénale, au pire comme stigmatisant, car pouvant être perçu comme une réponse donnée par les pouvoirs publics à une méconnaissance de ses principes.

En lui offrant la base légale qui lui manquait, la loi pénitentiaire du 24 novembre 2009 en a toutefois renforcé la légitimité tout en en précisant les principaux objectifs : valoriser l'ensemble des personnels pénitentiaires (et non les stigmatiser) et favoriser la connaissance des principes juridiques et éthiques guidant l'action du service public pénitentiaire, au-delà de la seule « administration pénitentiaire » et des agents publics en activité. Adopté par le décret n° 2010-1711 du 30 décembre 2010 (désormais abrogé et repris aux art. R. 120-1 s. C. pénit.), le code de déontologie du service public pénitentiaire réunit ces principes directeurs dans un document unique qui, affiché dans les établissements et les services, est remis individuellement « à chacune des personnes auxquelles il s'applique », ce qui inclut les réservistes et les intervenants extérieurs à l'administration pénitentiaire (personnels de santé, aumôniers, éducateurs, etc.).

Sur le fond, il souffre toutefois des défauts propres à son processus d'élaboration. Quoique principalement conçu pour les membres du personnel pénitentiaire, et avec la consultation de leurs représentants, il n'en émane pas moins du pouvoir réglementaire, soit d'une autorité extérieure à la profession. Il ne correspond donc pas à proprement parler à un ensemble de devoirs spécifiques que les professionnels, réunis par des valeurs communes, se donnent à eux-mêmes mais renvoie plutôt à un ensemble de règles supportant « l'engagement et [...] la participation de chacun à l'exécution des missions du service public » (Circ. du 17 févr. 2011 : *BOMJL n° 2011-02 du 28 févr. 2011*). Pour cette raison, il n'apporte guère de novations de fond mais se borne pour l'essentiel à reprendre des dispositions issues du code de procédure pénale ou relevant du statut général de la fonction publique de l'État et du statut spécial de l'administration pénitentiaire. En résultent certaines omissions regrettables, telles que l'obligation de neutralité et sa déclinaison religieuse de la laïcité, qui font uniquement l'objet de renvois (V. art. R. 122-2), et une dimension éminemment disciplinaire, le code nourrissant la caractérisation des manquements susceptibles de donner lieu à une sanction (art. R. 121-3).

La démarche n'en reste pas moins relayée au niveau européen, suivant notamment la RPE 72-4 exigeant que le personnel exerce son travail en respectant des normes professionnelles et personnelles élevées (CDPC, Projet de code de déontologie européen pour le personnel pénitentiaire, 7 nov. 2011 : https://rm.coe.int/16806f9451). ❑

1. Application aux personnels de santé. Il résulte de la L. du 24 nov. 2009 que le législateur a prévu que le C. déont. publ. pénitentiaire, dont l'art. 11 impose l'élaboration, s'appliquerait non seulement aux agents de l'administration pénitentiaire mais également à l'ensemble des intervenants en milieu carcéral bénéficiant d'une habilitation, au nombre desquels figurent les personnels de santé. • CE 11 juill. 2012, n° 347148 : *AJDA 2012. 1429*.

2. Agent détaché au sein d'un établissement de santé. L'agent recruté par voie de détachement aux hôpitaux civils en qualité d'infirmier-surveillant n'est pas fondé à soutenir que le directeur dudit établissement, sous l'autorité duquel il exerçait ses fonctions, n'était pas compétent pour s'assurer du respect de ses obligations professionnelles. A la suite des manquements répétés de l'agent détaché dont la gravité compromettait la bonne marche du service et la sécurité des détenus, le directeur des hôpitaux civils pouvait donc solliciter la saisine du conseil de discipline du directeur de l'administration pénitentiaire en vue du prononcé d'une sanction disciplinaire. • CAA Nancy, 18 déc. 2003, n° 00NC0036.

3. Agents mis à disposition de l'administration centrale. Le code de déontologie des personnels de l'administration pénitentiaire ne trouve à s'appliquer qu'au personnel exerçant des fonctions dans l'administration pénitentiaire, ce qui exclut notamment les agents mis à disposition de l'administration centrale. • CAA Paris, 11 févr. 2021, n° 18PA01146.

4. Conv. EDH, art. 8. Ingérence excessive. L'interdiction, pour les personnes physiques et les agents des personnes morales concourant au service public pénitentiaire, d'entretenir avec les personnes détenues, leurs parents ou amis, des relations qui ne seraient pas justifiées par les nécessités de leur mission répond à des impératifs tenant à la sécurité à l'intérieur de l'établissement et à l'égalité de traitement entre les personnes détenues ainsi qu'à la nécessité de protéger les droits et libertés de la personne détenue, placée, lorsqu'elle est en détention, dans une situation de vulnérabilité vis-à-vis des personnes concourant au service public pénitentiaire. Les dispositions attaquées n'ont pas apporté une ingérence excessive à l'exercice du droit au respect à la vie privée et familiale des personnes physiques et agents des personnes morales concourant au service public pénitentiaire. • CE 11 juill. 2012, n° 347148 : *AJDA 2012. 1429*. ♦ En revanche, en étendant cette interdiction aux personnes ayant été détenues et à leurs parents et amis, l'art. 31 du Décr. n° 2010-1711 du 30 déc. 2010 portant C. déont. publ. pénitentiaire attaqué instaure une interdiction générale, de caractère absolu et sans aucune limitation de durée, qui impose des sujétions excessives au regard des stipulations de l'art. 8 Conv. EDH. • Même arrêt.

Circulaire du 17 février 2011,

Relative à la mise en œuvre du code de déontologie du service public pénitentiaire.

1 LE CHAMP D'APPLICATION DU CODE DE DÉONTOLOGIE DU SERVICE PUBLIC PÉNITENTIAIRE

Le code de déontologie s'applique à trois catégories d'acteurs du service public pénitentiaire :

— aux fonctionnaires et aux agents non titulaires de l'administration pénitentiaire (titres Ier et II du code),

Le code est applicable à tout agent de l'administration pénitentiaire, en contact ou non avec les personnes placées sous main de justice.

— aux membres de la réserve civile pénitentiaire (Titre Ier et II du code à l'exclusion des articles 8, 14, 26 et 29 du code),

Les réservistes civils pénitentiaires, personnels retraités de l'administration pénitentiaire ayant souhaité s'engager dans la réserve, peuvent se voir confier des missions de renforcement de la sécurité relevant du ministère de la justice ainsi que des missions de formation des personnels, d'étude ou de coopération internationale. La réserve civile pénitentiaire peut également être chargée d'assister les personnels des services pénitentiaires d'insertion et de probation dans l'exercice de leurs fonctions de probation (art. 17 de la loi pénitentiaire de 2009).

— aux personnes physiques et aux agents des personnes morales concourant au service public pénitentiaire (Titre Ier et III du code),

Il s'agit des personnes qui, sans être placées sous l'autorité hiérarchique du garde des sceaux interviennent, à quelque titre que ce soit (contrat, agrément, bénévolat...) dans les services pénitentiaires pour concourir aux missions dévolues au service public pénitentiaire.

Cela recouvre notamment :

— au titre des agents des personnes morales concourant au service public pénitentiaire :

les personnels du prestataire de gestion déléguée dans les établissements à gestion déléguée, les praticiens hospitaliers et personnels médicaux et hospitaliers exerçant dans les UCSA, les enseignants de l'Éducation nationale ;

— au titre des personnes physiques concourant au service public pénitentiaire :

les visiteurs de prison, les aumôniers et bénévoles d'aumônerie, les bénévoles des associations participant aux actions d'enseignement, les personnes étrangères au service dès lors qu'elles sont dûment habilitées à intervenir dans les établissements.

2 LE CODE DE DÉONTOLOGIE DU SERVICE PUBLIC PÉNITENTIAIRE

2.1 *Les principes rappelés par le code de déontologie*

— Les dispositions relatives au service public pénitentiaire

Le code rappelle les missions dévolues au service public pénitentiaire (art. 1er) et celles du premier acteur du service public pénitentiaire, l'administration pénitentiaire (art. 2).

L'administration pénitentiaire s'acquitte de ses missions dans le respect des principes posés par les textes fondamentaux internes et internationaux, conformément à ses valeurs qui résident dans la juste et loyale exécution des décisions de justice et du mandat judiciaire confié et dans le respect des personnes et de la règle de droit.

— Les dispositions relatives aux personnels de l'administration pénitentiaire et aux réservistes civils pénitentiaires

Sont rappelés les devoirs généraux des personnels et réservistes vis-à-vis de l'institution, de leurs collègues et des personnes placées sous main de justice.

Ces dispositions trouvent leur fondement dans le statut général de la fonction publique, applicable à tout agent de l'État, dans le statut spécial de l'administration pénitentiaire et dans le code de procédure pénale qui règle le fonctionnement des services et établissements pénitentiaires.

— Les dispositions relatives aux personnes physiques et aux agents des personnes morales concourant au service public pénitentiaire

L'exercice en milieu pénitentiaire suppose le respect de certaines règles, figurant déjà dans le code de procédure pénale, destinées à assurer la sécurité des personnes et des établissements.

2.2 *L'affichage et la remise du code de déontologie*

— L'affichage

L'article 5 du décret du 30 décembre 2010 dispose que le code de déontologie doit faire l'objet d'un affichage dans les établissements et services pénitentiaires.

Cet affichage doit être effectué de telle façon que les personnes placées sous main de justice puissent également en prendre connaissance. Il convient donc de prévoir l'affichage du code, si besoin en différents endroits du service, à destination des personnels, des intervenants extérieurs et en détention.

A cette fin, une affiche élaborée par le service de la communication et des relations internationales de la direction de l'administration pénitentiaire sera diffusée dans les services.

Vous veillerez à la bonne mise en œuvre de ces instructions.

— **La remise individuelle du code**

Afin de le porter individuellement à la connaissance de ces destinataires, le code de déontologie sera reproduit dans un livret, à l'instar du « mémento du surveillant ».

S'agissant de la remise du livret, il convient de distinguer la situation des personnels et personnes qui exercent ou interviennent déjà. Vous veillerez à ce que le livret soit remis à chacun des personnels et toute personne physique et tout agent des personnes morales concourant au service public pénitentiaire, exerçant d'ores et déjà au sein des services placés sous votre autorité.

Pour les agents nouvellement nommés ou recrutés, la remise du livret interviendra lors de la prestation de serment de l'intéressé. S'agissant des personnes physiques et des agents des personnes morales concourant au service public pénitentiaire, la remise interviendra en lien avec la délivrance de l'agrément ou de l'autorisation d'accès.

En complément, l'École nationale d'administration pénitentiaire intègrera une présentation du code de déontologie dans ses formations initiale et continue.

3 LES MODALITÉS DE LA PRESTATION DE SERMENT

L'institution d'une prestation de serment par les personnels de l'administration pénitentiaire est le complément nécessaire de l'édiction d'un code de déontologie.

La prestation de serment consiste en un serment professionnel par lequel chaque agent s'engage à exercer ses fonctions dans le respect des lois et règlements encadrant l'exercice de ses missions et notamment du code de déontologie du service public pénitentiaire.

— **Les personnels concernés par la prestation de serment**

L'ensemble des personnels des services déconcentrés de l'administration pénitentiaire est soumis à la prestation de serment.

Il convient de distinguer la situation des agents qui exercent déjà leurs fonctions des agents nouvellement recrutés :

— Situation des agents exerçant leurs fonctions avant l'entrée en vigueur du décret n° 2010-1711 :

Les agents qui exerçaient déjà leurs fonctions disposent d'un droit d'option ; ils peuvent donc prêter serment s'ils en font la demande.

— Situation des agents qui viennent d'être recrutés ou nommés pour la première fois au sein de l'administration pénitentiaire :

Les agents prêtent serment lors de leur première affectation au sein de l'administration pénitentiaire.

— **L'organisation de la prestation de serment**

La prestation de serment se déroule en audience publique soit devant le président du tribunal de grande instance ou de la cour d'appel du lieu d'affectation de l'agent soit, pour les agents affectés dans les collectivités d'outre mer ou de la Nouvelle Calédonie, devant le président du tribunal de première instance.

Il vous appartient de planifier les différentes sessions de prestation de serment en lien avec les juridictions concernées en fonction des nominations prononcées au sein de votre ressort en veillant à ce que la réalisation de cette formalité soit la plus rapprochée possible de la date d'entrée en fonction des agents concernés.

La prestation de serment :

« Je jure de bien et loyalement remplir mes fonctions et d'observer les devoirs qu'elles m'imposent dans le strict respect des personnes confiées au service public pénitentiaire et de leurs droits. Je m'engage à me conformer à la loi et aux ordres reçus et à ne faire qu'un usage légitime des pouvoirs qui me sont confiés. »

Je vous remercie de vous assurer de la bonne exécution de ces instructions et de communiquer toute difficulté que vous pourriez rencontrer dans leur mise en œuvre.

CHAPITRE I DISPOSITIONS GÉNÉRALES

Le présent chapitre ne comprend pas de dispositions législatives.

CHAPITRE II DISPOSITIONS APPLICABLES AUX PERSONNELS DE L'ADMINISTRATION PÉNITENTIAIRE

Le présent chapitre ne comprend pas de dispositions législatives.

CHAPITRE III DISPOSITIONS APPLICABLES AUX PERSONNES PHYSIQUES ET AUX AGENTS DES PERSONNES MORALES CONCOURANT AU SERVICE PUBLIC PÉNITENTIAIRE

Le présent chapitre ne comprend pas de dispositions législatives.

TITRE III CONTRÔLE ET ÉVALUATION DES ÉTABLISSEMENTS ET SERVICES PÉNITENTIAIRES

RÉP. PÉN. v° *Prison - Organisation générale*, par Céré.

BIBL. ▸ **Ouvrage :** Lehalle, La prison sous l'œil de la société ? Contrôle du respect de l'État de droit en détention en France et au Canada, *L'Harmattan, 2013.*

▸ **Rapports :** Canivet, Rapport sur l'amélioration du contrôle extérieur des établissements pénitentiaires, *Doc. fr. 2000.* - Floch, La France face à ses prisons, Rapport fait au nom de la commission d'enquête sur la situation dans les prisons françaises, *Ass. nat., 2000.* - Hyest et Cabanel, Prison : une humiliation pour la République, Rapport de commission d'enquête n° 449, *Sénat, 29 juin 2000.*

▸ **Articles :** Buisson, Rapport de la commission sur l'aménagement du contrôle extérieur des établissements pénitentiaires, *RSC 2001. 199* . - Cardet, Le contrôle extérieur des établissements pénitentiaires en Europe ou l'esquisse d'un tryptique, *RSC 2003. 870* . - Cassese, Une nouvelle approche des droits de l'homme : la Convention européenne pour la prévention de la torture : *Rev. gén. Droit International Public, 1989, tome XCIII, p. 17-18.* - Céré, Le contrôle extérieur des prisons à la croisée des chemins, *Rev. pénit. 2005. 443.* - Giacopelli, Les contrôles sur les prisons en France, *Rev. pénit. 2009. 411.* - Lecerf, Le contrôle non juridictionnel des prisons, *Pouvoirs, 2010/4, n° 135, p. 121-134.* - Senna, La question controversée du contrôle des prisons, *AJ pénal 2007. 164* . - snacken, Les structures européennes de contrôle des administrations pénitentiaires. Le rôle et l'impact du Conseil de l'Europe et du Comité de Prévention de la Torture, *Déviance et Société, 2014/4, vol. 38, p. 405-423.*

COMMENTAIRE

Comme le soulignait un rapport parlementaire, « La prison ne peut changer que si elle est placée sous le regard des citoyens » (Hyest et Cabanel, Prison : une humiliation pour la République, Rapport de commission d'enquête n° 449, *Sénat, 29 juin 2000, t. 1, p. 180*). Afin de mettre en œuvre le droit de la société de demander compte à tout agent public de son administration, inscrit à l'article 15 de la Déclaration des droits de l'homme et du citoyen de 1789, de nombreuses institutions ont pour mission d'exercer un contrôle et une évaluation des établissements pénitentiaires.

Pour reprendre la distinction faite par les Règles pénitentiaires européennes (App., v° *Conditions de détention*), il existe deux types de contrôle : les missions d'inspection interne (RPE n° 92) portant sur la conformité des pratiques aux normes de droit positif et confiées à des organes administratifs propres à l'administration pénitentiaire ou à d'autres administrations intervenant dans les politiques publiques pénale et pénitentiaire, et les missions de contrôle externe (RPE n° 93.1 à 7) exercées par des organismes extérieurs à l'administration pénitentiaire, portant sur les conditions de détention et le respect des droits des personnes détenues.

A ces deux types de contrôles peut s'ajouter une mission d'évaluation interne propre à chaque établissement, dans le cadre des commissions de surveillance, transformées par la loi pénitentiaire de 2009 en conseils d'évaluation, et composées de membres internes (directeur de l'établissement pénitentiaire, directeur départemental du service pénitentiaire d'insertion et de probation, directeur interrégional des services pénitentiaires, directeur interrégional de la protection judiciaire de la jeunesse) et extérieurs (représentants de l'État, des juridictions et des collectivités territoriales, de l'Éducation nationale et de l'Agence régionale de santé, des forces de sécurité, du barreau, des associations, des visiteurs de prison, juges de l'application des peines, juge des enfants et aumôniers) à l'administration pénitentiaire.

Malgré cette multitude de regards portés sur le service public pénitentiaire, leur effectivité a été largement contestée et les difficultés documentées par la doctrine et les rapports parlementaires. Le rapport Canivet de 1999 en tirait un bilan « clairement accablant » et soulignait le caractère « souvent formel et superficiel de ces contrôles appliqués à la réalité des prisons ». Un an plus tard, une Commission d'enquête parlementaire faisait état de contrôles internes et administratifs « mal exercés », « formels » ou de contrôles exercés « *a minima* », ou encore de l'« indifférence » du regard porté par les magistrats. A la suite de ces critiques, le regard sur la prison s'est continuellement enrichi et renforcé pour faire la lumière sur une administration dont l'action a pendant longtemps été plongée dans l'obscurité.

Ainsi, outre le regard interne sur le fonctionnement des établissements pénitentiaires mené par les inspections de l'administration et en particulier par l'inspection générale de la justice, et le regard externe du juge judiciaire depuis longtemps habilité à visiter les établissements pénitentiaires, la prison a progressivement été soumise à des regards extérieurs de plus en plus variés. Le législateur a ainsi autorisé les visites des parlementaires français (L. n° 2000-516 du 15 juin 2000 renforçant la protection de la présomption d'innocence et les droits des victimes) et européens (L. pénit. n° 2009-1436 du 24 nov. 2009), des journalistes (L. n° 2015-433 du 17 avr. 2015 portant diverses dispositions tendant à la modernisation du secteur de la presse) et des bâtonniers (L. n° 2021-1729 du 22 déc. 2021 pour la confiance dans l'institution judiciaire). Les établissements pénitentiaires font également l'objet du contrôle d'autorités administratives indépendantes nationales : Commission nationale de déontologie de la sécurité (L. n° 2000-494 du 6 juin 2000), Contrôleur général des lieux de privation de liberté (L. n° 2007-1545 du 30 oct. 2007), Défenseur des droits (L. const. n° 2008-724 du 23 juill. 2008) ; et d'organismes européens (Comité européen de prévention de la torture et des peines ou traitements inhumains ou dégradants). Cette pluralité d'organes habilités à contrôler les établissements pénitentiaires peut apparaître complexe mais elle permet également la complémentarité des regards et conduit les différentes autorités à mettre en œuvre de manière plus ou moins formelle des mécanismes de collaboration. Tous ces organes ont ainsi les mêmes droits d'accès, pour consulter par exemple le registre dans lequel sont portées les sanctions disciplinaires (art. R. 234-30), pour viser le registre des mesures d'isolement (art. R. 213-34), pour contrôler et viser le registre d'écrou (art. D. 212-6) ou pour consigner leurs observations dans le registre qui recense l'ensemble des visites et inspections qui leur est obligatoirement présenté (art. D. 130-1). Également, jusque-là inséré à l'article 34 du règlement intérieur type placé en annexe de l'article R. 57-6-18 du code de procédure pénale par le décret n° 2013-368 du 30 avril 2013, le droit de toute personne détenue « à être entendue par les magistrats et fonctionnaires chargés de l'inspection ou de la visite de l'établissement, hors la présence de tout membre du personnel de l'établissement pénitentiaire », figure désormais à l'article R. 131-1 du code pénitentiaire. En raison de son importance, cet article aurait peut-être mérité une place plus générale que celle relative aux visites effectuées par les magistrats.

La codification du droit pénitentiaire a été l'occasion d'assurer une meilleure visibilité et de donner plus de force normative aux dispositions relatives au contrôle de l'activité pénitentiaire par l'institution judiciaire et les autres organismes de contrôle, en leur consacrant un titre à part au sein du livre premier. Les dispositions de ce titre troisième garantissent l'effectivité de celles du titre préliminaire relatives au respect des droits et libertés garantis par la Constitution et les conventions internationales (art. L. 2), au respect de la dignité de la personne détenue et de ses droits (art. L. 6) ainsi qu'à la protection effective de son intégrité physique (art. L. 7).

Une partie de cette activité de contrôle fait néanmoins l'objet d'un déclassement normatif : l'article 5 de la loi pénitentiaire relatif à l'instauration d'un conseil d'évaluation auprès de chaque établissement bascule dans la partie réglementaire du code pénitentiaire (art. R. 136-1) en raison de l'absence de « compétences décisionnelles » confiées à ces organismes (Commission supérieure de codification, Avis sur la création d'un code pénitentiaire, Séance du 28 sept. 2021, *Rapport 2021, p. 73*). ❑

CHAPITRE I **VISITE DES ÉTABLISSEMENTS PÉNITENTIAIRES PAR LES AUTORITÉS JUDICIAIRES**

Art. L. 131-1 Le premier président de la cour d'appel, le procureur général, le président de la chambre de l'instruction, le président du tribunal judiciaire, le procureur de la République, le juge des libertés et de la détention, le juge d'instruction, le juge de

l'application des peines et le juge des enfants visitent au moins une fois par an chaque établissement pénitentiaire situé dans leur ressort territorial de compétence.

BIBL. ▶ DELARUE, Extension et limites du contrôle judiciaire, *Pouvoirs, n° 135. 2010, 101.* – DU MESNIL DU BUISSON, Le contrôle des conditions de détention par le juge de l'application des peines, *Rev. de l'application des peines, déc. 1997, mars et juin 1998.* – HERZOG-EVANS, Le contrôle par le pouvoir judiciaire de l'exécution des peines, *in* Le contrôle des conditions de détention dans les prisons d'Europe, *Actes du colloque européen, Marly-Le-Roy, oct. 1996, p. 125.* – PELISSIER, Pour vivre heureux, vivons cachés, *Rev. de l'application des peines, mars 1998, p. 4.*

COMMENTAIRE

L'histoire de la place du juge en prison a été tantôt celle d'un éloignement tantôt celle d'un rapprochement, comme en témoigne le rattachement de l'administration pénitentiaire, jusque-là placée sous la tutelle du ministère de l'Intérieur, au ministère de la Justice en 1911 (C. Carlier, « La balance et la clef. Histoire du rattachement de l'administration pénitentiaire au ministère de la Justice », *Criminocorpus* [en ligne], *Varia, mis en ligne le 6 déc. 2011, http://criminocorpus.revues.org/943*). Le contrôle des établissements pénitentiaires par les magistrats de l'ordre judiciaire rentre désormais dans leur mission, consacrée à l'article 66 de la Constitution, de « gardien naturel » de la liberté individuelle. Loin de l'interdiction faite aux magistrats de se mêler de la gestion pénitentiaire (L.-M. Moreau-Christophe, « Note sur l'autorité de la magistrature dans les prisons », *in* Code des prisons, *Paris, Dupont, 1845, p. 5*), cette mission semble également s'inscrire dans la logique d'un continuum pénal entre l'amont et l'aval du prononcé d'une peine privative de liberté, pour éclairer leurs décisions. Traduisant l'expression de la « main de justice » sous laquelle sont placées les personnes détenues, l'article 707 du code de procédure pénale précise en effet depuis la loi n° 2004-204 du 9 mars 2004 portant adaptation de la justice aux évolutions de la criminalité que « la mise à exécution des peines » se fait « sur décision et sous le contrôle des autorités judiciaires ». Par la suite, la loi n° 2014-896 du 15 août 2014 relative à l'individualisation des peines et renforçant l'efficacité des sanctions pénales y a inséré un quatrième alinéa qui indique qu'« au cours de l'exécution de la peine, la victime a le droit : 1° De saisir l'autorité judiciaire de toute atteinte à ses intérêts » et qui fait de cette dernière la garante de « l'intégralité de ces droits tout au long de l'exécution de la peine, quelles qu'en soient les modalités ».

Outre le droit de visite, il est également à souligner que plusieurs magistrats sont membres du Conseil d'évaluation de chaque établissement pénitentiaire (art. D. 136-2) et peuvent à ce titre être délégués pour visiter l'établissement (art. D. 136-4).

Les visites permettent en effet au procureur de la République, d'« entendre les personnes détenues qui auraient des réclamations à présenter » (art. D. 131-4), au juge d'instruction de voir les personnes en détention provisoire (art. D. 131-3) ou pour le juge de l'application des peines et le président de la chambre de l'instruction de vérifier « les conditions dans lesquelles les personnes condamnées y exécutent leur peine » ou la situation des personnes mises en examen en état de détention provisoire (art. D. 131-2 et D. 131-3). Il s'agit pour ces acteurs judiciaires d'avoir une connaissance des conditions concrètes d'incarcération. Ce droit de visite prend dès lors tout son relief avec la création du nouveau recours prévu à l'article 803-8 du code de procédure pénale (V. ss. art. L. 315-9). Puisque désormais les conditions de détention peuvent en elles-mêmes justifier une remise en liberté ou un aménagement de peine, le juge judiciaire est amené à y porter un regard plus constant et minutieux.

Ce contrôle, pour naturel et légitime qu'il soit, s'avère en pratique ineffectif, ambigu et partiel. Avant la réforme pénitentiaire de 2009, les articles D. 176 à D. 179 du code de procédure pénale fixaient des obligations variables concernant les magistrats du siège et du parquet.

Selon ces dispositions, les premiers devaient visiter les établissements pénitentiaires de leur ressort. Le président de la chambre de l'instruction au moins une fois par trimestre, le juge d'instruction et le juge des enfants, autant de fois qu'ils l'estimaient nécessaire visitaient les maisons d'arrêt et les établissements de mineurs du ressort de la cour d'appel. Le juge de l'application des peines visitait quant à lui tous les établissements, pour y vérifier les conditions de détention des personnes condamnées. En raison de son rôle central en matière d'exécution des peines, ses visites devaient se réaliser à une fréquence plus importante, au moins une fois par mois. Ces visites de contrôle s'ajoutaient d'ailleurs aux missions qu'il exerce de manière constante au sein des établissements pénitentiaires, notamment en présidant les séances de la commission d'application des peines (C. pr. pén., art. 712-4-1) chargée de donner un avis sur les ordonnances d'aménagement de peine. Par ailleurs, dans sa version antérieure au décret n° 2010-1635 du 23 décembre 2010 portant application de la loi pénitentiaire, l'article D. 255 du code de procédure pénale prévoyait que le règlement intérieur de chaque établissement pénitentiaire devait être soumis pour avis au juge de l'application des peines. L'article R. 112-23 du code pénitentiaire précise, désormais, qu'il lui est seulement transmis pour information au même titre que le président du tribunal judiciaire et le procureur de la République.

Les magistrats du parquet doivent visiter les établissements situés, pour le procureur de la République, dans le ressort du tribunal judiciaire et, pour le procureur général, dans celui de la cour d'appel à un rythme trimestriel pour le premier, annuel pour le second. Il convient de préciser que le procureur de la République est par ailleurs membre de la commission d'application des peines (C. pr. pén., art. 712-4-1) ainsi que le destinataire naturel de toute information constitutive d'un crime ou d'un délit (C. pr. pén., art. 40) ou de tout « incident grave touchant à l'ordre, à la discipline ou à la sécurité de l'établissement pénitentiaire » (C. pr. pén., art. D. 280).

Non modifiées par la réforme de 2009, les dispositions relatives aux suites à donner à ces visites sont désormais codifiées aux articles D. 131-2 à D. 131-5 du code pénitentiaire. A la suite de sa visite, le juge de l'application des peines peut adresser ses observations aux « autorités compétentes pour y donner suite », lesquelles sont diverses : autorités pénitentiaires locales, régionales ou centrales, autorités judiciaires ou encore sanitaires. Cette précision peut s'avérer largement ineffective en raison du fait que les observations de ce magistrat sont consignées dans un registre unique tenu dans chaque établissement pénitentiaire destiné à accueillir celles des autres organismes de contrôle et d'inspection (art. D. 130-1). Le président de la chambre d'instruction peut quant à lui adresser ses observations à son homologue d'une autre cour d'appel compétente à l'égard des personnes prévenues incarcérées dans l'établissement visité. Et le procureur de la République doit rendre compte de ses observations au procureur général. Trois magistrats sont en outre chargés de rédiger un rapport annuel adressé au ministre de la Justice : le juge de l'application des peines en ce qui concerne de manière générale « l'application des peines » (l'art. R. 57-2 C. pr. pén. précise que ce rapport doit être présenté à l'assemblée générale des magistrats du siège et du parquet), le premier président de la cour d'appel et le procureur général, de manière conjointe, sur le « fonctionnement des établissements pénitentiaires de leur ressort » et le « service assuré par le personnel de ces établissements ».

L'article 10 de la loi pénitentiaire de 2009, désormais retranscrit à l'article L. 131-1 du code pénitentiaire, a rationalisé ces droits de visite en leur donnant une assise législative plus forte et en unifiant et limitant leur fréquence pour tous les magistrats à au moins une fois par an. Si cette réforme ne supprime pas la possibilité d'organiser des visites supplémentaires à l'initiative des autorités judiciaires, elle ne tient pas compte de la spécificité des fonctions de chacun d'entre eux. Et si la loi de 2009 étoffe la liste des magistrats habilités à exercer ce droit de visite, en y ajoutant les chefs de juridiction (cour d'appel et tribunal judiciaire) et les juges des libertés et de la détention, aucune disposition ne précise les modalités de leur contrôle ou les suites à y donner.

Or les limites pratiques de ces dispositions, et en particulier leur ineffectivité, ont depuis longtemps été largement constatées, avant comme après la réforme pénitentiaire de 2009 (G. Canivet, Rapport au garde des Sceaux, *Doc. fr. 2000* ; Hyest et Cabanel, Prison : une humiliation pour la République, Rapport de commission d'enquête n° 449, *Sénat, 29 juin 2000* ; M. Herzog-Evans, Droit pénitentiaire, *Dalloz, coll. Dalloz action, 2019, 1112. 297*). Ces obligations de visite ne sont pas toujours honorées par les magistrats, faute de temps, de moyens, d'intérêt, ou encore en raison d'un doute quant à leur utilité et leur légitimité. Hormis la fréquence des visites, aucune disposition ne détermine le caractère inopiné ou programmé de ces visites, et hormis la remontée d'informations, aucune disposition ne précise la prise en compte et la finalité des observations et rapports réalisés par les magistrats qui demeurent dont la publicité n'est pas assurée. De même, l'exercice de ce droit de visite complique le positionnement de certains magistrats, en particulier le juge d'instruction, le juge des libertés et de la détention ou le juge de l'application des peines qui disposent, par ailleurs, d'un pouvoir de décision en matière d'individualisation de la peine ou sur l'écrou des personnes suspectées, sans disposer d'aucun pouvoir en matière de gestion des établissements pénitentiaires. Ils craignent alors de remettre en cause leur impartialité.

Ces dispositions trouvent par ailleurs leur limite dans le dualisme juridictionnel qui gouverne le contentieux pénitentiaire (A. Trémolière, « La prison et ses juges : la détention à l'épreuve du dualisme juridictionnel », *RFDA 2017. 731*) car le juge administratif devenu « juge pénitentiaire » (M. Guyomar, « Le juge administratif, juge pénitentiaire », *Mél. en l'honneur d'Yves Jégouzo, Paris, Dalloz, 2009, p. 471*) n'a pas l'obligation de visiter les établissements pénitentiaires, alors même que la connaissance de leur fonctionnement et de leurs conditions lui permettrait de juger en toute connaissance de cause.

Si ces dispositions occupent désormais une place symbolique dans le code pénitentiaire, il convient de souligner qu'elles subsistent dans le code de procédure pénale à l'article D. 176, dans une rédaction plus obscure, à l'aide de renvois, et partielle, en ne visant que les visites du juge de l'application des peines, du président de la chambre de l'instruction et du procureur de la République. Avec la séparation des matières pénale et pénitentiaire induite par le code pénitentiaire, « il n'est pas certain, dans ces conditions, que la distance avec laquelle les magistrats observent le fonctionnement du service public pénitentiaire se résorbe » (J.-C. Bouvier, « Le choix regrettable d'un code pénitentiaire », *AJ pénal 2022. 299*).

CHAPITRE II VISITE DES ÉTABLISSEMENTS PÉNITENTIAIRES PAR LES PARLEMENTAIRES ET LES BÂTONNIERS

Art. L. 132-1 Conformément aux dispositions de l'article 719 du code de procédure pénale, les députés et les sénateurs, les représentants au Parlement européen élus en France, les bâtonniers sur leur ressort ou leur délégué spécialement désigné au sein du conseil de l'ordre sont autorisés à visiter à tout moment les établissements pénitentiaires.

Conformément aux mêmes dispositions et dans des conditions fixées par décret en Conseil d'État, les députés, les sénateurs et les représentants au Parlement européen mentionnés au premier alinéa du présent article peuvent être accompagnés par un ou plusieurs journalistes titulaires de la carte d'identité professionnelle mentionnée à l'article L. 7111-6 du code du travail.

CHAPITRE III CONTRÔLE PAR LES AUTORITÉS ADMINISTRATIVES INDÉPENDANTES

COMMENTAIRE

Chargé de contrôler les politiques pénitentiaires, le Conseil supérieur de l'administration pénitentiaire, dont l'origine remontait à la création du Conseil supérieur des prisons à l'occasion de la loi du 5 juin 1875 sur le régime des prisons départementales, a été supprimé par le décret du 23 décembre 2010 portant application de la loi pénitentiaire, prenant acte de son ineffectivité. Sans droit de visite, sans pouvoir d'enquête ni d'injonction, sa mission était limitée à la production de rapports. Sa composition et son fonctionnement, fixés par les articles D. 236 et D. 237 du code de procédure pénale, en faisaient un organe faiblement indépendant. Ses membres comprenaient, notamment, le directeur de l'administration pénitentiaire et le garde des Sceaux auquel revenait, par ailleurs, la nomination de plusieurs autres membres.

Or, selon les règles pénitentiaires européennes, toutes les prisons doivent faire l'objet, en plus d'une « inspection gouvernementale régulière », du « contrôle d'une autorité indépendante » (RPE 9, App., v° *Conditions de détention*). Dans la nouvelle formulation des règles pénitentiaires européennes révisées par le Comité des ministres le 1er juillet 2020, le contrôle externe indépendant exercé sur les établissements pénitentiaires devient même un « monitoring » pour souligner l'importance de la publicité qui doit être donnée aux rapports des organismes qui en ont la charge, et affirmer le développement de leurs outils de contrôle tels que le libre accès aux établissements pénitentiaires et aux informations les concernant, la possibilité de mener des visites inopinées et de s'entretenir de manière confidentielle avec les personnes détenues et le personnel sans craindre de représailles, leur coopération avec les organismes internationaux légalement habilités à visiter les prisons, leur pouvoir de recommandation et les réponses apportées par les pouvoirs publics (RPE n° 93.1 à 7).

Le code pénitentiaire précise le rôle de deux autorités administratives indépendantes qui répondent à ces exigences européennes : le Contrôleur général des lieux de privation de liberté et le Défenseur des droits. Non mentionnées par le code pénitentiaire, deux autres autorités administratives indépendantes peuvent cependant exercer un contrôle sur le fonctionnement des établissements pénitentiaires. Les correspondances des personnes détenues avec les présidents de ces deux autorités sont d'ailleurs spécialement protégées (art. R. 345-10). Il en est ainsi de la Commission nationale de l'informatique et des libertés, créée par la loi du 6 juillet 1978, qui intervient largement dans le domaine pénitentiaire pour contrôler la conformité à la législation sur la protection des données personnelles de la mise en œuvre de fichiers, comme le traitement de données à caractère personnel relatif à la gestion nationale des personnes détenues (Genesis) (art. R. 240-2) ou de dispositifs de surveillance, comme la vidéosurveillance des cellules, le traitement automatisé relatif au contrôle des personnes placées sous surveillance électronique mobile, en détention à domicile sous surveillance électronique ou à titre de mesure de sûreté (art. R. 544-26, R. 622-28 et L. 544-2). Les personnes détenues peuvent également saisir la Commission d'accès aux documents administratifs (créée par la L. n° 78-753 du 17 juill. 1978 portant diverses mesures d'amélioration des relations entre l'administration et le public et diverses dispositions d'ordre administratif, social et fiscal), en cas de refus par l'administration pénitentiaire de leur communiquer des documents d'ordre général ou individuel, qu'il s'agisse de règlements, de comptes rendus, de procès-verbaux, de rapports, de circulaires, de notes, d'instructions, de dossiers disciplinaires, de barèmes de rémunération, ou encore de correspondances, excepté ceux mettant en cause la sécurité publique, le secret médical ou de nature judiciaire. Cette possibilité de saisine s'avère particulièrement utile dans le domaine pénitentiaire où la production normative manque souvent de transparence et constitue parfois une sorte d'infra-droit propice à l'arbitraire.

Enfin, si la Commission nationale consultative des droits de l'homme (CNCDH) ne fait plus partie de la liste des autorités administratives indépendantes établie par la L. n° 2017-55 du 20 janvier 2017 portant statut général de ces entités, elle demeure néanmoins une autorité indépendante, dotée de pouvoirs consultatifs dans le domaine des droits de l'homme, du droit international humanitaire et de l'action humanitaire par la loi n° 2007-292 du 5 mars 2007. Elle peut ainsi être sollicitée par le gouvernement pour rendre des avis sur la politique pénitentiaire (V. Avis du 6 nov. 2008 relatif au projet de L. pénit.). Elle s'autosaisit régulièrement des problématiques pénitentiaires pour formuler des propositions par le biais de rapports publiés au *Journal officiel* (V. Avis sur la question pénitentiaire dans les outre-mer, 18 mai 2017, *JO 14 juin* ; Avis A-2022-5 sur l'effectivité des droits fondamentaux en prison, 24 mars 2022). La CNCDH a également publié un ouvrage en deux volumes dans lequel sont regroupées les études qu'elle a consacrées à la prison (Sanctionner dans le respect des droits de l'homme, I – Les droits de l'homme dans la prison, II – Les alternatives à la détention, *Doc. fr. 2007*). ❑

I. AVIS DE LA CNIL

1. Vidéosurveillance dans les cellules. Les dispositifs de surveillance vidéo des cellules particulièrement intrusifs, doivent reposer, conformément à la Conv. EDH, sur une base légale suffisante et assurant un équilibre entre l'ingérence dans la sphère privée du détenu et les troubles à l'ordre public qui résulteraient de son suicide ou de son évasion. Compte tenu du contexte d'urgence dans lequel ils ont été envisagés, la Commission a recommandé que ces dispositifs fassent l'objet, à brève échéance, d'une évaluation précise. Enfin, la Commission a demandé au Gouvernement d'assortir ces dispositifs de garanties substantielles, tant sur leurs critères d'utilisation que sur leurs conditions de mise en œuvre. * Délib. CNIL n° 2016-159 du 19 mai 2016 portant avis sur un projet d'arrêté portant création de traitements de données à caractère personnel relatifs à la vidéoprotection de cellules de détention, JORF n° 0136 du 12 juin 2016. ♦ V. art. L. 223-7.

II. AVIS DE LA CADA

2. Communication des décisions ordonnant des fouilles à nu. S'agissant de la répartition des compétences entre la CNIL en matière de droit d'accès aux données à caractère personnel par les dispositions de la L. n° 78-17 du 6 janv. 1978 et la CADA compétente en matière de droit d'accès, prévu par le livre III du CRPA, la Commission estime que le cadre pertinent d'examen de la demande de communication d'une copie numérique de la décision ayant ordonné une fouille à corps est celui du CRPA et se déclare, par suite, compétente pour en connaître. Elle estime que la décision de fouille à nu constitue un document administratif communicable à l'intéressée ou à son conseil, en application de l'art. L. 311-6 CRPA. Elle émet, dès lors, un avis favorable à la demande. • CADA, avis n° 20221760 : *Séance du 21 juill. 2022.*

3. Communication des rapports annuels d'activité des unités sanitaires ou des services médico-psychologiques. Le rapport d'activité annuel des unités sanitaires ou des services médico-psychologiques des établissements pénitentiaires est un document administratif communicable après occultation préalable, le cas échéant, des mentions susceptibles de porter atteinte à la sécurité publique ou au secret de la vie privée, conformément aux dispositions des art. L. 311-5 et L. 311-6 CRPA. La Commission constate que les rapports qui se contentent d'établir chaque année un état des lieux objectif du fonctionnement de ces services de soins en se basant sur des statistiques et des données chiffrées, ne comprennent aucune information à caractère médical sur les détenus. Ils ne sauraient donc se voir opposer le secret médical. • CADA, avis n° 20220665 : *Séance du 31 mars 2022.*

SECTION 1 Contrôle par le Contrôleur général des lieux de privation de liberté

RÉP. PÉN. v° *Contrôleur général des lieux de privation de liberté,* par SENNA.

Art. L. 133-1 En application des dispositions de la loi n° 2007-1545 du 30 octobre 2007, le Contrôleur général des lieux de privation de liberté contrôle les conditions de prise en charge et de transfèrement des personnes privées de liberté confiées à l'administration pénitentiaire, afin de s'assurer du respect de leurs droits fondamentaux. – *V. cette L. ss. art. L. 133-2.*

Art. L. 133-2 La possibilité de contrôler les communications téléphoniques, les correspondances et tout autre moyen de communication ne s'applique pas aux échanges entre le Contrôleur général des lieux de privation de liberté et les personnes détenues. La méconnaissance de cette disposition constitue le délit d'atteinte au secret des correspondances passible des peines prévues par les dispositions de l'article 432-9 du code pénal.

BIBL. ► **Ouvrages :** DEFLOU, La France sous les exigences du Conseil de l'Europe : la mise en place d'un contrôleur général des prisons, Le droit des détenus. Sécurité ou réinsertion ? *Dalloz, 2009, coll. Thèmes et commentaires.* - GALLARDO et GIACOPELLI (dir.), L'élaboration d'un droit de la privation de liberté. Étude autour des recommandations minimales du Contrôleur général des lieux de privation de liberté, *LexisNexis, 2020.* - Le Contrôleur général des lieux de privation de liberté. Retour sur dix ans d'action, *Mare & Martin, 2019.*

► **Rapports :** CGLPL, Les droits fondamentaux à l'épreuve de la surpopulation carcérale, *Dalloz, 2018.* - CANIVET, Rapport sur l'amélioration du contrôle extérieur des établissements pénitentiaires, *Doc. fr. 2000.* - GOUJON, Rapport au nom de la commission des lois instituant un Contrôleur général des lieux de privation de liberté, *AN, 2007, n° 162.* - HYEST, Rapport au nom de la commission des lois instituant un Contrôleur général des lieux de privation de liberté, *Sénat, 2007, n° 414.* - TASCA, Rapport au nom de la commission des lois modifiant la loi du 30 octobre 2007 instituant un Contrôleur général des lieux de privation de liberté, *Sénat, 2014, n° 286.*

► **Avis du Contrôleur général des lieux de privation de liberté :** Avis du 12 sept. 2022 relatif au centre national d'évaluation, *JO 7 déc.* - Avis du 22 nov. 2019 relatif à la prise en charge des personnes détenues atteintes de troubles mentaux, *JO 22 nov.* - Avis du 17 sept. 2018 relatif à la prise en compte des situations de perte d'autonomie dues à l'âge et aux handicaps physiques dans les établissements pénitentiaires, *JO 22 nov.* - Avis du 12 déc. 2017 relatif aux modules de respect dans les établissements pénitentiaires, *JO 14 mars.* - Avis du 22 déc. 2016 relatif au travail et à la formation professionnelle dans les établissements pénitentiaires, *JO 9 févr.* - Avis du 16 juin 2015 relatif à la prise en charge des personnes détenues au sein des établissements de santé, *JO 16 juill.* - Avis du 11 juin 2015 sur la prise en charge de la radicalisation islamiste en milieu carcéral, *JO 30 juin.* - Avis du 9 mai 2014 relatif à la situation des personnes étrangères détenues, *JO 3 juin.* - Avis du 24 mars 2014 relatif à l'encellulement individuel dans les établissements pénitentiaires, *JO 23 avr.* - Avis du 8 août 2013 relatif aux jeunes enfants en prison et à leurs mères détenues, *JO 3 sept.* - Avis du 13 juin 2013 relatif aux documents personnels des personnes détenues, *JO 11 juill.* - Avis du 26 sept. 2012 relatif à la semi-liberté, *JO 23 oct.* - Avis du 22 mai 2012 relatif à la surpopulation carcérale, *JO 13 juin.* - Avis du 20 juin 2011 relatif à l'accès à l'informatique des personnes détenues, *JO 12 juill.* - Avis du 30 juin 2010 relatif à la prise en charge des personnes transsexuelles incarcérées, *JO 25 juill.* - Avis du 10 juin 2010 relatif à la protection des biens des personnes détenues rendu conformément à l'article 10 de la loi du 30 octobre 2007, *JO 2 juill.* - Avis du 21 oct. 2009 relatif à l'exercice de leur droit à la correspondance par les personnes détenues, *JO 28 oct.*

▶ **Articles :** Brahmy, L'accès aux soins dans les établissements pénitentiaires. Le rôle du Contrôleur général des lieux de privation de liberté, *AJ pénal 2010. 314* . - Chevallier, Le Contrôleur général des lieux de privation de liberté, *in* Froment et Kaluszinski (dir.), L'administration pénitentiaire face aux principes de la nouvelle gestion publique, *PUG, 2011, p. 187-201.* - Céré, L'institution d'un Contrôleur général des lieux de privation de liberté par la loi du 30 octobre 2007 : un accouchement difficile, *AJ pénal 2007. 525* ; Rapport 2022 du Contrôleur général des lieux de privation de liberté, *D. 2023. 1304* . - Danti-Juan, La création d'un Contrôle général des lieux de privation de liberté en France, *Rev. pénit. 2008. 485.* - Darbéba, Contrôler les établissements pénitentiaires : un regard citoyen, *RPDP 2000. 537* ; Une autorité administrative indépendante : Le Contrôleur général des lieux de privation de liberté, *ibid. 2007. 699* . - Delarue, Le CPT et le CGLPL, un essai de comparaison, *Mél. Costa, 2011, Dalloz.* - Duranton, Un rapport d'activité 2014 entre le marteau et l'enclume, *Rev. dr. homme, www.revdh.revues.org/1095.* - Ferragne, Le recours à la *soft law* dans les missions du CGLPL, *in* Alincai (dir.), *Soft law* et droits fondamentaux, *Pedone, 2017. 300.* - Fischer, Entre droit et savoirs professionnels. L'action des membres du Contrôleur général des lieux de privation de liberté français, *Déviance et Société 2016/4 (vol. 40), p. 411-432* ; La production d'un regard « indépendant » par les membres du Contrôleur général des lieux de privation de liberté, *in* François et Vauchez (dir.), Politique de l'indépendance. Formes et usages contemporains d'une technologie de gouvernement, *PU du Septentrion, 2020, p. 215-245* ; L'évaluation préventive des institutions de réclusion : le Contrôleur général des lieux de privation de liberté français, *Criminocorpus, Actes de colloques et de journées d'études, mis en ligne le 9 sept. 2019.* — Fischer et Lehalle, Le métier de contrôleur des établissements de détention : regards croisés France/Canada sur l'institutionnalisation de la critique carcérale, *in* Cote-Lussier, Moffette et Piche (dir.), Enjeux criminologiques contemporains. Au-delà de l'insécurité et de l'exclusion, *PU d'Ottawa, 2020, p. 63-82.* - Fort, La protection de la dignité de la personne détenue, *AJDA 2010. 2249* . - Giacopelli, Les contrôles sur les prisons en France, *RPDP 2009. 411.* - Gonçalves, Un rapport d'activité 2013 du Contrôleur général des lieux de privation de liberté en forme de bilan du mandat de Delarue, *www.revdh.revues.org/623.* - Hazan, Les Recommandations minimales du Contrôleur général des lieux de privation de liberté, *AJDA 2020. 1396* . - Léna, Avant la fin de son mandat, J.-M. Delarue fait feu de tout bois, *AJ pénal 2014. 204* - Moliner-Dubost, Le Contrôleur général des lieux de privation de liberté, commentaire de la loi n° 2007-1545 du 30 octobre 2007, *AJDA 2008. 84* . - Mortet, Le Contrôleur général des lieux de privation de liberté : un nouveau regard sur les lieux de privation de liberté, *Rev. pénit. 2008. 287.* - Poncela, Le temps des contrôleurs. Premier rapport annuel d'activité du Contrôleur général des lieux de privation de liberté, *RSC 2009. Chron. 911* . - Senna, Le Contrôleur général des lieux de privation de liberté : premier bilan d'activité, *AJ pénal 2009. 219* ; Contrôle général des lieux privatifs de liberté : acte II, *ibid. 2010. 229* ; État des lieux à mi-mandat du contrôle général des lieux privatifs de liberté, *ibid. 2011. 404* ; Le contrôle général des lieux privatifs de liberté. Le temps des propositions de réformes et de sa réforme, *ibid. 2013. 331* ; Une décennie après : le CGLPL est unique et irremplaçable, *ibid. 2017. 423* ; La réforme du contrôle des lieux de détention : comment aller de l'avant ?, *Gaz. Pal. 14-15 mai 2014.*

COMMENTAIRE

Institué par la loi n° 2007-1545 du 30 octobre 2007 et son décret d'application n° 2008-246 du 12 mars 2008 (V. ces textes ci-dessous), le Contrôleur général des lieux de privation de liberté (CGLPL) est né d'une double attente politique et internationale. Il s'agissait, d'une part, de remédier à l'ineffectivité des multiples contrôles portés sur la prison, constatée par le rapport au garde des Sceaux de Guy Canivet (Rapport sur l'amélioration du contrôle extérieur des établissements pénitentiaires, *Doc. fr. 2000*). D'autre part, une impulsion internationale émanait du Protocole facultatif à la Convention des Nations unies contre la torture et autres peines et traitements cruels, inhumains et dégradants du 18 décembre 2002 qui vise à établir un « système de visites régulières, effectuées par des organismes internationaux et nationaux indépendants, sur les lieux où se trouvent des personnes privées de liberté ». Le protocole ayant été signé par la France en 2005, la création du CGLPL en 2007 a donc anticipé la loi de ratification n° 2008-739 du 28 juillet 2008. Déjà consacré à l'article 4 de la loi pénitentiaire de 2009, le rôle du Contrôle général dans le domaine pénitentiaire est désormais solidement ancré.

Alors que le rapport Canivet préconisait la création d'un « contrôleur général des prisons », le périmètre de contrôle du CGLPL s'étend à tous les lieux de privation de liberté, à savoir les établissements pénitentiaires mais aussi les hôpitaux psychiatriques ou les chambres sécurisées au sein des hôpitaux, les locaux de garde à vue ou de rétention douanière, les centres de rétention douanière et les zones d'attente, les dépôts ou geôles situés dans les tribunaux, les centres éducatifs fermés ainsi que tout véhicule permettant le transfèrement des personnes privées de liberté. Il porte également depuis 2014 sur l'exécution matérielle des procédures d'éloignement de personnes étrangères. Le regard porté sur l'enfermement a ainsi été voulu transversal afin de faire émerger des problématiques communes à tous les lieux de privation de liberté (V. par ex. CGLPL, L'intimité au risque de la privation de liberté, *Dalloz, 2022*) ou spécifiques à la prison (V. par ex. CGLPL, Les droits fondamentaux à l'épreuve de la surpopulation carcérale, *Dalloz, 2018*). S'éloignant encore des propositions de la commission Canivet qui recommandait de confier à un contrôleur général des prisons la fonction de vérification, à des médiateurs de prison la fonction de médiation et à des délégués des médiateurs la fonction d'observation (Rapport sur l'amélioration du contrôle extérieur des établissements pénitentiaires, *Doc. fr. 2000, 198 s.*), le contrôle réalisé par le CGLPL est finalement concentré dans les mains d'une seule autorité et unifié selon un caractère essentiellement préventif.

Si le CGLPL est nommé « en raison de ses compétences et connaissances professionnelles » par décret du président de la République pour un mandat unique de six ans, après application de la procédure prévue au dernier alinéa de l'article 13 de la Constitution, il ne reçoit d'instructions d'aucune autorité et ne peut être révoqué ni poursuivi à raison des opinions ou actes émis dans l'exercice de ses fonctions et ne peut exercer d'autres activités professionnelles ou mandats électifs. L'article 4 de la loi de 2007 ne précise pas le nombre et les conditions requises concernant les contrôleurs pouvant être recrutés par le CGLPL qui doivent seulement disposer d'une « compétence dans les domaines se rapportant à sa [leur] mission ». C'est le décret du 12 mars 2008 qui précise dans son article 2 que les contrôleurs peuvent être choisis parmi les magistrats, fonctionnaires, praticiens hospitaliers ou militaires placés en position de détachement ou retraités. Son article 3 prévoit également un recrutement exogène auprès « d'intervenants extérieurs, appartenant ou non à l'administration, qui lui apportent leur concours de façon continue ou intermittente, en qualité de contrôleurs, sans renoncer à leur occupation principale » (selon le rapport annuel d'activité pour 2021, l'institution compte 34 emplois permanents et 31 collaborateurs extérieurs du service public).

Comme toutes les autorités administratives indépendantes et conformément à l'article 21 de la loi du 20 janvier 2017 portant statut général des autorités administratives indépendantes, le CGLPL adresse chaque année un rapport d'activité au Gouvernement et au Parlement pour rendre compte de l'exercice de ses missions et de ses moyens. Cette indépendance du contrôle et son objectivité sont fortement rappelées par le règlement intérieur de l'Autorité publié au *Journal officiel* du 23 décembre 2018. L'article 1er de la loi du 30 octobre 2007 précise par ailleurs que sa mission s'exerce « sans préjudice des prérogatives que la loi attribue aux autorités judiciaires ou juridictionnelles ». Il ne peut ainsi intervenir dans le cadre d'une procédure judiciaire en cours, ni apprécier le bien-fondé d'une décision de justice.

Cette séparation avec l'autorité judiciaire renforce son indépendance et souligne la spécificité de ce contrôle. Il repose en effet sur le modèle de contrôle établi pour le Comité européen de prévention de la torture qui est fondé sur la prévention et se distingue du contrôle judiciaire qui vise le règlement des litiges ou de la mission de médiation confiée par exemple au Défenseur des droits (DDD), qui repose sur le traitement de requêtes individuelles. Ce contrôle préventif vise non pas à répondre à un dysfonctionnement ou une réclamation en particulier, mais à soulever des problématiques structurelles portant non sur « des questions individuelles » mais sur « l'état des lieux et la manière dont le service s'y organise » (CGLPL, Rapport d'activité pour 2010, *Dalloz, 2011, p. 250*). Cette spécificité a été maintenue malgré l'adoption par l'Assemblée nationale d'un amendement visant à intégrer le CGLPL au sein du DDD, lors des travaux parlementaires relatifs à l'adoption de la loi n° 2011-334 du 29 mars 2011, rejeté par le Sénat. L'article 6 de la loi du 30 octobre 2007 précise désormais que le DDD peut saisir le CGLPL. Et afin de « simplifier la protection des droits des détenus, qui n'auraient plus à choisir entre les deux institutions », le rapport n° 3203 de la mission d'information relative au Défenseur des droits déposé à l'Assemblée nationale le 15 juillet 2020 recommande de retirer au DDD ses prérogatives en matière de règlement des litiges dans les établissements pénitentiaires, au bénéfice du CGLPL dont les moyens humains et financiers devraient alors être renforcés (Recomm. n° 27).

En vertu du caractère préventif de son contrôle, le CGLPL dispose de pouvoirs plus limités mais qui ont été progressivement clairement établis et protégés. Si cette autorité ne dispose pas d'un pouvoir d'injonction ou de sanction mais seulement d'un pouvoir de recommandation, elle est dotée d'un droit d'accès étendu lui permettant de franchir toutes les portes. L'article 10 de la loi du 30 octobre 2007 prévoit que le CGLPL « émet des avis, formule des recommandations aux autorités publiques et propose au Gouvernement toute modification des dispositions législatives et réglementaires applicables » sans être obligatoirement consulté par les pouvoirs publics. L'article 6 précise en effet seulement qu'il peut être saisi par le Premier ministre, les membres du Gouvernement, les membres du Parlement, les représentants au Parlement européen élus en France. Mais pour mener à bien sa mission de contrôle des « conditions de prise en charge et de transfèrement des personnes privées de liberté » et « s'assurer du respect de leurs droits fondamentaux », comme le précise l'article L. 133-1 du code pénitentiaire, le CGLPL peut être saisi par toute personne et peut, à tout moment, se saisir lui-même et visiter les lieux de privation de liberté de manière inopinée. Il dispose dans ce cadre d'un droit d'accès à tous les locaux et documents et du droit de s'entretenir avec toute personne de manière confidentielle. A la suite de ses visites, le CGLPL publie un rapport de visite selon une procédure qui respecte le principe du contradictoire. Un rapport préliminaire d'observation est tout d'abord transmis au chef de l'établissement qui peut formuler des observations et d'éventuelles rectifications factuelles, avant de finaliser l'analyse de l'ensemble de l'organisation et du fonctionnement du lieu. Ce rapport final est alors envoyé aux ministères compétents qui peuvent à leur tour formuler des observations. Ces dernières seront publiées avec le rapport sur le site internet du Contrôleur.

Après sept ans d'existence et après un premier mandat de Jean-Marie Delarue, le CGLPL a vu ses pouvoirs renforcés. La loi n° 2014-528 du 26 mai 2014 a ainsi inscrit dans les textes plusieurs pratiques de l'institution, comme la publication systématique de ses avis, recommandations ou propositions (L. de 2007, art. 10), ou la procédure contradictoire conduite dans le cadre de la publication des rapports de visite auprès des chefs d'établissement et des ministres, tenus désormais de répondre dans un délai fixé par le Contrôleur qui ne peut être inférieur à un mois (L. de 2007, art. 9). Ses pouvoirs d'enquêtes ont par ailleurs été étendus. Si le Contrôleur se voit toujours opposer le secret de la défense nationale, de la sûreté de l'État, de l'enquête et de l'instruction et le secret professionnel applicable aux relations entre un avocat et son client, il est désormais prévu qu'il peut solliciter « toute personne susceptible de l'éclairer » et que le secret médical ne lui est plus opposable, si l'information est transmise aux contrôleurs ayant la qualité de médecin avec l'accord de la personne concernée (L. de 2007, art. 8-1). Il dispose désormais d'un pouvoir de mise en demeure lorsque ses demandes d'informations ne sont pas suivies d'effet (L. de 2007, art. 9-1). Ses pouvoirs d'enquête sont également mieux garantis. En application de l'article 8-2 de la loi de 2007 modifiée, les personnes ayant transmis des informations ne peuvent faire l'objet d'aucune sanction et sont protégées de tout préjudice pouvant résulter « du seul fait des liens établis avec le CGLPL ». Il convient de préciser que cette nouvelle disposition réserve cependant une exception en ce qui concerne le délit de dénonciation calomnieuse prévu à l'article 226-10 du code pénal. La loi crée également un délit d'entrave à son action, puni de 15 000 € d'amende, en cas d'opposition aux visites, à la transmission d'informations, d'obstacles à la mise en relation avec le Contrôleur ou en cas de représailles (L. de 2007, art. 13-1). Comme le précise l'article L. 133-2 du code pénitentiaire, la loi du 26 mai 2014 a aussi modifié l'article 4 de la loi pénitentiaire de 2009 en précisant que le contrôle non seulement des correspondances, mais aussi des échanges téléphoniques, et de tout autre moyen de communication ne s'applique pas aux échanges entre le Contrôleur et les personnes détenues. La méconnaissance de cette disposition constitue le délit d'atteinte au secret des correspondances prévu, puni de trois ans d'emprisonnement et de 45 000 € d'amende.

En renvoyant aux dispositions du décret du 12 mars 2008 relatives aux obligations des autorités pendant les visites du Contrôleur, l'article R. 133-1 rappelle de manière très générale que « l'administration pénitentiaire concourt au bon exercice des missions de cette autorité et des contrôleurs qui l'assistent ». Le décret est cependant plus précis puisqu'il oblige les autorités à prendre « toutes mesures utiles » pour lui permettre de « rencontrer toute personne qui lui paraîtra nécessaire » et « d'obtenir toute information ou pièce en vue de l'accomplissement de la mission de contrôle » (Décr. n° 2008-246 du 12 mars 2008, art. 13) ainsi qu'à la communication des décisions, administratives ou judiciaires, de privation de liberté. Il est à noter que ce décret n'a pas été actualisé en ce qui concerne la suppression de l'opposition de cet accès aux documents couverts par le secret médical, désormais inscrite à l'article 8-2 de la loi du 30 octobre 2007 modifiée en 2014. Enfin, la loi a procédé à une extension de sa mission de contrôle en lui permettant d'adresser aux autorités responsables des avis sur des projets de construction ou de réhabilitation de lieux de privation de liberté (L. de 2007, art. 10-1).

Si le cœur de la mission du CGLPL relève des visites de contrôle réalisées à titre préventif et général, son rôle a évolué vers des contrôles également plus individualisés. La loi de 2007 prévoyait seulement la possibilité pour toute personne de « porter à la connaissance du Contrôleur général des faits ou situations susceptibles de relever de sa compétence », sans obliger l'autorité à y répondre, mais le CGLPL a lui-même formalisé une procédure de réponse aux courriers par la création d'un « pôle saisines ». Depuis la loi du 26 mai 2014, il peut également effectuer des enquêtes sur place pour vérifier une situation ou une problématique particulière (L. de 2007, art. 6-1). Et l'article 9 modifié oblige le procureur de la République et les autorités ou les personnes investies du pouvoir disciplinaire d'informer le Contrôleur des suites données à ses transmissions d'information concernant des faits de nature à entraîner des poursuites disciplinaires ou susceptibles de relever d'infractions pénales.

Pour mener à bien ces missions, le Contrôleur dispose de ressources accordées par les pouvoirs publics dont l'insuffisance est soulignée de manière récurrente. Le CGLPL a notamment constaté l'accroissement de sa charge de travail de contrôle liée à l'augmentation parallèle des places de détention et de la surpopulation carcérale dans le cadre d'un budget qui n'a pas augmenté depuis 2016 (en 2021, le CGLPL disposait d'un budget total de 5,3 millions d'euros, V. Rapport d'activité 2021, p. 174).

Dans ce cadre budgétaire contraint, le CGLPL exerce cependant une pression constante sur les pouvoirs publics en diversifiant ses publications. Outre les rapports de visite concernant des établissements en particulier, le CGLPL peut publier d'autres constats et analyses. Il peut ainsi émettre des avis portant sur une thématique transversale faisant la synthèse de ses observations à la suite de ses visites (Avis du 12 sept. 2022 relatif au centre national d'évaluation, *JORF, 7 déc. 2022* ; Avis du 11 févr. 2022 relatif à l'interprétariat et à la compréhension des personnes privées de liberté, *JORF, 3 mai 2022*) ou des recommandations d'ordre général qui s'appliquent à un ensemble d'établissements, ou encore, depuis 2016, des rapports thématiques, qui constituent des analyses transversales et approfondies portant sur une question relative à une ou plusieurs catégories de lieux de privation de liberté (L'arrivée dans les lieux de privation de liberté, *Dalloz, 2021* ; La nuit dans les lieux de privation de liberté, *Dalloz, 2019* ; Le personnel des lieux de privation de liberté, *Dalloz, 2017*).

Pour décupler la portée de ces observations, il use également et de plus en plus fréquemment de la possibilité de publier de manière immédiate au *Journal officiel* des recommandations en urgence (L. de 2007, art. 9) lorsqu'il constate une atteinte grave aux droits fondamentaux. Les conditions de détention dans certains établissements pénitentiaires ont ainsi été dénoncées avec efficacité par le biais de cet outil, comme en attestent les recommandations en urgence du 12 novembre 2012 relatives au centre pénitentiaire des Baumettes à Marseille qui ont pu servir d'appui aux injonctions prononcées par le juge administratif du référé-liberté (CE, ord., 22 déc. 2012, Section française de l'Observatoire international des prisons, n° 364584. V. A. Morineau, L'affaire des Baumettes, acte fondateur d'une communication au service de l'amélioration des conditions de détention pour le Contrôleur général des lieux de privation de liberté, *Mémoire de l'univ. Paris II, 2014*). Depuis 2016, il a également intégré dans son rapport annuel un nouvel instrument de monitoring. Le suivi des recommandations lui permet de rendre publiques les réponses, ou l'absence de réponse, qui sont apportées par les pouvoirs publics aux recommandations qu'il formule, obligeant les autorités compétentes à être plus réactives ou à s'expliquer sur le refus de s'y conformer.

Le CGLPL a par ailleurs procédé à la publication au *Journal officiel* du 4 juin 2020 de ses « Recommandations minimales pour le respect de la dignité et des droits fondamentaux des personnes privées de liberté » (V. ci-dessous) qui constituent la doctrine de cette Autorité issue d'un corpus de douze ans d'observations et de recommandations aux pouvoirs publics. Ces 257 recommandations sont introduites par des principes directeurs visant à protéger les personnes privées de liberté « dans leur dignité et l'exercice de leurs droits fondamentaux » et à encadrer les autorités en charge des lieux de privation de liberté pour contrôler la légalité, la proportionnalité et la nécessité de leur action, laquelle doit également être guidée par le « principe de bonne foi » pour les contraindre « à l'interprétation stricte des restrictions, à la cohérence et à la transparence dans leur prise de décision ». Présentées comme un « corpus cohérent et logique, à la manière d'un code, afin que les administrations, les personnes privées de liberté, et leurs conseils, les organisations non gouvernementales, voire le juge puissent aisément s'y référer », ces recommandations ont, pour le Contrôleur, vocation, au même titre que les règles pénitentiaires européennes, à inviter les pouvoirs publics à modifier le droit positif (A. Hazan, « Les Recommandations minimales du Contrôleur général des lieux de privation de liberté », *AJDA 2020. 1396*).

Enfin, le CGLPL s'implique désormais régulièrement dans certains contentieux devant la Cour européenne des droits de l'homme, par le biais de la tierce intervention ou du suivi de l'exécution des arrêts de la Cour devant le Conseil des ministres (V. A.-G. Robert, « La circulation de la norme produite par le CGLPL dans la jurisprudence de la CEDH », *in* E. Gallardo, M. Giacopelli (dir.), L'élaboration d'un droit de la privation de liberté. Étude autour des recommandations minimales du Contrôleur général des lieux de privation de liberté, *LexisNexis, 2020, p. 72 s.*). Et prenant acte du nouveau recours en matière de conditions indignes de détention, introduit par la loi n° 2021-403 du 8 avril 2021 tendant à garantir le droit au respect de la dignité humaine en détention et du nouveau droit de visite des bâtonniers dans les établissements pénitentiaires prévu par la loi n° 2021-1729 du 22 décembre 2021 pour la confiance dans l'institution judiciaire, le rapport annuel d'activité pour 2021 du CGLPL en déduit une extension de sa mission en matière de formation et d'expertise pour les juges et avocats. Il élabore en ce sens des « fiches prison » constituant « une banque de données fiables et impartiales » à la disposition des acteurs de la justice (CGLPL, Rapport d'activité 2021, *Dalloz, 2022, Avant-propos, p. 8*). ❑

I. CONTENTIEUX EUROPÉEN

1. Conditions de détention et prise en compte des rapports du CGLPL. Condamnation de la France pour violation du droit au recours effectif en raison de l'absence de procédure permettant de dénoncer des conditions de détention au centre pénitentiaire de Nouméa, qui avaient précédemment fait l'objet de recommandations en urgence de la part du CGLPL (Recomm. en urgence relatives au centre pénitentiaire de Nouméa du 30 nov. 2011, *JO 6 déc.*). La Cour considère, à la lecture des recommandations formulées en urgence par le CGLPL, autorité nationale indépendante en matière de contrôle des conditions de détention, que le requérant avait *prima facie* un grief défendable à faire valoir devant les juridictions nationales sous l'angle de l'art. 3 Conv. EDH et que, par conséquent, l'art. 13 s'applique. • CEDH 21 août 2015, *Yengo c/ France*, n° 50494/12 : *AJDA 2015. 1289, tribune A. Jacquemet-Gauché et S. Gauché ; D. 2016. 1220, obs. J.-P. Céré, M. Herzog-Evans et E. Péchillon ; AJ pénal 2015. 450, obs. E. Senna*. ♦ Condamnation de la France pour violation de l'art. 3 Conv. EDH du fait des conditions de détention des requérants et de l'art. 13 Conv. EDH en raison de l'absence de recours préventif effectif permettant d'assurer aux requérants une amélioration de leurs conditions matérielles de détention. Pour établir ces constats, la Cour tient compte du fait que les allégations des requérants sont « corroborées par les informations pertinentes des autorités nationales comme le CGLPL » et se réfère « au constat le plus récent du CGLPL [...] qu'aucune information n'est venue contredire ». • CEDH 30 janv. 2020, *J.M.B. c/ France*, n° 9671/15 : *AJDA 2020. 263 ; ibid. 1064, note Avvenire ; D. 2020. 753, note Renucci ; ibid. 1195, obs. Céré, Falxa et M. Herzog-Evans ; ibid. 1643, obs. Pradel ; ibid. 2021. 432, chron. Afroukh et Marguénaud ; JA 2020, n° 614, p. 11, obs. Giraud ; AJ pénal 2020. 122, étude Céré ; JCP 2021. 129, n° 5, comm. Milano.*

II. CONTENTIEUX ADMINISTRATIF

2. Recours en référé et prise en compte des rapports du CGLPL. Pour constater que la situation relative à la sécurisation des équipements électriques dans les cellules est de nature à porter une atteinte grave et manifestement illégale aux libertés fondamentales des personnes détenues, le juge s'appuie notamment sur les recommandations publiques du CGLPL du 12 nov. 2012 relatives à la situation du centre pénitentiaire des Baumettes. Et pour constater l'infestation de locaux par des animaux nuisibles, qui constitue une situation portant une atteinte grave et manifestement illégale à une liberté fondamentale, le juge se fonde notamment sur les éléments rapportés à l'audience par la représentante du CGLPL. • CE, ord., 22 déc. 2012, n° 364584, cons. 9 et 10 : *AJDA 2013. 12 ; AJ pénal 2013. 232, obs. Péchillon ; JCP 2013. 87, note Le Bot.* ♦ Pour retenir l'atteinte à la vie privée des détenus, dans une mesure excédant les restrictions inhérentes à la détention, et un traitement inhumain ou dégradant, portant ainsi une atteinte grave à deux libertés fondamentales, en raison de conditions de détention marquées par la promiscuité et le manque d'intimité, le juge du référé-liberté s'appuie en partie sur les recommandations en urgence relatives à la maison d'arrêt des hommes du centre pénitentiaire de Fresnes, formulées le 18 nov. 2016 par le CGLPL. • CE, ord., 28 juill. 2017, n° 410677, cons. 13 : *AJDA 2017. 2540, note Le Bot ; D. 2018. 1175, obs. Céré, Herzog-Evans et Péchillon ; AJ pénal 2017. 456, obs. Céré ; D. actu. 31 juill. 2017, obs. M. B.* ♦ Pour considérer que les conditions de détention exposent les personnes qui y sont soumises à un traitement inhumain ou dégradant, portant ainsi une atteinte grave à une liberté fondamentale, le juge se fonde sur le rapport de la visite de la maison d'arrêt de Nîmes, réalisée du 6 au 9 nov. 2012, faisant état d'un taux de suroccupation particulièrement élevé. • CE, ord., 30 juill. 2015, *SF-OIP*, n° 392043, cons. 18 : *AJDA 2015. 1567 ; ibid. 2216, note Le Bot ; D. actu. 31 juill. 2015, obs. Mucchielli.* ♦ Pour confirmer l'ordonnance du juge du référé du tribunal administratif de Cergy-Pontoise qui enjoint à l'administration de mettre à la disposition du requérant un chauffage d'appoint conforme à la réglementation et de prendre toutes mesures utiles et nécessaires pour assurer une procédure de désinsectisation rapide, efficace et régulière de l'ensemble des cellules, le juge se fonde sur les observations produites par la CGLPL recueillies dans le cadre de l'instruction. • CE, ord., 16 déc. 2020, n° 447141 : *AJ pénal 2021. 275, obs. David.* ♦ Pour reconnaître que le centre pénitentiaire de Seysses connaît une situation critique, le juge du référé-liberté s'appuie sur les recommandations en urgence formulées par le CGLPL le 28 juin 2021. Pour retenir la situation d'urgence, il se fonde sur le caractère circonstancié des faits ainsi relevés par le CGLPL, qui attestent de difficultés majeures au sein de l'établissement. Mais alors que le Contrôleur a déduit de la superficie au sol de chaque cellule l'ameublement qui y est installé, le juge retient que la surface disponible pour chaque détenu doit être appréciée sur le fondement de la superficie totale de la cellule, déduction faite de l'espace sanitaire afin de déterminer si les conditions de détention sont contraires aux stipulations de l'art. 3 Conv. EDH, au sens où les interprète la CEDH pour l'ensemble des États parties à cette convention. • TA Toulouse, ord., 4 oct. 2021, *OIP-SF, Ordre des avocats au barreau de Toulouse*, n° 2105421, cons. 25 : *D. actu. 12 oct. 2021, obs. Dominati.* ♦ Pour refuser une demande de référé-constat concernant les conditions de détention d'une personne incarcérée à la maison centrale de Saint-Martin-de-Ré entre 2016 et 2020, le juge s'appuie sur les rapports établis en 2010 par le CGLPL et en 2012 par l'inspection des services pénitentiaires. • CAA Bordeaux, 28 août 2020, n° 20BX02202.

3. Refus d'injonction concernant le suivi de l'exécution des mesures prononcées par le juge du référé-liberté. Ne relève pas de l'office du juge des référés statuant sur le fondement de l'art. L. 521-2 CJA, lorsqu'il a prononcé des injonctions à l'égard de l'administration, de mettre également à sa charge une obligation d'information. La garde des Sceaux, ministre de la Justice, est donc fondée à soutenir que c'est à tort que, par l'ordonnance attaquée, le juge des référés a enjoint à l'administration de communiquer à l'association requérante et au CGLPL des rapports sur les mesures qu'il lui est enjoint de prendre par l'ordonnance attaquée. • CE, ord., 4 avr. 2019, n° 428747, cons. 6 : *AJ pénal 2019. 342, obs. Otero.*

4. Pour rejeter le grief d'atteinte au respect de la dignité humaine, le juge du plein contentieux s'appuie sur un rapport de visite du CGLPL à la maison d'arrêt de Tulle qui fait état de cellules propres, saines, claires et correctement chauffées. • CAA Bordeaux, 24 nov. 2015, n° 14BX00245. ♦ A l'inverse, pour reconnaître des conditions excédant le seuil d'atteinte à la dignité humaine et justifiant la mise en œuvre de la responsabilité de l'État, le juge du plein contentieux se fonde notamment sur le rapport de contrôle établi par le CGLPL en mai 2011 après sa visite de la maison d'arrêt de Coutances, ainsi que sur des photographies versées au dossier de première instance. • CAA Nantes, 27 avr. 2018, n° 16NT03674.

5. Contentieux de l'excès de pouvoir. Pour considérer que les conditions dans lesquelles se déroulent les promenades des détenus, dans les cours du centre pénitentiaire de Fresnes, excèdent le niveau inévitable de souffrance inhérent à la détention et sont, dès lors, attentatoires à la dignité des intéressés, et que le refus du ministre de la Justice d'y mettre fin est illégal, le juge de l'excès de pouvoir relève que les constats effectués par le CGLPL un an encore après la décision litigieuse ne sont pas sérieusement contestés par le garde des Sceaux, qui se borne à invoquer que certains travaux et aménagements ont contribué à l'amélioration de la situation sur place postérieurement au rapport de cette autorité. • CAA Paris, 10 juill. 2020, n° 18PA03088.

III. CONTENTIEUX JUDICIAIRE DES CONDITIONS DE DÉTENTION ET PRISE EN COMPTE DES RAPPORTS DU CGLPL

6. Recours de l'art. 803-8 C. pr. pén. L'arrêt qui confirme l'ordonnance de maintien en détention provisoire rendue par le juge des libertés et de la détention en raison des allégations de conditions indignes de détention constituant une affirmation péremptoire reposant sur un article de presse et un rapport du CGLPL de 2018 qui ne renseignent en rien, *in concreto*, sur la situation de l'intéressé, incarcéré depuis le 29 nov. 2019, n'encourt pas la censure dès lors que les allégations formulées ne faisaient état que des conditions générales de détention au sein de la maison d'arrêt dans laquelle il est détenu, sans précisions sur sa situation personnelle, et notamment sur la superficie et le nombre des occupants de la cellule, son agencement intérieur et le nombre d'heures journalières d'occupation. • Crim. 8 juill. 2020, n° 20-81.739 : *D. actu. 31 août 2020, obs. Margaine ; D. 2020. 1647, obs. Pradel ; ibid. 1774, note Falxa ; ibid. 2371, obs. Ginestet ; AJDA 2020. 1383, obs. Pastor ; AJ fam. 2020. 498, obs. Mary ; AJ pénal 2020. 404, note Frinchaboy ; JCP 2020. 1075, note Peltier ; Gaz. Pal. 2020. 2656, note Céré ; ibid. 3456, obs. Fourment ; Dr. pénal 2020, n° 177, obs. Maron et Haas ; Procédures 2020, n° 177, obs. Chavent-Leclère ; RSC 2021. 517, obs. Zerouki-Cottin.* ♦ Pour ne pas procéder à un examen des conditions de détention de M. X. et confirmer l'ordonnance prolongeant sa détention provisoire, les juges de la chambre de l'instruction relèvent que le récent rapport du CGLPL, qui comporte une description générale et non une description précise et actuelle des conditions personnelles de détention de M. X., ne peut être analysé comme un élément nouveau, les faits décrits dans ce rapport ayant au surplus déjà été évoqués et analysés au regard de la situation personnelle de l'intéressé. En se prononçant ainsi, la chambre de l'instruction, qui, à juste titre, a constaté que M. X. n'alléguait aucun élément nouveau susceptible de constituer un commencement de preuve du caractère inhumain ou dégradant de ses conditions personnelles de détention, n'a méconnu aucun des textes visés au moyen. • Crim. 9 nov. 2021, n° 21-84.928. ♦ V. cependant : n'a pas justifié sa décision, la chambre de l'instruction qui, pour écarter le moyen pris des conditions indignes de détention et confirmer l'ordonnance du juge des libertés et de la détention prolongeant la détention provisoire, énonce que les données factuelles que contient le rapport relatif aux conditions de détention au sein de la maison d'arrêt d'Angoulême, établi par le CGLPL en déc. 2019, ne peuvent correspondre à la situation individuelle de M. U. incarcéré dans cet établissement en déc. 2020. En effet, saisie d'une description du demandeur qui évoquait un espace personnel réduit dans une cellule partagée avec d'autres détenus, la présence de cafards et de punaises de lit ainsi que un accès particulièrement limité aux douches non chauffées et dépourvues d'intimité, la chambre de l'instruction devait en apprécier le caractère précis, crédible et actuel, sans s'arrêter au fait que le rapport du CGLPL décrivait des conditions de détention antérieures à l'incarcération de M. U., ni exiger de celui-ci qu'il démontre le caractère indigne de ses conditions personnelles de détention. • Crim. 20 oct. 2021, n° 21-84.498 : *D. 2021. 2022. 107, note Roets ; ibid. 2122, obs. Ginestet ; D. actu. 7 nov. 2021, obs. Fucini ; AJ pénal 2021. 583, note Falxa ; Gaz. Pal. 2022. 314, obs. Fourment.*

7. Réparation à raison d'une détention. Concernant l'indemnité qui peut être accordée au titre des art. 149 à 150 C. pr. pén. à la personne ayant fait l'objet d'une détention provisoire, au cours d'une procédure terminée à son égard, par une décision de non-lieu, de relaxe, ou d'acquittement devenue définitive doivent être pris en compte, au titre des facteurs d'aggravation du choc carcéral subi par la requérante, son absence d'antécédents judiciaires, à fortiori carcéraux, et la privation, de fait, de tout contact avec ses proches et son fils alors âgé de 12 ans et demi ; en revanche, la référence faite à un taux d'occupation de 112, 5 % du quartier des femmes de la maison d'arrêt de Versailles attesté en 2010, soit l'année suivante, par le CGLPL n'est révélatrice ni d'une surpopulation sensible, ni d'une vétusté des locaux générant un inconfort particulier du séjour carcéral. • CNR détentions, 10 févr. 2015, n° 14CRD011. ♦ Les conditions de détention au Camp Est à Nouméa, un établissement dont l'insalubrité et le taux d'occupation particulièrement élevé ont été constatés par le CGLPL dans ses recommandations en urgence du 6 déc. 2011, que M. X. a nécessairement subies à titre personnel, doivent être prises en considération dans l'appréciation du préjudice moral qu'elles ont incontestablement contribué à aggraver. • CNR détentions, 25 juin 2012, n° 12CRD001.

Loi n° 2007-1545 du 30 octobre 2007

Instituant un Contrôleur général des lieux de privation de liberté.

La loi a été modifiée par les L. n° 2008-1425 du 27 déc. 2008, L. n° 2014-528 du 26 mai 2014 et L. n° 2017-55 du 20 janv. 2017.

Art. 1er Le Contrôleur général des lieux de privation de liberté, autorité administrative indépendante, est chargé, sans préjudice des prérogatives que la loi attribue aux autorités judiciaires ou juridictionnelles, de contrôler les conditions de prise en charge et de transfèrement des personnes privées de liberté, afin de s'assurer du respect de leurs droits fondamentaux. Il exerce, aux mêmes fins, le contrôle de l'exécution par l'administration des mesures d'éloignement prononcées à l'encontre d'étrangers jusqu'à leur remise aux autorités de l'État de destination.

Art. 2 Le Contrôleur général des lieux de privation de liberté est nommé en raison de ses compétences et connaissances professionnelles par décret du Président de la République pour une durée de six ans. Son mandat n'est pas renouvelable.

Il ne peut être poursuivi, recherché, arrêté, détenu ou jugé à l'occasion des opinions qu'il émet ou des actes qu'il accomplit dans l'exercice de ses fonctions.

Il ne peut être mis fin à ses fonctions avant l'expiration de son mandat qu'en cas de démission ou d'empêchement.

Le Contrôleur général des lieux de privation de liberté exerce ses fonctions à temps plein. Ses fonctions sont incompatibles avec tout mandat électif.

....

Art. 4 Le Contrôleur général des lieux de privation de liberté est assisté de contrôleurs qu'il recrute en raison de leur compétence dans les domaines se rapportant à sa mission.

Les fonctions de contrôleur sont incompatibles avec l'exercice d'activités en relation avec les lieux contrôlés.

Dans l'exercice de leurs missions, les contrôleurs sont placés sous la seule autorité du Contrôleur général des lieux de privation de liberté.

Art. 5 Le Contrôleur général des lieux de privation de liberté, ses collaborateurs et les contrôleurs qui l'assistent sont astreints au secret professionnel pour les faits, actes ou renseignements dont ils ont connaissance en raison de leurs fonctions, sous réserve des éléments nécessaires à l'établissement des rapports, recommandations et avis prévus aux articles 10 et 11.

Ils veillent à ce qu'aucune mention permettant l'identification des personnes concernées par le contrôle ne soit faite dans les documents publiés sous l'autorité du Contrôleur général des lieux de privation de liberté ou dans ses interventions orales.

Art. 6 Toute personne physique, ainsi que toute personne morale s'étant donné pour objet le respect des droits fondamentaux, peuvent porter à la connaissance du contrôleur général des lieux de privation de liberté des faits ou situations susceptibles de relever de sa compétence.

Le Contrôleur général des lieux de privation de liberté est saisi par le Premier ministre, les membres du Gouvernement, les membres du Parlement, les représentants au Parlement européen élus en France et le Défenseur des droits. Il peut aussi se saisir de sa propre initiative.

Art. 6-1 Lorsqu'une personne physique ou morale porte à la connaissance du Contrôleur général des lieux de privation de liberté des faits ou des situations, elle lui indique, après avoir mentionné ses identité et adresse, les motifs pour lesquels, à ses yeux, une atteinte ou un risque d'atteinte aux droits fondamentaux des personnes privées de liberté est constitué.

Lorsque les faits ou les situations portés à sa connaissance relèvent de ses attributions, le Contrôleur général des lieux de privation de liberté peut procéder à des vérifications, éventuellement sur place.

A l'issue de ces vérifications, et après avoir recueilli les observations de toute personne intéressée, le Contrôleur général des lieux de privation de liberté peut formuler des recommandations relatives aux faits ou aux situations en cause à la personne responsable du lieu de privation de liberté. Ces observations et ces recommandations peuvent être rendues publiques, sans préjudice des dispositions de l'article 5.

....

Art. 8 Le Contrôleur général des lieux de privation de liberté peut visiter à tout moment, sur le territoire de la République, tout lieu où des personnes sont privées de leur liberté par décision d'une autorité publique, ainsi que tout établissement de santé habilité à recevoir des patients hospitalisés sans leur consentement visé à l'article L. 3222-1 du code de la santé publique.

Art. 8-1 Les autorités responsables du lieu de privation de liberté ne peuvent s'opposer aux vérifications sur place prévues à l'article 6-1 ou aux visites prévues à l'article 8 que pour des motifs graves et impérieux liés à la défense nationale, à la sécurité publique, à des catastrophes naturelles ou à des troubles sérieux dans le lieu visité, sous réserve de fournir au Contrôleur général des lieux de privation de liberté les justifications de leur opposition. Elles proposent alors le report de ces vérifications sur place ou de ces visites. Dès que les circonstances exceptionnelles ayant motivé le report ont cessé, elles en informent le Contrôleur général des lieux de privation de liberté.

Le Contrôleur général des lieux de privation de liberté obtient des autorités responsables du lieu de privation de liberté ou de toute personne susceptible de l'éclairer toute information ou pièce utile à l'exercice de sa mission, dans les délais qu'il fixe. Lors des vérifications sur place et des visites, il peut s'entretenir, dans des conditions assurant la confidentialité de leurs échanges, avec toute personne dont le concours lui paraît nécessaire et recueillir toute information qui lui paraît utile.

Le caractère secret des informations et pièces dont le Contrôleur général des lieux de privation de liberté demande communication ne peut lui être opposé, sauf si leur divulgation est susceptible de porter atteinte au secret de la défense nationale, à la sûreté de l'État, au secret de l'enquête et de l'instruction ou au secret professionnel applicable aux relations entre un avocat et son client.

Les procès-verbaux relatifs aux conditions dans lesquelles une personne est ou a été retenue, quel qu'en soit le motif, dans des locaux de police, de gendarmerie ou de douane sont communicables au Contrôleur général des lieux de privation de liberté sauf lorsqu'ils sont relatifs aux auditions des personnes.

Le Contrôleur général des lieux de privation de liberté peut déléguer aux contrôleurs les pouvoirs mentionnés aux quatre premiers alinéas du présent article.

Les informations couvertes par le secret médical peuvent être communiquées, avec l'accord de la personne concernée, aux contrôleurs ayant la qualité de médecin. Toutefois, les informations couvertes par le secret médical peuvent leur être communiquées sans le consentement de la personne concernée lorsqu'elles sont relatives à des privations, sévices et violences physiques, sexuelles ou psychiques commis sur un mineur ou sur une personne qui n'est pas en mesure de se protéger en raison de son âge ou de son incapacité physique ou psychique.

Art. 8-2 Aucune sanction ne peut être prononcée et aucun préjudice ne peut résulter du seul fait des liens établis avec le Contrôleur général des lieux de privation de liberté ou des informations ou des pièces qui lui ont été données se rapportant à l'exercice de sa fonction. Cette disposition ne fait pas obstacle à l'application éventuelle de l'article 226-10 du code pénal.

Art. 9 A l'issue de chaque visite, le Contrôleur général des lieux de privation de liberté fait connaître aux ministres intéressés ses observations concernant en particulier l'état, l'organisation ou le fonctionnement du lieu visité, ainsi que la condition des personnes privées de liberté, en tenant compte de l'évolution de la situation depuis sa visite. A l'exception des cas où le Contrôleur général des lieux de privation de liberté les en dispense, les ministres formulent des observations en réponse dans le délai qu'il leur impartit et qui ne peut être inférieur à un mois. Ces observations en réponse sont alors annexées au rapport de visite établi par le contrôleur général.

S'il constate une violation grave des droits fondamentaux d'une personne privée de liberté, le Contrôleur général des lieux de privation de liberté communique sans délai aux autorités compétentes ses observations, leur impartit un délai pour y répondre et, à l'issue de ce délai, constate s'il a été mis fin à la violation signalée. S'il l'estime nécessaire, il rend alors immédiatement public le contenu de ses observations et des réponses reçues.

Si le contrôleur général a connaissance de faits laissant présumer l'existence d'une infraction pénale, il les porte sans délai à la connaissance du procureur de la République, conformément à l'article 40 du code de procédure pénale.

Le contrôleur général porte sans délai à la connaissance des autorités ou des personnes investies du pouvoir disciplinaire les faits de nature à entraîner des poursuites disciplinaires.

Le procureur de la République et les autorités ou les personnes investies du pouvoir disciplinaire informent le Contrôleur général des lieux de privation de liberté des suites données à ses démarches.

Art. 9-1 Lorsque ses demandes d'informations, de pièces ou d'observations, présentées sur le fondement des articles 6-1, 8-1 et 9, ne sont pas suivies d'effet, le Contrôleur général des lieux de privation de liberté peut mettre en demeure les personnes intéressées de lui répondre dans un délai qu'il fixe.

Art. 10 Dans son domaine de compétences, le Contrôleur général des lieux de privation de liberté émet des avis, formule des recommandations aux autorités publiques et propose au Gouvernement toute modification des dispositions législatives et réglementaires applicables.

Après en avoir informé les autorités responsables, il rend publics ces avis, recommandations ou propositions, ainsi que les observations de ces autorités.

Art. 10-1 Le Contrôleur général des lieux de privation de liberté peut adresser aux autorités responsables des avis sur les projets de construction, de restructuration ou de réhabilitation de tout lieu de privation de liberté.

Art. 11 *(Abrogé par L. nº 2017-55 du 20 janv. 2017, art. 43) Le Contrôleur général des lieux de privation de liberté remet chaque année un rapport d'activité au Président de la République et au Parlement. Ce rapport est rendu public.*

Art. 12 Le Contrôleur général des lieux de privation de liberté coopère avec les organismes internationaux compétents.

Art. 13 *(Abrogé par L. nº 2017-55 du 20 janv. 2017, art. 43) Le Contrôleur général des lieux de privation de liberté gère les crédits nécessaires à l'accomplissement de sa mission. Ces crédits sont inscrits au programme de la mission "Direction de l'action du Gouvernement" relatif à la protection des droits et des libertés fondamentales. Les dispositions de la loi du 10 août 1922 relative à l'organisation du contrôle des dépenses engagées ne sont pas applicables à leur gestion.*

Le Contrôleur général des lieux de privation de liberté présente ses comptes au contrôle de la Cour des comptes.

Art. 13-1 Est puni de 15 000 € d'amende le fait d'entraver la mission du Contrôleur général des lieux de privation de liberté :

1° Soit en s'opposant au déroulement des vérifications sur place prévues à l'article 6-1 et des visites prévues à l'article 8 ;

2° Soit en refusant de lui communiquer les informations ou les pièces nécessaires aux vérifications prévues à l'article 6-1 ou aux visites prévues à l'article 8, en dissimulant ou faisant disparaître lesdites informations ou pièces ou en altérant leur contenu ;

3° Soit en prenant des mesures destinées à faire obstacle, par menace ou voie de fait, aux relations que toute personne peut avoir avec le Contrôleur général des lieux de privation de liberté en application de la présente loi ;

4° Soit en prononçant une sanction à l'encontre d'une personne du seul fait des liens qu'elle a établis avec le Contrôleur général des lieux de privation de liberté ou des informations ou des pièces se rapportant à l'exercice de sa fonction que cette personne lui a données.

Art. 14 Les conditions d'application de la présente loi, notamment celles dans lesquelles les contrôleurs mentionnés à l'article 4 sont appelés à participer à la mission du Contrôleur général des lieux de privation de liberté, sont précisées par décret en Conseil d'État.

....

Art. 16 La présente loi est applicable à Mayotte, dans les îles Wallis-et-Futuna, dans les Terres australes et antarctiques françaises, en Polynésie française et en Nouvelle-Calédonie.

Décret nº 2008-246 du 12 mars 2008

Relatif au Contrôleur général des lieux de privation de liberté.

CHAPITRE I. *DISPOSITIONS RELATIVES AUX CONTRÔLEURS*

Art. 1 Nul ne peut être nommé contrôleur, dans les conditions prévues par l'article 4 de la loi du 30 octobre 2007 instituant un Contrôleur général des lieux de privation de liberté, s'il a fait l'objet d'une condamnation, incapacité ou déchéance mentionnée au bulletin nº 2 du casier judiciaire.

Art. 2 Les emplois de contrôleurs sont pourvus par des magistrats, des fonctionnaires, des praticiens hospitaliers ou des militaires placés en position de détachement dans les conditions prévues par leur statut respectif ou par des agents non titulaires de droit public. Ils peuvent aussi être pourvus par des magistrats, des fonctionnaires, des praticiens hospitaliers, des militaires ou des agents non titulaires de droit public retraités.

Les agents contractuels de droit public sont soumis aux dispositions du décret du 17 janvier 1986 susvisé, à l'exception de celles de son article 1er-2.

Art. 3 Le Contrôleur général peut également faire appel, dans le cadre des missions de contrôle qu'il décide, à des intervenants extérieurs, appartenant ou non à l'administration, qui lui apportent leur concours de façon continue ou intermittente, en qualité de contrôleurs, sans renoncer à leur occupation principale.

Ces intervenants extérieurs sont rémunérés sous forme d'indemnités forfaitaires dont les modalités d'attribution, les montants et les taux sont fixés par arrêté conjoint du Premier ministre et du ministre chargé du budget.

Art. 4 Aucune mesure défavorable concernant notamment la formation, la notation, la promotion, l'affectation et la mutation ne peut être prise par l'autorité compétente à l'égard d'un fonctionnaire, magistrat, praticien hospitalier ou militaire détaché ou ayant été détaché en qualité de contrôleur, ou ayant apporté son concours en cette qualité dans les conditions prévues à l'article 3, à raison des activités, actes, rapports, avis, décisions, préconisations se rattachant à sa mission de contrôle.

Sauf à l'initiative du Contrôleur général, aucune mesure défavorable concernant la discipline ne peut être prise par l'autorité compétente à l'égard d'un fonctionnaire, magistrat, praticien hospitalier ou militaire détaché ou ayant été détaché en qualité de contrôleur, ou ayant apporté son concours en cette qualité dans les conditions prévues à l'article 3, à raison des activités, actes, rapports, avis, décisions, préconisations se rattachant à sa mission de contrôle.

CHAPITRE II. *DISPOSITIONS ADMINISTRATIVES, FINANCIÈRES ET COMPTABLES*

Art. 5 Les emplois civils permanents du service administratif du Contrôleur général sont occupés par des collaborateurs, agents publics civils ou militaires en position d'activité ou détachés auprès de lui ou mis à sa disposition dans les conditions prévues par les dispositions qui les régissent. Les agents non titulaires de droit public sont recrutés par contrat et soumis aux dispositions du décret du 17 janvier 1986 susvisé, à l'exception de son article 1er-2.

Nul ne peut être nommé en qualité de collaborateur du Contrôleur général des lieux de privation de liberté s'il a fait l'objet d'une condamnation, incapacité ou déchéance mentionnée au bulletin n° 2 du casier judiciaire.

Les collaborateurs mentionnés au premier alinéa sont soumis, dans l'exercice de leur mission auprès du Contrôleur général, à sa seule autorité.

Art. 6 Le Contrôleur général des lieux de privation de liberté signe tous actes relatifs à l'exercice de sa mission.

Il peut donner délégation aux contrôleurs et à ses collaborateurs, dans les limites de leurs attributions, aux fins de signer toutes conventions conclues avec toute personne publique ou privée, française ou étrangère, concourant à l'exercice de ses missions, tous autres conventions et marchés ainsi que tous actes ayant pour objet la gestion et la rémunération des personnes qu'il emploie.

Art. 7 Le règlement du service fixe l'organisation administrative et les modalités de fonctionnement et d'intervention des services du Contrôleur général des lieux de privation de liberté.

Il détermine, d'une part, les dispositions applicables à l'ensemble du personnel des services, notamment, celles relatives à l'organisation du travail, à l'hygiène et à la sécurité du travail et d'autre part, les règles de gestion des collaborateurs.

Art. 8 Les ressources du Contrôleur général des lieux de privation de liberté proviennent notamment, outre des crédits de l'État mentionnés à l'article 13 de la loi du 30 octobre 2007, des subventions d'autres collectivités publiques et d'organismes internationaux.

Art. 9 Le Contrôleur général est ordonnateur de ses dépenses et recettes.

Le comptable assignataire des dépenses et recettes est le contrôleur budgétaire et comptable ministériel des services du Premier ministre.

Art. 10 *(Abrogé par Décr. n° 2020-173 du 27 févr. 2020, art. 22) Le contrôleur général perçoit une rémunération annuelle égale au traitement afférent à un emploi supérieur de l'État classé hors échelle E, deuxième chevron, assortie d'une indemnité de fonction dont le montant est fixé par arrêté conjoint du Premier ministre et des ministres chargés du budget et de la fonction publique.*

CHAPITRE III. *DISPOSITIONS RELATIVES À L'EXERCICE DU CONTRÔLE DES LIEUX DE PRIVATION DE LIBERTÉ*

Art. 11 Pour la mise en œuvre des dispositions de l'article 8 de la loi du 30 octobre 2007 susmentionnée, le Contrôleur général délivre, pour chaque visite de contrôle, une lettre de mission à celui, ou ceux, des contrôleurs chargés d'y procéder.

Les contrôleurs sont titulaires d'une pièce justifiant de leur qualité.

Art. 12 Au cours des visites de contrôle des lieux mentionnés à l'article 8 de la loi du 30 octobre 2007, le Contrôleur général ou le contrôleur qu'il a désigné prend les contacts qu'il estime utiles avec les autorités administratives et judiciaires ainsi qu'avec toutes personnes, même extérieures aux lieux visités, dont il considère qu'elles sont susceptibles de lui apporter des informations utiles.

Art. 13 Les autorités prennent toutes mesures utiles pour permettre au Contrôleur général ou au contrôleur qu'il a désigné de rencontrer toute personne qui lui paraîtra nécessaire et d'obtenir toute information ou pièce en vue de l'accomplissement de la mission de contrôle définie à l'article 8 de la loi du 30 octobre 2007.

Art. 14 Sous réserve des dispositions mentionnées au quatrième alinéa de l'article 8 de la loi du 30 octobre 2007, le Contrôleur général ou le contrôleur qu'il a désigné reçoit, à sa demande, communication des décisions, administratives ou judiciaires, de privation de liberté.

Dans le cas du contrôle d'un établissement de santé habilité à recevoir des patients hospitalisés sans leur consentement, le Contrôleur général ou le contrôleur qu'il a désigné reçoit, à sa demande, communication de la décision de placement, de maintien ou de levée de l'hospitalisation ainsi que de tous documents justifiant la prise de cette décision, notamment les certificats prévus au titre premier du livre deuxième de la troisième partie du code de la santé publique.

Art. 15 Dans les cas prévus au premier alinéa de l'article 9 de la loi du 30 octobre 2007, les ministres intéressés formulent leurs observations en réponse à celles du Contrôleur général dans le délai qu'il fixe. A l'expiration de ce délai, qui ne peut être inférieur à un mois, le Contrôleur général peut procéder aux publications mentionnées à l'article 10 de la même loi.

CHAPITRE IV. *DISPOSITIONS DIVERSES ET FINALES*

Art. 16 I. — Le présent décret est applicable sur l'ensemble du territoire de la République.

II. — Les références du présent décret à des dispositions qui ne sont pas applicables à Mayotte, à Saint-Barthélemy, à Saint-Martin, à Saint-Pierre-et-Miquelon, dans les îles Wallis-et-Futuna, en Polynésie française, en Nouvelle-Calédonie et dans les Terres australes et antarctiques françaises sont remplacées par les références aux dispositions ayant le même objet applicables localement.

Art. 17 Les articles R. 111-25 à R. 111-32 du code de l'entrée et du séjour des étrangers et du droit d'asile relatifs à la Commission nationale de contrôle des centres et locaux de rétention administrative et des zones d'attente sont abrogés à compter du premier jour du quatrième mois suivant celui de la publication du présent décret.

Les mandats de membre de cette commission en cours à la date de publication du présent décret sont prorogés jusqu'à la date d'effet de cette abrogation.

Art. 18 La ministre de l'intérieur, de l'outre-mer et des collectivités territoriales, la ministre de l'économie, des finances et de l'emploi, le ministre de l'immigration, de l'intégration, de l'identité nationale et du codéveloppement, la garde des sceaux, ministre de la justice, le ministre de la défense, la ministre de la santé, de la jeunesse et des sports, le ministre du budget, des comptes publics et de la fonction publique et le secrétaire d'État chargé de l'outre-mer sont chargés, chacun en ce qui le concerne, de l'exécution du présent décret, qui sera publié au *Journal officiel* de la République française.

Recommandations minimales du Contrôleur général des lieux de privation de liberté

Pour le respect de la dignité et des droits fondamentaux des personnes privées de liberté.

Les présentes recommandations reprennent et organisent en un document unique l'essentiel de la doctrine élaborée par le CGLPL depuis sa création en 2008. Elles constituent le socle minimal des mesures à prendre pour respecter la dignité et les droits fondamentaux des personnes privées de liberté.

Ces recommandations concernent tous les lieux dans lesquels des personnes sont privées de liberté sur le fondement d'une décision administrative ou judiciaire, sous les seules réserves qu'elles précisent. Elles ne peuvent en aucun cas être invoquées pour justifier le retrait de mesures plus favorables aux personnes privées de liberté antérieurement appliquées dans un lieu ou une catégorie de lieux de privation de liberté ou au bénéfice d'une catégorie de personnes.

Elles ont été communiquées le 12 décembre 2019 à la garde des sceaux, ministre de la justice, à la ministre des solidarités et de la santé, au ministre de l'action et des comptes publics et au ministre de l'intérieur. Il leur a été demandé de faire connaître leurs observations dans un délai de deux mois à compter de cette date.

Le CGLPL n'a reçu aucune réponse des ministres consultés avant cette publication.

Avant-propos

Vers un droit de la protection des personnes privées de liberté

La loi n° 2007-1545 du 30 octobre 2007 instituant un Contrôleur général des lieux de privation de liberté (CGLPL) a de facto incité à étudier et comparer des lieux relevant jusqu'alors de domaines distincts : établissements pénitentiaires, hôpitaux psychiatriques, centres de rétention administrative, zones d'attente, geôles et dépôts des tribunaux, locaux de garde-à-vue ou de rétention, centres éducatifs fermés ou établissements pénitentiaires pour mineurs. Sous le regard de cette institution singulière, ces lieux, si différents soient-ils dans leur nature et leur vocation, présentent de nombreux traits communs – dans les enjeux qu'ils soulèvent, les contraintes qu'ils rencontrent, les solutions qu'ils mettent en œuvre.

Chargé de veiller au respect des droits fondamentaux des personnes privées de liberté, le Contrôleur général des lieux de privation de liberté a également été amené à s'interroger sur la définition de ces droits particuliers, pour lesquels on ne dispose ni d'une liste ni d'une définition. Il est sans doute périlleux de donner une définition théorique de ce que ces droits recouvrent. Néanmoins, l'expérience du CGLPL – les constats qu'il fait dans les lieux qu'il visite, les témoignages qu'il reçoit – lui permet de risquer la définition suivante. Les droits fondamentaux sont les droits qui, lorsqu'ils sont méconnus, portent atteinte à l'intégrité physique ou morale d'une personne, à ce qui lui confère sa singularité, et à ce qui la relie à ses proches ou à une communauté, c'est-à-dire à sa dignité, qui est par nature égale pour tous les êtres humains. Le contrôleur reconnait l'atteinte aux droits fondamentaux à l'indignité qui en découle.

A défaut de disposer d'une liste, le CGLPL et les pouvoirs publics disposent de bien des sources – nationales et internationales, universelles et particulières, contraignantes ou relevant de la catégorie du droit souple. A partir de celles-ci, le CGLPL a pu faire émerger une liste des droits fondamentaux : dans chacun des lieux qu'il visite, il veille au respect de ces droits et prévient les atteintes qui peuvent leur être portées.

Cette liste, qui sous-tend les présentes recommandations, comprend les catégories suivantes :

1. Les droits communs à tous les êtres humains définis dans des textes nationaux ou internationaux, contraignants ou non.

Relèvent de cette catégorie des textes à vocation universelle ou à vocation particulière. Parmi les premiers, on retrouve notamment la Déclaration des droits de l'homme et du citoyen de 1789, la Déclaration universelle des droits de l'homme adoptée par les Nations unies en 1948 et la Convention européenne de sauvegarde des droits de l'homme et des libertés fondamentales adoptée par le Conseil de l'Europe en 1950. Parmi les secondes, la Convention de 1979 sur l'élimination de toutes les formes de discrimination à l'égard des femmes complétée en 1995 par le programme d'action de Beijing, la Convention internationale des droits de l'enfant de 1989, ou encore la Convention de 2006 relative aux droits des personnes handicapées.

Ces droits, comme le droit à l'intégrité physique ou psychique, l'accès aux soins, le maintien des liens familiaux ou le droit d'expression ne sont pas propres aux personnes privées de liberté qui n'en sont pas, pour autant, privées ; l'enfermement peut parfois justifier des limites à leur exercice mais celles-ci doivent être légales, nécessaires et proportionnées.

2. Des droits que les personnes privées de liberté doivent pouvoir exercer dans des conditions équivalentes à celles du milieu libre à moins d'avoir expressément été supprimés ou suspendus par la loi ou par décision d'une autorité compétente.

On trouve notamment dans cette catégorie des droits relevant du code civil, du code des relations entre le public et l'administration, du code de l'éducation, du code de l'action sociale et des familles, du code de la santé publique, du code de l'entrée et du séjour des étrangers et du droit d'asile, ou encore du code électoral ou du code de la consommation. Il s'agit par exemple de l'exercice de l'autorité parentale, du droit de vote ou de la protection des données personnelles.

Leur exercice est, par nature, menacé par l'enfermement qui peut le rendre difficile ou impossible : la possibilité de les mettre en œuvre doit par conséquent faire l'objet d'un contrôle effectif.

3. Des droits liés à la mesure de privation de liberté n'ayant vocation à s'appliquer qu'aux personnes qui y sont soumises et ayant pour objet d'en définir le cadre légal, de lui fixer des limites ou de l'accompagner de garanties.

Ces droits sont généralement issus de la législation nationale, mais peuvent aussi trouver leur source dans des instruments internationaux tels que l'Ensemble des règles minima pour le traitement des détenus dites Règles Nelson Mandela (ONU) ou les Règles pénitentiaires européennes (Conseil de l'Europe).

Ces droits, comme le droit à l'information, les droits de recours, la limitation des fouilles ou celle du recours à la contrainte, protègent la personne privée de liberté contre les abus qui pourraient naitre de la mesure dont elle fait l'objet.

Ces catégories de droits fondamentaux, telles qu'elles sont ici présentées, n'ont pas vocation à épuiser leur étude. Elles permettent cependant d'établir une liste opérationnelle de ce à quoi, dans le cadre de son contrôle, le CGLPL doit veiller.

En l'état actuel du droit, les personnes enfermées – peu visibles, peu audibles, et peu écoutées – ne sont certes pas dépourvues de droits ; relevant de disciplines juridiques variées – droit pénal, droit des étrangers, droit de la santé, droit processuel administratif ou judiciaire, pour ne citer que les principaux – ils ne font cependant pas l'objet d'une doctrine unifiée. Il en est de même des autorités en charge des lieux de privation de liberté, assujetties à des règles de toutes natures mais admettant volontiers leur besoin d'être guidées lorsqu'est abordée la question des droits fondamentaux. Les juridictions, liées par la classification que les textes leur imposent, n'ont guère vocation à élaborer une doctrine, que l'université peine elle-même à distinguer comme un objet d'études.

Durant ses douze premières années d'existence, le CGLPL a adressé aux gouvernements successifs des milliers d'observations "concernant l'état, l'organisation ou le fonctionnement" des lieux qu'il a visités ou "la condition des personnes privées de liberté" qu'il y a rencontrées, autant de recommandations "relatives aux faits ou aux situations" rapportées dans le cadre des témoignages qui lui parvenaient – soumises à une répartition par type de lieu commandée par les modalités de son action.

Fort de cette expérience, il lui semble désormais possible de dégager de ce corpus très dense une première doctrine, qu'il lui reviendra, avec d'autres que lui, de préciser et de faire évoluer.

Les principes et recommandations formulés ne doivent naturellement pas être regardés comme suffisants ou proposant un modèle de lieu de privation de liberté. Il s'agit de recommandations minimales, applicables à toutes les catégories de lieux de privation de liberté. Elles visent à formuler les principes directeurs qui, dans un État de droit, doivent inspirer et régir les modalités de prise en charge des personnes privées de liberté ainsi que les principales règles d'une bonne organisation de ces lieux et, conformément à la vocation du CGLPL, prévenir les atteintes et risques d'atteintes aux droits qu'entraîne toute mesure d'enfermement. Elles restent fondées sur les libertés et droits fondamentaux fixés par les instruments internationaux et nationaux qui doivent en demeurer la source et l'inspiration.

Ces recommandations sont le plus souvent conformes au droit positif ; elles vont parfois plus loin et, parfois, s'y opposent. Elles doivent naturellement s'analyser, dans cette dernière hypothèse, comme une invitation à le modifier.

Traditionnellement, deux techniques de mise en œuvre des libertés publiques existent au sein d'un État de droit. Le régime répressif (ou régime d'interdiction), dans le cadre duquel

prime l'autonomie des personnes, qui ne répondent qu'a posteriori de l'usage qu'elles en ont fait ; et le régime préventif (ou régime d'autorisation), moins libéral, dans le cadre duquel, préalablement à leurs actions, les sujets sont soumis à l'autorisation de la puissance publique.

En milieu ouvert, en général, le régime d'interdiction prédomine et la liberté est la règle. "Ce qui n'est pas interdit est autorisé". En milieu fermé, c'est l'inverse.

Ainsi, dans un lieu de privation de liberté, l'accès aux droits et l'exercice d'un droit fondamental doivent être organisés. Il s'agit là, dans une large mesure, de la condition de leur effectivité. Les personnes privées de liberté sont "entièrement" confiées à une autorité administrative ; cette situation impose de traduire à l'intention de cette dernière les modalités d'exercice de droits qui, en milieu ouvert, relèveraient de la seule responsabilité de celui qui en est titulaire.

Principes directeurs

Les droits fondamentaux n'ont de réalité que si leur effectivité est assurée. En d'autres termes, un droit n'est véritablement garanti, exercé ou respecté que si l'ensemble des conditions nécessaires à son exercice sont également garanties. Il ne s'agit pas uniquement de reconnaître qu'une personne privée de liberté est titulaire d'un droit ; l'administration doit en assurer l'effectivité, c'est-à-dire en permettre la mise en œuvre.

Les droits fondamentaux reposent, plus largement, sur une série de principes directeurs, fondés sur une triple nécessité. Il s'agit tout d'abord d'assurer la protection des personnes privées de liberté dans leur dignité et l'exercice de leurs droits fondamentaux ; il faut encadrer l'autorité des administrations en charge des lieux de privation de liberté en lui imposant des limites et en lui fixant une méthode ; enfin, ces administrations doivent exercer leurs prérogatives dans le respect d'un principe de bonne foi.

I. Assurer la protection des personnes privées de liberté dans leur dignité et l'exercice de leurs droits fondamentaux

L'enfermement rend les personnes captives vulnérables puisque, confiées à une administration, elles perdent une grande part de leur autonomie.

Les droits et libertés fondamentales des personnes privées de liberté reposent donc en premier lieu sur **un principe de protection**. Contre le risque d'arbitraire, contre les tentations de faire primer l'ordre, la sécurité ou la bonne administration des lieux d'enfermement, les personnes privées de liberté doivent être protégées dans leur dignité, leur intégrité et leurs droits.

La dignité est à la fois le fondement et le corollaire de l'ensemble des droits des personnes privées de liberté. Même enfermés, les êtres humains sont *"libres et égaux en dignité et en droits"* *[DUDH, 1948, art. 1er]*. Un droit n'est véritablement garanti que s'il peut être exercé dans le respect *"de la dignité inhérente à tous les membres de la famille humaine"* *[Préam. DUDH, 1948]*. L'obligation de prendre en charge les repas des personnes privées de liberté n'impose pas seulement de leur apporter de quoi manger, mais aussi les couverts qui leur permettront de se nourrir dignement. La dignité n'est pas désincarnée. Son respect doit être le souci constant des autorités, comme de tout intervenant au sein des lieux de privation de liberté.

Le respect de la dignité des personnes doit gouverner leur prise en charge, de leur arrivée à leur sortie, dans leurs conditions de vie et d'hébergement, et lors de leurs transports et transfèrements. Il s'impose comme une règle absolue à laquelle aucune exception ne saurait être admise.

L'enfermement expose, par nature, les personnes privées de liberté à un risque accru de violences commises contre elles, par elles-mêmes ou par autrui. **La nécessité de garantir la protection de l'intégrité physique et psychique** des personnes privées de liberté est également un principe qui doit en permanence guider l'action des administrations concernées. Celles-ci ont à ce titre une double obligation : l'obligation négative de ne pas porter elles-mêmes atteinte à la sécurité des personnes privées de liberté et l'obligation positive de les protéger contre tout risque d'atteintes. Elles doivent se donner les moyens d'en prévenir les causes et d'en détecter les effets afin de pouvoir y mettre fin et d'éviter leur réapparition.

Enfin, en application des articles 1er, 4 et 66 de la Déclaration des droits de l'homme et du citoyen de 1789, toute personne arrêtée, détenue, retenue ou enfermée par l'effet d'une décision publique doit pouvoir en faire examiner la légalité et la régularité auprès de l'autorité judiciaire. **Le respect de la sûreté individuelle** des personnes privées de liberté doit les assurer contre tout risque d'enfermement arbitraire. Les personnes privées de liberté doivent disposer des moyens, en fait et en droit, d'ester en justice, de préparer leur défense et de comparaître devant leur juge dans le respect des principes du procès équitable.

II. Encadrer et contrôler l'action de l'administration

Dans le cadre de leurs missions respectives, les autorités en charge des lieux de privation de liberté disposent de nombreuses prérogatives, y compris coercitives, susceptibles par nature de porter atteinte à la dignité et aux droits des personnes qui leur ont été confiées.

Qu'il exerce des fonctions d'agent, de cadre ou de direction, le personnel des lieux d'enfermement doit prêter une attention constante au respect d'un juste équilibre entre l'exercice de son autorité et la dignité et les droits des personnes qui lui sont confiées. Cet équilibre, toujours fragile, doit être structuré autour de principes qui doivent lui permettre, d'une part, de connaître le sens, la mesure et la finalité des décisions qu'il prend et, d'autre part, de définir une méthode.

Le principe de légalité est le premier de ces principes, dont l'autorité publique tire sa légitimité. Toute action mise en œuvre au sein des lieux de privation de liberté doit reposer sur une base légale ou réglementaire, seule garantie dont disposent les citoyens contre le risque d'arbitraire. Ces règles doivent elles-mêmes être accessibles, claires et compréhensibles.

Toute décision, individuelle ou collective, prise par l'autorité gardienne d'un lieu de privation de liberté doit également respecter **le principe de proportionnalité** et poursuivre un objectif auquel elle est adaptée. Il en est ainsi dès lors que ces décisions ont notamment pour effet direct ou indirect de réduire l'autonomie ou la liberté des personnes qui lui ont été confiées ou de porter une atteinte supplémentaire à leurs droits.

Le principe de nécessité impose enfin aux administrations d'être en mesure de justifier leurs décisions, qui doivent constituer le moyen unique, ou le moins "coûteux" en termes de risque d'atteinte aux droits, d'atteindre l'objectif qu'elles se fixent.

L'application de ces principes implique d'individualiser les décisions prises à l'encontre des personnes privées de liberté, c'est-à-dire que toute décision susceptible d'aggraver les sujétions inhérentes à l'enfermement doit faire l'objet d'une motivation mettant en lumière la proportionnalité qui existe entre le but poursuivi et la nature de la restriction imposée. L'autorité gardienne doit également être en mesure de justifier qu'aucune mesure moins contraignante ne permettait d'atteindre le but poursuivi et faire état des dispositions prises pour s'en assurer.

Limitée dans ses actions, l'administration doit également être encadrée dans ses méthodes. Dans les décisions qu'elles prennent ou les actions qu'elles entreprennent, les autorités en charge des lieux de privation de liberté doivent toujours **informer les personnes concernées**, leur laisser le temps et leur accorder les moyens de présenter leurs observations et tracer, enfin, de manière claire et contradictoire chaque étape du processus.

Toute mesure qui, directement ou indirectement, entraîne la modification d'un régime de prise en charge, la réduction de l'autonomie, *a fortiori* la privation ou la restriction d'un droit, doit faire l'objet d'une information transparente, complète, compréhensible et, sauf exception, préalable. Elle comprend, en plus de la décision envisagée, les motifs qui la fondent, en fait et en droit. Cette information doit être accessible à la personne qu'elle concerne, qui doit pouvoir s'y référer en tant que de besoin.

De telles mesures doivent pouvoir être débattues **contradictoirement et préalablement** entre la personne concernée, le cas échéant assistée d'un défenseur, et un représentant de l'administration. La personne concernée doit disposer des moyens et du temps nécessaire pour prendre connaissance des éléments nécessaires à la compréhension de sa situation, consulter un conseil et faire valoir ses observations, par écrit ou oralement.

Enfin, l'administration est garante de la **traçabilité** des décisions qu'elle prend, ainsi que des observations, contestations ou moyens de défense soulevés par les personnes concernées. Ces écrits doivent être le reflet fidèle du contenu des échanges et sont, à l'issue de la procédure, signés par les parties. En cas de refus de signer par la personne concernée, ce refus doit être acté, ainsi que le motif invoqué. Une copie doit en être conservée pour une durée préalablement fixée, dont la personne concernée est expressément informée, comme elle est informée des moyens dont elle dispose de contester ces décisions. Une copie doit enfin en être remise à la personne concernée.

III. Le principe de bonne foi

Au-delà des principes directeurs, il importe également de guider, plus largement, le travail des autorités - quelles qu'elles soient - dans leur travail de contrôle des lieux, des pratiques et des procédures qui y sont mises en œuvre.

Dans un État de droit, la liberté est la règle. La privation de liberté s'entend dès lors comme d'un état exceptionnel, lequel, à ce titre, ne doit donc pas restreindre les droits et les libertés des personnes privées de liberté *"ni plus qu'il n'est juste, ni plus qu'il n'est nécessaire"*. Il en découle, à la charge des autorités en charge des lieux d'enfermement, une obligation de bonne foi dans ses décisions, ses pratiques et ses procédures, laquelle pourrait se décliner autour des principes suivants.

Le principe d'interprétation stricte des restrictions interdit aux autorités en charge des lieux de privation de liberté d'imposer des restrictions de droits autres que celles imposées directement et nécessairement par la mesure de privation de liberté qu'elle met en œuvre. Ces restrictions doivent être nécessaires et adaptées aux objectifs qu'elles poursuivent.

Le principe de cohérence impose aux autorités responsables des lieux de privation de liberté de mettre en place des modalités et conditions d'enfermement respectueuses de la finalité que la mesure d'enfermement poursuit. Lorsqu'on enferme un patient pour le soigner, aucune modalité d'enfermement ne doit nuire à l'objectif thérapeutique. De même, dans un établissement à visée éducative, aucune mesure ne doit avoir pour effet de réduire l'accès à l'enseignement. Toute prise en charge au sein d'un lieu de privation de liberté doit garantir le respect de cette finalité qui, sans constituer un droit subjectif des personnes privées de liberté, doit en toute hypothèse demeurer le fil conducteur de leur parcours.

Enfin, **le principe de transparence** impose de permettre l'accès de personnes extérieures aux lieux de privation de liberté, notamment via le contrôle d'une autorité indépendante, mais également des inspections, de l'autorité judiciaire, des parlementaires, etc., ainsi que de contrôles plus ciblés (services de contrôle sanitaire, inspection du travail, organismes de certification, etc.) identiques à ceux qui s'exercent ailleurs dans la société. Aucune entrave qui ne soit strictement nécessaire à la finalité de la mesure de privation de liberté ou au respect des droits des personnes ne peut limiter cette transparence.

Le respect de ces principes doit rendre possible, pour toute personne enfermée, de contester toute décision qui lui est imposée et qui la concerne devant l'autorité compétente. Dans les lieux d'enfermement, la prise en charge des personnes privées de liberté prend généralement la forme de décisions. Parmi ces décisions, toutes celles susceptibles de porter atteinte à leurs droits doivent pouvoir trouver leur juge. Il doit également permettre d'assurer l'effectivité du contrôle des autorités - judiciaire, administrative ou indépendante - dont c'est la mission.

Règles de lecture

Les recommandations minimales s'appliquent à l'ensemble des lieux de privation de liberté. Lorsqu'il est nécessaire d'apporter une précision propre à l'un d'eux, elle est apportée sous forme de commentaire. Lorsqu'une recommandation ne trouve pas à s'appliquer à l'un de ces lieux, le commentaire porte la mention "non applicable". Les sigles utilisés renvoient respectivement aux établissements pénitentiaires (EP), aux établissements de santé mentale (ESM), aux centres de rétention administrative (CRA), aux centres éducatifs fermés (CEF) et aux locaux de garde à vue (GàV).

1. *Intégrer le respect de la dignité et des droits fondamentaux dans l'aménagement et l'organisation des lieux de privation de liberté*

Les mesures de privation de liberté entraînent par nature la mise à l'écart des personnes enfermées. Toutefois, dans un État de droit, elles ne sauraient entraîner le retrait de la société, le déni de leur dignité ou l'affaiblissement de leurs droits. Les lieux d'enfermement doivent être bâtis, aménagés et organisés de façon à leur garantir l'effectivité de ces droits et le personnel qui y travaille doit disposer des moyens d'y veiller.

Principes généraux

1. Dans leur structure comme dans leur organisation, les lieux de privation de liberté doivent pleinement intégrer, dès leur conception, le respect de la dignité et des droits fondamentaux des personnes qu'ils hébergent.

2. Aucune mesure d'enfermement ne doit être mise en œuvre dans un local ou dans un lieu qui n'assure pas le respect de la dignité des personnes enfermées ou l'exercice effectif de leurs droits fondamentaux.

1.1. *Une structure adaptée*

3. La structure ne peut se limiter à exercer une fonction de surveillance. Elle doit permettre le bon exercice des autres fonctions dévolues au personnel et aux intervenants : informer, soigner, éduquer, réinsérer.

ESM – Les établissements de santé mentale ont pour mission celle de soigner et non de surveiller.

4. Les lieux d'enfermement doivent être bâtis, aménagés et entretenus de manière à préserver la dignité des personnes qui y sont enfermées et à permettre l'exercice effectif de leurs droits fondamentaux.

5. Chaque structure doit disposer des ressources nécessaires à l'accueil, l'hébergement, la prise en charge et la préparation à la sortie des personnes privées de liberté, adaptées à leur nombre réel, leur profil et leurs besoins.

6. Quel que soit le régime de prise en charge, la structure ne peut entraîner l'isolement permanent des personnes privées de liberté ; elle doit leur assurer la possibilité de fréquenter des lieux collectifs ou d'avoir des échanges avec les autres personnes accueillies et des visiteurs ou intervenants extérieurs.

GàV – Non applicable.

1.2. *La séparation des catégories de population*

7. La structure doit assurer un hébergement de nuit distinct entre les hommes et les femmes. Cette séparation n'exclut pas la possibilité de prévoir des locaux mixtes, dédiés à l'organisation de temps collectifs ou à l'hébergement des couples.

8. L'enfermement des enfants est toujours contraire à leur intérêt supérieur.

9. Lorsque l'enfermement d'un parent est susceptible d'entraîner celui de son enfant, toute mesure doit être prise afin de l'éviter. Si un enfant est néanmoins maintenu auprès de son parent enfermé, il ne doit pas être considéré comme privé de liberté mais doit bénéficier d'un statut et d'une prise en charge spécifiques.

EP – L'hébergement de nourrissons auprès de leur mère détenue requiert des aménagements et des règles de surveillance spécifiques afin de garantir la protection de l'intégrité physique et psychique de l'enfant et le respect de son bien-être.

CRA – Aucun enfant étranger ne doit être enfermé en raison de la situation irrégulière de ses parents. Seule une mesure alternative, telle que l'assignation à résidence, doit être prononcée lorsque la mesure d'éloignement concerne une famille.

GàV – Non applicable.

10. Les enfants privés de liberté doivent être séparés des adultes dans des conditions garantissant leur protection contre toute forme de violence, physique ou morale. Seule la protection de l'intérêt supérieur de l'enfant peut s'opposer à cette séparation, dans le but d'assurer notamment son accès aux soins, le maintien de ses liens familiaux ou son droit à l'éducation.

11. Aucune mesure de séparation ne peut entraîner une atteinte aux droits des personnes concernées excédant l'objectif que cette mesure poursuit.

1.3. *La formation et la supervision des professionnels*

12. Le personnel exerçant dans les lieux d'enfermement est le premier garant du respect de la dignité et des droits fondamentaux des personnes privées de liberté. Il doit être recruté, formé, supervisé et évalué au regard de la mission qui lui est confiée.

13. La prise en charge des enfants au sein d'un lieu d'enfermement doit toujours avoir un objectif éducatif. Elle doit être adaptée à leurs besoins et mise en œuvre par un personnel spécialement formé. Une qualification est requise en ce qui concerne les éducateurs.

14. Tout membre du personnel amené à participer à la prise en charge de personnes privées de liberté doit être spécialement formé sur le statut, les droits et les spécificités de celles-ci. Une formation sur les autorités plus particulièrement en charge de la protection de leurs droits, notamment le Contrôleur général des lieux de privation de liberté et le Défenseur des droits, doit lui être également dispensée.

15. L'autorité en charge d'un lieu de privation de liberté doit prendre toute mesure propre à prévenir et à mettre fin sans délai à tout comportement de son personnel portant

atteinte ou susceptible de porter atteinte à la dignité ou aux droits fondamentaux des personnes privées de liberté. Tout manquement avéré de la part de membres du personnel doit faire l'objet d'une réponse immédiate et adaptée.

16. Des comités d'éthique ou des instances d'analyse des pratiques professionnelles et de retours d'expérience doivent être mis en place pour permettre aux professionnels de s'approprier les principes déontologiques guidant leurs fonctions et de les confronter aux difficultés pratiques qu'ils rencontrent.

17. Les autorités publiques doivent assurer au personnel des conditions de travail lui permettant de remplir pleinement ses missions au regard des droits fondamentaux des personnes privées de liberté.

18. Dans tous les lieux de privation de liberté, les autorités publiques doivent assurer la présence de personnel en effectif suffisant, déterminé en fonction du nombre réel de personnes hébergées. Les rythmes de travail doivent garantir une présence, une disponibilité et une vigilance suffisantes du personnel, notamment pour les services de nuit et les fins de semaine.

CEF – Les membres du personnel d'un centre éducatif fermé doivent être à proximité immédiate des mineurs hébergés, y compris la nuit. Une présence éducative et enseignante doit être maintenue dans les centres éducatifs fermés pendant les périodes de vacances scolaires.

19. La sécurité du personnel doit être assurée par des actions de prévention de la violence et des dispositifs de sécurité respectueux de la dignité et des droits des personnes qui lui sont confiées. Les agents doivent également recevoir une formation sur la prévention et la gestion de la violence.

20. Les agents doivent signaler aux autorités hiérarchiques toute atteinte à la dignité ou aux droits fondamentaux des personnes privées de liberté dont elles ont connaissance. Si ce signalement est impossible ou infructueux, ils doivent pouvoir l'effectuer auprès de toute autre autorité compétente et bénéficier d'un régime de protection adapté.

21. Le personnel des lieux de privation de liberté doit pouvoir échanger avec un professionnel indépendant dans un cadre confidentiel non hiérarchique sur son vécu et ses pratiques.

1.4. *Le contrôle des lieux et locaux de privation de liberté*

22. Les lieux de privation de liberté doivent faire l'objet d'inspections régulières par leur ministère de tutelle et de contrôles par des autorités ou organismes indépendants, nationaux et internationaux.

23. Les visites d'inspection ou de contrôle des lieux de privation de liberté doivent avoir pour objectif de s'assurer que ces lieux sont administrés conformément aux normes nationales et internationales, dans le respect de la dignité et des droits fondamentaux des personnes enfermées. Les personnes amenées à y participer doivent être formées à cette fin. Elles doivent avoir libre accès aux locaux ainsi qu'aux documents administratifs et peuvent s'entretenir avec toute personne qu'elles souhaitent voir ou qui en exprime la volonté, librement et en toute confidentialité. Ces visites doivent donner lieu à la rédaction d'un rapport.

24. L'ensemble des services, fonctions ou activités mis en œuvre dans un lieu de privation de liberté doivent être soumis aux normes et certifications ainsi qu'aux inspections et contrôles de droit commun.

2. *Accueillir, informer et orienter les personnes entrant dans un lieu de privation de liberté*

La décision de priver quelqu'un de sa liberté est susceptible de porter atteinte à ses droits les plus fondamentaux. Elle appelle le respect d'un formalisme rigoureux lui-même créateur de droits, dont il faut garantir l'exercice effectif, à commencer par le droit de contester la mesure devant l'autorité judiciaire, gardienne de la liberté individuelle.

La mesure d'enfermement représente une rupture souvent inattendue et porteuse de risques, créant des situations de vulnérabilité. Dans le respect de leurs missions et de leurs prérogatives respectives, l'ensemble des services intervenant dans les lieux d'enfermement doivent veiller à l'accueil et à la protection des personnes arrivantes, leur garantir l'accès aux soins et aux recours que leur situation nécessite.

Principes généraux

25. Nul ne peut être privé de liberté sans une décision de l'autorité publique compétente, soumise au contrôle d'un juge. Le personnel en charge de l'accueil doit s'assurer de l'existence de cette décision et de l'identité de la personne qui lui est présentée dès son arrivée.

ESM – Dans les établissements de santé mentale, aucun patient admis sous le régime des soins libres ne peut être privé de sa liberté d'aller et venir, ni empêché de quitter le service.

26. Toute personne privée de liberté doit, dès son arrivée, faire l'objet d'une procédure d'accueil et d'une prise en charge préalablement définies. La coopération de l'ensemble des services intervenant dans les lieux de privation de liberté doit garantir sa protection, son information et son orientation dans le respect de sa dignité, de ses droits et de son parcours.

2.1. *La procédure d'accueil*

27. Dès leur arrivée, une explication doit être donnée aux personnes privées de liberté dans une langue et en des termes qu'elles comprennent sur :

— la nature et l'adresse du lieu où elles se trouvent ;

— les motifs en fait et en droit de leur enfermement et l'autorité qui en a décidé ;

— les voies de recours dont elles disposent pour contester la mesure dont elles font l'objet, ainsi que les délais et modalités pour y procéder.

Si les personnes privées de liberté ne sont pas en état de comprendre ces informations, elles doivent leur être de nouveau données dès qu'elles sont en mesure d'en comprendre le sens, et dans un temps utile à l'exercice des droits qui y sont rattachés.

EP – Le fait que certaines de ces informations aient déjà été transmises par la juridiction lors du prononcé de la peine ne dispense pas l'établissement pénitentiaire de les communiquer à nouveau au moment de l'incarcération de la personne détenue. Les modalités pratiques des voies de recours ouvertes aux personnes privées de liberté font l'objet d'une information dans un délai utile à leur exercice.

28. Les titulaires de l'autorité parentale et, s'il y a lieu, le service de la protection judiciaire de la jeunesse mettant en œuvre le suivi en milieu ouvert d'un mineur doivent immédiatement être informés de sa prise en charge au sein d'un lieu d'enfermement. L'information qui leur est communiquée doit comprendre la nature et l'adresse du lieu où le mineur se trouve, les motifs en fait et en droit de son enfermement et l'autorité qui en a décidé, ainsi que les voies de recours susceptibles d'être exercées.

29. Tout lieu d'enfermement doit être doté d'un registre permettant de conserver les informations relatives à l'identité des personnes privées de liberté et à la mesure de privation de liberté à laquelle elles sont soumises. Ces données doivent faire l'objet d'un traitement et d'une conservation confidentiels ; elles ne peuvent être communiquées qu'à la personne concernée, à son avocat et, le cas échéant, à son représentant légal. Peuvent également avoir accès à ces données, outre l'autorité judiciaire, les organisations ou autorités spécialement désignées par la loi, dans le cadre des missions qu'elle leur assigne. Au sein des administrations concernées, seules les personnes dont les fonctions le nécessitent doivent y avoir accès.

CRA – Le contenu de ce registre est communiqué aux associations chargées de l'information juridique des personnes placées en rétention administrative.

30. Dès le début de la mesure, la personne privée de liberté doit pouvoir prévenir ou faire prévenir la ou les personnes de son choix. Elle désigne une personne à prévenir en cas d'urgence, ainsi qu'une personne de confiance susceptible de l'assister dans ses démarches et sa prise en charge. La personne de confiance doit être consultée par l'administration dès lors que la personne privée de liberté est dans l'impossibilité de faire valoir son avis. Cette personne doit être informée de sa désignation et l'accepter. Si elles le souhaitent, les personnes de nationalité étrangère peuvent prévenir ou faire prévenir leurs autorités consulaires.

GàV – Lorsque la mesure de garde à vue fait suite à un placement en cellule de dégrisement, les autorités de police et de gendarmerie doivent procéder à une double information de la personne privée de liberté. L'information relative au droit de faire prévenir un proche s'effectue dès le placement en cellule de dégrisement. Celle portant sur les droits de la défense est transmise à l'issue de la période de dégrisement, au moment du placement en garde à vue.

31. Toute personne arrivant dans un lieu de privation de liberté doit être informée du régime d'enfermement auquel elle est soumise, de ses droits et de l'organisation du lieu où

elle se trouve. Tout lieu d'enfermement doit disposer d'un livret d'accueil ou d'un règlement intérieur remis et expliqué aux personnes accueillies, lequel comprend des informations relatives au fonctionnement du lieu, aux règles de vie ainsi qu'aux moyens de formuler des requêtes auprès de l'établissement et des autorités hiérarchiques, de tutelle ou de contrôle. Ces informations doivent leur être communiquées dans une langue et en des termes qu'elles comprennent, sur un support qu'elles peuvent conserver.

2.2. *La prise en charge*

32. Le transport des personnes privées de liberté vers ou depuis un lieu d'enfermement doit être effectué dans des conditions garantissant leur dignité et leur sécurité. S'il est recouru à des moyens de contrainte lors de ces déplacements, ils doivent être retirés lorsque la personne concernée est arrivée dans un lieu fermé. Les modalités de transport et d'acheminement doivent éviter d'exposer les personnes concernées aux yeux du public.

33. Le contrôle des effets des personnes privées de liberté à leur arrivée doit viser à en établir l'inventaire précis et contradictoire avant de procéder au retrait, le cas échéant, d'objets interdits. Un exemplaire de cet inventaire doit être remis à la personne concernée. L'original doit être conservé au dossier de l'intéressé, afin de servir de preuve en cas de contestation ultérieure.

GàV – Cette recommandation s'applique en matière de garde à vue, à l'exception des objets susceptibles d'être saisis par l'autorité judiciaire dans le cadre d'une enquête.

34. Toute mesure de retrait des effets personnels doit être individuelle, nécessaire et proportionnée au regard de la protection de la sécurité des personnes et du maintien de l'ordre au sein de l'établissement concerné. Tout objet retiré doit être placé en lieu sûr.

EP – La liste des objets interdits au sein de l'établissement pénitentiaire doit être publiée et objectivée. Elle doit être accessible à tous et ne donner lieu à aucune discrimination.

GàV – Cette recommandation s'applique en matière de garde à vue, à l'exception des objets susceptibles d'être saisis par l'autorité judiciaire dans le cadre d'une enquête.

35. Une visite médicale doit être systématiquement proposée au début de la mesure. Elle doit être possible à tout moment, sur demande ou en cas d'urgence, au sein du lieu de privation de liberté, en milieu médical ou hospitalier. Si elles suivent un traitement ou bénéficient d'une prise en charge sanitaire particulière, les personnes privées de liberté doivent pouvoir les poursuivre.

CEF – Dès lors que le mineur ou le titulaire de l'autorité parentale la demandent, que ce soit conjointement ou séparément, la visite médicale doit obligatoirement avoir lieu.

36. Dès le début de la mesure, des informations doivent être collectées sur les personnes enfermées, leur situation et leurs besoins, afin d'adapter leur prise en charge. A cette fin, doivent notamment être recueillis tous les éléments relatifs à leur âge, à leur état de santé, à la langue qu'elles parlent et à leur situation financière.

2.3. *Les conditions matérielles des séjours transitoires ou de courte durée*

37. Les conditions matérielles d'accueil, d'attente ou de séjour doivent toujours permettre aux personnes privées de liberté de s'asseoir, s'allonger, se reposer et s'alimenter dans des conditions dignes. Toute personne passant la nuit dans un lieu d'enfermement doit pouvoir s'y reposer dans des conditions satisfaisantes d'hygiène, d'espace et de confort.

38. Les personnes enfermées doivent à tout moment avoir accès à des toilettes, dans des conditions préservant leur dignité et leur intimité. Des produits d'hygiène élémentaire adaptés à leur âge, à leur genre et à leur état de santé doivent leur être proposés. Les personnes privées de liberté peuvent accéder à une douche notamment avant une audition ou un entretien, ou encore après une nuit, munies des affaires nécessaires à leur toilette.

39. Les personnes privées de liberté doivent pouvoir signaler à tout moment au personnel leur besoin d'une assistance.

GàV – Les autorités de police et de gendarmerie doivent assurer une surveillance humaine permanente des personnes gardées à vue. Ces dernières doivent pouvoir entrer en relation avec le personnel à toute heure du jour et de la nuit.

40. Le personnel doit adapter sa surveillance et sa prise en charge à la situation et à la personne enfermée. Une attention particulière, qui ne peut se limiter à des mesures de surveillance accrues ou au recours à des moyens de contrainte supplémentaires, doit être prêtée au risque suicidaire par une présence humaine non intrusive, professionnelle et bienveillante. Le risque suicidaire ne peut être prévenu par des moyens contraires à la dignité des personnes concernées.

2.4. La prise en compte de la situation antérieure

41. Sous réserve d'une opposition de la personne concernée, les autorités compétentes doivent assurer la continuité des prises en charge médicales, sociales et économiques antérieures à la mesure d'enfermement. Toute situation appelant une intervention immédiate doit être portée à la connaissance des autorités ou des services compétents.

42. Sauf décision judiciaire contraire, l'enfermement ne doit entraîner aucune rupture dans l'accès ou l'exercice des droits sociaux, civiques et civils des personnes qui y sont soumises. Les personnes privées de liberté doivent recevoir toute information utile afin de leur permettre de sauvegarder leurs droits (sociaux, civils, familiaux) ou de les faire valoir et doivent être assistées dans les démarches que la privation de liberté rendrait difficiles.

GàV – Non applicable dans le cadre d'une enquête de flagrance.

43. Les autorités en charge des lieux de privation de liberté doivent tenir compte de l'inscription des personnes dans un cursus d'enseignement, quel qu'il soit, afin d'en permettre la continuité.

CEF – Tout établissement accueillant des mineurs doit être organisé pour assurer le respect de l'obligation scolaire.

GàV – Non applicable dans le cadre d'une enquête de flagrance.

2.5. La prise en compte des situations de vulnérabilité

44. Les personnes privées de liberté ne peuvent faire l'objet de discriminations fondées sur l'origine, le sexe, l'âge, l'apparence physique, la situation économique, le patronyme, le lieu de résidence, l'état de santé, la perte d'autonomie, le handicap, les mœurs, l'orientation sexuelle, l'identité de genre, les opinions politiques, la capacité à s'exprimer dans une langue autre que le français, l'origine, la religion, les antécédents judiciaires ou la situation administrative.

45. Une attention particulière doit être portée aux besoins spécifiques des personnes en situation de handicap ou de dépendance afin de leur assurer des conditions d'hébergement et de prise en charge adaptées. Les lieux doivent être adaptés et permettre d'accéder à l'ensemble des équipements de leur espace de vie personnel ainsi qu'aux lieux collectifs. Les personnes en situation de handicap ou de dépendance doivent bénéficier d'une assistance spécifique, notamment en matière d'hygiène et d'entretien de leurs locaux et de leur linge.

46. L'absence de ressources des personnes privées de liberté ne saurait conduire à les priver de conditions matérielles d'hébergement respectueuses de leur dignité et de leurs droits fondamentaux.

47. Les personnes privées de liberté ne disposant pas de ressources suffisantes pour leur assurer de conditions de vie dignes doivent être rapidement identifiées par les responsables du lieu de privation de liberté. Elles doivent pouvoir bénéficier gratuitement de vêtements, de produits d'hygiène corporelle et de produits d'entretien de leur lieu de vie ainsi que des moyens d'entretenir des contacts avec l'extérieur. Le manque de ressources ne saurait, à lui seul, priver les personnes concernées de tout exercice de leur autonomie, qu'il s'agisse de se prendre en charge, de se cultiver ou de se distraire.

48. L'administration, éventuellement en relation avec des services ou des organismes sociaux, associatifs ou caritatifs, doit mettre en œuvre tout moyen permettant l'amélioration des conditions de prise en charge des personnes privées de liberté (accès à une activité rémunérée, mise en place d'une aide numéraire, bourses, dons de vêtements, etc.).

2.6. L'orientation

49. A l'issue de la procédure d'accueil, les personnes privées de liberté doivent être orientées vers un lieu ou un service dont le régime est adapté à leur situation, à leur état de santé et à leurs perspectives de sortie, ainsi qu'à l'objectif de la mesure de privation de liberté. Le choix d'un lieu d'enfermement ou, au sein de ce lieu, d'un régime particulier doit, en tout état de cause, garantir aux personnes enfermées le respect de leur dignité et l'exercice effectif de leurs droits fondamentaux.

50. L'orientation doit se faire dans l'intérêt exclusif des personnes qu'elle concerne. Elle ne saurait avoir pour finalité de répondre aux contraintes d'organisation de l'administration. Ses modalités pratiques doivent permettre l'identification de la prise en charge la mieux adaptée.

51. Toute procédure d'orientation doit permettre aux personnes concernées et, le cas échéant, à leurs représentants légaux de faire connaître leurs observations ou leurs souhaits.

Les personnes privées de liberté doivent à tout moment pouvoir formuler une demande de changement de lieu ou de régime de prise en charge.

EP – Dans le cadre d'une procédure d'orientation ou de changement d'affectation, une information complète et actualisée relative au lieu de destination doit être apportée à la personne détenue.

3. *Protéger les personnes privées de liberté contre toute atteinte à leur intégrité physique ou psychique*

Toute mesure d'enfermement est porteuse d'un risque de violences. L'enfermement peut être vécu comme une violence par la personne à laquelle il est imposé. Elle ne s'y soumet pas toujours sans résistance. Les lieux de privation de liberté sont par ailleurs des lieux clos, dans lesquels les violences peuvent être discrètes, voire dissimulées, aux yeux des personnes extérieures comme aux yeux du personnel.

Il appartient aux autorités en charge des lieux d'enfermement d'assurer la protection des personnes qui leur sont confiées contre toute forme de violence. A ce titre, il leur revient de ne pas porter atteinte à l'intégrité physique ou psychique des personnes enfermées, ni de permettre qu'il y soit porté atteinte. Il leur incombe la charge de prendre toute mesure propre à prévenir la violence et à y mettre fin, sans risquer d'y recourir elle-même. Si l'usage de la force s'avère nécessaire, il doit être proportionné et maitrisé, c'est-à-dire exclusif de toute violence.

Principes généraux

52. Les autorités en charge des lieux de privation de liberté doivent garantir aux personnes qui leur sont confiées la protection contre toute forme de violences. A cette fin, elles doivent prendre toute mesure propre à les prévenir et à y mettre fin dans le respect de la dignité et des droits fondamentaux des personnes enfermées.

53. Aucun acte de violence au sein d'un lieu de privation de liberté ne saurait rester sans réponse de la part de l'administration qui en a la charge.

3.1. *Le constat des violences*

54. La procédure d'accueil au sein d'un lieu de privation de liberté doit mettre en place les mesures nécessaires à la détection de tout acte de violence ayant pu être commis sur la personne accueillie, avant ou au moment de sa prise en charge. Ces mesures doivent faire l'objet de procédures explicites, mentionnées dans les documents d'accueil. Les titulaires de l'autorité parentale et l'autorité mandante doivent être informés de toute suspicion de violences sur un mineur privé de liberté.

55. Le personnel médical et soignant doit rechercher les signes permettant de penser qu'une personne privée de liberté aurait pu subir des violences ou mauvais traitements, en particulier à son arrivée ou à la suite d'une mesure de mise à l'écart. En cas de suspicion, le soignant ou le médecin doit consigner les éléments recueillis et signaler la situation aux autorités compétentes, conformément aux dispositions du code de la santé publique et du code de procédure pénale.

56. Les personnes privées de liberté doivent à tout moment être en mesure d'alerter le personnel des violences dont elles sont victimes ou témoins. Lorsque le personnel n'est pas à proximité immédiate, des dispositifs d'appel ou d'alerte doivent permettre son intervention immédiate, y compris la nuit.

57. Toute blessure ou lésion, ainsi que toute doléance exprimée par une personne privée de liberté au sujet de violences qu'elle déclare avoir subies, doit faire l'objet d'un examen médical. Un certificat médical doit être établi dans les plus brefs délais ; son original doit être remis à la personne concernée et une copie conservée à son dossier. A moins qu'une procédure judiciaire y fasse obstacle, une copie du certificat médical doit également être remise aux titulaires de l'autorité parentale.

58. Le certificat remis à l'occasion du constat de traces de violences sur une personne privée de liberté doit prendre la forme d'un certificat médico-légal. Il doit comprendre une description exhaustive des constatations médicales effectuées ainsi qu'une transcription des déclarations de l'intéressé. Ce certificat doit également déterminer l'incapacité totale de travail ayant résulté des constats effectués.

59. Une attention accrue des professionnels intervenant au sein des lieux de privation de liberté doit être portée aux personnes en situation de vulnérabilité au sens du paragraphe 2.5, au regard des risques de violences physiques ou mentales dont elles peuvent être l'objet. Une formation relative à la prise en charge de la violence doit leur être dispensée à cette fin.

60. Tout membre du personnel des lieux de privation de liberté qui, dans l'exercice de ses fonctions, acquiert la connaissance de fait de violences commises sur les personnes enfermées doit en donner avis sans délai au procureur de la République.

61. Les personnes enfermées doivent pouvoir signaler à une instance d'écoute confidentielle tout comportement portant atteinte à l'intégrité physique ou psychique dont elles sont les victimes ou les témoins et bénéficier, si elles le souhaitent, d'un régime de protection adapté.

3.2. *Les suites données aux constats de violences*

62. L'autorité en charge d'un lieu de privation de liberté doit prendre toute mesure nécessaire et proportionnée, propre à prévenir et à mettre immédiatement fin aux comportements portant atteinte ou susceptible de porter atteinte à l'intégrité physique ou psychique des personnes enfermées.

63. Tout constat d'atteinte à l'intégrité physique ou psychique des personnes privées de liberté doit être instruit avec diligence par la direction du lieu où elles séjournent. Les suspicions de violences doivent faire l'objet d'un examen afin d'établir la réalité des faits. Lorsque des manquements de la part de membres du personnel sont établis, ils doivent faire l'objet d'une réponse adaptée. Les auteurs de violences doivent être également pris en charge dans une perspective de prévention.

64. Les plaintes ou témoignages relatifs à des faits de violence doivent systématiquement être recueillis. Leur suivi et leur traitement doivent s'effectuer dans le cadre d'une procédure ou d'une enquête indépendante et impartiale. Toute mesure nécessaire à la préservation des éléments de preuve, notamment les images de vidéosurveillance, doit être prise immédiatement. Les auteurs de signalements doivent bénéficier d'un régime de protection adapté.

65. Le recueil et la conservation des informations relatives aux violences doivent permettre une analyse rétrospective des situations, comportements ou pratiques donnant lieu à violence afin d'y remédier.

66. Toute personne victime de violence doit être informée des droits et moyens d'action liés à sa situation. Elle doit pouvoir porter plainte et demander réparation si elle le souhaite et, en tout état de cause, accéder à un dispositif d'aide ou d'accompagnement. Elle doit être tenue informée des suites données à sa plainte ou à son signalement et faire l'objet d'une protection adaptée.

67. Lorsqu'un mineur privé de liberté est victime de violences, l'autorité mandante doit en être avisée. A moins qu'une procédure judiciaire y fasse obstacle, les titulaires de l'autorité parentale doivent également en être informés.

4. *Satisfaire les besoins élémentaires des personnes privées de liberté et respecter leur dignité dans les actes de la vie quotidienne*

La privation de liberté met toujours en péril la dignité des personnes dont elle brise l'ordinaire quotidien. Elle les éloigne de leurs proches, les soustrait à leur environnement et leurs activités habituelles. Elle entraîne des contraintes susceptibles à tout instant de retarder une prise en charge nécessaire ou la prise en compte d'un besoin particulier. Toute mesure d'enfermement entraîne la dépendance – au moins partielle – des personnes concernées au personnel du lieu dans lequel elles sont hébergées.

Dès lors, l'autorité publique qui la met en œuvre doit garantir le respect de leur dignité et de leurs droits fondamentaux à tout moment et en tout lieu, dans l'accomplissement des gestes les plus banals et pour la satisfaction des besoins les plus élémentaires. Elle assume à cette fin la responsabilité de définir, organiser et mettre en œuvre les moyens d'y parvenir.

Principes généraux

68. Quel que soit le lieu où elles se trouvent et quel que soit le régime d'enfermement auquel elles sont soumises, les personnes privées de liberté doivent se voir assurer le respect

d'un socle intangible de droits et libertés garantissant le respect de leur dignité et la satisfaction de leurs besoins élémentaires.

69. Aucune mesure d'enfermement ne doit s'exécuter dans un lieu ou dans un local non conforme aux recommandations du présent chapitre. A défaut de garantir le respect de ces règles dans un lieu de substitution, la mesure doit être levée.

GàV – A défaut de disposer d'un espace suffisant et adapté permettant l'hébergement des personnes gardées à vue dans un lieu et dans des conditions conformes aux présentes recommandations, les autorités compétentes doivent transférer les personnes gardées à vue dans un lieu garantissant le respect de la dignité et des droits fondamentaux, ou lever la mesure.

70. La prise en charge et l'ensemble des conditions matérielles relatives aux lieux de privation de liberté doivent être adaptées à l'âge, à l'état de santé ou au handicap de la personne concernée.

4.1. *Les besoins élémentaires*

71. En tout lieu, les personnes privées de liberté doivent accéder à des espaces – intérieurs et extérieurs – au sein desquels elles sont libres de se mouvoir et d'aller et venir. Un espace personnel suffisant doit leur être assuré.

GàV – Non applicable.

72. Les personnes privées de liberté ont droit au repos, notamment la nuit. Elles doivent pouvoir être hébergées dans un environnement calme permettant le sommeil et bénéficier d'un repos ininterrompu.

73. Les personnes privées de liberté doivent à tout moment pouvoir signaler un besoin ou formuler une demande. Lorsque le personnel de la structure d'accueil n'est pas à proximité immédiate, un dispositif d'appel doit être mis en place afin d'obtenir l'aide nécessaire dans un délai utile et raisonnable, y compris la nuit.

CEF – A toute heure du jour et de la nuit, les mineurs placés en centre éducatif fermé doivent pouvoir s'adresser de manière directe à un membre du personnel, qui doit être à proximité immédiate.

74. Les personnes privées de liberté ont le droit de porter leurs vêtements personnels. Leurs proches doivent être autorisés à leur en apporter et l'administration doit fournir gratuitement des vêtements aux personnes qui en ont besoin. Une tenue de ville doit être mise à leur disposition pour des occasions particulières, notamment en cas de présentation à l'autorité judiciaire. En dehors des vêtements de travail, l'imposition d'une tenue uniforme ou d'une vêture inappropriée doit être proscrite.

GàV – Les autorités de police et de gendarmerie s'assurent de l'hygiène et de la dignité vestimentaire des personnes gardées à vue avant leur présentation à l'autorité judiciaire. En tant que de besoin, la personne de confiance doit être autorisée à leur apporter des effets vestimentaires permettant d'assurer leur dignité.

ESM – L'imposition systématique du port du pyjama doit être prohibée.

75. Le respect du droit à l'intimité interdit de recourir à des mesures de surveillance permanentes, notamment à l'usage constant de la vidéosurveillance dans les cellules, chambres et locaux sanitaires.

76. L'autonomie des personnes privées de liberté doit être possible et encouragée, sans que cela n'exonère l'administration de son obligation de protection au titre de laquelle elle leur fournit toute assistance nécessaire, notamment matérielle et sanitaire.

4.2. *L'hébergement*

77. Les conditions matérielles d'hébergement ne doivent porter atteinte ni à l'intégrité physique ou psychique des personnes enfermées, ni à leur dignité. A cette fin, l'ensemble des lieux où elles séjournent, travaillent ou circulent doivent respecter les normes de sécurité, d'hygiène, de confort et d'accessibilité.

78. Les lieux de privation de liberté doivent garantir un hébergement individuel. Il peut être dérogé au principe de l'hébergement individuel lorsque les personnes concernées en expriment le souhait et que celui-ci paraît conforme à leur intérêt et à leur situation. Dans ce cas, les locaux doivent disposer d'espaces proportionnés au nombre de personnes accueillies. Sauf lorsqu'il en va de l'intérêt supérieur de l'enfant, l'hébergement des mineurs privés de liberté doit toujours être individuel.

GàV – Lorsqu'il est fait usage de cellules collectives, celles-ci doivent être proportionnées au nombre de personnes accueillies.

79. Le nombre de personnes hébergées au sein d'un lieu de privation de liberté ne doit jamais excéder le nombre de personnes que ce lieu est en mesure d'héberger dans le respect de leur dignité. Le recours à un couchage de fortune ne saurait garantir le respect de la dignité des personnes privées de liberté et doit être prohibé.

80. Les locaux, individuels ou collectifs, doivent être aménagés conformément à leur destination.

GàV – Les locaux de garde à vue doivent disposer d'un endroit permettant aux personnes gardées à vue de prendre un repas hors de leur cellule.

81. Tout lieu de privation de liberté doit disposer d'un volume, d'un éclairage naturel et artificiel, d'un chauffage et d'une aération conformes aux normes habituelles en matière de locaux d'habitation ou de travail et tenant compte des conditions effectives d'enfermement.

82. Les personnes privées de liberté ne peuvent être hébergées que dans des locaux dont les fenêtres permettent une vue directe sur des espaces élargis.

GàV – Non applicable.

83. L'intimité des personnes hébergées dans les lieux de privation de liberté doit être préservée, notamment dans les sanitaires ou les salles d'eau. Les sanitaires doivent être isolés du reste de la pièce par une véritable cloison et ne pas être visibles par le personnel ; si les douches sont collectives, elles doivent être constituées de cabines individuelles fermées.

84. Les personnes privées de liberté doivent disposer d'un lit adapté à leurs caractéristiques physiques et à leur état de santé, ainsi que d'une literie régulièrement renouvelée. Les locaux d'hébergement doivent être dotés d'un mobilier permettant à leurs occupants de s'asseoir, de prendre place à une table ainsi que de ranger leurs effets personnels. Les personnes privées de liberté doivent vivre au quotidien dans un environnement permettant et encourageant les relations avec autrui.

GàV – Non applicable.

4.3. *L'hygiène*

85. Les lieux de privation de liberté doivent être maintenus dans un bon état d'entretien, de maintenance et d'hygiène. Ils doivent être propres dès l'admission des personnes privées de liberté, y compris lorsqu'elles n'y sont accueillies que temporairement. Elles doivent à tout moment disposer des moyens de signaler un problème d'entretien ou de maintenance auquel il doit être donné suite. Aucune personne ne doit rester enfermée dans un local non conforme aux présentes recommandations.

86. Les personnes privées de liberté doivent disposer d'un accès libre à des toilettes, dans des conditions garantissant le respect de leur dignité et de leur intimité.

87. Les personnes privées de liberté doivent disposer des moyens de veiller à leur hygiène personnelle et vestimentaire. A cette fin, les responsables des lieux d'hébergement tiennent à leur disposition des produits d'hygiène adaptés à leur genre, ainsi que les moyens d'entretenir leur linge. L'accès à des installations sanitaires, douches et lavabos, doit être libre. A défaut, il doit être possible quotidiennement et sans attente.

GàV – Les personnes gardées à vue doivent être informées de la possibilité d'accéder à des installations sanitaires, à tout moment, sur simple demande. Elles doivent disposer en permanence de nécessaires d'hygiène pour hommes et pour femmes, qui leur sont remis sans restriction.

88. Les personnes enfermées doivent pouvoir prendre soin de leur apparence au-delà des seuls impératifs liés à l'hygiène. Des services doivent être prévus pour le leur permettre.

89. Si l'entretien des locaux n'est pas pris en charge par le responsable du lieu concerné, celui-ci doit fournir les produits d'hygiène et d'entretien nécessaires. Une attention particulière doit être prêtée à la gestion des déchets : le nombre de poubelles et leur contenance doivent être adaptés au nombre de personnes hébergées et faire l'objet d'un ramassage au moins quotidien.

GàV – L'entretien des locaux relève toujours de la responsabilité de l'autorité qui en a la charge.

4.4. *La restauration*

90. Les personnes privées de liberté doivent recevoir une alimentation variée, tenant compte de leur âge, de leur état de santé, de leur condition physique, de leur religion et de leur culture. Trois repas quotidiens doivent être proposés à des intervalles réguliers et aux horaires d'usage. Des dispositions doivent être prises pour assurer l'alimentation des personnes absentes de l'établissement à l'heure habituelle d'un repas.

EP – Les personnes détenues doivent disposer des moyens d'être autonomes dans la préparation et la conservation de leurs repas. Elles doivent bénéficier d'un choix de produits variés, dont les prix sont alignés sur ceux du supermarché le plus proche de l'établissement pénitentiaire. Aucune limitation de quantité ne peut être pratiquée et le délai de livraison doit être réduit.

91. La nourriture doit être préparée et servie dans des conditions d'hygiène conformes aux normes sanitaires et aux recommandations nutritionnelles. Elle doit être distribuée en quantité suffisante et à une température adéquate.

ESM – Les patients hospitalisés dans un service de psychiatrie d'un hôpital général ou universitaire doivent recevoir une alimentation adaptée à leur âge, à leur état de santé et à la durée de leur séjour. Cette alimentation doit être différente de celle des patients hospitalisés pour des soins somatiques.

92. Les personnes privées de liberté doivent avoir accès à l'eau potable à tout moment, sans limitation de quantité et dans des conditions préservant leur dignité.

4.5. *L'accès à l'extérieur*

93. Toute personne privée de liberté doit avoir un accès quotidien à l'air libre, pour s'aérer, marcher, se détendre, profiter d'un environnement naturel ou pratiquer une activité physique. Les espaces extérieurs doivent permettre de voir le ciel, offrir un abri contre les intempéries, des aménagements permettant de s'asseoir ainsi que des installations sanitaires. Ils doivent également disposer d'un espace et d'aménagements permettant l'exercice physique.

GàV – Toute personne placée en garde à vue doit pouvoir accéder plusieurs fois par jour à un espace à l'air libre, à l'abri de la vue des tiers, comprenant un abri pour intempéries ainsi que du mobilier lui permettant de s'asseoir.

94. L'accès à un espace extérieur doit s'exercer dans des conditions permettant les rencontres et les échanges entre les personnes qui vont s'y trouver, dans le respect de la sécurité de chacun.

GàV – Non applicable.

5. *Permettre aux personnes privées de liberté de s'exprimer, de participer à une vie sociale et d'exercer des activités*

Une fois accueillies au sein d'un lieu d'enfermement, les personnes privées de liberté font face à l'étendue des jours ; il s'agit désormais d'occuper ce temps et d'y trouver une place. Si les lieux d'enfermement sont des lieux de séparation, leur organisation et leurs aménagements doivent permettre que l'on s'y rencontre et que l'on s'y côtoie, dans les espaces communs, les salles de vie ou d'activités. Des lieux et des temps de liberté doivent subsister, pour permettre aux personnes qui le souhaitent de se distraire, se dépenser, se former, se cultiver ou travailler.

Principes généraux

95. Les autorités doivent encourager les personnes privées de liberté à ne pas se tenir isolées. A cette fin, elles doivent leur garantir la possibilité de s'exprimer et d'entrer en relation avec autrui, au quotidien et au travers d'activités motivantes, individuelles, collectives et mixtes.

GàV – Non applicable.

5.1. *Les voies d'expression individuelle et collective*

96. Les personnes privées de liberté doivent pouvoir adresser leurs requêtes, questions ou doléances aux personnes ou services compétents. La structure d'accueil doit offrir aux personnes privées de liberté, y compris en situation d'illettrisme, muettes ou non francophones, une assistance à la formulation des requêtes ainsi que les moyens pour les formuler et les adresser à leurs destinataires.

97. Les requêtes, questions ou doléances des personnes privées de liberté doivent être examinées avec diligence et recevoir une réponse adaptée, complète et intelligible, dans un délai raisonnable. En l'absence de réponse, la personne requérante doit pouvoir faire appel à une instance hiérarchique. Le rejet d'une requête doit faire l'objet d'une explication et, s'il

y a lieu, d'une motivation permettant l'exercice d'un recours devant une autorité hiérarchique, de tutelle ou juridictionnelle. La notification d'un rejet doit comporter, s'il y a lieu, les délais et les modalités d'un recours.

98. Les administrations en charge des lieux de privation de liberté doivent disposer des moyens permettant l'identification et le suivi individualisé de toute personne qui se tient isolée afin de s'assurer de l'absence de risque psychique ou médical particulier, de sa sécurité et de sa compréhension de la situation.

99. Les modalités de traçabilité des requêtes et des doléances doivent permettre d'identifier des difficultés récurrentes et d'analyser les pratiques afin de mettre en place des mesures correctives.

100. Un dispositif de médiation interne doit être mis à la disposition des personnes enfermées. L'information sur les modalités de sa mise en œuvre doit être incluse dans la documentation délivrée aux personnes privées de liberté à leur arrivée et faire l'objet d'un affichage dans les langues qu'elles comprennent. Le recours à la médiation doit être systématiquement envisagé en cas de différend entre une personne privée de liberté et les services qui la prennent en charge.

5.2. *L'enseignement et la formation*

101. Des enseignements et formations professionnelles de tout niveau doivent être proposés en quantité suffisante aux personnes majeures privées de liberté, notamment lorsqu'elles sont hébergées pour de longs séjours. L'offre doit être adaptée aux personnes que leur situation ou leur état de santé pourrait tenir à l'écart de ces activités.

EP – Dans les établissements pénitentiaires, l'enseignement et la formation professionnelle doivent être proposés de manière systématique. Les moyens nécessaires doivent être utilisés pour l'organisation des examens.

GàV – Non applicable.

102. Les enfants et adolescents privés de liberté ont le droit à l'éducation. A cette fin, tout lieu de privation de liberté accueillant des enfants ou adolescents doit recourir à des professionnels et disposer des moyens de leur dispenser un enseignement adapté à leur état de santé, à leurs besoins individuels et à la durée de leur enfermement et selon des modalités au moins équivalentes à celles du droit commun. Il peut prendre place à l'intérieur ou à l'extérieur du lieu de privation de liberté. Les moyens nécessaires à l'organisation des examens sont mis en place en tant que de besoin.

CRA – Non applicable.

GàV – Non applicable.

103. Les personnes en situation d'illettrisme doivent être identifiées et se voir systématiquement proposer un enseignement particulier.

CRA – Non applicable.

GàV – Non applicable.

104. L'offre de formation professionnelle doit être variée et adaptée au public accueilli et privilégier les formations favorisant l'accès à l'emploi ou la préparation à la sortie. Elle doit être dispensée dans des conditions permettant la poursuite des enseignements à l'issue de la mesure d'enfermement. Les formations qualifiantes doivent être favorisées et, le cas échéant, les moyens nécessaires pour l'organisation des examens et la validation des acquis de l'expérience doivent être mis en place. La formation doit donner lieu à un diplôme ou une attestation qui ne fait pas mention du lieu de réalisation de la formation.

GàV – Non applicable.

5.3. *Le travail*

105. Le travail des personnes privées de liberté ne peut avoir de caractère obligatoire ou afflictif. Il doit être réservé aux personnes dont l'âge et l'état de santé le permettent. Celles-ci doivent disposer des moyens nécessaires à l'exercice d'une nouvelle activité ou de leur activité antérieure, afin de préparer leur sortie, de percevoir une rémunération et de retrouver un équilibre personnel.

EP – a) Les autorités en charge des établissements pénitentiaires doivent adopter une démarche dynamique de recherche de partenariats afin d'assurer aux personnes incarcérées une offre d'emploi suffisante et adaptée. Des postes aménagés doivent être proposés aux personnes handicapées. L'offre et les installations de travail doivent être adaptées au nombre de personnes privées de liberté hébergées au sein de l'établissement pénitentiaire et permettre la mixité.

b) Les principes généraux du droit social, relatifs notamment à la protection sociale et à la rémunération, doivent s'appliquer dans les établissements pénitentiaires.
c) Toute personne incarcérée peut librement candidater à une offre d'emploi. La sélection d'un candidat doit être effectuée sans discrimination, selon des critères préalablement fixés. L'arrêt de la relation de travail doit être motivé et notifié à la personne concernée, qui doit disposer d'un recours.
d) Les heures travaillées doivent faire l'objet d'une traçabilité contradictoire et assurer une rémunération juste et évolutive, permettant de faire face aux nécessités de la vie quotidienne et de la préparation à la sortie. Les travailleurs doivent en disposer librement sous la seule réserve de procédures d'exécution forcée et de la répartition sur le compte nominatif.
e) Les travailleurs privés de liberté doivent bénéficier d'horaires encadrés et convenus à l'avance, permettant un repos quotidien et hebdomadaire suffisant. L'organisation du travail ne doit pas les priver de l'accès à d'autres activités, scolaires ou récréatives, aux rendez-vous médicaux ou aux rencontres avec leurs proches.
f) Tout travail doit être organisé conformément aux normes d'hygiène et de sécurité en vigueur. Ces règles doivent être formalisées et portées à la connaissance des personnes détenues.
CEF – Non applicable.
GàV – Non applicable.

5.4. *Les autres activités*

106. Les personnes privées de liberté doivent se voir proposer un éventail d'activités thérapeutiques, éducatives, récréatives, sportives, artistiques et culturelles dont le nombre et la diversité doivent croitre avec la durée de la mesure d'enfermement. Ces activités doivent être adaptées à des profils variés selon les capacités physiques, l'état de santé, les intérêts, la culture et la langue parlée. Toute personne qui le souhaite doit pouvoir en profiter.
GàV – Non applicable.
107. Les personnes privées de liberté doivent être consultées et associées au choix des activités qui leur sont proposées.
GàV – Non applicable.
108. Chaque lieu de privation de liberté doit offrir un choix varié et adapté de lectures aux personnes hébergées, dans des langues qu'elles maîtrisent. Une bibliothèque correctement approvisionnée doit être accessible à tous, sans autorisation préalable. Celle-ci doit notamment disposer des ouvrages nécessaires à la connaissance et à la compréhension des régimes juridiques auxquels les personnes enfermées sont soumises ainsi que des droits dont elles sont titulaires.
GàV – Non applicable.

6. *Garantir aux personnes privées de liberté un accès aux soins équivalent à celui de la population libre*

Toute situation d'enfermement est susceptible de porter atteinte à l'état de santé physique et psychique des personnes concernées. Aussi les modalités d'accès aux soins des personnes enfermées sont-elles primordiales. L'accès aux soins des personnes privées de liberté doit être organisé par l'ensemble des services concernés, conjointement et de manière concertée, dans le respect de leurs devoirs et de leurs missions respectives. Les ministères concernés doivent se donner les moyens de connaître l'état de santé général de ces populations afin de pouvoir adapter au mieux les moyens à mettre en œuvre.
L'effectivité de l'accès aux soins suppose également qu'une relation de confiance s'instaure entre le soignant et la personne enfermée. L'environnement doit permettre à cette relation de s'établir et de se maintenir, ce qui passe par des conditions matérielles adaptées, garantissant la protection du secret médical et de la confidentialité des soins, mais également au temps qu'il sera possible de consacrer. A tout moment et en tout lieu, les soignants doivent pouvoir disposer et prendre le temps de s'entretenir avec leurs patients.

Principes généraux

109. Les personnes placées dans un lieu de privation de liberté doivent avoir accès aux soins à tout moment. Elles doivent bénéficier de soins de santé équivalents à ceux qui sont

dispensés dans la population générale. Ce principe doit s'appliquer sans réserve quels que soient le fondement juridique de la mesure de privation de liberté, la pathologie concernée ou les handicaps qui affectent les patients.

CRA – L'hospitalisation de la personne retenue doit entraîner la levée de la mesure de rétention administrative, dès lors qu'elle n'est pas en mesure d'exercer ses droits.

110. L'accessibilité des soins ne doit pas relever de la seule responsabilité du personnel soignant. Elle doit être structurellement organisée par l'administration en charge du lieu d'enfermement et le service de santé. L'administration doit veiller également à la mise en place des partenariats permettant de garantir aux personnes privées de liberté des conditions d'enfermement et de prise en charge compatibles avec leur état de santé physique ou psychique.

111. L'autorité publique doit garantir aux personnes enfermées un accès aux soins sans discrimination, qui tient compte de leur âge et de leur culture. Le concours d'un service d'interprétariat doit être systématiquement proposé aux personnes qui en ont besoin ou qui en font la demande.

EP – Au regard de sa mission d'insertion, lorsque les soins d'un détenu ne peuvent être couverts ni par son assurance sociale, ni par ses ressources personnelles, il appartient à l'administration pénitentiaire de prévoir les moyens de financer la part qui reste à payer au détenu.

112. Aucune hospitalisation ne doit entraîner d'atteinte aux droits et prérogatives attachés au statut au titre duquel les personnes sont privées de liberté.

113. Le consentement aux soins du patient capable de discernement, même mineur, doit être recherché, recueilli et respecté, y compris en cas de grève de la faim. Le personnel soignant et médical doit systématiquement recueillir les observations des patients enfermés sur leur prise en charge.

114. Les titulaires de l'autorité parentale doivent conserver l'ensemble des droits et devoirs liés à son exercice lorsque des soins sont à prodiguer à un mineur privé de liberté. Le consentement aux soins des titulaires de l'autorité parentale doit être recueilli dès l'arrivée et renouvelé en cas de procédure médicale non usuelle. Sauf exceptions légales, ils doivent être immédiatement informés de l'hospitalisation d'un mineur. Si les titulaires de l'autorité parentale assortissent leur consentement de restrictions susceptibles d'être contraires à l'intérêt supérieur de l'enfant, l'autorité mandante doit en être immédiatement informée, y compris en l'absence d'urgence.

115. Le personnel soignant et médical intervenant dans un lieu de privation de liberté doit accomplir ses missions en toute indépendance, dans le respect de ses principes déontologiques et des règles de l'art. Aucun soignant intervenant dans un lieu de privation de liberté ne peut agir en qualité d'expert pour les personnes qui y sont enfermées.

116. Une politique formalisée et des procédures particulières permettant la détection et la prévention et la prise en charge du risque suicidaire doivent être mises en place.

6.1. *La prévention et l'adaptation des conditions matérielles*

117. Les services de santé dans les lieux d'enfermement doivent être investis, au-delà du soin, d'une responsabilité de médecine sociale et préventive concernant notamment l'hygiène, la protection contre les infections transmissibles, l'accompagnement face aux conduites addictives et la prévention des suicides et de la violence. Ils doivent contribuer à la mise en place de dispositifs d'éducation à la santé, en particulier auprès des mineurs privés de liberté.

GàV – Non applicable.

118. Dans le cadre de sa mission de prévention, le personnel soignant doit connaître concrètement les conditions d'hébergement et de prise en charge des personnes enfermées, notamment celles dont la situation entraîne une vulnérabilité particulière ; à cette fin, il doit accéder librement à leurs espaces de vie et prêter une attention particulière à leurs conditions de prise en charge et d'hygiène. Lorsque le personnel soignant identifie un manquement ou un risque de manquement, il doit en informer l'autorité en charge du lieu concerné, laquelle doit en tenir compte. A défaut, le personnel médical doit saisir les autorités compétentes.

119. Lorsque le personnel soignant estime que l'état de santé physique ou psychique d'une personne privée de liberté est incompatible avec les conditions de sa prise en charge, il doit en informer immédiatement les autorités compétentes et, si la personne concernée est mineure, l'autorité mandante et les titulaires de l'autorité parentale. En cas de risque d'atteinte à l'intégrité physique ou psychique d'une personne enfermée, tous les moyens

nécessaires pour éviter sa réalisation doivent être mis en œuvre. La personne concernée et le cas échéant ses représentants légaux doivent être informés des procédures auxquelles elle peut avoir recours à cette fin.

CRA – Le simple risque d'atteinte à l'intégrité physique ou psychique d'une personne retenue doit conduire à une levée de la mesure de rétention administrative.

120. En cas d'incompatibilité durable ou définitive de l'état de santé physique ou psychique d'une personne privée de liberté avec les conditions de son enfermement ou de sa prise en charge, médicalement attestée, il doit être mis fin à la mesure de privation de liberté dans les plus brefs délais, de manière temporaire ou définitive.

CRA – L'incompatibilité de l'état de santé physique ou psychique d'une personne retenue avec les conditions de son enfermement doit entraîner la levée immédiate de la mesure de rétention administrative.

6.2. *L'accès aux soins*

121. Tout lieu d'enfermement doit disposer d'un personnel médical et soignant suffisant, proportionné au nombre et à l'état de santé des patients enfermés. Afin de mieux identifier les besoins, des études épidémiologiques doivent être conduites régulièrement. Une adaptation du nombre de soignants doit être possible dès lors que la patientèle augmente ou qu'une dégradation de son état de santé est constatée.

GàV – Non applicable.

122. Lorsque le personnel soignant d'un lieu de privation de liberté dispose d'un service permanent, ses locaux, installations, équipements et partenariats doivent être adaptés à la population hébergée et de qualité comparable à ce qui existe à l'extérieur. Ils doivent répondre aux mêmes normes d'accessibilité.

123. Lorsque son état le nécessite, toute personne privée de liberté doit avoir accès à un soignant à tout moment et sans retard, y compris sur le signalement d'un tiers, la nuit, le week-end ou les jours fériés, sur place, par une mise en relation directe, ou à l'hôpital.

124. L'accès aux soins intègre des soins somatiques et psychiatriques, y compris spécialisés et paramédicaux. A cette fin, l'intervention de spécialistes au sein des lieux de privation de liberté doit être recherchée. A défaut, les personnes privées de liberté doivent pouvoir sortir de l'établissement pour recevoir les soins qui leur sont nécessaires dans les meilleurs délais. Des dispositifs permettant des consultations à distance peuvent être mis en place. Les soins ne peuvent être différés ou annulés en raison des seules contraintes de sécurité ou d'organisation.

125. Des soins psychologiques ou psychiatriques réguliers doivent être dispensés aux personnes privées de liberté qui en éprouvent le besoin, si nécessaire avec le concours d'un interprète.

GàV – Non applicable.

126. Les personnes privées de liberté admises dans un établissement de santé doivent disposer des moyens de prévenir leurs proches. Si la personne concernée est inconsciente, l'administration doit prévenir la personne de confiance ou la personne à prévenir en cas d'urgence dans les plus brefs délais. Les représentants légaux d'un mineur ou d'un adulte sous tutelle doivent être informés de leur hospitalisation dans les conditions et sous réserve des exceptions prévues par le droit commun.

127. La continuité des soins des personnes privées de liberté doit être assurée à leur arrivée au sein d'un lieu d'enfermement, en cas de changement d'établissement ainsi qu'à leur sortie.

6.3. *Le secret médical et la confidentialité des soins*

128. Les dispositions légales et déontologiques relatives au secret professionnel doivent s'appliquer à la prise en charge des personnes privées de liberté, y compris mineures. Les consultations ne doivent pas avoir lieu en présence de personnel non médical. Si toutefois la surveillance exceptionnelle d'une consultation se déroulant à l'extérieur d'un lieu de privation de liberté est envisagée, la décision doit être prise sur le fondement d'une évaluation individualisée au regard du comportement du patient, de sa personnalité et de son état de santé. Cette évaluation doit être renouvelée à chaque consultation. Toute décision de recourir à des modalités de surveillance ou de garde particulière doit être tracée, motivée et prise avec l'accord exprès du médecin. Elle doit être limitée à ce qui est strictement nécessaire et s'exécuter selon les méthodes les moins intrusives possible.

129. Aucun acte médical impliquant de découvrir ses parties intimes ne peut se dérouler en présence de personnel non médical.

130. Les accouchements doivent se dérouler en dehors du lieu de privation de liberté. A l'exception d'un tiers librement choisi par la mère dans le respect des règles du droit commun, aucun personnel non médical ne peut être présent. Le recours à des moyens de contrainte doit être proscrit. Si un enfant naît dans un lieu de privation de liberté, la nature de l'établissement ne doit pas apparaître sur ses actes d'état civil.

131. Lorsqu'il en va de la protection de la personne privée de liberté ou de la préparation à sa sortie, le secret médical ne doit pas s'opposer à une coopération entre les services médicaux et les autorités en charge du lieu concerné. Dans ce cadre, toute communication d'informations doit être formalisée et tracée.

132. Les consultations doivent se dérouler dans des locaux dont l'aménagement est de nature à assurer la confidentialité des soins.

133. Les personnes privées de liberté doivent disposer des moyens nécessaires pour s'adresser aux services sanitaires par un circuit garantissant la confidentialité et le bon acheminement de leurs échanges dans les plus brefs délais. Cette procédure doit faire l'objet d'une information écrite et orale, adaptée à la population enfermée.

GàV – Non applicable.

134. La gestion, la conservation et la distribution des traitements médicaux doivent relever des seuls services de santé. Ces derniers doivent veiller à ce que les conditions dans lesquelles leurs patients les sollicitent ou les reçoivent respectent leur dignité, leur intégrité physique et la confidentialité de leur état de santé.

GàV – Dans les lieux de court séjour, les autorités doivent tenir à la disposition des personnes privées de liberté leurs traitements médicaux, au moment des prises, dans le respect des prescriptions médicales.

135. Les documents comportant des données médicales doivent être conservés selon des modalités garantissant leur confidentialité à l'égard des tiers. Les données médicales dématérialisées doivent être conservées dans un système automatisé adapté à l'hébergement des données de santé.

136. Conformément au droit commun, les patients privés de liberté doivent avoir accès aux données contenues dans leur dossier médical. Il revient aux établissements de leur garantir l'effectivité et la confidentialité de cet accès.

GàV – Tout certificat médical établi pendant la garde à vue doit être remis au patient.

6.4. *La fin de vie et le décès des personnes privées de liberté*

137. Les personnes privées de liberté en fin de vie ou dont le pronostic vital est engagé doivent avoir le droit de mourir libres et, où qu'elles se trouvent, accompagnées de leurs proches. Elles doivent disposer à cette fin des moyens juridiques et matériels d'exercer ce droit. Il revient aux responsables des lieux d'enfermement de s'assurer qu'elles seront accueillies et prises en charge au sein d'un établissement adapté, où elles recevront les soins que leur état requiert.

138. L'autorité judiciaire doit être immédiatement informée de tout décès d'une personne privée de liberté.

139. En cas de décès d'une personne privée de liberté, ses proches et, le cas échéant, la personne de confiance ou la personne à prévenir doivent en être immédiatement informés. Ils doivent être reçus par le responsable du lieu concerné. A moins d'une opposition exprimée par le défunt avant sa mort, ils doivent recevoir toute information qu'ils sollicitent afin de leur permettre de connaître la cause de la mort, de défendre la mémoire du défunt et de faire valoir leurs droits. Ils doivent enfin pouvoir se rendre sur les lieux de vie du défunt et sur le lieu même de son décès et y rencontrer les personnes présentes lors du décès ou ayant côtoyé le défunt.

140. Le corps d'une personne décédée au sein d'un lieu de privation de liberté doit être traité avec respect, dignité et décence.

141. Les responsables des lieux de privation de liberté doivent prendre en charge sans délai les démarches relatives à la déclaration des décès qui se sont produits dans leur établissement. Seule l'adresse du lieu de privation de liberté doit figurer sur le certificat de décès, sans mention de la nature de l'établissement.

142. La volonté des personnes privées de liberté, exprimée par tout moyen avant leur décès, doit être recueillie et respectée, notamment au regard de la destination de leurs effets personnels, de l'organisation de leurs funérailles ou de leur souhait de procéder à un

don d'organes. En l'absence de proches ou si ces derniers ne peuvent ou ne veulent s'en charger, l'administration doit financer et organiser les obsèques dans le respect de la volonté du défunt.

7. *Favoriser le maintien des liens familiaux des personnes privées de liberté et leurs relations avec l'extérieur*

Tout au long de la mesure de privation de liberté, il est essentiel de permettre et d'encourager le maintien des liens des personnes enfermées avec l'extérieur. Qu'il s'agisse de se protéger du choc de l'enfermement, de garantir le maintien d'un équilibre personnel, d'assurer la continuité d'un parcours ou de préparer le retour au sein de la communauté, les autorités en charge des lieux d'enfermement et les personnes qui y travaillent doivent veiller au maintien de ces liens et à la possibilité d'en construire de nouveaux pendant toute la durée de la mesure.

Les murs des lieux de privation de liberté ne sont infranchissables que des personnes enfermées. Ils n'ont pas vocation à priver le reste de la cité de tout droit d'accès ou droit de regard sur ce qui s'y passe, ceux qui y vivent, ceux qui y travaillent.

Principes généraux

143. Les personnes privées de liberté doivent disposer de l'ensemble des moyens nécessaires au maintien de leurs liens familiaux, sociaux et amicaux.

GàV – Non applicable.

144. Afin de faciliter les échanges entre milieux libre et fermé et d'assurer la continuité de leur parcours, les personnes privées de liberté doivent rester dans des établissements situés près de leur résidence habituelle ou du lieu prévisible de leur réinsertion sociale. Toute exception à ce principe ne peut être fondée que sur une évaluation individualisée du bénéfice qui en est attendu.

GàV – Non applicable.

145. Les lieux de privation de liberté doivent être insérés dans une communauté locale, sociale et économique. Les autorités compétentes doivent veiller à leur accessibilité et mettre en place les moyens de transport et infrastructures nécessaires à cette fin. Elles doivent élaborer des partenariats effectifs et pérennes garantissant notamment l'accès aux services publics, aux structures d'aide à la personne, d'aide à la réinsertion ou à la recherche d'emploi, d'accès au droit.

GàV – Non applicable.

7.1. *L'information des proches*

146. En cas d'urgence, les autorités en charge des lieux d'enfermement doivent s'adresser à la personne à prévenir d'urgence ou à la personne de confiance désignées par la personne privée de liberté dans les conditions prévues à la recommandation 30.

147. Les représentants légaux des mineurs ou des majeurs protégés privés de liberté doivent disposer d'une information leur permettant d'identifier leurs interlocuteurs au sein des lieux de privation de liberté et de connaître leurs coordonnées. Tout au long de la mesure, ils doivent être régulièrement tenus informés des éléments de leur prise en charge.

7.2. *Les droits de visite et de sortie*

148. Les personnes privées de liberté doivent être en mesure de recevoir des visites régulières, en particulier des membres de leur famille et de leurs proches. Lorsque la preuve d'un lien de proximité est exigée, elle peut être apportée par tout moyen.

GàV – Non applicable.

149. Les visites doivent être d'une durée et d'une fréquence raisonnables, adaptées à la durée de la mesure de privation de liberté. Elles doivent être organisées selon des modalités préalablement arrêtées. Des moyens de compenser la rareté des visites des personnes éloignées ou dans l'incapacité de se déplacer doivent être proposés. Seuls un motif médical, judiciaire, ou la nécessité de protéger l'intégrité physique ou morale des personnes concernées peuvent motiver une mesure de restriction à l'exercice de ce droit.

GàV – Non applicable.

150. Des espaces doivent être aménagés permettant l'accueil des familles et la rencontre avec leurs proches dans des conditions satisfaisantes de dignité, de propreté et d'intimité.

Ces lieux doivent être adaptés au temps qui y est passé. S'il est recouru à des mesures de contrôle des visiteurs, celles-ci doivent disposer d'un fondement légal et se limiter aux contraintes strictement nécessaires et proportionnées à l'objectif poursuivi. Toute mesure de surveillance doit s'exercer dans le respect de l'intimité des familles et de la personne enfermée.

GàV – Non applicable.

151. Les autorités doivent mettre en place des dispositifs permettant aux visiteurs des personnes privées de liberté de disposer de toute information utile concernant les modalités d'organisation des visites et de prise en charge de leur proche et de formuler des remarques, observations ou réclamations.

GàV – Non applicable.

152. L'administration doit permettre qu'une personne privée de liberté soit informée par tout moyen de la maladie grave, des naissances, hospitalisations ou décès de parents ou de personnes proches. Pour ce faire, elle doit autoriser ou organiser la mise en relation de la personne concernée avec ses proches, par un moyen et dans un lieu permettant l'intimité. A défaut, elle doit informer la personne concernée dans des conditions adaptées et respectueuses. Des sorties temporaires doivent être possibles, éventuellement accompagnées, afin de permettre aux personnes enfermées de participer aux évènements de leur vie familiale.

7.3. L'accès à la correspondance écrite et au téléphone

153. Les personnes privées de liberté doivent être libres d'entretenir une correspondance avec des personnes extérieures, dans la langue de leur choix.

GàV – Non applicable.

154. Les autorités en charge des lieux de privation de liberté doivent mettre à disposition des personnes privées de liberté tout moyen de tisser ou d'entretenir leurs liens familiaux, amicaux ou sociaux, notamment par les nouvelles technologies. Les personnes dont la situation entraîne une vulnérabilité particulière doivent également disposer de l'ensemble des moyens nécessaires à la communication avec leurs proches. Tel est notamment le cas des personnes non francophones, malentendantes ou en situation d'illettrisme.

GàV – Non applicable.

155. Les services d'un écrivain public doivent être accessibles aux personnes privées de liberté.

GàV – Non applicable.

156. Les personnes privées de liberté doivent être en mesure d'entretenir une correspondance avec les autorités extérieures (autorité judiciaire, élus, CGLPL, Défenseur des droits, comité de prévention de la torture, comité des droits de l'enfant, etc.) ainsi qu'avec leurs conseils par un circuit garantissant sa confidentialité et son bon acheminement. Les modalités d'envoi de ces courriers doivent faire l'objet d'une information explicitée oralement et disponible par écrit, dans une langue et dans des termes qu'elles comprennent.

EP – Au sein des établissements pénitentiaires, le service du vaguemestre doit garantir la confidentialité des correspondances entre les personnes détenues et leurs avocats et toute autorité extérieure, seul autorisé à les recevoir et les distribuer.

GàV – Cette recommandation s'applique en garde à vue, à l'exception de la correspondance avec des élus.

157. Un accès au téléphone doit être garanti aux personnes privées de liberté à tout moment, dans des conditions satisfaisantes de discrétion ou de confidentialité. Les modalités d'accès au téléphone doivent tenir compte des horaires scolaires, des horaires habituels de travail et du fuseau horaire dans lequel les proches des personnes enfermées peuvent être appelés.

CRA – La personne retenue doit avoir accès à son téléphone personnel sans réserve.

GàV – Non applicable.

158. Lorsque leur téléphone ou terminal personnel leur est retiré, les personnes privées de liberté doivent pouvoir accéder aux données personnelles enregistrées ou conservées à l'intérieur.

CEF – Les modalités d'accès des mineurs placés en centre éducatif fermé à leurs téléphones personnels doivent être définies et organisées dans une perspective éducative.

ESM – Les téléphones et terminaux informatiques personnels des personnes hospitalisées sous le régime des soins psychiatriques sans consentement ne peuvent leur être retirés que sur la décision d'un médecin. Cette décision doit être individualisée et fondée sur l'état clinique du patient. Elle doit toujours être susceptible de contestation ou de recours.

GàV – Non applicable.

159. Une prise en charge minimale des coûts de communication ou un accès à une offre de téléphone gratuite ou peu coûteuse doit être proposé aux personnes qui le nécessitent ou qui sont dépourvues de ressources.

GàV – Non applicable.

7.4. *Le maintien des liens avec la société civile*

160. Les responsables des lieux de privation de liberté doivent permettre des échanges réguliers avec les associations susceptibles d'apporter leur aide aux personnes qui y sont hébergées. Ces associations doivent disposer de locaux adaptés ou de moyens de communication et bénéficier d'un temps d'intervention suffisant. Les modalités d'intervention des membres de ces associations doivent être définies en accord avec eux, de façon à garantir le bon déroulement de leur mission.

GàV – Non applicable.

161. Les lieux de privation de liberté doivent faire l'objet de visites régulières de la part des acteurs de la société civile et économique, des élus et des journalistes. Un accès aux lieux de privation de liberté doit être également rendu possible pour les chercheurs, universitaires ou étudiants, dont le domaine de recherche le nécessite.

GàV – Cette recommandation s'applique aux locaux de garde à vue dans des conditions compatibles avec les enquêtes en cours.

7.5. *L'accès à internet*

162. L'accès à internet est une modalité d'exercice de nombreux droits fondamentaux et doit être assuré aux personnes privées de liberté. L'accès aux services en ligne nécessaires à l'utilisation des services publics et à l'instruction ne doit faire l'objet d'aucune restriction.

GàV – Non applicable.

7.6. *L'accès à l'information*

163. Les personnes privées de liberté doivent disposer d'un accès libre à l'information et aux publications, quel qu'en soit le support. Dans les lieux de privation de liberté recevant habituellement ou régulièrement des personnes non francophones, un accès à l'information dans les langues étrangères parlées doit être possible.

GàV – Non applicable.

164. Les personnes privées de liberté doivent disposer de postes de télévision et de radio en accès libre.

GàV – Non applicable.

8. *Garantir l'exercice effectif des droits de la défense et des droits civils, civiques et sociaux des personnes privées de liberté*

Les personnes enfermées, quelle qu'en soit la raison, restent des sujets de droit. Elles disposent, tout d'abord, des droits de la défense et du droit de contester les décisions qui les ont privées de liberté devant un juge, droit dont l'exercice effectif doit être garanti par les autorités en charge des lieux d'enfermement. Elles disposent plus largement de l'ensemble des droits civils, civiques et sociaux qui survivent à la mesure dont elles font l'objet, mais dont l'exercice peut être mis en péril par leurs conditions d'enfermement. Les autorités gardiennes des lieux de privation de liberté doivent donc mettre en place l'organisation nécessaire pour que chaque personne privée de liberté soit en mesure d'exercer effectivement tous les droits dont elle n'a pas été privée par la loi ou par un juge.

Principes généraux

165. La privation de liberté à elle seule ne saurait priver les personnes enfermées de leur qualité de sujets de droit. Elle ne doit jamais avoir pour effet de restreindre l'exercice effec-

tif des prérogatives ou obligations qui en découlent. Les personnes privées de liberté disposent d'un droit au droit, dont les autorités en charge des lieux d'enfermement doivent garantir l'effectivité.

8.1. *L'accès au droit*

166. Tout lieu d'enfermement doit garantir, sans contrainte ni réserve, l'accès au droit de l'ensemble des personnes qui y sont hébergées, pour quelque durée que ce soit.

167. Toute personne privée de liberté doit bénéficier de manière effective des dispositifs d'aide juridique, d'aide juridictionnelle et d'aide à l'intervention de l'avocat, y compris dans le cadre de procédures non juridictionnelles. Les moyens d'accès à ces dispositifs doivent être mis en place et faire l'objet d'une large diffusion. Les possibilités d'accès à des conseils et à une assistance juridique doivent être expressément présentées aux personnes privées de liberté, dans une langue et dans des termes qu'elles comprennent.

168. Les personnes privées de liberté et leurs représentants légaux doivent avoir accès à une information juridique complète, intégrant les notes et circulaires, à jour et accessible aisément, relative au lieu où elles sont enfermées et à la nature de la mesure à laquelle elles sont soumises. Si la personne enfermée est assistée d'un avocat, cet avocat doit pouvoir accéder à l'ensemble des textes de quelque nature qu'ils soient susceptibles de s'appliquer à son client.

169. Les personnes privées de liberté doivent avoir accès à tout dossier judiciaire auquel elles sont parties, directement ou par l'intermédiaire de leur défenseur. Dans ce cadre, un accompagnement doit être systématiquement proposé aux mineurs. Les personnes concernées et leurs conseils doivent avoir accès à toutes les pièces utiles à leur défense ou à un recours, dans un délai utile à la procédure. Elles doivent disposer d'un lieu adapté, du temps et des moyens nécessaires à l'examen du dossier ou de ces pièces, y compris, si besoin, informatiques.

170. Les personnes privées de liberté et leurs avocats peuvent s'entretenir aussi souvent que nécessaire, par tout mode de communication ou face à face, dans des conditions qui garantissent la confidentialité de leurs échanges. Il en est de même pour les entretiens des personnes privées de liberté avec les associations ayant une mission de conseil et d'assistance juridique.

171. L'enfermement des personnes privées de liberté ne doit pas faire obstacle à leur droit de saisir un juge et de lui présenter, en personne, leurs arguments et moyens de défense. Le droit au juge doit s'exercer en sa présence, de manière directe et personnelle, sans écran ni dispositif de séparation. L'usage d'un dispositif de visioconférence doit être réservé aux audiences de pure forme ou aux cas dans lesquels il constitue l'unique moyen de respecter le délai raisonnable dans lequel doit s'accomplir la procédure. Soumis à l'accord exprès de la personne concernée, il ne doit avoir pour effet ni d'altérer le caractère public ou confidentiel des audiences, ni d'affecter la confidentialité des relations entre l'avocat et son client.

ESM – Les audiences relatives aux mesures d'hospitalisation psychiatrique sans consentement doivent se dérouler dans un lieu dédié au sein des établissements de santé mentale. Le recours à un dispositif de visioconférence doit être prohibé.

GàV – La présentation d'une personne gardée à vue à l'autorité judiciaire ne peut s'effectuer par visioconférence que dans le cas où son déferrement aurait pour effet de porter une atteinte grave à ses droits et libertés élémentaires.

172. Des garanties doivent être mises en place afin d'assurer aux personnes privées de liberté la possibilité d'introduire des recours et de formuler des doléances en toute sécurité et, lorsqu'elles le souhaitent, de manière confidentielle. Lorsque la personne concernée est mineure ou relève du régime de protection des majeurs, il doit être possible à ses représentants légaux d'introduire des recours ou de formuler des doléances en son nom dans les mêmes conditions de sécurité et de confidentialité.

173. L'exercice d'un recours doit être soumis à un formalisme adapté aux contraintes imposées par les lieux d'enfermement et aussi réduit que possible.

174. Aucune conséquence négative sur la prise en charge des personnes enfermées ne doit découler des actions ou démarches qu'elles entreprennent dans le but de faire reconnaître leurs droits ou d'en faire sanctionner la violation.

175. Les personnes étrangères privées de liberté disposent du droit de demander l'asile. Les autorités en charge des lieux de privation de liberté doivent à tout moment leur en garantir l'exercice effectif.

8.2. *Le droit à la vie privée*

176. Les personnes enfermées disposent d'un droit à la vie privée au sein d'un espace personnel dans lequel elles sont hébergées. Toute mesure de surveillance doit s'exercer dans le respect de leur dignité et de leur intimité.

177. Les autorités en charge des lieux de privation de liberté doivent garantir la confidentialité des informations relatives à la présence des personnes qui y sont hébergées.

178. Les personnes privées de liberté conservent, au titre de leur intimité et de leur vie privée, leur liberté sexuelle dans les seules limites du droit commun. Le seul fait qu'une personne est privée de liberté ne permet pas de postuler qu'elle n'est pas à même d'accorder son consentement éclairé à un acte sexuel. Il revient aux autorités en charge des lieux de privation de liberté de veiller à ce que l'exercice de cette liberté se fasse dans le respect du consentement et de l'intimité des personnes concernées. Les personnes qui le souhaitent doivent avoir accès à des moyens de protection et de contraception.

179. Les personnes privées de liberté disposent d'un droit à la confidentialité de leur état de santé. Aucune mesure de surveillance, particulièrement le recours à un dispositif de vidéosurveillance, ne doit y porter atteinte.

180. Les personnes privées de liberté disposent de leur droit à l'image dans les conditions du droit commun. Toute prise de vue photographique ou tout enregistrement audiovisuel d'un mineur privé de liberté doit avoir préalablement été autorisée par les titulaires de l'autorité parentale.

EP – Les personnes détenues disposent d'un droit à l'image. Tout refus de l'administration pénitentiaire portant sur la diffusion de l'image d'une personne détenue doit faire l'objet d'une décision motivée, susceptible de recours, qui doit lui être notifiée.

ESM – Une attention particulière doit être portée au caractère éclairé du consentement du patient concerné dans les conditions de mise en œuvre du droit commun. En cas de doute sur sa capacité à consentir, il doit être fait appel à la personne de confiance.

181. La confidentialité des correspondances des personnes privées de liberté avec leurs proches doit être préservée.

EP – La réception, la distribution et le contrôle des courriers doivent relever du seul service du vaguemestre. Le contrôle doit être exceptionnel et ne doit s'effectuer que pour des objectifs de sécurité et de bon ordre nécessaires et proportionnés. Les informations découvertes à cette occasion ne doivent être utilisées qu'en conformité avec les objectifs du contrôle.

GàV – Non applicable.

182. Les personnes privées de liberté doivent pouvoir communiquer de manière confidentielle avec tout établissement bancaire au sein duquel elles disposent d'un compte.

8.3. *L'exercice de la citoyenneté*

183. Sous réserve d'une décision contraire de l'autorité judiciaire, les personnes privées de liberté conservent les droits et devoirs inhérents à leur statut de citoyen. Les administrations en charge des lieux où elles sont enfermées doivent leur en garantir l'exercice effectif par tout moyen.

184. L'enfermement ne doit pas, à lui seul, priver les personnes enfermées d'exercer leur droit de vote. A cette fin, la possibilité de sortir du lieu d'enfermement doit être privilégiée. Par exception, il doit être possible de voter par correspondance, par procuration ou par tout autre moyen. Les autorités responsables des lieux de privation de liberté doivent encourager l'exercice du droit de vote en diffusant toute information relative aux échéances à venir ainsi qu'aux moyens d'y participer.

185. Les autorités en charge des lieux de privation de liberté hébergeant des mineurs doivent s'assurer de leur participation à la Journée défense et citoyenneté et veiller à leur inscription sur les listes électorales.

186. Les personnes privées de liberté assujetties à toute taxe ou imposition doivent être en mesure de s'en s'acquitter dans les délais prescrits par l'administration fiscale, y compris en ligne. Des services doivent être disponibles pour les y aider.

187. Les documents administratifs d'identité ou relatifs au sejour sur le territoire de toute personne privée de liberté doivent être établis, obtenus ou renouvelés dans les délais requis. Leurs titulaires doivent être informés des démarches à effectuer à cette fin au fur et à mesure ; si, pour quelque raison que ce soit, les personnes enfermées sont dans l'incapacité d'effectuer les démarches nécessaires au rétablissement de leurs titres, des services doivent s'en charger.

8.4. *L'exercice de l'autorité parentale*

188. Sauf décision judiciaire contraire, tout parent privé de liberté conserve l'ensemble des droits et des devoirs attachés à l'exercice de l'autorité parentale et doit être en mesure de les exercer. L'ensemble des informations permettant à un parent enfermé d'exercer pleinement l'autorité parentale, notamment celles relatives à la santé de l'enfant, à sa scolarité ou à sa prise en charge, doit lui être donné sans contrainte ni limite.

CRA – Une mesure alternative, telle que l'assignation à résidence, doit être privilégiée lorsque la procédure d'éloignement concerne une personne titulaire de l'autorité parentale sur un enfant résidant en France.

189. Sous réserve d'une décision judiciaire contraire fondée sur la nécessité de préserver leur intérêt supérieur, les enfants conservent le droit d'entretenir des relations personnelles avec leur parent enfermé. Un enfant enfermé conserve, de la même manière, le droit d'entretenir des relations avec ses parents, libres ou non. Les autorités en charge des lieux d'enfermement doivent mettre en œuvre l'ensemble des moyens pour permettre à ce droit de s'exercer pleinement.

190. Les visites et échanges entre parents et enfants doivent être facilités et tenir compte de l'emploi du temps scolaire de ces derniers. Les conditions humaines et matérielles dans lesquelles se déroulent ces rencontres doivent être adaptées et protéger le bien-être de l'enfant.

8.5. *La protection des données personnelles*

191. Les personnes privées de liberté ont droit à la protection de leurs données personnelles, dans le respect des principes posés par le règlement relatif à la protection des personnes physiques à l'égard du traitement des données à caractère personnel et à la libre circulation de ces données. A ce titre, elles doivent être informées des collectes de données dont elles font l'objet, de leur destination et de leur durée de conservation. Elles doivent également être informées de l'existence et des modalités de leur droit d'accès.

ESM – Les patients placés en soins sans consentement ou susceptibles de l'être par décision du directeur d'établissement doivent être informés de l'inscription de la mesure au fichier de traitement de données à caractère personnel relatif au suivi des personnes en soins psychiatriques sans consentement, et des conséquences que cette inscription peut avoir.

GàV – Les personnes gardées à vue doivent être informées de l'inscription à tout fichier que la mesure de garde à vue entraîne ainsi que des modalités de recours dont elles disposent et des possibilités d'effacement existantes.

192. Tout service recueillant des données confidentielles relatives à des personnes privées de liberté doit ne collecter et conserver que les données strictement et évidemment liées au motif initial du recueil. Ces données ne peuvent être communiquées qu'aux personnes ayant besoin d'en connaître, dans les termes de la recommandation 29.

193. Le droit à la protection des données personnelles des personnes privées de liberté recouvre la possibilité d'accéder à toute donnée les concernant, y compris médicale, sous un format papier ou dématérialisé. Les personnes privées de liberté doivent avoir accès à toute image de vidéosurveillance sur laquelle elles apparaissent.

8.6. *Les droits sociaux*

194. La situation sociale et économique des personnes privées de liberté doit faire l'objet d'un examen régulier. A moins d'une exception prévue par la loi, l'enfermement ne doit entraîner ni interruption dans la perception des droits sociaux, ni rupture du régime de protection sociale.

195. La situation des personnes privées de liberté doit faire l'objet d'un examen régulier au regard de leur accès aux prestations sociales. Les démarches nécessaires doivent être entreprises afin de leur permettre l'accès à toute mesure, aide ou droits auxquels elles sont éligibles. L'administration doit veiller à l'établissement ou au renouvellement des documents nécessaires à l'exercice de ces droits.

8.7. *Le droit de propriété et le droit de la consommation*

196. Les personnes privées de liberté demeurent propriétaires des effets dont elles disposent ou avec lesquels elles ont été admises, y compris lorsqu'ils leur ont été retirés. L'auto-

rité en charge des lieux d'enfermement est garante de leur conservation et de leur remise, à l'issue ou, en tant que de besoin, en cours de mesure. Elle est également garante de leur acheminement vers tout nouveau lieu d'enfermement vers lequel les personnes enfermées sont orientées. A défaut de restitution dans un état conforme, le propriétaire doit disposer d'une voie de recours permettant son indemnisation.

197. L'inventaire des effets personnels réalisé à l'arrivée des personnes privées de liberté, en application de la recommandation 33, doit être régulièrement mis à jour au cours de la mesure.

198. Les personnes privées de liberté administrent librement leur argent, dans les seules limites fixées par des dispositions légales ou des décisions de justice. Elles doivent être tenues informées de l'état de leur compte et de tout mouvement bancaire qui y est effectué.

199. Les personnes privées de liberté doivent pouvoir acquérir des biens ou des produits selon une offre adaptée aux conditions de leur séjour.

200. Toute personne ayant acquis des biens au sein des lieux de privation de liberté doit être en mesure de faire valoir l'ensemble des droits qui lui sont dévolus par le droit des contrats et le droit de la consommation. Les moyens nécessaires à cette fin doivent lui être remis à tout moment, notamment les preuves de possession ou d'acquisition susceptibles de lui permettre de les exercer, en cours ou à l'issue de la mesure d'enfermement.

8.8. *La liberté d'expression*

201. Les personnes privées de liberté conservent leur liberté d'opinion et d'expression. Elles les exercent dans les seules limites imposées par le droit commun. Leur liberté d'expression inclut la liberté de critiquer, y compris le service public chargé d'administrer les lieux d'enfermement.

202. L'expression collective ne saurait constituer à elle seule un risque de trouble justifiant une interdiction de principe. Le recours à des formes d'expression collective doit être organisé.

GàV – Non applicable.

8.9. *La liberté de conscience*

203. Les personnes privées de liberté sont libres de pratiquer la religion de leur choix ou de n'en pratiquer aucune. Il appartient aux responsables des lieux d'enfermement de s'assurer que les pratiques religieuses sont suivies librement et s'exercent sans contrainte.

204. Les personnes privées de liberté sont libres de suivre les pratiques et les rites individuels propres à chaque culte. Un lieu et des moyens dédiés aux pratiques collectives doivent également être mis à leur disposition.

205. Le droit de s'adresser à un représentant qualifié d'une religion et de le rencontrer ne doit jamais être refusé à une personne privée de liberté.

206. Les mineurs privés de liberté disposent de la liberté de pensée, de conscience et de religion. Les autorités en charge des lieux de privation de liberté doivent respecter le droit des représentants légaux de guider leur enfant dans l'exercice de cette liberté.

9. *Limiter les contrôles et les contraintes additionnelles à la privation de liberté*

Les autorités en charge des lieux d'enfermement doivent garantir la sécurité de l'ensemble des personnes qui y sont hébergées, y travaillent ou y accèdent. Dans cette perspective, elles peuvent avoir recours à des moyens de contrôle et des contraintes qui aggravent les sujétions déjà lourdes créées par la mesure de privation de liberté elle-même. Mais le recours à ces mesures ne saurait constituer une réponse systématique aux comportements de transgression et moins encore la parade systématique à des risques généraux. Les conditions d'accueil et d'hébergement au sein des lieux d'enfermement, la place donnée aux personnes privées de liberté et à leurs proches, le traitement des requêtes ou doléances qui s'expriment, la gestion des équipes et leurs compétences spécifiques sont autant de facteurs susceptibles de limiter les risques d'incidents et le recours aux mesures de contrôle et de contrainte susceptibles de s'ensuivre.

Un équilibre entre la sécurité et le respect des droits fondamentaux des personnes enfermées doit toujours être maintenu.

Principes généraux

207. Les autorités doivent assurer le respect de l'ordre public au sein des lieux d'enfermement dont elles sont responsables. Les mesures mises en œuvre à cette fin, y compris les mesures de surveillance, doivent y parvenir sans plus de restrictions qu'il n'est justifié ou nécessaire, afin d'assurer la sécurité de tous, le bon ordre de l'établissement et les nécessités de la vie en communauté.

208. La dignité, la sécurité et les droits fondamentaux des personnes privées de liberté doivent être avant tout garantis par le recours à des moyens de prévention. Dans ce cadre, les autorités doivent enregistrer les incidents et leur contexte afin d'en permettre une analyse ultérieure et d'en prévenir la répétition.

209. Aucun moyen de contrôle, de contrainte ou de mise à l'écart et, plus généralement, aucune restriction susceptible d'aggraver les sujétions inhérentes à l'enfermement ne peut être imposé aux personnes privées de liberté en l'absence d'un fondement légal et d'un cadre réglementaire en définissant les finalités et les modalités de mise en œuvre.

210. Aucune sanction disciplinaire ne peut être prononcée sans un fondement légal explicite qui doit être interprété de manière restrictive.

EP – a) Dans le cadre des procédures disciplinaires, les autorités en charge des établissements pénitentiaires doivent garantir l'effectivité des droits en application des recommandations du paragraphe 8.1.

b) Les personnes détenues et leur conseil doivent bénéficier d'un temps nécessaire à la préparation de la défense et accéder à toute pièce utile à cette fin, y compris aux images de vidéosurveillance.

c) Toute sanction disciplinaire doit pouvoir faire l'objet d'un recours effectif, susceptible d'y mettre fin, de la priver d'effets juridiques et, le cas échéant, d'ordonner une compensation.

211. L'usage de moyens de contrôle, de contrainte ou de mise à l'écart à d'autres fins que celles que la loi et les règlements leur assignent doit être prohibé. Les autorités en charge des lieux de privation de liberté doivent y veiller et s'assurer, notamment, qu'il ne serve pas à pallier des défauts d'organisation et des carences dans la prise en charge des personnes enfermées.

212. L'emploi d'un moyen de contrôle, de contrainte ou de mise à l'écart doit faire l'objet d'une décision écrite et motivée de l'autorité compétente, remise à la personne qu'elle concerne. Celle-ci doit être informée des voies de recours ou de contestation qui lui sont ouvertes, dans une langue et dans des termes qu'elle comprend. Ses observations doivent être recueillies et tracées. La durée effective de ces mesures doit être enregistrée. Les titulaires de l'autorité parentale ou les représentants légaux de la personne concernée doivent être informés.

213. La décision de recourir à des moyens de contrôle, de contrainte ou de mise à l'écart doit être nécessaire au vu des objectifs qu'elle s'est fixée et proportionnée à des risques individualisés. Elle doit être limitée dans le temps et mise en œuvre de manière graduelle. Les modalités pratiques de sa mise en œuvre doivent toujours préserver la dignité et les droits fondamentaux des personnes concernées.

214. Toute mesure de restriction, de contrôle, de contrainte ou de mise à l'écart fait grief à la personne qu'elle concerne et doit pouvoir faire l'objet d'un recours.

215. Seuls des membres du personnel spécialement formés et entraînés à cet effet doivent être autorisés à faire usage de la force ou à mettre en œuvre des moyens de contrôle, de contrainte ou de mise à l'écart. Des notes ou guides de pratiques professionnelles adaptés doivent en définir les modalités.

ESM – Seul le personnel soignant d'un établissement de santé mentale peut intervenir dans la maitrise physique des patients.

216. Lorsque l'état de santé d'une personne privée de liberté motive le recours à un moyen de contrôle, de contrainte ou de mise à l'écart, la mesure doit être individuelle et prise par un médecin à l'issue de l'examen de la personne concernée. Ces décisions doivent faire l'objet d'une réévaluation régulière et ne jamais excéder la durée strictement nécessaire. Elle doit toujours être susceptible d'être contestée ou de faire l'objet d'un recours.

9.1. *Les fouilles et autres moyens de contrôle*

217. Les moyens de contrôle s'entendent de toute pratique permettant de rechercher des objets, substances ou produits illicites, interdits ou dangereux, sur la personne privée de

liberté concernée, dans ses affaires ou dans les lieux qu'elle occupe. Ne peuvent faire l'objet d'une interdiction que les biens, substances ou produits dont l'usage ou la détention entraîne un risque d'atteinte à la sécurité ou à la santé, à la salubrité des lieux d'enfermement ou aux nécessités de la vie en collectivité.

218. Le recours à des moyens de contrôle doit être nécessaire et proportionné en application des principes généraux du présent chapitre. Ses modalités pratiques doivent garantir le respect des biens des personnes concernées.

219. Aucune fouille à nu ne peut être réalisée sans un fondement légal explicite qui doit être interprété de manière restrictive.

EP – a) Utilisée en dernier ressort et en l'absence de tout autre moyen moins dégradant pour parvenir au résultat recherché, la fouille à nu doit être nécessaire à la protection de la sécurité des personnes et à la prévention des infractions pénales.

b) La mise en œuvre d'une fouille à nu doit être exceptionnelle, dans le respect d'une application particulièrement stricte des principes de nécessité et de proportionnalité.

c) La fouille à nu ne doit être effectuée que par un personnel dédié, qualifié et du même sexe que la personne concernée, dans un local préservant son intimité et dans des conditions d'hygiène et de confort adaptées. Si elle le souhaite, la personne fouillée doit pouvoir choisir de ne jamais être entièrement nue et que soit procédé alternativement à la vérification des vêtements du haut, puis du bas du corps.

d) La fouille à nu des mineurs doit être prohibée à moins d'un risque particulièrement caractérisé d'atteinte à l'intégrité physique des personnes présentes dans l'établissement. Dans ce cas, le juge des enfants doit en être informé.

ESM – Les fouilles à nu sont interdites au sein des établissements de santé mentale.

CRA – Les fouilles à nu sont interdites au sein des centres de rétention administrative.

CEF – Les fouilles à nu sont interdites au sein des centres éducatifs fermés.

GàV – Les fouilles à nu, autorisées seulement pour les nécessités de l'enquête, ne peuvent être réalisées en raison de seuls motifs de sécurité.

220. La décision de contrôler les locaux doit justifier de son caractère nécessaire en application des principes généraux du présent chapitre. Sa mise en œuvre ne doit jamais entraîner la détérioration ou la destruction des biens appartenant aux personnes privées de liberté.

221. Il ne peut y avoir de retrait définitif d'un bien appartenant à une personne privée de liberté que si la mesure est prévue par la loi. En cas de retrait temporaire, le bien retiré est conservé en vue de sa restitution. Tout retrait, définitif ou temporaire, doit être enregistré.

222. Les situations de vulnérabilité du fait de l'âge, de l'identité de genre, d'un handicap ou d'une pathologie doivent être prises en considération et avoir pour effet de réduire significativement le recours aux moyens de contrôle.

9.2. *Les moyens de contrainte et l'usage de la force*

223. Les moyens de contrainte s'entendent de tout moyen, mécanique ou chimique, qui constitue une entrave dans la liberté de se mouvoir ou de s'exprimer. Le recours à des moyens de contrainte doit être mis en œuvre dans le respect des principes généraux du présent chapitre. Les modalités de leur utilisation ne doivent en aucun cas entraîner une atteinte à la dignité ou à l'intégrité physique des personnes concernées.

224. Dans l'enceinte d'un lieu de privation de liberté, ou dans un lieu clos et surveillé, le recours à des moyens de contrainte ne peut être destiné qu'à prévenir des actes de violence sur soi-même ou autrui. Ces dispositifs ne doivent être mis en œuvre qu'après avoir eu vainement recours aux techniques de désescalade et en l'absence de tout autre moyen susceptible de parvenir au résultat recherché.

225. En dehors d'un lieu de privation de liberté, le recours à des moyens de contrainte ne peut être destiné qu'à prévenir une atteinte à l'intégrité physique ou un risque de fuite dûment évalués. Ces moyens de contrainte ou les modalités de leur utilisation ne doivent entraîner ni douleur, ni inconfort en cas d'utilisation prolongée. Les personnes privées de liberté ne peuvent être menottées dans le dos lors de leur transport.

226. Tout recours à un moyen de contrainte doit faire l'objet d'une réévaluation régulière qui, autant que possible, ne relève pas de la seule autorité ayant pris la décision initiale ; il est recommandé de rechercher la pluridisciplinarité ou de faire appel à une autorité plus élevée dans la chaîne hiérarchique.

227. L'usage de la force par le personnel des lieux de privation de liberté ne peut être destiné qu'à prévenir et faire cesser des actes de violence en cours ou imminents ou éviter

des atteintes graves à l'ordre public. Nécessaire et proportionné conformément aux principes généraux du présent chapitre, l'usage de la force doit exclure toute forme de violence.

228. L'usage de la force à l'encontre d'un mineur doit faire l'objet d'une information immédiate des titulaires de l'autorité parentale et de l'autorité judiciaire.

9.3. Les mesures de mise à l'écart et d'isolement

229. Les mesures de mise à l'écart ou d'isolement au sein d'un lieu d'enfermement entraînent un risque d'atteinte grave à l'intégrité physique ou psychique des personnes concernées. Dès lors, ces mesures ne peuvent avoir pour objectif que la protection des personnes présentes au sein de l'établissement ou de la personne mise à l'écart. Dans le cas où la protection d'une personne atteinte de troubles psychiques justifie sa mise à l'écart, celle-ci ne peut excéder le temps nécessaire à l'organisation de sa prise en charge médicale.

CEF – Les mesures de mise à l'écart sont strictement prohibées dans les centres éducatifs fermés. Dès lors, les recommandations de ce paragraphe 9.3 ne sont pas applicables dans ces établissements.

230. La mise à l'écart à visée disciplinaire doit être proscrite, sauf disposition légale qui doit être interprétée de manière restrictive.

231. Le recours à des mesures de mise à l'écart et d'isolement doit être nécessaire et proportionné en application des principes généraux du présent chapitre.

232. Toute mesure de mise à l'écart, y compris relevant d'une décision médicale, doit pouvoir faire l'objet d'un recours devant une autorité compétente, dans des conditions et un délai assurant le respect des droits de la défense et des principes du procès équitable. Il doit s'agir d'un recours effectif, susceptible de mettre fin à une mesure injustifiée, de la priver d'effets juridiques et, le cas échéant, d'ordonner une compensation.

233. Les mesures de mise à l'écart doivent être mises en œuvre dans des locaux adaptés à leur objectif et dans des conditions d'hébergement et de prise en charge conformes au chapitre 4 des présentes recommandations. Si, pour quelque raison que ce soit, la personne mise à l'écart n'est pas en état de prendre soin d'elle-même ou de son environnement immédiat, il revient à l'administration de mettre en place des dispositifs permettant d'y remédier.

EP – Les locaux et la prise en charge au sein d'un quartier disciplinaire doivent être conformes à l'ensemble des recommandations de ce paragraphe 9.3, y compris les recommandations 233 à 242.

234. Les restrictions de contact qu'entraîne la mesure de mise à l'écart doivent être strictement nécessaires au regard de l'objectif poursuivi. Cette mesure ne doit jamais interdire à la personne concernée d'entrer en contact avec ses proches.

235. La mesure de mise à l'écart doit permettre aussi souvent que possible des rencontres avec d'autres personnes privées de liberté, des personnes qui les prennent en charge ou des tiers.

236. La mesure de mise à l'écart ne doit pas systématiquement priver les personnes privées de liberté du bénéfice d'activités éducatives, thérapeutiques, récréatives, artistiques ou culturelles. Aucune mesure de mise à l'écart de mineurs ne saurait entraîner la rupture de leur accès à l'éducation, pas plus que l'impossibilité pour leurs parents d'exercer les prérogatives liées à leur autorité parentale.

237. L'accès aux soins doit être possible, à tout moment, dans le lieu de mise à l'écart, au sein du service médical du lieu d'enfermement ou en milieu hospitalier, à la demande du patient ou selon ce que son état de santé requiert.

238. Une visite médicale doit être effectuée dès le début d'une mesure de mise à l'écart. Le personnel de santé veille à ce qu'elle n'entraîne aucune rupture dans l'accès aux soins ou dans l'organisation de leur continuité. L'avis médical d'une incompatibilité de l'état de santé d'une personne avec la mesure de mise à l'écart doit entraîner sa levée immédiate.

239. Le personnel soignant doit réévaluer l'état de santé des personnes mises à l'écart selon une périodicité déterminée, adaptée à leur situation personnelle et aux modalités de la mesure.

240. Les soignants doivent toujours disposer d'un accès aux lieux de mise à l'écart afin de connaître les conditions d'hébergement de leurs patients. A défaut d'avoir pu les constater, il leur appartient de s'en enquérir afin d'en tenir compte et de recommander à l'autorité en charge du lieu concerné toute modification de prise en charge qu'ils estiment nécessaire.

241. Les consultations et examens doivent se dérouler dans le respect de l'intimité du patient. Les soignants et leurs patients doivent se voir et se parler sans être vus ni entendus par le personnel non médical.

EP – Les examens médicaux pratiqués dans des locaux disciplinaires ne doivent pas se faire à travers des grilles.

242. La mise à l'écart doit prendre fin dès que ses motifs initiaux ont disparu.

10. *Préparer et accompagner le retour des personnes privées de liberté dans la communauté*

Toute mesure d'enfermement offre la perspective d'une fin qui doit être préparée. Les lieux d'enfermement doivent créer les conditions propices au retour des personnes enfermées au sein d'une société qu'elles ont vocation à réintégrer. A cette fin, il convient de mettre en place des dispositifs permettant aux personnes privées de liberté d'anticiper leur sortie, de s'y préparer, d'acquérir ou de retrouver l'autonomie qui leur permettra d'y faire face dans les meilleures conditions possible. Le retour à la liberté d'une personne ne doit pas avoir pour effet d'interrompre les aides et services dont elle a pu bénéficier pendant sa période d'enfermement. Il appartient aux autorités gardiennes des lieux de privation de liberté de permettre la continuité des prises en charge éducative, sociale, médicale ou autre.

Principes généraux

243. Aucune mesure de privation de liberté ne peut être perpétuelle.

244. Toute personne enfermée doit être libérée dès que les motifs de son enfermement ont disparu ou que la mesure est arrivée à son terme.

CRA – Toute rétention doit être aussi brève que possible et ne doit être maintenue qu'aussi longtemps que le dispositif d'éloignement est en cours et exécuté avec toute la diligence requise. Aucune mesure de rétention administrative ne doit être mise en œuvre ou poursuivie si ces conditions ne sont pas remplies.

GàV – Aucun motif tiré de l'organisation des services de la police et de la justice ne saurait à lui seul justifier la prolongation d'une mesure de garde à vue.

10.1. *Les sorties progressives ou provisoires*

245. Des dispositifs d'aide et de préparation à la fin de la mesure doivent être mis en place au sein des lieux de privation de liberté, dans des conditions adaptées à leur mission ainsi qu'aux situations et aux perspectives des personnes enfermées. Ils doivent inclure des mécanismes de sorties provisoires et progressives destinées notamment aux démarches auprès d'organismes extérieurs ou au maintien des liens familiaux.

246. Les administrations concernées doivent inviter les personnes dont la sortie approche à recourir aux dispositifs d'aide et de préparation à la fin de la mesure dans un temps utile et adapté à leur situation. A cette fin, ces dispositifs doivent faire l'objet d'une information écrite et orale, adaptée au public concerné. Des services permettant l'accompagnement des personnes qui le souhaitent dans cette démarche doivent être mis en place. Le refus qui leur serait opposé doit faire l'objet d'une décision écrite et motivée, susceptible d'un recours.

GàV – Non applicable.

10.2. *Les formalités administratives et les relations avec les organismes extérieurs*

247. Les autorités en charge des lieux de privation de liberté doivent développer des relations avec l'ensemble des institutions, organismes ou services permettant la préparation à la sortie et l'accompagnement des personnes privées de liberté après leur retour dans la communauté. La pérennité de ces relations doit être assurée par la conclusion de conventions ou partenariats autorisant l'intervention du personnel de ces organismes extérieurs auprès des personnes enfermées.

248. Dès le début de la mesure, les personnes enfermées doivent être encouragées à développer et entretenir des relations avec toute personne ou organisme extérieur susceptible de les accompagner dans la préparation à la sortie.

249. La continuité des relations des mineurs privés de liberté avec leurs éducateurs de milieu ouvert et avec tout service ayant eu à connaitre de leur situation doit être garantie au cours et à l'issue de la mesure d'enfermement.

250. La continuité de la couverture sociale et des soins des personnes privées de liberté doit être assurée à leur sortie. La personne privée de liberté doit pouvoir obtenir son dos-

sier médical, les ordonnances et les médicaments nécessaires à la poursuite de son traitement jusqu'à son prochain rendez-vous médical. Le cas échéant, des structures de soins doivent être contactées pour assurer cette continuité ; à défaut, leurs coordonnées doivent être transmises aux personnes concernées.

251. Les autorités en charge des lieux de privation de liberté doivent veiller à la continuité des formations ou enseignements éventuellement en cours en permettant d'en passer les examens ou d'en valider les acquis.

GàV – Les autorités doivent tenir compte des horaires scolaires dans la mise en œuvre d'une garde à vue programmée à l'encontre d'une personne mineure.

10.3. *Les effets personnels et documents administratifs*

252. Les autorités en charge des lieux d'enfermement doivent remettre aux personnes privées de liberté leurs documents administratifs d'identité au moment de leur sortie.

CRA – Les autorités françaises doivent s'abstenir de remettre aux autorités étrangères du pays de destination des documents de nature à porter préjudice aux personnes éloignées.

253. Au moment de leur remise en liberté, les personnes enfermées et, le cas échéant, leurs représentants légaux, doivent obtenir l'ensemble des documents attestant de leurs droits et de leurs situations professionnelle, scolaire, sociale, financière et judiciaire.

EP – Les autorités en charge d'un établissement pénitentiaire doivent assurer la remise, par tout moyen, d'un diplôme obtenu lors de l'incarcération d'une personne privée de liberté, y compris lorsque cette dernière a été libérée ou transférée.

254. Les effets personnels des personnes privées de liberté, y compris ceux qui leur ont été retirés, doivent leur être remis à leur sortie conformément à l'inventaire qui en a été tenu. Les preuves d'achat des biens acquis au cours de la mesure doivent également leur être remises et, si nécessaire, les moyens de les transporter.

255. La perte, le vol ou la détérioration des effets conservés par l'autorité en charge du lieu d'enfermement qui en avait la garde doit entraîner une compensation financière. Les moyens de faire valoir toute contestation doivent faire l'objet d'une information donnée à la personne concernée au moment de sa sortie.

10.4. *Le retour à la liberté*

256. Les autorités en charge des lieux d'enfermement doivent s'assurer que la personne privée de liberté dispose, au moment de sa sortie, des moyens d'assurer sa subsistance à court terme, d'un hébergement et des moyens matériels ou financiers de le rejoindre. Le même principe doit s'appliquer aux personnes quittant la métropole ou le territoire français, de manière volontaire ou non.

257. Aucun mineur ne peut être laissé seul à sa sortie d'un lieu de privation de liberté. Les autorités en charge des lieux de privation de liberté doivent veiller à ce qu'il soit remis aux titulaires de l'autorité parentale ou au service auxquels il a été confié par décision de justice.

SECTION 2 Action du Défenseur des droits

RÉP. PÉN. v° *Défenseur des droits*, par CHOPIN.

Art. L. 133-3 Dans les conditions prévues par les dispositions de la loi organique n° 2011-333 du 29 mars 2011, le Défenseur des droits est chargé de veiller au respect de la déontologie du service public pénitentiaire et peut procéder à des vérifications dans des locaux de l'administration pénitentiaire, sans préjudice de l'exercice de ses autres missions au bénéfice des personnes confiées à l'administration pénitentiaire.

BIBL. ▸ **Rapports :** Cour des comptes, Le défenseur des droits : missions et gestion, *sept. 2014*. – Défenseur des droits, L'action du Défenseur des droits auprès des personnes détenues, *Bilan 2000/2013, 2013*. – Médiateur de la République, Lieux privatifs de liberté : garantir la dignité : vers un mécanisme français d'évaluation, *avr. 2007*.

▸ **Articles :** CLUZEL-METAYER, Réflexions à propos de la saisine du Défenseur des droits, *RFAP 2011. 447 s.* – DETRAZ, Le rôle du Défenseur des droits en matière pénale : un nouveau « tout en un » procédural, *Dr. pénal 2011. Étude 8.* – OCQUETEAU et ENDERLIN, « La commission nationale de déontologie de la sécurité : un pouvoir d'influence », *RFAP 2011. 139, p. 381-396.* – SLAMA, Les pouvoirs du Défenseur des droits : une cote mal taillée ?, *RFAP 2011. 461 s.* – TEITGEN-COLLY, Le Défenseur des droits : un OVNI dans le ciel constitutionnel, *LPA 2008, n° 254, p. 125.* –

Verpeaux, Il est né le Défenseur des droits. A propos des lois du 29 mars 2011, *JCP Adm. 2011. 2178*. – Zarka, Le Défenseur des droits, *D. 2011. 1027*.

▸ **Avis du Défenseur des droits :** Avis n° 21-13 du 30 sept. 2021 relatif à l'identification des dysfonctionnements et manquements de la politique pénitentiaire française. – Avis n° 21-05 du 3 mai 2021 sur le projet de loi pour la confiance dans l'institution judiciaire. – Avis n° 18-26 du 31 oct. relatif au projet de loi de programmation 2018-2022 et de réforme pour la justice. – Avis n° 12-02 du 16 oct. 2012 relatif aux moyens de lutte contre la surpopulation carcérale.

COMMENTAIRE

Constitutionnalisés à l'article 71-1 de la Constitution par la loi constitutionnelle n° 2008-724 du 23 juillet 2008, l'organisation et le fonctionnement du Défenseur des droits (DDD) sont encadrés par la loi organique n° 2011-333 du 29 mars 2011, la loi n° 2011-334 du 29 mars 2011 et plusieurs décrets (Décr. du 29 juill. 2011 relatif à la procédure applicable devant le Défenseur des droits ; Décr. du 15 févr. 2012 relatif à l'organisation et au fonctionnement des services du Défenseur des droits). Chargé de veiller « au respect des droits et libertés par les administrations de l'État, les collectivités territoriales, les établissements publics, ainsi que par tout organisme investi d'une mission de service public, ou à l'égard duquel la loi organique lui attribue des compétences », il est nommé, comme le Contrôleur général des lieux de privation de liberté (CGLPL), pour un mandat unique de six ans non révocable par décret en conseil des ministres, après application de la procédure prévue au dernier alinéa de l'article 13 de la Constitution. Dans le cadre de ses missions, il ne reçoit et ne sollicite aucune instruction et bénéficie d'une immunité fonctionnelle ainsi que d'une incompatibilité de ses fonctions avec d'autres activités (L. org. de 2011, art. 1er et 2). Cette autorité unique a fusionné plusieurs autorités administratives indépendantes qui pouvaient exercer un contrôle sur les activités pénitentiaires. A commencer par le Médiateur de la République, institué par la loi n° 73-6 du 3 janvier 1973 et chargé de régler les litiges entre l'administration et les administrés. Outre ses pouvoirs d'enquête, le Médiateur disposait d'un pouvoir de recommandation, d'un pouvoir disciplinaire contre tout agent responsable et d'un pouvoir d'injonction en matière d'inexécution des décisions de justice par les autorités concernées, qui pouvait être suivi de la publication d'un rapport spécial en cas de non-mise en conformité (L. du 3 janv. 1973, art. 10 et 11, al. 2).

Créée par la loi n° 2000-494 du 6 juin 2000, la Commission nationale de déontologie de la sécurité (CNDS) était chargée « de veiller au respect de la déontologie par les personnes exerçant des activités de sécurité sur le territoire de la République ». Il est à noter que l'administration pénitentiaire étant consacrée comme troisième force de sécurité intérieure, la CNDS pouvait être saisie, de manière indirecte, par les personnes détenues mais aussi par le CGLPL. Dotée, comme le Médiateur de la République, d'importants pouvoirs d'enquête pour réaliser des vérifications sur place et sans préavis, la Commission pouvait émettre des recommandations en cas de manquement à la déontologie en fixant un délai de réponse à l'autorité concernée et publier un rapport au *Journal officiel* en cas de non-réponse. Le DDD a également absorbé le Défenseur des enfants institué par la loi n° 2000-196 du 6 mars 2000, et la Haute Autorité de lutte contre les discriminations et pour l'égalité (HALDE) créée par la loi n° 2004-1486 du 30 décembre 2004 pour alerter sur les discriminations et engager des médiations, des transactions ou des inspections administratives. Prenant le relais de ces différentes autorités en les centralisant, le DDD hérite de leur champ de contrôle et en partie de leurs moyens. Ces anciennes institutions sont désormais représentées au sein du DDD par un adjoint (L. org. de 2011, art. 11) et un collège (L. org. de 2011, art. 13 à 15).

Si l'article L. 133-3 du code pénitentiaire précise que le DDD est compétent en matière de respect des règles de déontologie par les personnels de surveillance, entrent également dans son champ de compétence d'autres situations impliquant le service public pénitentiaire : saisine par une personne détenue qui considère que le fonctionnement de ce service a porté atteinte à ses droits et libertés ou s'estime victime de discrimination ; atteinte à l'intérêt supérieur et aux droits d'un mineur détenu ou d'un enfant d'une personne détenue. La loi organique n° 2022-400 du 21 mars 2022, visant à renforcer le rôle du DDD en matière de signalement d'alerte, lui confère également la mission de protéger les droits des lanceurs d'alerte (L. org. de 2011, art. 4). Les situations pouvant être soumises au DDD peuvent ainsi faire l'objet d'un contrôle partagé avec le CGLPL.

Si la loi organique ne précise pas que le DDD peut être saisi par le CGLPL, ce qui était le cas du Médiateur de la République, les deux autorités ont formalisé le partage de compétence entre le contrôle objectif dévolu au CGLPL et la mission de médiation confiée au DDD. Une convention du 8 novembre 2011 signée entre les deux autorités (disponible sur le site internet du CGLPL notamment) prévoit la saisine du Contrôleur par le Défenseur lorsqu'il reçoit une réclamation relative à des faits mettant en cause l'État, l'organisation ou le fonctionnement d'un établissement de privation de liberté, le transfèrement d'une personne privée de liberté, ou un droit fondamental de celle-ci. A l'inverse, est prévue la saisine du Défenseur par le Contrôleur lorsqu'une personne s'estime lésée par un dysfonctionnement administratif, une atteinte aux droits ou à l'intérêt supérieur de l'enfant, une discrimination ou un manquement au respect de la déontologie et de la sécurité. Ces transmissions de saisine n'entrainent pas un dessaisissement total puisque, comme le précise l'article 9 de la loi organique de 2011, lorsque le Défenseur transmet une réclamation au CGLPL, il peut accompagner cette transmission de ses observations et demander à être informé des suites données à celles-ci.

La concurrence entre les deux autorités a cependant fait l'objet de critiques et de propositions de réforme (Cour des comptes, Le défenseur des droits : missions et gestion, *sept. 2014* ; Proposition de loi n° 571 portant diverses mesures relatives à l'institution du Défenseur des droits, Ass. nat.). Mais si les deux autorités peuvent en effet intervenir dans le domaine pénitentiaire, leurs actions peuvent se faire communes (V. par ex. la tribune commune du DDD, du CGLPL et de la CNCDH, « Sauvegardons les droits fondamentaux pendant la crise sanitaire », *Le Monde, 20 mars 2020*) ou complémentaires puisqu'ils ne disposent pas des mêmes pouvoirs de contrôle.

Le Conseil constitutionnel a censuré la qualification attribuée au DDD par la loi organique d' « autorité constitutionnelle indépendante » (Cons. const. 29 mars 2011, n° 2011-626 DC). Il en fait néanmoins une autorité administrative « dont l'indépendance trouve son fondement dans la Constitution » et qui dispose dès lors de pouvoirs renforcés. A la différence du Médiateur de la République qui l'a précédé, le DDD peut être saisi directement par toute « personne s'estimant lésée par le fonctionnement d'un service public » et peut se saisir d'office, ce qui renforce son indépendance (Const., art. 71-1).

Pour mener à bien ses missions, le DDD dispose de plusieurs pouvoirs. Tout d'abord, des pouvoirs d'information renforcés : il peut demander des explications à toute personne physique ou morale mise en cause devant lui et auditionner toute personne dont le concours lui paraît utile. Les autorités hiérarchiques comme les agents sont tenus de répondre aux demandes d'explication qu'il leur adresse et de déférer à ses convocations. Il peut également requérir, sur instruction des ministres concernés, la mise en œuvre de vérifications ou d'enquêtes auprès des corps de contrôle (L. org. de 2011, art. 18) ou saisir le vice-président du Conseil d'État ou le premier président de la Cour des comptes pour faire procéder à des études (L. org. de 2011, art. 19). Le DDD peut se voir communiquer « toutes informations et pièces utiles à l'exercice de sa mission » et peut recueillir « toute information qui lui apparaît nécessaire ». Si les informations couvertes par le secret de la défense nationale, de la sûreté de l'État et, de manière plus originale, par le secret de la politique extérieure ne peuvent lui être communiquées, le secret de l'enquête et de l'instruction ou le secret professionnel applicable aux relations entre un avocat et son client, avec dans ce dernier cas le consentement de la personne, ne peuvent lui être opposés (L. org. de 2011, art. 20). C'est là une différence majeure avec les pouvoirs d'enquête du CGLPL (V. comm. ss. art. L. 133-1 et L. 133-2). De même, les informations couvertes par le secret médical peuvent lui être communiquées à la demande expresse de la personne concernée, alors que dans le cadre du contrôle général, ces informations ne peuvent être transmises qu'aux contrôleurs ayant la qualité de médecin. Et depuis la loi organique n° 2016-1690 du 9 décembre 2016, les personnes l'ayant saisi sont protégées de toutes mesures de rétorsion ou de représailles, de manière plus large que celles ayant communiqué des informations au CGLPL. En cas d'absence de réponse et de transmission d'informations, l'autorité dispose d'un pouvoir de mise en demeure, renforcé, si elle n'est pas suivie d'effet, par la faculté de saisir le juge des référés d'une demande motivée aux fins d'ordonner toute mesure que ce dernier juge utile (L. org. de 2011, art. 21).

Les pouvoirs d'enquête du DDD sont également étendus et témoignent une fois de plus de la spécificité de son contrôle. Il peut procéder à des vérifications sur place et entendre toute personne susceptible de fournir des informations, sans que l'autorité compétente ne puisse s'y opposer, excepté pour des motifs graves et impérieux liés à la défense nationale ou à la sécurité publique. Le DDD peut dans ce cas user de la faculté de saisir le juge des référés afin qu'il autorise les vérifications sur place qui se déroulent alors sous sa supervision. Il est à noter que ce droit d'opposition des personnes publiques ne peut s'exercer en ce qui concerne le champ de compétence du DDD en matière de déontologie par les personnes exerçant des activités de sécurité sur le territoire de la République (L. org. de 2011, art. 22).

Saisi sur la base de réclamations individuelles, le DDD doit motiver les suites qu'il entend y donner (L. org. de 2011, art. 24). Les pouvoirs qu'il peut déployer sont alors variés. Il peut formuler des recommandations de nature à garantir le respect des droits et libertés de la personne lésée et à « régler les difficultés soulevées devant lui ou à en prévenir le renouvellement » ou pour « régler en équité la situation de la personne dont il est saisi ». Si les autorités compétentes n'ont pas donné suite dans le délai fixé par le DDD, ce dernier peut enjoindre l'adoption de mesures nécessaires. Si elles ne sont pas suivies d'effet, ces injonctions peuvent donner lieu à l'établissement d'un rapport spécial rendu public (L. org. de 2011, art. 25). Il dispose également d'un pouvoir de médiation pour régler à l'amiable les différends portés à sa connaissance (L. org. de 2011, art. 26 ; V. par ex. Règl. amiable RA-2022-045 du 14 févr. 2022 relatif à l'exécution d'une autorisation de sortie exceptionnelle sous escorte permettant à une personne détenue d'assister aux obsèques de son père ; Règl. amiable RA-2022-053 du 30 mai 2022 relatif à l'indemnisation d'une personne détenue ayant été rémunérée à la pièce au cours de son travail en détention ; Règl. amiable RA-2022-043 du 27 janv. 2022 relatif au transfert d'une personne transgenre placée à l'isolement par mesure de protection), ainsi que d'un pouvoir de transaction (L. org. de 2011, art. 28). Enfin, le DDD peut saisir l'autorité investie du pouvoir d'engager des poursuites disciplinaires des faits dont il a connaissance et qui lui paraissent de nature à justifier une sanction, à charge pour cette autorité de l'informer des suites données à sa saisine et des motifs de son refus, pouvant donner lieu à un rapport spécial publié (L. de org. 2011, art. 29).

Le DDD fait également l'objet d'une consultation plus étoffée par les pouvoirs publics. Outre son pouvoir général de recommandation portant sur des modifications législatives ou réglementaires, la loi organique de 2011 précise que dans son champ de compétence, il peut être consulté par le Premier ministre sur tout projet de loi, par les présidents des assemblées parlementaires, et dispose alors d'un délai d'un mois pour rendre son avis, et qu'il contribue, à la demande du Premier ministre, à la préparation et à la définition de la position française dans les négociations internationales (L. org. de 2011, art. 32). Si les avis rendus par cette Autorité portent sur des problématiques particulières qui entrent dans ses champs de compétence (dématérialisation et inégalités d'accès aux services publics, *Rapp., 2019*), d'autres portent sur des problématiques plus générales comme la surpopulation carcérale (Avis n° 12-02 du 16 oct. 2012 relatif aux moyens de lutte contre la surpopulation), des projets de réforme législative (Avis n° 21-05 du 3 mai 2021 sur le projet de loi pour la confiance dans l'institution judiciaire) ou pour répondre à des enquêtes parlementaires (Avis n° 21-13 du 30 sept. 2021 relatif à l'identification des dysfonctionnements et manquements de la politique pénitentiaire française). Enfin, il peut présenter des observations devant les juridictions, d'office, à la demande des parties ou de sa propre initiative (L. org. de 2011, art. 33). Il est ainsi intervenu, aux côtés du CGLPL, auprès de la Cour européenne des droits de l'homme dans le cadre de l'arrêt du 30 janvier 2020, *J. M. B. et a. c/ France*, n° 9671/15 (Décis. n° 2017-118 du 23 mars 2017 ; Décis. n° 2018-148 du 23 mai 2018). ❑

I. DROITS DES USAGERS DU SERVICE PUBLIC PÉNITENTIAIRE

1. *Maintien des liens familiaux.* Constatant que le dispositif de prise de rendez-vous parloirs n'est pas homogène sur l'ensemble du territoire et que son efficacité est relative, le DDD conclut à une violation du principe d'égal accès au service public pénitentiaire qui découle du principe d'égalité devant le service public ainsi qu'à une violation du droit au respect du maintien des liens familiaux des détenus. • Décis. 8 oct. 2019, n° 2019-241, relative à l'examen d'une requête portant sur les difficultés d'accès aux parloirs dans les établissements pénitentiaires. ♦ Pour rejeter la requête visant à annuler pour excès de pouvoir les décisions implicites par lesquelles la garde des Sceaux, ministre de la Justice, a refusé la demande de mise en œuvre des recommandations formulées par le Défenseur des droits dans sa Décis.

n° 2018-305 du 27 déc. 2018 relative aux modalités techniques de prise de rendez-vous par téléphone pour l'accès des familles et proches de détenus aux parloirs, le juge considère que ce refus n'a pas à être motivé selon l'art. L. 211-2 CRPA. De plus, comme les mesures recommandées par le Défenseur des droits ne sont pas les seules à même de garantir le respect des obligations qui pèsent sur l'administration pénitentiaire en matière de maintien des liens familiaux pour les personnes détenues, le refus de prendre ces mesures ne saurait être regardé comme entaché d'illégalité au seul motif que leur mise en œuvre serait susceptible de concourir au respect de ces obligations. • CE 13 nov. 2020, n° 433243, cons. 2.

2. Accès des personnes détenues aux démarches administratives dématérialisées. Établissant le constat des difficultés et disparités dans la mise en œuvre des procédures d'obtention ou de renouvellement de la carte d'identité en détention, notamment en ce qui concerne le dispositif mobile de saisie des empreintes devant être mis en place par les services préfectoraux, le Défenseur des droits considère que cette dématérialisation porte atteinte à l'égalité des personnes détenues devant le service public et à leur droit au maintien des relations sociales. Il réitère sa recommandation d'envisager une voie alternative au service numérique pour les démarches administratives des personnes détenues dans le cadre de la mise en œuvre de toute procédure de dématérialisation d'un service public (Décis. n° 2018-226). • Décis. 19 juin 2019, n° 2019-147, relative à l'atteinte portée au droit au maintien des relations sociales de la personne détenue par les conditions actuelles d'accès aux démarches de délivrance et renouvellement des cartes nationales d'identité. ♦ V. Instr. conjointe des ministères de l'Intérieur et de la Justice du 28 juill. 2019 précisant les modalités de délivrance des cartes nationales d'identité aux personnes détenues.

II. PROTECTION DE L'ENFANT

3. Liens des mineurs avec leurs parents incarcérés. Le Défenseur des droits recommande d'améliorer la connaissance des enfants concernés par cette question (chiffres, âges, difficultés rencontrées), l'organisation des visites des enfants à leur parent, la formation des professionnels pénitentiaires aux droits et aux besoins des enfants et la désignation d'un « référent enfant » dans chaque établissement pénitentiaire. • Décis. 19 juin 2019, n° 2019-114.

III. RESPECT DE LA DÉONTOLOGIE DE LA SÉCURITÉ

4. Conditions d'extraction et d'hospitalisation des personnes détenues. Le Défenseur des droits recommande une réforme d'ampleur des textes applicables aux mesures de surveillance et aux moyens de contrainte lors des extractions, des soins et du séjour hospitalier des personnes incarcérées, quand celui-ci se déroule dans une structure hospitalière classique, afin de conduire à une baisse du niveau général de sécurité et de surveillance et permettre une intervention plus importante des personnels médicaux dans le choix des mesures de sécurité à l'hôpital. Il recommande également une évolution des mécanismes d'engagement de la responsabilité des escorteurs et des personnels ayant décidé du niveau de sécurité en cas d'incident lors d'une extraction médicale. • Décis. du 9 janv. 2015, MDS-2014-107.

5. Contrôle des correspondances. Selon le Défenseur des droits, les dispositions de la circulaire du 9 juin 2011, qui organisent une ouverture systématique et indifférenciée des correspondances « contrôlables », sont en contradiction tant avec la Conv. EDH qu'avec les dispositions de l'art. 40 de la L. pénit. [C. pénit., art. L. 345-4]. • Décis. 9 févr. 2023, n° 2022-038.

6. Enregistrements vidéo dans le cadre des procédures disciplinaires et pénales. Après la modification de l'art. R. 57-7-16 C. pr. pén. [C. pénit., art. R. 234-17], introduite par le Décr. n° 2016-1432 du 24 oct. 2016 relatif à l'accès au dossier disciplinaire des personnes détenues ou de leur conseil dans le cadre de poursuites disciplinaires qui met en œuvre une partie des recommandations du Défenseur des droits formulées dans sa Décis. MDS-2014-118 du 1er août 2014, il réitère ses recommandations relatives à la modification du délai de conservation des données de vidéoprotection et à la possibilité pour la personne détenue de solliciter le visionnage des données de vidéoprotection au cours de l'audience disciplinaire. Il recommande que soient déterminées les modalités de recours contre un refus d'accès aux données de vidéoprotection ainsi que la notification auprès des personnes détenues du droit d'accès aux données de vidéoprotection dans le cadre d'une procédure disciplinaire. • Décis. 24 mars 2017, n° 2017-117. ♦ Le Défenseur des droits recommande de modifier la rédaction de l'art. D. 281 C. pr. pén. [C. pénit., art. D. 214-27] pour rendre systématique la conservation des données de vidéoprotection relatives à des faits susceptibles d'être qualifiés de délits ou crimes pendant 6 mois, dans un souci d'harmonisation avec le délai légal d'engagement des poursuites disciplinaires contre les personnes détenues, et de rendre obligatoire leur transmission au procureur de la République. • Décis. 15 juin 2017, n° 2017-049, relative à la conservation et à la transmission à l'autorité judiciaire des données de vidéoprotection, à l'occasion du signalement d'un crime ou d'un délit commis dans un établissement pénitentiaire.

7. Qualité des écrits pénitentiaires. Dans le cadre des procédures disciplinaires et de l'usage de la force, le Défenseur des droits renouvelle sa recommandation qu'il soit porté une attention particulière à la rédaction des comptes rendus et rapports lors de la formation des personnels et que soit introduit dans le code de déontologie des services pénitentiaires une disposition rappelant les exigences de rigueur et de précision dans la rédaction des écrits pénitentiaires. • Décis. 17 sept. 2018, n° 2018-106.

8. Cadre juridique du placement sous un régime de surveillance nocturne renforcée. Le Défenseur des droits recommande de réformer le cadre juridique applicable au placement sous un régime de surveillance nocturne renforcée d'une personne détenue inscrite au répertoire des détenus particulièrement signalés. Cette décision doit être motivée en fait et en droit et notifiée à la personne détenue en indiquant les voies et délais de recours pour la contester, conditionnée à un examen médical préalable et accompagnée d'un suivi médical régulier. Il recommande également de règlementer le nombre de rondes de nuit supplémentaires pouvant être réalisées par les personnels pénitentiaires, ainsi que le délai minimal devant être respecté entre deux rondes afin de limiter au strict nécessaire les interruptions de sommeil. De même, la décision d'allumer systématiquement la lumière en cellule doit faire l'objet d'une décision administrative motivée et notifiée. • Décis. 9 févr. 2023, n° 2022-036.

9. Procédure disciplinaire et manquement déontologique. En dépit de l'absence d'élément intentionnel et du classement de la procédure judiciaire, le Défenseur des droits peut constater l'existence d'un manquement déontologique lié à une mise en œuvre défaillante d'un geste professionnel ayant occasionné un préjudice à une personne détenue. • Décis. 16 oct. 2018, n° 2018-265.

CHAPITRE IV CONTRÔLE PAR LES AUTRES AUTORITÉS ADMINISTRATIVES

Le présent chapitre ne comprend pas de dispositions législatives.

CHAPITRE V VISITE DES ÉTABLISSEMENTS PÉNITENTIAIRES PAR LE COMITÉ EUROPÉEN DE PRÉVENTION DE LA TORTURE ET DES PEINES OU TRAITEMENTS INHUMAINS OU DÉGRADANTS

Art. L. 135-1 Dans les conditions prévues par la convention européenne pour la prévention de la torture et des peines ou traitements inhumains ou dégradants du 26 novembre 1987, dont l'approbation a été autorisée par la loi n° 88-1243 du 30 décembre 1988, les membres du Comité européen pour la prévention de la torture et des peines ou traitements inhumains ou dégradants peuvent visiter les lieux de détention relevant de l'administration pénitentiaire et s'y entretenir avec les personnes qui y sont détenues.

BIBL. ▸ **Thèse :** GASSIMOV, Le comité européen pour la prévention de la torture et des peines ou traitements inhumains ou dégradants, *Univ. Strasbourg, 2019.*

▸ **Article :** MORGAN et EVANS, Combattre la torture en Europe. Le travail et les normes du Comité européen pour la prévention de la torture. *éd. du Conseil de l'Europe, 2002.*

▸ **Articles :** COUVRAT, Le regard du Comité européen pour la prévention de la torture et des peines ou traitements inhumains ou dégradants, *RSC 2002. 145*. – DELARUE, Le CPT et le CGLPL, un essai de comparaison, *in* Mél. Costa, *Dalloz, 2011, p. 162.* – PONROY et JACQ, Étude comparative des Conventions des Nations unies et du Conseil de l'Europe relatives à la torture et aux peines ou traitements inhumains ou dégradants, *RSC 1990. 145*. – SENNA, 25 ans du Comité européen pour la prévention de la torture et des peines ou traitements inhumains ou dégradants, *Gaz. Pal. 2015, n° 224z5.4.*

COMMENTAIRE

Mis en place par la Convention pour la prévention de la torture et des peines ou traitements inhumains et dégradants du 26 novembre 1987 (ratifiée par les 46 États membres du Conseil de l'Europe), le Comité européen pour la prévention de la torture et des peines ou traitements inhumains et dégradants (CPT) a vocation « par le moyen de visites » à examiner « le traitement des personnes privées de liberté en vue de renforcer, le cas échéant, leur protection contre la torture et les peines ou traitements inhumains ou dégradants » (Conv. préc., art. 1er). Le CPT comprend « un nombre de membres égal à celui des Parties » qui, à raison d'un membre par État, sont choisis « parmi des personnalités de haute moralité, connues pour leur compétence en matière de droits de l'homme ou ayant une expérience professionnelle dans les domaines dont traite la présente Convention » (Conv. préc., art. 4), et élus pour quatre ans par le Comité des ministres du Conseil de l'Europe. Il s'agit en pratique d'experts indépendants et impartiaux, regroupant tout à la fois juristes, médecins, psychiatres, spécialistes des questions pénitentiaires ou de la police. Le CPT possède un très vaste mandat, qui n'est pas strictement pénitentiaire, car sa compétence est étendue à « tout lieu relevant de sa juridiction où des personnes sont privées de liberté par une autorité publique » (Conv. préc., art. 2).

Comme l'indique l'article L. 135-1 du code pénitentiaire, le Comité peut « visiter les lieux de détention relevant de l'administration pénitentiaire et s'y entretenir avec les personnes qui y sont détenues ». Il effectue des visites périodiques dans les États contractants (tous les 2 à 4 ans) ainsi que des visites « exigées par les circonstances » (dites visites *ad hoc* ; Conv. préc., art. 7) et des visites de suivi servant à s'assurer que les recommandations d'une précédente visite ont été suivies d'effet. Les membres du Comité bénéficient d'un accès au territoire de l'État concerné et le droit de s'y déplacer sans restriction, ainsi que de la possibilité de se rendre dans tout lieu où se trouvent des personnes privées de liberté et de s'entretenir avec elles sans témoin. Les faits et témoignages collectés aboutissent à un rapport adressé à l'État concerné, qui dispose normalement d'un délai de six mois, à partir de sa communication, pour produire un rapport intermédiaire en réponse, et d'un an pour fournir un rapport de suivi précisant les mesures prises pour apporter une solution aux dysfonctionnements constatés. Tous ces rapports sont normalement confidentiels, mais la confidentialité peut être écartée si l'État concerné le décide. Lorsque la situation lui paraît par trop dégradée et qu'il note un défaut de coopération persistant des autorités nationales, le Comité peut, à la majorité des deux tiers, adopter une déclaration publique (Conv. préc., art. 10, § 2).

L'intérêt du contrôle opéré par le CPT réside en son caractère global, s'attachant à vérifier tout ce qui concerne les conditions de détention, en relevant l'existence de situations de torture ou de traitements inhumains ou dégradants, résultant soit d'un élément spécifique, soit d'une combinaison de facteurs. Le CPT vérifie si des abus sont commis mais est également attentif aux « indicateurs » ou « signes avant-coureurs » d'éventuels abus futurs. Sont ainsi examinées les conditions générales de détention dans les établissements visités, ce qui comprend tout à la fois les locaux (espace dont disposent les détenus, éclairage, ventilation, installations sanitaires, repas et literie…), les conditions sociales (relations avec les autres détenus et le personnel pénitentiaire, liens avec la famille ou les proches, avec les travailleurs sociaux et avec l'extérieur en général…), les soins et les possibilités et conditions de travail. Le régime juridique de la détention (existence ou non des garanties fondamentales contre les mauvais traitements, notamment possibilité de déposer une plainte pour ces mauvais traitements ou mauvaises conditions de détention…) fait également l'objet d'une attention soutenue, comme les mesures prises à l'égard des populations considérées comme à risques (mineurs, femmes, étrangers, toxicomanes…). Même si le code pénitentiaire ne l'évoque pas explicitement, les personnels sont également l'objet d'études, tant en ce qui concerne leur formation que leur attitude ou leurs conditions de travail. Lors des visites, qui peuvent se dérouler de jour comme de nuit, le CPT mène des entretiens avec les personnes privées de leur liberté (entretiens pouvant même aller jusqu'à recevoir des doléances de ces personnes), les autorités nationales et les responsables des établissements visités. Par ses recommandations, le CPT a le pouvoir de proposer aux autorités nationales des mesures concrètes, à prendre immédiatement ou à long terme, de nature à mettre un terme aux errements constatés et/ou à en prévenir d'autres.

La France a fait l'objet de sept visites périodiques et de huit visites *ad hoc*. A l'occasion de la dernière visite périodique de 2019 (Rapp. publié en 2021, CPT/Inf (2021) 14), le Comité a dénoncé la vétusté de nombreux établissements pénitentiaires ainsi que la surpopulation carcérale chronique existant dans les maisons d'arrêt françaises. Il a demandé aux autorités l'adoption de mesures urgentes pour réduire cette surpopulation et prévenir la violence entre les personnes détenues. Il s'est également déclaré préoccupé par des situations de placement à l'isolement pour des durées prolongées ainsi que par le maintien en détention de personnes souffrant de troubles psychiatriques sévères (*D. actu. 9 juill. 2021, note Dufourq*).

Le Comité s'est également construit son propre corps de règles générales, destinées à servir de principes directeurs et d'éléments d'orientation pour les États membres. Ces règles font l'objet d'une compilation tenue à jour et sont connues sous le nom de « normes du CPT ».

L'action du CPT est enfin intimement liée à l'action juridictionnelle de la Cour européenne des droits de l'homme, les deux institutions entretenant de profondes interactions. Le Comité utilise fréquemment la jurisprudence de la Cour européenne des droits de l'homme à l'appui de ses conclusions et recommandations. La réciproque est d'ailleurs vraie : dans l'arrêt *Aerts c/ Belgique*, rendu par la Cour le 30 juillet 1998 (n° 25357/94 : *D. 1999. Somm. 270, obs. Fricero*), la Cour se sert du rapport de visite du CPT en 1993, plus spécifiquement en ce qui concerne les développements relatifs à l'annexe psychiatrique de la prison de Lantin. Dans l'arrêt *Mouisel c/ France* du 14 novembre 2002 (n° 67263/01 : *RTDH 2003. 999, note Céré ; D. 2003. 303, note Moutouh ; D. 2003. Somm. 524, obs. Renucci ; JCP 2003. I. 109, n° 2, obs. Sudre ; RSC 2003. 144, note Massias ; Dr. pén. 2003. Comm. 52, obs. Maron et Haas ; LPA 19 juin 2003, p. 15. note Tigroudja ; ibid. 16 juill. 2003, p. 13, note Roets*), la Cour va même au-delà de l'établissement des faits par le Comité, en faisant des rapports du CPT une partie du « droit pertinent » applicable pour parvenir à la solution de l'affaire. La Cour prend notamment acte des recommandations formulées par le CPT quant aux conditions de transfert et d'examen médical des détenus qui continuent, selon lui, de poser problème au regard de l'éthique médicale et du respect de la dignité humaine. La Cour n'est toutefois jamais liée par les conclusions du CPT. Ainsi, dans l'affaire *Peers c/ Grèce* du 19 avril 2001 (n° 28524/95 : *JCP 2001. I. 342, n° 4, chron. Sudre*), la Cour constate que les délégués de la Commission européenne des droits de l'homme ne sont pas parvenus aux mêmes conclusions que le CPT en ce qui concerne les conditions de détention de la prison de Koridallos (principalement parce que les deux visites ne se sont pas déroulées dans les mêmes conditions climatiques). De même, en posant l'exigence minimale pour chaque détenu de disposer d'au moins 3m² d'espace disponible en cellule, la Cour n'a pas exactement retenu les préconisations du CPT qui de son côté évoquait le respect de « 4m² d'espace vital » (*Mursic c/ Croatie (GC)*, 20 oct. 2016, n° 7334/13 : *D. 2015. 866, obs. Falxa ; ibid. 1122, obs. Céré, Herzog-Evans et Péchillon ; AJ pénal 2015. 415, note Robert AJDA 2017. 157, chron. Burgorgue-Larsen ; JCP 2016. Actu. 1216, obs. Sudre*). ❑

CEDH. Rôle du CPT. Eu égard notamment aux normes du CPT en matière d'espace vital, de possibilité de sortir au moins une heure par jour et d'installations sanitaires et d'hygiène, la Cour considère que l'effet cumulé de la promiscuité et des manquements relevés aux règles d'hygiène ont provoqué chez le requérant, détenu pendant six mois à la maison d'arrêt de Nancy, des sentiments de désespoir et d'infériorité propres à l'humilier et à le rabaisser. Dès lors, la Cour estime que ces conditions de détention s'analysent en un traitement dégradant au sens de l'art. 3 Conv. EDH. • CEDH 25 avr. 2013, *Canali c/ France*, n° 40119/09 : *D. 2013. 1138, obs. Léna ; AJ pénal 2013. 403, note Céré ; Gaz. Pal. 23 mai 2013, n° 131a5, note Berlaud.*

CHAPITRE VI ÉVALUATION DES SERVICES PÉNITENTIAIRES

Le présent chapitre ne comprend pas de dispositions législatives.

LIVRE II DÉTENTION EN ÉTABLISSEMENT PÉNITENTIAIRE

TITRE I PRISE EN CHARGE DES PERSONNES DÉTENUES

CHAPITRE I AFFECTATION EN DÉTENTION

V. Circ. du 21 févr. 2012 relative à l'orientation en établissement pénitentiaire des personnes détenues (NOR : JUSK1240006C), BOMJ 15 mars 2012.

BIBL. ► **Ouvrages :** Herzog-Evans, Droit pénitentiaire 2020/2021, *Dalloz, 2019*. – OIP, Le Guide du prisonnier, *La Découverte, 2021, p. 32-42*.

Avis et rapports : Benassaya et Abadie, Rapport visant à identifier les dysfonctionnements et manquements de la politique pénitentiaire française, *Rapp. Ass. nat. 12 janv. 2022, n° 4906*. – CNCDH, Les droits de l'homme dans la prison, *Doc. fr., 2007, vol. 1*.

Articles : Bony, Milhaud et Scheer, Retour sur Le livre blanc sur l'immobilier pénitentiaire : repenser l'architecture pénitentiaire ?, *Champ pénal 2020. 20*. – Bouju, Le détenu face aux mesures d'ordre intérieur, *RD publ. 2005. 597*. – Domino et Bretonneau, *Custodire ipsos custodes* : le juge administratif face à la prison, *AJDA 2011. 1364*. – Habouzit, Le contrôle des décisions de l'administration pénitentiaire relatives aux conditions d'exécution de la peine, *RSC 2022. 275*. – Schmitz, Dialogue des juges en matière de conditions de détention provisoire. La sourde oreille du juge du référé-liberté, *AJDA 2021. 694*.

COMMENTAIRE

L'affectation en détention, qui échappe à la volonté des détenus (CE 21 juill. 2020, n° 441880 : *D. 2021. 1106, obs. Céré, Falxa, Herzog-Evans*), dépend du statut pénal de la personne concernée. En principe, les personnes placées en détention provisoire ou récemment condamnées à une courte peine sont placées en maison d'arrêt (art. L. 211-1 et L. 211-2). Sauf exceptions, les personnes condamnées exécutent leur peine dans un établissement pour peine, centre de détention et maison centrale (C. pénit. art. L. 211-3).

Qu'il s'agisse de la décision initiale ou de décisions ultérieures, la décision d'affectation, qui doit être « la plus adéquate », est décidée sur la base de différents critères tenant compte de la catégorie pénale de la personne, de son sexe, de son âge, de ses antécédents, de son état de santé physique et mentale, de ses aptitudes, de ses possibilités de réinsertion sociale, de ses liens familiaux et, plus globalement, de tout renseignement susceptible d'éclairer l'autorité compétente. Elle obéit à des règles de compétence, de procédure et de fond aujourd'hui définies par les articles D. 211-3 à D. 211-36 du code pénitentiaire, notamment complétés par la circulaire du 21 février 2012 relative à l'orientation en établissement pénitentiaire des personnes détenues (JUSK1240006C).

Longtemps considérées comme des mesures d'ordre intérieur insusceptibles de recours, les décisions d'affectation initiale et de changement d'affectation font aujourd'hui l'objet d'une jurisprudence subtile destinée à garantir le droit au recours des personnes concernées tout en préservant le juge d'un contentieux systématique auquel il ne pourrait répondre. Depuis l'arrêt d'assemblée *Boussouar* du 14 décembre 2007, le Conseil d'État détermine en effet la justiciabilité d'une telle décision, dont dépend la recevabilité du recours pour excès de pouvoir dirigé à son encontre, en tenant compte de sa nature et de l'importance de ses effets sur la situation de la personne détenue (n° 290730 B : *AJDA 2007. 2404* ; *ibid. 2008. 128, chron. Boucher et Bourgeois-Machureau* ; *D. 2008. 820, les obs., note Herzog-Evans* ; *ibid. 1015, obs. Céré, Herzog-Evans et Péchillon* ; *AJ pénal 2008. 100, obs. Péchillon* ; *RFDA 2008. 87, concl. Guyomar* ; *RSC 2008. 404, chron. Poncela* ; *Dr. pénal 2008. Comm. 25, obs. Maron* ; *Procédures 2008, n° 61, obs. Deygas*).

Le juge apprécie ces effets à l'aune de deux critères complémentaires. Le premier est celui du régime et des modalités de la détention dont l'aggravation provoquée par la décision exclut celle-ci du champ des mesures d'ordre intérieur. Ainsi, une décision de changement d'affectation d'un établissement pour peines, mode de détention « normal » des condamnés, à une maison d'arrêt constitue un acte administratif susceptible de recours dès lors que les établissements pour peine se caractérisent par l'organisation d'activités orientées vers la réinsertion des personnes et la préparation de leur élargissement. A l'inverse, la décision d'affectation consécutive à une condamnation, la décision de changement d'affectation d'une maison d'arrêt à un établissement pour peines ainsi que la décision de changement d'affectation entre établissements de même nature constituent en principe des mesures d'ordre intérieur qui ne peuvent être contestées par la voie du recours pour excès de pouvoir (CE 3 juin 2009, n° 310100 : *AJDA 2009. 1132* ; *AJ pénal 2009. 460*).

Cette exclusion ne vaut toutefois qu'à la condition que les libertés et les droits fondamentaux de la personne détenue, second critère d'appréciation de la nature de la décision, ne soient pas en cause. Par un renversement, très symbolique, de la présentation classique voulant que les décisions d'affectation n'aggravant pas les conditions de détention de la personne concernée soient, par principe, considérées comme des mesures d'ordre intérieur, le Conseil d'État estime aujourd'hui qu'« afin de respecter les exigences fixées par l'article 13 de la Convention européenne des droits de l'homme, les décisions de changement d'affectation entre établissements de même nature doivent pouvoir faire l'objet d'un recours, au moins lorsque la nouvelle affectation s'accompagne d'une modification du régime de détention entraînant une aggravation des conditions de détention ou, si tel n'est pas le cas, lorsque sont en cause des libertés et des droits fondamentaux des détenus eu égard à leur nature et à leurs effets » (CE 12 déc. 2018, n° 417244 B : *AJDA 2018. 2469* ; *ibid. 2019. 825, note Schmitz* ; *AJ pénal 2019. 96, obs. Frinchaboy*). A défaut de rendre plus sévères les conditions de détention, une décision d'affectation peut en effet porter atteinte à une ou plusieurs libertés fondamentales protégées dont, principalement, le droit à une vie familiale en détention (Conv. EDH, art. 8) et le droit d'accès aux soins. Une telle restriction de liberté, qui fait nécessairement grief à celui ou celle qui la subit, donne à la décision suffisamment d'importance pour qu'elle puisse faire l'objet d'un recours pour excès de pouvoir.

Dans tous les cas, il revient au requérant de démontrer que la décision qu'il conteste est de nature à modifier ses conditions de détention ou à porter atteinte à ses libertés et droits fondamentaux (CAA Lyon, 24 nov. 2022, n° 20LY01803). A défaut, la décision présente le caractère d'une mesure d'ordre intérieur. Par ailleurs, même admise sur le fondement de l'atteinte portée à une liberté, la recevabilité du recours pour excès de pouvoir ne préjuge pas du fond. Opérant un contrôle restreint de l'adéquation de la mesure, et se limitant donc à la censure des erreurs manifestes d'appréciation, le juge n'annule que rarement les décisions de transfert, y compris lorsqu'elles ont des effets négatifs sur les droits des personnes concernées.

Cette construction jurisprudentielle, qui limite la recevabilité des recours pour excès de pouvoir, ne s'applique pas dans le cadre du référé-liberté ou du contentieux de la responsabilité, l'un et l'autre indifférents à la nature de la décision. ❑

Art. L. 211-1 Les personnes prévenues sont détenues dans une maison d'arrêt.

1. Rapprochement familial. V. notes ss. art. L. 342-1.

2. Transfèrement. Considérant que les conditions dans lesquelles l'administration peut décider qu'il sera procédé au changement d'affectation et au transfèrement d'un détenu sont définies, même dans le cas d'un transfèrement d'une maison d'arrêt à une autre maison d'arrêt, par les dispositions du C. pr. pén., c'est à tort que le tribunal a estimé que l'illégalité d'une telle décision ne pouvait engager la responsabilité de l'administration au motif que cette décision de transfèrement constituerait une mesure d'ordre intérieur dont la légalité ne serait pas susceptible d'être contestée devant le juge de l'excès de pouvoir. • CAA Paris, 11 avr. 2006, n° 02PA02389.

3. Procédure contradictoire. La circonstance que l'intéressé n'aurait pas été mis à même de faire valoir ses observations préalablement à l'intervention d'une décision de transfert n'est pas de nature à caractériser une atteinte grave et manifestement illégale à une liberté fondamentale, justifiant l'intervention du juge des référés sur le fondement de l'art. L. 521-2 CJA. • CE 21 juill. 2020, n° 441880 : *D. 2021.1106, obs. Céré, Falxa, Herzog-Evans.*

Art. L. 211-2 A titre exceptionnel, au regard de leur personnalité ou de leur comportement, les personnes prévenues peuvent être détenues dans un établissement pour peines lorsque cette décision apparaît nécessaire à la prévention des évasions ou au maintien de la sécurité et du bon ordre des établissements pénitentiaires.

A titre exceptionnel, les personnes mentionnées au premier alinéa ayant interjeté appel ou formé un pourvoi en cassation contre leur condamnation peuvent être détenues dans un

établissement pour peines lorsque cet établissement offre des conditions de détention plus satisfaisantes eu égard à la capacité d'accueil de la maison d'arrêt où ces personnes doivent être détenues en application des dispositions de l'article L. 211-1.

Les personnes prévenues peuvent également être affectées au sein d'un établissement pour peines dans un quartier spécifique, dans les conditions prévues par les dispositions des articles L. 224-1 à L. 224-4.

1. Critère de justiciabilité des décisions d'affectation. Pour déterminer si une décision relative à un changement d'affectation d'un détenu d'un établissement pénitentiaire à un autre constitue un acte administratif susceptible de recours pour excès de pouvoir, il y a lieu d'apprécier sa nature et l'importance de ses effets sur la situation des détenus. • CE, ass., 14 déc. 2007, n° 290730 B : *AJDA 2007. 2404 ; ibid. 2008. 128, chron. Boucher et Bourgeois-Machureau ; D. 2008. 820, les obs., note Herzog-Evans ; ibid. 1015, obs. Céré, Herzog-Evans et Péchillon ; AJ pénal 2008. 100, obs. Péchillon ; RFDA 2008. 87, concl. Guyomar ; RSC 2008. 404, chron. Poncela ; Dr. pénal 2008. Comm. 25, obs. Maron ; Procédures 2008, n° 61, obs. Deygas.* ♦ En se fondant exclusivement sur l'existence et le contenu des dispositions législatives et réglementaires relatives aux changements d'affectation des détenus, pour en déduire, sans s'attacher à en apprécier la nature et les effets, qu'une telle mesure peut être contestée par la voie du recours pour excès de pouvoir, la CAA a entaché son arrêt d'une erreur de droit. • CE, ass., 14 déc. 2007, n° 290730 B : *préc.*

2. Application des critères. Les décisions d'affectation consécutives à une condamnation, les décisions de changement d'affectation d'une maison d'arrêt à un établissement pour peines ainsi que les décisions de changement d'affectation entre établissements de même nature constituent des mesures d'ordre intérieur insusceptibles de faire l'objet d'un recours pour excès de pouvoir, sous réserve que ne soient pas en cause des libertés et des droits fondamentaux des détenus. • CE, ass., 14 déc. 2007, n° 290730 B : *préc. note 1* • CE 21 nov. 2018, n° 4[illegible]2741.

Art. L. 211-3 Les personnes condamnées exécutent leur peine dans un établissement pour peines.

Cependant, les personnes condamnées à l'emprisonnement d'une durée inférieure ou égale à deux ans peuvent, à titre exceptionnel, être maintenues en maison d'arrêt et détenues, dans ce cas, dans un quartier distinct, lorsque des conditions tenant à la préparation de leur libération, leur situation familiale ou leur personnalité le justifient.

Peuvent également, dans les mêmes conditions, être affectées, à titre exceptionnel, en maison d'arrêt, les personnes condamnées auxquelles il reste à exécuter une peine d'une durée inférieure à un an.

Toute personne condamnée détenue en maison d'arrêt à laquelle il reste à exécuter une peine d'une durée supérieure à deux ans peut, à sa demande, obtenir son transfèrement dans un établissement pour peines dans un délai de neuf mois à compter du jour où sa condamnation est devenue définitive.

Cependant, elle peut être maintenue en maison d'arrêt lorsqu'elle bénéficie d'un aménagement de peine ou est susceptible d'en bénéficier rapidement.

Les personnes condamnées peuvent également être affectées en maison d'arrêt au sein d'un quartier spécifique dans les conditions prévues par les dispositions des articles L. 224-1 à L. 224-4.

I. POUVOIRS DE L'ADMINISTRATION PÉNITENTIAIRE

1. Compétence liée. Fait une exacte application de l'art. 717 C. pr. pén. la CAA qui considère, eu égard à la nature de la peine à laquelle l'intéressé a été condamné et à sa situation administrative au moment de la décision attaquée, qu'il devait être détenu dans un établissement pour peines, alors que ni le motif avancé relatif à son comportement, ni la durée de sa détention en maison d'arrêt ne pouvaient faire regarder la décision litigieuse comme ayant été prise à titre provisoire. • CE, ass., 14 déc. 2007, n° 290730 B : *AJDA 2007. 2404 ; ibid. 2008. 128, chron. Boucher et Bourgeois-Machureau ; D. 2008. 820, les obs., note Herzog-Evans ; ibid. 1015, obs. Céré, Herzog-Evans et Péchillon ; AJ pénal 2008. 100, obs. Péchillon ; RFDA 2008. 87, concl. Guyomar ; RSC 2008. 404, chron. Poncela ; Dr. pénal 2008. Comm. 25, obs. Maron ; Procédures 2008, n° 61, obs. Deygas* ♦ Les dispositions de l'art. D. 80 C. pr. pén. ne permettent pas à l'autorité administrative d'affecter discrétionnairement un condamné relevant d'un établissement pour peines dans une maison d'arrêt, la circonstance que des contraintes immobilières pèsent sur l'administration pénitentiaire étant, par elle-même, sans incidence sur la légalité de la décision en cause. En prenant la décision de transférer l'intéressé d'un établissement pour peines à la section maison d'arrêt d'un centre pénitentiaire, alors qu'il lui restait une peine de 7 ans à purger, le directeur régional de l'administration pénitentiaire a méconnu les dispositions de l'art. 717 C. pr. pén. (C. pénit., art. L. 211-3). • CAA Marseille, 15 avr. 2009, n° 07MA03800.

2. Art. L. 521-2 CJA. Référé-liberté. Alors que la requête en aménagement de peine de l'intéressée est en cours d'instruction, ne peut être regardée comme caractérisant une atteinte grave et manifestement illégale à une liberté fondamentale justifiant l'intervention en urgence du juge des référés, la décision d'affectation d'une personne condamnée à une peine de plus de deux ans dans un centre pénitentiaire qui l'éloigne de plus de 100 km du domicile de ses parents, alors même que la décision est de nature, d'une part, à rendre plus difficile l'exercice par l'intéressée, atteinte de surdité, de son droit à conserver une vie familiale en détention, alors que seule sa mère, âgée de 84 ans, atteinte de cécité et ne disposant que de faibles moyens financiers est encore en mesure de se déplacer, et, d'autre part, à affecter l'exercice par cette dernière de son droit à mener une vie familiale normale. L'audiencement de la requête en aménagement de peine par le JAP permettra le cas échéant de déterminer si elle est susceptible de bénéficier rapidement d'un aménagement de peine et ainsi de voir son affectation réexaminée. • CE, ord., 12 juin 2019, n° 430893.

II. DÉCISIONS D'AFFECTATION

A. NATURE JURIDIQUE

3. Critère de qualification. Pour déterminer si une décision relative à un changement d'affectation d'un détenu d'un établissement pénitentiaire à un autre constitue un acte administratif susceptible de recours pour excès de pouvoir, il y a lieu d'apprécier sa nature et l'importance de ses effets sur la situation des détenus. • CE, ass., 14 déc. 2007, n° 290730 B : *préc. note 1.*

4. Application du critère. Effets sur la situation du détenu. Le régime de la détention en établissement pour peines, qui constitue normalement le mode de détention des condamnés, se caractérise, par rapport aux maisons d'arrêt, par des modalités d'incarcération différentes et, notamment, par l'organisation d'activités orientées vers la réinsertion ultérieure des personnes concernées et la préparation de leur élargissement. Ainsi, eu égard à sa nature et à l'importance de ses effets sur la situation des détenus, une décision de changement d'affectation d'une maison centrale, établissement pour peines, à une maison d'arrêt constitue un acte administratif susceptible de faire l'objet d'un recours pour excès de pouvoir et non une mesure d'ordre intérieur. • CE, ass., 14 déc. 2007, n° 290730 B : *préc. note 1.* ♦ Pour une application récente : • CAA Paris, 8 juill. 2021, n° 20PA03805.

5. Exception. Décisions temporaires. Si une décision de changement d'affectation d'un établissement pour peines à une maison d'arrêt constitue, en principe, eu égard à sa nature et à l'importance de ses effets sur la situation des détenus, un acte administratif susceptible de faire l'objet d'un recours pour excès de pouvoir, il en va autrement des décisions qui sont prises à seule fin de permettre l'exécution d'une décision de changement d'affectation, sous réserve que ne soient pas en cause des libertés et des droits fondamentaux des détenus. Tel est le cas d'une mesure transférant un détenu dans un établissement, quelle qu'en soit la nature, dans le seul but d'assurer, dans les plus brefs délais, l'exécution d'une décision d'affectation. • CE 13 nov. 2013, n° 355742 : *D. actu. 20 nov. 2013, obs. Poupeau.*

B. RÉGIME JURIDIQUE

6. Motivation. Une mesure de transfert d'un détenu d'un établissement pour peines à une maison d'arrêt constitue une décision qui impose des sujétions et doit être motivée. • CE, ass., 14 déc. 2007, n° 290730 B : *préc. note 1* • CAA Nantes, 10 avr. 2008, n° 07NT01662. ♦ En l'espèce, la décision ne comporte pas l'indication des textes dont elle fait application et les éléments de fait qu'elle contient ne permettent pas à l'intéressé de la contester en connaissance de cause. Dès lors, le ministre n'a pas satisfait aux exigences de motivation prescrites par les dispositions de la L. du 11 juill. 1979. • CAA Paris, 19 déc. 2005, n° 05PA00868 B : *AJ pénal 2006. 134, obs. Péchillon ; D. 2006. 1352, note Fournié et Massat ; AJDA 2006. 652, note Bachini .*

7. Procédure contradictoire. La décision de transfert d'un établissement pour peines à une maison d'arrêt qui ne relève d'aucun des trois cas d'exception énoncés par l'art. 24 de la L. du 12 avr. 2000 ne peut être prise sans que l'intéressé ait été mis à même de présenter des observations. • CE, ass., 14 déc. 2007, n° 290730 B : *préc. note 1* • CAA Nantes, 10 avr. 2008, n° 07NT01662 : *préc. note 6.* ♦ V. égal. • CAA Paris, 19 déc. 2005, n° 05PA00868 B : *préc. note 6.*

Art. L. 211-4 La répartition des personnes condamnées dans les établissements pour peines s'effectue compte tenu de leur catégorie pénale, de leur âge, de leur état de santé et de leur personnalité.

Leur régime de détention est déterminé en prenant en compte leur personnalité, leur santé, leur dangerosité et leurs efforts en matière de réinsertion sociale.

Le placement d'une personne détenue sous un régime de détention plus sévère ne saurait porter atteinte aux droits mentionnés par les dispositions de l'article L. 6.

I. DÉCISIONS D'AFFECTATION DES PERSONNES CONDAMNÉES

1. Conv. EDH, art. 3. Transfèrements répétés. Si le transfert d'un détenu vers un autre établissement peut s'avérer nécessaire pour assurer la sécurité dans une prison et empêcher tout risque d'évasion, les quatorze transfèrements sur sept années de détention subis par le requérant n'apparaissaient plus au fil du temps justifiés par des impératifs de sécurité, lesquels ont primé sur l'exigence d'assurer au détenu des conditions humaines de détention. • CEDH 9 juill. 2009, *Khider c/ France*, n° 39364/05 : *RSC 2010. 225, obs. Marguénaud ; ibid., chron. 651, obs. Poncela ; Gaz. Pal. 28 et 29 oct. 2009. 20, note Renucci ; D. 2009. 2462, note Herzog-Evans ; ibid. Pan. 2828, obs. Roujou de Boubée ; ibid. 2010. Pan. 1378, obs. Céré ; AJ pénal 2009. 372, obs. Herzog-Evans ; Dr. pénal 2009, n° 129, obs. Maron et Haas ; ibid. 2010,chron. 3, obs. Dreyer ; Procédures 2009. Étude 11 par Touré.*

2. Conv. EDH, art. 6. Décision de transfèrement. Un requérant ne peut utilement soutenir qu'une décision de transfèrement aurait été prise en méconnaissance des stipulations de l'art. 6 Conv. EDH dès lors que celles-ci ne sont applicables qu'aux procédures contentieuses suivies devant les juridictions pénales. • CAA Paris, 11 avr. 2006, n° 02PA02389.

A. RÉGIME CONTENTIEUX

1° CONTRÔLE DE LÉGALITÉ

3. Nature juridique des décisions d'affectation. V. notes ss. art. L. 211-3.

4. Changement d'affectation entre établissements de même nature. Les décisions de changement d'affectation entre établissements de même nature ne constituent pas des mesures susceptibles de faire l'objet d'un recours pour excès de pouvoir, sous réserve que ne soient pas en cause des libertés et des droits fondamentaux des détenus. • CE 3 juin 2009, n° 310100 : *AJDA 2009. 1132 ; AJ pénal 2009. 460*. ♦ Eu égard à leur nature et à leurs effets, les décisions de changement d'affectation entre établissements de même nature ne constituent pas des actes administratifs susceptibles de faire l'objet d'un recours pour excès de pouvoir, sous réserve que ne soient pas en cause des libertés et des droits fondamentaux des détenus. Toutefois, il en va autrement lorsque la nouvelle affectation s'accompagne d'une modification du régime de détention entraînant une aggravation des conditions de détention. • CE 13 nov. 2013, n° 355742 : *D. actu. 20 nov. 2013, obs. Poupeau.* ♦ Eu égard à leur nature et à leurs effets, afin de respecter les exigences fixées par l'art. 13 Conv. EDH, les décisions de changement d'affectation entre établissements de même nature doivent pouvoir faire l'objet d'un recours, au moins lorsque la nouvelle affectation s'accompagne d'une modification du régime de détention entraînant une aggravation des conditions de détention ou, si tel n'est pas le cas, lorsque sont en cause des libertés et des droits fondamentaux des détenus. • CE 12 déc. 2018, n° 417244 B : *AJDA 2018. 2469 ; ibid. 2019. 825, note Schmitz ; AJ pénal 2019. 96, obs. Frinchaboy*. ♦ Dès lors que le requérant ne démontre pas que la décision serait de nature à modifier ses conditions de détention ou à porter atteinte à ses libertés et droits fondamentaux, la décision attaquée présente le caractère d'une mesure d'ordre intérieur qui ne fait pas grief et n'est, en conséquence, pas susceptible de faire l'objet d'un recours pour excès de pouvoir. • CAA Lyon, 24 nov. 2022, n° 20LY01303.

5. Notion d'établissements de même nature. Si certaines dispositions du C. pr. pén. s'appliquent distinctement au régime de détention des centres de détention et des maisons centrales, ces établissements pour peine doivent être regardés comme étant de même nature. • CE 3 juin 2009, n° 310100 : *AJDA 2009. 1132 ; AJ pénal 2009. 460*. ♦ Eu égard à l'office que lui attribuent les art. L. 511-1 et L. 521-1 CJA, le juge des référés a pu, sans commettre d'erreur de droit, juger que le centre de détention de Casabianda et le centre de détention de Salon-de-Provence, qui sont des établissements pour peines au sens de l'art. D. 70 C. pr. pén., constituaient des établissements pénitentiaires de même nature, alors même que le premier est le seul établissement en France à pratiquer un mode de détention ouvert. • CE 15 juill. 2010, n° 340313.

6. Décisions temporaires. Une mesure transférant un détenu dans un établissement, quelle qu'en soit la nature, dans le seul but d'assurer, dans les plus brefs délais, l'exécution d'une décision d'affectation n'est pas un acte administratif susceptible de faire l'objet d'un recours pour excès de pouvoir, sous réserve que ne soient pas en cause des libertés et des droits fondamentaux des détenus. • CE 13 nov. 2013, n° 355742 : *D. actu. 20 nov. 2013, obs. Poupeau.*

7. Refus de changement d'affectation. La décision par laquelle est rejetée la demande de changement d'affectation émanant d'un détenu incarcéré dans un établissement pénitentiaire correspondant à sa situation pénale ne produit, en elle-même, aucun effet juridique ou matériel. Elle n'est donc pas susceptible de faire l'objet d'un recours pour excès de pouvoir, sous réserve que ne soient pas en cause des libertés et des droits fondamentaux du détenu. • CAA Paris, 13 oct. 2016, n° 15PA03484. ♦ La décision implicite de rejet refusant un transfert à l'intéressé n'ayant pas porté au droit au respect de sa vie privée et familiale une atteinte disproportionnée aux buts en vue desquels elle a été prise, le directeur de l'administration pénitentiaire n'a pas méconnu les stipulations de l'art. 8 Conv. EDH. Par suite, en l'absence de mise en cause des droits fondamentaux de l'intéressé, la décision attaquée constitue une mesure d'ordre intérieur insusceptible de recours. • CAA Douai, 2 juill. 2009, n° 08DA01179.

8. Aggravation des conditions de détention. Si les deux centres de détention concernés constituent des établissements de même nature, le premier est le seul établissement pénitentiaire en France à pratiquer un « mode de détention ouvert ». La décision de transférer l'intéressé dans le second était donc de nature à entraîner une aggravation de ses conditions de détention et, pour ce motif, était susceptible de faire l'objet d'un recours pour excès de pouvoir. • CE 13 nov. 2013, n° 355742 : *D. actu. 20 nov. 2013, obs. Poupeau.* ♦ La décision ayant uniquement pour objet d'affecter l'intéressé, détenu au « quartier maison d'arrêt des hommes » (QMAH) d'un centre pénitentiaire au quartier de même nature d'un autre centre pénitentiaire n'est pas de nature à aggraver ses conditions de détention, dès lors que rien n'établit que les conditions de détention au sein de ces quartiers de même nature de centres pénitentiaires similaires seraient différentes. • CAA Lyon, 24 nov. 2022, n° 20LY01803.

9. Mise en cause des droits et libertés fondamentaux. Doivent être regardées comme mettant en cause des libertés et des droits fondamentaux des détenus les décisions qui portent à ces droits et libertés une atteinte qui excède les contraintes inhérentes à leur détention. • CE 13 nov. 2013, n° 338720 : *D. actu. 20 nov. 2013, obs. Poupeau ; AJDA 2013. 2287 ; RFDA 2014. 965, note Pollet-Panoussis.* ♦ L'affectation d'un détenu dans un établissement pénitentiaire situé à 348 km du domicile familial n'est pas, par elle-même et en l'absence de circonstances particulières, de nature à porter une atteinte disproportionnée au droit de l'intéressé au respect de sa vie familiale tel qu'il est garanti par les stipulations du premier paragraphe de l'art. 8 Conv. EDH, dont, au demeurant, le second paragraphe stipule que les ingérences d'une autorité publique dans l'exercice de ce droit sont notamment possibles lorsqu'elles sont nécessaires à la sécurité nationale, à la sûreté publique, à la défense de l'ordre et à la prévention des infractions pénales ou à la protection des droits et libertés d'autrui. • CAA Paris, 24 mai 2017, n° 15PA00891. ♦ En revanche, la décision de transfert d'un détenu, incarcéré à 60 km de ses filles, dans un établissement situé à plus de 800 km alors que les moyens financiers de sa famille ne lui permettent désormais que de procéder à des visites mensuelles, très coûteuses, au lieu de visites hebdomadaires, bouleverse, dans des conditions qui excèdent les restrictions inhérentes à la détention, son droit de conserver des liens familiaux. En estimant que cette décision ne mettait pas en cause ses droits fondamentaux et qu'elle n'était pas susceptible de recours pour excès de pouvoir, le juge des référés a méconnu les critères définissant les mesures d'ordre intérieur et par suite le droit au recours du requérant. • CE 27 mai 2009, n° 322148 A : *AJDA 2009. 1076 ; JCP Adm. 2009, comm. 725 ; Gaz. Pal. 23 juin 2009, p. 12.* ♦ La décision de maintenir l'affectation de l'intéressé au centre pénitentiaire de L., qui n'a eu pour effet de modifier ni son régime de détention, ni les conditions d'exercice de sa vie familiale, ni de menacer sa santé ou son accès aux soins médicaux, n'a mis en cause aucune liberté ni aucun droit fondamental du requérant. Dès lors, la décision litigieuse constitue une mesure d'ordre intérieur insusceptible de faire l'objet d'un recours pour excès de pouvoir. • CAA Paris, 13 oct. 2016, n° 15PA03484. ♦ Dès lors que le requérant n'établit pas que le changement d'affectation dont il a fait l'objet aurait pour effet de le priver de l'accès aux soins nécessités par son état de santé, le CHU au sein duquel sera assuré son suivi médical disposant d'un service adapté à sa pathologie et d'une UHSI, le juge des référés n'a pas commis d'erreur de droit en jugeant que la décision de le réaffecter dans un établissement pour peines, offrant un régime de détention correspondant à sa situation pénale, constituait une mesure d'ordre intérieur insusceptible de recours. • CE 9 avr. 2008, n° 308221 : *AJDA 2008. 1509 et 1827, note Costa ; RSC 2009. 431, chron. Poncela ; Gaz. Pal. 13 déc. 2008. 39, concl. Guyomar.* ♦ Sont irrecevables les conclusions dirigées contre une décision d'affectation qui n'est pas, par elle-même et en l'absence de circonstances particulières, de nature à porter une atteinte disproportionnée au droit de l'intéressé au respect de sa vie familiale tel qu'il est garanti par l'art. 8 Conv. EDH. Par suite, c'est sans erreur de droit qu'après avoir jugé que la décision litigieuse ne portait pas atteinte aux droits fondamentaux de l'intéressé, la CAA a écarté comme inopérants les moyens tirés de la méconnaissance des stipulations du § 1er de l'art. 6 Conv. EDH relatives au droit à accéder à un tribunal et de son art. 13 relatives au droit à un recours effectif. • CE 21 nov. 2018, n° 412741.

10. Exclusion des objectifs de réinsertion. En jugeant que les objectifs d'insertion et de réinsertion attachés aux peines subies par les détenus tels qu'ils sont fixés par l'al. 2 de l'art. 707 C. pr. pén. ne faisaient pas partie des libertés et droits fondamentaux des détenus, le juge des référés n'a pas commis d'erreur de droit. • CE 15 juill. 2010, n° 340313. ♦ L'objectif de réinsertion sociale des détenus n'est pas au nombre des droits et libertés fondamentaux des détenus. • CE 13 nov. 2013, n° 338720 : *D. actu. 20 nov. 2013, obs. Poupeau ; AJDA 2013. 2287 ; RFDA 2014. 965, note Pollet-Panoussis.* ♦ Si l'intéressé soutient que la décision litigieuse entraverait sa démarche de réinsertion, ce motif ne constitue donc pas un critère d'appréciation dans le cadre d'un transfert de détenu. • CAA Paris, 8 juill. 2021, n° 20PA03805.

2° RESPONSABILITÉ ADMINISTRATIVE

11. *Principe.* Considérant que les conditions dans lesquelles l'administration peut décider qu'il sera procédé au changement d'affectation et au transfèrement d'un détenu sont définies, même dans le cas d'un transfèrement d'une maison d'arrêt à une autre maison d'arrêt, par les dispositions du C. pr. pén., c'est à tort que le tribunal a estimé que l'illégalité d'une telle décision ne pouvait engager la responsabilité de l'administration au motif que cette décision de transfèrement constituerait une mesure d'ordre intérieur dont la légalité ne serait pas susceptible d'être contestée devant le juge de l'excès de pouvoir. • CAA Paris, 11 avr. 2006, n° 02PA02389.

12. *Illégalité fautive.* Le requérant n'établissant pas que le ministre de la Justice aurait, en décidant son transfèrement, commis une illégalité, la responsabilité de l'administration ne saurait être engagée en raison de la faute que constituerait une telle illégalité. • CAA Paris, 11 avr. 2006, n° 02PA02389 : *préc. note 11.* ♦ Si l'intervention d'une décision entachée d'illégalité externe peut constituer une faute susceptible d'engager la responsabilité de l'administration, elle ne saurait donner lieu à réparation si la même décision avait pu légalement être prise. Pour annuler la décision par laquelle l'administration pénitentiaire a décidé le changement d'affectation de l'intéressé du bâtiment C vers le bâtiment B, aux régimes disciplinaires distincts, le TA, par un jugement devenu définitif, s'est fondé sur le motif tiré de l'incompétence de son auteur. Il résulte toutefois de l'instruction que le changement de régime carcéral de l'intéressé, sans conséquences négatives sur ses perspectives de réinsertion et son parcours d'exécution de peine, aurait pu légalement être décidé, en raison de l'évolution de son comportement devenu incompatible, au moins temporairement, avec le régime de détention du bâtiment C. Il ne peut dès lors prétendre à une indemnisation. • CAA Nantes, 20 mai 2022, n° 21NT02881.

B. DROITS DES PERSONNES DÉTENUES

13. *Conv. EDH. Absence du droit de choisir le lieu de détention.* Aucune stipulation de la Conv. EDH ne garantit aux détenus de choisir leur lieu de détention, la séparation et l'éloignement des détenus de leur famille constituant des conséquences inévitables de leur situation carcérale. • CEDH 23 oct. 2014, n° 28403/05, § 78 • CE 21 juill. 2020, n° 441880 : *D. 2021. 1106, obs. Céré, Falxa, Herzog-Evans.*

14. *Conv. EDH, art. 8. Vie privée et familiale.* Le fait de détenir une personne dans une prison éloignée de sa famille à tel point que toute visite se révèle en réalité très difficile, voire impossible, peut, dans certaines circonstances, constituer une ingérence dans sa vie familiale, la faculté pour les membres de la famille de rendre visite au détenu étant un facteur essentiel pour le maintien de la vie familiale. Il est donc primordial au respect de la vie familiale que l'administration pénitentiaire aide le détenu à maintenir un contact avec sa famille proche. • CEDH 23 oct. 2014, n° 28403/05, § 78 : *préc. note 13* • CE 21 juill. 2020, n° 441880 : *préc. note 13.* ♦ Toute ingérence dans l'exercice de ses droits par un détenu doit être justifiée conformément à l'art. 8, § 2, Conv. EDH et l'intéressé doit disposer d'un recours effectif pour contester les mesures qui constituent une ingérence. • CEDH 23 oct. 2014, n° 28403/05, § 84, 99, 104 et 115-117 : *préc. note 13.* ♦ Les autorités nationales doivent, en outre, offrir au détenu une possibilité réaliste d'exposer les raisons s'opposant à son affectation dans un établissement pénitentiaire donné, et d'obtenir que ces raisons soient mises en balance avec les autres considérations pertinentes à la lumière des exigences de l'art. 8. • CEDH 7 mars 2017, n°s 5090/09, 35845/11 et 45694/13, § 100 : *AJ pénal 2017. 301, obs. Lavric.*

15. *Conv. EDH, art. 8. Demande de transfert.* Si, à l'encontre de la décision attaquée, l'intéressé fait valoir que l'éloignement existant entre sa famille, qui réside en Corse, et son lieu d'incarcération fait obstacle au maintien de ses liens familiaux et à sa réinsertion sociale, le requérant, qui est affecté dans un établissement situé dans le sud de la France, n'est pas privé de toute possibilité de conserver des relations familiales, puisque l'administration indique qu'il a reçu la visite de son frère et de sa belle-sœur et qu'il communique régulièrement avec eux par téléphone. Il n'est donc pas fondé à soutenir que la décision refusant de le transférer serait entachée d'une erreur d'appréciation. • CAA Paris, 8 févr. 2018, n° 17PA00895.

16. *Conv. EDH, art. 8. Prévention des évasions.* Si la décision litigieuse est de nature à rendre plus difficile l'exercice par l'intéressé de son droit à conserver une vie familiale en détention, il ressort des pièces du dossier que son transfèrement a été motivé par la suspicion de son implication dans les préparatifs d'une évasion de la maison centrale. Dans ces circonstances, et alors que la décision litigieuse n'a pas pour effet de rendre impossibles les visites de sa famille, les moyens tirés, d'une part, de ce qu'elle porterait une atteinte disproportionnée au droit qu'il tire de l'art. 8 Conv. EDH et, d'autre part, de ce qu'elle serait entachée d'erreur manifeste d'appréciation, ne sont pas de nature à créer, en l'état de l'instruction, un doute sérieux sur sa légalité. • CE 27 mai 2009, n° 322148 A : *AJDA 2009. 1076 ; JCP Adm. 2009, comm. 725 ; Gaz. Pal. 23 juin 2009, p. 12.*

17. *Conv. EDH, art. 8. Éloignement nécessaire.* Alors que l'intéressé était incarcéré dans un établissement pour peine se trouvant à proximité du domicile de sa compagne, avec laquelle il avait l'intention de se marier, qui était enceinte et qui ne pouvait alors effectuer de longs trajets, son comportement suffit à faire regarder son éloignement comme nécessaire à la sécurité publique, à la défense de l'ordre, à la prévention des infractions pénales et à la protection des droits et libertés d'autrui au sens et pour l'application des stipulations de l'art. 8 Conv. EDH. • CAA Paris, 2 mai 2018, n° 17PA00614.

18. Accès aux soins. Alors que le centre pénitentiaire où le requérant a été affecté est doté des équipements nécessaires à l'accueil des personnes à mobilité réduite et est ainsi plus adapté à cette fin que celui où il était précédemment affecté et où sa prise en charge était insuffisante et qu'il n'est pas établi qu'il ne pourrait y bénéficier d'un encadrement médical et de soins adaptés à son état de santé, la décision litigieuse prononçant son changement d'affectation, qui est motivée par son comportement parfois violent et la découverte d'objets prohibés, n'a pas été prise en méconnaissance des stipulations de l'art. 3 Conv. EDH, ni des dispositions de l'art. 22 de la L. pénit. (C. pénit., art. L. 6), et n'est pas entachée d'erreur d'appréciation. • CAA Paris, 27 avr. 2017, n° 16PA00179.

19. Interdiction des discriminations. Doit être rejeté le moyen tiré de ce que la décision d'affectation serait discriminatoire dès lors que, dans l'établissement concerné, les personnes à mobilité réduite, regroupées au rez-de-chaussée, ne peuvent accéder au « régime de confiance » et font ainsi l'objet d'un régime de détention défavorable par rapport aux autres détenus, dès lors qu'il n'apparaît pas que l'intéressé pourrait accéder à un régime de détention plus favorable dans un autre établissement, ni que la décision attaquée reposerait sur un quelconque motif discriminatoire tenant à la personne ou à l'état de santé du requérant et étranger aux nécessités de garantir la sécurité et le bon fonctionnement des établissements où il est ou a été détenu ainsi qu'une prise en charge médicale adaptée. • CAA Paris, 27 avr. 2017, n° 16PA00179 : *préc. note 18.*

20. Objectif de réinsertion sociale. Si le requérant soutient que la priorité d'affectation accordée aux détenus en fin de peine ne relève d'aucun texte, il est constant qu'il appartient au ministre chargé de la justice de répartir les détenus entre les établissements correspondant à leur situation pénale. Le choix de privilégier l'affectation dans leur région d'origine des détenus en fin de peine, cohérent avec l'objectif de réinsertion sociale, ne révèle aucune erreur de droit ou d'appréciation. • CAA Paris, 8 févr. 2018, n° 17PA00895 : *préc. note 15.* ♦ Dans la mesure où sa nouvelle affectation n'empêchera pas l'intéressé de bénéficier d'une formation, d'un emploi ou d'un classement en tant que « détenu auxiliaire », la décision de changement d'affectation ne méconnaît pas par elle-même son projet de réinsertion et n'a été prise en méconnaissance ni des stipulations de l'art. 10 PIDCP, ni des dispositions de l'art. 1er de la L. du 24 nov. 2009 (abrogé), ou des art. 707, D. 71 et D. 189 C. pr. pén. • CE 21 nov. 2018, n° 412741. ♦ Les objectifs d'insertion et de réinsertion attachés aux peines subies par les détenus ne font pas partie des libertés et droits fondamentaux de ces derniers et le requérant ne témoigne pas d'un comportement permettant d'envisager des activités de réinsertion, de sorte qu'il n'est pas plus fondé à soutenir que les stipulations de l'art. 10 PIDCP auraient été méconnues, ni que sa détention en métropole constituerait une peine au sens de l'art. 5 Conv. EDH. • CAA Nantes, 14 avr. 2017, n° 15NT01199.

II. RÉGIME DE DÉTENTION DES PERSONNES CONDAMNÉES

21. Décisions susceptibles de recours. Par sa nature et par ses effets sur ses conditions de détention, notamment au regard de l'objectif de réinsertion sociale, la décision par laquelle un détenu est placé en « régime différencié » pour être affecté à un secteur dit « portes fermées », alors même qu'elle n'affecte pas ses droits d'accès à une formation professionnelle, à un travail rémunéré, aux activités physiques et sportives et à la promenade, constitue une décision susceptible de faire l'objet d'un recours pour excès de pouvoir. • CE 28 mars 2011, n° 316977 B : *AJ pénal 2011. 408, note Cliquennois et Herzog-Evans ; RPDP 2011. 409, obs. Céré ; D. 2012. Pan. 1294, obs. Péchillon* • 24 août 2011, n° 341240 P : *D. 2012. 1295, obs. Péchillon* • 6 déc. 2012, n° 364584 B : *RPDP 2012. 942, obs. Péchillon.* ♦ Il en va de même pour les mesures de surveillance renforcée. • CAA Versailles, 26 juin 2009, n° 06VE01752 : *AJ pénal 2009. 510, obs. Herzog-Evans ; AJDA 2009. 1965 .* ♦ ... La décision de placement à l'isolement d'un détenu contre son gré. • CE 30 juill. 2003, n° 252712 B : *AJDA 2003. 2090, note Costa ; D. 2003. 2331, note Herzog-Evans ; AJ pénal 2003. 74, obs. Remillieux ; Dr. pénal 2004, comm. 43, obs. Maron.* ♦ ... Ou la prolongation du placement en régime contrôlé de détention. • CAA Nantes, 15 oct. 2021, n° 20NT02974.

22. Décisions d'affectation temporaire. La décision par laquelle le directeur du centre de détention affecte temporairement un détenu en régime différencié dans un secteur de détention dit « portes fermées » n'entre dans aucune des catégories de décisions qui doivent être motivées en application de l'art. 1er de la L. n° 79-587 du 11 juill. 1979. • CAA Nancy, 23 févr. 2012, n° 11NC00318.

23. Rotations de sécurité. S'il n'existe pas de décision formalisée soumettant l'intéressé à des « rotations de sécurité », il ressort des pièces qu'une note du garde des Sceaux relative à la gestion des détenus les plus dangereux incarcérés dans les maisons d'arrêt prévoit l'existence de « rotations de sécurité » consistant notamment en des changements d'affectation fréquents des intéressés vers d'autres établissements en dehors d'une même direction régionale sur décision des services de l'administration centrale afin « de perturber les auteurs des tentatives d'évasions et leurs complices dans la préparation et la réalisation de leurs projets », qu'une note du ministère adressée au procureur fait état du transfert du requérant « dans le cadre des rotations de sécurité » et qu'il est constant que ce dernier a fait l'objet de vingt-trois changements d'affectation entre des maisons d'arrêt réparties sur l'ensemble du territoire national, depuis sa réincarcération. L'ensemble de ces éléments révèle qu'une décision soumettant à des rotations de sécurité a bien été prise. Une telle décision, qui institue un régime de détention spécifique, ne constitue pas une mesure d'ordre intérieur mais une décision administrative susceptible de recours pour excès de pouvoir. • CE, ass., 14 déc. 2007, n° 306432 B : *D. 2008. AJ 90 ; ibid. 820, note Herzog-Evans ; ibid. 2008. Pan. 1018, obs. Péchillon ; RSC 2008. 404, obs. Poncela ; AJ pénal 2008. 100, obs. Péchillon ; AJDA 2007. 2404 ; ibid. 2008. 128 ; Dr. pénal 2008. Comm. 25, obs. Maron ; Procédures 2008, n° 61, obs. Deygas.* ♦ S'il résulte des prescriptions du C. pr. pén. que le garde des Sceaux, ministre de la Justice, dispose, dans les limites et conditions fixées par celles-ci, d'une compétence d'affectation des condamnés dans toutes les catégories d'établissements, il ne tenait d'aucune disposition législative ou réglementaire le pouvoir de créer un régime de détention spécifique caractérisé par des rotations régulières et systématiques des détenus considérés comme particulièrement dangereux. • CE 29 févr. 2008, n° 308145 : *AJ pénal 2008. 289, obs. Herzog-Evans*.

24. Compétence. Par plusieurs décisions régulièrement publiées au recueil des actes administratifs de la préfecture, le chef d'établissement du centre de détention a donné délégation à M. F., directeur des services pénitentiaires, pour accomplir certains actes, et notamment, pour présider les commissions pluridisciplinaires uniques. Si celui-ci était ainsi compétent pour signer l'avis émis par la CPU, il n'avait en revanche reçu aucune délégation pour signer la décision de changement de régime d'affectation qui doit être prise par le chef d'établissement après cet avis. Doivent donc être annulées les décisions de placement puis de maintien du requérant en régime dit « fermé » ou « contrôlé » signées par le directeur des services pénitentiaires. • CAA Lyon, 4 juin 2020, n° 18LY04293.

25. Motivation. Dès lors que la mesure de surveillance renforcée impose des sujétions à la personne détenue, elle doit être motivée conformément à l'art. 1er de la L. n° 79-587 du 11 juill. 1979 (CRPA, art. L. 211-2, 3°). • CAA Versailles, 26 juin 2009, n° 06VE01752 : *AJ pénal 2009. 510, obs. Herzog-Evans ; AJDA 2009. 1965*. ♦ Par sa nature et par ses effets sur ses conditions de détention, notamment au regard de l'objectif de réinsertion sociale, la décision par laquelle un détenu est placé en « régime différencié » pour être affecté à un secteur dit « portes fermées » n'entre dans aucune des catégories de décisions qui doivent être motivées en application de l'art. 1er de la L. du 11 janv. 1979. • CE 24 août 2011, n° 341240 : *D. 2012. 1295, obs. Péchillon*. ♦ En revanche, la décision par laquelle le directeur du centre de détention affecte temporairement un détenu en régime différencié dans un secteur de détention dit « portes fermées » n'entre dans aucune des catégories de décisions qui doivent être motivées en application de l'art. 1er de la L. n° 79-587 du 11 juill. 1979. • CAA Nancy, 23 févr. 2012, n° 11NC00318.

26. Contrôle restreint de l'adéquation. Eu égard à la nature des faits, qui traduisent une méconnaissance du règlement intérieur de l'établissement, la décision modifiant les conditions de détention de l'intéressé d'un régime « semi-ouvert » au régime dit « contrôlé » n'est entachée d'aucune erreur manifeste d'appréciation. • CAA Lyon, 27 avr. 2023, n° 21LY01516.

Art. L. 211-5 **Un parcours d'exécution de la peine est élaboré par le chef de l'établissement pénitentiaire et le directeur du service pénitentiaire d'insertion et de probation pour les personnes condamnées, en concertation avec ces dernières, dès que leur condamnation est devenue définitive. Le projet initial et ses modifications ultérieures sont portés à la connaissance du juge de l'application des peines.**

1. Indépendance du régime de détention. La définition du parcours d'exécution de la peine est indépendante de la décision par laquelle les autorités pénitentiaires déterminent le régime de détention du condamné et est, par elle-même, sans incidence sur son droit au travail. • CE 11 juill. 2012, n° 347147.

2. Adhésion des personnes condamnées. Le parcours d'exécution de la peine, qui se borne à décrire les actions envisagées pour favoriser la réinsertion de la personne détenue, ne saurait avoir pour objet ni pour effet de contraindre celle-ci à participer aux actions qu'il prévoit. • CE 11 juill. 2012, n° 347147 : *préc. note 1.* ♦ En prévoyant que les souhaits exprimés par les personnes détenues pour la définition du parcours d'exécution de leur peine seront recueillis, par écrit, lors de la période d'observation puis tout au long de la détention, à la demande de la personne détenue et au minimum une fois par an, le décret attaqué a, contrairement à ce qui est soutenu, organisé une procédure permettant d'assurer la concertation avec les personnes détenues dans la définition du parcours d'exécution de leur peine prévue par l'art. 717-1 C. pr. pén. dont il fait application. • CE 11 juill. 2012, n° 347147 : *préc. note 1.*

Art. L. 211-6 Conformément aux dispositions de l'article 763-7 du code de procédure pénale, les personnes condamnées à un suivi sociojudiciaire comprenant une injonction de soins et devant exécuter une peine privative de liberté sont prises en charge par des établissements pénitentiaires permettant de leur assurer un suivi médical et psychologique adapté.

V. Min. de la Santé, Guide de l'injonction de soins, 2009.

Art. L. 211-7 L'expertise médicale à laquelle a été soumise une personne condamnée à une peine privative de liberté et réalisée en application de l'article 706-47-1 du code de procédure pénale est communiquée à l'administration pénitentiaire afin de faciliter le suivi médical et psychologique en détention.

Sur l'injonction de soins, V. C. pr. pén., art. 706-47 s. et CSP, art. L. 3711-1 s.

CHAPITRE II ENTRÉE EN DÉTENTION

SECTION 1 Conditions préalables à la mise sous écrou

Art. L. 212-1 Conformément aux dispositions de l'article 122 du code de procédure pénale, l'établissement pénitentiaire où est reçue et détenue la personne à l'encontre de laquelle est décerné un mandat d'arrêt défini par les dispositions du même article, est celui indiqué sur ce mandat.

Art. L. 212-2 Conformément aux dispositions de l'article 122 du code de procédure pénale, l'établissement pénitentiaire où est reçue et détenue la personne à l'encontre de laquelle est décerné un mandat de dépôt défini par les dispositions du même article, est celui indiqué sur ce mandat.

Conformément aux dispositions de l'article 135-2 du même code, le chef de l'établissement pénitentiaire délivre à l'agent lui remettant la personne à l'encontre de laquelle est décerné un mandat de dépôt une reconnaissance de cette remise.

COMMENTAIRE

Les articles L. 212-1 et L. 212-2 concernent les conditions préalables au placement dans un établissement pénitentiaire dans le cadre d'une instruction. L'accueil d'un détenu par le chef d'établissement suppose que soit décerné soit un mandat d'arrêt, soit un mandat de dépôt visant expressément l'établissement qu'il dirige. Le premier consiste, pour le juge d'instruction, à donner l'ordre à la force publique de rechercher la personne à l'encontre de laquelle il est décerné afin de la conduire devant lui, après un éventuel passage dans une maison d'arrêt indiquée sur le mandat. Le second concerne les personnes mises en examen contre lesquelles une ordonnance de placement en détention provisoire a été décernée. ❑

Art. L. 212-3 Peuvent être détenues dans un établissement pénitentiaire des personnes relevant de la justice militaire dans les conditions prévues par les dispositions des articles L. 211-21, L. 212-105, L. 212-106, L. 212-119, L. 212-159 et L. 222-20 du code de justice militaire.

COMMENTAIRE

La détention d'une personne relevant de la justice militaire répond à plusieurs particularismes. Prévenue ou condamnée, elle doit être incarcérée soit dans une maison d'arrêt au sein d'un quartier réservé aux militaires, soit dans une prison prévôtale – pour les forces militaires exerçant hors du territoire national –, soit dans un établissement désigné par l'autorité militaire. ❑

Art. L. 212-4 Lorsqu'une personne condamnée par la Cour pénale internationale est transférée sur le territoire français afin d'y exécuter sa peine d'emprisonnement, elle est conduite et détenue au sein d'un établissement pénitentiaire dans les conditions prévues par les dispositions de l'article 627-19 du code de procédure pénale.

Art. L. 212-5 Lorsqu'une personne détenue en exécution d'une condamnation par une juridiction étrangère est transférée sur le territoire français afin d'y exécuter le reliquat de sa peine d'emprisonnement, elle est conduite et détenue au sein d'un éta-

blissement pénitentiaire dans les conditions prévues par les dispositions de l'article 728-3 du code de procédure pénale.

BIBL. ► CECCALDI, *RSC 2008. 303* (transfèrement international des condamnés et ordre public procédural). – COUVRAT, *RSC 1997. 884* (exécution partielle en France d'une peine privative de liberté prononcée à l'étranger). – HERRAN, *RSC 2013. 735* (emprise de la CEDH sur l'entraide répressive internationale). – ROLIN, *RFDA 2000. 808* (contentieux administratif international des personnes condamnées). – SCALIA, *RSC 2011. 761* (légalité et égalité de l'exécution des peines en droit international pénal : un clair-obscur contrasté).

COMMENTAIRE

La procédure de transfert d'une personne condamnée par la Cour pénale internationale ou détenue en exécution d'une condamnation par une juridiction étrangère impose de la conduire, une fois sur le territoire national, devant le procureur de la République du lieu d'arrivée. S'il ne peut immédiatement procéder à un interrogatoire, la personne est alors conduite à la maison d'arrêt pour une détention qui ne peut excéder vingt-quatre heures. A l'expiration de ce délai, le chef d'établissement est tenu de la conduire d'office devant le procureur de la République. ❑

En cas de poursuites successives devant une juridiction étrangère et devant une juridiction française, à défaut de dispositions spéciales, la confusion ne saurait être admise entre la peine prononcée par la juridiction étrangère, même exécutée en France par application de l'art. 713-1, et celle émanant de la juridiction nationale. • Crim. 6 févr. 1996, n° 95-82.408 P.

SECTION 2 Formalités et registres d'écrou

Art. L. 212-6 Un acte d'écrou est dressé pour toute personne qui est conduite dans un établissement pénitentiaire ou qui s'y présente librement.

Les conditions d'application du présent article sont fixées par décret.

V. art. D. 212-6 s.

COMMENTAIRE

Chaque établissement pénitentiaire dispose d'un registre d'écrou qui relève de l'autorité du chef d'établissement et dont la gestion est confiée à un fonctionnaire en charge du greffe. Le registre d'écrou permet de s'assurer de la légalité de la détention des personnes incarcérées et de la libération des détenus libérables. Lors de l'incarcération de toute personne, un acte d'écrou est dressé sur le registre. Il permet d'acter la remise de la personne. Il est signé par le chef d'établissement et le chef d'escorte. Ce registre est de nature à faciliter le contrôle et les inspections de l'établissement. Aussi, il doit être présenté aux autorités judiciaires lors de leurs visites, de même qu'aux autorités administratives qui procèdent à l'inspection générale de l'établissement. A l'évidence la date de sortie d'un détenu est consignée sur l'acte d'écrou ainsi que la décision ou le texte fondant la libération. Toutefois, toute sortie de l'établissement n'emporte pas levée d'écrou. Hors les cas assez évidents où il est procédé à une sortie temporaire telle qu'une extraction, un transfèrement ou l'accomplissement d'un travail sous la surveillance constante et directe du personnel pénitentiaire, l'écrou n'est pas levé pour un placement à l'extérieur, une semi-liberté, une permission de sortir ou un placement à domicile sous surveillance électronique. ❑

Art. L. 212-7 Conformément aux dispositions de l'article 706-25-9 du code de procédure pénale, les agents du greffe de l'établissement pénitentiaire habilités par le chef de l'établissement enregistrent dans le fichier judiciaire national automatisé des auteurs d'infractions terroristes la date de mise sous écrou et vérifient que la personne intéressée a fait l'objet de l'information mentionnée par les dispositions de l'article 706-25-8 du même code.

Art. L. 212-8 Conformément aux dispositions de l'article 706-53-7 du code de procédure pénale, les agents du greffe de l'établissement pénitentiaire habilités par le chef de l'établissement enregistrent dans le fichier judiciaire national automatisé des auteurs d'infractions sexuelles ou violentes la date de mise sous écrou et vérifient que la personne intéressée a fait l'objet de l'information mentionnée par les dispositions de l'article 706-53-6 du même code.

COMMENTAIRE

Deux hypothèses sont à considérer pour la personne dont l'identité est enregistrée dans le fichier des auteurs d'infraction terroriste (art. L. 212-7) ou dans le fichier des auteurs d'infractions sexuelles ou violentes (art. L. 212-8). Soit elle a été informée par l'autorité judiciaire des mesures et des obligations auxquelles elle est astreinte en vertu de l'article 706-25-7 – pour les premiers – ou de l'article 706-53-6 – pour les seconds – du code de procédure pénale et des peines encourues en cas de non-respect de ces obligations. Soit elle n'a pas encore reçu l'information. Dans ce cas, ces informations lui sont données au moment de sa libération définitive ou préalablement à la première mesure d'aménagement de sa peine. ❑

SECTION 3 Accueil en détention

Art. L. 212-9 Dès leur accueil dans l'établissement pénitentiaire et à l'issue d'une période d'observation pluridisciplinaire, les personnes détenues font l'objet d'un bilan de personnalité.

CHAPITRE III ENCELLULEMENT

SECTION 1 Encellulement individuel

RÉP. PÉN. v° *Prison - Organisation générale,* par CÉRÉ.

BIBL. ► **Ouvrages :** DUROCHÉ et PÉDRON, Droit pénitentiaire, *Vuibert, 2019, p. 55 s.* - HERZOG-EVANS, Droit pénitentiaire 2020/2021, *Dalloz, 2019, n° 3443.00 à n° 3443.56.* - OIP, Le guide du prisonnier, *La Découverte, 2021, p. 111 s.* - TOURNIER, La prison. Une nécessité pour la République, *Buchet Chastel, 2013, p. 110 s.*

► **Thèse :** ROZYCKA, L'emprisonnement face à l'objectif de réinsertion : l'exemple de la détention ouverte en Allemagne, *thèse Strasbourg, 2019, p. 158 s.*

► **Avis et rapports :** BENASSAYA et ABADIE, Rapport visant à identifier les dysfonctionnements et manquements de la politique pénitentiaire française, *Rapp. Ass. nat. n° 4906, 12 janv. 2022, p. 166.* - CGLPL, Avis du 24 mars 2014 relatif à l'encellulement individuel dans les établissements pénitentiaires, *JO 23 avr.* ; Les droits fondamentaux à l'épreuve de la surpopulation carcérale, *Dalloz, 2018, p. 7 s.* - CNCDH, Les droits de l'homme dans la prison, *Doc. fr., 2007, vol. 1.* - CPT, Emprisonnement, Extrait du 2e rapport général du CPT, *13 avr. 1992, CPT/Inf.(92)3-part. 2* ; Espace vital par détenu dans les établissements pénitentiaires : normes du CPT, *15 déc. 2015, CPT/Inf. (2015) 44.* - HYEST et CABANEL, Rapport sur les conditions de détention dans les établissements pénitentiaires, *Rapp. Sénat n° 449, 28 juin 2000.* - LECERF et BORVO COHEN-SEAT, Rapport d'information sur l'application de la loi pénitentiaire du 24 novembre 2009, *Rapp. Sénat, 4 juill. 2012, p. 51.* - Ministère de la Justice, Rapport au Parlement relatif à l'encellulement individuel, *sept. 2022.* - POULLIAT, Avis sur le projet de loi de finances pour 2023, *t. III, Justice, administration pénitentiaire et protection judiciaire de la jeunesse, Avis Ass. nat. n° 341, 17 oct. 2022.* - RAIMBOURG, SANCHEZ, GINSBURG et QUÉRÉ, Encellulement individuel. Faire de la prison un outil de justice, *2014.* - URVOAS, Rapport d'information sur l'encellulement individuel, *Rapp. Ass. nat. n° 2388, 24 nov. 2014* ; En finir avec la surpopulation carcérale, Rapport au Parlement sur l'encellulement individuel, *20 sept. 2016, 70 p.*

► **Articles :** BONIS et PELTIER, La loi pénitentiaire, 10 ans après, *Dr. pénal 2019. Étude 23.* - BONY, La domestication de l'espace cellulaire en prison, *Espaces et sociétés 2015/3. 13.* - BONY et OLLIVON, L'espace privé à l'épreuve de l'exécution des peines. Une perspective géographique articulant milieu ouvert et milieu fermé, *APC 2021/1. 117.* - BONY, MILHAUD et SCHEER, Retour sur le Livre blanc sur l'immobilier pénitentiaire : repenser l'architecture pénitentiaire ?, *Champ pénal 2020. 20.* - FORT, La protection de la dignité de la personne détenue, *AJDA 2010. 2249.* - HABOUZIT, Conditions matérielles de détention : une politique des peines escamotée, *RSC 2023. 167.* - HAZAN, Appréciation de l'effectivité des droits des personnes détenues, *AJ pénal 2019. 532.* - JANUEL, Encellulement individuel : acte 150 ans d'échec, *D. actu. 10 nov. 2022.* - LÉNA, Avant la fin de son mandat, Delarue fait feu de tout bois, *AJ pénal 2014. 204* ; Surpopulation carcérale, des chiffres et des textes, *AJ pénal 2014. 552.* - MONNERY, Surpopulation carcérale : les enjeux d'un mécanisme contraignant de régulation carcérale, *AJ pénal 2023. 381.* - PÉCHILLON, Encellulement en maison d'arrêt et ses conséquences disciplinaires, *RPDP 2010. 931* ; Lorsque la surpopulation conduit à des sanctions disciplinaires : l'impossible mise en œuvre de l'encellulement individuel en maison d'arrêt, *AJ pénal 2010. 299.* - PONCELA, La crise du logement pénitentiaire, *RSC 2008. 972.* – SAURIN, Des questionnements récurrents autour de l'instauration d'un mécanisme de régulation et de la mise en œuvre de l'encellulement individuel, *Lexbase Droit privé, 15 juin 2017. 702.* – TSCHANZ, L'intimité à l'épreuve des paradoxes de l'espace cellulaire, *Champ pénal 2020. 20.*

COMMENTAIRE

Les articles L. 213-1 à L. 213-6 du code pénitentiaire consacrent le principe de l'encellulement individuel pour toutes les personnes détenues, aussi bien prévenues que condamnées. Lorsqu'elles sont affectées en maison d'arrêt, les personnes détenues, qui sont principalement prévenues, doivent être placées en cellule individuelle de jour comme de nuit (art. L. 213-2, L. 213-3 et R. 213-11), alors que lorsqu'elles sont affectées en établissements pour peines, cet encellulement individuel ne concerne que la nuit (art. L. 213-3). Ce principe de l'encellulement individuel, qui avait déjà été réaffirmé par la loi pénitentiaire du 24 novembre 2009, existe en droit français depuis la loi du 5 juin 1875 sur le régime des prisons départementales. Initialement, l'encellulement individuel avait été envisagé dans le but de faciliter l'amendement de la personne détenue et d'éviter l'exercice d'influence néfaste de certaines d'entre elles sur d'autres. Il répond aussi à l'impératif de respect de la dignité humaine, en garantissant des conditions de détention acceptables permettant, notamment, de conserver une certaine intimité (V. *infra*, ss. art. L. 320-1 s.).

Malgré son ancienneté, il faut admettre que ce principe n'a jamais été pleinement respecté.

Surpopulation carcérale. Les chiffres-clés 2023 de l'administration pénitentiaire indiquent qu'au 1er avril 2023, 73 080 personnes étaient détenues pour 60 899 places opérationnelles. Ils révèlent également que 42 057 personnes détenues sont affectées dans des établissements dont la densité dépasse 120 %, tandis que 21 884 d'entre elles sont placées dans des structures dont la densité est supérieure à 150 %. Alors que la mise en œuvre du principe posé à l'article 100 de la loi du 24 novembre 2009 a constamment été repoussée, faute de moyens, ces chiffres illustrent bien que le principe de l'encellulement individuel constitue davantage un idéal à atteindre qu'un droit effectivement appliqué. Le surpeuplement carcéral, obstacle structurel à l'encellulement individuel, est principalement localisé au sein des maisons d'arrêt ou des quartiers maison d'arrêt de certains établissements pour peines. L'article L. 213-4 du code pénitentiaire prévoit, de manière pragmatique bien que regrettable, qu'il est possible de déroger au principe de l'encellulement individuel dans les maisons d'arrêt, en raison de la distribution des locaux ou du nombre de personnes détenues au sein de l'établissement pénitentiaire, la personne détenue refusant une telle cohabitation imposée s'exposant même à des poursuites disciplinaires.

Dérogations au principe de l'encellulement individuel. D'autres dérogations au principe de l'encellulement individuel sont prévues aux articles L. 213-5 et L. 213-6 du code pénitentiaire. Elles tiennent, cette fois-ci, non pas à l'impossibilité matérielle de garantir un placement en cellule individuelle, mais à des considérations propres à la personne détenue. Il est ainsi prévu qu'il peut être dérogé à l'encellulement individuel si la personne en fait la demande, si sa personnalité justifie dans son intérêt qu'elle ne soit pas laissée seule, ou encore, si l'organisation tenant à son travail ou à sa formation l'impose. Ces dérogations reprennent et précisent le contenu de la Règle pénitentiaire européenne n° 18.5, prévoyant qu'il peut être dérogé au principe de l'encellulement individuel nocturne lorsqu'« il est considéré comme préférable » que la personne détenue « cohabite avec d'autres détenus ». La règle pénitentiaire européenne n° 18.6, selon laquelle « une cellule doit être partagée uniquement si elle est adaptée à un usage collectif et doit être occupée par des détenus reconnus aptes à cohabiter », n'est reprise dans le code pénitentiaire qu'à l'égard des personnes prévenues (art. L. 213-5 *in fine*), et pas à l'égard des personnes condamnées (art. L. 213-6). Dans l'une ou l'autre des hypothèses, la règle pénitentiaire n° 18.7, en vertu de laquelle « dans la mesure du possible, les détenus doivent pouvoir choisir avant d'être contraints de partager une cellule pendant la nuit », n'est pas reprise en droit français.

Il paraît tout de même regrettable que la dérogation au principe de l'encellulement individuel trouve une nouvelle assise textuelle dans le code pénitentiaire. Les moratoires se succèdent sans aboutir à des changements significatifs, malgré les condamnations régulières de la France par la Cour européenne des droits de l'homme (CEDH 30 janv. 2020, *J.M.B. c/ France*, n° 9671/15 : *D. actu. 6 févr. 2020, obs. Senna ; AJDA*

2020. 1064, note Auvenire ; *D. 2020. 753, note Renucci* ; *ibid. 1195, obs. Céré, Falxa et Herzog-Evans* ; *ibid. 1643, obs. Pradel* ; *ibid. 2021. 432, chron. Afroukh et Marguénaud* ; *RFDA 2020. 496, note Portier* ; *JA 2020, n° 614, p. 11, obs. Giraud* ; *AJ pénal 2020. 122, étude Céré* ; *RDLF 2020. Chron. 46, comm. Schmitz ; GADS, 3e éd., Dalloz, 2021, n° 108.* – Ferran, Combattre la surpopulation carcérale et l'indignité des conditions de détention. Dans les coulisses d'une « guérilla contentieuse », *Actualités Droits-Libertés, 10 avr. 2021*).

Repenser le principe de l'encellulement individuel ? La Commission nationale consultative des droits de l'homme comme le Contrôleur général des lieux de privation de liberté ont plusieurs fois alerté le ministère de la Justice sur la nécessité d'une régulation carcérale en préconisant une réforme substantielle des politiques pénales et des politiques d'incarcération dans la lignée des mesures alternatives à l'incarcération définies par la loi n° 2019-222 du 23 mars 2019 de programmation 2018-2022 et de réforme pour la justice. Le rapport du 22 janvier 2022 du CGLPL visant à identifier les dysfonctionnements et manquements de la politique pénitentiaire française propose en outre de repenser le principe de l'encellulement individuel, afin de le concevoir de manière plurielle et pragmatique. Le rapport au Parlement relatif à l'encellulement individuel de septembre 2022 considère pour sa part que le « programme 15 000 places » permettra de satisfaire aux exigences de l'encellulement individuel au 31 décembre 2027. Le moratoire sur l'encellulement individuel a donc été reconduit jusqu'à cette date par l'article 190 de la loi n° 2022-1726 du 30 décembre 2022 de finances pour 2023 (*JO 31 déc.*). ❑

V. Circ. de la DAP 08-000100/EMS1 du 25 juin 2008 relative à la mise en œuvre des dispositions du Décr. n° 2008-546 du 10 juin 2008 relatif au régime de détention et modifiant le code de procédure pénale, BOMJ n° 2008-06 du 30 déc. 2008.

V. Circ. de la DAP du 14 avr. 2011 sur l'encellulement individuel des personnes détenues, NOR : JUSK1140025C, BOMJ n° 2011-04 du 2 mai 2011.

V. Recomm. Rec(2006)2-rev du Comité des ministres aux États membres sur les Règles pénitentiaires européennes (RPE), adoptée le 11 janv. 2006 et révisée le 1er juill. 2020, (App., v° Conditions de détention).

Art. L. 213-1 **Toute personne détenue victime d'un acte de violence caractérisé commis par une ou plusieurs personnes codétenues bénéficie prioritairement d'un encellulement individuel.**

Les modalités d'application du présent article sont fixées par décret en Conseil d'État.

Protection des personnes. Recevabilité du référé-liberté d'une détenue, pourtant placée en cellule individuelle, tendant à ce qu'il soit enjoint à l'administration pénitentiaire de procéder à son transfert vers un établissement à la suite de son changement de sexe. Eu égard à la vulnérabilité des détenus et à leur situation d'entière dépendance vis-à-vis de l'administration, il appartient à celle-ci, et notamment aux directeurs des établissements pénitentiaires, en leur qualité de chefs de service, de prendre les mesures propres à protéger leur vie ainsi qu'à leur éviter tout traitement inhumain ou dégradant afin de garantir le respect effectif des exigences découlant des principes rappelés notamment par les art. 2 et 3 Conv. EDH. • CE 9 déc. 2021, n° 458871.

Art. L. 213-2 **Les personnes prévenues sont placées en cellule individuelle.**

1. Conv. EDH, art. 3. Le défaut de détention en cellule individuelle ne saurait, en tant que tel, constituer une violation de l'art. 3 Conv. EDH. • CAA Bordeaux, 24 nov. 2015, n° 14BX00245 • CAA Douai, 7 juin 2022, n° 21DA02134. ♦ L'application des dispositions de l'art. 100 de la L. pénit. qui définit un moratoire d'application de cinq ans ne saurait, en tant que telle, établir l'existence de traitements inhumains et dégradants. • CAA Douai, 12 mars 2013, n° 12DA01452.

2. Dignité de la personne humaine. En adoptant les dispositions contestées, qui se bornent à prolonger jusqu'au 31 déc. 2022 la possibilité de déroger à la mise en œuvre de l'encellulement individuel dans les maisons d'arrêt, sans au demeurant en remettre en cause le principe, le législateur n'a pas méconnu l'exigence constitutionnelle de sauvegarde de la dignité de la personne humaine. Dès lors, la date « 2022 » figurant à la 1re phr. du 1er al. de l'art. 100 de la L. du 24 nov. 2009, qui ne méconnaît aucune autre exigence constitutionnelle, est conforme à la Const. • Cons. const. 21 mars 2019, n° 2019-778 DC, cons. 342 et 343 : *JCP 2019. 364, note Botton ; LPA 15 juill. 2019, 140, 3, note Derosier ; Dr. pénal 2019. 19, note Peltier.*

3. Caractère relatif du principe. Le droit reconnu au profit des personnes détenues à être placées sous le régime de l'encellulement individuel n'a pas un caractère absolu. • CE 29 mars 2010, n° 319043 : *AJDA 2010. 700, obs. Brondel ; ibid. 2011. 1364, obs. Domino et Bretonneau ; D. actu. 7 avr. 2010, obs. Brondel ; RPDP 2010. 456, obs. Céré.*

4. Surface disponible. Aucune norme impérative ne fixe la surface minimale d'une cellule occupée par un détenu, qu'il ait le statut de prévenu ou celui de condamné. • CAA Nantes, 14 oct. 2014, n° 14NT00957. ♦ V. toutefois notes 6 s., ss. art. L. 6.

Art. L. 213-3 **Après avoir subi éventuellement une période d'observation en cellule, les personnes condamnées sont soumises :**

1° Dans les maisons d'arrêt, à un encellulement individuel de jour et de nuit ;

2° Dans les établissements pour peines, à un encellulement individuel de nuit seulement.

Art. L. 213-4 **Il peut être dérogé au placement en cellule individuelle dans les maisons d'arrêt lorsque la distribution intérieure des locaux ou le nombre de personnes détenues présentes ne permet pas son application.**

Cependant, la personne condamnée ou, sous réserve de l'accord du magistrat chargé du dossier de la procédure, la personne prévenue, peut demander son transfert dans la maison d'arrêt la plus proche permettant un placement en cellule individuelle.

L'art. L. 213-4 dans sa rédaction résultant de l'Ord. n° 2022-478 du 30 mars 2022 portant partie législative du code pénitentiaire était en vigueur jusqu'au 31 déc. 2022.

Au 3e trimestre de l'année 2022, le Gouvernement devait présenter au Parlement un rapport sur l'encellulement individuel, comprenant, en particulier, une information financière et budgétaire relative à l'exécution des programmes immobiliers pénitentiaires depuis la promulgation de la L. n° 2009-1436 du 24 nov. 2009 et à leur impact quant au respect de l'objectif de placement en cellule individuelle (Ord. préc., art. 8).

L'art. L. 213-4 est en vigueur jusqu'au 31 déc. 2027 (Ord. n° 2022-478 du 30 mars 2022, art. 8 ; L. n° 2022-1726 du 30 fdéc. 2022, art. 190).

1. Caractère relatif du droit à l'encellulement individuel. Le droit reconnu au profit des personnes mentionnées à l'art. 716 C. pr. pén. (C. pénit., L. 231-4) à être placées sous le régime de l'encellulement individuel n'a pas un caractère absolu, cet article, qui prévoit au demeurant des cas de dérogation, n'impliquant pas nécessairement qu'il soit satisfait à ce droit dans la maison d'arrêt où se trouve le détenu qui demande à en bénéficier. • CE 29 mars 2010, n° 319043 B : *AJDA 2010. 700, obs. Brondel ; ibid. 2011. 1364, obs. Domino et Bretonneau ; D. actu. 7 avr. 2010, obs. Brondel ; RPDP 2010. 456, obs. Céré.* ♦ En prévoyant de soumettre l'accès au bénéfice de ce droit à une demande expresse des intéressés ainsi que, lorsque la distribution intérieure de la maison d'arrêt et le nombre de détenus présents ne permettent pas de bénéficier sur place de ce régime, à une procédure de transfèrement dans une autre maison d'arrêt, dont la mise en œuvre est subordonnée à un accord des intéressés, les dispositions édictées par le décret attaqué n'ont pas méconnu la portée de la disposition législative dont il assure l'application. • Même arrêt. ♦ Une personne détenue qui n'a pas demandé à être transférée dans une maison d'arrêt permettant un placement en cellule individuelle, comme elle avait la possibilité de le faire, n'est pas fondée à soutenir les dispositions de l'art. 716 C. pr. pén. • CAA Douai, 7 juin 2022, n° 21DA02134.

2. Conditions de dérogation. Si l'administration pénitentiaire peut déroger au principe de l'encellulement individuel du fait de la distribution intérieure des maisons d'arrêt et de la surpopulation carcérale, elle ne peut le faire que dans le respect de conditions satisfaisantes d'hygiène et de salubrité et le respect de la dignité inhérente à la personne humaine. Elle doit notamment s'assurer que la promiscuité des détenus ne génère pas de risques pour leur intégrité physique, morale ou sexuelle. Si le phénomène de surpopulation carcérale est chronique et non temporaire, aussi contraignante que puisse être cette circonstance, elle ne justifie pas le fait que les conditions de sécurité, de salubrité ou d'hygiène et la dignité des détenus n'y soient pas respectées. • TA Nantes, 8 juill. 2009, n° 055547. ♦ La durée particulièrement longue de l'encellulement du requérant dans de telles conditions, la taille des cellules, la promiscuité et l'absence de respect de son intimité qui en est résulté ne permettaient pas d'assurer le respect de la dignité inhérente à la personne humaine et il a été ainsi soumis à un traitement inhumain et dégradant. Ces manquements constituent un comportement fautif de nature à engager la responsabilité de l'administration pénitentiaire. • Même jugement.

3. Caractère fautif du refus d'affectation. Le fait pour une personne détenue de refuser l'affectation d'un troisième détenu dans sa cellule prévue pour accueillir une seule personne est passible d'une sanction disciplinaire pour refus d'obéissance. • TA Bordeaux, 24 avr. 2001, n° 00877 : *D. 2002. 112, chron. Herzog-Evans* • TA Melun, 9 nov. 2000, n° 99-3998 : *D. 2002. 112, chron. Herzog-Evans*. ♦ La contestation par la voie du référé-liberté des sanctions disciplinaires imposées dans ce cadre est inopérante, la condition d'urgence n'étant pas remplie. • CE 22 avr. 2010, n° 338662 : *AJDA 2010. 929 ; D. 2011. 1306, obs. Péchillon ; AJ pénal 2010. 299, obs. Péchillon ; RSC 2010. 645, chron. Poncela .*

4. Référé-provision. Le défaut de détention en cellule individuelle ne constitue pas, en tant que tel, une faute justifiant l'existence d'une obligation non sérieusement contestable à indemniser. • CAA Douai, 12 mars 2013, n° 12DA01452.

Art. L. 213-5 Il ne peut être dérogé au principe de l'encellulement individuel des personnes prévenues prévu par les dispositions de l'article L. 213-2 que dans les cas suivants :

1° Si les personnes intéressées en font la demande ;

2° Si leur personnalité justifie, dans leur intérêt, qu'elles ne soient pas laissées seules ;

3° Si elles ont été autorisées à travailler ou à suivre une formation professionnelle ou scolaire et que les nécessités d'organisation l'imposent.

Lorsque les personnes prévenues sont placées en cellule collective, les cellules doivent être adaptées au nombre de personnes qui y sont hébergées. Les personnes détenues doivent être en mesure de cohabiter. Leur sécurité et leur dignité doivent être assurées.

1. Sur-occupation des cellules. V. notes ss. art. L. 320-1.

2. Insuffisance de l'espace personnel. Mesures de compensation. La privation d'un espace personnel suffisant doit être compensée par une « liberté de circulation suffisante hors de la cellule et l'accès à un programme d'activités hors cellule adéquates ». • CEDH 20 oct. 2016, *Mursic c/ Croatie,* n° 7334/13 : *AJDA 2017. 157, chron. Burgorgue-Larsen ; AJ pénal 2017. 47, obs. Robert .* ♦ La présomption de violation de l'art. 3 Conv. EDH liée au manque d'espace personnel ne peut normalement être réfutée que si tous les facteurs suivants sont réunis : les réductions d'espace personnel par rapport au minimum requis sont courtes, occasionnelles et mineures ; elles s'accompagnent d'une liberté de circulation suffisante hors de la cellule et d'activités hors cellule adéquates ; l'établissement pénitentiaire offre, de manière générale, des conditions de détention décentes et le détenu n'est pas soumis à d'autres éléments considérés comme des circonstances aggravantes de mauvaises conditions de détention. • Crim. 15 déc. 2020, n° 20-85.461 : *D. actu. 19 janv. 2021, obs. Recotillet.* ♦ Il appartient à l'administration pénitentiaire, en fonction des moyens dont elle dispose, de favoriser les circulations et les activités hors de la cellule de manière adéquate pour atténuer les inconvénients inhérents aux conditions de détention au sein de la cellule qui n'assure pas un espace personnel suffisant aux personnes détenues. De telles mesures de compensation reposant toutefois sur la prise en compte de nombreux facteurs ne sont pas au nombre de celles que le juge du référé-liberté peut déterminer de manière générale et à bref délai, étant sauve la possibilité pour tout détenu qui estimerait subir des conditions indignes de détention de saisir, le cas échéant, l'autorité judiciaire sur le fondement de l'art. 803-8 C. pr. pén. • CE 22 déc. 2022, n° 469304 : *D. actu. 6 janv. 2023, obs. Dominati.*

3. Responsabilité administrative. La personne détenue victime d'une agression violente commise par son codétenu ne peut rechercher la responsabilité pour faute de l'État en raison de la méconnaissance alléguée des dispositions des art. 717-2 et 716 C. pr. pén. relatives à l'encellulement individuel, dès lors qu'il peut être dérogé au principe de l'emprisonnement individuel de jour et de nuit et que le partage de la cellule correspondait à la demande des deux protagonistes. L'administration n'a donc commis aucune illégalité fautive du fait de son placement en cellule collective. • CAA Toulouse, 18 oct. 2022, n° 20TL02310.

Art. L. 213-6 Il ne peut être dérogé au principe de l'encellulement individuel des personnes condamnées prévu par les dispositions de l'article L. 213-3 que dans les cas suivants :

1° Si les personnes intéressées en font la demande ;

2° Si leur personnalité justifie, dans leur intérêt, qu'elles ne soient pas laissées seules ;

3° En raison des nécessités d'organisation du travail.

SECTION 2 Modalités d'encellulement

RÉP. PÉN. v^is^ *Prison - Organisation générale,* par Céré ; *Prison : normes européennes,* par Céré.

BIBL. ▸ **Ouvrages :** Duroché et Pédron, Droit pénitentiaire, *Vuibert, 2019, p. 298 s.* - Fernandez et Gionannini, La détention en isolement dans les prisons européennes, *Bruylant, 2004.* - Hennebel et Tigroudja, Traité de droit international des droits de l'Homme, *Pedone, 2016, p. 882, n° 749.* - Herzog-Evans, Droit pénitentiaire 2020/2021, *Dalloz, 2019, n°s 3441.00 à 3441.294 et 3621.00 à 3621.66.* - OIP, Le guide du prisonnier, *La Découverte, 2021, p. 115 s.* - Shalev, A

Sourcebook on Solitary Confinement, *Manheim Centre of Criminology, 2008, p. 9 s.* – Van Zyl Smit et Snacken, Principles of European Prison Law and Policy, *Oxford University Press, 2009, p. 276.*

▸ **Thèses :** Péchillon, Sécurité et droit du service public pénitentiaire, *LGDJ, coll. Bibliothèque de droit public, 1998.* – Rozycka, L'emprisonnement face à l'objectif de réinsertion : l'exemple de la détention ouverte en Allemagne, *thèse, Strasbourg, 2019, p. 57.*

▸ **Avis et rapports :** CPT, L'isolement de détenus. Extrait du 21e rapport général du CPT publié le 10 nov. 2011, *CPT/Inf(2011)28-part. 2.* – Urvoas, Rapport au Parlement sur l'encellulement individuel. En finir avec la surpopulation carcérale, *20 sept. 2016, p. 37.*

▸ **Articles :** Céré, Diverses formes d'isolement en prison : le faux-semblant du contrôle du juge, *RI Crim. et pol. techn. 2006. 475.* – Poncela, Isolement carcéral sous le contrôle des juridictions administratives et de la Cour européenne des droits de l'homme, *RSC 2005. 390* ; Quelques aspects du respect de la dignité en droit de l'exécution des peines, *RSC 2010. 645.* – David, Le contentieux des droits des détenus depuis la loi pénitentiaire, *AJ pénal 2019. 535.* – Fort, La protection de la dignité de la personne détenue, *AJDA 2010. 2249.* – Gourdou, Les évolutions récentes relatives à la mise à l'isolement du détenu, *RPDP 2007. 23.* – Kamal-Girard, Contester une décision de mise à l'isolement devant le juge des référés, une voie sans issue ?, *AJDA 2020. 2484.* – Péchillon, Encadrement du pouvoir normatif du garde des Sceaux en matière d'isolement, *AJ pénal 2008. 500.* – Smith, The Effects of Solitary Confinement on Prison Inmates : A Briefing History and Review of the Literature, *Crime and Justice 2006, vol. 34. 441.* – Schmitz, La Constitution, la loi, le règlement et l'exécution des peines de détention, *RFDA 2015. 148.* – Trémolière, La prison et ses juges : la détention à l'épreuve du dualisme juridictionnel, *RFDA 2017. 731.*

COMMENTAIRE

Pour des raisons de sécurité individuelle ou collective, l'organisation interne d'un lieu de détention permet de séparer certaines personnes détenues du reste de la population pénale en les affectant à un quartier d'isolement.

Dans les deux cas, la décision, nécessairement individuelle, est prise en considération de la personne. Elle peut être ordonnée par l'autorité judiciaire (art. L. 213-7 et C. pr. pén., art. L. 145-4-1) ou, dans une logique préventive, par l'autorité de police administrative (art. L. 213-8 et R. 213-21 s.). Dans ce dernier cas, la séparation, qui peut être demandée par la personne concernée, vise soit à la protéger du reste du groupe, soit, à l'inverse, à l'empêcher de nuire au sein de ce dernier. Ces deux types de décisions répondent à des finalités différentes et obéissent à des régimes juridiques particuliers. Les conditions de détention sont toutefois identiques (art. R. 213-18 à R. 213-20). Qu'elle soit demandée par le détenu ou prononcée d'office, la mise à l'isolement d'une personne peut provoquer ou aggraver des problèmes de santé mentale et entraîner des déficiences et troubles physiologiques en raison de l'absence de contact humain et social (CPT, 21e Rapport général, *CPT/Inf(2011)28-part. 2, n° 53*). Pour ces raisons, les décisions de placement et de renouvellement sont encadrées de manière précise. Qualifié d'« emprisonnement dans la prison » par la Cour européenne, le placement à l'isolement devrait, selon elle, demeurer exceptionnel et n'être mis en œuvre qu'« avec beaucoup de précaution » (CEDH 9 juill. 2009, *Khider c/ France*, n° 39364/05, § 104). ❑

Art. L. 213-7 Le placement à l'isolement judiciaire aux fins de séparation des autres personnes prévenues décidé par le magistrat compétent conformément aux dispositions de l'article 145-4-1 du code de procédure pénale n'affecte pas l'exercice des droits prévus par les dispositions de l'article L. 6, sous réserve des aménagements qu'impose la sécurité.

COMMENTAIRE

Depuis la loi pénitentiaire du 24 novembre 2009, la mise à l'isolement peut être judiciaire lorsqu'elle est décidée par l'autorité judiciaire pour les besoins de l'information. Elle ne peut donc concerner que des personnes prévenues et pourra être prononcée par le juge d'instruction, à tout moment de l'information, ou par le juge des libertés et de la détention, lorsqu'il statue sur le placement en détention provisoire de l'intéressé ou sur la prolongation de ce placement (C. pr. pén., art. R. 57-5-1 et R. 57-7-2). Le magistrat compétent devra adopter une ordonnance motivée tendant à ce que la personne placée en détention provisoire soit mise à l'isolement afin de la séparer des autres personnes détenues « si cette mesure est indispensable aux nécessités de l'information » (C. pr. pén., art. 145-4-1). Cette ordonnance devra indiquer la durée de la mesure d'isolement, cette durée ne pouvant pas excéder celle du titre de détention (C. pr. pén., art. R. 57-7-3). Si rien n'est précisé, la durée de l'isolement sera identique à celle du titre de détention (*ibid.*). Lorsque le placement en détention provisoire de l'intéressé est prolongé, la mise à l'isolement doit être expressément renouvelée également, faute de quoi elle sera levée (C. pr. pén., art. R. 57-7-4). Le juge d'instruction peut mettre fin à l'isolement judiciaire, à tout moment de la procédure d'information, et le juge des libertés et de la détention peut également y mettre un terme lorsqu'il doit se prononcer sur le renouvellement de la détention provisoire ou sur une demande de mise en liberté (C. pr. pén., art. R. 57-5-5). L'ordonnance de placement ou de renouvellement de la mise à l'isolement judiciaire peut faire l'objet d'un recours non suspensif relevant de la compétence du président de la chambre de l'instruction (C. pr. pén., art. R. 57-5-7, al. 2).

Par ailleurs, le juge d'instruction peut prescrire à l'encontre de la personne prévenue une interdiction temporaire de communiquer pour une période de dix jours, renouvelable pour une nouvelle période de dix jours seulement (C. pr. pén., art. 145-4). La durée réduite de cette mesure s'explique par son caractère très contraignant puisqu'elle implique non seulement que la personne prévenue ne peut pas échanger avec ses codétenus, mais également qu'elle ne peut pas recevoir de visites ni de correspondances, à l'exception de celles de son avocat. Généralement, lorsqu'une personne prévenue est soumise à une interdiction de communiquer, le chef de l'établissement pénitentiaire la placera à l'isolement, bien que les deux mesures soient juridiquement distinctes. En revanche, dès lors que la durée de l'interdiction de communiquer est écoulée, la mise à l'isolement doit nécessairement prendre fin, sauf à ce que le magistrat compétent ait expressément adopté une ordonnance de placement à l'isolement judiciaire. ❑

1. *Conv. EDH, art. 13. Droit à un recours effectif.* Compte tenu des exigences fixées par les stipulations de l'art. 13 Conv. EDH et eu égard aux effets qui s'attachent aux conditions de détention d'un détenu placé à l'isolement, celui-ci doit pouvoir exercer un recours effectif à l'encontre d'une telle décision. • CE, sect., 31 oct. 2008, n° 293785 B : *RFDA 2009. 73, concl. Guyomar ; AJDA 2008. 2389, note Geffray et Liéber ; AJ pénal 2008. 500, obs. Péchillon ; D. 2009. 134, note Herzog-Evans ; ibid. 1918, obs. Gouttenoire.*

2. *Domaines de la loi et du règlement.* Si le pouvoir réglementaire est compétent pour organiser une mesure d'isolement, y compris dans le cas où celle-ci procède des ordres donnés par l'autorité judiciaire en vertu de l'art. 715 C. pr. pén., il ne peut lui-même en prévoir l'application tant que le législateur n'était pas intervenu préalablement pour organiser, dans son champ de compétence relatif à la procédure pénale, une voie de recours effectif, conformément aux stipulations de l'art. 13 Conv. EDH. • CE, sect., 31 oct. 2008, n° 293785 B : *préc. note 1.*

Art. L. 213-8 **Toute personne détenue majeure peut être placée par l'autorité administrative, pour une durée maximale de trois mois, à l'isolement par mesure de protection ou de sécurité soit à sa demande, soit d'office. Cette mesure ne peut être renouvelée pour la même durée qu'après un débat contradictoire, au cours duquel la personne intéressée, qui peut être assistée de son avocat, présente ses observations orales ou écrites.**

L'isolement ne peut être prolongé au-delà d'un an qu'après avis de l'autorité judiciaire.

Le placement à l'isolement n'affecte pas l'exercice des droits prévus par les dispositions de l'article L. 6, sous réserve des aménagements qu'impose la sécurité.

Lorsqu'une personne détenue est placée à l'isolement, elle peut saisir le juge des référés en application de l'article L. 521-2 du code de justice administrative.

BIBL. ▶ NIQUÈGE, Le pouvoir de police du directeur d'établissement pénitentiaire, *RFDA 2019. 749*.

COMMENTAIRE

A moins qu'il n'intervienne à la demande de l'intéressé, le placement administratif à l'isolement est constitutif d'une décision administrative individuelle défavorable au sens des articles L. 121-1 et L. 211-2, 1°, du code des relations entre le public et l'administration. Elle en suit logiquement le régime.

Mesure préventive, visant à assurer la protection des personnes ainsi que le maintien de l'ordre public et de la sécurité au sein de l'établissement pénitentiaire, elle revêt les caractères d'une mesure de police administrative. Si elle peut être justifiée par des faits qui sont aussi constitutifs de fautes disciplinaires, elle ne peut donc poursuivre de buts punitifs. En cela, la décision de mise à l'isolement se distingue clairement des mesures disciplinaires.

Les personnes détenues placées au quartier d'isolement conservent l'intégralité de leurs droits en termes d'accès à l'information, de relations avec l'extérieur, de correspondance, d'accès aux soins, d'exercice du culte ou d'utilisation de leur compte nominatif. Un aménagement est possible afin d'éviter les contacts entre les personnes détenues isolées et les autres personnes détenues. ❑

1. Conv. EDH, art. 3. Prévention des traitements inhumains et dégradants. L'isolement cellulaire n'est pas, en soi, contraire à l'art. 3 Conv. EDH, à moins que les conditions ne soient telles qu'elles puissent aboutir à une destruction de la personnalité. • CEDH 27 janv. 2005, *Ramirez-Sanchez c/ France*, n° 59450/00 : *D. 2005. 1272, obs. Céré ; AJ pénal 2005. 121, obs. Céré ; AJDA 2005. 1388, obs. Costa* (non-violation) • 4 juill. 2006, *Ramirez Sanchez c/ France*, n° 59450/00 : *RPDP 2006. 881, obs. Renucci et Bîrsan ; JCP 2007. I. 106, n° 2, obs. Sudre ; JDI 2007. 717, obs. Delaplace* • 25 mai 2000, *Legret c/ France*, n° 425553/98 : *D. 2002. 118, obs. Céré* (non-violation). ♦ La mise à l'isolement pour une longue période, combinée avec la dégradation de l'état de santé psychologique et somatique du requérant, qui, d'après les certificats médicaux, serait imputable aux prolongations répétées de celle-ci, entre en ligne de compte pour apprécier si le seuil de gravité requis par l'art. 3 a été atteint. • CEDH 9 juill. 2009, *Khider c/ France*, n° 393664/05, § 122 : *RSC 2010. 225, obs. Marguénaud ; ibid., chron. 651, obs. Poncela ; Gaz. Pal. 28 et 29 oct. 2009. 20, note Renucci ; D. 2009. 2462, note Herzog-Evans ; ibid. Pan. 2828, obs. Roujou de Boubée ; ibid. 2010. Pan. 1378, obs. Céré ; AJ pénal 2009. 372, obs. Herzog-Evans ; Dr. pénal 2009, n° 129, obs. Maron et Haas ; ibid. 2010, chron. 3, obs. Dreyer ; Procédures 2009. Étude 11. Touré.* ♦ Violation en cas d'isolement cellulaire prolongé dans des conditions de détention inadaptées. • CEDH 26 mai 2011, *R. R. c/ Pologne*, n° 27617/04 • 8 juill. 2014, *Harakchiev et Tolumov c/ Bulgarie*, nos 15018/11 et 61199/12. ♦ Les autorités pénitentiaires ne peuvent imposer une mesure d'isolement à un détenu homosexuel, dans des conditions particulièrement sévères, sur le fondement de sa seule orientation sexuelle, sous prétexte de préserver son intégrité physique. • CEDH 9 oct. 2012, *X. c/ Turquie*, n° 24626/09 • 17 janv. 2013, *Karabet et a. c/ Ukraine*, nos 38906/07 et 52025/07. ♦ L'art. 1er du Décr. n° 2006-338 du 21 mars 2006 qui organise la procédure de mise à l'isolement prise à l'initiative de l'autorité administrative ou, le cas échéant, sur la demande du détenu n'institue aucun traitement qui soit, par sa nature, inhumain ou dégradant, et ne porte donc pas, par lui-même, atteinte aux droits garantis par l'art. 3 Conv. EDH ainsi que par l'al. 1 de l'art. 10 PIDCP, même si des mesures individuelles, dont la légalité peut être contestée devant le juge administratif, y compris par la voie d'une procédure de référé, peuvent être de nature à mettre en cause les exigences qui résultent de ces stipulations. • CE, sect., 31 oct. 2008, n° 293785 B : *RFDA 2009. 73, concl. Guyomar ; AJDA 2008. 2389, note Geffray et Liéber ; AJ pénal 2008. 500, obs. Péchillon ; D. 2009. 134, note Herzog-Evans ; ibid. 1918, obs. Gouttenoire.* ♦ Limitées dans leur durée, les conditions de détention résultant d'un placement à l'isolement ne peuvent être qualifiées d'isolement sensoriel ou social total et être regardées comme un traitement inhumain et dégradant au sens des stipulations de l'art. 3 Conv. EDH. • CAA Paris, 18 juill. 2017, n° 16PA01943. ♦ L'isolement d'un détenu n'est pas caractérisé par un isolement complet, le détenu conservant son droit à l'information, aux visites, à la correspondance, à la promenade quotidienne et à l'exercice du culte. Ces conditions de détention, limitées dans leur durée, ne peuvent pas être regardées comme un traitement inhumain et dégradant au sens des stipulations de l'art. 3 Conv. EDH. • CAA Nancy, 8 avr. 2020, nos 18NC03360 et 18NC03370 (2 esp.).

2. PIDCP, art. 10. Objectifs d'insertion et de réinsertion. La prorogation au-delà d'un an d'une mesure d'isolement relève de la compétence exclusive du ministre de la Justice et ne peut être fondée que sur des considérations particulières relatives au milieu carcéral concerné tenant par nature, d'une part, à la personnalité du détenu et, d'autre part, aux nécessités de l'ordre public à l'intérieur de l'établissement pénitentiaire. En conséquence, une mesure d'isolement a vocation à avoir un caractère provisoire tout en ne portant pas atteinte aux contacts qu'est susceptible de maintenir le détenu dans la perspective de son élargissement et de sa réinsertion ultérieure. Dans ces conditions, si une mesure d'isolement peut, le cas échéant en raison de ses circonstances et de sa durée, porter atteinte aux objectifs d'insertion et de réinsertion attachés aux peines subies par les détenus tels qu'ils sont fixés par l'al. 3 de l'art. 10 du PIDCP et par l'al. 2 de l'art. 707 C. pr. pén., tel n'est pas le cas, en elles-mêmes, des dispositions réglementaires attaquées. • CE, sect., 31 oct. 2008, n° 293785 B : *préc. note 1.*

3. Conv. EDH, art. 8. Droit à la vie privée et familiale. Si, par ses effets, une mise à l'isolement peut être regardée comme portant une atteinte disproportionnée au respect de l'intégrité de la personnalité des détenus que les stipulations de l'art. 8 Conv. EDH ont notamment pour objet de sauvegarder, le principe et le régime de cette mesure n'y portent pas, par eux-mêmes, atteinte. • CE, sect., 31 oct. 2008, n° 293785 B : *préc. note 1.*

4. Invocabilité de la Circ. AP du 14 avr. 2011. Une personne détenue placée d'office à l'isolement ne saurait utilement se prévaloir des termes de la circulaire AP du 14 avr. 2011 dès lors que cette circulaire n'a aucune valeur réglementaire. • CAA Nancy, 8 avr. 2020, n°s 18NC03360 et 18NC03370 (2 esp.). ♦ L'intéressée ne peut utilement se prévaloir du non-respect de la Circ. du ministre de la Justice du 14 avr. 2011 relative au placement à l'isolement des personnes détenues, qui ne contient aucune mesure impérative et se borne à adresser des recommandations aux services. • CAA Lyon, 9 mai 2019, n° 17LY01840 • CAA Douai, 22 déc. 2020, n° 19DA00878 • CAA Versailles, 9 févr. 2021, n° 19VE01049 • CAA Douai, 12 avr. 2022, n° 20DA01263.

I. NATURE JURIDIQUE DES DÉCISIONS

5. Demande de placement à l'isolement. La mise à l'isolement d'un détenu peut avoir pour objet d'assurer la protection et la sécurité tant de l'individu faisant l'objet de la mesure que des détenus amenés à le côtoyer ou du personnel de l'administration pénitentiaire. Dans ces conditions, le refus de placer un détenu qui en a fait la demande à l'isolement constitue, eu égard à la gravité potentielle de ses conséquences sur sa situation, une décision susceptible de faire l'objet d'un recours pour excès de pouvoir. • TA Châlons-en-Champagne, 12 oct. 2017, n° 1502646 : *AJDA 2018. 476.*

6. Placement d'office à l'isolement. Le placement à l'isolement d'un détenu contre son gré constitue, eu égard à l'importance de ses effets sur les conditions de détention, une décision susceptible de faire l'objet d'un recours pour excès de pouvoir. • CE 30 juill. 2003, n° 252712 B : *AJDA 2003. 2090, note Costa ; D. 2003. 2331, note Herzog-Evans ; AJ pénal 2003. 74, obs. Remillieux ; Dr. pénal 2004. Comm. 43, obs. Maron.* ♦ Alors même que l'art. D. 283-2 C. pr. pén. (C. pénit., art. R. 231-8) dispose que la mise à l'isolement ne constitue pas une mesure disciplinaire, le placement à l'isolement d'un détenu contre son gré constitue, eu égard à l'importance de ses effets sur les conditions de détention, une décision susceptible de faire l'objet d'un recours pour excès de pouvoir. • Même arrêt.

7. Mesure à caractère préventif. Les décisions de placer un détenu à l'isolement, soit en urgence et de manière provisoire, soit à titre préventif, ne constituent pas des peines mais des mesures de sûreté. La requérante ne saurait donc utilement invoquer à l'encontre des dispositions litigieuses le principe de proportionnalité des peines. • CE 17 déc. 2008, n° 293786 B : *AJ pénal 2009. 87, obs. Céré ; Procédures 2009, n° 65, obs. Deygas ; AJDA 2008. 2364, obs. Montecler ; D. 2009. 1376, obs. Péchillon* (ab. jur. • CE 12 mars 2003 : *D. 2003. 1585, note Péchillon ; RFDA 2003. 1012, note Céré*). ♦ ... Ni la méconnaissance du principe *non bis in idem*. • CE, ord., 11 févr. 2020, n° 438039. ♦ La décision de placer une personne détenue à l'isolement ou de prolonger une telle mesure ne constitue pas une sanction disciplinaire, mais une mesure de police administrative tendant à assurer le maintien de l'ordre public et de la sécurité au sein de l'établissement pénitentiaire ou, le cas échéant, la prévention des infractions. • CAA Douai, 12 mai 2015, n° 14DA00544. ♦ Toutefois, ces dispositions n'interdisent pas à l'administration, pour apprécier s'il y a lieu de prendre une mesure de placement à l'isolement ou de prolongation d'une telle mesure, de prendre en considération, comme elle l'a fait en l'espèce, des faits susceptibles de recevoir la qualification d'une faute disciplinaire ou ayant donné lieu effectivement à des sanctions disciplinaires. • CAA Nancy, 25 nov. 2021, n° 19NC03578. ♦ Il appartient à l'autorité prenant une telle décision de police administrative d'examiner, sous le contrôle du juge, si le comportement du détenu, apprécié à la date de la décision attaquée, révèle des risques de troubles incompatibles avec son retour au régime ordinaire de détention. • CAA Nancy, 25 nov. 2021, n° 19NC03578 : *préc.*

8. Prolongation de l'isolement. Chaque décision de placement à l'isolement, la première comme les décisions ultérieures maintenant le détenu sous ce régime de détention, est fondée sur une appréciation des circonstances de fait existantes à la date à laquelle elle est prise et ne dépend pas des décisions précédentes, y compris en ce qui concerne la détermination de l'autorité compétente pour la prendre. • CE 26 juill. 2011, n°s 317547 et 328535 : *D. actu. 7 sept. 2011, obs. Grand* • CE, ord., 11 févr. 2020, n° 438039 : *préc. note 7.*

II. RÉGIME JURIDIQUE

9. Application dans le temps. La durée particulièrement longue de l'isolement subi réclame un examen rigoureux de sa justification, de sa nécessité, de sa proportionnalité, ainsi que des garanties offertes au détenu. La situation du détenu mis à l'isolement doit être régulièrement réexaminée, la décision de prolongation devant être motivée de manière substantielle et, au fil du temps, de façon de plus en plus approfondie et convaincante. • CEDH 4 juill. 2006, *Ramirez Sanchez c/ France : RSC 2007. 361, obs. Poncela ; RPDP 2007. 881, obs. Renucci et Birsan ; JCP 2007.*

I. 106, n° 2, obs. Sudre. ♦ Aucune disposition législative ou réglementaire, ni aucun principe général du droit n'impose à l'autorité administrative qui décide de placer, en vue de maintenir l'ordre public carcéral ou de prévenir toute atteinte à celui-ci, une personne détenue à l'isolement, de préciser la durée exacte de la mesure, laquelle ne peut en tout état de cause, hors prolongation décidée dans les formes légales et réglementaires, excéder une durée de trois mois. • CAA Douai, 26 juill. 2022, n° 21DA01037. ♦ Il appartient à l'administration de moduler la mesure, qui constitue une mesure de police, et non une sanction disciplinaire, en fonction des impératifs du retour à l'ordre public ou de la prévention du renouvellement des risques de troubles, lesquels impératifs ne sont pas nécessairement déterminables dès l'intervention de la mesure de placement à l'isolement, et sont susceptibles d'évoluer en cours d'exécution de la mesure. Il en résulte que le moyen tiré de ce que la décision est illégale en ce qu'elle ne prévoit pas précisément sa durée d'exécution doit être écarté. • Même arrêt.

A. PROCÉDURE D'ADOPTION

10. Délégation de signature. L'administration n'apportant pas la preuve de la publication régulière des délégations de signature dont bénéficiaient les signataires des décisions litigieuses, celles-ci sont réputées avoir été adoptées par des autorités incompétentes. • CAA Douai, 22 déc. 2020, n° 19DA00878.

11. Procédure contradictoire. Mesure initiale. Motivée par les risques de troubles dans l'établissement liés à l'action vindicative de l'intéressé à l'égard de l'administration pénitentiaire dans laquelle il tentait d'entraîner d'autres détenus, la mesure de mise à l'isolement doit être regardée comme prononcée en considération de sa personne. Prononcée sans qu'il ait été mis à même de demander la communication de son dossier et ait disposé d'un délai suffisant pour présenter sa défense, alors qu'il n'est pas allégué que l'urgence imposait qu'il ne fût pas procédé à cette formalité, la décision a été prise à l'issue d'une procédure irrégulière. • CAA Marseille, 15 janv. 2004, n° 99MA02435 : *AJ pénal 2004. 164, obs. Céré.*

12. Urgence. Si l'art. 24 de la L. n° 2000-321 du 12 avr. 2000 [CRPA, art. L. 122-1] subordonne la légalité des décisions individuelles défavorables à la tenue préalable d'une procédure contradictoire permettant à la personne intéressée, d'une part, de présenter des observations écrites et, sur sa demande, des observations orales et, d'autre part, de se faire assister par un conseil ou représenter par un mandataire de son choix, ces dispositions cèdent en cas d'urgence ou de circonstances exceptionnelles. Compte tenu de l'urgence dans laquelle intervient la décision de placement en cellule disciplinaire à titre préventif, les règles générales de la procédure contradictoire ne sauraient être utilement invoquées à son encontre. • CAA Paris, 15 mars 2018 n° 16PA03365. ♦ En tout état de cause, le détenu visé par une telle mesure peut faire valoir ses observations devant le juge administratif des référés. • CAA Paris, 15 mars 2018, n° 16PA03365.

13. Procédure contradictoire. Décision de prolongation. Faute d'élément de nature à établir que l'intéressé a été mis à même de présenter ses observations préalablement à l'adoption des décisions de prolongation de sa mise à l'isolement, ces décisions sont entachées d'illégalité. • CAA Douai, 22 déc. 2020, n° 19DA00878 : *préc. note 10.* ♦ L'absence de l'avocate de l'intéressé lors du débat contradictoire n'étant pas imputable à l'administration pénitentiaire et alors que le détenu et son avocate ont été informés de la possibilité de consulter le dossier, c'est à tort que le tribunal administratif a estimé que la décision de prolongation de la mise à l'isolement a été adoptée à l'issue d'une procédure irrégulière. • CAA Nantes, 21 janv. 2022, n° 21NT01291. ♦ L'intéressé, informé par écrit que l'administration envisageait de prolonger son placement à l'isolement ainsi que des motifs invoqués, de ses droits à se faire assister, à présenter des observations écrites et orales et à consulter les pièces relatives à la procédure, a mentionné sur le formulaire d'information ne pas souhaiter être assisté ou représenté par un avocat. Dans ces conditions, il n'est pas fondé à soutenir que la procédure serait viciée au motif que son conseil n'aurait eu communication de son dossier que postérieurement à l'édiction la mesure attaquée. • TA Grenoble, 7 avr. 2023, n° 2002611. ♦ Si l'intéressé n'a pas pu formuler ses observations sur l'un des incidents retenus pour ordonner la prolongation de la mesure, il résulte de l'instruction que le directeur interrégional des services pénitentiaires aurait, compte tenu de la nature et de la gravité des autres éléments, pris la même décision s'il n'avait pas retenu l'incident concerné, et ce, d'autant plus que le requérant ne conteste pas avoir lui-même demandé, dans le cadre de la procédure contradictoire, à être maintenu à l'isolement. Il n'a donc été privé d'aucune garantie permettant de considérer que la décision contestée serait entachée d'un vice de procédure de nature à en entraîner l'annulation. • CAA Nancy, 8 avr. 2020, n° 18NC03370.

14. Avis préalable du médecin. En méconnaissance des dispositions du C. pr. pén., qui prescrivent le recueil de l'avis écrit du médecin intervenant dans l'établissement préalablement à toute proposition de renouvellement de la mesure au-delà de six mois, le ministre de la Justice n'établit pas avoir recueilli préalablement à l'adoption des décisions contestées l'avis d'un médecin intervenant dans l'établissement. Il s'ensuit que ces décisions sont entachées d'illégalité. • CAA Douai, 22 déc. 2020, n° 19DA00878 : *préc. note 10.* ♦ C'est uniquement dans l'hypothèse où le directeur interrégional des services pénitentiaires décide de prolonger le placement à l'isolement d'un détenu, à l'issue d'un délai de six mois d'isolement décidé par le chef d'établissement, qu'il doit recueillir préalablement l'avis du médecin intervenant dans l'établissement pénitentiaire. En l'espèce, la décision litigieuse constitue un premier renouvellement de placement à l'isolement prise par le chef d'établissement et non par le directeur interrégional des services pénitentiaires. Dans ces conditions, l'intéressé n'est pas fondé à soutenir que la décision litigieuse serait entachée d'un vice de procédure en l'absence d'avis préalable du médecin de l'établissement. • CAA Nantes, 21 janv. 2022, n° 21NT01291 : *préc. note 13.* ♦ La décision attaquée n'est pas irrégulière du seul fait que l'avis, effectivement recueilli, n'ait pas été annexé à la décision notifiée ou qu'elle ne le vise pas. • CAA Marseille, 4 nov. 2019, n° 17MA03802. ♦ Par ailleurs, aucune disposition législative ou réglementaire n'impose à l'administration pénitentiaire de communiquer l'avis médical à la personne détenue ni davantage à son conseil. • TA Limoges, 4 mai 2023, n° 2000618. ♦ L'avis écrit du médecin, qui est requis pour toute prolongation d'une mise à l'isolement au-delà d'un an et est nécessaire à la régularité de la décision qu'envisage de prendre l'autorité administrative, s'inscrit dans le cadre des dispositions prévues par l'art. R. 4127-76 CSP aux termes desquelles : « L'exercice de la médecine comporte normalement l'établissement par le médecin, conformément aux constatations médicales qu'il est en mesure de faire, des certificats, attestations et documents dont la production est prescrite par les textes législatifs et réglementaires. » Il n'a pas le caractère d'une expertise et n'est pas contraire au droit au secret médical. • CE, sect., 31 oct. 2008, n° 293785 B : *préc. note 1.*

15. Rapport motivé du directeur interrégional des services. Ce n'est que lorsque le ministre de la Justice souhaite prolonger l'isolement d'un détenu au-delà d'un délai d'un an que le directeur interrégional des services pénitentiaires, saisi par le chef d'établissement, doit rédiger un rapport motivé à l'intention du ministre. • CAA Nantes, 21 janv. 2022, n° 21NT01291 : *préc. note 13.*

B. RÉDACTION DE L'ACTE

16. Identification de l'auteur. Il ressort des mentions portées sur l'acte contesté que le prénom, le nom, la signature ainsi que la qualité de la signataire, directrice interrégionale des services pénitentiaires, figurent de manière parfaitement lisible sur la décision contestée et permettaient à l'intéressé d'identifier son auteur sans ambiguïté. Dans ces conditions, la personne détenue n'est pas fondée à soutenir que la décision a été prise en méconnaissance des dispositions de l'art. 4 de la L. du 12 avr. 2000. • CAA Lyon, 21 juin 2018, n° 16LY00438 • CAA Lyon, 9 mai 2019, n° 17LY01840. ♦ Tel n'est pas le cas en revanche de la décision qui, après la mention « le chef d'établissement ou son représentant », n'est revêtue que d'une signature, sans indication des nom, prénom et qualité du signataire. Faute de comporter ces mentions permettant d'identifier l'auteur de l'acte, cette décision doit être regardée comme émanant d'une autorité incompétente. • CAA Lyon, 27 mai 2021, n° 19LY03394.

17. Obligation de motivation. La L. n° 79-587 du 11 juill. 1979 [CRPA, art. L. 211-2 s.], qui impose la motivation, en droit et en fait, des décisions qui restreignent l'exercice des libertés publiques ou, de manière générale, qui constituent une mesure de police, est applicable aux mesures de placement en cellule disciplinaire ou de confinement en cellule individuelle. • CAA Paris, 15 mars 2018, n° 16PA03365. ♦ Si le ministre a précisé les éléments de fait qu'il a retenus pour prendre sa décision, il n'a pas indiqué la référence du texte qui en constitue la base légale. Ainsi, si sa décision est suffisamment motivée en fait, elle ne l'est pas en droit ; dès lors, le ministre n'a pas satisfait à l'obligation de motivation que lui imposent les dispositions législatives précitées. • CAA Paris, 2 févr. 2006, n° 05PA01830. ♦ Est suffisamment motivée la décision qui révèle que le détenu a tenté d'asséner des coups à un autre détenu, au niveau de la partie haute (tête, gorge), à l'aide d'un objet contondant, incident n'ayant pris fin qu'avec l'intervention des autres détenus, et précise que la mise en prévention était l'unique moyen de préserver la sécurité et l'intégrité physique des détenus et de rétablir l'ordre et la discipline au QMC. • Même arrêt. ♦ De manière générale, la décision comportant l'énoncé des considérations de droit et de fait qui en constituent le fondement satisfait à l'obligation de motivation. • CAA Nancy, 23 juill. 2020, n° 18NC02112.

18. Suffisance de la motivation. Les décisions de prolongation d'un placement en isolement doivent permettre d'établir que les autorités ont procédé à un examen évolutif des circonstances, de la situation et de la conduite du détenu. Cette motivation devrait être, au fil du temps, de plus en plus approfondie et convaincante. • CEDH 9 juill. 2009, *Khider c/ France*, n° 39364/05 : § 104 : *D. 2009. 2462, comm. Herzog-Evans ; ibid. 2828, pan. Roujou de Boubée ; ibid. 2010. 994, note Moliner-Dubost ; ibid. 1388, pan. Céré ; Gaz. Pal. 2009. 20, note Renucci ; RSC 2010. 225, note Marguénaud ; ibid. 2010. 651, chron. Poncela.* ♦ La décision par laquelle le directeur du centre pénitentiaire a ordonné le placement à l'isolement de l'intéressé comporte l'exposé détaillé des considérations de fait qui la fondent. Contrairement à ce que soutient l'appelant, il ne ressort d'aucune disposition législative ou réglementaire que la motivation de cette décision devrait répondre à l'ensemble des arguments développés par l'intéressé au cours de la procédure contradictoire préalable. Par ailleurs, elle vise les dispositions réglementaires qui précisent la procédure applicable et indique donc avec suffisamment de précision son fondement juridique. Il suit de là que la décision est suffisamment motivée. • CAA Nantes, 25 mars 2022, n° 21NT02797. ♦ Doit être écarté le moyen tiré de l'insuffisance de motivation de la prolongation de la mesure de mise à l'isolement dès lors que la décision contestée comporte l'énoncé des considérations de droit et de fait qui la fondent et qui ne se limitent pas, contrairement à ce que l'intéressé soutient, à celles énoncées dans la décision initiale de placement à l'isolement. • CAA Douai, 1er févr. 2022, n° 20DA01212. ♦ La décision plaçant l'intéressé à l'isolement et celle prolongeant cette mesure comportent toutes deux l'indication des faits imputés à l'intéressé et qui, selon ces décisions, font craindre un risque de mouvement collectif de protestation et de déstabilisation. En outre, la décision de prolongation ajoute que ce risque est encore d'actualité. Ainsi, ces décisions, qui visent enfin les dispositions pertinentes du code de procédure pénale et mentionnent que le placement à l'isolement est l'unique moyen de préserver la sécurité, sont suffisamment motivées. • CAA Nancy, 25 nov. 2021, n° 19NC03578.

19. Indication de la durée du placement. L'art. 91 de la L. n° 2009-1436 du 24 nov. 2009 limite la durée de la mesure de placement adoptée à titre préventif à un maximum de deux jours ouvrables. Le fait que la décision ne précise pas la durée de placement envisagée est toutefois sans incidence sur sa légalité. • CAA Nancy, 23 juill. 2020, n° 18NC02112 : *préc. note 17.* ♦ En outre, dès lors qu'il n'est pas explicitement prévu par la décision de placement, le dépassement de la durée maximale fixée par les textes ne peut être invoqué à l'appui d'un recours dirigé contre la décision. En effet, il ne met pas en cause la légalité de celle-ci mais les conditions de son exécution. • Même arrêt.

C. CONDITIONS D'EXÉCUTION

20. Conv. EDH, art. 2 et 3. Obligation de vigilance. Eu égard à la vulnérabilité des détenus et à leur situation d'entière dépendance vis-à-vis de l'administration, il appartient à celle-ci, et notamment aux directeurs des établissements pénitentiaires, en leur qualité de chefs de service, de prendre les mesures propres à protéger leur vie ainsi qu'à leur éviter tout traitement inhumain ou dégradant afin de garantir le respect effectif des exigences découlant des principes rappelés notamment par les art. 2 et 3 Conv. EDH. Eu égard à la nature d'une mesure de placement d'office à l'isolement et à l'importance de ses effets sur la situation du détenu qu'elle concerne, l'administration pénitentiaire doit veiller, à tout moment de son exécution, à ce qu'elle n'ait pas pour effet, eu égard notamment à sa durée et à l'état de santé physique et psychique de l'intéressé, de créer un danger pour sa vie ou de l'exposer à être soumis à un traitement inhumain ou dégradant. • CE, ord., 10 avr. 2013, n° 367343 • 26 avr. 2019, n° 429686 • CAA Douai, 26 juill. 2022, n° 21DA01037.

21. Contrôle médical. Il incombe à l'administration pénitentiaire de s'assurer du respect effectif des garanties prévues à l'art. R. 57-7-63 C. pr. pén. (C. pénit., art. R. 213-19) organisant l'intervention du médecin. La carence de l'autorité publique à ce niveau crée un danger caractérisé et imminent pour la vie des personnes ou les expose à être soumises, de manière caractérisée, à un traitement inhumain ou dégradant ; elle porte ainsi une atteinte grave et manifestement illégale à ces libertés fondamentales. • CE, ord., 26 avr. 2019, n° 429686. ♦ V. notes ss. art. R. 213-19.

22. Respect des droits fondamentaux. Contrairement à ce que soutient l'intéressé, considérant que les décisions litigieuses ont eu pour objectif et pour effet de le priver de la possibilité de pratiquer sa religion, ce les-ci sont justifiées par la nécessité de préserver le bon ordre et la sécurité au sein de l'établissement pénitentiaire, en raison de son attitude vindicative, de la radicalisation de son comportement religieux et de l'attitude prosélyte qu'il exerçait à l'égard d'autres détenus, en particulier les plus fragiles. Le requérant, dont il n'est pas établi qu'il aurait été empêché de pratiquer sa religion à cause des décisions litigieuses, n'est donc pas fondé à se prévaloir d'une méconnaissance de son droit à la libre pratique de la religion de son choix. • CAA Marseille, 14 mai 2018, n° 16MA04624. ♦ Dans la mesure où la décision contestée n'a ni pour objet ni pour effet d'entraver la liberté de l'intéressé de manifester sa religion, qu'il demeure libre de pratiquer lors de son isolement, le moyen tiré de la méconnaissance des stipulations de l'art. 9 Conv. EDH est infondé. • TA Melun, 30 mars 2023, n° 2006459. ♦ La note contestée, qui n'a ni pour objet ni pour effet de déroger aux dispositions du réglement intérieur garantissant à l'ensemble des détenus le droit d'accéder librement à leur conseil, maintient par ailleurs la possibilité pour les détenus placés à l'isolement d'assister à des parloirs et d'avoir une correspondance. Dans ces conditions, elle ne porte pas atteinte aux droits de la défense ni n'est contraire à la Const. du 4 oct. 1958 et à l'art. 8 Conv. EDH. • CAA Nantes, 24 avr. 2014, n° 13NT01434. ♦ D'une part, l'intéressée bénéficie comme tous les détenus des visites régulières d'un médecin dans sa cellule et de la possibilité d'accéder, si elle le demande, à une consultation à l'unité sanitaire et a pu s'entretenir à plusieurs reprises avec un psychologue et n'établit pas que son état de santé physique ou mentale nécessiterait d'autres mesures, d'autre part, si elle ne dispose pas d'un réfrigérateur dans sa cellule, elle ne manque pas de nourriture, l'administration pénitentiaire lui fournissant, comme à tout détenu, trois repas quotidiens. Dans ces conditions, elle n'est pas fondée à soutenir que les conditions dans lesquelles elle est détenue porteraient une atteinte grave et manifestement illégale à son droit à ne pas être soumise à des traitements inhumains et dégradants. • CE, ord., 30 mai 2023, n° 474090.

23. Charge de la preuve. Le régime d'isolement n'institue aucun traitement qui soit, par sa nature, inhumain ou dégradant. L'intéressé, qui n'apporte aucun élément relatif aux modalités concrètes de sa mise à l'isolement, n'établit pas que les décisions attaquées auraient été prises en violation des stipulations de l'art. 3 Conv. EDH. • CAA Bordeaux, 25 oct. 2016, n° 15BX01643. ♦ Si l'intéressée soutient que le placement à l'isolement l'aurait affaibli psychologiquement et psychiquement, aggravant des troubles de claustrophobie, de sommeil et de repère dans le temps et dans l'espace et provoquant des crises de panique, la réalité et la gravité des troubles allégués ne sont établies ni par les éléments recueillis dans le cadre de l'instruction devant le juge des référés, ni par les pièces produites par l'intéressé. Il s'ensuit que la condition d'urgence requise par l'art. L. 521-2 CJA n'est pas remplie. • CE 23 avr. 2014, n° 378085 : *RPDP 2014. 393, obs. Céré.* ♦ Si l'intéressé a indiqué, par un courrier destiné à l'unité sanitaire, que le régime d'isolement était éprouvant pour lui et qu'il souhaitait bénéficier de rendez-vous avec un psychologue, il ne résulte pas de l'instruction qu'un suivi psychiatrique aurait été regardé comme médicalement justifié ou qu'il souffrirait de problèmes de santé de sorte que la prolongation de son isolement l'exposerait à un traitement inhumain ou dégradant. • CE 13 juin 2019, n° 431126. ♦ Si l'intéressé soutient que son maintien en isolement porte atteinte à sa santé physique et psychique, ce qui constitue un traitement inhumain, elle n'établit pas qu'à la date de la décision en litige, elle n'aurait pas bénéficié d'une prise en charge sanitaire régulière et adaptée. En outre, si elle se prévaut « d'un effondrement dépressif » constaté par un psychiatre de l'UCSA, le seul document médical qu'elle produit ne fait pas état d'une fragilité particulière s'opposant, à la date de la décision contestée, à un nouveau placement en isolement malgré son jeune âge. Par suite, le moyen tiré de la méconnaissance des stipulations de l'art. 3 Conv. EDH doit être écarté. • CAA Douai, 12 avr. 2022, n° 20DA01263.

III. CONTRÔLE JURIDICTIONNEL

A. CONTRÔLE DE LÉGALITÉ

1° DÉCISION À LA DEMANDE DE L'INTÉRESSÉ

24. Refus de placement à l'isolement. Dès lors que le requérant n'apporte pas même le commencement d'une preuve des violences et menaces qu'il allègue subir au centre de détention, les moyens tirés de ce qu'en refusant de le placer à l'isolement le directeur du centre pénitentiaire aurait méconnu les dispositions légales et réglementaires prévoyant que l'administration pénitentiaire doit assurer la sécurité des détenus et commis une erreur manifeste d'appréciation ne peuvent qu'être écartés. • TA Châlons-en-Champagne, 12 oct. 2017, n° 1502646 : *AJDA 2018.476.*

2° DÉCISION D'OFFICE

25. Nécessité de la mesure. La légalité interne de la décision de placement en cellule disciplinaire ou d'un confinement en cellule individuelle prise à titre préventif est subordonnée à sa nécessité pour assurer la sécurité de l'établissement pénitentiaire ou la protection des personnes. • CE 17 déc. 2008, n° 293786 B : *AJ pénal 2009. 87, obs. Céré ; Procédures 2009, n° 65, obs. Deygas ; AJDA 2008. 2364, obs. Montecler ; D. 2009. 1376, obs. Péchillon* • CAA Paris, 15 mars 2018, n° 16PA03365. ♦ La protection des détenus contre l'ascendant pris par l'un d'entre eux et son attitude religieuse prosélyte fait partie des motifs justifiant le placement à l'isolement. • CE, ord. 13 juin 2019, n° 431126.

26. Exactitude matérielle des faits. Les rapports d'incidents rédigés par des agents assermentés font foi jusqu'à ce que la preuve du contraire soit rapportée. • CAA Lyon, 21 juin 2018, n° 16LY00438.

27. Contrôle des motifs. Le juge de l'excès de pouvoir exerce un contrôle restreint sur les motifs d'une mesure de placement d'un détenu à l'isolement. • CAA Douai, 30 janv. 2023, n° 21DA02783. ♦ Une décision de placement à l'isolement ou de prolongation doit tenir compte du comportement du détenu en détention, être justifiée par des éléments circonstanciés, et ne peut être fondée uniquement sur le passé pénal et carcéral du détenu. • TA Paris, 17 déc. 2009, n° 0809927 : *AJ pénal 2010. 144, obs. Herzog-Evans ; D. 2010. 1376, chron. Herzog-Evans .* ♦ C'est néanmoins sans commettre d'erreur manifeste d'appréciation que le directeur d'une maison d'arrêt estime que la nature des faits pour lesquels l'intéressé a été condamné, associée aux préconisations de la présidente du TGI recommandant de séparer l'intéressé en raison de l'instabilité de son caractère, rend nécessaire, par mesure de protection ou de sécurité, sa prolongation du placement à l'isolement. • CAA Nancy, 10 févr. 2022, n° 19NC03698. ♦ La décision de placer un détenu à l'isolement « par mesure de protection et de sécurité » peut être légalement fondée sur l'existence de faits constitutifs de fautes disciplinaires ou pénales, qu'elles aient ou non déjà été sanctionnées, dès lors que la mesure de mise à l'isolement a pour objet le maintien de l'ordre public et de la sécurité au sein de l'établissement pénitentiaire ou, le cas échéant, la prévention des infractions. • CAA Douai, 22 déc. 2020, n° 19DA00878. ♦ Il appartient à l'autorité prenant une telle décision d'examiner, sous le contrôle du juge, si le comportement du détenu, apprécié à la date de la décision attaquée, révèle des risques de troubles incompatibles avec son retour au régime ordinaire de détention. • CAA Nancy, 25 nov. 2021, n° 19NC03578. ♦ Les décisions de mise à l'isolement sont prises, lorsqu'elles ne répondent pas à une demande du détenu, pour des motifs de précaution et de sécurité. L'administration peut donc légalement fonder la mesure de mise à l'isolement sur les mêmes motifs que ceux qui ont justifié l'inscription du détenu au répertoire des détenus particulièrement signalés. • CAA Douai, 30 janv. 2023, n° 21DA02783.

28. Sanction déguisée. Dès lors que la mise à l'isolement de l'intéressé était justifiée par des impératifs de protection et de sécurité, la circonstance que cette décision soit intervenue à la suite du terme mis à son placement en cellule disciplinaire ne permet pas d'établir qu'elle aurait constitué une sanction déguisée. Les premiers juges ont dès lors écarté à juste titre le moyen tiré de ce que cette mise à l'isolement serait entachée d'un détournement de pouvoir. • CAA Bordeaux, 25 oct. 2016, n° 15BX01643.

29. Contrôle restreint de l'adéquation. Les décisions de placer un détenu à l'isolement ne constituent pas des sanctions mais des mesures de sûreté, le requérant ne saurait donc utilement invoquer le principe de proportionnalité des peines. • CAA Versailles, 9 févr. 2021, n° 19VE01049. ♦ ... Ni considérer que sa légalité est subordonnée à la condition qu'une telle mesure constitue l'unique moyen d'assurer la sécurité des personnes ou de l'établissement. • CAA Nancy, 10 févr. 2022, n° 19NC03698. ♦ Saisi d'un recours pour excès de pouvoir contre une décision de mise à l'isolement, le juge administratif ne peut censurer l'appréciation portée par l'administration pénitentiaire quant à la nécessité d'une telle mesure qu'en cas d'erreur manifeste. • CE 2 nov. 2022, n° 467601 : *AJ pénal 2022.592, obs. Frinchaboy ; D. actu. 25 nov. 2022, obs. David* • CAA Paris, 14 déc. 2017, n° 6PA03823. ♦ Doit ainsi être rejeté le recours formé contre une décision de prolongation qui n'est pas manifestement disproportionnée. • CAA Douai, 30 janv. 2023, n° 21DA02783.

30. Éventualité de mesures alternatives. La mesure de placement à l'isolement n'étant pas entachée d'erreur manifeste d'appréciation, un requérant n'est pas fondé à dire que son placement à l'isolement est illégal dès lors que l'administration pénitentiaire, en méconnaissance des dispositions de la Circ. du 14 avr. 2011, n'a pas examiné si des mesures alternatives, telles que son inscription au répertoire des détenus particulièrement signalés, auraient permis d'assurer la sécurité dans l'établissement. Cette circulaire se borne à formuler des recommandations à l'administration pénitentiaire et ne peut être utilement invoquée à l'appui d'un recours pour excès de pouvoir. • CAA Paris, 14 déc. 2017, n° 16PA03823 : *préc. note 29.*

31. Conditions d'exécution. La légalité d'une décision administrative contestée dans le cadre d'un recours pour excès de pouvoir s'apprécie à la date à laquelle elle a été prise. Il en résulte que les circonstances postérieures à son édiction ne sont pas de nature à affecter sa légalité. Dès lors que, avant l'intervention de la décision litigieuse, le détenu ne présentait pas de signes cliniques révélant un état de santé incompatible avec son placement à l'isolement, la seule circonstance qu'il fasse l'objet d'un suivi psychologique et bénéficie d'un traitement pour des manifestations anxieuses n'est pas de nature, par elle-même, à faire regarder son placement à l'isolement comme un traitement inhumain et dégradant. • CAA Paris, 18 juill. 2017, n° 16PA01943.

B. RECOURS PRÉVENTIFS

32. Droit à un recours préventif effectif. La personne qui fait l'objet d'une mesure d'isolement dispose d'un recours effectif, devant le juge des référés administratif, pour la contester et demander qu'il y soit mis fin. Dès lors, elle n'est pas fondée à se prévaloir de l'incidence d'une telle mesure sur ses conditions d'incarcération, à l'occasion d'une demande ayant trait à la détention provisoire. • Crim. 16 sept. 2020, n° 20-82.389 P : *D. actu. 9 oct. 2020, obs. Engel ; AJ pénal 2020. 535, obs. Céré ; Dr. pénal 2020, n° 194, obs. Maron et Haas.*

1° RÉFÉRÉ-SUSPENSION

33. Présomption d'urgence. L'urgence justifie que soit prononcée la suspension d'un acte administratif lorsque l'exécution de celui-ci porte atteinte, de manière suffisamment grave et immédiate, à un intérêt public, à la situation du requérant ou aux intérêts qu'il entend défendre. • CE 1er févr. 2012, n° 350899 : *AJ pénal 2012. 237, obs. Céré.* ♦ Eu égard à son objet et à ses effets sur les conditions de détention, la décision plaçant d'office à l'isolement une personne détenue ainsi que les décisions prolongeant éventuellement un tel placement, prises sur le fondement de l'art. 726-1 C. pr. pén. [C. pénit., art. L. 213-8], portent en principe, sauf à ce que l'administration pénitentiaire fasse valoir des circonstances particulières, une atteinte grave et immédiate à la situation de la personne détenue, de nature à créer une situation d'urgence justifiant que le juge administratif des référés, saisi sur le fondement de l'art. L. 521-1 CJA, puisse ordonner la suspension de leur exécution s'il estime remplie l'autre condition posée par cet art. • CE 7 juin 2019, n° 426772 B : *AJDA 2019. 1190 ; ibid. 2137, concl. Iljic ; AJ pénal 2019. 459, obs. Falxa* (ab. jur. • CE 29 déc. 2004, n° 268826 A : *AJDA 2005. 511 ; AJ pénal 2005. 164, obs.*

Céré ; RSC 2006. 423, obs. Poncela • 1er févr. 2012, n° 350899 : *AJ pénal 2012. 237, obs. Céré*).

34. Renversement de la présomption. Si le ministre invoque le profil pénal de l'intéressé et son parcours pénitentiaire compte tenu de ses nombreux passages en conseil de discipline, de son évasion et de faits survenus le 30 août 2020, il ne fait toutefois pas état de circonstances particulières depuis le transfert du requérant le 16 déc. 2021 qui seraient de nature à remettre en cause l'existence d'une situation d'urgence découlant de la prolongation de la mesure d'isolement, la convocation à la séance du 17 févr. 2023 mentionnant « qu'aucun rapport d'incident n'est à déplorer depuis son arrivée au quartier d'isolement ». Dans ces conditions, la condition d'urgence doit être regardée comme satisfaite. • TA Marseille, 3 mai 2023, n° 2303620. ♦ Les circonstances particulières, tenant à l'existence d'une enquête pénale et à la gravité des faits reprochés à l'intéressé, rendent, en l'état de l'instruction, nécessaire la prolongation de son placement à l'isolement, laquelle est justifiée par un intérêt public. Par suite, le requérant ne démontrant pas que la condition d'urgence au sens de l'art. L. 521-1 CJA soit satisfaite, les conclusions de sa requête tendant à la suspension des effets de la décision doivent être rejetées, sans qu'il soit besoin d'apprécier si les moyens invoqués sont de nature à faire naître un doute sérieux sur sa légalité. • TA Montpellier, 23 mai 2023, n° 2302438.

35. Doute sérieux sur la légalité de la décision. Eu égard à l'extrême gravité des agissements de l'intéressé, au caractère très récent de sa démarche de déradicalisation, aux vives réactions que pourrait susciter sa présence parmi les détenus de l'établissement et à une certaine instabilité psychologique, le moyen tiré de ce que l'administration, sur l'avis favorable du SPIP et du parquet national antiterroriste, en l'absence d'opposition du JAP sollicité pour avis et au regard de l'avis d'un médecin concluant à l'absence de contre-indication médicale particulière au maintien à l'isolement, aurait entaché la décision attaquée de maintien à l'isolement d'une erreur manifeste d'appréciation n'est pas, en l'état de l'instruction, de nature à créer un doute sérieux sur sa légalité. • CE 2 nov. 2022, n° 467601 : *AJ pénal 2022.592, obs. Frinchaboy ; D. actu. 25 nov. 2022, obs. David.*

2° RÉFÉRÉ-LIBERTÉ

36. Preuve de l'urgence. Si, eu égard à son objet et à ses effets sur les conditions de détention, la décision plaçant d'office à l'isolement une personne détenue ainsi que les décisions prolongeant éventuellement un tel placement créent en principe, sauf à ce que l'administration pénitentiaire fasse valoir des circonstances particulières, une situation d'urgence justifiant que le juge administratif des référés, saisi sur le fondement de l'art. L. 521-1 CJA, puisse ordonner la suspension de leur exécution s'il estime remplie l'autre condition posée par cet article, il appartient, en revanche, à la personne détenue qui saisit le juge des référés sur le fondement de l'art. L. 521-2 du même code de justifier de circonstances particulières caractérisant, au regard notamment de son état de santé ou des conditions dans lesquelles elle est placée à l'isolement, la nécessité, pour elle, de bénéficier à très bref délai du prononcé d'une mesure de sauvegarde sur le fondement de ce dernier art. • CE, ord., 11 nov. 2019, n° 435785. ♦ L'exécution d'une décision de placement à l'isolement d'un détenu ne traduit pas, par elle-même, l'existence d'une situation d'urgence. Il appartient au juge des référés d'apprécier concrètement la gravité des troubles invoqués par le requérant pour caractériser la situation d'urgence, au vu de l'ensemble des circonstances de l'espèce et compte tenu des justifications apportées par le requérant et par l'administration. • CE 23 avr. 2014, n° 378085 : *RPDP 2014. 393, obs. Céré.*

37. Caractérisation de l'urgence. Le temps passé en situation d'isolement ainsi que l'importance des effets de l'isolement sur les conditions de détention de l'intéressé, en particulier s'agissant des modalités de la promenade quotidienne ou du recours à une fouille intégrale, dont l'écoulement du temps aggrave l'intensité ainsi que l'état de santé de l'intéressé, qui s'est vu prescrire, après son transfert, un lourd traitement médicamenteux composé notamment d'antidépresseurs et d'anxiolytiques, sont de nature à caractériser, dans les circonstances de l'espèce, une situation d'urgence au sens de l'art. L. 521-2 CJA. • CE, ord., 11 févr. 2020, n° 438039. ♦ Tel n'est pas le cas en revanche pour le référé formé par un requérant soutenant que les conditions de son placement à l'isolement, ainsi que la durée de celui-ci, affectent gravement son état de santé physique et psychique et provoquent chez lui des velléités suicidaires, dès lors que l'intéressé, d'une part, reçoit deux fois par semaine la visite du médecin de la maison d'arrêt qui, à aucun moment, n'a jugé incompatibles ses conditions de détention avec son état de santé et, d'autre part, ne produit en appel aucun élément tangible, à l'appui de ses allégations, qui démontrerait l'existence d'une situation médicale préoccupante. • CE, ord., 11 nov. 2019, n° 435785.

38. Atteinte grave et manifestement illégale à une liberté fondamentale. L'incompétence alléguée du signataire de la décision litigieuse ainsi que l'irrégularité alléguée de la procédure ne sauraient, par elles-mêmes, porter une atteinte grave au respect de la dignité humaine protégée par l'art. 3 Conv. EDH. • CE, ord., 11 févr. 2020, n° 438039 : *préc. note 37.*

C. RESPONSABILITÉ ADMINISTRATIVE

39. Illégalité fautive. Une décision de placement préventif en cellule disciplinaire illégalement prise par le chef d'établissement est de nature à engager la responsabilité de l'administration pénitentiaire. • CE 14 mars 2011, n° 308167 : *D. 2011. 1307, obs. Péchillon ; RPDP 2011. 413, obs. Céré.* ♦ Une illégalité même externe est susceptible de donner lieu à indemnisation s'il est établi un lien de causalité suffisant entre cette illégalité externe fautive et le préjudice invoqué à ce titre. • CAA Nantes, 18 juin 2015, n° 14NT00585.

40. Vice de forme ou de procédure. Lorsqu'une personne sollicite le versement d'une indemnité en réparation du préjudice subi du fait de l'illégalité d'une décision entachée d'un vice de procédure ou de forme, il appartient au juge du plein contentieux, saisi de moyens en ce sens, de déterminer, en premier lieu, la nature de cette irrégularité puis, en second lieu, de rechercher, en forgeant sa conviction au vu de l'ensemble des éléments produits par les parties, si, compte tenu de la nature et de la gravité de cette irrégularité, la même décision aurait pu être légalement prise dans le cadre d'une procédure régulière. • CAA Douai, 22 déc. 2020, n° 19DA00878. ♦ L'irrégularité, liée au vice de forme entachant la décision de prolongation de mise en isolement, qui ne mentionnait pas de manière lisible la qualité et le nom de son auteur, constitue une faute de nature à engager la responsabilité de la puissance publique. Pour autant, la décision, qui ne révèle pas d'erreur manifeste d'appréciation, était justifiée au fond. Par suite, l'irrégularité relevée n'est pas de nature à ouvrir un droit à réparation. • CAA Nancy, 7 mars 2019, n° 18NC00455. ♦ A supposer que la décision indiquant à l'intéressé qu'il faisait l'objet d'un placement à l'isolement provisoire et qu'il était envisagé de le maintenir à l'isolement n'ait pas été suffisamment motivée, ce vice de forme n'a causé à l'intéressé, qui a reçu plusieurs documents l'informant des motifs retenus par l'administration pénitentiaire pour prendre cette décision, aucun préjudice spécifique. Par ailleurs, la mesure était justifiée au fond en raison des faits reprochés au détenu, une corde longue de sept mètres ayant été retrouvée dans sa cellule, dissimulée dans son ordinateur. • CAA Nantes, 18 juin 2015, n° 14NT00585.

41. Préjudices liés à l'illégalité. L'altération des conditions de détention en raison de la prolongation illégale de son placement à l'isolement porte préjudice au requérant et doit être indemnisée. L'intéressé ne peut toutefois obtenir d'indemnisation supplémentaire en se prévalant du préjudice matériel et moral que lui auraient causé les décisions illégales, dès lors qu'elles ne lui ont pas permis de travailler et d accéder à une activité collective, sans expliciter et documenter le préjudice ainsi invoqué. • CAA Douai, 6 avr. 2023, n° 22DA00054.

Art. L. 213-9 **Les conditions d'application de la présente section sont fixées par décret en Conseil d'État.**

Circulaire du 14 avril 2011,

Relative au placement à l'isolement des personnes détenues, NOR : JUSK1140023C.

Introduction

L'entrée en vigueur, le 1er juin 2006, des décrets nos 2006-337 et 2006-338 du 21 mars 2006 relatifs à l'isolement des personnes détenues a constitué une réforme d'ampleur. Elle a en effet permis de remédier aux disparités locales en harmonisant le corpus réglementaire applicable en la matière. Cet encadrement normatif s'est montré plus que nécessaire dans un contexte d'évolution jurisprudentielle consacrant aux décisions d'isolement le caractère de décisions faisant grief, susceptibles de recours.

Lors des débats parlementaires, puis à l'occasion du vote de la loi n° 2009-1436 du 24 novembre 2009 pénitentiaire, le législateur a cependant considéré que cette réforme ne disposait pas d'un fondement normatif d'un niveau suffisamment protecteur, du fait du régime de détention spécifique auquel sont soumises les personnes détenues qui y sont placées. En outre, le Conseil d'État a annulé les dispositions règlementaires relatives à l'isolement judiciaire prévues lors de la réforme de 2006, la Haute juridiction considérant là aussi que seul le législateur pouvait fixer le principe d'une telle mesure.

Ainsi, l'article 92 de la loi pénitentiaire a permis de doter la mesure d'isolement administratif d'un fondement juridique renforcé et encadré, dont le décret n° 2010-1634 du 23 décembre 2010 précise les conditions d'application. Ce socle juridique permet de réaffirmer qu'un placement à l'isolement en détention ne peut être décidé que dans un cadre procédural exigeant et contraignant, eu égard à la spécificité du régime de détention qui en découle.

La présente circulaire a pour objet d'expliciter ces dispositions, codifiées aux articles R. 57-7-62 à R. 57-7-78 du code de procédure pénale (CPP). Cette base réglementaire clarifiée permet d'assurer une meilleure garantie des droits et une plus grande sécurité juridique pour les personnes détenues et les personnels pénitentiaires chargés d'appliquer ces règles.

Les dispositions spécifiques au sujet de l'isolement judiciaire, créé par l'article 93 V de la loi pénitentiaire, seront, quant à elles, détaillées par une circulaire de la direction des affaires criminelles et des grâces. La présente circulaire prend cependant soin de formuler une information générale sur les aspects liés à la gestion de la détention de ces personnes détenues.

I LA PROCÉDURE DE PLACEMENT À L'ISOLEMENT PAR MESURE DE PROTECTION ET DE SÉCURITÉ

Une mesure de placement à l'isolement d'office ou à la demande d'une personne détenue ne peut être prise que pour des motifs de protection de cette personne ou de maintien de la sécurité des personnes et de l'établissement.

La décision doit procéder de raisons sérieuses et d'éléments objectifs et concordants permettant de redouter des incidents graves de la part de la personne détenue ou dirigés contre elle.

L'isolement est une mesure susceptible d'aggraver les conditions de détention des personnes qui y sont soumises, principalement en restreignant les contacts humains et sociaux au quotidien. Ces restrictions, surtout lorsque l'isolement est prolongé, peuvent induire des conséquences physiques et psychiques auxquelles il convient d'être attentif.

En application de l'article 726-1 du CPP, les personnes détenues mineures ne peuvent être placées à l'isolement administratif.

I-1 *Distinction entre mesure d'isolement et affectation en cellule individuelle*

Toute nécessité de séparation d'une personne détenue du reste de la population pénale ne justifie pas le placement à l'isolement. L'isolement ne constitue pas un mode de gestion de la population pénale.

L'isolement ne peut être décidé que par mesure de protection ou de sécurité, en tenant compte de la personnalité de la personne détenue, de sa dangerosité particulière, et de son état de santé. Une attention particulière doit ainsi être portée aux personnes détenues les plus vulnérables, par exemple au regard de leurs problématiques psychologiques particulières.

Conformément aux articles 716, D. 717-2, D. 93 et D. 95 du CPP, le chef d'établissement privilégie l'encellulement individuel des personnes détenues.

Lorsque le chef d'établissement se trouve dans l'obligation d'affecter une personne détenue en cellule individuelle pour répondre à une prescription médicale, prise en application de l'article D. 384-1 du CPP (cas de maladie contagieuse notamment), il convient d'affecter prioritairement cette personne détenue dans une cellule individuelle à proximité de la zone médicale ou d'un poste de contrôle, et non au quartier d'isolement si les conditions de l'article 726-1 du CPP ne sont pas remplies.

Dans l'hypothèse où l'isolement est décidé à la demande de la personne détenue, les motifs doivent faire l'objet d'un examen attentif. Ils sont identiques à ceux du placement sur initiative de l'administration mais visent principalement la protection de la personne détenue qui exprimerait des craintes pour sa sécurité. Cette requête ne doit pas être une voie détournée pour obtenir une affectation en cellule individuelle, dont la satisfaction peut être étudiée par d'autres moyens : le danger invoqué doit être caractérisé, et les allégations fournies lors de la demande doivent être étayées par des éléments vérifiables et vérifiés.

I-2 *La procédure contradictoire*

Le déroulement de la procédure à mettre en œuvre préalablement à la décision, que ce soit pour un placement initial à l'isolement ou une prolongation, est identique, et ce, quelle que soit l'autorité pénitentiaire compétente pour décider de la mesure.

Le déroulement matériel de cette procédure est organisé sous la responsabilité du chef d'établissement, qui peut en confier l'organisation à un personnel de l'établissement. Du fait de l'importance de cette étape de la procédure, le chef d'établissement apportera une attention toute particulière à la désignation de la personne à laquelle sera confiée la tenue du débat contradictoire, s'il ne le dirige pas lui-même.

Il ne s'agit pas, toutefois, de déléguer le pouvoir de décision en la matière, tel qu'énoncé au paragraphe I.3.3. En effet l'organisation matérielle de la procédure ne doit pas être confondue avec la prise de décision qui relève uniquement du chef d'établissement ou son délégataire (ou, pour des isolements de plus de 6 mois, du DISP ou du ministre de la justice).

En outre, lorsqu'une mainlevée est envisagée par le chef d'établissement pour une décision relevant de sa compétence, il n'y a pas lieu de mettre en œuvre la procédure contradictoire. En revanche, si la mainlevée concerne une mesure d'isolement en cours à la demande de la personne détenue sans que celle-ci n'en soit d'accord, la procédure contradictoire doit être mise en œuvre.

I-2.1 *La préparation du débat contradictoire*

a) L'information de la personne détenue et la notification des droits

Lorsqu'une décision de placement initial ou de prolongation d'isolement est envisagée, l'article R. 57-7-64 du CPP impose que la personne détenue soit informée par écrit des motifs pour lesquels une telle décision est envisagée.

Elle est également informée du déroulement de la procédure, de la possibilité qui lui est offerte de présenter ses observations écrites, et, sur sa demande, des observations orales, et de la possibilité de se faire assister ou représenter par un avocat choisi par elle ou par un avocat désigné par le bâtonnier de l'ordre des avocats. La personne détenue peut bénéficier à cet effet de l'aide juridique, en application de l'article 9 de la loi n° 2007-210 du 19 février 2007 portant réforme de l'assurance de protection juridique (décret d'application n° 2007-1142 du 26 juillet 2007). Cette possibilité de prise en charge au titre de l'aide juridique existe quel que soit le stade de la procédure : la personne detenue doit en être informée.

Cette information de la personne détenue doit avoir lieu le plus tôt possible, afin qu'elle soit en mesure de préparer sa défense, et dans la mesure du possible trois jours avant la date du débat contradictoire.

A cette fin, il est recommandé d'utiliser l'imprimé joint en annexe relatif à la mise en œuvre de la procédure contradictoire (annexe 1). La personne détenue doit accuser réception de cette information en remplissant le formulaire et remettre à la personne responsable des procédures d'isolement la seconde partie de l'imprimé.

b) L'assistance d'un avocat

La loi n° 2009-1436 du 24 novembre 2009 pénitentiaire a supprimé, dans son article 92, la possibilité pour la personne détenue d'être assistée par un mandataire de son choix dans ce type de procédure. Dorénavant, seul un avocat peut assurer cette mission.

Les conditions d'intervention de l'avocat sont précisées dans la circulaire JUSEO340055C du 9 mai 2003 relative à l'application de l'article 24 de la loi du 12 avril 2000 à l'administration pénitentiaire. Lorsque la personne détenue souhaite être assistée par un avocat, ce dernier doit être convoqué dès que possible. Un formulaire de convocation est annexé à la présente circulaire (annexe 3).

c) Le recours à un interprète

Si la personne détenue ne comprend pas la langue française, l'alinéa 2 de l'article R. 57-7-64 du CPP prévoit que l'information est faite par l'intermédiaire d'un interprète.

Le chef d'établissement peut recourir à un interprète inscrit sur la liste de la cour d'appel de son ressort. Il peut également contacter les services de police et de gendarmerie pour obtenir les coordonnées des interprètes utilisés par ces services. Le chef d'établissement doit être en mesure de justifier des démarches effectuées pour assurer cette désignation. La convocation adressée à l'interprète en vue du débat contradictoire doit être versée au dossier de la procédure.

d) L'accès au dossier et la préparation des observations

En application de l'article R. 57-7-64 du CPP, la personne détenue doit disposer d'un délai minimum de trois heures avant le débat contradictoire et à partir du moment où elle est mise en mesure de consulter les éléments de la procédure d'isolement, en présence de son avocat, le cas échéant. Il convient de mettre les pièces à disposition de la personne détenue et de son défenseur plusieurs jours avant la date prévue pour le débat contradictoire. Il est recommandé que la transmission soit réalisée dans un délai identique à celui de l'information mentionné au paragraphe I-2.1. a), soit trois jours avant la date du débat, afin de favoriser le respect des droits de la défense.

Les pièces du dossier auxquelles peuvent avoir accès la personne détenue et son conseil sont les suivantes :

— la fiche de liaison,

— le rapport de comportement qui sera adressé à la direction interrégionale en cas de prolongation de la compétence du directeur interrégional ou du ministre de la justice,

— les avis écrits du juge de l'application des peines ou du magistrat saisi du dossier de la procédure, ainsi que de celui du médecin intervenant au sein de l'établissement en cas de prolongation au-delà de six mois (un an antérieurement),

— toutes les autres pièces sur lesquelles se fonde l'administration pénitentiaire pour solliciter la mesure.

Compte tenu du caractère écrit de la procédure, une attention particulière doit être portée à la rédaction des rapports ou comptes rendus pouvant justifier la mesure. Les informations recueillies par téléphone auprès des services de police et de sécurité publique, ou encore de la sous-direction de l'état major de sécurité de la direction de l'administration pénitentiaire, doivent faire l'objet de synthèses écrites tout en veillant à occulter les éléments susceptibles de porter atteinte à la sécurité de l'établissement et des personnes.

En effet, si certaines mentions portent atteinte à la sécurité des établissements pénitentiaires ou des personnes, elles peuvent ne pas être communiquées dans leur intégralité conformément aux dispositions de l'article R. 57-6-9 du CPP (ex. : mode opératoire d'un projet d'évasion, nom ou éléments permettant d'identifier la personne détenue ayant donné des informations sur une autre personne détenue...). Si l'occultation des mentions non communicables rend le document illisible, il n'y a pas lieu de le communiquer.

Des copies des pièces peuvent être demandées par la personne détenue ou son avocat. Il convient de ne réclamer le paiement des frais engendrés par les copies destinées à la personne détenue ou à son représentant que dans l'hypothèse où l'un ou l'autre souhaite une seconde copie, la première étant délivrée gratuitement. L'administration est alors fondée à réclamer un paiement dans la limite du tarif maximum en vigueur à la date de copie. Pour plus de précisions, il convient de se reporter au paragraphe 3.1.2 de la circulaire du 9 mai 2003 relative à l'application pour l'administration pénitentiaire de l'article 24 de la loi n° 2000-321 du 12 avril 2000 relative aux droits des citoyens dans leurs relations avec les administrations.

I-2.2 *Le débat : la présentation des observations écrites ou orales*

Plusieurs cas de figure peuvent se présenter lors de la mise en œuvre de la procédure contradictoire :

la personne détenue ne souhaite pas présenter d'observations, ni écrites, ni orales : ce refus doit être mentionné dans le formulaire de décision, qui peut dès lors être prise immédiatement ;

la personne détenue souhaite uniquement présenter des observations écrites et ne demande pas à être représentée : il n'est pas nécessaire d'organiser de débat contradictoire mais il convient d'accuser réception de ses observations et de les joindre à la procédure : la décision peut dès lors être prise immédiatement ;

la personne détenue souhaite uniquement présenter des observations écrites et demande à être représentée par un avocat : une fois le représentant informé, il peut présenter des observations écrites. S'il souhaite présenter des observations oralement, un débat contradictoire est organisé ;

la personne détenue souhaite présenter ses observations orales : l'administration doit organiser un débat contradictoire, en présence du conseil de la personne détenue si elle a demandé à être assistée.

Le débat doit non seulement permettre à la personne détenue de faire valoir ses observations mais aussi de l'éclairer pleinement sur le régime de détention de l'isolement. La personne détenue y est convoquée à l'aide du formulaire joint (annexe 2). Les observations de la personne détenue et de son représentant doivent être retranscrites dans les formulaires de placement ou de prolongation de l'isolement et signés par eux (annexes 4 à 8).

I-3 *La décision*

Dans toutes les hypothèses, la décision de placement à l'isolement ne peut être envisagée que s'il n'existe pas d'autre possibilité d'assurer la protection des personnes détenues ou de la sécurité de l'établissement. A chaque niveau de décision, les alternatives à l'isolement doivent être étudiées.

Le chef d'établissement doit être particulièrement attentif à l'impact de la mesure sur l'état psychique de la personne détenue et plus particulièrement encore lorsque cette dernière paraît susceptible de porter atteinte à son intégrité physique ou présente des risques suicidaires. A ce titre, et à chaque fois que la prolongation de la mesure est envisagée, le chef d'établissement doit porter une attention toute particulière aux éléments pouvant figurer notamment dans la cote "suicide" du dossier individuel de la personne détenue prévue par l'article D. 155 du CPP. Il importe d'informer le SPIP du placement à l'isolement d'une personne détenue, afin de mieux adapter sa prise en charge par ce service.

A chaque décision relative à l'isolement prise par le chef d'établissement, ce dernier en rend rapidement compte au directeur interrégional à qui il adresse copie de la décision dans les meilleurs délais. La décision d'isolement doit obligatoirement être datée et contenir les noms, prénoms, qualité et signature de la personne qui l'a prise.

I-3.1 *La transmission des pièces au directeur interrégional ou au ministre de la justice, pour les décisions relevant de leur compétence*

La procédure de placement ou de prolongation de l'isolement est toujours initiée sous la responsabilité du chef de l'établissement dans lequel la personne détenue est incarcérée.

a) Procédure à appliquer aux décisions relevant du directeur interrégional

Il convient d'engager la procédure préalable à toutes les décisions de prolongation de la mesure au-delà de 6 mois ou de mainlevée de la compétence du directeur interrégional, trois semaines avant l'échéance de la mesure. Le chef d'établissement doit constituer un dossier comprenant :

— l'imprimé de prolongation au-delà de six mois daté et signé ;

— le dossier de la procédure (information de la personne détenue, convocations de la personne détenue le cas échéant de son conseil, d'un interprète, observations de la personne détenue, rapport de l'audience contradictoire) ;

— un rapport du chef d'établissement qui comporte impérativement les informations suivantes, et qui recueille à cet effet les observations du SPIP ;

— relations de la personne détenue avec l'ensemble du personnel (pénitentiaire ou non) ;

— relations de la personne détenue avec l'extérieur (correspondances, visites...) ;

— hygiène et tenue de la cellule ;

— participation de la personne détenue aux activités et à la promenade ;

— procédures disciplinaires ou incidents ;

— les éléments relatifs à son état de santé communiqués le cas échéant par le service médical, et l'avis du médecin visé par l'article R. 57-7-73, obligatoirement recueilli : cet avis peut être rédigé directement sur le formulaire de prolongation ou sur un document écrit joint à la proposition (la mention « avis écrit joint à la procédure » doit alors être portée sur le formulaire) ;

— la fiche de liaison.

Le dossier est adressé à la direction interrégionale au moins 15 jours avant l'échéance de la mesure. Le directeur interrégional, après instruction du dossier, transmet sa décision de prolongation ou de mainlevée de la mesure d'isolement au chef d'établissement pour notification à la personne détenue. Une décision de refus de prolongation a pour conséquence la levée immédiate de la mesure et le retour en détention ordinaire. Il en est de même, en cas d'absence de décision, au jour de l'échéance de la mesure.

Une copie de chaque décision relative à l'isolement prise par le directeur interrégional doit être adressée au bureau de la gestion de la détention de la direction de l'administration pénitentiaire.

b) Procédure à appliquer aux décisions relevant du ministre de la justice

Avant de décider de la prolongation de la mesure d'isolement au-delà d'un an, il convient impérativement d'étudier toutes les solutions possibles pour y mettre fin compte tenu de la durée déjà effectuée par la personne détenue, et ce, que l'isolement ait été initialement décidé d'office ou que la personne détenue en ait fait la demande.

En effet, au-delà d'un an, la prolongation ne peut être envisagée que si aucune autre solution n'a été trouvée pour permettre à la personne détenue concernée de bénéficier d'un régime de détention ordinaire. Lorsque la prolongation au-delà d'un an est néanmoins envisagée, elle relève de la compétence exclusive du ministre de la justice. Dans ce cas, il convient que le chef d'établissement transmette au directeur interrégional une proposition de prolongation environ 6 semaines avant l'expiration de la mesure, afin de permettre un examen effectif de la mesure par les services de la direction interrégionale puis par la direction de l'administration pénitentiaire (bureau de gestion de la détention). Le dossier constitué par le chef d'établissement contient les pièces suivantes :

l'avis du médecin intervenant dans l'établissement, obligatoirement recueilli préalablement à la prise de décision. Cet avis peut être rédigé directement sur le formulaire de prolongation ou sur un document écrit joint à la proposition. La mention « avis écrit joint à la procédure » doit alors être portée sur le formulaire ;

l'avis du juge de l'application des peines s'il s'agit d'une personne condamnée ou du magistrat saisi du dossier de la procédure s'il s'agit d'une personne prévenue, sollicité selon des modalités identiques à celles décrites ci-dessus ;

un rapport de synthèse sur le comportement de la personne détenue au cours de la période écoulée depuis la décision initiale, complété le cas échéant des fiches d'observation et des comptes rendus de commissions pluridisciplinaire unique si cela apparaît opportun ;

la fiche de liaison afin de permettre à l'autorité compétente de vérifier la durée effective de l'isolement.

Après examen du dossier, si le directeur interrégional estime opportun de prolonger la mesure au-delà d'un an, il adresse sa proposition accompagnée d'un rapport motivé au bureau de gestion de la détention, et ce, au moins 4 semaines avant l'expiration de la mesure.

Si la personne détenue est à l'isolement depuis moins d'un an, le directeur interrégional peut, à ce stade de la procédure, décider de lever l'isolement. En revanche, pour les échéances supérieures à un an, le directeur interrégional n'a plus compétence pour lever la mesure, il peut seulement proposer la fin de la mesure ou une solution alternative.

La décision prise par le ministre de la justice est notifiée à la personne détenue avant l'échéance de la mesure en cours. Il appartient au bureau de gestion de la détention de la direction de l'administration pénitentiaire de transmettre au directeur interrégional sa décision au moins une semaine avant cette échéance.

Lorsque des éléments nouveaux dans la situation de la personne détenue surviennent après la transmission de la procédure, ils doivent être portés à la connaissance de l'autorité compétente pour décider de l'éventuelle prolongation.

Le ministre de la justice demeure compétent pour décider de toute nouvelle prolongation, par périodes de trois mois. La loi pénitentiaire a en effet ramené la périodicité de l'examen de l'opportunité de la mesure à un trimestre, conformément à la périodicité retenue pour les autorités compétentes pour les périodes antérieures, au lieu des quatre mois prévus par le décret du 21 mars 2006. Il est alors saisi à chaque fois selon la procédure décrite au présent paragraphe (soit une proposition du chef d'établissement établie environ 6 semaines avant l'échéance, pour une transmission du dossier examiné par la direction interrégionale au bureau de gestion de la détention 4 semaines avant l'échéance).

Enfin, si le chef d'établissement propose au directeur interrégional ou au ministre de la justice une levée de la mesure relevant de leur compétence et que ceux-ci envisagent au contraire une prolongation, le chef d'établissement doit en être informé au plus tôt et les motifs de la prolongation envisagée doivent lui être transmis pour qu'il en informe la personne détenue et organise le cas échéant un débat contradictoire. Dans ce cas, le formulaire doit être joint à la décision relative à l'isolement (annexe 9).

La modification de la durée de la période d'isolement pour les prolongations de compétence ministérielle implique des dispositions transitoires. En effet, au regard des raisons ayant motivé le placement à l'isolement, il est impératif que chaque situation individuelle puisse être examinée en connaissance du régime applicable, afin de garantir tant la protection de la personne détenue et la sécurité des personnes et de l'établissement que la validité de la procédure. Les dispositions de l'article R. 57-7-68 sont applicables aux propositions de prolongation de la mesure d'isolement d'office dont est saisi le ministre de la justice (*via* le bureau de gestion de la détention) postérieurement à l'entrée en vigueur du décret n° 2010-1634, soit après le 29 décembre 2010.

Ex. : le décret n° 2010-1634 étant publié le 28 décembre 2010, cela ne modifie pas la date d'échéance d'une décision de prolongation dont le ministre a été saisi avant cette date : pour une décision de prolongation prise en compétence ministérielle le 1er décembre 2010, l'expiration de la mesure sera au 1er avril 2011.

Les dispositions de ce même article entrant en vigueur au 29 décembre 2010, toute décision de prolongation de compétence ministérielle dont le ministre de la justice est saisi postérieurement à cette date aura de facto une durée effective de 3 mois.

Ex. : le décret n° 2010-1634 étant publié le 28 décembre 2010 et le ministre saisi le 30 décembre d'une proposition de prolongation de sa compétence, la décision de prolongation prise le 15 janvier 2011 expirera le 15 avril 2011.

I-3.2 *La motivation*

En application des articles 1 et 3 de la loi du 11 juillet 1979, la décision de placement ou de prolongation d'isolement doit être motivée en droit (textes de référence impérativement cités) et comporter l'énoncé des considérations de fait (les raisons pour lesquelles la personne détenue doit être isolée). La simple reprise des termes "par mesure de protection ou de sécurité" indiqués à l'article 726-1 du CPP est insuffisante.

La mise à l'isolement doit procéder de raisons sérieuses et d'éléments objectifs et concordants permettant de redouter des incidents graves de la part de la personne détenue concernée ou dirigés contre elle. La motivation doit indiquer de quels risques il s'agit (risques d'évasion, risques d'agression ou de pression, risques de mouvements perturbant la collectivité des personnes détenues, risques de connivence ou d'entente...), et préciser qui la mesure entend protéger (protéger la vie ou l'intégrité physique de certaines personnes détenues, de l'isolé lui-même, des personnels ou la sécurité de l'établissement). La seule référence à l'appartenance au grand banditisme, ou à un risque d'évasion, non étayée, est insuffisante *[Le placement à l'isolement, après une période en détention ordinaire non problématique, ne peut se motiver par des antériorités de tentatives d'évasion sur l'établissement ou la persistance d'un comportement violent, par ailleurs non démontré dans le dossier (CAA Paris, 30 oct. 2008, Khider ; TA Marseille, 28 nov. 2006, Ammar ; TA Dijon, 27 janv. 2004, Remli)]*.

Les éléments susceptibles, par leur divulgation, de mettre en péril la sécurité des tiers ou de l'établissement ne doivent pas apparaître dans la motivation. Toutefois, lorsque des informations ont été portées à la connaissance de l'administration pénitentiaire par les autorités administratives ou judiciaires et que, pour des raisons de sécurité, leur contenu précis ne peut être exposé, il est indispensable d'indiquer la date et l'origine de ces informations *[Un placement à l'isolement a été annulé pour erreur manifeste d'appréciation en raison notamment du fait que la provenance d'informations faisant état de suspicions d'évasion n'était pas connue (TA Clermont-Ferrand, 29 déc. 2005, Cuguillière)]* (ex. : « renseignements obtenus auprès des services de police en date du ».).

Aux termes de l'article R. 57-7-73 du CPP, l'administration doit également tenir compte dans sa motivation de la personnalité de la personne détenue, de sa dangerosité ou de sa vulnérabilité particulière, et de son état de santé. Il convient de rappeler que la gravité des faits pour lesquels l'intéressé est détenu et la nature des infractions qui lui sont reprochées ne peuvent justifier en elles-mêmes un placement à l'isolement. Il en va différemment lorsque la nature des infractions en cause ou la qualité du mis en examen sont susceptibles de provoquer des actes de violence contre l'intéressé de la part de ses codétenus. Des éléments de fait illustrant ce risque de violence doivent alors figurer dans la motivation. De la même manière, le classement d'une personne détenue au registre des détenus particulièrement signalés ou la commission d'une faute disciplinaire même grave ne peuvent justifier à eux seuls un placement à l'isolement.

La mise à l'isolement ne constitue pas une mesure disciplinaire. En conséquence, les motifs de la décision de placement à l'isolement doivent nécessairement être distincts de ceux de la sanction disciplinaire qui aura pu éventuellement la précéder *[Un placement à l'isolement décidé à la suite de l'exécution d'une sanction disciplinaire prononcée après la découverte d'un téléphone portable dans une cellule a été annulé pour insuffisance de motivation, parce qu'il ne démontrait pas le lien de causalité pouvant exister entre la saisie de cet objet et la nécessité d'une mesure de précaution. En revanche, le fait qu'un tel individu ait été signalé comme présentant des risques d'évasion par l'autorité judiciaire et que la préparation et l'exécution d'une telle initiative pouvaient être facilitées par l'utilisation d'un téléphone mobile, permet de justifier un placement à l'isolement par mesure de sécurité (TA Clermont-Ferrand, 17 nov. 2005, Gomes de Oliveira)]*.

En cas de transfert suivi d'une nouvelle décision de placement à l'isolement, il convient de rappeler dans la motivation en quoi le transfert n'a pas été suffisant pour assurer la sécurité des personnes ou de l'établissement.

L'isolement ne peut être prolongé au-delà de deux ans sauf s'il constitue l'unique moyen d'assurer la sécurité de la personne détenue ou de l'établissement. Dans ce cas, la décision de prolongation, qui relève de la compétence exclusive du ministre de la justice, doit être spécialement motivée, en référence aux articles R. 57-7-68 et R. 57-7-70 du CPP, et faire apparaître précisément en quoi l'isolement est le seul régime de détention possible pour la personne détenue et l'unique moyen de préserver la sécurité des personnes et de l'établissement. Un imprimé spécifique a été prévu à cette fin (annexe 8).

I-3.3 *Règles de forme : la délégation de signature*

Toutes les décisions doivent contenir, outre les motifs, la mention des nom, prénom et qualité du signataire. En application des articles R. 57-6-23 et R. 57-6-24 du CPP, le chef d'établissement ou le directeur interrégional des services pénitentiaires ont la possibilité de déléguer leur signature pour toutes les décisions relatives à l'isolement relevant de leur compétence. Il est toutefois recommandé que le directeur interrégional ne délègue sa signature qu'à un directeur des services pénitentiaires, au chef du département sécurité et détention ou au fonctionnaire de catégorie A chef de l'unité du droit pénitentiaire, et pour le chef d'établissement qu'à son adjoint, un directeur des services pénitentiaires ou un membre du corps de commandement.

Pour que la délégation de signature soit régulière, elle doit être écrite et nominative et doit faire l'objet d'un affichage dans l'établissement, dans un lieu destiné à cet effet, connu et accessible aux personnes détenues pour que celles-ci puissent en prendre connaissance. Elle doit également être publiée au recueil des actes administratifs du département dans lequel l'établissement pénitentiaire a son siège.

I-3.4 *La notification et la conservation de la décision*

a) Notification

La décision de placement ou de prolongation de l'isolement doit être notifiée sans délai à la personne détenue, et en tout état de cause, selon le cas, avant son placement à l'isolement, la fin du placement provisoire, ou la fin de la mesure en cours. Une copie de la décision doit être adressée au conseil de la personne détenue, par courrier ou par télécopie ou à l'issue du débat contradictoire lorsque la décision est prise immédiatement par le chef d'établissement. De même une copie de la décision est remise à la personne détenue qui peut la conserver dans sa cellule.

b) Conservation des pièces et de la décision

Tous les originaux des pièces relatives à une mesure d'isolement doivent être conservés dans la partie pénitentiaire du dossier individuel de la personne détenue dans une sous cote "mesure d'isolement administratif". Cette sous cote comporte toutes les pièces relatives à l'isolement, y compris les demandes et les réclamations émanant de la personne détenue.

I-3.5 L'information des autorités judiciaires

a) L'information des autorités judiciaires

L'article R. 57-7-78 du CPP impose que la décision soit communiquée dans les meilleurs délais au juge de l'application des peines si la personne détenue concernée par la décision est condamnée ou au magistrat saisi du dossier de la procédure si elle est prévenue.

b) Le rapport du chef d'établissement à la commission d'application des peines

A chaque fois qu'il l'estime utile et au moins une fois par trimestre, le chef d'établissement ou son représentant fait un rapport à la commission d'application des peines sur l'isolement. L'article R. 57-7-78 du CPP impose qu'il rende compte du nombre et de l'identité des personnes détenues placées à l'isolement et de la durée de celui-ci pour chacune d'elles. Il peut également à cette occasion exposer les spécificités éventuelles du régime de détention au sein du quartier isolement, les activités proposées aux personnes détenues ou les difficultés rencontrées. Aucune forme n'est exigée pour ce rapport, qui peut donc consister en un compte rendu oral.

II LA PROCÉDURE APPLICABLE DANS DES SITUATIONS PARTICULIÈRES

II-1 *L'isolement à la demande de la personne détenue*

Lorsque l'isolement ou sa prolongation est demandé par la personne détenue, la procédure contradictoire n'a pas à être mise en œuvre. L'article R. 57-7-70 du CPP prévoit que la personne détenue qui souhaite être placée à l'isolement ou qui souhaite que la mesure soit prolongée doit adresser une demande écrite et motivée au chef d'établissement, qui doit en accuser réception. C'est à l'intéressé de fournir les éléments à l'appui de sa demande. L'autorité compétente n'est pas tenue d'y faire droit, dès lors que les motifs de la personne détenue ne correspondent pas aux dispositions réglementaires.

Afin que la personne détenue exprime sa demande en connaissance de cause, une information claire et complète doit lui être donnée sur les conditions de détention au quartier d'isolement. Si elle est dans l'impossibilité de présenter une requête écrite, sa demande fait l'objet d'un compte rendu écrit rédigé par un personnel de l'établissement et signé par la personne détenue (annexes 11 et 12).

Lorsque la décision relève de la compétence du directeur interrégional des services pénitentiaires, le chef d'établissement transmet dans les meilleurs délais la demande de la personne détenue, la fiche de liaison ainsi qu'un rapport motivé sur l'opportunité de la prolongation de l'isolement, accompagné de l'avis écrit du médecin intervenant à l'établissement (annexe 13).

Lorsque la décision relève de la compétence du ministre de la justice, le directeur interrégional doit, en outre, émettre un avis motivé, accompagné de l'avis écrit du médecin intervenant à l'établissement, sur la prolongation de la mesure avant transmission de la proposition de prolongation ou de mainlevée au bureau de gestion de la détention (annexes 14 et 15). Il doit être répondu par écrit à la demande de la personne détenue en indiquant les motifs de la décision, qu'il y soit fait droit ou non. Cette décision peut prendre la forme d'une mention sur la demande de la personne détenue, les motifs doivent néanmoins apparaître clairement. Si l'administration ne répond pas dans les deux mois suivant la réception de la demande, celle-ci est réputée rejetée.

II-2 *L'urgence*

L'article R. 57-7-65 du CPP ménage la possibilité pour le chef d'établissement de procéder en urgence au placement d'une personne détenue à l'isolement, si cette mesure est « l'unique moyen de préserver la sécurité des personnes ou de l'établissement ».

Seul le chef d'établissement ou, le cas échéant, s'ils ont reçu délégation de signature à cet effet, son adjoint, un directeur des services pénitentiaires ou un membre du corps de commandement, sont habilités à ordonner le placement provisoire à l'isolement d'une personne détenue (annexe 17).

L'urgence doit être rigoureusement caractérisée au regard de la nécessité de préserver la sécurité des personnes ou de l'établissement.

Le placement à l'isolement selon la procédure d'urgence peut intervenir sans procédure contradictoire préalable. Sa durée ne peut excéder 5 jours. Dans ce délai, une procédure contradictoire doit être mise en œuvre afin que soit prise au plus tard le cinquième jour à minuit une décision de placement, de prolongation de l'isolement ou de levée de l'isolement provisoire. En l'absence de décision notifiée à la personne détenue dans ce délai, elle doit immédiatement être affectée en détention ordinaire.

Pour le calcul de la durée, le premier jour du placement provisoire doit impérativement être comptabilisé.

Ex. : si la personne détenue est placée le 30 décembre à l'isolement provisoire, quel que soit l'horaire du placement, celui-ci doit prendre fin dans la journée du 3 janvier au plus tard à minuit.

En conséquence, la personne détenue doit être informée de ses droits dès le placement provisoire au moyen du formulaire joint (annexe 1).

Si le délai expire un samedi, un dimanche ou un jour férié, il ne peut en aucun cas être prorogé. Dans la mesure du possible, il convient d'anticiper et d'organiser le débat contradictoire le jour ouvrable précédant cette échéance.

La durée du placement provisoire s'impute sur la durée totale de l'isolement. En conséquence, celle-ci doit être portée sur la fiche de liaison même si elle n'a pas été suivie d'une décision de placement à l'isolement.

Ex. : Lorsque la personne détenue a été placée en urgence à l'isolement le 31 décembre, et que la décision est prise dans la journée du 3 janvier, l'isolement ne peut en tout état de cause être ordonné que jusqu'au 31 mars.

II-3 *Les circonstances exceptionnelles*

Le deuxième alinéa de l'article 24 de la loi du 12 avril 2000 dispose que la procédure contradictoire n'est pas applicable en cas de circonstances exceptionnelles. Pour écarter les garanties procédurales, les évènements doivent être imprévisibles et revêtir tant par leur ampleur que par leur durée une particulière gravité. Il en va notamment ainsi lorsque les avocats sont empêchés d'accéder à l'établissement (mutinerie, destruction de bâtiments...) ou lorsque le bon fonctionnement de l'établissement pénitentiaire est durablement affecté (mouvement social...) *[Une décision a été annulée aux motifs que le requérant n'a pas été mis à même de présenter des observations préalablement à la décision attaquée, ni de se faire assister ou représenter dans le cadre d'une procédure contradictoire, et que la découverte de matériel dérobé aux ateliers dans sa cellule ne caractérisait pas une situation d'urgence ou une circonstance exceptionnelle justifiant l'omission de la procédure contradictoire (TA Lyon, 15 sept. 2009, Robert)].* Il convient dans en cas de conserver une trace écrite de ce contexte à la procédure. En tout état de cause et dans toute la mesure du possible, la tenue du débat contradictoire doit être différée afin que les personnes détenues puissent bénéficier des garanties procédurales.

II-4 *Le transfert d'une personne détenue placée à l'isolement*

II-4.1 *Le transfert d'une personne détenue placée à l'isolement d'office*

Le transfert de la personne détenue ne met pas immédiatement fin à la mesure d'isolement d'office, sauf si l'autorité compétente pour prendre la décision dans l'établissement d'affectation décide qu'il n'y a pas lieu de maintenir cette mesure.

La personne détenue peut être maintenue à l'isolement dans le nouvel établissement d'affectation pendant une durée maximale de 15 jours. Si la période restant à courir est inférieure à 15 jours, la mesure d'isolement prend fin à la date prévue dans la décision initiale ou de prolongation.

Pendant ce délai maximal de 15 jours, la procédure contradictoire préalable à la décision d'isolement doit être mise en œuvre. Si la décision de prolongation d'isolement n'est pas notifiée à la personne détenue ou si aucune décision n'a été prise dans ce délai, l'intéressé est immédiatement affecté dans un quartier de détention ordinaire. Le délai de 15 jours expire le quinzième jour suivant l'arrivée de la personne détenue à l'établissement, à minuit. Il s'impute sur la durée totale de la mesure, que celle-ci soit ou non prolongée, pour la période comprise entre la date de transfert et la date de la nouvelle décision.

Ex : Une personne détenue fait l'objet d'une décision de placement à l'isolement ou de prolongation, pour une durée de 3 mois, le 1er janvier. Elle est transférée le 1er février, la nouvelle décision de prolongation est prise le 5 février : la nouvelle décision court donc à compter du 5 février (et non du 15).

Ce délai est un délai unique, qui ne saurait être renouvelé par un second transfert de la personne détenue durant ces 15 jours. En revanche, si durant cette période une décision d'isolement est prise et que la personne détenue est à nouveau transférée, l'autorité compétente bénéficie d'un nouveau délai de 15 jours pour apprécier l'opportunité de prolonger ou non l'isolement dans le troisième établissement. Si la prolongation de la mesure d'isolement est envisagée, la procédure contradictoire doit être initiée dès l'arrivée de la personne détenue à l'établissement afin que la décision puisse lui être notifiée à temps. La motivation doit rappeler en quoi le transfert n'a pas été suffisant pour assurer la sécurité des personnes ou de l'établissement. Une attention particulière doit être portée aux situations relevant de la compétence du directeur interrégional ou du ministre de la justice, compte tenu du circuit à respecter pour la prise de décision.

Lorsqu'une personne détenue placée à l'isolement provisoire est transférée, le délai maximal de 5 jours prévu par l'article R. 57-7-65 du CPP ne peut en aucun cas être dépassé.

Ex : si la personne détenue était placée à l'isolement provisoire depuis deux jours dans l'établissement de départ, la décision de placement ou de prolongation doit intervenir au plus tard dans les trois jours de l'arrivée dans l'établissement d'affectation, après mise en œuvre de la procédure contradictoire.

Lorsqu'une personne détenue placée à l'isolement sur décision du directeur interrégional ou du ministre de la justice est transférée, la direction interrégionale d'origine doit immédiatement alerter la direction interrégionale d'affectation et le bureau de gestion de la détention lorsque la décision est de sa compétence. En effet, la situation de la personne détenue doit être réexaminée avant l'expiration du délai maximal de 15 jours, délai qui peut être plus court si la période restant à courir de la décision initiale ou de prolongation est inférieure à 15 jours. La direction interrégionale d'origine transmet donc une copie de la dernière décision relative à l'isolement ainsi que la fiche de liaison à ses interlocuteurs.

II-4.2 *Le transfert d'une personne détenue placée à l'isolement à sa demande*

Lors du transfert d'une personne détenue isolée à sa demande, les procédures à diligenter dans l'établissement d'accueil sont différentes selon que la mesure a été levée ou non avant de quitter l'établissement de départ.

a) La mesure est levée par l'établissement de départ

Lorsque la mesure a été levée par l'autorité compétente avant que la personne détenue ne quitte l'établissement de départ, celle-ci est placée en détention ordinaire dans le nouvel établissement. Si elle demande à être placée à l'isolement au sein de cette nouvelle structure, une nouvelle procédure est amorcée, en prenant en compte les durées d'interruption pour déterminer l'autorité compétente (*cf.* paragraphe III-1.1).

b) La mesure n'est pas levée par l'établissement de départ

La personne détenue doit être informée dés les modalités d'écrou dans le nouvel établissement qu'elle doit renouveler, si elle le souhaite, sa demande de placement à l'isolement :

Si la personne détenue ne souhaite pas renouveler sa demande, il est mis fin à l'isolement, conformément à l'art. R. 57-7-71, et elle est placée en détention ordinaire. La mesure sera alors formalisée par une décision de main levée et portée sur la fiche de liaison (*cf.* paragraphe III-2.2).

Si la personne détenue souhaite renouveler son placement à l'isolement, elle doit être placée au quartier d'isolement ou, si cette solution est matériellement impossible, dans une cellule individuelle. La décision est maintenue de droit pendant le déla d'instruction de sa demande : l'autorité compétente dispose d'un délai de quinze jours pour statuer en opportunité. Si aucune décision n'a été prise à l'issue de ce délai, la personne détenue est placée en détention ordinaire.

III LA DURÉE DE L'ISOLEMENT

III-1 *Les modalités de calcul*

Le chef d'établissement est compétent pour décider du placement à l'isolement d'une personne détenue et, le cas échéant, pour prolonger la mesure jusqu'au sixième mois. Le directeur interrégional des services pénitentiaires est compétent pour décider de la prolongation de l'isolement à compter du sixième mois et jusqu'à un an. Le ministre de la justice reste compétent pour décider de la prolongation de l'isolement au-delà d'un an pour une durée de trois mois, renouvelable.

III-1.1 *L'interruption de la période d'isolement*

a) Cadre général

Afin de simplifier et d'unifier les modalités de calcul de la durée de l'isolement et de déterminer clairement l'autorité compétente pour décider de la mesure, un principe unique a été fixé par le texte réglementaire. Toutes les périodes d'isolement effectuées par la personne détenue, à sa demande ou à l'initiative de l'administration, doivent être prises en compte afin de déterminer l'autorité compétente pour prolonger la mesure, dès lors qu'elles n'ont pas été suivies d'une interruption supérieure à un an. En revanche, lorsqu'une interruption de plus d'un an a eu lieu, le chef d'établissement redevient compétent : on considère que la nouvelle mesure est alors une décision initiale de placement à l'isolement.

b) Cas particuliers

L'article R. 57-7-75 du CPP dispose que les hypothèses d'interruption que sont le placement au quartier disciplinaire ou l'hospitalisation « sont sans effet sur le terme de l'isolement antérieurement décidé ». Il en est de même pour la permission de sortir ou la décision de fractionnement de peine. Toutes ces périodes s'imputent sur la durée totale de la mesure.

Il convient par conséquent d'apprécier dans chaque situation l'opportunité de lever l'isolement en fonction de la durée d'absence de la personne détenue du quartier d'isolement. En cas de placement en hospitalisation d'office ou en UHSA (à la demande ou en HO), les durées d'absence de l'établissement sont de facto imprévisibles et souvent relativement longues : une levée de la mesure, formalisée par une décision de main levée, semble être particulièrement indiquée. Si la personne détenue doit être replacée à l'isolement à son retour à l'établissement, et que la mesure a été effectivement levée lors de son départ, il faut alors reprendre la procédure en application du cadre général (*cf.* paragraphe précédent).

En cas d'évasion d'une personne détenue placée à l'isolement, la levée de la mesure est entraînée de fait par la soustraction de la personne à la surveillance pénitentiaire. En cas de reprise dans l'année qui suit, et donc de nouvel écrou, sera prise en compte la durée passée antérieurement à l'isolement. Ainsi, la procédure doit être reprise en placement provisoire par le chef d'établissement du nouveau lieu d'écrou, puis, dans le délai de 5 jours imparti, la mesure peut être prolongée par l'autorité antérieurement compétente. Le nouvel établissement veillera à prendre attache avec l'ancien établissement d'où le détenu s'est évadé afin de procéder à une transmission rapide des éléments d'information indispensables. Si l'évasion est supérieure à un an, le nouvel écrou à la reprise génère, le cas échéant, une nouvelle procédure d'isolement, qui repart donc de zéro.

Après avoir été régulièrement libérée, une personne réincarcérée qui avait fait l'objet, lors de sa précédente incarcération, d'une mesure d'isolement, peut, le cas échéant, être à nouveau placée sous ce régime : la procédure de placement est alors mise en œuvre en tant que procédure initiale.

III-1.2 *La computation des délais*

Le calcul de la durée de l'isolement s'effectue en principe de date à date.

Ex : la prolongation d'un isolement initial en date du 5 juin doit avoir lieu le 5 septembre au plus tard.

Dans le cas où la mesure d'isolement commence à courir le dernier jour du mois, la date de fin de la mesure est ramenée au dernier jour du mois d'échéance.

Ex : si la personne détenue est placée à l'isolement pour une durée de trois mois le 31 janvier, l'isolement prend fin le 30 avril ; si la mesure est décidée le 30 novembre, elle prend fin le 28 ou le 29 février.

Lorsque la période d'isolement a été interrompue en raison d'une mainlevée en cours de mesure ou d'un transfert, il y lieu de considérer qu'un mois d'isolement est égal à 30 jours.

La décision de placement ou de prolongation de l'isolement précise la date à compter de laquelle elle prend effet.

La période de trois mois avant l'expiration de laquelle la décision de prolongation doit intervenir doit être comptée à partir de minuit le jour de la notification de la décision initiale ou du placement provisoire.

Ex : si une personne détenue est placée à l'isolement pour trois mois le 2 février, l'isolement prendra fin dans la journée du 2 mai au plus tard à minuit. La décision de prolongation doit donc lui être notifiée au plus tard dans la journée du 2 mai.

La mesure expire trois mois plus tard à minuit quel que soit le jour de la semaine, y compris le dimanche et les jours fériés.

III-2 *La levée de l'isolement*

III-2.1 *L'autorité compétente pour décider de la levée de la mesure*

L'article R. 57-7-76 prévoit que l'autorité qui a pris ou prolongé la mesure, d'office ou à la demande de la personne détenue, peut y mettre fin à tout moment. Lorsque la décision relève du directeur interrégional ou du ministre de la justice, le chef d'établissement transmet au directeur interrégional une proposition motivée de levée de la mesure accompagnée d'un rapport, ainsi que tout certificat médical que le médecin aura estimé utile de rédiger, en joignant son avis sur l'opportunité d'y donner suite (annexe 10).

III-2.2 *Les hypothèses de levée de l'isolement*

a) La levée de l'isolement d'office

Les effets néfastes d'un isolement prolongé imposent un contrôle vigilant de la durée de la mesure par le chef d'établissement et le directeur interrégional. La possibilité de lever l'isolement doit être étudiée à tout moment de la mesure et *a minima* à l'approche de l'échéance de la mesure en cours. La levée de l'isolement se traduit par une décision de main levée, et doit figurer sur la fiche de liaison.

L'isolement est levé automatiquement si aucune décision n'a été prise au jour de l'échéance de la mesure en cours. Dans un certain nombre de cas, la mesure peut être levée de manière anticipée, et notamment lorsque les motifs de placement à l'isolement ont disparu.

Concernant les personnes prévenues placées à l'isolement sur décision de l'administration pénitentiaire, l'autorité judiciaire peut signaler au chef d'établissement des éléments permettant d'envisager la levée de l'isolement. Cette information n'implique pas que l'administration soit dans l'obligation de lever la mesure dès lors que d'autres arguments justifient ce maintien.

b) La levée de la mesure d'isolement à la demande de la personne détenue

Conformément à l'article R. 57-7-72 du CPP, dès qu'une personne détenue placée à l'isolement à sa demande souhaite que l'isolement soit levé, le chef d'établissement doit faire droit à sa demande, même si la décision initiale avait été prise par une autre autorité. La levée de l'isolement se traduit par une décision de main levée, et doit figurer sur la fiche de liaison. Lorsque le chef d'établissement envisage de lever ou de proposer la levée de la mesure en cours sans l'accord de l'intéressé, il convient d'appliquer la procédure contradictoire préalable à la prise de décision (annexe 16). Il s'agit, en effet, d'une décision individuelle défavorable susceptible de faire grief.

III-3 *La fiche de liaison*

C'est la bonne tenue de la fiche de liaison prévue par l'article R. 57-7-77 du CPP qui permettra de déterminer de façon certaine l'autorité compétente pour décider du placement ou de la prolongation de l'isolement ainsi que la durée maximale de la mesure. En effet, un certain nombre d'évènements vont reporter ou modifier la date de changement de compétence.

Cette fiche est systématiquement transmise à la direction interrégionale et à la direction de l'administration pénitentiaire à l'occasion d'une demande de prolongation. A titre d'exemple, il convient de se reporter à la fiche de liaison complétée en annexe (annexes 18 et 19).

Les placements à l'isolement judiciaire doivent être portés pour information sur la fiche de liaison.

IV LE RÉGIME DE DÉTENTION

Pour prévenir un trop grand isolement social, le maintien des contacts et des échanges entre le personnel et les personnes détenues isolées est essentiel. S'il permet d'atténuer l'isolement, surtout dans le cas où l'intéressé ne bénéficie pas de parloirs, il participe également de la fonction d'observation de la personnalité de la personne détenue. Pour ces mêmes raisons, il appartient au personnel de direction et d'encadrement de l'établissement et au personnel d'insertion et de probation de prévoir des audiences avec les personnes détenues isolées, au moins aussi fréquemment qu'en détention normale.

Le régime de l'isolement doit être appliqué à toutes les personnes détenues isolées même en l'absence de quartier prévu à cet effet. Toutefois, si la mesure d'isolement est amenée à durer, il convient d'envisager l'affectation de la personne détenue dans un établissement doté d'un quartier d'isolement afin qu'elle bénéficie des infrastructures spécifiques.

En revanche, ce régime spécifique ne doit pas être appliqué à la personne détenue affectée en cellule au sein du quartier d'isolement pour raison de commodité alors qu'aucune décision d'isolement n'a été prise (par exemple comme auxiliaire). Si l'isolement ne se justifie pas, la personne détenue doit impérativement bénéficier du régime de détention ordinaire.

IV-1 *Le règlement intérieur*

Le règlement intérieur de l'établissement doit comporter une fiche relative à la procédure de placement à l'isolement, aux visites médicales obligatoires, à l'emploi du temps et aux activités de ce quartier selon les principes énoncés ci-dessous. Ces règles doivent être affichées dans le quartier d'isolement. Un exemplaire sera remis à chaque personne détenue isolée.

IV-2 *L'isolement cellulaire*

L'article R. 57-7-62 impose que la personne détenue placée à l'isolement soit seule en cellule. Les cellules du quartier d'isolement doivent recevoir un ameublement identique à celui des cellules de détention ordinaire. Le type de mobilier utilisé pour les cellules disciplinaires ne peut en aucun cas être employé dans les quartiers d'isolement.

Les règles relatives à la salubrité et la propreté prescrites par les articles D. 350 à D. 352 du CPP doivent être respectées au quartier d'isolement : ainsi les cellules qui le composent doivent notamment bénéficier d'un éclairage naturel par une fenêtre permettant d'assurer l'aération nécessaire.

IV-3 *L'exercice des droits*

L'isolement n'est pas une mesure disciplinaire. Par conséquent, les personnes détenues placées au quartier d'isolement conservent l'intégralité de leurs droits en termes d'accès à l'information, de relations avec l'extérieur, de correspondance, d'exercice du culte ou d'utilisation de leur compte nominatif. L'exercice de ces droits peut toutefois être aménagé afin d'éviter les contacts entre les personnes détenues isolées et les autres personnes détenues.

IV-3.1 *Le droit à l'information*

L'accès à l'information des personnes détenues isolées est identique à celui des autres personnes détenues. Elles ont la possibilité de cantiner ou de s'abonner aux revues de leur choix, conformément à la réglementation en vigueur.

Le chef d'établissement organise un accès direct à la médiathèque à des créneaux horaires spécifiques aux personnes détenues isolées. A défaut, un fonds annexe et régulièrement renouvelé doit être constitué au sein du quartier d'isolement et un catalogue comprenant l'intégralité des supports de la médiathèque doit être mis à la disposition des personnes détenues isolées.

Les personnes détenues isolées ont la possibilité de louer ou d'acheter des téléviseurs dans les mêmes conditions que les autres personnes détenues de l'établissement ainsi que des postes radiophoniques ou des chaînes stéréophoniques.

Au regard de l'absence de contact de la personne détenue isolée avec d'autres personnes détenues, il convient, dans la mesure du possible, qu'un poste de télévision soit mis gratuitement à disposition des personnes détenues n'ayant pas les ressources suffisantes pour le louer.

IV-3.2 *Les relations avec l'extérieur*

Le placement au quartier d'isolement ne remet pas en cause le droit à la correspondance, aux visites, et à l'accès au téléphone. Les personnes détenues isolées peuvent écrire tous les jours et sans limitation à toute personne de leur choix.

Toutefois, les impératifs fixés par le juge d'instruction, la surveillance spécifique liée à l'inscription de l'intéressé comme détenu particulièrement signalé ou à son repérage comme personnalité suicidaire, peuvent justifier une attention particulière portée au contenu de sa correspondance.

La durée et la fréquence des visites autorisées sont identiques à celles des autres personnes détenues, soit au moins trois fois par semaine pour les prévenus et une fois par semaine pour les condamnés. En revanche, l'accès aux locaux des parloirs, parloirs familiaux et unités de vie familiale doit se faire de manière individuelle. La personne détenue placée à l'isolement peut recevoir, comme toute autre personne détenue, la visite d'un membre des associations intervenant habituellement en détention, telles que le GENEPI ou les visiteurs de prison.

IV-3.3 *Les activités*

Les personnes détenues isolées ne peuvent participer aux promenades, activités collectives et offices religieux prévus pour les personnes détenues soumis au régime ordinaire de détention, à moins qu'elles n'y aient été autorisées pour une activité spécifique par le chef d'établissement. Celui-ci peut par exemple autoriser la personne détenue isolée à participer à un atelier thérapeutique, un programme de prévention de la récidive, ou lui permettre de poursuivre une activité entreprise avant le placement à l'isolement après en avoir évalué les conséquences pour la sécurité des personnes ou de l'établissement.

En outre, toutes les personnes détenues isolées doivent bénéficier d'une promenade d'au moins une heure chaque jour à l'air libre. Il convient, dans la mesure du possible, de permettre des plages horaires de promenade équivalentes à celles dont bénéficient les personnes placées en détention ordinaire. L'option d'un créneau horaire spécifique pour la promenade des personnes détenues isolées doit être envisagée.

Le chef d'établissement doit favoriser, si la personnalité de l'intéressée et les motifs de l'isolement le permettent, le regroupement avec plusieurs autres personnes détenues isolées. Ces regroupements ponctuels peuvent en particulier être favorisés pour des occasions telles que les fêtes nationales ou religieuses.

Des espaces spécifiques aux activités en commun pourront être aménagés au sein des quartiers d'isolement, en particulier lorsqu'ils sont de taille importante. Le quartier d'isolement doit impérativement permettre l'organisation d'activités sportives, seul ou en petit groupe. Des équipements adaptés doivent être prévus à cet effet. En outre, le chef d'établissement doit tout mettre en œuvre pour proposer du travail aux personnes détenues isolées et favoriser l'organisation de modules individuels d'enseignement, de formation ou d'enseignement à distance, en liaison avec les services de l'éducation nationale.

IV-4 *Le rôle des autorités médicales*

V-4.1 *L'information quotidienne et le suivi médical obligatoire*

Le chef d'établissement doit s'assurer de la transmission quotidienne de la liste des personnes détenues placées à l'isolement à l'équipe médicale, mentionnant, le cas échéant, les nouveaux arrivants. En effet, chaque personne détenue placée à l'isolement doit faire l'objet d'un examen médical au moins deux fois par semaine aux termes de l'article R. 57-7-63 du CPP.

Le médecin doit pouvoir s'entretenir avec la personne détenue dans ces conditions préservant le secret médical. Le personnel de surveillance ne peut être présent dans la cellule à l'occasion de la visite du médecin. Si nécessaire, une garde vigilante d'un ou plusieurs agents dans le couloir doit permettre de préserver la sécurité du personnel soignant, sauf si le médecin ou l'infirmier sollicite des précautions plus importantes.

IV-4.2 *Les avis médicaux*

L'article R. 57-7-63 du CPP dispose que « chaque fois qu'il l'estime utile au regard de l'état de santé de la personne détenue, le médecin émet un avis sur l'opportunité de mettre fin à l'isolement ». Au-delà des visites régulières du médecin, le chef d'établissement peut solliciter le service médical et lui demander un avis quant à l'impact de la mesure sur l'état de santé de la personne détenue.

En outre, en application de l'article R. 57-7-73 du CPP, les décisions de prolongation d'isolement au-delà de six mois sont prises après avis écrit du médecin intervenant à l'établissement (un an antérieurement).

L'administration n'est pas liée par l'avis médical. Elle doit cependant en tenir compte et rechercher d'éventuelles solutions d'aménagement de la mesure lorsque celui-ci est réservé sur l'impact de la mesure sur la santé de la personne concernée.

Lorsque l'isolement est de la compétence du chef d'établissement, celui-ci informe le directeur interrégional des suites données à cet avis médical. Dans le cas contraire, il accompagne le certificat médical de son avis sur l'opportunité d'y donner suite. Lorsque l'isolement est de la compétence du ministre de la justice, le certificat médical est transmis au bureau de gestion de la détention par le directeur interrégional, qui y joint son avis.

IV-5 *Mesures permettant de renforcer la sécurité*

Les principes de nécessité et de proportionnalité, conformément à la jurisprudence de la Cour européenne des droits de l'homme et tels qu'énoncés clairement par l'article R. 57-7-79 du CPP, encadrent chaque opération de fouille, quelle que soit sa nature. Ainsi, procéder à une fouille au seul motif du placement à l'isolement de la personne détenue est insuffisant en termes de motivation. Il convient de tenir compte des éléments pouvant laisser croire que la personne détenue concernée présente un danger avéré pour elle-même ou pour autrui compte tenu de ce contexte particulier.

Les conditions de mise et œuvre et de réalisation des fouilles, de quelque nature qu'elles soient, doivent respecter les instructions de la circulaire relative aux moyens de contrôle des personnes détenues.

Pour la surveillance du quartier d'isolement, le chef de détention chargé de fixer les horaires des rondes de nuit, en application de l'article D. 272 du CPP, organise des rondes à l'œilleton en fonction de la réglementation en vigueur. La note DAP R3652 du 31 juillet 2009 définissant les modalités de surveillance spécifique des personnes détenues prévoit l'organisation de 4 rondes en service de nuit éventuellement accompagnées, si les circonstances le justifient, de mesures complémentaires, d'urgence ou exceptionnelles.

Les cellules des personnes détenues isolées ne peuvent être ouvertes qu'en présence de deux surveillants. En outre, lors de tous leurs déplacements, ces personnes détenues doivent être accompagnées d'un surveillant. En fonction de la personnalité ou du profil de la personne détenue concernée, le chef d'établissement ou son représentant peut imposer, également, la présence d'un gradé. Lors des déplacements des personnes détenues isolées, les mouvements de détention qui impliqueraient une rencontre avec d'autres personnes détenues doivent être suspendus.

Les personnels affectés au quartier d'isolement doivent être sensibilisés à l'importance de l'observation des personnes détenues isolées. Celle-ci doit permettre de donner des éléments qui tendront à conforter l'appréciation des risques encourus pour la sécurité des personnes ou de l'établissement, soit à proposer la levée de la mesure, mais également à détecter les effets éventuels de l'isolement sur la santé physique ou psychique de l'intéressé. Cette observation donne lieu à l'élaboration d'une fiche de suivi de la personne détenue placée à l'isolement, complétée par le personnel en poste ou responsable du quartier d'isolement de toute remarque concernant le comportement de la personne détenue isolée au cours de l'exécution de la mesure.

Cette fiche est régulièrement consultée par l'encadrement et impérativement avant de proposer la prolongation de la mesure. Le rapport de comportement en constitue la synthèse, transmise au directeur interrégional et à la direction de l'administration pénitentiaire avec la proposition de prolongation. Dans la mesure où elle contient des éléments relatifs à la personnalité de la personne détenue, cette fiche est communicable à la personne détenue. Seuls les éléments susceptibles de porter atteinte à la sécurité de l'établissement peuvent en être occultés.

En outre, les éléments d'évaluation du risque suicidaire de la personne détenue isolée doivent être régulièrement actualisés.

IV-6 *Le registre des mesures d'isolement*

L'article R. 57-7-77 du CPP prévoit qu'un registre des mesures d'isolement est tenu sous la responsabilité du chef de l'établissement. Il doit être visé par les autorités administratives et judiciaires lors de leurs visites de contrôle et d'inspection.

Le registre retrace tous les mouvements au quartier d'isolement : les entrées et sorties des personne détenues, ainsi que l'heure des mouvements, les passages ou audiences devant les membres du personnel, des intervenants extérieurs, des autorités judiciaires ou administratives ainsi que les visites du personnel médical. Une colonne doit permettre de mentionner en face de chaque mouvement le visa du responsable ou du visiteur.

Le directeur interrégional doit veiller à ce que ses services transmettent mensuellement à la sous direction de l'état major de sécurité de la direction de l'administration pénitentiaire la liste des personnes détenues placées au sein des quartiers d'isolement des établissements de son ressort, les décisions rendues en matière d'isolement, ainsi que toute information utile à la gestion de la détention au sein de ces quartiers spécifiques.

V LES VOIES DE RECOURS

Il s'agit de préciser ici les recours relatifs à l'isolement décidé par l'administration, et non par l'autorité judiciaire.

V-1 *Réclamations auprès des autorités administratives et judiciaires*

V-1.1 *Observations auprès du juge de l'application des peines ou du magistrat saisi du dossier de la procédure*

L'article R. 57-7-78 du CPP prévoit que la personne détenue placée à l'isolement « peut faire parvenir au juge de l'application des peines ou au magistrat saisi du dossier de la procédure toutes observations concernant la décision prise à son égard ». La personne détenue et son avocat ont la possibilité de demander des explications sur la mesure au magistrat saisi du dossier de la procédure ou aux autorités pénitentiaires, à tout moment de la procédure.

V-1.2 *Requêtes auprès des autorités judiciaires et administratives*

Ces requêtes sont ouvertes à toutes les personnes détenues, y compris celles placées à l'isolement. L'article R. 57-8-20 du CPP autorise les personnes détenues à écrire sous pli fermé aux autorités dont la liste est fixée par l'article D. 262 du CPP, ainsi qu'aux aumôniers agréés auprès de l'établissement. En vertu des articles *[de l'article]* D. 259 du CPP, la personne détenue peut demander à être entendue par les magistrats et fonctionnaires chargés de la visite ou de l'inspection de l'établissement et par toute autorité chargée d'une mission dans l'établissement. Ces entretiens se déroulent hors la présence des membres du personnel de l'établissement.

V-2 *Recours non contentieux*

Deux voies de recours résultent d'un principe général du droit administratif et peuvent être utilisées par les personnes détenues contre une décision d'isolement : le recours gracieux et le recours hiérarchique. Toutefois, leur exercice ne suspend pas immédiatement l'exécution de la décision contestée.

V-2.1 *Recours gracieux*

Il s'exerce directement auprès de l'autorité qui a pris la décision d'isolement : chef d'établissement, directeur interrégional ou ministre de la justice. La réponse faite par l'autorité saisie est totalement libre quant à la forme. L'autorité saisie d'un recours gracieux contre une décision d'isolement peut rapporter cette décision ou la maintenir.

V-2.2 *Recours hiérarchique*

Toute personne peut saisir le supérieur hiérarchique d'une autorité administrative afin de lui demander de revenir sur une décision prise par cette dernière. Conformément à l'article D. 260 du CPP, une personne détenue peut contester la décision d'isolement prise par le chef d'établissement ou le directeur interrégional respectivement devant le directeur interrégional ou le ministre de la justice.

L'autorité saisie de ce recours peut examiner la légalité et l'opportunité de la décision attaquée. Elle peut retirer cette décision et, le cas échéant, en prendre une nouvelle qui se substituera à la première avec effet rétroactif, ou rejeter le recours hiérarchique.

V-3 *Recours contentieux*

Les décisions relatives à l'isolement sont susceptibles de faire l'objet d'un recours devant une juridiction administrative.

V-3.1 *Recours pour excès de pouvoir*

a) La procédure

Le recours pour excès de pouvoir vise à obtenir du juge l'annulation d'une ou plusieurs décisions de placement ou de maintien à l'isolement du fait de leur illégalité. La personne détenue dispose d'un délai de deux mois à compter de la notification de la décision d'isolement pour former un recours. Sa requête est adressée au greffe de la juridiction compétente et doit être accompagnée de la décision attaquée.

Le juge administratif contrôle en premier lieu la légalité externe de la décision, c'est à dire le respect des formes dans lesquelles la décision a été rendue. Il contrôle en second lieu sa légalité interne, c'est à dire les motifs ayant conduit à la décision de placement, refus de placement ou de maintien à l'isolement.

b) L'annulation d'une décision d'isolement

Lorsqu'une décision d'isolement est annulée par le tribunal, celle-ci est censée n'avoir jamais existé, même si dans les faits, elle aura souvent déja été exécutée. Dans cette hypothèse, l'exécution de la décision d'annulation ne se traduira par aucun acte. En revanche, si la décision annulée est en cours d'exécution, la personne détenue doit être à nouveau affectée en détention ordinaire.

Si la mesure annulée a fait l'objet d'une prolongation unique, il convient impérativement de s'interroger sur la légalité de cette décision subséquente et sur l'opportunité de lever l'isolement. En revanche, si une ou des décisions intermédiaires sont intervenues sans être elles-mêmes contestées ou annulées, la décision de prolongation en cours ne peut être annulée sur le seul fondement de la décision illégale.

En outre, après avoir obtenu du tribunal administratif une décision d'annulation de la mesure d'isolement, l'intéressé peut introduire un recours en indemnisation, qui vise à faire reconnaître une faute de l'administration et à obtenir réparation du préjudice causé par cette faute. En d'autres termes, ce recours vise à obtenir l'indemnisation du temps passé à l'isolement.

V-3.2 *Référé administratif (procédure d'urgence)*

La loi pénitentiaire, dans son article 92, a réaffirmé la possibilité, pour une personne détenue placée à l'isolement, de saisir le juge de référé en application de l'article L. 521-2 du code de justice administrative. Le référé est une requête visant au prononcé de mesures provisoires, avant tout débat au fond sur la légalité d'un acte administratif. En matière d'isolement, le référé vise à obtenir du juge administratif qu'il suspende la mesure d'isolement en cours. Pour cela, il faut que l'urgence le justifie et qu'il existe un moyen propre à créer un doute sérieux quant à la légalité de la mesure *[L'urgence est caractérisée lorsqu'il est établi, notamment par des certificats médicaux, que la mesure d'isolement porte atteinte à l'intégrité physique et psychique de la personne détenue et que cette atteinte s'aggravait à mesure que l'isolement se prolongeait (CEDH, 9 juill. 2009, Khider ; CAA Paris, 5 juin 2008, Ghellam). A contrario, le recours à la procédure d'urgence n'implique pas que le référé aboutisse systématiquement (CE 10 févr. 2010, Carboni ; TA Limoges, 22 janv. 2010, El Shennawy ; TA Paris, 11 févr. 2009, Ferrara)]*.

La personne détenue placée à l'isolement qui obtient une telle décision doit immédiatement rejoindre la détention normale et un nouveau placement à l'isolement ne peut être décidé que sur le fondement d'éléments actualisés, circonstanciés et postérieurs à la suspension de l'isolement *[Un tribunal administratif a validé une nouvelle mesure d'isolement prise pour une personne détenue qui aurait dû sortir de l'isolement après annulation de sa mesure de placement mais dont le changement d'affectation s'imposait et qui a donc été replacé à l'isolement en attendant ce changement d'affectation (TA Paris, 17 nov. 2005, Bouabbas)]*.

Pour le calcul de la durée d'isolement et la détermination de l'autorité compétente pour prendre une telle mesure, il conviendra de tenir compte du temps effectivement passé par la personne détenue au quartier d'isolement, même si la mesure est suspendue ou annulée.

VI LE PLACEMENT À L'ISOLEMENT SUR DÉCISION DE L'AUTORITÉ JUDICIAIRE

Les dispositions spécifiques au sujet de l'isolement judiciaire seront détaillées par circulaire émise par la direction des affaires criminelles et des grâces. Le présent paragraphe ne vise qu'à donner une information générale sur les dispositions réglementaires d'application de l'article 93 V de la loi pénitentiaire, dans leurs aspects liés à la gestion de détention.

En application des articles R. 57-5-1 à R. 57-5-8 du CPP, la mise à l'isolement judiciaire peut être décidée à tout moment de la procédure d'information par le juge d'instruction ainsi que par le juge des libertés et de la détention lorsqu'il statue sur le placement en détention provisoire d'une personne ou sur la prolongation de cette détention.

L'isolement à l'initiative de l'administration et l'isolement à l'initiative de l'autorité judiciaire sont deux procédures soumises à un régime juridique distinct. Par conséquent l'administration pénitentiaire n'a pas à formaliser une décision judiciaire en la « doublant » d'une décision administrative. Pour la même raison, la durée de l'isolement judiciaire ne s'impute pas sur la durée de l'isolement administratif.

Il peut être mis fin à la mesure par les autorités judiciaires compétentes, selon les modalités prévues aux articles précités. Si le chef d'établissement estime que la mesure doit être levée, il transmet au magistrat concerné des éléments qui justifient de l'évolution de la situation de la personne détenue.

La personne placée à l'isolement judiciaire peut à tout moment demander la levée de cette mesure au juge d'instruction, et l'ordonnance afférente peut être contestée par la personne détenue selon les modalités prévues aux articles 148-6 et 148-7 du CPP. Ainsi, tous les documents relatifs à l'isolement judiciaire d'une personne détenue (ordonnances de placement à l'isolement judiciaire, de renouvellement de cette mesure ou de refus d'y mettre fin) doivent lui être notifiés et conservés dans la partie judiciaire du dossier individuel mentionné aux articles D. 155 à D. 158 du CPP.

Lorsque la personne détenue placée à l'isolement judiciaire est transférée, il n'est pas mis fin à la mesure d'isolement sauf décision contraire du magistrat.

Les personnes détenues soumises à l'isolement judiciaire sont soumises au régime de détention applicable à l'isolement administratif.

Enfin, il est précisé qu'une mesure d'interdiction temporaire de communiquer (art. D. 56, art. 145-4 du CPP) peut être prononcée par le magistrat saisi du dossier de la procédure à l'encontre d'une personne mise en examen placée en détention provisoire. Cette interdiction s'entend au sens de l'accès aux modes de communication de la personne détenue avec l'extérieur (correspondance écrite, correspondance téléphonique, visites de toutes natures). Cette mesure est compatible avec une affectation en détention ordinaire, et n'impose en aucun cas un placement au quartier d'isolement. Si le détenu doit être placé à l'isolement, la motivation de l'isolement administratif ne peut en aucun cas se réduire à l'interdiction de communiquer : des éléments de fait, nourris des échanges entre magistrat et chef d'établissement, doivent permettre de déterminer si les motifs liés à l'instruction sont suffisants pour motiver, le cas échéant, un isolement administratif (par mesure de protection ou de sécurité, à la demande de la personne détenue ou d'office).

Vous voudrez bien me rendre compte des difficultés que vous pourrez rencontrer dans l'application de la présente circulaire. Ces dispositions, compte tenu de leur impact sur le régime de détention des personnes détenues, doivent être relayées efficacement auprès des personnels. La sous-direction des personnes placées sous main de justice (bureau PMJ4) est à votre disposition pour vous apporter tous les éléments utiles à leur mise en œuvre.

VII. ANNEXES

Annexes non reproduites.

CHAPITRE IV SUIVI DE LA SITUATION PÉNALE ET ADMINISTRATIVE

Art. L. 214-1 Les services pénitentiaires constituent et tiennent à jour pour chaque personne détenue un dossier individuel comprenant des informations de nature pénale et pénitentiaire.

V. art. D. 214-6 s.

V. Circ. du 27 mars 2012 relative aux relations des personnes détenues avec leur défenseur (NOR : JUSK1140030C).

RÉP. PÉN. v[is] *Peine : exécution*, par Herzog-Evans ; *Prison - Organisation générale*, par Céré.

BIBL. ▸ Ouvrages : Duroché et Pédron, Droit pénitentiaire, *Vuibert, 4e éd. 2019, p. 142.* - OIP, Le guide du prisonnier, *La Découverte, coll. « Guides », 2021, p. 82.*

▸ Rapport : CGLPL, Rapport d'activités 2013, *Dalloz, p. 142.*

COMMENTAIRE

Différents documents comprenant des informations sur la personne détenue sont élaborés et tenus à jour dans le but de suivre sa situation pénale et administrative. Il en est ainsi, notamment, du dossier individuel (art. L. 214-1 à L. 214-3, D. 214-6 à D. 214-17) et de la fiche pénale (V. comm. ss. art. L. 214-4), mais de nombreux registres sont également tenus par le greffe pénitentiaire (art. D. 214-3).

I. LE CONTENU DU DOSSIER INDIVIDUEL

Les articles L. 214-1 et L. 214-2 du code pénitentiaire reprennent l'ancien article 724-1 du code de procédure pénale. Ces dispositions, complétées par les articles D. 214-6 à D. 214-17, sont relatives au dossier individuel de la personne détenue. Le greffe pénitentiaire doit en effet constituer et tenir à jour un dossier individuel pour chaque personne détenue qui comprend différentes informations de nature pénale et pénitentiaire (art. L. 214-1). Chaque dossier doit contenir une cote spéciale relatant des renseignements destinés à déterminer si la personne détenue présente un risque suicidaire (art. D. 214-6, al. 2). Par ailleurs, les documents relatifs aux relevés signalétiques et aux prélèvements effectués sur la personne détenue par les forces de l'ordre doivent être insérés dans ce dossier individuel (art. D. 214-7). Celui-ci suivra, le cas échéant, la personne détenue dans les différents établissements pénitentiaires où elle sera transférée (art. D. 214-6, al. 1er).

Lors de sa constitution, ce dossier individuel est plus ou moins fourni.

En ce sens, lorsque le temps de détention à exécuter par la personne condamnée est inférieur à deux ans, elle n'a pas à faire l'objet de la procédure d'orientation prévue à l'article D. 211-10 du présent code et le dossier individuel sera constitué de manière progressive, « au fur et à mesure de l'arrivée ou de la rédaction des pièces » la concernant (art. D. 214-15).

A l'inverse, si la personne condamnée a fait l'objet d'une procédure d'orientation conformément aux articles D. 211-10 et suivants du code pénitentiaire, le dossier individuel sera plus étoffé puisqu'il comprendra, dès sa constitution, quatre parties : une partie judiciaire (art. D. 214-11), une partie pénitentiaire (art. D. 214-12), une partie destinée aux membres du SPIP compétent auprès de l'établissement pénitentiaire (art. D. 214-13) et une partie « cote d'observation » (art. D. 214-14).

La partie judiciaire du dossier comprend non seulement l'extrait de la décision de condamnation, mais également la notice individuelle prévue à l'article D. 158 du code de procédure pénale. Cette notice, rédigée par le ministère public, contient de nombreux renseignements sur la personne condamnée tels que son état civil, « sa profession, sa situation de famille, ses moyens d'existence, son degré d'instruction, sa conduite habituelle, sa moralité et ses antécédents » (C. pr. pén., art. D. 158, al. 1er), mais encore l'exposé des faits à l'origine de la condamnation, la liste de ses éventuels complices ou co-auteurs ainsi que, le cas échéant, les interdictions de contact ou de paraître prononcées à son encontre (C. pr. pén., art. D. 158, al. 2 et 3). L'article D. 214-11 du code pénitentiaire prévoit enfin que la partie judiciaire de ce dossier comprend toutes pièces ou tous documents relatifs à l'exécution des peines. La partie pénitentiaire du dossier individuel, établie par le chef de l'établissement dans lequel la personne condamnée exécute sa peine, comprend, en plus de la cote spéciale susmentionnée relative à un éventuel risque suicidaire, tous les renseignements relatifs au comportement de la personne en détention, les décisions administratives adoptées à son égard, les sanctions disciplinaires éventuellement prononcées à son encontre ainsi que les mesures qui visent à encourager ses efforts de réinsertion (art. D. 214-13).

La partie destinée aux membres du SPIP compétent auprès de l'établissement pénitentiaire comprend, pour sa part, les éléments ou les documents qui sont recueillis par le personnel d'insertion et de probation ainsi que ceux qui leur ont été fournis. L'objectif de cette partie du dossier individuel est de permettre aux membres du SPIP de suivre l'évolution de la personne condamnée afin de « mieux individualiser sa situation pénale et la préparation de sa libération » (art. D. 214-13, al. 2). Les éléments contenus dans cette partie du dossier individuel peuvent être communiqués à l'autorité judiciaire qui en fait la demande lorsqu'il s'agit d'examiner la situation de la personne condamnée en commission d'application des peines, conformément à l'article D. 113-40 du code pénitentiaire.

Enfin, la cote d'observation, qui constitue la quatrième partie du dossier individuel, rassemble les pièces et les documents qui contiennent les résultats des enquêtes, des examens et des expertises effectués au cours de l'instruction, de la procédure d'orientation ou de l'exécution de la peine, relatifs à la personnalité de la personne condamnée mais aussi ceux relatifs à son état médical, psychiatrique ou psychologique, et à sa situation matérielle, familiale ou sociale (art. D. 214-14, al. 1er). Cette cote comprend également les avis formulés à l'égard de la personne condamnée, tels que les avis relatifs à l'affectation, et les rapports de synthèse de l'observation (art. D. 214-14, al. 2).

II. L'ACCÈS AU DOSSIER INDIVIDUEL

Le dossier individuel étant un document administratif, son accès est encadré par le code des relations entre le public et l'administration et, plus précisément, par les articles L. 300-1, L. 300-2 et L. 311-1 et suivants de ce code. Il résulte de ces dispositions qu'en principe la personne détenue qui en fait la demande peut avoir accès aux documents administratifs qui la concernent.

L'article L. 311-3 indique par ailleurs que « toute personne a le droit de connaître les informations contenues dans un document administratif dont les conclusions lui sont opposées ». En revanche, l'article L. 311-5 du code des relations entre le public et l'administration prévoit que les documents administratifs dont la consultation porterait atteinte, notamment, à la sûreté de l'État, à la sécurité publique, à la sécurité des personnes ou à la sécurité des systèmes d'information des administrations ne sont pas communicables. C'est sur ce fondement que l'accès à certaines pièces du dossier individuel de la personne détenue peut lui être refusé.

La commission d'accès aux documents administratifs (CADA) a rendu deux avis qui apportent des précisions à propos de l'accès de la personne détenue à son dossier individuel. Dans un premier avis du 8 novembre 2001, n° 20013648, la CADA a estimé que la partie pénitentiaire du dossier individuel, tout comme la partie destinée aux membres du SPIP et la cote d'observation doivent être regardées comme des documents communicables au sens de l'article 6, II, de la loi n° 78-753 du 17 juillet 1978 (devenu art. L. 311-6 CRPA). En revanche, elle a considéré que la partie judiciaire du dossier individuel ne relève pas du champ d'application de cette loi et s'est donc déclarée incompétente pour déterminer si la personne détenue pouvait y accéder.

L'avis rendu par la CADA le 17 mars 2005, n° 20051002, s'inscrit dans la même dynamique. En ce sens, la CADA a confirmé son incompétence pour statuer sur la communicabilité de la partie judiciaire du dossier individuel et a indiqué qu'il fallait distinguer les résultats d'enquêtes et d'expertises insérés dans la cote d'observation de ce dossier. Ainsi, lorsque ces enquêtes et expertises ont été réalisées au cours de l'information judiciaire, elles revêtent un caractère judiciaire et la CADA n'est donc pas compétente pour déterminer si la personne détenue peut accéder aux résultats insérés dans la cote d'observation. En revanche, lorsque ces enquêtes et expertises ont été effectuées au cours de l'exécution de la peine, les résultats sont des documents administratifs qui peuvent, en principe, être communiqués à la personne détenue qui en fait la demande.

Cette distinction entre les documents judiciaires contenus dans le dossier individuel et les documents administratifs est reprise au sein de la circulaire de la DAP du 27 mars 2012 relative aux relations des personnes détenues avec leur défenseur (NOR : JUSK1140030C, *BOMJ complémentaire du 17 avr. 2012*). La circulaire précise à ce titre que les documents judiciaires sont, en principe, non communicables, mais que « la personne détenue peut consulter au greffe [les pièces judiciaires] dont il a reçu copie au moment de leur notification (ordonnances du juge d'instruction, expertises, jugements de condamnation) » (Circ. préc., pt 1.4.2). Cette circulaire indique également que, s'il en fait la demande, l'avocat de la personne détenue pourra consulter, sous les mêmes réserves que celles applicables à la personne détenue, le dossier individuel dès lors que cette dernière aura donné son consentement à ce propos. Il pourra également obtenir une copie des documents mais devra s'affranchir des frais afférents (Circ. préc., pt 1.4.2). ❑

Art. L. 214-2 Les services pénitentiaires communiquent aux autorités administratives compétentes pour en connaître des informations relatives à l'identité de chaque personne détenue, à son lieu de détention, à sa situation pénale et à sa date de libération, dès lors que ces informations sont nécessaires à l'exercice des attributions desdites autorités.

Ils communiquent notamment aux services centraux ou déconcentrés du ministère de l'intérieur les informations de cette nature relative aux personnes détenues de nationalité étrangère faisant ou devant faire l'objet d'une mesure d'éloignement du territoire.

Art. L. 214-3 Conformément aux dispositions de l'article 774 du code de procédure pénale, le bulletin n° 1 du casier judiciaire peut être délivré :

1° Aux greffes des établissements pénitentiaires afin de compléter le dossier individuel de la personne détenue ;

2° Aux directeurs des services pénitentiaires d'insertion et de probation, afin de leur permettre d'individualiser les modalités de prise en charge des personnes condamnées et proposer notamment un aménagement de peine ou une libération sous contrainte.

Art. L. 214-4 Le greffe de l'établissement pénitentiaire informe chaque personne condamnée, lors de son placement sous écrou, des règles afférentes à la réduction de peine prévue, des critères d'appréciation et d'attribution de cette réduction ainsi que des possibilités de retrait de tout ou partie de cette réduction, conformément aux dispositions de l'article 721 du code de procédure pénale. – *C. pr. pén.*

Sur les formalités et les registres d'écrou, V. art. L. 212-6 à L. 212-8 et D. 212-6 à D. 212-13.

Sur la fiche pénale, V. Notes n° 000474 du 2 mai 2005 relative à la communication de la fiche pénale (non publiée au BOMJ) et du 18 mars 2022 sur le rappel des règles encadrant les modalités de délivrance de permis de communiquer et de communication de fiches pénales aux avocats (non publiée au BOMJ).

RÉP. PÉN. v° *Peine : exécution,* par HERZOG-EVANS.

BIBL. ▶ **Ouvrages :** BONIS et PELTIER, Droit de la peine, *LexisNexis, coll. « Manuel », 2019, n°s 1129 s.* – HERZOG-EVANS, Droit pénitentiaire 2020/2021, *Dalloz, coll. Dalloz action, 3e éd., 2019, n°s 2111.71 s.* – OIP, Le guide du prisonnier, *La Découverte, coll. « Guides », 2021, p. 778 s.*

▶ **Articles :** ANTIER, CRP : un anachronisme juridique, *Dr. pénal 2015. Étude 25.* – BONIS et PELTIER, Loi du 22 décembre 2021 : redonner confiance en l'exécution des peines, *Dr. pén. 2022. Étude 5.* – GRIFFON-YARZA, Nouveau régime, une grâce législative accordée aux seuls récidivistes, *Dr. pén. 2015. Étude 6* ; Personnes dépositaires de l'autorité publique victimes d'homicides ou de violences, *ibid. 2021. Étude 23.* – HERZOG-EVANS, Quantum du crédit de réduction de peine et « bug » juridique : après l'alinéa 1er de l'article 721... l'alinéa 2 ?, *AJ pénal 2005. 448* ; « Bug » juridique et crédits de réduction de peine (suite) : les hésitations de la jurisprudence, *ibid. 2006. 207.* – Lavielle, Nouveau régime des réductions de peine, *AJ pénal 2004. 320.* – Poncela, Peine et crédit. Loi du 9 mars 2004 : réduction de peine, fins de peine et autres aménagements, *RSC 2004. 955.* – Stasiak, De l'art d'interpréter la loi : l'article 721, alinéa 1er, *AJ pénal 2006. 210.*

COMMENTAIRE

Si le greffe pénitentiaire doit gérer le registre d'écrou, il est également tenu de réaliser et de tenir à jour la fiche pénale de chaque personne détenue. Aucun texte du code pénitentiaire ni du code de procédure pénale ne concerne spécifiquement la nature et le régime juridiques de la fiche pénale, même si quelques dispositions la mentionnent (C. pénit., art. D. 214-30, R. 240-3 et D. 543-2 ; C. pr. pén., art. D. 116-2 et D. 147-2).

La fiche pénale indique la situation pénale de la personne détenue et comporte cinq parties distinctes (sur ces éléments, V. Herzog-Evans, Droit pénitentiaire 2020/2021, *Dalloz, coll. « Dalloz action », 3e éd., 2019, n° 2111.41* ; OIP, Le guide du prisonnier, *La Découverte, coll. « Guides », 2021*). Le volet n° 5 de la fiche pénale comprend les différents évènements qui affectent le déroulement de la détention et qui sont susceptibles d'influer sur la date prévisible de libération de la personne détenue. Apparaissent notamment dans la partie 5 de la fiche pénale les titres de détention, les décisions judiciaires qui modifient la durée de l'incarcération telles que les décisions octroyant ou retirant une réduction de peine, celles accordant une confusion de peines, etc. Lorsque les textes se réfèrent à la « fiche pénale synthétique » (art. R. 240-3), il s'agit plus concrètement du seul volet n° 5 de la fiche pénale (OIP, Le guide du prisonnier, *op. cit.*). La fiche pénale précise la date prévisible de libération de la personne détenue et cette date est mise à jour dès lors que la situation de la personne détenue évolue à ce propos et que les informations qui sont relatives à cette évolution ont été communiquées au greffe. Le Conseil d'État a eu l'occasion de préciser, dans un arrêt du 20 avril 2005 (n° 265326), que la fiche pénale est un document administratif communicable au sens de l'article L. 311-1 du CRPA (art. 2 de la L. du 17 juill. 1978 au moment de l'arrêt). Dès lors, comme l'indique la circulaire de la DAP du 27 mars 2012 relative aux relations des personnes détenues avec leur défenseur, « il convient de faire droit à la demande d'une personne détenue ou de son avocat d'obtenir communication de la fiche pénale » (pt 1.4.2). L'article L. 214-4 du présent code, tout comme l'alinéa 11 de l'article 721 du code de procédure pénale, prévoient que le greffe pénitentiaire est tenu d'informer la personne condamnée des règles entourant l'octroi et le retrait de la réduction de peine lors de son placement sous écrou. En pratique, le greffe communique également à cette occasion un formulaire à la personne condamnée indiquant la date prévisible de sa libération (OIP, Le guide du prisonnier, *op. cit.* ; Circ. de la DACG et de la DAP du 3 nov. 2022, NOR : JUSD2231353C, *p. 6*). Ce document est généré par le traitement automatisé de données à caractère personnel GENESIS (gestion nationale des personnes détenues en établissement pénitentiaire. Sur ce dernier, V. art. R. 240-1 s.). ❑

Art. L. 214-5 Une réduction de peine peut être accordée aux personnes condamnées qui ont donné des preuves suffisantes de bonne conduite et qui ont manifesté des efforts sérieux de réinsertion au cours de leur période de détention, dans les conditions prévues par les dispositions de l'article 721 du code de procédure pénale. – *C. pr. pén.*

Conformément au VI de l'art. 59 de la L. n° 2021-1729 du 22 déc. 2021, ces dispositions sont applicables aux personnes placées sous écrou à compter du 1er janv. 2023, quelle que soit la date de commission de l'infraction. Les personnes placées sous écrou avant cette date demeurent soumises au régime défini aux art. 717-1, 721, 721-1, 721-1-1, 721-2 et 729-1 C. pr. pén. dans leur rédaction antérieure à ladite loi.

V. Circ. du 3 nov. 2022 relative aux dispositions procédurales concernant les réductions de peine, le suivi post-peine et la libération sous contrainte résultant de la L. n° 2021-1729 du 22 déc. 2021 pour la confiance dans l'institution judiciaire, du Décr. n° 2022-546 du 13 avr. 2022 portant application de diverses dispositions de procédure pénale de la L. n° 2021-1729 du 22 déc. 2021 pour la confiance dans l'institution judiciaire et du Décr. n° 2022-1261 du 28 sept. 2022 relatif à la libération sous contrainte de plein droit et aux réductions de peines, et ses annexes (NOR : JUSD2231353C, BOMJ 3 nov.).

BIBL. ▸ **Articles :** Daoud, Loi pour la confiance dans l'institution judiciaire : dispositions relatives à la procédure de jugement et à l'exécution des peines, *D. actu. 1er févr. 2022.* – Dejean de la Bâtie, Réformer les détenus plutôt que la prison : les apports de la loi pour la confiance dans l'institution judiciaire en droit de la peine, *Gaz. Pal. 8 févr. 2022, p. 12*. – Falxa, La confiance dans la durée de la peine, la quadrature du siècle, *Gaz. Pal. 22 févr. 2022, p. 74*. – Giacopelli, Confiance dans l'institution judiciaire : les principaux volets de la loi en droit de l'exécution des peines, *Procédures 2022. Dossier 5* ; Pour la confiance dans l'institution judiciaire en droit de l'exécution des peines. Beaucoup de bruit..., *JCP 2022. 88*. – Monnery et Bouvier, Loi confiance, le volet « exécution des peines », *AJ pénal 2022. 70*. – Noël, Réforme des réductions de peine : une loi plus douce ou plus sévère ?, *AJ pénal 2023. 77*.

COMMENTAIRE

La loi n° 2021-1729 du 22 décembre 2021 pour la confiance dans l'institution judiciaire a procédé à d'importantes modifications en matière de réductions de peine. Elle a ainsi supprimé les anciens crédits de réduction de peine et les réductions supplémentaires de peine pour introduire la réduction de peine. Les articles 721 et 721-1 du code de procédure pénale ont donc été intégralement réécrits en ce sens. Toutefois, l'application dans le temps de ces nouvelles dispositions implique de ne pas se désintéresser des anciennes réductions de peine et des anciennes dispositions, désormais abrogées, qui leur sont relatives.

Afin de garantir l'application d'un seul régime de réduction de peine à l'égard d'une personne, le VI de l'article 59 de la loi pour la confiance dans l'institution judiciaire a prévu que la nouvelle réduction de peine ne s'applique qu'à l'égard des personnes placées sous écrou pour l'exécution d'une peine à partir du 1er janvier 2023. Autrement dit, si une personne a été placée sous écrou pour l'exécution d'une peine avant le 1er janvier 2023, cette personne continuera, après cette date, de bénéficier des crédits de réduction de peine et, le cas échéant, de la réduction supplémentaire de peine. En ce cas, même si de nouvelles condamnations ont été portées à l'écrou après le 31 décembre 2022, cette personne continuera de se voir attribuer des crédits de réduction de peine et éventuellement des réductions supplémentaires de peine.

En revanche, dès lors qu'une personne a été placée sous écrou pour l'exécution d'une peine à partir du 1er janvier 2023, elle ne pourra plus bénéficier ni des crédits de réduction de peine, ni de la réduction supplémentaire de peine. Seule la nouvelle réduction de peine consacrée par la loi du 22 décembre 2021 pourra lui être accordée, si les conditions sont remplies et que le juge de l'application des peines lui en attribue le bénéfice. Il en sera ainsi même si, dans le cadre de la même procédure pénale, la personne avait été placée en détention provisoire avant le 1er janvier 2023 puisque, alors, elle n'avait pas été placée sous écrou pour l'exécution d'une peine. Il faudra néanmoins s'assurer que la personne concernée n'était pas également détenue pour une autre cause et qu'elle n'avait pas été placée sous écrou pour l'exécution d'une peine à la suite d'une précédente condamnation.

La circulaire de la DACG et de la DAP du 3 novembre 2022 éclaircit l'application dans le temps du nouveau dispositif et contient des annexes qui reprennent, sous forme de tableaux, les différentes situations dans lesquelles la nouvelle réduction de peine s'applique ainsi que celles dans lesquelles la personne continuera de bénéficier des crédits de réduction de peine et de réductions supplémentaires de peine.

I. CRÉDITS DE RÉDUCTION DE PEINE ET RÉDUCTIONS SUPPLÉMENTAIRES DE PEINE

A. LES RÈGLES DE DROIT COMMUN

Sous réserve des dispositions de droit transitoire précédemment évoquées et en vertu de l'ancien article 721, alinéa 1er, du code de procédure pénale, les personnes condamnées pour des infractions de droit commun bénéficient automatiquement d'un crédit de réduction de peine calculé sur la durée de la peine privative de liberté prononcée. Concrètement, trois mois sont accordés pour la première année, deux mois pour les années suivantes et sept jours par mois sont octroyés lorsqu'il s'agit d'une peine ou d'une partie de peine inférieure à un an.

Sous la même réserve et en vertu de l'ancien article 721-1, alinéa 1er, du code de procédure pénale, les personnes condamnées pour des infractions de droit commun peuvent demander une réduction supplémentaire de peine sous réserve de manifester des efforts sérieux de réadaptation sociale. Le texte indique quels sont les éléments qui peuvent être pris en compte à ce titre, tels que le fait de réussir un examen scolaire, universitaire ou professionnel, de s'investir dans l'apprentissage de la lecture, de l'écriture ou du calcul, de participer à des activités culturelles, de suivre une thérapie destinée à limiter les risques de récidive ou d'indemniser les victimes de l'infraction. La réduction supplémentaire de peine est accordée par le JAP et s'élève à trois mois par année d'incarcération ou à sept jours lorsque la durée de l'incarcération restant à subir est inférieure à un an (C. pr. pén., anc. art. 721-1, al. 2). Conformément aux articles 712-4 et 712-5 du code de procédure pénale, le juge de l'application des peines (JAP) peut se saisir d'office ou être saisi par la personne condamnée ou le procureur de la République, mais il ne peut, sauf urgence, rendre son ordonnance motivée qu'après avoir recueilli l'avis de la commission de l'application des peines.

B. LES RÈGLES PARTICULIÈRES

Des règles particulières avaient été consacrées progressivement en matière de réductions de peine. Ces règles peuvent s'appliquer aux personnes condamnées pour certaines infractions spécifiques ou dans certaines situations spécifiques.

Infractions terroristes. Ainsi, l'article 721-1-1 du code de procédure pénale, dans sa rédaction antérieure à la loi du 22 décembre 2021, indique que les personnes condamnées à une peine privative de liberté à la suite de la commission d'une infraction terroriste ne bénéficient pas des crédits de réduction de peine mais que la réduction supplémentaire de peine leur est toutefois accessible si les conditions sont remplies. Plus précisément, la personne doit avoir été condamnée sur le fondement des infractions consacrées aux articles 421-1 à 421-6 du code pénal (à l'exclusion de celles qui relèvent des art. 421-2-5 à 421-2-5-2 C. pén.).

Infractions commises sur une personne dépositaire de l'autorité publique. Un autre régime dérogatoire avait été consacré à l'article 721-1-2 du code de procédure pénale, pour les personnes condamnées sur le fondement de certaines infractions listées, telles que l'assassinat ou les tortures et actes de barbarie, « lorsque ces infractions ont été commises au préjudice d'une personne investie d'un mandat électif public, d'un magistrat, d'un militaire de la gendarmerie nationale, d'un militaire déployé sur le territoire national dans le cadre des réquisitions prévues à l'article L. 1321-1 du code de la défense, d'un fonctionnaire de la police nationale, des douanes ou de l'administration pénitentiaire, d'un agent de police municipale, d'un sapeur-pompier professionnel ou volontaire ou de toute autre personne dépositaire de l'autorité publique ». L'alinéa 1er de l'article 721-1-2 du code de procédure pénale prévoit ainsi, dans sa rédaction antérieure à la loi du 22 décembre 2021, que les personnes concernées ne peuvent pas bénéficier d'un crédit de réduction de peine mais que la réduction supplémentaire de peine leur est accessible. Par ailleurs, une autre réduction de peine peut leur être accordée sous réserve d'apporter « des preuves suffisantes de bonne conduite » (C. pr. pén., anc. art. 721-1-2, al. 2). Cette réduction de peine *ad hoc* pourra être prononcée par le juge de l'application des peines après avis de la commission de l'application des peines et s'élève, au maximum, à un mois pour la première année d'incarcération, trois semaines pour les années suivantes et sept jours par trimestre lorsque le reliquat de peine restant à subir est inférieur à un an (C. pr. pén., anc. art. 721-1-2, al. 3). Ce régime dérogatoire a été introduit par la loi n° 2021-646 du 25 mai 2021 pour une sécurité globale préservant les libertés qui est entrée en vigueur le 27 mai 2021. Ce régime dérogatoire, qui touche au régime d'exécution et d'application des peines, aggrave la peine privative de liberté exécutée puisque les crédits de réduction de peine ne sont pas applicables. Dès lors, en application de l'article 112-2, 3°, du code pénal, seules des personnes condamnées pour des faits commis à partir du 27 mai 2021 peuvent être soumis à ce régime dérogatoire et sous réserve qu'elles aient été placées sous écrou pour l'exécution d'une peine avant le 1er janvier 2023.

Situations spécifiques. L'alinéa 1er de l'article 721-1 du code de procédure pénale, dans sa rédaction antérieure à la loi du 22 décembre 2021, prévoit deux cas dans lesquels, sauf décision contraire du JAP, la réduction supplémentaire de peine ne peut pas être octroyée à une personne condamnée :

– lorsque la personne a été condamnée pour un crime ou un délit pour lequel le suivi sociojudiciaire est encouru et qu'elle refuse de suivre le traitement qui lui est proposé par le JAP au cours de son incarcération ou qu'elle ne le suit pas de manière régulière ;

– lorsque la personne a été condamnée pour une infraction commise alors qu'un trouble psychique ou neuropsychique avait altéré son discernement ou le contrôle de ses actes et qu'elle refuse de suivre les soins qui lui sont proposés.

En revanche, les crédits de réduction de peine « ordinaire » sont accordés aux personnes ainsi concernées.

II. NOUVELLE RÉDUCTION DE PEINE

A. LES RÈGLES DE DROIT COMMUN

L'article L. 214-5 du code pénitentiaire se réfère uniquement à la nouvelle réduction de peine qui résulte de la loi du 22 décembre 2021 et qui est aujourd'hui consacrée au sein de l'article 721 du code de procédure pénale. En vertu de ces dispositions, la personne placée sous écrou pour l'exécution d'une peine à partir du 1er janvier 2023 pourra bénéficier de cette nouvelle réduction de peine si elle donne « des preuves suffisantes de bonne conduite » et qu'elle manifeste « des efforts sérieux de réinsertion ». La réduction de peine, qui s'élève au maximum à « six mois par année d'incarcération et quatorze jours par mois pour une durée d'incarcération inférieure à un an », n'est donc pas octroyée de manière automatique mais doit être prononcée par le JAP après avis de la commission de l'application des peines. A cette fin, la situation de chaque personne condamnée est examinée au moins une fois par an (C. pr. pén., art. 721, al. 6).

L'article 721 du code de procédure pénale indique les éléments qui peuvent être pris en compte à ce propos. Ainsi, d'après l'alinéa 3, « les preuves suffisantes de bonne conduite » sont appréciées au regard, notamment, de l'absence d'incident en détention, du respect du règlement intérieur de l'établissement, du comportement avec le personnel pénitentiaire ou avec les autres personnes détenues, etc.

L'alinéa 4 du texte indique quant à lui que, pour apprécier les efforts sérieux de réinsertion, il pourra être tenu compte, notamment, du suivi assidu d'une formation scolaire, universitaire ou professionnelle, des progrès dans le cadre d'un enseignement ou d'une formation, de la participation à des activités culturelles telles que la lecture, etc.

Cette réforme peut *a priori* sembler intéressante en ce qu'elle soumet l'octroi d'une mesure favorable à une évolution positive de la personne condamnée. Néanmoins, comme l'avait relevé Mme Morineau, avocate et présidente de l'association pour la défense des droits des détenus, « on va demander aux JAP de statuer sur l'intégralité des crédits, à moyens constants, et sans que les offres d'accès aux activités, aux soins, au travail soient suffisantes » (Prisons : « sidération » après l'annonce « surprise » d'une suppression des remises automatiques de peines, *Huffington Post 3 mars 2021*).

B. LES RÈGLES PARTICULIÈRES

Des règles particulières, dérogatoires au droit commun, applicables à certaines personnes condamnées en matière de réduction de peine, ont été consacrées par la loi du 22 décembre 2021. On retrouve une certaine continuité des régimes spécifiques introduits avant l'entrée en vigueur de cette loi.

Infractions terroristes. L'article 721-1-1 du code de procédure pénale a été réécrit mais consacre toujours un régime dérogatoire à l'égard des personnes condamnées pour certaines infractions terroristes. En ce sens, le quantum de réduction de peine pouvant leur être accordé, si les conditions sont remplies, s'élève à trois mois par année d'incarcération et sept jours par mois pour une durée d'incarcération inférieure à un an. Dès lors que la personne aura été condamnée sur le fondement des infractions consacrées aux articles 421-1 à 421-6 du code pénal, à l'exclusion de celles qui relèvent des articles 421-2-5 à 421-2-5-2 du code pénal, elle ne pourra bénéficier, au maximum, que d'une réduction de peine qui s'élève au maximum à la moitié de ce qui est prévu par le droit commun.

Infractions commises contre une personne dépositaire de l'autorité publique. Dans la même perspective, l'article 721-1-2 du code de procédure pénale a également été réécrit, mais consacre toujours un régime dérogatoire pour les personnes condamnées sur le fondement de certaines infractions « lorsque ces infractions ont été commises au préjudice d'une personne investie d'un mandat électif public, d'un magistrat, d'un militaire de la gendarmerie nationale, d'un militaire déployé sur le territoire national dans le cadre des réquisitions prévues à l'article L. 1321-1 du code de la défense, d'un fonctionnaire de la police nationale, des douanes ou de l'administration pénitentiaire, d'un agent de police municipale, d'un sapeur-pompier professionnel ou volontaire ou de toute autre personne dépositaire de l'autorité publique ». La liste des infractions concernées a par ailleurs été étendue, non seulement par la loi du 22 décembre 2021, mais également par la loi n° 2022-52 du 24 janvier 2022 relative à la responsabilité pénale et à la sécurité intérieure. Le cas échéant, il faudra donc être attentif à la date de commission des faits pour déterminer si ce régime dérogatoire de réduction de peine est susceptible de s'appliquer à la personne condamnée, conformément aux dispositions de l'article 112-2, 3°, du code pénal. Concrètement, la loi du 22 décembre 2021 prévoit que la nouvelle réduction de peine pourra s'appliquer aux personnes concernées mais limite le quantum qui pourra lui être accordé. Si la personne a été condamnée pour un crime, la réduction de peine s'élèvera au maximum à trois mois par année d'incarcération et sept jours par mois pour une durée d'incarcération inférieure à un an. Si la personne a été condamnée pour un délit, la réduction de peine s'élèvera au maximum à quatre mois par année d'incarcération et neuf jours par mois pour une durée d'incarcération inférieure à un an.

Situations spécifiques. Enfin, l'alinéa 8 de l'article 721 du code de procédure pénale consacre un régime dérogatoire applicable :

– aux personnes condamnées pour une infraction pour laquelle le suivi socio-judiciaire est encouru qui ne suivent pas le traitement proposé par le JAP ;

– aux personnes condamnées pour une infraction commise alors qu'un trouble psychique ou neuropsychique avait altéré son discernement ou le contrôle de ses actes et qu'elle refuse de suivre les soins qui lui sont proposés.

Dans l'une ou l'autre de ces hypothèses, la loi du 22 décembre 2021 prévoit que la nouvelle réduction de peine pourra s'appliquer aux personnes concernées mais limite le quantum qui pourra leur être accordé et qui s'élèvera, sauf décision contraire du JAP, à trois mois par année d'incarcération et sept jours par mois pour une durée d'incarcération inférieure à un an.

Par ailleurs, il convient de relever qu'en ce qui concerne la première hypothèse la rédaction a été légèrement modifiée. L'ancien article 721-1 du code de procédure prévoyait que le régime dérogatoire pouvait s'appliquer non seulement lorsque la personne « refuse de suivre » le traitement proposé mais également lorsqu'elle ne le « suit pas de façon régulière », alors que l'alinéa 8 de l'article 721 du même code envisage uniquement le cas où la personne condamnée « ne suit pas le traitement » proposé. Dès lors, est-ce que le fait de ne pas suivre régulièrement le traitement demeure une situation comprise dans l'expression plus générique mobilisée dorénavant par le législateur ? ❑

1. Crédit de réduction de peine et délinquant primaire. La formule « et de sept jours » issue de la L. n° 2004-204, à l'al. 1er de l'art. 721 C. pr. pén., ne peut s'appliquer qu'aux condamnés à une peine de moins d'un an ou, pour les peines supérieures à un an, à la partie de peine inférieure à une année pleine. • Cass., avis, 3 avr. 2006, n° 06-00.001 P. ♦ Le crédit de réduction de peine de sept jours par mois s'applique aux seules peines de moins d'un an ou pour la partie de peine inférieure à une année pleine. • Crim. 21 févr. 2007, n° 06-83.089 : *D. 2008. 1015, obs. Herzog-Evans*. ♦ Il ressort des dispositions de l'art. 721, éclairées par les travaux préparatoires de la L. du 4 mars 2004 dont elles sont issues, que le législateur a entendu appliquer la réduction de sept jours par mois aux peines de moins d'un an ou à la partie de la peine restant à subir inférieure à une année pleine, dans la limite de deux mois par année autre que la première année d'incarcération. • CE 19 déc. 2007, n° 288527 : *AJ pénal 2008. 150, obs. Péchillon*.

2. Crédit de réduction de peine et récidiviste. Pour les récidivistes, le temps d'épreuve nécessaire à l'octroi de la libération conditionnelle doit être calculé par référence au crédit de réduction de peine qui serait calculé pour un délinquant primaire. • Crim. 28 avr. 2011, n° 10-88.890 P : *D. actu. 16 juin 2011, obs. Léna ; D. 2011. Actu. 2823 ; AJ pénal 2011. 604, obs. Herzog-Evans*. ♦ Selon l'art. 41 de la L. n° 2005-1549 du 12 déc. 2005, quelle que soit la date de commission des faits ayant donné lieu à condamnation, les dispositions de l'art. 721, al. 2, C. pr. pén., dans leur rédaction issue de ladite loi, qui fixent le mode de calcul du crédit de réduction de peine applicable au condamné récidiviste, sont immédiatement applicables aux condamnations mises à exécution après le 13 déc. 2005, date de l'entrée en vigueur de cette même loi. Ces dispositions constituent une exception aux prescriptions de l'art. 112-2, 3°, C. pén. relatives à l'application dans le temps des lois fixant le régime d'exécution et d'application des peines et celles de l'art. 7, § 1, Conv. EDH, qui énoncent les principes de légalité des délits et des peines et de non-rétroactivité de la loi pénale plus sévère, ne leur sont pas applicables. • Crim. 9 avr. 2008, n° 07-88.159 P : *D. 2008. 1556, obs. Léna ; ibid. 2009. 123, chron. Roujou de Boubée ; AJ pénal 2008. 370, note Herzog-Evans .*

3. Compétence. Il résulte de l'art. 721 C. pr. pén. et de ses modalités d'application (art. D. 115) que le calcul et l'application du crédit de réduction de peine relèvent exclusivement de la compétence du procureur de la République. La requête d'un détenu auprès du tribunal de l'application des peines, tendant à contester le décompte de crédit de réduction de peine, doit en conséquence être déclarée irrecevable. La juridiction pénale est seule à même de trancher un contentieux relatif à l'exécution de la peine, conformément à l'art. 710. • Crim. 31 oct. 2006, n° 06-81.156 : *RSC 2007. 357, obs. Poncela .*

Art. L. 214-6 En cas de mauvaise conduite d'une personne condamnée en détention, le chef de l'établissement pénitentiaire peut saisir le juge de l'application des peines aux fins de retrait de la réduction de peine, dans les conditions prévues par les dispositions de l'article 721 du code de procédure pénale. – *C. pr. pén.*

BIBL. ▶ **Article :** Poinsignon, Retrait de crédit de réduction de peines par le JAP : mode(s) d'emploi(s), *AJ pénal 2013. 28* .

COMMENTAIRE

Avant l'adoption de la loi du 22 décembre 2021, l'article 721 du code de procédure pénale prévoyait déjà la possibilité, pour le juge de l'application des peines (JAP), de retirer tout ou partie du crédit de réduction de peine. La loi pour la confiance dans l'institution judiciaire maintient une telle possibilité à propos de la nouvelle réduction de peine. Néanmoins, ici encore, l'ancienne procédure ne doit pas être occultée dès lors qu'elle demeure applicable aux personnes qui ont été placées sous écrou pour l'exécution d'une peine avant le 1er janvier 2023 (L. du 22 déc. 2021, art. 59-VI ; Décr. n° 2022-1261 du 28 sept. 2022 relatif à la libération sous contrainte de plein droit et aux réductions de peine, art. 13-III).

I. LE RETRAIT DU CRÉDIT DE RÉDUCTION DE PEINE

L'alinéa 2 de l'article 721 du code de procédure pénale, dans sa rédaction antérieure à la loi du 22 décembre 2021, prévoit différentes hypothèses dans lesquelles le JAP peut ordonner le retrait du crédit de réduction de peine.

Il en est ainsi :
– en cas de mauvaise conduite en détention de la personne condamnée ;
– lorsque la personne a été condamnée pour meurtre, assassinat, torture ou actes de barbarie, viol, agression sexuelle ou atteinte sexuelle, commis sur un mineur ou à l'encontre de son conjoint, de son concubin ou de son partenaire et qu'elle refuse de suivre, pendant son incarcération, le traitement qui lui est proposé par le JAP, sur avis médical ;
– lorsque la personne condamnée ne suit pas de manière régulière le traitement qui lui a été proposé ;
– lorsque la personne, condamnée pour une infraction commise alors qu'un trouble psychique ou neuropsychique avait altéré son discernement ou le contrôle de ses actes, refuse de suivre les soins qui lui sont proposés.

Dans ces hypothèses, le juge de l'application peut retirer tout ou partie du crédit de réduction de peine. Pour ce faire, il doit avoir été saisi par le procureur de la République ou par le chef de l'établissement pénitentiaire et doit rendre une ordonnance motivée après avoir recueilli l'avis de la commission de l'application des peines (C. pr. pén., art. 712-4 et 712-5.). Cette ordonnance doit nécessairement être adoptée dans le « délai d'un an à compter de la date du dernier événement caractérisant la mauvaise conduite » de la personne condamnée (C. pr. pén., anc. art. D. 115-9). En revanche, aucun débat contradictoire n'est prévu et il n'est pas davantage requis de contradictoire écrit par communication des observations des parties.

Par ailleurs, l'alinéa 3 de l'article 721 du code de procédure pénale, dans sa rédaction antérieure à la loi du 22 décembre 2021, prévoit que la juridiction de jugement peut également, dans certaines circonstances, retirer tout ou partie des crédits de réduction de peine accordés à la personne condamnée. Ainsi, en cas de condamnation pour un crime ou un délit volontaire commis à l'occasion d'une permission de sortir, la juridiction peut décider que le condamné perdra le bénéfice des réductions de peine qui lui ont été accordées antérieurement (C. pr. pén., art. 723-5). Par ailleurs, si, après sa libération, une nouvelle condamnation à une peine privative de liberté est prononcée à l'encontre de la personne pendant la période correspondant à la durée des crédits de réduction de peine octroyés, la juridiction de jugement peut ordonner le retrait total ou partiel de cette réduction de peine et la mise à exécution de l'emprisonnement correspondant. Cette hypothèse de retrait n'est pas reprise par le nouveau dispositif résultant de la loi pour la confiance dans l'institution judiciaire.

II. LE RETRAIT DE LA NOUVELLE RÉDUCTION DE PEINE

Si la réduction de peine résultant de la loi du 22 décembre 2021 peut être accordée par le JAP, ce dernier est également compétent pour en prononcer le retrait. L'article L. 214-6 du code pénitentiaire l'indique expressément, tout comme l'alinéa 10 de l'article 721 du code de procédure pénale. D'après cette dernière disposition, le JAP pourra rapporter tout ou partie de la réduction de peine dans l'année qui suit son octroi en cas de mauvaise conduite de la personne condamnée. Cette mauvaise conduite peut s'être matérialisée au sein de l'établissement pénitentiaire mais également « pendant l'exécution d'une peine privative de liberté accomplie sous le régime de la semi-liberté, du placement à l'extérieur ou de la détention à domicile sous surveillance électronique » (C. pr. pén., art. D. 116-4). Les autres hypothèses prévues par l'ancien alinéa 2 de l'article 721 du code de procédure pénale, qui permettaient de retirer le crédit de réduction de peine, ne sont donc pas reprises au sein du nouveau dispositif qui n'envisage que la mauvaise conduite de la personne condamnée. Dans le même sens, la possibilité qui était auparavant consacrée par l'ancien alinéa 3 de ce texte, qui permettait à la juridiction de jugement de retirer les crédits de réduction de peine dans certaines circonstances, n'est pas reprise. Toutefois, l'article 723-5 du code de procédure pénale n'ayant pas été modifié par la loi du 22 décembre 2021, la juridiction de jugement demeure compétente pour retirer le bénéfice des réductions de peine lorsqu'elle prononce la condamnation d'une personne ayant commis un crime ou un délit volontaire à l'occasion d'une permission de sortir.

Pour retirer tout ou partie de la nouvelle réduction de peine, le JAP pourra avoir été saisi par le chef de l'établissement pénitentiaire ou par le procureur de la République mais il pourra également désormais se saisir d'office. Le JAP devra adopter une ordonnance motivée après avoir reçu l'avis de la commission de l'application des peines. La loi pour la confiance dans l'institution judiciaire a, par ailleurs, consacré d'importantes garanties procédurales en la matière. En effet, la personne condamnée a désormais la possibilité de faire valoir ses observations elle-même ou par l'intermédiaire de son avocat. Dix jours avant la date à laquelle la commission de l'application des peines doit examiner la question du retrait éventuel de la réduction de peine, la personne condamnée doit en être avisée et être informée de sa possibilité d'adresser elle-même ou par l'intermédiaire de son avocat des observations écrites à la commission (C. pr. pén., art. D. 116-6, al. 1er et 2). Par ailleurs, différents documents sont communiqués à la personne condamnée afin de lui permettre de préparer au mieux sa défense (C. pr. pén., art. D. 116-6, al. 2 à 5). Une procédure d'urgence est également prévue et maintient la possibilité pour la personne condamnée de présenter des observations (C. pr. pén., art. D. 116-6, al. 7). ❑

1. *Nature du retrait de crédit de réduction de peine.* Les mesures de réduction de peine ne pouvant être assimilées à une sanction ou à une peine, elles ne sont pas soumises au principe de non-rétroactivité, et la QPC portant sur l'application immédiate de l'al. 2 de l'art. 721, dans sa rédaction issue de la L. n° 2005-1459 du 12 déc. 2005, ne présente pas, dès lors, un caractère sérieux. • Crim. 12 déc. 2012, n° 12-90.060 QPC : *Dr. pén. 2013. 51, obs. Bonis-Garçon.* ♦ Le retrait d'un crédit de réduction de peine en cas de mauvaise conduite du condamné a pour conséquence que le condamné exécute totalement ou partiellement la peine telle qu'elle a été prononcée par la juridiction de jugement et ne constitue donc ni une peine ni une sanction ayant le caractère d'une punition. • Cons. const. 11 juill. 2014, n° 2014-408 DC : *D. actu. 1er août 2014, obs. Margaine ; AJ pénal 2014. 545, obs. Herzog-Evans ; Dr. pénal 2014. 134, obs. Bonis-Garçon ; Procédures 2014. Comm. 280 par Buisson.* ♦ Le retrait d'un crédit de réduction de peine, en cas de mauvaise conduite du condamné en détention, constitue la suppression d'un avantage accordé à titre précaire et n'entraîne, pour l'intéressé, aucune privation de liberté distincte de la peine en cours d'exécution. • Crim. 15 avr. 2015, n° 14-80.417 P : *AJ pénal 2015. 444, obs. Falxa ; D. 2015. 1395, chron. Laurent ; ibid. 2465, chron. Ginestet ; Dr. pén. 2015. Comm. 104 par Bonis-Garçon.*

2. Principe de légalité et notion de mauvaise conduite. Les dispositions de l'art. 721 C. pr. pén., qui constituent le fondement des art. D. 115-7 à D. 115-12 [devenus art. D. 116-4 à D. 116-7 avec modifications], définissent de façon suffisamment claire et précise la mauvaise conduite du détenu, qui est susceptible de justifier le retrait du bénéfice d'un crédit de réduction de peine. Par suite, le moyen tiré de ce que ces dispositions méconnaîtraient le principe de légalité des délits et des peines, garanti par les stipulations de l'art. 7, § 1, Conv. EDH, doit être rejeté. • CE 18 févr. 2015, n° 375765 : *D. actu. 11 mars 2015, obs. Léna ; D. 2015. 1122, chron. Céré ; AJ pénal 2015. 195, note Herzog-Evans et Péchillon .*

3. Conv. EDH, art. 6 et 13 : procès équitable et retrait du crédit de réduction de peine. En retirant vingt-cinq jours de crédit de réduction de peine pour avoir insulté le personnel et détenu des objets prohibés par la loi en détention, le président de la CHAP a bien caractérisé, au sens de l'art. 721, al. 3, C. pr. pén., la mauvaise conduite du condamné et justifié sa décision de supprimer un avantage que le condamné ne pouvait espérer conserver malgré son mauvais comportement, et qui n'entraîne, pour celui-ci, aucune privation de liberté distincte de la peine en cours d'exécution, sans méconnaître les art. 6 et 13 Conv. EDH. En effet, d'une part, le crédit de réduction de peine est inscrit à l'écrou, en début d'exécution de cette peine, à titre précaire, sous condition pour le condamné, qui en est informé, d'observer la bonne conduite nécessaire au fonctionnement normal de l'établissement carcéral ; d'autre part, le retrait, total ou partiel, de ce crédit est décidé par un juge, qui n'est pas lié par la décision disciplinaire prise par l'administration pénitentiaire, et dont l'ordonnance est susceptible d'appel, la décision du président de la CHAP pouvant ensuite faire l'objet d'un pourvoi en cassation, de sorte que sont pleinement assurés l'exercice des droits de la défense et l'équité de la procédure. • Crim. 15 avr. 2015, n° 14-80.417 P : *préc. note 1.* ♦ Eu égard à leurs conséquences pour la durée de l'emprisonnement du condamné, les décisions de retrait de la réduction de peine sur laquelle le détenu était en droit de compter en application de l'art. 721 C. pr. pén., que prend le JAP sur le fondement de ces dispositions, doivent être regardées comme relevant de la matière pénale, au sens des stipulations de l'art. 6 Conv. EDH. • CE 24 oct. 2014, n° 368580 : *AJDA 2015. 1374, note Falxa ; AJ pénal 2015. 39, note Céré.*

4. Cumul possible du retrait de crédit de réduction de peine et des sanctions disciplinaires. Le retrait d'un crédit de réduction de peine et le prononcé d'une sanction disciplinaire (confinement de cellule) n'ont pas la même nature juridique et ne tendent pas au même but, le premier participant de l'individualisation de la peine, cependant que le second tend à assurer la tranquillité et la sécurité de l'établissement pénitentiaire ; ces deux mesures peuvent donc se cumuler. • Crim. 22 juin 2016, n° 15-87.418 P : *AJ pénal 2016. 500, obs. Herzog-Evans .*

5. Retrait de réduction de peine et mauvaise conduite persistante. Est justifiée la décision de retirer quatre-vingts jours de crédit de réduction de peine à un condamné au motif que l'intéressé a été plusieurs fois sanctionné par la commission de discipline, ce qui atteste une « mauvaise conduite persistante ». • Crim. 24 janv. 2007, n° 06-84.818 : *AJ pénal 2007. 290 .*

6. Retrait de réduction de peine et nouvelle condamnation. Le retrait de crédit de réduction de peine faisant suite à une nouvelle condamnation de l'intéressé n'est pas contraire au principe *non bis in idem.* • CE 25 mars 2015, n° 374401 : *D. actu. 1er avr. 2015, obs. Léna ; AJDA 2015. 662 ; Gaz. Pal. 22 juill. 2015, p. 19, obs. Roussel.*

7. Responsabilité de la puissance publique. S'il n'appartient qu'à la juridiction judiciaire de connaître d'actions mettant en cause la responsabilité pour faute de l'État du fait du fonctionnement du service public de la justice judiciaire, il appartient à la juridiction administrative, sauf dispositions législatives contraires, de connaître des actions fondées sur la responsabilité sans faute de l'État. Ni les décrets de grâce collective pris par le Président de la République ni les mesures de réduction de peine accordées par le JAP en application des dispositions de l'art. 721 C. pr. pén., dans sa rédaction applicable en l'espèce, ne créent pour les tiers un risque special susceptible d'engager, en l'absence de faute, la responsabilité de l'État. • CE 15 févr. 2006, n° 271022 : *RFDA 2006. 615, concl. Guyomar ; ibid. 619, note Lemaire ; AJ pénal 2006. 226, obs. Péchillon ; RSC 2007. 350, obs. Poncela .*

Art. L. 214-7 **Une réduction de peine exceptionnelle peut être accordée aux personnes condamnées ayant permis d'éviter ou de mettre fin à toute action individuelle ou collective de nature à perturber gravement le maintien du bon ordre et la sécurité de l'établissement pénitentiaire ou à porter atteinte à la vie ou à l'intégrité physique ou psychique des membres du personnel pénitentiaire ou des personnes détenues au sein de l'établissement, dans les conditions prévues par l'article 721-4 du code de procédure pénale. — *C. pr. pén.***

V. Circ. du 3 nov. 2022 relative aux dispositions procédurales concernant les réductions de peine, le suivi post-peine et la libération sous contrainte résultant de la L. n° 2021-1729 du 22 déc. 2021 pour la confiance dans l'institution judiciaire, du Décr. n° 2022-546 du 13 avr. 2022 portant application de diverses dispositions de procédure pénale de la L. n° 2021-1729 du 22 déc. 2021 pour la confiance dans l'institution judiciaire et du Décr. n° 2022-1261 du 28 sept. 2022 relatif à la libération sous contrainte de plein droit et aux réductions de peine et ses annexes (NOR : JUSD2231353C, BOMJ 3 nov.).

COMMENTAIRE

I. LA CONSÉCRATION D'UNE NOUVELLE RÉDUCTION DE PEINE EXCEPTIONNELLE

La loi du 22 décembre 2021 pour la confiance dans l'institution judiciaire a consacré une nouvelle réduction de peine exceptionnelle. La loi n° 2004-204 du 9 mars 2004 avait introduit cette catégorie de réduction de peine exceptionnelle en introduisant, à l'article 721-3 du code de procédure pénale, la possibilité de réduire jusqu'au tiers la peine prononcée à l'égard de la personne condamnée dont les déclarations faites à l'autorité administrative ou judiciaires ont permis de faire cesser ou d'éviter la commission des infractions listées aux articles 706-73, 706-73-1 et 706-74 du code de procédure pénale, qui sont principalement des infractions commises en bande organisée. L'article 721-4 du code de procédure pénale, inséré par la loi pour la confiance dans l'institution judiciaire, prévoit la possibilité pour la personne condamnée d'obtenir une autre réduction de peine exceptionnelle qui se fonde cette fois-ci sur le comportement de l'intéressé au cours de sa détention. L'article L. 214-7 du code pénitentiaire reprend ainsi les conditions qui entourent l'octroi de cette nouvelle réduction de peine exceptionnelle : la personne doit avoir permis au cours de sa détention, y compris au cours de sa détention provisoire le cas échéant, « d'éviter ou de mettre un terme à une action individuelle ou collective » qui était de nature soit « à porter atteinte à la vie ou à l'intégrité physique ou psychique du personnel pénitentiaire ou des personnes détenues au sein de l'établissement », soit à « perturber gravement le maintien du bon ordre et la sécurité de l'établissement pénitentiaire ». L'article 721-4 du code de procédure pénale indique que cette nouvelle réduction de peine exceptionnelle peut « aller jusqu'au tiers de la peine prononcée ». Dans l'hypothèse où la personne concernée a été condamnée à la réclusion criminelle à perpétuité, il s'agira d'une réduction du temps d'épreuve de cinq ans au maximum pour obtenir une libération conditionnelle.

II. LA PROCÉDURE ENTOURANT L'OCTROI DE LA NOUVELLE RÉDUCTION DE PEINE EXCEPTIONNELLE

Les alinéas 2 et 3 de l'article 721-4 du code de procédure pénale précisent la procédure à suivre pour pouvoir obtenir cette réduction de peine exceptionnelle.

Ainsi, lorsque la personne condamnée exécute une ou plusieurs peines privatives de liberté dont la durée totale est supérieure à sept ans, la réduction de peine exceptionnelle relèvera de la compétence du tribunal de l'application des peines (TAP) qui statuera conformément aux modalités prévues par l'article 712-7 du code de procédure pénale (C. pr. pén., art. 721-4, al. 2). Le TAP pourra être saisi par la personne condamnée, par le chef de l'établissement pénitentiaire, par le procureur de la République ou par le juge de l'application des peines (JAP) dont relève la personne condamnée en vertu de l'article 712-10 du code de procédure pénale.

Le TAP devra adopter un jugement motivé à l'issue d'une procédure contradictoire, jugement qui pourra faire l'objet d'un appel interjeté dans les dix jours de sa notification (C. pr. pén., art. 712-11, 2°).

Lorsque la durée totale des peines privatives de liberté que la personne condamnée exécute est inférieure ou égale à sept ans, le JAP sera compétent pour statuer sur l'octroi de cette réduction de peine exceptionnelle selon les modalités prévues à l'article 712-4-1 du code de procédure pénale (art. 721-4, al. 3). Le JAP pourra se saisir d'office dans ce cas mais pourra également être saisi par la personne condamnée, par le chef de l'établissement pénitentiaire ou par le procureur de la République. Après avoir reçu l'avis de la commission de l'application des peines, le JAP devra adopter une ordonnance motivée mais aucun débat contradictoire n'est exigé. Un appel pourra être interjeté dans les 24 heures suivant la notification de l'ordonnance (art. 712-11, 1°).

III. L'APPLICATION IMMÉDIATE DE LA NOUVELLE RÉDUCTION DE PEINE EXCEPTIONNELLE

L'article 721-4 du code de procédure pénale, qui encadre l'octroi de cette nouvelle réduction de peine exceptionnelle et auquel l'article L. 214-7 du code pénitentiaire se réfère, est entré en vigueur le 24 décembre 2021. Dès lors que cette nouvelle réduction de peine exceptionnelle touche au « régime d'exécution et d'application des peines » et qu'elle est favorable à la personne condamnée, elle est applicable de manière immédiate, conformément aux dispositions de l'article 112-2, 3°, du code pénal. La circulaire de la DACG et de la DAP du 3 novembre 2022 indique d'ailleurs que, même si le comportement répondant aux conditions posées s'est réalisé avant le 24 décembre 2021, cette réduction de peine exceptionnelle peut être accordée à la personne condamnée. Le cas échéant, dans l'hypothèse où la personne condamnée a déjà bénéficié d'une réduction supplémentaire de peine grâce à ce comportement, il appartiendra à la juridiction de l'application des peines saisie de déterminer si la personne condamnée peut bénéficier, en sus, de cette réduction de peine exceptionnelle (Circ. de la DACG et de la DAP du 3 nov. 2022, NOR : JUSD2231353C, pt 1.2.3). ❑

Art. L. 214-8 En cas de survenance d'un décès au sein d'un établissement pénitentiaire, il est dressé un acte de décès dans les conditions et selon les formalités prévues par les dispositions des articles 79, 84 et 85 du code civil. — C. civ.

V. Circ. du 2 août 2011 relative à l'échange d'informations entre les services relevant du ministère de la justice et des libertés visant à la prévention du suicide en milieu carcéral (NOR : JUSK1140021C, BOMJ 31 août 2011) ; Note du 4 mars 2016 relative à la lutte contre le suicide des personnes détenues. Pilotage et animation de la politique de prévention du suicide des personnes détenues ; Note du 28 juin 2017 relative au renouvellement de la composition du comité de pilotage national pour la prévention du suicide en milieu carcéral (2018-2020).

BIBL. ▶ **Ouvrages :** Duroché et Pédron, Droit pénitentiaire, *Vuibert, 4e éd. 2019, p. 389.* - OIP, Le guide du prisonnier, *La Découverte, coll. « Guides », 2021, p. 459.*

▶ **Thèses :** Bourgoin, Le suicide en prison, *Paris, EHESS, 1993.* - Farrugia, Le suicide en milieu pénitentiaire : état des lieux et enquête préliminaire sur la formation du personnel, *Univ. Grenoble, 2015.* - Deschenau, Prévention du suicide en détention : approche évaluative d'un programme de prévention en maison d'arrêt à partir des vécus et représentations des personnes incarcérées, *Univ. Lyon 2, 2015.*

▶ **Avis et rapports :** Albrand, La prévention du suicide en milieu carcéral, *Rapport au garde des Sceaux, janv. 2009.* - HCSP, Évaluation du programme national d'actions contre le suicide 2011-2014, *mars 2016.* - Chan Chee et Montengou, Suicides et autres décès en milieu carcéral en France entre 2000 et 2010. Apport des certificats de décès dans la connaissance et le suivi de la mortalité, *déc. 2016.*

▶ **Articles :** Anelli, Suicide : quand prévention rime avec coercition, *Dedans Dehors 2018, n° 101, p. 23.* - Castaing, La fin de vie des personnes détenues, *RDSS 2020. 509* ✎. - Cliquennois et Chantraine, Empêcher le suicide en prison : origines et pratiques, *Sociétés contemporaines 2009/3, n° 75, p. 59.* - Guignard, Mourir en prison ?, *Vie sociale et traitements 2014/4, n° 124, p. 50.* - Delarue, Fin de vie en détention, *Les cahiers de la justice 2017. 509.* - Désesquelles, Kensey et Meslé, Circonstances et causes des décès des personnes écrouées en France : le poids écrasant des morts violentes, *Population 2018/4, vol. 73, p. 757.* - Duthé, Hazard et Kensey, Suicide des personnes écrouées en France : évolution et facteurs de risques, *Population 2014/4, vol. 69, p. 519* ; Suicide en prison : la France comparée à ses voisins européens, *Population et sociétés 2009/11, n° 462, p. 1.* - Eck, Scouflaire, Debien et a., Le suicide en prison : épidémiologie et dispositifs de prévention, *La presse médicale 2019, 48, p. 46.* - Fernandez, Suicides et conduites auto-agressives en prison : pour une sociologie du mal-être carcéral, *Bull. Amades 2009. 76.*

CHAPITRE V TRANSFÈREMENTS ET EXTRACTIONS

Le présent chapitre ne comprend pas de dispositions législatives.

CHAPITRE VI PRISE EN CHARGE SPÉCIFIQUE DE CERTAINES CATÉGORIES DE PERSONNES DÉTENUES

RÉP. PÉN. v° *Prison - Organisation générale,* par Céré, *§ 275 à 328.*

BIBL. ▶ **Ouvrages :** Duroché et Pédron, Droit pénitentiaire, *Vuibert, 2019, p. 219 s.* - Herzog-Evans, Droit pénitentiaire 2020/2021, *Dalloz, 2019, n°s 1121.241 s. et 3443.11 s.* - Van Zyl Smit et Snacken, Principles of European Prison Law and Policy, *Oxford University Press, 2009, p. 176.*

COMMENTAIRE

Le principe d'égalité de traitement entre les personnes détenues est posé dès l'article L. 6 du code pénitentiaire, qui reprend l'article 22 de la loi pénitentiaire. Ce principe doit être mis en perspective et prend tout son sens à la lecture des dispositions de l'article L. 1 qui souligne à l'alinéa 5 que le service public pénitentiaire est organisé « de manière à assurer l'individualisation de la prise en charge des personnes qui lui sont confiées par l'autorité judiciaire », l'alinéa 2 prévoyant que le service public pénitentiaire « contribue à l'insertion ou à la réinsertion » des personnes détenues. Le régime de détention applicable aux personnes détenues joue un rôle déterminant dans la réalisation de ces objectifs. La manière dont les personnes détenues vivent leur incarcération dépend, bien sûr, des conditions matérielles de détention, mais également des règles qui lui seront spécifiquement appliquées et des différentes activités auxquelles elles peuvent participer. A ce titre, les régimes de détention spécifiques contribuent à l'individualisation de la prise en charge des personnes détenues en consacrant des régimes adaptés à certaines catégories de personnes détenues.

L'administration pénitentiaire doit assurer la sécurité de l'ensemble des usagers accueillis dans les établissements, avec une vigilance renforcée pour ceux qui présentent une vulnérabilité particulière, ce qui justifie qu'un régime carcéral spécifique leur soit consacré.

Loin de couvrir toutes personnes vulnérables ou spécifiques, les dispositions législatives du chapitre VI ne concernent toutefois que les personnes soumises à la contrainte judiciaire (art. L. 216-1.) ainsi que les mères détenues vivant avec leurs jeunes enfants en détention (art. L. 216-2.). La partie réglementaire du code pénitentiaire y ajoute les régimes de détention spécifiques aux personnes détenues de nationalité étrangère (art. D. 216-10 à D. 216-12), aux personnes détenues appartenant aux forces armées (art. D. 216-13 à D. 216-18) ainsi qu'aux personnes détenues majeures âgées de moins de vingt et un ans (art. D. 216-19 et D. 216-20). ❑

Art. L. 216-1 La contrainte judiciaire, ordonnée en application des dispositions de l'article 749 du code de procédure pénale, est exécutée en établissement pénitentiaire, dans le quartier à ce destiné.

V. Règle Mandela n° 11 c) (App., v° Conditions de détention).

V. art. D. 213-1.

V. Circ. de la DACG du 21 mars 2005 de présentation des dispositions de la L. n° 2004-204 du 9 mars 2004 portant adaptation de la justice aux évolutions de la criminalité relatives à la contrainte judiciaire et à la peine de jours-amendes, BOMJ 2005, n° 97.

V. Circ. de la DACG du 26 déc. 2014 de présentation des dispositions de la L. n° 2014-896 du 15 août 2014 relative à l'individualisation des peines et renforçant l'efficacité des sanctions pénales applicables au 1er janv. 2015 et portant sur la libération sous contrainte, l'examen obligatoire des peines d'emprisonnement supérieures à 5 ans en vue de l'octroi d'une libération conditionnelle, la suppression de la procédure simplifiée d'aménagement de peine et de la surveillance électronique de fin de peine, ainsi que sur la suppression de certains régimes spécifiques applicables aux récidivistes, BOMJ compl. du 15 janv. 2015, qui prévoit l'application de la libération sous contrainte aux personnes exécutant une peine d'emprisonnement résultant d'une contrainte judiciaire.

RÉP. PÉN. v^is *Peine : nature et prononcé,* par CÉRÉ et GRÉGOIRE ; *Contrainte judiciaire,* par DETRAZ ; *Peine : exécution,* par HERZOG-EVANS.

J.-CL. PROC. PÉN. v^is *Art. 717 à 720, fasc. 20, Détention (exécution des peines privatives de liberté),* par BERTRAND ; *Art. 749 à 762, fasc. 20, Contrainte judiciaire,* par DETRAZ ; *Art. 724 à 728, fasc. 20, Détention (régime de détention, sécurité),* par PÉDRON.

BIBL. ▸ **Ouvrages :** DUROCHÉ et PÉDRON, Droit pénitentiaire, *Vuibert, 2019, p. 222.* – HERZOG-EVANS, Droit pénitentiaire 2020/2021, *Dalloz, 2019, n° 1121.06* ; Droit de l'exécution des peines 2022/2023, *Dalloz, 2021, n° 0751.11 s.* – PONSEILLE, Droit de l'exécution des peines, *Bruylant, 2021, p. 268 s.*

▸ **Thèse :** DETRAZ, La contrainte par corps, *Univ. Bordeaux, 2002.*

▸ **Articles :** DETRAZ, Rémanence et renaissance d'une institution : de la contrainte par corps à la contrainte judiciaire, *Dr. pén. 2004. Étude 14.* – HERZOG-EVANS, Le décret du 13 décembre 2004 et les réductions de peine, *AJ pénal 2005. 97* ✎. – RENAUT, La contrainte par corps. Une voie d'exécution civile à coloris pénal, *RSC 2002. 791* ✎.

COMMENTAIRE

Notion de contrainte judiciaire. La contrainte judiciaire, qui a remplacé l'ancienne contrainte par corps depuis l'entrée en vigueur de la loi Perben 2 du 9 mars 2004, est une mesure privative de liberté qui peut être mise en œuvre à l'encontre d'une personne condamnée à une peine d'amende qui, volontairement, ne s'affranchit pas de son paiement. Les articles 749 à 762 du code de procédure pénale encadrent le prononcé et les modalités de mise en œuvre de cette modalité d'exécution de peine. La chambre criminelle estimait, en effet, que la contrainte par corps était une modalité d'exécution de la peine et, plus exactement, une « mesure d'exécution forcée des sanctions pécuniaires » (Crim. 9 mars 2005, n° 04-85.090). Cette qualification paraît toujours retenue aujourd'hui pour la contrainte judiciaire, bien que certains auteurs considèrent que la juridictionnalisation de la contrainte par corps, devenue contrainte judiciaire, traduit un « désaveu de la jurisprudence » sur ce point (Herzog-Evans, Droit de l'exécution des peines 2022/2023, *Dalloz, 2021, n° 0751.15*). En revanche, dans son arrêt *Jamil c/ France*, la Cour européenne des droits de l'homme avait considéré que la contrainte par corps constituait bien une peine au sens de l'article 7 de la Convention européenne des droits de l'homme (CEDH 8 juin 1995, *Jamil c/ France*, n° 15917/89, § 32 : *AJDA 1995. 719, chron. Flauss* ; ; *D. 1996. 197, obs. Renucci* ; *RSC 1995. 855, obs. Pettiti* ; *ibid. 471, obs. Koering-Joulin* ; *ibid. 662, obs. Delmas Saint-Hilaire*) et il y a lieu de considérer qu'il en est de même pour la contrainte judiciaire qui l'a remplacée.

Prononcé de la contrainte judiciaire. La contrainte judiciaire est ordonnée par le juge de l'application des peines qui ne peut pas la prononcer à l'encontre des personnes qui étaient mineures au moment des faits, ni à l'encontre des personnes âgées d'au moins 65 ans au moment du prononcé de la condamnation à la peine d'amende (C. pr. pén., art. 751). Les personnes insolvables ne peuvent pas davantage être soumises à la contrainte judiciaire (C. pr. pén., art. 752). La durée de la contrainte judiciaire est fixée par le juge de l'application des peines dans la limite des maxima posés par l'article 750 du code de procédure pénale, en fonction du montant de l'amende.

Exécution de la contrainte judiciaire. L'article 758 du code de procédure pénale renvoie à l'article L. 216-1 du code pénitentiaire, et prévoit que la contrainte judiciaire est exécutée en établissement pénitentiaire dans un quartier spécial. La personne à l'encontre de laquelle la contrainte judiciaire est prononcée peut donc être affectée en maison d'arrêt, ce qui était nécessairement le cas pour l'exécution de l'ancienne contrainte par corps, mais elle peut également être placée dans un autre type d'établissement pénitentiaire. Il faut dire que le débiteur détenu, appelé « dettier » dans le jargon pénitentiaire, bénéficie d'un statut particulier puisqu'il n'est ni condamné ni prévenu (Duroché et Pédron, Droit pénitentiaire, *Vuibert, 2019, p. 222*). Il peut donc être affecté dans un quartier spécial de tout type d'établissement pénitentiaire. Du reste, si le régime de l'encellulement individuel prévu aux articles L. 213-1 et suivants du présent code n'est pas appliqué dans l'établissement pénitentiaire concerné, le chef de l'établissement pénitentiaire doit tout de même séparer les personnes incarcérées au titre de la contrainte judiciaire des autres personnes détenues (art. D 213-1, 4°).

Si le dettier doit être affecté dans un quartier spécial, il n'en demeure pas moins soumis au même régime d'incarcération que les personnes condamnées (C. pr. pén., art. 761). En ce sens, il doit respecter le règlement intérieur de l'établissement pénitentiaire (Crim. 10 nov. 1976, n° 75-93.269).

Exclusion du bénéfice des réductions de peine. L'article 761 du code de procédure pénale indique ainsi que le débiteur détenu est soumis au même régime d'incarcération que les personnes condamnées. Avant la loi Perben 2, la jurisprudence a pu considérer que le débiteur détenu ne peut pas bénéficier des modalités d'exécution et d'aménagement de peine, dès lors que la contrainte par corps ne constitue pas une peine. Ainsi, la Cour de cassation a estimé que la suspension de peine, prévue à l'article 720-1 du code de procédure pénale, était inapplicable au débiteur détenu (Com. 13 oct. 1981, n° 80-12.093), tout comme les réductions de peine relevant des articles 721 et 721-1 du même code (Crim. 24 sept. 1996, n° 96-81.317). Ces solutions semblent maintenues à propos de la contrainte judiciaire. D'ailleurs, l'article D. 115-1 du code de procédure pénale, qui reprend globalement l'ancien article D. 115-5, indique expressément que les réductions de peine ne s'appliquent pas à l'emprisonnement résultant de la contrainte judiciaire (Décr. n° 2022-1261 du 28 sept. 2022 relatif à la libération sous contrainte de plein droit et aux réductions de peine, *JO 29 sept.*). Malgré cela, de nombreuses juridictions de fond accordent au dettier des modalités d'exécution ou d'aménagement de peine. Certains auteurs considèrent que cet article réglementaire est illégal depuis que la contrainte par corps est devenue la contrainte judiciaire (Herzog-Evans, Le décret du 13 décembre 2004 et les réductions de peine, *AJ pénal 2005. 97*). D'autres auteurs estiment que l'exclusion du bénéfice des aménagements de peine ou des modalités d'exécution de peine à l'égard du débiteur détenu « est conforme à la fonction comminatoire de la contrainte judiciaire » (Detraz, *J.-Cl. Proc. pén. préc. n° 165*). En revanche, certaines mesures telles que la suspension médicale de peine devraient être admises au bénéfice du dettier (*ibid.*). Rajoutant au manque de clarté existant en la matière, la circulaire de la DACG du 26 décembre 2014 indique qu'il y a lieu de considérer que la libération sous contrainte prévue par l'article 720 du code de procédure pénale s'applique aux personnes détenues en exécution d'une contrainte judiciaire (Circ. préc., § 1.1.1.).

La question de la caractérisation éventuelle du délit d'évasion. Dans un arrêt du 10 novembre 1976, n° 75-93.269, la chambre criminelle de la Cour de cassation avait estimé que le délit d'évasion ne pouvait pas s'appliquer au débiteur détenu dès lors que, malgré les dispositions de l'article 761 du code de procédure pénale, le dettier n'est pas placé dans la situation juridique d'une personne condamnée. Cette solution fondée sur l'article 245 de l'ancien code pénal semble toujours retenue aujourd'hui (Detraz, *Rép. pén. préc. n°s 177 et 178 ; J.-Cl. Proc. pén. préc. n° 161*). L'article 434-27 du code pénal énonce que « constitue une évasion punissable le fait par un détenu, de se soustraire à la garde à laquelle il est soumis ». Le terme « détenu », utilisé par cette disposition, laisserait penser que le dettier, qui est un débiteur détenu, peut commettre une telle évasion. D'ailleurs, l'article L. 3, alinéa 7, du présent code indique que les personnes soumises à une contrainte judiciaire sont des personnes détenues. L'article 245 de l'ancien code pénal se référait aussi à cette notion de détenu. La subtilité tient au fait que cette notion fait l'objet de précisions qui tendent à restreindre le champ d'application du délit d'évasion. En ce sens, les articles 434-28 et 434-29 du code pénal indiquent quelles sont les personnes qui peuvent être regardées comme détenues au sens de l'article 434-27 du code pénal ainsi que les hypothèses qui permettent de retenir ce délit d'évasion. Or, force est de constater que le législateur ne vise pas la personne exécutant une contrainte judiciaire et se réfère principalement à la personne condamnée, alors que le dettier bénéficie d'un statut particulier, n'étant ni condamné ni prévenu. Il convient toutefois de relever que l'article 434-28 du code pénal indique que la personne qui s'est vu notifier un mandat de dépôt ou un mandat d'arrêt continuant de produire effet doit être regardée comme une personne détenue, au sens de l'article 434-27 du même code. Or, en vertu de l'article 754, alinéa 3, du code de procédure pénale, le juge de l'application des peines peut délivrer, notamment, un mandat d'arrêt à l'encontre de l'intéressé. Il n'y a donc que dans cette hypothèse que le délit d'évasion pourrait s'appliquer au dettier. ❑

1. Portée de l'assimilation. L'assimilation édictée par l'art. 761 C. pr. pén., selon laquelle le dettier est soumis au même régime que la personne condamnée, ne concerne que le régime intérieur de l'établissement pénitentiaire au sein duquel le débiteur détenu est incarcéré. • Crim. 10 nov. 1976, n° 75-93.269 : *D. 1977. 36, note Mayer ; JCP 1977. II. 18548 ; Gaz. Pal. 1977. 1. 146 ; RSC 1977. 86, obs. Vitu, et 563, obs. Larguier.* ♦ Cette assimilation n'a pas pour effet de placer le débiteur détenu dans la situation juridique d'une personne condamnée au sens de l'art. 245 de l'ancien C. pén. (C. pén., art. 434-27), consacrant le délit d'évasion. • Même arrêt.

2. Irrecevabilité de la demande de suspension de peine du débiteur détenu. Justifie légalement sa décision la cour d'appel qui déclare irrecevable la demande fondée sur l'art. 720-1 C. pr. pén. formée, pour raison grave d'ordre médical, par une personne exécutant une contrainte par corps dès lors que le débiteur détenu n'est pas placé dans la situation juridique d'un condamné exécutant une peine privative de liberté qui, seul, peut bénéficier d'une mesure de suspension provisoire de la détention. • Com. 13 oct. 1981, n° 80-12.093 P.

3. Exclusion du bénéfice des réductions de peine. La contrainte par corps constituant une mesure d'exécution forcée des peines pécuniaires, au sens de l'art. 112-2, 3°, C. pén., sa durée ne saurait être réduite en application des dispositions des art. 721 et 721-1 C. pr. pén., relatives aux seules peines d'emprisonnement. • Crim. 24 sept. 1996, n° 96-81.317. ♦ Si la contrainte par corps, mesure d'exécution forcée des sanctions pécuniaires, présente à certains égards les caractères d'une peine, sa durée ne saurait, néanmoins, être réduite en application des dispositions des art. 721 et 721-1. • Crim. 29 janv. 2003, n° 02-81.988 : *D. 2003. IR 807 ; JCP 2003. IV. 1597.*

Art. L. 216-2 **Une convention entre l'établissement pénitentiaire et le département définit l'accompagnement social proposé aux mères détenues avec leurs enfants et prévoit un dispositif permettant la sortie régulière des enfants à l'extérieur de l'établissement pour permettre leur socialisation.**

Les modalités d'application du présent article sont fixées par décret en Conseil d'État.

V. comm. ss. art. D. 216-22 à D. 216-24.

V. Recomm. n° 1469 adoptée par l'Ass. parl. du Conseil de l'Europe le 30 juin 2000 concernant les mères et les bébés en prison.

V. Règles des Nations unies concernant le traitement des détenues et l'imposition de mesures non privatives de liberté aux délinquantes (Règles de Bangkok) (App., v° Règles particulières).

V. Recomm. CM/Rec(2018)5 du Comité des ministres du Conseil de l'Europe aux États membres concernant les enfants de détenus, 4 avr. 2018.

V. Recomm. (UE) 2023/681 n°s 65 et 66 de la Commission du 8 déc. 2022 relative aux droits procéduraux des suspects et des personnes poursuivies faisant l'objet d'une détention provisoire ainsi qu'aux conditions matérielles de détention (App., v° Conditions de détention)

V. Circ. de la DAP n° AP 99-2296 PM2J du 18 août 1999 relative aux conditions d'accueil des enfants laissés auprès de leur mère incarcérée, BOMJ n° 76, 1999.

V. RPE n°s 34.3 et 36.1 à 36.3 (App., v° Conditions de détention).

V. Recomm. minimales n°s 8 et 9 du CGLPL pour le respect de la dignité et des droits fondamentaux des personnes privées de liberté, JO 4 juin 2020 (V. ss. art. L. 133-2).

RÉP. PÉN. v° *Prison – Organisation générale,* par CÉRÉ.

BIBL. ► **Ouvrages :** HERZOG-EVANS, Droit pénitentiaire 2020/2021, *Dalloz, 2019, n°s 235.00 à 2352.94.* – DUROCHÉ et PÉDRON, Droit pénitentiaire, *Vuibert, 2019, p. 230 à 234.* – OIP, Le guide du prisonnier, *La Découverte, 2021, p. 297.* – MÉNABÉ et MARTINELLE, L'enfant en prison, *L'Harmattan, 2017.*

► **Thèse :** AMADO, L'enfant en détention en France et en Angleterre, l'élaboration d'un cadre juridique pour l'enfant accompagnant sa mère en prison, *Univ. Paris 1, Mare & Martin, 2020.*

► **Rapports :** CGLPL, Avis du 8 août 2013 relatif aux jeunes enfants en prison et à leurs mères détenues, *JO 3 sept.* ; Rapport de visite de la maison d'arrêt des femmes de Fleury-Mérogis, *2019.* – V[is], Mères et bébés en prison, Rapport de la Commission des questions sociales, de la santé et de la famille, *Conseil de l'Europe, doc n° 8762, 9 juin 2000.* – CPT, Les femmes privées de liberté, *Extrait du 10e rapport annuel, CPT/Inf(2000)13-part, 2000* ; Les femmes en prison, *CPT/Inf(2018)5, janv. 2018.*

► **Articles :** BOUREGBA, L'enfant de moins de trois ans et son parent incarcéré, *in* L'enfant et son parent incarcéré, *Érès, 2003. 49.* – HERZOG-EVANS, Le séjour du petit enfant avec sa mère en détention, *in* Cadiet, Chauvaud, Gauvard et a., Figures de femmes criminelles. De l'Antiquité à nos jours, *éd. Sorbonne, 2010. 205* ; Loi pénitentiaire et liens familiaux : de timides avancées, *AJ fam. 2009. 484* . – WATRELOT, Naître et vivre auprès de sa mère incarcérée : quelle place pour la puéricultrice, *Sciences du Vivant 2018.*

COMMENTAIRE

Qu'il soit né avant ou durant l'incarcération de la mère, l'accueil d'un enfant au sein d'un établissement pénitentiaire n'est possible que jusqu'à l'âge de 18 mois et doit tenir compte du choix des titulaires de l'autorité parentale. Il revient aux autorités judiciaires de rechercher avec la mère une solution permettant d'éviter autant que possible l'accueil de l'enfant en détention en recherchant les possibilités d'accueil de l'enfant dans son environnement familial ou dans une structure spécifique ou des mesures alternatives à l'incarcération. Lorsqu'elle n'est pas déchue de l'autorité parentale, la mère peut refuser toute séparation. Si aucune mesure alternative ne lui est accordée, elle devra alors formaliser par écrit adressé au chef d'établissement sa décision de garder son enfant. En cas d'opposition de l'autre titulaire de l'autorité parentale, il lui reviendra de saisir le juge aux affaires familiales, seul compétent pour trancher ce type de litige. En attendant la décision du juge, c'est toujours le choix de la mère qui prévaut.

L'administration pénitentiaire ne peut s'opposer au choix des titulaires de l'autorité parentale. Seul le juge des enfants peut prendre une décision de placement de l'enfant lorsqu'il est averti (notamment par le procureur de la République) d'un danger pour sa santé, sa sécurité ou sa moralité ou d'un dépassement des capacités d'accueil des établissements pénitentiaires équipés pour recevoir des enfants.

Pénalement, l'enfant de 18 mois accompagnant sa mère en prison n'est pas une personne détenue. Faute d'avoir été explicitement prévu par les textes, son statut administratif est relativement complexe et lacunaire. Quoique non écroué et encore moins condamné, l'enfant doit être protégé par l'ensemble des institutions concourant au service public pénitentiaire et doit pouvoir bénéficier de l'ensemble des droits et prestations de service public auxquels il pourrait avoir accès à l'extérieur de l'établissement de détention. C'est donc de manière parfaitement cohérente que, s'appuyant indirectement sur la combinaison des articles L. 111-1 et L. 111-2 du code, l'article L. 216-2 impose à l'administration pénitentiaire de conclure une convention avec le département, en charge de la protection de l'enfance, afin d'organiser au mieux le déroulement du séjour en détention des enfants.

Les enfants n'étant pas détenus, les services départementaux doivent s'assurer de leur sortie régulière pour promouvoir leur socialisation. Depuis la circulaire Justice du 18 août 1999 relative aux conditions d'accueil des enfants laissés auprès de leur mère incarcérée (AP 99-2296 PMJ2/18-08-99), ces sorties peuvent se matérialiser par une inscription de l'enfant à une crèche municipale, une halte-garderie ou son placement auprès d'un assistant familial. L'accompagnement de l'enfant de l'établissement pénitentiaire jusqu'au lieu de sortie doit pouvoir être effectué par un proche de l'enfant ou, à défaut, un personnel agréé des services départementaux compétents ou un membre d'une association spécialisée dans le suivi et l'accompagnement des enfants de personnes incarcérées. ❑

TITRE II MAINTIEN DE LA SÉCURITÉ

CHAPITRE I DISPOSITIONS GÉNÉRALES

Art. L. 221-1 Toute personne détenue victime d'un acte de violence caractérisé commis par une ou plusieurs personnes codétenues fait l'objet d'une surveillance et d'un régime de détention particuliers.

Les modalités d'application du présent article sont fixées par décret en Conseil d'État.

1. Conv. EDH, art. 2. Principes généraux. L'art. 2, § 1, Conv. EDH astreint l'État non seulement à s'abstenir de provoquer la mort de manière volontaire ou irrégulière, mais aussi à prendre les mesures nécessaires à la protection de la vie des personnes relevant de sa juridiction. Cette disposition comporte également dans certaines circonstances définies l'obligation positive pour les États de prendre préventivement des mesures d'ordre pratique pour protéger l'individu dont la vie est menacée. Il en va notamment ainsi s'agissant des personnes détenues, qui par là même se trouvent dans un rapport de dépendance à l'égard de l'État. • CEDH 25 janv. 2011, *Iorga c/ Roumanie,* n° 26246/05. ♦ Sans perdre de vue les difficultés pour les autorités d'exercer leurs fonctions dans les sociétés contemporaines, ni l'imprévisibilité du comportement humain, ni les choix opérationnels à faire en termes de priorités et de ressources, il faut interpréter cette obligation de manière à ne pas imposer aux autorités un fardeau insupportable ou excessif. Dès lors, toute menace présumée contre la vie n'oblige pas les autorités, au regard de la Convention, à prendre des mesures concrètes pour en prévenir la réalisation. Pour que l'on puisse conclure à l'existence d'une obligation positive, il y a lieu d'établir que les autorités savaient ou auraient dû savoir sur le moment qu'un individu déterminé était menacé de manière réelle et immédiate dans sa vie par des actes criminels d'un tiers et qu'elles n'ont pas pris, dans le cadre de leurs pouvoirs, les mesures qui, d'un point de vue raisonnable, pouvaient être considérées comme aptes à pallier ce risque. • CEDH 28 oct. 1998 : *Osman c/ Royaume-Uni : Recueil des arrêts et décisions 1998-VIII.*

2. Conv. EDH, art. 2. Violences entre codétenus. L'omission par les institutions concernées (profession médicale, police, autorités de poursuite et tribunal) de communiquer aux autorités carcérales les informations disponibles au sujet d'un détenu dangereux et l'inadéquation de l'examen de filtrage dont ce dernier fit l'objet à son arrivée en prison révèlent un manquement de la part de l'État défendeur à son obligation de protéger la vie du détenu placé dans la même cellule que lui en cas de décès consécutif à des violences exercées par ce détenu dangereux. • CEDH 4 juin 2002, *Edwards c/ Royaume-Uni,* n° 46477/99.

CHAPITRE II AUTORISATIONS D'ACCÈS

Le présent chapitre ne comprend pas de dispositions législatives.

CHAPITRE III MOYENS DE CONTRÔLE ET DE SURVEILLANCE

SECTION 1 Moyens de contrôle et de surveillance à l'intérieur de l'établissement pénitentiaire

SOUS-SECTION 1 Dispositifs techniques

Art. L. 223-1 Aux fins de prévenir les évasions et d'assurer la sécurité et le bon ordre au sein des établissements pénitentiaires ou des établissements de santé destinés à recevoir des personnes détenues, le garde des sceaux, ministre de la justice, peut autoriser les agents individuellement désignés et habilités de l'administration pénitentiaire à :

1° Intercepter, enregistrer, transcrire ou interrompre les correspondances de personnes détenues émises par la voie des communications électroniques et autorisées en détention, à l'exception de celles avec leur avocat, et conserver les données de connexion y afférentes ;

2° Accéder aux données stockées dans un équipement terminal ou un système informatique qu'utilise une personne détenue et dont l'utilisation est autorisée en détention, les enregistrer, les conserver et les transmettre.

Les personnes détenues et leurs correspondants sont informés au préalable des dispositions du présent article.

L'autorisation est délivrée pour une durée maximale d'un an, renouvelable.

En application du droit à un recours juridictionnel effectif, la chambre de l'instruction est compétente, dans le cadre du contentieux des nullités, pour apprécier la régularité d'interceptions téléphoniques administratives réalisées au sein d'un établissement pénitentiaire dès lors qu'elles ont été versées à une procédure pénale. • Crim. 27 juin 2023, n° 22-86.689 P.

Art. L. 223-2 Le procureur de la République est immédiatement avisé de la découverte, dans un établissement mentionné par les dispositions de l'article L. 223-1, de tout équipement terminal, système informatique ou support de données informatiques dont la détention est illicite.

Sous réserve d'une éventuelle saisie de ces matériels par l'autorité judiciaire ouvrant à la personne détenue les voies de recours prévues par les dispositions de l'article 41-5 du code de procédure pénale, le procureur de la République peut autoriser, par tout moyen, l'administration pénitentiaire à les conserver, s'il estime que ceux-ci ne sont pas utiles à la manifestation de la vérité.

Dans ce cas et pour les finalités mentionnées par les dispositions de l'article L. 223-1, le garde des sceaux, ministre de la justice, peut autoriser les agents individuellement désignés et habilités de l'administration pénitentiaire à mettre en œuvre les techniques mentionnées par les dispositions du 2° de l'article L. 223-1. L'autorisation est délivrée pour une durée maximale d'un an, renouvelable.

La personne concernée, lorsqu'elle est identifiée, est alors informée de la décision de l'administration pénitentiaire de mettre en œuvre ces techniques. Elle est également informée que les matériels seront détruits à l'issue du délai prévu à l'avant-dernier alinéa du présent article, sauf si l'exploitation de ces données conduit à l'ouverture d'une procédure judiciaire au dossier de laquelle ils sont alors versés.

Art. L. 223-3 Chaque mise en œuvre d'une technique prévue par les dispositions des articles L. 223-1 ou L. 223-2, donne lieu à l'établissement d'un relevé qui mentionne les dates de début et de fin de cette mise en œuvre ainsi que la nature des renseignements collectés. Ce relevé est tenu à la disposition du procureur de la République, qui peut y accéder de manière permanente, complète et directe, quel que soit son degré d'achèvement.

La décision de mettre en œuvre les techniques prévues par les dispositions des mêmes articles L. 223-1 ou L. 223-2 est consignée dans un registre tenu par la direction de l'administration pénitentiaire. Cette décision peut faire l'objet d'un recours devant le juge administratif dans les conditions prévues par le code de justice administrative.

Art. L. 223-4 Les données ou les enregistrements qui ne font l'objet d'aucune transmission à l'autorité judiciaire en application du code de procédure pénale sont détruits à l'issue d'une durée de quatre-vingt-dix jours à compter de leur recueil.

Les transcriptions ou les extractions sont détruites dès que leur conservation n'est plus indispensable à la poursuite des finalités mentionnées par les dispositions de l'article L. 223-1.

Lorsque les données ou enregistrements servent de support à une procédure disciplinaire, le délai mentionné au premier alinéa du présent article est suspendu jusqu'à l'extinction des voies de recours.

Il est dressé un procès-verbal rendant compte des opérations de destruction.

Les données, enregistrements, transcriptions, extractions et procès-verbaux mentionnés au présent article sont mis à la disposition du procureur de la République, qui peut y accéder à tout instant.

Art. L. 223-5 Les modalités d'application de la présente sous-section sont fixées par décret en Conseil d'État.

SOUS-SECTION 2 Vidéosurveillance

Art. L. 223-6 Des caméras de surveillance peuvent être installées dans les espaces collectifs présentant un risque d'atteinte à l'intégrité physique des personnes au sein des établissements pénitentiaires. Cette faculté constitue une obligation pour l'ensemble des établissements pénitentiaires dont l'ouverture est postérieure au 26 novembre 2009.

Art. L. 223-7 Les personnes prévenues faisant l'objet d'un mandat de dépôt criminel et d'une mesure d'isolement, dont l'évasion ou le suicide pourraient avoir un impact important sur l'ordre public eu égard aux circonstances particulières à l'origine de leur détention et à l'impact de celles-ci sur l'opinion publique, peuvent faire l'objet des mesures de vidéosurveillance prévues par les dispositions des articles L. 223-8 à L. 223-15.

Art. L. 223-8 La direction de l'administration pénitentiaire peut mettre en œuvre des traitements de données à caractère personnel relatifs aux systèmes de vidéosurveillance de cellules de détention au sein des établissements pénitentiaires.

Ces traitements ont pour finalité le contrôle sous vidéosurveillance des cellules de détention dans lesquelles sont affectées les personnes placées sous main de justice, faisant l'objet d'une mesure d'isolement, dont l'évasion ou le suicide pourraient avoir un impact important sur l'ordre public eu égard aux circonstances particulières à l'origine de leur détention et à l'impact de celles-ci sur l'opinion publique.

Ces traitements garantissent la sécurité au sein de l'établissement en cas de risque d'évasion et celle de la personne placée dans l'éventualité d'un risque de passage à l'acte suicidaire.

Ces traitements ne peuvent concerner que les cellules de détention hébergeant des personnes placées en détention provisoire, faisant l'objet d'un mandat de dépôt criminel. Ils ne peuvent être mis en œuvre qu'à titre exceptionnel.

Art. L. 223-9 Chaque personne détenue est informée du projet de la décision de son placement sous vidéosurveillance et dispose de la faculté de produire des observations écrites et orales, dans le cadre d'une procédure contradictoire. A cette occasion, elle peut être assistée d'un avocat.

En cas d'urgence, le garde des sceaux, ministre de la justice, peut décider du placement provisoire sous vidéosurveillance d'une personne détenue si la mesure est l'unique moyen d'éviter l'évasion ou le suicide de la personne intéressée Le placement provisoire ne peut excéder cinq jours. Au-delà de cette durée, si aucune décision de placement sous vidéosurveillance, prise dans les conditions ci-dessus décrites, n'est intervenue, il est mis fin à la mesure de vidéosurveillance. La durée du placement provisoire s'impute sur la durée totale de la mesure de vidéosurveillance.

Le placement de la personne détenue sous vidéosurveillance fait l'objet d'une décision spécialement motivée prise par le garde des sceaux, ministre de la justice, pour une durée de trois mois, renouvelable. Cette décision est notifiée à la personne détenue.

Art. L. 223-10 L'avis écrit du médecin intervenant dans l'établissement peut être recueilli à tout moment, notamment avant toute décision de renouvellement de la mesure de vidéosurveillance.

Art. L. 223-11 Le système de vidéosurveillance permet un contrôle en temps réel de la personne détenue.

Un pare-vue fixé dans la cellule garantit son intimité tout en permettant la restitution d'images opacifiées. L'emplacement des caméras est visible.

Est enregistré dans ces traitements l'ensemble des séquences vidéo provenant de la vidéosurveillance des cellules concernées.

Il n'y a ni transmission ni enregistrement sonore.

Aucun dispositif biométrique n'est couplé avec ces traitements de vidéosurveillance.

Les images enregistrées faisant l'objet de ces traitements sont conservées sur support numérique pendant un délai d'un mois.

Art. L. 223-12 S'il existe des raisons sérieuses de penser que la personne détenue présente des risques de passage à l'acte suicidaire ou d'évasion, le chef de l'établissement pénitentiaire ou son représentant peut consulter les données de la vidéosurveillance pendant un délai de sept jours à compter de l'enregistrement. Au-delà de ce délai de sept jours, les données ne peuvent être visionnées que dans le cadre d'une enquête judiciaire ou administrative.

Au terme du délai d'un mois, les données qui n'ont pas fait l'objet d'une transmission à l'autorité judiciaire ou d'une enquête administrative sont effacées.

Art. L. 223-13 Les personnes ou catégories de personnes qui, à raison de leurs fonctions ou pour les besoins du service, ont accès aux données à caractère personnel susmentionnées sont :

1° Les agents de l'administration pénitentiaire individuellement désignés et dûment habilités par le chef de l'établissement pénitentiaire pour les données visionnées en temps réel ;

2° Le chef d'établissement ou son représentant pour la consultation, dans le délai de sept jours, des données enregistrées ;

3° Le correspondant local informatique individuellement désigne et dûment habilité par le chef de l'établissement.

Art. L. 223-14 Le droit d'opposition prévu par les dispositions de l'article 56 de la loi n° 78-17 du 6 janvier 1978 relative à l'informatique, aux fichiers et aux libertés ne s'applique pas aux traitements prévus par les dispositions des articles L. 223-8 à L. 223-15.

Les droits d'accès et de rectification prévus par les dispositions des articles 49 et 50 de la loi n° 78-17 du 6 janvier 1978 relative à l'informatique, aux fichiers et aux libertés s'exercent auprès du chef de l'établissement pénitentiaire où sont mis en œuvre les traitements de vidéosurveillance.

Une affiche apposée à l'entrée de la cellule équipée d'un système de vidéosurveillance informe de l'existence dudit système ainsi que des modalités d'accès et de rectification des données recueillies.

Art. L. 223-15 Le traitement fait l'objet d'une journalisation concernant les consultations, les créations et les mises à jour. Ces journalisations sont conservées pour une durée de trois mois. Le traitement fait l'objet d'une journalisation des extractions des séquences vidéo enregistrées. Cette journalisation est conservée pour une durée d'un an.

Art. L. 223-16 Les modalités d'application de la présente sous-section sont fixées par décret en Conseil d'État.

SECTION 2 Contrôle du domaine affecté à l'établissement pénitentiaire ou de ses abords immédiats

Art. L. 223-17 Les personnels de surveillance de l'administration pénitentiaire affectés aux équipes de sécurité pénitentiaire et individuellement désignés par le chef de l'établissement pénitentiaire ou par le directeur interrégional des services pénitentiaires peuvent procéder, sur l'ensemble du domaine affecté à l'établissement pénitentiaire ou à ses abords immédiats, au contrôle des personnes, autres que les personnes détenues, à l'égard desquelles existe une ou plusieurs raisons sérieuses de penser qu'elles se préparent à commettre une infraction portant atteinte à la sécurité de l'établissement pénitentiaire.

Art. L. 223-18 Dans le cadre du contrôle prévu par les dispositions de l'article L. 223-17, les personnels de surveillance peuvent inviter la personne intéressée à justifier, par tout moyen, de son identité, procéder à des palpations de sécurité, à l'inspection visuelle de ses bagages et, avec le consentement de la personne intéressée, à leur fouille. La palpation de sécurité doit être faite par une personne de même sexe que la personne qui en fait l'objet.

Art. L. 223-19 En cas de refus de la personne intéressée de se soumettre au contrôle ou d'impossibilité de justifier de son identité, le personnel mentionné par les dispositions de l'article L. 223-17 peut la retenir en utilisant le cas échéant la force strictement nécessaire.

Il en rend compte immédiatement à tout officier de police judiciaire de la police nationale ou de la gendarmerie nationale territorialement compétent, qui peut alors lui ordonner sans délai de lui présenter sur-le-champ la personne ou de la retenir jusqu'à son arrivée ou celle d'un agent de police judiciaire placé sous son contrôle.

La personne intéressée ne peut être retenue si aucun ordre n'est donné.

Lorsque l'officier de police judiciaire décide de procéder à une vérification d'identité en application de l'article 78-3 du code de procédure pénale, le délai prévu au troisième alinéa du même article 78-3 court à compter du début du contrôle. Les opérations de contrôle ayant donné lieu à l'application du présent alinéa font l'objet d'un rapport adressé au procureur de la République territorialement compétent par le personnel mentionné par les dispositions de l'article L. 223-17.

CHAPITRE IV PRISE EN CHARGE DANS DES QUARTIERS SPÉCIFIQUES

Art. L. 224-1 Lorsqu'il apparaît que leur comportement porte ou est susceptible de porter atteinte au maintien du bon ordre de l'établissement ou à la sécurité publique, les personnes détenues majeures peuvent, sur décision de l'autorité administrative, être affectées au sein de quartiers spécifiques pour bénéficier d'un programme adapté de prise en charge et soumises à un régime de détention impliquant notamment des mesures de sécurité renforcée.

Art. L. 224-2 La décision d'affectation dans ces quartiers spécifiques doit être motivée et n'intervient qu'après une procédure contradictoire au cours de laquelle la personne intéressée, qui peut être assistée de son avocat, présente ses observations orales ou écrites. Cette décision fait l'objet d'un nouvel examen régulier.

Art. L. 224-3 La décision d'affectation au sein d'un quartier spécifique ne porte pas atteinte à l'exercice des droits de toute personne détenue prévus par les dispositions du livre III du présent code, sous réserve des aménagements qu'imposent les impératifs de sécurité.

L'exercice des activités mentionnées par les dispositions de l'article L. 411-1 par les personnes détenues affectées au sein de ces quartiers peut s'effectuer à l'écart des autres personnes détenues et sous réserve des aménagements qu'imposent les impératifs de sécurité.

Art. L. 224-4 Les conditions d'application du présent chapitre sont fixées par décret en Conseil d'État.

CHAPITRE V FOUILLES

V. Circ. du garde des Sceaux du 14 avr. 2011 relative aux moyens de contrôle des personnes détenues (NOR : JUSK1140022C) ; V. Note du garde des Sceaux du 15 nov. 2013 relative aux moyens de contrôle des personnes détenues (NOR : JUSK1340043N) ; V. Circ. du garde des Sceaux du 15 juill. 2020 relative aux fouilles de personnes détenues (NOR : JUSK2017670C).

V. Recomm. Rec(2006)2-rev du Comité des ministres aux États membres sur les Règles pénitentiaires européennes (RPE), adoptée le 11 janv. 2006 et révisée le 1er juill. 2020, App., v° Conditions de détention ; V. Résolution A/RES/70/175 de l'Assemblée générale des Nations unies sur l'ensemble des règles minima des Nations unies pour le traitement des détenus (règles Mandela), adoptée le 17 déc. 2015 (règles adoptées en 1955 et révisées en 2015), App., v° Conditions de détention.

RÉP. PÉN. v° *Prison - Organisation générale*, par CÉRÉ.

BIBL. ▸ **Ouvrages :** DUROCHÉ et PÉDRON, Droit pénitentiaire, *Vuibert, 4e éd., 2019.* - HERZOG-EVANS, Droit pénitentiaire 2020/2021, *Dalloz, Paris, 2019.* - OIP, Le guide du prisonnier, *La Découverte, coll. « Guides », 2021, p. 494.*

▸ **Thèse :** PÉCHILLON, Sécurité et droit du service public pénitentiaire, *LGDJ, coll. Bibliothèque de droit public, 1998.*

▸ **Rapport :** BRETON et HOUBRON, Rapport d'information de l'Assemblée nationale relative au régime des fouilles en détention, *8 oct. 2015, n° 1295.*

▸ **Articles :** FORT, La protection de la dignité de la personne détenue, *AJDA 2010. 2249*. - HERZOG-EVANS, Fouilles corporelles et dignité de l'homme, *RSC 1998. 735*. - LÉNA, Fouilles corporelles intégrales : le CE, véritable garant de l'application de la loi pénitentiaire, *D. actu. 17 juin 2013.* - PORTIER, L'acquis jurisprudentiel de la CEDH en matière de fouilles à corps en milieu carcéral, *AJDA 2019. 1738*.

COMMENTAIRE

Principes généraux. Techniques de maintien de l'ordre et de la sécurité dans les établissements, les fouilles correspondent à quatre modalités différentes, qui sont les fouilles des locaux, les fouilles par palpation, les fouilles intégrales (ou « fouilles à corps » ou « à nu ») et les fouilles internes. La loi pénitentiaire de 2009 a toutefois interdit à l'administration pénitentiaire de soumettre de façon systématique toutes les personnes détenues, sans distinction, à des fouilles intégrales. Le recours aux fouilles doit en effet être individualisé, c'est-à-dire être justifié « par la présomption d'une infraction ou par les risques que le comportement des personnes détenues fait courir à la sécurité des personnes et du maintien du bon ordre dans l'établissement ». Le même texte a par ailleurs intégré le principe de nécessité des fouilles, en imposant de n'y recourir que sur justification d'une infraction ou en raison des risques que le comportement des personnes détenues fait courir à la sécurité et au maintien du bon ordre dans l'établissement. Elle précisait encore que leur nature et leur fréquence sont strictement adaptées à ces nécessités et à la personnalité des personnes détenues, et distinguait, pour ce faire, trois types graduels de fouilles, intégrales, par palpation ou utilisation de moyen de détection électronique (L. pénit. n° 2009-1436, art. 57). La loi du 23 mars 2019 de programmation 2018-2022 et de réforme pour la justice a toutefois consacré la possibilité de soumettre certaines personnes détenues à des fouilles systématiques répétées, « lorsque les nécessités de l'ordre public et les contraintes du service public pénitentiaire l'imposent ». Elles doivent donner lieu à une décision individualisée prise pour une durée maximale de 3 mois renouvelable, sans limitation de durée totale.

Dignité. L'exigence de la dignité des fouilles apparaît en droit français dès l'ancien article D. 275, alinéa 3, du code de procédure pénale tel qu'issu du décret n° 85-836 du 6 août 1985 qui disposait que : « Les détenus ne peuvent être fouillés que par des agents de leur sexe et dans des conditions qui, tout en garantissant l'efficacité du contrôle, préservent le respect de la dignité inhérente à la personne humaine ». Ces dispositions se retrouvent dans le code pénitentiaire, mais uniquement dans la partie réglementaire (art. R. 225-3) et trouvent naturellement un relais dans la jurisprudence de la Cour européenne des droits de l'homme.

Nécessité, proportionnalité et subsidiarité. Une décision de fouille intégrale individuelle qui ne respecte pas les trois principes de nécessité, de proportionnalité et de subsidiarité est illégale et susceptible d'engager la responsabilité de l'administration pénitentiaire. De la même manière, l'instauration au sein d'un établissement d'un régime de fouilles intégrales systématique est prohibée (V., pour des fouilles à l'issue des parloirs, CE, ord., 6 juin 2013, n° 368816 : *AJ pénal 2013. 497, obs. Herzog-Evans* ; CE 26 sept. 2012, n° 359479 : *D. 2013. 1305, obs. Péchillon* ; *Rev. pénit. 2012. 935, obs. Péchillon*. – V. pour un placement au quartier disciplinaire, CAA Lyon, 29 janv. 2015, n° 13LY03116 ; TA Versailles, 24 févr. 2017, n° 1502106 ; TA Poitiers, 24 mai 2017, n° 1500107. – V., pour des extractions judiciaires, CE 14 nov. 2008, n° 315622 : *D. 2008. 3013, obs. Royer* ; *ibid. 2009. 1380, obs. Céré* ; *Procédures 2009, n° 31, obs. Deygas* ; *AJ pénal 2009. 89, obs. Péchillon* ; *AJDA 2008. 2145* ; *ibid. 2008. 2389, obs. Geffray et Liéber* ; *Gaz. Pal. 4-6 janv. 2009, obs. Herzog-Evans*).

1. Principes généraux. CEDH. La fouille des personnes détenues en établissement pénitentiaire n'est pas interdite dès lors qu'elle est « menée de manière appropriée avec le respect dû à la dignité de la personne et dans un but légitime ». • CEDH 26 sept. 2006, *Wainwright c/ Royaume-Uni*, n° 12350/04, § 42 : *D. 2007. 1229, obs. Céré, Herzog-Evans et Péchillon* ; *RSC 2007. 350, chron. Poncela*. ♦ Cependant, une fouille corporelle peut constituer un traitement dégradant eu égard à la manière dont elle est pratiquée, aux objectifs d'humiliation et d'avilissement qu'elle peut poursuivre et à son caractère injustifié. • CEDH 24 juill. 2001, *Valašinas c/ Lituanie*, n° 44558/98, § 117. ♦ Il est ainsi inacceptable pour la Cour qu'une personne détenue se voie ordonner de se déshabiller entièrement face à un groupe de surveillants. • CEDH 15 nov. 2001, *Iwanczuk c/ Pologne*, n° 25196/94, § 58 : *Gaz. Pal. 24-26 févr. 2002. Doctr., p. 3, Herzog-Evans*.

2. Dignité des fouilles. CEDH. Le déroulement des fouilles doit respecter le principe de dignité de la personne. • CEDH 1er juin 2017 : *Dejnek c/ Pologne, § 60*. ♦ Ainsi, obliger une personne détenue à se dévêtir totalement en présence d'une femme puis toucher avec des mains nues ses organes génitaux et la nourriture reçue démontrent un manque évident de respect générant des sentiments d'angoisse et d'infériorité, sources d'humiliation et de vexation, constitutives d'un traitement dégradant. • CEDH 24 juill. 2001, *Valasinas c/ Lituanie*, n° 44558/98, § 17 : *JCP 2001. I. 105, obs. Sudre*.

3. Dignité des fouilles. Jurisprudence interne. Eu égard à leur caractère subsidiaire, il appartient à l'administration pénitentiaire de veiller, d'une part, à ce que les fouilles intégrales soient nécessaires et proportionnées et, d'autre part, à ce que les conditions dans lesquelles elles sont effectuées ne soient pas, par elles-mêmes, attentatoires à la dignité de la personne. • CAA Douai, 7 déc. 2021, n° 20DA01654 • CAA Versailles, 23 mai 2023, n° 21VE02450.

4. Conv. EDH, art. 3. Traitement dégradant. La fouille intégrale, avec inspection anale, de l'ensemble des détenus, sans justification pour chacun d'entre eux d'un indice particulier, constitue un traitement dégradant au sens de l'art. 3 Conv. EDH. • CEDH 12 juin 2000, *Frérot c/ France : D. 2007. Pan. 2637, obs. Garé* ; *ibid. 2008. Pan. 1016, obs. Céré* ; *RSC 2008. 410, obs. Poncela* ; *AJ pénal 2007. 336, note Herzog-Evans* ; *JCP 2007. I. 182, n° 3, obs. Sudre ; RFDA 2008. 737, obs. Labayle et Sudre ; Dr. pénal 2008, chron. 3, obs. Dreyer ; RTD civ. 2008. 148, obs. Roets*.

5. Les fouilles répétées, pratiquées sur un détenu qui présentait des signes d'instabilité psychiatrique et de souffrance psychologique, ont été de nature à accentuer son sentiment d'humiliation et d'avilissement à un degré tel qu'on peut les qualifier de traitement dégradant. • CEDH 9 juill. 2009, *Khider c/ France*, n° 39364/05, § 130 : *RSC 2010. 225, obs. Marguénaud* ; *ibid., chron. 651, obs. Poncela* ; *Gaz. Pal. 28 et 29 oct. 2009. 20, note Renucci ; D. 2009. 2462, note Herzog-Evans ; ibid. Pan. 2828, obs. Roujou de Boubée ; ibid. 2010. Pan. 1378, obs. Céré ; AJ pénal 2009. 372, obs. Herzog-Evans ; Dr. pénal 2009, n° 129, obs. Maron et Haas ; ibid. 2010, chron. 3, obs. Dreyer ; Procédures 2009. Étude 11, par Touré*. ♦ V. aussi ss. art. L. 225-1.

Art. L. 225-1 **Hors les cas où les personnes détenues accèdent à l'établissement pénitentiaire sans être restées sous la surveillance constante de l'administration pénitentiaire ou des forces de police ou de gendarmerie, les fouilles intégrales des personnes détenues doivent être justifiées par la présomption d'une infraction ou par les risques que leur comportement fait courir à la sécurité des personnes et au maintien du bon ordre dans l'établissement.**

Leur nature et leur fréquence sont strictement adaptées à ces nécessités et à la personnalité des personnes détenues.

Elles peuvent être réalisées de façon systématique lorsque les nécessités de l'ordre public et les contraintes du service public pénitentiaire l'imposent. Dans ce cas, le chef de l'établissement pénitentiaire doit prendre une décision pour une durée maximale de trois mois renouvelable après un nouvel examen de la situation de la personne détenue.

COMMENTAIRE

Fouilles intégrales. La circulaire du 14 avril 2011 relative aux moyens de contrôle des personnes détenues (*BOMJL n° 2011-04 du 29 avr.*) précise que les fouilles intégrales doivent garantir « l'efficacité du contrôle », tout en préservant « le respect de la dignité inhérente à la personne humaine » (Circ. préc., § 1.2.2., al. 7). Le paragraphe 1.2.2., alinéa 2, de ce même texte alerte cependant sur le fait que la fouille intégrale « est susceptible de porter atteinte aux libertés individuelles » et à la « dignité de la personne détenue », en relevant également qu'il s'agit d'un geste « sensible pour les personnels pénitentiaires ». Si les décisions de fouilles intégrales individualisées doivent être motivées, la circulaire du 15 juillet 2020 précise toutefois qu'il n'est « pas nécessaire de détailler de manière exhaustive tous les éléments qui permettent de fonder la décision ».

Afin de réduire le nombre de fouilles pratiquées, les personnes détenues s'engagent de plus en plus régulièrement sur la voie contentieuse pour amener le juge administratif à examiner leur usage encore très répandu. Si le contrôle réalisé par le biais du recours pour excès de pouvoir progresse et permet de s'assurer à la fois du respect des règles de forme et de fond, c'est surtout la question de l'illégalité fautive susceptible d'engager la responsabilité de l'administration pénitentiaire qui est aujourd'hui privilégiée.

La fouille intégrale d'une personne détenue est une décision individuelle prise et formalisée par le chef d'établissement pour des motifs strictement et limitativement fixés par la loi. ❑

I. FOUILLES PONCTUELLES

1. Fouilles intégrales. CEDH. La validité des fouilles intégrales est reconnue par la Cour EDH, en tant que dispositif permettant de maintenir l'ordre et la sécurité dans les établissements pénitentiaires, ainsi que pour prévenir les troubles et les infractions. • CEDH 4 févr. 2003, *Van der Ven c/ Pays-Bas*, n° 50901/99, § 60 : *RSC 2004. 448, obs. Massias ; D. 2004. 1101, chron. Céré.* ♦ Ce type de fouille consiste à demander à la personne de se dénuder entièrement sous les yeux d'un agent, sans s'accompagner d'un contact physique, avec un contrôle méticuleux des effets vestimentaires du détenu. Cette technique sensible doit cependant faire l'objet de nombreuses mesures de précaution sous peine d'entraîner une violation des art. 3 et 8 Conv. EDH. En premier lieu, les fouilles intégrales doivent toujours être justifiées et ne pas être appliquées de manière systématique à l'égard d'une personne détenue. • CEDH 22 oct. 2020, *Roth c/ Allemagne*, n°s 6780/18 et 30776/18, § 70 à 72 : *D. 2021. 1106, obs. Céré, Falxa et Herzog-Evans.* ♦ Il est, par exemple, parfaitement justifié de fouiller un détenu avant son placement en quartier disciplinaire, ne serait-ce que pour prévenir le risque de suicide. • CEDH 12 juin 2007, *Frérot c/ France*, n° 70204/01, § 45 : *AJ pénal 2007. 336, obs. Herzog-Evans.*

2. Fouilles intégrales. Conformité à la Conv. EDH. Les fouilles intégrales sont conformes aux exigences de la Cour EDH, en particulier parce que des précautions sont aménagées « pour protéger l'intimité et la dignité des détenus ». • CE 8 déc. 2000, n° 176389 • 8 déc. 2000, n° 162995 : *Dr. adm. 2001. 19, chron. R. S. ; D. 2002. Chron. 110, obs. Céré, Herzog-Evans et Péchillon.*

3. Motif légitime. Droit interne. Si les nécessités de l'ordre public et les contraintes du service public pénitentiaire peuvent légitimer l'application à un détenu de mesures de fouille, le cas échéant répétées, elles ne sauraient revêtir un caractère systématique et doivent être justifiées par l'un des motifs qu'elles prévoient, en tenant compte notamment du comportement de l'intéressé, de ses agissements antérieurs ou des contacts qu'il a pu avoir avec des tiers. • CE 30 janv. 2019, n° 416999 • CAA Versailles, 23 mai 2023, n° 21VE02450. ♦ La fouille de la cellule du détenu ne saurait justifier, à elle seule, une mesure de fouille intégrale à corps dès lors qu'aucun élément ne permet de justifier la mesure prise par la présomption d'une infraction ou par les risques que le comportement de l'intéressé fait courir à la sécurité des personnes et au maintien du bon ordre dans l'établissement. • CAA Marseille, 21 juin 2021, n° 19MA02066.

4. Est justifiée la décision individuelle de fouille intégrale d'une personne détenue à l'issue d'un parloir, fondée sur une présomption d'entrée en détention de substances prohibées, en l'espèce des stupéfiants, cette mesure, mise en œuvre par le chef d'établissement pour prévenir les risques d'atteinte à la sécurité des personnes et pour le maintien du bon ordre dans l'établissement, étant individualisée, adaptée aux circonstances et réalisée de manière régulière par des agents de l'administration penitentiaire habilités. • Crim. 3 mai 2018, n° 17-83.225 P : *D. actu. 3 mai 2018, obs. Azoulay ; AJ pénal 2018. 377, obs. H-Evans ; Dr. pénal 2018, n° 115, obs. Maron et Haas.*

5. Proportionnalité. L'exigence de proportionnalité des modalités selon lesquelles les fouilles intégrales sont organisées implique qu'elles soient strictement adaptées non seulement aux objectifs qu'elles poursuivent, mais aussi à la personnalité des personnes détenues qu'elles concernent ; à cette fin, il appartient au chef d'établissement de tenir compte, dans toute la mesure du possible, du comportement du détenu, de ses agissements antérieurs ainsi que des circonstances de ses contacts avec des tiers. • CE 6 juin 2013, n° 368875 : *D. actu. 17 juin 2013, obs. Léna ; D. 2013. 1478 ; AJDA 2013. 1191 ; AJ pénal 2013. 497, obs. Péchillon .* ♦ Il appartient à l'administration pénitentiaire de veiller, d'une part, à ce que les fouilles corporelles soient, eu égard à leur caractère subsidiaire, nécessaires et proportionnées et, d'autre part, à ce que les conditions dans lesquelles elles sont effectuées ne soient pas, par elles-mêmes, attentatoires à la dignité de la personne. • CE 30 janv. 2019, n° 416999 : *AJ pénal 2019. 221, obs. Otéro .* ♦ L'administration n'établit pas que les fouilles intégrales (91 fouilles individuelles dont 79 fouilles intégrales indiquées au tableau) auraient présenté, à chaque fois, un caractère proportionné et nécessaire (indemnisation du préjudice moral). • CAA Nantes, 2 oct. 2020, n° 19NT02601.

6. Caractère subsidiaire des fouilles intégrales. Les fouilles intégrales revêtent un caractère subsidiaire par rapport aux fouilles par palpation ou à l'utilisation de moyens de détection électronique. Il appartient à l'administration pénitentiaire de veiller, d'une part, à ce que de telles fouilles soient, eu égard à leur caractère subsidiaire, nécessaires et proportionnées et, d'autre part, à ce que les conditions dans lesquelles elles sont effectuées ne soient pas, par elles-mêmes, attentatoires à la dignité de la personne. • CE 30 janv. 2019, n° 416999. ♦ Elles ne doivent pas être systématiques et doivent être justifiées par l'un des motifs qu'elles prévoient, en tenant compte notamment du comportement de l'intéressé, de ses agissements antérieurs ou des contacts qu'il a pu avoir avec des tiers. • CAA Nancy, 25 nov. 2021, n° 19NC00172. ♦ Durant son incarcération, l'intéressé a subi 147 fouilles individuelles, dont 146 fouilles intégrales et une seule palpation. L'administration n'établit pas que ces fouilles intégrales, qui doivent pourtant rester subsidiaires, auraient présenté, à chaque fois, un caractère proportionné et nécessaire. Dès lors, les fouilles intégrales subies, en l'absence de toute justification par l'administration de leur nécessité au regard de fouilles par palpation et, compte tenu de leur caractère systématique, sont de nature à engager la responsabilité de l'État. • CAA Douai, 7 déc. 2021, n° 20DA01654.

7. Dangerosité de la personne détenue. La décision fondée sur le motif tiré de la nécessité de soumettre l'intéressé dont la dangerosité est avérée à une fouille corporelle intégrale à la sortie de son parloir avec son conseil, compte tenu de sa personnalité, n'instaure pas de régime de fouille intégrale systématique, mais une mesure limitée au cadre du retour de sa rencontre avec son conseil, au cours de laquelle l'intéressé aurait pu lui subtiliser un objet. Dès lors que des mesures de fouille par palpation ou l'utilisation des moyens électroniques de détection ne permettaient pas de s'assurer qu'il n'avait pu subtiliser un objet constituant une arme par destination, le requérant n'est pas fondé à soutenir que la décision de le soumettre à une fouille corporelle intégrale n'était pas adaptée, nécessaire et proportionnée compte tenu de son comportement et de ses agissements antérieurs. • CAA Nantes, 24 nov. 2017, n° 15NT0319. ♦ Si les évaluations et suivis dont l'intéressée fait l'objet laissent penser que le risque qu'elle adopte un comportement violent en lien avec ses convictions passées s'amenuise, la décision de maintenir, pendant une durée limitée, un régime de fouilles intégrales qui a donné lieu à une dizaine de fouilles, la plupart au retour de parloirs, n'apparaît pas, compte tenu de son comportement dans un passé encore récent et à condition que le rythme des fouilles de sa cellule demeure mesuré, comme portant une atteinte grave et manifestement illégale au droit de ne pas subir de traitements inhumains et dégradants. • CE, ord., 30 mai 2023, n° 474090.

8. Caractère non fautif du refus d'une fouille intégrale injustifiée. L'intéressé a pu légalement désobéir à l'ordre qui lui a été donné de se dévêtir pour subir une fouille intégrale, dès lors qu'il est constant qu'un tel ordre, qui trouvait son fondement dans une note de service illégale et qui n'a été justifié ni par son comportement, ni par les circonstances de ses contacts avec des tiers, était manifestement contraire à la dignité de la personne humaine. • CAA Douai, 7 déc. 2017, n° 16DA00715. ♦ La fouille à laquelle a été soumis l'intéressé a été décidée pour un motif de sécurité. Cette mesure n'a toutefois pas été prise en fonction de son comportement, de ses agissements antérieurs ou des circonstances de ses contacts avec des tiers. Au demeurant, il est constant que l'intéressé ne s'est pas opposé à toutes mesures de fouille, mais seulement à une fouille corporelle intégrale, avant de s'y soumettre, alors qu'il faisait l'objet de fouilles intégrales de manière quasi systématique à l'issue de ses passages au parloir. Il s'ensuit que son refus de se soumettre à cette fouille corporelle intégrale, qui était manifestement de nature à porter atteinte à sa dignité, n'est pas constitutif d'une faute justifiant l'application d'une sanction. • CAA Lyon, 2 sept. 2019, n° 17LY02775.

9. Responsabilité de l'État. Les fouilles ne présentant pas un caractère proportionné au regard des nécessités de sécurité et de bon ordre au sein de l'établissement pénitentiaire engagent la responsabilité pour faute du service pénitentiaire. • CAA Versailles, 23 mai 2023, n° 21VE02450 : *préc. note 3.* ♦ Le fait que l'intéressé avait précédemment fait l'objet de deux procédures disciplinaires en raison de la découverte de substances interdites en détention à l'issue de ses parloirs ne permet pas de regarder comme nécessaire et proportionnée la soumission à des fouilles intégrales systématiques après chaque visite reçue au parloir.

Dès lors, l'intéressé est fondé à soutenir que l'application de ces mesures a été constitutive d'une faute de nature à engager la responsabilité de l'État à son égard. • CAA Nancy, 25 nov. 2021, n° 19NC00172. ♦ Ni le contexte général, ni les faits dont l'intéressé a pu se rendre coupable à deux reprises ne sont d'une gravité telle qu'ils permettent de regarder comme nécessaire et proportionnée la soumission de l'intéressé à des fouilles intégrales répétées (169 en 10 mois). Le recours à ces mesures ne présentait pas, eu égard à ce qui précède, un caractère nécessaire et proportionné. Dès lors, ces fouilles ont revêtu un caractère attentatoire à la dignité de la personne, et sont constitutives d'une faute de nature à engager la responsabilité de l'État. • CAA Lyon, 20 oct. 2022, n° 20LY01269.

II. FOUILLES SYSTÉMATIQUES D'UNE PERSONNE DÉTENUE

10. Traitement dégradant. L'organisation d'une fouille à corps hebdomadaire systématique, alors même que les autorités n'ont jamais rien découvert à cette occasion, constitue un traitement dégradant contraire à l'art. 3 Conv. EDH. • CEDH 4 févr. 2003, *Van der Ven c/ Pays-Bas,* n° 50901/99, § 60. ♦ De telles fouilles effectuées de manière routinière en dehors de tout besoin concret en matière de sécurité ne sont pas davantage possibles à l'égard des détenus les plus dangereux, à l'égard desquels n'existent pas de soupçons spécifiques, et en présence de mesures permanentes, telles que la surveillance par les gardiens et la télévision en circuit fermé. • CEDH 17 avr. 2012, *Piechowicz c/ Pologne,* n° 20071/07, § 166-178.

11. Caractère systématique. Les fouilles intégrales doivent être justifiées et ne pas être appliquées de manière systématique à l'égard d'une personne détenue. • CEDH 22 oct. 2020, *Roth c/ Allemagne,* n°s 6780/18 et 30776/18, § 70 à 72 : *D. 2021. 1106, obs. Céré, Falxa et Herzog-Evans* • 7 juill. 2022, *Safi et a. c/ Grèce,* n° 5418/15.

12. Si les nécessités de l'ordre public et les contraintes du service public pénitentiaire peuvent légitimer l'application à un détenu de mesures de fouille, le cas échéant répétées, elles ne sauraient revêtir un caractère systématique et doivent être justifiées par l'un des motifs qu'elles prévoient, en tenant compte notamment du comportement de l'intéressé, de ses agissements antérieurs ou des contacts qu'il a pu avoir avec des tiers. • CE 21 nov. 2018, n° 410722.

13. Effectivité du référé-liberté. La CEDH juge qu'eu égard à l'office du juge administratif, et en particulier à l'étendue de son contrôle et à la portée de ses pouvoirs, le référé-liberté doit être regardé, à l'époque des faits litigieux, comme constituant, en matière de régime de fouille des personnes détenues, une voie de recours effective et disponible, en théorie comme en pratique. • CEDH 6 juill. 2023, *E. M. et a. c/ France,* n° 84187/17 : *AJ pénal 2023. Page, note Falxa.*

14. Nécessité. La décision par laquelle le directeur d'un centre pénitentiaire ayant décidé de mettre en œuvre un régime « exorbitant » de fouilles à l'encontre d'une personne détenue pour une durée de trois mois est justifiée par les faits ayant conduit au prononcé d'une sanction disciplinaire, par la découverte lors de deux fouilles de cellules d'objet servant à communiquer par l'extérieur avec les cellules voisines (« yoyos ») permet de considérer que l'intéressé pouvait raisonnablement être regardé comme cherchant à favoriser l'entrée, la sortie ou la circulation en détention d'objets ou substances prohibés ou dangereux pour la sécurité des personnes ou le bon ordre de l'établissement. • CAA Douai, 6 avr. 2021, n° 20DA00276. ♦ La décision attaquée a été adoptée pour une durée limitée de trois mois et ne concernait que les fouilles consécutives à des visites aux parloirs et à des fouilles de cellule, dont l'intéressé n'établit ni même ne soutient qu'elles devaient se renouveler frequemment au cours de la période en cause. Il n'apparaît pas que l'objectif poursuivi pouvait être atteint par le recours à des fouilles non intégrales, la décision litigieuse a présenté les caractères de nécessité et de proportionnalité propres à en assurer la légalité. • Même arrêt.

15. Détenu particulièrement signalé. Les décisions par lesquelles le directeur de la maison centrale a soumis l'intéressé à un régime de fouilles à nu systématiques après chaque parloir, chaque fouille de cellule et chaque fouille de sortie sont tout d'abord fondées sur son statut de détenu particulièrement signalé. Celui-ci s'était déjà évadé d'une maison centrale et, après sa réincarcération, avait de nouveau tenté de s'évader. Si les parloirs dit « classiques » s'opèrent sous la surveillance visuelle des surveillants, il n'est pas contesté que chaque visite se déroule sans dispositif de séparation, de sorte qu'il est toujours possible de déjouer une vigilance visuelle si aiguisée soit-elle. La relative intimité laissée au détenu lors de ces "parloirs" présente inévitablement un risque pour lequel la fouille à nu apparaît comme un contrôle nécessaire. Enfin, il n'apparaît pas que la fréquence des fouilles dites « à nu » pratiquées, lesquelles ont été pratiquées en moyenne tous les douze jours environ, sur une période de 173 jours présente un caractère excessif. • CAA Marseille, 1er oct. 2018, n° 16MA03615. ♦ Concernant la prévention des évasions, V. aussi notes ss. art. R. 225-2.

16. Maintien des fouilles systématiques après un transfert. Il appartient au chef d'établissement de tenir compte, dans toute la mesure du possible, du comportement du détenu, de ses agissements antérieurs ainsi que des circonstances de ses contacts avec des tiers. Eu égard tant à la nature des faits qui ont entraîné sa condamnation qu'à l'ensemble de son comportement en détention au vu desquels il fait l'objet d'un suivi particulier, le maintien, immédiatement après l'arrivée du requérant à la maison d'arrêt, du régime de fouilles intégrales systématiques dont il faisait l'objet auparavant apparaît justifié par les nécessités de l'ordre public. • CE, ord., 6 juin 2013, n° 368875.

17. Preuve d'un régime de fouilles systématiques. En présence d'allégations sérieuses et non démenties de l'existence d'un régime de fouilles systématiques, il revient au juge de l'excès de pouvoir de mettre en œuvre ses pouvoirs généraux d'instruction des requêtes et de prendre toutes mesures propres à lui procurer, par les voies de droit, les éléments de nature à lui permettre de former sa conviction, en particulier en exigeant de l'administration compétente la production de tout document susceptible de permettre de vérifier les allégations du demandeur. • CE 3 oct. 2018, n° 413989 B : *JCP Adm. 2018. actu. 784, note Renard.* ♦ La SF-OIP a accompli toutes les diligences qu'elle pouvait effectuer afin de se procurer la décision fixant le régime des fouilles des détenus à l'issue des parloirs du centre pénitentiaire de M. ; en gardant le silence sur les demandes de communication d'un tel document dont elle était saisie ou en interceptant les courriers adressés aux détenus de l'établissement pénitentiaire, l'administration a fait obstacle à ce que cette association soit en mesure de satisfaire à l'exigence de production de la décision qu'elle attaquait. Dans ces conditions, la requête ne pouvait être rejetée pour irrecevabilité. • CAA Douai, 17 sept. 2020, n° 18DA02030. ♦ En réponse aux allégations du requérant, indiquant avoir fait l'objet au cours de son incarcération au centre pénitentiaire de Nancy-Maxéville d'une soixantaine de fouilles intégrales à la suite de visites au parloir, le ministre de la Justice se borne à soutenir que l'intéressé n'apporte aucun élément permettant d'attester de la réalité de ces faits, sans toutefois contester formellement la pratique de telles fouilles sur sa personne, ni fournir aucun élément relatif aux dates, à la fréquence ou aux conditions d'organisation des visites reçues par celui-ci au parloir au cours de sa détention. Le requérant produit en revanche plusieurs éléments, dont divers témoignages de détenus faisant état du caractère systématique du recours aux fouilles intégrales à la suite des visites au parloir ainsi enfin qu'une pétition contre les fouilles à nu aux parloirs, comportant la signature de près de 150 détenus. Eu égard à ces éléments, non contestés, et au caractère généralisé et systématique du recours aux fouilles intégrales des détenus du centre pénitentiaire, la soumission de ce dernier à plusieurs reprises au cours de ces périodes de détention à de telles fouilles doit être regardée comme établie. • CAA Nancy, 25 nov. 2021, n° 19NC00172.

18. Fouilles systématiques générales. V. art. L. 225-2.

Art. L. 225-2 **Lorsqu'il existe des raisons sérieuses de soupçonner l'introduction au sein de l'établissement pénitentiaire d'objets ou de substances interdits ou constituant une menace pour la sécurité des personnes ou des biens, le chef de l'établissement pénitentiaire peut également ordonner des fouilles de personnes détenues dans des lieux et pour une période de temps déterminés, indépendamment de leur personnalité.**

Ces fouilles doivent être strictement nécessaires et proportionnées. Elles sont spécialement motivées et font l'objet d'un rapport circonstancié transmis au procureur de la République territorialement compétent et à la direction de l'administration pénitentiaire.

COMMENTAIRE

Depuis la loi n° 2016-731 du 3 juin 2016, le chef d'établissement peut ordonner des fouilles générales, c'est-à-dire non individualisées, « lorsqu'il existe des raisons sérieuses de soupçonner l'introduction au sein de l'établissement pénitentiaire d'objets ou de substances interdits ou constituant une menace pour la sécurité des personnes ou des biens ». Si cette mesure doit en principe être limitée dans le temps, il n'est pas rare qu'elle soit renouvelée sans interruption par l'administration, exposant les personnes détenues à des fouilles intégrales systématiques pendant plusieurs mois. Le Conseil d'État exige néanmoins que, dans toute la mesure du possible, un tel régime tienne compte du comportement de chaque détenu, de ses agissements antérieurs ainsi que des circonstances de ses contacts avec des tiers (6 juin 2013, n°s 368816 et 368875). ❑

1. Nécessité d'un régime de fouilles systématiques. Les nécessités de l'ordre public et les contraintes du service public pénitentiaire peuvent légitimer l'application aux détenus d'un régime de fouilles corporelles intégrales en l'absence de portiques de détection métalliques que les structures modulaires dans lesquelles se déroulent actuellement les visites aux parloirs sont insusceptibles d'accueillir en raison des travaux en cours. • CE, ord., 6 juin 2013, n° 368816 • CE, ord., 6 juin 2013, n° 368875. ♦ Contrairement à ce qui est soutenu par l'intéressé, les parloirs n'ont pas lieu sous surveillance constante et il est possible de cacher de menus objets qui ne seraient pas détectés à la simple palpation. • CAA Versailles, 23 mai 2023, n° 21VE02448.

2. Proportionnalité des modalités de fouilles systématiques. L'exigence de proportionnalité des modalités selon lesquelles les fouilles intégrales sont organisées implique qu'elles soient strictement adaptées non seulement aux objectifs qu'elles poursuivent, mais aussi à la personnalité des personnes détenues qu'elles concernent. Il appartient donc au chef d'établissement de tenir compte, dans toute la mesure du possible, du comportement de chaque détenu, de ses agissements antérieurs ainsi que des circonstances de ses contacts avec des tiers. • CE, ord., 6 juin 2013, n° 368816 : *préc. note 1* • 6 juin 2013, n° 368875 : *préc. note 1.* ♦ La note de service se bornant à instituer un régime de fouilles intégrales systématiques sans organiser la possibilité d'en exonérer certains détenus constitue, eu égard à son caractère systématique, une atteinte grave et manifestement illégale aux libertés fondamentales dans la mesure où celui-ci n'a pas prévu la possibilité de moduler son application pour tenir compte de la personnalité des détenus, de leur comportement en détention ainsi que de la fréquence de leur fréquentation des parloirs. • CE, ord., 6 juin 2013, n° 368816 : *préc. note 1.* ♦ Une telle note de service est contraire au principe constitutionnel de sauvegarde de la dignité de la personne humaine, à l'art. 3 Conv. EDH, et à l'art. 57 de la L. pénit. du 24 nov. 2009. • CAA Douai, 7 déc. 2017, n° 16DA00715. ♦ Compte tenu de la situation d'urgence, il y a lieu non de suspendre l'exécution de la note litigieuse, mais d'enjoindre au chef de l'établissement de modifier, dans un délai de quinze jours, la note de service qui définit le régime des fouilles intégrales systématiques afin d'y introduire la possibilité d'une telle modulation. • CE, ord., 6 juin 2013, n° 368816 : *préc. note 1.*

3. Application dans le temps des régimes de fouilles systématiques. Si l'instruction litigieuse ne fixe pas de limite dans le temps à l'application des mesures qu'elle prescrit, il incombe au chef d'établissement d'en réexaminer le bien-fondé, à bref délai et, le cas échéant, à intervalles réguliers. • CE, ord., 6 juin 2013, n° 368875 : *préc. note 1.*

4. Fouilles préventives à l'entrée. La fouille réalisée à l'occasion de l'arrivée en détention, qui concerne toute personne détenue arrivante compte tenu du risque élevé d'introduction d'objets ou de substances illicites provenant de l'extérieur, peut être justifiée à titre préventif. • CAA Versailles, 23 mai 2023, n° 21VE02450.

Art. L. 225-3 **Les fouilles intégrales ne sont possibles que si les fouilles par palpation ou l'utilisation des moyens de détection électronique sont insuffisantes.**

Les investigations corporelles internes sont proscrites, sauf impératif spécialement motivé. Elles ne peuvent alors être réalisées que par un médecin n'exerçant pas au sein de l'établissement pénitentiaire et requis à cet effet par l'autorité judiciaire.

COMMENTAIRE

Dans tous les cas, le recours à une fouille intégrale ne doit en principe être retenu que si « les fouilles par palpation ou l'utilisation de moyens de détection électroniques sont insuffisantes ». Concernant le caractère subsidiaire des fouilles intégrales, voir aussi le commentaire et les notes sous l'article L. 225-1.

Les « investigations corporelles internes » (fouilles des cavités internes) sont désormais interdites, « sauf impératif spécialement motivé ». Elles ne peuvent être réalisées que par un médecin extérieur à l'établissement pénitentiaire, requis par l'autorité judiciaire (pour le détail des modalités pratiques des fouilles et de leur fréquence, V. Circ. AP du 14 avr. 2011 relative aux moyens de contrôle des personnes détenues). Cette prohibition est conforme aux exigences des Règles pénitentiaires européennes (RPE 54.6 et 54.7). ❑

1. Insuffisance des moyens de détection électronique. En l'absence de portiques de détection métalliques que les structures modulaires dans lesquelles se déroulent actuellement les visites aux parloirs sont insusceptibles d'accueillir, le recours à des opérations de fouilles intégrales, qui permettent de saisir les objets interdits ou dangereux que les détenus cherchent à introduire en détention, paraît justifié par la nécessité d'assurer la sécurité ainsi que le maintien de l'ordre au sein de l'établissement. • CE, ord., 6 juin 2013, n° 368816. ♦ La circonstance alléguée selon laquelle le portique ne serait pas adapté aux personnes obèses alors qu'il ne ressort pas des pièces du dossier que l'intéressé serait affecté d'une telle affection n'est pas de nature à justifier la permanence des fouilles intégrales le concernant. • CAA Marseille, 26 mars 2018, n° 16MA02484. ♦ Le refus par l'intéressé de se livrer à une fouille à nu par le dépôt de ses sous-vêtements, sans violences physiques ou verbales, n'est pas de nature à justifier l'infliction de la sanction maximale prévue pour une faute du 2e degré alors qu'il apparaît qu'une telle demande, qui lui était faite à l'occasion de chaque retour de promenade, était liée au fait que l'intéressé devait, en raison d'un handicap physique, porter des orthèses aux genoux avec des baleines métalliques et que ce matériel provoquait systématiquement une alerte par le portique de sécurité sans que soit établie l'impossibilité de lui faire ôter son équipement médical pour s'assurer qu'il ne déclenche pas le dispositif de sécurité. • CAA Paris, 7 juill. 2022, n° 21PA05282.

2. Investigations corporelles. Ni l'examen des cheveux de l'intéressé, ni de ses pieds ne nécessitent une fouille intégrale, alors même que, comme le fait valoir l'administration, ladite fouille n'autorise pas la recherche à l'intérieur des cavités du corps, y compris en ce qui concerne la bouche, laquelle ne peut être faite que par un membre du corps médical. • CAA Marseille, 26 mars 2018, n° 16MA02484.

Art. L. 225-4 **Pour des motifs liés au maintien du bon ordre et de la sécurité ou à la prévention des infractions, les personnels de surveillance procèdent, en l'absence des personnes détenues, à des fouilles fréquentes et minutieuses des cellules et locaux divers où les personnes détenues séjournent, travaillent ou ont accès.**

COMMENTAIRE

La fouille d'une cellule par les agents de l'administration pénitentiaire ne constitue pas une perquisition, elle peut donc se réaliser en l'absence du détenu, comme le prescrit l'article L. 225-4 du code pénitentiaire. Le Conseil d'État ne voit pas dans la fouille de la cellule une violation de la vie privée du détenu au sens de l'article 8 de la Convention européenne des droits de l'homme (CE 18 févr. 2015, n° 375765 : *AJ pénal 2015. 197, note Herzog-Evans et Péchillon*). Cette disposition pose toutefois problème au regard des Règles pénitentiaires européennes qui préconisent, au contraire, que « tous les détenus doivent assister à la fouille de leurs effets personnels à moins que les techniques de fouilles ou le danger potentiel que cela représente pour le personnel ne l'interdisent » (RPE n° 54.8). Des perquisitions peuvent cependant être réalisées dans des conditions de droit commun, par des officiers de police judiciaire. La jurisprudence refuse néanmoins de qualifier cette opération de perquisition, au motif que la cellule d'une maison d'arrêt ne constitue pas le domicile du détenu (Crim. 18 oct. 1989, n° 89-80.462 ; Crim. 16 sept. 2009, n° 09-80.089 ; Comp. Crim. 19 janv. 1999, n° 98-82.898). Elle a donc pu en déduire que, même en ce cas, la présence du détenu n'est pas nécessaire.

Aux fouilles des cellules régulières et de droit commun s'ajoutent parfois des fouilles générales de la totalité des établissements pénitentiaires, dites « fouilles générales ». Elles sont réalisées par les équipes régionales d'intervention spécialisées (ERIS), dont la création a été validée par le Conseil d'État (CE 16 juin 2004, n° 261246). La création de ce corps a eu pour objet de développer un certain professionnalisme et d'éviter aux surveillants de l'établissement de faire l'objet de vindicte de la part des détenus après les fouilles générales (V. Rép. pén., v° Prison – Organisation générale (chap. 5 – Règles de sécurité, not. § 227 à 237), par Céré). ❑

1. Légalité de la fouille des cellules en dehors de la présence des occupants. En vertu de l'art. 42 de la L. pénit. du 24 nov. 2009, toute personne détenue a droit à la confidentialité de ses documents personnels et peut les confier au greffe de l'établissement qui les met à la disposition de la personne concernée. En vertu de l'art. 728 C. pr. pén., le pouvoir réglementaire est compétent pour déterminer les modalités de fouille des cellules des personnes détenues. Le requérant n'est pas fondé à soutenir qu'en prévoyant que les surveillants peuvent procéder à l'inspection fréquente et minutieuse des cellules en l'absence des personnes détenues, les dispositions de l'art. D. 269 C. pr. pén. méconnaissent le droit au respect de la vie privée garanti par l'art. 2 DDH et par les stipulations de l'art. 8 Conv. EDH, ni, en tout état de cause, l'art. 9 C. civ., pas plus que le droit de propriété, garanti par l'art. 17 DDH. • CE 18 févr. 2015, n° 375765 : *AJ pénal 2015. 197, note Herzog-Evans et Péchillon.*

2. Est légitime la fouille d'une cellule qui aurait permis de trouver la ceinture qu'un détenu avait utilisée pour se suicider et, en conséquence, aurait empêché sa mort. • CEDH 19 juill. 2012, *Ketreb c/ France*, n° 38447/09, § 95 : *AJ pénal 2012. 609, obs. Céré ; D. actu. 19 sept. 2012, obs. Léna.*

Art. L. 225-5 **Les modalités d'application du présent chapitre sont fixées par décret en Conseil d'État.** — *V. art. R. 225-1 s.*

CHAPITRE VI USAGE DES MENOTTES ET ENTRAVES

RÉP. PÉN. v° *Prison - Organisation générale*, par CÉRÉ.

Art. L. 226-1 **Les conditions dans lesquelles l'administration pénitentiaire peut faire usage des menottes ou entraves sont fixées par les dispositions de l'article 803 du code de procédure pénale.** — ***C. pr. pén.***

V. Règles pénitentiaires européennes, n°s 68.1 à 68.8, App., v° Conditions de détention, et Résol. A/RES/70/175 de l'Assemblée générale des Nations unies sur l'ensemble des règles minima des Nations unies pour le traitement des détenus (Règles Nelson Mandela), règles 47 à 49, App., v° Conditions de détention.

BIBL. ▸ **Ouvrages :** Duroché et Pédron, Droit pénitentiaire, *Vuibert, 4e éd., 2019.* – Herzog-Evans, Droit pénitentiaire 2020/2021, *Dalloz, Paris, 2019.* – OIP, Le guide du prisonnier, *La Découverte, coll. « Guides », 2021, p. 520 s.*

▸ **Articles :** Larralde, *RTDH 1999. 277* (note ss. CEDH *Raninen contre Finlande*). – Roets, *D. 2004. 1196* (l'usage des menottes et des entraves dans le collimateur européen).

COMMENTAIRE

A l'intérieur des établissements pénitentiaires, l'usage des menottes relève d'une décision du chef de l'établissement, qui peut ordonner leur utilisation, en tant qu'instrument de dernier recours, uniquement à titre de prévention, afin d'éviter que la personne détenue ne cause des dommages, ou qu'elle porte atteinte à elle-même ou autrui

Les précisions relatives à l'utilisation des menottes font l'objet d'un renvoi vers l'article 803 du code de procédure pénale, issu de la loi n° 93-2 du 4 janvier 1993 (*JO 5 janv. ; D. 1993. 134*) qui prévoit que : « Nul ne peut être soumis au port des menottes ou des entraves que s'il est considéré comme dangereux pour autrui ou pour lui-même, soit comme susceptible de tenter de prendre la fuite ». La loi n° 2000-516 du 15 juin 2000 y a ajouté un alinéa 2, lequel prévoyant que « dans ces deux hypothèses, toutes mesures utiles doivent être prises, dans les conditions compatibles avec les exigences de sécurité, pour éviter qu'une personne menottée ou entravée soit photographiée ou fasse l'objet d'un enregistrement audiovisuel ». L'article R. 226-1 met en avant pour l'usage des menottes les principes de nécessité et de proportionnalité, qui gouvernent également l'organisation des fouilles (V. comm. ss. art. L. 225-1 s.).

L'article D. 215-5 du code pénitentiaire ajoute que lors des escortes, le chef d'escorte peut soumettre, « s'il y a lieu », le détenu aux menottes et entraves. Ceci suppose donc que l'administration pénitentiaire justifie le port des menottes par l'examen préalable du « comportement pénal du détenu, sa dangerosité et les craintes d'évasion que sa sortie pouvait, dans son propre contexte, susciter » (TA Nantes, 19 oct. 2011, n° 0802478).

Ces exigences légales et réglementaires ont été complétées par un certain nombre de précisions apportées par la Cour européenne des droits de l'homme depuis son arrêt *Raninen contre Finlande* du 16 décembre 1997 (n° 20972/92). Tout en précisant « que le port des menottes ne pose normalement pas de problème au regard de l'article 3 de la Convention lorsqu'il est lié à une arrestation ou une détention légales et n'entraîne pas l'usage de la force, ni d'exposition publique, au-delà de ce qui est raisonnablement considéré comme nécessaire dans les circonstances de l'espèce » (§ 56), elle exige que l'utilisation de cet instrument de contrainte (pour une personne majeure comme mineure ; CEDH 16 mai 2002, *D.G. c/ Irlande,* n° 39474/98) soit toujours justifiée et proportionnée. ❑

1. Jurisprudence européenne. La Cour estime que le port des menottes ne pose normalement pas de problème au regard de l'art. 3 Conv. EDH lorsqu'il est lié à une arrestation ou une détention légales et n'entraîne pas l'usage de la force, ni d'exposition publique, au-delà de ce qui est raisonnablement considéré comme nécessaire dans les circonstances de l'espèce. A cet égard, il importe par exemple de savoir s'il y a lieu de penser que l'intéressé opposera une résistance à l'arrestation, ou tentera de fuir, de provoquer blessure ou dommage, ou de supprimer des preuves. • CEDH 16 déc. 1997, *Raninen c/ Finlande,* n° 20972/92 : *JCP 1998. I. 107, obs. Sudre ; RSC 1998. 382, obs. Koering-Joulin ; AJDA 1998. 37, obs. Flauss ; RTDH 1999. 277, obs. Larralde.* ♦ Pour la Cour, il importe ainsi de savoir par exemple « s'il y a lieu de penser que l'intéressé opposera une résistance à l'arrestation, ou tentera de fuir, de provoquer blessure ou dommage ». • CEDH 12 mai 2005, *Öcalan c/ Turquie,* n° 46221/99 : *D. 2014. 1235, obs. Céré ; AJDA 2006. 466, chron. Flauss ; RFDA 2006. 308, étude Labayle ; RSC 2006. 431, obs. Massias.*

2. Dans tous les cas, l'utilisation de menottes ne peut jamais justifier une mesure systématique et prolongée sans préoccupations spécifiques de sécurité et sans que la situation personnelle du détenu ne fasse l'objet d'un examen régulier. • CEDH 19 janv. 2012, *Shlykov et a. c/ Russie,* n° 78638/11 et 3 a. ♦ N'est ainsi pas justifiée l'imposition des menottes à une personne détenue malade, lors d'une séance de chimiothérapie, alors que rien ne faisait « sérieusement craindre un risque important de fuite ou de violence ».

• CEDH 14 nov. 2002, *Mouisel c/ France*, n° 67263/01 § 47 : *D. 2003. 303, note Moutouh ; ibid. Somm. 524, obs. Renucci ; LPA 2003, n° 141. 13 ; RTDH 2003. 999, note Céré ; JCP 2003. I. 109, n° 2, obs. Sudre ; RSC 2003. 144, note Massias ; Dr. pénal 2003, comm. 52, obs. Maron et Haas.* ♦ ... Pas plus que des entraves imposées à une personne détenue la veille d'une intervention chirurgicale, d'autant plus que deux policiers avaient alors été placés devant la chambre de l'intéressé. • CEDH 27 nov. 2003, *Hénaf c/ France*, n° 65436/01, § 56 • 14 déc. 2006, *Tarariyeva c/ Russie*, n° 4353/03.

3. Le menottage pendant sept jours d'un individu frappé d'aliénation, en l'absence de justification psychiatrique et sans qu'un traitement médical lui ait été dispensé pour les blessures subies quand il avait été maîtrisé par la force et pour celles qu'il s'était infligées à lui-même alors qu'il se trouvait en isolement cellulaire, constitue également un traitement inhumain et dégradant. • CEDH 6 sept. 2007, *Koutcherouk c/ Ukraine*, n° 2570/04, § 145 • 24 sept. 1992, *Herczegfalvy c/ Autriche*, n° 10533/83 : *RTDH 1993. 433, obs. Callewaert ; RUDH 1993. 1, obs. Sudre.*

4. La Cour a également rappelé qu'un menottage prolongé et non justifié par les exigences de la sécurité pénitentiaire porte atteinte à la « dignité humaine et (cause) des sentiments d'infériorité, d'angoisse et de détresse accumulée (allant) bien au-delà des souffrances et de l'humiliation inévitables inhérentes à une peine de réclusion à perpétuité » et s'analyse donc en un traitement proscrit par l'art. 3 Conv. EDH. • CEDH 2 juin 2000, *N.T. c/ Russie*, n° 14727/11, § 56. ♦ D'une manière encore plus générale, elle souligne que toute mesure de contention à l'encontre d'une personne condamnée à perpétuité ne peut être prise qu'au regard d'un risque spécifique pendant le temps strictement nécessaire pour contrer ce risque. • CEDH 29 nov. 2019, *Dilshnayder et a. c/ Russie*, n° 57636/16 et 15 autres.

5. L'usage de menottes afin de calmer un détenu présentant un état « excité et agressif, et afin de l'empêcher d'être violent envers lui-même ou envers les autres, d'autant plus qu'il avait déjà commis deux tentatives de suicide », ne viole pas l'art. 3 Conv. EDH. • CEDH 10 févr. 2004, *Gennadi Naoumenko c/ Ukraine*, n° 42023/98, § 119 et 120 : *RSC 2005. 630, obs. Massias.*

6. Jurisprudence interne. En prenant en compte les seules considérations relatives à la peine prononcée, sans examiner le comportement pénal du détenu, sa dangerosité et les craintes d'évasion que sa sortie pouvait, dans son propre contexte, susciter, l'administration a fait une inexacte application des dispositions de l'art. 803 C. pr. pén. ; par suite, M. Y est fondé à soutenir que la décision lui imposant le port permanent de menottes lors de sa permission de sortir sous escorte constitue une illégalité fautive de nature à engager la responsabilité de l'État à son égard. • TA Nantes, 19 oct. 2011, n° 0802478 : *AJ pénal 2012. 49, obs. Céré.*

Art. L. 226-2 Conformément aux dispositions de l'article L. 322-10, les femmes détenues accouchent ou subissent des examens gynécologiques sans entraves.

CHAPITRE VII USAGE DE LA FORCE ET DES ARMES

Art. L. 227-1 Les personnels de surveillance de l'administration pénitentiaire ne doivent utiliser la force qu'aux conditions suivantes :

1° En se limitant à ce qui est strictement nécessaire ;

2° En cas de légitime défense, de tentative d'évasion ou de résistance par la violence ou par inertie physique aux ordres donnés.

Dans ces cas ainsi que dans ceux prévus par les dispositions des 1° et 2° de l'article L. 435-1 du code de la sécurité intérieure, ils peuvent faire usage d'une arme à feu en cas d'absolue nécessité et de manière strictement proportionnée.

Art. L. 227-2 Les dispositions de l'article L. 227-1 sont applicables aux membres des forces de l'ordre lorsqu'ils interviennent, à la demande du chef de l'établissement, pour assurer le maintien de l'ordre à l'intérieur de l'établissement pénitentiaire ou pour assurer une mission de protection et de garde dans l'établissement ou aux abords de celui-ci.

Art. L. 227-3 Les modalités d'application du présent chapitre sont fixées par décret en Conseil d'État.

V. Circ. de la garde des Sceaux du 22 nov. 2018 portant socle commun de formation des personnels de surveillance en matière de sécurité, NOR : JUSK1824812C.

V. Arr. du garde des Sceaux du 24 avr. 2012 portant règlement d'emploi des équipes régionales d'intervention et de sécurité de l'administration pénitentiaire, NOR : JUSK1240026A.

V. Circ. du 12 déc. 2012 sur l'usage de la force et des armes dans les établissements pénitentiaires, NOR : JUSK1240045.

V. Circ. du 27 févr. 2003 portant création des équipes régionales d'intervention et de sécurité, NOR : JUSK1240026A.

V. Circ. du 9 mai 2007 relative à l'emploi des équipes régionales d'intervention et de sécurité, NOR : JUSK0540005C.

V. Recomm. Rec(2006)2-rev du Comité des ministres aux États membres sur les Règles pénitentiaires européennes (RPE), adoptée le 11 janv. 2006 et révisée le 1er juill. 2020 (Règles 64.1 à 69.3), V. App., v° Conditions de détention.

V. Résol. A/RES/70/175 de l'Ass. gén. des Nations unies sur l'ensemble des règles minima des Nations unies pour le traitement des détenus (Règles Mandela), adoptée le 17 déc. 2015 (règles adoptées en 1955 et révisées en 2015) (Règles 76 et 82), V. App., v° Conditions de détention.

V. Recomm. minimales du CGLPL pour le respect de la dignité et des droits fondamentaux des personnes privées de liberté, JO 4 juin 2020 (Recomm. nos 215, 227 et 228, ss. art. L. 133-2).

BIBL. ▸ **Ouvrages :** CASADAMONT, Violences en détentions, *Direction de l'administration pénitentiaire, Travaux et documents, Ministère de la Justice, 2001.* – CUSSON, DUPONT et LEMIEUX (dir.), Traité de sécurité intérieure, *Hurtubise HMH, 2007.* – OIP, Le guide du prisonnier, *La Découverte, coll. « Guides », 2021, p. 510 s.* – Omega Research Foundation, Contrôle des armes et des moyens de contrainte dans les lieux de détention : guide pratique à l'attention des contrôleurs des conditions de détention, *2018.* –RAZAC, L'utilisation des armes de neutralisation momentanée en prison, *ENAP, 2008.*

▸ **Articles :** BLONDEL, Le transfert de missions de sécurité à l'administration pénitentiaire : transfèrements et escortes, *in* Dieu et Mbanzoulou (dir.), Administration pénitentiaire et justice. Un siècle de rattachement, *L'Harmattan, 2013. 173 s.* – DIEU, L'administration pénitentiaire : une force de sécurité intérieure ?, *in* Dieu et Mbanzoulou (dir.), Administration pénitentiaire et justice. Un siècle de rattachement, *L'Harmattan, 2013. 143 s.* – RIDEL, La sécurité dans les établissements pénitentiaires : l'expérience des équipes régionales d'intervention et de sécurité (ERIS), *in* Dieu et Mbanzoulou (dir.), Administration pénitentiaire et justice. Un siècle de rattachement, *L'Harmattan, 2013. 167 s.*

▸ **Mémoires :** GOUBET, La sécurité en prison, Mémoire DEA Droit et Justice, *Lille 2, 2002.* – HOUDIAUX, Les équipes régionales d'intervention et de sécurité : évolutions et apports pour l'administration pénitentiaire, Mémoire Master 2 Droit de l'exécution des peines et droits de l'Homme, *Univ. Pau et Pays de l'Adour, Univ. Montesquieu Bordeaux IV, École nationale de l'administration pénitentiaire, 2012.* – QUINQUIS, La policiarisation de l'administration pénitentiaire, Mémoire Master 2 Droits de l'Homme, *Univ. Paris Ouest-Nanterre La Défense, 2015.*

COMMENTAIRE

Principes généraux. En droit interne, l'article 12 de la loi n° 2009-1436 du 24 novembre 2009 pénitentiaire a posé le principe d'une utilisation de la force par les personnels pénitentiaires limitée « à ce qui est strictement nécessaire [...] en cas de légitime défense, de tentative d'évasion ou de résistance par la violence ou par inertie physique aux ordres donnés ». La loi n° 2017-258 du 28 février 2017 relative à la sécurité publique a modifié cette disposition en précisant que l'usage d'une arme à feu par ces mêmes personnels n'est possible qu'« en cas d'absolue nécessité et de manière strictement proportionnée ». Par ailleurs, cette même loi, par renvoi à l'article L. 431-1 du code de la sécurité intérieure, autorise les personnels pénitentiaires à utiliser leur arme « lorsque des atteintes à la vie ou à l'intégrité physique sont portées contre eux ou contre autrui ou lorsque des personnes armées menacent leur vie ou leur intégrité physique ou celles d'autrui » et « lorsque, après deux sommations faites à haute voix, ils ne peuvent défendre autrement les lieux qu'ils occupent ou les personnes qui leur sont confiées ». Ces dispositions ont été reprises par les articles L. 227-1 et R. 227-2 du code pénitentiaire. L'article R. 227-2 étend ces éléments relatifs à l'utilisation de la force aux personnels de l'administration pénitentiaire et l'article L. 227-2 aux membres des forces de sécurité qui interviennent, « à la demande du chef de l'établissement, pour assurer le maintien de l'ordre à l'intérieur de l'établissement pénitentiaire ou pour assurer une mission de protection et de garde dans l'établissement ou aux abords de celui-ci ».

Recours aux forces extérieures. Il arrive en effet que, par son ampleur ou sa gravité, un événement affectant la sécurité de l'établissement pénitentiaire dépasse les capacités de ses personnels. En pareil cas, le chef d'établissement a l'obligation de faire appel à des forces extérieures de police ou de gendarmerie et d'en rendre compte au préfet. La plupart des opérations sont toutefois aujourd'hui effectuées par les équipes régionales d'intervention et de sécurité de l'administration pénitentiaire (ERIS ; C. pénit., art. D. 112-11), implantées dans chaque direction interrégionale des services pénitentiaires et chargées de participer « au rétablissement et au maintien de l'ordre en cas de mouvements collectifs ou individuels de personnes détenues », « à l'organisation de fouilles générales ou sectorielles », de « dissuader et prévenir les mouvements lorsque les détentions sont fragilisées soit par les suites d'un mouvement collectif, soit par l'affaiblissement momentané du dispositif de sécurité » et de réaliser, en renfort d'escorte ou en escorte principale, le transfert administratif de personnes détenues signalées violentes ou sensibles (art. D. 112-12). Elles disposent d'une tenue spécifique (combinaison bleu nuit et cagoule) et d'équipements et d'armements particuliers. L'usage des armes par ces équipes est soumis aux mêmes règles que celles applicables aux autres personnels pénitentiaires (nécessité, proportionnalité, ordre du chef d'établissement pour une mission définie, sommations préalables pour les armes à feu, et compte rendu obligatoire). ❑

Le recours à la force s'avère parfois nécessaire pour assurer la sécurité, défendre l'ordre ou prévenir des infractions pénales en milieu carcéral, à condition de se révéler indispensable et de ne pas être excessif. • CEDH 13 févr. 2014, *Tali c/ Estonie*, n° 66393/10 : *JDI oct. 2015, n° 4, note Glazewski.* ♦ A l'inverse, toute utilisation de la force physique qui n'est pas rendue strictement nécessaire par le comportement d'une personne détenue porte atteinte à la dignité humaine et constitue une violation du droit garanti par l'art. 3 Conv. EDH • CEDH 27 mai 2010, *Artyomov c/ Russie*, n° 14146/02. ♦ Ainsi, l'utilisation d'un spray au gaz poivre dans un espace confiné, en raison de ses effets particulièrement néfastes pour la santé, ne constitue pas une technique appropriée pour immobiliser un détenu, à partir du moment où les gardiens pouvaient utiliser d'autres moyens moins dangereux. • CEDH 13 févr. 2014, *Tali c/ Estonie*, n° 66393/10 : *préc.* ♦ La Cour de Strasbourg exige, par ailleurs, la mise en place d'une enquête effective dès qu'une personne détenue soutient, de manière défendable, avoir subi, de la part de personnels pénitentiaires, un traitement contraire à l'art. 3. • CEDH 5 oct. 2017, *Ostrovenecs c/ Lettonie*, n° 36043/13. ♦ Concernant l'usage systématique, indifférencié et illégal de matraques en caoutchouc par des agents d'une unité spéciale de maintien de l'ordre en détention, à titre de représailles ou de châtiment corporel, sur des détenus condamnés, suivi d'une absence d'enquête effective : • CEDH 15 mai 2008, *Dedovski et a. c/ Russie*, n° 7178/03. ♦ Condamnation de la France pour traitements inhumains et dégradants en raison d'un usage excessif de la force lors de l'intervention d'une ERIS contre un détenu refusant de se rendre dans sa cellule du quartier d'isolement. • CEDH 20 oct. 2011, *Alboréo c/ France*, n° 51019/08 : *AJ pénal 2012. 175, note Herzog-Evans*.

TITRE III RÉGIME DISCIPLINAIRE DES PERSONNES DÉTENUES

BIBL. ▸ **Ouvrages :** CÉRÉ, Droit disciplinaire pénitentiaire, *L'Harmattan, 2e éd., 2020.* – FALXA, Droit disciplinaire pénitentiaire. Une approche européenne, *Mare & Martin, 2016.*

▸ **Ouvrages collectifs :** FALXA, Nouveau droit disciplinaire pénitentiaire ou droit disciplinaire antique, *in* Céré et Grégoire (dir.), Dix ans d'application de la loi pénitentiaire, *L'Harmattan, 2021, p. 69* ; Place du détenu justiciable dans la procédure disciplinaire, *in* Cimamonti, Giacopelli et Perrier (dir.), Nouveaux problèmes actuels de sciences criminelles, vol. 22, *PUAM, 2017.* – GIACOPELLI et JOSEPH-RATINEAU, Résistance à l'oppression dans la discipline pénitentiaire, *in* Giacopelli et Putman (dir.), Les droits fondamentaux des personnes privées de liberté, *Mare & Martin, 2016, p. 103.*

▸ **Articles :** CARDET, *RSC 2006. 863* (procédures disciplinaires en prison : entre spécialisation des fonctions et spécificité des « juridictions ») ; *RPDP 2004. 533* (violences en prison saisies par le droit disciplinaire). – CÉRÉ, *JCP 2001. I. 316* (art. 6 de la Convention européenne des droits de l'homme et procès disciplinaire en prison) ; *AJ pénal 2005. 393* (droit disciplinaire pénitentiaire entre jurisprudence interne et droit européen) ; *ibid. 2011. 172* (feu le nouveau droit disciplinaire pénitentiaire) ; *ibid. 2012. 533* (procédure disciplinaire pénitentiaire à l'épreuve de la jurisprudence de la Cour européenne des droits de l'homme) ; *D. 2017. 1720* (procès disciplinaire pénitentiaire sous le prisme de la Conv. EDH). – DANTI-JUAN, *RPDP 2011. 181* (quelques remarques sur les modifications apportées par le décret n° 2010-634 du 23 décembre 2010 au droit disciplinaire pénitentiaire). – FÉVRIER, *RPDP 2009. 383* (droit répressif pénitentiaire) ; *ibid. 145* (discipline en prison). – HERZOG-EVANS, *AJ pénal 2019. 139* (décret du 13 février 2019 sur la discipline pénitentiaire : un raidissement institutionnel et une occasion manquée) ; *ibid. 2013. 660* (aspects pratiques de la procédure disciplinaire pénitentiaire) ; *LPA 2001, nos 56 et 57* (réécriture de la loi par voie de circulaires). – HERZOG-EVANS et PÉCHILLON, *D. 2000. Chron. 481* (entrée des avocats en prison et autres conséquences induites par la loi n° 2000-321 du 12 avr. 2000). – LEBRETON et ZIANE, *AJ pénal 2020. 335* (commission d'infractions en milieu pénitentiaire). – MOLINER-DUBOST, *AJDA 2013. 1380* (à propos d'une autre

« jurisprudence immobile ». Le contentieux des sanctions disciplinaires infligées aux détenus). – Poncela, *RSC 2012. 208* (discipline pénitentiaire. Un droit en mouvement). – Prouvez, *Procédures 2001. Chron. 5* (avocat au prétoire : une réforme incidente et toujours inachevée du régime disciplinaire des détenus). – Robert, *RSC 2013. 982* (discipline carcérale. Un processus de production de la justice ordinaire).

CHAPITRE I **DISPOSITIONS GÉNÉRALES**

RÉP. PÉN. v° *Prison : sanctions disciplinaires,* par Céré.

COMMENTAIRE

Les articles L. 231-1 à L. 231-3 sont l'émanation de l'ancien article 726 du code de procédure pénale dont le contenu, pour des raisons de lisibilité, se trouve ventilé dans le code pénitentiaire sur trois articles différents. Ces derniers tracent les principes fondamentaux qui gouvernent la répression disciplinaire au sein des établissements pénitentiaires, applicables aussi bien aux personnes placées en détention provisoire qu'aux condamnés.

En premier lieu, le dispositif législatif recouvre le droit disciplinaire substantiel applicable aux usagers du service public pénitentiaire en affirmant le principe de légalité des délits et des peines. Le principe de légalité des sanctions s'applique à l'ensemble de la répression administrative. Il n'en va pas de même pour le principe de légalité des délits auquel échappent certains domaines. Le Conseil d'État estime en outre que ce principe ne fait pas obstacle à ce que les infractions administratives soient définies par référence aux obligations auxquelles est soumise une personne en raison de l'institution dont elle relève (CE, ass., 7 juill. 2004, n° 255136). L'application du principe de légalité au droit pénitentiaire et l'exigence posée par le législateur d'une définition réglementaire du contenu des fautes disciplinaires augurent de l'adéquation du droit français avec les règles pénitentiaires européennes (V. App., v° *Conditions de détention*), dont la règle 57.2 qui préconise notamment la définition par le droit interne des « actes ou omissions des détenus constituant une infraction disciplinaire » ainsi que du « type » et de la « durée des sanctions disciplinaires pouvant être infligées ».

S'agissant des fautes disciplinaires, la loi impose un classement tripartite, selon leur nature et leur gravité. Il est hérité du décret n° 96-287 du 2 avril 1996 qui, originellement, avait conçu une telle liste limitative. Ce même décret avait également créé le confinement en cellule individuelle dans l'optique de mordre sur l'utilisation du placement en cellule disciplinaire. L'entrée en vigueur de la loi pénitentiaire du 24 novembre 2009 dont était issu l'article 726 ancien du code de procédure pénale a été l'occasion de rehausser au niveau législatif les principales avancées apportées par ce décret du 2 avril 1996.

Concernant les sanctions, le pouvoir réglementaire est cadenassé par les articles L. 231-1 à L. 231-3. Le Conseil constitutionnel le place en effet sous une liberté normative « surveillée » (Cons. const. n° 2009-593 DC du 19 nov. 2009) dans le sens où il lui impose « de ne pas définir des sanctions portant atteinte aux droits et libertés dont [les personnes détenues] bénéficient dans les limites inhérentes aux contraintes de la détention ». Ce n'est que sous cette réserve que le renvoi législatif à « un décret en Conseil d'État pour définir les sanctions encourues autres que le placement en cellule disciplinaire et le confinement en cellule ordinaire ne méconnaît pas la compétence du législateur ».

En second lieu, l'encadrement législatif de l'article L. 231-1 irrigue la procédure disciplinaire pénitentiaire. Cet encadrement s'étend à la composition de la commission de discipline qui comprend au moins un membre extérieur. Ce fonctionnement est le fruit du choix opéré par la loi pénitentiaire de 2009 pour concéder à la commission de discipline tout au moins une apparence d'impartialité. L'article L. 231-1 consacre aussi la possibilité de faire appel à un avocat lors de la procédure, ce que l'article 24 de la loi n° 2000-321 du 12 avril 2000 relative aux droits des citoyens dans leurs relations avec les administrations (CRPA, art. L. 122-1) avait rendu obligatoire.

L'article L. 231-2 régit les mesures préventives d'urgence en en limitant la durée à deux jours ouvrables au maximum.

Enfin, l'article L. 231-3 précise, si besoin est, que le juge administratif peut être saisi d'un référé-liberté en cas de placement en quartier disciplinaire ou de confinement individuel. Cet article, héritage d'un amendement du Sénat lors du vote de la loi pénitentiaire, avait marqué une désunion entre les deux chambres du Parlement. Pour favoriser l'intervention du juge, le Sénat avait prévu dans ces deux cas une présomption d'urgence, ces mesures révélant, par elles-mêmes, « une situation d'urgence susceptible de porter une atteinte grave [aux] droits fondamentaux » de la personne détenue. L'Assemblée nationale n'a pas souhaité lier le pouvoir d'appréciation du juge et a conservé le texte en biffant la présomption d'urgence, ce qui revient *in fine* à afficher un droit qui, en application de l'article L. 521-2 du code de justice administrative, existe de manière plus générale pour faire cesser toute atteinte grave et manifestement illégale portée par l'administration à une liberté fondamentale.

En dernier lieu, le droit disciplinaire pénitentiaire a été impacté par un décret n° 2019-98 du 13 février 2019, marquant un sensible durcissement de la répression. Dans la foulée, une circulaire du directeur de l'administration pénitentiaire en date du 8 avril 2019 a été rédigée mais n'a jamais été publiée alors même que l'administration pénitentiaire s'en prévaut parfois en pratique (V. not. A. Vernot, L'effectivité des droits de la défense au cours de la procédure disciplinaire pénitentiaire, Mémoire Master Droit de l'exécution des peines et droits de l'homme, *Univ. Pau, Univ. Bordeaux, ENAP, 2022, p. 5*). Cette circulaire précise d'ailleurs que la circulaire du 9 juin 2011 (NOR : JUSK1140024C, reproduite ss. l'art. L. 231-1) est abrogée. Cette situation normative surprend pour le moins. En application de l'article R. 312-7 du code des relations entre le public et l'administration (« Les instructions ou circulaires qui n'ont pas été publiées sur l'un des supports prévus par les dispositions de la présente section ne sont pas applicables et leurs auteurs ne peuvent s'en prévaloir à l'égard des administrés »), son inopposabilité aux personnes détenues ne fait aucun doute. Au surplus, s'agissant d'une circulaire interprétative, on doit raisonnablement concevoir qu'elle soit *de facto* abrogée, faute d'avoir été publiée dans les quatre mois de sa signature (art. R. 312-7, al. 2). Dans l'hypothèse même où d'aucuns voudraient y percevoir une circulaire réglementaire – le Conseil d'État excluant les circulaires réglementaires du champ d'application de cet article (CE 29 janv. 1954, *Notre-Dame du Kreisker*, n° 07134) –, la circulaire du 8 avril 2019 serait alors illégale faute de compétence de son auteur. Ni la loi pénitentiaire ni le décret du 13 avril 2019 ne prévoient son intervention.

Une nouvelle circulaire relative au régime disciplinaire des personnes détenues est en préparation et devrait venir clarifier l'état du droit en la matière. ❑

Art. L. 231-1 Le régime disciplinaire des personnes détenues placées en détention provisoire ou exécutant une peine privative de liberté est déterminé par un décret en Conseil d'État.

Ce décret précise notamment :

1° Le contenu des fautes disciplinaires, qui sont classées selon leur nature et leur gravité ;

2° Les différentes sanctions disciplinaires encourues selon le degré de gravité des fautes commises. Le placement en cellule disciplinaire ou le confinement en cellule individuelle ordinaire ne peuvent excéder vingt jours, cette durée pouvant toutefois être portée à trente jours pour tout acte de violence physique contre les personnes ;

3° La composition de la commission disciplinaire, qui doit comprendre au moins un membre extérieur à l'administration pénitentiaire ;

4° La procédure disciplinaire applicable, au cours de laquelle la personne peut être assistée par un avocat choisi ou commis d'office, en bénéficiant le cas échéant de l'aide de l'État pour l'intervention de cet avocat. Ce décret détermine les conditions dans lesquelles le dossier de la procédure disciplinaire est mis à sa disposition et celles dans lesquelles l'avocat, ou la personne intéressée si elle n'est pas assistée d'un avocat, peut prendre connaissance de tout élément utile à l'exercice des droits de la défense, sous réserve d'un risque d'atteinte à la sécurité publique ou à celle des personnes ;

5° Les conditions dans lesquelles la personne placée en cellule disciplinaire ou en confinement dans une cellule individuelle exerce son droit à un parloir hebdomadaire ;

6° Les conditions dans lesquelles le maintien d'une mesure de placement en cellule disciplinaire ou en confinement dans une cellule individuelle est incompatible avec l'état de santé de la personne détenue.

V. art. R. 231-1 s.

V. aussi Circ. du 9 juin 2011 relative au régime disciplinaire des personnes détenues majeures et le commentaire relatif à sa portée juridique ci-dessous.

I. SANCTIONS DISCIPLINAIRES

1. Définition par la loi des sanctions disciplinaires. Le régime disciplinaire des personnes détenues ne relève pas en lui-même des matières que la Const. range dans le domaine de la loi. Il appartient cependant au législateur de garantir les droits et libertés dont ces personnes continuent de bénéficier dans les limites inhérentes aux contraintes de la détention. Cela implique qu'il appartient aux auteurs du décret de ne pas définir de sanctions susceptibles de porter atteinte à ces droits et libertés. Sous cette réserve, le renvoi au décret en Conseil d'État pour définir les sanctions encourues autres que le placement en cellule disciplinaire et le confinement en cellule individuelle ordinaire ne méconnaît pas la compétence du législateur. • Cons. const. 19 nov. 2009, n° 2009-593 DC : *AJDA 2009. 2425, obs Wachsmann ; D. 2009. 2797, obs. Lavric ; ibid. 2010. 1508, obs. Bernaud ; RSC 2010. 217, obs. de Lamy ; RFDA 2010. 34 ; RPDP 2009. 873, note Péchillon.*

2. Mesures de bon ordre. Les mesures de bon ordre applicables aux personnes détenues mineures, dont l'objet est d'apporter des réponses immédiates aux actes transgressifs de faible gravité pour lesquels le seul entretien visant au rappel au bon ordre apparaît insuffisant, n'ont pas le caractère de sanction et ne relèvent donc pas d'un décret en Conseil d'État. • CE 24 sept. 2014, n° 362472 P : *AJDA 2015. 19 ; Gaz. Pal. 30 oct. 2014, p. 14, obs. Roussel.*

3. Cumul des sanctions. La sanction de placement en cellule disciplinaire ne saurait s'analyser en une condamnation supplémentaire pour la même infraction, mais seulement en une modalité d'exécution d'un emprisonnement antérieurement prononcé pour d'autres faits. Le prononcé d'une telle sanction et le retrait d'un crédit de réduction de peine, qui n'ont pas la même nature juridique, ne tendent pas au même but, le premier assurant la tranquillité et la sécurité de l'établissement pénitentiaire et le second participant de l'application individualisée de la peine. Ces sanctions se cumulent donc sans qu'il soit porté atteinte aux dispositions conventionnelles des art. 6 Conv. EDH et 4 du Prot. add. n° 7 à ladite convention. • Crim. 10 janv. 2017, n° 15-85.519 : *D. 2017. 1274, obs. Céré ; AJDA 2017. 446 ; AJ pénal 2017. 145, obs. Falxa.* ♦ La sanction disciplinaire de mise en cellule disciplinaire et le refus de réduction de peine dont elle peut être accompagnée ne sauraient s'analyser comme des condamnations supplémentaires pour la même infraction, mais seulement comme des modalités d'exécution d'un emprisonnement antérieurement prononcé pour d'autres faits. Elles se cumulent donc nécessairement sans qu'il soit porté atteinte aux dispositions des art. 6 Conv. EDH et 14, 7°, PIDCP. • Crim. 27 mars 1997, n° 96-82.669 P : *D. 1998. Somm. 172, obs. Fradel.* ♦ La règle *non bis in idem* consacrée par l'art. 4 du Prot. add. n° 7 à la Conv. EDH ne trouve à s'appliquer, selon les réserves faites par la France, que pour les infractions relevant en droit français de la compétence des tribunaux statuant en matière pénale et n'interdit pas le prononcé de sanctions disciplinaires parallèlement aux sanctions infligées par le juge répressif. • Même arrêt.

4. Conv. EDH, art. 6. Matière pénale. Eu égard à la nature et au degré de gravité des sanctions disciplinaires encourues par les personnes détenues, qui n'ont, par elles-mêmes, pas d'incidence sur la durée des peines initialement prononcées, les poursuites disciplinaires engagées à leur encontre ne sauraient être regardées comme une accusation en matière pénale au sens de l'art. 6 Conv. EDH. • CE 23 nov. 2022, n° 457621 : *D. actu. 5 déc. 2022, obs. Dominati.* ♦ Le contentieux des sanctions pénitentiaires ne concernant pas en principe le bien-fondé d'une « accusation en matière pénale », le volet pénal de l'art. 6, § 1, Conv. EDH n'entre pas en jeu. • CEDH, gr. ch., 17 sept. 2009, *Enea c/ Italie*, n° 74912/01. ♦ Il en va toutefois différemment lorsque la perte de remise de peine prononcée à titre disciplinaire implique de si lourdes conséquences pour la durée de l'emprisonnement qu'il faut les considérer comme pénales aux fins de la Convention. En prolongeant la détention bien au-delà de ce qui eût été le cas sans elle, une telle sanction s'apparente à une privation de liberté. • CEDH 28 juin 1984, *Campbell et Fell c/ Royaume-Uni*, Série A, n° 80 : *Cah. dr. eur. 1986, 213, obs. Cohen-Jonathan ; JDI 1986. 1058, obs. Rolland et Tavernier* • 9 oct. 2003, *Ezeh et Connors*, n°s 39665/98 et 40086/98 : *Dr. pénal 2014, n° 6, obs. Vergès ; AJ pénal 2014. 36, obs. Céré* • 12 avr. 2005, *Whitfield c/ Royaume-Uni*, n° 46387/99.

5. Conv. EDH, art. 6. Matière civile. La question de l'accès à un tribunal compétent pour juger du placement dans un secteur à niveau de surveillance élevé et des restrictions qui pourraient l'accompagner doit être analysée sous le volet civil de l'art. 6, § 1, Conv. EDH. S'il est indispensable que l'État garde une marge de manœuvre quant aux moyens visant à assurer la sécurité et l'ordre dans le difficile contexte carcéral, toute restriction touchant les droits de caractère civil de l'individu doit pouvoir être contestée dans le cadre d'une procédure judiciaire et ce, en raison de la nature des limitations ainsi que des répercussions qu'elles peuvent entraîner. C'est par cette voie que peut se réaliser le juste équilibre entre, d'une part, la prise en compte des contraintes du monde carcéral auxquelles doit faire face l'État et, d'autre part, la protection des droits de la personne détenue. • CEDH, gr. ch., 17 sept. 2009, *Enea c/ Italie*, n° 74912/01.

II. RECOURS

6. *Conv. EDH, art. 6. Droit au juge.* Quoique ne relevant pas en principe de la matière pénale, les sanctions disciplinaires sont soumises au droit au juge tel que défini par l'art. 6, § 1, Conv. EDH. • CEDH 28 juin 1984, *Campbell et Fell c/ Royaume-Uni*, Série A, n° 80 : *préc. note 4.*

A. DROIT À UN RECOURS EFFECTIF

7. *Suffisance des voies de recours (juridictions internes).* Dès lors qu'elle ne constitue pas un obstacle aux procédures générales de référés, l'obligation faite à la personne détenue qui entend contester la sanction prononcée à son encontre par la commission de discipline d'effectuer un recours administratif préalable auprès du directeur interrégional des services pénitentiaires ne porte pas atteinte au droit d'exercer un recours effectif au sens de l'art. 13 Conv. EDH. L'ensemble des voies de recours ainsi offertes à la personne détenue permet l'intervention du juge en temps utile, alors même que leur exercice est par lui-même dépourvu de caractère suspensif. • CE 28 déc. 2012, n° 357494 : *AJDA 2013. 958* ; *D. 2013. 1304, obs. Céré.*

8. *Insuffisance des voies de recours (CEDH).* En dépit de la procédure d'urgence notamment ouvertes par le référé-liberté, le droit français, qui ne prévoit pas de procédure suspensive, ne permet pas toujours de prévenir l'exécution d'une sanction disciplinaire portant atteinte à la dignité humaine et méconnaît, à cet égard, les exigences de l'art. 13 Conv. EDH. • CEDH 3 nov. 2011, *Cocaign c/ France*, n° 32010/07 : *D. actu. 17 nov. 2011, obs. Léna ; D. 2012. Pan. 1294, obs. Céré, Herzog-Evans et Péchillon ; AJ pénal 2011. 605, obs. Céré ; RSC 2012, chron. 263, obs. Marguénaud* • 10 nov. 2011, *Plathey c/ France*, n° 48337/09 : *D. actu. 17 nov. 2011, obs. Léna ; D. 2012. Pan. 1294, obs. Céré, Herzog-Evans et Péchillon ; AJ pénal 2011. 605, obs. Céré ; RSC 2012, chron. 263, obs. Marguénaud ; Dr. pénal 2012, chron. 3, obs. Dreyer.* ♦ Déjà, s'agissant du placement en quartier disciplinaire, la Cour avait estimé que le requérant, dont la sanction avait pris fin avant qu'un juge ait pu statuer sur sa demande, n'avait pas eu à sa disposition un recours effectif lui permettant de contester la forme et le fond de la mesure de placement, indispensable compte tenu de l'importance des répercussions d'une détention en cellule disciplinaire. • CEDH 20 janv. 2011, *Payet c/ France*, n° 19606/08 : *D. actu. 27 janv. 2011, obs. Lavric ; D. 2011. Actu. 380, obs. Lavric ; ibid. 643, obs. Céré ; ibid. Pan. 1313, obs. Céré ; AJ pénal 2011. 88, obs. Herzog-Evans ; RSC 2011. 718, obs. Marguénaud.*

9. *Charte UE.* La méconnaissance des stipulations des art. 41 et 47 Charte UE ne peut être utilement invoquée à l'encontre d'une sanction disciplinaire, l'administration pénitentiaire ne mettant pas en œuvre, en la matière, le droit de l'UE qui ne trouve donc pas à s'appliquer. • CAA Nantes, 31 mars 2017, n° 15NT01369.

B. CONTESTATION DES SANCTIONS

1° RECEVABILITÉ DES RECOURS

10. *Justiciabilité des sanctions disciplinaires.* Eu égard à la nature et à la gravité de cette mesure, la punition de cellule constitue une décision faisant grief susceptible d'être déférée au juge de l'excès de pouvoir. • CE 17 févr. 1995, *Marie*, n° 97754 : *JCP 1995. II. 22426, note Lascombe et Bernard ; ibid. 1996. I. 3906, note Maron ; RFDA 1995. 353, concl. Frydman ; ibid. 822, note Moderne et Céré ; RSC 1995. 381, obs. Couvrat ; AJDA 1995. 379, chron. Touvet et Stahl ; D. 1995. 381, note Belloubet-Frier* (ab. jur. CE 4 mai 1979 : *D. 1980. 433, note Drapier ; JCP 1979. II. 19242, concl. Franc*). ♦ Cette qualification, qui réduit considérablement le champ des mesures d'ordre intérieur, s'étend à l'ensemble des sanctions disciplinaires « eu égard à leur nature et à leurs effets sur la situation des personnes détenues ». Cela inclut les sanctions d'avertissement. • CE 21 mai 2014, n° 359672 A : *D. actu. 28 mai 2014, obs. Poupeau ; AJDA 2014. 1065.*

11. *Recours administratif préalable obligatoire (RAPO).* La recevabilité des recours dirigés contre une sanction disciplinaire est conditionnée à l'exercice d'un recours administratif préalable obligatoire (RAPO) qui, défini à l'art. R. 234-43 [anc. art. R. 57-27-35 C. pr. pén.], est soumis aux règles posées aux art. L. 412-2 s. CRPA. Il en résulte qu'un détenu n'est recevable à déférer au juge administratif que la seule décision, expresse ou implicite, du directeur interrégional des services pénitentiaires qui, rendue sur recours hiérarchique dans le délai d'un mois à compter de sa réception, se substitue à la sanction initiale. • CE, avis, 29 déc. 1999, n° 210147 : *Lebon ; D. 2000. IR 29.* ♦ Il s'ensuit que les vices propres à la décision initiale ayant nécessairement disparu avec cette dernière, le requérant ne saurait utilement s'en prévaloir. • CAA Bordeaux, 23 mars 2021, n° 19BX01251 • 27 avr. 2021, n° 19BX01316. ♦ Sont donc inopérants les moyens tirés des vices d'incompétence ou de défaut de motivation dont serait entachée la décision initiale, ces vices ayant nécessairement disparu avec la décision rendue sur

RAPO. • CE 11 sept. 2006, *Matelly*, n° 258784 B. ♦ Pour autant, eu égard aux caractéristiques de la procédure suivie devant la commission de discipline, cette substitution ne saurait faire obstacle à ce que soient invoquées, à l'appui d'un recours dirigé contre la décision du directeur interrégional, les éventuelles irrégularités de la procédure suivie devant la commission de discipline préalablement à la décision initiale. • CAA Nantes, 26 janv. 2018, n° 17NT00648 • 30 mars 2020, n° 19NT01078. ♦ La présence dans la commission de discipline d'un assesseur choisi parmi des personnes extérieures à l'administration pénitentiaire, alors même qu'il ne dispose que d'une voix consultative, constitue une garantie reconnue à la personne détenue, dont la privation est de nature à vicier la procédure, alors même que la décision du directeur interrégional des services pénitentiaires, prise sur le RAPO exercé par le détenu, se substitue à celle du président de la commission de discipline. • CE 5 févr. 2021, n° 434659. ♦ Même solution concernant la présence dans la commission de discipline d'un assesseur choisi parmi les membres du premier ou du deuxième grade du corps d'encadrement et d'application du personnel de surveillance de l'établissement. L'exclusion de l'auteur du compte rendu d'incident et de l'auteur du rapport établi à la suite de ce compte rendu constitue une garantie reconnue à la personne détenue. • CE 23 nov. 2022, n° 457621 : *Mentionné aux tables du recueil Lebon.* ♦ En revanche, les moyens tirés de l'illisibilité du nom du président de la commission de discipline et de l'absence de mention de son prénom se rapportent à des vices propres à cette décision qui sont étrangers à la régularité de la procédure disciplinaire. Ils ne peuvent donc être utilement invoqués à l'appui du recours dirigé contre la décision rendue sur RAPO par le directeur interrégional des services pénitentiaires. • CAA Bordeaux, 27 avr. 2021, n° 19BX01316. – Sur le RAPO, V. comm. ss. art. R. 234-43 s. et note 17.

2° CONTRÔLE DU JUGE ADMINISTRATIF

12. Nature du recours juridictionnel. La contestation des sanctions infligées aux personnes détenues relève du contentieux de l'excès de pouvoir et non du plein contentieux objectif. Il s'ensuit que le juge ne dispose pas du pouvoir de les réformer. Il doit en prononcer l'annulation dès lors qu'il constate une illégalité. • CE 4 févr. 2013, n° 344266 : *D. actu. 16 févr. 2013, obs. de Montecler ; D. 2013. 1304, obs. Herzog-Evans ; AJDA 2013. 321.*

13. Vices de procédure. Si les actes administratifs doivent être pris selon les formes et conformément aux procédures prévues par les lois et règlements, un vice affectant le déroulement d'une procédure administrative préalable n'est de nature à entacher d'illégalité la décision prise que s'il ressort des pièces du dossier qu'il a été susceptible d'exercer une influence sur le sens de la décision prise ou s'il a privé les intéressés d'une garantie. • CE, ass., 23 déc. 2011, n° 335033 : *GAJA n° 112.* ♦ Une irrégularité affectant la procédure disciplinaire n'est donc pas de nature à entacher la légalité de la sanction disciplinaire contestée si elle n'est pas susceptible d'exercer une influence sur le sens de la décision prise et ne prive l'intéressé d'aucune garantie. • CAA Douai, 21 juin 2022, n° 21DA01368 • CAA Paris, 6 oct. 2022, n° 22PA02180.

14. Degré du contrôle. Il appartient au juge de l'excès de pouvoir, saisi de moyens en ce sens, de rechercher si les faits reprochés à un détenu ayant fait l'objet d'une sanction disciplinaire constituent des fautes de nature à justifier une sanction et si la sanction retenue est proportionnée à la gravité de ces fautes. • CE 1er juin 2015, n° 380449 B : *D. actu. 9 juin 2015, obs. de Montecler ; D. 2016. Pan. 1220, obs. Céré ; AJ pénal 2015. 447, obs. Péchillon ; AJDA 2015. 1071 ; ibid. 1596, concl. Bretonneau.*

15. Qualification de la faute. Le juge de l'excès de pouvoir se livre à un contrôle minutieux de la qualification juridique des faits retenue par l'autorité disciplinaire pour établir l'existence d'une faute. Doit, sur cette base, être annulée la sanction d'avertissement infligée à un détenu du fait de la détention illégale d'un CD gravé de chansons chrétiennes encore sous son enveloppe plastique qu'il souhaitait remettre au parloir à sa mère. Eu égard au fait que ni l'administration, ni le détenu ne se sont rendu compte avant la demande d'autorisation de sortie du CD qu'il était gravé, l'administration ne pouvait estimer que M. A. avait commis les manquements visés par les 9° et 10° de l'art. R. 57-7-2 C. pr. pén. • CAA Nancy, 16 déc. 2021, n° 19NC03284 : *D. 2022. 1065, obs. Céré.* ♦ Le comportement général en détention de la personne détenue peut être pris en compte pour le choix du quantum de la sanction mais non pour déterminer si le manquement du détenu est un refus d'obtempérer constitutif d'une faute disciplinaire du deuxième degré ou un refus de se soumettre à une mesure de sécurité, constitutif d'une faute disciplinaire du troisième degré. • CE 15 déc. 2017, n° 403701 : *D. actu. 4 janv. 2018, obs. Pastor ; AJ pénal 2018. 105, obs. Herzog-Evans.*

16. Office du juge de cassation. Suivant le principe plus généralement appliqué au contrôle des sanctions disciplinaires, le Conseil d'État, saisi en cassation, contrôle la qualification juridique des faits considérés comme fautifs. L'appréciation du caractère proportionné de la sanction au regard de la gravité des fautes commises relève, en revanche, de la seule appréciation des juges du fond. Celle-ci n'est susceptible d'être remise en cause par le juge de cassation que dans le cas où la solution qu'ils ont retenue quant au choix de la sanction est hors de proportion avec les fautes commises. • CE 15 déc. 2017, n° 403701 :

D. 2018. 1178, obs. Péchillon ; AJDA 2018. 460, concl. Bretonneau ; ibid. 2017. 2498 ; AJ pénal 2018. 105, obs. Herzog-Evans .

C. PROCÉDURES D'URGENCE

17. Voies de recours non soumises à RAPO. La personne détenue qui entend contester la sanction prononcée à son encontre par la commission de discipline a l'obligation de former un recours administratif préalable auprès du directeur interrégional des services pénitentiaires. Toutefois, ces dispositions ne font pas obstacle à ce que, sans attendre l'issue du RAPO, cette personne ait recours aux procédures de référés prévues par le livre V CJA, en particulier à celle de référé-suspension régie par l'art. L. 521-1 de ce code et à celle de référé-liberté régie par l'art. L. 521-2. • CAA Douai, 26 avr. 2022, nº 21DA00653. ♦ Lorsqu'il est saisi en référé-liberté, sur le fondement de l'art. L. 521-2, le juge d'une part « se prononce dans un délai de quarante-huit heures », d'autre part a le pouvoir de prendre « toutes mesures nécessaires à la sauvegarde d'une liberté fondamentale », au nombre desquelles figurent la suspension de l'exécution de la décision litigieuse ainsi qu'un pouvoir d'injonction à l'égard de l'administration. L'ensemble des voies de recours ainsi offertes à la personne détenue lui garantit le droit d'exercer un recours effectif susceptible de permettre l'intervention du juge en temps utile, alors même que son exercice est par lui-même dépourvu de caractère suspensif. Il suit de là que le moyen tiré de la méconnaissance des stipulations de l'art. 13 Conv. EDH doit être écarté. • Même arrêt.

18. Référés (demande par télécopie). Même en l'absence d'obligation légale ou réglementaire, le refus de l'administration pénitentiaire de transmettre la demande de référé d'un détenu par télécopie constitue une entrave directe à l'exercice de son droit à un recours effectif lorsque l'inaction de l'administration le prive de tout recours utile dans les temps. • Lyon, 29 janv. 2015 : *AJ pénal 2015. 163, obs. Falxa .*

D. RESPONSABILITÉ

19. Vice de procédure. Lorsqu'une personne sollicite le versement d'une indemnité en réparation du préjudice subi du fait de l'illégalité, pour un vice de procédure, de la décision lui infligeant une sanction, il appartient au juge de plein contentieux, saisi de moyens en ce sens, de déterminer, en premier lieu, la nature de cette irrégularité procédurale puis, en second lieu, de rechercher, en forgeant sa conviction au vu de l'ensemble des éléments produits par les parties, si, compte tenu de la nature et de la gravité de cette irrégularité procédurale, la même décision aurait pu être légalement prise, s'agissant tant du principe même de la sanction que de son quantum, dans le cadre d'une procédure régulière. • CE 18 nov. 2015, nº 380461 P : *AJDA 2015. 2236 ; D. actu. 26 nov. 2015, obs. Pastor.*

20. Acte entaché d'incompétence. Le vice de compétence affectant la décision d'engagement des poursuites disciplinaires entache la régularité de la procédure disciplinaire. Néanmoins, cette irrégularité procédurale n'a pas été de nature à faire obstacle à ce que les poursuites soient régulièrement engagées. L'irrégularité commise n'étant pas à l'origine des préjudices dont le requérant se prévaut, elle ne peut lui ouvrir de droit à réparation. • CAA Lyon, 23 févr. 2023, nº 21LY00027. ♦ Dans le cas où le juge estime qu'une même décision aurait été prise par l'autorité compétente, le préjudice allégué ne peut être regardé comme la conséquence directe du vice d'incompétence qui entachait la décision administrative illégale. Il résulte de l'instruction que la sanction de déclassement d'emploi prononcée par le chef d'établissement, autorité incompétente pour ce faire, aurait pu légalement être prise par la commission de discipline de l'établissement. Le préjudice allégué par le requérant ne peut dès lors pas être regardé comme la conséquence directe du vice d'incompétence entachant la décision litigieuse. • TA Dijon, 19 déc. 2022, nº 2103246.

Circulaire du 9 juin 2011,

Relative au régime disciplinaire des personnes détenues majeures.

V. le comm. ss. l'intitulé du chap. I, Dispositions générales, relatif à la circulaire non publiée du 8 avr. 2019.

Introduction

L'action disciplinaire qui incombe aux personnels de l'administration pénitentiaire sous l'autorité des chefs d'établissement et le contrôle des directeurs interrégionaux, vise à permettre le développement d'une vie collective harmonieuse. Elle est indispensable au maintien de l'ordre au sein des établissements pénitentiaires ainsi qu'au respect des droits fondamentaux de chacun.

Si elle revêt un caractère dissuasif et préventif par rapport aux transgressions possibles des règles de fonctionnement des établissements pénitentiaires, et en particulier au règlement intérieur, cette action doit également avoir des vertus pédagogiques.

Elle constitue en effet, pour les personnels, un instrument permettant de susciter chez les personnes incarcérées le sens des responsabilités, les amenant à une réflexion sur leur comportement et une confrontation aux exigences de la vie en collectivité.

L'exercice de cette action disciplinaire doit conduire les personnels à concilier le respect des principes de légalité et de proportionnalité des sanctions avec la nécessaire individualisation de celles-ci et le maintien de l'ordre interne. Les atteintes à la discipline doivent en effet être sanctionnées en prenant en considération tant le degré de gravité de l'infraction et la personnalité du détenu que les impératifs de la vie communautaire.

Les chefs d'établissement, en tant que détenteurs du pouvoir disciplinaire, assurent la mise en œuvre et le respect de ces principes.

Les directeurs interrégionaux, en tant qu'autorité de recours disciplinaire, doivent veiller à réduire autant que possible les disparités et assurer une certaine homogénéité des sanctions par catégories d'établissements situés sur leur ressort territorial.

L'article 91 de la loi n° 2009-1436 du 24 novembre 2009 pénitentiaire, qui modifie l'article 726 du code de procédure pénale, élève au niveau législatif une partie importante du régime disciplinaire qui n'était prévu jusque là que par décret simple.

Il consacre notamment le droit pour la personne détenue d'être assistée par un avocat au cours de la procédure disciplinaire, détermine le quantum maximum de la sanction de confinement ou de placement en cellule disciplinaire, et consacre le droit pour la personne placée en cellule disciplinaire de bénéficier d'un parloir hebdomadaire ainsi que l'impossibilité de placer une personne détenue mineure de moins de seize ans en cellule disciplinaire. Enfin, il ouvre la composition de la commission de discipline à la présence d'une personne extérieure à l'administration pénitentiaire.

Le décret n° 2010-1634 du 23 décembre 2010 détermine, en application de la loi, le régime disciplinaire des personnes détenues. Ce texte est codifié aux articles R. 57-7 à R. 57-7-61 du code de procédure pénale (CPP).

Ces dispositions réglementaires instituent un certain nombre de nouveautés par rapport au régime disciplinaire antérieur.

Ainsi, elles généralisent le caractère punissable de la tentative pour toutes les fautes du 1er degré.

Ces dispositions unifient le régime de délégation de la signature du chef d'établissement en matière disciplinaire.

Elles décrivent la composition de la commission de discipline et les prérogatives de ses membres.

Elles établissent des règles de prescription en matière de poursuite des fautes et de mise à exécution des sanctions.

La présente circulaire vise à présenter le régime disciplinaire applicable aux personnes majeures. Les dispositions spécifiques aux mineurs seront présentées dans le cadre de la circulaire relative au régime de détention des mineurs.

Seront successivement abordées :

— les différentes fautes disciplinaires susceptibles d'être reprochées aux personnes détenues ;
— la procédure à mettre en œuvre à la suite de la constatation d'une faute disciplinaire ;
— les différentes sanctions susceptibles d'être prononcées ;
— les différentes voies de recours offertes aux personnes détenues ;
— les procédures d'information des autorités judiciaires et administratives ;
— enfin, la présentation des dispositions transitoires.

1 Les fautes disciplinaires

Les articles R. 57-7-1 à R. 57-7-3 précisent le contenu des fautes disciplinaires et les classent en trois degrés par ordre décroissant de gravité. Le fait que la tentative soit désormais punissable pour la plupart des fautes du premier degré constitue la principale modification apportée par le décret au régime antérieur.

1.1 *Fautes du 1er degré*

Il s'agit des fautes les plus graves susceptibles d'être commises par les personnes détenues. Constituent une faute du 1er degré les comportements suivants :

1° Le fait d'exercer ou de tenter d'exercer des violences physiques à l'encontre d'un membre du personnel ou d'une personne en mission ou en visite dans l'établissement

2° Le fait d'exercer ou de tenter d'exercer des violences physiques à l'encontre d'une personne détenue

Remarque générale relative aux violences :

Les violences, quelle que soit la qualité de leur victime, constituent les faits les plus graves susceptibles d'être commis par une personne détenue. A ce titre leur auteur encourt la sanction la plus sévère prévue par le code de procédure pénale : 30 jours de cellule disciplinaire. Bien évidemment, il convient d'adapter le quantum de la sanction prononcée à la nature et à la gravité des faits de violence.

La tentative est également punissable. Dès lors le geste violent qui n'aurait pas atteint sa victime en raison d' une circonstance indépendante de la volonté de son auteur (ex : esquive de la victime ou intervention de tiers), peut également être sanctionné.

Les violences physiques, qui englobent également les abus et les violences de caractère sexuel, doivent en outre impérativement être signalées aux autorités judiciaires en vue de poursuites éventuelles.

Les violences commises à l'encontre de personnes en mission ou en visite dans l'établissement sont soumises au même régime que celles exercées à l'encontre du personnel pénitentiaire dans son ensemble.

Par personne en mission dans l'établissement, il faut entendre toute personne qui pénètre dans l'établissement en vue d'y accomplir un travail, qu'il s'agisse d'un enseignement, d'une animation, d'un interrogatoire, d'une notification... Il peut donc s'agir notamment des autorités judiciaires, administratives, policières, mais aussi des visiteurs de prison, des formateurs, des personnels médicaux ou autres intervenants extérieurs qui contribuent à la mission du service public pénitentiaire.

Les personnes en visite à l'établissement sont toutes les personnes qui pénètrent dans l'établissement, non pas pour y exercer leur mission professionnelle, mais pour une visite, qu'elle soit spécifique à une personne incarcérée ou non.

3° Le fait de participer ou de tenter de participer à toute action collective précédée ou accompagnée de violences envers les personnes ou de nature à compromettre la sécurité des établissements

Une action collective peut être définie comme toute action commune ou concertée de plusieurs personnes détenues.

Une telle action collective sera qualifiée de faute du premier degré dès lors que les personnes détenues concernées se livrent à des faits de violences à l'encontre des personnes ou si leur action est de nature à compromettre la sécurité de l'établissement.

Ex : un refus de réintégration de cellule après la promenade qui se prolonge au-delà des horaires normaux de mise en place du service de nuit faisant ainsi obstacle à la fermeture des portes et au contrôle de présence nominatif des personnes détenues.

4° Le fait d'obtenir ou de tenter d'obtenir par menace de violences ou contrainte un engagement ou une renonciation ou la remise d'un bien quelconque

Cette faute correspond à la définition du "racket" ou de l'extorsion.

Ce comportement consiste pour une personne détenue à obtenir ou tenter d'obtenir de la part de sa victime l'exécution d'un service ou d'une prestation quelconque ou la remise d'objets ou de produits divers en la menaçant d'exercer des violences physiques à son encontre ou en usant de la contrainte physique (usage de la force) ou morale (ex : en la menaçant de révéler les faits pour lesquels elle est incarcérée).

La plupart du temps la victime est une personne détenue. Cependant, la faute peut également être constituée en cas de pression ou de menace sur un fonctionnaire, sur toute personne ayant mission dans l'établissement, ou sur une personne extérieure, en vue d'obtenir un avantage ou la remise d'un bien quelconque dans des conditions non conformes à la réglementation en vigueur.

Cette faute relevant du premier degré doit être distinguée de celle du deuxième degré relative à la corruption de fonctionnaire qui est constituée sans menace ni contrainte.

5° Le fait de commettre intentionnellement des actes de nature à mettre en danger la sécurité d'autrui

Cette qualification sanctionne le fait d'exposer directement une personne à un risque immédiat pour son intégrité physique. Cet acte doit être commis volontairement et par malveillance, l'imprudence ou la négligence ne suffisent pas. Dans ce dernier cas, la qualification retenue doit être celle de l'article R. 57-7-2, 2° du CPP.

Ex : Commet la faute de mise en danger, la personne détenue qui dépose un objet tranchant à un endroit où elle sait qu'un agent mettra la main pour une fouille.

6° Le fait de participer à une évasion ou à une tentative d'évasion

Une évasion est le fait pour une personne détenue de s'échapper de l'établissement pénitentiaire dans lequel elle est écrouée.

Ce peut être le cas également lorsque la personne détenue échappe à la garde à laquelle elle est soumise à l'occasion d'extractions, de transferts ou d'hospitalisation, que cette garde soit assurée par les personnels pénitentiaires ou les forces de l'ordre.

Néanmoins, l'évasion est également constituée lorsqu'une personne détenue condamnée bénéficiant d'une permission de sortir, d'un placement extérieur, d'une semi-liberté, ou d'un placement sous surveillance électronique ne réintègre pas l'établissement, ou le lieu d'assignation désigné par le juge de l'application des peines, aux jour et heure précisés par ce magistrat dans l'ordonnance ou le jugement accordant la mesure.

7° Le fait d'introduire ou de tenter d'introduire au sein de l'établissement, tous objets ou substances dangereux pour la sécurité des personnes ou de l'établissement, de les détenir ou d'en faire l'échange contre tout bien, produit ou service

Cette qualification vise à sanctionner un large éventail de comportements allant de la simple détention, à l'introduction ou la tentative d'introduction, jusqu'à l'échange contre tout bien, produit ou service, d'objets ou de substances dangereuses, en détention.

Il s'agit notamment des explosifs sous toutes leurs formes, mais aussi d'objets qui, transformés ou non, peuvent présenter un danger pour les personnes ou les lieux, tels que des couteaux de cantine aiguisés, des fourchettes transformées et affûtées, ou des lames de rasoirs équipées sur des engins de fabrication artisanale, etc. Il peut s'agir également d'un téléphone portable qui permet de communiquer avec l'extérieur sans contrôle de l'administration.

8° Le fait d'introduire ou de tenter d'introduire au sein de l'établissement des produits stupéfiants, de les détenir ou d'en faire l'échange contre tout bien, produit ou service

Cette qualification reprend les comportements visés au paragraphe précédent mais concerne spécifiquement les produits stupéfiants illicites, à savoir ceux dont l'usage et le commerce sont interdits, sauf à des fins médicales et scientifiques. Ne sont donc pas concernés le tabac ni l'alcool.

Il existe plus de 170 plantes et substances stupéfiantes illicites dont la liste est fixée par arrêté du ministre de la santé *[Arr. du Min. de la Santé du 22 févr. 1990 fixant la liste des substances classées comme stupéfiants (JO 7 juin)]*. Il s'agit par exemple du cannabis, de la résine de cannabis, de la cocaïne, de l'héroïne ou de la morphine.

9° Le fait d'introduire ou de tenter d'introduire au sein de l'établissement, de détenir, sans autorisation médicale, des produits de substitution aux stupéfiants ou des substances psychotropes, ou d'en faire l'échange contre tout bien, produit ou service

Alors que la faute précédente concerne les produits stupéfiants illicites, les comportements définis au présent alinéa sont susceptibles d'être poursuivis disciplinairement lorsqu'ils ont pour objet les produits de substitution aux stupéfiants et les substances psychotropes.

Un produit de substitution est une "drogue" thérapeutique de remplacement considérée comme moins nocive, dans le but de diminuer, voire de réduire totalement l'addiction.

Ex : tel est le cas de la méthadone comme substitut de l'héroïne.

Quant aux produits psychotropes, la liste en est fixée par le ministre de la santé *[Arr. du Min. de la Santé du 22 févr. 1990 fixant la liste des substances psychotropes]*.

Seule la justification d'une prescription médicale permet aux personnes détenues d'être en possession de tels produits.

10° Le fait de causer ou de tenter de causer délibérément aux locaux ou au matériel affecté à l'établissement, un dommage de nature à compromettre la sécurité ou le fonctionnement normal de l'établissement

Pour constituer une faute relevant du premier degré, les dommages, causés volontairement, doivent revêtir une gravité certaine mettant en cause la sécurité (destructions de matériels de sécurité : alarmes, caméras...) ou le fonctionnement normal de l'établissement (actes de dégradation rendant une cellule indisponible pendant un certain temps...).

11° Le fait d'inciter une personne détenue à commettre l'un des manquements énumérés par le présent article ou de lui prêter assistance à cette fin

Cette qualification permet de poursuivre les personnes détenues dont il est établi qu'elles sont, soit à l'origine, soit, par leur influence, responsables, sans avoir éventuellement pris part de manière active et positive, à la faute commise par une autre personne détenue. Il est bien évident que pour que cette faute soit constituée, de simples présomptions ne suffisent pas ; des indices concordants, étayés par des témoignages ou des éléments matériels devront donc être recueillis pour permettre le déclenchement d'une procédure disciplinaire.

Cet alinéa vise également de manière plus générale à sanctionner tout acte de complicité dans la réalisation des fautes énoncées et décrites précédemment.

1.2 *Fautes du 2e degré*

Constituent une faute du 2e degré les comportements suivants :

1° Le fait de formuler des insultes, des menaces ou des outrages à l'encontre d'un membre du personnel de l'établissement, d'une personne en mission ou en visite au sein de l'établissement pénitentiaire ou des autorités administratives ou judiciaires

Les insultes visent à porter atteinte à l'honneur ou à la dignité de quelqu'un tandis que les outrages consistent davantage à porter atteinte au respect dû à la fonction.

Les menaces consistent dans des comportements marquant une hostilité, une intimidation ou une manifestation de violence par laquelle on signifie à autrui l'intention que l'on a de lui faire du mal.

Ces insultes, outrages ou menaces peuvent être formulés verbalement soit directement à l'encontre de la personne visée soit en s'adressant à un tiers.

Ex : lors d'une conversation téléphonique. Ils peuvent consister en des gestes.

Ex : doigt d'honneur pour les insultes ou signe d'égorgement pour les menaces. Ils peuvent également être formulés sur un support écrit.

Ex : inscriptions sur un mur.

Cette faute ne concerne cependant pas les insultes, outrages ou menaces formulés dans une correspondance adressée à une autorité administrative ou judiciaire ou à un tiers. De tels comportements constituent en effet des fautes du 3e degré.

2° Le fait de mettre en danger la sécurité d'autrui par une imprudence ou une négligence

Cette qualification doit se distinguer de celle prévue par l'article R. 57-7-1, 5° du CPP qui visait la malveillance. Ici, il est question d'imprudence ou de négligence qui peuvent conduire à mettre en danger la sécurité d'autrui.

Ex : la personne détenue qui laisse sa plaque chauffante allumée et la laisse sans surveillance.

3° Le fait d'imposer à la vue d'autrui des actes obscènes ou susceptibles d'offenser la pudeur

Cette qualification a pour objet d'incriminer les actes à caractère sexuel, inconvenants et susceptibles d'offenser la pudeur, imposés sciemment à la vue d'autrui par leur auteur.

Ex : le fait d'avoir baissé son pantalon en présence de sa visiteuse à l'occasion d'un parloir est susceptible d'offenser la pudeur dès lors que des enfants jouaient dans les locaux sur lesquels donnait le box non fermé où se sont déroulés les faits (CAA Marseille, 15 janvier 2004).

4° Le fait d'obtenir ou de tenter d'obtenir d'un membre du personnel de l'établissement ou d'une personne en mission au sein de l'établissement un avantage quelconque par des offres, des promesses, des dons ou des présents

Cette qualification pourrait être assimilée à de la corruption active : obtenir ou tenter d'obtenir d'une personne susceptible de l'accorder ou non, un avantage en échange d'une contrepartie quelconque.

5° Le fait de refuser de se soumettre à une mesure de sécurité définie par une disposition législative ou réglementaire, par le règlement intérieur de l'établissement pénitentiaire ou par toute autre instruction de service

Cette faute est la version aggravée de la faute du troisième degré qui consiste à « refuser d'obtempérer aux injonctions des membres du personnel de l'établissement ». L'aggravation est justifiée par la nature de l'ordre objet de la désobéissance : un ordre relatif à la sécurité de l'établissement. Il peut s'agir par exemple du refus opposé par une personne détenue de se soumettre à une fouille, de présenter sa carte de circulation, ou de passer sous le portique de détection des masses métalliques à la sortie des ateliers.

6° Le fait de se soustraire à une sanction disciplinaire prononcée à son encontre

Cette qualification permet de sanctionner les personnes détenues qui ne se soumettent pas à une décision de la commission de discipline.

Ex : cas de la personne détenue sanctionnée de confinement qui se fait remettre par des codétenus des denrées qu'il lui est interdit de cantiner.

7° Le fait de participer à toute action collective de nature à perturber l'ordre de l'établissement, hors le cas prévu au 3° de l'article R. 57-7-1

Cette qualification se distingue de la faute définie à l'article R. 57-7-1, 3° du CPP en ce qu'elle sanctionne des actions collectives qui perturbent l'ordre de l'établissement sans toutefois mettre en grave danger la sécurité des personnes ou de l'établissement.

Ex : mouvements de retards à la remontée des promenades, ou de refus temporaires de réintégrer les cellules, sans violence ni dégradation du matériel de sécurité, qui s'interrompent sans qu'il ait été nécessaire d'appeler des renforts de personnels ou les forces de l'ordre.

8° Le fait de formuler des insultes ou des menaces à l'encontre d'une personne détenue

Les commentaires relatifs à l'article R. 57-7-2, 1° du CPP s'appliquent à cette faute.

9° Le fait d'enfreindre ou de tenter d'enfreindre les dispositions législative ou réglementaire, le règlement intérieur de l'établissement ou toute autre instruction de service applicables en matière d'entrée, de circulation ou de sortie de sommes d'argent, correspondance, objets ou substance quelconques

Cette faute concerne notamment les échanges de correspondance entre une personne détenue et son visiteur, quel qu'il soit, pour que celle-ci échappe au contrôle possible de l'administration ainsi que les introductions d'objets non conformes aux dispositions du règlement intérieur

10° Le fait de détenir des objets ou substances interdits par une disposition législative ou réglementaire, par le règlement intérieur de l'établissement pénitentiaire ou par toute autre instruction de service ou d'en faire l'échange contre tout bien, produit ou service, hors les cas prévus aux 7°, 8°, et 9° de l'article R. 57-7-1

La détention porte ici sur des objets tels que l'alcool, les billets ou pièces de monnaie. Si la détention porte sur des stupéfiants ou sur des objets dangereux par nature (ex : armes) la qualification prévue par les articles R. 57-7-1, 7° à 9° du CPP doit être retenue.

11° Le fait de causer délibérément un dommage aux locaux ou au matériel affectés à l'établissement, hors le cas prévu au 10° de l'article R. 57-7-1

Cette qualification permet une graduation de la sanction suivant la gravité des dommages. Ceux qui sont visés ici ne sont pas de nature à compromettre la sécurité ou le fonctionnement normal de l'établissement.

Ex : destruction par la personne détenue de l'armoire équipant sa cellule.

12° Le fait de causer délibérément un dommage à la propriété d'autrui

L'article R. 57-7-2, 12° du CPP ne fait pas de distinction selon la qualité du propriétaire du bien dégradé. La victime des dégradations peut donc être une autre personne détenue, un membre du personnel pénitentiaire, une personne en visite ou en mission au sein de l'établissement, etc.

13° Le fait de commettre ou tenter de commettre un vol ou toute autre atteinte frauduleuse à la propriété d'autrui

Cette qualification sanctionne le fait pour une personne détenue de se procurer un bien appartenant à autrui sans le consentement de son véritable propriétaire.

14° Le fait de consommer des produits stupéfiants

Cette qualification permet de sanctionner une personne détenue contre laquelle il est démontré qu'elle a consommé des produits stupéfiants alors même que ces produits n'ont pas pu être saisis et qu'il n'est pas établi qu'elle les ait obtenus en les introduisant ou en les échangeant au sein de l'établissement.

15° Le fait de consommer, sans autorisation médicale, des produits de substitution aux stupéfiants, des psychotropes ou des substances de nature à troubler le comportement

Les "substances de nature à troubler le comportement" sont notamment les médicaments. Absorber ces derniers sur prescription médicale n'est bien entendu pas une faute, en revanche en faire une consommation non autorisée ou abusive peut constituer la faute sanctionnée par l'article R. 57-7-2, 15° du CPP.

16° Le fait de se trouver en état d'ébriété

L'état d'ébriété est d'une manière générale consécutif à l'absorption d'alcool. L'état d'ivresse se manifeste par différents signes extérieurs.

Ex : yeux brillants, propos embrouillés, incohérents ou répétitifs, perturbations dans la coordination des mouvements, perte d'équilibre, gesticulation incontrôlée avec des mouvements amples, haleine dégageant une odeur d'alcool, etc.

17° Le fait de provoquer un tapage de nature à troubler l'ordre de l'établissement

Pour que cette faute soit constituée, il est nécessaire que le trouble provoqué soit caractérisé.

Ex : le fait de frapper violemment contre la porte de sa cellule afin de demander à bénéficier d'une douche et de réitérer ce comportement en dépit des invitations du surveillant à davantage de retenue dans l'expression de son mécontentement constitue un comportement constitutif d'un tapage de nature à troubler l'ordre de l'établissement (TA Paris, 18 décembre 2008).

18° Le fait d'inciter une personne détenue à commettre l'un des manquements énumérés au présent article ou de lui prêter assistance à cette fin

Les commentaires relatifs à l'article R. 57-7-1, 11° du CPP s'appliquent à cette faute.

1.3 *Fautes du 3ᵉ degré*

Constituent une faute du 3ᵉ degré les comportements suivants :

1° Le fait de formuler des outrages ou des menaces dans les lettres adressées aux autorités administratives et judiciaires

Cette faute vise les outrages ou menaces formulés dans des correspondances adressées sous pli fermé aux autorités administratives et judiciaires prévues à l'article D. 262 du code de procédure pénale. La confidentialité de ces correspondances conduit à l'impossibilité pour l'établissement pénitentiaire de constater la faute disciplinaire au moment de l'envoi du courrier litigieux. Seule la plainte de la personne visée par les outrages ou les menaces permettra d'engager les poursuites disciplinaires.

2° Le fait de formuler dans les lettres adressées à des tiers, des menaces, des injures ou des propos outrageants à l'encontre de toute personne ayant mission dans l'établissement ou à l'encontre des autorités administratives et judiciaires, ou de formuler dans ces lettres des menaces contre la sécurité des personnes ou de l'établissement

Les lettres dont il est question sont celles qui sont adressées à des tiers. Par "tiers", il faut entendre toute personne non concernée par l'article D. 262 du CPP.

Ex : famille, amis et proches de la personne détenue, visiteurs de prison, agents consulaires, aumôniers, avocat, etc.

Si la correspondance litigieuse s'est opérée réglementairement sous pli ouvert, la faute peut être constatée au moment du contrôle. S'il s'agit au contraire d'une correspondance sous pli fermé (aumôniers, avocat...), la constatation de la faute ne pourra être que le fait du destinataire du courrier.

Le contenu de la correspondance peut entraîner des poursuites disciplinaires dans trois types d'hypothèses :

— il peut d'abord s'agir de menaces ou d'injures à l'encontre du destinataire de la lettre lui-même.

Ex : un détenu qui menace de mort ou de représailles une personne de son entourage, pour l'avoir dénoncé.

— il peut s'agir ensuite de propos outrageants à l'encontre d'une personne exerçant une mission dans l'établissement (personnel pénitentiaire, intervenants extérieurs, visiteurs de prison...) ou à l'encontre des autorités administratives et judiciaires prévues à l'article D. 262 du CPP.

— il peut s'agir enfin de menaces contre la sécurité des personnes ou de l'établissement : ce ne sont dès lors plus des menaces vis-à-vis d'une personne en particulier mais plutôt d'une menace plus générale contre la sécurité.

Ex : préparation d'une évasion, d'un attentat, d'un trafic d'objets dangereux, etc.

3° Le fait de refuser d'obtempérer aux injonctions des membres du personnel de l'établissement

Cette faute, qui trouve son fondement règlementaire à l'article D. 243 du code de procédure pénale, vise tous les refus d'obéissance qui n'ont pas pour objet une mesure de sécurité. Elle se distingue ainsi de la qualification retenue par l'art. R. 57-7-2, 5° du CPP.

4° Le fait de ne pas respecter les dispositions du règlement intérieur de l'établissement ou les instructions particulières arrêtées par le chef d'établissement

Cette qualification qui a pour base réglementaire l'article R. 57-6-18 du CPP, permet au chef d'établissement de conférer à ses instructions, qu'elles soient contenues dans le règlement intérieur ou dans des notes ponctuelles, un caractère contraignant.

Il convient de noter que pour être opposables aux personnes détenues, les "instructions particulières arrêtées par le chef d'établissement", doivent faire l'objet d'une publicité suffisante pour que l'ensemble de la population pénale puisse en prendre connaissance (ex : par voie d'affichage en détention). Il ne pourrait être reproché à une personne détenue d'avoir méconnu des prescriptions non portées préalablement à sa connaissance. Il convient donc de ne pas multiplier les notes internes dont la communication aux personnes détenues est aléatoire.

5° Le fait d'entraver ou de tenter d'entraver les activités de travail, de formation, culturelles, cultuelles ou de loisirs

Cette qualification a pour objet de réprimer les faits de perturbation des activités collectives de quelque nature qu'elles soient : travail, formation et enseignement, activités culturelles et de loisirs. Cette faute permet également de sanctionner les personnes détenues qui se substitueraient aux aumôniers agréés par l'administration pénitentiaire.

6° Le fait de communiquer irrégulièrement avec une personne détenue ou avec toute autre personne extérieure à l'établissement

La faute peut être constituée soit par l'irrégularité du moyen de communication (ex : utilisation d'un téléphone portable, discussion par la fenêtre avec une personne se trouvant à l'extérieur...), soit par l'illégalité de la communication elle-même (ex : échange d'écrits entre codétenus qui n'ont pas le droit de communiquer entre eux, sur décision de l'autorité judiciaire).

7° Le fait de négliger de préserver ou d'entretenir la propreté de sa cellule ou des locaux communs

Parmi les locaux communs on peut par exemple citer les salles d'activités mises à la disposition des personnes détenues pour qu'elles puissent se livrer collectivement à des activités de loisirs, domestiques ou culinaires (jeux, repassage, coin cuisine...).

L'utilisation collective de ces salles peut rendre malaisée la détermination de l'auteur du défaut d'entretien. La vigilance des personnels pénitentiaires chargés du contrôle de ces locaux est donc particulièrement importante.

Une difficulté similaire peut apparaître dans les cas d'occupation multiple d'une cellule. On peut cependant considérer, sauf éléments précis permettant de déterminer qu'un des occupants de la cellule est spécifiquement responsable de négligence vis-à-vis de l'hygiène et de la propreté, que les occupants de la cellule sont individuellement responsables du bon état de propreté de leur cellule. Punir deux codétenus pour cette faute ne constitue pas une sanction collective mais deux sanctions individuelles dans la mesure où chacun a nécessairement sa part de responsabilité dans le défaut d'entretien de la cellule.

8° Le fait de jeter tout objet ou substance par les fenêtres de l'établissement

Sont concernés les jets de toute sorte (détritus, pain, nourriture, plateaux, couvertures...).

9° Le fait de faire un usage abusif ou nuisible d'objets autorisés par le règlement intérieur

Cette qualification permet de réprimer les utilisations abusives, gênantes voire nuisibles d'objets ou d'appareils par ailleurs autorisés par le règlement intérieur. Il peut s'agir bien entendu de l'usage d'un téléviseur à un volume sonore excessif perturbant la tranquillité des codétenus, ou encore de l'utilisation d'un ordinateur pour fabriquer des faux documents.

10° Le fait de pratiquer des jeux interdits par le règlement intérieur

Le chef d'établissement devra prendre soin de compléter le règlement intérieur afin de préciser, outre les jeux incluant une idée de gain (jeux d'argent, paris..), ceux qu'il entend interdire au sein de son établissement lorsqu'ils sont de nature à perturber l'ordre ou à porter atteinte à la sécurité des personnes ou de l'établissement.

11° Le fait d'inciter une personne détenue à commettre l'un des manquements énumérés au présent article ou de lui prêter assistance

Les commentaires relatifs à l'article R. 57-7-1, 11° du CPP s'appliquent à cette faute.

1.4 *Fautes commises à l'extérieur*

En vertu des dispositions de l'article R. 57-7-4 du CPP, les comportements adoptés par les personnes détenues, lorsqu'ils correspondent à l'une des qualifications énumérées aux articles R. 57-7-1 à R. 57-7-3, sont susceptibles de constituer des fautes disciplinaires même lorsqu'ils sont commis à l'extérieur des établissements pénitentiaires.

Il convient cependant de préciser le champ d'application de cette disposition ainsi que ses modalités de mise en œuvre.

1.4.1 *Les fautes visées*

Il est évident que certaines qualifications n'ont aucune vocation à s'appliquer aux faits commis à l'extérieur compte tenu de leur rédaction (provoquer un tapage de nature à troubler l'ordre de l'établissement, négliger de préserver ou d'entretenir la propreté de sa cellule...).

C'est pourquoi l'article R. 57-7-4 du CPP a été adapté afin de pouvoir retenir comme fautes disciplinaires les violences, dégradations, menaces mentionnées aux 1° et 10° de l'article

R. 57-7-1 et 1° et 11° de l'article R. 57-7-2, quelle que soit la qualité de la personne visée ou du propriétaire des biens en cause, lorsque ces faits sont commis à l'extérieur de l'établissement pénitentiaire.

1.4.2 *Les personnes concernées*

L'article R. 57-7-4 du CPP s'applique à l'encontre des personnes écrouées faisant l'objet d'une extraction, d'un transfèrement, d'une hospitalisation ou d'une consultation médicale, qu'elles soient prises en charge par des personnels pénitentiaires ou par des personnels de police ou de gendarmerie.

Ex : la personne détenue qui menacerait le personnel soignant ou les membres de l'escorte de police au cours d'une hospitalisation pourrait faire l'objet de poursuites disciplinaires.

A contrario, le fait pour une personne de refuser d'obtempérer aux instructions des fonctionnaires de la police et de regagner sa place dans l'avion destiné à le ramener dans son pays d'origine ne constitue pas une faute de nature disciplinaire puisque l'article R. 57-7-3, 3° du CPP vise le refus d'obtempérer aux instructions du personnel pénitentiaire.

L'article R. 57-7-4 du CPP s'applique également à l'encontre des condamnés bénéficiant d'une permission de sortir, d'une mesure de placement à l'extérieur, de placement sous surveillance électronique ou de semi-liberté.

Toutefois, il convient de rappeler que le rôle de l'action disciplinaire menée sous la responsabilité du chef d'établissement ne doit en aucun cas se confondre avec l'action publique qui incombe à l'autorité judiciaire. Ainsi, ne doivent être sanctionnés par la commission de discipline que les actes commis par les personnes condamnées qui sont en lien avec l'exécution de la mesure d'aménagement ou qui exercent une influence sur l'ordre et la discipline au sein de l'établissement pénitentiaire.

Ex : Une personne consomme abondamment de l'alcool à l'occasion de sa première permission de sortir. Surprise en état d'ivresse sur la voie publique, elle est placée en cellule de dégrisement. Elle réintègre cependant l'établissement en temps et en heure parfaitement sobre. Aucune suite sérieuse n'est envisagée par l'autorité judiciaire. Dans une telle situation, des poursuites disciplinaires n'ont pas à être engagées par le chef d'établissement dans la mesure où l'incident n'a aucune répercussion sur l'ordre interne de l'établissement. En revanche, si une personne détenue réintègre l'établissement en état d'ébriété, une procédure disciplinaire pourra être engagée.

1.4.3 *L'autorité compétente pour traiter la procédure disciplinaire*

En cas de faute commise au cours d'un transfert entre deux établissements, le chef d'établissement de destination est l'autorité disciplinaire compétente, dans la mesure où il dispose du dossier individuel de la personne détenue et peut recueillir les témoignages des agents chargés de l'escorte.

Si la faute disciplinaire consiste en une évasion (consécutive à une mesure d'aménagement de la peine ou non), il incombe au chef de l'établissement duquel la personne détenue s'est évadée de faire procéder à l'élaboration du compte rendu d'incident et de l'enquête sur les faits et la personnalité de la personne évadée.

En effet, le chef de l'établissement dans lequel s'est produite l'évasion, dispose du dossier de la personne concernée, connaît sa personnalité, ses antécédents, et détient les renseignements relatifs aux circonstances de l'évasion.

La procédure disciplinaire est versée au dossier individuel de la personne détenue dans l'attente de sa reprise éventuelle.

A compter de la réintégration de la personne, qu'elle ait lieu dans le même établissement ou dans un établissement différent de celui duquel elle s'est évadée, la procédure disciplinaire peut alors reprendre son cours sur la base des éléments joints dans le dossier individuel de l'intéressée.

La personne détenue sera alors entendue afin de recueillir ses observations dans le cadre de l'enquête sur les faits qui lui sont reprochés.

S'il apparaît que les faits d'évasion ont été commis depuis plus de six mois, ils ne peuvent plus faire l'objet de poursuites devant la commission de discipline (art. R. 57-7-15 du CPP). Il s'agit d'un cas de mauvaise conduite. Dès lors, le rapport d'enquête peut être transmis au juge de l'application des peines afin d'appuyer une éventuelle demande de retrait de crédit de réduction de peine.

Si les délais pour engager les poursuites ne sont pas forclos, la personne concernée pourra être convoquée devant la commission de discipline de l'établissement dans lequel elle a été à nouveau écrouée.

2 La procédure disciplinaire

2.1 *Les garanties procédurales*

Conformément au principe des droits de la défense, qui représente un principe général du droit administratif (CE 5 mai 1944, *Dame veuve Trompier-Gravier* ; CE 25 oct. 1945, *Aramu*) ainsi qu'un principe fondamental reconnu par les lois de la République (DC. 17 janvier 1989), aucune sanction ne peut être prononcée sans que la personne concernée n'ait été mise à même de consulter le dossier la concernant et de présenter ses observations.

Afin de mettre la personne détenue en mesure de préparer sa défense, la loi pénitentiaire et son décret d'application organisent une procédure de type contradictoire lui permettant d'être informée suffisamment tôt de l'existence d'une procédure diligentée à son encontre ainsi que des faits qui lui sont reprochés. Elle lui permet d'accéder à son dossier et de bénéficier de l'assistance d'un avocat.

Il convient d'exposer dans un premier temps les possibilités offertes au chef d'établissement de déléguer sa signature aux personnels placés sous son autorité afin de signer les décisions qui relèvent de sa compétence en matière disciplinaire.

Seront ensuite présentées les différentes mesures de sûreté qu'il peut être amené à prendre.

Seront enfin décrites les différentes étapes qui jalonnent la procédure disciplinaire, de la rédaction du compte rendu d'incident jusqu'à la comparution, le cas échéant, devant la commission de discipline.

2.2 *Les délégations de signature du chef d'établissement*

Le code de procédure pénale confie l'exercice du pouvoir disciplinaire au chef d'établissement. Il s'agit en effet d'une compétence qu'il tire du pouvoir de police général dont il dispose au sein de l'établissement qu'il dirige afin d'y maintenir l'ordre et la sécurité.

Le chef d'établissement a ainsi notamment le pouvoir de prendre la décision de faire placer une personne détenue à titre préventif en cellule disciplinaire ou en confinement en cellule individuelle ordinaire. Il dispose de l'opportunité des poursuites, préside la commission de discipline, prononce les sanctions et peut aménager leurs modalités d'exécution.

Compte tenu de l'étendue des compétences qui sont les siennes au sein de l'établissement qu'il dirige, le chef d'établissement ne peut évidemment pas exercer lui même, de façon personnelle, l'ensemble de ses attributions.

C'est pourquoi, dans un souci de bonne organisation et de continuité du service, l'article R. 57-7-5 du code de procédure pénale permet au chef d'établissement de déléguer sa signature à certains personnels placés sous son autorité pour l'exercice de ses compétences en matière disciplinaire dans les conditions présentées ci-après.

Cette disposition permet d'unifier et de simplifier le régime applicable à la délégation de signature des chefs d'établissement, qui en matière disciplinaire reposait jusque là sur des dispositions multiples.

Le chef d'établissement peut donc déléguer sa signature à son adjoint, à un directeur des services pénitentiaires ou à un membre du corps de commandement du personnel de surveillance placé sous son autorité.

En ce qui concerne les décisions de placement préventif en cellule disciplinaire et en confinement en cellule individuelle ordinaire, il peut en outre déléguer sa signature à un major pénitentiaire ou à un premier surveillant.

Les notes PMJ4 n° 000509 du 6 juin 2006 et n° 00658 du 13 juillet 2010 rappellent les conditions de légalité d'une délégation de signature. Il conviendra de s'y rapporter sur ce point.

Il importe de rappeler qu'une délégation doit avoir une base législative ou réglementaire. Les anciennes délégations éventuellement accordées par le chef d'établissement et visant l'article R. 57-8-1 devront donc être modifiées afin de remplacer cette référence par le visa de l'article R. 57-7-5 du code de procédure pénale.

La réalité de la délégation et son caractère préalable à la réunion de la commission de discipline étant des conditions substantielles de la légalité de la procédure, les délégations ainsi accordées par le chef d'établissement doivent être publiées au recueil des actes administratifs du département dans lequel l'établissement pénitentiaire a son siège, conformément à l'article 30 du décret n° 2005-1755 du 30 décembre 2005.

Il est par ailleurs recommandé de les afficher au sein de la salle où siège la commission de discipline ou à proximité immédiate de cette salle. A cette fin, vous trouverez en annexe X un modèle de note récapitulant les diverses délégations de signature accordées en matière disciplinaire par le chef d'établissement.

Enfin pour permettre au directeur interrégional de contrôler, en cas de recours administratif préalable, la compétence de l'autorité qui a pris la décision disciplinaire, le chef d'établissement lui transmet, pour information, copie des actes de délégation.

2.3 *Les mesures de sûreté*

La loi pénitentiaire a prévu la possibilité de placer, en cas d'urgence, une personne détenue en cellule disciplinaire ou en confinement en cellule individuelle ordinaire sans attendre la réunion de la commission de discipline, ceci à titre préventif.

Par ailleurs, le décret d'application prévoit également la possibilité de suspendre, à titre préventif, l'exercice par la personne détenue de son activité professionnelle.

2.3.1 *Le placement préventif en cellule disciplinaire ou en confinement en cellule individuelle ordinaire*

Il s'agit là de mesures de sûreté destinées à assurer le maintien de l'ordre carcéral.

Ces mesures doivent rester exceptionnelles et ne doivent pas excéder ce qui est nécessaire au maintien de l'ordre interne de l'établissement.

A ce titre, il importe que le chef d'établissement contrôle systématiquement l'opportunité et la régularité des mises en prévention lorsqu'il ne prend pas lui même la décision.

2.3.1.1 Les conditions de mise en œuvre

L'utilisation de ces mesures est encadrée par deux conditions cumulatives.

2.3.1.1.1 *La condition tenant à la gravité de la faute*

S'agissant de mesures exceptionnelles, elles ne peuvent être mises en œuvre que pour les fautes les plus graves relevant du premier et du deuxième degré.

Le placement préventif ne peut cependant pas être mis en œuvre au regard de la seule gravité de la faute. Cette faute doit également avoir des répercussions immédiates ou à venir sur le bon fonctionnement de l'établissement.

2.3.1.1.2 *La condition de proportionnalité*

Le placement préventif en cellule disciplinaire ou en confinement en cellule individuelle ordinaire se justifie en effet par l'urgence qu'il y a à faire cesser la commission d'une faute ou d'un trouble au sein de l'établissement et la nécessité de rétablir la sécurité.

A cet égard, il ne peut être fait usage de cette mesure que lorsqu'elle apparaît comme l'unique moyen de mettre fin à l'incident ou de préserver l'ordre interne de l'établissement au moment où la décision est prise.

Elle ne doit être envisagée que lorsque les autres moyens de faire cesser le trouble ont échoué ou sont insuffisants.

Ainsi, dès lors que la faute disciplinaire est consommée et ne peut se poursuivre ou se renouveler, dès lors que le trouble a cessé ou qu'il est possible d'y mettre un terme par un autre moyen, le recours au placement préventif n'est pas justifié.

Par ailleurs, la loi pénitentiaire a introduit la faculté de procéder à un confinement à titre préventif. Le législateur a ainsi entendu créer une alternative au placement préventif en cellule disciplinaire.

Il y a lieu de privilégier le confinement à titre préventif chaque fois que la personne détenue occupe une cellule individuelle et de n'avoir recours au placement en cellule disciplinaire que lorsqu'il apparaît que le confinement n'est pas de nature à assurer efficacement la sécurité des personnes ou de l'établissement et que seul le placement en cellule disciplinaire permet d'atteindre cet objectif.

2.3.1.2 La durée du placement préventif

La durée du placement préventif en cellule disciplinaire ou en confinement en cellule individuelle ordinaire est limitée au strict nécessaire et ne peut excéder deux jours ouvrables.

L'article R. 57-7-19 du CPP définit les règles de computation du délai du placement préventif en s'inspirant des articles 641 et 642 du code de procédure civile. Ainsi le délai commence à courir le lendemain du jour du placement en prévention. Il expire le deuxième jour suivant le placement en prévention à vingt-quatre heures. Le délai qui expirerait un samedi, un dimanche ou un jour férié ou chômé est prorogé jusqu'au premier jour ouvrable suivant. Le délai ne peut jamais être prorogé en dehors de ce cas expressément prévu.

Ex 1 : une personne détenue est placée en cellule disciplinaire un lundi, le délai prend fin le mercredi à vingt-quatre heures.

Ex 2 : une personne détenue est placée en cellule disciplinaire un jeudi, le délai expire le samedi, il est prorogé jusqu'au lundi à 24 heures.

Ex 3 : une personne détenue est placée en cellule disciplinaire le mardi 11 mai 2010. Le délai expire le jeudi 13 mai 2010, jour férié au sens de l'article L. 3133-1 du code du travail (jeudi de l'Ascension), le délai est prorogé jusqu'au vendredi 14 mai 2010 à 24 heures.

En tout état de cause, cette durée constitue un maximum et le chef d'établissement doit faire le nécessaire pour que le temps de prévention soit le plus court possible.

Le temps passé en cellule disciplinaire ou en confinement en cellule individuelle ordinaire à titre de prévention s'impute sur la durée de la sanction à subir qu'il s'agisse indifféremment d'une sanction de cellule disciplinaire ou de confinement.

2.3.1.3 La forme de la décision

Comme toute mesure de police la décision de placement préventif en cellule disciplinaire ou en confinement en cellule individuelle doit donner lieu à une décision écrite et motivée conformément aux articles 1 et 3 de la loi n° 79-587 du 11 juillet 1979 relative à la motivation des actes administratifs.

Cette décision devra être notifiée à la personne détenue lors de son placement.

Cependant, et conformément à l'article 4 de la loi susvisée, si l'urgence absolue empêche pour des motifs de sécurité des personnes ou de l'établissement, que la décision de placement préventif soit motivée, le défaut de motivation n'entachera pas la décision d'illégalité. Dans ce cas, la personne détenue dispose de la faculté de demander la communication des motifs de la décision dans les délais du recours contentieux (deux mois). L'autorité qui a pris la décision a l'obligation de lui communiquer ces motifs dans un délai d'un mois.

Il convient de rappeler que les décisions de placement préventif en cellule disciplinaire sont désormais soumises au contrôle du juge de l'excès de pouvoir (CE 17 déc. 2008, *Section française OIP*, n° 293786.).

2.3.1.4 Modalités d'exécution du placement préventif

Le placement préventif en confinement ou en cellule disciplinaire s'exécutent dans les mêmes conditions que celles prévues pour les sanctions disciplinaires correspondantes qui sont décrites aux § 3.2.6 et 3.2.7 de la présente circulaire.

En ce qui concerne plus particulièrement le placement préventif en cellule disciplinaire, il convient d'appliquer les recommandations de la fiche n° 3 du plan d'action relatif à la prévention du suicide des personnes détenues du 15 juin 2009, relative à la procédure d'accueil au quartier disciplinaire (voir en annexe XIII).

2.3.2 *La suspension de l'exercice d'une activité professionnelle*

Les articles R. 57-7-22 à R. 57-7-23 du CPP créent une procédure de suspension de l'exercice d'une activité professionnelle à titre préventif.

Il convient de ne pas confondre cette mesure de police qui ne peut être prise que lorsque la personne détenue commet une faute disciplinaire au cours ou à l'occasion de son activité professionnelle avec la procédure administrative prévue à l'article D. 434-2 du code de procédure pénale qui permet la suspension temporaire d'une personne (5 jours) lorsqu'elle ne s'adapte pas à son emploi (*cf.* §. 3.3).

2.3.2.1 Les conditions de mise en œuvre

2.3.2.1.1 *La condition tenant aux circonstances de la faute*

La suspension du travail à titre conservatoire peut être prononcée quel que soit le degré de la faute reprochée à la personne détenue.

Ex : le fait d'entraver l'activité qui constitue une faute du troisième degré peut justifier une mesure de suspension prise à titre conservatoire dès lors que cette mesure constitue l'unique moyen de permettre aux autres personnes détenues de poursuivre leur activité.

Par contre, la personne ne peut faire l'objet d'une telle décision que si elle commet la faute au cours ou à l'occasion de l'emploi qu'elle occupe.

2.3.2.1.2 *La condition de proportionnalité*

Il ne peut être fait recours à cette mesure que si elle représente l'unique moyen, soit :

— de mettre fin à la faute

— de faire cesser le trouble occasionné au bon déroulement du travail

— d'assurer la sécurité des personnes ou de l'établissement.

Ces trois conditions ne sont pas cumulatives. Il suffit que l'une d'entre elles soit remplie pour permettre la suspension.

2.3.2.2 La durée de la suspension d'emploi

La durée de la suspension du travail est limitée au temps nécessaire à la comparution éventuelle de la personne détenue devant la commission de discipline sans pouvoir toutefois excéder huit jours ouvrables.

Ex 1 : la personne détenue comparaît devant la commission de discipline dans un délai de quatre jours à compter de sa suspension. Sa comparution met un terme définitif à la suspension conservatoire.

Ex 2 : la personne détenue ne peut pas comparaître devant la commission de discipline avant un délai de quinze jours. Il devra être mis fin à la suspension préventive dès l'expiration du délai de huit jours. La personne concernée reprend alors son activité en attendant sa comparution.

Dans tous les cas de figure, la suspension du travail à titre préventif doit être limitée au strict nécessaire. Le chef d'établissement doit veiller à ce qu'il y soit mis fin dès lors que les motifs ayant présidé à son prononcé ont disparu.

2.3.2.3 La forme de la décision

Là encore la suspension du travail à titre préventif constitue une mesure de police qui doit être motivée par écrit et notifiée à la personne détenue sans délai hors cas d'urgence absolue.

2.4 *Le compte rendu d'incident (CRI)*

2.1.1 *Présentation du CRI*

Le compte rendu d'incident est le document par lequel un agent de l'administration pénitentiaire rend compte à sa hiérarchie d'un comportement ou de faits imputables à une personne détenue et susceptibles de constituer un manquement à la discipline.

2.4.2 *L'auteur du CRI*

Le compte rendu d'incident doit être rédigé par un agent de l'administration pénitentiaire au sens de l'article 11 de la loi pénitentiaire du 24 novembre 2009. Sont ainsi considérés comme des agents de l'administration pénitentiaire les personnels de direction, les personnels de surveillance, les personnels d'insertion et de probation, les personnels administratifs et les personnels techniques.

Il est bien évident que les personnels de surveillance sont, de par leur fonction, les agents les plus régulièrement amenés à rédiger des comptes rendus d'incident.

Au regard de leur statut particulier, les élèves et stagiaires surveillants, lieutenants, conseillers pénitentiaires d'insertion et de probation et directeurs des services pénitentiaires sont considérés comme des agents de l'administration pénitentiaire et peuvent à ce titre rédiger des comptes rendus d'incident.

Le compte rendu d'incident doit être rédigé par l'agent témoin des faits.

Il peut également être rédigé par l'agent qui recueille le témoignage d'une tierce personne n'appartenant pas à l'administration pénitentiaire et qui lui relate des faits susceptibles de constituer un manquement à la discipline (personne détenue, personnel soignant, concessionnaire, etc.). Il doit dans ce cas faire clairement état de ce qu'il retrace les déclarations d'une tierce personne.

2.4.3 *La forme du CRI*

La forme du compte rendu d'incident est libre. Cependant, dans la mesure où le CRI ne peut être rédigé que par un agent de l'administration pénitentiaire, son auteur doit être clairement identifiable. Par principe, il doit donc comporter le nom et la qualité de son auteur.

L'article 4 de la loi du 12 avril 2000, dispose cependant que « si des motifs intéressant la sécurité publique ou la sécurité des personnes le justifient, l'anonymat de l'agent est respecté ». Le chef d'établissement peut donc autoriser les agents rédacteurs de comptes rendus d'incidents ou témoins de fautes commises par les personnes détenues, qui sollicitent le bénéfice de l'anonymat, à s'identifier dans leurs écrits par le numéro de matricule porté sur leur carte professionnelle, s'il estime que les conditions posées par l'article 4 de la loi du 12 avril 2000 sont réunies. Cet anonymat peut être conservé dans le cadre de l'enquête et de l'audience disciplinaire, dès lors que les risques pour la sécurité persisteront.

En revanche, le compte rendu d'incident ne constituant pas une décision au sens de l'article 4 de la loi du 12 avril 2000, il n'a pas besoin d'être signé par son rédacteur.

2.4.4 *Le contenu du CRI*

Le compte rendu d'incident est avant tout un constat. Son rédacteur doit décrire de manière claire, précise et objective les faits qu'il relate. Il doit également présenter le contexte dans lequel ces faits s'inscrivent et préciser la date, l'heure et le lieu de l'incident. Il doit enfin mentionner l'existence de témoins éventuels.

Il doit en revanche s'abstenir de toute considération subjective sur le caractère, le comportement ou les motivations de la personne détenue. Ex : « détenu arrogant ».

Il n'a pas non plus à procéder à une évaluation générale de son comportement habituel. Ex : « détenu habitué des faits ». Il s'agit là d'éléments de personnalité qui pourront être ultérieurement recueillis par la personne chargée de procéder à l'enquête disciplinaire.

Enfin, à ce stade de la procédure, il n'appartient pas au rédacteur du CRI de qualifier de faute disciplinaire les faits qu'il relate. Un CRI qui aurait par exemple pour objet de relater des propos susceptibles de constituer des insultes doit retranscrire ces propos et non pas se contenter de la mention « m'a insulté » qui constitue une préqualification des faits.

2.4.5 *Le délai de rédaction du CRI*

Le compte rendu d'incident doit être rédigé dans « les plus brefs délais » (art. R. 57-7-13 du CPP). L'appréciation de cette notion est nécessairement subjective et dépend des circonstances dans lesquelles la faute a été relevée et des contraintes de fonctionnement de l'établissement. De manière générale, il convient cependant que le compte rendu d'incident soit rédigé le jour même ou le lendemain de la constatation des faits.

2.4.6 *Les suites données au CRI*

Il n'y a pas, à ce stade de la procédure, nécessité de remettre une copie du compte rendu d'incident à la personne détenue qui en fait l'objet, dans la mesure où des suites disciplinaires ne seront pas nécessairement données à ce document. En revanche, la personne détenue qui fait l'objet d'un compte rendu d'incident doit en être avertie.

La rédaction d'un compte rendu d'incident entraîne l'ouverture d'une enquête (art. R. 57-7-14 du CPP) sauf si les faits relatés ne constituent manifestement pas une faute disciplinaire.

A l'issue de la procédure disciplinaire, le chef d'établissement veillera, par tout moyen lui paraissant approprié, à l'information de l'agent rédacteur du compte rendu d'incident quant aux suites réservées à ce dernier. Vous trouverez en annexe IX un modèle de formulaire de fiche de suivi d'un CRI qui peut-être utilisé à cette fin.

2.5 *L'enquête*

2.5.1 *Présentation*

Le rapport d'enquête dont la forme est libre est un document qui retrace les éléments recueillis afin d'éclairer les circonstances des faits relatés par le compte rendu d'incident ainsi que les éléments de personnalité de la personne détenue concernée.

2.5.2 *L'auteur du rapport d'enquête*

L'article R. 57-7-14 du CPP désigne les personnels habilités à procéder aux enquêtes disciplinaires. Il peut ainsi s'agir d'un personnel de commandement (lieutenant, capitaine ou commandant), d'un major pénitentiaire ou d'un premier surveillant.

Il appartient au chef d'établissement de désigner l'agent qui lui paraît le mieux à même de procéder aux enquêtes disciplinaires.

Lorsque l'organisation du service le permet, il semble de bonne pratique de spécialiser un agent afin d'exercer la fonction de gradé enquêteur plutôt que de confier cette mission indifféremment à tous les officiers ou gradés de l'établissement.

Cette spécialisation facilite l'acquisition de connaissances et de compétences spécifiques utiles à la réalisation des enquêtes. Elle accélère l'instruction des incidents en permettant à l'agent de se consacrer sans interruption aux enquêtes et sans être tributaire de la réalisation d'autres tâches éventuelles. Elle lui permet en outre de s'autosaisir des enquêtes à réaliser en contrôlant chaque jour la liste des CRI en attente. L'efficacité de la réponse disciplinaire dépend en effet de sa rapidité. La spécialisation présente enfin l'avantage de favoriser l'élaboration d'une véritable politique disciplinaire en offrant au chef d'établissement un interlocuteur unique auquel adresser ses instructions. A ce titre, il peut déterminer des ordres de priorité dans le traitement des enquêtes en privilégiant l'ancienneté des faits ou leur gravité par exemple.

Le chef d'établissement conserve évidemment la possibilité de désigner un autre agent afin de procéder à l'enquête, soit pour suppléer, soit pour seconder le gradé enquêteur. Exemples : le gradé enquêteur est absent, il est lui-même victime des faits relatés dans un CRI, une enquête difficile nécessite de réaliser de multiples auditions, etc.

2.5.3 *Le contenu du rapport d'enquête*

A réception du compte rendu d'incident, l'enquêteur doit instruire en vue de clarifier les circonstances de l'espèce et d'examiner si les faits sont établis ou non.

Au cours de son enquête, il entend la personne détenue mise en cause. A cette occasion, il porte à sa connaissance la teneur du compte rendu d'incident et recueille ses observations éventuelles.

Les explications de la personne détenue sont recueillies verbalement. Elles peuvent être données par écrit si elle le souhaite.

L'enquêteur peut entendre l'agent rédacteur du compte rendu d'incident afin de recueillir auprès de lui toute information complémentaire sur les circonstances des faits. Il peut recueillir ses observations sur les explications fournies par la personne détenue.

L'enquêteur peut également entendre en qualité de témoin toute personne dont les observations lui paraissent utiles.

Il peut procéder aux diverses investigations utiles dans le cadre de son enquête.

Ex : photographies, mesures métriques, recueil et retranscription d'enregistrements des caméras de vidéo surveillance placées en détention (leur existence doit avoir fait l'objet d'un affichage et le système d'enregistrement doit avoir été dûment autorisé), retranscription de conversations téléphoniques, évaluation du coût de dégradations (en se rapprochant le cas échéant des services techniques de l'établissement), retenue d'objets ou de correspondances, utilisation de produits tests sur une substance saisie afin de déterminer s'il s'agit de drogue, vérification des achats réalisés par une personne détenue, vérification de l'inventaire du vestiaire de la personne, etc.

L'enquêteur consulte, au greffe de l'établissement, le dossier individuel de la personne détenue et vérifie l'existence éventuelle d'antécédents disciplinaires, faisant apparaître notamment l'existence de sursis antérieurs révocables. Il dresse la liste de ces antécédents dans son rapport d'enquête. Il peut pour ce faire utiliser le logiciel GIDE afin d'éditer la liste des sanctions disciplinaires prononcées à l'encontre de la personne détenue. Il doit s'assurer cependant que les sanctions listées n'ont pas fait l'objet d'une décision de retrait par la direction interrégionale, qu'elles n'ont pas été annulées par le juge administratif ni amnistiées en consultant la cote discipline du dossier du greffe.

L'enquêteur doit également recueillir toute information utile sur la personnalité de la personne détenue concernée, y compris en s'adressant à d'autres services (par exemple le SPIP). Il doit en particulier consulter la cote de signalisation du risque suicidaire présente dans le dossier de la personne et rendre compte des éléments faisant état d'une éventuelle fragilité. Il relève si l'intéressée présente des antécédents de passage à l'acte auto-agressif (tentatives de suicide, auto-mutilations). Il vérifie dans la liste des CCR (consignes, comportements, régimes) si la personne détenue est placée sous surveillance spécifique. Il contrôle si l'intéressée a déjà été examinée par la commission pluridisciplinaire unique dans sa composition en charge de la prévention des risques suicidaires et si elle a fait l'objet de mesures de protection.

S'il s'agit d'une personne placée au service médico-psychologique régional ou d'une personne détenue atteinte de troubles du comportement affectée en détention ordinaire, le gradé peut recueillir l'avis du psychiatre, notamment sur les effets prévisibles d'un éventuel placement en cellule disciplinaire. Cet avis préalable ne saurait, en tout état de cause, lier le psychiatre sur ses appréciations futures.

Lorsque l'enquêteur estime que son enquête est suffisamment étayée, il remet au chef d'établissement un rapport circonstancié sur les faits relevés et les déclarations des personnes entendues.

2.5.4 *Les suites données au rapport d'enquête*

Au vu de ce rapport, le chef d'établissement ou son délégataire prescrit, le cas échéant, la recherche de toute information complémentaire qu'il estime utile.

S'il s'estime satisfait par le contenu du rapport d'enquête, il détermine en opportunité la suite à donner à la procédure.

Il peut ainsi procéder à un classement sans suite. Le compte rendu d'incident et le rapport d'enquête sont alors versés au dossier individuel de la personne détenue. Ces documents sont communicables à la personne détenue qui en fait la demande.

Il peut enfin donner instruction d'engager des poursuites disciplinaires à l'encontre de la personne détenue et de la faire comparaître devant la commission de discipline. L'instruction de poursuite ne peut plus être donnée si elle intervient plus de 6 mois après la date de découverte des faits.

2.6 *Les poursuites devant la commission de discipline*

2.6.1 *La procédure préalable à la réunion de la commission de discipline*

2.6.1.1 L'entretien de notification des faits et des droits

En cas de poursuites disciplinaires décidées par le chef d'établissement ou son délégataire, la personne détenue est convoquée pour un entretien au cours duquel lui sont notifiés les faits qui lui sont reprochés et la qualification juridique qu'ils sont susceptibles de revêtir mais également les droits qui sont les siens dans le cadre du déroulement de la procédure.

Elle est ainsi avisée du délai dont elle dispose pour préparer sa défense qui ne peut être inférieur à 24 heures et de la faculté de prendre connaissance des éléments du dossier dans ce délai. Il lui est indiqué qu'elle peut produire des explications écrites.

Elle est également informée de la possibilité d'être assistée par un avocat de son choix ou par un avocat désigné par le bâtonnier de l'ordre des avocats ainsi que de la possibilité de bénéficier de l'aide juridique à cet effet. L'agent chargé de l'entretien recueille ainsi les vœux exprimés par la personne détenue en la matière.

Cet entretien peut être mené par n'importe quel agent, sans distinction de grade. Afin d'éviter tout risque de conflits, il convient cependant de veiller à ce qu'il ne soit pas mené par l'agent rédacteur du compte rendu d'incident.

2.6.1.2 La convocation à comparaître devant la commission de discipline

Au terme de l'entretien préalable, la personne détenue se voit remettre une convocation écrite lui précisant la date et l'heure de sa comparution devant la commission de discipline et reprenant les éléments décrits au §.2.6.1.1.

La convocation doit indiquer la date et l'heure à laquelle elle est remise à la personne concernée.

Elle doit être signée par la personne détenue. Si celle-ci refuse de signer, il appartient à l'agent chargé de cette notification de porter la mention "refus de signature" sur le document de convocation, suivie de la date et de sa propre signature. Le double du feuillet est remis à la personne détenue.

Une convocation est en outre adressée à l'avocat choisi par la personne détenue, ou désigné à sa demande par le bâtonnier. Elle précise la date et l'heure à laquelle elle est adressée à l'avocat ainsi que la date et l'heure à laquelle la commission de discipline se réunit. Elle doit, au même titre que celle remise à la personne détenue, comporter l'énoncé des manquements à la discipline et la qualification juridique qu'ils sont susceptibles de revêtir.

Compte tenu du délai imparti à la personne détenue afin de préparer sa défense, il est opportun d'adresser les convocations au moins 48 heures avant le début de l'audience disciplinaire. Ce délai minimum permet d'organiser au mieux la consultation du dossier et l'entretien entre la personne détenue et son avocat.

2.6.1.3 La communication du dossier

Le respect des droits de la défense implique la possibilité pour la personne détenue et pour son avocat d'avoir accès au dossier de la procédure disciplinaire. Ils doivent donc impérativement avoir été mis en mesure de prendre connaissance des éléments du dossier qui sera examiné par la commission de discipline au moins 24 heures avant le début de l'audience disciplinaire.

Les documents dont la consultation par la personne détenue ou par son avocat, porterait atteinte à la sécurité publique ou à celle des personnes, notamment celles qui ont participé à leur élaboration, ne sont pas communicables. Il convient de les disjoindre ou d'occulter les éléments portant atteinte à la sécurité.

La personne détenue et son avocat sont avisés qu'il leur est loisible de consulter le dossier sur place dans un local garantissant la confidentialité ou d'en obtenir chacun une copie gratuite.

La personne détenue est en principe fondée à conserver les pièces ainsi délivrées. Le chef d'établissement peut par exception décider qu'elle ne pourra pas conserver dans sa cellule, tout ou partie de ces pièces, s'il y a lieu de craindre que soient divulgués des éléments de nature à mettre en cause la sécurité des personnes ou de l'établissement. Dans ce cas, les pièces seront placées à la fouille et maintenues à disposition de la personne détenue qui pourra en prendre connaissance dans un local assurant la confidentialité de cette consultation.

L'avocat de la personne détenue peut conserver la copie de la procédure qui lui a été remise notamment en vue de l'exercice ultérieur d'une voie de recours.

Afin de faciliter le déroulement des procédures, et en fonction des accords conclus localement avec les barreaux, il peut être acté que le dossier de la procédure sera transmis par fax à l'avocat désigné pour assister la personne détenue notamment lorsque la date de l'audience disciplinaire est fixée à bref délai.

Il est fait mention, au dossier de la procédure, de la date et de l'heure de délivrance des pièces du dossier.

2.6.1.4 Le libre entretien avec le conseil choisi

La personne détenue convoquée devant la commission de discipline doit être mise en mesure, de bénéficier d'un entretien avec l'avocat choisi, dans des conditions garantissant la confidentialité, au moins 24 heures avant le début de l'audience disciplinaire.

2.6.2 *La commission de discipline*

La commission de discipline est l'organe disciplinaire chargé de constater et de sanctionner les manquements à la discipline. Elle entend les explications de la personne détenue, les témoignages éventuels et décide de la sanction la plus appropriée au cas qui lui est soumis.

Elle se réunit en cas de besoin à l'initiative du chef d'établissement ou de son délégataire, et en tout état de cause dans des délais très brefs, si une mise en prévention en cellule disciplinaire a été effectuée.

2.6.2.1 La composition de la commission de discipline

La commission de discipline est composée d'un président et de deux assesseurs. Il convient de rappeler que le rédacteur du compte rendu d'incident ou du rapport d'enquête ne peut siéger en commission de discipline que ce soit en qualité de président ou d'assesseur.

2.6.2.1.1 *Le président*

La commission de discipline est présidée par le chef d'établissement ou son délégataire. Le président de la commission de discipline dirige les débats. Il est le seul titulaire du pouvoir disciplinaire.

Le président de la commission de discipline peut, s'il l'estime utile, et si l'organisation du service le permet, se faire assister d'un secrétaire de commission, qui aura pour tâche de veiller au bon déroulement de l'audience disciplinaire, ainsi qu'à la transcription des débats.

L'instauration de cet assistant de la commission de discipline peut permettre au président de la commission de se consacrer à l'écoute de la personne détenue, de son avocat et des témoins, sans que sa vigilance et sa perception des faits examinés puissent être détournées par la transcription en temps réel des débats.

Cet assistant pourra également être chargé de la mise en œuvre de la procédure en amont de l'audience (préparation des imprimés, transcription de l'enquête, convocation des personnes détenues et des assesseurs...).

Cet assistant ne peut en revanche être associé aux débats sur la décision. Même si l'on peut admettre qu'il y assiste, il n'a pas voix consultative.

Le président de la commission de discipline est en outre assisté de deux assesseurs dotés d'une voix consultative. Le président les consulte lors du délibéré avant de prendre sa décision. Leur avis permet d'éclairer sa décision.

2.6.2.1.2 *L'assesseur appartenant à l'administration pénitentiaire*

Cet assesseur donne son avis au président sur la matérialité des faits reprochés à la personne détenue et sur la sanction qui lui paraît la plus opportune. Il peut également lui apporter un éclairage sur l'incidence de tels comportements sur le fonctionnement de l'établissement ou sur la personnalité de la personne détenue (fragile, perturbatrice, etc.).

Il est désigné par le président, avant chaque commission de discipline, parmi les membres du premier ou du deuxième grade du corps d'encadrement et d'application du personnel de surveillance de l'établissement (art. R. 57-7-8 du CPP). Cela concerne les surveillants, surveillants principaux ou surveillants brigadiers présents à l'établissement, en fonction de leur disponibilité.

S'il est règlementairement possible de choisir un élève ou un stagiaire surveillant, il est préférable compte tenu de leur faible ancienneté dans l'administration d'éviter de procéder à un tel choix. Il est cependant envisageable que les élèves et stagiaires puissent, dans le cadre de leur formation, assister aux délibérés de la commission sans pour autant prendre part aux débats.

Les premiers surveillants et les majors qui appartiennent respectivement au troisième et au quatrième grade du corps d'encadrement et d'application du personnel de surveillance ne peuvent pas être désignés en qualité d'assesseur.

Compte tenu des exigences du service des agents et de l'organisation de l'établissement, il est pratiquement impossible de constituer une commission de discipline dotée d'une composition uniforme. Toutefois, pour conserver une certaine homogénéité des décisions prises et pour permettre une implication véritable des agents concernés, il convient d'éviter une trop grande rotation de la participation des personnels à cette instance.

Même s'il n'est pas le rédacteur du compte rendu d'incident ou du rapport d'enquête, il convient d'éviter, autant que faire se peut, de désigner en qualité d'assesseur un agent qui aurait été amené à connaître une des affaires examinées en qualité de témoin direct des faits.

2.6.2.1.3 *L'assesseur extérieur à l'administration pénitentiaire*

Cet assesseur apporte au chef d'établissement le regard de la société civile sur la procédure examinée.

Toute personne qui manifeste un intérêt pour les questions relatives au fonctionnement des établissements pénitentiaires peut solliciter la délivrance d'une habilitation afin de siéger en commission de discipline en qualité d'assesseur.

La demande est adressée au président du tribunal de grande instance dans le ressort duquel est situé l'établissement pénitentiaire où siège la commission de discipline Elle peut également être adressée au chef d'établissement qui dans ce cas la transmet au président du TGI.

Il apparaît opportun que, dès l'entrée en vigueur de la présente circulaire, chaque chef d'établissement prenne attache avec le président du TGI dans le ressort duquel est situé son établissement. Il s'agira en effet de sensibiliser cette autorité à l'importance que revêt son implication dans la procédure d'habilitation préalable des assesseurs extérieurs, pour le bon ordre des établissements.

Les personnes habilitées sont inscrites sur une liste tenue au greffe du TGI. Cette liste est adressée au chef d'établissement à chaque nouvelle inscription et au moins une fois par an. Il conviendra de se rapprocher du greffe du tribunal de grande instance afin d'obtenir cette liste si elle n'a pas déjà été communiquée.

A partir de cette liste, le chef d'établissement dresse un tableau de roulement désignant pour une période déterminée (à la semaine, au mois ou au trimestre par exemple) les assesseurs extérieurs appelés à siéger à la commission de discipline. Ce tableau fixe par ailleurs les dates programmées d'audience de la commission de discipline. Il est adressé aux assesseurs concernés. Il peut-être affiché en zone administrative. Chaque fois qu'une commission de discipline est programmée en sus des dates initialement prévues (ex : suite à une mise en prévention) une convocation est adressée à l'assesseur concerné.

Il appartient au chef d'établissement de veiller à ce qu'un assesseur, bien qu'habilité, ne soit pas désigné pour siéger en commission, dès lors que sa situation aurait évolué depuis son habilitation de telle sorte qu'il serait lui-même détenu, ou conjoint, concubin ou parent d'une personne détenue, ou titulaire d'un permis de visite à l'égard d'une personne détenue à l'établissement (cas prévus à l'article R. 57-7-1 du CPP).

Si la liste tenue au greffe du tribunal de grande instance ne comporte, au 1er juin 2011, aucun nom, le respect de la règle procédurale fixée à l'article 91 de la loi pénitentiaire et à l'article R. 57-7-8 du CPP est en l'espèce impossible. Dans un tel cas de figure, la décision rendue au terme de la commission de discipline n'est pas pour autant entachée d'illégalité, dès lors que cette absence n'est pas due au fait de l'administration. Le Conseil d'État considère en effet qu'il n'y a pas de vice de procédure lorsqu'un organisme consultatif n'avait pas été encore constitué ou installé à la date où la décision a été prise (voir en ce sens, CE 12 juin 1987, *Ferretti* ; CE 30 déc. 1998, *Synd. Nat. CGT-FO de l'ANPE*).

Par ailleurs, lorsqu'un assesseur extérieur, bien que dûment avisé de la date de tenue de la commission de discipline, ne se présente pas sans en informer préalablement le chef d'établissement, le renvoi des procédures à une audience ultérieure doit être envisagé, sauf nécessité particulière de statuer rapidement. Sur ce point, le chef d'établissement peut anticiper les difficultés en désignant, sur le tableau de roulement, des suppléants auxquels il aura recours lorsqu'il sera avisé par l'un des assesseurs titulaires de l'impossibilité qui lui est faite de se rendre en commission de discipline.

Il est nécessaire d'accompagner l'habilitation de chaque assesseur extérieur par une journée de découverte de l'établissement au cours de laquelle il pourra rencontrer le chef d'établissement et les agents en charge de l'organisation et de la programmation des commissions de discipline. Cette rencontre sera l'occasion d'expliquer à l'intéressé le fonctionnement d'un établissement pénitentiaire, les règles en matière de sécurité et les modalités d'organisation des commissions de discipline. Les textes applicables en matière disciplinaire ainsi que le règlement intérieur de l'établissement lui seront également remis à cette occasion. Elle pourra être assortie d'une visite de l'établissement.

2.6.2.2 Les obligations des membres de la commission de discipline

Chaque membre de la commission doit exercer ses fonctions avec intégrité et dignité en faisant preuve de réserve et de retenue et se montrer impartial en se gardant de manifester tout parti pris. Chacun doit par ailleurs respecter le secret des délibérations.

Le chef d'établissement qui aurait connaissance d'un manquement à ces obligations est légitime à écarter son auteur de la composition des futures commissions de discipline.

Cependant, lorsque la violation de ces obligations est le fait d'un assesseur extérieur le chef d'établissement ne peut pas procéder de lui-même au retrait de son habilitation. Il doit donc solliciter le président du tribunal de grande instance à cette fin.

2.6.3 *L'audience disciplinaire*

2.6.3.1 Le déroulement des débats

Toute personne détenue est libre de comparaître ou pas lors de l'audience disciplinaire.

Elle peut comparaître en personne et assurer seule sa défense, ou comparaître assistée par un avocat de son choix. Dans l'hypothèse d'un refus de comparution, elle peut se faire représenter par un avocat de son choix.

Le président de la commission de discipline peut prévoir la présence de personnels supplémentaires afin d'assurer la sécurité de l'audience.

Le président de la commission de discipline dirige les débats et assure la police de l'audience.

Il donne lecture des faits tels qu'ils ont été notifiés par écrit à la personne détenue et, s'il l'estime nécessaire, des conclusions du rapport rédigé par l'agent chargé d'instruire l'affaire.

Il donne ensuite la parole à la personne détenue pour que celle-ci s'explique sur les faits qui lui sont reprochés.

Les explications orales du détenu sont retranscrites sur l'imprimé de la procédure disciplinaire.

Si la personne détenue a, en outre, préparé des explications écrites, celles-ci sont jointes au dossier disciplinaire (une copie de ces pièces lui sera remise le lendemain au plus tard).

La remise par la personne détenue de ses explications écrites à la commission de discipline ne lui interdit pas de présenter ses explications orales.

Les conclusions et les pièces écrites (témoignages, certificats médicaux, etc.) remises par la personne détenue, ou son conseil, sont annexées au dossier de la procédure disciplinaire.

Le président de la commission de discipline pose à la personne détenue les questions nécessaires à la compréhension des faits. Il peut céder la parole à ses assesseurs afin qu'ils puissent à leur tour interroger la personne détenue.

En présence d'un avocat, le président de la commission doit lui donner la parole après avoir recueilli les explications de la personne détenue sur les faits qui lui sont reprochés et dont les circonstances ont été rappelées. Si l'avocat souhaite poser des questions à un témoin il les adresse au président de la commission de discipline.

Le président peut décider, s'il l'estime utile au regard du bon déroulement de la procédure et pour la connaissance de la vérité, de faire entendre par la commission, des témoins. Si la personne détenue fait une telle demande, elle doit être consignée sur la procédure disciplinaire. L'opportunité de faire entendre des témoins est laissée à l'appréciation du président de la commission de discipline.

Afin d'assurer le respect des droits de la défense, lorsqu'il s'avère que la personne détenue ne parle ou ne comprend pas la langue française, ou est dans l'incapacité physique de s'exprimer (sourd-muet), il y a lieu de recourir à un interprète, y compris lors de la phase préparatoire décrite au §.2.6.1, notamment afin de permettre à l'avocat choisi de s'entretenir avec la personne concernée.

A cette fin, il appartient au chef d'établissement d'entreprendre toute démarche pour obtenir l'assistance de cet interprète. Il peut par exemple contacter la permanence de jour du parquet pour obtenir la liste des interprètes intervenant devant les juridictions. Il devra, en cas de litige ultérieur sur ce point, être en mesure de justifier des démarches effectuées pour contacter un interprète.

S'il s'avère impossible d'obtenir, dans les délais requis, la présence d'un interprète pour assister la personne détenue, il peut être fait appel à un membre du personnel connaissant la langue étrangère (ou la langue des signes), ou en dernier ressort à une autre personne détenue.

Le recours à un membre du personnel ou à une personne détenue doit respecter le principe de l'impartialité des débats. A cet égard, il ne saurait être admis qu'un personnel ou un codétenu soit à la fois témoin de l'incident et interprète dans la procédure disciplinaire engagée à l'occasion de cet incident.

Mention de l'identité de l'interprète doit être portée sur la décision.

2.6.3.2 Le renvoi de l'affaire

Si, en dépit de l'enquête préalable, la commission estime n'être pas en mesure de statuer en toute connaissance de cause, le président de la commission peut renvoyer l'affaire à une prochaine audience, notamment aux fins de vérifier les éléments insuffisamment établis ou les faits nouveaux recueillis au cours de l'audition.

Pour tout motif formulé par la personne détenue, ou son avocat, le président de la commission peut décider de reporter l'examen des faits concernés à la prochaine audience.

2.6.3.3 La requalification des faits

S'il apparaît au cours des débats que la qualification retenue dans la convocation est erronée mais que les faits reprochés à la personne détenue constituent une faute de nature à justifier une sanction au regard d'une autre qualification, le président de la commission de discipline peut requalifier les faits.

Il doit cependant respecter le principe du contradictoire en informant la personne détenue de la nouvelle qualification qu'il entend retenir, lui laisser un délai suffisant pour préparer sa défense et la mettre en mesure de présenter ses observations sur la nouvelle qualification.

Si la personne détenue demande à bénéficier d'un nouveau délai de 24 heures, il convient de renvoyer la tenue de la commission de discipline à une date ultérieure. Dans les autres cas, la décision devra faire mention de la renonciation à ce délai par l'intéressée.

2.6.3.4 Le délibéré

La commission de discipline délibère, hors la présence de la personne détenue et de toute autre personne (sous réserve éventuellement de la présence d'un assistant ou de personnels stagiaires dans le cadre de la formation qui dans ce cas ne peuvent pas s'exprimer).

Le président, après avoir consulté les assesseurs se prononce sur la responsabilité de l'intéressé au regard des règles de la discipline et s'il y a lieu, arrête la ou les sanctions applicables. Les délibérations sont secrètes.

2.6.3.5 Le prononcé de la décision

Lorsque la personne détenue a renoncé à son droit de comparaître et qu'elle n'est pas assistée par un avocat, la décision lui est notifiée conformément au §. 2.6.4.

Dans les autres cas, la décision sur la sanction disciplinaire est prononcée par le président, selon les situations, en présence, soit de la personne détenue seule ou de son avocat, soit de la personne détenue assistée de son avocat.

La décision emportant sanction disciplinaire doit être motivée en fait et en droit. La commission de discipline doit apporter une particulière attention à ce que la sanction prononcée soit proportionnée à la gravité des faits et adaptée à la personnalité de son auteur.

Le président de la commission de discipline fixe la date de début d'exécution de la sanction. En cas d'impossibilité de faire exécuter une sanction immédiatement, le chef d'établissement a la possibilité de fixer à une date ultérieure le début d'exécution.

2.6.4 *La notification de la décision disciplinaire*

La décision est immédiatement notifiée par écrit à la personne détenue, qui est également informée par le président de la possibilité dont elle dispose de saisir le directeur interrégional d'un recours hiérarchique contre la décision rendue, dans les quinze jours à compter de la date de la notification. La personne détenue doit être avertie clairement, dans une langue qu'elle comprend, du caractère obligatoire de ce recours hiérarchique, préalablement à un recours contentieux éventuel.

Si l'intéressée refuse de signer la notification, ce refus est indiqué sur l'acte de notification dont une copie lui est remise.

Dans la majorité des cas, le jour de la notification correspond au jour où la décision est prise par la commission de discipline ; il peut cependant arriver que ces deux dates ne coïncident pas, notamment dans le cas exceptionnel où la personne détenue n'est pas présente à l'audience. La notification doit toutefois être effectuée aussitôt que cela s'avère possible.

La décision doit mentionner le nom de l'avocat qui a assisté ou représenté la personne détenue.

2.6.5 *L'entretien avec l'avocat après le prononcé de la décision*

Après le prononcé de la décision, notamment dans la perspective d'exercer éventuellement un recours, la personne détenue doit être mise en mesure de bénéficier si elle le souhaite d'un entretien avec l'avocat qui l'a assistée, dans des conditions garantissant la confidentialité de l'échange.

2.6.6 *L'attestation de fin de mission*

A l'issue de l'audience, le président de la commission de discipline remet à l'avocat ayant assisté la personne détenue une attestation de fin de mission comportant le numéro de la procédure disciplinaire (*cf.* annexe n° VIII).

Le président ne peut cependant attester de l'intervention de l'avocat tant que la commission n'a pas rendu de décision au fond. Dans l'hypothèse où l'audience disciplinaire fait l'objet d'un renvoi, ce n'est qu'à l'issue de la nouvelle audience, au cours de laquelle la commission de discipline statue, que l'avocat bénéficiera de la remise d'une attestation de fin de mission. Cette attestation lui permettra de bénéficier de la rétribution au titre de l'aide juridique.

Cette rétribution est due pour chaque procédure examinée par la commission de discipline.

Ainsi, si la commission de discipline examine une procédure disciplinaire portant sur plusieurs fautes une seule attestation de fin de mission sera délivrée. En revanche, si la commission de discipline examine lors de la même audience plusieurs procédures disciplinaires diligentées pour des séries de fautes distinctes à l'encontre de la même personne détenue, il sera remis à l'avocat une attestation pour chaque procédure examinée.

3 Les sanctions

3.1 *Les principes généraux*

Les sanctions ne peuvent être prononcées qu'en commission de discipline. Il convient d'en rappeler les principes généraux avant d'examiner en détail les différentes sanctions qui peuvent être prononcées.

3.1.1 *Le principe de légalité*

L'article 726 du code de procédure pénale dispose que les différentes sanctions disciplinaires encourues selon le degré de gravité des fautes sont déterminées par un décret en Conseil d'État.

Les articles R. 57-7-33 et R. 57-7-34 du CPP déterminent ainsi les différentes sanctions encourues par les personnes détenues majeures en les classant selon deux catégories.

L'article R. 57-7-33 énumère, par ordre croissant de sévérité, sept sanctions générales qui peuvent être prononcées quelles que soient la nature et les circonstances de la faute.

L'article R. 57-7-34 liste quatre sanctions spécifiques dont le prononcé est lié aux circonstances dans lesquelles la faute a été commise.

Conformément au principe de légalité des sanctions, aucune autre mesure que celles limitativement énumérées par les articles R. 57-7-33 et R. 57-7-34 ne saurait être prononcée par la commission de discipline.

Ainsi la privation de lecture, de correspondance, de communications téléphoniques et de visite ne constituent pas des sanctions disciplinaires et ne peuvent pas être prononcées par la commission de discipline à titre de sanction.

Il en est également ainsi de l'amende. La décision qui consisterait à sanctionner le détenu par le paiement d'une somme d'argent à titre de sanction disciplinaire serait illégale.

3.1.2 *Le principe de non-rétroactivité*

En vertu des principes généraux du droit, et comme toute autre décision administrative, les décisions infligeant une sanction ne peuvent légalement avoir d'effet que pour l'avenir.

3.1.3 *Le principe de personnalité*

Le principe de personnalité des peines qui s'applique également aux sanctions administratives s'oppose à ce qu'une sanction soit infligée à une personne à raison de faits qui ne lui sont pas imputables.

En vertu de ce principe, les sanctions disciplinaires collectives sont prohibées.

Cette prohibition s'applique aux cas où une faute a été commise dans un groupe sans que l'on puisse identifier formellement et individuellement celui ou ceux qui l'ont commise.

Elle n'interdit donc pas de prononcer des sanctions individuelles différenciées, à l'égard des personnes détenues qui ont collectivement commis une même faute, à un même degré ou à des degrés divers.

Ex : On ne peut, par exemple, punir collectivement toutes les personnes détenues qui travaillent au sein du même atelier dans lequel un vol a été commis sans que son auteur ait été identifié.

On peut, en revanche, au sein d'un groupe, sanctionner individuellement toutes les personnes détenues qui refusent de sortir d'une cour de promenade, quitte à moduler la sanction en fonction du degré de participation ou d'implication de chacune.

3.1.4 *Le principe de proportionnalité*

En vertu de ce principe, la sévérité de la sanction prononcée ne doit pas être manifestement disproportionnée à la gravité de la faute commise.

L'article R. 57-7-33 du CPP détermine ainsi une échelle de sanctions générales allant de la plus légère, l'avertissement, à la plus sévère, le placement en cellule disciplinaire.

Par ailleurs, les sanctions de confinement en cellule individuelle ordinaire et de placement en cellule disciplinaire se voient appliquer une échelle particulière qui détermine des quanta maximaux en fonction de la nature et de la gravité de la faute.

L'article R. 57-7-34 du CPP, qui énumère des sanctions spécifiques adaptées aux circonstances de la faute, permet également une gradation.

3.1.5 *Le principe d'individualisation*

La sanction prononcée doit non seulement être proportionnée à la gravité de la faute commise mais elle doit également être adaptée à la nature et aux circonstances de cette faute ainsi qu'à la personnalité de son auteur.

Le président de la commission de discipline prononce, après avoir recueilli l'avis de ses assesseurs, la ou les sanctions disciplinaires qui lui apparaissent comme les mieux appropriées au regard de ces éléments.

La nature de la faute peut ainsi orienter le président vers le choix d'une sanction particulière.

Tel est le cas par exemple lorsqu'il est reproché à la personne détenue de jeter des détritus par la fenêtre de sa cellule. Le prononcé d'une sanction de nettoyage des abords paraît particulièrement adapté.

La sanction d'avertissement peut par contre apparaître inadaptée lorsque la faute consiste en des faits de violence physique grave à l'encontre des personnes. Dans un tel cas, la nécessité d'assurer la protection des personnes peut conduire le président de la commission de discipline à s'orienter vers le prononcé d'une sanction de confinement en cellule individuelle ordinaire ou de placement en cellule disciplinaire.

Les circonstances dans lesquelles la faute a été commise peuvent également être prises en compte soit pour atténuer soit pour aggraver la sanction.

Ainsi la personne détenue qui se fait insulter et répond en portant une gifle à son vis-à-vis pourra bénéficier de l'excuse de provocation et voir diminuer la sévérité de la sanction prononcée.

Celle qui, par contre, menace d'exercer des violences physiques à l'encontre d'un codétenu puis passe à l'acte le lendemain démontre une volonté préméditée de porter atteinte à l'intégrité physique de sa victime qui peut conduire au prononcé d'une sanction plus sévère.

La faute commise en réunion se trouve aggravée par cette circonstance. Ex : des violences physiques exercées par une personne détenue tandis qu'un complice maintient la victime immobile.

La vulnérabilité de la victime peut aussi constituer un facteur d'aggravation de la sanction prononcée. Le fait de soutirer ses cigarettes à une personne âgée ou handicapée sous la menace de violences constitue une faute aggravée par la vulnérabilité apparente de la victime.

Il convient de resituer la faute dans son contexte afin d'apprécier sa gravité et donc la sévérité de la sanction qui sera prononcée. La découverte d'une très faible quantité de résine de cannabis (ex : moins d'un gramme) sur une personne détenue peut conduire le président de la commission de discipline à considérer que ces stupéfiants sont destinés à un usage personnel. La sanction prononcée pourra dès lors être moins sévère que dans le cas de la découverte d'une quantité plus importante (ex : 45 grammes) qui laisse présumer une volonté de trafic.

Enfin le président de la commission de discipline doit tenir compte de la personnalité de l'auteur de la faute au regard notamment de ses antécédents, de ses capacités physiques et intellectuelles ou de son éventuelle fragilité.

Ainsi, en l'absence d'antécédent disciplinaire, il apparaît disproportionné de s'orienter vers la sanction la plus sévère, voire d'appliquer le maximum légal encouru pour cette sanction. De même, les sanctions prononcées, quelle que soit leur nature, peuvent utilement être assorties d'un sursis dans un tel cas de figure.

A contrario, l'existence d'antécédents disciplinaires peut conduire à prononcer une sanction plus sévère.

Le placement en cellule disciplinaire d'une personne détenue paraplégique qui bénéficie à ce titre d'un aménagement spécifique de sa cellule est inadapté. Dans un tel cas de figure il convient de privilégier le confinement de la personne dans sa cellule.

Le confinement en cellule individuelle ordinaire ou le placement en cellule disciplinaire d'une personne détenue repérée par la commission de prévention du suicide comme traversant une période de crise suicidaire et qui se trouve en conséquence doublée en cellule est également inapproprié. Dans une telle situation, si la sanction de confinement ou de placement en cellule disciplinaire apparaît la plus adaptée à la nature et à la gravité des faits il peut-être envisagé de l'assortir d'un sursis ou de prononcer une suspension voire une dispense d'exécution.

Les troubles du comportement manifestés par l'auteur de la faute le jour de la commission des faits peuvent être pris en considération, notamment lorsqu'ils ont été suivis par une mesure d'hospitalisation d'office, afin d'atténuer la sanction voire de prononcer une relaxe s'il apparaît avec évidence que le discernement de la personne était aboli.

Les troubles du comportement manifestés par la personne détenue lors de son audition par la commission de discipline peuvent également conduire à prononcer une mesure d'individualisation de la sanction telle qu'une suspension, un fractionnement ou une dispense d'exécution afin de lui permettre de suivre un traitement médical. Tel peut être le cas par exemple lorsque la personne concernée a fait l'objet d'un placement au SMPR entre la commission des faits et sa comparution devant la commission de discipline et que les informations recueillies auprès du service médical font apparaître une incompatibilité entre le suivi médical et la sanction envisagée. Ex : la personne affectée au SMPR participe à divers groupes de parole au cours de la semaine. Une sanction de confinement en cellule peut être prononcée assortie d'un fractionnement afin de permettre à la personne de participer aux activités en question durant la semaine.

Les exemples cités dans ce paragraphe ne sont évidemment pas exhaustifs. Le principe d'individualisation implique par lui-même que le président de la commission de discipline s'adapte aux situations rencontrées et prononce la sanction qui lui paraît la mieux adaptée.

3.2 *Les sanctions générales*

Ces sanctions, énumérées à l'article R. 57-7-33 du CPP, sont considérées comme générales en ce sens qu'elles peuvent être prononcées quelle que soient les circonstances dans lesquelles la faute disciplinaire considérée a été commise.

Pour chaque faute examinée par la commission de discipline, le président ne peut prononcer qu'une seule des sanctions générales suivantes :

— l'avertissement ;
— l'interdiction de recevoir des subsides ;
— la privation de cantine sous certaines réserves ;
— la privation d'un appareil ;
— la privation d'une activité ;
— le confinement en cellule individuelle ordinaire ;
— le placement en cellule disciplinaire.

3.2.1 *L'avertissement*

Il sanctionne en pratique les fautes les plus légères ou celles pour lesquelles la responsabilité de la personne détenue est très atténuée.

3.2.2 *L'interdiction de recevoir des subsides*

Cette sanction s'applique à toutes les sommes d'argent que les membres de la famille, les amis ou autres personnes autorisées peuvent envoyer à la personne détenue en application de l'article D. 422 du code de procédure pénale.

Elle est limitée à une période de 2 mois maximum.

Les mandats ou les virements bancaires reçus pendant cette période doivent être retournés à leurs expéditeurs ou à un expéditeur désigné par la personne détenue.

3.2.3 *La privation de la faculté d'effectuer des achats en cantine*

La privation de cantine se définit comme la suspension pendant une période déterminée de la faculté d'effectuer des achats en cantine. Elle ne doit donc pas être assimilée à une confiscation des denrées que la personne détenue a déjà en sa possession dans sa cellule, non plus que de celles qu'elles a déjà commandées, voire payées.

Les commandes de produits périssables qu'elle a passées avant le prononcé de la sanction doivent également être honorées.

Les autres commandes, portant sur des denrées non périssables, sont soit annulées (et la personne détenue remboursée si le paiement avait déjà été effectué) si cela est encore possible, soit à défaut, différées jusqu'à l'issue de la sanction, les biens achetés lui étant remis après l'exécution de celle-ci.

La privation de la faculté d'effectuer des achats en cantine est limitée quant à sa durée, puisqu'elle ne peut excéder deux mois, et, quant à son objet, puisqu'elle n'entraîne pas la privation d'effectuer l'acquisition des produits d'hygiène, du nécessaire de correspondance et du tabac.

Par "produits d'hygiène", il faut entendre les produits ou objets qui sont nécessaires à la propreté corporelle (savon, dentifrice, brosse à dents, etc.) et non pas ceux qui concernent l'esthétique, la parfumerie ou le maquillage.

Par "nécessaire de correspondance", il faut entendre essentiellement : papier à lettres, enveloppes, timbres, crayons, stylos-bille, stylos, recharges d'encre, etc. Une machine à écrire ne constitue pas un élément de ce "nécessaire de correspondance".

La personne détenue ne peut en revanche pas être privée du droit de cantiner des unités de téléphone.

Quant à la notion de tabac, il convient de l'étendre à l'ensemble des produits et objets liés à son usage : allumettes, papier à cigarette, pipes, etc.

3.2.4 *La privation d'un appareil*

Le champ d'application de cette sanction est large puisqu'il vise sans exception tous les appareils achetés ou loués par l'intermédiaire de l'administration quelle que soit leur nature (les jeux électroniques divers, les micro-ordinateurs, les téléviseurs, les radios, les mini-chaînes, les instruments de musique, les rasoirs électriques, les thermo-plongeurs, les réfrigérateurs, etc.). Elle peut être étendue aux matériels loués par l'association sportive et culturelle de l'établissement puisque ces locations sont réalisées par l'intermédiaire de l'administration. Elle ne concerne pas l'usage du téléphone.

Il ne s'agit plus par ailleurs d'une sanction spécifique. Elle peut donc être prononcée indépendamment des circonstances dans lesquelles la faute a été commise. Il n'est plus nécessaire que la personne détenue ait réalisé un usage abusif, détourné ou dangereux du matériel en question pour en être privé même si en opportunité, une telle sanction est particulièrement judicieuse lorsqu'elle est en relation avec la faute commise.

Elle se traduit par une privation d'usage limitée à une période d'un mois maximum.

Il appartient au président de la commission de discipline de préciser dans sa décision le matériel dont il entend priver temporairement la personne détenue.

Cette sanction entraîne le dépôt momentané de l'appareil concerné au vestiaire de la personne détenue si celle-ci en est propriétaire.

3.2.5 *La privation d'une activité culturelle, sportive ou de loisir*

En tant que sanction générale elle peut être prononcée indépendamment des circonstances dans lesquelles la faute a été commise. Il n'est plus nécessaire que la faute ait été commise au cours ou à l'occasion de l'activité dont la personne va être privée pour que cette sanction soit prononcée même si elle apparaît particulièrement adaptée lorsque la faute reprochée à la personne détenue a été commise au cours ou à l'occasion de l'activité concernée.

Ex : la personne détenue qui perturbe les séances de sport et qui est donc privée de l'accès à 4 séances, sur proposition des moniteurs de sport.

Elle se traduit par une privation de l'accès à l'activité concernée pendant une période d'un mois maximum.

Il appartient au président de la commission de discipline de déterminer l'activité dont la personne détenue sera privée. Il n'est pas possible de prononcer une privation générale de toutes les activités organisées au sein de l'établissement.

3.2.6 *Le confinement en cellule individuelle ordinaire*

3.2.6.1 Définition

Le confinement en cellule emporte le placement de la personne détenue dans une cellule ordinaire qu'elle doit occuper seule.

La personne détenue qui ferait l'objet d'un placement en isolement et serait par ailleurs sanctionnée par la commission de discipline d'un confinement en cellule peut donc l'exécuter dans une cellule du quartier d'isolement puisque ce type de cellule dispose d'un aménagement identique à celui des cellules de détention ordinaire.

Dans les autres cas, la personne détenue doit exécuter la sanction de confinement dans une cellule de la détention ordinaire. Cette sanction peut se dérouler dans la cellule que la personne détenue occupe seule, sous réserve de lui ôter, si la commission de discipline en a décidé ainsi, le ou les appareils dont la jouissance est suspendue pendant le délai d'exécution la sanction (*cf.* §. 3.2.6.3). Si la personne sanctionnée est habituellement affectée dans une cellule occupée par plusieurs codétenus, le chef d'établissement doit décider de la faire exécuter dans une cellule individuelle ordinaire.

3.2.6.2 Durée

La durée du confinement en cellule ne peut excéder vingt jours pour une faute du premier degré, quatorze jours pour une faute du deuxième degré et sept jours pour une faute du troisième degré.

Cette durée peut être portée à trente jours en cas de violences physiques, que la victime soit un membre du personnel de l'administration pénitentiaire, une personne en mission ou en visite dans l'établissement, ou une personne détenue.

3.2.6.3 Restrictions

Le confinement en cellule individuelle ordinaire emporte pendant toute sa durée un certain nombre de restrictions. Ces restrictions, compte tenu de leur nombre, de leur diversité et de l'intérêt qu'elles représentent, permettent de faire de la sanction de confinement un vecteur supplémentaire de dissuasion. La sanction de confinement emporte ainsi :

— la suspension de l'accès aux activités sportives, culturelles et socio-culturelles. La personne détenue ne peut plus accéder à la médiathèque ou à la bibliothèque de l'établissement pendant l'exécution de sa sanction non plus qu'aux salles de loisirs présentes le cas échéant dans son secteur de détention ;

— la suspension des activités de travail, de formation professionnelle et d'enseignement auxquelles participe la personne détenue ;

— la suspension de la faculté d'effectuer en cantine tout achat autre que celui de produits d'hygiène, du nécessaire de correspondance et de tabac. La suspension de cantine, conséquence directe de la sanction de confinement en cellule individuelle ordinaire, s'applique dans les mêmes conditions que la sanction principale de privation de cantine évoquée au §. 3.2.3.

La commission de discipline peut en outre assortir la sanction de confinement de la privation de tout appareil acheté ou loué par l'intermédiaire de l'administration pendant la durée d'exécution de la sanction (ex : télévision). Il s'agit d'une simple modalité d'exécution de la sanction de confinement prévue à l'article R. 57-7-33, 6° du code de procédure pénale et non de la sanction de privation d'appareil prévue à l'article R. 57-7-33, 4°.

3.2.6.3 Les droits de la personne confinée

La personne détenue sanctionnée d'un confinement en cellule individuelle ordinaire bénéficie :

— d'au moins une heure quotidienne de promenade à l'air libre ;

— de la possibilité d'assister aux offices religieux ;

La sanction de confinement n'entraîne par ailleurs aucune restriction :

— à son droit de correspondance écrite ;

— à son droit d'effectuer des appels téléphoniques. Ainsi, le confinement en cellule ne modifie pas la fréquence et la durée des appels téléphoniques déterminées dans le règlement intérieur. Il conviendra cependant d'organiser l'accès aux points-phone en fonction de leur emplacement. Ainsi, si le règlement intérieur prévoit la possibilité de réaliser un appel téléphonique de 20 minutes par jour et que l'établissement dispose de points-phone sur la cour de promenade, la personne détenue pourra téléphoner pendant son temps de promenade quotidienne. Si les points-phone sont situés sur la coursive ou dans une salle particulière il conviendra de déterminer un planning d'accès ;

— à son droit de recevoir des visites.

Le médecin intervenant à l'établissement pénitentiaire est avisé quotidiennement de tous les confinements en cellule individuelle ordinaire, qu'ils soient prononcés à titre préventif ou non.

La personne placée en confinement en cellule individuelle ordinaire bénéficie d'un suivi médical similaire à celui prévu en matière de placement en cellule disciplinaire. Il convient sur ce point de se référer au §. 3.2.7.4.10.

3.2.7 *Le placement en cellule disciplinaire*

3.2.7.1 Définition

La mise en cellule disciplinaire consiste dans le placement de la personne détenue dans une cellule aménagée à cet effet et qu'elle doit occuper seule.

L'aménagement de la cellule disciplinaire est décrit en annexe.

En raison de sa gravité, la sanction de cellule disciplinaire ne doit être prononcée que dans la mesure où les autres sanctions énumérées à l'article R. 57-7-33 et R. 57-7-34 du CPP sont insuffisantes eu égard à la nature et à la gravité de la faute ainsi qu'à la personnalité de son auteur et à sa responsabilité individuelle.

L'exécution de cette sanction ne doit comporter aucun caractère dégradant et doit assurer le respect de la dignité humaine.

3.2.7.2 Durée

La durée du placement en cellule disciplinaire ne peut excéder vingt jours pour une faute du premier degré, quatorze jours pour une faute du deuxième degré et sept jours pour une faute du troisième degré.

Cette durée peut être portée à trente jours en cas de violences physiques, que la victime soit un membre du personnel de l'administration pénitentiaire, une personne en mission ou en visite dans l'établissement, ou une personne détenue.

Pour le calcul de la durée de la sanction de cellule disciplinaire chaque jour entamé compte pour un jour plein. Si la personne détenue est placée en cellule disciplinaire le jour de l'audience de la commission de discipline, cette journée comptera comme un jour de sanction effectué quel que soit l'horaire du placement en cellule disciplinaire. L'intéressée devra avoir quitté sa cellule disciplinaire le dernier jour de la sanction avant minuit. Toutefois si la sanction prononcée est de un jour de cellule disciplinaire, on considère qu'un jour compte 24 heures et l'on comptabilise la sanction d'heure à heure. Ainsi si la personne détenue est placée en cellule disciplinaire le lundi à 14 h 00, elle devra sortir le mardi avant 14 h 00. Dans tous les cas de figure, il est recommandé de réaliser la sortie de cellule disciplinaire dans la matinée du dernier jour de sanction.

3.2.7.3 Restrictions

Le placement en cellule disciplinaire emporte pendant toute sa durée les restrictions suivantes :

— la suspension de l'accès aux activités sportives, culturelles et socio-culturelles. La personne détenue ne peut plus accéder à la médiathèque ou à la bibliothèque de l'établissement pendant l'exécution de sa sanction non plus qu'aux salles de loisirs présentes le cas échéant dans son secteur de détention ;

— la suspension des activités de travail, de formation professionnelle et d'enseignement auxquelles participe la personne détenue ;

— la suspension de la faculté d'effectuer en cantine tout achat autre que celui de produits d'hygiène, du nécessaire de correspondance et de tabac. La suspension de cantine, conséquence directe de la sanction de cellule disciplinaire, s'applique dans les mêmes conditions que la sanction principale de privation de cantine évoquée au §. 3.2.3. En ce qui concerne la possibilité de cantiner le tabac ainsi que les produits et objets liés à son usage, la prévention des risques d'incendie conduit cependant à certaines restrictions. Ainsi lorsque les cellules disciplinaires sont équipées de briquets sécurisés, la possession de briquets et d'allumettes sont interdits. Lorsque les cellules disciplinaires n'en sont pas équipées, seule l'acquisition en cantine et l'usage d'allumettes sont autorisés.

3.2.7.4 Les droits de la personne placée en cellule disciplinaire

La personne placée en cellule disciplinaire conserve un certain nombre de droits. Sa journée va être rythmée par la mise en œuvre de ces droits qui s'articulent notamment autour de l'accès à la promenade, de l'hygiène (douche, nettoyage de la cellule), de la lecture, des liens avec l'extérieur (correspondances écrites, usage du téléphone, visites au parloir, rencontre avec les visiteurs de prison, les avocats, les autorités) et des visites reçues par les personnes placées en cellule disciplinaire (du médecin, de l'aumônier, des personnels pénitentiaires).

Afin de lutter efficacement contre les risques de passage à l'acte suicidaire, il convient d'articuler et d'organiser ces différentes activités au cours de la journée afin de limiter au maximum les périodes d'inactivité en cellule disciplinaire. Il importe de rappeler qu'une majorité de passages à l'acte suicidaire se déroule en milieu et en fin d'après midi.

3.2.7.4.1 *La promenade*

La personne détenue placée en cellule disciplinaire bénéficie d'au moins une heure quotidienne de promenade dans une cour individuelle dédiée à cet effet.

Il est recommandé de mettre en place au moins deux promenades par jour, l'une le matin et l'autre l'après midi, au besoin en réduisant l'amplitude de chacune des plages horaires, si l'occupation des cours de promenade le justifie, et sans aller en deçà de l'heure quotidienne.

3.2.7.4.2 *La correspondance écrite*

La sanction de cellule disciplinaire n'emporte aucune restriction au droit de correspondance écrite. La personne détenue doit donc se voir remettre son nécessaire de correspondance (papier à lettres, enveloppes, timbres, crayons, stylos-bille, stylos, recharges d'encre, etc.) en cellule.

3.2.7.4.3 *La correspondance téléphonique*

La personne détenue conserve la faculté d'effectuer des appels téléphoniques au cours de l'exécution de la sanction. Cette faculté est cependant limitée à un appel téléphonique par période de sept jours ou à un appel si la sanction prononcée est inférieure à sept jours.

Pour plus de précision sur le régime de l'accès au téléphone, et en particulier dans le cadre de la prévention du suicide, vous vous reporterez utilement à la circulaire relative aux correspondances écrites et téléphoniques.

Il convient de le rappeler, la restriction à un appel téléphonique ne concerne pas les communications téléphoniques de la personne détenue avec son avocat (art. R. 57-6-6 CPP).

3.2.7.4.4 *Les visites extérieures*

La personne détenue placée en cellule disciplinaire conserve la faculté de recevoir des visites au cours de l'exécution de sa sanction.

• Les rencontres avec les titulaires de permis de visites

La personne détenue peut recevoir une visite par semaine. Le nombre de personnes autorisées à accéder au parloir de manière simultanée est déterminé par le règlement intérieur conformément aux dispositions applicables à l'ensemble de la population pénale.

La personne détenue rencontre ses visiteurs dans un parloir sans dispositif de séparation. Elle peut cependant se voir affecter l'usage d'un parloir équipé d'un hygiaphone lorsque :

— elle fait l'objet à titre complémentaire de la sanction de suppression de l'accès au parloir sans dispositif de séparation ;

— dans les conditions prévues à l'article R. 57-8-12 du code de procédure pénale.

• Les rencontres avec le visiteur de prison

La personne détenue peut rencontrer le visiteur de prison en charge de son suivi une fois par semaine. Ces rencontres ont lieu dans le local où elles se déroulent habituellement ou dans un bureau destiné aux entretiens situé à proximité ou au sein du quartier disciplinaire et garantissant la confidentialité de l'échange.

• La personne détenue conserve en outre la faculté de rencontrer son avocat, son représentant consulaire, le Défenseur des droits, ses adjoints, ses délégués et ses agents, le Contrôleur général des lieux de privation de liberté et ses contrôleurs.

Ces visites peuvent se dérouler avec l'accord des visiteurs concernés dans un bureau d'entretien situé au sein du quartier disciplinaire ou à proximité et garantissant la confidentialité des échanges.

3.2.7.4.5 *Les autres visites*

La personne détenue conserve la faculté de rencontrer les personnels pénitentiaires, les membres de l'équipe médicale ainsi que l'aumônier du culte de son choix.

L'entretien avec l'aumônier a lieu, en dehors de la présence d'un surveillant, dans un local déterminé par le chef d'établissement. Il peut s'agir du bureau destiné aux entretiens situé au sein du quartier disciplinaire, d'un autre bureau situé à proximité ou du parloir destiné aux entretiens avec les avocats afin de garantir la confidentialité des échanges.

3.2.7.4.6 *La lecture*

Les personnes détenues ont le droit de pratiquer la lecture en cellule disciplinaire. Elles peuvent donc se faire remettre les différents ouvrages qu'elles détiennent dans leur cellule ou leur vestiaire.

Dans la mesure où la sanction de cellule disciplinaire emporte, pendant toute sa durée, la suspension de l'accès à la médiathèque, elles doivent se voir proposer un choix de livres, journaux et périodiques suivant des modalités compatibles avec les règles d'organisation du quartier disciplinaire. Il peut ainsi leur être proposé de choisir sur un catalogue les ouvrages de la médiathèque.

Enfin, la sanction de cellule disciplinaire emporte la suspension de la faculté de cantiner des publications. La personne détenue ne peut donc plus procéder à l'acquisition de journaux, revues ou ouvrages divers, ni s'abonner à ces publications, au cours de l'exécution de sa sanction. Pour autant, les abonnements conclus précédemment ne sont pas suspendus. La personne détenue peut donc continuer à recevoir les journaux, revues et publications auxquels elle était abonnée avant le prononcé de la sanction.

3.2.7.4.7 *L'habillement*

Les personnes détenues placées en cellule disciplinaire conservent les vêtements qu'elles portent habituellement. Le placement en cellule disciplinaire implique donc le rassemblement dans un local prévu à cet effet des effets vestimentaires de la personne détenue nécessaires à la durée de son séjour.

Les effets vestimentaires laissés à la disposition de la personne détenue sont limités aux besoins quotidiens du séjour au quartier disciplinaire. Le change de vêtements personnels doit être assuré très régulièrement afin de lui permettre de se maintenir dans un état satisfaisant de propreté.

3.2.7.4.8 *Le couchage*

Les personnes détenues placées en cellule disciplinaire peuvent bénéficier de leur literie pendant la journée.

Cette possibilité se justifie notamment au regard des observations de la commission européenne des droits de l'Homme qui tend à assimiler le retrait du matériel de couchage à un traitement inhumain et dégradant.

Le matériel de literie se compose d'un matelas houssé de haute sécurité, d'un traversin, de couvertures et de draps.

3.2.7.4.9 *L'hygiène*

Les personnes détenues placées en cellule disciplinaire doivent veiller à leur hygiène personnelle. Des produits d'hygiène corporelle leur sont remis à cet effet. Elles bénéficient de la faculté de prendre une douche au moins trois fois par semaine.

Des produits et objets de nettoyage leur sont remis afin d'assurer la propreté de la cellule au cours de l'exécution de leur sanction. La cellule disciplinaire doit de plus être nettoyée par la personne détenue lors de sa sortie.

3.2.7.4.10 *Le suivi médical*

Le médecin intervenant à l'établissement pénitentiaire est avisé quotidiennement des placements en cellule disciplinaire, qu'ils le soient à titre préventif ou non, considérant le principe suivant lequel l'exécution d'une sanction de cellule disciplinaire ne peut être poursuivie que si la personne qu'elle concerne est dans un état physique et mental lui permettant de la supporter.

Le médecin décide en fonction des éléments qui lui sont fournis, de la nécessité de se déplacer ou non.

En cas de mise en prévention le week-end ou la nuit, le médecin de garde doit être prévenu de la même façon du placement en cellule disciplinaire.

En tout état de cause, le médecin se rend au quartier disciplinaire pour y examiner chaque personne détenue au moins deux fois par semaine, et aussi souvent qu'il l'estime utile. Il vise le registre du quartier disciplinaire à chacune de ses visites.

Le médecin peut en outre être amené à se rendre au quartier disciplinaire, à la demande du chef d'établissement, pour y examiner une personne détenue dont l'état de santé est préoccupant.

Si le médecin constate que le maintien de la personne en cellule disciplinaire est de nature à compromettre sa santé, il en fait mention sur le registre tenu à cet effet au quartier disciplinaire et transmet sans délai un certificat médical au chef d'établissement, afin de lui permettre de suspendre immédiatement l'exécution de la mesure. Il ne s'agit pas d'un simple avis médical mais d'un constat qui lie le chef d'établissement. La reprise éventuelle de la sanction est dans ce cas subordonnée à un avis médical conforme.

Si une personne détenue placée au service médico-psychologique régional ou présentant des troubles du comportement et bénéficiant à ce titre d'un suivi psychiatrique est placée en cellule disciplinaire, le psychiatre doit en être immédiatement avisé afin d'évaluer notamment l'impact de la mesure sur la santé mentale de cette personne.

Enfin, le rôle du personnel médical est fondamental au regard de la prévention de l'acte suicidaire, compte tenu de son aptitude à détecter les signes d'une dépression larvée et à évaluer les risques d'auto-agression.

3.2.7.5 La prise en considération du risque suicidaire

Le plan d'actions ministériel en date du 9 juin 2009 relatif à la prévention du suicide des personnes détenues renvoie à la recommandation n° 8 du rapport de la commission sur la prévention du suicide en milieu carcéral rendu le 2 avril 2009, et préconise de systématiser la prise en considération du risque suicidaire lors du placement en cellule disciplinaire.

La fiche n° 3 du plan d'action, annexée en pièce jointe, décrit une procédure d'accueil adaptée qui repose notamment sur un entretien systématique avec un personnel d'encadrement. Celui-ci doit être réalisé le jour même du placement en cellule disciplinaire. Il convient de se reporter aux consignes contenues dans ce document.

3.2.7.6 La fouille des personnes détenues placées en cellule disciplinaire

L'article 57 de la loi n° 2009-1436 du 24 novembre 2009 pénitentiaire dispose que les fouilles doivent être justifiées par la présomption d'une infraction, les risques que le comportement des personnes détenues fait courir à la sécurité des personnes et au maintien du bon ordre dans l'établissement.

La fouille de la personne détenue lors de son placement en cellule disciplinaire peut ainsi s'avérer nécessaire lorsqu'il y a lieu de redouter, au regard de ses antécédents ou de son comportement, qu'elle présente un danger pour elle-même (ex : antécédents d'automutilation, de tentative de suicide, de stockage de médicaments, etc.), pour autrui (ex : attitude agressive lors de la commission de discipline ou lors du placement en cellule disciplinaire, menaces formulées, antécédents d'agression avec arme artisanale, etc.) pour l'établissement (ex : tentative d'évasion) ou qu'elle se trouve en possession de substances interdites (médicaments, stupéfiants).

Pour plus d'information sur les circonstances et les modalités de mise en œuvre des fouilles, il convient de se reporter aux termes de la circulaire DAP du 14 avril 2011 relative aux moyens de contrôle des personnes détenues.

3.2.7.7 Les mesures de protection

En application de l'article D. 273 du code de procédure pénale, le chef d'établissement peut, par mesure de sécurité, décider de retirer à la personne placée en cellule disciplinaire certains objets ou vêtements laissés habituellement à sa disposition.

Notamment, lorsque des facteurs de risque de passage à l'acte auto ou hétéro-agressifs sont repérés (ex : comportement très agressif qui constitue parfois un symptôme d'une crise psychologique grave, antécédents d'automutilation ou de passage à l'acte suicidaire, conduites addictives, etc.) il peut, par exemple, faire procéder au retrait d'effets vestimentaires ou d'objets susceptibles de faciliter le passage à l'acte (ex : lacets, ceinture, allumettes...).

En cas de risque imminent de passage à l'acte suicidaire ou de crise suicidaire aiguë, le chef d'établissement peut décider de recourir à la dotation de protection d'urgence. Il doit cependant en informer immédiatement le service médical ou le centre 15, en dehors des horaires d'ouverture de l'UCSA, afin que toutes les mesures de prise en charge sanitaire nécessaires soient prises (notamment hospitalisation d'office).

En aucun cas une personne détenue ne doit être laissée nue dans sa cellule. Une telle pratique pourrait être vécue par la personne comme attentatoire à sa dignité voire comme une mesure vexatoire. Elle est susceptible de renforcer son état anxiogène et de précipiter un passage à l'acte suicidaire ou de susciter une attitude agressive à l'encontre du personnel.

3.3 *Les sanctions spécifiques*

Les sanctions prévues à l'article R. 57-7-34 du CPP sont considérées comme spécifiques en ce sens que leur prononcé est lié aux circonstances dans lesquelles la faute a pu être commise.

Elle peuvent être prononcées en commission de discipline à titre principal ou à titre complémentaire de l'une des sanctions générales prévues à l'article R. 57-7-33 du CPP.

Pour chaque faute examinée par la commission de discipline, le président ne peut prononcer qu'une seule des sanctions spécifiques suivantes :

— La suspension d'un emploi ou d'une formation
— Le déclassement d'un emploi ou d'une formation
— La suppression de l'accès au parloir sans dispositif de séparation
— L'exécution d'un travail de nettoyage.

Avant d'examiner successivement ces différentes sanctions, il convient de rappeler que la suspension et le déclassement d'emploi prononcés en commission de discipline afin de sanctionner une faute commise par la personne détenue ne doivent pas être confondus avec les mesures prévues à l'article D. 432-4 du code de procédure pénale.

En effet, l'article D. 432-4 du code de procédure pénale permet de suspendre temporairement (5 jours) et de déclasser de son emploi une personne détenue qui présente des difficultés d'adaptation à cet emploi ou qui s'avère incompétente pour l'exécution de la tâche qui lui est confiée. Dans ces hypothèses, il ne s'agit pas de sanctionner une faute mettant en cause l'ordre et la sécurité de l'établissement mais de tenir compte de l'inadaptation de la personne concernée à son poste.

3.3.1 *La suspension d'un emploi ou d'une formation*

Cette sanction est applicable aux fautes commises au cours ou à l'occasion du travail ou de la formation.

Elle se traduit concrètement pour la personne détenue par la privation temporaire de son emploi ou de sa formation ainsi que des salaires et avantages éventuellement correspondants.

Elle est limitée à une durée de huit jours. Au terme de cette période, la personne sanctionnée retrouve son emploi ou sa formation.

La notion de formation s'entend au sens large. Elle n'est pas limitée à la seule formation professionnelle, qu'elle soit qualifiante on non, rémunérée ou non. Elle concerne également les activités scolaires et d'enseignement.

La suspension constitue une gradation avant le déclassement.

3.3.2 *Le déclassement d'un emploi ou d'une formation*

Là encore en tant que sanction spécifique, le déclassement est infligé lorsque la faute disciplinaire est commise au cours ou à l'occasion de l'activité considérée.

Elle entraîne pour la personne sanctionnée la perte du bénéfice de l'activité (travail ou formation). Elle n'interdit pas à la personne détenue de formuler de nouvelles demandes de classement dans une activité de travail ou de formation et son classement ultérieur.

Le président de la commission de discipline dispose donc d'un panel gradué de sanctions spécifiques adaptées aux situations dans lesquelles une faute disciplinaire est commise à

l'occasion d'une activité de travail ou de formation. Il a ainsi le choix, en fonction de la gravité de la faute considérée et des antécédents de la personne détenue, entre :
— la suspension avec sursis ou sans sursis
— le déclassement avec sursis ou sans sursis.

3.3.3 *La suppression de l'accès au parloir sans dispositif de séparation*

Cette sanction est infligée lorsque la faute disciplinaire est commise au cours ou à l'occasion d'une visite.

Ex : Une personne détenue est surprise pendant la visite alors qu'elle tente de faire sortir du courrier ou des documents par l'intermédiaire de son visiteur. Cet acte, qui lui est directement imputable, peut conduire à prononcer la sanction disciplinaire de privation de visite sans dispositif de séparation. Cette décision n'a pas à être notifiée aux visiteurs.

La sanction est limitée à une période de 4 mois maximum. Elle se traduit concrètement par un placement dans un parloir avec dispositif de séparation.

Cette sanction disciplinaire est à distinguer de la mesure de police que le chef d'établissement peut prendre en vertu de l'article R. 57-8-12 du code de procédure pénale à la demande du visiteur ou du visité, s'il existe des raisons sérieuses de redouter un incident ou en cas d'incident au cours de la visite.

Cette sanction est également à distinguer du pouvoir dont dispose le chef d'établissement en vertu de l'article R. 57-8-10 du CPP, de remettre en cause le permis de visite qu'il a préalablement accordé et qu'il peut décider de supprimer ou de suspendre pour des raisons tenant au comportement du visiteur.

Ex : Un visiteur est surpris au moment où il va accéder au parloir avec de la drogue cachée dans ses vêtements. Le chef d'établissement peut décider, après avoir informé les autorités judiciaires aux fins de poursuites éventuelles, soit de suspendre le permis de visite de ce visiteur pendant un certain temps, soit d'autoriser les visites dans un parloir doté d'une séparation, soit encore de supprimer purement et simplement le permis de visite s'il l'a lui-même délivré ou d'en proposer la suppression au magistrat qui l'a délivré.

3.3.4 *L'exécution d'un travail de nettoyage*

3.3.4.1 Les conditions du prononcé de la sanction de nettoyage

Il s'agit d'une sanction spécifique qui ne peut être prononcée que lorsque la faute est en relation avec un manquement aux règles d'hygiène.

Exemples : jet d'ordures ou de déchets alimentaires par les fenêtres de cellule, jet ou dépôt de tout objet, de tout produit, de toute substance (papiers divers, récipients, nourriture etc.), dans la perspective de s'en séparer définitivement sur les cours de promenade, les aires de sport ou tout autre espace ou local commun, cellules laissées volontairement et durablement sans entretien, pratique consistant à ne pas se laver ou à ne pas se doucher en violation des dispositions des articles D. 352 et D. 357 du code de procédure pénale.

Cette sanction peut être prononcée à titre principal. Elle n'est plus liée au prononcé d'une sanction de placement en confinement ou en cellule disciplinaire.

Elle ne peut être prononcée qu'après avoir préalablement recueilli le consentement de la personne détenue. Ce qui la distingue du travail forcé au sens de l'article 4 alinéa 2 de la convention de sauvegarde des droits de l'Homme et des libertés fondamentales du 4 novembre 1950 et de la convention 29 de l'Organisation Internationale du Travail relative à l'abolition du travail forcé.

Afin que la personne détenue puisse formaliser son consentement à la sanction en connaissance de cause, le président de la commission de discipline doit lui préciser, à l'issue du délibéré, la nature du travail envisagé (nettoyage de sol, ramassage d'objets, etc.), le lieu concerné par ce travail (cellule, coursive, abords, etc.) ainsi que sa durée qui est limitée à quarante heures maximum.

Si la personne détenue accepte la sanction, la nature du travail, le lieu de son exécution et sa durée doivent figurer sur la notification de la décision.

A défaut de consentement de la part de la personne détenue, le président de la commission de discipline fait procéder à un nouveau délibéré afin de déterminer une autre sanction.

3.3.4.2 Les modalités de déroulement de la sanction

L'exécution de ces sanctions ne doit pas compromettre, dans la mesure du possible, les autres activités de la personne détenue (enseignement, visites, activités sportives...). Si elle travaille, l'exécution de la sanction ne doit pas entraîner une augmentation de la durée de sa journée de travail telle qu'elle excède huit heures.

L'exécution d'un travail de nettoyage des locaux peut s'exécuter sans distinction dans tous les espaces de l'établissement et en priorité dans ceux souillés par l'auteur de la faute. La notion de "locaux" doit donc être entendue au sens large. Elle ne concerne pas seulement les endroits fermés mais aussi les espaces extérieurs (cour, terrain de sport...). Elle ne concerne pas seulement les espaces communs mais également les cellules.

Les travaux en question doivent être effectués sous la surveillance et sous la responsabilité d'un agent qui en contrôle la bonne exécution.

3.3.4.3 Les conséquences de l'inexécution du travail de nettoyage

L'inexécution par la personne détenue du travail auquel elle avait au préalable donné son accord constitue une faute disciplinaire à part entière consistant dans le fait de "se soustraire à une sanction disciplinaire prononcée à son encontre". Cette inexécution, constatée au moyen d'un compte rendu d'incident par l'agent en charge de la surveillance des travaux, expose la personne détenue à de nouvelles poursuites disciplinaires.

3.4 *La motivation des sanctions*

La loi du 11 juillet 1979 impose que les décisions individuelles défavorables émanant d'une autorité administrative soient motivées. La motivation doit indiquer clairement les considérations de droit et de fait qui fondent la décision de sorte que le destinataire puisse en connaître et comprendre les motifs à sa seule lecture.

La motivation en droit consiste à viser les exactes dispositions du code de procédure pénale qui érigent le comportement examiné par la commission en faute disciplinaire. La motivation en fait doit conduire le président à expliciter sur quels éléments la commission se fonde pour considérer que les faits sont avérés (observations circonstanciées de l'agent rédacteur du CRI, témoignages, aveux, éléments matériels, etc.) et en quoi ce comportement constitue une faute disciplinaire. Les formules stéréotypées du style « les faits sont avérés », sans plus d'explication, doivent être évitées.

L'absence ou l'insuffisance de motivation emporte en principe l'illégalité de l'acte pour vice de forme.

3.5 *Le prononcé des sanctions*

3.5.1 *Lors de l'examen d'une faute unique*

Pour chaque faute examinée par la commission de discipline, le président peut prononcer une sanction générale prévue à l'article R. 57-7-33 du CPP ainsi qu'une sanction spécifique prévue à l'article R. 57-7-34 du CPP.

Ex : une personne détenue est surprise en possession de stupéfiants à l'issue de son parloir, le président peut prononcer une sanction de cellule disciplinaire assortie d'une sanction d'hygiaphone.

En revanche, le président ne peut pas prononcer, pour une même faute, plusieurs sanctions générales ou plusieurs sanctions spécifiques.

Ex : en cas de tapage, le président ne peut pas à la fois prononcer un avertissement et une privation de poste radio, il doit choisir entre ces deux sanctions générales.

Lorsque la sanction générale prononcée à titre principal et la sanction spécifique complémentaire sont toutes les deux limitées dans le temps, elles s'exécutent simultanément à compter de la même date.

Ex : la sanction de cellule disciplinaire va s'exécuter simultanément avec la sanction de parloir avec hygiaphone ou la sanction de suspension du travail ou de la formation.

A cette règle de principe, il convient d'apporter une exception : la sanction de travail de nettoyage s'exécute postérieurement au placement en cellule disciplinaire ou au confinement en cellule.

3.5.2 *Lors de l'examen d'une pluralité de fautes*

Lorsque la commission de discipline examine le même jour plusieurs fautes commises par une même personne détenue, le président peut, pour chaque faute, prononcer une sanction générale prévue à l'article R. 57-7-33 du CPP et une sanction spécifique prévue à l'article R. 57-7-34 du CPP.

3.5.2.1 L'exécution cumulée des sanctions prononcées dans la limite du maximum légal

Lorsque les sanctions ainsi prononcées pour des fautes distinctes sont de même nature, elles s'exécutent de manière successive et leurs durées s'ajoutent les unes aux autres (sauf décision contraire du président, voir sur ce point le §. 3.5.2.2).

Ex : Le chef d'établissement prononce le 3 janvier 2011, 10 jours de cellule disciplinaire pour une faute du 1er degré commise sans violence et 5 jours pour une faute du 2e degré. Les sanctions s'exécutent successivement jusqu'à atteindre la durée cumulée de 15 jours, du 3 au 17 janvier 2011.

Leur exécution cumulée ne saurait cependant entraîner le dépassement de la durée de sanction maximale afférente à la faute la plus gravement réprimée.

Le président de la commission de discipline doit donc s'assurer lorsqu'il rend sa décision que la durée cumulée des sanctions qu'il prononce ne dépasse pas le maximum réglementaire prévu pour la faute examinée la plus grave.

Ex : Dans l'exemple précédent, si le chef d'établissement prononce 15 jours de cellule disciplinaire pour la faute du 1er degré, il ne peut pas prononcer plus de 5 jours de cellule disciplinaire pour la faute du 2e degré.

Sont réputées de même nature pour l'application de cette disposition :

- Le confinement en cellule individuelle ordinaire et le placement en cellule disciplinaire.

Ex : la première faute est du premier degré mais sans violence, la seconde relève du deuxième degré. Le président prononce une sanction de 10 jours de cellule disciplinaire pour la première faute, il peut prononcer indifféremment une sanction de cellule disciplinaire ou de confinement pour la seconde mais sa durée ne pourra pas excéder 10 jours (10 + 10 = 20, maximum encouru pour la 1re faute).

- La privation de la faculté d'effectuer des achats en cantine et l'interdiction de recevoir des subsides ;

Ex : Si la sanction de la première faute est une privation de subsides pendant un mois, le président peut prononcer indifféremment une privation de subsides ou de cantine pour la seconde faute mais sa durée ne pourra pas excéder un mois.

- La privation de tout appareil acheté ou loué par l'intermédiaire de l'administration et la privation d'activités culturelles, sportives ou de loisirs ;

Ex : la première faute a été sanctionnée d'une semaine de privation de téléviseur. Le président peut prononcer pour la seconde faute une sanction de privation d'activité dont la durée ne pourra pas être supérieure à 3 semaines.

3.5.2.2 L' exécution simultanée des sanctions prononcées

Par exception à la règle du cumul précédemment décrite le président de la commission peut décider de confondre les sanctions qu'il prononce afin de les faire s'exécuter simultanément. Pour cela, il fixe la même date de début d'exécution pour chaque sanction.

Ex : Le 3 janvier 2011, la commission de discipline examine trois fautes commises par la même personne détenue du 1er, du 2e, et du 3e degré, pour des faits commis sans violence. Le chef d'établissement prononce 20 jours de cellule disciplinaire pour celle du 1er degré, 10 jours pour celle du 2e degré, 5 jours pour celle du 3e degré. La durée cumulée de ces trois sanctions (35 jours) dépasse le maximum réglementaire fixé à 20 jours pour une faute du 1er degré sans violence. Le chef d'établissement décide donc de confondre ces sanctions. Il leur fixe la même date de début d'exécution : le 3 janvier 2011. La personne détenue sortira du quartier disciplinaire le 22 janvier 2011 après avoir exécuté 20 jours de cellule disciplinaire (et non pas 35).

Ce mécanisme ne fonctionne cependant qu'entre sanctions identiques. La différence de nature et d'effets existant par exemple entre la sanction de cellule disciplinaire et celle de confinement en cellule individuelle s'oppose à ce qu'elles puissent s'exécuter simultanément.

Ex : Même situation que pour l'exemple précédent. Le chef d'établissement peut prononcer 15 jours de cellule disciplinaire pour celle du 1er degré, 10 jours de cellule disciplinaire pour celle du 2e degré, 5 jours de confinement en cellule individuelle ordinaire pour celle du 3e degré. Il peut confondre les deux sanctions de cellule disciplinaire qui s'exécuteront du 3 janvier au 17 janvier 2011. Il fixe ensuite la date d'exécution de la sanction de confinement qui s'exécutera du 18 janvier au 22 janvier 2011. La durée cumulée de ces sanctions de même nature (du 3 au 22 janvier 2011) se portera à 20 jours.

3.5.2.3 L'ordre de mise à exécution des sanctions

Le président de la commission de discipline détermine la date de mise à exécution des sanctions prononcées.

Cependant, les sanctions de parloir avec hygiaphone, de privation de cantine, de privation d'appareil, de privation d'activité, de suspension du travail ou de la formation, et de déclassement, doivent avoir la même date de début d'exécution que la sanction de cellule disciplinaire ou, le cas échéant, de confinement.

Une sanction ne peut plus être mise à exécution plus de 6 mois après son prononcé. Il convient cependant de concilier cette règle avec les effets de la suspension et du sursis conformément aux dispositions de l'article R. 57-7-27 du code de procédure pénale. La question ne se pose en vérité que lorsqu'un sursis ou une suspension de 6 mois sont prononcés en cours d'exécution de la sanction. Les règles propres au sursis et à la suspension entraînent alors une prorogation du délai.

Ex : une sanction de cellule disciplinaire de 10 jours est prononcée le 1er janvier 2011. Si elle n'est pas mise à exécution immédiatement, elle ne peut en principe plus l'être après le 1er juillet 2011. Le 5 janvier 2011, la sanction est suspendue pour 6 mois, le 5 juillet 2011 elle peut reprendre pour 5 jours. De la même manière, un sursis de 6 mois est prononcé le 5 janvier 2011, le délai d'épreuve prend donc fin le 5 juillet, la personne détenue commet une nouvelle faute disciplinaire le 2 juillet, les 5 jours assortis d'un sursis peuvent dès lors être mis à exécution.

3.6 *Les modalités particulières d'exécution des sanctions*

Le chef d'établissement ou son délégataire, peut décider de modalités particulières d'exécution de la sanction soit lors de son prononcé, soit au cours de son exécution. Il peut s'agir du sursis, du fractionnement ou de la suspension de la sanction, voire de la dispense d'exécution de la sanction.

3.6.1 *Les sursis*

Le sursis peut être considéré comme une dispense conditionnelle d'exécution d'une sanction.

La personne détenue doit ainsi respecter certaines obligations pendant un délai d'épreuve fixé par le président de la commission de discipline et qui ne peut excéder six mois.

Au terme de ce délai d'épreuve, s'il s'avère qu'elle a respecté ses obligations, la sanction est réputée non avenue. En revanche, le non-respect de ses obligations pendant le délai d'épreuve entraîne la révocation du bénéfice du sursis.

Le président de la commission de discipline peut prononcer un sursis simple ou assortir le sursis de l'obligation d'accomplir un travail de nettoyage.

3.6.1.1 Le sursis simple

Il consiste dans l'obligation pour la personne détenue de s'abstenir de commettre une nouvelle faute pendant le délai d'épreuve déterminé par le président de la commission de discipline.

Le sursis simple peut assortir toutes les sanctions déterminées par les articles R. 57-7-33 et R. 57-7-34 du CPP.

3.6.1.2 Le sursis assorti de l'obligation d'effectuer un travail de nettoyage

Il emporte deux types d'obligations pour la personne détenue qui doit, pendant la durée du délai d'épreuve, non seulement s'abstenir de commettre une nouvelle faute mais se trouve également tenue d'accomplir un travail de nettoyage.

Ce type de sursis ne peut assortir que les sanctions de cellule disciplinaire ou de confinement en cellule individuelle ordinaire.

Le travail ne peut porter que sur une activité de nettoyage à l'exclusion de toute autre forme de travail. Ce travail étant une sanction, il ne sera pas rémunéré. Sa durée est limitée à quarante heures maximum. Elle peut bien évidemment être moindre.

Enfin le consentement de la personne détenue est nécessaire au prononcé de cette obligation.

3.6.1.3 Le prononcé du sursis

Le sursis, qu'il soit simple ou assorti de l'obligation d'effectuer un travail de nettoyage, est décidé au moment du prononcé de la décision de la commission de discipline. Il peut également être prononcé au cours de l'exécution de la sanction.

3.6.1.3.2 *Au cours de l'exécution de la sanction*

Dans ce dernier cas, la décision est prise par le président lors d'une réunion de la commission de discipline, sur la base notamment du bon comportement de la personne détenue au cours de l'exécution de la sanction.

Il n'est pas nécessaire dans cette hypothèse de respecter la procédure de convocation préalable, ni les délais correspondants, dans la mesure où il ne s'agit pas d'une nouvelle audience disciplinaire (aucune faute disciplinaire n'est en discussion) mais de l'examen d'une modification éventuelle des modalités d'exécution de la sanction initialement prononcée.

En cas d'octroi du sursis, plusieurs conséquences sont à signaler :

La mention du sursis octroyé doit être portée sur l'imprimé relatif à la sanction initiale concernée (feuillet versé au dossier de la personne détenue, feuillet du registre des sanctions et, le cas échéant, du registre du quartier disciplinaire).

L'imprimé spécifique de "Sursis prononcé au cours de l'exécution de la sanction" qui doit comporter les références de la décision initiale modifiée doit également être renseigné.

Enfin, la décision doit être notifiée à la personne détenue au moyen du feuillet de notification spécifique.

3.6.1.3.3 *La fixation du délai d'épreuve*

Après avoir recueilli l'avis de ses assesseurs, le président de la commission fixe le délai de suspension de la sanction qui constitue un délai d'épreuve pour la personne détenue et qui ne peut excéder six mois.

La commission de discipline doit apporter une attention particulière à la détermination de ce délai d'épreuve. Il n'est pas, en effet, nécessairement juste et efficace de laisser peser trop longtemps sur la personne détenue la menace du sursis.

Ainsi, plus le temps a été long entre la première infraction et la suivante, plus la révocation du sursis initial est malaisée dans la mesure où la personne détenue ne saisit pas nécessairement le sens de cette sanction. En outre, la dilution, avec le temps écoulé, de la menace que représente la révocation, la rend quelque peu illusoire. Dès lors il apparaît plus efficace de fixer de courts délais (1 mois par exemple) qui seront respectés par la personne détenue, plutôt que de prononcer des délais d'épreuve longs qui perdront leur intérêt dissuasif au bout de quelque mois.

La fixation du délai doit donc s'opérer de manière graduee en tenant compte des antécédents de la personne détenue et de sa personnalité.

3.6.1.3.4 *L'information de la personne détenue*

Le président de la commission de discipline informe la personne détenue sur les modalités du sursis qui lui est octroyé. Il lui précise le délai de suspension de la sanction au terme duquel le sursis sera réputé non avenu et les conséquences que pourrait avoir pour elle le non-respect de ses obligations pendant ce délai d'épreuve.

3.6.1.4 La révocation de plein droit du sursis en cas de commission d'une nouvelle faute pendant le délai d'épreuve

Si la personne détenue commet une nouvelle faute disciplinaire, quelle qu'elle soit, durant le délai d'épreuve entraînant le prononcé d'une nouvelle sanction, le sursis est révoqué de plein droit, sauf décision contraire du président de la commission.

La révocation est de droit quels que soient la nature et le degré de la nouvelle faute commise. Cependant une trop grande différence de nature et de gravité entre la faute ayant suscité le sursis et celle qui entraîne sa révocation peut susciter l'incompréhension de la personne sanctionnée, il peut être dès lors préférable de lui faire profiter d'une dispense de révocation.

La révocation de plein droit implique par ailleurs que si le président de la commission ne précise pas expressément dans sa décision la non-révocation totale ou partielle du sursis, celui-ci sera considéré comme révoqué totalement. Néanmoins afin d'assurer une parfaite compréhension tant de la part de la personne détenue que des agents chargés de mettre à exécution la sanction et d'éviter les conséquences parfois inopportunes des décisions automatiques, il est recommandé que le président de la commission de discipline précise systématiquement si le sursis est révoqué ou non, en tout ou en partie.

Le président de la commission de discipline dispose ainsi d'un pouvoir d'appréciation qu'il doit exercer conformément au principe d'individualisation des sanctions. Il peut par exemple apparaître inadapté, eu égard aux efforts de la personne détenue, de révoquer un sursis dont le délai d'épreuve fixé à 6 mois a été scrupuleusement respecté pendant 5 mois et 15 jours.

Il convient d'insister sur le fait que la révocation du sursis n'est possible que si la nouvelle faute commise a donné lieu au prononcé d'une sanction. Le président de la commission de discipline ne peut donc pas se contenter de révoquer le sursis à titre principal. La révocation du sursis est une conséquence de la sanction prononcée, elle ne constitue pas une sanction à part entière.

La révocation du sursis entraîne l'exécution de la sanction qui en était assortie, cumulativement avec la sanction afférente à la seconde faute conformément aux modalités décrites au § 3.5.2. La sanction de cellule disciplinaire s'exécute préalablement à toute autre sanction.

Si le sursis est révoqué partiellement, la sanction est subie à hauteur de cette révocation. Le solde du sursis non révoqué continue à être suspendu jusqu'à l'expiration du délai d'épreuve initialement fixé (il n'y a pas lieu de déterminer un nouveau délai de suspension).

3.6.1.5 La révocation du sursis pour non-exécution du travail de nettoyage

La non-exécution, totale ou partielle, du travail de nettoyage qui assortit le sursis est susceptible de constituer une nouvelle faute disciplinaire consistant dans le fait de se soustraire à une sanction disciplinaire.

L'inexécution doit dès lors être constatée au moyen d'un compte rendu d'incident rédigé par l'agent chargé de la surveillance de la personne sanctionnée. Une enquête est réalisée pour déterminer les circonstances de cette inexécution. Pour que l'inexécution soit constitutive d'une faute, il faut qu'elle soit imputable à la personne détenue. Si l'intéressée se trouvait hospitalisée ou extraite devant une juridiction il ne saurait lui en être fait grief.

Le cas échéant, si le chef d'établissement décide de poursuivre la personne détenue, celle-ci est convoquée devant la commission de discipline conformément au droit commun. La convocation vise alors la faute prévue à l'article R. 57-7-2, 8° du code de procédure pénale.

La commission de discipline peut dans ce cas prononcer la révocation du sursis à titre principal. Elle peut aggraver cette révocation d'une nouvelle sanction prononcée pour refus de se soumettre à une sanction disciplinaire.

3.6.1.6 Le caractère non avenu du sursis

Si la personne détenue ne commet pas de nouvelle faute disciplinaire pendant le délai d'épreuve, et, le cas échéant, si elle exécute le travail de nettoyage, la sanction avec sursis prononcée à son encontre est réputée non avenue. En conséquence, elle ne peut plus être exécutée, même si la personne concernée devait commettre une nouvelle faute disciplinaire le lendemain de l'expiration du délai par exemple.

Mention du non avenu doit impérativement être portée sur le registre des sanctions disciplinaires prévu au 1er alinéa de l'article R. 57-7-30 du CPP.

3.6.2 *Dispense, suspension et fractionnement*

3.6.2.1 Dispositions communes

Les mesures de dispense de suspension et de fractionnement de l'exécution de la sanction sont des mesures d'aménagement accordées par le chef d'établissement. Elles constituent une faculté supplémentaire d'individualisation de la sanction.

Tout comme le sursis, ces mesures peuvent être décidées soit lors du prononcé soit lors de l'exécution de la sanction mais, à la différence du sursis, elles ne nécessitent pas la réunion de la commission de discipline pour être prononcées.

Elles ne peuvent être prises par le chef d'établissement ou son délégataire que pour des motifs préalablement déterminés prévus à l'article R. 57-7-60 du CPP :

— en raison de la bonne conduite de l'intéressée ;

— à l'occasion d'une fête légale ou d'un événement national ;
— pour lui permettre de suivre une formation ou pour passer un examen ;
— pour lui permettre de suivre un traitement médical.

Ces mesures d'aménagement de la sanction, doivent être notifiées à la personne détenue qui est alors informée des modalités pratiques de leur mise en œuvre, en particulier pour le fractionnement. Il en est fait mention sur le registre des sanctions et, le cas échéant, sur celui du quartier disciplinaire. La décision de dispense, de suspension ou de fractionnement est par ailleurs versée au dossier individuel de la personne détenue et jointe à la procédure disciplinaire concernée.

3.6.2.1.1 *La bonne conduite*

La bonne conduite prise en considération peut être celle qui précède le prononcé de la sanction. Tel peut être le cas notamment lorsque le délai qui sépare la commission de la faute de la comparution en commission de discipline est particulièrement long.

Ex : la personne détenue comparaît devant l'instance disciplinaire plusieurs mois après la commission des faits. L'intéressée n'a pas d'antécédent disciplinaire et a adopté un comportement irréprochable depuis lors. Dans de telles circonstances, il peut être adapté de prononcer une dispense d'exécution.

La prise en considération de la bonne conduite de la personne détenue au cours de l'exécution de la sanction peut constituer un facteur d'apaisement des tensions au sein du quartier disciplinaire.

3.6.2.1.2 *Fête légale et événement national*

Sans vouloir être exhaustif, les fêtes légales prises traditionnellement en considération sont le 14 juillet, Noël et le Nouvel An. Les élections présidentielles et législatives peuvent par exemple être prises en compte en tant qu'évènements nationaux.

Il convient de rappeler que ces mesures d'aménagement de la sanction sont toujours prises à titre individuel même pour celles décidées à l'occasion d'une fête légale ou d'un événement national majeur. Le chef d'établissement n'est donc jamais tenu de les accorder. *A contrario*, cela n'empêche cependant pas le chef d'établissement d'adopter une mesure gracieuse pour un grand nombre de personnes détenues faisant l'objet d'une sanction à l'occasion de l'une de ces circonstances.

3.6.2.1.3 *Formation et examen*

La mesure d'aménagement liée à la nécessité de suivre une formation ou de passer une examen doit s'appuyer sur des circonstances spécifiques conduisant le chef d'établissement à estimer que la rigueur de la sanction ne doit toutefois pas faire perdre à la personne détenue volontaire et motivée, l'opportunité de participer à une formation qui lui serait profitable.

La formation s'entend de toutes les activités scolaires et d'enseignement. Cela concerne évidemment la formation professionnelle qu'elle soit qualifiante on non, rémunérée ou pas. Mais il est également possible de prendre en compte la participation de la personne détenue à une formation, un stage ou un enseignement ne pouvant pas être qualifié de professionnel. Ex : enseignement général, formation aux premiers secours, etc.

3.6.2.1.4 *Traitement médical*

L'aménagement de la sanction pour permettre à la personne détenue de suivre un traitement médical devra être motivé sur la base notamment d'un certificat médical. Là encore il convient d'avoir une interprétation large de la notion de traitement médical. La participation de la personne détenue à divers groupes de parole peut par exemple justifier un aménagement de la sanction.

Ex : groupes de parole en matière d'alcoologie, tabacologie, toxicomanie, délinquance sexuelle, etc.

Cette mesure d'aménagement de la sanction prise notamment sur la base d'une demande de la personne détenue, motivée en l'occurrence par un certificat médical, est laissée à l'appréciation du chef d'établissement.

Il convient de ne pas la confondre avec la suspension de plein droit de l'exécution de la sanction de cellule disciplinaire ou de confinement en cellule individuelle, prévue à l'article

R. 57-7-31 du CPP, qui résulte du constat fait par le médecin que la continuation de l'exécution de la sanction est de nature à mettre en danger la santé de la personne détenue.

3.6.2.2 La dispense

La dispense d'exécution de la sanction est une mesure qui doit être exceptionnelle compte tenu de ses conséquences. Elle met en effet un terme définitif à l'exécution de la sanction qui est réputée avoir été intégralement subie et ne peut pas, à l'inverse du sursis, être réactivée en cas de commission d'un nouvel incident disciplinaire.

La dispense doit donc être réservée au cas où aucune autre mesure d'aménagement n'est satisfaisante au regard de l'objectif recherché.

3.6.2.3 La suspension

La suspension permet d'interrompre l'exécution d'une sanction pendant une période préalablement déterminée.

Pendant la durée de suspension, la sanction est réputée interrompue et ne recommencera à produire ses effets qu'à l'expiration du délai de suspension. Cependant, lorsque la durée de la suspension excède six mois, la sanction ne peut plus être ramenée à exécution.

Afin d'éviter une trop grande dilution de l'effet et du sens de la sanction, il convient d'éviter de fixer des durées de suspension trop importantes. Il est ainsi recommandé d'éviter de prononcer des suspensions de plus de huit jours. Cette durée doit cependant être fixée de manière individualisée et en fonction des circonstances de chaque espèce.

La suspension n'est pas uniquement applicable aux sanctions de cellule, elle peut se concevoir également pour les sanctions de privation.

Ex : Une personne détenue privée pour une période d'un mois de l'usage d'un téléviseur peut voir, si elle a fait preuve d'une conduite particulièrement digne d'intérêt, sa sanction suspendue pour une journée à l'occasion de la retransmission d'un événement sportif particulièrement important.

3.6.2.4 *Le fractionnement*

Le fractionnement est une mesure d'aménagement de la sanction initialement prononcée, consistant à la faire exécuter en plusieurs fractions, interrompues par des périodes plus ou moins longues pendant lesquelles la sanction est considérée comme en suspens.

Le fractionnement qui pourrait s'appliquer théoriquement à n'importe quelle sanction, n'a en pratique véritablement d'intérêt que pour les sanctions de placement en cellule disciplinaire ou de confinement en cellule individuelle.

Afin d'éviter une trop grande dilution de l'effet répressif et du sens de la sanction, il convient de ne pas étendre le fractionnement sur une période trop longue. Il est également recommandé de fixer des fractions d'une durée au moins égale à deux jours.

Ex : Une personne détenue est sanctionnée de huit jours de cellule disciplinaire. Après le début d'exécution de la sanction, une place se libère dans un stage de formation pour lequel elle s'était portée candidate précédemment. Le chef d'établissement peut décider de fractionner sa sanction et de la lui faire exécuter par fractions successives de deux jours, chaque fin de semaine, jusqu'à l'accomplissement des huit jours initialement prévus.

Compte tenu de ce qui précède il convient de ne pas utiliser le fractionnement pour des sanctions trop longues, qui une fois fractionnées se trouveraient diluées dans le temps de manière trop importante.

Dès lors, sous réserve de cas particuliers, il est conseillé d'éviter de fractionner les sanctions de cellule disciplinaire supérieures à huit jours.

4 Les voies de recours contre les sanctions disciplinaires

4.1 *Le recours administratif préalable obligatoire (RAPO)*

4.1.1 *Champ d'application du RAPO*

L'article R. 57-7-32 du CPP prévoit que la personne détenue qui entend contester la décision disciplinaire dont elle fait l'objet, doit la déférer dans le délai de quinze jours à compter du jour de la notification de la décision, au directeur interrégional des services pénitentiaires, avant tout recours contentieux éventuel.

Cette disposition crée une procédure administrative particulière qu'il convient de ne pas confondre avec le recours hiérarchique de droit commun de l'article D 260 du CPP, lequel ne revêt pas un caractère préalable obligatoire.

4.1.2 *Objet du RAPO*

Sans perdre le droit de s'adresser à la justice, les personnes détenues peuvent ainsi faire valoir devant l'autorité administrative hiérarchique des considérations d'opportunité ou d'équité et obtenir, le cas échéant, la réformation de la décision, ou, à tout le moins, une meilleure explication de celle-ci.

Cette procédure crée une chance d'obtenir satisfaction à l'amiable et peut dès lors épargner au justiciable un procès inutile. Elle permet ainsi un traitement rapide des litiges.

Elle peut lui permettre de mieux comprendre la décision et de mieux apprécier les chances de succès d'une action devant le juge et d'éviter ainsi une procédure contentieuse vouée à l'échec.

Ce recours permet également à l'administration de revenir sur ses décisions en en corrigeant les irrégularités formelles ou de fond, lui évitant là aussi des procédures vouées à l'échec.

Le RAPO est enfin un facteur d'amélioration des décisions disciplinaires. Il permet d'encadrer les pratiques disciplinaires dans les établissements pénitentiaires, par l'exercice d'une vigilance réelle de la DISP sur les décisions prises à ce titre. Il appartient ainsi à chaque directeur interrégional de définir en lien avec les chefs d'établissement et sous réserve de l'appréciation individualisée de chaque situation, une véritable politique disciplinaire régionale.

4.1.3 *Caractères du RAPO*

Il convient de noter au préalable que ce recours administratif n'est pas suspensif : la décision prononcée par la commission de discipline est donc immédiatement exécutoire.

En outre, il est également important de souligner que si la personne détenue n'a pas présenté son recours administratif dans le délai qui lui est imparti (quinze jours à compter de la notification), le recours juridictionnel est irrecevable.

Il convient à cet égard de noter que l'absence, dans la notification de la décision contestée, de l'indication du délai du recours administratif et de son caractère obligatoire fait obstacle au déclenchement de ce délai. Autrement dit, le délai de quinze jours ne commence pas à courir et la personne détenue peut introduire son RAPO à n'importe quel moment.

En revanche, même en l'absence de ces indications (délais et caractère obligatoire du recours), le requérant est tenu d'exercer son RAPO avant toute saisine du juge administratif. Tant que le RAPO n'a pas été exercé, le recours juridictionnel demeure irrecevable.

Pour répondre à cette exigence de notification, les imprimés comportent des mentions relatives à cette procédure de recours. Le président de la commission de discipline doit s'assurer que la personne détenue en a pris connaissance, au besoin en les lui énonçant oralement.

4.1.4 *Les conditions d'exercice du RAPO*

4.1.4.1 Conditions générales

Le RAPO peut être formé par toute personne détenue, y compris les personnes juridiquement incapables d'agir en justice seules, c'est-à-dire les mineurs non émancipés, les majeurs sous sauvegarde de justice, sous tutelle ou curatelle.

En outre, les recours peuvent, sans formalités spécifiques, être exercés par les personnes étrangères, la nationalité française n'étant pas une condition de recevabilité d'un recours devant le juge administratif.

Il est à noter cependant que, pour être recevables, les recours, administratif et contentieux, doivent être rédigés en français. A cet effet, la personne détenue peut se faire aider, soit d'un codétenu, soit d'un interprète dont il assurera la rémunération. En tout état de cause, si le directeur interrégional est saisi d'un recours ayant (autant qu'il puisse en juger) pour objet de contester une décision disciplinaire, mais rédigé en langue étrangère, il n'est pas tenu d'y répondre, ni d'envoyer un accusé de réception. Le directeur interrégional peut cependant décider d'envoyer une lettre à l'intéressée pour l'inviter à régulariser sa requête. Dans cette hypothèse, le délai de 15 jours pour former le RAPO est interrompu, mais le directeur interrégional ne sera valablement saisi que lorsque le requérant aura formé sa demande en français.

Le RAPO est ouvert à la personne détenue contre toutes les décisions prises par la commission de discipline, quelle que soit la nature de la sanction prononcée.

4.1.4.2 Le délai d'exercice du RAPO pour la personne détenue

Le délai octroyé à la personne détenue pour effectuer ce recours est de quinze jours à compter de la notification de la décision disciplinaire.

Il s'agit d'un délai non franc. Il commence à courir le lendemain du jour de la notification à 0h et expire 15 jours plus tard à 24h.

Ex : notification de la sanction le 3 janvier 2011, fin du délai le 18 janvier 2011 à 24h.

Si le dernier jour est un samedi, un dimanche ou un jour férié ou chômé, le délai de recours est prolongé jusqu'à la fin du premier jour ouvrable suivant.

Ex : notification de la sanction le 7 janvier 2011, fin du délai le samedi 22 janvier, prorogé jusqu'au lundi 24 janvier 2011 à 24h.

Le recours doit être envoyé par la personne détenue, soit au moyen d'une lettre recommandée avec accusé de réception (solution souhaitable dans la mesure où elle permet à la personne détenue de conserver la preuve de l'envoi du recours et de sa date de réception), soit au moyen d'une simple lettre.

Dans ce dernier cas, la preuve et la date de l'envoi peuvent être apportées au moyen de l'enregistrement effectué par le service du courrier sur le registre des lettres adressées par les personnes détenues aux autorités administratives et judiciaires visées à l'article D. 262 du CPP.

4.1.4.3 Le délai de réponse du directeur interrégional

Le directeur interrégional dispose d'un délai d'un mois à compter de la réception de la requête pour y répondre.

Ex : réception d'un RAPO à la DISP le 1er janvier 2011, fin du délai pour statuer le 1er février 2011 à 24 h.

Toutefois, avant de faire une réponse au fond, le directeur interrégional doit impérativement dès réception de la requête, envoyer à la personne détenue un accusé de réception indiquant d'une part, la date à partir de laquelle, à défaut d'une décision expresse, la demande sera réputée rejetée, et d'autre part, le délai et les voies de recours possibles contre la décision implicite de rejet (recours devant le tribunal administratif du lieu de détention, dans le délai de deux mois après décision expresse ou implicite de rejet).

Une copie de l'accusé de réception est en outre adressée au chef d'établissement pour l'informer de l'existence d'un recours contre une de ses décisions et pour l'inviter à communiquer dans les plus brefs délais, à la direction interrégionale, copie de l'ensemble des pièces de la procédure disciplinaire, et à faire connaître tous éléments complémentaires permettant de traiter au mieux la requête.

Dans l'hypothèse où le RAPO est présenté par l'avocat de la personne détenue, le directeur interrégional doit envoyer l'accusé de réception à cet avocat. En revanche, la décision expresse du directeur interrégional sur le recours administratif doit être notifiée non seulement au défenseur mais également à la personne détenue.

Si le directeur interrégional s'abstient de répondre dans le délai qui lui est imparti, il est réputé avoir rejeté les prétentions du requérant. Ce rejet implicite doit demeurer exceptionnel. Les directeurs interrégionaux doivent au contraire s'attacher à répondre aux recours des personnes détenues contre les décisions disciplinaires de la manière la plus précise et explicite possible (*cf.* §. 4.1.5.4).

Si après écoulement du délai d'un mois valant décision implicite de rejet du directeur interrégional, mais avant l'expiration du délai de deux mois durant lequel la personne détenue est susceptible de faire un recours contentieux, intervient une décision expresse, cette dernière est de nature à faire courir à nouveau le délai contentieux de deux mois. A l'expiration de ce nouveau délai, aucun recours n'est plus recevable.

4.1.5 *Les modalités du contrôle de la légalité des décisions disciplinaires exercé par le directeur interrégional*

Lorsque le directeur interrégional examine une décision, il doit la contrôler intégralement y compris en examinant les moyens qui n'ont pas été soulevés par le requérant dans le cadre du recours administratif préalable.

Deux grands types de contrôles de la légalité des décisions administratives sont à exercer : le contrôle de la légalité externe, le contrôle de la légalité interne.

4.1.5.1 Le contrôle de la légalité externe

Contester la légalité externe d'une décision consiste à contester non pas la teneur de cette décision mais la façon dont la décision a été prise.

Trois types d'illégalités externes peuvent être soulevés par le requérant : l'incompétence, le vice de procédure et le vice de forme.

4.1.5.1.1 *L'incompétence*

Il y a incompétence quand une autorité administrative prend une décision sans avoir qualité pour le faire, c'est-à-dire alors qu'elle n'est pas juridiquement habilitée à prendre cette décision.

L'incompétence est un moyen d'ordre public, c'est-à-dire que cette incompétence doit être relevée par le juge, et devra l'être par le directeur interrégional qui la constaterait, sans qu'il soit besoin que le requérant s'en prévale : l'incompétence doit être soulevée d'office.

On peut trouver trois types d'incompétence :

a) L'incompétence matérielle

Elle est réalisée quand une autorité administrative intervient dans une matière étrangère à ses attributions.

Ex : Le président de la commission de discipline est le chef d'établissement, qui peut toutefois déléguer cette compétence à l'un de ses adjoints. Si cette délégation, qui doit être expresse et préalable, n'existe pas, ou si elle n'a pas fait l'objet d' une publicité suffisante, la décision est alors arrêtée par une autorité incompétente.

b) L'incompétence territoriale

Elle se réalise quand une autorité administrative prend une décision relative à une matière étrangère à sa circonscription.

Ex : Le chef d'établissement compétent pour prendre la décision disciplinaire est celui de l'établissement dans lequel s'est déroulé l'incident, ou celui de l'établissement dans lequel la personne détenue est écrouée (hypothèse de l'évasion, ou de l'incident en cours de transfert). La décision prise par un autre chef d'établissement serait entachée d'illégalité comme prise par une autorité incompétente.

c) L'incompétence temporelle

Cette incompétence est constituée soit quand l'autorité qui a pris la décision n'était plus compétente au moment où elle l'a prise, soit quand l'autorité qui a pris la décision n'était pas encore compétente.

Ex : chef d'établissement qui prendrait une décision alors qu'il n'a pas encore été installé dans ses fonctions.

4.1.5.1.2 *Le vice de procédure*

Il est constitué par la méconnaissance des règles organisant la procédure d'élaboration des décisions. Pourraient, notamment, constituer des vices de procédure :

• ne pas notifier à la personne détenue les faits qui lui sont reprochés, avant son passage devant la commission de discipline ;

• ne pas convoquer l'avocat malgré la demande de la personne détenue ;

• ne pas respecter le délai de vingt-quatre heures octroyé à la personne détenue pour préparer sa défense avant la comparution devant la commission de discipline ;

• ne pas entendre ses explications au moment de sa comparution ;

• ne pas accepter de recueillir ses explications écrites, malgré sa demande expresse ;

• ne pas respecter la composition de la commission de discipline telle que prévue par l'article R. 57-7-8 du CPP.

4.1.5.1.3 *Le vice de forme*

Contrairement au vice de procédure qui affecte le processus même de l'élaboration d'une décision, le vice de forme concerne la présentation extérieure de l'acte.

Il convient de rappeler en particulier la nécessité de respecter les deux obligations suivantes, dans la mesure où ce sont celles qui fondent le plus souvent les recours pour vice de forme :

— La décision doit comporter le nom, le prénom la qualité et la signature du président de la commission de discipline. Ces mentions permettent de s'assurer que l'autorité signataire était effectivement compétente.

— La décision doit être motivée en fait et en droit afin de permettre d'apprécier si les motifs de celle-ci sont de nature à la justifier.

Le chef d'établissement doit être particulièrement attentif au respect de l'exigence de motivation. Cette dernière doit permettre à l'autorité qui prend la décision disciplinaire de préciser les griefs qu'elle entend retenir à l'encontre de l'intéressé, de sorte que ce dernier puisse, à la seule lecture de la décision qui lui est notifiée, connaître les motifs de la sanction qui le frappe.

En conséquence, la décision disciplinaire doit rappeler en premier lieu, le numéro du ou des articles du code de procédure pénale et, le cas échéant, du règlement intérieur, qui ont été méconnus par la personne détenue, et citer la partie concernée de ces dispositions.

Elle doit en second lieu relater avec précision le contenu des agissements matériels reprochés à la personne détenue. Cette relation des faits doit être circonstanciée et ne peut constituer une simple reprise des termes des dispositions réglementaires méconnues.

Ex : Serait ainsi entachée d'une insuffisance de nature à entraîner l'annulation de la sanction ou de la décision du directeur interrégional, la motivation qui se bornerait à faire état de ce que "le détenu X a exercé des violences physiques à l'encontre du codétenu Y".

Ex : En revanche, serait suffisante la motivation suivante : "L'article R. 57-7-1, 2° du CPP dispose que constitue une faute disciplinaire du premier degré, le fait d'exercer des violences physiques à l'encontre d'une personne détenue ; le (date), à (heure), alors qu'il était (en promenade, atelier ou autre), M X a giflé violemment M.Y".

La motivation doit figurer dans le corps même de la décision.

4.1.5.2 Le contrôle de la légalité interne

Le directeur interrégional qui statue sur un RAPO statue en l'état du droit et au regard de la situation de fait existant à la date de sa décision.

Une décision administrative peut être entachée d'illégalité interne en raison de l'illégalité, soit de son contenu, soit de ses motifs, soit de son but.

4.1.5.2.1 *Illégalité en raison du contenu de l'acte*

Il s'agit d'une illégalité qui touche à l'objet même de l'acte en ce qu'il constitue une violation directe de la règle de droit.

Il y aura illégalité en raison du contenu de l'acte si une sanction disciplinaire prononcée à l'encontre d'une personne détenue ne correspond à aucune des sanctions limitativement déterminées par les articles R. 57-7-33 et R. 57-7-34 du CPP, ou si les faits qui ont conduit au prononcé d'une sanction ne sont pas qualifiés de fautes disciplinaires par les articles R. 57-7-1 à R. 57-7-3 du CPP.

Ex : Le président de la commission de discipline prononce à titre de sanction disciplinaire une amende ou une privation de lecture.

4.1.5.2.2 *Illégalité en raison des motifs de l'acte*

Une décision administrative se fonde sur deux catégories de motifs : les motifs de droit et les motifs de fait. Pour déterminer la légalité de la sanction prise par la commission de discipline, le directeur interrégional doit donc examiner les motifs de la décision.

a) L'examen du bien-fondé des motifs de droit

Le bien-fondé des motifs de droit (erreur de droit) est toujours contrôlé par le juge administratif, et doit l'être de la même manière par le directeur interrégional.

L'erreur de droit peut résulter de la mise en œuvre d'une norme inapplicable : l'auteur de l'acte a cru pouvoir se fonder sur un texte pour prendre sa décision alors même que ce texte n'est pas applicable à la situation en cause.

L'erreur de droit peut aussi résulter de la mise en œuvre d'une norme illégale : l'auteur de la décision a cru pouvoir se fonder sur une réglementation donnée mais celle-ci s'avère illégale.

L'erreur de droit peut enfin résulter de l'application d'une norme légale mais inexactement interprétée : l'auteur de l'acte s'est trompé sur ce qu'elle permet ou impose de faire.

b) L'examen des motifs de fait

L'examen des motifs de fait a pour objet, d'une part, de vérifier l'exactitude matérielle des faits qui sont à l'origine de la décision (erreur de fait) et, d'autre part, de contrôler que l'administration a bien apprécié lesdits faits (erreur de qualification juridique et contrôle de la proportionnalité).

— L'exactitude matérielle des faits (erreur de fait) :

Il faut, pour qu'une décision soit légale, que la réalité de ces faits soit établie.

En matière disciplinaire, le juge administratif écarte le principe de la présomption de légalité des actes administratifs pour mettre à la charge de l'administration, la preuve des griefs qu'elle adresse aux personnes sanctionnées.

Il appartient donc au directeur interrégional de contrôler tout particulièrement l'exactitude matérielle des faits reprochés à la personne détenue et ainsi de s'assurer que le chef d'établissement n'a pas commis une erreur de fait.

— le contrôle de l'appréciation des faits (erreur de qualification juridique et contrôle de la proportionnalité) :

Le directeur interrégional doit exercer le contrôle le plus étendu sur la sanction qui lui est déférée, y compris celui de la proportionnalité de la sanction.

Il intervient en effet, non comme un organe juridictionnel, mais en tant qu'autorité administrative, substituant sa propre décision à celle du président de la commission de discipline, et il dispose donc en la matière de pouvoirs aussi larges que ceux qui sont attribués au chef d'établissement, en ce qui concerne tant l'appréciation du caractère fautif des faits (qualification juridique des faits) commis par la personne détenue que le choix de la sanction à lui infliger et son quantum (proportionnalité).

Erreur de qualification juridique des faits

Pour qu'une décision soit légale, il faut que son auteur ne se soit pas trompé sur la qualification juridique des faits qu'il a pris en considération, autrement dit, il faut que les faits soient de nature à justifier juridiquement la décision.

Ex : Une sanction est prononcée pour "usage abusif" d'un téléviseur : si le directeur interrégional estime que l'usage qui a été fait de l'appareil n'était en rien abusif, il peut déclarer la décision illégale en ce qu'elle s'est basée sur une erreur de qualification juridique des faits.

Le directeur interrégional, dans le cadre du recours administratif préalable, doit donc procéder de manière précise à cet examen pour vérifier la conformité de la décision de la commission de discipline aux faits.

S'il estime qu'il y a une erreur dans la qualification juridique des faits, le directeur interrégional peut soit retirer la décision soit la réformer et procéder à une requalification des faits (*cf.* §. 4.1.5.3).

Le contrôle de la proportionnalité

Lorsque le directeur interrégional estime que la sanction prononcée est disproportionnée au regard de la gravité des faits et aux antécédents de la personne, il peut soit retirer la décision soit la réformer. Il convient cependant de préciser qu'il ne peut jamais aggraver la sanction (*cf.* §. 4.1.5.3).

4.1.5.2.3 *Illégalité en raison du but de l'acte : le détournement de pouvoir*

Il n'est pas suffisant, pour déterminer la légalité d'une décision administrative, d'en avoir examiné le contenu et les motifs, il faut aussi porter son attention sur le but dans lequel elle a été prise.

Motifs et but de l'acte ne doivent pas être confondus : alors que les premiers sont des données objectives, le but est une donnée subjective, d'ordre psychologique. Apprécier le but en vue duquel l'autorité administrative a agi, c'est rechercher quels ont été ses mobiles, ses intentions.

Si elle a agi avec une intention ne correspondant pas au but qu'elle était en droit de rechercher, son acte est entaché d'une illégalité qui est le détournement de pouvoir : l'autorité administrative a exercé un de ses pouvoirs dans un but autre que celui en vue duquel il lui a été conféré.

Le détournement de pouvoir peut être constitué non seulement quand l'acte est accompli en raison de préoccupations d'ordre privé, mais aussi quand il est accompli en considération d'un intérêt public, si cet intérêt n'est pas celui pour le service duquel son pouvoir pouvait être légalement exercé.

Ex : Cas d'un chef d'établissement qui prononcerait une sanction de cellule disciplinaire, non dans le but premier de sanctionner une faute disciplinaire, mais dans celui d'isoler la personne détenue du reste de la population pénale (dans un souci de sécurité).

4.1.5.3 L'étendue des pouvoirs du directeur interrégional dans le cadre du RAPO

Dans le cadre de l'exercice de son pouvoir de contrôle, le directeur interrégional peut confirmer, réformer ou retirer la décision dont il est saisi.

— La confirmation

Lorsque le directeur interrégional estime que la décision du président de la commission de discipline n'est entachée d'aucune illégalité, tant externe qu'interne, il lui appartient de la confirmer.

— La réformation

Le pouvoir du directeur interrégional dans le cadre du RAPO ne se limite pas à un simple pouvoir d'annulation. Lorsqu'il constate que la décision du président de la commission de discipline est entachée d'une illégalité, il peut prendre une nouvelle décision qui se substitue à la décision initiale. Il prononce alors une décision de réformation.

Le directeur interrégional peut par exemple décider de réformer la décision initiale en se fondant sur des éléments nouveaux. Si ces éléments n'ont pas été communiqués à la personne détenue et à son conseil lors de la commission de discipline, il devra les leur communiquer afin de recueillir leurs observations avant de prendre sa décision.

Il peut aussi réformer la décision en procédant par exemple à une requalification des faits. Tel peut être le cas lorsque les faits relevés constituent une faute de nature à justifier la sanction prononcée mais que la qualification retenue est erronée.

Si cette requalification s'opère conformément à la demande de la personne détenue, il n'y a pas lieu d'informer préalablement l'intéressée de la requalification envisagée.

Si le directeur interrégional requalifie les faits de sa propre initiative ou différemment de la demande formulée par le requérant dans son RAPO, il doit respecter le principe du contradictoire. La nouvelle qualification doit être portée à la connaissance de la personne détenue afin qu'elle soit mise en mesure de présenter ses observations sur la nouvelle qualification susceptible d'être retenue.

Lorsque les faits et la qualification juridique sont exacts, il peut également, dans le cadre de son pouvoir de réformation, diminuer le quantum de la sanction prononcée.

En revanche, une aggravation de la sanction n'est jamais possible. Dès lors, le directeur interrégional ne peut pas élever le quantum de la sanction ni prononcer une sanction de nature différente (ce qui reviendrait à faire exécuter deux sanctions à la personne détenue, le RAPO n'ayant aucun effet suspensif).

— Le retrait

Lorsque le directeur interrégional constate que la décision est illégale et qu'il ne peut pas faire usage de son pouvoir de réformation, il doit procéder au retrait de la décision.

Ex : faits inexistants.

Le retrait emporte disparition rétroactive de la décision initiale qui est censée n'avoir jamais produit d'effet. Ex : si une personne détenue a été déclassée, elle doit être réintégrée au poste de travail qu'elle occupait.

Concernant les sanctions entièrement exécutées, il convient de noter que le requérant peut demander une indemnisation du préjudice subi, dans la mesure où la décision initiale a été retirée par le directeur interrégional pour un motif de légalité interne, l'illégalité qui entache une décision n'étant susceptible d'ouvrir droit à réparation qu'à condition que la décision ne soit pas justifiée au fond.

4.1.5.4 La forme de la décision du directeur interrégional

La réponse au fond du directeur interrégional, qu'il confirme, retire ou réforme la décision prise par le président de la commission de discipline, doit être motivée en fait et en droit.

Conformément à l'article 5 de la loi n° 79-587 du 11 juillet 1979, une décision implicite de rejet n'est pas illégale du seul fait qu'elle ne comporte pas cette motivation. Cependant, le requérant dispose d'un délai de deux mois à compter de la naissance de la décision implicite afin de demander que lui en soient communiqués les motifs. Le directeur interrégional doit alors communiquer les motifs de la décision de rejet dans le mois suivant cette demande. A défaut, la décision du directeur interrégional sera considérée comme entachée d'illégalité externe pour absence de motivation (vice de forme).

La décision statuant sur le RAPO doit obligatoirement être signée par le directeur interrégional, ou par un agent ayant valablement reçu délégation pour ce faire. Pour rappel, les décisions de délégation de signature doivent faire l'objet d'une publication au recueil des actes administratifs de chaque préfecture de département du ressort de la direction interrégionale.

Le plus grand soin doit être apporté à cette décision du directeur interrégional dans la mesure où, si la personne détenue décide de faire un recours contentieux, c'est cette dernière décision qui sera l'objet du recours. En effet, la décision provoquée par le RAPO se substitue à celle qui est contestée.

4.1.5.5 Les modalités de notification de la décision du directeur interrégional

Que le directeur interrégional confirme, réforme ou retire la décision disciplinaire du chef d'établissement, il doit sans délai l'en informer, afin que toute disposition soit prise pour l'exécution de la décision hiérarchique.

Concernant la notification de la décision au requérant, deux options peuvent se présenter :

• La personne détenue à l'origine du recours est toujours incarcérée (même si elle a été transférée dans un autre établissement, qui n'est pas nécessairement dans le ressort territorial du directeur interrégional compétent pour examiner le RAPO) :

La notification se fait par le chef de l'établissement dans lequel l'intéressée est détenue.

Le chef d'établissement ou son représentant doit remettre la décision du directeur interrégional à la personne détenue contre émargement du formulaire de notification (si celle-ci est incapable, la notification doit se faire également par lettre recommandée avec avis de réception à son représentant. Cette tâche incombe alors directement à la direction interrégionale d'où émane la décision).

Si le destinataire de la notification refuse d'accepter le pli qui lui est présenté, mention de ce refus est portée par l'agent notificateur sur le formulaire de notification conservé par l'établissement. La notification est réputée avoir été faite à la date de son refus.

• Le demandeur a été libéré :

La décision du directeur interrégional doit être notifiée à l'adresse déclarée par la personne détenue au moment de sa libération au moyen d'une lettre recommandée avec demande d'avis de réception.

Dès lors, la date de notification est, soit la date de distribution du pli postal à son domicile, soit la date du retrait de ce pli à la poste, soit la date de présentation du pli à son domicile dans le cas où il n'est pas retiré dans le délai de quinze jours de mise en instance postale.

4.2 *Le recours pour excès de pouvoir*

4.2.1 *Le délai du recours contentieux*

La personne détenue peut déférer au tribunal administratif de son lieu de détention, par un recours pour excès de pouvoir, la décision expresse ou implicite issue du RAPO.

Elle dispose pour cela d'un délai de deux mois à compter de la notification de la décision, ou si cette dernière est implicite, à compter du jour où le silence gardé par le directeur interrégional vaut rejet (date qui doit être indiquée explicitement dans l'accusé de réception envoyé par le directeur interrégional, à réception de la requête de la personne détenue).

Le délai de recours n'est opposable qu'à la condition d'avoir été mentionné dans la notification de la décision (si celle-ci est expresse). En d'autres termes, le délai de recours ne court pas à l'égard du destinataire de la décision notifiée si la notification ne comporte pas les mentions prescrites.

Le délai de deux mois pour saisir la juridiction administrative est un délai franc, par conséquent, non seulement le premier jour du délai est le lendemain du jour où est intervenu l'événement déclencheur du délai (décision implicite ou notification de la décision expresse), mais encore le dernier jour est aussi le lendemain du jour où les deux mois ont expiré.

Une méthode de calcul simple consiste à ajouter une unité de valeur à la date du jour de déclenchement.

Ex : Le délai a été déclenché le 4 janvier du fait de la notification de la décision du directeur interrégional. Le délai expire le 5 mars à 24 h (4 janvier + 1 + 2 mois = 5 mars).

Si toutefois, le dernier jour du délai est un samedi ou un dimanche, ou bien un jour férié ou chômé, le délai est prolongé jusqu'à la fin du premier jour ouvrable suivant.

4.2.2 *Les conséquences de l'expiration du délai*

La plus immédiate de ces conséquences est l'irrecevabilité du recours, en d'autres termes, la forclusion du requérant.

Quant à la décision non déférée au juge administratif en temps utile, elle devient définitive.

Si la personne détenue prétend vouloir effectuer un recours devant le tribunal administratif après l'expiration du délai de deux mois, le chef d'établissement ne peut s'y opposer, même s'il l'informe du dépassement des délais, c'est au juge administratif de déclarer le recours irrecevable.

4.3 *Le référé-suspension*

4.3.1 *Les conditions de recevabilité*

Elles sont au nombre de trois :

4.3.1.1 La demande doit se rapporter à une décision administrative

En l'espèce, il s'agira de la sanction prononcée par le président de la commission de discipline.

4.3.1.2 Le caractère accessoire de la demande de suspension

Le référé-suspension n'est recevable que s'il accompagne (suit ou précède) un recours principal en annulation de la décision litigieuse. Les deux requêtes doivent être distinctes (art. R. 522-1 du code de justice administrative).

Si le justiciable, pressé par l'urgence, saisit d'abord le juge des référés, son référé ne sera recevable que si le recours en annulation, qui doit lui même être recevable, a été formé avant la date à laquelle le juge des référés se prononce.

Enfin, la personne détenue sera recevable à demander la suspension de la décision prononcée par le président de la commission de discipline sans attendre la décision du directeur interrégional mais il devra rapporter la preuve de l'existence de son RAPO.

4.3.1.3 La demande doit être pourvue d'objet à la date à laquelle elle est présentée

Le recours en référé sera considéré comme dépourvu d'objet si la décision contestée est déjà entièrement exécutée ou si elle a été retirée par le directeur interrégional.

4.3.2 *Les conditions de fond*

4.3.2.1 L'urgence

La condition d'urgence, qui s'apprécie objectivement et compte tenu de l'ensemble des circonstances, doit être regardée comme satisfaite lorsque la décision administrative contestée préjudicie de manière suffisamment grave et immédiate à un intérêt public, à la situation du requérant ou aux intérêts qu'il entend défendre :

4.3.2.1.1 *Immédiateté suffisante du préjudice*

Le recours dirigé contre une sanction assortie d'un sursis, qui n'emporte pas d'effet immédiat, sera par exemple considéré comme irrecevable.

4.3.2.1.2 *Gravité suffisante du préjudice*

Les conséquences préjudiciables d'une décision doivent être suffisamment graves pour qu'il y ait urgence à les prévenir. Le juge va alors confronter l'intérêt privé du demandeur et l'intérêt général.

4.3.2.2 Existence d'un moyen propre à créer un doute sérieux quant à la légalité de la décision

Dans le cadre d'une procédure de référé, l'objet de la saisine du juge n'est pas de procéder à une étude approfondie de la légalité de la décision litigieuse, mais d'intervenir rapidement sur ses effets. En conséquence, son ordonnance ne sera pas considérée comme réglant la question de la légalité, et un démenti pourra être effectué par le juge du principal saisi de la procédure au fond.

4.3.3 *Les effets de la décision*

La suspension n'a pas de portée rétroactive et prend fin au plus tard lorsqu'il est statué sur le recours au principal. Le juge peut également fixer la durée de la suspension.

4.4 *Le référé-liberté*

Le référé-liberté permet d'obtenir toutes mesures nécessaires afin de sauvegarder une liberté fondamentale à laquelle l'administration aurait porté atteinte de manière grave et manifestement illégale et notamment la suspension de la décision.

4.4.1 *Les conditions de recevabilité*

A la différence du référé-suspension, le référé-liberté peut être dirigé non seulement à l'encontre d'une décision administrative mais peut aussi concerner un agissement (action ou abstention) de l'administration.

Ex : le chef d'établissement qui s'abstient de lever un placement en cellule disciplinaire alors que le médecin a prescrit la suspension de la sanction.

De plus, la recevabilité n'est pas conditionnée par l'existence d'un recours principal au fond.

De surcroît, la personne détenue sera recevable à exercer un référé-liberté alors même qu'elle n'a pas exercé de RAPO.

En revanche, à l'instar du référé-suspension, ce recours doit être pourvu d'objet à la date à laquelle il est présenté (*cf.* §. 4.3.1.3.).

4.4.2 *Les conditions de fond*

4.4.2.1 L'urgence

L'urgence impose que l'exercice du référé-liberté soit justifié par la nécessité d'une intervention prompte à mettre fin à une atteinte portée à une liberté fondamentale ou pour prévenir une atteinte imminente.

4.4.2.2 Une atteinte à une liberté fondamentale

La liberté doit être fondamentale au sens constitutionnel du terme. Ex :

— le droit d'assurer sa défense devant une juridiction,

— le respect de la vie privée.

A l'inverse, le droit au sport, le droit au logement, ou le droit à la santé n'ont pas été reconnus comme libertés fondamentales.

4.4.2.3 Une atteinte grave et manifestement illégale

La décision de l'administration doit être manifestement illégale et porter une atteinte grave à une liberté fondamentale.

5 Les procédures d'information

5.1 *Les avis adressés au directeur interrégional et aux autorités judiciaires*

5.1.1 *Dispositions communes*

Le chef d'établissement doit informer le directeur interrégional ainsi que l'autorité judiciaire compétente de toute sanction disciplinaire prononcée à l'encontre d'une personne détenue dans le délai de cinq jours à compter de sa décision.

Cette information est réalisée par la transmission d'une copie de la décision aux destinataires concernés.

Le non-respect du délai de cinq jours pour l'envoi des avis n'a pas de conséquence sur la validité de la décision. Il est cependant demandé au chef d'établissement de s'y conformer aussi rigoureusement que possible.

5.1.2 *L'avis adressé au directeur interrégional*

Outre un intérêt statistique certain, cet avis permet au directeur interrégional d'exercer, même sans recours de la personne détenue, son contrôle hiérarchique sur les décisions prises par les chefs d'établissement.

Il peut lui permettre de constater les divergences ou les convergences de pratiques en matière disciplinaire dans les établissements de sa région ; cela peut être l'occasion pour lui de donner des indications voire des consignes aux chefs d'établissement concernant l'application des textes disciplinaires.

Cette information peut lui permettre également de détecter, avant même qu'un recours ne soit formé, les illégalités de certaines décisions, et de procéder le cas échéant à leur réformation ou à leur retrait pour éviter toute censure postérieure.

Le recours administratif exercé par une personne détenue à l'encontre de la décision disciplinaire le concernant ne dispense aucunement le chef d'établissement de la transmission de la copie de la décision.

5.1.3 *L'avis adressé au juge de l'application des peines*

En tant que magistrat chargé de fixer les principales modalités de l'exécution des peines, le juge de l'application des peines doit être informé d'une manière générale de tout événement ou de tout incident concernant la détention des personnes condamnées.

Cette information est d'autant plus importante qu'elle peut conduire le juge de l'application des peines à envisager des mesures particulières concernant l'application de la peine de la personne détenue concernée.

Ainsi, et conformément aux dispositions de l'article D. 49-25 du code de procédure pénale, le juge ou le tribunal de l'application des peines peut décider d'ajourner, de rejeter, de retirer ou de révoquer une mesure relevant de sa compétence lorsque la personne condamnée fait preuve de mauvaise conduite.

Le juge de l'application des peines doit donc être tenu informé des incidents disciplinaires qui surviennent au cours de la détention des personnes condamnées.

Il doit également être informé des incidents disciplinaires qui se sont déroulés à l'occasion de l'exécution d'une mesure d'aménagement de sa peine (permission de sortir, placement à l'extérieur, placement sous surveillance électronique, semi-liberté). Dans de telles hypothèses, le juge de l'application des peines est bien entendu informé de l'incident avant même qu'une décision disciplinaire ne soit intervenue.

Il convient cependant de rappeler que le juge de l'application des peines n'est pas tenu par la décision administrative. Il peut ainsi prendre une décision de rejet ou de retrait sans qu'il existe de procédure disciplinaire, ou ne pas prendre en considération une procédure disciplinaire ayant occasionné une sanction, pour octroyer une mesure d'application de la peine.

Par ailleurs, pour permettre au juge de l'application des peines de prendre ses décisions en toute connaissance de cause, il doit être informé autant que possible, au cours de la commission de l'application des peines, au moment de l'examen des dossiers individuels des personnes détenues, des recours exercés contre les décisions disciplinaires du chef d'établissement ainsi que des décisions administratives ou contentieuses auxquelles elles ont pu donner lieu. Il dispose à cet effet, outre les informations qui peuvent lui être apportées oralement par le chef d'établissement, des mentions portées sur l'imprimé disciplinaire classé au dossier de l'intéressé concernant les recours éventuellement formés contre la décision en question.

5.1.4 *L'avis adressé au magistrat chargé du dossier de la procédure*

Cet avis concerne essentiellement les personnes prévenues au sens de l'article D. 50 du code de procédure pénale, c'est-à-dire aussi bien les personnes mises en examen, les prévenus et les accusés, que les condamnés ayant formé opposition, appel ou pourvoi. Il peut aussi concerner les condamnés, qui ont d'autres affaires en cours d'instruction, dès lors que l'établissement en a connaissance.

L'expression "magistrat saisi du dossier de la procédure" désigne, selon le cas, le juge d'instruction ou le juge des enfants, le procureur de la République, le président de la chambre de l'instruction, le président de la cour d'assises, le procureur général près la cour d'appel, et le procureur général près la Cour de cassation, suivant l'état du dossier au moment où l'avis doit être donné.

Afin de déterminer l'autorité judiciaire compétente il convient de se rapporter au tableau joint en annexe.

Cet avis n'a pas d'autre conséquence que d'informer l'autorité judiciaire d'une décision administrative prise à l'encontre du prévenu dont elle a le dossier en charge.

5.2 *Le rapport à la commission de l'application des peines*

Le chef d'établissement doit faire rapport à la commission de l'application des peines du prononcé de toute sanction de cellule disciplinaire ou de confinement en cellule individuelle ordinaire dont la durée excède sept jours.

Ce rapport est donc limité aux sanctions prononcées à l'encontre des fautes les plus graves relevant du 1er et du 2e degré.

Il doit être réalisé lors de la première réunion de la commission de l'application des peines suivant la date de la décision disciplinaire.

5.3 *Les registres*

Il existe deux registres :

— celui des sanctions disciplinaires

— celui du quartier disciplinaire.

Ces registres doivent être présentés aux autorités administratives et judiciaires à l'occasion de leurs visites d'inspection ou de contrôle. Ces autorités doivent viser le registre.

5.3.1 *Le registre des sanctions disciplinaires*

Il doit faire état de l'intégralité des sanctions prononcées par la commission de discipline, quelle que soit leur nature. Il recense également les décisions de relaxe prises par l'instance disciplinaire.

Il est constitué de la collation, par ordre de numéro de procédure, des imprimés édités à l'occasion du prononcé de chaque décision rendue par la commission de discipline.

Il permet d'informer les agents de la suite donnée aux comptes rendus d'incident et il donne un aperçu global de l'activité de la commission de discipline.

Il doit être conservé dans un lieu accessible afin d'être aisément consultable par les agents et les autorités chargés du contrôle.

5.3.2 *Le registre du quartier disciplinaire*

Les sanctions de cellule disciplinaire sont retranscrites dans ce registre.

Ce document administratif communicable doit permettre de retracer l'activité du quartier disciplinaire.

Il rend compte non seulement des dates d'entrée et de sortie des personnes détenues mais aussi des visites dont elles font l'objet et des observations auxquelles celles-ci donnent lieu.

Il doit être émargé par le médecin qui examine sur place les personnes détenues placées en cellule disciplinaire au moins deux fois par semaine.

Il retrace les évènements qui rythment la journée de ce secteur de détention : mouvements des personne détenues, passage aux douches, mise en place des promenades, contrôle des cours avant et après le passage des personnes détenues, fouille des cellules, fréquence des rondes pendant la journée, etc.

Il convient de rappeler l'impérieuse nécessité de renseigner ce registre de façon systématique à chaque incident notable au sein du quartier disciplinaire.

Une gestion nominative rigoureuse de ce registre doit impérativement être effectuée. Il doit être renseigné de façon détaillée afin d'assurer une totale lisibilité de l'activité de ce secteur de détention ainsi qu'une chronologie des événements s'y déroulant.

Il est conservé au quartier disciplinaire sous l'autorité du gradé responsable du quartier.

Les règles d'archivage de ce document ont été précisées par la circulaire JUSK0740004C du 11 décembre 2007 auquel il convient de se reporter. Il importe ici seulement de rappeler que ce document doit être conservé au sein de l'établissement pénitentiaire pendant une durée utile de 5 ans avant d'être versé aux archives départementales. Lorsqu'il s'avère impossible de conserver tous les registres au sein même du quartier disciplinaire, le chef d'établissement déterminera la périodicité selon laquelle ces registres seront placés dans le local d'archive de l'établissement.

Vous voudrez bien me tenir informé des difficultés qui pourraient apparaître lors de l'application de la présente circulaire.

ANNEXES

Annexes non reproduites.

Art. L. 231-2 En cas d'urgence, les personnes détenues peuvent faire l'objet, à titre préventif, d'un placement en cellule disciplinaire ou d'un confinement en cellule individuelle. Cette mesure ne peut excéder deux jours ouvrables.

COMMENTAIRE

Le placement préventif en cellule disciplinaire ou le confinement en cellule individuelle revêt un caractère exceptionnel, lié à l'urgence de la situation, et se trouve en conséquence encadré à plusieurs égards.

D'abord, seul le chef d'établissement ou son délégataire dispose du pouvoir de prendre une telle décision (art. R. 234-19). Ensuite, elle ne peut être prononcée qu'à la double condition que les faits reprochés à la personne détenue relèvent d'une faute du premier ou du second degré et que sa mise à l'écart soit « l'unique moyen de mettre fin à la faute ou de préserver l'ordre à l'intérieur de l'établissement », ou d'assurer sa sécurité ou la protection des personnes. Adoptée en urgence, avant la réunion de la commission de discipline, sa durée est limitée au strict nécessaire et ne peut excéder deux jours ouvrables (art. R. 234-20). Le temps passé en cellule disciplinaire ou en confinement à titre préventif s'impute sur la durée de la sanction ultérieure si celle-ci est de même teneur (art. R. 234-21).

Enfin, la décision de placement préventif doit être écrite, motivée et notifiée à l'intéressé. Compte tenu de l'urgence qui préside à son édiction, cette mesure individuelle n'est pas précédée d'une procédure contradictoire au sens de l'article L. 122-1 du code des relations entre le public et l'administration. Une « urgence absolue », qui doit être établie par l'administration pénitentiaire, peut même justifier l'absence de motivation écrite de la décision. Pour que le droit au recours effectif soit préservé, l'intéressé peut toutefois demander à l'auteur de la décision de lui communiquer les motifs de celle-ci. Si cette demande est présentée dans le délai du recours contentieux, l'auteur de la décision dispose d'un mois pour y faire droit (CRPA, art. L. 211-6). Par ailleurs, dès sa mise en prévention, l'intéressé doit être informé de la faculté qu'il a de se faire représenter ou assister par un avocat de son choix.

L'exécution de la mesure se fait dans les conditions prévues aux articles R. 235-2 à R. 235-4, R. 235-6, R. 235-8, R. 235-10 et R. 235-11 du présent code. ❑

I. NATURE JURIDIQUE

1. Justiciabilité d'un placement préventif en quartier disciplinaire. Longtemps qualifiée de mesure d'ordre intérieur, une telle mesure est désormais soumise au contrôle du juge de l'excès de pouvoir. • CE 17 déc. 2008, n° 293786 : *AJ pénal 2009. 87, obs. Céré ; Procédures 2009, n° 65, obs. Deygas* (ab. jur. • CE 12 mars 2003 : *D. 2003. 1585, note Péchillon ; RFDA 2003. 1012, note Céré*).

2. Mesure à caractère préventif. Les décisions de placer un détenu à l'isolement, soit en urgence et de manière provisoire, soit à titre préventif, prévues par ces dispositions ne constituent pas des peines mais des mesures de sûreté. La requérante ne saurait donc utilement invoquer à l'encontre des dispositions litigieuses [C. pr. pén., anc. art. R. 57-8-1 et R. 57-9-10, dans leur réd. issue du Décr. n° 2006-337 du 21 mars 2006] le principe de proportionnalité des peines. • CE 17 déc. 2008, n° 293786 : *AJ pénal 2009. 87, obs. Céré ; Procédures 2009, n° 65, obs. D. Deygas.* ♦ Si elle répond bien à la commission d'une faute, une telle mesure est indépendante de la sanction disciplinaire qui, le cas échéant, sera ultérieurement prononcée pour la répression des mêmes faits. Une sanction n'étant « aucunement prise pour l'application de la décision de placement provisoire de l'intéressé en cellule disciplinaire », laquelle n'en constitue pas la base légale, l'illégalité de la mesure de placement préventif en cellule ne peut être invoquée au soutien du recours dirigé contre la sanction réprimant la faute. • CAA Nantes, 4 févr. 2022, n° 21NT01581.

II. RÉGIME JURIDIQUE

A. ADOPTION

3. Obligation de motivation. La L. n° 79-587 du 11 juill. 1979 [CRPA, art. L. 211-2 s.], qui impose la motivation, en droit et en fait, des décisions qui restreignent l'exercice des libertés publiques ou, de manière générale, constituent une mesure de police, est applicable aux mesures de placement en cellule disciplinaire ou de confinement en cellule individuelle. • CAA Paris, 15 mars 2018, n° 16PA03365. ♦ Est suffisamment motivée la décision qui révèle que le détenu a tenté d'asséner des coups à un autre détenu, au niveau de la partie haute du corps (tête, gorge), à l'aide d'un objet contondant, incident n'ayant pris fin qu'avec l'intervention des autres détenus, et précise que la mise en prévention était l'unique moyen de préserver la sécurité et l'intégrité physique du détenu, et de rétablir l'ordre et la discipline au quartier maison centrale. • Même arrêt. ♦ De manière générale, la décision comportant l'énoncé des considérations de droit et de fait qui en constituent le fondement satisfait à l'obligation de motivation. • CAA Nancy, 23 juill. 2020, n° 18NC02112.

4. Procédure contradictoire. Si l'art. 24 de la L. n° 2000-321 du 12 avr. 2000 (CRPA, art. L. 122-1) subordonne la légalité des décisions individuelles défavorables à la tenue préalable d'une procédure contradictoire permettant à la personne intéressée, d'une part, de présenter des observations écrites et, sur sa demande, des observations orales et, d'autre part, de se faire assister par un conseil ou représenter par un mandataire de son choix, ces dispositions cèdent en cas d'urgence ou de circonstances exceptionnelles. Compte tenu de l'urgence dans laquelle intervient la décision de placement en cellule disciplinaire à titre préventif, les règles générales de la procédure contradictoire ne sauraient être utilement invoquées à son encontre. • CAA Paris, 15 mars 2018, n° 16PA03365. ♦ En tout état de cause, le détenu visé par une telle mesure peut faire valoir ses observations devant le juge administratif des référés. • Même arrêt.

5. Durée du placement. L'art. L. 231-2 limite la durée de la mesure de placement adoptée à titre préventif à un maximum de deux jours ouvrables. Le fait que la décision ne précise pas la durée de placement envisagée est toutefois sans incidence sur sa légalité. • CAA Nancy, 23 juill. 2020, n° 18NC02112. ♦ En outre, dès lors qu'il n'est pas explicitement prévu par la décision de placement, le dépassement de la durée maximale fixée par les textes ne peut être invoqué à l'appui d'un recours dirigé contre la décision. En effet, il ne met pas en cause la légalité de celle-ci mais les conditions de son exécution. • Même arrêt.

B. CONTRÔLE

6. Contrôle du juge de l'excès de pouvoir. A l'instar de la mesure de placement provisoire, une décision de placement en cellule disciplinaire est soumise au contrôle du juge de l'excès de pouvoir. • CE 17 déc. 2008, n° 293786 : *AJ pénal 2009. 87, obs. Céré ; Procédures 2009, n° 65, obs. D. Deygas.*

7. But de la mesure. La décision peut avoir pour objectif de préserver l'intégrité physique d'une personne. • CAA Paris, 15 mars 2018, n° 16PA03365.

8. Nécessité de la mesure. La légalité interne de la décision de placement en cellule disciplinaire ou d'un confinement en cellule individuelle prise à titre préventif est subordonnée à sa nécessité pour assurer la sécurité de l'établissement pénitentiaire ou la protection des personnes. • CE 17 déc. 2008, n° 293786 : *AJ pénal 2009. 87, obs. Céré ; Procédures 2009, n° 65, obs. Deygas* • CAA Paris, 15 mars 2018, n° 16PA03365. ♦ Outre la matérialité des faits invoqués, le juge administratif vérifie donc si ces derniers ont été correctement qualifiés et si le placement constituait l'unique moyen de mettre fin à la faute ou de préserver l'ordre à l'intérieur de l'établissement. • CAA Nancy, 23 juill. 2020, n° 18NC02112.

9. Isolement, présomption d'urgence en référé-suspension. Il y a lieu de considérer que la jurisprudence développée sous l'art. R. 213-18 [C. pr. pén., anc. art. 726-1 et R. 57-7-62] trouve à s'appliquer dès lors que la mesure préventive conduit à l'isolement du détenu. L'urgence à suspendre l'exécution d'une mesure de placement à l'isolement ou de prolongation de ce placement est présumée en référé-suspension [CJA, art. L. 521-1], sauf à ce que l'administration pénitentiaire fasse valoir des circonstances particulières. A supposer que le référé soit formé et traité en temps utile, le juge administratif des référés pourrait donc ordonner la suspension de la mesure en se bornant à examiner l'existence d'un moyen propre à créer, en l'état de l'instruction, un doute sérieux quant à la légalité de la décision. • CE 7 juin 2019, n° 426772 : *Lebon ; AJDA 2019. 1190 ; ibid. 2137, concl. Iljic ; AJ pénal 2019. 459, obs. Falxa .* ♦ Ce mécanisme présomptif n'est pas applicable en référé-liberté qui répond à des situations différentes. • CE, ord., 22 avr. 2010, n° 338662 : *RPDP 2010. 931, obs. Péchillon ; AJDA 2010. 929 ; AJ pénal 2010. 299, obs. Péchillon ; RSC 2010. 645, obs. Poncela ; D. 2011. 1308, obs. Péchillon* • 11 nov. 2019, n° 435785.

10. Responsabilité de l'administration pénitentiaire. Une décision de placement préventif en cellule disciplinaire illégalement prise par le chef d'établissement est de nature à engager la responsabilité de l'administration pénitentiaire. Ouvre notamment un droit à réparation une telle mesure prononcée au regard d'une faute qui n'était pas susceptible d'y donner lieu. • CE 14 mars 2011, n° 308157 : *D. 2011. 1307, obs. Péchillon ; RPDP 2011. 413, obs. Céré.*

Art. L. 231-3 **Lorsqu'une personne détenue est placée en quartier disciplinaire, ou en confinement, elle peut saisir le juge des référés en application de l'article L. 521-2 du code de justice administrative.**

COMMENTAIRE

Voir le commentaire sous l'article L. 231-2.

Référé-liberté. Absence de présomption d'urgence. Le placement en cellule disciplinaire ne peut, en l'absence de circonstances particulières, être regardé par lui-même comme constitutif d'une situation d'urgence. • CE, ord., 22 avr. 2010, n° 338662 : *RPDP 2010. 931, obs. Péchillon ; AJDA 2010. 929 ; AJ pénal 2010. 299, obs. Péchillon ; RSC 2010. 645, obs. Poncela ; D. 2011. 1308,* *obs. Péchillon* ✎. ♦ En l'espèce, si l'intéressé fait état, de manière générale, du climat anxiogène du quartier disciplinaire et de la violence psychologique résultant d'un placement prolongé sous ce régime, il n'invoque aucune circonstance propre à sa situation physique ou psychique de nature à caractériser une situation d'urgence au sens de l'art. L. 521-2 CJA. • Même arrêt.

CHAPITRE II **FAUTES DISCIPLINAIRES**

Le présent chapitre ne comprend pas de dispositions législatives.

CHAPITRE III **SANCTIONS DISCIPLINAIRES**

Le présent chapitre ne comprend pas de dispositions législatives.

CHAPITRE IV **PROCÉDURE DISCIPLINAIRE**

Le présent chapitre ne comprend pas de dispositions législatives.

CHAPITRE V **EXÉCUTION DES SANCTIONS DISCIPLINAIRES**

Le présent chapitre ne comprend pas de dispositions législatives.

TITRE IV **TRAITEMENT DE DONNÉES À CARACTÈRE PERSONNEL RELATIF À LA GESTION NATIONALE DES PERSONNES DÉTENUES EN ÉTABLISSEMENT PÉNITENTIAIRE (GENESIS)**

Le présent titre ne comprend pas de dispositions législatives.

LIVRE III DROITS ET OBLIGATIONS DES PERSONNES DÉTENUES

TITRE I ACCÈS AU DROIT

CHAPITRE I ACCÈS À L'INFORMATION

SECTION 1 Dispositions générales

Art. L. 311-1 **Lors de son admission dans un établissement pénitentiaire, chaque personne détenue est informée oralement, dans une langue compréhensible par elle, et par la remise d'un livret d'accueil, des dispositions relatives à son régime de détention, à ses droits et obligations et aux recours et requêtes qu'elle peut former.**

Les règles applicables à l'établissement sont également portées à sa connaissance et lui sont rendues accessibles pendant la durée de sa détention.

Les modalités d'application du présent article sont fixées par décret en Conseil d'État.

V. CGLPL, Avis du 11 févr. 2022 relatif à l'interprétariat et à la compréhension des personnes privées de liberté (JO 3 mai) ; ... du 13 juin 2013 relatif à la possession de documents par des personnes détenues et à l'accès de celles-ci aux documents communicables (JO 11 juill.) ; ... du 23 avr. 2023 relatif à la défense dans les lieux de privation de liberté (JO 25 juin).

V. aussi Recomm. minimales du CGLPL pour le respect de la dignité et des droits fondamentaux des personnes privées de liberté nos 27, 31 et 167, ss. art. L. 133-2.

1. CGLPL. Au-delà des règles applicables à l'établissement, les personnes détenues doivent avoir accès aux règles qui leur sont applicables conformément aux dispositions de l'art. 2 de la L. du 12 avr. 2000 (CRPA, art. L. 300-2 s.). Cela inclut les règles nationales, qu'elles émanent du Parlement, du Gouvernement ou du ministre de la Justice. * CGLPL, Avis du 13 juin 2013 relatif à la possession de documents personnels par les personnes détenues. ♦ Il ne peut en être fait exception que pour les documents mentionnés au *d* (2°) de l'art. 6 de la L. du 17 juill. 1978 (CRPA, art. L. 311-5), c'est-à-dire les documents dont la diffusion est susceptible de porter atteinte à la sécurité et au bon ordre de l'établissement. * Même avis. ♦ Il en résulte qu'un recueil régulièrement mis à jour de documents de cette nature (y compris les circulaires publiques de l'administration pénitentiaire) doit être tenu dans chaque établissement et mis à la disposition des personnes placées sous main de justice qui en font la demande, sans formalités, ni distinction, ni délai. * Même avis. ♦ L'administration ne peut s'exonérer de cette obligation au prétexte de difficultés matérielles dans le recensement et la collecte de textes dont elle est la seule émettrice. Toute décision fondée sur des règles indisponibles au sein d'un lieu d'enfermement doit être considérée comme inopposable aux personnes qui y sont hébergées. * CGLPL, Avis du 23 avr. 2020 relatif à la défense dans les lieux de privation de liberté.

2. Disponibilité du règlement intérieur. Fait l'objet d'une publicité suffisante le règlement intérieur de l'établissement pénitentiaire disponible en salle d'activités, dans les coursives et sur demande au surveillant. • CAA Lyon, 29 nov. 2012, n° 12LY00174 : *D. 2013. 1307, note Péchillon*.

3. Interprétariat. S'agissant de la procédure disciplinaire, s'il incombe à l'administration pénitentiaire d'accomplir toutes les diligences nécessaires à l'assurance de l'interprétariat, il existe une exception dans le cas où il serait matériellement impossible de trouver un interprète. • CE 11 juill. 2012, n° 347146.

SECTION 2 Notifications aux personnes détenues

SOUS-SECTION 1 Par le chef de l'établissement pénitentiaire

Art. L. 311-2 **Conformément aux dispositions de l'article 555-1 du code de procédure pénale, la notification d'une décision de justice à une personne détenue effectuée par le chef de l'établissement pénitentiaire vaut signification à personne par exploit de commissaire de justice. — *C. pr. pén.***

Depuis le 1er juill. 2022, dans tous les textes législatifs, la référence aux huissiers de justice et aux huissiers désigne les commissaires de justice (Ord. n° 2016-728 du 2 juin 2016, art. 23-IX).

Art. L. 311-3 **Les personnes prévenues se voient notifier, par le chef de l'établissement pénitentiaire, à la demande de l'autorité chargée du dossier de la procédure, les informations et documents suivants :**

1° Les conclusions des experts et rapports, dans les conditions et selon les formes prévues par les dispositions de l'article 167 du code de procédure pénale ;

2° Les avis de fin d'information, dans les conditions et selon les formes prévues par les dispositions de l'article 175 du même code ;

3° Les ordonnances de règlement et les décisions susceptibles de faire l'objet de voies de recours en application des dispositions des articles 99, 186 et 186-1 du même code, dans les conditions et selon les formes prévues par les dispositions de l'article 183 du même code ;

4° La date à laquelle leur affaire est renvoyée à l'audience, dans les conditions et selon les formes prévues par les dispositions de l'article 197 du même code ;

5° Les arrêts de mise en accusation, de non-lieu, de renvoi devant le tribunal correctionnel ou de police, les arrêts contre lesquels il est possible de former un pourvoi en cassation, dans les conditions et selon les formes prévues par les dispositions de l'article 217 du même code ;

6° Les convocations en justice, dans les conditions et selon les formes prévues par les dispositions de l'article 390-1 du même code.

Citation. Il se déduit des art. 503 et 556 à 559 C. pr. pén. que, sauf à avoir été transféré ou libéré entre-temps, un appelant ne peut être valablement cité qu'à l'établissement pénitentiaire où il est détenu et où il a fait appel sans avoir déclaré une autre adresse. Dans le cas contraire, il appartient à la cour d'appel de constater l'irrégularité de la citation et d'inviter le ministère public à faire citer l'appelant au centre pénitentiaire, sans pouvoir statuer par défaut. • Crim. 25 mars 2015, n° 14-80.127 P : *AJ pénal 2015. 498, obs. Pitti ; Dr. pénal 2015, n° 75, obs. Maron et Haas.*

Art. L. 311-4 **Lorsque la personne à l'encontre de laquelle est décerné un mandat d'amener, d'arrêt ou de recherche est détenue pour une autre cause, le chef de l'établissement pénitentiaire notifie à cette personne ce mandat s'il en a reçu instruction du procureur de la République en application de l'article 123 du code de procédure pénale. Conformément aux dispositions du même article, le chef de l'établissement en délivre alors copie.**

SOUS-SECTION 2 Par le greffe

Art. L. 311-5 **Conformément aux dispositions de l'article 187-1 du code de procédure pénale, le greffe de l'établissement pénitentiaire notifie aux personnes détenues mises en examen la décision de renvoi à la chambre de l'instruction, par le président de cette chambre, de l'examen de l'appel contre l'ordonnance de détention provisoire, et reçoit, le cas échéant, leur désistement.**

V. CGLPL, Avis du 23 avr. 2020 relatif à la défense dans les lieux de privation de liberté (JO 25 juin).

CHAPITRE II POINTS D'ACCÈS AU DROIT ET DOMICILIATION

Art. L. 312-1 **Toute personne détenue doit pouvoir connaître ses droits et bénéficier, pour ce faire, d'un dispositif de consultations juridiques gratuites mis en place dans chaque établissement pénitentiaire.**

V. CGLPL, Avis du 23 avr. 2020 relatif à la défense dans les lieux de privation de liberté (JO 25 juin).

COMMENTAIRE

Dès 2005, le constat d'une privation d'accès aux droits pour les détenus a conduit le Médiateur de la République et le garde des Sceaux à conduire une expérimentation de permanences de délégués du médiateur dans les établissements pénitentiaires que l'article 24 de la loi n° 2009-1436 du 24 novembre 2009 a pérennisée.

Le dispositif visé par l'article L. 312-1 est précisé aux articles R. 312-1 et R. 312-2 qui organisent des « points d'accès au droit » au sein des établissements. Ces permanences gratuites doivent notamment faciliter les relations des détenus avec les services publics, quels qu'ils soient.

Il n'en demeure pas moins un certain nombre de difficultés, plusieurs fois constatées, en raison de la surpopulation carcérale qui obère l'efficacité des dispositifs mis en place (V.

CNCDH (A-2022-5) : Effectivité des droits fondamentaux en détention : du constat aux remèdes pour réduire la surpopulation carcérale et le recours à l'enfermement, *24 mars 2022, 44 p.*) et de l'insuffisance des moyens dévolus aux services publics, parfois peu présents dans les prisons (V. Défenseur des droits, Décis. n° 2019-147 du 19 juin 2019 sur les difficultés matérielles de traitement des demandes de cartes nationales d'identité rencontrées par les personnes détenues). ❑

Art. L. 312-2 Les personnes détenues peuvent élire domicile auprès de l'établissement pénitentiaire :

1° Pour l'exercice de leurs droits civiques, lorsqu'elles ne disposent pas d'un domicile personnel ;

2° Pour prétendre au bénéfice des droits mentionnés aux articles L. 121-1 et L. 264-1 du code de l'action sociale et des familles, lorsqu'elles ne disposent pas d'un domicile de secours ou d'un domicile personnel au moment de leur entrée en détention ou ne peuvent en justifier ;

3° Pour faciliter leurs démarches administratives.

V. Note intermin. DAP DGCL du 9 mars 2015 relative à la domiciliation en établissement pénitentiaire (NOR : JUSK1540021N) ; Note d'information n° DGCS/SD1B/2018/56 du 5 mars 2018 relative à l'Instr. du 10 juin 2016 relative à la domiciliation des personnes sans domicile stable (NOR : SSAA1806386N).

COMMENTAIRE

Notamment complété par l'article 31 de la loi n° 2014-896 du 15 août 2014 relative à l'individualisation des peines et renforçant l'efficacité des sanctions pénales, l'article 30 de la loi n° 2009-1436 du 24 novembre 2009 a prévu deux dispositifs complémentaires de domiciliation des personnes détenues sans domicile personnel.

Le premier leur offre la possibilité d'une domiciliation auprès d'un centre communal d'action sociale (CCAS), d'un centre intercommunal d'action sociale (CIAS) ou d'un organisme agréé à cet effet, dans les conditions fixées par les articles L. 264-1 du code de l'action sociale et des familles (V. Guide des droits sociaux accessibles aux personnes placées sous main de justice à l'usage des personnels pénitentiaires, Fiche 5 : La domiciliation : pourquoi, pour qui et comment ?, *févr. 2016, p. 87*).

Le second, codifié à l'article L. 312-2 du code pénitentiaire, leur donne le droit de se domicilier auprès de l'établissement pénitentiaire. Bien qu'il soit le seul mentionné par le code pénitentiaire, il s'agit d'un mécanisme subsidiaire du premier. Dès lors que la domiciliation auprès de l'établissement pénitentiaire ne peut valoir que pour le temps durant lequel la personne est détenue, le recours au droit commun de la domiciliation, plus stable et moins stigmatisant, est en effet encouragé par le ministère de la Justice (V. Note intermin. DAP DGCL du 9 mars 2015 relative à la domiciliation en établissement pénitentiaire). Il s'agit donc du dispositif à privilégier, notamment pour faciliter les démarches de préparation à la sortie (C. pénit., art. L. 421-1 s.).

Comme l'indique l'article L. 312-2, la domiciliation est un préalable nécessaire à l'exercice des droits civiques (C. pénit., art. L. 362-1), à l'accès aux prestations d'aide sociale et à l'accomplissement des démarches administratives. Elle présente donc un intérêt particulier pour les personnes détenues étrangères. ❑

Art. L. 312-3 Les modalités d'application du présent chapitre sont fixées par décret en Conseil d'État.

CHAPITRE III GARANTIE DES DROITS DE LA DÉFENSE

Art. L. 313-1 Les personnes prévenues peuvent faire connaître l'avocat ou les avocats qu'elles ont choisis par déclaration auprès du chef de l'établissement pénitentiaire ou par déclaration de leur avocat auprès du greffier du juge d'instruction, dans les conditions et selon les formes prévues par les dispositions de l'article 115 du code de procédure pénale. – *C. pr. pén.*

1. Droits de la défense. Caractère nominatif du permis de communiquer. Doit être écarté le grief tiré de la méconnaissance des droits de la défense par l'art. 115 C. pr. pén. qui, selon la jurisprudence constante de la Cour de cassation, permet au juge d'instruction de refuser la délivrance d'un permis de communiquer à un avocat qui n'a pas été nominativement désigné par la personne détenue mise en examen. D'une part, la personne mise en examen peut à tout moment de l'information désigner un ou plusieurs avocats, appartenant le cas échéant à un même cabinet, qu'ils soient salariés, collaborateurs ou associés, ce choix pouvant résulter d'une déclaration auprès du chef de l'établissement pénitentiaire ou d'un courrier de désignation remis au greffier par le conseil de la personne détenue, et annexé à la déclaration faite par ce dernier. D'autre part, chacun des avocats ainsi désignés peut solliciter la délivrance d'un permis de communiquer que le juge d'instruction est tenu de lui délivrer. • Cons. const. 20 mai 2022, n° 2022-994 QPC : *D. actu. 3 juin 2022, obs. Dominati ; La Gaz. Pal., 26 juill. 2022, n° 25, p. 22, note Chikouche ; AJ pénal 2022. 535, note Hennebois.*

2. Modalités de déclaration du choix de l'avocat. Les parties peuvent à tout moment de l'information faire connaître au juge d'instruction le nom de l'avocat choisi par elles. Lorsque la personne mise en examen est détenue, la désignation de l'avocat peut faire l'objet d'une déclaration auprès du chef de l'établissement pénitentiaire. Si la désignation résulte d'un courrier de la personne mise en examen détenue, l'avocat désigné doit en faire déclaration au greffier du juge d'instruction en lui remettant une copie de ce courrier. Cette déclaration est tenue pour effective pendant le délai de quinze jours laissé à la personne mise en examen pour confirmer ce choix. • Crim. 11 juill. 2018, n° 18-82.815 : *D. actu. 12 oct. 2018, obs. Fonteix.*

3. Changement d'avocat. Dès lors qu'il résulte des pièces de la procédure que le nouvel avocat, désigné par la personne mise en examen détenue par déclaration au greffe de l'établissement pénitentiaire transmise au juge d'instruction, n'a pas été convoqué dans les conditions de l'art. 114 C. pr. pén. au débat contradictoire, au cours duquel la personne mise en examen n'a pas été assistée, la cour d'appel a méconnu les art. 114 et 115. • Crim. 20 août 2014, n° 14-83.699 P : *D. 2014. Actu. 1689 ; AJ pénal 2015. 50, obs. Royer ; RSC 2014. 799, note Boccon-Gibod ; Dr. pénal 2014, n° 132, note Maron et Haas.* ♦ La chambre de l'instruction n'a pu relever sans contradiction ni insuffisance que le greffe de la maison d'arrêt a refusé de transmettre la déclaration de changement d'avocat au greffe du juge d'instruction et considérer que seule devait être prise en considération la désignation faite antérieurement. En affirmant, par ailleurs, qu'aucune disposition légale n'impose au juge d'instruction de convoquer le nouvel avocat choisi, la chambre de l'instruction a privé sa décision de base légale, quand il résulte des art. 114 et 115 C. pr. pén. et du principe à valeur constitutionnelle des droits de la défense que, lorsque le nouvel avocat choisi par la personne mise en examen est désigné dans un délai permettant la délivrance d'une convocation, il appartient au juge d'instruction de convoquer l'avocat choisi dans les conditions prévues par ce texte. • Crim. 7 janv. 2020, n° 18-86.517 P : *JCP 2020. 128.*

Art. L. 313-2 **Les personnes détenues communiquent librement avec leurs avocats.**

Les modalités d'application du présent article sont fixées par décret en Conseil d'État.
— *V. art. R. 313-14 s. et Note du 20 juill. 2021 relative aux règles encadrant les visites des avocats en établissements pénitentiaires et les modalités d'assistance et de représentation des personnes détenues lors des procédures disciplinaires, ss. art. R. 313-14.*

I. DROIT DE COMMUNIQUER AVEC SON AVOCAT

1. Choix du mode de communication. Le choix opéré quant au mode de communication relevant de la seule responsabilité de la défense, il ne saurait être retenu une quelconque atteinte à l'exercice des droits de la défense au seul motif allégué de l'absence d'un échange téléphonique dont rien ne permet de s'assurer qu'il résultait bien d'une intention commune. • Crim. 13 avr. 2021, n° 21-80.989 P : *D. actu. 12 mai 2021, obs. Diaz ; AJ pénal 2021. 373, obs. Chapelle.* ♦ Ni la L. pénit. n° 2009-1436 du 24 nov. 2019, ni aucune autre disposition du C. pr. pén. n'organise, en l'état, la communication téléphonique pour les besoins de la défense entre le détenu et l'avocat. Il s'ensuit que la personne mise en examen dont l'avocat ne s'est pas présenté au débat contradictoire différé devant le JLD, au motif qu'il n'avait pu contacter son client téléphoniquement en raison d'une carence de l'administration pénitentiaire, ne saurait invoquer une violation des droits de la défense dès lors que le juge d'instruction a délivré en temps utile un permis de communiquer à cet avocat, propre à assurer un exercice effectif de ces droits, sauf pour ce dernier à établir l'existence de circonstances insurmontables ayant fait obstacle à son déplacement au parloir de l'établissement pénitentiaire. • Même arrêt.

A. VISITES

2. Droit à la visite de l'avocat. Les détenus disposent du droit de communiquer librement avec leurs avocats. Ce droit implique notamment qu'ils puissent, selon une fréquence qui, eu égard au rôle dévolu à l'avocat auprès des intéressés, ne peut être limitée *a priori*, recevoir leurs visites, dans des conditions garantissant la confidentialité de leurs échanges. • CE 25 mars 2015, n° 374401 : *D. actu. 1er avr. 2015, obs. Léna ; AJDA 2015. 662 ; Gaz. Pal. 22 juill. 2015, p. 19, obs. Roussel* • CE, ord., 3 juin 2019, n° 431068.

3. Détenus placés en cellule disciplinaire. Les détenus placés en cellule disciplinaire ne sont pas privés du droit de recevoir les visites de leurs avocats. • CE 25 mars 2015, n° 374401 : *préc. note 2.*

4. Permis de visite. S'il ne peut être limité a priori, le droit de recevoir la visite de son avocat s'exerce dans les limites inhérentes à la détention. Les dispositions de l'art. R. 57-6-5 C. pr. pén. [C. pénit., art. R. 313-14] peuvent donc légalement prévoir que les avocats doivent obtenir un permis de communiquer pour pouvoir rencontrer leurs clients lorsque ceux-ci sont détenus, afin de préserver le bon ordre et la sécurité des établissements pénitentiaires dès lors qu'elles n'ont ni pour objet ni pour effet de subordonner l'obtention de ce permis à l'exercice d'un contrôle portant sur l'opportunité ou la nécessité de telles rencontres. • CE 25 mars 2015, n° 374401 : *préc. note 2* • CE, ord., 3 juin 2019, n° 431068. ♦ Du fait des contraintes inhérentes à la détention et des nécessités du maintien de la sécurité et du bon ordre des établissements, les personnes prévenues se trouvent dans une situation différente selon qu'elles sont placées en détention provisoire ou laissées libres, le cas échéant, sous contrôle judiciaire, notamment pour l'exercice de leur droit à rencontrer leur avocat. La différence de traitement résultant de la nécessité, pour les personnes prévenues placées en détention provisoire, que leur avocat obtienne un permis de communiquer pour pouvoir les rencontrer est en rapport direct avec l'objet de la norme, qui est de préserver le bon ordre et la sécurité des établissements pénitentiaires. Dès lors que cette différence de traitement n'est pas manifestement disproportionnée au regard de cet objet, le requérant n'est pas fondé à soutenir que les dispositions litigieuses de l'art. R. 57-6-5 C. pr. pén. [C. pénit., art. R. 313-14] auraient méconnu le principe d'égalité. • CE 25 mars 2015, n° 374401 : *préc. note 2.* ♦ Dès lors que les détenus disposent du droit de communiquer librement avec leurs avocats, dans les limites inhérentes à la détention, les dispositions de l'art. R. 57-6-5 C. pr. pén. [C. pénit., art. R. 313-14] ne portent par elles-mêmes aucune atteinte aux droits garantis par les stipulations du de l'art. 14, § 3, PIDCP et de l'art. 6, § 3, Conv. EDH. • Même arrêt.

5. Éloignement. Ne fait pas état d'une atteinte grave et manifestement illégale à son droit à un procès équitable, garanti par l'art. 6 Conv. EDH, la personne détenue transférée dans une maison d'arrêt distante de 300 km de la ville où elle doit comparaître et dans laquelle est établi le cabinet de son conseil, et alors même que son avocate, rémunérée par l'aide juridictionnelle, ne peut se déplacer pour le rencontrer et parler de son dossier, alors que cet éloignement, justifié par son comportement passé en détention, est nécessaire pour prévenir la commission de nouveaux actes de violence à l'encontre du personnel ou d'autres détenus et qu'il n'apparaît pas qu'il fasse obstacle à ce que l'intéressé puisse utilement communiquer avec son avocate en vue de préparer sa défense. • CE 21 juill. 2020, n° 44188 : *D. 2021. 1106, obs. Céré.*

B. COMMUNICATIONS TÉLÉPHONIQUES OU ÉLECTRONIQUES

6. DDH, art. 16. Conformité. N'est pas fondé le grief tiré de ce que le législateur aurait dû définir les modalités de la communication de la personne détenue avec son avocat et, en particulier, organiser un droit à la communication téléphonique. D'une part, les dispositions contestées, qui sont applicables à l'ensemble des personnes détenues, ne restreignent ni les motifs pour lesquels le droit de communiquer avec son avocat, qui participe au respect des droits de la défense, est exercé, ni les moyens par lesquels cette communication est assurée, qu'il s'agisse notamment de visites, de communications téléphoniques ou de correspondances écrites. D'autre part, si, en application de l'art. 22 de la L. du 24 nov. 2009, l'exercice du droit de communiquer avec son avocat peut faire l'objet de restrictions justifiées par des contraintes inhérentes à la détention, au maintien de la sécurité et au bon ordre des établissements, de telles restrictions n'ont ni pour objet ni pour effet de faire obstacle à ce que la personne détenue puisse communiquer avec son avocat dans des délais raisonnables, ce dont il appartient à l'administration pénitentiaire de s'assurer. Enfin, le législateur a garanti la confidentialité des échanges entre la personne détenue et son avocat en interdisant le contrôle ou la retenue des correspondances écrites entre la personne détenue et son avocat et en prohibant l'interception, l'enregistrement, la transcription ou l'interruption par l'administration pénitentiaire de leurs communications téléphoniques ou électroniques. Partant, le législateur n'a pas privé de garanties légales les droits de la défense dont bénéficient les personnes détenues dans les limites inhérentes à la détention. • Cons. const. 4 nov. 2021, n° 2021-945 QPC

7. Droit à des échanges téléphoniques. Les détenus disposent du droit de communiquer librement avec leurs avocats, qui implique notamment qu'ils puissent leur passer des appels téléphoniques, selon une fréquence qui, eu égard au rôle dévolu à l'avocat auprès des intéressés, ne peut être limitée *a priori*. Par suite, les restrictions en matière d'appels téléphoniques prévues pour les personnes placées en cellule disciplinaire ne s'appliquent pas aux échanges avec leurs avocats. • CE 24 oct. 2014, n° 368580 : *D. actu. 1er déc. 2014, obs. Léna ; AJ pénal 2015. 39, obs. Céré ; AJDA 2014. 2092 ; ibid. 2015. 1374, obs. Falxa.* ♦ Toutefois, le droit des personnes détenues de communiquer librement avec leur avocat n'impose pas qu'ils puissent passer des appels téléphoniques à tout moment et aussi souvent qu'ils le souhaitent. Ce droit doit, en effet, être concilié avec les contraintes inhérentes au fonctionnement du service public pénitentiaire et, le cas échéant, au placement en cellule disciplinaire. Il appartient à l'administration pénitentiaire, compte tenu de ces contraintes et de la situation de ces détenus, en particulier lorsque est en cours une procédure devant le juge de l'application des peines, d'apprécier selon quelles modalités et dans quels délais, qui doivent demeurer raisonnables, les intéressés peuvent exercer ce droit. • Même arrêt.

8. Demandes répétitives. L'administration pénitentiaire peut refuser de donner suite aux demandes de communication téléphonique qui présentent un caractère répétitif ou systématique. • CE 24 oct. 2014, n° 368580 : *préc. note 7.*

II. DROIT À LA CONFIDENTIALITÉ DES ÉCHANGES

9. Garantie constitutionnelle. Ne sont pas contraires à la Constitution les techniques de recueil de renseignement prévues par la loi et visant à prévenir les évasions et d'assurer la sécurité au sein des établissements pénitentiaires ou des établissements de santé destinés à recevoir des personnes détenues, celles-ci ne pouvant être mises en œuvre à l'occasion des communications et des entretiens entre une personne détenue et son avocat. • Cons. const. 21 mars 2019, n° 2019-778 DC : *JCP 2019. 364, note Botton ; LPA, 2019, n° 140, p. 3, note Derosier ; Dr. pénal 2019. 19, note Peltier.*

A. VISITES

10. Permis de communiquer. Les dispositions de l'art. R. 57-6-5 C. pr. pén. [C. pénit., art. R. 313-14] qui n'imposent pas au détenu ou à l'avocat de mentionner les motifs justifiant la nécessité qu'ils puissent communiquer mais leur imposent seulement d'identifier la procédure juridictionnelle au titre de laquelle l'avocat est sollicité, n'ont ni pour objet ni pour effet de porter atteinte à la confidentialité de la relation entre les avocats et les détenus. • CE 25 mars 2015, n° 374401 : *préc. note 2.*

11. Obligation de port d'une alarme portative individuelle lors des visites. L'obligation pour des raisons de sécurité faite aux intervenants extérieurs, dont les avocats, de porter une alarme portative individuelle au sein du centre de détention ne justifie pas l'intervention du juge du référé-liberté dès lors que l'établissement ne dispose pas de l'équipement et de la programmation utiles à l'activation de la fonction d'écoute à distance dont peuvent être équipés les appareils. Faute d'urgence, il n'appartient pas au juge du référé de se prononcer sur la situation qui résulterait d'une hypothétique décision de l'administration d'équiper dans le futur ces appareils pour y introduire une fonction d'écoute. • CE, ord., 3 juin 2019, n° 431068.

12. Aménagements liés à la lutte contre le covid-19. Dès lors qu'il ressort des photographies produites par l'administration pénitentiaire que la paroi de séparation en plexiglas aménagée dans les parloirs adaptés pour prévenir la propagation de l'épidémie de covid-19 est suffisamment éloignée du mur latéral de la cabine pour permettre la circulation d'une personne et, par suite, celle des sons dans des conditions de confidentialité suffisantes, l'aménagement critiqué des parloirs réservés aux avocats, qui est provisoire et a un objet uniquement sanitaire, ne peut être considéré comme portant une atteinte grave et manifestement illégale au droit de communiquer librement et confidentiellement avec son conseil, au secret professionnel et aux droits de la défense. • CE 31 mai 2021, n° 452530.

B. CONVERSATIONS TÉLÉPHONIQUES

13. Obligation d'assurer la confidentialité des conversations téléphoniques. Les détenus disposent du droit de communiquer librement avec leurs avocats, qui implique notamment qu'ils puissent, selon une fréquence, qui, eu égard au rôle dévolu à l'avocat auprès des intéressés, ne peut être limitée a priori, leur passer des appels téléphoniques dans des conditions garantissant la confidentialité de leurs échanges. • CE 24 oct. 2014, n° 368580 : *préc. note 7.* ♦ En jugeant que la confidentialité des conversations téléphoniques entre les détenus et leurs avocats devait être assurée vis-à-vis des autres personnes détenues, le juge des référés du tribunal administratif n'a pas commis d'erreur de droit. • CE, ord., 23 juill. 2014, n° 379875. ♦ V. l'ordonnance critiquée : • TA Rennes, ord., 23 avr. 2014 : *D. actu. 14 mai 2014, obs. Léna ; AJ pénal 2014. 311, note Péchillon.*

14. Libre choix des moyens. Il ressort des termes mêmes du dispositif de l'ordonnance attaquée que le juge des référés a enjoint au directeur du centre pénitentiaire de mettre en œuvre toute mesure permettant aux personnes détenues, dès qu'elles entendent avoir une communication téléphonique avec leur avocat, de mener celle-ci confidentiellement à l'égard tant de leurs codétenus que des membres de l'administration pénitentiaire et toute mesure permettant, dans les cas justifiés, aux personnes détenues de mener des conversations avec leurs familles en préservant la confidentialité de celles-ci à l'égard de leurs codétenus. S'il est indiqué dans les motifs de l'ordonnance que la mise en place de cabines téléphoniques constitue un exemple de mesure envisageable, le juge des référés a laissé à l'administration le soin de mettre en œuvre les mesures adéquates de son choix, compte tenu de ses contraintes. Il ne saurait donc être utilement soutenu qu'il a dénaturé les faits de l'espèce en ordonnant le remplacement des « points phones » par des cabines téléphoniques sans tenir compte des difficultés économiques ou du risque sécuritaire. • CE, ord., 23 juill. 2014, n° 379875 : *AJDA 2014. 1587*. ♦ V. l'ordonnance critiquée : • TA Rennes, ord., 23 avr. 2014 : *préc. note 13.*

15. Caractère relatif de l'obligation. Ne peut se prévaloir de la méconnaissance fautive de son droit à la confidentialité des échanges téléphoniques avec son avocat la personne détenue qui, quoique se plaignant à juste titre de ce qu'aucun dispositif n'a été prévu pour assurer la confidentialité des échanges à partir de la cabine téléphonique située à l'étage de son affectation et à proximité des entrées des salles d'activités, pouvait en revanche bénéficier d'un tel dispositif de confidentialité pour les six téléphones situés dans les cours de promenade, accessibles de 7 h 30 à 18 h 30, et sur le terrain de sport, accessibles de 13 h 30 à 18 h 29. L'intéressé disposait en outre de la faculté d'adresser des courriers à son avocat ou de s'entretenir avec lui au parloir. • CAA Nancy, 25 nov. 2021, n° 19NC02424.

16. Preuve de l'atteinte à la confidentialité. La personne détenue qui produit un courrier de sa conseillère pénitentiaire d'insertion et de probation selon lequel il y aurait eu une erreur dans l'enregistrement du numéro de téléphone de son avocat par le service des écoutes téléphoniques n'établit pas pour autant que ses conversations téléphoniques avec son avocat auraient été effectivement écoutées ou enregistrées. Il ne peut par suite se prévaloir d'une faute commise par l'administration pénitentiaire de nature à engager sa responsabilité. • CAA Lyon, 15 nov. 2018, n° 17LY02266.

Art. L. 313-3 **Toutes communications et toutes facilités compatibles avec les exigences de la sécurité de l'établissement pénitentiaire sont accordées aux personnes prévenues pour l'exercice de leur défense.**

1. Droit de communiquer librement avec son avocat. V. notes ss. art. L. 313-2.

2. Éloignement géographique. N'est pas fondé à se plaindre de ce que le juge du référé-liberté du tribunal administratif, a rejeté sa demande de suspension du transfèrement administratif justifié par la nécessité de protéger le bon déroulement d'une enquête délicate et difficile, la personne détenue qui se borne à alléguer qu'elle serait, compte tenu de ses modalités récentes de détention, empêchée d'entrer en relation avec son conseil ou mise dans l'impossibilité de préparer sa défense, l'intéressé ne justifiant pas des circonstances particulières caractérisant la nécessité pour lui de bénéficier à très bref délai d'une mesure de la nature de celles qui peuvent être ordonnées sur le fondement de l'art. L. 521-2 CJA destinée à assurer son droit à une défense effective dans le cadre de la procédure d'instruction pénale en cours. • CE, ord., 6 avr. 2022, n° 462556. ♦ Ne fait pas état d'une atteinte grave et manifestement illégale à son droit à un procès équitable, garanti par l'art. 6 Conv. EDH, la personne détenue transférée dans une maison d'arrêt distante de trois cents kilomètres de la ville où elle doit comparaître et dans laquelle est établi le cabinet de son conseil, et alors même que son avocate, rémunérée par l'aide juridictionnelle, ne peut se déplacer pour le rencontrer et parler de son dossier, alors que cet éloignement, justifié par son comportement passé en détention, est nécessaire pour prévenir la commission de nouveaux actes de violence à l'encontre du personnel ou d'autres détenus et qu'il n'apparaît pas qu'il fasse obstacle à ce que l'intéressé puisse utilement communiquer avec son avocate en vue de préparer sa défense. • CE 21 juill. 2020, n° 441880 : *D. 2021. 1106, obs. Céré.*

3. Ouverture de courriers. L'intéressé ne peut utilement se prévaloir des dispositions des art. 716 et D. 262 C. pr. pén. [C. pénit., art. L. 313-3 et D. 345-10] à l'encontre d'agissements qui, s'ils étaient avérés, auraient consisté en l'ouverture de courriers reçus par l'intéressé et non de lettres adressées par ce dernier aux autorités administratives et judiciaires françaises. • CAA Marseille, 16 déc. 2009, n° 08MA03091. ♦ Au demeurant, la production de copies d'enveloppes ouvertes ne suffit pas à établir qu'un agent de l'administration pénitentiaire serait à l'origine de la violation du secret des correspondances qu'elles contenaient. • Même arrêt.

CHAPITRE IV REQUÊTES ET PLAINTES AUPRÈS DU CHEF DE L'ÉTABLISSEMENT PÉNITENTIAIRE

Le présent chapitre ne comprend pas de dispositions législatives.

CHAPITRE V ACCÈS AU JUGE

SECTION 1 Dispositions générales

Art. L. 315-1 **Dans les conditions prévues par les dispositions de l'article 706-71 du code de procédure pénale, les personnes détenues peuvent comparaître depuis l'établissement pénitentiaire par l'utilisation d'un moyen de télécommunication audiovisuelle.**

Conformément à ces mêmes dispositions, les expertises leur sont par principe notifiées par les juridictions par l'intermédiaire d'un tel moyen de télécommunication. — *C. pr. pén.*

V. CGLPL, Avis du 14 oct. 2011 relatif à l'emploi de la visioconférence à l'égard des personnes privées de liberté (JO 9 nov.).

1. Motivation. Le recours à la visioconférence, qui n'a pas à être motivé, n'est nullement subordonné à l'impossibilité de faire conduire le détenu dans le prétoire. • Crim. 2 mars 2010, n°s 10-88.524 et 10-88.525 : *RSC 2011. 419, obs. Danet* ✐. ♦ L'art. 706-71 n'exige pas que soit motivée la décision ordonnant la comparution personnelle du mis en examen devant la chambre de l'instruction par l'utilisation de moyens de télécommunication. • Crim. 7 déc. 2010 : *RSC 2011. 419, obs. Danet* ✐.

2. Champ d'application. Les dispositions de l'art. 706-71 autorisant le recours à la visioconférence pour la comparution du prévenu détenu devant le tribunal correctionnel s'étendent à la cour d'appel en application de l'art. 512. • Crim. 25 mai 2016, n° 16-81.217 P : *Procédures 2016, n° 268, note Chavent-Leclère.*

3. Première comparution. Le juge d'instruction, à qui il revient d'apprécier la nécessité de recourir à un moyen de télécommunication audiovisuelle, peut procéder à la première comparution d'une personne détenue pour une autre cause par un tel moyen, comme le permet l'art. 706-71, al. 3. • Crim. 16 oct. 2018, n° 18-81.881 P : *D. actu. 6 nov. 2018, obs. Fucini ; AJ pénal 2018. 586, obs. Miranda* ✐ *; RSC 2018. 927, note Cordier* ✐.

4. Opposition de la personne détenue. Aux termes de l'art. 706-71 C. pr. pén., dans sa rédaction issue de la L. n° 2011-267 du 14 mars 2011, lorsqu'il s'agit d'une audience au cours de laquelle il doit être statué sur le placement en détention provisoire ou la prolongation de la détention provisoire, la personne détenue peut refuser l'utilisation d'un moyen de télécommunication audiovisuelle, sauf si son transport paraît devoir être évité en raison des risques graves de trouble à l'ordre public ou d'évasion. • Crim. 11 oct. 2011, n° 11-85.602 P : *D. 2011. Actu. 2732, obs. Léna* ✐ *; RSC 2012. 197, obs. Danet* ✐. ♦ Elle ne peut néanmoins le faire qu'au moment où elle est informée de la date de l'audience et du fait que le recours à la visioconférence est envisagé. • Crim. 19 avr. 2017, n° 17-80.571 P : *D. actu. 27 nov. 2017, obs. Goetz.* ♦ Et l'utilisation de la visioconférence n'est pas subordonnée à l'accord de l'intéressé quand il s'agit d'une demande de mise en liberté. • Crim. 20 sept. 2016, n° 16-84.386 : *D. 2017. Pan. 1683, note Pradel* ✐ *; RSC 2016. 806, obs. Cordier* ✐. ♦ En cas de refus de la personne de procéder au débat contradictoire par visioconférence, l'absence de moyen mobilisable de l'ARPEJ ou de la gendarmerie pour procéder à l'extraction judiciaire de la maison d'arrêt n'est pas susceptible de caractériser l'existence de circonstances imprévisibles et insurmontables extérieures au service de la justice justifiant que le débat soit tenu en l'absence de la personne en application de l'art. 145, al. 8. • Crim. 5 oct. 2016, n° 16-84.629 P : *D. actu. 28 oct. 2016, obs. Benelli-de Bénazé ; AJ pénal 2016. 592, obs. Pitti* ✐ *; D. 2017. Pan. 1676, obs. Pradel* ✐.

5. Changement d'avis de l'intéressé. La personne détenue peut, lorsqu'elle est informée de la date de l'audience et du fait que le recours à ce moyen est envisagé, refuser l'utilisation d'un moyen de télécommunication audiovisuelle, mais il se déduit de l'art. 706-71, qui trouve son fondement dans le souci d'une bonne administration de la justice, que l'intéressé ne peut plus revenir sur ce choix ultérieurement. • Crim. 29 nov. 2017, n° 17-85.300 P : *D. actu. 21 déc. 2017, obs. Diaz.*

6. Accès au dossier. Il se déduit de l'art. 706-71 C. pr. pén. que le mis en examen ne saurait se faire un grief de ce qu'une copie intégrale du dossier n'a pas été mise à la disposition de son avocat dans les locaux de détention, lorsque ce dernier, informé de la tenue du débat contradictoire avec utilisation d'un moyen de communication audiovisuelle, n'a pas averti en temps utile le JLD de son choix de se trouver auprès de la personne détenue à la maison d'arrêt. • Crim. 6 déc. 2017, n° 17-85.716 P : *Dr. pénal 2018, n° 36, obs. Maron et Haas.* ♦ ... Mais, dès lors que, d'une part, l'avocat, qui avait averti en temps utile le JLD de son choix de se trouver auprès de la personne mineure détenue à la maison d'arrêt, n'avait pu obtenir, depuis plusieurs mois, une copie actualisée de l'entier dossier de la procédure et que, d'autre part, l'intégralité du dossier n'avait pas été mise à sa disposition dans les locaux de détention, la chambre de l'instruction justifie sa décision d'infirmer l'ordonnance de prolongation de la détention provisoire prise par le JLD. • Crim. 16 oct. 2019, n° 19-84.773 P : *RSC 2019. 854, note Valat* ✐.

7. Publicité de l'audience. La publicité, prévue, sauf décision contraire, par l'art. 199, al. 2, C. pr. pén., des audiences au cours desquelles il est statué sur la détention provisoire d'une personne majeure concerne uniquement l'accès à la salle d'audience où siège la chambre de l'instruction et ne s'étend pas aux locaux pénitentiaires depuis lesquels la personne détenue comparaît par visioconférence. • Crim. 16 mars 2016, n° 15-87.644 P : *RSC 2011. 419, obs. Danet* ✐.

8. Procès-verbaux. L'absence de procès-verbal des opérations de visioconférence à l'occasion d'une audience de demande de mise en liberté ne fait pas grief au prévenu dès lors que le procès-verbal dressé par le greffier de la chambre de l'instruction et les pièces de la procédure mettent la Cour de cassation en mesure de s'assurer que les conditions légales de déroulement de l'audience ont été respectées. • Crim. 6 oct. 2010, n° 10-85.237 P : *AJ pénal 2011. 41* • Crim. 16 mars 2016, n° 15-87.644 P : *D. actu. 30 mars 2016, obs. Benelli-de Bénazé.* ♦ S'il ne résulte pas des pièces de la procédure d'assises que des procès-verbaux de constatation des opérations techniques aient été établis, la cassation n'est cependant pas encourue dès lors que l'absence de demande de donné-acte fait présumer qu'aucun incident technique de nature à porter atteinte aux droits de la défense ne s'est produit au cours de ces liaisons. • Crim. 18 nov. 2015, n° 14-86.475 P : *D. actu. 9 déc. 2015, obs. Goetz.*

9. État d'urgence sanitaire. Le recours accru à la visioconférence prévu par l'Ord. du 18 nov. 2020 est rendu nécessaire par les grandes difficultés pratiques que rencontre l'administration pénitentiaire pour effectuer les extractions des détenus compte tenu des contraintes particulièrement lourdes qu'impose la situation sanitaire et par la lutte contre la propagation de l'épidémie au sein des établissements pénitentiaires et des juridictions judiciaires. Les dispositions contestées, qui se bornent à offrir une faculté aux magistrats, auxquels il appartient, dans chaque cas, d'apprécier si ces difficultés justifient l'usage de la visioconférence au regard notamment de l'état de santé du détenu et de l'enjeu de l'audience en cause, peuvent permettre d'éviter le report des audiences et contribuent ainsi au respect du droit des justiciables à ce que leur cause soit entendue dans un délai raisonnable. • CE, ord., 27 nov. 2020, n° 446712 : *D. actu. 1er déc. 2020, obs. Pastor ; D. 2020. 2400 ; ibid. 2021. 1564, obs. Perrier ; AJ pénal 2020. 568, note E. Clément ; AJ fam. 2020. 617, note Mary ; AJDA 2021. 1454, note Suraud.* ♦ Il appartient aux magistrats de s'assurer que le moyen de télécommunication utilisé permet de certifier l'identité des personnes et garantit la qualité de la transmission ainsi que la confidentialité des échanges, en particulier entre l'avocat et son client. • Même décision. ♦ Eu égard à la gravité des peines encourues et le rôle dévolu à l'intime conviction des magistrats et des jurés, il en va, en revanche, différemment pour l'audience devant la cour d'assises ou la cour criminelle qui confère une place spécifique à l'oralité des débats. Les dispositions contestées portent une atteinte grave et manifestement illégale aux droits de la défense et au droit à un procès équitable en tant qu'elles autorisent le recours à la visioconférence après la fin de l'instruction à l'audience devant les juridictions criminelles. • Même décision.

Art. L. 315-2 Les personnes détenues peuvent, au moyen d'une déclaration auprès du chef de l'établissement pénitentiaire :

1° Interjeter appel d'un arrêt d'assises, dans les conditions et selon les formes prévues par les dispositions de l'article 380-13 du code de procédure pénale ;

2° Interjeter appel d'un jugement correctionnel ou de police, ou d'une décision prise en application des dispositions de l'article 803-8 du même code, dans les conditions et selon les formes prévues par les dispositions de l'article 503 du même code ;

3° Former opposition d'un jugement correctionnel ou de police, dans les conditions et selon les formes prévues par les dispositions de l'article 490-1 du même code ;

4° Former un pourvoi en cassation, dans les conditions et selon les formes prévues par les dispositions de l'article 577 du même code.

Art. L. 315-3 Conformément aux dispositions de l'article L. 231-7 du code de justice militaire, les personnes détenues relevant de la justice militaire peuvent faire connaître leur volonté de se pourvoir en cassation par une lettre remise au chef de l'établissement pénitentiaire.

Art. L. 315-4 Dans les conditions et selon les formes prévues par les dispositions de l'article 696-36 du code de procédure pénale, les personnes détenues faisant l'objet d'une extradition par le gouvernement français peuvent déposer une requête en nullité contre la décision d'extradition au moyen d'une déclaration auprès du chef de l'établissement pénitentiaire.

SECTION 2 Dispositions applicables aux personnes prévenues

Art. L. 315-5 Les personnes prévenues mentionnées par les dispositions de l'article 81 du code de procédure pénale peuvent saisir le juge d'instruction d'une demande d'examens ou d'actes, au moyen d'une déclaration auprès du chef de l'établissement pénitentiaire, dans les conditions et selon les formes prévues par les dispositions du même article.

Art. L. 315-6 Les personnes prévenues mentionnées par les dispositions de l'article 397-1-1 du code de procédure pénale peuvent saisir le président du tribunal judiciaire d'une demande d'acte nécessaire à la manifestation de la vérité, dans les conditions et selon les formes prévues par les dispositions du même article.

Art. L. 315-7 Les personnes prévenues peuvent, au moyen d'une déclaration faite auprès du chef de l'établissement pénitentiaire :

1° Déposer une demande de mise en liberté devant la juridiction de l'instruction ou de jugement, dans les conditions et selon les formes prévues par les dispositions de l'article 148-7 du code de procédure pénale ;

2° Saisir la chambre de l'instruction d'une demande de mise en liberté sur laquelle le magistrat compétent n'a pas statué dans les délais légaux, dans les conditions et selon les formes prévues par les dispositions de l'article 148-8 du même code.

1. Règles de forme. Une demande de mise en liberté formée par simple lettre ne suffit pas. • Crim. 19 nov. 2002, n° 02-86.030. ♦ Est de même irrecevable la demande de mise en liberté formée oralement à l'audience par une personne incarcérée pour l'exécution d'un mandat d'arrêt européen. • Crim. 24 juin 2008, n° 08-83.877 P : *AJ pénal 2008. 428 ; Dr. pénal 2008. 382.*

2. Erreur matérielle. Encourt la cassation l'arrêt d'une chambre de l'instruction qui déclare irrecevable une demande de mise en liberté, effectuée selon les modalités de l'art. 148-7 C. pr. pén. et régulièrement transmise à son greffe, au motif de l'existence d'une simple erreur matérielle commise sur le destinataire de la demande, alors que la chambre de l'instruction, régulièrement saisie, était seule compétente pour en connaître en application de l'art. 148-1 du même code. • Crim. 21 mai 2008, n° 08-81.613 P : *D. 2008. AJ 1831 ; AJ pénal 2008. 423, obs. Nord-Wagner.*

Art. L. 315-8 Les personnes prévenues peuvent saisir la chambre de l'instruction d'une requête en nullité au moyen d'une déclaration auprès du chef de l'établissement pénitentiaire, dans les conditions et selon les formes prévues par les dispositions de l'article 173 du code de procédure pénale.

SECTION 3 Recours judiciaire visant à garantir le droit au respect de la dignité en détention

Art. L. 315-9 Conformément aux dispositions de l'article 803-8 du code de procédure pénale, peuvent former un recours pour qu'il soit mis fin à des conditions de détention contraires à la dignité de la personne humaine :

1° Toute personne en détention provisoire, devant le juge des libertés et de la détention ;

2° Toute personne condamnée et détenue en exécution d'une peine privative de liberté, devant le juge de l'application des peines.

Conformément aux dispositions du même article, ce recours judiciaire ne fait pas obstacle aux recours en référé en application des dispositions des articles L. 521-1, L. 521-2 ou L. 521-3 du code de justice administrative.

V. C. pr. pén., art. 803-8, ci-dessous et notes ss. art. L. 6.

BIBL. ▶ **Articles :** Bonis et Peltier, Loi du 8 avril 2021 tendant à garantir le droit au respect de la dignité en détention, *Dr. pénal 2021. Étude 11.* – Falxa, Effectivité des recours relatifs aux conditions indignes de détention, *AJ pénal 2021. 583.* – Foucart, Un nouveau recours en trompe-l'œil devant le juge judiciaire. À propos de la loi n° 2021-403 tendant à garantir le droit au respect de la dignité en détention, *Rev. dr. homme. Actualités Droits-Libertés, 2022.* – Habouzit, Conditions matérielles de détention : une politique des peines escamotée, *RSC 2023, n° 1, p. 167.* – Mayaud, Surpopulation carcérale et dignité des détenus, *RSC 2021. 91.* – Perrier, Détention et conditions de détention indignes : création d'un recours (in)effectif, *RSC 2021. 469.* – Schmitz, La surpopulation carcérale et la guerre des offices : le juge judiciaire comme nouveau gardien des conditions d'exécution de la détention provisoire, *Revue des droits et libertés fondamentaux 2020. Chron. 63.* – Senna, Le volet procédural de l'indignité des conditions de détention, *D. 2021. 977.* – Roets, Conditions de détention indignes, *D. 2022. 107.*

1. Objet. Le recours prévu à l'art. 803-8 C. pr. pén. ayant pour objet soit de permettre une amélioration des conditions de détention de la personne condamnée dans l'établissement où elle est incarcérée au jour de sa requête, soit d'empêcher la continuation de ces conditions lorsqu'elles seraient indignes, le transfèrement du plaignant rend son pourvoi sans objet. • Crim. 14 juin 2022, n° 22-80.023 B • 10 août 2022, n° 22-83.293 • 8 févr. 2023, n° 22-82.512 • 15 mars 2023, n° 22-85.670.

2. Suffisance du droit d'accès au juge. La procédure applicable aux requêtes en conditions indignes de détention, qui se distingue de celle applicable au contentieux du bien-fondé de la détention provisoire, garantit suffisamment le droit d'accès au juge au sens de l'art. 6 Conv. EDH. Le président de la chambre de l'instruction n'est donc pas tenu de faire droit à la demande de comparution personnelle du requérant. • Crim. 13 sept. 2022, n° 22-83.885 B : *D. 2022. 2118, obs. Ginestet ; AJ pénal 2022. 545 et les obs. ;*

Dr. pénal 2022, n° 11, comm. 189, note Maron et Haas ; Gaz. Pal. 2022, n° 39, chron. Fourment ; Procédures 2022, n° 11, obs. Chavent-Leclère ; RSC 2023, n° 1, p. 167, chron. Habouzit. ♦ Il n'y a pas lieu à transmettre la QPC interrogeant la conformité de l'art. 803-8 C. pr. pén. à l'art. 16 DDH qui garantit le droit d'accéder à un juge. • Même arrêt.

3. Procédure. Selon l'art. 803-8 C. pr. pén., le JLD déclare recevable la requête portant sur l'examen des conditions de détention si les allégations de conditions contraires à la dignité de la personne humaine y figurant sont circonstanciées, personnelles et actuelles, de sorte qu'elles constituent un commencement de preuve de ce que ces conditions de détention ne respectent pas la dignité de la personne. Cette disposition vise à permettre le recours effectif et préventif exigé par la Conv. EDH tout en le réservant aux situations dont la description par le requérant convainc le juge de faire usage de ses pouvoirs de vérification. Il en résulte que le JLD ne peut statuer sur le bien-fondé de la requête sans avoir au préalable statué sur sa recevabilité. • Crim. 13 sept. 2022, n° 22-83.885 : *D. actu. 29 sept. 2022, obs. Dominati ; D. 2022. 2118, obs. Roujou de Boubée, Garé, Ginestet, Mirabail et Tricoire ; AJ pénal 2022. 545 et les obs. ; Dr. pénal 2022, n° 11, comm. 189, note Maron et Haas ; Gaz. Pal. 2022, n° 39, chron. Fourment ; Procédures 2022, n° 11, obs. Chavent-Leclère ; RSC 2023, n° 1, p. 167, chron. Habouzit.* ♦ Ce n'est que si le juge estime la requête recevable qu'il fait procéder aux vérifications nécessaires et recueille les observations de l'administration pénitentiaire. Il en résulte que, pour apprécier la recevabilité de la requête, le juge ne peut se fonder sur des observations de l'administration pénitentiaire qui lui ont été transmises avec celle-ci et qui répondent aux allégations qu'elle contient. • Crim. 31 mai 2022, n° 22-81.770 : *D. actu., 5 juill. 2022, obs. Robert ; AJ pénal 2022. 384 et les obs.*

4. Recevabilité. Preuve. Saisie d'une description du demandeur qui évoquait un espace personnel réduit dans une cellule partagée avec d'autres détenus, la présence de cafards et de punaises de lits, un accès particulièrement limité aux douches non chauffées et dépourvues d'intimité, la chambre de l'instruction devait en apprécier le caractère précis, crédible et actuel, sans s'arrêter au fait que le rapport du CGLPL décrivait des conditions de détention antérieures à l'incarcération de l'intéressé, ni exiger de celui-ci qu'il démontre le caractère indigne de ses conditions personnelles de détention. • Crim. 20 oct. 2021, n° 21-84.498 : *D. actu. 7 nov. 2021, obs. Fucini.*

5. Demande de comparution personnelle. Il se déduit de la lecture combinée des art. 803-8, R. 249-24 et R. 249-35 C. pr. pén., d'une part, que la personne détenue peut, au moment du dépôt de sa requête, demander à comparaître devant le juge de l'application des peines, d'autre part, que, saisi d'une telle demande, ce magistrat doit procéder à cette audition s'il entend rendre une décision d'irrecevabilité, et enfin que, si la requête est déclarée recevable, l'audition doit être réalisée avant la décision sur le bien-fondé de celle-ci ; devant le président de la chambre de l'application des peines, la personne détenue peut présenter toutes observations utiles, personnellement ou par l'intermédiaire de son avocat, auxquelles ce magistrat est tenu de répondre. • Crim. 16 nov. 2022, n° 22-80.807 B : *AJ pénal 2023. 48, obs. Senna.*

6. Voies de recours. A défaut de texte législatif contraire, l'ordonnance du président de la chambre de l'instruction statuant sur une requête portant sur les conditions de détention d'une personne placée en détention provisoire entre dans les prévisions de l'art. 567 C. pr. pén., le pourvoi formé contre une telle décision étant dès lors recevable. • Crim. 31 mai 2022, n° 22-81.770 B : *D. actu. 5 juill. 2022, obs. Robert ; D. 2022. 2118, obs. Roujou de Boubée, Garé, Ginestet, Mirabail et Tricoire ; AJ pénal 2022. 491, obs. Falxa.* ♦ Et celle du président de la chambre de l'application des peines entre dans les prévisions de l'art. 712-15 C. pr. pén. duquel il résulte que les ordonnances rendues par ce magistrat peuvent faire l'objet, dans les cinq jours de leur notification, d'un pourvoi en cassation qui n'est pas suspensif. • Crim. 16 nov. 2022, n° 22-80.807 B : *préc. note 4.*

Code de procédure pénale

PREMIÈRE PARTIE : **LÉGISLATIVE**

LIVRE V. **DES PROCÉDURES D'EXÉCUTION**

TITRE X. DES FRAIS DE JUSTICE

DISPOSITIONS GÉNÉRALES

....

Art. 803-8 *(L. n° 2021-403 du 8 avr. 2021)* I. — Sans préjudice de sa possibilité de saisir le juge administratif en application des articles L. 521-1, L. 521-2 ou L. 521-3 du code de justice administrative, toute personne détenue dans un établissement pénitentiaire en application du présent code qui considère que ses conditions de détention sont contraires à la dignité de la personne humaine peut saisir le juge des libertés et de la détention, si elle est en détention provisoire, ou le juge de l'application des peines, si elle est condamnée et incarcérée en exécution d'une peine privative de liberté, afin qu'il soit mis fin à ces conditions de détention indignes.

Si les allégations figurant dans la requête sont circonstanciées, personnelles et actuelles, de sorte qu'elles constituent un commencement de preuve que les conditions de détention de la personne ne respectent pas la dignité de la personne, le juge déclare la requête recevable et, le cas échéant, informe par tout moyen le magistrat saisi du dossier de la procédure du dépôt de la requête. Cette décision doit intervenir dans un délai de dix jours à compter de la réception de la requête.

Toutefois, à peine d'irrecevabilité, aucune nouvelle requête ne peut être formée tant qu'il n'a pas été statué, dans les délais prévus au présent article, sur une précédente requête ou, si celle-ci a été jugée infondée, tant qu'un élément nouveau ne modifie pas les conditions de détention.

Si le juge estime la requête recevable, il procède ou fait procéder aux vérifications nécessaires et recueille les observations de l'administration pénitentiaire dans un délai compris entre trois jours ouvrables et *(L. n° 2021-1729 du 22 déc. 2021, art. 11)* « sept » jours à compter de la décision prévue au deuxième alinéa du présent I.

Si le juge estime la requête fondée, il fait connaître à l'administration pénitentiaire, dans un délai de dix jours à compter de la décision prévue au même deuxième alinéa, les conditions de détention qu'il estime contraires à la dignité de la personne humaine et il fixe un délai compris entre dix jours et un mois pour permettre de mettre fin, par tout moyen, à ces conditions de détention. Avant la fin de ce délai, l'administration pénitentiaire informe le juge des mesures qui ont été prises. Le juge ne peut enjoindre à l'administration pénitentiaire de prendre des mesures déterminées et celle-ci est seule compétente pour apprécier les moyens devant être mis en œuvre. Elle peut, à cette fin, transférer la personne dans un autre établissement pénitentiaire, sous réserve, s'il s'agit d'une personne prévenue, de l'accord du magistrat saisi du dossier de la procédure.

II. — Si, à l'issue du délai fixé en application du dernier alinéa du I, le juge constate, au vu des éléments transmis par l'administration pénitentiaire concernant les mesures prises et de toute vérification qu'il estime utile, qu'il n'a pas été mis fin aux conditions indignes de détention, il rend, dans un délai de dix jours, l'une des décisions suivantes :

1° Soit il ordonne le transfèrement de la personne dans un autre établissement pénitentiaire ;

2° Soit, si la personne est en détention provisoire, il ordonne sa mise en liberté immédiate, le cas échéant sous contrôle judiciaire ou sous assignation à résidence avec surveillance électronique ;

3° Soit, si la personne est définitivement condamnée et si elle est éligible à une telle mesure, il ordonne une des mesures prévues au III de l'article 707.

Le juge peut toutefois refuser de rendre l'une des décisions prévues aux 1° à 3° du présent II au motif que la personne s'est opposée à un transfèrement qui lui a été proposé par l'administration pénitentiaire en application du dernier alinéa du I, sauf s'il s'agit d'un condamné et si ce transfèrement aurait causé, eu égard au lieu de résidence de sa famille, une atteinte excessive au droit au respect de sa vie privée et de sa vie familiale.

III. — Les décisions prévues au présent article sont motivées. Les décisions du juge prévues au dernier alinéa du I et au II sont prises au vu de la requête et des observations de la personne détenue ou, s'il y a lieu, de son avocat, des observations écrites de l'administration pénitentiaire et de l'avis écrit du procureur de la République ainsi que, le cas échéant, si le juge l'estime nécessaire, de l'avis du juge d'instruction. Le requérant peut demander à être entendu par le juge, assisté s'il y a lieu de son avocat. Dans ce cas, le juge doit également entendre le ministère public et le représentant de l'administration pénitentiaire si ceux-ci en font la demande. Ces auditions peuvent être réalisées selon un moyen de télécommunication audiovisuelle en application de l'article 706-71.

Les décisions prévues aux deuxième et dernier alinéas du I et au II du présent article peuvent faire l'objet d'un appel devant le président de la chambre de l'instruction ou devant le président de la chambre de l'application des peines de la cour d'appel. Cet appel est interjeté dans un délai de dix jours à compter de la notification de la décision ; l'affaire doit être examinée dans un délai d'un mois. Lorsqu'il est formé dans le délai de vingt-quatre heures, l'appel du ministère public est suspensif ; l'affaire doit alors être examinée dans un délai de quinze jours, faute de quoi l'appel est non avenu.

A défaut de respect des délais prévus au présent article, la personne détenue peut saisir directement le président de la chambre de l'instruction ou le président de la chambre de l'application des peines.

IV. — Les modalités d'application du présent article sont précisées par décret en Conseil d'État.

Ce décret précise notamment :

1° Les modalités de saisine du juge des libertés et de la détention ou du juge de l'application des peines ;

2° La nature des vérifications que le juge peut ordonner en application de l'avant-dernier alinéa du I, sans préjudice de sa possibilité d'ordonner une expertise ou de se transporter sur les lieux de détention ;

3° Dans quelle mesure, à compter de la décision prévue au dernier alinéa du même I, le juge administratif, s'il a été saisi par la personne condamnée, n'est plus compétent pour ordonner son transfèrement dans un autre établissement pénitentiaire.

....

DEUXIÈME PARTIE : DÉCRETS EN CONSEIL D'ÉTAT *(Décr. n° 77-1194 du 3 mars 1977).*

LIVRE V *BIS.* DISPOSITIONS GÉNÉRALES

CHAPITRE II. *DU RECOURS JUDICIAIRE VISANT À GARANTIR LE DROIT AU RESPECT DE LA DIGNITÉ EN DÉTENTION*

(Décr. n° 2021-1194 du 15 sept. 2021, en vigueur le 1er oct. 2021)

SECTION 1. *De la compétence et des modalités de saisine du juge*

Art. R. 249-17 Le juge des libertés et de la détention compétent pour connaître du recours formé sur le fondement de l'article 803-8 par une personne placée en détention provisoire ou sous écrou extraditionnel est celui du tribunal judiciaire compétent pour connaître de la procédure concernant cette personne ou du tribunal judiciaire situé au siège de la cour d'appel compétente pour connaître de cette procédure

Le juge de l'application des peines compétent pour connaître du recours formé sur le fondement de l'article 803-8 par une personne condamnée est celui du tribunal judiciaire dans le ressort duquel est situé l'établissement pénitentiaire où cette personne est incarcérée ou, dans le cas prévu par l'article 706-22-1, du tribunal judiciaire de Paris.

Art. R. 249-18 Le chef de l'établissement pénitentiaire prend toutes dispositions pour informer les détenus de la possibilité de former un recours sur le fondement de l'article 803-8.

Art. R. 249-19 A peine d'irrecevabilité, la requête doit être présentee dans un écrit distinct comportant la mention : "Requête portant sur les conditions de détention (article 803-8 du code de procédure pénale)".

La requête contient un exposé circonstancié des conditions de détention personnelles et actuelles que son auteur estime contraires à la dignité de la personne. Elle précise si le requérant demande à être entendu par le juge, en présence le cas échéant de son avocat.

Elle indique en outre si le requérant a saisi la juridiction administrative d'une demande relative à ses conditions de détention. Si une telle saisine intervient en cours de procédure, le requérant en informe sans délai, selon les cas, le juge des libertés et de la détention ou le juge de l'application des peines.

La requête est signée par le requérant ou par son avocat Si le requérant ne peut signer, il en est fait mention par le service auprès duquel la requête est déclarée en application de l'article R. 249-20.

Art. R. 249-20 I. — La requête fait l'objet d'une déclaration par le requérant ou par son avocat selon les modalités suivantes :

1° Lorsque le requérant est placé en détention provisoire, la déclaration est faite auprès du greffe du juge d'instruction si une information est en cours, auprès du secrétariat du procureur de la République si le tribunal correctionnel est saisi, ou auprès du secrétariat du procureur général si la chambre des appels correctionnels ou la cour d'assises est saisie ou si un pourvoi en cassation est en cours ;

2° Lorsque le requérant est placé sous écrou extraditionnel, la déclaration est faite auprès du secrétariat du procureur général ;

3° Lorsque le requérant est condamné, la déclaration est faite auprès du greffe du juge de l'application des peines.

La requête est constatée, datée et signée par le service auprès duquel elle est déclarée.

La déclaration peut également être faite au moyen d'une lettre recommandée avec demande d'avis de réception.

Lorsque le requérant est placé en détention provisoire ou sous écrou extraditionnel, le juge d'instruction, le procureur de la République ou le procureur général transmet par tout moyen, le cas échéant par voie électronique, la requête le jour même ou le premier jour ouvrable suivant, avec ses éventuelles observations portant notamment sur la recevabilité de la requête, au juge des libertés et de la détention.

II. — Dans tous les cas, la déclaration peut également être faite par le requérant auprès du chef de l'établissement pénitentiaire. A cet effet, il est remis à la personne détenue un formulaire de requête valant déclaration, auquel elle peut joindre un écrit complémentaire. Ce formulaire peut être obtenu par le requérant auprès du greffe de l'établissement pénitentiaire, du greffe du juge d'instruction ou du greffe de l'application des peines.

Le requérant peut être assisté, pour rédiger sa requête, de toute personne habilitée à intervenir en détention.

La requête est constatée, datée et signée par le chef de l'établissement pénitentiaire. Celui-ci transmet la requête le jour même ou le premier jour ouvrable suivant, en original ou copie et par tout moyen, le cas échéant par voie électronique, au greffe ou au secrétariat mentionné au I, selon les distinctions prévues par ces dispositions.

SECTION 2. *De la décision sur la recevabilité de la requête et de l'examen des conditions de détention*

Art. R. 249-21 Dans un délai de dix jours à compter de la réception de la requête qui lui a été transmise conformément à l'article R. 249-20, le juge statue sur sa recevabilité par une ordonnance motivée conformément aux deuxième et troisième alinéas du I de l'article 803-8.

Art. R. 249-22 Si le juge rejette la requête comme irrecevable, l'ordonnance est notifiée sans délai au requérant par l'intermédiaire du chef d'établissement pénitentiaire. Elle est également notifiée sans délai, le cas échéant par voie électronique, à l'avocat du requérant et, si le requérant est placé en détention provisoire, au juge d'instruction, au procureur de la République ou au procureur général selon les cas.

Art. R. 249-23 Si le juge estime la requête recevable, il communique sans délai, le cas échéant par voie électronique, l'ordonnance de recevabilité au chef de l'établissement pénitentiaire en lui demandant de lui transmettre, dans un délai d'au moins trois jours ouvrables et d'au plus dix jours, ses observations écrites et toute pièce permettant d'apprécier les conditions de détention du requérant. L'ordonnance est également communiquée au requérant ou à son avocat.

Copie des observations du chef d'établissement est adressée par tout moyen à l'avocat du requérant, ou, si celui-ci n'est pas assisté par un avocat, au requérant, qui est invité à produire sans délai ses éventuelles observations.

Art. R. 249-24 Pour vérifier si les conditions de détention portent ou non atteinte à la dignité du requérant, le juge peut :

1° Se déplacer sur les lieux de détention ;

2° Ordonner une expertise confiée à un expert inscrit sur les listes d'experts judiciaires ou ayant prêté serment conformément à l'article 160 ;

3° Requérir d'un commissaire de justice de procéder à toute constatation utile, à des photographies, des prises de vue et de son au sein de l'établissement pénitentiaire, dans des conditions respectant les impératifs de sécurité de celui-ci ;

4° Procéder à l'audition, le cas échéant par un moyen de télécommunication audiovisuelle, de codétenus du requérant, de personnels pénitentiaires ou du chef de l'établissement pénitentiaire ;

5° Procéder à l'audition du requérant, même si celui-ci n'a pas demandé à être entendu par le juge en application de l'article R. 249-35, en présence s'il y a lieu de son avocat, le cas échéant par un moyen de télécommunication audiovisuelle.

Le juge peut également consulter tout rapport décrivant les conditions de détention mises en cause et issu de la visite d'un organisme national ou international indépendant.

SECTION 3. *De la décision sur le bien-fondé de la requête et de la mise en œuvre de mesures correctives par l'administration pénitentiaire*

Art. R. 249-25 Dans un délai de dix jours à compter de la date à laquelle a été rendue l'ordonnance déclarant la requête recevable, le juge se prononce par ordonnance motivée sur le bien-fondé de la requête au vu de celle-ci et des observations de la personne détenue ou, le cas échéant, de son avocat, des observations écrites de l'administration pénitentiaire et de l'avis écrit du juge d'instruction, du procureur de la République ou du procureur général.

L'avocat peut à tout moment prendre connaissance du dossier de la procédure.

Art. R. 249-26 Si le juge rejette la requête comme infondée, l'ordonnance est notifiée dans les conditions prévues à l'article R. 249-22.

Art. R. 249-27 Si le juge estime la requête fondée, l'ordonnance mentionne les conditions de détention qu'il considère comme contraires à la dignité de la personne humaine, et fixe un délai compris entre dix jours et un mois pour permettre à l'administration pénitentiaire d'y mettre fin par tout moyen.

Cette ordonnance est notifiée dans les conditions prévues à l'article R. 249-22.

Art. R. 249-28 Avant l'expiration du délai fixé par le juge en application de l'article R. 249-27, l'administration pénitentiaire prend toute mesure qui lui paraît appropriée pour mettre fin aux conditions de détention en cause.

A cette fin, elle peut proposer à la personne détenue un transfèrement dans un autre établissement pénitentiaire.

Lorsque la personne détenue est incarcérée en exécution d'une peine privative de liberté, l'administration pénitentiaire veille à ce que le transfèrement proposé ne porte pas une atteinte excessive au droit au respect de sa vie familiale, eu égard au lieu de résidence de sa famille.

Lorsque la personne détenue est placée en détention provisoire, le transfèrement ne peut être décidé qu'avec l'accord du magistrat saisi du dossier de la procédure en application de l'article 715.

Si la personne détenue accepte le transfèrement qui lui est proposé, il y est procédé dans les meilleurs délais.

Art. R. 249-29 Avant l'expiration du délai fixé en application de l'article R. 249-27, l'administration pénitentiaire adresse un rapport d'information au juge sur les mesures prises ou proposées au détenu.

Copie de ce rapport est adressée par tout moyen à l'avocat du requérant, ou, si celui-ci n'est pas assisté par un avocat, au requérant.

A la réception de ce rapport, le juge peut procéder, le cas échéant selon les modalités prévues à l'article R. 249-24, aux vérifications permettant de s'assurer qu'il a été mis fin aux conditions de détention contraires à la dignité du requérant.

SECTION 4. *De la décision intervenant à l'issue du délai imparti à l'administration pénitentiaire pour prendre des mesures correctives*

Art. R. 249-30 Dix jours au plus tard après l'expiration du délai fixé en application de l'article R. 249-27, le juge prend l'une des décisions prévues par la presente section, après avoir de nouveau recueilli les observations et avis prévus a l'article R. 249-25. Son ordonnance est notifiée dans les conditions prévues à l'article R. 249-22.

Art. R. 249-31 Si le juge considère qu'il a été mis fin aux conditions de détention contraires à la dignité du requérant, il constate qu'il n'y a plus lieu à statuer sur le fond de la requête.

Art. R. 249-32 Si le juge considère qu'il n'a pas été mis fin aux conditions indignes de détention, il prend l'une des décisions prévues par les 1° à 3° du II de l'article 803-8. Dans les cas prévus au dernier alinéa du II du même article, le juge peut refuser, par ordonnance motivée, de prendre l'une de ces décisions.

Art. R. 249-33 S'il envisage d'ordonner le transfèrement du requérant en application du 1° du II de l'article 803-8, le juge demande à l'administration pénitentiaire de lui proposer dans les meilleurs délais un ou plusieurs établissements dans lesquels celui-ci est susceptible d'être incarcéré, conformément aux *(Décr. n° 2022-479 du 30 mars 2022, art. 8, en vigueur le 1er mai 2022)* « dispositions des articles L. 112-3, L. 211-1, L. 211-2 et L. 211-3 du code pénitentiaire *[ancienne rédaction : dispositions des articles 714 et 717]* », dans des conditions respectueuses de la dignité de la personne humaine.

Le juge ne peut ordonner le transfèrement de la personne que dans l'un des établissements proposés par l'administration pénitentiaire.

Si la personne est incarcérée en exécution d'une peine privative de liberté, le juge de l'application des peines veille à ce que ce transfèrement ne porte pas une atteinte excessive au droit au respect de sa vie familiale, au *[eu]* égard au lieu de résidence de sa famille.

Art. R. 249-34 S'il décide de faire application du 3° du II de l'article 803-8, le juge de l'application des peines peut ordonner, après avis du procureur de la République et du représentant de l'administration pénitentiaire, une des mesures prévues au III de l'article 707, y compris si l'octroi de la mesure relève normalement de la compétence du tribunal de l'application des peines et sans qu'il soit tenu de procéder au débat prévu par l'article 712-6.

Si l'octroi de la mesure ne peut intervenir qu'à la suite d'une expertise en application de l'article 712-21, le juge ordonne cette expertise dans le délai de dix jours prévu par l'article R. 249-30. Sa décision sur le fond doit alors intervenir dans un délai qui ne peut excéder quinze jours. Il peut toutefois ne pas ordonner d'expertise dans les conditions prévues par l'article 712-23.

SECTION 5. *De l'audition du réquérant*

Art. R. 249-35 Lorsque le requérant a demandé à être entendu en application de l'article R. 249-19 et que sa requête a été déclarée recevable, le juge informe par tout moyen l'intéressé et son avocat, le procureur de la République ou le procureur général et le chef de l'établissement pénitentiaire de la date et du lieu de l'audition, en précisant notamment s'il sera recouru à un moyen de télécommunication audiovisuelle conformément à l'article 706-71.

Cette audition doit intervenir soit avant que le juge se prononce sur le bien-fondé de la requête conformément aux dispositions de la section 3 du présent chapitre, soit avant qu'il statue en application du II de l'article 803-8 conformément aux dispositions de la section 4 du présent chapitre. Le juge ne peut cependant rendre une ordonnance déclarant la requête infondée sans avoir procédé à cette audition. Le procureur de la République, le procureur général et le chef de l'établissement pénitentiaire peuvent présenter des observations à l'occasion de l'audition du requérant ou lors d'une audition distincte, le cas échéant par un moyen de télécommunication audiovisuelle conformément à l'article 706-71.

Le requérant peut renoncer à sa demande d'audition lorsqu'il estime que, à l'issue du délai fixé en application de l'article R. 249-27, l'administration pénitentiaire a mis fin aux conditions indignes de détention le concernant.

SECTION 6. *Des voies de recours*

Art. R. 249-36 Les décisions prévues aux sections 2 à 5 du présent chapitre peuvent, dans un délai de dix jours à compter de leur notification, faire l'objet d'un appel devant, selon les cas, le président de la chambre de l'instruction ou le président de la chambre de l'application des peines. L'appel peut être formé par le détenu, par son avocat ou par le procureur de la République.

L'appel est formé soit par déclaration au greffe de la juridiction qui a rendu la décision attaquée soit par déclaration auprès du chef d'établissement, selon les modalités prévues aux articles 502 et 503.

Art. R. 249-37 Le président de la chambre de l'instruction ou le président de la chambre de l'application des peines peuvent également être directement saisis par le détenu ou son avocat, selon les mêmes modalités, si le juge n'a pas statué dans les délais prévus par le présent chapitre.

Art. R. 249-38 Sans préjudice des dispositions du deuxième alinéa du III de l'article 803-8 prévoyant l'appel suspensif du ministère public, l'appel formé par une personne condamnée contre une décision de transfèrement prise en application du 1° du II de l'article 803-8, dont elle estime qu'elle porte une atteinte excessive au droit au respect de sa vie familiale, présente un caractère suspensif. Le président de la chambre de l'application des peines doit alors statuer dans un délai de quinze jours à compter de la réception du dossier, à défaut de quoi la décision de transfèrement est caduque.

Lorsque la décision de transfèrement est devenue caduque en application du précédent alinéa, le juge de l'application des peines statue à nouveau dans un délai de dix jours sur l'application du II de l'article 803-8, sans pouvoir à nouveau ordonner le même transfèrement.

Art. R. 249-39 Les décisions du président de la chambre de l'instruction ou du président de la chambre de l'application des peines sont motivées.

SECTION 7. *Des personnes faisant l'objet de plusieurs titres de détention*

Art. R. 249-40 Si la personne incarcérée est à la fois placée en détention provisoire et en exécution de peine, seul le juge des libertés et de la détention est compétent pour connaître des requêtes formées en application de l'article 803-8.

Toutefois, si le juge des libertés et de la détention, après avoir constaté que les conditions de détention sont contraires à la dignité du requérant, décide de mettre fin à la détention provisoire en application du 2° du II de l'article 803-8, il en informe immédiatement le juge de l'application des peines sous le contrôle duquel la personne est placée, en lui transférant sans délai le dossier de la procédure relative à la requête prévue par cet article.

Dans un délai de dix jours à compter de la réception du dossier, le juge de l'application des peines rend l'une des décisions prévues par le 1° ou 3° du II de l'article 803-8. Dans les cas prévus au dernier alinéa du II du même article, le juge peut refuser, par ordonnance motivée, de prendre l'une de ces décisions.

Art. R. 249-41 Si la personne placée en détention provisoire fait l'objet de plusieurs mandats de dépôt délivrés par des juges des libertés et de la détention de tribunaux judiciaires différents, est seul compétent, parmi ces juges, celui du tribunal dont le siège est le plus proche de l'établissement où la personne est incarcérée. Si la personne est placée en détention pour des faits relevant de l'article 706-16, est seul compétent le juge des libertés et de la détention de Paris.

Le juge des libertés et de la détention statue après avoir pris l'avis, selon le cas, des juges d'instruction saisis des procédures ou des magistrats du ministère public compétents. Il les informe de sa décision.

TITRE II **HYGIÈNE, SANTÉ ET PROTECTION SOCIALE**

BIBL. GÉN. ▸ **Ouvrages :** Boussard, Les droits de la personne détenue, *Dalloz, 2013, coll. Thèmes & commentaires, p. 181 s.* - OIP, Le Guide du prisonnier, *La Découverte, 2021, 912 p.*

▸ **Rapports et avis :** Aebi et Tiago, Prison populations. SPACE I - 2020, Strasbourg, Conseil de l'Europe, *Univ. Lausanne, 2020, p. 73.* - Benassaya et Abadie, Rapport visant à identifier les dysfonctionnements et manquements de la politique pénitentiaire française, *Rapp. Ass. nat., n° 4906, 12 janv. 2022, p. 166.* - CGLPL, Les droits fondamentaux à l'épreuve de la surpopulation carcérale. Approche concrète sur la base de l'expérience du Contrôleur général des lieux de privation de liberté, *Dalloz, 2018, p. 47-48* ; Rapports annuels 2013 à 2022 ; Les droits fondamentaux à l'épreuve de la surpopulation carcérale, *Dalloz, 2018* ; Recommandations minimales du Contrôleur général des lieux de privation de liberté pour le respect de la dignité et des droits fondamentaux des personnes privées de liberté, *JO 4 juin 2020.* - CNCDH, Les droits de l'homme dans la prison, *Doc. fr., 2007, vol. 1 ;* avis n° A-2022-5 ; L'effectivité des droits fondamentaux en prison : du constat aux remèdes pour réduire la surpopulation carcérale et le recours à l'enfermement, *JO 3 avr. 2022, texte n° 73.* - CPT, Emprisonnement, *Extrait du 2e rapport général du CPT, 13 avr. 1992, CPT/Inf. (92)3-part. 2* ; Espace vital par détenu dans les établissements pénitentiaires : normes du CPT, *Strasbourg, 15 déc. 2015, CPT/Inf (2015)44.* - Hyest et Cabanel, Rapport sur les conditions de détention dans les établissements pénitentiaires, *Rapp. Sénat n° 449, 28 juin 2000.* - Lecerf et Borvo Cohen-Seat, Rapport d'information sur l'application de la loi pénitentiaire du 24 novembre 2009, *Rapp. Sénat, 4 juill. 2012, p. 51.* - Raimbourg, Rapport visant à instaurer un mécanisme de prévention de la surpopulation carcérale, *Paris, Ass. nat., n° 2941, 2010, p. 18 s.* - Raimbourg et Huyghe, Rapport d'information sur les moyens de lutte contre la surpopulation carcérale, *Paris, Ass. nat., n° 652, 2013, p. 126 s.* - Urvoas, En finir avec la surpopulation carcérale, *Rapp. du garde des Sceaux au Parlement sur l'encellulement individuel, 20 sept. 2016, 70 p.*

▸ **Articles :** Céré, Le contrôle des conditions matérielles de détention. Une protection efficace du droit européen ?, *AJ pénal 2018. 336* ; Surpopulation carcérale : l'arrêt quasi pilote de la CEDH, *ibid. 2020. 122.* - Céré et Japiassù, Le système pénitentiaire français, *in* Les systèmes pénitentiaires dans le monde, *Dalloz, 2e éd., 2011, coll. « Thèmes et commentaires », p. 157 s.* - Costa, Retour sur dix ans de jurisprudences suscitées par l'OIP sur la défense de la dignité et des droits fondamentaux des détenus, *in* CNCDH, Défendre en justice la cause des personnes détenues, *Doc. fr., 2014, p. 35*. – Dourneau-Josette, Les conditions de détention et la CEDH : les droits fondamentaux à l'assaut des prisons, *Gaz. Pal. 9 févr. 2013, n° 117r6*. – Ferran, Combattre la surpopulation carcérale et l'indignité des conditions de détention. Dans les coulisses d'une « guérilla contentieuse », *RTDH [en ligne], Actualités Droits-Libertés, 10 avr. 2021*. – Fort, La protection de la dignité de la personne détenue, *AJDA 2010. 2249*. – Giacopelli, Le raz-de-marée du principe de dignité, *Lexbase Pénal, nov. 2020*. – Habouzit, Conditions matérielles de détention : une politique des peines escamotée, *RSC 2023, n° 1, p. 167*. – Hazan, Appréciation de l'effectivité des droits des personnes détenues, *AJ pénal 2019. 532*. – Jennequin, La dignité de la personne détenue, *RFDA 2015. 1082*. – Larralde, Des conditions d'hébergement et de vie dignes pour les personnes privées de leur liberté, *RSC 2/2020. 245 s*. – Léna, Avant la fin de son mandat, J.-M. Delarue fait feu de tout bois, *AJ pénal 2014. 204* ; Surpopulation carcérale, des chiffres et des textes, *ibid. 552*. – Massias, La protection de la santé et de la dignité du détenu par la jurisprudence de la Cour européenne des droits de l'homme, *Cah. de la recherche sur les droits fondamentaux, 2004*. – Poncela, La crise du logement pénitentiaire, *RSC 2008. 972*. – Tschanz, L'intimité à l'épreuve des paradoxes de l'espace cellulaire, *Champ pénal 2020. 20*. – Tulkens, Les développements récents de la jurisprudence de la Cour européenne des droits de l'homme, *Déviance et Société 2014/4, vol. 38, p. 425 s.*

Art. L. 320-1 L'administration pénitentiaire assure un hébergement, un accès à l'hygiène, une alimentation et une cohabitation propices à la prévention des affections physiologiques ou psychologiques.

Les modalités d'application du présent article sont fixées par décret en Conseil d'État.

COMMENTAIRE

Ferments de l'ordre public sanitaire et, par extension, du droit fondamental à la protection de la santé, l'hygiène et la salubrité du milieu de vie relèvent des conditions premières du respect de la vie et de la dignité des détenus, notamment protégées par les articles 2 (droit au respect de la vie) et 3 (interdiction des traitements inhumains et dégradants) de la Convention européenne des droits de l'homme.

Respect de la dignité des personnes détenues. Les conditions matérielles de détention ont très tôt mobilisé l'attention de la Commission européenne, puis de la Cour européenne des droits de l'homme qui, le 26 octobre 2000, a énoncé le droit de toute personne à être détenue « dans des conditions qui sont compatibles avec le respect de la dignité humaine » (CEDH 26 oct. 2000, *Kudla c/ Pologne*, n° 30210/96 : *RFDA 2001. 1250, chron. Labayle et Sudre* ; *ibid. 2003. 85, étude Andriantsimbazovina* ; *RSC 2001. 881, obs. Tulkens* ; *RTD civ. 2001. 442, obs. Marguénaud*). Les modalités d'exécution d'une peine privative de liberté ne doivent pas soumettre la personne détenue « à une détresse ou à une épreuve d'une intensité qui excède le niveau inévitable de souffrance inhérent à la détention » (§ 94). Les Règles pénitentiaires européennes rattachent également l'hygiène environnementale et les conditions matérielles de détention aux « exigences de respect de la dignité humaine et, dans la mesure du possible, de la vie privée » (RPE 18.1, App., v° *Conditions de détention*). Quant au Comité européen de la prévention de la torture, il a plusieurs fois émis ses propres recommandations sur les standards minimaux de la détention, en lien avec le respect de la dignité.

Prenant acte de ces exigences, la loi n° 2009-1436 du 29 novembre 2009 a fait de l'administration pénitentiaire la garante du respect de la dignité de toute personne détenue. Selon l'article 6 du code pénitentiaire, « l'administration pénitentiaire garantit à toute personne détenue le respect de sa dignité et de ses droits. L'exercice de ceux-ci ne peut faire l'objet d'autres restrictions que celles résultant des contraintes inhérentes à la détention, du maintien de la sécurité et du bon ordre des établissements, de la prévention de la commission de nouvelles infractions et de la protection de l'intérêt des victimes. Ces restrictions tiennent compte de l'âge, de l'état de santé, du handicap, de l'identité de genre et de la personnalité de chaque personne détenue ».

C'est ce principe que décline le titre II du livre III du code pénitentiaire pour ce qui concerne les conditions matérielles, notamment sanitaires, de détention.

La disposition ne peut être plus claire : « L'administration pénitentiaire assure un hébergement, un accès à l'hygiène, une alimentation et une cohabitation propices à la prévention des affections physiologiques ou psychologiques. » Au-delà de la protection de l'intégrité physique des personnes détenues, il s'agit aussi d'assurer la protection de leur intégrité psychique, en veillant notamment à ce que les conditions d'hébergement et de prise en charge n'exacerbent pas leur vulnérabilité et ne provoquent ni trouble ni humiliation ni sentiment propre à les rabaisser (CEDH 25 avr. 2013, *Canali c/ France*, n° 40119/09 : *D. 2013. 1138, obs. Léna* ; *AJ pénal 2013. 403, obs. Céré.* – Hervieu, Une condamnation européenne des conditions carcérales en France à conjuguer à tous les temps, *Actualités Droits-Libertés, 29 avr. 2013*). A cette fin, « l'ensemble des lieux où [les personnes détenues] séjournent, travaillent ou circulent doivent respecter les normes de sécurité, d'hygiène, de confort et d'accessibilité » (CGLP, Recomm. minimales pour le respect de la dignité et des droits fondamentaux des personnes privées de liberté, n° 77, V. ss. art. L. 133-2).

Besoins élémentaires de la personne détenue. A l'instar de la Cour européenne des droits de l'homme et des Règles pénitentiaires européennes, le CGLPL place l'hébergement, l'accès à l'hygiène, l'alimentation et, plus généralement, les conditions de détention et de cohabitation parmi les besoins élémentaires dont la garantie conditionne la régularité de la mesure d'enfermement (Recomm. minimale n° 68)

La garantie de ces besoins élémentaires dépend tout autant de l'organisation de l'établissement pénitentiaire – et du respect par ce dernier des normes d'hygiène, de salubrité, de confort et d'accessibilité qui doivent prévaloir dans les établissements – que de l'état des bâtiments et des locaux ainsi que de leur taux d'occupation. Les exigences minimales du respect de la personne sont ainsi dramatiquement malmenées par la vétusté des bâtiments de nombreux lieux de détention, des conditions d'hygiène et de salubrité très souvent déplorables et la promiscuité entre détenus, que renforce encore la surpopulation carcérale. Les risques auxquels sont actuellement exposées les personnes détenues dans les établissements pénitentiaires français relèvent donc tout autant de dangers pour leur santé physique que pour leur santé psychique, au rebours de l'ambition affichée par l'article L. 320-1 du code pénitentiaire.

Vétusté et surpopulation carcérale. La persistance de conditions indignes de détention dans plusieurs établissements pénitentiaires français, marqués par un surpeuplement carcéral structurel et des installations vétustes et insalubres, a conduit la Cour européenne des droits de l'homme à une nouvelle condamnation de la France le 30 janvier 2020 (CEDH 30 janv. 2020, *J.M.B. c/ France*, n° 9671/15 : *Dalloz actu. 6 févr. 2020, obs. Senna ; AJDA 2020. 1064, note Avvenire ; D. 2020. 753, note Renucci ; ibid. 1195, obs. Céré, Falxa et Herzog-Evans ; ibid. 1643, obs. Pradel ; ibid. 2021. 432, chron. Afroukh et Marguénaud ; RFDA 2020. 496, note Portier ; JA 2020, n° 614, p. 11, obs. Giraud ; AJ pénal 2020. 122, étude Céré ; RDLF 2020. Chron. 46, comm. Schmitz ; GADS, 3e éd., Dalloz, 2021, n° 108*. – Ferran, Combattre la surpopulation carcérale et l'indignité des conditions de détention. Dans les coulisses d'une guérilla contentieuse, *Actualités Droits-Libertés, 10 avr. 2021*). Dans cette décision de principe, la Cour a de nouveau fait le constat d'une violation de l'article 3 de la Convention interdisant les traitements inhumains et dégradants et, en l'absence de tout recours préventif suffisamment efficace pour faire cesser les atteintes à la dignité humaine, de la violation de son article 13 consacrant le droit au recours effectif. Par cet arrêt, la Cour invitait la France à adopter trois séries de mesures visant à supprimer le surpeuplement carcéral, à améliorer les conditions de détention et à organiser un recours préventif. Elle fut rejointe sur ce dernier point par le Conseil constitutionnel qui, le 2 octobre 2020, a censuré le second alinéa de l'article 144-1 du code de procédure pénale en jugeant contraire à l'article 16 de la Déclaration des droits de l'homme et du citoyen le fait qu'« aucun recours devant le juge judiciaire ne permet[te] au justiciable d'obtenir qu'il soit mis fin aux atteintes à sa dignité résultant des conditions de sa détention provisoire » (Cons. const. 2 oct. 2020, n° 2020-858/859 QPC : *D. actu. 9 oct. 2020, obs. Engel ; ibid. 23 sept. 2020, obs. Mucchielli ; AJDA 2020. 2158, note Bonnet et Gahdoun ; D. 2021. 57, note Roux ; ibid. 2020. 2056, entretien Falxa ; ibid. 2367, obs. Roujou de Boubée, Ginestet, Gozzi, Mirabail et Tricoire ; ibid. 2021. 1308, obs. Debaets et Jacquinot ; AJ fam. 2020. 498, obs. Mary ; AJ pénal 2020. 580, note Frinchaboy ; RFDA 2021. 87, note Perrier*).

L'arrêt de la CEDH, qui a incité la Cour de cassation à faire évoluer sa jurisprudence « sans attendre une éventuelle modification des textes législatifs ou réglementaires » (Crim. 8 juill. 2020, n° 20-81.739 : *AJDA 2020. 1383 ; D. 2020. 1774, note Falxa ; ibid. 1643, obs. Pradel ; ibid. 2021. 1564, obs. Perrier ; AJ fam. 2020. 498, obs. Mary* ; *AJ pénal 2020. 404, note Frinchaboy* ; *RFDA 2021. 87, note Perrier* ; *RSC 2021. 517, obs. Zerouki-Cottin* ; *RTD civ. 2021. 83, obs. Deumier*), est à l'origine de la loi n° 2021-403 du 8 avril 2021 tendant à garantir le droit au respect de la dignité en prison (*JO 9 avr.* ; *D. actu. 13 avr. 2011, obs. Goetz*). Depuis son entrée en vigueur, la méconnaissance des besoins élémentaires de la personne détenue, qui est contraire au respect de la dignité, lui permet de saisir le juge judiciaire d'un recours visant à ce qu'il soit ordonné à l'administration de prendre les mesures utiles pour mettre fin, dans le délai d'un mois, à ses conditions de détention dégradantes, soit par son transfèrement dans un autre établissement pénitentiaire, soit par sa mise en liberté immédiate, soit par une mesure alternative à l'enfermement complet (C. pr. pén., art. 803-8, et C. pénit., art. L. 315-9). Comme le rappelle le texte, le recours judiciaire ne fait pas obstacle aux recours en référé-suspension, en référé-liberté ou en référé-mesures utiles. Il ne saurait davantage s'opposer à des recours au fond.

Persistance des conditions indignes de détention. En se bornant à organiser une nouvelle voie de recours sans « s'attaquer au problème de fond » (CNCDH, communiqué du 25 mars 2021), le législateur de 2021 a toutefois laissé de côté les failles et les problèmes structurels du système pénitentiaire, régulièrement pointés tant par les autorités européennes et internationales que par les autorités politiques et administratives françaises. Celles-ci insistent sur l'urgence à résorber définitivement la surpopulation carcérale et à repenser les politiques pénale et pénitentiaire, de l'entrée à la sortie de détention (CGLPL, 2017 ; CNCDH, mars 2022). Pas plus que le juge du référé-liberté, le juge judiciaire ne peut en effet ordonner aucune mesure d'ordre structurel permettant de remédier préventivement à des conditions de détention indignes. Certes, comme l'a récemment rappelé le Conseil d'État, « le juge de l'excès de pouvoir peut, lorsqu'il est saisi à cet effet, enjoindre à l'administration pénitentiaire de remédier à des atteintes structurelles aux droits fondamentaux des prisonniers en lui fixant, le cas échéant, des obligations de moyens ou de résultats » (CE, ord., 20 déc. 2022, n° 469304 : *D. actu. 6 janv. 2023, obs. Dominati* ; CE, ord., 15 mai 2023, n° 472994 : *D. actu. 26 mai 2023, obs. Dominati*).

C'est donc sans grande surprise malheureusement que le rapport annuel 2022 du CGLPL, qui déplore l'inertie à laquelle « se heurtent [ses] alertes incessantes », fait le constat non seulement de l'absence de toute amélioration des « conditions épouvantables » de détention, mais même d'une « nette aggravation » de la surpopulation carcérale sur l'année, avec un taux d'occupation record à 142,2 % des maisons d'arrêt au 1er avril 2023. Ces critiques renouvelées, qui rejoignent celles tour à tour exprimées par le Comité des ministres du Conseil de l'Europe et le Comité des droits de l'homme des Nations unies, augurent assurément de nouvelles condamnations européennes. ❑

1. Respect de la dignité et des droits de la personne. V. notes ss. art. L. 6.

2. Conv. EDH, art. 3. Conditions de détention conformes à la dignité humaine. L'art. 3 Conv. EDH impose à l'État de s'assurer que tout prisonnier est détenu dans des conditions compatibles avec le respect de la dignité humaine, que les modalités d'exécution de la mesure ne soumettent pas l'intéressé à une détresse ou à une épreuve d'une intensité qui excède le niveau inévitable de souffrance inhérent à la détention et que, eu égard aux exigences pratiques de l'emprisonnement, la santé et le bien-être du prisonnier sont assurés de manière adéquate, notamment par l'administration des soins médicaux requis. • CEDH 26 oct. 2000, *Kudla c/ Pologne*, n° 30210/96 : *RFDA 2001. 1250, chron. Labayle et Sudre* ; *ibid. 2003. 85, étude Andriantsimbazovina* ; *RSC 2001. 881, obs. Tulkens* ; *RTD civ. 2001. 442, obs. Marguénaud* ; *JCP 2001. I. 291, obs. Sudre* ; *RTDH 2002. 169, obs. Flauss* (non-violation en l'espèce). ♦ Toute personne détenue doit l'être dans des conditions conformes à la dignité humaine de sorte que les mesures d'exécution des mesures prises ne le soumettent pas à une épreuve qui excède le niveau inévitable de souffrance inhérent à la détention. • CE, sect., 6 déc. 2013, n° 363290 B : *AJDA 2014. 237, concl. Hedary* ; *ibid. 2013. 246* ; *AJ pénal 2014. 143, obs. Péchillon*.

3. Covid-19. Responsabilité des chefs d'établissement. Dans le cadre de l'épidémie de covid-19, il appartient aux chefs d'établissements pénitentiaires, responsables de l'ordre et de la sécurité au sein de ceux-ci, de s'assurer du respect des consignes données pour lutter contre la propagation du virus et de prendre, dans le champ de leurs compétences, toute mesure propre à garantir le respect effectif des libertés fondamentales des détenus et des personnes y travaillant ou y intervenant, notamment la suspension des activités cultuelles et des visites aux parloirs. • CE, ord., 8 avr. 2020, n° 439821 A : *AJDA 2020. 756*.

I. CONDITIONS D'HÉBERGEMENT

4. Critères d'appréciation. Les conditions de détention s'apprécient au regard de l'espace de vie individuel réservé aux personnes détenues, de la promiscuité engendrée, le cas échéant, par la suroccupation des cellules, du respect de l'intimité à laquelle peut prétendre tout détenu dans les limites inhérentes à la détention, de la configuration des locaux, de l'accès à la lumière, de l'hygiène et de la qualité des installations sanitaires et de chauffage. • CE 13 janv. 2017, nos 389709, 389710, 389711 et 389712 B : *D. actu. 20 janv. 2017, obs. Poupeau ; AJDA 2017. 687, note Schmitz* • CE, sect., 3 déc. 2018, n° 412010 B : *AJDA 2018. 279, chron. Faure et Malverti ; D. 2019. 1074, obs. Céré, Evans et Péchillon*.

A. SÉCURITÉ ET SALUBRITÉ DES LOCAUX

5. V. notes ss. art. R. 321-1 s.

1° CONDITIONS D'INSALUBRITÉ ATTENTATOIRES À LA DIGNITÉ HUMAINE

6. *Conv. EDH, art. 3. Obligations des États.* Le fait de placer un détenu dans la cellule d'un quartier disciplinaire devenue insalubre après un incendie le soumet à une épreuve qui dépasse en intensité les souffrances inhérentes à l'incarcération. Condamnation de la France. • CEDH 10 nov. 2011, *Plathey c/ France*, n° 48337/09, § 47 à 49 : *D. actu. 17 nov. 2017, obs. Léna ; AJ pénal 2011. 605 ; RSC 2012. 208, chron. Poncela ; ibid. 263, obs. Marguénaud*. ♦ L'effet cumulé de la promiscuité et des manquements relevés aux règles de l'hygiène a provoqué chez le requérant des sentiments de désespoir et d'infériorité propres à le rabaisser et à l'humilier. Ces conditions de détention s'analysent en un traitement dégradant au sens de l'art. 3 Conv. EDH. • CEDH 25 avr. 2013, *Canali c/ France*, n° 40119/09 : *D. 2013. 1138, obs. Léna ; AJ pénal 2013. 403, obs. Céré*. ♦ La prolifération de rats, punaises de lit (§ 106), l'insuffisance de l'éclairage naturel (§ 107), l'humidité et le manque de chauffage (§ 152), l'absence de cloisonnement des installations sanitaires, la vétusté généralisée des locaux portent directement atteinte à la santé physique et mentale des personnes, détenus et personnels : condamnation de la France, indemnisation des détenus. • CEDH 30 janv. 2020, *J.M.B. c/ France*, n° 9671/15 : *D. actu. 6 févr. 2020, obs. Senna ; AJDA 2020.1064, note Avvenire ; D. 2020. 753, note Renucci ; ibid. 1195, obs. Céré, Falxa et Herzog-Evans ; ibid. 1643, obs. Pradel ; ibid. 2021. 432, chron. Afroukh et Marguénaud ; RFDA 2020. 496, note Portier ; JA 2020, n° 614, p. 11, obs. Giraud ; AJ pénal 2020. 122, étude Céré ; RDLF 2020. Chron. 46, comm. Schmitz ; GADS, 3e éd., Dalloz, 2021, n° 108*. ♦ Malgré une évolution favorable de la jurisprudence, la surpopulation carcérale et la vétusté de certains établissements pénitentiaires français font obstacle à la possibilité de faire cesser pleinement et immédiatement des atteintes graves aux droits fondamentaux. • Même arrêt.

7. *Conditions de détention indignes.* Doit être regardée comme ayant été incarcérée dans des conditions indignes la personne détenue ayant séjourné dans des cellules qui ne comportaient aucun système d'aération alors qu'il y régnait une température et une humidité excessives, que les modalités de cloisonnement des toilettes interdisaient toute forme d'intimité et induisaient des risques en matière d'hygiène et que l'eau délivrée par des installations rouillées était impropre à la consommation. • CAA Paris, 24 mars 2022, n° 20PA03901. ♦ L'insalubrité des locaux, aggravée par la promiscuité résultant de leur suroccupation, suffit à engager la responsabilité pour faute de l'État, les services de l'administration pénitentiaire devant assurer le respect des normes d'hygiène et de dignité prescrites en milieu carcéral. • CAA Nantes, 28 oct. 2010, n° 09NT2290. ♦ V. aussi • CAA Douai, 12 nov. 2009, n° 09DA00782 : *AJDA 2009.2142, obs. de Montecler ; ibid. 2010. Chron. 42, obs. Lepers ; AJ pénal 2010. 91, obs. Péchillon* • CAA Marseille, 15 déc. 2011, n° 11MA02831.

2° VÉTUSTÉ DES LOCAUX ET DES ÉQUIPEMENTS

8. *Atteinte à la dignité humaine.* S'il résulte du constat d'expert et du rapport de constat établi par le CGLPL, à la suite de la visite inopinée de l'établissement, que ces cellules et leurs équipements sont vétustes et que l'éclairage naturel et le renouvellement de l'air sont limités compte tenu de ce que chaque cellule comporte un unique vasistas situé en hauteur, ces circonstances ne sont pas, à elles seules, constitutives d'une atteinte à la dignité humaine. • CAA Bordeaux, 28 févr. 2017, n° 16BX00067. ♦ En revanche, excède le seuil d'atteinte à la dignité humaine la détention dans une cellule en mauvais état général, les revêtements des murs et cloisons étant vétustes, plusieurs installations électriques étant dangereuses en raison de leur délabrement et l'éclairage artificiel étant défaillant, et dont les sanitaires, qui n'étaient ni dotés d'une porte ou d'un rideau, ni pourvus d'un système d'aération spécifique alors que la cellule elle-même ne comportait qu'un vasistas sans vantaux, étaient insuffisamment aménagés. • Même arrêt.

B. PROMISCUITÉ ENTRE DÉTENUS

9. V. notes ss. art. R. 321-3.

1° SURPOPULATION CARCÉRALE

BIBL. Kensey et Jean, Une diminution volontariste de la surpopulation carcérale, *AJ pénal 2020. 258*. – Monnery, Surpopulation carcérale : les enjeux d'un mécanisme contraignant de régulation carcérale *AJ pénal 2023. 381*. – Poncela, La crise du logement pénitentiaire, *RSC 2008. 972*.

10. Conv. EDH, art. 3. Présomption de violation. En cellule collective, la norme minimale applicable au regard de l'art. 3 Conv. EDH est de 3 m^2 de surface au sol par détenu. Lorsque la surface au sol est inférieure à 3 m^2, le manque d'espace personnel est considéré comme étant à ce point grave qu'il donne lieu à une forte présomption de violation de l'art. 3. • CEDH 20 oct. 2016, *Mursic c/ Croatie,* n° 7334/13 : *AJDA 2017. 157, chron. Burgorgue-Larsen ; AJ pénal 2017. 47, obs. Robert* • 30 janv. 2020, *J.M.B. et a. c/ France,* n° 9671/15 : *D. actu. 6 févr. 2020, obs. Senna ; AJDA 2020. 1064, note Avvenire ; D. 2020. 753, note Renucci ; ibid. 1195, obs. Céré, Falxa et Herzog-Evans ; ibid. 1643, obs. Pradel ; ibid. 2021. 432, chron. Afroukh et Marguénaud ; RFDA 2020. 496, note Portier ; JA 2020, n° 614, p. 11, obs. Giraud ; AJ pénal 2020. 122, éude Céré ; RDLF 2020. Chron. 46, comm. Schmitz ; GADS, 3e éd., Dalloz, 2021, n° 108, § 256 et 257.*

11. Surface personnelle disponible. Aucune norme impérative ne fixe la surface minimale d'une cellule occupée par un détenu, qu'il ait le statut de prévenu ou celui de condamné. • CAA Nantes, 14 oct. 2014, n° 14NT00957. ♦ Pour autant, il résulte de la jurisprudence de la CEDH qu'en cas de surpopulation carcérale, chaque détenu placé en cellule collective doit bénéficier d'une surface personnelle minimale au sol de 3 m^2 hors sanitaires, en deçà de laquelle il existe une forte présomption de violation de l'art. 3 Conv. EDH qui ne peut être réfutée qu'à de strictes conditions qu'elle énonce. Entre 3 et 4 m^2, le facteur spatial demeure un élément de poids et d'autres aspects des conditions de détention sont à prendre en considération. Au-delà, le facteur spatial ne pose plus de problème en lui-même. Il s'en déduit que l'appréciation du caractère indigne des conditions de détention en cas de surpopulation carcérale relève d'un ensemble de facteurs devant être globalement envisagés. • Crim. 15 déc. 2020, n° 20-85.461 : *D. actu. 19 janv. 2021, obs. Recotillet.* ♦ Pour la période durant laquelle il a disposé de moins de 3 m^2 d'espace personnel, le requérant doit être regardé comme ayant été soumis à des conditions de détention qui lui ont fait subir une épreuve d'une intensité excédant le niveau inévitable de souffrance inhérent à la détention et, dès lors, constitutive d'un traitement dégradant prohibé par l'art. 3 Conv. EDH. • CAA Paris, 20 déc. 2018, n° 18PA00134. ♦ Même s'il s'est agi d'une cohabitation de courte durée, l'incarcération dans une cellule de 8,70 m^2 avec un autre détenu, puis dans une cellule de 24,30 m^2 partagée avec des codétenus pouvant aller jusqu'à 6, alors que l'emprise au sol permanente ou temporaire des meubles et des matelas ainsi que des toilettes réduisait la surface disponible d'environ 7 m^2, a porté atteinte à la dignité de l'intéressé. • CAA Bordeaux, 11 mars 2019, n° 18BX03577. ♦ Une surface au sol disponible pour chaque détenu de 4,5 m^2 ne peut être regardée comme portant atteinte à la dignité des détenus. • CAA Nancy, 25 févr. 2021, n° 19NC02316. ♦ Par ailleurs, s'il n'est pas contesté par l'administration que la surface au sol dont disposait chaque détenu dans le quartier « arrivants » était inférieure à 3 m^2, cette circonstance ne peut, en l'espèce, être regardée comme ayant porté atteinte à la dignité du requérant dès lors que l'intéressé n'a passé qu'un peu moins de 1 mois dans cette cellule, que la cellule bénéficiait d'équipements supplémentaires mis gratuitement à la disposition de ces derniers, tels un poste de télévision et une plaque chauffante avec une casserole et que les détenus affectés dans le quartier des arrivants bénéficient d'une promenade quotidienne d'une heure et demie. • Même arrêt. ♦ Si la suroccupation d'une seule et même cellule, par plusieurs détenus, peut, en raison de ses conditions et modalités au regard notamment du nombre de détenus, de la superficie de cette cellule et des caractéristiques de ses aménagements, être de nature à établir l'existence de traitements inhumains et dégradants, le défaut de détention en cellule individuelle ne saurait, en tant que tel, constituer une violation de l'art. 3 Conv. EDH. • CAA Douai, 2 mai 2016, n°s 15DA00487, 15DA00493, 15DA00497 et 15DA00499 • 28 mars 2017, n° 15DA01550.

2° PARTAGE DES CELLULES

12. Non-respect de l'intimité. La durée particulièrement longue de l'encellulement, la taille des cellules, la promiscuité et l'absence de respect de l'intimité du requérant qui en est résulté ne permettaient pas d'assurer le respect de la dignité inhérente à la personne humaine. Ces manquements constituent un comportement fautif de nature à engager la responsabilité de l'administration pénitentiaire. • TA Rouen, 27 mars 2008, n° 0602590 : *D. 2008. AJ 1959, note Herzog-Evans ; AJ pénal 2008. 245, obs. Péchillon ; AJDA 2008. 668 ; RSC 2008. 972, obs. Poncela ; RPDP 2008. 413, obs. Céré.* ♦ Cela étant, le défaut de détention en cellule individuelle ne saurait, en tant que tel, constituer une violation de l'art. 3 Conv. EDH. • CAA Bordeaux, 24 nov. 2015, n° 14BX00245. ♦ Alors que l'intéressé ne peut se prévaloir d'aucune norme fixant une superficie minimale pour chaque détenu, la seule circonstance que les cellules qu'il a successivement occupées aient été relativement exiguës n'est pas de nature à constituer, en elle-même, une atteinte au respect de la dignité humaine. • CAA Bordeaux, 24 nov. 2015, n° 14BX00245. ♦ L'intéressé, qui a bénéficié, sur les périodes indiquées, d'une surface individuelle disponible toujours supérieure à 3 m^2, ne peut utilement faire état d'une présomption d'atteinte aux stipulations de l'art. 3 Conv. EDH. Dès lors qu'il n'est pas établi que l'installation du rideau séparatif des toilettes ne lui aurait pas permis de disposer d'une intimité suffisante eu égard aux exigences découlant de l'art. 8 Conv. EDH, ni que les effets cumulés de l'absence alléguée de ventilation, des conditions de séparation des toilettes et du fait d'avoir dû durant une période dormir sur un matelas placé sur le sol auraient traduit des conditions indignes de détention, l'intéressé ne peut se prévaloir d'une faute de l'administration ouvrant droit à réparation de son préjudice moral. • CAA Toulouse, 11 juill. 2022, n° 22TL20577.

13. Conv. EDH, art. 3. Exposition au tabagisme passif. Violent l'art. 3 Conv. EDH les autorités pénitentiaires n'ayant pas pris en compte le statut du détenu non fumeur dans leurs critères de répartition des détenus en cellule, tout au moins quand le détenu a des soucis particuliers de santé. En l'espèce, le requérant, souffrant d'hépatite chronique, a partagé pendant plusieurs mois sa cellule avec des détenus fumeurs et développé une fibrose pulmonaire. Le détenu peut se prévaloir de la protection de l'art. 3 Conv. EDH sans attendre une dégradation de son état de santé. • CEDH 14 sept. 2010, *Florea c/ Roumanie*, n° 37186/03 : *D. 2011. Pan. 1307, obs. Céré ; Dr. pénal 2011. Chron. 3, obs. Dreyer ; RDSS 2011. 86, note Mouron.* ♦ V. déjà pour une violation de l'art. 3 au sujet du refus d'accéder à la demande de transfert d'une personne souffrant d'asthme dans une cellule pour non fumeurs : • CEDH 13 sept. 2005, *Ostrovar c/ Moldavie*, n° 35207/03 : *AJ pénal 2005. 421, obs. Céré.* ♦ L'administration pénitentiaire, tout en maintenant l'affectation de l'intéressé au service des cuisines, conformément à son souhait, a tiré profit de libérations de détenus pour s'efforcer d'éviter qu'il se trouve dans la même cellule que des détenus fumeurs. Alors même que tout risque de tabagisme passif n'est pas totalement dissipé, il n'est pas établi que l'administration ait porté une atteinte grave et manifestement illégale à une liberté fondamentale. • CE, ord., 8 sept. 2005, n° 284803 B : *D. 2006. 124, note Bioy ; AJDA 2006. 376, note Laujidois ; Gaz. Pal. 2006. 1077, note Pissaloux.* ♦ Compte tenu notamment de la surpopulation et de la faible aération de la cellule, le fait qu'un détenu non fumeur soit contraint de partager sa cellule avec des détenus fumeurs porte une atteinte suffisamment caractérisée à la dignité humaine et engage la responsabilité de l'État. • TA Caen, 24 sept. 2015, n° 1500035 : *AJ pénal 2016. 47, obs. Otéro .* ♦ En revanche, la faute n'est pas constituée si l'administration a fait bénéficier l'intéressé d'un encellulement individuel chaque fois que cela était possible et s'est efforcée d'éviter qu'il soit exposé au tabagisme passif. • CAA Douai, 11 mai 2021, n° 20DA00511. ♦ Même solution dans le cas où l'administration, qui a fait bénéficier l'intéressé d'un encellulement individuel chaque fois que cela était possible, s'est efforcée d'éviter qu'il soit exposé au tabagisme passif, et que la volonté du requérant d'être détenu dans le secteur protégé de l'établissement a limité le choix des cellules disponibles. • CAA Bordeaux, 24 nov. 2015, n° 14BX00245. ♦ L'administration ne conteste pas que le requérant a pu être gêné par le tabagisme de ses deux codétenus. Toutefois, outre le fait qu'il n'a passé qu'un peu moins d'un mois dans cette cellule, il n'a jamais exprimé de demande de changement de cellule pour ce motif et n'a pas davantage produit de documents médicaux qui auraient pu mettre les autorités pénitentiaires en mesure d'aménager son régime de détention sur ce point. • CAA Nancy, 25 févr. 2021, n° 19NC02316.

C. ACCÈS AUX ACTIVITÉS COLLECTIVES

14. Conv. EDH, art. 3. Condition de réfutation. La privation d'un espace personnel suffisant doit être compensée par une « liberté de circulation suffisante hors de la cellule et l'accès à un programme d'activités hors cellule adéquates ». • CEDH 20 oct. 2016, *Mursic c/ Croatie*, n° 7334/13 : *AJDA 2017. 157, chron. Burgorgue-Larsen ; AJ pénal 2017. 47, obs. Robert .* ♦ La présomption de violation de l'art. 3 Conv. EDH liée au manque d'espace personnel ne peut normalement être réfutée que si tous les facteurs suivants sont réunis : les réductions d'espace personnel par rapport au minimum requis sont courtes, occasionnelles et mineures ; elles s'accompagnent d'une liberté de circulation suffisante hors de la cellule et d'activités hors cellule adéquates ; l'établissement pénitentiaire offre, de manière générale, des conditions de détention décentes et le détenu n'est pas soumis à d'autres éléments considérés comme des circonstances aggravantes de mauvaises conditions de détention. • Crim. 15 déc. 2020, n° 20-85.461 : *D. actu. 19 janv. 2021, obs. Recotillet.* ♦ Tout comme ses codétenus, l'intéressé a eu la possibilité d'effectuer des promenades quotidiennes et d'exercer une activité sportive ou professionnelle. Il pouvait également bénéficier de parloirs et avait accès aux sanitaires collectifs plusieurs fois par semaine. Il pouvait donc se trouver à l'extérieur de la cellule à divers moments de la journée. Dans ces conditions, c'est à tort que le juge des référés du tribunal administratif a estimé qu'il justifiait de conditions de détention particulièrement dégradantes au seul regard de la surpopulation de l'établissement. • CAA Nantes, 14 nov. 2014, n° 14NT00957.

D. ADAPTATION DES CONDITIONS DE DÉTENTION

15. Conv. EDH, art. 3. État de santé de la personne détenue. Si l'on ne peut déduire de l'art. 3 Conv. EDH une obligation générale de libérer un détenu pour motifs de santé ou de le transférer dans un hôpital civil, même s'il souffre d'une maladie particulièrement difficile à soigner, l'État doit s'assurer que tout prisonnier est détenu dans des conditions qui sont compatibles avec le respect de la dignité humaine, que les modalités d'exécution de la mesure ne soumettent pas l'intéressé à une détresse ou une épreuve d'une intensité qui excède le niveau inévitable de souffrance inhérent à la détention et que, eu égard aux exigences pratiques de l'emprisonnement, sa santé et son bien-être sont assurés de manière adéquate, notamment par l'administration des soins médicaux requis. • CEDH 14 nov. 2002, *Mouisel c/ France,* n° 67263/01 : *JCP 2003. I. 109, n° 2, obs. Sudre ; D. 2003. Somm. 524, obs. Renucci ; ibid. 303, note Moutouh ; RSC 2003. 144, note Massias ; Dr. pénal 2003, n° 52, obs. Maron et Haas ; RTDH 2003. 999, note Céré.* ♦ La suroccupation d'une cellule et le manque de soins en rapport avec l'état de santé de la personne détenue sont constitutifs d'un traitement ayant entraîné des souffrances excessives au regard de celles, inévitables, qui découlent de la détention elle-même. • CAA Versailles, 16 déc. 2010, n° 08VE0099. ♦ L'inadaptation même temporaire des conditions matérielles de détention à raison de l'état de santé de la personne porte atteinte à la dignité de la personne humaine et révèle une faute de nature à engager la responsabilité de l'État. • CAA Nancy, 6 oct. 2016, n° 15NC02515. ♦ L'administration pénitentiaire n'a pas commis de faute dans la prise en compte des troubles acoustiques dont souffrait le détenu en privilégiant l'encellulement individuel du détenu à défaut de pouvoir procéder à un isolement phonique des cellules. • CAA Douai, 24 mai 2016, n° 15DA00499.

16. Accès aux soins. V. notes ss. art. L. 322-1.

17. Conv. EDH, art. 3. Troubles mentaux. BIBL. Tulkens et Dubois-Hamdi, Prison et santé mentale. La jurisprudence de la Cour européenne des droits de l'homme, *Criminologie 2015. 77.* ♦ Les détenus atteints de troubles mentaux sont plus vulnérables que les détenus ordinaires et certaines exigences de la vie carcérale les exposent davantage à un danger pour leur santé, renforcent le risque qu'ils se sentent en situation d'infériorité, et sont forcément source de stress et d'angoisse. Cette situation entraîne la nécessité d'une vigilance accrue. • CEDH 11 juill. 2006, *Rivière c/ France,* n° 33834/03, § 63 : *D. 2007. 1229, obs. Céré, Herzog-Evans et Péchillon ; RSC 2007. 350, chron. Poncela* • 20 janv. 2009, *Slawomir Musial c/ Pologne,* n° 28300/06, § 96.

18. Conv. EDH, art. 3. Handicap. Une personne souffrant d'un handicap doit bénéficier de conditions de détention adaptées à ses besoins spécifiques. • CEDH 10 juill. 2001, *Price c/ Royaume-Uni,* n° 33394/96 : *JCP 2002. I. 105, obs. Sudre.* ♦ La détention d'une personne handicapée dans un établissement où elle ne peut se déplacer par ses propres moyens, et en particulier quitter sa cellule, constitue un traitement dégradant. Le fait que, pour passer des portes, elle ait été contrainte d'être portée pendant qu'une roue de son fauteuil était démontée, puis remontée après que le fauteuil eut été passé par l'embrasure de la porte peut en effet être considéré comme rabaissant et humiliant, outre le fait qu'elle était entièrement à la merci de la disponibilité d'autres personnes. • CEDH 24 oct. 2006, *Vincent c/ France,* n° 6253/03 : *AJ pénal 2006. 500, note Céré ; D. 2007. 1229, obs. Céré, Herzog-Evans et Péchillon ; RDSS 2007. 351, obs. Boujeka ; RSC 2007. 350, chron. Poncela ; JCP 2007. II. 10007. note Thierry.* ♦ V. égal. • CEDH 25 juin 2013, *Grimailovs c/ Lettonie,* n° 6087/03. ♦ L'atteinte à la dignité de la personne détenue peut résulter de ses conditions de déplacement à l'intérieur du centre de détention et au sein de sa cellule. L'incarcération pendant près de 11 mois d'une personne handicapée en fauteuil roulant qui, en raison de l'inadéquation de l'embrasure des portes et des aménagements, n'a pu se déplacer par ses propres moyens, y compris pour accéder à sa cellule ou pour bénéficier d'une promenade à l'air libre et a été privée de la possibilité de prendre une douche engage la responsabilité pour faute de l'État. • CAA Douai, 1er juill. 2010, n° 10DA00079. ♦ V. égal. ss. art. D. 112-34.

II. VOIES PRÉVENTIVES DE RECOURS

19. Garantie de la dignité de la personne. V. notes ss. art. L. 6.

20. Conv. EDH, art. 13. Droit à un recours effectif. Condamnation de la France pour violation de l'art. 3 Conv. EDH en raison de l'ineffectivité des recours préventifs pouvant être exercés pour faire cesser des conditions indignes de détention contraires à l'art. 3 Conv. EDH. • CEDH 30 janv. 2020, *J.M.B. c/ France,* n° 9671/15 : *D. actu. 6 févr. 2020, obs. Senna ; AJDA 2020. 1064, note Avvenire ; D. 2020. 753, note Renucci ; ibid. 1195, obs. Céré, Falxa et Herzog-Evans ; ibid. 1643, obs. Pradel ; ibid. 2021. 432, chron. Afroukh et Marguénaud ; RFDA 2020. 496, note Portier ; JA 2020, n° 614, p. 11, obs. Giraud ; AJ pénal 2020. 122, étude Céré ; RDLF 2020. Chron. 46, comm. Schmitz ; GADS, 3e éd., Dalloz, 2021, n° 108.*

21. Organisation des voies de recours internes. Il résulte de la combinaison des dispositions des art. L. 511-1, L. 521-2 et L. 521-4 CJA qu'il appartient au juge des référés, lorsqu'il est saisi sur le fondement de l'art. L. 521-2 et qu'il constate une atteinte grave et manifestement illégale portée par une personne morale de droit public à une liberté fondamentale, de prendre les mesures qui sont de nature à faire disparaître les effets de cette atteinte. Ces mesures doivent en principe présenter un caractère provisoire, sauf lorsqu'aucune mesure de cette nature n'est susceptible de sauvegarder l'exercice effectif de la liberté fondamentale à laquelle il est porté atteinte. • CE, ord., 20 déc. 2022, n° 469304 : *D. actu. 6 janv. 2023, obs. Dominati* • 15 mai 2023, n° 472994 : *D. actu. 26 mai 2023, obs. Dominati.*

♦ En outre, s'il n'appartient pas au juge des référés de prononcer, de son propre mouvement, des mesures destinées à assurer l'exécution de celles qu'il a déjà ordonnées, il peut, d'office, en vertu de l'art. L. 911-3 CJA, assortir les injonctions qu'il prescrit d'une astreinte. • Mêmes décisions. ♦ L'exécution d'une ordonnance prise par le juge des référés, sur le fondement de l'art. L. 521-2 CJA, peut être recherchée dans les conditions définies par le livre IX du même code, et en particulier les art. L. 911-4 et L. 911-5. La personne intéressée peut également demander au juge des référés, sur le fondement de l'art. L. 521-4 du même code, d'assurer l'exécution des mesures ordonnées demeurées sans effet par de nouvelles injonctions et une astreinte. • Mêmes décisions. ♦ Par ailleurs, le législateur a introduit, par la L. du 8 avr. 2021 tendant à garantir le droit au respect de la dignité en détention, l'art. 803-8 C. pr. pén. permettant au juge d'ordonner à l'administration de mettre fin, par tout moyen, à ces conditions de détention dans un délai maximum d'un mois. • CE, ord., 20 déc. 2022, n° 469304 : *D. actu. 6 janv. 2023, obs. Dominati.* ♦ Enfin, il découle des obligations qui pèsent sur l'administration, qu'en parallèle de la procédure prévue à l'art. L. 521-2 CJA, qui permet d'ores et déjà de remédier aux atteintes les plus graves aux libertés fondamentales des personnes détenues, le juge de l'excès de pouvoir peut, lorsqu'il est saisi à cet effet, enjoindre à l'administration pénitentiaire de remédier à des atteintes structurelles aux droits fondamentaux des prisonniers en lui fixant, le cas échéant, des obligations de moyens ou de résultats. Il lui appartient alors de statuer dans des délais adaptés aux circonstances de l'espèce. • CE, ord., 20 déc. 2022, n° 469304 : *D. actu. 6 janv. 2023, obs. Dominati* • 15 mai 2023, n° 472994 : *D. actu. 26 mai 2023, obs. Dominati.*

A. RÉFÉRÉ-LIBERTÉ (CJA, ART. L. 521-2)

BIBL. Parinet-Hodimont, Le référé-liberté face aux conditions de détention : la France doit revoir sa copie !, *RDLF 2020. Chron. 25.* – Roux, Prisons françaises et CEDH : les référés placés « en préventive », *DA 2020. 3. 31.* – Schmitz, La CEDH, le juge du référé-liberté et l'architecture de l'exécution des peines privatives de liberté !, *RDLF 2020. Chron. 46.* – Senna, Le référé-liberté dans le domaine pénitentiaire : un pas en avant, un pas en arrière, *Gaz. Pal. 17 oct. 2017.*

22. Conv. EDH, art. 2 et 3. Lorsque la carence de l'administration porte une atteinte grave et manifestement illégale à la liberté fondamentale des détenus de ne pas être soumis à des traitements inhumains ou dégradants, le juge administratif des référés peut prescrire toute mesure utile de nature à faire cesser cette situation. • CE, ord., 22 déc. 2012, n°s 364584, 364620, 364621 et 364647 B : *AJDA 2013. 12 ; D. 2013. 1304, obs. Céré, Herzog-Evans et Péchillon ; AJ pénal 2013. 232, obs. Péchillon ; JCP 2013, n° 87, note Le Bot ; JCP Adm. 2013, n° 2017, obs. Koubi* • TA Marseille, 10 janv. 2013, n° 1208146 : *AJDA 2013. 80 ; D. 2013. 1304, obs. Céré, Herzog-Evans et Péchillon .* ♦ Eu égard à la vulnérabilité des détenus et à leur situation d'entière dépendance vis-à-vis de l'administration, il appartient à celle-ci, et notamment aux directeurs des établissements pénitentiaires, en leur qualité de chefs de service, de prendre les mesures propres à protéger leur vie ainsi qu'à leur éviter tout traitement inhumain ou dégradant afin de garantir le respect effectif des exigences découlant des principes rappelés notamment par les art. 2 et 3 Conv. EDH. Lorsque la carence de l'autorité publique crée un danger caractérisé et imminent pour la vie des personnes ou les expose à être soumises, de manière caractérisée, à un traitement inhumain ou dégradant, portant ainsi une atteinte grave et manifestement illégale à ces libertés fondamentales, et que la situation permet de prendre utilement des mesures de sauvegarde dans un délai de quarante-huit heures, le juge des référés peut prescrire toutes les mesures de nature à faire cesser la situation résultant de cette carence. • CE 28 juill. 2017, n° 410677 : *AJDA 2017. 1589, obs. de Montecler ; ibid. 2540, note Le Bot ; D. 2018. 1175, obs. Céré, Herzog-Evans et Péchillon ; AJ pénal 2017. 456, obs. Céré.*

23. Conv. EDH, art. 8. Le droit au respect de la vie privée et familiale rappelé notamment par l'art. 8 Conv. EDH dont bénéficient, compte tenu des contraintes inhérentes à la détention, les personnes détenues revêt le caractère d'une liberté fondamentale au sens des dispositions de l'art. L. 521-2 CJA. Lorsque le fonctionnement d'un établissement pénitentiaire ou des mesures particulières prises à l'égard d'un détenu affectent, de manière caractérisée, son droit au respect de la vie privée et familiale dans des conditions qui excèdent les restrictions inhérentes à la détention, portant ainsi une atteinte grave et manifestement illégale à cette liberté fondamentale, et que la situation permet de prendre utilement des mesures de sauvegarde dans un délai de quarante-huit heures, le juge des référés peut prescrire toutes les mesures de nature à faire cesser l'atteinte excessive ainsi portée à ce droit. • CE 28 juill. 2017, n° 410677 : *AJDA 2017. 1589, obs. de Montecler ; ibid. 2540, note Le Bot ; D. 2018. 1175, obs. Céré, Herzog-Evans et Péchillon ; AJ pénal 2017. 456, obs. Céré.*

24. Caractère manifeste de l'illégalité. Le caractère manifeste de l'illégalité doit être apprécié au regard des moyens dont l'administration pénitentiaire dispose et des mesures qu'elle a déjà mises en œuvre. • CE 28 juill. 2017, n° 410677 : *AJDA 2017. 1589, obs. de Montecler ; ibid. 2540, note Le Bot ; D. 2018. 1175, obs. Céré, Herzog-Evans et Péchillon ; AJ pénal 2017. 456, obs. Céré.* ♦ A supposer même établie, au regard de certaines photographies produites, une carence de l'administration pénitentiaire à réparer ou changer certains équipements défectueux ou dangereux, cette carence n'apparaît pas telle qu'elle contribuerait à exposer l'ensemble des détenus, de manière caractérisée, à un traitement inhumain ou dégradant, ni qu'elle devrait conduire le juge des référés à ordonner une mesure à très bref délai compte tenu des dispositions déjà prises par l'établissement. • CE, ord., 15 mai 2023, n° 472994 : *D. actu. 26 mai 2023, obs. Dominati.*

25. Office du juge. L'intervention du juge des référés dans les conditions d'urgence particulière prévues par l'art. L. 521-2 CJA est subordonnée au constat que la situation litigieuse permette de prendre utilement et à très bref délai les mesures de sauvegarde nécessaires. • CE, ord., 28 juill. 2017, n° 410677 : *AJDA 2017. 1589, obs. de Montecler ; ibid. 2540, note Le Bot ; D. 2018. 1175, obs. Céré, Herzog-Evans et Péchillon ; AJ pénal 2017. 456, obs. Céré* • CE 19 oct. 2020, n°s 439372 et 439444 B : *D. 2020. 2121, obs. de Montecler ; AJDA 2020. 1991 ; ibid. 2021. 694, note Schmitz ; AJ pénal 2020. 593, obs. Céré.* ♦ Il peut donc ordonner à l'autorité compétente de prendre, à titre provisoire, une mesure d'organisation des services placés sous son autorité lorsqu'une telle mesure est nécessaire à la sauvegarde d'une liberté fondamentale. Eu égard à son office, il peut également décider de déterminer dans une décision ultérieure prise à brève échéance les mesures complémentaires qui s'imposent et qui peuvent être très rapidement mises en œuvre, telles que le remplacement de fenêtres cassées. • Mêmes arrêts. ♦ Dans tous les cas, l'intervention du juge des référés dans les conditions d'urgence particulière prévues par l'art. L. 521-2 préc. est subordonnée au constat que la situation litigieuse permette de prendre utilement et à très bref délai les mesures de sauvegarde nécessaires. Le juge ne peut donc qu'ordonner les mesures d'urgence qui lui apparaissent de nature à sauvegarder, dans un délai de quarante-huit heures, la liberté fondamentale à laquelle il est porté une atteinte grave et manifestement illégale. • Mêmes arrêts. ♦ Dès lors, le juge du référé-liberté ne peut enjoindre des mesures d'ordre structurel qui, reposant sur des choix de politique publique, sont insusceptibles d'être mises en œuvre et de porter effet à très bref délai. De telles mesures ne sont pas au nombre des mesures d'urgence que la situation permet de prendre utilement dans le cadre des pouvoirs que le juge des référés tient de l'art. L. 521-2 CJA. • Mêmes arrêts. ♦ Doit dès lors être rejetée la demande d'injonction tendant à ce que le juge du référé-liberté ordonne au ministre de la Justice de prescrire la réalisation de travaux lourds au sein de la maison d'arrêt, d'allouer aux services judiciaires et pénitentiaires des moyens financiers, humains et matériels supplémentaires, en vue notamment de développer l'offre d'activités proposées aux personnes détenues, et de prendre les mesures de réorganisation des services ainsi qu'une circulaire de politique pénale. • Mêmes arrêts. ♦ Enfin, compte tenu du cadre temporel dans lequel se prononce le juge des référés, les mesures qu'il peut ordonner doivent s'apprécier en tenant compte des moyens dont dispose l'autorité administrative compétente et des mesures qu'elle a déjà prises. • CE 19 oct. 2020, n°s 439372 et 439444 B : *AJDA 2020. 1991 ; D. 2020. 2121, obs. de Montecler ; AJDA 2021. 694, note Schmitz ; ibid. 2020. 1991 ; D. 2020. 2121, obs. de Montecler ; AJ pénal 2020. 593, obs. Céré.*

B. RECOURS PRÉVENTIF (C. PR. PÉN., ART. 803-8)

26. Procédure et voies de recours. V. notes ss. art. L. 6 et L. 315-9.

27. Objet du recours. Le recours prévu à l'art. 803-8 C. pr. pén. ayant pour objet soit de permettre une amélioration des conditions de détention de la personne condamnée dans l'établissement où elle est incarcérée au jour de sa requête, soit d'empêcher la continuation de ces conditions lorsqu'elles seraient indignes, le transfèrement du plaignant rend son pourvoi sans objet. • Crim. 14 juin 2022, n° 22-80.023 • 10 août 2022, n° 22-83.293 • 8 févr. 2023, n° 22-82.512 • 15 mars 2023, n° 22-85.670.

28. Suffisance du droit d'accès au juge. La procédure applicable aux requêtes en conditions indignes de détention garantit suffisamment le droit d'accès au juge au sens de l'art. 6 Conv. EDH. • Crim. 13 sept. 2022, n° 22-83.885 B : *D. 2022. 2118, obs. Ginestet ; AJ pénal 2022. 545 et les obs. ; Dr. pénal 2022, n° 11, comm. 189, note Maron et Haas ; Gaz. Pal. 2022, n° 39, chron. Fourment ; Procédures 2022, n° 11, obs. Chavent-Leclère ; RSC 2023, n° 1, p. 167, chron. Habouzit.* ♦ Il n'y a pas lieu à transmettre la QPC interrogeant la conformité de l'art. 803-8 C. pr. pén. à l'art. 16 de la DDH qui garantit le droit d'accéder à un juge. • Même arrêt.

III. RESPONSABILITÉ PUBLIQUE

BIBL. Jennequin, Prouver l'indignité des conditions de détention dans le contentieux de la responsabilité : une gageure ?, *RDLF 2022. Chron. 24.*

29. Action pénale. Justifie sa décision la chambre de l'instruction qui confirme l'ordonnance d'un juge d'instruction ayant dit n'y avoir lieu à informer sur la plainte d'une personne détenue soutenant avoir été soumise pendant sa détention en maison d'arrêt à des conditions d'hébergement incompatibles avec la dignité humaine, dès lors que les faits dénoncés n'entrent pas dans les prévisions de l'art. 225-14 C. pén. et ne peuvent admettre aucune qualification pénale. • Crim. 20 janv. 2009, n° 08-82.807 P : *RSC 2009. 377, obs. Mayaud ; ibid. 2009. 431, obs. Poncela ;*

AJ pénal 2009. 139, obs. Herzog-Evans ; D. 2009. 1378, obs. Céré.

30. Responsabilité du service public de la justice (absence). En l'état des textes en vigueur, la décision d'emprisonnement nécessaire à la sécurité générale ne peut dépendre du nombre momentané de détenus dans un établissement déterminé. Alors qu'au moment où ils statuaient, ces éléments restaient incertains pour les juges par ailleurs dénués de pouvoir sur le moment, le lieu et les conditions matérielles d'exécution de leur décision, la cour d'appel en a exactement déduit que le placement en détention du requérant, malgré la connaissance qu'avait son auteur de la surpopulation carcérale de la maison d'arrêt de Caen, ne constituait pas une faute lourde susceptible d'engager la responsabilité de l'État pour fonctionnement défectueux du service public de la justice. • Civ. 1re, 10 janv. 2009, n° 07-20.912 : *D. 2009. 1379, obs. Céré.*

31. Conv. EDH, art. 3. et 13. Droit à la compensation. La souffrance causée à une personne détenue dans des conditions si mauvaises qu'elles sont constitutives d'un traitement inhumain ou dégradant au sens de l'art. 3 Conv. EDH ne peut être réparée par le simple constat d'une violation. Elle appelle le versement d'une indemnité (§ 47) dont le montant est un élément constitutif de l'effectivité du recours (§ 48). En l'espèce, insuffisance du montant alloué. • CEDH 19 nov. 2020, *Barbotin c/ France*, n° 25338/16 : *D. actu 23 nov. 2020, obs. Pastor ; ibid. 21 déc. 2020, obs. Diaz ; AJDA 2020. 2385 .*

32. Responsabilité du service public pénitentiaire (conditions). Seules des conditions de détention caractérisant une atteinte à la dignité humaine sont de nature à engager la responsabilité de l'administration. • CE 5 juin 2015, n° 370896 A. ♦ De telles conditions caractérisent à la fois la faute de l'administration et le préjudice moral subi par la personne détenue. Eu égard aux conditions de détention supportées par l'intéressé manifestement attentatoires à la dignité humaine, le ministre de la Justice ne peut utilement invoquer les contraintes liées aux missions conférées aux services pénitentiaires comme, notamment, l'obligation pour l'établissement d'accueillir les détenus qui lui sont adressés, pour exonérer l'État de sa responsabilité ou pour l'atténuer. • CAA Bordeaux, 18 oct. 2011, nos 11BX00159 à 11BX00165 • 4 oct. 2011, nos 10BX02902, 10BX03194 à 10BX03197, 10BX03217 et 10BX03218 • 20 mars 2012, n° 11BX01223.

33. CJA, art. R. 541-1. Référé-provision. Qualifie inexactement les faits le tribunal administratif ayant considéré que les conditions de détention ne caractérisaient pas, dans les circonstances de l'espèce, une atteinte à la dignité humaine pour en déduire que l'obligation dont le requérant se prévaut à l'égard de l'État « n'était pas non sérieusement contestable » alors que l'intéressé, détenu au sein de la maison d'arrêt d'un centre pénitentiaire qui connaissait alors une forte surpopulation carcérale, a occupé plusieurs cellules collectives d'environ 12 m² accueillant trois personnes au lieu de deux, que ces cellules ne comportaient qu'une fenêtre grillagée et située dans un coin de la pièce, ouverture insuffisante tant pour apporter une lumière naturelle dans l'ensemble de la cellule que pour assurer la ventilation nécessaire, et que ces cellules, dans lesquelles les détenus pouvaient être amenés à prendre leurs repas, étaient dotées de toilettes dont les modalités de cloisonnement interdisaient toute forme d'intimité et induisaient des risques en matière d'hygiène. • CE, sect., 3 déc. 2018, n° 412010 B : *AJDA 2018.279, chron. Faure et Malverti ; D. 2019. 1074, obs. Céré, Evans et Péchillon .* ♦ Les effets cumulés de ces éléments, dont il ne résulte pas de l'instruction qu'ils seraient liés aux exigences qu'implique le maintien de la sécurité et du bon ordre, constituent, eu égard à leur nature et à leur durée, une épreuve qui excède les conséquences inhérentes à la détention. Ils caractérisent, par suite, des conditions de détention attentatoires à la dignité humaine constitutives d'une faute engendrant, par elle-même, un préjudice moral qu'il incombe à l'État de réparer. • Même arrêt.

A. FAUTE

34. Caractérisation. Des conditions de détention qui portent atteinte à la dignité humaine révèlent l'existence d'une faute de nature à engager la responsabilité de la puissance publique. • CE, sect., 6 déc. 2013, n° 363290 B : *AJDA 2014. 237, concl. Hedary ; ibid. 2013. 246 ; AJ pénal 2014. 143, obs. Péchillon .* ♦ Pour déterminer si les conditions de détention sont contraires aux stipulations de l'art. 3 Conv. EDH, il appartient au juge de fonder notamment son appréciation sur le calcul de la superficie totale disponible dont dispose la personne placée en détention. Pour ce faire, il convient de diviser la superficie de la cellule, dont il faut déduire l'espace sanitaire mais pas l'emprise au sol occupée par l'ameublement, par le nombre d'occupants. • CAA Toulouse, 11 juill. 2022, n° 22TL20577. ♦ Pour établir l'indignité des conditions de détention, le juge tient compte non seulement de l'état des lieux, mais également des efforts entrepris par l'administration pour les améliorer et du temps obligatoirement passé en cellule, apprécié à l'aune des possibilités laissées au détenu d'effectuer des promenades quotidiennes, d'exercer une activité sportive ou professionnelle et de bénéficier de parloirs. • CAA Nancy, 25 févr. 2021, n° 19NC02316. ♦ Le requérant ne peut utilement se prévaloir des recommandations du CPT, selon lesquelles chaque détenu devrait disposer d'une superficie de 7 m², qui, en tout état de cause, n'ont qu'une valeur de recommandation, ni des principes affirmés par la jurisprudence de la CEDH, indépendamment de toute appréciation concrète des modalités et conditions de détention effectives qui lui ont été réservées dans chacune des cellules qu'il a occupées et qui caractériseraient les atteintes invoquées. • CAA Douai, 2 mai 2016, n°s 15DA00487, 15DA00493, 15DA00497 et 15DA00499 • 28 mars 2017, n° 15DA01550.

35. Preuve. S'il appartient en principe au demandeur qui engage une action en responsabilité à l'encontre de l'administration d'apporter tous les éléments de nature à établir devant le juge, outre la réalité du préjudice subi, l'existence de faits de nature à caractériser une faute, il en va différemment, s'agissant d'une demande formée par un détenu ou ancien détenu, lorsque la description faite par le demandeur de ses conditions de détention est suffisamment crédible et précise pour constituer un commencement de preuve de leur caractère indigne. C'est alors à l'administration qu'il revient d'apporter des éléments permettant de réfuter les allégations du demandeur. • CE 21 mars 2022, n° 443986 A : *D. actu. 31 mars 2022, obs. Paillisse ; AJDA 2022. 607 ; RDLF 2022. Chron. 24, comm. Jennequin.* ♦ Le caractère péremptoire ou particulièrement sommaire des allégations produites par le requérant ne saurait permettre de les regarder comme suffisamment crédibles et précises pour constituer un commencement de preuve. • TA Toulon, 25 avr. 2023, n° 2200752. ♦ En revanche, une description précise, bien que succincte, est suffisamment crédible pour constituer un commencement de preuve. • Même jugement. ♦ Le garde des Sceaux n'apportant pas la preuve contraire, qui lui incombe, elle doit être tenue pour établie. • Même jugement.

B. PRÉJUDICE ET CAUSALITÉ

36. Présomption. Si elle est caractérisée, une atteinte à la dignité humaine liée aux conditions de détention est de nature à engendrer, par elle-même, un préjudice moral pour la personne qui en est victime sans qu'elle ait à en établir l'existence. • CE 5 juin 2015, n° 370896 A • CE, sect., 3 déc. 2018, n° 412010 B : *AJDA 2018. 279, chron. Faure et Malverti ; D. 2019. 1074, obs. Céré, Evans et Péchillon.* ♦ Pour une application, • CAA Douai, 11 mai 2021, n° 20DA00511. ♦ L'atteinte au respect de la dignité humaine constituée par des conditions de détention contraires à celle-ci qui ne sont pas sérieusement discutées par le ministre de la Justice entraîne, par elle-même, un préjudice moral « par nature ». Par suite, et alors même que les intéressés n'ont pas précisé expressément la nature du préjudice dont ils demandent réparation, l'obligation dont ils se prévalent à l'égard de l'État n'est pas sérieusement contestable et ouvre un droit à provision. • CAA Douai, 26 avr. 2012, n° 11DA01130 : *RPDP 2012. 413, obs. Céré.* ♦ En revanche, le lien de causalité entre les conditions de détention et le préjudice physique allégué doit être établi. • CAA Bordeaux, 4 oct. 2011, n° 10BX02902.

37. Caractères évolutif et continu du préjudice moral. Le préjudice moral subi par un détenu à raison de conditions de détention attentatoires à la dignité humaine revêt un caractère continu et évolutif. A conditions de détention constantes, le seul écoulement du temps aggrave l'intensité du préjudice subi. • CE, sect., 3 déc. 2018, n° 412010 B : *AJDA 2018. 279, chron. Faure et Malverti ; D. 2019. 1074, obs. Céré, Evans et Péchillon.* ♦ Pour une application : • CAA Toulouse, 11 juill. 2022, n° 22TL20577. ♦ Par ailleurs, rien ne fait obstacle à ce que ce préjudice soit mesuré dès qu'il a été subi. Il s'ensuit que la créance indemnitaire qui résulte de ce préjudice doit être rattachée, dans la mesure où il s'y rapporte, à chacune des années au cours desquelles il a été subi. • CE, sect., 3 déc. 2018, n° 412010 B : *préc.* ♦ Si le caractère indigne de conditions d'incarcération dépend en partie de la durée durant laquelle elles ont été subies, le préjudice qui résulte de telles conditions de détention peut être apprécié avant qu'il soit mis fin à la détention ou au caractère indigne des conditions de celle-ci. La créance liée au préjudice évolutif que l'intéressé a subi du fait de ses conditions d'incarcération doit être rattachée non pas, dans son ensemble, à la seule année au cours de laquelle le détenu a été libéré ou cette situation a pris fin, mais à chacune des années durant lesquelles ce préjudice a été subi. • CAA Bordeaux, 11 mars 2019, n° 18BX03577.

38. Prescription quadriennale. Dès lors que rien ne fait obstacle à ce que le préjudice moral subi par un détenu soit mesuré dès qu'il a été subi, le délai de prescription de la créance relative à une année court à compter du 1er janv. de l'année suivante, à la condition qu'à cette date le préjudice subi au cours de cette année puisse être mesuré et que le créancier n'ait pas été empêché d'agir soit par une cause de force majeure, soit par l'ignorance de sa créance. • CAA Paris, 20 déc. 2018, n°s 18PA00134, 18PA00138 et 18PA02159.

CHAPITRE I MESURES D'HYGIÈNE

Le présent chapitre ne comprend pas de dispositions législatives.

CHAPITRE II ACCÈS AUX SOINS

SECTION 1 Dispositions générales

BIBL. GÉN. ▸ Ouvrages : Casile-Hugues (dir.), Santé et prison, *Cah. dr. de la santé, 2015, n° 21.* – Céré (dir.), Le droit à la santé et la prison. Quelle protection, quels enjeux ?, *L'Harmattan,*

2017. – Herzog-Evans, Droit pénitentiaire 2020-2021, *Dalloz, 2019, n°s 2232.00 à 2232.207*. – Yarroudh-Fleurion, La santé en détention au regard du droit européen, *éd. Connaissances & Savoirs, 2017*.

▶ **Thèse :** Bonne-Harbil, Les droits de la personne détenue en matière de santé, *Univ. Lorraine, 2016*.

▶ **Rapports :** C. comptes, La santé des personnes détenues : des progrès encore indispensables, *Rapp. 2014, p. 251*. – CCNE, La santé et la médecine en prison, *Avis n° 94 du 13 déc. 2006*. – CGLPL, Rapports annuels d'activité. – OIP, La santé incarcérée. Enquête sur l'accès aux soins spécialisés en prison, *juill. 2022, 41 p.*

▶ **Articles :** Ailincai, L'accès des détenus aux soins de santé, *in* Le Floch et Fleury Graff, Santé et droit international, *SFDI Pedone, 2019, p. 435*. – Bergoignan-Esper, Santé en prison : quelle législation ?, *RDSS 2009. 497*. – Brahmy, L'accès aux soins dans les établissements pénitentiaires, *AJ pénal 2010. 314*. – Castaing, Les droits des patients détenus à l'épreuve des exigences sécuritaires : la question des extractions médicales, *RDSS 2020. 107*. – Céré, Le détenu malade : le traitement du droit européen, *AJ pénal 2010. 325*. – Crouy-Chanel, Noël et Sannier, Aménagements de peine pour raison médicale. Approche médico-judiciaire pour une meilleure mise en œuvre, *AJ pénal 2010. 318*. – Delarue, La protection de la santé dans les lieux de privation de liberté, *Gaz. Pal. 15-16 janv. 2010, p. 10*. – Dubois, La protection de la santé des détenus à l'aune de la Convention européenne des droits de l'homme, *in* L'homme et le droit, En hommage au Professeur Jean-François Flauss, *Pedone, 2014, p. 303*. – Murillo, Le droit à la santé des détenus sous le regard de la CEDH, *Gaz. Pal. 2011, n° 15*. – Oscam Abbing, Prisoners Right to Healthcare, a European Perspective, *EJHL 2013, 20, p. 5.*. – Tulkens et Dubois-Hamdi, Prison et santé mentale. La jurisprudence de la Cour européenne des droits de l'homme, *Criminologie 2015, vol. 48, n° 1, p. 77*. – Tulkens et Voyatzis, Le droit à la santé en prison. Les développements de l'article 3 de la Convention européenne des droits de l'homme, *RDPC 2009. 364*.

Art. L. 322-1 La qualité et la continuité des soins sont garanties aux personnes détenues dans des conditions équivalentes à celles dont bénéficie l'ensemble de la population.

L'état psychologique des personnes détenues est pris en compte lors de leur entrée en détention et pendant leur détention. L'administration pénitentiaire favorise la coordination des différents intervenants agissant pour la prévention et l'éducation sanitaires.

Recomm. n° R (98)7 du Comité des ministres du Conseil de l'Europe relative aux aspects éthiques et organisationnels des soins de santé en milieu pénitentiaire, adoptée par le Conseil des ministres le 8 avr. 1998.

COMMENTAIRE

PRINCIPE D'ÉQUIVALENCE DES SOINS

Le droit du Conseil de l'Europe a depuis longtemps déjà développé le principe de l'équivalence des soins dispensés en prison avec ceux disponibles à l'extérieur des établissements pénitentiaires. Ainsi, la Recommandation n° R (98)7 relative aux aspects éthiques et organisationnels des soins de santé en milieu pénitentiaire précise qu'« un service de santé en milieu pénitentiaire devrait pouvoir dispenser des soins médicaux, psychiatriques et dentaires, et mettre en œuvre des programmes d'hygiène et de traitement préventif, dans des conditions comparables à celles dont bénéficie le reste de la population » (§ 10). Les Règles pénitentiaires européennes (version 2020, App. v° *Conditions de détention*) ont même posé le principe, plus général encore, d'une vie en prison « alignée aussi étroitement que possible sur les aspects positifs de la vie à l'extérieur de la prison » (RPE 5), ce qui implique notamment que chaque détenu doit bénéficier des soins médicaux, chirurgicaux et psychiatriques requis, y compris ceux disponibles en milieu libre (RPE 40.5). Comme le rappelle l'arrêt *Wenner c/ Allemagne* du 1er septembre 2016 (n° 62303/13), la Cour européenne des droits de l'homme (CEDH) cherche à faire respecter un principe d'équivalence des soins, qui doit garantir aux détenus un traitement médical dispensé dans des conditions comparables à celles dont bénéficie la population en milieu libre (§ 66) tout en rappelant que les États membres jouissent d'une certaine marge d'appréciation concernant le choix des soins à prodiguer aux détenus présentant des pathologies (§ 58).

C'est dans le même ordre d'idée que l'alinéa 2 de l'article 46 de la loi pénitentiaire du 24 novembre 2009 (*JO 25 nov.*) a posé le principe de l'équivalence des soins désormais codifié à l'article L. 322-1 : « La qualité et la continuité des soins sont garanties aux personnes détenues dans des conditions équivalentes à celles dont bénéficie l'ensemble de la population. » Les recommandations minimales du Contrôleur général des lieux de privation de liberté (CGLPL) pour le respect de la dignité et des droits fondamentaux des personnes privées de liberté rappellent que « ce principe doit s'appliquer sans réserve quels que soient le fondement juridique de la mesure de privation de liberté, la pathologie concernée ou les handicaps qui affectent les patients » (*JO 4 juin 2020, Rec. 6, § 109*). Sa portée ne doit toutefois pas être mal interprétée.

UNE RÉAFFIRMATION DU DROIT À LA PROTECTION DE LA SANTÉ DES PERSONNES DÉTENUES

En premier lieu, le principe d'équivalence des soins sert avant tout à rappeler et à souligner le droit à la protection de la santé dont sont titulaires les personnes détenues comme toute personne humaine. La Grande Chambre de la CEDH a ainsi eu l'occasion de préciser que le respect de ce principe n'implique « pas que soit garanti à tout détenu le même niveau de soins médicaux que celui des meilleurs établissements de santé extérieurs au milieu carcéral » (CEDH 31 janv. 2019, *Rooman c/Belgique*, n° 18052/11, § 147 : *Dr. pénal 2019, n° 4, comm. 78 par Peltier ; JCP 2019. 7. 175, note Pastre-Belda ; ibid. 176, note Gonzalez ; D. 2019. 524, note Sferlazzo-Boubli*). Ce qui importe est que « les conditions de détention d'une personne malade [garantissent] la protection de sa santé, eu égard aux contingences ordinaires et raisonnables de l'emprisonnement » (CEDH 13 mars 2018, *Ebedin Abi c/Turquie*, n° 10839/09, § 33).

UN PRINCIPE SUBORDONNÉ AUX CONTRAINTES INHÉRENTES AU SERVICE PUBLIC PÉNITENTIAIRE

En second lieu, comme l'indique cette dernière précision, le principe d'équivalence des soins peut faire l'objet des restrictions nécessaires liées aux contraintes inhérentes à la détention, au maintien de la sécurité et du bon ordre des établissements, à la prévention de la commission de nouvelles infractions et à la protection de l'intérêt des victimes. Ces restrictions, précise le Conseil d'État, « tiennent compte de l'âge, de l'état de santé, du handicap, de l'identité de genre et de la personnalité de chaque personne détenue, de sorte que les modalités d'exécution des mesures prises ne le soumettent pas à une épreuve qui excède le niveau inévitable de souffrance inhérent à la détention ». Le principe d'équivalence des soins ne doit donc pas être lu comme un principe d'identité des conditions de prise en charge. Cela explique notamment que les personnes détenues ne bénéficient pas toujours des droits reconnus aux malades, tel que le libre choix du praticien.

En tout état de cause, si la prise en charge de la santé des personnes détenues a été confiée au service public hospitalier (V. art. L. 115-1 s.), l'accessibilité des soins ne relève pas « de la seule responsabilité du personnel soignant [...] mais doit être structurellement organisée par l'administration en charge du lieu d'enfermement et le service de santé » (CGLPL, Recommandations minimales pour le respect de la dignité et des droits fondamentaux des personnes privées de liberté JO 4 juin 2020, Rec. 6, § 110). Les établissements pénitentiaires sont ici soumis à une obligation de moyens qui leur impose de veiller à ce que les personnes détenues soient bien en capacité de purger leur peine et, le cas échéant, de leur administrer les soins médicaux nécessaires et d'adapter les conditions générales de détention à leur état de santé (CEDH 9 sept. 2010, *Xiros c/ Grèce*, n° 1033/07, § 73 : *Dr. pénal 2011. Chron. 3, obs. Dreye*). Cela implique de garantir un accès continu à des soins de qualité, tant somatiques que psychiatriques, même spécialisés, y compris lorsque cela nécessite une extraction médicale (CGLPL, Recomm. minimales pour le respect de la dignité et des droits fondamentaux des personnes privées de liberté, *JO 4 juin 2020, Rec. 6.2, § 121*).

Comme l'a notamment souligné la CEDH, le contrôle de l'« adéquation » de l'assistance médicale fournie relève d'un exercice aussi délicat que complexe, ce qui la conduit à « conserver un certain degré de flexibilité dans la définition du standard médical requis, en décidant au cas par cas » (CEDH 25 oct. 2018, *Provenzano c/ Italie*, n° 55080/13, § 128 et 129 : *RSC 2019. 75, note Travaglia Cicirello* ✎), et à refuser de « se prononcer sur des questions qui relèvent de l'expertise médicale » (Recomm. préc., Rec. 6.2, § 121). ❑

I. DROIT AUX SOINS

1. *Conv. EDH, art. 3. Conditions de détention conformes à la dignité humaine.* L'art. 3 Conv. EDH impose à l'État que, eu égard aux exigences pratiques de l'emprisonnement, la santé et le bien-être du prisonnier soient assurés de manière adéquate, notamment par l'administration de soins médicaux. • CEDH 26 oct. 2000, *Kudla c/ Pologne*, n° 30210/96 : *RFDA 2001. 1250, chron. Labayle et Sudre ; ibid. 2003. 85, étude Andriantsimbazovina ; RSC 2001. 881, obs. Tulkens ; RTD civ. 2001. 442, obs. Marguénaud ; JCP 2001. I. 291, obs. Sudre ; RTDH 2002. 169, obs. Flauss* (non-violation en l'espèce). ♦ L'administration pénitentiaire garantit à toute personne détenue le respect de sa dignité et de ses droits qui ne peuvent faire d'autres restrictions que celles résultant des contraintes inhérentes à la détention, du maintien de la sécurité et du bon ordre des établissements, de la prévention de la commission de nouvelles infractions et de la protection de l'intérêt des victimes. En raison de la situation d'entière dépendance des personnes détenues vis-à-vis de l'administration pénitentiaire, l'appréciation du caractère attentatoire à la dignité des conditions de détention dépend de leur vulnérabilité, appréciée compte tenu de leur âge, de leur état de santé, de leur handicap et de leur personnalité, ainsi que de la nature et de la durée des manquements constatés et des motifs susceptibles de justifier ces manquements ; des conditions de détention qui porteraient atteinte à la dignité humaine révéleraient l'existence d'une faute de nature à engager la responsabilité de la puissance publique. • CE, sect., 6 déc. 2013, n° 363290 A : *AJDA 2014. 237, concl. Hedary ; ibid. 2013. 246 ; AJ pénal 2014. 143, obs. Péchillon*.

2. *Obligations subséquentes de l'État.* Le devoir de soigner la personne malade au cours de sa détention met à la charge de l'État les obligations particulières de veiller à ce que le détenu soit capable de purger sa peine, de lui administrer les soins médicaux nécessaires et d'adapter, le cas échéant, les conditions générales de détention à la situation particulière de son état de santé. • CEDH 9 sept. 2010, *Xiros c/ Grèce*, n° 1033/07, § 73 : *Dr. pénal 2011. Chron. 3, obs. Dreye*. ♦ L'administration pénitentiaire doit notamment veiller à garantir une prise en charge de soins adaptés à l'état de santé de la personne détenue. • CEDH 14 nov. 2002, *Mouisel c/ France*, n° 67263/01 : *JCP 2003. I. 109, n° 2, obs. Sudre ; D. 2003. Somm. 524, obs. Renucci ; ibid. 303, note Moutouh ; RSC 2003. 144, note Massias ; Dr. pénal 2003, n° 52, obs. Maron et Haas ; RTDH 2003. 999, note Céré*. ♦ L'accès aux soins, tant somatiques que psychiatriques, des personnes détenues doit être garanti, y compris lorsqu'il nécessite une extraction médicale. Les facteurs de blocage et d'entrave doivent être identifiés et neutralisés dans les plus brefs délais. * CGLPL, Recomm. en urgence relatives au centre pénitentiaire de Bordeaux-Gradignan (Gironde), 30 juin 2022, *JO 13 juill.* ♦ L'administration pénitentiaire ne doit jamais interférer dans la mise en œuvre des prescriptions médicales concernant les détenus. Tous les agents doivent bénéficier d'une formation à la prévention et à la gestion du risque suicidaire. * Même Recomm.

3. *Partage des responsabilités.* V. notes ss. art. L. 115-2.

A. DROIT AU RESPECT DE LA VIE (PRÉVENTION DU SUICIDE)

4. *Conv. EDH, art. 2. Suicide d'un détenu.* Condamnation de la France en raison du suicide d'un détenu qui avait été placé en cellule disciplinaire alors qu'il souffrait de troubles mentaux. • CEDH 16 oct. 2008, *Renolde c/ France*, n° 5608/05 : *AJ pénal 2009. 41, obs. Céré ; GADS, Dalloz, 3e éd., 2021, n° 107* • 19 juill. 2012, *Ketred c/ France*, n° 38447/09 : *D. actu. 19 sept. 2012, obs. Léna ; AJ pénal 2012. 609, obs. Céré*. ♦ La responsabilité de l'État en cas de préjudice matériel ou moral résultant du suicide d'un détenu peut être recherchée pour faute des services pénitentiaires en raison notamment d'un défaut de surveillance ou de vigilance. • CE 26 juill. 2018, n° 391551. ♦ Néanmoins, lorsque rien dans le comportement de la personne détenue ne laisse présager un suicide, l'administration pénitentiaire n'est pas tenue d'adopter des mesures particulières au-delà de l'accompagnement médical qui a été effectivement mis en place en l'espèce. • CEDH 8 oct. 2015, *Sellal c/ France*, n° 32432/13 : *AJDA 2016. 232 ; AJ pénal 2016. 158, obs. Céré* (§ 58, absence de condamnation).

5. *Responsabilité administrative.* La responsabilité de l'État en cas de préjudice matériel ou moral résultant du suicide d'un détenu peut être recherchée pour faute des services pénitentiaires en raison notamment d'un défaut de surveillance ou de vigilance. Une telle faute ne peut toutefois être retenue qu'à la condition qu'il résulte de l'instruction que l'administration n'a pas pris, compte tenu des informations dont elle disposait, en particulier sur les antécédents de l'intéressé, son comportement et son état de santé, les mesures que l'on pouvait raisonnablement attendre de sa part pour prévenir le suicide. • CE 26 juill. 2018, n° 391551.

6. *Caractérisation de la faute.* La faute de l'administration ne peut être retenue que s'il apparaît qu'elle n'a pas pris, compte tenu des informations dont elle disposait, en particulier sur les antécédents de l'intéressé, son comportement et son état de santé, les mesures que l'on pouvait raisonnablement attendre de sa part pour prévenir le suicide. • CE 26 juill. 2018, n° 391551. ♦ A supposer même que l'incendie déclenché par l'intéressé ait en réalité constitué une tentative de suicide, le comportement antérieur du détenu ne pouvait laisser présager l'imminence d'un passage à l'acte. Compte tenu des informations dont elle disposait, en particulier sur les antécédents de l'intéressé, son comportement et son état de santé, l'administration pénitentiaire n'a pas commis de faute de nature en le plaçant en cellule disciplinaire, d'une part, et en s'abstenant de lui retirer pour des motifs de sécurité le briquet et les produits de tabac dont il disposait, d'autre part. • CAA Marseille, 17 juill. 2020, n° 18MA01230. ♦ Sur le rejet du pourvoi concernant la décision de la CAA de Marseille, V. • CE 16 nov. 2021, n° 448862.

7. Troubles mentaux, obligation de vigilance renforcée. Les détenus atteints de troubles mentaux sont plus vulnérables que les détenus ordinaires et certaines exigences de la vie carcérale les exposent davantage à un danger pour leur santé, renforcent le risque qu'ils se sentent en situation d'infériorité et sont forcément source de stress et d'angoisse. Cette situation entraîne la nécessité d'une vigilance accrue. • CEDH 20 janv. 2009, *Slawomir Musial c/ Pologne*, n° 28300/06, § 96 : *AJDA 2008. 982, chron. Flauss ; JCP 2009. 143, p. 36, n° 1, obs. Sudre.* ♦ V. égal. • CEDH 10 janv. 2013, *Claes c/ Belgique*, n° 43418/09, § 101.

8. Crise cardiaque. Absence de violation de l'art. 2 Conv. EDH alors que le médecin du centre hospitalier qui assurait le suivi médical de l'intéressé atteste que celui-ci souffrait de symptômes douloureux dont l'origine était recherchée, qu'il souffrait de fréquentes manifestations de douleurs thoraciques sans être obligatoirement d'origine cardiaque et qu'il accepte difficilement de ne pas recevoir de soins médicaux aussi rapidement qu'il le souhaite et qu'il ne résulte pas de l'instruction que l'administration pénitentiaire aurait refusé de le laisser accéder au service de l'UCSA du centre de détention. • CAA Nantes, 2 oct. 2020, n° 19NT02791. ♦ Relève en revanche d'un défaut de vigilance fautif de nature à engager la responsabilité de l'État le délai de plus de douze heures dans l'accès aux soins médicaux nécessités par l'état de l'intéressé, dont l'aspect aurait dû faire suspecter par le personnel pénitentiaire une situation d'urgence et qui est à l'origine de la gravité de l'infarctus du myocarde ainsi que des séquelles. • CAA Lyon, 11 mars 2021, n° 19LY01989.

B. TRAITEMENTS INHUMAINS ET DÉGRADANTS

1° DROIT EUROPÉEN

9. Conv. EDH, art. 3. Défaut de soins appropriés. Même si tout emprisonnement comporte une part d'humiliation, l'incarcération n'est pas, en soi, constitutive d'un traitement inhumain ou dégradant. • CEDH 26 oct. 2000, *Kudla c/ Pologne*, n° 30210/96 : *préc. note 1.* ♦ Ce principe n'est pas remis en cause si la personne incarcérée (en l'occurrence Maurice Papon) est âgée de plus de 90 ans et se plaint de problèmes de santé. • CEDH 25 juill. 2002, *Papon c/ France*, n° 54210/00. ♦ En revanche, la détention d'une personne malade dans des conditions matérielles et médicales inappropriées peut en principe constituer un traitement contraire à l'art. 3. • CEDH 26 oct. 2000, *Kudla c/ Pologne*, n° 30210/96 : *préc. note 1* • 11 juill. 2006, *Rivière c/ France*, n° 33834/03, § 74 : *D. 2007. 1229, obs. Céré, Herzog-Evans et Péchillon ; RSC 2007. 350, chron. Poncela .* ♦ L'art. 3 Conv. EDH impose à l'État que, eu égard aux exigences pratiques de l'emprisonnement, la santé et le bien-être du prisonnier soient assurés de manière adéquate, notamment par l'administration de soins médicaux. • CEDH 26 oct. 2000, *Kudla c/ Pologne*, n° 30210/96 : *préc. note 1.* ♦ Le manque de soins médicaux appropriés pour des personnes privées de liberté peut ainsi engager la responsabilité de l'État au regard de l'art. 3. • CEDH 10 févr. 2004, *Gennadi Naoumenko c/ Ukraine*, n° 42023/98, § 112 : *RSC 2005. 630, obs. Massias .* ♦ La CEDH tient compte du caractère adéquat ou non des soins et traitements médicaux dispensés en détention. • CEDH 11 juill. 2006, *Rivière c/ France*, n° 33834/03, § 63 : *préc.*

10. Conv. EDH, art. 3. Éléments d'appréciation. Pour déterminer si la détention d'une personne malade est conforme à l'art. 3 Conv. EDH, la Cour prend en considération la santé de l'intéressé et l'effet des modalités d'exécution de sa détention sur son évolution. • CEDH 15 janv. 2004, *Matencio c/ France*, n° 58749/00, § 76 et 77. ♦ En particulier, la Cour a jugé que la souffrance due à une maladie qui survient naturellement, qu'elle soit physique ou mentale, peut en elle-même relever de l'art. 3 si elle se trouve ou risque de se trouver exacerbée par des conditions de détention dont les autorités peuvent être tenues pour responsables. • CEDH 5 mars 2013, *Gülay Çetin c/ Turquie*, n° 44084/10, § 101.

11. Conv. EDH, art. 3. Souffrance physique ou psychique endurée. Il n'est pas nécessaire d'en arriver au constat d'une urgence médicale ou d'une douleur sévère et prolongée pour qualifier un traitement d'inhumain. • CEDH 15 juin 2010, *Ashot Harutyunyan c/ Arménie*, n° 34334/04, § 114 • 6 nov. 2012, *Zdravko Stanev c/ Bulgarie*, n° 32238/04, § 46. ♦ La souffrance liée à une affection physique ou mentale peut en elle-même relever de l'art. 3 Conv. EDH si elle se trouve ou risque de se trouver exacerbée par des conditions de détention dont les autorités peuvent être tenues pour responsables. • CEDH 5 mars 2013, *Gülay Çetin c/ Turquie*, n° 44084/10, § 101. ♦ L'absence de personnel médical parlant la langue du détenu peut accentuer la souffrance en empêchant toute prise en charge médicale appropriée. • CEDH 31 janv. 2019, Rooman c/ Belgique, n° 18052/11 : *Dr. pénal 2019, n° 4, comm. 78 par Peltier ; JCP 2019. 7. 175, note Pastre-Belda ; ibid. 176, note Gonzalez ; D. 2019. 524, note Sferlazzo-Boubli.*

12. Conv. EDH, art. 3. Dégradation de l'état de santé. De façon générale, la dégradation de la santé du détenu ne joue pas en soi un rôle déterminant quant au respect de l'art. 3 Conv. EDH. Cette dégradation doit être imputable à des lacunes dans les soins médicaux dispensés. • CEDH 27 nov. 2014, *Catalin Eugen Micu c/ Roumanie*, n° 18785/13, § 69 • 12 juin 2008, *Kotsaftis c/ Grèce*, n° 39780/06, § 53.

2° DROIT INTERNE

13. Carence de l'administration pénitentiaire. Eu égard à la vulnérabilité des détenus et à leur situation d'entière dépendance vis-à-vis de l'administration, il appartient à l'administration pénitentiaire de prendre les mesures propres à protéger leur vie ainsi qu'à leur éviter tout traitement inhumain ou dégradant. Lorsque la carence de l'autorité publique crée un danger caractérisé et imminent pour la vie des personnes, les expose à être soumises, de manière caractérisée, à un traitement inhumain ou dégradant ou conduit à ce qu'elles soient privées, de manière caractérisée, des traitements et des soins appropriés à leur état de santé, portant ainsi une atteinte grave et manifestement illégale à ces libertés fondamentales, et que la situation permet de prendre utilement des mesures de sauvegarde dans un délai de quarante-huit heures, le juge du référé-liberté peut prescrire les mesures provisoires de nature à faire cesser la situation résultant de cette carence. • CE, ord., 7 mai 2020, n° 440151 : *AJDA 2020. 976 ; ibid. 2020. 1298, note Schmitz.* ♦ La suroccupation d'une cellule et le manque de soins en rapport avec l'état de santé de la personne détenue sont constitutifs d'un traitement ayant entraîné des souffrances excessives au regard de celles, inévitables, qui découlent de la détention elle-même. • CAA Versailles, 16 déc. 2010, n° 08VE0099.

14. Absence. Le changement d'affectation d'un détenu, dont il n'est pas prouvé qu'il aurait pour effet de le priver de l'accès aux soins nécessités par son état de santé, ne constitue pas un traitement inhumain et dégradant au sens de l'art. 3 Conv. EDH. • CE 9 avr. 2008, n° 308221 : *AJDA 2008. 1827, note Costa ; RSC 2009. 431, chron. Poncela.*

C. PROTECTION DE LA SANTÉ CONTRE LES MALADIES ÉPIDÉMIQUES ET CONTAGIEUSES

BIBL. Bonis et Peltier, Le droit de la peine et la lutte contre le covid-19 en milieu carcéral, *Dr. pénal 2020. Étude 4.* – Hazan, Les droits fondamentaux des personnes détenues à l'épreuve de la crise sanitaire, *AJ pénal 2020. 200.*

15. Prévention du covid-19. Les autorités publiques ont l'obligation de mettre en place des mesures visant à éviter l'infection, à en limiter la propagation au sein de l'établissement et de fournir des soins médicaux adéquats en cas de contamination. Les mesures préventives doivent être proportionnées aux risques encourus, dans la limite où elles ne constituent pas une charge excessive compte tenu des exigences liées à l'emprisonnement. • CEDH 1er mars 2022, *Fenech c/ Malte*, n° 19090/20. ♦ Dans le cadre de l'épidémie de covid-19, il appartient aux chefs d'établissements pénitentiaires, responsables de l'ordre et de la sécurité au sein de ceux-ci, de s'assurer du respect des consignes données pour lutter contre la propagation du virus et de prendre, dans le champ de leurs compétences, toute mesure propre à garantir le respect effectif des libertés fondamentales des détenus et des personnes y travaillant ou y intervenant, notamment la suspension des activités cultuelles et des visites aux parloirs. • CE, ord., 8 avr. 2020, n° 439821 B. ♦ La situation sanitaire liée au covid-19 ne justifie pas un placement en cellule individuelle. • CE 11 mai 2020, n° 440338 • 15 mai 2020, n° 440367. ♦ Mais une carence est relevée en l'absence de distribution de masques à l'occasion des visites d'avocats au parloir. • CE, ord., 7 mai 2020, n° 440151 : *préc. note 13.*

16. Signalement au médecin de prévention de la justice référent. Les dispositions du CSP relatives à la transmission obligatoire de données individuelles à l'autorité sanitaire ne régissent pas les procédures à suivre et les mesures à prendre au sein d'un établissement assurant un hébergement collectif lorsque survient un cas de maladie contagieuse et ne font pas obstacle à ce que l'existence d'un tel cas dans un établissement pénitentiaire soit signalée au médecin de prévention du ministère de la Justice référent pour l'établissement pénitentiaire. • CE 22 oct. 2014, n° 362681 : *AJ pénal 2014. 595, note Péchillon.*

17. Aménagement de peine. Le caractère contagieux de la maladie contractée par un détenu peut légalement être pris en considération pour apprécier l'opportunité d'un aménagement de peine futur comportant un hébergement dans un établissement social. • CE 22 oct. 2014, n° 362681 : *préc. note 16.*

D. ACCÈS AUX SOINS

18. Conv. EDH, art. 3. Obligation positive de l'État. L'art. 3 Conv. EDH impose à l'État que, eu égard aux exigences pratiques de l'emprisonnement, la santé et le bien-être du prisonnier soient assurés de manière adéquate, notamment par l'administration de soins médicaux. • CEDH 26 oct. 2000, *Kudla c/ Pologne*, n° 30210/96 : *préc.*

note 1. ♦ La Cour tient également compte du caractère adéquat ou non des soins et traitements médicaux dispensés en détention. • CEDH 17 janv. 2012, *Stanev c/ Bulgarie*, n° 36760/06, § 204 • 11 juill. 2006, *Rivière c/ France*, n° 33834/03, § 63 : *préc. note 9* • 20 janv. 2009, *Slawomir Musial c/ Pologne*, n° 28300/06, § 85 à 88 : *préc. note 7.* ♦ Il n'est pas suffisant que le détenu soit examiné et qu'un diagnostic soit établi, il faut encore qu'une thérapie correspondant au diagnostic établi soit mise en œuvre… • CEDH 10 janv. 2013, *Claes c/ Belgique*, n° 43418/09, § 94 à 97. ♦ … Par un personnel qualifié. • CEDH 3 avr. 2001, *Keenan c/ Royaume-Uni*, n° 27229/95, § 115 et 116 : *D. 2002. 118, obs. Céré.*

19. Conv. EDH, art. 3. Équivalence des soins. Les soins dispensés en milieu carcéral doivent être d'un niveau comparable à celui que les autorités de l'État se sont engagées à fournir à l'ensemble de la population, sans nécessairement égaler ceux des meilleurs établissements de santé extérieurs. • CEDH 23 mars 2016, n° 47152/06, § 137 : *D. 2017. 1727, obs. Bonfils et Gouttenoire*. ♦ Dans l'hypothèse où la prise en charge n'est pas possible sur le lieu de détention, il faut que le détenu puisse être hospitalisé ou transféré dans un service spécialisé. • CEDH 21 déc. 2010, *Raffray Taddei c/ France*, n° 36435/07, § 58 et 59 : *AJ pénal 2011. 129, note Céré*. ♦ V. égal. *a contrario* : • CEDH 3 nov. 2011, *Cocaign c/ France*, n° 32010/07 : *D. actu. 17 nov. 2011, obs. Léna ; D. 2012. Pan. 1294, obs. Céré, Herzog-Evans et Péchillon ; AJ pénal 2011. 605, obs. Céré ; RSC 2012. Chron. 263, obs. Marguénaud ; Dr. pénal 2012. Chron. 3, obs. Dreyer.*

20. Libre choix de son praticien (absence). Si les personnes détenues dans des établissements pénitentiaires ne sont pas, de ce seul fait, privées d'exercer leurs droits fondamentaux, l'exercice de ces droits est subordonné aux contraintes inhérentes à leur détention. Compte tenu de leur détention, le droit du malade au libre choix de son praticien et de son établissement de santé ne leur est pas ouvert. • CAA Paris, 31 juill. 2014, n° 13PA04134. ♦ Cette règle ne contrevient pas par elle-même au droit à un accès approprié aux soins. Dès lors que l'accès à des soins individuels appropriés est effectif au sein de l'établissement, l'intéressé n'est pas fondé à soutenir que le refus de l'autoriser à choisir son praticien le prive de manière discriminatoire de ce droit fondamental tel qu'il est protégé par les dispositions législatives et réglementaires internes : l'art. 12 PIDCP, les art. 2 et 3 Conv. EDH, les règles *a minima* de l'Organisation des Nations unies et la Recomm. n° R (98) 7 du Conseil de l'Europe. • Même arrêt.

21. Conv. EDH, art. 3. Insuffisance de l'accès aux soins. En ne fournissant pas des soins adéquats à une détenue anorexique, la France a violé l'art. 3 Conv. EDH prohibant les traitements inhumains et dégradants. • CEDH 21 déc. 2010, *Raffray Taddei c/ France*, n° 36435/07, § 60 à 63 : *préc. note 19.* ♦ L'appréciation des conditions d'accès aux soins s'effectue au cas par cas. • CEDH 2 sept. 2010, *Lorgoc c/ Bulgarie*, n° 36295/02, § 63 s.

22. Privation de soins (absence). Le seul constat de la disproportion des mesures de sécurité adoptées à l'encontre de l'intéressé lors de ses extractions médicales, dont il ne ressort pas qu'elles auraient, par elles-mêmes, entraîné une privation de soins alors même qu'elles sont à l'origine du refus du patient d'être examiné lors de la consultation, ne suffit pas à caractériser l'existence d'un préjudice moral. • CE 16 mars 2018, n° 407857 : *AJDA 2018. 1430*.

23. Retard fautif. Relève d'un défaut de vigilance fautif de nature à engager la responsabilité de l'État le délai de plus de douze heures dans l'accès aux soins médicaux nécessités par l'état de l'intéressé, dont l'aspect aurait dû faire suspecter par le personnel pénitentiaire une situation d'urgence, à l'origine de la gravité de l'infarctus du myocarde ainsi que des séquelles. • CAA Lyon, 11 mars 2021, n° 19LY01989.

24. Soins sous surveillance, escortes et extractions. V. art. R. 215-30 s.

II. BESOINS SPÉCIFIQUES DE CERTAINS DÉTENUS

BIBL. Brillet, Vieillesse(s) carcérale(s), *Cahier d'études pénitentiaires et criminologiques, n° 38, oct. 2013.* – CGLPL, Avis du 17 septembre 2018 relatif à la prise en compte des situations de perte d'autonomie dues à l'âge et aux handicaps physiques dans les établissements pénitentiaires, *JO 22 nov., texte n° 107.* – Ministère de la Justice, Personnes détenues en fin de vie : expériences individuelles et modalités de prise en charge, *Cah. d'études pénitentiaires et criminologiques, n° 41, sept. 2016.*

25. Conv. EDH, art. 3. Handicap et infirmité. Dès lors qu'elles décident de placer et de maintenir une personne infirme en prison, les autorités nationales doivent veiller à ce que les conditions de sa détention répondent aux besoins spécifiques découlant de son infirmité. • CEDH 27 juill. 2010, *Rokosz c/ Pologne*, n° 15952/09. ♦ L'absence de soins de rééducation et d'aménagement des conditions de détention, dont des sanitaires adaptés à la paraplégie dont est atteint un détenu, justifie la condamnation de l'État français sur le fondement de l'art. 3 Conv. EDH (prohibition des TID). • CEDH 19 févr. 2015, *Helhal c/ France*, n° 10401/12 : *D. 2015. 434 ; ibid. 569, obs. Léna ; ibid. 1122, obs. Céré, Herzog-Evans et Péchillon ; AJ pénal 2015. 219, note Céré ; JCP 2015. 481, note Pastre-Belda.* ♦ La seule circonstance que le détenu soit âgé et à mobilité réduite ne suffit pas à caractériser une atteinte grave et manifestement illégale à la liberté fondamentale tirée du droit à ne pas être soumis à un traitement inhumain et dégradant résultant de l'art. 3 Conv.

EDH. • CE, ord., 10 nov. 2022, n° 468491. ♦ Eu égard à ses aménagements spécifiques, l'hébergement d'un détenu à mobilité réduite dans une cellule médicalisée ne saurait être regardé comme attentatoire à la dignité humaine nonobstant les difficultés de circulation de deux fauteuils roulants à l'intérieur de ces cellules, la présence de certains équipements électriques défectueux ou non conformes aux normes ainsi que le taux d'humidité élevé de l'espace sanitaire. • CAA Paris, 5 juill. 2012, n° 12PA00067. ♦ En revanche, l'hébergement d'un détenu à mobilité réduite dans une cellule ordinaire lui rendant très difficiles les actes les plus simples de la vie courante et impossible la sortie de sa cellule par ses propres moyens doit, en l'absence de justifications légitimes, être regardé comme révélant une atteinte à la dignité humaine de nature à engager la responsabilité de l'administration. • Même arrêt. ♦ V. art. D. 112-34.

26. Conv. EDH, art. 3. Principe d'équivalence. La mise en place d'un accompagnement humain des personnes handicapées doit être équivalente en détention et à l'extérieur. * CGLPL, Avis du 17 sept. 2018 relatif à la prise en compte des situations de perte d'autonomie dues à l'âge et aux handicaps physiques dans les établissements pénitentiaires, *JO 22 nov., texte n° 107.* ♦ La nécessité pour une personne détenue gravement handicapée de se faire aider par un codétenu faute de conditions de détention et de soins adaptées est constitutive d'un traitement dégradant au sens de l'art. 3 Conv. EDH. • CEDH 19 févr. 2015, *Helhal c/ France,* n° 10401/12 : *préc. note 25.* ♦ En tout état de cause, l'assistance d'un codétenu, qui n'est ni organisée ni supervisée par un professionnel de santé ou un organisme d'aide à domicile, ne saurait être considérée comme suffisante à satisfaire l'obligation de préservation de l'intégrité et de la sécurité ainsi que le respect de la dignité des personnes détenues handicapées. * CGLPL, Avis du 17 sept. 2018 relatif à la prise en compte des situations de perte d'autonomie dues à l'âge et aux handicaps physiques dans les établissements pénitentiaires, *JO 22 nov., texte n° 107.* ♦ Dès que la situation de dépendance est reconnue, l'assistance par un organisme d'aide à domicile doit être mise en œuvre pour assurer une prise en charge sanitaire effective et des conditions de détention dignes. L'assistance d'un codétenu ne saurait être considérée comme satisfaisante. * Même avis.

27. Conv. EDH, art. 2 et 3. Troubles mentaux. Les mêmes obligations s'imposent pour la prise en charge d'un détenu souffrant de graves troubles mentaux et présentant des risques suicidaires qui appellent des mesures particulières. • CEDH 16 oct. 2008, *Renolde c/ France,* n° 5608/05 : *préc. note 4.* ♦ Les détenus atteints de troubles mentaux sont plus vulnérables que les détenus ordinaires et certaines exigences de la vie carcérale les exposent davantage à un danger pour leur santé, renforcent le risque qu'ils se sentent en situation d'infériorité et sont forcément source de stress et d'angoisse. Cette situation entraîne la nécessité d'une vigilance accrue. • CEDH 11 juill. 2006, *Rivière c/ France,* n° 33834/03, § 63 : *préc. note 9* • 20 janv. 2009, *Slawomir Musial c/ Pologne,* n° 28300/06, § 96 : *préc. note 7.* ♦ L'absence d'une prise en charge adéquate d'un détenu souffrant de troubles mentaux, par ailleurs interné sans encadrement médical appropriée et, donc, sans espoir réaliste de changement, constitue une épreuve particulièrement pénible l'ayant soumis à une détresse d'une intensité qui excède le niveau inévitable de souffrance inhérent à la détention. • CEDH 31 janv. 2019, *Rooman c/ Belgique,* n° 18052/11 : *préc. note 11.* ♦ Cette situation entache la « régularité » de la détention au sens de l'art. 5 Conv. EDH. • Même arrêt.

28. Référé-liberté. L'inadaptation des conditions de détention à l'état de santé ou au handicap est susceptible de porter une atteinte grave et manifestement illégale au droit de ne pas subir un traitement inhumain et dégradant, qui constitue une liberté fondamentale au sens de l'art. L. 521-2 CJA. • CE, ord., 10 nov. 2022, n° 468491 • 20 avr. 2023, n° 472455. ♦ Ne présente pas un caractère d'urgence suffisant la demande de placement dans une cellule spécialement aménagée pour les détenus à mobilité réduite dès lors que la perte d'autonomie dont souffre le détenu ne l'empêche ni de se lever, ni d'effectuer de courts déplacements, notamment au sein de sa cellule, et que la cellule individuelle dans laquelle il est placé, bien que ne répondant pas aux normes dites « PMR », se trouve au rez-de-chaussée de la maison centrale, dans un quartier où l'accès des cellules est de plain-pied et dépourvu de marche, et qu'elle est située à proximité de l'unité de soins où il a pu bénéficier de plusieurs rendez-vous par semaine depuis son arrivée. • CE, ord., 10 nov. 2022, n° 468491.

29. Droit à réparation. L'inadaptation des conditions matérielles de détention à raison de l'état de santé de la personne porte atteinte à la dignité inhérente à la personne humaine et révèle une faute de nature à engager la responsabilité de l'État. L'incarcération temporaire dans des conditions inappropriées du fait de l'absence de lit médicalisé et de l'impossibilité d'accéder à des sanitaires et des douches adaptés ouvre un droit à réparation. • CAA Nancy, 6 oct. 2016, n° 15NC02515.

III. DÉTENTION INCOMPATIBLE AVEC L'ÉTAT DE SANTÉ

30. Conv. EDH, art. 3. Traitement inhumain et dégradant. Le maintien en détention malgré des troubles de santé incompatibles avec celle-ci constitue un traitement inhumain au sens de l'art. 3 Conv. EDH. • CEDH 23 févr. 2012, *G. c/ France,* n° 27244/09 : *RDSS 2012. 678,* *note Hennion-Jacquet* • 16 avr. 2015, *Papastavrou c/ Grèce*, n° 63054/13, § 87.

31. Détention préventive. L'art. L. 147-1 C. pr. pén. prévoit une procédure permettant au juge judiciaire d'ordonner la mise en liberté, d'office ou à la demande de l'intéressé, lorsqu'une expertise médicale établit que cette personne est atteinte d'une pathologie engageant le pronostic vital ou que son état de santé physique ou mentale est incompatible avec le maintien en détention. • Crim. 18 oct. 2016, n° 16-84.764 P : *D. actu. 4 nov. 2016, obs. André ; Gaz. Pal. 24 janv. 2017, p. 64, note Fourment ; AJ pénal 2017. 91, obs. Falxa ; Dr. pénal 2017, n° 12, note Maron et Haas ; RSC 2016. 809, note Cordier.* ♦ En plus des préconisations médicales réalisées par un expert, le juge prendra en considération les conditions effectives de détention pour vérifier si elles méconnaissent effectivement les dispositions conventionnelles et légales et notamment à l'art. 3 Conv. EDH. • Crim. 23 juin 2021, n° 21-81.881. ♦ La chambre de l'instruction qui a refusé de rechercher si des mesures suffisantes étaient prises au regard du handicap du détenu, du fait de l'affectation à une cellule individuelle, et si un tabouret en plastique pouvait remplacer une chaise de douche était adaptée a méconnu les règles portant sur la charge de la preuve des traitements inhumains et dégradants et a ainsi violé les art. 3 et 13 Conv. EDH. • Crim. 8 juin 2021, n° 21-81.839.

32. Conv. EDH, art. 3. Libération pour raisons exceptionnelles de santé. Le devoir de soigner la personne malade au cours de sa détention met à la charge de l'État les obligations particulières de veiller à ce que le détenu soit capable de purger sa peine, de lui administrer les soins médicaux nécessaires et d'adapter, le cas échéant, les conditions générales de détention à la situation particulière de son état de santé. • CEDH 9 sept. 2010, *Xiros c/ Grèce*, n° 1033/07, § 73 : *préc. note 2.* ♦ On ne saurait en déduire une obligation générale de remettre en liberté ou de transférer à l'hôpital un détenu, même s'il souffre d'une maladie particulièrement difficile à soigner, tant qu'est garanti son droit d'accès à des soins de qualité. • CEDH 10 juill. 2007, n° 67263/01, § 40 s. : *D. 2003. 303, note Moutouh*. ♦ Mais la Cour ne saurait davantage exclure que, dans des conditions particulièrement graves, une bonne administration de la justice pénale exige des mesures de nature humanitaire. • CEDH 16 juin 2004, n° 58749/00, § 76 : *RSC 2005. 630, obs. Massias*. ♦ La libération de la personne détenue peut donc s'imposer dans des cas exceptionnels où son état de santé est absolument incompatible avec sa détention. • CEDH 7 juin 2001, *Papon c/ France*, n° 64666/01 : *D. 2001. 2335, note Céré ; ibid. 2002. 683, note Renucci* • 19 juill. 2007, *Rozhkov c/ Russie*, n° 64140/00, § 104.

Art. L. 322-2 **Ne peuvent être demandés aux médecins et aux personnels soignants intervenant en milieu pénitentiaire ni un acte dénué de lien avec les soins ou avec la préservation de la santé des personnes détenues, ni une expertise médicale.**

1. Commission pluridisciplinaire unique. En prévoyant qu'un représentant de l'équipe soignante intervenant dans l'établissement pénitentiaire assisterait, en fonction de l'ordre du jour, à une commission réunissant les différents intervenants concernés par la détention des personnes condamnées et susceptible d'être consultée sur la situation de ces dernières, notamment dans un objectif de meilleure prévention du suicide, ou qu'il puisse être associé, en tant que de besoin, à l'équipe pluridisciplinaire réunissant des représentants des différents services intervenant auprès des mineurs incarcérés afin d'assurer leur collaboration et le suivi individuel des mineurs détenus, le pouvoir réglementaire n'a pas prévu que pourrait être demandé aux médecins et aux personnels soignants intervenant en milieu carcéral un acte dénué de lien avec les soins ou avec la préservation de la santé des personnes détenues ou une expertise médicale. • CE 22 oct. 2014, n° 362681 : *AJ pénal 2014. 595, note Péchillon*.

2. Ingérence dans les soins. Le rôle et les compétences de chacun doivent être scrupuleusement respectés. Cela implique que l'administration pénitentiaire ne doit jamais interférer dans la mise en œuvre des prescriptions médicales concernant les détenus. Les conséquences de ce type d'interventions sont susceptibles d'engager la responsabilité de l'État. * CGLPL, Recomm. en urgence relatives au centre pénitentiaire de Bordeaux-Gradignan (Gironde), 30 juin 2022, *JO 13 juill.*

Art. L. 322-3 **L'administration pénitentiaire respecte le droit au secret médical des personnes détenues ainsi que le secret de la consultation, dans les conditions prévues par les dispositions de l'article L. 6141-5 du code de la santé publique. — *CSP.***

V. Circ. min. du 18 nov. 2004 relative à l'organisation des escortes pénitentiaires des détenus faisant l'objet d'une consultation médicale (NOR : JUSK044155C) ; Avis du CGLPL du 16 juin 2015 relatif à la prise en charge des personnes détenues au sein des établissements de santé (JO 16 juill.) ; Recomm. n° R (98) 7 du Conseil des ministres du Conseil de l'Europe aux États membres relative aux aspects éthiques et organisationnels des soins de santé en milieu pénitentiaire.

BIBL. ▸ David, Le secret médical en prison et ailleurs. Un concept dépassé et ringard ou un désordre des esprits ?, *L'information psychiatrique 2015/8, vol. 91, p. 662.*

I. SECRET DE LA CONSULTATION ET DES SOINS

1. V. notes ss. art. L. 322-4.

2. Confidentialité des soins et dignité de la personne humaine. Le constat, dressé par certificat médical, de ce que la confidentialité des soins n'est pas assurée au sein de l'établissement suffit à caractériser une atteinte à la dignité de la personne détenue lors des soins. • CAA Nancy, 6 oct. 2016, n° 15NC02515. ♦ C'est à bon droit qu'une chambre de l'application des peines a infirmé la décision d'un JAP ayant considéré que le menottage et la présence de personnel de surveillance lors des examens médicaux, ainsi que l'absence de traduction des prescriptions médicales et de présence d'un interprète ou d'un soignant hispanophone lors des consultations médicales ne caractérisent pas des conditions de détention indignes. • Crim. 16 nov. 2022, n° 22-80.807 B : *D. 2022. 2042 ; ibid. 2023. 421, chron. Ascensi, Fouquet, Mallard, Guerrini, Joly et Violeau ; AJ pénal 2023. 48, obs. Senna ; Dr. pénal 2023, n° 1, comm. 9, note Maron et Haas ; ibid., comm. 13, note Peltier.*

3. Correspondances. Les correspondances entretenues par une personne détenue avec un médecin extérieur à l'établissement relevant du droit au secret médical, le contrôle des correspondances médicales effectué par les membres du personnel pénitentiaire est dépourvu de base légale et porte atteinte aux droits des usagers de l'administration au sens de l'al. 1er de l'art. 4 de la L. org. n° 2011-333 du 29 mars 2011. * Défenseur des droits, Décis. n° 2022-038 du 3 févr. 2023. ♦ En conséquence est recommandée la modification de la Circ. du 9 juin 2011 relative à la correspondance téléphonique et à la correspondance écrite des personnes détenues, de façon à ce qu'elle garantisse que l'ouverture des correspondances ne puisse être réalisée que si celles-ci paraissent compromettre gravement la réinsertion de la personne détenue ou le maintien du bon ordre et la sécurité conformément aux dispositions légales. * Même décision.

4. Soins sous surveillance. Une circulaire permettant le menottage dans le dos ainsi que l'entrave et la présence de l'escorte à l'occasion de la consultation médicale, qui n'a vocation à être mise en œuvre que dans la mesure où apparaîtraient des risques sérieux d'évasion et de trouble à l'ordre public, ne prévoit aucun traitement excédant par lui-même le niveau de contrainte strictement nécessaire au déroulement d'une consultation médicale dans des conditions de sécurité satisfaisantes, ne porte pas atteinte à la dignité humaine et n'autorise aucun traitement inhumain et dégradant au sens de l'art. 3 Conv. EDH. • CE 30 mars 2005, n° 276017 A. ♦ La mise en œuvre de mesures de sécurité particulières et le recours, le cas échéant, à des mesures de coercition sous la forme d'entraves ne sauraient se limiter au seul transport des détenus mais peuvent, si nécessaire, être étendus à la consultation et aux soins médicaux eux-mêmes lorsqu'ils ne peuvent être dispensés au sein de l'établissement de détention. Toutefois, les mesures de sécurité mises en œuvre par l'administration pénitentiaire lors de l'extraction et du séjour dans un établissement hospitalier d'un détenu doivent, d'une part, être adaptées et proportionnées à la dangerosité du détenu et au risque d'évasion que présente chaque cas particulier et, d'autre part, assurer en toute hypothèse la confidentialité des relations entre les détenus et les médecins qu'ils consultent. • CE 15 oct. 2007, n° 281131 : *AJ pénal 2008. 49, obs. Péchillon .* ♦ V. égal. • CAA Nantes, 19 nov. 2021, n° 20NT03107. ♦ La note NOR :JUSK1340027N du 8 nov. 2013 relative à la prise en charge des détenus particulièrement signalés ne saurait avoir légalement ni pour objet ni pour effet d'autoriser l'administration pénitentiaire à méconnaître les exigences prévues par la loi. Elle doit être interprétée comme invitant les personnels en charge des détenus particulièrement signalés à déterminer pour chaque détenu, dans le respect de ces exigences, les mesures de sécurité adaptées et proportionnées aux risques qu'il présente et, conformément à ce que prévoit la Circ. intermin. du 30 oct. 2012 relative à la publication du guide méthodologique sur la prise en charge sanitaire des personnes placées sous main de justice, à veiller à ce que la confidentialité des soins soit respectée. • CE 30 déc. 2015, n° 383294. ♦ Le seul constat de la disproportion des mesures de sécurité adoptées à l'encontre de l'intéressé lors de ses extractions médicales, dont il ne ressort pas qu'elles auraient, par elles-mêmes, fait obstacle à la tenue d'une consultation dans le respect du secret médical, ne suffit pas à caractériser l'existence d'un préjudice moral. • CE 16 mars 2018, n° 407857 A. ♦ L'obligation de port des menottes lors des extractions médicales, qui relève d'un régime d'escorte allégé, ne révèle pas d'erreur d'appréciation mais constitue une mesure adaptée et proportionnée dès lors qu'elle ne s'applique pas durant les soins et que le détenu, condamné à une longue peine, n'a jamais bénéficié de permission de sortir • CAA Nantes, 19 nov. 2021, n° 20NT03107.

II. SIGNALEMENT DES RISQUES POUR LA SÉCURITÉ DES PERSONNES

5. Carence fautive du personnel de santé. Ne peut être imputé à une négligence de l'administration pénitentiaire l'arrêt cardio-respiratoire ayant entraîné le décès dû à une intoxication aiguë et massive à la méthadone que le détenu s'était procurée auprès d'un autre détenu en possession d'une double dose journalière du fait de la fermeture de l'unité de consultations et de soins ambulatoires sur un week-end prolongé. Cette situation engage la seule responsabilité pour faute du CHRU alors que l'UCSA n'a pas pris les précautions minimales afin que le produit dangereux ne puisse être absorbé que par le patient auquel il était destiné et qu'elle n'a pas informé l'administration pénitentiaire de sa délivrance, de façon à la placer en situation de pouvoir prendre des mesures de surveillance adéquates. • CAA Nantes, 5 juill. 2012, n° 11NT00104. ♦ L'établissement public de santé n'établit pas avoir informé l'administration pénitentiaire de la délivrance de la méthadone à son codétenu et l'avoir placée en situation de pouvoir prendre des mesures de surveillance adéquates.

6. Responsabilité du directeur de l'établissement pénitentiaire. Il appartient au directeur de l'établissement, destinataire de l'information en vertu de l'art. L. 6141-5 CSP, de veiller à ce qu'elle ne soit communiquée qu'aux seuls professionnels ayant besoin d'en disposer pour l'accomplissement de leurs missions. • CE 22 oct. 2014, n° 362681 : *AJ pénal 2014. 595, note Péchillon*.

Art. L. 322-4 **Chaque personne détenue a droit au respect de sa vie privée et du secret des informations la concernant, dans les conditions prévues par les dispositions des articles L. 1110-4 du code de la santé publique relatives au secret médical et R. 4127-4 du code de la santé publique relatives au secret professionnel des médecins. — *CSP.***

1. Champ d'application. Le secret médical couvre l'ensemble des informations concernant la personne qui sont venues à la connaissance du professionnel de santé dans le cadre de son activité professionnelle. Ainsi, il concerne non seulement ce qui a été confié au médecin dans l'exercice de sa profession, mais aussi ce qu'il a vu, entendu ou compris. Cela inclut les informations non médicales recueillies à l'occasion de la relation médicale. • CE 7 févr. 1994, n° 121290 : *D. 1995. 99, obs. Penneau*. ♦ Seules les dérogations expressément prévues par la loi permettent d'y déroger. * Défenseur des droits, Décis. n° 2022-038 du 3 févr. 2023. ♦ En l'état actuel du droit, les dispositions de l'art. L. 6141-5 CSP sont les seules dérogations légales expresses au droit au secret médical des personnes détenues. Il appartient donc aux seuls membres du personnel soignant intervenant au sein des établissements pénitentiaires de déterminer s'il existe ou non un risque sérieux pour la sécurité des personnes, et de le signaler au directeur de l'établissement en lui transmettant dans le respect des dispositions relatives au secret médical les informations utiles à la mise en œuvre de mesures de protection. • Même décision.

2. Responsabilités. Il appartient au directeur de l'établissement, destinataire de l'information en vertu de l'art. L. 6141-5 CSP, de veiller à ce qu'elle ne soit communiquée qu'aux seuls professionnels ayant besoin d'en disposer pour l'accomplissement de leurs missions. • CE 22 oct. 2014, n° 362681 : *AJ pénal 2014. 595, note Péchillon*. ♦ Le constat, dressé par certificat médical, de ce que la confidentialité des soins n'est pas assurée au sein de l'établissement suffit à caractériser une atteinte à la dignité de la personne détenue lors des soins. • CAA Nancy, 6 oct. 2016, n° 15NC02515.

3. Partage des informations nécessaires. Ne prévoient pas de restriction illégale au secret médical les dispositions d'une circulaire qui mentionnent les informations devant être communiquées aux professionnels de l'administration pénitentiaire ou de la protection judiciaire de la jeunesse pour permettre la prise en compte de l'état de santé du détenu majeur ou mineur lors de sa détention et pour la préparation de sa libération ainsi que le maintien de conditions de détention propices à la prévention des affections physiologiques. La communication de telles informations est la conséquence nécessaire des dispositions législatives assurant la protection de la santé des détenus. • CE 22 oct. 2014, n° 362681 : *préc. note 2*. ♦ La circulaire peut également prévoir que les professionnels de santé peuvent informer les personnels de l'administration pénitentiaire, sans donner d'indication sur le diagnostic, de l'existence d'un risque sérieux pour le détenu ou pour autrui et des principaux signes d'alerte à surveiller en vue d'obtenir une demande de surveillance renforcée ponctuelle pour un patient présentant un problème psychiatrique ou somatique. La communication des seules informations utiles à la mise en œuvre de mesures de protection est la conséquence nécessaire de l'obligation incombant au service public pénitentiaire en vertu de la loi d'assurer la protection effective de l'intégrité physique des personnes détenues. • Même arrêt.

4. Gestion informatisée des détenus en établissement (GIDE). La situation d'entière dépendance dans laquelle se trouvent les personnes détenues vis-à-vis de l'administration pénitentiaire, à laquelle elles doivent s'adresser, y compris pour les actes de la vie courante, légitime dans son principe la collecte et le traitement de l'ensemble des informations recueillies au quotidien qui se rapportent à l'existence matérielle, au bien-être, à la sécurité et à la santé des intéressés. • CE 11 avr. 2014, n° 352473. ♦ En ce qu'il prévoit notamment la consignation des observations des membres de la commission pluridisciplinaire unique et des personnels de santé, l'art. 4 du Décr. n° 2011-817 du 6 juill. 2011 ne porte pas une atteinte disproportionnée au droit au respect de la vie privée dès lors que l'art. 2 précise que seules sont collectées les données strictement nécessaires à la prise en charge des personnes détenues et que cette collecte répond aux objectifs de gestion de la détention des personnes placées sous main de justice et écrouées, et de prévention des comportements à risques. • Même arrêt.

5. Signalement des maltraitances. Sans préjudice de l'obligation qui incombe, en vertu de l'art. L. 6141-5 CSP, aux personnels soignants intervenant au sein d'un établissement public de santé destiné à l'accueil des personnes incarcérées ayant connaissance d'un risque sérieux pour la sécurité des personnes d'en avertir dans les plus brefs délais le directeur de l'établissement, la circulaire attaquée mentionne, au titre des informations qui peuvent être communiquées par les professionnels de santé aux personnels de l'administration pénitentiaire et de la protection judiciaire de la jeunesse, les informations sur « les personnes détenues victimes de maltraitance », en rappelant l'obligation déontologique découlant de l'art. R. 4127-10 CSP. Dès lors que la circulaire n'impose pas la communication de telles informations mais se borne à mentionner qu'elle est possible et qu'il appartient aux médecins d'apprécier dans chaque situation les moyens les plus adéquats pour protéger le détenu victime de mauvais traitements et les informations devant, à cette fin, être communiquées ainsi que les personnes auxquelles elles doivent être communiquées, elle n'apporte pas de restriction illégale au secret médical. • CE 22 oct. 2014, n° 362681 : *préc. note 2.*

6. Avis préalable à la prolongation d'une mesure d'isolement. L'avis écrit du médecin, qui est requis pour toute prolongation d'une mise à l'isolement au-delà d'un an et est nécessaire à la régularité de la décision qu'envisage de prendre l'autorité administrative, s'inscrit dans le cadre des dispositions prévues par l'art. R. 4127-76 CSP aux termes desquelles : « L'exercice de la médecine comporte normalement l'établissement par le médecin, conformément aux constatations médicales qu'il est en mesure de faire, des certificats, attestations et documents dont la production est prescrite par les textes législatifs et réglementaires ». Il n'a pas le caractère d'une expertise et n'est pas contraire au droit au secret médical. • CE, sect., 31 oct. 2008, n° 293785 : *RFDA 2009. 73, concl. Guyomar ; AJDA 2008. 2389, note Geffray et Liéber ; AJ pénal 2008. 500, obs. Péchillon ; D. 2009. 134 note Herzog-Evans ; ibid. 2009. 1918, obs. Gouttenoire .*

7. V. aussi notes ss. art. L. 322-3.

Art. L. 322-5 Un dossier médical électronique unique est constitué pour chaque personne détenue.

Art. L. 322-6 Au début de sa détention, il est proposé à toute personne détenue un bilan de santé relatif à sa consommation de produits stupéfiants, de médicaments psychotropes, d'alcool et de tabac. Ce bilan, effectué à titre préventif, dans un but de santé publique et dans l'intérêt du patient, est confidentiel.

BIBL. ▸ CNCDH, Usage des droits de l'homme, 2017 (*JO 5 mars*).

COMMENTAIRE

En 2010, en conclusion de son rapport relatif à la réduction des risques infectieux chez les usagers de drogues (*éd. INSERM, 2010, XII, 573*), l'INSERM constatait l'absence « de politique réelle de réduction des risques en prison » malgré l'inscription dans la loi du principe d'une équivalence des soins entre le milieu libre et la détention. Selon ce rapport, près d'un quart de la population toxicomane française (toutes drogues confondues) séjournerait en détention chaque année. Un bilan de santé dès le début de l'incarcération présente donc un intérêt de santé publique indéniable. En 2017, la Commission nationale consultative des droits de l'homme (CNCDH) a néanmoins souligné les progrès accomplis dans l'organisation des soins depuis la loi n° 94-43 du 18 janvier 1994 relative à la santé publique et à la protection sociale (*JO 19 janv.*). S'agissant des soins spécifiquement dédiés aux usagers de drogues dépendants en détention deux circulaires ont permis des avancées notables : la circulaire DGS/DH/DAP n° 96-739 du 5 décembre 1996 relative à la lutte contre l'infection par le virus de l'immunodéficience humaine (VIH) en milieu pénitentiaire et la circulaire DGS/DHOS n° 2002-57 du 30 janvier 2002 relative à la prescription de la méthadone. Le dépistage et le traitement de la population pénale sont principalement assurés par le service de l'USMP et accessoirement dans les établissements qui en disposent par le SMPR. ❑

Art. L. 322-7 Une visite médicale est proposée à toute personne condamnée dans le mois précédant sa libération.

SECTION 2 Hospitalisations

BIBL. ▸ Hervieu, Éclatement du contentieux de l'hospitalisation d'office entre les juges administratif et judiciaire français, *Rev. dr. homme, Actualités Droits-Libertés, 18 nov. 2010.* – Litzler, Soigner et surveiller en unités d'hospitalisation spécialement aménagées (UHSA), *Archives de politique criminelle, 2013/1 (35), p. 277.* – Péchillon, Le droit des unités hospitalières spécialement aménagées (UHSA) : la création progressive de zones pénitentiaires dans les hôpitaux psychiatriques, *AJ pénal 2010. 322* . – PÉCHILLON et DUJARDIN, La judiciarisation des soins psychiatriques : le point de vue du juriste, *L'information psychiatrique, 2015, 6, p. 459*. – ROELANDT, Pour en finir avec la confusion entre psychiatrie et justice, hôpital psychiatrique et prison, soins et enfermement, *L'information psychiatrique 2009/6 (85), p. 525*. – SENON et MANZANERA, Psychiatrie et justice : évolutions contemporaines de la clinique et de l'organisation des soins, *AJ pénal 2007. 125* . – VIOUJAS, Les soins psychiatriques aux détenus : des modifications mineures pour une problématique de santé publique majeure, *RDSS 2011. 1071* .

Art. L. 322-8 Conformément aux dispositions des articles L. 3214-1 et suivants du code de la santé publique, les personnes détenues souffrant de troubles mentaux sont hospitalisées au sein d'une unité hospitalière spécialement aménagée ou au sein d'une unité adaptée dans un établissement de santé, dans des conditions distinctes selon que leur hospitalisation est réalisée avec ou sans leur consentement. – *CSP.*

V. art. R. 115-2 s. ; CGLPL, Avis du 14 oct. 2019 relatif à la prise en charge des personnes détenues atteintes de troubles mentaux (NOR : CPLX1933049V).

BIBL. ▸ Rapport public IGJ/IGAS, Évaluation des unités hospitalières spécialement aménagées (UHSA) pour les personnes détenues, *2018, IGJ 061-18, IGAS 2018-072R*.

COMMENTAIRE

L'article L. 322-8 du code pénitentiaire est principalement un renvoi vers les dispositions de l'article L. 3214-1 du code de la santé publique issu de la loi n° 2013-869 du 27 septembre 2013 (*JO 30 sept.*) modifié par la loi n° 2016-41 du 26 janvier 2016 de modernisation de notre système de santé (*JO 27 janv.*). Il n'apporte aucune disposition nouvelle, se contentant de rappeler les spécificités de l'hospitalisation en psychiatrie et l'importance de la distinction entre une hospitalisation en soins libres et une hospitalisation sous contrainte suite à une décision de police administrative spéciale. En 2013, le législateur a maintenu un régime d'hospitalisation sous contrainte spécifique pour les personnes détenues.

Idéalement, les hospitalisations sous contrainte devraient être réalisées au sein des UHSA. Pourtant, la pratique a montré que, compte tenu du faible nombre de places disponibles dans ces unités, la majorité des personnes détenues faisant l'objet d'une décision individuelle de placement en hospitalisation sous contrainte ne sont pas orientées vers ces unités spécialisées.

I. L'HOSPITALISATION LIBRE EN UHSA (CSP, ART. L. 3214-1, I)

Comme le rappelle le législateur, « les personnes détenues souffrant de troubles mentaux font l'objet de soins psychiatriques avec leur consentement ». Lorsque leur état requiert une hospitalisation, celle-ci doit se faire en UHSA. La vocation première de ces unités est d'accueillir les personnes détenues souffrant d'une pathologie mentale dans des conditions sanitaires adaptées pour une durée relativement courte ne devant pas théoriquement dépasser un mois, ce qui ne permet pas de traiter les pathologies les plus lourdes. Lorsque l'état du patient incarcéré le justifie, c'est au directeur de l'établissement de santé dont relève l'UHSA qu'il revient d'admettre le patient dans l'unité en soins libres. Prévues par la loi d'orientation et de programmation pour la justice du 9 septembre 2002, les UHSA « se présentent matériellement sous la forme d'un bâtiment dédié au sein de l'enceinte hospitalière, répondant à des normes de sécurité intérieure renforcées et dans une enceinte surveillée par l'administration pénitentiaire. Il s'agit, par le biais de ces structures hospitalières répondant aux exigences de l'administration pénitentiaire en matière de sécurité, de remédier aux difficultés majeures rencontrées aujourd'hui lors des hospitalisations des personnes détenues » (Avis n° 103 du 19 nov. 2009 relatif au projet de loi de finances pour 2010, *Sénat, tome IV*). Seules les missions de sécurité et de transport sont donc confiées au personnel pénitentiaire (V. art. R. 322-15).

II. L'HOSPITALISATION SOUS CONTRAINTE EN UHSA (CSP, ART. L. 3214-1, II.)

Les UHSA accueillent également des personnes détenues en soins sous contrainte lorsque leur état nécessite des soins immédiats assortis d'une surveillance constante en milieu hospitalier en raison de troubles mentaux rendant impossible leur consentement. C'est l'autorité préfectorale qui, sur la base de son pouvoir de police administrative spéciale, peut prendre la décision individuelle d'hospitalisation au visa d'un certificat médical circonstancié devant être rédigé par un médecin extérieur à l'établissement d'accueil. Comme pour les mesures de soins sur décision d'un représentant de l'État de droit commun (CSP, art. L. 3213-1), cette décision individuelle doit être motivée et énoncer avec précision les circonstances qui ont rendu la mesure de soins psychiatriques nécessaire. La particularité de la prise en charge des personnes détenues est qu'il n'existe pas d'hospitalisation à la demande d'un tiers, raison pour laquelle le préfet peut motiver l'hospitalisation par un motif de trouble sérieux à l'ordre public ou dans l'intérêt de la personne détenue. Lors de son hospitalisation à l'UHSA, le régime applicable est en grande partie le même que les patients hospitalisés au titre de l'article L. 3213-1 du code de la santé publique (période d'observation initiale de soixante-douze heures, certificats du psychiatre des vingt-quatre heures et soixante-douze heures, contrôle périodique du JLD, etc.). La principale différence tient au fait que la prise en charge ne peut s'effectuer que sous la forme d'une hospitalisation complète, ce qui exclut la mise en œuvre d'un programme de soins.

III. L'HOSPITALISATION SOUS CONTRAINTE HORS UHSA (CSP, ART. L. 3214-1, II.)

Faute de places suffisantes en UHSA, il arrive fréquemment que les personnes détenues soient adressées à des services ordinaires de psychiatrie habilités à accueillir des patients sous contrainte. En se fondant sur les dispositions de la fin de l'article L. 3214, II, du code de la santé publique (« ou, sur la base d'un certificat médical, au sein d'une unité adaptée »), le préfet, insérée à la fin de l'article L. 3214-1 II du code de la santé publique, le préfet dirige alors la personne détenue vers un service de psychiatrie générale ou vers une unité pour malades difficiles (UMD).

Dans ce type de situation, lorsque le répresentant de l'État prononce une hospitalisation sous contrainte, la personne détenue est transportée depuis l'établissement pénitentiaire par un véhicule de l'établissement de santé désigné par l'agence régionale de santé (ARS), tandis que le retour en détention est à la charge de l'administration pénitentiaire. Étant toujours écrouées, les personnes détenues restent soumises au règlement intérieur de l'établissement pénitentiaire et le temps passé à l'hôpital correspond à un temps de détention. Durant l'hospitalisation, la personne détenue ne fait pas l'objet d'une surveillance par le personnel pénitentiaire ni de garde statique par la police ou la gendarmerie (comme cela est le cas à l'hôpital général).

En 2019, le Contrôleur général des lieux de privation de liberté (CGLPL) a eu l'occasion d'alerter sur le fait que les conditions d'hospitalisation sont souvent inadaptées à l'accueil des personnes détenues et que « les conditions de [leur] prise en charge dans les services psychiatriques de proximité portent atteinte à leur dignité » (CGLPL, Avis du 14 oct. 2019 relatif à la prise en charge des personnes détenues atteintes de troubles mentaux), notamment par un usage excessif du recours à la chambre d'isolement ou à la contention durant les transports, au rebours des dispositions de la loi n° 2016-41 du 26 janvier 2016 (*JO 27 janv.*) qui les subordonne à une décision du psychiatre et en fait des mesures de « dernier recours ». ❑

I. COMPATIBILITÉ DE LA DÉTENTION ET DES TROUBLES MENTAUX

1. *Conv. EDH, art. 3. Absence d'hospitalisation, défaut de soins.* L'état d'un prisonnier souffrant de graves problèmes mentaux et présentant des risques suicidaires appelle des mesures particulièrement adaptées, quelle que soit la gravité des faits pour lesquels il a été condamné. Son maintien en détention sans encadrement médical approprié constitue une épreuve particulièrement pénible et le soumet à une détresse ou à une épreuve d'une intensité qui excède le niveau inévitable de souffrance inhérent à la détention en violation de l'art. 3 Conv. EDH, qui prohibe les peines ou les traitements inhumains ou dégradants. • CEDH 11 juill. 2006, *Rivière c/ France*, n° 33834/03, § 74 : *D. 2007. 1229, obs. Céré, Herzog-Evans et Péchillon ; RSC 2007. 350, chron. Poncela* • 23 févr. 2012, *G. c/ France*, n° 27244/09 : *D. 2012. 742 obs. Bachelet ; RDSS 2012. 678, note Hennion-Jacquet*. ♦ L'absence d'une prise en charge adéquate d'un détenu souffrant de troubles mentaux, par ailleurs interné sans encadrement médical appropriée et, donc, sans espoir réaliste de changement, constitue une épreuve particulièrement pénible l'ayant soumis à une détresse d'une intensité qui excède le niveau inévitable de souffrance inhérent à la détention. • CEDH 31 janv. 2019, *Rooman c/ Belgique*, n° 18052/11 : *Dr. pénal 2019, n° 4, comm. 78 par Peltier ; JCP 2019. 7. 175, note Pastre-Belda ; ibid. 176, note Gonzalez ; D. 2019. 524, note Sferlazzo-Boubli.* ♦ Cette situation entache la « régularité » de la détention au sens de l'art. 5 Conv. EDH. • Même arrêt. ♦ Pour autant, le seul fait qu'un détenu ne soit pas intégré dans un établissement spécialisé n'a pas pour effet automatique de rendre sa détention irrégulière au regard de l'art. 5, § 1 : un équilibre raisonnable doit être ménagé entre les intérêts opposés en cause. • CEDH 27 janv. 2015, *X c/ Suisse*, n° 43368/08, § 43.

II. OBLIGATIONS PARTICULIÈRES DE VIGILANCE

2. Responsabilité de l'administration pénitentiaire. Les détenus atteints de troubles mentaux sont plus vulnérables que les détenus ordinaires et certaines exigences de la vie carcérale les exposent davantage à un danger pour leur santé, renforcent le risque qu'ils se sentent en situation d'infériorité et sont forcément source de stress et d'angoisse. Cette situation entraîne la nécessité d'une vigilance accrue. • CEDH 10 janv. 2013, *Claes c/ Belgique*, n° 43418/09, § 101. ♦ Les mêmes obligations s'imposent pour la prise en charge d'un détenu souffrant de graves troubles mentaux et présentant des risques suicidaires qui appellent des mesures particulières. • CEDH 16 oct. 2008, *Renolde c/ France*, n° 5608/05 : *AJ pénal 2009. 41, obs. Céré ; GADS, Dalloz, 3e éd., 2021, n° 107.*

3. Conv. EDH, art. 2 et 3. Suicide d'un détenu souffrant de troubles mentaux. Le placement en cellule disciplinaire pendant quinze jours d'un détenu n'étant pas compatible avec le niveau de traitement exigé à l'égard des troubles mentaux dont il souffrait, la France a violé l'art. 3 Conv. EDH, prohibant les traitements inhumains et dégradants. • CEDH 16 oct. 2008, *Renolde c/ France*, n° 5608/05 : *préc. note 2* • 19 juill. 2012, *Ketreb c/ France*, n° 38447/09 : *D. actu. 19 sept. 2012, obs. Léna.* ♦ Les autorités françaises ont également manqué à leur obligation positive de protéger le droit à la vie de ce détenu. • Même arrêt.

4. Droit à réparation. La responsabilité de l'État en cas de préjudice matériel ou moral résultant du suicide d'un détenu peut être recherchée pour faute des services pénitentiaires en raison notamment d'un défaut de surveillance ou de vigilance. Une telle faute ne peut toutefois être retenue qu'à la condition qu'il résulte de l'instruction que l'administration n'a pas pris, compte tenu des informations dont elle disposait, en particulier sur les antécédents de l'intéressé, son comportement et son état de santé, les mesures que l'on pouvait raisonnablement attendre de sa part pour prévenir le suicide. • CE 26 juill. 2018, n° 391551. ♦ A supposer même que l'incendie déclenché par l'intéressé ait en réalité constitué une tentative de suicide, le comportement antérieur du détenu ne pouvait laisser présager l'imminence d'un passage à l'acte. Compte tenu des informations dont elle disposait, en particulier sur les antécédents de l'intéressé, son comportement et son état de santé, l'administration pénitentiaire n'a pas commis de faute de nature en le plaçant en cellule disciplinaire, d'une part, et en s'abstenant de lui retirer pour des motifs de sécurité le briquet et les produits de tabac dont il disposait, d'autre part. • CAA Marseille, 17 juill. 2020, n° 18MA01230.

SECTION 3 Soins spécifiques aux femmes détenues

V. Règles des Nations unies du 21 déc. 2010 concernant le traitement des détenues et l'imposition de mesures non privatives de liberté aux délinquantes (Règles de Bangkok), App. v° Règles particulières.

Art. L. 322-9 Une prise en charge sanitaire adaptée à leurs besoins est assurée aux femmes détenues, qu'elles soient accueillies dans un quartier pour femmes détenues ou dans un établissement pénitentiaire dédié.

Art. L. 322-10 Tout accouchement ou examen gynécologique se déroule sans entraves et hors la présence du personnel pénitentiaire, afin de garantir le droit au respect de la dignité des femmes détenues.

Moyens de contrainte et de surveillance. Absence de doute sérieux quant à la légalité des dispositions de la Circ. du 18 nov. 2004 qui prévoient que les moyens de contrainte et de surveillance, et notamment le recours aux menottes ou aux entraves, doivent être déterminés, dans chaque cas, en fonction des dangers qui résultent de la personnalité et du comportement du détenu concerné et déterminent des mesures particulières pour exclure toute surveillance à l'intérieur d'une salle d'accouchement. • CE, ord., 18 janv. 2005, n° 276018.

SECTION 4 Accompagnement des personnes détenues en situation de handicap physique

Art. L. 322-11 Toute personne détenue se trouvant dans la situation de handicap prévue par les dispositions de l'article L. 1111-6-1 du code de la santé publique a le droit de désigner un aidant de son choix. – ***CSP.***

L'administration pénitentiaire ne peut s'opposer au choix de l'aidant que par une décision spécialement motivée.

V. CGLPL, Avis du 17 sept. 2018 relatif à la prise en compte des situations de perte d'autonomie dues à l'âge et aux handicaps physiques dans les établissements pénitentiaires (NOR : CPLX1830858V, JO 22 nov.).

COMMENTAIRE

Par ces dispositions, l'article 50 de la loi pénitentiaire du 9 novembre 2009 a étendu aux personnes détenues l'application de l'article 9 de la loi n° 2005-102 du 11 février 2005 pour l'égalité des droits et des chances, la participation et la citoyenneté des personnes handicapées (*JO 12 févr.*). Elle concerne toute personne détenue se trouvant dans une situation de handicap telle que définie par l'article L. 1111-6-1 du code de la santé publique, soit toute personne détenue « durablement empêchée, du fait de limitations fonctionnelles des membres supérieurs en lien avec un handicap physique, d'accomplir elle-même des gestes liés à des soins prescrits par un médecin ». Le droit de disposer d'un aidant est donc étroitement encadré par la détermination du handicap, d'une part, et par son objectif, d'autre part. Sa mission est par ailleurs strictement bornée dans le temps, l'aidant n'ayant vocation à intervenir que durant les périodes d'absence des professionnels soignants (art. R. 322-35). Il s'agit ici de limiter les cas d'assistance spontanée entre détenus qui non seulement créent des risques pour la santé et la sécurité des personnes mais font aussi peser des responsabilités importantes sur les codétenus sans formation ni préparation (CGLPL, Avis du 17 sept. 2018 relatif à la prise en compte des situations de perte d'autonomie dues à l'âge et aux handicaps physiques dans les établissements pénitentiaires, *JO 22 nov., texte n° 107*).

Le guide méthodologique pour la prise en charge sanitaire des personnes placées sous main de justice rappelle que la personne désignée comme aidant doit y consentir expressément, ce que l'article R. 322-35 précise expressément. Tout comme la personne handicapée, elle doit préalablement recevoir de la part d'un professionnel de santé « une éducation et un apprentissage adaptés lui permettant d'acquérir les connaissances et la capacité nécessaires à la pratique de chacun des gestes pour la personne handicapée concernée. Lorsqu'il s'agit de gestes liés à des soins infirmiers, cette éducation et cet apprentissage sont dispensés par un médecin ou un infirmier » (CSP, art. L. 1111-6-1).

L'aidant désigné peut, ou non, se trouver à l'intérieur de l'établissement. S'il s'agit d'une personne extérieure, une autorisation d'accès doit être délivrée par le chef d'établissement pénitentiaire. Dans les deux cas, l'administration pénitentiaire peut s'opposer à la désignation d'un aidant par une décision spécialement motivée, notamment en raison de motifs liés à la sécurité des personnes ou au maintien de l'ordre au sein de l'établissement (art. R. 322-35). ❑

1. *Référé-liberté.* L'art. L. 322-11 relève des dispositions susceptibles d'être invoquées devant le juge du référé-liberté pour demander à ce qu'il soit enjoint à l'administration pénitentiaire de prendre, en urgence, les mesures utiles pour mettre fin à des conditions de détention contraires à la dignité de la personne humaine. • CE, ord., 10 nov. 2022, n° 468491.

2. *Conv. EDH, art. 3. Absence d'aide institutionnelle.* La nécessité pour une personne détenue gravement handicapée de se faire aider par un codétenu faute de conditions de détention et de soins adaptées est constitutive d'un traitement dégradant au sens de l'art. 3 Conv. EDH. • CEDH 19 févr. 2015, n° 10401/12 : *D. 2015. 434 ; ibid. 569, obs. Léna ; ibid. 1122, obs. Céré, Herzog-Evans et Péchillon ; AJ pénal 2015. 219, note Céré ; JCP 2015. 481, note Pastre-Belda.* ♦ En tout état de cause, l'assistance d'un codétenu, qui n'est ni organisée ni supervisée par un professionnel de santé ou un organisme d'aide à domicile, ne saurait être considérée comme suffisante à satisfaire l'obligation de préservation de l'intégrité et de la sécurité ainsi que le respect de la dignité des personnes détenues handicapées. * CGLPL, Avis du 17 sept. 2018 relatif à la prise en compte des situations de perte d'autonomie dues à l'âge et aux handicaps physiques dans les établissements pénitentiaires, *JO 22 nov., texte n° 107.* ♦ Une telle pratique fait peser des responsabilités trop importantes sur une personne qui n'y est pas préparée et ne peut en aucune manière conduire à une prise en charge de qualité. * Même Avis.

3. *Principe d'équivalence des soins.* La mise en place d'un accompagnement humain des personnes handicapées doit être équivalente en détention et à l'extérieur. * CGLPL, Avis du 17 sept. 2018 relatif à la prise en compte des situations de perte d'autonomie dues à l'âge et aux handicaps physiques dans les établissements pénitentiaires, *JO 22 nov., texte n° 107.*

SECTION 5 Visites des accompagnants hors la présence du personnel pénitentiaire

Art. L. 322-12 **Peuvent s'entretenir avec les personnes détenues hors la présence du personnel pénitentiaire, à condition d'être titulaires d'un permis de visite les y autorisant :**

1° Les personnes bénévoles intervenant auprès des personnes malades en fin de vie, en application des dispositions de l'article L. 1110-11 du code de la santé publique ;

2° Les personnes majeures accompagnant les personnes malades mineures, en application des dispositions des articles L. 1111-5 et L. 1111-5-1 du même code ;

3° Les personnes de confiance accompagnant et assistant les personnes malades, en application des dispositions de l'article L. 1111-6 du même code ;

4° Les personnes présentes lors de la consultation des informations du dossier médical des personnes malades, en application des dispositions de l'article L. 1111-7 du même code ;

5° Les personnes accompagnant les détenues mineures à l'occasion d'une interruption volontaire de grossesse, en application des dispositions du troisième alinéa de l'article L. 2212-7 du même code.

COMMENTAIRE

Outre deux références aux personnes mineures, qui ne relèvent pas du code pénitentiaire, la particularité essentielle de l'article L. 322-12 est qu'il impose aux proches aidants d'un patient détenu d'être titulaires d'un permis de visite pour pouvoir accomplir les fonctions qui sont les siennes en application du code de la santé publique. En cela, le code pénitentiaire limite notamment la portée de l'article L. 1111-6 de ce code, dès lors qu'il prive les personnes malades détenues de la possibilité de faire appel à un(e) codétenu(e) en qualité de personne de confiance.

Les conditions d'accompagnement de la personne détenue par un aidant extérieur doivent respecter le droit à la confidentialité et au respect de la vie privée notamment rappelé par l'article L. 322-1. Le lieu de rendez-vous et d'entretien ne peut donc être le parloir, ce qui peut poser d'importantes questions pratiques. ❑

Art. L. 322-13 **Les modalités d'application des sections 1, et 3 à 5 du présent chapitre sont fixées par décret en Conseil d'État.**

CHAPITRE III ALIMENTATION

Le présent chapitre ne comprend pas de dispositions législatives.

CHAPITRE IV PROTECTION SOCIALE

COMMENTAIRE

Les dispositions relatives à la protection sociale des personnes détenues ont fait l'objet d'un remaniement important avec l'adoption de l'ordonnance n° 2022-1336 du 19 octobre 2022 relative aux droits sociaux des personnes détenues sur habilitation de l'article 22 de la loi n° 2021-1729 du 22 décembre 2021 pour la confiance dans l'institution judiciaire. Ces dispositions relatives à l'affiliation au régime général de la sécurité sociale, au régime de retraite complémentaire, au bénéfice des prestations au titre des assurances maladie, maternité, invalidité et décès concernent désormais l'ensemble des personnes détenues, y compris celles travaillant sous le régime du contrat d'emploi pénitentiaire qui vont se voir couvertes au titre des accidents du travail et des maladies professionnelles, et bénéficier de l'ouverture des droits à l'assurance chômage à la libération. L'ordonnance vient également modifier de nombreuses dispositions du code de la sécurité sociale et du code du travail. Devant entrer en vigueur au plus tard le 1er décembre 2024, ces dispositions ne sont pas entièrement stabilisées, en particulier en ce qui concerne leur partie réglementaire. Les dispositions réglementaires du code de la sécurité sociale sont abrogées par l'ordonnance du 19 octobre 2022 mais demeurent en vigueur, faute de décret d'application des nouvelles dispositions. Les dispositions du code du travail demeurent quant à elles pour l'instant inchangées.

Seules les nouvelles dispositions législatives relatives aux effets de la détention sur le maintien du droit à l'assurance chômage ouvert avant l'incarcération (art. L. 324-7) sont déjà entrées en vigueur. La suspension de cette prestation est maintenue pendant le temps de la détention mais la réforme consacre un allongement du délai pour pouvoir bénéficier de la réactivation des droits à l'assurance chômage après la libération, qui passe de trois à six ans. Les dispositions réglementaires relatives à la prise en charge des appareillages et prothèses, et des actes, traitements ou interventions chirurgicales non pris en charge par l'assurance maladie (art. R. 324-2), celles relatives à la réduction du montant de l'allocation aux adultes handicapés (art. R. 324-3) et celles relatives aux modalités de suspension de la prestation de revenu de solidarité active (art. R. 324-4) demeurent quant à elles inchangées.

L'intégralité du régime et la correcte articulation des textes seront donc à apprécier une fois les décrets d'application adoptés. ❑

SECTION 1 Dispositions générales

(Ord. nº 2022-1336 du 19 oct. 2022, art. 6 et 27, en vigueur à une date fixée par décret et au plus tard le 1er déc. 2024)

Art. L. 324-1 **Les personnes écrouées sont affiliées au régime général de la sécurité sociale dans les conditions prévues à l'article L. 382-33 du code de la sécurité sociale.**

Les personnes détenues mentionnées à l'article L. 382-48 du même code sont également affiliées au régime de retraite complémentaire, dans les conditions prévues à cet article.

Mayotte, V. art. L. 713-2 ; Saint-Pierre-et-Miquelon, V. art. L. 744-1.

Art. L. 324-2 **Les rémunérations des personnes détenues qui exercent un travail dans le cadre d'un contrat d'emploi pénitentiaire ou qui suivent un stage de formation professionnelle sont assujetties à des cotisations dans les conditions prévues par les articles L. 382-38 à L. 382-42 et L. 382-49 du code de la sécurité sociale.**

Code de la sécurité sociale

Art. L. 382-38 *(Ord. nº 2022-1336 du 19 oct. 2022, art. 1er et 27, en vigueur à une date fixée par décret et au plus tard le 1er déc. 2024)* L'État assume, à l'égard des personnes détenues exerçant une activité de travail dans le cadre d'un contrat d'emploi pénitentiaire, les obligations de l'employeur en matière de déclaration et de paiement des cotisations et contributions de sécurité sociale.

Pour les activités de travail effectuées dans le cadre du service général, les cotisations et contributions salariales sont prises en charge par l'État.

Art. L. 382-39 *(Ord. nº 2022-1336 du 19 oct. 2022, art. 1er et 27, en vigueur à une date fixée par décret et au plus tard le 1er déc. 2024)* La rémunération due aux personnes détenues qui exercent une activité de travail dans le cadre d'un contrat d'emploi pénitentiaire est assujettie aux cotisations de l'assurance maladie, maternité, invalidité et décès prévues à l'article L. 241-2, à la contribution de solidarité pour l'autonomie prévue à l'article L. 137-40, aux cotisations d'assurance vieillesse mentionnées à l'article L. 241-3 et aux cotisations au titre des accidents du travail et des maladies professionnelles fixées dans les conditions prévues au dernier alinéa de l'article L. 412-8. Les taux de ces cotisations sont déterminés par décret en Conseil d'État.

Art. L. 382-40 *(Ord. nº 2022-1336 du 19 oct. 2022, art. 1er et 27, en vigueur à une date fixée par décret et au plus tard le 1er déc. 2024)* Les cotisations mentionnées à l'article L. 382-39 sont assises sur la rémunération des personnes détenues, qui est prise en compte dans les conditions prévues pour les revenus d'activité par l'article L. 242-1.

Toutefois, si la rémunération mentionnée au premier alinéa est inférieure à un montant fixé par décret, les cotisations d'assurance vieillesse de base sont calculées sur une assiette correspondant à ce montant.

Art. L. 382-41 *(Ord. nº 2022-1336 du 19 oct. 2022, art. 1er et 27, en vigueur à une date fixée par décret et au plus tard le 1er déc. 2024)* Les cotisations et contributions patronales prévues à l'article L. 382-39 sont à la charge des donneurs d'ordre mentionnés au 1° et au 2° de l'article

L. 412-3 du code pénitentiaire, à l'exception des cotisations patronales d'assurance vieillesse qui sont prises en charge par l'État.

Art. L. 382-42 *(Ord. n° 2022-1336 du 19 oct. 2022, art. 1er et 27, en vigueur à une date fixée par décret et au plus tard le 1er déc. 2024)* Les cotisations de sécurité sociale des personnes détenues qui suivent un stage de formation professionnelle sont calculées et prises en charge dans les conditions prévues à l'article L. 6342-3 du code du travail.

....

Art. L. 382-49 *(Ord. n° 2022-1336 du 19 oct. 2022, art. 1er et 27, en vigueur à une date fixée par décret et au plus tard le 1er déc. 2024)* Les cotisations salariales et patronales dues au titre du régime de retraite complémentaire auquel les personnes détenues sont affiliées en application de l'article L. 382-48 sont prises en charge par l'État.

SECTION 2 Prestations de sécurite sociale

(Ord. n° 2022-1336 du 19 oct. 2022, art. 6 et 27, en vigueur à une date fixée par décret et au plus tard le 1er déc. 2024)

Art. L. 324-3 Les personnes écrouées bénéficient des prestations mentionnées aux articles L. 382-34 à L. 382-36 du code de la sécurité sociale, dans les conditions prévues par ces articles.

Les personnes détenues qui exercent une activité de travail dans le cadre d'un contrat d'emploi pénitentiaire ou effectuent un stage de formation professionnelle bénéficient, en outre, des prestations au titre des assurances maladie, maternité, invalidité et décès dans les conditions prévues aux articles L. 382-43 à L. 382-47 du même code.

Code de la sécurité sociale

Art. L. 382-34 *(Ord. n° 2022-1336 du 19 oct. 2022, art. 1er)* Les personnes écrouées, y compris lorsqu'elles ne remplissent pas la condition mentionnée à l'article L. 115-6, bénéficient de la prise en charge de leurs frais de santé, assurée par le régime général à compter de la date de leur mise sous écrou. Pendant toute la durée du séjour auprès de leur mère écrouée, les enfants nés au cours de la détention bénéficient de la prise en charge des frais de santé dans les mêmes conditions.

Une participation peut être demandée, lorsqu'elles disposent de ressources suffisantes, aux personnes écrouées assurées en vertu du premier alinéa.

Les conditions d'application du présent article sont déterminées par décret en Conseil d'État.

Art. L. 382-35 *(Ord. n° 2022-1336 du 19 oct. 2022, art. 1er)* Les personnes mentionnées au premier alinéa de l'article L. 382-34 bénéficient de la dispense d'avance des frais et de la prise en charge par le régime général de la part garantie par ce régime, de la participation mentionnée au I de l'article L. 160-13 et du forfait journalier prévu par l'article L. 174-4.

Les personnes écrouées titulaires d'une pension d'invalidité liquidée par le régime dont elles relevaient avant leur mise sous écrou bénéficient du maintien de son versement durant leur mise sous écrou. Leurs ayants droit bénéficient, le cas échéant, du capital-décès mentionné à l'article L. 361-1.

Les personnes détenues bénéficiaires d'indemnités journalières maternité versées par le régime dont elles relevaient avant leur mise sous écrou bénéficient du maintien de leur versement durant leur détention.

Art. L. 382-36 *(Ord. n° 2022-1336 du 19 oct. 2022, art. 1er)* L'État prend en charge :

1° Les dépenses afférentes aux actions de prévention et d'éducation pour la santé engagées par l'établissement de santé, sous réserve de celles qui sont prises en charge par d'autres personnes morales de droit public ou privé, notamment par le département, en application de l'article 37 de la loi n° 83-663 du 22 juillet 1983 complétant la loi n° 83-8 du 7 janvier 1983 relative à la répartition de compétences entre les communes, les départements, les régions et l'État ;

2° Les frais de transport du personnel hospitalier, des produits et petits matériels à usage médical et des produits pharmaceutiques ;

3° Les frais d'aménagement des locaux spécialement prévus pour l'admission des personnes détenues dans les établissements de santé et dans les établissements pénitentiaires.

Art. L. 324-4 Pendant la durée du congé de maternité prévu par l'article L. 382-45 du code de la sécurité sociale, le contrat d'emploi pénitentiaire ou le stage de formation professionnelle est suspendu.

Art. L. 324-5 Les personnes détenues qui exercent une activité de travail dans le cadre d'un contrat d'emploi pénitentiaire ou effectuent un stage de formation professionnelle sont couvertes au titre des accidents du travail et des maladies professionnelles dans les conditions et selon les modalités prévues par les dispositions du livre IV du code de la sécurité sociale.

SECTION 3 Dispositions relatives à l'assurance chômage

(Ord. n° 2022-1336 du 19 oct. 2022, art. 8 et 27, en vigueur à une date fixée par décret et au plus tard le 1er déc. 2024)

Art. L. 324-6 Pour l'application de l'article L. 5424-30 du code du travail, les dispositions des chapitres Ier et II du titre II du livre IV de la cinquième partie du code du travail sont applicables, à l'exception des articles L. 5422-1-1 et L. 5422-11 et des deuxième à septième alinéas de l'article L. 5422-12 de ce même code et sous réserve des adaptations prévues par les articles L. 324-7 à L. 324-12 du présent code.

Pour l'application des dispositions du code du travail auxquelles il est fait référence au premier alinéa, le donneur d'ordre mentionné à l'article L. 412-3 du présent code est assimilé à l'employeur. – *C. trav.*

SOUS-SECTION 1 Dispositions relatives aux effets de la détention sur l'ouverture et le maintien du droit

Les dispositions de l'art. 8 de l'Ord. n° 2022-1336 du 19 oct. 2022 entrent en vigueur à une date fixée par décret, et au plus tard le 1er déc. 2024, sauf en tant qu'elles concernent l'art. L. 324-7 (Ord. préc., art. 27).

Art. L. 324-7 Le droit au versement de l'allocation d'assurance mentionnée au deuxième alinéa de l'article L. 5421-2 du code du travail est suspendu à compter de la date d'incarcération. – *C. trav.*

La personne privée d'emploi qui a cessé de bénéficier du versement de l'allocation d'assurance en application du premier alinéa peut bénéficier d'une reprise de son droit au versement de cette allocation à compter de sa libération ou lorsqu'elle bénéficie d'un aménagement de peine, dès lors que le temps écoulé depuis la date d'ouverture de son droit n'est pas supérieur à la durée de ce droit augmentée de six ans.

Seule l'ouverture d'un nouveau droit au versement de l'allocation d'assurance permet de bénéficier à nouveau du délai de reprise de ce droit dans les conditions prévues à l'alinéa précédent.

Art. L. 324-8 Est assimilée à une privation involontaire d'emploi, pour l'application du deuxième alinéa de l'article L. 5422-1 du code du travail, la cessation du contrat d'emploi pénitentiaire qui résulte de la survenance du terme de ce contrat conclu pour une durée déterminée en application de l'article L. 412-12, des motifs de rupture mentionnés aux 2° à 4° de l'article L. 412-16 et à l'article L. 412-17, ainsi que de la rupture intervenant au cours de la période d'essai prévue par l'article L. 412-13 du présent code. – *C. trav.*

Art. L. 324-9 Les modalités d'établissement et de transmission des attestations et déclarations qui permettent le bénéfice du droit à l'allocation d'assurance mentionnée au deuxième alinéa de l'article L. 5421-2 du code du travail au titre des activités de travail dans le cadre d'un contrat d'emploi pénitentiaire sont fixées par décret. – *C. trav.*

SOUS-SECTION 2 Dispositions relatives au financement de l'assurance

Art. L. 324-10 Pour l'application de l'article L. 5422-13 du code du travail, le donneur d'ordre, y compris celui mentionné au 1° de l'article L. 412-3, assure contre le risque de privation d'emploi les personnes détenues avec lesquelles il a conclu un contrat d'emploi pénitentiaire. – *C. trav.*

Art. L. 324-11 La rémunération mentionnée à l'article L. 412-20 est assujettie aux contributions prévues au 1° de l'article L. 5422-9 du code du travail.

Les contributions mentionnées au premier alinéa sont dues pour les périodes au titre desquelles ces rémunérations sont attribuées. Elles sont assises sur les rémunérations des personnes détenues qui sont prises en compte dans les conditions prévues pour les revenus d'activité par l'article L. 242-1 du code de la sécurité sociale.

L'État assume à l'égard des personnes détenues exerçant une activité de travail dans le cadre d'un contrat d'emploi pénitentiaire l'obligation de l'employeur en matière de déclaration des rémunérations, prévue à l'article L. 5422-14 du code du travail.

Les contributions dues par les donneurs d'ordre mentionnés au 2° de l'article L. 412-3 sont prises en charge par l'État. Cette prise en charge donne lieu au versement par l'État des sommes correspondantes à l'organisme en charge de la gestion du régime d'assurance chômage mentionné au premier alinéa de l'article L. 5427-1 du code du travail. – **C. *trav.***

SOUS-SECTION 3 Mesures d'application

Art. L. 324-12 Les mesures d'application de la présente section sont définies par l'accord prévu à l'article L. 5422-20 du code du travail, qui peut prévoir des aménagements pour les personnes ayant exercé une activité de travail dans le cadre d'un contrat d'emploi pénitentiaire. – **C. *trav.***

Mayotte, V. art. L. 713-3.

TITRE III PROTECTION DES BIENS ET AIDE MATÉRIELLE

CHAPITRE I DOCUMENTS PERSONNELS

Art. L. 331-1 Toute personne détenue a droit à la confidentialité de ses documents personnels.

Ces documents peuvent être confiés au greffe de l'établissement pénitentiaire qui les met à la disposition de la personne intéressée.

Les documents mentionnant le motif de la mise sous écrou de chaque personne détenue sont, dès son arrivée, confiés au greffe.

Les modalités d'application du présent article sont fixées par décret en Conseil d'État.

CHAPITRE II VALEURS PÉCUNIAIRES ET NON PÉCUNIAIRES

Art. L. 332-1 Les valeurs pécuniaires des personnes détenues, inscrites à un compte nominatif ouvert à l'établissement pénitentiaire, sont divisées en trois parts :

1° La première sur laquelle seules les parties civiles et les créanciers d'aliments peuvent faire valoir leurs droits ;

2° La deuxième, affectée au pécule de libération, qui ne peut faire l'objet d'aucune voie d'exécution ;

3° La troisième, laissée à la libre disposition des personnes détenues.

Art. L. 332-2 Les sommes destinées à l'indemnisation des parties civiles leur sont versées directement, sous réserve des droits des créanciers d'aliments, à la demande du procureur de la République, par l'établissement pénitentiaire.

Lorsque le fonds de garantie des victimes des actes de terrorisme et d'autres infractions intervient en application des dispositions de l'article 706-11 du code de procédure pénale, il est assimilé à une partie civile et bénéficie des mêmes droits dès lors que le prélèvement au profit des parties civiles a eu lieu. – **C. *pr. pén.***

La consistance des valeurs pécuniaires, le montant respectif des parts et les modalités de gestion du compte nominatif sont fixés par décret.

Art. L. 332-3 L'administration pénitentiaire a la faculté d'opérer d'office sur la part disponible du compte nominatif des personnes détenues des retenues en réparation de dommages matériels causés, sans préjudice de poursuites disciplinaires et pénales, s'il y a lieu. Sont, de même, versées au Trésor les sommes trouvées en possession irrégulière des personnes détenues, à moins qu'elles ne soient saisies par ordre de l'autorité judiciaire.

Lorsque l'auteur d'une infraction a été condamné au paiement de dommages et intérêts et que la part des valeurs pécuniaires affectée à l'indemnisation des parties civiles en application des dispositions de l'article L. 332-1 n'a pas été réclamée, ces valeurs sont, lorsqu'elles sont supérieures à un montant fixé par décret et sous réserve des droits des créanciers d'aliments, versées au fonds de garantie des victimes des actes de terrorisme et d'autres infractions à la libération de la personne condamnée intéressée.

Art. L. 332-4 **En cas d'évasion d'une personne détenue, la part disponible de son compte nominatif est affectée d'office à l'indemnisation des parties civiles. Le reliquat est versé au Trésor, sauf décision de l'administration pénitentiaire qu'il soit rétabli en tout ou partie au profit de la personne détenue lorsque cette dernière a été reprise.**

A l'expiration d'un délai d'un an à compter de l'évasion d'une personne détenue et si sa reprise n'a pas été signalée, les objets laissés sont remis à l'administration chargée des domaines et les valeurs pécuniaires sont versées au Trésor.

Les modalités d'application de ces dispositions sont précisées par décret.

CHAPITRE III AIDE MATÉRIELLE AUX PERSONNES DÉTENUES DÉPOURVUES DE RESSOURCES SUFFISANTES

Art. L. 333-1 **Les personnes détenues dont les ressources sont inférieures à un montant fixé par voie réglementaire reçoivent de l'État une aide en nature destinée à améliorer leurs conditions matérielles d'existence.**

Cette aide peut aussi être versée en numéraire dans des conditions prévues par décret.

TITRE IV MAINTIEN DES LIENS AVEC L'EXTÉRIEUR

CHAPITRE I VISITES

Art. L. 341-1 **Le droit des personnes détenues au maintien des relations avec les membres de leur famille s'exerce notamment par les visites que ceux-ci leur rendent.**

V. art. R. 341-1 et Circ. du 20 févr. 2012 relative au maintien des liens extérieurs des personnes détenues par les visites et l'envoi ou la réception d'objets, NOR : JUSK1140029C, ss. le même art. R. 341-1.

BIBL. GÉN. ▶ **Rapports et avis :** CGLPL, L'intimité au risque de la privation de liberté, *Rapp. thématique, Dalloz, coll. CGLPL, 2022.* – Conseil de l'Europe, Recommandation CM/Rec(2018)5 du Comité des ministres aux États membres concernant les enfants de détenus, 2019 ; Recommandation Rec(2006)2-rev du Comité des ministres aux États membres sur les Règles pénitentiaires européennes, *11 janv. 2006, révisée et modifiée par le Comité des ministres le 1er juill. 2020 (Règles 24.1 à 24.5, App., v° Conditions de détention).* – Défenseur des droits, L'intérêt supérieur de l'enfant et le maintien des liens familiaux à l'épreuve de l'incarcération, *Rapp. thématique, Groupe de travail « Intérêt supérieur de l'enfant », publié le 14 nov. 2013.* – ONU, Résolution A/RES/70/175 de l'Assemblée générale des Nations unies sur l'ensemble des règles *minima* des Nations unies pour le traitement des détenus (Règles Nelson Mandela), *adoptée le 17 déc. 2015 (Règles 58 à 63, App., v° Conditions de détention).*

▶ **Ouvrages :** Jacopin et Larralde, Le droit aux visites des personnes incarcérées, *L'Harmattan, coll. Criminologie, 2018.* – Ricordeau, Les détenus et leurs proches. Solidarités et sentiments à l'ombre des murs, *Paris, éd. Autrement, coll. Mutations, 2008.* – Touraut, La famille à l'épreuve de la prison, *Paris, PUF, coll. Le lien social, 2012.*

▶ **Articles :** Alvarez, Les unités de visite familiale, *RSC 2006. 653* ✎ *s.* – Amado, L'espace privé et la prévention des risques en prison, *crim. 2021, n° 43, p. 135-148.* – Bony et Ollivon, L'espace privé à l'épreuve de l'exécution des peines. Une perspective géographique articulant milieux fermé et ouvert, *Arch. polit. crim. 2021, n° 43, p. 117 à 133.* – Larralde, La protection de la vie privée des détenus par la Cour européenne des droits de l'homme, *in* Les droits de l'homme à la croisée des droits – Mél. en l'honneur du Professeur Frédéric Sudre, *LexisNexis, 2018.* – Siffrein-Blanc et Catelan, Vie privée et vie familiale de la personne privée de liberté, *in* Putman et Giacopelli (dir.), Les droits fondamentaux des personnes privées de liberté, *Paris, Mare & Martin, coll. Droit privé et sciences criminelles, 2015, p. 175-205.*

COMMENTAIRE

Le droit des personnes détenues au maintien des liens avec leurs proches constitue une garantie fondamentale protégée par l'article 8 de la Convention européenne des droits de l'homme. Pour la Cour européenne des droits de l'homme, le respect de la vie familiale de la personne détenue est un élément fondamental de la réinsertion et il est en conséquence « essentiel au respect de la vie familiale que l'administration pénitentiaire aide le détenu à maintenir un contact avec sa famille proche » (CEDH 12 mars 1990, *Ouinas c/ France*, n° 13756/88), en prenant des mesures concrètes permettant de maintenir le contact (CEDH 30 juin 2015, *Khoroshenko c/ Russie [GC]*, n° 41418/04, § 110 : *JCP 2015. Actu. 870, obs. Pastre-Belda ; AJ fam. 2015. 496, obs. Saulier ; Dr. fam. 2021, n° 4, 2, obs. Gouttenoire, Marchadier ; JCP 2015. 870870. Veille Pastre-Belda*). Dans son arrêt *Horych c/ Pologne* du 17 avril 2012 (n° 13621/08), la Cour met l'accent sur les visites des enfants, et plus généralement des mineurs, qui nécessitent « des arrangements spéciaux et qui peuvent être soumis à des conditions spécifiques dépendant de leur âge, des effets possibles sur leur état émotionnel et leur bien-être, et sur les caractéristiques personnelles de la personne visitée » (§ 131). Les normes du Conseil de l'Europe évoquent d'autres catégories de personnes détenues pour lesquelles les visites présentent un intérêt essentiel. Ainsi, la recommandation 2003(23) concernant la gestion par les administrations pénitentiaires des condamnés à perpétuité et des autres détenus de longue durée précise que « des efforts particuliers devraient être faits pour éviter une rupture des liens familiaux et, à cette fin (que) [...] la correspondance, les appels téléphoniques et les visites devraient être autorisés avec la plus grande fréquence et intimité possible » (pt 22). De même en ce qui concerne les détenus étrangers, pour qui « des mesures spéciales doivent être prises pour encourager et (leur) permettre [...] de maintenir des contacts réguliers et significatifs avec leurs enfants ». A leur égard, les autorités pénitentiaires doivent obtenir « du soutien et des informations [...] dans la mesure du possible, pour permettre aux membres de la famille habitant à l'étranger de (les) visiter » (Recomm. (2012)12 relative aux détenus étrangers, pt 22.6, App. v° *Règles particulières*).

Si ce maintien des liens avec l'extérieur peut s'effectuer de différentes manières pour les personnes incarcérées, les visites rendues en prison au parloir sont le moyen privilégié de pouvoir préserver les relations avec ses proches. Les parloirs sont également des lieux de contacts physiques avec les proches des personnes incarcérées, ce qui donne lieu à des débats doctrinaux et jurisprudentiels sur le traitement des actes sexuels commis au parloir. En effet, l'article 222-32 du code pénal punit d'un an d'emprisonnement et de 15 000 € d'amende l'exhibition sexuelle imposée à la vue d'autrui dans un lieu accessible aux regards du public. Constitue également une faute disciplinaire en vertu de l'article R. 232-5 du code pénitentiaire le fait d'imposer à la vue d'autrui des actes obscènes ou susceptibles d'offenser la pudeur. Faute disciplinaire comme infraction pénale, l'élément matériel n'est établi que lorsque l'acte sexuel est exposé à la vue d'autrui. Au regard de la rédaction des deux articles du code pénal et du code pénitentiaire, il semblerait que la sexualité au parloir soit clairement proscrite. Les parloirs sont en effet pourvus de vitres permettant aux personnels pénitentiaires de contrôler ce qui s'y passe et il leur est tout à fait possible d'écouter les conversations échangées au sein des boxes (art. R. 341-13). Le parloir peut être considéré comme un lieu accessible au public et exposé à la vue du personnel pénitentiaire et des autres visiteurs. Pourtant, le tribunal administratif de Nantes a rendu un jugement le 25 octobre 2007 ne reconnaissant aucune faute disciplinaire à l'encontre d'une personne détenue ayant eu un rapport sexuel au parloir sans que personne n'en soit témoin. La vue effective d'autrui est donc une condition *sine qua non* à la commission de la faute disciplinaire et de l'infraction (TA Nantes, 25 oct. 2007, n° 062824 : *AJ pénal 2008. 43, obs. Herzog-Evans*).

Les organes du Conseil de l'Europe refusent quant à eux de considérer que les visites (hormis celles organisées dans les unités de vie familiales) puissent être un lieu d'exercice de la sexualité des personnes détenues. La Commission européenne des droits de l'homme avait ainsi indiqué que « la sécurité et le bon ordre seraient sérieusement compromis si tous les détenus mariés étaient autorisés à poursuivre leur vie conjugale en prison », car le respect de la vie privée exigerait que les autorités pénitentiaires renoncent à leur droit de surveillance constante (CEDH 3 oct. 1978, *X. et Y. c/ Suisse*, n° 8166/78). Cette ligne jurisprudentielle a été suivie par la Cour qui a elle aussi refusé de consacrer un droit à la sexualité des détenus (CEDH 23 févr. 2012, *Trosin c/ Ukraine*, n° 39758/05).

1. Vie privée et familiale. Le respect de la vie familiale de la personne détenue est un élément fondamental de la réinsertion. Il est en conséquence essentiel au respect de la vie familiale que l'administration pénitentiaire aide le détenu à maintenir un contact avec sa famille proche. • CEDH 12 mars 1990, n° 13756/88.

2. Rapport sexuel au parloir. Considérant que si le condamné reconnaît avoir eu un rapport sexuel avec sa concubine au parloir, il est constant que personne n'a été témoin de ce rapport ; le condamné est donc fondé à soutenir que le directeur régional des services pénitentiaires de Rennes a commis une erreur dans la qualification juridique des faits. • TA Nantes, 25 oct. 2007, n° 062824 : *AJ pénal 2008. 43, obs. Herzog-Evans*.

Art. L. 341-2 Les personnes prévenues peuvent recevoir la visite des membres de leur famille ou d'autres personnes, au moins trois fois par semaine.

COMMENTAIRE

Pour la Cour européenne des droits de l'homme (reprenant ici les Règles pénitentiaires européennes), l'accès aux visites doit bénéficier aux personnes prévenues qui « sauf raison spécifique s'y opposant [...] doivent pouvoir recevoir des visites et être autorisées à communiquer avec leur famille et d'autres personnes dans les mêmes conditions que les détenus condamnés » (CEDH 13 déc. 2011, *Laduna c/ Slovaquie*, n° 31827/02, § 67). Des « dispositions spéciales » peuvent toutefois être mises en place, afin notamment d'empêcher qu'une personne détenue n'entrave une enquête en cours (CEDH 17 juill. 2007, *Kučera c/ Slovaquie*, n° 48666/99).

Des restrictions de visites appliquées aux prévenus par apport aux personnes condamnées peuvent être considérées comme disproportionnées (fréquence moindre que pour les personnes condamnées et durée moindre : 30 mn au lieu de 2 h) et violer les dispositions des art. 8 et 14 Conv. EDH. • CEDH 13 déc. 2011, n° 31827/02.

Art. L. 341-3 Les personnes détenues condamnées peuvent recevoir la visite des membres de leur famille ou d'autres personnes au moins une fois par semaine.

COMMENTAIRE

La demande de permis de visite est soumise au principe selon lequel le silence vaut accord, si bien qu'après l'expiration d'un délai de deux mois après envoi de la demande, l'intéressé est en droit de demander l'obtention d'un permis de visite pour le proche détenu (V. Amado et Desprairies, La décision implicite d'acceptation à l'épreuve de la matière pénitentiaire, *RSC 2019. 829* ; Desprairies, La décision implicite d'acceptation en droit administratif français, *Mare & Martin, coll. Bibliothèque des thèses, 2021*).

La Cour européenne des droits de l'homme s'est toujours refusée à fixer un nombre de visites minimales auquel aurait droit toute personne détenue. Elle précise toutefois que « les autorités nationales sont tenues de prévenir la rupture des liens familiaux et de permettre aux détenus » (y compris ceux condamnés à de longues peines) « de bénéficier d'un niveau de contact raisonnablement bon avec leurs familles par le biais de visites organisées de manière aussi fréquente et normale que possible » (CEDH 30 juin 2015, *Khoroshenko c/ Russie*, n° c, § 134). La Cour estime toutefois qu'« une visite par mois au moins constitue la fréquence minimale généralement admise » (y compris pour les détenus soumis aux régimes de détention les plus stricts [*ibid.*, § 135]).

Bien que la détention entraîne, par nature, des restrictions à la vie privée et familiale, les autorités doivent autoriser les détenus et les aider si nécessaire à maintenir le contact avec leur famille proche. Ainsi, pour un condamné à perpétuité, des visites autorisées uniquement deux fois par an, pendant quatre heures, en étant séparé physiquement de ses proches et en présence d'un gardien entraînent une violation de l'art. 8 Conv. EDH. • CEDH 30 juin 2015, n° 41418/04, § 106 : *JCP 2015. Actu. 870, obs. Pastre-Belda ; AJ fam. 2015. 496, obs. Saulier ; Dr. fam. n° 4, 2021, p. 2, obs. Gouttenoire et Marchadier ; JCP 2015. 870, veille Pastre-Belda.* ♦ Une visite par mois au moins constitue la fréquence minimale généralement admise. • Même arrêt.

Art. L. 341-4 Les décisions de refus de délivrer un permis de visite sont motivées.

COMMENTAIRE

La décision de refus de délivrance d'un permis de visite doit être notifiée par courrier à la personne concernée et faire l'objet d'une motivation. ❑

1. Jurisprudence interne. Est insuffisamment motivée la décision de refus se fondant uniquement sur les motifs généraux liés au maintien du bon ordre et de la sécurité de l'établissement sans préciser d'éléments de fait qui viennent en soutien de cette décision. • CAA Lyon, 9 mai 2019, n° 17LY03775.

2. Jurisprudence européenne. La Cour de Strasbourg a admis que certaines mesures visant à contrôler les contacts des détenus avec le monde extérieur sont nécessaires et non incompatibles en soi avec la Conv. EDH. • CEDH 29 avr. 2003, n° 41220/98 : *JDI 2004. 2. 689, note Decaux ; RD publ. 2004. 827, note Levine ; Europe n° 8-9, août 2003, comm. 305, obs. Deffains.* ♦ Elle valide ainsi les décisions de refus, ou de limitation du nombre de visites, lorsque la nature de l'infraction ou les éléments caractérisant la situation d'une personne détenue le justifient. • CEDH 23 avr. 2013, n° 52624/10 : *§ 84.* ♦ Toutefois, toute ingérence dans l'exercice du droit au respect de la vie privée et familiale doit être justifiée au sens de l'art. 8, § 2, Conv. EDH, ce qui implique que les règles juridiques permettant ces restrictions aux visites familiales doivent être prévues par la loi, c'est-à-dire fixées par un texte suffisamment accessible, précis, et prévisible quant à ses effets. • CEDH 18 févr. 2020, *Kungurov c/ Russie,* n° 70468/17, § 18-20.

Art. L. 341-5 Pour les personnes prévenues, les permis de visite sont délivrés, refusés, retirés ou suspendus par le magistrat chargé du dossier de la procédure dans les conditions prévues par les dispositions de l'article 145-4 du code de procédure pénale.

COMMENTAIRE

La compétence du juge judiciaire s'impose en matière de permis de visiter un prévenu et celle du juge administratif lorsqu'il s'agit d'un condamné (CE 15 avr. 2011, n° 346213 : *Rev. pénit. 2011. 415, obs. Céré ; D. 2011. 1285, obs. Biget* ; Herzog-Evans et Péchillon, L'octroi et le retrait du permis de visiter un détenu : deux illustrations de l'évolution indispensable du droit pénitentiaire, *LPA n° 181, 2000, p. 7-15*).

En vertu de l'article 145-4 du code de procédure pénale, à défaut de réponse du juge d'instruction ou du procureur de la République à la demande de permis de visite ou de téléphoner dans un délai de vingt jours, la personne peut saisir le président de la chambre de l'instruction.

S'agissant des prévenus, le refus de faire droit à une demande de bénéficier d'un parloir familial ou d'une unité de vie familiale peut faire l'objet d'un recours devant le président de la chambre de l'instruction, en application des dispositions combinées des articles 145-4 du code de procédure pénale et R. 341-4 du code pénitentiaire, conformément aux exigences de l'article 13 de la Convention européenne des droits de l'homme (CE 12 déc. 2018, n° 417244). ❑

Art. L. 341-6 Les personnes prévenues peuvent être soumises à une interdiction de communiquer qui fait obstacle aux visites, dans les conditions prévues par les dispositions de l'article 145-4 du code de procédure pénale.

Art. L. 341-7 L'autorité administrative ne refuse de délivrer, suspend ou retire un permis de visite aux membres de la famille d'une personne condamnée, que pour des motifs liés au maintien du bon ordre et de la sécurité ou à la prévention des infractions.

L'autorité administrative peut également, pour les mêmes motifs ou s'il apparaît que les visites font obstacle à la réinsertion de la personne condamnée, refuser de délivrer un permis de visite à d'autres personnes que les membres de la famille, suspendre ce permis ou le retirer.

COMMENTAIRE

La circulaire du 20 février 2012 (V. ss. art. R. 341-1) précise qu'il convient de s'attacher à ce que le permis soit accordé dans un délai maximal de dix jours, sous réserve des contraintes non imputables à l'administration pénitentiaire, telles que la durée de la réalisation des enquêtes de police. ❑

En se fondant sur sa propre appréciation, le chef d'établissement conserve un pouvoir discrétionnaire quant à la délivrance d'un permis de visite indépendamment de l'avis des services de police et de gendarmerie • TA Lille, 25 mars 2006, n° 1601860. ♦ Les mentions portées au casier judiciaire ne sauraient fonder, à elles seules, des motifs de refus, de suspension ou de retrait de permis de visite. • TA Grenoble, 19 avr. 2018, n°s 1603631 et 1605256. ♦ Le refus de délivrer, la suspension ou le retrait d'un permis de visite doit respecter le principe de proportionnalité et être justifié par le maintien du bon ordre et de la sécurité, la prévention des infractions ou les obstacles à la réinsertion de la personne condamnée. Est proportionné le retrait d'un permis de visite à un intéressé ayant tenté de remettre 24 g de cannabis à son proche détenu au parloir. • CE 19 juin 2020, n° 436721. ♦ *A contrario*, en raison des conséquences sur la situation personnelle de la personne visitée, n'est pas proportionné le retrait d'un permis de visite aux motifs d'une rixe survenue entre deux conjoints au parloir alors que la titulaire du permis de visite avait reconnu avoir porté les coups en premier en raison d'un état d'ébriété. • CAA Marseille, 23 mars 2020, n° 18MA04088.

Art. L. 341-8 Les unités de vie familiale ou les parloirs familiaux implantés au sein des établissements pénitentiaires peuvent accueillir toute personne détenue.

Toute personne détenue peut bénéficier à sa demande d'au moins une visite trimestrielle dans une unité de vie familiale ou un parloir familial, dont la durée est fixée en tenant compte de l'éloignement du visiteur.

Pour les personnes prévenues, ce droit s'exerce sous réserve de l'accord de l'autorité chargée du dossier de la procédure.

Art. L. 341-9 Les modalités d'application du présent chapitre sont fixées par décret en Conseil d'État. — *V. art. R. 341-1 s. et Circ. du 20 févr. 2012 relative au maintien des liens extérieurs des personnes détenues par les visites et l'envoi ou la réception d'objets, ss. art. R. 341-1.*

CHAPITRE II RAPPROCHEMENTS FAMILIAUX

Art. L. 342-1 Les personnes prévenues dont l'instruction est achevée et qui attendent leur comparution devant la juridiction de jugement peuvent bénéficier d'un rapprochement familial jusqu'à leur comparution devant la juridiction de jugement, après avis conforme de l'autorité judiciaire susceptible d'être contesté selon les modalités prévues au dernier alinéa de l'article 145-4-2 du code de procédure pénale. — *C. pr. pén.*

Les modalités d'application du présent article sont fixées par décret en Conseil d'État.

RÉP. PÉN. v° *Détention provisoire*, par GUÉRY.

BIBL. ▶ **Articles :** BECHLIVANOU MOREAU, Rendre plus effectif le droit au maintien des liens familiaux, *RSC 2013. 137*. - SCHMITZ, Dialogue des juges en matière de conditions de détention provisoire, *AJDA 2021. 694*.

COMMENTAIRE

Principes généraux. Au plan européen, les Règles pénitentiaires européennes précisent que les détenus doivent être répartis « autant que possible » dans des prisons situées près de leur foyer ou de leur centre de réinsertion sociale (Règle 17.1, App., v° *Conditions de détention*).

Recours effectifs. En droit interne, l'introduction de l'article L. 342-1 du code pénitentiaire fait suite à une décision du 8 février 2019 par laquelle le Conseil constitutionnel a déclaré inconstitutionnel l'article 34 de la loi pénitentiaire n° 2009-1436 du 24 novembre 2009 qui prévoyait la possibilité pour les personnes prévenues, dont l'instruction était achevée et qui étaient en attente de leur comparution devant la juridiction de jugement, de pouvoir bénéficier d'un rapprochement familial jusqu'à leur comparution devant la juridiction de jugement. En effet, le Conseil d'État, dans une jurisprudence constante à ce titre, admettait que la décision administrative relative au rapprochement familial était subordonnée à l'accord du magistrat judiciaire saisi du dossier et qu'il n'existait aucun recours permettant de contrôler la régularité et le bien-fondé de l'avis défavorable de ce magistrat. C'est pourquoi la loi n° 2019-222 du 23 mars 2019 s'est efforcée de remédier à cette inconstitutionnalité en réécrivant l'article 34 qui disposait que « les prévenus dont l'instruction est achevée et qui attendent leur comparution devant la juridiction de jugement peuvent bénéficier d'un rapprochement familial jusqu'à leur comparution devant la juridiction de jugement, après avis conforme de l'autorité judiciaire susceptible d'être contesté selon les modalités prévues au dernier alinéa de l'art. 145-4-2 du code de procédure pénale », c'est-à-dire devant le président de la chambre de l'instruction. L'article L. 342-2 du code pénitentiaire en est la reprise exacte.

Catégories particulières de personnes détenues. La recommandation (2012)12 relative aux détenus étrangers insiste sur l'importance du maintien des liens familiaux pour cette catégorie de personnes détenues, pour lesquelles les autorités pénitentiaires doivent « envisager » le placement « dans des prisons situées à proximité de moyens de transport permettant à leur famille de leur rendre visite » (pt 16.2, App. v° *Règles spécifiques*). De même, la recommandation (2003)23 concernant la gestion par les administrations pénitentiaires des condamnés à perpétuité et des autres détenus de longue durée précise que « des efforts particuliers devraient être faits pour éviter une rupture des liens familiaux et, à cette fin, les détenus devraient être affectés, dans toute la mesure du possible, dans des prisons situées à proximité de leurs familles ou de leurs proches » (pt 22). ❑

1. Proximité géographique – CEDH. La Convention n'accorde pas aux détenus le droit de choisir le lieu de détention, la séparation et l'éloignement du détenu de sa famille constituant des conséquences inévitables de la détention ». • CEDH 2 mars 2017, *Labaca Larrea c/ France et a.*, n°s 56710/13, 56727/13 et 57412/13, § 42 : *Gaz. Pal. 14 mars 2017, n° 290y8, p. 45, obs. Berlaud ; LEFP avr. 2021, n° 113p1, p. 5, obs. Larralde ; JCP 2017. 318. Veille Pastre-Belda.* ♦ Toutefois, le fait de détenir une personne dans une prison éloignée de sa famille à tel point que toute visite s'avère en fait très difficile, voire impossible, peut dans des circonstances exceptionnelles constituer une ingérence dans sa vie familiale, la possibilité pour les membres de la famille de rendre visite au détenu étant un facteur essentiel pour le maintien de la vie familiale. • Même décision. ♦ En conséquence, les autorités pénitentiaires nationales ne peuvent décider de l'affectation des détenus sur la base de textes imprécis et généraux, sans aucune consultation des prisonniers, ni de leurs familles, offrant ainsi aux autorités un trop large pouvoir discrétionnaire. Tout en refusant de fixer des critères fixes tels qu'un maximum de kilomètres entre le lieu de détention d'un prisonnier et sa famille, la Cour impose aux autorités compétentes de prendre toujours en compte les intérêts de la personne détenue et de sa famille. • CEDH 7 mars 2017, *Polyakova et a. c/ Russie*, n°s 35090/09, 35845/11, 45694/13 et 59747/14, § 113 : *JCP 2017. 318. Veille Pastre-Belda ; AJ pénal 2017. 301, obs. Lavric.*

2. QPC (décision antérieure à la L. n° 2019-222 du 23 mars 2019). Il n'existe pas de recours juridictionnel effectif contre la décision administrative de refus de rapprochement familial lorsque celle-ci fait suite à l'avis défavorable du magistrat judiciaire. Dès lors, l'art. 34 de la L. n° 2009-14736 du 24 nov. 2009 est contraire à la Const. (abrogation reportée au 1er sept. 2019, mais les avis défavorables pris sur le fondement des dispositions litigieuses par les magistrats judiciaires après la date de la publication de la décision peuvent être contestés devant le président de la chambre de l'instruction dans les conditions prévues par la 2e phrase du 4e al. de l'art. 145-4). • Cons. const. 8 févr. 2019, n° 2018-763 QPC : *AJ pénal 2019. 222, obs. Grégoire.*

3. Éloignement géographique et placement en détention provisoire – droit interne. Le Conseil constitutionnel rejette la question prioritaire de constitutionnalité qui lui avait été posée en établissant que le législateur n'avait pas privé de garanties légales le droit de mener une vie familiale normale en n'imposant pas une prise en compte systématique du lieu du domicile de la famille de la personne prévenue lors d'un placement en détention provisoire dans un lieu d'incarcération au cours d'une instruction. • Cons. const. 21 janv. 2021, n° 2020-874 QPC : *D. 2021. 137.*

CHAPITRE III UNIONS CÉLÉBRÉES AU SEIN DE L'ÉTABLISSEMENT PÉNITENTIAIRE

Le présent chapitre ne comprend pas de dispositions législatives.

CHAPITRE IV INFORMATION SUR LES ÉVÈNEMENTS FAMILIAUX

Art. L. 344-1 Lorsqu'une personne détenue s'est donné la mort, l'administration pénitentiaire informe immédiatement sa famille ou ses proches des circonstances dans lesquelles est intervenu le décès et facilite, à leur demande, les démarches qu'ils peuvent être conduits à engager.

Les modalités d'application du présent article sont fixées par décret en Conseil d'État.

CHAPITRE V CORRESPONDANCES

RÉP. PÉN. v° *Prison – Organisation générale*, par CÉRÉ.

BIBL. GÉN. ▸ **Rapports :** CGLPL, Avis du 12 déc. 2019 relatif à l'accès à Internet dans les lieux de privation de liberté, *JO 6 févr.* ; Avis du 10 janv. 2011 relatif à l'usage du téléphone par les personnes privées de liberté, rendu conformément à l'article 10 de la loi du 30 octobre 2007, *JO 23 janv.*

COMMENTAIRE

Principes généraux. Le droit de correspondre et d'entretenir des conversations téléphoniques des personnes détenues constitue un droit fondamental et un moyen privilégié de maintenir un lien avec l'extérieur. Néanmoins, ce droit se limite aux correspondances papiers et téléphoniques, si bien que l'accès à internet, au téléphone portable et aux communications numériques est encore prohibé. Si l'interdiction de l'accès à internet engendre de nombreuses difficultés s'agissant de la préparation des personnes incarcérées à la réinsertion dans la vie professionnelle ou la recherche de logement, elle demeure également un frein considérable au maintien des liens familiaux et personnels en prison. ❑

SECTION 1 Correspondances écrites

SOUS-SECTION 1 Correspondances écrites des personnes prévenues

Art. L. 345-1 **Les personnes prévenues peuvent correspondre par écrit avec toute personne de leur choix, sous réserve des interdictions de correspondance ou retenues décidées par le magistrat chargé du dossier de la procédure, dans les conditions prévues par les dispositions de l'article 145-4-2 du code de procédure pénale. — *C. pr. pén.***

1. Droit à la correspondance – CEDH. La correspondance de personnes détenues avec le monde extérieur constitue un droit protégé par l'art. 8 Conv. EDH qui garantit le droit à la vie privée et familiale. • CEDH 25 mars 1983, n° 5947/72 et 6 autres. ♦ Mais le contrôle de la correspondance des personnes détenues n'est pas en soi incompatible avec les standards européens. • CEDH 23 avr. 2023, n° 35673/18. ♦ ... S'il poursuit un but légitime, visant notamment à la sauvegarde de « la sécurité nationale » ou à « la défense de l'ordre », ou la « prévention des infractions pénales » en vertu de l'art. 8, § 2, Conv. EDH. • CEDH 13 déc. 2016, n° 26623/07, § 39 : *D. 2018. 87, obs. Wickers ; Gaz. Pal. 10 janv. 2017, n° 283z5, obs. Berlaud.* ♦ Toute ingérence effectuée par les autorités pénitentiaires dans cette correspondance doit toutefois être justifiée, de manière à ce que l'intéressé (et/ou son conseil) puisse s'assurer que les règles ont été correctement appliquées et que les décisions prises dans son affaire ne sont ni déraisonnables ni arbitraires. • CEDH 7 janv. 2010, n° 24407/04 • 2 mars 2017, *Moroz c/ Ukraine,* n° 5187/07. ♦ Il est ainsi prohibé d'instaurer, sans aucune motivation, des mesures de surveillance systématiques de la totalité de la correspondance de certaines personnes détenues, sans qu'aucune distinction soit faite entre les différentes catégories de correspondants et sans qu'aucune règle claire ne définisse des délais pour la mise en œuvre de la surveillance. • CEDH 22 mai 2008, *Petrov c/ Bulgarie,* n° 15197/02. ♦ La Cour de Strasbourg juge que la numérisation et l'enregistrement de la correspondance privée de personnes détenues dans un système informatique judiciaire pendant une durée considérable (et prévus par une simple instruction interne du ministère de la Justice) constituent une violation de l'art. 8, nonobstant la présence ou non de données de nature sensible dans la correspondance en question. • CEDH 29 mars 2022, *Nuh Uzun et a. c/ Turquie,* n° 49341/18 et 13 a.

2. Correspondances protégées – CEDH. Le secret des relations épistolaires entretenues par la personne détenue avec son avocat revêt aux yeux de la Cour le caractère de « droit fondamental ». • CEDH 13 déc. 2016, n° 26623/07, § 44 : *préc. note 1.* ♦ ... Bénéficiant de garanties appropriées permettant de préserver la confidentialité de leur contenu. • CEDH 25 mars 1992, *Campbell c/ Royaume-Uni,* n° 13590/88 : *AJDA 1992. 416, chron. Flauss ; AFDI 1992. 629, obs. Coussirat-Coustère.* ♦ La rupture de la confidentialité de ces échanges n'est possible que dans des circonstances exceptionnelles en craignant par exemple que la lettre ne menace la sécurité de l'établissement ou d'autrui ou ne revête un caractère délictueux d'une autre manière. • CEDH 25 mars 1992, n° 13590/88, § 48 : *préc.* • 22 mai 2008, *Petrov c/ Bulgarie,* n° 15197/02. ♦ Le contrôle de la correspondance doit, en outre, être entouré de garanties adéquates et efficaces contre les abus, en confiant par exemple la supervision des mesures de censure du courrier à des juges indépendants et non aux autorités pénitentiaires elles-mêmes. • CEDH 9 mai 2023, n°s 49535/18 et 10419/20, § 25. ♦ Viole l'art. 34 Conv. EDH (droit de recours individuel) la saisie de courriers avec un conseil relatifs à une saisine de la Cour européenne des droits de l'homme, cherchant à décourager, voire empêcher, les requérants d'obtenir une réparation sur le fondement de la Convention. • CEDH 4 juin 2019, *Mehmet Ali Ayhan et a. c/ Turquie (n° 2),* n°s 4536/06 et 53282/07, § 41. ♦ ... *A fortiori,* si cette censure s'accompagne de menaces. • CEDH 19 juin 2014 n° 12440/04. ♦ Les courriers échangés avec la Cour EDH ne peuvent, d'une manière générale faire l'objet d'aucune forme de contrôle. • CEDH 19 déc. 2017, n° 16680/14. ♦ … Tout comme les courriers envoyés à un *Ombudsman*. • CEDH 7 janv. 2010, n° 24407/04 : *préc. note 1.* ♦ … Ou à des organisations non gouvernementales de défense des droits humains. • CEDH 19 mai 2016 n° 7472/14, § 105 : *D. actu. 9 juin 2016, obs. Devouèze.* ♦ Les jeunes placés en établissement éducatif fermé non reconnus coupables d'infractions pénales ne peuvent quant à eux se voir imposer une restriction indifférenciée de leur droit à la correspondance. Une telle mesure serait en effet contraire au but même de ce type d'établissement, qui est de prodiguer une éducation et soutenir ces personnes dans leur réinsertion sociale. • Même décision.

3. Accès à internet – CEDH. L'art. 8 Conv. EDH ne saurait être interprété comme garantissant aux détenus le droit de communiquer avec le monde extérieur au moyen de dispositifs en ligne, en particulier lorsque des moyens de contact par d'autres moyens sont disponibles et adéquats. • CEDH 7 janv. 2020, *Ciupercescu c/ Roumanie,* n°s 41995/14 et 50276/15, § 105. ♦ … Mais internet constitue un média permettant l'accès à des informations et à des services qui, pour certains, ne sont d'ailleurs disponibles que par ce biais. • CEDH 9 févr. 2021, n° 68550/17 : *JCP Adm. 2021. 125.* ♦ L'accès universel à internet permettant par ailleurs de combler la « fracture numérique ». • CEDH 9 févr. 2021, n° 68550/17, § 33 : *préc.* ♦ Grâce à leur accessibilité ainsi qu'à leur capacité à conserver et à diffuser de grandes quantités de données, les sites internet contribuent grandement à améliorer l'accès du public à l'actualité et, de manière générale, à faciliter la communication de l'information. Ils constituent également un élément important de la réinsertion sociale. • CEDH 19 janv. 2016, *Kalda c/ Estonie,* n° 17429/10, § 44. ♦ En refusant totalement l'accès d'un détenu au site de la Cour européenne, de la Cour constitutionnelle turque et du *Journal officiel*, les juridictions nationales n'ont pas procédé à une analyse détaillée des risques de sécurité qui auraient résulté de l'accès à ces sites. • Même arrêt, § 46. ♦ Pour l'accès à des informations en matière d'éducation, V. • CEDH 17 janv. 2017, n° 17-190117, § 59-64 : *JCP 2017. Actu. 118, obs. Pastre-Belda.*

SOUS-SECTION 2 Correspondances écrites des personnes condamnées

Art. L. 345-2 Les personnes détenues condamnées peuvent correspondre par écrit avec toute personne de leur choix.

V. notes ss. art. L. 345-1.

SOUS-SECTION 3 Contrôle et retenue des correspondances

§ 1 Dispositions communes

Art. L. 345-3 Le courrier adressé ou reçu par les personnes détenues peut être contrôlé et retenu par l'administration pénitentiaire lorsque cette correspondance paraît compromettre gravement leur réinsertion ou le maintien du bon ordre et la sécurité. En outre, le courrier adressé ou reçu par les personnes prévenues est communiqué à l'autorité judiciaire selon les modalités qu'elle détermine.

Lorsque l'administration pénitentiaire décide de retenir le courrier d'une personne détenue, elle lui notifie sa décision.

§ 2 Correspondances spécialement protégées

Art. L. 345-4 Ne peuvent être ni contrôlées ni retenues les correspondances échangées entre les personnes détenues et :

1° Leur défenseur ;

2° Les autorités administratives et judiciaires françaises et internationales, dont la liste est fixée par les dispositions de l'article D. 345-10 ;

3° Les aumôniers agréés auprès de l'établissement pénitentiaire.

Le recours pour excès de pouvoir contre une décision du directeur d'un centre hospitalier spécialisé recevant des personnes détenues et auquel s'appliquent les dispositions du C. pr. pén. de ne pas respecter le secret des correspondances entre un détenu et son avocat pour des raisons de sécurité est recevable. • CE 12 mars 1980, n° 12572 B.

SECTION 2 Communications téléphoniques

Art. L. 345-5 Les personnes détenues ont le droit de téléphoner aux membres de leur famille. Elles peuvent être autorisées à téléphoner à d'autres personnes pour préparer leur réinsertion.

L'accès au téléphone peut être refusé, suspendu ou retiré, pour des motifs liés au maintien du bon ordre et de la sécurité ou à la prévention des infractions.

Le contrôle des communications téléphoniques est effectué conformément aux dispositions des articles L. 223-1 à L. 223-5.

COMMENTAIRE

Confidentialité des échanges téléphoniques – droit interne. La possibilité de téléphoner et de recevoir des appels téléphoniques constitue un droit ouvert à l'ensemble des détenus, sans distinction. Ce droit peut être exercé auprès des membres de la famille, ou encore à d'autres personnes pour préparer leur réinsertion, sans restriction pour les condamnés et sous réserve d'une autorisation du magistrat chargé de la procédure pour les prévenus en vertu de l'article L. 345-6 du code pénitentiaire. La confidentialité des échanges entre les personnes détenues et leurs proches ou leur avocat est un droit fondamental qu'il convient de protéger. La confidentialité doit même être totale s'agissant des conversations téléphoniques entretenues entre les personnes détenues et leur avocat. C'est pourquoi le juge peut d'ailleurs enjoindre à l'administration d'effectuer des travaux pour garantir cette confidentialité (TA Rennes, ord., 23 avr. 2014, n° 1401157 : *AJ pénal 2014. 311, obs. Péchillon* ✎). Voir aussi sous l'article R 345-11. ❑

Art. L. 345-6 **Les personnes prévenues ne peuvent téléphoner que sur autorisation du magistrat chargé du dossier de la procédure.**

L'accès au téléphone peut leur être refusé, suspendu ou retiré, pour des motifs liés aux nécessités de l'information, en plus des motifs généraux de sécurité prévus par les dispositions de l'article L. 345-5.

Art. L. 345-7 **Les modalités d'application du présent chapitre sont fixées par décret en Conseil d'État.**

CHAPITRE VI RELATIONS DE CERTAINES CATÉGORIES DE PERSONNES DÉTENUES AVEC L'EXTÉRIEUR

Le présent chapitre ne comprend pas de dispositions législatives.

TITRE V EXERCICE DU CULTE

BIBL. GÉN. ▸ **Ouvrages :** Béraud, de Galembert et Rostaing, Des hommes et des dieux en prison, Mission de recherche Droit et justice, *mai 2013, p. 49.* – CEDH, Droits des détenus. Guide sur la jurisprudence de la Cour européenne des droits de l'homme, *août 2022* ; Droits des détenus. Guide sur l'article 9 de la Convention européenne des droits de l'homme, *août 2022.* – Herzog-Evans, Droit pénitentiaire 2020-2021, *Dalloz, 2019.* – OIP, Le Guide du prisonnier, *La Découverte, 2021, 912 p.*

▸ **Dossier :** Religions en prison, *Dedans Dehors, juill. 2015, n° 88, 48 p.*

▸ **Rapports :** CEDH, Guide sur l'article 9 de la Convention européenne des droits de l'homme – liberté de pensée, de conscience et de religion, *31 mars 2022.* – CGLPL, Les droits fondamentaux à l'épreuve de la surpopulation carcérale. Approche concrète sur la base de l'expérience du Contrôleur général des lieux de privation de liberté, *févr. 2018* ; Prise en charge pénitentiaire des personnes « radicalisées » et respect des droits fondamentaux, *janv. 2020* ; Recommandations minimales pour le respect de la dignité et des droits fondamentaux des personnes privées de liberté, *JO 4 juin.*

▸ **Articles :** Gonzalez, La liberté confessionnelle en prison, *Dr. adm. 2015. Étude 11* ; La protection de la liberté de religion en détention par la Cour européenne des droits de l'Homme, *LPA 11 mai 2021, p. 9.* – Larralde, La Cour de Strasbourg à la recherche d'un « juste équilibre » pour l'exercice de la religion en prison ?, *in* Mél. en l'honneur du Professeur Michel Hottelier, *Schulthess, à paraître, 2023.* – Milano, Surrel, Gonzalez et Pastre-Belda, Chronique de jurisprudence de la CEDH (2020), *RD publ. 2021. 857.* – Mortet, Les limites de la liberté religieuse du détenu, *Rev. du droit des religions 1/2016. 117.* – Poncela, Religion et prison, je t'aime moi non plus, *RSC 2015, vol. 1, n° 1, p. 143-154.* – Sarg et Lamine, La religion en prison – Norme structurante, réhabilitation de soi, stratégie de résistance, *Archives de sc. soc. des religions 1/2011. 85.* – Slama, La « laïcité pénitentiaire » au prisme du contentieux administratif fondé sur la liberté religieuse en détention, *Rev. du droit des religions, 2021, p. 143-161.*

CHAPITRE I DISPOSITIONS GÉNÉRALES

Art. L. 351-1 Les personnes détenues ont droit à la liberté d'opinion, de conscience et de religion.

Elles peuvent exercer le culte de leur choix, selon les conditions adaptées à l'organisation des lieux, sans autres limites que celles imposées par la sécurité et le bon ordre de l'établissement pénitentiaire.

Les modalités d'application du présent article sont fixées par décret en Conseil d'État.

V. RPE 29.1 et 29.2, App., v° Conditions de détention.

COMMENTAIRE

L'article L. 351-1 reprend telles quelles les dispositions de l'article 26 de la loi pénitentiaire du 9 novembre 2009 qui consacre le droit à la liberté d'opinion, de conscience et de religion des personnes détenues. Quoiqu'il dépasse le strict champ de la religion pour s'appliquer à toute forme d'opinion et de philosophie, le droit pénitentiaire français aborde principalement ce droit sous l'angle de la liberté religieuse et cultuelle des personnes détenues.

Cette liberté prend appui sur l'article 18 du Pacte international des droits civils et politiques et l'article 9 de la Convention européenne de sauvegarde des droits de l'homme et des libertés fondamentales. Elle bénéficie de la protection du bloc de constitutionnalité, à travers l'article 1er de la Constitution du 4 octobre 1958 et l'article 10 de la Déclaration des droits de l'homme et du citoyen.

Protection de la liberté religieuse par l'administration pénitentiaire

Si l'on suit la règle pénitentiaire européenne 29.2, « le régime carcéral doit être organisé, autant que possible, de manière à permettre aux détenus de pratiquer leur religion et de suivre leur philosophie, de participer à des services ou réunions menés par des représentants agréés desdites religions ou philosophies, de recevoir en privé des visites de tels représentants de leur religion ou philosophie et d'avoir en leur possession des livres ou publications à caractère religieux ou spirituel ».

Traditionnellement bien acceptés dans les établissements pénitentiaires français, la pratique religieuse et l'accès aux cultes sont organisés par l'administration pénitentiaire pour permettre à chaque personne détenue d'exercer sa religion dans des conditions adaptées à l'organisation des lieux et sans autre limite que celles qui résultent des impératifs de sécurité et de bon ordre de l'établissement. Comme en disposait déjà le règlement intérieur type des établissements pénitentiaires, le code pénitentiaire garantit le droit de la personne détenue à pratiquer sa religion « à titre individuel dans sa cellule ou collectivement dans les salles prévues à cet effet » et organise les conditions d'accès et d'intervention des aumôniers auxquels il incombe d'assurer le service du culte et d'offrir une assistance spirituelle aux personnes détenues qui le souhaitent.

Curieusement, s'il rappelle l'interdiction de toute discrimination (art. R. 122-10), le code ne fait aucune référence au principe de neutralité du service public, qui est renvoyé au code de déontologie du service public pénitentiaire. C'est toutefois au regard de ce principe, et plus largement du principe de laïcité, que la note de 2014 (V. Note du 16 juill. 2014 relative à la pratique du culte en détention, NOR : JUSK1440001N, ci-dessous) définit trois séries d'obligations positives pesant sur l'administration pénitentiaire :

– l'obligation d'organiser l'accès aux cultes pour garantir l'effectivité de la liberté religieuse reconnue aux personnes détenues ;

– l'obligation de lutter contre toute forme de prosélytisme et contre les dérives radicales et sectaires ;

– l'obligation de neutralité de l'ensemble des personnes qui participent au service public pénitentiaire.

Si l'article L. 345-4 inclut les correspondances des personnes détenues avec les aumôniers parmi celles qui ne peuvent être ni contrôlées ni retenues par l'administration pénitentiaire, le code ne comprend pas davantage de mention du secret et de la confidentialité des échanges entre la personne détenue et les personnes lui prêtant une assistance spirituelle. Selon le principe posé dès le 4 décembre 1891 par la Cour de cassation, les ministres du culte, dont font partie les aumôniers, « sont tenus de garder le secret sur les révélations qui ont pu leur être faites à raison de leurs fonctions ». Ils ne peuvent donc être contraints de témoigner, même devant la justice. Cette protection de la confidentialité, quoique essentielle au lien de confiance, ne s'applique pas aux échanges avec les auxiliaires bénévoles d'aumônerie, au demeurant exclus du champ d'application de l'article L. 345-4.

Une protection menacée par la lutte contre la radicalisation en prison ?

Depuis une vingtaine d'années, et plus encore depuis le dernier état d'urgence, la lutte contre la radicalisation dans les établissements pénitentiaires a contribué à déplacer la question de la religion du champ de la liberté reconnue aux personnes détenues à celui de la prévention du terrorisme. S'ensuivent des restrictions nouvelles qui, justifiées par la lutte contre les dérives radicales et sectaires et les impératifs de sécurité et de bon ordre dans les établissements, conduisent à alimenter le contentieux, y compris disciplinaire, porté devant les tribunaux administratifs.

Comme le note la professeure Poncela, le phénomène place aussi les aumôniers musulmans dans une position délicate, ces derniers devant malgré eux endosser « un rôle que n'ont pas les autres aumôniers, à savoir lutter contre les formes de radicalisation religieuse. La pression en ce sens est devenue très forte depuis janvier 2015, risquant de nuire à la confiance que les personnes détenues sont en droit d'exiger dans leurs relations avec l'imam » (Poncela, Religion et prison, je t'aime moi non plus *RSC 2015, vol. 1, n° 1, p. 143-154*).

On ne doit pas ici ignorer le rôle joué par la surpopulation carcérale qui, à la fois par la multiplication des interactions sociales à laquelle elle conduit et la détresse liée à la souffrance engendrée par les conditions de détention qu'elle implique, favorise la montée en puissance de la radicalisation en prison. Il ne faudrait pas que, sous prétexte de lutte contre le terrorisme religieux, les politiques carcérales s'orientent vers une nouvelle limitation des droits des personnes détenues, premières victimes des conditions déplorables de détention qui, malgré les affirmations de principe du code pénitentiaire, prévalent encore aujourd'hui. ❑

I. PROTECTION

A. DROIT EUROPÉEN

1. Conv. EDH, art. 9. Liberté religieuse des détenus. Les autorités nationales ont l'obligation de respecter la liberté religieuse des détenus en s'abstenant de toute ingérence non justifiée dans l'exercice des droits et en prenant, le cas échéant, des mesures positives en vue de permettre un libre exercice de ces droits eu égard aux exigences particulières du milieu carcéral. • CEDH 17 déc. 2013, *Vartic c/ Roumanie*, n° 14150/08 • 9 juin 2020, *Erlich et Kastro c/ Roumanie*, n°s 23735/16 et 23740/16. ♦ Si les conséquences ne sont pas excessives, l'administration doit par exemple tout mettre en œuvre pour proposer des « repas conformes aux préceptes du culte » de l'intéressé. • CEDH 10 nov. 2020, *Neagu c/ Roumanie*, n° 21969/15.

2. Conv. EDH, art. 9. Intérêts contraires. Les autorités nationales doivent ménager un juste équilibre entre les intérêts de l'établissement, ceux de ses autres prisonniers et les intérêts particuliers du détenu concerné, dont font partie les droits attachés à l'exercice du culte. Absence de violation de l'art. 9 Conv. EDH dès lors que la décision refusant des aménagements spécifiques pour un détenu pouvait avoir des conséquences financières directes pour un établissement pénitentiaire, et donc se répercuter de manière indirecte sur la qualité du traitement des autres détenus. • CEDH 7 déc. 2010, *Jakóbski c/ Pologne*, n° 18429/062.

3. Conv. EDH, art. 9. Marge nationale d'appréciation. Le choix d'adopter ou pas une réglementation détaillée relative aux modalités d'exercice d'une religion donnée en milieu pénitentiaire relève en principe de la marge d'appréciation des autorités de l'État, qui sont mieux placées pour se prononcer sur les besoins et les contextes locaux. • CEDH 9 juin 2020, *Erlich et Kastro c/ Roumanie*, n°s 23735/16 et 23740/16. ♦ En toute hypothèse, le droit de manifester sa religion en prison impose aux États de trouver un « juste équilibre » entre les intérêts de l'administration pénitentiaire et ceux des personnes détenues. • CEDH 17 déc. 2013, *Vartic c/ Roumanie*, n° 14150/08.

4. Conv. EDH, art. 9. Exigence d'une religion identifiable. Lorsque la mention d'un culte s'accompagne pour l'intéressé de certains privilèges et facilités pour pratiquer sa religion, il est raisonnable d'exiger que la religion déclarée soit identifiable. En l'espèce, le requérant n'avait exposé aucun fait permettant d'établir l'existence objective de la religion Wicca : absence de protection par l'art. 9 Conv. EDH. • CEDH 4 oct. 1977, *X. c/ Royaume-Uni*, n° 7291/75. ♦ Solution identique dans le cas d'un détenu se revendiquant « adorateur de la lumière » sans expliquer en quoi consisterait la pratique de sa religion • Comm. EDH 1er avr. 1970, *X. c/ Allemagne*, n° 4445/70.

B. DROIT INTERNE

5. Bloc de constitutionnalité. L'art. 26 de la L. du 24 nov. 2009 qui « rappelle » la garantie de la liberté d'opinion, de conscience et de religion des personnes détenues résulte des dispositions mêmes de l'art. 10 DDH : « Nul ne doit être inquiété pour ses opinions, même religieuses, pourvu que leur manifestation ne trouble pas l'ordre public établi par la loi ». • CE 16 oct. 2013, n° 351115 B. ♦ Il mobilise également le principe contenu par les dispositions de l'art. 1er Const. 1958 : « la France est une République indivisible, laïque, démocratique et sociale. Elle assure l'égalité devant la loi de tous les citoyens sans distinction d'origine, de race ou de religion. Elle respecte toutes les croyances. » • CAA Nancy, 16 déc. 2021, n° 19NC03283.

6. Obligations de l'administration pénitentiaire. Pour respecter le droit de toute personne de poursuivre lorsqu'elle est détenue, à quelque titre que ce soit, la pratique du culte dont elle se revendique, l'administration pénitentiaire doit, dès que la demande en est formulée, et sous la seule réserve des exigences de sécurité et de bon ordre de l'établissement, agréer un nombre suffisant d'aumôniers de ce culte. • CE 16 oct. 2013, n° 351115 B. ♦ Elle doit de même, dans la mesure où les locaux le permettent et dans les seules limites du bon ordre et de la sécurité, permettre l'organisation du culte dans les établissements. • Même arrêt. ♦ La seule facilitation des visites de droit commun de représentants du culte ne saurait satisfaire à ces obligations. • Même arrêt.

II. RESTRICTIONS

7. Exigences de sécurité et de bon ordre de l'établissement. Il résulte de l'art. 9.2 Conv. EDH que la liberté de manifester sa religion ou ses convictions ne peut faire l'objet d'autres restrictions que celles qui, prévues par la loi, constituent des mesures nécessaires, dans une société démocratique, à la sécurité publique, à la protection de l'ordre, de la santé ou de la morale publiques, ou à la protection des droits et libertés d'autrui. • CEDH 29 avr. 2003, *Kouznetsov c/ Ukraine,* n° 39042/97 • 29 avr. 2003, *Poltoraski c/ Ukraine,* n° 38812/97 • 23 févr. 2016, *Mozer c/ République de Moldova et Russie,* n° 11138/10. ♦ Seules des exigences de sécurité et de bon ordre de l'établissement peuvent justifier une modération des obligations positives de l'administration pénitentiaire. • CE 16 oct. 2013, n° 351115 B. ♦ S'il résulte du règlement intérieur type des établissements pénitentiaires annexé à l'art. R. 57-6-18 C. pr. pén. et de la note du 16 juill. 2014 relative à la pratique du culte en détention que le coussin de méditation est prévu parmi les objets cultuels pouvant être apportés, déposés ou envoyés par les proches ou par l'aumônier et qu'il est possible de s'en procurer par le biais des cantines, le libre exercice de la religion dans les institutions publiques doit être concilié avec les impératifs de sécurité et de bon ordre de l'établissement pénitentiaire. • CAA Nancy, 16 déc. 2021, n° 19NC03283.

8. Règlement intérieur de l'établissement. La liberté de culte en milieu carcéral s'exerce sous réserve des prérogatives dont dispose l'autorité administrative, aux fins de préserver l'ordre et la sécurité au sein des établissements pénitentiaires qui peuvent notamment se manifester par l'édiction de dispositions sur ce point dans le règlement intérieur. N'est donc pas entaché de défaut de base légale le règlement intérieur qui interdit toute manifestation cultuelle en dehors des cellules ou des salles prévues à cet effet, et notamment en cour de promenade. • CAA Lyon, 29 nov. 2012, n° 12LY00174.

9. Contrôle du juge de l'excès de pouvoir. Le juge contrôle la nécessité et la proportionnalité des restrictions apportées à la liberté d'exercice du culte et de manifestation des convictions religieuses par le règlement intérieur. Est nécessaire, sans être disproportionnée, la restriction nouvelle apportée à la pratique de la prière qui, jusqu'alors tolérée sous le préau dans la cour de promenade, a été interdite en raison du développement de pratiques ostentatoires du culte musulman ainsi que d'actes de prosélytisme de nature à provoquer des désordres et à porter atteinte à la liberté de conviction des autres détenus. • CAA Bordeaux, 8 sept. 2009, n° 08BX01040 : *AJDA 2009. 2022*. ♦ Le fait que la méconnaissance de l'interdiction édictée soit passible de sanctions disciplinaires n'est pas de nature à remettre en cause l'absence de caractère disproportionné de cette mesure au regard des objectifs légitimes poursuivis. • CAA Bordeaux, 8 sept. 2009, n° 08BX01040 : *préc.* • CAA Lyon, 29 nov. 2012, n° 12LY00174.

10. Sanction. Le fait d'effectuer sa prière dans la cour de promenade, en dépit de l'interdiction légalement posée par le règlement intérieur, est constitutif d'une faute disciplinaire de troisième degré. • CAA Lyon, 29 nov. 2012, n° 12LY00174.

11. Ordre public sanitaire. Dans le cadre de l'épidémie de covid-19, il appartient aux chefs d'établissement pénitentiaire, responsables de l'ordre et de la sécurité au sein de ceux-ci, de s'assurer du respect des consignes données pour lutter contre la propagation du virus et de prendre, dans le champ de leurs compétences, toute mesure propre à garantir le respect effectif des libertés fondamentales des détenus et des personnes y travaillant ou y intervenant, notamment la suspension des activités cultuelles et des visites aux parloirs. • CE, ord., 8 avr. 2020, n° 439821 : *Lebon T. 815.*

Note du 16 juillet 2014,

Relative à la pratique du culte en détention (NOR : JUSK1440001N).

L'article 1er de la Constitution du 4 octobre 1958 dispose que la France est une République laïque qui « assure l'égalité devant la loi de tous les citoyens sans distinction d'origine, de race ou de religion » et qui respecte « toutes les croyances ».

C'est dans ce cadre que s'applique la loi du 9 décembre 1905 dont l'article 2 précise que « la République ne reconnaît, ne salarie ni ne subventionne aucun culte » mais que « pourront toutefois être inscrites aux budgets *[de l'État, des départements et des communes]* les dépenses relatives à des services d'aumônerie et destinées à assurer le libre exercice des cultes dans les établissements publics tels que lycées, collèges, hospices, asiles et prisons ».

Cette disposition constitue le fondement légal des services d'aumônerie et de leur prise en charge par la personne publique ; elle se justifie par l'obligation de permettre aux personnes privées de leur liberté de pratiquer leur culte. Ces principes généraux ont été repris par la règle pénitentiaire européenne 29.1 *[RPE 29.1 : « Le droit à la liberté de pensée, de conscience et de religion des détenus doit être respecté »]* et l'article 26 de la loi pénitentiaire du 24 novembre 2009 *[Art. 26 de la L. du 24 nov. 2009 : « Les personnes détenues ont droit à la liberté d'opinion, de conscience et de religion. Elles peuvent exercer le culte de leur choix, selon les conditions adaptées à l'organisation des lieux, sans autres limites que celles imposées par la sécurité et le bon ordre de l'établissement » ; V. désormais C. pénit. art. L. 351-1]*.

De manière plus concrète, la règle pénitentiaire européenne 29.2 *[V. App., v° Conditions de détention]* prévoit que « le régime carcéral doit être organisé, autant que possible, de manière à permettre aux détenus de pratiquer leur religion et de suivre leur philosophie, de participer à des services ou réunions menés par des représentants agréés desdites religions ou philosophies, de recevoir en privé des visites de tels représentants de leur religion ou philosophie et d'avoir en leur possession des livres ou publications à caractère religieux ou spirituel ».

En droit interne, l'article R. 57-9-3 du code de procédure pénale précise : « Chaque personne détenue doit pouvoir satisfaire aux exigences de sa vie religieuse, morale ou spirituelle. »

S'il incombe aux aumôniers d'assurer le service du culte et d'offrir aux personnes détenues qui le souhaitent une assistance spirituelle, il s'ensuit des obligations positives pour l'administration pénitentiaire :

— obligation d'organiser l'accès aux cultes pour garantir l'effectivité de la liberté religieuse reconnue aux personnes détenues (I) ;

— obligation de lutter contre toute forme de prosélytisme et contre les dérives radicales et sectaires (II) ;

— obligation de neutralité de l'ensemble des personnes qui participent au service public pénitentiaire (III).

Ainsi, sans empiéter sur les prérogatives religieuses dévolues aux aumôniers de prison, l'administration organise et fixe le cadre d'exercice de la vie cultuelle en détention.

La présente circulaire a pour objet de rappeler les principes et modalités de l'exercice du culte en détention. Elle concerne tous les cultes et s'applique sur l'ensemble du territoire de la République.

I L'ACCÈS AU CULTE DES PERSONNES DÉTENUES

L'administration pénitentiaire organise l'accès aux cultes (A) pour permettre aux personnes détenues de pratiquer leur religion dans les conditions adaptées à l'organisation des lieux, conformément aux droits qui leur sont reconnus (B).

A Le rôle de l'administration pénitentiaire dans l'accès aux cultes des personnes détenues

1 La désignation de référents chargés de la laïcité et de la pratique du culte et l'agrément d'intervenants d'aumônerie

Le principe de laïcité implique que l'administration n'intervienne pas dans la vie cultuelle. L'administration pénitentiaire est néanmoins tenue d'organiser l'accès au culte dans la mesure où les personnes placées sous sa responsabilité sont dans l'incapacité d'exercer leur liberté religieuse en dehors de la détention. La désignation de référents chargés de la laïcité et de la pratique du culte au sein de l'administration pénitentiaire et l'agrément d'intervenants d'aumônerie répondent à cette obligation.

a Les référents chargés de la laïcité et de la pratique du culte

L'organisation du culte en détention suppose que des référents soient nommés à chaque échelon.

• Dans les établissements pénitentiaires

Le chef d'établissement désigne par une note de service un référent sur les questions de laïcité et de pratique du culte. Celui-ci est l'interlocuteur privilégié des aumôniers et des auxiliaires d'aumônerie ; il facilite leurs relations avec l'ensemble des personnels de l'administration pénitentiaires. Ses missions sont notamment les suivantes :

— organisation de l'exercice des cultes dans l'établissement ;

— diffusion des notes et informations relatives aux cultes au sein de l'établissement ;

— organisation d'une réunion annuelle avec l'ensemble des aumôniers locaux, le chef de détention, les responsables des différents bâtiments et un représentant du service pénitentiaire d'insertion et de probation (SPIP). Les responsables des unités sanitaires et du service médico-psychologique régional (SMPR) ainsi que le responsable local de l'enseignement peuvent également être conviés. Ces réunions favorisent les échanges et permettent aux aumôniers de savoir à qui s'adresser lorsqu'ils sont confrontés à une situation particulière ou difficile (souffrance psychologique, risque suicidaire, indigence, etc.).

Au-delà, les aumôniers peuvent, sur décision du chef d'établissement, participer à la commission pluridisciplinaire unique (CPU) instituée par l'article D. 90 du code de procédure pénale. La circulaire JUSK1140048C du 18 juin 2012 relative aux modalités de fonctionnement de la CPU a en effet prévu que les participants puissent varier d'une réunion à l'autre, en fonction des situations inscrites à l'ordre du jour. Les aumôniers agréés auprès de l'établissement peuvent ainsi être invités lorsque leur participation est susceptible d'éclairer les débats. La circulaire du 18 juin 2012 recommande d'ailleurs de faire un large usage de cette faculté.

• Dans les directions interrégionales des services pénitentiaires

Des référents chargés de la laïcité et de la pratique du culte sont identifiés dans chaque direction interrégionale. Ils animent la politique relative à la pratique des cultes en détention conformément aux axes définis par le directeur interrégional et par l'administration centrale.

Au quotidien, ils assurent le rôle d'interface entre la direction de l'administration pénitentiaire et les établissements :

— d'un côté, le référent chargé de la laïcité et de la pratique du culte informe les établissements des orientations nationales et leur transmet les directives qui en découlent ;

— de l'autre, le référent chargé de la laïcité et de la pratique du culte informe l'administration centrale de tous les sujets relatifs à la pratique des cultes, à la laïcité et à la lutte contre les dérives radicales et sectaires dans le ressort de sa direction interrégionale en prenant soin d'apporter les éléments contextuels nécessaires à une bonne compréhension des situations locales ; il veille en particulier à transmettre au niveau central les informations relatives aux difficultés rencontré*[e]*s par les établissements et à rendre compte des éventuels incidents survenus.

Enfin, les référents chargés de la laïcité et de la pratique du culte coordonnent les différents services de la direction interrégionale concourant au traitement des questions d'aumônerie. Ils participent, en lien avec l'unité de recrutement, de la formation et des qualifications, à l'organisation d'une formation annuelle des aumôniers nouvellement nommés dans le ressort de leur direction interrégionale.

• A la direction de l'administration pénitentiaire

Au sein de la sous-direction des personnes placées sous main de justice, le bureau des politiques sociales et d'insertion pilote, anime et structure la relation avec les aumôneries nationales, garantit le respect des principes en lien avec l'exercice du culte en milieu pénitentiaire et fixe les orientations nationales relatives à ces sujets.

b Les intervenants d'aumônerie

• L'agrément d'intervenants d'aumônerie

L'agrément d'aumôniers permet à l'administration d'organiser la pratique du culte en détention dans le respect du principe de laïcité. La procédure d'agrément des intervenants d'aumônerie de prison *[Les intervenants d'aumônerie sont soit des aumôniers (art. D. 439 C. pr. pén.) soit des auxiliaires bénévoles d'aumônerie (art. D. 439-2 C. pr. pén.), ces derniers étant agréés pour une période de 2 ans renouvelable]* est définie par la circulaire JUSK1240021C du 20 septembre 2012.

Les aumôniers consacrent tout ou partie de leur temps aux fonctions définies à l'article R. 57-9-4 du code de procédure pénale :

— l'assistance spirituelle des personnes détenues ;

— la célébration d'offices religieux et l'organisation de réunions cultuelles ;

— l'organisation des fêtes religieuses (en lien avec l'administration).

• La structuration des aumôneries

Les aumôneries sont structurées aux niveaux local, régional et national.

A chaque échelon, les aumôniers entretiennent un dialogue constant avec l'administration pénitentiaire. Ils sont les seuls interlocuteurs de l'administration pénitentiaire pour toutes les questions relevant de leur culte.

L'absence d'aumônerie nationale pour un culte donné n'empêche cependant pas qu'une personne détenue puisse solliciter l'assistance spirituelle d'un ministre de ce culte. Si des personnes détenues font une demande pour un culte qui n'est pas représenté, l'établissement en informe la direction interrégionale qui en réfère à la direction de l'administration pénitentiaire. C'est au niveau central que s'apprécient les conditions dans lesquelles cette demande peut être satisfaite.

• L'intervention d'aumôniers de prison dans les UHSI et les UHSA

Les unités hospitalières sécurisées interrégionales (UHSI) et les unités hospitalières spécialement aménagées (UHSA) sont des structures sanitaires dans lesquelles interviennent des aumôniers hospitaliers, qui sont des agents publics non titulaires de la fonction publique hospitalière. Les aumôniers pénitentiaires sont également compétents pour intervenir au sein de ces structures. L'aumônier pénitentiaire compétent est celui qui bénéficie d'un agrément au sein de l'établissement pénitentiaire de rattachement. Cependant, un aumônier agréé au sein d'un autre établissement pénitentiaire peut solliciter auprès du chef de l'établissement pénitentiaire de rattachement l'autorisation d'accès à une UHSI ou à une UHSA pour rencontrer une personne détenue qu'il visitait avant qu'elle ne soit affectée en unité sanitaire. Cette compétence se justifie par la continuité de suivi des personnes détenues.

2 La mise à disposition de lieux de culte (salles polycultuelles)

Outre l'agrément d'intervenants d'aumônerie, le respect de la liberté religieuse implique, notamment pour les pratiques collectives, l'existence d'un lieu dédié à la célébration des offices et aux activités d'aumônerie.

L'article R. 57-9-5 du code de procédure pénale dispose que les offices ont lieu dans un local déterminé par le chef d'établissement.

a La mise à disposition de salles polycultuelles

Chaque établissement pénitentiaire dispose d'une salle affectée à la pratique du culte. Dans la mesure du possible, la superficie de cette salle est en rapport avec la capacité de l'établissement et le nombre de personnes détenues fréquentant habituellement les activités cultuelles. Si l'organisation des locaux le permet, la salle de culte est réservée aux activités d'aumônerie ; à défaut, les activités d'aumônerie restent prioritaires.

Les salles de culte étant souvent d'usage partagé entre les différentes religions, leur décoration est la plus neutre possible. Une dérogation à ce principe est prévue : elle concerne les décorations religieuses fixes (peintures murales, bas-reliefs, meubles intégrés à l'architecture) qui ornent les salles de culte dans certains établissements anciens. En pareil cas, il est recommandé de ne pas procéder à l'enlèvement de ces décorations mais de réunir l'ensemble des aumôniers de l'établissement pour trouver une solution qui fasse consensus.

Pour permettre aux aumôniers d'entreposer les objets cultuels nécessaires à leurs interventions, les chefs d'établissement veillent à ce que chaque culte dispose, dans la salle polycultuelle ou dans un local attenant, d'un meuble de rangement fermé à clé d'une taille suffisante. Une clé de chaque placard est conservée à l'établissement, l'autre est remise à l'aumônerie concernée.

Par ailleurs, les salles polycultuelles sont, dans la mesure du possible, pourvues d'un point d'eau et d'un accès à des sanitaires. De manière générale, l'aménagement des salles polycultuelles tient compte des spécificités de chaque culte. A titre d'exemple, il importe, pour la célébration du culte musulman, que l'espace au sol soit dégagé, c'est-à-dire que les chaises puissent être retirées afin de pouvoir installer les tapis de prière.

b La célébration des offices religieux et la tenue de réunions cultuelles

Les jours et heures de célébration des offices sont fixés par les aumôniers en accord avec le chef d'établissement (art. R. 57-9-5 du code de procédure pénale) : ils figurent dans le règlement intérieur de l'établissement et font l'objet d'un affichage en détention. Le planning réalisé par le chef d'établissement s'efforce de prendre en considération les souhaits exprimés par les aumôniers, en particulier celui de pouvoir accéder à la salle de culte tous les jours de la semaine, y compris le samedi, le dimanche et les jours de fête religieuse.

La célébration de l'office implique, pour certains cultes, l'utilisation de vin. Le respect de l'exercice du culte nécessite dès lors de déroger à l'interdiction de l'introduction d'alcool en détention. Les aumôniers agréés sont autorisés à apporter les quantités de vin strictement nécessaires à la célébration du culte. Ils sont par ailleurs tenus de conserver le vin avec eux et de l'emporter en quittant l'établissement. Il ne peut en aucun cas être conservé dans les rangements fermés à clé évoqués ci-dessus.

c L'organisation des fêtes religieuses

Pour les croyants, les fêtes religieuses sont des temps forts de la vie sociale. Parce qu'elles impliquent souvent l'observance de certaines règles, il est nécessaire que les aménagements éventuels soient organisés en concertation avec les aumôneries.

De fait, lorsque l'organisation d'une fête religieuse nécessite des aménagements spécifiques, une note de la direction de l'administration pénitentiaire indique aux services déconcentrés le calendrier ainsi que les mesures particulières à mettre en œuvre (remise de colis, mise en place d'une cantine spéciale, distribution aménagée des repas...). Afin que l'information parvienne à temps aux établissements, il est demandé aux aumôniers nationaux de communiquer à la direction de l'administration pénitentiaire les dates des fêtes religieuses 2 mois avant leur célébration ainsi que les aménagements souhaités à cette occasion.

Des dispositions peuvent être prises localement, en accord avec le chef d'établissement, pour une fête ou un événement spécifique, à condition que l'organisation prévue ne nécessite pas d'aménagements relevant de la compétence de la direction de l'administration pénitentiaire (entrées de colis, mesures dérogatoires). Le chef d'établissement peut autoriser l'aumônier à apporter de la nourriture qui sera partagée et consommée à l'occasion de la célébration par les personnes détenues y participant.

Au sein d'un établissement, les différentes aumôneries peuvent, avec l'accord de la direction de l'établissement, se regrouper pour célébrer collectivement une fête religieuse ou organiser un événement interreligieux.

B Les droits des personnes détenues en matière de liberté religieuse

1 L'information des personnes détenues

L'article R. 57-9-3 du code de procédure pénale impose d'aviser la personne détenue, à son arrivée dans l'établissement, de son droit de recevoir la visite d'un ministre du culte et d'assister aux offices religieux et aux réunions cultuelles organisées par les personnes agréées à cet effet.

Plusieurs possibilités permettent de remplir cette obligation.

Il convient d'abord de faire figurer les informations relatives à la pratique du culte dans le livret d'accueil remis aux arrivants ainsi que dans le règlement intérieur de l'établissement.

Par ailleurs, après accord du chef d'établissement, les aumôniers des différentes confessions peuvent organiser une intervention collective auprès des arrivants qui sont intéressés afin de présenter leur rôle, les modalités d'inscription aux activités d'aumônerie telles qu'elles ont été définies avec la direction de l'établissement ainsi que les jours de leurs interventions. Aucune publication ne peut être remise aux personnes détenues dans le cadre de cette présentation.

Enfin, l'« entretien arrivant » peut également être l'occasion d'informer les personnes détenues sur les modalités de la pratique du culte au sein de l'établissement.

Lorsqu'une personne détenue déclare son intention de pratiquer une religion, les personnels pénitentiaires communiquent son nom à l'aumônier dans les meilleurs délais (art. D. 439-5 du code de procédure pénale). Rien ne s'oppose à ce qu'une personne détenue pratique plusieurs cultes.

Dans le cas particulier des mineurs détenus, le chef d'établissement recueille l'accord du ou des titulaire(s) de l'autorité parentale pour le choix de la religion et le principe de la pratique du culte. Ses modalités d'exercice ne sont en revanche pas soumises à information ni autorisation préalables *[V. Fiche technique consacrée à l'exercice de l'autorité parentale, en annexe de la Circ. JUSK1340024C du 24 mai 2013 relative au régime de détention des mineurs]*.

2 Les échanges entre les aumôniers et les personnes détenues

a Les entretiens avec les aumôniers

Les personnes détenues peuvent s'entretenir, à leur demande, aussi souvent qu'elles le souhaitent, avec les aumôniers de leur confession. Aucune mesure ni sanction (y compris une décision de placement au quartier d'isolement ou au quartier disciplinaire) ne peut entraver cette faculté.

L'article R. 57-9-6, al. 2, du code de procédure pénale dispose que les entretiens avec les aumôniers « ont lieu en dehors de la présence d'un surveillant, soit dans un parloir, soit dans un local prévu à cet effet, soit dans la cellule de la personne détenue et, si elle se trouve au quartier disciplinaire, dans un local déterminé par le chef d'établissement ».

Le chef d'établissement peut autoriser la remise des clés des cellules à l'aumônier. Cette possibilité tient compte d'éléments de sécurité (type d'établissement, composition de la population pénale...), de la configuration de l'établissement (notamment le nombre de personnes détenues par cellule), de l'ancienneté et de la régularité de l'intervention de l'aumônier. Cette faculté est motivée par la possibilité de rencontres individuelles entre un aumônier et une personne détenue. Les auxiliaires et accompagnants d'aumônerie *[Les accompagnants occasionnels, qui accompagnent l'intervenant d'aumônerie agréé (aumônier ou auxiliaire d'aumônerie), sont désignés par le chef d'établissement à la demande de l'aumônier local ou régional et après avis de l'aumônier national. L'autorisation délivrée est valable pour une durée d'un an]*, qui ne sont pas autorisés à rencontrer individuellement les personnes détenues, ne peuvent pas détenir les clés des cellules.

Les personnes détenues occupées à une activité collective de travail qui demandent à s'entretenir avec un aumônier bénéficient de cet entretien en dehors des heures de travail, ou, à titre exceptionnel, en interrompant leur activité, si cette interruption n'affecte pas l'activité des autres personnes détenues (art. R. 57-9-6, al. 3, du code de procédure pénale).

b La correspondance avec les aumôniers

Les personnes détenues peuvent correspondre, sous pli fermé, avec les aumôniers et les auxiliaires bénévoles d'aumônerie agréés auprès de leur établissement. L'article R. 57-8-20 du code de procédure pénale prévoit que « Les correspondances destinées (...) aux aumôniers agréés auprès de l'établissement ou expédiées par ces personnes sont adressées sous pli fermé comportant sur les enveloppes toutes les mentions utiles pour indiquer la qualité et l'adresse professionnelle de son destinataire ou de son expéditeur. »

En revanche, la correspondance écrite échangée entre une personne détenue dans un établissement et un aumônier ou un auxiliaire bénévole d'aumônerie agréé auprès d'un autre établissement reste contrôlable.

3 La pratique de la prière

Les prières sont autorisées individuellement en cellule et collectivement, en présence de l'aumônier, dans la salle polycultuelle.

4 L'accès des personnes détenues aux publications et objets cultuels

a Les publications et ouvrages religieux

Les aumôniers agréés sont autorisés à remettre aux personnes détenues qui en ont fait la demande des publications religieuses. Celles-ci sont soumises aux contrôles de sécurité usuels, sans qu'il y ait lieu de distinguer entre les livres brochés et les autres. Les aumôniers sont responsables du contenu des publications qu'ils sont susceptibles de remettre aux personnes détenues.

Par ailleurs, les personnes détenues sont autorisées à recevoir des publications écrites et audiovisuelles dans les conditions prévues à l'article 19 du décret n° 2013-368 du 30 avril 2013 relatif aux règlements intérieurs types des établissements pénitentiaires.

Ces publications ne peuvent être retenues que si elles contiennent « des menaces graves contre la sécurité des personnes et des établissements ou des propos ou signes injurieux ou diffamatoires à l'encontre des agents et collaborateurs du service public pénitentiaire ainsi que des personnes détenues » (art. 43 de la loi pénitentiaire du 24 novembre 2009). Il appartient au chef d'établissement de vérifier le contenu des publications envoyées ou déposées à l'attention des personnes détenues. L'absence de déclaration de dépôt légal n'est pas un motif de retenue des ouvrages.

Enfin, des ouvrages religieux sont à la disposition des personnes détenues dans les bibliothèques pénitentiaires dont le fonds documentaire reflète autant que possible les intérêts de l'ensemble de la population carcérale, dans le respect de la Constitution et des lois. Cela signifie, d'une part, que l'ensemble des cultes est représenté dans des proportions comparables et, d'autre part, que les ouvrages à caractère prosélyte, radical ou sectaire sont proscrits. Les ouvrages religieux sont acquis par l'établissement ou le SPIP. Si l'établissement rencontre des difficultés pour se procurer une publication religieuse qu'il souhaite acquérir, il peut se rapprocher de l'aumônier agréé auprès de l'établissement.

En cas de doute sur un ouvrage, le chef d'établissement ou le SPIP interroge le référent chargé de la laïcité et de la pratique du culte au sein de la direction interrégionale, qui peut consulter l'aumônier régional ou saisir tout service compétent.

b Les objets cultuels

Aux termes de l'article R. 57-9-7 du CPP, les personnes détenues sont autorisées à recevoir ou à conserver en leur possession les objets de pratique religieuse nécessaires à leur vie spirituelle.

Le document en annexe n° 1 dresse, à titre indicatif, une liste des objets cultuels autorisés en détention. Ce document doit être porté à la connaissance des personnels par tout moyen approprié.

En cas de doute sur le caractère cultuel d'un objet, les chefs d'établissement sont invités à saisir la direction interrégionale qui peut solliciter l'avis de l'aumônier régional.

Les objets cultuels peuvent être apportés, déposés ou envoyés par les proches ou par l'aumônier, dans les conditions définies à l'article 32 de l'annexe à l'article R. 57-6-18 du code de procédure pénale. Ils sont remis à l'intéressé(e) après avoir été soumis aux contrôles usuels. Les chefs d'établissement veillent également à ce que les personnes détenues puissent se procurer ces objets cultuels par le biais des cantines.

5 L'accès aux nourritures confessionnelles

a La distribution de repas

L'article 9 du décret n° 2013-368 du 30 avril 2013 relatif aux règlements intérieurs types des établissements pénitentiaires dispose que « les détenus doivent recevoir une alimentation variée, bien préparée et présentée, répondant tant en ce qui concerne la qualité et la quantité aux règles de la diététique et de l'hygiène, compte tenu de leur âge, de leur état de santé, de la nature de leur travail et, dans toute la mesure du possible, de leurs convictions philosophiques ou religieuses ». Lors des « entretiens arrivants », il est demandé aux personnes détenues de choisir parmi les trois types de menus proposés : classique, sans viande et sans porc. Un changement de régime alimentaire en cours de détention est toujours possible.

A l'occasion de temps forts du calendrier religieux impliquant le respect de certains rites, des aménagements dans les modalités de distribution des repas peuvent être nécessaires. Des notes de la direction de l'administration pénitentiaire, élaborées en lien avec l'aumônier national concerné, précisent les mesures qu'il convient de prendre.

L'administration pénitentiaire ne propose pas de menus confessionnels. Toutefois, les personnes détenues ont la possibilité d'acheter des produits confessionnels ou d'en recevoir à l'occasion des principales fêtes religieuses.

b Les cantines

Le dispositif des cantines permet aux détenus d'améliorer l'ordinaire en achetant divers produits, notamment des aliments destinés à compléter les repas proposés gratuitement par l'administration pénitentiaire. Les personnes détenues peuvent, si elles le souhaitent, avoir accès à des nourritures confessionnelles par l'achat de ces produits en cantine.

Chaque établissement pénitentiaire, qu'il soit en gestion publique ou en gestion déléguée, est tenu d'organiser cette offre de produits confessionnels. Au besoin, les établissements se rapprochent de la direction interrégionale et de l'aumônier compétent pour obtenir les coordonnées de fournisseurs et déterminer quels produits intégrer dans le catalogue des cantines.

En cas d'absence de stock, l'établissement accomplit toutes les diligences utiles dès qu'une personne détenue déclare son intention de s'alimenter selon les préceptes de sa religion.

c Les colis rituels

La remise de colis rituels par les aumôniers agréés est ponctuellement autorisée par notes de la direction de l'administration pénitentiaire lors de fêtes religieuses.

Par ailleurs, les aumôniers sont autorisés à apporter des nourritures confessionnelles aux arrivants lorsque la cantine de l'établissement n'en propose pas, le temps que les démarches nécessaires à l'approvisionnement soient accomplies. Cette dérogation au principe d'interdiction des colis alimentaires est limitée dans le temps ; elle cesse dès lors que des produits confessionnels sont proposés dans le cadre des cantines.

II LA LUTTE CONTRE LE PROSÉLYTISME, LES DÉRIVES RADICALES ET SECTAIRES

La protection de la liberté de conscience, de pensée et de religion des personnes détenues (A) implique que l'administration pénitentiaire lutte contre le prosélytisme et les dérives radicales et sectaires (B).

A La recherche du consentement libre et éclairé des personnes détenues

Le consentement libre et éclairé des personnes détenues est recherché dès lors qu'il leur est proposé de participer à des activités à caractère cultuel. En effet, la liberté religieuse comprend en creux celle de ne pas en avoir ou d'en changer.

Dans cette logique :
— les intervenants cultuels et les activités religieuses sont clairement identifiés comme tels ;
— les sollicitations à caractère religieux sont strictement encadrées.

1 L'absence de contrainte

Dans le prolongement de l'article 31 de la loi de 1905, qui sanctionne le prosélytisme, la règle pénitentiaire européenne 29.3 prévoit que « les détenus ne peuvent être contraints de pratiquer une religion ou de suivre une philosophie, de participer à des services ou réunions religieux, de participer à des pratiques religieuses ou bien d'accepter la visite d'un représentant d'une religion ou d'une philosophie quelconque ».

2 L'identification des intervenants cultuels et des activités religieuses

La personne détenue peut exercer son libre arbitre seulement si elle possède une information claire. Ainsi, les personnes détenues sont systématiquement informées lorsque des activités ont un caractère religieux ou sont organisées en lien avec l'aumônerie. Elles sont également informées lorsque des aumôniers participent à des événements socioculturels organisés en détention.

De manière générale, les activités de l'aumônerie sont clairement identifiées et distinguées de celles des autres intervenants, notamment associatifs. Pour éviter toute confusion, un aumônier ne peut intervenir en détention ou auprès des familles des personnes détenues en qualité de membre d'une association. La fonction d'aumônier est notamment incompatible avec le statut de visiteur de prison.

En cas de conflit entre différentes fonctions, il appartient au chef d'établissement de demander à l'intéressé d'opérer un choix entre ces fonctions dans un délai raisonnable.

B L'encadrement des sollicitations à caractère religieux

La pratique du culte est donc une démarche volontaire, qui doit être initiée par la personne détenue sans qu'elle ait été influencée en ce sens par des visites ou des courriers, par la remise et l'envoi de publications ou par tout autre moyen.

1 La rencontre avec les aumôniers

Dans la mesure où la pratique du culte est une simple faculté pour les personnes détenues, les aumôniers ne sont pas autorisés à aller à leur rencontre sans avoir été sollicités au préalable.

Cette dernière disposition n'interdit pas aux aumôniers agréés au sein d'un établissement d'organiser une réunion d'information collective à destination des arrivants dans les conditions définies au paragraphe I.B.1.

2 La remise d'objets ou d'ouvrages à caractère religieux

Si la remise et l'envoi d'objets ou de publications à caractère religieux est possible dans les conditions décrites ci-dessus (paragraphe I.B.4.), il faut cependant que la personne détenue en ait fait la demande expresse au préalable. Les distributions collectives d'objets ou de publications ne peuvent avoir lieu qu'à l'occasion d'activités organisées en lien avec les aumôneries.

Pour éviter tout prosélytisme, il convient également de distinguer nettement les colis rituels des colis remis à l'occasion des fêtes de fin d'année :

— s'agissant des colis de fin d'année : le nom de l'association peut apparaître mais les colis ne contiennent aucun objet ni aucune publication à caractère religieux ;

— s'agissant des colis rituels remis à l'occasion de fêtes religieuses : les colis, qui sont composés sous la responsabilité des aumôniers, peuvent contenir des objets ou des publications à caractère religieux. Des associations peuvent contribuer, par des dons financiers ou en nature, à la composition de ces colis mais le nom de l'association ne doit pas apparaître. Toute autre modalité d'organisation fait l'objet d'une note particulière.

Ces colis sont soumis aux contrôles de sécurité nécessaires à la prévention des évasions et au maintien de la sécurité et du bon ordre des établissements pénitentiaires.

3 Les demandes d'intervention

Il arrive que des associations à caractère religieux se manifestent pour intervenir en détention.

Si les statuts de l'association font clairement apparaître une vocation religieuse, l'établissement invite l'association à prendre contact avec l'aumônerie puisque seuls les aumôniers et intervenants d'aumônerie sont habilités à organiser des activités religieuses.

S'il existe un doute sur le caractère potentiellement sectaire de l'association, l'établissement en informe le référent chargé de la laïcité et de la pratique du culte au sein de la direction interrégionale des services pénitentiaires.

Si l'association n'affiche pas d'objet religieux mais que l'établissement a un doute sur la motivation réelle de la demande, il saisit également le référent au niveau interrégional.

Dans les deux cas, le référent chargé de la laïcité et de la pratique du culte peut prendre l'attache de la direction de l'administration pénitentiaire qui décide alors des suites à donner à cette demande d'intervention.

4 Les courriers d'association ou groupement à caractère religieux

Les personnes détenues sont autorisées à correspondre avec toute association, dans la limite posée par l'article 40 de loi pénitentiaire du 24 novembre 2009, qui dispose que « le courrier adressé ou reçu par les personnes détenues peut être contrôlé et retenu par l'administration pénitentiaire lorsque cette correspondance paraît compromettre gravement leur réinsertion ou le maintien du bon ordre et la sécurité ».

En revanche, lorsqu'une association cherche à entrer en contact avec une personne détenue sans avoir été, au préalable, directement sollicitée par cette dernière, l'établissement ne lui communique pas son numéro d'écrou.

De manière générale, lorsqu'une association à caractère religieux obtient le numéro d'écrou d'une personne détenue et lui adresse un courrier, il convient :

— de ne pas retenir la correspondance (sauf si celle-ci entre dans le champ de l'article 40 de la loi pénitentiaire du 24 novembre 2009) ;

— de remettre le courrier à la personne détenue en main propre tout en lui indiquant clairement que l'association est une association à caractère religieux afin d'éviter toute dérive prosélyte.

C Les restrictions apportées aux pratiques cultuelles

1 Les regroupements à caractère cultuel

Les prières collectives et regroupements à caractère religieux ne sont autorisés qu'en salle polycultuelle, en présence des intervenants d'aumônerie *[Art. 18 du Décr. n° 2013-368 du 30 avr. 2013 relatif aux règlements intérieurs types des établissements pénitentiaires : « Chaque personne détenue peut exercer le culte de son choix, à titre individuel dans sa cellule ou collectivement dans les salles prévues à cet effet, en présence des intervenants d'aumônerie »].*

2 Le port de signes religieux

Le port de signes par lesquels les personnes détenues manifestent ostensiblement une appartenance religieuse est interdit.

Ainsi, certains objets ou vêtements ne sont autorisés que dans des lieux limitativement identifiés. C'est le cas des voiles et des vêtements de prière qui ne sont autorisés qu'en cellule et en salle polycultuelle *[Ibid. : « Le port des vêtements religieux est interdit dans les lieux à usage collectif, à l'exception de la salle de culte. Les vêtements et objets de culte doivent être transportés dans un sac de la cellule à la salle de culte »]* : lors des trajets de la cellule à la salle de culte, ceux-ci sont transportés dans un sac. Pour des raisons de sécurité, cette règle s'applique également à la djellaba même s'il s'agit d'un vêtement coutumier plutôt que d'un vêtement cultuel : celle-ci ne peut être revêtue qu'en cellule ou en salle de culte ; elle est transportée dans un sac lors des trajets de la cellule à la salle de culte.

En revanche, les impératifs de sécurité s'opposent à ce que des tapis de prière soient transportés à l'intérieur de la détention. Ainsi, les personnes détenues sont autorisées à conserver un tapis de prière en cellule et des tapis de prière peuvent être entreposés dans la salle de culte.

III LE PRINCIPE DE NEUTRALITÉ DU SERVICE PUBLIC PÉNITENTIAIRE

La liberté de culte des personnes détenues implique, de la part des personnes qui participent à l'exercice du service public pénitentiaire, le respect de principes déontologiques qui se traduisent par un traitement égalitaire des personnes qui leur sont confiées (A) et un comportement respectueux des pratiques religieuses (B).

A Le respect de principes déontologiques

1 L'absence de manifestation de ses convictions religieuses

a Les personnels pénitentiaires

La circulaire du Premier ministre en date du 13 avril 2007 relative à la charte de la laïcité dans les services publics énonce que « tout agent public a un devoir de stricte neutralité ». Pour tout agent public, le fait de manifester ses convictions religieuses dans l'exercice de ses fonctions constitue un manquement à ses obligations.

b Les personnes concourant au service public pénitentiaire

Dans un avis en date du 19 décembre 2013, le Conseil d'État indique que « les personnes qui apportent leur concours au service public pénitentiaire, comme les visiteurs de prison, sont soumises au respect du code de déontologie de ce service [qui] énonce à leur égard des obligations générales pouvant conduire à restreindre leur liberté d'expression religieuse ».

L'administration est donc fondée à restreindre la liberté d'expression religieuse des personnes concourant au service public pénitentiaire.

Ainsi, à l'exception des aumôniers, toute personne contribuant à l'exercice du service public pénitentiaire s'abstient de faire état de ses convictions religieuses sur son lieu de travail ou en présence des personnes détenues.

2 Le traitement égalitaire des personnes détenues

La neutralité du service public pénitentiaire implique que toutes les personnes détenues soient traitées de la même façon quelles que soient leurs croyances religieuses.

De fait, la circulaire précitée du 13 avril 2007 impose à tout agent public de « traiter également toutes les personnes et [de] respecter leur liberté de conscience ». Par ailleurs, l'article 15 du décret du 30 décembre 2010 portant code de déontologie du service public pénitentiaire dispose que « le personnel de l'administration pénitentiaire a le respect absolu des personnes qui lui sont confiées par l'autorité judiciaire et de leurs droits. [...] Il ne manifeste aucune discrimination. »

S'agissant des personnes qui participent à l'exercice du service public pénitentiaire en vertu d'une habilitation ou d'un agrément, l'article 30 du décret précité prévoit qu'ils ont, à l'égard des personnes placées sous main de justice auprès desquelles ils interviennent, « un comportement appliquant les principes de respect absolu, de non-discrimination » et qu'ils « interviennent dans une stricte impartialité vis-à-vis de ces personnes et dans le respect des règles déontologiques applicables à leur profession ».

Lorsqu'une personne détenue invoque la religion pour refuser de se conformer à une règle, l'agent en réfère à sa hiérarchie afin de savoir quelle est la conduite à tenir, la liberté de culte devant être conciliée avec le bon ordre et la sécurité de l'établissement.

B Des gestes professionnels respectueux de la pratique religieuse

Le personnel de l'administration pénitentiaire est, en toutes circonstances, tenu de faire preuve d'une neutralité respectueuse vis-à-vis des pratiques religieuses des personnes qui lui sont confiées.

1 Les interventions en cellule

Le personnel amené à intervenir en cellule pendant un temps de prière est invité à différer son intervention sauf lorsqu'une urgence manifeste ne le permet pas ou lorsque la personne détenue cherche, par une prière excessivement longue, à faire obstruction à une mesure de contrôle (fouille de cellule, sondage de barreaux, etc.).

2 Les interventions en salle polycultuelle

Il convient d'éviter les interventions en salle polycultuelle pendant la célébration du culte, sauf si une urgence impérieuse rend nécessaire de déroger à ce principe.

Lorsqu'un personnel pénitentiaire surveille la célébration du culte ou la tenue d'une réunion cultuelle, il fait preuve de discrétion et respecte strictement l'obligation de neutralité qui s'impose à lui.

3 Le maniement des objets cultuels

Les objets cultuels (livres religieux, tapis de prière, etc.) étant chargés d'une valeur symbolique forte, le personnel pénitentiaire veille à manipuler ces objets avec soin, notamment lors des fouilles.

ANNEXE

Liste des principaux objets cultuels autorisés

Objets	Cultes concernés	Illustrations
Calendrier avec les horaires des prières	Culte musulman	 
Chapelet	Cultes chrétiens, culte musulman, culte bouddhiste…	 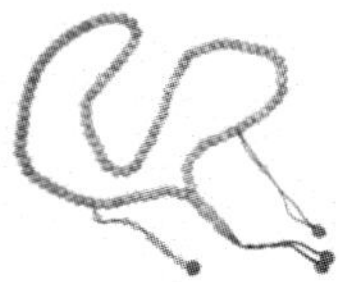 
Clochette	Culte bouddhiste	
Coussin de méditation	Culte bouddhiste	
Croix	Cultes chrétiens	 
Kippa	Culte israélite	

Pendentif reliquaire (ghau)	Culte bouddhiste	
Siwak	Culte musulman	
Statuette de Bouddha	Culte bouddhiste	
Talith	Culte israélite	
Tapis de prière	Culte musulman	
Tefilin ou phylactère	Culte israélite	
Vajra	Culte bouddhiste	

CHAPITRE II ASSISTANCE SPIRITUELLE

Le présent chapitre ne comprend pas de dispositions législatives.

TITRE VI EXERCICE DU DROIT DE VOTE

V. Règle pénitentiaire européenne révisée 24.11, App., v° Conditions de détention.

V. Recomm. minimales du CGLPL pour le respect de la dignité et des droits fondamentaux des personnes privées de liberté, titre 8, V. ss. art. L. 133-2.

V. L. n° 62-1292 du 6 nov. 1962 relative à l'élection du président de la République au suffrage universel (JO 7 nov.), mod. par L. org. n° 2021-335 du 29 mars 2021 portant diverses mesures relatives à l'élection du Président de la République (JO 30 mars, art. 3-VI).

V. L. n° 92-1336 du 16 déc. 1992, telle que mod. par la L. n° 94-89 du 1er févr. 1994, instituant une peine incompressible et relative au nouveau C. pén. et à certaines dispositions de procédure pénale (JO 17 déc., art. 370).

V. Décr. n° 2001-213 du 8 mars 2001 portant application de la L. n° 62-1292 du 6 nov. 1962 relative à l'élection du Président de la République au suffrage universel (JO 9 mars, art. 29-1).

V. L. n° 2019-222 du 23 mars 2019 de programmation 2018-2022 et de réforme pour la justice (JO 24 mars, art. 87).

V. Décr. n° 2019-223 du 23 mars 2019 portant application de l'art. 87 de la loi n° 2019-222 du 23 mars 2019 de programmation 2018-2022 et de réforme pour la justice instaurant un vote par correspondance pour les personnes détenues à l'élection des représentants au Parlement européen (JO 24 mars).

V. Circ. du ministre de l'Intérieur du 4 févr. 2021 relative à la création d'un bureau de vote (NOR : INTA2031723J) et Instr. relative à la création d'un bureau de vote centralisant les votes des électeurs bénéficiant de conditions d'attache communale dérogatoire et vote par correspondance des personnes détenues dans les îles Wallis-et-Futuna, en Polynésie française et en Nouvelle-Calédonie (NOR : INTA2129105J).

V. Instr. du 25 mars 2022 relative à l'organisation matérielle et déroulement de l'élection du Président de la République (NOR : INTA2204817C, § 5.4).

V. Instr du 24 mai 2022 relative à l'organisation matérielle et au déroulement des élections législatives (NOR : INTA2214915C, § 5.3).

RÉP. PÉN. v° *Prison : normes européennes - Prison et Convention européenne de sauvegarde des droits de l'homme, art. 3 - Prison et droit de vote des détenus,* par Céré.

BIBL. ▸ **Ouvrages :** Boussard, Les droits de la personne détenue : après la loi pénitentiaire du 24 novembre 2009, *Dalloz, 2013.* – Camby, Maligner et de Gaudemont, Code électoral annoté & commenté, *30e éd., Dalloz, Paris, 2023.* – Herzog-Evans, Droit pénitentiaire 2020/2021, *Dalloz, Paris, 2019.*

▸ **Thèses :** Aynès, La privation des droits civiques et politiques : l'apport du droit pénal à une théorie de la citoyenneté, *Nouvelle bibliothèque de thèses, Dalloz, 2022.* – Gonçalves, Le détenu : du statut d'assujetti au service public au statut d'usager du service public, *Univ. Clermont Auvergne, 2019.*

▸ **Articles :** Auriel, Aux marges de l'espace public : la participation des détenus au débat public, *Rev. des droits de l'homme. Revue du Centre de recherches et d'études sur les droits fondamentaux, CREDOF, janv. 2021, n° 19.* – Aynès, La citoyenneté politique dans l'Union européenne à l'épreuve de la sanction pénale de la privation des droits politiques, *RTD eur. 2019. 603*. – Babonneau, Jour de vote à la prison de Gradignan, *D. actu. 22 mai 2019.* – Bachelet, Note ss. CEDH 22 mai 2012, *Scoppola c/ Italie (n° 3)*, n° 126/05, Droit de vote des détenus : le compromis de Strasbourg, *D. actu. juin 2012.* – Camby, Règles contentieuses générales et contentieux du déroulement des élections, Répertoire de contentieux administratif/Élections parlementaires, *févr. 2022.* – Carpano, Privation des droits civiques et citoyenneté européenne, *D. 2015. 2414*. – Chapelle et Binsard, Le droit de vote en prison ou l'échec de l'exercice de la citoyenneté en détention, *D. actu. Le droit en débats, mai 2017.* – Chapelle et Scuderoni, Pour un exercice effectif du droit de vote en détention, *AJ pénal 2022. 197*. – Dejean de La Bâtie et Herzog-Evans, Code pénitentiaire : Something Old, Something New, Something Borrowed, and Something Blue, *AJ pénal 2022. 291*. – Ducoulombier, Le droit de vote des prisonniers : la perspective britannique, *RDLF 2014. Chron. 12.* – Gonzalez, Le droit de vote des prisonniers : le point de vue de la Cour EDH, *RDLF 2014. Chron. 16.* – Hérin, Les exclus du droit de vote, Pouvoirs, n° 120. – Herzog-Evans, Exercice du droit de vote – Chapitre 412 – Permissions de sortir, Droit de l'exécution des peines, *Dalloz* ; Pas de QPC pour la privation perpétuelle des droits civiques, *AJ pénal 2013. 358*. – Herzog-Evans et Thomas, Le vote à l'urne des détenus aux élections européennes de 2019, *AJ pénal 2019. 540*. – Januel, Vers un vote par correspondance pour les détenus, *D. actu. oct. 2018*. – Larralde et Mouchel, Les personnes incarcérées « citoyens participant à la vie démocratique de la Nation », *Institut international des droits de l'Homme et de la paix, 16 mai 2021* ; La Cour de Strasbourg restreint sa jurisprudence relative au droit de vote des personnes incarcérées, CEDH 6 déc. 2022, *Kalda c/ Estonie (n° 2)*, n° 14581/20, *D. actu. janv. 2023*. – Planque, Le vote des détenus : une avancée éphémère mais porteuse d'espoir, *D. 2019. 1059*. – Robert, Droit de vote des détenus : assouplissement du contrôle européen, *RDLF 2012. Chron. 18*. – Robert, Incapacité électorale : nostalgie de l'ancien code pénal, *Dr. pénal 2013, n° 2, p. 39-40*.

COMMENTAIRE

L'exercice du droit de vote est reconnu aux personnes détenues depuis l'entrée en vigueur de la réforme du code pénal le 1er mars 1994. S'inscrivant dans une redéfinition du sens de la peine, dépassant une volonté d'exclusion de la personne condamnée du reste de la société, l'exercice du droit de vote, qui constitue une partie des caractéristiques de la citoyenneté, n'est plus neutralisé.

Ainsi, une personne détenue, prévenue ou condamnée, qui remplit les conditions requises pourra disposer du statut d'électeur et exercer son droit. Le code électoral définit comme électeur toute personne française âgée de 18 ans accomplis (V. C. élect., art. L. 2). Le critère de nationalité connaît des exceptions ; ce faisant, toutes les personnes détenues étrangères ne sont pas exclues de l'exercice du droit de vote. Cela dépend du type d'élection. Les ressortissants d'autres États membres de l'Union européenne, majeurs et résidant en France, peuvent voter aux élections municipales (V. C. élect., art. L.O. 227-1) ou pour les représentants au Parlement de l'Union européenne (V. L. n° 77-729 du 7 juill. 1977 relative à l'élection des représentants au Parlement européen, art. 2-1). Ils devront cependant être inscrits sur la liste électorale complémentaire de la commune d'inscription. Cette présentation illustre la diversité des situations dans lesquelles se trouvent les personnes détenues, ce qui rend inenvisageable de considérer la population carcérale comme une catégorie homogène face à l'exercice du droit de vote.

Si le code pénitentiaire rassemble un certain nombre de règles relatives à l'exercice du droit de vote, il reste nécessaire de faire référence à une pluralité d'autres codes et lois non codifiées afin de déterminer la qualité d'électeur, les modalités de vote selon le type d'élection et ainsi appréhender les conditions de son exercice. Une telle dispersion des normes résulte de la fonction du code pénitentiaire qui traite du rapport des personnes détenues avec l'administration pénitentiaire. Or, les opérations de vote ou leur interdiction pénale dépendent d'autres institutions et services publics. Pour autant, les chapitres du code relatifs à l'exercice du droit de vote sont organisés de façon didactique en suivant le cheminement de la personne détenue dans l'exercice de son droit : information, inscription sur les listes électorales, détermination des modalités d'exercice du droit de vote.

De manière générale, les personnes incarcérées peuvent donc être considérées comme de possibles électeurs. Toutefois, si l'interdiction automatique de jouissance des droits civiques et politiques disparaît, certaines exceptions demeurent, notamment la peine de dégradation civique pour les personnes condamnées sous l'empire de l'ancien code pénal, et la faculté pour le juge de prononcer une peine complémentaire interdisant l'exercice du droit de vote pour une durée limitée.

Ainsi, d'une part, les personnes pénalement condamnées pour crime par une décision prononcée en dernier ressort avant l'entrée en vigueur du code pénal en 1994 demeurent privées de l'exercice du droit de vote. Cela découle du principe de non-rétroactivité de la loi, les personnes condamnées ne pouvant se prévaloir de l'application d'une loi plus douce, conformément à l'article 112-1 du code pénal, la condamnation étant passée en force de chose jugée. La loi n° 92-1336 du 16 décembre 1992, telle que modifiée par la loi n° 94-89 du 1er février 1994, et préparant notamment l'entrée en vigueur du nouveau code pénal, réaffirme ce principe dans son article 370. La Cour de justice de l'Union européenne a pu se prononcer sur la persistance d'une telle inégalité, la considérant justifiée (CJUE 6 oct. 2015, *Delvigne c/ Médoc et préfet de Gironde*, n° C-650/13 : Carpano, Privation des droits civiques et citoyenneté européenne, *D. 2015. 2414*). De même, la chambre criminelle de la Cour de cassation a refusé de transmettre une QPC au Conseil constitutionnel (Crim., QPC, 14 nov. 2012, n° 12-85.319 : M. Herzog-Hevans, pas de QPC pour la privation perpétuelle des droits civiques, *AJ pénal 2013. 358*). « Le principal enseignement qu'il en faut tirer est que la dégradation civique, même transformée, reste une peine perpétuelle » (J.-H. Robert, Incapacité électorale : nostalgie de l'ancien code pénal, *Dr. pénal 2013, n° 2*).

D'autre part, les articles L. 131-10 et L. 131-26 du code pénal prévoient qu'une peine complémentaire d'interdiction des droits civiques, civils et de famille portant notamment sur l'exercice du droit de vote peut être prononcée par une juridiction pénale à la suite d'une condamnation pour crime ou délit. La suspension de l'exercice du droit de vote est temporellement encadrée, elle ne peut excéder dix ans pour un crime et cinq ans pour un délit. La refonte du code pénal a permis une large ouverture du droit de vote avec un effondrement des radiations des listes électorales des personnes détenues. Évaluées à 22 294 en 1995, elles sont passées à 2 552 en 2004 (V. Hérin, Les exclus du droit de vote, Pouvoirs, 120, *Le Seuil, 2007, n° 1, p. 95-107*). En application de l'article 702-1 du code de procédure pénale et sur demande de la personne qui en est frappée, une interdiction de droit de vote peut faire l'objet à tout moment d'un relèvement, y compris dans sa durée.

Le droit de vote des personnes détenues n'est donc pas un droit absolu, mais peut souffrir de certaines restrictions. Tant le Conseil de l'Europe que l'Union européenne ont reconnu aux États parties la faculté d'apporter des limitations à l'exercice de ce droit. En ce sens, la jurisprudence particulièrement abondante de la CEDH a connu des évolutions. Si ses premiers arrêts semblaient apporter des garanties fortes aux personnes détenues en s'opposant à toutes dispositions légales, automatiques et indifférenciées les privant de l'exercice de leurs droits (V. CEDH 6 oct. 2005, *Hirst c/ Royaume-Uni*, n° 74025/01), les arrêts postérieurs ont peu à peu marqué un affaiblissement de ce niveau de protection en validant des dispositifs légaux, interdisant l'exercice du droit de vote, pour certains types d'infractions et pour une certaine durée (V. CEDH 22 mai 2012, *Scoppola c/ Italie*, n° 126/05, n° 3, ou encore plus récemment CEDH 6 déc. 2022, *Kalda c/ Estonie*, n° 14581/20).

Dès 1962, le Comité des ministres du Conseil de l'Europe a adopté une résolution relative aux droits électoraux, civils et sociaux du détenu (Res (62) 2) précisant que si le seul fait de la détention ne retire pas au détenu l'exercice de ses droits civiques (§ 3), une « disposition légale » ou « une décision judiciaire » peut toujours lui retirer le droit de vote (§ 5). Ce texte (certes sans portée contraignante) évoque la nécessité pour les autorités de transmettre aux détenus les informations utiles pour l'exercice de leur droit (§ 6) et il précise que les techniques permettant aux citoyens de voter « sans comparution personnelle dans le local de vote » doivent s'appliquer automatiquement aux détenus possédant la capacité électorale (§ 5). Les Règles pénitentiaires européennes évoquent depuis 2006 la question de l'exercice des droits civiques par les personnes détenues et la règle 24.11 issue de la révision de 2020 précise désormais que « les autorités pénitentiaires doivent veiller à ce que les détenus puissent participer aux élections, aux référendums et aux autres aspects de la vie publique, à moins que l'exercice de ce droit par les intéressés soit limité en vertu du droit interne ». Si la formulation de cette règle est pour le moins prudente, elle rappelle toutefois que les détenus ne sont pas exclus du corps social et qu'ils devraient conserver leur qualité de citoyens pendant la durée de leur période de privation de liberté.

La jurisprudence de la Cour européenne des droits de l'homme est autrement plus exigeante. Dans son désormais fameux arrêt *Hirst (n° 2) c/ Royaume-Uni (GC)* du 6 octobre 2005 (n° 74025/01) et son arrêt pilote *Greens et M.T. c/ Royaume-Uni* du 23 novembre 2010 (n°s 60041/08 et 60054/08 : *D. 2011. 193, obs. Renucci* ; *RSC 2011. 226, obs. Marguénaud*), la Cour de Strasbourg a en effet rappelé que « le droit de vote ne constitue pas un privilège » (Hirst, § 59), et que « les détenus en général continuent de jouir de tous les droits et libertés fondamentaux garantis par la Convention, à l'exception du droit à la liberté » (*idem*, § 69). En conséquence, « il n'est donc nullement question qu'un détenu soit déchu de ses droits garantis par la Convention du simple fait qu'il se trouve incarcéré à la suite d'une condamnation. Il n'y a pas non plus place dans le système de la Convention, qui reconnaît la tolérance et l'ouverture d'esprit comme les caractéristiques d'une société démocratique, pour une privation automatique du droit de vote se fondant uniquement sur ce qui pourrait heurter l'opinion publique » (*idem*, § 70). Si la privation du droit de vote d'un détenu reste toujours possible, cette mesure ne peut toutefois être prise que par un tribunal indépendant, appliquant une procédure contradictoire et offrant de solides garanties contre l'arbitraire (*Frodl c/ Autriche*, 8 avr. 2010, n° 20201/04). La législation anglaise privant automatiquement du droit de vote tous les détenus condamnés, quelle que soit la durée de leur peine et indépendamment de la nature ou de la gravité de l'infraction qu'ils ont commise et de leur situation personnelle, constitue en conséquence une mesure disproportionnée qui viole le droit à des élections libres protégé par la Convention européenne des droits de l'homme (Prot. add. n° 1, art. 3). La même analyse a été suivie par les juges strasbourgeois à propos de la Russie (4 juill. 2013, *Anchugov et Gladkov c/ Russie*, n° 11157/04 : *D. 2013. 1898, obs. Bachelet*), ou de la Turquie (27 sept. 2013, *Söyler c/ Turquie*, n° 29411/07 : *D. 2013. 2174*).

On doit toutefois relever que cette jurisprudence libérale ne consacre pas un droit de vote inconditionnel au profit des personnes incarcérées. Les États peuvent en effet confier au juge le soin d'apprécier la proportionnalité d'une mesure restrictive au droit de vote de certains détenus condamnés, ou d'incorporer dans la loi des dispositions définissant les circonstances dans lesquelles une telle mesure s'applique, en tenant notamment compte de la gravité de l'infraction commise et de la conduite du condamné (CEDH 22 mai 2012, *Scoppola c/ Italie (n° 3)*, n° 126/05 : *D. 2012. Actu. 1404* ; *D. actu. 15 juin 2012, obs. Bachelet* ; *AJDA. 2011. 1993, chron. Burgorgue-Larsen* ; *JCP n° 24, 11 juin 2012, veille Picheral*). L'arrêt *Kalda (n° 2) c/ Estonie* du 6 décembre 2022 (n° 14581/20) a, par ailleurs, confirmé que les États peuvent parfaitement poser un régime d'interdiction générale de voter pour les détenus condamnés aux peines privatives de liberté les plus graves, à partir du moment où les juridictions ont pu méticuleusement examiner les circonstances de l'espèce (*D. actu. 5 janv. 2023, obs. Larralde et Mouchel*).

Concrètement, différentes modalités d'exercice du droit de vote sont proposées aux personnes détenues. Le code pénitentiaire fait référence à deux modalités sur trois, une dans la partie législative, le vote par correspondance, une autre dans la partie réglementaire, la permission de sortie. Aucune référence directe n'est faite en revanche au vote par procuration. Pourtant, cette dernière modalité était, avant l'introduction du vote par correspondance en 2019, la plus sollicitée. La procédure du vote par procuration est donc celle de droit commun définie dans le code électoral en son article L. 71. La personne détenue désigne un mandataire, jouissant de la qualité d'électeur, qui ira voter le jour de l'élection dans le bureau de vote d'inscription de la personne détenue. Depuis le 1er janvier 2022, le mandataire n'est plus tenu d'être inscrit dans le même bureau de vote, ou la même commune, que le mandant. Pour autant l'établissement d'une procuration reste particulièrement délicat en détention. La personne détenue ne disposant pas de ses papiers d'identité ni d'un accès à internet, elle reste dépendante de l'administration afin d'établir le document et espérer que sa demande soit traitée dans de brefs délais. Qui plus est, cela suppose de connaître une personne de confiance à qui déléguer son vote. La permission de sortir est la seconde possibilité pour une personne condamnée d'exercer son droit de vote. Formellement reconnue depuis le décret n° 2007-1627 du 16 novembre 2007, aujourd'hui codifié dans l'article D. 143-4, 5°, du code de procédure pénale, cette possibilité permet à la personne détenue d'exercer pleinement son droit dans des conditions similaires à la majorité des autres électeurs. Mais une telle possibilité est strictement encadrée et doit être autorisée par un juge. Lorsqu'une première permission de sortir a été accordée à un condamné par le juge de l'application des peines, les permissions ultérieures peuvent, sauf décision contraire de ce magistrat, être accordées par le chef d'établissement pénitentiaire (C. pr. pén., art. L. 723-3 et D. 142-3-1). Jusqu'en 2019, ce n'étaient que ces deux possibilités, émission d'une procuration ou octroi d'une permission de sortir, que pouvaient utiliser les personnes détenues. Mais face à une participation systématiquement inexistante (2 % pour les élections présidentielles de 2017), une nouvelle modalité a été conçue afin de rendre ce droit effectif (pour reprendre les termes de Chapelle et Scuderoni, Pour un exercice effectif du droit de vote en détention, *AJ pénal 2022. 197* ; Herzog-Evans, Vote des détenus : entre droit théorique et droits effectifs, *ibid. 2017. 247*). Après une première expérimentation pour les élections européennes de 2019, les personnes détenues peuvent désormais voter par correspondance. Cette nouvelle modalité a été introduite par la loi n° 2019-1461 du 27 décembre 2019 relative à l'engagement dans la vie locale et à la proximité de l'action publique. Similaire au vote pour les Français résidant à l'étranger, les personnes détenues votent dans leur établissement, quelques jours avant le scrutin, en insérant leur bulletin dans une enveloppe sous pli fermé, l'ensemble des bulletins étant ensuite centralisé dans un bureau de vote (pour une présentation détaillée des modalités de vote par correspondance V. les comm. ss. art. L. 363-1 à L. 363-3 et R. 363-2 à R. 363-5). A la suite de réticences de certaines communes d'implantations des établissements pénitentiaires, qui craignaient une recomposition du corps électoral, les votes sont centralisés dans le chef-lieu du département d'implantation de l'établissement. Un bureau de vote y est créé dans la circonscription ou le secteur comprenant le plus d'électeurs inscrits conformément à l'article L. 12-1 du code électoral, exception faite pour les élections européennes ou présidentielles où un bureau national unique est créé au ministère de la Justice. Cette dernière modalité de vote implique un rapprochement de l'exercice du droit de vote en le ramenant au sein de la détention.

L'inscription sur les listes électorales de la commune de vote est un préalable indispensable. A ce titre, les articles L. 9 et L. 12-1 du code électoral rappellent le caractère impératif de cette inscription. Les articles L. 362-3 du code pénitentiaire et L. 18-1 du code électoral obligent l'administration pénitentiaire à jouer un rôle actif, notamment lors du transfert de la demande d'inscription à la commune. Les personnes détenues peuvent s'inscrire à titre dérogatoire dans d'autres lieux que leur commune de résidence. Cependant l'inscription dans la commune du chef-lieu du département d'implantation de l'établissement pénitentiaire est une obligation pour pouvoir voter par correspondance. Ici, le dispositif législatif est susceptible de créer une distorsion entre le rapport politique entretenu par la personne détenue à sa circonscription électorale de résidence et celle finalement retenue susceptible d'être dans un autre département ou une autre région. En effet, les personnes détenues pourraient préférer adopter le vote par correspondance qui semble désormais être la voie la plus évidente à mettre en œuvre plutôt que de ne pas pouvoir voter.

Les personnes détenues semblent se saisir de la nouvelle modalité de vote par correspondance avec une augmentation nette de la participation, cette dernière avoisinant les 20 % lors des élections présidentielles de 2022, tout en restant très éloignée du taux de participation générale supérieur à 70 % pour ces mêmes élections. D'autre part, la mise en œuvre du processus de vote par correspondance est adaptée aux spécificités de certaines élections. Ce sont donc deux régimes juridiques qui cohabitent, un pour les élections présidentielles (L. n° 62-1292 du 6 nov. 1962 relative à l'élection du Président de la République au suffrage universel) et un pour les autres élections défini dans le code électoral. Chaque régime fixe une procédure distincte pour le dépouillement des droits de vote. ❑

1. Conv EDH art. 3 Prot. n° 1. Droit de vote des personnes détenues. Au regard de l'art. 3 du Prot. n° 1 les droits de vote et d'éligibilité ne sont pas absolus. Dans leurs ordres juridiques internes respectifs, les États contractants entourent ces droits de conditions auxquelles l'art. 3 ne met en principe pas d'obstacle. Les États jouissent en la matière d'une large marge d'appréciation, mais il appartient à la Cour de statuer en dernier ressort sur l'observation des exigences du Prot. n° 1. Lesdites conditions ne doivent pas réduire les droits au point de les atteindre dans leur substance même et de les priver de leur effectivité. Elles doivent poursuivre un but légitime. Enfin, les moyens employés ne doivent pas se révéler disproportionnés au but poursuivi. • CEDH 2 mars 1987, *Mathieu-Mohin et Clerfayt c/ Belgique,* n° 9267/81, § 52. ♦ Une privation générale et automatique du droit de vote pour les détenus condamnés est un instrument sans nuances, qui dépouille du droit de vote, garanti par la Convention, un grand nombre d'individus, et ce de manière indifférenciée. Cette disposition inflige une restriction globale à tous les détenus condamnés purgeant leur peine et s'applique automatiquement à eux, quelle que soit la durée de leur peine et indépendamment de la nature ou de la gravité de l'infraction qu'ils ont commise et de leur situation personnelle. Pareille restriction générale, automatique et indifférenciée à un droit consacré par la Conv. et revêtant une importance cruciale outrepasse une marge d'appréciation acceptable, aussi large soit-elle. En conséquence, la législation discutée viole la Conv. • CEDH 6 oct. 2005, *Hirst c/ Royaume-Uni,* n° 74025/01 : *AJDA 2006. 466, obs Flauss ; RSC 2006. 662, obs Massias ; D. 2011. Pan. 193, spéc. 196, obs. Renucci ; Europe n° 6 2005. 232, Com. Defains ; ibid. n° 7. 2004. 266. com. Kitsou-Milonas.* ♦ En conséquence de la violation constatée de l'art. 3 du Prot. n° 1, laquelle trouve son origine dans le manquement de l'État défendeur à exécuter l'arrêt rendu par la Cour EDH en l'affaire Hirst, le Royaume-Uni doit présenter, dans un délai de 6 mois à compter de la date à laquelle le présent arrêt sera devenu définitif, des propositions de loi visant à modifier le droit existant (arrêt pilote). • CEDH 23 nov. 2010, *Greens et M. T c/ Royaume-Uni,* n° 60041/08 et 60054/08 : *RSC 2011. 226, obs Marguénaud ; D. 2011. 193, note Renucci.*

♦ Si l'intervention d'un juge est en principe de nature à assurer la proportionnalité d'une restriction au droit de vote d'un détenu, une telle intervention n'est pas une nécessité (V. • CEDH 8 avr. 2010, *Frodl c/ Autriche,* n° 20201/04, laissant supposer qu'une telle intervention aurait été essentielle). Il n'y a pas violation de la Conv. EDH par la loi italienne restreignant l'exercice du droit de vote, temporairement ou définitivement, pour toute personne condamnée à une peine privative de liberté supérieure ou égale à trois ans. Un tel dispositif législatif n'est en effet pas disproportionné, dès lors que cette interdiction d'exercice du droit de vote se limite à certains motifs de privation de liberté (certains types d'infractions et pour une certaine durée) et que la temporalité de la mesure est encadrée par un délai (et si celle-ci est définitive, qu'il existe une possibilité de réhabilitation). • CEDH 22 mai 2012, *Scoppola c/ Italie,* n° 126/05 : *n° 3 : AJDA 2012. 1726, note Burgogue-larsen ; D. actu. juin 2012.* – V. Bachelet, Droit de vote des détenus : le compromis de Strasbourg ; Hervieu, Droit de vote des détenus. La diplomatie jurisprudentielle au service d'une paix des braves sur le front européen des droits de l'homme, Lettre Actualités Droits-Libertés, *CREDOF mai 2012 [en ligne].* ♦ La législation estonienne, qui prive de son droit de vote aux élections européennes toute personne condamnée à une peine privative de liberté, ne viole pas l'art. 3 du Prot. n° 1. Les États peuvent en effet parfaitement poser un régime d'interdiction générale de voter pour les détenus les plus dangereux condamnés à de lourdes peines dès lors que les juridictions ont pu méticuleusement examiner les circonstances de l'espèce. Le but poursuivi étant la protection des « droits [de] ceux qui n'avaient pas fait preuve d'un tel manque de respect envers les valeurs sous-jacentes à la vie collective et favorisait l'État de droit ». • CEDH 6 déc. 2022, *Kalda c/ Estonie,* n° 14581/20 : *D. actu. janv. 2023.*

2. Charte UE. Art. 39 et 49. Droits civiques des personnes détenues. La Charte doit être interprétée de telle manière qu'elle ne s'oppose pas à ce que la législation d'un État membre exclue de plein droit des bénéficiaires du droit de vote aux élections européennes des personnes qui « ont fait l'objet d'une condamnation pénale pour crime devenue définitive avant le 1er mars 1994 ». L'interdiction doit cependant reposer sur un fondement légal et être proportionnée, comme en l'espèce, par la prise en compte de la « nature et la gravité de l'infraction pénale commise ainsi que la durée de la peine » (§ 49). La Cour tient aussi compte de la possibilité, contenue à l'art. 702-1 C. pr. pén., de demander le relèvement de la peine complémentaire de dégradation civique. • CJUE 6 oct. 2015, *Delvigne c/ Médoc et préfet de Gironde,* n° C-650/13 : *D. 2015. 2414, note Carpano ; AJDA 2015. 2257, chron. Broussy, Cassagnabère et Gänser ; AJ pénal 2016. 80, obs. Allamélou ; RTD eur. 2017. 360, obs. Benoît-Rohmer.* ♦ La chambre criminelle de la Cour de cassation avait rendu une décision en ce sens, refusant ainsi de transmettre une QPC au Conseil constitutionnel. • Crim. 14 nov. 2012, n° 12-85.319 QPC : *AJ pénal 2013. 358, obs. Herzog-Evans ; Dr. pénal 2013. 39, Robert.*

3. Inconstitutionnalité d'une interdiction automatique du droit de vote. Est contraire à la Const. l'art. L. 7 C. élect., interdisant pendant 5 ans l'inscription sur les listes électorales de personnes condamnées pour certaines infractions (corruption active, concussion, recel...). Le juge constitutionnel relève le caractère punitif du dispositif censuré qui, attache de plein droit à diverses condamnations pénales, fait obstacle à toute intervention du juge quant au prononcé de la sanction et d'une éventuelle modulation dans sa durée. La motivation retenue rappelle, au regard du principe d'individualisation des peines garanti par l'art. 8 DDH, d'une part la nécessaire appréciation de culpabilité par une juridiction de jugement comme préalable à toute prononciation de peine et, d'autre part, la prohibition de toute peine automatique. • Cons. const., QPC, 11 juin 2010, n° 2010-6/7. V. comm. autorisé, *Cah. Cons. const., n° 29.*

4. Modalités d'exercice du droit de vote des personnes détenues. Est légale la décision préfectorale refusant la création d'un bureau de vote au sein d'un établissement pénitentiaire, compte tenu des difficultés particulières à l'instauration de modalités de vote dans les établissements pénitentiaires et de l'impossibilité pour les personnes détenues, une fois libérées, d'accéder à leur bureau de vote. • CE 28 juill. 2022, n° 451890. ♦ Le législateur est compétent pour créer une nouvelle modalité de vote s'apparentant à un vote par correspondance en détention. • TA Paris, réf., 21 mars 2017, n° 1703348/9 : *AJ pénal 2017. 247.* ♦ Dans le cadre d'une demande similaire, un refus est opposé, faute d'urgence et pour dépassement de la date légale permettant la création d'un bureau de vote. • TA Poitiers, réf., 17 nov. 2016, n° 1602559 : *AJ pénal 2017. 247, obs. Herzog-Evans.*

Code pénal

Des peines complémentaires encourues pour certains crimes ou délits

Art. 131-10 Lorsque la loi le prévoit, un crime ou un délit peut être sanctionné d'une ou de plusieurs peines complémentaires qui, frappant les personnes physiques, emportent interdiction, déchéance, incapacité ou retrait d'un droit *(L. n° 98-468 du 17 juin 1998)* « , injonction de soins ou obligation de faire », immobilisation ou confiscation d'un objet *(L. n° 2007-297 du 5 mars 2007, art. 25)* « , confiscation d'un animal », fermeture d'un établissement ou affichage de la décision prononcée ou diffusion de celle-ci soit par la presse écrite, soit par tout moyen de *(L. n° 2004-575 du 21 juin 2004, art. 2-III)* « communication au public par voie électronique ». — *Pén. 131-26 s., 434-41 ; Pr. pén. 471, 775, 777.*

....

Du contenu et des modalités d'application de certaines peines

Art. 131-26 L'interdiction des droits civiques, civils et de famille porte sur :

1° Le droit de vote ;

2° L'éligibilité ;

3° Le droit d'exercer une fonction juridictionnelle ou d'être expert devant une juridiction, de représenter ou d'assister une partie devant la justice ;

4° Le droit de témoigner en justice autrement que pour y faire de simples déclarations ;

5° Le droit d'être tuteur ou curateur ; cette interdiction n'exclut pas le droit, après avis conforme du juge des tutelles, le conseil de famille entendu, d'être tuteur ou curateur de ses propres enfants.

L'interdiction des droits civiques, civils et de famille ne peut excéder une durée de dix ans en cas de condamnation pour crime et une durée de cinq ans en cas de condamnation pour délit.

La juridiction peut prononcer l'interdiction de tout ou partie de ces droits.

L'interdiction du droit de vote ou l'inéligibilité prononcées en application du présent article emportent interdiction ou incapacité d'exercer une fonction publique.

Code de procédure pénale

Des demandes présentées en vue d'être relevé des interdictions, déchéances ou incapacités ou mesures de publication

Art. 702-1 *(L. n° 92-1336 du 16 déc. 1992)* Toute personne frappée d'une interdiction, déchéance ou incapacité ou d'une mesure de publication quelconque résultant de plein droit d'une condamnation pénale ou prononcée dans le jugement de condamnation à titre de peine complémentaire peut demander à la juridiction qui a prononcé la condamnation ou, en cas de pluralité de condamnations, à la dernière juridiction qui a statué, de la relever, en tout ou partie, y compris en ce qui concerne la durée, de cette interdiction, déchéance ou incapacité. Si la condamnation a été prononcée par une cour d'assises, la juridiction compétente pour statuer sur la demande est la chambre de l'instruction dans le ressort de laquelle la cour d'assises a son siège.

Lorsque la demande est relative à une déchéance, interdiction ou incapacité prononcée en application de l'article L. 654-6 du code de commerce, la juridiction ne peut accorder le relèvement que si l'intéressé a apporté une contribution suffisante au paiement du passif du débiteur. *(L. n° 94-475 du 10 juin 1994)* « La juridiction peut accorder, dans les mêmes conditions, le relèvement des interdictions, déchéances et incapacités résultant des condamnations pour banqueroute prononcées en application des articles 126 à 149 de la loi n° 67-563 du 13 juillet 1967 sur le règlement judiciaire, la liquidation des biens, la faillite personnelle et les banqueroutes. »

Sauf lorsqu'il s'agit d'une mesure résultant de plein droit d'une condamnation pénale, la demande ne peut être portée devant la juridiction compétente qu'à l'issue d'un délai de six mois après la décision initiale de condamnation. En cas de refus opposé à cette première demande, une autre demande ne peut être présentée que six mois après cette décision de refus. Il en est de même, éventuellement, des demandes ultérieures. *(L. n° 2003-1119 du 26 nov. 2003, art. 82)* « En cas d'interdiction du territoire prononcée à titre de peine complémentaire à une peine d'emprisonnement, la première demande peut toutefois être portée devant la juridiction compétente avant l'expiration du délai de six mois en cas de remise en liberté. La demande doit être déposée au cours de l'exécution de la peine. »

Les dispositions du deuxième alinéa (1°) de l'article 131-6 du code pénal permettant de limiter la suspension du permis de conduire à la conduite en dehors de l'activité professionnelle sont applicables lorsque la demande de relèvement d'interdiction ou d'incapacité est relative à la peine de suspension du permis de conduire. — *Entrée en vigueur le 1er mars 1994.*

(L. n° 2009-1436 du 24 nov. 2009, art. 94-III) « Pour l'application du présent article, le tribunal correctionnel est composé d'un seul magistrat exerçant les pouvoirs du président. Il en est de même de la chambre des appels correctionnels ou de la chambre de l'instruction, qui est composée de son seul président, siégeant à juge unique. Ce magistrat peut toutefois, si la complexité du dossier le justifie, décider d'office ou à la demande du condamné ou du ministère public de renvoyer le jugement du dossier devant la formation collégiale de la juridiction. Le magistrat ayant ordonné ce renvoi fait alors partie de la composition de cette juridiction. La décision de renvoi constitue une mesure d'administration judiciaire qui n'est pas susceptible de recours. »

....

Du placement à l'extérieur, de la semi-liberté, des permissions de sortir et des autorisations de sortie sous escorte

Art. 723-3 *(L. n° 78-1097 du 22 nov. 1978)* La permission de sortir autorise un condamné à s'absenter d'un établissement pénitentiaire pendant une période de temps déterminée qui s'impute sur la durée de la peine en cours d'exécution.

Elle a pour objet de préparer la réinsertion professionnelle ou sociale du condamné, de maintenir ses liens familiaux ou de lui permettre d'accomplir une obligation exigeant sa présence.

(L. n° 2019-222 du 23 mars 2019, art. 85) « Lorsqu'une première permission de sortir a été accordée à un condamné majeur par le juge de l'application des peines en application de l'article 712-5, les permissions de sortir ultérieures peuvent, sauf décision contraire de ce magistrat, être accordées par le chef d'établissement pénitentiaire, selon des modalités déterminées par décret. En cas de refus d'octroi de la permission de sortir par le chef d'établissement pénitentiaire, celle-ci peut être demandée à nouveau au juge de l'application des peines, qui statue conformément au même article 712-5. » — *V. art. D. 142-3-1.*

....

Art. 723-6 *(L. n° 78-1097 du 22 nov. 1978)* Tout condamné peut, dans les conditions de l'article *(L. n° 2004-204 du 9 mars 2004, art. 162-XXIII, en vigueur le 1er janv. 2005)* « 712-5 », obtenir, à titre exceptionnel, une autorisation de sortie sous escorte.

Code électoral

Conditions requises pour être électeur

Art. L. 2 *(L. n° 74-631 du 5 juill. 1974)* Sont électeurs les Françaises et Français, âgés de dix-huit ans accomplis, jouissant de leurs droits civils et politiques et n'étant dans aucun cas d'incapacité prévu par la loi.

....

Conditions d'inscription sur une liste électorale

Art. L. 9 L'inscription sur les listes électorales est obligatoire.

CHAPITRE I INFORMATION DES PERSONNES DÉTENUES

Le présent chapitre ne comprend pas de dispositions législatives.

V. comm. ss. art. R. 361-1 et R. 361-2.

CHAPITRE II INSCRIPTION SUR LES LISTES ÉLECTORALES

Art. L. 362-1 Conformément aux dispositions de l'article L. 312-2, les personnes détenues qui ne disposent pas d'un domicile personnel peuvent élire domicile auprès de l'établissement pénitentiaire pour l'exercice de leurs droits civiques.

COMMENTAIRE

La présentation d'un justificatif de domicile a longtemps été une obligation péremptoire faisant échec à l'inscription sur les listes électorales. En effet, cette formalité représentait une difficulté pour la personne détenue sans logement, sans attache fixe ou en l'absence de moyen matériel, telle qu'une connexion internet pour se procurer un tel document. La loi pénitentiaire n° 2009-1436 du 24 novembre 2009 a permis de dépasser cette difficulté en autorisant les personnes détenues, lorsqu'elles ne disposent pas d'un domicile personnel, à élire domicile auprès de l'établissement pénitentiaire.

Cette disposition, reprise par le code pénitentiaire, facilite l'inscription sur les listes électorales, la présentation d'un tel justificatif étant, avec la présentation d'une pièce d'identité, une obligation. ❑

Art. L. 362-2 Les personnes détenues sont inscrites sur la liste électorale de la commune déterminée selon les dispositions de l'article L. 12-1 du code électoral.

COMMENTAIRE

Cette disposition intégrée dans le code pénitentiaire n'effectue qu'un renvoi au code électoral. Celui-ci dispose que les personnes détenues sont inscrites par principe sur la liste électorale de la commune de leur domicile ou de leur dernière résidence, à condition que cette résidence ait été de six mois au moins. Pour autant l'article L. 12-1 du code électoral prévoit d'autres situations autorisant des dérogations pour une inscription dans une autre commune. Il en va ainsi : de la commune de naissance ; de la commune où est né, est inscrit ou a été inscrit un de leurs ascendants ; de la commune où est inscrit ou a été inscrit leur conjoint, partenaire PACS, concubin ; ou un de leurs parents jusqu'au quatrième degré. C'est donc une très large ouverture qui est faite. Un tel dispositif, qui déroge au droit commun, cherche à dépasser toutes les difficultés afin de simplifier la procédure d'inscription sur les listes électorales. Il est aussi nécessaire de le resituer dans la perspective de l'exercice du vote. En effet, il sera d'autant plus évident pour une personne détenue de donner procuration à une personne de confiance.

L'article de renvoi comprend aussi une particularité pour les personnes optant pour le vote par correspondance. Celles-ci devront être inscrites dans la commune chef-lieu du département ou de la collectivité d'implantation de l'établissement pénitentiaire, afin que les votes soient comptabilisés dans la circonscription ou le secteur qui comporte le plus d'électeurs. Mention est enfin faite de l'inscription sur les listes électorales des personnes devenant majeures en cours de détention. ❑

Code électoral

Conditions d'inscription sur une liste électorale

Art. L. 12-1 *(L. n° 2019-1461 du 27 déc. 2019, art. 112)* I. — Les personnes détenues dans un établissement pénitentiaire situé sur le territoire de la République sont inscrites sur la liste électorale de la commune de leur domicile ou de leur dernière résidence, à condition que cette résidence ait été de six mois au moins.

II. — Par dérogation au I, elles peuvent être inscrites sur la liste électorale de la commune de leur choix parmi les communes suivantes :

1° Commune de naissance ;

2° Commune où est né, est inscrit ou a été inscrit sur la liste électorale un de leurs ascendants ;

3° Commune sur la liste électorale de laquelle est inscrit leur conjoint, le partenaire lié à elles par un pacte civil de solidarité ou leur concubin ;

4° Commune sur la liste électorale de laquelle est inscrit ou a été inscrit un de leurs parents jusqu'au quatrième degré.

III. — Dans l'hypothèse où elles souhaitent voter par correspondance selon les dispositions de l'article L. 79, elles sont inscrites dans la commune chef-lieu du département ou de la collectivité d'implantation de l'établissement pénitentiaire, dans un bureau de vote correspondant à la circonscription ou au secteur qui comporte le plus d'électeurs inscrits sur les listes électorales.

IV. — Toutes les personnes mentionnées aux I, II ou III du présent article sont systématiquement inscrites sur la liste électorale dans les conditions prévues à l'article L. 18-1.

L'inscription sur une nouvelle liste électorale entraîne leur radiation de la liste sur laquelle elles étaient précédemment inscrites.

V. — La procédure prévue au IV est également applicable lorsqu'une personne détenue atteint l'âge de la majorité légale en détention. L'inscription prévue au présent article prévaut sur l'inscription d'office prévue au 1° du II de l'article L. 11.

VI. — Lorsque leur détention prend fin après le sixième vendredi précédant le scrutin, les personnes mentionnées aux I, II, III ou V du présent article restent inscrites, pour ce scrutin, sur la liste électorale de la commune où elles ont été inscrites en application des mêmes I, II, III ou V.

Art. L. 362-3 La demande d'inscription sur la liste électorale formée par une personne détenue est transmise au maire de la commune par le chef de l'établissement pénitentiaire, dans les conditions prévues par les dispositions de l'article L. 18-1 du code électoral.

COMMENTAIRE

L'article L. 362-3 renvoie au code électoral. Il rappelle la responsabilité du chef de l'établissement pénitentiaire dans la transmission des demandes d'inscription sur les listes électorales. Il reflète aussi le nécessaire accompagnement de la personne détenue dans cette procédure d'inscription.

Afin de formaliser la demande d'inscription, la personne détenue doit compléter un formulaire et apporter les pièces nécessaires (V. comm. ss. art. R. 351-2). Comme le dispose l'article L. 18-1 du code électoral, la demande sera transmise par le chef d'établissement pénitentiaire à la commune concernée.

La procédure d'inscription est balisée par des délais stricts permettant, en principe, une réponse rapide pour donner suite à la demande. En effet, le chef d'établissement est tenu de respecter un délai de dix jours dès le dépôt de la demande pour la transmettre à la mairie concernée. Le maire est aussi tenu par un délai de cinq jours pour statuer et dispose de deux jours pour notifier sa décision à la personne détenue.

En cas de réponse défavorable, il convient de rappeler qu'un recours administratif préalable est obligatoire devant la commission de contrôle (établie conformément C. élect., art. L. 19). Ce recours est tenu par un délai serré, cinq jours à compter de la notification (C. élect., art. L. 18). En cas de rejet, un recours contentieux peut être introduit devant le tribunal judiciaire. ❑

Code électoral

Établissement et révision des listes électorales

Art. L. 18 *(L. n° 2016-1048 du 1er août 2016, art. 2)* I. — Le maire vérifie si la demande d'inscription de l'électeur répond aux conditions mentionnées au I de l'article L. 11 ou aux articles L. 12 à L. 15-1. Il statue sur cette demande dans un délai de cinq jours à compter de son dépôt.

Le maire radie les électeurs qui ne remplissent plus aucune des conditions mentionnées au premier alinéa du présent I à l'issue d'une procédure contradictoire.

II. — Les décisions prises par le maire en application du I du présent article sont notifiées aux électeurs intéressés dans un délai de deux jours. Elles sont transmises dans le même délai à l'Institut national de la statistique et des études économiques, aux fins de mise à jour du répertoire électoral unique.

III. — Tout recours contentieux formé par l'électeur intéressé contre une décision prise au titre du présent article est précédé d'un recours administratif préalable, à peine d'irrecevabilité du recours contentieux.

Ce recours administratif préalable est formé dans un délai de cinq jours à compter de la notification de la décision prévue au II du présent article. Le recours est examiné par la commission mentionnée à l'article L. 19.

La décision de la commission est notifiée dans un délai de deux jours à l'électeur intéressé, au maire et à l'Institut national de la statistique et des études économiques.

Si la commission de contrôle n'a pas statué dans les trente jours sur un recours administratif préalable, elle est réputée l'avoir rejeté. Si, lors de la réunion prévue au III du même article L. 19, la commission de contrôle n'a pas statué sur les recours administratifs préalables formés devant elle, elle est réputée les avoir rejetés.

IV. — Le recours contentieux est formé dans un délai de sept jours à compter de :

1° La notification de la décision de la commission de contrôle ;

2° La décision implicite de rejet mentionnée au dernier alinéa du III du présent article.

Le recours contentieux est examiné dans les conditions prévues aux deux derniers alinéas du I de l'article L. 20.

Art. L. 18-1 *(L. n° 2019-1461 du 27 déc. 2019, art. 112)* Le chef de l'établissement pénitentiaire transmet au maire de la commune concernée la demande d'inscription sur la liste électorale formée au titre de l'article L. 12-1 dans un délai de dix jours à compter de son dépôt, et au plus tard le sixième vendredi précédant le scrutin.

Cette demande est examinée dans les conditions prévues à l'article L. 18. Une attestation sur l'honneur suffit à prouver le rattachement à l'une des communes mentionnées aux I ou II de l'article L. 12-1.

Art. L. 19 *(L. n° 2016-1048 du 1er août 2016, art. 3)* I. — Dans chaque commune ou, à Paris, Marseille et Lyon, dans chaque arrondissement, une commission de contrôle statue sur les recours administratifs préalables prévus au III de l'article L. 18.

II. — La commission s'assure également de la régularité de la liste électorale. A cette fin, elle a accès à la liste des électeurs inscrits dans la commune extraite du répertoire électoral unique et permanent.

Elle peut, à la majorité de ses membres, au plus tard le vingt-et-unième jour avant chaque scrutin, réformer les décisions prévues au II de l'article L. 18 ou procéder à l'inscription ou à la radiation d'un électeur omis ou indûment inscrit. Lorsqu'elle radie un électeur, sa décision est soumise à une procédure contradictoire.

La décision de la commission est notifiée dans un délai de deux jours à l'électeur intéressé, au maire et à l'Institut national de la statistique et des études économiques.

Le recours contentieux est formé dans un délai de sept jours à compter de la notification de la décision de la commission. Il est examiné dans les conditions prévues aux deux derniers alinéas du I de l'article L. 20.

III. — La commission se réunit au moins une fois par an et, en tout état de cause, entre le vingt-quatrième et le vingt-et-unième jour avant chaque scrutin.

Sa composition est rendue publique dans des conditions fixées par décret en Conseil d'État, au moins une fois par an et, en tout état de cause, avant sa réunion. Ses réunions sont publiques.

Le maire, à sa demande ou à l'invitation de la commission, présente ses observations.

IV. — Dans les communes de moins de 1 000 habitants, la commission est composée :

1° D'un conseiller municipal pris dans l'ordre du tableau parmi les membres prêts à participer aux travaux de la commission, ou, à défaut, du plus jeune conseiller municipal. Le maire, les adjoints titulaires d'une délégation et les conseillers municipaux titulaires d'une délégation en matière d'inscription sur la liste électorale ne peuvent siéger au sein de la commission en application du présent 1° ;

2° D'un délégué de l'administration désigné par le représentant de l'État dans le département ;

3° D'un délégué désigné par le président du tribunal judiciaire.

Lorsqu'une délégation spéciale est nommée en application de l'article L. 2121-36 du code général des collectivités territoriales, le conseiller municipal mentionné au 1° du présent IV est remplacé par un membre de la délégation spéciale désigné par le représentant de l'État dans le département.

Les conseillers municipaux et les agents municipaux de la commune, de l'établissement public de coopération intercommunale ou des communes membres de celui-ci ne peuvent pas être désignés en application des 2° et 3° du présent IV.

V. — Dans les communes de 1 000 habitants et plus dans lesquelles trois listes au moins ont obtenu des sièges au conseil municipal lors de son dernier renouvellement, la commission est composée :

1° De trois conseillers municipaux appartenant à la liste ayant obtenu le plus grand nombre de sièges, pris dans l'ordre du tableau parmi les membres prêts à participer aux travaux de la commission, à l'exception du maire, des adjoints titulaires d'une délégation et des conseillers municipaux titulaires d'une délégation en matière d'inscription sur la liste électorale ;

2° De deux conseillers municipaux appartenant respectivement à la deuxième et à la troisième liste ayant obtenu le plus grand nombre de sièges, pris dans l'ordre du tableau parmi les membres prêts à participer aux travaux de la commission, à l'exception du maire, des adjoints titulaires d'une délégation et des conseillers municipaux titulaires d'une délégation en matière d'inscription sur la liste électorale.

En cas d'égalité en nombre de sièges entre plusieurs listes, l'ordre de priorité est déterminé par la moyenne d'âge la plus élevée des conseillers municipaux élus de chaque liste.

A Paris, Marseille et Lyon, les commissions de chaque arrondissement sont composées de membres du conseil d'arrondissement désignés dans les mêmes conditions.

VI. — Dans les communes de 1 000 habitants et plus dans lesquelles deux listes ont obtenu des sièges au conseil municipal lors de son dernier renouvellement la commission est composée :

1° De trois conseillers municipaux appartenant à la liste ayant obtenu le plus grand nombre de sièges, pris dans l'ordre du tableau parmi les membres prêts à participer aux travaux de la commission, à l'exception du maire, des adjoints titulaires d'une délégation et des conseillers municipaux titulaires d'une délégation en matière d'inscription sur la liste électorale ;

2° De deux conseillers municipaux appartenant à la deuxième liste ayant obtenu le plus grand nombre de sièges, pris dans l'ordre du tableau parmi les membres prêts à participer aux travaux de la commission, à l'exception du maire, des adjoints titulaires d'une délégation et des conseillers municipaux titulaires d'une délégation en matière d'inscription sur la liste électorale.

VII. — La commission est composée conformément au IV dans les communes de 1 000 habitants et plus :

1° Dans lesquelles une seule liste a obtenu des sièges au conseil municipal lors de son dernier renouvellement ;

2° Ou dans lesquelles il est impossible de constituer une commission complète selon les règles prévues aux V et VI.

CHAPITRE III MODALITÉS DU VOTE

Art. L. 363-1 Avant chaque scrutin, le chef de l'établissement pénitentiaire organise avec l'autorité administrative compétente une procédure destinée à assurer l'exercice de leur droit de vote.

COMMENTAIRE

La multiplication des modalités d'exercice du droit de vote implique pour l'administration pénitentiaire une communication rigoureuse avec les autorités concernées. Dans l'optique de l'exercice du droit de vote par correspondance et en fonction du scrutin, l'administration devra informer soit la commission électorale instituée lors du vote pour les élections présidentielles, conformément à l'article 3 de la loi n° 62-1292 du 6 novembre 1962, soit la mairie du chef-lieu du département d'implantation de l'établissement. En effet, celles-ci seront amenées à se solliciter régulièrement afin d'établir la liste électorale complémentaire et de s'assurer qu'aucune demande ne soit oubliée. Lors du premier bilan à la suite du vote par correspondance lors des élections présidentielles de 2022, le Conseil constitutionnel a souligné des défaillances, reposant largement sur une incompréhension de certaines communes, dans la transmission des listes électorales. Il a en effet relevé quelques confusions entre les différents régimes de vote par correspondance des personnes détenues en fonction des élections. Lors des élections présidentielles, les votes par correspondance sont centralisés dans un bureau de vote unique, les mairies n'étant alors pas amenées à intervenir dans le processus de vote auprès des établissements pénitentiaires. « Quelques mairies ont en effet procédé à la transmission aux établissements de la liste décentralisée, sur laquelle pouvaient figurer des personnes n'ayant pas opté pour le vote par correspondance à la présidentielle et ne figurant ainsi pas sur la liste des personnes admises à voter par correspondance » (Observations du Cons. const. sur l'élection présidentielle des 10 et 24 avr. 2022, Décis. n° 2022-198 PDR du 16 juin 2022).

Une telle procédure pourra aussi faire écho aux articles R. 361-1 à R. 361-3 du présent code afin d'assurer une information effective sur le droit de vote des personnes détenues, notamment concernant la communication de la propagande électorale. Enfin, l'établissement de la procédure aboutira à définir les modalités de remise de l'enveloppe, contenant les plis de vote par correspondance, auprès du président du bureau de vote d'inscription le jour du scrutin comme prévu à l'article L. 79 du code électoral.

L'agencement des dispositions par ce nouveau code à droit constant participe d'une procéduralisation de l'exercice du droit de vote et reflète aussi en creux l'importance de l'action de l'établissement pénitentiaire afin que les personnes détenues puissent participer au suffrage.

Art. L. 363-2 Les personnes détenues qui souhaitent voter par correspondance exercent leur droit de vote dans les conditions prévues par les dispositions de l'article L. 79 du code électoral.

COMMENTAIRE

Le vote par correspondance des personnes détenues a été instauré après une première expérimentation pour les élections européennes de 2019 par la loi n° 2019-1461 du 27 décembre 2019 relative à l'engagement dans la vie locale et à la proximité de l'action publique. C'est à l'occasion du vote pour les élections présidentielles de 2022 que celui-ci connaîtra un certain succès avec un taux de participation avoisinant les 20 %.

Il est nécessaire de souligner que deux listes électorales coexistent quant à la participation par vote par correspondance. L'une pour l'élection présidentielle, dans laquelle le système est centralisé. Dans cette éventualité, tous les bulletins sont regroupés dans un bureau unique situé au ministère de la Justice. Pour toutes les autres élections, les personnes détenues sont inscrites respectivement sur une autre liste dans un système décentralisé auprès de leur commune d'inscription.

L'article L. 363-2 du code pénitentiaire ne fait référence qu'au dispositif du code électoral permettant à la personne détenue de voter par correspondance et non au vote par procuration ou à la permission de sortir. Pour une étude approfondie de ces deux dernières modalités, nous renvoyons au commentaire général sous ce titre (pour la demande de permission de sortir plus spécifiquement au commentaire sous l'art. D. 363-1).

La procédure relative au droit de vote par correspondance se trouve détaillée plus après dans la partie réglementaire, spécifiquement aux articles D. 363-1 à R. 363-5.

Code électoral

Vote par correspondance des personnes détenues

Art. L. 79 *(L. n° 2019-1461 du 27 déc. 2019, art. 112)* Les personnes inscrites sur la liste électorale au titre du III de l'article L. 12-1 votent par correspondance sous pli fermé dans des conditions permettant de respecter le caractère secret et personnel du vote, le cas échéant après passage par l'isoloir, ainsi que la sincérité du scrutin.

Les plis de vote par correspondance sont remis au président du bureau de vote le jour du scrutin et jusqu'à la fermeture du bureau de vote. Le président ou tout membre du bureau de vote qu'il désigne à cet effet ouvre chaque pli et, après avoir émargé en lieu et place de l'électeur, met aussitôt dans l'urne l'enveloppe contenant le bulletin.

Toutefois, dans les communes dotées de machines à voter, par dérogation au troisième alinéa du I de l'article L. 16, les électeurs inscrits sur la liste électorale au titre de l'article L. 12, des II ou III de l'article L. 12-1 ou des articles L. 13 à L. 15 sont affectés par le maire à un bureau de vote spécifique, rattaché à la circonscription ou au secteur qui comporte le plus d'électeurs inscrits sur la liste électorale.

Art. L. 80 *(L. n° 2019-1461 du 27 déc. 2019, art. 112)* Les personnes dont la période de détention a pris fin et qui sont inscrites sur une liste électorale au titre du III de l'article L. 12-1 peuvent voter personnellement ou par procuration si elles-mêmes ou leur mandataire se présentent au bureau de vote avant que leur enveloppe de vote par correspondance ait été placée dans l'urne.

Art. L. 81 *(L. n° 2019-1461 du 27 déc. 2019, art. 112)* Les dépenses résultant de l'organisation des opérations de vote par correspondance sous pli fermé prévues à la présente section sont à la charge de l'État.

Art. L. 363-3 Les personnes dont la période de détention a pris fin et inscrites pour voter par correspondance pendant leur détention peuvent voter personnellement ou par procuration dans les conditions prévues par les dispositions de l'article L. 80 du code électoral.

COMMENTAIRE

La situation ici évoquée a souvent été présentée pour illustrer la complexité de créer un bureau de vote dans les établissements pénitentiaires. Qu'adviendrait-il si une personne était libérée alors qu'une campagne électorale est en cours ? La personne ne pourrait pas voter du fait de l'impossibilité pour elle d'accéder à son bureau de vote, en détention… (V. CE 28 juill. 2022, n° 451890 : le juge administratif s'oppose à la création de bureau de vote en détention, notamment au regard de cet argument.)

Ce dispositif permet donc à la personne détenue de voter en personne au bureau de vote dérogatoire. Ceci n'est pas sans rappeler l'article L. 76 du code électoral qui maintient la faculté pour une personne ayant établi une procuration de voter directement à l'urne tant que son mandataire n'a pas voté avant lui.

Le maintien dans le bureau d'inscription contribue aussi à une continuité entre l'exercice du droit de vote en détention et à l'extérieur. Par là même, cela évite une sortie des listes électorales qui obligerait la personne radiée à se réinscrire sur une nouvelle liste. ❑

TITRE VII ACCÈS AUX PUBLICATIONS ÉCRITES ET AUDIOVISUELLES

Art. L. 370-1 **Les personnes détenues ont accès aux publications écrites et audiovisuelles.**

Toutefois, l'autorité administrative peut interdire l'accès des personnes détenues aux publications contenant des menaces graves contre la sécurité des personnes et des établissements ou des propos ou signes injurieux ou diffamatoires à l'encontre des agents et collaborateurs du service public pénitentiaire ainsi que des personnes détenues.

Les modalités d'application du présent article sont fixées par décret en Conseil d'État.

TITRE VIII PROTECTION DE L'IMAGE, DE LA VOIX ET DES PUBLICATIONS

CHAPITRE I DISPOSITIONS COMMUNES

Art. L. 381-1 **La diffusion ou l'utilisation de l'image ou de la voix des personnes détenues est subordonnée à leur consentement écrit lorsque cette diffusion ou cette utilisation est de nature à permettre leur identification.**

L'administration pénitentiaire peut s'opposer à la diffusion ou à l'utilisation de l'image ou de la voix d'une personne détenue condamnée, dès lors que cette diffusion ou cette utilisation est de nature à permettre son identification et que cette restriction s'avère nécessaire à la sauvegarde de l'ordre public, à la prévention des infractions, à la protection des droits des victimes ou de ceux des tiers ainsi qu'à la réinsertion de la personne intéressée.

La diffusion ou l'utilisation de l'image ou de la voix des personnes prévenues est autorisée par l'autorité chargée du dossier de la procédure.

Les modalités d'application du présent article sont fixées par décret en Conseil d'État.

CHAPITRE II PROTECTION DE L'IMAGE ET DE LA VOIX DES PERSONNES PRÉVENUES

Le présent chapitre ne comprend pas de dispositions législatives.

LIVRE IV AIDE À LA RÉINSERTION DES PERSONNES DÉTENUES

TITRE I ACTIVITÉS EN DÉTENTION

CHAPITRE I DISPOSITIONS COMMUNES

SECTION 1 Obligation d'exercer au moins une activité

Art. L. 411-1 Toute personne détenue condamnée est tenue d'exercer au moins l'une des activités qui lui sont proposées par le chef de l'établissement pénitentiaire et le directeur du service pénitentiaire d'insertion et de probation dès lors qu'elle a pour finalité sa réinsertion et est adaptée à son âge, à ses capacités, à sa personnalité et, le cas échéant, à son handicap.

Lorsque la personne détenue intéressée ne maîtrise pas les enseignements fondamentaux, l'activité consiste par priorité en l'apprentissage de la lecture, de l'écriture et du calcul. Lorsqu'elle ne maîtrise pas la langue française, l'activité consiste par priorité en son apprentissage. L'organisation des apprentissages est aménagée lorsque la personne détenue exerce une activité de travail.

SECTION 2 Consultation des personnes détenues

Art. L. 411-2 Sous réserve du maintien du bon ordre et de la sécurité de l'établissement pénitentiaire, les personnes détenues sont consultées par l'administration pénitentiaire sur les activités proposées.

SECTION 3 Déroulement des activités

Art. L. 411-3 *(Ord. n° 2022-1336 du 19 oct. 2022, art. 9)* Les activités sont organisées de façon mixte, sous réserve du maintien du bon ordre et de la sécurité des établissements.

Ancien art. L. 411-3 *Sous réserve du maintien du bon ordre et de la sécurité des établissements et à titre dérogatoire, des activités peuvent être organisées de façon mixte.*

SECTION 4 Compte personnel d'activité

(Ord. n° 2022-1336 du 19 oct. 2022, art. 12 et 27, en vigueur à une date fixée par décret et au plus tard le 1er déc. 2024)

Art. L. 411-4 Pendant la détention, le compte personnel d'activité de la personne détenue est mis en œuvre dans les conditions prévues par les articles L. 5151-1 à L. 5151-6 du code du travail, sous réserve des dispositions de la présente section.

Art. L. 411-5 Lorsque le compte personnel d'activité prévu par l'article L. 5151-1 du code du travail est ouvert pendant la détention pour une personne détenue exerçant une activité de travail, une activité bénévole ou une activité de volontariat prévue par l'article L. 5151-9 du code du travail, ce compte est constitué pendant la période de détention :

1° Du compte personnel de formation ;
2° Du compte d'engagement citoyen.

Art. L. 411-6 Les droits acquis par la personne détenue sur son compte personnel d'activité ne sont pas mobilisables pendant la détention. Toutefois, il est fait exception à cette règle lorsque la personne détenue est admise par le juge de l'application des peines à bénéficier de l'une des mesures prévues à l'article 723 du code de procédure pénale.

Art. L. 411-7 Le compte personnel de formation de la personne détenue est alimenté au titre de chaque année en heures, dont le nombre est calculé par référence à une durée annuelle de travail et dans la limite d'un plafond. Ce calcul s'effectue au prorata du temps travaillé lorsque l'activité n'est pas exercée à temps complet. Les heures sont converties en euros lors de la mobilisation des droits.

Art. L. 411-8 Bénéficie de majorations portant sur le nombre d'heures acquises annuellement et sur le plafond des droits inscrits sur le compte personnel de formation dans des conditions définies par décret :

1° La personne détenue qui n'a pas atteint un niveau de formation sanctionné par un diplôme ou titre professionnel correspondant à un niveau prévu par décret ;

2° La personne détenue reconnue handicapée par la commission des droits et de l'autonomie des personnes handicapées mentionnée à l'article L. 146-9 du code de l'action sociale et des familles.

Art. L. 411-9 Les droits du compte d'engagement citoyen sont acquis pendant la détention dans les conditions prévues par les articles L. 5151-7 à L. 5151-12 du code du travail.

Art. L. 411-10 Il est institué une réserve citoyenne de réinsertion ayant pour objet de permettre aux personnes détenues d'exercer des activités bénévoles pendant leur période de détention.

La réserve citoyenne de réinsertion, qui fait partie de la réserve civique prévue par la loi n° 2017-86 du 27 janvier 2017 relative à l'égalité et à la citoyenneté, est régie par les dispositions des articles 1er à 5 de cette loi.

Art. L. 411-11 Les modalités d'application du présent chapitre sont fixées par décret en Conseil d'État.

A une date fixée par décret et au plus tard le 1er déc. 2024, l'art. L. 411-4 devient l'art. L. 411-11 (Ord. n° 2022-1336 du 19 oct. 2022, art. 12 et 27).

CHAPITRE II TRAVAIL

Le traitement automatisé de données à caractère personnel dénommé « OCTAVE » a pour finalités de permettre : 1° La gestion administrative des dossiers de travail et de formation professionnelle des personnes détenues ; 2° La gestion et le suivi du temps de travail et des formations professionnelles des personnes détenues ; 3° La gestion de la paie des personnes détenues ; 4° L'exploitation des données à des fins statistiques et de pilotage. Sur ce traitement, V. Arr. du 12 janv. 2023 portant création d'un traitement automatisé de données à caractère personnel dénommé « Organisation et coordination du travail et des activités en établissements » (OCTAVE).

RÉP. PÉN. v^is *Travail pénitentiaire,* par AUVERGNON ; *Prison - Organisation générale,* par CÉRÉ ; *Prison : normes européennes,* par CÉRÉ.

BIBL. GÉN. ▸ **Ouvrages :** AUVERGNON (dir.), Droit du travail en prison : du déni à une reconnaissance ?, *PUB, 2015.* – ECKERT et TUFFERY-ANDRIEU (dir.), Le travail en prison. Mise en perspective d'une problématique contemporaine, *PUS, 2015.* – HERZOG-EVANS, Droit de l'exécution des peines 2022/2023, *6e éd., Dalloz, coll. Dalloz Action, 2022, 1718 p.* – SCHMITZ et AMAUGER-LATTES (dir.), Quelle normalisation de la relation de travail en prison ?, *Fondation Varenne, coll. Colloques & essais, 2022, 529 p.* – Les prisons dites privées, une solution à la crise pénitentiaire ?, Actes du colloque organisé à Aix-en-Provence les 23 et 24 janv. 1987 par la Faculté de droit et de science politique et l'Institut de sciences pénales et de criminologie d'Aix-Marseille, *PUAM, Economica, coll. Le point sur, 57 p.* – La condition juridique du détenu, Colloque organisé à l'occasion du 40e anniversaire de l'Institut de sciences criminelles de Poitiers, *Travaux de cet Institut, vol. 13, Cujas, 1994, 99.*

▸ **Thèse :** GARRAUT, La réforme pénitentiaire, *Université de Nice-Sophia Antipolis, 2015, 895 p.*

▸ **Rapports et avis :** Le travail des détenus (Allemagne, Angleterre et Pays de Galles, Danemark, Espagne, Italie, Pays-Bas), Les documents de travail du Sénat, *Série Législation comparée, n° LC 104, mai 2002.* – AUVERGNON et GUILLEMAIN, Le travail pénitentiaire en question. Une approche juridique et comparative, *Doc. fr., 2005.* – CESE, Avis sur la réinsertion des personnes détenues, *2019.* – CGLPL, Avis du 22 décembre 2016 relatif au travail et à la formation professionnelle dans les établissements pénitentiaires, *JO 9 févr.* – Coll., Travail en prison : préparer (vraiment) l'après, Institut Montaigne, *Rapp., 2018, 112 p.* – GUILBAUD, Le travail pénitentiaire. Une étude de sociologie du travail, Mission de recherche droit et justice, *GIP, Paris, 2006* ; Les femmes détenues au travail, *Rapp. final, Centre de recherches sociologiques et politiques de Paris, oct. 2011.* – LORIDANT, Le travail à la peine, *Rapp. fait au nom de la commission des finances du Sénat, 2002, n° 330.*

▸ **Articles :** AUVERGNON, Le travail pénitentiaire entre impératifs sécuritaires et droit commun, *Cah. justice 2011, vol. 3, n° 3, 2011, p. 183-197* ; Droit du travail et prison : le changement maintenant ?, *RDT 2013. 309* ; Quand la lutte contre la récidive permet et limite les progrès de l'encadrement juridique du travail en prison, *Dr. soc. 2022. 352* ; La réforme de l'encadrement juridique du travail en milieu carcéral : point de vue d'un travailliste, *in* Le volet répressif de la loi pour la confiance en l'institution judiciaire, *LexisNexis, 2023. 83*. – BELLENCHOMBRE, Le travail, la peine et la prison. Approche socio-historique, *Nouvelle revue de psychosociologie, vol. 1, n°. 1, 2006, p. 209-217*. – BONIS-GARÇON, Le travail des détenus, *RPDP 2013. 951 s.* – CHOPIN, Quelles conditions de travail pour les personnes incarcérées ?, *D. 2013. 1909*. – CUGNO, Le travail en prison, enquête sur le business carcéral, *Revue Projet, vol. 316, n° 3, 2010* – DOMINATI, Restaurer la confiance dans l'exécution des peines : qu'en est-il un an plus tard ?, *Lexbase Pénal, févr. 2022*. – DUFAUX, L'emploi des personnes incarcérées en prison : pénurie, flexibilité et précariat. Une normalisation ?, *Déviance et Sociétés, vol. 34, n° 3, 2010, p. 299-324*. – FIZE, Le travail dans les prisons (1873-1914), *RSC 1990. 297 s.* – GUILBAUD, Le travail pénitentiaire : sens et articulation des temps vécus des travailleurs incarcérés, *RF sociol., vol. 49, n° 4, 2008, p. 763-791* ; Travailler quand on est détenu : un support pour mieux vivre la détention ?, *Rhizome, vol. 67, n° 1, 2018, p. 62-67*. – ISIDRO, Défendre les droits des travailleurs et des travailleuses en prison, par tous les moyens, *Délibérée, vol. 14, n° 3, 2021, p. 84-88*. – KALICA, Le travail prisonisé. Le point de vue des détenus, *Déviance et Sociétés, vol. 39, n° 2, 2015, p. 189-207*. – LETURMY, La réforme du statut du détenu travailleur : le point de vue du pénaliste, *in* Carpentier (dir.), Le volet répressif de la loi pour la confiance dans l'institution judiciaire, *LexisNexis, 2023. 75*. – LORVELLEC, Travail et peine, *RPDP 1997. 207*. – MENABE, La réforme du travail pénitentiaire, *D. 2022. 1392*. – OIP, Travail en prison. Une mécanique archaïque, *Dedans Dehors, n° 98, 2017*. – SCHEA, Les paradoxes de la normalisation du travail pénitentiaire en France et en Allemagne, *Déviance et Sociétés 2005/3, vol. 29, p. 349-365*. – SCHMITZ, Le droit du travail en prison et le juge administratif : un régime *sui generis* à définir, *AJDA 2013. 2321 s.* – SCHMITZ et AMAUGER-LATTES (ss dir.), Quelle normalisation de la relation de travail en prison ? Enjeux et perspectives d'une réforme, *Institut francophone pour la justice et la démocratie, coll. Colloques et essais, 2022*. – TARDY, Le travail en milieu carcéral. Essai d'un bilan, *Rev. pénit. 1997. 227 s.* – TUFFERY-ANDRIEU, Contribution à l'étude sur le travail en prison, *RDT 2013. 239*.

COMMENTAIRE

Le chapitre II du titre I du livre IV du code pénitentiaire consacré au « travail » réforme en profondeur le travail pénitentiaire. L'article 20 de la loi du 22 décembre 2021 pour la confiance dans l'institution judiciaire qui a inséré dans le livre V du code de procédure pénale après la section 1 du chapitre II du titre II une nouvelle section 1 *bis* A intitulée « Du travail des personnes détenues » a donné un premier socle législatif à la volonté du chef de l'État d'opérer l'alignement du travail en prison sur le monde extérieur, afin de normaliser la relation du travail en détention (Schmitz et Amauger-Lattes (dir.), Quelle normalisation de la relation de travail en prison ? Enjeux et perspectives d'une réforme, *Institut Francophone pour la justice et la Démocratie, coll. Colloques et essais, 2022*). Parmi les objectifs révélés par l'exposé des motifs de la loi pour la confiance en l'institution judiciaire, il s'agissait également « de mieux préparer les personnes détenues, majoritairement dépourvues de toute expérience à caractère professionnel, à redevenir des citoyens autonomes et responsables mais également de revaloriser l'image du travail pénitentiaire à l'extérieur pour attirer des entreprises en recherche d'une démarche de responsabilité sociétale ». Or, malgré les bénéfices du travail en prison, force était de constater le lent déclin de l'accès au travail des personnes détenues, qui *de facto* a transformé l'affirmation d'un droit depuis 1987 en un véritable « privilège ». Celui-ci s'est accompagné d'une dégradation de la qualité des tâches accomplies. De ce triste état des lieux (Institut Montaigne, Travail en prison : préparer (vraiment) l'après) résultait l'ineffectivité de l'outil « travail » à jouer un rôle probant dans la réinsertion des personnes détenues. Les objectifs de la réforme ont donc consisté à normaliser la relation de travail par sa contractualisation, à diversifier et à revaloriser le travail en prison afin de mieux préparer la sortie de la personne détenue. L'entrée en vigueur de la réforme du travail pénitentiaire au 1er mai 2022 a coïncidé avec l'entrée en vigueur du code pénitentiaire, qui avait déjà été amendé par le décret n° 2022-655 du 25 avril 2022 pour y inclure les nouvelles dispositions relatives au travail.

Par ailleurs, la réforme a procédé au rehaussement législatif de la réglementation du travail pénitentiaire. En effet, antérieurement à la réforme, seules deux dispositions légales étaient réservées au travail. Tout d'abord l'article 717-3 du code de procédure pénale, plusieurs fois modifié, et qui pour deux de ses cinq alinéas dédiés à la rémunération et à la répartition du produit du travail renvoyait à de nombreux décrets. Quant à l'article 33 de la loi pénitentiaire, ensuite, qui avait créé un embryon de contrat de travail sous la forme « d'un acte d'engagement », la loi du 22 décembre 2021 parachève le processus de transformation en lui substituant un « contrat d'emploi pénitentiaire », l'une des mesures phares de la loi.

Le travail pénitentiaire souffrait donc d'un déficit de légalité que le code pénitentiaire a comblé. En effet, la partie législative du code pénitentiaire lui consacre désormais un peu plus d'une vingtaine de textes qui sont, pour la plupart, le transfert des anciens articles 719-2 à 719-15 du code de procédure pénale issus de la loi du 22 décembre 2021, aujourd'hui abrogés, et de la loi pénitentiaire. Bien que la codification ait été à droit constant (*Contra :* Falxa, Le code pénitentiaire : une codification à « droit inconstant », *AJ pénal 2022. 925*), le nombre des textes consacrés au travail a légèrement augmenté dans le code pénitentiaire. Certains d'entre eux ont été divisés, comme les dispositions de l'article 719-6 du code de procédure pénale, tandis que d'autres ont été toilettés conformément à la loi d'habilitation prévoyant la « nécessité d'assurer le respect de la hiérarchie des normes et la cohérence rédactionnelle des textes ainsi rassemblée, d'harmoniser l'état du droit, de remédier aux éventuelles erreurs et d'abroger les dispositions codifiées ou non, obsolètes ou devenues sans objet (L. n° 2021-1729, 22 déc. 2021, art. 24, 2°) (BONIS, Le code pénitentiaire est entré en vigueur, *JCP 2022. 614*). Il ne reste dans le code de procédure pénale que l'article 717-3 dont l'alinéa 2 (Ord. n° 2022-478 du 30 mars 2022, art. 6, en vigueur le 1er mai 2022) dispose « que les personnes incarcérées qui en font la demande peuvent exercer une activité professionnelle ou bénéficier d'une formation professionnelle ou générale ou d'une validation des acquis de l'expérience, dans les conditions du code pénitentiaire ». S'agissant du travail, les conditions sont précisées sous les dispositions des articles L. 412-1 et suivants du code pénitentiaire. ❑

SECTION 1 Dispositions générales

Art. L. 412-1 **Les activités de travail sont prises en compte pour l'appréciation des efforts sérieux de réinsertion et de la bonne conduite des personnes détenues condamnées.**

Au sein des établissements pénitentiaires, toutes dispositions sont prises pour assurer une activité professionnelle aux personnes détenues qui en font la demande. A cet effet, celles-ci bénéficient de l'accès aux ressources pédagogiques nécessaires, y compris par voie numérique.

Le chef de l'établissement pénitentiaire s'assure que les mesures appropriées sont prises, en matière d'accès à l'activité professionnelle, en faveur des personnes détenues en situation de handicap.

L'administration pénitentiaire travaille en partenariat avec l'institution publique mentionnée par les dispositions de l'article L. 5312-1 du code du travail, avec les missions locales pour l'insertion professionnelle et sociale des jeunes et avec les organismes de placement spécialisés dans l'insertion professionnelle des personnes en situation de handicap afin de favoriser la réinsertion professionnelle des personnes condamnées à l'issue de leur détention. — *C. trav.*

BIBL. ▶ AUVERGNON, *RDT 2013. 309* (droit du travail et prison : le changement maintenant ?). – CÉRÉ, *D. 2015. 2083* (Conseil constitutionnel et le travail en prison : une occasion manquée ?). – CHOPIN, *D. 2013. 1909* (quelles conditions de travail pour les personnes incarcérées ?). – DANTI-JUAN, *RPDP 2013. 157* (relance du débat sur l'absence du contrat de travail dans l'univers carcéral). – GATÉ, *AJ pénal 2015. 29* (formation professionnelle des détenus, nouvelle compétence des régions). – LORVELLEC, *RPDP 1997. 207* (travail et peine). – SCHMITZ, *Dr. adm. 2014. Étude 4* (droit du travail en prison : fin ou début de la réflexion sur l'absence d'un régime juridique ?). – SLAMA, *D. 2013. 1221* (travailleurs détenus, des agents publics ?). – TARDY, *RPDP 1997. 227* (travail en milieu carcéral : essai d'un bilan). – TUFFERY-ANDRIEU, *RDT 2013. 239* (contribution à l'étude sur le travail en prison).

COMMENTAIRE

L'article L. 412-1 du code pénitentiaire est une émanation de l'ancien article 717-3 du code de procédure pénale, dont les dispositions se trouvent ventilées dans le code pénitentiaire. Il fixe les principes applicables au travail. L'alinéa 1er affirme que « les activités du travail sont prises en compte pour l'appréciation des efforts sérieux de réinsertion et de la bonne conduite des personnes détenues condamnées ». Ces dispositions ne sont pas nouvelles et trouvent leur origine dans la loi n° 87-432 du 22 juin 1987 qui, supprimant le caractère obligatoire du travail, avait déjà souhaité à l'époque faire du travail un élément d'appréciation du comportement du détenu. L'ancien article 720 du code de procédure pénale disposait que « les activités de travail et de formation professionnelle sont prises en compte pour l'appréciation des gages de réinsertion et de bonne conduite des condamnés ». La loi Perben 2 a transposé les dispositions susvisées sous l'alinéa 1er de l'article 717-3, que le code pénitentiaire a reprises à son compte. Paradoxalement, la loi n° 2021-1729 du 22 décembre 2021 dans son article 19 a créé elle aussi un nouvel article 717-3 entré en vigueur le 1er mai 2022, qui ne semble pas avoir été pris en compte par l'ordonnance n° 2022-478 du 30 mars 2022. Le premier alinéa de l'article L. 412-1 est donc une duplication de l'alinéa 1er de l'article 717-3 applicable aux personnes détenues qui travaillent en prison. Il résulte de ces premières dispositions générales consacrées au travail par le code pénitentiaire que l'accent est mis sur la revalorisation du travail, qui ne doit plus être appréhendé comme une simple mesure « occupationnelle » mais bien comme un des leviers essentiels de l'individualisation de la peine et de la réinsertion.

Le deuxième alinéa de l'article L. 412-1 duplique à son tour l'alinéa 2 de l'ancien article 717-3 faisant peser sur l'administration pénitentiaire l'obligation de prendre les dispositions nécessaires pour assurer l'accès au travail. Érigé en droit, il s'agit bien pour l'administration pénitentiaire de garantir l'accès au travail à toute personne qui en fait la demande. Cette obligation a été qualifiée d'« obligation de moyen » car il serait difficile d'exiger de l'administration pénitentiaire plus qu'il n'est attendu de la société civile. L'alinéa 2 est par ailleurs complété d'une mention nouvelle à la facilitation à l'accès des personnes détenues aux ressources pédagogiques, y compris par voie numérique. Il s'agit d'anticiper le déploiement du numérique en détention (plan NED), qui ne peut plus être « un impensé ». Par ailleurs, la plateforme numérique IPRO 360° dédiée au pilotage des activités de travail pénitentiaire et créée par l'Agence du travail d'intérêt général et de l'insertion professionnelle des personnes placées sous main de justice (ATIGIP) sera également ouverte, à terme, aux personnes détenues.

En troisième lieu, le modèle de référence de droit commun choisi par le code pénitentiaire ne doit pas occulter la réalité d'une population carcérale, particulièrement fragile, cumulant plusieurs facteurs de vulnérabilité (degré d'apprentissage faible, précarité sociale, troubles psychologiques). Le code du travail connaît déjà des dispositions spécifiques pour certaines catégories de travailleurs à travers des contrats « aidés » nécessitant la mise en œuvre d'obligations d'accompagnement ou/ et de formation spécifiques (C. trav., art. L. 5134-19-1 s.), qui ne sont pas inconnues du travail carcéral. Leur mise en œuvre nécessite une implantation des entreprises dédiées au sein de l'établissement carcéral, qu'il s'agisse d'entreprises adaptées (EA) ou de structures d'insertion et d'accompagnement (SIAE). A leur côté, il existe un régime spécifique pour les travailleurs handicapés dont l'existence est rappelée par l'alinéa 3 de l'article L. 412-1 du code pénitentiaire (ESAT).

Enfin, l'article L. 412-1 évoque l'idée de continuité pour éviter autant que possible toute rupture de l'activité exercée au-dedans puis au-dehors, par l'énumération des principaux partenaires issus de la société civile avec lesquels l'administration pénitentiaire est en relation : Pôle emploi, missions locales pour les jeunes, organismes spécialisés dans le handicap. Il s'agit de mettre l'accent sur le maillage nécessaire, afin de favoriser la réinsertion professionnelle des personnes condamnées en vue de leur préparation à la sortie. ❑

Conv. EDH, art. 4, § 2. L'obligation des personnes détenues de continuer à travailler après avoir atteint l'âge de la retraite ne constitue pas un travail forcé ou obligatoire au sens de l'art. 4, § 2, Conv. EDH • CEDH 9 févr. 2016, *Meier c/ Suisse*, n° 10109/14.

Art. L. 412-2 Le travail des personnes détenues participe au parcours d'exécution des peines privatives et restrictives de liberté. Il vise à préparer l'insertion ou la réinsertion professionnelle et sociale de la personne détenue en créant les conditions de son employabilité et concourt à la mission de prévention de la commission de nouvelles infractions confiée au service public pénitentiaire.

Le travail est accompli sous le contrôle permanent de l'administration pénitentiaire, qui assure la surveillance des personnes détenues, la discipline et la sécurité sur les

lieux de travail. Les conditions d'exercice de l'activité préparent la personne détenue aux relations de travail auxquelles elle pourra participer après sa sortie. Elles sont adaptées à sa personnalité et aux contraintes inhérentes à la détention. En particulier, des motifs disciplinaires ou liés au maintien du bon ordre et de la sécurité des établissements pénitentiaires peuvent conduire à tout moment l'administration pénitentiaire, dans les conditions définies par les dispositions des articles L. 412-7, L. 412-8 et L. 412-9 à suspendre temporairement l'activité de travail ou à y mettre un terme.

BIBL. ▶ Baader et Shea, Le travail pénitentiaire, un outil efficace de lutte contre la récidive ?, *Champ pénal 2007, vol. IV [en ligne]*. – Hernandez, Le travail pénitentiaire : un outil de réinsertion ?, *in* Carpentier (dir.), Les aspects répressifs de la loi pour la confiance en la justice, *LexisNexis, 2023, p. 95*.

COMMENTAIRE

L'article L. 412-2 précise les fonctions et les finalités du travail des personnes détenues. Il y est tout d'abord rappelé que le travail des personnes détenues « participe au parcours d'exécution des peines » et a pour fonction de préparer l'insertion ou la réinsertion de la personne détenue en créant « les conditions de son employabilité ». Il s'agit d'emblée d'insister sur la valeur essentielle du travail pénitentiaire, qui permet, d'une part, à la personne détenue de s'intégrer dans un processus de réinsertion sociale et professionnelle durant son incarcération et, d'autre part, de prévenir la récidive. La philosophie générale du travail tendue vers la réinsertion de la personne détenue y est martelée et le vocabulaire modernisé par référence à la notion « d'employabilité » directement empruntée au droit du travail. Il est attendu du travail une plus grande responsabilisation des personnes détenues et leur implication dans le parcours carcéral, ce d'autant que le travail rythme la détention par ses effets immédiats, à moyen et mais encore à plus long terme (Circ. du 18 juill. 2022, NOR : JUSK2221734C).

Cependant le travail, que le code ne qualifie pas de « pénitentiaire », ne peut être ni désolidarisé de son fondement répressif, ni faire l'impasse sur son cadre d'exécution, de sorte que « le travail est accompli sous le contrôle permanent de l'administration pénitentiaire, qui assure la surveillance des personnes détenues, la discipline et la sécurité sur les lieux du travail ». L'alinéa 2 rappelle l'omniprésence de l'administration pénitentiaire et le poids du cadre carcéral sur son exécution (Leturmy, La réforme du détenu travailleur : le point de vue du pénaliste, *in* Carpentier (dir.), Le volet répressif de la loi pour la confiance en l'institution judiciaire, *LexisNexis, 2023, p. 75*) et l'impact du disciplinaire sur la suspension ou la fin de l'activité de travail. Aussi, au-delà d'une simple adaptation aux contraintes carcérales, le travail conserve-t-il sa logique disciplinaire (Delarue, Le travail en détention : discipline ou libération ?, *Hors les murs 2021, n° 510, p. 54*) et sa nature d'instrument de police des comportements en détention. ❑

Art. L. 412-3 Le travail des personnes détenues peut être accompli pour un donneur d'ordre qui est :

1° Au service général, l'administration pénitentiaire ;

2° Dans le cadre d'une activité de production, un concessionnaire, une entreprise délégataire, une structure d'insertion par l'activité économique mentionnée par les dispositions de l'article L. 5132-4 du code du travail, une entreprise adaptée mentionnée à l'article L. 5213-13 du même code *(Ord. n° 2022-1336 du 19 oct. 2022, art. 17 et 27, en vigueur à une date fixée par décret et au plus tard le 1er déc. 2024)* **« , un établissement ou service d'aide par le travail mentionné par les dispositions du 5° du I de l'article L. 312-1 du code de l'action sociale et des familles » ou un service de l'État ayant pour mission de développer le travail et l'insertion professionnelle des personnes placées sous main de justice. Le donneur d'ordre peut également être notamment une personne morale de droit privé mentionnée par les dispositions de l'article 1er de la loi n° 2014-856 du 31 juillet 2014 relative à l'économie sociale et solidaire et poursuivant un but d'utilité sociale au sens des dispositions de l'article 2 de la même loi, une société commerciale mentionnée par les dispositions de l'article 1er de la même loi ou une société remplissant les conditions mentionnées par les dispositions de l'article L. 210-10 du code de commerce.**

Le travail pour un donneur d'ordre est accompli dans le cadre du contrat d'emploi pénitentiaire régi par la section 3 du présent chapitre. Les relations entre la personne

détenue et le donneur d'ordre sont régies par les dispositions du présent code et par celles du code du travail auxquelles le présent code renvoie expressément.

Art. L. 412-4 **Les personnes détenues peuvent travailler pour leur propre compte, après y avoir été autorisées par le chef de l'établissement pénitentiaire.**

COMMENTAIRE

Depuis le 1er janvier 2023, le contrat d'emploi pénitentiaire vient remplacer l'acte d'engagement, embryon de contrat de travail créé par la loi pénitentiaire. Il s'applique à toutes les modalités de travail sauf lorsque la personne détenue est autorisée à travailler pour son propre compte conformément aux dispositions de l'article L. 412-4 (C. pr. pén., art. 719-4 abrogé). Le code pénitentiaire relaie l'exposé des motifs de la loi du 22 décembre 2021 quant à la volonté de moderniser et de diversifier l'offre de travail par emprunt au contrat de travail de droit commun. Sur le fond, des différences demeurent puisqu'il n'est nullement fait référence à un employeur mais à un donneur d'ordre pour lequel le travail peut être accompli par la personne détenue (C. pénit., art. L. 412-3). Il se déduit de l'article L. 412-3 le caractère bilatéral du contrat d'emploi pénitentiaire formé entre la personne détenue et le donneur d'ordre selon que ce dernier est ou non l'administration pénitentiaire. Selon une présentation modernisée, l'article L. 412-3 distingue le service général (1°) où le donneur d'ordre est nécessairement l'administration pénitentiaire, puisque le travail en service général est exécuté pour son compte, sous la forme de travaux accomplis pour le fonctionnement courant de l'établissement pénitentiaire en vue du maintien en état de propreté des locaux et la tenue de la bibliothèque, la cuisine, la buanderie, le jardinage, la cantine, etc., et la production, qui regroupe toutes les situations où le donneur d'ordre n'est pas l'administration pénitentiaire (art. L. 412-3, 2°) intégrant aux formes classiques de travail la prise en charge des publics les plus fragiles (structures d'insertion par l'activité économique [SIAE]) et l'ouverture aux personnes morales de droit privé tournées vers un but d'économie solidaire ou aux sociétés commerciales remplissant les conditions de l'article L. 210-10 du code de commerce. Il s'agit clairement par cette dernière assertion d'attirer de nouvelles entreprises inscrites dans une démarche de responsabilité sociétale (RSE). ❑

SECTION 2 Classement au travail et affectation sur un poste de travail

SOUS-SECTION 1 Décision

Art. L. 412-5 **Chaque personne détenue qui souhaite exercer un travail en détention pour un donneur d'ordre mentionné par les dispositions de l'article L. 412-3 adresse une demande à l'administration pénitentiaire.**

Cette demande donne lieu à une décision de classement ou de refus de classement au travail prise par le chef de l'établissement pénitentiaire, après avis de la commission pluridisciplinaire unique. La décision de classement précise les régimes selon lesquels la personne détenue peut être employée : service général, concession, service de l'emploi pénitentiaire, insertion par l'activité économique, entreprise adaptée, *(Ord. nº 2022-1336 du 19 oct. 2022, art. 17 et 27, en vigueur à une date fixée par décret et au plus tard le 1er déc. 2024)* **« établissement ou service d'aide par le travail ».**

Une liste d'attente d'affectation est constituée dans chaque établissement pénitentiaire. La décision de refus de classement est motivée. Cette décision est susceptible de recours.

Art. L. 412-6 **Lorsqu'une personne détenue est classée au travail et en fonction des régimes selon lesquels elle peut être employée, elle peut adresser à l'administration pénitentiaire une demande d'affectation sur un poste de travail.**

Au vu de l'avis de la commission pluridisciplinaire unique et, le cas échéant, de la demande d'affectation formulée par la personne détenue intéressée, l'administration pénitentiaire organise des entretiens professionnels entre celle-ci et le service, l'entreprise ou la structure chargé de l'activité de travail.

Au vu des résultats de ces entretiens, au terme desquels le service, l'entreprise ou la structure chargé de l'activité de travail opère un choix, et en tenant compte des possibilités locales d'emploi, le chef de l'établissement pénitentiaire prend, le cas échéant, une décision d'affectation sur un poste de travail.

V. Circ. du 18 juin 2012 relative aux modalités de fonctionnement de la commission pluridisciplinaire unique (NOR : JUSK1140048C).

COMMENTAIRE

Apport. Les articles L. 412-5 et L. 412-6 du code pénitentiaire décrivent les différentes étapes d'accès au travail jusqu'à la décision du chef d'établissement. Il appartient tout d'abord à la personne détenue qui souhaite travailler de faire une demande de classement au travail auprès de l'administration pénitentiaire. Le chef d'établissement y répondra par une décision de classement assortie d'une orientation vers un ou plusieurs régimes de travail ou une décision de refus de classement. Celle-ci est prise après avis de la commission pluridisciplinaire unique (CPU), qui a absorbé en 2000 l'ancienne commission de classement au travail (plan d'amélioration des conditions de travail et d'emploi (Pacte2) AP 29 mai 2000 et 27 août 2000), dont le rôle majeur dans le partage des informations concernant la personne détenue a été consacré par la loi du 21 décembre 2022.

Même classée, la personne détenue n'obtiendra pas immédiatement de travail et sera inscrite sur une liste d'attente d'affectation. A compter du classement, la candidature de la personne détenue sur un poste ouvert déclenchera la phase des entretiens professionnels organisés par l'administration pénitentiaire avec les donneurs d'ordre. Ce n'est qu'à l'issue de ces derniers et de la sélection faite des personnes détenues par les donneurs d'ordre que le chef d'établissement prendra, « le cas échéant », une décision d'affectation sur un poste de travail.

Impact. La décision du chef d'établissement d'affectation sur un poste de travail intervient désormais à l'issue d'un processus de recrutement qui donnera lieu à signature d'un contrat d'emploi pénitentiaire et au cours duquel est recherchée, au terme d'un recrutement professionnalisé (recours à des critères identifiés pour chaque type de régime de travail, orientation prioritaire des personnes détenues particulièrement éloignées de l'emploi vers des structures d'insertion par l'activité économique…) une adéquation du régime de travail avec le profil de la personne détenue. Il en résulte l'abandon de certaines pratiques comme les classements dits « thérapeutiques » ou l'entérinement *a posteriori* du classement du détenu sur un poste.

La réforme opère également un renforcement de la garantie des droits accordée à la personne détenue. En premier lieu, le classement s'apparente désormais à une autorisation de travail, même si celle-ci ne conduit pas à affecter directement la personne détenue sur un poste de travail. En second lieu, la décision de refus de classement au travail doit désormais être motivée, notifiée à la personne détenue et est susceptible de recours. A cet effet, les voies et délais de recours y sont mentionnés. Seuls les motifs susvisés peuvent à compter du 1er mai 2022 justifier un refus de la part du chef d'établissement. Le refus de classement est dorénavant une décision administrative. ❑

SOUS-SECTION 2 Suspension et fin

Art. L. 412-7 En cas de faute disciplinaire, le chef de l'établissement pénitentiaire peut :

1° Mettre fin au classement au travail ;

2° Mettre fin à l'affectation sur un poste de travail ;

3° Suspendre le classement au travail, pour une durée qu'il détermine.

Les mesures prévues par les dispositions des 1° à 3° sont prises à titre de sanction disciplinaire, dans les conditions prévues par les dispositions des articles L. 231-1, L. 231-2 et L. 231-3.

Art. L. 412-8 Le chef de l'établissement pénitentiaire peut suspendre l'affectation sur un poste de travail pour des motifs liés au maintien du bon ordre, à la sécurité de l'établissement ou à la prévention des infractions. La durée de la mesure doit être strictement proportionnée.

L'affectation peut également être suspendue pendant la durée d'une procédure disciplinaire ou pour des motifs liés à la translation de la personne détenue ou, en ce qui concerne les personnes prévenues, aux nécessités de l'information. Elle peut également être suspendue à la demande de la personne détenue.

Art. L. 412-9 L'affectation de la personne détenue sur un poste de travail prend fin lorsqu'il est mis fin au contrat d'emploi pénitentiaire en application des dispositions

de l'article L. 412-17. Elle est suspendue lorsque le contrat est suspendu en application des dispositions des articles L. 412-14 et L. 412-15.

COMMENTAIRE

Clarification. Les articles L. 412-7 à L. 412-9 font œuvre de nouveauté et de clarification en prévoyant désormais les causes de suspension ou mettant fin au travail pénitentiaire. Celles-ci se distinguent par leurs effets et leurs temporalités (provisoires pour les premières et définitives pour les secondes) et par leur objet (classement ou affectation). L'ensemble de ces mesures demeure à la main du chef d'établissement.

Effet direct de la sanction disciplinaire. L'article L. 412-7 du code pénitentiaire rappelle l'effet direct de la sanction disciplinaire sur le travail. Il est en effet indéniable que le prononcé d'une sanction par la commission disciplinaire peut avoir pour effet la suspension, la fin du classement au travail ou la cessation de l'affectation. S'agissant des deux premières, la suspension ou la fin du classement au travail, celles-ci ne peuvent être décidées par le chef d'établissement qu'en tant que sanction disciplinaire. Elles renvoient à la sanction dite du déclassement disciplinaire d'emploi ou de suspension temporaire du classement, qui ne pouvait, par le passé, être prononcée que lorsque la faute disciplinaire avait été commise au cours ou à l'occasion du travail. Depuis le décret du 13 février 2019, la suspension ou la fin du classement au travail a basculé dans la catégorie des sanctions générales (art. R. 233-2). Cela a pour conséquence d'autoriser le chef d'établissement à prononcer la suspension ou la fin du classement à titre disciplinaire quelles que soient les circonstances dans lesquelles la faute a été commise, en lien avec le poste qu'elle occupe ou pas.

Les motifs de la suspension de l'affectation. La suspension de l'affectation peut être décidée pour différents motifs prévus par l'article L. 412-8 du code pénitentiaire qui peuvent être regroupés en trois grandes catégories. L'on retrouve tout d'abord les motifs de gestion de l'établissement pénitentiaire liés au bon ordre, à la sécurité ou à la prévention de la récidive, auxquels peuvent être ajoutés la suspension liée à une procédure disciplinaire en cours et la translation. Quant à la translation, la mesure est nécessairement provisoire puisqu'il s'agit d'un transfert temporaire comme le changement de maison d'arrêt dans le cadre d'un procès ou le passage au centre national d'évaluation (CNE). La deuxième catégorie est liée aux nécessités de l'information judiciaire. Enfin, la dernière résulte de la demande de la personne détenue elle-même.

Impact. Dans la mesure où le déclassement au travail entraîne automatiquement la résiliation du contrat d'emploi pénitentiaire (CEP) ainsi que, par voie de conséquence, la fin de l'affectation, la personne détenue perdant à la fois son poste et son autorisation de travailler, il est préférable de réserver le déclassement pour les fautes les plus graves et de privilégier, le cas échéant, la fin d'affectation. La fin d'affectation à titre de sanction, si elle entraîne également la résiliation automatique du CEP, a pour immense avantage de ne pas entraîner le déclassement de la personne qui, conservant le bénéfice du classement au travail, peut « retourner » sur la liste d'attente et immédiatement postuler à d'autres offres d'emploi. *De facto*, les deux sanctions disciplinaires que sont la sanction de fin d'affectation, qui entraîne pour la personne détenue le retour sur liste d'attente, et la sanction de déclassement peuvent conduire de plein droit à la fin du CEP dont l'article L. 412-9 prend acte. Par ailleurs, l'article L. 412-8, alinéa 2 anticipe les effets d'une procédure disciplinaire en cours sur l'affectation au travail, *a fortiori* lorsque la faute disciplinaire a pu être commise à l'occasion du travail, en autorisant la suspension de l'affectation à titre préventif. ❑

Jurisprudence relative au déclassement d'emploi. V. notes ss. art. R. 233-2.

SECTION 3 Contrat d'emploi pénitentiaire

Art. L. 412-10 **Une personne détenue ne peut conclure un contrat d'emploi pénitentiaire sans avoir été préalablement classée au travail et affectée sur un poste de travail dans les conditions prévues par les dispositions des articles L. 412-5 et L. 412-6.**

COMMENTAIRE

Depuis le 1er janvier, le contrat d'emploi pénitentiaire a remplacé l'acte d'engagement pour lequel la loi pénitentiaire du 24 novembre 2009 avait opté en tant que solution intermédiaire entre le statu quo et l'existence d'un contrat de travail. Le Conseil constitutionnel avait par ailleurs refusé de faire bénéficier le détenu/travailleur de l'exercice de la liberté contractuelle en ce que l'acte d'engagement ne les plaçait pas dans une relation contractuelle avec l'administration pénitentiaire (Cons. const. 14 juin 2013, n° 2013-320 QPC). C'est désormais chose faite avec le contrat d'emploi pénitentiaire (CEP). Nonobstant ladite contractualisation, le CEP demeure un contrat de droit public, *sui generis*, en ce que celui-ci est adapté au milieu carcéral. L'article L. 412-10 rappelle en effet que sa conclusion est subordonnée aux procédures préalables de classement et d'affectation. ❑

QPC. Présente un caractère sérieux et doit être renvoyée au Conseil constitutionnel la QPC ainsi rédigée : « L'art. 717-3, en ce qu'il dispose que les relations de travail des personnes incarcérées ne font pas l'objet d'un contrat de travail, porte-t-il atteinte aux droits et libertés garantis par la Constitution ? ». • Soc., QPC, 20 mars 2013 : *D. actu. 28 mars 2013, obs. Ines ; D. 2013. Actu. 841 ; Dr. pénal 2013, n° 83, note Maron et Haas.* ♦ Les dispositions de l'art. 717-3 ne portent pas atteinte, en elles-mêmes, au principe d'égalité, ni à aucun autre droit ou liberté que la Const. garantit. • Cons. const. 14 juin 2013, n° 2013-320 QPC : *D. 2013. Actu. 1477 ; ibid. Point de vue. 1909, par Chopin ; AJ pénal 2013. 556, obs. Céré.*

Art. L. 412-11 **Lorsque le donneur d'ordre est l'administration pénitentiaire, le contrat d'emploi pénitentiaire est conclu entre le chef de l'établissement pénitentiaire et la personne détenue intéressée.**

Lorsque le donneur d'ordre est un de ceux mentionnés par les dispositions du 2° de l'article L. 412-3, le contrat d'emploi pénitentiaire est conclu entre la personne détenue et le représentant légal du donneur d'ordre. Une convention signée par ces deux personnes et par le chef de l'établissement pénitentiaire lui est annexée. Cette convention détermine les obligations respectives de l'établissement, du donneur d'ordre et de la personne détenue et prévoit notamment les modalités de remboursement par le donneur d'ordre des rémunérations et cotisations avancées par l'établissement.

COMMENTAIRE

Il résulte de l'article L. 412-11 que le contrat d'emploi pénitentiaire (CEP) est un contrat bilatéral et synallagmatique donnant lieu à des obligations réciproques. Comme précisé à l'article L. 412-3, le CEP est formé entre la personne détenue et le donneur d'ordre qui est, selon les cas, l'administration pénitentiaire ou un opérateur privé. Lorsqu'il est conclu avec un opérateur privé, une convention tripartite signée par les parties privées et le chef d'établissement visant à préciser les obligations respectives de chacun y est annexée. ❑

Art. L. 412-12 **La durée du contrat d'emploi pénitentiaire est fixée en tenant compte de la durée de la mission ou du service confié à la personne détenue intéressée. Le contrat mentionne cette durée, qui peut être indéterminée.**

Le contrat d'emploi pénitentiaire énonce les droits et obligations professionnels de la personne détenue, ainsi que ses conditions de travail et sa rémunération.

COMMENTAIRE

Si l'article 15 du décret du 30 avril 2013 relatif aux règlements intérieurs types des établissements pénitentiaires apportait un certain nombre de limites aux horaires de travail des personnes détenues, en l'absence de contrat de travail, aucune durée légale n'était envisagée ni même envisageable. La contractualisation du travail pénitentiaire a eu pour conséquence la prévision d'une durée du CEP, dont la fixation se rapproche de celle du contrat de travail de droit commun. Le contrat d'emploi pénitentiaire peut être à durée indéterminée (CDI) ou à durée déterminée (CDD). Dans cette dernière hypothèse, les cas y sont réglementés de façon proche du droit du travail. Par ailleurs, tout CEP doit énoncer les droits et obligations professionnels de la personne détenue, ainsi que ses conditions de travail et sa rémunération. On observera que contrairement au droit du travail qui fait du contrat à durée indéterminée le principe, la formulation selon laquelle « le contrat mentionne cette durée, qui peut être indéterminée » laisse à penser le contraire. ❑

Art. L. 412-13 Le contrat d'emploi pénitentiaire prévoit une période d'essai dont la durée ne peut excéder :

1° Deux semaines, lorsque la durée du contrat est au plus égale à six mois ;

2° Un mois, lorsque la durée du contrat est supérieure à six mois ou indéterminée.

Toutefois, dans le cas prévu par les dispositions du 2°, la période d'essai peut être prolongée pour une durée maximale de deux mois lorsque la technicité du poste le justifie.

COMMENTAIRE

En l'absence de textes en ce sens, la formalisation d'une période d'essai par le droit antérieur (Plan d'amélioration des conditions de travail et d'emploi (Pacte 2), AP 29 mai 2000, NOR : JUSE0040047C, *BOMJ, n° 78*) était particulièrement fragile. Non seulement la période d'essai, désormais légale, doit être prévue tant dans son existence que dans sa durée, mais plus encore le code pénitentiaire semble la prévoir systématiquement, contrairement à ce qui prévaut en droit du travail où elle n'est pas obligatoire. Ainsi, la fixation de la période d'essai varie de deux semaines à un mois, selon que la durée du contrat est, d'une part, inférieure ou égale à six mois et, d'autre part, supérieure à six mois ou indéterminée. Si le renouvellement de la période d'essai est envisagé en raison de la technicité du poste, le code pénitentiaire demeure en revanche silencieux sur sa rupture. Pendant la période d'essai, les parties peuvent en principe rompre le contrat sans avoir à fournir de motifs ou suivre de procédure particulière. Il reste à savoir si le juge administratif suivra la solution dégagée par la Cour de cassation dans un arrêt très remarqué où la chambre sociale a décidé que si la rupture de l'essai avait lieu pour un motif non inhérent à la personne du salarié, celle-ci était abusive (Soc. 20 nov. 2007, n° 06-42.212). ❑

Art. L. 412-14 Le contrat d'emploi pénitentiaire est suspendu de plein droit lorsque le classement au travail de la personne détenue ou son affectation sur le poste de travail est suspendu en application des dispositions de l'article L. 412-7 ou de l'article L. 412-8.

Art. L. 412-15 Le contrat d'emploi pénitentiaire peut être suspendu, dans le cadre du service général, par le chef de l'établissement pénitentiaire ou, dans le cadre d'une activité de production, par le donneur d'ordre mentionné par les dispositions du 2° de l'article L. 412-3 :

1° En cas d'incapacité temporaire de travail pour raison médicale ;

2° En cas de baisse temporaire de l'activité *(Ord. n° 2022-1336 du 19 oct. 2022, art. 17 et 27, en vigueur à une date fixée par décret et au plus tard le 1er déc. 2024)* **« , sauf lorsque le donneur d'ordre est un établissement ou service d'aide par le travail. »**

COMMENTAIRE

La suspension du contrat d'emploi pénitentiaire (CEP) peut intervenir de plein droit ou être facultative.

La suspension de plein droit est prévue lorsque le classement ou l'affectation est suspendu pour motifs disciplinaires par le chef d'établissement ou lorsque l'affectation est suspendue à la demande de la personne ou pour motifs liés au bon ordre ou lorsqu'une procédure disciplinaire est pendante (art. L. 412-7 et L. 412-8).

Elle est facultative en ce que tout donneur d'ordre peut, pour sa part, décider de suspendre le contrat soit en cas d'incapacité temporaire de travail pour raison médicale, soit en cas de baisse temporaire de l'activité. Le texte prévoit cependant une exception, lorsque le donneur d'ordre est un établissement ou service d'aide par le travail (ESAT). L'ordonnance n° 2022-1336 du 19 octobre 2022 relative aux droits sociaux (*JO 20 oct.*) a achevé la réforme du travail pénitentiaire en autorisant les établissements ou service d'aide par le travail (ESAT) à s'implanter en prison. Précédés des établissements adaptés (EA), les ESAT sont les derniers types d'établissements à avoir été autorisés à s'implanter en prison et s'inscrivent plus largement dans une politique inclusive des personnes détenues en situation de handicap pour leur faciliter l'accès au travail et bénéficier d'un accompagnement dans un cadre adapté (Décr. n° 2021-362 du 31 mars 2021 relatif au travail adapté dans les établissements pénitentiaires). ❑

Art. L. 412-16 **Il est mis fin au contrat d'emploi pénitentiaire :**

1° D'un commun accord entre la personne détenue et le donneur d'ordre ou à l'initiative de la personne détenue ;

2° Lorsque la détention prend fin ;

3° En cas de transfert définitif de la personne détenue dans un autre établissement pénitentiaire ;

4° Lorsqu'il est mis fin au classement au travail ou à l'affectation sur un poste de travail dans les conditions prévues par les dispositions de l'article L. 412-7.

Lorsqu'il est mis fin au contrat d'emploi pénitentiaire en application des dispositions du 2° du présent article, y compris dans le cadre d'un aménagement de peine, et en cas de commun accord entre la personne détenue et le donneur d'ordre, la conclusion d'un contrat de travail entre ces deux parties doit être facilitée. A cet effet, le donneur d'ordre informe la personne détenue des possibilités d'emploi dans son service, son entreprise ou sa structure et examine la possibilité de conclure avec la personne intéressée, à l'issue de sa détention, un contrat de travail permettant à celle-ci de continuer à exercer une activité pour ce même donneur d'ordre, selon les dispositions du code du travail.

Lorsqu'il est mis fin au contrat d'emploi pénitentiaire en application des dispositions du 3° du présent article, la personne transférée conserve le bénéfice du classement au travail préalablement obtenu. Toutes les dispositions sont prises pour prioriser son affectation sur un poste de nature comparable, compte tenu des possibilités locales d'emploi.

Art. L. 412-17 **Le donneur d'ordre mentionné par les dispositions de l'article L. 412-3 peut, après avoir mis la personne détenue en mesure de présenter ses observations, mettre fin au contrat d'emploi pénitentiaire en cas d'inaptitude ou d'insuffisance professionnelle ou, lorsque le donneur d'ordre est une structure d'insertion par l'activité économique ou une entreprise adaptée, en cas de non-respect de l'accompagnement socioprofessionnel proposé.**

Le donneur d'ordre peut également mettre fin au contrat d'emploi pénitentiaire en cas de force majeure, pour un motif économique ou, lorsque le donneur d'ordre est l'administration pénitentiaire, pour un motif tenant aux besoins du service.

(Ord. n° 2022-1336 du 19 oct. 2022, art. 17 et 27, en vigueur à une date fixée par décret et au plus tard le 1er déc. 2024) **« Lorsque le donneur d'ordre est un établissement ou service d'aide par le travail, il ne peut mettre fin au contrat d'emploi pénitentiaire qu'en cas de force majeure. »**

COMMENTAIRE

Les articles L. 412-16 et L. 412-17 prévoient les causes mettant « fin » au contrat de travail. Nulle mention d'un licenciement ou d'une éventuelle démission comme en droit du travail, quoique le code pénitentiaire évoque la rupture « conventionnelle » connue du droit du travail. Ainsi il est mis fin « d'un commun accord entre la personne détenue et le donneur d'ordre ou à l'initiative de la personne détenue ». Cet effort de rapprochement avec l'extérieur doit être d'autant plus salué en prison que cette cause prête, à l'extérieur, à discussion s'agissant de la liberté du travailleur d'y souscrire (Auvergnon, La réforme en cours de l'encadrement juridique du travail en milieu carcéral, *in* Carpentier (dir.), Le volet répressif de la loi pour la confiance dans l'institution judiciaire, *LexisNexis, 2023, p. 87*).

Par ailleurs, les autres causes de fin du contrat qu'énumère le code pénitentiaire sous les dispositions de l'article L. 412-16 sont toutes en lien avec la réalité carcérale et sont adaptées aux spécificités de la vie en détention. La fin de la détention justifie la perte de l'emploi. Cela démontre cependant un manque de continuum entre le dedans et le dehors, quand bien même, dans le cadre d'un aménagement de peine et en cas de commun accord entre la personne détenue et le donneur d'ordre extérieur, ce dernier doit mentionner les postes disponibles dans son entreprise quand le contrat est rompu pour ce motif. Le transfert définitif de la personne détenue met également fin à l'emploi. Toutefois, dans cette situation, la personne détenue ne perd pas le bénéfice du classement au travail préalablement obtenu, étant précisé que son affectation, quoique priorisée, dépendra des possibilités locales d'emploi. Enfin, rappel est fait de la perte d'emploi pour faute disciplinaire. L'article L. 412-17 énumère des motifs plus classiques pouvant justifier de la fin de l'emploi. Il s'agit de la force majeure, de motifs économiques, inaptitude et insuffisance professionnelle ou non-respect de l'accompagnement socioprofessionnel proposé dans le cadre d'une structure d'insertion par l'activité économique ou une entreprise adaptée. Dans ces deux derniers cas, la personne détenue doit être en mesure de présenter ses observations selon une procédure réglementée qui emprunte au droit du travail. ❑

Art. L. 412-18 Tout litige lié au contrat d'emploi pénitentiaire et à la convention mentionnée par les dispositions du deuxième alinéa de l'article L. 412-11 relève de la compétence de la juridiction administrative.

COMMENTAIRE

Cette solution pragmatique selon laquelle tout litige relatif au CEP relève de la compétence de la juridiction administrative est solidement ancrée dans la jurisprudence (T. confl. 14 oct. 2013, n° C3918 A). ❑

Compétence de la juridiction administrative. Le travail procuré dans les établissements sous le régime de la concession aux termes d'une convention conclue entre l'administration pénitentiaire et l'entreprise concessionnaire ne fait pas l'objet d'un contrat de travail, s'inscrit dans l'exécution de la peine, et procède de la préparation à la réinsertion des condamnés. Eu égard tant à la nature particulière de la relation de travail, qui se rattache à l'accomplissement de la mission de service public de l'administration pénitentiaire, qu'à ses modalités de mise en œuvre, soumises au régime pénitentiaire des personnes détenues et aux nécessités du bon fonctionnement de l'établissement qui influent sur les conditions d'emploi et la rémunération, les détenus ainsi employés se trouvent, à l'égard de la société concessionnaire, même de droit privé, dans une relation de droit public ; dès lors, le litige opposant les personnes détenues à l'entreprise concessionnaire relève de la juridiction administrative. • T. confl. 14 oct. 2013 : *AJ pénal 2014. 47, note Péchillon* ; *D. 2014. 1115, obs. Lokiec et Porta* ; *RPDP 2013. 946, obs. Péchillon* ; *Dr. soc. 2014. 11, chron. Tournaux* ; *ibid. 760, chron. Tournaux* ; *AJDA 2013. 2000* ; *ibid. 2321, note Schmitz*.

SECTION 4 Temps de travail et rémunération

Art. L. 412-19 Sont définis par décret en Conseil d'État :

1° Les durées maximales quotidienne et hebdomadaire de travail effectif des personnes détenues ainsi que les conditions dans lesquelles peut être mis en place un dispositif d'aménagement du temps de travail sur une durée supérieure à la semaine ;

2° La durée du travail effectif à temps complet ;

3° La durée minimale de travail en cas de recours au temps partiel ;

4° Le régime des heures supplémentaires et complémentaires ;

5° Le régime des temps de pause, du repos quotidien, du repos hebdomadaire et des jours fériés dont bénéficient les personnes détenues.

V. art. R. 412-48 s.

COMMENTAIRE

Avant la réforme du travail pénitentiaire, la durée du travail était fixée par le règlement intérieur type. La durée de travail par jour et par semaine ne pouvait excéder les horaires pratiqués en milieu libre dans le type d'activité considéré (C. pr. pén., ss. art. R. 57-6-20, art. 15 abrogé). L'article L. 412-19 du code pénitentiaire donne désormais un socle législatif aux principaux éléments de la durée du travail par emprunt au droit du travail, dont la fixation a été dévolue au pouvoir réglementaire. Le décret n° 2022-655 du 25 avril 2022 relatif au travail des personnes détenues et modifiant le code pénitentiaire est ainsi venu préciser la réglementation du travail pénitentiaire. Ainsi, l'article R. 412-50 indique-t-il que la quotité de travail effectif à temps complet de chaque personne détenue est fixée à trente-cinq heures par semaine et l'article R. 412-51 que la durée quotidienne de travail effectif par la personne détenue ne peut excéder dix heures. ❑

Art. L. 412-20 Le montant minimal de la rémunération et les règles relatives à la répartition des produits du travail des personnes détenues sont fixés par décret. Le produit du travail des personnes détenues ne peut faire l'objet d'aucun prélèvement pour frais d'entretien en établissement pénitentiaire. La rémunération du travail des

personnes détenues ne peut être inférieure à un taux horaire fixé par décret et indexé sur le salaire minimum de croissance défini par les dispositions de l'article L. 3231-2 du code du travail. Ce taux peut varier en fonction du régime sous lequel les personnes détenues sont employées.

V. art. R. 412-63 s.

BIBL. ► JOBARD, Salaire et prison : un droit sans droits ?, *in* Schmitz (dir.), Le droit à la réinsertion des personnes détenues, *Institut universitaire Varenne, 2017, p. 419.*

COMMENTAIRE

La rémunération du travail des personnes détenues est encadrée depuis la loi pénitentiaire, qui a validé la pratique d'un salaire minimum de rémunération, sorte de « SMIC pénitentiaire », ne pouvant être inférieure à un taux horaire fixé par décret et indexé sur le salaire minimum de croissance. Ce salaire minimum de rémunération reste en pratique très inférieur au SMIC et correspond à une rémunération équivalente brute à 45 % du SMIC pour les personnes travaillant en production pour le compte d'une entreprise privée et varie entre 20 et 33 % du SMIC pour les personnes travaillant pour le service général (pour plus de détails, V. art. R. 412-63 s.). Sur ce point, le code pénitentiaire est déceptif, transposant sans changement les anciennes dispositions de l'article 717-3 du code de procédure pénale. L'absence de discussion lors des débats parlementaires, tout au plus la réaffirmation de lutter contre la rémunération à la pièce par les opérateurs privés (Étude d'impact, p. 28), s'explique par la volonté de conserver par le montant (faible) de la rémunération accordée au travailleur en prison un élément d'attractivité pour les entreprises. La loi renvoie comme par le passé au pouvoir réglementaire le montant minimal de la rémunération et les règles relatives à la répartition des produits du travail des personnes détenues, aujourd'hui fixés par les articles R. 412-63 et suivants, issus du décret n° 2022-655 du 25 avril 2022 relatif au travail des personnes détenues. ❑

1. Seuil minimal de rémunération. La rémunération minimale du travail des personnes détenues, depuis le Décr. n° 2010-1635 du 23 déc. 2010, ne peut être inférieure à différents seuils fixés et indexés par référence au salaire minimum de croissance défini à l'art. L. 3231-2 C. trav., soit 45 % pour les activités de production, 33 % pour le service général classe I, 25 % pour la classe II et 20 % pour la classe III. • TA Limoges, ord., 22 août 2013 : *D. actu. 3 sept. 2013, obs. Léna.* ♦ La rémunération minimale des détenus en vigueur avant le Décr. n° 2010-1635 du 23 déc. 2010 devait être appréciée en minimum collectif moyen et ne constituait pas un minimum individuel pour chaque détenu. • CE 12 mars 2014 : *D. actu. 18 mars 2014, obs. de Montecler ; D. 2014. Pan. 1236, obs. Péchillon* ; *Gaz. Pal. 26 juin 2014. 19, chron. Guyomar.*

2. Opposabilité des modalités de rémunération. Pour être opposables, les modalités de rémunération des personnes détenues employées par les entreprises sous le régime de la concession de main-d'œuvre pénale doivent être portées à leur connaissance, en même temps que les taux horaires de rémunération, par un affichage suffisant accessible à l'ensemble des détenus ; eu égard à la situation particulière de ces derniers, il doit également être fait référence à ces modalités de rémunération ainsi qu'aux conditions particulières de leur exécution applicables à chaque personne détenue exerçant une activité professionnelle, dans le support de l'engagement au travail ou dans l'acte d'engagement signé avec le directeur de l'établissement pénitentiaire. • CE 7 mars 2016, n° 380540 : *D. actu. 20 avr. 2016, obs. Pastor.*

SECTION 5 Protection de la santé et de la sécurité au travail

(Ord. n° 2022-1336 du 19 oct. 2022, art. 13 et 27, en vigueur à une date fixée par décret et au plus tard le 1er déc. 2024)

SOUS-SECTION 1 Santé et sécurité dans les activités de travail

Art. L. 412-20-1 **Sont applicables aux travaux effectués par les personnes détenues dans les établissements pénitentiaires, sur leur domaine ou à leurs abords immédiats, les mesures d'hygiène et de sécurité prévues par les livres Ier à V et VII de la quatrième partie du code du travail et les décrets pris pour leur application.**

Art. L. 412-20-2 **Le chef d'établissement pénitentiaire et le donneur d'ordre contribuent, chacun selon leurs obligations respectives définies à l'article L. 412-20-3 à assurer la sécurité et protéger la santé physique et mentale des personnes détenues qui**

travaillent sous contrat d'emploi pénitentiaire, conformément aux dispositions des articles L. 4121-1 à L. 4121-5 du code du travail.

Ils évaluent les risques pour la santé et la sécurité au travail des personnes détenues qu'ils font travailler et élaborent chacun un document unique d'évaluation des risques professionnels afférents aux travaux réalisés en détention. Les résultats de l'évaluation des risques réalisée par le donneur d'ordre sont intégrés dans le document unique d'évaluation des risques professionnels de l'établissement pénitentiaire.

Art. L. 412-20-3 Le chef d'établissement pénitentiaire et le donneur d'ordre mettent en œuvre les mesures propres à prévenir les risques liés au travail des personnes détenues qu'ils emploient conformément aux dispositions prévues par les livre Ier à V et VII de la quatrième partie du code du travail et les décrets pris pour leur application selon les modalités suivantes :

1° Le donneur d'ordre met en œuvre les dispositions de la quatrième partie du code du travail relatives à :

a) La formation et l'information prévues par les dispositions du titre IV du livre Ier ;

b) Certaines catégories de travailleurs définies au titre V du livre Ier ;

c) L'aménagement des postes de travail dans les conditions définies par le chapitre V du titre II du livre II ;

d) L'utilisation des équipements de travail et moyens de protection dans les conditions définies par le titre II du livre III ;

e) La prévention des risques d'exposition visés au livre IV ainsi qu'au chapitre IV du titre III et au titre IV du livre V ;

2° Le chef d'établissement pénitentiaire garantit la sécurité, l'hygiène et la salubrité des lieux de travail, conformément aux dispositions du titre II du livre II de la quatrième partie du code du travail à l'exception du chapitre V. Pour l'exécution des travaux réalisés par les personnes détenues travaillant pour le chef d'établissement pénitentiaire dans le cadre d'un CEP, celui-ci met en œuvre les obligations définies au I du présent article ;

3° Les conditions de mise en œuvre de ces obligations et notamment leur articulation sont définies par les conventions prévues par l'article L. 412-11 ;

4° Lorsque les matériels et les équipements ont été fournis par le chef d'établissement, celui-ci assume les obligations du donneur d'ordre qui s'y attachent.

SOUS-SECTION 2 Inspection du travail en détention

Art. L. 412-20-4 Les attributions prévues par l'article L. 8112-3 du code du travail sont exercées par les agents de contrôle de l'inspection du travail mentionnés à l'article L. 8112-1 du code du travail dans les conditions prévues par les dispositions de la présente section.

Art. L. 412-20-5 Les agents de contrôle de l'inspection du travail mentionnés à l'article L. 8112-1 du code du travail ont un droit d'entrée dans les établissements pénitentiaires où sont exercées les activités de travail des personnes détenues, au service général et en production, afin d'y assurer les missions prévues par l'article L. 8112-3 du même code.

Art. L. 412-20-6 Pour l'exercice des missions prévues par l'article L. 8112-3 du code du travail, les agents de contrôle de l'inspection du travail mentionnés à l'article L. 8112-1 du même code peuvent se faire présenter les documents rendus obligatoires ainsi que tout document ou tout élément d'information prévu par la réglementation relative à la santé et à la sécurité pour les activités de travail en détention.

Ils peuvent également, vis-à-vis des donneurs d'ordre mentionnés au 2° de l'article L. 412-3, prendre les mesures suivantes :

1° Constater les infractions à la réglementation relative à la santé et à la sécurité au travail en détention par des procès-verbaux qui font foi jusqu'à preuve contraire, dans les conditions prévues par les articles L. 8113-7 à L. 8113-8 du code du travail ;

2° Procéder, aux fins d'analyse, à tout prélèvement portant sur les matières mises en œuvre et les produits distribués ou utilisés dans les conditions prévues par l'article L. 8113-3 du code du travail ;

3° Leur demander, le cas échéant en leur adressant une mise en demeure, de faire procéder à des contrôles techniques et vérifications dans les conditions prévues par les articles L. 4721-4 à L. 4722-2 du code du travail ;

4° Prendre les mesures et procédures d'urgence prévues par les articles L. 4731-1 à L. 4732-4 du code du travail ;

5° Mettre en œuvre une procédure de transaction dans les conditions prévues par les articles L. 8114-4 à L. 8114-8 du code du travail.

Art. L. 412-20-7 S'il entend contester la mise en demeure prévue au 3° de l'article L. 412-49, le donneur d'ordre dispose d'un droit de recours selon les modalités prévues par l'article L. 4723-1 du code du travail.

Art. L. 412-20-8 Le donneur d'ordre, lorsqu'il est une personne morale de droit privé, est passible des sanctions prévues à l'encontre des employeurs aux articles L. 4741-1 et L. 4741-3-1 du code du travail.

Art. L. 412-20-9 L'agent de contrôle de l'inspection du travail mentionné à l'article L. 8112-1 du code du travail informe le chef de l'établissement pénitentiaire des manquements et infractions constatés à l'encontre du donneur d'ordre mentionné au 2° de l'article L. 412-3.

Art. L. 412-20-10 Pour l'application des règles de santé et de sécurité aux travaux effectués par les personnes détenues dans les établissements pénitentiaires, sur leur domaine ou à leurs abords immédiats, le chef de l'établissement pénitentiaire peut solliciter l'intervention de l'agent de contrôle de l'inspection du travail dans des conditions déterminées par décret.

Art. L. 412-20-11 Les personnes détenues peuvent correspondre avec les agents de contrôle de l'inspection du travail mentionnés à l'article L. 8112-1 du code du travail dans des conditions définies par décret.

SECTION 6 **Modalités du travail**

Art. L. 412-21 Le présent chapitre est applicable lorsque le lieu de travail de la personne détenue se situe, en tout ou partie, sur le domaine affecté à l'établissement pénitentiaire ou à ses abords immédiats.

Art. L. 412-22 Dans les conditions et selon les modalités prévues par les dispositions des articles L. 5135-1 à L. 5135-8 du code du travail, une période de mise en situation en milieu professionnel peut être effectuée par chaque personne détenue au sein d'une structure d'accueil en milieu libre dans le cadre d'un placement à l'extérieur, d'une permission de sortir ou selon les modalités prévues pour le travail à l'extérieur.

Art. L. 412-23 Sous réserve des dispositions de l'article L. 412-20, les modalités d'application du présent chapitre sont fixées par décret en Conseil d'État.

SECTION 7 **Discrimination et harcèlement**

(Ord. n° 2022-1336 du 19 oct. 2022, art. 15)

Les dispositions de la présente section s'appliquent aux contrats d'emploi pénitentiaire en cours d'exécution à la date d'entrée en vigueur de l'Ord. n° 2022-1336 du 19 oct. 2022 (Ord. préc., art. 27).

RÉP. PÉN. v^is *Conditions de travail et d'hébergement contraires à la dignité humaine,* par WILLMAN ; *Dignité de la personne humaine,* par VIRIOT-BARRIAL ; *Discriminations,* par DANTI-JUAN ; *Harcèlement,* par MISTRETTA ; *Prison : normes européennes,* par CÉRÉ.

RÉP. EUR. v° *Conv. EDH, art. 14 : Non-discrimination,* par ILIOPOULOU-PENOT ;

RÉP. TRAV. v^is *Discrimination,* par LANQUETIN ; *Harcèlement moral,* par ADAM ; *Harcèlement sexuel,* par ADAM.

BIBL. ▸ BOSSUYT, L'interdiction de la discrimination dans le droit international des droits de l'Homme, *1976, Bruylant.* – CGLPL, Les violences interpersonnelles dans les lieux de privation de liberté, *Dalloz, 2019, 200 p.* – MARTIN, Égalité et non-discrimination dans la jurisprudence communautaire, Étude critique à la lumière d'une approche comparatiste, *Bruylant, 2006.*

▶ **Articles :** Auvergnon, *Dr. soc. 2023. 179* (droits sociaux des personnes détenues : une ordonnance de rapprochement des travailleurs libres). – Brimo, *RDSS 2022. 940* (du droit au travail pénitentiaire au droit du travail pénitentiaire). – Lanquetin, *Dr. soc. 2008, n° 7-8, p. 778* (discriminations : la loi d'adaptation au droit communautaire du 27 mai 2008). – Laulom, *RDT 2009. 8* (égalité de traitement, une directive de trop ?). – Malabat, *Dr. soc. 2003. 491* (à la recherche du sens du droit pénal du harcèlement). – Peano, *Dr. soc. 1995, p. 129* (l'*intuitus personae* dans le contrat de travail).

COMMENTAIRE

Jusqu'à l'ordonnance du 19 octobre 2022, les personnes détenues ne bénéficiaient d'aucune protection lorsqu'elles étaient victimes ou témoins de discriminations ou de harcèlement au travail. L'intégration d'une section dédiée dans le cadre de l'activité de travail pénitentiaire s'inscrit donc comme une innovation et un progrès essentiel dans la protection des détenus travailleurs. *A fortiori*, puisque le public pénitentiaire est majoritairement concerné par les discriminations, en ce qu'il constitue une population particulièrement vulnérable dont la protection est impérieuse (femmes, personnes en situation de handicap, personnes transgenres, d'origine étrangère, jeunes ou d'un âge avancé, etc.).

Cette section prend acte des règles pénitentiaires européennes (RPE 13 et 26.4) et de la règle 2.1 des Règles Nelson Mandela (App., *v° Conditions de détention*). Une certaine influence du Comité de prévention de la torture s'y manifeste également (10e Rapp. gén., *CPT/inf (2000)13, § 25*). Mais c'est en adoptant une transposition quasi exacte de l'architecture et des dispositions du code du travail que le code pénitentiaire ventile dans deux sous-sections les normes protégeant les travailleurs détenus discriminés, harcelés ou témoins de tels faits. L'encadrement des relations de travail devrait permettre d'asseoir la sérénité des conditions d'activité et, à moyen terme, de consolider le parcours d'exécution des peines. ❑

SOUS-SECTION 1 **Discrimination**

Art. L. 412-24 Aucune personne détenue ne peut être écartée d'une procédure de classement au travail ou d'affectation sur un poste de travail, voir le contrat d'emploi pénitentiaire qu'elle a conclu suspendu ou résilié, ou faire l'objet, pour son activité de travail, d'une mesure discriminatoire directe ou indirecte, telle que définie à l'article 1er de la loi n° 2008-496 du 27 mai 2008 portant diverses dispositions d'adaptation au droit communautaire dans le domaine de la lutte contre les discriminations, pour les motifs énumérés par l'article L. 1132-1 du code du travail. – *V. cet article ci-dessous.*

COMMENTAIRE

L'article L. 412-24 énonce le principe de non-discrimination des personnes détenues vis-à-vis de leur emploi, que celle-ci soit directe ou indirecte. En se référant directement à l'article L. 1132-1 du code du travail, il paraît possible de dégager, dès l'aube de cette sous-section, une définition générale de la discrimination et une définition spécifique propre à la discrimination directe et indirecte.

Définition en droit du travail. Au sens courant, la « discrimination » peut s'entendre comme la séparation des individus par groupes, en fonction de certaines de leurs caractéristiques. En revanche, au sens juridique, la notion de « discrimination » revêt un caractère péjoratif, en ce qu'elle vise à traiter moins favorablement un groupe par rapport à un autre, par l'application de critères arbitraires, alors qu'ils se trouveraient tous deux dans une situation identique (Flauss, « Discrimination positive et Convention européenne des droits de l'homme », *in* Pouvoir et liberté. Études offertes à Jacques Mourgeon, *Bruxelles, Bruylant, 1998, p. 415*). Cependant, le seul constat d'une différence de traitement entre deux individus ne suffit pas à caractériser l'existence d'une discrimination. Il est non seulement nécessaire que ceux-ci soient dans des situations identiques, mais encore que le critère de distinction soit illicite et ne constitue pas une dérogation justifiée, proportionnée et spécialement admise par la loi (V., par ex., C. trav., art. L. 1133-3, concernant la différence de traitement fondée sur l'état de santé, dont résulte l'inaptitude constatée par le médecin du travail). A ce titre, deux formes de discrimination sont envisageables. La première, directe, vise la situation dans laquelle une personne est traitée de manière moins favorable qu'une autre ne l'est, ne l'a été ou ne l'aura été dans une situation comparable (Soc. 24 sept. 2008, nos 06-46.179, 06-46.180 et 07-40.935).

La seconde, indirecte, correspond à la « situation dans laquelle une disposition, un critère ou une pratique neutre en apparence est susceptible d'entraîner [...] un désavantage particulier pour des personnes par rapport à d'autres » (v° *Discrimination – Discrimination indirecte, in* S. Guinchard et T. Debard, Lexique des termes juridiques 2022-2023, *Dalloz, coll. Lexiques, 30e éd., 2022, p. 384*). Par exemple, lorsqu'une taille minimale est fixée de manière identique pour tous les candidats à un poste de travail, quel que soit leur sexe, les candidates de sexe féminin s'en trouvent désavantagées, ce qui constitue une discrimination indirecte (CJUE 18 oct. 2017, n° C-409/16).

Définition en droit pénal. C'est d'abord la loi n° 72-546 du 1er juillet 1972 qui a posé la première pierre dans la construction de la notion de discrimination en droit pénal. En l'occurrence, il s'agit de « toute distinction opérée entre les personnes physiques » pour une multitude de motifs, lesquels s'accumulent au sein de l'article 225-1 du code pénal au gré des interventions législatives.

Définition en droit pénitentiaire. L'article L. 412-24 est le reflet de l'article L. 1132-1 du code du travail, lequel fait office d'article général en matière de non-discrimination dans le milieu professionnel. Plus généralement, on constate un renvoi explicite de l'article L. 412-24 à cette disposition, s'agissant des motifs illicites de discrimination, et à l'article 1er de la loi n° 2008-496 du 27 mai 2008, s'agissant des mesures discriminatoires. En droit du travail pénitentiaire, l'origine, le sexe, le genre, la grossesse, la situation économique, l'ethnie, les opinions politiques, les activités syndicales, le handicap, les convictions religieuses et tous les autres motifs de discrimination cités par l'article L. 1132-1 du code du travail demeurent donc prohibés pour fonder une discrimination. On notera à cet égard que le code pénitentiaire, comme le code du travail avant lui, va plus loin que les prescriptions générales (et parfois vagues) édictées par les règles pénitentiaires européennes (RPE, App., *v° Conditions de détention*).

Spécificité de la notion de « discrimination » en droit du travail pénitentiaire. Les spécificités matérielles et normatives du droit pénitentiaire rendent l'adaptation formelle de cette disposition indispensable. Lorsque le code du travail fait ainsi référence au « recrutement », le code pénitentiaire énonce l'interdiction d'écarter une personne détenue d'une « procédure de classement au travail ou d'affectation sur un poste de travail, [et de] voir le contrat d'emploi pénitentiaire qu'elle a conclu suspendu ou résilié ».

Apport de la réforme. Jusqu'à l'entrée en vigueur du code pénitentiaire, le cadre normatif du travail en détention était large. Perçu comme un « privilège », plutôt que comme un droit, le droit du travail en détention relevait pour l'essentiel d'un renvoi parcellaire et implicite aux dispositions du code du travail et des dispositions spéciales insérées dans le code de procédure pénale. Bref, le principe de non-discrimination lors du travail en détention n'était ni clair, ni explicite. Évidemment, la dangerosité, le régime pénitentiaire, le risque d'atteinte à la sécurité, celui d'évasion, le comportement en détention, les troubles pathologiques ou toxicologiques étaient pris en compte pour le classement au travail des personnes détenues – ce qui constituait déjà d'ailleurs une première forme de discrimination, légitimée par le milieu dans lequel s'inscrit le travail. Mais *quid* des « capacités physiques et intellectuelles », de « l'influence que [le] travail peut exercer sur les perspectives de sa réinsertion [et compte tenu] de sa [la] situation familiale » de la personne détenue (C. pr. pén., anc. art. D. 432-3) ? Pour le Contrôleur général des lieux de privation de liberté (CGLPL), cette norme, comme d'autres, faisait état de possibles « pratiques discriminatoires » (CGLPL, Avis du 22 déc. 2016 relatif au travail et à la formation professionnelle dans les établissements pénitentiaires, *JO 9 févr. 2017*). Le code pénitentiaire, déjà modifié à plusieurs reprises, a donc pour principal apport de rationaliser le cadre des discriminations en matière pénitentiaire afin de clarifier le droit applicable aux détenus travailleurs en leur permettant de se rapprocher du cadre de travail applicable dans la société civile. ❑

1. Conv. EDH, art. 14. Principe de non-discrimination. Le principe de non-discrimination, tel qu'il est énoncé à l'art. 14 Conv. EDH, implique que la jouissance des droits et libertés reconnus dans la convention soit assurée sans distinction aucune. Autrement dit, il faut analyser le principe de non-discrimination, contenu dans l'art. 14 de la convention, comme transcendant toutes les dispositions de la CEDH. • CEDH 23 juill. 1968, *Aff. de la linguistique belge,* n° 1474/62. ♦ Dans le même sens : • CEDH, gr. ch., 13 févr. 2003, *Refah Partisi c/ Turquie,* n° 41340/98.

2. Appréciation de la notion en droit européen. Pour la Cour EDH, la discrimination se veut être une différence de traitement des situations similaires qui manque de justification objective et raisonnable. • CEDH 23 juill. 1968, n° 1474/62. ♦ Les heures de travail, la rémunération et l'utilisation d'une partie de cette rémunération comme contribution aux frais d'entretien reflètent la particularité du contexte pénitentiaire. Le fait de ne pas permettre à une personne détenue de bénéficier d'une pension de retraite, alors qu'elle se trouve dans une situation comparable à celle des salariés exerçant dans la société civile, constitue une discrimination. • CEDH, gr. ch., 7 juill. 2011, *Stummer c/ Autriche,* n° 37452/02, § 93 à 95 : *AJDA 2012. 143, chron. Burgorgue-Larsen ; RDSS 2012. 684, note Tharaud.* ♦ Dans le même sens : • CEDH 11 oct. 2011, *Paillet c/ France,* n° 16264/07. ♦ Mais la Cour juge que la différence de traitement relève de la marge d'appréciation des autorités internes, qui doivent concilier la prise en compte du statut de détenu avec leur politique socioéconomique, notamment pour ce qui concerne la détermination des prestations sociales ou les pensions de retraite. De ce fait, au regard du droit applicable au Royaume-Uni, la suppression du versement des prestations sociales aux détenus condamnés, en cas d'internement en établissement psychiatrique durant l'exécution de leur peine d'emprisonnement, ne constitue pas une discrimination déraisonnable au sens de l'art. 14 Conv. EDH. • CEDH 21 avr. 2015, *S. S. c/ Royaume-Uni et a.,* n°s 40356/10 et 54466/10 : *D. actu. 12 juin 2015, obs. Devouèze.* ♦ Dans le même sens, la Cour EDH refuse d'admettre l'existence d'une discrimination en cas de non-affiliation d'un détenu ayant travaillé pendant sa détention à un régime des pensions de retraite relevant du régime général de la sécurité sociale. • CEDH 6 avr. 1968, *Vingt et un détenus c/ Allemagne,* n° 3134/67 • CEDH 2e sect., 13 déc. 2005, *Puzina c/ Italie,* n° 63767/00. ♦ Dans le même sens, les détenus ne peuvent se prévaloir d'une espérance légitime de percevoir plus de la moitié du salaire minimum légal en contrepartie du travail effectué en détention. • CEDH 13 mars 2018, *Dobrowolski et a. c/ Pologne,* n° 45651/11.

3. Appréciation en droit interne (avant la réforme). Présente un caractère sérieux et doit être renvoyée au Conseil constitutionnel la QPC ainsi rédigée : « L'art. 717-3 C. pr. pén., en ce qu'il dispose que les relations de travail des personnes incarcérées ne font pas l'objet d'un contrat de travail, porte-t-il atteinte aux droits et libertés garantis par la Constitution ? ». • Soc., QPC, 20 mars 2013, n° 12-40.104 : *D. actu. 28 mars 2013, obs. Ines ; Dr. pénal 2013, n° 83, note Maron et Haas.* ♦ Les dispositions de l'art. 717-3 C. pr. pén. ne portent pas atteinte, en elles-mêmes, au principe d'égalité, ni à aucun autre droit ou liberté que la Const. garantit. Il en résulte que l'exclusion d'un code du travail en prison n'est pas constitutionnelle et ne permet pas de garantir les droits applicables aux détenus travailleurs, parmi lesquels figure le principe de non-discrimination. • Cons. const., QPC, 14 juin 2013, n° 2013-320 : *D. actu. 17 juin 2013, obs. Portmann ; D. 2013. Point de vue 1909, par Chopin ; AJ pénal 2013. 556, obs. Céré ; RDT 2013. 565, obs. Wolmark.* ♦ L'art. 717-3, al. 2 et 3, C. pr. pén., qui fixe les règles relatives à la relation de travail entre le détenu et l'administration pénitentiaire, subordonne notamment à l'acte d'engagement signé par le directeur de la prison et le détenu la participation du détenu aux activités professionnelles organisées par les établissements pénitentiaires ; en renvoyant à cet acte d'engagement le soin d'énoncer les droits et obligations professionnels du détenu, conformément à l'art. 22 de la L. du 24 nov. 2009, le législateur n'a pas privé de garanties légales les droits et libertés visés aux al. 5 et 8 Préamb. Const., dont sont susceptibles de bénéficier les détenus ; ces derniers n'étant pas placés dans une relation contractuelle avec l'administration pénitentiaire, il ne peut pas y avoir d'atteinte au principe de liberté contractuelle. • Cons. const. 25 sept. 2015, n° 2015-485 QPC : *D. actu. 28 sept. 2015, obs. Fleuriot ; AJ pénal 2016. 98, obs. Falxa.* ♦ Au regard de l'art. 717-3 C. pr. pén., les relations de travail des personnes incarcérées ne font pas d'objet d'un contrat de travail et ne peuvent se voir appliquer les dispositions de l'art. L. 314-1 C. trav., lesquelles prescrivent que seul un salarié a droit chaque année à un congé payé par la charge de l'employeur. • Soc. 18 mars 2016, n° 14-25.870. ♦ La spécificité d'exécution de la prestation de travail en milieu carcéral justifie la différence de traitement entre le détenu et le salarié ordinaire. • Paris, 20 mars 2014, n° 13/02897.

4. Illustrations. En matière de déclassement discriminatoire des personnes détenues, V. • TA Poitiers, 2e ch., 7 avr. 2015 n° 1300751 • CE 6 juill. 2015, n° 389324 • TA Limoges, 22 août 2013, n° 1301113 • Cons. prud'h. Paris, 8 févr. 2013, n° F11/15185.

Code du travail

Art. L. 1132-1 Aucune personne ne peut être écartée d'une procédure de recrutement *(L. n° 2019-486 du 22 mai 2019, art. 190)* « ou de nomination » ou de l'accès à un stage ou à une période de formation en entreprise, aucun salarié ne peut être sanctionné, licencié ou faire l'objet d'une mesure discriminatoire, directe ou indirecte, *(L. n° 2008-496 du 27 mai 2008, art. 6)* « telle que définie à l'article 1er de la loi n° 2008-496 du 27 mai 2008 portant diverses dispositions d'adaptation au droit communautaire dans le domaine de la lutte contre les discriminations, » notamment en matière de rémunération, au sens de l'article L. 3221-3, de mesures d'intéressement ou de distribution d'actions, de formation, de reclassement, d'affectation, de qualification, de classification, de promotion professionnelle, *(L. n° 2022-401 du 21 mars 2022, art. 10, en vigueur le 1er sept. 2022)* « d'horaires de travail, d'évaluation de la performance, » de mutation ou de renouvellement de contrat en raison de *(L. n° 2017-256 du 28 févr. 2017, art. 70)* « son origine, de son sexe, de ses mœurs, de son orientation sexuelle, de son identité de genre, de son âge, de sa situation de famille ou de sa grossesse, de ses caractéristiques génétiques, de la particulière vulnérabilité résultant de sa situation économique, apparente ou connue de son auteur, de son appartenance ou de sa non-appartenance, vraie ou supposée, à une ethnie, une nation ou une prétendue race, de ses opinions politiques, de ses activités syndicales ou mutualistes *(L. n° 2019-1461 du 27 déc. 2019, art. 86)* « , de son exercice d'un mandat électif *(Abrogé par L. n° 2020-760 du 22 juin 2020, art. 15)* « *local* », de ses convictions religieuses, de son apparence physique, de son nom de famille, de son lieu de résidence ou de sa domiciliation bancaire, ou en raison de son état de santé, de sa perte d'autonomie ou de son handicap, de sa capacité à s'exprimer dans une langue autre que le français » *(L. n° 2022-401 du 21 mars 2022, art. 10, en vigueur le 1er sept. 2022)* « , de sa qualité de lanceur d'alerte, de facilitateur ou de personne en lien avec un lanceur d'alerte, au sens, respectivement, du I de l'article 6 et des 1° et 2° de l'article 6-1 de la loi n° 2016-1691 du 9 décembre 2016 relative à la transparence, à la lutte contre la corruption et à la modernisation de la vie économique ».

Art. L. 412-25 Aucune personne détenue ne peut être écartée d'une procédure de classement au travail ou d'affectation sur un poste de travail, voir le contrat d'emploi pénitentiaire qu'elle a conclu suspendu ou résilié ou faire l'objet d'une mesure discriminatoire pour avoir témoigné des agissements définis à l'article L. 412-24 ou pour les avoir relatés.

COMMENTAIRE

Le renforcement de la lutte contre les discriminations Dans la continuité de l'article L. 412-24 du code pénitentiaire, l'article L. 412-25 étend les motifs illicites de non-discrimination au cas où la personne détenue a témoigné de l'existence de discriminations ou les a relatées. Autrement dit, il s'agit ici de protéger celui qui dénonce des pratiques discriminatoires, délictuelles ou criminelles provenant de l'administration pénitentiaire ou de l'entreprise extérieure. De nouveau, cette disposition du code pénitentiaire se veut être l'exact reflet de l'article L. 1132-3 du code du travail, en renforçant la protection des personnes détenues les plus vulnérables.

La bonne foi ? La jurisprudence sociale de la Cour de cassation envisage la dénonciation des pratiques discriminatoires sous l'angle de la bonne foi, notamment pour protéger le salarié qui ignorait que les faits litigieux n'entraient pas dans la qualification de « discrimination » (Soc. 13 janv. 2021, n° 19-21.138 : *D. actu. 26 janv. 2021, obs. Malfettes ; Dr. soc. 2021. 365, obs. Adam ; RJS 4/2021, n° 194 ; JSL 2021, n° 515-21, obs. Lhernould ; JCP S 2021. 1066, obs. Brissy*). L'article L. 412-25 reste de son côté silencieux sur un tel critère. On peut raisonnablement supposer, cependant, que celle-ci est induite et que la jurisprudence administrative se fonderait sur la bonne foi du dénonciateur pour apprécier l'opportunité de lui offrir une telle protection. ❑

Art. L. 412-26 Aucune personne détenue ayant témoigné, de bonne foi, de faits constitutifs d'un délit ou d'un crime dont elle a eu connaissance dans l'exercice de son activité de travail ou ayant relaté de tels faits ne peut faire l'objet des mesures mentionnées à l'article L. 412-24.

BIBL. ▸ Fin-Langer et Gabroy, *JCP S 2023. 1050* (le contrat d'emploi pénitentiaire : de la prise en compte du milieu carcéral à celle du travailleur carcéral).

COMMENTAIRE

La dénonciation des détenus n'est pas une nouveauté. Le code de procédure pénale offre déjà, en son article 721-3, une récompense aux condamnés ayant dénoncé à l'autorité administrative ou judiciaire la commission actuelle ou prochaine d'une infraction pénale. L'article L. 412-26 semble s'en inspirer, bien qu'il puise sa source directement dans l'article L. 1132-3-3 du code du travail. Cette disposition prévoit l'interdiction générale de discrimination d'un salarié lorsqu'il a dénoncé la commission d'un crime ou d'un délit ou l'a relatée. Ensuite, le nouvel article L. 412-26 du code pénitentiaire se veut être une déclinaison de l'article L. 412-25, qui le précède, et qui est lui-même une adaptation du principe de non-discrimination en cas de dénonciation d'un acte de discrimination.

Spécificité carcérale oblige, l'article L. 412-26 compile l'ensemble de ces dispositions afin de protéger le détenu travailleur qui dénoncerait la commission d'un crime ou d'un délit commis par un de ces codétenus travailleurs. Outre le fait que cet article s'inscrit dans une logique de dénonciation aux fins de renforcement de la sécurité en établissement pénitentiaire, il est surtout, et encore, le reflet d'une protection accrue des détenus travailleurs sur la voie de la réinsertion. Malheureusement, si l'article L. 412-26 offre une protection générale contre la discrimination du détenu travailleur dénonciateur, elle ne lui confère ni le statut de lanceur d'alerte ni la protection spécifique qui y est associée telle qu'elle résulte de la loi n° 2022-401 du 21 mars 2022.

Enfin, et à la différence de l'article L. 412-25 du code pénitentiaire, on notera que la « bonne foi » est une condition *sine qua non* de la protection offerte à la personne détenue. La dénonciation ne constitue donc pas, à elle seule, un motif suffisant pour faire barrage au licenciement injustifié du détenu travailleur. Mais l'appréciation de la « bonne foi » est large, en témoigne la jurisprudence sociale de la Cour de cassation. Plus exactement, c'est l'absence de mauvaise foi manifeste qui permettra d'ouvrir droit à la protection de l'article L. 412-26, c'est-à-dire « la connaissance par le salarié de la fausseté des faits qu'il dénonce et non de la seule circonstance que les faits dénoncés ne sont pas établis » (Soc. 13 janv. 2021, n° 19-21.138). ❑

Code du travail

Art. L. 1132-3-3 *(L. n° 2022-401 du 21 mars 2022, art. 7-I, en vigueur le 1er sept. 2022)* Aucune personne ayant témoigné, de bonne foi, de faits constitutifs d'un délit ou d'un crime dont elle a eu connaissance dans l'exercice de ses fonctions ou ayant relaté de tels faits ne peut faire l'objet des mesures mentionnées à l'article L. 1121-2.

Les personnes mentionnées au premier alinéa du présent article bénéficient des protections prévues aux I et III de l'article 10-1 et aux articles 12 à 13-1 de la loi n° 2016-1691 du 9 décembre 2016 relative à la transparence, à la lutte contre la corruption et à la modernisation de la vie économique.

Code de procédure pénale

Art. 721-3 *(L. n° 2004-204 du 9 mars 2004, art. 187, en vigueur le 1er janv. 2005 ; L. n° 2007-1198 du 10 août 2007)* Une réduction de peine exceptionnelle, dont le quantum peut aller jusqu'au tiers de la peine prononcée, peut être accordée aux condamnés dont les déclarations faites à l'autorité administrative ou judiciaire antérieurement ou postérieurement à leur condamnation ont permis de faire cesser ou d'éviter la commission d'une infraction mentionnée aux articles 706-73 *(L. n° 2015-993 du 17 août 2015, art. 11)* « , 706-73-1 » et 706-74. Lorsque ces déclarations ont été faites par des condamnés à la réclusion criminelle à perpétuité, une réduction exceptionnelle du temps d'épreuve prévu *(L. n° 2009-1436 du 24 nov. 2009, art. 94-VI)* « au neuvième » alinéa de l'article 729, pouvant aller jusqu'à cinq années, peut leur être accordée.

Ces réductions exceptionnelles sont accordées par le tribunal de l'application des peines selon les modalités prévues à l'article *(L. n° 2005-1549 du 12 déc. 2005, art. 39)* « 712-7 ».

Art. L. 412-27 La personne détenue qui candidate à un poste de travail n'est pas tenue de révéler son état de grossesse, sauf lorsqu'elle demande le bénéfice des dispositions légales relatives à la protection de la femme enceinte.

Le donneur d'ordre ne doit pas prendre en considération l'état de grossesse d'une personne détenue exerçant un travail pour refuser de signer un contrat d'emploi pénitentiaire ou pour le résilier au cours d'une période d'essai. Il lui est interdit de rechercher ou de faire rechercher toutes informations concernant l'état de grossesse de cette personne.

La résiliation du contrat d'emploi pénitentiaire est annulée lorsque, dans un délai de quinze jours à compter de sa notification, la personne détenue envoie au donneur d'ordre, dans des conditions fixées par décret, un certificat médical justifiant qu'elle est enceinte. Il est fait exception à cette règle lorsque la résiliation du contrat résulte d'un retrait de l'affectation au travail en raison d'une faute disciplinaire non liée à l'état de grossesse ou d'une impossibilité de maintenir le contrat d'emploi pénitentiaire pour un motif étranger à la grossesse et à l'accouchement.

Les dispositions des deux alinéas précédents ne font pas obstacle à l'échéance du contrat d'emploi pénitentiaire à durée déterminée.

RÉP. TRAV. v° *Maternité,* par MAILLARD-PINON.

BIBL. ▶ FLEURIOT, *D. actu. 18 févr. 2016* (en prison, les femmes n'ont pas les mêmes droits que les hommes). – GAMELIN-LAVOIS et HERZOG-EVANS, Le droit des mères – La grossesse et l'accouchement, *L'Harmattan, coll. La justice au quotidien, 2003, 128 p.* – CGLPL, Avis relatif à la situation des femmes privées de liberté, *JO 18 févr.*

COMMENTAIRE

La femme, une détenue vulnérable. Les femmes enceintes disposent d'une protection catégorielle spécifique en droit du travail (C. trav., art. L. 1225-1 à L. 1225-34), en droit pénal (C. pén., art. 225-1), et désormais en droit pénitentiaire (art. L. 412-27). La femme en détention bénéficie donc du statut de personne particulièrement vulnérable à deux égards (CEDH, gr. ch., 24 janv. 2017, *Khamtokhu et Aksenchik c/ Russie*, n°s 60367/08 et 961/11, § 85 : *JCP 2017. 311, note Surrel*). A l'échelle nationale, le CGLPL constatait d'ailleurs en 2016 qu'en raison de leur genre, les femmes détenues étaient plus souvent exclues de certains postes de travail dans les centres pénitentiaires centraux (CGLPL, Avis du 25 janv. 2016 relatif à la situation des femmes privées de liberté, *JO 18 févr.*). Si, depuis, aucune étude n'a permis d'actualiser ces données, l'article L. 412-7 du code pénitentiaire semble anticiper les inégalités qui pourraient naître du fait du genre et de l'état de grossesse de la femme détenue.

La femme enceinte, une détenue particulièrement vulnérable. L'état de grossesse conduit à un empilement des formes de vulnérabilité de la femme détenue, sous l'angle des articles 8 (vie privée et familiale) et 14 (non-discrimination) de la Convention européenne de sauvegarde des droits de l'homme et des libertés fondamentales. Pour la protéger d'éventuelles discriminations, l'article L. 412-27 se place donc en miroir des dispositions du code du travail et offre à la femme enceinte détenue la possibilité de ne pas informer son employeur de sa grossesse lors de son embauche (C. trav., art. L. 1225-2) ou de sa période d'essai. Par ailleurs, elle peut justifier son impossibilité d'exécuter sa mission par un certificat médical attestant de son état. Là encore, il s'agit d'une disposition en miroir du code du travail, lequel est tout de même plus précis concernant le contenu et les modalités formelles d'attestation de l'état de grossesse (C. trav., art. R. 1225-1). Si cette nouvelle disposition a le mérite d'accorder une protection accrue à la femme enceinte, elle ne vaut pas lorsque celle-ci demande le bénéfice des dispositions légales relatives à la protection de la femme enceinte. En effet, on ne pourrait qualifier de « discrimination », même positive, la prise en compte d'une situation objectivement constatable (la grossesse) afin d'accorder des droits spécifiques à la femme enceinte et détenue. ❑

Art. L. 412-28 Le contrat d'emploi pénitentiaire ne peut être résilié lorsque la personne détenue qui l'a conclu est en état de grossesse médicalement constaté pendant l'intégralité des périodes de suspension du contrat auxquelles elle a droit au titre du congé et des prestations en espèces de l'assurance maternité, qu'elle use ou non de ce droit, ainsi que pendant les dix semaines suivant l'expiration de ces périodes.

Toutefois, le chef de l'établissement pénitentiaire peut mettre fin à l'affectation au travail de la personne détenue s'il justifie d'une faute disciplinaire de celle-ci, non liée à l'état de grossesse.

Le donneur d'ordre peut également résilier le contrat d'emploi pénitentiaire en cas d'impossibilité de le maintenir pour un motif étranger à la grossesse ou à l'accouchement. Dans ce cas, la fin de l'affectation ou la résiliation du contrat d'emploi pénitentiaire ne peut prendre effet ou être notifiée pendant la période de suspension mentionnée au premier alinéa.

COMMENTAIRE

La protection de la grossesse pendant le congé. En reprenant *in extenso* les dispositions de l'article L. 1225-4 du code du travail, l'article L. 412-28 offre une protection « relative » à la femme enceinte et détenue durant toute la durée de son congé de maternité, peu important qu'elle use ou non de son droit. Dans ce prisme, non seulement les femmes enceintes et détenues se verront octroyer un congé maternité, mais elles ne pourront être déclassées de leur poste, à condition toutefois que la grossesse ait été médicalement constatée.

La grossesse médicalement constatée. Comme c'est le cas en droit du travail, la protection de la femme enceinte est détenue et conditionnée par la constatation de son état de grossesse. En se référant à la définition donnée par la Cour de cassation de la « grossesse médicalement constatée », il s'agit d'une « pièce médicale relative à la grossesse » (Soc. 13 juin 2018, n° 17-10.252), qui peut prendre la forme d'un « avis de prolongation d'arrêt de travail, portant la mention « repos supplémentaire maternité », d'un document intitulé « attestation de l'employeur », extrait du carnet de maternité de la salariée (Soc. 20 juin 1995, n° 91-44.952 : *Bull. civ. V, n° 202 ; RJS 8-9/1995, n° 880 ; CSB 1995. 261, A. 49*), ou d'un arrêt de travail lié à la grossesse (CA Versailles, 1er juin 2011, RG n° 10/01988).

L'incertitude liée à la grossesse présumée. Tout comme le code du travail, le code pénitentiaire reste silencieux sur les autres modes de preuve de la grossesse. Certes, la jurisprudence sociale de la Cour de cassation a déjà admis qu'un « certificat de présomption de grossesse » ou « qui établit des signes d'une grossesse en évolution » soit assimilé à la preuve du constat d'une grossesse (Soc. 6 févr. 1975, n° 73-40.674 : *Bull. civ. V, n° 58* ; Soc. 9 juill. 2008, n° 07-41.927 : *Bull. civ. V, n° 152 ; D. 2008. 2150 ; RJS 2008. 988*). Il est toutefois regrettable que ces modes de preuve n'aient pas été intégrées dans le code pénitentiaire. Non seulement ils auraient pu permettre d'entériner et de renforcer la protection des femmes enceintes et détenues, vulnérables à de nombreux égards ; mais en plus ils auraient permis de faciliter la constatation de la grossesse pour celles pour qui l'accès à un service médical est plus compliqué en milieu pénitentiaire que dans la société civile.

Première exception : la résiliation du contrat d'emploi pénitentiaire malgré la grossesse. Comme l'article L. 1225-4 du code du travail prévoit une exception liée à la « faute grave », l'article L. 412-28 du code pénitentiaire pose une exception à l'interdiction de mettre fin à l'affectation de la femme détenue et enceinte. En effet, le chef d'établissement peut mettre un terme au travail lorsque la femme détenue et enceinte a commis une faute disciplinaire (C. pénit. art. R. 232-2). Toutefois, il est nécessaire que ce licenciement ne soit pas en lien avec l'état de grossesse. C'est donc d'une protection toute relative que bénéficie ici la femme enceinte détenue.

Seconde exception : la résiliation du contrat d'emploi pénitentiaire en cas d'impossibilité de le maintenir pour un motif étranger à la grossesse. Comme l'article L. 1225-4 du code du travail, le code pénitentiaire ne fait pas obstacle à la résiliation du contrat d'emploi pénitentiaire conclu par la femme enceinte et détenue dès lors que le motif est étranger à sa grossesse. Par analogie avec la jurisprudence sociale, il faut comprendre que ce motif sera apprécié strictement. ❑

1. Identification de la faute. Selon l'art. L. 122-25-2 C. trav., l'employeur peut résilier le contrat de travail d'une salariée en état de grossesse médicalement constatée s'il justifie d'une faute grave de l'intéressée. Viole ce texte la cour d'appel qui ne constate pas que les faits reprochés à une salariée ne sont pas liés à son état de grossesse. • Soc. 8 mars 2000, n° 97-43.797 P : *D. 2000. IR 90 ; RJS 2000. 367, n° 527* • 1er déc. 2021, n° 20-13.339 B : *D. actu. 4 janv. 2022, obs. Couëdel ; D. 2021. 2238 ; RDT 2022. 55, obs. Guiomard ; RJS 2/2022, n° 98 ; Dr. ouvrier 2022. 78, obs. Colombet ; JS Lamy 2022, n° 534-2, obs. Hautefort ; JCP S 2022. 1006, obs. Dauxerre.*

2. Impossibilité de maintenir le contrat – illustrations en droit commun du travail. L'existence d'une cause économique de licenciement ne constitue pas nécessairement l'impossibilité de maintenir le contrat de travail. • Soc. 31 oct. 1996, n° 93-45.019 : *RJS 1996. 755, n° 1168* • 19 nov. 1997, n° 94-42.540 : *D. 1998. IR 3*. ♦ Est nulle la rupture dès lors que la lettre de licenciement vise seulement l'existence d'un motif économique. • Soc. 14 déc. 2016, n° 15-21.898 : *D. 2017. Actu. 13 ; RJS 2/2017, n° 94 ; JCP S 2017. 1049, obs. Everaert-Dumont.* ♦ L'existence d'une clause contractuelle de résiliation d'un contrat de travail en raison de la rupture d'un autre contrat de travail ne constitue pas en soi une impossibilité de maintenir le contrat de travail d'une salariée en état de grossesse. • Soc. 16 juin 2004, n° 02-42.315 P : *RJS 2004. 714, n° 1032.*

Art. L. 412-29 **L'article L. 412-24 ne fait pas obstacle aux différences de traitement, lorsqu'elles répondent à une exigence de l'activité de travail essentielle et déterminante et pour autant que l'objectif soit légitime et l'exigence proportionnée.**

BIBL. ▸ Detraz, *Dr. soc. 2020. 315* (la justification des faits de discrimination en droit pénal). – Maillard-Pinon, *Dr. soc. 2020. 310* (la justification des discriminations dans l'emploi – Le regard du travailliste). – Quaranta, *JT 2014, n° 170, p. 19* (l'emprise de la discrimination).

COMMENTAIRE

Une justification d'ordre général. Comme l'article L. 1133-1 du code du travail et l'article 225-3, 3°, du code pénal, l'article L. 412-29 constitue une première exception au principe de non-discrimination dans le cadre du fonctionnement de l'activité de travail. Il légitime ainsi, par une portée générale et impersonnelle, les différences de traitement contenues dans l'article L. 412-24 et en dehors. L'importance de ce texte est considérable puisqu'il permet de justifier le comportement du donneur d'ordre ou du chef d'établissement qui, pour des raisons professionnelles, devra opérer un choix jugé en principe discriminatoire, mais justifié pour l'exercice de l'activité de travail pénitentiaire.

La notion d'exigence de l'activité de travail. Si l'on doit s'en référer au droit commun du travail, et plus particulièrement aux prescriptions de la CJUE, il faut d'abord observer que la justification doit être de nature professionnelle et non personnelle. Par ailleurs, et même si le contrat d'emploi pénitentiaire ne peut être totalement assimilé à un contrat de travail, la différence de traitement ne peut être subjective. Elle doit donc correspondre aux exigences du travail, de la formation, de la qualité personnelle (CJUE 14 mars 2017, *Micropole Univers*, n° C-188/15 : *D. actu. 20 mars 2017, obs. Peyronnet ; D. 2017. 947, obs. Mouly* ; *RDT 2017. 422, note Adam* ; *RJS 2017/5, n° 384*).

La notion d'objectif légitime. Là encore, il est nécessaire de se rapprocher du droit du travail pour comprendre la notion introduite dans le code pénitentiaire. L'objectif poursuivi par l'entreprise, par l'intermédiaire de son employeur, doit être légitime. Sont ainsi justifiées les différences de traitement fondées sur la politique d'emploi, le marché du travail ou la formation professionnelle. On pourrait alors imaginer que le donneur d'ordre qui déciderait d'employer en priorité des indigents opérerait une différence de traitement justifiée. Mais qu'en serait-il de celui qui refuserait de classer une femme au travail si l'activité consiste à porter des charges lourdes ? ❑

1. La notion d'exigence de l'activité de travail. La notion d'« exigence professionnelle essentielle et déterminante », au sens de l'art. 4, § 1, de la Dir. 2000/78/CE du 27 nov. 2000, renvoie à une exigence objectivement dictée par la nature ou les conditions d'exercice de l'activité professionnelle en cause et ne saurait couvrir des considérations subjectives, telles que la volonté de l'employeur de tenir compte des souhaits particuliers du client. • CJUE 14 mars 2017, *Micropole Univers*, n° C-188/15 : *D. actu. 20 mars 2017, obs. Peyronnet ; D. 2017. 947, obs. Mouly ; RDT 2017. 422, note Adam ; RJS 2017/5, n° 384.* ♦ Dans la même affaire : • Soc. 22 nov. 2017, n° 13-19.855 P : *D. actu. 30 nov. 2017, obs. Peyronnet ; D. 2018. 218, note Mouly ; RDT 2017. 797, obs. Miné ; RJS 1/2018, p. 14, avis Courcol-Bouchard ; ibid., n° 5 ; SSL 2017, n° 1792, p. 16, obs. Adam ; ibid. 2017, n° 1793, p. 11, obs. Huglo ; JSL 2018, n° 445-1, obs. Bernard.*

2. La notion d'exigence proportionnée. Jugé, à propos d'un salarié venu travailler en bermuda et qui, licencié pour avoir refusé de venir travailler en pantalon sous sa blouse de travail, avait demandé l'annulation de son licenciement, que la liberté de se vêtir à sa guise au temps et au lieu de travail n'entre pas dans la catégorie des libertés fondamentales. • Soc. 28 mai 2003, n° 02-40.273 : *D. 2003. 2718, note Guiomard ; ibid. 2004. 176, obs. Pousson ; Dr. soc. 2003. 808, note Waquet ; ibid. 2004. 132, étude Lokiec ; RTD civ. 2003. 680, obs. Hauser .* ♦ Toutefois, les exigences liées à l'exercice d'une profession ne justifient pas d'interdire aux hommes une coiffure autorisée aux femmes. • Soc. 23 nov. 2022, n° 21-14.060 : *D. actu. 5 déc. 2022, obs. Peyronnet ; D. 2022. 533, note Dupont et Poissonnier ; ibid. 2103 ; RDT 2022. Actu. 683 ; D. 2022. 2103 ; JA 2022, n° 670, p. 41, étude Castel .*

3. Illustration en droit commun du travail. Ne constitue pas une discrimination directe en raison des convictions religieuses du salarié la mutation disciplinaire prononcée à son encontre dès lors qu'elle est justifiée par une exigence professionnelle essentielle et déterminante, au sens de l'art. 4, § 1, Dir. 2000/78/CE, au regard, d'une part, de la nature et des conditions d'exercice de l'activité de l'intéressé, chef d'équipe dans le secteur de la propreté affecté sur un site pour exécuter ses tâches contractuelles en vertu d'une clause de mobilité légitimement mise en œuvre par l'employeur, d'autre part, du caractère proportionné au but recherché de la mesure, laquelle permettait le maintien de la relation de travail par l'affectation du salarié sur un autre site de nettoyage. • Soc. 19 janv. 2022, n° 20-14.014 B : *D. actu. 4 févr. 2022, obs. Couëdel.*

Art. L. 412-30 **Les différences de traitement fondées sur l'âge ne constituent pas une discrimination lorsqu'elles sont objectivement et raisonnablement justifiées par un but légitime, notamment par le souci de préserver la santé ou la sécurité de la personne détenue ou de favoriser son insertion professionnelle et lorsque les moyens de réaliser ce but sont nécessaires et appropriés.**

Ces différences peuvent notamment consister en :

1° L'interdiction de l'accès à une activité de travail ou la mise en place de conditions de travail spéciales en vue d'assurer la protection des travailleurs jeunes ou âgés ;

2° La fixation d'un âge maximum pour l'accès à l'activité de travail, fondée sur la formation requise pour le poste concerné ou la nécessité d'une période d'activité raisonnable avant la retraite.

RÉP. PÉN. v° *Discriminations*, par DANTI-JUAN

RÉP. TRAV. v^is^ *Âge du salarié, par* LEROY *; Preuve dans le contentieux du travail, par* LECLERC.

BIBL. ▸ BRISSE, *Retraite et société, vol. 51, n° 2, 2007, p. 286-291* (la jurisprudence européenne sur les discriminations fondées sur l'âge). – LYON-CAEN, *Dr. soc. 2033. 1047* (différence de traitement ou discrimination selon l'âge).

COMMENTAIRE

Principe. L'âge constitue un motif de non-discrimination (CJCE 22 nov. 2005, *Werner Mangold c/ Rüdiger Helm*, n° C-144/04). Autrement dit, personne ne peut être discriminé en raison de son « jeune » âge ou de son âge « avancé ». Toutefois, dans le silence de la loi, plusieurs interrogations perdurent, au premier rang desquelles figure le stade auquel une personne peut être qualifiée de « jeune » ou de « senior ». S'y ajoutent la subjectivité et le caractère évolutif de l'âge : une personne de 60 ans est-elle « âgée » au sens de cette disposition ?

Exception. L'article L. 412-30 autorise une différence de traitement de certaines personnes en fonction de leur âge. Premier exemple d'une longue série d'exceptions, la différence de traitement fondée sur l'âge ne constitue pas une discrimination positive, en ce qu'elle viserait, de manière exclusive, à protéger la santé ou la sécurité du détenu jeune ou âgé, ou à favoriser son insertion professionnelle. Encore faut-il que cette différence de traitement soit objectivement et raisonnablement justifiée par un but légitime, et que les moyens employés soient nécessaires et appropriés.

Modalités. Sans toutefois prétendre à l'exhaustivité, l'article L. 412-30 admet l'interdiction d'accès à une activité de travail, la mise en place de conditions spéciales de travail (pour les détenus jeunes ou âgés) et la fixation d'un âge maximum pour accéder à une activité de travail (qui ne concerne donc que les détenus âgés). De nouveau, cette disposition est un copier-coller de l'article L. 1133-2 du code du travail, à l'exception de quelques spécificités carcérales, lesquelles conduisent à substituer le terme d'« activité de travail » à celui de « recrutement ».

Portée. Le texte ne crée assurément pas, *per se*, une discrimination illicite. Mais peut-il en être une source ? En employant des termes vagues, imprécis, et en s'abstenant de prétendre à l'exhaustivité, le chef d'établissement ou le donneur d'ordre pourrait toujours justifier l'existence d'une discrimination en fonction de l'âge. Qu'en sera-t-il du jeune détenu qui se verra refuser une activité de travail car il suit des études ? Du détenu d'une soixantaine d'années et dont la libération approche, mais dont on prétend qu'il ne peut passer la journée debout dans un atelier de travail ? Dans le même sens, l'article L. 412-30 reste silencieux quant à la charge de la preuve. Il faut donc se référer à l'article L. 412-34 du code pénitentiaire, qui prévoit que le détenu travailleur devra rapporter l'existence de faits laissant supposer l'existence d'une discrimination illicite (Soc. 30 avr. 2009, n° 07-43.219). ❑

1. *Principe européen.* L'interdiction des discriminations du fait de l'âge est un principe général du droit communautaire. Une réglementation nationale qui a pour objectif de favoriser l'insertion professionnelle des travailleurs âgés au chômage poursuit un objectif légitime, mais elle est disproportionnée si elle retient l'âge comme unique critère d'application en dehors de toute autre considération liée à la structure du marché du travail ou à la situation personnelle de l'intéressé. • CJCE 22 nov. 2005, n° C-144/04, *Mangold c/ Helm : AJDA 2006. 247, chron. Broussy, Donnat et Lambert ; D. 2006. 557, note Leclerc ; ibid. 2007. 465, obs. Meyer ; RDT 2006. 31, obs. Schmitt ; ibid. 133, obs. Robin-Olivier*.

2. *Charge de la preuve en droit du travail.* Il incombe au salarié de présenter des éléments de fait laissant supposer l'existence d'une discrimination directe ou indirecte, c'est-à-dire le fait litigieux lui-même, au profit de circonstances de fait dont le juge pourra valablement inférer que le fait litigieux est établi. • Soc. 30 avr. 2009, n° 07-43.219 : *D. actu. 25 mai 2009, obs. Perrin ; D. 2009. 1421, obs. Perrin ; Dr. soc. 2009. 870, obs. Chaumette*. ♦ Dans le même sens : • Soc. 29 mai 2013, n° 11-20.074 : *D. actu. 17 juin 2013, obs. Fraisse ; D. 2013. 1417 ; ibid. 1768, chron. Flores, Mariette, Ducloz, Wurtz, Sommé et Contamine ; Dr. soc. 2013. 764, obs. Orif*.

Code du travail

Art. L. 1133-2 *(L. n° 2008-496 du 27 mai 2008, art. 6-4°)* « Les différences de traitement fondées sur l'âge ne constituent pas une discrimination lorsqu'elles sont objectivement et raisonnablement justifiées par un but légitime, notamment par le souci de préserver la santé ou la sécurité des travailleurs, de favoriser leur insertion professionnelle, d'assurer leur emploi, leur reclassement ou leur indemnisation en cas de perte d'emploi, et lorsque les moyens de réaliser ce but sont nécessaires et appropriés. »

Ces différences peuvent notamment consister en :

1° L'interdiction de l'accès à l'emploi ou la mise en place de conditions de travail spéciales en vue d'assurer la protection des jeunes et des travailleurs âgés ;

2° La fixation d'un âge maximum pour le recrutement, fondée sur la formation requise pour le poste concerné ou la nécessité d'une période d'emploi raisonnable avant la retraite.

Art. L. 412-31 Les différences de traitement fondées sur l'inaptitude constatée par le médecin du travail en raison de l'état de santé ou du handicap ne constituent pas une discrimination lorsqu'elles sont objectives, nécessaires et appropriées.

COMMENTAIRE

De nouveau, l'article L. 412-31 se veut être une transposition stricte de l'article L. 1133-3 du code du travail. Comme pour le salarié de droit commun, cette disposition offre donc une protection au détenu travailleur qui, pour une raison liée à un accident de travail, à tout type de dégradation de son état de santé ou encore à un handicap, ne peut plus exercer son activité de travail. Dans ces hypothèses, la différence de traitement entre les détenus travailleurs ne sera admise que sur présentation d'un avis d'inaptitude établi par le médecin du travail.

En outre, il faudra rappeler que les règles relatives à la médecine du travail de droit commun ne s'appliquent pas en prison « en raison des spécificités propres à l'organisation du travail pénitentiaire » (Circ. commune du ministère de la Justice et du ministère de l'Emploi et de la Solidarité, n° 99-102 du 6 juill. 1999, relative aux modalités d'intervention des services de l'inspection du travail en matière d'hygiène et de sécurité du travail et de la formation professionnelle des détenus, NOR : JUSE9940010C/DAGEM9902). Le suivi des personnes détenues est donc assuré par des « médecins chargés des prestations de médecine générale intervenant dans les unités sanitaires et dans les services médico-psychologiques régionaux » (art. R. 115-21). Il ne s'agit donc pas de médecins spécialistes de la question du travail mais de docteurs en médecine dont la compétence inclut « l'examen des personnes détenues sollicitant des attestations relatives à une inaptitude au travail pour raison médicale » (art. R. 115-21, 3°). ❑

Art. L. 412-32 Les mesures prises en faveur des personnes handicapées et visant à favoriser l'égalité de traitement ne constituent pas une discrimination.

RÉP. TRAV. v° *Handicap*, par JOLY.

BIBL. ▶ BOSSU, *JCP S 2018. 1192* (l'accommodement raisonnable). – KESSLER, *RDSS 2011. 806* (droit européen, handicap et intégration à l'emploi). – SERENO, *RDT 2018. 527* (l'aménagement raisonnable en matière d'emploi).

COMMENTAIRE

Si l'on convient que l'article L. 412-32 semble être, en apparence, une transposition quasi exacte de l'article L. 1133-4 du code du travail, une nuance doit être faite. En effet, le texte de l'article L. 412-32 ne précise pas les mesures qui peuvent être prises par le chef d'établissement ou le donneur d'ordre. Dans le silence du texte, toutes les mesures destinées à favoriser l'égalité de traitement entre les personnes handicapées et les personnes valides seraient donc admises. C'est par exemple le cas de l'adaptation du poste de travail (Soc. 3 juin 2020, n° 18-21.993). Mais la définition du handicap en droit interne est large et se veut plurielle. En l'occurrence, il s'agit de « toute limitation d'activité ou restriction de participation à la vie en société subie dans son environnement par une personne en raison d'une altération substantielle, durable ou définitive d'une ou plusieurs fonctions physiques, sensorielles, mentales, cognitives ou psychiques, d'un polyhandicap ou d'un trouble de santé invalidant » (CASF, art. L. 114). Face à cette définition, on pourrait imaginer que tout aménagement lié à l'activité de travail d'une personne handicapée pourrait entrer dans le champ de cette disposition, quand bien même il dépasserait le seuil du « raisonnable ». ❑

Art. L. 412-33 Les mesures prises en faveur des personnes vulnérables en raison de leur situation économique et visant à favoriser l'égalité de traitement ne constituent pas une discrimination.

COMMENTAIRE

L'article L. 412-33 est la transposition parfaite de l'article L. 1133-6 du code du travail, selon lequel « les mesures prises en faveur des personnes vulnérables en raison de leur situation économique et visant à favoriser l'égalité de traitement ne constituent pas une discrimination ». ❑

Art. L. 412-34 Lorsque survient un litige en raison d'une méconnaissance des dispositions de la présente sous-section, la personne détenue présente des éléments de faits laissant supposer l'existence d'une discrimination directe ou indirecte. Au vu de ces éléments, il incombe à la partie défenderesse de prouver que sa décision est justifiée par des éléments objectifs étrangers à toute discrimination. Le juge forme sa conviction après avoir ordonné, en cas de besoin, toutes les mesures d'instruction qu'il estime utiles.

RÉP. CONT. ADM. v° *Fonction publique : contentieux du recrutement*, par AUBIN.

BIBL. ▶ ORIF, *Dr. soc. 2017. 618* (les nouveaux blocs de compétence)

COMMENTAIRE

Transposition du régime commun du travail. Étonnamment, l'article L. 412-34 est moins une transposition de l'article L. 1134-1 du code du travail (en vigueur depuis 2008) que de son ancêtre, l'article L. 122-45 de l'ancien code du travail, abrogé par une ordonnance du 12 mars 2007 (n° 2007-329). Mais le rapprochement du droit du travail pénitentiaire avec le droit commun du travail est éminemment observable ici. La charge de la preuve incombant au détenu travailleur est d'ailleurs d'une légèreté telle qu'il ne doit rapporter que des éléments laissant supposer de l'existence d'une discrimination, à charge pour l'administration pénitentiaire ou le donneur d'ordre de rapporter la preuve contraire.

Un mécanisme de protection. On pourrait arguer un déséquilibre des armes des parties devant le juge du contentieux des discriminations. Il n'en est rien. Parce que les règles relatives aux discriminations sont des règles spéciales issues du droit communautaire, le régime très favorable qui est offert à la partie qui s'estime lésée ne saurait constituer une atteinte au principe d'égalité des armes, tel qu'il résulte de l'article 6 de la Convention européenne de sauvegarde des droits de l'homme et des libertés fondamentales (Soc. 7 févr. 2012 : *D. 2012. Actu. 559*).

Compétence du juge administratif. Si, en droit du travail, le juge compétent pour apprécier l'existence d'une discrimination est le juge civil, saisi selon les formes de l'article 145 du code de procédure civile, il n'en va évidemment pas de même lorsque l'employeur est l'administration pénitentiaire. A ce titre, le juge compétent n'est plus le juge civil mais le juge administratif (CE, ass., 14 déc. 2007, n° 290420). ❑

1. Le travail procuré dans les établissements sous le régime de la concession aux termes d'une convention conclue entre l'administration pénitentiaire et l'entreprise concessionnaire ne fait pas l'objet d'un contrat de travail, s'inscrit dans l'exécution de la peine et procède de la préparation à la réinsertion des condamnés. Eu égard tant à la nature particulière de la relation de travail, qui se rattache à l'accomplissement de la mission de service public de l'administration pénitentiaire, qu'à ses modalités de mise en œuvre, soumises au régime pénitentiaire des personnes détenues et aux nécessités du bon fonctionnement de l'établissement qui influent sur les conditions d'emploi et la rémunération, les détenus ainsi employés se trouvent, à l'égard de la société concessionnaire, même de droit privé, dans une relation de droit public ; dès lors, le litige opposant les personnes détenues à l'entreprise concessionnaire relèvent de la juridiction administrative. • T. confl. 14 oct. 2013, n° C3918 : *AJDA 2013. 2000 ; ibid. 2321, note Schmitz ; D. 2014. 1115, obs. Lokiec et Porta ; AJ pénal 2014. 47, obs. Péchillon ; Dr. soc. 2014. 11, chron. Tournaux ; ibid. 760, chron. Tournaux*. ♦ Il résulte des dispositions des art. D. 99 à D. 102 [anciens] du code de procédure pénale que le travail auquel les détenus peuvent prétendre constitue pour eux non seulement une source de revenus mais encore un mode de meilleure insertion dans la vie collective de l'établissement, tout en leur permettant de faire valoir des capacités de réinsertion. Ainsi, eu égard à sa nature et à l'importance de ses effets sur la situation des détenus, une décision de déclassement d'emploi constitue un acte administratif susceptible de faire l'objet d'un recours pour excès de pouvoir. Il en va toutefois autrement des refus opposés à une demande d'emploi ainsi que des décisions de classement, sous réserve que ne soient pas en cause des libertés et des droits fondamentaux des détenus. • CE, ass., 14 déc. 2007, n° 290420 : *D. 2008. AJ 90 ; ibid. 820, note Herzog-Evans ; ibid. Pan. 1017, obs. Céré ; RSC 2008. 404, obs. Poncela ; AJ pénal 2008. 100, obs. Péchillon ; AJDA 2007. 2404 ; ibid. 2008. 128, chron. Boucher et Bourgeois-Machureau ; RFDA 2008. 87, concl. M. Guyomar ; Dr. pénal 2008, n° 25, obs. Maron ; Procédures 2008, n° 61, obs. Deygas*. ♦ En matière de discrimination, le juge des référés administratif doit apprécier si les éléments qui lui sont soumis laissent supposer l'existence d'une discrimination et notamment le prononcé d'un licenciement pour des motifs qui ne sont pas sérieux et, dans l'affirmative, rechercher si l'employeur apporte des éléments objectifs de nature à justifier que ses décisions sont étrangères à toute discrimination. • Soc. 19 déc. 2012, n° 11-25.830.

Art. L. 412-35 L'action en réparation du préjudice résultant d'une discrimination se prescrit dans les mêmes conditions que celles prévues par l'article L. 1134-5 du code du travail. — *V. ce texte ci-dessous.*

COMMENTAIRE

Par un renvoi plus qu'explicite, l'article L. 412-35 s'appuie sur les prescriptions de l'article L. 1134-5 du code du travail pour déterminer la prescription de l'action en réparation du préjudice résultant d'une discrimination. Il faut donc se référer à la loi n° 2008-561 du 17 juin 2008 pour observer que cette action se prescrit par cinq années à compter de la « révélation de la discrimination » (Soc. 30 juin 2021, n° 19-14.543). Autrement dit, il ne s'agit pas seulement de la date à laquelle le salarié a eu connaissance des faits de discrimination, mais plutôt de celle où la victime a eu « connaissance du manquement et du préjudice en résultant » (Soc. 22 mars 2007, n° 05-45.163).

Toutefois, si cette discrimination est continue, c'est-à-dire si elle a été commise tout au long de l'activité de travail, et ce jusqu'à sa cessation, alors le délai de prescription continue à courir jusqu'à ce que les effets de la discrimination cessent de se produire (Soc. 30 juin 2021, n° 19-14.543). ❑

1. Point de départ du délai de prescription. Le délai de prescription de l'action en réparation du préjudice résultant d'une discrimination commence à courir au jour de la révélation de la discrimination, c'est-à-dire au jour où le travailleur a « exactement connu » le préjudice lié à la discrimination subie. • Soc. 22 mars 2007, n° 05-45.163.

2. Report du point de départ du délai de prescription. N'est pas prescrite la discrimination s'étant poursuivie tout au long de la carrière de la salariée en termes d'évolution professionnelle, tant salariale que personnelle, et dont il résulte que les faits sur lesquels se fonde la salariée n'ont pas cessé de produire leurs effets avant la période non atteinte par la prescription. • Soc. 31 mars

2021, n° 19-22.557 : *D. actu. 28 avr. 2022, obs. Peyronnet ; RDT 2021. 464, obs. Meftah ; RJS 7/2021, n° 371 ; SSL 2021, n° 1958, note Icard.*

Code du travail

Art. L. 1134-5 *(L. n° 2008-561 du 17 juin 2008)* L'action en réparation du préjudice résultant d'une discrimination se prescrit par cinq ans à compter de la révélation de la discrimination.

Ce délai n'est pas susceptible d'aménagement conventionnel.

Les dommages et intérêts réparent l'entier préjudice résultant de la discrimination, pendant toute sa durée.

SOUS-SECTION 2 **Harcèlement**

RÉP. PÉN. v^is *Harcèlement,* par MISTRETTA ; *Dignité de la personne humaine,* par VIRIOT-BARRIAL ; *Conditions de travail et d'hébergement contraires à la dignité humaine,* par WILLMAN.

RÉP. TRAV. v^is *Harcèlement moral,* par ADAM ; *Harcèlement sexuel,* par ADAM.

BIBL. ▶ AUVERGNON, *Dr. soc. 2023. 179* (droits sociaux des personnes détenues : une ordonnance de rapprochement des travailleurs libres). – BRIMO, *RDSS 2022. 940* (du droit au travail pénitentiaire au droit du travail pénitentiaire). – CGLPL, Les violences interpersonnelles dans les lieux de privation de liberté, *Dalloz, 2019, 200 p.* – MALABAT, *Dr. soc. 2003. 491* (à la recherche du sens du droit pénal du harcèlement).

Art. L. 412-36 Aucune personne détenue exerçant une activité de travail ne doit subir les agissements répétés de harcèlement moral qui ont pour objet ou pour effet une dégradation de ses conditions de travail susceptible de porter atteinte à ses droits et à sa dignité ou d'altérer sa santé physique ou mentale.

Code du travail

Art. L. 1152-1 Aucun salarié ne doit subir les agissements répétés de harcèlement moral qui ont pour objet ou pour effet une dégradation de ses conditions de travail susceptible de porter atteinte à ses droits et à sa dignité, d'altérer sa santé physique ou mentale ou de compromettre son avenir professionnel.

1. Constitutionnalité. La décision du Conseil constitutionnel n° 2012-240 DC du 4 mai 2012 déclarant contraire à la Const. l'art. 222-33 C. pén. relatif au harcèlement sexuel ne constitue pas un changement de circonstances justifiant le réexamen de l'art. L. 1152-1 C. trav. dès lors que les textes en cause sont rédigés de manière différente. • Soc. 11 juill. 2012 : *D. actu. 31 juill. 2012, obs. Fleuriot ; D. 2012. Actu. 1967 ; RJS 2012. 665, n° 767 ; JCP S 2012. 1495, obs. Leborgne-Ingelaere.* ♦ L'art. 8 DDH ne peut être invoqué à l'appui d'une question prioritaire de constitutionnalité relative à l'art. L. 1152-1 qui instaure des mesures de réparation civile en cas de harcèlement moral. • Soc., QPC, 11 oct. 2012 : *D. actu. 2 nov. 2012, obs. Ines ; Dr. soc. 2013. 365, obs. Dumortier, Florès, Lallet et Struillou.*

2. Contrôle de la Cour de cassation. Les juges du fond doivent mettre la Cour de cassation en mesure d'exercer son contrôle sur le point de savoir si les faits établis ne sont pas de nature à faire présumer un harcèlement moral. • Soc. 24 sept. 2008 : *D. 2008. AJ 2423, obs. Perrin ; ibid. 2009. Pan. 590, obs Wolmark ; RJS 2008. 891, n° 1070 ; Dr. soc. 2009. 57, note Savatier ; JCP S 2008. 1537, avis Allix, obs. Leborgne-Ingelaere ; JSL 2008, n° 242-2.* ♦ Déjà antérieurement : • Soc. 23 nov. 2005 : *Dr. soc. 2006. 229, obs. Savatier* • 12 janv. 2011 : *D. actu. 3 févr. 2011, obs. Ines ; D. 2011. Actu. 310 ; JSL 2011, n° 294-6, obs. Tourreil.*

3. Licenciement du salarié protégé accusé de harcèlement. Pour apprécier si des agissements sont constitutifs d'un harcèlement moral, l'inspecteur du travail doit, sous le contrôle du juge administratif, tenir compte des comportements respectifs du salarié auquel il est reproché d'avoir exercé de tels agissements et du salarié susceptible d'en être victime, indépendamment du comportement de l'employeur ; il appartient en revanche à l'inspecteur du travail, lorsqu'il estime qu'un comportement de harcèlement moral est caractérisé, de prendre en compte le comportement de l'employeur pour apprécier si la faute résultant d'un tel comportement est d'une gravité suffisante pour justifier un licenciement. • CE 10 déc. 2014, n° 362663 : *Dr. soc. 2015. 346, concl. Dumortier ; RJS 2/2015, n° 119.*

4. Éléments constitutifs. Peuvent constituer un harcèlement moral des agissements répétés ayant pour objet ou pour effet une dégradation des conditions de travail susceptible de porter atteinte aux droits et à la dignité du salarié, d'altérer sa santé physique ou mentale ou de compromettre sa vie professionnelle. • Soc. 24 sept. 2008, n° 06-45.579 : *D. 2009. Pan. 590, obs. Wolmark ; RJS 2008. 890, n° 1070 ; Dr. soc. 2009. 57, note Savatier ; JCP S 2008. 1537, avis Allix, obs. Leborgne-Ingelaere.*

5. Le harcèlement moral ne suppose pas établie la preuve d'une quelconque intention de nuire. • Soc. 10 nov. 2009, n° 08-41.497 : *R., p. 346 ; D. 2009. AJ 2866, obs. Maillard ; ibid. 2010. Pan. 672, obs. Pasquier ; RJS 2010. 16, n° 7 ; Dr. ouvrier 2010. 117, note Adam ; JCP S 2010. 1125, note Leborgne-Ingelaere ; Dr. soc. 2010. 111, obs. Radé ; JSL 2010, n° 269-4, obs. Tourreil* • 15 nov. 2011, n° 10-10.687 : *D. actu. 31 déc. 2011, obs. Perrin ; D. 2011. Actu. 2874 ; Dr. soc. 2012. 103, obs. Radé ; JSL 2012, n° 313-3, obs. Tourreil ; JCP S 2012. 1061, obs. Leborgne-Ingelaere* • 15 nov. 2011, n° 10-30.463 : *ibid.* • 15 nov. 2011, n° 10-18.471 : *ibid.*

6. Le délit de harcèlement moral ne requiert ni que les conséquences de la dégradation des conditions de travail soient avérées ni qu'il existe un lien de subordination hiérarchique entre l'auteur et la victime. • Crim. 6 déc. 2011, n° 10-82.266 : *D. actu. 16 janv. 2012, obs. Girault ; Dr. soc. 2012. 539, obs. Duquesne ; RJS 2012. 185, n° 216 ; JSL 2012, n° 316-2, obs. Lhernould ; JCP S 2012. 1176, obs. Leborgne-Ingelaere.*

7. Complicité de harcèlement moral du dirigeant. Des cadres dirigeants peuvent être poursuivis pour complicité de harcèlement, même si leur mise en examen cite parmi les victimes du délit des salariés qui n'étaient pas sous leur responsabilité au moment des faits – les prévenus ayant, en participant à la mise en œuvre d'une politique d'entreprise, influé sur la situation de l'ensemble du personnel du groupe, y compris des salariés n'appartenant pas à leur service. • Soc. 5 juin 2018, n° 17-87.524 P : *RJS 10/2018, n° 580.*

8. Harcèlement moral et exécution déloyale du contrat. Dès lors qu'une exécution fautive du contrat de travail réunit les éléments constitutifs du harcèlement moral, cette qualification doit être retenue. • Soc. 6 juin 2012, n° 11-17.489 : *D. actu. 19 juin 2012, obs. Siro ; D. 2012. Actu. 1620 ; RJS 2012. 599, n° 681 ; JSL 2012, n° 327-2, obs. Gaba ; JCP S 2012. 1463, obs. Chenu.*

9. Illustration. Constituent des faits caractéristiques de harcèlement moral, de par leur conjonction et leur répétition, le retrait sans motif à une salariée de son téléphone portable à usage professionnel, l'instauration d'une obligation nouvelle et sans justification de se présenter tous les matins dans le bureau de sa supérieure hiérarchique et l'attribution de tâches sans rapport avec ses fonctions, faits générateurs d'un état dépressif médicalement constaté nécessitant des arrêts de travail. • Soc. 27 oct. 2004, n° 04-41.008 P : *Dr. soc. 2005. 100, obs. Roy-Loustaunau ; JSL 2004, n° 156-2.*

10. Le harcèlement moral est caractérisé dès lors que l'employeur impose à un salarié de manière répétée, au mépris des prescriptions du médecin du travail, d'effectuer des tâches de manutention lourde qui avaient provoqué de nombreux arrêts de travail puis, au vu des avis médicaux successifs, lui avait proposé des postes d'un niveau inférieur. • Soc. 28 janv. 2010, n° 08-42.616 : *D. 2010. AJ 447 ; RDT 2010. 239, obs. Pignarre .*

11. Harcèlement moral et inaction du responsable RH. En cautionnant les méthodes managériales inacceptables du directeur d'un magasin et en les laissant perdurer, la responsable des ressources humaines a manqué à ses obligations contractuelles et mis en danger la santé physique et mentale des salariés, ce qui justifie son licenciement ; en l'espèce, il a été constaté que la salariée, qui travaillait en très étroite collaboration avec le directeur du magasin, avait connaissance du comportement inacceptable de celui-ci à l'encontre de ses subordonnés et pouvait en outre s'y associer, qu'elle n'a rien fait pour mettre fin à ces pratiques alors qu'en sa qualité de responsable des ressources humaines, elle avait une mission particulière en matière de management, qu'il relevait de ses fonctions de veiller au climat social et à des conditions de travail optimales pour les collaborateurs. • Soc. 8 mars 2017, n° 15-24.406 : *RJS 5/2017, n° 328.*

12. Agissements répétés. Ne peut s'analyser en agissements répétés constitutifs de harcèlement moral une décision de l'employeur de rétrograder un salarié, peu important que, répondant aux protestations réitérées de celui-ci, il ait maintenu par divers actes sa décision. • Soc. 9 déc. 2009, n° 07-45.521 : *R., p. 348 ; D. 2010. AJ 95, obs. Perrin ; RJS 2010. 123, n° 148 ; JSL 2010, n° 272-5.* ♦ Les faits constitutifs de harcèlement moral peuvent se dérouler sur une brève période. • Soc. 26 mai 2010, n° 08-43.152 : *D. 2010. 1988, note Dedessus-Le Moustier ; D. actu. 15 juin 2010, obs. Dechristé ; RJS 2010. 580, n° 640 ; JCP S 2010. 1330, obs. Leborgne-Ingelaere ; JSL 2010, n° 281-282-5, obs. Julien-Paturle ; SSL 2010, n° 1449, p. 8, obs. Pelletier.*

13. Harcèlement managérial. Les méthodes de gestion mises en œuvre par un supérieur hiérarchique ne peuvent caractériser un harcèlement moral que si elles se manifestent pour un salarié déterminé par des agissements répétés ayant pour objet ou pour effet d'entraîner une dégradation des conditions de travail susceptible de porter atteinte à ses droits et à sa dignité, d'altérer sa santé physique ou mentale ou de compromettre son avenir professionnel. • Soc. 22 oct. 2014, n° 13-18.862 : *D. 2014. Actu. 2179 ; RJS 1/2015, n° 5 ; JSL 2015, n° 379-5, obs. Lhernould ; Dr. soc.*

2015. 85, note Antonmattéi. ♦ V. égal. • Soc. 10 nov. 2009, n° 07-45.321 : *D. 2009. AJ 2857, obs. Maillard ; ibid. 2010. Pan. 672, obs. Pasquier ; RJS 2010. 17, n° 8 ; RDT 2009. 109, obs. Radé ; Dr. ouvrier 2010. 117, note Adam ; JCP S 2010. 1125, note Leborgne-Ingelaere ; JSL 2009, n° 267-268-3* • 1er mars 2011, n° 09-69.616 : *Dr. soc. 2011. 594, obs. Radé ; JSL 2011, n° 297-6, obs. Tayefeh.* ♦ Les salariés ne peuvent pas être déboutés de leurs demandes au titre d'un harcèlement moral au motif que celles-ci portaient sur des considérations trop générales sur les méthodes de gestion de l'employeur alors que plusieurs salariés témoignaient, d'une part, de pressions en matière d'objectifs, imposées aux directeurs de projets, aux responsables de projets, aux chargés de terrain, aux superviseurs et aux téléconseillers par une organisation très hiérarchisée du directeur de site et qui se traduisaient par une surveillance des prestations décrite comme du « flicage » et, d'autre part, d'une analyse de leurs prestations qu'ils ressentaient comme une souffrance au travail. • Soc. 3 mars 2021, n° 19-24.232.

14. Accident du travail et maladie professionnelle. Le juge ne peut rejeter la demande d'un salarié de reconnaissance de harcèlement moral au seul motif de l'absence de relation entre l'état de santé et la dégradation des conditions de travail. • Soc. 30 avr. 2009, n° 07-43.219 : *D. 2009. AJ 1421, obs. Perrin ; RJS 2009. 557, n° 625 ; Dr. soc. 2009. 870, obs. Chaumette ; JSL 2009, n° 256-2.* ♦ Comp. : le harcèlement moral ne peut être constitutif d'un accident du travail si le salarié ne rapporte pas la preuve de ce que l'arrêt de travail qui lui avait été prescrit a été causé par une brutale altération de ses facultés mentales en relation avec les faits de harcèlement invoqués. • Civ. 2e, 24 mai 2005, n° 03-30.480 : *JCP S 2005. 1019, note Prétôt.* ♦ La législation sur les accidents du travail et maladies professionnelles ne fait pas obstacle à l'attribution de dommages-intérêts au salarié en réparation du préjudice que lui a causé le harcèlement moral dont il a été victime antérieurement à la prise en charge de son affection par la sécurité sociale. • Soc. 15 nov. 2006, n° 05-41.489 : *D. 2006. IR 2945 ; JSL 2006, n° 201-6.*

15. Obligation de sécurité de l'employeur et tiers à l'entreprise. L'employeur est tenu envers ses salariés d'une obligation de sécurité de résultat en matière de protection de la santé et de la sécurité des travailleurs, notamment en matière de harcèlement moral, et l'absence de faute de sa part ne peut l'exonérer de sa responsabilité ; il doit répondre des agissements des personnes qui exercent, de fait ou de droit, une autorité sur les salariés. • Soc. 19 oct. 2011, n° 09-68.272 : *D. actu. 19 nov. 2011, obs. Perrin ; D. 2012. 901, obs. Lokiec et Porta ; RDT 2012. 44, obs. Vérical ; RJS 2012. 23, n° 5 ; JSL 2011, nos 311-312-6 ; JCP S 2011. 1569, obs. Leborgne-Ingelaere* • 4 avr. 2012, n° 11-10.570 : *D. actu. 25 avr. 2012, obs. Siro ; RDT 2012. 709, obs. Véricel ; RJS 2012. 448, n° 521 ; JCP S 2012. 1330, obs. Boulmier.*

16. Harcèlement moral et dispense d'activité. L'art. L. 1152-1 C. trav. interdisant le harcèlement moral s'applique à un salarié dispensé d'activité en raison d'une période de congé de fin de carrière, dès lors que le contrat de travail n'est pas rompu pendant cette période. • Soc. 26 juin 2019, n° 17-28.328 P : *D. actu. 16 juill. 2019, obs. de Montvalon ; D. 2019. Actu. 1395 ; RJS 10/2019, n° 549 ; JSL 2019, n° 481-6, obs. Nasom-Tissandier ; JCP S 2019. 1255, obs. Leborgne-Ingelaere.*

17. Indemnisations spécifiques pour manquement à l'obligation de prévention et prohibition des agissements de harcèlement moral. L'obligation de prévention des risques professionnels est distincte de la prohibition des agissements de harcèlement moral et ne se confond pas avec elle ; l'absence de tels agissements ne s'oppose pas à ce que la responsabilité de l'employeur soit engagée sur le fondement d'un manquement à son obligation de sécurité. • Soc. 27 nov. 2019, n° 18-10.551 P : *D. actu. 9 déc. 2019, obs. de Montvalon ; D. 2019. Actu. 2357 ; RJS 2/2020, n° 94 ; JSL 2020, n° 492-4, obs. Pacotte et Layat ; JCP S 2020. 1011, obs. Armillei* • 8 juill. 2020, n° 18-24.320 P : *D. 2020. Actu. 1467 ; ibid. 2312, obs. Vernac et Ferkane ; RDT 2020. 687, obs. Pignarre ; RJS 11/2020, n° 523 ; JSL 2020, n° 505-5, obs. Prépin ; JCP S 2020. 2097, obs. Leborgne-Ingelaere.*

18. Indemnisations spécifiques pour harcèlement et discrimination. Des faits uniques, caractérisant simultanément une discrimination et un harcèlement moral, permettent au salarié subissant de tels agissements de prétendre à une double indemnisation en présence de préjudices distincts. • Soc. 3 mars 2015, n° 13-23.521 : *D. actu. 17 mars 2015, obs. Peyronnet ; JSL 2015, n° 386-3, obs. Pacotte et Halimi.*

Art. L. 412-37 Aucune personne détenue ayant subi ou refusé de subir, dans l'exercice de son activité de travail, des agissements répétés de harcèlement moral ou ayant, de bonne foi, relaté ou témoigné de tels agissements ne peut faire l'objet d'une des mesures mentionnées à l'article L. 412-24.

COMMENTAIRE

Comme son article homologue en droit commun du travail (C. trav., art. L. 1152-2), l'article L. 412-37 ne protège pas le travailleur détenu du harcèlement lui-même, mais des retombées professionnelles liées à sa soumission, au refus de s'y soumettre ou à la dénonciation (de bonne foi) du harcèlement. En revanche, à la différence du droit commun du travail, le droit du travail pénitentiaire ne fait pas explicitement état des sanctions qui pourront être prises à l'égard de l'employeur.

Encore une fois, la condition de « bonne foi » innerve la protection conférée au détenu travailleur. Celle-ci étant présumée, il sera donc nécessaire pour le donneur d'ordre ou le chef de l'établissement pénitentiaire de démontrer la « mauvaise foi », c'est-à-dire que le détenu qui a subi, refusé de subir ou dénoncé le harcèlement a inventé ces faits dans le but de bénéficier indûment de la protection qui y affère. ❑

Art. L. 412-38 Aucune personne détenue ne doit, dans l'exercice de son activité de travail, subir des faits, soit de harcèlement sexuel, soit assimilés au harcèlement sexuel, tels que définis par l'article L. 1153-1 du code du travail. — *V. ce texte ci-dessous.*

BIBL. ▶ Abry-Durand, *RDT 2022. 244* (harmonisation des définitions entre code pénal et code du travail). - Chaignot Delage, *SSL 2021, n° 1972* (la notion de harcèlement sexuel en droit du travail après la loi du 2 août 2021). - Duchet et Adam, *JCP S 2022. 1087* (nouvelle définition du harcèlement sexuel : quelles conséquences pour l'employeur ?). - Leborgne-Ingelaere, *Dr. soc. 2021. 929* (alignement de la définition du harcèlement sexuel sur le code pénal).

COMMENTAIRE

L'article L. 412-38, en se contentant d'opérer un simple renvoi aux dispositions de l'article L. 1153-1 du code du travail, prend acte de manière implicite de l'harmonisation opérée entre les dispositions du code du travail et du code pénal par la loi n° 2021-1018 du 2 août 2021 pour renforcer la prévention en santé au travail.

Définition générale. Il est nécessaire que le détenu travailleur ait subi une répétition d'actes de harcèlement sexuel pour pouvoir se prévaloir de la protection conférée par l'article L. 412-38. Entre autres, sont entendus ici les actes commis par le donneur d'ordre, mais également par l'ensemble des personnes impliquées dans l'activité de travail. Par ailleurs, à l'image du code du travail, le code pénitentiaire permet l'application de la qualification de harcèlement sexuel même en cas de fait unique. C'est par exemple le cas de la pression grave opérée dans le but d'obtenir un acte de nature sexuelle.

Obligation de prévention du donneur d'ordre. Cette disposition se veut une obligation générale de prévention à l'attention du donneur d'ordre, public ou privé. Celui-ci devra ainsi informer, prévenir, voire sanctionner les agissements liés au harcèlement sexuel dans le cadre de l'activité de travail. A ce titre, l'article L. 412-38 est une disposition générale, les articles suivants ayant pour objet d'offrir une présomption de bonne foi au détenu victime ou témoin de harcèlement sexuel (art. L. 412-39), de faire peser la charge de la preuve sur la partie qui s'en défend (art. L. 412-42) et d'assortir l'obligation de prévention d'une obligation générale d'information, d'action et de sanction pour le donneur d'ordre (art. L. 412-41). ❑

Art. L. 412-39 Aucune personne détenue ayant subi ou refusé de subir des faits de harcèlement sexuel définis à l'article L. 1153-1 du code du travail, y compris, dans le cas mentionné au 1° du même article, si les propos ou comportements n'ont pas été répétés, ou ayant, de bonne foi, témoigné de faits de harcèlement sexuel ou relaté de tels faits ne peut faire l'objet d'une des mesures mentionnées à l'article L. 412-24 du présent code.

Code du travail

Art. L. 1153-1 *(L. n° 2012-954 du 6 août 2012, art. 7-2°)* Aucun salarié ne doit subir des faits :

1° Soit de harcèlement sexuel, constitué par des propos ou comportements à connotation sexuelle *(L. n° 2021-1018 du 2 août 2021, art. 1er-I, en vigueur le 31 mars 2022)* « ou sexiste » répétés qui soit portent atteinte à sa dignité en raison de leur caractère dégradant ou humiliant, soit créent à son encontre une situation intimidante, hostile ou offensante ;

(L. n° 2021-1018 du 2 août 2021, art. 1er-I, en vigueur le 31 mars 2022) « Le harcèlement sexuel est également constitué :

« *a)* Lorsqu'un même salarié subit de tels propos ou comportements venant de plusieurs personnes, de manière concertée ou à l'instigation de l'une d'elles, alors même que chacune de ces personnes n'a pas agi de façon répétée ;

« *b)* Lorsqu'un même salarié subit de tels propos ou comportements, successivement, venant de plusieurs personnes qui, même en l'absence de concertation, savent que ces propos ou comportements caractérisent une répétition ; »

2° Soit assimilés au harcèlement sexuel, consistant en toute forme de pression grave, même non répétée, exercée dans le but réel ou apparent d'obtenir un acte de nature sexuelle, que celui-ci soit recherché au profit de l'auteur des faits ou au profit d'un tiers.

Art. L. 412-40 **Toute personne détenue ayant procédé, dans l'exercice de son activité de travail, à des agissements de harcèlement moral ou de harcèlement sexuel est passible d'une sanction disciplinaire.**

COMMENTAIRE

Alors que les dispositions précédentes faisaient peser la charge de la prévention du harcèlement au travail pénitentiaire sur le donneur d'ordre, l'article L. 412-40 emporte la possibilité, pour le chef d'établissement, de sanctionner de tels comportements.

Compétence administrative. L'intégration de l'article L. 412-40 dans le code pénitentiaire crée une assimilation du harcèlement moral ou sexuel à une faute disciplinaire et ouvre donc une compétence au chef d'établissement pour sanctionner de tels agissements dans le cadre de la commission disciplinaire pénitentiaire. Le harcèlement pourra donc être sanctionné par un déclassement d'emploi mais également, et selon le degré de gravité, par l'une des sanctions prévues aux articles R. 233-1 et suivants du code pénitentiaire.

Compétence juridictionnelle. En permettant au chef d'établissement de sanctionner le harcèlement moral ou sexuel, c'est aussi et surtout au juge administratif qu'est nouvellement accordée la compétence pour connaître d'un tel contentieux, même si les personnes détenues peuvent toujours faire valoir leurs prétentions devant les juridictions pénales sur le fondement des articles 222-33 et suivants du code pénal. ❑

Art. L. 412-41 **Le donneur d'ordre prend toutes dispositions nécessaires en vue de prévenir les agissements de harcèlement moral ou de harcèlement sexuel, d'y mettre un terme et de les sanctionner. Il informe la personne détenue qui exerce une activité de travail du texte de l'article 222-33 du code pénal et des actions contentieuses ouvertes en matière de harcèlement.** — *C. pén., art. 222-33 ci-dessous.*

COMMENTAIRE

Obligation générale d'information et de sécurité. Cette nouvelle disposition édicte une obligation générale d'information à l'égard du donneur d'ordre pour informer et prévenir les agissements de harcèlement moral et sexuel auprès des détenus travailleurs. Il s'agit d'une obligation de sécurité destinée à prévenir les comportements à l'égard des auteurs de harcèlement, mais également d'inciter les personnes qui s'en estiment victimes ou qui en sont témoins à dénoncer de tels agissements (Soc. 18 janv. 2023, n° 21-23.796 ; Soc. 17 févr. 2021, n° 19-18.149). Toutefois, à la différence de l'article L. 1153-5 du code du travail, le code pénitentiaire ne donne aucune indication précise sur les moyens qui peuvent être utilisés par le donneur d'ordre pour satisfaire à cette exigence. Ainsi, s'il doit informer les détenus travailleurs de l'existence du texte de l'article 222-33 du code pénal, le code pénitentiaire n'impose pas l'affichage de ce texte dans les locaux de travail (ce que fait, en revanche, l'art. L. 1153-5 C. trav.). Par l'emploi de l'expression « toutes les dispositions nécessaires », il faut donc entendre que le donneur d'ordre dispose d'une grande liberté pour prévenir les comportements de harcèlement et informer les détenus travailleurs des voies de recours qui leur sont ouvertes.

Obligation générale d'action et de sanction. La présente disposition contraint le donneur d'ordre à mettre un terme et sanctionner les agissements de harcèlement moral ou sexuel dont il a connaissance à l'occasion de l'activité de travail. En pratique, si la personne détenue a conclu un contrat d'emploi pénitentiaire, le donneur d'ordre pourra mettre fin au contrat d'emploi pénitentiaire (art. L. 412-17). Si tel n'est pas le cas, le donneur d'ordre se bornera à en informer le chef d'établissement, lequel pourra mettre fin ou suspendre le classement au travail ou l'affectation sur un poste de travail (art. L. 412-7 à L. 412-9). ❑

Code pénal

Art. 222-33 *(L. nº 2012-954 du 6 août 2012)* I. — Le harcèlement sexuel est le fait d'imposer à une personne, de façon répétée, des propos ou comportements à connotation sexuelle *(L. nº 2018-703 du 3 août 2018, art. 11)* « ou sexiste » qui soit portent atteinte à sa dignité en raison de leur caractère dégradant ou humiliant, soit créent à son encontre une situation intimidante, hostile ou offensante.

(L. nº 2018-703 du 3 août 2018, art. 11) « L'infraction est également constituée :

« 1° Lorsque ces propos ou comportements sont imposés à une même victime par plusieurs personnes, de manière concertée ou à l'instigation de l'une d'elles, alors même que chacune de ces personnes n'a pas agi de façon répétée ;

« 2° Lorsque ces propos ou comportements sont imposés à une même victime, successivement, par plusieurs personnes qui, même en l'absence de concertation, savent que ces propos ou comportements caractérisent une répétition. »

II. — Est assimilé au harcèlement sexuel le fait, même non répété, d'user de toute forme de pression grave dans le but réel ou apparent d'obtenir un acte de nature sexuelle, que celui-ci soit recherché au profit de l'auteur des faits ou au profit d'un tiers.

III. — Les faits mentionnés aux I et II sont punis de deux ans d'emprisonnement et de 30 000 € d'amende.

Ces peines sont portées à trois ans d'emprisonnement et 45 000 € d'amende lorsque les faits sont commis :

1° Par une personne qui abuse de l'autorité que lui confèrent ses fonctions ;

2° Sur un mineur de quinze ans ;

3° Sur une personne dont la particulière vulnérabilité, due à son âge, à une maladie, à une infirmité, à une déficience physique ou psychique ou à un état de grossesse, est apparente ou connue de leur auteur ;

4° Sur une personne dont la particulière vulnérabilité ou dépendance résultant de la précarité de sa situation économique ou sociale est apparente ou connue de leur auteur ;

5° Par plusieurs personnes agissant en qualité d'auteur ou de complice ;

(L. nº 2018-703 du 3 août 2018, art. 11) « 6° Par l'utilisation d'un service de communication au public en ligne ou par le biais d'un support numérique ou électronique ; »

(L. nº 2018-703 du 3 août 2018, art. 13) « 7° Alors qu'un mineur était présent et y a assisté ;

« 8° Par un ascendant ou par toute autre personne ayant sur la victime une autorité de droit ou de fait. »

Art. L. 412-42 Lorsque survient un litige en raison d'une méconnaissance des dispositions de la présente sous-section, la personne détenue présente des éléments de faits laissant supposer l'existence d'un harcèlement. Au vu de ces éléments, il incombe à la partie défenderesse de prouver que ces agissements ne sont pas constitutifs d'un tel harcèlement et que sa décision est justifiée par des éléments objectifs étrangers à tout harcèlement. Le juge forme sa conviction après avoir ordonné, en cas de besoin, toutes les mesures d'instruction qu'il estime utiles.

COMMENTAIRE

L'article L. 412-42 reprend les dispositions de l'article L. 1154-1 du code du travail. ❑

SECTION 7 *[ANCIENNE]* Protection sociale des personnes détenues sous contrat d'emploi pénitentiaire

V. désormais les art. L. 324-1 s.

Ancien art. L. 412-24 *Conformément aux dispositions de l'article L. 381-30-4 du code de la sécurité sociale, l'administration pénitentiaire assume les obligations de droit commun de tout employeur en matière de cotisations patronales d'assurance maladie et maternité.*

Ancien art. L. 412-25 *Dans les conditions prévues par les dispositions de l'article L. 381-31 du code de la sécurité sociale, les personnes détenues exécutant un travail sont affiliées à l'assurance vieillesse du régime général de la sécurité sociale.*

SECTION 8 Établissements ou services d'aide par le travail

(Ord. n° 2022-1336 du 19 oct. 2022, art. 17)

Art. L. 412-43 L'implantation d'un établissement ou service d'aide par le travail mentionné par les dispositions du 5° du I de l'article L. 312-1 du code de l'action sociale et des familles dans un établissement pénitentiaire est subordonnée à la conclusion d'un contrat d'implantation signé avec le chef de l'établissement pénitentiaire.

Art. L. 412-44 Les dispositions du premier alinéa de l'article L. 344-2 et des articles L. 344-2-1 et L. 344-4 sont applicables aux établissements ou services d'aide par le travail implantés dans un établissement pénitentiaire.

Art. L. 412-45 Préalablement à son implantation, l'établissement ou service d'aide par le travail en détention élabore, dans des conditions fixées par décret, un projet d'établissement ou de service, qui définit ses objectifs, notamment en matière de coordination, de coopération et d'évaluation des activités et de qualité des prestations, ainsi que ses modalités d'organisation et de fonctionnement, en lien notamment avec le service compétent pour la prise en charge sanitaire de la personne détenue et le service pénitentiaire d'insertion et de probation. Ce projet définit notamment les actions prévues en faveur de la réinsertion sociale et professionnelle des personnes détenues. Il précise également la politique de prévention et de lutte contre la maltraitance mise en œuvre par l'établissement ou le service, notamment en matière de gestion du personnel, de formation et de contrôle. Ce projet, établi pour une durée maximale de trois ans, doit être renouvelé à l'issue de ce délai.

Art. L. 412-46 Pour être affectée dans un établissement ou service d'aide par le travail implanté dans un établissement pénitentiaire, la personne détenue doit remplir les conditions prévues par le premier alinéa de l'article L. 344-2 du code de l'action sociale et des familles.

SECTION 9 Médecine du travail en détention

(Ord. n° 2022-1336 du 19 oct. 2022, art. 18 et 27, en vigueur à une date fixée par décret et au plus tard le 1er déc. 2024)

Art. L. 412-47 Toute personne détenue exerçant une activité de travail bénéficie d'un suivi individuel de son état de santé, assuré par les médecins des unités des établissements de santé mentionnés à l'article L. 115-2 et, sous l'autorité de ces médecins et dans la limite des compétences prévues pour ces professionnels par le code de la santé publique, les infirmiers et les internes désignés de ces unités.

Ce suivi comprend une visite d'information et de prévention effectuée dans des conditions prévues par décret en Conseil d'État.

Art. L. 412-48 Toute personne détenue exerçant une activité de travail présentant des risques particuliers pour sa santé ou sa sécurité ou pour celles de ses collègues ou des tiers évoluant dans l'environnement immédiat de travail bénéficie d'un suivi individuel renforcé de son état de santé assuré par le médecin du travail mentionné au premier alinéa de l'article L. 4624-1 du code du travail et qui peut être délégué dans les conditions prévues par l'article L. 4622-8 du même code.

Ce suivi comprend notamment un examen médical d'aptitude, qui se substitue à la visite d'information et de prévention prévue à l'article L. 412-47. Cet examen est réalisé dans les mêmes conditions que celles prévues par l'article L. 4624-2 du code du travail.

Art. L. 412-49 Après un congé de maternité ou une absence au travail justifiée par une incapacité résultant de maladie ou d'accident et répondant à des conditions fixées par décret, la personne détenue exerçant une activité de travail bénéficie d'un examen de reprise, dans un délai déterminé par décret, par le médecin du travail mentionné au premier alinéa de l'article L. 4624-1 du code du travail, qui peut être délégué dans les conditions prévues par l'article L. 4622-8 du même code.

Art. L. 412-50 Dans le cadre du suivi mentionné aux articles L. 412-48 et L. 412-49, le dossier médical en santé au travail défini à l'article L. 4624-8 du code du travail est constitué pour la personne détenue exerçant une activité de travail.

Art. L. 412-51 Le médecin du travail peut proposer, par écrit et après échange avec la personne détenue et le donneur d'ordre, des mesures individuelles d'aménagement, d'adaptation ou de transformation du poste de travail ou des mesures d'aménagement du temps de l'activité de travail justifiées par des considérations relatives notamment à l'âge ou à l'état de santé physique ou mental de la personne détenue.

Art. L. 412-52 Après avoir procédé ou fait procéder à une étude de poste et avoir échangé avec la personne détenue et le donneur d'ordre, le médecin du travail qui constate qu'aucune mesure d'aménagement, d'adaptation ou de transformation du poste de travail occupé n'est possible et que l'état de santé de la personne justifie un changement de poste, déclare la personne détenue inapte à son poste de travail. L'avis d'inaptitude rendu par le médecin du travail est éclairé par des conclusions écrites, assorties d'indications relatives au reclassement de la personne détenue.

Art. L. 412-53 Le donneur d'ordre est tenu de prendre en considération l'avis, les indications ou les propositions émis par le médecin du travail en application des articles L. 412-51 et L. 412-52. En cas de refus, le donneur d'ordre fait connaître par écrit à la personne détenue et au médecin du travail les motifs qui s'opposent à ce qu'il y soit donné suite. L'avis du médecin du travail peut être contesté devant le juge administratif.

Art. L. 412-54 Les modalités d'application de la présente section sont déterminées par décret en Conseil d'État.

CHAPITRE III ENSEIGNEMENT ET FORMATION PROFESSIONNELLE

Le traitement automatisé de données à caractère personnel dénommé « OCTAVE » a pour finalités de permettre : 1° La gestion administrative des dossiers de travail et de formation professionnelle des personnes détenues ; 2° La gestion et le suivi du temps de travail et des formations professionnelles des personnes détenues ; 3° La gestion de la paie des personnes détenues ; 4° L'exploitation des données à des fins statistiques et de pilotage. Sur ce traitement, V. Arr. du 12 janv. 2023 portant création d'un traitement automatisé de données à caractère personnel dénommé « Organisation et coordination du travail et des activités en établissements » (OCTAVE).

Art. L. 413-1 Les activités de formation générale ou professionnelle sont prises en compte pour l'appréciation des efforts sérieux de réinsertion et de la bonne conduite des personnes détenues condamnées.

Au sein des établissements pénitentiaires, toutes dispositions sont prises pour assurer une formation générale ou professionnelle ou une validation d'acquis de l'expérience aux personnes détenues qui en font la demande. A cet effet, celles-ci bénéficient de l'accès aux ressources pédagogiques nécessaires, y compris par voie numérique.

V. Circ. du 2 juill. 2003 relative à la conception, à la conduite et au suivi des dispositifs de formation professionnelle des personnes placées sous main de justice (NOR : JUSE0340036C).

V. Circ. n° 2011-239 du 8 déc. 2011 sur l'organisation du service de l'enseignement en milieu pénitentiaire (NOR : MENE1135249).

V. Conv. du 15 oct. 2019 entre le ministère de la Justice et le ministère de l'Éducation nationale et de la Jeunesse.

V. Circ. d'orientation MENJ-DGESCO n° 2020-057 du 9 mars 2020 relative à l'enseignement en milieu pénitentiaire.

V. Accord-cadre du ministère de la Justice, du ministère de l'Éducation nationale, de l'Enseignement supérieur et de la Recherche 2017-2020 de coopération en vue du développement et de l'accès aux études supérieures des personnes placées sous main de justice entre le ministère de la Justice, le ministère de l'Éducation nationale, de l'Enseignement supérieur et de la Recherche, et la Conférence des présidents d'université, févr. 2017.

BIBL. ▸ **Ouvrage :** CHAMBOLLE, La place de l'enseignement en milieu carcéral, Mémoire de master 2 Droit de l'exécution des peines et droits de l'homme, *Université de Pau et des Pays de l'Adour, Univ. Bordeaux IV, Enap, 2006.*

▶ **Rapports :** Carlier et Cirba, La lutte contre l'illettrisme en prison enquête exploratoire conduite par cinq établissements, *Ministère de la Justice, 1988*. – CESE, La réinsertion des personnes détenues : l'affaire de tous et toutes, *JO 26 nov. 2019*. – CGLPL, Avis du 22 déc. 2016 relatif au travail et à la formation professionnelle dans les établissements pénitentiaires, *JO 9 févr.* – Cour des comptes, Garde et réinsertion, la gestion des prisons, rapport public thématique, *Doc. fr., janv. 2006*. – DAP, La lutte contre l'illettrisme en milieu pénitentiaire, *Ministère de la Justice, Travaux et documents, n° 51, 1997*. – Inspection générale des affaires sociales, Évaluation de la prise en charge par les régions de la formation professionnelle des personnes détenues, *nov. 2013*.

▶ **Articles :** Bosquet et Khallouf, Régionalisation de la formation professionnelle : couacs en série, *Dedans Dehors 2017, n° 98, p. 29-31*. – Herzog-Evans, Prison : le droit à l'éducation, une liberté fondamentale ?, *AJ pénal 2010. 260*. – Lattes, Le droit à la formation professionnelle en milieu carcéral, *in* Amauger-Lattes et Schmitz, La relation de travail en détention : enjeux et perspectives juridiques d'une réforme, *Institut francophone pour la justice et la démocratie, 2022, p. 505-521*. – Observatoire international des prisons – Section française, Enseigner et apprendre malgré la prison, *Dedans Dehors, n° 110, mars 2021*. – Salane, L'enseignement à distance en milieu carcéral, droit à l'éducation ou privilège ? Le cas des « détenus-étudiants », *Distances et savoirs, 2008/3, vol. 6, p. 413-436*.

COMMENTAIRE

Les dispositions législatives et réglementaires relatives aux activités d'enseignement et de formation auprès des personnes détenues constituent un ensemble disparate et n'apportent pas un éclairage suffisant sur leur organisation en détention. Il est alors nécessaire de les compléter par d'autres instruments juridiques non codifiés tels que des circulaires interministérielles et des conventions entre l'administration pénitentiaire et ses partenaires.

Le droit européen non contraignant aborde également la question de la politique en matière d'éducation pour les personnes détenues qui doit englober « l'instruction de base, la formation professionnelle, les activités créatrices et culturelles, l'éducation physique et les sports, l'éducation sociale et la possibilité de fréquenter une bibliothèque » (Recomm. n° (89)12 du Comité des ministres aux États membres sur l'éducation en prison du 13 oct. 1989) et qui « doit être intégrée au système d'éducation et de formation professionnelle public afin que les intéressés puissent poursuivre aisément leur éducation et leur formation professionnelle après leur sortie de prison » (RPE 28.7).

Avec l'entrée en vigueur du code pénitentiaire, les dispositions relatives à l'enseignement et à la formation des personnes détenues font désormais partie du livre IV consacré à « l'aide à la réinsertion ». Au niveau législatif cependant, le chapitre III du titre I relatif aux activités susceptibles d'être réalisées en détention qui leur est consacré est peu nourri et ne vise que les activités de formation sans mentionner les activités d'enseignement qui ne figurent qu'au niveau réglementaire (art. L. 413-1). Elles sont placées entre les dispositions relatives au travail (chap. II), et celles relatives à la préparation à la sortie (tit. II) et reprennent une partie de l'article L. 717-3 du code de procédure pénale, qui vise les activités de travail et de formation professionnelle ou générale depuis les lois n° 2004-204 du 9 mars 2004 portant adaptation de la justice aux évolutions de la criminalité et n° 2005-1549 du 12 décembre 2005 relative au traitement de la récidive des infractions pénales. La loi n° 2021-1729 du 22 décembre 2021 pour la confiance dans l'institution judiciaire y a ajouté la possibilité pour les personnes détenues qui en font la demande de bénéficier d'un dispositif de validation d'acquis de l'expérience. Ces évolutions témoignent de la volonté d'ouvrir aux personnes incarcérées l'accès à des dispositifs de droit commun ou destinés à des publics en situation de vulnérabilité, dans la logique de la loi sur l'orientation et la formation professionnelle n° 2009-1437 du 24 novembre 2009.

A ce titre, les activités de formation et d'enseignement s'inscrivent dans la politique de décloisonnement entreprise depuis de nombreuses années, et plus particulièrement depuis la loi pénitentiaire de 2009, et cela en accord avec les Règles pénitentiaires européennes selon lesquelles les dispositifs d'enseignement et de formation doivent être intégrés au droit commun et être dispensés par des établissements d'enseignement externes (RPE 28.7, App., v° *Conditions de détention*). La loi n° 2014-896 du 15 août 2014 relative à l'individualisation des peines et renforçant l'efficacité des sanctions pénales pénitentiaires avait ainsi complété la loi pénitentiaire par un nouvel article 2-1 précisant que la responsabilité en matière de prise en charge de la réinsertion des personnes détenues est confiée à un ensemble d'autorités, services de l'État, collectivités territoriales, associations et autres personnes publiques ou privées par le biais de conventions permettant aux personnes détenues d'accéder aux « droits et dispositifs de droit commun » (art. L. 111-1).

La répartition des compétences et l'organisation institutionnelle de ces partenariats ne sont pas codifiées mais relèvent de circulaires et de conventions. L'entrée en vigueur du code pénitentiaire semble même en avoir compliqué la compréhension. En effet, l'ancien article D. 438 du code de procédure pénale précisait le rôle des services pénitentiaires d'insertion et de probation pour déterminer « en liaison avec les chefs des établissements [...] les actions de formation professionnelle au bénéfice des personnes placées sous main de justice ». Cette disposition est désormais basculée au sein des dispositions relatives aux acteurs du service public pénitentiaire (art. D. 113-62 et D. 113-63) qui précisent plus largement le rôle du service pénitentiaire d'insertion et de probation, pour favoriser « l'accès aux droits et aux dispositifs d'insertion de droit commun des personnes détenues et des personnes qui lui sont confiées par les autorités judiciaires » et s'assurer « de la continuité des actions d'insertion ».

La formation professionnelle en milieu pénitentiaire est en effet conduite en partenariat entre le ministère de la Justice, le ministère de l'Emploi, de la Formation et du Dialogue social et, plus récemment, les régions. Avec la circulaire du 28 avril 1995, rédigée conjointement par le ministère de la Justice et le ministère du Travail, de l'Emploi et de la Santé, un plan local de formation professionnelle est élaboré dans chaque établissement pénitentiaire par un responsable local de la formation professionnelle, sous l'autorité du chef d'établissement et en collaboration avec le service pénitentiaire d'insertion et de probation, avant d'être validé par l'unité de formation professionnelle de la direction interrégionale, laquelle définit les programmes régionaux. Dans une perspective de normalisation et pour faciliter la coordination des partenariats entre le milieu fermé et le milieu ouvert, la loi n° 2014-288 du 5 mars 2014 relative à la formation professionnelle, à l'emploi et à la démocratie sociale a généralisé l'expérimentation de la décentralisation de cette compétence menée depuis la loi pénitentiaire de 2009 au profit des régions. Ces dernières sont désormais compétentes pour organiser et financer la formation professionnelle des personnes placées sous main de justice. C'est l'article L. 6121-2 du code du travail qui prévoit qu'une « convention conclue avec l'État précise les conditions de fonctionnement du service public régional de la formation professionnelle au sein des établissements pénitentiaires ». Une convention-cadre nationale entre la direction de l'administration pénitentiaire et Régions de France, du 23 mars 2018, a permis la rédaction des différentes conventions régionales. Les plans de formation sont désormais établis conjointement par la direction de l'établissement et le conseil régional dont l'établissement dépend.

Les régions sont en effet les échelons de premier choix pour articuler les formations des personnes détenues aux besoins des bassins d'emploi et assurer le lien entre les personnes en formation en détention et les potentiels futurs employeurs. Ce partenariat a cependant été long et difficile à mettre en place en raison de « désaccords entre l'État et les régions sur la compensation financière de ce transfert de compétence [qui] n'ont été résolus qu'en juin 2018 et ont généré des suspensions et des retards » (CESE, La réinsertion des personnes détenues : l'affaire de tous et toutes, *JO 26 nov., p. 54*). Les nouvelles compétences des régions sont compensées par l'État et les charges d'investissement demeurent à la charge de l'État. De plus, si la régionalisation favorise la réinsertion des personnes détenues dans les bassins d'emploi, elle emporte aussi une forte hétérogénéité des pratiques, comme ont pu le relever le contrôleur général des lieux de privation de liberté (CGLPL) et le Conseil économique, social et environnemental (CESE) en ce qui concerne la quantité et la qualité des formations proposées ou le niveau de financement. A titre d'exemple, concernant l'année 2018, la région Île-de-France a financé une formation pour 5,01 % des personnes détenues contre, par exemple, 24,6 % en Occitanie (CGLPL, *JO 9 févr. 2019* ; CESE, La réinsertion des personnes détenues : l'affaire de tous et toutes, *JO 26 nov. 2019, p. 54*).

Outre les régions, d'autres partenaires sont essentiels pour assurer la formation des personnes détenues. La loi n° 2018-771 du 5 septembre 2018 pour la liberté de choisir son avenir professionnel et le décret n° 2019-1463 du 26 décembre 2019 relatif à l'expérimentation des actions de formation par apprentissage dans les établissements pénitentiaires ont permis de déployer des actions d'apprentissage dans les établissements pénitentiaires par l'intermédiaire des centres de formation des apprentis dont peuvent être gestionnaires les chambres de commerce, de métiers ou d'agriculture, les établissements d'enseignement public ou privé sous contrat, les entreprises ou les associations. Également, une convention entre l'administration pénitentiaire et Pôle emploi, initiée en 1993, permet de déployer des dispositifs de droit commun en détention, avec la création d'une nouvelle catégorie de demandeurs d'emploi, les « personnes sous main de justice ». Avant leur libération, ces personnes peuvent être suivies par les conseillers Pôle emploi justice. Enfin, l'Agence du travail d'intérêt général et de l'insertion professionnelle des personnes placées sous main de justice, créée par le décret n° 2018-1098 du 7 décembre 2018, et également compétente pour développer la formation professionnelle des personnes détenues et contribuer à l'homogénéisation des pratiques sur le territoire par l'intermédiaire d'un réseau de référents locaux.

Les activités d'enseignement font quant à elles l'objet d'un partenariat avec le ministère de l'Éducation nationale depuis 1995 afin que l'accès à l'éducation s'organise à partir du socle commun des connaissances et des compétences du code de l'éducation. Dans le code pénitentiaire, seul l'article D. 413-5 précise de manière lapidaire que les enseignants qui interviennent auprès des personnes détenues sont affectés par le ministère en charge de l'Éducation nationale après avoir reçu un agrément du directeur interrégional des services pénitentiaires. Mais l'organisation administrative de l'enseignement en milieu carcéral, ainsi que la définition et l'attribution des moyens budgétaires et humains, sont bien plus complexes et procèdent de circulaires interministérielles et de conventions signées entre les ministères de l'Éducation nationale et de la Justice.

Sur le plan institutionnel, ce partenariat a mis en place dans chaque direction interrégionale des services pénitentiaires une unité pédagogique régionale (UPR) copilotée par l'académie et la direction interrégionale et dirigée par un proviseur qui a pour missions d'organiser l'ensemble des activités d'enseignement et d'attribuer les moyens pour mettre en œuvre le projet pédagogique qui est validé par l'autorité académique et communiqué à la DISP. Le directeur de l'UPR participe au recrutement des professeurs et des responsables locaux d'enseignement dans le cadre de commissions mixtes et recrute les enseignants vacataires. La circulaire de 2020 précise que « toute affectation sur un poste en milieu pénitentiaire nécessite une autorisation d'accès permanente délivrée par l'administration pénitentiaire qui peut être révoquée à tout moment ». Au sein de chaque établissement, une unité locale d'enseignement (ULE) gérée par un responsable local de l'enseignement permet de déployer l'ensemble des dispositifs d'enseignement. Les locaux et moyens matériels sont mis à disposition par l'administration pénitentiaire, tandis que la rémunération des enseignants est à la charge de l'Éducation nationale. Le décret n° 71-685 du 18 août 1971 modifié par le décret n° 2015-1086 du 28 août 2015 détermine le régime indemnitaire applicable aux personnels affectés sur un poste d'enseignant en milieu carcéral.

L'article D. 413-5 du code pénitentiaire évoque également l'intervention d'autres partenaires bénévoles en matière d'enseignement, comme les visiteurs de prison et les associations. Il en est ainsi du « Groupement étudiant national d'enseignement aux personnes incarcérées » (GENEPI), créé en 1976 pour organiser le soutien scolaire en détention et l'animation d'activités socio-culturelles, qui a cessé ses activités en détention en août 2021. L'association Auxilia, ou le CNED, également partenaires de l'administration pénitentiaire, dispense des enseignements par correspondance (Conv. pluriannuelle d'objectifs 2019-2021 Auxilia/DAP et Prot. d'intervention d'Auxilia en établissement pénitentiaire du 25 oct. 2019).

Cette politique de partenariat a permis de développer les activités d'enseignement et de formation dans les établissements pénitentiaires dans une logique de continuité entre le dedans et le dehors. Mais de manière générale, il ressort des dispositions tant législatives que réglementaires relatives à l'enseignement et à la formation une double contradiction.

D'une part, et comme le signale la place de ces dispositions au sein du livre IV du code pénitentiaire qui traite non pas des droits et obligations des personnes détenues, mais de l'« aide à la réinsertion », l'exercice d'une activité d'enseignement ou de formation constitue pour la personne détenue non pas un droit, mais plutôt une obligation. Ainsi, alors que la circulaire d'orientation sur l'enseignement pénitentiaire du 19 mars 2020 affirme que « le droit à l'éducation constitue un droit fondamental qui doit s'exercer de la même façon pour les personnes privées de libertés que pour tout autre citoyen », il est également précisé dans le code pénitentiaire que les activités de formation peuvent être prises en compte au titre des efforts sérieux de réinsertion et de la bonne conduite des personnes détenues condamnées (art. L. 413-1), leur permettant d'obtenir des aménagements ou réductions de peine. L'article 721 du code de procédure pénale précise quant à lui que l'appréciation des efforts sérieux de réinsertion tient compte notamment « du suivi avec assiduité d'une formation scolaire, universitaire ou professionnelle ayant pour objet l'acquisition de connaissances nouvelles », « des progrès dans le cadre d'un enseignement ou d'une formation » ou « de l'engagement dans l'apprentissage de la lecture, de l'écriture et du calcul ». De même, l'acquisition ou le développement de connaissances et de compétences sont présentés comme une obligation pour les personnes détenues (art. R. 413-1, al. 1er). Le verbe « devoir » renvoie ainsi directement à « l'obligation d'activité » qui ouvre le livre IV du code pénitentiaire et qui peut consister en une activité d'enseignement ou de formation. Cette activité « doit » même consister en l'apprentissage des connaissances de base (lecture, écriture, calcul) si la personne détenue ne les maîtrise pas ou en l'apprentissage de la langue française si elle n'est pas maîtrisée (art. L. 411-1).

Comme toute activité de réinsertion, il est à noter que les activités de formation ne sont pas automatiquement proposées aux personnes détenues, puisqu'il est précisé qu'au sein des établissements pénitentiaires, « toutes dispositions sont prises » pour en assurer le bénéfice aux personnes détenues qui « en font la demande » (art. L. 413-1). Alors que le préambule de la Constitution de 1946 garantit à tous l'égal accès à l'instruction et à la formation professionnelle, la convention signée le 15 octobre 2019 entre les ministères de la Justice et de l'Éducation nationale précise que l'enseignement en milieu pénitentiaire s'adresse en priorité aux détenus mineurs, aux majeurs détenus âgés de moins de 25 ans et aux détenus qui ne maîtrisent pas la langue française (analphabètes, illettrés, allophones) et les savoirs fondamentaux (lecture, écriture et calcul). L'article R. 413-1 du code pénitentiaire précise également que les activités de réinsertion doivent en priorité s'adresser « aux plus jeunes, aux moins instruits » et, comme l'a ajouté le décret n° 2016-1853 du 23 décembre 2016 relatif à l'implantation de structures d'insertion par l'activité économique en milieu pénitentiaire, aux « personnes rencontrant des difficultés sociales et professionnelles particulières ». Également, l'article D. 413-3 qui affirme qu'un « enseignement primaire est assuré dans tous les établissements pénitentiaires » en donne, de manière obligatoire, le bénéfice aux personnes illettrées et ne le rend accessible aux autres personnes détenues que sur admission. Il est également précisé que « des cours spéciaux sont organisés pour les illettrés ainsi que pour ceux qui ne parlent ni n'écrivent la langue française ». De même, l'article D. 216-19 du code pénitentiaire prévoit que le régime de détention des personnes détenues majeures âgées de moins de 21 ans doit faire « une large place à l'enseignement et à la formation ».

Cette priorisation des publics s'explique par la situation d'absence de qualification et de diplôme ainsi que d'illettrisme qui concerne une part importante de la population pénale et implique une responsabilité accrue de l'administration pénitentiaire. Comme il est expliqué sur le site du ministère de la Justice, « plus de la moitié des personnes détenues se situent au mieux à un niveau de fin d'études primaires et ne disposent pas de réelle qualification professionnelle. Le taux d'illettrisme de la population détenue est d'environ 10,9 %. Il est supérieur à la moyenne nationale ». Selon les derniers chiffres pertinents (le bilan 2021-2022 étant en cours de publication et le bilan 2020-2021 étant faussé par le contexte épidémique), 52,1 % de la population détenue est sans diplôme à l'entrée en détention, 6,1 % ne parle pas français et 9,6 % est en situation d'illettrisme (MEN, Bilan annuel de l'enseignement en milieu pénitentiaire, année 2019-2020). Cette situation constitue un enjeu premier pour le service public pénitentiaire chargé de l'insertion et de la réinsertion des personnes qui lui sont confiées par l'autorité judiciaire qui doit identifier les besoins par la réalisation d'un bilan des acquis à l'entrée en détention. Pour les autres publics non prioritaires, la convention signée le 15 octobre 2019 entre les ministères de la Justice et de l'Éducation nationale rappelle simplement que les ULE « s'efforcent de répondre aux besoins d'enseignement ».

En raison de l'insuffisance des moyens, la circulaire de 2020 ayant par ailleurs supprimé l'exigence d'un ratio minimum de postes d'enseignants devant être affectés par établissement, cette priorisation génère une contradiction soulevée par le Conseil économique, social et environnemental : « Les Commissions pluridisciplinaires uniques (CPU) donnent la priorité aux plus jeunes, aux peines plus longues ou tiennent compte des avis de l'administration pénitentiaire (ce qui revient à exclure les personnes qui ont fait l'objet d'un compte rendu d'incident) » (CESE, La réinsertion des personnes détenues : l'affaire de tous et toutes, *JO 26 nov. 2019, p. 53-54*).

D'autre part, il ressort des dispositions relatives à l'enseignement et à la formation une tension entre les impératifs sécuritaires et les objectifs de réinsertion des personnes détenues et de lutte contre la récidive. Cette contradiction est clairement présente au sein de l'article L. 413-1. L'ordonnance n° 2022-478 du 30 mars 2022 portant partie législative du code pénitentiaire précise en effet, à droit non constant, que pour permettre un accès plus important aux activités de formation, les personnes détenues « bénéficient de l'accès aux ressources pédagogiques nécessaires, y compris par voie numérique ». Cet ajout vient transcrire une recommandation formulée par le CGLPL (Avis du 22 déc. 2016 relatif au travail et à la formation professionnelle dans les établissements pénitentiaires, *JO 9 févr.*). Mais il convient de préciser qu'il ne découle pas de ces nouvelles dispositions, ni d'ailleurs de l'article R. 332-41 du code pénitentiaire relatif aux équipements informatiques, ni de la circulaire du 13 octobre 2009 relative à l'accès à l'informatique pour les personnes placées sous main de justice, une autorisation générale d'accéder à l'enseignement et à la formation professionnelle par tous supports. Une marge d'appréciation est en effet laissée à l'administration pour déterminer les supports et appareils informatiques dont elle autorise l'entrée en détention, même lorsqu'ils sont demandés pour accéder à un enseignement ou une formation.

Ainsi, les enjeux relatifs à la sécurité des établissements entrent en opposition avec ceux en lien avec la réinsertion. En effet, si la finalité d'une peine privative de liberté est la réinsertion et la lutte contre la récidive, la formation et l'enseignement semblent constituer des activités indispensables pour « mener une vie responsable et exempte de crime » (RPE 102.1). Pour que le temps de la détention ne soit pas une pure parenthèse sans utilité, mais puisse être mis à profit par la personne détenue en tant qu'usager du service public pénitentiaire, « toutes facilités doivent être données » pour lui permettre de profiter d'un enseignement scolaire et professionnel (art. R. 413-1). Mais à chaque fois que des « facilités » sont accordées (extractions et permissions de sortie pour passer des examens, transferts pour suivre une formation, enseignement et formation par correspondance) celles-ci doivent être « compatibles avec les exigences de la discipline et de la sécurité » (art. R. 413-1).

Que ce soit en matière d'enseignement ou de formation, les conditions d'accès dépendent ainsi en grande partie des diligences et décisions de l'administration pénitentiaire. Ainsi, alors que les cours et formations par correspondance sont prévus, les personnes détenues doivent obtenir une autorisation du chef d'établissement pour « disposer dans leur cellule du matériel, des fournitures scolaires et des documents pédagogiques nécessaires » ou pour recevoir des cours par correspondance autres que ceux dispensés par le ministère de l'Éducation nationale (art. R. 413-2). L'autorisation pénitentiaire est également exigée pour permettre aux personnes détenues aptes à passer un examen dont les épreuves se déroulent au sein de l'établissement, étant précisé que le chef d'établissement peut s'y opposer, malgré l'avis favorable des services compétents du ministère de l'Éducation nationale (art. D. 413-4). C'est surtout lorsque l'examen se déroule en dehors de l'établissement que les personnes détenues dépendent de l'autorisation de l'administration pénitentiaire. Elles doivent en effet faire l'objet d'une extraction ou d'une permission de sortie qui sont accordées et organisées par l'administration pénitentiaire (art. D. 413-4 et D. 413-9). Le code pénitentiaire renvoie alors à l'article D. 143-4 du code de procédure pénale qui précise les modalités de ces sorties. Leur durée maximale est d'une journée et seules les personnes condamnées à une ou plusieurs peines privatives de liberté d'une durée totale n'excédant pas 5 ans et celles condamnées à une ou plusieurs peines privatives de liberté d'une durée totale supérieure à cinq ans, lorsque ces dernières ont exécuté la moitié de leur peine, peuvent en bénéficier. Enfin, si « l'organisation des apprentissages est aménagée lorsque la personne détenue exerce une activité de travail », pour lui permettre de travailler et de se former en même temps (art. L. 411-1), il est à noter qu'aucune disposition ne fait mention du dispositif de la « journée continue » permettant de garantir aux personnes détenues la continuité de leurs activités d'enseignement et de formation qui doivent s'articuler avec les rendez-vous judiciaires, médicaux ou familiaux, et pourtant recommandée en tant que bonne pratique par le CGLPL (Avis du 22 déc. 2016 relatif au travail et à la formation professionnelle dans les établissements pénitentiaires, *JO 9 févr.*).

Il convient de souligner une dernière contradiction. En principe, la personne détenue dispose de la liberté de choisir ses activités d'enseignement ou de formation. La recommandation Rec(2006) 2 du Comité des ministres aux États membres sur les règles pénitentiaires européennes mentionne que « toute prison doit s'efforcer de donner accès à tous les détenus à des programmes d'enseignement qui soient aussi complets que possible et qui répondent à leurs besoins individuels tout en tenant compte de leurs aspirations ». Il est à souligner que la nouvelle rédaction du code pénitentiaire précise cette liberté de choix. Alors que l'ancienne formule de l'article 17 du règlement intérieur type annexé à l'article R. 57-6-18 du code de procédure pénale précisait que « la personne détenue peut se livrer à toutes études », le premier alinéa de l'article R. 413-2 du code pénitentiaire affirme que « les personnes détenues peuvent faire les études de leur choix et suivre toute formation ». Mais l'on peut s'interroger sur la performativité de cette disposition ou sur celle de l'article R. 413-6 du code pénitentiaire qui affirme qu'elles « peuvent entreprendre ou poursuivre individuellement toutes actions de formation professionnelle ».

Tout comme pour les activités de travail, la personne détenue qui souhaite suivre un enseignement doit en effet formuler sa demande auprès de l'unité locale d'enseignement qui formule un projet en commission pluridisciplinaire unique (CPU), laquelle valide les propositions d'inscription. Il en est de même pour la personne détenue qui souhaite être admise à suivre une formation elle doit en faire la demande auprès du responsable local de la formation professionnelle ou d'un conseiller pénitentiaire d'insertion et de probation en vue d'une proposition à la CPU, laquelle décide du classement de la personne. Seules les personnes détenues en situation d'illettrisme se voient garantir une activité d'enseignement primaire. En outre, une autorisation particulière émanant du magistrat en charge de leur dossier doit être recueillie et une information au préfet de département doit être réalisée pour les personnes prévenues qui suivent une formation professionnelle sur le domaine affecté à l'établissement pénitentiaire et à ses abords immédiats. Pour les personnes condamnées, il faut l'autorisation cette fois du chef d'établissement et l'information au préfet et à l'autorité judiciaire en charge du suivi de la personne doit être effectuée (art. D. 413-8).

De plus, la référence à « toute formation » doit être nuancée : l'offre de formation professionnelle est préétablie par chaque direction interrégionale qui propose son propre catalogue. Et bien que le code prévoie un droit de transfert au bénéfice du détenu vers un établissement qui assure la formation souhaitée (art. D. 413-7), ce droit est conditionné à sa situation pénale et, en conséquence, une personne prévenue sera confrontée tant aux moyens de l'administration pénitentiaire qu'aux besoins de l'enquête. Par ailleurs, le Conseil d'État refuse de reconnaître un droit général pour une personne détenue qui a fait l'objet d'un transfert à bénéficier en priorité de l'ensemble des activités, même de formation, qu'il pratiquait dans l'établissement précédent (CE 27 mai 2019, n° 430631). ❑

1. Accès aux matériel et ressources informatiques. La retenue d'un matériel informatique est un acte administratif susceptible de recours pour excès de pouvoir dès lors qu'elle prive un détenu de la possibilité de l'utiliser dans les limites établies par le règlement intérieur. *A contrario*, constitue une mesure d'ordre intérieur le refus d'acquérir un nouvel ordinateur lorsque cette décision n'aggrave pas les conditions de détention résultant de la retenue, sous réserve que ne soient pas en cause les libertés et droits fondamentaux des détenus. • CAA Bordeaux, 6 juin 2019, n° 17BX01255. ♦ N'est pas entaché d'illégalité et ne porte pas une atteinte disproportionnée au droit de recevoir une instruction le refus d'un chef d'établissement d'autoriser l'usage d'une technologie récente, à savoir un microcasque ainsi que des CD-ROM gravés aux fins d'apprentissage du grec ancien, non autorisée par voie de circulaire dès lors que cette utilisation ne s'inscrit pas dans un projet professionnel clairement établi et que la personne détenue peut bénéficier de la même formation par le biais d'autres moyens. • CE 21 juill. 2022, n° 446163. ♦ N'est pas entachée d'illégalité la décision de refus d'accéder à Internet en salle collective et de détenir une clé USB à une personne détenue souhaitant préparer sa thèse de doctorat en droit, en raison du fait que, hormis dans les salles dédiées, les connexions à des réseaux externes depuis les salles d'activités sont interdites dans les établissements pénitentiaires, sans qu'il soit besoin de démontrer que les contenus auxquels veulent accéder les détenus recèlent des menaces particulières. Du fait de l'inexistence d'un espace cyber-base au sein de la maison d'arrêt de Fleury-Mérogis, et qu'aucun texte légal ou réglementaire, ni aucun principe général du droit ne fait obligation à l'administration pénitentiaire de prévoir un tel aménagement, la directrice était tenue de rejeter la demande du requérant. • CAA Versailles, 10 janv. 2023, n° 21VE01839.

2. Absence de droit aux activités d'enseignement et de formation. Absence de droit pour un détenu à bénéficier en priorité de l'ensemble des activités qu'il pratiquait dans l'établissement précédent. C'est donc à tort que le tribunal administratif de Melun a enjoint l'administration sur le fondement de l'art. L. 521-2 CJA de faire bénéficier à un détenu récemment transféré de l'ensemble des activités prévues par le règlement intérieur. • CE 27 mai 2019, n° 430631.

3. Reconnaissance du droit à l'instruction et à la formation. La Cour européenne des droits de l'homme a sanctionné la Bulgarie pour violation de l'art. 2 du Prot. add. n° 1 relatif au droit à l'instruction pour ne pas avoir permis à une personne en détention provisoire de poursuivre ses études. • CEDH 27 mai 2014, *Velev c/ Bulgarie*, n° 16032/07. ♦ La Cour considère que les restrictions ayant frappé l'accès d'un détenu à un site internet fournissant des informations en matière d'éducation ont violé son droit de recevoir des informations protégées par l'art. 10. • CEDH 17 janv. 2017, *Jankovskis c/ Lituanie*, n° 21575/08. ♦ Mais le Conseil d'État considère que « si les personnes détenues jouissent du droit d'accès à l'information qui découle de la liberté d'expression, elles n'en bénéficient que dans les limites résultant des contraintes inhérentes à la détention et ces nécessités tenant au maintien de la sécurité et du bon ordre des établissements ». Et alors que la requérante, détenue au centre pénitentiaire de Roanne et inscrite en 1re année de licence de lettres modernes à l'université de Rennes 2, invoquait une atteinte grave et manifestement illégale à son droit d'égal accès à l'instruction en raison d'une impossibilité d'accéder à son espace personnel situé sur le site internet de l'université, le juge rejette la requête sans se prononcer sur l'atteinte à une liberté fondamentale, en considérant que ses conditions de scolarité se sont améliorées par le soutien actif d'un référent local de l'enseignement qui accomplit les diligences nécessaires quant au compte nominatif d'accès à la plateforme Cursus de l'université de Rennes 2. • CE 3 juill. 2020, n° 441391.

Art. L. 413-2 Dans les conditions prévues par les dispositions de l'article L. 381-31 du code de la sécurité sociale, les personnes détenues suivant un stage de formation professionnelle sont affiliées à l'assurance vieillesse du régime général de la sécurité sociale.

COMMENTAIRE

Introduite par l'ordonnance du 30 mars 2022, l'article L. 413-2 se réfère au code de la sécurité sociale mais de manière transitoire. L'article L. 381-31 du code de la sécurité sociale prévoyait en effet que les détenus exécutant un travail pénal ou suivant un stage de formation professionnelle sont affiliés obligatoirement à l'assurance vieillesse du régime général de la sécurité sociale, y compris pour les personnes de nationalité étrangère qui ne remplissent pas la condition de régularité du séjour, alors même que l'article L. 115-6 du code de la sécurité sociale détermine l'affiliation à un régime obligatoire de sécurité sociale à la condition de régularité du séjour. L'article 5 de l'ordonnance n° 2022-1336 du 19 octobre 2022 relative aux droits sociaux des personnes détenues abroge ces dispositions. Pour les personnes en situation irrégulière, on peut y voir une certaine contradiction. L'ordonnance du 19 octobre 2022, toujours non ratifiée, prévoit de leur ouvrir droit à l'affiliation au régime de retraite complémentaire (CSS, art. L. 382-48), mais les exclut de la liste des bénéficiaires de la protection contre les accidents du travail et les maladies professionnelles lorsqu'elles exercent une activité de travail dans le cadre d'un contrat d'emploi pénitentiaire (CSS, art. L. 412-8, al. 13), tout en en maintenant le bénéfice lorsqu'elles effectuent des stages de formation professionnelle continue (CSS, art. L. 412-8, al. 6). Le futur article L. 382-33 du code de la sécurité sociale issu de l'ordonnance du 19 octobre prévoit que les personnes écrouées sont affiliées au régime général de la sécurité sociale « pour l'ensemble des risques », sans tenir compte de la régularité du séjour.

L'article L. 381-31 du code de la sécurité sociale, auquel fait référence l'article L. 413-2 renvoie lui-même à l'article L. 980-3 du code du travail relatif aux modalités de prise en charge des cotisations des personnes détenues qui suivent un stage de formation professionnelle. L'article 5 de l'ordonnance n° 2022-1336 du 19 octobre 2022 relative aux droits sociaux des personnes détenues prévoit d'abroger ces dispositions. Ce texte précise désormais, en renvoyant aux modalités de l'article L. 6342-3 du code du travail, que « Les cotisations de sécurité sociale d'un stagiaire qui est rémunéré par l'État, l'opérateur de compétences ou par la région pendant la durée du stage ou qui ne bénéficie d'aucune rémunération sont intégralement prises en charge au même titre que le financement de l'action de formation, selon le cas, par l'État, l'opérateur de compétences ou la région. Ces cotisations sont calculées sur la base de taux forfaitaires fixés par voie réglementaire et révisés annuellement compte tenu de l'évolution du plafond retenu pour le calcul des cotisations du régime général de sécurité sociale ». Dans son avis de 2016, le Contrôleur général des lieux de privation de liberté constatait que le montant de la rémunération des stagiaires détenus n'avait pas évolué depuis 1988. Là encore, portée par la réforme de décembre 2021, une normalisation est partiellement à l'œuvre. L'article D. 413-10 du code pénitentiaire, créé par le décret n° 2022-655 du 25 avril 2022, précise qu'en ce qui concerne les personnes détenues effectuant un stage de formation professionnelle relevant de l'administration pénitentiaire à l'extérieur de l'établissement sous le régime de la semi-liberté ou du placement à l'extérieur, les modalités de rémunération sont fixées par les dispositions des articles D. 6341-24-1 à D. 6341-32-2 du code du travail, telles qu'elles ont été actualisées par le décret n° 2021-522 du 29 avril 2021 fixant les taux et les montants des rémunérations versées aux stagiaires de la formation professionnelle. ❑

CHAPITRE IV ACCÈS AUX ACTIVITÉS CULTURELLES, SOCIO-CULTURELLES ET SPORTIVES

Le présent chapitre ne comprend pas de dispositions législatives.

TITRE II PRÉPARATION DE LA SORTIE DE DÉTENTION

RÉP. PÉN. v[is] *Prison - Organisation générale,* par Céré ; *Prison : normes européennes,* par Céré ; *Peine : exécution,* par Herzog-Evans.

BIBL. GÉN. ▸ **Ouvrages :** Bonis et Peltier, Droit de la peine, *LexisNexis, coll. Manuels, 3e éd., 2019, 866 p.* - Boussard (dir.), Les droits des personnes détenues, *Dalloz, coll. Thèmes et commentaires, 2013, 542 p.* - Deflou (dir.), Le droit des détenus : sécurité ou réinsertion ?, *Dalloz, coll. « Thèmes et commentaires », 2010, 172 p.* - Duroche et Pédron, Droit pénitentiaire, *Vuibert, coll. Sup. Droit, 4e éd., 2019, 560 p.* - Herzog-Evans, Droit de l'exécution des peines 2023/2024, *Dalloz Action, 6e éd., 2022, 1600 p.* ; Droit pénitentiaire 2020/2021, *Dalloz Action, 3e. éd., 2019, 1374 p.* - Mbanzoulou, La réinsertion sociale des détenus, *L'Harmattan, coll. Sciences criminelles, 2000, 320 p.* ; La réinsertion des délinquants : mythe ou réalité ? : 50e anniversaire de la réforme Amor, *PUAM, 1996, 284 p.* - Pradel (dir.), Prison : sortir avant terme. Techniques judiciaires de réduction de la peine privative de liberté, *Cujas, Travaux de l'Institut de sciences criminelles de Poitiers, 1996, 182 p.*

▸ **Thèses :** Carpentier, Essai d'une théorie générale des aménagements de peine, *Bordeaux, 2016, 502 p.* - Dubourg, Les services pénitentiaires d'insertion et de probation à l'aune de la prévention de la récidive : fondements juridiques, évolution, évaluation et avenir, *Université de Nantes, 2015.* - Habouzit, Les usages des modalités d'exécution de la peine privative de liberté, *2023, p. 799.*

▸ **Rapports et avis :** Warsmann, Rapport d'information de la commission des lois de l'Assemblée nationale sur la mise en application de la loi 2004-204 du 9/03/04 portant adaptation de la justice aux évolutions de la criminalité, *n° 2378, juin 2005* ; Rapport de la mission parlementaire auprès de M. Dominique Perben, garde des Sceaux, ministre de la Justice, sur les peines alternatives à la détention, les modalités d'exécution des courtes peines, la préparation des détenus à la sortie de prison, *18 avr. 2003.*

▸ **Articles :** Danti-Juan, *RPDP 2010. 79* (analyse critique du contenu de la loi dite « pénitentiaire »). - Dominati, *Lexbase Pénal 2023, n° 2* (restaurer la confiance en droit de l'exécution des peines : qu'en est-il un an plus tard ?). - Giacopelli, *AJ pénal 2005. 89* (promotion du milieu ouvert par l'aménagement des peines) ; *RFDA 2010. 25* (contenu de la loi pénitentiaire : des avancées encore insuffisantes) ; *RSC 2015. 799* (pénétration des règles du procès pénal devant les juridictions de l'application des peines : état des lieux). - Herzog-Evans, *AJ pénal 2009. 483* (application des peines : la prétendue « bonne partie » de la loi pénitentiaire). - Janas, *Dr. pénal 2010, n° 7* (dispositions relatives au prononcé et à l'application des peines de la loi n° 2009-1436 du 24 novembre 2009 dite « loi pénitentiaire »). - Joseph-Ratineau, *Dr. pénal avr. 2016, n° 4, étude 8* (l'avenir de la commission d'application des peines). - Maupin, *AJDA 2022. 1041* (les droits sociaux des détenus renforcés). - Poncela, *RSC 2007. 883* (finir sa peine : libre ou suivi ?) ; *RPDP 2009. 95* (le déploiement des aménagements de peine) ; *RSC 2016. 111* (pour un redéploiement des permissions de sortir) ; *ibid. 2020. 137* (errements et sauts dans le vide. Sur la loi du 23 mars 2019) ; *ibid. 2022. 101* (le mirage du Panopticon).

CHAPITRE I DISPOSITIONS GÉNÉRALES

Art. L. 421-1 Conformément aux dispositions de l'article 721 du code de procédure pénale, le service pénitentiaire d'insertion et de probation travaille avec la personne condamnée en vue de la préparation d'une sortie encadrée dès que sa condamnation est définitive.

Conformément aux mêmes dispositions, le service pénitentiaire d'insertion et de probation remet au juge de l'application des peines, dans le cadre de l'examen des réductions de peine, un avis comportant des éléments permettant à ce dernier de déterminer les mesures favorisant l'accompagnement de la personne condamnée en fin de peine.
— *V. C. pr. pén., art. 721, ci-dessous.*

BIBL. ▶ DOMINATI, *Lexbase Pénal 2023, n° 2* (restaurer la confiance en droit de l'exécution des peines : qu'en est-il un an plus tard ?). – GIACOPELLI, *Procédures 2022. Dossier 5* (confiance dans l'institution judiciaire : les principaux volets de la loi en droit de l'exécution des peines). – NOËL, *AJ pénal 2023. 77* (réforme des réductions de peine : une loi plus douce ou plus sévère ?).

COMMENTAIRE

Apport. L'article L. 421-1, disposition d'ordre général, se veut être le nouveau et second pilier des « preuves suffisantes de bonne conduite » et des « efforts sérieux de réadaptation sociale », lesquels sont indispensables à l'octroi d'une réduction de peine. Si l'article 721 du code de procédure pénale fait toujours office de support principal pour l'octroi des réductions de peine, l'article L. 421-1 devient le socle de la notion de « sortie encadrée » pour les personnels pénitentiaires. A la lecture de l'étude d'impact de la loi confiance (*p. 165*), on comprend que les personnels des SPIP et de surveillance auront pour objectifs d'investir le condamné dans son parcours d'exécution de peine, de lui permettre, selon ses caractéristiques subjectives, de réaliser des efforts durant sa détention et de s'impliquer activement dans sa réinsertion.

Plus spécifiquement, le rôle du service pénitentiaire d'insertion et de réinsertion sera d'assister le condamné, mais également de rendre compte au juge de l'application des peines des mesures les plus appropriées. Cette disposition apparaît donc comme la traduction de la mission d'individualisation de la prise en charge des personnes condamnées (art. L. 1).

Impact. Les personnels de surveillance et de probation sont désormais tenus de répartir leurs tâches, et leurs avis, concernant l'évolution de la personne détenue dans l'environnement carcéral, ses rapports avec les autres et son implication dans son parcours d'exécution de peine. De fait, on peut croire que l'avis du surveillant pénitentiaire complétera celui du service pénitentiaire d'insertion et de probation. Ce regard pluridisciplinaire permettra ainsi de renforcer la valeur globale de l'avis donné au juge de l'application des peines, pour accorder ou non une réduction de peine.

A n'en pas douter, cette disposition risque de transformer les pratiques professionnelles antérieures à la promulgation du code pénitentiaire. Pour permettre aux personnes détenues de s'investir dans leurs parcours, le service pénitentiaire d'insertion et de probation devra accentuer, dans la mesure du possible, ses démarches auprès des partenaires nationaux et locaux pour diversifier et augmenter la programmation du travail, des activités et des soins en détention. ❑

Code de procédure pénale

Art. 721 *(L. n° 2021-1729 du 22 déc. 2021, art. 11, en vigueur le 1er janv. 2023)* Une réduction de peine peut être accordée par le juge de l'application des peines, après avis de la commission de l'application des peines, aux condamnés exécutant une ou plusieurs peines privatives de liberté qui ont donné des preuves suffisantes de bonne conduite et qui ont manifesté des efforts sérieux de réinsertion.

Cette réduction ne peut excéder six mois par année d'incarcération et quatorze jours par mois pour une durée d'incarcération inférieure à un an.

Les preuves suffisantes de bonne conduite sont appréciées en tenant compte notamment de l'absence d'incidents en détention, du respect du règlement intérieur de l'établissement ou des instructions de service, de l'implication dans la vie quotidienne ou du comportement avec le personnel pénitentiaire ou exerçant à l'établissement, avec les autres personnes détenues et avec les personnes en mission ou en visite.

Les efforts sérieux de réinsertion sont appréciés en tenant compte notamment du suivi avec assiduité d'une formation scolaire, universitaire ou professionnelle ayant pour objet l'acquisition de connaissances nouvelles, des progrès dans le cadre d'un enseignement ou d'une formation, de l'engagement dans l'apprentissage de la lecture, de l'écriture et du calcul, de l'exercice d'une activité de travail, de la participation à des activités culturelles, notamment de lecture, de la participation à des activités sportives encadrées, du suivi d'une thérapie destinée à limiter les risques de récidive, de l'investissement soutenu dans un programme de prise en charge proposé par le service pénitentiaire d'insertion et de probation ou des versements volontaires des sommes dues aux victimes et au Trésor public.

Dès que la condamnation est devenue définitive, le service pénitentiaire d'insertion et de probation travaille avec la personne en vue de la préparation d'une sortie encadrée. Dans le cadre de l'examen des réductions de peine, l'avis remis par le service pénitentiaire d'insertion et de probation au juge de l'application des peines comporte des éléments lui permettant de déterminer les mesures favorisant l'accompagnement des condamnés en fin de peine à travers un aménagement, une libération sous contrainte ou le suivi prévu à l'article 721-2.

Pour l'application du présent article, la situation de chaque condamné est examinée au moins une fois par an.

La réduction de peine est prononcée en une seule fois si l'incarcération est inférieure à une année et par fractions annuelles dans le cas contraire.

Sauf décision contraire du juge de l'application des peines, lorsque la personne condamnée pour une infraction pour laquelle le suivi sociojudiciaire est encouru ne suit pas le traitement qui lui a été proposé en application des articles 717-1 et 763-7, elle ne peut bénéficier de la réduction de peine prévue au présent article qu'à hauteur de trois mois par année d'incarcération et de sept jours par mois pour une durée d'incarcération inférieure à un an. Il en est de même lorsque la personne condamnée dans les circonstances mentionnées au second alinéa de l'article 122-1 du code pénal refuse les soins qui lui sont proposés.

Le présent article s'applique également aux personnes condamnées qui bénéficient d'un aménagement de peine sous écrou.

Dans l'année suivant son octroi, la réduction de peine peut être rapportée en tout ou en partie, après avis de la commission de l'application des peines, en cas de mauvaise conduite du condamné. Le retrait est prononcé par ordonnance motivée du juge de l'application des peines agissant d'office, sur saisine du chef d'établissement ou sur réquisitions du procureur de la République. Le condamné est mis en mesure de faire valoir ses observations, le cas échéant par l'intermédiaire de son avocat.

Lors de sa mise sous écrou, le condamné est informé par le greffe des règles afférentes à la réduction de peine prévue au présent article, des critères d'appréciation et d'attribution de cette réduction ainsi que des possibilités de retrait de tout ou partie de cette réduction.

Les modalités d'application du présent article sont précisées par voie réglementaire.

CHAPITRE II PRÉPARATION DES MESURES D'AMÉNAGEMENT DE PEINE

Le présent chapitre ne comprend pas de dispositions législatives.

CHAPITRE III DÉCISIONS RELATIVES AUX AMÉNAGEMENTS DE PEINE

SECTION 1 Audiences sur les aménagements de peine

Art. L. 423-1 Conformément aux dispositions de l'article 712-3 du code de procédure pénale, les débats contradictoires auxquels procède le tribunal de l'application des peines peuvent avoir lieu dans les établissements pénitentiaires du ressort de la cour d'appel. – *C. pr. pén.*

COMMENTAIRE

Plusieurs arguments sont régulièrement avancés pour critiquer la tenue des débats judiciaires dans les enceintes pénitentiaires : temps de trajets pour les magistrats, mauvais exercice des droits de la défense au regard de l'état de sujétion des personnes détenues (*RAP janv.-déc. 2000, nos 33-34, p. 23*), nature du milieu carcéral (*Gaz. Pal. 4-5 oct.*

2000, p. 43), voire, parfois, l'impératif de dignité de la justice (Herzog-Evans, Droit de l'exécution des peines 2022/2023, n° 0842.92). Pourtant, la règle demeure depuis une circulaire AP du 28 mai 2001 (NOR : JUSE0140042C, *BOMJ n° 83*).

L'article L. 423-1 est donc rédigé à droit constant, en reprenant les termes utilisés par les circulaires pénitentiaires et le code de procédure pénale (quitte à créer un doublon avec l'art. D. 49-13 C. pr. pén.). On pourra cependant regretter que le terme « permission » soit employé, alors que, au regard de la pratique, la quasi-totalité des audiences d'application des peines se tient désormais au sein des établissements pénitentiaires pour des raisons de praticité tenant aux difficultés des extractions. ❑

Art. L. 423-2 Peuvent se tenir au sein de l'établissement pénitentiaire :

1° Les débats contradictoires préalables aux jugements du juge de l'application des peines en matière de placement à l'extérieur, de semi-liberté, de fractionnement et de suspension de peine, de détention à domicile sous surveillance électronique et de libération conditionnelle, dans les conditions prévues par les dispositions de l'article 712-6 du code de procédure pénale ;

2° Les débats contradictoires préalables aux jugements du tribunal de l'application des peines en matière de relèvement de la période de sûreté, de libération conditionnelle ou de suspension de peine ne relevant pas de la compétence du juge de l'application des peines, dans les conditions prévues par les dispositions de l'article 712-7 du même code.

Dans les conditions prévues par les dispositions de l'article 706-71 du même code, il peut être recouru à un moyen de télécommunication audiovisuelle.

COMMENTAIRE

L'article L. 423-2 s'applique aux personnes condamnées et incarcérées pour les débats préalables à l'examen des demandes d'aménagement de peine. Il concerne ainsi les personnes en attente d'un aménagement de leur peine, de relèvement de leur période de sûreté et de suspension de leur peine. En d'autres termes, pour garantir une individualisation judiciaire de l'exécution de la peine, le volet législatif du code pénitentiaire aménage les débats contradictoires qui doivent en principe se tenir au tribunal judiciaire. En application des articles 712-6 et 712-7 du code de procédure pénale, ces débats contradictoires peuvent également avoir lieu par visioconférence. ❑

Art. L. 423-3 Dans les conditions prévues par les dispositions de l'article 712-13 du code de procédure pénale, lorsque la personne détenue fait appel des jugements mentionnés par les dispositions de l'article 712-6 et 712-7 du même code, l'audition décidée par la chambre de l'application des peines au sein de l'établissement pénitentiaire où la personne intéressée est détenue ou par un moyen d'un système de télécommunication audiovisuelle dans les conditions prévues par les dispositions de l'article 706-71 du même code.

RÉP. PÉN. v° *Juridictions de l'application des peines,* par DE GRAËVE.

BIBL. ▸ DUMOULIN et LICOPPE, Justice et visioconférence : les audiences à distance. Genèse et institutionnalisation d'une innovation, *Rapp. de recherche GIP Mission Droit et Justice, 2009.* – GIACOPELLI, *RSC 2015. 799* (pénétration des règles du procès pénal devant les juridictions de l'application des peines : état des lieux).

COMMENTAIRE

Classiquement, la chambre de l'application des peines (CHAP) se réunit au sein du ressort de la cour d'appel territorialement compétente. L'application de cette règle conduit pourtant à de nombreux aménagements de la procédure, au premier rang desquels figure la non-comparution du condamné lorsqu'il est détenu et la convocation de son seul conseil. Pour régler cette difficulté, la Cour de cassation a déjà considéré que la CHAP devait recueillir les observations du condamné non représenté en procédant à son audition, au besoin après la réouverture des débats (Crim. 17 juin 2020). L'article 712-13 du code de procédure pénale prévoit au demeurant que cette audition facultative peut être réalisée par visioconférence ou par un membre de la juridiction dans l'établissement pénitentiaire où il se trouve détenu. L'article L. 423-3 du code pénitentiaire entérine cette possibilité en adoptant les mêmes moyens d'échanges entre la personne condamnée et la juridiction.

Il ne faut pas douter qu'il s'agit en fait de faciliter le recours à la visioconférence. Si l'utilisation de cette technique comporte de nombreux avantages (difficultés d'extraction, sécurité), le CGLPL a toutefois recommandé que son utilisation soit mesurée, au risque de porter atteinte aux droits de la défense (CGLPL, Avis du 14 oct. 2011 relatif à l'emploi de la visioconférence à l'égard de personnes privées de liberté, *JO 9 nov.*, NOR : CPLX1130072V). Il est néanmoins regrettable que l'article L. 423-3 se contente de renvoyer à l'article 706-71 du code de procédure pénale, sans mentionner explicitement que le consentement éclairé de la personne condamnée est nécessaire à l'utilisation de la visioconférence. ❑

Principe constant. La comparution de l'intéressé est de droit devant le premier juge et la CHAP statue après un débat contradictoire au cours duquel l'avocat du condamné est entendu en ses observations. Si le condamné ne comparaît pas devant cette juridiction, celle-ci peut, le cas échéant à sa demande, décider qu'il sera procédé à son audition par visioconférence ou par un de ses membres dans l'établissement pénitentiaire où il se trouve détenu. • Crim. 20 mars 2013, n° 13-90.001 : *AJ pénal 2013. 486, obs. Senna ; Dr. pénal 2014, Un an de... n° 3, obs. Bonis-Garçon.* ♦ Dans le même sens : • Crim. 17 juin 2020, n° 20-80.240 : *D. actu. 16 juill. 2020, obs. Dominati ; AJ pénal 2020. 423, obs. Herzog-Evans ; Dr. pénal 2020, n° 9, obs. Bonis.*

SECTION 2 Avis de la commission de l'application des peines

Art. L. 423-4 Conformément aux dispositions de l'article 712-4-1 du code de procédure pénale et sous réserve des exceptions qu'elles prévoient, le chef de l'établissement pénitentiaire, le représentant du service pénitentiaire d'insertion et de probation, le représentant du corps de commandement ou du corps d'encadrement et d'application du personnel de surveillance siègent au sein de la commission de l'application des peines dont l'avis est requis préalablement au prononcé des décisions en matière d'application des peines.

V. Décr. n° 2020-91 du 6 févr. 2020 relatif à la composition et au fonctionnement de la commission de l'application des peines et aux conditions de délivrance des permissions de sortir, et modifiant diverses dispositions du code de procédure pénale (JO 7 févr.).

BIBL. ▸ JOSEPH-RATINEAU, *Droit pénal, n° 4, avr. 2016, étude 8* (l'avenir de la commission d'application des peines).

COMMENTAIRE

La transformation du régime des réductions de peine a conduit à une prise en compte accrue du comportement du condamné en détention, la « bonne conduite » étant désormais une condition d'octroi d'une réduction de peine au cours de l'exécution. En toute logique, l'article 11 de la loi pour la confiance dans l'institution judiciaire a donc ajouté le représentant du corps de commandement ou du corps d'encadrement et d'application du personnel de surveillance aux membres de la commission d'application des peines. Étant un des membres mentionnés par l'article 712-4-1 du code de procédure pénale, « la commission de l'application des peines n'est pas valablement réunie » en son absence (C. pr. pén., art. D. 49-28, al. 7).

L'article L. 423-4 a le mérite d'accroître les points de vue sur la personne condamnée en commission d'application des peines, *a fortiori* parce que son audition est facultative (et quasiment exclue en pratique) lorsque le juge de l'application des peines statue par cette voie, et bien que cela pose évidemment la question du contradictoire. Toutefois, la question se pose, comme pour la plupart des membres de la CAP, de savoir si le représentant qui sera présent lors de sa réunion aura une connaissance personnelle de la personne condamnée. Aura-t-il été à son contact direct ou sera-t-il simplement muni des comptes rendus des personnels qui le côtoient en détention ? ❑

CHAPITRE IV SEMI-LIBERTÉ, PLACEMENT À L'EXTÉRIEUR, PERMISSION DE SORTIR ET DÉTENTION À DOMICILE SOUS SURVEILLANCE ÉLECTRONIQUE

BIBL. ▸ BONIS et PELTIER, Droit de la peine, *LexisNexis, coll. Manuels, 3e éd., 2019.* – CARPENTIER, Essai d'une théorie générale des aménagements de peine, *Bordeaux, 2016, 779 p.* – HERZOG-EVANS, Droit de l'exécution des peines 2023/2024, *Dalloz, coll. Dalloz Action, 6e éd., 2022.*

SECTION 1 **Dispositions générales**

Art. L. 424-1 **Sur autorisation du juge de l'application des peines, le chef de l'établissement pénitentiaire ou le directeur des services pénitentiaires d'insertion et de probation peuvent modifier les horaires d'entrée ou de sortie de l'établissement ou de présence en un lieu déterminé des personnes condamnées bénéficiant d'une permission de sortir ou admises au régime du placement à l'extérieur, de la semi-liberté, de la détention à domicile sous surveillance électronique, dans les conditions et selon les modalités prévues par les dispositions de l'article 712-8 du code de procédure pénale.**

RÉP. PÉN. v° *Peine : exécution,* par HERZOG-EVANS.

BIBL. ▶ DANTI-JUAN, *RPDP 2010. 79* (analyse critique du contenu de la loi dite « pénitentiaire »). – HERZOG-EVANS, *AJ pénal 2009. 483* (application des peines : la prétendue « bonne partie » de la loi pénitentiaire). – JOSEPH-RATINEAU, *Dr. pénal, n° 4, avr. 2016, étude 8* (L'avenir de la commission d'application des peines). – PONCELA, *RSC 2016. 111* (pour un redéploiement des permissions de sortir).

COMMENTAIRE

Modalités de délégation. L'article L. 424-1 organise les modalités de délégation des pouvoirs du juge de l'application des peines, en matière de modification d'horaires d'entrée et de sortie de l'établissement pénitentiaire. Cette prérogative n'est d'ailleurs pas nouvelle (V. C. pr. pén., art. D. 142-3-1, al. 1er ; Décr. n° 2020-91 du 6 févr. 2020). En application de l'article 712-8 du code de procédure pénale, encore faut-il, pour que le chef d'établissement ou le DSPIP puisse bénéficier d'une telle prérogative, que la modification soit « favorable » au condamné et qu'elle ne touche pas à « l'équilibre de la mesure ».

D'abord, il faut remarquer que ces conditions sont sujettes à interprétation, laquelle est propre au juge de l'application des peines ayant prononcé la mesure d'aménagement de peine ou de permission de sortir. Ensuite, et parce que les emplois du temps à l'origine des aménagements de peine sont sujets aux changements, la délégation du pouvoir du juge de l'application des peines permet de désengorger sa juridiction des demandes les moins lourdes mais souvent indispensables à la réinsertion. Il est vrai que ces demandes modificatrices constituent aujourd'hui une lourde tâche dans le contentieux de l'application des peines, et il peut s'avérer judicieux de libérer cette juridiction de ces demandes, *a fortiori*, puisque cette délégation ne concerne que les ordonnances modificatrices, et ne peut conduire à une modification de l'équilibre de la mesure (par ex., il semble déraisonnable de modifier un droit de sortie de trois heures pour une durée de dix heures). Enfin, certains auteurs estiment que la « bonne pratique » consiste à déléguer au chef d'établissement la modification des horaires des personnes placées en semi-liberté, et au DSPIP celle des personnes placées à l'extérieur ou sous surveillance électronique (V. not. Rép. pén., v° *Peine : exécution*, par Herzog-Evans, n° 584). Le code pénitentiaire ne tient pas compte de ces usages et se contente d'affirmer, tout comme l'article 712-8 du code de procédure pénale, que le juge de l'application des peines peut déléguer son pouvoir à l'un comme à l'autre, selon sa libre appréciation.

Risques éventuels. La délégation des prérogatives du juge de l'application des peines aux directeurs pénitentiaires n'est pas sans risque. On pourrait ainsi imaginer qu'en cas d'évasion ou de retard de réintégration (dans l'établissement pénitentiaire ou au lieu d'hébergement de la personne dont la peine est aménagée), le directeur pénitentiaire soit tenté de restreindre ses horaires d'entrée et de sortie, alors qu'une telle modification ne devrait intervenir, en principe, que pour maximiser les chances de réinsertion (V., à ce propos : Herzog-Evans, Droit de l'exécution des peines 2023/2024, n° 0141.155).

Un risque de dévoiement de cette compétence modificative existe. Puisque aucun texte ne prévoit d'interdiction de modification, il est possible que le directeur du service pénitentiaire d'insertion et de probation ou le chef d'établissement délégataire restreigne les horaires d'entrée et de sortie, lorsque la personne condamnée a commis une faute disciplinaire (pour une telle hypothèse : Herzog-Evans, Droit de l'exécution des peines 2023/2024, n° 0141.155). Si l'article 713-44 du code de procédure pénale contraint le juge à recueillir le consentement du condamné lorsqu'il souhaite procéder à une telle modification, selon les formes de l'article 712-6 du même code, rien n'empêche les directeurs pénitentiaires d'y procéder *de jure*.

Possibilité d'une subdélégation. Il faut noter que la partie réglementaire du code pénitentiaire autorise le chef d'établissement à déléguer sa signature à « son adjoint, à un fonctionnaire appartenant à un corps de catégorie A ou à un membre du corps de commandement placé sous son autorité » (art. R. 113-66). Quant au DSPIP, il peut déléguer sa signature à un « directeur d'insertion et de probation, à un chef de service d'insertion et de probation, et à un conseiller technique de service social » (art. D. 113-69). Toutefois, le juge de l'application des peines devra homologuer cette subdélégation. Il pourra également l'annuler, par une décision insusceptible de recours (C. pr. pén., art. 712-8). ❑

Code de procédure pénale

Art. 712-8 Les décisions modifiant ou refusant de modifier les mesures mentionnées aux premier et *(L. n° 2009-1436 du 24 nov. 2009, art. 75)* « quatrième » alinéas de l'article 712-6 ou les obligations résultant de ces mesures ou des mesures ordonnées par le tribunal de l'application des peines en application de l'article 712-7 sont prises par ordonnance motivée du juge de l'application des peines, sauf si le procureur de la République demande qu'elles fassent l'objet d'un jugement pris après débat contradictoire conformément aux dispositions de l'article 712-6.

(L. n° 2009-1436 du 24 nov. 2009, art. 75) « Toutefois, pour l'exécution d'une mesure de semi-liberté, de placement à l'extérieur ou de détention à domicile sous surveillance électronique ou pour l'exécution de permissions de sortir, le juge de l'application des peines peut, dans sa décision, autoriser le chef d'établissement ou le directeur du service pénitentiaire d'insertion et de probation ou, s'agissant des mineurs, le directeur régional de la protection judiciaire de la jeunesse, à modifier les horaires d'entrée ou de sortie du condamné de l'établissement pénitentiaire, ou de sa présence en un lieu déterminé, lorsqu'il s'agit de modifications favorables au condamné ne touchant pas à l'équilibre de la mesure. Il est informé sans délai des modifications opérées et peut les annuler par ordonnance non susceptible de recours. »

....

Art. D. 49-21-1 *(Décr. n° 2010-1276 du 27 oct. 2010, art. 4)* Lorsque le chef d'établissement ou le directeur du service pénitentiaire d'insertion et de probation modifie les horaires d'un aménagement de peine sur autorisation du juge de l'application des peines conformément aux dispositions du deuxième alinéa de l'article 712-8, il en informe immédiatement et par tout moyen le juge de l'application des peines et le condamné.

Art. L. 424-2 Conformément aux dispositions de l'article 712-10 du code de procédure pénale, lorsqu'une mesure de placement à l'extérieur ou de semi-liberté doit s'exécuter hors du ressort du juge de l'application des peines qui l'a ordonnée, la personne condamnée est inscrite au registre d'écrou de l'établissement pénitentiaire situé à proximité du lieu d'exécution de la mesure.

SECTION 2 **Placement à l'extérieur**

Art. L. 424-3 Conformément aux dispositions de l'article 723 du code de procédure pénale, l'administration pénitentiaire contrôle les activités auxquelles sont astreintes les personnes condamnées bénéficiant d'un placement à l'extérieur.

RÉP. PÉN. v° *Travail pénitentiaire - Organisation technique du travail pénitentiaire*, par AUVERGNON.

BIBL. ▶ GIACOPELLI, *AJ pénal 2005. 89* (promotion du milieu ouvert par l'aménagement des peines). – HERZOG-EVANS, *AJ pénal 2009. 483* (application des peines : la prétendue « bonne partie » de la loi pénitentiaire). – JANAS, *Dr. pénal 2010, n° 7* (dispositions relatives au prononcé et à l'application des peines de la loi n° 2009-1436 du 24 novembre 2009 dite « loi pénitentiaire ») ; *AJ pénal 2005. 101* (JAP et l'aménagement des peines vers le milieu ouvert). – PONCELA, *RSC 2007. 883* (finir sa peine : libre ou suivi).

Art. L. 424-4 Les structures qui accueillent et accompagnent des personnes sous main de justice faisant l'objet d'une mesure de placement à l'extérieur dans les conditions prévues aux articles 723 à 723-2 et 723-4 du code de procédure pénale sont agréées par l'État.

Une convention peut être conclue entre l'État et ces structures pour une durée de trois ans renouvelable. Elle définit la nature du projet de réinsertion proposé par la structure, les conditions d'accueil et d'accompagnement au sein de la structure des personnes mentionnées au premier alinéa, les droits et obligations de ces personnes ainsi que les modalités de financement de la mesure de placement.

Un décret en Conseil d'État définit les conditions d'application du présent article.

V. C. pénit., art. R. 424-15 et R. 424-16, et Décr. n° 2021-1743 du 22 déc. 2021 relatif aux procédures d'habilitation des structures d'accueil, d'inscription et d'affectation sur les postes de travail d'intérêt général et d'exécution des mesures de travail non rémunéré, et à l'agrément des structures de placement extérieur, JO 23 déc.*

COMMENTAIRE

L'article L. 424-4 précise les conventions d'agrément qui peuvent être conclues entre l'administration pénitentiaire et les structures qui accueillent les personnes placées à l'extérieur. Cette disposition complète, en somme, le décret du 22 décembre 2021, lequel définit les structures éligibles et fixe les conditions d'agrément. Cette disposition s'inscrit donc dans le prolongement de la volonté de sécurisation des relations entre les structures d'accueil et l'administration pénitentiaire. La partie réglementaire du code pénitentiaire détaille, au sein des articles R. 424-15 à R. 424-21, les conditions et modalités d'agrément des structures d'accueil des personnes placées à l'extérieur. ❑

SECTION 3 Permission de sortir

Art. L. 424-5 **Le chef de l'établissement pénitentiaire peut accorder une permission de sortir à une personne condamnée ayant déjà obtenu l'accord du juge de l'application des peines pour une première permission dans les conditions prévues par les dispositions de l'article 723-3 du code de procédure pénale.**

En cas de refus d'octroi de la permission de sortir par le chef de l'établissement pénitentiaire, celle-ci peut être demandée à nouveau au juge de l'application des peines dans les conditions prévues par les mêmes dispositions.

BIBL. ▸ Céré et Péchillon, *RFDA 2002. 598* (le détenu et son juge). – Poncela, *RSC 2016. 111* (pour un redéploiement des permissions de sortir).

COMMENTAIRE

Le code pénitentiaire confère au juge de l'application des peines la possibilité de déléguer son pouvoir d'octroi d'une permission de sortir au chef d'établissement, dès lors qu'il y a déjà procédé lui-même une première fois. Cette importante déjudiciarisation provenant de la loi du 23 mars 2019 est désormais entérinée par le code pénitentiaire.

Au regard de l'article 723-3, alinéa 3, du code de procédure pénale, le juge de l'application des peines pourra d'ailleurs reprendre la main, lorsque le chef d'établissement délégataire aura refusé l'octroi de la permission de sortir. Toutefois, au regard de l'arrêt *Malbeau*, cette déjudiciarisation partielle de l'office du juge de l'application des peines interroge. La permission de sortir « n'est pas une simple modalité de traitement pénitentiaire mais constitue une mesure qui modifie les limites de peine » (CE 9 févr. 2001, *Malbeau*). Or, l'unique condition posée par le texte rend possible, dans certaines conditions, une modification du régime pénitentiaire de la personne détenue (Circ. du 15 oct. 2012 relative à l'instruction ministérielle relative au répertoire des détenus particulièrement signalés [DPS], v. n° 2.2). Si offrir cette prérogative au chef d'établissement ne répond initialement qu'à une logique gestionnaire, elle semble dès lors tout de même dévoyer le sens de l'office du juge, même lorsqu'il ne se prononce « que » selon les prescriptions de l'article 712-5 du code de procédure pénale. ❑

LIVRE V LIBÉRATION DES PERSONNES DÉTENUES

RÉP. PÉN. v[is] *Prison - Organisation générale,* par Céré ; *Prison : normes européennes,* par Céré ; *Peine : exécution,* par Herzog-Evans.

BIBL. GÉN. ▸ **Ouvrages :** Badinter, La prison républicaine, *Fayard, 1992.* - Herzog-Evans, Droit de l'exécution des peines 2023/2024, *Dalloz, coll. Dalloz Action, 6e éd., 2022, 1600 p.* ; Droit pénitentiaire 2020/2021, *Dalloz, coll. Dalloz Action, 3e éd., 2019, 1374 p.*

▸ **Thèse :** Dubourg, Les services pénitentiaires d'insertion et de probation à l'aune de la prévention de la récidive : fondements juridiques, évolution, évaluation et avenir, *Université de Nantes, 2015.*

▸ **Rapport :** Warsmann, Rapport d'information de la commission des lois de l'Assemblée nationale sur la mise en application de la L. 2004-204 du 9 mars 2004 portant adaptation de la justice aux évolutions de la criminalité, *n° 2378, juin 2005.*

▸ **Articles :** Cloarec, *AJ pénal 2014. 268* (SPIP : seul maître d'œuvre de l'exécution des peines ?). - Couvrat, *RSC 1999. 626* (quelques propos sur les nouveaux services pénitentiaires d'insertion et de probation). - Lefebvre et Garcia, *AJ pénal 2018. 22* (la pratique de l'évaluation au sein des SPIP).

TITRE I GESTION ADMINISTRATIVE DE LA LIBÉRATION

CHAPITRE I FORMALITÉS RELATIVES À LA LIBÉRATION

SECTION 1 Déclarations d'adresse

COMMENTAIRE

L'existence d'un domicile stable constitue une garantie de l'exercice des droits civils, du processus d'insertion ou de réinsertion, et permet donc indirectement de prévenir la récidive des personnes détenues. Pour y parvenir, le code pénitentiaire ventile sur deux dispositions la protection des personnes libérées les plus fragiles sur le plan économique. Si la première concerne l'ensemble des personnes détenues libérées (art. L. 511-1), la seconde précise les modalités de recueil de l'adresse de la personne détenue provisoirement lors de sa mise en liberté (art. L. 511-2). Par renvoi au code de l'action sociale et des familles, l'article L. 511-1 du code pénitentiaire facilite donc l'accès aux prestations sociales et au bénéfice des droits civils, ou encore à l'obtention d'une carte d'identité pour les personnes détenues sans domicile stable. A ce titre un lien se matérialise entre le code de procédure pénale et le code pénitentiaire, le second procédant à des renvois vers le premier en matière de mise en liberté, d'appel et de comparution devant la chambre de l'instruction et d'extradition.

En jugulant les inégalités qui peuvent naître à la libération, le code pénitentiaire renforce ainsi les facteurs de protection des personnes détenues face aux effets nocifs de l'incarcération. Enfin, cette combinaison d'articles rapproche la protection accordée aux personnes qui sont ou étaient écrouées avec celles de la société civile. ❑

Art. L. 511-1 Pour faciliter leurs démarches de préparation à la sortie, les personnes détenues peuvent procéder à l'élection de domicile mentionnée par les dispositions de l'article L. 264-1 du code de l'action sociale et des familles soit auprès du centre communal ou intercommunal d'action sociale, soit auprès de l'organisme agréé à cet effet, le plus proche du lieu où elles recherchent une activité en vue de leur insertion ou réinsertion ou le plus proche du lieu d'implantation d'un établissement de santé ou médico-social susceptible de les accueillir.

Les modalités d'application du présent article sont fixées par décret en Conseil d'État.

Élection de domicile et domicile de secours. Si l'art. L. 264-1 CASF impose pour les personnes « sans résidence stable » une élection de domicile à compter de son entrée en application pour l'ensemble des prestations légales d'aide sociale, cette condition n'a en tout état de cause d'incidence que sur les droits de l'assisté dépourvu d'une telle résidence et non sur la détermination du domicile de secours. • Comm. centr. aide soc. 10 juin 2008, n° 071584 : *CJAS n° 2008/5.*

Art. L. 511-2 Préalablement à la mise en liberté d'une personne prévenue, la déclaration d'adresse de la personne intéressée est recueillie et, le cas échéant, portée à la connaissance de l'autorité judiciaire par le chef de l'établissement pénitentiaire, conformément aux dispositions des articles 148-3, 503-1, 695-34 et 696-19 du code de procédure pénale.

SECTION 2 Documents remis au moment de la libération

Art. L. 511-3 Préalablement à leur mise en liberté, les personnes détenues condamnées à une peine d'emprisonnement assortie pour partie du sursis probatoire reçoivent un avis de convocation à comparaître devant le service pénitentiaire d'insertion et de probation dans les conditions prévues par les dispositions de l'article 741-1 du code de procédure pénale.

Conformément à ces dispositions, cet avis vaut saisine du service pénitentiaire d'insertion et de probation.

RÉP. PÉN. v° *Victimes d'infraction,* par CARIO et RUIZ-VERA.

CHAPITRE II INFORMATIONS RELATIVES AUX PERSONNES LIBÉRÉES

SECTION 1 Information de la victime

Art. L. 512-1 Dans les conditions prévues par les dispositions de l'article 712-16-2 du code de procédure pénale, le service pénitentiaire d'insertion et de probation peut être chargé d'informer les victimes ou parties civiles en ayant formé la demande de la libération des personnes condamnées pour une infraction mentionnée par les dispositions de l'article 706-47 du même code.

BIBL. ▶ CARIO, *D. 2003. 145* (la place de la victime dans l'exécution des peines). – HERZOG-EVANS, *AJ pénal 2008. 356* (les victimes et l'exécution des peines. En finir avec le déni et l'idéologie). – GIACOPELLI, *RPDP 2007. 789* (victimes et application des peines). – COUVRAT, *RSC 1999. 626* (quelques propos sur les nouveaux services pénitentiaires d'insertion et de probation).

COMMENTAIRE

L'article L. 512-1 constitue à la fois un complément et un supplément des articles 712-16-2 et D. 49-65-1 du code de procédure pénale. Ces derniers prescrivent en effet à l'autorité judiciaire de protéger les victimes et les parties civiles avant toute décision de cessation définitive de l'incarcération. Dans la perspective de sa mission d'individualisation, le juge de l'application des peines (JAP) peut donc prononcer une interdiction à l'endroit du condamné d'entrer en relation avec celles-ci ou de paraître à proximité de leur domicile ou de leur lieu de travail, lorsque les faits ou la personnalité de l'intéressé le justifient.

Le nouveau code pénitentiaire permet, comme le code de procédure pénale avant lui, de déjudiciariser la mission du JAP en confiant sa compétence d'information au service pénitentiaire d'insertion et de probation, lorsque l'infraction à l'origine de la condamnation est de nature sexuelle ou a été commise sur un mineur. Encore faut-il que la victime ou la partie civile ait demandé à être informée de la libération de la personne condamnée. A ce titre, la libération s'entend comme une sortie définitive de la détention, qu'elle intervienne à l'occasion d'un aménagement de peine ou de la fin du temps d'exécution. Les victimes et parties civiles ne seront donc pas informées des sorties ponctuelles (permissions de sortir, autorisations de sortie sous escorte). ❑

Prise en compte de la victime. S'il ressort des textes du C. pr. pén. le droit pour la victime à être entendue, dans la mesure de ses intérêts, dans les procédures concernant l'exécution des sentences pénales, rien dans ces dispositions ne lui confère toutefois la qualité de partie aux décisions prises, en cette matière, par le JAP. Elle peut faire des observations mais elle est sans qualité pour exercer des voies de recours. • Crim. 15 mars 2006, n° 05-83.684 : *D. 2006. IR 120 ; AJ pénal 2006. 267, obs. Herzog-Evans ; RSC 2007. 350, obs. Poncela.*

Code de procédure pénale

Art. 712-16-2 *(L. nº 2010-242 du 10 mars 2010, art. 11-II)* S'il existe un risque que le condamné puisse se trouver en présence de la victime ou de la partie civile et qu'au regard de la nature des faits ou de la personnalité de l'intéressé il apparaît qu'une telle rencontre paraît devoir être évitée, les juridictions de l'application des peines assortissent toute décision entraînant la cessation temporaire ou définitive de l'incarcération d'une interdiction d'entrer en relation avec la victime ou la partie civile et, le cas échéant, de paraître à proximité de son domicile et de son lieu de travail.

Le prononcé de cette interdiction est obligatoire, sauf décision contraire spécialement motivée, lorsque la personne a été condamnée pour l'une des infractions visées à l'article 706-47.

La juridiction adresse à la victime un avis l'informant de cette interdiction ; si la victime est partie civile, cet avis est également adressé à son avocat. Cet avis précise les conséquences susceptibles de résulter pour le condamné du non-respect de cette interdiction.

La juridiction peut toutefois ne pas adresser cet avis lorsque la personnalité de la victime ou de la partie civile le justifie, lorsque la victime ou la partie civile a fait connaître qu'elle ne souhaitait pas être avisée des modalités d'exécution de la peine ou dans le cas d'une cessation provisoire de l'incarcération du condamné d'une durée ne pouvant excéder la durée maximale autorisée pour les permissions de sortie.

Pour l'application du présent article, la victime ou la partie civile peut informer la juridiction de l'application des peines de ses changements de résidence ou de lieu de travail.

(L. nº 2011-939 du 10 août 2011, art. 21, en vigueur le 1er janv. 2012) « Lorsque la personne a été condamnée pour une infraction visée à l'article 706-47 et si la victime ou la partie civile en a formé la demande, le juge de l'application des peines ou le service pénitentiaire d'insertion et de probation informe cette dernière, directement ou par l'intermédiaire de son avocat, de la libération de la personne lorsque celle-ci intervient à la date d'échéance de la peine. »

....

Art. D. 49-65-1 *(Décr. nº 2011-1986 du 28 déc. 2011, art. 2, en vigueur le 1er janv. 2012)* La victime ou la partie civile qui, conformément aux dispositions du dernier alinéa de l'article 712-16-2, souhaite être informée de la libération d'une personne condamnée pour une infraction visée à l'article 706-47, à la date d'échéance de sa peine, adresse cette demande par lettre recommandée avec accusé de réception au procureur de la République ou au procureur général de la juridiction de condamnation. Cette demande est transmise par le ministère public au juge de l'application des peines dont relève le condamné pour être classée dans la cote "victime" du dossier individuel prévu par l'article D. 49-29.

La personne peut préciser dans sa demande qu'elle souhaite être informée par l'intermédiaire de son avocat.

SECTION 2 Information des forces de sécurité

Art. L. 512-2 Selon des modalités précisées par décret en Conseil d'État, l'identité et l'adresse des personnes condamnées à une peine d'emprisonnement égale ou supérieure à trois ans sont communiquées par l'administration pénitentiaire aux services de police ou aux unités de gendarmerie du lieu de résidence des personnes intéressées lorsque leur détention prend fin. – *V. art. R. 512-2.*

COMMENTAIRE

L'article L. 512-2 organise la coopération stratégique des forces de sécurité lors de la libération des sortants de prison, afin de rendre plus effective la lutte contre la récidive et l'action des forces de police et de gendarmerie. Loin d'être une nouveauté, il s'agit ici d'assurer la recherche et l'efficacité des enquêtes qui visent les personnes ayant déjà été incarcérées pour au moins trois ans. Cet article marque la fin des dispositions protectrices de ce livre V, qui ne visait jusqu'alors quasi exclusivement qu'à l'octroi de prérogatives ou de droits pour la personne libérée. ❑

SECTION 3 Inscription au fichier judiciaire national automatisé des auteurs d'infractions terroristes

COMMENTAIRE

Les articles L. 512-3 et L. 512-4 du code pénitentiaire organisent l'enregistrement de la date de libération et de l'adresse du domicile de la personne sortant de prison au FIJAIT (pour les infractions terroristes à l'art. L. 512-3) et au FIJAISV (pour les infractions sexuelles ou violentes à l'art. L. 512-4). Les personnels des greffes pénitentiaires disposent, à l'instar des représentants de l'État dans le département, d'un accès conditionné pour l'inscription et la consultation de ces fichiers. Ils ne peuvent ainsi accéder à ces données que pour inscrire la date de mise sous écrou et de libération, l'adresse de l'intéressé, ou pour vérifier qu'il en a été informé. Quant aux données conservées, c'est leur qualité qui interroge. Si la libération ne s'accompagne pas d'une obligation judiciaire ou d'une mesure de sûreté, l'intéressé n'est plus soumis à l'obligation d'actualisation de son adresse. Dans ce cas, l'inscription au fichier n'a plus d'intérêt. ❑

Art. L. 512-3 Dans les conditions prévues par les dispositions de l'article 706-25-9 du code de procédure pénale, les agents du greffe de l'établissement pénitentiaire, habilités par le chef de l'établissement, enregistrent dans le fichier judiciaire national automatisé des auteurs d'infractions terroristes la date de libération et l'adresse du domicile déclaré par la personne libérée intéressée.

BIBL. ▸ THOMAS-TAILLANDIER, *AJ pénal 2015. 523* (le nouveau fichier national des auteurs d'infractions terroristes). – GAUTRON et MONNIAUX, De la surveillance secrète à la prédiction des risques : les dérives du fichage dans le champ de la lutte contre le terrorisme, *Archives de politique criminelle, 38 (Terrorisme), Pedone, 2016, p. 123-135.*

Code de procédure pénale

Art. R. 50-34 L'agent du greffe pénitentiaire habilité enregistre sans délai dans le fichier la date de mise sous écrou et de libération, l'adresse du domicile déclaré par la personne libérée, si elle est différente du dernier domicile enregistré et la date de la notification à laquelle il a été procédé.

SECTION 4 Inscription au fichier judiciaire national automatisé des auteurs d'infractions sexuelles ou violentes

Art. L. 512-4 Dans les conditions prévues par les dispositions de l'article 706-53-7 du code de procédure pénale, les agents du greffe de l'établissement pénitentiaire, habilités par le chef de l'établissement, enregistrent dans le fichier judiciaire national automatisé des auteurs d'infractions sexuelles ou violentes la date de libération et l'adresse du domicile déclaré par la personne libérée intéressée.

1. Conventionnalité de l'inscription. La Cour juge que la conservation des données n'est pas disproportionnée au regard du but poursuivi par la mémorisation des informations et, quant à l'accès au FIJAIS, que celui-ci était « exclusivement accessible à des autorités astreintes à une obligation de confidentialité et dans des circonstances déterminées ». • CEDH 17 déc. 2009, n° 5335/06 : *D. 2010. 93, obs. Gachi ; ibid. 2732, obs. Roujou de Boubée, Garé et Mirabail ; RSC 2010. 239, obs. Roets ; ibid. 240, obs. Roets* • 17 déc. 2009, *Gardel c/ France*, n° 16428/05 : *D. 2010. 2732, obs. Roujou de Boubée, Garé et Mirabail* • 17 déc. 2009, n° 22115/06 : *D. 2010. 2732, obs. Roujou de Boubée, Garé et Mirabail.*

2. Rétroactivité de l'inscription. L'inscription au FIJAIS ne constitue ni un traitement dégradant ni une peine au sens des art. 3 et 7 Conv. EDH, mais une mesure ayant pour seul objet de prévenir le renouvellement des infractions sexuelles et de faciliter l'identification de leurs auteurs. • Crim. 30 janv. 2008, n° 07-82.645 : *AJ pénal 2008. 242, obs. Herzog-Evans.*

CHAPITRE III PROTECTION SOCIALE

Art. L. 513-1 Les personnes libérées ayant relevé des assurances maladie et maternité du régime général de sécurité sociale durant leur détention en application des dispositions de l'article L. 381-30 du code de la sécurité sociale retrouvent le bénéfice des

droits ouverts avant leur mise sous écrou dans les conditions prévues par les dispositions de l'article L. 161-13-1 du même code.

TITRE II AIDE MATÉRIELLE À LA SORTIE DE DÉTENTION

CHAPITRE I AIDE À L'HÉBERGEMENT

Art. L. 521-1 Conformément aux dispositions de l'article L. 345-2-6 du code de l'action sociale et des familles, les services pénitentiaires d'insertion et de probation peuvent conclure des conventions avec les services intégrés d'accueil et d'orientation pour l'exercice des missions de ces derniers en faveur de l'hébergement ou du logement des personnes ou familles sans domicile ou éprouvant des difficultés particulières.

CHAPITRE II AUTRES AIDES MATÉRIELLES

Le présent chapitre ne comprend pas de dispositions législatives.

TITRE III LIBÉRATION CONDITIONNELLE

Art. L. 530-1 Conformément aux dispositions de l'article 731 du code de procédure pénale, le service pénitentiaire d'insertion et de probation assiste le juge de l'application des peines pour la mise en œuvre des obligations et des mesures d'assistance et de contrôle assortissant le bénéfice de la libération conditionnelle en application des articles 132-44 et 132-45 du code pénal.

COMMENTAIRE

Le bénéfice de la libération conditionnelle s'accorde avec un certain nombre de mesures d'assistance et de contrôle destinées à faciliter et à vérifier le reclassement de la personne libérée, dont la liste figure aux articles 132-44 et 132-45 du code pénal. Si les mesures sont mises en œuvre par le juge de l'application des peines, c'est avec l'assistance du service pénitentiaire d'insertion et de probation et, éventuellement, avec le concours d'organismes habilités à cet effet que leur exécution se concrétise. Les modalités pratiques sont fixées aux articles D. 530-1 et suivants du code pénitentiaire. ❑

1. Compétence du JAP. Selon les dispositions des art. 731, D. 530 et D. 536 C. pr. pén., il appartient au juge de l'application des peines chargé de mettre en œuvre la décision de libération conditionnelle, alors même que cette décision est prise par un autre magistrat, de définir les obligations particulières auxquelles peut être subordonné le maintien de cette mesure. • Crim. 19 déc. 1991, n° 91-84.233 P.

2. Conv. EDH, art. 10. L'obligation pour un condamné de s'abstenir de diffuser tout ouvrage ou œuvre audiovisuelle dont il serait l'auteur ou le coauteur et qui porterait sur les infractions commises et de s'abstenir de toute intervention publique relative à ces infractions ne viole pas l'art. 10 Conv. EDH dès lors que les juridictions nationales bénéficient d'une marge d'appréciation qui n'est pas dépassée pour des mesures limitées dans le temps et qui ne porte que sur les infractions commises par le condamné. • CEDH 12 nov. 2015, n° 52363/11 : *AJDA 2016. 143, obs. Burgogue-Larsen*.

TITRE IV MESURES DE SURVEILLANCE DES PERSONNES LIBÉRÉES

RÉP. PÉN. v° *Peine : nature et prononcé,* par CÉRÉ et GRÉGOIRE.

BIBL. GÉN. ▸ **Ouvrages :** BOULOC, Droit de l'exécution des sanctions pénales, *Dalloz, 6e éd., 2020.* – GIACOPELLI et PONSEILLE, Droit de la peine, *LGDJ, coll. Cours, 1re éd., 2019.* – HERZOG-EVANS, Droit de l'exécution des peines, *Dalloz Action, 2022/2023.* – PONSEILLE, Droit de l'exécution des peines, *Bruylant, coll. Paradigme - Métiers, 1re éd., 2021.*

▸ **Thèses :** BRENAUT, Le renouveau des mesures de sûreté en droit pénal français, *Paris II, 2016.* – GRÉGOIRE, Les mesures de sûreté. Essai sur l'autonomie d'une notion, *Institut universitaire Varenne., coll. Thèses, 2015.* – HERRMANN, Les mesures de sûreté : étude comparative des droits pénaux français et allemand, *Strasbourg, 2015.*

▸ **Articles : Sur les mesures de sûreté en général :** GRÉGOIRE, Réflexions sur l'existence d'une notion européenne de « mesure de sûreté », *Les nouveaux problèmes actuels de sciences criminelles, vol. XXVI, LGDJ, 2015. 147 s.* ; Les mesures de sûreté : un moyen au service de la lutte contre le terrorisme, *RPDP 2015. 57 s.* – MATSOPOULOU, Le renouveau des mesures de sûreté, *D. 2007. 1607* *s.* – MÉSA, Les mesures de sûreté *post sententiam* privatives et restrictives de liberté dans le droit de la Convention européenne des droits de l'homme, *RTDH 2011. 839 s.* – PRADEL, Le grand retour des mesures de sûreté en matière de criminalité violente ou sexuelle. Quels critères d'application ?, *in* Jacopin (dir.), Le renouveau de la sanction pénale, évolution ou révolution ?, *Bruylant, 2010, p. 41 s.* – VERNY, Des surveillances nouvelles en droit pénal, *in* Les droits et le Droit. Mél. Bouloc, *Dalloz, 2007, p. 1141 s.*

▸ **Sur la loi du 12 décembre 2005 :** BUISSON, Loi « Récidive », *Procédures 2006. Comm. 35.* – HERZOG-EVANS, Les dispositions relatives à la récidive dans la loi n° 2005-1549 du 12 décembre 2005, *D. 2006. Chron. 182* *s.* – RASSAT et ROUJOU DE BOUBÉE, A propos de l'article 4 de la loi n° 2005-1549 du 12 décembre 2005 relative au traitement de la récidive des infractions pénales, *D. 2006. Tribune 593.* – ROBERT, Les murailles de silicium. Commentaire de la loi n° 2005-1549 du 12 décembre 2005 relative au traitement de la récidive des infractions pénales, *JCP 2006. I. 116 ; Dr. pénal 2006. Étude 2.* – SEUVIC, Loi n° 2005-1549 du 12 décembre 2005 sur la récidive, *RSC 2006, chronique législative, p. 352 s.* – THOMAS, Quelques réflexions de politique criminelle à propos de certains aspects de la loi n° 2005-1549 du 12 décembre 2005 relative au traitement de la récidive des infractions pénales, *in* Les droits et le Droit, Mél. Bouloc, *Dalloz, 2007, p. 1119 s.*

▸ **Sur la loi du 25 février 2008 :** BONFILS, Loi n° 2008-174 du 25 février 2008 relative à la rétention de sûreté et à la déclaration d'irresponsabilité pénale pour cause de trouble mental, *RSC 2008. 392* *s.* – CORDIER, L'apport de la juridiction nationale de la rétention de sûreté à l'interprétation de la loi 2008-174, modifiée, relative à la rétention de sûreté, *RSC 2020. 525* *s.* – FERRAND, Vous avez dit rétention de sûreté ? La victoire posthume de Saleilles et les préventions de la doctrine pénale française à l'encontre du positivisme, *Les éclaireurs du pénal, n° 3, L'Harmattan, 2012, p. 193 s.* – GAUTRON, De la société de surveillance à la rétention de sûreté, *in* Dossier : Loi du 17 juin 1998 : l'obligation de soins, 10 ans après, *AJ pénal 2009. 54* *s.* – HERZOG-EVANS, La loi n° 2008-174 du 25 février 2008 ou la mise à mort des « principes cardinaux » de notre droit, *in* Dossier : La nouvelle rétention de sûreté : éléments d'analyse, *AJ pénal 2008. 161* *s.* ; Les textes d'application de la loi rétention de sûreté : l'enracinement des nouvelles orientations de l'exécution des peines, *D. 2008. Chron. 3098 s.* – LACROIX, Rétention de sûreté et déclaration d'irresponsabilité pénale, *D. 2008, actualité législative, p. 148* ; Rétention de sûreté : le consensus des deux assemblées, *ibid. p. 404* *s.* – MATSOPOULOU, Le développement des mesures de sûreté justifflées par la « dangerosité » et l'inutile dispositif applicable aux malades mentaux, *Dr. pénal 2008. Étude 5.* – MBANZOULOU, Quelles incidences possibles de la loi de rétention de sûreté sur les pratiques professionnelles pénitentiaires ?, *in* Dossier : Le nouveau contexte de l'application des peines, *AJ pénal 2008. 400 s.* – PONSEILLE, Quelques réflexions (perplexes) à propos de la loi du 25 février 2008, *RDS 2008, n° 23, p. 308 s.* – PRADEL, Une double révolution en droit pénal français avec la loi du 25 février 2008 sur les criminels dangereux, *D. 2008. Chron. 1000 s.* – ROETS, La rétention de sûreté à l'aune du droit européen des droits de l'homme, *D. 2008. 1840 s.* – SENNA, Premières réflexions sur les adaptations du régime de sûreté des condamnés criminels dangereux, *in* Dossier : La nouvelle rétention de sûreté, quelles perspectives ?, *AJ pénal 2008. 223 s.* – SÉVELY-FOURNIÉ, L'« inquiétante étrangeté » de la rétention de sûreté, *RRJ 2008. 2019 s.*

▸ **Sur la loi du 30 juillet 2021 :** BEAUVAIS, Le régime constitutionnel des mesures de sûreté, *RSC 2020. 619 s.* – DREYER, Le droit pénal sécuritaire, *RSC 2021. 1973 s.* – FRINCHABOY, Encore une mesure de sûreté applicable aux auteurs d'infractions terroristes : est-elle vraiment nécessaire ?, *Gaz. Pal. 23 nov. 2021, n° 41, p. 76 s.* – DE MONTECLER, Adoption du projet de loi Terrorisme et renseignement, *AJDA 2021. 1592 s.* – ROUSSEAU, Prévention d'actes de terrorisme et renseignement, *Dr. pénal 2021. Étude 18.* – SAFI, La loi du 30 juillet 2021 relative à la prévention d'actes de terrorisme et au renseignement, *JCP 2021. 1768 s.*

COMMENTAIRE

Le début des années 2000 a vu fleurir dans notre législation une nouvelle catégorie de réponses pénales, désignées sous l'expression de « mesures de sûreté ». Depuis lors, il est devenu courant de présenter la sanction pénale de manière binaire, en distinguant les peines, qui sanctionnent la commission d'une infraction et dont le prononcé repose sur la culpabilité du condamné, et les mesures de sûreté, qui visent à prévenir la commission d'une infraction que la dangerosité d'un individu rend possible ou probable.

La loi n° 2005-1549 du 12 décembre 2005 relative au traitement de la récidive des infractions pénales (*JO 13 déc.*) marque véritablement le premier pas sur le chemin de la consécration des mesures de sûreté en ce qu'elle a non seulement créé les deux premières mesures de sûreté formelles apparues dans le code pénal et dans le code de procédure pénale – la surveillance judiciaire des personnes dangereuses et le placement sous surveillance électronique mobile –, mais également institué une structure *sui generis* dont la principale mission est d'évaluer la dangerosité d'un individu lorsque cela se révèle nécessaire. Le domaine d'intervention de ces nouvelles commissions pluridisciplinaires des mesures de sûreté a largement été étendu au gré des lois ultérieures, qui ont aussi créé de nouvelles mesures de sûreté, et leur ont donné par conséquent compétence pour réaliser les diagnostics de dangerosité préalables à leur prononcé ou utiles à leur maintien. C'est notamment la loi n° 2008-174 du 25 février 2008 relative à la rétention de sûreté et à la déclaration d'irresponsabilité pénale pour cause de trouble mental (*JO 26 févr.*) qui a procédé à cette extension, en instituant deux nouvelles mesures de sûreté à destination des personnes criminologiquement dangereuses : la surveillance de sûreté et la rétention de sûreté. Pour leur prononcé, des juridictions régionales et nationale de la rétention de sûreté ont vu le jour. C'est également, plus récemment, la loi n° 2021-998 du 30 juillet 2021 relative à la prévention d'actes de terrorisme et au renseignement (*JO 31 juill.*) qui est venue instaurer la nouvelle « mesure judiciaire de prévention de la récidive terroriste et de réinsertion », dont le prononcé est conditionné à un examen de la situation de la personne détenue avant libération par la commission pluridisciplinaire des mesures de sûreté.

Dans ce titre quatrième de la partie législative du code pénitentiaire, ainsi que dans le même titre de la partie réglementaire, il est question de l'ensemble de ces mesures de sûreté dites « de surveillance » et plus encore, puisque l'on y retrouve par ailleurs une disposition – réglementaire – dédiée à l'obligation de soins créée par la loi n° 2014-896 du 15 août 2014 relative à l'individualisation des peines et renforçant l'efficacité des sanctions pénales (*JO 17 août*), à destination des personnes dont le discernement a été altéré, au moment des faits, par des troubles psychiques ou neuropsychiques. Logiquement, le code pénitentiaire accorde dans sa partie réglementaire une place importante à la rétention de sûreté, qui, en sa qualité de mesure privative de liberté, soulève des problématiques communes à celles identifiées dans le cadre de l'exécution des peines privatives de liberté. Les missions du centre socio-médico-judiciaire de sûreté, son fonctionnement ou encore les droits des personnes retenues sont ainsi plus ou moins précisément formalisés. Le placement sous surveillance électronique mobile, mesure de sûreté emblématique, est également largement réglementé par des dispositions qui encadrent son prononcé, sa mise en œuvre et son suivi. ❑

CHAPITRE I ACCUEIL DES PERSONNES SOUMISES À UNE RÉTENTION DE SÛRETÉ DANS UN CENTRE SOCIO-MÉDICO-JUDICIAIRE DE SÛRETÉ

Le présent chapitre ne comprend pas de dispositions législatives

CHAPITRE II CONTRÔLE DU RESPECT DE L'OBLIGATION DE SOINS PRONONCÉE EN L'ABSENCE DE SUIVI SOCIO-JUDICIAIRE

Le présent chapitre ne comprend pas de dispositions législatives.

COMMENTAIRE

Voir le commentaire sous l'article D. 542-1. ❑

CHAPITRE III CONTRÔLE DU RESPECT DES MESURES DE SURVEILLANCE JUDICIAIRE ET DE SURVEILLANCE DE SÛRETÉ

Art. L. 543-1 Conformément aux dispositions de l'article 723-33 du code de procédure pénale, le service pénitentiaire d'insertion et de probation assiste le juge de l'application des peines pour la mise œuvre des mesures d'assistance et de contrôle et des obligations imposées aux personnes condamnées placées sous surveillance judiciaire en application des dispositions de l'article 723-29 du même code.

BIBL. ▶ Bonfils, Les modèles de surveillance extrapénitentiaire des délinquants en France, *RPDP 2009. 389 s.* – Collet, L'insaisissable notion de surveillance en droit pénal, *RSC 2019. 549* s.

COMMENTAIRE

Instaurée par la loi n° 2005-1549 du 12 décembre 2005 relative au traitement de la récidive des infractions pénales (*JO 13 déc.*), la surveillance judiciaire des personnes dangereuses est régie par les articles 723-29 et suivants du code de procédure pénale. Puisqu'il s'agit d'une mesure de sûreté, son prononcé est nécessairement subordonné à la réunion de deux conditions subjectives, tenant d'une part à la dangerosité de l'individu constatée par expertise médicale (C. pr. pén., art. 723-31 et D. 147-34), d'autre part à l'existence d'un risque « avéré » de récidive. Des conditions objectives viennent les compléter, imposant au tribunal de l'application des peines compétent pour prononcer la mesure de considérer d'une part le quantum de la peine privative de liberté prononcée – une peine privative de liberté supérieure ou égale à 7 ans –, et de s'assurer d'autre part que la personne a été condamnée pour un crime ou un délit « pour lequel le suivi sociojudiciaire est encouru » (C. pr. pén., art. 723-29). En d'autres termes, le placement sous surveillance judiciaire est destiné à être prononcé dans des hypothèses où le suivi sociojudiciaire ne peut être appliqué, étant précisé que cette condition n'a pas à être remplie lorsque le condamné est en état de double récidive et que la peine privative de liberté encourue est supérieure ou égale à cinq ans. La mesure doit obligatoirement être ordonnée avant la date prévue pour la libération du condamné (C. pr. pén., art. 723-32, al. 1er. – Crim. 11 mai 2017, n° 16-84.383) et sa durée est limitée à celle correspondant aux réductions de peine dont la personne condamnée a bénéficié et qui n'ont pas fait l'objet d'une décision de retrait.

Lorsqu'il prononce la mesure, le tribunal de l'application des peines doit également fixer les obligations auxquelles le condamné sera astreint, la liste étant établie par l'article 723-30 du code de procédure pénale. On retrouve ici un fonctionnement et des mesures, obligations et interdictions déjà bien connus qui rappellent évidemment le sursis probatoire, puisque le surveillé pourra être contraint au respect des mesures de contrôle de l'article 132-44 du code pénal et des différentes obligations et interdictions énumérées par l'article 132-45 du même code, à un placement sous surveillance électronique mobile, à une obligation d'assignation à domicile et/ou une injonction de soins.

Quel que soit le contenu de la mesure décidée par le tribunal de l'application des peines, le juge de l'application des peines dispose d'une compétence de principe postérieurement au prononcé de la mesure puisqu'il doit notamment mettre en œuvre les mesures et obligations auxquelles le condamné est astreint et peut en moduler le contenu, pour en prolonger la durée ou pour y mettre un terme (C. pr. pén., art. 723-33, al. 2, et 723-34). Il est assisté dans sa mission par le service pénitentiaire d'insertion et de probation, comme en dispose l'article L. 543-1 par renvoi à l'article 723-33 du code de procédure pénale. En outre, une compétence similaire est logiquement attribuée au service pénitentiaire d'insertion et de probation dans le cadre de l'exécution d'une mesure de surveillance de sûreté, par l'article R. 543-1 du code pénitentiaire. La dissociation des deux dispositions, l'une dans la partie législative et l'autre dans la partie réglementaire, interroge sur la cohérence du choix effectué par les rédacteurs du code. Il n'en reste pas moins que la compétence du service pénitentiaire d'insertion et de probation en la matière est largement fondée, car s'il possède une attribution de principe en matière d'application des peines, il participe de manière plus générale à l'exécution des décisions et sentences pénales, ce qui justifie son intervention dans la mise en œuvre et le contrôle des mesures postsentencielles.

Voir également le commentaire sous l'article D. 543-5. ❑

CHAPITRE IV PLACEMENT SOUS SURVEILLANCE ÉLECTRONIQUE MOBILE À TITRE DE MESURE DE SÛRETÉ

Art. L. 544-1 Le dispositif technique de surveillance est installé sur chaque personne condamnée à une surveillance électronique mobile à titre de mesure de sûreté dans le délai prévu par les dispositions de l'article 763-12 du code de procédure pénale.

Art. L. 544-2 Le contrôle à distance de la localisation du condamné fait l'objet d'un traitement automatisé de données à caractère personnel, mis en œuvre conformément aux dispositions de la loi n° 78-17 du 6 janvier 1978 relative à l'informatique, aux fichiers et aux libertés.

Art. L. 544-3 **Un décret en Conseil d'État précise les conditions d'habilitation des personnes de droit privé auxquelles peuvent être confiées les prestations techniques détachables des fonctions de souveraineté concernant la mise en œuvre du placement sous surveillance électronique mobile et relatives notamment à la conception et à la maintenance du dispositif prévu à l'article 763-12 du code de procédure pénale et du traitement automatisé prévu à l'article L. 544-2.**

Les dispositions de ce décret relatives au traitement automatisé prévu à l'article L. 544-2, qui précisent, notamment, la durée de conservation des données enregistrées, sont prises après avis de la Commission nationale de l'informatique et des libertés.

BIBL. ▶ LAZERGES, L'électronique au service de la politique criminelle : du placement sous surveillance électronique statique (PSE) au placement sous surveillance électronique mobile (PSEM), *RSC 2006. 183* ✎ *s.* – LIENARD, La surveillance électronique mobile : une réponse à la récidive ?, *RPDP 2008. 509 s.*

COMMENTAIRE

Depuis plusieurs années, le législateur ne cesse d'intensifier le recours à la surveillance électronique pour s'assurer de personnes potentiellement dangereuses, lorsque la privation de liberté n'est pas ou plus envisageable. La détention à domicile sous surveillance électronique – qui a remplacé le placement sous surveillance électronique – intervient ainsi à titre de peine alternative ou d'aménagement de peine, alors que l'assignation à résidence sous surveillance électronique et le placement sous surveillance électronique mobile sont des mesures de sûreté prononcées avant toute condamnation pénale pour la première, après l'exécution de la peine privative de liberté pour la seconde.

Le placement sous surveillance électronique mobile est une création emblématique de la loi n° 2005-1549 du 12 décembre 2005 relative au traitement de la récidive des infractions pénales (*JO 13 déc.*). Définie à la fois par le code pénal (C. pén., art. 131-36-9) et le code de procédure pénale (C. pr. pén., art. 763-10 s.), cette mesure de sûreté consiste à astreindre le condamné au port d'un émetteur permettant à tout moment de le localiser sur l'ensemble du territoire national. Le placement sous surveillance électronique mobile présente la particularité de ne pouvoir être prononcé qu'en complément d'un autre dispositif (il n'est donc pas une mesure autonome). Il peut ainsi constituer une obligation particulière du suivi sociojudiciaire, de la libération conditionnelle, de la surveillance judiciaire des personnes dangereuses et de la surveillance de sûreté. Du reste, au-delà de la spécificité de son domaine, la mise en œuvre et le suivi du placement sous surveillance électronique mobile, comme toute mesure de surveillance électronique, requièrent l'intervention d'une pluralité d'acteurs, et soulèvent des problématiques particulières liées à la géolocalisation en temps réel et au traitement des données. Pour comprendre le fonctionnement du dispositif électronique, les articles L. 544-1 et suivants du code pénitentiaire doivent impérativement être lus concomitamment aux dispositions réglementaires des articles R. 544-1 et suivants du même code.

Voir également le commentaire sous l'article R. 544-3. ❑

CHAPITRE V MESURE JUDICIAIRE DE PRÉVENTION DE LA RÉCIDIVE TERRORISTE ET DE RÉINSERTION

Art. L. 545-1 **Conformément aux dispositions de l'article 706-25-16 du code de procédure pénale, le service pénitentiaire d'insertion et de probation assiste le juge de l'application des peines du tribunal judiciaire de Paris pour la mise en œuvre des obligations auxquelles est astreinte une personne faisant l'objet d'une mesure judiciaire de prévention de la récidive terroriste et de réinsertion.**

Ces mêmes dispositions précisent la nature des informations que la personne intéressée doit communiquer au service pénitentiaire d'insertion et de probation.

COMMENTAIRE

A la suite d'une première tentative ratée par la loi n° 2020-1023 du 10 août 2020 instaurant des mesures de sûreté à l'encontre des auteurs d'infractions terroristes à l'issue de leur peine (*JO 11 août.* – Cons. const. 7 août 2020, n° 2020-805 DC : *JO 11 août*), la mesure judiciaire de prévention de la récidive terroriste et de réinsertion a finalement vu le jour par l'effet de la loi n° 2021-998 du 30 juillet 2021 relative à la prévention d'actes de terrorisme et au renseignement (*JO 31 juill.*). Cette mesure de sûreté, aujourd'hui conforme à la Constitution (Cons. const. 30 juill. 2021, n° 2021-822 DC, consid. 33 : *JO 31 juill.*), est définie par les articles 706-25-16 et suivants du code de procédure pénale. Elle est, comme son nom l'indique, à destination exclusive des auteurs d'infractions terroristes et son prononcé repose sur « une particulière dangerosité caractérisée par une probabilité très élevée de récidive », ce qui n'est pas sans rappeler les conditions prévues pour l'imposition d'une rétention de sûreté. Plus spécifiquement cependant, pour justifier cette mesure, la juridiction compétente, en l'occurrence le tribunal de l'application des peines de Paris, doit établir l'existence d'une « adhésion persistante à une idéologie ou à des thèses incitant à la commission d'actes de terrorisme, faisant ainsi obstacle à sa réinsertion », ce qui soulève quelques interrogations, notamment au regard des éventuels critères d'appréciation de cette adhésion à une idéologie particulière. Lorsqu'elle est ordonnée, et sous couvert d'une prise en charge sanitaire, sociale, éducative, psychologique ou psychiatrique destinée à permettre la réinsertion de la personne concernée et l'acquisition des valeurs de la citoyenneté, le condamné peut être astreint au respect d'un certain nombre d'obligations et/ou d'interdictions : l'obligation d'exercer une activité professionnelle ou de suivre un enseignement ou une formation professionnelle, l'interdiction de se livrer à l'activité dans l'exercice ou à l'occasion de laquelle l'infraction a été commise ou encore l'obligation d'établir sa résidence en un lieu déterminé (à la différence des autres mesures de surveillance, les mesures de contrôle et autres obligations des art. 132-44 et 132-45 C. pén. ne sont pas visées).

Comme pour toute mesure de sûreté, le service pénitentiaire d'insertion et de probation doit assister le juge de l'application des peines, ici du tribunal judiciaire de Paris, pour veiller à la mise en œuvre des obligations prononcées dans le cadre de la mesure judiciaire de prévention de la récidive terroriste et de réinsertion. C'est ce qu'énonce l'article L. 545-1 (et C. pénit., art. R. 545-5), qui s'inscrit dans la continuité du I de l'article 706-25-16 du code de procédure pénale, qui impose notamment au condamné de communiquer au personnel des services pénitentiaires d'insertion et de probation tout renseignement ou document utile au contrôle de ses moyens d'existence et de l'exécution de la mesure. Il ne faut pas omettre par ailleurs que le service pénitentiaire d'insertion et de probation joue un rôle en amont, un rôle d'aiguilleur puisque, lorsque le tribunal de l'application des peines de Paris envisage de prononcer la mesure, il doit saisir ledit service afin qu'il lui communique « toute proposition de mesures propres à favoriser la réinsertion de la personne concernée et l'acquisition des valeurs de la citoyenneté ». Cette compétence lui est expressément attribuée par l'article R. 50-76 du code de procédure pénale (Décr. n° 2022-358 du 14 mars 2022 relatif à la mesure judiciaire de prévention de la récidive terroriste et de réinsertion, *JO 15 mars*) et rappelée par l'article R. 545-4 du code pénitentiaire. ❑

LIVRE VI INTERVENTION DE L'ADMINISTRATION PÉNITENTIAIRE AUPRÈS DE PERSONNES NON DÉTENUES

Recommandations internationales, App., v° Mesures non privatives de liberté.

V. Circ. du 16 déc. 2011 relative aux attributions respectives du juge de l'application des peines, des autres magistrats mandants et du service pénitentiaire d'insertion et de probation et à leurs relations (BOMJL n° 2011-12).

V. Recomm. CM/Rec(2010)1 du Comité des ministres aux États membres sur les règles du Conseil de l'Europe relatives à la probation, 20 janv. 2010 (App., v° Mesures non privatives de liberté).

RÉP. PÉN. v^is *Prison : exécution,* par HERZOG-EVANS ; *Prison - Organisation générale,* par CÉRÉ.

BIBL. GÉN. ▸ **Ouvrages :** BONIS-GARÇON et PELTIER, Droit de la peine, *4e éd., LexisNexis, 2023.* - GIACOPELLI et PONSEILLE, Droit de la peine, *LGDJ, coll. Cours, 2019.* - HERZOG-EVANS, Droit pénitentiaire 2020-2021, *Dalloz, coll. Dalloz Action, 3e éd., 2019* ; Droit de l'exécution des peines 2023-2024, *Dalloz, coll. Dalloz Action, 6e éd., 2022.* - DE LARMINAT, Hors des murs. L'exécution des peines en milieu ouvert, *PUF, coll. Partage du savoir, 2014.* - PERRIER, La probation de 1885 à 2005. Sanctions et mesures dans la communauté, *Dalloz, 2013.*

▸ **Thèse :** DUBOURG, Les services pénitentiaires d'insertion et de probation : fondements juridiques, évolution, évaluation et avenir, *Univ. Nantes, 2015.*

▸ **Rapport :** Rapport n° 353 de Mmes Mercier et Harribey, fait au nom de la commission des lois constitutionnelles, de législation, du suffrage universel, du Règlement et d'administration générale, sur l'évaluation des services pénitentiaires d'insertion et de probation, enregistré à la Présidence du Sénat le 15 févr. 2023.

▸ **Articles :** COUVRAT, Quelques propos sur les nouveaux services pénitentiaires d'insertion et de probation, *RSC 1999. 626.* - DINDO, Sursis avec mise à l'épreuve, une analyse des pratiques de probation en France, *DAP, Coll. travaux & documents, n° 80, 2013.* - HERZOG-EVANS, Explaining French Probation : Social Work in a Prison Administration, *in* Durnescu et McNeill (dir.), *Understanding Penal Practice, Routledge, 2013, p. 63-76.* - MARGAINE, Le contrôle des obligations en milieu ouvert : ambiguïtés du cadre et recomposition des pratiques professionnelles, *Chroniques du CIRAP, 2017. 22.*

▸ **Dossiers :** ARANDEL et MBANZOULOU (coord.), La prison hors les murs ? A quoi sert la probation, *Cah. de la sécurité et de la justice, 2019, nos 48-49.* - Évaluation du risque de récidive : où en est-on ? *AJ pénal 2018. 7 s.*

COMMENTAIRE

L'administration pénitentiaire joue un rôle essentiel dans l'exécution des peines en milieu ouvert. Le service pénitentiaire d'insertion et de probation (SPIP) est en effet un acteur déterminant dans la mise en place et l'exécution de diverses mesures en milieu libre, ayant depuis longtemps à sa charge des missions nombreuses et variées en la matière. Les interventions et les prérogatives du SPIP se sont progressivement étoffées au gré des lois adoptées au cours des dernières années, à différents stades de la procédure (en présentenciel comme en postsentenciel). Le SPIP s'est ainsi vu attribuer une compétence en matière de recueil des informations préalables nécessaires à déterminer l'opportunité et l'applicabilité technique de certaines mesures ou de certaines peines en milieu ouvert. Il est également compétent pour la mise en œuvre des mesures présentencielles de surveillance et de certaines mesures administratives de surveillance en milieu ouvert, ainsi que pour celle des peines alternatives à la privation de liberté, exécutées en milieu ouvert. L'éventail des compétences ainsi acquises soumet le SPIP a une pression importante du fait de la diversification de la commande en matière de suivi des personnes placées sous main de justice ou sous surveillance administrative.

Par ailleurs, la présence de ce livre VI dans le code confirme, s'il était nécessaire, qu'il s'agit bien là du code de l'administration pénitentiaire, de ses agents et de ses missions, à rebours d'une approche strictement limitée à la question pénitentiaire et à la détention qu'aurait pu laisser présager son intitulé. La plupart des dispositions législatives de ce livre sont directement issues des dispositions du code de procédure pénale auxquelles elles renvoient pour préciser le rôle du service pénitentiaire d'insertion et de probation dans la mise en œuvre de ces différentes mesures et procédures. ❑

TITRE I PRÉPARATION DE DÉCISIONS JUDICIAIRES

CHAPITRE I ENQUÊTES SOCIALES

Art. L. 611-1 Sur réquisition du procureur de la République dans les conditions prévues par les dispositions de l'article 41 du code de procédure pénale, le service pénitentiaire d'insertion et de probation vérifie la situation matérielle, familiale et sociale d'une personne faisant l'objet d'une enquête, ou la faisabilité matérielle de certaines peines ou aménagements de peine et informe le procureur de la République sur les mesures propres à favoriser l'insertion sociale de la personne intéressée.

Sur réquisition du procureur de la République dans les conditions prévues par les dispositions du même article, le service pénitentiaire d'insertion et de probation vérifie le bien-fondé des déclarations d'une personne de nationalité étrangère quant à sa situation personnelle.

V. C. pr. pén., art. 41, al. 8 à 10.

Art. L. 611-2 Sur commission du juge d'instruction dans les conditions prévues par les dispositions de l'article 81 du code de procédure pénale, le service pénitentiaire d'insertion et de probation vérifie la situation matérielle, familiale et sociale d'une personne mise en examen, et informe le juge d'instruction des mesures propres à favoriser son insertion sociale.

V. C. pr. pén., art. 81, al. 7 ; Comp. : C. pénit., art. L. 621-3.

J.-CL. PÉN. v° *Art. 132-1, Fasc. 20 : Individualisation des peines,* par LEBLOIS-HAPPE.

BIBL. ▶ GIACOPELLI, Renforcer l'efficacité et le sens de la peine, *JCP 2019. 386.* – PERRIER, La réforme du droit de la peine : tout changer pour que rien ne change, *RSC 2019. 449.* – J.-Cl. Pénal Code, v° *Art. 132-1, Fasc. 20 : Individualisation des peines,* par LEBLOIS-HAPPE.

COMMENTAIRE

L'enquête sociale, également appelée « enquête sociale rapide », est apparue en France à la fin des années 1970 et s'est largement développée par la suite. Voyant son assise légale se renforcer progressivement, cette mesure issue de la pratique figure aujourd'hui à de multiples endroits du code de procédure pénale. Les dispositions présentes sont en l'occurrence directement tirées des articles 41 et 81 du code de procédure pénale, auxquels elles renvoient. Depuis la loi n° 2019-222 du 23 mars 2019 (art. 73 et 109-XIX, en vigueur depuis le 24 mars 2020), le service pénitentiaire d'insertion et de probation (au même titre que la protection judiciaire de la jeunesse) est à nouveau placé sur un pied d'égalité avec les associations et personnes habilitées à mener ces enquêtes, après avoir été un temps relégué au rang d'acteur subsidiaire en la matière afin de recentrer son action à la mission de réinsertion et au suivi post-sentenciel.

Les vérifications requises par le procureur de la République ou par le juge d'instruction peuvent l'être pour toute personne faisant l'objet respectivement d'une enquête ou d'une mise en examen. Elles doivent par ailleurs être requises pour toute personne encourant une peine n'excédant pas cinq ans d'emprisonnement avant toute réquisition de placement en détention provisoire, ou toute saisine du juge des libertés et de la détention en vue d'un placement en détention provisoire dans le cadre de l'instruction, mais également pour toute personne poursuivie selon la procédure de comparution immédiate (C. pr. pén., art. 395 à 397-6) ou toute personne déférée devant le procureur de la République (C. pr. pén., art. 393) en cas de poursuite selon la procédure de comparution sur reconnaissance préalable de culpabilité (C. pr. pén., art. 495-7 à 495-13). L'absence d'enquête sociale rapide dans les cas où la loi la prescrit n'emporte toutefois aucune présomption de grief pour le mis en cause.

Le procureur de la République peut, en outre, requérir le service pénitentiaire d'insertion et de probation, cette fois à titre subsidiaire, à savoir en cas d'impossibilité matérielle des autres acteurs (OPJ compétent ou personne habilitée), pour procéder à la vérification obligatoire des déclarations de l'étranger indiquant relever de l'une des situations empêchant le prononcé d'une peine d'interdiction du territoire français (C. pén., art. 130-30-1 et 131-30-2), avant la prise de toute réquisition dans le sens du prononcé d'une telle peine. ❑

Absence d'enquête préalable à la détention provisoire. Au moment du placement en détention provisoire, l'absence d'enquête sociale rapide n'est pas nécessairement une cause de nullité. Si le mis en examen n'a pas soulevé cette absence devant le juge des libertés et de la détention, la chambre criminelle en déduit qu'il a ainsi renoncé à s'en prévaloir. • Crim. 20 avr. 2022, n° 22-80.633 : *D. actu. 16 mai 2022, obs. Goetz.*

CHAPITRE II ENQUÊTES TECHNIQUES PRÉALABLES

Art. L. 612-1 **Dans les conditions prévues par les dispositions de l'article 142-6 du code de procédure pénale, le service pénitentiaire d'insertion et de probation vérifie la faisabilité technique de l'assignation à résidence sous surveillance électronique, préalablement à son prononcé par le juge d'instruction.**

V. C. pr. pén., art. 142-6, al. 3 à 5.

J.-CL. PROC. PÉN. v° *Art. 137 à 150, Fasc. 40 : Assignation à résidence sous surveillance électronique,* par Camous.

COMMENTAIRE

L'enquête technique préalable est une enquête de faisabilité qui doit permettre au juge de savoir si le prononcé d'une mesure nécessitant la mise en place d'une surveillance électronique à domicile est envisageable. Si longtemps le recours à tout dispositif de surveillance électronique dépendait de l'existence d'une ligne téléphonique, cela n'est plus le cas puisqu'il existe des boîtiers exploitant les mêmes réseaux que ceux des opérateurs de téléphonie mobile. La seule exigence technique devrait donc être à ce jour de disposer d'un abonnement électrique (V. art. R. 622-1 et R. 622-2).

L'enquête de faisabilité est indispensable au prononcé de toute mesure d'assignation à résidence sous surveillance électronique par le juge d'instruction ou le juge des libertés et de la détention, et elle peut intervenir à tout moment de l'instruction (C. pr. pén., art. 142-6). Il convient de souligner qu'en matière correctionnelle, la saisine du service pénitentiaire d'insertion et de probation est obligatoire dans un ensemble d'hypothèses : en cas de demande d'une personne détenue ou de son avocat un mois avant la date de prolongation possible de la détention provisoire ; avant la date de prolongation éventuelle de la détention provisoire lorsque la peine encourue est inférieure ou égale à cinq ans ; avant la date d'une éventuelle seconde prolongation lorsque la peine encourue est inférieure ou égale à cinq ans. Dans cette dernière hypothèse, le juge ne pourra refuser l'assignation à résidence sous surveillance électronique qu'en cas d'impossibilité matérielle constatée par le SPIP, ou d'impossibilité liée à la personnalité de la personne concernée, sauf s'il envisage un placement sous contrôle judiciaire. ❑

Débat contradictoire et rapport d'enquête. Après un premier débat contradictoire, la remise du rapport de l'enquête de faisabilité technique sur l'assignation à résidence sous surveillance électronique ne donne pas lieu à un nouveau débat contradictoire devant le juge des libertés et de la détention. • Crim. 23 juill. 2014, n° 14-83.498.

TITRE II INTERVENTION AUPRÈS DE PERSONNES CONDAMNÉES

RÉP. PÉN. v° *Peine : nature et prononcé,* par Céré et Grégoire.

CHAPITRE I SURSIS PROBATOIRE

RÉP. PÉN. v° *Sursis avec mise à l'épreuve,* par Giacopelli.

BIBL. GÉN. ▶ **Ouvrages :** Bonis et Peltier, Droit de la peine, *Litec, 3e éd., 2019.* – Bouloc, Droit de l'exécution des sanctions pénales, *Dalloz, 6e éd., 2020.* – Giacopelli et Ponseille, Droit de la peine, *LGDJ, coll. Cours, 1re éd., 2019.* – Herzog-Evans, Droit de l'exécution des peines, *Dalloz action, 2022/2023.* – Ponseille, Droit de l'exécution des peines, *Bruylant, coll. Paradigme - Métiers, 1re éd.*

▶ **Articles :** Boyer, Ambiguïtés de la nature juridique du sursis assorti de l'obligation d'accomplir un travail d'intérêt général, *RSC 1990. 310.* – Dreyer, Premières observations sur les peines dans la loi du 23 mars 2019, *Gaz. Pal. 2019, n° 17, p. 45.* – Frinchaboy, Le sens et l'efficacité des peines dans la loi de réforme pour la justice, *in* Dossier : La loi de programmation 2018-2022 et de réforme pour la justice, *AJ pénal 2019. 198.* – Herzog-Evans, Loi « récidive III » : extension et aggravation de la « probation obligatoire », *D. 2010. 1428.* – Lassalle, La réforme pénale peut-elle se passer d'une complémentarité entre le secteur public et le secteur associatif socio-judiciaire ?, *AJ pénal 2014. 272.* – Lorho, Sursis probatoire à l'épreuve du nouveau code pénal, *Dr. pénal 1992. Chron. 58.* – Matsopoulou, Le bracelet anti-rapprochement au service de la lutte contre les violences faites aux femmes, *JCP 2020, n° 10, p. 279.* – Perrier, La réforme du droit de la peine : tout changer pour que rien ne change, *RSC 2019. 449.* – Pradel, Des dispositions de la loi du 23 mars 2019 sur le renforcement de l'efficacité et du sens de la peine : texte fondateur ou texte d'ajustement ?, *D. 2019. 1002.*

▸ **Dossiers :** *AJ pénal 2019. 175* s. (loi de programmation 2018-2022 et de réforme pour la justice) ; *ibid. 2022. 113* s. (obligation de soins).

COMMENTAIRE

La loi du 23 mars 2019 a donné naissance au « sursis probatoire », qui vient remplacer la contrainte pénale, le sursis avec mise à l'épreuve (SME) et le sursis assorti de l'obligation d'accomplir un travail d'intérêt général (sursis TIG). Il faut saluer l'effort de simplification et de clarification qui a été réalisé puisque, de trois sursis plus une contrainte pénale, notre code pénal passe à une distinction binaire entre le sursis « simple » et le sursis probatoire. Les nouvelles dispositions sont entrées en vigueur le 24 mars 2020.

Dans le code pénal et le code de procédure pénale, les dispositions dédiées au sursis probatoire remplacent celles consacrées à l'ancien sursis avec mise à l'épreuve. On les retrouve aux articles 132-40 à 132-53 du code pénal et 739 à 747 du code de procédure pénale. Pour l'essentiel, le sursis probatoire fonctionne d'une manière similaire à son prédécesseur, mais il faut tout de même signaler une innovation de la loi de 2019, qui est venue finalement instituer deux formes de sursis probatoire. A un sursis probatoire simple et classique – l'ancien sursis avec mise à l'épreuve – le législateur a ajouté un sursis probatoire renforcé, défini par l'article 132-41-1 du code pénal. ❑

Art. L. 621-1 Conformément aux dispositions de l'article 740 du code de procédure pénale, le service pénitentiaire d'insertion et de probation peut être chargé, sur instruction du juge de l'application des peines, de s'assurer de l'exécution des mesures de contrôle et d'aide et des obligations imposées à la personne condamnée à une peine d'emprisonnement assortie du sursis probatoire.

Art. L. 621-2 Dans les conditions prévues par les dispositions de l'article 745 du code de procédure pénale, lorsqu'une personne condamnée à une peine d'emprisonnement assortie du sursis probatoire est soumise à une obligation tendant à éviter tout contact ou une mise en relation avec la victime ou la partie civile, le service pénitentiaire d'insertion et de probation peut être chargé d'aviser la victime ou la partie civile de la date de fin de la période probatoire.

COMMENTAIRE

L'article 132-45 du code pénal, communément désigné aujourd'hui comme étant la « boîte à outils » du législateur (pour cette expression, Robert, Récidive législative. – Commentaire de la L. n° 2010-242 du 10 mars 2010 tendant à amoindrir le risque de récidive criminelle et portant diverses dispositions de procédure pénale, *Dr. pén. 2010. Étude 8*), comprend une liste de 27 obligations et interdictions au sein de laquelle le juge de condamnation ou le juge de l'application des peines peut piocher pour assortir (notamment) le sursis probatoire. Parmi ces obligations et interdictions, 3 expressément visées par l'article 745 du code de procédure pénale se voient adosser une obligation particulière d'information de la victime. En effet, lorsque la probation est accompagnée de l'interdiction de « paraître en tout lieu, toute catégorie de lieux ou toute zone spécialement désignés » (9°), de l'interdiction « d'entrer en relation avec certaines personnes, dont la victime, ou certaines catégories de personnes, et notamment des mineurs, à l'exception, le cas échéant, de ceux désignés par la juridiction » (13°) ou de l'obligation de « respecter l'interdiction de se rapprocher d'une victime de violences commises au sein du couple prévue à l'article 132-45-1 du présent code contrôlée par un dispositif électronique mobile antirapprochement » (18° *bis*, introduit par la L. n° 2019-1480 du 28 déc. 2019 visant à agir contre les violences au sein de la famille, *JO 29 déc.*), le juge de l'application des peines ou le service pénitentiaire d'insertion et de probation peut être chargé d'aviser la victime ou la partie civile de la date de fin de la probation (art. L. 621-2 et R. 621-8). Dans ces hypothèses, l'intérêt de la victime ou de la partie civile doit cristalliser l'attention car la levée de ces interdictions ou obligations peut avoir des conséquences directes, découlant notamment du risque que le condamné puisse à nouveau les approcher (V. égal. C. pr. pén., art. 712-16-1). ❑

Application dans le temps – BAR. La combinaison des art. 132-45, 18° *bis*, 132-45-1 C. pén., et 739 C. pr. pén., qui permet l'ajout, par le juge de l'application des peines, de l'obligation de porter un dispositif antirapprochement dans le cadre d'un sursis probatoire, a pour résultat d'aggraver la situation du condamné et ne s'applique donc pas aux condamnations prononcées pour des faits commis avant leur entrée en vigueur. • Crim. 25 janv. 2023, n° 22-82.432 B : *D. actu. 31 janv. 2023, obs. Dominati.* ♦ Comp., s'agissant des aménagements de peine : les obligations des art. 132-45, 18° bis et 132-45-1 C. pén., créées par la L. n° 2019-1480 du 28 déc. 2019, entrée en vigueur le 30 déc. 2019, lorsqu'elles permettent l'aménagement d'une peine d'emprisonnement en cours d'exécution, s'appliquent aux condamnations prononcées pour des faits commis avant leur entrée en vigueur. • Crim., avis, 22 sept. 2021, n° 21-96.001 B : *D. actu. 30 sept. 2021, obs. Dominati ; Dr. pénal 2021, n° 194, obs. Bonis ; ibid. 2022, chron. 3, obs. Bonis et Peltier.*

Art. L. 621-3 **Lorsque le tribunal a fait application de l'article 132-41-1 du code pénal et a prononcé un sursis probatoire avec un suivi renforcé, le service pénitentiaire d'insertion et de probation évalue, de façon pluridisciplinaire, la personnalité et la situation matérielle, familiale et sociale de la personne condamnée.**

A l'issue de cette évaluation, le service adresse au juge de l'application des peines un rapport comportant des propositions relatives au contenu et aux modalités de mise en œuvre des mesures de contrôle et d'assistance, des obligations et des interdictions mentionnées à l'article 132-45 du même code.

La situation matérielle, familiale et sociale de la personne intéressée est réévaluée à chaque fois que nécessaire au cours de l'exécution de la peine, et au moins une fois par an, par le service pénitentiaire d'insertion et de probation et le juge de l'application des peines.

COMMENTAIRE

Le législateur du 23 mars 2019 a renforcé la probation par la création d'un sursis probatoire renforcé, défini par l'article 132-41-1 du code pénal. Cette forme de sursis vise à proposer au condamné un « accompagnement socio-éducatif individualisé et soutenu », par un « suivi renforcé, pluridisciplinaire et évolutif ». Pour les modalités du prononcé, du fonctionnement et de la mise en œuvre de cette nouvelle probation, il faut procéder à une lecture combinée des articles 132-41-1 du code pénal, 741-2 (mod. par Ord. n° 2022-478 du 30 mars 2022, art. 6, en vigueur le 1er mai 2022) et D. 546-1 et suivants du code de procédure pénale (Décr. n° 2020-81 du 3 févr. 2020, art. 4), L. 621-3 et D. 621-9 et suivants du code pénitentiaire.

Lorsque la juridiction de jugement ordonne un sursis probatoire avec suivi renforcé, elle peut directement fixer les termes du suivi en définissant les obligations et interdictions particulières auxquelles le condamné est astreint, cela à condition qu'elle dispose d'éléments suffisants sur la personnalité du condamné et sur sa situation matérielle, familiale et sociale (critères classiques d'individualisation de la peine). Si tel n'est pas le cas, c'est au juge de l'application des peines qu'il revient de déterminer les modalités du suivi, après évaluation pluridisciplinaire de la personnalité et de la situation matérielle, familiale et sociale de la personne condamnée par le service pénitentiaire d'insertion et de probation (art. L. 621-3, qui renvoie à l'art. 132-41-1 C. pén.).

L'un des intérêts de cette probation renforcée est de pouvoir s'adapter au mieux à l'évolution de la personnalité et de la situation du condamné. C'est d'ailleurs ce qui ressort de l'article D. 621-12 du code pénitentiaire qui prévoit un suivi individualisé et évolutif. Cette individualisation maximale du suivi n'est envisageable que si des évaluations régulières et pluridisciplinaires sont conduites afin d'apprécier cette évolution. La compétence d'évaluation et de réévaluation de la situation de la personne condamnée est accordée au service pénitentiaire d'insertion et de probation qui, à chaque occurrence, doit adresser un rapport au juge de l'application des peines comportant, notamment, des propositions relatives aux suites à donner à la probation (art. L. 621-3 et D. 621-9 à D. 621-11). ❑

CHAPITRE II DÉTENTION À DOMICILE SOUS SURVEILLANCE ÉLECTRONIQUE PRONONCÉE À TITRE DE PEINE

RÉP. PÉN. v° *Placement sous surveillance électronique fixe ou mobile,* par ENDERLIN.

BIBL. GÉN. ▸ **Ouvrage :** DAEMS, Electronic Monitoring. Tagging Offenders in a Culture of Surveillance, *Palgrave Macmillan, 2020.*

▸ **Thèse :** DAMBUYANT, Veiller sur et punir. Expériences du bracelet électronique en France, en Belgique et en Suisse, *EHESS, 2020.*

▸ **Articles :** BONFILS, Modèles de surveillance extra pénitentiaire des délinquants en France, *RPDP 2009. 389.* – CARDET, Mise en œuvre du placement sous surveillance électronique, *D. 2003. Chron. 1782*. – CARPENTIER, Réponse à celui qui s'interrogeait sur « le bracelet électronique : boulet moderne ou outil de réinsertion ? », *RSC 2019. 585*. – COLLET, L'insaisissable notion de surveillance en droit pénal, *RSC 2019. 549*. – COUVRAT, Première approche de la loi du 19 décembre 1997 relative au placement sous surveillance électronique, *RSC 1998. 374*. – EL HAGE, Introduction de la surveillance électronique à distance, *Dr. pénal 1998. Chron. 13.* – KUHN et MADIGNIER, Surveillance électronique : la France dans une perspective internationale, *RSC 1998. 671.* – LAVIELLE, Assignation à résidence sous surveillance électronique, ou la difficulté d'être son propre gardien de prison, *Gaz. Pal. 20 juill. 2010.* – LAZERGES, Électronique au service de la politique criminelle : du placement sous surveillance électronique statique (PSE) au placement sous surveillance électronique mobile (PSEM), *RSC 2006. 183.* – LÉVY, Placement sous surveillance électronique : mieux évaluer avant d'aller plus loin, *AJ pénal 2005. 151.* – MBANZOULOU, Dangerosité des détenus. Un concept flou aux conséquences bien visibles : le PSEM et la rétention de sûreté, *AJ pénal 2008. 171.* – PAPATHEODOROU, Placement sous surveillance électronique en droit pénal comparé, *RPDP 1999. 111.* – PERETTI, Bracelet électronique : « boulet moderne » ou outil d'insertion ?, *AJ pénal 2007. 468.* – PRADEL, « Prison à domicile » sous surveillance électronique, *RPDP 1998. 15.*

▸ **Sur la détention à domicile sous surveillance électronique (DDSE) :** BOURGAIS, Une nouvelle peine autonome de détention à domicile sous surveillance électronique ?, *Dr. pénal 2018. Étude 27.* – CAPELLO, La détention à domicile sous surveillance électronique : une peine en trompe-l'œil, *Lexbase Pénal 2019, n° N8805BXE.* – FRINCHABOY, La nouvelle peine de détention à domicile sous surveillance électronique : une véritable innovation ?, *Gaz. Pal. 2019, n° 364a4, 75.* – PELTIER, Sens et efficacité des peines, *Dr. pénal 2019. Étude 13.* – ROBERT, La peine de détention à domicile sous surveillance électronique : une fausse bonne idée ?, *RSC 2020. 577.*

Art. L. 622-1 **La détention à domicile sous surveillance électronique est prononcée à titre de peine conformément aux dispositions de l'article 131-4-1 du code pénal. – *C. pén.***

Art. L. 622-2 **Dans les conditions prévues par les dispositions de l'article 723-9 du code de procédure pénale, l'administration pénitentiaire assure le contrôle à distance de la détention à domicile sous surveillance électronique.**

Dans les conditions prévues par les dispositions du même article, pour exercer ce contrôle, les agents de l'administration pénitentiaire peuvent se rendre sur le lieu de l'assignation pour demander à rencontrer la personne condamnée.

V. art. R. 424-31 s. et R. 622-1 s.

V. C. pr. pén., art. 723-9, al. 2 et 4 et C. pénit. art. R. 622-1 s.

COMMENTAIRE

Bien que le présent chapitre se réfère à la détention à domicile sous surveillance électronique (DDSE) prononcée à titre de peine, le principe de l'exercice du contrôle à distance de la mesure par l'administration pénitentiaire est prévu par renvoi à l'article 723-9 du code de procédure pénale relatif à la DDSE prononcée à titre d'aménagement de peine. Cela ne change toutefois que peu de chose en pratique, au-delà de la qualité du magistrat prononçant la mesure. Dans la partie réglementaire relative à la DDSE prononcée à titre de peine, les articles R. 622-1 et R. 622-2 du code pénitentiaire font d'ailleurs référence au « procédé » – entendu au sens de « procédé technique » – et non pas à la mesure en elle-même. La seule disposition réglementaire du code relative à la DDSE prononcée à titre d'aménagement de peine (art. R. 424-31) renvoie du reste aux dispositions réglementaires relatives à la DDSE prononcée à titre de peine pour l'organisation de la participation de l'administration pénitentiaire et la mise en œuvre de la mesure, quelle que soit sa nature (peine ou aménagement).

Il ressort de l'examen du code pénitentiaire un constat, celui d'un recours toujours plus large à la surveillance électronique, puisqu'elle devient la principale réponse aux situations pénales les plus diverses, une sorte de couteau suisse à lame unique qui s'adapterait à toutes les hypothèses : elle peut être utilisée à titre de mesure de sûreté, à titre de peine, à titre probatoire avant un autre aménagement, à titre d'aménagement principal, ou encore à titre de mesure de protection pour les victimes. Cette uniformisation de la réponse pénale, dont les « objectifs latents » (Herzog-Evans, Droit de l'exécution des peines 2023, *Dalloz, n° 0443.93*) tiennent à la réduction des coûts, bien plus qu'à la réduction de la récidive, pourtant « objectif manifeste » de ces mesures, n'a pour l'heure pas permis de diminuer les chiffres de la suroccupation des établissements pénitentiaires. ❑

CHAPITRE III PEINE DE TRAVAIL D'INTÉRÊT GÉNÉRAL

RÉP. PÉN. v^{is} *Travail d'intérêt général,* par DELBOS ; *Peine : exécution,* par HERZOG-EVANS.

BIBL. ► J.-Cl. Pénal Code, v° Fasc. 20 : *Travail d'intérêt général,* par BONIS. – COIGNAC, TIG 360° : concrétiser l'alternative à la prison, *D. actu. 6 déc. 2021.* – COUVRAT, Les trois visages du travail d'intérêt général, *RSC 1989. 158.* – DURAND-COGOS et PUECHMAILLE, Réflexions sur dix ans d'application du travail d'intérêt général, *Gaz. Pal. 5 févr. 1994, p. 226.* – FAUCHÈRE, NEVEU et LAZERGUES, Recherches sur la peine de travail d'intérêt général, *Arch. polit. crim. 1987, n° 9, p. 77.* – Infostat Justice, Le travail d'intérêt général 30 ans après sa création, *Ministère de la Justice, juin 2014, n° 129.* – MARC, Le travail d'intérêt général en droit comparé, *Rev. pénit. 1986. 111.* – PENAUD, Relancer le travail d'intérêt général : une peine réconciliatrice et solidaire, *Gaz. Pal. Rec. 2011, 2, doctr., p. 3213.*

Art. L. 623-1 **Sauf si le juge de l'application des peines décide d'exercer cette compétence, les modalités d'exécution de la peine de travail d'intérêt général sont déterminées par le directeur du service pénitentiaire d'insertion et de probation ou son représentant dans les conditions prévues par les dispositions des articles 131-22 et 131-23 du code pénal. – *C. pén.***

Art. L. 623-2 **La liste des travaux d'intérêt général pouvant être accomplis dans chaque département est établie par le directeur du service pénitentiaire d'insertion et de probation dans les conditions prévues par les dispositions de l'article 131-36 du code pénal. – *C. pén.***

COMMENTAIRE

L'intervention prévue à l'article L. 623-2 est à distinguer de la procédure d'habilitation des personnes morales de droit privé chargées d'une mission de service public ou des associations souhaitant mettre en œuvre des travaux d'intérêt général (C. pén., art. 131-8, et C. pénit., art. R*. 623-1 s.), bien que les deux relèvent de la compétence du directeur du service pénitentiaire d'insertion et de probation. L'établissement de la liste des travaux pouvant être accomplis dans le département par le directeur du service pénitentiaire d'insertion et de probation se fait sur avis du ministère public et du juge de l'application des peines du ressort concerné, et après consultation de tout organisme public compétent en matière de prévention de la délinquance (C. pén., art. 131-36, 1°). Les critères qui doivent guider la décision d'inscriptions sont l'utilité sociale des travaux proposés et les perspectives d'insertion sociale ou professionnelle qu'ils offrent aux personnes condamnées (art. R. 623-9). Les travaux pouvant être inscrits sur ces listes sont relativement variés, allant de travaux d'entretiens divers (espaces verts, patrimoine) à l'accompagnement de victimes (accidents de la route), en passant par des travaux dits « de solidarité » (aides aux personnes défavorisées par des travaux en association). Les structures qui accueillent ces travaux d'intérêt général et les font inscrire sur les listes mentionnées sont des collectivités publiques, des établissements publics, et des personnes morales de droit privé chargées d'une mission de service public et associations habilitées (C. pén., art. R. 131-17).

Pour la radiation d'un poste de travail préalablement inscrit sur la liste, la procédure à suivre est identique (art. R. 623-10). ❑

CHAPITRE IV PEINE DE STAGE

Le présent chapitre ne comprend pas de dispositions législatives.

CHAPITRE V BRACELET ANTI-RAPPROCHEMENT IMPOSÉ À UNE PERSONNE CONDAMNÉE

Le présent chapitre ne comprend pas de dispositions législatives.

V. art. R. 625-1 s.

CHAPITRE VI SUIVI SOCIO-JUDICIAIRE

RÉP. PÉN. v° *Peine : exécution,* par HERZOG-EVANS.

BIBL. ▶ **Articles :** CASTAIGNÈDE, *D. 1999. Chron. 23*. – CAYLA, L'injonction de soins dans le suivi socio-judiciaire, *RDSS 1998. 75*. – COUVRAT, *RSC 1999. 376*. – DARBEDA, L'injonction de soins et le suivi socio-judiciaire, *RSC 2001. 625*. – KENSEY, La réalité statistique des peines et mesures concernées par l'obligation de soins, le suivi sociojudiciaire, *AJ pénal 2009. 58*. – LAMEYRE, Pour une éthique des soins pénalement obligés, *RSC 2001. 521*. – LANGLADE, VANIER et BIAMBA, État des lieux d'un dispositif de soins pénalement ordonné : l'injonction de soins, *Grand Angle, sept. 2018, n° 49*. – DE LA VAISSIÈRE, Bilan de la gestion de l'état dangereux par l'instauration du suivi socio-judiciaire, *Pedone, 2005, p. 75*. – LORHO, Des pratiques et de quelques déviances dans l'application de la loi n° 98-468 du 17 juin 1998, *Dr. pénal 2000. Chron. 35* ; Les deux corps de la justice pénale – Du corps violé au corps enfermé, *D. Hors-Série, mai 2001, p. 21*. – DU MESNIL et DU BUISSON, Le juge de l'application des peines, entre le coupable et sa victime, *D. 1999. Chron. 496*. – SALVAGE, L'inexécution d'une peine insusceptible d'exécution forcée, source de responsabilité pénale, *Dr. pénal 2000. Chron. 1*. – VIRIOT-BARRIAL, L'injonction de soins dans la loi du 10 mars 2010, *Gaz. Pal. 2011. 1. p. 560*.

▶ **Thèse :** RYCKEBUSCH, L'injonction de soins, 20 ans après sa création : description, revue de la littérature, et étude des pratiques de prescriptions pharmacologiques en Nord-Pas-de-Calais, *Thèse de médecine, Univ. Lille, 2018*.

▶ **Rapports :** LANGLADE, Rapport sur le dispositif d'injonction de soins, *Paris, Audition Publique, 14-15 juin 2018*. – GAUTRON (dir.), Se soigner sous la contrainte : une étude du dispositif de l'injonction de soins, *Mission Droit et Justice, juill. 2019*.

▶ **Dossier :** Loi du 17 juin 1998 : l'obligation de soins, 10 ans après, *AJ pénal 2009. 53* s.

Art. L. 626-1 Conformément aux dispositions de l'article 763-1 du code de procédure pénale, le service pénitentiaire d'insertion et de probation désigné par le juge de l'application des peines veille au respect des obligations imposées à la personne condamnée à un suivi sociojudiciaire en application des articles 131-36-1 à 131-36-8 du code pénal.

V. C. pr. pén., art. 763-1 à 763-9.

V. C. pén., art. 131-36-1 à 131-36-8.

COMMENTAIRE

L'article 763-1 du code de procédure pénale auquel renvoie l'article L. 626-1 dispose que le juge de l'application des peines peut confier au SPIP la surveillance du respect des obligations pouvant être imposées au condamné à une peine de suivi sociojudiciaire, qui sont prévues aux articles 131-36-1 et suivants du code pénal, et qui comprennent, outre l'injonction de soins de l'article 131-36-4, les mesures d'assistance visant à seconder le condamné dans ses efforts de réinsertion (C. pén., art. 131-36-3), ou encore les obligations pouvant être prononcées au titre du sursis probatoire (C. pén., art. 132-44 et 132-45). ❑

TITRE III EXÉCUTION DE MESURES JUDICIAIRES DE SURVEILLANCE

BIBL. ▶ **Ouvrages :** BOULOC, Procédure pénale, *Dalloz, 28e éd., 2021*. – BOULOC et MATSOPOULOU, Droit pénal général et procédure pénale, *Sirey, 23e éd., 2022*. – BUISSON et GUINCHARD, Procédure pénale, *15e éd., LexisNexis, 2022*. – GARE et GINESTET, Droit pénal – Procédure pénale, *Dalloz, 14e éd., 2022*. – GUÉRY, Droit et pratique de l'instruction préparatoire, *Dalloz Action, 2022/2023*. –

Pradel et Varinard, Les grands arrêts de la procédure pénale, *Dalloz, 10e éd., 2019.* – Verny, Procédure pénale, *Dalloz, 8e éd., 2022.*

▸ **Articles :** Bonfils, Le renforcement de la lutte contre les violences au sein de la famille, *Dr. fam. 2020. Étude 10.* – Carpentier, Réponse à celui qui s'interrogeait sur « le bracelet électronique : boulet moderne ou outil de réinsertion » ?, *RSC 2019. 585.* – Céré, La loi du 24 novembre 2009 : aspects de procédure pénale et de droit pénitentiaire, *Dr. pénal 2010. Étude 2.* – Lavielle, Assignation à résidence sous surveillance électronique, ou la difficulté d'être son propre gardien de prison, *Gaz. Pal. 20 juill. 2010.* – Matsopoulou, Le bracelet antirapprochement au service de la lutte contre les violences faites aux femmes, *JCP 2020, n° 10, p. 279.* – Perrier et Rousseau, Renforcement de la lutte contre les violences familiales, *RSC 2020. 426.* – Roumier, Loi contre les violences au sein de la famille : une mise en œuvre globalement satisfaisante, *Dr. pénal 2020. Alerte 88.*

▸ **Dossier :** *AJ pénal 2020. 59* (qu'attendre de la loi du 28 décembre visant à agir contre les violences au sein de la famille ?).

CHAPITRE I BRACELET ANTI-RAPPROCHEMENT

V. ss. livre VI, titre II, chap. 2, Bibl. Surveillance électronique.

J.-CL. PR. CIV. v° *Fasc. 1400 : Violences conjugales,* par Douchy-Oudot et Sebag.

J.-CL. CIV. v° *Art. 515-9 à 515-13, Fasc. unique : Mesures de protection des victimes de violences. Ordonnance de protection* par Mauger-Vielpeau.

BIBL. ▸ **Articles :** Bouchet, Décryptage et analyse de la loi du 30 juillet 2020 visant à protéger les victimes de violences conjugales, *Lexbase Pénal, sept. 2021.* – Leon, Violences intrafamiliales : l'effectivité des droits des victimes renforcée, *Lexbase Pénal, déc 2021.* – Matsopoulou, Le bracelet antirapprochement au service de la lutte contre les violences faites aux femmes, *JCP 2020, n° 10, p. 488.* – Perrier et Rousseau, Renforcement de la lutte contre les violences familiales, *RSC 2020. 426.* – Roumier, Loi contre les violences au sein de la famille : une mise en œuvre globalement satisfaisante, *Dr. pénal 2020. Alerte 88.*

Art. L. 631-1 L'administration pénitentiaire concourt à la mise en œuvre des dispositifs électroniques mobiles anti-rapprochement devant être portés par des personnes ni détenues ni condamnées, en exécution :

1° Soit d'une décision prise en application des dispositions de l'article 515-11-1 du code civil ;

2° Soit d'une décision prise en application des dispositions des articles 138 et 138-3 du code de procédure pénale.

V. C. civ., art. 515-11-1 ; C. pr. pén., art. 138 et 138-3.

COMMENTAIRE

La loi n° 2019-1480 du 28 décembre 2019 visant à agir contre les violences au sein de la famille (*JO 29 déc.*) a permis la généralisation du déploiement du bracelet antirapprochement, sur le plan civil, dans le cadre de l'ordonnance de protection (C. civ., art. 515-11-1) et, sur le plan pénal, dans un cadre présentenciel, sentenciel (sursis probatoire, détention à domicile sous surveillance électronique...), voire postsentenciel (surveillance judiciaire des personnes dangereuses ou surveillance de sûreté).

C'est ici sous son aspect de mesure présentencielle qu'elle est abordée, comme obligation pouvant assortir le placement sous contrôle judiciaire ou sous assignation à résidence avec surveillance électronique prononcé à titre de mesure de sûreté. L'article L. 631-1 rappelle le contexte, et la partie réglementaire du code en délimite la mise en œuvre (art. R. 631-1 s.), un peu à la manière de la réglementation propre au placement sous surveillance électronique mobile à titre de mesure de sûreté (art. R. 544-5 s.). ❑

CHAPITRE II ASSIGNATION À RÉSIDENCE SOUS SURVEILLANCE ÉLECTRONIQUE

V. ss. livre VI, titre II, chap. 2, Bibl. Surveillance électronique.

BIBL. ▸ J.-Cl. Pr. pén., v° *Art. 137 à 150 - Fasc. 40 : Assignation à résidence sous surveillance électronique,* par Camous. – J.-Cl. Procédure pénale, v° *Art. 137 à 150 - Fasc. 30 : Contrôle judiciaire, assignation à résidence et détention provisoire,* par Caron. – Lavielle, Assignation à résidence sous surveillance électronique, ou la difficulté d'être son propre gardien, *Gaz. Pal. 20 juill. 2010, p. 7.*

Art. L. 632-1 **Avec l'accord préalable du juge d'instruction, le chef de l'établissement pénitentiaire ou le directeur des services pénitentiaires d'insertion et de probation peuvent modifier les horaires de présence au domicile ou dans les lieux d'assignation, dans les conditions et selon les modalités prévues par les dispositions de l'article 142-9 du code de procédure pénale.**

V. Recomm. CM/Rec(2014)4 du Comité des Ministres aux États membres relative à la surveillance électronique, App., v° Mesures non privatives de liberté.

COMMENTAIRE

L'article L. 632-1 rappelle la compétence du chef de l'établissement pénitentiaire ou du directeur des services pénitentiaires d'insertion et de probation pour modifier l'économie d'une mesure d'assignation, en l'occurrence les horaires de présence au domicile ou dans les lieux d'assignation. Cette compétence est cependant subordonnée à une double condition : d'une part, avoir obtenu l'accord préalable du juge d'instruction, d'autre part, qu'il s'agisse de « modifications favorables à la personne mise en examen ne touchant pas à l'équilibre de la mesure de contrôle » (C. pr. pén., art. 142-9). ❑

CHAPITRE III CONTRÔLE JUDICIAIRE

Le présent chapitre ne comprend pas de dispositions législatives.

CHAPITRE IV COMPOSITION PÉNALE

Le présent chapitre ne comprend pas de dispositions législatives.

TITRE IV EXÉCUTION DE MESURES ADMINISTRATIVES DE SURVEILLANCE

Le présent titre ne comprend pas de dispositions législatives.

LIVRE VII DISPOSITIONS RELATIVES À L'OUTRE-MER

Concernant les conditions de détention dans les établissements pénitentiaires outre-mer, V. notes ss. art. L. 6 et L. 315-9.

RÉP. PÉN. v° *Outre-mer : départements et régions, territoires, collectivités et pays*, par REDON.

BIBL. ▸ **Ouvrages :** GINDRE (dir.), La dignité des personnes détenues dans les prisons des Outre-mer, *L'Harmattan, 2023*. – GIRAUDEAU et MAISONNEUVE (dir.), Dictionnaire juridique des Outre-mer, *LexisNexis 2021*, v° *Administration pénitentiaire/Établissements pénitentiaire*, par FALXA, v° *Pénal (Compétence pénale des Outre-mer)*, par GINDRE.

▸ **Articles :** GINDRE, FALXA, LAVRIC et VAUTHIER, *RSC 2022. 905* (chronique Droit des Outre-mer). – LINGIBÉ, Le droit à l'épreuve des réalités de l'outre-mer. Pour la reconnaissance d'un droit différencié ou girondisé, *JCP 2018, n° 48, p. 1231*. – J.-CL Adm., v° *Fasc. 130-10 : Droit des outre-mer - Définitions. Principes. Orientation*, par CHRISTNACHT et CAILLE.

▸ **Rapports et avis :** CGLPL, Recommandations en urgence du 30 nov. 2011 relatives au centre pénitentiaire de Nouméa (Nouvelle-Calédonie), *JO 6 déc. 2011* ; CGLPL, Recommandations en urgence du 19 nov. 2019 relatives au centre pénitentiaire de Nouméa (Nouvelle-Calédonie), *JORF du 18 déc. 2019* ; CGLPL, Recommandations en urgence du 17 déc. 2018 relatives au centre pénitentiaire de Rémire-Montjoly (Guyane), *JO 31 janv.* – CNCDH, Avis sur la question pénitentiaire dans les Outre-mer, *18 mai 2017*. – Groupe de travail « problématiques pénitentiaires en outre-mer », Rapport remis à la garde des Sceaux Christiane Taubira, *mai 2014*. – MOUCHENIK (dir.), Recherche-action sur la pertinence d'une prise en charge spécifique en Outre-mer pour les populations autochtones, Rapp. pour la mission des services pénitentiaires d'Outre-mer, *juin 2020, synthèse publiée au Cahiers d'études pénitentiaires et criminologiques, n° 54*.

▸ **Dossier :** Regards d'outre-mer sur le droit pénal, *AJ pénal 2019. 67*.

TITRE I DISPOSITIONS PARTICULIÈRES AUX COLLECTIVITÉS RÉGIES PAR L'ARTICLE 73 DE LA CONSTITUTION

BIBL. ▸ GIRAUDEAU et MAISONNEUVE (dir.), Dictionnaire juridique des Outre-mer, *LexisNexis, 2021*, v° *Départements et régions d'Outre-mer*, par VIDOT, v° *Identité législative par Rombauts-Chabrol*, v° *Pénal (Compétence pénale des Outre-mer)*, par GINDRE. – J.-Cl. Coll. locales, v° *Fasc. 306 : Collectivités territoriales de l'article 73 de la Constitution - Mayotte. Guyane. Martinique*, par BÉRINGER. – REDON et GRANCHER, La Guadeloupe et ses espaces pénitentiaires : quelles discontinuités de l'ordre en outre-mer ?, *EchoGéo 2014. 28*.

CHAPITRE I DISPOSITIONS COMMUNES AUX COLLECTIVITÉS RÉGIES PAR L'ARTICLE 73 DE LA CONSTITUTION

Art. L. 711-1 Les dispositions du présent code sont applicables de plein droit en Guadeloupe, en Guyane, à la Martinique, à La Réunion et à Mayotte sous réserve des adaptations prévues au présent titre.

COMMENTAIRE

Application du principe d'identité législative. Les collectivités régies par l'article 73 de la Constitution sont soumises au principe d'assimilation, ou d'identité législative, qui leur rend applicables de plein droit les lois et règlements français. Seule une mention expresse contraire peut en écarter l'application. L'article 73 de la Constitution prévoit cependant la possibilité d'une adaptation « aux caractéristiques et contraintes particulières de ces collectivités ».

S'agissant d'un domaine régalien, dans lequel sont en cause les conditions essentielles d'exercice d'une liberté publique ou d'un droit constitutionnellement garanti (CGCT, art. L.O. 3445-2, I, al. 4), les éventuelles adaptations en matière pénitentiaire ne sont possibles que par la loi ou le règlement, et non par décision de la collectivité elle-même, comme en témoignent les dispositions du présent titre et de sa partie réglementaire.

Les adaptations prévues par le code pénitentiaire dans les collectivités régies par l'article 73 de la Constitution restent rares et concernent principalement Mayotte, dont le passage d'un statut de collectivité d'outre-mer à celui de département appelle une mise en œuvre progressive du principe d'assimilation. ❑

CHAPITRE II DISPOSITIONS PARTICULIÈRES À LA GUADELOUPE, LA GUYANE, LA MARTINIQUE ET LA RÉUNION

Le présent chapitre ne comprend pas de dispositions législatives.

CHAPITRE III DISPOSITIONS PARTICULIÈRES À MAYOTTE

Art. L. 713-1 **Pour son application à Mayotte, l'article L. 216-1 est ainsi rédigé :**

Art. L. 216-1 La contrainte judiciaire est exécutée dans un établissement pénitentiaire.

Art. L. 713-2 *(Ord. n° 2022-1336 du 19 oct. 2022, art. 25 et 27, en vigueur à une date fixée par décret et au plus tard le 1er déc. 2024)* **Pour son application à Mayotte, l'article L. 324-1 est ainsi rédigé :**

Art. L. 324-1 Les personnes écrouées à Mayotte sont affiliées au régime obligatoire de sécurité sociale applicable à Mayotte, dans les conditions prévues par l'ordonnance n° 96-1122 du 20 décembre 1996 relative à l'amélioration de la santé publique, à l'assurance maladie, maternité, invalidité, décès et autonomie, au financement de la sécurité sociale à Mayotte et à la caisse de sécurité sociale de Mayotte.

Art. L. 713-3 *(Ord. n° 2022-1336 du 19 oct. 2022, art. 25 et 27, en vigueur à une date fixée par décret et au plus tard le 1er déc. 2024)* **Pour son application à Mayotte, l'article L. 324-12 est ainsi rédigé :**

Art. L. 324-12 Les mesures d'application de la section 3 sont définies par l'accord mentionné à l'article L. 5524-3 du code du travail, qui peut prévoir des aménagements pour les personnes ayant exercé une activité de travail dans le cadre d'un contrat d'emploi pénitentiaire.

TITRE II DISPOSITIONS APPLICABLES À SAINT-BARTHÉLEMY

BIBL. ▶ Giraudeau et Maisonneuve (dir.), Dictionnaire juridique des Outre-mer, *LexisNexis, 2021*, v° *Collectivités d'Outre-mer*, par Vidot, v° *Pénal (Compétence pénale des Outre-mer)*, par Gindre, v° *Saint-Barthélemy*, par Pongerard-Payet, v° *Spécialité législative*, par Rombauts-Chabrol. – JCL. Collectivités territoriales, v° *Fasc. 460 : Collectivités d'Outre-mer - Saint-Barthélemy - Saint-Martin*, par Béringer.

CHAPITRE I DISPOSITIONS GÉNÉRALES

Art. L. 721-1 **Les dispositions du présent code sont applicables de plein droit à Saint-Barthélemy sous réserve des adaptations prévues au présent titre.**

Art. L. 721-2 **Pour l'application du présent code à Saint-Barthélemy :**

1° Les références au département sont remplacées par la référence à la collectivité ;

2° Les références au préfet et au sous-préfet sont remplacées par la référence au représentant de l'État dans la collectivité.

Art. L. 721-3 **En l'absence d'adaptation, les références faites, par des dispositions du présent code applicables à Saint-Barthélemy, à des dispositions qui n'y sont pas applicables sont remplacées par les références aux dispositions ayant le même objet applicables localement.**

COMMENTAIRE

Application du principe d'identité législative. Saint-Barthélemy est une collectivité territoriale ayant évolué vers le statut de collectivité d'outre-mer (COM) de l'article 74 de la Constitution en 2007 (L. org. n° 2007-223 et L. n° 2007-224 du 21 févr. 2007 portant dispositions statutaires et institutionnelles relatives à l'outre-mer ; CGCT, art. L.O. 6211-1 s.). Malgré son statut de COM, elle est encore principalement régie par le principe d'identité législative et les dispositions législatives ou réglementaires en matière pénitentiaire s'appliquent donc de plein droit, comme le précise l'article L. 721-1. L'État peut cependant les adapter à l'organisation particulière de la collectivité (CGCT, art. L.O.

6213-1), comme en attestent les dispositions réglementaires spécifiques prévues aux articles R. 721-1 et suivants.

Articulation du code pénitentiaire avec les compétences de la collectivité d'outre-mer. L'article L. 721-3 donne un guide de lecture lorsque les dispositions législatives et réglementaires du présent code n'ont pas été adaptées à la collectivité et qu'elles comportent des références à des dispositions non applicables dans le respect des compétences de la COM. Il invite en effet à remplacer automatiquement ces références par les dispositions ayant le même objet, applicables localement. La méthode choisie ici, en l'absence d'une consolidation du droit pénitentiaire applicable dans la collectivité, nuit indiscutablement à la lisibilité et à l'accessibilité du droit pénitentiaire dans cette collectivité, obligeant les utilisateurs du code à rechercher, lorsqu'elles existent, les dispositions applicables localement.

Cette méthode légistique est cependant courante et des dispositions similaires sont prévues dans le présent code pour les autres collectivités d'outre-mer, appelant les mêmes observations sur la lisibilité et l'accessibilité des normes pénitentiaires. ❑

CHAPITRE II DISPOSITIONS SPÉCIFIQUES RELATIVES AU LIVRE PREMIER

Le présent chapitre ne comprend pas de dispositions législatives.

CHAPITRE III DISPOSITIONS SPÉCIFIQUES RELATIVES AU LIVRE DEUXIÈME

Le présent chapitre ne comprend pas de dispositions législatives.

CHAPITRE IV DISPOSITIONS SPÉCIFIQUES RELATIVES AU LIVRE TROISIÈME

Le présent chapitre ne comprend pas de dispositions législatives.

CHAPITRE V DISPOSITIONS SPÉCIFIQUES RELATIVES AU LIVRE QUATRIÈME

Le présent chapitre ne comprend pas de dispositions législatives.

CHAPITRE VI DISPOSITIONS SPÉCIFIQUES RELATIVES AU LIVRE CINQUIÈME

Le présent chapitre ne comprend pas de dispositions législatives.

CHAPITRE VII DISPOSITIONS SPÉCIFIQUES RELATIVES AU LIVRE SIXIÈME

Le présent chapitre ne comprend pas de dispositions législatives.

TITRE III DISPOSITIONS APPLICABLES À SAINT-MARTIN

BIBL. ▶ Giraudeau et Maisonneuve (dir.), Dictionnaire juridique des Outre-mer, *LexisNexis, 2021*, v° *Collectivités d'Outre-mer*, par Vidot, v° *Pénal (Compétence pénale des Outre-mer)*, par Gindre, v° *Saint-Martin*, par Pongerard-Payet. – JCL. Collectivités territoriales v° *Fasc. 460 : Collectivités d'Outre-mer – Saint-Barthélemy – Saint-Martin*, par Béringer.

CHAPITRE I DISPOSITIONS GÉNÉRALES

Art. L. 731-1 Les dispositions du présent code sont applicables de plein droit à Saint-Martin sous réserve des adaptations prévues au présent titre.

Art. L. 731-2 Pour l'application du présent code à Saint-Martin :

1° Les références au département sont remplacées par les références à la collectivité de Saint-Martin ;

2° Les références au préfet et au sous-préfet sont remplacées par les références au représentant de l'État dans la collectivité.

Art. L. 731-3 **En l'absence d'adaptations prévues par le présent titre, les références faites, par des dispositions du présent code applicables à Saint-Martin à des dispositions qui n'y sont pas applicables sont remplacées par les références aux dispositions ayant le même objet applicables localement.**

COMMENTAIRE

Application du principe d'identité législative. Saint-Martin a évolué en même temps que Saint-Barthélemy vers le statut de collectivité d'outre-mer de l'article 74 de la Constitution (CGCT, art. L.O. 6311-1, al. 2). De création récente, la collectivité n'est pas soumise au principe de spécialité législative comme les autres collectivités d'outre-mer, mais au principe d'identité législative. Les dispositions législatives et réglementaires relevant des compétences de l'État, comme le droit pénitentiaire, s'appliquent donc de plein droit, sans préjudice de leur adaptation à l'organisation particulière de la collectivité (CGCT, art. L.O. 6313-1, al. 1er et 2).

Articulation du code pénitentiaire avec les compétences de la collectivité d'outre-mer. Voir le commentaire sous l'article L. 721-3. ❑

CHAPITRE II DISPOSITIONS SPÉCIFIQUES RELATIVES AU LIVRE PREMIER

Le présent chapitre ne comprend pas de dispositions législatives.

CHAPITRE III DISPOSITIONS SPÉCIFIQUES RELATIVES AU LIVRE DEUXIÈME

Le présent chapitre ne comprend pas de dispositions législatives.

CHAPITRE IV DISPOSITIONS SPÉCIFIQUES RELATIVES AU LIVRE TROISIÈME

Le présent chapitre ne comprend pas de dispositions législatives.

CHAPITRE V DISPOSITIONS SPÉCIFIQUES RELATIVES AU LIVRE QUATRIÈME

Le présent chapitre ne comprend pas de dispositions législatives.

CHAPITRE VI DISPOSITIONS SPÉCIFIQUES RELATIVES AU LIVRE CINQUIÈME

Le présent chapitre ne comprend pas de dispositions législatives.

CHAPITRE VII DISPOSITIONS SPÉCIFIQUES RELATIVES AU LIVRE SIXIÈME

Le présent chapitre ne comprend pas de dispositions législatives.

TITRE IV DISPOSITIONS APPLICABLES À SAINT-PIERRE-ET-MIQUELON

BIBL. ▶ Giraudeau et Maisonneuve (dir.), Dictionnaire juridique des Outre-mer, *LexisNexis, 2021*, v° *Collectivités d'Outre-mer*, par Vidot, v° *Pénal (Compétence pénale des Outre-mer)*, par Gindre, v° *Saint-Pierre-et-Miquelon*, par Giraudeau. – JCL. Collectivités territoriales v° *Fasc. 464 : Collectivités d'Outre-mer – Saint-Pierre-et-Miquelon*, par Béringer.

CHAPITRE I DISPOSITIONS GÉNÉRALES

Art. L. 741-1 **Les dispositions du présent code sont applicables de plein droit à Saint-Pierre et Miquelon, sous réserve des adaptations prévues au présent titre.**

Art. L. 741-2 **Pour l'application du présent code à Saint-Pierre-et-Miquelon, les références au département sont remplacées par les références à la collectivité de Saint-Pierre-et-Miquelon.**

Art. L. 741-3 En l'absence d'adaptations prévues par le présent titre, les références faites, par des dispositions du présent code applicables à Saint-Pierre-et-Miquelon à des dispositions qui n'y sont pas applicables sont remplacées par les références aux dispositions ayant le même objet applicables localement.

Art. L. 741-4 Pour l'application du présent code à Saint-Pierre-et-Miquelon :

1° Les références au tribunal judiciaire sont remplacées par les références au tribunal de première instance ou, le cas échéant, à la section détachée du tribunal de première instance ;

2° Les références au pôle de l'instruction sont remplacées par les références au juge d'instruction.

COMMENTAIRE

Application du principe d'identité législative. Saint-Pierre-et-Miquelon est une collectivité d'outre-mer de l'article 74 de la Constitution (CGCT, art. L.O. 6411-1), régie principalement par le principe d'identité législative et non de spécialité législative pour les compétences exercées par l'État (CGCT, art. L.O. 6413-1, al. 1er). Le droit pénitentiaire, compétence étatique, s'applique donc de plein droit, sans préjudice des adaptations nécessaires à l'organisation particulière de la collectivité (CGCT, art. L.O. 6413-1, al. 2).

Articulation du code pénitentiaire avec les compétences de la collectivité d'outre-mer. Voir le commentaire sous l'article L. 721-3. ❑

CHAPITRE II **DISPOSITIONS SPÉCIFIQUES RELATIVES AU LIVRE PREMIER**

Le présent chapitre ne comprend pas de dispositions législatives.

CHAPITRE III **DISPOSITIONS SPÉCIFIQUES RELATIVES AU LIVRE DEUXIÈME**

Art. L. 743-1 Pour l'application de l'article 723-15 du code de procédure pénale à Saint-Pierre-et-Miquelon, le chef de l'établissement pénitentiaire exerce les fonctions dévolues, selon les cas, au service pénitentiaire d'insertion et de probation ou à son directeur.

COMMENTAIRE

Répartition des compétences au sein de l'administration pénitentiaire. Cette disposition, reprise à l'identique de l'article 934-1 du code de procédure pénale, est surprenante dans la mesure où le décret n° 2018-858 du 8 octobre 2018 portant modification de l'article D. 600 et création des articles D. 600-1 et D. 600-2 du code de procédure pénale (*JO 9 oct.*) a permis d'adapter les dispositions du code de procédure pénale relatives au service pénitentiaire d'insertion et de probation (SPIP) à l'organisation particulière de Saint-Pierre-et-Miquelon, afin de permettre au conseiller pénitentiaire d'insertion et de probation qui y sera affecté d'exercer ses missions. L'ancien article 934-1 du code de procédure pénale n'avait pas été modifié pour tenir compte de cette réforme et continuait de confier les prérogatives habituellement dévolues au SPIP en matière d'aménagement des courtes peines au chef de l'établissement pénitentiaire. La création du code pénitentiaire n'a pas remis en cause cette répartition des compétences.

La partie réglementaire du présent code, en revanche, intègre les adaptations prévues par cette réforme aux articles D. 741-3 et D. 742-3 et suivants. ❑

CHAPITRE IV **DISPOSITIONS SPÉCIFIQUES RELATIVES AU LIVRE TROISIÈME**

Art. L. 744-1 *(Ord. n° 2022-1336 du 19 oct. 2022, art. 25 et 27, en vigueur à une date fixée par décret et au plus tard le 1er déc. 2024)* Pour son application à Saint-Pierre-et-Miquelon, l'article L. 324-1 est ainsi rédigé :

Art. L. 324-1 Les personnes écrouées à Saint-Pierre-et-Miquelon sont affiliées au régime obligatoire de sécurité sociale applicable à Saint-Pierre-et-Miquelon, dans les conditions prévues par l'ordonnance n° 77-1102 du 26 septembre 1977 portant extension et adaptation au département de Saint-Pierre-et-Miquelon de diverses dispositions relatives aux affaires sociales.

CHAPITRE V DISPOSITIONS SPÉCIFIQUES RELATIVES AU LIVRE QUATRIÈME

Art. L. 745-1 **Pour son application à Saint-Pierre-et-Miquelon, à l'article L. 411-1, les références au directeur du service pénitentiaire d'insertion et de probation sont supprimées.**

COMMENTAIRE

Rôle renforcé du chef d'établissement. L'article L. 745-1 tient compte de l'inexistence d'un SPIP à Saint-Pierre-et-Miquelon, et donc de l'absence d'un directeur, les prérogatives de ce dernier étant exercées, dans le cadre prévu, par le directeur des services pénitentiaires d'outre-mer. Il prévoit donc l'adaptation de l'article L. 411-1 en confiant au seul chef de l'établissement pénitentiaire la compétence de proposer des activités aux personnes détenues condamnées. Cette disposition réserve alors logiquement cette compétence à l'échelon local, une intervention du directeur des services pénitentiaires d'outre-mer, trop lointain, n'ayant pas de sens dans la gestion quotidienne de la détention. En revanche, le CPIP exerçant désormais ses missions dans la collectivité n'est pas consulté. ❑

CHAPITRE VI DISPOSITIONS SPÉCIFIQUES RELATIVES AU LIVRE CINQUIÈME

Le présent chapitre ne comprend pas de dispositions législatives.

CHAPITRE VII DISPOSITIONS SPÉCIFIQUES RELATIVES AU LIVRE SIXIÈME

Le présent chapitre ne comprend pas de dispositions législatives.

TITRE V DISPOSITIONS APPLICABLES DANS LES ÎLES WALLIS-ET-FUTUNA

BIBL. ▸ Giraudeau et Maisonneuve (dir.), Dictionnaire juridique des outre-mer, *LexisNexis, 2021*, v° *Collectivités d'Outre-mer*, par Vidot, v° *Pénal (Compétence pénale des Outre-mer)*, par Gindre, v° *Wallis-et-Futuna*, par Rio. – JCL. Collectivités territoriales v° *Fasc. 466 : Collectivités d'outre-mer - Wallis-et-Futuna*, par Béringer.

CHAPITRE I DISPOSITIONS GÉNÉRALES

Art. L. 751-1 **Sous réserve des dispositions applicables de plein droit, les dispositions législatives du présent code ne s'appliquent dans les îles Wallis-et-Futuna que dans la mesure et les conditions prévues par le présent titre.**

Art. L. 751-2 **Pour l'application du présent code dans les îles Wallis-et-Futuna :**

1° Les références au département sont remplacées par les références à la collectivité de Wallis-et-Futuna ;

2° Les références au préfet et au sous-préfet sont remplacées par les références à l'administrateur supérieur des îles Wallis-et-Futuna ;

3° Les références au tribunal judiciaire sont remplacées par les références au tribunal de première instance ou, le cas échéant, à la section détachée du tribunal de première instance ;

4° Les références au pôle de l'instruction sont remplacées par les références au juge d'instruction ;

(Ord. n° 2022-1336 du 19 oct. 2022, art. 25 et 27, en vigueur à une date fixée par décret et au plus tard le 1er déc. 2024) **« 5° Les références au code du travail sont remplacées par les références équivalentes du code du travail applicable à Wallis-et-Futuna. »**

Art. L. 751-3 **En l'absence d'adaptations prévues par le présent titre, les références faites, par des dispositions du présent code applicables dans les îles Wallis-et-Futuna, à**

des dispositions qui n'y sont pas applicables sont remplacées par les références aux dispositions ayant le même objet applicables localement.

Art. L. 751-4 Les dispositions des articles L. 1 à L. 8 sont applicables dans les îles Wallis-et-Futuna dans leur rédaction résultant de l'ordonnance n° 2022-478 du 30 mars 2022.

COMMENTAIRE

Principe de spécialité législative. Wallis-et-Futuna est une collectivité régie par l'article 74 de la Constitution et, contrairement aux « nouvelles » COM (Saint-Barthélemy, Saint-Martin et Saint-Pierre-et-Miquelon), elle est soumise au principe de spécialité législative. Les dispositions du code pénitentiaire lui sont donc étendues sous réserve d'une mention expresse, et peuvent être adaptées à ses spécificités (hors les lois de la République applicables de plein droit en raison de leur objet ; L. n° 61-814 du 29 juill. 1961 conférant aux îles Wallis-et-Futuna le statut de territoire d'outre-mer, art. 4 a).

L'article L. 751-4 constitue cette mention expresse indispensable, de même que les premiers articles de chacun des chapitres suivants, indiquant les dispositions applicables, accompagnés ou non de dispositions d'adaptation.

Articulation du code pénitentiaire avec les compétences de la collectivité d'Outre-mer. Lorsque le code pénitentiaire fait référence à des dispositions non applicables à Wallis-et-Futuna car relevant des compétences de la collectivité, l'article L. 751-3 prévoit la substitution automatique des références des textes réglementaires applicables localement. Cette technique légistique remet en cause la lisibilité et l'accessibilité du droit, tant que la population de la collectivité ne dispose pas d'un code pénitentiaire consolidé dans sa version applicable localement.

Voir le commentaire sous l'article L. 721-3. ❑

CHAPITRE II **DISPOSITIONS SPÉCIFIQUES RELATIVES AU LIVRE PREMIER**

Art. L. 752-1 Sous réserve des adaptations prévues par le présent chapitre, les dispositions suivantes sont applicables dans les îles Wallis-et-Futuna dans leur rédaction résultant de l'ordonnance n° 2022-478 du 30 mars 2022 sauf mention contraire dans le tableau ci-dessous :

Articles applicables	Dans leur rédaction résultant de
L. 111-1 à L. 115-1	
L. 115-3 à L. 135-1	

BIBL. ▶ Gindre, Falxa, Lavric et Vauthier, *RSC. 2022. 915* (chronique Droit des Outre-mer. La prise en charge des personnes détenues à Wallis-et-Futuna).

COMMENTAIRE

Compétence pénitentiaire à Wallis-et-Futuna. Dans sa version originale de 2009, la loi pénitentiaire (L. pénit. n° 2009-1436 du 24 nov. 2009, art. 99, I, 2°) excluait Wallis-et-Futuna de l'application de ses articles 2-1 et 3, qui confiaient le service public pénitentiaire à l'administration pénitentiaire sous l'autorité du garde des Sceaux, ministre de la Justice, et définissaient ses fonctions régaliennes. Wallis-et-Futuna faisant donc figure d'exception parmi les Outre-mer, avec un service public pénitentiaire placé sous l'autorité du ministère de l'Intérieur et de l'Administrateur supérieur représentant l'État dans la collectivité. En effet, depuis 1962, la détention des personnes prévenues ou condamnées s'effectuait dans un local mis à disposition par la gendarmerie, initialement de trois places, aujourd'hui aménagé en trois cellules pour un total de six places. Depuis 1964, une garde territoriale de cinq agents sous la direction du commandement de gendarmerie assurait la surveillance et le greffe.

La loi pour la confiance dans l'institution judiciaire (L. n° 2021-1729 du 22 déc. 2021 pour la confiance dans l'institution judiciaire, art. 25, *JO 23 déc.*) met fin à cette situation dérogatoire en modifiant l'article 99 de la loi pénitentiaire et en plaçant la prison de Mata'Utu sous l'autorité de l'administration pénitentiaire (direction des services pénitentiaires d'outre-mer), par application des anciens articles 2-1 et 3, désormais articles L. 111-1, L. 111-2 et L. 111-3 du présent code.

Les détails du transfert du service public pénitentiaire, organisés par voie de décret (Décr. n° 2022-1287 du 4 oct. 2022 relatif à la prise en charge des personnes détenues à Wallis-et-Futuna et portant diverses modifications du code pénitentiaire, *JO 5 oct.*), permettent de rendre applicables certains articles du code pénitentiaire, et de créer un service pénitentiaire d'insertion et de probation, dont les missions étaient auparavant confiées au président du tribunal de première instance de Mata'Utu (Décr. n° 2022-1287, préc., art. 1er, abrogeant l'art. R. 751-2, 21°, C. pénit.). ❑

CGLPL. L'art. 99 de la L. pénit. exclut l'application de certains articles de cette loi au territoire de Wallis-et-Futuna, tel que l'art. 3, qui dispose : « Le service public pénitentiaire est assuré par l'administration pénitentiaire sous l'autorité du garde des Sceaux, ministre de la Justice ». Le CGLPL, qui n'a pas à se positionner formellement sur la révision de l'art. 99 dès lors que le rattachement au ministère de l'Intérieur de la maison d'arrêt de Mata'Utu ne porte pas atteinte aux droits fondamentaux des personnes détenues, constate néanmoins que cet article n'identifie pas clairement le service de l'État chargé d'exploiter l'établissement et de garantir la régularité des titres et durées de détention. * CGLPL, Rapport de visite de la maison d'arrêt de Mata'Utu (Wallis-et-Futuna), *14 et 15 oct. 2019, Rec. 3 (p. 16), Rec. 11 (p. 25) et concl. (p. 47).* ♦ L'art. 99 de la L. pénit. exclut l'application de certains articles de cette loi au territoire de Wallis-et-Futuna. L'art. 91 [codifié à l'art. 726 C. pr. pén., devenu art. L. 231-1 s. C. pénit.] ne fait pas partie de ces articles. Par conséquent, le régime disciplinaire (procédure, fautes, sanctions) mis en œuvre doit être le régime national et non un régime dérogatoire plus sévère. * CGLPL, Rapport de visite de la maison d'arrêt de Mata'Utu (Wallis-et-Futuna), *14 et 15 oct. 2019, p. 39-40, Rec. 17.*

Art. L. 752-2 Pour l'application de l'article L. 111-2 dans les îles Wallis-et-Futuna, le premier alinéa est ainsi rédigé :

"Des conventions entre l'administration pénitentiaire et les autres services de l'État, le territoire, les circonscriptions territoriales, les associations et d'autres personnes publiques ou privées définissent les conditions et modalités d'accès, pendant leur détention, des personnes condamnées aux droits et dispositifs mentionnés au deuxième alinéa.".

Art. L. 752-3 Pour son application dans les îles Wallis-et-Futuna, l'article L. 114-5 est ainsi rédigé :

Art. L. 114-5 Les périodes d'emploi des réservistes sont indemnisées dans des conditions fixées par décret.

Art. L. 752-4 Pour son application dans les îles Wallis-et-Futuna, à l'article L. 115-4, les références au directeur général de l'agence régionale de santé sont remplacées par les références au directeur de l'agence de santé.

COMMENTAIRE

Acteurs de la prise en charge de la santé des personnes détenues. Wallis-et-Futuna dispose d'une organisation particulière y compris dans le domaine de la santé. La protection sanitaire de la population locale est assurée par l'agence de santé, régie par le code de la santé publique (CSP, art. L. 6431-1 à L. 6431-17), qui est également compétente en matière de soins aux détenus (CSP, art. L. 6431-4 et R. 6431-76). Cette compétence n'appartenant pas aux établissements de santé comme dans les collectivités d'outre-mer de l'article 73 de la Constitution, l'article L. 115-2 n'est donc pas applicable à Wallis-et-Futuna. De même, la collectivité ne disposant pas d'agence régionale de santé, les références à son directeur sont remplacées par les références au directeur de l'agence de santé. ❑

CHAPITRE III DISPOSITIONS SPÉCIFIQUES RELATIVES AU LIVRE DEUXIÈME

Art. L. 753-1 Sous réserve des adaptations prévues par le présent chapitre, les dispositions suivantes sont applicables dans les îles Wallis-et-Futuna dans leur rédaction résultant de l'ordonnance n° 2022-478 du 30 mars 2022 sauf mention contraire dans le tableau ci-dessous :

Articles applicables	Dans leur rédaction résultant de
L. 211-1 à L. 231-3	

CHAPITRE IV DISPOSITIONS SPÉCIFIQUES RELATIVES AU LIVRE TROISIÈME

Art. L. 754-1 Sous réserve des adaptations prévues par le présent chapitre, les dispositions suivantes sont applicables dans les îles Wallis-et-Futuna dans leur rédaction résultant de l'ordonnance n° 2022-478 du 30 mars 2022 sauf mention contraire dans le tableau ci-dessous : — *Tableau mod. par Ord. n° 2022-1336 du 19 oct. 2022, art. 25 et 27, en vigueur à une date fixée par décret et au plus tard le 1er déc. 2024.*

Articles applicables	Dans leur rédaction résultant de
L. 311-1 à L. 322-7	
L. 322-9 à L. 381-1 *[nouvelle rédaction en vigueur au plus tard le 1er déc. 2024 : « L. 322-9 à L. 322-13*	
« L. 331-1 à L. 381-1 »]	

Art. L. 754-2 Pour son application dans les îles Wallis-et-Futuna, à l'article L. 322-3, les mots : "dans le respect des conditions prévues par les dispositions de l'article L. 6141-5 du code de la santé publique" sont supprimés.

COMMENTAIRE

L'article L. 322-8 n'a pas été rendu applicable à Wallis-et-Futuna. Cette disposition relative à l'hospitalisation des détenus atteints de troubles mentaux ne peut s'appliquer faute d'unité de soins dédiée ou de médecins spécialisés. ❑

CHAPITRE V DISPOSITIONS SPÉCIFIQUES RELATIVES AU LIVRE QUATRIÈME

Art. L. 755-1 Sous réserve des adaptations prévues par le présent chapitre, les dispositions suivantes sont applicables dans les îles Wallis-et-Futuna dans leur rédaction résultant de l'ordonnance n° 2022-478 du 30 mars 2022 sauf mention contraire dans le tableau ci-dessous. — *Tableau mod. par Ord. n° 2022-1336 du 19 oct. 2022, art. 25 et 27, en vigueur à une date fixée par décret et au plus tard le 1er déc. 2024.*

Articles applicables	Dans leur rédaction résultant de
L. 411-1 à L. 424-5 *[nouvelle rédaction en vigueur au plus tard le 1er déc. 2024 : « L. 411-1 et L. 411-2*	
« L. 411-3	*Résultant de l'ordonnance nº 2022-1336 du 19 octobre 2022*
« L. 411-10 et L. 411-11	*Résultant de l'ordonnance nº 2022-1336 du 19 octobre 2022*
« L. 412-1 et L. 412-2	
« L. 412-3	*Résultant de l'ordonnance nº 2022-1336 du 19 octobre 2022*
« L. 412-4	
« L. 412-5	*Résultant de l'ordonnance nº 2022-1336 du 19 octobre 2022*
« L. 412-6 à L. 412-14	
« L. 412-15	*Résultant de l'ordonnance nº 2022-1336 du 19 octobre 2022*
« L. 412-16	
« L. 412-17	*Résultant de l'ordonnance nº 2022-1336 du 19 octobre 2022*
« L. 412-18 à L. 412-20	
« L. 412-20-1 à L. 412-20-11	*Résultant de l'ordonnance nº 2022-1336 du 19 octobre 2022*
« L. 412-21 à L. 412-23	
« L. 412-24 à L. 412-54	*Résultant de l'ordonnance nº 2022-1336 du 19 octobre 2022*
« L. 413-1 à L. 424-5 »]	

Art. L. 755-2 Pour son application dans les îles Wallis-et-Futuna, l'article L. 412-20 est ainsi rédigé :

Art. L. 412-20 La rémunération du travail des personnes détenues ne peut être inférieure à un taux horaire fixé par décret et indexé sur le salaire minimum défini à l'article 95 de la loi nº 52-1322 du 15 décembre 1952 instituant un code du travail dans les territoires et territoires associés relevant des ministères de la France d'outre-mer. Ce taux peut varier en fonction du régime sous lequel les personnes détenues sont employées.

COMMENTAIRE

L'article 95 de la loi nº 52-1322 du 15 décembre 1952, auquel renvoie l'article L. 755-2, ne définit pas à proprement parler le salaire minimum qui doit servir de référence dans le calcul de la rémunération des détenus à Wallis-et-Futuna. Il soumet la fixation du salaire minimum interprofessionnel garanti (SMIG) à la compétence du chef du territoire. Le dernier arrêté de l'administrateur supérieur, entré en vigueur le 1er février 2023, établit le SMIG à 553,25 francs pacifique horaire, ou 93500 francs pacifique pour

169 heures (Arr. n° 2022/1073 du 28 déc. 2022). Les taux définis par l'article D. 412-64 du présent code s'appliquent donc à ces montants. ❑

CHAPITRE VI DISPOSITIONS SPÉCIFIQUES RELATIVES AU LIVRE CINQUIÈME

Art. L. 756-1 Sous réserve des adaptations prévues par le présent chapitre, les dispositions suivantes sont applicables dans les îles Wallis-et-Futuna dans leur rédaction résultant de l'ordonnance n° 2022-478 du 30 mars 2022 sauf mention contraire dans le tableau ci-dessous :

Articles applicables	Dans leur rédaction résultant de
L. 511-1 à L. 545-1	

CHAPITRE VII DISPOSITIONS SPÉCIFIQUES RELATIVES AU LIVRE SIXIÈME

Art. L. 757-1 Sous réserve des adaptations prévues par le présent chapitre, les dispositions suivantes sont applicables dans les îles Wallis-et-Futuna dans leur rédaction résultant de l'ordonnance n° 2022-478 du 30 mars 2022 sauf mention contraire dans le tableau ci-dessous :

Articles applicables	Dans leur rédaction résultant de
L. 611-1 à L. 632-1	

TITRE VI DISPOSITIONS APPLICABLES EN POLYNÉSIE FRANÇAISE

V. L. org. n° 94-499 du 21 juin 1994 relative au transfert à l'État des compétences du territoire de la Polynésie française en matière pénitentiaire (JO 22 juin).

ENCYCL. COLL. LOCALES v° *Outre-mer : Polynésie française (chapitre 3, folio n° 1960),* par MOYRAND.

BIBL. ▸ GIRAUDEAU (dir.), La dignité des personnes détenues dans les prisons des Outre-mer, à la lumière de l'expérience polynésienne, *L'Harmattan, 2023.* – GIRAUDEAU et MAISONNEUVE (dir.), Dictionnaire juridique des Outre-mer, *LexisNexis, 2021,* v° *Collectivités d'Outre-mer,* par VIDOT, v° *Pénal (Compétence pénale des Outre-mer),* par GINDRE, v° *Polynésie française,* par AL WARDI. – JCL. Collectivités territoriales v° *Fasc. 315 : Polynésie française,* par REYMOND-KELLAL.

CHAPITRE I DISPOSITIONS GÉNÉRALES

Art. L. 761-1 Sous réserve des dispositions applicables de plein droit, les dispositions législatives du présent code ne s'appliquent en Polynésie française que dans la mesure et les conditions prévues par le présent titre.

Art. L. 761-2 Pour l'application du présent code en Polynésie française :

1° Les références au département sont remplacées par les références à la collectivité de Polynésie française ;

2° Les références au préfet et au sous-préfet sont remplacées par les références au représentant de l'État en Polynésie française ;

3° Les références au tribunal judiciaire sont remplacées par les références au tribunal de première instance ou, le cas échéant, à la section détachée du tribunal de première instance ;

4° Les références au pôle de l'instruction sont remplacées par les références au juge d'instruction ;

(Ord. nº 2022-1336 du 19 oct. 2022, art. 25 et 27, en vigueur à une date fixée par décret et au plus tard le 1er déc. 2024) **« 5° Les références au code du travail sont remplacées par les références équivalentes du code du travail applicable en Polynésie française. »**

Art. L. 761-3 **En l'absence d'adaptations prévues par le présent titre, les références faites, par des dispositions du présent code applicables en Polynésie française, à des dispositions qui n'y sont pas applicables sont remplacées par les références aux dispositions ayant le même objet applicables localement.**

Art. L. 761-4 **Les dispositions des articles L. 1 à L. 8 sont applicables en Polynésie française dans leur rédaction résultant de l'ordonnance n° 2022-478 du 30 mars 2022.**

V. L. nº 84-820 du 6 sept. 1984 portant statut du territoire de la Polynésie française, art. 3, 13º ; L. nº 94-443 du 3 juin 1994 relative à l'intégration des personnels de l'administration pénitentiaire en Polynésie française dans des corps des services déconcentrés de l'administration pénitentiaire de l'État ; Rapp. nº 228 (1993-1994) de M. Bernard Laurent, déposé le 5 janv. 1994 ; L. org. nº 94-499 du 21 juin 1994 relative au transfert à l'État des compétences de la Polynésie française en matière pénitentiaire ; L. org. nº 2004-192 du 27 févr. 2004 portant statut d'autonomie de la Polynésie française ; L. nº 2004-193 du 27 févr. 2004 complétant le statut d'autonomie de la Polynésie française.

COMMENTAIRE

Principe de spécialité législative. La Polynésie française est une collectivité régie par l'article 74 de la Constitution et est soumise au principe de spécialité législative. Les dispositions législatives et réglementaires relevant de la compétence de l'État, notamment en matière de service public pénitentiaire (L. org. n° 2004-197 du 27 févr. 2004, art. 14, 2°), lui sont donc applicables sous réserve d'une mention expresse, qui peut en fixer les conditions et modalités (L. org. n° 2004-197 du 27 févr. 2004, art. 7, hors les lois de la République applicables de plein droit en raison de leur objet ; Décis. n° 2004-490 DC du 12 févr. 2004, consid. n° 18).

L'article L. 761-4 constitue cette mention expresse indispensable, de même que les premiers articles de chacun des chapitres suivants, indiquant les dispositions applicables, accompagnés ou non de dispositions d'adaptation.

Tribulations de la compétence pénitentiaire en Polynésie française. La compétence en matière de service public pénitentiaire avait été transférée à la collectivité dès 1957 (Décr. n° 57-812 du 22 juill. 1957 portant institution d'un conseil de Gouvernement et extension des attributions de l'assemblée territoriale dans les établissements français de l'Océanie, art. 40, 33°), ce que le statut de 1977 a confirmé (L. n° 77-772 du 12 juill. 1977 relative à l'organisation de la Polynésie française, art. 62) ainsi que celui de 1984 (L. n° 84-820 du 6 sept. 1984 portant statut du territoire de la Polynésie française, art. 3, 13°).

La mise en œuvre du service public pénitentiaire s'avérant cependant très coûteuse pour la collectivité, et face à sa dégradation, le retour de la compétence pénitentiaire dans le giron régalien de l'État semblait nécessaire. Le transfert de la réglementation et de la gestion du service pénitentiaire ainsi que de la probation a donc été concrétisé en 1994, par une réforme statutaire (L. org. n° 94-499 du 21 juin 1994 relative au transfert à l'État des compétences de la Polynésie française en matière pénitentiaire accompagnée de la L. n° 94-443 du 3 juin 1994 relative à l'intégration des personnels de l'administration pénitentiaire en Polynésie française dans des corps des services déconcentrés de l'administration pénitentiaire de l'État). Cette réforme permettait en outre de rétablir la cohérence entre la décision pénale et son exécution en confiant la compétence en matière d'exécution des peines en Polynésie française à l'État (V. les motifs détaillés dans les rapports parlementaires : Rapp. n° 228 (1993-1994) de M. Bernard Laurent déposé le 5 janv. 1994 et Rapp. n° 1223 de M. Francis Delattre, fait au nom de la commission des lois, déposé le 11 mai 1994).

Articulation du code pénitentiaire avec les compétences de la Polynésie française. L'article L. 761-3 prévoit la substitution automatique des références des textes réglementaires applicables localement aux références des textes étatiques visés, lorsqu'ils sont relatifs à des compétences transférées à la collectivité. Cette technique légistique, utilisée fréquemment, remet cependant en cause la lisibilité et l'accessibilité du droit, à défaut d'un code pénitentiaire consolidé dans sa version applicable localement.

Voir le commentaire sous l'article L. 721-3. ❑

CHAPITRE II DISPOSITIONS SPÉCIFIQUES RELATIVES AU LIVRE PREMIER

Art. L. 762-1 **Sous réserve des adaptations prévues par le présent chapitre, les dispositions suivantes sont applicables en Polynésie française dans leur rédaction résultant de l'ordonnance n° 2022-478 du 30 mars 2022 sauf mention contraire dans le tableau ci-dessous :**

Articles applicables	Dans leur rédaction résultant de
L. 111-1 à L. 114-6	
L. 115-3 à L. 135-1	

Art. L. 762-2 **Pour son application en Polynésie française, le premier alinéa de l'article L. 111-2 est ainsi rédigé :**

"Des conventions entre l'administration pénitentiaire et les autres services de l'État, les communes, les associations et d'autres personnes publiques ou privées définissent les conditions et modalités d'accès, pendant leur détention, des personnes condamnées aux droits et dispositifs mentionnés par les dispositions de l'article L. 111-1. Les autres collectivités territoriales peuvent participer à la conclusion de ces conventions."

COMMENTAIRE

Compétences en matière d'insertion et de réinsertion des personnes détenues. Les articles L. 111-1 et L. 111-2 résultent de la ventilation des dispositions de l'ancien article 2-1 de la loi n° 2009-1436 du 24 novembre 2009 pénitentiaire. L'article L. 111-1 prévoit le concours des collectivités territoriales au service public pénitentiaire, dont les collectivités d'outre-mer. A ce titre, elles doivent veiller, dans les limites de leurs compétences, à ce que les personnes détenues condamnées accèdent à l'ensemble des droits et dispositifs de droit commun de nature à faciliter leur insertion ou leur réinsertion. L'article L. 111-2, consacrant dans la loi cette politique partenariale, prévoit quant à lui la conclusion de conventions entre l'administration pénitentiaire et notamment les collectivités territoriales, afin de définir les conditions et les modalités d'accès à ces droits et dispositifs de droit commun, essentiellement dans les domaines de l'emploi, de la formation professionnelle, de la santé, du logement, ou encore de l'éducation et de la culture.

Or, ces domaines relèvent des compétences de la Polynésie française (L. org. n° 2004-192 du 27 févr. 2004 portant statut d'autonomie de la Polynésie française, art. 13 et 14). Comme l'ancien article 99 de la loi n° 2009-1436 du 24 novembre 2009 pénitentiaire, l'article L. 762-2 permet la conclusion de conventions entre l'administration pénitentiaire et la Polynésie française, mais ne l'impose pas, dans le respect des compétences statutaires. Cette disposition rappelle à la collectivité ses responsabilités, mais ne garantit pas un accès des personnes détenues aux droits et dispositifs de droit commun permettant leur insertion ou réinsertion. ❑

Art. L. 762-3 **Pour son application en Polynésie française, l'article L. 114-5 est ainsi rédigé :**

"Les périodes d'emploi des réservistes sont indemnisées dans des conditions fixées par décret."

COMMENTAIRE

Comme c'était le cas pour l'article 21 de la loi n° 2009-1436 du 24 novembre 2009 pénitentiaire, adapté par l'article 99, les trois derniers alinéas de l'article L. 114-5 ne s'appliquent ni en Polynésie française, ni en Nouvelle-Calédonie, car ils sont relatifs à l'exercice d'une compétence en matière de travail et de protection sociale dévolue à ces collectivités. ❑

Art. L. 762-4 **Pour son application en Polynésie française, à l'article L. 115-4, les références au directeur général de l'agence régionale de santé sont remplacées par les références aux institutions compétentes de la collectivité.**

Art. L. 762-5 **L'État peut conclure avec les autorités compétentes de la Polynésie française une convention afin de définir les modalités d'application de l'article L. 115-4.**

BIBL. ▸ Gindre, Les particularismes des soins dans les murs en Polynésie française, *in* Py et Bricot (dir.), Les relations hôpital/prison, *Nancy, ÉDUL, à paraître.*

COMMENTAIRE

Santé en détention : articulation des compétences de l'État et de la Polynésie française. Les articles L. 115-1 et L. 115-2 ne s'appliquent pas en Polynésie française, car ils encadrent la prise en charge de la santé des personnes détenues, compétence dévolue à la collectivité.

Reste donc l'obligation faite par l'article L. 115-3 aux agents et collaborateurs du service public pénitentiaire de transmettre aux personnels de santé chargés de dispenser des soins aux personnes détenues les informations utiles à la mise en œuvre des mesures de protection des personnes.

L'article L. 762-5 permet en revanche à l'État de conclure une convention avec les autorités compétentes de la Polynésie française pour définir les modalités d'application de l'article L. 115-4 du présent code. Ce dernier doit être lu en tenant compte de l'inexistence d'agence régionale de santé, dont les attributions sont exercées par les autorités locales. Il prévoit la signature d'un protocole d'accord entre l'administration pénitentiaire, les autorités sanitaires locales et l'établissement de santé local pour organiser l'accès des détenus aux soins d'urgence. Cette superposition de conventions était déjà prévue dans l'article 99 de la loi n° 2009-1436 du 24 novembre 2009 pénitentiaire. ❑

CHAPITRE III DISPOSITIONS SPÉCIFIQUES RELATIVES AU LIVRE DEUXIÈME

Art. L. 763-1 **Sous réserve des adaptations prévues par le présent chapitre, les dispositions suivantes sont applicables en Polynésie française dans leur rédaction résultant de l'ordonnance n° 2022-478 du 30 mars 2022 sauf mention contraire dans le tableau ci-dessous :**

Articles applicables	Dans leur rédaction résultant de
L. 211-1 à L. 231-3	

CHAPITRE IV DISPOSITIONS SPÉCIFIQUES RELATIVES AU LIVRE TROISIÈME

Art. L. 764-1 **Sous réserve des adaptations prévues par le présent chapitre, les dispositions suivantes sont applicables en Polynésie française dans leur rédaction résultant de l'ordonnance n° 2022-478 du 30 mars 2022 sauf mention contraire dans le tableau ci-dessous :** — *Tableau mod. par Ord. n° 2022-1336 du 19 oct. 2022, art. 25 et 27, en vigueur à une date fixée par décret et au plus tard le 1er déc. 2024.*

Articles applicables	Dans leur rédaction résultant de
L. 311-1 à L. 381-1 *[nouvelle rédaction en vigueur au plus tard le 1er déc. 2024 : « L. 311-1 à L. 322-13*	
« L. 331-1 à L. 381-1 »]	

Art. L. 764-2 L'État peut conclure avec les autorités compétentes de la Polynésie française une convention afin de définir les modalités d'application des articles L. 115-4, L. 320-1 et L. 322-1.

Art. L. 764-3 Pour son application en Polynésie française, à l'article L. 322-3, les mots : "dans le respect des conditions prévues par les dispositions de l'article L. 6141-5 du code de la santé publique" sont supprimés.

Art. L. 764-4 Pour son application en Polynésie française, au 1° de l'article L. 322-12, les mots : ", en application des dispositions de l'article L. 1110-11 du code de la santé publique" sont supprimés.

COMMENTAIRE

Compétence en matière de santé. Les adaptations prévues aux articles L. 764-2 à L. 764-4 visent à prendre en compte la compétence de la Polynésie française en matière de santé.

Les articles L. 320-1 et L. 322-1 font obligation à l'administration pénitentiaire de prévenir les affections physiologiques ou psychologiques, ainsi que de garantir l'accès aux soins aux personnes détenues, dans des conditions équivalentes à celles dont bénéficie l'ensemble de la population. A cette fin, le code pénitentiaire, comme avant lui l'article 99, III, de la loi n° 2009-1436 du 24 novembre 2009 pénitentiaire, permet à l'État de conclure des conventions avec les autorités compétentes de la collectivité, pour s'appuyer sur les dispositifs sanitaires locaux et ainsi remplir ses obligations.

Cette possibilité concerne l'accès aux soins en général et complète donc la disposition de l'article L. 762-5 permettant le recours à la méthode conventionnelle en matière d'accès aux soins d'urgence.

Voir le commentaire sous l'article L. 762-5. ❑

CHAPITRE V DISPOSITIONS SPÉCIFIQUES RELATIVES AU LIVRE QUATRIÈME

Art. L. 765-1 Sous réserve des adaptations prévues par le présent chapitre, les dispositions suivantes sont applicables en Polynésie française dans leur rédaction résultant de l'ordonnance n° 2022-478 du 30 mars 2022 sauf mention contraire dans le tableau ci-dessous : — *Tableau mod. par Ord. n° 2022-1336 du 19 oct. 2022, art. 25 et 27, en vigueur à une date fixée par décret et au plus tard le 1er déc. 2024.*

Articles applicables	Dans leur rédaction résultant de
L. 411-1 à L. 424-5 *[nouvelle rédaction en vigueur au plus tard le 1er déc. 2024 : « L. 411-1 et L. 411-2*	
« L. 411-3	*Résultant de l'ordonnance n° 2022-1336 du 19 octobre 2022*
« L. 411-10 et L. 411-11	*Résultant de l'ordonnance n° 2022-1336 du 19 octobre 2022*
« L. 412-1 et L. 412-2	
« L. 412-3	*Résultant de l'ordonnance n° 2022-1336 du 19 octobre 2022*
« L. 412-4	
« L. 412-5	*Résultant de l'ordonnance n° 2022-1336 du 19 octobre 2022*

Articles applicables	Dans leur rédaction résultant de
« L. 412-6 à L. 412-14	
« L. 412-15	*Résultant de l'ordonnance n° 2022-1336 du 19 octobre 2022*
« L. 412-16	
« L. 412-17	*Résultant de l'ordonnance n° 2022-1336 du 19 octobre 2022*
« L. 412-18 à L. 412-20	
« L. 412-20-1 à L. 412-20-11	*Résultant de l'ordonnance n° 2022-1336 du 19 octobre 2022*
« L. 412-21 à L. 412-23	
« L. 412-24 à L. 412-54	*Résultant de l'ordonnance n° 2022-1336 du 19 octobre 2022*
« L. 413-1 à L. 424-5 »]	

Art. L. 765-2 **Pour son application en Polynésie française, l'article L. 412-20 est ainsi rédigé :**

Art. L. 412-20 La rémunération du travail des personnes détenues ne peut être inférieure à un taux horaire fixé par décret et indexé sur le salaire minimum défini localement par les autorités compétentes de la Polynésie française ou de la Nouvelle-Calédonie. Ce taux peut varier en fonction du régime sous lequel les personnes détenues sont employées.

V. Arr. n° 2856 CM du 22 déc. 2022 portant relèvement du salaire horaire minimum interprofessionnel garanti (SMIG) à compter du 1er janv. 2023 (JO 27 déc.).

COMMENTAIRE

Compétence en matière de droit du travail. L'article L. 765-2 permet de tenir compte de la compétence en matière de travail de la Polynésie française, qui fixe elle-même le salaire minimum applicable sur son territoire. Les taux fixés par l'article D. 412-64 sont donc indexés sur le salaire minimum propre à cette collectivité.

La Polynésie française applique ainsi depuis le 1er janvier 2023 un SMIG horaire de 1000,92 francs pacifiques. ❑

CHAPITRE VI **DISPOSITIONS SPÉCIFIQUES RELATIVES AU LIVRE CINQUIÈME**

Art. L. 766-1 **Sous réserve des adaptations prévues par le présent chapitre, les dispositions suivantes sont applicables en Polynésie française dans leur rédaction résultant de l'ordonnance n° 2022-478 du 30 mars 2022 sauf mention contraire dans le tableau ci-dessous :**

Articles applicables	Dans leur rédaction résultant de
L. 511-1 à L. 545-1	

CHAPITRE VII DISPOSITIONS SPÉCIFIQUES RELATIVES AU LIVRE SIXIÈME

Art. L. 767-1 **Sous réserve des adaptations prévues par le présent chapitre, les dispositions suivantes sont applicables en Polynésie française dans leur rédaction résultant de l'ordonnance n° 2022-478 du 30 mars 2022 sauf mention contraire dans le tableau ci-dessous :**

Articles applicables	Dans leur rédaction résultant de
L. 611-1 à L. 632-1	

TITRE VII DISPOSITIONS APPLICABLES EN NOUVELLE-CALÉDONIE

BIBL. ▶ GIRAUDEAU et MAISONNEUVE (dir.), Dictionnaire juridique des Outre-mer, *LexisNexis, 2021*, v° *Collectivités d'Outre-mer*, par VIDOT, v° *Pénal (Compétence pénale des Outre-mer)*, par GINDRE, v° *Nouvelle-Calédonie*, par HAVARD. – JCL. Collectivités territoriales v° *Fasc. 330 : Nouvelle-Calédonie*, par CHRISTNACHT et BÉNÉTEAU.

▶ **Rapports et avis :** CGLPL, Recommandations en urgence du 30 novembre 2011 relatives au centre pénitentiaire de Nouméa (Nouvelle-Calédonie), *JO 6 déc.* ; CGLPL, Recommandations en urgence du 19 novembre 2019 relatives au centre pénitentiaire de Nouméa (Nouvelle-Calédonie), *JO 18 déc.*

CHAPITRE I DISPOSITIONS GÉNÉRALES

Art. L. 771-1 **Sous réserve des dispositions applicables de plein droit, les dispositions législatives du présent code ne s'appliquent en Nouvelle-Calédonie que dans la mesure et les conditions prévues par le présent titre.**

Art. L. 771-2 **Pour l'application du présent code en Nouvelle-Calédonie :**

1° Les références au département sont remplacées par les références à la collectivité de Nouvelle-Calédonie ;

2° Les références au préfet et au sous-préfet sont remplacées par les références au représentant de l'État en Nouvelle-Calédonie ;

3° Les références au tribunal judiciaire sont remplacées par les références au tribunal de première instance ou, le cas échéant, à la section détachée du tribunal de première instance ;

4° Les références au pôle de l'instruction sont remplacées par les références au juge d'instruction ;

(Ord. n° 2022-1336 du 19 oct. 2022, art. 25 et 27, en vigueur à une date fixée par décret et au plus tard le 1ᵉʳ déc. 2024) **« 5° Les références au code du travail sont remplacées par les références équivalentes du code du travail de la Nouvelle-Calédonie ;**

« 6° Les références aux établissements ou services d'aide par le travail sont, le cas échéant, remplacées par les références aux centres d'aide par le travail. »

Art. L. 771-3 **En l'absence d'adaptations prévues par le présent titre, les références faites, par des dispositions du présent code applicables en Nouvelle-Calédonie à des dispositions qui n'y sont pas applicables sont remplacées par les références aux dispositions ayant le même objet applicables localement.**

Art. L. 771-4 **Les dispositions des articles L. 1 à L. 8 sont applicables en Nouvelle-Calédonie dans leur rédaction résultant de l'ordonnance n° 2022-478 du 30 mars 2022.**

COMMENTAIRE

Principe de spécialité législative. La Nouvelle-Calédonie est une collectivité *sui generis* instaurée par la Constitution (titre XIII, art. 76 et 77 issus de la L. const. n° 98-610 du 20 juill. 1998 relative à la Nouvelle-Calédonie, *JO 21 juill.*) Elle est régie par un statut particulier la soumettant au principe de spécialité, comme les collectivités d'outre-mer de l'article 74 de la Constitution auxquelles elle est parfois assimilée (L. org. n° 99-209 du 19 mars 1999 relative à la Nouvelle-Calédonie, art. 6-2, *JO 21 mars*). L'article L. 771-4, de même que le premier article de chacun des chapitres suivants constituent donc les mentions expresses nécessaires à l'applicabilité des dispositions de la partie législative qu'ils mentionnent.

Exercice de la compétence pénitentiaire. La compétence en matière de service public pénitentiaire a été détenue par la collectivité entre 1957 (Décr. n° 57-811 du 22 juill. 1957 portant institution d'un conseil de gouvernement et extension des attributions de l'assemblée territoriale en Nouvelle-Calédonie art. 40, 35°) et 1988 (L. n° 88-1028 du 9 nov. 1988 portant dispositions statutaires et préparatoires à l'autodétermination de la Nouvelle-Calédonie en 1998, art. 8, 14°). Elle a sans doute été rétrocédée à l'État pour les mêmes raisons qu'en Polynésie française.

Articulation du code pénitentiaire avec les compétences de la Nouvelle-Calédonie ou de ses provinces. Certains domaines de compétences nécessaires à l'application du code pénitentiaire relèvent de la Nouvelle-Calédonie ou de ses provinces. La formulation de l'article L. 771-3 appelle donc les mêmes commentaires que pour la Polynésie française.

Voir le commentaire sous l'article L. 761-4. ❑

CHAPITRE II DISPOSITIONS SPÉCIFIQUES RELATIVES AU LIVRE PREMIER

Art. L. 772-1 Sous réserve des adaptations prévues par le présent chapitre, les dispositions suivantes sont applicables en Nouvelle-Calédonie dans leur rédaction résultant de l'ordonnance n° 2022-478 du 30 mars 2022 sauf mention contraire dans le tableau ci-dessous :

Articles applicables	Dans leur rédaction résultant de
L. 111-1 à L. 114-6	
L. 115-3 à L. 135-1	

Art. L. 772-2 Pour l'application des articles L. 111-1 et L. 111-2, la Nouvelle-Calédonie est regardée comme une collectivité territoriale.

Art. L. 772-3 Pour son application en Nouvelle-Calédonie, le premier alinéa de l'article L. 111-2 est ainsi rédigé :
"Des conventions entre l'administration pénitentiaire et les autres services de l'État, les communes, les associations et d'autres personnes publiques ou privées définissent les conditions et modalités d'accès, pendant leur détention, des personnes condamnées aux droits et dispositifs mentionnés par les dispositions de l'article L. 111-1. Les autres collectivités territoriales peuvent participer à la conclusion de ces conventions."

COMMENTAIRE

Compétences en matière d'insertion et de réinsertion des personnes détenues. La Nouvelle-Calédonie est assimilée aux collectivités territoriales par l'article L. 772-2 de ce code, et doit donc à ce titre, comme la Polynésie française, veiller, dans les limites de ses compétences, à ce que les personnes détenues condamnées accèdent à l'ensemble des droits et dispositifs de droit commun de nature à faciliter leur insertion ou leur réinsertion. La plupart des domaines concernés (not. emploi, formation professionnelle, santé, logement, éducation, culture) relèvent des compétences de la Nouvelle-Calédonie, voire de celles des provinces, sur le fondement de la loi organique statutaire (L. org. n° 99-209 du 19 mars 1999 relative à la Nouvelle-Calédonie, art. 20 et 22). L'article L. 772-3 permet donc à la Nouvelle-Calédonie ou à ses provinces de conclure des conventions avec l'État afin de réaliser les objectifs de l'article L. 111-1, sans le lui imposer, dans le respect des transferts de compétences.

Voir le commentaire sous l'article L. 762-2. ❑

Art. L. 772-4 **Pour son application en Nouvelle-Calédonie, l'article L. 114-5 est ainsi rédigé :**

Art. L. 114-5 Les périodes d'emploi des réservistes sont indemnisées dans des conditions fixées par décret.

COMMENTAIRE

Voir le commentaire sous l'article L. 762-3. ❑

Art. L. 772-5 **Pour son application en Nouvelle-Calédonie, à l'article L. 115-4, les références au directeur général de l'agence régionale de santé sont remplacées par les références aux institutions compétentes de la collectivité.**

Art. L. 772-6 **L'État peut conclure avec les autorités compétentes de la Nouvelle-Calédonie une convention afin de définir les modalités d'application de l'article L. 115-4.**

BIBL. ▶ Lavric, Le soin des détenus en Nouvelle-Calédonie, *in* Py et Bricet (dir.), Les relations hôpital/prison, *Nancy, ÉDUL, à paraître.*

COMMENTAIRE

Santé en détention. Comme la Polynésie française, la Nouvelle-Calédonie est compétente en matière de santé (L. org. n° 99-209 du 19 mars 1999 relative à la Nouvelle-Calédonie, art. 22, 4°).

Voir le commentaire sous l'article L. 762-5. ❑

CHAPITRE III DISPOSITIONS SPÉCIFIQUES RELATIVES AU LIVRE DEUXIÈME

Art. L. 773-1 **Sous réserve des adaptations prévues par le présent chapitre, les dispositions suivantes sont applicables en Nouvelle-Calédonie dans leur rédaction résultant de l'ordonnance n° 2022-478 du 30 mars 2022 sauf mention contraire dans le tableau ci-dessous :**

Articles applicables	Dans leur rédaction résultant de
L. 211-1 à L. 231-3	

CHAPITRE IV DISPOSITIONS SPÉCIFIQUES RELATIVES AU LIVRE TROISIÈME

Art. L. 774-1 **Sous réserve des adaptations prévues par le présent chapitre, les dispositions suivantes sont applicables en Nouvelle-Calédonie dans leur rédaction résultant de l'ordonnance n° 2022-478 du 30 mars 2022 sauf mention contraire dans le tableau ci-dessous :** — *Tableau mod. par Ord. n° 2022-1336 du 19 oct. 2022, art. 25 et 27, en vigueur à une date fixée par décret et au plus tard le 1er déc. 2024.*

Articles applicables	Dans leur rédaction résultant de
L. 311-1 à L. 381-1 *[nouvelle rédaction en vigueur au plus tard le 1er déc. 2024 : « L. 311-1 à L. 322-13*	
« L. 331-1 à L. 381-1 »]	

Art. L. 774-2 L'État peut conclure avec les autorités compétentes de la Nouvelle-Calédonie une convention afin de définir les modalités d'application des articles L. 115-4, L. 320-1 et L. 322-1.

Art. L. 774-3 Pour son application en Nouvelle-Calédonie, à l'article L. 322-3, les mots : "dans le respect des conditions prévues par les dispositions de l'article L. 6141-5 du code de la santé publique" sont supprimés.

Art. L. 774-4 Pour son application en Nouvelle-Calédonie, au 1° de l'article L. 322-12, les mots : ", en application des dispositions de l'article L. 1110-11 du code de la santé publique" sont supprimés.

COMMENTAIRE

Compétence en matière de santé. Comme la Polynésie française, la Nouvelle-Calédonie est compétente en matière de santé. Les adaptations prévues par les articles L. 774-2 à L. 774-4 sont donc similaires.

Voir le commentaire sous l'article L. 764-4. ❑

Compétence en matière de santé. S'il n'appartient pas à l'État d'organiser lui-même le recrutement de professionnels de santé affectés au centre pénitentiaire de Nouméa, et s'il ne relève pas de l'office du juge des référés statuant en matière de référé-liberté d'enjoindre à une personne publique de recruter des agents, il appartient à l'administration pénitentiaire d'accomplir toutes diligences en vue de faciliter l'accès aux soins des personnes détenues pour assurer à celles qui en ont besoin la qualité et la continuité des soins garanties par l'art. 46 de la L. pénit.. • CE 19 oct. 2020, n° 439372 A : *AJDA 2020. 1991 ; ibid. 2021. 694, note Schmitz ; D. 2020. 2121, obs. de Montecler ; AJ pénal 2020. 593, obs. Céré.*

CHAPITRE V DISPOSITIONS SPÉCIFIQUES RELATIVES AU LIVRE QUATRIÈME

Art. L. 775-1 Sous réserve des adaptations prévues par le présent chapitre, les dispositions suivantes sont applicables en Nouvelle-Calédonie dans leur rédaction résultant de l'ordonnance n° 2022-478 du 30 mars 2022 sauf mention contraire dans le tableau ci-dessous : — *Tableau mod. par Ord. n° 2022-1336 du 19 oct. 2022, art. 25 et 27, en vigueur à une date fixée par décret et au plus tard le 1er déc. 2024.*

Articles applicables	Dans leur rédaction résultant de
L. 411-1 à L. 424-5 *[nouvelle rédaction en vigueur au plus tard le 1er déc. 2024 : « L. 411-1 et L. 411-2*	
« L. 411-3	*Résultant de l'ordonnance n° 2022-1336 du 19 octobre 2022*
« L. 411-10 et L. 411-11	*Résultant de l'ordonnance n° 2022-1336 du 19 octobre 2022*
« L. 412-1 et L. 412-2	
« L. 412-3	*Résultant de l'ordonnance n° 2022-1336 du 19 octobre 2022*
« L. 412-4	
« L. 412-5	*Résultant de l'ordonnance n° 2022-1336 du 19 octobre 2022*
« L. 412-6 à L. 412-14	

Articles applicables	Dans leur rédaction résultant de
« L. 412-15	*Résultant de l'ordonnance n° 2022-1336 du 19 octobre 2022*
« L. 412-16	
« L. 412-17	*Résultant de l'ordonnance n° 2022-1336 du 19 octobre 2022*
« L. 412-18 à L. 412-20	
« L. 412-20-1 à L. 412-20-11	*Résultant de l'ordonnance n° 2022-1336 du 19 octobre 2022*
« L. 412-21 à L. 412-23	
« L. 412-24 à L. 412-54	*Résultant de l'ordonnance n° 2022-1336 du 19 octobre 2022*
« L. 413-1 à L. 424-5 »]	

Art. L. 775-2 **Pour son application en Nouvelle-Calédonie, l'article L. 412-20 est ainsi rédigé :**

Art. L. 412-20 La rémunération du travail des personnes détenues ne peut être inférieure à un taux horaire fixé par décret et indexé sur le salaire minimum défini localement par les autorités compétentes de la Polynésie française ou de la Nouvelle-Calédonie. Ce taux peut varier en fonction du régime sous lequel les personnes détenues sont employées.

V. Arr. n° 2023-295/GNC du 15 févr. 2023 relatif à la fixation du taux du salaire minimum garanti, JONC 23 févr. 2023, p. 3831 ; Arr. n° 2023/297/GNC du 15 févr. 2023 relatif à la fixation du taux du salaire minimum agricole garanti, JONC 23 févr. 2023, p. 3832.

COMMENTAIRE

Voir le commentaire sous l'article L. 765-2.

La Nouvelle-Calédonie, compétente en matière de travail, a fixé depuis le 1er mars 2023 un salaire minimum garanti horaire de 976,52 francs pacifique et un salaire minimum agricole garanti horaire de 830,06 francs pacifiques.

CHAPITRE VI DISPOSITIONS SPÉCIFIQUES RELATIVES AU LIVRE CINQUIÈME

Art. L. 776-1 **Sous réserve des adaptations prévues par le présent chapitre, les dispositions suivantes sont applicables en Nouvelle-Calédonie dans leur rédaction résultant de l'ordonnance n° 2022-478 du 30 mars 2022 sauf mention contraire dans le tableau ci-dessous :**

Articles applicables	Dans leur rédaction résultant de
L. 511-1 à L. 545-1	

CHAPITRE VII DISPOSITIONS SPÉCIFIQUES RELATIVES AU LIVRE SIXIÈME

Art. L. 777-1 **Sous réserve des adaptations prévues par le présent chapitre, les dispositions suivantes sont applicables en Nouvelle-Calédonie dans leur rédaction résultant**

de l'ordonnance n° 2022-478 du 30 mars 2022 sauf mention contraire dans le tableau ci-dessous :

Articles applicables	Dans leur rédaction résultant de
L. 611-1 à L. 632-1	

DEUXIÈME PARTIE : RÉGLEMENTAIRE

(Décr. n° 2022-479 du 30 mars 2022, en vigueur le 1er mai 2022)

LIVRE I SERVICE PUBLIC PÉNITENTIAIRE

TITRE I ACTEURS

CHAPITRE I DISPOSITIONS GÉNÉRALES

Le présent chapitre ne comprend pas de dispositions réglementaires.

CHAPITRE II ORGANISATION

SECTION 1 Services centraux de l'administration pénitentiaire

SOUS-SECTION 1 Direction de l'administration pénitentiaire

Art. D. 112-1 **Le niveau central de l'administration pénitentiaire est constitué par la direction de l'administration pénitentiaire placée sous l'autorité du garde des sceaux, ministre de la justice.**

COMMENTAIRE

Au sein du ministère de la Justice (V. comm. ss. art. L. 111-1 s.) existe une direction de l'administration pénitentiaire, organisée par le décret n° 2008-689 du 9 juillet 2008 et dont les fonctions sont fixées à son article 6. Sous l'autorité du ministre, cette direction assure et coordonne la politique pénitentiaire de l'État ainsi que le contrôle de l'organisation et du fonctionnement du service public pénitentiaire. A l'image des administrations étatiques classiques exerçant des missions régaliennes, l'administration pénitentiaire est organisée selon un modèle pyramidal avec à son sommet une direction centrale. Sous l'autorité du directeur de l'administration pénitentiaire, nommé par décret du président de la République, sur proposition du Premier ministre et du garde des Sceaux, ministre de la Justice (Décr. du 17 févr. 2021 portant nomination du directeur de l'administration pénitentiaire, *JO 18 févr.*), « la direction de l'administration pénitentiaire assure l'exécution des décisions judiciaires concernant les personnes qui font l'objet d'une mesure judiciaire restrictive ou privative de liberté. Dans un objectif de prévention de la récidive, elle prend en charge les personnes qui lui sont confiées au titre de ces mesures, d'une part en les préparant à leur libération, et d'autre part en assurant le suivi des mesures et peines exécutées en milieu libre » (Décr. n° 2008-689 du 9 juill. 2008 relatif à l'organisation du ministère de la Justice).

Les compétences de la direction de l'administration pénitentiaire (DAP) sont régulièrement redéfinies afin de pouvoir mettre en œuvre la politique pénitentiaire définie par le ministre (Décr. n° 2019-1510 du 30 déc. 2019, art. 2). A ce titre, la DAP élabore et met en œuvre les politiques visant à assurer la sécurité de ses agents ainsi que des personnes qui lui sont confiées et des bâtiments dont elle a la responsabilité. Elle organise notamment la gestion des détentions, met en œuvre une capacité d'expertise et de renseignement sur la vie des établissements et des services, et traite des événements en résultant. Elle œuvre à la prévention des évasions, assure la sécurité et le bon ordre des établissements pénitentiaires ou des établissements de santé destinés à recevoir des personnes détenues, et participe à la prévention du terrorisme, de la criminalité et de la délinquance organisées.

Dans le cadre des procédures issues de la LOLF, la DAP répartit entre les services déconcentrés, les moyens budgétaires nécessaires à leur fonctionnement et anime le contrôle de gestion. En matière d'investissement, c'est à elle que revient la programmation immobilière pour l'immobilier pénitentiaire spécifique avec le concours de l'agence publique pour l'immobilier de la justice (APIJ).

En liaison avec le secrétariat général, la DAP définit et conduit la politique des ressources humaines menée au profit des personnels des services déconcentrés et élabore les règles statutaires applicables aux corps propres à l'administration pénitentiaire. Afin de rationaliser l'ensemble de la politique pénitentiaire, la DAP assure la tutelle de l'École nationale d'administration pénitentiaire (ENAP). Elle est garante de la déontologie des agents du service public pénitentiaire.

En lien avec l'inspection générale de la justice et au titre de sa mission de contrôle interne, elle contrôle et évalue le fonctionnement et la performance des services déconcentrés et de l'ENAP. ❑

V. notes ss. art. L. 111-1 s.

SOUS-SECTION 2 **Services à compétence nationale rattachés au directeur de l'administration pénitentiaire**

§ 1 Service national du renseignement pénitentiaire

SOUS-§ 1 *Dispositions générales*

Art. R. 112-2 Le service qui peut être autorisé à recourir à des techniques de renseignement dans les conditions prévues par les dispositions des articles L. 855-1, R. 811-2 et R. 855-1 du code de la sécurité intérieure est le service national du renseignement pénitentiaire.

COMMENTAIRE

Voir le commentaire sous l'article L. 855-1 du code de la sécurité intérieure. ❑

Art. D. 112-3 Le service national du renseignement pénitentiaire est un service à compétence nationale rattaché au directeur de l'administration pénitentiaire.

Il a pour missions de rechercher, collecter, exploiter, analyser et diffuser les informations et renseignements relatifs à la défense et à la promotion des intérêts fondamentaux de la Nation mentionnés par les dispositions de l'article R. 811-2 du code de la sécurité intérieure, ainsi qu'à la prévention des évasions et à la sécurité au sein des établissements pénitentiaires ou des établissements de santé destinés à recevoir des personnes détenues et des services pénitentiaires.

SOUS-§ 2 *Accès aux fichiers*

Art. R. 112-4 Les agents individuellement désignés et habilités par le chef du service national du renseignement pénitentiaire ont directement accès au fichier judiciaire national automatisé des auteurs d'infractions terroristes dans les conditions prévues par les dispositions de l'article R. 50-51 du code de procédure pénale.

§ 2 Service national des transfèrements

Art. D. 112-5 La direction de l'administration pénitentiaire comprend un service national des transfèrements, dirigé par un directeur des services pénitentiaires.

Ce service assure l'exécution des ordres de transfèrements émanant de l'administration centrale, sans préjudice de l'application des dispositions de l'article D. 112-10.

SOUS-SECTION 3 **Centre national d'évaluation**

Art. D. 112-6 La direction de l'administration pénitentiaire comprend un centre national d'évaluation, chargé de concourir à la procédure d'orientation prévue par l'article D. 211-9 et aux évaluations mentionnées aux articles R. 545-3 et D. 422-9.

SECTION 2 **Services déconcentrés**

SOUS-SECTION 1 **Directions interrégionales des services pénitentiaires et direction des services pénitentiaires d'outre-mer** *(Décr. n° 2023-200 du 24 mars 2023, art. 1er)*.

§ 1 Organisation des services déconcentrés

Art. R. 112-7 Les services déconcentrés de l'administration pénitentiaire sont constitués de directions interrégionales et d'une *(Décr. n° 2023-200 du 24 mars 2023, art. 1er)* **« direction des services pénitentiaires d'outre-mer ».**

V. Arr. du 27 déc. 2016 fixant le ressort territorial des directions interrégionales de l'administration pénitentiaire et de la mission des services pénitentiaires de l'outre-mer (JO 28 déc.).

Art. R. 112-8 Le ressort territorial de chaque direction interrégionale des services pénitentiaires s'étend sur une ou plusieurs circonscriptions régionales. *(Décr. n° 2023-200 du 24 mars 2023, art. 1er)* « Il est fixé par arrêté du garde des sceaux, ministre de la justice. » Le directeur interrégional des services pénitentiaires a autorité sur les établissements pénitentiaires et services pénitentiaires d'insertion et de probation relevant de ce ressort, à l'exception des établissements qu'un texte place directement sous l'autorité de l'administration centrale.

Le ressort de la *(Décr. n° 2023-200 du 24 mars 2023, art. 1er)* « direction des services pénitentiaires d'outre-mer » correspond au territoire des collectivités des articles 73 et 74 de la Constitution et de la collectivité de Nouvelle-Calédonie. *(Décr. n° 2023-200 du 24 mars 2023, art. 1er)* « Son directeur » a autorité sur les établissements pénitentiaires et services pénitentiaires d'insertion et de probation relevant de ce ressort à l'exception des établissements qu'un texte place directement sous l'autorité de l'administration centrale.

Les ressorts mentionnés aux alinéas précédents sont fixés par arrêté du garde des sceaux, ministre de la justice.

V. note ss. art. R. 112-7.

§ 2 Missions des directions interrégionales des services pénitentiaires et de la direction des services pénitentiaires d'outre-mer *(Décr. n° 2023-200 du 24 mars 2023, art. 1er)*

Art. R. 112-9 Les directions interrégionales et la *(Décr. n° 2023-200 du 24 mars 2023, art. 1er)* « la direction des services pénitentiaires d'outre-mer » sont chargées dans leur ressort de :

1° La définition des objectifs stratégiques interrégionaux pour la mise en œuvre des orientations nationales de la politique définie par le directeur de l'administration pénitentiaire ; elles en pilotent la mise en œuvre et en évaluent les résultats ;

2° L'animation, le contrôle et la coordination des activités des établissements et des services pénitentiaires d'insertion et de probation ;

3° La conduite des relations avec les autorités judiciaires qui ne relèvent pas de la mise en œuvre du code pénitentiaire ;

4° La conduite des relations avec les autorités administratives ainsi qu'avec les collectivités territoriales et leurs établissements ; à ce titre, elles s'assurent de la prise en compte des personnes placées sous main de justice dans les politiques et les dispositifs publics de l'État et des collectivités territoriales mis en œuvre dans leur ressort ; à cet effet, elles représentent la direction de l'administration pénitentiaire dans les instances et réunions et apportent leur contribution à la définition desdits politiques et dispositifs ;

5° La gestion des crédits qui leur sont alloués par le responsable de programme ; le contrôle de gestion ;

6° La participation à l'élaboration de la politique immobilière et d'investissement et leur mise en œuvre dans la limite des délégations qui leur sont consenties ;

7° La définition et le pilotage de la politique des achats dans le cadre des orientations du directeur de l'administration pénitentiaire, du responsable ministériel des achats et de la politique des achats de l'État ;

8° Le suivi de la gestion déléguée relevant des dispositions de l'article L. 111-3 dans le cadre des contrats la mettant en œuvre ;

9° Sous réserve des compétences de l'administration centrale pour la gestion de certains corps ou la coordination nationale de la gestion, dans le respect des prérogatives du directeur de l'administration pénitentiaire et du secrétariat général, la gestion des ressources humaines, le recueil et l'analyse des besoins individuels et collectifs de formation ainsi que l'élaboration du plan interrégional de formation continue ;

10° Les relations avec les organisations représentatives des personnels, notamment par la mise en place, la programmation et la tenue des instances consultatives interrégionales.

(Décr. n° 2023-200 du 24 mars 2023, art. 1er) « Les dispositions réglementaires relatives aux directeurs interrégionaux des services pénitentiaires sont applicables au direc-

teur des services pénitentiaires d'outre-mer, sauf mention contraire et sauf lorsqu'elles ne sont pas applicables dans la circonscription territoriale concernée. »

Art. D. 112-10 Le directeur interrégional assure l'organisation des transfèrements qu'il ordonne et leur réalisation par les moyens dont il dispose.

La même charge lui incombe en ce qui concerne l'exécution d'un ordre de transfèrement émanant de l'administration centrale, lorsque ce transfèrement est prescrit entre des établissements pénitentiaires situés dans sa direction interrégionale ou lorsque des instructions lui sont données en ce sens.

SOUS-§ 1er *ÉQUIPES RÉGIONALES D'INTERVENTION ET DE SÉCURITÉ*

Art. D. 112-11 Des équipes régionales d'intervention et de sécurité sont implantées dans chaque direction interrégionale des services pénitentiaires et mises à la disposition du directeur interrégional des services pénitentiaires dans le cadre des missions qui sont dévolues au service public de l'administration pénitentiaire.

Les membres de ces équipes sont affectés au siège de la direction interrégionale des services pénitentiaires à laquelle l'équipe régionale d'intervention et de sécurité est rattachée.

Les équipes régionales d'intervention et de sécurité constituent des équipes de sécurité pénitentiaire au sens de l'article L. 223-17.

Art. D. 112-12 Les équipes régionales d'intervention et de sécurité ont pour missions principales de :

1° Participer au rétablissement et au maintien de l'ordre en cas de mouvements collectifs ou individuels de personnes détenues ;

2° Participer à l'organisation de fouilles générales ou sectorielles en assurant la sécurité globale de l'opération ;

3° Dissuader et prévenir les mouvements lorsque les détentions sont fragilisées soit par les suites d'un mouvement collectif, soit par l'affaiblissement momentané du dispositif de sécurité ;

4° Réaliser, en renfort d'escorte ou en escorte principale, le transfert administratif de personnes détenues signalées violentes ou sensibles ;

5° Participer à des échanges d'expertise technique avec d'autres forces de sécurité publique.

Par ailleurs, les fonctionnaires des équipes régionales de sécurité titulaires d'une habilitation de moniteurs peuvent participer à des actions de formation des personnels exerçant en établissement pénitentiaire.

En outre, certains fonctionnaires des équipes régionales d'intervention et de sécurité disposent d'une expertise particulière en matière de réalisation de dossiers d'objectifs et opérationnels.

Présence des équipes régionales d'intervention et de sécurité (ERIS) en détention. Si les requérants critiquent le fait que des membres des ERIS sont encore présents dans le centre pénitentiaire, ces équipes sont composées de personnels de l'administration pénitentiaire, dont la présence, au sein du centre pénitentiaire pour contribuer à en assurer la sécurité intérieure, ne saurait, par elle-même, être constitutive d'une illégalité. Alors même que les conditions de détention dans l'établissement ne seraient pas identiques à celles qui étaient assurées avant l'incident, il n'existe aucune atteinte grave et manifestement illégale à une liberté fondamentale susceptible de justifier l'intervention du juge des référés sur le fondement de l'art. L. 521-2 CJA. • CE, ord., 15 avr. 2019, n° 428934.

SOUS-§ 2 *PÔLES DE RATTACHEMENT DES EXTRACTIONS JUDICIAIRES*

Art. D. 112-13 Les pôles de rattachement des extractions judiciaires constituent des équipes de sécurité pénitentiaire au sens de l'article L. 223-17.

Ils sont placés sous l'autorité du directeur interrégional des services pénitentiaires.

Art. D. 112-14 Les agents affectés aux pôles de rattachement des extractions judiciaires sont chargés d'exécuter des missions de prise en charge extérieures des personnes détenues, en particulier :

1° Les extractions judiciaires des personnes détenues ;

2° Les autorisations de sortie sous escorte des personnes détenues ;
3° Les transferts administratifs des personnes détenues ;
4° Les translations judiciaires des personnes détenues.

SOUS-SECTION 2 **Établissements pénitentiaires**

§ 1 Typologie

Art. R. 112-15 Les établissements pour peines sont :
1° Les maisons centrales ;
2° Les centres de détention ;
3° Les établissements pénitentiaires spécialisés pour mineurs ;
4° Les centres de semi-liberté.

Art. R. 112-16 Les centres pénitentiaires peuvent comporter les quartiers suivants :
1° "Quartier maison centrale" ;
2° "Quartier centre de détention" ;
3° "Quartier de semi-liberté" ;
4° "Quartier maison d'arrêt".
Ils peuvent aussi comporter des quartiers dénommés "Structures d'accompagnement vers la sortie".

Art. R. 112-17 Les centres socio-médico-judiciaires de sûreté sont des structures placées sous l'autorité conjointe du ministre chargé de la santé et du garde des sceaux, ministre de la justice, qui accueillent des personnes placées en rétention de sûreté.

Art. D. 112-18 Les maisons centrales et les quartiers maison centrale comportent une organisation et un régime de sécurité renforcé dont les modalités internes permettent également de préserver et de développer les possibilités de réinsertion sociale des personnes condamnées.

Un arrêté du garde des sceaux, ministre de la justice, fixe la liste des maisons centrales et des quartiers maison centrale. Cet arrêté est annexé au présent code. — *V. Annexe 1 (Arr. du 23 janv. 2023), ss. art. D. 112-21.*

Art. D. 112-19 Les centres de détention et les quartiers centre de détention comportent un régime principalement orienté vers la réinsertion sociale et, le cas échéant, la préparation à la sortie des personnes condamnées.

Un arrêté du garde des sceaux, ministre de la justice, fixe la liste des centres et des quartiers centre de détention. Cet arrêté est annexé au présent code. — *V. Annexe 2 (Arr. du 23 janv. 2023), ss. art. D. 112-21.*

Art. D. 112-20 Les centres de semi-liberté et quartiers de semi-liberté ainsi que les structures d'accompagnement vers la sortie comportent un régime essentiellement orienté vers la réinsertion sociale et la préparation à la sortie des personnes condamnées.

Les personnes condamnées faisant l'objet d'une mesure de semi-liberté sont détenues soit dans des centres de semi-liberté ou des quartiers de semi-liberté, soit dans des structures d'accompagnement vers la sortie. Les personnes condamnées faisant l'objet d'une mesure de placement à l'extérieur dans les conditions fixées par les dispositions de l'article D. 136 du code de procédure pénale peuvent également être détenues dans ces établissements ou ces quartiers.

Les structures d'accompagnement vers la sortie peuvent recevoir les personnes condamnées dont le reliquat de peine leur restant à exécuter est inférieur à deux ans.

Un arrêté du garde des sceaux, ministre de la justice, fixe la liste des centres *(Décr. n° 2022-1710 du 29 déc. 2022, art. 2)* « et des quartiers » de semi-liberté. Cet arrêté est annexé au présent code. — *V. Annexe 3 (Arr. du 23 janv. 2023), ss. art. D. 112-21.*

Art. D. 112-21 Les structures d'accompagnement vers la sortie favorisent la préparation à la sortie de la personne détenue par la mise en œuvre de programmes de prise en charge permettant un accompagnement global, renforcé et individualisé.

Un arrêté du garde des sceaux, ministre de la justice, fixe la liste des structures d'accompagnement vers la sortie. Cet arrêté est annexé au présent code. — *V. Annexe 4 (Arr. du 23 janv. 2023) ci-dessous.*

ANNEXES 1 à 5

Arrêté du 23 janvier 2023 fixant les listes des établissements pénitentiaires et des quartiers des centres pénitentiaires

Art. 1er Sont fixées dans le tableau figurant à l'article 2 du présent arrêté :

1° La liste des centres pénitentiaires, en colonne A ;

2° La liste des maisons d'arrêt et des quartiers maison d'arrêt prévue à l'article D. 112-27 du code pénitentiaire, en colonne B ;

3° La liste des centres et des quartiers centre de détention prévue à l'article D. 112-19 du même code, en colonne C ;

4° La liste des maisons centrales et des quartiers maison centrale prévue à l'article D. 112-18 du même code, en colonne D ;

5° La liste des centres de semi-liberté et des quartiers de semi-liberté prévue à l'article D. 112-20 du même code, en colonne E ;

6° La liste des structures d'accompagnement vers la sortie prévue à l'article D. 112-21 du même code, en colonne F.

Art. 2

Départements ou collectivités d'outre-mer	**(A) Centres pénitentiaires**	**(B) Maisons d'arrêt et Quartiers maison d'arrêt**	**(C) Centres de détention et Quartiers centre de détention**	**(D) Maisons centrales et Quartiers maison centrale**	**(E) Centres de semi-liberté et Quartiers de semi-liberté**	**(F) Structures d'accompagnement vers la sortie**
Ain	Centre pénitentiaire de Bourg-en-Bresse	Quartier maison d'arrêt du centre pénitentiaire de Bourg-en-Bresse	Quartier centre de détention du centre pénitentiaire de Bourg-en-Bresse			
Aisne	Centre pénitentiaire de Château-Thierry		Quartier centre de détention du centre pénitentiaire de Château-Thierry	Quartier maison centrale du centre pénitentiaire de Château-Thierry		
	Centre pénitentiaire de Laon	Quartier maison d'arrêt du centre pénitentiaire de Laon	Quartier centre de détention du centre pénitentiaire de Laon			
Allier		Maison d'arrêt de Montluçon				
	Centre pénitentiaire de Moulins-Yzeure	Quartier maison d'arrêt du centre pénitentiaire de Moulins-Yzeure		Quartier maison centrale du centre pénitentiaire de Moulins-Yzeure		

Départements ou collectivités d'outre-mer	**(A) Centres pénitentiaires**	**(B) Maisons d'arrêt et Quartiers maison d'arrêt**	**(C) Centres de détention et Quartiers centre de détention**	**(D) Maisons centrales et Quartiers maison centrale**	**(E) Centres de semi-liberté et Quartiers de semi-liberté**	**(F) Structures d'accompagnement vers la sortie**
Alpes-de-Haute-Provence		Maison d'arrêt de Digne				
Hautes-Alpes		Maison d'arrêt de Gap				
Alpes-Maritimes		Maison d'arrêt de Grasse				
		Maison d'arrêt de Nice				
Ardèche		Maison d'arrêt de Privas				
Ardennes		Maison d'arrêt de Charleville-Mézières				
Ariège		Maison d'arrêt de Foix				
Aube				Maison centrale de Clairvaux		
		Maison d'arrêt de Troyes				
			Centre de détention de Villenauxe-la-Grande			
Aude		Maison d'arrêt de Carcassonne				
Aveyron		Maison d'arrêt de Rodez				

Départements ou collectivités d'outre-mer	(A) Centres pénitentiaires	(B) Maisons d'arrêt et Quartiers maison d'arrêt	(C) Centres de détention et Quartiers centre de détention	(D) Maisons centrales et Quartiers maison centrale	(E) Centres de semi-liberté et Quartiers de semi-liberté	(F) Structures d'accompagnement vers la sortie
Bouches-du-Rhône	Centre pénitentiaire d'Aix-Luynes	Quartier maison d'arrêt du centre pénitentiaire d'Aix-Luynes				
				Maison centrale d'Arles		
	Centre pénitentiaire de Marseille	Quartier maison d'arrêt du centre pénitentiaire de Marseille	Quartier centre de détention du centre pénitentiaire de Marseille			
			Centre de détention de Salon-de-Provence			
			Centre de détention de Tarascon			
Calvados	Centre pénitentiaire de Caen	Quartier maison d'arrêt du centre pénitentiaire de Caen	Quartier centre de détention du centre pénitentiaire de Caen			
		Maison d'arrêt de Caen				
Cantal		Maison d'arrêt d'Aurillac				
Charente		Maison d'arrêt d'Angoulême				

Départements ou collectivités d'outre-mer	(A) Centres pénitentiaires	(B) Maisons d'arrêt et Quartiers maison d'arrêt	(C) Centres de détention et Quartiers centre de détention	(D) Maisons centrales et Quartiers maison centrale	(E) Centres de semi-liberté et Quartiers de semi-liberté	(F) Structures d'accompagnement vers la sortie
Charente-Maritime			Centre de détention de Bédenac			
		Maison d'arrêt de Rochefort				
				Maison centrale de Saint-Martin-de-Ré		
		Maison d'arrêt de Saintes				
Cher		Maison d'arrêt de Bourges				
Corrèze		Maison d'arrêt de Tulle				
			Centre de détention d'Uzerche			
Corse-du-Sud		Maison d'arrêt d'Ajaccio				
Haute-Corse	Centre pénitentiaire de Borgo	Quartier maison d'arrêt du centre pénitentiaire de Borgo	Quartier centre de détention du centre pénitentiaire de Borgo			
			Centre de détention de Casabianda			
Côte-d'Or		Maison d'arrêt de Dijon				
Côtes-d'Armor		Maison d'arrêt de Saint-Brieuc				

Départements ou collectivités d'outre-mer	**(A) Centres pénitentiaires**	**(B) Maisons d'arrêt et Quartiers maison d'arrêt**	**(C) Centres de détention et Quartiers centre de détention**	**(D) Maisons centrales et Quartiers maison centrale**	**(E) Centres de semi-liberté et Quartiers de semi-liberté**	**(F) Structures d'accompagnement vers la sortie**
Creuse		Maison d'arrêt de Guéret				
Dordogne			Centre de détention de Mauzac			
			Centre de détention de Neuvic			
		Maison d'arrêt de Périgueux				
Doubs		Maison d'arrêt de Besançon				
					Centre de semi-liberté de Besançon	
		Maison d'arrêt de Montbéliard				
Drôme	Centre pénitentiaire de Valence	Quartier maison d'arrêt du centre pénitentiaire de Valence		Quartier maison centrale du centre pénitentiaire de Valence		
Eure		Maison d'arrêt d'Évreux				
			Centre de détention de Val-de-Reuil			
Eure-et-Loir			Centre de détention de Châteaudun			
Finistère		Maison d'arrêt de Brest				

Départements ou collectivités d'outre-mer	(A) Centres pénitentiaires	(B) Maisons d'arrêt et Quartiers maison d'arrêt	(C) Centres de détention et Quartiers centre de détention	(D) Maisons centrales et Quartiers maison centrale	(E) Centres de semi-liberté et Quartiers de semi-liberté	(F) Structures d'accompagnement vers la sortie
Gard		Maison d'arrêt de Nîmes				
Haute-Garonne			Centre de détention de Muret			
	Centre pénitentiaire de Toulouse-Seysses	Quartier maison d'arrêt du centre pénitentiaire de Toulouse-Seysses			Quartier de semi-liberté du centre pénitentiaire de Toulouse-Seysses	
Gers						
Gironde	Centre pénitentiaire de Bordeaux-Gradignan	Quartier maison d'arrêt du centre pénitentiaire de Bordeaux-Gradignan				
Hérault	Centre pénitentiaire de Béziers	Quartier maison d'arrêt du centre pénitentiaire de Béziers	Quartier centre de détention du centre pénitentiaire de Béziers			
	Centre pénitentiaire de Villeneuve-lès-Maguelone	Quartier maison d'arrêt du centre pénitentiaire de Villeneuve-lès-Maguelone				

Départements ou collectivités d'outre-mer	(A) Centres pénitentiaires	(B) Maisons d'arrêt et Quartiers maison d'arrêt	(C) Centres de détention et Quartiers centre de détention	(D) Maisons centrales et Quartiers maison centrale	(E) Centres de semi-liberté et Quartiers de semi-liberté	(F) Structures d'accompagnement vers la sortie
Ille-et-Vilaine	Centre pénitentiaire de Rennes	Quartier maison d'arrêt du centre pénitentiaire de Rennes	Quartier centre de détention du centre pénitentiaire de Rennes			
	Centre pénitentiaire de Rennes-Vezin-le-Coquet	Quartier maison d'arrêt du centre pénitentiaire de Rennes-Vezin-le-Coquet	Quartier centre de détention du centre pénitentiaire de Rennes-Vezin-le-Coquet		Quartier de semi-liberté du centre pénitentiaire de Rennes-Vezin-le-Coquet	
		Maison d'arrêt de Saint-Malo				
Indre	Centre pénitentiaire de Châteauroux	Quartier maison d'arrêt du centre pénitentiaire de Châteauroux	Quartier centre de détention du centre pénitentiaire de Châteauroux			
				Maison centrale de Saint-Maur		
Indre-et-Loire		Maison d'arrêt de Tours				
Isère	Centre pénitentiaire de Grenoble-Varces	Quartier maison d'arrêt du centre pénitentiaire de Grenoble-Varces				
	Centre pénitentiaire de Saint-Quentin-Fallavier	Quartier maison d'arrêt du centre pénitentiaire de Saint-Quentin-Fallavier	Quartier centre de détention du centre pénitentiaire de Saint-Quentin-Fallavier			

Départements ou collectivités d'outre-mer	(A) Centres pénitentiaires	(B) Maisons d'arrêt et Quartiers maison d'arrêt	(C) Centres de détention et Quartiers centre de détention	(D) Maisons centrales et Quartiers maison centrale	(E) Centres de semi-liberté et Quartiers de semi-liberté	(F) Structures d'accompagnement vers la sortie
Jura		Maison d'arrêt de Lons-le-Saunier				
Landes	Centre pénitentiaire de Mont-de-Marsan	Quartier maison d'arrêt du centre pénitentiaire de Mont-de-Marsan	Quartier centre de détention du centre pénitentiaire de Mont-de-Marsan		Quartier de semi-liberté du centre pénitentiaire de Mont-de-Marsan	
Loir-et-Cher		Maison d'arrêt de Blois				
Loire			Centre de détention de Roanne			
	Centre pénitentiaire de Saint-Etienne-La Talaudière	Quartier maison d'arrêt du centre pénitentiaire de Saint-Etienne-La Talaudière				
Haute-Loire		Maison d'arrêt du Puy-en-Velay				
Loire-Atlantique	Centre pénitentiaire de Nantes	Quartier maison d'arrêt du centre pénitentiaire de Nantes	Quartier centre de détention du centre pénitentiaire de Nantes		Quartier de semi-liberté du centre pénitentiaire de Nantes	
Loiret					Centre de semi-liberté de Montargis	
	Centre pénitentiaire d'Orléans-Saran	Quartier maison d'arrêt du centre pénitentiaire d'Orléans-Saran	Quartier centre de détention du centre pénitentiaire d'Orléans-Saran			

Départements ou collectivités d'outre-mer	(A) Centres pénitentiaires	(B) Maisons d'arrêt et Quartiers maison d'arrêt	(C) Centres de détention et Quartiers centre de détention	(D) Maisons centrales et Quartiers maison centrale	(E) Centres de semi-liberté et Quartiers de semi-liberté	(F) Structures d'accompagnement vers la sortie
Lot						
Lot-et-Garonne		Maison d'arrêt d'Agen				
			Centre de détention d'Eysses			
Lozère		Maison d'arrêt de Mende				
Maine-et-Loire		Maison d'arrêt d'Angers				
Manche		Maison d'arrêt de Cherbourg				
		Maison d'arrêt de Coutances				
Marne		Maison d'arrêt de Châlons-en-Champagne				
		Maison d'arrêt de Reims				
Haute-Marne		Maison d'arrêt de Chaumont				
Mayenne		Maison d'arrêt de Laval				

Départements ou collectivités d'outre-mer	**(A) Centres pénitentiaires**	**(B) Maisons d'arrêt et Quartiers maison d'arrêt**	**(C) Centres de détention et Quartiers centre de détention**	**(D) Maisons centrales et Quartiers maison centrale**	**(E) Centres de semi-liberté et Quartiers de semi-liberté**	**(F) Structures d'accompagnement vers la sortie**
Meurthe-et-Moselle			Centre de détention d'Ecrouves			
					Centre de semi-liberté de Maxéville	
		Maison d'arrêt de Nancy-Maxéville				
					Centre de semi-liberté de Val de Briey	
			Centre de détention de Toul			
Meuse		Maison d'arrêt de Bar-le-Duc				
			Centre de détention de Montmédy			
			Centre de détention de Saint-Mihiel			
Morbihan	Centre pénitentiaire de Lorient-Ploemeur	Quartier maison d'arrêt du centre pénitentiaire de Lorient-Ploemeur	Quartier centre de détention du centre pénitentiaire de Lorient-Ploemeur			
		Maison d'arrêt de Vannes				

Départements ou collectivités d'outre-mer	(A) Centres pénitentiaires	(B) Maisons d'arrêt et Quartiers maison d'arrêt	(C) Centres de détention et Quartiers centre de détention	(D) Maisons centrales et Quartiers maison centrale	(E) Centres de semi-liberté et Quartiers de semi-liberté	(F) Structures d'accompagnement vers la sortie
Moselle	Centre pénitentiaire de Metz	Quartier maison d'arrêt du centre pénitentiaire de Metz				
		Maison d'arrêt de Sarreguemines				
Nièvre		Maison d'arrêt de Nevers				
Nord		Maison d'arrêt de Douai				
		Maison d'arrêt de Dunkerque				
	Centre pénitentiaire de Lille-Annœullin	Quartier maison d'arrêt du centre pénitentiaire de Lille-Annœullin	Quartier centre de détention du centre pénitentiaire de Lille-Annœullin			
	Centre pénitentiaire de Lille-Loos-Sequedin	Quartier maison d'arrêt du centre pénitentiaire de Lille-Loos-Sequedin			Quartier de semi-liberté d'Haubourdin du centre pénitentiaire de Lille-Loos-Sequedin	
	Centre pénitentiaire de Maubeuge	Quartier maison d'arrêt du centre pénitentiaire de Maubeuge	Quartier centre de détention du centre pénitentiaire de Maubeuge			
		Maison d'arrêt de Valenciennes				

Départements ou collectivités d'outre-mer	(A) Centres pénitentiaires	(B) Maisons d'arrêt et Quartiers maison d'arrêt	(C) Centres de détention et Quartiers centre de détention	(D) Maisons centrales et Quartiers maison centrale	(E) Centres de semi-liberté et Quartiers de semi-liberté	(F) Structures d'accompagnement vers la sortie
Oise	Centre pénitentiaire de Beauvais	Quartier maison d'arrêt du centre pénitentiaire de Beauvais				
	Centre pénitentiaire de Liancourt	Quartier maison d'arrêt du centre pénitentiaire de Liancourt	Quartier centre de détention du centre pénitentiaire de Liancourt			
Orne	Centre pénitentiaire d'Alençon-Condé-sur-Sarthe	Quartier Maison d'Arrêt du Centre pénitentiaire d'Alençon-Condé sur Sarthe		Quartier maison centrale du centre pénitentiaire d'Alençon-Condé-sur-Sarthe		
			Centre de détention d'Argentan			

Départements ou collectivités d'outre-mer	(A) Centres pénitentiaires	(B) Maisons d'arrêt et Quartiers maison d'arrêt	(C) Centres de détention et Quartiers centre de détention	(D) Maisons centrales et Quartiers maison centrale	(E) Centres de semi-liberté et Quartiers de semi-liberté	(F) Structures d'accompagnement vers la sortie
Pas-de-Calais		Maison d'arrêt d'Arras				
			Centre de détention de Bapaume			
		Maison d'arrêt de Béthune				
	Centre pénitentiaire de Longuenesse	Quartier maison d'arrêt du centre pénitentiaire de Longuenesse	Quartier centre de détention du centre pénitentiaire de Longuenesse			
	Centre pénitentiaire de Vendin-le-Vieil	Quartier maison d'arrêt du centre pénitentiaire de Vendin-le-Vieil	Quartier centre de détention du centre pénitentiaire de Vendin-le-Vieil	Quartier maison centrale du centre pénitentiaire de Vendin-le-Vieil		
Puy-de-Dôme	Centre pénitentiaire de Riom	Quartier maison d'arrêt du centre pénitentiaire de Riom	Quartier centre de détention du centre pénitentiaire de Riom		Quartier de semi-liberté du centre pénitentiaire de Riom	
Pyrénées-Atlantiques		Maison d'arrêt de Bayonne				
		Maison d'arrêt de Pau				

Départements ou collectivités d'outre-mer	**(A) Centres pénitentiaires**	**(B) Maisons d'arrêt et Quartiers maison d'arrêt**	**(C) Centres de détention et Quartiers centre de détention**	**(D) Maisons centrales et Quartiers maison centrale**	**(E) Centres de semi-liberté et Quartiers de semi-liberté**	**(F) Structures d'accompagnement vers la sortie**
Hautes-Pyrénées	Centre pénitentiaire de Lannemezan		Quartier centre de détention du centre pénitentiaire de Lannemezan	Quartier maison centrale du centre pénitentiaire de Lannemezan		
		Maison d'arrêt de Tarbes				
Pyrénées-Orientales	Centre pénitentiaire de Perpignan	Quartier maison d'arrêt du centre pénitentiaire de Perpignan	Quartier centre de détention du centre pénitentiaire de Perpignan			
Bas-Rhin			Centre de détention d'Oermingen			
					Centre de semi-liberté de Souffelweyersheim	
		Maison d'arrêt de Strasbourg				
Haut-Rhin				Maison centrale d'Ensisheim		
	Centre pénitentiaire de Mulhouse-Lutterbach	Quartier maison d'arrêt du centre pénitentiaire de Mulhouse-Lutterbach	Quartier centre de détention du centre pénitentiaire de Mulhouse-Lutterbach			

Départements ou collectivités d'outre-mer	(A) Centres pénitentiaires	(B) Maisons d'arrêt et Quartiers maison d'arrêt	(C) Centres de détention et Quartiers centre de détention	(D) Maisons centrales et Quartiers maison centrale	(E) Centres de semi-liberté et Quartiers de semi-liberté	(F) Structures d'accompagnement vers la sortie
Rhône		Maison d'arrêt de Lyon-Corbas				
					Centre de semi-liberté de Lyon	
	Centre pénitentiaire de Villefranche-sur-Saône	Quartier maison d'arrêt du centre pénitentiaire de Villefranche-sur-Saône				
Haute-Saône		Maison d'arrêt de Vesoul				
Saône-et-Loire	Centre pénitentiaire de Varennes-le-Grand	Quartier maison d'arrêt du centre pénitentiaire de Varennes-le-Grand	Quartier centre de détention du centre pénitentiaire de Varennes-le-Grand			
Sarthe		Maison d'arrêt du Mans-les-Croisettes				
Savoie	Centre pénitentiaire d'Aiton	Quartier maison d'arrêt du centre pénitentiaire d'Aiton	Quartier centre de détention du centre pénitentiaire d'Aiton			
		Maison d'arrêt de Chambéry				
Haute-Savoie		Maison d'arrêt de Bonneville				

Départements ou collectivités d'outre-mer	(A) Centres pénitentiaires	(B) Maisons d'arrêt et Quartiers maison d'arrêt	(C) Centres de détention et Quartiers centre de détention	(D) Maisons centrales et Quartiers maison centrale	(E) Centres de semi-liberté et Quartiers de semi-liberté	(F) Structures d'accompagnement vers la sortie
Paris	Centre pénitentiaire de Paris-La Santé	Quartier maison d'arrêt du centre pénitentiaire de Paris-La Santé				
Seine-Maritime	Centre pénitentiaire du Havre	Quartier maison d'arrêt du centre pénitentiaire du Havre	Quartier centre de détention du centre pénitentiaire du Havre			
		Maison d'arrêt de Rouen				
Seine-et-Marne	Centre pénitentiaire du Sud francilien	Quartier maison d'arrêt du centre pénitentiaire du Sud francilien	Quartier centre de détention du centre pénitentiaire du Sud francilien	Quartier maison centrale du centre pénitentiaire du Sud francilien		
	Centre pénitentiaire de Meaux-Chauconin-Neufmontiers	Quartier maison d'arrêt du centre pénitentiaire de Meaux-Chauconin-Neufmontiers	Quartier centre de détention du centre pénitentiaire de Meaux-Chauconin-Neufmontiers			
			Centre de détention de Melun			
					Centre de semi-liberté de Melun	

Départements ou collectivités d'outre-mer	(A) Centres pénitentiaires	(B) Maisons d'arrêt et Quartiers maison d'arrêt	(C) Centres de détention et Quartiers centre de détention	(D) Maisons centrales et Quartiers maison centrale	(E) Centres de semi-liberté et Quartiers de semi-liberté	(F) Structures d'accompagnement vers la sortie
Yvelines	Centre pénitentiaire de Bois-d'Arcy	Quartier maison d'arrêt du centre pénitentiaire de Bois-d'Arcy			Quartier de semi-liberté du centre pénitentiaire de Bois-d'Arcy	
				Maison centrale de Poissy		
		Maison d'arrêt de Versailles				
Deux-Sèvres		Maison d'arrêt de Niort				
Somme		Maison d'arrêt d'Amiens				
Tarn		Maison d'arrêt d'Albi				
			Centre de détention de Saint-Sulpice-la-Pointe			
Tarn-et-Garonne		Maison d'arrêt de Montauban				
Var		Maison d'arrêt de Draguignan				
	Centre pénitentiaire de Toulon-La Farlède	Quartier maison d'arrêt du centre pénitentiaire de Toulon-La Farlède	Quartier centre de détention du centre pénitentiaire de Toulon-La Farlède			

Départements ou collectivités d'outre-mer	**(A) Centres pénitentiaires**	**(B) Maisons d'arrêt et Quartiers maison d'arrêt**	**(C) Centres de détention et Quartiers centre de détention**	**(D) Maisons centrales et Quartiers maison centrale**	**(E) Centres de semi-liberté et Quartiers de semi-liberté**	**(F) Structures d'accompagnement vers la sortie**
Vaucluse	Centre pénitentiaire d'Avignon-Le Pontet	Quartier maison d'arrêt du centre pénitentiaire d'Avignon-Le Pontet	Quartier centre de détention du centre pénitentiaire d'Avignon-Le Pontet		Quartier de semi-liberté du centre pénitentiaire d'Avignon-Le Pontet	
Vendée		Maison d'arrêt de Fontenay-le-Comte				
		Maison d'arrêt de La Roche-sur-Yon				
Vienne	Centre pénitentiaire de Poitiers-Vivonne	Quartier maison d'arrêt du centre pénitentiaire de Poitiers-Vivonne	Quartier centre de détention du centre pénitentiaire de Poitiers-Vivonne		Quartier de semi-liberté du centre pénitentiaire de Poitiers-Vivonne	
Haute-Vienne		Maison d'arrêt de Limoges				
Vosges		Maison d'arrêt d'Epinal				
Yonne		Maison d'arrêt d'Auxerre				
			Centre de détention de Joux-la-Ville			
Territoire de Belfort		Maison d'arrêt de Belfort				
Essonne					Centre de semi-liberté de Corbeil	
		Maison d'arrêt de Fleury-Mérogis				

Départements ou collectivités d'outre-mer	(A) Centres pénitentiaires	(B) Maisons d'arrêt et Quartiers maison d'arrêt	(C) Centres de détention et Quartiers centre de détention	(D) Maisons centrales et Quartiers maison centrale	(E) Centres de semi-liberté et Quartiers de semi-liberté	(F) Structures d'accompagnement vers la sortie
Hauts-de-Seine	Centre pénitentiaire de Nanterre-Hauts-de-Seine	Quartier maison d'arrêt du centre pénitentiaire de Nanterre-Hauts-de-Seine				
Seine-Saint-Denis					Centre de semi-liberté de Gagny	
		Maison d'arrêt de Villepinte-Seine-Saint-Denis				
Val-de-Marne	Centre pénitentiaire de Fresnes	Quartier maison d'arrêt du centre pénitentiaire de Fresnes				
Val-d'Oise		Maison d'arrêt d'Osny-Pontoise				
Guadeloupe	Centre pénitentiaire de Baie-Mahault	Quartier maison d'arrêt du centre pénitentiaire de Baie-Mahault	Quartier centre de détention du centre pénitentiaire de Baie-Mahault			
		Maison d'arrêt de Basse-Terre				
Martinique	Centre pénitentiaire de Ducos	Quartier maison d'arrêt du centre pénitentiaire de Ducos	Quartier centre de détention du centre pénitentiaire de Ducos			

Départements ou collectivités d'outre-mer	**(A) Centres pénitentiaires**	**(B) Maisons d'arrêt et Quartiers maison d'arrêt**	**(C) Centres de détention et Quartiers centre de détention**	**(D) Maisons centrales et Quartiers maison centrale**	**(E) Centres de semi-liberté et Quartiers de semi-liberté**	**(F) Structures d'accompagnement vers la sortie**
Guyane	Centre pénitentiaire de Rémire-Montjoly	Quartier maison d'arrêt du centre pénitentiaire de Rémire-Montjoly	Quartier centre de détention du centre pénitentiaire de Rémire-Montjoly			
La Réunion			Centre de détention du Port			
	Centre pénitentiaire de Saint-Denis	Quartier maison d'arrêt du centre pénitentiaire de Saint-Denis	Quartier centre de détention du centre pénitentiaire de Saint-Denis			
		Maison d'arrêt de Saint-Pierre				
Saint-Pierre-et-Miquelon	Centre pénitentiaire de Saint-Pierre	Quartier maison d'arrêt du centre pénitentiaire de Saint-Pierre	Quartier centre de détention du centre pénitentiaire de Saint-Pierre			
Mayotte	Centre pénitentiaire de Majicavo	Quartier maison d'arrêt du centre pénitentiaire de Majicavo	Quartier centre de détention du centre pénitentiaire de Majicavo			
Iles Wallis-et-Futuna		Maison d'arrêt de Mata-Utu				

Départements ou collectivités d'outre-mer	(A) Centres pénitentiaires	(B) Maisons d'arrêt et Quartiers maison d'arrêt	(C) Centres de détention et Quartiers centre de détention	(D) Maisons centrales et Quartiers maison centrale	(E) Centres de semi-liberté et Quartiers de semi-liberté	(F) Structures d'accompagnement vers la sortie
Polynésie française	Centre pénitentiaire de Faa'a-Nuutania	Quartier maison d'arrêt du centre pénitentiaire de Faa'a-Nuutania	Quartier centre de détention du centre pénitentiaire de Faa'a-Nuutania			
			Centre de détention Tatutu de Papeari			
	Centre pénitentiaire de Taiohae	Quartier maison d'arrêt du centre pénitentiaire de Taiohae	Quartier centre de détention du centre pénitentiaire de Taiohae			
	Centre pénitentiaire d'Uturoa	Quartier maison d'arrêt du centre pénitentiaire d'Uturoa	Quartier centre de détention du centre pénitentiaire d'Uturoa			
Nouvelle-Calédonie			Centre de détention de Koné			
	Centre pénitentiaire de Nouméa	Quartier maison d'arrêt du centre pénitentiaire de Nouméa	Quartier centre de détention du centre pénitentiaire de Nouméa			

Art. D. 112-21-1 *(Décr. nº 2022-1710 du 29 déc. 2022, art. 2)* Conformément aux dispositions de l'article R. 124-9 du code de la justice pénale des mineurs, la liste des établissements pénitentiaires spécialisés pour mineurs, ainsi que celle des quartiers pour mineurs et celle des unités spéciales pour mineures mentionnés à l'article L. 124-1 du code de la justice pénale des mineurs, sont fixées par arrêté du garde des sceaux, ministre de la justice. Ces listes sont annexées au code de la justice pénale des mineurs. — *V.* ***CJPM***.

§ 2 Règlement intérieur

Art. R. 112-22 Le règlement intérieur type pour le fonctionnement de chacune des catégories d'établissements pénitentiaires, comprenant des dispositions communes et des dispositions spécifiques à chaque catégorie, est constitué des dispositions mentionnées aux articles R. 131-1, R. 211-1, R. 212-14, R. 212-15, R. 212-16, R. 212-17,

R. 212-18, R. 212-19, R. 213-3, R. 213-5, R. 213-6, R. 213-7, R. 213-8, R. 213-10, R. 213-11, R. 213-12, R. 213-13, R. 213-14, R. 213-15, R. 213-16, R. 213-17, R. 213-20, R. 221-4, R. 223-1, R. 225-5, R. 226-1, R. 231-1, R. 231-2, R. 232-1, R. 235-1, R. 235-7, R. 235-9, R. 311-2, R. 313-10, R. 313-12, R. 314-1, R. 315-2, R. 321-4, R. 321-5, R. 321-6, R. 322-11, R. 322-12, R. 323-1, R. 332-1, R. 332-2, R. 332-3, R. 332-4, R. 332-5, R. 332-33, R. 332-35, R. 332-36, R. 332-37, R. 332-38, R. 332-39, R. 332-40, R. 332-41, *(Décr. n° 2022-1287 du 4 oct. 2022, art. 8)* **« R. 332-42, » R. 332-43, R. 332-44, R. 332-45, R. 341-12, R. 341-17, R. 344-1, R. 345-6, R. 345-7, R. 345-8, R. 345-11, R. 351-1, R. 351-4, R. 370-1, R. 370-2, R. 370-3,** *(Décr. n° 2022-1287 du 4 oct. 2022, art. 8)* **« R. 370-4, » R. 381-1, R. 411-7,** *(Décr. n° 2022-1287 du 4 oct. 2022, art. 8)* **« R. 412-10 », R. 412-1, R. 412-8,** *(Décr. n° 2022-655 du 25 avr. 2022, art. 2, en vigueur le 1er mai 2022)* **« R. 412-51 », R. 413-2, R. 413-6, R. 414-1, R. 414-7, R. 511-2 et R. 522-1.**

Art. R. 112-23 **Chaque chef d'établissement pénitentiaire adapte le règlement intérieur type applicable à la catégorie dont relève l'établissement qu'il dirige en prenant en compte les modalités spécifiques de fonctionnement de ce dernier. Il recueille l'avis des personnels.**

Le règlement intérieur de chaque établissement, ainsi que ses modifications le cas échéant, sont transmis pour approbation au directeur interrégional des services pénitentiaires. Il est adressé pour information au juge de l'application des peines, au président du tribunal judiciaire et au procureur de la République.

1. Obligation d'agir des directeurs des établissements pénitentiaires. V. notes ss. art. L. 1, L. 2, L. 3 et L. 6. ♦ Eu égard à la vulnérabilité des détenus et à leur situation d'entière dépendance vis-à-vis de l'administration, il appartient à celle-ci, et notamment aux directeurs des établissements pénitentiaires en leur qualité de chefs de service, de prendre les mesures propres à protéger leur vie. • CE 17 déc. 2008, n° 305594 B : *AJDA 2008. 2364, obs. Montecler ; AJ pénal 2009. 86, obs. Péchillon.* ♦ ... Ainsi qu'à leur éviter tout traitement inhumain ou dégradant. • CE, ord., 22 déc. 2012, n° 364584 B : *JCP Adm. 2013. Actu. 22 ; ibid. 2017, note Koubi* • 10 avr. 2013, n° 367343 • CE 28 juill. 2017, n° 410677 : *AJDA 2017. 1589, obs. de Montecler ; ibid. 2540, note Le Bot ; D. 2018. 1175, obs. Céré, Herzog-Evans et Péchillon ; AJ pénal 2017. 456, obs. Céré* • CE, ord., 26 avr. 2019, n° 429686 • CE 9 déc. 2021, n° 458871. ♦ Dans le cadre de l'épidémie de covid-19, il appartient aux chefs d'établissements pénitentiaires, responsables de l'ordre et de la sécurité au sein de ceux-ci, de s'assurer du respect des consignes données pour lutter contre la propagation du virus et de prendre, dans le champ de leurs compétences, toute mesure propre à garantir le respect effectif des libertés fondamentales des détenus et des personnes y travaillant ou y intervenant. • CE, ord., 8 avr. 2020, n° 439827 B : *AJDA 2020. 756 ; ibid. 1298, note Schmitz ; D. 2020. 1195, obs. Céré, Falxa et Herzog-Evans* • 8 avr. 2020, n° 439821 A : *AJDA 2020. 756.*

2. Preuve de l'approbation du règlement intérieur par le directeur régional. Il ressort des pièces du dossier, notamment de la copie du règlement produite seulement en appel par le garde des Sceaux, que le directeur interrégional des services pénitentiaires a apposé sa signature sur le règlement intérieur adopté en avr. 2013, lui donnant ainsi son approbation. • CAA Nantes, 15 oct. 2021, n° 20NT02974.

3. Portée de la transmission au juge de l'application des peines (JAP). Le règlement intérieur est seulement transmis au JAP et le défaut de cette transmission n'est pas une cause d'illégalité du règlement. • CAA Nantes, 15 oct. 2021, n° 20NT02974 : *préc. note 2.*

§ 3 Construction et aménagement

Art. R. 112-24 **En application des dispositions de l'article R.* 421-8 du code de l'urbanisme, les constructions situées à l'intérieur de l'enceinte des établissements pénitentiaires sont dispensées de toute formalité au titre du même code.**

COMMENTAIRE

L'article R. 112-24 dispense l'administration des « formalités » (permis, études d'impact) prévues au code de l'urbanisme pour toute construction nouvelle « dans l'enceinte des établissements pénitentiaires » en application d'une dérogation inscrite à l'article R. 421-8 du code de l'urbanisme. C'est une exemption très large qui est ainsi posée pour des motifs tenant à des « raisons de sûreté ou si la préservation de leur confidentialité est nécessaire pour la sauvegarde des intérêts de la défense nationale ». Ici, le code pénitentiaire se limite à reprendre une exemption traditionnelle inscrite au code de l'urbanisme depuis le décret n° 2007-817 du 11 mai 2007 (art. 3). Les dispenses de formalités sont prises sur fondement de l'article L. 421-5 du code de l'urbanisme qui indique qu'« un décret en Conseil d'État arrête la liste des constructions, aménagements, installations et travaux qui, par dérogation aux dispositions des articles L. 421-1 à L. 421-4, sont dispensés de toute formalité au titre du présent code en raison : [...] *c)* du fait qu'ils nécessitent le secret pour des raisons de sûreté ou que la préservation de leur confidentialité est nécessaire pour sauvegarder des intérêts de la défense nationale ». En l'espèce, c'est le motif de la « sûreté » – il serait d'ailleurs plus exact d'utiliser le terme « sécurité » – qui sert de fondement à l'application de l'exemption aux établissements pénitentiaires, donc à toute construction nouvelle dans ces enceintes. Mais Le Bot note que cette disposition « n'emporte pas dispense du respect des règles d'urbanisme » applicables à la zone où se situe l'établissement pénitentiaire. Dès lors, une construction édifiée « en méconnaissance de ces règles doit faire l'objet d'un arrêté interruptif de travaux », ce qui peut toutefois se révéler compliquer en ce que la « confidentialité » peut être opposée par l'administration pénitentiaire aux autorités d'urbanisme locales (Droit de l'urbanisme, *Dalloz, 2022. 746*).

Pour sa part, l'article R. 112-25 octroie le même type de dispense d'autorisations d'urbanisme pour les travaux effectués par l'administration pénitentiaire, cette fois-ci sur des « constructions existantes », mais à la condition, précise l'article R. 421-13 du code de l'urbanisme, que ces travaux soient « relatifs à la reconstruction d'établissements pénitentiaires après mutinerie ». Cette dérogation résulte également du décret du 11 mai 2007 (art. 3) que le code pénitentiaire se borne à reprendre. Particulièrement fréquentes ces dernières années, du fait, notamment, de la dégradation des conditions de détention, les mutineries constituent donc une qualification juridique propre à permettre à l'administration pénitentiaire d'accélérer des travaux de rénovation. Elle se justifie surtout car, après une mutinerie, les parties dégradées de l'établissement sont insusceptibles de recevoir des personnes détenues qui doivent, en conséquence, être transférées dans d'autres centres qui ne disposent pas, du fait d'une surpopulation endémique dans les prisons françaises, de capacités d'accueil de long terme. Au regard des impératifs de sécurité et de continuité du service public pénitentiaire, le choix est donc fait ici de dispenser très largement l'administration pénitentiaire de la nécessité d'obtenir des autorisations d'urbanisme afin d'effectuer, dans l'urgence, les travaux nécessaires à la réhabilitation des zones dégradées.

L'article R. 112-26 concerne l'exonération de la taxe d'aménagement. Cette taxe, créée en 2010, s'est entièrement substituée à la taxe locale d'équipement (TLE) au 1er mars 2012 (Décr. n° 2012-87 du 25 janv. 2012). Elle a fait l'objet d'une refonte d'ensemble dans la loi de finances pour 2021. Elle a pour objets de financer les équipements publics induits par le développement de l'urbanisation et d'orienter les comportements en favorisant les projets et opérations plus économes en utilisation de l'espace (Le Bot, Droit de l'urbanisme, *Dalloz, 2022. 1404*). En fonction des cas (part communale ou intercommunale), l'article R. 331-4 du code de l'urbanisme, auquel renvoie l'article R. 112-16 du code pénitentiaire, précise que sont exonérées de la taxe d'aménagement les constructions publiques effectuées par des opérateurs économiques pour le compte d'une personne publique (État, collectivités territoriales ou leur groupement). Le code de l'urbanisme vise plusieurs types de contrats, dont ceux mentionnés à l'article L. 111-3 du code pénitentiaire ou à l'article L. 2171-4 du code de la commande publique (V. comm. ss. art. L. 112-5), c'est-à-dire ceux destinés à la construction ou à l'aménagement d'un immeuble destiné au service public pénitentiaire. En outre, l'article R. 331-4 précise que les constructions dont il est question doivent être « incorporées au domaine de la personne publique conformément aux clauses du contrat [...] et exemptées de la taxe foncière sur les propriétés bâties en application du 1° de l'article 1382 du code général des impôts ». Ces dispositions du code de l'urbanisme ont été abrogées par l'ordonnance n° 2022-883 du 14 juin 2022 « à compter d'une date et selon des modalités fixées par décret, et, au plus tard, au 1er janvier 2023 ». Ainsi, le décret n° 2023-165 du 7 mars 2023 reprend ces dispositions *in extenso* et procède à leur transfert dans le code général des impôts, plus précisément dans un article 318 E qui dispose : « Pour l'application du 1° du I de l'article 1635 *quater* D du code général des impôts, sont exonérés de la taxe d'aménagement les constructions et aménagements suivants : [...] 2° Les constructions, exonérées de la taxe foncière sur les propriétés bâties en application du 1° de l'article 1382 du code général des impôts, édifiées pour le compte de l'État, des collectivités territoriales ou de leurs groupements, en vertu [...] d'un marché public mentionné à l'article L. 111-3 du code pénitentiaire ou au 1° et au 2° de l'article L. 2171-4 du code de la commande publique, ou d'une autorisation d'occupation du domaine public assortie de droits réels, qui sont incorporées au domaine de la personne publique conformément aux clauses du contrat, au plus tard à l'expiration de ce contrat ». ❑

1. Règle de sécurité et respect des règles d'urbanisme. Le principe d'égalité ne saurait imposer que les établissements pénitentiaires existants soient régis, à l'instar des constructions nouvelles, par des règles de sécurité édictées sur le fondement de l'art. R. 123-17 CCH, dès lors qu'en tout état de cause il n'est pas établi que la réglementation dont ces établissements font l'objet ne serait pas de nature à assurer la protection des détenus, au même titre que les constructions nouvelles, contre les risques d'incendie. Ce principe ne saurait en tout état de cause imposer que les établissements pénitentiaires, qui sont soumis, eu égard à leur mission, à des impératifs particuliers en termes de configuration et d'accessibilité des locaux, soient régis par les mêmes règles de sécurité en matière d'incendie que les établissements recevant du public ne répondant pas aux mêmes contraintes. • CE 23 juill. 2010, n° 316440. ♦ Il appartient à l'administration, à l'échelon approprié, de prendre au cas par cas des dispositions de nature à répondre aux exigences découlant du principe de protection de la vie des détenus ; le refus implicite des ministres d'édicter un arrêté fixant, sur le fondement de l'art. R. 123-17 CCH, de nouvelles règles de sécurité applicables aux établissements pénitentiaires existants n'a pas méconnu les obligations résultant du principe rappelé par l'art. 2 Conv. EDH. • Même arrêt.

2. Établissement pénitentiaire. Dispense d'étude d'impact. Un établissement pénitentiaire se divise en plusieurs zones délimitées par le mur d'enceinte, l'une intérieure, essentiellement destinée à la détention, et une extérieure, qui regroupe les constructions destinées aux activités professionnelles et extraprofessionnelles ainsi qu'à l'accueil des familles. La zone interne de l'établissement destinée à la détention est dispensée d'étude d'impact en vertu des dispositions de l'art. R. 122-6 C. envir. (rédaction en vigueur le 3 oct. 2011) qui visent, en renvoyant aux dispositions de l'art. R. 421-8 C. urb., les constructions situées à l'intérieur de l'enceinte des établissements pénitentiaires. Les constructions réalisées dans la zone extérieure sont également dispensées d'étude d'impact dans la mesure où la commune dispose d'un PLU. • TA Strasbourg, 19 juin 2013, n° 1201022.

Art. R. 112-25 En application des dispositions de l'article R.* 421-13 du code de l'urbanisme, les travaux relatifs à la reconstruction des établissements pénitentiaires après mutinerie sont dispensés de toute formalité au titre du même code.

Art. R. 112-26 Conformément aux dispositions de l'article R. 331-4 du code de l'urbanisme, les constructions d'établissements pénitentiaires édifiées en vertu d'une mission globale confiée par l'État à un opérateur économique, en application des dispositions de l'article L. 2171-4 du code de la commande publique, sont exonérées de la part communale ou intercommunale de la taxe d'aménagement.

§ 4 Implantation

Art. D. 112-27 Une maison d'arrêt ou un quartier maison d'arrêt est implanté auprès de chaque cour d'assises et de chaque tribunal judiciaire.

Un arrêté du garde des sceaux, ministre de la justice, fixe la liste des maisons d'arrêt et des quartiers maison d'arrêt. Cet arrêté est annexé au présent code. — *V. Annexe 5 (Arr. du 23 janv. 2023), ss. art. D. 112-21.*

Art. D. 112-28 Toutefois, en l'absence de maison d'arrêt ou de quartier maison d'arrêt dans le ressort d'une cour d'assises ou d'un tribunal judiciaire, les personnes prévenues, accusées ou appelantes ressortissant à ces juridictions, sont détenues dans une maison d'arrêt ou un quartier maison d'arrêt d'un autre ressort.

(Décr. n° 2022-1710 du 29 déc. 2022, art. 3) « Les listes des cours d'assises et des tribunaux judiciaires concernés auprès desquels il n'y a pas de maison d'arrêt ou de quartiers maison d'arrêt ainsi que les maisons d'arrêt ou quartiers maison d'arrêt où sont détenues les personnes prévenues, accusées ou appelantes ressortissant à ces juridictions, sans préjudice des dispositions de l'article D. 211-4, figurent dans les tableaux ci-dessous. » — *Tableaux issus du Décr. n° 2022-1710 du 29 déc. 2022, art. 3.*

LISTE DES COURS D'ASSISES AUPRÈS DESQUELLES IL N'Y A PAS DE MAISON D'ARRÊT OU DE QUARTIERS MAISON D'ARRÊT ET MENTIONNANT LES ÉTABLISSEMENTS PÉNITENTIAIRES OÙ SONT DÉTENUES LES PERSONNES ACCUSÉES RESSORTISSANT À CES JURIDICTIONS

COURS D'ASSISES	ÉTABLISSEMENTS PÉNITENTIAIRES DE RATTACHEMENT
Finistère (Quimper)	Maison d'arrêt de Brest
	Quartier maison d'arrêt du centre pénitentiaire de Lorient-Ploemeur
Gers (Auch)	Maison d'arrêt d'Agen
Lot (Cahors)	Maison d'arrêt de Montauban
Orne (Alençon)	Quartier maison d'arrêt du centre pénitentiaire de Caen
	Maison d'arrêt du Mans-les-Croisettes
Haut-Rhin (Colmar)	Quartier maison d'arrêt du centre pénitentiaire de Mulhouse-Lutterbach
Haute-Savoie (Annecy)	Maison d'arrêt de Bonneville
Seine-et-Marne (Melun)	Quartier maison d'arrêt du centre pénitentiaire de Meaux-Chauconin-Neufmontiers
	Maison d'arrêt de Fleury-Mérogis

LISTE DES TRIBUNAUX JUDICIAIRES AUPRÈS DESQUELS IL N'Y A PAS DE MAISON D'ARRÊT OU DE QUARTIERS MAISON D'ARRÊT ET MENTIONNANT LES ÉTABLISSEMENTS PÉNITENTIAIRES OÙ SONT DÉTENUES LES PERSONNES PRÉVENUES OU APPELANTES RESSORTISSANT À CES JURIDICTIONS

COURS D'APPEL	JURIDICTIONS	ÉTABLISSEMENTS PÉNITENTIAIRES DE RATTACHEMENT
Agen	Auch	Maison d'arrêt d'Agen
	Cahors	Maison d'arrêt de Montauban
Aix-en-Provence	Tarascon	Centre pénitentiaire d'Avignon-Le Pontet
Amiens	Saint-Quentin	Centre pénitentiaire de Laon
	Senlis	Centre pénitentiaire de Liancourt
	Soissons	Centre pénitentiaire de Laon
Angers	Saumur	Maison d'arrêt d'Angers

LISTE DES TRIBUNAUX JUDICIAIRES AUPRÈS DESQUELS IL N'Y A PAS DE MAISON D'ARRÊT OU DE QUARTIERS MAISON D'ARRÊT ET MENTIONNANT LES ÉTABLISSEMENTS PÉNITENTIAIRES OÙ SONT DÉTENUES LES PERSONNES PRÉVENUES OU APPELANTES RESSORTISSANT À CES JURIDICTIONS		
Bordeaux	Bergerac	Maison d'arrêt de Périgueux
	Libourne	Centre pénitentiaire de Bordeaux-Gradignan
Caen	Alençon	Maison d'arrêt du Mans-Les Croisettes
	Argentan	Quartier maison d'arrêt du centre pénitentiaire de Caen Maison d'arrêt du Mans-Les Croisettes
	Lisieux	Quartier maison d'arrêt du centre pénitentiaire de Caen
Chambéry	Annecy	Maison d'arrêt de Bonneville
	Thonon-les-Bains	Maison d'arrêt de Bonneville
Colmar	Saverne	Maison d'arrêt de Strasbourg
	Colmar	Centre pénitentiaire de Mulhouse-Lutterbach
Dijon	Mâcon	Centre pénitentiaire de Varennes-le-Grand
Douai	Boulogne-sur-Mer	Centre pénitentiaire de Longuenesse
	Cambrai	Maison d'arrêt de Douai
Grenoble	Bourgoin-Jallieu	Centre pénitentiaire de Saint-Quentin-Fallavier
Limoges	Brive-la-Gaillarde	Maison d'arrêt de Tulle
Lyon	Roanne	Centre pénitentiaire de Villefranche-sur-Saône Centre pénitentiaire de Saint-Étienne-La Talaudière
Metz	Thionville	Centre pénitentiaire de Metz-Queuleu
Montpellier	Narbonne	Maison d'arrêt de Carcassonne
Nancy	Val de Briey	Centre pénitentiaire de Metz-Queuleu
	Verdun	Maison d'arrêt de Bar-le-Duc

LISTE DES TRIBUNAUX JUDICIAIRES AUPRÈS DESQUELS IL N'Y A PAS DE MAISON D'ARRÊT OU DE QUARTIERS MAISON D'ARRÊT ET MENTIONNANT LES ÉTABLISSEMENTS PÉNITENTIAIRES OÙ SONT DÉTENUES LES PERSONNES PRÉVENUES OU APPELANTES RESSORTISSANT À CES JURIDICTIONS		
Nîmes	Alès	Maison d'arrêt de Nîmes
	Carpentras	Centre pénitentiaire d'Avignon-Le Pontet
Orléans	Montargis	Centre pénitentiaire d'Orléans-Saran Centre pénitentiaire de Fleury-Mérogis
Paris	Fontainebleau	Centre pénitentiaire de Meaux-Chauconin-Neufmontiers Centre pénitentiaire de Fleury-Mérogis
	Melun	Centre pénitentiaire de Meaux-Chauconin-Neufmontiers Centre pénitentiaire de Fleury-Mérogis
	Sens	Maison d'arrêt d'Auxerre
Pau	Dax	Maison d'arrêt de Bayonne Centre pénitentiaire de Mont-de-Marsan
Poitiers	Les Sables-d'Olonne	Maison d'arrêt de La Roche-sur-Yon Maison d'arrêt de Fontenay-le-Comte
Rennes	Quimper	Maison d'arrêt de Brest Centre pénitentiaire de Lorient-Ploemeur
	Saint-Nazaire	Centre pénitentiaire de Nantes-Carquefou
Riom	Cusset	Centre pénitentiaire de Moulins-Yzeure Centre pénitentiaire de Riom
Rouen	Dieppe	Maison d'arrêt de Rouen Centre pénitentiaire du Havre
Toulouse	Castres	Maison d'arrêt d'Albi Centre pénitentiaire de Toulouse-Seysses
	Saint-Gaudens	Centre pénitentiaire de Toulouse-Seysses
Versailles	Chartres	Centre pénitentiaire d'Orléans-Saran

§ 5 Équipes de sécurité pénitentiaire intervenant au sein des établissements

SOUS-§ 1 *Équipes locales de sécurité pénitentiaire*

Art. D. 112-29 Les équipes locales de sécurité pénitentiaire constituent des équipes de sécurité pénitentiaire au sens de l'article L. 223-17.

Elles sont placées sous l'autorité du chef de l'établissement pénitentiaire.

Art. D. 112-30 Les équipes locales de sécurité pénitentiaire sont chargées d'exécuter des missions de prise en charge extérieures des personnes détenues, en particulier :

1° Les extractions médicales des personnes détenues ;

2° Les extractions judiciaires des personnes détenues ;

3° Les autorisations de sortie sous escorte des personnes détenues ;

4° Les transferts administratifs des personnes détenues ;

5° Les translations judiciaires des personnes détenues.

Les équipes locales de sécurité pénitentiaire sont également chargées des missions de sécurisation intérieure et périmétrique des établissements pénitentiaires.

Selon l'organisation de l'établissement, les équipes locales de sécurité pénitentiaire peuvent également être amenées à réaliser toute mission normalement dévolue aux personnels de surveillance de leur corps et grade d'appartenance.

SOUS-§ 2 *Équipes de sécurité des unités hospitalières*

Art. D. 112-31 Les équipes de sécurité des unités hospitalières constituent des équipes de sécurité pénitentiaire au sens de l'article L. 223-17.

Elles sont placées sous l'autorité du chef de l'établissement pénitentiaire.

Art. D. 112-32 Les équipes de sécurité des unités hospitalières sont chargées d'exécuter des missions de sécurisation des unités hospitalières sécurisées interrégionales et des unités hospitalières spécialement aménagées, en particulier :

1° Les extractions médicales des personnes détenues affectées dans les unités hospitalières ;

2° Les extractions judiciaires les concernant ;

3° Les transferts administratifs des personnes détenues rejoignant ou quittant ces unités ;

4° La sécurisation des unités hospitalières spécialement aménagées et des unités hospitalières sécurisées interrégionales ;

5° La surveillance des personnes détenues affectées en unités hospitalières sécurisées interrégionales.

§ 6 Accessibilité des établissements aux personnes en situation de handicap

BIBL. ▸ **Chapitre d'ouvrage :** OIP, Handicap, âge et dépendance, *in* Le guide du prisonnier, *La Découverte, 2021, p. 448-458.*

▸ **Rapports :** CGLPL, Recommandations minimales du contrôleur général des lieux de privation de liberté pour le respect de la dignité et des droits fondamentaux des personnes privées de liberté, *JO 4 juin 2020* ; Avis du 17 septembre 2018 relatif à la prise en compte des situations de perte d'autonomie dues à l'âge et aux handicaps physiques dans les établissements pénitentiaires, *JO 12 nov.*

Art. D. 112-33 L'administration pénitentiaire favorise l'accessibilité des établissements pénitentiaires aux personnes en situation de handicap, que celles-ci soient détenues, visiteuses, intervenantes ou membres du personnel.

Art. D. 112-34 Afin d'améliorer les conditions de vie des personnes détenues en situation de handicap, l'administration pénitentiaire aménage les zones nécessaires et prévoit un nombre adapté de cellules aménagées pour les personnes en situation de handicap.

Les arrêtés interministériels fixant les règles d'accessibilité applicables aux établissements pénitentiaires et pris en application des dispositions des articles R. 162-13 et R. 164-5 du code de la construction et de l'habitation sont annexés au présent code. — *V. Annexes 6 et 7 ci-dessous.*

1. V. notes ss. art. L. 322-1 s.

2. Inadaptation des locaux au handicap. Dès lors qu'elles décident de placer et de maintenir une personne infirme en prison, les autorités nationales doivent veiller à ce que les conditions de sa détention répondent aux besoins spécifiques découlant de son infirmité. • CEDH 27 juill. 2010, n° 15952/09. ♦ La détention d'une personne handicapée dans un établissement où elle ne peut se déplacer par ses propres moyens, et en particulier quitter sa cellule, constitue un traitement dégradant. Le fait que, pour passer des portes, elle ait été contrainte d'être portée pendant qu'une roue de son fauteuil était démontée, puis remontée après que le fauteuil eut été passé par l'embrasure de la porte peut en effet être considéré comme rabaissant et humiliant, outre le fait qu'elle était entièrement à la merci de la disponibilité d'autres personnes. • CEDH 24 oct. 2006, *Vincent c/ France*, n° 6253/03 : *AJ pénal 2006. 500, note Céré ; D. 2007. 1229, obs. Céré, Herzog-Evans et Péchillon ; RDSS 2007. 351, obs. Boujeka ; RSC 2007. 350 . Chron. Poncela ; JCP 2007. II. 10007, note Thierry.* ♦ V. égal. • CEDH 25 juin 2013, *Grimailovs c/ Lettonie*, n° 6087/03. ♦ L'absence de soin de rééducation et d'aménagement des conditions de détention, dont des sanitaires adaptés à la paraplégie dont est atteint un détenu, justifie la condamnation de l'État français sur le fondement de l'art. 3 Conv. EDH (prohibition des TID). • CEDH 19 févr. 2015, *Helhal c/ France*, n° 10401/12 : *D. 2015. 434 ; ibid. 569, obs. Léna ; ibid. 1122, obs. Céré, Herzog-Evans et Péchillon ; AJ pénal 2015. 219, note Céré ; JCP 2015. 481, note Pastre-Belda.* ♦ L'atteinte à la dignité de la personne détenue peut résulter de ses conditions de déplacement à l'intérieur du centre de détention et au sein de sa cellule. L'incarcération pendant près de 11 mois d'une personne handicapée en fauteuil roulant qui, en raison de l'inadéquation de l'embrasure des portes et des aménagements, n'a pu se déplacer par ses propres moyens, y compris pour accéder à sa cellule ou pour bénéficier d'une promenade à l'air libre, et a été privée de la possibilité de prendre une douche engage la responsabilité pour faute de l'État. • CAA Douai, 1er juill. 2010, n° 10DA00079.

3. Responsabilité de l'État. L'inadaptation même temporaire des conditions matérielles de détention à raison de l'état de santé de la personne porte atteinte à la dignité de la personne humaine et révèle une faute de nature à engager la responsabilité de l'État. • CAA Nancy, 6 oct. 2016, n° 15NC02515.

4. Absence de cellules PMR. L'absence de toute cellule PMR dans les quartiers maison d'arrêt où sont hébergés 692 détenus ne permet pas à l'établissement d'accueillir dignement les personnes à mobilité réduite. * CGLPL, Recomm. en urgence du 30 juin 2022 relatives au centre pénitentiaire de Bordeaux-Gradignan (Gironde), *JO 13 juill.*

5. Placement en cellule médicalisée. Eu égard à ses aménagements spécifiques, l'hébergement d'un détenu à mobilité réduite dans une cellule médicalisée ne saurait être regardé comme attentatoire à la dignité humaine nonobstant les difficultés de circulation de deux fauteuils roulants à l'intérieur de ces cellules, la présence de certains équipements électriques défectueux ou non conformes aux normes ainsi que le taux d'humidité élevé de l'espace sanitaire. • CAA Paris, 5 juill. 2012, n° 12PA00067.

6. Placement en cellule ordinaire. L'hébergement d'un détenu à mobilité réduite dans une cellule ordinaire lui rendant très difficiles les actes les plus simples de la vie courante et impossible la sortie de sa cellule par ses propres moyens doit, en l'absence de justification légitime, être regardé comme révélant une atteinte à la dignité humaine de nature à engager la responsabilité de l'administration. • CAA Paris, 5 juill. 2012, n° 12PA00067 : *préc. note 4.* ♦ Ne présente pas un caractère d'urgence suffisant la demande de placement dans une cellule spécialement aménagée pour les détenus à mobilité réduite dès lors que la perte d'autonomie dont souffre le détenu ne l'empêche ni de se lever, ni d'effectuer de courts déplacements, notamment au sein de sa cellule, et que la cellule individuelle dans laquelle il est placé, bien que ne répondant pas aux normes dites « PMR », se trouve au rez-de-chaussée de la maison centrale, dans un quartier où l'accès des cellules est de plain-pied et dépourvu de marche, et est située à proximité de l'unité de soins où il a pu bénéficier de plusieurs rendez-vous par semaine depuis son arrivée. • CE, ord., 10 nov. 2022, n° 468491. ♦ En l'absence de cellule adaptée à leur situation, l'encellulement en cellule collective des personnes à mobilité réduite constitue une atteinte à la dignité des personnes détenues qui justifie que le juge enjoigne à l'administration de garantir à toute personne détenue ayant de grandes difficultés pour se déplacer, de manière provisoire ou permanente, qu'elle soit ou non en fauteuil roulant, qui en forme la demande l'accès à une cellule individuelle dans des conditions tenant compte de sa mobilité réduite. • TA Cergy-Pontoise, 2 févr. 2022, n° 2215650 : *D. actu. 8 déc. 2022, obs. Dominati.*

ANNEXE 6

Arrêté du 4 octobre 2010 relatif à l'accessibilité des personnes handicapées dans les établissements pénitentiaires lors de leur construction

Art. 1er L'administration pénitentiaire favorise l'accessibilité aux personnes handicapées dans les établissements pénitentiaires, que celles-ci soient détenues, visiteurs, intervenants ou personnels.

L'introduction de matériels liés à un handicap par les visiteurs dans l'enceinte d'un établissement pénitentiaire doit être déclarée et contrôlée. Si elle l'estime nécessaire, l'administration pénitentiaire se réserve le droit d'interdire l'introduction de certains matériels ou de fournir un matériel de substitution lui appartenant ou de mettre en œuvre une surveillance particulière afin de prévenir tout incident découlant de l'introduction du matériel susvisé.

Afin d'améliorer les conditions de vie des personnes détenues handicapées, l'administration pénitentiaire aménage les zones nécessaires et prévoit un nombre de cellules aménagées adapté pour les personnes handicapées.

Art. 2 Les règles du présent arrêté s'appliquent aux constructions neuves d'établissements pénitentiaires, qui font l'objet d'une demande de permis de construire.

Elles ne s'appliquent pas aux locaux situés hors d'une enceinte pénitentiaire ; ces locaux sont soumis aux dispositions de droit commun.

Les règles du présent arrêté s'appliquent dans les zones des établissements pénitentiaires dans lesquelles circulent des visiteurs, des personnes détenues et des personnels, à l'exclusion des zones dont l'accès est principalement réservé au personnel, dans lesquelles s'appliqueront les dispositions spécifiques à la réglementation du travail.

Art. 3 Sont définis comme établissements pénitentiaires au sens du présent arrêté :

— les maisons d'arrêt ;

— les maisons centrales et centres de détention ;

— les centres pénitentiaires ;

— les centres de semi-liberté et centres pour peines aménagées ;

— les établissements pénitentiaires pour mineurs ;

— les quartiers courtes peines, semi-liberté et peines aménagées rattachés à un établissement pénitentiaire et situés en dehors de l'enceinte de cet établissement ;

— tout autre type de centre ou quartier qui serait créé postérieurement à la publication du présent arrêté.

Art. 4 Le terme : "visiteurs" désigne les personnes titulaires d'une autorisation de visite d'une personne détenue dans les conditions précisées par les articles D. 64, D. 68, D. 186, D. 403 et suivants du code de procédure pénale.

Art. 5 Le terme : "personnel" désigne le personnel pénitentiaire et les partenaires institutionnels visés par le décret relatif à l'accessibilité des locaux relevant du code du travail.

Art. 6 Le terme : "personnes détenues" désigne les personnes mentionnées à l'article D. 50 du code de procédure pénale.

Art. 7 La commission consultative départementale de sécurité et d'accessibilité, instituée par le décret n° 2007-1327 du 11 septembre 2007, est compétente pour donner un avis sur les demandes de permis de construire et d'éventuels modificatifs.

Lors de l'examen de ces demandes, le directeur interrégional des services pénitentiaires territorialement compétent est membre de droit de la commission avec voix délibérative ; son suppléant doit être un agent de catégorie A.

Pour des raisons de sûreté, en accord avec le président de la commission de sécurité et d'accessibilité, l'administration pénitentiaire se réserve le droit de maîtriser la diffusion et l'exploitation des documents relatifs aux établissements pénitentiaires.

Art. 8 Les dispositions du présent chapitre sont prises pour l'application des dispositions de l'article R. 111-19-5 du code de la construction et de l'habitation pour l'accessibilité aux personnes handicapées.

Les dispositions architecturales et les aménagements propres à assurer l'accessibilité des bâtiments pénitentiaires neufs et de leurs abords doivent satisfaire aux obligations définies aux articles 9 à 21.

Art. 9 I. — Un cheminement accessible doit permettre d'atteindre l'entrée de l'établissement pénitentiaire depuis l'accès au domaine pénitentiaire. Le choix et l'aménagement de ce cheminement sont tels qu'ils facilitent la continuité de la chaîne du déplacement avec l'extérieur du terrain.

Le cheminement accessible permet notamment à une personne ayant une déficience visuelle ou auditive de se localiser, s'orienter et atteindre l'établissement pénitentiaire aisément et sans danger et permet à une personne ayant une déficience motrice d'accéder aisément à tout équipement ou aménagement utilisable. Les caractéristiques d'un cheminement accessible sont définies au II ci-après.

Lorsqu'il existe plusieurs cheminements, les cheminements accessibles sont signalés de manière adaptée.

Lorsque les caractéristiques du terrain ne permettent pas la réalisation d'un cheminement accessible depuis l'extérieur du terrain, un espace de stationnement adapté tel que défini à l'article 10 est prévu à proximité de l'entrée de l'établissement pénitentiaire et relié à celle-ci par un cheminement accessible.

II. — Les cheminements extérieurs accessibles aux personnes handicapées doivent répondre aux dispositions suivantes :

1° Repérage et guidage :

Une signalisation adaptée doit être mise en place à l'entrée du domaine pénitentiaire, à proximité des places de stationnement pour les visiteurs, ainsi qu'en chaque point du cheminement accessible où un choix d'itinéraire est donné à l'usager. Les éléments de signalisation doivent répondre aux exigences définies à l'annexe 3.

Le revêtement du cheminement accessible doit présenter un contraste visuel et tactile par rapport à son environnement. A défaut, le cheminement doit comporter sur toute sa longueur un repère continu, tactile pour le guidage à l'aide d'une canne d'aveugle, et visuellement contrasté par rapport à son environnement pour faciliter le guidage des personnes malvoyantes.

2° Caractéristiques dimensionnelles :

a) Profil en long :

Le cheminement accessible doit être horizontal et sans ressaut.

Lorsqu'une dénivellation ne peut être évitée, un plan incliné de pente inférieure ou égale à 5 % doit être aménagé afin de la franchir. Les valeurs de pentes suivantes sont tolérées exceptionnellement :

— jusqu'à 8 % sur une longueur inférieure ou égale à 2 m ;

— jusqu'à 10 % sur une longueur inférieure ou égale à 0,50 m.

Un palier de repos est nécessaire en haut et en bas de chaque plan incliné quelle qu'en soit la longueur. En cas de plan incliné de pente supérieure ou égale à 4 %, un palier de repos est nécessaire tous les 10 m.

Les caractéristiques dimensionnelles du palier sont définies à l'annexe 2.

Lorsqu'il ne peut être évité, un faible écart de niveau peut être traité par un ressaut à bord arrondi ou muni d'un chanfrein et dont la hauteur doit être inférieure ou égale à 2 cm. Cette hauteur maximale peut toutefois être portée à 4 cm si le ressaut comporte sur toute sa hauteur une pente ne dépassant pas 33 %.

La distance minimale entre deux ressauts successifs est de 2,50 m. Les pentes comportant plusieurs ressauts successifs, dits "pas-d'âne", sont interdites.

b) Profil en travers :

La largeur minimale du cheminement accessible doit être de 1,20 m, libre de tout obstacle afin de faciliter les croisements.

Lorsqu'un rétrécissement ponctuel ne peut être évité, la largeur minimale du cheminement peut, sur une faible longueur, être comprise entre 0,90 m et 1,20 m de manière à laisser le passage pour une personne en fauteuil roulant.

Le cheminement doit être conçu et mis en œuvre de manière à éviter la stagnation d'eau. Lorsqu'un dévers est nécessaire, il doit être inférieur ou égal à 2 %.

c) Espaces de manœuvre et d'usage pour les personnes circulant en fauteuil roulant :

Un espace de manœuvre avec possibilité de demi-tour est nécessaire en chaque point du cheminement où un choix d'itinéraire est donné à l'usager, ainsi que devant les portes d'entrée desservies par un cheminement accessible qui comportent un système de contrôle d'accès.

Un espace d'usage est nécessaire devant chaque équipement ou aménagement situé le long du cheminement afin d'en permettre l'atteinte et l'usage.

Les caractéristiques dimensionnelles de ces différents espaces sont définies à l'annexe 2.

3° Sécurité d'usage :

Le sol ou le revêtement de sol du cheminement accessible doit être non meuble, non glissant, non réfléchissant et sans obstacle à la roue.

Les trous et fentes situés dans le sol du cheminement doivent avoir une largeur ou un diamètre inférieur ou égal à 2 cm.

Le cheminement accessible doit être libre de tout obstacle. Afin d'être repérables, les éléments éventuels qui ne peuvent pas être mis en dehors du cheminement doivent répondre aux exigences suivantes :

— s'ils sont suspendus au-dessus du cheminement, laisser un passage libre d'au moins 2,20 m de hauteur au-dessus du sol ;

— s'ils sont implantés sur le cheminement, quelle que soit leur hauteur, ou en saillie latérale de plus de 15 cm sur le cheminement, comporter un élément de contraste visuel par rapport à leur environnement immédiat et un rappel tactile ou un prolongement au sol.

Lorsque le cheminement est bordé à une distance inférieure à 0,90 m par une rupture de niveau d'une hauteur de plus de 0,40 m, un dispositif de protection doit être implanté afin d'éviter les chutes.

Lorsqu'un escalier est situé dans un espace de circulation, la partie située en dessous de 2,20 m, si elle n'est pas fermée, doit être visuellement contrastée, comporter un rappel tactile au sol et être réalisée de manière à prévenir les dangers de chocs pour des personnes aveugles ou malvoyantes.

Les parois vitrées situées sur les cheminements ou en bordure immédiate de ceux-ci doivent être repérables par des personnes de toutes tailles à l'aide d'éléments visuels contrastés par rapport à l'environnement immédiat.

Toute volée d'escalier comportant moins de trois marches doit répondre aux exigences applicables aux escaliers des parties communes visées au 1° de l'article 13, à l'exception de la disposition concernant l'éclairage.

Lorsqu'un cheminement accessible croise un itinéraire emprunté par des véhicules, il doit comporter un élément permettant l'éveil de la vigilance des piétons au droit de ce croisement. Un marquage au sol et une signalisation doivent également indiquer aux conducteurs des véhicules qu'ils croisent un cheminement pour piétons.

Le cheminement doit comporter un dispositif d'éclairage répondant aux exigences définies à l'article 18.

Art. 10 I. — Tout parc de stationnement automobile dépendant de l'établissement pénitentiaire à l'usage des visiteurs doit comporter une ou plusieurs places adaptées répondant aux conditions du II ci-après. Ces places adaptées sont localisées à proximité de l'entrée de l'établissement pénitentiaire et reliées à celui-ci par un cheminement accessible tel que défini, selon les cas, à l'article 9 ou à l'article 13.

II. — Les places des parcs de stationnement automobile adaptées pour les personnes handicapées doivent répondre aux dispositions suivantes :

1° Nombre :

Les places adaptées destinées à l'usage des personnes handicapées doivent représenter au minimum 2 % du nombre total de places de stationnement prévues pour les visiteurs. Le nombre minimal de places adaptées est arrondi à l'unité supérieure ;

2° Repérage :

Un marquage au sol ainsi qu'une signalisation verticale doivent signaler chaque place adaptée destinée aux visiteurs ;

3° Caractéristiques dimensionnelles :

Une place de stationnement adaptée doit correspondre à un espace horizontal, au dévers près, inférieur ou égal à 2 %.

La largeur minimale des places adaptées doit être de 3,30 m ;

4° Atteinte et usage :

Une place de stationnement adaptée doit se raccorder sans ressaut de plus de 2 cm au cheminement d'accès à l'entrée de l'établissement pénitentiaire. Sur une longueur d'au moins 1,40 m à partir de la place de stationnement adaptée, ce cheminement doit être horizontal, au dévers près.

Les places adaptées, quelle que soit leur configuration et notamment lorsqu'elles sont réalisées dans un volume fermé, sont telles qu'un usager en fauteuil roulant peut quitter l'emplacement une fois le véhicule garé.

Art. 11 I. — Le niveau d'accès principal à l'établissement pénitentiaire doit être accessible en continuité avec le cheminement extérieur accessible.

Tout dispositif visant à permettre ou restreindre l'accès au bâtiment ou à se signaler au personnel pénitentiaire doit pouvoir être repéré, atteint et utilisé par une personne handicapée.

II. — Pour l'application du I, l'accès au bâtiment doit répondre aux dispositions suivantes :

1° Repérage :

La porte d'entrée principale doit être repérable par des éléments architecturaux ou par un traitement utilisant des matériaux différents ou visuellement contrastés.

Tout dispositif visant à permettre ou restreindre l'accès à l'établissement pénitentiaire ou à se signaler au personnel pénitentiaire en poste à la porte d'entrée principale doit être facilement repérable par un contraste visuel ou une signalétique répondant aux exigences définies à l'annexe 3 et ne doit pas être situé dans une zone sombre ;

2° Atteinte et usage :

Les systèmes de contrôle d'accès ou de communication entre visiteurs et l'administration pénitentiaire doivent répondre aux exigences suivantes :

— être situés à plus de 0,40 m d'un angle rentrant de parois ou de tout autre obstacle à l'approche d'un fauteuil roulant ;

— être situés à une hauteur comprise entre 0,90 m et 1,30 m.

Lorsqu'il existe un dispositif de déverrouillage électrique, il doit permettre à une personne à mobilité réduite d'atteindre la porte et d'entamer la manœuvre d'ouverture avant que la porte ne soit à nouveau verrouillée. Les signaux liés au fonctionnement des dispositifs d'accès sont sonores et visuels dans la limite des contraintes inhérentes à la sécurité des établissements pénitentiaires.

Lorsque l'accueil est sonorisé, l'établissement assure par tout dispositif une communication adaptée avec le visiteur, sans toutefois que ce dispositif puisse nuire de quelque manière que ce soit à la sécurité de l'établissement.

Afin d'être lisible par une personne malvoyante, toute information doit répondre aux exigences définies à l'annexe 3.

Art. 12 Les circulations horizontales doivent être accessibles et sans danger pour les personnes handicapées. Les principaux éléments structurants du cheminement doivent être repérables par les personnes handicapées.

Les personnes handicapées doivent pouvoir accéder à l'ensemble des locaux collectifs, situés à un niveau nécessairement desservi par un cheminement accessible.

Les circulations horizontales doivent répondre aux exigences applicables au cheminement extérieur accessible visées à l'article 9, à l'exception, pour les circulations intérieures, des dispositions concernant :

— l'aménagement d'espaces de manœuvre avec possibilité de demi-tour pour une personne circulant en fauteuil roulant ;

— le repérage et le guidage ;

— le passage libre sous les obstacles en hauteur, qui est réduit à 2 m dans les parcs de stationnement.

Art. 13 Lorsque l'escalier ou l'ascenseur n'est pas visible, il doit pouvoir être repéré par une signalisation adaptée répondant aux exigences définies à l'annexe 3.

13.1. Escaliers :

I. — Les escaliers doivent pouvoir être utilisés en sécurité par les personnes handicapées, y compris lorsqu'une aide appropriée est nécessaire. La sécurité des personnes doit être assurée par des aménagements ou équipements facilitant notamment le repérage des obstacles et l'équilibre tout au long de l'escalier.

II. — A cette fin, ces escaliers doivent répondre aux dispositions suivantes, que le bâtiment comporte ou non un ascenseur :

1° Caractéristiques dimensionnelles :

La largeur minimale entre mains courantes doit être d'un mètre.

Les marches doivent répondre aux exigences suivantes :

— hauteur inférieure ou égale à 17 cm ;

— largeur du giron supérieure ou égale à 28 cm ;

2° Sécurité d'usage :

En haut de l'escalier, un revêtement de sol doit permettre l'éveil de la vigilance à une distance de 0,50 m de la première marche grâce à un contraste visuel et tactile.

La première et la dernière marche doivent être pourvues d'une contremarche d'une hauteur minimale de 0,10 m, visuellement contrastée par rapport à la marche.

Les nez de marche doivent répondre aux exigences suivantes :

— être contrastés visuellement par rapport au reste de l'escalier ;

— être non glissants ;

— ne pas présenter de débord excessif par rapport à la contremarche.

L'escalier doit comporter un dispositif d'éclairage répondant aux exigences définies à l'article 18 ;

3° Atteinte et usage :

L'escalier, quelle que soit sa conception, doit comporter une main courante de chaque côté. Toute main courante doit répondre aux exigences suivantes :

— être située à une hauteur comprise entre 0,80 m et 1,00 m. Toutefois, lorsqu'un garde-corps tient lieu de main courante, celle-ci devra être située pour des motifs de sécurité à la hauteur minimale requise pour le garde-corps ;

— se prolonger horizontalement de la longueur d'une marche au-delà de la première et de la dernière marche de chaque volée sans pour autant créer d'obstacle au niveau des circulations horizontales ;

— être continue, rigide et facilement préhensible sur toute sa longueur ;

— être différenciée de la paroi support grâce à un éclairage particulier ou à un contraste visuel.

13.2. Ascenseurs :

Lorsque le bâtiment comporte un ascenseur, tous les étages comportant des locaux admettant des visiteurs ou des personnes détenues doivent être desservis.

Un ascenseur au minimum doit pouvoir être utilisé par les personnes handicapées dans les secteurs suivants : unités des quartiers d'hébergement comprenant des cellules accessibles aux personnes handicapées, cours de promenade ainsi que l'ensemble des salles d'activités des quartiers d'hébergement, les espaces socio-éducatifs, culturels et sportifs communs, les ateliers, les parloirs (côté visiteurs et personnes détenues), les unités de vie familiales, l'UCSA, le SMPR, s'il existe, les locaux fonctionnels (restauration et blanchisserie).

Les caractéristiques et la disposition des commandes extérieures et intérieures à la cabine doivent, notamment, permettre leur repérage et leur utilisation par ces personnes. Dans les ascenseurs, des dispositifs doivent permettre, d'une part, de s'appuyer et, d'autre part, de recevoir par des moyens adaptés les informations liées aux mouvements de la cabine, aux étages desservis et au système d'alarme.

A cette fin, les ascenseurs doivent être conformes à la norme NF EN 81-70 relative à l'accessibilité aux ascenseurs pour toutes les personnes, y compris les personnes avec handicap, ou à tout système équivalent permettant de satisfaire à ces mêmes exigences.

Art. 14 Les revêtements de sols et les équipements situés sur le sol des cheminements des parties communes doivent être sûrs et permettre une circulation aisée des personnes handicapées. Les revêtements de sols, murs et plafonds ne doivent pas créer de gêne visuelle pour les personnes ayant une déficience sensorielle.

L'aire d'absorption équivalente des revêtements et éléments absorbants disposés dans les parloirs et les circulations intérieures les desservant doit représenter au moins 25 % de la surface au sol des espaces réservés à l'accueil et à l'attente des visiteurs.

L'aire d'absorption équivalente A d'un revêtement absorbant est donnée par la formule :

A = S × _w

où S désigne la surface du revêtement absorbant et _w son indice d'évaluation de l'absorption, défini dans la norme NF EN ISO 11 654.

Art. 15 I. — Les portes situées dans ou donnant sur les parties communes doivent permettre le passage des personnes handicapées et pouvoir être manœuvrées par des personnes ayant des capacités physiques réduites, à l'exception des portes dont la résistance est spécifiquement étudiée dans les établissements pénitentiaires pour répondre aux contraintes afférentes à la sécurité pénitentiaire. Ces portes sont manœuvrées par le personnel pénitentiaire. Les portes comportant une partie vitrée importante doivent pouvoir être repérées par les personnes malvoyantes de toutes tailles et ne pas créer de gêne visuelle.

II. — Pour satisfaire aux exigences du I, ces portes doivent répondre aux dispositions suivantes :

1° Caractéristiques dimensionnelles :

Les portes doivent avoir une largeur minimale de 0,90 m. La largeur de passage minimale lorsque le vantail est ouvert à 90° doit être de 0,83 m. Dans le cas de portes à plusieurs vantaux, le vantail couramment utilisé doit respecter cette exigence.

S'il ne peut être évité, le ressaut dû au seuil doit comporter au moins un bord arrondi ou muni d'un chanfrein, et sa hauteur maximale doit être de 2 cm.

Un espace de manœuvre de porte dont les caractéristiques dimensionnelles sont définies à l'annexe 2 est nécessaire devant chaque porte, à l'exception de celles ouvrant uniquement sur un escalier ou exclusivement manœuvrées par les services pénitentiaires.

Les caractéristiques dimensionnelles des sas sont définies à l'annexe 2 ;

2° Atteinte et usage :

Les poignées de porte doivent être facilement préhensibles et manœuvrables en position "debout" comme "assise" ainsi que par une personne ayant des difficultés à saisir et à faire un geste de rotation du poignet.

L'extrémité des poignées des portes, à l'exception de celles ouvrant uniquement sur un escalier, doit être située à plus de 0,40 m d'un angle rentrant de parois ou de tout autre obstacle à l'approche d'un fauteuil roulant.

Lorsqu'une porte est à ouverture automatique, la durée d'ouverture doit permettre le passage de personnes à mobilité réduite.

Lorsqu'une porte comporte un système d'ouverture électrique, le déverrouillage doit être signalé par un signal sonore et lumineux dans la limite des contraintes inhérentes à la sécurité des établissements pénitentiaires ;

3° Sécurité d'usage :

Les portes comportant une partie vitrée importante doivent être repérables ouvertes comme fermées à l'aide d'éléments visuels contrastés par rapport à l'environnement immédiat.

Art. 16 Les locaux communs doivent être accessibles aux personnes handicapées.

Les portes doivent avoir une largeur minimale de 0,90 m. La largeur de passage minimale lorsque le vantail est ouvert à 90° doit être de 0,83 m. Dans le cas de portes à plusieurs vantaux, le vantail couramment utilisé doit respecter cette exigence.

Les équipements, les dispositifs de commande et de service des locaux communs doivent pouvoir être repérés, atteints et utilisés par les personnes handicapées. La disposition des équipements ne doit pas créer d'obstacle ou de danger pour les personnes ayant une déficience visuelle.

1° Repérage :

Ces équipements et dispositifs doivent être repérables grâce à un contraste visuel et à une signalétique permettant une compréhension aisée.

Les commandes d'éclairages doivent être visibles de jour comme de nuit ;

2° Atteinte et usage :

Ces équipements et dispositifs doivent être situés :

— à plus de 0,40 m d'un angle rentrant de parois ou de tout autre obstacle à l'approche d'un fauteuil roulant ;

— à une hauteur comprise entre 0,90 m et 1,30 m ;

— au droit d'un espace d'usage dont les caractéristiques dimensionnelles sont définies à l'annexe 2.

Au moins 1 % du nombre (arrondi au nombre entier supérieur) de chaque type de locaux à usage individuel (par exemple, parloirs côté personnes détenues et visiteurs, locaux de fouille des personnes détenues, boxes d'attente des locaux médicaux, etc.) doit être aménagé pour permettre l'accueil d'une personne handicapée.

Art. 17 I. — L'établissement doit comporter, dans les zones accessibles aux visiteurs et aux personnes détenues en fauteuil roulant, au moins un cabinet d'aisance aménagé et comportant un lavabo accessible. Les cabinets d'aisance aménagés doivent être installés au même emplacement que les autres cabinets d'aisance lorsque ceux-ci sont regroupés. Les lavabos ou un lavabo au moins par groupe de lavabos doivent être accessibles aux personnes handicapées, ainsi que les divers aménagements tels que, notamment, miroir, distributeur de savon, sèche-mains.

II. — Pour satisfaire aux exigences du I, les sanitaires doivent répondre aux dispositions suivantes :

1° Caractéristiques dimensionnelles :

Un cabinet d'aisances aménagé pour les personnes handicapées doit présenter les caractéristiques suivantes :

— comporter, en dehors du débattement de porte, un espace d'usage accessible à une personne en fauteuil roulant tel que défini à l'annexe 2, situé latéralement par rapport à la cuvette ;

— comporter un espace de manœuvre avec possibilité de demi-tour dont les caractéristiques dimensionnelles sont définies à l'annexe 2, situé à l'intérieur du cabinet ou, à défaut, en extérieur devant la porte ;

2° Atteinte et usage :

Un cabinet d'aisances aménagé pour les personnes handicapées doit présenter les caractéristiques suivantes :

— il comporte un dispositif permettant de refermer la porte derrière soi une fois entré ;

— il comporte un lave-mains dont le plan supérieur est situé à une hauteur maximale de 0,85 m ;

— la surface d'assise de la cuvette doit être située à une hauteur comprise entre 0,45 m et 0,50 m du sol, abattant inclus ;

— une barre d'appui latérale doit être prévue à côté de la cuvette, permettant le transfert d'une personne en fauteuil roulant et apportant une aide au relevage. La barre doit être située à une hauteur comprise entre 0,70 m et 0,80 m. Sa fixation ainsi que le support doivent permettre à un adulte de prendre appui de tout son poids.

Un lavabo accessible doit présenter un vide en partie inférieure d'au moins 0,30 m de profondeur, 0,60 m de largeur et 0,70 m de hauteur permettant le passage des pieds et des genoux d'une personne en fauteuil roulant. Le choix de l'équipement ainsi que le choix et le positionnement de la robinetterie doivent permettre un usage complet du lavabo en position assise.

Lorsque des urinoirs sont disposés en batterie, ils doivent être positionnés à des hauteurs différentes.

Art. 18 La qualité de l'éclairage, artificiel ou naturel, des circulations communes intérieures et extérieures doit être telle que l'ensemble du cheminement est traité sans créer de gêne visuelle, sans pouvoir porter atteinte à la sûreté pénitentiaire. Les parties du cheminement qui peuvent être source de perte d'équilibre, les dispositifs d'accès et les informations fournies par la signalétique font l'objet d'une qualité d'éclairage renforcée. Les locaux collectifs font l'objet d'un éclairage suffisant.

A cette fin, le dispositif d'éclairage artificiel doit répondre aux dispositions suivantes :

Il doit permettre, lorsque l'éclairement naturel n'est pas suffisant, d'assurer des valeurs d'éclairement mesurées au sol d'au moins :

20 lux en tout point du cheminement extérieur accessible ;

100 lux en tout point des circulations intérieures horizontales ;

150 lux en tout point de chaque escalier ;

100 lux à l'intérieur des locaux collectifs ;

50 lux en tout point des circulations piétonnes des parcs de stationnement ;

20 lux en tout autre point des parcs de stationnement.

La mise en œuvre des points lumineux doit éviter tout effet d'éblouissement direct des usagers en position debout comme assise ou de reflet sur la signalétique.

Art. 19 Lorsque cela est nécessaire, les appareils d'interphonie en cellules sont adaptés afin de permettre un parfait échange de communication (matériel sonore et visuel), sur décision de l'autorité compétente de l'établissement.

Art. 20 Le nombre de cellules aménagées pour les personnes à mobilité réduite est égal au minimum à 3 % (arrondi au nombre entier supérieur) de la capacité des établissements de plus de 120 places. Dans les établissements d'une capacité inférieure ou égale à 120 places, le nombre de cellules aménagées est égal au minimum à 2 % (arrondi au nombre entier supérieur) de la capacité de l'établissement. La capacité des établissements est calculée conformément à la circulaire n° AP 88 G 05 G 16.03.88.

Les cellules aménagées sont installées aux niveaux accessibles aux personnes handicapées.

Les cellules aménagées pour les personnes détenues handicapées doivent présenter les caractéristiques de base suivantes :

1° Caractéristiques dimensionnelles :

La porte d'entrée de la cellule doit avoir une largeur minimale de 0,80 m. La largeur de passage minimale lorsque le vantail est ouvert à 90° doit être de 0,77 m.

Dans le cas de portes à plusieurs vantaux, le vantail couramment utilisé doit respecter cette exigence.

S'il ne peut être évité, le ressaut dû au seuil doit comporter au moins un bord arrondi ou muni d'un chanfrein, et sa hauteur maximale doit être de 2 cm ;

2° Atteinte et usage :

A l'intérieur de la cellule, il doit exister devant la porte d'entrée un espace de manœuvre de porte dont les caractéristiques dimensionnelles sont définies à l'annexe 2.

La poignée de la porte d'entrée doit être facilement préhensible. Son extrémité doit être située à 0,40 m au moins d'un angle de paroi ou de tout autre obstacle à l'approche d'un fauteuil roulant.

Lorsqu'il existe, le verrou de confort de la porte doit être situé à plus de 0,30 m d'un angle rentrant de parois ou de tout autre obstacle à l'approche d'un fauteuil roulant. La poignée de la porte côté circulation doit être facilement préhensible. Son extrémité doit être située à 0,40 m au moins d'un angle de paroi ou de tout autre obstacle à l'approche d'un fauteuil roulant.

Les dispositifs de manœuvre des fenêtres commandés de l'intérieur doivent être :

— situés à une hauteur comprise entre 0,90 m et 1,30 m du sol ;

— manœuvrables en position "debout" comme en position "assis".

Un interrupteur de commande d'éclairage doit être situé en entrée de chaque zone (sanitaire, couchage, etc.) à une hauteur comprise entre 0,90 m et 1,30 m du sol.

Les prises d'alimentation électrique doivent être situées à une hauteur inférieure ou égale à 1,30 m du sol.

Une personne dont le fauteuil roulant présente des caractéristiques dimensionnelles définies à l'annexe 1 doit pouvoir pénétrer dans tous les espaces de la cellule.

L'hébergement doit offrir, en dehors du débattement de la porte et de l'emprise d'un lit de dimensions pénitentiaires standard :

— un espace libre d'au moins 1,50 m de diamètre ;

— un passage d'au moins 0,90 m sur les deux grands côtés du lit et un passage d'au moins 1,20 m sur le petit côté libre du lit, ou un passage d'au moins 1,20 m sur les deux grands côtés du lit et un passage d'au moins 0,90 m sur le petit côté libre du lit.

Lorsque le lit est accolé à une paroi, le passage de 0,90 m n'est exigé que sur un grand côté.

Une salle d'eau doit offrir un espace libre d'au moins 1,50 m de diamètre en dehors du débattement de la porte et des équipements fixes.

Un cabinet d'aisances au moins doit offrir un espace libre accessible à une personne en fauteuil roulant d'au moins 0,80 m × 1,30 m latéralement à la cuvette et en dehors du débattement de la porte.

Art. 21 Les dispositions du présent arrêté s'appliquent aux établissements pénitentiaires de la collectivité départementale de Mayotte.

Annexe 1

Gabarit d'encombrement du fauteuil roulant.

Les exigences réglementaires sont établies sur la base d'un fauteuil roulant occupé dont les dimensions d'encombrement sont de 0,75 m × 1,25 m.

Annexe 2

Besoins d'espaces libres de tout obstacle.

Les personnes concernées par le handicap moteur (personnes en fauteuil roulant ou personnes avec des cannes) ont besoin d'espaces libres de tout obstacle pour trois raisons principales :

— se reposer ;

— effectuer une manœuvre ;

— utiliser un équipement ou un dispositif quelconque.

Ces espaces doivent être horizontaux au dévers près (2 %).

Caractéristiques dimensionnelles des différents espaces libres.

TYPE D'ESPACE	CARACTÉRISTIQUES DIMENSIONNELLES
1. Palier de repos :	
Le palier de repos permet à une personne debout mais à mobilité réduite ou à une personne en fauteuil roulant de se reprendre, de souffler.	Le palier de repos s'insère en intégralité dans le cheminement. Il correspond à un espace rectangulaire de dimensions minimales 1,20 m × 1,40 m.
2. Espace de manœuvre avec possibilité de demi-tour :	
L'espace de manœuvre permet la manœuvre du fauteuil roulant mais aussi d'une personne avec une ou deux cannes. Il permet de s'orienter différemment ou de faire demi-tour.	L'espace de manœuvre reste lié au cheminement mais avec une exigence de largeur correspondant à un diamètre de 1,50 m.
3. Espace de manœuvre de porte :	
Qu'une porte soit située latéralement ou perpendiculairement à l'axe d'une circulation commune, l'espace de manœuvre nécessaire correspond à un rectangle de même largeur que la circulation commune mais dont la longueur varie selon qu'il faut pousser ou tirer la porte. Cas particulier des sas d'isolement : ils ont pour fonction d'éviter la propagation des effets d'un incendie provenant de locaux dangereux (parc de stationnement, celliers et caves regroupés, etc.) au reste du bâtiment. Les deux portes s'ouvrent à l'intérieur du sas : lorsqu'un usager handicapé franchit une porte, un autre usager doit pouvoir ouvrir l'autre porte.	Deux cas de figure : - ouverture en poussant : la longueur minimum de l'espace de manœuvre de porte est de 1,70 m ; - ouverture en tirant : la longueur minimum de l'espace de manœuvre de porte est de 2,20 m. Sas d'isolement : - à l'intérieur du sas, devant chaque porte, l'espace de manœuvre correspond à un espace rectangulaire d'au moins 1,20 m × 2,20 m ; - à l'extérieur du sas, devant chaque porte, l'espace de manœuvre correspond à un espace rectangulaire d'au moins 1,20 m × 1,70 m.
4. Espace d'usage :	
L'espace d'usage permet le positionnement du fauteuil roulant ou d'une personne avec une ou deux cannes pour utiliser un équipement ou un dispositif de commande ou de service.	L'espace d'usage est situé à l'aplomb de l'équipement, du dispositif de commande ou de service. Il correspond à un espace rectangulaire de 0,80 m × 1,30 m.

Annexe 3

Information et signalisation :

Lorsque des informations permanentes sont fournies aux visiteurs par le moyen d'une signalisation visuelle ou sonore, celles-ci doivent pouvoir être reçues et interprétées par un visiteur handicapé.

Les éléments d'information et de signalisation doivent être visibles et lisibles par tous les usagers. En outre, les éléments de signalisation doivent être compréhensibles, notamment par les personnes atteintes de déficience mentale.

Visibilité :

Les informations doivent être regroupées.

Les supports d'information doivent répondre aux exigences suivantes :

— être contrastés par rapport à leur environnement immédiat ;

— permettre une vision et une lecture en position debout comme en position assise ;

— être choisis, positionnés et orientés de façon à éviter tout effet d'éblouissement, de reflet ou de contre-jour dû à l'éclairage naturel ou artificiel ;

— s'ils sont situés à une hauteur inférieure à 2,20 m, permettre à une personne malvoyante de s'approcher à moins de 1 m.

Lisibilité :

Les informations données sur ces supports doivent répondre aux exigences suivantes :

— être fortement contrastées par rapport au fond du support ;

— la hauteur des caractères d'écriture doit être proportionnée aux circonstances : elle dépend notamment de l'importance de l'information délivrée, des dimensions du local et de la distance de lecture de référence fixée par le maître d'ouvrage en fonction de ces éléments.

Lorsque les informations ne peuvent être fournies aux usagers sur un autre support, la hauteur des caractères d'écriture ne peut en aucun cas être inférieure à :

15 mm pour les éléments de signalisation et d'information relatifs à l'orientation ;

4,5 mm sinon.

Compréhension :

La signalisation doit recourir autant que possible à des icônes ou à des pictogrammes. Lorsqu'ils existent, le recours aux pictogrammes normalisés s'impose.

ANNEXE 7

Arrêté du 29 décembre 2016 relatif à l'accessibilité des établissements pénitentiaires existants aux personnes handicapées

Art. 1er Les dispositions du présent arrêté s'appliquent aux établissements pénitentiaires existants dans les zones dans lesquelles circulent des personnels, des visiteurs et des personnes détenues à l'intérieur de l'enceinte pénitentiaire, à l'exclusion des zones contenant des locaux dédiés aux fonctions administratives soumis aux dispositions du code du travail et aux bâtiments de type établissements recevant du public situés à l'extérieur de l'enceinte pénitentiaire.

Art. 2 Sont définis comme établissements pénitentiaires au sens du présent arrêté les établissements affectés à l'exécution des peines tels que définis aux articles D. 70 à D. 72-1 du code de procédure pénale. — *V. désormais C. pénit., art. R. 112-15.*

Art. 3 Le terme "personne l" désigne le personnel pénitentiaire et les partenaires institutionnels.

Art. 4 Le terme "visiteurs" désigne les personnes titulaires d'une autorisation de visite d'une personne détenue dans les conditions précisées par les articles D. 472, D. 473, D. 474 et D. 475 du code de procédure pénale. — *V. désormais C. pénit., art. R. 341-17.*

Art. 5 Le terme "personnes détenues" désigne les personnes mentionnées à l'article D. 50 du code de procédure pénale.

Art. 6 Conformément à l'article R. 111-19-10 du code de la construction et de l'habitation, le représentant de l'État dans le département peut accorder des dérogations aux règles énoncées aux articles 9 à 20 du présent arrêté, après avis de la commission consultative départementale de sécurité et d'accessibilité instituée par le décret du 8 mars 1995 susvisé.

Lors de l'examen de ces demandes de dérogations, le directeur interrégional des services pénitentiaires territorialement compétent ou son représentant peut être appelé à siéger à titre consultatif par le président de la commission ou de la sous-commission compétente conformément à l'article 36 du décret du 8 mars 1995 susvisé.

Pour des raisons de sûreté, en accord avec le président de la commission de sécurité et d'accessibilité, les documents présentés par l'administration pénitentiaire en séance sont consultables par les membres de la commission mais ne peuvent faire l'objet d'aucune reproduction. En outre, la consultation des documents est soumise à engagement de confidentialité de la part des membres de la commission.

Art. 7 Dans le cas où une dérogation est accordée, des mesures de substitution sont mises en place. Dans ce cadre, la personne détenue handicapée, ou recevant la visite d'une personne handicapée, peut se voir proposer, dans le respect des dispositions du code de procédure pénale, et notamment des exigences relatives au maintien des liens familiaux, le transfert vers un autre établissement pénitentiaire répondant aux normes d'accessibilité pour les personnes handicapées, dans la limite des capacités d'accueil de cet établissement.

Art. 8 Les dispositions architecturales et les aménagements propres à assurer l'accessibilité des bâtiments pénitentiaires existants et de leurs abords doivent satisfaire aux obligations définies aux articles 9 à 20, sous réserve des dispositions énoncées aux articles 6 et 7 du présent arrêté.

Des solutions d'effet équivalent peuvent être mises en œuvre dès lors que celles-ci satisfont aux mêmes objectifs que les solutions prescrites par le présent arrêté. Lorsqu'une solution d'effet équivalent est mise en œuvre, le maître d'ouvrage transmet au représentant de l'État dans le département, préalablement aux travaux, les éléments permettant de vérifier que cette solution satisfait aux objectifs d'accessibilité. Ces éléments sont transmis en trois exemplaires sauf s'ils sont transmis par voie électronique. Le représentant de l'État notifie sa décision motivée, dans les trois mois qui suivent la réception des éléments, après avoir consulté la commission compétente en application de l'article R.* 111-19-30. A défaut de réponse de la commission dans un délai de deux mois à compter de la transmission de la demande d'avis, celui-ci est réputé favorable. A défaut de réponse du représentant de l'État dans le département dans le délai de trois mois à compter de la date à laquelle il a reçu la demande d'accord, celui-ci est réputé acquis.

Les dispositions relatives aux espaces de manœuvre avec possibilité de demi-tour, les espaces de manœuvre de porte et l'espace d'usage devant les équipements ne s'appliquent pas :

— pour les étages ou niveaux non accessibles aux personnes circulant en fauteuil roulant ;

— dès lors que l'accès au bâtiment ne permet pas à une personne en fauteuil roulant de le franchir. Cette impossibilité d'accès au bâtiment est avérée notamment si l'espace entre le bord de la chaussée et l'entrée de l'établissement présente à la fois une largeur de trottoir inférieure ou égale à 2,8 m, une pente longitudinale de trottoir supérieure ou égale à 5 % et une différence de niveaux supérieure à 17 cm entre l'extérieur et l'intérieur du bâtiment.

Art. 9 I. — Un cheminement accessible doit permettre d'atteindre l'entrée ou une des entrées de l'établissement pénitentiaire depuis l'accès au domaine pénitentiaire. Le choix et l'aménagement de ce cheminement sont tels qu'ils facilitent la continuité de la chaîne du déplacement avec l'extérieur du terrain.

Le cheminement accessible permet notamment à une personne ayant une déficience visuelle, auditive, mentale ou psychique de se localiser, s'orienter et atteindre l'établissement pénitentiaire aisément et sans danger et permet à une personne ayant une déficience motrice d'accéder aisément à tout équipement ou aménagement utilisable. Les caractéristiques d'un cheminement accessible sont définies au II ci-après.

Lorsqu'il existe plusieurs cheminements, les cheminements accessibles sont signalés de manière adaptée.

Lorsque le cheminement extérieur ne peut être rendu accessible, une place de stationnement adaptée telle que définie à l'article 10 est prévue à proximité d'une entrée accessible du bâtiment et se trouve reliée à celle-ci par un cheminement accessible.

II. — Les cheminements extérieurs accessibles aux personnes handicapées doivent répondre aux dispositions suivantes :

1° Repérage et guidage :

Une signalisation adaptée doit être mise en place à l'entrée du domaine pénitentiaire, à proximité des places de stationnement pour les visiteurs, ainsi qu'en chaque point du cheminement accessible où un choix d'itinéraire est donné à l'usager. Les éléments de signalisation doivent répondre aux exigences définies à l'annexe 3.

Le revêtement du cheminement accessible doit présenter un contraste visuel et tactile par rapport à son environnement. A défaut, le cheminement doit comporter sur toute sa longueur un repère continu, tactile pour le guidage à l'aide d'une canne d'aveugle, et visuellement contrasté par rapport à son environnement pour faciliter le guidage des personnes malvoyantes.

Lorsque des bandes de guidages sont installées, elles respectent les dispositions de l'annexe 6. Les spécifications de la norme NF P 98-352 sont réputées satisfaire à ces exigences.

En extérieur, lors du remplacement du dispositif d'aide à la vigilance, il respecte les dispositions de l'annexe 7. Les spécifications de la norme NF P 98-351 sont réputées satisfaire à ces exigences.

2° Caractéristiques dimensionnelles :

a) Profil en long :

Le cheminement accessible doit être horizontal et sans ressaut.

Lorsqu'une dénivellation ne peut être évitée, un plan incliné de pente inférieure ou égale à 6 % doit être aménagé afin de la franchir. Les valeurs de pentes suivantes sont tolérées exceptionnellement :

— jusqu'à 10 % sur une longueur inférieure ou égale à 2 m ;

— jusqu'à 12 % sur une longueur inférieure ou égale à 0,50 m.

Un palier de repos est nécessaire en haut et en bas de chaque plan incliné quelle qu'en soit la longueur. En cas de plan incliné de pente supérieure ou égale à 5 %, un palier de repos est nécessaire tous les 10 m.

Les caractéristiques dimensionnelles du palier sont définies à l'annexe 2.

Lorsqu'il ne peut être évité, un faible écart de niveau peut être traité par un ressaut à bord arrondi ou muni d'un chanfrein et dont la hauteur doit être inférieure ou égale à 2 cm. Cette hauteur maximale peut toutefois être portée à 4 cm si le ressaut comporte sur toute sa hauteur une pente ne dépassant pas 33 %.

La distance minimale entre deux ressauts successifs est de 2,50 m. Les pentes comportant plusieurs ressauts successifs, dits "pas-d'âne", sont interdites.

b) Profil en travers :

La largeur minimale du cheminement accessible doit être de 1,20 m libre de tout obstacle afin de faciliter les croisements.

Lorsqu'un rétrécissement ponctuel ne peut être évité, la largeur minimale du cheminement peut, sur une faible longueur, être comprise entre 0,90 m et 1,20 m de manière à permettre le passage pour une personne en fauteuil roulant.

Le cheminement doit être conçu et mis en œuvre de manière à éviter la stagnation d'eau. Lorsqu'un dévers ne peut être évité, il doit être inférieur ou égal à 3 %.

c) Espaces de manœuvre et d'usage pour les personnes circulant en fauteuil roulant :

Un espace de manœuvre avec possibilité de demi-tour est nécessaire en chaque point du cheminement où un choix d'itinéraire est donné à l'usager. Un espace de manœuvre avec possibilité de demi-tour est nécessaire au droit du système de contrôle d'accès des portes d'entrées desservies par un cheminement accessible. Un espace d'usage est nécessaire devant chaque équipement ou aménagement situé le long du cheminement afin d'en permettre l'atteinte et l'usage.

Les caractéristiques dimensionnelles de ces différents espaces sont définies à l'annexe 2.

3° Sécurité d'usage :

Le sol ou le revêtement de sol du cheminement accessible doit être non meuble, non glissant, non réfléchissant et sans obstacle à la roue.

Les trous et fentes situés dans le sol du cheminement doivent avoir une largeur ou un diamètre inférieur ou égal à 2 cm.

Le cheminement accessible doit être libre de tout obstacle. Afin d'être repérables, les éléments éventuels qui ne peuvent pas être mis en dehors du cheminement doivent répondre aux exigences suivantes :

— s'ils sont suspendus au-dessus du cheminement, laisser un passage libre d'au moins 2,20 m de hauteur au-dessus du sol ;

— s'ils sont implantés en dessous de 2,20 m et en saillie latérale de plus de 15 cm sur le cheminement, un dispositif de détection permettant de prévenir du danger de choc. Ce dispositif de détection est situé dans la zone de balayage d'une canne de détection, est contrasté par rapport à son environnement immédiat, présente des angles arrondis et ne présente pas d'arête vive.

Les caractéristiques techniques de ce dispositif sont décrites en annexe 4.

Lorsque le cheminement est bordé à une distance inférieure à 0,90 m par une rupture de niveau d'une hauteur de plus de 0,40 m, un dispositif de protection doit être implanté afin d'éviter les chutes.

Lorsqu'un escalier est situé dans un espace de circulation, la partie située en dessous de 2,20 m, si elle n'est pas fermée, doit être visuellement contrastée, comporter un rappel tactile au sol et être réalisée de manière à prévenir les dangers de chocs pour des personnes aveugles ou malvoyantes.

Les parois vitrées situées sur les cheminements ou en bordure immédiate de ceux-ci doivent être repérables par des personnes de toutes tailles à l'aide d'éléments visuels contrastés par rapport à l'environnement immédiat.

Toute volée d'escalier comportant moins de trois marches doit répondre aux exigences applicables aux escaliers des parties communes visées au 1° de l'article 13, à l'exception de la disposition concernant l'éclairage.

Lorsqu'un cheminement accessible croise un itinéraire emprunté par des véhicules, il doit comporter un élément permettant l'éveil de la vigilance des piétons au droit de ce croisement qui respectent les dispositions de l'annexe 7. Les spécifications de la norme NF P98-351 sont réputées satisfaire à ces exigences.

Un marquage au sol et une signalisation doivent également indiquer aux conducteurs des véhicules qu'ils croisent un cheminement pour piétons.

Le cheminement doit comporter un dispositif d'éclairage répondant aux exigences définies à l'article 18.

Art. 10 I. — Tout parc de stationnement automobile dépendant de l'établissement pénitentiaire doit comporter une ou plusieurs places adaptées et réservées répondant aux conditions du II ci-après. Ces places adaptées sont localisées à proximité de l'entrée de l'établissement pénitentiaire et reliées à celui-ci par un cheminement accessible tel que défini selon les cas à l'article 10 ou à l'article 14.

II. — Les places des parcs de stationnement automobile adaptées pour les personnes handicapées doivent répondre aux dispositions suivantes :

1° Nombre :

Les places adaptées destinées à l'usage des personnes handicapées doivent représenter au minimum 2 % du nombre total de places de stationnement. Le nombre minimal de places adaptées est arrondi à l'unité supérieure.

2° Repérage :

Un marquage au sol ainsi qu'une signalisation verticale doit signaler chaque place adaptée.

3° Caractéristiques dimensionnelles :

Une place de stationnement adaptée doit correspondre à un espace horizontal au dévers près, inférieur ou égal à 2 %.

La largeur minimale des places adaptées doit être de 3,30 m et leur longueur minimale de 5 m.

4° Atteinte et usage :

Une place de stationnement adaptée doit se raccorder sans ressaut de plus de 2 cm à un cheminement accessible permettant d'atteindre l'entrée de l'établissement pénitentiaire.

Les places adaptées, quelle que soit leur configuration et notamment lorsqu'elles sont réalisées dans un volume fermé, sont telles qu'un usager en fauteuil roulant peut quitter l'emplacement une fois le véhicule garé.

Art. 11 I. — Le niveau d'accès principal à l'établissement pénitentiaire doit être accessible en continuité avec le cheminement extérieur accessible.

Tout dispositif visant à permettre ou restreindre l'accès au bâtiment ou à se signaler au personnel pénitentiaire doit pouvoir être repéré, atteint et utilisé par une personne handicapée. Afin de pouvoir être détectés par les personnes aveugles ou malvoyantes, le mobilier, les bornes et les poteaux remplacés ou installés lors de travaux concernant un cheminement doivent respecter les dispositions de l'annexe 5.

II. — Pour l'application du I, l'accès au bâtiment doit répondre aux dispositions suivantes :

1° l'accès est horizontal et sans ressaut.

Lorsqu'une dénivellation ne peut être évitée, une rampe respectant les valeurs de pente indiquées au *a* du 2° du II de l'article 9 est aménagée afin de la franchir. Cette rampe est par ordre de préférence :

— permanente, intégrée à l'intérieur de l'établissement ou construite sur le cheminement extérieur ;

— posée avec emprise sur le domaine public. L'espace d'emprise permet alors les manœuvres d'accès d'une personne en fauteuil roulant ;

— amovible, assortie d'un dispositif facilement repérable et manœuvrable permettant à une personne handicapée de signaler sa présence au personnel de l'établissement. Ce dispositif de signalement est situé à une hauteur comprise entre 0,90 à 1,30 m. Il est situé à plus de 0,40 m d'un angle rentrant de parois ou de tout autre obstacle à l'approche d'un fauteuil roulant.

La rampe présente les caractéristiques suivantes :

— supporter une masse minimale de 300 kg ;

— être suffisamment large pour accueillir une personne en fauteuil roulant ;

— être non glissante, contrastée par rapport à son environnement et constituée de matériaux opaques ;

2° Repérage :

La porte d'entrée principale doit être repérable par des éléments architecturaux ou par un traitement utilisant des matériaux différents ou visuellement contrastés. Les portes principales desservant des locaux pouvant recevoir moins de 100 personnes ont une largeur nominale de 0,80 m ; soit une largeur de passage utile minimale de 0,77 m.

Le numéro ou la dénomination du bâtiment doit être situé à proximité immédiate de la porte d'entrée.

Tout dispositif visant à permettre ou restreindre l'accès à l'établissement pénitentiaire ou à se signaler au personnel pénitentiaire en poste à la porte d'entrée principale, doit être facilement repérable par un contraste visuel et tactile par rapport à son environnement ou une signalétique répondant aux exigences définies à l'annexe 3, et ne doit pas être situé dans une zone sombre.

3° Atteinte et usage :

Les systèmes de contrôle d'accès ou de communication entre visiteurs et l'administration pénitentiaire doivent répondre aux exigences suivantes :

— être situés à plus de 0,40 m d'un angle rentrant de parois ou de tout autre obstacle à l'approche d'un fauteuil roulant ;

— être situés à une hauteur comprise entre 0,90 m et 1,30 m.

Lorsqu'il existe un dispositif de déverrouillage électrique, il doit permettre à une personne à mobilité réduite d'atteindre la porte et d'entamer la manœuvre d'ouverture avant que la porte ne soit à nouveau verrouillée. Le bouton de déverrouillage de la porte présente un contraste visuel et tactile par rapport à son environnement.

Lorsque l'accueil est sonorisé, celui-ci comporte une boucle d'induction magnétique respectant les dispositions décrites en annexe 9. Les spécifications de la norme NF EN 60118-4 sont réputées satisfaire à ces exigences. Lors de leur installation ou de leur renouvellement, les systèmes de transmission du signal acoustique par induction magnétique respectent également ces dispositions.

Afin d'être lisible par une personne malvoyante, toute information doit répondre aux exigences définies à l'annexe 3.

Art. 12 Les circulations horizontales doivent être accessibles et sans danger pour les personnes handicapées. Les principaux éléments structurants du cheminement doivent être repérables par les personnes ayant une déficience visuelle.

Les personnes handicapées doivent pouvoir accéder à l'ensemble des locaux communs, situés à un niveau nécessairement desservi par un cheminement accessible.

Les circulations horizontales doivent répondre aux exigences applicables au cheminement extérieur accessible visées à l'article 9, à l'exception, pour les circulations intérieures, des dispositions concernant :

— l'aménagement d'espaces de manœuvre avec possibilité de demi-tour pour une personne circulant en fauteuil roulant ;

— le repérage et le guidage ;

— le passage libre sous les obstacles en hauteur, qui est réduit à 2 m dans les parcs de stationnement.

Art. 13 Les locaux communs doivent être accessibles aux personnes handicapées.

Les portes doivent avoir une largeur minimale de 0,90 m. La largeur de passage minimale lorsque le vantail est ouvert à 90° doit être de 0,83 m. Dans le cas de portes à plusieurs vantaux, le vantail couramment utilisé doit respecter cette exigence.

Les équipements, les dispositifs de commande et de service des locaux communs doivent pouvoir être repérés, atteints et utilisés par les personnes handicapées. La disposition des équipements ne doit pas créer d'obstacle ou de danger pour les personnes ayant une déficience visuelle.

1° Repérage :

Ces équipements et dispositifs doivent être repérables grâce à un contraste visuel et à une signalétique permettant une compréhension aisée.

Les commandes d'éclairages doivent être visibles de jour comme de nuit.

2° Atteinte et usage :

Ces équipements et dispositifs doivent être situés :

— à plus de 0,40 m d'un angle rentrant de parois ou de tout autre obstacle à l'approche d'un fauteuil roulant ;

— à une hauteur comprise entre 0,90 m et 1,30 m ;

— au droit d'un espace d'usage dont les caractéristiques dimensionnelles sont définies à l'annexe 2.

Au moins 1 % du nombre (arrondi au nombre entier supérieur) de chaque type de locaux à usage individuel (par exemple parloirs côté personnes détenues et visiteurs, locaux de fouille des personnes détenues, boxes d'attente des locaux médicaux, etc.) doit être aménagé pour permettre l'accueil d'une personne handicapée.

Art. 14 Lorsque l'escalier n'est pas visible, il doit pouvoir être repéré par une signalisation adaptée répondant aux exigences définies à l'annexe 3.

I. — Les escaliers doivent pouvoir être utilisés en sécurité par les personnes handicapées y compris lorsqu'une aide appropriée est nécessaire. La sécurité des personnes doit être assurée par des aménagements ou équipements facilitant notamment le repérage des obstacles et l'équilibre tout au long de l'escalier.

II. — A cette fin, ces escaliers doivent répondre aux dispositions suivantes :

1° Caractéristiques dimensionnelles :

La largeur minimale entre mains courantes doit être de 1 m.

Les marches doivent répondre aux exigences suivantes :

— hauteur inférieure ou égale à 17 cm ;

— largeur du giron supérieure ou égale à 28 cm.

2° Sécurité d'usage :

En haut de l'escalier, un revêtement de sol doit permettre l'éveil de la vigilance à une distance de 0,50 m de la première marche grâce à un contraste visuel et tactile.

La première et la dernière marche doivent être pourvues d'une contremarche d'une hauteur minimale de 0,10 m, visuellement contrastée par rapport à la marche.

Les nez de marches doivent répondre aux exigences suivantes :

— être contrastés visuellement par rapport au reste de l'escalier ;

— être non glissants ;

— ne pas présenter de débord excessif par rapport à la contremarche.

L'escalier doit comporter un dispositif d'éclairage répondant aux exigences définies à l'article 18.

3° Atteinte et usage :

L'escalier, quelle que soit sa conception, doit comporter au moins une main courante. Toute main courante doit répondre aux exigences suivantes :

— être située à une hauteur comprise entre 0,80 m et 1,00 m. Toutefois, lorsqu'un garde-corps tient lieu de main courante, celle-ci devra être située pour des motifs de sécurité à la hauteur minimale requise pour le garde-corps ;

— se prolonger horizontalement de la longueur d'une marche au-delà de la première et de la dernière marche de chaque volée sans pour autant créer d'obstacle au niveau des circulations horizontales ;

— être continue, rigide et facilement préhensible sur toute sa longueur ; dans les escaliers tournants, une discontinuité de la main courante est autorisée. La longueur de discontinuité est inférieure à 0,10 m ;

— être différenciée de la paroi support grâce à un éclairage particulier ou à un contraste visuel.

Art. 15 Les revêtements de sols et les équipements situés sur le sol des cheminements des parties communes doivent être sûrs et permettre une circulation aisée des personnes handicapées. Sous réserve de la prise en compte de contraintes particulières liées à l'hygiène ou à l'ambiance hygrométrique des locaux, les revêtements de sols, murs et plafonds ne doivent pas créer de gêne visuelle pour les personnes ayant une déficience sensorielle.

L'aire d'absorption équivalente des revêtements et éléments absorbants disposés dans les espaces réservés à l'accueil et à l'attente des visiteurs dans la zone parloirs doit représenter au moins 25 % de la surface au sol des espaces réservés à l'accueil et à l'attente des visiteurs.

L'aire d'absorption équivalente A d'un revêtement absorbant est donnée par la formule :

$A = S \times \alpha_w$

où S désigne la surface du revêtement absorbant et α_w son indice d'évaluation unique de l'absorption acoustique.

Art. 16 I. — Les portes situées dans ou donnant sur les parties communes doivent permettre le passage des personnes handicapées. De plus, elles doivent pouvoir être manœuvrées par des personnes ayant des capacités physiques réduites, à l'exception des portes dont la résistance est spécifiquement étudiée dans les établissements pénitentiaires pour répondre aux contraintes afférentes à la sécurité pénitentiaire. Ces portes sont manœuvrées par le personnel pénitentiaire. Les portes comportant une partie vitrée importante doivent pouvoir être repérées par les personnes malvoyantes de toutes tailles et ne pas créer de gêne visuelle.

II. — Pour satisfaire aux exigences du I, ces portes doivent répondre aux dispositions suivantes :

1° Caractéristiques dimensionnelles :

Les portes principales desservant des locaux ou zones accessibles pouvant recevoir 100 personnes ou plus ont une largeur de passage utile minimale de 1,20 m. Si les portes sont composées de plusieurs vantaux, la largeur nominale minimale du vantail couramment utilisé est de 0,80 m, soit une largeur de passage utile de 0,77 m.

Les portes principales permettant l'accès aux locaux accessibles pouvant recevoir moins de 100 personnes ont une largeur nominale minimale de 0,80 m, soit une largeur de passage utile minimale de 0,77 m.

Sous réserve des dispositions de l'article 8, un espace de manœuvre de porte dont les caractéristiques dimensionnelles sont définies à l'annexe 2 est nécessaire devant chaque porte, à l'exception de celles ouvrant uniquement sur un escalier ou exclusivement manœuvrées par les services pénitentiaires.

Les caractéristiques dimensionnelles des sas sont définies à l'annexe 2.

2° Atteinte et usage :

Les portes ou leur encadrement ainsi que leur poignée doivent présenter un contraste visuel par rapport à leur environnement.

Les poignées de porte sont facilement préhensibles et manœuvrables en position "debout" comme "assise" ainsi que par une personne ayant des difficultés à saisir et à faire un geste de rotation du poignet.

Lorsqu'une porte est à ouverture automatique, la durée d'ouverture doit permettre le passage d'une personne à mobilité réduite. Le système est conçu pour pouvoir détecter des personnes de toutes tailles.

Les personnes mises en difficulté par les dispositifs de sécurité doivent pouvoir se signaler aisément à l'accueil, repérer la porte adaptée et la franchir sans difficulté.

3° Sécurité d'usage :

Les portes comportant une partie vitrée importante doivent être repérables ouvertes comme fermées à l'aide d'éléments visuels contrastés par rapport à l'environnement immédiat.

Art. 17 Les locaux communs doivent être accessibles aux personnes handicapées.

Les portes doivent avoir une largeur nominale minimale de 0,90 m, soit une largeur de passage utile minimale de 0,83 m. Dans le cas de portes à plusieurs vantaux, le vantail couramment utilisé doit respecter cette exigence.

Les équipements, les dispositifs de commande et de service des locaux communs doivent pouvoir être repérés, atteints et utilisés par les personnes handicapées. La disposition des équipements ne doit pas créer d'obstacle ou de danger pour les personnes ayant une déficience visuelle.

1° Repérage :

Ces équipements et dispositifs doivent être repérables grâce à un contraste visuel et à une signalétique permettant une compréhension aisée.

Les commandes d'éclairages doivent être visibles de jour comme de nuit.

2° Atteinte et usage :

Un équipement ou un élément du mobilier est utilisable par une personne en position "debout" ou "assis". Pour être utilisables en position assise un équipement ou un mobilier présente les caractéristiques suivantes :

— hauteur comprise entre 0,90 m et 1,30 m et à plus de 0,40 m d'un angle rentrant de parois ou de tout autre obstacle à l'approche d'un fauteuil roulant ;

— hauteur maximale de 0,80 m et un vide en partie inférieure d'au moins 0,30 m de profondeur, 0,60 m de largeur et 0,70 m de hauteur permettant le passage des pieds et des genoux d'une personne en fauteuil roulant, lorsqu'un élément de mobilier permet de lire un document, écrire, utiliser un clavier.

Art. 18 I. — L'établissement doit comporter, dans les zones accessibles aux visiteurs et aux personnes détenues, au moins un cabinet d'aisances aménagé et comportant un lavabo accessible. Les cabinets d'aisance aménagés doivent être installés au même emplacement que les autres cabinets d'aisance lorsque ceux-ci sont regroupés. Les lavabos ou un lavabo au moins par groupe de lavabos doivent être accessibles aux personnes handicapées, ainsi que les divers aménagements tels que, notamment, miroir, distributeur de savon, sèche-mains.

Les cabinets d'aisance accessibles peuvent être installés séparément des autres cabinets lorsqu'il n'est pas possible de les installer au même emplacement que les autres, à condition d'être signalés.

Lorsqu'il existe des cabinets d'aisance séparés pour chaque sexe, l'aménagement d'un cabinet d'aisances accessible n'est pas exigé pour chaque sexe. Tout cabinet aménagé pour les personnes handicapées pouvant être utilisé par des personnes de chaque sexe est accessible directement depuis les circulations communes et signalé par des pictogrammes rappelant la possibilité de son utilisation par des personnes des deux sexes, handicapées ou non.

II. — Pour satisfaire aux exigences du I, les sanitaires doivent répondre aux dispositions suivantes :

1° Caractéristiques dimensionnelles :

Un cabinet d'aisances aménagé pour les personnes handicapées doit présenter les caractéristiques suivantes :

— comporter, en dehors du débattement de porte, un espace d'usage accessible à une personne en fauteuil roulant tel que défini à l'annexe 2, situé latéralement par rapport à la cuvette ;

— comporter un espace de manœuvre avec possibilité de demi-tour dont les caractéristiques dimensionnelles sont définies à l'annexe 2, situé à l'intérieur du cabinet ou, à défaut, en extérieur devant la porte

Dans le cas où cet espace de manœuvre avec possibilité de demi-tour est situé à l'extérieur du cabinet d'aisances adapté pour les personnes handicapées, il est situé devant la porte ou, à défaut, à proximité de celle-ci. Un espace de manœuvre de porte est nécessaire devant celle-ci.

2° Atteinte et usage :

Un cabinet d'aisances aménagé pour les personnes handicapées doit présenter les caractéristiques suivantes :

— il comporte un dispositif permettant de refermer la porte derrière soi une fois entré ;

— il comporte un lave-mains dont le plan supérieur est situé à une hauteur maximale de 0,85 m ;

— la surface d'assise de la cuvette doit être située à une hauteur comprise entre 0,45 m et 0,50 m du sol, abattant inclus ;

— une barre d'appui latérale doit être prévue à côté de la cuvette, permettant le transfert d'une personne en fauteuil roulant et apportant une aide au relevage. La barre doit être située à une hauteur comprise entre 0,70 m et 0,80 m. Sa fixation ainsi que le support doivent permettre à un adulte de prendre appui de tout son poids.

Un lavabo accessible doit présenter un vide en partie inférieure d'au moins 0,30 m de profondeur, 0,60 m de largeur et 0,70 m de hauteur permettant le passage des pieds et des genoux d'une personne en fauteuil roulant. Le choix de l'équipement ainsi que le choix et le positionnement de la robinetterie doivent permettre un usage complet du lavabo en position assise.

Lorsque des urinoirs sont disposés en batterie, ils doivent être positionnés à des hauteurs différentes.

Art. 19 La qualité de l'éclairage, artificiel ou naturel, des circulations communes intérieures et extérieures doit être telle que l'ensemble du cheminement est traité sans créer de gêne visuelle, sans pouvoir porter atteinte à la sûreté pénitentiaire. Les parties du cheminement qui peuvent être source de perte d'équilibre, les dispositifs d'accès et les informations fournies par la signalétique font l'objet d'une qualité d'éclairage renforcée. Les locaux collectifs font l'objet d'un éclairage suffisant.

A cette fin, le dispositif d'éclairage artificiel doit répondre aux dispositions suivantes :

Il doit permettre, lorsque l'éclairement naturel n'est pas suffisant, d'assurer des valeurs d'éclairement mesurées au sol d'au moins :

20 lux le long du parcours usuel du cheminement extérieur accessible ;
100 lux le long du parcours usuel des circulations intérieures horizontales ;
150 lux le long du parcours usuel de chaque escalier ;
100 lux à l'intérieur des locaux collectifs ;
20 lux le long du parcours usuel des circulations piétonnes des parcs de stationnement ;
20 lux le long du parcours usuel des parcs de stationnement.

La mise en œuvre des points lumineux doit éviter tout effet d'éblouissement direct des usagers en position debout comme assise ou de reflet sur la signalétique.

Lorsque la durée de fonctionnement d'un système d'éclairage est temporisée, l'extinction est progressive. Dans le cas d'un fonctionnement par détection de présence, la détection couvre l'ensemble de l'espace concerné et deux zones de détection successives se chevauchent obligatoirement.

Les interrupteurs mis à disposition du public ne sont pas à effleurement.

Art. 20 Lorsque cela est nécessaire, les appareils d'interphonie en cellules peuvent être adaptés afin de permettre un parfait échange de communication (matériel, sonore et visuel), sur décision de l'autorité compétente de l'établissement.

Art. 21 Les cellules aménagées sont installées aux niveaux accessibles aux personnes handicapées.

Les cellules aménagées pour les personnes détenues handicapées doivent présenter les caractéristiques de base suivantes :

1° Nombre.

Le nombre minimal de cellules aménagées est défini de la façon suivante :

1 cellule aménagée pour les établissements qui comptent moins de 100 places ;

1 cellule aménagée supplémentaire par tranche ou fraction de 100 places au-delà de 100 places.

2° Caractéristiques dimensionnelles :

La porte d'entrée de la cellule doit avoir une largeur nominale minimale de 0,80 m, soit une largeur de passage utile minimale de 0,77 m.

Dans le cas de portes à plusieurs vantaux, le vantail couramment utilisé doit respecter cette exigence.

S'il ne peut être évité, le ressaut dû au seuil doit comporter au moins un bord arrondi ou muni d'un chanfrein, et sa hauteur maximale doit être de 2 cm.

3° Atteinte et usage :

A l'intérieur de la cellule, il doit exister devant la porte d'entrée un espace de manœuvre de porte dont les caractéristiques dimensionnelles sont définies à l'annexe 2.

Lorsqu'il existe, le verrou de confort de la porte doit être situé à plus de 0,30 m d'un angle rentrant de parois ou de tout autre obstacle à l'approche d'un fauteuil roulant. La poignée de la porte côté circulation doit être facilement préhensible. Son extrémité doit être située à 0,40 m au moins d'un angle de paroi ou de tout autre obstacle à l'approche d'un fauteuil roulant.

Les dispositifs de manœuvre des fenêtres commandés de l'intérieur doivent être :

— situés à une hauteur comprise entre 0,90 m et 1,30 m du sol ;

— manœuvrables en position "debout" comme en position "assise".

Un interrupteur de commande d'éclairage doit être situé en entrée de chaque zone (sanitaire, couchage, etc.) à une hauteur comprise entre 0,90 m et 1,30 m du sol.

Les prises d'alimentation électrique doivent être situées à une hauteur inférieure ou égale à 1,30 m du sol.

Une personne dont le fauteuil roulant présente des caractéristiques dimensionnelles définies à l'annexe 1 doit pouvoir pénétrer dans tous les espaces de la cellule.

L'hébergement doit offrir, en dehors du débattement de la porte et de l'emprise d'un lit de dimensions pénitentiaires standards :

— un espace de manœuvre avec possibilité de demi-tour dont les caractéristiques dimensionnelles sont définies à l'annexe ;

— un passage d'au moins 0,90 m sur au moins un côté du lit. Lorsque le lit est fixé au sol, le plan de couchage est situé à une hauteur comprise entre 0,40 m et 0,50 m du sol.

Une salle d'eau doit offrir un espace libre d'au moins 1,50 m de diamètre en dehors du débattement de la porte et des équipements fixes incluant une douche accessible, dont le siphon de sol n'excédera pas 2 cm de hauteur.

Les équipements installés en hauteur, tels que les écrans de télévision, doivent être installés en dehors du cheminement, au fur et à mesure de leur renouvellement.

Art. 22 Les aides techniques des visiteurs handicapés admis dans l'enceinte d'un établissement pénitentiaire doivent être déclarées et contrôlées. Si elle l'estime nécessaire, l'administration pénitentiaire peut interdire l'introduction de certains matériels. Dans ce cas, elle fournit au visiteur un matériel de substitution lui appartenant. Par ailleurs, elle peut mettre en œuvre une surveillance particulière afin de prévenir tout incident découlant de l'introduction du matériel susvisé.

ANNEXES
ANNEXE 1

Gabarit d'encombrement du fauteuil roulant :

Les exigences réglementaires sont établies sur la base d'un fauteuil roulant occupé dont les dimensions d'encombrement sont de 0,75 m × 1,25 m.

ANNEXE 2

Besoins d'espaces libres de tout obstacle :

Les personnes concernées par le handicap moteur (personnes en fauteuil roulant ou personnes avec des cannes) ont besoin d'espaces libres de tout obstacle pour trois raisons principales :

— se reposer ;

— effectuer une manœuvre ;

— utiliser un équipement ou un dispositif quelconque.

Ces espaces doivent être horizontaux au dévers près (3 %).

Caractéristiques dimensionnelles des différents espaces libres :

TYPE D'ESPACE	CARACTÉRISTIQUES DIMENSIONNELLES
1. Palier de repos Le palier de repos permet à une personne debout mais à mobilité réduite ou à une personne en fauteuil roulant de se reprendre, de souffler.	Le palier de repos s'insère en intégralité dans le cheminement. Il correspond à un espace rectangulaire de dimensions minimales 1,20 m 1,40 m. La valeur de 1,20 m peut être réduite à 0,90 m en cas de rétrécissement ponctuel du cheminement.
2. Espace de manœuvre avec possibilité de demi-tour L'espace de manœuvre permet la manœuvre du fauteuil roulant mais aussi d'une personne avec une ou deux cannes. Il permet de s'orienter différemment ou de faire demi-tour.	L'espace de manœuvre reste lié au cheminement mais avec une exigence de largeur correspondant à un diamètre de 1,50 m. Un chevauchement partiel d'au maximum 25 cm est possible entre l'espace permettant à un utilisateur de fauteuil roulant de faire demi-tour et l'espace de débattement de la porte du cabinet d'aisances. Un chevauchement de l'espace de manœuvre avec possibilité de demi-tour d'une largeur de 15 cm est autorisé sous la vasque du lave-mains ou du lavabo accessibles et au-dessus du bac de douche dès lors que celui-ci n'excède pas 2 cm. Un seul chevauchement peut être effectué sur un espace de manœuvre avec possibilité de demi-tour à l'exception du chevauchement au-dessus du bac de douche mentionné au paragraphe précédent, qui peut être cumulé à un autre chevauchement.
3. Espace de manœuvre de porte Qu'une porte soit située latéralement ou perpendiculairement à l'axe d'une circulation commune, l'espace de manœuvre nécessaire correspond à un rectangle de même largeur que la circulation commune mais dont la longueur varie selon qu'il faut pousser ou tirer la porte. Cas particulier des sas d'isolement : ils ont pour fonction d'éviter la propagation des effets d'un incendie provenant de locaux dangereux (parc de stationnement, celliers et caves regroupés, etc.) au reste du bâtiment. Les deux portes s'ouvrent à l'intérieur du sas : lorsqu'un usager handicapé franchit une porte, un autre usager doit pouvoir ouvrir l'autre porte.	Deux cas de figure : - ouverture en poussant : la longueur minimum de l'espace de manœuvre de porte est de 1,70 m ; - ouverture en tirant : la longueur minimum de l'espace de manœuvre de porte est de 2,20 m ; Sas d'isolement : - à l'intérieur du sas, devant chaque porte, l'espace de manœuvre correspond à un espace rectangulaire d'au moins 1,20 m × 2,20 m ; - à l'extérieur du sas, devant chaque porte, l'espace de manœuvre correspond à un espace rectangulaire d'au moins 1,20 m × 1,70 m.

TYPE D'ESPACE	CARACTÉRISTIQUES DIMENSIONNELLES
4. Espace d'usage L'espace d'usage permet le positionnement du fauteuil roulant ou d'une personne avec une ou deux cannes pour utiliser un équipement ou un dispositif de commande ou de service.	L'espace d'usage est situé à l'aplomb de l'équipement, du dispositif de commande ou de service. Il correspond à un espace rectangulaire de 0,80 m × 1,30 m.

ANNEXE 3

Information et signalisation :

Lorsque des informations permanentes sont fournies aux visiteurs par le moyen d'une signalisation visuelle ou sonore, celles-ci doivent pouvoir être reçues et interprétées par un visiteur handicapé.

Les éléments d'information et de signalisation doivent être visibles et lisibles par tous les usagers. En outre, les éléments de signalisation doivent être compréhensibles notamment par les personnes atteintes de déficience mentale.

Visibilité :

Les informations doivent être regroupées.

Les supports d'information doivent répondre aux exigences suivantes :

— être contrastés par rapport à leur environnement immédiat ;

— permettre une vision et une lecture en position "debout" comme en position "assise" ;

— être choisis, positionnés et orientés de façon à éviter tout effet d'éblouissement, de reflet ou de contre-jour dû à l'éclairage naturel ou artificiel ;

— s'ils sont situés à une hauteur inférieure à 2,20 m, permettre à une personne malvoyante de s'approcher à moins de 1 m.

Lisibilité :

Les informations données sur ces supports doivent répondre aux exigences suivantes :

— être fortement contrastées par rapport au fond du support ;

— la hauteur des caractères d'écriture doit être proportionnée aux circonstances : elle dépend notamment de l'importance de l'information délivrée, des dimensions du local et de la distance de lecture de référence fixée par le maître d'ouvrage en fonction de ces éléments.

Lorsque les informations ne peuvent être fournies aux usagers sur un autre support, la hauteur des caractères d'écriture ne peut en aucun cas être inférieure à :

15 mm pour les éléments de signalisation et d'information relatifs à l'orientation ;

4,5 mm sinon.

Compréhension :

La signalisation doit recourir autant que possible à des icônes ou à des pictogrammes doublés par une information écrite. Les informations écrites recourent autant que possible aux lettres bâton. Ces informations sont concises, faciles à lire et à comprendre. Lorsqu'ils existent, le recours aux pictogrammes normalisés s'impose. Lorsque la signalétique repose sur un code, utilisant notamment différentes couleurs, celui-ci est homogène et continu dans tout l'établissement et sur tous les supports de communication.

ANNEXE 4

DÉTECTION DES OBSTACLES EN SAILLIE LATÉRALE OU EN PORTE À FAUX

HAUTEUR LIBRE sous l'obstacle (HL)	**NOMBRE ET POSITIONNEMENT du ou des dispositifs d'aide à la détection d'obstacle en saillie latérale ou en porte-à-faux**
hl ≥ 2,20 m	Aucun dispositif nécessaire
Cas n° 1 : 1,40 m < hl < 2,20 m	Au moins deux dispositifs nécessaires, positionnés : - l'un à une hauteur comprise entre 0,75 m et 0,90 m au-dessus du sol ; - l'autre à une hauteur comprise entre 0,15 et 0,40 m au-dessus du sol.

HAUTEUR LIBRE sous l'obstacle (HL)	**NOMBRE ET POSITIONNEMENT du ou des dispositifs d'aide à la détection d'obstacle en saillie latérale ou en porte-à-faux**
Cas n° 2 : 0,40 m < hl < 1,40 m	Au moins un dispositif nécessaire, positionné à une hauteur comprise entre 0,15 et 0,40 m au-dessus du sol.

Cas n° 1 : deux dispositifs de rappel sont nécessaires

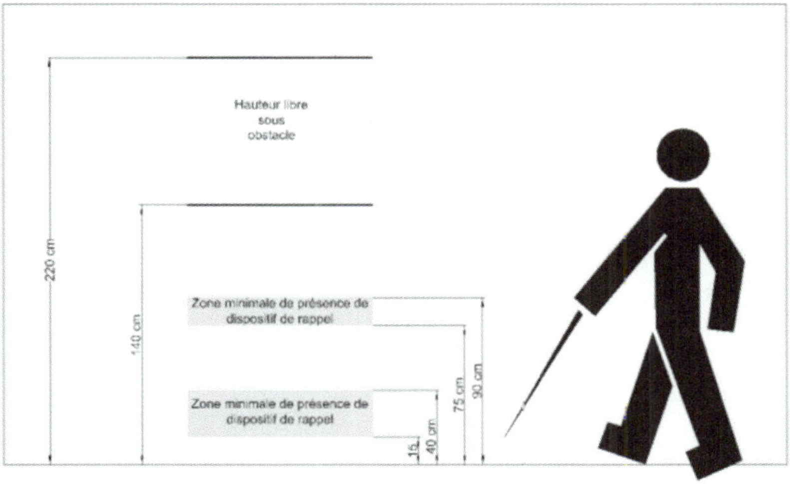

Cas n° 2 : un dispositif de rappel est nécessaire

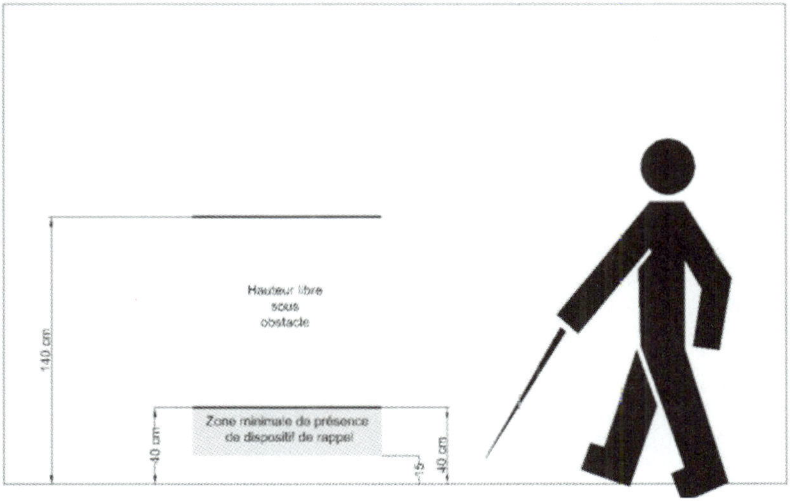

ANNEXE 5

Détection des mobiliers, bornes et poteaux

Les dimensions des mobiliers, bornes et poteaux sont déterminées conformément au schéma ci-dessous et compte tenu des précisions suivantes :

— hauteur minimale de 50 centimètres ;

— dimensions minimales de volumétrie :

— la largeur ou le diamètre minimal de la base diminue à mesure que sa hauteur augmente ;

— si la borne ou le poteau a une hauteur de 0,50 m, sa largeur ou son diamètre ne peut être inférieur à 0,28 mètre ;

— la hauteur du poteau est de 1,10 mètre au minimum pour un diamètre ou une largeur de 0,06 mètre.

Si la borne ou le poteau a une hauteur supérieure à 0,50 m, la largeur ou le diamètre minimal de la base diminue à mesure que sa hauteur augmente.

Des resserrements ou évidements sont acceptés au-dessus de 0,50 m de hauteur. Pour les bornes et poteaux comportant un resserrement ou un évidement, un contraste visuel est réalisé sur sa partie sommitale sur une hauteur d'au moins 0,10 m, afin de veiller à la sécurité des déplacements des personnes aveugles ou malvoyantes.

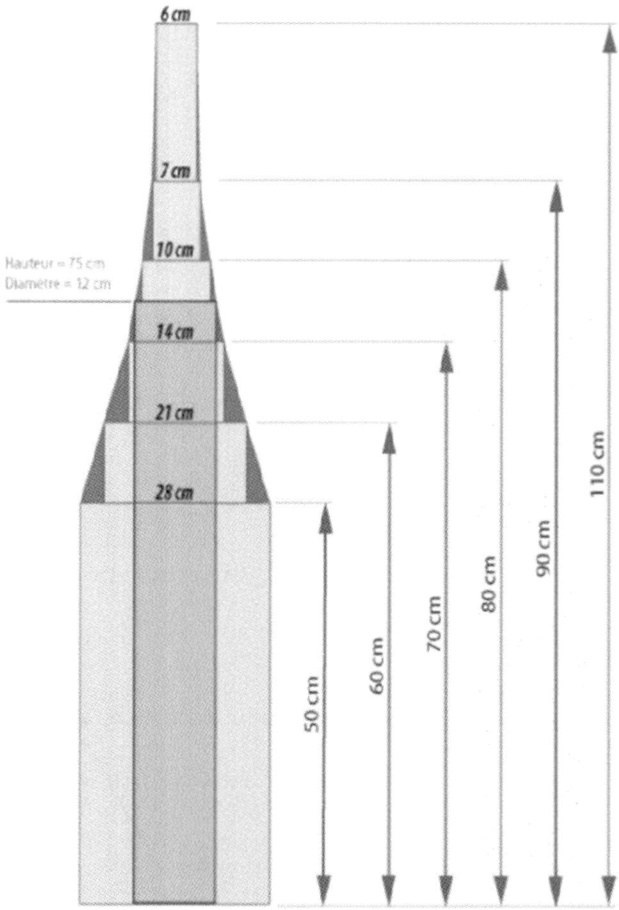

Détection minimale des obstacles présents sur le cheminement pour être détectés par une personne aveugle ou malvoyante.

ANNEXE 6

Bandes de guidage tactile au sol

Une bande de guidage tactile au sol est un repère visuel et tactile continu. Elle a pour objectif de permettre à une personne présentant une déficience visuelle de se déplacer sur un cheminement accessible. Elles peuvent également être une aide pour les personnes ayant des difficultés de repérage dans l'espace et pour les personnes présentant une déficience mentale ou cognitive. Elles peuvent être installées aux abords et dans les établissements recevant du public et dans les installations ouvertes au public.

Une bande de guidage tactile au sol présente les caractéristiques suivantes :

— elle est constituée de nervures en relief positif détectables à la canne et permettant le guidage ;

— elle présente une largeur permettant sa détectabilité et son repérage ;

— elle est visuellement contrastée par rapport à son environnement immédiat ;

— elle est non glissante ;

— elle est non déformable ;

— elle ne présente pas de gêne pour les personnes à mobilité réduite.

ANNEXE 7

Bandes d'éveil à la vigilance

Une bande d'éveil à la vigilance a pour objectif d'éveiller la vigilance des personnes présentant une déficience visuelle par détection tactile et visuelle.

Elles peuvent être installées dans les parties extérieures des établissements recevant du public et dans les installations ouvertes au public.

Une bande d'éveil à la vigilance présente les caractéristiques suivantes :

— elle est constituée de plots régulièrement espacés ;

— sa largeur est suffisante pour être détectée à la canne et pour ne pas être enjambée par le piéton ;

— elle est visuellement contrastée par rapport à son environnement immédiat ;

— elle est non glissante ;

— elle ne présente pas de gêne pour les personnes présentant des difficultés pour se déplacer ;

— elle est placée à une distance de la zone de danger correspondant au pas de freinage.

ANNEXE 8

Systèmes de boucles d'induction utilisée à des fins de correction auditive - intensité du champ magnétique

Un système de boucle d'induction audiofréquences produit un champ magnétique destiné à produire un signal d'entrée aux appareils de correction auditive fonctionnant avec une bobine d'induction captrice.

Le site d'installation du système de boucle d'induction audiofréquences présente les caractéristiques suivantes :

— le niveau de bruit de fond magnétique est tel qu'il n'altère pas la qualité d'écoute du message sonore ;

— les éventuels signaux situés dans le voisinage n'interfèrent pas avec le signal émis par le système.

La procédure de mise en condition du système inclut un essai en situation normale de fonctionnement. Il est souhaitable que des utilisateurs d'appareils de correction auditive soient présents lors de l'installation du système ou lors de modifications importantes. La réponse en fréquence du champ magnétique garantit une bonne qualité de reproduction du signal sonore.

SOUS-SECTION 3 **Services pénitentiaires d'insertion et de probation**

Art. D. 112-35 **Dans chaque département, un service pénitentiaire d'insertion et de probation, service déconcentré de l'administration pénitentiaire, est chargé d'exécuter les missions prévues par les dispositions des articles D. 113-36, D. 113-41, D. 113-59, D. 113-62, D. 522-3 et D. 542-1.**

Le siège du service pénitentiaire d'insertion et de probation et la liste des antennes locales d'insertion et de probation sont fixés par arrêté du garde des sceaux, ministre de la justice. Cet arrêté est annexé au présent code. — *V. Annexe 8 (Arr. du 23 janv. 2023) ci-dessous.*

ANNEXE 8

Arrêté du 23 janvier 2023 fixant le siège des services pénitentiaires d'insertion et de probation et la liste des antennes locales d'insertion et de probation

Art. 1er Le siège des services pénitentiaires d'insertion et de probation et la liste des antennes locales d'insertion et de probation prévus à l'article D. 112-35 du code pénitentiaire sont fixés conformément au tableau ci-dessous :

Service pénitentiaire d'insertion et de probation	Siège	Antennes locales d'insertion et de probation	Ressort de compétences
Service pénitentiaire d'insertion et de probation de l'Ain	Bourg-en-Bresse	Néant	Circonscription judiciaire de Bourg-en-Bresse Centre pénitentiaire de Bourg-en-Bresse
Service pénitentiaire d'insertion et de probation de l'Aisne	Laon	Antenne de Château-Thierry	Centre pénitentiaire de Château-Thierry
		Antenne de Laon	Circonscription judiciaire de Laon Centre pénitentiaire de Laon
		Antenne de Saint-Quentin	Circonscription judiciaire de Saint-Quentin
		Antenne de Soissons	Circonscription judiciaire de Soissons
Service pénitentiaire d'insertion et de probation de l'Allier	Moulins	Antenne de Cusset	Circonscription judiciaire de Cusset
		Antenne de Montluçon	Circonscription judiciaire de Montluçon Maison d'arrêt de Montluçon
		Antenne de Moulins-Yzeure	Circonscription judiciaire de Moulins Centre pénitentiaire de Moulins-Yzeure
Service pénitentiaire d'insertion et de probation des Alpes-de-Haute-Provence	Digne	Néant	Circonscription judiciaire de Digne Maison d'arrêt de Digne
Service pénitentiaire d'insertion et de probation des Hautes-Alpes	Gap	Néant	Circonscription judiciaire de Gap Maison d'arrêt de Gap

Service pénitentiaire d'insertion et de probation	Siège	Antennes locales d'insertion et de probation	Ressort de compétences
Service pénitentiaire d'insertion et de probation des Alpes-Maritimes	Nice	Antenne de Grasse	Maison d'arrêt de Grasse
		Antenne de Mougins	Circonscription judiciaire de Grasse
		Antenne de Nice	Circonscription judiciaire de Nice Maison d'arrêt de Nice
Service pénitentiaire d'insertion et de probation de l'Ardèche	Privas	Néant	Circonscription judiciaire de Privas Maison d'arrêt de Privas
Service pénitentiaire d'insertion et de probation des Ardennes	Charleville-Mézières	Néant	Circonscription judiciaire de Charleville-Mézières Maison d'arrêt de Charleville-Mézières
Service pénitentiaire d'insertion et de probation de l'Ariège	Foix	Néant	Circonscription judiciaire de Foix Maison d'arrêt de Foix
Service pénitentiaire d'insertion et de probation de l'Aube	Troyes	Antenne de Clairvaux	Maison centrale de Clairvaux
		Antenne de Troyes	Circonscription judiciaire de Troyes Maison d'arrêt de Troyes
		Antenne de Villenauxe-la-Grande	Centre de détention de Villenauxe-la-Grande
Service pénitentiaire d'insertion et de probation de l'Aude	Carcassonne	Antenne de Carcassonne	Circonscription judiciaire de Carcassonne Maison d'arrêt de Carcassonne
		Antenne de Narbonne	Circonscription judiciaire de Narbonne
Service pénitentiaire d'insertion et de probation de l'Aveyron	Rodez	Néant	Circonscription judiciaire de Rodez Maison d'arrêt de Rodez

Service pénitentiaire d'insertion et de probation	Siège	Antennes locales d'insertion et de probation	Ressort de compétences
Service pénitentiaire d'insertion et de probation des Bouches-du-Rhône	Marseille	Antenne d'Aix-Salon-de-Provence	Circonscription judiciaire d'Aix-en-Provence Centre pénitentiaire d'Aix-Luynes Centre de détention de Salon-de-Provence
		Antenne d'Arles-Tarascon	Maison centrale d'Arles Circonscription judiciaire de Tarascon Centre de détention de Tarascon
		Antenne de Marseille	Circonscription judiciaire de Marseille Centre pénitentiaire de Marseille
Service pénitentiaire d'insertion et de probation du Calvados	Caen	Antenne de Caen	Circonscription judiciaire de Caen Maison d'arrêt de Caen Centre pénitentiaire de Caen
		Antenne de Lisieux	Circonscription judiciaire de Lisieux
Service pénitentiaire d'insertion et de probation du Cantal	Aurillac	Néant	Circonscription judiciaire d'Aurillac Maison d'arrêt d'Aurillac
Service pénitentiaire d'insertion et de probation de la Charente	Angoulême	Néant	Circonscription judiciaire d'Angoulême Maison d'arrêt d'Angoulême

Service pénitentiaire d'insertion et de probation	Siège	Antennes locales d'insertion et de probation	Ressort de compétences
Service pénitentiaire d'insertion et de probation de la Charente-Maritime	La Rochelle	Antenne de La Rochelle-Saint-Martin-de-Ré	Circonscription judiciaire de La Rochelle, à l'exception des cantons situés dans le ressort de l'antenne de Rochefort Maison centrale de Saint-Martin-de-Ré
		Antenne de Rochefort	Cantons d'Aigrefeuille-d'Aunis, La Tremblade, Le Château-d'Oléron, Marennes, Rochefort-Centre, Rochefort-Nord, Rochefort-Sud, Saint-Agnant, Saint-Pierre-d'Oléron, Surgères et Tonnay-Charente Maison d'arrêt de Rochefort
		Antenne de Saintes-Bédenac	Circonscription judiciaire de Saintes Maison d'arrêt de Saintes Centre de détention de Bédenac
Service pénitentiaire d'insertion et de probation du Cher	Bourges	Néant	Circonscription judiciaire de Bourges Maison d'arrêt de Bourges
Service pénitentiaire d'insertion et de probation de la Corrèze	Tulle	Antenne de Brive-la-Gaillarde	Circonscription judiciaire de Brive-la-Gaillarde
		Antenne de Tulle	Circonscription judiciaire de Tulle Maison d'arrêt de Tulle
		Antenne d'Uzerche	Centre de détention d'Uzerche
Service pénitentiaire d'insertion et de probation de la Corse-du-Sud	Ajaccio	Néant	Circonscription judiciaire d'Ajaccio Maison d'arrêt d'Ajaccio
Service pénitentiaire d'insertion et de probation de la Haute-Corse	Bastia	Antenne de Bastia-Borgo	Circonscription judiciaire de Bastia Centre pénitentiaire de Borgo
		Antenne de Casabianda	Centre de détention de Casabianda

Service pénitentiaire d'insertion et de probation	Siège	Antennes locales d'insertion et de probation	Ressort de compétences
Service pénitentiaire d'insertion et de probation de la Côte-d'Or	Dijon	Néant	Circonscription judiciaire de Dijon Maison d'arrêt de Dijon
Service pénitentiaire d'insertion et de probation des Côtes-d'Armor	Saint-Brieuc	Antenne de Guingamp	Cantons de Bégard, Belle-Isle-en-Terre, Bourbriac, Callac, Guingamp, Lannion, La Roche-Derrien, Lézardrieux, Maël-Carhaix, Perros-Guirec, Plestin-les-Grèves, Plouagat, Plouaret, Pontrieux, Rostrenen, Saint-Nicolas-du-Pélem et Tréguier
		Antenne de Saint-Brieuc	Circonscription judiciaire de Saint-Brieuc, à l'exception des cantons situés dans le ressort de l'antenne de Guingamp Cantons de Broons, Caulnes, Dinan-Est, Dinan-Ouest, Evran, Jugon-les-Lacs, Matignon, Plancoët, Plélan-le-Petit et Ploubalay Maison d'arrêt de Saint-Brieuc
Service pénitentiaire d'insertion et de probation de la Creuse	Guéret	Néant	Circonscription judiciaire de Guéret Maison d'arrêt de Guéret
Service pénitentiaire d'insertion et de probation de la Dordogne	Périgueux	Antenne de Bergerac-Mauzac	Circonscription judiciaire de Bergerac Centre de détention de Mauzac
		Antenne de Périgueux-Neuvic	Circonscription judiciaire de Périgueux Maison d'arrêt de Périgueux Centre de détention de Neuvic

Service pénitentiaire d'insertion et de probation	Siège	Antennes locales d'insertion et de probation	Ressort de compétences
Service pénitentiaire d'insertion et de probation du Doubs	Besançon	Antenne de Besançon	Circonscription judiciaire de Besançon Maison d'arrêt de Besançon Centre de semi-liberté de Besançon
		Antenne de Montbéliard	Circonscription judiciaire de Montbéliard Maison d'arrêt de Montbéliard
Service pénitentiaire d'insertion et de probation de la Drôme	Valence	Néant	Circonscription judiciaire de Valence Centre pénitentiaire de Valence
Service pénitentiaire d'insertion et de probation de l'Eure	Évreux	Antenne de Bernay	Cantons de Beaumesnil, Beaumont-le-Roger, Bernay-Est, Bernay-Ouest, Beuzeville, Bourgtheroulde-Infreville, Brionne, Broglie, Cormeilles, Montfort-sur-Risle, Port-Audemer, Quillebeuf-sur-Seine, Routot, Saint-Georges-du-Vièvre et Thiberville
		Antenne d'Évreux	Circonscription judiciaire d'Evreux, à l'exception des cantons du ressort de l'antenne de Bernay Maison d'arrêt d'Evreux
		Antenne de Val-de-Reuil	Centre de détention de Val-de-Reuil
Service pénitentiaire d'insertion et de probation d'Eure-et-Loir	Chartres	Chartres	Circonscription judiciaire de Chartres
		Châteaudun	Centre de détention de Châteaudun

Service pénitentiaire d'insertion et de probation	Siège	Antennes locales d'insertion et de probation	Ressort de compétences
Service pénitentiaire d'insertion et de probation du Finistère	Brest	Antenne de Brest	Circonscription judiciaire de Brest, à l'exception des cantons situés dans le ressort de l'antenne de Morlaix Maison d'arrêt de Brest
		Antenne de Morlaix	Cantons de Carhaix-Plouguer, Huelgoat, Landivisiau, Lanmeur, Morlaix, Plouescat, Plouigneau, Plouzévédé, Saint-Pol-de-Léon, Saint-Thégonnec, Sizun et Taulé
		Antenne de Quimper	Circonscription judiciaire de Quimper
Service pénitentiaire d'insertion et de probation du Gard	Nîmes	Antenne d'Alès	Circonscription judiciaire d'Alès
		Antenne de Nîmes	Circonscription judiciaire de Nîmes Maison d'arrêt de Nîmes
Service pénitentiaire d'insertion et de probation de la Haute-Garonne	Toulouse	Antenne de Muret	Centre de détention de Muret
		Antenne de Saint-Gaudens	Circonscription judiciaire de Saint-Gaudens
		Antenne de Toulouse	Circonscription judiciaire de Toulouse Centre pénitentiaire de Toulouse-Seysses
Service pénitentiaire d'insertion et de probation du Gers	Auch	Néant	Circonscription judiciaire d'Auch
Service pénitentiaire d'insertion et de probation de la Gironde	Bordeaux	Antenne de Bordeaux-Gradignan	Circonscription judiciaire de Bordeaux Centre pénitentiaire de Bordeaux-Gradignan
		Antenne de Libourne	Circonscription judiciaire de Libourne

Service pénitentiaire d'insertion et de probation	**Siège**	**Antennes locales d'insertion et de probation**	**Ressort de compétences**
Service pénitentiaire d'insertion et de probation de l'Hérault	Montpellier	Antenne de Béziers	Circonscription judiciaire de Béziers Centre pénitentiaire de Béziers
		Antenne de Montpellier-Villeneuve-ès-Maguelone	Circonscription judiciaire de Montpellier Centre pénitentiaire de Villeneuve-lès-Maguelone
Service pénitentiaire d'insertion et de probation d'Ille-et-Vilaine	Rennes	Antenne de Rennes	Circonscription judiciaire de Rennes Centre pénitentiaire de Rennes Centre pénitentiaire de Rennes – Vezin-le-Coquet
		Antenne de Saint-Malo	Circonscription judiciaire de Saint-Malo, à l'exception des cantons de Broons, Caulnes, Dinan-Est, Dinan-Ouest, Evran, Jugon-les-Lacs, Matignon, Plancoët, Plélan-le-Petit et Ploubalay Maison d'arrêt de Saint-Malo
Service pénitentiaire d'insertion et de probation de l'Indre	Châteauroux	Antenne de Châteauroux	Circonscription judiciaire de Châteauroux Centre pénitentiaire de Châteauroux
		Antenne de Saint-Maur	Maison centrale de Saint-Maur
Service pénitentiaire d'insertion et de probation d'Indre-et-Loire	Tours	Néant	Circonscription judiciaire de Tours Maison d'arrêt de Tours

Service pénitentiaire d'insertion et de probation	Siège	Antennes locales d'insertion et de probation	Ressort de compétences
Service pénitentiaire d'insertion et de probation de l'Isère	Grenoble	Antenne de Bourgoin-Jallieu	Cantons de Bourgoin-Jallieu-Nord, Bourgoin-Jallieu-Sud, Crémieu, La Tour-du-Pin, Le Grand-Lemps, Le Pont-de-Beauvoisin, Morestel, Saint-Geoire-en-Valdaine et Virieu
		Antenne de Grenoble	Circonscription judiciaire de Grenoble Centre pénitentiaire de Grenoble-Varces
		Antenne de Vienne-Saint-Quentin-Fallavier	Circonscription judiciaire de Vienne, à l'exception des cantons situés dans le ressort de l'antenne de Bourgoin-Jallieu Centre pénitentiaire de Saint-Quentin-Fallavier
Service pénitentiaire d'insertion et de probation du Jura	Lons-le-Saunier	Antenne de Dole	Cantons d'Arbois, Champagnole, Chaumergy, Chaussin, Chemin, Dampierre, Dole-Nord-Est, Dole-Sud-Ouest, Gendrey, Les Planches-en-Montagne, Montbarrey, Montmirey-le-Château, Nozeroy, Poligny, Rochefort-sur-Nenon, Salins-les-Bains et Villers-Farlay
		Antenne de Lons-le-Saunier	Circonscription judiciaire de Lons-le-Saunier, à l'exception des cantons situés dans le ressort de l'antenne de Dole Maison d'arrêt de Lons-le-Saunier
Service pénitentiaire d'insertion et de probation des Landes	Mont-de-Marsan	Antenne de Dax	Circonscription judiciaire de Dax
		Antenne de Mont-de-Marsan	Circonscription judiciaire de Mont-de-Marsan Centre pénitentiaire de Mont-de-Marsan

Service pénitentiaire d'insertion et de probation	Siège	Antennes locales d'insertion et de probation	Ressort de compétences
Service pénitentiaire d'insertion et de probation de Loir-et-Cher	Blois	Néant	Circonscription judiciaire de Blois
			Maison d'arrêt de Blois
Service pénitentiaire d'insertion et de probation de la Loire	Saint-Étienne	Antenne de Roanne	Circonscription judiciaire de Roanne Centre de détention de Roanne
		Antenne de Saint-Étienne	Circonscription judiciaire de Saint-Étienne Centre pénitentiaire de Saint-Étienne-La Talaudière
Service pénitentiaire d'insertion et de probation de la Haute-Loire	Le Puy-en-Velay	Néant	Circonscription judiciaire du Puy-en-Velay Maison d'arrêt du Puy-en-Velay
Service pénitentiaire d'insertion et de probation de la Loire-Atlantique	Nantes	Antenne de Nantes	Circonscription judiciaire de Nantes Centre pénitentiaire de Nantes
		Antenne de Saint-Nazaire	Circonscription judiciaire de Saint-Nazaire
Service pénitentiaire d'insertion et de probation du Loiret	Orléans	Antenne de Montargis	Circonscription judiciaire de Montargis Centre de semi-liberté de Montargis
		Antenne d'Orléans	Circonscription judiciaire d'Orléans Centre pénitentiaire d'Orléans-Saran
Service pénitentiaire d'insertion et de probation du Lot	Cahors	Néant	Circonscription judiciaire de Cahors
Service pénitentiaire d'insertion et de probation de Lot-et-Garonne	Agen	Antenne d'Agen	Circonscription judiciaire d'Agen
		Antenne d'Eysses	Centre de détention d'Eysses
Service pénitentiaire d'insertion et de probation de la Lozère	Mende	Néant	Circonscription judiciaire de Mende Maison d'arrêt de Mende

Service pénitentiaire d'insertion et de probation	Siège	Antennes locales d'insertion et de probation	Ressort de compétences
Service pénitentiaire d'insertion et de probation de Maine-et-Loire	Angers	Néant	Circonscriptions judiciaires d'Angers et de Saumur Maison d'arrêt d'Angers
Service pénitentiaire d'insertion et de probation de la Manche	Coutances	Antenne d'Avranches	Cantons d'Avranches, Barenton, Brécey, Ducey, Granville, Isigny-le-Buat, Juvigny-le-Tertre, La Haye-Pesnel, Le Teilleul, Mortain, Pontorson, Saint-Hilaire-du-Harcouët, Saint-James, Saint-Pois, Sartilly, Sourdeval et Villedieu-les-Poêles
		Antenne de Cherbourg	Circonscription judiciaire de Cherbourg Maison d'arrêt de Cherbourg
		Antenne de Coutances	Circonscription judiciaire de Coutances, à l'exception des cantons situés dans le ressort de l'antenne d'Avranches
Service pénitentiaire d'insertion et de probation de la Marne	Châlons-en-Champagne	Antenne de Châlons-en-Champagne	Circonscription judiciaire de Châlons-en-Champagne Maison d'arrêt de Châlons-en-Champagne
		Antenne de Reims	Circonscription judiciaire de Reims Maison d'arrêt de Reims
Service pénitentiaire d'insertion et de probation de la Haute-Marne	Chaumont	Néant	Circonscription judiciaire de Chaumont Maison d'arrêt de Chaumont
Service pénitentiaire d'insertion et de probation de la Mayenne	Laval	Néant	Circonscription judiciaire de Laval Maison d'arrêt de Laval

Service pénitentiaire d'insertion et de probation	Siège	Antennes locales d'insertion et de probation	Ressort de compétences
Service pénitentiaire d'insertion et de probation de Meurthe-et-Moselle	Nancy	Antenne de Nancy	Circonscription judiciaire de Nancy Maison d'arrêt de Nancy-Maxéville Centre de semi-liberté de Maxéville
		Antenne de Toul-Écrouves	Centre de détention de Toul Centre de détention d'Écrouves
		Antenne de Val de Briey	Circonscription judiciaire de Val de Briey Centre de semi-liberté de Val de Briey
Service pénitentiaire d'insertion et de probation de la Meuse	Bar-le-Duc	Antenne de Bar-le-Duc	Circonscription judiciaire de Bar-le-Duc Maison d'arrêt de Bar-le-Duc
		Antenne de Montmédy	Centre de détention de Montmédy
		Antenne de Saint-Mihiel	Centre de détention de Saint-Mihiel
		Antenne de Verdun	Circonscription judiciaire de Verdun
Service pénitentiaire d'insertion et de probation du Morbihan	Lorient	Antenne de Lorient	Circonscription judiciaire de Lorient Centre pénitentiaire de Lorient-Ploemeur
		Antenne de Vannes	Circonscription judiciaire de Vannes Maison d'arrêt de Vannes
Service pénitentiaire d'insertion et de probation de la Moselle	Metz	Antenne de Metz	Circonscription judiciaire de Metz Centre pénitentiaire de Metz-Queuleu
		Antenne de Sarreguemines	Circonscription judiciaire de Sarreguemines Maison d'arrêt de Sarreguemines
		Antenne de Thionville	Circonscription judiciaire de Thionville

Service pénitentiaire d'insertion et de probation	Siège	Antennes locales d'insertion et de probation	Ressort de compétences
Service pénitentiaire d'insertion et de probation de la Nièvre	Nevers	Néant	Circonscription judiciaire de Nevers
			Maison d'arrêt de Nevers
Service pénitentiaire d'insertion et de probation du Nord	Lille	Antenne d'Avesnes-sur-Helpe-Maubeuge	Circonscription judiciaire d'Avesnes-sur-Helpe Centre pénitentiaire de Maubeuge
		Antenne de Cambrai	Circonscription judiciaire de Cambrai
		Antenne de Douai	Circonscription judiciaire de Douai Maison d'arrêt de Douai
		Antenne de Dunkerque	Circonscription judiciaire de Dunkerque Circonscription judiciaire d'Hazebrouck
		Antenne de Lille Annœullin	Centre pénitentiaire de Lille Annœullin
		Antenne de Lille-Loos-Sequedin	Circonscription judiciaire de Lille Centre pénitentiaire de Lille-Loos-Sequedin
		Antenne de Valenciennes	Circonscription judiciaire de Valenciennes Maison d'arrêt de Valenciennes
Service pénitentiaire d'insertion et de probation de l'Oise	Beauvais	Antenne de Beauvais	Circonscription judiciaire de Beauvais Centre pénitentiaire de Beauvais
		Antenne de Compiègne	Circonscription judiciaire de Compiègne
		Antenne de Creil	Circonscription judiciaire de Senlis
		Antenne de Liancourt	Centre pénitentiaire de Liancourt

Service pénitentiaire d'insertion et de probation	Siège	Antennes locales d'insertion et de probation	Ressort de compétences
Service pénitentiaire d'insertion et de probation de l'Orne	Argentan	Antenne d'Alençon	Circonscription judiciaire d'Alençon Centre pénitentiaire d'Alençon – Condé-sur-Sarthe
		Antenne d'Argentan	Circonscription judiciaire d'Argentan Centre de détention d'Argentan
Service pénitentiaire d'insertion et de probation du Pas-de-Calais	Arras	Antenne d'Arras	Circonscription judiciaire d'Arras Maison d'arrêt d'Arras
		Antenne de Bapaume	Centre de détention de Bapaume
		Antenne de Béthune	Circonscription judiciaire de Béthune Maison d'arrêt de Béthune Centre pénitentiaire de Vendin-le-Vieil
		Antenne de Boulogne-sur-Mer	Circonscription judiciaire de Boulogne-sur-Mer
		Antenne de Saint-Omer-Longuenesse	Circonscription judiciaire de Saint-Omer Centre pénitentiaire de Longuenesse
Service pénitentiaire d'insertion et de probation du Puy-de-Dôme	Clermont-Ferrand	Néant	Circonscription judiciaire de Clermont-Ferrand Centre pénitentiaire de Riom
Service pénitentiaire d'insertion et de probation des Pyrénées-Atlantiques	Pau	Antenne de Bayonne	Circonscription judiciaire de Bayonne Maison d'arrêt de Bayonne
		Antenne de Pau	Circonscription judiciaire de Pau Maison d'arrêt de Pau
Service pénitentiaire d'insertion et de probation des Hautes-Pyrénées	Tarbes	Antenne de Lannemezan	Centre pénitentiaire de Lannemezan
		Antenne de Tarbes	Circonscription judiciaire de Tarbes Maison d'arrêt de Tarbes

<table>
<tr><th>Service pénitentiaire d'insertion et de probation</th><th>Siège</th><th>Antennes locales d'insertion et de probation</th><th>Ressort de compétences</th></tr>
<tr><td>Service pénitentiaire d'insertion et de probation des Pyrénées-Orientales</td><td>Perpignan</td><td>Néant</td><td>Circonscription judiciaire de Perpignan
Centre pénitentiaire de Perpignan</td></tr>
<tr><td rowspan="2">Service pénitentiaire d'insertion et de probation du Bas-Rhin</td><td rowspan="2">Schiltigheim</td><td>Antenne de Saverne-Oermingen</td><td>Circonscription judiciaire de Saverne
Centre de détention d'Oermingen</td></tr>
<tr><td>Antenne de Strasbourg</td><td>Circonscription judiciaire de Strasbourg
Maison d'arrêt de Strasbourg
Centre de semi-liberté de Souffelweyersheim</td></tr>
<tr><td rowspan="3">Service pénitentiaire d'insertion et de probation du Haut-Rhin</td><td rowspan="3">Colmar</td><td>Antenne de Colmar</td><td>Circonscription judiciaire de Colmar</td></tr>
<tr><td>Antenne d'Ensisheim</td><td>Maison centrale d'Ensisheim</td></tr>
<tr><td>Antenne de Mulhouse</td><td>Circonscription judiciaire de Mulhouse
Centre pénitentiaire de Mulhouse-Lutterbach</td></tr>
<tr><td rowspan="2">Service pénitentiaire d'insertion et de probation du Rhône</td><td rowspan="2">Lyon</td><td>Antenne de Lyon</td><td>Circonscription judiciaire de Lyon
Maison d'arrêt de Lyon-Corbas
Centre de semi-liberté de Lyon</td></tr>
<tr><td>Antenne de Villefranche-sur-Saône</td><td>Circonscription judiciaire de Villefranche-sur-Saône
Centre pénitentiaire de Villefranche-sur-Saône</td></tr>
</table>

Service pénitentiaire d'insertion et de probation	Siège	Antennes locales d'insertion et de probation	Ressort de compétences
Service pénitentiaire d'insertion et de probation de la Haute-Saône	Vesoul	Antenne de Lure	Cantons de Champagney, Faucogney-et-la-Mer, Héricourt-Est, Héricourt-Ouest, Lure-Nord, Lure-Sud, Luxeuil-les-Bains, Mélisey, Saint-Loup-sur-Semouse, Saint-Sauveur, Saulx, Vauvillers et Villersexel
		Antenne de Vesoul	Circonscription judiciaire de Vesoul, à l'exception des cantons situés dans le ressort de l'antenne de Lure Maison d'arrêt de Vesoul
Service pénitentiaire d'insertion et de probation de Saône-et-Loire	Chalon-sur-Saône	Antenne de Chalon-sur-Saône-Varennes-le-Grand	Circonscription judiciaire de Chalon-sur-Saône Centre pénitentiaire de Varennes-le-Grand
		Antenne de Mâcon	Circonscription judiciaire de Mâcon
Service pénitentiaire d'insertion et de probation de la Sarthe	Le Mans	Néant	Circonscription judiciaire du Mans Maison d'arrêt du Mans-Les Croisettes
Service pénitentiaire d'insertion et de probation de la Savoie	Chambéry	Antenne d'Albertville-Aiton	Circonscription judiciaire d'Albertville Centre pénitentiaire d'Aiton
		Antenne de Chambéry	Circonscription judiciaire de Chambéry Maison d'arrêt de Chambéry
Service pénitentiaire d'insertion et de probation de la Haute-Savoie	Annemasse	Antenne d'Annecy	Circonscription judiciaire d'Annecy
		Antenne d'Annemasse	Circonscription judiciaire de Thonon-les-Bains
		Antenne de Bonneville	Circonscription judiciaire de Bonneville Maison d'arrêt de Bonneville

Service pénitentiaire d'insertion et de probation	Siège	Antennes locales d'insertion et de probation	Ressort de compétences
Service pénitentiaire d'insertion et de probation de Paris	Paris	Néant	Circonscription judiciaire de Paris Centre pénitentiaire de Paris-La Santé
Service pénitentiaire d'insertion et de probation de la Seine-Maritime	Rouen	Antenne de Dieppe	Circonscription judiciaire de Dieppe
		Antenne du Havre	Circonscription judiciaire du Havre Centre pénitentiaire du Havre
		Antenne de Rouen	Circonscription judiciaire de Rouen Maison d'arrêt de Rouen
Service pénitentiaire d'insertion et de probation de Seine-et-Marne	Melun	Antenne de Fontainebleau	Circonscription judiciaire de Fontainebleau
		Antenne de Meaux	Circonscription judiciaire de Meaux Centre pénitentiaire de Meaux-Chauconin-Neufmontiers
		Antenne de Melun	Circonscription judiciaire de Melun Centre de semi-liberté de Melun Centre de détention de Melun
		Antenne de Réau	Centre pénitentiaire Sud francilien
Service pénitentiaire d'insertion et de probation des Yvelines	Versailles	Antenne de Poissy	Maison centrale de Poissy
		Antenne de Versailles-Bois-d'Arcy	Circonscription judiciaire de Versailles Maison d'arrêt de Versailles Centre pénitentiaire de Bois-d'Arcy

Service pénitentiaire d'insertion et de probation	Siège	Antennes locales d'insertion et de probation	Ressort de compétences
Service pénitentiaire d'insertion et de probation des Deux-Sèvres	Niort	Antenne de Bressuire	Cantons d'Airvault, Argenton-les-Vallées, Bressuire, Cerizay, Mauléon, Mazières-en-Gâtine, Ménigoute, Moncoutant, Parthenay, Saint-Loup-Lamairé, Saint-Varent, Secondigny, Thénezay, Thouars 1er canton et Thouars 2e canton
		Antenne de Niort	Circonscription judiciaire de Niort, à l'exception des cantons du ressort de l'antenne de Bressuire
Service pénitentiaire d'insertion et de probation de la Somme	Amiens	Antenne d'Abbeville	Cantons d'Abbeville-Nord, Abbeville-Sud, Ailly-le-Haut-Clocher, Ault, Crécy-en-Ponthieu, Friville-Escarbotin, Gamaches, Hallencourt, Moyenneville, Nouvion, Rue et Saint-Valery-sur-Somme
		Antenne d'Amiens	Circonscription judiciaire d'Amiens, à l'exception des cantons situés dans le ressort des antennes d'Abbeville et de Péronne Maison d'arrêt d'Amiens
		Antenne de Péronne	Cantons d'Albert, de Bray-sur-Somme, Chaulnes, Combles, Ham, Nesle, Péronne et Roisel
Service pénitentiaire d'insertion et de probation du Tarn	Albi	Antenne d'Albi	Circonscription judiciaire d'Albi Maison d'arrêt d'Albi
		Antenne de Castres	Circonscription judiciaire de Castres
		Antenne de Saint-Sulpice-la-Pointe	Centre de détention de Saint-Sulpice-la-Pointe

Service pénitentiaire d'insertion et de probation	Siège	Antennes locales d'insertion et de probation	Ressort de compétences
Service pénitentiaire d'insertion et de probation du Tarn-et-Garonne	Montauban	Néant	Circonscription judiciaire de Montauban Maison d'arrêt de Montauban
Service pénitentiaire d'insertion et de probation du Var	Toulon	Antenne de Draguignan	Circonscription judiciaire de Draguignan Maison d'arrêt de Draguignan
		Antenne de Toulon	Circonscription judiciaire de Toulon Centre pénitentiaire de Toulon-La-Farlède
Service pénitentiaire d'insertion et de probation de Vaucluse	Avignon	Antenne d'Avignon	Circonscription judiciaire d'Avignon Centre pénitentiaire d'Avignon-Le Pontet
		Antenne de Carpentras	Circonscription judiciaire de Carpentras
Service pénitentiaire d'insertion et de probation de la Vendée	La Roche-sur-Yon	Antenne de La Roche-sur-Yon-Fontenay-le-Comte	Circonscription judiciaire de La Roche-sur-Yon Maison d'arrêt de La Roche-sur-Yon Maison d'arrêt de Fontenay-le-Comte
		Antenne des Sables-d'Olonne	Circonscription judiciaire des Sables-d'Olonne
Service pénitentiaire d'insertion et de probation de la Vienne	Poitiers	Néant	Circonscription judiciaire de Poitiers Centre pénitentiaire de Poitiers-Vivonne
Service pénitentiaire d'insertion et de probation de la Haute-Vienne	Limoges	Néant	Circonscription judiciaire de Limoges Maison d'arrêt de Limoges

Service pénitentiaire d'insertion et de probation	**Siège**	**Antennes locales d'insertion et de probation**	**Ressort de compétences**
Service pénitentiaire d'insertion et de probation des Vosges	Épinal	Antenne d'Épinal	Circonscription judiciaire d'Épinal, à l'exception des cantons situés dans le ressort de l'antenne de Saint-Dié-des Vosges Maison d'arrêt d'Épinal
		Antenne de Saint-Dié-des-Vosges	Cantons de Brouvelieures, Corcieux, Fraize, Gérardmer, Provenchères-sur-Fave, Raon-l'Étape, Saint-Dié-des-Vosges-Est, Saint-Dié-des-Vosges-Ouest et Senones
Service pénitentiaire d'insertion et de probation de l'Yonne	Auxerre	Antenne d'Auxerre	Circonscription judiciaire d'Auxerre Maison d'arrêt d'Auxerre
		Antenne de Joux-la-Ville	Centre de détention de Joux-la-Ville
		Antenne de Sens	Circonscription judiciaire de Sens
Service pénitentiaire d'insertion et de probation du territoire de Belfort	Belfort	Néant	Circonscription judiciaire de Belfort Maison d'arrêt de Belfort
Service pénitentiaire d'insertion et de probation de l'Essonne	Courcouronnes	Antenne de Corbeil-Essonnes -Courcouronnes	Circonscription judiciaire d'Évry Centre de semi-liberté de Corbeil-Essonnes
		Antenne de Fleury-Mérogis	Maison d'arrêt de Fleury-Mérogis
Service pénitentiaire d'insertion et de probation des Hauts-de-Seine	Nanterre	Néant	Circonscription judiciaire de Nanterre Centre pénitentiaire de Nanterre-Hauts-de-Seine
Service pénitentiaire d'insertion et de probation de la Seine-Saint-Denis	Saint-Denis	Néant	Circonscription judiciaire de Bobigny Centre de semi-liberté de Gagny Maison d'arrêt de Villepinte-Seine-Saint-Denis

Service pénitentiaire d'insertion et de probation	Siège	Antennes locales d'insertion et de probation	Ressort de compétences
Service pénitentiaire d'insertion et de probation du Val-de-Marne	Créteil	Néant	Circonscription judiciaire de Créteil Centre pénitentiaire de Fresnes Établissement public de santé national de Fresnes
Service pénitentiaire d'insertion et de probation du Val-d'Oise	Pontoise	Néant	Circonscription judiciaire de Pontoise Maison d'arrêt d'Osny-Pontoise
Service pénitentiaire d'insertion et de probation de la Guadeloupe	Les Abymes	Antenne de Basse-Terre	Circonscription judiciaire de Basse-Terre Maison d'arrêt de Basse-Terre
		Antenne des Abymes-Baie-Mahault	Circonscription judiciaire de Pointe-à-Pitre, à l'exception des cantons situés dans le ressort de l'antenne de Saint-Martin Centre pénitentiaire de Baie-Mahault
		Antenne de Saint-Martin	Cantons de Saint-Barthélemy, Saint-Martin 1er canton et Saint-Martin 2e canton
Service pénitentiaire d'insertion et de probation de la Martinique	Fort-de-France	Néant	Circonscription judiciaire de Fort-de-France Centre pénitentiaire de Ducos
Service pénitentiaire d'insertion et de probation de la Guyane	Cayenne	Antenne de Cayenne	Circonscription judiciaire de Cayenne, à l'exception des cantons situés dans le ressort de l'antenne de Saint-Laurent du Maroni Centre pénitentiaire de Rémire-Montjoly
		Antenne de Saint-Laurent-du-Maroni	Cantons de Mana, Maripasoula, Saint-Laurent-du-Maroni

Service pénitentiaire d'insertion et de probation	Siège	Antennes locales d'insertion et de probation	Ressort de compétences
Service pénitentiaire d'insertion et de probation de La Réunion	Saint-Denis	Antenne du Port	Centre détention du Port
		Antenne de Saint-Denis	Circonscription judiciaire de Saint-Denis Centre pénitentiaire de Saint-Denis
		Antenne de Saint-Pierre	Circonscription judiciaire de Saint-Pierre Maison d'arrêt de Saint-Pierre
Service pénitentiaire d'insertion et de probation de Mayotte	Mamoudzou	Néant	Circonscription judiciaire de Mamoudzou Centre pénitentiaire de Majicavo
Service pénitentiaire d'insertion et de probation de Polynésie française	Papeete	Antenne de Papeari	Centre de détention Tatutu de Papeari
		Antenne de Papeete	Territoire de la Polynésie française, à l'exception des îles Sous-le-Vent. Centre pénitentiaire de Faa'a-Nuutania Centre pénitentiaire de Taiohae.
		Antenne d'Uturoa	Iles Sous-le-Vent Centre pénitentiaire d'Uturoa
Service pénitentiaire d'insertion et de probation de Nouvelle-Calédonie	Nouméa	Nouméa	Province sud Province des îles Loyauté Centre pénitentiaire de Nouméa Iles Wallis-et-Futuna
		Koné	Province Nord Centre de détention de Koné

Art. D. 112-36 Chaque année, le directeur du service pénitentiaire d'insertion et de probation transmet un rapport d'activité au directeur interrégional des services pénitentiaires, au président du tribunal judiciaire et au procureur de la République près du tribunal ainsi qu'au juge de l'application des peines.

Art. D. 112-37 *(Abrogé par Décr. n° 2022-1710 du 29 déc. 2022, art. 4)* ***Les modalités du fonctionnement financier et comptable du service pénitentiaire d'insertion et de probation sont fixées par arrêté conjoint du garde des sceaux, ministre de la justice et du ministre chargé du budget, annexé au présent code.***

Il est institué auprès des services pénitentiaires d'insertion et de probation une régie de recettes par arrêté du garde des sceaux, ministre de la justice. Cet arrêté est annexé au présent code.

Art. D. 112-38 Le service pénitentiaire d'insertion et de probation assure une permanence pour répondre aux demandes de la juridiction et à toutes mesures d'urgence nécessitées par la situation des personnes mentionnées par les dispositions des articles D. 113-36, D. 113-41, D. 522-4 et D. 542-1.

SECTION 3 Agence nationale du travail d'intérêt général et de l'insertion professionnelle des personnes placées sous main de justice

COMMENTAIRE

L'Agence du travail d'intérêt général et de l'insertion professionnelle des personnes placées sous main de justice (ATIGIP) est un service à compétence nationale créé par le décret n° 2018-1098 du 7 décembre 2018. Comme le souligne la Cour des comptes (à propos de la note d'analyse de l'exécution budgétaire, 2021 : compte de commerce n° 909), sa création est le résultat d'un travail de réflexion mené par l'IGAS qui recommandait notamment la création d'un opérateur en charge des politiques d'insertion afin de pouvoir recourir plus largement aux travaux d'intérêt général (TIG) et de renforcer l'emploi pénitentiaire.

L'agence dispose de compétences plus larges que celles dont disposait auparavant le service de l'emploi pénitentiaire (SEP créé en 1998) qui n'avait vocation qu'à prendre en charge les personnes détenues.

Pour mener à bien son action, elle est structurée en trois services : le service du TIG, le service des politiques et de l'accompagnement vers l'emploi, le service de l'emploi pénitentiaire – Régie industrielle des établissements pénitentiaires (RIEP). Cette régie industrielle existe au sein des établissements pénitentiaires depuis 1951. L'ATIGIP gère en effet le compte de commerce intitulé « Régie industrielle des établissements pénitentiaires » créé par la loi de finances du 31 décembre 1950 (Décr. n° 2020-233 du 10 mars 2020 relatif au fonctionnement du compte de commerce « Régie industrielle des établissements pénitentiaires », *JO 12 mars*).

Depuis le 1er mai 2022 et l'entrée en vigueur de la réforme du travail pénitentiaire, l'administration pénitentiaire classe les personnes détenues au travail (décision individuelle de classement d'emploi), prépare les contrats d'emploi pénitentiaires (CEP) signés par le donneur d'ordre et le travailleur détenu, établit les bulletins de salaire et verse les rémunérations et les prélèvements sociaux, qu'elle facture ensuite au donneur d'ordre. L'administration met à disposition gratuitement les locaux industriels adaptés à l'activité du donneur d'ordre, assure la surveillance des travailleurs détenus et garantit la sécurité. Les relations entre le donneur d'ordre et l'établissement pénitentiaire sont alors régies par un contrat d'implantation. ❑

Art. D. 112-39 L'agence du travail d'intérêt général et de l'insertion professionnelle des personnes placées sous main de justice est un service à compétence nationale rattaché au garde des sceaux, ministre de la justice. Sa gestion administrative et financière est rattachée à la direction de l'administration pénitentiaire.

Art. D. 112-40 L'agence a pour mission de développer le travail d'intérêt général ainsi que la formation professionnelle, le travail et l'insertion professionnelle par l'activité économique pour les personnes placées sous main de justice, en particulier dans les établissements pénitentiaires.

A cet effet, elle est chargée :

1° De proposer au garde des sceaux, ministre de la justice, en lien avec les autres ministères concernés, et notamment le ministère du travail, une stratégie nationale du travail d'intérêt général, de l'emploi pénitentiaire et de l'insertion professionnelle et par l'activité économique ;

2° De rechercher des structures susceptibles d'accueillir des postes de travail d'intérêt général ainsi que des types d'activités ou de fonctions pour ces postes ; de rechercher des partenaires pour développer la formation professionnelle, le travail et l'insertion professionnelle et par l'activité économique des personnes placées sous main de justice ;

3° De coordonner avec les ministères concernés, la mise en œuvre opérationnelle des offres d'activité par les structures partenaires et d'y associer les collectivités territoriales ;

4° D'administrer une plate-forme numérique au soutien de ses missions, permettant notamment de recenser et de localiser les offres d'activité ;

5° En complément du travail en concession et au service général, d'assurer la gestion en régie de l'emploi dans les établissements pénitentiaires et d'organiser la commercialisation des biens et services produits par les personnes détenues ; à ce titre, elle est chargée de gérer le compte de commerce intitulé "Régie industrielle des établissements pénitentiaires" ;

6° D'animer un réseau de partenaires publics et privés sur le territoire ;

7° D'assurer la promotion du travail d'intérêt général et de l'emploi pénitentiaire, d'établir des statistiques et d'évaluer la mise œuvre de ces dispositifs ;

8° De proposer au garde des sceaux, ministre de la justice, les évolutions législatives et réglementaires pour faciliter la mise en œuvre opérationnelle des offres d'activité par les structures partenaires.

L'agence participe à l'objectif de réinsertion des personnes placées sous main de justice notamment celles rencontrant des difficultés sociales ou professionnelles.

Art. D. 112-41 L'agence est placée sous l'autorité d'un directeur, qui peut être assisté d'un adjoint. Ils sont nommés par arrêté du garde des sceaux, ministre de la justice.

Le directeur établit un rapport annuel sur l'activité de l'agence.

Art. D. 112-42 Un comité d'orientation stratégique propose des orientations et délibère de toutes les missions et activités de l'agence. Le plan d'action stratégique de l'agence, élaboré par le directeur, lui est soumis pour avis.

Le comité comprend 20 membres. Il est composé de :

1° Représentants de l'État, dont le directeur de l'administration pénitentiaire et le délégué général à l'emploi et à la formation professionnelle ;

2° Représentants de collectivités publiques ;

3° Représentants d'entreprises, d'associations, de structures de l'économie sociale et solidaire et des secteurs d'activité concernés.

Les représentants mentionnés aux 2° et 3° sont désignés pour une durée de trois ans.

Un arrêté du garde des sceaux, ministre de la justice, désigne les membres et les modalités d'organisation de ce comité.

SECTION 4 École nationale d'administration pénitentiaire

SOUS-SECTION 1 Dispositions générales

Art. R. 112-43 L'École nationale d'administration pénitentiaire est un établissement public de l'État à caractère administratif doté de la personnalité morale et de l'autonomie financière.

Elle est placée sous la tutelle du garde des sceaux, ministre de la justice. Son siège est à Agen.

Elle est substituée à l'État dans l'ensemble des droits et obligations qui résultaient pour celui-ci des contrats et conventions conclus pour la gestion de l'École nationale d'administration pénitentiaire avant le 1er janvier 2001.

Art. R. 112-44 L'École nationale d'administration pénitentiaire a pour missions :

1° La formation professionnelle initiale et tout au long de la vie des fonctionnaires et agents publics occupant un emploi dans l'administration pénitentiaire ainsi que la formation professionnelle continue des partenaires du service public pénitentiaire ;

2° La préparation à des concours de la fonction publique et, à ce titre, organise des préparations destinées à permettre la diversification des recrutements, dont les modalités sont définies par arrêté du garde des sceaux, ministre de la justice ;

3° La réalisation de travaux de recherches et d'études et leur diffusion ;

4° Le développement et la mise en œuvre d'actions de partenariat avec des institutions d'enseignement et de recherche ;

5° Le développement et la mise en œuvre d'actions de coopération internationale, notamment en matière de formation et de recherche.

Elle peut assurer des prestations de service à titre onéreux.

SOUS-SECTION 2 Organisation administrative

Art. R. 112-45 L'École nationale d'administration pénitentiaire est administrée par un conseil d'administration et dirigée par un directeur.

Art. R. 112-46 Le conseil d'administration comprend, outre le président nommé par décret, sur proposition du garde des sceaux, ministre de la justice, pour une durée de trois ans renouvelable :

1° Six représentants de l'État, membres de droit :

a) Le directeur de l'administration pénitentiaire ou son représentant ;

b) Un représentant du ministre chargé de l'emploi et de la formation professionnelle ;

c) Un représentant du ministre chargé de la santé ;

d) Un représentant du ministre chargé de l'éducation nationale ;

e) Un représentant du ministre de l'intérieur ;

f) Le préfet du département de Lot-et-Garonne ou son représentant ;

2° Quatre fonctionnaires des services déconcentrés de l'administration pénitentiaire et quatre suppléants proposés par le directeur de l'administration pénitentiaire :

a) Un directeur interrégional des services pénitentiaires ;

b) Un directeur fonctionnel des services pénitentiaires d'insertion et de probation ;

c) Deux fonctionnaires exerçant en établissement pénitentiaire, dont un chef d'établissement pénitentiaire ;

3° Trois personnalités extérieures choisies en raison de leurs compétences, dont l'une exerce les fonctions de vice-président ; en cas d'empêchement du président, le vice-président exerce les attributions de ce dernier ;

4° Trois délégués titulaires et trois délégués suppléants élus par les élèves en cours de scolarité à l'École nationale d'administration pénitentiaire répartis en trois collèges :

a) Personnel de surveillance ;

b) Personnel pénitentiaire d'insertion et de probation ;

c) Personnel de direction ;

5° Un représentant du personnel titulaire et un représentant suppléant désignés par chacune des organisations syndicales siégeant au comité technique de l'administration pénitentiaire ; en cas de nouvelles consultations du personnel des services pénitentiaires, la liste des représentants peut faire l'objet, le cas échéant, de modifications ;

6° Deux représentants titulaires et deux représentants suppléants élus par le personnel de l'école.

Les membres du conseil d'administration, à l'exception de ceux mentionnés aux 4°, 5° et 6° du présent article, sont nommés par arrêté du garde des sceaux, ministre de la justice, pour une durée de trois ans renouvelable.

Art. R. 112-47 La durée du mandat des membres du conseil d'administration est de trois ans. Le mandat des membres désignés en raison de leurs fonctions cesse avec celles-ci.

Les modalités d'élection des représentants des élèves et de ceux du personnel de l'école sont définies par le règlement intérieur de l'école.

Lorsqu'un siège devient vacant au sein du conseil d'administration, un nouveau titulaire est désigné dans les mêmes formes que son prédécesseur et achève le mandat de celui-ci, sauf si cette vacance intervient moins de six mois avant l'expiration du mandat.

Le directeur de l'École nationale d'administration pénitentiaire, le directeur adjoint, les directeurs chargés de la formation initiale, de la formation continue, de la recherche, le secrétaire général, le contrôleur budgétaire et l'agent comptable assistent aux séances du conseil d'administration avec voix consultative.

Le représentant du bureau de l'administration centrale de l'administration pénitentiaire chargé de la formation participe au conseil d'administration sans pouvoir prendre part au vote.

Le président peut inviter à assister aux séances du conseil d'administration avec voix consultative toute personne dont il juge la présence utile.

Art. R. 112-48 Le mandat de membre du conseil d'administration de l'École nationale d'administration pénitentiaire est exercé à titre gratuit, sous réserve du remboursement des frais de déplacement et de séjour dans les conditions prévues par la réglementation applicable aux fonctionnaires civils de l'État.

Art. R. 112-49 Le conseil d'administration se réunit sur convocation de son président et au moins deux fois par an.

Le président est tenu de convoquer le conseil d'administration, dans le mois qui suit la réception de la demande qui lui en est faite, lorsque celle-ci émane du garde des sceaux, ministre de la justice, du directeur de l'école ou de la majorité des membres du conseil.

Le président fixe l'ordre du jour du conseil, après avis du directeur de l'école. Lorsque la convocation est de droit, l'ordre du jour doit obligatoirement comporter l'examen des questions qui ont justifié cette convocation.

Les délibérations du conseil d'administration ne sont valables que si la moitié au moins de ses membres sont présents. A défaut, il est procédé à la convocation d'une nouvelle réunion qui doit se tenir dans un délai de quinze jours. Le conseil délibère alors valablement quel que soit le nombre des membres présents.

Les délibérations du conseil sont prises à la majorité des membres présents. En cas de partage égal des voix, la voix du président est prépondérante.

Un membre du conseil peut donner pouvoir à un autre membre dans l'hypothèse où son suppléant serait lui-même empêché de siéger. Aucun membre ne peut recevoir plus d'un pouvoir.

Les avis et délibérations du conseil sont mentionnés dans des procès-verbaux signés par le président et adressés au garde des sceaux, ministre de la justice, ainsi qu'à tous les membres du conseil, dans la quinzaine qui suit la date de la séance. Le compte rendu synthétique des débats du conseil élaboré par le directeur est soumis à l'approbation du conseil lors de la séance suivante.

Après adoption, le compte rendu mentionné au précédent alinéa est porté à la connaissance des personnels et élèves de l'école par tout moyen.

Art. R. 112-50 Le conseil d'administration délibère sur :

1° Les orientations générales de l'école, dont le programme annuel des formations après avis du conseil pédagogique et scientifique ;

2° Le catalogue annuel des actions de formation continue ainsi que le programme annuel des recherches, études et colloques après avis du conseil pédagogique et scientifique ;

3° Le rapport annuel du directeur sur l'activité de l'établissement avant sa transmission au garde des sceaux, ministre de la justice ;

4° Le budget et ses modifications ;

5° Le compte financier et l'affectation des résultats ;

6° Les acquisitions, aliénations ou échanges d'immeubles ;

7° L'exercice des actions en justice et les transactions ; il peut, dans les conditions qu'il détermine, déléguer ses attributions au directeur de l'école ;

8° Les emprunts et participations à toute forme de groupement public ou privé ;

9° Les catégories de contrats, conventions ou marchés qui devront, en raison de leur nature ou de leur montant, lui être soumis pour approbation ;

10° L'acceptation des dons et legs ;

11° Le règlement intérieur de l'école.

Il fixe son règlement intérieur.

Art. R. 112-51 Le conseil d'administration peut désigner en son sein un comité restreint de six membres, composé notamment de son président, d'un représentant du personnel et d'un représentant des élèves. En cas de partage égal des voix, celle du président est prépondérante.

Le directeur de l'École nationale d'administration pénitentiaire, le directeur adjoint, les directeurs chargés de la formation initiale, de la formation continue, de la recherche, le secrétaire général, le contrôleur budgétaire et l'agent comptable ou leurs représentants assistent aux séances du comité restreint avec voix consultative.

Le conseil d'administration peut déléguer au comité restreint tout ou partie des attributions mentionnées aux 5°, 6°, 7°, 8° et 9° de l'article R. 112-50.

Le comité restreint rend compte à la première séance du conseil d'administration des décisions qu'il a prises en vertu de cette délégation.

Art. R. 112-52 Sous réserve des cas prévus aux alinéas suivants, les délibérations du conseil sont exécutoires quinze jours après leur réception par le garde des sceaux, ministre de la justice, à moins que celui-ci, dans ce délai, n'y fasse opposition ou, au contraire, autorise, compte tenu de l'urgence, leur exécution immédiate. Toutefois, ce délai est porté à trente jours s'agissant du règlement intérieur de l'école et de ses modifications.

Les délibérations portant sur le budget et le compte financier sont exécutoires dans les conditions prévues par les dispositions du décret n° 2012-1246 du 7 novembre 2012 relatif à la gestion budgétaire et comptable publique.

Les délibérations portant sur les acquisitions, aliénations et échanges d'immeubles ainsi que sur les emprunts et prises de participation ne sont exécutoires qu'après approbation expresse du garde des sceaux, ministre de la justice, et du ministre chargé du budget.

Les décisions prises par le comité restreint en vertu de la délégation prévue par les dispositions de l'article R. 112-51 sont exécutoires dans les mêmes conditions.

Art. R. 112-53 Le directeur de l'École nationale d'administration pénitentiaire est nommé par décret, sur proposition du garde des sceaux, ministre de la justice, pour une durée de trois ans renouvelable une fois. L'emploi de directeur est régi par les dispositions du décret n° 2017-99 du 27 janvier 2017 relatif au statut d'emploi de directeur fonctionnel des services pénitentiaires et du décret n° 2019-1594 du 31 décembre 2019 relatif aux emplois de direction de l'État.

Il est assisté d'un directeur adjoint, nommé par arrêté du garde des sceaux, ministre de la justice, qui le supplée en cas d'absence ou d'empêchement.

Il est également assisté d'un secrétaire général et des directeurs chargés de la formation initiale, de la formation continue et de la recherche, nommés par arrêté du garde des sceaux, ministre de la justice.

Art. R. 112-54 Le directeur de l'École nationale d'administration pénitentiaire prépare et exécute les délibérations et décisions du conseil d'administration.

Il assure le fonctionnement et la gestion des services de l'établissement. Il recrute, nomme et gère les personnels contractuels de l'école.

Il met en œuvre la mission pédagogique et scientifique de l'école. A ce titre, il préside le conseil pédagogique et scientifique de l'école.

Il désigne les professeurs, conférenciers et intervenants et nomme à toutes les fonctions pour lesquelles aucune autre autorité n'a reçu pouvoir de nomination.

Il a autorité sur l'ensemble du personnel de l'école ou en formation dans celle-ci et est responsable de la discipline intérieure et de la sécurité au sein de l'établissement dans les conditions prévues par le règlement intérieur.

Il représente l'établissement en justice et dans tous les actes de la vie civile.

Il prend, en cas d'urgence, l'initiative d'agir en justice pour la défense des intérêts de l'établissement et en rend compte à la plus prochaine réunion du conseil d'administration.

Il est ordonnateur des recettes et des dépenses de l'établissement.

Il peut déléguer sa signature au directeur adjoint pour l'ensemble de ses attributions, au secrétaire général, aux directeurs chargés de la formation initiale, de la formation continue et de la recherche, dans la limite de leurs attributions respectives, ainsi qu'à leurs subordonnés.

Art. R. 112-55 Sous réserve des dispositions du décret n° 97-3 du 7 janvier 1997 portant déconcentration de la gestion de certains personnels relevant du ministère de la justice, le garde des sceaux, ministre de la justice, peut déléguer, par arrêté, au directeur de l'école ses pouvoirs disciplinaires en ce qui concerne l'avertissement et le blâme des élèves appartenant aux corps de fonctionnaires effectuant leur scolarité à l'École nationale d'administration pénitentiaire.

Art. R. 112-56 Le personnel de l'École nationale d'administration pénitentiaire comprend, outre le personnel de direction, les agents soumis aux dispositions de la loi n° 83-634 du 13 juillet 1983 portant droits et obligations des fonctionnaires affectés à l'établissement en position d'activité ou de détachement pour y exercer des fonctions administratives, techniques, d'enseignement ou de recherche et les agents contractuels recrutés selon les modalités prévues par la loi n° 84-16 du 11 janvier 1984 portant dispositions statutaires relatives à la fonction publique de l'État. Ceux de ces agents qui étaient également soumis, avant leur affectation à l'école, au statut fixé par le décret n° 66-874 du 21 novembre 1966 conservent le bénéfice du régime de rémunération et d'indemnités qui leur était applicable dans leur précédente affectation.

L'école peut, en outre, faire appel à du personnel rémunéré à la vacation pour assurer à titre accessoire un enseignement ou toute autre action relevant de ses missions. Ce personnel est recruté par le directeur de l'école.

Art. R. 112-57 Les formateurs et les responsables de formation affectés à l'École nationale d'administration pénitentiaire sont nommés par arrêté du garde des sceaux, ministre de la justice, pour une durée de quatre ans, renouvelable dans la limite d'une durée totale de sept ans.

SOUS-SECTION 3 **Organisation pédagogique**

Art. R. 112-58 Les programmes d'enseignement et de recherche, l'organisation de la formation initiale et continue ainsi que les modalités d'évaluation de la scolarité sont fixés par arrêté du garde des sceaux, ministre de la justice, pris après avis du conseil d'administration.

Art. R. 112-59 Les agents suivant une formation sont, pendant la durée de celle-ci, soumis au règlement intérieur de l'établissement, défini aux articles L. 112-4 et R. 112-22.

Des auditeurs libres, français et étrangers, peuvent être admis à suivre des stages sous la responsabilité du directeur de l'école.

Art. R. 112-60 Un conseil pédagogique et scientifique est placé auprès du directeur de l'École nationale d'administration pénitentiaire.

Il contribue à la définition :

1° Des programmes d'enseignement et de recherche ;

2° Du contenu du catalogue annuel de formation ;

3° Du contenu du programme annuel des recherches, études et colloques.

Ses travaux et avis sont transmis au conseil d'administration.

La composition de ce conseil, qui doit comporter des représentants du directeur de l'administration pénitentiaire, du personnel et des personnalités qualifiées, et ses modalités de fonctionnement sont prévues par le règlement intérieur de l'école.

Le conseil pédagogique et scientifique se réunit en séance plénière, sur convocation du directeur de l'école, au moins une fois par an.

Les dispositions de l'article R. 112-48 sont applicables aux fonctions de membre du conseil pédagogique et scientifique de l'école.

SOUS-SECTION 4 **Organisation financière**

Art. R. 112-61 L'École nationale d'administration pénitentiaire est soumise aux principes et règles de gestion budgétaire et comptable prévus par les dispositions des titres Ier et III du décret n° 2012-1246 du 7 novembre 2012 relatif à la gestion budgétaire et comptable publique.

Art. R. 112-62 Les recettes de l'École nationale d'administration pénitentiaire comprennent :

1° Les subventions, avances, fonds de concours ou participations de l'État, de l'Union européenne, des collectivités territoriales, des établissements publics ou de toutes autres personnes physiques ou morales ;

2° Les revenus des biens meubles et immeubles, fonds et valeurs ;

3° Les dons et legs faits au profit de l'établissement ;

4° Les produits de la vente des publications et documents de formation élaborés ou diffusés par l'école ;

5° Les produits de conventions et contrats portant notamment sur les travaux, études ou recherches effectués par l'école ;

6° Les produits de conventions et contrats portant sur la formation des partenaires du service public pénitentiaire ou sur la formation d'auditeurs étrangers exerçant ou ayant vocation à exercer une mission pénitentiaire ;

7° Les contributions de personnes publiques ou privées versées en contrepartie de prestations de services fournies par l'école ;

8° Les produits financiers ;

9° Les contributions aux frais de restauration et d'hébergement ou à tous autres frais des personnes séjournant à l'école ;

10° Toutes autres recettes autorisées par les lois et règlements.

Art. R. 112-63 Les dépenses de l'École nationale d'administration pénitentiaire comprennent :

1° Les frais de rémunération des personnels titulaires et contractuels ;

2° Les frais de vacations ;

3° Les acquisitions des biens immobiliers ;

4° Les baux et locations d'immeubles ;

5° Les frais de fonctionnement et les frais d'équipement et, d'une manière générale, tous ceux qui sont nécessaires à son activité.

Art. R. 112-64 Des régies d'avances et des régies de recettes peuvent être créées dans les conditions prévues par le décret n° 2019-798 du 26 juillet 2019 relatif aux régies de recettes et d'avances des organismes publics.

Art. R. 112-65 Un arrêté du garde des sceaux, ministre de la justice, et du ministre chargé du budget détermine les conditions d'affectation à l'établissement des biens meubles et immeubles nécessaires à son fonctionnement. Une convention conclue entre l'État et l'établissement définit les modalités d'utilisation des biens ainsi affectés.

Art. R. 112-66 Les objectifs que l'École nationale d'administration pénitentiaire s'engage à atteindre et les moyens que l'État met, à cette fin, à sa disposition peuvent faire l'objet d'une convention pluriannuelle.

CHAPITRE III **PERSONNELS**

SECTION 1 **Dispositions communes**

SOUS-SECTION 1 **Composition**

Art. D. 113-1 Pour assurer leur fonctionnement, les services déconcentrés de l'administration pénitentiaire disposent des catégories de personnels suivantes :

1° Fonctionnaires des services déconcentrés de l'administration pénitentiaire placés par décret en Conseil d'État sous statut spécial :

a) Personnel de direction : corps des directeurs des services pénitentiaires, emploi de directeur fonctionnel des services pénitentiaires et emploi de directeur fonctionnel des services pénitentiaires d'insertion et de probation ;

b) Personnel de surveillance : corps des chefs des services pénitentiaires, corps de commandement et corps d'encadrement et d'application ;

c) Personnel d'insertion et de probation : corps des directeurs pénitentiaires d'insertion et de probation, corps des chefs des services d'insertion et de probation, corps des conseillers pénitentiaires d'insertion et de probation ;

d) Personnel administratif : corps des attachés d'administration de l'État, corps des secrétaires administratifs, corps des adjoints administratifs ;

e) Personnel technique de l'administration pénitentiaire : corps des directeurs techniques, corps des techniciens, corps des adjoints techniques ;

2° Fonctionnaires des corps communs du ministère de la justice affectés dans les services déconcentrés de l'administration pénitentiaire :

Personnel de service social : corps des assistants de service social du ministère de la justice, corps des conseillers techniques de service social du ministère de la justice ;

3° Fonctionnaires des corps interministériels affectés dans les services déconcentrés de l'administration pénitentiaire :

Personnel infirmier : corps interministériel des infirmières et infirmiers de l'État ;

4° Agents non titulaires de l'État affectés dans les services déconcentrés de l'administration pénitentiaire.

Art. D. 113-2 Dans le présent code, les termes "travailleurs sociaux" s'appliquent indifféremment aux assistants sociaux et aux conseillers techniques de service social.

Art. D. 113-3 Dans chaque direction interrégionale et dans chaque établissement ou service pénitentiaire, la composition du personnel est déterminée par le garde des sceaux, ministre de la justice, conformément aux textes fixant le recrutement et les attributions de fonctionnaires, employés et agents de l'administration pénitentiaire.

SOUS-SECTION 2 Actions de formation

Art. D. 113-4 Les personnels des services déconcentrés de l'administration pénitentiaire sont tenus de parfaire leurs connaissances professionnelles dans les conditions qui sont fixées par l'administration centrale.

Ils ont l'obligation de participer aux enseignements et stages de formation ou de perfectionnement assurés par l'École nationale de l'administration pénitentiaire, dans le cadre du dispositif déconcentré de formation continue, ou par tout autre organisme.

SOUS-SECTION 3 Actions sanitaires et sociales

Art. D. 113-5 Auprès de chaque établissement ou service, un médecin lié par convention avec l'administration pénitentiaire dispense les soins au personnel. Ce médecin assure :

1° L'examen et les soins hors vacation des agents qui en font la demande ;

2° Sur demande, la visite à domicile et hors vacation, des agents malades résidant à moins de deux kilomètres de l'établissement ou du service et se trouvant dans l'impossibilité de se déplacer.

Dans les cas prévus par les dispositions des 1° et 2°, le personnel titulaire et stagiaire des services déconcentrés de l'administration pénitentiaire a droit au remboursement intégral de ses frais médicaux, pharmaceutiques et d'hospitalisation, sauf s'il se trouve en disponibilité, en détachement, en congé annuel ou exceptionnel. Il possède le même droit lorsqu'il a recours à un médecin spécialiste, après en avoir obtenu l'autorisation de l'administration sur avis conforme du médecin lié par convention avec l'administration pénitentiaire auprès de l'établissement ou du service.

Selon l'importance de l'établissement pénitentiaire, un ou plusieurs médecins sont désignés par le directeur interrégional des services pénitentiaires pour remplir ces missions.

Les soins au personnel de l'établissement pénitentiaire ne relèvent pas des missions de l'unité sanitaire, en dehors des situations d'urgence.

Art. D. 113-6 Le personnel bénéficie par ailleurs d'un service social assuré par l'assistant social ou l'assistante sociale attaché à l'établissement, compte tenu des règles relatives à la liaison et à la coordination des services sociaux.

SOUS-SECTION 4 Occupation des logements

Art. D. 113-7 Les personnels de l'administration pénitentiaire sont tenus d'occuper personnellement les logements qui leur sont attribués dans le cadre d'une concession de logement par nécessité absolue de service.

Art. D. 113-8 Les logements prévus par les dispositions de l'article D. 113-7 doivent être situés hors de la zone où sont hébergées les personnes détenues.

Toutefois, à titre exceptionnel, les agents vivant seuls peuvent être logés au sein de cette zone. Les dispositions de l'article D. 113-9 leur sont applicables.

Art. D. 113-9 Dans aucun cas, et sous aucun prétexte, les membres du personnel logés à l'établissement ne doivent recevoir des personnes détenues dans leur logement.

Aucun membre de leur famille ne doit pénétrer à l'intérieur de la zone mentionnée par les dispositions de l'article D. 113-8.

SOUS-SECTION 5 Autres dispositions applicables aux personnels

Art. D. 113-10 Indépendamment des récompenses prévues par son statut particulier, le personnel pénitentiaire peut, dans la limite des crédits budgétaires ouverts à cet effet, bénéficier de gratifications exceptionnelles attribuées en raison d'actes de courage ou de dévouement.

Art. D. 113-11 Les agents mentionnés par les dispositions du 1° de l'article D. 113-1 exercent les fonctions définies par le statut spécial des fonctionnaires des services déconcentrés de l'administration pénitentiaire et par les textes relatifs à l'organisation et à la gestion des services de l'administration pénitentiaire.

Les agents mentionnés par les dispositions des 2°, 3° et 4° de l'article D. 113-1 exercent leurs fonctions dans les conditions et sous les obligations particulières résultant des dispositions législatives et réglementaires régissant le service public pénitentiaire.

SECTION 2 Missions et attributions

SOUS-SECTION 1 Dispositions générales

Art. R. 113-12 Conformément aux dispositions de l'article R. 312-13 du code de l'organisation judiciaire, les directeurs interrégionaux des services pénitentiaires peuvent être invités à participer à la conférence annuelle portant sur la justice des mineurs.

Art. R. 113-13 Conformément aux dispositions des articles R. 212-64 et R. 312-85 du code de l'organisation judiciaire, des représentants de l'administration pénitentiaire peuvent être membres des conseils de juridiction des tribunaux judiciaires et des cours d'appel.

Art. R. 113-14 Conformément aux dispositions de l'article R. 131-2 du code de l'organisation judiciaire, les directeurs interrégionaux des services pénitentiaires émettent un avis sur les projets de conventions constitutives des maisons de justice et du droit.

Art. R. 113-15 Conformément aux dispositions de l'article R. 132-6-1 du code de la sécurité intérieure, dans les zones de sécurité prioritaire, des représentants des services pénitentiaires d'insertion et de probation peuvent être associés à la cellule de coordination opérationnelle des forces de sécurité intérieure.

Art. R. 113-16 Dans les limites et conditions fixées par les dispositions de l'article R. 50-52 du code de procédure pénale, des agents de la direction de l'administration pénitentiaire et des directions interrégionales des services pénitentiaires peuvent directement interroger le fichier judiciaire national automatisé des auteurs d'infractions terroristes à partir de la seule identité d'une personne.

Art. R. 113-17 Dans les limites et conditions fixées par les dispositions de l'article R. 53-8-24 du code de procédure pénale, des agents de la direction de l'administration pénitentiaire et des directions interrégionales des services pénitentiaires peuvent directement interroger le fichier judiciaire national automatisé des auteurs d'infractions sexuelles ou violentes à partir de la seule identité d'une personne.

Art. D. 113-18 Conformément aux dispositions de l'article D. 132-6 du code de la sécurité intérieure, des représentants de l'administration pénitentiaire sont membres du conseil départemental de prévention de la délinquance et de la radicalisation et de lutte contre la drogue, les dérives sectaires et les violences faites aux femmes.

Art. D. 113-19 Conformément aux dispositions de l'article D. 48-5-1 du code de procédure pénale, les directeurs interrégionaux des services pénitentiaires ou leurs représentants, ainsi que les agents qu'ils désignent, participent à la conférence régionale portant sur les aménagements de peines et les alternatives à l'incarcération.

Art. D. 113-20 Conformément aux dispositions de l'article D. 48-5-4 du code de procédure pénale, les chefs d'établissement pénitentiaire, les responsables de greffe d'établissement pénitentiaire et le directeur des services pénitentiaires d'insertion et de probation sont membres de droit, dans sa formation élargie, de la commission de l'exécution et de l'application des peines instituée auprès de chaque tribunal judiciaire.

SOUS-SECTION 2 Missions et attributions des personnels de surveillance

Art. D. 113-21 Les chefs d'établissement pénitentiaire organisent régulièrement des réunions de synthèse afin de coordonner l'action des différents personnels et de faciliter l'échange d'informations sur les modalités d'application des régimes de détention.

Art. D. 113-22 A l'exception des agents exerçant les fonctions de chef d'établissement pénitentiaire ou de ceux qui exercent une fonction définie par instruction de service, les personnels de surveillance sont tenus au port de l'uniforme pendant le service, et, en dehors du service, lorsqu'ils se trouvent dans les locaux de la détention.

Les surveillants sont tenus de consigner leurs observations concernant les différentes missions qui leur sont confiées.

SOUS-SECTION 3 Missions et attributions des personnels d'insertion et de probation

§ 1 Dispositions générales

Art. D. 113-23 Le directeur du service pénitentiaire d'insertion et de probation est placé sous l'autorité du directeur interrégional des services pénitentiaires.

Art. D. 113-24 Les personnels du service pénitentiaire d'insertion et de probation ont libre accès, aux heures de service de jour, aux locaux de détention pour les besoins de leur service.

Les entretiens avec les personnes détenues ont lieu, dans des conditions garantissant la confidentialité, soit dans un parloir ou bureau, soit dans la cellule de la personne détenue intéressée et, si elle se trouve au quartier disciplinaire, dans un local spécial.

§ 2 Prévention de la commission de nouvelles infractions

Art. D. 113-25 Sous l'autorité du directeur du service pénitentiaire d'insertion et de probation, le service pénitentiaire d'insertion et de probation s'assure que la personne qui lui est confiée se soumet aux mesures de contrôle et respecte les obligations qui lui sont imposées.

Art. D. 113-26 Le service pénitentiaire d'insertion et de probation met en œuvre les mesures propres à favoriser la prévention de la récidive.

§ 3 Suivi et contrôle des personnes confiées à l'administration pénitentiaire

SOUS-§ 1 *Définition des modalités de suivi*

Art. R. 113-27 Conformément aux dispositions de l'article R. 57-3 du code de procédure pénale, le service pénitentiaire d'insertion et de probation assiste le juge d'application des peines.

Art. D. 113-28 Les orientations générales relatives à l'exécution des mesures confiées au service pénitentiaire d'insertion et de probation sont déterminées, et leur mise en œuvre est évaluée, par les magistrats mandants mentionnés à l'article D. 576 du code de procédure pénale dans les conditions prévues par les dispositions du même article.

Art. D. 113-29 Conformément aux dispositions de l'article D. 577 du code de procédure pénale, le service pénitentiaire d'insertion et de probation est destinataire, le cas échéant, d'instructions particulières sur chaque dossier de la part du juge de l'application des peines, du procureur de la République et des autres magistrats mandants.

Art. D. 113-30 Dans les conditions prévues par les dispositions de l'article D. 577 du code de procédure pénale, le service pénitentiaire d'insertion et de probation définit et met en œuvre les modalités de la prise en charge des personnes qui lui sont confiées en liaison avec les magistrats mandants.

Art. D. 113-31 Conformément aux dispositions de l'article D. 49-27 du code de procédure pénale, le service pénitentiaire d'insertion et de probation assiste le juge de l'application des peines dans la détermination des principales modalités d'exécution des peines restrictives de liberté.

Art. D. 113-32 Dans les conditions prévues par les dispositions de l'article D. 49-81 du code de procédure pénale, le service pénitentiaire d'insertion et de probation territorialement compétent peut être mandaté par le juge d'application des peines de Paris pour mettre en œuvre des mesures de contrôle ou veiller au respect d'obligations imposées à des personnes condamnées pour actes de terrorisme.

Art. D. 113-33 Le directeur du service pénitentiaire d'insertion et de probation s'assure du suivi de chaque mesure dont le service est saisi et de l'exécution des instructions données par les magistrats mandants.

Il vérifie que les rapports sont régulièrement adressés aux magistrats.

SOUS-§ 2 *Constitution du dossier individuel*

Art. D. 113-34 Au sein du service pénitentiaire d'insertion et de probation, il est tenu un dossier pour chaque personne faisant l'objet d'une mesure prévue par les dispositions des articles D. 113-36, D. 113-41 et D. 542-1. Ce dossier comprend les pièces d'ordre judiciaire nécessaires au suivi de la mesure, les éléments relatifs au contrôle des obligations ou conditions imposées ainsi que la copie des rapports adressés au magistrat mandant.

Les documents couverts par le secret professionnel ne peuvent être consultés que par un membre du service pénitentiaire d'insertion et de probation.

En cas de changement de résidence de la personne suivie, le service transmet sous pli fermé ces documents au service compétent du lieu de la nouvelle résidence.

Le dossier est communiqué à sa demande au magistrat qui a saisi le service, sauf pour les renseignements recueillis par voie de confidences auprès des personnes prises en charge.

Art. D. 113-35 La troisième partie du dossier individuel de la personne détenue ayant fait l'objet d'une procédure d'orientation en application des dispositions de l'article D. 214-10 correspond au dossier destiné aux membres du service pénitentiaire d'insertion et de probation compétent auprès de l'établissement pénitentiaire, dont le contenu est défini par l'article D. 214-13.

SOUS-§ 3 *Mise en œuvre des mesures de contrôle des personnes confiées*

Art. D. 113-36 Le service pénitentiaire d'insertion et de probation met en œuvre les mesures de contrôle et veille au respect des obligations imposées aux personnes condamnées, à l'emprisonnement avec sursis probatoire, à un suivi sociojudiciaire ou à un travail d'intérêt général, aux personnes faisant l'objet d'une mesure d'ajournement de peine avec mise à l'épreuve, aux libérés conditionnels, aux condamnés placés sous surveillance judiciaire ou faisant l'objet d'un suivi en application de l'article 721-2 ou des articles 706-25-16 à 706-25-21 du code de procédure pénale, d'une suspension de peine, d'une semi-liberté, d'un placement extérieur, d'un placement sous surveillance électronique ou d'un placement sous surveillance électronique mobile, aux interdits de séjour et aux personnes visées à l'article L. 51 du code du service national.

Il met également en œuvre les peines de substitution et les mesures de contrôle et de surveillance relatives aux obligations imposées aux personnes condamnées dans d'autres États membres de l'Union européenne, lorsque la condamnation ou la décision prononçant les peines ou les mesures a été reconnue par les autorités judiciaires françaises dans les conditions prévues par les articles 764-1 à 764-42 du code de procédure pénale.

§ 4 Évaluation des personnes confiées

SOUS-§ 1 *Avis au sein des instances pluridisciplinaires*

Art. R. 113-37 Conformément aux dispositions des articles R. 224-1 à R. 224-25, les personnels des services pénitentiaires d'insertion et de probation participent aux évaluations pluridisciplinaires des personnes détenues placées en unité pour personnes détenues violentes ou en quartier de prise en charge de la radicalisation.

Art. D. 113-38 L'avis du service pénitentiaire d'insertion et de probation sur l'orientation d'une personne détenue condamnée est versé au dossier d'orientation, dans le cadre de la procédure d'orientation prévue par les dispositions des articles D. 211-9 à D. 211-31.

Art. D. 113-39 A la demande du juge ou du tribunal de l'application des peines, dans les conditions prévues par les dispositions de l'article D. 49-24 du code de procédure pénale, le service pénitentiaire d'insertion et de probation procède, avant la libération d'une personne détenue condamnée, à une synthèse socio-éducative de la situation de la personne intéressée.

SOUS-§ 2 *Aide à l'individualisation de la situation des personnes confiées*

Art. D. 113-40 Le service pénitentiaire d'insertion et de probation est chargé de rechercher les moyens propres à favoriser l'individualisation de la situation pénale des personnes détenues, notamment dans le cadre des orientations données par le juge de l'application des peines.

Chaque fois que la demande leur en est faite ou à leur initiative, personnels du service pénitentiaire d'insertion et de probation fournissent à l'autorité judiciaire et aux services de l'administration pénitentiaire les éléments permettant de mieux individualiser l'exécution de la mesure privative de liberté de chaque personne détenue ; ils élaborent notamment des avis ou rapports sur les personnes prévenues ou les personnes détenues dont la situation pénale est examinée en commission d'application des peines.

Art. D. 113-41 Le service pénitentiaire d'insertion et de probation concourt, sur saisine des autorités judiciaires, à la préparation des décisions de justice à caractère pénal ; il peut être chargé de l'exécution des enquêtes et des mesures préalables au jugement. A cet effet, il effectue les vérifications sur la situation matérielle, familiale et sociale des personnes faisant l'objet d'enquêtes ou de poursuites judiciaires afin de permettre une meilleure individualisation des mesures ou peines et de favoriser l'insertion des personnes intéressées.

Il assure le suivi et le contrôle des personnes placées sous contrôle judiciaire. Il effectue les investigations qui lui sont demandées préalablement à l'exécution des peines privatives de liberté.

Art. D. 113-42 Chaque fois que la demande leur en est faite ou à leur initiative, les personnels du service pénitentiaire d'insertion et de probation fournissent à l'autorité judiciaire ou aux services de l'administration pénitentiaire les éléments permettant de mieux individualiser la situation des personnes placées sous main de justice.

§ 5 Communication avec l'autorité judiciaire

SOUS-§ 1 *Transmission de rapports*

Art. D. 113-43 Le service pénitentiaire d'insertion et de probation propose au magistrat mandant les aménagements de peine ou les modifications des mesures de contrôle et obligations et rend compte de leur respect ou de leur violation.

Art. D. 113-44 Le service pénitentiaire d'insertion et de probation adresse au magistrat mandant un rapport d'évaluation dans les trois mois suivant la date à laquelle l'exécution d'une mesure de contrôle lui est confiée. Il lui transmet un rapport de fin de mesure un mois avant l'échéance de la mesure ainsi qu'un rapport annuel lorsque la durée de la mesure excède deux ans.

Il lui adresse des rapports ponctuels en cours d'exécution de la mesure :

1° En cas de difficulté dans l'application des orientations générales ou des instructions particulières données par l'autorité judiciaire ;

2° En cas de modification de la situation de la personne condamnée susceptible d'avoir des implications sur le respect de ses obligations et interdictions ;

3° En cas de changement significatif des modalités de la prise en charge de la personne condamnée ;

4° En cas d'incident dans le suivi de la mesure, et ce dans les plus brefs délais ;

5° En cas de demande du magistrat mandant.

SOUS-§ 2 *Échange d'informations*

Art. D. 113-45 Les personnels du service pénitentiaire d'insertion et de probation sont tenus au secret professionnel.

Dans le cadre de l'exécution des mesures prévues par les dispositions des articles D. 113-36, D. 113-41 et D. 542-1, les personnels du service pénitentiaire d'insertion et de probation ne peuvent opposer le secret professionnel aux autorités judiciaires, sauf pour les renseignements recueillis par voie de confidences auprès des personnes prises en charge.

Art. D. 113-46 Conformément aux dispositions de l'article D. 49-18 du code de procédure pénale, le directeur du service pénitentiaire d'insertion et de probation est destinataire d'une copie des jugements des juridictions de l'application des peines.

Art. D. 113-47 Conformément aux dispositions de l'article D. 49-44 du code de procédure pénale, le directeur du service pénitentiaire d'insertion et de probation est destinataire des copies des arrêts de la chambre de l'application des peines.

Art. D. 113-48 Conformément aux dispositions de l'article D. 578 du code de procédure pénale, le directeur du service pénitentiaire d'insertion et de probation visite chaque année, avec le juge de l'application des peines, les foyers ou organismes d'hébergement accueillant les personnes confiées.

SOUS-§ 3 *Traitement de données à caractère personnel relatif à l'application des peines*

Art. R. 113-49 Le traitement automatisé de données à caractère personnel dénommé "Application des Peines, Probation et Insertion" (APPI) a pour finalités de :

1° Faciliter l'évaluation de la situation des personnes placées sous main de justice, prévenues ou condamnées, pour la détermination ou l'exécution des décisions de l'autorité judiciaire relatives à leur insertion ou leur probation ;

2° Faciliter la gestion des procédures suivies devant les juridictions en charge de l'application des peines ainsi que des mesures mises en œuvre par les services pénitentiaires d'insertion et de probation en cette matière ;

3° Faciliter le suivi de l'aide apportée par les services pénitentiaires d'insertion et de probation aux personnes libérées ;

4° Faciliter la gestion et le suivi des mesures d'enquête ou de contrôle confiées aux services pénitentiaires d'insertion et de probation pour la mise en œuvre des mesures de sûreté ordonnées par les juridictions d'instruction, la juridiction des libertés et de la détention ou les juridictions de jugement ;

5° Faciliter le suivi des enquêtes confiées aux services pénitentiaires d'insertion et de probation par les autorités judiciaires préalablement aux décisions sur l'action publique et à l'exécution des peines privatives de liberté ;

6° Permettre l'exploitation des informations recueillies à des fins de recherches statistiques.

Art. R. 113-50 Peuvent être enregistrées dans le traitement automatisé les informations et les données à caractère personnel suivantes :

1° Concernant les personnes faisant l'objet de la procédure ou de la mesure :

a) Personnes physiques :

– civilité, nom de naissance, nom d'usage, prénoms, alias, sexe, date de naissance, lieu de naissance et nationalité ;

– nom de naissance et prénoms du père et de la mère ;

– nom et prénoms du curateur ou du tuteur ;

– situation de famille, nombre d'enfants, nombre de frères et sœurs, rang dans la fratrie ;

– informations relatives aux documents suivants : carte nationale d'identité, carte de résident, carte de séjour temporaire sans ou avec autorisation de travail, passeport, permis de conduire, livret de famille, livret militaire, carte de ressortissant, certificat de participation à l'appel de préparation à la défense ;

– adresse du domicile déclaré, adresse postale pour les sans domicile fixe, coordonnées de géolocalisation, des zones d'exclusion, des zones tampon et des zones d'inclusion, ainsi que les horaires d'assignation ;

– nom, prénoms, adresse et téléphone de la personne assurant l'hébergement de la personne concernée ;

– profession, horaires de travail, situation par rapport à l'emploi, expérience professionnelle, fonction élective, code de la catégorie socioprofessionnelle, code de la nature de l'activité ;

– niveau d'étude et de formation, diplômes, distinctions ;

– ressources et charges de toute nature, existence d'une procédure de surendettement ;

– prestations sociales de toute nature dont la personne intéressée est susceptible de bénéficier ;

b) Personnes morales :

– sociale, activité, numéro SIREN et adresse du siège social ou de l'établissement ;

– actif et passif, informations relatives à l'existence d'un plan de sauvegarde, d'un redressement judiciaire ou d'une liquidation judiciaire ;

– nom, prénoms, qualité, date et lieu de naissance, adresse personnelle

du représentant légal ;

2° Concernant les autres personnes :

a) Experts et personnes qualifiées : nom, prénoms, titre, grade, emploi, adresse professionnelle, numéro de téléphone, numéro de télécopie et adresse de messagerie électronique professionnels ;

b) Avocats : nom et prénoms, barreau auquel l'avocat est rattaché, adresse du cabinet, référence, adresse de messagerie électronique, numéro de téléphone et numéro de télécopie du cabinet ;

c) Victimes et parties civiles : nom, prénoms, adresse personnelle représentant légal pour les mineurs ;

d) Personnes appelées à fournir des informations ou des prestations nécessaires à l'exécution de la mesure : nom, prénoms, profession, adresse personnelle ou professionnelle, lien de parenté avec la personne intéressée, numéro de téléphone, numéro de télécopie et adresse de messagerie électronique professionnels ou, s'il s'agit d'une personne morale, dénomination et adresse du siège social ou de l'établissement, numéro de téléphone, numéro de télécopie et adresse de messagerie électronique ;

3° Concernant la procédure et les mesures :

a) Mention de la mesure d'enquête, de contrôle ou d'aménagement de la peine prise par la juridiction en charge de l'application des peines ou mise en œuvre par le service pénitentiaire d'insertion et de probation en application des dispositions du code pénal ou du code de procédure pénale ;

b) Libellé du service chargé de la mise en œuvre de la mesure ;

c) Nom de naissance ou d'usage et prénom, corps et/ou grade et fonction de l'agent chargé de l'exécution de la mesure ;

d) Mentions des actes, juridictionnels ou non, se rapportant à la conduite des procédures suivies devant les juridictions de l'application des peines et aux mesures mises en œuvre par les services pénitentiaires d'insertion et de probation ;

e) Informations relatives à l'évaluation de la situation de la personne placée sous main de justice :

– suivi médical assuré dans le cadre de la mesure privative ou restrictive de liberté : existence du suivi, nature, psychiatrique ou autre, du suivi, existence d'une obligation de soins et contenu de celle-ci, caractère volontaire du suivi, existence d'un traitement médicamenteux, existence d'une évaluation du risque suicidaire, compatibilité du suivi médical avec une prise en charge par le service pénitentiaire d'insertion et de probation ;

– déroulement de la détention : lieux de détention successifs, maintien des liens familiaux, activités, postes de travail occupés, incidents ayant donné lieu à signalement au préfet ou à l'autorité judiciaire ou à poursuites disciplinaires et décision prise sur les poursuites ;

– respect par la personne faisant l'objet de la mesure privative ou restrictive de liberté des obligations mises à sa charge par l'autorité judiciaire, acceptation de la condamnation par la personne concernée ;

– conclusions de l'évaluation de la situation de la personne concernée par le service pénitentiaire d'insertion et de probation : parcours d'exécution de peine prévu, éléments favorables ou défavorables à la réinsertion, objectifs, moyens et modalités de la prise en charge par le service ;

f) Rapports établis par le service pénitentiaire d'insertion et de probation en exécution d'une mesure d'enquête, de suivi ou de contrôle décidée par les autorités judiciaires.

Art. R. 113-51 L'enregistrement des données mentionnées par les dispositions du I de l'article 6 de la loi n° 78-17 du 6 janvier 1978 est autorisé lorsque ces données ont été recueillies par les services pénitentiaires d'insertion et de probation à la demande des autorités judiciaires pour l'évaluation de la situation de la personne suivie et qu'elles sont nécessaires à la mise en œuvre des dispositions relatives à l'application des peines.

Il est interdit de sélectionner une catégorie particulière de personnes à partir des données mentionnées au premier alinéa.

Art. R. 113-52 Les données à caractère personnel enregistrées sont conservées cinq ans à compter de la fin de la peine, de la fin de la mesure d'aménagement de la peine ou de la mesure de sûreté dont la personne suivie fait l'objet.

Art. R. 113-53 Peuvent seuls accéder aux données à caractère personnel enregistrées dans le traitement, lorsque cet accès est nécessaire à la conduite des procédures relatives à l'application des peines ou à la mise en œuvre de l'une des mesures mentionnées par les dispositions de l'article R. 113-49 dont ils ont la charge :

1° Les procureurs de la République, les magistrats du siège en charge de l'application des peines, les juges d'instruction et les juges des libertés et de la détention ;

2° Les directeurs des services pénitentiaires d'insertion et de probation, les directeurs pénitentiaires d'insertion et de probation et les personnels d'insertion et de probation de l'administration pénitentiaire ;

3° Les chefs d'établissement pénitentiaire ;

4° Les directeurs des services, chefs de services et éducateurs du secteur public de la protection judiciaire de la jeunesse pour la préparation, la mise en œuvre et le suivi de l'exécution, des condamnations prononcées par une juridiction spécialisée pour mineurs lorsque la personne condamnée a atteint l'âge de dix-huit ans ;

5° Les agents du greffe chargés d'assister les magistrats mentionnés par les dispositions du 1°, individuellement désignés et spécialement habilités à cet effet par les chefs de juridiction ;

6° Les personnels administratifs, les personnels de service social et les personnels de surveillance affectés dans les services pénitentiaires d'insertion et de probation, individuellement désignés et spécialement habilités à cet effet par le directeur interrégional des services pénitentiaires.

Art. R. 113-54 Sont destinataires des données à caractère personnel enregistrées dans le traitement, outre les autorités et les personnels mentionnés par les dispositions de l'article R. 113-53 :

1° Les magistrats du siège et du ministère public pour les nécessités liées au traitement des seules procédures dont ils sont saisis ;

2° Les personnels habilités des services centraux et des services déconcentrés de la direction de l'administration pénitentiaire en charge du suivi des personnes placées sous main de justice pour les nécessités de l'accomplissement de leur mission.

Art. R. 113-55 Les droits d'information, d'accès, de rectification, d'effacement et de limitation des données prévus par les dispositions des articles 104 à 106 de la loi n° 78-17 du 6 janvier 1978 s'exercent auprès du procureur de la République près le tribunal judiciaire du siège de la juridiction saisie de la procédure ou dans le ressort duquel est situé le service pénitentiaire d'insertion et de probation auquel a été confiée la mesure.

Art. R. 113-56 Le droit d'opposition prévu par les dispositions de l'article 110 de la loi n° 78-17 du 6 janvier 1978 ne s'applique pas au présent traitement.

Art. R. 113-57 Les consultations du présent traitement font l'objet d'un enregistrement comprenant l'identifiant de leur auteur ainsi que la date, l'heure et l'objet de l'opération. Ces informations sont conservées pendant un délai de trois ans.

Art. R. 113-58 Le présent traitement peut faire l'objet d'une interconnexion avec le traitement automatisé relatif au contrôle des personnes placées sous surveillance électronique mobile et le système de gestion informatisée des personnes placées sous surveillance électronique.

Il peut faire l'objet d'une mise en relation avec le traitement automatisé dénommé "Cassiopée", le traitement automatisé du casier judiciaire national et le système de gestion nationale des personnes détenues en établissement pénitentiaire (GENESIS).

Toutefois, aucune des données mentionnées par les dispositions de l'article R. 113-51 ne peut faire l'objet d'une interconnexion ou d'une mise en relation.

§ 6 Aide à l'insertion et à la réinsertion des personnes confiées à l'administration pénitentiaire

Art. D. 113-59 Le service pénitentiaire d'insertion et de probation peut apporter une aide matérielle aux personnes qui lui sont confiées par les autorités judiciaires.

Art. D. 113-60 Auprès de chaque établissement pénitentiaire, le service pénitentiaire d'insertion et de probation a pour mission de participer à la prévention des effets désocialisants de l'emprisonnement sur les personnes détenues, de favoriser le maintien des liens sociaux et familiaux et de les aider à préparer leur réinsertion sociale.

Il assure les liaisons avec les divers services sociaux, éducatifs, médico-sociaux et prend tous contacts qu'il juge nécessaires pour la réinsertion des personnes détenues.

Art. D. 113-61 Le service pénitentiaire d'insertion et de probation contribue, en liaison avec le chef de l'établissement pénitentiaire et les services compétents, à l'élaboration de la programmation des activités sportives de l'établissement.

Art. D. 113-62 Le service pénitentiaire d'insertion et de probation, avec la participation, le cas échéant, des autres services de l'État, des collectivités territoriales et de tous organismes publics ou privés, favorise l'accès aux droits et aux dispositifs d'insertion de droit commun des personnes détenues et des personnes qui lui sont confiées par les autorités judiciaires.

Il s'assure de la continuité des actions d'insertion.

Art. D. 113-63 Le service pénitentiaire d'insertion et de probation détermine, en liaison avec les chefs d'établissement pénitentiaire auprès desquels il intervient, les actions de formation professionnelle au bénéfice des personnes placées sous main de justice, dans les conditions prévues par les dispositions de l'article D. 113-62.

Art. D. 113-64 A titre exceptionnel, il peut être fait appel à des personnes bénévoles, agréées par le directeur du service pénitentiaire d'insertion et de probation après avis du juge de l'application des peines, dans des conditions fixées par arrêté du garde des sceaux, ministre de la justice. *(Décr. nº 2022-1710 du 29 déc. 2022, art. 4)* « Cet arrêté est annexé au présent code. »

Le directeur du service peut retirer ou suspendre son agrément soit d'office, soit à la demande du juge de l'application des peines ou du procureur de la République. — *V. Annexe 9 ci-dessous.*

ANNEXE 9

Arrêté du 23 janvier 2023 fixant les conditions dans lesquelles sont agréées les personnes bénévoles participant aux missions des services pénitentiaires d'insertion et de probation

Art. 1er Les personnes bénévoles mentionnées à l'article D. 113-64 du code pénitentiaire sont agréées pour une période de deux ans renouvelable.

Pour obtenir cet agrément, les requérants doivent être âgés de plus de vingt et un ans et satisfaire notamment aux conditions suivantes :

1° Ne pas avoir fait l'objet d'une condamnation, d'une incapacité ou d'une déchéance mentionnées sur le bulletin nº 2 du casier judiciaire ;

2° N'avoir pas été l'auteur de faits contraires à l'honneur, à la probité et aux bonnes mœurs ayant donné lieu à une sanction disciplinaire ou administrative de destitution, radiation, révocation, de retrait d'agrément ou d'autorisation.

L'agrément des personnes bénévoles est subordonné à un stage probatoire de six mois.

Art. 2 En dehors des cas prévus par la loi, les personnes bénévoles mentionnées à l'article D. 113-64 du code pénitentiaire ne doivent divulguer aucune information recueillie dans l'exercice de leur mission.

Tout manquement à cette obligation peut entraîner la suspension ou le retrait de l'agrément.

Art. 3 Le directeur du service pénitentiaire d'insertion et de probation avise le directeur interrégional des services pénitentiaires de l'agrément d'une personne bénévole.

En cas de retrait ou de suspension de l'agrément d'une personne bénévole, le directeur interrégional des services pénitentiaires est tenu informé.

Le directeur du service pénitentiaire d'insertion et de probation délivre aux personnes bénévoles un document justifiant de leurs fonctions.

SECTION 3 Compétences des personnels de direction et délégations de signature

Art. R. 113-65 Le directeur interrégional des services pénitentiaires est compétent pour prendre les décisions administratives individuelles suivantes :

1° Agrément des associations pour le compte desquelles les personnes détenues peuvent être autorisées à travailler ;

2° Autorisation de visiter ou de communiquer avec des personnes non nominativement désignées détenues dans les établissements pénitentiaires situés dans le ressort de la direction interrégionale ;

3° Restitution de tout ou partie de la part disponible du compte nominatif d'une personne détenue réincarcérée après une évasion ;

4° Autorisation, pour une personne détenue, de se faire soigner par un médecin de son choix ;

5° Autorisation de portée interrégionale d'effectuer des photographies, croquis, prises de vue ou enregistrements sonores se rapportant à la détention ;

6° Autorisation, pour une mère détenue avec son enfant, de le garder auprès d'elle au-delà de l'âge de dix-huit mois ;

7° Nomination des membres non fonctionnaires de la commission consultative devant émettre un avis sur la demande mentionnée au 6° ;

8° Habilitation des aumôniers assurant le service religieux dans les établissements pénitentiaires ;

9° Autorisation de sortie des écrits d'une personne détenue en vue de leur publication ou divulgation sous quelque forme que ce soit ;

10° Autorisation, pour une personne détenue, d'être hospitalisée dans un établissement de santé privé ;

11° Autorisation d'hospitalisation d'une personne détenue dans un établissement de santé situé dans le ressort de la direction interrégionale des services pénitentiaires.

Pour l'exercice des compétences définies par le présent code, le directeur interrégional des services pénitentiaires peut déléguer sa signature à un ou plusieurs fonctionnaires appartenant à un corps de catégorie A occupant un emploi au siège de la direction interrégionale.

Art. R. 113-66 Le chef de l'établissement pénitentiaire est compétent pour délivrer les autorisations de visiter l'établissement qu'il dirige.

Pour l'exercice des compétences définies par le présent code, le chef d'établissement peut déléguer sa signature à son adjoint, à un fonctionnaire appartenant à un corps de catégorie A ou à un membre du corps de commandement placé sous son autorité.

Il peut également la déléguer à un major pénitentiaire ou à un premier surveillant, placé sous son autorité :

1° Pour les mesures d'affectation des personnes détenues en cellule ;

2° Pour les mesures de retrait, pour des motifs de sécurité, des objets et vêtements habituellement laissés en leur possession ainsi que des médicaments, matériels et appareillages médicaux ;

3° Pour les mesures de fouille des personnes détenues ;

4° Pour l'utilisation de moyens de contrainte ;

5° Pour la mise en œuvre des mesures de contrôle, pour des motifs de sécurité, des personnes accédant à l'établissement pénitentiaire.

Art. D. 113-67 Tout chef d'établissement pénitentiaire peut soumettre au directeur interrégional sous l'autorité duquel il est placé, une décision d'exécution de la détention relevant de sa compétence. Il en est pareillement pour le directeur interrégional à l'égard du garde des sceaux, ministre de la justice.

L'urgence peut conférer à un chef d'établissement une compétence qui relèverait normalement du directeur interrégional, à charge de compte rendu immédiat et si besoin téléphonique.

Art. D. 113-68 En l'absence du chef de service, le directeur du service pénitentiaire d'insertion et de probation délègue sa signature à un personnel du service pénitentiaire d'insertion et de probation pour ordonner les dépenses courantes nécessaires au fonctionnement du service.

Art. D. 113-69 Pour l'exercice des compétences définies par les dispositions du présent code, le directeur du service pénitentiaire d'insertion et de probation peut déléguer sa signature à un directeur d'insertion et de probation, à un chef de service d'insertion et de probation, et à un conseiller technique de service social.

CHAPITRE IV RÉSERVE CIVILE PÉNITENTIAIRE

Art. D. 114-1 Le garde des sceaux, ministre de la justice, peut faire appel à des réservistes pour assurer les missions mentionnées par les dispositions de l'article L. 114-1.

Art. D. 114-2 Les réservistes sont soumis aux règles régissant l'exercice du pouvoir hiérarchique dans leur service d'affectation.

Art. D. 114-3 Dans l'accomplissement de leurs missions, les réservistes disposent de toutes les prérogatives liées aux fonctions qu'ils exercent.

Les réservistes portent, lorsque la mission le requiert, un uniforme dont ils reçoivent dotation.

Ils se voient attribuer une carte professionnelle de réserviste civil pénitentiaire.

Art. D. 114-4 La gestion des réservistes est assurée par la direction interrégionale des services pénitentiaires dans le ressort de laquelle est situé leur domicile.

Le directeur interrégional pourvoit à leur affectation dans un service du ministère de la justice.

Les réservistes sont tenus d'avertir l'autorité de gestion de tout changement dans leur situation personnelle susceptible d'affecter l'accomplissement de leur mission.

Ils sont placés sous l'autorité du chef du service dans lequel ils sont appelés à servir.

Art. D. 114-5 La capacité à servir des réservistes donne lieu à un contrôle dont les modalités sont fixées par arrêté du garde des sceaux, ministre de la justice.

Art. D. 114-6 Des instructions du garde des sceaux, ministre de la justice, peuvent fixer des conditions particulières d'affectation dans certains services spécialisés.

Art. D. 114-7 Lorsque la nature de la mission le justifie et au regard des compétences et des acquis de son expérience professionnelle antérieure, le réserviste peut être amené à suivre une formation d'adaptation.

Art. D. 114-8 Les réservistes ne peuvent être âgés de plus de soixante-cinq ans.

Art. D. 114-9 Les droits et obligations du réserviste volontaire sont énoncés dans un contrat d'engagement le liant à l'État. La signature de ce contrat est subordonnée à la reconnaissance préalable de la capacité et de l'aptitude de l'agent à occuper l'emploi souhaité. Le contrat rattache le réserviste à son lieu d'affectation. Celui-ci est fixé en priorité dans le département dans le ressort duquel est situé le domicile du réserviste.

Art. D. 114-10 La durée du contrat est d'un an, renouvelable par décision expresse de l'autorité administrative, dans la limite de cinq ans. Les mentions devant figurer dans ce contrat sont précisées par arrêté du garde des sceaux, ministre de la justice. Ce contrat est modifié, en tant que de besoin, par voie d'avenant.

Art. D. 114-11 A titre exceptionnel et sur demande de la personne intéressée, l'exécution des obligations nées du contrat d'engagement peut être suspendue pour une durée maximum de six mois, sans que cette suspension ait pour effet de proroger la durée dudit contrat.

Art. D. 114-12 La résiliation du contrat d'engagement peut être prononcée par l'autorité administrative :

1° D'office, en cas d'inaptitude médicale de la personne intéressée à l'emploi ;

2° Sur demande justifiée de la personne intéressée.

Art. D. 114-13 La radiation de la réserve civile est prononcée automatiquement par l'autorité administrative dans les cas suivants :

1° Atteinte par la personne intéressée de la limite d'âge fixée par les dispositions de l'article D. 114-8 ;

2° Condamnation de la personne intéressée à une peine criminelle ou correctionnelle.

Art. D. 114-14 La radiation de la réserve civile peut être prononcée, après avis d'une commission présidée par le directeur interrégional des services pénitentiaires compétent, pour insuffisance professionnelle, inconduite ou manquement au code de déontologie du service public pénitentiaire.

Un arrêté du garde des sceaux, ministre de la justice, précise la composition et les modalités de fonctionnement de cette commission.

Art. D. 114-15 Les réservistes perçoivent, en rémunération des missions qui leur sont assignées, une indemnité et des frais de déplacement dont les montants sont établis selon un barème défini par arrêté conjoint du garde des sceaux, ministre de la justice, et du ministre chargé du budget. Les frais de déplacement couvrent l'aller et le retour entre le domicile du réserviste et son lieu d'affectation. Le calcul de l'indemnité part du jour de la mise en route du réserviste jusqu'au jour du retour à son domicile.

Art. D. 114-16 Lorsque le réserviste volontaire accomplit des missions d'une durée supérieure à dix jours ouvrés par année civile alors qu'il occupe un emploi salarié, il adresse par la voie recommandée une demande d'accord à son employeur. Celui-ci dispose d'un mois à compter de la notification de la demande pour se prononcer. L'employeur notifie au salarié son refus éventuel et le salarié informe l'administration pénitentiaire de ce refus. A défaut de réponse de l'employeur dans le délai d'un mois, l'accord de celui-ci est réputé acquis.

CHAPITRE V ACTEURS DE LA PRISE EN CHARGE DE LA SANTÉ DES PERSONNES DÉTENUES

SECTION 1 Établissements publics de santé rattachés aux établissements pénitentiaires

Art. R. 115-1 A chaque établissement pénitentiaire d'une région est rattaché un établissement public de santé situé à proximité, dont la désignation, les missions et le fonctionnement sont déterminés par les dispositions des articles R. 6111-27, R. 6111-28, R. 6111-30, R. 6111-32 à R. 6111-34 et R. 6111-39 du code de la santé publique. Les modalités d'intervention de chaque établissement public de santé rattaché à un établissement pénitentiaire sont fixées par un protocole, et le cas échéant, un protocole complémentaire, dans les conditions prévues par les dispositions des articles R. 6111-29, R. 6111-31, R. 6111-36 à R. 6111-38 du même code.

La prise en charge des frais afférents aux soins des personnes détenues en milieu pénitentiaire et en milieu hospitalier est organisée par les dispositions des articles R. 6111-35 et R. 6111-40 du même code.

La liste des unités hospitalières sécurisées interrégionales est établie par arrêté conjoint du garde des sceaux, ministre de la justice, du ministre en charge de la santé et du ministre en charge du budget. Cet arrêté est annexé au présent code. — *V. Annexe 10 ci-dessous.*

COMMENTAIRE

Depuis la publication de la circulaire interministérielle n° DGOS/DSR/DGS/DGCS/DSS/DAP/DPJJ /2012/373 du 30 octobre 2012 relative à la publication du guide méthodologique sur la prise en charge sanitaire des personnes sous main de justice, l'organisation des soins tant somatiques que psychiatriques est structurée en trois niveaux. Seul le « niveau 1 » est organisé sur le lieu de détention. Il concerne les soins ambulatoires dispensés par l'unité sanitaire en milieu pénitentiaire (USMP), anciennement nommée UCSA. Le « niveau 2 » concerne les soins nécessitant une hospitalisation courte ou à temps partiel en dehors de l'établissement pénitentiaire.

Le « niveau 3 » est, quant à lui, prévu afin d'accueillir en hospitalisation à temps complet. Dans ce type de situation, les soins sont délivrés en établissement de santé lorsque l'hospitalisation de niveau 2 ne peut proposer une prise en charge suffisante eu égard à l'état de santé du patient.

Les soins somatiques sont en principe dispensés en unité hospitalière sécurisée interrégionale (UHSI) ou à l'établissement public de santé national de Fresnes (EPSNF). Exceptionnellement, ils peuvent toutefois avoir lieu à l'hôpital de rattachement en chambre sécurisée.

L'instruction interministérielle n° DGOS/R4/SDIP/2022/165 du 18 novembre 2022 relative au fonctionnement des UHSI précise que celles-ci sont des structures hospitalières à vocation médico-chirurgicale rattachées conjointement à un établissement de santé et à un établissement pénitentiaire. Cette organisation particulière permet de répartir le rôle et les missions des différents personnels. Le personnel de santé a vocation à assurer la prise en charge médicale des personnes détenues, et le personnel de surveillance pénitentiaire se charge de la sécurisation et d'appliquer les règles de l établissement d'écrou durant la prise en charge hospitalière en urgence ou programmée Les prises en charge exclusivement psychiatriques ne relèvent pas de cette organisation. En pratique, il convient donc de trouver un équilibre entre les impératifs médicaux (respect des droits des patients écroués, accès aux soins, qualité et continuité de la prise en charge, secret et confidentialité) et les contraintes carcérales (prévention des évasions ou intrusions et sécurité des personnes et des biens).

Lorsqu'une hospitalisation en psychiatrie est nécessaire, la personne détenue est prise en charge soit en unité hospitalière spécialement aménagée (UHSA), soit au sein d'un établissement « autorisé en psychiatrie », exceptionnellement en unité pour malades difficiles (UMD). ❑

ANNEXE 10

Arrêté du 10 octobre 2022 relatif au ressort territorial et au cahier des charges des unités hospitalières sécurisées interrégionales destinées à l'accueil des personnes détenues

Art. 1er La liste des établissements de santé prévue à l'article R. 6111-39 du code de la santé publique pour assurer l'hospitalisation complète des personnes détenues, hors cas de troubles mentaux est établie comme suit :

Département au sein duquel la personne est détenue	Centre hospitalier vers lequel le patient doit être orienté
Dordogne, Gironde, Landes, Lot-et-Garonne, Pyrénées-Atlantiques, Corrèze, Creuse, Haute-Vienne, Charente, Charente-Maritime, Deux-Sèvres, Vienne – (Nouvelle-Aquitaine)	Centre hospitalier universitaire de Bordeaux
Nord, Pas-de-Calais, Aisne, Oise, Somme – (Hauts-de-France) Eure, Seine-Maritime – (Normandie)	Centre hospitalier régional universitaire de Lille
Allier, Cantal, Haute-Loire, Puy-de-Dôme, Ain, Ardèche, Drôme, Isère, Loire, Rhône, Savoie, Haute-Savoie – (Auvergne-Rhône-Alpes) Doubs, Jura, Haute-Saône, Territoire de Belfort, Côte-d'Or et Saône-et-Loire – (Bourgogne-Franche-Comté)	Hospices civils de Lyon
Alpes-de-Haute-Provence, Hautes-Alpes, Alpes-Maritimes, Bouches-du-Rhône, Var, Vaucluse – (PACA) Corse	Assistance publique – Hôpitaux de Marseille
Bas-Rhin, Haut-Rhin, Aube, Haute-Marne, Marne, Meurthe-et-Moselle, Meuse, Moselle, Vosges- Ardennes – (Grand Est)	Centre hospitalier régional universitaire de Nancy

Département au sein duquel la personne est détenue	**Centre hospitalier vers lequel le patient doit être orienté**
Côtes-d'Armor, Finistère, Ille-et-Vilaine, Morbihan – (Bretagne) Calvados, Manche, Orne – (Normandie) Loire-Atlantique, Maine-et-Loire, Mayenne, Sarthe, Vendée – (Pays de la Loire)	Centre hospitalier universitaire de Rennes
Aude, Gard, Hérault, Lozère, Pyrénées-Orientales, Ariège, Aveyron, Haute-Garonne, Gers, Lot, Hautes-Pyrénées, Tarn, Tarn-et-Garonne – (Occitanie)	Centre hospitalier universitaire de Toulouse
Cher, Eure-et-Loir, Indre, Indre-et-Loire, Loir-et-Cher, Loiret – (Centre Val de Loire) Paris, Seine-et-Marne, Yvelines, Essonne, Hauts-de-Seine, Seine-Saint-Denis, Val-de-Marne, Val-d'Oise – (Ile-de-France) Nièvre, Yonne – (Bourgogne-Franche-Comté)	Assistance publique – hôpitaux de Paris

Art. 2 Dans chacun des établissements de santé mentionnés à l'article 1er, est implantée une unité spécifiquement destinée à l'accueil des personnes détenues, dénommée "unité hospitalière sécurisée interrégionale" et placée sous l'autorité d'un praticien hospitalier.

Les lits de médecine de l'établissement public de santé national de Fresnes viennent en complémentarité de l'unité hospitalière sécurisée interrégionale de Paris, gérée par l'AP-HP.

Art. 3 Les aménagements des locaux spécialement prévus pour l'hospitalisation des personnes détenues dans les établissements de santé mentionnés à l'article 1er sont réalisés conformément au cahier des charges, défini conjointement par les ministres chargés de la santé et de la justice, figurant à l'annexe I du présent arrêté.

Art. 4 I. — Les dépenses d'aménagement des locaux mentionnés à l'article 3 sont prises en charge par l'État selon les modalités suivantes :

1° Sont pris en charge, notamment, par des crédits issus du fonds pour la modernisation et l'investissement en santé : les travaux de construction ou d'aménagement, l'équipement médical et le mobilier des locaux à usage de soins et connexes (dépenses relevant de l'établissement de santé) ;

2° Sont pris en charge par le programme 107, par une subvention d'équipement : les travaux et équipements supplémentaires rendus nécessaires du fait de la prise en charge de personnes détenues, y compris les aménagements et les installations spécifiques concernant les accès et les espaces de déambulation (dépenses relevant de l'administration pénitentiaire).

Les travaux liés à la maintenance de l'unité hospitalière sécurisée interrégionale sont effectués dans les mêmes conditions que pour les travaux de construction. La répartition de leur prise en charge financière figure en annexe V du présent arrêté.

II. — La maîtrise d'ouvrage est assurée par chacun des établissements de santé mentionnés à l'article 2 du présent arrêté. L'avant-projet sommaire (APS) de chaque opération est soumis à l'approbation conjointe du ministre chargé de la justice et du ministre chargé de la santé. Avant la mise en service, chaque unité d'hospitalisation interrégionale sécurisée fait l'objet, par les services déconcentrés du ministère de la justice et les agences régionales de santé, d'une visite de conformité aux dispositions prévues par le cahier des charges visé à l'article 4 du présent arrêté.

Art. 5 Pour chaque unité hospitalière sécurisée interrégionale, un protocole de fonctionnement précise l'organisation interne de l'unité hospitalière sécurisée interrégionale, sa capacité et son ressort territorial. Il aborde notamment :

— les missions des acteurs concernés ;
— les conditions d'admission ;
— les conditions de déambulation des personnes détenues dans les couloirs ou espaces extérieurs ;
— les modalités de visites des proches des personnes détenues ;
— les modalités de sortie ;
— les conditions de transport des personnes détenues ;
— les modalités d'accès liées aux urgences et plus particulièrement liées aux urgences vitales.

Il fixe également les modalités de gestion de la situation administrative et pénale des personnes détenues pendant la durée de leur hospitalisation.

Il prévoit les modes d'organisation interne définis entre les acteurs concernés afin d'assurer, notamment, la circulation de l'information nécessaire au bon fonctionnement de l'unité hospitalière sécurisée interrégionale. Il comprend également les modalités de coordination entre l'unité hospitalière interrégionale sécurisée et l'unité sanitaire en milieu pénitentiaire.

Le protocole est élaboré et signé par le centre hospitalier universitaire de rattachement de l'unité hospitalière sécurisée interrégionale, l'agence régionale de santé territorialement compétente ainsi que l'établissement pénitentiaire de rattachement de l'unité hospitalière sécurisée interrégionale. En sont également signataires, la direction interrégionale des services pénitentiaires et, le cas échéant, la direction interrégionale de la protection judiciaire de la jeunesse.

Art. 6 L'arrêté du 24 août 2000 relatif à la création des unités hospitalières sécurisées interrégionales destinées à l'accueil des personnes incarcérées est abrogé.

ANNEXES

ANNEXE I

CAHIER DES CHARGES POUR L'AMÉNAGEMENT DES UNITÉS HOSPITALIÈRES SÉCURISÉES INTERRÉGIONALES

1. **Implantation générale de l'unité**

L'implantation des unités destinées à l'hospitalisation des personnes détenues est réalisée au sein des services actifs de l'hôpital et le plus près possible du plateau technique. Toute implantation excentrée, loin des pôles actifs de l'établissement est exclue.

La situation en étage et en extrémité de bâtiment est à privilégier. Hormis la zone de dépôt des personnes détenues, l'implantation en rez-de-chaussée est, autant que faire se peut, à éviter.

Sauf impossibilité liée à la configuration architecturale de l'unité hospitalière sécurisée interrégionale, un espace de déambulation extérieur doit être aménagé et son utilisation encouragée.

Pour des raisons de sécurité, l'emplacement est choisi en excluant les vis-à-vis proches, faisant face ou surplombant l'unité, qu'ils soient construits (bâtiments, pylônes) ou naturels (butte, colline).

2. **Fonctionnalité générale**

Les principes de fonctionnement d'une unité sont les suivants :

— une unité de soins classique, lieu d'hébergement des personnes détenues et de réalisation des soins, dont toutes les circulations internes sont sous contrôle du personnel pénitentiaire ;

— un accès unique dont le contrôle est assuré par un poste de contrôle central protégé, situé à l'entrée de l'unité, et destiné aux personnels pénitentiaires ;

— un périmètre extérieur dont la sécurité est renforcée afin d'empêcher toute évasion, intrusion ou communication avec l'extérieur.

La notion de sécurité dans et pour les unités se décline en quatre points principaux dont découlent les mesures matérielles nécessaires pour assurer cette sécurité :

— prévenir toute tentative d'évasion des personnes détenues hospitalisées ;

— protéger les personnes détenues d'une éventuelle agression extérieure ;

— prévenir toute entrée en force dans l'unité provenant de l'extérieur ;

— surveiller et prévenir toute tentative d'agression d'une personne détenue à l'encontre du personnel (soignant ou de garde) et toute tentative d'auto-agressions.

Ces unités étant des établissements recevant du public, elles doivent respecter tous les règlements et normes s'y appliquant, en particulier le règlement de sécurité contre les risques d'incendie. En ce qui concerne la réglementation pénitentiaire, une deuxième issue – dite de secours – est créée à l'autre extrémité de l'unité. Son ouverture, non automatique, est effectuée manuellement en cas de sinistre par les personnels pénitentiaires qui, seuls, en détiennent la clef. La serrure de cette porte est munie d'un seul canon placé côté intérieur. Cette issue est sous surveillance vidéo, intérieure et extérieure, et munie d'une alarme à l'ouverture, reliée au poste de contrôle central.

De même pour l'application des règles d'hygiène et de salubrité publique, le règlement sanitaire départemental type (chapitre IV "Hébergement collectif") s'applique à ces unités tant que de nouvelles dispositions réglementaires ne sont pas publiées.

3. **Spécifications fonctionnelles et architecturales des locaux pour une unité type de 16-21 lits**

L'unité est réalisée selon le schéma fonctionnel, tel que décrit à l'annexe II, en distinguant trois secteurs principaux : la zone d'entrée et de contrôle, les locaux de parloir et l'unité de soins proprement dite.

3.1. *La zone d'entrée et de contrôle*

Cette zone constitue l'espace de contrôle de l'ensemble des accès ; elle est placée sous l'autorité des personnels pénitentiaires. Toute personne ou véhicule devant entrer ou sortir de l'unité doit passer par cette zone et y être contrôlé.

Elle est conçue selon le schéma fonctionnel figurant en annexe III.

3.1. *a) Accès des véhicules de transport des personnes détenues*

Une zone particulière est réservée pour le départ et l'arrivée des véhicules de transfert entre les établissements pénitentiaires et l'unité hospitalière sécurisée interrégionale. Cette zone est constituée d'un volume fermé, sécurisé, clos par une porte permettant l'accès des véhicules et placée sous surveillance extérieure vidéo, avec liaison par interphone au poste de contrôle central. La porte d'accès à l'unité, placée intérieurement et extérieurement sous surveillance vidéo, est équipée d'une condamnation télécommandée à partir du poste de contrôle central.

Le dimensionnement de ce sas doit permettre d'effectuer, portes fermées :

— le stationnement d'un véhicule utilitaire sécurisé traditionnel de transport ;

— la manutention d'une personne détenue sur brancard sans manœuvre spéciale de la personne détenue.

3.1. *b) Accès piétons par le sas d'accès unique (10 m^2)*

Le sas d'accès unique permet aux personnels pénitentiaires d'effectuer le contrôle de toute personne entrant ou sortant de l'unité hospitalière sécurisée interrégionale. Ce sas permet l'accès piétons depuis l'extérieur à travers le sas véhicule. Il donne accès à l'unité proprement dite et aux locaux parloirs.

Le sas d'accès à l'unité est entièrement commandé électriquement depuis le poste de contrôle central (interphonie, avec vidéo-surveillance si nécessaire). Les serrures électriques du sas sont asservies et doivent aussi pouvoir fonctionner manuellement en mode dégradé. L'installation d'un détecteur de masse métallique dans le sas est prévue.

Des casiers "type consigne" sont installés dans ce sas d'accès pour permettre de déposer des objets appartenant aux visiteurs et aux personnels sanitaires (4 casiers demi-hauteur *a minima*).

3.1. *c) Le poste de contrôle central (15 m^2)*

Occupé 24 heures sur 24 par le personnel pénitentiaire, ce poste est situé à l'entrée de l'unité. Il doit avoir une vue directe sur la totalité du sas ainsi que de part et d'autre des portes dudit sas. Il est équipé d'un hygiaphone et d'un passe documents, donnant sur l'intérieur du sas. Le vitrage de ce poste est pare-balles.

L'accès à ce poste s'effectue par une porte située à l'intérieur de l'unité.

L'agent en poste est chargé :

— du contrôle des entrées et des sorties de l'unité ;

— de la gestion des systèmes de surveillance périmétrique (vidéo, alarmes, etc.).

Des liaisons téléphoniques et radioélectriques relient ce poste au commissariat central ou à la gendarmerie.

3.1. *d) Les bureaux des responsables pénitentiaires (administration pénitentiaire)*

Deux bureaux, de 10 m^2 chacun, pour les responsables des personnels pénitentiaires sont prévus. Ils sont positionnés, pour le premier, à l'intérieur de l'unité d'hospitalisation et, pour le second, à proximité du poste de contrôle central.

3.1. *e) Les locaux du personnel pénitentiaire*

Les locaux, accessibles depuis la circulation intérieure de l'unité, sont les suivants :

— un local de détente (15 à 20 m^2) ;

— un vestiaire hommes (0,56 m^2 $\times$ effectif prévisionnel total hommes) ;

— un vestiaire femmes (0,56 m^2 $\times$ effectif prévisionnel total femmes) ;

— des sanitaires (hommes et femmes) avec lavabos, W-C et douches.

Les locaux de détente sont équipés d'une kitchenette, avec un groupe filtrant, et d'un plan de travail avec deux ou trois prises électriques.

Les vestiaires sont équipés d'armoires individuelles de rangement.

3.1. *f) Armurerie (4 m^2)*

Une salle de rangement et de décharge des armes contenant une armoire spécifique blindée de rangement des armes et un bac de décharge des armes est prévue. L'armoire est sécurisée avec contrôle de l'ouverture par identification biométrique. La supervision de cette installation de biométrie doit être installée sur le poste informatique du poste de contrôle central de manière à permettre :

— le suivi en temps réel de l'ouverture des armoires, et des sorties et retours d'armes (identification de chaque arme) ;

— la remontée d'alarme en cas de porte ouverte trop longtemps ou de non-retour d'une arme ;

— l'enregistrement de ces mouvements dans un historique.

L'accès à cette salle s'effectue par le poste de contrôle central.

3.2. *Les locaux de parloirs (16 m²)*

Aux termes de l'article D. 115-16 du code pénitentiaire, les règlements pénitentiaires demeurent applicables aux personnes détenues admises à l'hôpital dans toute la mesure du possible. La personne détenue peut notamment recevoir la visite de ses proches *[art. L. 341-1 à L. 341-5 et L. 341-7 C. pénit.]*. Ces visites sont organisées dans les parloirs. La zone parloir comprend :

— des cabines individuelles (réservées aux personnes détenues et leur famille), à raison d'une pour 10 lits ;

— un local fouille.

Une attention particulière doit être portée à l'accès à des toilettes et à un point d'eau pour les visiteurs et tout particulièrement les jeunes enfants.

3.2. *a) La cabine*

Son accès s'effectue :

— pour les visiteurs : depuis le sas d'accès par une porte commandée électriquement depuis le poste de contrôle central, après avoir, au préalable, déposé dans les casiers réservés à cet effet dans le sas d'entrée tout objet interdit ;

— pour les personnes détenues : par le local fouille relié à l'unité par une circulation.

La cabine, de dimensions suffisantes pour recevoir un fauteuil roulant, est équipée d'une table (0,60 × 0,60 m) et de quatre chaises.

Les deux portes, celle donnant sur le local fouille et celle permettant l'accès à la cabine, sont équipées d'un oculus à vitrage anti-effraction.

Une liaison interphonique est prévue entre la cabine et le poste de contrôle central.

La surveillance de cette ou ces cabines est effectuée par le personnel pénitentiaire.

Par ailleurs, une des cabines est équipée d'un dispositif de séparation amovible dans le cas où, pour des raisons de sécurité, la personne détenue ne doit pas entrer en contact physique avec ses visiteurs.

3.2. *b) Le local fouille*

Il permet que soient effectuées les fouilles à corps des personnes détenues avant et après les visites dans le respect des articles L. 225-1 à L. 225-3 du code pénitentiaire. Ces fouilles sont assurées par le personnel pénitentiaire.

Son accès s'effectue depuis une circulation allant à l'unité de soins. Il donne directement sur l'espace cabines. Les deux portes, commandées manuellement, sont équipées d'un oculus à vitrage anti-effraction.

Le local fouille comporte un lavabo.

3.3. L'unité de soins

La partie sanitaire de l'unité hospitalière sécurisée interrégionale ne diffère en rien d'une unité d'hospitalisation traditionnelle en termes d'équipement technique et médical. En conséquence, l'ensemble des dispositions légales et réglementaires s'appliquant à la réalisation et à l'exploitation de telles unités s'applique à cette unité.

Toutefois, les chambres sont conçues et aménagées de la façon suivante :

— toutes les chambres possèdent un bloc sanitaire intégrant un lavabo, une douche et un W-C ; ce bloc sanitaire est isolé de la chambre par l'installation d'une demi-porte battante, type "saloon", d'une hauteur permettant de préserver l'intimité du patient détenu, non condamnable par l'utilisateur. Il est situé de façon à ne pas gêner la surveillance visuelle totale de la chambre à partir de l'oculus sécurisé *[le vitrage des oculus doit être a minima de classe P2]* (15 cm × 100 cm *minima*) installé dans la porte d'accès à la chambre, ou d'une baie vitrée de surveillance située en partie haute (entre 1,30 m et 1,80 m) de la cloison entre la chambre et le couloir de circulation, si la porte ne dispose pas d'éléments de transparence ;

— la porte de la chambre offre une largeur de passage de 110 cm minimum ;

— un placard (non destructible) est intégré dans le local, positionné de façon à ne pas gêner la surveillance visuelle totale de la chambre à partir de l'oculus sécurisé.

Un meuble de protection des dispositifs médicaux de surveillance et de perfusion est prévu.

4. **Spécifications techniques particulières des installations**

4.1. *Sécurité incendie*

Pour la sécurité incendie, une sortie unique de dégagement, d'une largeur en unités de passage correspondant à la capacité retenue pour l'unité, est prévue à l'opposé de l'entrée principale. Cette sortie de secours est fermée par une porte à serrure de sûreté mécanique avec un seul canon côté intérieur, munie d'une alarme signalant son ouverture au poste de contrôle central, et placée sous surveillance vidéo reliée à ce même poste.

La résistance mécanique de cette porte est identique à celle de la porte d'accès à l'unité.

4.2. *Structure et cloisonnement, faux plafond*

A l'intérieur de l'unité, toutes les cloisons doivent avoir une résistance mécanique équivalente à un parpaing plein de 10 cm d'épaisseur.

Les chambres d'hospitalisation ne doivent pas comporter de faux plafond ; en cas d'absolue nécessité, seul un faux plafond fixe et résistant est admis.

4.3. *Portes, fenêtres, volets roulants*

4.3. *a) Portes intérieures*

La structure de l'ensemble (huisserie + ouvrant) pour les chambres et autres locaux est renforcée : trois paumelles, âme pleine multiplis type porte coupe-feu, serrure de sûreté à un seul cylindre situé à l'extérieur pour les chambres.

Toutes les portes des locaux accessibles aux personnes détenues sont à ouverture vers l'extérieur des locaux. Les serrures des portes d'accès à l'unité depuis l'extérieur, y compris celles donnant sur le sas de contrôle, sont à commande électrique (manœuvrable manuellement en mode dégradé) depuis le poste de contrôle central, avec ferme-porte hydraulique et interphone bidirectionnel.

4.3. *b) Fenêtres et menuiseries extérieures*

L'ensemble des fenêtres extérieures de l'unité est traité anti-effraction, que ce soit le châssis (paumelles, fixations, etc.) ou le vitrage *[le vitrage sera de classe P2]*. Elles sont impérativement barreaudées avec les caractéristiques suivantes : acier haute résistance de type Z 120 M 12, barreaux en profilé plein de section 2 cm et à espacement de 11 cm maximum. Ceux-ci peuvent être remplacés par des claustra bétons.

Si les locaux sont équipés d'une ventilation mécanique, les châssis peuvent être fixes. Dans ces conditions, une possibilité d'aération naturelle est envisageable en partie supérieure des châssis avec limiteur d'ouverture.

4.3. *c) Volets roulants*

Toutes les fenêtres extérieures des chambres sont équipées de volets roulants en métal ou PVC. Le volet doit être situé à l'extérieur, avec une commande intérieure de type manivelle pouvant être facilement déposable. La personne détenue ne doit pas pouvoir elle-même actionner ce store.

4.4. *Plomberie, chauffage*

Les installations de ventilation, climatisation, conditionnement d'air sont conçues de façon à ne pas permettre l'introduction dans l'installation de produits ou gaz nocifs.

Cette remarque s'applique de façon identique aux installations de plomberie.

4.5. *Remarques générales*

Les appareils et équipements techniques et sanitaires, que ce soit dans les chambres, les cabines parloirs ou les locaux de soins, doivent être robustes, fixés solidement aux parois et à bords arrondis. Les équipements et les protections atteignables par les personnes détenues sont rendus indémontables (utilisation d'outils spéciaux pour démontage ou cordons de soudure). Le choix des équipements, des matériaux et leurs mises en œuvre respectives ne permettent pas la cache. Les réseaux de distribution d'eau et d'évacuation doivent être le moins apparents possible ; il en est de même pour les réseaux de distribution de chauffage. Les tuyauteries apparentes sont recouvertes d'un caisson résistant et solidement fixé.

4.6. *Installations électriques (Courants forts – Courants faibles – Câblage informatique – Vidéo)*

Le tableau général basse tension de l'unité, afin de ne pas être accessible aux personnes détenues, est placé dans le poste de contrôle central sous armoire fermant à clef. Les tableaux divisionnaires éventuels sont placés soit dans des gaines techniques fermées à clef, soit dans les locaux du personnel soignant. L'éclairage de sécurité prévu au règlement de sécurité incendie est installé selon les règlements en vigueur, avec batteries, le cas échéant, ou éléments de commande placés dans des locaux inaccessibles aux personnes détenues.

L'unité est équipée d'une alimentation électrique de secours d'une puissance suffisante pour garantir le fonctionnement des appareils médicaux, des équipements de sécurité et de surveillance ainsi que l'éclairage des locaux. Cette alimentation est assurée par un groupe électrogène placé dans un local sécurisé.

Les chambres d'hospitalisation sont équipées d'une prise TV mais pas de téléphone.

Pour le poste de contrôle central et les bureaux des chefs de poste, des prises électriques en nombre suffisant et des dessertes téléphoniques peuvent être installées si nécessaire.

Le câblage informatique est identique à celui du reste de l'hôpital et raccordé de façon active à celui-ci.

L'unité dispose, en dehors des liaisons téléphoniques de sécurité avec l'extérieur de l'établissement, de liaisons téléphoniques internes traditionnelles avec le reste de l'établissement, sans contrôle des conversations par les personnels de surveillance et de garde.

Un appel malade traditionnel avec gestion de la présence infirmière est installé. Les boîtiers de présence en chambre sont installés à l'extérieur des chambres. Le tableau général avec renvoi de phonie est installé au poste infirmier et la partie présence seule est renvoyée en parallèle au bureau du chef de poste pénitentiaire.

4.7. *Eléments divers de sécurité*

4.7. *a) Sécurité périmétrique*

Suivant le positionnement géographique de l'unité, un système de détection périmétrique, associé à un équipement vidéo, peut être installé à l'extérieur du bâtiment, afin d'assurer le contrôle des façades et des accès.

Le renvoi s'effectue au poste de contrôle central.

4.7. *b) Sécurité interne*

Les portes donnant dans le sas d'accès unique à l'unité sont asservies entre elles afin de ne pas permettre l'ouverture simultanée de deux portes.

Lorsque la vue directe n'est pas possible, un système vidéo, associé à une interphonie, doit permettre à l'agent du poste de contrôle central d'identifier les personnes avant l'ouverture.

Tous ces matériels sont à prévoir selon les directives des directions régionales des services pénitentiaires du ministère de la justice.

5. **Spécifications techniques de l'équipement médical et mobilier**

L'équipement médical et mobilier est réalisé dans les mêmes conditions que pour une unité d'hospitalisation traditionnelle.

ANNEXE II

SCHÉMA FONCTIONNEL DE L'UNITÉ HOSPITALIÈRE SÉCURISÉE INTERRÉGIONALE

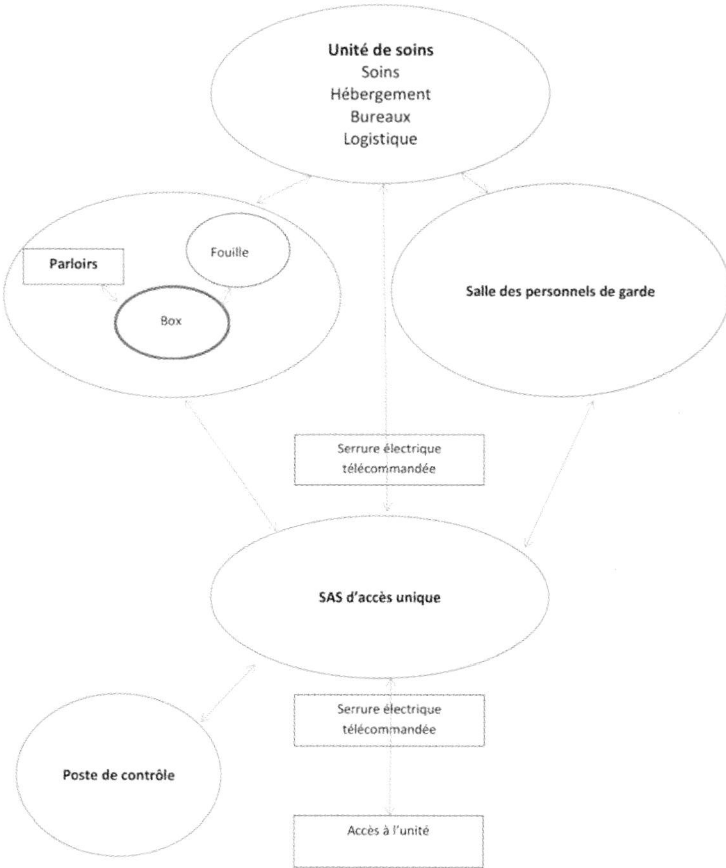

ANNEXE III

ZONE D'ENTRÉE ET DE CONTRÔLE

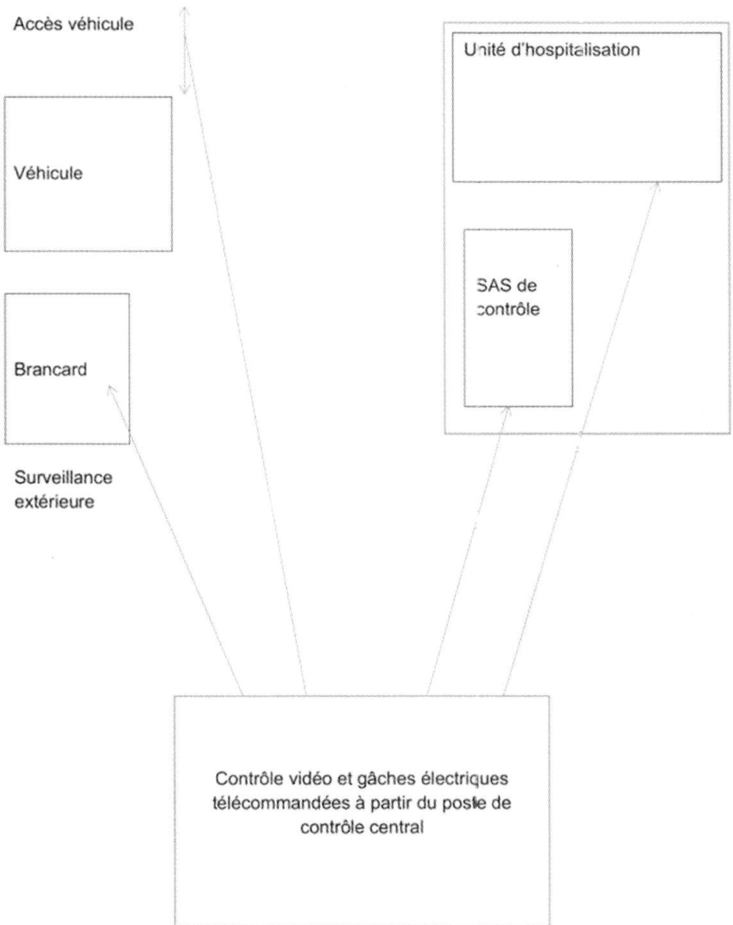

ANNEXE IV

Programme détaillé de la zone d'hospitalisation

A. Chambres individuelles Prévoir 2 chambres (23 m²) à deux lits		16 m²
B. Poste infirmier : zone administrative et zone préparation propre séparée	1	25 m²
C. Préparation sale	1	8 m²
D. Bureau médical	2	12 m²
E. Bureau internes, psychologue, assistante sociale	1	12 m²
F. Secrétariat médical, accueil, rendez-vous, archives	1	22 m²
G. Bureau cadre soignant	1	12 m²
H. Pièce de soins, explorations, petits actes chirurgicaux (équipée techniquement comme une salle de déchocage ou un poste de réanimation	1	25-30 m²
H2. Zone de préparation produits dangereux	1	6 m²
I. Rangement consommables, pharmacie	1	20-25 m²
I2. Rangement équipement, linge	1	5-10 m²
J. Détente personnels de soins	1	12 m²
K. Vestiaires et sanitaires personnels hommes et femmes avec douches	2	10 m²
L. Office alimentaire	1	15 m²
M. Utilité linge sale, déchets	1	8 m²
N. Utilité sale nettoyage, vidoir, ménage	1	6 m²
N2. Utilité propre, lavage linge personnes détenues	1	6 m²
O. Salle de jour placée sous surveillance visuelle directe des personnels pénitentiaires (pour les UHSI comprenant des lits de long séjour)	1	15 m²
P. Sanitaires et douches accessibles pour les personnes à mobilité réduite	1	8 m²

ANNEXE V

Répartition des dépenses d'entretien et de maintenance entre l'administration pénitentiaire et les établissements de santé

La présente annexe précise les modalités de répartition entre l'administration pénitentiaire et les établissements de santé des dépenses d'entretien, de maintenance et de fonctionnement des unités hospitalières sécurisées interrégionales.

De manière générale, les prestations d'entretien du clos, du couvert et des corps d'état secondaires de finition, ainsi que la maintenance et l'exploitation des installations techniques telles que, notamment, les réseaux électriques et équipements associés (prise de courant, éclairage, etc.), les réseaux de plomberie, chauffage, ventilation, climatisation, et les équipements associés (W-C, points d'eau, appareils de chauffage, etc.), le système sécurité incendie, les ascenseurs sont financés par les établissements de santé y compris dans les zones pénitentiaires du bâtiment unité hospitalière sécurisée interrégionale. Les travaux de maintenance et l'entretien rendus nécessaires du fait de constructions, d'aménagements, et de l'installation d'équipements médicaux ou de mobiliers des locaux à usage de soins et connexes sont également financés par les établissements de santé.

Les travaux d'entretien et de maintenance rendus nécessaires par la prise en charge des personnes détenues, comprenant les coûts de sécurisation des locaux et de leur environnement périmétrique, sont financés par l'administration pénitentiaire.

Les opérations de maintenance et de renouvellement des équipements de sécurisation sont pilotées par le centre hospitalier, maître d'ouvrage. Elles doivent faire l'objet d'une validation de l'administration pénitentiaire en amont du lancement des travaux.

En cas de dégradation volontaire, le centre hospitalier de rattachement prend en charge les réparations et remplacements, hormis pour le matériel propre à l'administration pénitentiaire.

Les contrôles périodiques sont pris en charge selon la même répartition que celle des investissements listés dans le tableau ci-dessous.

Le nettoyage des bureaux est mis en œuvre par l'établissement de santé, avec un remboursement au prorata des surfaces occupées par l'administration pénitentiaire.

Enfin, il est précisé que la liste des charges dressée ci-dessous n'est pas exhaustive, celles qui apparaîtraient à l'usage devront faire l'objet d'une évaluation de répartition localement.

TABLEAU DE RÉPARTITION DES DÉPENSES D'ENTRETIEN/MAINTENANCE DAP/ÉTABLISSEMENTS DE SANTÉ POUR LES UHSI

	Financement AP	Financement partagé	Financement Établissement de santé
Travaux bâtiment			
Armurerie (armoires renforcées)	x		
Autocom pénitentiaire	x		
Bagage X	x		
Barreaudage	x		
Cloisons, murs séparatifs chambres			x
Portes et serrures de chambre			x
Portes (dont oculus) et serrures sécurisées	x		
Portique de détection des masses métalliques	x		
Revêtement de sol			x
Sécurisation du sas	x		
Vitrage			x
Vitrage sécurisé anti effraction	x		
Vitrage pare-balles	x		
Volets			x
Sécurisation zone commune et soins			
Alarmes coup de poing		x	
Alarmes (émetteurs-récepteurs) personnel pénitentiaire	x		

	Financement AP	Financement partagé	Financement Établissement de santé
Centrale alarme anti-intrusion (détection périmétrique)	x		
Équipement vidéosurveillance pénitentiaire	x		
Grilles et/ou portes d'accès sécurisées	x		
Infrastructure alarmes		x	
Interphonie	x		
Onduleur (selon équipement protégé)		x	
PCC (Poste de Contrôle Central)-Équipement de sécurité	x		
Points téléphone dans les unités de soins (compétence TELIO)	x		
Portes issues de secours			x
Sécurisation des parloirs	x		
Système de déclenchement d'alarme d'ouverture des issues de secours			x
Travaux extérieurs			
Caméras de surveillance extérieures	x		
Clôtures grillagées	x		
Détection périmétrique (type infrarouge ou hyperfréquence)	x		
Éclairage extérieur pénitentiaire nécessaire à la sécurisation du site	x		
Liaison téléphonique sur réseau Autocom			x
Liaison téléphonique sur réseau externe	x		
Maintenance infrastructure de câblage			x
Maintenance des équipements de réseau	x		
Parking visiteurs personnels			x
Sécurisation places véhicules de transports pénitentiaires	x		
Locaux personnels pénitentiaires			
Armoires vestiaires	x		
Kitchenette	x		
Mobilier	x		

Art. R. 115-2 Les unités hospitalières spécialement aménagées au sein des établissements de santé prennent en charge les personnes détenues souffrant de troubles psychiatriques, avec ou sans leur consentement, dans les conditions prévues par les dispositions des articles R. 3214-1 et R. 3214-2 du code de la santé publique, et selon

les modalités arrêtées par la convention prévue par les dispositions de l'article R. 3214-3 du même code.

La liste des unités hospitalières spécialement aménagées est établie par arrêté conjoint du garde des sceaux, ministre de la justice, du ministre de l'intérieur et du ministre en charge de la santé. Cet arrêté est annexé au présent code. – *V. Annexe 11 (Arr. du 20 juill. 2010) ci-dessous.*

ANNEXE 11

Arrêté du 20 juillet 2010 relatif au ressort territorial des unités spécialement aménagées destinées à l'accueil des personnes incarcérées souffrant de troubles mentaux

Art. 1er La liste et le ressort des unités spécialement aménagées relevant d'un établissement de santé prévus à l'article R. 3214-1 du code de la santé publique sont établis comme suit :

UNITÉ HOSPITALIÈRE spécialement aménagée	LISTE DES ÉTABLISSEMENTS pénitentiaires du ressort de chaque UHSA	ÉTABLISSEMENT PÉNITENTIAIRE d'écrou des personnes détenues hospitalisées en UHSA
Unité hospitalière spécialement aménagée du centre hospitalier universitaire de Lille-Seclin	Les établissements pénitentiaires de la direction interrégionale des services pénitentiaires de Lille	Centre pénitentiaire de Lille-Loos-Sequedin
Unité hospitalière spécialement aménagée du centre hospitalier de Cadillac	Les établissements pénitentiaires de la direction interrégionale des services pénitentiaires de Bordeaux	Maison d'arrêt de Bordeaux-Gradignan
Unité hospitalière spécialement aménagée du centre hospitalier Guillaume Régnier, Rennes	Les établissements pénitentiaires de la direction interrégionale des services pénitentiaires de Rennes	Centre pénitentiaire de Rennes-Vezin
Unité hospitalière spécialement aménagée de l'assistance publique de Marseille	Les établissements pénitentiaires de la direction interrégionale des services pénitentiaires de Marseille	Centre pénitentiaire de Marseille-les Baumettes
Unité hospitalière spécialement aménagée du centre hospitalier Gérard Marchant, Toulouse	Les établissements pénitentiaires de la direction interrégionale des services pénitentiaires de Toulouse	Maison d'arrêt de Toulouse-Seysses
Unité hospitalière spécialement aménagée du centre hospitalier de Laxou-Nancy	Les établissements pénitentiaires de la direction interrégionale des services pénitentiaires de Strasbourg, à l'exception des établissements situés sur les départements du Jura et du Doubs.	Centre pénitentiaire de Nancy
	Les établissements de la direction interrégionale des services pénitentiaires de Dijon situés sur les départements suivants : Marne, Ardennes, Haute-Marne, Aube (uniquement le centre pénitentiaire de Clairvaux)	

UNITÉ HOSPITALIÈRE spécialement aménagée	**LISTE DES ÉTABLISSEMENTS pénitentiaires du ressort de chaque UHSA**	**ÉTABLISSEMENT PÉNITENTIAIRE d'écrou des personnes détenues hospitalisées en UHSA**
Unité hospitalière spécialement aménagée du Vinatier-Lyon	Les établissements pénitentiaires de la direction interrégionale des services pénitentiaires de Lyon	Maison d'arrêt de Lyon-Corbas
	Les établissements de la direction interrégionale des services pénitentiaires de Dijon situés sur les départements suivants : Côte-d'Or, Saône-et-Loire	
	Les établissements de la direction interrégionale des services pénitentiaires de Strasbourg situés sur les départements suivants : Jura, Doubs	
Unité hospitalière spécialement aménagée du centre hospitalier Paul Guiraud, Villejuif	Les établissements de la direction interrégionale des services pénitentiaires de Paris	Centre pénitentiaire de Fresnes
UHSA du centre hospitalier départemental Georges Daumezon, Orléans	les établissements pénitentiaires de la direction interrégionale des services pénitentiaires de Dijon situés sur les départements suivants : Aube (à l'exception du centre pénitentiaire de Clairvaux), Cher, Eure-et-Loir, Indre, Indre-et-Loire, Loir-et-Cher, Loiret, Nièvre, Yonne	Maison d'arrêt d'Orléans

COMMENTAIRE

Depuis la création des unités hospitalières spécialement aménagées (UHSA) en 2002 (L. n° 2002-1138 du 9 sept. 2002 d'orientation et de programmation pour la justice), la prise en charge de la maladie mentale en prison est organisée selon trois modalités :

– en soins ambulatoires, au sein des unités sanitaires en milieu pénitentiaire (USMP) ;

– en hospitalisation de jour dans les services médico-psychologiques régionaux (SMPR) et parfois dans certaines USMP ;

– en hospitalisation complète, soit en UHSA, en soins libres ou sans consentement, soit dans des services psychiatriques de proximité, uniquement en soins sans consentement sur décision du représentant de l'État, au titre de son pouvoir de police administrative spéciale.

Bien que le contrôleur général des lieux de privation de liberté estime pertinente cette organisation institutionnelle, il a maintes fois souligné que « l'accès aux soins ambulatoires et à l'hospitalisation de jour est très inégal selon que la personne détenue est ou non affectée dans un établissement doté d'un SMPR (CGLP, Avis du 14 oct. 2019 relatif à la prise en charge des personnes détenues atteintes de troubles mentaux, NOR : CPLX1933049V). D'un point de vue organisationnel, les UHSA fonctionnent selon le même modèle que les unités hospitalières sécurisées interrégionales (UHSI). Elles sont issues de la loi n° 2002-1138 du 9 septembre 2002 d'orientation et de programmation de la justice qui prévoit que « les personnes détenues, lorsqu'elles sont atteintes de troubles mentaux, sont hospitalisées dans des établissements de santé au sein d'unités spécialement aménagées » (codifiée aux art. L. 3214-1 s. CSP ; V. aussi Circ. interministérielle DGOS/R4/PMJ2 n° 2011-105 du 18 mars 2011 relative à l'ouverture et au fonctionnement des unités hospitalières spécialement aménagées). ❑

SECTION 2 Unités médicales et services médico-psychologiques

SOUS-SECTION 1 Unités sanitaires

Art. D. 115-3 **Les missions de diagnostic et de soins en milieu pénitentiaire et la coordination des actions de prévention et d'éducation pour la santé sont assurées par une équipe hospitalière placée sous l'autorité médicale d'un praticien hospitalier, dans le cadre d'une unité sanitaire en milieu pénitentiaire (USMP), conformément aux dispositions des articles R. 6111-27 à R. 6111-38 du code de la santé publique.**

En application des dispositions de l'article R. 6122-14 du code de la santé publique, le directeur général de l'agence régionale de santé désigne, pour chaque établissement pénitentiaire de la région, l'établissement public de santé situé à proximité de l'établissement pénitentiaire, qui est chargé de mettre en œuvre les missions décrites au premier alinéa du présent article.

En application des dispositions de l'article R. 6111-28 du code de la santé publique, lorsque l'établissement public de santé désigné par le directeur général de l'agence régionale de santé ne comporte pas de service de psychiatrie et que l'établissement pénitentiaire n'est pas desservi par un service médico-psychologique régional mentionné par les dispositions de l'article D. 115-6, le directeur général de l'agence régionale de santé désigne en outre, dans les mêmes conditions, l'établissement public de santé ou l'établissement de santé privé, situé à proximité, qui est chargé de dispenser aux personnes détenues les soins en psychiatrie.

COMMENTAIRE

Depuis la publication de la circulaire interministérielle n° DGOS/DSR/DGS/DGCS/DSS/DAP/DPJJ/2012/373 du 30 octobre 2012 relative à la publication du guide méthodologique sur la prise en charge sanitaire des personnes sous main de justice, l'organisation des soins tant somatiques que psychiatriques est structurée en trois niveaux. Seul le « niveau 1 » est organisé sur le lieu de détention. Il concerne les soins ambulatoires dispensés par l'unité sanitaire en milieu pénitentiaire (USMP), anciennement nommée UCSA. A noter que l'ensemble des établissements pénitentiaires ne disposent pas dans leurs murs d'un service médico-psychologique régional (SMPR). Dans ce cas, le directeur de l'agence régionale de santé est tenu d'organiser au mieux l'accueil des patients détenus nécessitant des soins psychiatriques. Sur les 175 USMP, seules 26 établissements peuvent s'appuyer sur le dispositif d'hospitalisation partielle en SMPR. ❑

1. V. notes ss. art. L. 115-2.

2. Imprévisibilité de l'acte suicidaire. En l'absence d'élément sur la probabilité d'un tel passage à l'acte, et alors qu'il ne résulte pas de l'instruction que le détenu a dû être pris en charge médicalement lors de son arrivée au centre pénitentiaire en raison d'un état dépressif et d'idées suicidaires, le centre hospitalier, dont dépend l'unité médicale du centre pénitentiaire, n'a commis aucune faute en ne délivrant pas aux autorités pénitentiaires les renseignements nécessaires à l'orientation et à la surveillance du détenu que justifiait son état de santé et en ne prenant pas en considération son état suicidaire connu. • CAA Lyon, 22 oct. 2020, n° 18LY04574.

Art. D. 115-4 **Les modalités d'intervention de l'établissement public de santé rattaché à un établissement pénitentiaire en application des dispositions de l'article R. 6111-27 du code de la santé publique sont fixées par un protocole signé dans les conditions prévues par les dispositions de l'article R. 6111-29 du même code.**

Les modalités d'intervention de l'établissement de santé désigné en application des dispositions de l'article R. 6111-28 du même code sont fixées par un protocole complémentaire signé dans les conditions prévues par les dispositions de l'article R. 6111-29 du même code.

Art. D. 115-5 **L'administration pénitentiaire met à disposition de l'unité sanitaire des locaux spécialisés destinés aux consultations, aux examens et, le cas échéant, à une implantation de la pharmacie à usage intérieur, en application des dispositions de l'article R. 6111-32 du code de la santé publique.**

Des cellules situées à proximité de l'unité sanitaire peuvent être réservées à l'hébergement momentané des personnes détenues malades dont l'état de santé exige des soins fréquents ou un suivi médical particulier, sans toutefois nécessiter une hospitalisation. L'affectation des personnes détenues dans ces cellules est décidée par le chef de l'établissement pénitentiaire, sur proposition du praticien responsable de l'unité sanitaire.

Art. D. 115-6 Les secteurs de psychiatrie en milieu pénitentiaire répondent aux besoins de santé mentale de la population détenue dans les établissements pénitentiaires relevant de chacun de ces secteurs, sans préjudice des actions de prévention, de diagnostic et de soins courants mises en œuvre par les secteurs de psychiatrie générale ou infanto-juvénile, en application des dispositions du code de la santé publique.

Chaque secteur de psychiatrie en milieu pénitentiaire est rattaché à un établissement dispensant des soins aux personnes détenues en application des dispositions de l'article L. 6111-1-2 du code de la santé publique et placé sous l'autorité d'un psychiatre, praticien hospitalier, assisté d'une équipe pluridisciplinaire. Il comporte notamment un service médico-psychologique régional aménagé dans un établissement pénitentiaire.

L'administration pénitentiaire prend à sa charge la construction, l'aménagement et l'entretien des locaux individualisés et adaptés, nécessaires au bon fonctionnement du service médico-psychologique régional, en application du décret mentionné par le précédent alinéa.

COMMENTAIRE

Préoccupations relativement anciennes et antérieures à la réforme de 1994, le suivi et la prise en charge de la santé mentale des personnes détenues se sont appuyés sur l'organisation traditionnelle en secteurs. L'organisation initiale a été fixée par le décret n° 86-602 du 14 mars 1986 relatif à la lutte contre les maladies mentales et à l'organisation de la sectorisation psychiatrique. Il s'agit d'un double dispositif divisé entre les secteurs de psychiatrie générale et les secteurs spécifiques au milieu pénitentiaire. Le socle repose sur les secteurs de psychiatrie générale intervenant au niveau des unités de consultations et de soins ambulatoires (UCSA), devenues unités sanitaires en milieu pénitentiaire (USMP), compétentes pour assurer les soins courants dans l'ensemble des établissements pénitentiaires relevant de leur zone géographique. Pour le reste, les secteurs de psychiatrie en milieu pénitentiaire (SMPR) prévus à l'article R. 115-12 du code pénitentiaire sont organisés pour assurer des missions spécialisées et bénéficient d'un statut particulier (V. comm. ss. art. R. 115-12). ❑

Art. D. 115-7 L'administration pénitentiaire assure la sécurité des personnes concourant aux missions de santé dans l'enceinte de l'établissement pénitentiaire.

Des personnels de surveillance sont affectés par le chef d'établissement pénitentiaire dans les unités sanitaires mentionnées par les dispositions de l'article D. 115-3 et les secteurs de psychiatrie en milieu pénitentiaire mentionnés par les dispositions de l'article D. 115-6, après avis des médecins responsables de ces unités et secteurs.

COMMENTAIRE

L'arrêté du 21 mai 2019 portant gestion des personnels affectés en unités hospitalières organise la composition des équipes de sécurité pénitentiaire intervenant auprès des unités hospitalières. Elles doivent être composées d'agents du corps d'encadrement et d'application du personnel de surveillance et du corps de commandement du personnel de surveillance. Chargées d'exécuter des missions de sécurisation des unités hospitalières sécurisées interrégionales et des unités hospitalières spécialement aménagées et, s'agissant des unités hospitalières sécurisées interrégionales, de la surveillance des personnes détenues qui y sont affectées, elles en assurent, sous l'autorité du chef d'établissement, la sécurisation ainsi que les missions extérieures de prise en charge des personnes détenues (art. 2). Pour les constituer, le chef d'établissement fait un appel à candidatures au sein de son établissement (art. 4). La seule condition pour y postuler est d'être titulaire d'un permis B valide et d'en justifier auprès de l'administration. Les agents sélectionnés font l'objet d'une évaluation psychologique et suivent différents modules obligatoires de formation organisés par la direction interrégionale (art. 5). Les conditions de retrait de l'habilitation individuelle sont explicitement prévues par l'arrêté du 21 mai 2019. ❑

1. Obligation de moyens. L'État est soumis à une obligation de moyens en matière d'organisation du service pour assurer la sécurité des personnels de santé donnant des consultations à l'intérieur de ses établissements pénitentiaires. En faisant valoir que des surveillants spécialement formés sont chargés d'assurer la sécurité de ces personnels au sein du service médico-psychologique du centre pénitentiaire concerné, l'État n'apporte pas la preuve qu'il aurait satisfait à l'obligation qui pesait sur lui puisqu'il résulte de l'instruction que les psychologues peuvent se trouver seuls avec les détenus dans les bureaux d'entretien sans être systématiquement munis d'un « bip » de sécurité. En l'espèce, Mme A. ne disposait pas d'un tel dispositif d'alerte alors que le patient qui l'a attaquée avait été condamné pour des faits d'agressions sexuelles et de viols sur femmes majeures en récidive. Par suite est établie la responsabilité pour manquement fautif de l'État dans l'organisation du centre pénitentiaire. • CAA Nantes, 27 févr. 2014, n° 12NT01026.

2. Protection fonctionnelle des agents hospitaliers. Il appartient à la collectivité publique, saisie d'une demande en ce sens, d'assurer une juste réparation du préjudice subi du fait des violences dirigées contre son agent. Dès lors qu'aucun motif d'intérêt général ne s'y opposait et que l'intéressée a explicitement sollicité le bénéfice de la protection fonctionnelle de l'art. 11 de la L. du 13 juill. 1983 en demandant expressément à être indemnisée des troubles dans les conditions d'existence résultant de l'agression qu'elle a subie, le centre hospitalier spécialisé était tenu d'assurer la réparation du préjudice subi du fait des violences dont elle a été victime. • CAA Nantes, 27 févr. 2014, n° 12NT01026. ♦ La nature et l'étendue de la juste réparation de l'agent agressé à l'occasion de ses fonctions incombant à la personne publique qui l'emploie ne dependent pas de l'évaluation du dommage faite par le juge judiciaire dans un litige opposant la victime des violences à son auteur, mais doivent être déterminées par le juge administratif compte tenu de l'obligation qui pèse sur la collectivité publique au titre de la protection fonctionnelle qu'elle doit à son agent et compte tenu des règles relatives à la responsabilité des personnes morales de droit public. • Même arrêt.

3. Affectation du personnel de surveillance. Le refus de sélectionner un surveillant pour occuper un emploi dans les unités hospitalières spécialement aménagées et dans l'unité hospitalière sécurisée interrégionale est une décision faisant grief susceptible d'être contestée par la voie du recours pour excès de pouvoir. A défaut d'un arrêté du ministre prévoyant les conditions de recrutement et d'emploi de ces personnels, le directeur de l'administration pénitentiaire, auteur de la note du 26 juin 2013 précisant les modalités de recrutement et de formation des agents souhaitant exercer leurs fonctions dans les unités hospitalières sécurisées interrégionales et les unités hospitalières spécialement aménagées, a excédé sa compétence et ainsi entaché d'illégalité ladite note. Par suite, la sous-directrice des ressources humaines et des relations sociales de la direction de l'administration pénitentiaire du ministère de la Justice ne pouvait, pour refuser de sélectionner le requérant, se fonder sur le motif tiré de ce qu'il ne remplissait pas la condition posée illégalement par cette note. • CAA Lyon, 27 févr. 2020, n° 18LY01483.

Art. D. 115-8 **Si une intervention médicale paraît nécessaire en dehors des heures d'ouverture de l'unité sanitaire les personnels pénitentiaires appliquent les directives prévues par le protocole mentionné par les dispositions du premier alinéa de l'article D. 115-4.**

COMMENTAIRE

Comme le rappelle le guide méthodologique relatif à la prise en charge sanitaire des personnes placées sous main de justice, c'est au médecin responsable de l'unité sanitaire en milieu pénitentiaire (USMP) qu'il revient d'organiser les modalités de recours à un médecin en cas d'urgence en dehors des heures de présence médicale à l'USMP. Cette organisation figure en annexe I du protocole A du guide. Pour en assurer l'efficacité, en particulier les règles de confidentialité avec le médecin régulateur, les modalités pratiques de recours à ce dispositif de permanence des soins sont consignées dans un document à disposition de l'ensemble des personnels concerné. ❑

Art. D. 115-9 **Le dossier médical des personnes détenues est conservé sous la responsabilité des établissements de santé comprenant une unité sanitaire ou un secteur de psychiatrie mentionnés par les dispositions des articles D. 115-3 et D. 115-6.**

Quand le dossier est établi par l'établissement de santé, il est soumis aux dispositions relatives aux règles de recueil des informations des patients du code de la santé publique.

Seul le personnel soignant peut avoir accès au dossier médical.

En cas de transfèrement ou d'extraction vers un établissement hospitalier, les informations médicales contenues dans le dossier sont transmises au médecin destinataire

dans des conditions matérielles garantissant leur inviolabilité. – *V. CSP, art. L. 1111-7, L. 1112-1, R. 1110-1 s. et R. 1112-1 s.* – ***CSP***.

COMMENTAIRE

Les dispositions de l'article D. 115-6 du code pénitentiaire renvoient directement aux règles générales inscrites dans le code de la santé publique (art. L. 1110-4, L. 1111-7, L. 1111-8 et R. 1112-2 s.) tant en ce qui concerne la collecte des données personnelles de santé et leur conservation que la protection du dossier médical et le droit d'y accéder. Les règles de constitution du dossier médical sont précisées aux articles R. 1112-2 et R. 1112-3 du code de la santé publique.

L'article D. 115-9 vise principalement à rappeler que les membres de l'administration pénitentiaire ne disposent pas d'un droit d'accès aux informations contenues dans le dossier médical, celles-ci ne doivent pas transiter par leur service au moment des extractions ou transfèrements et aucun membre extérieur à l'équipe de soins ne peut solliciter d'informations couvertes par le secret médical. De telles pratiques engagent tout autant la responsabilité de l'administration pénitentiaire que celle du service public hospitalier. Elles peuvent également donner lieu à une sanction pénale en application de l'article L. 1110-4 du code de la santé publique qui punit d'un an d'emprisonnement et de 15 000 € d'amende « le fait d'obtenir ou de tenter d'obtenir la communication [d']informations » couvertes par le secret médical. ❑

Art. D. 115-10 **Les établissements de santé comprenant une unité sanitaire ou un secteur de psychiatrie mentionnés par les dispositions des articles D. 115-3 et D. 115-6 établissent un rapport annuel d'activité incluant la présentation des actions de prévention et d'éducation pour la santé.**

Ce rapport est transmis aux signataires des protocoles. Il est présenté à l'instance de concertation constituée en application des dispositions de l'article R. 6111-36 du code de la santé publique ainsi qu'à la commission de surveillance.

Art. D. 115-11 **Les rapports annuels d'activité présentés en application de l'article D. 115-10 sont adressés au directeur interrégional des services pénitentiaires, qui en assure la transmission au ministère de la justice en y joignant ses éventuelles observations.**

SOUS-SECTION 2 **Services médico-psychologiques régionaux**

Art. R. 115-12 **Dans chaque région pénitentiaire et dans les conditions prévues par les dispositions de l'article R. 3221-5 du code de la santé publique, les services médico-psychologiques régionaux sont aménagés au sein des secteurs de psychiatrie en milieu pénitentiaire rattachés à des établissements de santé.**

COMMENTAIRE

L'article R. 115-12 renvoie aux dispositions de l'article R. 3221-5 du code de la santé publique relatif aux secteurs psychiatriques. Les secteurs de psychiatrie en milieu pénitentiaire (SMPR) ont une mission à la fois plus large et plus spécialisée que les unités sanitaires en milieu pénitentiaire consistant en la prévention des pathologies mentales et la prise en charge des soins psychiatriques en milieu pénitentiaire (visite systématique de tout nouvel arrivant dans l'établissement pénitentiaire d'implantation, suivi psychiatrique au cours de l'incarcération pour les patients volontaires, préparation du suivi post-pénal). A noter que la place et le rôle des SMPR sont encore l'objet de nombreuses discussions entre les administrations pénitentiaire et hospitalière, notamment à propos de la participation des professionnels de santé à la commission pluridisciplinaire unique (CPU) ou aux réunions de l'équipe pluridisciplinaire. Sur ce point, la circulaire du 21 juin 2012 (n° DGS/MC1/DGOS/R4/DAP/DPJJ/2012/94 du 21 juin 2012) est venue préciser la notion et les limites du partage d'informations opérationnelles, qui, pour ne pas porter atteinte au secret médical, doit être réservé aux données strictement nécessaires à une prise en charge conforme à l'obligation faite au service public pénitentiaire d'assurer la protection effective de l'intégrité physique des personnes détenues (CE 22 oct. 2014, n° 362681 : *AJ pénal 2014. 595, note Péchillon* ✎. V. ss. art. L. 322-4).

La réglementation organisationnelle des SMPR date de l'arrêté du 10 mai 1995, modifiant l'arrêté du 14 décembre 1986 relatif au règlement intérieur type fixant organisation des services médico-psychologiques régionaux relevant des secteurs de psychiatrie en milieu pénitentiaire qui adapte les règles à la réforme générale de la santé en détention de 1994. Le SMPR est un secteur de psychiatrie à part entière au sein d'un établissement pénitentiaire qui relève de l'autorité du directeur de l'établissement de soins et non du directeur de l'établissement pénitentiaire. Comme pour l'ensemble des secteurs de psychiatrie, chaque secteur de psychiatrie en milieu pénitentiaire est rattaché soit à un établissement public de santé, soit à un établissement de santé privé admis à participer à l'exécution du service public hospitalier. Il est placé sous l'autorité d'un psychiatre, praticien hospitalier, assisté d'une équipe pluridisciplinaire. La circulaire santé-justice du 30 octobre 2012 précise que les unités sanitaires et les SMPR sont désormais regroupés au sein d'une seule et même structure dénommée « unité sanitaire ». ❑

Art. D. 115-13 **Conformément aux dispositions de l'article D. 312-154-1 du code de l'action sociale et des familles, les personnes confiées au service public pénitentiaire peuvent être prises en charge en appartement de coordination thérapeutique et bénéficier d'un accompagnement médico-social adapté sur orientation d'un service médico-psychologique régional aménagé dans un établissement pénitentiaire.**

SOUS-SECTION 3 Personnels de santé

BIBL. ▸ CCNE, Avis n° 94 du 13 déc. 2006 (la santé et la médecine en prison).

§ 1 Habilitation du personnel hospitalier

Art. D. 115-14 **Les praticiens hospitaliers exerçant à temps plein dans les unités sanitaires ou les secteurs de psychiatrie mentionnés par les dispositions des articles D. 115-3 et D. 115-6 sont, préalablement à leur nomination, habilités par le garde des sceaux, ministre de la justice.**

Les praticiens hospitaliers exerçant à temps partiel dans ces structures sont, préalablement à leur nomination ou à leur affectation, habilités par le directeur interrégional des services pénitentiaires territorialement compétent.

Les autres personnels médicaux et hospitaliers exerçant dans ces structures sont, préalablement à leur nomination ou à leur affectation, habilités par le directeur interrégional des services pénitentiaires territorialement compétent.

Art. D. 115-15 **L'habilitation est accordée, après avis du préfet de département** *(Décr. n° 2022-1175 du 24 août 2022, art. 2, en vigueur le 1er sept. 2022)* **« ou, à Paris, du préfet de police ou, dans le département des Bouches-du-Rhône, du préfet de police des Bouches-du-Rhône », pour une période de cinq ans, renouvelable par tacite reconduction.**

L'habilitation ne peut être accordée aux personnes qui ont fait l'objet d'une condamnation justifiant l'inscription au bulletin n° 2 du casier judiciaire, pour des agissements contraires à l'honneur, à la probité ou aux bonnes mœurs.

L'habilitation est retirée de plein droit lorsque cette exigence cesse d'être remplie.

Art. D. 115-16 **Les personnels hospitaliers sont informés par le directeur interrégional des services pénitentiaires ou son représentant des conditions d'exercice en milieu carcéral et des obligations résultant des dispositions du présent code et du code de la santé publique.**

Le règlement intérieur, défini aux articles L. 112-4 et R. 112-22, de l'établissement pénitentiaire dans lequel ils sont amenés à exercer leur mission, doit leur être remis par le chef de l'établissement pénitentiaire.

Art. D. 115-17 **L'habilitation peut être suspendue par le directeur interrégional des services pénitentiaires pour les praticiens hospitaliers à temps plein, ou par le chef de l'établissement pénitentiaire pour les autres personnels hospitaliers, en cas de manquements graves aux dispositions du code de procédure pénale, du code de la santé publique, du règlement intérieur défini aux articles L. 112-4 et R. 112-22, ou du reste du présent code. Le directeur de l'établissement de santé doit en être préalablement informé.**

L'autorité qui a délivré l'habilitation rend, dans le mois suivant la suspension, une décision motivée de maintien ou de retrait de l'habilitation, après avoir recueilli les

observations de la personne habilitée et l'avis de l'autorité investie du pouvoir de nomination.

1. Qualification juridique du retrait d'habilitation. La mesure de retrait de l'habilitation ne constitue pas une sanction disciplinaire, même si elle est prise au terme d'une enquête administrative ayant établi des manquements aux dispositions de l'art. D. 221 C. pr. pén. Le moyen tiré de la disproportion de la sanction prononcée au regard de la gravité des faits reprochés ne peut, par suite, qu'être écarté. Le juge exerce néanmoins un contrôle entier de la qualification juridique des faits. • CAA Bordeaux, 7 mars 2006, n° 03BX00125.

2. Manquements graves justifiant un retrait. Le fait d'avoir permis à un prévenu d'obtenir des informations par son intermédiaire et celui de communiquer avec des membres de sa famille en méconnaissance des directives données par l'autorité judiciaire chargée du dossier pour les besoins de l'instruction constituent des manquements graves justifiant le retrait de l'habilitation. • CAA Bordeaux, 7 mars 2006, n° 03BX00125.

Art. D. 115-18 En cas d'absence ou d'empêchement de l'une des personnes habilitées, ou en cas de nécessité de service, d'autres personnels hospitaliers relevant de l'établissement de santé signataire du protocole passé en application des dispositions de l'article R. 6111-29 du code de la santé publique peuvent être autorisés, sur proposition du directeur de cet établissement, à pénétrer dans l'établissement pénitentiaire par le chef de l'établissement pénitentiaire.

Art. D. 115-19 Dans le cadre des actions de prévention et d'éducation pour la santé, l'autorisation d'accès à l'établissement pénitentiaire est accordée par le chef de l'établissement aux personnes intervenant au titre des collectivités territoriales et aux membres du réseau associatif spécialisé auquel peut faire appel l'établissement de santé.

Art. D. 115-20 Dans le cadre de la prise en charge globale des personnes présentant une dépendance à un produit licite ou illicite, l'autorisation d'accès à l'établissement pénitentiaire est accordée, par le chef d'établissement, aux personnels des structures spécialisées de soins, notamment des centres de soins d'accompagnement et de prévention en addictologie.

COMMENTAIRE

A des fins d'efficacité, l'instruction n° 2010-390 du 17 novembre 2010 relative à l'organisation de la prise en charge des addictions en détention préconise que le pilotage de la prise en charge globale prévue par l'article D. 115-20 soit assuré par un acteur identifié au sein de l'établissement pénitentiaire. Il est ainsi recommandé que ce rôle soit confié à une personne exerçant au sein de l'unité sanitaire en milieu pénitentiaire même si rien n'interdit que, par convention, cette mission soit assurée par une personne du secteur de psychiatrie en milieu pénitentiaire. ❑

§ 2 Attributions des médecins

Art. R. 115-21 Les médecins chargés des prestations de médecine générale intervenant dans les unités sanitaires et dans les services médico-psychologiques régionaux mentionnés par les dispositions de l'article R. 3221-5 du code de la santé publique assurent des consultations médicales, à la suite de demandes formulées par la personne détenue ou, le cas échéant, par le personnel pénitentiaire ou par toute autre personne agissant dans l'intérêt de la personne détenue.

Ces médecins sont en outre chargés de :

1° Réaliser un examen médical systématique pour les personnes détenues venant de l'état de liberté ;

2° Réaliser les visites aux personnes détenues placées au quartier disciplinaire ou confinées dans une cellule ordinaire dans les conditions prévues par les dispositions de l'article R. 234-31, chaque fois que ces médecins l'estiment nécessaire et au minimum, en tout état de cause, deux fois par semaine ;

3° Réaliser les visites aux personnes détenues placées à l'isolement, dans les conditions prévues par les dispositions de l'article R. 213-19, chaque fois que ces médecins l'estiment nécessaire et au moins deux fois par semaine ;

4° Réaliser l'examen des personnes détenues sollicitant des attestations relatives à une inaptitude au travail pour raison médicale ;

5° Réaliser l'examen médical des personnes détenues sollicitant une attestation relative à la pratique d'une activité sportive ;

6° Réaliser l'examen des personnes détenues sollicitant pour raison médicale un changement d'affectation ou une modification ou un aménagement quelconque de leur régime de détention.

1. Demande de consultation par un détenu. Lorsqu'un détenu formule une demande d'examen médical, l'administration pénitentiaire est tenue de faire les diligences nécessaires afin que l'unité de consultation et de soins ambulatoires compétente en soit saisie. • CE, ord., 12 août 2010, n° 342312. ♦ Le détenu concerné, qui a déjà demandé et obtenu des rendez-vous médicaux, y compris avec des médecins spécialistes, auprès de l'UCSA, est à même de formuler une nouvelle demande afin que cette unité puisse, le cas échéant, constater que son état de santé justifie un examen par un médecin neurologue et prescrire la fourniture de médicaments appropriés. Si une telle demande est présentée, il appartient à l'administration pénitentiaire de faire diligence pour la transmettre à l'UCSA. • Même arrêt. ♦ Néanmoins, faute d'urgence, la demande d'injonction présentée au juge du référé-liberté est rejetée. • Même arrêt.

2. Examen médical des personnes sollicitant une attestation à la pratique sportive. Les dispositions de l'art. R. 57-8-1 C. pr. pén. [C. pénit., art. R. 115-21] n'imposent pas à l'administration pénitentiaire de soumettre systématiquement les personnes détenues qui bénéficient d'une permission de sortie pour la pratique d'une activité sportive à un examen médical préalable. Elles se bornent à imposer aux médecins intervenant dans les établissements pénitentiaires d'établir des attestations d'aptitude à la pratique d'une activité sportive pour les personnes détenues qui le demandent. En l'absence de demande en ce sens, l'administration pénitentiaire n'a pas manqué à cette obligation et n'a pas commis de faute de nature à engager la responsabilité de l'État. • CAA Lyon, 1er févr. 2018, n° 15LY03989.

3. Suivi des personnes placées à l'isolement. Eu égard à la vulnérabilité des détenus et à leur situation d'entière dépendance vis-à-vis de l'administration, il appartient à celle-ci, et notamment aux directeurs des établissements pénitentiaires, en leur qualité de chefs de service, de prendre les mesures propres à protéger leur vie ainsi qu'à leur éviter tout traitement inhumain ou dégradant afin de garantir le respect effectif des exigences découlant des principes rappelés notamment par les art. 2 et 3 Conv. EDH. En cas de placement à l'isolement, il leur incombe en particulier de s'assurer du respect effectif des garanties prévues à l'art. R. 57-7-63 C. pr. pén. [C. pénit., art. R. 231-19] organisant l'intervention du médecin. La carence de l'autorité publique à ce niveau crée un danger caractérisé et imminent pour la vie des personnes ou les expose à être soumises, de manière caractérisée, à un traitement inhumain ou dégradant. • CE, ord., 26 avr. 2019, n° 429686.

4. V. égal. art. R. 213-19 et les notes.

Art. R. 115-22 Les médecins mentionnés par les dispositions de l'article R. 115-21 veillent à ce que la transmission, au personnel médical du nouvel établissement, des éléments utiles à la continuité des soins des personnes détenues soit assurée à l'occasion de leur transfert en application des dispositions des articles R. 1112-1 et R. 1112-2 du code de la santé publique.

Responsabilité de l'administration pénitentiaire. Si la détermination et la mise en œuvre du traitement médical des détenus relèvent de la compétence des autorités médicales, il incombe à l'administration pénitentiaire d'accomplir toutes diligences en vue de faciliter l'accès aux soins des personnes détenues. Doit dès lors être rejeté l'appel formé par le garde des Sceaux contre l'ordonnance de référé-liberté du tribunal administratif de Paris ordonnant au directeur interrégional des services pénitentiaires de mettre en œuvre les pouvoirs dont il dispose pour que puisse être assurée à Mlle B. au centre pénitentiaire de Fresnes, tant qu'elle y consentira et qu'il apparaîtra médicalement justifié, la continuité du suivi psychiatrique engagé au centre pénitentiaire de Beauvais. • CE 26 avr. 2019, n° 429686.

Art. D. 115-23 Conformément aux dispositions de l'article R. 6111-33 du code de la santé publique, le praticien responsable de l'unité sanitaire organise le suivi médical des personnes détenues et coordonne les actions de prévention et d'éducation pour la santé mises en œuvre à leur égard.

Différend entre la personne détenue et le médecin. L'action par laquelle une personne détenue conteste la décision du médecin de l'UCSA chargé d'assurer les soins courants aux détenus qui, malgré ses demandes réitérées, lui a refusé la prescription d'un médicament princeps et lui a uniquement fait délivrer le médicament générique, que le patient a refusé, met en jeu le droit d'un détenu de se voir prescrire un médicament sous sa forme non générique. Un tel litige relève de la juridiction disciplinaire de l'ordre des médecins. Par suite, la juridiction administrative de droit commun est incompétente pour en connaître. • CAA Nancy, 16 mai 2012, n° 10NC01293.

Art. D. 115-24 Le médecin responsable des unités sanitaires ou des secteurs de psychiatrie mentionnés par les dispositions de l'article D. 115-3 veille à l'observation des règles d'hygiène collective et individuelle dans l'établissement pénitentiaire.

A ce titre, il est habilité à visiter l'ensemble des locaux de l'établissement et à signaler aux services compétents les insuffisances en matière d'hygiène et, de manière générale, toute situation susceptible d'affecter la santé des personnes détenues ; il donne son avis sur les moyens d'y remédier.

Art. D. 115-25 Les médecins intervenant dans les unités sanitaires ou les secteurs de psychiatrie mentionnés aux articles D. 115-3 et D. 115-6 délivrent à la personne détenue, à sa demande, des certificats ou attestations relatifs à son état de santé et, sous réserve de son accord exprès, à sa famille ou à son conseil.

Ils lui fournissent les attestations ou documents indispensables pour bénéficier des avantages qui lui sont reconnus par la sécurité sociale, et notamment de ceux prévus par la législation sur les accidents du travail et les maladies professionnelles.

Ils délivrent aux autorités pénitentiaires des attestations écrites contenant les renseignements strictement nécessaires à l'orientation de la personne détenue ainsi qu'aux modifications ou aux aménagements du régime pénitentiaire que pourrait justifier son état de santé.

En tout état de cause, si ces médecins estiment que l'état de santé d'une personne détenue n'est pas compatible avec un maintien en détention ou avec le régime pénitentiaire qui lui est appliqué, ils en avisent par écrit le chef de l'établissement pénitentiaire. Ce dernier en informe aussitôt, s'il y a lieu, l'autorité judiciaire compétente.

Un double des attestations et avis délivrés en application des alinéas 3 et 4 du présent article est remis à la personne détenue intéressée, à sa demande.

§ 3 Attributions des personnels infirmiers

Art. D. 115-26 Le personnel infirmier répond aux demandes de soins dans le cadre de son rôle propre, dispense les soins et administre les médicaments sur prescription médicale, en application des dispositions relatives aux règles de la profession d'infirmier ou d'infirmière prévues par le code de la santé publique.

1. Rôle de l'infirmier dans l'administration des médicaments. La mission du personnel infirmier se limite à remettre aux détenus un pilulier contenant le traitement et à le reprendre vide sans qu'il ne dispose d'aucun pouvoir de contrôle sur la réalité et les modalités de la prise du traitement. • CAA Bordeaux, 19 nov. 2019, n° 17BX03998.

2. Responsabilité. Il résulte de l'art. L. 6112-1 CSP que la détermination du traitement médical des détenus et sa mise en œuvre relèvent de la seule compétence des personnels de santé, le chef d'établissement pouvant seulement s'opposer à ce qu'un détenu conserve à sa disposition des médicaments pour des raisons d'ordre et de sécurité. • CE 26 juill. 2018, n° 391551. ♦ Par suite, il ne peut être reproché à l'administration pénitentiaire d'avoir commis une faute en laissant le détenu gérer lui-même la prise de ses médicaments alors même qu'il était réticent à les prendre régulièrement. • Même arrêt. ♦ Il ne peut davantage être reproché aux services pénitentiaires d'avoir commis une faute en laissant la personne détenue gérer elle-même, en dehors de tout contrôle du personnel médical et pénitentiaire, le stock de médicaments nécessaires à son traitement. La prescription des médicaments relève de la seule compétence des autorités médicales et doit, à cet effet, être exécutée par le personnel infirmier, l'administration pénitentiaire devant seulement s'assurer que les modalités de traitement sont compatibles avec la sécurité de l'établissement et des détenus. L'éventuelle erreur d'appréciation commise dans la définition ou l'exécution du traitement par le personnel médical ou paramédical, lequel relève d'une personne morale distincte de l'État, ne saurait être imputée à l'administration pénitentiaire. • CAA Nancy, 20 déc. 2007, n° 07NC00119.

TITRE II DÉONTOLOGIE

Art. R. 120-1 Les dispositions des chapitres I à III du présent titre constituent le code de déontologie du service public pénitentiaire prévu par les dispositions de l'article L. 120-1.

COMMENTAIRE

Les chapitres I à III visés par l'article R. 120-1 correspondent aux trois titres du code de déontologie promulgué par le décret n° 2010-1711 du 30 décembre 2010. Le chapitre I portant « dispositions générales » reprend certaines des « valeurs » du service public pénitentiaire (art. R. 121-1) et les missions dévolues à son premier acteur, l'administration pénitentiaire (art. R. 121-2), pour rapidement préciser le caractère contraignant de la déontologie pénitentiaire à travers les dispositions répressives de l'article R. 121-3. Le chapitre II intéresse plus spécifiquement les membres du personnel du service public pénitentiaire, le chapitre III étant relatif aux autres personnes qui concourent à la mission de ce service public.

Outre l'article R. 120-1, l'ensemble est chapeauté par les articles R. 120-2 à R. 120-3 précisant respectivement le champ d'application et les modalités de diffusion du code de déontologie.

Les conditions de mise en œuvre de cet ensemble déontologique sont précisées par la circulaire du garde des Sceaux du 17 février 2011 (NOR : JUSK1140016C ; V. ss. art. L. 120-1). ❑

Art. R. 120-2 **Le code de déontologie du service public pénitentiaire s'applique :**

1° Dans les conditions déterminées par les dispositions des articles R. 122-1 à R. 122-24 du chapitre II du présent titre, aux personnels, fonctionnaires et agents non titulaires, de l'administration pénitentiaire tels que définis par les dispositions de l'article L. 113-1, dans le respect des règles les régissant ;

2° Dans les mêmes conditions, à l'exclusion des articles R. 122-2, R. 122-8, R. 122-21, R. 122-24, R. 822-1, R. 832-1, R. 842-1, R. 852-4, R. 862-5 et R. 872-5, aux membres de la réserve civile pénitentiaire prévue par les dispositions de l'article L. 114-1, qui sont assimilés aux personnels pénitentiaires pour ce qui est des règles pénitentiaires auxquelles ils sont soumis ;

3° Dans les conditions déterminées par les dispositions des articles R. 123-1 à R. 123-5 du chapitre III du présent titre, aux personnes physiques et aux agents des personnes morales de droit public ou privé, concourant au service public pénitentiaire en vertu d'une habilitation ou d'un agrément.

V. art. L. 120-1.

Art. R. 120-3 **Le code de déontologie du service public pénitentiaire est remis individuellement par l'administration pénitentiaire à chacune des personnes auxquelles il s'applique. Il est affiché dans les établissements et services pénitentiaires. Cet affichage est réalisé de telle façon que le code de déontologie soit également porté à la connaissance des personnes placées sous main de justice.**

CHAPITRE I **DISPOSITIONS GÉNÉRALES**

Art. R. 121-1 **Les valeurs de l'administration pénitentiaire et de ses membres résident dans la juste et loyale exécution des décisions de justice et du mandat judiciaire confié et dans le respect des personnes et de la règle de droit.**

Art. R. 121-2 **L'administration pénitentiaire concourt, par sa participation à la garde et à la réinsertion des personnes qui lui sont confiées par l'autorité judiciaire, à la garantie des libertés et à la défense des institutions de la République, au maintien de l'ordre public et de la sécurité intérieure et à la protection des personnes et des biens.**

Art. R. 121-3 **Tout manquement aux devoirs définis par le code de déontologie du service public pénitentiaire expose son auteur à une sanction disciplinaire ou au retrait, dans les conditions fixées par le présent code, du titre en vertu duquel il intervient au sein des services de l'administration pénitentiaire, sans préjudice, le cas échéant, des peines prévues par la loi pénale.**

COMMENTAIRE

L'article R. 121-3 souligne la dimension éminemment disciplinaire des règles de la déontologie pénitentiaire. Tout manquement aux dispositions du code expose son auteur à une sanction qui, pour les personnes ne relevant pas des personnels pénitentiaires, se traduit par le retrait de l'agrément permettant l'intervention en détention.

Concernant les agents de l'administration pénitentiaire, la procédure disciplinaire suit les règles générales du droit de la fonction publique. Elle est donc régie par le code général de la fonction publique et soumise au principe de légalité des sanctions. Le contrôle de celles-ci est confié au juge administratif, puisqu'il s'agit de décisions administratives défavorables, et, plus exactement, au juge de l'excès de pouvoir. S'il peut en contrôler la légalité et, le cas échéant, prononcer les injonctions utiles pour que l'administration tire les conséquences nécessaires de leur annulation, le juge ne peut donc en aucun cas les réformer. Suivant l'évolution générale du contrôle des sanctions disciplinaires (CE, ass., 13 nov. 2013, n° 347704 : *AJDA 2013. 2228* ; *ibid. 2432, chron. Bretonneau et Lessi* ; *D. 2013. 2699, obs. de Montecler* ; *AJFP 2014. 5, concl. Keller, note Fortier* ; *AJCT 2015. 511, étude Le Chatelier* ; *RFDA 2013. 1175, concl. Keller*), le juge exerce aujourd'hui un plein contrôle de la proportionnalité des sanctions, qui a remplacé le contrôle de disproportionnalité manifeste. Cela suppose d'une part que les faits reprochés à l'agent soient matériellement établis et correctement qualifiés. Cela impose d'autre part une certaine prudence dans le choix de la sanction qui non seulement doit tenir compte de la gravité théorique de la faute, mais est aussi déterminée au regard d'éléments contextuels concrets (cadre d'emploi et niveau de responsabilités de l'agent, dossier de l'intéressé et évaluations professionnelles antérieures et postérieures à la faute, contexte et conditions de travail voire, parfois, intention présidant à la commission de la faute).

Il est rare que ce contrôle conduise à une annulation pour insuffisance de la sanction, le juge de l'excès de pouvoir étant le plus souvent saisi par des agents estimant avoir été trop lourdement punis. D'une manière globale, il fera preuve d'une réelle intransigeance à l'égard des agents ayant manqué à leurs devoirs de loyauté et d'exemplarité, la jurisprudence étant plus clémente pour celles et ceux qui, tout en contrevenant à leurs devoirs professionnels, n'ont pas manqué aux valeurs essentielles du service public pénitentiaire. ❑

1. Indépendance des procédures pénales et disciplinaires. Une sanction disciplinaire n'est pas subordonnée à la reconnaissance d'une infraction constatée par la juridiction judiciaire, notamment en matière d'opinion et d'expression. Des poursuites disciplinaires peuvent donc être engagées de façon autonome sans que la juridiction judiciaire ait statué. • CAA Nantes, 4 oct. 2007, n° 07NT00334. ♦ Compte tenu de l'indépendance des procédures pénale et disciplinaire, la circonstance que l'interdiction d'exercer une fonction publique ait été supprimée en appel par la juridiction judiciaire est sans incidence sur la légalité de la sanction disciplinaire prononcée. • CAA Marseille, 23 mars 2004, n° 00MA0048.

2. Information de l'agent sur les motifs de la sanction. Le législateur a entendu imposer à l'autorité qui prononce une sanction l'obligation de préciser elle-même dans sa décision les griefs qu'elle entend retenir à l'encontre de la personne intéressée, de sorte que cette dernière puisse à la seule lecture de la décision qui lui est notifiée connaître les motifs de la sanction qui la frappe. • CAA Douai, 30 août 2022, n° 21DA02112. ♦ Pour justifier une sanction, l'administration ne peut se fonder sur des faits dont elle n'a pas saisi le conseil de discipline dans son rapport. • CAA Toulouse, 14 mars 2023, n° 21TL01232. ♦ Pour autant, il ne résulte d'aucune disposition des textes applicables aux fonctionnaires de l'État, ni d'aucun principe général afférent à la procédure disciplinaire que le procès-verbal de la réunion du conseil de discipline au cours de laquelle celui-ci se prononce sur le cas de l'agent poursuivi, ou même l'avis rendu par cette instance, doive être communiqué à l'intéressé, préalablement à l'intervention de la décision de sanction. C'est donc à tort que les premiers juges se sont fondés sur ce motif, entaché d'erreur de droit, pour annuler l'arrêté de sanction. • CAA Paris, 6 nov. 2019, n° 17PA21219. ♦ De même, aucune autre disposition, législative ou réglementaire, ni aucun principe général ne prévoit la communication préalable au fonctionnaire du rapport établi par l'autorité investie du pouvoir disciplinaire sur les faits reprochés à cet agent, par lequel le conseil de discipline est saisi et qui est lu en séance. • CAA Versailles, 9 juill. 2020, n° 18VE03143. ♦ Dès lors qu'elle a pu consulter son dossier et qu'elle connaissait les faits qui ont motivé la convocation du conseil de discipline, et alors qu'il n'est pas démontré que le rapport de saisine aurait contenu des éléments nouveaux qui n'auraient pas été portés à sa connaissance, l'intéressée n'est pas fondée à soutenir que les principes du contradictoire ou des droits de la défense auraient été méconnus. • Même arrêt. ♦ Est suffisamment motivée la décision de sanction qui, après avoir visé les textes applicables et les pièces du dossier, précise les considérations de fait et de droit qui motivent le prononcé de la sanction de déplacement d'office permettant d'en contester utilement le bien-fondé. • Même arrêt.

3. Procédure disciplinaire dérogatoire en cas de cessation concertée du service. La cessation concertée du service ou un acte collectif d'indiscipline caractérisée de la part d'agents des services déconcentrés de l'administration pénitentiaire constitue une faute dont l'exceptionnelle gravité, appréciée au cas par cas sous le contrôle du juge, est de nature, eu égard aux tâches dévolues aux services de l'administration pénitentiaire, à troubler l'ordre public ; de tels faits justifient le recours à une procédure disciplinaire spécifique permettant à l'autorité disciplinaire d'être en mesure de sanctionner sans délai de tels actes. En disposant que cette sanction peut être prononcée, dans le cadre d'une procédure disciplinaire, dérogatoire à celle résultant de la L. du 13 juill. 1983 portant droits et obligations des fonctionnaires, prévoyant que les intéressés aient été mis à même de présenter leurs observations sur les faits reprochés, le législateur a apporté des garanties suffisantes aux droits de la défense. Dès lors, ces dispositions ne méconnaissent pas les droits et libertés garantis par la Const. • CE 5 nov. 2020, n° 439211.

I. CARACTÉRISATION DE LA FAUTE

4. Contrôle du juge de l'excès de pouvoir. Il appartient au juge de l'excès de pouvoir, saisi de moyens en ce sens, de rechercher si les faits reprochés à un agent public ayant fait l'objet d'une sanction disciplinaire constituent des fautes de nature à justifier une sanction. • CAA Marseille, 28 mars 2023, n° 21MA03678. ♦ V. égal. : • CAA Toulouse, 14 mars 2023, n° 21TL01374 • CAA Douai, 30 août 2022, n° 21DA02112 • CAA Paris, 30 juin 2022, n° 20PA03975 • CAA Bordeaux, 30 mai 2022, n° 19BX04233 • CAA Nancy, 31 déc. 2021, n° 21NC01003 • CAA Marseille, 10 déc. 2020, n° 20MA03816 • CAA Paris, 17 oct. 2017, n° 16PA02671.

5. Charge de la preuve. Il incombe à l'autorité investie du pouvoir disciplinaire d'établir les faits sur le fondement desquels elle inflige une sanction à un agent public. • CAA Lyon, 5 déc. 2019, n° 17LY02942. ♦ En l'absence de disposition législative contraire, l'autorité investie du pouvoir disciplinaire, à laquelle il incombe d'établir les faits sur le fondement desquels elle inflige une sanction à un agent public, peut apporter la preuve de ces faits par tout moyen. • CAA Marseille, 28 févr. 2023, n° 21MA01826. ♦ Des griefs uniquement fondés sur le rapport de l'inspection des services pénitentiaires de la direction de l'administration pénitentiaire ne sont pas matériellement établis dès lors que les témoignages annexés à ce rapport, qui restent trop généraux et ne désignent pas l'intéressée de manière spécifique, ne permettent pas de lui imputer les pratiques concernées. • CAA Lyon, 5 déc. 2019, n° 17LY02942.

6. Comportement extérieur au service. Le comportement d'un fonctionnaire en dehors du service peut être constitutif d'une faute de nature à justifier une sanction s'il a pour effet de perturber le bon déroulement du service ou de jeter le discrédit sur l'administration. • CAA Douai, 30 août 2022, n° 21DA02112 • CAA Paris, 30 juin 2022, n° 20PA03975. ♦ Il en va notamment ainsi pour le directeur adjoint d'un établissement qui, mis en cause dans des procédures de lutte contre l'habitat indigne et redevable d'importants impayés de charges de copropriété rendant impossibles les travaux de mise en sécurité des parties communes des logements dont il est propriétaire dans des copropriétés en difficulté, a porté atteinte à la dignité et à la probité des fonctions de directeur des services pénitentiaires qu'il exerce et a jeté le discrédit sur l'administration. • CAA Douai, 30 août 2022, n° 21DA02112. ♦ Encourt également une sanction disciplinaire le surveillant pénitentiaire qui a été condamné à une peine principale de 6 mois d'emprisonnement avec mandat de dépôt pour des faits de récidive de conduite d'un véhicule en état d'ivresse manifeste, de refus de se soumettre aux vérifications tendant à établir l'état alcoolique, de délit de fuite après un accident par un conducteur de véhicule terrestre, de mise en danger d'autrui avec risque immédiat de mort ou d'infirmité par violation manifestement délibérée d'une obligation élémentaire de sécurité ou de prudence, d'outrage à une personne dépositaire de l'autorité publique en récidive, de rébellion en récidive, de violence sur une personne dépositaire de l'autorité publique sans incapacité en récidive et de dégradation ou détérioration volontaire d'un bien d'autrui causant un dommage léger. Ces faits constituent des fautes de nature à justifier une sanction disciplinaire bien qu'ils aient été commis en dehors du service et n'aient pas porté atteinte à la réputation de l'administration, faute d'avoir été divulgués. • CAA Marseille, 28 mars 2023, n° 21MA03678.

7. Atténuation de la faute. Des épisodes dépressifs sévères et des troubles du comportement liés à la consommation d'alcool sont sans incidence sur l'appréciation de la faute reprochée à un agent dès lors qu'il ressort des pièces du dossier, et notamment de la réponse adressée par l'intéressée à la demande d'explication de son employeur, qu'elle avait parfaitement conscience de son état et de ce qu'elle aurait dû se soumettre de nouveau à des soins adéquats sans délai, ce qu'elle n'a pas fait. • CAA Marseille, 28 mars 2023, n° 21MA03678. ♦ L'agent de surveillance qui, sans que le détenu ait eu de geste de rébellion, de résistance ou de comportement agressif ou provocant, lui porte quatorze coups violents fait un usage non légitime et en tout état de cause disproportionné de la force qui ne peut ni être excusé par le stress post-traumatique subi par l'intéressé à la suite de la tentative d'homicide par arme blanche commise sur deux de ses collègues par un autre détenu, ni par la circonstance que son administration n'ait pas pris de mesures de soutien psychologique à la suite de ces faits. • CAA Nancy,

31 déc. 2021, n° 21NC01003. ♦ Pour atténuer la gravité des fautes que constituent le vol, le non-respect des règles de sécurité et la corruption passive par les familles des détenus, un agent n'est pas fondé à soutenir que ses manquements auraient été facilités par des dysfonctionnements au sein du service et une certaine carence de l'administration elle-même. • CAA Marseille, 23 mars 2004, n°s 00MA0048 et 00MA0052 (2 esp.).

II. ADÉQUATION DE LA SANCTION

8. Caractérisation de la sanction. Il est loisible à tout supérieur hiérarchique d'adresser aux personnes placées sous son autorité des observations portant sur leur manière de servir et sur d'éventuels manquements aux devoirs de leurs fonctions. Bien qu'elle fasse état de « manquements professionnels graves », la lettre d'observation adressée à l'intéressé par la directrice interrégionale de l'administration pénitentiaire avait pour seul objet de l'inviter à prendre en considération les remarques faites concernant ses obligations professionnelles et ne peut donc être regardée comme constituant un avertissement au sens de l'art. 66 de la L. du 11 janv. 1984 portant dispositions statutaires relatives à la fonction publique d'État. • CAA Bordeaux, 12 mai 2022, n° 20BX01171. ♦ La décision de placer un agent à la retraite d'office ayant été prise en suivant l'avis favorable de la commission de réforme, dont les termes écartent catégoriquement toute possibilité de reprise d'activité, ne présente pas de caractère disciplinaire et n'est pas une sanction déguisée. • CAA Paris, 22 nov. 2022, n° 21PA04256. ♦ Une décision de licenciement en fin de stage pour insuffisance professionnelle ne constitue pas une sanction administrative. • CAA Versailles, 27 juin 2013, n° 12VE01401. ♦ La mesure de suspension prise à l'encontre d'un agent mis en examen et placé sous contrôle judiciaire pour complicité de trafic de stupéfiants en faveur de personnes détenues constitue non une sanction mais une mesure conservatoire, laquelle est au demeurant justifiée dès lors que les faits reprochés à l'intéressé présentaient un caractère de vraisemblance et de gravité suffisantes. Dès lors, le moyen tiré de ce que le ministre aurait méconnu le principe de la présomption d'innocence rappelé par l'art. 6, § 2, Conv. EDH est inopérant pour rechercher la responsabilité de l'État. • CAA Nancy, 24 oct. 2017, n° 16NC00576. ♦ Un agent, suspendu de ses fonctions dans l'attente de l'issue de la procédure disciplinaire et auquel a finalement été infligée une sanction (mise à la retraite d'office), ne peut utilement se prévaloir de ce qu'il est sanctionné deux fois à raison des mêmes faits. • CAA Nancy, 18 déc. 2003, n° 00NC0036.

9. Contrôle du juge de l'excès de pouvoir. Il appartient au juge de l'excès de pouvoir, saisi de moyens en ce sens, de rechercher si la sanction retenue est proportionnée à la gravité des fautes commises. • CAA Douai, 30 août 2022, n° 21DA02112 • CAA Marseille, 28 mars 2023, n° 21MA03678. ♦ V. égal. : • CAA Toulouse, 14 mars 2023, n° 21TL01374 • CAA Paris, 30 juin 2022, n° 20PA03975 • CAA Bordeaux, 30 mai 2022, n° 19BX04233 • CAA Nancy, 31 déc. 2021, n° 21NC01003 • CAA Marseille, 10 déc. 2020, n° 20MA03816 • CAA Paris, 17 oct. 2017, n° 16PA02671. ♦ Ab. jur. • CAA Nancy, 9 nov. 2006, n° 04NC01123 (contrôle de disproportionnalité manifeste).

10. Caractère individuel de la sanction. Le fait que d'autres agents coupables de faits identiques à ceux commis par l'agent sanctionné aient été moins lourdement sanctionnés n'est pas de nature à constituer une violation du principe d'égalité de traitement des agents publics, lequel n'est pas invocable en matière de sanctions disciplinaires eu égard à leur caractère individuel. • CAA Marseille, 23 mars 2004, n° 00MA0048.

11. Caractère disproportionné de la sanction. Les faits reprochés à l'intéressé (transmission de lettres entre un détenu et sa compagne) ne justifient pas, eu égard à leur caractère isolé, au contexte dans lequel ils se sont produits et compte tenu du comportement général de l'intéressé, une sanction de révocation. Il ressort en particulier des pièces du dossier que le détenu était dans un état profondément dépressif du fait de son incarcération et des conditions de celle-ci et que l'intéressé a souhaité lui venir en aide en communiquant les deux lettres litigieuses, après toutefois les avoir parcourues avant de les transmettre afin de s'assurer de leur caractère exclusivement amoureux. L'annulation de l'arrêté emportant sa révocation est donc justifiée. • CAA Paris, 17 oct. 2017, n° 16PA02671. ♦ Si la gravité des faits reprochés à un surveillant qui a introduit deux téléphones dans l'enceinte pénitentiaire justifie une sanction sévère, la sanction de révocation prononcée à son encontre est disproportionnée alors qu'il s'agit de faits isolés dans la carrière de l'intéressé, que ce dernier fait état de bons états de services, qu'il a su en 2018, alors que les faits ont eu lieu en 2015, de nouveau s'intégrer malgré ses difficultés passées, qu'il a reçu les félicitations de sa hiérarchie pour une intervention auprès d'un détenu dangereux, qu'il a été lauréat du concours de premier surveillant et que la cour d'appel a réformé le jugement du tribunal correctionnel en ramenant la peine d'interdiction d'exercer l'activité de surveillant pénitentiaire à quatre mois au lieu de douze. • CAA Paris, 30 juin 2022, n° 20PA03975.

12. Effets d'une annulation. L'annulation définitive d'une sanction en raison d'un vice de forme ne fait pas obstacle à ce que l'administration engage à nouveau, dans des conditions régulières et pour les motifs mêmes qui avaient précédemment fondé la décision annulée, une nouvelle procédure disciplinaire. • CAA Nancy, 18 déc. 2003, n° 00NC0036.

13. Pouvoir d'injonction du juge. L'annulation d'une décision prononçant la révocation d'un agent implique nécessairement la réintégration de l'intéressé à la date de son éviction. Par suite, en application des dispositions de l'art. L. 911-1 CJA, lorsque le juge procède à l'annulation d'une telle décision et qu'il est saisi de conclusions en ce sens, il lui revient d'enjoindre au garde des Sceaux, ministre de la Justice, de réintégrer l'agent concerné dans ses effectifs et de reconstituer sa carrière à compter de la notification de la décision annulée. • CAA Paris, 30 juin 2022, n° 20PA03975.

III. RÉPARATION DES PRÉJUDICES SUBIS PAR L'AGENT

14. Nécessité d'une illégalité. En l'absence d'illégalité fautive de la sanction contestée, les conclusions de l'agent sanctionné tendant à la condamnation de l'État à lui verser une indemnité en réparation des préjudices subis ne peuvent qu'être rejetées. • CAA Lyon, 5 déc. 2019, n° 17LY02947 • CAA Nancy, 9 nov. 2006, n° 04NC01123.

15. Influence de l'illégalité sur la sanction. Si les juges ont estimé que la réalité de certaines fautes reprochées à l'intéressée n'était pas établie, il résulte de l'instruction que l'administration aurait pris la même décision si elle avait uniquement pris en compte le comportement légalement reproché à l'agent. L'illégalité fautive de la sanction n'est dès lors pas établie. • CAA Lyon, 5 déc. 2019, n° 17LY02947.

16. Vice de procédure. Lorsqu'une personne sollicite le versement d'une indemnité en réparation du préjudice subi du fait de l'illégalité, pour un vice de procédure, de la décision lui infligeant une sanction, il appartient au juge de plein contentieux, saisi de moyens en ce sens, de déterminer, en premier lieu, la nature de cette irrégularité procédurale puis, en second lieu, de rechercher, en forgeant sa conviction au vu de l'ensemble des éléments produits par les parties, si, compte tenu de la nature et de la gravité de cette irrégularité procédurale, la même décision aurait pu être légalement prise, s'agissant tant du principe même de la sanction que de son quantum, dans le cadre d'une procédure régulière. • CAA Bordeaux, 12 mai 2022, n° 20BX01171.

17. Lien de causalité. Toute illégalité commise par l'administration constitue une faute susceptible d'engager sa responsabilité pour autant qu'il en soit résulté un préjudice direct et certain. La responsabilité de l'administration ne saurait être engagée pour la réparation des dommages qui ne trouvent pas leur cause dans cette illégalité mais découlent directement et exclusivement de la situation irrégulière dans laquelle la victime s'est elle-même placée. N'est pas constitutif d'une telle situation le fait pour une adjointe administrative principale, dont la manière de servir n'a jamais fait l'objet d'aucun reproche jusqu'à la sanction annulée par jugement définitif, d'avoir entretenu une relation amoureuse avec un ancien détenu de l'établissement où elle était affectée alors que cette relation a débuté après la libération du détenu ayant purgé sa peine, qu'elle était affectée au service de la comptabilité et de la régie, ce qui impliquait peu de contacts directs avec les détenus, et qu'elle a été mise à disposition dès le début de sa relation dans un autre établissement dans lequel son compagnon n'avait jamais été détenu et n'était ainsi pas susceptible d'avoir créé des liens amicaux avec des détenus. • CAA Marseille, 9 avr. 2019, n° 17MA04365.

Art. D. 121-4 **Indépendamment des défenses résultant de la loi pénale, il est interdit aux agents des services déconcentrés de l'administration pénitentiaire et aux personnes ayant accès aux établissements pénitentiaires :**

1° De fumer dans les lieux fermés et couverts affectés à un usage collectif, ou qui constituent des lieux de travail ;

2° D'introduire ou de consommer des boissons alcoolisées dans ces établissements, à l'exception des logements des agents et des locaux affectés aux services de restauration et d'y paraître en état d'ébriété.

Entrée en vigueur progressive. Par la note de service du 11 août 2006, le garde des Sceaux a pu légalement déterminer des modalités d'entrée en vigueur progressive des mesures de prévention et de contrôle de l'effectivité de l'interdiction de toute consommation et détention d'alcool au sein des établissements pénitentiaires, à l'exception des mess dans le cadre de la réglementation applicable à la restauration administrative. • CE 11 avr. 2008, n° 298059 : *AJDA 2008. 783 ; ibid. 1142, obs. Landais ; D. 2009. 1377, obs. Péchillon.*

CHAPITRE II DISPOSITIONS APPLICABLES AUX PERSONNELS DE L'ADMINISTRATION PÉNITENTIAIRE

SECTION 1 Devoirs généraux

Art. R. 122-1 **Le personnel de l'administration pénitentiaire est loyal envers les institutions républicaines. Il est intègre, impartial et probe. Il ne se départit de sa dignité en aucune circonstance.**

1. Vols et corruption. Constitue des manquements très graves aux obligations professionnelles des surveillants pénitentiaires le fait pour un agent affecté au service des colis de Noël de s'être rendu coupable de vols, de non-respect des règles de sécurité et de corruption passive par les familles des détenus lors de la réception et du contrôle des colis adressés aux détenus à l'occasion des fêtes de fin d'année. Les faits en cause, qui ont eu un caractère concerté et répété, sont de nature à compromettre la sécurité de l'établissement et portent atteinte à la considération de l'administration pénitentiaire. • CAA Marseille, 23 mars 2004, nos 00MA0048 et 00MA0052 (2 esp.).

2. Attitude agressive et dénigrante. Commet une faute de nature à justifier une sanction disciplinaire l'agent du SPIP qui, notamment, à plusieurs occasions, a « écourté » ses conversations téléphoniques avec le juge d'application des peines, a incité les différents CPIP de son antenne à ne plus répondre aux soit-transmis de ce juge et a détruit des soit-transmis. Par son comportement, cet agent a nui à l'image de l'administration pénitentiaire et de son corps d'appartenance tant vis-à-vis de l'autorité judiciaire que des partenaires institutionnels. Eu égard aux conséquences de son comportement tant au sein de son service d'affectation que dans ses relations avec certains partenaires institutionnels, la sanction d'exclusion temporaire de fonctions n'est pas disproportionnée. • CAA Lyon, 5 déc. 2019, n° 17LY02947.

3. Comportement indigne extérieur au service. Adopte un comportement susceptible de porter atteinte à la dignité et à la probité des fonctions de directeur des services pénitentiaires qu'il exerce et à jeter le discrédit sur l'administration le directeur adjoint d'un établissement pénitentiaire qui, redevable d'importants impayés de charges de copropriété rendant impossibles les travaux de mise en sécurité des parties communes des logements dont il est propriétaire dans des copropriétés en difficulté, est aussi mis en cause dans des procédures de lutte contre l'habitat indigne pour quatre des logements dont il est propriétaire en dépit de l'absence de publicité des faits en dehors de la sphère administrative et des locataires concernés. • CAA Douai, 30 août 2022, n° 21DA02112.

4. Absence de divulgation du comportement fautif. La circonstance que des agissements reprochés aient été commis en dehors de son service et n'aient pas porté atteinte à la réputation de l'administration, faute d'avoir été divulgués, ne suffit pas à les rendre insusceptibles de justifier une sanction disciplinaire si leur gravité les rend incompatibles avec les fonctions effectivement exercées par l'intéressé (conduite en état d'ivresse, mise en danger délibérée, violences). Survenus dans un contexte de réitération, ces agissements ayant conduit à sa condamnation pénale sont d'une particulière gravité et incompatibles avec le comportement attendu d'un agent de l'administration pénitentiaire au regard, notamment, des exigences fixées par le C. déont. publ. pénitentiaire. • CAA Marseille, 28 mars 2023, n° 21MA03678.

5. Violences commises envers un détenu. Porte atteinte à la réputation de l'administration pénitentiaire l'agent qui, de sang-froid, a porté un violent coup de pied à la tête d'un détenu à terre et menotté alors qu'il ne se trouvait pas en situation d'usage légitime de la force. • CAA Bordeaux, 30 mai 2022, n° 19BX04233.

6. Circonstances exonératoires (non). S'il est certes exact qu'à la date des faits reprochés l'intéressée était sujette à des épisodes dépressifs sévères et à des troubles du comportement liés à la consommation d'alcool, qui avaient nécessité plusieurs hospitalisations par le passé, et que le préfet a d'ailleurs ordonné son admission en soins psychiatriques sous forme d'une hospitalisation complète, il ressort des pièces du dossier qu'elle avait parfaitement conscience de son état et de ce qu'elle aurait dû se soumettre de nouveau à des soins adéquats sans délai, ce qu'elle n'a pas fait. Dans ces circonstances, alors même que sa manière de servir a été considérée comme satisfaisante par sa hiérarchie, et en dépit des conséquences financières liées à sa mise à la retraite à l'âge de 55 ans, l'intéressée n'est pas fondée à soutenir que la sanction prononcée à son encontre présenterait un caractère disproportionné. • CAA Marseille, 28 mars 2023, n° 21MA03678. ♦ L'agent de surveillance qui, sans que le détenu ait eu de geste de rébellion, de résistance ou de comportement agressif ou provocant, porte quatorze coups violents sur la personne d'un détenu fait un usage non légitime et en tout état de cause disproportionné de la force qui ne peut ni être excusé par le stress post-traumatique subi par l'intéressé à la suite de la tentative d'homicide par arme blanche commise sur deux de ses collègues par un autre détenu, ni par la circonstance que son administration n'ait pas pris de mesures de soutien psychologique à la suite de ces faits. • CAA Nancy, 31 déc. 2021, n° 21NC01003.

Art. R. 122-2 Le personnel de l'administration pénitentiaire consacre l'intégralité de son activité professionnelle aux tâches qui lui sont confiées, dans les conditions fixées aux articles L. 121-1 à L. 121-11 du code général de la fonction publique.

COMMENTAIRE

L'article R. 122-2 relève d'une curiosité d'origine du code de déontologie du service public pénitentiaire. Construit sur la base des anciens articles D. 219 à D. 221 du code de procédure pénale, intégrés aux dispositions relatives au « personnel de l'administration pénitentiaire » et des devoirs généraux des agents publics posés par le statut général de la fonction publique d'État, ce code comprend en effet un certain nombre de chevauchements ou de répétitions tout en omettant des principes généraux essentiels qui, valant pour l'ensemble des services publics, prennent une importance et une valeur particulières au sein des établissements pénitentiaires.

Quoiqu'il puisse aussi renforcer l'impression de redondance (comp. par ex. : art. L. 121-1 CGFP et art. R. 123-1 C. pénit.), le renvoi aux articles L. 121-1 à L. 121-11 du code général de la fonction publique compense partiellement les vides de la déontologie pénitentiaire. Ainsi, c'est à l'article L. 121-2 de ce code que l'on trouve l'obligation de neutralité et de respect de la laïcité à laquelle est tenu tout agent public dans l'exercice de ses fonctions qui, curieusement, n'est pas expressément posée par le code pénitentiaire. « A ce titre, [le personnel de l'administration pénitentiaire] s'abstient notamment de manifester ses opinions religieuses [et] est formé à ce principe. L'agent public traite de façon égale toutes les personnes et respecte leur liberté de conscience et leur dignité. »

Cela montre, s'il en était besoin, que la réunion en un texte unique des obligations s'imposant au personnel pénitentiaire s'inscrit en creux des devoirs généraux de la fonction publique, lesquels bénéficient d'ailleurs d'une valeur juridique plus élevée. L'adoption d'un code de déontologie du service public pénitentiaire n'a donc eu ni pour objet ni pour effet d'instaurer un droit dérogatoire ou spécial, mais vise uniquement à préciser le droit commun pour son application au service public pénitentiaire. ❑

Art. R. 122-3 Le personnel de l'administration pénitentiaire doit s'abstenir de tout acte, de tout propos ou de tout écrit qui serait de nature à porter atteinte à la sécurité et au bon ordre des établissements et services et doit remplir ses fonctions dans des conditions telles que celles-ci ne puissent préjudicier à la bonne exécution des missions dévolues au service public pénitentiaire.

1. Agressivité et refus d'obtempérer. Méconnaît les art. 7 et 9 C. déont. publ. pénitentiaire [C. pénit., art. R. 122-1 et R. 122-3] le surveillant qui, lors d'une émeute dans l'établissement et sans motif valable, a refusé d'exécuter l'ordre de transporter des armes qui lui était donné, est demeuré passivement devant la grille des parloirs pendant près de 2 heures et a invectivé avec véhémence le chef de détention ainsi que le directeur adjoint lors d'une réunion de débriefing, en se refusant à toute discussion et en adoptant une attitude méprisante à l'égard du directeur du centre pénitentiaire. • CAA Paris, 6 nov. 2019, nos 17PA21219 et 17PA20658 (2 esp.).

2. Introduction illicite de téléphone. La gravité des faits reprochés à un surveillant qui, après avoir introduit deux téléphones dans l'enceinte pénitentiaire en contournant le portique de sécurité, les a remis à un détenu justifie une sanction sévère. • CAA Paris, 30 juin 2022, n° 20PA03975.

3. Négligences menaçant la sécurité de l'établissement. Constituent des fautes de nature à justifier une sanction les négligences et manquements d'un directeur d'établissement relatifs à la sécurité de l'établissement, à la gestion du personnel et à la santé des détenus sous sa responsabilité. Les manquements qui lui sont reprochés concernant la sécurité d'un établissement pénitentiaire dont la situation était déjà fragilisée par des évasions de détenus ainsi que les pratiques adoptées (sédation illégale d'un détenu) de nature à porter atteinte à la santé et aux droits des détenus dont il avait la responsabilité peuvent justifier le prononcé d'une sanction d'exclusion temporaire de trois mois. • CAA Bordeaux, 12 mai 2022, n° 20BX01171. ♦ L'attitude désinvolte, négligente et inappropriée d'un surveillant stagiaire envers les détenus caractérise une faute et justifie son licenciement pour insuffisance professionnelle. • CAA Versailles, 27 juin 2013, n° 12VE01401.

4. Cessation concertée du service. Eu égard aux missions qu'ils exercent, les agents des services déconcentrés de l'administration pénitentiaire sont soumis à un statut spécial par lequel le législateur a pu, sans méconnaître les droits et libertés garantis par la Const., notamment le droit de grève, interdire toute cessation concertée du service, leur présence y étant indispensable pour en assurer le fonctionnement, son interruption étant de nature à porter atteinte aux besoins essentiels du pays. • CE 5 nov. 2020, n° 439211. ♦ La cessation concertée du service ou un acte collectif d'indiscipline caractérisée de la part d'agents des services déconcentrés de l'administration pénitentiaire constituent une faute dont l'exceptionnelle gravité, appréciée au cas par cas sous le contrôle du juge, est de nature, eu égard aux tâches dévolues aux services de l'administration pénitentiaire, à troubler l'ordre public, de tels faits justifient le recours à une procédure disciplinaire spécifique permettant à l'autorité disciplinaire d'être en mesure de sanctionner sans délai de tels actes. En disposant que cette sanction peut être prononcée, dans le cadre d'une procédure disciplinaire, dérogatoire à celle résultant de la L. du 13 juill. 1983 portant droits et obligations des fonctionnaires, prévoyant que les intéressés aient été mis à même de présenter leurs observations sur les faits reprochés, le législateur a apporté des garanties suffisantes aux droits de la défense. Dès lors, ces dispositions ne méconnaissent pas les droits et libertés garantis par la Const. • Même arrêt.

5. Absence médicale dans un contexte de mouvement social. L'administration ne peut en principe interrompre le versement de la rémunération d'un agent lui demandant le bénéfice d'un congé maladie en produisant un avis médical d'interruption de travail qu'en faisant procéder à une contre-visite par un médecin agréé. Toutefois, dans des circonstances particulières, marquées par un mouvement social de grande ampleur dans une administration où la cessation concertée du service est interdite et la réception d'un nombre important et inhabituel d'arrêts de travail sur une courte période la mettant dans l'impossibilité pratique de faire procéder de manière utile aux contre-visites prévues par l'art. 25 du Décr. du 14 mars 1986, l'administration est fondée à refuser d'accorder des congés de maladie aux agents du même service, établissement ou administration lui ayant adressé un arrêt de travail au cours de cette période. Ces agents peuvent, afin de contester la décision, établir par tout moyen la réalité du motif médical ayant justifié leur absence pendant la période considérée. Ils peuvent également, malgré l'absence de contre-visite, saisir le conseil médical qui rendra un avis motivé dans le respect du secret médical. • CE 21 avr. 2023, n° 450533. ♦ V. déjà en ce sens : • CAA Bordeaux, 17 juin 2020, n° 19BX03330. ♦ N'est pas en situation d'absence injustifiée une surveillante ayant produit deux arrêts de travail qui, s'ils ne précisent pas le motif de l'arrêt, sont accompagnés d'une attestation établie par la psychologue de soutien du personnel au centre pénitentiaire indiquant que l'intéressée a bénéficié d'un soutien psychologique, et notamment d'un entretien au cours de la période considérée. Cet élément circonstancié, émanant au surplus de l'administration elle-même, permet d'établir la réalité de la pathologie. C'est donc à tort que l'administration a estimé que l'intéressée était en situation d'absence injustifiée. • CAA Nancy, 1er févr. 2022, n° 21NC00480.

Art. R. 122-4 Le personnel de l'administration pénitentiaire est astreint au devoir de réserve et au respect de la discrétion et du secret professionnels, dans les conditions prévues par les lois et règlements.

1. Limite à la liberté d'expression. Les dispositions de l'art. 10 Conv. EDH relatif à la liberté d'expression, du PIDCP, de la L. du 29 juill. 1881 relative à la liberté de la presse et de l'art. 6 de la L. du 13 juill. 1983 portant droits et obligations des fonctionnaires relatif à la liberté d'opinion n'ont ni pour objet ni pour effet d'interdire à l'autorité investie du pouvoir disciplinaire de sanctionner des faits reprochés à un fonctionnaire, dès lors que ces faits sont établis et qu'ils sont constitutifs d'un manquement grave au devoir de réserve. • CAA Nantes, 4 oct. 2007, n° 07NT00334.

2. Expression syndicale. L'étendue de l'obligation de réserve qui pèse sur les fonctionnaires doit se concilier avec la liberté d'expression liée à l'exercice d'une fonction syndicale dans la mesure où l'expression dont il s'agit a pour objet la défense des intérêts professionnels, individuels ou collectifs des adhérents du syndicat. • CAA Bordeaux, 14 déc. 2020, n° 18BX03178. ♦ Ne constitue pas une faute disciplinaire au regard du mandat syndical de l'intéressé le fait pour une CPIP d'avoir répondu aux sollicitations d'un journaliste pour donner son avis au sujet de la grille d'évaluation expérimentale élaborée par l'administration pénitentiaire à destination des personnes placées sous main de justice suspectées de radicalisation. L'intéressée n'était pas tenue de solliciter l'autorisation de sa hiérarchie et ses propos, qui étaient en lien avec la défense des intérêts professionnels des CPIP, n'ont pas excédé les limites que les fonctionnaires et leurs organisations syndicales doivent respecter en raison de la réserve à laquelle ils sont tenus à l'égard des autorités publiques. • Même arrêt. ♦ N'excèdent pas davantage les obligations de discrétion et de secret professionnels qui s'imposent à tout fonctionnaire les propos tenus par la même conseillère auprès d'un journaliste pour illustrer par des exemples la politique de renseignement développée, les éléments donnés ne permettant pas aux lecteurs du journal d'identifier les personnes concernées. Liés à la défense des intérêts professionnels et relevant de la liberté d'expression syndicale, ces propos ne constituaient pas une faute de nature à justifier une sanction disciplinaire. • Même arrêt. ♦ En revanche, un tract rédigé en des termes outrageants et offensants à l'encontre des personnels de direction qui pouvaient être aisément identifiés excède les limites que les fonctionnaires responsables syndicaux doivent respecter en raison de la réserve à laquelle ils sont tenus à l'égard de leur hiérarchie. • CAA Nantes, 4 oct. 2007, n° 07NT00334.

3. Protection en cas de harcèlement. Les dispositions de l'art. 6 *quinquies* de la L. du 13 juill. 1983 assurant la protection des victimes de harcèlement moral font obstacle à ce que l'administration poursuive disciplinairement son agent pour avoir relaté, même à des collaborateurs extérieurs au service, des faits de harcèlement dont il s'estimerait victime. • CAA Toulouse, 14 mars 2023, n° 21TL01232.

4. Droits de la défense. Le directeur d'un établissement mis en cause par un ancien agent dans le cadre d'une procédure de diffamation publique qui, devant les juridictions saisies, produit un compte rendu établi par une surveillante pénitentiaire sur le comportement de cet agent et un document relatif à une sanction disciplinaire dont il avait fait l'objet ne porte pas atteinte au secret professionnel. D'une part, il n'est pas entré illégalement en possession de ces documents, le secret professionnel protégeant ces documents ne valant pas au point qu'ils ne puissent être divulgués au chef d'établissement. D'autre part, il a pu conserver cette pièce et la produire dans le cadre de l'exercice de sa défense sans enfreindre le secret professionnel, leur utilisation s'étant limitée à la preuve de sa bonne foi devant une juridiction de jugement. • Crim. 4 sept 2018, n° 17-86.619 P : *JCP 2018. 1076.*

Art. R. 122-5 **Les personnels de l'administration pénitentiaire se doivent mutuellement respect, aide et assistance dans l'exercice de leurs missions.**

1. Discrimination envers les femmes. Est justifiée la révocation de l'agent qui, malgré les observations de sa hiérarchie, refuse systématiquement, et par « conviction personnelle » dont il ne peut s'expliquer, de saluer verbalement ou par une poignée de main le personnel féminin de l'établissement sans exception. Eu égard aux missions assurées par le service pénitentiaire et à la nature particulière des fonctions exercées par l'intéressé, la sanction de la révocation n'est pas, en dépit de l'absence d'antécédents disciplinaires, disproportionnée par rapport à la faute commise, dès lors que celle-ci est assumée et revendiquée par l'intéressé et qu'il résulte de ses propres déclarations qu'il ne saurait modifier son comportement. • CAA Marseille, 10 déc. 2020, n° 20MA03816 : *AJFP 2021. 102* • 25 mai 2019, n° 18MA04974 : *AJFP 2019. 300*.

2. Harcèlement moral. Il appartient à l'agent public qui soutient avoir été victime de faits constitutifs de harcèlement moral, lorsqu'il entend contester le refus opposé par l'administration dont il relève à une demande de protection fonctionnelle fondée sur de tels faits, de soumettre au juge des éléments de fait susceptibles d'en faire présumer l'existence. Il incombe à l'administration de produire, en sens contraire, une argumentation de nature à démontrer que les agissements en cause sont justifiés par des considérations étrangères à tout harcèlement. La conviction du juge, à qui il revient d'apprecier si les agissements de harcèlement sont ou non établis, se détermine au vu de ces échanges contradictoires, qu'il peut compléter, en cas de doute, en ordonnant toute mesure d'instruction utile. • CAA Nancy, 23 avr. 2019, n° 17NC01029. ♦ Est établi le harcèlement moral à l'encontre d'un agent stagiaire qui, à la suite d'un dépôt de plainte contre un collègue qui l'avait agressé, a été victime d'une forme de stigmatisation de la part de ses collègues et de rumeurs malveillantes alimentées par la divulgation des éléments de la procédure pénale, pourtant couverts par le secret de l'instruction, par la voie d'affichages sur des panneaux syndicaux accessibles à l'ensemble du personnel de l'établissement pénitentiaire, ces faits ayant eu pour effet d'entraîner une dégradation de ses conditions de travail et de son état de santé, sans que sa hiérarchie, plusieurs fois alertée, ne mette tout en œuvre pour mettre un terme au climat anxiogène dans lequel cet agent exerce ses fonctions. • CAA Bordeaux, 15 nov. 2022, n° 20BX00536.

3. Usage d'un sobriquet. Pour regrettable qu'elle soit, l'utilisation d'un sobriquet pour désigner un surveillant ne suffit pas à elle seule à établir l'existence de propos humiliants ou vexatoires qui, imputables au directeur de la maison d'arrêt ou à sa secrétaire, seraient constitutifs d'un harcèlement moral. • CAA Nancy, 23 avr. 2019, n° 17NC01029.

Art. R. 122-6 **Le personnel de l'administration pénitentiaire ne peut faire un usage de la force que dans les conditions et limites posées par les lois et règlements.**

1. Violences volontaires envers un détenu. Manque gravement à l'honneur et à ses devoirs envers les personnes qui lui sont confiées l'agent de surveillance qui, sans être en situation de légitime défense et sans que le détenu ait eu de geste de rébellion, de résistance ou de comportement agressif ou provocant, lui porte quatorze coups violents, actes de violence volontaire aggravée pour lesquels il a d'ailleurs été condamné par le tribunal correctionnel. Cet usage non légitime et en tout état de cause disproportionné de la force ne peut être excusé par le stress post-traumatique subi par l'intéressé à la suite de la tentative d'homicide par arme blanche commise sur deux de ses collègues par un autre détenu (révocation). • CAA Nancy, 31 déc. 2021, n° 21NC01003. ♦ En portant un violent coup de pied à la tête d'un détenu à terre et menotté alors qu'il ne se trouvait pas en situation d'usage légitime de la force, un agent commet des violences volontaires constitutives d'un grave manquement à l'honneur et à ses devoirs envers la personne qui lui était confiée. Un tel comportement est constitutif d'une faute de nature à justifier une sanction disciplinaire. Compte tenu de la gravité des faits commis de sang-froid, de l'atteinte à la réputation de l'administration pénitentiaire, de l'expérience de cet agent et en dépit de l'absence d'antécédents disciplinaires, la sanction de révocation infligée ne présente pas un caractère disproportionné, l'intéressé ne pouvant utilement se prévaloir de ce qu'il n'aurait pas été préalablement suspendu et qu'il n'aurait ni été mis en examen, ni été entendu par les services de police dans le cadre de l'enquête pénale, encore en cours à la date de sa révocation. • CAA Bordeaux, 30 mai 2022, n° 19BX04233.

2. Preuve des violences. Sont matériellement établies les violences commises par un agent en poste à l'unité de vie familiale qui, après que le chef de détention lui a demandé d'accompagner aux services des urgences une surveillante victime d'une agression commise par un détenu, a fait un détour volontaire par la lingerie où ledit détenu avait été placé dans l'attente de son transfèrement au quartier disciplinaire pour lui porter un violent coup de pied à la tête alors qu'il se trouvait au sol, bâillonné et menotté face contre terre, faits que les constatations médico-légales rendent vraisemblables. • CAA Bordeaux, 30 mai 2022, n° 19BX04233.

Art. R. 122-7 Le personnel qui serait témoin d'agissements prohibés par le présent code doit s'efforcer de les faire cesser et les porter à la connaissance de sa hiérarchie. Si ces agissements sont constitutifs d'infractions pénales, il les porte également à la connaissance du procureur de la République.

COMMENTAIRE

L'article R. 122-7 associe le droit d'alerte des agents publics à leur obligation de signalement des crimes et des délits dont ils acquièrent connaissance. Rappelée par l'article L. 121-11 du code général de la fonction publique, cette obligation est posée par l'alinéa 2 de l'article 40 du code de procédure pénale selon lequel « toute autorité constituée, tout officier public ou fonctionnaire qui, dans l'exercice de ses fonctions, acquiert la connaissance d'un crime ou d'un délit est tenu d'en donner avis sans délai au procureur de la République et de transmettre à ce magistrat tous les renseignements, procès-verbaux et actes qui y sont relatifs ».

Cette association n'est pas sans intérêt. Elle permet de souligner que l'alerte du supérieur hiérarchique, si elle fait peser une obligation de signalement sur ce dernier, ne suffit pas à exonérer l'agent public de sa propre responsabilité pour le maintien de l'ordre public et la protection des personnes. Elle interroge toutefois quant au choix du pouvoir réglementaire de maintenir dans le code de procédure pénale les obligations propres du chef d'établissement. Selon l'article D. 214-27 du code de procédure pénale que le décret n° 2022-479 du 30 mars 2022 substitue à l'ancien article D. 281, mais dont les dispositions ne sont pas reprises par le code pénitentiaire, il appartient en effet au « chef de l'établissement pénitentiaire dans lequel a été commis un crime ou un délit [de] dresser rapport des faits et [d'] en aviser directement et sans délai le procureur de la République ». Cette disposition a été complétée par le décret n° 2022-855 du 7 juin 2022 dont l'article 2 modifie l'article D. 281 du code de procédure pénale : « Conformément aux dispositions de l'article 40 du présent code et de l'article D. 214-27 du code pénitentiaire, le procureur de la République est informé directement et sans délai par le chef d'établissement de la commission d'un crime ou d'un délit dans un établissement pénitentiaire ».

Dans une décision n° 2017-049 du 15 juin 2017, le Défenseur des droits a recommandé de modifier les dispositions de l'article D. 281 du code de procédure pénale (désormais art. D. 214-27) ou de le compléter par une instruction rendant obligatoire, pour le chef d'établissement ayant avisé le procureur de la République de délits ou crimes commis dans son établissement, la transmission des données de vidéoprotection qui y sont relatives. Cette recommandation n'a, pour l'heure, pas été entendue. ❑

1. Usage d'une messagerie personnelle. Est justifié l'avertissement infligé à un agent ayant adressé des messages au pôle centralisateur mettant en cause le fonctionnement du SPIP et des cadres du pôle centralisateur, ce qui a généré un incident. L'utilisation par l'intéressé de sa messagerie personnelle en méconnaissance de la consigne donnée d'utiliser les boîtes aux lettres structurelles pour ce type de signalements constitue une faute de nature à justifier une sanction disciplinaire. • CAA Toulouse, 14 mars 2023, n° 21TL01374.

2. Enregistrement non autorisé. Est justifié l'avertissement infligé à un agent en possession d'un enregistrement audio non autorisé d'une réunion à laquelle il n'a pas participé. L'intéressé s'était prévalu de cet enregistrement d'une durée d'une minute trente dont il ressortait qu'il avait été personnellement mis en cause par un cadre du service pour déclarer, auprès de trois autres cadres, qu'il n'avait plus confiance en sa direction. • CAA Toulouse, 14 mars 2023, n° 21TL01374 : *préc. note 1.*

3. Alertes en matière de harcèlement moral. Faute de l'administration. Engage sa responsabilité l'administration qui ne réagit ni aux alertes réitérées d'un agent victime d'une forme de stigmatisation de la part de ses collègues ayant eu pour effet d'entraîner une dégradation de ses conditions de travail et de son état de santé, ni à la persistance de rumeurs malveillantes à l'égard de cet agent, corroborées par les témoignages versés au dossier, et qui ne met pas tout en œuvre pour mettre un terme au climat anxiogène dans lequel cet agent exerce ses fonctions en qualité de surveillant pénitentiaire stagiaire. • CAA Bordeaux, 15 nov. 2022, n° 20BX00536. ♦ En outre, lorsqu'un agent a subi ou refusé de subir des agissements de harcèlement moral, une mesure relative à sa mutation ne saurait légalement être prise à son égard par l'administration que si aucune autre mesure ne peut être prise à l'égard de l'auteur des agissements en cause. Méconnaît ses obligations l'administration qui, nonobstant cette règle posée par l'art. 6 *quinquies* de la L. du 13 juill. 1983 portant droits et obligations des fonctionnaires, a proposé une nouvelle affectation à un agent victime de harcèlement moral alors qu'elle ne correspondait ni aux souhaits de l'intéressé, ni aux recommandations du médecin de prévention. • Même arrêt. ♦ Le juge rappelle qu'il appartient à un agent public, qui soutient avoir été victime d'agissements constitutifs de harcèlement moral, de soumettre au juge des éléments de fait susceptibles de faire présumer l'existence d'un tel harcèlement, l'administration étant, en sens contraire, chargée de produire une argumentation de nature à démontrer que les agissements en cause sont justifiés par des considérations étrangères à tout harcèlement. La conviction du juge, à qui il revient d'apprécier si les agissements de harcèlement sont ou non établis, se détermine au vu de ces échanges contradictoires, qu'il peut compléter, en cas de doute, en ordonnant toute mesure d'instruction utile. • Même arrêt.

4. Mutation dans l'intérêt du service. Quand bien même elle serait intervenue moins d'un mois après un signalement adressé par l'intéressé au procureur de la République, n'est pas illégale la décision de mutation d'un agent prise dans l'intérêt du service dès lors que cet agent a adopté un comportement nuisant au bon fonctionnement de celui-ci. Une telle mesure, qui ne s'inscrit pas dans un processus de harcelement de l'intéressé, n'est entachée d'aucune erreur manifeste d'appréciation ou erreur de fait, ni de détournement de pouvoir. • CAA Paris, 28 mars 2018, n° 16PA01541.

Art. R. 122-8 Le personnel de l'administration pénitentiaire prête serment, lors de sa première affectation au sein de l'administration pénitentiaire, en audience publique devant le président du tribunal judiciaire ou de la cour d'appel dans le ressort desquels se trouve son lieu d'affectation.

Les fonctionnaires déjà affectés au sein de l'administration pénitentiaire au 1er janvier 2011 peuvent, à leur demande, prêter serment dans les conditions prévues au premier ou au deuxième alinéa.

Art. R. 122-9 La formule du serment est la suivante :

"Je jure de bien et loyalement remplir mes fonctions et d'observer les devoirs qu'elles m'imposent dans le strict respect des personnes confiées au service public pénitentiaire et de leurs droits. Je m'engage à me conformer à la loi et aux ordres reçus et à ne faire qu'un usage légitime des pouvoirs qui me sont confiés".

SECTION 2 Devoirs à l'égard des personnes confiées

Art. R. 122-10 Le personnel de l'administration pénitentiaire exerce ses missions dans le respect absolu des personnes qui lui sont confiées par l'autorité judiciaire et de leurs droits. Il s'interdit à leur égard toute forme de violence ou d'intimidation. Il ne manifeste aucune discrimination. Il ne doit user ni de dénomination injurieuse, ni de tutoiement, ni de langage grossier ou familier. Il manifeste le même comportement à l'égard de leurs proches.

1. Vols et corruption. Constitue des manquements très graves aux obligations professionnelles des surveillants pénitentiaires le fait pour un agent affecté au service des colis de Noël de s'être rendu coupable de vols, de non-respect des règles de sécurité et de corruption passive par les familles des détenus lors de la réception et du contrôle des colis adressés aux détenus à l'occasion des fêtes de fin d'année. • CAA Marseille, 23 mars 2004, nos 00MA0048 et 00MA0052 (2 esp.).

2. Atteinte à la santé et aux droits des détenus. Le directeur d'établissement qui, pour prévenir un projet d'évasion, se livre illégalement à la sédation d'un détenu commet une faute de nature à porter atteinte à la santé et aux droits des détenus dont il avait la responsabilité. • CAA Bordeaux, 12 mai 2022, n° 20BX01171.

3. Discrimination invoquée dans la prescription de médicaments. Le litige opposant le médecin exerçant au sein de l'établissement pénitentiaire et une personne détenue, se plaignant notamment de discriminations dans l'accès aux soins en raison du refus du médecin de lui prescrire un médicament princeps en dépit de ses demandes réitérées, met en jeu le droit d'un détenu de se voir prescrire un médicament sous sa forme non générique. Un tel litige relève de la juridiction disciplinaire de l'ordre des médecins, la juridiction administrative de droit commun étant incompétente pour en connaître. • CAA Nancy, 16 mai 2012, n° 10NC01293.

4. Violences volontaires envers un détenu. Manque gravement à l'honneur et à ses devoirs envers les personnes qui lui sont confiées l'agent de surveillance qui, sans être en situation de légitime défense et sans que le détenu ait eu de geste de rébellion, de résistance ou de comportement agressif ou provocant, porte quatorze coups violents sur la personne d'un détenu, actes de violence volontaire aggravée pour lesquels il a d'ailleurs été condamné par le tribunal correctionnel. Cet usage non légitime et en tout état de cause disproportionné de la force ne peut être excusé par le stress post-traumatique subi par l'intéressé à la suite de la tentative d'homicide par arme blanche commise sur deux de ses collègues par un autre détenu (révocation). • CAA Nancy, 31 déc. 2021, n° 21NC01003. ♦ En portant un violent coup de pied à la tête d'un détenu à terre et menotté alors qu'il ne se trouvait pas en situation d'usage légitime de la force, un agent commet des violences volontaires constitutives d'un grave gravement à l'honneur et à ses devoirs envers la personne qui lui était confiée. Un tel comportement est constitutif d'une faute de nature à justifier une sanction disciplinaire. Compte tenu de la gravité des faits commis de sang-froid, de l'atteinte à la réputation de l'administration pénitentiaire, de l'expérience de cet agent et en dépit de l'absence d'antécédents disciplinaires, la sanction de révocation infligée ne présente pas un caractère disproportionné, l'intéressé ne pouvant utilement se prévaloir de ce qu'il n'aurait pas été préalablement suspendu et qu'il n'aurait ni été mis en examen, ni été entendu par les services de police dans le cadre de l'enquête pénale, encore en cours à la date de sa révocation. • CAA Bordeaux, 30 mai 2022, n° 19BX04233.

Art. R. 122-11 **Le personnel de l'administration pénitentiaire prend, dans le cadre de sa mission, toute mesure tendant à la sauvegarde de la vie et de la santé des personnes qui lui sont confiées, notamment en faisant appel, en tant que de besoin, au personnel de santé.**

1. V. notes ss. art. L. 115-2 et L. 115-3.

2. Sédation illégale d'un détenu. Commet une faute le directeur d'un établissement qui, informé de préparatifs d'évasion qu'il n'a pas portés à la connaissance de la mission des services pénitentiaires, a autorisé la sédation d'une personne détenue en dehors de la procédure de l'hospitalisation sous contrainte. Si l'intéressé soutient que la sédation pratiquée était rendue indispensable en raison du comportement dangereux de la personne détenue pour elle-même et pour les autres, et produit un rapport psychiatrique attestant de cette nécessité, il ne conteste pas que cette sédation est intervenue en dehors de tout cadre légal ou réglementaire. Il s'est dès lors rendu coupable de pratiques de nature à porter atteinte à la santé et aux droits des détenus dont il avait la responsabilité. • CAA Bordeaux, 12 mai 2022, n° 20BX01171.

Art. R. 122-12 **Le personnel de l'administration pénitentiaire doit en toute circonstance se conduire et accomplir ses missions de telle manière que son exemple ait une influence positive sur les personnes dont il a la charge et suscite leur respect.**

1. Discrimination envers les femmes. Outre l'art. 11 C. déont. publ. pénitentiaire [C. pénit., art. R. 122-5], contrevient à l'art. 17 du même code [C. pénit., art. R. 122-12] l'agent de surveillance qui, par son refus systématique de saluer verbalement ou par une poignée de main le personnel féminin de l'établissement, attitude vexatoire susceptible d'être perçue par les détenus, porte atteinte à l'exemplarité dont doivent témoigner les surveillants dans leur comportement relationnel, particulièrement entre hommes et femmes. Eu égard aux missions assurées par le service pénitentiaire et à la nature particulière des fonctions exercées par l'intéressé, la sanction de la révocation n'est pas, en dépit de l'absence d'antécédents disciplinaires, disproportionnée par rapport à la faute commise dès lors que celle-ci est assumée et revendiquée par l'intéressé et qu'il résulte de ses propres déclarations qu'il ne saurait modifier son comportement. • CAA Marseille, 10 déc. 2020, n° 20MA03816 : *AJFP 2021. 102*.

2. Violences volontaires. Méconnaît son devoir d'exemplarité l'agent en poste à l'unité de vie familiale ayant porté un violent coup de pied à la tête d'un détenu à terre et menotté alors qu'il ne se trouvait pas en situation d'usage légitime de la force. • CAA Bordeaux, 30 mai 2022, n° 19BX04233.

3. Comportement répréhensible en dehors du service. Méconnaît son devoir d'exemplarité la surveillante pénitentiaire coupable de récidive de conduite d'un véhicule en état d'ivresse manifeste, de refus de se soumettre aux vérifications tendant à établir l'état alcoolique, de délit de fuite après un accident par conducteur de véhicule terrestre, de mise en danger d'autrui avec risque immédiat de mort ou d'infirmité par violation manifestement délibérée d'une obligation élémentaire de sécurité ou de prudence, d'outrage à une personne dépositaire de l'autorité publique en récidive, de rébellion en récidive, de violence sur une personne dépositaire de l'autorité publique sans incapacité en récidive et de dégradation ou détérioration volontaire d'un bien d'autrui causant un dommage léger (mise à la retraite d'office). • CAA Marseille, 28 mars 2023, n° 21MA03678.

Art. R. 122-13 Outre les informations auxquelles est tenue l'administration pénitentiaire à l'égard des personnes dont elle a la charge, le personnel est tenu de rappeler à ces personnes, en tant que de besoin, leurs droits et de leurs devoirs ainsi que les sanctions ou mesures dont elles peuvent faire l'objet dans les conditions prévues par les textes.

Pendant toute la durée de leur placement, il veille à permettre à ces personnes, dans le respect des lois et règlements, l'exercice de leurs droits.

Art. R. 122-14 Le personnel de l'administration pénitentiaire ne peut occuper les personnes qui lui sont confiées à des fins personnelles, ni accepter d'elles, directement ou indirectement, des dons et avantages de quelque nature que ce soit.

Il ne peut se charger d'aucun message et d'aucune mission, acheter ou vendre aucun produit ou service pour le compte des personnes qui lui sont confiées.

Il ne peut leur remettre ni recevoir d'elles des sommes d'argent, objets ou substances quelconques en dehors des cas prévus par la loi.

Il ne doit permettre ni faciliter aucune communication non autorisée par les textes entre personnes détenues ou entre les personnes détenues et l'extérieur.

Il ne doit pas agir, que ce soit de façon directe ou indirecte, auprès des personnes qui lui sont confiées pour influer sur leurs moyens de défense ou le choix de leurs défenseurs.

1. Transmission de courriers. Constitue un manquement certain aux obligations professionnelles et déontologiques des surveillants pénitentiaires le fait pour un surveillant en fonctions d'avoir accepté de transmettre deux lettres qu'un détenu voulait adresser à sa compagne, et en retour de lui communiquer les réponses que celle-ci entendait y apporter. Ce manquement, qui a conduit à la condamnation de l'intéressé à une peine de six mois de prison avec sursis mais sans peine complémentaire d'interdiction temporaire d'exercer la profession de surveillant pénitentiaire, doit être sanctionné. • CAA Paris, 17 oct. 2017, n° 16PA02671. ♦ Pour autant, compte tenu du comportement général de l'intéressé, les faits qui lui étaient reprochés ne justifiaient pas une sanction de révocation, eu égard à leur caractère isolé et au contexte dans lequel ils se sont produits, le jeune surveillant touché par l'état profondément dépressif du détenu ayant pris soin de parcourir les lettres avant de les transmettre. • Même arrêt.

2. Remise de téléphones portables à un détenu. La gravité des faits reprochés à un surveillant qui a introduit deux téléphones dans l'enceinte pénitentiaire et en contournant le portique de sécurité puis les a remis à un détenu justifie une sanction sévère. • CAA Paris, 17 oct. 2017, n° 16PA02671. ♦ Est toutefois disproportionnée la sanction de révocation prononcée à son encontre, alors qu'il s'agit de faits isolés dans la carrière de l'intéressé, que ce dernier fait état de bons états de services, ses responsables ayant relevé qu'il est sérieux, investi, disponible et qu'il a su en 2018, alors que les faits ont eu lieu en 2015, de nouveau s'intégrer malgré ses difficultés passées, qu'il a reçu les félicitations de sa hiérarchie pour une intervention auprès d'un détenu dangereux, qu'il a été lauréat du concours de premier surveillant et que la cour d'appel a réformé le jugement du tribunal correctionnel en ramenant la peine d'interdiction d'exercer l'activité de surveillant pénitentiaire à quatre mois au lieu de douze. • Même arrêt.

Art. R. 122-15 Le personnel de l'administration pénitentiaire ne peut entretenir sciemment avec des personnes placées par décision de justice sous l'autorité ou le contrôle de l'établissement ou du service dont il relève, ainsi qu'avec les membres de leur famille ou leurs amis, de relations qui ne seraient pas justifiées par les nécessités du service.

Cette interdiction demeure pendant une période de cinq années à compter de la fin de l'exercice de ladite autorité ou dudit contrôle matérialisée par :

1° La cessation des fonctions au sein de l'établissement ou du service du personnel ;

2° Le transfèrement dans un autre établissement ou service de la personne détenue ;

3° La levée d'écrou de la personne détenue.

Lorsqu'il a eu de telles relations avec ces personnes antérieurement à leur prise en charge par le service ou l'établissement dont il relève, ainsi qu'avec les membres de leur famille ou leurs amis, le personnel de l'administration pénitentiaire en informe le chef d'établissement ou le chef de service dès cette prise en charge.

Le personnel de l'administration pénitentiaire ayant des liens familiaux avec des personnes placées par décision de justice sous l'autorité ou le contrôle de l'établissement ou du service dont il relève doit également en informer son chef d'établissement ou son chef de service.

1. Conv. EDH, art. 8. Absence d'ingérence excessive. L'interdiction, pour le personnel de l'administration pénitentiaire, d'entretenir avec les personnes détenues, leurs parents ou amis, des relations qui ne seraient pas justifiées par les nécessités de leur mission répond à des impératifs tenant à la sécurité à l'intérieur de l'établissement et à l'égalité de traitement entre les personnes détenues ainsi qu'à la nécessité de protéger les droits et libertés de la personne détenue, placée, lorsqu'elle est en détention, dans une situation de vulnérabilité vis-à-vis des personnes concourant au service public pénitentiaire. Une telle interdiction ne relève pas d'une ingérence excessive à l'exercice du droit au respect à la vie privée et familiale des personnes physiques et agents des personnes morales concourant au service public pénitentiaire. • CE 11 juill. 2012, n° 347148 : *AJDA 2012. 1429*.

2. Conv. EDH, art. 8. Obligation de limitation dans le temps. Si l'interdiction posée par l'art. D. 221 C. pr. pén. [C. pénit., art. R. 122-15] n'apporte pas, sur son principe, une ingérence excessive à l'exercice du droit au respect à la vie privée et familiale des personnes physiques et agents des personnes morales concourant au service public pénitentiaire, en revanche, méconnaissent les stipulations de l'art. 8 Conv. EDH les dispositions qui interdisent de manière générale et absolue, sans limitation de durée, à un membre du personnel d'un établissement pénitentiaire toute relation personnelle avec un détenu ayant purgé sa peine dans cet établissement ainsi qu'avec les parents et amis de ce détenu. Par suite, doit être annulée la sanction infligée à l'adjointe administrative principale affectée en 2002 à la maison d'arrêt de Nîmes qui a noué une relation avec un ancien détenu de cet établissement qu'elle a rencontré en juill. 2008. • CE 2 juin 2014, n° 361281 : *Gaz. Pal. 27 nov. 2014, n° 331, p. 21, chron. Guyomar ; AJDA 2014. 2166.* ♦ L'illégalité de cette décision constitue une faute de nature à engager la responsabilité de l'État qui ne peut utilement invoquer la situation irrégulière dans laquelle la victime s'est elle-même placée en entretenant des relations amoureuses avec un ancien détenu de la maison d'arrêt pour demander un partage de responsabilité. • CAA Marseille, 9 avr. 2019, n° 17MA04965.

3. Correspondance privée avec un détenu. Manque aux devoirs de sa fonction l'agent appartenant au personnel de l'administration pénitentiaire en sa qualité de CPIP qui, durant trois ans, a entretenu une correspondance privée avec un détenu qu'elle avait rencontré dans l'établissement pénitentiaire où elle exerçait antérieurement ses fonctions. • CAA Nancy, 9 nov. 2006, n° 04NC01123. ♦ Alors même que l'intéressée avait été jusque-là bien notée et donnait entière satisfaction, le ministre de la Justice a pu légalement et sans méconnaître les dispositions de l'art. 8 Conv. EDH lui infliger une sanction d'exclusion temporaire de fonction de huit jours avec sursis. • Même arrêt.

SECTION 3 Droits et devoirs de la hiérarchie et des agents placés sous son autorité

Art. R. 122-16 L'autorité investie du pouvoir hiérarchique exerce les fonctions de commandement et d'encadrement. A ce titre, elle prend les décisions et les fait appliquer ; elle les traduit par des ordres qui doivent être précis et assortis des explications nécessaires à leur bonne exécution.

Art. R. 122-17 L'autorité investie du pouvoir hiérarchique est responsable des ordres qu'elle donne, de leur exécution et de leurs conséquences. Lorsqu'elle charge un subordonné d'agir en ses lieu et place, sa responsabilité demeure entière et s'étend aux actes que le subordonné accomplit régulièrement dans le cadre de ses fonctions et des ordres reçus.

L'agent doit exécuter loyalement les ordres qui lui sont donnés par l'autorité investie du pouvoir hiérarchique. Il est responsable de l'exécution des tâches qui lui sont confiées ou des conséquences de leur inexécution.

COMMENTAIRE

Conformément au droit commun, l'article R. 122-17 protège les agents d'éventuelles actions en responsabilité liées à des actes ou faits commis en exécution d'un ordre reçu. Ce n'est que dans l'hypothèse d'une faute personnelle, soit une faute détachable du service, que leur responsabilité propre pourra être recherchée devant les juridictions civiles. ❑

1. *Refus d'honorer les convocations des supérieurs hiérarchiques.* Caractérise une faute professionnelle le fait pour un éducateur de la PJJ de ne pas s'être rendu à un entretien annuel d'évaluation auquel il avait été convoqué sans qu'il puisse utilement se prévaloir d'oubli et alors même qu'il ressort des débats devant le conseil de discipline qu'il dénie toute légitimité ou utilité aux entretiens d'évaluation. • CAA Marseille, 28 févr. 2023, n° 21MA01826.

2. *Non-respect des observations formulées par la hiérarchie.* Est fautif le comportement d'un agent qui, entretenant une correspondance privée avec un détenu qu'elle avait rencontré dans l'établissement pénitentiaire où elle exerçait antérieurement ses fonctions, a persisté dans son attitude alors même qu'elle a été invitée par ses supérieurs hiérarchiques à s'expliquer sur cette relation et avertie de l'incompatibilité de son comportement avec l'exercice de sa profession. • CAA Nancy, 9 nov. 2006, n° 04NC01123.

3. *Transmission d'informations relatives à un harcèlement.* La transmission par un agent d'un message électronique à la psychologue régionale, sollicitant son soutien en raison du harcèlement moral dont il s'estime victime de la part de deux cadres du service et sa diffusion dans un format élargi, ne saurait caractériser un refus par l'intéressé d'exécuter loyalement un ordre donné au sens des dispositions de l'art. 22 du Décr. du 30 déc. 2010 [C. pénit., art. R. 122-17] sur lesquelles est fondé l'arrêté de sanction. • CAA Toulouse, 14 mars 2023, n° 21TL01232.

Art. R. 122-18 L'autorité transmet ses ordres par la voie hiérarchique. Si l'urgence ne permet pas de suivre cette voie, les échelons intermédiaires en sont informés sans délai.

Hors le cas de réquisition, aucun ordre ne peut être donné à un personnel de l'administration pénitentiaire qui ne relève pas de l'autorité fonctionnelle de son auteur, si ce n'est pour faire appliquer les règles générales de la discipline.

Art. R. 122-19 Tout agent de l'administration pénitentiaire doit se conformer aux instructions de son supérieur hiérarchique, sauf dans le cas où l'ordre est manifestement illégal et de nature à compromettre gravement un intérêt public. Si l'agent croit se trouver en présence d'un tel ordre, il a le devoir de faire part de ses objections à l'autorité qui l'a donné, en indiquant expressément la signification illégale qu'il attache à l'ordre litigieux.

Si l'ordre est maintenu et que, malgré les explications ou l'interprétation qui en ont été données par le supérieur hiérarchique, l'agent persiste dans sa contestation, il doit être pris acte de son opposition.

Il en est rendu compte à l'autorité supérieure.

Tout refus d'exécuter un ordre qui ne répondrait pas aux conditions prévues par les dispositions du présent article engage la responsabilité de l'intéressé.

COMMENTAIRE

L'article R. 122-19 renvoie à la théorie dite des « baïonnettes intelligentes » que rappellent également les dispositions de l'article L. 121-10 du code général de la fonction publique : « L'agent public doit se conformer aux instructions de son supérieur hiérarchique, sauf dans le cas où l'ordre donné est manifestement illégal et de nature à compromettre gravement un intérêt public ». La désobéissance attendue dans ces conditions ne relève pas d'une liberté mais d'une obligation de l'agent qui, s'il exécute l'ordre ainsi donné, n'est plus couvert par l'excuse absolutoire du commandement de l'autorité légitime, mais devient personnellement responsable de l'acte commis (C. pén., art. R. 122-4). ❑

1. V. notes ss. art. R. 122-17.

2. *Éléments caractéristiques d'un ordre donné.* Une demande formulée dans le cadre des relations de travail par un supérieur hiérarchique, qui se rapporte à l'exercice des missions normalement dévolues à un agent, ne relève pas d'un contexte privé et ne peut être interprétée que comme un ordre ou une consigne de travail. Le refus d'un surveillant principal de se rendre au parloir familles comme le lui avait demandé à plusieurs reprises son supérieur hiérarchique ne peut être analysé comme un refus de « service » à rendre mais doit être considéré comme le refus d'une instruction hiérarchique constitutif d'une faute disciplinaire. • CAA Marseille, 13 mars 2018, n° 16MA00612.

3. *Motif légitime de refus (absence).* Un agent de surveillance, qui ne conteste pas avoir refusé d'obtempérer à l'ordre qui lui était donné de transporter des armes à l'occasion d'une mutinerie, ne peut utilement soutenir qu'il n'avait pas reçu une formation adéquate pour l'usage de ces armes dès lors que l'ordre qui lui avait été intimé était seulement de transporter celles-ci et non d'en faire usage. Contrairement à ses allégations, cet ordre de l'officier responsable de la sécurité et du renseignement pénitentiaire n'était pas illégal. • CAA Paris, 6 nov. 2019, n° 17PA21219.

Art. R. 122-20 **Tout personnel de l'administration pénitentiaire a le devoir de rendre compte à l'autorité investie du pouvoir hiérarchique, sans omission ou dissimulation, de son action et de l'exécution des missions qu'il en a reçues, ou, le cas échéant, des raisons qui ont rendu leur exécution impossible.**

Il est veillé à ce que, lors des relèves de service, toutes les informations utiles soient consignées au bénéfice des agents qui reçoivent la charge des personnes qui sont confiées à l'administration pénitentiaire.

Art. R. 122-21 **L'administration pénitentiaire fournit à son fonctionnaire les moyens de remplir ses obligations de formation, telles que prévues par les dispositions de l'article L. 113-2 du présent code et L. 422-20 du code général de la fonction publique, lors de son recrutement par la formation initiale et durant sa carrière en organisant une formation continue.**

Elle veille notamment à lui assurer, avant sa prise de fonctions, une formation sur les principales règles nationales et internationales relatives à la protection des droits de l'homme et sur la déontologie.

Elle est tenue de dispenser une formation spécifique aux agents susceptibles d'avoir recours à l'usage de la force et des armes.

Le personnel de l'administration pénitentiaire est tenu d'actualiser régulièrement ses connaissances professionnelles, compte tenu notamment de l'évolution des missions, des métiers et des pratiques pénitentiaires.

Formation à l'usage des armes. Un agent de surveillance ne peut utilement se prévaloir du fait qu'il n'a pas reçu une formation adéquate pour l'usage d'armes qu'il a reçu l'ordre de transporter dès lors que cet ordre ne lui intimait pas d'en faire usage. • CAA Paris, 6 nov. 2019, n° 17PA21219.

Art. R. 122-22 **L'administration garantit sa protection aux personnels pénitentiaires et à leurs proches dans les conditions fixées par les dispositions des articles L. 134-1 à L. 134-12 du code général de la fonction publique.**

COMMENTAIRE

Les articles L. 134-1 à L. 134-12 du code général de la fonction publique auxquels renvoie l'article R. 122-22 sont relatifs, d'une part, à la « garantie employeur » accordée aux agents publics pour les fautes commises dans le cadre du service, lesquelles engagent la responsabilité civile de leur administration (CGFP, art. L. 134-3) et, d'autre part, à la protection fonctionnelle qui leur est due lorsqu'ils sont victimes d'« atteintes volontaires à l'intégrité de [leur] personne, [de] violences, [d']agissements constitutifs de harcèlement, [de] menaces, [d']injures, [de] diffamations ou [d']outrages » (CGFP, art. L. 134-4) ou font, à l'inverse, l'objet de poursuites pénales (CGFP, art. L. 134-5). Cette protection, qui implique assistance juridique, accompagnement psychologique et social et réparation des préjudices éventuellement causés, est due en toutes circonstances tant qu'une faute personnelle ne peut être reprochée à l'agent. Ses conditions de mise en œuvre sont précisées par une circulaire de la DAP du 6 novembre 2008 (Circ. DAP 08-001108/RH2 : *BOMJ 30 déc.*).

Par dérogation au droit commun, l'article 16 de la loi du 29 novembre 2009 a étendu cette protection aux enfants, ascendants directs, conjoints, concubins et personnes auxquelles les agents publics de l'administration pénitentiaire sont liés par un pacte civil de solidarité lorsque, du fait des fonctions de ces agents, ils sont victimes de menaces, violences, voies de fait, injures, diffamations ou outrages. Elle peut également être accordée, sur leur demande, aux conjoints, enfants et ascendants directs des agents décédés dans l'exercice de leurs fonctions ou du fait de leurs fonctions, à raison des faits à l'origine du décès ou pour des faits commis postérieurement au décès mais du fait des fonctions qu'exerçait l'agent décédé. Étrangement, cette disposition n'est pas reprise par le code pénitentiaire mais a été codifiée à l'article L. 134-10 du code général de la fonction publique.

Saisi d'une demande de QPC fondée sur la rupture d'égalité opérée par les dispositions de l'article 11 de la loi du 13 juillet 1983 portant droits et obligations des fonctionnaires qui excluent cette protection élargie en dehors d'un texte spécial, le Conseil d'État a considéré que cette différence de traitement était justifiée par la situation particulière dans laquelle sont placés les proches des agents de l'administration pénitentiaire, eu égard aux risques auxquels les exposent les missions de sécurité et de justice qu'ils exercent. Pour le juge, cette protection étendue favorise la continuité et le bon fonctionnement du service public pénitentiaire en ce qu'elle permet de tenir compte des risques particuliers auxquels sont exposés les fonctionnaires et agents publics ainsi que les membres de leur famille (CE 17 févr. 2014, n° 374227). ❑

I. PROTECTION FONCTIONNELLE DES AGENTS

1. Personnes bénéficiaires. Les conjoints, concubins, partenaires liés par un pacte civil de solidarité, enfants et ascendants directs entrant dans le champ d'application de l'art. 16 de la L. pénit. sont placés dans une situation particulière eu égard aux risques auxquels les exposent les missions de sécurité et de justice exercées par les fonctionnaires ou agents publics auxquels ils sont liés. Est justifiée la différence de traitement résultant de ce que les dispositions de l'art. 11 de la L. du 13 juill. 1983 portant droits et obligations des fonctionnaires n'étendent pas le bénéfice de la protection de l'État prévu par l'art. 16 de la L. pénit. aux conjoints, concubins, partenaires liés par un pacte civil de solidarité, enfants et ascendants directs de l'ensemble des fonctionnaires civils et agents publics entrant dans le champ d'application de cette loi • CE 17 févr. 2014, n° 374227.

2. Portée de l'obligation de protection. Les dispositions de l'art. 11 de la L. du 13 juill. 1983 établissent à la charge des collectivités publiques, au profit des fonctionnaires et des agents publics non titulaires lorsqu'ils ont été victimes d'attaques dans l'exercice de leurs fonctions, une obligation de protection à laquelle il ne peut être dérogé, sous le contrôle du juge, que pour des motifs d'intérêt général. Si cette obligation peut avoir pour objet, non seulement de faire cesser les attaques auxquelles le fonctionnaire ou l'agent public est exposé, mais aussi de lui assurer une réparation adéquate des torts qu'il a subis, laquelle peut notamment consister à assister, le cas échéant, l'agent concerné dans les poursuites judiciaires qu'il entreprend pour se défendre, il appartient dans chaque cas à la collectivité publique d'apprécier, sous le contrôle du juge et compte tenu de l'ensemble des circonstances de l'espèce, les modalités appropriées à l'objectif poursuivi. • CAA Paris, 22 nov. 2012, n° 11PA04046.

3. Absence d'automaticité. Si, compte tenu notamment de la courte prescription des infractions prévues par la L. du 29 juill. 1881, la Circ. du 13 avr. 2005 relative aux modalités de mise en œuvre de la protection statutaire des agents des services pénitentiaires prévoit des modalités spécifiques, elle n'implique pas que, dans de tels cas, la protection statuaire soit automatiquement accordée par la prise en charge des frais d'avocat engagés par les agents souhaitant déposer plainte. • CAA Paris, 22 nov. 2012, n° 11PA04046 : *préc. note 2.*

4. Nécessité d'un lien avec le service. S'il est constant que les humiliations et propos outranciers publiés sur un réseau social au sujet d'un agent pénitentiaire provenaient de ses collègues, ces moqueries, qui concernaient deux sociétés civiles immobilières dont cet agent était par ailleurs cogérant, ne faisaient pas clairement référence à sa qualité d'agent public, ni à ses fonctions de surveillant pénitentiaire ou encore de membre d'un syndicat professionnel. Le directeur interrégional des services pénitentiaires pouvait donc légalement lui refuser le bénéfice de la protection fonctionnelle en se fondant notamment sur l'absence de lien avec le service pour estimer qu'un différend privé entre collègues ne peut donner lieu à protection statutaire. • CAA Toulouse, 25 avr. 2023, n° 21TL02589.

5. Poursuites judiciaires. Lorsqu'un agent public est mis en cause par un tiers à raison de ses fonctions, il incombe à la collectivité publique dont il dépend de le couvrir des condamnations civiles prononcées contre lui, et dans la mesure où une faute personnelle détachable du service ne lui est pas imputable, de lui accorder le bénéfice de la protection fonctionnelle. Faute d'établir l'existence d'une faute personnelle détachable du service, le refus d'accorder à un agent la protection fonctionnelle à raison des poursuites judiciaires dont il fait l'objet est entaché d'illégalité. • CAA Bordeaux, 30 janv. 2017, n° 15BX00893.

6. Faute personnelle. Conformément à l'art. 11 de la L. du 13 juill. 1983, lorsqu'elle est saisie d'une demande visant au bénéfice de la protection prévue par celle-ci, l'administration ne peut refuser d'y faire droit qu'en opposant, si elle s'y croit fondée au vu des éléments dont elle dispose à la date de la décision, le caractère de faute personnelle des faits à l'origine des poursuites au titre desquelles la protection est demandée. Dans le cas où, à l'inverse, elle a accordé la protection, elle peut mettre fin à celle-ci pour l'avenir si elle constate postérieurement, sous le contrôle du juge, l'existence d'une faute personnelle. • CAA Lyon, 28 mai 2019, n° 18LY02391. ♦ Commet une faute personnelle détachable du service l'agent qui, sans justification, gifle un détenu à deux reprises. Même si l'intéressé n'a fait l'objet ni d'une mesure administrative de suspension, ni d'une sanction disciplinaire, c'est à bon droit que l'administration peut refuser de lui accorder la protection fonctionnelle. • Même arrêt.

7. Conséquences de l'annulation d'un refus de protection. L'annulation pour incompétence d'un refus de protection fonctionnelle n'implique pas que l'administration accorde cette protection, mais seulement qu'elle se prononce à nouveau sur la demande présentée à cette fin. • CAA Lyon, 28 mai 2019, n° 18LY02391 : *préc. note 6.*

II. SITUATIONS IMPUTABLES AU SERVICE

8. Suicide d'un surveillant. Un accident survenu sur le lieu et dans le temps du service, dans l'exercice ou à l'occasion de l'exercice par un fonctionnaire de ses fonctions ou d'une activité qui en constitue le prolongement normal, présente, en l'absence de faute personnelle ou de toute autre circonstance particulière détachant cet événement du service, le caractère d'un accident de service. Il en va ainsi lorsqu'un suicide ou une tentative de suicide intervient sur le lieu et dans le temps du service, en l'absence de circonstances particulières le détachant du service. Il en va également ainsi, en dehors de ces hypothèses, si le suicide ou la tentative de suicide présente un lien direct avec le service. Il appartient dans tous les cas au juge administratif, saisi d'une décision de l'autorité administrative compétente refusant de reconnaître l'imputabilité au service d'un tel événement, de se prononcer au vu des circonstances de l'espèce. • CAA Bordeaux, 3 janv. 2017, n° 15BX00150 : *préc. note 5.* ♦ Les seules circonstances qu'un agent ayant fait une tentative de suicide a été découvert dans les toilettes des vestiaires de l'établissement et non pas sur les lieux mêmes où il devait prendre son service, et à 6 h 45 alors qu'il devait s'y présenter à 7 h 45, ne sont pas de nature, par elles-mêmes, à faire regarder le geste suicidaire comme étant survenu en dehors du lieu et du temps du service. • Même arrêt. ♦ N'est pas davantage fondé l'argument fondé sur le fait que l'intéressé souffrait de troubles dépressifs antérieurs dépourvus de lien avec le service et que sa tentative de suicide s'est inscrite dans le cadre de relations professionnelles difficiles alimentées par sa personnalité et son agressivité pathologique alors que le rapport d'expertise du médecin agréé par l'administration pénitentiaire dans le cadre de la procédure préalable à l'avis du comité médical imputait au service la tentative de suicide survenue sur le lieu du travail, que l'intéressé avait, après un arrêt pour maladie de plusieurs mois, été affecté contre son gré au service des parloirs, décision entraînant une perte de près du tiers de ses revenus annuels, qu'il avait fait l'objet de poursuites pénales pour des faits de diffamation engagées par des collègues de travail pour lesquels il avait été relaxé et de poursuites disciplinaires ayant conduit à des sanctions disproportionnées par rapport aux faits reprochés. • Même arrêt.

9. Faute personnelle non détachable du service. A droit à la reconnaissance de l'imputabilité au service de faits accidentels intervenus sur son lieu de travail, pendant son temps de travail et à l'occasion de ses fonctions, le surveillant qui, alerté par l'alarme de la prison, a été victime d'une chute en plaquant au sol le détenu récalcitrant alors que celui-ci était déjà maîtrisé. Ses agissements, quand bien même ils seraient constitutifs d'une faute personnelle, ne constituent pas une faute intentionnelle ou une faute détachable du service de nature à exonérer l'administration de son obligation de supporter les conséquences dommageables d'un accident de service. • CAA Douai, 30 juill. 2018, n° 15DA00636.

10. Accident de service. Le fonctionnaire dont les blessures ou la maladie proviennent d'un accident de service, d'une maladie contractée ou aggravée en service ou de l'une des autres causes exceptionnelles prévues à l'art. 27 C. pens. retr., et qui se trouve dans l'incapacité permanente d'exercer ses fonctions au terme d'un délai de douze mois à compter de sa mise en congé maladie, sans pouvoir bénéficier d'un congé de longue maladie ou d'un congé de longue durée, doit bénéficier de l'adaptation de son poste de travail ou, si celle-ci n'est pas possible, être mis en mesure de demander son reclassement dans un emploi d'un autre corps ou cadre d'emploi s'il a été déclaré en mesure d'occuper les fonctions correspondantes. S'il ne demande pas son reclassement ou si celui-ci n'est pas possible, il peut être mis d'office à la retraite par anticipation. Il appartient à l'autorité compétente de se prononcer sur la situation de l'intéressé au vu des avis émis par le comité compétent sans être liée par ceux-ci. En l'absence de modification de la situation de l'agent, l'administration a l'obligation de le maintenir en congé maladie avec plein traitement jusqu'à la reprise de service ou jusqu'à sa mise à la retraite, qui ne peut prendre effet rétroactivement. • CAA Nancy, 23 nov. 2017, n° 16NC01124.

Circulaire DAP 08-001108/RH2 du 6 novembre 2008,

Relative à la protection statutaire des agents des services pénitentiaires.

1 Principes généraux de la protection statutaire

Droit pour tout agent public au bénéfice de la protection

L'administration a l'obligation légale de protéger son agent contre les attaques dont il fait l'objet à l'occasion de l'exercice de ses fonctions ou contre les mises en causes de sa responsabilité devant le juge pénal pour des faits qui n'ont pas le caractère d'une faute personnelle.

Les personnes sont donc protégées à raison de leur qualité d'agent public.

Ainsi, un conseiller d'insertion et de probation agressé physiquement ou verbalement par une personne placée sous main de justice, lors d'une permission de sortie, bénéficiera de la protection statutaire, les faits étant liés aux fonctions exercées par l'intéressé.

En revanche, toute agression qui n'a aucun lien avec les fonctions exercées par l'agent ou qui n'a pas été commise à raison de la qualité d'agent participant au service public pénitentiaire ne peut donner lieu à protection. Il faut donc nécessairement que l'attaque subie par l'agent ou sa mise en cause présente un lien direct de causalité avec les fonctions exercées par l'intéressé.

Ainsi, l'agression physique d'un agent par un conducteur irascible suite à un accident de la circulation alors qu'il regagnait son domicile à bord de son véhicule, ne constitue pas une attaque survenue à l'occasion des fonctions.

De même, les fautes commises par un agent mais sans lien avec son service (faute personnelle détachée ou détachable du service) ne donnent pas lieu à protection.

L'administration ne peut refuser la protection statutaire à un agent lorsque les conditions en sont remplies (CE 17 janvier 1996, *Mlle Lair*, n° 128950).

Si les conditions d'octroi de la protection statutaire sont réunies, seul un intérêt général dûment justifié peut fonder un refus de protection. Il est à noter cependant que la jurisprudence retient une conception très restrictive de cette notion (CE 14 février 1975, *Teitgen*, n° 87730 ; CE 18 mars 1994, *Rimasson*).

Le refus de protection illégal engage la responsabilité de l'administration, si l'agent subit, de ce fait, un préjudice (CE 17 mai 1995, *Kalfon*, n° 141635).

Personnes protégées

Depuis la loi du 16 décembre 1996, le statut général prévoit expressément que la protection statutaire est due non seulement aux fonctionnaires, mais aussi aux agents publics non titulaires. Elle bénéficie également aux fonctionnaires stagiaires.

La protection bénéficie à toutes les catégories de fonctionnaires de l'État.

Les fonctionnaires en retraite bénéficient de la protection pour des faits survenus dans l'exercice de leurs fonctions, dès lors qu'ils n'ont pas le caractère de faute personnelle.

La protection bénéficie à tous les agents publics non titulaires.

Seuls les agents relevant du droit privé (concessionnaires, ministres du culte, etc.) sont exclus de la protection statutaire.

Enfin, depuis la loi n° 2003-239 du 18 mars 2003 pour la sécurité intérieure, la protection statutaire doit être accordée non seulement à l'agent lui-même mais également à ses ayants droits, c'est-à-dire conjoints, enfants et ascendants directs.

Ainsi, l'article 112 de la loi précitée prévoit que la protection bénéficie à certaines catégories d'agents de l'État dont les agents de l'administration pénitentiaire « dans l'exercice de leurs missions de sécurité intérieure ».

Mais surtout, il étend cette mesure à leurs conjoints, enfants et ascendants directs lorsque « du fait des fonctions de ces agents, ils sont victimes de menaces, violences, voies de fait, injures, diffamations ou outrages ».

Tel sera le cas par exemple de l'enfant qui se ferait agresser en raison des fonctions exercées par ses parents, surveillants pénitentiaires.

Cette protection est également accordée aux ayants droits des agents des services de l'administration pénitentiaire lorsque ceux-ci sont « décédés dans l'exercice de leurs fonctions ou du fait de leurs fonctions, à raison des faits à l'origine du décès ou pour des faits commis postérieurement au décès mais du fait des fonctions qu'exerçait l'agent décédé ».

Ainsi, lorsqu'un agent est décédé dans l'exercice de ses fonctions, sa famille bénéficie de la protection pour agir contre l'auteur de l'agression.

Les enfants mineurs des magistrats, fonctionnaires civils et agents non titulaires de l'État décédés ou mis dans l'incapacité de subvenir aux besoins de leur famille à la suite d'une agression dans l'accomplissement de leur mission bénéficient d'une protection particulière qui revêt essentiellement la forme d'aides financières destinées à assurer leur entretien et leur éducation (décret n° 81-328 du 3 avril 1981 accordant une protection particulière aux enfants de magistrats, fonctionnaires civils et agents de l'État).

Administration compétente pour accorder sa protection

L'article 11 de la loi du 13 juillet 1983 énonce que la protection statutaire est due aux agents « par la collectivité dont ils dépendent ».

Le Conseil d'État précise que la collectivité compétente est celle dont relève l'agent à la date à laquelle il est statué sur sa demande (CE, *commune du Cendre*, 5 décembre 2005, n° 261948).

Dès lors, il convient de respecter le principe selon lequel l'administration compétente pour traiter la demande de protection statutaire d'un agent des services pénitentiaires est celle auprès de laquelle celui-ci exerce effectivement ses fonctions.

A titre d'exemple, un agent est victime d'une agression dans l'exercice de ses fonctions alors qu'il dépend de la direction interrégionale de Lyon puis il est muté dans le ressort de la direction interrégionale de Marseille ; sa demande de protection statutaire devra donc être traitée par cette dernière, nouveau lieu d'affectation de l'agent et donc nouveau gestionnaire de sa situation administrative.

Si un agent d'une autre administration arrive en détachement ou est mis à disposition au sein de l'administration pénitentiaire, sa demande de protection statutaire sera instruite dans le ressort de sa direction interrégionale d'affectation.

Si un agent de l'administration pénitentiaire part en détachement ou est mis à disposition d'une autre administration, c'est son administration d'accueil qui sera compétente pour instruire et statuer sur sa demande de protection.

Enfin, si l'agent a été admis à la retraite, bénéficie d'un congé parental ou d'une mise en disponibilité la direction interrégionale compétente est celle auprès de laquelle il se trouvait statutairement rattaché au jour où il a quitté de manière temporaire ou définitive ses fonctions.

En tout état de cause, il doit être fait une application pragmatique de ces critères, l'objectif est d'éviter un déni de protection lorsque toutes les conditions sont remplies.

2 Conditions de la protection

2.1 *La protection de l'agent public victime d'attaques*

En application de l'article 11 alinéa 3 de la loi du 3 de la loi du 13 juillet 1983, les agents bénéficient de la protection de l'administration contre les attaques dont ils font l'objet à l'occasion de l'exercice de leurs fonctions.

Les attaques peuvent prendre la forme de celles énumérées à l'article 11 précité : menace, violences, voies de fait, injures, diffamations ou outrages.

Toutefois, la jurisprudence considère que cette liste n'est pas exhaustive et que l'administration est tenue de protéger les agents publics contre toutes les formes d'attaques, quel que soit leur auteur dès lors que celles-ci répondent aux conditions cumulatives suivantes :

1° Les attaques ont pour but de nuire à l'agent en raison de ses fonctions ou de sa qualité d'agent public (CE 6 novembre 1968, *Morichère*, n° 70283).

La protection de l'administration ne peut être obtenue par l'agent en l'absence d'attaque dirigée contre lui, pour des faits involontairement commis ou dans le cas d'activités motivées par un intérêt personnel.

2° Les attaques sont dirigées contre la personne de l'agent public ou contre ses biens personnels.

Ainsi, elles sont souvent constituées par des agissements matériels ou des violences physiques (altercation, agression physique, blessures volontaires, séquestration). Mais, l'agression peut aussi être morale, et résulter d'imputations calomnieuses ou diffamatoires, de propos tenus verbalement ou par écrit (lettres anonymes, tracts, ouvrages, articles de presse, déclarations publiques, etc.). De même, l'attaque peut viser le patrimoine ou les biens de l'agent (détérioration, destruction, vol pillage, etc.).

Il convient également d'intégrer dans le champ des agressions justifiant la protection, dès lors que les faits sont avérés, tous les comportements constituant des atteintes à l'image ou à la vie privée.

3° Enfin, les attaques doivent être réelles : pour prétendre à la protection statutaire, l'agent public doit établir la matérialité des faits dont il se dit victime et le préjudice direct qu'il a subi.

Il appartient à l'administration de qualifier juridiquement les faits « d'attaques » au sens de la loi du 13 juillet 1983, sous le contrôle du juge administratif.

Ainsi, dans tous les cas, la victime doit démontrer la réalité des faits, le caractère intentionnel de l'attaque, son lien avec sa qualité d'agent public et l'effectivité de son préjudice.

2.2 *La protection de l'agent public pénalement mis en cause*

L'article 11 dispose que « la collectivité publique est tenue d'accorder sa protection au fonctionnaire ou à l'ancien fonctionnaire dans le cas où il fait l'objet de poursuites pénales à l'occasion de faits qui n'ont pas le caractère d'une faute personnelle »

En conséquence, la protection statutaire est due à l'agent public ainsi qu'à l'ancien agent public qui fait l'objet de poursuites pénales pour des faits qui n'ont pas le caractère d'une faute personnelle, que l'infraction pour laquelle il est poursuivi soit intentionnelle ou non.

L'agent bénéficie de la protection qu'en l'absence de faute personnelle détachable du service, laquelle est appréciée par l'administration sous le contrôle le cas échéant du juge administratif.

Dès lors que l'existence d'une faute personnelle est écartée, l'administration est tenue d'assurer la protection de l'agent en cas de poursuites pénales consécutives à une faute de service.

Pour rejeter la demande de protection d'un fonctionnaire qui fait l'objet de poursuites pénales, l'administration doit exciper du caractère personnel de la ou des fautes qui on conduit à l'engagement de la procédure pénale.

Il appartient à l'administration d'apprécier elle même le caractère de la faute, personnelle ou de service, indépendamment de la qualification pénale provisoirement donné aux faits au stade de l'instruction.

Distinction entre la faute de service et la faute personnelle

Faute de service

Est qualifiée faute de service, la faute commise par un agent dans l'exercice de ses fonctions, c'est-à-dire pendant le service, avec les moyens du service, et en dehors de tout intérêt personnel. L'infraction qui en résulte n'a pas le caractère de faute personnelle.

En effet, une infraction pénale ne constitue pas nécessairement une faute personnelle. Les juridictions administratives ont ainsi admis que certaines infractions pénales constituaient des fautes de service *[CE 14 janv. 1935, Thépaz]*. Il s'agit le plus souvent d'infractions involontaires indissociables de l'activité du service. Ainsi, un chef d'établissement mis en examen du chef de blessures involontaires à la suite d'un accident survenu à un détenu dans un atelier bénéficiera de la protection statutaire.

Faute personnelle

Est qualifiée de faute personnelle la faute commise par l'agent en dehors du service, ou pendant le service si elle est tellement incompatible avec le service public ou les « pratique administratives normales » qu'elle revêt une particulière gravité ou révèle la personnalité de son auteur et les préoccupation d'ordre privé qui l'animent.

La faute personnelle est caractérisée notamment :

— lorsque l'acte se détache matériellement ou temporellement de la fonction, par exemple à l'occasion d'une activité privée en dehors du temps de travail et/ou hors du lieu de travail ; l'acte est dépourvu de tout lien avec le service (l'agent commet un acte totalement étranger au service) ;

— lorsque l'acte se détache de la fonction par le caractère inexcusable du comportement de l'agent par l'intention qui l'anime révélant l'homme à titre privé (actes incompatibles avec le service public, même s'ils sont commis pendant le service). Par exemple, un crime même commis sur le lieu de travail est toujours un acte détachable ;

— lorsque l'acte est commis pour la satisfaction d'un intérêt personnel matériel ou psychologique par exemple un détournement de fonds ou la délivrance d'attestations de complaisance ;

— lorsqu'il constitue une faute caractérisée même commise dans l'exercice des fonctions, par exemple le fait pour un agent d'un centre de secours, dans l'exercice de ses fonctions, d'emprunter et de conduire un véhicule privé sous l'empire d'un état alcoolique, pour transporter un malade.

Dès lors qu'il est établi, le caractère personnel de la faute exonère toujours l'administration de son obligation de protection.

La protection statutaire et poursuites pénales

Les poursuites pénales sont constituées par l'ensemble des actes accomplis dans le cadre de l'action publique, depuis sa mise en mouvement par le procureur de la République ou par la partie lésée, jusqu'à son extinction.

Elles incluent notamment la citation directe devant la juridiction pénale, la mise en examen parle juge d'instruction, la convocation dans le cadre d'une procédure de comparution sur reconnaissance préalable de culpabilité (loi n° 2004-24 du 9 mars 2004 portant adaptation de la justice aux évolutions de la criminalité) ou la comparution comme témoin assisté.

En outre, compte tenu d'une tendance à la pénalisation de la vie publique, vous accorderez également, dès lors que les conditions légales seront réunies, la protection aux agents pour tous les actes pour lesquels la procédure pénale prévoit l'assistance d'un avocat.

Cela signifie que la protection statutaire doit être étendue à toutes les procédures dites « alternatives aux poursuites » telles que la médiation pénale ou la composition pénale *[la composition pénale permet au parquet de proposer à l'auteur de certains délits l'exécution de certaines mesures qui éteignent sans jugement l'action publique]*.

3 Mise en œuvre de la protection

Le Conseil d'État apprécie et vérifie si les mesures prises par l'administration sont suffisantes et adaptées pour pouvoir *[texte officiel incomplet : pour pouvoir répondre aux demandes de mise en œuvre de la protection fonctionnelle]*.

En effet, l'article 11 de la loi du 13 juillet 1983 édicte une obligation générale de protection à la charge des collectivités publiques, mais il n'en définit pas les modalités, qui relèvent donc de la compétence et du choix de chaque administration.

3.1 *Formalisation de la demande et réponse de l'administration*

a) Introduction de la demande par l'agent

L'agent victime d'une attaque ou poursuivi devant une juridiction répressive pour faute de service doit en informer sans délai l'administration.

Il doit ainsi solliciter la protection statutaire par écrit et l'adresser à son supérieur hiérarchique qui la transmettra à l'autorité compétente.

Cette demande doit être motivée et apporter toutes précisions utiles sur les faits ou les poursuites pour éclairer l'administration dans sa prise de décision. Elle pourra ainsi être accompagnée du compte rendu de l'agent sur les faits, du rapport du chef d'établissement, des attestations du ou des témoins présents ainsi que du récépissé éventuel du dépôt de plainte aux services de police ou de gendarmerie.

Il est préférable que l'agent formule sa demande avant d'intenter un procès contre l'auteur des attaques ou dès qu'il a connaissance du déclenchement de l'action civile ou pénale intentée contre lui.

Si la réponse de principe peut intervenir rapidement, la mise en œuvre effective de la protection statutaire ne pourra intervenir le plus souvent qu'à réception de l'avis à victime adressé par la juridiction à l'agent. Celui-ci devra donc le faire parvenir au service des ressources humaines de son établissement d'affectation.

Le simple fait que la demande de protection survienne bien après l'attaque ou le déclenchement du procès civil ou pénal contre l'agent ne suffit pas à justifier un refus d'accorder la protection, sauf si la demande est présentée si tardivement par l'agent que l'administration se trouve dans l'incapacité de la mettre en œuvre.

Ainsi, le Conseil d'État a estimé que l'administration pouvait valablement ne pas donner suite à une demande lorsque, compte tenu de l'ancienneté des faits, aucune démarche de sa part, adaptée à la nature et l'importance des faits, n'était plus envisageable (CE 21 décembre 1994, *Mme Laplace*, n° 140066 ; CE 28 avril 2004, *M. D.* n° 232143).

Il n'est pas exclu parfois que la protection soit mise en œuvre au profit de deux ou plusieurs agents dont les intérêts divergent (cas de harcèlement moral), selon les modalités que vous définirez alors au cas par cas.

b) Formalités relevant de l'administration

L'administration saisie d'une demande de protection doit dans toute la mesure du possible y apporter une réponse écrite.

En cas de refus, celui-ci doit être rendu de manière explicite, doit être motivé et comporter la mention des délais et voies de recours. En effet, ces décisions font parties de celles qui « refusent un avantage dont l'attribution constitue un droit pour les personnes qui remplissent les conditions légales pour l'obtenir *[art. 1er de la L. n° 79-587 du 11 juill. 1979, relative à la motivation des actes administratifs et à l'amélioration des relations entre l'administration et le public]*. « En conséquence, elles doivent faire l'objet d'une motivation comportant les considérations de fait et de droit qui constituent le fondement de la décision *[art. 3 de cette même loi]* ».

Il est donc toujours souhaitable que la décision de rejet de la protection soit explicite. A défaut, le silence gardé pendant plus de deux mois par l'administration vaudra décision de rejet de la demande, conformément au droit commun.

Il est préférable, dans un souci de bonne administration et dans l'intérêt de l'agent, de statuer dans les meilleurs délais sur la demande de ce dernier, et de lui faire connaître le plus rapidement possible l'accord donné à la prise en charge de la protection ou au contraire le refus de cette prise en charge.

Je vous précise que la décision accordant le bénéfice de la protection statutaire est une décision individuelle créatrice de droits. A ce titre, l'administration ne peut la retirer que si elle est illégale et dans le délai de quatre mois suivant la prise de cette décision (CE 22 janvier 2007, *M. M.*, n° 28517, CE 29 février 2008, *M. Portalis*, n° 283943).

Ainsi, lorsque vous êtes saisis d'une demande de protection statutaire, vous pouvez refuser d'y faire droit en opposant, au vu des éléments dont vous disposez à la date de la décision, le caractère de faute personnelle des faits à l'origine des poursuites.

En revanche, si vous avez accordé la protection statutaire, vous pourrez seulement mettre fin à celle-ci pour l'avenir si vous constatez postérieurement l'existence d'une faute personnelle. Dans ce cas, l'agent ne pourra plus prétendre au maintien de la protection mais vous ne pourrez lui demander le remboursement des sommes déjà versées.

Toutefois, la décision pourra être retirée à tout moment si elle a été obtenue à la suite d'une fraude du demandeur, un acte administratif obtenu par fraude ne créant pas de droits (CE, section, 29 novembre 2002, *Assistance publique-hôpitaux de Marseille*,. n° 223027).

3.2 *L'assistance juridique : dispositif commun*

a) Le ministère d'avocat et la prise en charge de ses frais et honoraires

Désignation de l'avocat

L'agent est toujours libre du choix de son défenseur. S'il n'a pas fixé son choix sur un défenseur particulier, l'administration pourra, s'il en exprime le souhait, l'accompagner dans sa décision.

Vous pourrez alors lui proposer un avocat inscrit sur les listes de l'agent judiciaire du trésor (AJT).

Même si l'agent choisit personnellement son avocat selon des critères qui lui sont propres, sans avoir recours aux conseils de l'administration, il doit prendre attache sans délai avec le service des ressources humaines de son lieu d'affectation afin de connaître les conditions dans lesquelles la prise en charge des frais d'avocat sera effectuée.

Dans tous les cas, il vous appartient de prendre contact avec le défenseur de l'agent (choisi ou inscrit sur les listes de l'AJT) afin de définir avec lui les modalités de règlement de ses honoraires. Il est recommandé d'établir une convention d'honoraires entre l'administration et l'avocat *[V. modèle de convention d'honoraires joint en annexe I de la circulaire non reproduite]* à l'aide des barèmes joints en annexes de la présente circulaire.

Pour les avocats inscrits sur les listes de l'AJT, le montant des honoraires pris en charge par l'administration doit être rappelé clairement dans un courrier pour chaque affaire dont il sera saisi.

Dans tous les dossiers dits simples (la plupart des agressions), l'avocat sera rémunéré sur la base forfaitaire selon le barème de l'annexe II de la présente circulaire.

Pour les dossiers intermédiaires, il conviendra de se référer au barème figurant à l'annexe III. Il faut entendre par dossiers « intermédiaires » les dossiers délicats qui demandent par exemple une instruction assez longue, avec beaucoup d'interventions (actes de procédure importants).

Pour les dossiers signalés, il peut être proposé une rémunération sur la base d'un taux horaire. Vous vous reporterez alors au barème figurant à l'annexe IV intitulé « rémunération des dossiers dits signalés ». Il faut entendre par dossiers signalés ceux qui représentent pour l'administration pénitentiaire des enjeux particuliers, lesquels peuvent être d'ordre soit financier, soit juridique, soit médiatique.

Vous pouvez prendre l'attache du bureau des affaires statutaires des personnels pénitentiaires à l'administration centrale pour toute difficulté dans l'appréciation de la nature des dossiers.

Si les honoraires de l'avocat sont manifestement excessifs, vous devez les discuter avec lui.

Dans l'hypothèse où vous ne parviendriez pas à la signature d'une convention d'honoraires, vous devez informer par écrit l'agent et son défenseur que l'administration prendra en charge les honoraires dans la limite d'une somme que vous préciserez dans votre courrier et qui se rapprochera des montants figurants sur les barèmes susvisés.

Vous devez en outre indiquer clairement qu'au-delà de cette somme, c'est l'agent qui sera tenu de régler le surplus des honoraires. Le Conseil d'État considère que l'administration dans ce cas satisfait à son obligation de protection, la haute juridiction ayant précisé que « les dispositions de l'article 11 de la loi du 13 juillet 1983 n'ont pas pour effet de contraindre l'administration à prendre à sa charge, dans tous les cas, l'intégralité des frais *[CE 2 avr. 2003]* ».

Modalités de règlement des honoraires d'avocat

En principe, les avocats sont rémunérés par l'administration au vu d'une note d'honoraires et sur présentation des décisions de justice rendues dans l'affaire dont ils sont chargés.

Or, s'il arrive assez fréquemment qu'à la suite de l'agression d'un agent, l'audience pénale ait lieu rapidement après les faits, voire immédiatement en cas de comparution immédiate, la rédaction des jugements peut parfois prendre plusieurs mois.

Dans ces conditions, le fait de subordonner le paiement des honoraires à la présentation de la décision de justice peut générer des difficultés dans les relations que vous entretenez nécessairement avec les conseils des agents, alors même que vous êtes parfois amenés à les saisir dans l'urgence avec un minimum de formalisme.

Néanmoins, vous ne pouvez régler les honoraires des avocats que dans la mesure où vous êtes en possession d'un document attestant du service fait, la note d'honoraire seule, étant insuffisante.

Vous pouvez dans ce cas proposer aux avocats qui souhaiteraient percevoir leurs honoraires sans attendre la transmission du jugement, d'assortir leur note d'honoraires d'un jeu de conclusions daté et signé par le greffe.

A défaut d'un tel justificatif, l'administration ne pourra que différer le règlement jusqu'à la présentation de la décision de justice elle-même.

En effet, les trésoreries générales n'acceptent de viser ces dépenses que sur présentation d'un document justifiant au moins que les avocats ont effectué la prestation pour laquelle ils ont été choisis. Il peut donc s'agir de la décision de justice, ou de tout autre document de nature à attester du service fait, et tel est le cas de conclusions visées par le greffe.

b) Les autorisations d'absence

Il vous appartient d'accorder à l'agent les autorisations d'absence rendues nécessaires par la procédure le concernant afin de se rendre aux convocations des services de police et de gendarmerie, de l'autorité judiciaire et pour se rendre aux audiences de la juridiction judiciaire.

3.3 *Protection de l'agent victime d'attaques*

a) Les actions de prévention et de soutien

Les actions dites de prévention et de soutien en faveur de l'agent peuvent intervenir afin d'éviter la réalisation d'un dommage pour l'agent ou après la commission de l'agression, et visent à soutenir l'agent et à éviter toute aggravation du préjudice.

Ces actions peuvent favoriser la sécurité de l'agent. En fonction de l'agression, elles pourront consister par exemple dans le changement du numéro de téléphone ou de l'adresse électronique professionnels en cas d'appels téléphoniques malveillants ou de messages électroniques intempestifs et injurieux. Le cas échéant il pourra être envisagé un changement de service. Ainsi, en cas de menaces sérieuses, des dispositions pourront être prises afin d'en informer les autorités compétentes, voire de faire surveiller son domicile. En outre, les frais de changement de résidence de l'intéressé pourront être pris en charge par l'administration dès lors qu'il manifeste sa volonté de déménager, parce que par exemple il est établi que l'agent et l'auteur des faits habitent à proximité.

En cas d'agression physique ou verbale, il pourra être proposé à l'agent un soutien psychologique par l'intermédiaire de la psychologue du personnel dont relève le lieu d'affectation de l'intéressé. Vous pourrez aussi l'orienter vers le médecin de prévention si vous le jugez nécessaire.

Vous pouvez également choisir d'adresser une lettre de soutien à l'agent concerné ou encore décider de le recevoir personnellement.

En effet, je ne saurais trop insister sur la dimension psychologique de la protection statutaire qui peut très simplement constituer en une manifestation de solidarité de votre part.

b) Assistance de l'administration et alternatives aux poursuites

L'assistance de l'administration pourra être utile en cas de mesures alternatives aux poursuites pénales ordonnées par le parquet à l'encontre de l'auteur des attaques, comme la médiation pénale ou la composition pénale (art. 41-1 et 41-2 du code de procédure pénale).

Le champ d'application de ces mesures a en effet été étendu à un certain nombre d'infractions dont sont victimes les agents publics (menaces, destructions, dégradations ou détériorations de biens appartenant à autrui, outrages, rébellions, etc.) par la loi n° 2004-204 du 9 mars 2004 renforçant l'efficacité de procédure pénale.

L'administration ne peut pas se constituer partie civile en lieu et place de son agent puisqu'elle n'est pas la victime directe de l'infraction.

Dans tous cas, il vous est rappelé qu'il vous incombe de signaler toute infraction pénale dont vous auriez connaissance auprès du procureur de la République, en application de l'article 40 du code de procédure pénale, ce dernier appréciant l'opportunité d'engager des poursuites.

c) Cas particulier des infractions de presse

La protection statutaire est accordée selon des modalités spécifiques dès lors qu'un agent est victime d'une infraction prévue par la loi du 29 juillet 1881 telle que le délit d'injure ou de diffamation *[art. 29 de la L. du 29 juill. 1881 sur la liberté de la presse]*.

En effet, la protection statutaire peut être alors accordée si les agents déposent une plainte soit auprès du procureur de la République en cas de plainte simple, soit entre les mains du juge d'instruction en cas de plainte avec constitution de partie civile, ou en cas de citation directe de l'auteur des faits par la victime devant la juridiction répressive.

En cas de plainte simple, l'administration pourra désigner un avocat à la demande de l'intéressé et prendre en charge ses honoraires (voir *infra*) si le procureur décide de poursuivre l'auteur des faits. La protection statutaire devient sans objet dès lors que la plainte est classée sans suite.

En cas de plainte avec constitution de partie civile ou de citation directe de l'auteur des faits devant le tribunal correctionnel, l'administration verse le montant de la consignation fixée, prend en charge les frais d'avocat pendant la durée de la procédure (pendant la phase d'instruction éventuelle et devant la juridiction de jugement). Il convient alors, de ne pas attendre le récépissé de déclaration de dépôt de plainte pour mettre en œuvre la protection statutaire.

En effet, la courte prescription de ces infractions (trois mois à compter de la première diffusion des propos diffamatoires ou injurieux), et le formalisme requis par le dépôt de plainte avec constitution de partie civile (ou la citation directe) impliquent que ces actes soient effectués, de préférence, avec le concours d'un avocat.

Ce dernier se chargera ainsi de rédiger les plaintes ou les citations et de les transmettre au greffe des juridictions compétentes.

Je vous précise en outre, que l'article 46 de la loi du 29 juillet 1881 précitée prévoit notamment que si un agent de l'autorité publique est victime du délit de diffamation, l'action civile ne pourra être poursuivie séparément de l'action publique (c'est-à-dire que la victime ne pourra demander la réparation de son préjudice que devant les juridictions pénales).

En conséquence, dès lors que les faits sont constitutifs du délit de diffamation et que la victime est un agent des services pénitentiaires, seules les juridictions pénales doivent être saisies, à l'exclusion des juridictions civiles, dans les strictes conditions prévues par la loi du 29 juillet 1881. Il conviendra donc d'indiquer à l'agent qu'il doit saisir la juridiction répressive.

Si la juridiction civile a été néanmoins saisie vous pourrez suspendre le bénéfice de la protection statutaire et vous en informerez l'intéressé.

Ainsi, contrairement au cas d'infractions de droit commun, les honoraires d'avocat et les frais de procédure seront pris en charge dès l'engagement de l'action judiciaire par l'agent victime de l'infraction d'injure ou de diffamation.

Quand c'est l'institution ou un corps de fonctionnaires qui est directement mis en cause à travers la diffamation ou l'injure, il appartient au seul directeur de l'administration pénitentiaire, au nom du garde des sceaux, de porter plainte et, le cas échéant, de se constituer partie civile.

d) L'indemnisation du préjudice subi par l'agent

L'administration est tenue à une obligation de réparation qui consiste à indemniser l'agent des différents préjudices qu'il a subis. L'indemnisation peut couvrir les préjudices corporel, matériel ou moral.

La procédure est enclenchée à l'initiative de l'agent. Il en formule la demande par courrier, auquel sont jointes les pièces justificatives prouvant la réalité et évaluant le préjudice dont il demande réparation.

Règles générales

En cas d'agression physique, si le préjudice subi par l'agent peut être réparé à la fois au titre des accidents de service, et au titre de la protection statutaire, la jurisprudence faisant prévaloir les dispositions relatives à l'indemnisation prévues par la législation sur les accidents de service. C'est le cas lorsqu'un agent est victime d'une agression survenue à l'occasion de ses fonctions.

En outre, le Conseil d'État, par une décision rendue le 4 juillet 2003, *[CE 4 juill. 2003, Mme Moya-Caville]* a élargi les conditions d'indemnisation des agents victimes d'accident de service ou de maladie professionnelle. En effet si une réparation forfaitaire (allocation temporaire ou rente viagère d'invalidité) est accordée aux agents au titre des atteintes subies dans leur intégrité physique, ce forfait de pension ne fait plus obstacle à ce que le fonctionnaire obtienne de la collectivité qui l'emploie une indemnité complémentaire réparant d'autres préjudices tels que le pretium doloris (prix de la douleur), le préjudice moral, le préjudice esthétique ou encore le préjudice d'agrément.

En cas de faute de l'administration, l'agent peut également prétendre au versement d'une indemnité réparant ses autres chefs de préjudice patrimonial (tel que le préjudice résultant du trouble dans les conditions d'existence), dans la mesure où celui-ci ne serait pas entièrement indemnisé par le versement de la pension, de l'allocation temporaire d'invalidité ou de la rente viagère d'invalidité.

Le Conseil d'État a donc mis fin à la règle du forfait de pension et a considéré ainsi que l'attribution d'une allocation temporaire d'invalidité à un fonctionnaire n'excluait plus le versement d'une indemnité complémentaire compensatrice.

Je vous rappelle que rien n'interdit à l'administration de prendre en compte, parmi d'autres éléments, l'évaluation du préjudice subi par l'agent telle que l'aura faite le juge judiciaire, pour déterminer le montant de l'indemnisation à laquelle elle est elle-même tenue dans le cadre de son obligation statutaire de protection.

En conséquence, vous continuerez de différer l'indemnisation du préjudice subi jusqu'au prononcé du jugement par les juridictions judiciaires. Cependant, la décision de paiement ne devra pas viser ce dernier mais seulement l'article 11 de la loi n° 83-634 du 13 juillet 1983.

L'administration ne peut indemniser son agent lorsque la créance résultant de la demande d'indemnisation est éteinte par l'effet de la prescription quadriennale.

L'indemnisation de l'agent victime d'une agression à l'occasion de ses fonctions, doit aussi couvrir le montant des honoraires de son avocat, le montant des consignations réclamées à l'agent en cas de dépôt de plainte avec constitution de partie civile, ou en cas de citation directe de l'auteur des faits devant une juridiction pénale. Elle doit aussi inclure le cas échéant les frais exposés dans le cadre d'une action civile (frais d'huissier, expertise, etc.), l'ensemble des frais générés par la procédure devant les juridictions et le montant des frais afférents aux déplacements de l'agent et de son avocat nécessités par la procédure judiciaire.

La prise en charge des frais de déplacement peut s'effectuer par référence aux barèmes fixés par le décret n° 2006-781 du 3 juillet 2006 fixant les conditions et les modalités de règlement des frais occasionnés par les déplacements temporaires des personnels civils de l'État.

Dans les cas de diffamation ou de dénonciation calomnieuse, l'agent peut demander par le biais de son avocat, à titre de réparation et aux frais de la personne condamnée, l'insertion dans la presse de la décision de condamnation. L'administration peut faire l'avance des frais de cette insertion.

En outre, l'administration qui a indemnisé un agent se trouve alors subrogée dans les droits de la victime. Il vous appartient donc dans ce cas de demander à l'auteur des faits le remboursement des sommes ainsi versées.

Si l'auteur des attaques verse directement à l'agent une indemnisation ou le montant des frais de procédure, celui-ci devra alors les reverser à l'administration. Des instructions en ce sens devront être délivrées à l'agent et à son avocat qui est destinataire en général des sommes versées par l'adversaire condamné.

Cas particuliers

Jugement par défaut et indemnisation de l'agent

Une difficulté peut toutefois survenir quand un tribunal correctionnel rend un jugement de condamnation par défaut, c'est-à-dire quand le prévenu (l'auteur présumé des faits) ne comparaît pas à l'audience alors que la citation à comparaître ne lui a pas été délivrée personnellement et qu'il n'est pas établi qu'il a eu connaissance de la citation.

Dans ce cas, le prévenu peut former opposition *[c'est-à-dire qu'il conteste, comme il en a le droit, devant la même juridiction le jugement prononcé en son absence]* tant en ce qui concerne la condamnation pénale que les intérêts civils jusqu'à expiration des délais de prescription de la peine.

Dès lors qu'un jugement est prononcé même par défaut, vous devez indemniser l'agent en tenant compte du montant des dommages et intérêts auxquels l'agresseur a été condamné.

Dans l'hypothèse où le prévenu non présent à l'audience forme ensuite opposition, vous ne tiendrez compte du nouveau jugement, pour ajuster l'indemnisation de l'agent, que dans la mesure où la condamnation sur les intérêts civils sera supérieure au montant initialement fixé.

Exemple : le tribunal correctionnel condamne par défaut à une peine d'emprisonnement et à verser la somme de 700 € à la victime un détenu qui a agressé un surveillant et qui, libéré avant l'audience, ne comparaît pas devant le tribunal. Puis l'ancien détenu est interpellé alors qu'il commet une nouvelle infraction. Il a alors connaissance du jugement le condamnant et il forme opposition. Le tribunal correctionnel condamne alors l'intéressé à verser la somme de 1 000 € à la victime. Vous verserez le complément d'indemnisation, soit 300 €.

L'agresseur de l'agent est déclaré pénalement irresponsable

De plus, dans le cas où l'agresseur d'un agent est déclaré pénalement irresponsable *[art. 122-1 C. pén. : N'est pas pénalement responsable la personne qui était atteinte, au moment des faits d'un trouble psychique ou neuropsychique ayant aboli son discernement ou le contrôle de ses actes]* et où par voie de conséquence l'avocat de l'agent saisirait la juridiction civile pour obtenir la réparation du préjudice subi, la protection statutaire doit alors conduire à prendre en charge les frais de procédure et les honoraires complémentaires de l'avocat.

Cas des comparutions immédiates

De même si l'auteur d'une agression est jugé en comparution immediate et que vous n'avez pas pu saisir l'avocat à temps, l'agent n'a pas pu alors se constituer partie civile et le tribunal n'aura pas pu statuer sur ses intérêts civils.

Vous pourrez alors accorder le bénéfice de la protection statutaire à l'agent afin qu'il puisse saisir le juge civil par l'intermédiaire d'un avocat, pour obtenir l'indemnisation de son préjudice.

e) Cas des frais irrépétibles

Outre l'octroi de dommages et intérêts, la juridiction saisie accorde souvent à la victime le bénéfice de l'article 475-1 du code de procédure pénale devant le tribunal correctionnel, 512 du code de procédure pénale devant la cour d'appel, 375 du code de procédure pénale devant la cour d'assises et 700 du nouveau code de procédure civile devant les juridictions civiles.

Ces textes précités disposent en effet que « Le tribunal condamne l'auteur de l'infraction à payer à la partie civile la somme qu'il détermine, au titre des frais non payés par l'État et exposés par celle-ci [...].

Une difficulté surgit lorsque la juridiction pénale alloue à la partie civile une somme correspondant aux frais irrépétibles alors que l'administration a pris en charge les honoraires de l'avocat de l'agent ainsi que l'ensemble des frais de procédure.

Ainsi, dans cette hypothèse, si l'avocat sollicite et obtient de la juridiction le bénéfice des dispositions précitées du code de procédure pénale, cette somme doit être reversée à l'administration. En effet, dans le cas contraire, l'agent bénéficierait d'un enrichissement sans cause.

En conséquence, il vous appartient d'inviter les avocats à restituer cette somme au trésorier payeur général par votre intermédiaire.

3.4 *Protection de l'agent pénalement ou civilement mis en cause*

a) Principe d'indemnisation des agents mis en cause pénalement

La protection statutaire doit être demandée à chaque étape de la procédure (première instance, appel, cassation), car sa prolongation n'est pas acquise automatiquement.

La protection statutaire d'un agent objet de poursuites pénales à l'occasion de ses fonctions couvrira, outre le montant des honoraires de l'avocat, le montant du cautionnement imposé à l'agent dans le cadre d'un contrôle judiciaire, le montant des frais afférents aux déplacements de l'agent et de son avocat et nécessités par la procédure judiciaire, l'ensemble des frais générés par la procédure devant les juridictions pénales ou dans le cadre d'une procédure alternative aux poursuites ou de comparution sur reconnaissance préalable de culpabilité.

b) Élévation de conflit et prise en charge des condamnations civiles de l'agent

Lorsque l'agent est mis en cause devant une juridiction judiciaire pour des faits qui n'ont pas le caractère d'une faute personnelle, son administration doit saisir le préfet (ou le haut-commissaire de la République) du département où siège la juridiction concernée afin de lui adresser un déclinatoire de compétence lui demandant de se déclarer incompétente pour statuer sur les intérêts civils de la victime et, le cas échéant, procéder à l'élévation de conflit pour suspendre la procédure.

Cette procédure peut être utilisée devant les tribunaux de l'ordre judiciaire, en première instance ou en appel. Devant les juridictions répressives, elle ne peut porter que sur l'action civile.

En tout état de cause, vous saisirez, en lui adressant l'ensemble des éléments du dossier, le bureau des affaires statutaires des personnels pénitentiaires à l'administration centrale qui se chargera de procéder à l'élévation du conflit.

Si le conflit d'attribution n'a pas été élevé et quelles qu'en soient les raisons, l'administration couvre alors les condamnations civiles prononcées contre l'agent c'est-à-dire qu'elle verse le montant des dommages-intérêts à la place de l'agent.

En revanche, il vous est rappelé que même en cas de faute de service reconnue, l'administration ne peut pas payer les éventuelles amendes pénales auxquelles un agent pourrait être condamné par les juridictions répressives, même si elle a accordé sa protection.

En effet, une sanction pénale présente un caractère personnel, ce qui interdit que d'autres que la personne condamnée en assument la charge. Ainsi, l'administration ne pourra assumer le paiement de jours-amende en cas de condamnation d'un agent à cette peine.

c) Audition des agents devant la Commission nationale de déontologie et de sécurité (CNDS)

Je vous rappelle que le bénéfice *a priori* de la protection statutaire ne peut être accordé aux agents convoqués devant la CNDS. En effet, l'article 11 de la loi du 13 juillet 1983 prévoit que l'agent bénéficie de la protection notamment quand il fait l'objet de poursuites pénales à l'occasion de faits qui n'ont pas le caractère d'une faute personnelle.

Or, l'audition devant la CNDS ne peut être assimilée à une poursuite pénale. L'intervention devant la commission se situe en amont d'une éventuelle saisie de la justice, et ne constitue en aucun cas une poursuite.

En outre, l'audition devant la CNDS qui ne peut être décidée par le parquet ne constitue pas non plus une mesure alternative aux poursuites.

Cependant, quand l'agent fait l'objet de poursuites pénales par le parquet suite à la saisine de la commission et qu'il bénéficie à ce titre de la protection statutaire, vous pourrez alors prendre en charge de façon rétroactive les honoraires de l'avocat ayant assisté l'agent lors de son audition devant la commission.

En effet, dans ce cas, l'audition devant la CNDS peut être considérée alors comme indissociable des poursuites pénales diligentées par la suite.

3.5 *Mise en cause de l'agent judiciaire du Trésor*

a) Rôle de l'agent judiciaire du Trésor (AJT)

L'article 38 de la loi du 5 avril 1955 dispose que « toute action portée devant les tribunaux de l'ordre judiciaire et tendant à faire déclarer l'État créancier ou débiteur pour les causes étrangères à l'impôt et au domaine doit, sauf exception prévue par la loi, être intentée à peine de nullité par ou contre l'agent judiciaire du trésor ».

Pour ce faire, lorsque les faits générant la créance de l'État sont soumis à une juridiction pénale, l'AJT se constitue partie civile devant les juridictions pénales.

Il a ainsi vocation à intervenir devant toutes ces juridictions : juge d'instruction, tribunal de police, tribunal correctionnel, tribunal pour enfants, cour d'assises, cour d'appel (chambre correctionnelle) et Cour de cassation (chambre criminelle).

La constitution de partie civile de l'agent judiciaire du Trésor a deux fondements distincts :

— il peut exercer son action par subrogation dans les droits de la victime : tel est le cas notamment lorsque l'agression ou l'accident sont survenus hors service. Dans cette hypothèse, il ne peut intervenir que si la victime est également partie civile ;

— il dispose également d'une action directe lui permettant de se constituer partie civile même en l'absence de la victime devant la juridiction.

L'AJT est compétent pour se constituer partie civile lorsqu'une instance pénale judiciaire concerne :

— les infractions commises directement contre l'État : l'AJT exerce alors une action en remboursement des dommages matériels résultant pour l'État de vols, escroqueries, fraudes diverses, dégradations, destructions de biens... ;

— les agressions ou les accidents dont ont été victimes des fonctionnaires : l'AJT exerce alors une action en remboursement des frais exposés de ce fait par les différentes administrations (frais médicaux, rémunérations maintenues pendant la période d'arrêt de travail, etc.).

L'agent judiciaire du Trésor peut également négocier une transaction pour mettre fin à l'instance.

Les préjudices que l'État peut faire valoir devant les juridictions répressives (ou préjudice soumis à recours) sont constitués des prestations versées aux fonctionnaires c'est-à-dire :

— les traitements et indemnités ;

— l'ensemble des frais médicaux ;

— l'allocation tierce personne ;

— les charges patronales ;

— la pension ;

— l'allocation temporaire d'invalidité (en cas de reprise de ses fonctions par l'agent alors qu'il subsiste une invalidité).

Il vous appartient donc de mettre l'AJT en mesure de faire valoir devant les tribunaux judiciaires les créances de l'État énumérées ci-dessus.

En revanche, ne constituent pas une créance de l'État les dommages-intérêts destinés à réparer le préjudice personnel de la victime et qui concernent le *pretium-doloris* (le prix de la douleur), le préjudice d'agrément, le préjudice esthétique, le préjudice sexuel et le préjudice moral.

b) Relations entre les services de l'administration pénitentiaire et de l'agent judiciaire du Trésor (AJT)

Pour que sa constitution de partie civile soit recevable, l'agent judiciaire du Trésor doit se constituer devant les juridictions pénales du premier degré (tribunal de police, tribunal correctionnel, cour d'assises, tribunal pour enfants) avant les réquisitions du ministère public sur le fond conformément à l'article 421 du code de procédure pénale.

S'il ne l'a pas fait conformément à ce qui vient d'être indiqué, l'agent judiciaire du Trésor ne peut plus réclamer le remboursement des créances de l'État même en cause d'appel.

Eu égard à cet impératif, l'AJT doit être saisi de tous les dossiers (agression d'un agent, dégradation d'un bien public, accident du travail...) pour lesquels un tiers responsable se trouve à l'origine du préjudice subi par la victime dans la mesure où une instance judiciaire est saisie.

L'information de l'AJT doit intervenir au plus tard au moment où la date d'audience vous est communiquée.

Par conséquent, vous transmettrez dès que possible à ce service, et en tout état de cause avant que la juridiction compétente n'ait statué sur le fond, toutes les pièces justificatives du préjudice de l'État au fur et à mesure de leur production.

Pour ce faire*[,]* il conviendra donc que vous adressiez dès que possible les formulaires joints en annexe de la présente circulaire au bureau du droit pénal (2B) ou au bureau accidents et réparation civile (2C) à la direction des affaires juridiques du ministère de l'économie, des finances et de l'industrie, Télédoc 353, 6, rue Louise-Weiss, 75703 Paris Cedex 13, et ce quand bien même vous seriez dans l'incapacité de les renseigner intégralement.

En revanche, en cas d'indemnisation de l'agent par son administration sur présentation du jugement condamnant son agresseur au versement de dommages-intérêts, il vous appartiendra de saisir directement le comptable assignataire en vue de faire émettre un titre de perception à l'encontre de l'agresseur, une telle indemnisation n'étant pas considérée comme un préjudice dont la réparation ressortit des compétences de l'AJT.

La présente circulaire abroge et remplace les circulaires RH2 du 27 avril 2001 relatives à la protection statutaire des agents mis en cause à l'occasion de leurs fonctions et du 12 septembre 2005 relative aux modalités de mise en œuvre de la protection statutaire des agents des services pénitentiaires.

Je vous remercie de veiller à la mise en application des présentes instructions et de me tenir informé sous le présent timbre de toute difficulté qu'elles pourraient susciter.

Art. R. 122-23 **Le personnel de l'administration pénitentiaire jouit du libre exercice du droit syndical.**

1. Liberté fondamentale. La liberté syndicale (des agents de l'administration pénitentiaire) est une liberté fondamentale au sens de l'art. L. 521-2 CJA. • CE, ord., 23 févr. 2023, n° 471562. ♦ Un représentant syndical peut donc utilement saisir le juge du référé-liberté pour contester le refus d'autorisation spéciale d'absence qui lui a été opposé par le directeur de l'établissement qui l'emploie. • CE, ord., 2 juill. 2021, n° 453961. ♦ La juridiction saisie doit toutefois être celle qui serait compétente pour connaître d'un recours au fond. La requête d'un syndicat tendant à ce qu'il soit enjoint à la garde des Sceaux de mettre à sa disposition un local syndical répondant aux exigences de l'art. 3 du Décr. du 28 mai 1982 relatif à l'exercice du droit syndical dans la fonction publique et de lui attribuer un budget de fonctionnement intéresse des décisions qui ne sont manifestement pas au nombre de celles dont il appartient au Conseil d'État de connaître en premier et dernier ressort en vertu des dispositions de l'art. R. 311-1 CJA ou d'autres dispositions (irrecevabilité). • CE, ord., 1er juill. 2019, n° 431936.

2. Autorisations spéciales d'absence. Une organisation syndicale qui s'est vu octroyer des crédits de temps syndical désigne librement les bénéficiaires de ces crédits parmi ses représentants. Sous réserve des nécessités du service, le chef de service compétent accorde au bénéficiaire désigné le crédit d'heures demandé dans la limite de la durée sollicitée exprimée en demi-journées, celle-ci étant censée correspondre au temps nécessaire à la réalisation de l'activité en cause, trajets inclus. Aucun texte n'ouvre droit, au profit des agents, à l'octroi d'autorisations d'absence pour délais de route s'ajoutant aux autorisations spéciales imputées sur les crédits d'heures de l'organisation syndicale. • CE, ord., 23 févr. 2023, n° 471562 : *préc. note 1.* ♦ L'obligation dans laquelle un agent se trouverait d'écourter sa participation à une réunion pour laquelle a été accordée une autorisation spéciale d'absence de façon à pouvoir effectuer le trajet de retour dans de bonnes conditions et être à même d'exercer ses fonctions au centre pénitentiaire le lendemain matin ne constitue pas une atteinte grave à la liberté syndicale. • Même décision. ♦ Porte en revanche une atteinte grave et manifestement illégale à la liberté syndicale la décision d'un directeur d'établissement refusant des autorisations spéciales d'absence sollicitées par un membre du personnel, représentant syndical, pour se rendre aux conseils régionaux de son syndicat alors que la demande a été présentée dans un délai suffisamment raisonnable pour que l'administration puisse y faire droit en prenant les dispositions nécessaires pour assurer le fonctionnement du service, que des autorisations spéciales d'absence demandées par un autre responsable syndical ont été accordées et qu'il n'est pas établi que le fonctionnement du service dans les conditions de sécurité requises ne pourrait être assuré. • CE, ord., 2 juill. 2021, n° 453961 : *préc. note 1.* ♦ Aucune disposition ne prescrit ni n'implique qu'un agent de la fonction publique de l'État participant à une réunion syndicale dont la date coïncide avec un jour où il n'est pas en service ait à solliciter une autorisation d'absence. Dès lors, il ne saurait prétendre à bénéficier d'une compensation en temps de travail, sans qu'y fasse obstacle ni la circonstance qu'alors qu'il n'avait pas à le faire, il ait demandé une autorisation d'absence, ni celle qu'il ait, le cas échéant, reçu une réponse positive à cette demande. • CAA Douai, 20 déc. 2018, n° 16DA01579.

3. Libre accès aux bâtiments administratifs. Tout représentant mandaté à cet effet par une organisation syndicale a libre accès aux réunions tenues par cette organisation à l'intérieur des bâtiments administratifs, même s'il n'appartient pas au service dans lequel une réunion se tient et même s'il est extérieur à l'établissement. Cette liberté donnée aux personnes extérieures représentant une organisation syndicale d'accéder aux réunions au sein de l'établissement ne leur donne pas pour autant un droit de visite de l'établissement. Pour apprécier la demande d'accès de l'établissement présenté par un représentant syndical, le directeur de l'établissement doit donc rechercher si le motif de sa venue est une réunion ou une visite d'établissement. En outre, il ne peut qu'apporter des restrictions nécessaires, adaptées et proportionnées à la liberté de circulation d'un délégué syndical au sein de locaux administratifs eu égard à sa responsabilité de veiller à la sécurité et au bon fonctionnement de l'établissement. • Crim. 4 sept. 2018, n° 17-86.619 P : *JCP 2018. 1076.*

4. Expression syndicale. L'étendue de l'obligation de réserve qui pèse sur les surveillants de l'administration pénitentiaire doit se concilier avec la liberté d'expression liée à l'exercice d'une fonction syndicale dans la mesure où l'expression dont il s'agit a pour objet la défense des intérêts professionnels, individuels ou collectifs, des adhérents du syndicat. Ne constitue pas une faute disciplinaire au regard du mandat syndical de l'intéressée le fait pour une CPIP d'avoir répondu aux sollicitations d'un journaliste pour donner son avis au sujet de la grille d'évaluation confidentielle élaborée par l'administration pénitentiaire à destination des personnes placées sous main de justice suspectée de radicalisation dont le journal avait obtenu communication. Ses propos, qui étaient en lien avec la défense des intérêts professionnels des CPIP, n'ont pas excédé les limites que les fonctionnaires et leurs organisations syndicales doivent respecter en raison de la réserve à laquelle ils sont tenus. • CAA Bordeaux, 14 déc. 2020, n° 18BX03178. ♦ En revanche, un tract rédigé en des termes outrageants et offensants à l'encontre des personnels de direction qui pouvaient être aisément identifiés excède les limites que les fonctionnaires responsables syndicaux doivent respecter en raison de la réserve à laquelle ils sont tenus à l'égard de leur hiérarchie. L'intéressé ne peut utilement se prévaloir de ce qu'il aurait entendu alerter la direction de la maison d'arrêt sur les nouvelles conditions d'encadrement et sur les conséquences psychologiques affectant les agents dans l'exercice de leurs fonctions, ni de ce que l'impact du tract aurait été limité dans la mesure où il n'a été affiché que pendant une journée et sur un panneau réservé aux organisations syndicales. • CAA Nantes, 4 oct. 2007, n° 07NT00334.

Art. R. 122-24 **Le personnel de l'administration pénitentiaire exerce ses droits d'expression et de manifestation dans les conditions prévues par son statut.**

1. Liberté d'expression. Doivent être relaxés du chef d'injure publique en raison de l'origine, l'ethnie, la nation, la race ou la religion les agents qui, à l'occasion d'une manifestation s'inscrivant dans un conflit de travail visant notamment à dénoncer « une ethnicisation de l'organisation du travail et un comportement néocolonialiste envers les surveillants d'origine non européenne », ont tenu des propos et adopté des comportements perçus comme des injures racistes par le directeur de l'établissement. Les propos poursuivis, pour outranciers qu'ils puissent être regardés, entendent dénoncer, par l'utilisation de la caricature faisant référence au passé esclavagiste de la France, les méthodes de gestion du directeur du centre pénitentiaire, qualifiées d'autoritaristes, voire de racistes, mais ne le visaient pas à raison de son origine ou de son appartenance à une race. • Crim. 19 oct. 2021, n° 20-86.559 : *JS Lamy 2022, n° 533, p. 14, note Mesa.* ♦ Outrepasse le droit d'expression des agents de l'administration pénitentiaire, fussent-ils représentants syndicaux, la parodie, diffusée sur internet, destinée à faire apparaître le chef d'établissement comme un fonctionnaire colonialiste d'un autre temps recourant à des méthodes assimilées à de l'esclavage. Nonobstant la relaxe prononcée par le juge judiciaire, de tels faits peuvent néanmoins justifier une sanction disciplinaire, l'intéressé ne pouvant utilement, eu égard à l'indépendance des procédures judiciaire et disciplinaire, invoquer le jugement correctionnel pour contester leur matérialité et leur caractère raciste, diffamatoire et injurieux. • CAA Versailles, 9 juill. 2020, n° 18VE03092. ♦ Constitue également une faute professionnelle de nature à justifier une sanction disciplinaire le fait, pour un agent, de donner des conférences de presse devant des banderoles sur lesquelles étaient inscrites des mentions à caractère injurieux à l'encontre du chef d'établissement. Ces graves mises en cause de la direction du centre, relayées par l'utilisation des réseaux sociaux, ont outrepassé le droit d'expression des agents de l'administration pénitentiaire et de leurs représentants syndicaux. • CAA Versailles, 9 juill. 2020, n° 18VE03143.

2. Droit de grève. Si, en application de l'al. 7 Préamb. Const. 1946, le droit de grève est un principe de valeur constitutionnelle, il appartient au législateur d'en tracer les limites en opérant la conciliation nécessaire entre la défense des intérêts professionnels, dont la grève est un moyen, et la sauvegarde de l'intérêt général auquel la grève peut être de nature à porter atteinte. Ces limitations peuvent aller jusqu'à l'interdiction du droit de grève aux agents dont la présence est indispensable pour assurer le fonctionnement des éléments du service dont l'interruption porterait atteinte aux besoins essentiels du pays. Eu égard aux missions qu'ils exercent, les agents des services déconcentrés de l'administration pénitentiaire sont soumis à un statut spécial par lequel le législateur a pu, sans méconnaître les droits et libertés garantis par la Const. notamment le droit de grève, interdire toute cessation concertée du service. • CE 5 nov. 2020, n° 439211. ♦ La cessation concertée du service ou un acte collectif d'indiscipline caractérisée de la part d'agents des services déconcentrés de l'administration pénitentiaire constitue une faute dont l'exceptionnelle gravité, appreciée au cas par cas sous le contrôle du juge, est de nature, eu égard aux tâches dévolues aux services de l'administration pénitentiaire, à troubler l'ordre public, de tels faits justifiant le recours à une procédure disciplinaire spécifique permettant à l'autorité disciplinaire d'être en mesure de sanctionner sans délai de tels actes. En disposant que cette sanction peut être prononcée, dans le cadre d'une procédure disciplinaire, dérogatoire à celle résultant de la L. du 13 juill. 1983 portant droits et obligations des fonctionnaires, prévoyant que les intéressés aient été mis à même de présenter leurs observations sur les faits reprochés, le législateur a apporté des garanties suffisantes aux droits de la défense. Dès lors, ces dispositions ne meconnaissent pas les droits et libertés garantis par la Const. • Même arrêt.

3. Blocage illicite. Commet une faute professionnelle de nature à justifier une sanction disciplinaire l'agent qui, à l'occasion d'un conflit social, participe activement à un barrage de plusieurs jours dont le but était de bloquer l'accès au centre pénitentiaire et pas seulement de filtrer les véhicules, à tel point que les membres du personnel ont dû laisser leurs véhicules le long d'une voie rapide pour prendre leur service, que les extractions de détenus pour raisons médicales ont dû être suspendues et que l'approvisionnement régulier du centre en médicaments et en produits de « cantinage » a été interrompu, circonstances ayant conduit à une mutinerie. Eu égard aux menaces qu'ils ont fait peser sur la sécurité et l'approvisionnement du centre pénitentiaire et ajoutés aux graves mises en cause de la direction du centre qui, relayées par l'utilisation des réseaux sociaux, ont outrepassé le droit d'expression des agents de l'administration, ces manquements justifient la sanction du déplacement d'office qui, compte tenu du contexte, n'apparaît pas disproportionnée, la situation familiale de l'intéressé étant sans influence sur cette appréciation. • CAA Versailles, 9 juill. 2020, n° 18VE03143 : *préc. note 1.* ♦ Le fait que l'agent n'ait pas été présent de façon constante sur le barrage bloquant est sans incidence sur la participation active qui lui a été reprochée qui, par ailleurs, n'implique pas qu'il se serait nécessairement abstenu d'effectuer ses heures de service, dès lors qu'il a pu chaque jour, en dehors de ses horaires de travail, participer à l'installation et à l'animation du barrage. • Même arrêt.

4. Expression syndicale. L'étendue de l'obligation de réserve qui pèse sur les fonctionnaires doit se concilier avec la liberté d'expression liée à l'exercice d'une fonction syndicale dans la mesure où l'expression dont il s'agit a pour objet la défense des intérêts professionnels, individuels ou collectifs, des adhérents du syndicat. Ne constitue pas une faute disciplinaire au regard le fait pour une CPIP d'avoir répondu aux sollicitations d'un journaliste pour donner son avis au sujet de la grille d'évaluation confidentielle élaborée par l'administration pénitentiaire à destination des personnes placées sous main de justice suspectées de radicalisation. Ces propos, qui étaient en lien avec la défense des intérêts professionnels des CPIP, n'ont pas excédé les limites que les fonctionnaires et leurs organisations syndicales doivent respecter en raison de la réserve à laquelle ils sont tenus à l'égard des autorités publiques. • CAA Bordeaux, 14 déc. 2020, n° 18BX03178. ♦ N'excèdent pas davantage les obligations de discrétion et de secret professionnels qui s'imposent à tout fonctionnaire les propos tenus par la même conseillère auprès d'un journaliste pour illustrer la politique de renseignement développée par des exemples, les éléments donnés ne permettant pas aux lecteurs du journal d'identifier les personnes concernées. Liés à la défense des intérêts professionnels et relevant de la liberté d'expression syndicale, ces propos ne constituaient pas une faute de nature à justifier une sanction disciplinaire. • Même arrêt. ♦ En revanche, un tract rédigé en des termes outrageants et offensants à l'encontre des personnels de direction qui pouvaient être aisément identifiés même s'ils n'étaient pas explicitement nommés excède les limites que les fonctionnaires responsables syndicaux doivent respecter en raison de la réserve à laquelle ils sont tenus à l'égard de leur hiérarchie. L'intéressé ne peut utilement se prévaloir de ce qu'il aurait entendu alerter la direction de la maison d'arrêt sur les nouvelles conditions d'encadrement et sur les conséquences psychologiques affectant les agents dans l'exercice de leurs fonctions, ni de ce que l'impact du tract aurait été limité dans la mesure où il n'a été affiché que pendant une journée et sur un panneau réservé aux organisations syndicales. • CAA Nantes, 4 oct. 2007, n° 07NT00334.

CHAPITRE III **DISPOSITIONS APPLICABLES AUX PERSONNES PHYSIQUES ET AUX AGENTS DES PERSONNES MORALES CONCOURANT AU SERVICE PUBLIC PÉNITENTIAIRE**

SECTION 1 **Devoirs à l'égard des personnes confiées**

Art. R. 123-1 Les personnes physiques et les agents des personnes morales concourant au service public pénitentiaire ont, à l'égard des personnes placées sous main de justice auprès desquelles ils interviennent, un comportement appliquant les principes de respect absolu, de non-discrimination et d'exemplarité énoncés par les dispositions des articles R. 122-10 et R. 122-12. Ils interviennent dans une stricte impartialité vis-à-vis de ces personnes et dans le respect des règles déontologiques applicables à leur profession.

Art. R. 123-2 Les personnes physiques et les agents des personnes morales concourant au service public pénitentiaire ne peuvent entretenir sciemment avec des personnes placées par décision de justice sous l'autorité ou le contrôle de l'établissement ou du service dans lequel ils interviennent, ainsi qu'avec les membres de leur famille ou leurs amis, de relations qui ne seraient pas justifiées par les nécessités de leur mission.

Cette interdiction cesse avec :

1° La fin de leur mission au sein de l'établissement ou du service ;

2° Le transfèrement dans un autre établissement ou service de la personne détenue ;

3° La levée d'écrou de la personne détenue.

Lorsqu'ils ont eu de telles relations avec ces personnes antérieurement à leur prise en charge par l'établissement ou le service dans lequel ils interviennent, ainsi qu'avec les membres de leur famille ou leurs amis, les personnes physiques et les agents des personnes morales concourant au service public pénitentiaire en informent le chef d'établissement ou le chef de service, dès cette prise en charge.

Les personnes physiques et les agents des personnes morales concourant au service public pénitentiaire ayant des liens familiaux avec des personnes placées par décision de justice sous l'autorité ou le contrôle de l'établissement ou du service dans lequel ils interviennent doivent également en informer le chef d'établissement ou le chef de service.

Conv. EDH, art. 8. Ingérence excessive. L'interdiction, pour les personnes physiques et les agents des personnes morales concourant au service public pénitentiaire, d'entretenir avec les personnes détenues, leurs parents ou amis, des relations qui ne seraient pas justifiées par les nécessités de leur mission répond à des impératifs tenant à la sécurité à l'intérieur de l'établissement et à l'égalité de traitement entre les personnes détenues ainsi qu'à la nécessité de protéger les droits et libertés de la personne détenue, placée, lorsqu'elle est en détention, dans une situation de vulnérabilité vis-à-vis des personnes concourant au service public pénitentiaire. Les dispositions attaquées n'ont pas apporté une ingérence excessive à l'exercice du droit au respect à la vie privée et familiale des personnes physiques et agents des personnes morales concourant au service public pénitentiaire. • CE 11 juill. 2012, n° 347148 : *AJDA 2012. 1429*. ♦ En revanche, en étendant cette interdiction aux personnes ayant été détenues et à leurs parents et amis, l'art. 31 du décret attaqué instaure une interdiction générale, de caractère absolu et sans aucune limitation de durée, qui impose des sujétions excessives au regard des stipulations de l'art. 8 Conv. EDH. • Même arrêt.

Art. R. 123-3 Les personnes physiques et les agents des personnes morales concourant au service public pénitentiaire ne peuvent occuper les personnes auprès desquelles ils interviennent à des fins personnelles ni accepter d'elles, directement ou indirectement, des dons et avantages de quelque nature que ce soit.

Ils ne peuvent leur remettre ni recevoir d'elles des sommes d'argent, objets ou substances quelconques en dehors des cas prévus par la loi ou entrant dans le cadre de leur intervention auprès des personnes placées sous main de justice.

Ils ne doivent permettre ni faciliter aucune mission ou aucun message irréguliers entre les personnes détenues ou entre les personnes détenues et l'extérieur.

Abrogation de l'agrément d'un aumônier. N'est pas disproportionnée à la gravité de la faute la décision d'abroger l'agrément d'un aumônier ayant tenté d'introduire un téléphone portable au sein d'un établissement pénitentiaire. • CAA Versailles, 1er mars 2022, n° 20VE02036.

SECTION 2 Conditions d'interventions

Art. R. 123-4 Les personnes physiques et les agents des personnes morales concourant au service public pénitentiaire s'abstiennent de toute entrave au fonctionnement régulier des établissements et services déconcentrés de l'administration pénitentiaire.

Ils se conforment aux consignes imposées par l'administration pour la sécurité des établissements et services et leur propre sécurité.

1. Sécurité juridique. Contrairement à ce qui est soutenu, la notion d'« entrave au fonctionnement régulier des établissements et services déconcentrés de l'administration pénitentiaire » est suffisamment précise et ne méconnaît pas le principe de sécurité juridique. • CE 11 juill. 2012, n° 347148 : *AJDA 2012. 1429*.

2. Réserve d'interprétation (limites). L'administration pénitentiaire ne saurait donner aux personnes physiques et aux agents des personnes morales concourant au service public pénitentiaire des consignes méconnaissant les dispositions des art. 22, 45 et 52 de la L. pénit. du 24 nov. 2009 qui disposent respectivement que l'administration pénitentiaire garantit à toute personne détenue le respect de sa dignité, qu'elle respecte le secret médical des personnes détenues ainsi que le secret de la consultation et que tout accouchement ou examen gynécologique doit se dérouler sans entraves et hors la présence du personnel pénitentiaire. Par suite, la disposition n'a pas pour effet d'imposer aux personnes physiques et aux agents des personnes morales concourant au service public pénitentiaire de se conformer sans aucune limite aux consignes imposées par l'administration pour la sécurité des établissements et services et leur propre sécurité. • CE 11 juill. 2012, n° 347148 : *préc. note 1.* ♦ Il ne saurait davantage être soutenu que les intervenants extérieurs exerçant au sein d'un établissement pénitentiaire seraient tenus de se soumettre à des injonctions susceptibles de faire naître une situation étant manifestement de nature à porter atteinte à la dignité des personnes détenues. • Même arrêt.

3. Protection de la sécurité des personnes. L'État est soumis à une obligation de moyens en matière d'organisation du service pour assurer la sécurité des personnels de santé assurant des consultations à l'intérieur de ses établissements pénitentiaires. En faisant valoir que des surveillants spécialement formés sont chargés d'assurer la sécurité de ces personnels au sein du service médico-psychologique du centre pénitentiaire concerné, l'État n'apporte pas la preuve qu'il aurait satisfait à l'obligation qui pesait sur lui puisqu'il résulte de l'instruction que les psychologues peuvent se trouver seuls avec les détenus dans les bureaux d'entretien sans être systématiquement munis d'un « bip » de sécurité. En l'espèce, Mme A. ne disposait pas d'un tel dispositif d'alerte alors que le patient qui l'a attaquée avait été condamné pour des faits d'agressions sexuelles et de viols sur femmes majeures en récidive. Par suite est établie la responsabilité pour manquement fautif de l'État dans l'organisation du centre pénitentiaire. • CAA Nantes, 27 févr. 2014, n° 12NT01026.

4. Abrogation de l'agrément d'un aumônier. N'est pas disproportionnée à la gravité de la faute la décision d'abroger l'agrément d'un aumônier ayant tenté d'introduire un téléphone portable au sein d'un établissement pénitentiaire. • CAA Versailles, 1er mars 2022, n° 20VE02036. ♦ En revanche n'est pas justifiée la révocation de l'agrément d'un aumônier fiché S prononcée au regard de faits qui soit ne sont pas précisément établis, soit ne présentent pas un caractère de gravité suffisant pour justifier l'abrogation de l'agrément. • TA Bastia, 7 sept. 2017, n° 1700254.

Art. R. 123-5 Les personnes physiques et les agents des personnes morales concourant au service public pénitentiaire ne divulguent, hors les cas prévus par la loi, aucune information relative à la sécurité des établissements ou services ou à l'état de santé, à la vie privée ou à la situation pénale des personnes auprès desquelles ils interviennent.

TITRE III CONTRÔLE ET ÉVALUATION DES ÉTABLISSEMENTS ET SERVICES PÉNITENTIAIRES

Art. D. 130-1 Il est tenu dans chaque établissement un registre où mention doit être faite de toutes les visites ou inspections effectuées en application des dispositions du présent titre.

Ce registre est présenté obligatoirement aux autorités qui ont procédé à ces visites ou inspections, afin qu'elles puissent y consigner leurs observations.

COMMENTAIRE

Voir les commentaires sous l'intitulé du titre III du livre I de la partie Législative et sous l'article L. 131-1. ❑

CHAPITRE I VISITE DES ÉTABLISSEMENTS PÉNITENTIAIRES PAR LES AUTORITÉS JUDICIAIRES

Art. R. 131-1 Chaque personne détenue peut demander à être entendue par les magistrats et fonctionnaires chargés de l'inspection ou de la visite de l'établissement, hors la présence de tout membre du personnel de l'établissement pénitentiaire.

COMMENTAIRE

Voir les commentaires sous l'intitulé du titre III du livre I de la partie Législative et sous l'article L. 131-1. ❑

Art. D. 131-2 Lors de ses visites d'établissements pénitentiaires, le juge de l'application des peines vérifie les conditions dans lesquelles les personnes condamnées y exécutent leur peine.

Il lui appartient de faire part de ses observations éventuelles aux autorités compétentes pour y donner suite.

Il adresse chaque année au garde des sceaux, ministre de la justice, sous le couvert des chefs de cour et de tribunaux judiciaires, un rapport sur l'application des peines.

COMMENTAIRE

Voir les commentaires sous l'intitulé du titre III du livre I de la partie Législative et sous l'article L. 131-1. ❑

Art. D. 131-3 A l'occasion de ses visites dans les établissements pénitentiaires, le président de la chambre de l'instruction vérifie la situation des personnes mises en examen en état de détention provisoire.

Il transmet ses observations éventuelles au président de la chambre d'instruction compétent à l'égard des personnes prévenues qui ne relèvent pas d'une juridiction du ressort de sa cour d'appel.

A l'occasion de ses visites dans les établissements pénitentiaires, le juge d'instruction peut également voir les personnes prévenues.

COMMENTAIRE

Voir les commentaires sous l'intitulé du titre III du livre I de la partie Législative et sous l'article L. 131-1. ❑

Art. D. 131-4 Lors des visites qu'il effectue dans chaque établissement pénitentiaire, le procureur de la République entend les personnes détenues qui auraient des réclamations à présenter.

Il rend compte de ses observations éventuelles au procureur général.

COMMENTAIRE

Voir les commentaires sous l'intitulé du titre III du livre I de la partie Législative et sous l'article L. 131-1. ❑

Art. D. 131-5 Un rapport conjoint du premier président et du procureur général rend compte chaque année au garde des sceaux, ministre de la justice, du fonctionnement des établissements pénitentiaires de leur ressort et du service assuré par le personnel de ces établissements.

COMMENTAIRE

Voir les commentaires sous l'intitulé du titre III du livre I de la partie Législative et sous l'article L. 131-1. ❑

CHAPITRE II VISITE DES ÉTABLISSEMENTS PÉNITENTIAIRES PAR LES PARLEMENTAIRES ET LES BÂTONNIERS

Art. R. 132-1 Le chef d'un établissement pénitentiaire ne peut s'opposer à l'entrée des journalistes accompagnant les parlementaires que pour des motifs impératifs liés à la sécurité, au bon ordre, à l'intérêt public ou à la protection des victimes, des personnes détenues et du personnel au sein de l'établissement. Il peut mettre fin, à tout moment, à leur présence pour ces motifs.

Les parlementaires ne peuvent être accompagnés de plus de cinq journalistes, titulaires de la carte d'identité professionnelle prévue par les dispositions de l'article L. 7111-6 du code du travail, dont deux utilisant du matériel de prise de vue ou de son. Le nombre maximal de journalistes s'entend par visite, quel que soit le nombre de parlementaires y participant. Leur entrée est concomitante à celle des parlementaires qu'ils accompagnent dans leur parcours. Leur sortie ne peut être postérieure à celle des parlementaires.

Art. R. 132-2 Les écrits, photographies, croquis, prises de vue et de son que les journalistes effectuent sont circonscrits au cadre de la visite du parlementaire. Lorsqu'ils sont de nature à permettre l'identification des personnes détenues, celles-ci doivent consentir par écrit à la diffusion ou à l'utilisation de leur image ou de leur voix. Les enregistrements et images ne peuvent couvrir une zone interdite par le chef de l'établissement pénitentiaire pour des motifs tenant au bon ordre et à la sécurité. Leur diffusion ou leur utilisation ne peut permettre d'identifier les personnels présents au sein de l'établissement que si ces derniers y ont consenti par écrit.

Les obligations relatives à la diffusion des productions des journalistes s'imposent aux directeurs de publication, éditeurs et distributeurs de ces productions.

CHAPITRE III CONTRÔLE PAR LES AUTORITÉS ADMINISTRATIVES INDÉPENDANTES

SECTION 1 Contrôle par le Contrôleur général des lieux de privation de liberté

Art. R. 133-1 **Dans le respect des dispositions des articles 13 et 14 du décret n° 2008-246 du 12 mars 2008 relatif au Contrôleur général des lieux de privation de liberté, l'administration pénitentiaire concourt au bon exercice des missions de cette autorité et des contrôleurs qui l'assistent.** — *V. ce texte ss. art. L. 133-2.*

COMMENTAIRE

Voir le commentaire sous l'article L. 133-2.

SECTION 2 Action du Défenseur des droits

Art. D. 133-2 **Les délégués du Défenseur des droits peuvent exercer leur action auprès de toutes les personnes détenues quelle que soit leur situation pénale. Toutefois, le droit de visite est suspendu à l'égard des personnes détenues placées au quartier disciplinaire et à l'égard des personnes prévenues dans les cas où ces dernières font l'objet de l'interdiction de communiquer prévue par les dispositions du premier alinéa de l'article 145-4 du code de procédure pénale.**

Les délégués du Défenseur des droits reçoivent les personnes détenues dans un local situé à l'intérieur de la détention et en dehors de la présence d'un surveillant.

COMMENTAIRE

L'article 6 de la loi pénitentiaire de 2009 précisait qu'un délégué du Médiateur de la République devait être désigné de manière permanente au sein de chaque établissement pénitentiaire pour assurer une médiation et permettre aux personnes détenues d'adresser des réclamations, même si la saisine devait se faire de manière indirecte en portant la demande en premier lieu devant un parlementaire. Cette consécration législative avait généralisé l'expérimentation mise en place depuis 2005 par une convention entre le ministère de la Justice et le Médiateur de la République pour faire intervenir des délégués de cette autorité dans plusieurs établissements pénitentiaires. Absorbant les fonctions de cette ancienne autorité de contrôle et de médiation, le Défenseur des droits a également déployé ses missions en matière pénitentiaire. Pour permettre aux personnes détenues de le saisir, un délégué territorial est nommé auprès de chaque établissement pénitentiaire (L. org. de mars 2011, art. 37). Ces délégués ont pour mission d'informer, dès leur arrivée en détention, les personnes détenues sur leurs droits, de les assister ou de les orienter dans leurs démarches. Mis en place dans le contexte de la crise sanitaire, un numéro dédié et gratuit qui a été pérennisé permet également aux personnes détenues de saisir l'autorité.

Le décret n° 2007-699 du 3 mai 2007 est venu préciser à l'ancien article D. 187-1 du code de procédure pénale que les délégués du Médiateur pouvaient exercer leur action auprès de tous les détenus, quelle que soit leur situation pénale, excepté ceux placés au quartier disciplinaire et faisant l'objet d'une interdiction de communiquer dans le cadre de l'instruction. Cette limitation des pouvoirs est maintenue pour les délégués du Défenseur des droits mais prête à confusion. Elle se distingue tout d'abord du droit dont dispose le Contrôleur général des lieux de privation de liberté (CGLPL) de s'entretenir avec toute personne sans exception (L. du 30 oct. 2007, art. 8-1). De plus, l'interdiction de visite ne semble pouvoir concerner que les personnes prévenues à l'égard desquelles le juge d'instruction a prononcé une interdiction de communiquer selon l'article 145-4 du code de procédure pénale. L'article R. 235-10 du code pénitentiaire précise bien en effet que les personnes placées en cellule disciplinaire peuvent rencontrer le Défenseur des droits et ses délégués.

La confidentialité des échanges entre les délégués du Défenseur des droits et les personnes détenues est cependant mieux garantie puisque les autorités pénitentiaires doivent mettre à leur disposition « un local adapté à la confidentialité de leurs entretiens », la loi relative au CGLPL précisant seulement la garantie de « conditions assurant la confidentialité de leurs échanges ». Mais si, comme le précisent les articles L. 345-4 et D. 345-10 du code pénitentaire, les correspondances écrites échangées entre les personnes détenues et le Défenseur des droits et ses délégués ne peuvent être ni contrôlées ni retenues, la protection des correspondances avec le CGLPL fait l'objet d'une protection plus étendue couvrant les conversations téléphoniques et tout autre moyen de communication, dont la violation est passible du délit d'atteinte au secret des correspondances (art. L. 133-2).

Une autre limitation des pouvoirs de contrôle des délégués du Défenseur des droits qui interviennent en établissement pénitentiaire concerne leur champ de compétence. Ils sont compétents en matière de défense des droits et libertés dans le cadre des relations avec les autorités, de protection de l'intérêt supérieur et des droits de l'enfant, de lutte contre les discriminations, en matière d'égalité. Mais ils ne sont pas compétents en matière de contrôle du respect de la déontologie par les personnels de surveillance. Dans ce cas, la réclamation doit être transmise aux services du siège du Défenseur des droits qui sont seuls compétents en cette matière (V. Circ. du 28 déc 2015 relative aux modalités d'intervention des délégués du Défenseur des droits au sein des établissements de l'administration pénitentiaire, *BOMJ n° 2016-01 du 29 janv. 2016*). ❑

CHAPITRE IV **CONTRÔLE PAR LES AUTRES AUTORITÉS ADMINISTRATIVES**

COMMENTAIRE

Voir le commentaire sous l'article D. 134-3. ❑

SECTION 1 **Dispositions générales**

Art. D. 134-1 Sans préjudice du contrôle des autorités judiciaires, prévu par les dispositions des articles D. 131-2 à D. 131-5, et celui du conseil d'évaluation prévu par les dispositions des articles D. 136-2 à D. 136-6, les établissements pénitentiaires font l'objet du contrôle général de l'inspection générale de la justice et des inspections périodiques des magistrats ou des fonctionnaires de la direction de l'administration pénitentiaire et des directeurs régionaux ou de leurs adjoints ; en outre, ils sont soumis aux inspections du préfet ou du sous-préfet, ainsi que, dans le domaine de leur compétence, de toutes autres autorités administratives investies d'un pouvoir de contrôle à l'égard des différents services de l'administration.

Les modalités selon lesquelles les directeurs régionaux et leurs adjoints effectuent leurs inspections et en dressent rapport sont définies par une instruction de service.

Art. D. 134-2 Les administrations ou corps intéressés par certaines parties du service des établissements pénitentiaires sont habilités à en vérifier l'organisation et le fonctionnement, dans la limite des attributions que leur confèrent les lois et règlements.

Art. D. 134-3 Les magistrats et les fonctionnaires ou autres personnes ayant autorité ou mission dans l'établissement pénitentiaire ont accès à la détention après justification de leur qualité ou présentation de leur ordre de mission et après s'être soumis aux mesures de contrôle réglementaires.

S'ils ont à s'entretenir avec les personnes détenues, ils peuvent le faire en dehors des jours et délais normaux de visite et en l'absence de tout membre du personnel ; l'entretien a lieu éventuellement dans les cellules lorsque cette façon de procéder ne présente pas d'inconvénient.

BIBL. ▶ **Thèse :** CÉLÉRIER, L'État et ses contrôleur-e-s à l'épreuve de l'audit interne, *Thèse dactyl. Université Paris-Saclay, 2016.*

▶ **Articles :** BUISSON, Inspection générale ou inspection sectorielle ?, *Procédures 2019. Alerte 16.* – MANDY, Un inspecteur du travail au pouvoir limité, *Dedans Dehors 2017, n° 98, p. 24.* – MENIER, Les inspections générales, *Berger-Levrault, 1988.* – NEYRAT, La transformation des inspections générales, *AJDA 2022. 679* . – PISSALOUX, Les inspections générales au sein de l'administration française : structures, fonctions et évolutions, *RFAP 2015. 602.*

COMMENTAIRE

Selon la règle pénitentiaire européenne n° 92, « Les prisons doivent être inspectées régulièrement par un organisme gouvernemental, de manière à vérifier si elles sont gérées conformément aux normes juridiques nationales et internationales, et aux dispositions des présentes règles » (App., v° *Conditions de détention*). Ce contrôle de l'État relève plus largement d'un principe consacré à l'article 15 de la Déclaration des droits de l'homme et du citoyen, à savoir le droit des citoyens de demander des comptes à tout agent public de son administration. Cela renvoie également au concept de bonne administration, dont le contrôle relève de l'autorité hiérarchique, en particulier ministérielle, qui doit s'assurer que les services qui sont placés sous sa responsabilité fonctionnent conformément aux règles du droit positif et de manière uniforme.

Le domaine pénitentiaire a d'ailleurs été l'un des premiers secteurs des politiques publiques à faire l'objet d'une mission d'inspection. Dans son ouvrage sur l'administration des finances, Necker envisage « pour suppléer à la lenteur des moyens de réformes » de faire « le choix d'une personne, qui, sous le titre d'inspecteur [...] pût amener chaque administration particulière aux dispositions d'ordre et d'économie dont le gouvernement avait arrêté les principes ». Et, en 1782, une ordonnance royale créa la première fonction d'inspection avec l'inspecteur général des hôpitaux civils et des maisons de force (Imbert [dir.]), Histoire des hôpitaux en France, *Toulouse, Privat, 1982*). Après sa suppression sous la Révolution, la fonction d'inspection réapparaît sous des formes diverses, avec notamment la mise en place de trois inspections spécialisées portant sur les établissements de bienfaisance, les asiles d'aliénés et les prisons, avant d'être absorbées dans l'inspection générale des services administratifs en 1848. Deux inspecteurs généraux des prisons, Charles Lucas et Louis Mathurin Moreau-Christophe, ont ainsi largement contribué à réformer et codifier la matière pénitentiaire (Lucas, De la réforme des prisons ou de la théorie de l'emprisonnement, *Paris, 1836-1838* ; Moreau-Christophe, Code des prisons, ou Recueil complet des lois, ordonnances, arrêtés, règlements, circulaires et instructions ministériels, concernant le régime intérieur, économique et disciplinaire des maisons d'arrêt, maisons de justice, maisons de correction, maisons de force et autres prisons préventives ou pour peines, placées sous l'autorité du ministre de l'Intérieur, *Paris, Librairie administrative de Paul Dupont, 1845-1862*).

Les contrôles administratifs portés sur la prison se sont depuis largement multipliés et empruntent des formes variées mais font aussi l'objet de critiques qui soulignent leur ineffectivité. Ces contrôles multiples manquent en effet de coordination et seraient exercés *a minima* en raison d'une appréhension de la prison comme un lieu dérogatoire au droit commun (Canivet, Rapport sur l'amélioration du contrôle extérieur des établissements pénitentiaires, *Doc. fr., 2000, p. 114*). Aussi ces contrôles dits « internes », mis en œuvre par l'administration pénitentiaire elle-même ou, plus largement, par le ministère de la Justice, voire d'autres ministères, sont-ils complémentaires des contrôles dits « externes », exercés par des organes extérieurs et indépendants à l'instar de ceux réalisés par les magistrats (V. comm. ss. art. L. 131-1), les parlementaires et les bâtonniers (V. comm. ss. art. L. 132-1), les autorités administratives indépendantes comme le Contrôleur général des lieux de privation de liberté ou le Défenseur des droits (V. comm. ss. art. L. 133-1 à L. 133-3) ou par des organismes européens comme le Comité européen de prévention de la torture (V. comm. ss. art. L. 135-1). A la différence de ces derniers, les contrôles administratifs internes, plus confidentiels, ne figurent d'ailleurs pas dans la partie législative du code pénitentiaire. Les différents types de contrôle relevant des services administratifs de l'État pouvant être exercés au sein des établissements pénitentiaires sont rappelés par l'article D. 134-1 du code pénitentiaire, excepté la mission confiée au conseil d'évaluation (V. comm. ss. art. D. 136-2 à D. 136-6). Ils peuvent s'exercer à différents échelons, être exercés de manière plus ou moins endogène et porter sur des problématiques plus ou moins générales.

Le contrôle général exercé par l'inspection générale de la justice (V. comm. ss. art. D. 134-4) renvoie à un contrôle global plus indépendant qui peut être exercé de manière spontanée ou sur demande du ministre de la Justice, tandis que les inspections périodiques qui peuvent être diligentées par la direction de l'administration pénitentiaire au niveau central et par les directions interrégionales au niveau local relèvent d'une forme de contrôle plus endogène. En tant qu'autorité hiérarchique directe des chefs d'établissements et des directeurs fonctionnels des services pénitentiaires d'insertion et de probation, le directeur interrégional des services pénitentiaires peut effectuer tout contrôle dans son ressort géographique. Il est ainsi obligatoirement informé par le chef d'établissement de « tout incident grave touchant à l'ordre, à la discipline ou à la sécurité de l'établissement pénitentiaire » (art. D. 214-26). Le préfet de département est aussi destinataire de ces informations et, au niveau déconcentré également, les représentants de l'État dans le département et l'arrondissement peuvent également mener des inspections dans les établissements pénitentiaires.

Enfin, les établissements pénitentiaires font l'objet de contrôles plus exogènes et ciblés, réalisés par des autorités extérieures à l'administration pénitentiaire et au ministère de la Justice. Ils portent alors sur un secteur particulier du service public pénitentiaire, selon une logique de spécialisation, comme le précise l'article D. 134-2 du code pénitentiaire. Ces contrôles doivent s'exercer dans des conditions aussi proches que possible de celles du droit commun. Soulignant le caractère interministériel des politiques publiques pénitentiaires, ces contrôles administratifs spécialisés portent ainsi sur les questions de santé, d'hygiène, de sécurité du travail, d'enseignement ou de formation.

En matière de santé, l'inspection générale des affaires sociales et, au niveau local, les agences régionales de santé sont chargées de veiller aux conditions de prise en charge sanitaire des personnes détenues. En contrôlant les établissements, elles vérifient la bonne exécution des normes relatives à l'hygiène et à la santé publique (V. comm. ss. art. D. 134-5). Dans le domaine du travail pénitentiaire, « les mesures appliquées en matière de santé et de sécurité doivent assurer une protection efficace des détenus et ne peuvent pas être moins rigoureuses que celles dont bénéficient les travailleurs hors de prison » (Règles pénitentiaires européennes n° 26.13, App., v° *Conditions de détention*). A ce titre, l'inspection du travail est habilitée à contrôler le respect des conditions d'hygiène et de sécurité dans les lieux de travail des personnes détenues au sein des établissements pénitentiaires (ateliers, locaux dédiés, cellules, abords immédiats). La circulaire conjointe des ministres de la Justice et du Travail du 16 juillet 1999 rappelle l'« intervention systématique et régulière des services de l'inspection du travail à l'intérieur des établissements pénitentiaires, afin qu'ils y assurent pleinement la fonction de conseil que le décret leur attribue ». Si ces missions de contrôle peuvent sembler porter sur un périmètre large, elles sont cependant concentrées sur les mesures d'hygiène et de sécurité prévues par les livres I à V et VII de la quatrième partie du code du travail et les décrets pris pour son application (art. D. 412-70). Le directeur d'un établissement pénitentiaire peut également solliciter ces services d'inspection (V. comm. ss. art. D. 412-71). Sans être mentionnés dans le code pénitentiaire, les inspecteurs de l'éducation nationale peuvent également intervenir pour contrôler les activités d'enseignement et de formation mises en œuvre dans les établissements pénitentiaires, pour assurer le suivi des méthodes pédagogiques et des politiques éducatives.

Pour l'exercice de ces différents contrôles, l'article D. 134-3 du code pénitentiaire vient préciser les conditions d'accès des magistrats et fonctionnaires habilités à pénétrer dans les établissements pénitentiaires. Il est ainsi précisé qu'ils ont accès à la détention et peuvent s'entretenir de manière confidentielle avec les personnes détenues, au sein même de leurs cellules. Cet accès peut cependant être plus limité pour les agents habilités à mener des contrôles dans le cadre de missions d'inspection sectorielles. Ainsi, les agents du contrôle du travail ont seulement accès aux locaux dans lesquels se déroulent les activités professionnelles ou les actions de formation professionnelle des personnes détenues (Circ. n° 99-102 du 16 juill. 1999 relative aux modalités d'intervention des services de l'inspection du travail en matière d'hygiène et de sécurité du travail et de la formation professionnelle des détenus). Il est également à préciser que les personnes détenues peuvent correspondre de manière confidentielle avec ces différentes autorités. Seule exception, les services d'inspection du travail et de l'éducation nationale ne font pas partie des autorités auxquelles il est possible d'écrire sous pli fermé (art. D. 345-10). Enfin, comme pour les autres contrôles extérieurs, les autorités chargées des inspections peuvent consulter et consigner leurs observations dans le registre mis à leur disposition dans chaque établissement pénitentiaire (art. D. 130-1). ❑

SECTION 2 Contrôle par l'inspection générale de la justice

Art. D. 134-4 L'inspection générale de la justice exerce une mission permanente d'inspection, de contrôle, d'étude, de conseil et d'évaluation sur l'ensemble de l'admi-

nistration pénitentiaire, en application des dispositions du décret n° 2016-1675 du 5 décembre 2016.

BIBL. ▶ **Ouvrage :** Bancaud et Jean, Les juges en enquête : histoire de l'Inspection des services judiciaires, *in* Juger les juges, *Doc. fr., 2000.*

▶ **Rapports :** Vogel, Normalité administrative et spécialité pénitentiaire. L'inspection générale des services administratifs et les transformations de l'administration pénitentiaire. 1907-1948, *Rapp. du GIP Justice, 1997* ; Contrôler les prisons. L'inspection générale des services administratifs et l'administration pénitentiaire 1907-1948, *Doc. fr., 1998.*

▶ **Articles :** Delvolve, La nouvelle inspection générale de la justice, *RFDA 2018. 519*. - Dutheillet de Lamothe, L'Inspection générale de la justice, l'indépendance de l'autorité judiciaire et la séparation des pouvoirs, *RFDA 2018. 509*. - Fleuriot, La Cour des comptes veut une réforme de la « police de la justice », *D. actu. 21 juill. 2015.* - Neyrat, La transformation des inspections générales, *AJDA 2022. 679*. - Vogel, L'inspection générale des prisons en France, 1900-1940 : une expérience en rupture ?, *in* L'administration pénitentiaire face aux principes de la nouvelle gestion publique, *PUG, 2011, p. 161-174.*

COMMENTAIRE

A l'occasion de la loi organique n° 2016-1090 du 8 août 2016 relative aux garanties statutaires, aux obligations déontologiques et au recrutement des magistrats, l'inspection générale des services judiciaires, qui avait été consacrée par le décret n° 64-754 du 25 juillet 1964 relatif à l'organisation du ministère de la Justice, devient l'inspection générale de la justice (IGJ). Instituée par le décret n° 2016-1675 du 5 décembre 2016, celle-ci fusionne désormais les anciennes inspections des greffes, des services pénitentiaires et de la protection judiciaire de la jeunesse qui dépendaient jusqu'à présent du directeur de leur administration respective. Placée auprès du garde des Sceaux, l'IGJ exerce dès lors ses missions « sur l'ensemble des organismes, des directions, établissements et services du ministère de la Justice et des juridictions de l'ordre judiciaire ainsi que sur les personnes morales de droit public soumises à la tutelle du ministère de la Justice et sur les personnes morales de droit privé dont l'activité relève des missions du ministère de la Justice ou bénéficiant de financements publics auxquels contribuent les programmes du ministère de la Justice » (Décr. n° 2026-1675 du 5 déc. 2016, art. 2).

Cette réforme s'appuie sur les recommandations formulées par la Cour des comptes sur la fonction d'inspection au ministère de la Justice. Selon son analyse, la réforme réalisée par le décret n° 2010-1668 du 29 décembre 2010 qui avait déjà élargi le champ de compétence de l'inspection générale des services judiciaires à la mission d'inspection des greffes et lui avait confié la coordination de l'inspection des services pénitentiaires et de l'inspection de la protection judiciaire de la jeunesse, n'était pas allée assez loin dans l'articulation de ces missions de contrôle. Constatant que l'inspection des services pénitentiaires demeurait pleinement intégrée à la direction de l'administration pénitentiaire, la Cour préconisait une meilleure séparation des fonctions de contrôle et des fonctions opérationnelles en coupant le lien hiérarchique des inspecteurs et recommandait la création d'une inspection unique dont le périmètre puisse « porter sur toute l'étendue de la chaîne judiciaire » (C. comptes, La fonction d'inspection au ministère de la Justice, réf. n° 72235, *juill. 2015*). Cette réforme renoue avec l'entreprise de décloisonnement qui avait œuvré à la mise en place de l'ancienne inspection générale des services administratifs placée sous l'autorité du ministère de l'Intérieur, qui deviendra en 1948 l'inspection générale de l'administration, dont le périmètre de contrôle s'étendait aux établissements pénitentiaires, même après le rattachement de l'administration pénitentiaire au ministère de la Justice en 1911 (Vogel, Normalité administrative et spécialité pénitentiaire. L'inspection générale des services administratifs et les transformations de l'administration pénitentiaire. 1907-1948, *Rapp. du GIP Justice, 1997*).

La mise en place d'une inspection unifiée des services de la justice a pour objectif de « renforcer sa compétence transversale sur l'ensemble des directions et services du ministère de la Justice, de garantir l'indépendance des inspecteurs qui la composent en supprimant leurs liens hiérarchiques avec leur direction d'origine et de développer sa vocation interministérielle, notamment par la possibilité d'être saisie par le Premier ministre pour des missions d'évaluation » (www.justice.gouv.fr/le-ministere-de-la-justice-10017/inspection-generale-de-la-justice-10027/). En matière pénitentiaire, il s'agit également de rendre le contrôle plus effectif et plus régulier puisqu'en raison de ressources humaines limitées l'inspection des services pénitentiaires, à laquelle était confiée la mission de contrôle général des établissements pénitentiaires (C. pr. pén., anc. art. D. 229), ne pouvait réaliser qu'un nombre limité d'inspections, étant par ailleurs chargée d'une mission de conseil technique auprès du directeur de l'administration pénitentiaire.

S'inscrivant dans une réforme plus globale de suppression des corps de la fonction publique d'État, la création de l'IGJ a soulevé le débat de son indépendance, comme celle de toutes les inspections générales placées sous l'autorité directe d'un ministre. Alors que l'inspection des services pénitentiaires était composée de professionnels issus essentiellement du corps des directeurs des établissements pénitentiaires, la fonctionnalisation de cette mission d'inspection permet de diversifier ses recrutements (Décr. n° 2017-1010 du 10 mai 2017 portant statut d'emplois d'inspecteur général et d'inspecteur de la justice, mod. par Décr. n° 2022-335 du 9 mars 2022 relatif aux services d'inspection générale et de contrôle et aux emplois au sein de ces services) pour l'étendre aux agents relevant des différents services du ministère (magistrats, agents pénitentiaires, agents de la protection judiciaire de la jeunesse) et aux agents extérieurs en détachement (administrateurs civils, officiers supérieurs, agents de même niveau de recrutement). Seules les missions de contrôle de fonctionnement des juridictions et les enquêtes disciplinaires des magistrats doivent être menées par un magistrat. Mais cette transformation peut aussi engendrer un risque de perte de compétence ou d'atteinte à l'indépendance dans l'exercice des fonctions. Si le Conseil constitutionnel a estimé « qu'aucune exigence constitutionnelle n'impose que soit garantie l'indépendance des services d'inspection de l'État » (Cons. const. 14 janv. 2022, n° 2021-961 QPC : *AJDA 2022. 71*), certaines garanties semblent cependant avoir été rappelées par l'ordonnance du 2 juin 2021 portant réforme de l'encadrement supérieur de la fonction publique de l'État (Jamin, L'état des corps, *JCP 2021. 667*) et son décret d'application, lequel supprime les corps d'un certain nombre d'inspections générales et crée un nouveau statut d'emploi (sont ainsi concernés les corps de l'inspection générale des affaires sociales, de l'inspection générale de l'éducation, du sport et de la recherche et de l'IGJ. Décr. n° 2022-335 du 9 mars 2022 relatif aux services d'inspection générale et de contrôle et aux emplois au sein de ces services). Les nominations par décret en Conseil des ministres pour le chef du service d'inspection générale, par décret du président de la République pour les emplois du groupe I ou par arrêté du Premier ministre pour les emplois des groupes II et III se font sur proposition du ministre de la Justice et après avis d'un comité de sélection qui procède à l'examen préalable des candidatures. Les personnes sont en outre nommées pour un mandat de cinq ans renouvelable pour une durée limitée. Le décret rappelle également que les agents « sont recrutés, nommés et affectés dans des conditions garantissant leur capacité à exercer leurs missions avec indépendance et impartialité » et qu'il ne peut être mis fin de manière anticipée aux fonctions de chef d'un service d'inspection générale ou de contrôle que sur sa demande ou en cas d'empêchement ou de manquement à ses obligations déontologiques (Neyrat, La transformation des inspections générales, *AJDA 2022. 679*).

Si le décret précise que le programme annuel des missions de l'IGJ est arrêté par le ministre de la Justice sur proposition du chef de l'inspection générale et que l'inspection générale « conduit ses missions selon des principes méthodologiques qu'elle détermine sous réserve des normes et de la méthodologie applicables aux missions d'audit interne » et qu'elle « arrête librement ses constats, analyses et préconisations dont elle fait rapport au garde des Sceaux » (Décr. n° 2016-1675 du 5 déc. 2016, art. 13), le Conseil d'État en a donné une lecture plus attentive aux garanties d'indépendance en considérant que l'inspection peut, sans autorisation préalable du ministre, décider elle-même de procéder au contrôle d'une juridiction ou à une enquête sur la manière de servir d'un magistrat et qu'elle « ne saurait recevoir d'instruction du garde des Sceaux, ministre de la Justice, sur la manière de conduire une inspection une fois que celle-ci a été diligentée » (CE, sect., 23 mars 2018, n°s 406066, 406497 et 407474).

L'IGJ exerce différentes missions dans le domaine pénitentiaire qui relèvent soit d'un contrôle permanent soit d'un contrôle plus ponctuel. Elle exerce ainsi une mission de contrôle de fonctionnement des établissements pénitentiaires qui consiste, par le biais de visites effectuées à intervalle régulier, à apprécier le fonctionnement régulier de chaque établissement pénitentiaire en se fondant sur un référentiel et donnant lieu à un rapport adressé au chef d'établissement. Elle peut également présenter des recommandations et observations (Décr. n° 2016-1675 du 6 déc. 2016, art. 2). Sur saisine du ministre de la Justice, l'IGJ mène également des inspections de fonctionnement en cas de dysfonctionnement, tels des évasions ou des suicides de personnes détenues, ainsi que des enquêtes administratives en cas de faits susceptibles de donner lieu à une sanction disciplinaire. Ces enquêtes sont alors menées de manière contradictoire en respectant les droits de la défense des agents concernés. Sur saisine du ministre de la Justice ou du Premier ministre, l'IGJ peut enfin conduire des études thématiques, en s'associant avec des inspections générales relevant d'autres ministères, lorsqu'elles portent sur des politiques interministérielles (V. la mission conjointe menée avec l'inspection générale des affaires sociales portant sur la mise en œuvre de la politique nationale de prévention du suicide des personnes détenues, IGJ, *Rapp. d'activité 2021, mai 2022, p. 28*), ainsi que des missions de conseil et d'expertise dans le cadre de réformes législatives (V. la mission d'appui à la réalisation d'un code pénitentiaire). L'IGJ fait également partie depuis 2019 d'un réseau européen des inspections de justice pour mener des missions conjointes sur des sujets communs.

La mission de contrôle de l'IGJ s'articule avec les autres contrôles internes et externes portant sur les établissements pénitentiaires. L'inspection générale peut ainsi demander aux directeurs de l'administration pénitentiaire d'user de leur pouvoir de contrôle à l'égard d'un établissement ou d'un service déterminé (Décr. n° 2016-1675 du 5 déc. 2016, art. 4). Sur autorisation du garde des Sceaux, l'IGJ peut effectuer des missions de contrôle « à la demande d'autres ministres, de juridictions administratives et financières, de juridictions internationales, de personnes morales de droit public, d'autorités administratives indépendantes, d'organismes publics, de fondations ou d'associations, d'États étrangers, d'organisations internationales ou de l'Union européenne » (Décr. n° 2016-1675 du 5 déc. 2016, art. 6).

Pour exercer leurs missions, les membres de l'IGJ se voient munis d'un pouvoir d'investigation étendu. Outre leur droit de libre accès aux établissements pénitentiaires rappelé par l'article D. 134-3 du code pénitentiaire, ils disposent « d'un pouvoir général d'investigation, de vérification et de contrôle ». Le texte réglementaire précise que les services pénitentiaires sont « tenus de leur prêter leur concours, de leur fournir toutes justifications et tous renseignements utiles et de leur communiquer, quel qu'en soit le support, tous documents, pièces, éléments et données nécessaires à l'accomplissement de leurs missions », sans qu'aucun secret relatif à la sécurité ne puisse leur être opposé. Ils peuvent également procéder à l'audition des magistrats et fonctionnaires, des officiers publics et ministériels et des dirigeants et employés des personnes morales de droit public ou privé relevant de leur champ de compétence (Décr. n° 2016-1675 du 5 déc. 2016, art. 16).

La portée des constats, analyses et recommandations formulés par l'IGJ est cependant plus confidentielle que ceux réalisés par des organismes extérieurs. Si l'inspection générale présente un rapport annuel au garde des Sceaux portant sur l'ensemble de ses activités et sur l'état des juridictions, directions, établissements, services et organismes soumis à son contrôle (Décr. n° 2016-1675 du 5 déc. 2016, art. 7), qui fait l'objet d'une publication, les rapports d'inspection ont quant à eux pour seuls destinataires le secrétaire général du ministère de la Justice, les directeurs de l'administration centrale et les autorités et responsables concernés. Le garde des Sceaux peut cependant s'opposer à leur communication et décide des modalités de leur diffusion (Décr. n° 2016-1675 du 5 déc. 2016, art. 18).

A la suite de la création de l'IGJ, et afin de garder la main sur une partie des prérogatives de l'ancienne inspection des services pénitentiaires tout en maintenant un contrôle plus ciblé sur le domaine carcéral, la direction de l'administration pénitentiaire a créé la mission de contrôle interne (MCI), directement rattachée aux services du directeur. Les missions de la MCI sont définies par le décret n° 2019-1510 du 30 décembre 2019 modifiant l'article 6 du décret n° 2008-689 du 9 juillet 2008 relatif à l'organisation du ministère de la Justice. Dans un cadre préventif, elle doit contrôler et évaluer le fonctionnement et la performance des services déconcentrés et de l'ENAP en assurant une veille des normes pénitentiaires nationales et internationales en vigueur et en élaborant des référentiels de contrôle. Elle « veille à la maîtrise des risques susceptibles d'affecter leurs missions, objectifs et activités opérationnelles » et leur apporte conseil et expertise. Elle est également « garante de la déontologie des agents du service public pénitentiaire ». En lien avec les autres contrôles internes et externes, elle assure le suivi des recommandations formulées par l'IGJ et le contrôleur général des lieux de privation de liberté. Cette dernière mission semble reprendre les contrôles de suivi mis en place par une note de la DAP du 12 novembre 2010 qui devaient être effectués par l'ancienne inspection des services pénitentiaires suite aux rapports de visite du CGLPL dans un établissement pénitentiaire. La MCI répond à la demande du CGLPL de mettre en place au sein du ministère « une procédure de suivi formalisée au sein de chaque ministère » (CGLPL, Rapport d'activité 2016, *Dalloz, 2017, p. 64*). ❑

1. Garantie de l'indépendance de l'inspection générale de la justice. Le décret portant création de l'inspection générale de la justice ne porte pas atteinte au principe de la séparation des pouvoirs ni à l'indépendance de la justice, seuls les inspecteurs ayant cette qualité pouvant contrôler les juridictions de l'ordre judiciaire et les investigations ne conduisant pas à porter une appréciation sur un acte juridictionnel déterminé. De plus, l'inspection générale ne saurait recevoir d'instruction du garde des Sceaux sur la manière de conduire une inspection, ni avoir à solliciter d'autorisation préalable. Est annulé l'art. 2 du Décr. du 5 déc. 2016 « en tant qu'il inclut la Cour de cassation dans le champ de la mission permanente d'inspection, de contrôle, d'étude, de conseil et d'évaluation exercée par l'inspection générale de la justice » sans prévoir de garanties supplémentaires relatives, notamment, aux conditions dans lesquelles sont diligentées les inspections et enquêtes portant sur cette juridiction ou l'un de ses membres. • CE 23 mars 2018, nos 406066, 406497, 406498 et 407474 : *AJDA 2018. 966, note Roussel et Nicolas ; Procédures 2018. Repère 5, obs. Cadiet ; JCP 2018. 398, obs. Pauliat.*

2. Contrôle de légalité sur la saisine de l'inspection générale de la justice par le ministre de la Justice. La saisine de l'inspection générale de la justice par une lettre de mission du ministre de la Justice pour réaliser une inspection de fonctionnement constitue un acte par lequel un ministre saisit l'un des services de son ministère pour l'exercice de missions relevant de sa compétence et n'est pas susceptible de faire l'objet d'un recours pour excès de pouvoir. • CE 15 déc. 2021, n° 442130. ♦ … En revanche, le communiqué de presse par lequel le ministre de la Justice informe avoir demandé au chef de l'inspection générale de la justice de mener une enquête administrative relative à trois magistrats susceptibles d'avoir commis des « manquements au devoir de diligence, de rigueur et de loyauté » est de nature à produire des effets notables sur les conditions d'exercice de leurs fonctions. Les magistrats concernés sont dès lors recevables à en demander l'annulation. • CE 15 déc. 2021, n° 444759 : *Gaz. Pal. 1er févr. 2022, note Defoort.*

SECTION 3 Contrôle de la santé des personnes détenues et de l'hygiène

Art. D. 134-5 L'inspection générale des affaires sociales et les services des agences régionales de santé veillent à l'observation des mesures nécessaires au maintien de la santé des personnes détenues et de l'hygiène dans les établissements pénitentiaires.

Ces services contrôlent à l'intérieur des établissements pénitentiaires l'exécution des lois et règlements se rapportant à la santé publique et effectuent toutes vérifications utiles à leurs missions.

CHAPITRE V VISITE DES ÉTABLISSEMENTS PÉNITENTIAIRES PAR LE COMITÉ EUROPÉEN DE PRÉVENTION DE LA TORTURE ET DES PEINES OU TRAITEMENTS INHUMAINS OU DÉGRADANTS

Le présent chapitre ne comprend pas de dispositions réglementaires.

CHAPITRE VI ÉVALUATION DES SERVICES PÉNITENTIAIRES

Art. R. 136-1 Un conseil d'évaluation est institué auprès de chaque établissement pénitentiaire afin d'évaluer les conditions de fonctionnement de l'établissement et de proposer, le cas échéant, toutes mesures de nature à les améliorer.

La composition et les modalités de fonctionnement de ce conseil sont déterminées par les dispositions des articles D. 136-2 à D. 136-6.

Art. D. 136-2 Le conseil d'évaluation est présidé par le préfet du département dans lequel est situé l'établissement pénitentiaire ou, à Paris, par le préfet de police, et dans le département des Bouches-du-Rhône, par le préfet de police des Bouches-du-Rhône.

Le président du tribunal judiciaire dans le ressort duquel est situé l'établissement pénitentiaire et le procureur de la République près ledit tribunal sont désignés en qualité de vice-présidents.

Le conseil d'évaluation comprend :

1° Le président du conseil départemental ou son représentant ;

2° Le président du conseil régional ou son représentant ;

3° Les maires des communes sur le territoire desquelles est situé l'établissement pénitentiaire ou leurs représentants ;

4° Le président et le procureur de la République des juridictions, autres que celle dans le ressort de laquelle est situé l'établissement concerné, compétentes pour traiter des situations des justiciables pris en charge par l'établissement pénitentiaire ;

5° Les juges de l'application des peines intervenant dans l'établissement pénitentiaire ou leur représentant désigné par le président de chaque tribunal judiciaire concerné ;

6° Le juge des enfants exerçant les fonctions définies par l'article R. 251-3 du code de l'organisation judiciaire et intervenant dans l'établissement, si le conseil est institué auprès d'un établissement pénitentiaire pour mineurs ou d'un établissement pénitentiaire comportant un quartier des mineurs ;

7° Le doyen des juges d'instruction du ressort du tribunal judiciaire dans lequel est situé l'établissement ;

8° Le directeur académique des services de l'Education nationale ou son représentant ;

9° Le directeur général de l'agence régionale de santé ou son représentant ;

10° Le commandant du groupement de gendarmerie du département ou son représentant ;

11° Le directeur départemental de la sécurité publique, ou le chef du service territorial de sécurité publique de la direction territoriale de la police nationale, ou son représentant ;

12° Le bâtonnier de l'ordre des avocats du ressort du tribunal judiciaire dans lequel est situé l'établissement ou son représentant ;

13° Un représentant de chaque association intervenant dans l'établissement ;

14° Un représentant des visiteurs de prisons intervenant dans l'établissement ;

15° Un aumônier agréé de chaque culte intervenant dans l'établissement.

Les membres de la commission visés aux 13° et 14° sont nommés pour une période de deux ans renouvelable par un arrêté préfectoral dont une ampliation est adressée au garde des sceaux, ministre de la justice.

La composition du conseil d'évaluation est arrêtée par le préfet.

Le premier président et le procureur général de la cour d'appel dans le ressort de laquelle est situé l'établissement pénitentiaire peuvent participer à la réunion du conseil d'évaluation ou désigner un représentant à cette fin.

Le directeur de l'établissement pénitentiaire, le directeur départemental du service pénitentiaire d'insertion et de probation, le directeur interrégional des services pénitentiaires et, le cas échéant, le directeur interrégional de la protection judiciaire de la jeunesse ou leurs représentants assistent aux travaux du conseil d'évaluation.

Art. D. 136-3 Le conseil d'évaluation se réunit au moins une fois par an, sur convocation du président et des vice-présidents, qui fixent conjointement l'ordre du jour. Le conseil d'évaluation peut également être réuni sur un point précis à la demande du chef de l'établissement pénitentiaire ou du tiers de ses membres au moins.

Le secrétariat du conseil est assuré par les services déconcentrés de l'administration pénitentiaire.

Art. D. 136-4 Les membres du conseil d'évaluation peuvent être délégués pour visiter l'établissement pénitentiaire aussi fréquemment que le conseil l'estime utile.

Le conseil peut procéder à l'audition de toute personne susceptible de lui apporter des informations utiles à l'exercice de sa mission.

Il auditionne à leur demande les représentants des organisations professionnelles des personnels pénitentiaires sur toute matière relevant de sa compétence.

Art. D. 136-5 Le chef de l'établissement pénitentiaire et le directeur du service pénitentiaire d'insertion et de probation présentent chaque année au conseil d'évaluation un rapport d'activité de l'établissement.

Le conseil est également destinataire :

1° Du règlement intérieur de l'établissement défini aux articles L. 112-4 et R. 112-22 et de chacune de ses modifications ;

2° Des rapports établis à l'issue des contrôles spécialisés effectués par les administrations compétentes en matière, notamment, de santé, d'hygiène, de sécurité du travail, d'enseignement et de consommation.

Il peut solliciter toute autre information ou document utiles à l'exercice de sa mission.

Art. D. 136-6 Le conseil d'évaluation établit un procès-verbal de ses réunions qu'il transmet au directeur interrégional des services pénitentiaires de la circonscription dans laquelle est situé l'établissement. Le directeur interrégional des services pénitentiaires transmet ce procès-verbal assorti de ses observations au garde des sceaux, ministre de la justice.

LIVRE II DÉTENTION EN ÉTABLISSEMENT PÉNITENTIAIRE

(Décr. nº 2022-479 du 30 mars 2022)

TITRE I PRISE EN CHARGE DES PERSONNES DÉTENUES

CHAPITRE I AFFECTATION EN DÉTENTION

SECTION 1 Séparation des femmes et des hommes

BIBL. ▸ **Ouvrage :** OIP, Dossier : « Femmes détenues : les oubliées », *Dedans Dehors 2019, nº 106.*

▸ **Rapports et avis :** CGLPL, Avis du 25 mai 2021 relatif à la prise en charge des personnes transgenres dans les lieux de privation de liberté, *JO 6 juill.*

Art. R. 211-1 Les femmes et les hommes sont détenus dans des établissements pénitentiaires distincts ou dans des quartiers distincts d'un même établissement.

Dans ce dernier cas, toutes dispositions doivent être prises pour qu'aucune communication entre les uns et les autres ne soit possible, à l'exception des activités organisées sur le fondement des dispositions de l'article L. 411-3.

Les femmes détenues ne sont surveillées que par des personnes de leur sexe. Toutefois, l'encadrement peut comporter des personnels masculins.

I. POLITIQUES PÉNITENTIAIRES

1. Conv. EDH, art. 14. Absence de discrimination. Il est constant qu'en application de l'art. R. 57-6-18 C. pr. pén. [C. pénit., art. R. 211-1], les hommes et les femmes doivent être incarcérés dans des établissements distincts ou dans des quartiers distincts d'un même établissement et que les femmes ne représentent qu'une très faible minorité de la population carcérale, de sorte que le nombre de places de détention et d'établissement réservés à celles-ci est nécessairement moins important que pour les hommes. La politique d'implantation des établissements pénitentiaires répond à l'objectif d'intérêt général de maintien du bon ordre de ces établissements et est justifiée par des raisons objectives en rapport avec les buts de loi, tenant aux différences caractérisant la population des femmes détenues par rapport à celle des hommes. Dans ces conditions, et eu égard par ailleurs à la marge de manœuvre dont disposent en la matière les États, en raison notamment des contraintes de gestion propres au service public pénitentiaire, la requérante n'est pas fondée à soutenir que l'absence d'un centre de détention pour femmes dans le sud-ouest de la France constituerait un traitement discriminatoire au sens de l'art. 14 Conv. EDH. • CAA Paris, 14 déc. 2017, nº 16PA00603.

2. Principe d'égalité. Quotas de recrutement des surveillants. Absence de doute sérieux sur la légalité de l'arrêté fixant le nombre de postes de surveillants et surveillantes de l'administration pénitentiaire et dérogeant au principe d'égalité entre hommes et femmes alors que constituent des conditions déterminantes d'exercice du service tant les dispositions de l'art. D. 275 C. pr. pén. [C. pénit., art. R. 225-3] imposant la pratique de la fouille corporelle par une personne du même sexe que les exigences quotidiennes du service, en matière de sécurité et de dignité, au regard d'une population pénitentiaire comportant 96 % d'hommes. • CE, ord., 21 mars 2007, nº 303432.

II. DROITS DES PERSONNES DÉTENUES

3. Demande de transfert en raison d'un changement de sexe. Doit être rejetée, faute d'urgence, la demande en référé d'une personne détenue visant à ce que soit ordonné son transfert hors d'un centre de détention masculin à raison de son changement de sexe : sa demande, qui a déjà reçu des avis favorables de la part des autorités pénitentiaires et judiciaires, nécessite une étude approfondie eu égard au profit pénal de l'intéressée, laquelle a, par ailleurs, toujours les attributs anatomiques d'un homme et fait l'objet de mesures de protection • CE 9 déc. 2021, nº 458871.

4. Respect de la dignité et de l'identité des personnes transgenres. Après l'avoir placée en cellule d'isolement pour sa protection, l'administration pénitentiaire a pris des mesures aux fins d'assurer une prise en charge de l'intéressée respectueuse de sa dignité et de son identité sexuelle telles que la possibilité de s'habiller avec des vêtements féminins dans sa cellule et d'acheter des produits cosmétiques, l'absence de fouille par palpation, la possibilité d'aller en promenade sans croiser des détenus et la distribution des repas devant la porte de la cellule. • CE 9 déc. 2021, nº 458871 : *préc. note 3.* ♦ La décision qui n'autorise l'intéressée à porter des vêtements féminins qu'à l'intérieur de sa cellule n'est pas contraire aux stipulations de l'art. 3 Conv. EDH, de l'art. 7 PIDCP, ni aux dispositions de l'art. 22 de la L. du 24 nov. 2009. • CAA Nantes, 2 juill. 2015, nº 14NT01022.

5. Parloir interne. La décision qui n'accueille pas la demande d'un détenu tendant au bénéfice d'un parloir interne avec un autre détenu affecte directement le maintien des liens de ce détenu avec son environnement extérieur et a donc une incidence sur sa vie privée et familiale. Par suite, et alors qu'un recours contentieux donne à l'intéressé la possibilité de connaître les motifs d'un tel refus et de les contester, ce refus constitue non pas une mesure d'ordre intérieur mais un acte faisant grief susceptible d'être contesté devant le juge de l'excès de pouvoir. • CAA Douai, 30 janv. 2023, n° 21DA02782.

6. Fouilles à corps. Si le JAF a fait droit à la demande de l'intéressé de changer son prénom, et s'il est constant que celui-ci suit un traitement hormonal destiné à lui donner une apparence féminine, il demeure officiellement de sexe masculin. En prévoyant que la fouille à corps de ce détenu serait désormais effectuée par un seul surveillant de son sexe, la directrice du centre pénitentiaire a pris une décision conforme aux dispositions de l'art. R. 57-7-81 C. pr. pén. [C. pénit., art. R. 225-3]. • CAA Nantes, 2 juill. 2015, n° 14NT01022.

Art. D. 211-2 Le personnel masculin n'a accès au quartier des femmes que sur autorisation du chef de l'établissement pénitentiaire.

SECTION 2 Dispositions applicables aux personnes prévenues

SOUS-SECTION 1 Affectation en établissement pénitentiaire

Art. D. 211-3 Dans les conditions prévues par les dispositions de l'article D. 52 du code de procédure pénale, les personnes détenues prévenues pour une cause et condamnées pour une autre sont soumises au même régime que les personnes condamnées. — *C. pr. pén.*

Art. D. 211-4 Sous réserve des dispositions du deuxième alinéa de l'article D. 52 du code de procédure pénale, les personnes prévenues placées en détention provisoire sont détenues, pendant la durée de l'instruction, selon les prescriptions du mandat ou de la décision de justice dont ils font l'objet, à la maison d'arrêt ou au quartier maison d'arrêt du centre pénitentiaire de la ville où siège la juridiction d'instruction ou du jugement devant laquelle ils ont à comparaître. Lorsque la personne est mise en examen, pour des faits relevant initialement de la compétence d'un tribunal judiciaire dans lequel il n'y a pas de pôle de l'instruction, par le juge d'instruction d'une juridiction dans laquelle se trouve un pôle, elle peut également être détenue dans la maison d'arrêt ou le centre pénitentiaire de la ville où siège le tribunal dans lequel il n'y a pas de pôle.

Toutefois, au cas où il n'y a pas de maison d'arrêt ou de quartier maison d'arrêt d'un centre pénitentiaire dans cette ville ou lorsque la maison d'arrêt ne comporte pas de locaux appropriés à l'âge ou à l'état de santé des personnes détenues, ou en ce qui concerne les femmes détenues, de quartiers aménagés pour elles, les personnes prévenues sont détenues à la maison d'arrêt ou au centre pénitentiaire le plus proche disposant d'installations adaptées, d'où elles sont extraites chaque fois que l'autorité judiciaire le requiert.

Dans les cas prévus par les alinéas précédents, lorsque la maison d'arrêt n'offre pas des conditions d'accueil satisfaisantes en raison notamment de son taux d'occupation, ou des garanties de sécurité suffisantes, les personnes prévenues sont détenues dans une autre maison d'arrêt.

Pour l'application du présent article, l'administration pénitentiaire informe l'autorité judiciaire de la capacité d'accueil et du taux d'occupation de l'ensemble des maisons d'arrêt.

SOUS-SECTION 2 Décisions de l'autorité judiciaire relatives aux modalités de la détention

Art. D. 211-5 Conformément aux dispositions de l'article D. 55 du code de procédure pénale, le chef de l'établissement pénitentiaire rend compte en urgence aux magistrats chargés du dossier de la procédure des difficultés auxquelles pourrait donner lieu l'exécution des ordres qu'ils ont prononcés en application des dispositions de l'article 715 du même code.

Art. D. 211-6 Lorsqu'un placement en détention provisoire est ordonné, le titre de détention et la notice individuelle mentionnés aux articles D. 32-1-1 et D. 55-1 du code de procédure pénale sont transmis par l'autorité chargée de la procédure au chef de l'établissement pénitentiaire dans les conditions prévues par ces mêmes articles.

Art. D. 211-7 Conformément aux dispositions de l'article D. 56 du code de procédure pénale, une personne prévenue peut faire l'objet de mesures d'isolement ou de séparation d'autres personnes détenues décidées par l'autorité judiciaire, ainsi que d'interdictions judiciaires temporaires de communiquer.

I. INTERDICTIONS JUDICIAIRES DE COMMUNIQUER

1. Compétence. Il n'appartient qu'au juge judiciaire de connaître des actes relatifs à la conduite d'une procédure judiciaire ou qui en sont inséparables. La décision par laquelle le juge d'instruction décide de suspendre ou de supprimer le permis qu'il a accordé à une personne pour qu'elle rende visite à un détenu prévenu, qu'elle soit prise en application des dispositions de l'art. D. 408 C. pr. pén. en raison des troubles causés par le visiteur et signalés par le chef d'établissement pénitentiaire ou d'une autre disposition du C. pr. pén., ne saurait être regardée comme détachable de la conduite de la procédure judiciaire et relever de la compétence de la juridiction administrative. Ainsi, le juge des référés ne pouvait, sans méconnaître les règles de répartition des compétences entre les deux ordres de juridiction, statuer sur les conclusions de l'intéressé tendant à la suspension de l'exécution de la décision par laquelle le juge d'instruction du TGI a supprimé définitivement son permis de visite. • CE 15 avr. 2011, n° 346213 B : *D. 2011. Actu. 1285, obs. Biget ; AJ 2011. 248, obs. Péchillon ; RPDP 2011. 414, obs. Céré.*

2. DDH, art. 16. Droit au recours. Aucune disposition législative ne permet de contester devant une juridiction une décision refusant un permis de visite dans une hypothèse autre que celui demandé par un membre de la famille de la personne placée en détention provisoire au cours de l'instruction, qu'il s'agisse d'un permis de visite demandé au cours de l'instruction par une personne qui n'est pas membre de la famille ou d'un permis de visite demandé en l'absence d'instruction, ou après la clôture de celle-ci. Par conséquent, au regard des conséquences qu'entraînent ces refus pour une personne placée en détention provisoire, cela conduit à ce que la procédure contestée méconnaisse les exigences découlant de l'art. 16 DDH et prive de garanties légales la protection constitutionnelle du droit au respect de la vie privée et du droit de mener une vie familiale normale. • Cons. const. 24 mai 2016, n° 2016-543 QPC : *JO 29 mai ; D. actu. 30 mai 2016, obs. de Monteclerc ; AJ pénal 2016. 334, obs. Herzog-Evans ; Dr. pénal 2016, n° 116, obs. Maron et Haas.*

3. Conv. EDH, art. 13 Droit au recours. Conformément aux exigences de l'art. 13 Conv. EDH, le refus opposé par le magistrat saisi du dossier de faire droit à une demande de bénéficier d'un parloir familial ou d'une unité de vie familiale peut faire l'objet d'un recours devant le président de la chambre de l'instruction. • CE 12 déc. 2018, n° 417244 B : *AJDA 2019. 825, note Schmitz ; ibid. 2018. 2469 ; AJ pénal 2019. 96, obs. Frinchaboy.*

4. Maintien des liens avec l'extérieur. V. notes ss. art. L 341-1 s.

5. Droit de communiquer librement avec son avocat. V. art. L. 313-2.

II. MESURES D'ISOLEMENT ET DE SÉPARATION

6. Mesures d'isolement. V. notes ss. art. L. 213-7.

Art. D. 211-8 Le chef de l'établissement pénitentiaire est destinataire des instructions du magistrat ayant ordonné la séparation de personnes prévenues en raison des nécessités de l'information dans les formes prévues par les dispositions de l'article D. 56-2 du code de procédure pénale. – ***C. pr. pén.***

SECTION 3 Dispositions applicables aux personnes condamnées

SOUS-SECTION 1 Orientation

§ 1 Constitution du dossier d'orientation

V. Circ. du 21 févr. 2012 relative à l'orientation en établissement pénitentiaire des personnes détenues (NOR : JUSK1240006C, BOMJ 15 mars).

Art. D. 211-9 La procédure d'orientation consiste à réunir tous les éléments relatifs à la personnalité de la personne condamnée, son sexe, son âge, ses antécédents, sa catégorie pénale, son état de santé physique et mentale, ses aptitudes, ses possibilités de réinsertion sociale et, d'une manière générale, tous renseignements susceptibles d'éclairer l'autorité compétente pour décider de l'affectation la plus adéquate.

L'affectation consiste à déterminer, sur la base de ces éléments, dans quel établissement la personne condamnée doit exécuter sa peine.

Droits des personnes détenues. V. notes ss. art. L. 211-4.

Art. D. 211-10 La procédure d'orientation est obligatoirement mise en œuvre pour les personnes condamnées dont le temps de détention restant à exécuter est supérieur à deux ans.

Elle s'opère dans les conditions définies par les dispositions des articles D. 211-11 à D. 211-14, à l'aide des renseignements qui sont fournis par l'autorité judiciaire et par l'administration pénitentiaire sur les personnes intéressées, et, éventuellement, grâce aux examens auxquels ces dernières sont soumises au centre national d'évaluation de l'administration pénitentiaire.

Art. D. 211-11 Le chef de l'établissement pénitentiaire constitue un dossier d'orientation pour chaque personne condamnée à laquelle il reste à exécuter un temps de détention d'une durée supérieure à deux ans. Ce dossier comprend les renseignements relatifs à la situation pénale et pénitentiaire de la personne condamnée, les éléments afférents aux conditions de prise en charge sanitaire et l'avis du service pénitentiaire d'insertion et de probation compétent auprès de l'établissement, l'avis du juge de l'application des peines et celui du juge des enfants s'il y a lieu, ainsi que la proposition du chef d'établissement.

Les personnes condamnées ayant à exécuter un temps de détention d'une durée inférieure ou égale à deux ans peuvent faire l'objet d'un dossier d'orientation selon les mêmes modalités lorsque le chef d'établissement estime que leur situation nécessite une orientation particulière.

Le dossier d'orientation des personnes condamnées visées par le premier alinéa contient également les pièces mentionnées par les dispositions de l'article D. 211-12.

Le dossier d'orientation est adressé au directeur interrégional des services pénitentiaires, qui arrête une décision d'affectation lorsque celle-ci relève de sa compétence ou communique le dossier assorti de son avis au garde des sceaux, ministre de la justice.

Art. D. 211-12 Le ministère public près la juridiction qui a prononcé une condamnation à une peine privative de liberté adresse à l'établissement pénitentiaire où la personne condamnée est détenue ou doit être détenue l'extrait de jugement ou d'arrêt, la notice individuelle prévue par les dispositions de l'article D. 158 du code de procédure pénale et, s'il y a lieu, la copie de la décision sur les intérêts civils conformément aux dispositions de l'article D. 332-11 du présent code.

Le ministère public adresse en outre à l'établissement pénitentiaire, les pièces suivantes :

1° La copie du rapport de l'enquête ou des enquêtes sur la personnalité, la situation matérielle, familiale ou sociale de la personne intéressée, qui auraient été prescrites conformément aux dispositions de l'article 41, alinéa 8, et de l'article 81, alinéas 6 et 7 du code de procédure pénale ;

2° La copie du rapport de l'examen ou des examens médicaux, psychiatriques ou médico-psychologiques auxquels il aurait été éventuellement procédé en exécution d'une décision judiciaire ;

3° La copie du réquisitoire définitif et de la décision de condamnation ;

4° Et, s'il y a lieu, les avis mentionnés par les dispositions de l'article D. 211-13 ;

5° Le bulletin n° 1 du casier judiciaire de la personne condamnée.

Ces pièces doivent être envoyées dans les plus brefs délais possibles, en privilégiant la transmission par voie électronique.

L'absence de réception de l'intégralité des pièces précitées à l'expiration d'un délai d'un mois à compter du caractère définitif de la décision pénale, ne fait pas obstacle à la constitution du dossier d'orientation et à la décision d'affectation des personnes condamnées dont le temps de détention restant à exécuter est inférieur à cinq ans.

Une copie des documents prévus par le présent article est également adressée, en privilégiant la transmission par voie électronique, par le ministère public au secrétariat-greffe du juge de l'application des peines compétent pour être versé dans le dossier individuel des personnes condamnées prévu par les dispositions de l'article D. 49-29 du code de procédure pénale.

Le ministère public près la juridiction de condamnation ou la juridiction d'application des peines qui a prononcé une interdiction de contact ou de paraître devenue exécutoire, pendant la durée de détention d'une personne, adresse au chef de l'établissement pénitentiaire où celle-ci est détenue, en privilégiant la transmission par voie électronique, copie de la décision. Il adresse également un extrait de l'ordonnance de protection prise le cas échéant pendant cette même durée, mentionnant notamment la date d'expiration de la décision ainsi que les nom et prénom des personnes intéressées et, si ces informations sont connues, leurs date et lieu de naissance.

Art. D. 211-13 Chaque fois qu'ils l'estiment utile, le président de la juridiction qui a prononcé la condamnation ainsi que le représentant du ministère public peuvent exprimer leur avis sur l'affectation qui leur semble la mieux appropriée à la personne condamnée ou sur celle qui, au contraire, leur paraît inadaptée.

Ces avis sont joints aux documents mentionnés par les dispositions de l'article D. 211-12, en vue de leur transmission à l'établissement où la personne condamnée est détenue.

Une copie de ces avis est également adressée au secrétariat-greffe du juge de l'application des peines compétent.

Art. D. 211-14 Afin de compléter le dossier mentionné par les dispositions de l'article D. 211-11, le garde des sceaux, ministre de la justice, ou le directeur interrégional des services pénitentiaires, peut procéder ou faire procéder, notamment par l'un des services pénitentiaires d'insertion et de probation, à toute enquête sur la situation familiale et sociale d'une personne condamnée. Le chef de l'établissement pénitentiaire peut également faire procéder à une telle enquête par le service pénitentiaire d'insertion et de probation compétent auprès de son établissement.

§ 2 Évaluation préalable

Art. D. 211-15 En cas d'admission au centre national d'évaluation, la personne condamnée est transférée dans cet établissement suivant les instructions et à la date arrêtées par le garde des sceaux, ministre de la justice. La personne intéressée est soumise aux différents examens qui semblent nécessaires.

Au vu de ces examens, du dossier qui a été constitué en application des dispositions de l'article D. 211-11 et des propositions du centre national d'évaluation, une décision d'affectation dans l'établissement qui paraît le mieux approprié à la personnalité de la personne condamnée est prise par le garde des sceaux, ministre de la justice.

V. Note du 17 juill. 2015 relative au Centre national d'évaluation des personnes détenues (NOR : JUSK1540038N, BOMJ 31 juill.).

Art. D. 211-16 Indépendamment de toute demande de changement d'affectation émanant d'une personne condamnée ou du chef de l'établissement pénitentiaire, le garde des sceaux, ministre de la justice, peut charger le centre national d'évaluation d'effectuer un bilan d'évolution de la personnalité d'une personne condamnée dans la perspective, notamment, d'une libération conditionnelle ou d'une meilleure individualisation du régime de détention ou d'exécution de la peine.

Art. D. 211-17 Lorsque le placement d'une personne condamnée aux fins d'une évaluation pluridisciplinaire de dangerosité dans le centre national d'évaluation est ordonné par l'autorité judiciaire afin d'apprécier la nécessité d'une surveillance judiciaire, la durée de ce placement est déterminée par l'administration pénitentiaire, dans les conditions prévues par les dispositions de l'article D. 147-34 du code de procédure pénale.

§ 3 Décision d'affectation

Art. D. 211-18 Le garde des sceaux, ministre de la justice, dispose d'une compétence d'affectation des personnes condamnées dans tous les établissements pénitentiaires ou quartiers de centres pénitentiaires. Sa compétence est exclusive pour les affectations dans les maisons centrales et les quartiers maison centrale ainsi que pour décider de l'affectation :

1° Des personnes condamnées à une ou plusieurs peines dont la durée totale est supérieure ou égale à dix ans et dont la durée de détention restant à exécuter au moment où leur condamnation ou la dernière de leurs condamnations est devenue définitive est supérieure à cinq ans ;

2° Des personnes condamnées à raison d'actes de terrorisme tels que prévus et réprimés par les dispositions des articles 421-1 à 421-6 du code pénal ;

3° Des personnes condamnées ayant fait l'objet d'une inscription au répertoire des personnes détenues particulièrement signalées, prévu par les dispositions de l'article D. 223-11.

1. Droit au recours. V. notes ss. art. L. 211-4. ♦ Dès lors que la décision litigieuse ne méconnaît pas les droits fondamentaux de l'intéressé, elle est insusceptible de faire l'objet d'un recours pour excès de pouvoir. Il s'ensuit que les moyens articulés, à son encontre, tirés de ce qu'elle est entachée d'insuffisance de motivation, de ce qu'elle a été prise au terme d'une procédure irrégulière et de ce qu'elle est entachée d'erreur de droit ou de qualification juridique des faits sont inopérants. • CAA Paris, 24 mai 2017, n° 15PA00891.

2. Compétence du ministre. C'est par une mauvaise interprétation de l'art. 80 C. pr. pén. [C. pénit., art. D. 211-18] que le tribunal administratif a annulé la décision procédant au changement d'affectation de l'intéressé en considérant que la durée totale des peines auxquelles il avait été condamné n'était pas encore égale ou supérieure à dix ans et que le garde des Sceaux n'était donc pas compétent pour ordonner son transfert. • CAA Paris, 18 juill. 2017, n° 16PA00717.

Art. D. 211-19 Le directeur interrégional des services pénitentiaires est compétent pour décider de l'affectation, dans les centres de détention ou quartiers centre de détention, les centres de semi-liberté ou quartiers de semi-liberté, les structures d'accompagnement vers la sortie, les maisons d'arrêt ou quartiers maison d'arrêt, les établissements spécialisés pour mineurs et les quartiers des mineurs des établissements pénitentiaires des personnes condamnées autres que celles mentionnées à l'article D. 211-18.

Art. D. 211-20 Le directeur interrégional des services pénitentiaires peut déléguer sa compétence aux directeurs des établissements pénitentiaires comprenant un quartier maison d'arrêt et un quartier centre de détention, pour l'affectation des personnes condamnées qui y sont détenues et auxquelles il reste à exécuter, au moment où leur condamnation ou la dernière de leurs condamnations est devenue définitive, une détention d'une durée inférieure à deux ans.

Le directeur interrégional des services pénitentiaires peut également déléguer sa compétence aux directeurs des établissements pénitentiaires comprenant un quartier maison d'arrêt et une structure d'accompagnement vers la sortie, pour l'affectation des personnes condamnées qui y sont détenues et auxquelles il reste à exécuter, au moment où leur condamnation ou la dernière de leurs condamnations est devenue définitive, une détention dont la durée totale n'excède pas deux ans.

Le directeur interrégional des services pénitentiaires peut déléguer sa compétence au directeur de l'établissement comportant un quartier des mineurs ou au directeur de l'établissement pénitentiaire spécialisé pour mineurs pour décider du maintien dans leur affectation des personnes condamnées atteignant l'âge de la majorité en détention dans les conditions prévues par les dispositions de l'article R. 124-10 du code de la justice pénale des mineurs.

Art. D. 211-21 Les personnes condamnées affectées dans des maisons d'arrêt sont maintenues dans l'établissement où elles sont écrouées ou sont transférées dans une autre maison d'arrêt du ressort de la direction interrégionale. Dans ce second cas, l'affectation est décidée par le directeur interrégional des services pénitentiaires en tenant compte notamment de la capacité offerte par chaque établissement pénitentiaire.

Art. D. 211-22 Dans tous les cas prévus par les dispositions des articles D. 211-18 à D. 211-21, la décision d'affectation est prise, sauf urgence, après consultation du juge de l'application des peines.

Art. D. 211-23 Lorsque l'affectation incombe au garde des sceaux, ministre de la justice, la décision donne lieu :

1° Soit à l'envoi de la personne condamnée au centre national d'évaluation ;

2° Soit à la délivrance d'un ordre de transfèrement de la personne condamnée à destination d'un établissement pour peines ou d'une maison d'arrêt qui paraît le mieux adapté à sa situation ;

3° Soit au maintien de la personne intéressée à l'établissement où elle se trouve ;

4° Soit à sa mise à la disposition d'un directeur interrégional des services pénitentiaires.

Art. D. 211-24 Lorsque l'affectation incombe au directeur interrégional des services pénitentiaires, la décision donne lieu :

1° Soit à la délivrance d'un ordre de transfèrement de la personne condamnée à destination d'un centre de détention ou d'un centre de semi-liberté ou d'une maison d'arrêt ou d'un quartier d'un centre pénitentiaire appartenant à l'une de ces catégories d'établissements pénitentiaires ou d'une structure d'accompagnement vers la sortie, relevant de sa circonscription ;

2° Soit au maintien de la personne intéressée à l'établissement où elle se trouve ;

3° Soit à sa mise à la disposition d'un autre directeur interrégional des services pénitentiaires après l'accord préalable de ce dernier. Le garde des sceaux, ministre de la justice, est compétent en cas de désaccord entre les directeurs interrégionaux des services pénitentiaires ;

4° Soit à un dessaisissement au profit du garde des sceaux, ministre de la justice, en vue d'une affectation dans une maison centrale ou un quartier maison centrale, dès lors que le directeur interrégional des services pénitentiaires estime que la personne condamnée doit être affectée dans cette catégorie d'établissement. Dans ce cas, la décision incombe au garde des sceaux, ministre de la justice, qui décide de l'affectation de la personne condamnée dans l'établissement pénitentiaire le plus approprié.

§ 4 Changements d'affectation

Art. D. 211-25 La personne détenue dont le comportement se révèle incompatible avec l'application du régime propre à l'établissement pour peines au sein duquel elle est placée peut faire l'objet d'une procédure de changement d'affectation.

Art. D. 211-26 L'affectation peut être modifiée soit à la demande de la personne condamnée, soit à la demande du chef de l'établissement pénitentiaire dans lequel elle exécute sa peine.

L'affectation ne peut être modifiée que s'il survient un fait ou un élément d'appréciation nouveaux.

1. Procédure administrative non contentieuse. Les dispositions de l'art. D. 82 C. pr. pén. [C. pénit., art. D. 211-26 s.] relèvent manifestement du champ de la procédure administrative non contentieuse et de celui de l'organisation des services de l'État, lesquels ressortissent au domaine attribué au pouvoir réglementaire du Gouvernement par l'art. 37 Const. Le requérant n'est donc pas fondé à soutenir qu'il a été privé de base légale par la Décis. du Cons. const. n° 2014-393 QPC du 25 avr. 2014 abrogeant les dispositions de l'art. 728 dans leur rédaction antérieure à la L. du 24 nov. 2009 (« Un décret détermine l'organisation et le régime intérieur des établissements pénitentiaires »). • CAA Paris, 27 avr. 2017, n° 16PA00179.

2. Compétence de l'autorité administrative. Les dispositions des art. 717-1 et D. 82 C. pr. pén. relatives aux attributions du JAP en matière d'individualisation du parcours d'exécution de la peine n'ont ni pour objet ni pour effet de lui attribuer une compétence conjointe avec le ministre. • CAA Paris, 27 avr. 2017, n° 16PA00179. ♦ ... Ni de lui donner compétence pour décider de l'affectation des détenus dans les différents établissements pénitentiaires. • CE 21 nov. 2018, n° 412741.

3. Justiciabilité de la décision. V. notes ss. art. L. 211-4. ♦ Une décision de changement d'affectation d'un établissement pénitentiaire vers un établissement de même nature ne constitue un acte administratif susceptible de faire l'objet d'un recours pour excès de pouvoir, et non une mesure d'ordre intérieur, que si sont en cause des libertés et des droits fondamentaux des détenus. • CE 21 nov. 2018, n° 412741 : *préc. note 2.*

4. Motivation et procédure contradictoire. La décision d'affectation prise par le ministre n'entre dans aucune des catégories d'actes qui doivent être motivés en application de l'art. 1er de la L. du 11 juill. 1979 et, par suite, n'est pas au nombre des décisions mentionnées à l'art. 24 de la L. du 12 avr.

2000 relative aux droits des citoyens dans leurs relations avec les administrations. Sont dès lors inopérants les moyens tirés de ce que la décision litigieuse n'est pas motivée et que l'intéressé n'a pas été mis à même de présenter ses observations. • CE 21 nov. 2018, n° 412741 : *préc. note 2.*

5. Office du juge de l'excès de pouvoir. Pour se prononcer sur une requête, assortie d'allégations sérieuses, dirigée contre une décision d'affectation et de transfèrement justifiée par un motif d'ordre public, le juge de l'excès de pouvoir doit être en mesure d'apprécier, à partir d'éléments précis, le bien-fondé du motif retenu par l'administration. Il appartient en conséquence à celle-ci de verser au dossier, dans le respect des exigences liées à la sécurité publique, les renseignements nécessaires pour que le juge statue en pleine connaissance de cause. Le cas échéant, il revient au juge, avant de se prononcer sur une telle requête, d'ordonner la production des éléments qui peuvent être versés au dossier dans le respect des exigences liées à la sécurité publique. • CE 21 nov. 2018, n° 412741 : *préc. note 2.* ♦ En se fondant sur les seules déclarations très générales et dépourvues de toute précision du ministre ainsi que sur le profil pénal du requérant pour écarter le moyen tiré de l'erreur manifeste d'appréciation qu'aurait commise l'administration en prenant la décision litigieuse, le tribunal a méconnu son office. • Même arrêt.

6. Éléments d'appréciation nouveaux. Le ministre de la Justice a pu légalement prendre la décision de changement d'affectation litigieuse eu égard à l'élément d'appréciation nouveau que constituaient les soupçons de préparatifs d'évasion. • CE 21 nov. 2018, n° 412741 : *préc. note 2.* ♦ Le ministre ne commet pas d'erreur manifeste d'appréciation dans l'exercice du pouvoir qu'il tient de l'art. D. 82 C. pr. pén. en décidant d'un changement d'affectation qui, motivé par le comportement parfois violent de l'intéressé et son implication active dans des trafics, vise à lui permettre de « réinvestir positivement son parcours de peine » dans un autre établissement. • CAA Paris, 27 avr. 2017, n° 16PA00179 : *préc. note 1.*

7. Garantie des droits fondamentaux. Dès lors que la décision est justifiée par un élément nouveau et qu'elle n'a pas pour effet de rendre impossibles les visites du détenu, le moyen tiré de ce qu'elle porterait une atteinte disproportionnée au droit qu'il tire de l'art. 8 Conv. EDH doit être écarté. • CE 21 nov. 2018, n° 412741 : *préc. note 2.* ♦ Dès lors que le centre pénitentiaire où l'intéressé, détenu à mobilité réduite, est doté des équipements nécessaires à l'accueil des PMR, qu'il peut y bénéficier d'un encadrement médical et de soins adaptés à son état de santé, ainsi que d'un régime de détention permettant d'améliorer son état de santé ou du moins de ne pas l'aggraver, et alors qu'il a antérieurement refusé d'être détenu dans un centre hospitalier pénitentiaire, la décision attaquée n'emporte, par elle-même, aucune méconnaissance des stipulations de l'art. 3 Conv. EDH. • CAA Paris, 27 avr. 2017, n° 16PA00179 : *préc. note 1.*

Art. D. 211-27 La décision de changement d'affectation appartient au garde des sceaux, ministre de la justice, dès lors qu'elle concerne :

1° Une personne condamnée dont il a décidé l'affectation en application des dispositions du deuxième alinéa de l'article D. 211-18 et dont la durée de détention restant à exécuter est supérieure à trois ans, au jour où est formée la demande mentionnée par le premier alinéa de l'article D. 211-26 ;

2° Une personne condamnée à raison d'actes de terrorisme tels que prévus et réprimés par les dispositions des articles 421-1 à 421-6 du code pénal ;

3° Une personne condamnée ayant fait l'objet d'une inscription au répertoire des personnes détenues particulièrement signalées, prévu par les dispositions de l'article D. 223-11.

Le directeur interrégional des services pénitentiaires est compétent pour décider du changement d'affectation des autres personnes condamnées.

Art. D. 211-28 Que la demande de changement d'affectation émane de la personne condamnée ou du chef de l'établissement pénitentiaire, ce dernier constitue un dossier qui comprend les éléments permettant d'établir la motivation de la demande.

Le garde des sceaux, ministre de la justice, le directeur interrégional des services pénitentiaires ou le chef de l'établissement pénitentiaire peuvent procéder ou faire procéder dans les conditions définies par les dispositions de l'article D. 211-14 à toute enquête sur la situation familiale ou sociale de la personne condamnée.

La décision de changement d'affectation est prise, sauf urgence, après avis du juge de l'application des peines et du procureur de la République du lieu de détention.

1. Omission des avis. La condition d'urgence est satisfaite au regard des éléments laissant craindre la réalisation imminente d'un projet d'évasion. • CE 21 nov. 2018, n° 412741.

2. Forme des avis. Le fait que l'accord du procureur de la République au transfert de l'intéressé n'aurait pas été donné sous forme écrite n'est pas de nature à caractériser une atteinte grave et manifestement illégale à une liberté fondamentale justifiant l'intervention du juge des référés sur le fondement de l'art. L. 521-2 CJA. • CE 21 juill. 2020, n° 441880 : *D. 2021. 1106, obs. Céré, Falxa et Herzog-Evans*.

3. Portée de l'avis. Les attributions du JAP en matière d'individualisation du parcours d'exécution de la peine n'ont ni pour objet ni pour effet d'attribuer à ce magistrat la compétence de décider, conjointement avec le ministre, de l'affectation des détenus intéressés. • CAA Paris, 27 avr. 2017, n° 16PA00179. ♦ ... Ni de lui donner compétence pour décider de l'affectation des détenus dans les différents établissements pénitentiaires. • CE 21 nov. 2018 n° 412741 : *préc. note 1.*

Art. D. 211-29 Lorsque la décision incombe au directeur interrégional des services pénitentiaires, elle donne lieu :

1° Soit à la délivrance d'un ordre de transfèrement de la personne condamnée à destination d'un centre de détention ou d'un centre de semi-liberté ou d'une maison d'arrêt ou d'un quartier d'un centre pénitentiaire appartenant à l'une de ces catégories d'établissements pénitentiaires ou d'une structure d'accompagnement vers la sortie, relevant de sa circonscription ;

2° Soit au maintien de la personne intéressée à l'établissement où elle se trouve ;

3° Soit à un dessaisissement au profit du garde des sceaux, ministre de la justice en vue d'une affectation dans une maison centrale ou un quartier maison centrale, dès lors que le directeur interrégional des services pénitentiaires estime que la personne condamnée doit être affectée dans cette catégorie d'établissement. Dans ce cas, le garde des sceaux, ministre de la justice, décide de l'affectation de la personne condamnée dans l'établissement pénitentiaire le plus approprié.

Art. D. 211-30 Lorsque la décision incombe au garde des sceaux, ministre de la justice, elle donne lieu :

1° Soit à l'envoi de la personne condamnée au centre national d'évaluation ;

2° Soit à la délivrance d'un ordre de transfèrement de la personne condamnée à destination d'un autre établissement ;

3° Soit au maintien de la personne condamnée à l'établissement où elle se trouve ;

4° Soit à sa mise à la disposition d'un directeur interrégional des services pénitentiaires.

Art. D. 211-31 Le directeur interrégional des services pénitentiaires ordonne tous les transfèrements utiles à l'intérieur de la circonscription territoriale dont il assure la direction concernant les personnes condamnées relevant de sa compétence d'affectation, les personnes détenues soumises à la contrainte judiciaire et les personnes condamnées mises à sa disposition.

Si les mesures qui lui paraissent nécessaires concernent d'autres personnes détenues, excèdent sa compétence ou soulèvent des difficultés particulières, il adresse dans les plus brefs délais un rapport au garde des sceaux, ministre de la justice.

SOUS-SECTION 2 **Parcours d'exécution de la détention**

Art. D. 211-32 Le parcours d'exécution de la peine décrit notamment, pour chaque personne détenue condamnée, l'ensemble des actions qu'il est envisagé de mettre en œuvre au cours de sa détention afin de favoriser sa réinsertion. Il couvre l'ensemble de la période de détention, y compris la préparation à la sortie.

Il est défini et, le cas échéant, actualisé, à partir des éléments recueillis lors de la période d'observation pluridisciplinaire puis, tout au long de la détention, auprès de l'ensemble des services appelés à connaître de la situation de la personne détenue intéressée, ainsi que des souhaits exprimés par elle. Ces éléments sont consignés par écrit.

Il fait l'objet d'un réexamen à la demande de la personne détenue ou au moins une fois par an.

Exclusion du référé-liberté. En jugeant que les objectifs d'insertion et de réinsertion attachés aux peines subies par les détenus tels qu'ils sont fixés par l'al. 2 de l'art. 707 C. pr. pén. ne faisaient pas partie des libertés et droits fondamentaux des détenus, le juge des référés n'a pas commis d'erreur de droit. • CE 15 juill. 2010, n° 340313. ♦ L'objectif de réinsertion sociale des détenus n'est pas au nombre des droits et libertés fondamentaux des détenus. • CE 13 nov. 2013, n° 338720 : *D. actu. 20 nov. 2013, obs. Poupeau ; AJDA 2013. 2287 ; RFDA 2014. 965, note Pollet-Panoussis*. ♦ Si l'intéressé soutient que la décision litigieuse entraverait sa démarche de réinsertion, ce motif ne constitue donc pas un critère d'appréciation dans le cadre d'un transfert de détenu. • CAA Paris, 8 juill. 2021, n° 20PA03805.

Art. D. 211-33 Le parcours d'exécution de la peine est élaboré après avis de la commission pluridisciplinaire unique mentionnée par les dispositions de l'article D. 211-34.

Art. D. 211-34 Il est institué auprès du chef de chaque établissement pénitentiaire, pour une durée de cinq ans, une commission pluridisciplinaire unique.

La commission pluridisciplinaire unique est présidée par le chef de l'établissement pénitentiaire ou son représentant.

Elle comprend en outre :

1° Le directeur du service pénitentiaire d'insertion et de probation ;

2° Un responsable du secteur de détention de la personne détenue dont la situation est examinée ;

3° Un représentant du service du travail et, le cas échéant, un représentant de l'agence du travail d'intérêt général et de l'insertion professionnelle des personnes placées sous main de justice ;

4° Un représentant du service de la formation professionnelle ;

5° Un représentant du service de l'enseignement.

Assistent également, avec voix consultative, aux réunions de la commission, sur convocation du chef de l'établissement pénitentiaire établie en fonction de l'ordre du jour :

1° Le psychologue en charge du parcours d'exécution de la peine ;

2° Un membre du service de la protection judiciaire de la jeunesse ;

3° Un représentant des équipes soignantes de l'unité sanitaire en milieu pénitentiaire ou du service médico-psychologique régional désigné par l'établissement de santé de rattachement ;

4° Un représentant des personnes morales intervenant au titre de l'insertion par l'activité économique ou de l'emploi.

5° Un représentant de l'entreprise adaptée implantée, le cas échéant, dans l'établissement.

La liste des membres de la commission pluridisciplinaire unique et des personnes susceptibles d'assister à ces réunions en application des quatre alinéas précédents est arrêtée par le chef de l'établissement pénitentiaire.

Les membres de la commission et les personnes entendues par elle sont tenus à une obligation de discrétion à l'égard des informations présentant un caractère confidentiel dont ils ont connaissance dans le cadre de l'exercice de leurs missions.

V. Circ. intermin. DGS/MC1/DGOS/R4/DAP/DPJJ n° 2012-94 relative aux recommandations nationales concernant la participation des professionnels de santé exerçant en milieu carcéral à la commission pluridisciplinaire unique prévue par l'article D. 90 du code de procédure pénale ou à la réunion de l'équipe pluridisciplinaire prévue par l'article D. 514 du même code et au partage d'informations opérationnelles entre professionnels de santé et ceux de l'administration pénitentiaire et de la protection judiciaire de la jeunesse.

1. Participation du personnel soignant. En prévoyant qu'un représentant de l'équipe soignante intervenant dans l'établissement pénitentiaire assisterait, en fonction de l'ordre du jour, à une commission réunissant les différents intervenants concernés par la détention des personnes condamnées et susceptible d'être consultée sur la situation de ces dernières, notamment dans un objectif de meilleure prévention du suicide, ou qu'il puisse être associé, en tant que de besoin, à l'équipe pluridisciplinaire réunissant des représentants des différents services intervenant auprès des mineurs incarcérés afin d'assurer leur collaboration et le suivi individuel des mineurs détenus, le pouvoir réglementaire n'a pas prévu que pourrait être demandé aux médecins et aux personnels soignants intervenant en milieu carcéral un acte dénué de lien avec les soins ou avec la préservation de la santé des personnes détenues ou une expertise médicale. • CE 22 oct. 2014, n° 362681 : *AJ pénal 2014. 595, note Péchillon*. ♦ N'apporte pas une restriction illégale au secret médical la Circ. intermin. DGS/MC1/DGOS/R4/DAP/DPJJ n° 2012-94 du 21 juin 2012 qui se borne à mentionner les informations qui doivent être communiquées aux professionnels de l'administration pénitentiaire pour permettre la prise en compte de l'état de santé du détenu lors de sa détention et pour la préparation de sa libération ainsi que le maintien de conditions de détention propices à la prévention des affections physiologiques, communication qui est la conséquence nécessaire de la L. pénit. du 24 nov. 2009, étant entendu qu'il appartient au chef d'établissement, spontanément ou à la demande du professionnel de santé, de veiller, lorsque ces questions sont évoquées au cours d'une réunion de la CPU ou de l'équipe pluridisciplinaire, à ce que n'y participent que les professionnels ayant besoin de disposer de ces informations dans l'accomplissement de leurs missions. • Même arrêt.

2. Gestion informatisée des détenus en établissement (GIDE). La situation d'entière dépendance dans laquelle se trouvent les personnes détenues vis-à-vis de l'administration pénitentiaire, à laquelle elles doivent s'adresser y compris pour les actes de la vie courante, légitime dans son principe la collecte et le traitement de l'ensemble des informations recueillies au quotidien qui se rapportent à l'existence matérielle, au bien-être, à la sécurité et à la santé des intéressés. • CE 11 avr. 2014, n° 352473. ♦ En ce qu'il prévoit notamment la consignation des observations des membres de la CPU et des personnels de santé, l'art. 4 du Décr. n° 2011-817 du 6 juill. 2011 ne porte pas une atteinte disproportionnée au droit au respect de la vie privée dès lors que l'art. 2 précise que seules sont collectées les données strictement nécessaires à la prise en charge des personnes détenues et que cette collecte répond aux objectifs de gestion de la détention et de prévention des comportements à risques. • Même arrêt.

Art. D. 211-35 La commission pluridisciplinaire unique se réunit au moins une fois par mois pour examiner les parcours d'exécution de la peine.

Art. D. 211-36 Des modalités de prise en charge individualisées peuvent, pour l'application des dispositions de l'article L. 211-4, être appliquées, au sein de chaque établissement pénitentiaire, aux personnes détenues, en tenant compte de leur parcours d'exécution de la peine et de leur capacité à respecter les règles de vie en collectivité. Les modalités de prise en charge de chaque personne détenue sont consignées dans le parcours d'exécution de la peine.

CHAPITRE II ENTRÉE EN DÉTENTION

SECTION 1 Conditions préalables à la mise sous écrou

Art. R. 212-1 Conformément aux dispositions de l'article R. 61-1 du code de procédure pénale, la décision de mise à exécution de l'emprisonnement en raison de l'inobservation par la personne condamnée des obligations imposées dans le cadre du suivi sociojudiciaire en application des dispositions de l'article 131-36-1 du code pénal vaut ordre donné au chef de l'établissement pénitentiaire désigné de recevoir et de détenir la personne condamnée.

Art. D. 212-2 Conformément aux dispositions de l'article D. 45-2-4 du code de procédure pénale, il peut être tenu compte du taux d'occupation de l'établissement pénitentiaire et de son évolution prévisible pour déterminer la date d'incarcération de la personne condamnée.

Concernant la surpopulation carcérale, V. aussi art. L. 213- 1 s. et L. 320-1.

COMMENTAIRE

Le décret n° 2022-479 du 30 mars 2022 permet de retenir le critère de la suroccupation manifeste d'un établissement pénitentiaire, c'est-à-dire une maison d'arrêt en pratique, et de son évolution prévisible pour fixer la date de l'incarcération, outre la prise en compte de la situation personnelle du condamné. Quoi qu'il en soit, la date à laquelle elle doit être effectivement incarcérée ne peut excéder de plus de quatre mois la date à laquelle elle est informée de la date et de l'horaire de son incarcération. ❑

Art. D. 212-3 Si le placement en détention résulte de l'exécution d'un mandat de dépôt à effet différé, la personne condamnée est reçue et détenue par l'établissement pénitentiaire désigné sur ordre de mise à exécution délivré par le procureur de la République au chef de l'établissement, dans les conditions prévues par les dispositions de l'article D. 48-2-4 du code de procédure pénale.

Art. D. 212-4 Pour chaque maison d'arrêt, le chef de l'établissement pénitentiaire informe chaque mois le président du tribunal judiciaire dans le ressort duquel elle se trouve, le juge de l'application des peines, le procureur de la République près ledit tribunal ainsi que le directeur interrégional des services pénitentiaires de l'état des effectifs au regard des capacités d'accueil de l'établissement.

Art. D. 212-5 Les peines s'exécutent au fur et à mesure de la réception des extraits de décision de condamnation.

En cas de réception simultanée de plusieurs extraits, il convient de faire exécuter :

1° Les peines sanctionnant la commission d'une infraction définie au chapitre Ier du titre II du livre IV du code pénal avant les autres peines ;

2° Les peines sanctionnant des faits commis en état de récidive légale avant les autres peines ;

3° Les peines dans l'ordre décroissant de leur quantum, la plus forte étant exécutée la première ; toutefois, si l'une des peines fait suite à une période de détention provisoire non interrompue, son exécution doit être poursuivie ;

4° La peine assortie du sursis avant celle qui a entraîné sa révocation.

Lorsqu'une évasion se produit au cours de l'exécution d'une peine, l'exécution de cette peine doit être reprise et menée jusqu'à son terme avant celle de la peine sanctionnant l'évasion.

Les décisions de retrait du bénéfice *(Décr. n° 2022-1261 du 28 sept. 2022, art. 10, en vigueur le 1er janv. 2023)* « d'une *[ancienne rédaction : d'un crédit de]* » réduction de peine s'exécutent à la suite de la dernière peine portée à l'écrou à la date de la décision.

V. les conditions d'application prévues à l'art. 13 du Décr. n° 2022-1261 du 28 sept. 2022.

L'arrêt attaqué, en énonçant qu'en cas de pluralité de titres de détention le premier mis à l'écrou suspend les effets des titres de détention mis à l'écrou postérieurement et que la règle selon laquelle la période de détention provisoire doit être intégralement déduite de la première peine définitive portée à l'écrou ne s'applique que si l'intéressé est détenu au jour de sa condamnation, s'est prononcé par une interprétation inexacte de l'art. D. 150-1 C. pr. pén. [C. pénit., art. D. 212-5], qui, au surplus, ne saurait avoir pour effet de déroger à une règle de nature législative, en l'espèce l'art. 716-4. • Crim. 11 janv. 2017, n° 16-81.133 P : *D. actu. 22 févr. 2017, obs. André ; AJ pénal 2017. 193, obs. Evans ; Dr. pénal 2017. Étude 14, par Griffon-Yarza.*

SECTION 2 Formalités et registres d'écrou

Art. D. 212-6 Tout établissement pénitentiaire est pourvu d'un registre d'écrou.

Le chef de l'établissement pénitentiaire, ou sous son autorité le fonctionnaire chargé du greffe, tient ce registre et veille à la légalité de la détention des personnes incarcérées ainsi qu'à la libération des personnes libérables.

Le registre d'écrou est constitué de feuilles mobiles classées dans un fichier et sur lesquelles figurent le numéro d'écrou initial ainsi que le numéro d'écrou actuel.

Il doit être présenté aux fins de contrôle et de visa, aux différentes autorités judiciaires à chacune de leurs visites, ainsi qu'aux autorités administratives qui procèdent à l'inspection générale de l'établissement.

Art. D. 212-7 Lors de la conduite de toute personne dans un établissement pénitentiaire en exécution d'un arrêt ou jugement de condamnation, d'un mandat de dépôt ou d'arrêt, d'un mandat d'amener lorsque ce mandat doit être suivi de détention provisoire, ou un ordre d'arrestation établi conformément à la loi, un acte d'écrou est dressé sur le registre prévu par les dispositions de l'article D. 212-6.

Le chef de l'établissement constate par cet acte la remise de la personne et inscrit la nature et la date du titre de détention, ainsi que l'autorité dont il émane. L'acte d'écrou est signé par le chef de l'établissement et par le chef d'escorte.

Art. D. 212-8 En cas de mandat de dépôt à effet différé, le chef de l'établissement pénitentiaire qui reçoit la personne condamnée à la date fixée mentionne ce mandat sur le registre d'écrou ainsi que l'ordre de mise à exécution de ce mandat prévu par les dispositions de l'article D. 48-2-5 du code de procédure pénale et dont une copie certifiée conforme lui a été transmise par le procureur général ou le procureur de la République.

Si la personne ne se présente pas à l'établissement pénitentiaire à la date fixée, le chef de l'établissement en avise le jour même ou le premier jour ouvrable suivant le procureur général ou le procureur de la République.

Si la personne condamnée se présente à l'établissement pénitentiaire après la date fixée, mais pendant un jour ouvrable et aux horaires permettant son placement en détention, le chef de l'établissement est tenu de le recevoir.

Art. D. 212-9 En cas d'exécution volontaire de la peine, le chef de l'établissement pénitentiaire mentionne sur le registre d'écrou l'arrêt ou le jugement de condamnation dont l'extrait lui a été transmis par le procureur général ou par le procureur de la République.

Art. D. 212-10 Dans les cas prévus par les dispositions des articles D. 212-7 à D. 212-9, avis de l'écrou est donné par le chef de l'établissement pénitentiaire, selon le cas, au procureur général ou au procureur de la République.

Art. D. 212-11 La date de la sortie de chaque personne détenue, et le cas échéant, la décision ou le texte de la loi motivant la libération, font l'objet d'une mention sur l'acte d'écrou.

Art. D. 212-12 Il n'y a pas lieu de lever l'écrou des personnes détenues faisant l'objet des mesures prévues par les dispositions de l'article D. 118 du code de procédure pénale, mais mention de ces mesures doit être portée au registre d'écrou.

Art. D. 212-13 Le registre d'écrou ne doit pas quitter l'établissement pénitentiaire.

Toutefois, à titre exceptionnel, la fiche d écrou d'une personne détenue peut être déplacée en dehors de cet établissement afin de permettre soit l'écrou d'un individu hospitalisé immédiatement après son arrestation et momentanément intransportable, soit la levée d'écrou d'une personne détenue hospitalisée au moment de sa libération.

COMMENTAIRE

Voir, pour les articles D. 212-6 à D. 212-13, les commentaires sous les articles L. 212-2 et suivants. ❑

SECTION 3 Accueil en détention

Art. R. 212-14 A son arrivée et jusqu'au moment où elle peut être conduite soit dans la cellule, soit dans le quartier où elle est affectée, chaque personne détenue est placée isolément dans une cellule d'attente ou dans des locaux en tenant lieu.

Elle est soumise aux formalités de l'écrou et aux mensurations anthropométriques.

Elle est invitée à préciser les coordonnées des personnes à prévenir au cas où elle viendrait à décéder, à être frappée d'une maladie grave mettant ses jours en danger, à être victime d'un accident grave ou à être placée dans un établissement psychiatrique.

A l'issue de l'accomplissement de ces formalités, il lui est proposé une douche. Il lui est remis une trousse de toilette comprenant des produits d'hygiène corporelle. Elle peut également demander à recevoir des effets vestimentaires de première nécessité.

Elle est mise en mesure d'informer sa famille de son placement en détention dans les meilleurs délais.

Art. R. 212-15 Toute personne détenue arrivant en cellule doit vérifier l'état du matériel et faire constater au personnel toute dégradation.

Chaque personne détenue est responsable du matériel mis à sa disposition par l'administration pénitentiaire. Elle doit en faire un usage normal et veiller à son bon entretien.

Art. R. 212-16 Lors de son arrivée en détention, chaque personne détenue bénéficie d'un examen médical dans les plus brefs délais.

Art. R. 212-17 A l'issue d'une phase d'accueil et d'observation pluridisciplinaire, qui ne peut excéder trois semaines, les informations relatives à la personnalité, l'état de santé et la dangerosité de chaque personne détenue sont consignées par écrit, dans un bilan de personnalité.

SECTION 4 Accès aux entretiens

SOUS-SECTION 1 Entretiens obligatoires

Art. R. 212-18 Chaque personne détenue est reçue par le chef de l'établissement pénitentiaire ou par un directeur des services pénitentiaires, un officier, un major ou un premier surveillant le jour de son arrivée ou, au plus tard, le lendemain.

Chaque personne détenue est également reçue, dès que possible, par un personnel d'insertion et de probation.

SOUS-SECTION 2 Entretiens facultatifs

Art. R. 212-19 Pendant toute la durée de sa détention, chaque personne détenue peut être reçue par un membre du service pénitentiaire d'insertion et de probation soit à sa demande, soit sur convocation.

(Décr. nº 2022-1287 du 4 oct. 2022, art. 8) « Le personnel d'insertion et de probation apprécie l'opportunité de recevoir une personne détenue ou d'effectuer les démarches qu'elle sollicite. »

COMMENTAIRE

Voir, pour les articles R. 212-14 à R. 212-19, les commentaires sous les articles L. 212-2 et suivants. ❑

CHAPITRE III ENCELLULEMENT

SECTION 1 Encellulement individuel

Art. D. 213-1 Lorsque le régime de l'encellulement individuel n'est pas appliqué, il appartient au chef de l'établissement pénitentiaire de séparer :

1° Les personnes prévenues des personnes condamnées ;

2° Les personnes détenues devenues majeures en détention et âgées de moins de vingt et un ans des autres personnes détenues majeures ;

3° Les personnes détenues n'ayant pas exécuté antérieurement de peine privative de liberté de celles ayant déjà exécuté des détentions multiples ;

4° Les personnes condamnées à la contrainte judiciaire des autres personnes détenues.

Il peut être dérogé aux principes posés aux 2° à 4°, à titre exceptionnel, si la personnalité des personnes détenues le justifie.

Art. D. 213-2 Lorsqu'il suspend l'encellulement individuel d'une personne détenue en raison de sa personnalité, le chef de l'établissement pénitentiaire en informe sans délai le directeur interrégional des services pénitentiaires, ainsi que le juge de l'application des peines s'agissant des personnes condamnées et le magistrat chargé du dossier de la procédure s'agissant des personnes prévenues.

Art. R. 213-3 Si une personne détenue souhaite bénéficier du régime de l'encellulement individuel alors que la distribution intérieure de l'établissement et le nombre de personnes détenues ne le permettent pas, elle peut déposer auprès du chef de l'établissement pénitentiaire une requête pour être transférée dans la maison d'arrêt la plus proche permettant un tel placement.

Dans un délai de deux mois à compter du dépôt de la requête, le chef de l'établissement précise à la personne détenue la ou les maisons d'arrêt dans laquelle elle sera susceptible d'être transférée.

Si la personne détenue accepte l'une ou plusieurs des propositions, il est procédé dans les meilleurs délais à son transfèrement.

S'agissant des personnes prévenues, ces dispositions s'appliquent sous réserve de l'accord du magistrat chargé du dossier de la procédure en application de l'article 715 du code de procédure pénale.

Art. D. 213-4 Dans les maisons d'arrêt où, par suite de la distribution des locaux ou de leur encombrement temporaire, le régime de l'emprisonnement individuel ne peut être appliqué à toutes les personnes prévenues, celles à l'égard desquelles l'autorité judiciaire aura prescrit l'interdiction de communiquer ou la mise à l'isolement doivent être placées par priorité en cellule individuelle.

SECTION 2 Modalités d'encellulement

SOUS-SECTION 1 Temps passés en cellule et en dehors de la cellule

§ 1 Dispositions communes à tous les établissements pénitentiaires

Art. R. 213-5 Pendant la journée, les personnes détenues peuvent être réunies pour le travail, les activités physiques et sportives, l'enseignement, la formation professionnelle ou les activités religieuses, culturelles ou de loisirs.

La durée pendant laquelle la personne détenue est enfermée en cellule la nuit ne peut excéder douze heures.

Durée d'enfermement nocturne. Est sans objet le recours dirigé contre la réponse apportée au garde des Sceaux à sa demande écrite de respecter les dispositions prévoyant un enfermement nocturne en cellule des personnes détenues d'une durée maximale de 12 heures et d'enjoindre à cette autorité de respecter ces dispositions dès lors que le règlement intérieur de l'établissement au sein duquel il est incarcéré, qui prévoit un enfermement de nuit n'outrepassant pas douze heures, ne méconnaît pas l'art. R. 57-6-18 C. pr. pén. [C. pénit., art. R. 213-5]. • CAA Lyon, 6 févr. 2020, n° 19LY03122 (et 10 autres aff.).

Art. R. 213-6 La tenue portée par les personnes détenues à l'occasion des mouvements doit faciliter, pour des raisons de sécurité, le contrôle de ces personnes ainsi que leur identification.

Les vêtements ou chaussures qui déclenchent le signal des détecteurs de masses métalliques sont déposés au vestiaire. Les personnes détenues peuvent demander à s'en défaire dans les conditions prévues par les dispositions de l'article R. 332-38.

Art. R. 213-7 L'emploi du temps est porté à la connaissance des personnes détenues.

Les déplacements s'effectuent en ordre, dans le calme et dans le respect des horaires prévus.

Chaque personne détenue doit pouvoir justifier de son identité et de l'objet de son déplacement.

Art. R. 213-8 Hors de sa cellule, chaque personne détenue doit conserver une tenue décente et appropriée.

Vêtements féminins en établissement pour hommes. La décision qui n'autorise l'intéressé à porter des vêtements féminins qu'à l'intérieur de sa cellule n'est pas contraire aux stipulations de l'art. 3 Conv. EDH, de l'art. 7 PIDCP ou aux dispositions de l'art. 22 de la L. du 24 nov. 2009. • CAA Nantes, 2 juill. 2015, n° 14NT01022.

Art. R. 213-9 La règle de l'encellulement individuel ne fait pas obstacle à ce que, pendant la journée, les personnes détenues soient réunies pour le travail, les activités physiques et sportives, l'enseignement, la formation professionnelle ou les activités religieuses, culturelles ou de loisirs.

Art. R. 213-10 Les personnes détenues sont autorisées à fumer en cellule et dans les cours de promenade.

Il est interdit de fumer en dehors de ces lieux.

Exposition au tabagisme passif. V. note 13, ss. art. L. 320-1.

§ 2 Dispositions applicables aux maisons d'arrêt

Art. R. 213-11 Les personnes détenues sont enfermées dans leur cellule durant la nuit. Elles ne peuvent librement sortir de leur cellule durant la journée. Les déplacements hors de celle-ci doivent être justifiés par l'accès à la promenade, par un rendez-vous qui leur est fixé, par une convocation qui leur est adressée ou par une inscription à une activité.

En fonction de son parcours de détention, de sa dangerosité et de sa personnalité, la personne détenue peut bénéficier, si le règlement intérieur de l'établissement, mentionné à l'article R. 112-23 en prévoit les conditions, de dérogations aux règles de circulation en journée mentionnées au premier alinéa afin de développer son autonomie et sa participation aux activités en détention.

Lors de chaque mouvement, chaque personne détenue doit pouvoir justifier de son identité et de l'objet de son déplacement, faute de quoi elle est reconduite en cellule.

§ 3 Dispositions applicables aux établissements pour peines

SOUS-§ 1 *Dispositions communes*

Art. R. 213-12 Les personnes détenues sont autorisées à aménager leur cellule d'une façon personnelle, mais ne doivent pas dégrader les installations immobilières ou mobilières existantes. Le chef de l'établissement pénitentiaire détermine la destination à donner à ces aménagements en cas de changement de cellule, de transfèrement ou de mise en liberté.

1. Entretien des cellules. V. art. R. 321-4.

2. Fouille des cellules. V. art. R. 225-5.

3. Acquisition de meubles. Eu égard à leur nature et à leurs effets sur la situation des détenus, les décisions de l'administration pénitentiaire refusant aux détenus l'acquisition d'un réfrigérateur, dès lors qu'elles ne privent pas la personne détenue de la possibilité effective de disposer d'un tel équipement dans les limites définies par l'art. 25 du RI-type annexé à l'art. R. 57-6-18 C. pr. pén., ne constituent pas des actes administratifs susceptibles de faire l'objet d'un recours pour excès de pouvoir, sous réserve que ne soient pas en cause des libertés et des droits fondamentaux des détenus. Doivent être regardées comme mettant en cause des libertés et des droits fondamentaux des détenus les décisions qui portent à ces droits et libertés une atteinte qui excède les contraintes inhérentes à leur détention. La décision du directeur d'un centre pénitentiaire refusant à un détenu l'achat d'un réfrigérateur avec congélateur, qui ne met pas en cause, à elle seule, les libertés et droits fondamentaux des détenus, constitue en principe une mesure d'ordre intérieur insusceptible de recours pour excès de pouvoir. • CAA Douai, 21 sept. 2021, n° 20DA01214.

4. Égalité de traitement. La fixation de tarifs différents applicables, pour un même service rendu, à diverses catégories d'usagers d'un service public implique, à moins qu'elle ne soit la conséquence nécessaire d'une loi, soit qu'il existe entre les usagers des différences de situation appréciables, soit qu'il existe une nécessité d'intérêt général en rapport avec les conditions d'exploitation du service. La décision du directeur de maison centrale d'Ensisheim qui a instauré un tarif d'accès des téléviseurs, dont l'appelant était propriétaire, aux chaînes gratuites de la télévision numérique terrestre d'un montant de 3,86 € mensuel a eu pour effet de placer, pour les personnes détenues dans cet établissement à gestion privée, l'obligation de s'acquitter d'une contribution dont n'ont pas à s'acquitter les détenus se trouvant dans des établissements à gestion publique. D'une part, cette distinction constitue une différence de traitement entre des personnes placées dans une situation identique, le mode de gestion des établissements pénitentiaires étant sans incidence sur le statut des détenus. D'autre part, cette différence de traitement n'est justifiée ni par une quelconque raison d'intérêt général, ni par l'existence d'une gamme de prestations plus étendues ou de services plus nombreux offerts par le prestataire. • CAA Nancy, 13 avr. 2023, n° 20NC01013. ♦ V. égal. • CAA Nancy, 17 nov. 2022, n° 20NC00386 • 2 févr. 2023, n°s 20NC01049 et 20NC00390 • 28 févr. 2023, n°s 20NC02710 et 20NC02711.

SOUS-§ 2 *Dispositions applicables aux maisons centrales*

Art. R. 213-13 Dans les maisons centrales et dans les quartiers maison centrale, les personnes détenues sont enfermées dans leur cellule durant la nuit. Elles ne peuvent librement sortir de leur cellule durant la journée.

Les déplacements, hors de la cellule, doivent être autorisés par un personnel pénitentiaire et justifiés par l'accès à la promenade, par un rendez-vous qui leur est fixé, par une convocation qui leur est adressée ou par une inscription à une activité. Ils sont accompagnés par un personnel pénitentiaire.

Chaque personne détenue prend ses repas seule en cellule.

SOUS-§ 3 *Dispositions applicables aux centres de détention*

Art. R. 213-14 Dans les centres de détention et dans les quartiers centre de détention, les personnes détenues sont enfermées dans leur cellule pendant la nuit.

Elles accèdent aux zones de parloirs et aux services de santé sur prise de rendez-vous préalable.

Elles accèdent aux zones de travail, de formation professionnelle, d'enseignement et d'activités socio-culturelles encadrées après inscription et selon les horaires fixés dans leur emploi du temps.

Elles accèdent sur demande aux douches et aux postes téléphoniques situés sur la coursive de la détention.

Elles accèdent à la cour de promenade sans inscription préalable et a ont librement accès aux postes téléphoniques qui s'y trouvent placés, pendant les horaires d'ouverture de ces équipements.

Leurs déplacements sont accompagnés par le personnel pénitentiaire.

Chaque personne détenue prend ses repas seule en cellule.

Art. R. 213-15 Des aménagements, qui tiennent compte de la personnalité, de la santé et de la dangerosité des personnes détenues, peuvent être apportés aux dispositions de l'article R. 213-14 pour accompagner par une plus grande autonomie les efforts de celles-ci en matière de réinsertion sociale. Ils concernent notamment :

1° Les horaires de l'ouverture des portes des cellules pendant une partie de la journée ;

2° La circulation des personnes à l'intérieur de leur unité d'hébergement pendant les horaires d'ouverture des portes de cellule ;

3° L'accompagnement des mouvements en dehors de l'unité d'hébergement ;

4° L'accès aux postes téléphoniques situés sur la coursive pendant les horaires d'ouverture des portes de cellule ;

5° L'accès aux douches durant les horaires d'ouverture des portes de cellule ;

6° L'accès aux salles d'activités non encadrées situées au sein de son unité d'hébergement ;

7° La prise de repas en commun.

Lors de chaque mouvement, chaque personne détenue doit pouvoir justifier de son identité et du motif de son déplacement.

SOUS-§ 4 *Dispositions applicables aux structures d'accompagnement vers la sortie*

Art. R. 213-16 Chaque personne détenue circule de façon autonome au sein d'une structure d'accompagnement vers la sortie pendant les horaires d'ouverture des portes de cellule.

Elle prend ses repas soit en cellule, soit en commun.

Les horaires d'accès à la structure sont aménagés pour prendre en compte la diversité des situations pénales des personnes qui y sont détenues.

Les règles relatives à l'organisation de la détention et au régime de détention sont adaptées en fonction de la personnalité, de l'état de santé et de l'adhésion de la personne détenue au programme de prise en charge prévu à l'article D. 112-21.

COMMENTAIRE

L'administration pénitentiaire, dans la mise en œuvre du plan justice de 2018, procède à une refonte de son système, orientée vers la réinsertion des personnes détenues qui remplissent un certain nombre de conditions. Ainsi, les structures d'accompagnement vers la sortie (SAS) remplacent les centres pour peines aménagées et les quartiers pour peines aménagées (Décr. n° 2022-339 du 10 mars 2022 modifiant le code de procédure pénale et portant création des structures d'accompagnement vers la sortie, *JO 11 mars*).

Les SAS sont des quartiers rattachés à un centre pénitentiaire qui accueillent des personnes détenues condamnées dont le reliquat de peine est inférieur ou égal à deux ans (art. D. 120-20) et qui sont soumises à la réglementation générale des établissements pour peine (art. R. 112-15 et R. 112-16). Le chef d'établissement rédige un règlement intérieur spécifique à ce quartier de détention. ❑

SOUS-SECTION 2 **Isolement**

Art. R. 213-17 Les personnes prévenues peuvent être placées à l'isolement par l'autorité administrative ou par l'autorité judiciaire dans les conditions prévues par les dispositions des articles R. 57-5-1 à R. 57-5-8 du code de procédure pénale. Elles sont soumises au régime de détention prévu par les articles R. 213-18, R. 213-19 et R. 213-20.

Les personnes condamnées peuvent être placées à l'isolement par l'autorité administrative.

Compétence du pouvoir réglementaire. La mesure administrative de mise à l'isolement relève de l'organisation et du régime intérieur des établissements pénitentiaires. Ainsi, le Premier ministre tient des dispositions de l'art. 728 C. pr. pén. compétence pour arrêter les dispositions contestées relatives à la mesure administrative de mise à l'isolement. • CE, sect., 31 oct. 2008, n° 293785 B : *RFDA 2009. 73, concl. Guyomar ; AJDA 2008. 2389, note Geffray et Liéber ; AJ pénal 2008. 500, obs. Péchillon ; D. 2009. 134, note Herzog-Evans ; ibid. 1918, obs. Gouttenoire.* ♦ Le pouvoir réglementaire est également compétent pour organiser une mesure d'isolement, y compris dans le cas où celle-ci procède des ordres donnés par l'autorité judiciaire en vertu de l'art. 715 C. pr. pén. • Même arrêt. ♦ En revanche, il ne peut lui-même en prévoir l'application tant que le législateur n'est pas intervenu préalablement pour organiser, dans son champ de compétence relatif à la procédure pénale, une voie de recours effectif, conformément aux stipulations de l'art. 13 Conv. EDH. • Même arrêt. ♦ Il ne peut davantage prévoir de dispositions relatives à la prescription de la mesure d'isolement ordonnée par le magistrat saisi du dossier de l'information dès lors que ces règles qui concernent la procédure pénale empiètent sur le domaine réservé à la loi par l'art. 34 Const. • Même arrêt.

§ 1 Régime de la détention à l'isolement

V. Circ. de la DAP du 14 avr. 2011 relative au placement à l'isolement des personnes détenues, NOR : JUSK1140023C, BOMJ n° 2011-04 du 29 avr. 2011, ss. art. L. 213-9.

V. CGLPL, Rapp. de la deuxième visite du centre pénitentiaire des Baumettes à Marseille (Bouches-du-Rhône), 13 mars 2020.

V. CGLPL, Avis du 25 janv. 2016 relatif à la situation des femmes privées de liberté, JO 18 févr.

Art. R. 213-18 La mise à l'isolement d'une personne détenue, par mesure de protection ou de sécurité, qu'elle soit prise d'office ou sur demande de la personne détenue, ne constitue pas une mesure disciplinaire.

La personne détenue placée à l'isolement est seule en cellule.

Elle conserve ses droits à l'information, aux visites, à la correspondance écrite et téléphonique, à l'exercice du culte et à l'utilisation de son compte nominatif.

Elle ne peut participer aux promenades et activités collectives auxquelles peuvent prétendre les personnes détenues soumises au régime de détention ordinaire, sauf autorisation, pour une activité spécifique, donnée par le chef de l'établissement pénitentiaire.

Toutefois, le chef de l'établissement pénitentiaire organise, dans toute la mesure du possible et en fonction de la personnalité de la personne détenue, des activités communes aux personnes détenues placées à l'isolement.

La personne détenue placée à l'isolement bénéficie d'au moins une heure quotidienne de promenade à l'air libre.

Nature juridique des mesures administratives de mise à l'isolement. V. notes ss. art. L. 213-8.

Art. R. 213-19 La liste des personnes détenues placées à l'isolement est communiquée quotidiennement à l'équipe de l'unité sanitaire de l'établissement.

Le médecin examine sur place chaque personne détenue au moins deux fois par semaine et aussi souvent qu'il l'estime nécessaire.

Ce médecin, chaque fois qu'il l'estime utile au regard de l'état de santé de la personne détenue, émet un avis sur l'opportunité de mettre fin à l'isolement et le transmet au chef de l'établissement pénitentiaire.

V. Recomm. Rec(2006)2-rev du Comité des ministres aux États membres sur les Règles pénitentiaires européennes (RPE), adoptée le 11 janv. 2006 et révisée le 1er juill. 2020, nos 43.2 et 43.3 (App., v° Conditions de détention).

1. Contrôle médical. V. notes ss. L. 213-8.

2. Portée de l'avis médical. Alors même qu'il a décidé de maintenir l'intéressé à l'isolement en dépit d'un avis médical l'alertant sur l'incompatibilité de son état psychique avec une telle situation, le directeur du centre pénitentiaire a pris la pleine mesure de la situation individuelle de l'intéressé et des garanties spécifiques que son état appelle. Le détenu a bénéficié du suivi médical prévu à l'art. R. 57-7-63 C. pr. pén. [C. pénit., art.

R. 213-19] et a fait l'objet d'une surveillance renforcée. Si aucun avis médical infirmant expressément celui précédemment formulé ne figure au dossier, il n'est pas contesté qu'aucune des consultations médicales effectuées depuis cette date n'a donné suite à un nouveau signalement ou à une recommandation qu'il soit mis fin à l'isolement du requérant. Dans ces conditions, et alors même que le comportement du requérant n'est pas stabilisé et continue d'appeler une surveillance médicale renforcée de nature, le cas échéant, à alerter, en temps utile, le chef d'établissement sur la nécessité de mettre un terme à l'isolement litigieux, l'exécution de la décision contestée, qui devrait prendre fin dès l'intervention du transfert de l'intéressé vers un autre établissement qu'a sollicité le directeur du centre pénitentiaire, ne caractérise pas une atteinte grave et manifestement illégale aux libertés fondamentales. • CE, ord., 10 avr. 2013, n° 367343.

3. Refus des visites médicales. L'intéressé, qui a fait l'objet de vingt-sept visites pendant la période d'isolement, soit plus de deux fois par semaine, a systématiquement refusé la visite du médecin. Alors qu'il n'allègue aucun trouble de santé, il n'est pas fondé à soutenir que la décision portant prolongation d'isolement aurait été prise en méconnaissance des garanties prévues à l'art. R. 57-7-63 C. pr. pén. • CAA Nancy, 6 oct. 2016, n° 15NC02267.

Art. R. 213-20 Les cellules du quartier d'isolement ont un ameublement identique à celui des cellules de détention ordinaire.

Les personnes détenues accèdent aux installations sportives et aux cours de promenade propres au quartier d'isolement.

Les personnes détenues ne participent pas aux offices célébrés en détention, sauf autorisation individuelle accordée par le chef de l'établissement pénitentiaire. En accord avec les représentants des différents cultes, des offices particuliers peuvent être mis en place.

Les dispositions du règlement intérieur, défini aux articles L. 112-4 et R. 112-22, relatives à l'isolement, sont affichées dans le quartier d'isolement. Chaque personne détenue placée au quartier d'isolement en reçoit une copie.

§ 2 Procédure de placement à l'isolement sur décision de l'administration

Art. R. 213-21 Lorsqu'une décision d'isolement d'office initiale ou de prolongation est envisagée, la personne détenue est informée, par écrit, des motifs invoqués par l'administration, du déroulement de la procédure et du délai dont elle dispose pour préparer ses observations. Le délai dont elle dispose ne peut être inférieur à trois heures à partir du moment où elle est mise en mesure de consulter les éléments de la procédure, en présence de son avocat, si elle en fait la demande. Le chef de l'établissement pénitentiaire peut décider de ne pas communiquer à la personne détenue, ni à son avocat, les informations ou documents en sa possession qui contiennent des éléments pouvant porter atteinte à la sécurité des personnes ou de l'établissements.

Si la personne détenue ne comprend pas la langue française, les informations sont présentées par l'intermédiaire d'un interprète désigné par le chef de l'établissement. Il en est de même de ses observations, si elle n'est pas en mesure de s'exprimer en langue française.

Les observations de la personne détenue et, le cas échéant, celles de son avocat sont jointes au dossier de la procédure. Si la personne détenue présente des observations orales, elles font l'objet d'un compte rendu écrit signé par elle.

Le chef de l'établissement, après avoir recueilli préalablement à sa proposition de prolongation l'avis écrit du médecin intervenant à l'établissement, transmet le dossier de la procédure accompagné de ses observations au directeur interrégional des services pénitentiaires lorsque la décision relève de la compétence de celui-ci ou du garde des sceaux, ministre de la justice.

La décision est motivée. Elle est notifiée sans délai à la personne détenue par le chef de l'établissement.

V. CGLPL, Avis du 11 févr. 2022 relatif à l'interprétariat et à la compréhension des personnes privées de liberté, NOR : CPLX2213093V, JO 3 mai.

1. Procédure d'adoption des décisions. V. notes ss. art. L. 213-8.

2. Représentation. V. art. R. 313-1 s.

3. Délai de préparation du débat contradictoire. Contrairement à ce qu'affirme le requérant, ces dispositions n'instaurent pas un délai de trois jours entre la transmission de la procédure et le débat contradictoire, l'intéressé ne pouvant utilement se prévaloir de la méconnaissance de la Circ. du 14 avr. 2011 relative au placement à l'isolement des personnes détenues qui ne contient aucune mesure impérative mais se borne à adresser des recommandations aux services. • CAA Lyon, 9 mai 2019, n° 17LY01840.

4. Urgence. Il résulte des dispositions de l'art. 726 C. pr. pén. [C. pénit., art. L. 321-1] que le législateur a entendu déterminer l'ensemble des règles de procédure administrative et contentieuse auxquelles sont soumises les décisions par lesquelles le chef d'un établissement pénitentiaire place en cellule disciplinaire, à titre préventif, les détenus qui sont suspectés d'avoir commis une faute du premier ou du deuxième degré, et exclure, compte tenu de l'urgence dans laquelle doivent intervenir de telles décisions, l'organisation d'une procédure contradictoire préalablement à leur édiction. Dès lors, l'art. 24 de la L. du 12 avr. 2000, qui fixe les règles générales de procédure applicables aux décisions devant être motivées en vertu de la L. du 11 juill. 1979, ne saurait être utilement invoqué à l'encontre d'une décision de placement en cellule disciplinaire à titre préventif. • CAA Paris, 15 mars 2018, n° 16PA03365. ♦ V. égal. • CAA Nancy, 13 févr. 2014, n° 13NC01293 (urgence à isoler un détenu ayant agressé l'un de ses codétenus à l'arme blanche). ♦ En tout état de cause, le détenu visé par une telle mesure peut faire valoir ses observations devant le juge administratif des référés. • CAA Paris, 15 mars 2018, n° 16PA03365.

5. Absence de l'avocat. La circonstance que l'avocat dont l'intéressé a obtenu l'assistance ne soit pas présent lors de son audition, dès lors que cette absence n'est pas imputable à l'administration, ne peut avoir pour conséquence de rendre la procédure irrégulière au regard des dispositions de la L. du 12 avr. 2000. • CAA Lyon, 21 juin 2018, n° 16LY00438. ♦ L'absence de l'avocate de l'intéressé lors du débat contradictoire n'étant pas imputable à l'administration pénitentiaire et alors que le détenu et son avocate ont été informés de la possibilité de consulter le dossier, c'est à tort que le tribunal administratif a estimé que la décision de prolongation de la mise à l'isolement a été adoptée à l'issue d'une procédure irrégulière. • CAA Nantes, 21 janv. 2022, n° 21NT01291. ♦ Aucune disposition législative ou réglementaire, ni même aucune disposition de la Circ. sans valeur réglementaire du 14 avr. 2011 n'oblige l'administration, au cas où l'avocat du détenu, dûment prévenu, se déclare empêché, de « contacter un avocat de permanence ». • CAA Paris, 14 déc. 2017, n° 16PA03823.

6. Absence de l'interprète. Si le requérant soutient que la décision prolongeant son placement à l'isolement est irrégulière au motif qu'il n'aurait pas été assisté d'un interprète, il ressort toutefois des pièces du dossier, notamment des différents rapports d'incidents établis en janv. 2014, que l'intéressé, de nationalité brésilienne, était incarcéré sur le territoire français depuis 2003 et maîtrisait suffisamment la langue française pour comprendre la procédure dont il faisait l'objet, les faits qui l'ont motivée et présenter utilement ses observations. Quoique l'expert psychiatre fasse état d'une difficulté à s'exprimer en français, il ressort de son rapport déposé le 10 août 2012 que l'expertise a pu être réalisée dans cette langue sans l'intervention d'un interprète ; au surplus, il ressort des pièces du dossier qu'un interprète en langue brésilienne a été requis le 13 juin 2014. • CAA Lyon, 21 juin 2018, n° 16LY00438.

7. Caractère obligatoire de l'avis médical. En méconnaissance des dispositions du C. pr. pén., qui prescrivent le recueil de l'avis écrit du médecin intervenant dans l'établissement préalablement à toute proposition de renouvellement de la mesure au-delà de six mois, le ministre de la Justice n'établit pas avoir recueilli l'avis d'un médecin intervenant dans l'établissement préalablement à l'adoption des décisions contestées. Il s'ensuit que ces décisions sont entachées d'illégalité. • CAA Douai, 22 déc. 2020, n° 19DA00878.

8. Communication de l'avis médical. Aucun texte ne prescrit à peine d'irrégularité de la procédure la communication à la personne détenue de l'avis écrit du médecin intervenant au sein de cet établissement préalablement à la proposition de prolongation de l'isolement. • CAA Bordeaux, 9 juin 2022, n° 20BX01968. ♦ Aucune disposition législative ou réglementaire n'impose à l'administration pénitentiaire de communiquer l'avis médical à la personne détenue ni davantage à son conseil. • TA Limoges, 4 mai 2023, n° 2000618.

Art. R. 213-22 En cas d'urgence, le chef de l'établissement pénitentiaire peut décider le placement provisoire à l'isolement d'une personne détenue, si la mesure est l'unique moyen de préserver la sécurité des personnes ou de l'établissement. Le placement provisoire à l'isolement ne peut excéder cinq jours.

A l'issue d'un délai de cinq jours, si aucune décision de placement à l'isolement prise dans les conditions prévues par le présent code n'est intervenue, il est mis fin à l'isolement.

La durée du placement provisoire à l'isolement s'impute sur la durée totale de l'isolement.

Procédure d'adoption des décisions. V. art. L. 213-8.

Art. R. 213-23 Le chef de l'établissement pénitentiaire décide de la mise à l'isolement pour une durée maximale de trois mois. Il peut renouveler la mesure une fois pour la même durée.

Il rend compte sans délai de sa décision au directeur interrégional des services pénitentiaires.

1. Mention de la durée d'exécution. Aucune disposition législative ou réglementaire, ni aucun principe général du droit n'impose au chef d'établissement qui décide de placer, en vue de maintenir l'ordre public carcéral, ou de prévenir toute atteinte à celui-ci, une personne détenue à l'isolement, de préciser la durée exacte de la mesure, laquelle ne peut en tout état de cause, hors prolongation décidée dans les formes légales et réglementaires, excéder une durée de trois mois. • CAA Versailles, 9 févr. 2021, n° 19VE01049. ♦ Au demeurant, il peut être mis fin à la mesure soit d'office par l'autorité qui a pris la décision, soit à la demande de la personne détenue, et il appartient au chef d'établissement de moduler la mesure, qui constitue une mesure de police, et non une sanction disciplinaire, en fonction des impératifs du retour à l'ordre public ou de la prévention du renouvellement des risques de troubles, lesquels impératifs ne sont pas nécessairement déterminables dès l'intervention de la mesure de placement à l'isolement, et sont susceptibles d'évoluer en cours d'exécution de la mesure. C'est donc à tort que le TA a annulé la décision au motif qu'elle ne prévoyait pas sa durée d'exécution. • Même arrêt.

2. Obligations procédurales particulières. C'est uniquement dans l'hypothèse où le directeur interrégional des services pénitentiaires décide de prolonger le placement à l'isolement d'un détenu, à l'issue d'un délai de six mois d'isolement décidé par le chef d'établissement, qu'il doit recueillir préalablement l'avis du médecin intervenant dans l'établissement pénitentiaire. En l'espèce, la décision litigieuse constitue un premier renouvellement de placement à l'isolement prise par le chef d'établissement et non par le directeur interrégional des services pénitentiaires. Dans ces conditions, l'intéressé n'est pas fondé à soutenir que la décision litigieuse serait entachée d'un vice de procédure en l'absence d'avis préalable du médecin de l'établissement. • CAA Nantes, 21 janv. 2022, n° 21NT01291. ♦ De même, ce n'est que lorsque le ministre de la Justice souhaite prolonger l'isolement d'un détenu au-delà d'un délai d'un an que le directeur interrégional des services pénitentiaires, saisi par le chef d'établissement, doit rédiger un rapport motivé à l'attention du ministre. • Même arrêt.

Art. R. 213-24 Au terme d'une durée de six mois, le directeur interrégional des services pénitentiaires peut prolonger l'isolement pour une durée maximale de trois mois.

La décision est prise sur rapport motivé du chef de l'établissement pénitentiaire.

Cette décision peut être renouvelée une fois pour la même durée.

Art. R. 213-25 Lorsqu'une personne détenue est à l'isolement depuis un an à compter de la décision initiale, le garde des sceaux, ministre de la justice, peut prolonger l'isolement pour une durée maximale de trois mois renouvelable.

La décision est prise sur rapport motivé du directeur interrégional des services pénitentiaires saisi par le chef de l'établissement pénitentiaire selon les modalités prévues par les dispositions de l'article R. 213-21.

L'isolement ne peut être prolongé au-delà de deux ans sauf, à titre exceptionnel, si le placement à l'isolement constitue l'unique moyen d'assurer la sécurité des personnes ou de l'établissement.

Dans ce cas, la décision de prolongation doit être spécialement motivée.

Art. R. 213-26 Lorsque la personne détenue faisant l'objet d'une mesure d'isolement d'office est transférée, le placement à l'isolement est maintenu provisoirement à son arrivée dans le nouvel établissement.

A l'issue d'un délai de quinze jours, si aucune décision d'isolement n'a été prise, il est mis fin à l'isolement.

Si la période restant à courir est inférieure à quinze jours, la mesure d'isolement prend fin à la date prévue dans la décision initiale ou de prolongation.

Motifs justifiant la prolongation après transfert. Le directeur de la maison d'arrêt d'Épinal et la directrice interrégionale des services pénitentiaires n'ont pas commis d'erreur de fait ni d'erreur manifeste d'appréciation en estimant que le maintien de l'intéressé à l'isolement se justifiait pour préserver l'ordre de la maison d'arrêt et la sécurité de ses personnels compte tenu, d'une part, des raisons ayant motivé son transfert et, d'autre part, de son comportement depuis son arrivée dans la maison d'arrêt consistant à faire œuvre de prosélytisme religieux, à critiquer systématiquement l'institution et à inciter les autres détenus isolés à contester le règlement du quartier d'isolement. • CAA Nancy, 17 mai 2018, n° 17NC00820.

§ 3 Procédure de placement à l'isolement sur demande de la personne détenue

Art. R. 213-27 La personne détenue qui demande son placement à l'isolement ou la prolongation de son isolement adresse au chef de l'établissement pénitentiaire une demande écrite et motivée. Si la personne détenue est dans l'impossibilité de présenter une requête écrite, sa demande fait l'objet d'un compte rendu écrit signé de la personne intéressée.

Le chef de l'établissement, après avoir recueilli préalablement l'avis écrit du médecin intervenant à l'établissement, transmet la demande de la personne détenue accompagnée de ses observations au directeur interrégional des services pénitentiaires lorsque la décision relève de la compétence de celui-ci ou du garde des sceaux, ministre de la justice.

Le chef de l'établissement peut décider d'un placement à l'isolement pour une durée maximale de trois mois. Il peut renouveler la mesure une fois pour la même durée.

Au terme d'une durée de six mois, le directeur interrégional des services pénitentiaires peut prolonger l'isolement pour une durée maximale de trois mois. La décision est prise sur rapport motivé du chef de l'établissement. Cette décision peut être renouvelée une fois pour la même durée.

Lorsqu'une personne détenue est placée à l'isolement depuis un an à compter de la décision initiale, le garde des sceaux, ministre de la justice peut prolonger l'isolement pour une durée maximale de trois mois renouvelable. La décision est prise sur rapport motivé du directeur interrégional des services pénitentiaires saisi par le chef de l'établissement selon les modalités du présent article. L'isolement ne peut être prolongé au-delà de deux ans sauf, à titre exceptionnel, si le placement à l'isolement constitue l'unique moyen d'assurer la sécurité de la personne détenue.

Art. R. 213-28 Lorsque la personne détenue est transférée, si elle renouvelle sa demande de placement à l'isolement à son arrivée dans le nouvel établissement, la mesure est maintenue provisoirement.

L'autorité compétente dispose d'un délai de quinze jours pour statuer sur la demande.

A l'issue de ce délai, si aucune décision d'isolement n'a été prise, il est mis fin à l'isolement.

Art. R. 213-29 L'isolement est levé par le chef de l'établissement pénitentiaire dès que la personne détenue en fait la demande.

Lorsque l'autorité qui a pris la décision envisage de lever l'isolement sans l'accord de la personne détenue, la décision est prise selon les modalités mentionnées par les dispositions de l'article R. 213-21.

§ 4 Dispositions communes

Art. R. 213-30 Tant pour la décision initiale que pour les décisions ultérieures de prolongation, il est tenu compte de la personnalité de la personne détenue, de sa dangerosité ou de sa vulnérabilité particulière, et de son état de santé.

L'avis écrit du médecin intervenant dans l'établissement pénitentiaire est recueilli préalablement à toute proposition de renouvellement de la mesure au-delà de six mois et versé au dossier de la procédure.

1. Procédure d'adoption de la décision. V. art. L. 213-8.

2. Avis préalable du médecin. C'est uniquement dans l'hypothèse où le directeur interrégional des services pénitentiaires décide de prolonger le placement à l'isolement d'un détenu, à l'issue d'un délai de six mois d'isolement décidé par le chef d'établissement, qu'il doit recueillir préalablement l'avis du médecin intervenant dans l'établissement pénitentiaire. En l'espèce, la décision litigieuse constitue un premier renouvellement de placement à l'isolement prise par le chef d'établissement et non par le directeur interrégional des services pénitentiaires. Dans ces conditions, l'intéressé n'est pas fondé à soutenir que la décision litigieuse serait entachée d'un vice de procédure en l'absence d'avis préalable du médecin de l'établissement. • CAA Nantes, 21 janv. 2022, n° 21NT01291.

3. Nature de l'avis médical. L'avis écrit du médecin s'inscrit dans le cadre des dispositions prévues par l'art. R. 4127-76 CSP. Il n'a pas le caractère d'une expertise. • CE, sect., 31 oct. 2008, n° 293785 B : *RFDA 2009. 73, concl. Guyomar ; AJDA 2008. 2389, note Geffray et Liéber ; AJ pénal 2008. 500, obs. Péchillon ; D. 2009. 134, note Herzog-Evans ; ibid. 1918, obs. Gouttenoire.*

Art. R. 213-31 Lorsqu'une personne détenue a déjà été placée à l'isolement et si cette mesure a fait l'objet d'une interruption inférieure à un an, la durée de l'isolement antérieur s'impute sur la durée de la nouvelle mesure.

Si l'interruption est supérieure à un an, la nouvelle mesure constitue une décision initiale de placement à l'isolement qui relève de la compétence du chef de l'établissement pénitentiaire.

Interruption de plus d'un an. Il ressort des pièces du dossier qu'il s'est écoulé plus d'un an entre la décision de placement à l'isolement litigieuse et celle qui l'a précédée et a été levée. Ainsi, compte tenu de la durée d'interruption de ce régime de détention, la décision doit être regardée, non comme une décision de prolongation au-delà d'un an de la mise à l'isolement mais comme une décision de placement à l'isolement initial qui pouvait être prise par le chef d'établissement. • CAA Bordeaux, 22 mars 2011, n° 10BX01761 : *AJ pénal 2011. 474, obs. Herzog-Evans*.

Art. R. 213-32 L'hospitalisation de la personne détenue ou son placement en cellule disciplinaire sont sans effet sur le terme de l'isolement antérieurement décidé.

Violence auto- et hétéroagressive. Une décision prolongeant un placement à l'isolement peut être fondée sur les nombreux incidents provoqués par le détenu, dont l'amplification violente auto- et hétéroagressive a justifié l'hospitalisation sans consentement puis, après la levée de cette mesure, son placement à l'isolement provisoire. • CAA Lyon, 21 juin 2018, n° 16LY00438.

Art. R. 213-33 Il peut être mis fin à la mesure d'isolement à tout moment par l'autorité qui a pris la mesure ou qui l'a prolongée, d'office ou à la demande de la personne détenue.

Principe d'adaptation. Il appartient ainsi à l'administration de moduler la mesure, qui constitue une mesure de police, et non une sanction disciplinaire, en fonction des impératifs du retour à l'ordre public ou de la prévention du renouvellement des risques de troubles, lesquels impératifs ne sont pas nécessairement déterminables dès l'intervention de la mesure de placement à l'isolement et sont susceptibles d'évoluer en cours d'exécution de la mesure. • CAA Douai, 26 juill. 2022, n° 21DA01037.

Art. R. 213-34 Toute décision de placement, prolongation ou levée de l'isolement est consignée dans une fiche versée au dossier individuel de la personne détenue.

Il est tenu un registre des mesures d'isolement sous la responsabilité du chef de l'établissement pénitentiaire. Ce registre est visé par les autorités administratives et judiciaires lors de leurs visites de contrôle et d'inspection.

Art. R. 213-35 Toute décision de placement ou de prolongation d isolement est communiquée sans délai par le chef de l'établissement pénitentiaire au juge de l'application des peines s'il s'agit d'une personne condamnée ou au magistrat chargé du dossier de la procédure s'il s'agit d'une personne prévenue.

Lorsque l'isolement est prolongé au-delà d'un an, le chef de l'établissement, préalablement à la décision, sollicite l'avis du juge de l'application des peines s'il s'agit d'une personne condamnée ou du magistrat chargé du dossier de la procédure s'il s'agit d'une personne prévenue.

La personne détenue peut faire parvenir au juge de l'application des peines ou au magistrat chargé du dossier de la procédure toutes observations concernant la décision prise à son égard.

Au moins une fois par trimestre, le chef de l'établissement rend compte à la commission d'application des peines du nombre et de l'identité des personnes détenues placées à l'isolement et de la durée de celui-ci pour chacune d'elles.

CHAPITRE IV SUIVI DE LA SITUATION PÉNALE ET ADMINISTRATIVE

SECTION 1 Registres et écritures

Art. R. 214-1 Les actes réalisés par les agents de l'administration pénitentiaire sont enregistrés dans le dossier pénal numérique prévu par les dispositions des articles R. 249-9 et suivants du code de procédure pénale.

Art. D. 214-2 Outre les écritures exigées pour l'entrée en détention ou la libération et la mention des ordonnances prévues par les dispositions des articles 133, 145, 148 et 179 du code de procédure pénale, ainsi que des jugements ou arrêts prévus par les dispositions des articles 213, 464-1 et 569 du code de procédure pénale, des indications doivent être portées pour prévenir les fraudes, fixer l'identité des personnes détenues et faire connaître les modifications subies par la situation pénale ou administrative de celles-ci pendant leur détention ou au moment de leur mise en liberté.

Art. D. 214-3 Indépendamment du registre d'écrou prévu par les dispositions de l'article D. 212-6, des registres ou livres prévus par la réglementation comptable, le chef de l'établissement pénitentiaire, ou, sous son autorité, le fonctionnaire chargé du greffe, tient dans chaque établissement les registres et les fichiers suivants :

1° Répertoire alphabétique des personnes détenues écrouées ;

2° Registre des demandes de mise en liberté, de saisine de la chambre d'instruction, de demandes d'actes ou de mesures utiles à l'instruction, de requêtes en annulation et de requêtes portant sur les conditions de détention ;

3° Registre des déclarations d'opposition ;

4° Registre des déclarations d'appel et de pourvoi ;

5° Registre des libérations par mois ;

6° Fichier des libérations conditionnelles ;

7° Fichier des interdits de séjour ;

8° Registre du contrôle numérique ;

9° Registre des mesures d'individualisation de la peine ;

10° Registre des inspections et carnet d'ordres de service ;

11° Registre des entrées et sorties ;

12° Registre des mesures mentionnées par les dispositions de l'article 723 du code de procédure pénale ;

13° Fichier des réductions de peine.

Les registres mentionnés ci-dessus sont composés des copies des exemplaires numérotés des déclarations, demandes et requêtes que le chef d'établissement est appelé à recevoir et à transmettre.

SECTION 2 Levées et formalités d'écrou

Art. D. 214-4 En cas de sortie consécutive à une décision de suspension ou de fractionnement de peine, si la réintégration de la personne condamnée doit avoir lieu dans l'établissement d'origine, il est procédé à une levée d'écrou sous forme simplifiée.

De même, lors de son retour, un acte d'écrou est dressé sous forme simplifiée et la personne intéressée reprend le numéro d'écrou qui lui était attribué avant sa sortie.

Ces formalités d'écrou sous forme simplifiée sont également applicables aux personnes détenues qui font l'objet d'un transfèrement dans les conditions prévues par les dispositions de l'article D. 215-21.

Art. D. 214-5 Dans les cas d'application de la procédure d'écrou simplifié, le chef de l'établissement pénitentiaire est dispensé de l'envoi des avis prévus par les dispositions des articles D. 212-8, D. 212-10, D. 215-19 et D. 216-16.

SECTION 3 Dossiers individuels

V. art. L. 214-1 s.

Art. D. 214-6 Pour toute personne détenue, il est constitué au greffe de l'établissement pénitentiaire un dossier individuel qui suit la personne intéressée dans les différents établissements où elle est éventuellement transférée.

Ce dossier contient, dans une cote spéciale, tous les renseignements tenus à jour, utiles à déterminer l'existence d'un éventuel risque suicidaire.

Indépendamment de ce dossier, des dossiers particuliers doivent être établis en outre à l'égard de certaines personnes détenues, notamment pour les personnes condamnées proposables à la libération conditionnelle, pour les personnes interdites de séjour, pour les personnes de nationalité étrangère passibles d'une mesure d'éloignement du territoire français et pour les personnes libérables qui ont à satisfaire à des obligations militaires.

Art. D. 214-7 Le dossier individuel contient un exemplaire des documents relatifs aux relevés signalétiques et aux prélèvements dont a fait l'objet la personne détenue par les services de la police nationale et les unités de la gendarmerie nationale, dans le cadre de la mise en œuvre des fichiers d'identification institués par un texte législatif ou réglementaire.

Art. D. 214-8 A la libération ou au décès d'une personne condamnée, ou après son évasion, les différentes parties de son dossier sont conservées au greffe de l'établissement pénitentiaire pendant la durée nécessaire à leur utilisation courante.

Passé ce délai, il appartient à l'administration pénitentiaire de procéder au versement de ces documents aux services des archives départementales.

Les modalités de consultation des archives sont fixées par les dispositions des articles L. 213-1 et suivants du code du patrimoine.

V. Note du 4 févr. 2014 relative aux règles d'archivage et de conservation des informations relatives aux personnes prévenues (NOR : JUSK1814415N, BOMJ 31 mai 2018).

Art. D. 214-9 Le service pénitentiaire d'insertion et de probation est systématiquement avisé de l'identité et de la situation pénale de toute personne détenue venant d'être écrouée. Il a accès au dossier individuel de toute personne détenue.

SOUS-SECTION 1 DOSSIER DES PERSONNES CONDAMNÉES AYANT FAIT L'OBJET D'UNE PROCÉDURE D'ORIENTATION

BIBL. ▶ **Rapport :** CGLPL, Rapport d'activités 2013, *Dalloz, p. 142.*

Art. D. 214-10 Un dossier spécial est ouvert pour toute personne condamnée ayant fait l'objet d'une procédure d'orientation suivant les prescriptions des dispositions des articles D. 211-10 à D. 211-14.

Ce dossier comprend les quatre parties définies par les dispositions des articles D. 214-11, D. 214-12, D. 214-13 et D. 214-14.

Art. D. 214-11 La partie judiciaire du dossier prévu par les dispositions de l'article D. 214-10 contient l'extrait ou les extraits de jugement ou d'arrêt de condamnation, la notice individuelle mentionnée par les dispositions de l'article D. 158 du code de procédure pénale et toutes autres pièces ou documents relatifs à l'exécution des peines, notamment ceux qui concernent les victimes.

Art. D. 214-12 La partie pénitentiaire du dossier prévu par les dispositions de l'article D. 214-10 est constituée par le chef de l'établissement pénitentiaire dans lequel chaque personne condamnée accomplit sa peine.

Elle contient tous les renseignements tenus à jour sur son comportement en détention, au travail et pendant les activités, et sur les décisions administratives prises à son égard, outre la cote spéciale mentionnée par le premier alinéa de l'article D. 214-6.

Dans la même partie pénitentiaire du dossier prévu par les dispositions de l'article D. 214-10, sont consignées les sanctions disciplinaires prononcées ainsi que toutes les mesures visant à encourager les efforts des personnes détenues en vue de leur réinsertion sociale.

Art. D. 214-13 La troisième partie du dossier prévue par les dispositions de l'article D. 214-10 correspond au dossier destiné aux membres du service pénitentiaire d'insertion et de probation compétent auprès de l'établissement pénitentiaire.

Contenant des éléments ou documents recueillis par les personnels d'insertion et de probation ou qui leur ont été fournis, ce dossier leur permet de suivre l'évolution de chaque personne détenue et, ainsi, de mieux individualiser sa situation pénale et la préparation de sa libération. Il a aussi pour objet de leur permettre de renseigner l'autorité judiciaire qui en fait la demande, en application de l'article D. 113-40.

Les documents couverts par le secret professionnel ne peuvent être consultés que par un membre d'un service pénitentiaire d'insertion et de probation. En cas de transfèrement, le service pénitentiaire d'insertion et de probation transmet ces documents sous pli fermé au service compétent auprès de l'établissement de destination ou, en cas de libération et s'il y a lieu, au service pénitentiaire d'insertion et de probation du lieu de résidence de la personne intéressée.

Art. D. 214-14 Une partie du dossier individuel constitue une cote d'observation où sont assemblés les pièces et documents contenant le résultat des enquêtes, examens et expertises auxquels il a pu être procédé sur la personnalité, l'état médical, psychiatrique et psychologique, la situation matérielle, familiale ou sociale de la personne condamnée, soit au cours de l'information préalable, soit en vue de son orientation, soit ultérieurement pendant le cours de l'exécution de sa peine.

Ce dossier comprend, par conséquent, les pièces mentionnées par les dispositions des articles D. 211-13 et D. 211-14 et contient les différentes appréciations ou avis émis à l'égard de la personne condamnée intéressée, ainsi que les rapports de synthèse de l'observation.

SOUS-SECTION 2 **DOSSIER DES AUTRES PERSONNES DÉTENUES**

Art. D. 214-15 Pour les personnes condamnées n'ayant pas fait l'objet de la procédure d'orientation prévue par les dispositions de l'article D. 214-10, leur dossier est constitué au fur et à mesure de l'arrivée ou de la rédaction des pièces les concernant.

Toutes dispositions doivent être prises pour assurer la protection du secret de celles d'entre elles qui ont un caractère strictement médical ou social.

Art. D. 214-16 Le dossier mentionné par les dispositions de l'article D. 214-15 est conservé pendant la durée nécessaire à son utilisation courante au greffe de l'établissement pénitentiaire où la personne titulaire a été détenue en dernier lieu.

Passé ce délai, il appartient à l'administration pénitentiaire de procéder au versement de ces documents aux services d'archives départementales.

Les modalités de consultation des archives sont fixées par les dispositions des articles L. 213-1 et suivants du code du patrimoine.

V. Note du 4 févr. 2014 relative aux règles d'archivage et de conservation des informations relatives aux personnes prévenues (NOR : JUSK1814415N, BOMJ 31 mai 2018).

Art. D. 214-17 Pour les personnes détenues de nationalité étrangère faisant l'objet d'une mesure d'éloignement du territoire, est constituée en application de l'article D. 214-6, une cote particulière où sont assemblés tous les documents et pièces comprenant des éléments d'identification et de nationalité fournis par les autorités judiciaires ou recueillis au cours de la détention.

Cette cote contient également toutes les informations relatives à la situation pénale et administrative des personnes intéressées.

SECTION 4 **Formalités liées aux réductions de peine** *(Décr. nº 2022-1261 du 28 sept. 2022, art. 10, en vigueur le 1er janv. 2023).*

La section IV s'intitulait auparavant : « Formalités liées au crédit de réduction de peine ».

SOUS-SECTION 1 **Dispositions générales**

Art. D. 214-18 *(Abrogé par Décr. nº 2022-1261 du 28 sept. 2022, art. 10, à compter du 1er janv. 2023)* ***Dans les conditions prévues par les dispositions de l'article D. 115 du code de procédure pénale, la durée du crédit de réduction de peine est calculée, sous le contrôle du ministère public, par le greffe de l'établissement pénitentiaire.***

Art. D. 214-19 *(Abrogé par Décr. nº 2022-1261 du 28 sept. 2022, art. 10, à compter du 1er janv. 2023)* ***Dans les conditions prévues par les dispositions de l'article D. 115-2 du code de procédure pénale, le crédit de réduction de peine est imputé sur la condamnation sur laquelle il a été calculé.***

Art. D. 214-20 Lorsqu'une personne condamnée a fait l'objet d'une ou plusieurs *(Décr. nº 2022-1261 du 28 sept. 2022, art. 10, en vigueur le 1er janv. 2023)* « décisions de retrait d'une réduction de peine *[ancienne rédaction : décisions de retrait du bénéfice de son crédit de réduction de peine]* », le chef de l'établissement pénitentiaire communique l'avis de date d'expiration de la peine privative de liberté au casier judiciaire national automatisé, selon les modalités prévues par les dispositions de *(Décr. nº 2022-1261 du 28 sept. 2022, art. 10, en vigueur le 1er janv. 2023)* « l'article D. 116-8 du code de procédure pénale *[ancienne rédaction : l'article D. 115-14 du code de procédure pénale]* ».

Art. D. 214-21 Conformément aux dispositions de l'article D. 147-12 du code de procédure pénale, lorsque la personne condamnée a fait l'objet d'un placement en

détention provisoire, *(Abrogé par Décr. n° 2022-1261 du 28 sept. 2022, art. 10, à compter du 1er janv. 2023)* ***« le crédit de réduction de peine et »*** **les éventuelles réductions de peine** *(Abrogé par Décr. n° 2022-1261 du 28 sept. 2022, art. 10, à compter du 1er janv. 2023)* ***« supplémentaires »*** **susceptibles de lui être octroyées sur la partie de la condamnation exécutée en détention provisoire sont décidés par le juge de l'application des peines après avis, sauf urgence ou impossibilité, du chef de l'établissement pénitentiaire dans lequel elle était écrouée et au vu d'une synthèse socio-éducative établie par le service pénitentiaire d'insertion et de probation de cet établissement.**

SOUS-SECTION 2 **Retrait de réductions de peine** *(Décr. n° 2022-1261 du 28 sept. 2022, art. 10, en vigueur le 1er janv. 2023).*

La sous-section 2 s'intitulait auparavant : « Retrait du crédit de réduction de peine ».

Art. D. 214-22 *(Décr. n° 2022-1261 du 28 sept. 2022, art. 10, en vigueur le 1er janv. 2023)* **Dans les conditions prévues par les dispositions de l'article D. 116-6 du code de procédure pénale, la saisine du chef d'établissement aux fins de retrait de réduction des peines précise la mauvaise conduite reprochée à la personne condamnée ainsi que le quantum maximal de réductions de peines pouvant lui être retiré.**

Ancien art. D. 214-22 *Conformément aux dispositions de l'article D. 147-12 du code de procédure pénale, en cas de mauvaise conduite de la personne condamnée au cours de sa détention provisoire, le chef de l'établissement pénitentiaire peut saisir le juge de l'application des peines aux fins de retrait de tout ou partie du bénéfice du crédit de réduction de peine.*

Art. D. 214-23 *(Décr. n° 2022-1261 du 28 sept. 2022, art. 10, en vigueur le 1er janv. 2023)* **Dans les conditions prévues par les dispositions de l'article D. 116-6 du code de procédure pénale, le chef de l'établissement pénitentiaire remet ou adresse à la personne condamnée un avis l'informant du retrait envisagé de tout ou partie d'une réduction de peine précédemment accordée et de la possibilité de faire valoir ses observations, le cas échéant par l'intermédiaire de son avocat.**

Ancien art. D. 214-23 *Dans les conditions prévues par les dispositions de l'article D. 115-18 du code de procédure pénale, le greffe de l'établissement pénitentiaire procède à l'information des personnes condamnées bénéficiant d'une levée d'écrou sur les possibilités de retrait du crédit de réduction de peine.*

Art. D. 214-23-1 *(Décr. n° 2022-1261 du 28 sept. 2022, art. 10, en vigueur le 1er janv. 2023)* **Dans les conditions prévues par les dispositions de l'article D. 147-46 du code de procédure pénale, le chef d'établissement informe, au moment de sa libération, la personne condamnée soumise à certaines mesures de contrôle ou à certaines interdictions pendant une durée égale à tout ou partie des réductions de peine de la possibilité de retrait de réductions de peine prévue par le sixième alinéa du I et le troisième alinéa du II de l'article 721-2 du code de procédure pénale.**

SECTION 5 **Transmission de renseignements aux autorités administratives et judiciaires**

Art. R. 214-24 Dans les conditions prévues par les dispositions de l'article R. 69 du code de procédure pénale, l'avis destiné au service du casier judiciaire national automatisé s'agissant des dates de l'expiration des peines privatives de liberté et d'exécution des contraintes judiciaires est rédigé et adressé par les chefs des établissements pénitentiaires.

Art. D. 214-25 Il appartient aux chefs d'établissement pénitentiaire de délivrer aux autorités habilitées par la loi ou les règlements des extraits ou des copies certifiées conformes de toutes pièces qui se trouvent en leur possession.

Il leur appartient pareillement de délivrer des expéditions ou extraits des actes d'écrou.

Ils peuvent également légaliser toute signature apposée par les personnes détenues en leur présence pour la gestion de leurs affaires privées.

Art. D. 214-26 Tout incident grave touchant à l'ordre, à la discipline ou à la sécurité de l'établissement pénitentiaire doit être immédiatement porté par le chef de l'établissement pénitentiaire à la connaissance du préfet et du procureur de la République, en même temps qu'à celle du directeur interrégional des services pénitentiaires et du garde des sceaux, ministre de la justice.

Si l'incident concerne une personne prévenue, avis doit en être donné également au magistrat chargé du dossier de l'information et, si l'incident concerne une personne condamnée, au juge de l'application des peines.

Si la personne détenue intéressée appartient aux forces armées, l'autorité militaire doit en outre être avisée.

Art. D. 214-27 Conformément aux dispositions de l'article 40 du code de procédure pénale, le chef de l'établissement pénitentiaire dans lequel a été commis un crime ou un délit doit dresser rapport des faits et en aviser directement et sans délai le procureur de la République.

Art. D. 214-28 En cas de décès d'une personne détenue, le chef de l'établissement pénitentiaire donne les avis prévus par les dispositions de l'article D. 214-26.

Si la personne détenue s'est suicidée ou est décédée d'une mort violente, ou encore si la cause du décès est inconnue ou suspecte, les dispositions de l'article 74 du code de procédure pénale sont applicables.

En toute hypothèse, déclaration du décès est faite à l'officier de l'état civil, conformément aux dispositions de l'article 84 du code civil.

Le lieu du décès ne doit être indiqué dans l'acte de l'état civil que par la désignation de la rue et du numéro de l'immeuble.

Art. D. 214-29 Toute évasion doit être signalée sur-le-champ au chef de l'établissement pénitentiaire ou à son représentant le plus proche.

Le chef de l'établissement pénitentiaire avise immédiatement les services de police ou de gendarmerie et rend compte de l'évasion aux autorités mentionnées par les dispositions de l'article D. 214-26.

Toute tentative d'évasion doit également être portée sans délai à la connaissance de ces autorités.

V. art. R. 232-4, 14°, et C. pén., art. 434-27 à 434-37.

RÉP. PÉN. v^is *Évasion et infractions voisines,* par BEAU ; *Prison : sanctions disciplinaires,* par CÉRÉ ; *Prison - Organisation générale,* par CÉRÉ.

Art. D. 214-30 Des instructions de service déterminent les conditions dans lesquelles :

1° Les services de la police nationale et les unités de la gendarmerie nationale réalisent les relevés signalétiques et les prélèvements prévus par les dispositions l'article D. 214-7 ;

2° Le recto de chaque fiche pénale intitulé "fiche d'exécution des peines" est rédigé et transmis en copie au casier judiciaire, conformément aux dispositions des articles R. 69 et R. 72 du code de procédure pénale ;

3° Les officiers de police judiciaire habilités de la police nationale et de la gendarmerie nationale reçoivent les informations relatives à l'identité des personnes détenues, dès le placement en détention, à l'occasion des permissions de sortir, et à la libération.

Art. D. 214-31 La communication à des tiers des renseignements mentionnés par les dispositions de l'article L. 214-2 est subordonnée, d'une part, à l'appréciation de l'administration pénitentiaire ou, s'il y a lieu, du magistrat chargé du dossier de la procédure et, d'autre part, au consentement exprès de la personne détenue.

Toutefois, à défaut de ce consentement, les personnes qui auraient un intérêt légitime à obtenir de tels renseignements ont la faculté d'en solliciter la communication par une requête adressée au procureur de la République du lieu de détention ou, si ce lieu n'est pas connu des requérants, au procureur de la République de leur résidence ; ce magistrat apprécie si les renseignements demandés peuvent être donnés et, dans l'affirmative, les fait transmettre aux personnes intéressées.

Les renseignements peuvent être sollicités auprès du général commandant la région militaire.

Art. D. 214-32 Les services de l'administration pénitentiaire peuvent établir, convertir et transmettre à l'autorité judiciaire des pièces de procédure sous format numérique, sans nécessité d'un support papier, dans les conditions prévues par les dispositions de l'article D. 589 du code de procédure pénale.

CHAPITRE V **TRANSFÈREMENTS ET EXTRACTIONS**

SECTION 1 **Dispositions générales**

Art. D. 215-1 Le transfèrement consiste dans la conduite d'une personne détenue sous surveillance d'un établissement pénitentiaire à un autre.

Cette opération comporte la radiation de l'écrou à l'établissement pénitentiaire de départ et un nouvel écrou à l'établissement pénitentiaire de destination sans que la détention exécutée soit pour autant considérée comme interrompue.

Art. D. 215-2 L'extraction est l'opération par laquelle une personne détenue est conduite sous surveillance en dehors de l'établissement pénitentiaire où elle est détenue, lorsqu'elle doit comparaître en justice, ou lorsqu'elle doit recevoir des soins qu'il n'est pas possible de lui donner dans l'établissement pénitentiaire, ou plus généralement lorsque l'accomplissement d'un acte ne pouvant être effectué dans un établissement pénitentiaire a été reconnu absolument nécessaire et compatible avec la situation de la personne intéressée.

Art. D. 215-3 Toute réquisition ou ordre de transfèrement ou d'extraction régulièrement délivré a un caractère impératif et le chef de l'établissement pénitentiaire doit y déférer sans le moindre retard, à moins d'impossibilité matérielle ou de circonstances particulières dont il aurait alors à rendre compte immédiatement à l'autorité requérante.

Il en est notamment ainsi lorsqu'il est établi par un médecin, habilité ou autorisé à intervenir dans l'établissement pénitentiaire, que l'état de santé de la personne détenue ne permet pas son transfert ou son extraction. Le certificat délivré par ce praticien permet l'application éventuelle des dispositions de l'article 416 du code de procédure pénale.

Au surplus, la situation de la personne détenue du point de vue judiciaire peut faire obstacle à son transfèrement ou en faire différer l'exécution ainsi qu'il est précisé par les dispositions de l'article D. 215-14.

Art. D. 215-4 Aucun transfèrement, aucune extraction ne peut être opéré sans un ordre écrit que délivre l'autorité compétente.

Cet ordre, lorsqu'il n'émane pas de l'administration pénitentiaire elle-même, est adressé par le procureur de la République du lieu de l'autorité requérante aux services de police ou unités de gendarmerie ou, dans les zones géographiques déterminées par arrêté conjoint des ministres de la justice et de l'intérieur, à l'administration pénitentiaire, selon les distinctions prévues par les dispositions des articles D. 215-8 et D. 215-26.

Ce magistrat transmet, pour information, une copie de l'ordre d'extraction au procureur de la République du ressort du lieu de détention de la personne détenue ainsi qu'au chef de l'établissement pénitentiaire et prend toutes dispositions nécessaires pour que le transfèrement ou l'extraction ait lieu dans les conditions de sécurité prévues par les dispositions des articles D. 215-5 à D. 215-7.

L'ordre ainsi donné est conservé au greffe de l'établissement pénitentiaire.

Le chef de l'établissement pénitentiaire doit vérifier avec soin, et au besoin auprès du signataire indiqué, l'authenticité de ce document.

Si les personnes chargées de procéder au transfèrement ou à l'extraction sont inconnues des services de l'établissement pénitentiaire, elles doivent justifier de leur identité et de leur qualité.

Art. D. 215-5 Des précautions doivent être prises en vue d'éviter les évasions et tous autres incidents lors des transfèrements et extractions de personnes détenues.

Ces personnes détenues peuvent être soumises, sous la responsabilité du chef d'escorte, au port des menottes ou, s'il y a lieu, des entraves, dans les conditions définies par les dispositions de l'article 803 du code de procédure pénale.

Si une personne détenue est considérée comme dangereuse ou doit être surveillée particulièrement, le chef de l'établissement pénitentiaire donne tous les renseignements et avis nécessaires au chef de l'escorte.

V. commentaire et annotations ss. art. L. 226-1.

Art. D. 215-6 Les personnes détenues ne doivent avoir aucune communication avec des tiers à l'occasion de transfèrements ou d'extractions.

Les précautions utiles doivent être prises pour les soustraire à la curiosité ou à l'hostilité publique, ainsi que pour éviter toute espèce de publicité.

Art. D. 215-7 Pour l'observation des principes énoncés par les dispositions de l'article D. 215-6, comme pour la sécurité des opérations, l'exécution des transfèrements et extractions est préparée et poursuivie avec la plus grande discrétion quant à la date et à l'identité des personnes détenues intéressées, au mode de transport, à l'itinéraire et au lieu de destination.

Toutefois, dès que la personne détenue transférée est arrivée à destination, sa famille ou les personnes autorisées de façon permanente à communiquer avec elle en sont informées.

SECTION 2 Transfèrements

SOUS-SECTION 1 Translations judiciaires

Art. D. 215-8 Conformément aux dispositions de l'article D. 57 du code de procédure pénale, les personnes placées en détention provisoire sont transférées sur la réquisition de l'autorité judiciaire compétente selon les règles édictées par le présent code.

Les services de gendarmerie ou de police opèrent la translation dans les conditions qui leur sont propres.

Dans les zones géographiques déterminées par arrêté conjoint des ministres de la justice et de l'intérieur, l'exécution de la translation incombe normalement à l'administration pénitentiaire avec le renfort, le cas échéant, des forces de police ou de la gendarmerie dans les conditions prévues par les dispositions du troisième alinéa de l'article D. 57 du code de procédure pénale.

Les frais de l'opération sont imputables sur le chapitre budgétaire des frais de justice criminelle ou correctionnelle.

Art. D. 215-9 Lorsqu'une personne détenue doit comparaître devant une juridiction éloignée de son lieu de détention dans une affaire pour laquelle elle n'est pas placée en détention provisoire, sa translation est exécutée dans les conditions prévues par les dispositions de l'article D. 215-8.

Cette translation est requise, selon le cas, par le magistrat chargé du dossier de la procédure, ou par le procureur de la République du lieu où la personne intéressée doit comparaître ; si cette dernière est prévenue, il ne peut être procédé à sa translation qu'avec l'accord de l'autorité judiciaire dont elle relève.

Il convient, en toute hypothèse, de ne prescrire une telle opération que si elle apparaît absolument justifiée, et sous réserve de l'application éventuelle de l'article 664 ou de l'article 712 du code de procédure pénale.

Art. D. 215-10 La charge de procéder éventuellement à la réintégration d'une personne détenue transférée dans les conditions prévues par les dispositions de l'article D. 215-9, qu'elle soit prévenue ou condamnée, incombe à l'administration pénitentiaire avec le renfort, le cas échéant, des forces de police ou de la gendarmerie ainsi qu'il est précisé par les dispositions du troisième alinéa de l'article D. 57 du code de procédure pénale.

Si la personne est condamnée, dès que sa présence a cessé d'être utile, le chef de l'établissement pénitentiaire dans lequel elle a été transférée en rend compte au directeur interrégional des services pénitentiaires ou, si le transfèrement a été effectué d'une direction interrégionale à une autre, à l'administration centrale.

Si la personne est prévenue, le soin de requérir sa réintégration appartient au parquet à la diligence duquel la translation a eu lieu. Les frais du voyage de retour sont imputables comme frais de justice, de même que ceux du voyage de l'aller.

Art. D. 215-11 Le directeur de l'administration pénitentiaire, sur saisine de l'autorité judiciaire, formalise la demande de transfèrement ou de transit dans les cas prévus par les dispositions de l'article D. 47-1-6 du code de procédure pénale.

SOUS-SECTION 2 Transfèrements administratifs

Art. D. 215-12 Le garde des sceaux, ministre de la justice, ordonne les transfèrements à caractère administratif, c'est-à-dire les transfèrements autres que ceux visés par les dispositions des articles D. 215-8 à D. 215-10.

La compétence du garde des sceaux, ministre de la justice, est exclusive en ce qui concerne :

1° Le transfèrement à titre administratif de toute personne détenue du ressort d'une direction interrégionale à un autre ;

2° Les transfèrements vers ou à partir d'une maison centrale ou d'un quartier maison centrale.

S'il s'agit de personnes prévenues, il ne peut être procédé à leur transfert qu'après information du magistrat chargé du dossier de l'instruction et qu'à défaut d'opposition de celui-ci dans un délai de huit jours à compter de la réception de cette information.

Art. D. 215-13 Sous réserve des dispositions de l'article D. 215-12 et sauf s'il s'agit de personnes détenues ayant fait l'objet d'une décision d'affectation de la part du garde des sceaux, ministre de la justice, autre qu'une mise à disposition du directeur interrégional des services pénitentiaires, ce dernier peut ordonner, dans le ressort de sa direction interrégionale, les transfèrements individuels ou collectifs qu'il estime nécessaires.

S'il s'agit de personnes prévenues, il ne peut être procédé à leur transfert qu'après information du magistrat chargé du dossier de l'instruction et qu'à défaut d'opposition de celui-ci dans un délai de huit jours à compter de la réception de cette information.

Art. D. 215-14 Une personne condamnée ne peut être transférée si elle doit être tenue à la disposition de la juridiction dans le ressort de laquelle elle se trouve, soit parce qu'elle fait l'objet de poursuites – que celles-ci aient ou non donné lieu à la délivrance d'un mandat de justice – soit parce qu'elle est susceptible d'être entendue comme témoin.

Il appartient au ministère public de faire connaître à l'administration pénitentiaire la date à partir de laquelle la personne détenue intéressée pourra être transférée, et il en est rendu compte à l'autorité ayant délivré l'ordre de transfèrement.

Art. D. 215-15 Les dépenses auxquelles donne lieu l'exécution des transfèrements administratifs sont prises en charge par l'administration pénitentiaire.

Aucune personne détenue n'est recevable à solliciter d'être transférée à ses propres frais.

SOUS-SECTION 3 Exécution des transfèrements

Art. D. 215-16 Les transfèrements s'effectuent par route ou par voie ferrée, maritime ou aérienne.

L'autorité à laquelle incombe l'organisation du transfèrement décide du moyen de transport à utiliser dans chaque cas, compte tenu de l'importance du convoi, du caractère dangereux de la personne détenue intéressée, de la distance à parcourir, de l'urgence de l'opération et de l'état de santé de la personne détenue transportée, sous réserve du cas où un transport sanitaire aura été prescrit par un médecin.

Dans ce dernier cas, l'autorité à laquelle incombe l'organisation du transfèrement décide des moyens de surveillance à mettre en œuvre.

Toutes précautions doivent être prises pour assurer aux personnes détenues transportées des conditions suffisantes de confort et d'hygiène.

Art. D. 215-17 L'escorte des personnes détenues transférées par les soins de l'administration pénitentiaire est assurée par des membres du personnel de surveillance inscrits sur une liste dressée par le service national des transfèrements sur proposition des chefs d'établissement pénitentiaire.

L'importance de l'escorte est déterminée par l'autorité chargée de l'organisation du transfèrement, en fonction du nombre de personnes détenues transférées, des moyens de transport utilisés et de la distance à parcourir.

Le chef de l'établissement pénitentiaire à qui incombe la constitution de l'escorte désigne nommément ceux des agents figurant sur la liste précitée qui sont chargés d'exécuter la mission prescrite.

Art. D. 215-18 Le chef de l'établissement pénitentiaire remet au chef de l'escorte les extraits de jugement ou d'arrêt et les autres pièces figurant au dossier individuel des personnes intéressées, ainsi que les effets ou objets leur appartenant, à l'exclusion de l'argent qui est transmis par virement.

Indépendamment de l'application éventuelle des dispositions de l'article R. 101 du code de procédure pénale, le poids et le volume des objets ainsi transportés sont toutefois limités dans les conditions précisées par l'instruction de service.

SOUS-SECTION 4 Cas particuliers

Art. D. 215-19 La translation des personnes extradées est assimilée au transfèrement.

Les personnes remises à la France par un État étranger, dès qu'elles sont écrouées dans l'établissement pénitentiaire d'une ville frontière ou d'un port maritime ou aérien doivent être signalées d'urgence par le chef de cet établissement au service national des transfèrements.

Ce service fait alors procéder, dans les moindres délais, au transfèrement des personnes intéressées au lieu de l'exécution de leur peine ou, par dérogation aux dispositions de l'article D. 215-8, à celui de leur jugement.

Il appartient de même au service national des transfèrements de donner les instructions utiles pour assurer la conduite à la frontière ou au port d'embarquement maritime ou aérien et la remise aux autorités étrangères requérantes de toute personne dont l'extradition a été accordée par le gouvernement français.

Le service national des transfèrements assure également d'un point à l'autre de la frontière le transfèrement des personnes extradées dont le transit par la France a été autorisé.

Il lui appartient de même de faire conduire, soit à l'aller d'un établissement pénitentiaire français jusqu'à la frontière ou jusqu'au port français d'embarquement maritime ou aérien, soit au retour de la frontière ou du port français de débarquement maritime ou aérien jusqu'à un établissement pénitentiaire français, les personnes détenues dont l'envoi est demandé conformément aux dispositions de l'article 696-47 du code de procédure pénale, ou aux dispositions analogues contenues dans des conventions internationales.

Art. D. 215-20 Les mesures qui ont pour objet de reconduire à la frontière certaines personnes étrangères condamnées par décision de justice ou d'assurer l'exécution des arrêtés d'expulsion n'incombent pas à l'administration pénitentiaire, même lorsque les personnes intéressées y sont soumises à leur libération.

Art. D. 215-21 Lorsque l'autorité compétente pour ordonner un transfèrement judiciaire ou administratif précise que l'absence de la personne détenue de son lieu habituel de détention n'excédera pas 72 heures, la levée d'écrou de la personne intéressée est opérée sous la forme simplifiée.

Lors de son arrivée dans l'établissement de destination, la personne détenue est écrouée selon les mêmes modalités.

Si à la date de retour initialement prévue, la réintégration de la personne détenue ne peut être assurée, son transfert définitif est effectué en régularisation.

SECTION 3 Extractions et sorties sous escorte

Art. D. 215-22 Le juge de l'application des peines requiert l'extraction des personnes condamnées par l'administration pénitentiaire dans les cas prévus par les dispositions de l'article D. 49-30 du code de procédure pénale.

Art. D. 215-23 L'extraction d'une personne détenue s'effectue sans radiation de l'écrou car elle comporte obligatoirement sa reconduite à l'établissement pénitentiaire.

L'autorité compétente pour ordonner ou pour autoriser l'extraction est tenue en conséquence de donner toutes instructions utiles pour que soit assurée la réintégration.

Celle-ci doit avoir lieu dans le délai le plus bref et, en toute hypothèse autre que celle d'une hospitalisation et celle de la mise à disposition de la personne détenue intéressée aux officiers de police judiciaire pour les besoins d'une enquête, le jour même de l'extraction. Lorsqu'il est nécessaire que la mesure motivant l'extraction se prolonge pendant plusieurs jours, la personne détenue intéressée est réintégrée chaque soir à l'établissement pénitentiaire.

Art. D. 215-24 Dans l'hypothèse où la réintégration d'une personne détenue ne peut s'effectuer dans les délais prévus par les dispositions de l'article D. 215-23 sans toutefois que son absence de son établissement d'origine n'excède 72 heures, la sortie de la personne intéressée s'accompagne d'une levée d'écrou réalisée sous la forme simplifiée selon les modalités prévues par les dispositions de l'article D. 214-4

A cette fin, l'autorité compétente précise la date exacte du retour prévu à l'établissement d'origine et donne toutes instructions utiles pour que la réintégration de la personne détenue intéressée soit assurée à la date initialement arrêtée.

Durant son absence de son lieu habituel de détention, la personne détenue, écrouée dès son arrivée sous la forme simplifiée dans l'établissement pénitentiaire de destination, est réintégrée chaque soir dans cet établissement.

Art. D. 215-25 Dans l'hypothèse où, en application des dispositions des articles R. 6111-39 et suivants du code de la santé publique, une personne détenue doit être hospitalisée dans un établissement de santé éloigné de l'établissement pénitentiaire dans lequel elle est écrouée, elle peut faire l'objet d'une levée d'écrou sous la forme simplifiée, nonobstant le fait que l'absence de son établissement d'origine excède soixante-douze heures.

La personne détenue intéressée est écrouée dans l'établissement pénitentiaire situé à proximité de l'établissement de santé selon les mêmes modalités.

A l'issue de l'hospitalisation, la personne détenue doit être réintégrée dans son établissement d'origine dans les délais les plus brefs. Si cette réintégration n'est pas possible, le transfert définitif de la personne détenue est effectué en régularisation.

Art. D. 215-26 Lorsqu'une personne détenue doit comparaître devant une juridiction de l'ordre judiciaire, les réquisitions nécessaires sont délivrées par le procureur de la République dans toutes les hypothèses où elles ne relèvent pas de la compétence d'un autre magistrat en application des règles édictées par le code de procédure pénale.

La charge de procéder aux extractions de personnes détenues qui sont requises par l'autorité judiciaire incombe normalement aux services de police lorsque celles-ci n'entraînent aucun déplacement en dehors de leur circonscription et aux services de gendarmerie dans les autres cas. Dans les zones géographiques déterminées par arrêté conjoint des ministres de la justice et de l'intérieur, elle incombe normalement à l'administration pénitentiaire avec le renfort, le cas échéant, des forces de police ou de la gendarmerie dans les conditions prévues par les dispositions du troisième alinéa de l'article D. 57 du code de procédure pénale.

Dans les zones géographiques mentionnées par les dispositions de l'alinéa précédent, les personnels de l'administration pénitentiaire sont habilités à exécuter les mandats d'amener délivrés par l'autorité judiciaire à l'encontre des personnes détenues, au sens de l'article D. 50 du code procédure pénale.

Art. D. 215-27 Le préfet apprécie si l'extraction des personnes détenues appelées à comparaître devant des juridictions ou des organismes d'ordre administratif est indispensable. Dans l'affirmative, il requiert l'extraction par les services de police ou de gendarmerie selon la distinction de l'article D. 215-26.

Art. D. 215-28 Dans les hypothèses où, en raison des nécessités de l'enquête à laquelle ils procèdent, il n'est pas suffisant pour les officiers ou agents de police judiciaire d'user de la faculté qu'ils ont d'entendre les personnes détenues à l'intérieur des établissements pénitentiaires, les services auxquels ces fonctionnaires appartiennent peuvent être autorisés à procéder à l'extraction des personnes intéressées, sous la réserve que ces dernières demeurent sous leur responsabilité et soient réintégrées à l'issue de cette mesure ou après avoir été déférées devant un magistrat.

Lorsque des officiers de police judiciaire n'agissent pas en exécution d'une commission rogatoire ordonnant l'extraction, une autorisation spéciale doit être accordée à cet effet par le magistrat chargé du dossier de la procédure, et s'il n'y pas d'information judiciaire, par le procureur de la République du lieu de détention.

Art. D. 215-29 Conformément aux dispositions de l'article D. 147 du code de procédure pénale, les membres de l'administration pénitentiaire chargés de l'escorte d'une personne détenue à laquelle a été accordée une autorisation de sortie sous escorte peuvent être dispensés du port de l'uniforme.

SECTION 4 Transport et escorte des personnes détenues hospitalisées dans les unités hospitalières spécialement aménagées

Art. R. 215-30 Le transport de l'établissement pénitentiaire à l'unité spécialement aménagée d'une personne détenue devant être hospitalisée avec son consentement incombe à l'administration pénitentiaire. Si l'état de santé de la personne intéressée l'exige, et sur prescription médicale, celle-ci est accompagnée par le personnel hospitalier de l'établissement de santé siège de l'unité.

Le transport de l'établissement pénitentiaire à l'unité spécialement aménagée d'une personne détenue devant être hospitalisée sans son consentement incombe à l'établissement de santé siège de l'unité. La personne détenue est accompagnée par le personnel soignant de l'établissement de santé et escortée par le personnel pénitentiaire.

Le transport de l'unité spécialement aménagée à l'établissement pénitentiaire d'une personne détenue, hospitalisée avec ou sans son consentement, incombe à l'administration pénitentiaire. La personne détenue est accompagnée, sur prescription médicale, par le personnel soignant.

En cas de transport d'une personne détenue particulièrement signalée, il est fait appel aux forces de police ou de la gendarmerie afin de renforcer l'escorte pénitentiaire, qu'il s'agisse d'un transport vers l'unité spécialement aménagée ou d'un retour vers un établissement pénitentiaire.

A titre exceptionnel, en cas de transport d'une personne détenue présentant un risque d'atteinte très grave à l'ordre public identifié par les représentants des forces de l'ordre, un appui de l'escorte pénitentiaire peut être décidé conjointement par la direction de l'administration pénitentiaire et les directions nationales de la police et de la gendarmerie.

Art. R. 215-31 Si l'état de santé de la personne détenue hospitalisée dans une unité spécialement aménagée nécessite une consultation ou une hospitalisation hors de l'unité pour raisons somatiques, le transport est assuré sur prescription médicale au moyen d'un véhicule sanitaire. La personne détenue est accompagnée par le personnel hospitalier et escortée par le personnel pénitentiaire.

Le retour à l'unité spécialement aménagée s'effectue dans les mêmes conditions.

En cas de transport d'une personne détenue particulièrement signalée, il est fait appel aux forces de police ou de la gendarmerie pour les consultations ou les hospitalisations pour raisons somatiques des personnes détenues afin de renforcer l'escorte pénitentiaire.

A titre exceptionnel, en cas de transport d'une personne détenue présentant un risque d'atteinte très grave à l'ordre public identifié par les représentants des forces de l'ordre, un appui de l'escorte pénitentiaire peut être décidé conjointement par la direction de l'administration pénitentiaire et les directions nationales de la police et de la gendarmerie.

Les dispositions du code de procédure pénale relatives à la surveillance des personnes détenues en cas d'hospitalisation somatique s'appliquent.

Art. R. 215-32 Lorsque le transport incombe à l'administration pénitentiaire, le véhicule utilisé pour le transport de la personne hospitalisée dans une unité spécialement aménagée est un véhicule pénitentiaire, sauf prescription médicale prévoyant le recours à un véhicule sanitaire léger ou à une ambulance.

CHAPITRE VI PRISE EN CHARGE SPÉCIFIQUE DE CERTAINES CATÉGORIES DE PERSONNES DÉTENUES

RÉP. PÉN. v° *Prison - Organisation générale Pén.*, par CÉRÉ.

BIBL. ▶ **Ouvrages :** HERZOG-EVANS, Droit pénitentiaire 2020/2021, *Dalloz, 2019, n°s 1121.191 s. et 3443.11 s.* – DUROCHÉ et PÉDRON, Droit pénitentiaire, *Vuibert, 2019, p. 219 s.* – VAN ZYL SMIT et SNACKEN, Principles of European Prison Law and Policy, *Oxford University Press, 2009, p. 176.*

Art. D. 216-1 Indépendamment des mesures qui ont pour objet l'individualisation du traitement pénitentiaire des personnes condamnées, et de celles mentionnées par les dispositions de l'article D. 213-4, applicables aux personnes détenues soumises à une contrainte judiciaire, certaines règles particulières doivent être appliquées à des personnes détenues appartenant à une catégorie déterminée en raison de leur situation pénale ou administrative.

V. art. L. 211-4.

V. RPE n°s 18.8 et 18.9 (V. App., v° Conditions de détention).

V. Règles Mandela n°s 11 et 93 (V. App., v° Conditions de détention).

COMMENTAIRE

L'article D. 216-1, qui reprend en substance l'ancien article D. 487 du code de procédure pénale, consacre l'existence de régimes de détention qui se veulent être adaptés à certaines catégories de personnes détenues.

Au titre des critères retenus pour déterminer la catégorie dont la personne détenue relève, l'article D. 216-1 vise exclusivement sa situation pénale ou administrative. Cette disposition doit toutefois être lue à l'aune de l'article L. 211-4 du code pénitentiaire, reprise de l'ancien alinéa 2 de l'article 717-1 du code de procédure pénale. Son alinéa 1er prévoit que « la répartition des personnes condamnées dans les établissements pour peines s'effectue compte tenu de leur catégorie pénale, de leur âge, de leur état de santé et de leur personnalité ». L'alinéa 2 précise que le régime de détention des personnes détenues « est déterminé en prenant en compte leur personnalité, leur santé, leur dangerosité et leurs efforts en matière de réinsertion sociale ». Enfin, l'alinéa 3 prévoit expressément une réserve, selon laquelle le placement d'une personne détenue sous un régime de détention plus sévère ne doit pas porter atteinte aux droits mentionnés par l'article L. 6 du code pénitentiaire consacrant le principe de non-discrimination entre les personnes détenues.

Les dispositions réglementaires contenues dans ce chapitre VI envisagent des régimes de détention spécifiques pour les personnes détenues de nationalité étrangère (art. D. 216-10 à D. 216-12), pour les personnes détenues appartenant aux forces armées (art. D. 216-13 à D. 216-18), pour les personnes détenues majeures âgées de moins de 21 ans (art. D. 216-19 et D. 216-20) et pour les mères détenues vivant avec leurs jeunes enfants en détention (art. D. 216-21 à D. 216-24).

Ces régimes complètent ceux envisagés par d'autres dispositions du code pour :
– les personnes mineures (art. L. 4) ;
– les personnes condamnées à un suivi sociojudiciaire comprenant une injonction de soins et devant exécuter une peine privative de liberté (art. L. 211-6) ;
– les personnes détenues particulièrement signalées (V. not. art. D. 223-11) ;
– les personnes victimes d'un acte de violence caractérisé (art. L. 221-1), etc. ❑

SECTION 1 *[ABROGÉE]* Personnes détenues bénéficiant d'un régime spécial

(Abrogée par Décr. n° 2022-1710 du 29 déc. 2022, art. 5)

COMMENTAIRE

Le décret n° 2022-1710 du 29 décembre 2022 a abrogé les dispositions du code pénitentiaire relatives au régime spécial de détention, qui reprenaient les anciens articles D. 490 et suivants du code de procédure pénale. Il avait été constaté que ce régime spécial de détention ne répondait plus à aucune nécessité et n'était plus mis en œuvre dans les établissements pénitentiaires (motifs du décret *préc.*). ❑

SOUS-SECTION 1 *[ABROGÉE]* Personnes détenues admises au bénéfice du régime spécial

Art. D. 216-2 *Bénéficient, pour l'exécution d'une détention provisoire ou d'une peine privative de liberté, d'un régime spécial dont les particularités sont prévues par les dispositions des articles D. 216-5 et D. 216-6 :*

1° Les personnes poursuivies ou condamnées pour infractions de presse, sauf si ces infractions constituent des outrages aux bonnes mœurs, ou des actes de chantage ou de provocations au meurtre ;

2° Les personnes poursuivies ou condamnées pour atteintes aux intérêts fondamentaux de la Nation.

Art. D. 216-3 *L'admission au régime spécial des personnes qui satisfont à l'une des conditions prévues par les dispositions de l'article D. 216-2 a lieu d'office sur l'indication que le ministère public près la juridiction saisie ou la juridiction de condamnation donne au chef de l'établissement pénitentiaire.*

SOUS-SECTION 2 *[ABROGÉE]* Modalités du régime spécial

Art. D. 216-4 *Le bénéfice du régime spécial cesse d'être applicable aux personnes détenues qui ne remplissent plus les conditions prévues par les dispositions de l'article D. 216-2.*

Art. D. 216-5 *Les personnes détenues bénéficiaires du régime spécial sont séparées des personnes détenues appartenant aux autres catégories dans toute la mesure du possible.*

Les personnes détenues qui exécutent leur prévention ou leur peine au régime spécial peuvent recevoir des visites tous les jours, dans les seules limites imposées par les nécessités du service et aux heures fixées par le chef de l'établissement pénitentiaire.

Art. D. 216-6 *Les personnes détenues bénéficiaires du régime spécial, même dans les établissements pénitentiaires dont le régime ne comporte pas de telles particularités, et sauf instructions contraires du juge d'instruction en application des dispositions des articles 145-4 et D. 56 du code de procédure pénale, ont la faculté d'être réunies aux heures de la journée fixées par le chef de l'établissement pénitentiaire.*

Art. D. 216-7 *Toute personne détenue bénéficiaire du régime spécial est soumise aux mesures réglementaires prévues pour assurer l'ordre et la sécurité dans les établissements pénitentiaires. Il peut notamment faire l'objet des sanctions disciplinaires prévues par le présent code.*

SOUS-SECTION 3 *[ABROGÉE]* Commission consultative du régime spécial

Art. D. 216-8 *La commission consultative du régime spécial institué par les dispositions de l'article D. 216-2 est composée comme suit :*

1° Un conseiller à la Cour de cassation, président ;

2° Un conseiller à ladite cour, président suppléant ;

3° Un membre de l'Institut de France ;

4° Un membre du Conseil d'État et un membre dudit conseil, suppléant ;

5° Le bâtonnier de l'ordre des avocats près la cour d'appel de Paris ou son représentant ;

6° Le directeur des affaires criminelles et des grâces au ministère de la justice ou son représentant ;

7° Le directeur de l'administration pénitentiaire au ministère de la justice ou son représentant ;

8° Un conseiller référendaire à la Cour de cassation et un conseiller référendaire à ladite cour, suppléant.

Les présidents et membres mentionnés par les dispositions des 1°, 2°, 4 et 8 sont désignés par arrêté du garde des sceaux, ministre de la justice.

Art. D. 216-9 *La commission consultative du régime spécial établit son règlement intérieur.*

Elle peut faire appel, à titre de rapporteurs, à des magistrats du ministère de la justice non membres de la commission, lesquels n'ont pas voix délibérative.

SECTION 2 Personnes détenues de nationalité étrangère

RÉP. PÉN. v° *Prison - Organisation générale Pén.*, par Céré, nos 325 à 328.

J.-CL. PROC. PÉN. vis *Art. 717 à 720, fasc. 20, Détention (exécution des peines privatives de liberté)*, par Bertrand ; *Art. 724 à 728, fasc. 20, Détention (régime de détention, sécurité)*, par Pédron.

BIBL. ▸ **Ouvrages :** Duroché et Pédron, Droit pénitentiaire, *Vuibert, 2019, p. 226 s.* - OIP, Le guide du prisonnier, *La Découverte, 2021, p. 613 s.* - Van Zyl Smit et Snacken, Principles of European Prison Law and Policy, *Oxford University Press, 2009, p. 186 s.*

▸ **Avis et rapports :** CGLPL, Avis du 9 mai 2014 relatif à la situation des personnes étrangères détenues, *JO 3 juin* ; Rapport d'enquêtes sur la situation de personnes détenues de nationalité somalienne menées à Fresnes, à Fleury-Mérogis et à Paris-La-Santé (en ligne) ; Rapport d'enquête sur les modalités de prise en charge des personnes de nationalité étrangère incarcérées à Villepinte (en ligne). - La Cimade, Personnes étrangères en détention. Surveiller, punir, expulser, *févr. 2022* ; Droit des personnes étrangères incarcérées. Situations observables et réponses envisageables, *mai 2022*.

▸ **Articles :** Boesel, Étrangers en détention. Exécution et aménagement des peines, *AJ pénal 2016. 22*. - Conférence des avocats du barreau de Paris, L'isolement des détenus ne parlant pas français, *Gaz. Pal. 2022, n° 25.1*.

V. Recomm. CM/Rec(2012)12 du Comité des ministres du Conseil de l'Europe aux États membres relative aux détenus étrangers du 12 oct. 2012, V. App., v° Règles particulières.

V. Recomm. (UE) 2023/681 n° 22, n° 29, n° 67 à n° 70 de la Commission européenne du 8 déc. 2022 relative aux droits procéduraux des suspects et des personnes poursuivies faisant l'objet d'une détention provisoire ainsi qu'aux conditions matérielles de détention, nos 22, 29 et 67 à 70 (V. App., v° Conditions de détention).

V. Circ. de la DAP-PMJ4 du 18 sept. 2007 relative à l'information des ressortissants étrangers en cas de détention et à l'information et au droit de visite de leurs autorités consulaires, BOMJ n° 2007-05 du 30 oct. 2007.

V. Note de la DAP du 27 févr. 2009 relative à la diffusion de nouvelles traductions des formulaires d'information joints à la circulaire du 18 sept. 2007 relative à l'information des ressortissants étrangers en cas de détention et à l'information et au droit de visite de leurs autorités consulaires, BOMJ n° 2009/2 du 30 avr. 2009.

V. Instr. de la DACG du 16 août 2019 relative à l'amélioration de la coordination du suivi des étrangers incarcérés faisant l'objet d'une mesure d'éloignement, BOMJ n° 2019-09 du 30 sept. 2019.

V. Recomm. minimales du CGLPL pour le respect de la dignité et des droits fondamentaux des personnes privées de liberté, nos 30 et 163, JO 4 juin 2020, ss. art. L. 133-2.

Art. D. 216-10 Sous réserve des particularités relatives à la libération conditionnelle, les personnes détenues de nationalité étrangère sont soumises au même régime que les personnes détenues de nationalité française appartenant à leur categorie pénale.

Des précautions particulières s'imposent néanmoins à leur égard en ce qui concerne l'application éventuelle des mesures définies par les dispositions des articles D. 118 et D. 119 du code de procédure pénale.

COMMENTAIRE

L'article D. 216-10, qui reprend l'ancien article D. 505 du code de procédure pénale, indique que la personne détenue de nationalité étrangère ne bénéficie pas d'un régime spécifique de détention, même si quelques particularités existent, notamment en matière d'aménagement de peine. Ainsi, un régime spécifique de libération conditionnelle est prévu à leur propos à l'article 729-2 du code de procédure pénale (art. D. 216-10, al. 1er). L'alinéa 2 de l'article D. 216-10 du présent code prévoit que des précautions particulières doivent être prises lorsque certaines mesures sont accordées à l'égard des personnes détenues de nationalité étrangère. Il en sera ainsi en matière de placement à l'extérieur, de semi-liberté, de permissions de sortir ou d'autorisations de sortie sous escorte. Il en résulte qu'à l'exception de ces règles particulières le fait que la personne détenue ait une nationalité étrangère n'entraîne, en principe, « aucune différence de traitement dans le quotidien carcéral » de la personne (OIP, Le guide du prisonnier, *La Découverte, 2021, p. 613*). Néanmoins, il faut admettre que la personne détenue de nationalité étrangère pourra être confrontée à certaines difficultés particulières accentuant la pénibilité de son incarcération, notamment si elle ne maîtrise pas suffisamment la langue française ou encore si ses proches sont éloignés de son lieu de détention. ❑

Art. D. 216-11 Sous réserve de l'application des dispositions du deuxième alinéa de l'article R. 234-26, le recours à un interprète n'a d'objet qu'en cas de nécessité absolue, si une personne détenue ne parle ou ne comprend la langue française et s'il ne se trouve sur place aucune personne capable d'assurer la traduction.

Les visites et la correspondance des personnes de nationalité étrangère s'effectuent dans les conditions prévues par les dispositions des articles R. 341-14 et R. 345-4.

V. CGLPL, Avis du 11 févr. 2022 relatif à l'interprétariat et à la compréhension des personnes privées de liberté, JO 3 mai.

COMMENTAIRE

Si la personne détenue de nationalité étrangère et non francophone est conduite à se présenter devant la commission de discipline, l'article R. 234-26 du code pénitentiaire prévoit que le chef de l'établissement pénitentiaire devra, dans la mesure du possible, désigner un interprète qui présentera les explications de l'intéressé, dans l'hypothèse où ce dernier ne comprend pas la langue française ou n'est pas en mesure de s'exprimer dans cette langue. Le droit français est donc conforme à la règle pénitentiaire européenne n° 59 e) ainsi qu'à la règle Mandela n° 41.3 sur ce point, sous réserve que l'expression « dans la mesure du possible » ne soit pas mobilisée à outrance en pratique.

Quoique l'article L. 311-1 du présent code prévoie que chaque personne détenue doit pouvoir être informée oralement, dans une langue compréhensible par elle et par la remise d'un livret d'accueil, des dispositions relatives à son régime de détention, à ses droits et obligations et aux recours et requêtes qu'elle peut former, l'article D. 216-11 restreint la portée de ce droit en indiquant que ce n'est « qu'en cas de nécessité absolue » que la personne concernée pourra bénéficier d'un interprète, et si personne sur place n'est capable d'assurer la traduction. Le code pénitentiaire n'accorde donc pas de garantie supplémentaire à ce qui préexistait à son adoption, ce qui peut être regretté alors que la règle pénitentiaire européenne n° 38.3 prévoit que « les besoins linguistiques doivent être couverts en recourant à des interprètes compétents et en remettant des brochures d'information rédigées dans les différentes langues parlées dans chaque prison ».

En ce qui concerne les visites des personnes détenues de nationalité étrangère, le permis de visite doit prévoir expressément que la conversation peut avoir lieu dans une autre langue que le français, faute de quoi les personnes devront s'exprimer en français ou dans une langue que le personnel de surveillance peut comprendre.

En ce qui concerne la correspondance des personnes détenues de nationalité étrangère, l'article R. 345-4 du code pénitentiaire indique qu'elle peut être écrite dans une autre langue que le français mais, dans ce cas, elle pourra faire l'objet d'une traduction avant son expédition ou sa remise afin de pouvoir être contrôlée. ❑

I. NÉCESSITÉ D'UN INTERPRÈTE

1. Accès au droit. V. art. L. 311-1 et R. 315-3.

2. Procédure disciplinaire. Dans le cadre d'une procédure disciplinaire, il incombe à l'administration pénitentiaire d'accomplir toutes les diligences nécessaires à l'assurance de l'interprétariat. Il existe toutefois une exception dans le cas où il serait matériellement impossible de trouver un interprète. • CE 11 juill. 2012, n° 347146. ♦ Si le détenu, de nationalité néerlandaise, indique ne pas maîtriser la langue française, il ressort des pièces du dossier qu'il comprend, parle et écrit en français, certes de façon rudimentaire, et qu'il envoie régulièrement des courriers aux autorités pénitentiaires, ce qui établit qu'il était à même de comprendre les faits qui lui étaient reprochés. Il a, au demeurant, pu faire valoir ses arguments lors de l'entretien préalable aux poursuites et durant la séance de la commission de discipline pour laquelle il était d'ailleurs assisté d'un avocat. Dans ces conditions, l'absence d'interprète lors de la commission de discipline ne l'a privé d'aucune garantie et est sans incidence sur la régularité de la procédure disciplinaire au terme de laquelle il a été sanctionné. • CAA Douai, 28 mars 2017, n° 15DA00613.

3. Contestation d'une mesure d'éloignement. En cas de rétention ou de détention, lorsque l'étranger entend contester une décision prise sur le fondement du CESEDA pour laquelle celui-ci a prévu un délai de recours bref, notamment lorsqu'il entend contester une décision portant OQTF sans délai, la circonstance que sa requête ait été adressée, dans le délai de recours, à l'administration chargée de la rétention ou au chef d'établissement pénitentiaire fait obstacle à ce qu'elle soit regardée comme tardive, alors même qu'elle ne parviendrait au greffe du tribunal administratif qu'après l'expiration de ce délai de recours. • CE 10 juin 2020, n° 431179 : *AJDA 2020. 2171, concl. Le Corre*. ♦ Depuis l'entrée en vigueur des dispositions du Décr. n° 2016-1458 du 28 oct. 2016, il incombe à l'administration, pour les décisions présentant les caractéristiques mentionnées ci-dessus, de faire figurer, dans leur notification à un étranger retenu ou détenu, la possibilité de déposer sa requête dans le délai de recours contentieux auprès de l'administration chargée de la rétention ou du chef de l'établissement pénitentiaire. • Même arrêt. ♦ En l'absence de tout élément de nature à établir que la notification de l'arrêté portant OQTF aurait répondu aux exigences des dispositions du CESEDA, le délai de recours de 48 heures prévu par les dispositions de l'art. L. 614-6 de ce code n'est pas opposable à l'étranger détenu. • CAA Paris, 12 mai 2023, n° 22PA03024. ♦ V. égal. • CAA Paris, 10 févr. 2023, n° 21PA05527.

II. VISITES ET CORRESPONDANCES

4. Conv. EDH, art. 8. Maintien d'un contact avec la famille. Malgré la distance entre le lieu d'incarcération de la personne détenue de nationalité étrangère et sa famille, l'art. 8 Conv. EDH n'est pas violé lorsque cette dernière reçoit de nombreuses visites de ses proches et qu'elle entretient avec eux des conversations téléphoniques. • CEDH 2 mars 2017, *Labaca Larrea et a. c/ France*, n° 56710/13, § 44.

5. Conv. EDH, art. 8. Langue d'usage avec les proches. Le fait d'imposer à la personne détenue et à ses proches une procédure préliminaire visant à déterminer leur impossibilité d'échanger dans la langue nationale n'est pas fondé sur des motifs pertinents et nécessaires eu égard aux restrictions qui en résultent pour maintenir les contacts familiaux. Cette ingérence au droit au respect de la vie familiale n'est pas nécessaire et une simple déclaration attestant que les intéressés ne comprennent pas la langue nationale semble suffisante pour admettre leur possibilité d'échanger dans une autre langue que la langue nationale. • CEDH 22 avr. 2014, *Nusret Kaya et a. c/ Turquie*, n° 43750/06.

Art. D. 216-12 **Les personnes détenues écrouées à la suite d'une demande d'extradition émanant d'un gouvernement étranger sont soumises au régime des personnes prévenues.**

La délivrance des permis de visite et le contrôle de la correspondance les concernant relèvent du procureur général.

COMMENTAIRE

L'article D. 216-12 est la reprise exacte de l'ancien article D. 507 du code de procédure pénale. ❑

Code de procédure pénale

Art. D. 507 *(Décr. n° 2022-855 du 7 juin 2022, art. 2)* Conformément aux dispositions de l'article D. 216-12 du code pénitentiaire, la délivrance des permis de visite et le contrôle de la correspondance concernant les détenus écroués à la suite d'une demande d'extradition émanant d'un gouvernement étranger relèvent du procureur général.

SECTION 3 Personnes détenues appartenant aux forces armées

RÉP. PÉN. v° *Prison - Organisation générale Pén.*, par CÉRÉ.

J.-CL. PROC. PÉN. v^{is} *Art. 717 à 720, fasc. 20, Détention (exécution des peines privatives de liberté)*, par BERTRAND ; *Art. 724 à 728, fasc. 20, Détention (régime de détention, sécurité)*, par PÉDRON.

BIBL. ▸ **Ouvrage :** DUROCHÉ et PÉDRON, Droit pénitentiaire, *Vuibert, 2019, p. 221.*

COMMENTAIRE

Les articles D. 216-13 à D. 216-18 reprennent les anciens articles D. 508 à D. 513 du code de procédure pénale.

Il est ainsi prévu que les personnes militaires qui sont prévenues dans l'attente de leur jugement par un tribunal des forces armées soient séparées des personnes qui ne sont pas militaires (art. D. 216-13, al. 1er). Dans l'hypothèse où elles sont ensuite condamnées, elles seront alors soumises au régime de détention qui leur correspond au regard des critères posés par l'article L. 211-4 (art. D. 216-13, al. 2). Par ailleurs, elles devront nécessairement recueillir l'accord préalable de l'autorité militaire dont elles relèvent pour pouvoir bénéficier des mesures prévues aux articles 723 et 723-3 du code de procédure pénale : placement à l'extérieur, semi-liberté et permission de sortie (art. D. 216-13, al. 2 ; V. aussi art. D. 508). Un régime particulier est institué pour les officiers qui sont en détention provisoire ou qui ont conservé leur grade malgré leur condamnation. Ces derniers doivent en effet, dans la mesure du possible, être placés dans des cellules individuelles et ils effectuent leur promenade séparément des autres personnes détenues (art. D. 216-14). Un médecin militaire désigné peut, pour les besoins du service, venir visiter les personnes détenues militaires (art. D. 216-18).

Enfin, il est adressé à l'autorité militaire dont dépend la personne détenue militaire, des avis de détention, de prévision de levée d'écrou et de libération (art. D. 216-16). Lorsqu'elle est libérée, quelle qu'en soit la raison, la personne détenue militaire est remise au représentant du bureau de la place ou, à défaut, à la gendarmerie (art. D. 216-17). ❑

Art. D. 216-13 **Les personnes détenues militaires en état de prévention devant un tribunal des forces armées ne doivent pas être placées en commun avec des personnes détenues non militaires.**

Après condamnation, elles sont soumises au même régime que les autres personnes condamnées de leur catégorie, compte tenu des dispositions de l'article L. 211-4. Toutefois, les mesures prévues par les dispositions des articles 723 et 723-3 du code de procédure pénale ne peuvent être accordées aux personnes condamnées militaires qu'avec l'accord préalable de l'autorité militaire dont relèvent les personnes intéressées.

Art. D. 216-14 **Les officiers en détention provisoire et ceux qui ont conservé leur grade malgré leur condamnation, sont placés en cellule individuelle, dans toute la mesure du possible, et effectuent leur promenade séparément.**

Art. D. 216-15 **Les dispositions des articles R. 321-6 et R. 332-35 sont applicables aux personnes détenues militaires.**

Art. D. 216-16 **Pour tous les militaires, des avis de détention, de prévision de levée d'écrou et de libération sont adressés à l'autorité militaire dont ils dépendent.**

Il en est de même en ce qui concerne les personnes détenues civiles soumises à obligations militaires.

Art. D. 216-17 **Les personnes détenues militaires sont remises, dès leur libération et pour quelque cause que celle-ci intervienne, au représentant du bureau de la place ou, à défaut, à la gendarmerie, qui sont respectivement chargés de les faire mettre en route sur leur corps d'affectation.**

Il en est de même pour les jeunes personnes détenues libérées titulaires d'un ordre d'appel ou d'un ordre de route et pour celles qui appartiennent à un contingent d'âge présent sous les drapeaux.

Art. D. 216-18 **Le médecin militaire désigné par le commandant du centre médical des armées ou, à défaut, le médecin militaire de la place, l'assistant de service social de l'armée et les aumôniers militaires ont accès, dans l'exercice de leurs fonctions et pour les besoins de leur service, auprès des personnes détenues militaires.**

SECTION 4 **Personnes détenues majeures âgées de moins de 21 ans** *(Décr. nº 2022-1287 du 4 oct. 2022, art. 8).*

V. art. D. 213-1.

V. Recomm. (UE) 2023/681, de la Commission du 8 déc. 2022 relative aux droits procéduraux des suspects et des personnes poursuivies faisant l'objet d'une détention provisoire ainsi qu'aux conditions matérielles de détention, nºs 8, 39 et 74 (V. App., vº Conditions de détention).

RÉP. PÉN. vº *Prison – Organisation générale Pén.*, par CÉRÉ.

J.-CL. PROC. PÉN. vº *Art. 717 à 720, fasc. 20, Détention (exécution des peines privatives de liberté)*, par BERTRAND.

BIBL. ▸ **Ouvrage :** HERZOG-EVANS, Droit pénitentiaire 2020/2021, *Dalloz, 2019, nº 1121.203.*

COMMENTAIRE

Un régime de détention particulier et individualisé est consacré à l'égard des personnes détenues majeures âgées de moins de 21 ans et qui sont parfois désignées par l'expression « jeunes détenus » ou « jeunes majeurs » (Recomm. de la Commission européenne du 8 déc. 2022 sur les droits procéduraux des personnes suspectées et accusées et aux conditions matérielles de détention, 8 déc. 2022 ; RPE). Afin de lutter contre la récidive et pour favoriser leur socialisation, bien que ces personnes détenues soient majeures, leur jeune âge justifie que leur régime carcéral soit principalement axé sur l'enseignement et la formation. Il importe en effet que l'administration pénitentiaire soit particulièrement attentive aux besoins spécifiques de ces jeunes majeurs privés de leur liberté d'aller et venir. Le fait de laisser une large place à l'enseignement et à la formation dans leur régime carcéral tend à assurer une (ré)insertion sociale la plus effective possible. En cela, l'article D. 216-19 du code pénitentiaire s'efforce d'être conforme à la règle pénitentiaire européenne n° 28.3 qui souligne qu'une « attention particulière doit être portée à l'éducation des jeunes détenus ». Cette préconisation est reprise par la règle Mandela n° 104, qui indique par ailleurs que l'instruction des jeunes détenus doit être obligatoire. L'enseignement occupe pour cette population une place particulière puisqu'il est considéré comme un élément essentiel de leur projet d'exécution de peine et de leur préparation de la sortie. Pour autant, le magistrat chargé du dossier de la procédure pourra restreindre la participation du jeune détenu lorsqu'il est placé en détention provisoire (art. D. 216-19, al. 2 ; C. pr. pén., art. D. 521).

L'article D. 619-20 prévoit en son alinéa 1er que les jeunes majeurs détenus sont, en principe, placés à l'isolement durant la nuit. Autrement dit, le code pénitentiaire consacre ici le principe de l'encellulement individuel nocturne, avant d'indiquer, au sein de l'alinéa 2, qu'il peut être dérogé à ce principe lorsque la personnalité du jeune majeur ou un motif médical le justifie. Néanmoins, dès lors que l'encellulement individuel n'est, en pratique, presque pas appliqué au sein des maisons d'arrêt, l'article D. 213-1 du code pénitentiaire prévoit qu'il appartient au chef de l'établissement pénitentiaire de séparer « les personnes détenues devenues majeures en détention et âgées de moins de 21 ans des autres personnes détenues majeures » lorsque le régime de l'encellulement individuel n'est pas appliqué. En cela, le droit français est en adéquation avec les textes internationaux qui soulignent que les jeunes personnes détenues doivent être séparées des personnes détenues plus âgées (RPE n° 18.8 ; Règle *Mandela* n° 112 ; Recomm. (UE) 2023/681, n° 39). ❑

Art. D. 216-19 Les personnes détenues majeures âgées de moins de vingt et un ans sont soumises à un régime particulier et individualisé qui fait une large place à l'enseignement et à la formation.

Sauf si le magistrat chargé du dossier de la procédure en dispose autrement pour les personnes prévenues, elles participent à des activités d'enseignement, de formation, de travail et socio-culturelles et sportives ou de détente.

Art. D. 216-20 Les personnes détenues majeures âgées de moins de vingt et un ans sont soumises, en principe, à l'isolement de nuit.

Toutefois, elles peuvent être placées en cellule avec d'autres personnes détenues de leur âge, soit pour motif médical, soit en raison de leur personnalité.

SECTION 5 Mères détenues vivant avec leurs jeunes enfants en détention

RÉP. PÉN. v° *Prison – Organisation générale Pén.*, par CÉRÉ.

BIBL. ▸ **Ouvrages :** HERZOG-EVANS, Droit pénitentiaire 2020/2021, *Dalloz, 2019, nos 235.00 à 2352.94*. – DUROCHÉ et PÉDRON, Droit pénitentiaire, *Vuibert, 2019, p. 230 à 234*. – MÉNABÉ et MARTINELLE, L'enfant en prison, *L'Harmattan, 2017*. – OIP, Le guide du prisonnier, *La Découverte, 2021, p. 297*.

▸ **Thèse :** AMADO, L'enfant en détention en France et en Angleterre, l'élaboration d'un cadre juridique pour l'enfant accompagnant sa mère en prison, *thèse Paris 1, Mare & Martin, 2020*.

▸ **Rapports :** CGLPL, Avis du 8 août 2013 relatif aux jeunes enfants en prison et à leurs mères détenues, *JO 3 sept.* ; Rapport de visite de la maison d'arrêt des femmes de Fleury Merogis, *2019*. – VIS, Mères et bébés en prison. Rapport de la Commission des questions sociales, de la santé et de la famille, *Conseil de l'Europe, doc n° 8762, 9 juin 2000*. – CPT, Les femmes privées de liberté. Extrait du 10e rapport annuel, *CPT/Inf(2000)13-part, 2000* ; Les femmes en prison, *CPT/Inf(2018)5, janv. 2018*.

▸ **Articles :** BOUREGBA, L'enfant de moins de trois ans et son parent incarcéré, *in* L'enfant et son parent incarcéré, *Érès, 2003. 49*. – HERZOG-EVANS, Le séjour du petit enfant avec sa mère en détention, *in* Cadiet, Chauvaud, Gauvard et a., Figures de femmes criminelles. De l'Antiquité à nos jours, *éd. Sorbonne, 2010. 205* ; Loi pénitentiaire et liens familiaux : de timides avancées, *AJ fam. 2009. 484*.

V. Recomm. n° 1469 adoptée par l'Ass. parl. du Conseil de l'Europe le 30 juin 2000 concernant les mères et les bébés en prison.

V. Règles des Nations unies concernant le traitement des détenues et l'imposition de mesures non privatives de liberté aux délinquantes (Règles de Bangkok) (V. App., v° Conditions de détention).

V. Recomm. CM/Rec(2018)5 du Comité des ministres du Conseil de l'Europe aux États membres concernant les enfants de détenus, 4 avr. 2018.

V. Recomm. (UE) 2023/681 de la Commission du 8 déc. 2022 relative aux droits procéduraux des suspects et des personnes poursuivies faisant l'objet d'une détention provisoire ainsi qu'aux conditions matérielles de détention, n°s 65 et 66 (V. App., v° Conditions de détention).

V. Circ. de la DAP n° AP 99-2296 PM2J du 18 août 1999 relative aux conditions d'accueil des enfants laissés auprès de leur mère incarcérée, BOMJ n° 76, 1999.

V. Recomm. minimales du CGLPL pour le respect de la dignité et des droits fondamentaux des personnes privées de liberté, n°s 8 et 9, JO 4 juin 2020 (V. ss. art. L. 133-2).

Art. D. 216-21 Les personnes détenues enceintes et celles qui ont gardé leur enfant auprès d'elles bénéficient de conditions de détention appropriées.

Conv. EDH, art. 3. Obligations des États à l'égard de la femme enceinte et de l'enfant en détention. La CEDH reconnaît la possibilité pour un enfant de séjourner auprès de sa mère en détention et dégage ainsi une obligation négative à la charge de l'État (ne pas porter atteinte à la dignité de la femme enceinte et jeune mère détenue) et une obligation positive (organiser des conditions de détention adaptées à l'enfant). • CEDH 24 mars 2016, *Korneykova et Korneykov c/ Ukraine,* n° 56660/12.

Art. D. 216-22 Les enfants peuvent être laissés auprès de leur mère en détention jusqu'à l'âge de dix-huit mois.

Des locaux spécialement aménagés sont réservés à l'accueil des mères ayant gardé leur enfant auprès d'elles. S'il s'agit de personnes prévenues, elles ne peuvent être transférées dans un établissement doté de tels locaux qu'après accord du magistrat chargé du dossier de la procédure.

Il appartient au service pénitentiaire d'insertion et de probation compétent auprès de l'établissement pénitentiaire, en liaison avec les services compétents en matière d'enfance et de famille et avec les titulaires de l'autorité parentale, d'organiser le séjour de l'enfant auprès de sa mère détenue et les sorties de celui-ci à l'extérieur de l'établissement pénitentiaire, et de préparer, le cas échéant, la séparation de l'enfant d'avec sa mère, au mieux de son intérêt. Durant les douze mois suivant son départ, l'enfant peut être admis à séjourner pour de courtes périodes auprès de sa mère.

BIBL. ▸ **Articles :** AMADO, L'autorité parentale sur un enfant de 18 mois en prison, un exercice sous tension, *Enfances & Psy, 2019. vol. 83, n° 3, p. 50.* – CARDI, Les quartiers mères-enfants : l'autre côté du dedans, *Champ pénal, 2014, vol. XI* ; Le féminin maternel ou la question du traitement pénal des femmes, *Pouvoirs 2009, n° 128, p. 75* ; La mauvaise mère : figure féminine du danger, *Mouvements 2007, n° 49, p. 27.*

COMMENTAIRE

L'enfant de dix-huit mois accompagnant sa mère en prison n'est pas assimilable à une personne détenue. Eu égard au préambule de la Convention internationale des droits de l'enfant qui garantit à chaque enfant un traitement juridique spécifique et approprié ainsi qu'aux obligations positives dégagées par l'arrêt *Korneykova et Korneykov c/ Ukraine* (CEDH 24 mars 2016, n° 56660/12), il convient de considérer que l'enfant est soumis à un statut spécifique en prison. Ainsi, l'enfant doit pouvoir bénéficier d'un régime juridique idoine distinct de celui des personnes incarcérées.

Eu égard aux articles 371 et suivants du code civil, et sauf décision judiciaire contraire, la mère incarcérée ainsi que l'autre parent conservent l'entièreté de l'exercice de l'autorité parentale sur l'enfant résidant en prison. Dès lors, les parents doivent pouvoir jouir sans entrave de toutes les prérogatives qui résultent de cet exercice. ❑

Art. D. 216-23 A la demande de la mère, la limite d'âge de dix-huit mois peut être reculée, sur décision du directeur interrégional des services pénitentiaires territorialement compétent, après avis d'une commission consultative.

Avant d'émettre son avis, la commission consultative entend le défenseur de la mère détenue et, si possible, le père de l'enfant.

BIBL. ▸ AMADO, Quelle place pour l'autre parent d'un enfant en prison ? Une étude comparée entre la France et l'Angleterre, *Criminologie, 2019, vol. 52, n° 1.*

COMMENTAIRE

Le père de l'enfant doit s'entendre dans cette rédaction comme l'autre parent sans condition de genre en accord avec la loi n° 2013-404 du 17 mai 2013 ouvrant le mariage et l'adoption aux couples de personnes de même sexe ainsi que la loi n° 2021-1017 du 2 août 2021 relative à la bioéthique. ❑

Art. D. 216-24 La commission consultative prévue par les dispositions de l'article D. 216-23 comprend :

1° Le directeur interrégional des services pénitentiaires ou son représentant, président ;

2° Un médecin psychiatre ;

3° Un médecin pédiatre appartenant à un service de protection maternelle et infantile ;

4° Un psychologue ;

5° Un chef d'établissement pénitentiaire spécialement affecté à la détention des femmes ;

6° Un personnel d'insertion et de probation.

Les membres de la commission sont nommés par le directeur interrégional des services pénitentiaires pour une période de deux ans renouvelable.

TITRE II MAINTIEN DE LA SÉCURITÉ

CHAPITRE I DISPOSITIONS GÉNÉRALES

Art. D. 221-1 Tout chef d'établissement pénitentiaire veille à une stricte application des instructions relatives au maintien de l'ordre et de la sécurité dans l'établissement qu'il dirige.

A ce titre, il est disciplinairement responsable des incidents ou des évasions imputables à sa négligence ou à l'inobservation des règlements, indépendamment des procédures disciplinaires susceptibles d'être engagées contre d'autres membres du personnel.

1. Négligences menaçant la sécurité de l'établissement. Constituent des fautes de nature à justifier une sanction les négligences et manquements d'un directeur d'établissement relatifs à la sécurité de l'établissement, à la gestion du personnel et à la santé des détenus sous sa responsabilité. Les manquements qui lui sont reprochés concernant la sécurité d'un établissement pénitentiaire dont la situation était déjà fragilisée par des évasions de détenus ainsi que les pratiques adoptées (sédation illégale d'un détenu) de nature à porter atteinte à la santé et aux droits des détenus dont il avait la responsabilité peuvent justifier le prononcé d'une sanction d'exclusion temporaire de 3 mois. • CAA Bordeaux, 12 mai 2022, ☎ n° 20BX01171.

2. Atteinte à la santé et aux droits des détenus. Le directeur d'établissement qui, pour prévenir un projet d'évasion, se livre illégalement à la sédation d'un détenu commet une faute de nature à porter atteinte à la santé et aux droits des détenus dont il avait la responsabilité. • CAA Bordeaux, 12 mai 2022, ☎ n° 20BX01171 : *préc. note 1.*

Art. D. 221-2 La sécurité intérieure des établissements pénitentiaires incombe au personnel de l'administration pénitentiaire.

Toutefois, lorsque la gravité ou l'ampleur d'un incident survenu ou redouté à l'intérieur d'un établissement ne permet pas d'assurer le rétablissement ou d'envisager le maintien de l'ordre et de la sécurité par les seuls moyens du personnel de surveillance, le chef de l'établissement pénitentiaire doit faire appel au chef du service local de police ou de gendarmerie et en rendre compte sur-le-champ au préfet. Il en est de même dans l'hypothèse d'une attaque ou d'une menace provenant de l'extérieur.

Les modalités de l'appel aux forces préposées au maintien de l'ordre et de l'intervention de celles-ci sont déterminées par une instruction de service et précisées, en ce qui concerne chaque établissement pénitentiaire, par un plan de protection et d'intervention dressé et tenu à jour sous l'autorité du préfet.

Art. D. 221-3 Toutes dispositions sont prises en vue de prévenir les évasions, notamment en ce qui concerne la disposition des locaux, la fermeture ou l'obturation des portes ou passages, le dégagement des couloirs et des chemins de ronde et leur éclairage. Tout aménagement ou construction de nature à amoindrir la sécurité des murs d'enceinte est interdit.

Art. R. 221-4 Aucun objet ou substance pouvant permettre ou faciliter un suicide, une agression ou une évasion, aucun outil dangereux en dehors du temps de travail ne peuvent être laissés à la disposition d'une personne détenue.

1. Protection de l'intégrité physique des personnes détenues. V. art. L. 7.

2. Mesures de contrôle et de retenue des biens. Une mesure de contrôle par l'administration pénitentiaire des équipements informatiques des détenus, eu égard à sa nature et à l'importance de ses effets sur la situation des détenus, ne constitue pas, en elle-même, un acte administratif susceptible de faire l'objet d'un recours pour excès de pouvoir. En revanche, la décision distincte de retenue de ces équipements qui en résulte le cas échéant constitue un acte administratif susceptible de faire l'objet d'un recours pour excès de pouvoir. • CE 9 nov. 2015, n° 383712 A : *AJDA 2016. 53, concl. Bretonneau*.

3. Traitement médicamenteux. L'art. L. 6112-1 CSP confie au service public hospitalier, dans des conditions définies par voie réglementaire, les examens de diagnostic et les soins dispensés aux détenus en milieu pénitentiaire. Il en résulte que la détermination du traitement médical des détenus et sa mise en œuvre relèvent de la seule compétence des personnels de santé, le chef d'établissement pouvant seulement s'opposer à ce qu'un détenu conserve à sa disposition des médicaments pour des raisons d'ordre et de sécurité. • CE 26 juill. 2018, n° 391551. ♦ Par suite, il ne peut être reproché à l'administration pénitentiaire d'avoir commis une faute en laissant le détenu gérer lui-même l'administration de ses médicaments alors qu'il était réticent à les prendre régulièrement. • Même arrêt. ♦ V. égal. • CAA Nancy, 20 déc. 2007, n° 07NC00119. ♦ En l'absence d'élément de nature à faire suspecter un risque de suicide, les services pénitentiaires n'ont pas commis de faute en s'abstenant de procéder à une fouille de la cellule à la recherche d'un éventuel stockage de médicaments potentiellement dangereux. • CAA Bordeaux, 19 nov. 2019, n° 17BX03998. ♦ La responsabilité de l'administration pénitentiaire ne peut être engagée dès lors que la possession par M. F. des médicaments découverts dans sa cellule n'avait pas de caractère irrégulier et qu'aucun motif de sécurité n'exigeait que ces médicaments lui soient retirés la nuit. • CAA Douai, 22 mars 2012, n° 11DA010115.

4. Responsabilité administrative. Alors même qu'aucune de ces circonstances ne revêt le caractère d'une faute lourde dans l'organisation ou le fonctionnement du service de surveillance des détenus, la cour a pu, sans entacher son arrêt d'une erreur de droit, juger que la responsabilité de l'État était susceptible d'être engagée à raison du décès d'un détenu à la suite de l'inhalation des fumées toxiques provenant des matelas que l'un de ses codétenus a enflammés. • CE 17 déc. 2008, n° 292088 B (ab. jur. • CE 3 oct. 1958, n° 34789 B). ♦ La responsabilité de l'État en cas de préjudice matériel ou moral résultant du suicide d'un détenu peut être recherchée pour faute des services pénitentiaires en raison notamment d'un défaut de surveillance ou de vigilance. • CE 26 juill. 2018, n° 391551. ♦ La faute de l'administration ne peut toutefois être retenue que s'il apparaît qu'elle n'a pas pris, compte tenu des informations dont elle disposait, en particulier sur les antécédents de l'intéressé, son comportement et son état de santé, les mesures que l'on pouvait raisonnablement attendre de sa part pour prévenir le suicide. • Même arrêt. • CE 10 nov. 2021, n° 448105. ♦ A supposer même que l'incendie déclenché par l'intéressé ait en réalité constitué une tentative de suicide, le comportement antérieur du détenu ne pouvait laisser présager l'imminence d'un passage à l'acte. Compte tenu des informations dont elle disposait, en particulier sur les antécédents de l'intéressé, son comportement et son état de santé, l'administration pénitentiaire n'a pas commis de faute de nature en le plaçant en cellule disciplinaire, d'une part, et en s'abstenant de lui retirer pour des motifs de sécurité le briquet et les produits de tabac dont il disposait. • CAA Marseille, 17 juill. 2020, n° 18MA01230. ♦ Sur le rejet du pourvoi concernant la décision de la CAA de Marseille, V. : • CE 16 nov. 2021, n° 448862.

Art. D. 221-5 L'entrée ou la sortie des sommes d'argent, correspondances ou objets quelconques n'est régulière que si elle est conforme aux dispositions du présent code et du règlement intérieur de l'établissement, défini aux articles L. 112-4 et R. 112-22, ou si elle a été expressément autorisée par le chef de l'établissement pénitentiaire dans le cas où celui-ci est habilité à le faire.

En toute hypothèse, les sommes, correspondances ou objets doivent être soumis au contrôle de l'administration.

Indépendamment des avis prévus par les dispositions de l'article D. 214-26, il est donné connaissance à l'autorité judiciaire, en vue de l'application éventuelle des pénalités prévues par les dispositions de l'article 434-35 du code pénal, de la découverte des sommes, correspondances ou objets qui seraient trouvés en possession des personnes détenues ou de leurs visiteurs et qui auraient été envoyés ou remis contrairement aux prescriptions des deux alinéas qui précèdent.

Art. D. 221-6 Le chef de l'établissement pénitentiaire détermine les modalités d'organisation du service des agents.

Sous l'autorité du chef de l'établissement pénitentiaire, le chef de détention ou celui de ses collaborateurs spécialement désigné à cet effet, détermine les activités à assurer. Il arrête chaque jour les divers locaux à contrôler et la programmation des rondes à effectuer. Il consigne sur un registre prévu à cet effet les recommandations spéciales faites aux surveillants, notamment pour signaler une personne détenue dangereuse ou à observer particulièrement.

CHAPITRE II AUTORISATIONS D'ACCÈS

Art. R. 222-1 Conformément aux dispositions de l'article R. 79 du code de procédure pénale, l'administration pénitentiaire est destinataire du bulletin n° 2 du casier judiciaire des personnes appelées à intervenir au sein des établissements pénitentiaires dans les conditions prévues par les dispositions de l'article R. 80 du même code.

Art. D. 222-2 Sous réserve des dispositions des articles D. 134-1 et D. 134-2, aucune personne étrangère au service ne peut être admise à visiter un établissement pénitentiaire sans une autorisation spéciale délivrée par le chef de l'établissement.

A moins d'une disposition expresse, cette autorisation ne confère pas à son bénéficiaire le droit de communiquer avec les personnes détenues de quelque manière que ce soit, même en présence de membres du personnel.

Sans préjudice des dispositions de l'article R. 57-6-17 du code de procédure pénale relatives au droit à l'image des personnes prévenues, une autorisation spéciale délivrée par le chef d'établissement est nécessaire pour effectuer à l'intérieur d'un établissement pénitentiaire des photographies, croquis, prises de vues et enregistrements sonores se rapportant à la détention.

Art. D. 222-3 Les personnes étrangères au service d'un établissement pénitentiaire ne peuvent pénétrer à l'intérieur de celui-ci qu'après avoir justifié de leur identité et de leur qualité et après s'être soumises aux mesures de contrôle réglementaires.

La pièce d'identité produite par les personnes qui n'ont pas autorité dans l'établissement pénitentiaire ou qui n'y sont pas en mission, peut être retenue pour leur être restituée seulement au moment de leur sortie.

Art. D. 222-4 Un registre est tenu, dans chaque établissement pénitentiaire, sur lequel doivent être obligatoirement inscrits les nom et qualité de toute personne entrant ou sortant ainsi que l'heure et le motif de son entrée ou de sa sortie.

Seuls n'ont pas à figurer sur ce registre les noms des fonctionnaires logés à l'établissement ou des membres de leur famille vivant avec eux.

CHAPITRE III MOYENS DE CONTRÔLE ET DE SURVEILLANCE

SECTION 1 Dispositifs techniques

Art. R. 223-1 Conformément aux dispositions de l'article L. 223-1, aux fins de prévenir les évasions et d'assurer la sécurité et le bon ordre des établissements pénitentiaires ou des établissements de santé destinés à recevoir des personnes détenues, les agents individuellement désignés et habilités appartenant à l'administration pénitentiaire peuvent être autorisés à procéder à la mise en œuvre des techniques de recueil de renseignement lors de l'utilisation de matériels de communication électroniques ou de moyens informatiques par les personnes détenues, en vue d'assurer le bon ordre et notamment d'en prévenir les usages illicites prévus par les dispositions des articles R. 223-2 et suivants.

Dans les conditions prévues par les dispositions des articles R. 223-7, les personnes détenues sont informées de la possibilité de la mise en œuvre de ces techniques sur les terminaux et systèmes dont l'utilisation est autorisée.

Par une notification remise contre signature les informant également des voies de recours, les personnes détenues sont informées de la possibilité de la mise en œuvre des mêmes techniques sur des matériels et moyens dont la détention est illicite ainsi que de leur destruction, à l'issue d'une durée de quatre-vingt-dix jours, sauf si l'exploitation de ces données conduit à l'ouverture d'une procédure judiciaire au dossier de laquelle ils sont alors versés.

Art. R. 223-2 L'autorisation prévue par les dispositions des articles L. 223-1 et L. 223-2 est délivrée par le garde des sceaux, ministre de la justice ou, par délégation, par le chef du service auquel les agents appartiennent. Elle mentionne la ou les techniques que ces agents sont autorisés à mettre en œuvre.

Art. R. 223-3 Les réseaux de communications électroniques sur lesquels est autorisée la mise en œuvre de la technique mentionnée par les dispositions du 1° de l'article L. 223-1 sont désignés par décision du garde des sceaux, ministre de la justice.

La mise en œuvre de la technique mentionnée par les dispositions du 2° du même article fait l'objet d'une décision de l'administration pénitentiaire pour chaque équipement ou système concerné.

Art. R. 223-4 La décision de l'administration pénitentiaire de mettre en œuvre la technique mentionnée par les dispositions du 2° de l'article L. 223-1 ainsi que la destruction du matériel découvert à l'issue du délai prévu au troisième alinéa de l'article L. 223-2 sont notifiées à la personne détenue intéressée par la détention illicite d'un matériel par un document écrit remis contre signature.

Cette décision précise :

1° La nature du support des données concernées ;

2° Le motif des mesures ;

3° Les voies et délais de recours ouvertes devant les juridictions administratives au titre de la mise en œuvre des techniques par l'administration pénitentiaire.

Art. R. 223-5 La mise en œuvre des techniques mentionnées par les dispositions de l'article L. 223-1 et régies par la présente sous-section donne lieu à l'établissement d'un relevé mentionnant, outre les informations prévues par les dispositions de l'alinéa 1er de l'article L. 223-3, les informations suivantes :

1° La ou les techniques mises en œuvre ;

2° Le nom des agents intervenant dans la mise en œuvre et le service auquel ils appartiennent ;

3° Le ou les motifs des mesures ;

4° La ou les personnes détenues intéressées ;

5° L'information donnée à la personne intéressée ;

6° Le nom du rédacteur du relevé.

Ce relevé est conservé au sein du service mettant en œuvre la technique. Ce relevé est tenu à la disposition du procureur de la République.

Art. R. 223-6 Les opérations de destruction des données collectées, de transcription et d'extraction sont effectuées par des agents mentionnés par les dispositions de l'article R. 223-2. Elles font l'objet d'un relevé tenu à la disposition du procureur de la République précisant :

1° La date de ces opérations ;

2° L'identité de la ou des personnes détenues intéressées ;

3° La nature du ou des supports des données concernées ;

4° Le nom des agents prenant part à la destruction et celui du rédacteur du relevé.

Art. R. 223-7 Les dispositions des articles L. 223-1 à L. 223-5 sont affichées dans l'établissement pénitentiaire dans des conditions permettant à l'ensemble des personnes détenues d'en avoir connaissance.

SECTION 2 Contrôle des cellules et de la présence des personnes détenues

Art. D. 223-8 Hormis les cas prévus par les dispositions des articles D. 136 et D. 145 du code de procédure pénale, les personnels pénitentiaires doivent être constamment en mesure de s'assurer de la présence effective des personnes détenues.

Pendant la nuit, les cellules doivent pouvoir être éclairées en cas de besoin. Personne ne doit y pénétrer en l'absence de raisons graves ou de péril imminent. En toute hypothèse, l'intervention de deux membres du personnel au moins est nécessaire, ainsi que celle d'un gradé, s'il y en a un en service de nuit.

Art. D. 223-9 La présence de chaque personne détenue est contrôlée au moment du lever et du coucher, ainsi que deux fois par jour au moins, à des heures variables.

Art. D. 223-10 Des rondes sont faites après le coucher des personnes détenues et au cours de la nuit, suivant un horaire fixé et quotidiennement modifié par le chef de détention, sous l'autorité du chef de l'établissement pénitentiaire.

SECTION 3 Répertoire des personnes détenues particulièrement signalées

Art. D. 223-11 En vue de la mise en œuvre des mesures de sécurité adaptées, le garde des sceaux, ministre de la justice, décide de l'inscription et de la radiation des personnes détenues au répertoire des personnes détenues particulièrement signalées dans des conditions déterminées par instruction ministérielle.

Instruction ministérielle du 11 janvier 2022,

Relative au répertoire des détenus particulièrement signalés (DPS).

1 LA PROCÉDURE D'INSCRIPTION OU DE MAINTIEN AU RÉPERTOIRE DES DÉTENUS PARTICULIEREMENT SIGNALÉS

1.1 *Les critères d'inscription et de maintien au répertoire des DPS*

Les personnes détenues susceptibles d'être inscrites ou maintenues au répertoire des DPS sont celles dont au moins l'un des critères suivants est rempli :

1. appartenant à la criminalité organisée locale, régionale, nationale ou internationale ou aux mouvances terroristes, appartenance établie par la situation pénale, par un signalement des autorités judiciaires et administratives ou des forces de sécurité intérieure ;
2. signalées ou ayant été signalées pour une évasion réussie, tentée ou projetée depuis un établissement pénitentiaire ou à l'occasion d'une extraction, d'un transfert administratif ou d'une translation judiciaire ;
3. susceptibles de mobiliser par tout moyen, un soutien humain, logistique ou financier extérieur en vue de s'évader et/ou de causer un trouble grave au bon ordre de l'établissement ;
4. dont la soustraction à la justice, en raison de leurs personnalités et/ou des faits pour lesquels elles sont écrouées pourraient avoir un impact important sur l'ordre public ;
5. susceptibles d'actes de grandes violences, ou ayant commis des atteintes graves à la vie d'autrui, des viols, actes de torture et de barbarie ou prises d'otage en établissement pénitentiaire ;
6. signalées ou ayant été signalées pour avoir été à l'initiative d'un mouvement collectif, d'une mutinerie ou d'actes de dégradations de grande ampleur en établissement, ou d'avoir participé à plusieurs reprises à de tels incidents.

1.2 *La procédure ordinaire d'inscription ou de maintien au répertoire des DPS*

1.2.1 *L'autorité compétente*

• L'autorité de mise en œuvre : l'établissement d'affectation de la personne DPS

La réalisation de la procédure est effectuée par l'établissement d'affectation de la personne DPS. L'établissement se doit de respecter scrupuleusement la procédure telle que décrite dans la présente circulaire et ses annexes.

• L'autorité garante de la procédure : la direction interrégionale de services pénitentiaires (DISP)

La DISP est l'autorité de contrôle, compétente pour s'assurer de la bonne mise en œuvre de la procédure DPS dans son intégralité. Dès réception des pièces relatives à la procédure d'un DPS, la DISP doit contrôler la forme et le fond des différents supports.

• L'autorité décisionnaire : l'administration centrale de la direction de l'administration pénitentiaire (DAP).

La décision d'inscription ou de maintien au répertoire des DPS relève de la compétence du garde des Sceaux, ministre de la justice en application de l'article D. 276-1 du code de procédure pénale.

Par délégation, l'administration centrale de la DAP est chargée de l'instruction et des décisions d'inscription et de maintien, le cas échéant, au répertoire des DPS à l'aune des signalements et des éléments communiqués par les services déconcentrés (DISP et établissements).

1.2.2 *La consultation de la commission DPS*

1.2.2.1 Réunion de la commission

La commission DPS se réunit au sein de chaque établissement dans lequel sont écrouées des personnes faisant l'objet d'une demande d'inscription ou déjà inscrites au répertoire des DPS. Elle se tient à l'initiative du chef d'établissement qui procède à la convocation de l'ensemble de ses membres au moyen du formulaire dédié (annexe 1).

Principe de la tenue physique de la commission : les membres de la commission DPS doivent, dans la mesure du possible, se réunir physiquement dans l'établissement. Cette réunion, en favorisant les échanges et le partage des informations sur la situation des personnes détenues identifiées, permet de répondre à l'exigence de motivation de la synthèse des avis.

Possible recours à la visioconférence : il peut être recouru à la visioconférence si l'un des membres de la commission DPS fait état de son impossibilité de se déplacer à l'établissement pénitentiaire.

La feuille de présence (annexe 2) devra mentionner l'utilisation de ce moyen de télécommunication en indiquant la date, l'heure ainsi que les personnes participant à la visioconférence.

Si la visioconférence n'est pas possible, l'avis écrit est recueilli en dernier recours.

1.2.2.2 Composition

Les membres de cette commission sont :

— le chef d'établissement pénitentiaire ou son représentant, qui préside, le procureur de la République ou son représentant,

— le procureur national antiterroriste ou son représentant, le préfet ou son représentant,

— le directeur interrégional des services pénitentiaires ou son représentant,

— un représentant de chacun des services de police exerçant leurs activités dans le ressort du tribunal, le commandant du groupement de gendarmerie départemental ou son représentant,

— le délégué ou le correspondant local du renseignement pénitentiaire,

— pour les personnes détenues prévenues, le magistrat saisi du dossier de la procédure au sens de l'article R. 57-5 du code de procédure pénale,

— pour les personnes détenues condamnées pour des infractions autres que celles prévues en matière de terrorisme *[art. 706-16 C. pr. pén.]*, le juge de l'application des peines territorialement compétent dans le ressort de l'établissement pénitentiaire,

— pour les personnes détenues condamnées pour des infractions en matière de terrorisme, le juge de l'application des peines en matière de terrorisme OAPAT),

— pour les personnes détenues condamnées par une juridiction locale pour une infraction de nature terroriste (en pratique, cette hypothèse vise principalement les condamnations prononcées du chef d'apologie du terrorisme), le juge de l'application des peines territorialement compétent dans le ressort de l'établissement pénitentiaire *[art. 706-22-1 C. pr. pén.]*.

1.2.2.3 Périodicité

La commission se réunit au moins une fois par année civile pour examiner les demandes d'inscription de personnes détenues au répertoire des DPS ainsi que la situation de l'ensemble des personnes détenues déjà inscrites au répertoire et hébergées au sein de l'établissement.

L'échéancier de l'examen de ces situations est fixé par l'administration centrale de la DAP. Le directeur interrégional des services pénitentiaires veille à la tenue de ces commissions.

1.2.2.4 Avis

Avant la tenue de la commission, le greffe de l'établissement renseigne la première partie des formulaires de proposition d'inscription ou de réexamen de la situation d'une personne détenue déjà inscrite au répertoire des DPS annexés à la présente circulaire (parties relatives à l'établissement, date, identification et situation pénale de la personne détenue figurant dans l'annexe 1).

Au cours de la réunion, les membres de la commission formulent un avis motivé sur l'opportunité de l'inscription, du maintien ou de la radiation d'une personne détenue au répertoire des DPS en tenant compte des critères définis au paragraphe 1.1 de la présente instruction. Ils renseignent la partie les concernant dans le formulaire précité, en y apposant la date, leur identité, leur qualité et leur signature.

En cas de recours à la visioconférence, le chef d'établissement retranscrit les avis émis par les membres non présents physiquement.

Suite à la réunion de la commission DPS, le chef d'établissement rédige une synthèse des avis des membres de la commission ainsi que de tous les éléments de nature à apprécier la pertinence de l'inscription, du maintien ou de la radiation au répertoire des DPS (annexe 2).

Il propose ensuite l'inscription, le maintien ou la radiation à la faveur de la majorité des avis émis (annexe 2). En aucun cas, il ne peut aller à l'encontre de cette majorité. En cas d'égalité, le chef d'établissement a voix prépondérante pour départager les avis.

1.2.3 *La mise en œuvre de la procédure contradictoire préalable (art. L. 121-1 à L. 122-2 du CRPA)*

1.2.3.1 Le principe

La procédure contradictoire doit permettre à la personne détenue d'avoir connaissance de la synthèse des avis rédigée par le chef d'établissement, de faire valoir ses observations sur la proposition d'inscription ou de maintien au répertoire des DPS mais aussi d'être informée des conséquences d'une inscription (annexe 3) ou d'un maintien (annexe 4) au répertoire des DPS (mesures de surveillance applicables, compétence en matière d'affectation et d'orientation, etc.).

Les modalités de la procédure contradictoire décrites dans la circulaire du 9 mai 2003 sur l'application pour l'administration pénitentiaire de l'article 24 de la loi n° 2000-321 du 12 avril 2000 relative aux droits des citoyens dans leurs relations avec les administrations trouvent application dans ce cadre. Si l'article 24 de la loi n° 2000-321 du 12 avril 2000 a été codifié aux articles L. 121-1 à L. 122-2 du CRPA, les dispositions de la circulaire de 2003 demeurent applicables *[art. L. 121-1 CRPA : Exception faite des cas où il est statué sur une demande, les décisions individuelles qui doivent être motivées en application de l'art. L. 211-2, ainsi que les décisions qui, bien que non mentionnées à cet article, sont prises en considération de la personne, sont soumises au respect d'une procédure contradictoire préalable ; art. L. 122-2 CRPA : les dispositions de l'art. L. 121-1 ne sont pas applicables :*

1° En cas d'urgence ou de circonstances exceptionnelles ;

2° Lorsque leur mise en œuvre serait de nature à compromettre l'ordre public ou la conduite des relations internationales ;

3° Aux décisions pour lesquelles des dispositions législatives ont instauré une procédure contradictoire particulière ;

4° Aux décisions prises par les organismes de sécurité sociale et par l'institution visée à l'art. L. 5312-1 C. trav., sauf lorsqu'ils prennent des mesures à caractère de sanction.

Les dispositions de l'art. L. 121-1, en tant qu'elles concernent les décisions individuelles qui doivent être motivées en application de l'art. L. 211-2, ne sont pas applicables aux relations entre l'administration et ses agents.].

1.2.3.2 La mise en œuvre

Lorsque la commission émet un avis d'inscription ou de maintien au répertoire des DPS, la procédure contradictoire doit être mise en œuvre.

Lorsque la commission émet un avis de radiation du répertoire des DPS. Il n'est pas utile de mettre en œuvre la procédure contradictoire. Dans ce cas, l'avis de la commission, la synthèse des avis et l'ensemble des pièces doivent être adressés à l'administration centrale de la direction de l'administration pénitentiaire. Néanmoins, lorsque le ministre de la justice envisage, malgré une proposition de radiation de la commission, le maintien d'une personne détenue au répertoire des DPS, il émet un avis motivé à la suite et une procédure contradictoire doit être mise en œuvre au sein de l'établissement pénitentiaire (annexe 5).

1.2.3.3 Les étapes de la procédure contradictoire

1.2.3.3.1 *Information de la personne détenue (annexes 3, 4, 5)*

Le chef d'établissement informe la personne détenue des motifs qui fondent la proposition d'inscription (annexe 3), de maintien (annexe 4) ou d'avis aux fins de maintien par le ministre de la justice (annexe 5) afin qu'elle puisse en prendre connaissance et présenter, le cas échéant, ses observations.

Pour faciliter cette information, les trois formulaires dédiés (annexes 3, 4 et 5) sont obligatoirement utilisés, en fonction de l'orientation de la proposition.

Il s'agit d'y exposer les informations personnalisées, actualisées, circonstanciées, reposant sur des éléments objectifs et vérifiables (exemples : risque d'évasion, intensité de l'atteinte à l'ordre public que la personne détenue pourrait engendrer, comportement particulièrement violent en détention de l'intéressée) justifiant la proposition d'inscription ou de maintien.

1.2.3.3.2 *Accusé réception par la personne détenue (annexe 6)*

La personne détenue accuse réception de cette information et fait connaître ses choix quant à son souhait de consulter son dossier, de présenter des observations écrites et/ou orales et d'être assistée ou représentée par un défenseur à cette fin.

1.2.3.3.2.1 *Consultation du dossier de la procédure*

Si la personne détenue ne souhaite pas consulter son dossier, elle doit tout de même indiquer si elle souhaite présenter des observations écrites et/ou orales et être assistée ou représentée par un défenseur.

Si la personne détenue souhaite consulter son dossier, elle doit être mise en mesure, et son défenseur le cas échéant, de consulter notamment les éléments suivants :

• la synthèse des avis établie par le chef d'établissement ;

• la fiche pénale ;

• le cas échéant, les antécédents disciplinaires ;

• le cas échéant, les pièces fondant la décision envisagée, à l'exception des avis motivés des membres de la commission ;

• lorsque le ministre de la justice n'entend pas suivre la proposition de radiation de la commission, son avis motivé tendant au maintien au répertoire des DPS.

L'administration centrale de la DAP peut toutefois décider de ne pas communiquer à l'intéressé ou à son défenseur, les informations ou documents en sa possession lorsqu'ils contiennent des éléments pouvant porter atteinte à la sécurité des établissements pénitentiaires ou des personnes (art. R. 57-6-9 du CPP), notamment dans un objectif de protection des sources et de respect du secret de l'enquête et de l'instruction (art. 11 du CPP).

Afin de conserver la traçabilité de cette consultation, il est demandé que l'établissement fasse dater et signer à la personne détenue un bordereau de consultation des pièces (annexe 10).

1.2.3.3.2.2 *Observations, représentation et assistance par un défenseur*

Si la personne détenue choisit de ne pas présenter d'observations, la procédure contradictoire prend fin.

Si la personne détenue choisit de présenter des observations, celles-ci peuvent être de deux ordres, écrites et/ou orales :

• écrites : les observations écrites sont recueillies sur un support papier puis jointes au dossier de la procédure transmis à l'administration centrale de la DAP. Dans tous les cas, la personne détenue doit disposer d'un délai suffisant pour préparer ses observations écrites, qui ne peut être inférieur à trois heures à compter du moment où elle a été mise en mesure de consulter son dossier (art. R. 57-6-9 du CPP). La procédure contradictoire s'arrête ici si la personne détenue ne souhaite pas faire d'observation orale.

• orales : il est alors nécessaire d'organiser un débat contradictoire.

La personne détenue qui choisit de présenter des observations écrites et/ou orales indique également sur l'accusé de réception si elle souhaite à cette occasion être assistée ou représentée par un défenseur. Il peut s'agir d'un avocat choisi ou désigné par le bâtonnier ou encore d'un mandataire agréé (art. R. 57-6-9 du CPP). Les frais d'avocat ne sont pas pris en charge au titre de l'aide juridictionnelle.

1.2.3.3.2.3 *Organisation du débat contradictoire*

Dans l'hypothèse où la personne détenue souhaite présenter des observations orales, il appartiendra au chef d'établissement ou à son représentant de la convoquer et de la recevoir dans le cadre d'un débat (annexe 7).

Si la personne détenue a choisi d'être assistée ou représentée par un avocat ou un mandataire agréé, celui-ci est convoqué par l'établissement pour participer au débat (annexe 8).

Dans tous les cas, la personne détenue doit disposer d'un délai suffisant pour préparer ses observations orales. Il est souhaitable que ce délai soit dans la mesure du possible d'au moins 8 jours à partir du moment où la personne détenue a été mise en mesure de consulter son dossier, en présence de son avocat ou mandataire agréé, si elle en a fait la demande.

Les observations orales de la personne détenue et, le cas échéant, de son défenseur sont recueillies lors de ce débat sur le formulaire adéquat daté et signé par elle et son défenseur (formulaire "compte rendu des observations de la personne détenue et le cas échéant de son défenseur") puis jointes au dossier transmis à l'administration centrale de la DAP (annexe 9).

1.2.4 *Transmission du dossier de la procédure*

A l'issue de la procédure contradictoire, l'ensemble des pièces du dossier est transmis à l'administration centrale de la DAP. Les pièces devant être jointes à tout dossier sont les suivantes :

Les renseignements relatifs à l'identification de la personne détenue (annexe 2) ;

Les renseignements relatifs à la situation pénale de la personne détenue (fiche pénale actualisée et bulletin n° 1 du casier judiciaire tel que prévu à l'article D. 77 du code de procédure pénale, si l'établissement en a été rendu destinataire par le ministère public) (annexe 2) ;

Les renseignements relatifs aux critères d'inscription ou de maintien (annexe 2) ;

Les avis des membres de la commission DPS (annexe 2) ;

La synthèse des avis rédigée par le chef d'établissement (annexe 2) ;

La feuille de présence des membres de la commission DPS (annexe 2) ;

La mise en œuvre de la procédure contradictoire (annexes 3 à 10) ;

La fiche DPS si la personne détenue est déjà inscrite (annexe 11) ;

Les procédures disciplinaires (compte rendu d'incidents, rapport d'enquête, décision du président de la commission de discipline) ainsi que tout autre élément utile peuvent également faire l'objet d'une transmission à l'administration centrale de la direction de l'administration pénitentiaire.

Les pièces originales de la procédure sont conservées au greffe de l'établissement dans le dossier individuel de la personne détenue (sous cote DPS).

1.2.5 *Édiction de la décision d'inscription ou de maintien au répertoire des DPS*

La décision d'inscription ou de maintien au répertoire DPS est prise sur délégation par le directeur de l'administration pénitentiaire qui peut lui-même déléguer sa compétence au sein de l'administration centrale de la direction de l'administration pénitentiaire.

Cette décision, qui impose des sujétions à la personne détenue, doit être motivée en droit et en fait en application de l'article L. 211-2 du CRPA. Il s'agit ici de préciser les motifs personnalisés, actualisés et circonstanciés justifiant l'inscription ou le maintien au répertoire DPS de la personne détenue, sur le fondement d'éléments objectifs et vérifiables.

1.2.6 *Notification de la décision d'inscription ou de maintien d'inscription au répertoire des DPS*

La décision d'inscription ou de maintien au répertoire des DPS est notifiée (annexe 3, 4 et 5) à la personne détenue à l'établissement puis transmise par la direction interrégionale à l'administration centrale de la DAP.

1.3 *La procédure d'urgence d'inscription au répertoire DPS*

Le chef d'établissement, la direction interrégionale ainsi que toute autorité administrative ou judiciaire peut signaler, en tenant compte des critères définis au paragraphe 1.1 de la présente instruction, une personne détenue à l'administration centrale de la DAP en utilisant le formulaire dédié (annexe 12).

Si des mesures particulières doivent être immédiatement prises à l'égard de celle-ci, il est possible de procéder à son inscription, en urgence, au répertoire des DPS. La procédure d'inscription en urgence au répertoire des DPS est dès lors diligentée par l'administration centrale de la DAP.

Conformément aux dispositions de l'article L. 121-2 du CRPA, il n'est pas nécessaire de mettre en œuvre la procédure contradictoire préalablement à la prise de décision, dès lors qu'une situation d'urgence ou des circonstances exceptionnelles sont établies ou que la mise en œuvre du contradictoire serait de nature à compromettre l'ordre public.

La décision devra alors mentionner les motifs pour lesquels la procédure contradictoire n'est pas applicable (urgence, circonstances exceptionnelles ou risque de trouble à l'ordre public) et donner des éléments circonstanciés au cas d'espèce.

En outre, la décision devra dans tous les cas être formalisée et motivée en droit et en fait (indications des motifs justifiant l'inscription au répertoire DPS), puis notifiée à la personne détenue.

Dans un délai des jours ouvrables à l'issue de cette décision, l'avis écrit des membres de la commission des DPS est sollicité, par tout moyen utile, par le chef d'établissement pénitentiaire.

Au vu des avis recueillis, le ministre de la justice peut être amené à réexaminer la décision prise.

2 LA PROCÉDURE DE RADIATION DU RÉPERTOIRE DES DPS

La décision de radiation du répertoire des DPS peut intervenir d'office, sur initiative de l'administration centrale de la DAP ou à la demande de la personne détenue. Elle doit se traduire par le retrait de la mention DPS figurant sur les documents contenus dans son dossier individuel.

2.1 *L'autorité compétente*

La décision de radiation au répertoire des DPS relève de la compétence du garde des Sceaux, ministre de la justice en application de l'article D. 276-1 du code de procédure pénale.

Le directeur de l'administration pénitentiaire, agissant sur délégation du ministre, peut lui-même déléguer cette compétence au sein de l'administration centrale de la DAP.

2.2 *La radiation d'office*

Le ministre de la justice procède d'office à une radiation du répertoire des DPS lorsque la personne détenue :

— décède ;

— bénéficie d'une remise en liberté ;

— bénéficie d'un aménagement de peine ;

— bénéficie d'une extradition judiciaire (hors cas de remise temporaire).

A cet égard, l'administration centrale de la DAP doit être informée sans délai par les directions interrégionales de la survenance de l'un de ces événements.

Toute pièce justificative relative à l'un des motifs de radiation mentionné *[mentionnés]* ci-dessus devra être transmise à l'administration centrale de la DAP dans le cadre de cette information.

Dans ce cas, il n'y a pas lieu de mettre en œuvre la procédure contradictoire.

La décision de radiation prise en dehors de la tenue de la commission est notifiée à l'intéressée, si elle est encore sous écrou (annexe n° 13).

La décision est transmise par l'administration centrale de la DAP aux autorités concernées.

2.3 *La radiation liée à la disparition des critères d'inscription*

Les personnes détenues qui ont été inscrites au répertoire des DPS doivent être radiées lorsque les critères visés au point 1.1 qui avaient motivé leur inscription ont disparu. Toute décision de radiation est transmise aux autorités compétentes et impose la réunion de la commission DPS.

Deux hypothèses peuvent se présenter :

— la disparition des critères est constatée lors de la réunion annuelle de la commission DPS qui émet un avis de radiation du répertoire des DPS :

la procédure de radiation est identique à celle de l'inscription ou du maintien telle que décrite au point 1.2 et sera examinée par l'administration centrale de la DAP.

Néanmoins, lorsque le ministre de la justice envisage, malgré une proposition de radiation de la commission, le maintien d'une personne détenue au répertoire des DPS, une procédure contradictoire doit être mise en œuvre au sein de l'établissement (annexe 5).

— la disparition des critères est constatée en dehors de la réunion annuelle de la commission DPS :

le chef d'établissement doit recueillir les avis, par tout moyen, des membres de la commission DPS et les transmettre, par l'intermédiaire de la direction interrégionale, à l'administration centrale de la DAP.

2.4 *La radiation à la demande de la personne détenue*

La personne détenue inscrite au répertoire des DPS peut, à tout moment, saisir le ministre de la justice d'une demande tendant à sa radiation du répertoire. Dans l'hypothèse où le chef d'établissement est destinataire d'une telle demande, il lui appartient de la transmettre, par l'intermédiaire de la direction interrégionale, à l'administration centrale de la DAP et d'informer le demandeur de cette transmission.

L'administration centrale de la DAP accuse ensuite réception de cette demande, avec mention des voies et délais de recours (annexe 13). Le silence gardé pendant deux mois par l'administration pénitentiaire vaut décision implicite de rejet en application du décret n° 2014-1292 du 23 octobre 2014.

3 L'AFFECTATION ET LE TRANSFÈREMENT DES DPS

3.1 *Les règles de compétence générales*

Les règles générales relatives aux transfèrements des personnes détenues sont applicables aux DPS et doivent garantir la préservation de leurs droits.

3.2 *Les règles de compétence spécifiques*

Le ministre de la justice dispose d'une compétence exclusive pour :

— les décisions d'affectation des DPS condamnés (art. D. 80 alinéa 3 du CPP) ;

— les décisions de changement d'affectation des DPS condamnés (art. D. 82 alinéa 5 du CPP) ;

— les décisions de transfèrement administratif de tout détenu d'une région pénitentiaire à une autre et les décisions de transfèrement vers ou à partir d'une maison centrale ou d'un quartier maison centrale. S'il s'agit de prévenus, il ne peut être procédé à leur transfert qu'après information du magistrat saisi du dossier de la procédure et qu'à défaut d'opposition de celui-ci dans un délai de huit jours à compter de la réception de cette information (art. D. 300 du CPP) ;

— les décisions de transfert pour rapprochement familial à la demande des DPS prévenus dont l'instruction est achevée et qui attendent leur comparution devant la juridiction de jugement, après avis conforme du magistrat saisi du dossier de la procédure (art. R. 57-8-7 alinéa 4 du CPP).

L'orientation des DPS doit être privilégiée :

— en maison centrale s'ils sont condamnés ;

— en maison d'arrêt ou quartier maison d'arrêt s'ils sont prévenus.

4 LA GESTION DES DPS AU SEIN DES ÉTABLISSEMENTS PÉNITENTIAIRES

Au-delà des éléments de sécurité passive des établissements pénitentiaires accueillant des DPS, il convient de mettre en œuvre des modalités de prise en charge adaptées, qui supposent au préalable une bonne connaissance de ces personnes détenues et des consignes qui leur sont applicables.

4.1 *Les modalités de gestion des DPS et le suivi*

Le chef d'établissement s'assure des modalités de gestion et du suivi DPS à l'égard de l'établissement, de la direction interrégionale, de l'administration centrale de la DAP et des partenaires institutionnels.

4.1.1 *La diffusion des consignes particulières de signalement*

4.1.1.1 Les supports

4.1.1.1.1 *Rédaction d'une note de gestion générale*

Les établissements accueillant des DPS rédigent une note de gestion générale déclinant les modalités de prise en charge applicables à l'ensemble des DPS. Cette note de gestion intègre :

— les actions à réaliser par chacun des services concernés à l'arrivée d'un DPS ; les modalités de prise en charge des DPS ;

— les modalités du partage des informations relatives aux DPS ;

— les mesures de sécurité qui leur sont applicables, notamment en cas d'incident, dans le respect du plan opérationnel intérieur (POi).

Elle est portée à la connaissance des personnels et est régulièrement rappelée par l'encadrement (passations de consignes, briefings ou réunions de synthèse).

Elle est actualisée aussi souvent que nécessaire.

4.1.1.1.2 *Rédaction d'une note individuelle de gestion*

4.1.1.1.2.1 *Dès l'écrou d'un DPS (initial ou courant) ou de l'inscription d'une personne détenue au répertoire des DPS*

Le chef d'établissement diffuse une note individuelle de gestion :

— rappelant les éléments figurant dans la note générale ;

— précisant, le cas échéant, les mesures complémentaires qui lui sont spécifiquement applicables, en raison de sa dangerosité particulière.

— elle est portée à la connaissance des personnels par tout moyen (passations de consignes, briefings ou réunions de synthèse).

Toutes les mesures propres à permettre l'identification du DPS par les personnels sont prises :

— vérification de l'existence de la mention "DPS" sur le dossier individuel, et notamment sur le dossier pénal et le dossier "détention" ;

— saisie *a minima* des consignes et signalements (C/S) intitulées "DPS", "surveillance spécifique renforcée" et "niveau d'escorte" dans le logiciel GENESIS, lequel doit être de niveau 3 ou de niveau 4 ;

— saisie de la mention "DPS" dans la partie "information judiciaire" par le greffe ;

— édition ou actualisation du trombinoscope des DPS et mise à disposition des postes protégés chargés de leur surveillance ;

— édition ou actualisation des photos des façades des bâtiments sur lesquelles sont indiquées les cellules dans lesquelles les DPS sont affectés ; documents consultables au sein des postes protégés.

4.1.1.1.2.2 *Au cours de la détention*

Il importe d'actualiser *a minima* une fois par mois les éléments d'identification des DPS décrits ci-dessus ainsi que leurs modalités de prise en charge.

Ainsi :

— le trombinoscope est actualisé régulièrement pour prendre en compte les changements d'apparence notables des personnes détenues DPS ;

— les photos des façades des bâtiments sur lesquelles sont indiquées les cellules hébergeant des DPS sont mises à jour chaque fois que ceux-ci en changent et chaque fois que nécessaire ;

— les notes individuelles de gestion et les consignes et signalements correspondants le cas échéant.

Les notes individuelles applicables aux DPS sont régulièrement rappelées par l'encadrement aux personnels de surveillance. A cet effet, le temps du passage des consignes lors de leur prise de service doit constituer un moment privilégié.

4.1.1.2 Les modalités de communication

4.1.1.2.1 *Avant l'arrivée du DPS à l'établissement*

Dès lors que le transfèrement d'un DPS est décidé, la direction interrégionale informe l'établissement d'accueil et lui transmet, en lien avec l'administration centrale de la DAP, tout élément d'information utile relatif :
— aux motifs de l'inscription ou du maintien au répertoire des DPS ;
— aux circonstances et motivations du transfèrement ;
— aux modalités de prise en charge attendues sur le nouvel établissement.
En cas de changement de direction interrégionale, cette information doit être complétée d'une prise de contact entre les directions interrégionales de départ et d'accueil, et entre les établissements afin de permettre à la direction interrégionale et au chef d'établissement d'accueil de disposer de toute information utile à un accueil et une prise en charge adaptés (comportement en détention, modalités de gestion, le cas échéant isolement).

4.1.1.2.2 *Lors de l'écrou d'un DPS (initial ou courant) dans l'établissement ou de l'inscription d'une personne détenue au répertoire des DPS*

Le chef d'établissement ou ses adjoints, les officiers pénitentiaires ou tout personnel gradé assurant la continuité du service les nuits, week-ends et jours fériés, sont immédiatement informés de l'écrou d'un DPS.
La pertinence des modalités de gestion et des mesures de sécurité applicables aux DPS est fréquemment réévaluée, notamment à l'occasion des instances ci-dessous décrites ; elles sont renforcées ou allégées en fonction de l'évolution de la situation.

4.1.2 *L'observation et le partage d'informations*

L'observation et le partage d'informations constituent un axe essentiel afin d'adapter constamment les modalités de prise en charge des DPS.

4.1.2.1 Les observations des agents dans le logiciel GENESIS

Chaque jour, les agents désignés pour la prise en charge de la surveillance des DPS, quel que soit le secteur concerné, doivent faire état de leurs observations dans le logiciel GENESIS concernant :
— leurs comportements avec les personnels et les partenaires ;
— leurs relations en détention et le positionnement qu'ils adoptent vis-à-vis des autres personnes détenues ;
— leurs demandes d'échanges et de dons ;
— les liens qu'ils entretiennent avec l'extérieur ; leurs habitudes de vie en détention ;
— leurs changements de comportement et les changements d'apparence ;
— les éléments d'information importants recueillis à l'occasion des contrôles des communications écrites et téléphoniques et des mandats ;
Au-delà de ces observations, ils signalent sans délai à leur hiérarchie toute information présentant un caractère sensible et/ou urgent.
L'encadrement intermédiaire traite et valide ces observations, de même qu'il porte toute information utile à la connaissance du chef d'établissement ou de son représentant (chef de service pénitentiaire ou officier) et s'assure des suites à donner soit en termes de mesures à prendre, soit en termes de transmission d'informations.

4.1.2.2 Les instances d'échanges

A minima, chaque mois, la situation des DPS est analysée en commission pluridisciplinaire unique (CPU) sécurité/dangerosité, en vue d'évaluer la nécessité de faire évoluer ou non leurs mesures de surveillance et de contrôle ainsi que leur niveau d'escorte.
Si ces mesures doivent être modifiées en urgence, sans attendre la réunion de la CPU, cette dernière est informée des décisions prises dès la réunion suivante.
Chaque année, le chef d'établissement réunit la commission DPS, dans les conditions définies au point 1.2.2.

4.1.2.3 L'information des partenaires de l'administration pénitentiaire

Dès l'écrou d'un DPS (initial ou courant) ou de l'inscription d'une personne détenue au répertoire des DPS, les autorités judiciaires et préfectorales ainsi que les personnels hospitaliers sont informés afin de permettre une plus grande réactivité en cas de nécessité de procéder à une extraction, une translation judiciaire ou un transfèrement administratif.

Dès lors qu'une extraction est envisagée :

— la qualité de DPS de la personne détenue est rappelée aux personnels hospitaliers s'il s'agit d'une extraction médicale ;

— l'autorité préfectorale est saisie, le cas échéant, d'une demande de prêt de main forte des forces de sécurité intérieure, dans les conditions définies *infra* ; information lui est donnée de la qualité de DPS de la personne détenue, afin qu'elle détermine le niveau de sécurité adapté ;

— dans l'hypothèse de l'hospitalisation d'un DPS prévenu, les autorités judiciaires doivent donner leur accord (art. D. 393 du CPP).

4.1.2.3.1 *La remontée des informations à la direction interrégionale et à l'administration centrale de la DAP*

Incidents :

• les astreintes des directions interrégionales puis l'astreinte de l'administration centrale de la direction de l'administration pénitentiaire sont informées en temps réel par un appel téléphonique de tout incident concernant un DPS ;

• un rapport de l'établissement concerné est transmis dans les plus brefs délais à la direction interrégionale puis à l'administration centrale de la direction de l'administration pénitentiaire ainsi qu'au procureur de la République et, le cas échéant, au magistrat saisi du dossier de la procédure.

Classement d'un DPS au travail pénitentiaire : la direction interrégionale est systématiquement informée de tout classement au service général d'un DPS par l'établissement.

Modification intervenant ou devant intervenir dans la situation pénale des DPS et dans les conditions de leur prise en charge : le magistrat saisi du dossier de la procédure, la direction interrégionale ainsi que l'administration centrale de la DAP sont informés sans délai de :

• tout aménagement de peine ou demande d'aménagement de peine ;
• toute permission de sortir accordée ;
• toute extraction ;
• toute extradition, temporaire ou définitive ;
• la date de réalisation des transfèrements administratifs et des translations judiciaires ainsi que leur réalisation effective ;
• tout placement à l'isolement (administratif ou judiciaire) et toute levée d'isolement ;
• toute modification de la fiche pénale (celle-ci est alors transmise).

A chaque transfèrement administratif ou translation judiciaire, la photographie prise à l'occasion de cette mesure est transmise à la direction interrégionale puis à l'administration centrale de la direction de l'administration pénitentiaire.

4.1.2.3.2 *Le rôle du renseignement pénitentiaire dans le partage d'information*

Le renseignement pénitentiaire assure un partage de toute information utile relative aux DPS pour lesquels un suivi est en cours au titre de ses missions telles que définies par le livre 8 du code de la sécurité intérieure.

4.2 *Les mesures de sécurité applicables aux DPS*

Les modalités de prise en charge des DPS sont précisées dans la note de gestion générale et dans les notes individuelles de gestion, dans le respect des règles de sécurité ci-dessous décrites. Il s'agit de les appliquer avec une rigueur et une attention toute particulière.

4.2.1 *Les modalités de surveillance et de contrôle en détention*

4.2.1.1 Le régime de surveillance

Les DPS font systématiquement l'objet d'un placement sous surveillance spécifique renforcée, de jour comme de nuit, en application des notes du 31 juillet 2009 et 15 octobre 2010 relatives aux surveillances spécifiques.

4.2.1.2 Les mesures de fouilles des DPS

Les fouilles des DPS doivent respecter les conditions définies par l'article 57 de la loi pénitentiaire du 24 novembre 2009 et précisées par la circulaire du 15 juillet 2020 relative aux fouilles de personnes détenues.

Le chef d'établissement envisage, le cas échéant, leur placement sous un régime de fouilles intégrales dérogatoire tel que prévu à l'article 57 alinéa 1 de la loi pénitentiaire.

Outre les contrôles normalement mis en œuvre dans toute cellule (et notamment le sondage des barreaux), les cellules occupées par les DPS font l'objet :

— de fouilles ordinaires *a minima* tous les mois ;

— de fouilles approfondies régulières, une fois par trimestre.

L'ensemble des locaux et des espaces extérieurs fréquentés par les DPS sont contrôlés avant et après leur passage. La fréquence des rondes sur les zones neutres et périmétriques (glacis, chemin de ronde) est adaptée lorsque les DPS sont affectés sur la structure.

Il en est de même de la mise en œuvre de fouilles sectorielles réalisées en application de l'article 57 alinéa 2 de la loi pénitentiaire, y compris sur des secteurs qui ne sont pas directement occupés par les DPS, dès lors que ceux-ci peuvent entrer en contact avec les personnes détenues occupant ces secteurs.

4.2.2 *La prise en charge des DPS en détention*

4.2.2.1 L'affectation en cellule

Les DPS sont affectés en cellule individuelle, à proximité des postes de surveillance internes ou périphériques ou dont la vue depuis le mirador est facilitée.

Une attention particulière est portée aux profils pénaux et pénitentiaires des personnes détenues des cellules voisines.

Il convient d'éviter autant que possible, et notamment en maison d'arrêt, le regroupement sur un même secteur, de plusieurs DPS.

4.2.2.2 Les changements de cellule

Les DPS font l'objet de changements de cellule chaque fois que nécessaire ; en maison d'arrêt, ces changements ont lieu *a minima* tous les trois mois. En maison centrale, cette fréquence peut être portée à 6 mois.

4.2.2.3 Les ouvertures de porte, mouvements et audiences en détention

Le chef d'établissement précise les conditions dans lesquelles doivent être réalisées *[réalisés]* les ouvertures de portes et les mouvements des DPS en détention. Il peut dans ce cadre, envisager :

— l'accompagnement systématique de la personne détenue sur ses déplacements en dehors de la zone d'hébergement ;

— l'ouverture de la cellule et l'accompagnement de la personne détenue par plusieurs agents ;

— le blocage des mouvements.

Les audiences avec les DPS sont préalablement portées à la connaissance du responsable du secteur concerné, afin qu'il puisse anticiper les mesures à mettre en œuvre le cas échéant.

4.2.2.4 Les règles applicables à la surveillance des promenades

En cas de présence d'un ou plusieurs DPS sur la(les) cour(s) de promenade, l'agent en charge de la surveillance de celle(s)-ci ainsi que les agents en poste dans les miradors ayant une vue directe de la situation en sont informés. En appui du trombinoscope actualisé des DPS qu'ils ont à disposition, ces personnels assurent une observation accrue de leurs comportements et renseignent à cet effet le logiciel GENESIS (V. *supra* 4.1.2).

Ils informent en temps réel leur hiérarchie de tout comportement anormal.

4.2.2.5 Les règles applicables au mirador

Les agents en poste au mirador assurent également une surveillance des façades des cellules occupées par les DPS ; ils vérifient notamment l'absence de tout effet pouvant faciliter la communication depuis ou vers les cellules occupées par les DPS. Dans ce cas, ils en informent immédiatement leur hiérarchie.

4.2.2.6 La gestion des biens des personnes détenues

Les demandes de cantines, principalement celles dites "exceptionnelles" ainsi que le suivi des mandats concernant les DPS doivent faire l'objet d'une validation par la direction de l'établissement.

4.2.2.7 Les conditions d'accès aux activités. travail et formation

Les DPS peuvent faire l'objet d'un classement sur un poste de travail en concession ou au service général.

Les demandes des personnes détenues pour participer à une activité, un travail ou une formation sont examinées en CPU en tenant compte des éléments ayant conduit à l'inscription au répertoire des DPS et notamment leur personnalité et leur dangerosité, en sus des critères classiques d'appréciation.

Sont également pris en compte le profil des autres participants à l'activité considérée et le nombre des DPS déjà inscrits.

4.2.2.8 La rédaction de modalités particulières d'exfiltration en cas de tentative d'intrusion

Les conditions d'exfiltration des DPS en cas d'intrusion héliportée ou d'un commando armé devront être décrites nominativement dans des fiches réflexes *ad hoc* versées au POI.

4.2.3 *La gestion des relations extérieures des DPS*

4.2.3.1 Les parloirs, parloirs familiaux et UVF

Les locaux des parloirs sont contrôlés avant et après chaque mouvement d'un DPS dans ce secteur.

Leurs familles ou visiteurs font l'objet d'un contrôle particulièrement minutieux à l'entrée de l'établissement ainsi que le linge à destination du DPS. Le cas échéant, un recours aux palpations de sécurité peut être mis en œuvre.

Le contrôle par biométrie, ou, en cas de dysfonctionnement, le contrôle par un tampon à l'encre sympathique est réalisé.

Le chef d'établissement peut décider d'une surveillance directe et continue du déroulement du parloir, le cas échéant avec un dispositif de séparation (art. R. 57-8-12 du CPP).

4.2.3.2 Les règles de correspondance avec l'extérieur

Le chef d'établissement définit les conditions dans lesquelles les communications téléphoniques des DPS sont écoutées, en direct et/ou en différé, dans le respect des finalités visées à l'article 727-1 du code de procédure pénale.

Les courriers doivent faire l'objet d'une lecture attentive et le cas échéant, d'un signalement à la hiérarchie.

Les colis et objets autorisés font également l'objet d'un contrôle minutieux. A cet effet, l'utilisation du tunnel d'inspection à rayons X est obligatoire.

4.2.4 *La gestion des DPS à l'occasion des sorties de l'établissement*

Outre l'information des autorités judiciaires et préfectorales réalisée conformément au paragraphe 4.1.2, un prêt de main forte est systématiquement demandé auprès des forces de sécurité intérieure, en application des articles D. 57 et D. 315 du code de procédure pénale. Toute information utile leur est donnée quant au profil de la personne détenue concernée.

Conformément à l'article D. 296 du code de procédure pénale, l'exécution de toute sortie doit être préparée en toute discrétion quant à sa date et ses modalités pratiques de réalisation.

Les DPS, au regard de leur profil, font systématiquement l'objet d'un niveau d'escorte 3 ou 4. Les missions sont individuelles. Le chef d'escorte est un gradé. Conformément à l'article D. 294 du code de procédure pénale, tout renseignement lui est transmis.

Au cours de la mission, les DPS ne doivent avoir aucune communication avec des tiers (art. D. 295 du code de procédure pénale).

Les effets contenus dans le paquetage des DPS sont intégralement contrôlés, par l'établissement de départ puis par l'établissement d'arrivée.

En ce qui concerne les hospitalisations en unités hospitalières interrégionales (UHSI), l'affectation en chambre est décidée par le personnel pénitentiaire.

En ce qui concerne les hospitalisations en unités hospitalières spécialement aménagées (UHSA), la circulaire interministérielle DGOS/R4/PMJ2/2011/105 du 18 mars 2011 relative à l'ouverture et au fonctionnement des unités hospitalières spécialement aménagées prévoit, qu'en *[prévoit qu'en]* application de l'article R. 3214-2 du code de la santé publique (CSP), il peut être dérogé à la règle du ressort territorial des UHSA en cas d'hospitalisation concomitante de DPS avec d'autres personnes détenues au sein d'une même structure, si celle-ci est susceptible d'entraîner un risque majeur d'atteinte à la sécurité publique ou des personnes.

En outre, l'article R. 3214-3 du CSP prévoit qu'une convention locale est établie et signée par le directeur de l'établissement de santé siège de l'UHSA, le directeur de l'établissement pénitentiaire auquel est rattaché le personnel pénitentiaire intervenant à l'UHSA, le directeur de l'agence régionale de santé, le directeur interrégional des services pénitentiaires du ressort, et le préfet du ressort de l'établissement siège de l'UHSA

En cas d'hospitalisation d'un DPS en UHSI ou en UHSA, il est possible de recourir, après information du directeur de l'établissement de santé et s'il ne s'y oppose pas, à la présence d'équipes de sécurité pénitentiaires armées au sein de l'unité.

Vous voudrez bien veiller à la diffusion de la présente circulaire et m'informer des difficultés susceptibles de résulter de sa mise en œuvre.

ANNEXES

Annexes consultables sur http://www.justice.gouv.fr/bo/2022/20220131/JUSK2201661C.pdf

CHAPITRE IV PRISE EN CHARGE DANS DES QUARTIERS SPÉCIFIQUES

SECTION 1 Prise en charge en unités pour personnes détenues violentes

Art. R. 224-1 Une unité pour personnes détenues violentes constitue un quartier distinct au sein de l'établissement pénitentiaire.

Les personnes détenues majeures qui présentent des antécédents de violences ou un risque de passage à l'acte violent, ou ont commis des violences en détention peuvent être placées au sein d'une unité pour personnes détenues violentes si leur comportement porte ou est susceptible de porter atteinte au maintien du bon ordre de l'établissement ou à la sécurité publique.

SOUS-SECTION 1 Régime de détention

Art. R. 224-2 Le placement en unité pour personnes détenues violentes est une décision administrative qui n'est pas une mesure disciplinaire.

Les dispositions de l'article R. 213-13 relatives aux maisons centrales, sont applicables aux unités pour personnes détenues violentes quel que soit l'établissement où elles sont localisées.

Les personnes détenues placées dans ces unités sont affectées en cellule individuelle.

Les cellules et les locaux des unités pour personnes détenues violentes sont spécifiquement aménagés pour garantir des conditions de sécurité renforcées.

Art. R. 224-3 Les personnes détenues placées en unité pour personnes détenues violentes font l'objet de mesures de sécurité individualisées, qui sont régulièrement réévaluées.

Elles font l'objet d'évaluations régulières par une équipe pluridisciplinaire, pendant toute la durée du placement, et bénéficient d'un programme de prise en charge adapté à leur personnalité et à leur comportement, susceptible d'évoluer au cours du placement.

Art. R. 224-4 Les personnes détenues placées en unité pour personnes détenues violentes participent aux activités individuelles et, si leur personnalité et leur comportement le permettent, aux activités collectives proposées dans le cadre de leur prise en charge.

Elles conservent leurs droits à l'information, aux visites, à la correspondance écrite et téléphonique et à l'utilisation de leur compte nominatif, sous réserve des aménagements qu'imposent les impératifs de sécurité.

L'exercice du culte, ainsi que les promenades, s'effectuent séparément des autres personnes détenues de l'unité chaque fois que des impératifs de sécurité ou de maintien du bon ordre de l'établissement l'exigent.

Les personnes détenues placées en unité pour personnes détenues violentes bénéficient d'au moins une heure quotidienne de promenade à l'air libre.

SOUS-SECTION 2 Procédure de placement

Art. R. 224-5 Après avis de la commission pluridisciplinaire unique dont la composition est prévue par les dispositions de l'article D. 211-34, lorsqu'une décision de placement initial ou de renouvellement de placement en unité pour personnes détenues violentes est envisagée, le chef de l'établissement pénitentiaire informe la personne détenue par écrit des motifs invoqués, résultant notamment de l'avis de la commission pluridisciplinaire unique.

Il l'informe également de la procédure et du délai dont elle dispose pour préparer ses observations écrites ou orales ; ce délai ne saurait être inférieur à soixante-douze heures à partir du moment où la personne détenue est mise en mesure de consulter les éléments de la procédure. Cette consultation peut avoir lieu en présence d'un avocat si elle en fait la demande. Les documents ou informations dont la communication pourraient porter atteinte à la sécurité des personnes ou des établissements pénitentiaires sont occultés ou retirés du dossier de procédure avant cette consultation.

Si la personne détenue ne comprend pas la langue française, les informations sont présentées par l'intermédiaire d'un interprète désigné par le chef d'établissement. Il en est de même de ses observations, lorsqu'elle n'est pas en mesure de s'exprimer en langue française.

Les observations de la personne détenue et, le cas échéant, celles de l'avocat, sont jointes au dossier de la procédure. Si la personne détenue présente des observations orales, elles font l'objet d'un compte rendu écrit, signé par elle.

Le chef d'établissement transmet l'ensemble des éléments au directeur interrégional des services pénitentiaires qui prend la décision de placement en unité pour personnes détenues violentes.

Le directeur interrégional des services pénitentiaires peut déléguer sa signature au chef de l'établissement pénitentiaire comportant une telle unité pour décider du placement initial pour une durée maximale de 6 mois, en unité pour personnes détenues violentes des personnes déjà détenues dans l'établissement. Le chef d'établissement rend compte au directeur interrégional, qui reste garant de la cohérence au niveau interrégional de la politique de lutte contre les violences.

La décision de placement en unité pour personnes détenues violentes est motivée. Elle est notifiée sans délai à la personne détenue par le chef de l'établissement.

Le cas échéant, l'affectation et le transfèrement de la personne détenue sont effectués conformément aux dispositions des articles L. 112-3, L. 211-1, L. 211-2, L. 211-3, D. 112-5, D. 112-10, D. 211-18 à D. 211-31 et D. 215-12 à D. 215-18.

Art. R. 224-6 En cas d'urgence, le directeur interrégional des services pénitentiaires, ou le chef de l'établissement pénitentiaire pour les personnes qui y sont déjà détenues, peuvent décider du placement provisoire des personnes détenues en unité pour personnes détenues violentes, si la mesure constitue le moyen le plus adapté de préserver la sécurité des personnes et de l'établissement. La procédure prévue par les dispositions de l'article R. 224-5 est alors immédiatement mise en œuvre. Si aucune décision n'a été prise dans un délai de quinze jours, la mesure de placement en unité pour personnes détenues violentes prend fin. Si une décision de placement en unité pour personnes détenues violentes est prise, la durée du placement provisoire en unité pour personnes détenues violentes s'impute sur la durée totale de la mesure.

Art. R. 224-7 La décision initiale de placement en unité pour personnes détenues violentes est prise pour une durée maximale de six mois. Le directeur interrégional peut décider de mettre fin à tout moment au placement en unité pour personnes détenues violentes, notamment au vu des évaluations mentionnées par les dispositions du deuxième alinéa de l'article R. 224-3 et dans les conditions prévues par les dispositions de l'article R. 224-10.

Le directeur interrégional des services pénitentiaires peut seul renouveler la mesure, pour une durée d'au plus trois mois non renouvelable.

Art. R. 224-8 La durée maximale d'une décision de placement en unité pour personnes détenues violentes qui intervient moins de trois mois après le terme d'une précédente décision de placement, y compris à titre provisoire, est computée en tenant compte de la durée de ce dernier placement.

L'hospitalisation de la personne détenue ou son placement en cellule disciplinaire au cours de la prise en charge sont sans effet sur le terme du placement en unité pour personnes détenues violentes antérieurement décidé.

Art. R. 224-9 Le transfèrement d'une personne détenue en unité pour personnes détenues violentes vers un autre établissement pénitentiaire s'opère dans l'unité pour personnes détenues violentes de cet établissement ; s'il n'en comporte pas, le transfèrement emporte fin du placement en unité pour personnes détenues violentes.

Si l'établissement de destination est situé dans le ressort d'une autre direction interrégionale des services pénitentiaires, ce placement est provisoire. Le directeur interrégional des services pénitentiaires compétent statue sur le placement dans les conditions prévues par les dispositions de l'article R. 224-5. Si aucune décision n'a été prise à l'issue d'un délai de quinze jours, la mesure prend fin.

Le cas échéant, le programme de prise en charge prévu par les dispositions du second alinéa de l'article R. 224-3 est transmis par l'unité d'origine et fait l'objet des adaptations nécessaires par la nouvelle unité.

Art. R. 224-10 Après chaque évaluation, la commission pluridisciplinaire unique émet un avis sur l'opportunité du maintien de chaque personne détenue au sein de l'unité. Elle peut proposer une nouvelle affectation.

Le directeur interrégional des services pénitentiaires peut décider de mettre fin à tout moment au placement en unité pour personnes détenues violentes, d'office ou à la demande de la personne détenue, après avoir recueilli l'avis de la commission pluridisciplinaire unique et du chef de l'établissement pénitentiaire. Lorsque la décision de placement a été prise par un chef d'établissement, ce dernier peut également y mettre fin dans les mêmes conditions. Il informe immédiatement le directeur interrégional des services pénitentiaires de sa décision.

Art. R. 224-11 Toute décision de placement ou de renouvellement de placement en unité pour personnes détenues violentes est communiquée sans délai par le chef de l'établissement pénitentiaire au juge de l'application des peines si la personne détenue est condamnée, ou au magistrat chargé du dossier de la procédure si la personne détenue est prévenue.

Au moins une fois par trimestre, le chef d'établissement dont l'établissement comporte une unité pour personnes détenues violentes informe la commission de l'application des peines du nombre et de l'identité des personnes détenues placées en unité pour personnes détenues violentes et de la durée du placement pour chacune d'elles.

Art. R. 224-12 La liste des personnes détenues placées en unité pour personnes détenues violentes est communiquée à l'unité sanitaire en milieu pénitentiaire de l'établissement à chaque modification de l'effectif.

SECTION 2 Prise en charge de la radicalisation

SOUS-SECTION 1 Quartiers de prise en charge de la radicalisation

Art. R. 224-13 Le quartier de prise en charge de la radicalisation constitue un quartier distinct au sein de l'établissement pénitentiaire.

I. – Lorsque la commission pluridisciplinaire unique, dont la composition est prévue par les dispositions de l'article D. 211-34, le juge nécessaire, une personne détenue majeure peut être placée dans un quartier de prise en charge de la radicalisation spécialisé dans l'évaluation. L'évaluation réalisée au sein de ce quartier doit déterminer si la personne détenue présente une radicalisation nécessitant une prise en charge adaptée.

II. – Lorsqu'une personne détenue majeure est dangereuse en raison de sa radicalisation et qu'elle est susceptible, du fait de son comportement et de ses actes de prosélytisme ou des risques qu'elle présente de passage à l'acte violent, de porter atteinte au maintien du bon ordre de l'établissement ou à la sécurité publique, elle peut être placée au sein d'un quartier de prise en charge de la radicalisation, dès lors qu'elle est apte à bénéficier d'un programme et d'un suivi adaptés.

Le placement en quartier de prise en charge de la radicalisation intervient à l'issue d'une évaluation de la dangerosité réalisée par une équipe pluridisciplinaire dans le cadre de la commission pluridisciplinaire unique prévue par les dispositions de l'article D. 211-34 ou, si cette instance le juge nécessaire, au sein d'un quartier de prise en charge de la radicalisation spécialisé dans l'évaluation mentionné par les dispositions du I du présent article.

Art. R. 224-14 Le placement en quartier de prise en charge de la radicalisation spécialisé dans l'évaluation prévu par les dispositions du I de l'article R. 224-13 ne peut excéder quinze semaines.

SOUS-SECTION 2 Régime de détention

Art. R. 224-15 Le placement d'une personne détenue en quartier de prise en charge de la radicalisation est une décision administrative qui n'est pas une mesure disciplinaire.

Les dispositions de l'article R. 213-13 relatives aux maisons centrales sont applicables aux quartiers de prise en charge de la radicalisation quel que soit l'établissement où ils sont localisés.

Les personnes détenues placées en quartier de prise en charge de la radicalisation sont affectées en cellule individuelle.

Les cellules et les locaux des quartiers de prise en charge de la radicalisation sont spécifiquement aménagés pour garantir des conditions de sécurité renforcées.

Art. R. 224-16 Les personnes détenues prises en charge en application des dispositions de l'article R. 224-13 font l'objet de mesures de sécurité, individualisées, qui sont régulièrement réévaluées. Ces personnes font l'objet d'évaluations régulières par une équipe pluridisciplinaire pendant toute la durée de leur placement.

Lorsqu'elles sont placées dans les quartiers visés au II de l'article R. 224-13, elles bénéficient d'un programme de prise en charge adapté à leur personnalité et à leur comportement, susceptible d'évoluer au cours du placement.

Art. R. 224-17 Les personnes détenues placées en quartier de prise en charge de la radicalisation participent aux activités individuelles ou collectives qui leur sont proposées au sein du quartier de prise en charge de la radicalisation.

Elles conservent leurs droits à l'information, aux visites, à la correspondance écrite et téléphonique, à l'utilisation de leur compte nominatif, sous réserve des aménagements qu'imposent les impératifs de sécurité.

L'exercice du culte ainsi que les promenades s'effectuent séparément des autres personnes détenues chaque fois que des impératifs de sécurité ou de maintien du bon ordre de l'établissement l'exigent.

Les personnes détenues, placées en quartier de prise en charge de la radicalisation, bénéficient d'au moins une heure quotidienne de promenade à l'air libre.

SOUS-SECTION 3 Procédure de placement

Art. R. 224-18 La décision de placement dans un quartier de prise en charge de la radicalisation spécialisé dans l'évaluation visé au I de l'article R. 224-13 est de la compétence exclusive du garde des sceaux, ministre de la justice.

La décision de placement dans un quartier de prise en charge de la radicalisation prévu par les dispositions du II de l'article R. 224-13 est de la compétence exclusive du garde des sceaux, ministre de la justice :

1° Lorsqu'elle concerne :

a) Des personnes condamnées à une ou plusieurs peines dont la durée totale est supérieure ou égale à dix ans et dont la durée de détention restant à exécuter au moment où la dernière condamnation est devenue définitive est supérieure à cinq ans au jour où est formée la proposition de placement ;

b) Des personnes condamnées ou prévenues à raison d'actes de terrorisme tels que prévus et réprimés par les dispositions des articles 421-1 et suivants du code pénal ;

c) Des personnes condamnées ou prévenues ayant fait l'objet d'une inscription au répertoire des personnes détenues particulièrement signalées, prévu par les dispositions de l'article D. 223-11 ;

2° Lorsque le quartier de prise en charge de la radicalisation se situe au sein d'une maison centrale ou d'un quartier maison centrale ;

3° Lorsque le quartier de prise en charge de la radicalisation est situé dans le ressort d'une autre direction interrégionale des services pénitentiaires que celle dont relève l'établissement au sein duquel se trouve la personne détenue.

Le directeur interrégional des services pénitentiaires est compétent pour décider du placement en quartier de prise en charge de la radicalisation dans tous les autres cas. Il informe le garde des sceaux, ministre de la justice, de ses décisions.

Art. R. 224-19 Lorsqu'au terme de l'évaluation prévue à l'article R. 224-13, une décision de placement initial en quartier de prise en charge de la radicalisation est envisagée, le chef de l'établissement pénitentiaire informe la personne détenue par écrit des motifs invoqués, résultant notamment de l'avis de la commission pluridisciplinaire unique. La même procédure est applicable lorsqu'est envisagée une décision de renouvellement de placement en quartier de prise en charge de la radicalisation prévu par les dispositions du II de l'article R. 224-13.

Il l'informe également du déroulement de la procédure et du délai dont elle dispose pour préparer ses observations écrites ou orales ; ce délai ne saurait être inférieur à soixante-douze heures à partir du moment où la personne détenue est mise en mesure de consulter les éléments de la procédure. Cette consultation peut avoir lieu en présence d'un avocat si elle en fait la demande. Les documents ou informations dont la communication pourrait porter atteinte à la sécurité des personnes ou des établissements pénitentiaires sont occultés ou retirés du dossier de la procédure avant cette consultation.

Si la personne détenue ne comprend pas la langue française, les informations sont présentées par l'intermédiaire d'un interprète désigné par le chef d'établissement. Il en est de même de ses observations, si elle n'est pas en mesure de s'exprimer en langue française.

Les observations de la personne détenue et, le cas échéant, celles de l'avocat sont jointes au dossier de la procédure. Si la personne détenue présente des observations orales, elles font l'objet d'un compte rendu écrit signé par elle.

Le chef d'établissement transmet l'ensemble des éléments à l'autorité qui prend la décision de placement en quartier de prise en charge de la radicalisation. Lorsque le garde des sceaux, ministre de la justice, est compétent, le directeur interrégional des services pénitentiaires joint son avis à l'ensemble des pièces.

La décision de placement en quartier de prise en charge de la radicalisation est motivée. Elle est notifiée sans délai à la personne détenue par le chef d'établissement.

Le cas échéant, l'affectation et le transfèrement de la personne détenue sont effectués conformément aux dispositions des articles L. 112-3, L. 211-1, L. 211-2, L. 211-3, D. 112-5, D. 112-10, D. 211-18 à D. 211-31 et D. 215-12 à D. 215-18.

Art. R. 224-20 Le placement initial au sein d'un quartier de prise en charge de la radicalisation prévu par les dispositions du II de l'article R. 224-13 est d'une durée maximale de six mois.

Au terme de ce délai, et dans les conditions décrites à la présente sous-section, ce placement peut être renouvelé par l'autorité compétente désignée par les dispositions de l'article R. 224-18 pour une nouvelle durée qui ne saurait excéder six mois.

Au terme d'une durée d'un an, le garde des sceaux, ministre de la justice, est seul compétent pour prolonger le placement par durée maximale de six mois renouvelable. Il prend sa décision après mise en œuvre de la procédure contradictoire prévue par les dispositions de l'article L. 224-2 et après avis spécialement motivé de la commission pluridisciplinaire unique, du chef de l'établissement pénitentiaire et du directeur interrégional des services pénitentiaires.

Art. R. 224-21 L'hospitalisation des personnes détenues ou leur placement en cellule disciplinaire au cours de la prise en charge sont sans effet sur le terme du placement en quartier de prise en charge de la radicalisation antérieurement décidé.

En cas d'interruption pour un autre motif, la mesure de placement reprend pour la durée qui restait à courir au moment de l'interruption.

Toutefois, si l'interruption est supérieure à un an, le placement doit résulter d'une nouvelle décision prise conformément aux dispositions des articles R. 224-14, R. 224-18 à R. 224-20.

Art. R. 224-22 Le transfèrement d'une personne détenue en quartier de prise en charge de la radicalisation vers un autre établissement s'opère dans le quartier de prise en charge de la radicalisation de cet établissement ; s'il n'en comporte pas, le transfèrement emporte fin du placement en quartier de prise en charge de la radicalisation.

Si l'établissement de destination est situé sur le ressort d'une autre direction interrégionale des services pénitentiaires, ce placement est provisoire. Le garde des sceaux, ministre de la justice, prend alors une nouvelle décision de placement dans les conditions prévues à la présente sous-section. Si aucune décision n'a été prise à l'issue d'un délai de quinze jours, la mesure prend fin.

Art. R. 224-23 D'office ou à la demande de la personne détenue, l'autorité qui a prononcé le placement en quartier de prise en charge de la radicalisation peut décider ou refuser d'y mettre fin. Cette décision intervient en tenant compte notamment de l'avis de la commission pluridisciplinaire unique, du chef de l'établissement pénitentiaire et le cas échéant du directeur interrégional des services pénitentiaires.

Avant le terme de la mesure de placement, la commission pluridisciplinaire unique procède à une évaluation de la situation de la personne détenue. Après chaque évaluation, elle émet un avis sur l'opportunité du maintien au sein du quartier. Elle peut proposer une nouvelle affectation.

Art. R. 224-24 Toute décision de placement en quartier de prise en charge de la radicalisation est communiquée sans délai par le chef de l'établissement pénitentiaire au juge de l'application des peines s'il s'agit d'une personne condamnée ou au magistrat chargé du dossier de la procédure s'il s'agit d'une personne prévenue. Il en est de même pour une décision de renouvellement de placement dans un quartier de prise en charge de la radicalisation prévu par les dispositions du II de l'article R. 224-13.

Les évaluations effectuées au titre des dispositions des articles R. 224-13 et R. 224-16 sont communiquées au magistrat chargé du dossier de la procédure.

Au moins une fois par trimestre, le chef d'établissement dont l'établissement comporte un quartier de prise en charge de la radicalisation rend compte à la commission de l'application des peines du nombre et de l'identité des personnes détenues placées et de la durée du placement pour chacune d'elles.

Art. R. 224-25 La liste des personnes détenues placées en quartier de prise en charge de la radicalisation est communiquée à l'équipe de l'unité sanitaire de l'établissement pénitentiaire à chaque modification de l'effectif.

CHAPITRE V **FOUILLES**

COMMENTAIRE

En plus des dispositions inscrites dans le code pénitentiaire, les modalités pratiques d'exécution des fouilles sont essentiellement organisées par la circulaire du garde des Sceaux du 15 juillet 2020 relative aux fouilles de personnes détenues (NOR : JUSK2017670C). C'est au chef d'établissement que revient la compétence de décider s'il convient de faire procéder à une fouille. A noter cependant que depuis le décret n° 2014-477 du 13 mai 2014 relatif à la fouille des personnes détenues et à la délégation de signature du chef d'établissement pénitentiaire (*JO 15 mai*), il peut déléguer sa signature à son adjoint, à un fonctionnaire appartenant à un corps de catégorie A ou à un membre du corps de commandement placé sous son autorité. ❑

Art. R. 225-1 Les mesures de fouilles des personnes détenues, intégrales ou par palpation, sont mises en œuvre sur décision du chef de l'établissement pénitentiaire pour prévenir les risques mentionnés par les dispositions de l'article L. 225-1. *(Décr. n° 2022-655 du 25 avr. 2022, art. 3, en vigueur le 1er mai 2022)* « Leur nature et leur fréquence sont décidées au vu de la personnalité des personnes intéressées, des circonstances de la vie en détention et de la spécificité de l'établissement. »

Lorsque les mesures de fouilles des personnes détenues, intégrales ou par palpation, sont réalisées à l'occasion de leur extraction ou de leur transfèrement par l'administration pénitentiaire, elles sont mises en œuvre sur décision du chef d'escorte. Leur nature et leur fréquence sont décidées au vu de la personnalité des personnes détenues intéressées et des circonstances dans lesquelles se déroule l'extraction ou le transfèrement.

COMMENTAIRE

L'article R. 225-1 dispose que, tout comme les fouilles intégrales, les fouilles par palpation sont « mises en œuvre sur décision du chef d'établissement ». Contrairement à ce que prévoit ce texte, la circulaire du 15 juillet 2020 indique cependant que ces fouilles « ne nécessitent aucune décision individuelle du chef d'établissement ou d'une personne ayant reçu délégation à cet effet ». Une note de service du chef d'établissement, qui doit être « portée à la connaissance de la population pénale », précise les situations dans lesquelles les personnes détenues doivent se soumettre à une fouille par palpation. Mais, « en dehors de ces cas », cette mesure de contrôle peut également être décidée « à tout moment par tout agent pénitentiaire » lorsque ce dernier suspecte la personne détenue d'être en possession d'« objets ou substances prohibés ». Dans ce cas, l'agent qui a pris l'initiative de la fouille doit en principe en référer à sa hiérarchie. ❑

1. Compétence du juge administratif. S'il n'appartient qu'au juge judiciaire de connaître des actes relatifs à la conduite d'une procédure judiciaire ou qui en sont inséparables, les décisions par lesquelles les autorités pénitentiaires, afin d'assurer la sécurité générale des établissements ou des opérations d'extraction, décident de soumettre un détenu à des fouilles corporelles intégrales dans le but de prévenir toute atteinte à l'ordre public relèvent de l'exécution du service public administratif pénitentiaire et de la compétence de la juridiction administrative. Il en va ainsi alors même que les fouilles sont décidées et réalisées à l'occasion d'extractions judiciaires destinées à assurer la comparution d'un détenu sur ordre du procureur de la République, y compris lorsque les opérations de fouille se déroulent dans l'enceinte de la juridiction et durant le procès. • CE, ord., 14 nov. 2008, n° 315622 : *Procédures 2009, n° 31, obs. Deygas ; D. 2008. 3013, obs. Royer ; ibid. 2009. 1380, obs. Céré ; AJ pénal 2009. 89, obs. Péchillon ; AJDA 2008. 2145 ; ibid. 2389, obs. Geffray et Liéber ; Gaz. Pal. 4-6 janv. 2009, obs. Herzog-Evans.*

2. Décisions informelles. Il ne résulte d'aucun texte que la décision de procéder à la fouille à corps d'un détenu devrait être formalisée par écrit. Il ressort des pièces du dossier que celle-ci a bien été retranscrite sur le compte rendu d'incident qui mentionne que l'ordre de procéder à une « fouille à corps » a été donné après que, lors de la mise en place de la promenade, le passage du détenu a déclenché à plusieurs reprises le portique de détection. • CAA Marseille, 26 mai 2021, n° 19MA02977. ♦ La décision en cause étant orale, elle n'a pas fait l'objet d'une motivation. • CAA Marseille, 21 juin 2021, n° 19MA02066.

3. Délégation de compétence. Le lieutenant membre du corps de commandement, auteur de la décision contestée, a reçu du chef d'établissement une délégation de signer, régulièrement publiée au Recueil des actes administratifs de la préfecture, pour décider des mesures de fouille individuelle des personnes détenues au centre pénitentiaire. Le moyen tiré de l'incompétence de l'auteur de la décision en litige ne peut qu'être rejeté. • CAA Nantes, 24 nov. 2017, n° 15NT03190. ♦ Le directeur du centre pénitentiaire a donné, par arrêté au directeur adjoint, au chef de détention, aux officiers responsables de l'infrastructure ou du bâtiment central, aux lieutenants pénitentiaires, aux majors et aux premiers surveillants, délégation de signature pour décider de faire procéder à la mesure de fouille des personnes détenues. Toutefois, l'identité de l'agent ayant ordonné qu'il soit procédé à la fouille de l'intéressé n'est pas précisée. La compétence de l'agent qui a ainsi décidé, à une mesure de fouille, n'est en conséquence nullement établie. L'intéressé est fondé à demander pour ce motif l'annulation de la décision par laquelle le personnel du centre pénitentiaire l'a soumis à une fouille intégrale à l'issue de son parloir familial. • CAA Lyon, 2 juill. 2015, n° 15LY00625.

4. Identification de l'auteur de la décision. Les mentions portées sur la décision contestée contenant le prénom, le nom, la signature ainsi que la qualité du délégataire du directeur de l'établissement, auteur de cette décision, figurant sur celle-ci de manière parfaitement lisible permettent d'identifier l'auteur de la décision. Le moyen tiré de la méconnaissance des dispositions préc. de l'art. 4 de la L. du 12 avr. 2000 manque en fait. • CAA Nantes, 24 nov. 2017, n° 15NT03190.

Art. R. 225-2 **Les personnes détenues sont fouillées chaque fois qu'il existe des éléments permettant de suspecter un risque d'évasion, l'entrée, la sortie ou la circulation en détention d'objets ou substances prohibés ou dangereux pour la sécurité des personnes ou le bon ordre de l'établissement pénitentiaire.**

1. Prévention des évasions. Eu égard à l'inscription de l'intéressé au répertoire des détenus particulièrement signalés, du fait de son implication dans l'évasion d'un autre détenu, de son appartenance à la criminalité organisée et de la sanction disciplinaire prononcée à la suite de la découverte d'objets interdits, lors de la fouille de sa cellule, les 6 fouilles à nu qui lui ont été imposées au retour de parloirs et dans le cadre de fouilles de cellule sont justifiées et proportionnées, tant dans leur nature que dans leur fréquence. • CAA Versailles, 23 mai 2023, n° 21VE02448 : *Fkhiderv.* ♦ Les décisions par lesquelles le directeur de la maison centrale a soumis l'intéressé à un régime de fouilles à nu systématiques après chaque parloir, chaque fouille de cellule et chaque fouille de sortie sont tout d'abord fondées sur son statut de détenu particulièrement signalé. Celui-ci s'était déjà évadé d'une maison centrale et, après sa réincarcération, avait de nouveau tenté de s'évader. Si les parloirs dit « classiques » s'opèrent sous la surveillance visuelle des surveillants, il n'est pas contesté que chaque visite se déroule sans dispositif de séparation, de sorte qu'il est toujours possible de déjouer une vigilance visuelle si aiguisée soit-elle. La relative intimité laissée au détenu lors de ces « parloirs » présente inévitablement un risque pour lequel la fouille à nu apparaît comme un contrôle nécessaire. Enfin, il n'apparaît pas que la fréquence des fouilles dites « à nu » pratiquées, lesquelles ont été pratiquées en moyenne tous les 12 jours environ, sur une période de 173 jours présente un caractère excessif. • CAA Marseille, 1er oct. 2018, n° 16MA03615.

2. Motifs et proportionnalité. V. notes ss. art. L. 225-1.

Art. R. 225-3 Les personnes détenues ne peuvent être fouillées que par des agents de leur sexe et dans des conditions qui, tout en garantissant l'efficacité du contrôle, préservent le respect de la dignité inhérente à la personne humaine.

1. Conv. EDH, art. 3. Les fouilles intégrales respectent les exigences de la Conv. EDH, en particulier parce que des précautions sont aménagées « pour protéger l'intimité et la dignité des détenus ». • CE 8 déc. 2000, n° 162995 : *Dr. adm. 2001. 19, chron. R. S. ; D. 2002. Chron. 110, obs. Céré, Herzog-Evans et Péchillon.*

2. Respect de la dignité. Une fouille à corps pratiquée sur un détenu, notamment en présence d'une gardienne, est un traitement dégradant. • CEDH 24 juill. 2001, *Valasinas c/ Lituanie : JCP 2002. I. 105, obs. Sudre.* ♦ Si la réalisation de fouilles intégrales dans les locaux des douches d'un établissement ne garantit pas le respect de la dignité des personnes détenues, la seule circonstance qu'une fouille a été pratiquée dans ces locaux ne caractérise pas en elle-même, en l'absence de mention d'un incident particulier, une atteinte à cette dignité. En l'espèce, la personne détenue ne fait valoir aucune circonstance particulière dont il résulterait qu'il aurait été porté atteinte à sa dignité à l'occasion de cette fouille. • CAA Marseille, 26 mai 2021, n° 19MA02977. ♦ La fouille à laquelle l'intéressé a été soumis s'est réalisée dans un box dédié, sans contact entre le détenu et les membres du personnel pénitentiaire, lesquels étaient du même sexe. Les conditions de cette fouille corporelle intégrale ne l'ont pas exposé à un traitement inhumain ou dégradant au sens des stipulations de l'art. 3 Conv. EDH. • CAA Nantes, 24 nov. 2017, n° 15NT03190. ♦ Plus généralement, V. Partie législative, tit. II, liv. II, chap. V « Des fouilles ».

3. Personne transgenre. Si le JAF a fait droit à la demande de l'intéressé de changer son prénom, et s'il est constant que celui-ci suit un traitement hormonal destiné à lui donner une apparence féminine, il demeure officiellement de sexe masculin. En prévoyant que la fouille à corps de ce détenu serait effectuée par un seul surveillant de son sexe, la directrice du centre pénitentiaire a pris une décision conforme aux dispositions de l'art. R. 57-7-81 C. pr. pén. • CAA Nantes, 2 juill. 2015, n° 14NT01022.

Art. R. 225-4 Lorsqu'une personne détenue est soupçonnée d'avoir ingéré des substances ou des objets ou de les avoir dissimulés dans son corps, le chef de l'établissement pénitentiaire saisit le procureur de la République d'une demande aux fins de faire pratiquer une investigation corporelle interne par un médecin. Il joint à sa demande tout élément de nature à la justifier.

V. art. L. 225-3.

Art. R. 225-5 L'état général de chaque cellule doit permettre aux personnels pénitentiaires d'effectuer convenablement les contrôles et fouilles réglementaires.

Les objets encombrant les cellules et, de ce fait, gênant ou retardant les contrôles de sécurité ainsi que les objets dont l'utilisation présente un risque ou qui ne sont pas conformes à la réglementation sont déposés au vestiaire. Les personnes détenues peuvent demander à s'en défaire dans les conditions prévues par les dispositions de l'article R. 332-38.

Les objets dont il est établi que les personnes détenues ne sont pas propriétaires peuvent leur être retirés afin, le cas échéant, d'être restitués à leur légitime propriétaire.

Pour des raisons de sécurité, il est interdit aux personnes détenues d'obturer les portes et les passages, d'obstruer les œilletons et d'étendre leur linge sur les barreaux des fenêtres.

V. art. L. 225-4.

Art. R. 225-6 Les systèmes de fermetures sont périodiquement vérifiés et les barreaux contrôlés quotidiennement.

CHAPITRE VI USAGE DES MENOTTES ET ENTRAVES

Art. R. 226-1 Les personnes détenues ne peuvent être soumises au port de moyens de contrainte que sur ordre du chef de l'établissement pénitentiaire et s'il n'est d'autre possibilité de les maîtriser, de les empêcher de causer des dommages ou de porter atteinte à elles-mêmes ou à autrui.

Par mesure de précaution contre les évasions, les personnes détenues peuvent être soumises au port des menottes ou, s'il y a lieu, des entraves pendant leur transfèrement ou leur extraction, ou lorsque les circonstances ne permettent pas d'assurer efficacement leur surveillance d'une autre manière.

V. commentaire et annotations ss. art. L. 226-1.

CHAPITRE VII USAGE DE LA FORCE ET DES ARMES

SECTION 1 Usage de la force

Art. R. 227-1 Les personnels de surveillance et de direction de l'administration pénitentiaire, dans le cadre de l'exercice de leurs missions, peuvent faire usage de la force envers les personnes détenues en cas de stricte nécessité et de manière proportionnée :

1° Lorsque l'usage de la force est commandé par la légitime défense dans les conditions prévues par les dispositions de l'article 122-5 du code pénal ;

2° Lorsqu'ils ne peuvent, autrement que par l'usage de la force, empêcher une tentative d'évasion ou parvenir au rétablissement de l'ordre ;

3° Lorsqu'ils ne peuvent, autrement que par l'usage de la force, remédier à la résistance d'une ou plusieurs personnes détenues, par la violence ou par inertie physique, aux ordres qui leur ont été donnés.

SECTION 2 Usage des armes

Art. R. 227-2 Les personnels de surveillance et de direction de l'administration pénitentiaire, dans le cadre de l'exercice de leurs missions, peuvent faire usage d'armes à feu en cas d'absolue nécessité et de manière strictement proportionnée :

1° Lorsque l'usage d'armes à feu est commandé par la légitime défense dans les conditions prévues par les dispositions de l'article 122-5 du code pénal ;

2° Lorsque, immédiatement après deux sommations adressées à haute voix, ils ne peuvent, autrement que par l'usage d'armes à feu, empêcher une tentative d'évasion depuis l'établissement pénitentiaire ;

3° Lorsque, immédiatement après deux sommations adressées à haute voix, ils ne peuvent, alors que la sécurité de l'établissement est gravement menacée, autrement que par l'usage d'armes à feu, remédier à la résistance de plusieurs personnes détenues aux ordres qui leur ont été donnés ;

4° Dans les conditions prévues aux 1° et 2° de l'article L. 435-1 du code de la sécurité intérieure.

SOUS-SECTION 1 Armement des personnels pénitentiaires pour l'exercice de leurs missions

Art. R. 227-3 L'administration pénitentiaire peut acquérir, détenir et conserver des armes, des éléments d'armes et des munitions en vue de leur remise aux personnels de direction et aux personnels de surveillance pour l'exercice de leurs fonctions.

Les conditions dans lesquelles les personnels de direction et les personnels de surveillance peuvent faire usage de leurs armes sont définies par les dispositions des articles R. 227-1 et R. 227-2.

Art. R. 227-4 Les personnels de direction et les personnels de surveillance de l'administration pénitentiaire peuvent être autorisés à porter les matériels, les armes, éléments d'armes et munitions mentionnés par les dispositions de l'article R. 311-2 du code de la sécurité intérieure suivants :

a) 2°, 3°, 4° et 7° de la catégorie A1 ;
b) 1°, 2°, 5°, 6° et 16° de la catégorie A2 ;
c) 1°, 3°, 4°, 6°, 8°, 9° et 10° de la catégorie B et *a, b, c, e* et *f* du 2° de la catégorie B ;
d) 1° *b*, 6° et 8° de la catégorie C ;
e) a, b et *c* de la catégorie D.

Le garde des sceaux, ministre de la justice, détermine les types d'armes autorisés selon la nature des missions visées par les dispositions de l'article R. 227-5. Pour les armes relevant du 6° de la catégorie B et du *c* de la catégorie D, un arrêté du garde des sceaux, ministre de la justice fixe les conditions de formation des personnels qui en sont dotés, ainsi que les règles, modalités et précautions particulières d'emploi. Cet arrêté organise une procédure de recueil d'informations permettant le contrôle des données recueillies lors de l'usage de ces armes et l'évaluation des conditions de leur emploi.

COMMENTAIRE

Le décret n° 2011-980 du 23 août 2011 (*JO 24 août* ; mod. par Décr. n° 2021-1313 du 8 oct. 2021, *JO 10 oct.*) complète la liste des armes que l'administration pénitentiaire peut avoir à disposition. Il s'agit d'armes létales, d'armes « à létalité réduite » ou encore d'armes de neutralisation momentanée (dont les HK G36C, les fusils à pompe calibre 12, les SIG SAUER SP 2022, les fusils à pompe Remington 870 police, les fusils d'assaut à tir automatique, les grenades lacrymogènes, les grenades de désencerclement, les lanceurs de balles de défense, les tonfas, les bâtons télescopiques BTP, etc.). Depuis un arrêté du 9 novembre 2021 (*JO 14 nov.*), des personnels « formés et habilités en tant que personnels d'une équipe de sécurité pénitentiaire (ESP) et individuellement désignés par le chef d'établissement » peuvent disposer d'un pistolet à impulsion électrique (PIE ou *taser*). Le Comité européen pour la prévention de la torture (CPT) avait alerté en 2010 sur l'utilisation de ce type d'armes au sein des établissements pénitentiaires en pointant leurs effets nuisibles potentiels pour la santé et les risques d'« utilisation abusive » (Rapp. gén. du CPT 2009-2010, § 66). ❑

Art. R. 227-5 Les missions pour lesquelles les personnels de direction et les personnels de surveillance de l'administration pénitentiaire peuvent être autorisés à porter des armes sont :

1° La surveillance et la sécurité des personnes détenues dans des établissements pénitentiaires, l'établissement public de santé national de Fresnes et les établissements de santé habilités à recevoir des personnes détenues comportant soit des unités hospitalières sécurisées interrégionales, soit des unités hospitalières spécialement aménagées ;

2° La surveillance et la sécurité des personnes détenues faisant l'objet d'un transfèrement ou d'une extraction, lorsqu'ils sont réalisés par les personnels pénitentiaires dans les cas prévus par les dispositions réglementaires en vigueur ;

3° La surveillance et la sécurité des personnes détenues faisant l'objet d'un transfèrement international ;

4° La surveillance et la sécurité des établissements pénitentiaires, sur le domaine affecté à ces établissements ou dans ses abords immédiats et des locaux de stockage des armes ainsi que celles des unités hospitalières sécurisées interrégionales, des unités hospitalières spécialement aménagées des établissements de santé habilités à recevoir des personnes détenues et de l'établissement public de santé national de Fresnes ;

5° La protection des bâtiments abritant les administrations centrales du ministère de la justice ;

6° La garde et la sécurité des armes, des munitions, des substances explosives, des produits stupéfiants et de la monnaie fiduciaire lors de leur transport par l'administration pénitentiaire et durant les séances de formation des personnels pénitentiaires ;

7° Les missions de recherche de produits stupéfiants, de substances explosives, de monnaie fiduciaire, d'armes et de munitions réalisées par les personnels pénitentiaires des unités cynotechniques.

Art. R. 227-6 A l'intérieur des enceintes pénitentiaires, hors des locaux de détention, les personnels de direction et les personnels de surveillance sont autorisés à porter les armes et munitions qui leur sont régulièrement remises.

Dans les locaux de détention, les agents ne sont pas armés, à moins d'un ordre exprès donné par le chef de l'établissement pénitentiaire pour une intervention précisément définie. Toutefois, sur décision expresse du chef de l'établissement et lorsque les circonstances l'exigent, les membres du personnel de direction, du corps des chefs de services pénitentiaires et du corps de commandement, les majors ou premiers surveillants peuvent être armés de générateurs d'aérosols incapacitants de catégorie D, *b*.

En dehors des établissements pénitentiaires, les personnels de direction et les personnels de surveillance peuvent être autorisés individuellement, pour l'exercice des missions mentionnées par les dispositions de l'article R. 227-5, à porter les armes et munitions qui leur ont été remises. Cette autorisation est délivrée selon les cas par le directeur de l'administration pénitentiaire, le directeur de l'École nationale de l'administration pénitentiaire ou par le directeur interrégional des services pénitentiaires compétent. A tout moment, elle peut être retirée par l'autorité qui l'a délivrée.

Au sein de l'établissement public de santé national de Fresnes, des unités hospitalières sécurisées interrégionales et des unités hospitalières spécialement aménagées dans les établissements de santé les agents ne sont pas armés, sauf si le chef de l'établissement pénitentiaire de rattachement leur en donne l'ordre exprès et en l'absence d'opposition du directeur de l'établissement de santé préalablement informé.

En cas d'urgence, en vue de mettre fin à un incident isolé mettant en cause un nombre limité de personnes détenues, le chef de l'établissement pénitentiaire et le directeur de l'établissement de santé peuvent, conjointement, autoriser les personnels présents à pénétrer dans les bâtiments ou les services avec des armes adaptées à la situation. Le préfet en est informé.

COMMENTAIRE

Le port des armes dans les locaux de détention est prohibé par l'article R. 227-6 (les surveillants en poste aux miradors étant toutefois toujours armés). Le pouvoir réglementaire a tenu compte de ce que le port d'armes par des surveillants œuvrant au sein de la prison présenterait en réalité un danger, notamment pour eux-mêmes, s'ils venaient à être désarmés. L'article R. 227-6, alinéa 2, réserve toutefois l'hypothèse d'un ordre exprès donné en cas de circonstances exceptionnelles. L'article R. 227-2 ajoute que, en tout état de cause, il n'est fait usage des armes qu'en cas de légitime défense, de tentative d'évasion ou, encore, en cas de résistance violente de la part de plusieurs détenus, de leur inertie physique aux ordres donnés. En dehors de la légitime défense, des sommations à haute voix doivent précéder tout usage d'une arme. ❑

Art. R. 227-7 Les personnels de direction et les personnels de surveillance de l'administration pénitentiaire reçoivent une formation initiale au maniement des armes mentionnées par les dispositions de l'article R. 227-4.

A la suite de cette formation initiale, pour le maniement des armes des catégories A ou B, des séances d'entraînement se déroulent périodiquement. La formation reçue est attestée par un carnet de tir classé au dossier de l'agent.

Une formation spécifique au maniement de certaines des armes des catégories A ou B, qui tient compte des risques particuliers liés à leur emploi, est dispensée aux personnels qui en ont l'usage. Cette formation préalable est sanctionnée par un certificat individuel classé au dossier de l'agent, qui habilite ce dernier à porter l'arme.

Pour la tenue des séances de formation au maniement des armes et au tir, les personnels sont autorisés à transporter et à utiliser les armes et munitions mentionnées par les dispositions de l'article R. 227-4.

COMMENTAIRE

La Cour européenne des droits de l'homme a souligné dans l'affaire *Davydov et a. c/ Ukraine* (1er juill. 2010, nos 17674/02 et 39081/02) la nécessité pour les États de former et de préparer le personnel à d'éventuels comportements inattendus de détenus, notamment des émeutes de masse ou des prises d'otages. Cette formation des agents pénitentiaires a notamment pour but de prévenir tout traitement ou comportement pouvant être contraire à la prohibition absolue de la torture et des peines ou traitements inhumains ou dégradants. Elle a par ailleurs rappelé dans son arrêt *Boukrourou et a. c/ France* du 16 novembre 2017 (n° 30059/15 : *Gaz. Pal. 28 nov. 2017, p. 35, note Berlaud ; AJDA 2018. 150, chron. Burgorgue-Larsen ; JCP 2017. Actu. 1289, obs. Gonzalez ; ibid. 2220, note Marguénaud ; LEFP janv. 2018, p. 7, note Larralde ; JDI juill. 2018, n° 3, chron. Schill*) que « l'article 3 de la Convention met à la charge des États parties l'obligation positive de former les agents de maintien de l'ordre de manière à garantir un degré élevé de compétence quant à leur comportement professionnel afin que personne ne soit soumis à un traitement contraire à cette disposition » (§ 81). ❑

SOUS-SECTION 2 Acquisition, détention, transport et conservation des armes

Art. R. 227-8 **Les armes dont la détention, le port et le transport sont autorisés en application des dispositions des articles R. 227-4 à R. 227-7 et les munitions correspondantes sont acquises et détenues par l'administration pénitentiaire.**

Art. R. 227-9 **Lors de leur transport, les armes mentionnées par les dispositions de l'article R. 227-4 ne doivent pas être immédiatement utilisables soit en recourant à un dispositif technique répondant à cet objectif, soit par démontage d'une de leurs pièces de sécurité.**

Le transport par la voie routière d'armes ou d'éléments d'armes classés dans ces catégories doit être effectué en utilisant des véhicules fermés à clé. Les armes et éléments d'armes de catégorie A et B doivent être placés dans des caisses cerclées ou des conteneurs cadenassés. Ils doivent rester pendant toute la durée du transport sous la garde permanente d'un personnel pénitentiaire.

Art. R. 227-10 **Lorsqu'elles ne sont pas utilisées par les personnels pour l'exercice de leurs missions, les armes et munitions des catégories A et B doivent être stockées, munitions à part, dans l'un des sites définis par instruction de service du garde des sceaux, ministre de la justice, à l'intérieur d'un coffre-fort ou d'une armoire forte au sein d'une pièce sécurisée ou à l'intérieur d'un coffre ou d'une armoire plombés au sein d'un poste protégé.**

Art. R. 227-11 **Sur les sites détenant des armes, éléments d'armes et munitions, il est tenu un registre d'inventaire de ces matériels permettant leur identification.**

Ce registre mentionne la catégorie, le modèle, la marque et, le cas échéant, le calibre de l'arme et son numéro, le type, le calibre et le nombre de munitions détenues.

Il est également tenu un état journalier retraçant les sorties et les réintégrations des armes et munitions figurant au registre d'inventaire. Cet état mentionne, jour par jour, l'identité de l'agent auquel l'arme et les munitions ont été remises lors de la prise de service pour l'accomplissement des missions prévues par les dispositions de l'article R. 227-5.

TITRE III RÉGIME DISCIPLINAIRE DES PERSONNES DÉTENUES

CHAPITRE I DISPOSITIONS GÉNÉRALES

BIBL. ▸ Amado et Desprairies, *RSC 2018. 829* (décision implicite d'acceptation à l'épreuve de la matière pénitentiaire). – Péchillon, *AJ pénal 2013. 304* (règlement intérieur type des établissements pénitentiaires : une réforme décrétale anachronique ?).

Art. R. 231-1 **Les personnes détenues doivent obéir aux fonctionnaires ou agents ayant autorité dans l'établissement pénitentiaire en tout ce qu'ils leur prescrivent pour l'exécution des dispositions législatives ou réglementaires, du règlement intérieur défini aux articles L. 112-4 et R. 112-22, ou de toute autre instruction de service.**

Art. R. 231-2 **Les dispositions du règlement intérieur, défini aux articles L. 112-4 et R. 112-22, relatives à la discipline, ainsi que le tableau des avocats inscrits dans les barreaux du département sont affichées dans le quartier disciplinaire.**

Art. D. 231-3 **Aucun moyen de contrainte ne doit être employé à titre de sanction disciplinaire.**

COMMENTAIRE

Le principe de légalité s'appliquant aux sanctions disciplinaires, il n'est pas possible de recourir à des moyens de contrainte comme réponses disciplinaires. L'interdiction, à ce titre, doit être considérée comme absolue et s'avère ainsi répondre aux règles pénitentiaires européennes (V. règle n° 60.6, App., *v° Conditions de détention*). Des moyens de contrainte ne peuvent donc être employés qu'en dehors de tout contexte disciplinaire, dans les conditions prévues à R. 226-1 du code pénitentiaire. ❑

CHAPITRE II **FAUTES DISCIPLINAIRES**

RÉP. PÉN. v° *Prison : sanctions disciplinaires,* par CÉRÉ.

BIBL. ▸ BOURGOIN et GALINDO, *RSC 2004. 323* (la règle et son application : la punition en prison). – CARDET, *RPDP 2004. 533* (violences en prison saisies par le droit disciplinaire). – CÉRÉ, *AJ pénal 2005. 393* (droit disciplinaire pénitentiaire entre jurisprudence interne et droit européen) ; *ibid. 2009. 476* (nouveau droit pénitentiaire et respect du droit européen. Esquisse de comparaison) ; *ibid. 2011. 172* (feu le nouveau droit disciplinaire pénitentiaire) ; *D. 2017. 1720* (procès disciplinaire pénitentiaire sous le prisme de la Conv. EDH). – DANTI-JUAN, *RPDP 2011. 181* (quelques remarques sur les modifications apportées par le décret n° 2010-634 du 23 décembre 2010 relatif au droit disciplinaire pénitentiaire). – FÉVRIER, *RPDP 2007, n° spécial 13* (jurisprudence administrative et discipline pénitentiaire : le sillage et le sillon) ; *ibid. 2009. 383* (droit répressif pénitentiaire). – EVANS, *AJ pénal 2019. 139* (décret du 13 février 2019). – PONCELA, *RSC 2001. 872* (procédure disciplinaire carcérale dans la tourmente).

▸ **Dossier :** *AJ pénal 2005. 393 s.* (sanctions disciplinaires en prison).

Art. R. 232-1 Tout manquement aux dispositions du règlement intérieur, défini aux articles L. 112-4 et R. 112-22, ainsi qu'au reste du présent code et au code de procédure pénale ou aux instructions de service peut entraîner des poursuites disciplinaires et pénales.

COMMENTAIRE

Voir le commentaire sous l'intitulé du chapitre III « Sanctions disciplinaires » du titre III du livre II de la partie Réglementaire. ❑

SECTION 1 **Dispositions générales**

Art. R. 232-2 Les fautes disciplinaires sont classées selon leur gravité, selon les distinctions prévues par les dispositions des articles R. 232-4, R. 232-5 et R. 232-6, en trois degrés.

COMMENTAIRE

La définition et l'établissement d'une liste exhaustive des fautes disciplinaires reviennent au décret n° 96-287 du 2 avril 1996, marquant une authentique rupture avec le flou et l'arbitraire qui régnaient jusqu'alors. Ce décret est intervenu à la suite d'un revirement historique de jurisprudence (CE 17 févr. 1995, *Marie*) par lequel le Conseil d'État a admis qu'une sanction – en l'occurrence un placement en quartier disciplinaire – relève d'une décision qui, faisant grief à son destinataire, est susceptible d'être contestée par la voie du recours pour excès de pouvoir.

Aux anciennes catégories générales, la réglementation actuelle substitue la définition de chaque faute dans une logique inspirée des principes du droit pénal.

Jusqu'en 2019, trente-six fautes disciplinaires, scindées en trois degrés de gravité, étaient définies par décret. Tout en conservant cette architecture tripartite, le décret n° 2019-98 du 13 février 2019 sur la discipline pénitentiaire a refondu la liste de ces fautes en la faisant doublement évoluer. Ce décret marque la dernière réforme du droit disciplinaire en cherchant à l'adapter aux nouveaux défis de gestion des établissements pénitentiaires. Tout d'abord, le nombre de fautes a été légèrement augmenté. On en dénombre désormais quarante. Au-delà, c'est un constat de sévérité soutenue qui se dégage. En effet, le premier degré de fautes comporte seize qualifications (onze antérieurement). Le deuxième degré en comprend seize (dix-huit antérieurement), tandis que le troisième degré n'en comporte plus que huit (onze antérieurement).

Il ressort de cette classification une corrélation nette entre ces fautes disciplinaires et des infractions de nature pénale. Quasiment toutes les fautes du premier et du deuxième degrés correspondent à des infractions pénales, à l'inverse de celles du troisième degré qui exposent un caractère intrinsèquement disciplinaire. C'est surtout par l'emprunt de notions propres au droit pénal que le rapprochement se vérifie. La réplique du délit de mise en danger d'autrui est intégrée à l'arsenal de la répression disciplinaire (art. R. 232-4, 5°, et R. 232-5, 3°). L'incitation à la commission d'une infraction disciplinaire est généralisée, la tentative également poursuivie, de même que la complicité au travers du fait « de prêter assistance » à la commission d'une infraction (art. R. 232-4, 16°, R. 232-5, 16°, et R. 232-6, 8°). La reprise, dans le champ disciplinaire, d'infractions parfois non intentionnelles complète encore ce constat (art. R. 232-5, 4°).

Toutefois la similitude est relative et le droit disciplinaire se distingue du droit pénal par une attraction plus large du comportement incriminé. Ainsi en est-il notamment des mutineries ou des rébellions. Le code pénal les définit comme le fait d'opposer une résistance violente au dépositaire de l'autorité publique ou à la personne chargée d'une mission de service public. Échappent donc à cette qualification tous les mouvements de détenus effectués sans violence (C. pén., art. 433-6). Or le code pénitentiaire adopte une définition plus évasée permettant de sanctionner tous agissements, même non violents, dès lors qu'ils compromettent la sécurité de l'établissement ou simplement l'ordre carcéral (par ex. refus de remonter aux cellules après la promenade, refus du plateau repas, art. R. 232-4, 7°). La remarque vaut également pour la mise en danger d'autrui (C. pén., art. 223-1). En droit disciplinaire, le critère d'immédiateté du risque causé n'apparaît pas en tant que tel dans la définition retenue, qu'il soit intentionnel (art. R. 232-4, 5°) ou bien le résultat d'une imprudence (art. R. 232-5, 3°). Cette appréhension large par le droit disciplinaire abonde dans le sens d'une facilitation de la répression.

Relevons ensuite que la preuve de la faute disciplinaire doit être établie. De simples présomptions ne suffisent pas. Le juge administratif s'emploie non seulement à vérifier l'exactitude matérielle des faits invoqués par l'administration, mais il en contrôle aussi la qualification juridique. A titre d'exemple, pour un « tapage de nature à troubler l'ordre de l'établissement », le trouble provoqué doit être caractérisé. Pour « les outrages ou les menaces dans les lettres adressées aux autorités administratives et judiciaires », seule une plainte de la personne concernée, eu égard à la confidentialité de ce type de correspondance, initiera les poursuites disciplinaires.

Enfin, la généralité des termes employés par le 1° de l'article R. 232-6 relatif au non-respect des décisions internes à l'établissement semble contraster avec l'effort accompli dans la définition des autres comportements fautifs. Il faut cependant admettre que la complexité des relations dans une prison rend délicate une énumération limitative des manquements à la discipline d'autant qu'il apparaît aussi indispensable de préserver les spécificités propres à chaque établissement telles que les retrace son règlement intérieur. ❑

Art. R. 232-3 Les faits énumérés par les dispositions des articles R. 232-4, R. 232-5 et R. 232-6 constituent des fautes disciplinaires même lorsqu'ils sont commis à l'extérieur de l'établissement pénitentiaire. En ce cas, les violences, dégradations, menaces mentionnées par les dispositions des 1°, 9° et 12° de l'article R. 232-4 et 9° de l'article R. 232-5 peuvent être retenues comme fautes disciplinaires, quelle que soit la qualité de la personne concernée ou du propriétaire des biens en cause.

COMMENTAIRE

Une conception large de la répression disciplinaire prévaut depuis le décret n° 96-287 du 2 avril 1996. Une sanction disciplinaire peut en effet intervenir pour des faits commis à l'extérieur d'un établissement pénitentiaire. Le choix opéré peut se justifier car, dans certaines circonstances, une personne détenue, tout en se trouvant en dehors d'un établissement pénitentiaire, reste sous écrou et sous surveillance. Elle peut être placée sous la responsabilité de personnels pénitentiaires, de police ou de gendarmerie. C'est le cas par exemple lors d'une extraction, d'un placement en chantier extérieur, d'un transfèrement, d'une hospitalisation ou d'une consultation médicale. Mais, même en l'absence de toute surveillance, c'est-à-dire au cours d'une permission de sortir, d'une période de semi-liberté, d'une libération conditionnelle, les détenus restent assujettis au droit pénitentiaire et peuvent donc faire l'objet d'une sanction disciplinaire. Ce principe se justifie d'autant plus que les dommages causés aux tiers en de telles occasions engagent la responsabilité sans faute de l'État (CE 27 mars 1985, *Mme Henry*, n° 49928 ; CE, sect., 29 avr. 1987, *Banque populaire de la région économique de Strasbourg*, n° 61015).

Les qualifications prévues par les articles R. 232-4, 1°, 9° et 12°, et R. 232-5, 9° (violences, menaces, notamment à l'encontre d'un personnel ou d'une personne autre présente au sein de l'établissement et dégradations des locaux) peuvent être retenues indépendamment de la qualité de la personne visée ou du propriétaire des biens en cause. Le recours à des sanctions disciplinaires peut alors se superposer aux sanctions propres à ces mesures d'individualisation de la peine (par ex. C. pr. pén., art. 721, al. 10). ❑

SECTION 2 Fautes disciplinaires du premier degré

Art. R. 232-4 Constitue une faute disciplinaire du premier degré le fait, pour une personne détenue :

1° D'exercer ou de tenter d'exercer des violences physiques à l'encontre d'un membre du personnel ou d'une personne en mission ou en visite dans l'établissement ;

2° D'exercer ou de tenter d'exercer des violences physiques à l'encontre d'une personne détenue ;

3° D'opposer une résistance violente aux injonctions des personnels ;

4° D'obtenir ou de tenter d'obtenir par violence, intimidation ou contrainte la remise d'un bien, la réalisation d'un acte, un engagement, une renonciation ou un avantage quelconque ;

5° De commettre intentionnellement des actes de nature à mettre en danger la sécurité d'autrui ;

6° De provoquer par des propos ou des actes à la commission d'actes de terrorisme ou d'en faire l'apologie ;

7° De participer ou de tenter de participer à toute action collective de nature à compromettre la sécurité des établissements ou à en perturber l'ordre ;

8° De participer à une évasion ou à une tentative d'évasion ;

9° De causer ou de tenter de causer délibérément aux locaux ou au matériel affecté à l'établissement un dommage de nature à compromettre la sécurité, l'ordre ou le fonctionnement normal de celui-ci ;

10° D'introduire ou tenter d'introduire au sein de l'établissement tous objets, données stockées sur un support quelconque ou substances de nature à compromettre la sécurité des personnes ou de l'établissement, de les détenir ou d'en faire l'échange contre tout bien, produit ou service ;

11° D'introduire ou tenter d'introduire au sein de l'établissement des produits stupéfiants, ou sans autorisation médicale, des produits de substitution aux stupéfiants ou des substances psychotropes, de les fabriquer, de les détenir ou d'en faire l'échange contre tout bien, produit ou service ;

12° De proférer des insultes, des menaces ou des propos outrageants à l'encontre d'un membre du personnel de l'établissement, d'une personne en mission ou en visite au sein de l'établissement pénitentiaire ou des autorités administratives ou judiciaires ;

13° De proférer des insultes ou des menaces à l'encontre d'une personne détenue ;

14° De franchir ou tenter de franchir les grillages, barrières, murs d'enceinte et tous autres dispositifs anti-franchissement de l'établissement, d'accéder ou tenter d'accéder aux façades et aux toits de l'établissement ainsi qu'aux chemins de ronde, aux zones neutres et aux zones interdites mentionnées par le règlement intérieur, défini aux articles L. 112-4 et R. 112-22, ou instruction particulière arrêtée par le chef d'établissement ;

15° De capter, fixer ou enregistrer ou tenter de capter, fixer ou enregistrer, par quelque moyen que ce soit, des images ou des sons dans un établissement ou de diffuser ou tenter de diffuser, par quelque moyen que ce soit, des images fixées ou des sons captés dans un établissement, ou de participer à ces captation, fixation, enregistrement ou diffusion ;

16° D'inciter une personne détenue à commettre l'un des manquements énumérés par le présent article ou de lui prêter assistance à cette fin.

1. Objet dangereux. La possession d'un téléphone portable par un détenu, compte tenu de l'usage qui peut en être fait, notamment pour s'affranchir des règles particulières applicables aux communications téléphoniques des détenus et pour faire échec aux mesures de sécurité prises dans l'établissement pénitentiaire, doit être regardée comme la détention d'un objet dangereux et constitue ainsi une faute disciplinaire du premier degré. • CE 4 févr. 2013 : *D. actu. 16 févr. 2013, obs. Montecler ; AJDA 2013. 321* ; *D. 2013. 1307, obs. Herzog-Evans* . ♦ Peu importe la façon dont un tel objet a pu être introduit dans l'établissement et la manière dont il a été découvert. Son détenteur n'est pas fondé à soutenir que les faits en cause ne pouvaient donner lieu à sanction au seul motif que, les circonstances de l'introduction de cet objet n'étant pas déterminées, elles ne peuvent lui être imputées. • CAA Lyon, 20 oct. 2022, n° 20LY00709.

2. Légitime défense. Le seul fait de donner des coups ne justifie pas l'infliction d'une sanction disciplinaire si ces coups sont proportionnés à une agression dont l'intéressé aurait été victime. • CAA Marseille, 18 nov. 2019, n° 17MA03053 : *D. 2020. 1198, obs. Céré.*

3. Violence physique. Le fait de cracher au visage d'un surveillant peut être regardé comme une violence physique constitutive d'une faute disciplinaire du premier degré. • CE 1er mars 2021, n° 436013.

SECTION 3 Fautes disciplinaires du deuxième degré

Art. R. 232-5 Constitue une faute disciplinaire du deuxième degré le fait, pour une personne détenue :

1° De refuser de se soumettre à une mesure de sécurité définie par une disposition législative ou réglementaire, par le règlement intérieur de l'établissement pénitentiaire, défini aux articles L. 112-4 et R. 112-22, ou par toute autre instruction de service ou refuser d'obtempérer immédiatement aux injonctions du personnel de l'établissement ;

2° D'obtenir ou de tenter d'obtenir d'un membre du personnel de l'établissement ou d'une personne en mission au sein de l'établissement un avantage quelconque par des offres, des promesses, des dons ou des présents ;

3° De mettre en danger la sécurité d'autrui par une imprudence ou une négligence ;

4° D'imposer à la vue d'autrui des actes obscènes ou susceptibles d'offenser la pudeur ;

5° De formuler des propos outrageants ou des menaces dans les lettres adressées aux autorités administratives et judiciaires ;

6° De formuler dans les lettres adressées à des tiers des menaces, des injures ou des propos outrageants à l'encontre de toute personne ayant mission dans l'établissement ou à l'encontre des autorités administratives et judiciaires, ou de formuler dans ces lettres des menaces contre la sécurité des personnes ou de l'établissement ;

7° De se soustraire à une sanction disciplinaire prononcée à son encontre ;

8° D'enfreindre ou tenter d'enfreindre les dispositions législatives ou réglementaires, le règlement intérieur de l'établissement, défini aux articles L. 112-4 et R. 112-22, ou toute autre instruction de service applicables en matière d'introduction, de détention, de circulation, ou de sortie de sommes d'argent, correspondance, objets ou substances quelconques, hors les cas prévus par les dispositions des 10° et 11° de l'article R. 232-4 ;

9° De causer délibérément un dommage aux locaux ou au matériel affecté à l'établissement, hors le cas prévu par les dispositions du 9° de l'article R. 232-4 ;

10° De causer délibérément un dommage à la propriété d'autrui ;

11° De commettre ou tenter de commettre un vol ou toute autre atteinte frauduleuse à la propriété d'autrui ;

12° De consommer des produits stupéfiants ;

13° De consommer, sans autorisation médicale, des produits de substitution aux stupéfiants, des psychotropes ou des substances de nature à troubler le comportement ;

14° De se trouver en état d'ébriété ;

15° De provoquer un tapage de nature à troubler l'ordre de l'établissement ;

16° D'inciter une personne détenue à commettre l'un des manquements énumérés au présent article ou de lui prêter assistance à cette fin.

1. Action collective. Constitue une action collective de nature à perturber l'ordre de l'établissement la remise d'un imprimé type demandant l'application d'une disposition du C. pr. pén. rédigé par une personne détenue et signé par sept autres détenus du même établissement. • TA Rennes, 10 sept. 2014 : *AJ pénal 2014. 547, obs. Péchillon* .

2. Insultes. Les propos insultant un surveillant tenus par un détenu lors d'une conversation téléphonique privée ne constituent pas une faute disciplinaire en l'absence d'intention que ces propos soient rapportés à l'intéressé. • Paris, 7 avr. 2016 : *AJ pénal 2016. 283, obs. Herzog-Evans* .

3. Refus d'une mesure de sécurité. Le refus de se soumettre à une mesure de sécurité définie par une disposition législative ou réglementaire, par le règlement intérieur de l'établissement pénitentiaire ou par toute autre instruction de service constitue une faute disciplinaire du deuxième degré également de nature à justifier une sanction. • CE 15 déc. 2017, n° 403701 : *D. actu. 4 janv. 2018, obs. Pastor ; AJ pénal 2018. 105, obs. Herzog-Evans*.

SECTION 4 Fautes disciplinaires du troisième degré

Art. R. 232-6 **Constitue une faute disciplinaire du troisième degré le fait, pour une personne détenue :**

1° De ne pas respecter les dispositions du règlement intérieur de l'établissement pénitentiaire, défini aux articles L. 112-4 et R. 112-22, ou les instructions particulières arrêtées par le chef de l'établissement ;

2° D'entraver ou tenter d'entraver les activités de travail, de formation, culturelles, cultuelles ou de loisirs ;

3° De communiquer irrégulièrement avec une personne détenue ou avec toute autre personne extérieure à l'établissement ;

4° De négliger de préserver ou d'entretenir la propreté de sa cellule ou des locaux communs ou de prendre soin des objets mis à disposition par l'administration ;

5° De jeter tout objet ou substance par les fenêtres de l'établissement ;

6° De faire un usage abusif ou nuisible d'objets autorisés par le règlement intérieur ;

7° De pratiquer des jeux interdits par le règlement intérieur ;

8° D'inciter une personne détenue à commettre l'un des manquements énumérés au présent article ou lui prêter assistance à cette fin.

1. Refus d'obtempérer. Le détenu qui n'acquiesce pas à l'ordre de quitter un muret sur lequel il est assis pendant une visite familiale commet un refus d'obtempérer aux injonctions des membres du personnel de surveillance. • CE 20 mai 2011, n° 326084 : *D. actu. 1er juin 2011, obs. Grand ; AJ pénal 2012. 177, obs. Herzog-Evans ; AJDA 2011. 1364, chron. Domino et Bretonneau ; RSC 2012. 208, chron. Poncela*. ♦ Le fait de vouloir rester au quartier disciplinaire à l'issue de la sanction constitue un refus d'obtempérer aux ordres du personnel. • Lyon, 27 mars 2014 : *RPDP 2014. 391, obs. Céré.*

2. Conv. EDH, art. 3 et 8. Refus d'obéissance. Les refus de se soumettre à des fouilles imposées par l'administration pénitentiaire, considérés par les autorités pénitentiaires comme un acte de désobéissance donnant lieu au prononcé de sanctions disciplinaires, ne sont pas susceptibles de constituer une violation de l'art. 3 Conv. EDH en l'absence d'élément dégradant ou humiliant des mesures dénoncées. • CEDH 15 sept. 2015, *Milka c/ Pologne*, n° 14322/12 : *D. 2015. 2010, obs. Falxa*. ♦ Mais même lorsque les mesures ne dépassent pas le seuil de gravité nécessaire à la reconnaissance d'une violation de l'art. 3, elles sont susceptibles de constituer une atteinte à la vie privée et familiale entendue au sens de l'art. 8 Conv. EDH. • Même arrêt.

CHAPITRE III SANCTIONS DISCIPLINAIRES

COMMENTAIRE

Comme l'ensemble des sanctions administratives, les sanctions disciplinaires applicables aux usagers du service public pénitentiaire se trouvent assujetties au principe de légalité des peines. En conséquence, le président de la commission de discipline ne peut recourir à une sanction autre que celles évoquées par le code pénitentiaire. Au-delà, plusieurs remarques émergent.

En premier lieu, il existe des corrélations entre certaines fautes et sanctions (suppression de l'accès au parloir), une durée maximale voire un quantum maximum variable selon le degré de la faute relevée (confinement individuel ou cellule disciplinaire). Ces corrélations sous-tendent la soumission désormais bien ancrée de la discipline pénitentiaire au principe de l'individualisation des sanctions. L'article R. 234-32 du code pénitentiaire dispose à cet effet que le président de la commission de discipline doit prononcer celles des sanctions qui lui apparaissent comme les mieux proportionnées à la gravité des faits en intégrant les circonstances de leur déroulement et en les adaptant à la personnalité de l'infracteur.

En deuxième lieu, il est interdit de recourir à des sanctions collectives (art. R. 234-32). Cette prohibition générale concerne toutes les sanctions disciplinaires et s'applique aux situations où une faute a été commise au sein d'un groupe de détenus sans que l'on puisse identifier formellement et individuellement l'auteur (ou les auteurs) de la faute. Elle ne signifie pas qu'il est interdit au président de la commission de discipline de prononcer des sanctions individuelles différenciées à l'égard de plusieurs détenus qui ont pris part collectivement à une même faute (par ex. sanctionner individuellement tous les détenus d'un groupe qui refusent de sortir d'une cour de promenade en veillant à adapter la sanction au degré de participation de chaque détenu). Sous réserve d'identifier le(s) coupable(s), la répression disciplinaire peut s'appliquer. Ce principe se retrouve dans les règles pénitentiaires européennes du Conseil de l'Europe (V. Rec [2006] 2, art. 60.1 s., App., *v° Conditions de détention*).

En troisième lieu, une distinction peut être établie entre des sanctions « générales » et des sanctions « spécifiques ». Le recours à l'une des sanctions disciplinaires mentionnées à l'article R. 233-1 est possible indépendamment de la faute disciplinaire commise. Huit sanctions sont applicables quelle que soit la faute considérée, sous réserve de leur proportionnalité. Même si certaines sanctions générales semblent plus sévères que d'autres, le code pénitentiaire ne définit pas d'échelle de gravité des sanctions. Néanmoins, on peut estimer que l'avertissement correspond à la sanction la moins grave et la punition de cellule disciplinaire à la plus grave. Ainsi est-il désormais acquis que toutes les sanctions peuvent être contestées par un recours pour excès de pouvoir dès lors que celui-ci est ouvert contre l'avertissement qui est réputé être la plus faible des sanctions (CE 21 mai 2014, n° 359672).

Tout en maintenant la dichotomie entre sanction générale et spécifique, le décret n° 2019-98 du 13 février 2019 a sérieusement réduit la seconde catégorie, aujourd'hui définie à l'article R. 233-2. Cela a entraîné la mutation de certaines sanctions spéciales en sanctions générales (par ex. la privation pendant une durée maximum d'un mois de tout appareil acheté ou loué par l'intermédiaire de l'administration).

En quatrième et dernier lieu, il est à noter que les dispositions relatives au régime disciplinaire et aux sanctions applicables aux détenus mineurs sont désormais insérées dans le code de justice pénale des mineurs aux articles R. 124-16 et suivants. ❑

Art. R. 233-1 **Peuvent être prononcées à l'encontre des personnes détenues majeures les sanctions disciplinaires suivantes :**

1° L'avertissement ;

2° L'interdiction de recevoir des subsides de l'extérieur pendant une période maximum de deux mois ;

3° La privation pendant une période maximum de deux mois de la faculté d'effectuer en cantine tout achat autre que celui de produits d'hygiène, du nécessaire de correspondance et de tabac ;

4° La privation pendant une durée maximum d'un mois de tout appareil acheté ou loué par l'intermédiaire de l'administration ;

5° La privation d'une activité culturelle, sportive ou de loisirs pour une période maximum d'un mois ;

6° L'exécution d'un travail d'intérêt collectif de nettoyage, remise en état ou entretien des cellules ou des locaux communs ; cette sanction, dont la durée globale n'excède pas 40 heures, ne peut être prononcée qu'avec le consentement préalable de la personne détenue ;

7° Le confinement en cellule individuelle ordinaire assorti, le cas échéant, de la privation de tout appareil acheté ou loué par l'intermédiaire de l'administration pendant la durée de l'exécution de la sanction ;

8° La mise en cellule disciplinaire.

I. PRINCIPES GÉNÉRAUX

1. Compétence du pouvoir réglementaire. Si le régime disciplinaire des personnes détenues ne relève pas en lui-même des matières que la Const. range dans le domaine de la loi, il appartient toutefois au pouvoir réglementaire de ne pas définir de sanctions portant atteinte aux droits et libertés dont les personnes détenues bénéficient dans les limites inhérentes aux contraintes de la détention. En prévoyant la possibilité d'interdire à une personne détenue de recevoir des subsides de l'extérieur, d'effectuer des achats en cantine ou de la priver de tout appareil acheté ou loué par l'intermédiaire de l'administration, les dispositions réglementaires contestées ont institué des sanctions susceptibles de porter atteinte au droit de propriété et, lorsque la personne détenue se trouve privée d'un appareil de radio ou de télévision, à son droit d'accès à l'information. Ces atteintes étant toutefois limitées dans leur champ, leur durée et leur portée, elles ne sauraient être regardées comme des atteintes substantielles aux droits invoqués. Il s'ensuit que les dispositions litigieuses n'ont pas institué des sanctions disciplinaires restreignant l'exercice de ces droits dans une mesure excédant ce qui est strictement nécessaire. • CE 17 juill. 2013, n° 357405 : *Gaz. Pal. 26 sept. 2013, p. 16, obs. Guyomar.*

A. QUALIFICATION DES SANCTIONS

2. Décisions faisant grief. Eu égard à leur nature et à leurs effets sur la situation des personnes détenues, les sanctions prononcées à leur encontre constituent des décisions faisant grief susceptibles d'être déférées au juge de l'excès de pouvoir. • CE 17 févr. 1995, *Marie*, n° 97754 : *JCP 1995. II. 22426, note Lascombe et Bernard ; JCP 1996. I. 3906, note Maron ; RFDA 1995. 353, concl. Frydman ; ibid. 822, note Moderne et Céré ; RSC 1995. 381, obs. Couvrat ; AJDA 1995. 379, chron. Touvet et Stahl ; D. 1995. 381, note Belloubet-Frier* (ab. jur. • 4 mai 1979 : *D. 1980. 433, note Drapier ; JCP 1979. II. 19242, concl. Franc*) • 21 mai 2014, n° 359672 B : *D. actu. 28 mai 2014, obs. Poupeau ; AJDA 2014. 1065* .

3. Mesure ayant le caractère d'une punition. Critère du but. Par définition, une sanction présente le caractère d'une punition. Ne peuvent donc être qualifiées comme telles les mesures individuelles défavorables adoptées par le chef d'établissement à titre préventif pour le maintien de l'ordre et de la sécurité dans l'établissement ou la protection des personnes. Si nécessaire, une décision préventive peut viser à protéger la personne contre elle-même. Le chef d'établissement pénitentiaire disposant de la faculté de suspendre une décision de classement dans un emploi à titre préventif, cette mesure, motivée par le danger lié à la grève de la faim entamée par le détenu, ne relève pas d'une sanction. • CE 15 déc. 2017, n° 400822 : *AJ pénal 2018. 162, obs. Céré.* ♦ Une sanction n'étant « aucunement prise pour l'application de la décision de placement provisoire de l'intéressé en cellule disciplinaire », laquelle n'en constitue pas la base légale, l'illégalité de la mesure de placement préventif en cellule ne peut être invoquée au soutien du recours dirigé contre la sanction réprimant la faute. • CAA Nantes, 4 févr. 2022, n° 21NT01581. ♦ V. égal. notes ss. art. R. 233-2.

B. SEUIL DE GRAVITÉ

4. Conv. EDH, art. 3 et 13. Absence de grief défendable. Une sanction de cellule disciplinaire de sept jours ne dépasse pas le seuil de gravité de l'art. 3 Conv. EDH, alors même que le requérant n'a effectué que cinq jours de détention dans le quartier disciplinaire à la place de sept, et le grief tiré de l'art. 13 est inapte à prospérer en l'absence de grief défendable de violation de l'art. 3. • CEDH 11 oct. 2018, *Mazziotti c/ France*, n° 65089/13 : *AJ pénal 2018. 591, obs. Falxa ; D. 2019. 1081, obs. Céré.*

C. CONTRÔLE

5. V. notes ss. art. L. 231-1.

II. APPLICATIONS

6. Avertissement. Eu égard à leur nature et à leurs effets sur la situation des personnes détenues, les décisions par lesquelles le président de la commission de discipline prononce une sanction d'avertissement sont au nombre des décisions susceptibles de faire l'objet d'un recours pour excès de pouvoir. • CE 21 mai 2014 : *D. actu. 28 mai 2014, obs. Poupeau ; AJDA 2014. 1065* . ♦ Le juge exerce un contrôle de proportionnalité qui peut le conduire à annuler la sanction au stade de la qualification juridique des faits. Est ainsi annulée la sanction d'avertissement infligée à un détenu du fait de la détention illégale d'un CD gravé de chansons chrétiennes encore sous son enveloppe plastique qu'il souhaitait remettre au parloir à sa mère. Eu égard au fait que ni l'administration, ni le détenu ne se sont rendu compte avant la demande d'autorisation de sortie du CD qu'il était gravé, l'administration ne pouvait estimer que M. A. avait commis les manquements visés par les 9° et 10° de l'art. R. 57-7-2 C. pr. pén. • CAA Nancy, 16 déc. 2021, n° 19NC03284 : *D. 2022. 1065, obs. Céré*

7. Privation d'activité. Sur la recevabilité du recours pour excès de pouvoir pour la privation d'une activité informatique, V. • TA Dijon, 28 déc. 2004, n° 03/0463 : *AJ pénal 2005. 205, obs. Céré* .

8. Confinement en cellule individuelle. Sur la recevabilité du recours pour excès de pouvoir, V. • TA Lille, 26 févr. 2004, n° 03946 : *AJ pénal 2004. 209, obs. Céré* ♦ La sanction de confinement en cellule individuelle ordinaire assortie de la privation de tout appareil acheté par l'intermédiaire de l'administration pendant la durée de l'exécution de la sanction prévue au 6° de l'art. R. 57-7-33 C. pr. pén. ne constitue pas le cumul de deux sanctions distinctes mais une sanction unique d'un degré de gravité différent du seul confinement en cellule individuelle ordinaire. • CE 17 juill. 2013, n° 357405 : *Gaz. Pal. 26 sept. 2013, p. 16, obs. Guyomar.*

9. Déclassement d'emploi. Eu égard à sa nature et à l'importance de ses effets sur la situation des détenus, une décision de déclassement d'emploi mettant fin à l'affectation sur un emploi constitue un acte administratif susceptible de faire l'objet d'un recours pour excès de pouvoir. Il en va autrement des refus opposés à une demande d'affectation sur un emploi ainsi que des mesures portant affectation sur un emploi ou changement d'affectation d'un emploi sur un autre emploi, sous réserve que ne soient pas en cause des libertés et des droits fondamentaux des détenus. • CE 21 sept. 2023, n° 468441.

10. Placement en cellule disciplinaire. Eu égard à la nature et à la gravité de cette mesure, la punition de cellule avec sursis constitue une décision faisant grief susceptible d'être déférée au juge de l'excès de pouvoir. • CE 17 févr. 1995, *Marie*, n° 97754 : *préc. note 2.* ♦ En jugeant que l'administration pénitentiaire, en prononçant à l'encontre du requérant la sanction de placement en cellule disciplinaire pour une durée de vingt-cinq jours, n'avait pas entaché sa décision d'une erreur manifeste d'appréciation, alors qu'il lui appartenait de rechercher si cette sanction était proportionnée à la gravité de la faute reprochée, la cour administrative d'appel a commis une erreur de droit. • CE 1er juin 2015, n° 380449 : *D. actu. 9 juin 2015, obs. de Montecler ; AJ pénal 2015. 447, obs. Péchillon ; AJDA 2015. 1071 ; ibid. 1596, concl. Bretonneau.* ♦ La modification temporaire du régime de détention qui résulte pour l'intéressé de son placement en cellule disciplinaire ne peut, en l'absence de circonstances particulières, être regardée par elle-même comme constitutive d'une situation d'urgence au sens de l'art. L. 521-2 CJA. Ces circonstances particulières ne peuvent résulter du seul fait que l'intéressé a fait l'objet de plusieurs mesures successives de placement en cellule disciplinaire. • CE 22 avr. 2010 : *RPDP 2010. 931, obs. Péchillon ; AJDA 2010. 929 ; AJ pénal 2010. 299, obs. Péchillon ; RSC 2010. 645, obs. Poncela ; D. 2011. 1308, obs. Péchillon.*

11. Incidence d'une sanction disciplinaire. Pour confirmer la décision du juge de l'application des peines retirant cinquante jours de crédit de réduction de peine, l'ordonnance attaquée expose que l'intéressé a été trouvé porteur, en détention, d'un téléphone portable en état de marche, ce qui a conduit au prononcé d'une sanction disciplinaire. Mais attendu qu'en se déterminant ainsi, sans répondre aux observations écrites du condamné qui exposait que cette sanction avait été annulée à la suite du recours administratif qu'il avait formé contre elle, le président de la chambre de l'application des peines n'a pas justifié sa décision. • Crim. 9 mai 2018, n° 17-83.089 : *D. 2019. 1080, obs. Herzog-Evans.*

Art. R. 233-2 **Les sanctions disciplinaires suivantes peuvent également être prononcées** *(Décr. n° 2022-655 du 25 avr. 2022, art. 4, en vigueur le 1er mai 2022)* **« à l'encontre des personnes détenues majeures » :**

1° La suspension de la décision de classement *(Décr. n° 2022-655 du 25 avr. 2022, art. 4, en vigueur le 1er mai 2022)* **« au travail » ou** *(Décr. n° 2022-655 du 25 avr. 2022, art. 4, en vigueur le 1er mai 2022)* **« de la participation à » une formation pour une durée maximum de huit jours ;**

(Décr. n° 2022-655 du 25 avr. 2022, art. 4, en vigueur le 1er mai 2022) **« 2° Le déclassement du travail, la fin de l'affectation sur un poste de travail ou l'exclusion d'une formation ; »**

3° La suppression de l'accès au parloir sans dispositif de séparation pour une période maximum de quatre mois lorsque la faute a été commise au cours ou à l'occasion d'une visite.

1. Déclassement d'emploi. Contrôle de l'excès de pouvoir. Sur la recevabilité du recours pour excès de pouvoir pour la sanction de déclassement d'emploi, V. • TA Versailles, 10 mars 2005, n° 0403682 : *AJ pénal 2005. 334, obs. Céré.* ♦ Eu égard à sa nature et à l'importance de ses effets sur la situation des détenus, une décision de déclassement d'emploi mettant fin à l'affectation sur un emploi constitue un acte administratif susceptible de faire l'objet d'un recours pour excès de pouvoir. Il en va autrement des refus opposés à une demande d'affectation sur un emploi ainsi que des mesures portant affectation sur un emploi ou changement d'affectation d'un emploi sur un autre emploi, sous réserve que ne soient pas en cause des libertés et des droits fondamentaux des détenus. • CE 21 sept. 2023, n° 468441.

2. Déclassement d'emploi, sanction déguisée. Compte tenu de l'analyse et de la chronologie des faits, et en dépit des mentions figurant sur les différents documents produits par l'administration pénitentiaire, la décision de déclassement d'emploi contestée ne peut être regardée comme une mesure justifiée par l'incompétence du détenu à exercer ses fonctions mais comme l'intention de punir l'intéressé d'un déclassement d'emploi au motif qu'il avait refusé de manière persistante de porter l'équipement de sécurité attaché à l'exercice de son emploi. Cette décision, qui a donc le caractère d'une sanction, n'a pas été adoptée par la commission de discipline de l'établissement et est entachée d'un vice d'incompétence. • TA Dijon, 19 déc. 2022, n° 2103246. ♦ Toutefois, il appartient au juge administratif, lorsqu'une personne sollicite le versement d'une indemnité en réparation du préjudice subi du fait de l'illégalité d'une décision administrative entachée d'incompétence, de rechercher si la même décision aurait pu légalement intervenir et aurait été prise, dans les circonstances de l'espèce, par l'autorité compétente. Dans le cas où il juge qu'une même décision aurait été prise par l'autorité compétente, le préjudice allégué ne peut alors être regardé comme la conséquence directe du vice d'incompétence qui entachait la décision administrative illégale. Il résulte de l'instruction que la sanction de déclassement d'emploi aurait pu légalement être prise par la commission de discipline de l'établissement. Le préjudice allégué par le requérant ne peut dès lors pas être regardé comme la conséquence directe du vice d'incompétence entachant la décision du 18 juin 2021. • Même jugement.

3. Suspension des activités de travail et de formation. Les sanctions disciplinaires qui impliquent temporairement la privation de l'accès aux activités de travail et de formation et aux programmes de prévention de la récidive ne portent pas, par elles-mêmes, atteinte aux objectifs de reclassement et de réinsertion des personnes détenues. • CE 26 juin 2015, n° 375133 P : *D. actu. 1er sept. 2015, obs. Fonteix ; AJDA 2015. 2419 ; D. 2015. 2465, obs. Ginestet*.

4. Suppression de l'accès au parloir. La personne détenue, ayant déjà fait l'objet de sanctions disciplinaires assorties de sursis en raison d'un refus de regagner sa cellule et d'une perturbation lors d'une activité professionnelle, a reconnu avoir tenté d'introduire 15 g de cannabis à l'occasion d'un parloir et avoir, sur le coup de la colère, tenu des propos menaçants à l'encontre du personnel de surveillance. Compte tenu de la nature et de la gravité des fautes commises ainsi que des antécédents disciplinaires, la sanction de vingt jours de cellule disciplinaire et de deux mois de suppression de l'accès au parloir sans dispositif de séparation qui lui a été infligée par la décision litigieuse n'est pas disproportionnée. • CAA Bordeaux, 27 avr. 2021, n° 19BX01316. ♦ L'introduction et la détention de produits stupéfiants au sein de l'établissement penitentiaire constituent une faute disciplinaire du premier degré. Compte tenu de la gravité de cette faute, et en dépit du fait que le détenu n'avait pas d'antécédent disciplinaire, la sanction de quatorze jours de cellule disciplinaire, dont sept jours avec sursis actif pendant six mois, et de trente jours de suppression de l'accès au parloir sans dispositif de séparation qui lui a été infligée n'est pas disproportionnée. • CAA Bordeaux, 23 mars 2021, n° 19BX01251.

CHAPITRE IV PROCÉDURE DISCIPLINAIRE

Art. R. 234-1 Pour l'exercice de ses compétences en matière disciplinaire, le chef de l'établissement pénitentiaire peut déléguer sa signature à son adjoint, à un fonctionnaire appartenant à un corps de catégorie A ou à un membre du corps de commandement du personnel de surveillance placé sous son autorité.

Pour les décisions de confinement en cellule individuelle ordinaire, de placement en cellule disciplinaire et de suspension de l'exercice de l'activité professionnelle de la personne détenue, lorsqu'elles sont prises à titre préventif, le chef d'établissement peut en outre déléguer sa signature à un major pénitentiaire ou à un premier surveillant.

COMMENTAIRE

Le chef d'établissement dispose de la faculté de déléguer sa signature pour l'ensemble des actes relatifs à la procédure disciplinaire : mesures adoptées à titre préventif (art. R. 234-19), engagement des poursuites (art. R. 234-14), présidence de la commission de discipline (art. R. 234-2), prononcé de la sanction (art. R. 234-32). La qualité des délégataires est précisée par l'article R. 234-1 : adjoint du directeur, fonctionnaire appartenant à un corps de catégorie A ou membre du corps de commandement du personnel de surveillance placé sous son autorité auxquels s'ajoutent les majors pénitentiaires et les premiers surveillants pour les décisions préventives de confinement en cellule individuelle ordinaire, de placement en cellule disciplinaire et de suspension de l'exercice de l'activité professionnelle.

La délégation dont il s'agit correspond toutefois à une délégation de signature. Elle doit donc être accordée nominativement et a vocation à cesser dès lors que le délégant ou le délégataire cesse d'occuper la fonction qui l'a justifiée. Ses effets sont par ailleurs limités : le bénéficiaire de la délégation agit au nom et pour le compte du directeur, lequel n'est pas dépossédé de sa compétence.

Il s'agit donc d'un mécanisme destiné à alléger la tâche du directeur d'établissement. Des considérations fort compréhensibles ont conduit à adopter ce système de délégation, à titre exceptionnel et temporaire (absence du directeur) ou de façon plus générale dans les grands établissements (un directeur adjoint peut assumer la charge d'un secteur déterminé et à ce titre présider la commission de discipline idoine).

La procédure de délégation est entourée d'un formalisme incontournable. En matière disciplinaire, le chef d'établissement doit déléguer sa signature sous visa de l'article R. 234-1 du code pénitentiaire, par un acte écrit, précisant le nom et les fonctions du bénéficiaire de la délégation, les pouvoirs qui lui sont délégués et le temps de cette délégation. Si toutefois « le chef d'établissement n'a pas fixé la durée de validité de la délégation, celle-ci est réputée valable jusqu'à ce que la personne titulaire de la délégation ne puisse plus l'exercer (mutation) ou qu'elle soit expressément déchargée par une autre décision du chef d'établissement ».

Ces conditions sont complétées par une exigence de publication, destinée à informer les tiers, notamment les détenus de l'établissement pénitentiaire et à rendre la délégation opposable. Cette publication, qui peut être faite au recueil des actes administratifs, est une condition de la régularité de la procédure disciplinaire.

1. Publicité de l'acte de délégation. Eu égard à l'objet d'une délégation de signature, sa publication au recueil des actes administratifs, qui permet de donner date certaine à la décision de délégation prise par le chef d'établissement, constitue une mesure de publicité suffisante pour rendre les effets de la délégation de signature opposables aux tiers, notamment à l'égard des détenus de l'établissement pénitentiaire. • CAA Nantes, 4 févr. 2022, n° 21NT01581.

2. Précision de la délégation. Dès lors que la délégation de signature consentie par une décision expresse régulièrement publiée n'exclut pas les décisions prises en matière de discipline des détenus, le moyen tiré de l'incompétence du signataire de telles décisions ne peut être fondé. • CAA Toulouse, 4 avr. 2023, n° 21TL03307.

3. Absence de délégation expresse. Si les actes administratifs doivent être pris selon les formes et conformément aux procédures prévues par les lois et règlements, un vice affectant le déroulement d'une procédure administrative préalable n'est de nature à entacher d'illégalité la décision prise que s'il ressort des pièces du dossier qu'il a été, en l'espèce, susceptible d'exercer une influence sur le sens de la décision prise ou s'il a privé les intéressés d'une garantie. • CE, ass., 23 déc. 2011, n° 335033 : *Rec. 649 ; GAJA n° 112.* ♦ La seule circonstance que le signataire de la sanction, qui a également présidé la commission de discipline, ne bénéficiait pas d'une délégation de signature n'a pas privé la personne détenue d'une garantie substantielle et ne rend pas irrégulière la procédure suivie. • CAA Paris, 6 oct. 2022, n° 22PA02180. ♦ Au demeurant, l'institution d'un recours préalable obligatoire à la saisine du juge, qui conduit à substituer la décision rendue sur recours à la décision litigieuse, fait de cette irrégularité un simple vice propre à la décision qui est inopérant au contentieux. • Même arrêt. ♦ Une solution comparable prévaut en plein contentieux. Quoique de nature à vicier la régularité de la procédure disciplinaire, l'absence de délégation n'ouvre pas de droit à réparation dès lors qu'il n'est pas établi que le président de la commission de discipline n'aurait pas pris la même décision dans le cadre d'une procédure régulière. • TA Dijon, 19 déc. 2022, n° 2103246 • CAA Lyon, 23 févr. 2023, n° 21LY00027.

SECTION 1 Commission de discipline

COMMENTAIRE

La composition collégiale de la commission de discipline, avec en son sein un assesseur extérieur, ne rompt pas avec l'importance historique du rôle attribué au chef d'établissement, qu'il s'agisse du choix de l'assesseur pénitentiaire qui lui appartient ou du déroulement des débats. En effet, le président de la commission de discipline peut prévoir la présence de personnels supplémentaires pour assurer la sécurité de l'audience, il dirige les débats et assure la police de l'audience, il dispose d'un pouvoir d'opportunité de faire entendre des témoins et c'est lui qui pose les questions nécessaires à la compréhension des faits. On relèvera qu'il « peut » céder la parole à ses assesseurs afin qu'ils puissent interroger la personne détenue en pratique. L'assesseur extérieur (de même que l'assesseur pénitentiaire) qui désirerait poser des questions pourrait donc tout à fait essuyer un refus sans que cela n'entache le processus décisionnel. La décision finale revient au seul président de la commission de discipline.

SOUS-SECTION 1 Dispositions générales

Art. R. 234-2 **La commission de discipline comprend, outre le chef de l'établissement pénitentiaire ou son délégataire, président, deux membres assesseurs.**

Art. R. 234-3 **Les sanctions disciplinaires sont prononcées, en commission, par le président de la commission de discipline. Les membres assesseurs ont voix consultative.**

Nature administrative de la commission de discipline. La commission de discipline n'étant pas un tribunal, les moyens tirés de ce que la décision prise n'aurait été ni prononcée par un « tribunal indépendant ou impartial » ni assortie de la garantie que constitue la publicité des audiences et du jugement doivent être écartés. • CAA Nancy, 12 mars 2015, n° 14NC00691. ♦ La nature administrative de l'autorité prononçant les sanctions disciplinaires fait obstacle à ce que les stipulations de l'art. 6 Conv. EDH soient applicables à la procédure disciplinaire dans les établissements pénitentiaires. Par suite, le requérant ne saurait utilement invoquer la méconnaissance de ces stipulations à l'encontre de la décision contestée. • CAA Nantes, 4 févr. 2022, n° 21NT01581.

Art. R. 234-4 Chaque membre de la commission de discipline doit exercer ses fonctions avec intégrité, dignité et impartialité et respecter le secret des délibérations.

Impartialité des membres de la commission de discipline. Il appartient au juge administratif, saisi d'un moyen en ce sens, de s'assurer, le cas échéant en ordonnant la production par l'administration des informations nécessaires et sans que communication en soit alors donnée au requérant, que le premier assesseur a bien été choisi parmi les membres du premier ou du deuxième grade du corps d'encadrement et d'application du personnel de surveillance de l'établissement et qu'il n'était l'auteur ni du compte rendu d'incident ni du rapport d'enquête. • CE 23 nov. 2022, n° 457621 : *Lebon T.*

Art. R. 234-5 Ne peuvent être désignés pour siéger à la commission de discipline :

1° Les personnes détenues ;

2° Les conjoints, concubins, parents d'une personne détenue dans l'établissement ou toute personne liée par un pacte civil de solidarité avec une personne détenue ;

3° Les personnes titulaires d'un permis de visite afin de rencontrer une personne détenue dans l'établissement.

SOUS-SECTION 2 Assesseurs

Art. R. 234-6 Le président de la commission de discipline désigne les membres assesseurs.

Le premier assesseur est choisi parmi les membres du premier ou du deuxième grade du corps d'encadrement et d'application du personnel de surveillance de l'établissement.

Le second assesseur est choisi parmi des personnes extérieures à l'administration pénitentiaire qui manifestent un intérêt pour les questions relatives au fonctionnement des établissements pénitentiaires, habilitées à cette fin par le président du tribunal judiciaire territorialement compétent. La liste de ces personnes est tenue au greffe du tribunal judiciaire.

COMMENTAIRE

En application des dispositions de l'article L. 231-1, 3°, et depuis la loi pénitentiaire du 24 novembre 2009, la commission de discipline doit s'accommoder de la présence d'un assesseur extérieur qui siège avec un membre du personnel pénitentiaire et le chef d'établissement ou son représentant. Auparavant, la commission de discipline était présidée par le chef d'établissement et comprenait deux membres du personnel de surveillance, dont un appartenait au grade de surveillant. Alors que cet article prévoit la présence « d'au moins » un membre extérieur, c'est le choix d'une présence unique qui a été retenue par l'article R. 234-6, alinéa 3. Le membre extérieur à l'administration pénitentiaire doit être habilité par le président du tribunal judiciaire territorialement compétent dans les conditions fixées par l'article D. 234-11 tandis que le membre de l'administration pénitentiaire doit être choisi parmi les membres du premier ou du deuxième grade du corps d'encadrement et d'application du personnel de surveillance de l'établissement, à savoir un surveillant ou un surveillant brigadier. Les deux membres qui composent la commission de discipline sont nommés par son président.

Le président de la commission peut requérir à sa discrétion un secrétaire chargé de retranscrire les débats et de veiller au bon déroulement de l'audience ; ce dernier accomplit alors les formalités relatives à la procédure (convocation du détenu et des assesseurs, transcription du compte rendu d'incident et de l'enquête). En aucun cas, le secrétaire ne doit être associé aux débats sur la décision. ❑

1. Obligations de l'administration pénitentiaire. Il appartient à l'administration pénitentiaire de mettre en œuvre tous les moyens à sa disposition pour s'assurer de la présence effective du second assesseur, en vérifiant notamment en temps utile la disponibilité effective des personnes figurant sur le tableau de roulement. Si, malgré ces diligences, aucun assesseur extérieur n'est en mesure de siéger, la tenue de la commission de discipline doit être reportée à une date ultérieure, à moins qu'un tel report ne compromette manifestement le bon exercice du pouvoir disciplinaire. • CE 5 févr. 2021, n° 434659 : *AJ pénal 2021. 221, obs. Céré ; D. 2021. 1061, obs. Falxa ; AJDA 2021. 307, obs. Pastor .* ♦ La circonstance invoquée par le garde des Sceaux, ministre de la Justice, que l'administration pénitentiaire n'aurait été informée que tardivement de la désignation des assesseurs et n'aurait pas été en mesure de procéder à leur installation avant la réunion n'est pas de nature à justifier l'absence de l'assesseur. • TA Nantes, 18 juill. 2013 : *AJDA 2013. 2162, obs. Degommier ; D. 2014. 1237, obs. Céré.* ♦ L'accord du détenu à la tenue de la séance dans une composition réduite en l'absence de l'assesseur extérieur n'est pas de nature à effacer le vice de procédure. Dans la mesure où l'administration pénitentiaire n'a pas sollicité l'assesseur ni son suppléant pour s'assurer de leur présence effective, et alors qu'aucune circonstance ne faisait obstacle au report de la tenue de la commission de discipline à une date ultérieure, le détenu a de fait été privé d'une garantie faute pour l'administration d'avoir respecté son obligation de convocation. • CAA Lyon, 17 févr. 2022, n°s 20LY02931 et 20LY01570 : *D. 2022. 1064, obs. Céré.*

2. Absence de l'assesseur, vice substantiel. La présence dans la commission de discipline d'un assesseur choisi parmi des personnes extérieures à l'administration pénitentiaire, alors même qu'il ne dispose que d'une voix consultative, constitue une garantie reconnue au détenu, dont la privation est de nature à vicier la procédure, alors même que la décision du directeur interrégional des services pénitentiaires, prise sur le recours administratif préalable obligatoire exercé par le détenu, se substitue à celle du président de la commission de discipline. • CE 5 févr. 2021, n° 434659 : *préc. note 1.* ♦ En jugeant que l'absence d'un assesseur extérieur lors de la réunion de la commission de discipline n'avait pas vicié la procédure, au seul motif que les onze assesseurs extérieurs habilités inscrits sur le tableau de roulement établi pour la période en cause avaient été régulièrement convoqués par courrier électronique et qu'aucun d'entre eux n'avait informé l'établissement de son indisponibilité, sans rechercher si l'administration avait mis en œuvre tous les moyens à sa disposition pour s'assurer de la présence effective de l'assesseur extérieur dans la commission de discipline et s'il existait un obstacle au report de la réunion, la cour administrative d'appel a entaché son arrêt d'erreur de droit. • Même arrêt. ♦ Même solution concernant la présence, dans la commission de discipline, d'un assesseur choisi parmi les membres du premier ou du deuxième grade du corps d'encadrement et d'application du personnel de surveillance de l'établissement, qui ne peut être ni l'auteur du compte rendu établi à la suite d'un incident, ni l'auteur du rapport établi à la suite de ce compte rendu. Cette présence constitue une garantie reconnue au détenu, dont la privation est de nature à vicier la procédure, alors même que la décision du directeur interrégional des services pénitentiaires, prise sur le recours administratif préalable obligatoire exercé par le détenu, se substitue à celle du président de la commission de discipline. • CE 23 nov. 2022, n° 457621 : *Mentionné aux tables du recueil Lebon.*

3. Formalité impossible, absence. Ne peut être fondé le moyen tiré de ce que le délai de convocation aurait été trop bref pour permettre à un assesseur extérieur de siéger dès lors que le détenu était placé en cellule disciplinaire à titre préventif. • CAA Nancy, 13 févr. 2014, n° 13NC01290.

Art. R. 234-7 Ne peuvent être inscrits sur la liste prévue par les dispositions du troisième alinéa de l'article R. 234-6 :

1° Les personnes mineures ;

2° Les personnes en situation irrégulière au regard des dispositions relatives à l'entrée et au séjour sur le territoire national ;

3° Les personnes ayant fait l'objet depuis moins de cinq ans d'une condamnation mentionnée au bulletin n° 2 du casier judiciaire ;

4° Les personnels de l'administration pénitentiaire, de la protection judiciaire de la jeunesse et les collaborateurs occasionnels du service public pénitentiaire ;

5° Les conjoints, concubins, parents ou alliés jusqu'au degré d'oncle ou de neveu inclusivement d'un personnel de l'administration pénitentiaire ou toute personne liée par un pacte civil de solidarité avec un personnel pénitentiaire ;

6° Les magistrats de l'ordre administratif ou judiciaire en exercice ;

7° Les fonctionnaires des services judiciaires en exercice ;

8° Les avocats et les avocats au Conseil d'État et à la Cour de cassation en exercice ;

9° Les fonctionnaires des services de police et de gendarmerie en exercice.

Art. R. 234-8 **Il est dressé par le chef de l'établissement pénitentiaire un tableau de roulement désignant pour une période déterminée les assesseurs extérieurs appelés à siéger à la commission de discipline.**

Art. D. 234-9 **Les assesseurs extérieurs à l'administration pénitentiaire qui siègent, conformément aux dispositions de l'article R. 234-6, dans les commissions de discipline des personnes détenues perçoivent par séance une indemnité forfaitaire, exclusive de toute autre rémunération, dont le montant est fixé par arrêté conjoint du garde des sceaux, du ministre chargé du budget et du ministre chargé de la fonction publique, annexé au présent code.** — *V. Annexe 12 (Arr. du 17 oct. 2011) ci-dessous.*

ANNEXE 12

ARRÊTÉ DU 17 OCTOBRE 2011 FIXANT LE MONTANT DE L'INDEMNITÉ FORFAITAIRE ALLOUÉE AUX ASSESSEURS EXTÉRIEURS À L'ADMINISTRATION PÉNITENTIAIRE SIÉGEANT DANS LES COMMISSIONS DE DISCIPLINE DES PERSONNES DÉTENUES

Art. 1er *(Arr. du 3 mars 2022, en vigueur le 1er janv. 2022)* Le montant de l'indemnité prévue à l'article 1er du décret du 17 octobre 2011 susvisé est fixé à 50 euros brut par séance de la commission de discipline. Cette indemnité est versée après service fait.

COMMENTAIRE

La mission d'assesseur extérieur en commission de discipline fait l'objet d'une indemnisation de 50 € brut par séance de la commission de discipline. Cette indemnisation est indépendante de la durée de la commission de discipline et du nombre de dossiers traités (Arr. du 3 mars 2022 modifiant l'Arr. du 17 oct. 2011 fixant le montant de l'indemnité forfaitaire allouée aux assesseurs extérieurs à l'administration pénitentiaire siégeant dans les commissions de discipline des personnes détenues, NOR : JUST2201003A). Il n'est pas prévu d'indemnisation des frais de déplacement. ❑

Art. D. 234-10 **Chaque assesseur extérieur ne peut participer à plus de 200 séances de commission de discipline par an.**

Art. D. 234-11 **L'habilitation des assesseurs extérieurs est délivrée ou retirée par le président du tribunal judiciaire dans les conditions prévues par les dispositions des articles D. 249 et D. 250 du code de procédure pénale.**

COMMENTAIRE

La procédure d'habilitation de l'assesseur extérieur passe par une candidature écrite adressée au président du tribunal judiciaire territorialement compétent ou au chef de l'établissement au sein duquel le candidat souhaite exercer sa mission. Dans ce cas, le directeur d'établissement transmet la demande sans délai au président du tribunal judiciaire. Le silence gardé pendant deux mois par le président du tribunal judiciaire sur une demande d'habilitation vaut décision de rejet (C. pr. pén., art D. 249). En cas d'acceptation de la candidature, l'assesseur est inscrit sur une liste des assesseurs dans laquelle pourra puiser le chef d'établissement pour chaque commission de discipline. La liste lui est communiquée à l'occasion de toute nouvelle inscription et, à tout le moins, une fois par an.

L'habilitation peut être révoquée soit à la demande de l'intéressé, soit parce qu'il ne remplit plus les conditions prévues par l'article R. 234-7. Cette révocation peut aussi intervenir à titre de sanction, soit lorsque le titulaire de l'habilitation s'est abstenu de déférer à plusieurs convocations successives sans motif légitime, soit lorsqu'il a adopté un comportement ou des propos incompatibles avec sa fonction. Dans ces hypothèses, la révocation peut intervenir d'office ou à la demande du chef d'établissement ou du procureur de la République. Elle est précédée de la procédure contradictoire préalable à toute décision individuelle défavorable telle que prévue par l'article L. 122-1 du code des relations entre le public et l'administration. Cette décision emporte radiation de la liste des assesseurs. ❑

SECTION 2 **Poursuite disciplinaire**

Art. R. 234-12 **En cas de manquement à la discipline de nature à justifier une sanction disciplinaire, un compte rendu est établi dans les plus brefs délais par l'agent pré-**

sent lors de l'incident ou informé de ce dernier. L'auteur de ce compte rendu ne peut siéger en commission de discipline.

COMMENTAIRE

Voir le commentaire sous l'article R. 234-13.

Art. R. 234-13 **A la suite de ce compte rendu d'incident, un rapport est établi par un membre du personnel de commandement du personnel de surveillance, un major pénitentiaire ou un premier surveillant et adressé au chef de l'établissement pénitentiaire. Ce rapport comporte tout élément d'information utile sur les circonstances des faits reprochés à la personne détenue et sur la personnalité de celle-ci. L'auteur de ce rapport ne peut siéger en commission de discipline.**

COMMENTAIRE

Il appartient au chef d'établissement de désigner l'agent le mieux à même de procéder à la rédaction du rapport d'enquête, étant précisé qu'il ne pourra pas siéger au sein de la commission de discipline chargée du dossier. Il doit s'agir obligatoirement d'un personnel de commandement (lieutenant, capitaine ou commandant), d'un major ou d'un premier surveillant. A ce stade de la procédure, le personnel en charge de la conduite de l'enquête peut entendre les différents protagonistes de l'affaire (détenu concerné, témoins...). Il consigne les déclarations des personnes entendues et rédige un rapport circonstancié pour le chef d'établissement.

1. Identification de l'auteur du compte rendu d'incident et du rapport d'enquête. Si l'art. L. 111-2 CRPA reconnaît le droit de toute personne de connaître le prénom, le nom, la qualité et l'adresse administratives de l'agent chargé d'instruire sa demande ou de traiter l'affaire qui la concerne, la méconnaissance de cette obligation d'information est, par elle-même, sans incidence sur la légalité de la décision prise au terme de la procédure. • CE 1er mars 2021, n° 436013 B • 23 nov. 2022, n° 457621 B. ♦ Il appartient alors au juge administratif, saisi d'un moyen en ce sens, de s'assurer, le cas échéant en ordonnant la production par l'administration des informations nécessaires et sans que communication en soit donnée au requérant, que le premier assesseur n'était l'auteur ni du compte rendu d'incident ni du rapport d'enquête. • Même arrêt. ♦ Par suite, la circonstance que les comptes rendus d'incident ne mentionnent que les initiales de leur rédacteur et, pour le second, son matricule est sans incidence sur la sanction disciplinaire en litige. • CAA Toulouse, 4 avr. 2023, n° 21TL03307.

2. Occultation des noms pour motifs de sécurité. Pour préserver la sécurité de ses agents, l'administration peut ne pas communiquer l'identité de l'auteur d'un rapport d'incident et remplacer son nom par son numéro de matricule. • CAA Nantes, 17 déc. 2021, n° 21NT02498.

3. Impartialité de l'enquête. La partialité affirmée de l'auteur du compte rendu d'incident est sans influence sur la régularité de la procédure disciplinaire dès lors que les faits mentionnés par ce premier compte rendu n'ont pas été retenus pour fonder la sanction infligée à l'intéressé. • CAA Douai, 4 janv. 2023, n° 22DA00265. ♦ L'appréciation du rédacteur du rapport d'enquête sur la personnalité du détenu résultant de la manière dont s'était déroulée l'enquête n'affecte pas davantage la régularité de la procédure dès lors qu'il ne ressort pas des pièces du dossier que ce seul élément ait exercé une influence sur le sens de la décision attaquée, que ce rapport comportait en annexe le compte rendu de l'audition du détenu et que celui-ci ne soutient pas que ses propos, qui reconnaissaient partiellement les faits, y étaient déformés. • Même arrêt.

Art. R. 234-14 **Le chef de l'établissement pénitentiaire ou son délégataire apprécie, au vu des rapports et après s'être fait communiquer, le cas échéant, tout élément d'information complémentaire, l'opportunité de poursuivre la procédure. Les poursuites disciplinaires ne peuvent être exercées plus de six mois après la découverte des faits reprochés à la personne détenue.**

COMMENTAIRE

Après réception des rapports et des éléments d'information utiles, le chef d'établissement décide en opportunité d'engager ou non des poursuites disciplinaires. Sa décision n'a pas à être motivée. Il dispose d'un délai maximal de six mois pour renvoyer la personne détenue devant la commission de discipline. En cas de classement sans suite, le compte rendu d'incident et le rapport d'enquête sont inscrits au dossier individuel du détenu qui peut en demander communication. ❑

1. Absence d'obligation de motivation. La décision du chef d'établissement de saisir la commission de discipline n'est pas une mesure de police et ne restreint pas l'exercice des libertés publiques ; elle n'a donc pas à être motivée en application de l'art. 1er de la L. du 11 juill. 1979 (CRPA, art. L. 211-2). • CAA Nancy, 13 févr. 2014, n° 13NC01290.

2. Présomption d'innocence. Le principe de la présomption d'innocence ne saurait faire obstacle à ce que l'autorité investie du pouvoir disciplinaire conduise les investigations nécessaires à l'exercice de ce pouvoir et rassemble tous éléments de preuve susceptibles d'étayer à ses yeux une éventuelle sanction. Considérant que le compte rendu d'incident, le rapport d'enquête établi le même jour et la convocation devant la commission de discipline mentionnent les faits reprochés à la personne détenue, et que ces actes de la procédure disciplinaire sont internes à l'administration pénitentiaire, le principe de la présomption d'innocence n'a pas été méconnu, la culpabilité de l'appelant n'étant pas publiquement présentée comme acquise. • CAA Nancy, 13 févr. 2014 : *préc. note 1.*

3. Vice de compétence, absence d'influence sur la sanction prononcée. Si les actes administratifs doivent être pris selon les formes et conformément aux procédures prévues par les lois et règlements, un vice affectant le déroulement d'une procédure administrative préalable n'est de nature à entacher d'illégalité la décision prise que s'il ressort des pièces du dossier qu'il a été susceptible d'exercer, en l'espèce, une influence sur le sens de la décision prise ou s'il a privé les intéressés d'une garantie. • CE, ass., 23 déc. 2011, n° 335033 : *Rec. 649 ; GAJA n° 112.* ♦ Dès lors que la décision d'engager des poursuites ne constitue que la première étape d'une procédure dans laquelle son auteur n'a aucune part (*sic*), l'incompétence de son signataire, qui affecte certes la régularité de la procédure disciplinaire, n'est pas susceptible d'exercer une influence sur le sens de la décision prise et ne prive en tout état de cause l'intéressé d'aucune garantie. Par suite, cette irrégularité n'est pas de nature à entacher la légalité de la sanction disciplinaire contestée. • CAA Douai, 21 juin 2022, n° 21DA01368.

Art. R. 234-15 **En cas d'engagement des poursuites disciplinaires, les faits reprochés ainsi que leur qualification juridique sont portés à la connaissance de la personne détenue.**

La personne détenue est informée de la date et de l'heure de sa comparution devant la commission de discipline ainsi que du délai dont elle dispose pour préparer sa défense. Ce délai ne peut être inférieur à vingt-quatre heures.

COMMENTAIRE

La décision d'engager des poursuites impose la convocation de la personne détenue pour un entretien au cours duquel lui sont notifiés les faits qui lui sont reprochés et la qualification juridique qu'ils sont susceptibles de revêtir ainsi que les droits qui sont les siens dans le cadre de la procédure, en particulier celui de faire appel à un avocat et de bénéficier de l'aide juridique. L'agent qui la reçoit l'avise également du délai dont elle dispose pour préparer sa défense, qui ne peut être inférieur à vingt-quatre heures, de son droit de prendre connaissance des éléments du dossier et de la possibilité de produire des observations écrites.

Une convocation écrite devant la commission de discipline reprenant ces différents éléments lui est présentée pour signature à l'issue de cet entretien (art. R. 234-18). Un double doit lui être remis.

Il paraît évident que l'entretien ne devrait pas être conduit par l'agent qui a rédigé le compte rendu d'incident. ❑

1. Preuve de l'information. Il ne ressort pas des pièces du dossier et il n'est ni soutenu, ni même allégué par la ministre de la Justice, que le détenu ait été mis à même, avant la tenue de la séance, de prendre connaissance des faits qui lui étaient reprochés, des fautes disciplinaires retenues à son encontre et des droits qui étaient les siens afin de préparer utilement sa défense. L'autorité ayant signé la décision d'engagement de poursuites disciplinaires, sans faire apparaître avec précision les faits qui lui étaient reprochés et en se contentant de renvoyer sur ce point au rapport d'enquête, a entaché la procédure disciplinaire litigieuse d'illégalité. • CAA Lyon, 2 juill. 2015, n° 15LY00625 : *D. 2015. 1122, obs. Herzog-Evans*. ♦ Pour forger sa conviction, le juge tient compte de l'ensemble des éléments du dossier, dont la convocation devant la commission de discipline et les documents du dossier auxquels la personne détenue a pu accéder. Alors même qu'ils portent la mention « refus de signer », ces documents font foi tant que n'est pas apportée la preuve contraire. • CAA Nantes, 16 sept. 2022, n° 21NT02259.

2. Conditions de l'information, droits de la défense. Le respect des droits de la défense préalablement au prononcé d'une sanction, qui constitue un principe général du droit, suppose que la personne concernée soit informée, avec une précision suffisante et dans un délai raisonnable avant le prononcé de la sanction, des griefs formulés à son encontre et puisse avoir accès aux pièces au vu desquelles les manquements ont été retenus. • CAA Lyon, 22 oct. 2020, n° 18LY03928. ♦ Si le détenu visé par la procédure disciplinaire a pris connaissance de deux convocations pour la commission de discipline qu'il a d'ailleurs contresignées, il n'a pas été autorisé à les conserver mais a été contraint de les restituer à l'administration. Faute pour lui de disposer du document rappelant les faits qui lui étaient reprochés, les qualifications juridiques retenues ainsi que les droits qui étaient les siens dans le cadre du déroulement de la procédure, il n'a pas été ainsi mis à même de préparer utilement sa défense alors même qu'il a pu par la suite consulter le dossier de la procédure disciplinaire. Une telle méconnaissance des droits de la défense entache les sanctions disciplinaires d'illégalité pour avoir été prises au terme d'une procédure irrégulière. • CAA Lyon, 29 janv. 2015, n° 13LY03112.

3. Délai suffisant. La personne détenue visée par la procédure disciplinaire n'ayant pas bénéficié d'un délai d'au moins vingt-quatre heures pour préparer sa défense à partir du moment où son avocat et elle ont été informés de la date et de l'heure de sa comparution devant la commission de discipline, la sanction prononcée à son encontre est intervenue à l'issue d'une procédure irrégulière. • CAA Nancy, 23 juill. 2019, n° 18NC00439.

Art. R. 234-16 **Chaque personne détenue dispose de la faculté de se faire assister par un avocat de son choix ou par un avocat désigné par le bâtonnier de l'ordre des avocats et peut bénéficier à cet effet de l'aide juridique.**

COMMENTAIRE

La rétribution des frais d'avocat au titre de l'aide juridictionnelle est fixée à 88 €. L'avocat doit être rémunéré en fonction du nombre de procédures pour lesquelles il prête son assistance. En cas de pluralité de procédures concernant un même détenu, la rétribution est donc due pour chacune des procédures jugées. Dès lors, à l'issue de l'audience, le président de la commission de discipline remet à l'avocat concerné une attestation comportant le numéro de la procédure disciplinaire. Dans l'hypothèse d'un renvoi, l'avocat bénéficiera de l'attestation de fin de mission après la nouvelle audience. ❑

1. Absence de l'avocat non imputable à l'administration. L'absence de l'avocat lors de la séance de la commission de discipline est sans incidence sur la régularité de la procédure dès lors que l'administration pénitentiaire a rempli ses obligations en mettant l'intéressé à même d'être assisté d'un avocat dont elle avait obtenu la désignation et qu'elle avait convoqué en temps utile. • CE 23 févr. 2011 : *JCP 2011. 702, note Biagini-Girard.* ♦ La circonstance que le détenu n'ait pas été assisté par un avocat, qui n'est pas imputable à l'administration pénitentiaire qui a fait toutes diligences, est sans incidence sur la régularité de la procédure suivie. • CAA Lyon, 27 mai 2021, n° 19LY03360 : *D. 2022. 1065, obs. Céré.*

2. Absence de l'avocat imputable à l'administration. Le centre de détention s'est abstenu de transmettre au bâtonnier l'information, pourtant connue, relative à l'indisponibilité de l'avocat qu'il avait désigné, renseignement qui était seul de nature à mettre à la charge du bâtonnier la désignation d'un avocat de substitution. Eu égard à la brièveté des délais inhérents à la convocation de la commission de discipline, cette omission était de nature à compromettre la possibilité pour le détenu de se faire assister d'un avocat et a donc eu pour effet de vicier la procédure disciplinaire en le privant d'une garantie. • CAA Nancy, 11 juin 2020, n° 18NC00822.

3. Rémunération de l'avocat. Lorsqu'un détenu fait l'objet de plusieurs poursuites disciplinaires, la rémunération allouée à l'avocat doit être accordée pour chacune des procédures au cours de laquelle le détenu a été assisté. • CAA Marseille, 4 déc. 2012 : *RPDP 2012. 941, obs. Péchillon.*

Art. R. 234-17 **La personne détenue, ou son avocat, peut consulter l'ensemble des pièces de la procédure disciplinaire, sous réserve que cette consultation ne porte pas atteinte à la sécurité publique ou à celle des personnes.**

L'avocat, ou la personne détenue si elle n'est pas assistée d'un avocat, peut également demander à prendre connaissance de tout élément utile à l'exercice des droits de la défense existant, précisément désigné, dont l'administration pénitentiaire dispose dans l'exercice de sa mission et relatif aux faits visés par la procédure disciplinaire, sous réserve que sa consultation ne porte pas atteinte à la sécurité publique ou à celle

des personnes. L'autorité compétente répond à la demande d'accès dans un délai maximal de sept jours ou, en tout état de cause, en temps utile pour permettre à la personne de préparer sa défense. Si l'administration pénitentiaire fait droit à la demande, l'élément est versé au dossier de la procédure.

La demande mentionnée à l'alinéa précédent peut porter sur les données de vidéoprotection, à condition que celles-ci n'aient pas été effacées, dans les conditions fixées par un arrêté du garde des sceaux, ministre de la justice, au moment de son enregistrement. L'administration pénitentiaire accomplit toute diligence raisonnable pour assurer la conservation des données avant leur effacement.

Par dérogation aux dispositions de l'alinéa précédent, l administration répond à la demande d'accès dans un délai maximal de quarante-huit heures.

Les données de la vidéoprotection visionnées font l'objet d'une transcription dans un rapport versé au dossier de la procédure disciplinaire.

BIBL. ▶ BIANCHI, *AJ pénal 2005. 407* (défense en matière disciplinaire). – PROUVEZ, *Procédures 2011. 3* (avocat au prétoire : une réforme incidente et toujours inachevée du régime disciplinaire des détenus).

1. Droits de la défense. Le détenu convoqué devant la commission de discipline qui est tenu de restituer immédiatement les documents de convocation n'a pas été mis à même de préparer utilement sa défense, faute pour lui de disposer du document rappelant les faits qui lui étaient reprochés, les qualifications juridiques retenues ainsi que les droits qui étaient les siens dans le cadre du déroulement de la procédure alors même qu'il a pu par la suite consulter le dossier de la procédure. • CAA Lyon, 29 janv. 2015, n° 13LY03112 P : *D. 2015. 1122, obs. Herzog-Evans*.

2. Injusticiabilité des actes liés à la procédure disciplinaire. Les actes liés au déroulement d'une procédure disciplinaire ne sont pas détachables de cette procédure et sont donc insusceptibles de faire l'objet d'un recours contentieux. Le refus de communiquer des données de vidéosurveillance, lorsqu'elles existent, est susceptible de priver l'intéressé d'une garantie dans le cadre d'une procédure disciplinaire engagée à son encontre et, par suite, d'entacher d'illégalité la sanction qui lui est infligée au terme de cette procédure. Pour autant, un tel refus n'a pas d'effet par lui-même puisqu'il ne lèse l'intéressé que si celui-ci a fait effectivement l'objet d'une sanction. Il n'est donc pas détachable de la procédure disciplinaire, de sorte que son éventuelle illégalité ne peut être contestée qu'à l'appui d'un recours dirigé contre la sanction. • CAA Douai, 16 févr. 2023, n° 22DA00243.

3. Conditions générales d'accès aux enregistrements de vidéoprotection. Si la procédure disciplinaire a été engagée à partir notamment des enregistrements de vidéoprotection, ceux-ci font partie du dossier de cette procédure, lequel doit être mis à disposition de la personne détenue ou de son avocat. Dans le cas où la procédure n'a pas été engagée à partir de ces enregistrements ou en y faisant appel, il appartient à la personne détenue ou à son avocat, s'ils le jugent utile au besoin de la défense et si ces enregistrements existent, de demander à y accéder. Un refus ne saurait être opposé à de telles demandes au motif de principe que le visionnage de ces enregistrements serait susceptible en toute circonstance de porter atteinte à la sécurité publique ou à celle des personnes. • CE, ord. 25 juill. 2016, n° 400777 B : *AJ pénal 2016. 549, obs. Herzog-Evans*. ♦ Au cours de la commission de discipline, le détenu mis en cause s'est limité à inviter les membres de la commission à « reprendre les caméras ». Il ne peut, par cette seule observation, être regardé comme ayant sollicité le visionnage des images de la caméra de surveillance. En outre, son avocat n'a formulé aucune demande en ce sens lors de son intervention devant la commission. Dans ces conditions, la décision n'est entachée d'aucun vice de procédure en méconnaissance des droits de la défense. • TA Rennes, 16 déc. 2022, n° 2104578.

4. Examen contradictoire des enregistrements de vidéosurveillance. Est annulé le jugement du tribunal administratif considérant comme contraire au principe du contradictoire le refus opposé à un détenu sanctionné pour violences d'accéder à l'enregistrement vidéo de la scène, dès lors que la commission de discipline et le directeur interrégional n'ont pas fondé leur conviction de la réalité des faits sur cet enregistrement, mais sur les témoignages recueillis et l'enquête administrative, le détenu ayant par ailleurs reconnu avoir porté un coup de poing. • CAA Lyon, 18 avr. 2013, n° 12LY2085 : *AJ pénal 2013. 624, obs. Herzog-Evans*. ♦ Quand bien même la procédure disciplinaire n'aurait pas été engagée à partir des enregistrements de la caméra de surveillance, le détenu a contesté la matérialité des faits qui lui étaient reprochés et a demandé le visionnage des images de la caméra de surveillance pour que ces derniers soient clairement établis. Dans ces conditions, l'impossibilité pour lui d'avoir accès aux enregistrements relevait d'un vice de procédure qui, en méconnaissance des droits de la defense reconnus aux détenus, l'a privé d'une garantie. • CAA Nantes, 4 févr. 2022, n° 21NT01581.

Art. R. 234-18 La personne détenue intéressée est convoquée par écrit devant la commission de discipline.

La convocation lui rappelle les droits qui sont les siens en application des articles R. 234-15 à R. 234-17.

COMMENTAIRE

Voir le commentaire sous l'article R. 234-15. ❑

Art. R. 234-19 En application de l'article L. 231-2, le chef de l'établissement pénitentiaire ou son délégataire peut, à titre préventif et sans attendre la réunion de la commission de discipline, décider le confinement en cellule individuelle ordinaire ou le placement en cellule disciplinaire d'une personne détenue, si les faits constituent une faute du premier ou du deuxième degré et si la mesure est l'unique moyen de mettre fin à la faute ou de préserver l'ordre à l'intérieur de l'établissement.

COMMENTAIRE

Voir le commentaire sous l'article L. 231-2. ❑

Art. R. 234-20 La durée du confinement en cellule individuelle ordinaire ou du placement en cellule disciplinaire, prononcés à titre préventif, est limitée au strict nécessaire et ne peut excéder deux jours ouvrables.

Le délai de computation du placement préventif commence à courir le lendemain du jour du placement en prévention. Il expire le deuxième jour suivant le placement en prévention, à vingt-quatre heures. Le délai qui expirerait un samedi, un dimanche ou un jour férié ou chômé est prorogé jusqu'au premier jour ouvrable suivant.

Art. R. 234-21 La durée effectuée en confinement ou en cellule disciplinaire à titre préventif s'impute sur celle d'une sanction à exécuter lorsqu'est prononcée à l'encontre de la personne détenue la sanction de confinement en cellule individuelle ordinaire ou la sanction de placement en cellule disciplinaire.

Art. R. 234-22 Le placement préventif d'une personne détenue en confinement ou en cellule disciplinaire s'exécute dans les conditions prévues par les dispositions des articles R. 235-2 à R. 235-4, R. 235-6, R. 235-8, R. 235-10 et R. 235-11.

Art. R. 234-23 Lorsque la faute reprochée à la personne détenue a été commise au cours ou à l'occasion de l'emploi qu'elle occupe, le chef de l'établissement pénitentiaire ou son délégataire peut, à titre préventif et sans attendre la réunion de la commission de discipline, décider de suspendre l'exercice de l'activité professionnelle de cette personne jusqu'à sa comparution devant la commission de discipline, si cette mesure est l'unique moyen de mettre fin à la faute, de faire cesser le trouble occasionné au bon déroulement des activités de travail ou d'assurer la sécurité des personnes ou de l'établissement.

Concernant la sanction de déclassement d'emploi, V. art. R. 233-2.

Art. R. 234-24 La durée de la suspension à titre décidée en application de l'article R. 234-23 préventif est limitée au strict nécessaire et ne peut excéder huit jours ouvrables pour les personnes majeures. Le délai de computation de la suspension à titre préventif commence à courir le lendemain du prononcé de la suspension. Il expire le huitième jour suivant le prononcé de la suspension à vingt-quatre heures. Le délai qui expirerait un samedi, un dimanche ou un jour férié ou chômé est prorogé jusqu'au premier jour ouvrable suivant.

Art. R. 234-25 La durée de la suspension effectuée à titre préventif s'impute sur celle de la sanction à exécuter lorsqu'est prononcée à l'encontre d'une personne détenue la sanction de suspension d'emploi.

Art. R. 234-26 Lors de sa comparution devant la commission de discipline, la personne détenue présente ses observations. Elle est, le cas échéant, assistée par un avocat.

Si la personne détenue ne comprend pas la langue française, n'est pas en mesure de s'exprimer dans cette langue ou si elle est dans l'incapacité physique de communiquer, ses explications sont présentées, dans la mesure du possible, par l'intermédiaire d'un interprète désigné par le chef de l'établissement pénitentiaire.

COMMENTAIRE

Le recours à un interprète ou l'assistance à la personne détenue dans l'incapacité physique de s'exprimer s'entend devant la commission de discipline mais également lors de la phase préparatoire, notamment pour permettre à l'avocat de s'entretenir avec la personne condamnée. Le président de la commission de discipline (ou son délégataire) doit à cette fin effectuer les démarches nécessaires pour trouver un interprète et pouvoir en justifier en cas de litige ultérieur. Ce n'est qu'en cas d'impossibilité d'obtenir sa présence dans les délais requis qu'il pourra recourir à un membre du personnel et, en ultime ressort, à une autre personne détenue. ❑

Nécessité d'un interprète. Si le détenu, de nationalité néerlandaise, indique ne pas maîtriser la langue française, il ressort des pièces du dossier qu'il comprend, parle et écrit en français, certes de façon rudimentaire, et qu'il envoie régulièrement des courriers aux autorités pénitentiaires, ce qui établit qu'il était à même de comprendre les faits qui lui étaient reprochés. Il a, au demeurant, pu faire valoir ses arguments lors de l'entretien préalable aux poursuites et durant la séance de la commission de discipline pour laquelle il était d'ailleurs assisté d'un avocat. Dans ces conditions, l'absence d'interprète lors de la commission de discipline ne l'a privé d'aucune garantie et est sans incidence sur la régularité de la procédure disciplinaire au terme de laquelle il a été sanctionné. • CAA Douai, 28 mars 2017, n° 15DA00613.

Art. R. 234-27 La décision sur la sanction disciplinaire est prononcée en présence de la personne détenue. Elle lui est notifiée par écrit sans délai et doit comporter, outre l'indication de ses motifs, le rappel des dispositions de l'article R. 234-43.

Art. R. 234-28 La sanction ne peut être mise à exécution plus de six mois après son prononcé sous réserve des règles applicables en matière de sursis et de suspension définies par les dispositions des articles R. 234-35 à R. 234-42.

Art. R. 234-29 Dans le délai de cinq jours à compter de la décision prononçant une sanction disciplinaire à l'encontre d'une personne détenue, le chef de l'établissement pénitentiaire transmet une copie de la décision, d'une part, au directeur interrégional des services pénitentiaires et, d'autre part, au juge de l'application des peines ou, le cas échéant, au magistrat chargé du dossier de la procédure sous le contrôle duquel la personne détenue est placée.

Art. R. 234-30 Les sanctions disciplinaires prononcées sont inscrites sur un registre tenu sous l'autorité du chef de l'établissement pénitentiaire. Ce registre est présenté aux autorités administratives et judiciaires lors de leurs visites de contrôle ou d'inspection.

Les sanctions de mise en cellule disciplinaire sont, en outre, inscrites sur le registre du quartier disciplinaire tenu sous l'autorité du chef d'établissement. Ce registre est présenté aux autorités administratives et judiciaires lors de leurs visites de contrôle ou d'inspection.

Art. R. 234-31 La liste des personnes détenues placées en confinement en cellule individuelle ordinaire et de celles présentes au quartier disciplinaire est communiquée quotidiennement à l'équipe médicale. Le médecin examine sur place chaque personne détenue au moins deux fois par semaine et aussi souvent qu'il l'estime nécessaire. La sanction est suspendue si le médecin constate que son exécution est de nature à compromettre la santé de la personne intéressée.

SECTION 3 Prononcé des sanctions

COMMENTAIRE

A la suite de la commission d'une faute disciplinaire unique, le président de la commission de discipline peut choisir soit l'une des sanctions figurant sur la liste prévue à l'article R. 233-1 (sanctions générales), soit l'une des sanctions mentionnées à l'article R. 233-2 (sanctions spécifiques). Par exception, il peut compléter une sanction générale par une sanction spéciale. Il peut ainsi, par exemple, pour une personne détenue surprise en possession d'un objet ou d'une substance interdit à l'issue d'un parloir, la sanctionner d'une punition de cellule disciplinaire assortie d'une suppression de l'accès au parloir sans dispositif de séparation. ❑

Art. R. 234-32 Le président de la commission de discipline prononce celles des sanctions qui lui paraissent proportionnées à la gravité des faits et adaptées à la personnalité de leur auteur.

Les sanctions collectives sont prohibées.

COMMENTAIRE

Voir le commentaire sous l'intitulé du chapitre premier, Dispositions générales, partie I, livre II, titre III. ❑

Art. R. 234-33 Le président de la commission de discipline peut, pour une même faute, prononcer l'une des sanctions prévues par les dispositions des articles R. 233-1 et R. 233-2. Il peut également compléter une sanction prévue par les dispositions de l'article R. 233-1 par une sanction prévue par les dispositions de l'article R. 233-2.

Art. R. 234-34 Lorsque la commission de discipline est amenée à se prononcer le même jour sur plusieurs fautes commises par une personne détenue majeure, et sauf décision contraire de son président, les durées des sanctions prononcées se cumulent. Toutefois, lorsque les sanctions sont de même nature, leur durée cumulée ne peut excéder la limite du maximum prévu pour la faute la plus grave. Pour l'application de cette disposition, sont réputés de même nature :

1° Le confinement en cellule individuelle ordinaire et le placement en cellule disciplinaire ;

2° La privation de la faculté d'effectuer des achats en cantine et l'interdiction de recevoir des subsides ;

3° La privation de tout appareil acheté ou loué par l'intermédiaire de l'administration et la privation d'activités culturelles, sportives ou de loisirs.

COMMENTAIRE

A l'occasion de l'examen d'une pluralité de fautes lors d'une commission de discipline, son président peut prononcer plusieurs sanctions. Le principe est celui du cumul dans la limite du quantum maximum prévu pour la faute la plus grave. Toutefois, par exception, il peut décider d'ordonner la confusion des sanctions afin qu'elles s'exécutent simultanément. La circulaire du 8 avril 2019, en son paragraphe 3.4.2.2, précise que cette confusion n'est envisageable qu'entre sanctions identiques (possible donc pour deux sanctions de cellules disciplinaires et impossible entre une sanction de confinement et une sanction de cellule disciplinaire). Si le président de la commission de discipline opte pour la confusion des sanctions prononcées, il lui revient de le préciser explicitement et de fixer une date de début d'exécution identique pour chaque sanction. ❑

1. Condition de simultanéité. L'interdiction de cumul de sanctions et le plafonnement de la sanction prononcée au maximum encouru pour la faute la plus grave ont pour objet de limiter la durée pendant laquelle un détenu peut être soumis à des sanctions de même nature, même si les fautes sanctionnées sont dépourvues de liens entre elles ; ces deux règles ne peuvent être appliquées que si la commission de discipline examine les fautes d'un détenu et prononce les sanctions correspondantes au cours d'une même séance ; dès lors, la condition de simultanéité des poursuites pour plusieurs fautes doit être regardée comme impliquant que les fautes poursuivies soient examinées et sanctionnées au cours d'une même séance de la commission de discipline sans qu'elles aient nécessairement fait l'objet de poursuites par le directeur de l'établissement concurremment ou en raison de leur connexité. • CE 26 déc. 2013, n° 353138 P : *RPDP 2014. 395, obs. Céré.*

2. Durée maximale. Le détenu qui persiste à refuser de regagner sa cellule peut être condamné à trois jours de mise en cellule disciplinaire, puis quatre jours, et ainsi de suite, jusqu'à atteindre au total la durée maximale autorisée. • CE 2 févr. 2000, n° 155607 : *D. 2001. Chron. 568, obs. Herzog-Evans.*

Art. R. 234-35 Le président de la commission de discipline peut accorder le bénéfice du sursis pour tout ou partie de l'exécution de la sanction disciplinaire soit lors du prononcé de celle-ci, soit au cours de son exécution.

Art. R. 234-36 Lorsqu'il octroie le bénéfice du sursis, le président de la commission de discipline fixe un délai de suspension de la sanction sans que celui-ci puisse excéder

six mois. Il appelle l'attention de la personne détenue sur les conséquences du sursis telles qu'elles sont réglées par les dispositions des articles R. 234-37 et R. 234-38.

COMMENTAIRE

Le président de la commission de discipline dispose d'une totale liberté pour recourir au sursis. Aucune contrainte relative aux antécédents disciplinaires n'est prévue et le sursis peut non seulement être accordé au moment du prononcé de la sanction devant la commission de discipline, mais encore au cours de son exécution. Le président de la commission de discipline doit informer l'intéressé sur les modalités du sursis qui lui est octroyé, à savoir le délai de suspension de la sanction au terme duquel il sera réputé non avenu et les conséquences engendrées par le non-respect de ses obligations durant le délai d'épreuve. ❑

Art. R. 234-37 **Si, au cours du délai de suspension de la sanction, une personne détenue commet une nouvelle faute donnant lieu à une sanction, quels que soient la nature ou le degré de cette faute, le sursis est, sauf décision contraire du président de la commission, révoqué de plein droit. La première sanction est alors exécutée cumulativement avec celle afférente à la seconde faute.**

Toutefois, lorsque les deux sanctions sont de même nature, leur durée cumulée ne peut excéder la limite du maximum prévu, pour la faute la plus grave, par les dispositions des articles R. 233-1, R. 233-2, R. 235-5 et R. 235-12. Pour l'application de cette disposition, sont réputés de même nature :

1° Le confinement en cellule individuelle ordinaire et le placement en cellule disciplinaire ;

2° La privation de la faculté d'effectuer des achats en cantine et l'interdiction de recevoir des subsides ;

3° La privation de tout appareil acheté ou loué par l'intermédiaire de l'administration et la privation ou la restriction d'une activité culturelle, sportive ou de loisirs.

En tout état de cause, la sanction de mise en cellule disciplinaire s'exécute préalablement à toute autre sanction.

COMMENTAIRE

Le président de la commission de discipline dispose d'un pouvoir d'appréciation qu'il est tenu d'exercer en conformité avec le principe d'individualisation des sanctions. La révocation du sursis est applicable de plein droit en cas de commission d'une nouvelle faute pendant le délai d'épreuve sous réserve qu'elle donne lieu au prononcé d'une sanction mais il lui est loisible de prendre une décision de non-révocation en tout ou partie. ❑

Art. R. 234-38 **Si, au cours du délai de suspension de la sanction, la personne détenue n'a commis aucune faute disciplinaire donnant lieu à une sanction, la sanction assortie du sursis est réputée non avenue. Il en est fait mention sur le registre prévu par les dispositions du premier alinéa de l'article R. 234-30.**

Art. R. 234-39 **Lorsqu'il ordonne le sursis à exécution de l'une des sanctions prévues par les dispositions des 7° et 8° de l'article R. 233-1, le président de la commission de discipline peut décider que la personne détenue intéressée doit accomplir, pendant tout ou partie du délai de suspension de la sanction, des travaux d'intérêt collectif pour une durée globale n'excédant pas quarante heures.**

Le consentement de la personne détenue doit être préalablement recueilli.

Les dispositions des articles R. 234-35 à R. 234-38 et R. 234-40 sont, pour le surplus, applicables au sursis ordonné dans les conditions prévues au présent article.

Art. R. 234-40 **Le sursis peut être révoqué en tout ou en partie, en cas d'inexécution totale ou partielle du travail ordonné. L'inexécution doit être constatée par l'autorité disciplinaire sur rapport d'un membre du personnel, la personne détenue ayant été préalablement entendue.**

COMMENTAIRE

L'article R. 234-40 prévoit que la non-exécution totale ou partielle d'un travail collectif qui assortit le sursis est susceptible en soi de constituer une faute disciplinaire. Dans ce cas, l'inexécution devra être constatée par un rapport d'incident qui devra être suivie d'une procédure d'enquête permettant de déterminer que l'inexécution est véritablement imputable à la personne détenue. Si le président de la commission de discipline décide d'engager des poursuites, il devra alors convoquer ce dernier devant la commission de discipline en visant la faute prévue par l'article R. 232-5, 7° (soustraction à une sanction disciplinaire). ❑

Art. R. 234-41 Le chef de l'établissement pénitentiaire ou son délégataire peut, lors du prononcé ou au cours de l'exécution de la sanction, dispenser la personne détenue de tout ou partie de son exécution soit en raison de la bonne conduite de la personne intéressée, soit à l'occasion d'une fête légale ou d'un événement national, soit pour suivre une formation ou pour passer un examen, soit pour lui permettre de suivre un traitement médical.

Il peut, pour les mêmes motifs, lors du prononcé ou au cours de l'exécution de la sanction, décider d'en suspendre ou d'en fractionner l'exécution.

Art. R. 234-42 Lorsque la période de suspension excède six mois, la sanction ne peut plus être ramenée à exécution.

SECTION 4 Voies de recours

BIBL. ▸ Mounaud, *RPDP 2007, n° spécial 49* (recours gracieux et hiérarchiques des détenus). – Rey-Bethbeder, *RPDP 2007, n° spécial 58* (juge administratif et monde carcéral : de l'ignorance volontaire à l'effectivité du droit de recours). – Guyomar, *AJDA 2009. 413* (justiciabilité des mesures pénitentiaires devant le juge administratif). – Vigouroux, *AJDA 2009. 403* (valeur de la justice en détention). – Groulier, *RD publ. 2009. 217* (nouvelle approche des mesures d'ordre intérieur en prison ?).

Art. R. 234-43 Une personne détenue qui entend contester la sanction prononcée à son encontre par le président de la commission de discipline doit, dans le délai de quinze jours à compter du jour de la notification de la décision, la déférer au directeur interrégional des services pénitentiaires préalablement à tout recours contentieux. Le directeur interrégional dispose d'un délai d'un mois à compter de la réception du recours pour répondre par décision motivée. L'absence de réponse dans ce délai vaut décision de rejet.

COMMENTAIRE

La personne détenue qui désire contester une sanction disciplinaire doit obligatoirement saisir le directeur interrégional des services pénitentiaires avant toute action juridictionnelle ne relevant pas des procédures de référé. Il s'agit d'un recours hiérarchique obligatoire dont la présentation est obligatoire préalablement à tout recours contentieux (CRPA, art. L. 412-1 s.). Le directeur interrégional statue au regard des circonstances de droit et de fait existant au jour où il prend sa décision. Il peut confirmer la sanction prise ou la réformer en tout ou partie, sans être tenu de répondre à l'ensemble des moyens soulevés par le détenu. Le directeur interrégional dispose d'un délai d'un mois pour répondre, son silence valant rejet du recours.

Conformément aux règles générales du contentieux administratif, la décision, expresse ou implicite, rendue par le directeur interrégional se substitue à la décision initiale. Elle seule peut donc être contestée par la voie du recours pour excès de pouvoir. Cela étant, ce principe de substitution ne fait pas obstacle à ce que soient invoqués des moyens tirés de la sanction initialement prononcée, dès lors qu'ils ne relèvent pas de vices propres à cette décision.

Si l'on suit les articles L. 412-4 et L. 412-6 du code des relations entre le public et l'administration, l'existence du recours obligatoire au directeur interrégional n'empêche pas l'exercice de tout autre recours gracieux ou hiérarchique, à ceci près que l'exercice de ces derniers ne suspend pas le délai de recours. Il n'interdit pas non plus le retrait de la sanction si celle-ci est illégale tant que le directeur interrégional ne s'est pas prononcé.

V. aussi l'article L. 231-1 (J.). ❑

1. Communication du dossier. Ni les dispositions des art. R. 57-6-16 et R. 57-7-17 C. pr. pén., ni aucune disposition législative ou réglementaire, ni aucun principe général n'impose à l'administration de permettre à la personne détenue de conserver une copie de son dossier disciplinaire. Il appartient à l'intéressé, qui dispose de quinze jours pour contester la sanction prononcée par la commission, de demander s'il estime à nouveau nécessaire la communication de son dossier. • CAA Lyon 27 mai 2021, n° 19LY03360 : *D. 2022. 1065, obs. Céré.*

2. Pouvoir de réformation du directeur interrégional des services pénitentiaires. Conformément aux règles générales de la procédure administrative (CRPA, art. L. 412-5 et L. 412-7), le directeur interrégional des services pénitentiaires statue sur le fondement de la situation de fait et de droit prévalant à la date de sa décision, qui se substitue à la décision initiale. Lors de l'examen du recours, il n'est donc pas tenu par la qualification juridique retenue par la commission de discipline, ni par la sanction prononcée. Partant, il lui est loisible de réformer la décision dont il est saisi. • CAA Marseille, 4 nov. 2019, n° 17MA04402.

CHAPITRE V EXÉCUTION DES SANCTIONS DISCIPLINAIRES

SECTION 1 Dispositions générales

Art. R. 235-1 Chaque personne détenue en confinement en cellule individuelle ordinaire ou placée en cellule disciplinaire conserve la faculté de demander une audience ou un entretien auprès des personnels de l'établissement ou du service pénitentiaire d'insertion et de probation.

Elle peut conserver les livres, articles d'enseignement, nécessaire de correspondance et objets de pratique religieuse qu'elle avait en sa possession avant la sanction disciplinaire, sauf si ces objets présentent un risque pour les personnes.

Elle se voit proposer un choix de livres, journaux et périodiques du fonds documentaire de la médiathèque de l'établissement et peut continuer à recevoir les journaux, revues et publications auxquels elle était abonnée avant le prononcé de la sanction.

Elle conserve les produits et objets de toilette nécessaires à son hygiène quotidienne, les vêtements qu'elle porte habituellement, le tabac et les objets liés à son usage tels qu'allumettes et papier à cigarette. Cependant, les objets et vêtements laissés habituellement aux personnes détenues peuvent lui être retirés pour des motifs de sécurité.

SECTION 2 Confinement en cellule ordinaire

COMMENTAIRE

Le confinement en cellule ordinaire s'immisce entre l'ensemble des sanctions et la mise en cellule disciplinaire. Elle est considérée comme une sanction de même nature que cette dernière, ce qui peut expliquer que les durées maximales soient identiques. Cette sanction, qui suppose l'isolement de la personne détenue, peut se dérouler dans la cellule qu'elle occupait avant le prononcé de la sanction de confinement, sous réserve de lui ôter, si la commission en a décidé ainsi, le ou les appareils dont la jouissance est suspendue pendant le délai fixé. Si le détenu sanctionné était affecté dans une cellule occupée par plusieurs détenus, le chef d'établissement doit décider de la faire exécuter dans une cellule individuelle.

Le confinement en cellule ordinaire conduit à la privation des activités collectives (socio-éducatives, culturelles, sportives), du travail et de la formation professionnelle, de l'enseignement et des achats en cantine (autres que les produits d'hygiène, du nécessaire de correspondance et du tabac). Mais la promenade quotidienne se déroule dans des conditions normales, le détenu peut assister aux offices religieux et il conserve ses prérogatives en matière de visites, de correspondance et de communication téléphonique.

La mesure emporte néanmoins un suivi médical renforcé identique à celui prévu pour le placement en cellule disciplinaire. ❑

Art. R. 235-2 Le confinement en cellule prévu par les dispositions du 7° de l'article R. 233-1 emporte le placement de la personne détenue dans une cellule ordinaire qu'elle occupe seule.

Art. R. 235-3 Le confinement en cellule emporte, pendant toute sa durée, la suspension de la faculté d'effectuer en cantine tout achat autre que celui de produits d'hygiène, du nécessaire de correspondance et de tabac ainsi que la suspension de l'accès aux activités, sous réserve des dispositions de l'article R. 235-4.

Art. R. 235-4 La personne confinée en cellule bénéficie d'au moins une heure quotidienne de promenade à l'air libre. La sanction de confinement en cellule n'entraîne

aucune restriction à son droit de correspondance écrite et de communication téléphonique ni à son droit de recevoir des visites. Elle conserve la possibilité d'assister aux offices religieux.

Art. R. 235-5 **La durée du confinement en cellule ne peut excéder vingt jours pour une faute du premier degré, quatorze jours pour une faute du deuxième degré et sept jours pour une faute du troisième degré.**

Cette durée peut être portée à trente jours lorsque :

1° Les faits commis constituent une des fautes prévues par les dispositions des 1°, 2° et 3° de l'article R. 232-4 ;

2° Les fautes prévues par les dispositions des 4° et 7° de l'article R. 232-4 ont été commises avec violence physique contre les personnes.

SECTION 3 **Mise en cellule disciplinaire**

COMMENTAIRE

La mise en cellule disciplinaire consiste dans le placement d'une personne détenue dans une cellule spécialement aménagée au sein du quartier disciplinaire. Il s'agit de la sanction la plus sévère. Elle n'est censée intervenir que dans la mesure où les autres sanctions énumérées par le présent code sont insuffisantes eu égard à la nature et à la gravité de la faute commise ainsi qu'à la personnalité de son auteur. Conformément au maxima imposé par l'article L. 231-1, cette sanction est limitée à vingt jours (trente jours en cas de violences physiques contre les personnes). Ce maxima concerne logiquement les infractions du premier degré de gravité. Elle est limitée à quatorze jours pour les fautes du deuxième degré et à sept jours pour celles du troisième degré.

Le placement en cellule disciplinaire génère plusieurs restrictions. Le détenu est privé le temps d'exécution de la sanction de l'accès aux différentes activités sportives, culturelles et socio-culturelles, de travail, de formation professionnelle et d'enseignement. Il ne peut plus effectuer d'achats en cantine autres que les produits d'hygiène, du nécessaire de correspondance et de tabac. Au fil du temps, le régime de la mise en cellule disciplinaire s'est cependant assoupli. Le puni bénéficie ainsi d'au moins une heure de promenade quotidienne dans une cour individuelle. Aucune restriction au droit de correspondance écrite n'est à relever et il peut conserver les ouvrages qu'il possédait dans sa cellule. Il doit également pouvoir rencontrer l'aumônier du culte de son choix et son conseil ainsi que les autorités consulaires et diverses autorités ou personnels mentionnés par l'article R. 235-10. Il peut être visité dans la limite d'une fois par semaine par les personnes titulaires d'un permis de visite ou par un visiteur de prison en charge du suivi de la personne sanctionnée. La visite s'effectue dans les conditions du droit commun, c'est-à-dire sans dispositif de séparation. Par exception, le chef d'établissement peut décider que la visite s'effectuera dans un parloir avec dispositif de séparation s'il existe des raisons sérieuses de redouter un incident, en cas d'incident survenu au cours d'une visite antérieure ou à la demande du visiteur ou de la personne visitée. Enfin, les personnes placées au quartier disciplinaire sont autorisées à passer des appels téléphoniques. Cette faculté peut être perçue comme la conséquence de la généralisation de l'accès à ce droit à toutes les personnes détenues. Elle est toutefois limitée à un appel téléphonique par période de sept jours ou à un appel si la sanction prononcée est inférieure à sept jours. ❑

Art. R. 235-6 **La mise en cellule disciplinaire prévue par les dispositions du 8° de l'article R. 233-1 consiste dans le placement de la personne détenue dans une cellule aménagée à cet effet et qu'elle doit occuper seule.**

Art. R. 235-7 **Dès son arrivée au quartier disciplinaire, la personne détenue est reçue dans le cadre d'un entretien d'accueil par un personnel d'encadrement. A cette occasion, une copie des dispositions du règlement intérieur, défini aux articles L. 112-4 et R. 112-22, relatives à la discipline ainsi qu'une brochure lui rappelant ses droits et obligations lui sont remises.**

Art. R. 235-8 **La sanction de cellule disciplinaire emporte pendant toute sa durée la suspension de la faculté d'effectuer en cantine tout achat autre que l'achat de produits d'hygiène, du nécessaire de correspondance et de tabac ainsi que la suspension de l'accès aux activités, sous réserve des dispositions de l'article R. 235-10.**

Liberté religieuse. Les dispositions de l'art. R. 57-7-44, en ce qu'elles prévoient que la sanction de cellule disciplinaire emporte pendant toute sa durée la suspension de l'accès aux activités, notamment aux activités à caractère cultuel, ne peuvent être regardées, eu égard à l'objectif d'intérêt général de protection de la sécurité et du bon ordre dans les établissements pénitentiaires qu'elles poursuivent, à la durée maximale de la sanction en cause et aux droits dont les détenues continuent à bénéficier, comme portant une atteinte excessive au droit de ces derniers de pratiquer leur religion. • CE 11 juin 2014 : *D. actu. 18 juin 2014, obs. Pastor.*

Art. R. 235-9 L'accès à un poste radiophonique est proposé à la personne détenue placée en cellule disciplinaire.

Les briquets personnels sont interdits en cellule disciplinaire.

Les effets personnels sont limités aux besoins quotidiens du séjour au quartier disciplinaire. Le change des vêtements personnels est assuré régulièrement pour permettre à la personne détenue de se maintenir dans un état d'hygiène satisfaisant.

Art. R. 235-10 Les personnes placées en cellule disciplinaire bénéficient d'au moins une heure quotidienne de promenade individuelle dans une cour dédiée à cet effet.

La sanction de cellule disciplinaire n'emporte aucune restriction pour les personnes détenues à leur droit de correspondance écrite.

Elles conservent la faculté d'effectuer des appels téléphoniques au cours de l'exécution de leur sanction. Toutefois, cette faculté est limitée à un appel téléphonique par période de sept jours ou à un appel si la sanction prononcée est inférieure à sept jours.

Elles peuvent rencontrer leur avocat, leur représentant consulaire, le Défenseur des droits et ses délégués, le Contrôleur général des lieux de privation de liberté et ses contrôleurs, les membres de l'équipe médicale, les personnels pénitentiaires et l'aumônier du culte de leur choix.

Elles conservent la faculté de rencontrer les titulaires de permis de visite ou le visiteur de prison en charge de leur suivi, une fois par semaine.

Art. R. 235-11 Sous réserve des dispositions prévues par les dispositions du 3° de l'article R. 233-2, les titulaires de permis de visite rencontrent la personne placée en cellule disciplinaire dans un parloir sans dispositif de séparation.

Toutefois, dans les cas prévus par les dispositions de l'article R. 341-13, le chef de l'établissement pénitentiaire peut décider que les visites auront lieu dans un parloir avec dispositif de séparation.

Art. R. 235-12 La durée de la mise en cellule disciplinaire ne peut excéder vingt jours pour une faute disciplinaire du premier degré, quatorze jours pour une faute disciplinaire du deuxième degré et sept jours pour une faute disciplinaire du troisième degré.

Cette durée peut être portée à trente jours lorsque :

1° Les faits commis constituent une des fautes prévues par les dispositions des 1°, 2° et 3° de l'article R. 232-4 ;

2° Les fautes prévues par les dispositions des 4° et 7° de l'article R. 232-4 ont été commises avec violence physique contre les personnes.

TITRE IV TRAITEMENT DE DONNÉES À CARACTÈRE PERSONNEL RELATIF À LA GESTION NATIONALE DES PERSONNES DÉTENUES EN ÉTABLISSEMENT PÉNITENTIAIRE (GENESIS)

Art. R. 240-1 Est autorisée la création par le ministère de la justice d'un traitement automatisé de données à caractère personnel dénommé gestion nationale des personnes détenues en établissement pénitentiaire (GENESIS).

Ce traitement a pour finalité l'exécution des sentences pénales et des décisions de justice s'y rattachant, la gestion de la détention des personnes placées sous main de justice et écrouées ainsi que la sécurité des personnes détenues et des personnels et la mise en œuvre dans les meilleures conditions d'efficacité et de coordination de l'ensemble des actions relatives au parcours de la personne détenue.

A cet effet, le traitement permet :

1° La mise à exécution par le greffe pénitentiaire des décisions judiciaires ordonnant une détention et la gestion des formalités d'écrou ;

2° La prise en charge des personnes détenues afin de faciliter la mise en œuvre du parcours de détention, la prévention des comportements à risques, la tenue de la commission pluridisciplinaire unique de l'établissement pénitentiaire ainsi que la gestion des requêtes, des audiences, des rendez-vous, des visites et du courrier des personnes détenues ;

3° La gestion du compte nominatif des personnes détenues ;

4° La gestion de l'effectif, des procédures disciplinaires, des fouilles, de l'isolement, des consignes et des régimes de détention ;

5° La gestion de l'individualisation de la peine et de la réinsertion des personnes placées sous main de justice dans le cadre des missions de prévention et de lutte contre la récidive par les agents du service pénitentiaire d'insertion et de probation et du service de la protection judiciaire de la jeunesse ;

6° La mise en œuvre des activités de réinsertion dans les domaines socioculturel et sportif, du travail, de l'enseignement et de la formation professionnelle ;

7° La détermination du lieu d'affectation des personnes détenues.

Le traitement permet également la gestion des contentieux entre l'administration pénitentiaire et les personnes placées sous main de justice ou leurs ayants droit ainsi que le recueil et l'analyse de l'ensemble des informations utiles à la sécurité des établissements et services pénitentiaires.

Art. R. 240-2 Le traitement peut enregistrer des données à caractère personnel de la nature de celles mentionnées par les dispositions du I de l'article 6 de la loi n° 78-17 du 6 janvier 1978 relative à l'informatique, aux fichiers et aux libertés, dans la stricte mesure où cet enregistrement est nécessaire aux finalités assignées audit traitement.

Art. R. 240-3 Peuvent être enregistrées dans le traitement automatisé les informations et les données à caractère personnel suivantes :

1° Concernant l'identité des personnes détenues :

a) Identité : photographie d'identité numérisée, le traitement ne pouvant comporter de dispositif de reconnaissance faciale à partir de la photographie numérisée, état civil, nom de naissance, nom d'usage, prénoms, alias, sexe, numéro d'écrou courant, numéro d'écrou initial, date de naissance, lieu de naissance, nationalité, numéro et date de délivrance de la pièce d'identité, autorité de délivrance, ville et pays de délivrance à l'étranger, signalement ;

b) Filiation : nom et prénoms du père et de la mère, identité des enfants en détention ;

c) Situation familiale : célibataire, marié, veuf, concubin, personne liée par un pacte civil de solidarité, divorcé, séparé, nombre d'enfants y compris en détention, date de naissance des enfants en détention ; détenteur de l'autorité parentale pour les mineurs, enfant laissé à la garde de l'autorité parentale, déchéance de l'autorité parentale, nombre de frères et sœurs, place dans la fratrie ;

d) Logement : adresse avant le placement en détention ; lieux d'assignation à résidence ; noms, prénoms, qualité, lieu de résidence de la personne qui reçoit le permissionnaire ; coordonnées téléphoniques ;

e) Formation : niveau d'étude et de formation, diplômes, avec les distinctions suivantes : langues parlées, niveau d'instruction, communication orale en français, lieu de scolarité, niveau d'arrêt de la scolarité, diplôme le plus élevé, lit et écrit dans une autre langue, comportement face à un écrit en français, aptitude à l'écriture du français, test lecture population pénale, observations ; par indication oui ou non : scolarisé au moment du placement en détention ;

f) Vie professionnelle : profession avant le placement en détention, militaire, formation professionnelle, qualification professionnelle, type de contrat de travail avant l'écrou, durée du dernier emploi, expérience, contrat d'apprentissage, validation des acquis de l'expérience en cours, cours par correspondance ;

2° Concernant la situation pénale de la personne détenue :

a) Situation pénale : criminelle, correctionnelle, désignation de la juridiction et nom du magistrat référent, nature de la décision et contenu de la décision, date de signification et de notification, mode et moyen de signification, date de libération, infractions commises, mode de participation, état de récidive, numéro de parquet, numéro d'instruction, numéro d'affaire pénale, amnistie, grâce, réduction au maximum légal, voies de recours ;

b) Fiche pénale synthétique : nature des décisions et résumés, date de début et fin de peine, *(Décr. n° 2022-1287 du 4 oct. 2022, art. 6, en vigueur le 1er janv. 2023)* « réduction de peine, » crédit de réduction de peine, date de fin de la période de sûreté ;

c) Procédures ou condamnations pénales sans détention ;

d) Mesures complémentaires prononcées par les autorités judiciaires : par indication oui ou non : inscription au fichier national des empreintes génétiques (FNAEG) lors de la détention, y compris la date de prélèvement ou de refus de prélèvement, par indication oui ou non : inscription au fichier judiciaire national automatisé des auteurs d'infractions sexuelles ou violentes (FIJAIS), y compris la date d'inscription, mesures de suivi sociojudiciaire, d'interdiction de séjour, d'annulation ou suspension du permis de conduire, de déchéance de l'autorité parentale, d'interdiction des droits civiques, civils et de famille, d'interdiction temporaire ou définitive du territoire français, procédure d'extradition, contrainte judiciaire ;

e) Personnes détenues particulièrement signalées (DPS) : dates de transmission de la demande d'inscription au répertoire des DPS, de la demande de maintien au répertoire des DPS, de transmission de la demande de retrait au répertoire des DPS, de transmission de la décision interministérielle d'inscription au répertoire des DPS, de la décision interministérielle de maintien au répertoire des DPS, de transmission de la décision interministérielle de retrait au répertoire des DPS ;

3° Concernant la prise en charge pluridisciplinaire de la personne détenue :

a) Suivi de la commission pluridisciplinaire unique : objet de la commission, commentaire préalable, synthèse, nom du rédacteur, date et objet de la réunion de la commission, actions et suivis, historique ;

b) Thème de la commission pluridisciplinaire unique : nouvel arrivant, prévention du suicide, personne sans ressource suffisante, activités, parcours d'exécution de peine, régimes différenciés, dangerosité/vulnérabilité ;

c) Entretien avec les services médicaux, sous la forme d'indication oui/non/ne se prononce pas : antécédents placement SMPR (services médicaux psychologiques régionaux), antécédents placement UMD (unités pour malades difficiles), antécédents hospitalisation d'office, nécessite un suivi somatique, suivi psychologique ou psychiatrique antérieur ou en cours, régime alimentaire particulier, grève de la faim ou de la soif, prescription d'une douche médicale, automutilations graves, fumeur, addictions, aptitude au sport, aptitude au travail ;

d) Entretien avec le service pénitentiaire d'insertion et de probation ou avec le service de la protection judiciaire de la jeunesse : nom du conseiller référent, avis général, relations avec la famille, relations avec l'extérieur, situation administrative, vécu face au délit et à la peine ;

e) Entretien avec le service de l'éducation nationale : scolarisé au moment du placement en détention, lieu de scolarité, niveau d'arrêt de la scolarité, diplôme le plus élevé, formation professionnelle adulte, lit et écrit dans une autre langue, aptitude à l'écriture du français, test lecture population pénale, observations ;

f) Pré-repérage de l'illettrisme : communication orale en français, comportement face à un écrit en français ;

4° Concernant les risques de suicide de la personne détenue :

a) Facteurs familiaux, sociaux et économiques : absence de soutien ; éloignement familial ; deuil récent d'un proche ; perte/séparation dans l'enfance ; perte de logement ; situation irrégulière ; rupture conjugale ; placement récent des enfants ; perte d'emploi ; maltraitance parentale, négligence, victime d'abus physique ou sexuel ;

b) Facteurs relatifs à la situation judiciaire et pénitentiaire : atteinte aux personnes, première détention, incidents disciplinaires en détention, rupture d'aménagement de peine ou de contrôle judiciaire, événement judiciaire, notice individuelle ;

c) Facteurs sanitaires : antécédents de tentatives de suicide, antécédents familiaux de suicide ou de tentatives de suicide, addictions, signale des antécédents psychiatriques, antécédents d'automutilations, signale un problème de santé nécessitant des soins, handicap ;

d) Comportement : semble manifestement délirant, en état de choc, dépressif, anxieux, triste, agressif ; se déclare spontanément suicidaire ;

e) Évaluation de l'urgence : souffre au point de penser à se tuer ; flash, idées précises, brèves ou diffuses ; suicide envisagé comme possibilité ; idées fréquentes et quotidiennes ; solution principale ; acte dans un délai supérieur ou inférieur à quarante-huit heures ; acte dans un délai immédiat ;

f) Moyens envisagés : connaissance du moyen ; accessibilité immédiate du moyen ;

g) Mesures à prendre et durée : mise sous surveillance spéciale pour risque suicidaire, recommandation pour le placement en cellule, rendez-vous en unité de soins, favoriser l'activité travail, contact à prendre avec indication du service à contacter ; entretien conseillé avec indication du service ;

5° Concernant les risques de suicide de la personne mineure détenue :

a) Facteurs familiaux, sociaux et économiques : absence de soutien familial ; éloignement familial ; deuil récent d'un proche ; perte/séparation dans l'enfance ; rupture de scolarité ou de formation ; rupture sentimentale ; interdiction de séjour ; situation irrégulière ; perte d'emploi ; maltraitance parentale, négligence, victime d'abus physique ou sexuel ; existence d'enfants ;

b) Facteurs liés à la situation judiciaire et pénitentiaire : atteinte aux personnes ; première détention ;

c) Mandat de dépôt criminel ; mandat de dépôt correctionnel ; incidents disciplinaires en détention en tant qu'auteur ou victime, rupture d'aménagement de peine ou de contrôle judiciaire, mention particulière dans la notice individuelle ;

d) Facteurs sanitaires : antécédents de tentative de suicide, antécédents familiaux de suicide ou de tentative de suicide, addictions, signale des antécédents psychiatriques, antécédents d'automutilation, signale un problème de santé nécessitant des soins, handicap ;

e) Comportement : présente un état de prostration ou d'agitation ; ressent un sentiment de honte, de culpabilité ;

f) Évaluation de l'urgence : se déclare spontanément suicidaire ; souffre au point de penser à se suicider ; à orienter vers l'unité sanitaire en milieu pénitentiaire ou vers les services médicaux psychologiques régionaux ;

g) Moyens envisagés : connaissance du moyen ; accessibilité immédiate du moyen ;

h) Mesures à prendre et durée : mise sous surveillance spéciale pour risque suicidaire, rendez-vous en unité de soins, diversifier les activités, contact à prendre avec indication de la personne à contacter ; entretien conseillé avec indication du service ;

6° Concernant la dangerosité et la vulnérabilité de la personne détenue : sous la forme d'indication oui/ non/ ne se prononce pas :

a) Facteurs relatifs à la situation judiciaire : procédure correctionnelle ; procédure criminelle, viol, agression sexuelle ; violences graves aux personnes ; actes de tortures ou de barbarie ; assassinat, meurtre et tentative ; criminalité organisée ; terrorisme ;

b) Facteurs en rapport avec les antécédents pénitentiaires : a fait l'objet de détentions antérieures ; a eu une peine de détention avant 18 ans ; agressions physiques graves sur des personnes codétenues ; agressions physiques graves sur des personnels ; évasion ou tentative avec une complicité extérieure ; criminalité ; signalement de l'état-major de sécurité ; classé DPS ;

c) Facteurs sanitaires : addictions (alcool, médicaments psychotropes, drogues) ; suivi psychologique ou psychiatrique antérieur ou en cours ; placement antérieur en SMPR (services médicaux psychologiques régionaux) ; placement d'office antérieur ; placement antérieur en UMD (unités pour malades difficiles) ; tentatives de suicides ; automutilations graves ;

d) Facteurs sociaux : instabilité dans l'emploi avant placement en détention ; instabilité dans le logement ; absence de visites ; nie les faits objets de la condamnation ou de la détention provisoire ; accepte la détention ;

e) Facteurs relatifs à la vulnérabilité : handicap physique ; régime de protection (tutelle, curatelle) ; profession ciblée en détention (police, justice, politique) ; victime de violence en détention ; affaire médiatisée ; crime sur enfant ;

f) Facteurs complémentaires : procédure d'éloignement du territoire ; demande d'extradition ; soutien financier extérieur ;

7° Décisions du chef de l'établissement pénitentiaire concernant une personne détenue : ensemble des décisions, par thème et par période ;

8° Concernant la détention de la personne détenue :

a) Consignes judiciaires, médicales ou pénitentiaires : prescription des autorités judiciaires, des services médicaux ou pénitentiaires, ou demande particulière de la personne détenue ; mentions particulières relatives à certaines personnes détenues, régimes alimentaires spécifiques ;

b) Affectation en cellule : décision d'affectation de la personne détenue, historique des décisions d'affectation en cellule, avis de placement en cellule, par indication oui ou non : mention dans le recueil de sécurité de l'établissement de la personne détenue ; localisation dans l'établissement, cellule d'affectation de la personne détenue, identité des personnes codétenues, description des mutations de cellule, désignation des personnes qui décident de l'affectation des personnes détenues ; demande de la personne détenue d'être seule ou de ne pas être seule en cellule ; nom et prénom de l'auteur de la décision, nom et prénom du rédacteur ;

c) Isolement : type de saisine, durée, motif du placement initial ou de la prolongation, autorité ayant pris la décision, nom de l'auteur et date de la décision ;

d) Observations : consignation des observations des personnels pénitentiaires, des agents de la protection judiciaire de la jeunesse, des membres de la commission pluridisciplinaire unique, des personnels de santé, de l'éducation nationale, ainsi que des agents des groupements privés chargés de missions de service public dans le cadre de la gestion déléguée ou de la mise en œuvre d'activités, spécialement habilités par le chef de l'établissement pénitentiaire ;

e) Fouilles des locaux et des personnes détenues : planification et rapports ;

f) Vestiaires : liste des effets personnels non autorisés en détention ;

g) Activités sportives, socio-culturelles, d'enseignement, de formation professionnelle, d'insertion professionnelle et de travail des personnes détenues en établissement : désignation des activités, planification, suivi et évaluation des activités, désignation des contractants et des intervenants ;

h) Audience/rendez-vous/convocation/entretien : date, thème, personnes présentes, compte rendu ;

i) Gestion des requêtes : demande d'accès à une activité ou à une formation, demande de rendez-vous avec les services médicaux, sans précision du motif, demande de l'état du compte, par indication oui ou non : souhait de rencontrer un représentant pour l'exercice d'un culte ;

j) Gestion des correspondances postales : informations sur certains expéditeurs et destinataires des courriers postaux pour la mise en œuvre du code de procédure pénale ;

k) Procédure contradictoire : date de convocation, de débat, de mise en œuvre et de décision, débat, motivation, décision ;

l) Procédure disciplinaire : mention d'antécédents disciplinaires, type d'antécédents ; numéro d'affaire pénitentiaire, type de faute, date de l'événement, description des faits, rapports d'enquête et d'incident, représentation par avocat référent commis d'office ou rémunéré, argumentation en défense, décisions de la commission de discipline ;

m) Commission d'application des peines : date de la commission d'application des peines, mesures d'individualisation de la peine et modalités d'aménagement ainsi que nom de l'auteur de la décision, *(Décr. n° 2022-1287 du 4 oct. 2022, art. 6, en vigueur le 1er janv. 2023)* « réduction de peine, » crédit de réduction de peine, réduction de peine supplémentaire, conditionnelle ou exceptionnelle ; permissions de sortir ; obligations mises à la charge de la personne condamnée ; recours ;

n) Gestion des visites : désignation des personnes ayant obtenu un permis de visite, désignation de l'autorité qui accorde le droit de visite, jours et heures des visites, désignation des locaux de visite et des personnes chargées de la surveillance de ces locaux ;

o) Modalités d'entrée et de sortie : désignation du mouvement d'entrée/sortie, destination, date prévue et réelle d'entrée/sortie, levée d'écrou, extradition, transfert, translation judiciaire, escorte, évasion, décès, personnes prenant en charge la personne détenue lors des transfèrements ou extractions ou des hospitalisations ou des permissions de sortir : noms, prénoms, qualité, lieu de résidence de la personne qui reçoit le permissionnaire, et autorités administratives informées de ces sorties ou mesures, date de comparution devant la commission d'expulsion, mesure d'éloignement, durée d'interdiction du territoire français, date de l'arrêté d'expulsion, d'abrogation ou de relève, assigné à résidence, lieux d'assignation à résidence ;

9° Concernant la gestion du compte nominatif de la personne détenue :

a) Montant du dépôt, liste des bijoux et valeurs ; gestion des cantines et des achats extérieurs ; liste et répartition des recettes, liste et montant des dépenses, liste des achats ;

b) Saisies des éléments de paie et éléments de rémunération ;

c) Gestion des droits sociaux de la personne détenue : numéro d'inscription au répertoire national des personnes physiques, complémentaire mutuelle ;

d) Gestion des livrets d'épargne ouverts durant la détention, numéro du livret d'épargne, liste des mouvements sur le livret d'épargne ;

e) Gestion des condamnations pécuniaires et éléments des titres exécutoires : informations relatives aux montants des prélèvements obligatoires et versements volontaires effectués ; nom, prénoms, informations bancaires relatives aux bénéficiaires ;

f) Opération comptable, montant part disponible, montant pécule libération, montant parties civiles ;

g) Compte bijoux : avoir bijoux, description, quantité ;

h) Cantine : bons de cantines, montant total, dates de commande et de livraison ;

i) Achat extérieur : désignation des produits, montant total, dates de commande et de livraison, nom des fournisseurs ;

j) Blocage : désignation de la demande, date, montant ;

k) Eléments de rémunération : date de début, de fin et de travail, nombre de jours et d'heures travaillés, montant de rémunération ;

10° Concernant les magistrats : noms, prénoms, auteur de la décision ;

11° Concernant les avocats :

a) Nom, prénoms ;

b) Nom du barreau auquel l'avocat est rattaché, adresse postale du cabinet, adresse de messagerie électronique, numéro de téléphone et numéro de télécopie du cabinet ;

12° Concernant les intervenants en détention :

a) Nom, prénom, fonction ;

b) Numéro de téléphone, adresse de messagerie électronique ;

13° Concernant les personnes à prévenir en cas d'incident :

a) Nom, prénom, lien avec la personne détenue ;

b) Adresse, coordonnées téléphoniques ;

14° Concernant les personnes ayant obtenu un permis de visite :

a) Nom, prénom, sexe, date et lieu de naissance, nationalité, lien avec la personne détenue ;

b) Type et numéro du document d'identité, autorité ayant délivré le document d'identité, date de validité ;

c) Profession ;

d) Désignation de l'autorité qui accorde le droit de visite, jours et heures des visites ;

15° Concernant les personnels mentionnés par les dispositions de l'article R. 240-5 : identifiant, informations relatives aux consultations, créations, modifications ou suppressions de données.

Art. R. 240-4 Les informations et données à caractère personnel sont conservées deux ans à compter de la date de levée d'écrou, uniquement accessibles, selon les distinctions mentionnées par les dispositions de l'article R. 240-5, aux personnels habilités de la direction de l'administration pénitentiaire et des directions interrégionales des services pénitentiaires, aux personnels en charge du greffe, aux personnels en charge de la régie des comptes nominatifs et aux personnels en charge de l'encadrement.

Tous dossiers contentieux mettant en cause la responsabilité de l'administration pénitentiaire ou engagés à l'encontre de ses agents ont pour effet la suspension des délais de conservation des informations et données à caractère personnel relatives à la personne détenue intéressée ainsi qu'aux personnes détenues ayant partagé sa cellule dans le mois du fait à l'origine du contentieux, jusqu'à l'extinction des voies de recours.

Art. R. 240-5 Les personnes ou catégorie de personnes qui à raison de leurs fonctions ou pour les besoins du service, peuvent directement accéder aux informations et données à caractère personnel enregistrées dans le traitement et strictement nécessaires à l'exercice de leurs attributions sont :

1° Les autorités judiciaires ainsi que les agents du greffe chargés de les assister, individuellement désignés et spécialement habilités à cet effet par les chefs de juridiction, dans le cadre de la mise à exécution des décisions judiciaires ordonnant un placement en détention ;

2° Les personnels habilités de la direction de l'administration pénitentiaire et des directions interrégionales des services pénitentiaires ;

3° Les membres de la commission pluridisciplinaire unique ;

4° Les membres de la commission de l'application des peines ;

5° Les personnels pénitentiaires en charge du greffe, individuellement désignés et spécialement habilités par le chef de l'établissement pénitentiaire, dans le cadre de la mise à exécution des décisions judiciaires ordonnant un placement en détention et de la gestion des formalités d'écrou ;

6° Les personnels en charge de la régie des comptes nominatifs, individuellement désignés et spécialement habilités par le chef de l'établissement, dans le cadre de la gestion du compte nominatif, des requêtes et observations ;

7° Les personnels pénitentiaires en charge de l'encadrement, individuellement désignés et dûment habilités par le chef d'établissement dans le cadre :

a) De la mise à exécution des décisions judiciaires ordonnant un placement en détention et la gestion des formalités d'écrou ;

b) De la mise en œuvre du parcours de détention, la prévention des comportements à risques, de la tenue de la commission pluridisciplinaire unique de l'établissement pénitentiaire ainsi que de la gestion des requêtes, des observations, des audiences, des rendez-vous, des visites et du courrier des personnes détenues ;

c) De la gestion de l'effectif, des procédures disciplinaires, des fouilles, de l'isolement, des consignes, des régimes de détention ;

d) De l'information des personnes détenues concernant les opérations comptables ;

e) De la mise en œuvre des activités de réinsertion dans les domaines socioculturel et sportif, du travail, de l'enseignement et de la formation professionnelle ;

8° Les personnels pénitentiaires en charge de fonctions de surveillance, individuellement désignés et spécialement habilités par le chef de l'établissement, dans le cadre :

a) De la gestion de la détention, des visites, des vestiaires, de l'effectif, des procédures disciplinaires, des fouilles, de l'isolement, des consignes des régimes de détention ;

b) De la mise en œuvre du parcours de détention, la prévention des comportements à risques, de la gestion des requêtes, des observations, des audiences, des rendez-vous et du courrier des personnes détenues ;

c) De l'information des personnes détenues concernant les opérations comptables ;

d) De la mise en œuvre des activités de réinsertion dans les domaines socioculturel et sportif, du travail, de l'enseignement et de la formation professionnelle ;

9° Les agents du service pénitentiaire d'insertion et de probation, individuellement désignés et spécialement habilités par le chef de l'établissement dans le cadre :

a) De la mise en œuvre du parcours de détention, la prévention des comportements à risques, de la tenue de la commission pluridisciplinaire unique de l'établissement pénitentiaire ainsi que la gestion des requêtes, des observations, des audiences, des rendez-vous ;

b) De la tenue de la commission de l'application des peines ;

c) De la gestion de l'individualisation de la peine et de la réinsertion de la personne détenue ;

d) De la mise en œuvre des activités de réinsertion dans les domaines socioculturel et sportif, du travail, de l'enseignement et de la formation professionnelle ;

10° Les agents des services déconcentrés du secteur public de la protection judiciaire de la jeunesse, individuellement désignés et spécialement habilités par le chef de l'établissement dans le cadre :

a) De la mise en œuvre du parcours de détention, la prévention des comportements à risques, de la tenue de la commission pluridisciplinaire unique de l'établissement pénitentiaire ainsi que la gestion des requêtes, des observations, des audiences, des rendez-vous ;

b) De la tenue de la commission de l'application des peines ;

c) De la gestion de l'individualisation de la peine et de la réinsertion de la personne détenue ;

d) De la mise en œuvre des activités de réinsertion dans les domaines socioculturel et sportif, du travail, de l'enseignement et de la formation professionnelle ;

11° Les agents de l'éducation nationale, individuellement désignés et spécialement habilités par le chef de l'établissement dans le cadre :

a) De la mise en œuvre des activités de réinsertion dans les domaines de l'enseignement et de la formation professionnelle ;

b) De la gestion des requêtes et observations ;

12° Les personnels des groupements privés agissant dans le cadre de la gestion déléguée, individuellement désignés et spécialement habilités par le chef de l'établissement dans le cadre :

a) De la mise en œuvre des activités de réinsertion dans les domaines socioculturel et sportif, du travail et de la formation professionnelle ;

b) De la gestion de l'entretien et de la maintenance des établissements ;

c) De la gestion des requêtes et observations ;

d) De la gestion des cantines et achats extérieurs de la personne détenue ;

e) Des activités d'hôtellerie et de restauration ;

f) De la gestion des visites ;

13° Les personnels des entreprises privées agissant dans le cadre de la gestion d'activités, individuellement désignés et spécialement habilités par le chef de l'établissement dans le cadre :

a) De la mise en œuvre des activités de réinsertion dans les domaines socioculturel et sportif, du travail et de la formation professionnelle ;

b) De la gestion des requêtes et observations ;

14° Les personnels sanitaires des unités sanitaires en milieu pénitentiaire (USMP), des services médicaux psychologiques régionaux (SMPR), des unités hospitalières sécurisées interrégionales (UHSI), des unités hospitalières spécialement aménagées (UHSA) et de l'établissement public de santé national de Fresnes, individuellement désignés et spécialement habilités par le chef de l'établissement dans le cadre de la mise en œuvre du parcours de détention, de la prévention des comportements à risques, de la tenue de la commission pluridisciplinaire unique de l'établissement pénitentiaire ainsi que de la gestion des requêtes, des observations, des audiences et des rendez-vous ;

15° Les magistrats et personnels de la direction des affaires criminelles et des grâces individuellement désignés et dûment habilités, dans le cadre de la mise à exécution des décisions judiciaires ordonnant un placement en détention.

Art. R. 240-6 Peuvent être destinataires dans le cadre de leurs attributions, dans la limite du besoin d'en connaître et dans les conditions définies ci-après, des informations et données à caractère personnel contenues dans le traitement :

1° Les autorités judiciaires ainsi que les agents individuellement désignés et spécialement habilités par le chef de juridiction, pour les données suivantes : identité ; compte rendu de la commission pluridisciplinaire unique ; gestion des condamnations pécuniaires et éléments des titres exécutoires ; procédure disciplinaire, isolement et visites ;

2° Le préfet de département dans lequel se situe l'établissement pénitentiaire :

a) Pour l'ensemble des personnes détenues, en ce qui concerne les informations nécessaires à la mise en œuvre des mesures de garde et d'escorte ;

b) Pour toute personne de nationalité étrangère faisant ou pouvant faire l'objet d'une mesure d'éloignement, en ce qui concerne les informations relatives à l'identité, la filiation, la catégorie pénale, le nombre de titres d'identité, le type de procédure, la situation de famille, l'adresse en France et à l'étranger et la date de libération de cette personne ;

c) Pour les éléments de signalisation relatifs à la personne détenue et les renseignements concernant le déroulement des permissions de sortir, y compris l'identité de la personne accueillant le permissionnaire ;

3° L'avocat de la personne détenue, pour les informations relatives aux procédures disciplinaires, contradictoires, et à l'isolement ;

4° Les assesseurs, pour les informations relatives aux procédures disciplinaires ;

5° Les maires, dans le cadre des modifications de l'état civil et des démarches administratives des personnes détenues, en ce qui concerne les informations relatives à l'identité et au lieu de détention ;

6° Les autorités de la police nationale et de la gendarmerie nationale :

a) Du lieu de détention et du lieu où doit se dérouler une permission de sortir, pour les éléments de signalisation relatifs à la personne détenue et les renseignements concernant le déroulement de la mesure, y compris l'identité de la personne accueillant le permissionnaire ;

b) Chargées des prélèvements biologiques destinés à permettre l'identification par les empreintes génétiques en application de l'article 706-56 du code de procédure pénale ;

7° Les personnels individuellement désignés et spécialement habilités relevant de l'autorité militaire, en ce qui concerne les informations relatives à l'identité, la filiation, la catégorie pénale, le lieu de détention et la date de libération de tout militaire ;

8° Le service du casier judiciaire national pour les dates de l'expiration des peines privatives de liberté et d'exécution des contraintes judiciaires ;

9° Les personnels individuellement désignés et spécialement habilités relevant de l'organisme chargé du service national territorialement compétent, en ce qui concerne les informations relatives à l'identité, la filiation, le lieu de détention et la date de libération, pour tout Français âgé de seize à vingt-cinq ans ;

10° Les consulats et ambassades dans le cadre des démarches administratives des personnes détenues étrangères et dans les conditions prévues par les conventions internationales, en ce qui concerne les informations relatives à l'identité et au lieu de détention ;

11° Les juridictions étrangères et les gouvernements étrangers dans le cadre de la procédure d'extradition, d'un mandat d'arrêt européen ou d'une remise temporaire ainsi que pour les consignes judiciaires, médicales ou pénitentiaires ;

12° Les agents de Pôle emploi ainsi que, pour les jeunes majeurs de moins de 26 ans, les missions locales, dans le cadre du retour à l'emploi des personnes détenues, pour les informations suivantes : nom, prénom, numéro d'écrou, catégorie administrative du quartier d'affectation, document d'identité et date de validité, date prévisible de permission de sortir, de libération ou d'aménagement de peine ;

13° La Banque de France, pour la tenue du livret et des comptes bancaires de la personne détenue ainsi que le paiement des créances ;

14° Le titulaire de l'autorité parentale, pour les informations relatives à la mise sous écrou du mineur dont ils ont la charge, en ce qui concerne les données enregistrées au titre de la gestion du compte nominatif et de la mise en œuvre des activités de réinsertion, ainsi que les informations relatives aux procédures disciplinaires ;

15° Les directeurs régionaux des finances publiques, dans le cadre de leur mission de recette et de contrôle de la régie des comptes nominatifs, en ce qui concerne les données enregistrées au titre de la gestion du compte nominatif ;

16° Les services des douanes, dans le cadre de leurs actions de recouvrement, en ce qui concerne les informations relatives à l'identité et au lieu de détention ;

17° Les hôpitaux de rattachement des unités sanitaires en milieu pénitentiaire (USMP), des services médicaux psychologiques régionaux (SMPR), des unités hospitalières sécurisées interrégionales (UHSI), des unités hospitalières spécialement aménagées (UHSA) et de l'établissement public de santé national de Fresnes, en ce qui concerne les informations relatives à l'identité, sexe, numéro d'écrou, numéro de sécurité sociale, lieu de détention, dans le cadre de la distribution de médicaments ;

18° Les services de sécurité sociale, dans le cadre de l'affiliation obligatoire aux assurances maladie et maternité du régime général de la sécurité sociale et des versements d'indemnités journalières, pour les informations suivantes : nom, prénom, nationalité, date et lieu de naissance, situation familiale, numéro d'inscription au répertoire national des personnes physiques, situation irrégulière, adresse avant placement en détention, lieu de détention ;

19° Les caisses d'allocations familiales, pour les informations suivantes : nom, prénom, nationalité, date et lieu de naissance, situation familiale, adresse avant placement en détention, lieu de détention :

a) Pour le versement des allocations à la personne qui assume la charge effective et permanente de l'enfant ;

b) Pour le versement d'allocations aux personnes bénéficiaires ;

20° Les organismes de formation, pour les informations suivantes : nom, prénom, profession avant le placement en détention, formation professionnelle, qualification professionnelle, type de contrat de travail avant l'écrou, durée du dernier emploi, expérience, contrat d'apprentissage, validation des acquis de l'expérience en cours ;

21° Les institutions de retraite et organismes de prévoyance, pour les informations suivantes : nom, prénom, nationalité, date et lieu de naissance, situation familiale, adresse avant placement en détention, lieu de détention :

a) Dans le cadre de la déclaration annuelle des données sociales ;

b) Dans le cadre du versement des retraites.

Art. R. 240-7 Conformément aux dispositions des articles 104 à 106 de la loi n° 78-17 du 6 janvier 1978 relative à l'informatique, aux fichiers et aux libertés, les droits d'information, d'accès, de rectification, d'effacement et de limitation des données s'exercent directement auprès du chef de l'établissement pénitentiaire.

Les droits d'accès, de rectification et d'effacement peuvent faire l'objet de restrictions en application des dispositions des 2° et 3° du II et du III de l'article 107 de la même loi, lorsqu'ils portent sur les données suivantes :

1° Dates prévues des transferts et extractions ;

2° Prescriptions d'origine judiciaire ou pénitentiaire relatives à la prise en charge et au régime de détention de la personne détenue ;

3° Désignation des locaux de l'établissement ;

4° Description des mouvements des personnes détenues.

La personne soumise à ces restrictions exerce ses droits auprès de la Commission nationale de l'informatique et des libertés dans les conditions prévues par les dispositions de l'article 108 de la même loi.

Art. R. 240-8 Le droit d'opposition prévu par les dispositions de l'article 110 de la loi n° 78-17 du 6 janvier 1978 ne s'applique pas au présent traitement.

Art. R. 240-9 Les consultations, créations, modifications ou suppressions de données font l'objet d'un enregistrement comprenant l'identifiant de leur auteur ainsi que la date, l'heure et l'objet de l'opération. Ces informations sont conservées pendant un délai de trois ans.

LIVRE III DROITS ET OBLIGATIONS DES PERSONNES DÉTENUES

TITRE I ACCÈS AU DROIT

CHAPITRE I ACCÈS À L'INFORMATION

SECTION I Dispositions générales

Art. R. 311-1 **Le règlement intérieur de l'établissement pénitentiaire, défini aux articles L. 112-4 et R. 112-22, est tenu à la disposition des personnes détenues qui en font la demande.**

V. notes ss. art. L. 311-1.

Art. R. 311-2 **Il est délivré à chaque personne détenue qui en fait la demande, au cours de sa détention, au moment de sa libération, ou après sa libération, un certificat attestant sa présence ou la durée de sa présence en établissement pénitentiaire sans en préciser le motif. Le certificat mentionne, s'il y a lieu, l'affiliation de la personne intéressée à la sécurité sociale et ne comporte aucune appréciation sur elle.**

Art. R. 311-3 **Toute personne détenue a le droit de consulter, dans un local permettant d'en garantir la confidentialité, les documents mentionnant le motif de son écrou, déposés, dès son arrivée ou en cours de détention, au greffe de l'établissement pénitentiaire.**

V. CGLPL, Avis du 13 juin 2013 relatif à la possession de documents par des personnes détenues et à l'accès de celles-ci aux documents communicables (JO 11 juill.) ; Circ. du 9 juin 2011 d'application des art. 4, 39 et 40 de la L. n° 2009-1439 du 24 nov. 2009 pénitentiaire, relatifs à la correspondance téléphonique et à la correspondance écrite des personnes détenues (NOR : JUSK1140028C) ; Circ. du 27 mars 2012 relative aux relations des personnes détenues avec leur défenseur (NOR : JUSK1140030C).

COMMENTAIRE

Les articles R. 311-3 et suivants complètent les dispositions des articles L. 212-1 (entrée en détention) et L. 331-1 et R. 331-1 (documents personnels) pour s'intéresser plus spécifiquement au droit de la personne détenue d'accéder aux documents mentionnant le motif de son écrou dans des conditions en assurant la confidentialité. Obligatoirement laissés au greffe pour des raisons de confidentialité et de protection des personnes détenues, ces documents sont en principe connus de la personne détenue à laquelle ils ont été à un moment ou à un autre notifiés. Comme l'a plusieurs fois souligné le Contrôleur général des lieux de privation de liberté (CGLPL), ils n'en restent pas moins difficiles d'accès, leur consultation dans des conditions satisfaisantes de confidentialité étant largement subordonnée à l'organisation des locaux, à la rapidité et à l'efficacité des agents, et à la connaissance de leur droit par les personnes détenues (CGLPL, Avis du 13 juin 2013 relatif à la possession de documents personnels par les personnes détenues et à l'accès de celles-ci aux documents communicables ; Avis du 23 avr. 2020 relatif à la défense dans les lieux de privation de liberté). Pour cette raison notamment, il recommande une révision du « régime en vigueur à la fois pour la détention de documents personnels, sous le double aspect de la possession, d'une part, de la communication, d'autre part » (CGLPL, Avis du 13 juin 2013 préc., pt 6). ❑

1. Document mentionnant le motif d'écrou. Constitue un document mentionnant le motif d'écrou, au sens de l'art. 42 de la L. du 24 nov. 2009, l'arrêt par lequel une cour d'appel condamne une personne à la peine de prison ferme en exécution de laquelle cette personne est détenue. • CE 12 avr. 2013, n° 364029 A : *AJDA 2013. 765 ; AJ pénal 2013. 294.*

2. Champ d'application de la rétention obligatoire au greffe. La rétention obligatoire au greffe de l'établissement pénitentiaire, prévue par l'art. 42 de la L. du 24 nov. 2009, s'étend à l'ensemble des documents mentionnant le motif d'écrou du détenu et dont l'administration pénitentiaire viendrait à prendre légalement connaissance, non seulement au moment de l'incarcération, mais aussi tout au long de celle-ci. • CE 12 avr. 2013, n° 364029 A : *préc. note 1.*

3. Légalité du refus de mise à disposition. Il résulte des dispositions de l'art. 42 de la L. du 24 nov. 2009 et de l'art. 57-6-2 C. pr. pén. [C. pénit., art. R. 311-3] que l'administration pénitentiaire a l'obligation de saisir tout document faisant mention du motif d'écrou d'une personne détenue et de le déposer au greffe de l'établissement afin que cette personne soit en mesure de le consulter ; ce type de documents ne peut légalement être mis à disposition en cellule. • TA Rennes, 17 mars 2023, n° 2003441.

4. Saisie de courrier comprenant un document mentionnant le motif d'écrou. Pour demander que soit suspendue l'exécution de la saisie de courrier opérée par l'administration pénitentiaire sur le fondement de son obligation de rétention au greffe des documents mentionnant le motif d'écrou du détenu, le requérant fait valoir qu'il lui est nécessaire de disposer de la copie du document saisi pour préparer convenablement sa défense lors d'une audience à venir. Toutefois, l'intéressé ne conteste pas avoir pu prendre connaissance de ce document lors d'une consultation organisée par le greffe du centre de détention. • CE 12 avr. 2013, n° 364029 A : *préc. note 1.*

5. Violation de données sensibles. Constitue une faute dans l'organisation et le fonctionnement du service public pénitentiaire le fait pour l'administration pénitentiaire d'avoir répondu à la demande d'accès d'un détenu à sa « fiche de condamnation pénale » en la déposant, en son absence, dans la cellule qu'il occupait avec un codétenu, auquel l'accès à ce document a ainsi été laissé. Cet agissement doit être regardé comme un accès non autorisé aux données à caractère personnel relatives aux condamnations pénales et aux infractions concernant l'intéressé et une violation de données sensibles au sens du droit de l'Union européenne, dont résulte un préjudice moral. • TA Toulon, 25 avr. 2023, n° 2200752.

Art. R. 311-4 Le greffe de l'établissement pénitentiaire tient une notice sur laquelle sont inscrites la nature de chaque document mentionné par les dispositions des articles R. 311-3 et R. 331-1 ainsi que les dates de sa remise, de sa consultation et de sa restitution par la personne détenue.

COMMENTAIRE

Pour le Contrôleur général des lieux de privation de liberté, les documents personnels confiés au greffe doivent être regardés comme des biens auxquels s'attache la protection de l'article 1er du premier protocole annexé à la Convention européenne des droits de l'homme. Chaque personne détenue doit donc pouvoir avoir accès lorsqu'elle le souhaite aux documents personnels dont elle est propriétaire comme aux documents qui la concernent, y compris les personnes placées en régime fermé, à l'isolement ou en cellule disciplinaire (Avis du 13 juin 2013 relatif à la possession de documents personnels par les personnes détenues et à l'accès de celles-ci aux documents communicables, pt 10).

Art. R. 311-5 Le chef de l'établissement pénitentiaire et le personnel assurent par les moyens les plus appropriés l'information des personnes détenues et recueillent les observations et suggestions que celles-ci présentent.

Suspension d'un canal vidéo interne. Doit être rejeté le référé-liberté présenté par une personne détenue en vue du rétablissement d'un canal vidéo interne suspendu depuis près de quatre ans dès lors que l'urgence de la demande n'est pas établie et que le requérant n'apporte pas la preuve qu'aucun autre moyen n'a été mis en place pour assurer l'information des personnes détenues. • TA Rouen, 2 déc. 2022, n° 2204852.

SECTION 2 Notifications aux personnes détenues

SOUS-SECTION 1 Par le chef de l'établissement pénitentiaire

Art. D. 311-6 Conformément aux dispositions de l'article D. 46-2 du code de procédure pénale, la notification valant signification mentionnée à l'article L. 311-2 peut être réalisée par tout fonctionnaire placé sous l'autorité du chef de l'établissement pénitentiaire et désigné par lui à cette fin.

Art. D. 311-7 Conformément aux dispositions des articles D. 49-81-2 et D. 49-81-4 du code de procédure pénale, lorsqu'est mise en œuvre la procédure prévue par les dispositions de l'article 720-5 du même code relative à l'exécution d'une période de sûreté assortissant une condamnation pour actes de terrorisme, le chef de l'établissement pénitentiaire notifie à la personne condamnée intéressée l'avis rendu par la commission, ainsi que les conclusions du collège d'experts médicaux, mentionnés à ce même article.

Art. D. 311-8 Lorsqu'une personne prévenue est entendue par le juge des libertés et de la détention au moyen d'un dispositif de télécommunication audiovisuelle, le chef de l'établissement pénitentiaire reçoit, par télécopie ou par un moyen de communication électronique, l'ordonnance prise par ce magistrat et la notifie à la personne intéressée selon les formes prévues par les dispositions de l'article D. 47-12-4 du code de procédure pénale.

Nécessité de l'accord de l'intéressé. En supprimant l'obligation de l'accord de l'intéressé pour le recours à des moyens de télécommunication audiovisuelle s'agissant des débats relatifs à la prolongation d'une mesure de détention provisoire, le législateur a entendu contribuer à la bonne administration de la justice et au bon usage des deniers publics en évitant les difficultés et les coûts occasionnés par l'extraction de la personne placée en détention provisoire. Toutefois, eu égard à l'importance de la garantie qui s'attache à la présentation physique de l intéressé devant le magistrat ou la juridiction compétent dans le cadre d'une procédure de détention provisoire et en l'état des conditions dans lesquelles s'exerce un tel recours à ces moyens de télécommunication, les dispositions contestées portent une atteinte excessive aux droits de la défense. • Cons. const. 21 mars 2019, n° 2019-778 DC : *JCP 2019. 364, note Botton ; LPA, 15 juill. 2019, n° 140, p. 3, note Derosier ; Dr. pénal 2019. 19, note Peltier.*

SOUS-SECTION 2 Par le greffe

Art. R. 311-9 Dans les conditions et selon les formes prévues par les dispositions de l'article R. 632-5 du code de l'entrée et du séjour des étrangers et du droit d'asile, le greffe de l'établissement pénitentiaire remet à chaque personne détenue de nationalité étrangère convoquée devant la commission d'expulsion le bulletin de notification prévu par les dispositions de l'article R. 632-3 du même code.

Art. R. 311-10 Les reproductions des copies de pièces ou actes d'une procédure d'instruction que l'avocat d'une personne détenue transmet à cette dernière en application des dispositions de l'article 114 du code de procédure pénale doivent être adressées au greffe de l'établissement pénitentiaire par envoi recommandé avec demande d'avis de réception ou par remise directe contre récépissé.

Art. R. 311-11 Dans les trois jours ouvrables suivant la réception des documents, le greffe de l'établissement pénitentiaire les remet à la personne détenue intéressée après lui avoir donné connaissance des dispositions du sixième alinéa de l'article 114 et de l'article 114-1 du code de procédure pénale. La personne détenue atteste par écrit avoir pris connaissance de ces dispositions.

Cette attestation ainsi que la notification écrite de remise des pièces à la personne détenue sont transmises dans les meilleurs délais au juge d'instruction et à l'avocat de la personne intéressée.

Art. R. 311-12 Par dérogation aux dispositions de l'article R. 311-11, le juge d'instruction saisi d'une demande de remise de reproductions à une partie, en application des dispositions de l'article 114 du code de procédure pénale, peut subordonner l'autorisation de remise à la condition que ces documents soient conservés au greffe de l'établissement pénitentiaire sous réserve du droit de la personne détenue de les consulter selon les modalités définies par les dispositions de l'article R. 311-13.

Cette décision est notifiée à l'avocat conformément aux dispositions de l'article 114 du code de procédure pénale.

Le juge d'instruction en informe sans délai l'établissement pénitentiaire. En outre, même lorsque le juge d'instruction n'a pas prescrit de conditions particulières de remise des pièces, les documents sont conservés au greffe de l'établissement pénitentiaire lorsque la personne détenue le demande et après qu'elle les a consultés.

Art. R. 311-13 Lorsqu'il a été fait application des dispositions de l'article R. 311-12, la personne détenue peut à tout moment solliciter la consultation des reproductions des pièces ou actes de la procédure d'instruction auprès du chef de l'établissement pénitentiaire. Ce dernier organise cette consultation dans les trois jours ouvrables suivant la demande, sous réserve des exigences du bon fonctionnement de l'établissement pénitentiaire.

La consultation est organisée dans un local permettant d'en garantir la confidentialité. A l'issue de la consultation, les documents sont restitués au greffe de l'établissement.

Ces documents sont remis à la personne détenue à sa libération. Ils lui sont également restitués lorsque l'information est définitivement terminée.

CHAPITRE II POINTS D'ACCÈS AU DROIT ET DOMICILIATION

Art. R. 312-1 Des dispositifs d'accès au droit sous forme de permanences et de consultations juridiques gratuites, dénommés "points d'accès au droit", sont mis en place au sein des établissements pénitentiaires par les conseils départementaux de l'accès au droit en concertation avec les chefs d'établissement pénitentiaire et les directeurs des services pénitentiaires d'insertion et de probation.

Art. R. 312-2 Ces permanences et consultations visent à répondre à toute demande d'information juridique de la part des personnes détenues, à l'exception de celles relatives à l'affaire pénale pour laquelle la personne est détenue, à l'exécution de sa peine ou pour laquelle un avocat est déjà saisi.

CHAPITRE III GARANTIE DES DROITS DE LA DÉFENSE

SECTION 1 Représentation

Art. R. 313-1 Lorsqu'il est envisagé de prendre une décision individuelle défavorable à la personne détenue qui doit être motivée conformément aux dispositions des articles L. 211-2 et L. 211-3 du code des relations entre le public et l'administration, la personne détenue peut se faire représenter ou assister par un conseil ou, dans les conditions prévues par les dispositions des articles R. 313-2 à R. 313-8 et R. 313-11 et à l'exception des décisions intervenant en matière disciplinaire ou en matière d'isolement, par un mandataire de son choix.

I. CHAMP D'APPLICATION

1. Décisions d'affectation temporaire. La décision par laquelle le directeur du centre de détention affecte temporairement un détenu en régime différencié dans un secteur de détention dit « portes fermées » n'entre dans aucune des catégories de décisions qui doivent être motivées en application de l'art. 1er de la L. n° 79-587 du 11 juill. 1979. • CAA Nancy, 23 févr. 2012, n° 11NC00318.

2. Refus d'accorder une dérogation. En tant qu'elle refuse une dérogation à la règle posée par les dispositions de l'art. D. 365 C. pr. pén. [C. pénit., art. R. 322-1] selon laquelle les détenus ne peuvent être examinés ou soignés par un médecin de leur choix, la décision par laquelle le directeur interrégional des services pénitentiaires refuse l'autorisation sollicitée par un détenu de consulter le psychologue de son choix n'entre dans aucune catégorie des décisions individuelles défavorables devant être motivées en application de la L. du 11 juill. 1979. Dès lors, cette décision n'a pas à faire l'objet d'une procédure contradictoire au sens des dispositions de l'art. R. 57-9-1 C. pr. pén. [C. pénit., art. R. 313-1]. • CAA Paris, 31 juill. 2014, n° 13PA04134.

3. Mesure de confiscation. La décision procédant à la retenue du matériel informatique d'un détenu présente le caractère d'une mesure de police, prononcée pour « des raisons d'ordre et de sécurité », devant en principe faire l'objet d'une motivation. • CE 6 juin 2018, n° 410985 A: *AJDA 2018. 1196 ; ibid. 2023, note Sédat*. ♦ En l'espèce, les conditions particulières dans lesquelles est intervenue la décision caractérisaient toutefois une urgence dispensant le chef d'établissement pénitentiaire du respect de la procédure contradictoire prévue par les dispositions de l'art. 24 de la L. du 12 avr. 2000 relative aux droits des citoyens dans leurs relations avec les administrations, désormais codifié à l'art. L. 122-1 CRPA. • Même arrêt.

4. Rejet d'une demande de restitution d'objet confisqué. La décision contestée, qui rejette la demande du requérant tendant à la restitution de son « lexique du Qor'an », qui ne constitue pas un objet ou un livre de pratique religieuse, n'entre dans aucune des catégories de décisions qui doivent être motivées en application des dispositions précitées de l'art. L. 211-2 CRPA. • CAA Douai, 10 mai 2022, n° 20DA01342.

5. Décision de saisine de la commission de discipline. La décision du chef d'établissement de saisir la commission de discipline n'est pas une mesure de police et ne restreint pas l'exercice des libertés publiques ; elle n'a donc pas à être motivée en application de l'art. 1er de la L. du 11 juill. 1979 [CRPA, art. L. 211-2]. • CAA Nancy, 13 févr. 2014, n° 13NC01290.

6. Décision d'hospitalisation d'office. Les décisions d'hospitalisation d'office prises par le représentant de l'État sont au nombre des mesures de police qui doivent être motivées en application de l'art. 1er de la L. du 11 juill. 1979. Elles entrent ainsi dans le champ d'application de l'art. 24 de la L. du 12 avr. 2000 et ne peuvent intervenir qu'après que l'intéressé a été mis à même de présenter ses observations écrites ou orales, sauf notamment en cas d'urgence ou de circonstances exceptionnelles. • CAA Marseille, 4 nov. 2013, n° 12MA03106. ♦ Constitue une urgence à ce que soit prise la décision de placement d'office de nature à exonérer le préfet de la procédure prévue par l'art. 24 de la L. du 12 avr. 2000 l'avis médical établissant qu'il existe « un danger imminent pour l'intéressé et pour autrui ». • Même arrêt.

7. Placement préventif en cellule disciplinaire. Il résulte des dispositions de l'art. 726 C. pr. pén. [C. pénit., art. L. 321-1] que le législateur a entendu déterminer l'ensemble des règles de procédure administrative et contentieuse auxquelles sont soumises les décisions par lesquelles le chef d'un établissement pénitentiaire place en cellule disciplinaire, à titre préventif, les détenus qui sont suspectés d'avoir commis une faute du premier ou du deuxième degré, et exclure, compte tenu de l'urgence dans laquelle doivent intervenir de telles décisions, l'organisation d'une procédure contradictoire préalablement à leur édiction. Dès lors, l'art. 24 de la L. du 12 avr. 2000, qui fixe les règles générales de procédure applicables aux décisions devant être motivées en vertu de la L. du 11 juill. 1979, ne saurait être utilement invoqué à l'encontre d'une décision de placement en cellule disciplinaire à titre préventif. • CAA Paris, 15 mars 2018, n° 16PA03365. ♦ V. égal. • CAA Nancy, 13 févr. 2014, n° 13NC01293 (urgence à isoler un détenu ayant agressé l'un de ses codétenus à l'arme blanche). ♦ En tout état de cause, le détenu visé par une telle mesure peut faire valoir ses observations devant le juge administratif des référés. • Même arrêt.

II. DROIT À L'ASSISTANCE D'UN CONSEIL

A. MESURES PRÉVENTIVES

8. Déclassement d'emploi. Le moyen tiré de la violation des dispositions de l'art. L. 122-1 CRPA doit être écarté dès lors qu'il ressort des pièces du dossier que, par un document notifié en mains propres à la personne détenue, celle-ci a été informée par la directrice de la maison centrale qu'elle était susceptible de faire l'objet d'une décision de déclassement d'emploi et que cette décision pourrait être mise à exécution à titre conservatoire, que ce document précisait le motif de ces éventuelles mesures et qu'il informait l'intéressé de sa faculté de présenter des observations et d'être assisté ou représenté par un avocat ou un défenseur de son choix, sachant que la personne concernée, à laquelle ont été transmises les pièces se rapportant à cette procédure de déclassement, a été mise à même, dans un délai suffisant, de présenter utilement ses observations écrites et orales avant l'édiction de la décision de suspension. • CAA Nancy, 4 févr. 2021, n° 18NC02894.

B. PROCÉDURE DISCIPLINAIRE

9. Exercice effectif des droits de la défense. Lorsqu'un détenu fait l'objet d'une procédure disciplinaire, et notamment lorsqu'il désire contester une sanction disciplinaire devant le directeur interrégional des services pénitentiaires, il appartient à l'administration pénitentiaire d'aménager la possibilité pour le détenu de s'entretenir avec le conseil de son choix dans des conditions permettant de garantir la confidentialité des échanges de façon à permettre l'exercice effectif des droits de la défense du détenu. • CAA Nancy, 10 nov. 2010, n° 09NC01098.

10. Droit à la confidentialité des échanges. C'est à bon droit que le tribunal administratif a annulé la décision du directeur interrégional des services pénitentiaires confirmant la sanction infligée à une personne détenue par la commission de discipline d'une maison d'arrêt alors que cette dernière s'est entretenue avec son avocat dans un local qui n'était pas un parloir et que l'entretien ne s'est pas déroulé dans les conditions de confidentialité requises. La circonstance que la détenue aurait pu différer son entretien avec son avocat dans le délai de recours administratif préalable de quinze jours est sans incidence sur la régularité de la procédure suivie. • CAA Nancy, 10 nov. 2010, n° 09NC01098.

11. Choix de l'avocat. Les dispositions des art. R. 57-6-8 et R. 57-6-9 C. pr. pén. ne garantissent pas au détenu concerné le droit d'être assisté à la commission de discipline par l'avocat de son choix. Dès lors que l'intéressé était bien assisté d'un avocat conformément à sa demande, le moyen tiré du défaut de convocation d'un conseil de son choix à la séance de la commission de discipline doit être écarté. • CAA Nancy, 10 févr. 2022, n° 20NC03139

12. Absence de l'avocat non imputable à l'administration. Si les dispositions de l'art. 24 de la L. du 12 avr. 2000 relative aux droits des citoyens dans leurs relations avec les administrations impliquent que l'intéressé ait été informé en temps utile de la possibilité de se faire assister d'un avocat, possibilité dont il appartient à l'administration pénitentiaire d'assurer la mise en œuvre lorsqu'un détenu en fait la demande, la circonstance que l'avocat dont l'intéressé a ainsi obtenu l'assistance ne soit pas présent lors de la réunion de la commission de discipline, dès lors que cette absence n'est pas imputable à l'administration, ne peut avoir pour conséquence de rendre la procédure irrégulière. • CAA Bordeaux, 22 déc. 2015, n° 14BX03425. ♦ L'absence de l'avocat lors de la séance de la commission de discipline est sans incidence sur la régularité de la procédure dès lors que l'administration pénitentiaire a rempli ses obligations en mettant l'intéressé à même d'être assisté d'un avocat dont elle avait obtenu la désignation et qu'elle avait convoqué en temps utile. • CE 23 févr. 2011, n° 313965 A : *AJDA 2011. 419, obs. Biget ; ibid. 1364, chron. Domino et Bretonneau ; JCP 2011. 702, note Biagini-Girard.* ♦ La circonstance que le détenu n'ait pas été assisté par un avocat, qui n'est pas imputable à l'administration pénitentiaire qui a fait toutes diligences, est sans incidence sur la régularité de la procédure suivie. • CAA Nancy, 12 mars 2015, n° 14NC00691 • CAA Lyon, 27 mai 2021, n° 19LY03360 : *D. 2022. 1065, obs. Céré.*

13. Absence de l'avocat imputable à l'administration. Abstention du centre de détention de transmettre au bâtonnier l'information, pourtant connue, relative à l'indisponibilité de l'avocat qu'il avait désigné, renseignement qui était seul de nature à mettre à la charge du bâtonnier la désignation d'un avocat de substitution. Eu égard à la brièveté des délais inhérents à la convocation de la commission de discipline, cette omission était de nature à compromettre la possibilité pour le détenu de se faire assister d'un avocat et a donc eu pour effet de vicier la procédure disciplinaire en le privant d'une garantie. • CAA Nancy, 11 juin 2020, n° 18NC00822.

14. V. notes ss. art. R. 234-16 s.

III. INCIDENCE SUR LA LÉGALITÉ DE LA DÉCISION

15. Défaut de motivation. Est entachée d'un vice de forme et doit, dès lors, être annulée la décision de surveillance renforcée dépourvue de toute motivation. • CAA Versailles, 26 juin 2009, n° 06VE01752 : *AJ pénal 2009. 510, obs. Herzog-Evans ; AJDA 2009. 1965.* ♦ La circonstance qu'elle ait été confirmée par une note de service qui était pour sa part motivée n'a pas eu pour effet de régulariser son défaut de motivation. • Même arrêt.

16. Vice de procédure. Si les actes administratifs doivent être pris selon les formes et conformément aux procédures prévues par les lois et règlements, un vice affectant le déroulement d'une procédure administrative préalable n'est de nature à entacher d'illégalité la décision prise que s'il ressort des pièces du dossier qu'il a été susceptible d'exercer une influence sur le sens de la décision prise ou s'il a privé les intéressés d'une garantie. • CE, ass., 23 déc. 2011, n° 335033 B : *GAJA n° 112.* ♦ L'omission d'un établissement pénitentiaire qui est de nature à compromettre la possibilité pour le détenu de se faire assister d'un avocat a pour effet de vicier la procédure disciplinaire en le privant d'une garantie. • CAA Nancy, 11 juin 2020, n° 18NC00822.

17. Notification de la décision. La circonstance que la mesure contestée ne comporte pas la mention des voies et délais de recours demeure sans incidence sur sa légalité. Une telle omission ne saurait donc porter atteinte au droit au recours effectif tel qu'il est défini à l'art. 13 Conv. EDH. • CAA Nantes, 24 avr. 2014, n° 13NT01434.

Art. R. 313-2 **Pour l'application des dispositions de l'article L. 122-1 du code des relations entre le public et l'administration aux décisions mentionnées par les dispositions de l'article R. 313-1, la personne détenue dispose d'un délai pour préparer ses observations qui ne peut être inférieur à trois heures à partir du moment où elle est mise en mesure de consulter les éléments de la procédure, en présence de son avocat ou du mandataire agréé, si elle en fait la demande.**

L'autorité compétente peut décider de ne pas communiquer à la personne détenue, à son avocat ou au mandataire agréé les informations ou documents en sa possession qui contiennent des éléments pouvant porter atteinte à la sécurité des personnes ou des établissements pénitentiaires.

1. Conditions de l'information, droits de la défense. Le respect des droits de la défense préalablement au prononcé d'une sanction, qui constitue un principe général du droit, suppose que la personne concernée soit informée, avec une précision suffisante et dans un délai raisonnable avant le prononcé de la sanction, des griefs formulés à son encontre et puisse avoir accès aux pièces au vu desquelles les manquements ont été retenus. • CAA Lyon, 22 oct. 2020, n° 18LY03928. ♦ Si le détenu visé par la procédure disciplinaire a pris connaissance de deux convocations pour la commission de discipline qu'il a d'ailleurs contresignées, il n'a pas été autorisé à les conserver mais a été contraint de les restituer à l'administration. Faute pour lui de disposer du document rappelant les faits qui lui étaient reprochés, les qualifications juridiques retenues ainsi que les droits qui étaient les siens dans le cadre du déroulement de la procédure, il n'a pas été ainsi mis à même de préparer utilement sa défense alors même qu'il a pu par la suite consulter le dossier de la procédure disciplinaire. Une telle méconnaissance des droits de la défense entache les sanctions disciplinaires d'illégalité pour avoir été prises au terme d'une procédure irrégulière. • Même arrêt.

2. Suffisance du délai. La personne détenue visée par la procédure disciplinaire n'ayant pas bénéficié d'un délai d'au moins 24 heures pour préparer sa défense à partir du moment où elle et son avocat ont été informés de la date et de l'heure de sa comparution devant la commission de discipline, la sanction prononcée à son encontre est intervenue à l'issue d'une procédure irrégulière. • CAA Nancy, 23 juill. 2019, n° 18NC00439.

3. Occultation d'éléments pour des motifs de sécurité. Les dispositions de l'art. R. 57-6-9 C. pr. pén. [C. pénit., art. R. 313-2] permettent à l'administration pénitentiaire de ne pas communiquer à la personne détenue certains éléments du dossier au cours de la phase préalable à l'intervention d'une décision administrative défavorable mais ne sont pas applicables à l'information de la personne détenue quant à la composition même de la commission de discipline. • CE 23 nov. 2022, n° 457621. ♦ Pour juger que des informations relatives à la composition de la commission de discipline pouvaient ne pas être communiquées à la personne détenue à l'encontre de laquelle des poursuites disciplinaires ont été engagées lorsqu'une telle communication est susceptible de porter atteinte à la sécurité des personnes ou des établissements pénitentiaires, la cour s'est fondée, à tort, sur les dispositions de l'art. R. 57-6-9 C. pr. pén. [C. pénit., art. R. 313-2], lesquelles s'appliquent à la procédure contradictoire antérieure à la réunion de la commission de discipline et régissent notamment l'accès de la personne détenue ou de son avocat aux éléments de la procédure disciplinaire, alors qu'étaient seules applicables, en l'espèce, les dispositions de la seconde phrase de l'art. L. 111-2 CRPA, selon lequel « Toute personne a le droit de connaître le prénom, le nom, la qualité et l'adresse administratives de l'agent chargé d'instruire sa demande ou de traiter l'affaire qui la concerne [...]. Si des motifs intéressant la sécurité publique ou la sécurité des personnes le justifient, l'anonymat de l'agent est respecté ». • Même arrêt. ♦ Toutefois, la méconnaissance de l'obligation d'informer toute personne du nom et du prénom de l'agent chargé de traiter l'affaire qui le concerne étant, par elle-même, sans incidence sur la légalité de la décision prise au terme de la procédure, il y a lieu de substituer ce motif, qui n'appelle l'appréciation d'aucune circonstance de fait et justifie légalement sur ce point le dispositif de l'arrêt attaqué à celui retenu par la cour. • Même arrêt. ♦ Pour préserver la sécurité de ses agents, l'administration peut ne pas communiquer l'identité de l'auteur d'un rapport d'incident et remplacer son nom par son numéro de matricule. • CAA Nantes, 17 déc. 2021, n° 21NT02498. ♦ V. ss. art. R. 234-13.

Art. R. 313-3 Le mandataire prévu par les dispositions de l'article L. 122-1 du code des relations entre le public et l'administration peut être :

1° Soit le titulaire d'un permis de visite ;

2° Soit le titulaire d'un agrément préalable.

Art. R. 313-4 Pour l'exécution du mandat qui lui a été donné par la personne détenue, le mandataire peut demander la délivrance de la copie des pièces qui ont été communiquées à cette dernière.

Art. R. 313-5 Toute personne peut solliciter la délivrance de l'agrément mentionné par les dispositions de l'article R. 313-3 si elle remplit les conditions suivantes :

1° Ne pas être détenue ;

2° Jouir de ses droits civils et politiques ;

3° Ne pas avoir fait l'objet d'une condamnation, incapacité ou déchéance mentionnée sur le bulletin n° 2 du casier judiciaire ;

4° Ne pas exercer une activité professionnelle, à quelque titre que ce soit, au sein d'un service relevant du ministère de la justice ;

5° S'il s'agit d'une personne de nationalité étrangère, être en situation régulière sur le territoire français.

Art. R. 313-6 Le directeur interrégional des services pénitentiaires est l'autorité compétente pour se prononcer sur la demande d'agrément, sur proposition du chef d'établissement pénitentiaire qui procède à son instruction et veille notamment à ce que celle-ci n'ait pas pour but de contourner les règles régissant l'exercice des droits de visite. Le directeur interrégional des services pénitentiaires peut, préalablement à la délivrance de l'agrément, faire diligenter une enquête administrative dans les conditions prévues par les dispositions du décret n° 2005-1124 du 6 septembre 2005.

Lorsqu'il a été choisi par une personne placée en détention provisoire, le mandataire agréé doit solliciter également la délivrance de l'autorisation prévue par les dispositions de l'article 145-4 du code de procédure pénale.

Art. R. 313-7 L'agrément est valable pour une période de deux ans, renouvelable, et permet à son titulaire d'exécuter dans les conditions prévues par les dispositions de l'article R. 313-11 des missions d'assistance ou de représentation qui lui sont confiées par des personnes détenues dans un ou plusieurs établissements pénitentiaires relevant d'une même direction interrégionale.

Un mandataire, préalablement bénéficiaire d'un agrément en cours de validité, peut, à sa demande, être autorisé par le directeur interrégional des services pénitentiaires d'une autre région pénitentiaire à accomplir des missions d'assistance ou de représentation, dans les conditions prévues par les dispositions de l'article R. 313-11, dans un ou plusieurs établissements pénitentiaires situés dans son ressort. Cette autorisation est valable dans le ou les établissements désignés, jusqu'à la date d'expiration de l'agrément en cours.

Art. R. 313-8 Le directeur interrégional des services pénitentiaires est tenu de retirer l'agrément lorsque le procureur de la République en fait la demande écrite.

Il peut en outre retirer l'agrément par décision motivée prise au vu d'un rapport du chef de l'établissement pénitentiaire, notamment en cas de manquement par un mandataire aux règles relatives à la sécurité et au bon ordre de l'établissement.

En cas d'urgence et pour des motifs graves, le chef d'établissement peut suspendre provisoirement l'agrément du mandataire, dans l'attente de la décision du directeur interrégional. La durée de suspension provisoire ne peut excéder deux mois.

Art. D. 313-9 Pour l'exercice du choix de leur défenseur par les personnes détenues, le tableau des avocats inscrits dans les barreaux du département est affiché au greffe de l'établissement pénitentiaire et tenu à la disposition des personnes détenues.

SECTION 2 Confidentialité des échanges

Art. R. 313-10 La confidentialité des entretiens des personnes détenues avec les officiers publics ou ministériels et les auxiliaires de justice est assurée lorsque le procureur de la République atteste que la nature des intérêts en cause justifie le secret de la communication. Cette attestation est jointe à la demande de permis de communiquer.

Art. R. 313-11 L'agrément du mandataire emporte le bénéfice de la confidentialité des entretiens et de la correspondance entre le mandataire agréé et la personne détenue qui l'a désigné ainsi que l'attribution au mandataire d'un titre d'accès à la détention pour l'exercice de sa mission.

Art. R. 313-12 Les personnes prévenues s'entretiennent avec leur avocat dans un parloir spécial garantissant la confidentialité de l'échange. Elles correspondent avec lui, de manière confidentielle, par téléphone et par courrier.

Art. D. 313-13 Conformément aux dispositions de l'article D. 594-3 du code de procédure pénale, les entretiens en lien direct avec un interrogatoire ou une audience et qui interviennent dans les locaux des établissements pénitentiaires entre une personne détenue et son avocat se tiennent dans des conditions qui en garantissent la confidentialité.

SECTION 3 Relations des personnes détenues avec leur avocat

Art. R. 313-14 Pour les personnes condamnées, le permis de communiquer est délivré aux avocats :

1° Par le juge de l'application des peines ou son greffier pour l'application des dispositions des articles 712-6, 712-7 et 712-8 du code de procédure pénale ;

2° Par le chef de l'établissement pénitentiaire dans les autres cas.

Pour les personnes prévenues, le permis est délivré aux avocats par le magistrat chargé du dossier de la procédure.

1. Conciliation des droits de la défense et de la sécurité des établissements. Dès lors que les détenus disposent du droit de communiquer librement avec leurs avocats, dans les limites inhérentes à la détention, les dispositions de l'art. R. 57-6-5 C. pr. pén. [C. pénit., art. R. 313-14] ne portent par elles-mêmes aucune atteinte aux droits garantis par les stipulations de l'art. 14, § 3, PIDCP et de l'art. 6, § 3, Conv. EDH. • CE 25 mars 2015, n° 374401 : *D. actu. 1er avr. 2015, obs. Léna ; AJDA 2015. 662 ; Gaz. Pal. 22 juill. 2015, p. 19, obs. Roussel.* ♦ S'il ne peut être limité *a priori*, le droit de recevoir la visite de son avocat s'exerce dans les limites inhérentes à la détention. Les dispositions de l'art. R. 57-6-5 C. pr. pén. [C. pénit., art. R. 313-14] peuvent donc légalement prévoir que les avocats doivent obtenir un permis de communiquer pour pouvoir rencontrer leurs clients lorsque ceux-ci sont détenus, afin de préserver le bon ordre et la sécurité des établissements pénitentiaires dès lors qu'elles n'ont ni pour objet ni pour effet de subordonner l'obtention de ce permis à l'exercice d'un contrôle portant sur l'opportunité ou la nécessité de telles rencontres. • Même arrêt. • CE, ord., 3 juin 2019, n° 431068. ♦ Les dispositions de l'art. R. 57-6-5 C. pr. pén. [C. pénit., art. R. 313-14] qui n'imposent pas au détenu ou à l'avocat de mentionner les motifs justifiant la nécessité qu'ils puissent communiquer, mais leur imposent seulement d'identifier la procédure juridictionnelle au titre de laquelle l'avocat est sollicité, n'ont ni pour objet ni pour effet de porter atteinte à la confidentialité de la relation entre les avocats et les détenus. • CE 25 mars 2015, n° 374401 : *préc.*

2. Principe d'égalité. Du fait des contraintes inhérentes à la détention et des nécessités du maintien de la sécurité et du bon ordre des établissements, les personnes prévenues se trouvent dans une situation différente selon qu'elles sont placées en détention provisoire ou laissées libres, le cas échéant, sous contrôle judiciaire, notamment pour l'exercice de leur droit à rencontrer leur avocat. La différence de traitement résultant de la nécessité, pour les personnes prévenues placées en détention provisoire, que leur avocat obtienne un permis de communiquer pour pouvoir les rencontrer est en rapport direct avec l'objet de la norme, qui est de préserver le bon ordre et la sécurité des établissements pénitentiaires. Dès lors que cette différence de traitement n'est pas manifestement disproportionnée au regard de cet objet, le requérant n'est pas fondé à soutenir que les dispositions litigieuses de l'art. R. 57-6-5 C. pr. pén. [C. pénit., art. R. 313-14] auraient méconnu le principe d'égalité. • CE 25 mars 2015, n° 374401 : *préc. note 1.*

Note du 20 juillet 2021,

Précisions sur les règles encadrant les visites des avocats en établissements pénitentiaires et les modalités d'assistance et de représentation des personnes détenues lors des procédures disciplinaires.

I Les règles relatives aux visites des avocats au sein des établissements pénitentiaires

Pour pouvoir librement communiquer avec les personnes détenues, les avocats doivent obtenir un permis de communiquer délivré, selon les cas, par l'autorité judiciaire ou par le chef d'établissement (art. R. 57-6-5 du CPP) *[la Circ. du 27 mars 2012 relative aux relations des personnes détenues avec leur défenseur précise au pt 1.3 "Permis de communiquer" les situations dans lesquelles l'autorité judiciaire ou le chef d'établissement est compétent pour délivrer ce permis de communiquer]*.

L'avocat qui présente un permis de communiquer portant mention de sa qualité peut ainsi accéder à l'établissement pénitentiaire afin de rencontrer une personne détenue qui l'a désigné comme son défenseur, sous réserve de se soumettre aux mesures de sécurité applicables à tout visiteur (art. D. 278 du CPP).

La circulaire du 27 mars 2012 relative aux relations des personnes détenues avec leur défenseur rappelle ainsi que « l'avocat doit se soumettre au contrôle d'identité ainsi qu'au passage sous le portique de sécurité. Il doit se dessaisir de son téléphone portable, qui sera déposé dans un casier de sécurité. Ses effets personnels (sacoche, dossiers...) passent sous le tunnel à rayons X, mais ne peuvent être ouverts pour raison de sécurité sans le consentement de l'avocat, afin de respecter le principe de la confidentialité des pièces. »

- Plusieurs avocates ont fait état de la nécessité de retirer leur soutien-gorge afin d'accéder à l'établissement pénitentiaire, du fait d'une sonnerie au portique

Dans une telle situation, je *[le directeur de l'administration pénitentiaire]* vous rappelle qu'il convient de respecter la procédure décrite par les notes du 27 février 2009 et du 14 avril 2009 relatives aux mesures de sécurité applicables aux personnes accédant à un établissement pénitentiaire :

— un premier contrôle d'identité doit être opéré afin de vérifier que la personne qui se présente est bien titulaire d'un permis de communiquer autorisé, soit par un magistrat, soit par le chef d'établissement ;

— l'avocat doit ensuite se soumettre au passage sous le portique de détection des métaux et ses effets sont contrôlés au moyen d'un tunnel d'inspection à rayons X ;

— en cas de déclenchements répétés de l'alarme du portique, et avec le consentement de l'avocat, le personnel doit soumettre l'intéressé à un contrôle par détecteur manuel ;

— en cas d'impossibilité d'utiliser ces moyens traditionnels, d'inefficacité de ces moyens ou de risque particulier pour la sécurité, il peut être procédé à une palpation de sécurité, après avoir recueilli le consentement de l'avocat. Le refus de s'y soumettre est susceptible d'avoir pour conséquence le refus d'accès à l'établissement.

• Règles relatives à l'accès des stagiaires élèves-avocats, accompagnant un avocat :

La délivrance d'un permis de communiquer à un avocat est subordonnée à la vérification de sa qualité d'avocat, établie par une inscription au barreau et à sa désignation par le détenu, par simple courrier ou déclaration.

Un stagiaire élève-avocat ne peut ainsi se voir délivrer un permis de communiquer dès lors qu'il n'a pas la qualité d'avocat et n'est pas davantage désigné par la personne détenue. Ce dernier est néanmoins astreint au secret professionnel et bénéficie d'un statut particulier en application de la loi n° 71-1130 du 31 décembre 1971 portant réforme de certaines professions judiciaires et juridiques.

De ce fait, les stagiaires élèves-avocats peuvent accompagner l'avocat désigné par la personne détenue, à l'occasion de ses visites au sein de l'établissement, sans avoir à justifier d'un permis de communiquer ou de visite.

Dans cette hypothèse, il appartient à l'avocat d'avertir l'établissement de la présence de ce stagiaire élève-avocat en précisant son identité. L'élève-avocat devra se doter de sa carte professionnelle. Comme tout visiteur et comme l'avocat lui-même, l'élève-avocat pourra accéder à l'établissement sous réserve de se soumettre aux mesures de sécurité décrites ci-dessus.

• Règles relatives à l'organisation et aux échanges lors des parloirs avocats :

S'agissant de l'organisation des parloirs avocats, la circulaire du 27 mars 2012 précise que « Sauf urgence, les visites du conseil ont lieu aux jours et heures fixés par le règlement intérieur de l'établissement, après avis du bâtonnier de l'ordre des avocats. Cet échange avec l'ordre des avocats est primordial afin que l'information relative aux modalités d'organisation des visites soit parfaitement connue et largement diffusée, ce qui facilitera la tenue des parloirs ».

Je vous invite ainsi à diffuser auprès du barreau du ressort les jours et horaires des parloirs avocats et à l'informer de toute modification, ceci afin de faciliter la réservation de ces parloirs.

De même, les conditions matérielles d'accès aux parloirs avocats doivent être communiquées au bâtonnier de l'ordre et affichées dans les locaux de visite.

S'agissant des échanges lors des parloirs avocats, le principe de confidentialité doit être respecté et la remise de documents peut intervenir à cette occasion dès lors qu'elle constitue un des aspects du droit à la libre communication.

De ce fait, les établissements pénitentiaires ne peuvent restreindre *a priori* les modalités de remise de documents entre la personne détenue et son avocat en interdisant la transmission de pièces lors des parloirs et en l'autorisant uniquement par le biais de courriers classiques sous pli fermé ou dépôt sous pli fermé au vestiaire, sauf circonstances particulières dûment établies.

Je vous demande de rappeler par diffusion et affichage d'une note de service les règles relatives au droit de visite des avocats au sein des établissements pénitentiaires.

II Les règles relatives à l'assistance et à la représentation par un avocat lors des procédures disciplinaires

La personne détenue dispose de la possibilité de recourir à un avocat choisi ou commis d'office dans le cadre des procédures disciplinaires (art. 726, 4° du CPP).

Afin de garantir les droits de la défense, la personne détenue et son avocat ont ainsi la faculté de consulter l'ensemble du dossier disciplinaire sous réserve que cette consultation ne porte pas atteinte à la sécurité publique ou à celle des personnes, notamment celles qui ont participé à leur élaboration (art. L. 311-5 du CRPA).

Les établissements doivent donc veiller à ce que la personne détenue et son avocat soient mis en mesure d'accéder aux pièces de la procédure, au moins vingt-quatre heures avant la tenue de la commission de discipline (art. R. 57-7-16 1 du CPP).

Dès lors, si la personne détenue demande à ce que son avocat puisse consulter le dossier avant la réunion de la commission de discipline ou si l'avocat choisi ou désigné par le bâtonnier a lui-même demandé à consulter le dossier avant la tenue de la commission, il convient de faire droit à cette demande. A ce titre, la circonstance que la personne détenue ait elle-même consulté le dossier ou qu'elle puisse transmettre le dossier à son avocat n'est pas de nature à exonérer l'établissement de son obligation.

S'agissant des modalités de consultation, les établissements sont invités à informer l'avocat de la possibilité de consulter le dossier sur place dans un local garantissant la confidentialité ou, le cas échéant, d'en obtenir une copie.

Si l'avocat sollicite expressément une copie du dossier, il est ainsi de bon usage de faire droit à la demande selon les modalités suivantes :
— remise d'une copie gratuite ;
— possibilité de conserver la copie, sauf s'il y a lieu de craindre que soient divulgués des éléments de nature à mettre en cause la sécurité des personnes ou de l'établissement (art. L. 311-5 du CRPA) ;
— possibilité de transmettre la copie du dossier par télécopie ou par voie dématérialisée.

Sur ce dernier point, les établissements pénitentiaires peuvent transmettre les pièces du dossier disciplinaire à l'adresse mail professionnelle de l'avocat choisi ou désigné par le bâtonnier, sans avoir à procéder à un chiffrement de ces informations ; une telle pratique étant conforme aux lignes directrices de sécurité des systèmes d'information du plan de sécurité opérateur de l'administration pénitentiaire du 18 août 2010.

Je vous demande :
— de prévoir une ligne téléphonique dédiée et une adresse mail identifiée dans les établissements et les DISP qui seront portées à la connaissance des barreaux ;
— de veiller à assurer un rappel des règles relatives aux modalités d'accès aux dossiers disciplinaires.

Art. R. 313-15 **La communication se fait verbalement ou par écrit. Aucune sanction ni mesure ne peut supprimer ou restreindre la libre communication de la personne détenue avec son conseil.**

Détenus placés en cellule disciplinaire. Les détenus placés en cellule disciplinaire ne sont pas privés du droit de recevoir les visites de leurs avocats. • CE 25 mars 2015, n° 374401 : *D. actu. 1er avr. 2015, obs. Léna ; AJDA 2015. 662 ; Gaz. Pal. 22 juill. 2015, p. 19, obs. Roussel.* ♦ Les détenus disposent du droit de communiquer librement avec leurs avocats, qui implique notamment qu'ils puissent leur passer des appels téléphoniques, selon une fréquence qui, eu égard au rôle dévolu à l'avocat auprès des intéressés, ne peut être limitée *a priori*. Par suite, les restrictions en matière d'appels téléphoniques prévues pour les personnes placées en cellule disciplinaire ne s'appliquent pas aux échanges avec leurs avocats. • CE 24 oct. 2014, n° 368580 : *D. actu. 1er déc. 2014, obs. Léna ; AJ pénal 2015. 39, obs. Céré ; AJDA 2014. 2092 ; ibid. 2015. 1374, obs. Falxa .* ♦ Toutefois, le droit des personnes détenues de communiquer librement avec leur avocat n'impose pas qu'ils puissent passer des appels téléphoniques à tout moment et aussi souvent qu'ils le souhaitent. Ce droit doit, en effet, être concilié avec les contraintes inhérentes au fonctionnement du service public pénitentiaire et, le cas échéant, au placement en cellule disciplinaire. Il appartient à l'administration pénitentiaire, compte tenu de ces contraintes et de la situation de ces détenus, en particulier lorsque est en cours une procédure devant le JAP, d'apprécier selon quelles modalités et dans quels délais, qui doivent demeurer raisonnables, les intéressés peuvent exercer ce droit. • Même arrêt.

Art. R. 313-16 **Le contrôle ou la retenue des correspondances entre les personnes détenues et leur conseil ne peut intervenir s'il peut être constaté sans équivoque que celles-ci sont réellement destinées au conseil ou proviennent de lui.**

Preuve de l'ouverture de courriers. La production de copies d'enveloppes ouvertes ne suffit pas à établir qu'un agent de l'administration pénitentiaire serait à l'origine de la violation du secret des correspondances qu'elles contenaient. • CAA Marseille, 16 déc. 2009, n° 08MA03091.

Art. D. 313-17 **Conformément aux dispositions de l'article D. 56 du code de procédure pénale, l'interdiction temporaire de communiquer à laquelle les personnes détenues peuvent être soumises en application des dispositions de l'article 145-4 du même code ne s'applique pas à l'avocat des personnes prévenues.**

CHAPITRE IV REQUÊTES ET PLAINTES AUPRÈS DU CHEF DE L'ÉTABLISSEMENT PÉNITENTIAIRE

Art. R. 314-1 **Toute personne détenue peut présenter des requêtes ou des plaintes au chef de l'établissement pénitentiaire qui lui accorde audience si elle invoque un motif suffisant.**

CHAPITRE V ACCÈS AU JUGE

SECTION 1 Dispositions générales

Art. D. 315-1 Après utilisation d'un moyen de télécommunication audiovisuelle pour la comparution des personnes détenues depuis l'établissement pénitentiaire en application des dispositions de l'article 706-71 du code de procédure pénale, un relevé de constatations techniques est dressé et signé par un fonctionnaire pénitentiaire désigné par le chef de l'établissement, sous la forme d'un procès-verbal, dans les conditions prévues par les dispositions de l'article D. 47-12-6 du même code.

SOUS-SECTION 1 Recours administratifs

Art. R. 315-2 Toute personne détenue à laquelle une décision administrative a fait grief peut former, conformément aux dispositions des articles L. 411-1 à L. 411-7 du code des relations entre le public et l'administration, un recours hiérarchique :

1° Auprès du directeur interrégional des services pénitentiaires si la décision émane du chef de l'établissement pénitentiaire ;

2° Auprès du garde des sceaux, ministre de la justice, si la décision émane du directeur interrégional des services pénitentiaires.

Ce recours n'est pas suspensif.

1. Contestation des sanctions disciplinaires (RAPO). V. notes ss. art. L. 231-1 et R. 234-43.

2. Connaissance des voies de recours (notification). Pour rendre opposable le délai de recours contentieux, l'administration est tenue, en application de l'art. R. 421-5 CJA, de faire figurer dans la notification de ses décisions la mention des délais et voies de recours contentieux ainsi que les délais des recours administratifs préalables obligatoires. Elle n'est en principe pas tenue d'ajouter d'autres indications, notamment les délais de distance, la possibilité de former des recours gracieux et hiérarchiques facultatifs ou la possibilité de former une demande d'aide juridictionnelle. Si des indications supplémentaires sont toutefois ajoutées, ces dernières ne doivent pas faire naître d'ambiguïtés de nature à induire en erreur les destinataires des décisions dans des conditions telles qu'ils pourraient se trouver privés du droit à un recours effectif. • CE 10 juin 2020, n° 431179 : *AJDA 2020. 2171, concl. Le Corre*.

SOUS-SECTION 2 Modalités des recours par l'intermédiaire du chef de l'établissement pénitentiaire

Art. R. 315-3 Conformément aux dispositions combinées des articles R. 776-19 et R. 776-31 du code de justice administrative, les personnes détenues de nationalité étrangère demandant au tribunal administratif l'annulation d'une décision portant obligation de quitter le territoire français, d'une décision relative au délai de départ volontaire, d'une interdiction de retour sur le territoire français, d'une décision fixant le pays de renvoi ou d'une décision d'assignation à résidence peuvent déposer leur requête auprès du chef de l'établissement pénitentiaire, qui transmet la requête sans délai et par tous moyens au président du tribunal administratif. — *CJA*.

1. Computation des délais de recours. En cas de rétention ou de détention, lorsque l'étranger entend contester une décision prise sur le fondement du CESEDA pour laquelle celui-ci a prévu un délai de recours bref, notamment lorsqu'il entend contester une décision portant obligation de quitter le territoire sans délai, la circonstance que sa requête ait été adressée, dans le délai de recours, à l'administration chargée de la rétention ou au chef d'établissement pénitentiaire fait obstacle à ce qu'elle soit regardée comme tardive, alors même qu'elle ne parviendrait au greffe du tribunal administratif qu'après l'expiration de ce délai de recours. • CE 10 juin 2020, n° 431179 : *AJDA 2020. 2171, concl. Le Corre*. ♦ Depuis l'entrée en vigueur des dispositions du Décr. n° 2016-1458 du 28 oct. 2016, il incombe à l'administration, pour les décisions présentant les caractéristiques mentionnées ci-dessus, de faire figurer, dans leur notification à un étranger retenu ou détenu, la possibilité de déposer sa requête dans le délai de recours contentieux auprès de l'administration chargée de la rétention ou du chef de l'établissement pénitentiaire. • Même arrêt.

2. Garantie des droits de la défense. Les conditions de détention portent atteinte au droit à un recours effectif en ne mettant pas le détenu en mesure d'avertir, dans les meilleurs délais, un conseil ou une personne de son choix. Dans cette hypothèse, elles font obstacle à ce que le délai spécial de quarante-huit heures prévu à l'art. L. 512-1 CESEDA commence à courir. • CAA Douai, 15 oct. 2019, n° 19DA01037.

3. Impossibilité matérielle d'exercer le recours. En l'absence de tout élément de nature à établir que la notification de l'arrêté portant obligation de quitter le territoire français aurait répondu aux exigences des dispositions du CESEDA, le délai de recours de quarante-huit heures prévu par les dispositions de l'art. L. 614-6 de ce code n'est pas opposable à l'étranger détenu. • CAA Paris, 12 mai 2023, nº 22PA03024. ♦ V. égal. • CAA Paris, 10 févr. 2023, nº 21PA05527. ♦ Si cette notification comportait l'indication des voies et délais de recours, y compris la possibilité de déposer un recours auprès du greffe ou du chef de l'établissement pénitentiaire, le préfet ne démontre pas que l'intéressé aurait été interrogé sur la nécessité pour lui d'être assisté d'un interprète et aurait indiqué maîtriser la langue française, alors qu'il ressort des pièces du dossier que l'arrêté de placement en rétention lui a été notifié par l'intermédiaire d'un interprète et qu'il a également bénéficié de l'assistance d'un interprète lors de sa présentation devant le JLD et devant le magistrat désigné par le tribunal administratif. • CAA Paris, 12 mai 2023, nº 22PA03024. ♦ V. égal. • CAA Paris, 10 févr. 2023, nº 21PA05527. ♦ Le PV de notification signé par l'intéressé indiquant que ce dernier reconnaît avoir pris connaissance de l'arrêté et des droits qu'il peut exercer, la traduction ayant été effectuée par voie téléphonique par un interprète en langue roumaine, ne permet pas au requérant de soutenir avoir été dans l'impossibilité matérielle d'exercer un recours dès lors qu'il ne ressort pas des pièces du dossier qu'il n'aurait pas été mis en mesure de le faire par l'intermédiaire de l'administration pénitentiaire, ou que les contraintes matérielles inhérentes à sa détention auraient fait obstacle à ce qu'il puisse faire valoir ses droits. • CAA Douai, 15 oct. 2019, nº 19DA01037.

4. Demandes d'asile. Les dispositions de l'art. L. 741-1 CESEDA, issues de la L. du 29 juill. 2015 relative à la réforme du droit d'asile, qui transposent les objectifs de la Dir. 2013/32/UE du 26 juin 2013, font peser sur l'État une obligation de résultat pour les délais dans lesquels les demandes d'asile doivent être enregistrées. Il incombe en conséquence aux autorités compétentes de prendre les mesures nécessaires au respect de ces délais y compris lorsque le demandeur est incarcéré. Le refus de prendre de telles mesures constitue une décision susceptible de faire l'objet d'un recours pour excès de pouvoir. • CE 27 nov. 2019, nº 433520 : *AJDA 2019. 2464, obs. de Montecler*.

Art. R. 315-4 **Les conditions dans lesquelles les personnes détenues peuvent présenter, à l'appui d'une demande qui peut être formée par remise au chef de l'établissement pénitentiaire, une question prioritaire de constitutionnalité sont déterminées par les dispositions de l'article R.* 49-24 du code de procédure pénale.**

Caractère prioritaire de la QPC. Encourt la cassation l'arrêt de la chambre de l'instruction qui statue sur la détention sans examiner la QPC, pour statuer sur ladite question par arrêt postérieur, alors qu'il lui appartenait de statuer sur la transmission de la question et sur le fond dans les délais impartis par la loi en matière de détention. • Crim. 2 sept. 2010, nº 10-84.027 P : *D. 2010, nº 131, obs. Leprieur ; Dr. pénal 2012. Chron. 1, obs. Georget.*

Art. D. 315-5 **La déclaration d'appel formée par une personne détenue en application des dispositions de l'article 503 du code de procédure pénale est transmise par le chef de l'établissement pénitentiaire au greffe de la juridiction ayant rendu la décision attaquée dans le délai prévu par les dispositions de l'article D. 45-26 du même code.**

BIBL. ▶ GABEAUD, *AJ pénal 2023. 273* (principes et limites d'un appel d'une ordonnance du JLD par la mention manuscrite « je fais appel »).

1. C. pr. pén., art. 503. Formalité substantielle. La formalité prévue à l'art. 503 C. pr. pén. est substantielle et l'appelant ne peut la remplacer : par l'envoi d'une lettre recommandée. • Crim. 29 nov. 1983, nº 82-90.287 P. ♦ ... Ni par une lettre adressée au procureur de la République. • Crim. 12 juill. 1962, nº 62-91.009 P. ♦ ... Ni par une déclaration verbale d'intention. • Crim. 25 nov. 1970, nº 70-90.569 P. ♦ En revanche, la déclaration d'appel envoyée par télécopie de la maison d'arrêt est parfaitement recevable. • Crim. 4 avr. 2007 : *AJ pénal 2007. 288*.

2. Champ d'application. L'art. 503 C. pr. pén. a une portée générale à l'égard de tout appelant détenu et s'applique à la partie civile lorsque celle-ci se trouve en état de détention. • Crim. 10 févr. 1977, nº 76-90.979 P.

3. Caractérisation de l'appel. Ne constitue ni un appel ni une déclaration d'intention à cette fin la mention manuscrite « je veux faire appel » apposée par la personne détenue sur le document destiné à lui notifier en détention la décision rendue en matière de détention provisoire et devant être retourné au seul greffier du juge d'instruction et non au greffe pénitentiaire. • Crim. 13 déc. 2022, nº 22-85.602 B.

4. Date de la déclaration d'appel. Seule la date d'enregistrement de l'appel par le greffe pénitentiaire confère date certaine à la déclaration d'appel de la personne incarcérée. • Crim. 15 nov. 2022, nº 22-85.1[illegible]4 B.

5. Clarté de la déclaration d'appel. Il ne peut être reproché au greffe pénitentiaire de ne pas considérer qu'un courrier manifeste clairement l'intention de faire appel lorsque celui-ci comporte des demandes distinctes. • Crim. 25 mai 2022, n° 22-81.572 B : *D. actu. 8 juin 2022, obs. Goetz* • 6 sept. 2022, n° 22-84.048 B : *D. actu. 23 sept. 2022, obs. Coste.*

Code de procédure pénale

Art. 503 *(L. n° 85-1407 du 30 déc. 1985)* Lorsque l'appelant est détenu, l'appel peut être fait au moyen d'une déclaration auprès du chef de l'établissement pénitentiaire.

Cette déclaration est constatée, datée et signée par le chef de l'établissement pénitentiaire. Elle est également signée par l'appelant ; si celui-ci ne peut signer, il en est fait mention par le chef de l'établissement.

Ce document est adressé sans délai, en original ou en copie, au greffe de la juridiction qui a rendu la décision attaquée ; il est transcrit sur le registre prévu par le troisième alinéa de l'article 502 et annexé à l'acte dressé par le greffier.

Art. D. 315-6 Conformément aux dispositions de l'article D. 49-11 du code de procédure pénale, les personnes détenues peuvent déposer une requête tendant au prononcé ou à la modification d'une mesure relevant de la compétence du juge ou du tribunal de l'application des peines, au moyen d'une déclaration auprès du chef de l'établissement pénitentiaire, dans les conditions prévues par les dispositions de l'article 148-7 du même code. – ***C. pr. pén.***

SECTION 2 Dispositions applicables aux personnes prévenues

Art. D. 315-7 Les personnes prévenues peuvent déposer une requête tendant à l'examen de l'ensemble de la procédure par la chambre de l'instruction au moyen d'une déclaration auprès du chef de l'établissement pénitentiaire, dans les conditions prévues par les dispositions de l'article D. 43-4 du code de procédure pénale, et sont informées de la décision de la chambre de l'instruction par le chef de l'établissement, selon les formes prévues par les dispositions du même article. – ***C. pr. pén.***

SECTION 3 Recours judiciaire visant à garantir le droit au respect de la dignité en détention

Art. R. 315-8 Conformément aux dispositions de l'article R. 249-18 du code de procédure pénale, le chef de l'établissement pénitentiaire prend toutes dispositions pour informer les personnes détenues de la possibilité de former un recours sur le fondement de l'article 803-8 du même code, tendant à ce qu'il soit mis fin à des conditions de détention contraires à la dignité de la personne humaine.

V. C. pr. pén., art. R. 249-17 à R. 249-41, ss. art. L. 315-9.

Art. R. 315-9 Les personnes détenues peuvent, au moyen d'une déclaration auprès du chef de l'établissement pénitentiaire :

1° Former le recours judiciaire prévu par les dispositions de l'article 803-8 du code de procédure pénale, dans les conditions et selon les formes prévues par les dispositions des articles R. 249-19 et R. 249-20 du même code ;

2° Interjeter appel d'une décision prise en application des dispositions de l'article 803-8 du même code, dans les conditions et selon les formes prévues par les dispositions de l'article 503 du même code.

Art. R. 315-10 Pour l'application des dispositions de l'article 803-8 du code de procédure pénale, les règles relatives à la compétence et aux modalités de saisine du juge, à la recevabilité de la requête et à l'examen des conditions de détention, à la décision sur le bien-fondé de la requête et à la mise œuvre de mesures correctives par l'administration pénitentiaire, à la décision du juge, à l'audition du requérant et aux voies de recours sont fixées par les dispositions des articles R. 249-17 à R. 249-41 du même code.

Si le juge compétent estime recevable la requête, il demande au chef de l'établissement pénitentiaire de lui transmettre des observations écrites et toute pièce permettant d'apprécier les conditions de détention, conformément aux dispositions de l'article R. 249-23 du même code.

Si le juge compétent estime que la requête est fondée :
1° L'administration pénitentiaire prend toute mesure qui lui parait appropriée pour mettre fin aux conditions de détention en cause, conformément aux dispositions de l'article R. 249-28 du code de procédure pénale ;
2° Si le juge considère qu'il n'a pas été mis fin aux conditions indignes de détention par l'administration pénitentiaire, il prend l'une des décisions prévues par les 1° à 3° du II de l'article 803-8 du même code, dans les conditions prévues par les dispositions des articles R. 249-32 et R. 249-33 du même code.

V. C. pr. pén., art. R. 249-17 à R. 249-41, ss. art. L. 315-9.

1. Recevabilité. Le JLD ne peut statuer sur le bien-fondé de la requête sans avoir au préalable statué sur sa recevabilité. • Crim. 13 sept. 2022, n° 22-83.885 B : *D. actu. 29 sept. 2022, obs. Dominati ; D. 2022. 2118, obs. Roujou de Boubée, Garé, Ginestet, Mirabail et Tricoire ; AJ pénal 2022. 545 et les obs. ; Dr. pénal 2022, n° 11, comm. 189, note Maron et Haas ; Gaz. Pal. 2022, n° 39, chron. Fourment ; Procédures 2022, n° 11, obs. Chavent-Leclère ; RSC 2023. 167, chron. Habouzit.* ♦ Saisie d'une description du demandeur qui évoquait un espace personnel réduit dans une cellule partagée avec d'autres détenus, la présence de cafards et de punaises de lit, un accès particulièrement limité aux douches non chauffées et dépourvues d'intimité, la chambre de l'instruction devait en apprécier le caractère précis, crédible et actuel, sans s'arrêter au fait que le rapport du CGLPL décrivait des conditions de détention antérieures à l'incarcération de l'intéressé, ni exiger de celui-ci qu'il démontre le caractère indigne de ses conditions personnelles de détention. • Crim. 20 oct. 2021, n° 21-84.498 : *D. actu. 7 nov. 2021, obs. Fucini.*

2. Vérifications. Ce n'est que si le juge estime la requête recevable qu'il fait procéder aux vérifications nécessaires et recueille les observations de l'administration pénitentiaire. Il en résulte que, pour apprécier la recevabilité de la requête, le juge ne peut se fonder sur des observations de l'administration pénitentiaire qui lui ont été transmises avec celle-ci et qui répondent aux allégations qu'elle contient. • Crim. 31 mai 2022, n° 22-81.770 : *D. actu. 5 juill. 2022, obs. Robert ; AJ pénal 2022. 384 et les obs.*

TITRE II HYGIÈNE, SANTÉ ET PROTECTION SOCIALE

CHAPITRE I MESURES D'HYGIÈNE

SECTION I Salubrité et propreté des locaux de détention

BIBL. ▸ OIP, Hygiène et conditions matérielles de détention, *in* Le Guide du prisonnier, *La Découverte, 2021, p. 170-180.* – Conseil de l'Europe, Espace vital par détenu dans les établissements pénitentiaires : normes du CPT, *2015.* – CGLPL, Les droits fondamentaux à l'épreuve de la surpopulation carcérale, *2018.*

COMMENTAIRE

Les articles R. 321-1 à R. 321-4, complétés par les articles 9 à 12 du règlement intérieur type, définissent les conditions d'hygiène et de salubrité des locaux de détention, en particulier des cellules que l'article R. 321-4 charge les détenus d'entretenir.

Normes d'hygiène et de salubrité applicables. Hormis une référence à l'entretien des lieux à usage collectif, lesquels « sont nettoyés chaque jour, en tant que de besoin, par les personnes détenues du service général » (art. R. 321-4 et 11 du RI type), le code pénitentiaire et le règlement intérieur type font principalement reposer la salubrité et la propreté des locaux sur l'hygiène personnelle des détenus. Il a pu être considéré que les normes relatives aux locaux d'habitation et assimilés contenues par les règlements sanitaires généraux, dont notamment le règlement sanitaire départemental type, trouvaient à s'appliquer aux établissements pénitentiaires (V. par ex. TA Nantes, 18 déc. 2010 : *D. 2011. Actu. 679, obs. Léna ; D. actu. 25 févr. 2011, obs. Léna*). S'en tenant à une lecture stricte du principe d'indépendance des législations, la jurisprudence administrative récente considère toutefois « que les établissements pénitentiaires, en raison de leur spécificité et de leurs finalités, ne sont pas soumis à ces dispositions » (V. par ex. CAA Nantes, 5 juill. 2012, n° 11NT00495) qui ne peuvent donc être utilement invoquées pour contester les conditions de détention (CAA Versailles, 26 mars 2013, n° 11VE03065). Le même principe est retenu pour écarter l'applicabilité des normes relatives au logement décent qui ne concernent pas les cellules des établissements pénitentiaires (CAA Nantes, 5 juill. 2012, n° 11NT00495 ; CAA Nantes, 30 juin 2015, n° 14NT02366).

Il n'en demeure pas moins que l'administration pénitentiaire, qui doit garantir à toutes les personnes détenues des conditions matérielles de détention compatibles avec leur dignité humaine, est soumise à des obligations positives en matière d'hygiène (OIP, Le Guide du prisonnier, *Éd. La Découverte, 2021, p. 171*). Ces obligations se rattachent tout autant à l'entretien de la gestion et de l'utilisation des locaux, dont les locaux d'hébergement, qu'aux diverses prestations d'hébergement dues aux personnes détenues : alimentation, literie, nettoyage du linge, produits d'hygiène, etc.

Conditions de vie en cellule. Les conditions de vie en cellule suscitent un contentieux abondant qui, tant au niveau européen qu'en droit interne, est doublement alimenté par l'article 3 de la Convention européenne des droits de l'Homme interdisant les traitements inhumains et dégradants et l'article 8 de la même Convention qui garantit le droit au respect de la vie privée et familiale.

Au-delà de la vétusté ou du manque d'hygiène, véritables fléaux des prisons françaises, la suroccupation des cellules de détention pose en effet de redoutables défis, non seulement en termes de salubrité et de protection de la santé physique et psychique des personnes détenues, mais aussi de respect de l'intimité et de prévention des humiliations.

Saisi par une personne se plaignant des conditions de sa détention, le juge administratif fait parfois valoir qu'aucune norme impérative ne fixe la surface minimale d'une cellule ou de l'espace occupé par un détenu (CAA Nantes, 14 oct. 2014, n° 14NT00957). Si, pour le Comité européen pour la prévention de la torture, l'« espace vital » propre à chaque personne détenue devrait être d'au moins 6 m^2 pour les cellules individuelles ou d'au moins 4 m^2 dans les cellules collectives (Conseil de l'Europe, « Espace vital par détenu dans les établissements pénitentiaires : normes du CPT », *2015*), ces standards relèvent de simples recommandations sans force contraignante (CAA Douai, 2 mai 2016, n°s 15DA00487, 15DA00493, 15DA00497 et 15DA00499 ; CAA Douai, 28 mars 2017, n° 15DA01550).

Pour autant, la Cour européenne des droits de l'homme a posé le principe d'une « forte présomption » de traitement inhumain et dégradant à chaque fois qu'une personne détenue est maintenue de façon « prolongée » dans une cellule « où [elle] ne dispose pas d'un espace personnel d'au moins trois mètres carrés » (CEDH 20 oct. 2016, *Mursic c/ Croatie*, n° 7334/13 : *AJDA 2017. 157, chron. Burgorgue-Larsen* ; *AJ pénal 2017. 47, obs. Robert*). Aujourd'hui suivie par les juridictions françaises (V. not. Crim. 15 déc. 2020, n° 20-85.461 : *D. actu. 19 janv. 2021, obs. Recotillet*), la Cour fait donc du « facteur spatial [...] un élément de poids » pour déterminer si les conditions de détention relèvent d'un traitement inhumain et dégradant. Elle conclut à l'existence d'un tel traitement « si le manque d'espace s'accompagne d'autres mauvaises conditions matérielles de détention, notamment d'un défaut d'accès à la cour de promenade ou à l'air et à la lumière naturelle, d'une mauvaise aération, d'une température insuffisante ou trop élevée dans les locaux, d'une absence d'intimité aux toilettes ou de mauvaises conditions sanitaires et hygiéniques » (CEDH 30 janv. 2020, *J.M.B. c/ France*, n° 9671/15 : *D. actu. 6 févr. 2020, obs. Senna ; AJDA 2020. 1064, note Avvenire* ; *D. 2020. 753, note Renucci* ; *ibid. 1195, obs. Céré, Falxa et Herzog-Evans* ; *ibid. 1643, obs. Pradel* ; *ibid. 2021. 432, chron. Afroukh et Marguénaud* ; *RFDA 2020. 496, note Portier* ; *JA 2020, n° 614, p. 11, obs. Giraud* ; *AJ pénal 2020. 122, étude Céré* ; *RDLF 2020. Chron. 46, comm. Schmitz ; GADS, 3e éd., Dalloz, 2021, n° 108*). La présomption attachée à l'insuffisance de l'espace personnel ne peut en effet être renversée que si trois conditions sont réunies. Premièrement, les réductions d'espace personnel en deçà de 3 m^2 doivent être « courtes, occasionnelles et mineures ». Deuxièmement, la privation d'un espace personnel suffisant doit être compensée par une « liberté de circulation suffisante hors de la cellule » et l'accès à un programme « d'activités hors cellule adéquates ». Troisièmement, la prison doit offrir « de manière générale des conditions de détention décentes » et la personne détenue ne doit pas être confrontée à « d'autres éléments considérés comme des circonstances aggravantes de mauvaises conditions de détention » (CEDH 20 oct. 2016, *Mursic c/ Croatie*, n° 7334/13 : *préc.*), tel qu'un « cloisonnement partiel des W.-C. » (CEDH 30 janv. 2020, *J.M.B. c/ France*, n° 9671/15 : *préc.*).

Art. R. 321-1 Chaque personne est détenue dans des conditions satisfaisantes d'hygiène et de salubrité, tant en ce qui concerne l'aménagement et l'entretien des

bâtiments, le fonctionnement des services économiques et l'organisation du travail, que l'application des règles de propreté individuelle et la pratique des exercices physiques.

1. V. notes ss. art. L. 320-1.

2. Conv. EDH, art. 3. Hygiène et dignité de la personne humaine. Le fait de placer un détenu dans la cellule d'un quartier disciplinaire devenue insalubre après un incendie le soumet à une épreuve qui dépasse en intensité les souffrances inhérentes à l'incarcération (condamnation de la France). • CEDH 10 nov. 2011, *Plathey c/ France*, n° 48337/09, § 47 à 49 : *D. actu. 17 nov. 2017, obs. Léna ; AJ pénal 2011. 605 ; RSC 2012. 208, chron. Poncela ; ibid. 263, obs. Marguénaud.* ♦ L'effet cumulé de la promiscuité et des manquements relevés aux règles de l'hygiène ont provoqué chez le requérant des sentiments de désespoir et d'infériorité propres à le rabaisser et à l'humilier. Ces conditions de détentions s'analysent en un traitement dégradant au sens de l'art. 3 Conv. EDH. • CEDH 25 avr. 2013, *Canali c/ France*, n° 40119/09 : *D. 2013. 1138, obs. Léna ; AJ pénal 2013. 403, obs. Céré.* ♦ La prolifération de rats, punaises de lit (§ 106), l'insuffisance de l'éclairage naturel (§ 107), l'humidité et le manque de chauffage (§ 152), l'absence de cloisonnement des installations sanitaires, la vétusté généralisée des locaux portent directement atteinte à la santé physique et mentale des personnes, détenus et personnels : condamnation de la France, indemnisation des détenus. • CEDH 30 janv. 2020, *J.M.B. c/ France*, n° 9671/15 : *D. actu. 6 févr. 2020, obs. Senna ; AJDA 2020. 1064, note Avvenire ; D. 2020. 753, note Renucci ; ibid. 1195, obs. Céré, Falxa et Herzog-Evans ; ibid. 1643, obs. Pradel ; ibid. 2021. 432, chron. Afroukh et Marguénaud ; RFDA 2020. 496, note Portier ; JA 2020, n° 614, p. 11, obs. Giraud ; AJ pénal 2020. 122, étude Céré ; RDLF 2020. Chron. 46, comm. Schmitz ; GADS, 3e éd., Dalloz, 2021, n° 108.*

3. Règlement sanitaire départemental. Les établissements pénitentiaires, en raison de leur spécificité et de leurs finalités, ne sont pas soumis aux dispositions du règlement sanitaire départemental mais relèvent exclusivement du code de procédure pénale et notamment des art. D. 249 s. de ce code. • CAA Nantes, 5 juill. 2012, n° 11NT00495 • CAA Versailles, 23 oct. 2012, n° 10VE03029. ♦ Les prescriptions du règlement sanitaire départemental ne peuvent donc être utilement invoquées pour contester les conditions de détention. • CAA Versailles, 26 mars 2013, n° 11VE03065. ♦ Un requérant ne peut davantage se prévaloir de l'objectif à valeur constitutionnelle visant à permettre à toute personne de disposer d'un logement décent, ni des normes définies en matière de logement issues du Décr. du 30 janv. 2002 relatif aux caractéristiques du logement décent, qui ne concernent ni l'un ni les autres les cellules des établissements pénitentiaires. • CAA Nantes, 30 juin 2016, n° 14NT02366.

4. Éléments d'appréciation. Les conditions de détention s'apprécient au regard de l'espace de vie individuel réservé aux personnes détenues, de la promiscuité engendrée, le cas échéant, par la suroccupation des cellules, du respect de l'intimité à laquelle peut prétendre tout détenu dans les limites inhérentes à la détention, de la configuration des locaux, de l'accès à la lumière, de l'hygiène et de la qualité des installations sanitaires et de chauffage. • CE 13 janv. 2017, nos 389709, 389710, 389711 et 389712 B : *D. actu. 20 janv. 2017, obs. Poupeau ; AJDA 2017. 687, note Schmitz* • CE, sect., 3 déc. 2018, n° 412010 : *AJDA 2018. 279, chron. Faure et Malverti ; D. 2019. 1074, obs. Céré, Evans et Péchillon.*

5. Lavage du linge. Si le garde des Sceaux fait valoir que le lavage du linge est pris en charge par un prestataire privé et que le cahier des clauses techniques particulières du marché prévoit que les draps et taies d'oreiller sont lavés tous les 15 jours et les alèses et les couvertures tous les trimestres, il résulte de l'instruction que cette périodicité n'est pas toujours respectée et que la couverture du requérant n'a pas été lavée depuis plus de sept mois. Cette situation constitue une atteinte grave et manifestement illégale au droit de ne pas être soumis à des traitements inhumains ou dégradants qui justifie qu'il soit enjoint à l'administration pénitentiaire d'assurer un lavage hebdomadaire des draps et un lavage mensuel de tout linge de lit à disposition des détenus, dans les conditions conformes à la réglementation. • CE, ord., 16 déc. 2020, n° 447141 : *AJ pénal 2021. 275, obs. David.*

6. Désinsectisation. Les opérations répétées de lutte contre les cafards dans la cellule du requérant et la mise en place d'un plan annuel sur ce point ne suffisent pas à établir que l'administration a convenablement rempli ses obligations dès lors que ces mesures demeurent insuffisantes pour remédier de manière efficace à la prolifération des cafards au sein de la maison d'arrêt. Le juge des référés est fondé à lui enjoindre de prendre toutes mesures utiles et nécessaires pour assurer une procédure de désinsectisation rapide, efficace et régulière de l'ensemble des cellules. • CE, ord., 16 déc. 2020, n° 447141 : *préc. note 5.*

7. Causes exonératoires de responsabilité. Eu égard aux conditions de détention supportées par l'intéressé manifestement attentatoires à la dignité humaine, le ministre de la Justice ne peut utilement invoquer les contraintes liées aux missions conférées aux services pénitentiaires comme, notamment, l'obligation pour l'établissement d'accueillir les détenus qui lui sont adressés, pour exonérer l'État de sa responsabilité ou pour l'atténuer. • CAA Bordeaux, 18 oct. 2011, nos 11BX00159 à 11BX00165. ♦ Le fait qu'il soit permis aux détenus de bénéficier de 6 heures de promenade par jour et de circuler pour se rendre à la bibliothèque, en atelier ou pour faire du sport n'a que peu d'incidences sur le confinement des détenus et les conditions d'hygiène qu'ils supportent dès lors que le temps passé hors de la cellule est limité, de manière significative, par la crainte des vols en cellule lors de leur absence et des actes de violence commis hors de la cellule. • Mêmes arrêts.

8. Lutte contre l'épidémie de covid-19. Alors que la ministre de la Justice a édicté, au moyen de plusieurs instructions adressées aux services compétents, un certain nombre de mesures visant à prévenir le risque de propagation du virus au sein des établissements pénitentiaires, il n'apparaît pas, en l'état de l'instruction et à la date de la présente ordonnance, que, s'agissant des règles et des mesures d'hygiène, devrait être ordonnée l'édiction d'autres instructions de portée générale, au motif d'une atteinte grave et manifestement illégale aux libertés fondamentales. Il appartient aux chefs d'établissements pénitentiaires, responsables de l'ordre et de la sécurité au sein de ceux-ci, de s'assurer du respect des consignes données pour lutter contre la propagation du virus et de prendre, dans le champ de leurs compétences, toute mesure propre à garantir le respect effectif des libertés fondamentales des personnes détenues et des personnes y travaillant ou y intervenant. • CE, ord., 8 avr. 2020, n° 439827 B : *AJDA 2020. 756 ; ibid. 1298, note Schmitz ; D. 2020. 1195, obs. Céré, Falxa et Herzog-Evans .*

Art. R. 321-2 Les locaux de détention et, en particulier, ceux qui sont destinés au logement des personnes détenues, doivent répondre aux exigences de l'hygiène, compte tenu du climat, quant au cubage d'air, à l'éclairage, au chauffage et à l'aération.

1. V. art. L. 320-1 et R. 321-1.

2. Conv. EDH, art. 3. Santé physique et mentale des personnes. La prolifération de rats, punaises de lit (§ 106), l'insuffisance de l'éclairage naturel (§ 107), l'humidité et le manque de chauffage (§ 152), l'absence de cloisonnement des installations sanitaires, la vétusté généralisée des locaux portent directement atteinte à la santé physique et mentale des personnes, détenus et personnels : condamnation de la France, indemnisation des détenus. • CEDH 30 janv. 2020, *J.M.B. c/ France*, n° 9671/15 : *D. actu. 6 févr. 2020, obs. Senna ; AJDA 2020. 1064, note Avvenire ; D. 2020. 753, note Renucci ; ibid. 1195, obs. Céré, Falxa et Herzog-Evans ; ibid. 1643, obs. Pradel ; ibid. 2021. 432, chron. Afroukh et Marguénaud ; RFDA 2020. 496, note Portier ; JA 2020, n° 614, p. 11, obs. Giraud ; AJ pénal 2020. 122, étude Céré ; RDLF 2020. Chron. 46, comm. Schmitz ; GADS, 3ᵉ éd., Dalloz, 2021, n° 108.*

3. Appréciation des conditions de détention. Les conditions de détention s'apprécient au regard de l'espace de vie individuel réservé aux personnes détenues, de la promiscuité engendrée, le cas échéant, par la suroccupation des cellules, du respect de l'intimité à laquelle peut prétendre tout détenu dans les limites inhérentes à la détention, de la configuration des locaux, de l'accès à la lumière, de l'hygiène et de la qualité des installations sanitaires et de chauffage. • CE 13 janv. 2017, nᵒˢ 389709, 389710, 389711, 389712 A : *D. actu. 20 janv. 2017, obs. Poupeau ; AJDA 2017. 687, note Schmitz* • CE, sect., 3 déc. 2018, n° 412010 A : *AJDA 2018. 279, chron. Faure et Malverti ; D. 2019. 1074, obs. Céré, Evans et Péchillon .* ♦ Outre l'insuffisante intimité laissée par les installations sanitaires, au demeurant non conformes aux règles élémentaires d'hygiène, l'état général des cellules laissait à désirer, l'expertise réalisée faisant état de peinture et d'une prise électrique arrachée, de fils apparents, de parties communes pâtissant d'un niveau d'hygiène et de propreté extrêmement sommaire et de la présence de rats. Il en résulte que l'intéressé a été détenu dans des conditions n'assurant pas le respect de la dignité humaine. L'État a ainsi commis une faute de nature à engager sa responsabilité. • CAA Marseille, 15 déc. 2011, n° 11MA02831.

4. Aération. Malgré les différents travaux entrepris, il ressort du rapport du CGLPL et des photographies produites que les cellules restent vétustes et que certaines, dont celles occupées par le requérant, ne disposent que de fenêtres de faible dimension recouvertes d'un caillebotis ne permettant d'assurer ni un renouvellement satisfaisant de l'air, ni l'apport suffisant de lumière naturelle, l'insalubrité des locaux étant aggravée par la promiscuité résultant de leur suroccupation. Dans ces conditions, le requérant doit être regardé comme ayant été placé dans des conditions excédant le seuil d'atteinte à la dignité humaine justifiant la mise en œuvre de la responsabilité de l'État. • CAA Nantes, 6 oct. 2017, n° 15NT02610. ♦ Alors que la suroccupation des cellules aggrave également le besoin d'aération résultant du climat local caractérisé par la chaleur et l'humidité, le ministre ne justifie pas de la réalisation de travaux de nature à améliorer la situation. • CAA Paris, 24 mars 2022, nᵒˢ 20PA03901, 20PA03910 et 20PA03911.

5. Chauffage. La détention dans une cellule dotée d'un chauffage très insuffisant au regard des températures extérieures constitue, dans les circonstances de l'espèce, une atteinte grave et manifestement illégale au droit de ne pas être soumis à des traitements inhumains ou dégradants. La condition d'urgence étant remplie compte tenu des températures très basses en cette période hivernale, le juge des référés est fondé à enjoindre à l'administration de mettre un chauffage d'appoint conforme à la réglementation à la disposition du requérant. • CE, ord., 16 déc. 2020, n° 447141 : *AJ pénal 2021. 275, obs. David*.

6. Entretien des douches. La carence de l'administration à maintenir certaines des douches collectives dans un état de propreté conforme à l'exigence d'hygiène des locaux de détention rappelée par les dispositions de l'art. R. 321-2 C. pénit. crée, eu égard à l'usage régulier de ces lieux par les détenus, des conditions indignes de détention qui sont de nature à porter atteinte à leur vie privée dans une mesure excédant les restrictions inhérentes à la détention, ainsi qu'à les exposer à un traitement inhumain ou dégradant, portant une atteinte grave à ces deux libertés fondamentales. Il y a lieu d'enjoindre à l'administration de procéder à très bref délai à un nettoyage renforcé de ces douches collectives soit par les équipes du service général, soit, à titre ponctuel, par un prestataire privé. • CE, ord., 15 mai 2023, n° 472994 : *D. actu. 26 mai 2023, obs. Dominati.*

Art. R. 321-3 Dans tout local où les personnes détenues séjournent, les fenêtres doivent être suffisamment grandes pour que celles-ci puissent lire et travailler à la lumière naturelle. L'agencement de ces fenêtres doit permettre l'entrée d'air frais. La lumière artificielle doit être suffisante pour permettre aux personnes détenues de lire ou de travailler sans altérer leur vue.

Les installations sanitaires doivent être propres et décentes. Elles doivent être réparties d'une façon convenable et leur nombre proportionné à l'effectif des personnes détenues.

Lorsqu'une cellule est occupée par plus d'une personne, un aménagement approprié de l'espace sanitaire est réalisé en vue d'assurer la protection de l'intimité des personnes détenues.

COMMENTAIRE

Opérant une étrange combinaison entre les standards de luminosité et les espaces sanitaires des cellules, l'article R. 321-3 complète les dispositions plus générales de l'article R. 321-2.

Luminosité des cellules. En 2013, le contrôleur général des lieux de privation de liberté constatait que « la mauvaise qualité de la luminosité des cellules et des chambres entraîne, notamment pour les détenus purgeant de longues peines, des pathologies de la vue excédant les seuls effets de l'âge » (*Rapp. annuel 2013, p. 154*). Le niveau de luminosité, notamment naturelle, fait partie des critères retenus par la Cour européenne des droits de l'homme (CEDH 20 janv. 2011, *Payet c/ France*, n° 19606/08 : *D. actu. 27 janv. 2011, obs. Lavric ; D. 2011. Actu. 380, obs. Lavric ; ibid. 643, obs. Céré ; ibid. Pan. 1313, obs. Céré ; AJ pénal 2011. 88, obs. Herzog-Evans ; RSC 2011. 718, obs. Marguénaud ; Dr. pénal 2012. Chron. 3, obs. Dreyer*) et par les juridictions administratives françaises (CE 13 janv. 2017, nos 389709, 389710, 389711 et 389712 B : *D. actu. 20 janv. 2017, obs. Poupeau ; AJDA 2017. 687, note Schmitz*) pour déterminer une atteinte éventuelle à la dignité de la personne détenue en raison des conditions de sa détention.

Le *Guide du prisonnier* relève toutefois les difficultés pratiques d'application des standards réglementaires, en raison d'une part de la configuration des locaux (petite taille des fenêtres, grillages et/ou caillebotis ajoutés aux barreaux), et d'autre part de la vétusté des installations électriques, obligeant les personnes détenues à cantiner des lampes supplémentaires et des rallonges et multiprises pour pouvoir les brancher (OIP, Le Guide du prisonnier, *Éd. La Découverte 2021, p. 171*).

Installations sanitaires. L'équipement sanitaire des cellules renvoie tout autant à des questions d'hygiène et de protection de la santé physique des détenus qu'à des problématiques relevant de la protection de leur intégrité psychique en lien avec l'intimité minimale à laquelle toute personne est en droit de prétendre (V. not. CEDH 25 avr. 2013, *Canali c/ France*, n° 40119/09 : *D. 2013. 1138, obs. Léna ; AJ pénal 2013. 403, obs. Céré*. – Hervieu, Une condamnation européenne des conditions carcérales en France à conjuguer à tous les temps, *Actualités Droits-Libertés, 29 avr. 2013*).

Alors que les toilettes sont toujours situées dans la cellule la nécessité pour l'administration de surveiller la totalité de celle-ci justifie la plupart du temps que les installations sanitaires ne soient ni équipées de portes, ni entourées de cloisons intégrales en dépit des recommandations du CPT. Des considérations similaires de sécurité justifient régulièrement l'absence de tout dispositif d'aération spécifique et de système d'occlusion des cuvettes, y compris lorsque ces dernières se trouvent placées au milieu de la pièce comme dans le cas des cellules disciplinaires.

Si les toilettes elles-mêmes doivent être « propres et décentes », leur installation dans de telles conditions est donc susceptible de créer des risques sanitaires, notamment dans les cellules de petite dimension où elles se trouvent nécessairement à proximité immédiate des lieux de repos ou de repas (CAA Marseille, 15 déc. 2011, n° 11MA02831). Elle peut aussi porter une atteinte excessive au droit au respect de la vie privée, en particulier lorsque la configuration des lieux oblige la personne détenue à utiliser les toilettes en présence de tiers codétenus (CEDH 15 déc. 2015, *Szafrański c/ Pologne*, n° 7249/12 ; CE 4 avr. 2019, n° 428747 : *D. actu. 8 avr. 2019, obs. Mucchielli ; AJ pénal 2019. 342, obs. Otero*). Cette absence totale d'intimité, qui fait aussi de chaque détenu le témoin quotidien et bien involontaire « de bruits et d'odeurs intimes désagréables, dans l'unique pièce qui sert aussi à manger et à dormir » (OIP, Le Guide du prisonnier, *Éd. La Découverte, p. 173*), entraîne une humiliation permanente qui porte gravement atteinte à la dignité (CGLPL, Les droits fondamentaux à l'épreuve de la surpopulation carcérale, *2018, p. 11*). ❑

1. Traitements inhumains et dégradants. L'incarcération dans une cellule sous-dimensionnée pour le nombre d'occupants, insuffisamment aérée dans une région qui connaît un climat chaud et humide toute l'année, dont les toilettes non cloisonnées sont situées à proximité immédiate du lieu de prise de repas et dans des conditions d'hygiène médiocre méconnaît les stipulations de l'art. 3 Conv. EDH et caractérise une faute de nature à engager la responsabilité de l'État à l'égard de l'intéressé. • CAA Bordeaux, 18 oct. 2011, nos 11BX00159 à 11BX00165.

2. Appréciation des conditions de détention. Les conditions de détention s'apprécient au regard de l'espace de vie individuel réservé aux personnes détenues, de la promiscuité engendrée, le cas échéant, par la suroccupation des cellules, du respect de l'intimité à laquelle peut prétendre tout détenu dans les limites inhérentes à la détention, de la configuration des locaux, de l'accès à la lumière, de l'hygiène et de la qualité des installations sanitaires et de chauffage. • CE 13 janv. 2017, nos 389709, 389710, 389711, 389712 B : *D. actu. 20 janv. 2017, obs. Poupeau ; AJDA 2017. 687, note Schmitz* • CE, sect., 3 déc. 2018, n° 412010 A : *AJDA 2018. 279, chron. Faure et Malverti ; D. 2019. 1074, obs. Céré, Evans et Péchillon*. ♦ Caractérise une faute de nature à engager la responsabilité de l'État l'incarcération durant plusieurs mois dans des cellules, partagées avec deux ou trois autres détenus, d'une superficie de 12, 12 et 12,08 m^2, dont les toilettes n'étaient séparées du reste de la cellule que par un muret bas ne permettant pas à des détenus amenés à vivre en cohabitation dans la même cellule de maintenir une intimité acceptable, dont les murs étaient couverts de suie et humides et qui ne disposaient pas d'une lumière naturelle et d'une aération suffisante. • CAA Douai, 24 mai 2016, n° 15DA00497.

3. Conv. EDH, art. 3. Luminosité. Condamnation de la France pour traitements inhumains et dégradants à l'encontre d'une personne détenue, notamment en ce que sa cellule ne disposait pas d'une lumière suffisante pour lire et écrire. • CEDH 20 janv. 2011, *Payet c/ France*, n° 19606/08 : *D. actu. 27 janv. 2011, obs. Lavric ; D. 2011. Actu. 380, obs. Lavric ; ibid. 643, obs. Céré ; ibid. Pan. 1313, obs. Céré ; AJ pénal 2011. 88, obs. Herzog-Evans ; RSC 2011. 718, obs. Marguénaud ; Dr. pénal 2012. Chron. 3, obs. Dreyer.* ♦ Le fait d'être incarcéré dans une cellule disposant de fenêtres de faible dimension recouvertes d'un caillebotis ne permettant d'assurer ni un renouvellement satisfaisant de l'air, ni l'apport suffisant de lumière naturelle peut être constitutif d'une atteinte à la dignité humaine ouvrant droit à réparation. • CAA Nantes, 20 déc. 2019, n° 18NT03464.

4. Surpopulation carcérale. Si l'administration pénitentiaire peut déroger au principe de l'encellulement individuel du fait de la distribution intérieure des maisons d'arrêt et de la surpopulation carcérale, elle ne peut le faire que dans le respect de conditions satisfaisantes d'hygiène et de salubrité et le respect de la dignité inhérente à la personne humaine. Elle doit notamment s'assurer que la promiscuité des détenus ne génère pas de risques pour leur intégrité physique, morale ou sexuelle. Si le phénomène de surpopulation carcérale est chronique et non temporaire, cette circonstance, si contraignante qu'elle puisse être, ne justifie pas le fait que les conditions de sécurité, de salubrité ou d'hygiène et la dignité des détenus n'y soient pas respectées. • TA Nantes, 8 juill. 2009, n° 055547. ♦ La durée particulièrement longue de l'encellulement du requérant dans de telles conditions, la taille des cellules, la promiscuité et l'absence de respect de son intimité qui en est résulté ne permettaient pas d'assurer le respect de la dignité inhérente à la personne humaine ; il a été ainsi soumis à un traitement inhumain et dégradant. Ces manquements constituent un comportement fautif de nature à engager la responsabilité de l'administration pénitentiaire. • Même jugement.

5. Conv. EDH, art. 3 et 8. Installations sanitaires. L'accès libre à des toilettes convenables et le maintien de bonnes conditions d'hygiène sont des éléments essentiels d'un environnement humain. Les détenus doivent jouir d'un accès facile à ce type d'installation, qui doit leur assurer la protection de leur intimité. • CEDH 30 janv. 2020, *J.M.B. c/ France*, n° 9671/15 : *D. actu. 6 févr. 2020, obs. Senna ; AJDA 2020. 1064, note Avvenire ; D. 2020. 753, note Renucci ; ibid. 1195, obs. Céré, Falxa et Herzog-Evans ; ibid. 1643, obs. Pradel ; ibid. 2021. 432, chron. Afroukh et Marguénaud ; RFDA 2020. 496, note Portier ; JA 2020, n° 614, p. 11, obs. Giraud ; AJ pénal 2020. 122, étude Céré ; RDLF 2020. Chron. 46, comm. Schmitz ; GADS, 3e éd., Dalloz, 2021, n° 108.* ♦ L'art. 3 Conv. EDH est violé si le manque d'espace s'accompagne d'autres mauvaises conditions matérielles de détention, notamment d'une absence d'intimité aux toilettes ou de mauvaises conditions sanitaires et hygiéniques. • Crim. 8 juill. 2020, n° 20-81.739 : *AJDA 2020. 1383 ; D. 2020. 1774, note Falxa ; ibid. 1643, obs. Pradel ; ibid. 2021. 1564, obs. Perrier ; AJ fam. 2020. 498, obs. Mary ; AJ pénal 2020. 404, note Frinchaboy ; RFDA 2021. 87, note Perrier ; RSC 2021. 517, obs. Zerouki-Cottin ; RTD civ. 2021. 83, obs. Deumier.* ♦ Peut prétendre à une violation de l'art. 8 Conv. EDH, qui garantit le droit au respect de la vie privée, la personne détenue placée dans une cellule où les installations sanitaires ne sont pas totalement séparées, la contraignant à les utiliser en présence de ses codétenus. • CEDH 15 déc. 2015, *Szafranski c/ Pologne*, n° 7249/12. ♦ L'absence de cloison séparant dans chaque cellule les toilettes du reste de la cellule est particulièrement attentatoire à la dignité des détenus (injonction à l'administration de procéder au cloisonnement partiel des toilettes). • CE 4 avr. 2019, n° 428747 : *D. actu. 8 avr. 2019, obs. Mucchielli ; AJ pénal 2019. 342, obs. Otero.* ♦ Des toilettes séparées d'un simple rideau du reste de la pièce ou d'une simple cloison sans porte qui ne sont pas équipées d'un système d'aération spécifique et sont situées à proximité immédiate du lieu éventuel de prise de repas n'assurent pas l'intimité minimum des détenus et ne sont pas conformes aux règles élémentaires d'hygiène. • CAA Marseille, 15 déc. 2011, n° 11MA02831. ♦ Si le dispositif de cloisonnement des toilettes, fermées par une cloison partielle en contreplaqué et un rideau, peut être regardé comme étant justifié par la nécessité pour l'administration de surveiller la totalité de la cellule tout en permettant d'assurer aux détenus un minimum d'intimité, l'atteinte à leur intimité est néanmoins caractérisée, compte tenu de l'aggravation de la promiscuité liée à la suroccupation de la cellule. • CAA Paris, 24 mars 2022, nos 20PA03901, 20PA03910 et 20PA03911. ♦ L'espace sanitaire dans les cellules qui sont toutes occupées par deux à quatre personnes ne comporte pas un aménagement permettant d'assurer de manière appropriée la protection de l'intimité des détenus. Une telle situation révèle une carence de l'administration qui est de nature à porter atteinte à la vie privée des détenus, dans une mesure excédant les restrictions inhérentes à la détention, ainsi qu'à les exposer à un traitement inhumain ou dégradant, portant une atteinte grave à ces deux libertés fondamentales. • CE, ord., 15 mai 2023, n° 472994 : *D. actu. 26 mai 2023, obs. Dominati.* ♦ Une telle situation appelle rapidement de la part de l'administration des mesures correctives appropriées, même à titre provisoire et tenant compte des contraintes de structures propres au bâtiment. Il y a donc lieu d'ordonner à l'administration d'engager à très bref délai les mesures indispensables pour assurer un cloisonnement conforme aux standards qu'elle a retenus dans le cadre de ses programmes de rénovation dans l'ensemble des cellules où des travaux de rénovation ne sont pas prévus à court terme. • Même décision.

6. Preuve. S'agissant de l allégation relative à l'absence de cloisonnement des sanitaires, la description du requérant, bien que succincte, est suffisamment précise et crédible pour constituer un commencement de preuve. Le ministre de la Justice ne rapportant pas la preuve, qui lui incombe, d'un cloisonnement total des sanitaires, seul de nature à garantir un niveau d'intimité acceptable en cellule collective, ce défaut de cloisonnement total de nature à caractériser une absence d'intimité aux toilettes tout au long de la détention de l'intéressé doit être tenu pour établi. • TA Toulon, 25 avr. 2023, n° 2200752.

7. Engagement de l'administration. L'administration s'étant engagée à réaliser rapidement un nouveau cloisonnement de l'espace sanitaire afin de faire cesser une situation manifestement inappropriée, il n'y a pas lieu pour le juge des référés d'ordonner ces travaux. • CE, ord., 15 mai 2023, n° 472994 : *D. actu. 26 mai 2023, obs. Dominati.*

Art. R. 321-4 Chaque personne détenue en capacité physique de le faire entretient sa cellule ou la place qui lui est réservée dans un état constant de propreté, et fait son lit. A cet effet, l'administration pénitentiaire lui fournit les produits et objets de nettoyage nécessaires.

Les locaux communs et les lieux à usage collectif sont nettoyés chaque jour, en tant que de besoin, par les personnes détenues du service général.

Il est interdit :

1° De jeter des détritus ou tout autre objet par les fenêtres, dans les toilettes et lavabos des cellules, dans les coursives, couloirs de circulation et autres locaux ;

2° D'obstruer les bouches de ventilation, aération, chauffage ;
3° De dégrader ou salir les cellules et les espaces communs.

V. Note DAP du 5 nov. 1997 relative à la distribution systématique d'eau de Javel aux personnes détenues.

BIBL. ▸ Ministères de la Justice et de la Santé, Guide méthodologique relatif à la prise en charge sanitaire des personnes placées sous main de justice, *2019*.

COMMENTAIRE

L'article R. 321-4 reprend mot à mot les dispositions de l'article 11 du règlement intérieur type pour faire peser la charge de l'entretien des cellules sur les personnes détenues qui les occupent. Leur situation de dépendance vis-à-vis de l'administration pénitentiaire exige toutefois que celle-ci leur fournisse les « produits et objets de nettoyage nécessaires ». La distribution et le renouvellement de ces produits, qui contribuent au maintien de la salubrité des lieux et à la prévention des maladies transmissibles, relèvent de prestations d'ordre public sanitaire dont le coût doit être supporté par les autorités publiques. Ils sont donc délivrés à titre gratuit.

Il est évident que l'obligation d'entretien qui pèse sur la personne détenue ne peut suffire à prévenir les problèmes liés à des défauts structurels qui ne peuvent leur être imputés : défauts d'isolation, bris de vitre ou blocages de fenêtres, sanitaires ou système électrique défectueux, moisissures dues à l'humidité, etc. (OIP, Le Guide du prisonnier, *Éd. La Découverte, 2021, p. 175*). Elle est donc sans incidence sur la responsabilité pour faute que l'administration encourt en raison des conditions indignes de détention dès lors que les dysfonctionnements relevés ne sont pas la conséquence de l'incurie des détenus mais sont dus à la conception même des lieux de détention et à leur inadaptation (CAA Bordeaux, 18 oct. 2011, nos 11BX00159 à 11BX00165).

La dégradation matérielle des locaux ou de l'équipement matériel de l'établissement pénitentiaire imputable à un détenu constitue une faute du deuxième degré lorsque le dommage est causé délibérément. En revanche, le fait de « négliger de préserver ou d'entretenir la propreté de sa cellule ou des locaux communs » ainsi que de « jeter tout objet ou substance par les fenêtres de l'établissement » constitue une faute disciplinaire du troisième degré. ❑

1. Partage de l'entretien entre l'administration et les détenus. La responsabilité de la propreté des locaux ne repose pas uniquement sur l'administration, mais aussi sur la population pénale, chaque détenu devant nettoyer sa cellule quotidiennement. Si le rapport de visite de 2017 du CGLPL mentionne que des nuisibles sont régulièrement signalés dans l'établissement, notamment des punaises de lit, il résulte du précédent rapport de visite que chaque cellule est dotée d'une poubelle, que les ordures ménagères, entreposées dans un sac remis par les détenus auxiliaires, sont ramassées chaque jour, que des produits d'hygiène et de nettoyage sont remis gratuitement aux détenus une fois par mois (eau de Javel diluée, savon, shampoing, dentifrice, crème à raser, papier de toilette, produits de nettoyage) et sur simple demande et, enfin, que les draps sont changés tous les 15 jours et les couvertures à la demande, et du rapport de 2017 que l'attaché a fait l'acquisition d'un appareil spécifique (à vapeur) pour éradiquer ces nuisibles. Absence de faute. • CAA Nancy, 25 févr. 2021, n° 19NC02316.

2. Comportement des détenus. L'administration pénitentiaire n'est responsable ni du comportement bruyant de certains détenus ou des dégradations qu'ils occasionnent à l'intérieur des locaux pénitentiaires, ni du manque d'hygiène des cellules dont l'entretien est laissé à la charge des détenus. • CAA Nantes, 14 nov. 2014, n° 14NT00957. ♦ Porte une atteinte grave et manifestement illégale aux libertés fondamentales garanties par l'art. 3 Conv. EDH la prolifération de rats due à des jets de nourriture et à de graves carences dans le nettoyage des cours ou des espaces donnant sur les cellules des personnes détenues. Il appartient à l'administration de procéder dans les plus brefs délais à l'enlèvement de la totalité des détritus accumulés dans l'ensemble des espaces extérieurs sur lesquels donnent des cellules et à une communication à l'ensemble des détenus sur la problématique des jets de nourritures. Il lui revient également de veiller par un nettoyage régulier à maintenir les espaces extérieurs dans des conditions de propreté satisfaisantes et à ce que les détenus disposent gratuitement de sacs-poubelles en nombre suffisant pour assurer l'évacuation quotidienne intégrale des déchets produits dans les cellules. • TA Cergy-Pontoise, 2 déc. 2022, n° 2215650 : *D. actu. 8 déc. 2022, obs. Dominati.*

3. Cause exonératoire, absence. L'obligation faite aux détenus d'assurer l'entretien de leur cellule est sans incidence sur la responsabilité pour faute de l'administration en raison des conditions indignes de détention dès lors que celles-ci ne sont pas la conséquence d'une dégradation de l'état des cellules imputable à un défaut d'entretien ou à l'incurie des détenus mais sont dues à la conception même des lieux de détention et à leur inadaptation. • CAA Bordeaux, 18 oct. 2011, n° 11BX00159 à 11BX00165.

4. Référé-liberté. Mesures provisoires. Dans l'attente de mesures d'ordre plus structurel ou de politique publique qu'il appartiendra, le cas échéant, à l'administration pénitentiaire de définir, il y a lieu, d'une part, d'ordonner que soient prises, au moins à titre provisoire et à très bref délai, toutes mesures utiles pour renforcer les équipes de nettoyage du service général ou faire appel ponctuellement à un prestataire de service afin de procéder à un nettoyage de manière approfondie des cours de promenade concernées ainsi que des urinoirs et points d'eau qui s'y trouvent installés et, d'autre part, d'enjoindre à l'administration pénitentiaire, dans le cadre de son projet de rénovation, de prendre, à très bref délai, toutes dispositions pour s'assurer que les cours principales de promenade soient équipées d'abris permettant aux détenus de se protéger des intempéries, ainsi que de bancs et d'installations légères favorisant un exercice physique d'entretien et de détente, afin de prévenir toute violation de l'art. 3 Conv. EDH. • CE, ord., 15 mai 2023, n° 472994 : *D. actu. 26 mai 2023, obs. Dominati.*

SECTION 2 Hygiène personnelle des personnes détenues

Art. R. 321-5 La propreté est exigée de toute personne détenue.

Les produits de la trousse de toilette remise à l'arrivée de toute personne détenue entrante sont renouvelés, selon des modalités déterminées par le chef de l'établissement pénitentiaire et au moins tous les mois, pour les personnes détenues dont les ressources sont insuffisantes, lorsqu'elles en font la demande.

Chaque personne détenue doit pouvoir se doucher au moins trois fois par semaine. Dans toute la mesure du possible, elle doit pouvoir se doucher après les séances de sport, le travail et la formation professionnelle.

Chaque personne détenue doit pouvoir effectuer une promenade d'au moins une heure à l'air libre par jour.

Chaque personne détenue doit disposer d'un lit individuel et d'une literie appropriée, entretenue convenablement et renouvelée de façon à en assurer la propreté. La literie ayant servi à une personne détenue ne peut être réutilisée sans avoir été préalablement nettoyée ou désinfectée, selon le cas.

COMMENTAIRE

Comme les articles R. 321-4 et R. 321-6, l'article R. 321-5 est directement tiré du règlement intérieur type (art. 12) qui définit les critères de « l'hygiène personnelle » des détenus. La disposition mêle, sans réellement les distinguer, les obligations incombant en propre aux personnes détenues et celles qui pèsent sur l'administration pénitentiaire. L'association suffit à montrer la dépendance des personnes détenues qui ne peuvent ni se laver, ni s'aérer, ni bénéficier de linge propre sans la contribution de l'administration.

En dépit des recommandations de la CNCDH qui préconise la possibilité de douches quotidiennes (Étude sur les droits de l'homme dans la prison, mars 2004), l'article R. 321-5 prévoit un minimum de trois douches par semaine et, « dans toute la mesure du possible », à l'issue des séances de sport et des temps de travail ou de formation professionnelle. Comme le relève le *Guide du prisonnier*, « la fréquence d'accès aux douches reste donc très variable d'un établissement à l'autre » (OIP, Le Guide du prisonnier, *Éd. La Découverte, 2021, p. 175*), en fonction des équipements (présence ou non de douches en cellule), de l'état des locaux et des installations et du taux d'occupation de l'établissement. Les conditions dans lesquelles se déroulent les douches (propreté, horaires d'accès, durée, etc.) sont également sujettes à variations.

Le fait de négliger son hygiène corporelle ne constitue pas, en soi, une faute disciplinaire. Il peut néanmoins être sanctionné au titre du non-respect des dispositions du règlement intérieur ou des instructions particulières arrêtées par le chef de l'établissement (faute du troisième degré). ❑

1. Lavage du linge. Si le garde des Sceaux fait valoir que le lavage du linge est pris en charge par un prestataire privé et que le cahier des clauses techniques particulières du marché prévoit que les draps et taies d'oreiller sont lavés tous les quinze jours et les alèses et les couvertures tous les trimestres, il résulte de l'instruction que cette périodicité n'est pas toujours respectée et que la couverture du requérant n'a pas été lavée depuis plus de sept mois. Cette situation constitue une atteinte grave et manifestement illégale au droit de ne pas être soumis à des traitements inhumains ou dégradants qui justifie qu'il soit enjoint à l'administration pénitentiaire d'assurer un lavage hebdomadaire des draps et un lavage mensuel de tout linge de lit à disposition des détenus, dans les conditions conforme à la réglementation. • CE, ord., 16 déc. 2020, n° 447141 : *AJ pénal 2021. 275, obs. David*.

2. Fréquence des douches. Satisfait aux obligations imposées à l'administration pénitentiaire, la note de service du directeur d'établissement qui permet aux femmes en période menstruelle qui le demandent de pouvoir accéder une fois par jour à une douche collective. • CE, ord., 15 mai 2023, n° 472994 : *D. actu. 26 mai 2023, obs. Dominati.*

3. Propreté des douches. La carence de l'administration à maintenir certaines des douches collectives dans un état de propreté conforme à l'exigence d'hygiène des locaux de détention crée, eu égard à l'usage régulier de ces lieux par les détenus, des conditions indignes de détention qui sont de nature à porter atteinte à leur vie privée dans une mesure excédant les restrictions inhérentes à la détention, ainsi qu'à les exposer à un traitement inhumain ou dégradant, portant une atteinte grave à ces deux libertés fondamentales. Il y a lieu d'enjoindre à l'administration de procéder à très bref délai à un nettoyage renforcé de ces douches collectives soit par les équipes du service général, soit, à titre ponctuel, par un prestataire privé. • CE, ord., 15 mai 2023, n° 472994 : *préc. note 2.*

Art. R. 321-6 Les vêtements et sous-vêtements laissés ou fournis aux personnes détenues sont appropriés au climat et à la saison. Ils sont maintenus propres et en bon état. Les sous-vêtements sont lavés avec une fréquence suffisante pour assurer leur propreté.

Les vêtements retirés à la personne détenue qui a manifesté le désir de porter ceux fournis par l'administration sont inventoriés, nettoyés, désinfectés et remis au vestiaire de l'établissement. Au moment de sa libération, les vêtements remisés lui sont restitués contre décharge.

Aucun vêtement ayant servi à une personne détenue ne peut être réutilisé sans avoir été préalablement nettoyé ou désinfecté suivant le cas.

CHAPITRE II ACCÈS AUX SOINS

SECTION 1 Dispositions générales

Art. R. 322-1 Hormis les cas où elles se trouvent en dehors d'un établissement pénitentiaire en application des dispositions des articles 723 et 723-3 du code de procédure pénale, les personnes détenues ne peuvent être examinées ou soignées par un médecin de leur choix, à moins d'une décision du directeur interrégional des services pénitentiaires territorialement compétent. Ils doivent alors assumer les frais qui leur incombent du fait de cette prise en charge.

1. Privation du droit au libre choix de son praticien. Si les personnes détenues dans des établissements pénitentiaires ne sont pas de ce seul fait privées d'exercer leurs droits fondamentaux, l'exercice de ces droits est subordonné aux contraintes inhérentes à leur détention. Compte tenu de leur détention, le droit du malade au libre choix de son praticien et de son établissement de santé ne leur est pas ouvert. • CAA Paris, 31 juill. 2014, n° 13PA04134. ♦ Cette règle ne contrevient pas par elle-même au droit à un accès approprié aux soins. Dès lors que l'accès à des soins individuels appropriés est effectif au sein de l'établissement, l'intéressé n'est pas fondé à soutenir que le refus de l'autoriser à choisir son praticien le prive de manière discriminatoire de ce droit fondamental tel qu'il est protégé par les dispositions législatives et réglementaires internes : l'art. 12 du PIDCP, les art. 2 et 3 Conv. EDH, les règles *a minima* de l'Organisation des Nations unies et la Recomm. n° R (98) 7 du Conseil de l'Europe. • Même arrêt.

2. Autorisation du directeur interrégional. L'autorisation du directeur interrégional des services pénitentiaires donnée à titre dérogatoire à un patient de consulter le médecin de son choix lorsque la situation le justifie relève d'une simple faculté. • CAA Paris, 31 juill. 2014, n° 13PA04134. ♦ Si, pour des motifs tenant à la crainte d'une violation de sa vie privée, l'intéressé peut refuser la thérapie de groupe proposée par l'unité de soins dans le cadre du centre de détention, il ne peut en revanche se prévaloir d'un droit au libre choix de son praticien. • Même arrêt.

3. Refus du directeur interrégional. La décision par laquelle le directeur interrégional des services pénitentiaires de Paris refuse l'autorisation sollicitée par une personne détenue de déroger à la règle selon laquelle les détenus ne peuvent être examinés ou soignés par un médecin de leur choix n'entre dans aucune catégorie des décisions individuelles défavorables devant être motivées en application de la L. du 11 juill. 1979. Cette décision n'a donc pas à faire l'objet d'une procédure contradictoire au sens des dispositions de l'art. R. 57-9-1 C. pr. pén. [désormais C. pénit., art. R. 322-1]. • CAA Paris, 31 juill. 2014, n° 13PA04134. ♦ Le juge administratif exerce un contrôle restreint, limité à l'erreur manifeste d'appréciation, des motifs invoqués à l'appui d'une telle décision qui doit tenir compte des offres de soins à la disposition du détenu concerné. • Même arrêt.

Art. R. 322-2 Hors le cas où l'état de santé de la personne détenue rend nécessaire un acte de diagnostic ou de soins auquel elle n'est pas à même de consentir, celle-ci doit, conformément aux dispositions de l'article R. 4127-36 du code de la santé publique, exprimer son consentement préalablement à tout acte médical et, en cas de refus, être informée par le médecin des conséquences de ce refus.

COMMENTAIRE

Le code pénitentiaire rappelle, s'il en était besoin, le principe du consentement à l'acte médical posé par les articles 16-3 du code civil et L. 1111-4 du code de la santé publique. Tout aussi classiquement, la disposition relève la principale exception à ce principe qui concerne l'hypothèse dans laquelle « l'état de santé de la personne détenue rend nécessaire un acte de diagnostic ou de soins auquel elle n'est pas à même de consentir ».

La présence dans le code pénitentiaire d'une telle disposition, qui s'adresse bien davantage aux médecins et, plus largement, aux professionnels de santé qu'aux agents du service public pénitentiaire, a de quoi étonner, d'autant que la disposition, qui ignore toute la subtilité de l'information médicale et du consentement aux soins, est bien trop incomplète pour être utilement mobilisée. A n'en pas douter, les professionnels de santé se référeront plus aisément au code de la santé publique qu'à cet article qui néglige tout autant le droit à l'information du patient (CSP, art. L. 1111-2 et L. 1111-4) que les contraintes pesant sur les professionnels de santé dans l'hypothèse où la personne soignée est hors d'état d'exprimer sa volonté (CSP, art. L. 1111-4).

S'il s'agit d'insister sur le droit de la personne détenue de consentir aux soins, la relégation dans la partie réglementaire d'une disposition aussi fondamentale pour le respect des droits fondamentaux des personnes détenues est tout aussi regrettable. Les contraintes propres aux missions du service public pénitentiaire peuvent certes justifier une restriction de certains droits normalement reconnus aux malades (tel le droit au libre choix du praticien) mais le droit de consentir et, partant, de refuser un acte de diagnostic ou de soins ne fait pas partie de ces derniers.

Rappelons, à toutes fins utiles, que le Conseil d'État, tout en refusant de reconnaître le « droit à la santé » comme une liberté fondamentale protégée par l'article L. 521-2 du code de justice administrative, n'en a pas moins consacré comme telles le « droit au consentement libre et éclairé du patient aux soins médicaux qui lui sont prodigués » (CE, ord., 16 août 2002, n° 249552 A : *D. 2002. IR 2581, obs. de Montecler ; AJDA 2002. 723, obs. de Montecler ; JCP 2002. II. 10184, note Mistretta ; JCP Adm. 2002. 1. 27, note Mersch ; Gaz. Pal. 15-17 sept. 2002, p. 9, obs. Pansier ; RFDA 2003. 528, note Dorsner-Dolivet ; LPA 2003, n° 61, obs. Clément*) ainsi que le « droit de chacun au respect de sa liberté personnelle » (CE, ord., 8 sept. 2005, n° 284803 A : *D. 2006. 124, note Bioy ; AJDA 2006. 376, note Laujidois ; Gaz. Pal. 2006. 1077, note Pissaloux*). Dès 2005, le juge a eu l'occasion d'indiquer expressément que ces deux libertés fondamentales valent pour les personnes détenues comme pour toute personne humaine, bien que leur « situation » soit nécessairement « tributaire des sujétions inhérentes à leur détention ». De telles sujétions ne pouvant peser sur la liberté de consentir ou de refuser un traitement médical, le droit au consentement libre et éclairé aux soins d'une personne détenue ne peut être limité que par des considérations d'ordre public, notamment sanitaire (V. Renard, L'ordre public sanitaire. Étude de droit public sanitaire, *th. droit public, Rennes 1, 2008, n° 655 s.*). ❑

1. Conv. EDH, art. 3. Il appartient aux autorités médicales de décider, sur la base des règles reconnues de leur science, des moyens thérapeutiques à employer, au besoin de force, pour préserver la santé physique et mentale des détenus. Une mesure dictée par une nécessité thérapeutique, si désagréable soit-elle à l'intéressé, ne saurait, en principe, passer pour inhumaine ou dégradante au sens de l'art. 3 Conv. EDH. • CEDH 10 févr. 2004, *Gennadi Naoumenko c/ Ukraine*, n° 42023/98, § 112 : *RSC 2005. 630, obs. Massias*. ♦ ... Sous réserve de garanties procédurales. • CEDH 8 juill. 2014, *Ciorap c/ République de Moldova*, n° 14092/06, § 49. ♦ L'alimentation forcée d'un détenu qui fait une grève de la faim, en vue de lui sauver la vie, ne saurait être qualifiée de mesure inhumaine et dégradante si cet acte est médicalement nécessaire et accompagné de garanties procédurales et si la manière dont le détenu est alimenté de force n'est pas, par elle-même, un traitement contraire à l'art. 3 Conv. EDH. • CEDH 5 avr. 2005, *Nevmerjitski c/ Ukraine*, n° 54825/00, § 94 : *JCP 2005. I. 1451, obs. Sudre.*

2. Refus de soins et privation de soins. Le seul constat de la disproportion des mesures de sécurité adoptées à l'encontre de l'intéressé lors de ses extractions médicales, dont il ne ressort pas qu'elles auraient, par elles-mêmes, entraîné une privation de soins alors même qu'elles sont à l'origine du refus du patient d'être examiné lors de la consultation, ne suffit pas à caractériser l'existence d'un préjudice moral. • CE 16 mars 2018, n° 407857 : *AJDA 2018. 1430*.

Art. R. 322-3 **Conformément aux dispositions de l'article L. 1121-6 du code de la santé publique, les personnes détenues ne peuvent être sollicitées pour se prêter à des recherches biomédicales que s'il en est attendu un bénéfice direct et majeur pour leur santé. Leur consentement est recueilli selon les modalités prévues par les dispositions des articles L. 1122-1 et L. 1122-1-1 du même code.**

Art. R. 322-4 **Si une personne détenue se livre à une grève de la faim prolongée, elle ne peut être traitée sans son consentement, sauf lorsque son état de santé s'altère gravement et seulement sur décision et sous surveillance médicales.**

Il en est rendu compte aux autorités à prévenir en cas d'incident dans les conditions prévues par les dispositions de l'article D. 214-26.

BIBL. ▶ Conseil de l'ordre des médecins, Grève de la faim des personnes placées en lieu de privation de liberté : Préconisations déontologiques, *juin 2021*.

COMMENTAIRE

La grève de la faim est une démarche volontaire d'une personne qui, au soutien d'une revendication individuelle ou collective, refuse de s'alimenter, fût-ce au prix de sa vie ou de sa santé. En détention, la prise en charge des personnes qui ont engagé ou déclaré une grève de la faim et/ou de la soif doit se faire dans les conditions du droit commun. Les personnes détenues ne peuvent donc pas être alimentées ou hydratées de force sauf lorsque leur « état de santé s'altère gravement », et seulement sur « décision et sous surveillance médicale ». Le consentement de l'intéressé reste un élément fondamental lié à l'état de santé de la personne. Lorsqu'une grève de la faim et/ou de la soif est constatée ou suspectée par le personnel de surveillance, l'unité sanitaire doit être alertée « dans les plus brefs délais par un signalement écrit » par le chef d'établissement. Un suivi médical est alors organisé à partir d'une évaluation individuelle du patient. Il consiste, dans un premier temps, en des examens cliniques (vérification du poids, de l'état d'hydratation, du rythme cardiaque, etc.) ainsi qu'en une information de la personne concernée sur les risques encourus (notamment en cas de pathologie préexistante). Le code de la santé publique impose au médecin de l'unité de soins d'informer le patient de ses droits découlant de l'article L. 1111-4 et des risques encourus pour sa santé. En juin 2021, le Conseil national de l'ordre des médecins a édité un rapport sur des préconisations déontologiques en matière de grève de la faim en détention en insistant sur l'importance des directives anticipées du patient permettant de connaître les choix de la personne prise en charge.

Si la grève de la faim se poursuit au-delà de quarante-huit heures, le chef d'établissement est dans l'obligation d'en informer l'autorité judiciaire et le directeur interrégional des services pénitentiaires. Si la grève de la faim dépasse une semaine, la direction de l'administration doit en être avisée. ❑

1. Conv. EDH, art. 2. Droit à la vie. N'est pas établie la violation de l'art. 2 Conv. EDH alors que le détenu, décédé des suites d'une grève de la faim, avait refusé toute autre intervention que des vitamines et qu'il avait été hospitalisé après avoir perdu connaissance. • CEDH 31 mars 2009, *Horoz c/ Turquie*, n° 639/03.

2. Conv. EDH, art. 3. Traitement inhumain et dégradant. L'alimentation forcée d'un détenu qui fait une grève de la faim, en vue de lui sauver la vie, ne saurait être qualifiée de mesure inhumaine et dégradante si cet acte est médicalement nécessaire et accompagné de garanties procédurales et si la manière dont le détenu est alimenté de force n'est pas, par elle-même, un traitement contraire à l'art. 3 Conv. EDH. • CEDH 5 avr. 2005, *Nevmerjitski c/ Ukraine*, n° 54825/00, § 94 : *JCP 2005. I. 1451, obs. Sudre.* ♦ Relève toutefois d'un traitement inhumain et dégradant, et même d'un acte de torture, le fait d'alimenter un détenu de force, sans justification médicale, et avec des moyens de contrainte particuliers comme des menottes, un écarteur buccal et un tube en caoutchouc spécial inséré dans l'œsophage. • Même arrêt.

3. Conv. EDH, art. 2 et 3. Libération (non). Si les États ont l'obligation de protéger les personnes contre des agissements par lesquels ils menacent leur propre vie, et notamment de protéger les personnes se trouvant dans une situation particulière de vulnérabilité, tels que les détenus, une libération pour raisons de santé suite à une grève de la faim ne relève pas de cette obligation. • CEDH 26 mars 2013, *Rappaz c/ Suisse*, n° 73175/10.

Art. R. 322-5 Le transfèrement dans un établissement pénitentiaire mieux approprié peut être sollicité dans les conditions prévues par les dispositions de l'article D. 115-25, pour les personnes détenues qui ne bénéficient pas, dans l'établissement où elles sont écrouées, de conditions matérielles de détention adaptées à leur état de santé et pour celles qui nécessitent une prise en charge particulière.

Le directeur interrégional des services pénitentiaires fait procéder, à l'intérieur de sa région pénitentiaire et dans les conditions prévues par les dispositions de l'article D. 215-13, à tout transfèrement ayant pour objet de permettre à une personne détenue malade d'être prise en charge dans de meilleures conditions.

S'il s'agit de personnes prévenues, le magistrat chargé du dossier de la procédure doit avoir donné préalablement son accord au transfèrement, après avoir été informé de la durée probable du traitement envisagé.

Référé-liberté. Une personne détenue peut valablement demander au juge administratif des référés d'enjoindre au garde des Sceaux de procéder à son transfert pour des raisons liées à son état de santé. • CE, ord., 10 nov. 2022, n° 468491 • 20 avr. 2023, n° 472455 (rejet en l'espèce). ♦ A ce niveau, la carence de l'autorité publique pourrait exposer la personne à être soumise, de manière caractérisée, à un traitement inhumain ou dégradant, portant ainsi une atteinte grave et manifestement il égale à son droit de ne pas être soumis à des traitements inhumains ou dégradants qui constitue une liberté fondamentale au sens de l'art. L. 521-2 CJA. • CE, ord., 10 nov. 2022, n° 468491. ♦ Le juge se livre à une appréciation circonstanciée des conditions de détention. • CE, ord., 20 avr. 2023, n° 472455 (rejet de la demande en l'espèce).

Art. R. 322-6 Des moyens de prévention et d'information sur les maladies transmissibles sont mis à la disposition des personnes détenues.

Le médecin responsable des structures mentionnées par les dispositions de l'article D. 115-3 prescrit, en liaison avec le médecin de prévention du personnel pénitentiaire, toutes les mesures nécessaires à la prophylaxie individuelle et collective des maladies transmissibles. Ces mesures sont mises en œuvre en collaboration avec l'administration pénitentiaire.

Art. R. 322-7 La prophylaxie de la tuberculose prévue par le code de la santé publique est assurée dans les établissements pénitentiaires par les services compétents prévus à cet effet.

Le dépistage de la tuberculose est réalisé chez toutes les personnes entrantes non détenues auparavant par un examen clinique réalisé et interprété dans les délais les plus brefs à compter de la date d'entrée en détention. Cette mesure s'applique également aux personnes détenues présentes qui n'auraient jamais bénéficié, ni lors de leur entrée en détention, ni au cours de leur détention, d'un dépistage clinique de la tuberculose. Cet examen systématique est pratiqué sur place, sauf impossibilité matérielle. Au vu des résultats de cet examen, le médecin de l'unité sanitaire en milieu pénitentiaire prescrit, si nécessaire, un examen radiologique.

Les personnes détenues dont l'état de santé le nécessite sont isolées sur avis médical. Le médecin prescrit les mesures appropriées pour éviter toute contamination des personnels et des personnes détenues.

En liaison avec le médecin responsable des structures mentionnées par les dispositions de l'article D. 115-3 et le médecin de prévention du personnel pénitentiaire, le médecin du service de lutte antituberculeuse effectue le dépistage de la tuberculose auprès des personnes ayant été en contact avec une personne détenue présentant une maladie tuberculeuse.

En application de l'article L. 3113-1 du code de la santé publique, la déclaration obligatoire des cas de tuberculose est faite par le médecin ayant effectué le diagnostic et est transmise par le médecin responsable des structures mentionnées par les dispositions de l'article D. 115-3 au médecin de l'agence régionale de santé désigné par le directeur général.

Art. R. 322-8 **La prophylaxie des maladies vénériennes prévue par le code de la santé publique est assurée dans les établissements pénitentiaires par les services compétents prévus à cet effet.**

Art. R. 322-9 **Toute personne détenue doit pouvoir bénéficier, avec son accord, d'une information et d'un conseil personnalisé sur l'infection par le virus de l'immunodéficience humaine (VIH) et, le cas échéant, au cours de consultations médicales, de la prescription d'un test de dépistage et de la remise du résultat.**

COMMENTAIRE

Compte tenu des risques liés au VIH, le code pénitentiaire insiste dans l'article R. 322-9 sur l'importance de l'information à destination de la population pénale. C'est ainsi que doivent être mises en place des actions de prévention et d'éducation. Dans un souci d'efficacité et compte tenu de leur spécificité, elles sont coordonnées par l'équipe soignante de l'unité sanitaire, mais peuvent être mises en œuvre par des structures extérieures intervenant en détention : centres d'accueil et d'accompagnement à la réduction des risques pour usagers de drogue (CAARUD), centres gratuits d'information, de dépistage et de diagnostic ou centres de soins, d'accompagnement et de prévention en addictologie (CSAPA). Comme le rappellent les instructions ministérielles (Circ. NOR :TASP9630649C du 5 déc. 1996 relative à la lutte contre l'infection par le VIH en milieu pénitentiaire, feuille de route Santé des personnes placées sous-main de justice 2019-2022 ; Guide méthodologique relatif à la prise en charge sanitaire des personnes placées sous-main de justice, *2019*), lors de la visite médicale de chaque nouvel arrivant, il doit être remis une brochure de prévention et d'information sur le VIH dont le contenu pédagogique et didactique est un bon outil d'éducation à la santé compte tenu de la prévalence de ces pathologies en détention et des risques liés à la consommation de drogue. De la même manière, il revient à l'équipe soignante de recommander aux détenus non immunisés de se faire vacciner contre l'hépatite B (VHB). ❑

Art. R. 322-10 **Dans le cadre de la prise en charge globale des personnes présentant une dépendance à un produit licite ou illicite, les secteurs de psychiatrie générale et les secteurs de psychiatrie en milieu pénitentiaire favorisent et coordonnent, en collaboration avec les unités de consultations et de soins ambulatoires, les interventions, au sein de l'établissement pénitentiaire, des équipes des structures spécialisées de soins, notamment des centres de soins d'accompagnement et de prévention en addictologie.**

Art. R. 322-11 **Au sein de l'établissement pénitentiaire, aucun stockage, cession, don ou échange de médicaments n'est autorisé. Les personnes détenues doivent pouvoir justifier la possession de médicaments par la production d'une prescription médicale.**

Aucune entrée de médicaments ne peut se faire par le biais des parloirs ni par l'achat en cantine. Si une personne détenue entrante est porteuse de médicaments, le médecin en est immédiatement avisé afin de décider de l'usage qui doit en être fait.

Des matériels et appareillages médicaux peuvent être laissés à la disposition des personnes détenues selon les modalités prescrites par les médecins intervenant dans les établissements pénitentiaires, sauf décision du chef d'établissement motivée par des raisons d'ordre et de sécurité.

COMMENTAIRE

Lorsque le médecin considère que la personne détenue est en mesure de suivre le traitement prescrit, celle-ci peut se voir remettre les médicaments nécessaires et les conserver en cellule. Afin d'éviter tout risque de détournement, de trafic ou de vol, le détenu devra être en mesure de présenter à l'équipe de surveillance la prescription médicale individuelle à chaque contrôle ou à la suite d'une fouille de cellule. Compte tenu des risques inhérents à la détention et au titre de son pouvoir de police interne visant à prévenir les atteintes à la sécurité de l'établissement, le directeur d'établissement peut s'opposer à la détention de ces produits par décision individuelle écrite et motivée, conformément aux dispositions du code des relations entre le public et l'administration (art. L. 211-2). Compte tenu de l'objet de cette décision, le directeur en informe le médecin responsable de l'unité sanitaire afin que ce dernier puisse en tenir compte dans la rédaction de ses ordonnances et organiser la distribution des médicaments en conséquence. La circulaire du 20 février 2012 relative au maintien des liens extérieurs des personnes détenues par les visites et l'envoi ou la réception d'objets rappelle également l'interdiction faite aux détenus de se rendre au parloir avec des médicaments ou d'en recevoir venant de l'extérieur. ❑

1. Gestion des médicaments prescrits. Il résulte de l'art. L. 6112-1 CSP que la détermination du traitement médical des détenus et sa mise en œuvre relèvent de la seule compétence des personnels de santé, le chef d'établissement pouvant seulement s'opposer à ce qu'un détenu conserve à sa disposition des médicaments pour des raisons d'ordre et de sécurité. • CE 26 juill. 2018, n° 391551. ♦ Par suite, il ne peut être reproché à l'administration pénitentiaire d'avoir commis une faute en laissant le détenu gérer lui-même l'administration de ses médicaments alors même qu'il était réticent à les prendre régulièrement. • Même arrêt. ♦ Il ne peut davantage être reproché aux services pénitentiaires d'avoir commis une faute en laissant la personne détenue gérer elle-même, en dehors de tout contrôle du personnel médical et pénitentiaire, le stock de médicaments nécessaires à son traitement dès qu'il n'est pas établi que le directeur de l'établissement aurait dû s'opposer aux modalités de traitement préconisées par l'autorité médicale compétente. • CAA Nancy, 20 déc. 2007, n° 07NC00119. ♦ La prescription des médicaments relève de la seule compétence des autorités médicales et doit, à cet effet, être exécutée par le personnel infirmier, l'administration pénitentiaire devant seulement s'assurer que les modalités de traitement sont compatibles avec la sécurité de l'établissement et des détenus. L'éventuelle erreur d'appréciation commise dans la définition ou l'exécution du traitement par le personnel médical ou paramédical, lequel relève d'une personne morale distincte de l'État, ne saurait être imputée à l'administration pénitentiaire. • Même arrêt. ♦ En l'absence d'éléments de nature à faire suspecter un risque de suicide, les services pénitentiaires n'ont pas commis de faute en s'abstenant de procéder à une fouille de la cellule à la recherche d'un éventuel stockage de médicaments potentiellement dangereux. • CAA Bordeaux, 19 nov. 2019, n° 17BX03998.

2. Stockage de médicaments et responsabilité de l'administration pénitentiaire. En l'absence d'éléments de nature à faire suspecter un risque de suicide, les services pénitentiaires n'ont pas commis de faute en s'abstenant de procéder à une fouille de la cellule à la recherche d'un éventuel stockage de médicaments potentiellement dangereux. • CAA Bordeaux, 19 nov. 2019, n° 17BX03998. ♦ La responsabilité de l'administration pénitentiaire ne peut être engagée dès lors que la possession par M. F. des médicaments découverts dans sa cellule n'avait pas de caractère irrégulier et qu'aucun motif de sécurité n'exigeait que ces médicaments lui soient retirés la nuit. • CAA Douai, 22 mars 2012, n° 11DA010115.

SECTION 2 Hospitalisations

SOUS-SECTION 1 Dispositions générales

Art. R. 322-12 **Lorsqu'une personne détenue est admise dans un établissement de santé, le règlement intérieur de son établissement pénitentiaire d'origine, défini aux articles L. 112-4 et R. 112-22, demeure applicable à son égard dans toute la mesure du possible. Il en est ainsi notamment en ce qui concerne ses relations avec l'extérieur.**

Les personnes détenues peuvent être autorisées par le chef de l'établissement pénitentiaire à détenir une somme d'argent provenant de la part disponible de leur compte nominatif pour effectuer, à l'intérieur de l'établissement de santé, des dépenses courantes.

COMMENTAIRE

L'article R. 322-12 a une double fonction. Il s'adresse à la fois aux services hospitaliers et à la personne détenue. Lors d'une hospitalisation, la personne détenue reste un usager du service public pénitentiaire et est donc tenue de respecter les obligations découlant de ce statut. Le comportement de la personne détenue durant son hospitalisation est d'ailleurs susceptible de poursuites disciplinaires en cas de non-respect des dispositions du code pénitentiaire et du règlement intérieur de son établissement d'incarcération. ❑

Art. R. 322-13 **Les personnes détenues qui, en raison de leur état de santé, ne peuvent être transférées dans un établissement pénitentiaire approprié ou spécialisé, sont hospitalisées dans le service spécialement aménagé d'un établissement de santé ou dans un local où un isolement est possible, dans les conditions et selon les modalités de surveillance prévues par les dispositions des articles R. 1112-30 à R. 1112-33 du code de la santé publique. – *CSP.***

Les personnes prévenues qui, pour les mêmes raisons, ne peuvent être éloignées des juridictions devant lesquelles elles ont à comparaître sont hospitalisées dans les mêmes conditions, conformément aux dispositions des mêmes articles.

Art. D. 322-14 Lorsqu'une personne détenue est hospitalisée pour une pathologie autre qu'un trouble mental dans un établissement de santé éloigné de l'établissement pénitentiaire dans lequel elle est écrouée, elle peut faire l'objet d'une levée d'écrou sous la forme simplifiée, même si son absence de l'établissement pénitentiaire excède soixante-douze heures.

Une personne détenue hospitalisée dans un établissement de santé à proximité de l'établissement pénitentiaire est écrouée selon les mêmes modalités.

A l'issue de son hospitalisation, la personne détenue est réintégrée dans son établissement pénitentiaire d'origine dans les délais les plus brefs. Si cette réintégration n'est pas possible, le transfert définitif de la personne détenue est effectué en régularisation.

SOUS-SECTION 2 Soins psychiatriques

§ 1 Surveillance au sein des unités hospitalières spécialement aménagées

Art. R. 322-15 La surveillance des personnes détenues hospitalisées atteintes de troubles mentaux incombe à l'administration pénitentiaire. Elle est assurée dans le respect de la confidentialité des soins, conformément aux dispositions de l'article L. 322-3.

L'administration pénitentiaire porte à la connaissance de l'établissement de santé les éléments nécessaires à l'appréciation de la dangerosité ou de la vulnérabilité des personnes détenues.

L'établissement de santé assure, par une organisation interne appropriée de l'unité hospitalière spécialement aménagée, des conditions d'hospitalisation garantissant la protection des personnes détenues hospitalisées.

COMMENTAIRE

L'organisation et le fonctionnement des UHSA sont précisés par l'arrêté du 11 février 2011 relatif à la répartition entre l'État et les établissements de santé des dépenses d'investissement et de fonctionnement des unités spécialement aménagées (*JO 10 mars*) et la circulaire interministérielle n° DGOS/R4/PMJ2/2011/105 du 18 mars 2011 relative à l'ouverture et au fonctionnement des unités hospitalières spécialement aménagées (UHSA). La protection des bâtiments, des personnels et la bonne organisation des mouvements internes sont de la responsabilité de l'administration pénitentiaire. ❑

Art. R. 322-16 Les décisions de l'autorité judiciaire, notamment en matière d'isolement, de séparation de personnes détenues ou d'interdiction temporaire de communiquer, sont applicables au sein de l'unité hospitalière spécialement aménagée et sont communiquées par le chef de l'établissement pénitentiaire au directeur de l'établissement de santé qui veille à leur exécution.

Art. R. 322-17 Aucun agent exerçant dans les unités hospitalières spécialement aménagées ne peut se charger, pour le compte des personnes détenues hospitalisées, d'un service étranger à sa mission.

Les personnels intervenant dans l'unité spécialement aménagée ne sont pas autorisés à communiquer aux membres de la famille, aux proches et aux visiteurs les dates d'entrée et de sortie des personnes détenues ainsi que les dates et les heures des examens réalisés hors de l'unité hospitalière spécialement aménagée. Sous réserve du respect de ces exigences de sécurité et dans le respect des règles déontologiques, le médecin peut communiquer des informations relatives à la santé du patient détenu hospitalisé à sa famille, à ses proches ou à la personne de confiance qu'il a désignée.

Art. R. 322-18 La surveillance de l'enceinte et des locaux de l'unité hospitalière spécialement aménagée ainsi que le contrôle des accès à cette unité sont assurés par le personnel pénitentiaire.

Toutefois, le personnel pénitentiaire n'a accès aux locaux de soins et aux chambres des patients que pour en assurer la fouille et le contrôle des équipements et aménagements spéciaux ou, à la demande du personnel hospitalier, lorsque la sécurité des personnes ou des biens est compromise.

Art. R. 322-19 Un dispositif de vidéoprotection est mis en œuvre pour la protection des abords et des locaux de l'unité hospitalière spécialement aménagée, à l'exception des chambres et des locaux de soins.

La demande d'autorisation est présentée par le directeur de l'établissement de santé au vu d'un dossier constitué conjointement avec le chef de l'établissement pénitentiaire.

Une convention, mentionnée par les dispositions de l'article R. 3214-3 du code de la santé publique, précise les modalités de désignation et d'habilitation des agents destinataires des images et enregistrements du système de vidéoprotection. – *CSP.*

Art. R. 322-20 Toute personne entrant dans une unité spécialement aménagée justifie de son identité et se soumet aux mesures de contrôle définies par la convention mentionnée par les dispositions de l'article R. 3214-3 du code de la santé publique. – *CSP.*

Le personnel de l'administration pénitentiaire, chargé du contrôle des accès de l'unité, tient un registre sur lequel sont inscrits les noms et qualité de toutes les personnes entrant ou sortant ainsi que les horaires de leur entrée et de leur sortie.

Art. R. 322-21 Sans faire obstacle au bon déroulement des soins, le personnel de l'administration pénitentiaire peut procéder aux fouilles des personnes détenues hospitalisées dans les conditions prévues par les articles L. 225-1 à L. 225-3.

Art. R. 322-22 La fouille des locaux et le contrôle des équipements et aménagements spéciaux de l'unité hospitalière spécialement aménagée sont effectués par le personnel de l'administration pénitentiaire.

Toute fouille générale ou sectorielle de l'unité hospitalière spécialement aménagée est décidée avec l'accord du directeur de l'établissement de santé. Elle est réalisée en présence du directeur de l'établissement de santé et du médecin responsable de l'unité ou de leurs représentants.

Art. R. 322-23 Le personnel hospitalier signale, sans délai, toute absence irrégulière d'une personne détenue au directeur de l'établissement de santé et au personnel pénitentiaire.

Le directeur de l'établissement de santé et le chef de l'établissement pénitentiaire en informent le préfet et le procureur de la République ainsi que :

1° S'il s'agit d'une personne prévenue, le magistrat chargé du dossier de la procédure ;

2° S'il s'agit d'une personne condamnée, le magistrat chargé de l'application des peines.

Art. R. 322-24 Le directeur de l'établissement de santé et le chef de l'établissement pénitentiaire portent immédiatement à la connaissance du préfet, du procureur de la République, du directeur interrégional des services pénitentiaires et du directeur général de l'agence régionale de santé tout incident grave touchant à l'ordre ou à la sécurité de l'unité hospitalière spécialement aménagée.

Lorsque la gravité ou l'ampleur de l'incident ne permet pas que l'ordre soit rétabli par le seul personnel de l'administration pénitentiaire présent dans l'unité hospitalière spécialement aménagée, le préfet, saisi par le directeur de l'établissement de santé, peut décider de faire appel aux forces de l'ordre.

Art. R. 322-25 Si l'incident concerne une personne prévenue, le chef de l'établissement pénitentiaire informe également le magistrat chargé du dossier de la procédure et si l'incident concerne une personne condamnée, le magistrat chargé de l'application des peines.

Si l'incident concerne une personne détenue appartenant aux forces armées, l'autorité militaire est avisée par le chef de l'établissement pénitentiaire.

§ 2 Conditions de séjour au sein des unités hospitalières spécialement aménagées

Art. R. 322-26 Les personnes détenues hospitalisées dans l'unité hospitalière spécialement aménagée continuent à exécuter leur peine ou leur détention provisoire.

Art. R. 322-27 Les personnes détenues dans l'unité hospitalière spécialement aménagée restent soumises au régime disciplinaire des établissements pénitentiaires lorsqu'elles se trouvent sous la surveillance exclusive du personnel de l'administration pénitentiaire.

Le chef de l'établissement pénitentiaire informe le directeur de l'établissement de santé de tout incident disciplinaire imputable à une personne détenue alors qu'elle se trouvait sous la surveillance exclusive du personnel pénitentiaire.

Aucune sanction disciplinaire ne peut être prononcée par la commission de discipline plus d'un mois après les faits ni pendant l'hospitalisation.

Lorsque le chef d'établissement pénitentiaire envisage d'engager des poursuites disciplinaires à l'encontre de la personne détenue, il en informe le responsable du personnel médical de l'unité et, le cas échéant, du service médico-psychologique régional.

Art. R. 322-28 Les personnes détenues hospitalisées dans une unité hospitalière spécialement aménagée peuvent recevoir des visites des personnes disposant d'un permis de visite délivré dans les conditions prévues par le présent code.

Les jours et les heures de visite, ainsi que leur durée, sont fixés par la convention mentionnée par les dispositions de l'article R. 3214-3 du code de la santé publique. – ***CSP.***

Les visites se déroulent dans un parloir sous la surveillance du personnel pénitentiaire, qui a la possibilité d'écouter les conversations. Les entretiens des avocats et des visiteurs de prison avec les personnes détenues ont lieu en dehors de la présence du personnel pénitentiaire.

Art. R. 322-29 L'accès au téléphone des personnes détenues est autorisé dans les conditions fixées par le présent code. Les modalités de cet accès sont fixées par la convention mentionnée par les dispositions de l'article R. 3214-3 du code de la santé publique. – ***CSP.***

Art. R. 322-30 Les règles applicables à la correspondance des personnes détenues sont celles définies par le présent code.

La convention mentionnée par les dispositions de l'article R. 3214-3 du code de la santé publique prévoit l'organisation de la collecte et de la distribution du courrier au sein de la zone de soins de l'unité spécialement aménagée. – ***CSP.***

§ 3 Suivi médico-psychologique au sein de services adaptés

Art. R. 322-31 Les personnes condamnées à un suivi sociojudiciaire, quel qu'en soit le motif, ainsi que les personnes condamnées pour le meurtre ou l'assassinat d'un mineur de quinze ans précédé ou accompagné d'un viol, de tortures ou d'actes de barbarie ou pour toute infraction prévue par les dispositions des articles 222-23 à 222-32 et 227-25 à 227-27 du code pénal exécutent leur peine dans les établissements pénitentiaires permettant d'assurer un suivi médical et psychologique adapté. Ces établissements sont les suivants :

1° Les établissements pénitentiaires sièges d'un service médico-psychologique régional ;

2° Les établissements pour peines dotés d'une unité fonctionnelle rattachée à un service médico-psychologique régional ;

3° Les établissements pénitentiaires dans lesquels intervient le secteur de psychiatrie générale en application des protocoles prévus par les articles R. 6111-29 et R. 6111-37 du code de la santé publique. – ***CSP.***

Art. R. 322-32 Le chef de l'établissement pénitentiaire signale les personnes mentionnées par les dispositions de l'article R. 322-31 au psychiatre intervenant dans l'établissement. Il met en outre à sa disposition un résumé de la situation pénale ainsi que les expertises psychologiques ou psychiatriques conservées dans le dossier individuel de la personne détenue intéressée.

Art. R. 322-33 Avant leur libération, les personnes mentionnées par les dispositions de l'article R. 322-31 font l'objet d'un examen psychiatrique en vue de préparer, le cas échéant, une prise en charge adaptée après la fin de leur détention.

SECTION 3 **Soins spécifiques aux femmes détenues**

Art. R. 322-34 Toutes dispositions sont prises par les médecins des structures mentionnées par les dispositions de l'article D. 115-3 pour que les femmes détenues

enceintes bénéficient d'un suivi médical adapté et que leur accouchement soit réalisé dans le service hospitalier approprié à leur état de santé.

Si la naissance a lieu dans un établissement pénitentiaire, l'acte de l'état civil mentionne seulement la rue et le numéro de l'immeuble.

COMMENTAIRE

Les modalités de prise en charge médicale des femmes détenues enceintes sont déterminées en accord avec le ministère chargé de la santé. Pour les consultations médicales et accouchements, des dispositions spécifiques doivent être prises, en particulier en ce qui concerne l'organisation des escortes pénitentiaires afin de garantir la dignité et l'intimité des personnes détenues. L'escorte pénitentiaire doit ainsi comporter au moins un personnel féminin. ❑

SECTION 4 Accompagnement des personnes détenues en situation de handicap physique

Art. R. 322-35 **L'aidant est choisi par une personne détenue en application des dispositions de l'article L. 322-11 pour permettre la réalisation des gestes liés à des soins prescrits par un médecin durant les périodes d'absence des professionnels soignants.**

L'aidant choisi peut être une autre personne détenue.

La personne désignée consent expressément à devenir aidant.

Les dispositions du deuxième alinéa de l'article L. 1111-6-1 du code de la santé publique sont applicables à la personne détenue et à l'aidant qu'elle a désigné. – ***CSP.***

Le chef de l'établissement pénitentiaire peut s'opposer à la désignation d'un aidant notamment pour des motifs liés à la sécurité des personnes ou au maintien de l'ordre au sein de l'établissement.

COMMENTAIRE

Voir le commentaire sous l'article L. 322-11. ❑

SECTION 5 Suspension médicale de peine

Art. D. 322-36 **Les personnes détenues condamnées atteintes d'une pathologie engageant leur pronostic vital ou dont l'état de santé physique ou mentale est durablement incompatible avec la détention, peuvent bénéficier d'une suspension médicale de leur peine en application des dispositions de l'article 720-1-1 du code de procédure pénale, selon les modalités de surveillance prévues par les dispositions des articles D. 147-1 à D. 147-3 du même code. –** ***C. pr. pén.***

V. Résol. 2082 (2015) du 27 nov. 2015 du Conseil de l'Europe, Le sort des détenus gravement malades en Europe ; CGLPL, Avis du 17 sept. 2018 relatif à la prise en compte des situations de perte d'autonomie dues à l'âge et aux handicaps physiques dans les établissements pénitentiaires (JO 22 nov.).

BIBL. ▶ BARON, La raison médicale comme motif de mise en liberté. À propos de la loi du 15 août 2014 relative à l'individualisation des peines et renforçant l'efficacité des sanctions pénales, *Dr. pénal 2015. 16.* - ENAP, Dossier documentaire : Sur la libération des détenus âgés et malades, *nov. 2002.* - GALARD et PETON-KLEIN (Groupe de travail Santé - Justice), Aménagements et suspension de peine pour raison médicale, *Rapp. intermin., juin 2014.* - SIMON, Les incohérences de la mise en liberté médicale ou la confirmation des incertitudes quant à la nature de la détention provisoire, *RSC 2/2016.* - Ministère de la Justice, Ministère des Solidarités et de la Santé, Guide méthodologique relatif aux aménagements de peine et à la mise en liberté pour raison médicale, *2018.*

COMMENTAIRE

Le Contrôleur général des lieux de privation de liberté (CGLPL) souligne régulièrement que, malgré l'assouplissement des conditions d'octroi de la suspension de peine opéré par la loi n° 2014-896 du 15 août 2014, « les obstacles à l'élargissement de cette procédure demeurent multiples [et que] les chiffres disponibles montrent qu'elle est très rarement prononcée [...]. En pratique, la suspension de peine est le plus souvent décidée sur le fondement du premier critère, c'est-à-dire au bénéfice de personnes en fin de vie. Pourtant il n'est pas rare que des personnes décèdent en cours de procédure, alors même qu'il existe une procédure d'urgence. » Rejoignant la résolution 2082 (2015) du Conseil de l'Europe sur le sort des détenus gravement malades, le CGLPL estime que nul ne devrait mourir en détention (Avis du 17 sept. 2018 relatif à la prise en compte des situations de perte d'autonomie dues à l'âge et aux handicaps physiques dans les établissements pénitentiaires, *JO 22 nov.*). ❑

1. Traitement inhumain et dégradant. Le maintien en détention malgré des troubles de santé incompatibles avec celle-ci constitue un traitement inhumain au sens de l'art. 3 Conv. EDH. • CEDH 23 févr. 2012, *G. c/ France*, n° 27244/09 : *D. 2012. 742, obs. Bachelet* ; *RDSS 2012. 678, note Hennion-Jacquet* • 16 avr. 2015, *Papastavrou c/ Grèce*, n° 63054/13, § 87. ♦ La Cour n'a toutefois pas consacré d'obligation générale de remettre en liberté ou de transférer à l'hôpital un détenu souffrant d'une maladie particulièrement difficile à soigner tant qu'est garanti son droit d'accès à des soins de qualité. • CEDH 10 juill. 2007, n° 67263/01, § 40 s. : *D. 2003. 303, note Moutouh*.

2. Libération pour raisons exceptionnelles de santé. La libération de la personne détenue peut s'imposer dans des cas exceptionnels où son état de santé est absolument incompatible avec sa détention. • CEDH 7 juin 2001, *Papon c/ France*, n° 64666/01 : *D. 2001. 2335, note Céré* ; *ibid. 2002. 683, note Renucci* • 19 juill. 2007, *Rozhkov c/ Russie*, n° 64140/00, § 104.

CHAPITRE III ALIMENTATION

Art. R. 323-1 Chaque personne détenue reçoit une alimentation variée, bien préparée et présentée, répondant tant en ce qui concerne la qualité que la quantité aux règles de la diététique et de l'hygiène, compte tenu de son âge, de son état de santé, de la nature de son travail et, dans toute la mesure du possible, de ses convictions philosophiques ou religieuses.

Le régime alimentaire comporte trois distributions par jour. Les deux principaux repas sont espacés d'au moins six heures.

Les personnes détenues malades bénéficient du régime alimentaire qui leur est médicalement prescrit.

CHAPITRE IV PROTECTION SOCIALE

COMMENTAIRE

Voir le commentaire sous l'intitulé du chapitre IV du titre II du livre III de la partie Législative (art. L. 324-1 s.). ❑

SECTION 1 Prestations de sécurité sociale

Art. R. 324-1 Les personnes détenues sont affiliées, dès leur entrée en détention, au régime général de la sécurité sociale. A ce titre, elles bénéficient, ainsi que leurs ayants droit, des prestations en nature de l'assurance maladie et maternité servies par le régime général, dans les conditions fixées par les dispositions des articles L. 381-30 à L. 381-31 et R. 381-98 à R. 381-120 du code de la sécurité sociale.

Les personnes détenues bénéficiant d'une mesure de semi-liberté ou de placement à l'extérieur en application des dispositions de l'article 723 du code de procédure pénale et qui exercent une activité professionnelle dans les conditions de droit commun sont affiliées au régime de sécurité sociale dont elles relèvent au titre de cette activité, dès lors que la durée de celle-ci permet l'ouverture des droits. Dans le cas contraire, elles continuent à bénéficier des prestations en nature de l'assurance maladie et maternité servies par le régime général dans les conditions fixées par les dispositions des articles L. 381-30, L. 381-30-1, L. 381-30-4 du code de la sécurité sociale, jusqu'à ce qu'elles remplissent les conditions d'ouverture du droit aux prestations du régime d'assurance maladie dont elles relèvent au titre de leur activité.

Art. D. 324-2 La part qui reste éventuellement à la charge des personnes détenues, après remboursement d'un appareillage ou d'une prothèse par l'assurance maladie est prise sur leur compte nominatif. Cependant, l'administration pénitentiaire peut se substituer aux personnes détenues dont les ressources sont insuffisantes.

Le financement des appareillages, prothèses, actes, traitements ou interventions chirurgicales qui ne sont pas pris en charge par l'assurance maladie est à l'entière charge des personnes intéressées, après autorisation du chef de l'établissement pénitentiaire, sous réserve des dispositions relatives aux prestations servies aux personnes détenues en application de la législation sur les accidents du travail et les maladies professionnelles.

SECTION 2 Autres prestations sociales

Art. R. 324-3 Le montant de l'allocation aux adultes handicapés dont bénéficient les personnes détenues en situation de handicap en application des dispositions des articles L. 821-1 et L. 821-6 du code de la sécurité sociale est réduit dans les conditions et selon les modalités prévues par les dispositions de l'article R. 821-8 du même code.

Art. R. 324-4 Le revenu de solidarité active versé aux personnes détenues est réduit ou suspendu dans les conditions prévues par les dispositions de l'article R. 262-45 du code de l'action sociale et des familles.

TITRE III PROTECTION DES BIENS ET AIDE MATÉRIELLE

CHAPITRE I DOCUMENTS PERSONNELS

Art. R. 331-1 Une personne détenue peut, à tout moment, remettre au greffe de l'établissement pénitentiaire, sous pli fermé, en vue de leur conservation et de la préservation de leur caractère confidentiel tous documents personnels, dont elle est détentrice lors de sa mise sous écrou ou qui lui sont adressés ou remis pendant sa détention. Elle peut en demander la restitution à tout moment.

Il en est de même des copies de pièces mentionnées par les dispositions de l'article R. 155 du code de procédure pénale, dont une personne détenue a demandé la délivrance et qui sont transmises selon les modalités énoncées par les dispositions du dernier alinéa de l'article R. 165 du même code.

Art. R. 331-2 En cas de décès d'une personne détenue, les documents confiés au greffe de l'établissement pénitentiaire sont remis à ses ayants droit ou, à défaut, joints à son dossier individuel et versés, s'il y a lieu, avec ce dossier, aux archives départementales.

CHAPITRE II VALEURS PÉCUNIAIRES ET NON PÉCUNIAIRES

SECTION 1 Dispositions communes aux valeurs pécuniaires et non pécuniaires

SOUS-SECTION 1 Dispositions générales

Art. R. 332-1 Chaque personne détenue ne peut conserver en détention ni argent ni moyen de paiement.

Les sommes dont elle est porteuse lors de sa mise sous écrou sont, à sa demande, envoyées à un tiers ou consignées, et à défaut inscrites à son compte nominatif.

Chaque personne détenue peut faire verser ses allocations ou revenus extérieurs, à son choix, sur un compte bancaire personnel extérieur ou sur le compte nominatif.

Art. R. 332-2 Chaque personne détenue conserve la gestion de ses biens patrimoniaux extérieurs. Cette gestion peut s'effectuer par l'intermédiaire d'un mandataire, étranger à l'administration pénitentiaire.

Les procurations sont envoyées dans les conditions prévues par les dispositions des articles R. 345-1 à R. 345-5.

Art. R. 332-3 Sur autorisation du chef de l'établissement pénitentiaire, les personnes détenues peuvent faire envoyer aux membres de leur famille des sommes figurant à la part disponible de leur compte nominatif.

Les personnes détenues peuvent recevoir des subsides en argent des personnes titulaires d'un permis permanent de visite ou autorisées par le chef d'établissement. Cette faculté s'exerce dans les conditions déterminées par arrêté du garde des sceaux, ministre de la justice. La destination à donner à ces subsides est réglée conformément aux dispositions applicables à la tenue du compte nominatif.

En outre, les personnes condamnées peuvent, sur autorisation du chef d'établissement et de manière exceptionnelle, recevoir des subsides en vue d'une dépense justifiée par un intérêt particulier. A la demande des personnes détenues, le reliquat de la dépense est soit renvoyé à l'expéditeur, soit soumis à répartition.

Art. R. 332-4 Chaque personne prévenue peut :

1° Établir des procurations ;

2° Solliciter l'établissement d'un acte par un notaire intervenant dans l'établissement pénitentiaire.

Art. R. 332-5 Pour l'application des dispositions des articles R. 332-3 et R. 332-4 et conformément aux dispositions de l'article 715 du code de procédure pénale, le magistrat chargé du dossier de la procédure :

1° Contrôle, dans les conditions qu'il détermine, les procurations ;

2° Est compétent pour autoriser les notaires à intervenir dans l'établissement pénitentiaire ;

3° Est préalablement informé, dans les conditions qu'il détermine et par le chef de l'établissement, du souhait de la personne prévenue d'envoyer aux membres de sa famille des sommes d'argent ;

4° Autorise la personne prévenue à recevoir des subsides.

Art. R. 332-6 Au sein des établissements pénitentiaires, la gestion des biens et valeurs des personnes détenues est assurée par une régie des comptes nominatifs.

Les sommes déposées sur les comptes nominatifs des personnes détenues sont intégrées dans la comptabilité de l'État en compte de tiers.

Les fonds appartenant aux personnes détenues constituent des deniers privés réglementés.

Sauf dispositions contraires du présent code, les régies des comptes nominatifs des personnes détenues sont soumises aux règles fixées par le décret n° 2019-798 du 26 juillet 2019 relatif aux régies de recettes et d'avances des organismes publics.

Le comptable assignataire de l'établissement pénitentiaire est le comptable assignataire de la régie créée en son sein.

SOUS-SECTION 2 Information de l'autorité judiciaire

Art. D. 332-7 Le chef de l'établissement pénitentiaire donne connaissance à l'autorité judiciaire des sommes d'argent ou objets trouvés sur les personnes détenues, apportés par elles ou qui leur sont envoyés lorsque, en raison de leur nature, de leur importance ou de leur origine, ces sommes ou objets sont susceptibles d'être retenus ou saisis.

SOUS-SECTION 3 Gestion des biens en cas de décès ou d'évasion

Art. D. 332-8 Après un délai de trois ans depuis le décès d'une personne détenue, si les bijoux, valeurs, vêtements et effets personnels n'ont pas été réclamés par ses ayants droit, il en est fait remise à l'administration des domaines et cette remise vaut décharge pour l'administration pénitentiaire ; l'argent est de même versé au Trésor.

Art. D. 332-8-1 *(Décr. n° 2022-1710 du 29 déc. 2022, art. 6)* En cas d'évasion d'une personne détenue, le régisseur des comptes nominatifs procède, en application de l'article L. 332-4, à l'affectation d'office de la part disponible de son compte nominatif à l'indemnisation des parties civiles. S'il subsiste un reliquat, le régisseur le verse au Trésor public.

Si la personne détenue est reprise, le reliquat peut être rétabli en tout ou partie sur la part disponible de son compte nominatif, par décision du directeur interrégional des services pénitentiaires du lieu où s'est produite l'évasion, saisi d'une demande en ce sens. Cette décision est notifiée à la personne détenue et au régisseur afin qu'il procède au rétablissement de la somme en cause.

Art. D. 332-8-2 *(Décr. n° 2022-1710 du 29 déc. 2022, art. 6)* En l'absence de reprise de la personne détenue évadée à l'issue d'un délai d'un an, le régisseur des comptes nominatifs procède, en application de l'article L. 332-4, au versement des valeurs pécuniaires inscrites sur son compte nominatif au Trésor public et à la remise de ses objets personnels à l'administration chargée des domaines.

SECTION 2 Compte nominatif

SOUS-SECTION 1 Dispositions générales

Art. D. 332-9 Chaque établissement pénitentiaire tient un compte nominatif où sont inscrites les valeurs pécuniaires appartenant à chaque personne détenue et dont le fonctionnement est régi par les dispositions des articles R. 332-6 et R. 332-1 à R. 332-32.

Sous réserve que les personnes détenues n'en aient pas demandé l'envoi à un tiers ou la consignation, les sommes dont elles sont porteuses à leur entrée dans l'établissement pénitentiaire sont immédiatement inscrites à leur compte nominatif au moment de leur mise sous écrou. L'importance de ces sommes ne peut justifier le refus de la prise en charge.

Le compte nominatif est par la suite crédité ou débité de toutes les sommes dues à la personne détenue intéressée, ou par elle, au cours de sa détention, dans les conditions réglementaires.

Art. D. 332-10 Toutes les sommes reçues par les personnes détenues sont considérées comme ayant un caractère alimentaire, si elles n'excèdent pas 200 euros chaque mois. Cette somme est doublée à l'occasion des fêtes de fin d'année.

Elles sont entièrement versées à la part disponible jusqu'à concurrence de cette provision alimentaire et, pour le surplus, elles sont soumises à répartition dans les proportions déterminées par les dispositions des articles D. 332-12 et D. 332-13, sous réserve des dispositions particulières concernant les rentes, les pensions et les indemnités.

SOUS-SECTION 2 Part affectée à l'indemnisation des parties civiles et créanciers d'aliments

Art. D. 332-11 L'indemnisation des parties civiles est assurée sur la première part du compte nominatif prévue par les dispositions de l'article D. 332-12.

A cette fin, le ministère public près la juridiction ayant prononcé la condamnation, dès que cette dernière a acquis un caractère définitif, informe sans délai l'établissement pénitentiaire où se trouvent les personnes détenues intéressées des créances des parties civiles et de leur montant.

Cette part ne peut être l'objet d'aucun acte de disposition émanant des personnes détenues.

Art. D. 332-12 La première part, affectée à l'indemnisation des parties civiles et créanciers d'aliments, est déterminée en appliquant à la fraction des sommes que reçoivent les personnes détenues les taux de :

– 20 %, pour la fraction supérieure à 200 euros et inférieure ou égale à 400 euros ;
– 25 %, pour la fraction supérieure à 400 euros et inférieure ou égale à 600 euros ;
– 30 %, pour la fraction supérieure à 600 euros.

Lorsque, d'une part, les sommes inscrites sur cette part atteignent le montant de 1 000 euros, que, d'autre part, les parties civiles ont été entièrement indemnisées ou qu'il ressort de la décision définitive sur l'action publique et les intérêts civils qu'il n'y a pas de parties civiles ou qu'aucun dommage et intérêt n'a été accordé et que, enfin, aucun créancier d'aliments ne s'est prévalu de sa créance sur le fondement d'un titre exécutoire, la répartition opérée au titre de cette part a lieu au profit de la part disponible.

Toutefois, le prélèvement au titre de la part réservée à l'indemnisation des parties civiles et des créanciers d'aliments est opéré à nouveau, y compris au-delà du plafond précité, dès qu'un créancier d'aliments se prévaut de sa créance sur le fondement d'un titre exécutoire ou qu'une victime d'une infraction visée par une condamnation inscrite à l'écrou se prévaut d'une décision exécutoire de condamnation à des dommages et intérêts.

A la demande des personnes détenues, la première part, affectée à l'indemnisation des parties civiles et créanciers d'aliments, peut également être alimentée, y compris en l'absence de décision sur intérêts civils connue, par le versement de sommes figurant sur la troisième part du compte nominatif laissée à la libre disposition des personnes détenues.

SOUS-SECTION 3 **Part affectée à la constitution du pécule de libération**

Art. D. 332-13 La deuxième part, affectée à la constitution du pécule de libération, est déterminée en appliquant à la fraction des sommes que reçoivent les personnes détenues le taux de 10 %, sous réserve de la dispense prévue par les dispositions de l'article D. 424-1.

Art. D. 332-14 Les sommes constituant le pécule de libération des personnes détenues sont inscrites à un compte spécial ; elles sont versées sur un livret A, lorsqu'elles dépassent une somme fixée par arrêté du garde des sceaux, ministre de la justice, annexé au présent code.

Une instruction de service détermine les modalités d'application de ces dispositions.

Le capital représentatif des rentes d'accidents du travail dont la conversion a été rendue obligatoire par le décret n° 59-734 du 15 juin 1959 est intégralement versé au pécule de libération.

Pendant la détention, le pécule de libération est indisponible et ne peut faire l'objet d'aucune voie d'exécution. — *V. Annexe 13 (Arr. du 23 janv. 2023) ci-dessous.*

ANNEXE 13

ARRÊTÉ DU 23 JANVIER 2023 FIXANT LA SOMME À PARTIR DE LAQUELLE LES SOMMES CONSTITUANT LE PÉCULE DE LIBÉRATION DES PERSONNES DÉTENUES SONT VERSÉES SUR UN LIVRET DE CAISSE D'ÉPARGNE

Art. 1er La somme prévue à l'article D. 332-14 du code pénitentiaire à partir de laquelle les sommes constituant le pécule de libération sont versées sur un livret de caisse d'épargne est fixée à 229 euros.

SOUS-SECTION 4 **Part disponible**

Art. D. 332-15 La troisième part du compte nominatif, laissée à la libre disposition des personnes détenues, correspond aux sommes restantes après que les prélèvements prévus par les dispositions des articles D. 332-10, D. 332-12 et D. 332-13 ont été opérés.

Art. D. 332-16 Les régisseurs chargés de la gestion des comptes nominatifs bénéficient d'une remise de 2,5 % sur les sommes qui sont acquittées pour le compte des personnes détenues au titre des condamnations pécuniaires prononcées au profit de l'État ou des collectivités publiques.

Art. D. 332-17 Tout versement effectué à l'extérieur sur la part disponible d'une personne détenue doit non seulement avoir été demandé ou consenti par cette dernière, mais aussi avoir été autorisé expressément par le magistrat chargé du dossier de la procédure s'il s'agit d'une personne prévenue, ou par le chef de l'établissement pénitentiaire.

SOUS-SECTION 5 **Retenues, transmissions et saisies sur le compte**

Art. D. 332-18 Les retenues de valeurs pécuniaires en réparation de dommages matériels causés en détention, mentionnées par les dispositions de l'article L. 332-3, sont prononcées par décision du chef de l'établissement pénitentiaire.

Cette décision mentionne le montant de la retenue et en précise les bases de liquidation. Le montant de la retenue est strictement nécessaire à la réparation du dommage constaté.

La décision est notifiée à la personne détenue intéressée et au régisseur des comptes nominatifs. Ce dernier procède à la retenue sur la part disponible du compte nominatif de la somme mentionnée dans la décision du chef d'établissement. Il verse au Trésor public les sommes retenues.

Art. D. 332-19 Les sommes d'argent trouvées en possession irrégulière des personnes détenues, mentionnées par les dispositions de l'article L. 332-3, acquises ou introduites irrégulièrement, sont transmises, sur décision du chef de l'établissement pénitentiaire, au régisseur des comptes nominatifs qui procède au versement des sommes au Trésor public. La décision est notifiée à la personne détenue intéressée.

Art. D. 332-20 Une saisie-attribution peut, dans les conditions du droit commun, être valablement formée concernant le compte nominatif d'une personne détenue, entre les mains du régisseur chargé de la gestion des comptes nominatifs.

La saisie-attribution porte exclusivement sur les sommes composant la part disponible, sous réserve du cantonnement éventuellement ordonné par l'autorité judiciaire et des insaisissabilités reconnues par la loi.

La saisie des rémunérations des personnes détenues peut être opérée dans les conditions du droit commun.

SOUS-SECTION 6 Liquidation du compte à la libération

Art. D. 332-21 Au moment de sa libération, chaque personne détenue reçoit les sommes qui résultent de la liquidation de son compte nominatif, sous réserve des versements au fonds de garantie conformément aux dispositions de l'article D. 332-22 ; le cas échéant, lui sont également remis :

1° Les pièces justificatives du paiement des sommes versées pour l'exécution de ses condamnations pécuniaires ;

2° Les pièces justificatives du paiement des sommes versées pour l'indemnisation des parties civiles ;

3° Un état des sommes épargnées au titre du pécule de libération ;

4° Un état des sommes prélevées au titre des cotisations à caractère social.

Si la personne libérée est escortée après sa libération, les fonds et les pièces justificatives sont remis contre décharge au chef de l'escorte, par dérogation aux dispositions du premier alinéa de l'article D. 215-18.

Il en est de même en cas de transfert, s'agissant des pièces justificatives.

Art. D. 332-22 Au moment de la libération d'une personne détenue condamnée au paiement de dommages et intérêts, les valeurs pécuniaires affectées à l'indemnisation des parties civiles et non réclamées, d'un montant supérieur à 500 euros, sont, sous réserve des droits des créanciers d'aliments, versées au fonds de garantie des victimes des actes de terrorisme et d'autres infractions.

Lors de ce versement, l'administration pénitentiaire transmet au fonds les informations utiles relatives aux victimes pour faciliter leur indemnisation, conformément aux dispositions de l'alinéa 7 de l'article L. 422-1 du code des assurances.

SOUS-SECTION 7 Dispositions applicables à certaines personnes détenues

Art. D. 332-23 La répartition prévue par les dispositions des articles D. 332-10, D. 332-12, D. 332-13 et D. 332-15 est applicable aux personnes détenues exécutant une contrainte judiciaire.

Toutefois, les personnes détenues souhaitant en faire cesser les effets en application des dispositions de l'article 759 du code de procédure pénale peuvent demander à ce que les sommes inscrites sur la part réservée à la constitution du pécule de libération et celles figurant sur la part réservée à l'indemnisation des parties civiles et aux créanciers d'aliments permettent d'éteindre leur dette, à la double condition :

1° Que les parties civiles aient été entièrement indemnisées ou qu'il ressorte de la décision définitive sur l'action publique et les intérêts civils qu'il n'y a pas de parties civiles ou qu'aucun dommage et intérêt n'a été accordé ;

2° Qu'aucun créancier d'aliments ne se soit prévalu de sa créance sur le fondement d'un titre exécutoire.

Art. D. 332-24 Par dérogation aux dispositions de l'article D. 332-21, une personne détenue bénéficiaire d'une décision de suspension ou fractionnement de peine en application de l'article 720-1 du code de procédure pénale se voit uniquement remettre les sommes inscrites sur la part disponible du compte nominatif. Les parts réservées à l'indemnisation des parties civiles et des créanciers d'aliments ainsi qu'à la constitution du pécule de libération ne sont liquidées qu'à la fin de l'exécution de la peine.

SOUS-SECTION 8 **Tenue du compte par la régie des comptes nominatifs**

Art. R. 332-25 Les régies des comptes nominatifs des personnes détenues sont créées par arrêté du garde des sceaux, ministre de la justice.

Le régisseur des comptes nominatifs est nommé par arrêté du garde des sceaux, ministre de la justice, après agrément du comptable public assignataire.

(Abrogé par Décr. n° 2022-1605 du 22 déc. 2022, art. 19) « Il est responsable personnellement et pécuniairement dans les conditions fixées par les dispositions du décret n° 2008-227 du 5 mars 2008. »

Les fonctions de régisseur des comptes nominatifs et de régisseur de recettes et d'avances dans les établissements pénitentiaires peuvent être confiées à un même agent lorsque le fonctionnement du service l'impose.

Art. R. 332-26 Le régisseur des comptes nominatifs nomme un ou plusieurs mandataires suppléants, après accord du chef de l'établissement pénitentiaire et après avis du directeur interrégional des services pénitentiaires.

Le régisseur des comptes nominatifs peut être assisté d'autres mandataires qu'il désigne, après accord du chef d'établissement, parmi le personnel de l'établissement.

Le régisseur intérimaire est nommé dans les mêmes conditions que le régisseur des comptes nominatifs.

Lorsque le fonctionnement du service l'exige, les dispositions du troisième alinéa de l'article 3 du décret n° 2018-798 du 26 juillet 2019 relatif aux régies de recettes et d'avances des organismes publics ne sont applicables ni aux mandataires suppléants, ni aux autres mandataires.

Art. R. 332-27 Le régisseur assure la gestion des comptes nominatifs à l'aide d'une comptabilité auxiliaire dont la forme est arrêtée par le garde des sceaux, ministre de la justice.

Pour chaque compte nominatif, les recettes sont affectées aux dépenses de chaque personne détenue.

Les fonds appartenant aux personnes détenues sont déposés sur un compte de dépôt de fonds au Trésor.

Art. R. 332-28 Le régisseur des comptes nominatifs est chargé des opérations d'encaissement des fonds appartenant ou dus aux personnes détenues, ainsi que de l'encaissement des fonds versés au titre de la lutte contre la pauvreté en détention.

Le régisseur des comptes nominatifs est chargé des opérations de paiement correspondant :

1° Au prélèvement de toute somme venant à être due par les personnes détenues ;

2° Au prélèvement de toute somme à la demande des personnes détenues après autorisation du chef de l'établissement pénitentiaire ;

3° Au reversement des sommes appartenant aux personnes détenues lors de leur libération, de leur transfèrement, de leur permission de sortir ou lorsqu'elles bénéficient d'un aménagement de peine.

Les valeurs des personnes détenues sont déposées entre les mains du régisseur des comptes nominatifs qui en assure la conservation, le maniement, ainsi que la comptabilisation.

Art. R. 332-29 Pour permettre aux personnes détenues de disposer rapidement sur leur compte nominatif des sommes qui leur sont dues par l'administration pénitentiaire, le régisseur des comptes nominatifs consent des avances selon les modalités suivantes :

1° Dès réception et contrôle des éléments relatifs à la paye des personnes détenues fournis par l'établissement pénitentiaire, le régisseur des comptes nominatifs crédite par avance leurs rémunérations nettes sur les comptes nominatifs. Cette avance est restituée par le biais du compte de commerce 912 "cantine et travail des détenus dans le cadre pénitentiaire" ;

2° Lorsqu'elle est attribuée, l'aide financière directe prévue par les dispositions des articles D. 333-1, D. 333-2 et D. 333-3 est créditée par avance sur le compte nominatif de la personne détenue ;

3° En cas de transfèrement d'une personne détenue d'un établissement à un autre, conformément aux dispositions de l'article D. 215-18, le solde de son compte nominatif est transmis par un virement effectué dans les plus brefs délais par le régisseur des comptes nominatifs de l'établissement pénitentiaire de départ ; le régisseur des comptes nominatifs de l'établissement pénitentiaire d'arrivée procède au crédit du compte nominatif au vu du certificat de transfert émis par le régisseur des comptes nominatifs de l'établissement pénitentiaire de départ ;

4° Les avances mentionnées par les dispositions des 1°, 2° et 3° sont effectuées sous réserve et dans la limite du montant des fonds dont le régisseur des comptes nominatifs dispose sur son compte de dépôt de fonds au Trésor ;

5° Les mandatements effectués par l'ordonnateur en régularisation des avances mentionnées par les dispositions des 1° et 2° interviennent au plus tard à la fin du mois suivant celui au cours duquel l'avance a été effectuée.

Art. R. 332-30 Lors de la libération ou du transfèrement d'une personne détenue, le versement du solde de son compte nominatif est effectué par virement bancaire.

Lorsqu'une personne détenue n'est pas titulaire d'un compte bancaire ou lorsque le virement international n'est pas possible, la remise du solde de son compte nominatif est effectuée en espèces.

Art. R. 332-31 Par dérogation aux dispositions de l'article 37 du décret n° 2012-1246 du 7 novembre 2012 relatif à la gestion budgétaire et comptable publique, toute opposition concernant des sommes appartenant aux personnes détenues doit être notifiée entre les mains du régisseur des comptes nominatifs.

Art. R. 332-32 Chaque fin de mois, le régisseur des comptes nominatifs effectue une clôture des comptes.

Après communication au chef de l'établissement pénitentiaire, il transmet au comptable public assignataire les états comptables et pièces justificatives des opérations permettant la mise en œuvre du contrôle de la régularité de ces opérations.

Ces pièces comptables sont transmises mensuellement au directeur interrégional des services pénitentiaires.

La régie des comptes nominatifs est également soumise au contrôle interne du chef d'établissement et du référent comptable de la direction interrégionale des services pénitentiaires.

(Abrogé par Décr. n° 2022-1605 du 22 déc. 2022, art. 19) ***« Le régisseur des comptes nominatifs ayant cessé ses fonctions peut, sur demande adressée au comptable public assignataire, obtenir un certificat de libération du cautionnement. Ce certificat ne peut être délivré au régisseur des comptes nominatifs que s'il a satisfait aux obligations fixées par la présente sous-section. »***

SECTION 3 **Valeurs non pécuniaires**

SOUS-SECTION 1 **Cantine**

Art. R. 332-33 Par l'intermédiaire de la cantine, les personnes détenues peuvent acquérir divers objets, denrées ou prestations de service en supplément de ceux qui leur sont fournis gratuitement. Cette faculté s'exerce sous le contrôle du chef de l'établissement pénitentiaire. Elle peut être limitée en cas d'abus.

Les prix pratiqués à la cantine sont portés à la connaissance des personnes détenues.

Les vivres vendus en cantine comprennent seulement les denrées d'usage courant qui peuvent être consommées sans faire l'objet d'aucune préparation, sauf si les personnes détenues disposent en cellule des matériels nécessaires à leur préparation et conservation.

La vente en cantine de toute boisson alcoolisée est interdite.

A titre exceptionnel, sur autorisation du chef de l'établissement et selon les modalités qu'il définit, les personnes détenues peuvent acquérir des d'objets ne figurant pas sur la liste des objets fournis en cantine.

Art. D. 332-34 Les prix pratiqués à la cantine sont fixés périodiquement par le chef de l'établissement pénitentiaire. Sauf en ce qui concerne le tabac, ils doivent tenir compte des frais exposés par l'administration pour la manutention et la préparation.

SOUS-SECTION 2 Vêtements

Art. R. 332-35 Chaque personne détenue porte les vêtements qu'elle possède, qui lui sont apportés par ses proches ou qu'elle acquiert par l'intermédiaire de l'administration, à moins qu'il n'en soit décidé autrement par le chef de l'établissement pénitentiaire pour des raisons d'ordre, de sécurité ou de propreté.

Elle peut demander à l'administration de lui fournir les effets vestimentaires nécessaires si elle craint la détérioration de ses vêtements personnels soit par un usage trop fréquent, soit à l'occasion du travail.

Lorsque ses ressources sont insuffisantes, elle peut demander à ce que des vêtements lui soient fournis.

Art. R. 332-36 A défaut d'effets personnels appropriés, une tenue en bon état est mise à la disposition de la personne prévenue en vue de sa comparution devant les autorités judiciaires.

SOUS-SECTION 3 Bijoux et effets personnels

§ 1 Dispositions communes

Art. R. 332-37 Les personnes détenues ne peuvent pas conserver de bijoux en détention, à l'exception de leur bague d'alliance, leur montre et leurs pendentifs religieux.

Les bijoux, après estimation, et les valeurs sont inventoriés, inscrits sur un registre spécial et déposés au service de la régie chargé de la gestion des comptes nominatifs de l'établissement pénitentiaire. Les personnes détenues peuvent toutefois demander à s'en défaire dans les conditions prévues par les dispositions de l'article R. 332-38.

En cas de perte par l'établissement pénitentiaire, il est remis à la personne détenue intéressée ou à ses ayants droit la valeur d'estimation de l'objet perdu.

Art. R. 332-38 La prise en charge des objets et bijoux dont est porteuse une personne détenue à son entrée en détention peut être refusée en raison de leur prix, de leur importance ou de leur volume.

Dans ce cas, ils sont inscrits provisoirement au registre spécial précité, mais la personne détenue intéressée est invitée à s'en défaire. A sa demande, ils peuvent être remis à un membre de sa famille ou à une personne titulaire d'un permis de visite. Ils peuvent également être expédiés à un mandataire qu'elle désigne. Les frais d'expédition ou de garde sont à la charge de la personne détenue intéressée.

Art. R. 332-39 Lorsqu'une personne détenue est transférée, les objets lui appartenant sont déposés, contre reçu, entre les mains de l'agent de transfèrement, s'ils ne sont pas trop lourds ou volumineux ; à défaut, ils sont expédiés à la nouvelle destination de la personne détenue intéressée à ses frais ou sont remis à un tiers désigné par elle, après accord du chef de l'établissement pénitentiaire.

Au moment de sa libération, les bijoux et objets lui appartenant sont remis à la personne détenue, contre décharge. Si elle refuse de les recevoir, ils sont remis à l'administration des domaines.

En cas de sortie consécutive à une décision d'aménagement ou de suspension de peine, la personne condamnée intéressée reprend les bijoux et objets lui appartenant, contre décharge.

§ 2 Dispositions applicables aux bijoux et effets personnels des personnes prévenues

Art. R. 332-40 Les objets et bijoux dont une personne prévenue souhaite se défaire, dans les conditions prévues par les dispositions de l'article R. 332-38, ne peuvent être remis ou envoyés à un tiers qu'elle désigne qu'avec l'accord du magistrat chargé du dossier de la procédure en application de l'article 715 du code de procédure pénale.

SOUS-SECTION 4 Équipements informatiques

Art. R. 332-41 Chaque personne détenue peut acquérir, par l'intermédiaire de l'administration et selon les modalités qu'elle détermine, des équipements informatiques.

Elle ne conserve aucun document sur un support informatique, sauf ceux liés à des activités socio-culturelles, d'enseignement, de formation ou professionnelles.

Les équipements informatiques, ainsi que les données qu'ils contiennent, sont soumis au contrôle de l'administration. Sans préjudice d'une éventuelle saisie par l'autorité judiciaire, tout équipement informatique appartenant à une personne détenue peut être retenu et ne lui être restitué qu'au moment de sa libération, dans les cas suivants :

1° Pour des raisons d'ordre et de sécurité ;

2° En cas d'impossibilité d'accéder aux données informatiques, du fait volontaire de la personne détenue.

SOUS-SECTION 5 Réception et envoi d'objets

Art. R. 332-42 Sans préjudice des dispositions applicables aux publications écrites et audiovisuelles conformément aux dispositions des articles R. 370-1 et R. 370-2, la réception d'objets de l'extérieur et l'envoi d'objets vers l'extérieur sont interdits.

Toutefois, une liste des objets ou catégories d'objets dont la réception ou l'envoi est autorisé est fixée par arrêté du garde des sceaux, ministre de la justice, annexé au présent code.

Lorsque des objets dont la réception n'est pas autorisée sont reçus de l'extérieur, le chef de l'établissement pénitentiaire le notifie à l'expéditeur. Les objets sont réexpédiés aux frais de l'expéditeur ou, à défaut, déposés au vestiaire de la personne détenue intéressée.

Lorsque des objets dont l'envoi n'est pas autorisé sont envoyés à un destinataire extérieur, le chef de l'établissement le notifie à la personne détenue intéressée. Lui sont restitués les objets autorisés en cellule. Les autres sont déposés au vestiaire.

La personne détenue intéressée peut demander à se défaire des objets déposés au vestiaire dans les conditions prévues par les dispositions de l'article R. 332-38.

Si les frais générés par la réception ou l'envoi des objets ne sont pas acquittés par l'expéditeur ou le destinataire extérieur, ces frais sont à la charge de la personne détenue intéressée. – *Annexe 14 (Arr. du 23 janv. 2023) ci-dessous.*

V. aussi Circ. du 20 févr. 2012, relative au maintien des liens extérieurs des personnes détenues par les visites et l'envoi ou la réception d'objets, ss. art. R. 341-1.

ANNEXE 14

ARRÊTÉ DU 23 JANVIER 2023 FIXANT LA LISTE DES OBJETS OU CATÉGORIES D'OBJETS DONT LA RÉCEPTION OU L'ENVOI PAR UNE PERSONNE DÉTENUE EST AUTORISÉ

Art. 1er La liste des objets ou catégories d'objets dont la réception ou l'envoi par une personne détenue est autorisé, prévue à l'article D. 332-14 du code pénitentiaire, est fixée comme suit :

Objets et catégories d'objets concernés	Régime d'autorisation	Interdictions ou restrictions afin de prévenir les évasions et d'assurer la sécurité et le bon ordre des établissements pénitentiaires
Effets vestimentaires et textiles : - vêtements ; - chaussures ; - linge de toilette ; - linge de table.	Réception ou envoi autorisés	Réception ou envoi interdits : - vêtements dont les inscriptions sont, par leur nature provocante ou outrancière, de nature à porter atteinte au bon ordre ou à la sécurité de l'établissement pénitentiaire ; - vêtements pouvant provoquer une confusion avec l'uniforme pénitentiaire ou tout autre uniforme ainsi que les tenues à imprimé camouflage ou les vêtements pouvant servir à masquer une identité (cagoule, capuche) ; - vêtements en cuir, doublés ou matelassés qui protégeraient suffisamment pour franchir des dispositifs de sécurité et faciliter ainsi une évasion ; - chaussures munies d'une structure métallique (tige, boucle, etc.).
Tous documents relatifs à la vie familiale et permettant l'exercice de l'autorité parentale : - autorisations d'intervention chirurgicale et carnet de santé ; - demandes de pièce d'identité ; - autorisations de sortie du territoire ; - documents scolaires (cahiers, carnets de correspondance, livret) ; - contrat d'apprentissage et de qualification ; - tout autre document nécessaire à une prise de décision concernant la famille.	Réception ou envoi autorisés	Réception ou envoi interdits : - bijoux, à l'exception des alliances et montres de la personne détenue ; - valeurs pécuniaires (argent, moyens de paiements, devises, etc.).
Tous objets non métalliques ne dépassant pas 15 cm dans leur plus grande dimension et réalisés par les enfants mineurs sur lesquels une personne détenue exerce l'autorité parentale.	Réception autorisée uniquement	

Objets et catégories d'objets concernés	Régime d'autorisation	Interdictions ou restrictions afin de prévenir les évasions et d'assurer la sécurité et le bon ordre des établissements pénitentiaires
Tous écrits et dessins réalisés par les enfants mineurs sur lesquels une personne détenue exerce l'autorité parentale.	Réception autorisée uniquement	
Tous dessins ou objets non métalliques réalisés à l'attention des membres de leur famille par les personnes détenues notamment dans le cadre des activités d'art plastique organisées en détention.	Envoi autorisé uniquement	
Petits appareillages médicaux : - lunettes de vue ; - appareillages dentaires ; - appareillages oculaires ; - appareillages auditifs.	Réception ou envoi autorisés sous réserve de l'avis de l'UCSA	Réception ou envoi interdits : - médicaments ; - produits parapharmaceutiques.
Denrées alimentaires	Réception autorisée uniquement selon les modalités déterminées par note du directeur de l'administration pénitentiaire	Réception interdite des denrées alimentaires : - conditionnées dans des boîtes métalliques ou des récipients de verre ; - alcooliques ou alcoolisées ; - périssables dont la conservation à température ambiante est impossible ; - plantes ; - animaux.
Agendas papier, papier à lettres et enveloppes, timbres-poste.	Réception ou envoi autorisés	
Jeux de sociétés	Réception ou envoi autorisés	Réception ou envoi interdits : - jeux comportant des parties métalliques de plus de 10 cm dans leur plus grande dimension - jeux comportant des objets interdits par le code de procédure pénale ou le règlement intérieur de l'établissement pénitentiaire.

Art. R. 332-43 La réception et l'envoi d'objets par une personne détenue sont soumis aux contrôles de sécurité nécessaires à la prévention des évasions et au maintien de la sécurité et du bon ordre des établissements pénitentiaires.

La réception ou l'envoi d'objets autorisés par une personne détenue sont réalisés :

1° Par apport lors des visites dans le cadre d'un permis de visite ou de la venue d'un visiteur de prison agréé ;

2° Par remise directe lors des visites dans le cadre d'un permis de visite, pour tout document relatif à la vie familiale de la personne détenue intéressée et à l'exercice de son l'autorité parentale ;

3° Par colis postal si la personne détenue intéressée ne bénéficie pas des visites dans le cadre d'un permis de visite, après accord du chef de l'établissement pénitentiaire ;

4° Par dépôt à l'établissement pénitentiaire en dehors des visites, par des visiteurs de prison agréés ou des personnes titulaires d'un permis de visite, après accord du chef de l'établissement pénitentiaire.

Dans les hypothèses mentionnées par les dispositions des 1° et 4°, l'objet est remis au personnel pénitentiaire qui le transmet à la personne détenue destinataire après contrôle.

SOUS-SECTION 6 **Retrait et dépôt au vestiaire**

Art. R. 332-44 Les objets et vêtements laissés habituellement en la possession des personnes détenues peuvent leur être retirés, pour des motifs de sécurité, contre la remise d'autres objets propres à assurer la sécurité ou contre une dotation de protection d'urgence.

Les objets personnels retirés sont déposés au vestiaire. Ils sont restitués aux personnes détenues à leur sortie.

Les personnes détenues peuvent demander à se défaire de leurs objets personnels dans les conditions prévues par les dispositions de l'article R. 332-38.

Art. R. 332-45 Les objets qui ne peuvent être laissés en possession des personnes détenues pour des raisons d'ordre et de sécurité sont déposés au vestiaire de l'établissement.

Ils sont, après inventaire, inscrits sur le registre du vestiaire, au nom de la personne détenue intéressée pour lui être restitués à sa sortie. Elle peut cependant demander à s'en défaire dans les conditions prévues par les dispositions des articles R. 332-37 à R. 332-39.

Les documents d'identité sont également interdits en détention et sont déposés au vestiaire, inventoriés et inscrits au même registre. Les personnes détenues peuvent les récupérer à l'occasion de leurs sorties de l'établissement pénitentiaire afin de réaliser les démarches nécessaires. Ils leur sont restitués lors de leur levée d'écrou.

En revanche, les personnes détenues sont autorisées à conserver en cellule des photographies de famille.

CHAPITRE III **AIDE MATÉRIELLE AUX PERSONNES DÉTENUES DÉPOURVUES DE RESSOURCES SUFFISANTES**

Art. D. 333-1 Une personne détenue est considérée comme dépourvue de ressources suffisantes et peut, à ce titre, bénéficier des aides en nature de l'État lorsque, cumulativement :

1° La part disponible de son compte nominatif pendant le mois précédant le mois courant est inférieure à 100 euros ;

2° La part disponible de son compte nominatif pendant le mois courant est inférieure à 100 euros ;

3° Le montant de ses dépenses cumulées dans le mois courant est inférieur à 100 euros.

Pour l'appréciation du niveau de ressources d'une personne entrant en détention, la part disponible de son compte nominatif du mois précédent n'est pas prise en compte pendant le premier mois de détention.

Art. D. 333-2 Une personne détenue dépourvue de ressources suffisantes peut bénéficier d'une aide en numéraire de l'État lorsque, cumulativement :

1° La part disponible de son compte nominatif pendant le mois précédant le mois courant est inférieure à 60 euros ;

2° La part disponible de son compte nominatif pendant le mois courant est inférieure à 60 euros ;

3° Le montant de ses dépenses cumulées dans le mois courant est inférieur à 60 euros.

Art. D. 333-3 Les aides que reçoivent les personnes détenues dépourvues de ressources suffisantes sont attribuées par l'administration pénitentiaire. Il est tenu compte des aides attribuées à la personne détenue intéressée par toute personne physique ou morale de droit public ou privé autorisée à le faire par l'administration pénitentiaire.

TITRE IV **MAINTIEN DES LIENS AVEC L'EXTÉRIEUR**

CHAPITRE I **VISITES**

SECTION I **Permis de visite**

SOUS-SECTION 1 **Dispositions communes**

Art. R. 341-1 Le permis délivré en application des dispositions des articles L. 341-5, R. 341-4 à R. 341-6 et R. 341-13 est soit permanent, soit valable pour un nombre limité de visites.

Il précise, le cas échéant, les modalités particulières prévues pour son application, notamment en ce qui concerne le lieu et l'heure de la visite.

Circulaire du 20 février 2012,

Relative au maintien des liens extérieurs des personnes détenues par les visites et l'envoi ou la réception d'objets.

Introduction

Suivant les termes des règles pénitentiaires européennes (règles 24.4 et 24.5), « les modalités des visites doivent permettre aux détenus de maintenir et de développer des relations familiales de façon aussi normale que possible » et « les autorités pénitentiaires doivent aider les détenus à maintenir un contact adéquat avec le monde extérieur et leur fournir l'assistance sociale appropriée pour ce faire ». Les visites concernent en effet l'exercice d'un droit fondamental, celui du droit à la vie familiale, protégé par l'article 8 de la Convention européenne de sauvegarde des droits de l'homme et des libertés fondamentales.

Par les articles 35 et 36 de la loi n° 2009-1436 du 24 novembre 2009 pénitentiaire, le législateur a consacré le droit au maintien des liens familiaux par l'exercice des permissions de sortir mais aussi des visites, qui étaient jusqu'alors uniquement encadrées par des normes de nature réglementaire. Les parloirs familiaux et les unités de vie familiale (UVF), dont l'existence reposait jusqu'à présent sur des circulaires, bénéficient également de cette consécration législative.

Les articles 35 et 36 précités affirment le principe du droit aux visites et précisent les limitations dont il peut être l'objet, pour des motifs liés au maintien du bon ordre et de la sécurité, à la prévention des infractions ou à la réinsertion du condamné.

L'article 35 de la loi du 24 novembre 2009 prévoit que le droit des personnes détenues au maintien des relations avec les membres de leur famille ou d'autres personnes s'exerce par les visites à raison d'au moins trois fois par semaine pour les personnes prévenues et d'au moins une fois par semaine pour les personnes condamnées.

L'article 36 de la même loi prévoit que les unités de vie familiale ou les parloirs familiaux implantés au sein des établissements pénitentiaires peuvent accueillir toute personne détenue, à raison d'au moins une visite trimestrielle, sous réserve de l'accord de l'autorité judiciaire compétente pour les personnes prévenues.

Les visites sont l'occasion pour les visiteurs de remettre un certain nombre d'objets ou de documents permettant d'atténuer les effets de l'incarcération, de préserver les liens familiaux et l'exercice de la parentalité.

L'incarcération doit également affecter le moins possible les liens qu'une famille souhaite conserver avec l'un de ses membres quand il est détenu. Elle ne doit pas de ce fait priver une personne détenue des liens qui peuvent favoriser son insertion et sa réinsertion future.

Une partie encore trop importante de la population pénale n'a aucun contact avec sa famille, qu'il s'agisse de visite, d'appel téléphonique, de courrier ou de réception d'objets.

Des dispositions concrètes doivent donc être prises par les chefs d'établissement en la matière, avec le soutien, le cas échéant, des actions et des informations que les services pénitentiaires d'insertion et de probation (SPIP) peuvent lui apporter. En conséquence, cette circulaire a pour objet, d'une part, de définir les modalités des visites et, d'autre part, les conditions de remise ou d'envoi d'objets aux personnes détenues.

I Le droit au maintien des liens avec l'extérieur

Les personnes détenues, quelle que soit leur catégorie pénale, peuvent recevoir des visites de la part des membres de leur famille ou d'autres personnes.

Les visites peuvent être également l'occasion de la remise d'objets ou de documents. En effet, afin de privilégier par exemple la fonction parentale, il est nécessaire que la dimension concrète des échanges, telle que la consultation en commun de documents, soit favorisée.

En dehors de ces visites, lorsqu'une personne détenue se trouve fragilisée, du fait de son arrivée en détention ou parce qu'elle n'a pas de visite, elle doit pouvoir recevoir les effets ou objets dont elle a besoin de la part de ses proches ou d'autres personnes.

1-1 *La notion de famille*

La notion de famille s'entend :

— Des personnes justifiant d'un lien de parenté ou d'alliance juridiquement établi :

• ascendants et descendants,

• collatéraux (frères et sœurs notamment),

• conjoints pacsés ou mariés,

• concubins : la preuve du concubinage s'apporte par tous moyens (facture, quittance de loyer, attestation d'un service social, etc.).

— Des personnes ne justifiant pas d'un tel lien mais attestant d'un projet familial commun avec la personne détenue. Cela revient à prendre en compte la diversité et les évolutions des modèles familiaux, telles que les recompositions familiales. Par exemple, la personne qui partage, avec une personne détenue, l'autorité parentale sur un enfant, est considérée comme un membre de la famille. La même analyse prévaut s'agissant de l'enfant du conjoint de la personne détenue.

1-2 *Les personnes autres que les membres de la famille*

Les personnes justifiant d'un intérêt autre que familial pour visiter une personne détenue peuvent obtenir un permis de visite.

Il peut ainsi s'agir de personnes proches, de personnes appartenant au cercle amical ou de personnes constituant un soutien pour la personne détenue. Le soutien apporté peut prendre plusieurs formes : aide morale, aide à la préparation à la sortie ou à un projet de réinsertion, continuité d'une prise en charge commencée à l'extérieur, etc.

II Délivrance, refus, suspension et retrait des permis de visite

L'arrivée en détention est une période difficile pour les personnes détenues. Il est donc nécessaire d'éviter de renforcer le sentiment d'une rupture avec la famille et les proches.

Dès lors, afin de prendre en compte la dimension des liens familiaux dès le début de l'incarcération, il convient de s'attacher à ce que le permis soit accordé dans un délai maximal de dix jours, sous réserve des contraintes non imputables à l'administration pénitentiaire, telle que notamment la durée de réalisation des enquêtes de police.

Il convient de rappeler que les permis délivrés sont soit permanents, soit valables pour un nombre limité de visites (art. D. 403 du CPP).

2-1 *Les personnes prévenues : compétence de l'autorité judiciaire*

Sous réserve de l'interdiction de communiquer visée à l'article 145-4 CPP, les permis de visite sont délivrés, refusés, suspendus ou retirés pour les personnes prévenues par le magistrat saisi du dossier de la procédure et ce, qu'elles soient en détention ou hospitalisées (art. R. 57-8-8 du CPP).

Désormais, le changement de l'autorité judiciaire saisie du dossier de la procédure n'a plus aucune incidence sur la validité des permis de visite délivrés. En effet, sauf disposition contraire, ces permis sont valables jusqu'au moment où la condamnation éventuelle acquiert un caractère définitif (art. R. 57-8-8 du CPP).

Le magistrat chargé du dossier de la procédure ne peut refuser de délivrer un permis de visite à un membre de la famille de la personne détenue à l'expiration d'un délai d'un mois à compter de son placement en détention provisoire. Dans le cas contraire il doit prendre une décision écrite et spécialement motivée au regard des nécessités de l'instruction (art. 145-4 du CPP).

Enfin, l'accès aux parloirs familiaux et aux unités de vie familiale (UVF) s'exerce sous réserve de l'accord de l'autorité judiciaire compétente (art. 36 de la loi pénitentiaire).

2-2 *Les personnes condamnées : compétence du chef d'établissement*

Pour les personnes détenues condamnées, qu'elles soient en détention ou hospitalisées dans un établissement de santé dédié à recevoir des personnes détenues, à savoir les unités hospitalières spécialisées interrégionales (UHSI), les unités hospitalières spécialement aménagées (UHSA) et l'établissement public de santé national de Fresnes (EPSNF), les permis de visite sont délivrés, refusés, suspendus ou retirés par le chef de l'établissement pénitentiaire ou son délégataire (art. R. 57-8-10 du CPP).

En vertu de l'article 35 de la loi pénitentiaire, le chef d'établissement ne peut refuser, suspendre ou retirer un permis de visite aux membres de la famille sauf pour des motifs liés :

— au maintien du bon ordre et de la sécurité, comme par exemple, un comportement inadapté du visiteur ;

— ou à la prévention des infractions, comme par exemple, des précédentes tentatives visant à introduire irrégulièrement certains objets dans l'établissement.

Par conséquent, le permis de visite est de droit pour les membres de la famille ou le tuteur d'une personne condamnée, sauf lorsqu'il existe de tels motifs.

Pour les visiteurs, autres que les membres de la famille, le chef d'établissement pénitentiaire ou son délégataire peuvent également refuser, suspendre ou retirer ce permis pour les mêmes motifs ou s'il apparaît que les visites font obstacle à la réinsertion du condamné (art. 35 de la loi pénitentiaire).

Pour apprécier si une visite peut être un obstacle à la réinsertion du condamné, doivent être prises en compte les relations entretenues entre le visiteur et le visité, les suites observées de la visite (état de la personne détenue après le parloir, par exemple), la situation professionnelle ou personnelle du visiteur, son comportement lors des visites, etc. Le SPIP peut être utilement contacté et sollicité à cette occasion.

Le chef d'établissement peut demander une enquête préalable, que le visiteur soit un membre de la famille ou non. Lorsqu'il s'agit d'un membre de la famille, et dans l'attente des conclusions de l'enquête, il est possible de délivrer, à titre exceptionnel, une autorisation provisoire de visite. Il appartient au chef d'établissement d'apprécier la situation au cas par cas.

Le refus de délivrer un permis de visite, son retrait ou sa suspension doivent être motivés (art. 35 de la loi pénitentiaire), conformément à la loi n° 79-587 du 11 juillet 1979. Ces décisions, faisant grief, sont susceptibles de recours pour excès de pouvoir.

Pour rappel, il convient de veiller à appliquer la procédure contradictoire préalable prévue par l'article 24 de la loi n° 2000-321 du 12 avril 2000 relative aux droits des citoyens dans leurs relations avec les administrations lorsque la suspension ou le retrait du permis de visite sont envisagés. En revanche cette exigence ne concerne pas les refus de délivrer ab initio un permis de visite, ce refus devant néanmoins faire l'objet d'une décision motivée. Le permis de visite accordé à la suite d'une condamnation définitive, alors même que le visiteur avait un permis accordé antérieurement par le magistrat saisi du dossier de la procédure, est considéré comme une nouvelle demande.

2-3 *Cas particuliers : compétence du préfet ou du procureur général*

2-3-1 *Les condamnés hospitalisés dans les hôpitaux de proximité, dans les hôpitaux militaires ou dans les unités pour malades difficiles*

Lorsque les personnes condamnées sont hospitalisées dans les établissements de santé de proximité mentionnés à l'article R. 6112-14 du Code de la santé publique (désignant les hôpitaux de rattachement), dans les hôpitaux militaires mentionnés à l'article D. 391 du CPP et dans les unités pour malades difficiles, les permis de visite sont délivrés, refusés, suspendus ou retirés par le préfet. Pour les personnes détenues à Paris, il s'agit du préfet de police (art. R. 57-8-10 du CPP).

Le chef d'établissement veille à transmettre à l'autorité préfectorale compétente les permis de visite qu'il a délivrés dans l'intérêt de la personne détenue concernée, afin d'informer cette autorité des autorisations dont bénéficiaient déjà les proches de l'intéressée.

2-3-2 *Les personnes écrouées à la suite d'une demande d'extradition*

Le procureur général près la cour d'appel saisie de la procédure est compétent pour délivrer, suspendre, refuser ou retirer les permis de visiter des personnes détenues écrouées à la suite d'une demande d'extradition émanant d'un gouvernement étranger (art. R. 57-8-9 du CPP).

III Les catégories particulières de visiteurs

3-1 *Les visiteurs d'un détenu malade visés à l'article 49 de la loi pénitentiaire*

Les personnes mentionnées ci-dessous peuvent s'entretenir avec les personnes détenues, hors de la présence du personnel pénitentiaire, sous réserve qu'elles soient détentrices d'un permis de visite les y autorisant.

3-1-1 *Visiteurs concernés*

Les personnes bénévoles intervenant auprès des personnes malades en fin de vie

Ces personnes, visées à l'article L. 1110-11 du Code de la santé publique, sont des bénévoles, formés à l'accompagnement de la fin de vie et appartenant à des associations qui les sélectionnent.

Ils peuvent, avec l'accord de la personne malade ou de ses proches et sans interférer avec la pratique des soins médicaux et paramédicaux, apporter leur concours à l'équipe de soins en participant à l'accompagnement du malade et en confortant l'environnement psychologique et social de la personne malade et de son entourage.

— Les personnes de confiance accompagnant et assistant les personnes malades

L'article L. 1111-6 du Code de santé publique permet à toute personne majeure de désigner une personne de confiance qui peut être un parent, un proche ou le médecin traitant, et qui sera consultée au cas où elle-même serait hors d'état d'exprimer sa volonté et de recevoir l'information nécessaire à cette fin.

— Les personnes présentes lors de la consultation des informations du dossier médical des personnes malades

La présence d' une tierce personne prévue à l'article L. 1111-7 du Code de santé publique lors de la consultation de certaines informations peut être recommandée par le médecin les ayant établies ou en étant dépositaire, pour des motifs tenant aux risques que leur connaissance sans accompagnement ferait courir à la personne concernée.

Cette dernière peut refuser, sans pour autant faire obstacle à la communication de ces informations.

— Les personnes majeures accompagnant les personnes malades mineures

L'article L. 1111-5 du Code de santé publique prévoit que le mineur doit se faire accompagner d'une personne majeure de son choix, dans le cas où il s'oppose à la consultation du ou des titulaires de l'autorité parentale afin de garder le secret sur son état de santé.

— Les personnes accompagnant les personnes détenues mineures à l'occasion d'une interruption volontaire de grossesse

Si une mineure détenue ne veut pas recueillir le consentement des titulaires de l'autorité parentale ou si ce consentement n'est pas obtenu, l'article L. 2212-7 du Code de santé publique prévoit que la mineure est accompagnée par la personne majeure de son choix dans sa démarche d'interruption volontaire de grossesse ainsi que dans les actes médicaux et les soins liés.

3-1-2 *Lieux des visites*

En établissement pénitentiaire, les visites peuvent s'effectuer aux parloirs si ces derniers en permettent la stricte confidentialité : parloirs réservés aux avocats, parloirs familiaux, parloirs classiques aux horaires séparés des heures de visites habituelles, etc.

Lorsqu'elle nécessite la présence d'un membre de l'équipe médicale, la visite des personnes mentionnées ci-dessus s'effectue dans les locaux de l'UCSA ou du SMPR.

Si la personne ne peut se déplacer, la visite dans la cellule peut être autorisée par le chef d'établissement à titre strictement exceptionnel.

En UHSI, en UHSA ou à l'EPSNF, les visites peuvent s'effectuer aux parloirs. Si la personne ne peut pas se déplacer, la visite s'effectue en chambre.

En hôpital de proximité, les visites se font en chambre, notamment sécurisées.

Quel qu'en soit le lieu, la visite doit s'effectuer hors la présence du personnel pénitentiaire, ce qui implique une absence de contrôle et d'écoute de la part du personnel pénitentiaire.

S'agissant de situations individuelles particulières, le chef d'établissement pénitentiaire et le directeur de l'établissement de santé, après avis du médecin en charge des soins de la personne détenue, s'assurent que les conditions permettant la tenue de ces entretiens et la sécurité des visites sont respectées.

3-2 *Les visiteurs mineurs*

3-2-1 *Le permis de visite des mineurs*

Les mineurs, quel que soit leur âge, doivent détenir un permis de visite individuel afin de conserver la trace de leurs visites et de permettre qu'elles puissent avoir lieu avec d'autres accompagnateurs que les titulaires de l'exercice de l'autorité parentale si ceux-ci y consentent.

La demande initiale de permis de visite doit être déposée par le ou les titulaires de l'exercice de l'autorité parentale accompagnée d'une photographie permettant d'identifier aisément l'enfant (une photographie réglementaire n'est pas exigée), du livret de famille ou d'un extrait de naissance ainsi que de la liste des accompagnateurs.

Afin de tenir compte des éventuels changements physionomiques des jeunes visiteurs, l'établissement pénitentiaire peut leur demander d'actualiser la photographie de leur permis de visite. A cette fin, ils devront fournir une photographie récente, accompagnée d'un titre d'identité, du livret de famille ou d'un extrait de naissance. Cette demande est sans incidence sur la validité du permis de visite délivré.

Il est à noter que la liste des personnes détentrices du permis de visite et susceptibles d'accompagner l'enfant peut évoluer. Dans ce cas, une simple lettre de la part des titulaires de l'exercice de l'autorité parentale suffit pour modifier la liste des accompagnateurs.

Lorsque l'un des titulaires de l'exercice de l'autorité parentale est incarcéré, la photocopie de ce permis et de la liste des accompagnateurs lui est transmise. Si un accompagnateur ne lui convient pas, il peut s'opposer à sa visite. De même, en cas de modification de la liste, la lettre de demande de modification lui est communiquée.

Tout visiteur mineur doit être accompagné par une personne majeure titulaire d'un permis de visite, à l'exception des mineurs autorisés de plus de 16 ans visés au point 2° ci-dessous.

Quant aux enfants résidant avec leur mère en détention, l'enfant n'étant pas une personne détenue, il ne peut se voir appliquer les règles relatives aux permis de visite. Vous voudrez bien vous référer sur ce point à la circulaire JUSE9940062C du 16 août 1999 relative aux conditions d'accueil et de prise en charge des enfants vivant en milieu carcéral.

3-2-2 *Visites autonomes des mineurs de plus de 16 ans*

La présence d'un accompagnant est parfois perçue comme un handicap à la communication entre l'adolescent et son parent détenu et, par conséquent, les adolescents ne viennent pas ou peu au parloir.

Dès lors, les mineurs peuvent être dispensés de venir accompagnés d'une personne majeure aux parloirs sous trois conditions strictes et cumulatives :

— le mineur doit être âgé d'au moins 16 ans ;

— les titulaires de l'autorité parentale doivent donner leur accord écrit ;

— la visite n'est autorisée que pour visiter un titulaire de l'autorité parentale incarcéré.

Lorsque la personne détenue est prévenue, le magistrat saisi du dossier de la procédure est compétent pour fixer les modalités de la visite.

3-3 *La visite des officiers ministériels et autres auxiliaires de justice*

En vertu de l'article D. 411 du CPP, les officiers ministériels et autres auxiliaires de justice, à l'exception des avocats qui bénéficient des dispositions des articles R. 57-6-5 à R. 57-6-7 du CPP, peuvent être autorisés à communiquer avec les personnes détenues.

Pour le cas où ils désirent bénéficier en vue de leur entretien de la confidentialité, ils doivent joindre à leur demande une attestation délivrée par le parquet de leur résidence selon laquelle le secret de la communication paraît justifié par la nature des intérêts en cause.

3-4 *La visite des officiers ou agents de police judiciaire et autres autorités*

Pour les officiers ou agents de police judiciaire et autres autorités (exemples : autorités militaires, autorités consulaires, douanes), l'autorisation de communiquer délivrée peut préciser les modalités particulières du lieu et des heures de la visite afin notamment d'assurer la confidentialité de l'entretien.

IV Modalités des visites

4-1 *La force obligatoire du permis de visite*

4-1-1 *Le principe*

L'article R. 57-8-11 du CPP n'a pas modifié le principe existant sur ce point. Le chef d'établissement est tenu de faire droit à tout permis de visite qui lui est présenté par son titulaire, lequel doit être en mesure de justifier de son identité.

4-1-2 *Les exceptions*

Une fois le permis de visite délivré et sous réserve des modalités de prise de rendez-vous des parloirs, le chef d'établissement pénitentiaire peut toutefois surseoir à faire droit à un permis de visite dans les trois cas visés à l'article R. 57-8-11 du CPP :

— Circonstances exceptionnelles qui obligent à en référer à l'autorité qui a délivré le permis, telles que des mouvements collectifs ou un empêchement matériel du service des parloirs (cas de force majeure, sinistre, etc.) ;

— Empêchement matériel des personnes détenues tel qu'une absence due à une hospitalisation, à une extraction judiciaire ou à un transfert ;

— Placement des personnes détenues en cellule disciplinaire ayant épuisé leur droit à un parloir hebdomadaire. En effet, l'article R. 57-7-45 du CPP autorise la personne placée en cellule disciplinaire à rencontrer les titulaires de permis de visite, ou le visiteur de prison en charge de leur suivi, une seule fois par semaine. En l'espèce, la semaine doit s'entendre comme sept jours consécutifs et non comme une semaine calendaire allant du lundi au dimanche. Pour les personnes détenues mineures, la sanction de cellule disciplinaire n'emporte aucune restriction à leur faculté de recevoir les visites de leur famille ou de toute autre personne participant à leur éducation et à leur insertion sociale.

En cas d'annulation d'un parloir, cette information doit être apportée par l'établissement pénitentiaire aux visiteurs dans le délai le plus bref afin d'éviter des déplacements inutiles, sources de frustration et de mécontentement. Cette information doit être apportée en garantissant la sécurité des personnes et de l'établissement pénitentiaire, notamment en cas de transfert.

4-2 *Les parloirs*

4-2-1 *Le principe*

Les visites se déroulent dans un parloir qui ne doit comporter aucun dispositif de séparation.

Sous réserve de ne pas imposer à la vue d'autrui des actes obscènes ou susceptibles d'offenser la pudeur (faute disciplinaire en application de l'article R. 57-7-2 du CPP), les personnes visitées doivent pouvoir, par exemple, étreindre leurs visiteurs.

4-2-2 *Les exceptions*

Le chef d'établissement ou le magistrat ayant délivré le permis peuvent toutefois décider que les visites auront lieu dans un parloir avec dispositif de séparation :

1° S'il existe des raisons sérieuses de redouter un incident (art. R. 57-8-12 du CPP) ;

2° En cas d'incident survenu au cours d'une visite antérieure (art. R. 57-8-12 du CPP) ;

3° A la demande du visiteur ou de la personne visitée (art. R. 57-8-12 du CPP) ;

4° En cas de sanction disciplinaire (art. R. 57-7-34 du CPP).

Le chef d'établissement informe de sa décision le magistrat saisi du dossier de la procédure pour les personnes prévenues ou la commission de l'application des peines lors de sa prochaine réunion pour les personnes condamnées.

4-3 *Mesures de sécurité*

4-3-1 *À l'égard des visités et des visiteurs*

A l'exception des visites se déroulant dans les parloirs familiaux, dans les unités de vie familiale ou à l'occasion d'une visite par une personne mentionnée à l'article 49 de la loi pénitentiaire, un surveillant est présent dans les locaux des parloirs. Il doit avoir la possibilité d'entendre les conversations.

Le surveillant peut mettre un terme à la visite, s'il y a lieu, pour des raisons tenant au maintien du bon ordre et de la sécurité ou à la prévention des infractions. Sans préjudice des dispositions applicables en matière de circulation d'objets précisées ci-dessous, il empêche toute remise d'argent ou tout autre objet interdit en détention (art. D. 408 du CPP).

Les incidents mettant en cause les visiteurs sont signalés à l'autorité ayant délivré le permis qui apprécie si le permis doit être suspendu ou retiré.

Si les personnes souhaitent s'exprimer, lors d'un parloir classique, dans une langue autre que le français ou dans une langue que le surveillant n'est pas en mesure de comprendre, la conversation peut avoir lieu dans cette langue si le permis délivré le prévoit expressément (art. R. 57-8-15 du CPP). Cette règle peut utilement être rappelée dans le règlement intérieur et par voie d'affichage, notamment dans différentes langues, à l'attention à la fois des visiteurs et des personnes détenues visitées.

En conséquence, si la visite se déroule dans une langue incompréhensible pour le surveillant en charge du parloir ou dans une langue non autorisée par le permis de visite, un rappel à la règle peut être effectué.

Il appartient au chef d'établissement d'apprécier, en fonction des circonstances, s'il y a lieu d'user de cette règle.

4-3-2 *À l'égard des personnes détenues*

Les mesures de sécurité peuvent donner lieu à la fouille des personnes détenues dans le respect des conditions des articles R. 57-7-79 et suivants du CPP.

Sur ce point, vous voudrez bien vous référer à la circulaire JUSK1140022C du 14 avril 2011 relative aux moyens de contrôle des personnes détenues et des locaux de détention.

4-3-3 *À l'égard des visiteurs*

Conformément à l'article D. 406 du CPP ainsi qu'aux notes des 31 mai 2006, 27 février et 14 avril 2009 visées en référence, relatives au contrôle et aux mesures de sécurité applicables aux personnes accédant à un établissement pénitentiaire, tous les visiteurs doivent se soumettre au contrôle du portique de détection et du tunnel d'inspection à rayons X sauf contre-indication médicale attestée par un certificat.

En cas de déclenchements répétés de l'alarme du portique, et avec le consentement du visiteur, le personnel doit soumettre le visiteur à un contrôle par détecteur manuel.

Tout refus ou signal sonore persistant entraîne l'impossibilité d'entrer dans l'établissement.

Par ailleurs, en cas d'impossibilité d'utiliser ces moyens traditionnels, d'inefficacité de ces moyens ou de risque particulier pour la sécurité, il peut être procédé à une palpation de sécurité, après avoir recueilli le consentement de la personne concernée.

Le refus du visiteur de s'y soumettre aura pour conséquence le refus d'accès au parloir.

Les modalités matérielles d'accès aux établissements ne doivent pas exclure a priori certaines catégories de visiteurs. Les conditions d'entrée des personnes qui rendent visite à leur proche incarcéré doivent, dans la mesure du possible, être adaptées aux situations particulières. S'agissant plus particulièrement des visiteurs dont le visage est dissimulé ou voilé, il convient de se conformer aux notes n° 00551 du 10 juin 2011 et n° 00430 du 19 octobre 2011.

Par ailleurs, lorsqu'un visiteur est porteur d'un défibrillateur cardiaque implantable et qu'un certificat médical établit l'impossibilité d'approcher de champs électromagnétiques, il appartient au chef d'établissement de soumettre l'intéressé, avec son consentement, à une palpation de sécurité par un agent du même sexe que lui, conformément à la note du 14 avril 2009 précitée.

Il convient en outre de respecter les dispositions relatives à l'accès des personnes à mobilité réduite aux bâtiments publics.

Un fauteuil roulant ou des béquilles doivent ainsi être mis à disposition des visiteurs dont l'état de santé le nécessite. Ce matériel doit être entreposé à la porte d'entrée principale ou dans un lieu facilement accessible afin d'éviter tout retard dans le déroulement du parloir. Sauf en cas de force majeure (fauteuil avec appareillage particulier, présence d'oxygène indispensable, fauteuil électrique), le visiteur doit en effet échanger son matériel avec celui de l'administration.

Dans l'intérêt de la préservation des liens de l'enfant avec son parent détenu, il importe aussi de faciliter la visite des jeunes enfants. La situation d'une personne accompagnée d'enfants en bas âge doit donc faire l'objet d'une attention particulière.

A ce titre, des poussettes peuvent être proposées si la configuration des lieux le permet.

Les enfants en bas âge doivent pouvoir conserver leur objet transitionnel (doudou), leur biberon et leur tétine et leurs accompagnateurs doivent pouvoir prendre une couche et une bouteille d'eau non ouverte. En cas de suspicion d'entrée de produits illicites, le personnel peut opérer les contrôles appropriés.

*(*** Vous voudrez bien me saisir de toute difficulté rencontrée dans l'application de la présente circulaire. Le garde des sceaux ministre de la justice et des libertés, Par délégation, Le préfet, directeur de l'administration pénitentiaire, Henri MASSE)*

Art. R. 341-2 Pour des motifs de bon ordre, de sécurité et de prévention des infractions, et spécialement en cas de crime ou de délit relevant des dispositions de l'article 132-80 du code pénal, le permis de visite délivré en application des dispositions des articles L. 341-5, R. 341-4 à R. 341-6 et R. 341-13 peut être refusé à la personne victime de l'infraction pour laquelle la personne prévenue ou condamnée est détenue, y compris si la victime est membre de la famille de la personne détenue. — ***C. pén.***

Lorsque la personne détenue est prévenue ou condamnée du chef de l'une des infractions prévues par les dispositions des articles 222-8, 222-10, 222-12, 222-13 et 222-33-2-1 du code pénal, aggravée par la circonstance qu'un mineur assiste aux faits et que ceux-ci sont commis par le conjoint ou le concubin de la victime ou le partenaire lié à la victime par un pacte civil de solidarité, le permis de visite peut, pour les mêmes motifs, être refusé à ce mineur, ainsi qu'aux autres enfants mineurs du couple.

Lorsque l'autorité compétente pour accorder le permis de visite est informée que la personne détenue, prévenue ou condamnée, fait l'objet d'une interdiction d'entrer en relation avec une personne, qui a été prononcée par l'autorité judiciaire et qui est toujours en cours d'exécution, elle ne peut délivrer le permis de visite à cette personne. Les dispositions du présent alinéa sont applicables en cas d'interdiction de contact prononcée en application des dispositions de l'article 138 du code de procédure pénale, prononcée en application des dispositions des articles 131-6,131-10 ou 132-45 du code pénal, y compris dans le cadre d'un sursis probatoire, d'un suivi sociojudiciaire ou de tout autre peine principale ou complémentaire, le cas échéant à l'occasion d'une procédure autre que celle pour laquelle la personne prévenue ou condamnée est détenue, ou prononcée en application des dispositions de l'article 515-11 du code civil dans le cadre d'une ordonnance de protection.

Le permis de visite peut cependant être délivré si l'interdiction de contact est expressément levée, le cas échéant à cette seule fin, par, selon les cas, le juge d'instruction en application des dispositions de l'article 139 du code de procédure pénale, la juridiction compétente en application des dispositions de l'article 702-1 du même code, le juge de l'application des peines en application des dispositions des articles 712-8 et 739 du même code, ou le juge aux affaires familiales en application des dispositions de l'article 515-12 du code civil.

L'autorité compétente pour accorder le permis de visite ne peut de même délivrer un permis de visite à l'enfant mineur d'une personne détenue prévenue ou condamnée lorsqu'elle est informée que l'exercice de l'autorité parentale et les droits de visite et d'hébergement de la personne détenue sont suspendus en application des dispositions de l'article 378-2 du code civil ou dans le cadre d'une ordonnance de protection en application des dispositions de l'article 515-11 de ce même code, ou que l'autorité parentale ou son exercice, ou le droit de visite de la personne détenue sur l'enfant mineur, a été retiré en application des dispositions des articles 378, 378-1, 379 ou 379-1 de ce même code, sauf en cas de décision judiciaire ultérieure autorisant expressément un droit de visite.

Lorsqu'il s'agit d'une personne condamnée, l'information des autorités mentionnées par les dispositions des articles R. 341-5 et R. 341-6 de l'existence d'une interdiction judiciaire de contact résulte des mentions figurant dans la notice individuelle en application des dispositions de l'article D. 158 du code de procédure pénale et de la transmission de la décision conformément aux dispositions de l'article D. 211-12.

Art. R. 341-3 Le chef de l'établissement pénitentiaire fait droit à tout permis de visite qui lui est présenté, sauf à surseoir dans l'un des cas suivants :

1° Si des circonstances exceptionnelles l'obligent à en référer à l'autorité qui a délivré le permis ;

2° Si les personnes détenues sont matériellement empêchées ;

3° Si, placées en cellule disciplinaire, les personnes détenues ont épuisé leur droit à un parloir hebdomadaire.

SOUS-SECTION 2 Permis de visite des personnes prévenues

Art. R. 341-4 Sauf disposition contraire, les permis de visite délivrés aux personnes rendant visite aux personnes prévenues sont valables jusqu'au moment où la condamnation éventuelle acquiert un caractère définitif, sans qu'ait d'incidence sur cette validité un changement de l'autorité judiciaire chargée du dossier de la procédure.

SOUS-SECTION 3 Permis de visite des personnes condamnées

Art. R. 341-5 Pour les personnes condamnées, détenues en établissement pénitentiaire ou hospitalisées dans un établissement de santé habilité en application des dispositions de l'article L. 3214-1 du code de la santé publique, les permis de visite sont délivrés, refusés, suspendus ou retirés par le chef de l'établissement pénitentiaire.

Art. R. 341-6 Les permis de visite sont délivrés, refusés, suspendus ou retirés par le *(Décr. n° 2022-1174 du 24 août 2022, art. 1er, en vigueur le 1er sept. 2022)* « préfet ou, à Paris, par le préfet de police ou, dans le département des Bouches-du-Rhône, par le préfet de police des Bouches-du-Rhône », lorsque les personnes condamnées sont hospitalisées dans l'une des structures suivantes :

1° Dans les établissements de santé mentionnés par les dispositions de l'article R. 6111-27 du code de la santé publique et si l'hospitalisation présente un caractère d'urgence ou est de très courte durée ;

2° Dans les unités pour malades difficiles ;

3° Dans les hôpitaux militaires.

Art. R. 341-7 Le procureur général près la cour d'appel saisie de la procédure est compétent pour délivrer, refuser, suspendre ou retirer les permis de visite pour les personnes détenues écrouées à la suite d'une demande d'extradition émanant d'un gouvernement étranger.

Art. R. 341-8 Lorsque la personne condamnée est une personne majeure faisant l'objet, conformément à l'article 706-112 du code de procédure pénale, d'une mesure de protection juridique, son curateur, son tuteur ou la personne désignée en application des articles 706-114 ou 706-117 du même code dispose de plein droit d'un permis de visite.

SECTION 2 Contrôle et autorisations

Art. R. 341-9 Le chef de l'établissement pénitentiaire ou un délégataire délivre des autorisations de visite dans les conditions prévues par les dispositions de l'article R. 113-66.

Art. R. 341-10 Dans le ressort de sa compétence territoriale, le directeur interrégional des services pénitentiaires délivre des autorisations à portée générale qui per-

mettent, à titre permanent ou pour un nombre limité de visites, la communication avec des personnes détenues non nominativement désignées, sous réserve des droits conférés à l'autorité judiciaire.

En dehors des cas prévus par les dispositions de l'article D. 341-20 relatives aux visiteurs de prisons, ces autorisations sont exceptionnelles.

SECTION 3 Déroulement des visites et parloirs

Art. R. 341-11 **Pour des motifs liés au maintien du bon ordre et de la sécurité ou à la prévention des infractions, l'accès au parloir est subordonné aux mesures de contrôle jugées nécessaires à l'égard des visiteurs.**

1. Recours pour excès de pouvoirs. Un recours pour excès de pouvoir est possible s'agissant de la décision par laquelle un chef d'établissement pénitentiaire fixe les modalités essentielles de l'organisation des visites. • CE 26 nov. 2010, nº 329564 : *AJDA 2011. 678, note Poujol ; D. 2011. 1306, obs. Péchillon ; Rev. pénit. 2010. 930, obs. Péchillon.*

2. Restrictions admises. Les autorités pénitentiaires peuvent instaurer des modalités restrictives des visites lorsque les circonstances le justifient. Les mesures peuvent alors comprendre la limitation du nombre de visites, la surveillance de ces visites et, si la nature de l'infraction ou les éléments caractérisant la situation d'un détenu donné le justifient, la soumission de l'intéressé à un régime pénitentiaire spécifique ou à des modalités de visite particulières. • CEDH 23 avr. 2013, nº 52624/10, § 84. ♦ Dans le contexte de régimes de détention de haute sécurité, l'application de mesures telles qu'une séparation physique peut être motivée par les impératifs de sécurité en vigueur au sein de l'établissement concerné ou par le risque qu'un détenu communique avec des organisations criminelles par le truchement de membres de sa famille. • CEDH 28 sept. 2000, *Messina c/ Italie (nº 2)*, nº 25498/94 : *RFDA 2001. 1250, chron. Labayle et Sudre ; RSC 2001. 881, obs. Tulkens ; RUDH, 2001, nºs 10-12, p. 396 ; D. 2002. 110, chron. Céré, Herzog-Evans et Péchillon.*

3. Restrictions non nécessaires. Les restrictions dans le déroulement des visites doivent cependant présenter une dose de flexibilité permettant de déterminer si les limitations apportées dans chaque cas particulier sont opportunes ou réellement nécessaires. • CEDH 30 juin 2015, nº 41418/04, § 125 : *JCP 2015. Actu. 870, obs. Pastre-Belda ; AJ fam. 2015. 496, obs. Saulier ; Dr. fam. 2021, nº 4, 2, obs. Gouttenoire, Marchadier ; JCP 2015. 870. Veille Pastre-Belda.* ♦ Le maintien de l'interdiction de tout contact direct ne peut ainsi se justifier que par l'existence d'un risque réel et continu. • CEDH 17 avr. 2012, *Piechowicz c/ Pologne*, nº 20071/07, à propos de la compagne et de l'enfant d'une personne détenue. ♦ La Cour condamne toute restriction automatique des visites qui ne puisse pas faire l'objet d'un examen périodique. • CEDH 23 févr. 2012, nº 39758/05.

4. Fouilles. Si des fouilles peuvent être imposées aux personnes détenues avant comme après les visites, afin de maintenir la sécurité et prévenir les infractions pénales, elles doivent répondre à des impératifs de sécurité avérés, et se dérouler dans des conditions dignes, sous peine de violer l'art. 3 Conv. EDH. • CEDH 4 févr. 2003, *Van der Ven c/ Pays-Bas*, nº 50901/99 : *JCP 2003. I. 160, nº 2, obs. Sudre ; RSC 2004. 441, obs. Massias.* ♦ Les fouilles opérées sur les visiteurs de la personne détenue (et tout spécialement sur les membres de la famille) doivent se dérouler des conditions respectueuses de la dignité de celles-ci. • CEDH, 26 sept. 2006, nº 12350/04 : *JCP 2007. I. 106, chron. Sudre ; D. 2007. 1229, obs. Céré, Herzog-Evans et Péchillon ; RSC 2007. 350, chron. Poncela ; JDI nº 2, avr. 2007, 5, obs. Bachelet.* ♦ V. aussi notes ss. art. L. 225-1 s.

Art. R. 341-12 **Durant les visites, il est interdit de fumer, d'adopter des attitudes ou comportements indécents ou violents et d'apporter de la nourriture et des boissons. En cas de non-respect de ces interdictions, le parloir peut être interrompu.**

Au cours des parloirs, le personnel pénitentiaire empêche toute remise d'argent, de lettres ou d'objets quelconques.

L'insalubrité des parloirs peut constituer un motif de refus de permis de visite pour un enfant par le magistrat compétent si les conditions d'accueil ne permettent pas de garantir son intérêt supérieur en vertu de l'art. 3-1 CIDE. • Pau, ord., 21 janv. 2016, nº 26/2016 : *AJ pénal 2016. 210, obs. Herzog-Evans.*

Art. R. 341-13 **Les visites se déroulent par principe dans un parloir ne comportant pas de dispositif de séparation.**

Toutefois, pour les personnes prévenues, le magistrat chargé du dossier de la procédure peut prescrire que les visites ont lieu dans un parloir avec dispositif de séparation.

En outre, le chef de l'établissement pénitentiaire peut décider que les visites ont lieu dans un parloir avec un tel dispositif de séparation dans l'un des cas suivants :

1° S'il existe des raisons sérieuses de redouter un incident ;
2° En cas d'incident survenu au cours d'une visite antérieure ;
3° A la demande du visiteur ou de la personne visitée.

Le chef de l'établissement pénitentiaire informe de sa décision le magistrat chargé du dossier de la procédure pour les personnes prévenues et la commission de l'application des peines pour les personnes condamnées.

La mesure imposant à un détenu de recevoir ses visites dans un parloir muni d'un dispositif de séparation est susceptible de faire l'objet d'un recours pour excès de pouvoir. • CAA Bordeaux, 6 sept. 2007, n° 05BX00672 A.

Art. R. 341-14 **A l'exception des visites se déroulant dans les parloirs familiaux ou les unités de vie familiale, un personnel de surveillance pénitentiaire est présent dans les locaux. Il a la possibilité d'entendre les conversations.**

Pendant les visites, les personnes détenues et leurs visiteurs s'expriment en français ou dans une langue que le personnel de surveillance est en mesure de comprendre, sauf si le permis délivré prévoit expressément que la conversation peut avoir lieu dans une langue autre que le français.

Le personnel de surveillance pénitentiaire peut mettre un terme à la visite pour des raisons tenant au maintien du bon ordre et de la sécurité ou à la prévention des infractions.

Les incidents mettant en cause les visiteurs sont signalés à l'autorité ayant délivré le permis, qui apprécie si le permis doit être suspendu ou retiré.

Des visites familiales se déroulant avec la présence continue d'un gardien intimant l'utilisation de la langue nationale et non de la langue maternelle de la personne détenue et de ses visiteurs sous peine d'annulation de la visite constituent une violation de la Convention. • CEDH, 23 févr. 2016, n° 11138/10.

Art. R. 341-15 **Les parloirs familiaux sont des locaux spécialement conçus afin de permettre aux personnes détenues de recevoir, sans surveillance continue et directe, des visites des membres majeurs de leur famille ou de proches majeurs accompagnés, le cas échéant, d'un ou de plusieurs enfants mineurs, pendant une durée de six heures au plus au cours de la partie diurne de la journée.**

V. comm. ss. art. R. 341-16.

COMMENTAIRE

La demande de parloir familial est soumise au principe selon lequel le silence vaut accord, si bien qu'après l'expiration d'un délai de deux mois après envoi de la demande, la personne détenue est en droit de demander l'obtention de son parloir familial avec ses proches (V. Amado, Desprairies, La décision implicite d'acceptation à l'épreuve de la matière pénitentiaire, *RSC 2019. 829*. – Desprairies, La décision implicite d'acceptation en droit administratif français, *Mare & Martin, coll. Bibliothèque des thèses, 2021*). ❑

Art. R. 341-16 **Les unités de vie familiale sont des locaux spécialement conçus afin de permettre aux personnes détenues de recevoir, sans surveillance continue et directe, des visites des membres majeurs de leur famille ou de proches majeurs accompagnés, le cas échéant, d'un ou de plusieurs enfants mineurs, pendant une durée comprise entre six heures et soixante-douze heures. La durée de la visite en unité de vie familiale est fixée dans le permis.**

V. Circ. de la DAP du 26 mars 2009 relative aux unités de vie familiale (UVF), NOR : JUSK0940004C, (BOMJ 30 avr.).

COMMENTAIRE

Pour remédier au manque affectif et sexuel dans lequel se trouvent les personnes incarcérées, les articles L. 341-15 et L. 341-16 prévoient un accès à des parloirs familiaux ou des unités de vie familiales pour bénéficier d'un contact prolongé avec les proches à l'abri des regards (sur la question des actes sexuels dans les parloirs classiques, V. ss. art. L. 341-1). Les parloirs familiaux peuvent se dérouler sur une durée maximale de six heures et les unités de vie familiales de soixante-douze heures. Si les surveillants n'ont pas le droit d'être dans les locaux durant le temps de la visite, ces deux articles permettent une surveillance discontinue et indirecte, ce qui nuance le caractère privé de ces espaces. D'abord, l'accès aux unités de vie familiale est conditionné par l'obtention au préalable d'un permis de visite au parloir ainsi que de visites ultérieures répétées au parloir « pour évaluer la qualité de la relation » (V. art. 1.1 de la Circ. de la DAP du 26 mars 2009 relative aux unités de vie familiale). Ensuite, l'ensemble des biens entrants et sortants dans les locaux doit passer le portique de sécurité et peut faire l'objet de fouilles (y compris objets intimes tels que des préservatifs par exemple). Un inventaire détaillé et contradictoire des effets personnels des familles est systématiquement rédigé avant l'entrée en UVF et à la sortie (V. art. 5.1 de la Circ. de la DAP du 26 mars 2009). Enfin, le personnel pénitentiaire peut effectuer une visite de contrôle durant la tenue de l'unité de vie familiale de manière aléatoire (V. art. 5.2 de la Circ. préc.).

Les demandes d'unité de vie familiale sont soumises au principe selon lequel le silence vaut accord (V. comm. ss. art. R. 341-15). ❑

La Cour européenne des droits de l'homme approuve la mise en œuvre de visites conjugales dans plusieurs États européens. • CEDH 4 déc. 2007, *Dickson c/ Royaume-Uni*, n° 44362/04, § 81 : *AJDA 2008. 978, chron. Flauss ; D. 2008. 1435, obs. Galloux et Gaumont-Prat ; AJ pénal 2008. 47, obs. Herzog-Evans ; JurisData n° 2007-007328 ; JCP 2008. 110, obs. Sudre* • 10 avr. 2007, *Evans c/ Royaume-Uni*, n° 6339/05 : *RTD civ. 2007. 295, obs. Marguénaud ; Dr. Fam. 1er mars 2013, n° 31, obs. Gouttenoire.* ♦ Il n'existe toutefois pas de consensus européen en la matière et les États disposent d'une ample marge d'appréciation pour les instaurer ou non. Ainsi, un système de visites conjugales dépendant de l'attitude du détenu et contenant un élément discrétionnaire intrinsèque n'est pas contraire à l'art. 8 Conv. EDH, à condition que les décisions des autorités nationales à cet égard ne soient ni arbitraires ni manifestement déraisonnables. • CEDH 1er juill. 2021, n° 66424/09.

SECTION 4 Action des visiteurs de prison

Art. R. 341-17 Chaque personne détenue peut bénéficier de l'action d'un visiteur de prison agréé.

L'entretien entre le visiteur de prison et la personne détenue dont il s'occupe a lieu en dehors de la présence d'un personnel pénitentiaire, dans un local aménagé à cette fin à l'intérieur de l'établissement pénitentiaire.

Les visites ont lieu aux jours et heures fixés par le chef de l'établissement en accord avec les visiteurs.

Ces derniers peuvent correspondre librement avec les personnes détenues dont ils s'occupent, sous pli ouvert et sans autorisation préalable.

Art. D. 341-18 Les visiteurs de prison contribuent, bénévolement et en fonction de leurs aptitudes particulières, à la prise en charge des personnes détenues signalées par le service pénitentiaire d'insertion et de probation, en vue de préparer leur réinsertion en leur apportant notamment aide et soutien pendant leur détention. Ils peuvent participer à des actions d'animation collective.

Art. D. 341-19 Les visiteurs de prison peuvent exercer leur action auprès de toutes les personnes détenues écrouées dans l'établissement pénitentiaire pour lequel ils sont habilités, quelle que soit la situation pénale de ces personnes détenues.

Toutefois, le droit de visite est suspendu à l'égard des personnes prévenues dans le cas où ces dernières font l'objet de l'interdiction de communiquer prévue par les dispositions du premier alinéa de l'article 145-4 du code de procédure pénale.

Art. D. 341-20 Les visiteurs de prison sont agréés, pour une période de deux ans renouvelable, aux fins d'accès auprès des personnes détenues d'un ou plusieurs établissements pénitentiaires déterminés.

L'agrément est accordé par le directeur interrégional des services pénitentiaires, après avis du préfet ou, dans le département des Bouches-du-Rhône, du préfet de police des Bouches-du-Rhône.

L'agrément est retiré par le directeur interrégional des services pénitentiaires soit d'office, soit à la demande du juge de l'application des peines ou du procureur de la République.

En cas d'urgence et pour des motifs graves, l'agrément peut être suspendu par le chef de l'établissement pénitentiaire, qui en avise sans délai le directeur interrégional des services pénitentiaires, pour décision.

Art. D. 341-21 Les visiteurs de prison interviennent en collaboration avec le service pénitentiaire d'insertion et de probation qui a pour tâche de coordonner leurs actions. Ils sont réunis chaque trimestre en présence du chef de l'établissement pénitentiaire.

Les visiteurs de prison s'engagent au respect des dispositions légales et réglementaires du présent code et du règlement intérieur de l'établissement pénitentiaire, défini aux articles L. 112-4 et R. 112-22, relatives à la discipline et à la sécurité, ainsi qu'aux obligations particulières résultant de leur qualité et de leur rôle, portées à leur connaissance lors de leur prise de fonction.

CHAPITRE II RAPPROCHEMENTS FAMILIAUX

Art. R. 342-1 Le directeur interrégional des services pénitentiaires, après avis conforme du magistrat chargé du dossier de la procédure, peut faire droit à la demande de rapprochement familial de la personne prévenue répondant aux conditions prévues par les dispositions de l'article L. 342-1.

Le garde des sceaux, ministre de la justice, peut, dans les mêmes conditions, faire droit à une telle demande lorsqu'elle a pour effet le transfert d'une des personnes suivantes :

1° D'une personne détenue du ressort d'une direction interrégionale à une autre ;

2° D'une personne inscrite au répertoire des personnes détenues particulièrement signalées ;

3° D'une personne prévenue pour acte de terrorisme.

V. Résol. A/RES/70/175 de l'Ass. gén. des Nations unies sur l'ensemble des règles minima des Nations unies pour le traitement des détenus (Règles Mandela), adoptée le 17 déc. 2015 (règles adoptées en 1955 et révisées en 2015) (Règle 59), V. App., v° Conditions de détention.

CHAPITRE III UNIONS CÉLÉBRÉES AU SEIN DE L'ÉTABLISSEMENT PÉNITENTIAIRE

Art. D. 343-1 Sauf si elles obtiennent une permission de sortir en application des dispositions des articles D. 143 et D. 143-1 du code de procédure pénale :

1° Le mariage des personnes détenues est célébré au sein de l'établissement pénitentiaire sur réquisitions du procureur de la République, telles que prévues par les dispositions de l'article 75 du code civil ;

2° Le pacte civil de solidarité conclu par des personnes détenues est enregistré au sein de l'établissement pénitentiaire par l'officier de l'état civil, en application des dispositions deuxième alinéa de l'article 515-3 du même code.

V. Note de service du 7 août 2023 sur la possibilité de contracter mariage lorsque au moins l'un des époux est une personne détenue et modalités d'application en établissement pénitentiaire (NOR : JUSK1814411N) ; Circ. du 10 mai 2017 de présentation des dispositions en matière de pacte civil de solidarité issues de la L. n° 2016-1547 du 18 nov. 2016 de modernisation de la justice du XXIe siècle et du Décr. du 6 mai 2017 relatif au transfert aux officiers de l'état civil de l'enregistrement des déclarations, des modifications et des dissolutions des pactes civils de solidarité (NOR : JUSC1711700C).

BIBL. ▸ **Articles :** AMADO, Le PACS par-delà l'incarcération, *Dr. fam. mars 2023, n° 3, p. 19* ; Le mariage en prison, la construction de liens familiaux sous surveillance. Une approche comparée entre la Belgique et la France, *Dossier spécial consacré aux enjeux juridiques et sociologiques de l'après-peine privative de liberté, e-legal, vol. 7, 2022.* – DEKEUWER-DÉFOSSEZ, Couple et cohabitation, *La notion juridique de couple, Economica, 1998.* – HÉNAFF, La communauté de vie du couple en droit français, *RTD civ. 1996. 551.*

▸ **Ouvrage :** LAMARCHE, État matrimonial, *in* Chenede, Droit de la famille 2023-2024, *Paris, Dalloz, 9e éd., coll. Dalloz Action, 2022, chap. 11, § 116.31.*

COMMENTAIRE

I. VALIDITÉ ET LICÉITÉ DU MARIAGE

Conditions de fond. Afin que le mariage soit valide et licite, il doit répondre à un certain nombre de conditions de fond et de forme. S'agissant des conditions de fond, pour rappel, les personnes doivent être en vie, en âge et en capacité de contracter un mariage, consentantes, non déjà mariées et sans lien de parenté (entre ascendant-descendant). Le mariage peut être célébré entre toute personne indistinctement de son sexe ou de son genre depuis l'adoption de la loi n° 2013-404 du 17 mai 2013 ouvrant le mariage aux couples de personnes de même sexe en France. L'article 215, alinéa 1er du code civil prévoit que « les époux s'obligent mutuellement à une communauté de vie ». La communauté de vie doit s'entendre comme une « communauté affective et intellectuelle ». En cela, la jurisprudence de la Cour de cassation a depuis plusieurs années affirmé que la communauté de vie devait se distinguer de la résidence commune des époux, celle-ci n'étant pas nécessaire à la validité du mariage (CE 19 janv. 1998, n° 126809 : *D. 1998. 521, note Tixier et Lamulle*). Plus encore, la jurisprudence a directement admis de manière explicite que le statut de détenu d'une personne entrainaît un éloignement géographique ne remettant pas en cause à lui seul la communauté de vie du couple (TGI La Rochelle, 2 mai 1991 : *D. 1992. 259, note Guiho* ; *RTD civ. 1992. 53, obs. Hauser*).

Conditions de forme. L'article D. 343-1 prévoit que le mariage des personnes incarcérées est célébré au sein de l'établissement pénitentiaire sur réquisitions du procureur telles que prévues par l'alinéa 2 de l'article 75 du code civil, sauf à ce que les personnes puissent obtenir une permission de sortie (C. pr. pén., art. D. 143 et D. 143-1). En effet, l'article 75 du code civil pose en principe la célébration du mariage à la mairie par l'officier d'état civil, après l'expiration du délai de publication des bans, en présence *a minima* de deux témoins. La publicité du mariage, qui ne peut qu'être célébré qu'à la mairie, est donc une condition fondamentale à sa validité. L'article 75, alinéa 2 présente une exception à cette particularité concernant les « empêchements graves », dont la privation de liberté fait partie, qui justifient sur réquisitions du procureur le déplacement de l'officier d'état civil au « domicile ou à la résidence » de l'une des parties. Cependant, jusqu'au décret du 23 mai 1975, le Procureur pouvait s'opposer à la célébration du mariage en prison par l'officier d'état civil. Cette particularité avait été confirmée par une circulaire du ministère de la Justice en date du 26 août 1974. Cette circulaire ne permet plus aux magistrats chargés du dossier d'instruction des personnes prévenues et en charge du parcours d'exécution des peines concernant les personnes concernées de s'opposer à leur union. Cette opposition possible de leur part constituait un empêchement au mariage des personnes incarcérées, ce qui était contraire à leurs droits civils. Depuis l'entrée en vigueur du décret instaurant l'ancien article D. 424 du code de procédure pénale (art. D. 343-1), les réquisitions du procureur ne sont qu'une formalité administrative pour fonder la légalité de la célébration du mariage ailleurs qu'à la mairie sans que ce dernier ne puisse s'y opposer. Enfin, ce corpus de textes spécifiques est complété par la note de service publiée en ligne du 7 août 2013, rédigée après l'entrée en vigueur de la loi du 17 mai 2013 ouvrant le mariage aux couples de même sexe, et qui développe davantage les articles D. 343-1 du code pénitentiaire et 75, alinéa 2, du code civil dans l'organisation concrète du mariage. La note précise de manière exhaustive la manière dont les chefs d'établissements peuvent organiser les cérémonies telle que la procédure à suivre pour autoriser les témoins pour organiser les mariages entre deux personnes détenues de différents établissements pénitentiaires nécessitant un transfèrement ou encore les modalités d'exercice des droits résultant du mariage en prison (modalités de visites au parloir et hors surveillance, etc.).

II. MODALITÉS DE RÉALISATION D'UN PACS

Obligation d'une déclaration conjointe d'une résidence commune d'un PACS. L'article 515-3 du code civil requiert la déclaration conjointe d'une résidence commune afin de former un PACS. La circulaire du ministre de la Justice du 10 mai 2017 qui détaille les articles 515-1 et suivants du code civil précise au paragraphe 1.1 que l'exigence d'une résidence commune afin d'effectuer une déclaration conjointe de PACS « doit s'entendre comme étant la résidence principale des intéressés quel que soit leur mode d'habitation (propriété, location, hébergement par un tiers). [...] Les partenaires feront la déclaration de leur adresse commune par une attestation sur l'honneur. Aucun autre justificatif n'est à exiger mais l'officier de l'état civil doit appeler l'attention des intéressés sur le fait que toute fausse déclaration est susceptible d'engager leur responsabilité pénale ». Ainsi, la condition de résidence commune ou de « vie commune » (C. civ., art. 515-4) du droit commun du PACS diffère de la condition d'établir une « communauté de vie » présente dans les conditions de validité du mariage de l'article 215, alinéa 1er, du code civil.

Déclaration conjointe au domicile de l'une des parties (empêchement grave). L'article 515-3, alinéa 2, du code civil permet de manière dérogatoire l'enregistrement de la déclaration conjointe de PACS au domicile de l'une des parties en cas « d'empêchement grave ». De plus, la circulaire du ministre de la Justice du 10 mai 2017 précise très clairement dans son article 10 que « l'empêchement grave durable » se réfère à l'impossibilité physique de manière durable pour une personne de pouvoir se rendre à l'enregistrement de la déclaration conjointe de PACS : « Lorsque l'un des partenaires est empêché et qu'il ne paraît pas envisageable de différer l'enregistrement dans un délai raisonnable, l'officier de l'état civil pourra se déplacer jusqu'à lui. » L'incarcération peut constituer un empêchement grave et durable puisqu'il peut s'étaler sur une certaine durée sans nécessairement que la personne concernée soit éligible à une permission de sortie. L'officier d'état civil peut donc se déplacer à l'établissement pénitentiaire pour enregistrer le PACS sur le fondement de cette exception. C'est ce que prévoit le 2° de l'article D. 343-1.

Concernant la résidence commune, il est admis en cas d'empêchement grave que les partenaires n'aient pas de résidence commune au moment de l'enregistrement du PACS dès lors qu'ils déclarent une résidence à laquelle ils habiteront dès la levée de l'empêchement grave. L'adresse de l'établissement pénitentiaire peut par ailleurs faire office de résidence commune pour faciliter les démarches administratives (V. C. pénit., art. L. 312-2). ❑

1. *Droit au mariage – CEDH.* Pour la Cour de Strasbourg, les détenus jouissent du droit de se marier tel que garanti par l'art. 12 Conv. EDH (qui protège le droit fondamental pour tout homme et toute femme de se marier et de fonder une famille), la liberté personnelle ne constituant pas un prérequis indispensable pour exercer son droit au mariage. • CEDH 8 déc. 2016, *Chernetskiy c/ Ukraine*, n° 44316/07, § 29 : *D. 2017. 1082, obs. Lemouland et Vigneau ; AJ fam. 2017. 148, obs. Viganotti ; AJ pénal 2017. 100, obs. Herzog-Evans ; JCP 2017. 186, obs. Gouttenoire.* ♦ Les autorités pénitentiaires ne peuvent donc pas interdire ni même restreindre le droit au mariage à moins que n'existent d'importantes considérations découlant de circonstances telles qu'une menace pour la sécurité de la prison ou de la prévention des infractions pénales et de la défense de l'ordre. • CEDH 5 janv. 2010, *Frasik c/ Pologne*, n° 22933/02, § 95 : *JCP 2010. 31, obs. Belda ; D. 2011. 1040, obs. Lemouland et Vigneau ; RTD civ. 2010. 303, obs. Hauser ; Dr. fam. 2010, n° 37, note Larribau-Terneyre.* ♦ Il est en conséquence prohibé de s'opposer à la décision d'une personne détenue d'établir une relation conjugale avec la personne de son choix, en particulier au motif que la relation en question ne paraît pas acceptable ou serait susceptible de heurter l'opinion publique. Les personnes détenues ont, en effet, toujours le choix de leur partenaire et la décision de l'épouser demeure une question d'ordre strictement privé. Le mariage s'exerce toutefois « selon les lois nationales ». Celles-ci, qui doivent être compatibles avec la Convention et « doivent aussi répondre aux normes d'accessibilité et de clarté requises », ne peuvent « priver une personne ou une catégorie de personnes jouissant de la capacité juridique d'exercer leur droit au mariage avec le ou la partenaire de leur choix ». • CEDH 10 juill. 1980, *Draper c/ Royaume-Uni*, n° 8186/78. ♦ En revanche, les aspects pratiques (telles que le moment où sera célébrée l'union, ainsi que les dispositions à prendre à cette fin) peuvent être soumis à certaines conditions prévues par les autorités. Dans tous les cas, les limitations introduites ne peuvent restreindre ou réduire le droit au mariage à un point tel que l'essence de ce droit n'en soit altérée. • CEDH 8 déc. 2013, *Chernetskiy c/ Ukraine*, n° 44316/07, § 23 : *préc.*

2. *Communauté de vie. Droit interne.* La communauté de vie se distingue de la résidence commune des époux, celle-ci n'étant pas nécessaire à la validité du mariage. • CE 19 janv. 1998, n° 126809 : *D. 1998. 521, note Tixier et Lamulle.* ♦ Le statut de détenu d'une personne entraîne un éloignement géographique ne remettant pas en cause à lui seul la communauté de vie du couple. • TGI La Rochelle, 2 mai 1991 : *D. 1992. 259, note Guiho ; RTD civ. 1992. 53, obs. Hauser.*

CHAPITRE IV INFORMATION SUR LES ÉVÈNEMENTS FAMILIAUX

Art. R. 344-1 **Lorsque parvient à l'établissement pénitentiaire la nouvelle du décès ou de la maladie grave d'un membre de la proche famille d'une personne détenue, celle-ci en est immédiatement informée.**

CHAPITRE V CORRESPONDANCES

SECTION 1 Correspondances écrites

SOUS-SECTION 1 Correspondances écrites des personnes prévenues

Art. R. 345-1 Pour les personnes prévenues, le magistrat chargé du dossier de la procédure peut s'opposer à leur droit de correspondre par écrit soit de façon générale, soit à l'égard d'un ou plusieurs destinataires expressément mentionnés dans sa décision.

Les correspondances écrites par les personnes prévenues ou adressées à celles-ci sont, sauf décision contraire du magistrat, communiquées à ce dernier.

Art. R. 345-2 La décision refusant à une personne prévenue l'exercice du droit de correspondance lui est notifiée par tout moyen.

SOUS-SECTION 2 Correspondances écrites des personnes condamnées

Art. R. 345-3 Les personnes détenues peuvent correspondre par écrit en application de l'article L. 345-2 avec toute personne de leur choix tous les jours et sans limitation.

SOUS-SECTION 3 Contrôle et retenue des correspondances

§ 1 Dispositions générales

Art. R. 345-4 La correspondance des personnes détenues, reçue ou expédiée, doit être écrite en clair et ne comporter aucun signe ou caractère conventionnel compréhensible des seuls correspondants.

Celle écrite dans une autre langue que le français peut être traduite avant remise ou expédition.

Art. R. 345-5 La décision de retenir une correspondance écrite, reçue ou expédiée, est notifiée à la personne détenue par le chef de l'établissement pénitentiaire au plus tard dans les trois jours. Lorsque la décision concerne une personne condamnée, le chef de l'établissement en informe la commission de l'application des peines. Lorsqu'elle concerne une personne prévenue, il en informe le magistrat chargé du dossier de la procédure.

La correspondance retenue est déposée dans le dossier individuel de la personne détenue. Elle lui est remise lors de sa libération.

§ 2 Correspondances spécialement protégées

Art. R. 345-6 La correspondance échangée entre les personnes détenues et le personnel d'insertion et de probation se fait librement et sous pli fermé.

Art. R. 345-7 Les lettres adressées par les personnes détenues aux organismes sociaux sont transmises sous pli fermé, sous le contrôle du service pénitentiaire d'insertion et de probation.

Art. R. 345-8 Les personnes détenues correspondent avec leur défenseur et avec les aumôniers agréés de l'établissement sous pli fermé.

Art. R. 345-9 Les correspondances destinées aux autorités administratives et judiciaires françaises et internationales mentionnées par les dispositions de l'article L. 345-4, au défenseur de la personne détenue et aux aumôniers agréés auprès de l'établissement pénitentiaire ou expédiées par ces personnes, sont adressées sous pli fermé comportant sur les enveloppes toutes les mentions utiles pour indiquer la qualité et l'adresse professionnelle de son destinataire ou de son expéditeur.

Art. D. 345-10 Les autorités administratives et judiciaires françaises autres que le contrôleur général des lieux de privation de liberté avec lesquelles les personnes détenues correspondent sous pli fermé sont les suivantes :

1° Le Président de la République ;

2° Le Premier ministre et les membres du Gouvernement ;
3° Les présidents de l'Assemblée nationale et du Sénat ;
4° Le vice-président du Conseil d'État ;
5° Les députés et les sénateurs ;
6° Le président de la Cour de justice de la République ;
7° Le Défenseur des droits et ses délégués ;
8° Le président de la Commission nationale de l'informatique et des libertés ;
9° Le président de la Commission d'accès aux documents administratifs ;
10° Les présidents des cours administratives d'appel et des tribunaux administratifs ;
11° Les magistrats de l'ordre judiciaire en exercice dans leurs juridictions ;
12° Le directeur du cabinet du garde des sceaux, ministre de la justice ;
13° Les directeurs du ministère de la justice ;
14° Le chef de l'inspection générale des affaires sociales ;
15° Le chef de l'inspection générale de la justice ;
16° Les préfets et les sous-préfets ;
17° Le maire de la commune où la personne détenue est domiciliée ou incarcérée ;
18° Les directeurs interrégionaux des services pénitentiaires et les directeurs interrégionaux de la protection judiciaire et de la jeunesse ;
19° Les directeurs des services d'insertion et probation ;
20° Le président du conseil d'évaluation de l'établissement où est détenue la personne intéressée ;
21° Les médecins inspecteurs de santé publique ;
22° Les directeurs d'établissement de santé.

Les autorités administratives et judiciaires internationales avec lesquelles les personnes détenues peuvent correspondre correspondent sous pli fermé sont les suivantes :
1° Le président et les membres de la Cour pénale internationale ;
2° Le président et les membres des tribunaux pénaux internationaux créés par le Conseil de sécurité de l'Organisation des Nations unies ;
3° Le président et les membres des tribunaux spéciaux créés conjointement par l'Organisation des Nations unies et un ou plusieurs États membres de cette organisation ;
4° Les députés au Parlement européen ;
5° Le président et les membres de la Cour européenne des droits de l'homme ;
6° Le président et les membres du Comité européen pour la prévention de la torture et des peines ou traitements inhumains ou dégradants du Conseil de l'Europe ;
7° Le président et les membres du Tribunal de première instance de l'Union européenne ;
8° Le président et les membres de la Cour de justice de l'Union européenne ;
9° Le président et les membres du Comité contre la torture des Nations unies ;
10° Le président et les membres du Conseil des droits de l'homme des Nations unies ;
11° Le président et les membres du comité consultatif du Conseil des droits de l'homme des Nations unies ;
12° Le président et les membres de la Commission des droits de l'homme des Nations unies ;
13° Le secrétaire général du Conseil de l'Europe.

SECTION 2 Communications téléphoniques

SOUS-SECTION 1 Dispositions communes

Art. R. 345-11 Les communications téléphoniques sont réalisées au moyen des différents postes téléphoniques mis à disposition par l'établissement pénitentiaire. L'utilisation ou la détention de téléphones portables ou de tout autre appareil communiquant est interdite.

Une personne détenue n'est pas autorisée à donner à une autre personne détenue le code d'accès qui lui permet de téléphoner.

1. Accès au téléphone – CEDH. Pour la Cour de Strasbourg, l'art. 8 Conv. EDH ne garantit pas expressément le droit d'accéder à un téléphone, notamment lorsque des possibilités appropriées de correspondance sont accessibles à la personne détenue. S'appuyant sur différentes sources du Conseil de l'Europe, la Cour rappelle cependant qu'à l'égard des personnes détenues en général (et des condamnés à perpétuité en particulier), les communications par téléphone (tout comme la correspondance écrite et les visites), doivent être « aussi fréquentes que possible », « en respectant la vie privée », et que les possibilités de passer des appels téléphoniques doivent être largement diffusées. Une interdiction totale des appels téléphoniques est par ailleurs jugée inacceptable et il est recommandé de fixer un nombre minimum d'appels téléphoniques qui doivent toujours être autorisés. • CEDH 19 oct. 2021, *Danilevich c/ Russie,* n° 31469/08, § 60. ♦ Toutefois, lorsque les autorités pénitentiaires autorisent l'accès aux communications téléphoniques, celui-ci peut être soumis à des « restrictions légitimes ». • CEDH 2 mars 2010, *Davison c/ Royaume-Uni,* n° 52990/08. ♦ 2... Eu égard aux exigences ordinaires et raisonnables de l'emprisonnement. • CEDH 19 juill. 2017, *Lebois c/ Bulgarie,* n° 67482/14, § 61. ♦ ... Si ces restrictions sont conformes aux exigences du § 2, de l'art. 8 et contenues dans un texte suffisamment accessible pour les personnes concernées. Les conversations téléphoniques des personnes détenues (notamment pour celles ayant commis des crimes graves) peuvent ainsi être mises sur écoute et enregistrées, si ces mesures sont assorties « de garanties suffisantes contre une ingérence disproportionnée dans le droit au respect de la vie privé et de la correspondance des personnes concernées ». • CEDH 11 déc. 2018, *Rodionov c/ Russie,* n° 9106/09 : *§ 182.* ♦ Des motifs de sécurité peuvent également légitimer un régime d'autorisation et l'écoute systématique des conversations, pour les appels sortants d'une personne détenue mineure. • CEDH 19 mai 2016, *D. L. c/ Bulgarie,* n° 7472/14, § 105 : *D. actu. 9 juin 2016, obs. Devouèze.* ♦ D'un point de vue pratique, il est également possible pour les autorités pénitentiaires de limiter la durée des communications téléphoniques d'une personne détenue à cinq minutes, si l'on prend notamment en compte la nécessité de permettre à toutes les personnes incarcérées dans l'établissement d'appeler quotidiennement leur famille. • CEDH 20 oct. 2020, *Badulescu c/ Portugal,* n° 33729/18. ♦ Il est également admissible que ces mêmes autorités fixent un coût des communications téléphoniques plus élevé en prison qu'à l'extérieur, même si ceci peut entraîner des difficultés financières pour des personnes aux moyens financiers limités (le requérant ayant tout de même pu bénéficier d'un contact téléphonique régulier avec sa famille). • CEDH 2 mars 2010, *Davison c/ Royaume-Uni,* n° 52990/08 : *préc.* ♦ Par contre, il est prohibé d'interdire par principe des communications téléphoniques effectuées dans l'une des langues couramment parlées dans l'État. • CEDH 22 avr. 2014, *Nusret Kaya et a. c/ Turquie,* n° 43750/06 et 4 a. ♦ Il est également impossible pour les autorités pénitentiaires de refuser les communications téléphoniques de la femme d'une personne détenue en mettant seulement en avant le fait que celle-ci est témoin dans le futur procès de son époux. • CEDH 18 févr. 2020, *Kungurov c/ Russie,* n° 70468/17.

2. Confidentialité des échanges téléphoniques – droit interne. V. notes ss. art. L. 345-5.

3. Interdiction du téléphone portable. Les communications téléphoniques sont restreintes à l'usage de téléphones fixes en cellule ou de cabines téléphoniques pour les cellules qui n'en sont pas équipées. L'usage du téléphone portable en prison constitue une faute disciplinaire de premier degré (C. pénit., art. R. 232-4). • CE, ord., 2 avr. 2003, n° 255597 • CE 4 févr. 2013, n° 344266 : *D. actu. 16 févr. 2013, obs. de Montecler ; D. 2013. 1306, obs. Herzog-Evans ; AJDA 2013. 321 ; Rev. pénit. 2013. 393, obs. Céré* • TA Nantes, 27 oct. 2004 : *D. 2005. 997, obs. Herzog-Evans.* ♦ *Contra,* à propos d'un détenu sanctionné pour avoir passé des communications à ses proches avec un téléphone portable qui avait été trouvé à ses côtés dans une salle de sport. • CAA Nancy, 23 sept. 2010, n° 09NC01262.

SOUS-SECTION 2 Communications téléphoniques des personnes prévenues

Art. R. 345-12 Le magistrat chargé du dossier de la procédure peut autoriser les personnes prévenues, détenues en établissement pénitentiaire ou hospitalisées, à téléphoner aux membres de leur famille ou à d'autres personnes pour préparer leur réinsertion.

La décision comporte l'identité et les numéros d'appel des destinataires.

Sauf disposition contraire, cette autorisation est valable tant que la personne prévenue n'a pas fait l'objet d'une condamnation définitive, sans qu'ait d'incidence sur cette validité le changement de l'autorité judiciaire chargée du dossier de la procédure.

Si le magistrat le demande, les numéros d'appel et l'identité des destinataires des appels passés par la personne prévenue lui sont communiqués par le chef de l'établissement pénitentiaire.

Le magistrat peut refuser, suspendre ou retirer à une personne prévenue l'autorisation de téléphoner à un membre de sa famille par décision motivée conformément aux dispositions de l'article 145-4 du code de procédure pénale.

Art. R. 345-13 La décision d'autorisation, de refus, de suspension ou de retrait de l'accès au téléphone est notifiée à la personne prévenue par tout moyen.

SOUS-SECTION 3 Correspondances téléphoniques des personnes condamnées

Art. R. 345-14 Pour les personnes condamnées, la décision d'autoriser, de refuser, de suspendre ou de retirer l'accès au téléphone est prise par le chef de l'établissement pénitentiaire.

Lorsque les personnes condamnées sont hospitalisées, la décision d'autoriser, de refuser, de suspendre ou de retirer l'accès au téléphone est prise par le chef d'établissement sous réserve des prescriptions médicales.

Les décisions de refus, de suspension ou de retrait ne peuvent être motivées que par le maintien du bon ordre et de la sécurité ou par la prévention des infractions, conformément aux dispositions de l'article L. 345-5.

CHAPITRE VI RELATIONS DE CERTAINES CATÉGORIES DE PERSONNES DÉTENUES AVEC L'EXTÉRIEUR

Art. D. 346-1 Les personnes détenues militaires ou relevant d'une autorité militaire peuvent correspondre, librement et sous pli fermé, avec les autorités militaires françaises.

Au surplus, elles peuvent être visitées par les représentants de l'autorité militaire désignés par une instruction de service.

Art. D. 346-2 A condition que l'État dont ils ressortissent accorde la réciprocité, les personnes détenues étrangères peuvent entrer en rapport avec les représentants diplomatiques et agents consulaires de cet État.

A cette fin, les autorisations nécessaires sont accordées à ces représentants ou agents pour communiquer ou correspondre avec les personnes détenues de leur nationalité, sans qu'il soit toutefois dérogé aux dispositions des articles R. 341-14, R. 345-1, R. 345-3 et R. 345-5.

TITRE V EXERCICE DU CULTE

COMMENTAIRE

Les dispositions contenues par les articles R. 351-1 et suivants sont toutes issues du code de procédure pénale et du règlement intérieur type dont les prescriptions, principalement codifiées dans la partie « R. », acquièrent ainsi une nouvelle valeur juridique. Seule novation, l'article R. 351-5 garantit, « conformément à l'article R. 323-1 », le droit de chaque personne détenue de recevoir « une alimentation variée, compte tenu, dans toute la mesure du possible, de ses convictions philosophiques ou religieuses ». La nouveauté est toutefois limitée, la disposition ne faisant qu'isoler une mention auparavant contenue à l'article 9 du règlement intérieur type. ❑

CHAPITRE I DISPOSITIONS GÉNÉRALES

Art. R. 351-1 Chaque personne détenue peut exercer le culte de son choix, à titre individuel dans sa cellule ou collectivement dans les salles prévues à cet effet, en présence des intervenants d'aumônerie.

COMMENTAIRE

L'article R. 351-1, qui reprend les dispositions de l'article 8 du règlement intérieur type, rejoint les recommandations du Contrôleur général des lieux de privation de liberté : « Les personnes privées de liberté sont libres de suivre les pratiques et les rites individuels propres à chaque culte. Un lieu et des moyens dédiés aux pratiques collectives doivent également être mis à leur disposition » (V. Recomm. minimales pour le respect de la dignité et des droits fondamentaux des personnes privées de liberté, V. ss. art. L. 133-2).

Les droits consacrés valent également lorsque la personne détenue est hospitalisée en unité hospitalière spécialement aménagée (UHSA) et unité hospitalière sécurisée interrégionale (UHSI). En revanche, l'accès au culte collectif est interdit pour les personnes placées au quartier disciplinaire, à l'isolement ou dans les quartiers dédiés à l'évaluation et la prise en charge de la radicalisation (QER et QPR).

Les interventions des agents pénitentiaires durant la célébration du culte doivent dans la mesure du possible être évitées, sauf « urgence impérieuse ». ❑

1. Interdiction du prosélytisme. Adoptée en raison du développement de pratiques cultuelles ostentatoires et d'actes de prosélytisme, la décision du directeur d'une maison centrale visant à interdire toute manifestation individuelle ou collective à caractère religieux en dehors du lieu de culte et de la cellule est nécessaire pour le maintien du bon ordre dans l'établissement, pour la garantie de la liberté d'opinion de chaque détenu ainsi que pour le respect des principes de neutralité et de laïcité du service public et proportionnée aux buts légitimes poursuivis. • CAA Bordeaux, 8 sept. 2009, n° 08BX01040 : *AJDA 2009. 2022*. ♦ Le règlement intérieur d'un établissement pénitentiaire qui interdit toute manifestation cultuelle en dehors des cellules ou des salles prévues à cet effet, et notamment en cour de promenade, porte une limitation à la liberté d'exercice du culte et de manifestation des convictions religieuses qui n'est pas disproportionnée aux buts légitimes poursuivis de respect des principes de laïcité, de neutralité et de pluralité et de protection des droits et libertés d'autrui, dès lors qu'elle ne remet nullement en cause la pratique religieuse individuelle dans les cellules et que la pratique collective du culte reste possible dans les lieux affectés à cet usage dans les conditions prévues par la réglementation. • CAA Lyon, 29 nov. 2012, n° 12LY00174. ♦ La circonstance que la méconnaissance de cette interdiction soit passible de sanctions disciplinaires n'est pas de nature à remettre en cause l'absence de caractère disproportionné de cette mesure au regard des objectifs légitimement poursuivis. • CAA Bordeaux, 8 sept. 2009, n° 08BX01040 : *préc.* • CAA Lyon, 29 nov. 2012, n° 12LY00174.

I. EXERCICE INDIVIDUEL

2. Pratique excédant l'exercice d'un culte à titre individuel. L'appel à la prière de sa cellule vers l'extérieur constitue un fait de tapage qui excède le libre exercice de sa religion par un détenu, perturbe le bon ordre de la détention et mécontente les droits et libertés des autres détenus du centre pénitentiaire. • TA Melun, 9 juin 2017, n° 1503453. ♦ L'appel prononcé à la fenêtre de la cellule doit être considéré comme ayant été effectué à l'extérieur de celle-ci et constitue dès lors une manifestation collective à caractère religieux (faute disciplinaire du troisième degré). • TA Limoges, 27 juin 2013, n° 1200168.

3. Nuisances liées aux pratiques cultuelles. La seule circonstance qu'un détenu subirait des nuisances en raison des chants religieux entonnés le soir par des détenus incarcérés dans d'autres cellules ne constitue une urgence ni au sens du référé-liberté, ni au sens du référé-mesures utiles. • TA Polynésie française, ord., 17 mai 2019, n° 1900176 • 6 juin 2018, n° 1800181.

II. EXERCICE COLLECTIF

4. Conv. EDH, art. 9. Régime spécial de détention. Ne constitue pas une violation de l'art. 9 Conv. EDH le refus d'autoriser un détenu soumis à un régime spécial de détention à sécurité renforcée d'aller à la messe, alors qu'il pouvait suivre celle-ci depuis sa cellule et qu'il n'avait jamais prétendu avoir été empêché de rencontrer un aumônier. • CEDH 6 juill. 2000, *Indelicato c/ Italie,* n° 31143/96.

5. Interdiction. Cellule disciplinaire. Si l'accès au culte collectif est interdit pour les personnes placées en cellule disciplinaire, ces dernières conservent le droit de s'entretenir avec un aumônier dans les conditions prévues par l'art. R. 57-9-6 C. pr. pén. [C. pénit., art. R. 358-8] et le bénéfice de l'autorisation prévue par son art. R. 57-9-7 [C. pénit., art. R. 358-9]. • CE 11 juin 2014, n° 365237 : *Lebon T.* ♦ Eu égard à l'objectif d'intérêt général de protection de la sécurité et du bon ordre dans les établissements pénitentiaires qu'elles poursuivent, à la durée maximale de la sanction en cause et aux droits dont continuent à bénéficier les détenus, les dispositions critiquées en ce qu'elles prévoient que la sanction de cellule disciplinaire emporte pendant toute sa durée la suspension de l'accès aux activités, notamment aux activités à caractère cultuel, ne peuvent être regardées comme portant une atteinte excessive au droit de ces derniers de pratiquer leur religion. • Même arrêt.

6. Mise à disposition de locaux adaptés. Dans la mesure où les locaux le permettent, et dans les seules limites du bon ordre et de la sécurité, l'administration doit permettre l'organisation du culte dans les établissements. • TA Bordeaux, 3 déc. 2013, n° 1200472 • TA Rouen, 25 nov. 2014, n° 1300664. ♦ Des contraintes tant matérielles que de sécurité, notamment en termes de surveillance, peuvent donc légalement justifier l'absence de mise à disposition d'une salle. • TA Paris, 30 avr. 2014, n° 1218097/6-3. ♦ Encore faut-il que ces contraintes soient démontrées. En refusant à un détenu témoin de Jéhovah le bénéfice d'un aumônier agréé, l'administration pénitentiaire l'a privé des droits afférents à ce statut, dont son droit à des offices religieux se déroulant dans un local adapté à cet effet. Dès lors que l'administration ne démontre pas en quoi l'autorisation de ces services religieux exceptionnels ou le prêt d'une salle adaptée serait impossible tant sur le plan matériel qu'organisationnel, ou risquerait de porter atteinte à la sécurité, elle a commis une faute de nature à engager sa responsabilité et ce, d'autant que les détenus d'autres religions qui disposent d'un aumônier agréé peuvent accéder à ces avantages. • TA Limoges, 5 mars 2015, n° 1300089.

Art. R. 351-2 **Chaque personne détenue doit pouvoir satisfaire aux exigences de sa vie religieuse, morale ou spirituelle.**

A son arrivée dans l'établissement pénitentiaire, elle est avisée de son droit de recevoir la visite d'un ministre du culte et d'assister aux offices religieux et aux réunions cultuelles organisées par les personnes agréées à cet effet.

I. AGRÉMENT DES AUMÔNIERS PÉNITENTIAIRES

1. Obligation pour l'administration pénitentiaire d'agréer des aumôniers. La seule facilitation des visites de droit commun de représentants du culte ne saurait satisfaire à l'obligation qui incombe à l'administration pénitentiaire de respecter le droit de toute personne de poursuivre lorsqu'elle est détenue, à quelque titre que ce soit, la pratique du culte dont elle se revendique. Dès lors, l'administration pénitentiaire doit, dès que la demande en est formulée, agréer comme aumônier un nombre suffisant de ministres de ce culte, sous la seule réserve des exigences de sécurité et de bon ordre de l'établissement. • TA Bordeaux, 3 déc. 2013, n° 1200472.

2. Obligation d'inscrire les dépenses au budget de l'établissement (non). Les dispositions de l'art. 2 de la L. du 9 déc. 1905 donnent à l'autorité compétente la faculté d'inscrire au budget les dépenses relatives à des services d'aumônerie dans les établissements pénitentiaires, mais ne l'y obligent pas, dès lors que le libre exercice du culte y est assuré. • CE 27 juin 2018, n° 412039.

3. Formation des aumôniers. La mission des aumôniers pénitentiaires est d'assurer le libre exercice du culte ainsi qu'un soutien spirituel auprès des personnes détenues. En imposant une obligation de détention d'un diplôme de formation civile et civique pour les aumôniers des établissements pénitentiaires bénéficiaires d'une indemnité, le pouvoir réglementaire a ajouté une condition supplémentaire au recrutement ou à l'indemnisation de ces aumôniers, qui repose sur la poursuite d'objectifs d'intérêt général et de sauvegarde de l'ordre public en lien avec la mission de ces aumôniers, qui interviennent dans des lieux fermés ou isolés, auprès de publics dont la liberté de mouvement est limitée, afin de leur permettre le libre exercice de leur culte. L'institution d'une telle condition n'a pour effet ni d'encadrer l'exercice des cultes au sein des établissements pénitentiaires, ni de substituer l'appréciation de l'administration à celle de l'aumônier national ou des autorités cultuelles, auxquels il appartient de proposer les candidats aux fonctions d'aumônier. • CE 27 juin 2018, n° 412039. ♦ La formation en matière civile et civique visée par le Décr. n° 2017-756 du 3 mai 2017 relatif aux aumôniers militaires, hospitaliers et pénitentiaires et à leur formation civile et civique, qui ne porte pas sur le ministère religieux des aumôniers, mais sur l'environnement social, institutionnel et juridique dans lequel s'exerce leur activité et n'implique pas que l'administration, comme les enseignants y participant, porte une appréciation sur le contenu des croyances concernées, peut être assurée, financée ou réglementée par une collectivité publique sans méconnaître le principe posé par l'art. 2 de la L. du 9 déc. 1905. • Même arrêt. ♦ Si, en créant une obligation de formation, le décret institue une différence de traitement entre des personnes susceptibles de remplir les missions d'aumônerie, la différence de traitement ainsi instituée est en rapport direct avec l'objet du décret, qui est pour l'État de s'assurer des connaissances dans les domaines civil et civique des personnes devant intervenir dans des lieux fermés ou isolés, auprès de publics dont la liberté de mouvement est limitée, afin de leur permettre le libre exercice de leur culte et n'est pas manifestement disproportionnée au regard des objectifs poursuivis par l'État. • Même arrêt.

II. DROIT À L'ASSISTANCE D'UN AUMÔNIER

4. Conv. EDH, art. 9. Ingérence non justifiée. L'impossibilité pour une personne détenue de rencontrer un prêtre ou un pasteur de sa religion s'analyse comme une ingérence non justifiée dans la liberté de manifester sa religion ou ses convictions. • CEDH 29 avr. 2003, *Kouznetsov c/ Ukraine*, n° 39042/97 • 29 avr. 2003, *Poltoraski c/ Ukraine*, n° 38812/97 • 23 févr. 2016, *Mozer c/ République de Moldova et Russie*, n° 11138/10.

5. Insuffisance de la délivrance de permis de visite ordinaire. L'administration pénitentiaire, pour respecter le droit de toute personne de poursuivre, lorsqu'elle est détenue, à quelque titre que ce soit, la pratique du culte dont elle se revendique, doit, dès que la demande en est formulée, agréer comme aumôniers des ministres de ce culte en nombre suffisant, sous la seule réserve des exigences de sécurité et de bon ordre de l'établissement. • TA Rouen, 25 nov. 2014, n° 1300664. ♦ Toutefois, dans le cas où un ministre du culte ne peut obtenir ce droit de visite en tant qu'aumônier nommé, rien ne s'oppose à ce qu'il puisse obtenir un titre de visite ordinaire pour rencontrer un détenu. • CAA Bordeaux, 20 oct. 2009, n° 08BX0324 : *AJDA 2010. 272, concl. Fabien*.

♦ Commet néanmoins une faute l'administration pénitentiaire qui, nonobstant le libre exercice du culte, n'autorise la personne détenue qu'à se rendre au parloir munie d'une bible, le parloir étant bruyant et peu propice à la pratique de son culte. • TA Paris, 30 avr. 2014, n° 1218097/6-3. ♦ La faute consistant à empêcher une personne détenue d'exercer son culte dans des conditions dignes engage la responsabilité de l'administration pénitentiaire, sans qu'il soit besoin pour la personne concernée de démontrer qu'elle aurait fait état de ses difficultés avant la demande d'indemnisation. • TA Rennes, 27 juin 2014, n° 1203260.

Art. R. 351-3 **Les offices religieux, les réunions cultuelles et l'assistance spirituelle aux personnes détenues sont assurés, pour les différents cultes, par des aumôniers agréés.**

V. art. D. 352-1 s.

I. OBLIGATION D'AGRÉMENT

1. Obligation d'agrément. Pour respecter le droit de toute personne de poursuivre lorsqu'elle est détenue, à quelque titre que ce soit, la pratique du culte dont elle se revendique, l'administration pénitentiaire doit, dès que la demande en est formulée, agréer comme aumôniers des ministres du culte concerné en nombre suffisant, sous la seule réserve des exigences de sécurité et de bon ordre de l'établissement. • CE 16 oct. 2013, n° 351115 B. ♦ V. égal. • CAA Paris, 30 mai 2011, n° 10PA03589 : *AJDA 2011. 2185, note Vidal Delplanque ; D. 2012. 1294, obs. Péchillon* • 27 juin 2011, n° 10PA03749 : *AJDA 2011. 2121, obs. Sirinelli.*

2. Recevabilité des demandes. La demande d'agrément d'un aumônier bénévole des établissements pénitentiaires peut être instruite dès lors que l'association « Les témoins de Jéhovah de France » bénéficie du statut d'association cultuelle régie par la L. du 9 déc. 1905 et que l'intéressé s'est vu reconnaître la qualité de ministre du culte ayant les compétences requises pour apporter une assistance spirituelle et religieuse aux détenus et célébrer les offices religieux. • CAA Paris, 30 mai 2011, n°s 10PA03618, 10PA03589 et 10PA03567. ♦ V. égal. • CAA Nancy, 13 oct. 2011, n° 11NC00211 • CAA Douai, 25 oct. 2011, n° 11DA00555 • CAA Lyon, 24 mai 2012, n° 11LY01352 • TA Strasbourg, 19 juin 2013, n°s 1200192 et 1104277.

3. Critère quantitatif (non). Le § 2 de la RPE n° 29, qui est, au demeurant, dénuée de portée normative, recommande de proportionner le nombre d'aumôniers agréés au nombre de pratiquants. Il n'a toutefois n'a ni pour objet ni pour effet de permettre de fonder un refus d'agrément sur le faible nombre de pratiquants. • CE 16 oct. 2013, n° 351115 : *Lebon T. 588.*

4. Prérogatives de l'administration pénitentiaire. S'il incombe au directeur interrégional des services pénitentiaires d'agréer un aumônier lorsqu'il est saisi d'une proposition par l'aumônier national du culte concerné, il n'appartient pas à l'administration pénitentiaire de procéder au recrutement d'un aumônier. • TA Grenoble, 22 juin 2017, n° 1401961.

5. Référé liberté. Le silence gardé par l'administration pénitentiaire sur une demande d'agrément déposée en vue d'un entretien spirituel pour se préparer à une audience pénale s'inscrit dans une situation d'urgence avérée. • TA Paris ord. 13 juin 2013, n° 1308083/9.

II. ABROGATION DE L'AGRÉMENT

6. Compétence du directeur interrégional des services pénitentiaires. Dans le silence des textes et en vertu du parallélisme des compétences, le directeur interrégional des services pénitentiaires a compétence pour abroger l'agrément. • CAA Versailles, 1er mars 2022, n° 20VE02036.

7. Procédure. Si les dispositions de l'art. D. 439 C. pr. pén. [C. pénit., art. R. 352-1] prévoient que l'agrément des aumôniers est délivré sur proposition de l'aumônier national du culte concerné, en vue notamment de garantir l'aptitude pastorale du postulant, aucune disposition législative ou réglementaire ne prévoit la consultation de cette personnalité en cas de procédure de retrait de l'agrément. • CAA Versailles, 1er mars 2022, n° 20VE02036. ♦ Un délai de 12 jours est suffisant pour permettre au requérant de préparer utilement sa défense lorsqu'il est prévenu par courrier de ce qu'il est envisagé de lui retirer son agrément ainsi que des griefs retenus à son encontre. • Même arrêt.

8. Proportionnalité du retrait. N'est pas disproportionnée à la gravité de la faute la décision d'abrogation de l'agrément prononcée à l'encontre d'un aumônier ayant tenté d'introduire un téléphone portable au sein d'un établissement pénitentiaire. • CAA Versailles, 1er mars 2022, n° 20VE02036. ♦ En revanche, n'est pas justifiée la révocation de l'agrément d'un aumônier « fiche S » prononcée au regard de faits qui soit ne sont pas précisément établis, soit ne présentent pas un caractère de gravité suffisant pour justifier l'abrogation de l'agrément. • TA Bastia, 7 sept. 2017, n° 1700254.

III. SUSPENSION DE L'AGRÉMENT

9. Décision de police. La décision portant suspension d'un agrément d'aumônier dans les centres pénitentiaires, prise dans l'attente d'une décision définitive retirant ou non cet agrément, constitue une mesure de police administrative soumise aux dispositions du CRPA. • TA Bastia, 7 sept. 2017, n° 1601205.

10. Motivation. La décision de suspendre l'agrément d'aumônier pénitentiaire doit être motivée en application de l'art. L. 211-2 CRPA. • TA Bastia, 7 sept. 2017, n° 1601205. ♦ Il résulte de l'art. L. 232-4 du même code qu'une décision implicite intervenue dans les cas où la décision explicite aurait dû être motivée n'est pas entachée d'illégalité du seul fait qu'elle n'est pas assortie de cette motivation. Une telle décision ne peut être regardée comme illégale qu'en l'absence de communication de ses motifs dans le délai d'un mois par l'autorité saisie. • Même jugement.

11. Procédure contradictoire préalable. En application des dispositions de l'art. L. 121-1 CRPA, la mesure de suspension ne peut normalement intervenir qu'après que l'intéressé a été mis en mesure de présenter ses observations. • TA Bastia, 7 sept. 2017, n° 1601205. ♦ Une telle obligation cède toutefois en cas d'urgence. Caractérise une telle situation en période d'état d'urgence l'inscription de l'aumônier concerné sur « fiche S », eu égard à la fonction d'aumônier, à la circonstance qu'il intervient dans les centres pénitentiaires, milieux sensibles à la radicalisation, et au fait qu'il peut, du fait de son statut d'aumônier, accéder de manière libre à ces centres. • Même jugement.

Art. R. 351-4 **Le port des vêtements religieux par les personnes détenues est interdit dans les lieux à usage collectif, à l'exception de la salle de culte.**

Les vêtements et objets de culte doivent être transportés par les personnes détenues dans un sac de la cellule à la salle de culte.

Art. R. 351-5 **Conformément à l'article R. 323-1, chaque personne détenue reçoit une alimentation variée, compte tenu, dans toute la mesure du possible, de ses convictions philosophiques ou religieuses.**

1. Conformité de la disposition à l'art. 9 Conv. EDH. Si l'observation de prescriptions alimentaires peut être regardée comme une manifestation directe de croyances et pratiques religieuses au sens de l'art. 9 Conv. EDH, les dispositions critiquées, qui visent à permettre l'exercice par les personnes détenues de leurs convictions religieuses en matière d'alimentation sans toutefois imposer à l'administration de garantir, en toute circonstance, une alimentation respectant ces convictions, ne peuvent être regardées, eu égard à l'objectif d'intérêt général du maintien du bon ordre des établissements pénitentiaires et aux contraintes matérielles propres à la gestion de ces établissements, comme portant une atteinte excessive au droit de ces derniers de pratiquer leur religion. • CE 25 févr. 2015, n° 375724 : *D. actu. 3 mars 2015, obs. Pastor ; D. 2015. 1122, obs. Péchillon ; AJDA 2015. 421 ; RFDA 2015. 512, obs. Dupré de Boulois* (critique de l'al. 1er de l'art. 9 du RI-type repris par l'art. R. 351-5 C. pénit.).

2. Portée de l'obligation (jurisprudence européenne). Si les conséquences ne sont pas excessives, l'administration doit tout mettre en œuvre pour proposer des « repas conformes aux préceptes du culte » de l'intéressé. • CEDH 10 nov. 2020, *Neagu c/ Roumanie,* n° 21969/15. ♦ Constitue donc une violation de l'art. 9 Conv. EDH le refus de fournir à un détenu, qui s'était converti à l'islam pendant son incarcération, des repas conformes aux exigences de son nouveau culte, au motif qu'il n'avait produit aucun document propre à attester sa conversion. • Même arrêt. ♦ En refusant à un détenu bouddhiste de suivre un régime végétarien, les autorités ont failli à leur obligation de peser de manière équitable les intérêts en présence. Partant, il y a violation de l'art. 9 Conv. EDH. • CEDH 7 déc. 2010 : *Jakobski c/ Pologne : RCS 2011. Chron 221, obs Marguénaud ; AJ pénal 2011. 258, obs. Herzog-Evans*. ♦ V. égal. : • CEDH 17 déc. 2013 *Vartic c/ Roumanie : D. actu. 16 janv. 2014, obs. Fleuriot.* ♦ Un arrangement par lequel un détenu est autorisé à se procurer par ses propres moyens les produits alimentaires conformes aux préceptes de sa religion ne doit pas lui imposer une charge qu'il ne serait pas en mesure d'assumer pour ces raisons financières objectives. • CEDH 9 juin 2020, *Erlich et Kastro c/ Roumanie,* nos 23735/16 et 23740/16.

3. Portée de l'obligation (droit interne). Il appartient à l'administration pénitentiaire, qui n'est pas tenue de garantir aux personnes détenues, en toute circonstance, une alimentation respectant leurs convictions religieuses, de permettre, dans toute la mesure du possible, eu égard aux contraintes matérielles propres à la gestion de ces établissements et dans le respect de l'objectif d'intérêt général du maintien du bon ordre des établissements pénitentiaires, l'observance des prescriptions alimentaires résultant des croyances et pratiques religieuses. • CE 10 févr. 2016, n° 385929 : *D. actu. 18 févr. 2016, obs. de Montecler.* ♦ L'obligation de proposer une alimentation conforme aux prescriptions religieuses est satisfaite dès lors que l'administration fournit à l'ensemble des personnes détenues des menus sans porc ainsi que des menus végétariens, que les personnes détenues peuvent demander à bénéficier, à l'occasion des principales fêtes religieuses, de menus conformes aux prescriptions de leur religion et, enfin, que le système de la cantine permet d'acquérir, en complément des menus disponibles, des aliments ou préparations contenant des viandes halal. • Même arrêt. ♦ Lorsque les modalités d'organisation de l'offre journalière de menus impliquent que les personnes détenues puissent se procurer une alimentation complémentaire conforme aux prescriptions de leur religion par le système de la cantine, il appartient à l'administration pénitentiaire de garantir à celles qui sont dépourvues de ressources suffisantes la possibilité d'exercer une telle faculté en leur fournissant, dans la limite de ses contraintes budgétaires et d'approvisionnement, une aide en nature appropriée à cette fin. • Même arrêt.

CHAPITRE II ASSISTANCE SPIRITUELLE

SECTION 1 Intervention des aumôniers agréés

COMMENTAIRE

Tout en posant le principe de séparation des Églises et de l'État, impliquant que la République ne reconnaît, ne salarie, ni ne subventionne aucun culte, l'article 2 de la loi du 9 décembre 1905 a ménagé la possibilité d'inscrire aux budgets des institutions publiques les dépenses relatives à des services d'aumônerie et destinées à assurer le libre exercice des cultes dans les établissements publics tels que lycées, collèges, écoles, hospices, asiles et prisons. En application de cette disposition, l'administration peut prendre en charge les dépenses relatives à des services d'aumônerie dans les établissements pénitentiaires, inscription qui reste toutefois facultative, dès lors que le libre exercice du culte y est assuré (CE 27 juin 2018, n° 412039). Comme l'a rappelé le Conseil d'État (*ibid.*), il revient au pouvoir réglementaire de définir les conditions d'agrément et d'intervention des aumôniers pénitentiaires, dans le respect des principes notamment posés par l'article 10 de la Déclaration des droits de l'homme et du citoyen de 1789 et la loi du 9 décembre 1905.

La structuration des aumôneries et les conditions d'intervention des aumôniers dans les établissements pénitentiaires ont été précisées par la note n° JUSK1440001N du 16 juillet 2014 relative à la pratique du culte en détention (V. ladite note ss. art. L. 351-1).

Anticipant sur un phénomène depuis lors étendu à toutes les administrations (V. not. Décr. n° 2021-1802 du 23 déc. 2021 relatif au référent laïcité dans la fonction publique, *JO 26 déc. 2021*), celle-ci crée par ailleurs des « référents sur les questions de laïcité et de pratique du culte » au sein de chaque établissement. Présentés comme les « interlocuteurs privilégiés des aumôniers et auxiliaires d'aumônerie », les référents ont pour mission :

– d'organiser l'exercice des cultes dans l'établissement ;
– de diffuser les notes et informations relatives aux cultes au sein de l'établissement ;
– d'organiser une réunion annuelle avec l'ensemble des aumôniers locaux, le chef de détention, les responsables des différents bâtiments et un représentant du service pénitentiaire d'insertion et de probation (SPIP).

Des référents similaires ont également été mis en place au sein de chaque direction interrégionale et au sein de l'administration centrale pour coordonner les politiques relatives à la pratique des cultes, assurer la relation avec les aumôneries et faire remonter les incidents rencontrés par les établissements, notamment en ce qui concerne les dérives radicales et sectaires (V. OIP, Le Guide du prisonnier, *La Découverte, 2021, 912 p*). ❑

Art. D. 352-1 **L'agrément des aumôniers est délivré par le directeur interrégional des services pénitentiaires après avis du préfet du département dans lequel se situe l'établissement visité** *(Décr. n° 2022-1175 du 24 août 2022, art. 2, en vigueur le 1er sept. 2022)* **« ou, si celui-ci se situe dans le département des Bouches-du-Rhône, du préfet de police des Bouches-du-Rhône », sur proposition de l'aumônier national du culte concerné.**

Lorsque la demande d'agrément porte sur des établissements pénitentiaires situés dans plusieurs départements, le préfet de région exerce la compétence dévolue au préfet de département en application des dispositions de l'alinéa précédent.

En vue de leur permettre d'assurer les missions qui leur sont confiées, une indemnité forfaitaire peut être allouée aux aumôniers agréés.

Un aumônier agréé depuis le 1er octobre 2017 ne peut bénéficier du versement d'une indemnité sur la base de vacations horaires que s'il est titulaire de l'un des diplômes de formation civile et civique figurant sur une liste déterminée selon des

modalités fixées par arrêté conjoint du ministre de l'intérieur, du ministre chargé de l'enseignement supérieur et du ministre chargé de l'outre-mer.

Toutefois, un aumônier agréé depuis la même date peut bénéficier du versement de telles indemnités s'il n'est pas titulaire de l'un des diplômes précités dès lors qu'il s'engage à le devenir au cours des deux années qui suivent la décision l'agréant. Au terme de ces deux années, l'indemnité cesse d'être versée si l'aumônier n'a pas obtenu l'un de ces diplômes.

L'indemnité prévue par les dispositions du présent article n'est cumulable avec aucune autre rémunération publique versée au même titre. Un arrêté conjoint du garde des sceaux, ministre de la justice, et du ministre chargé du budget fixe son montant annuel.

Lorsque son titulaire atteint l'âge de soixante-quinze ans, l'agrément est retiré par le directeur interrégional des services pénitentiaires.

1. V. art. R. 351-3.

2. Légalité du décret réformant les conditions d'agrément et d'exercice. Doit être écarté le moyen tiré de l'incompétence du pouvoir réglementaire pour définir ou préciser les conditions auxquelles est subordonnée l'intervention des aumôniers dans les établissements pénitentiaires. • CE 27 juin 2018, n° 412039. ♦ Doit également être écarté le moyen tiré de ce qu'en instituant une condition de diplôme de formation civile et civique pour les aumôniers bénéficiaires d'une indemnité recrutés par les établissements pénitentiaires, le pouvoir réglementaire se serait immiscé dans l'organisation des cultes ou aurait entaché son appréciation d'une erreur manifeste dès lors que cette condition supplémentaire repose sur la poursuite d'objectifs d'intérêt général et de sauvegarde de l'ordre public en lien avec la mission de ces aumôniers et que l'institution d'une telle condition n'a pour effet ni d'encadrer l'exercice des cultes au sein des établissements, ni de substituer l'appréciation de l'administration à celle de l'aumônier national ou des autorités cultuelles, auxquels il appartient de proposer les candidats aux fonctions d'aumônier. • Même arrêt. ♦ L'art. 2, al. 1, de la L. du 9 déc. 1905 concernant la séparation des Églises et de l'État prévoit que « la République ne reconnaît, ne salarie ni ne subventionne aucun culte ». Il précise qu'« en conséquence […] seront supprimées des budgets de l'État, des départements et des communes, toutes dépenses relatives à l'exercice des cultes ». La formation exigée des futurs aumôniers n'ayant aucun caractère religieux, le décret attaqué ne contrevient pas à cet interdit. • Même arrêt. ♦ Les dispositions de l'art. 2 de la L. du 9 déc. 1905 donnent à l'autorité compétente la faculté d'inscrire à son budget des dépenses relatives aux services d'aumônerie, mais ne l'y obligent pas, dès lors que le libre exercice des cultes est assuré dans les établissements qu'elles visent. En créant une obligation de formation, l'autorité réglementaire institue une différence de traitement entre des personnes susceptibles de remplir les missions d'aumônerie, mais la différence de traitement ainsi instituée, en rapport direct avec l'objet du décret, qui est pour l'État de s'assurer des connaissances dans les domaines civil et civique des personnes devant intervenir dans des lieux fermés ou isolés, auprès d'agents ou de publics dont la liberté de mouvement est limitée, afin de leur permettre le libre exercice de leur culte, n'est pas manifestement disproportionnée au regard des objectifs poursuivis par l'État. • Même arrêt.

3. Recours aux aumôniers bénévoles. En recrutant un aumônier bénévole, l'administration pénitentiaire ne porte pas atteinte à la liberté de culte, le requérant étant d'ores et déjà autorisé à exercer ses fonctions d'aumônier. • TA Nîmes, ord., 23 mars 2011, *M. A.*, n° 1100936. ♦ Il ne résulte d'aucun autre texte législatif ou réglementaire que les aumôniers des prisons ne pourraient pas être bénévoles, seulement défrayés des simples dépenses exposées à cette occasion. Dès lors, l'administration ne peut se prévaloir de l'impossibilité de recruter des aumôniers salariés pour refuser un refus d'agrément. • TA Paris, 17 mai 2013, n° 1116601/6.

Art. D. 352-2 Les aumôniers consacrent tout ou partie de leur temps aux fonctions définies par les dispositions de l'article R. 351-3 selon le nombre des personnes détenues qui souhaitent les rencontrer dans l'établissement pénitentiaire auprès duquel ils sont agréés.

Art. D. 352-3 Les aumôniers peuvent être assistés dans leur mission par des auxiliaires bénévoles d'aumônerie, agréés par le directeur interrégional des services pénitentiaires après avis du préfet du département dans lequel se situe l'établissement pénitentiaire *(Décr. n° 2022-1175 du 24 août 2022, art. 2, en vigueur le 1er sept. 2022)* « ou, si celui-ci se situe dans le département des Bouches-du-Rhône, du préfet de police des Bouches-du-Rhône » ou, lorsque la demande d'agrément porte sur des établissements situés dans plusieurs départements, du préfet de région et de l'aumônier national du culte concerné, pour une période de deux ans renouvelable. Ces derniers peuvent animer des groupes de personnes détenues en vue de la réflexion, de la prière et de l'étude. Ils ne peuvent pas avoir d'entretiens individuels avec les personnes détenues.

Art. D. 352-4 Les aumôniers et les auxiliaires bénévoles d'aumônerie exercent auprès des personnes détenues un rôle exclusivement spirituel et moral, en se conformant aux dispositions du présent code et au règlement intérieur de l'établissement pénitentiaire, défini aux articles L. 112-4 et R. 112-22.

Art. D. 352-5 A la demande de l'aumônier, les offices peuvent être célébrés par d'autres ministres du culte sur autorisation délivrée par le chef de l'établissement pénitentiaire.

Art. D. 352-6 Le nom des personnes détenues qui ont déclaré leur intention de pratiquer leur religion est communiqué à l'aumônier dans les meilleurs délais.

SECTION 2 Offices religieux

Art. R. 352-7 Les jours et heures des offices sont fixés par les aumôniers en accord avec le chef de l'établissement pénitentiaire. Ils sont organisés dans un local déterminé par ce dernier.

Conditions de légalité. La limitation apportée par l'organisation des offices à la liberté d'exercice du culte et de manifestation des convictions religieuses n'est pas disproportionnée eu égard aux buts légitimes poursuivis de respect des principes de laïcité, de neutralité, de pluralité et de protection des droits et libertés d'autrui dès lors qu'elle ne remet nullement en cause la pratique religieuse individuelle dans les cellules et que la pratique collective du culte reste possible dans les lieux affectés à cet usage. • CAA Paris, 20 nov. 2014, n° 1313PA02358.

SECTION 3 Entretiens individuels

Art. R. 352-8 Les personnes détenues peuvent s'entretenir, à leur demande, aussi souvent que nécessaire, avec les aumôniers de leur confession. Aucune mesure ni sanction ne peut entraver cette faculté.

L'entretien a lieu, en dehors de la présence d'un personnel de surveillance, soit dans un parloir, soit dans un local prévu à cet effet, soit dans la cellule de la personne détenue et, si elle se trouve au quartier disciplinaire, dans un local déterminé par le chef de l'établissement pénitentiaire.

Les personnes détenues occupées à une activité collective de travail qui demandent à s'entretenir avec un aumônier bénéficient de cet entretien en dehors des heures de travail, ou, à titre exceptionnel, en interrompant leur activité, si cette interruption n'affecte pas l'activité des autres personnes détenues.

SECTION 4 Objets de culte

Art. R. 352-9 Les personnes détenues reçoivent ou conservent en leur possession les objets de pratique religieuse et les livres nécessaires à leur vie spirituelle.

COMMENTAIRE

La note du 16 juillet 2014 (V. ladite note ss. art. L. 351-1) dresse une liste exhaustive des objets cultuels pouvant, en plus des livres nécessaires, être conservés en cellule à des fins spirituelles :

– pour le culte bouddhiste : chapelet, clochette, coussin de méditation, pendentif reliquaire (ghau), statuette de Bouddha, vajra ;

– pour les cultes chrétiens : chapelet, croix ;

– pour le culte israélite : kippa, talith, tefilin ou phylactère ;

– pour le culte musulman : calendrier avec les horaires de prière, chapelet, siwak, tapis de prière.

Le Contrôleur général des lieux de privation de liberté constate toutefois de nombreuses disparités entre les établissements, une partie d'entre eux interdisant certains ouvrages religieux par des décisions généralement non notifiées, non motivées et qui, en violation du code des relations entre le public et l'administration, échappent à tout débat contradictoire.

1. Droit des personnes détenues. En privant un détenu de sa bible envoyée par son épouse, au demeurant en l'absence d'aumônier et de possibilité d'entretien avec un ministre de son culte, l'administration a commis une faute de nature à engager sa responsabilité. • TA Strasbourg, 3 déc. 2014, n° 1300795. ♦ Si les dispositions de l'art. D. 439 C. pr. pén. [C. pénit., art. R. 352-9] ne visent pas expressément les « revues », cette circonstance ne fait pas obstacle à ce que les revues religieuses soient regardées comme des objets de pratique religieuse ou des livres nécessaires à la vie spirituelle des personnes détenues. • TA Limoges, 5 mars 2015, n° 1300089. ♦ Dès lors que les dispositions alors applicables de l'art. D. 444 C. pr. pén. disposent que les détenus peuvent se procurer les journaux, périodiques et livres de leur choix par l'intermédiaire de l'administration sous réserve que ces publications ne contiennent pas de menaces précises contre la sécurité des personnes ou celle des établissements pénitentiaires, et en l'absence de toute menace pour la sécurité, l'administration pénitentiaire commet une faute en retenant ou refusant de distribuer des revues de l'association des témoins de Jéhovah. • Même jugement.

2. Conv. EDH, art. 9. Ingérence nécessaire. Protection des droits d'autrui. Constitue une ingérence nécessaire pour la protection des droits et libertés d'autrui le fait, pour l'administration pénitentiaire, d'intercepter et de saisir un livre à caractère philosophique et religieux commandé par un détenu de religion taoïste au motif que ce livre contenait un chapitre illustré consacré aux arts martiaux. • Comm. EDH 18 mai 1976, *X. c/ Royaume-Uni*, n° 6886/75.

3. Ingérence nécessaire. Impératifs de sécurité et de bon ordre. S'il résulte du règlement intérieur type des établissements pénitentiaires et de la note du 16 juill. 2014 relative à la pratique du culte en détention que le coussin de méditation est prévu parmi les objets cultuels pouvant être apportés, déposés ou envoyés par les proches ou par l'aumônier et qu'il est possible de s'en procurer par le biais des cantines, le libre exercice de la religion dans les institutions publiques doit être concilié avec les impératifs de sécurité et de bon ordre de l'établissement pénitentiaire. • CAA Nancy, 16 déc. 2021, n° 19NC03283. ♦ Ainsi, à supposer même que M. A. ait besoin de ce coussin de méditation pour l'exercice de son culte, la nature même de cet objet, susceptible de contenir dans son rembourrage tout type d'objets et de substances et qui ne peut être contrôlé de manière suffisante lors du parloir, justifie que l'un des moyens de remise d'un tel coussin soit refusé par l'administration tout en préservant son droit d'accès à un tel objet cultuel par son acquisition auprès de l'aumônier ou du cantinage. • Même arrêt. ♦ En limitant, pour de tels motifs, ses moyens d'acquérir un tel objet par le biais de l'administration ou de l'aumônier, seule manière de s'en procurer tout en limitant les risques pour la sécurité de l'établissement, l'administration n'a donc pas commis d'erreur de droit ni porté une atteinte disproportionnée à sa liberté d'exercer sa religion. • Même arrêt.

TITRE VI EXERCICE DU DROIT DE VOTE

CHAPITRE I INFORMATION DES PERSONNES DÉTENUES

V. Recomm minimales du CGLPL pour le respect de la dignité et des droits fondamentaux des personnes privées de liberté, CGLPL, Paris, 2020, n° 184, V. ss. art. L. 133-2.

COMMENTAIRE

L'exercice effectif du droit de vote par une personne détenue se prépare plusieurs mois à l'avance afin d'effectuer toutes les démarches nécessaires, de l'inscription sur les listes électorales au choix de la modalité de vote. Le CGLPL, dans son rapport d'activité pour l'année 2020, rappelait l'importance d'une information la plus en amont possible par différents moyens, traçables, notamment une large diffusion par des campagnes d'affichage et une communication individualisée (La Recomm. minimale du CGLPL n° 184 rappelle cet impératif).

Ce chapitre du code reprend les dispositions du décret n° 2020-1460 du 27 novembre 2020 à la suite de l'introduction du vote par correspondance. L'information visée ici repose, d'une part, sur la faculté pour les personnes détenues de pouvoir voter et, d'autre part, sur les modalités d'exercice de ce droit.

Il n'est pas retenu une conception large de l'information qui inclurait l'accès et la diffusion de l'information politique aux personnes détenues. Pourtant, l'accès à ce type d'information est aussi un prérequis essentiel afin d'impliquer les personnes détenues sur les scrutins auxquels elles sont amenées à se prononcer (V. Chapelle et Scuderoni, Pour un exercice effectif du droit de vote en détention, *AJ pénal 2022. 197* ; Auriel, Aux marges de l'espace public : la participation des détenus au débat public, *Rev. des droits de l'homme, janv. 2020, n° 19*.)

Les articles suivants posent les jalons d'une communication systématique à tout nouvel entrant sur l'exercice du droit de vote et sa mise en œuvre. L'administration est obligée de jouer un rôle actif en allant jusqu'au plein accompagnement des demandes des personnes détenues. Une attention particulière est portée dans chacun des trois articles à l'information des personnes devenant majeures lors de leur détention. Celles-ci se trouvent dans des quartiers ou établissements spécialisés éloignés de la problématique de l'accès au vote. ❑

Art. R. 361-1 **Le chef de l'établissement pénitentiaire informe, par tous moyens, les personnes détenues mentionnées par les dispositions de l'article L. 12-1 du code électoral, des modalités de leur inscription sur les listes électorales et d'exercice de leur droit de vote, prévues par les dispositions des articles L. 12-1, L. 18-1, L. 71, L. 79 à L. 82 et L. 388-1 du même code. Cette information est délivrée dans les quinze jours suivant l'incarcération des personnes détenues.**

Le chef de l'établissement pénitentiaire délivre cette information, dans les mêmes conditions que celles prévues au premier alinéa, aux personnes en âge de voter le jour du scrutin et détenues dans un quartier pour personnes mineures ou un établissement pénitentiaire spécialisé pour personnes mineures.

COMMENTAIRE

L'article R. 361-1 engage doublement l'administration quant à l'information délivrée. D'une part, avec la définition du contenu, minimal, de l'information à transmettre. La personne détenue doit donc être informée qu'elle dispose du plein exercice de son droit de vote, sauf exception, et que différentes modalités d'exercice s'offrent à elle, le vote par procuration (C. élect., art. L. 71) et le vote par correspondance (C. élect., art. L. 79). D'autre part, l'administration est contrainte par un délai de 15 jours pour transmettre l'information aux personnes concernées.

Pour autant, il est possible de constater que l'administration n'est pas tenue de communiquer, sur une modalité particulière d'exercice du droit de vote pourtant permise par le code de procédure pénale dans son article D. 143-4, la permission de sortir. Bien que constituant une voie très incertaine (Herzog-Evans et Thomas, Le vote à l'urne des détenus aux élections européennes de 2019, *AJ pénal 2019. 540*), c'est aussi le moyen d'exercice du droit de vote le plus proche de la majorité des électeurs permettant de voter directement à l'urne. S'il est vrai que de telles permissions, nécessitant tout d'abord l'autorisation d'un juge, sont rares, elles n'en demeurent pas moins une possibilité ouverte aux personnes condamnées, lorsqu'elles remplissent les conditions, qui ne peut être oubliée. Une référence y est cependant faite à l'article D. 363-1 du présent code, n'emportant toujours pas obligation d'information.

Le délai imposé à l'administration est cohérent au regard de la difficulté matérielle de maintenir à jour des listes de potentiels électeurs au sein de l'établissement. Chaque mouvement d'entrée et de sortie (hospitalisation, transfert, libération…) doit être scruté pour anticiper le travail d'information. Le délai de 15 jours coïncide aussi avec la phase d'orientation pour les détenus arrivant en détention. Lors de cette période, ceux-ci se voient remettre tout un ensemble d'indications au risque d'une éclipse de l'information pour la personne se préparant à intégrer le milieu carcéral (CGLPL, rapp. thématique, L'arrivée dans les lieux de privation de liberté, *2022, p. 79*). Les dispositions normatives commentées souffriraient donc de certaines limites afin d'assurer une transmission effective de l'information. En ce sens, la lecture de cet article réglementaire en combinaison avec l'article L. 363-1 du même code invite à un renouvellement de l'information relative à l'exercice du droit de vote. ❑

Art. R. 361-2 **Le chef de l'établissement pénitentiaire fournit aux personnes détenues qui souhaitent s'inscrire sur les listes électorales au titre des dispositions de l'article L. 12-1 du code électoral les moyens nécessaires pour former leur demande d'inscription et réunir les justificatifs mentionnés à l'article R. 5 du même code. A cette occasion, il vérifie par tous moyens leur identité.**

Il fournit ces moyens aux personnes en âge de voter le jour du scrutin et détenues dans un quartier pour personnes mineures ou un établissement pénitentiaire spécialisé pour personnes mineures, lorsque celles-ci souhaitent s'inscrire sur les listes électorales au titre des dispositions de l'article L. 12-1 du code électoral.

V. C. élect., art. L. 12-1, ss. C. pénit., art. L. 362-2 et C. élect., art. L. 18-1, ss. C. pénit., art. L. 362-3.

COMMENTAIRE

Dans la continuité de l'obligation de délivrer une information sur l'exercice du droit de vote, l'administration pénitentiaire doit poursuivre son rôle d accompagnement en guidant les personnes détenues dans leur inscription sur les listes électorales. Cette étape s'est longtemps transformée en parcours d'obstacles du fait de la difficulté à rassembler les documents demandés. Sont nécessaires la présentation d'une pièce d'identité ainsi que celle d'un justificatif de domicile. Des réformes successives ont cependant permis de faciliter ces démarches.

Il est fréquent en effet que les personnes détenues ne disposent pas ou plus de pièce d'identité. Leur renouvellement en détention est régulièrement considéré comme fastidieux et long, ce qui porte atteinte à leur droit au maintien des relations sociales et compromet leur réinsertion (V. Déf. droits, Décis. n° 2019-147 du 19 juin 2019). Pour autant, l'article commenté met à la charge de l'administration la preuve de l'identité, celle-ci pouvant être obtenue par tout moyen. Ainsi, comme le relèvent le professeur Larralde et Gillian Mouchel, une attestation d'identité peut être établie par le chef d'établissement à partir des informations inscrites dans GENESIS, un fichier informatique de gestion nationale des personnes détenues, contenant des informations non nécessairement vérifiées car issues de déclarations de la personne détenue. La commune d'inscription sera alors tenue d'effectuer les vérifications adéquates avant inscription sur les listes électorales (Larralde et Mouchel, Les personnes incarcérées « citoyens participant à la vie démocratique de la Nation », *Institut international des droits de l'Homme et de la paix, mai 2021*).

Concernant la présentation d'un justificatif de domicile, si en principe l'intéressé est tenu d'en présenter un de moins de 3 mois, la loi assouplit largement cette formalité. En effet, un tel document en l'absence d'accès à Internet est délicat à obtenir. La personne détenue doit pouvoir justifier avoir établi résidence depuis au moins 6 mois. Cependant, les personnes détenues peuvent désormais élire domicile directement dans l'établissement pénitentiaire, faculté désormais codifiée à l'article L. 362-1 du présent code. D'autant plus, depuis une disposition de la loi n° 2019-1461 du 27 décembre 2019, codifiée à l'article L. 18-1 du code électoral, une attestation sur l'honneur d'attache à la commune d'exercice du droit de vote est suffisante. Cette disposition est explicitée par l'article 6 de l'arrêté du 16 novembre 2018 pris en application des articles R. 5, R. 6 et R. 60 du code électoral.

Une fois les pièces justificatives rassemblées, conformément à l'article R. 361-2, la personne détenue doit remplir un formulaire de demande dans lequel elle précisera la commune dans laquelle elle souhaite être inscrite sur les listes électorales. Par dérogation contenue dans l'article L. 12-1 du code électoral, plusieurs options sont possibles en plus de la commune de résidence. Cependant, une option s'impose si le demandeur souhaite voter par correspondance, le détenu doit opter pour la commune chef-lieu du département ou collectivité d'implantation de l'établissement pénitentiaire. Concrètement, l'édiction de la demande devra dépasser les obstacles inhérents à la détention. La personne détenue devra ainsi avoir accès à un conseiller d'insertion et de probation pour l'accompagner dans ses démarches et prendre attache auprès des différents services (V. C. pénit., comm. ss. art. L. 362-2).

Comme le disposent les articles L. 18 et L. 18-1 du code électoral combinés, une fois la demande déposée auprès de l'administration pénitentiaire, le dossier sera transmis dans un délai de dix jours à la mairie d'inscription pour examen. Celle-ci dispose alors d'un délai de cinq jours pour statuer et de deux jours pour notifier la décision au demandeur (V. C. pénit., comm. ss. art. L. 362-3). ❑

Code électoral

Conditions d'inscription sur une liste électorale

Art. R. 5 *(Décr. n° 2018-350 du 14 mai 2018, art. 1er)* Les demandes d'inscription, accompagnées des pièces de nature à prouver que le demandeur remplit les conditions fixées au I de l'article L. 11 ou aux articles L. 12, L. 13, L. 14, L. 15, L. 15-1, sont déposées en mairie dans les délais fixés par les articles L. 17 et L. 30 soit au moyen d'une téléprocédure dans les conditions agréées par le ministre de l'intérieur au plus tard à minuit, heure légale de la commune d'inscription, soit personnellement ou par l'intermédiaire d'un mandataire, muni d'un mandat écrit. Elles peuvent également être envoyées par courrier, au moyen du formulaire agréé prévu à cet effet.

(Décr. n° 2020-1460 du 27 nov. 2020, art. 2) « La demande d'inscription formée au titre de l'article L. 12-1 et déposée dans les conditions prévues à l'article L. 18-1, accompagnée des pièces justificatives, est transmise par le chef de l'établissement pénitentiaire au maire de la commune concernée par courrier recommandé avec accusé de réception ou par courrier électronique avec accusé de réception. »

La liste des pièces à fournir est fixée par arrêté du ministre de l'intérieur.

(Décr. n° 2021-1740 du 22 déc. 2021, art. 25) « Pour l'application de l'article L. 17 du code électoral aux élections générales, les demandes d'inscription sur les listes électorales en vue de participer à un scrutin effectuées au moyen de la téléprocédure mentionnée au premier alinéa sont déposées au plus tard le sixième mercredi précédant ce scrutin à minuit, heure légale. »

Art. R. 361-3 **Le chef de l'établissement pénitentiaire peut désigner un adjoint, un fonctionnaire appartenant à un corps de catégorie A ou un membre du corps de commandement, un major pénitentiaire ou un premier surveillant placé sous son autorité pour l'assister dans l'exercice de ses attributions définies par les dispositions du présent chapitre et des articles R. 1 à R. 25 et R. 81 à R. 85 du code électoral. Il peut également déléguer sa signature aux mêmes personnes pour l'exercice de ces missions.**

CHAPITRE II INSCRIPTION SUR LES LISTES ÉLECTORALES

Le présent chapitre ne comprend pas de dispositions réglementaires.

CHAPITRE III MODALITÉS DU VOTE

SECTION 1 Accès au vote

Art. D. 363-1 **Conformément aux dispositions de l'article D. 143-4 du code de procédure pénale, les personnes condamnées peuvent bénéficier d'une permission de sortir pour exercer leur droit de vote.**

V. C. pr. pén., art. 723-3 et 723-6, ss. C. pénit., ss. le livre III du titre VI de la partie législative.

V. C. pr. pén., art. D. 142-3-1, D. 143-4 et D. 144.

COMMENTAIRE

L'article D. 363-1 est un rappel d'une des trois modalités de vote possibles pour les personnes détenues, aux côtés de l'établissement d'une procuration ou du vote par correspondance. La permission de sortir est importante, en ce qu'il s'agit de la seule qui permet à la personne détenue de voter dans des conditions similaires au reste du corps électoral. Autorisée explicitement par le décret n° 2007-1627 du 16 novembre 2007, elle est aujourd'hui codifiée dans le code de procédure pénale.

Des conditions spécifiques doivent être respectées afin de pouvoir demander une permission de sortir et d'en bénéficier. Si les personnes sont condamnées à une peine privative de liberté n'excédant pas cinq ans, elles peuvent en faire la demande. Pour les personnes condamnées à une durée totale supérieure à cinq ans, elles doivent avoir exécuté la moitié de leur peine. Ce dispositif étant un aménagement de peine, seules les personnes condamnées définitivement peuvent le demander. Sont donc exclues d'office toutes les personnes placées en détention provisoire (19 407 personnes en mars 2023). Toute personne détenue ne peut donc solliciter une telle permission d'autant plus que l'octroi de celle-ci reste à la discrétion du juge (V. Chapelle et Scuderoni, Pour un exercice effectif du droit de vote en détention, *AJ pénal 2022. 197*).

Pour les personnes détenues, l'octroi d'une permission de sortir représente le Graal. Le juge effectue un contrôle exigeant, ce qui fait qu'elle « nécessite pour le détenu d'avoir à son actif un parcours de peine frôlant l'exemplarité. Ce choix en frustrera plus d'un, c'est certain. Ceux n'étant pas inscrits afin de voter par correspondance devront alors se contenter d'un vote par procuration » (Larralde et Mouchel, Les personnes incarcérées « citoyens participant à la vie démocratique de la Nation », *Institut international des droits de l'Homme et de la paix, mai 2021*). En pratique, seul un petit nombre de personnes détenues obtiennent une telle permission. Lors des élections européennes de 2019, seulement 55 détenus sur 4 560 ont pu l'obtenir.

Avec l'introduction du vote par correspondance, il est nécessaire de souligner que l'inscription sur la liste électorale de la commune chef-lieu du département ou collectivité d'implantation de l'établissement pénitentiaire empêchera la personne détenue de demander une permission de sortir, conformément à l'article L. 12-1 du code électoral. L'introduction d'un tel dispositif semble viser la raréfaction des demandes de permission de sortir sollicitées auprès du juge.

Le code de procédure pénale autorise, une fois une première permission octroyée par le juge, à demander le renouvellement de la mesure au chef d'établissement (art. 723-3 et D. 142-3-1). A cet égard, Martine Herzog-Evans et Alice Dejean de la Bâtie relèvent qu'un tel dispositif « a tendance à contribuer à la remise en cause progressive de la juridictionnalisation, en reprenant au JAP ce qui lui appartenait historiquement » (V. Dejean De La Bâtie et Herzog-Evans, Code pénitentiaire : Something Old, Something New, Something Borrowed, and Something Blue, *AJ pénal 2022. 291*).

Curieusement, dans le cadre des permissions de sortir, non mentionnées par le code, il est juridiquement envisageable pour toute personne condamnée de demander une permission de sortir sous contrainte en vertu de l'article 723-6 du code de procédure pénale. Larralde et Mouchel (*op. cit*) précisent cependant que « contrairement à ce que le libellé de cet article laisse à penser, il ne s'agit pas d'un régime plus libéral de sortie, puisque le détenu exercera alors son droit de vote encadré par des personnels de police, de gendarmerie ou de l'administration pénitentiaire (en uniforme ou non) ».

La place réduite, dans le code pénitentiaire, faite à la permission de sortir éclipse cette possibilité pour les personnes détenues de voter dans des dispositions similaires au droit commun. Pourtant, cette faculté pourrait être un facteur d'implication des personnes détenues dans la communauté politique. Martine Herzog-Evans relève de la même manière que « le vote dans des conditions de droit commun peut constituer une heureuse alternative au vote par procuration, d'exercice difficile et au scrutin organisé au sein même des prisons ». (V. Herzog-Evans, Exercice du droit de vote – Chapitre 412 – Permissions de sortir, Droit de l'exécution des peines, *Dalloz, n° 0412.238*). ❑

SECTION 2 Organisation du scrutin

Art. R. 363-2 Le chef de l'établissement pénitentiaire est destinataire des listes des personnes détenues admises à voter par correspondance, dans les conditions prévues par les dispositions de l'article R. 81 du code électoral.

V. Décr n° 2001-213 du 8 mars 2001 portant application de la loi n° 62-1292 du 6 nov. 1962 relative à l'élection du Président de la République au suffrage universel (JO 9 mars).

COMMENTAIRE

L'article R. 363-2 reprend les dispositions du code électoral et vise à encadrer le processus d'exercice du vote par correspondance. L'administration pénitentiaire est la clé de voûte de l'exercice effectif de cette modalité de vote. Celle-ci se trouve dans une situation où elle est amenée à conduire les opérations électorales, en organisant presque un bureau de vote au sein de la détention, afin de recueillir les plis de vote contenus dans des enveloppes scellées. En effet, celle-ci assure l'organisation matérielle, en mettant à disposition un lieu pour voter, mais aussi la tenue du dispositif de vote qui, tout en n'étant pas formellement un bureau de vote, implique des procédures similaires, même si celles-ci sont très allégées. L'administration doit ainsi assurer la vérification de l'identité du votant, la tenue de la liste électorale pour signature et la conservation des bulletins avant dépouillement.

Les conditions de remise des listes électorales peuvent faire partie des éléments contenus, conformément à l'article L. 363-1 du code pénitentiaire, dans la procédure passée avec l'autorité compétente permettant de s'assurer de l'exercice effectif du droit de vote.

Comme précédemment évoqué, la coexistence de deux régimes de vote par correspondance, l'un pour l'élection présidentielle, l'autre pour les autres élections, implique qu'un dispositif réglementaire similaire soit présent pour l'élection présidentielle. Celui-ci se trouve aux points IV et V du décret n° 2001-213 du 8 mars 2001 portant application de la loi n° 62-1292 du 6 novembre 1962 relative à l'élection du président de la République au suffrage universel. ❑

Code électoral

Vote par correspondance des personnes détenues

Art. R. 81 *(Décr. n° 2020-1460 du 27 nov. 2020, art. 4)* Au plus tard le dix-neuvième jour précédant le scrutin, le maire de la commune chef-lieu du département ou de la collectivité transmet aux chefs d'établissement pénitentiaire de ce département ou de cette collectivité la liste des électeurs admis à voter par correspondance détenus dans leur établissement. Il transmet également ces listes au préfet.

Au plus tard le cinquième jour avant le scrutin, il leur transmet ces listes actualisées à partir du tableau mentionné à l'article R. 14.

Art. R. 82 *(Décr. n° 2020-1460 du 27 nov. 2020, art. 4)* La commission de propagande livre au chef de l'établissement pénitentiaire les documents de propagande électorale mentionnés à l'article R. 34 et destinés aux électeurs votant par correspondance. Ces documents sont livrés au plus tard le mercredi précédant le scrutin et en nombre au moins égal à celui des électeurs inscrits pour voter par correspondance dans cet établissement.

Le préfet est chargé de l'acheminement à chaque chef d'établissement pénitentiaire de son département des enveloppes électorales prévues pour contenir le bulletin de vote et des enveloppes d'identification permettant la transmission des enveloppes électorales au bureau de vote. Ces documents sont livrés au plus tard le mercredi précédant le scrutin et en nombre au moins égal à celui des électeurs inscrits pour voter par correspondance dans cet établissement.

Art. R. 83 *(Décr. n° 2020-1460 du 27 nov. 2020, art. 4)* Les opérations par lesquelles les électeurs expriment leur choix se déroulent au plus tard le samedi précédant le scrutin.

Le chef de l'établissement pénitentiaire met à disposition des électeurs les bulletins de vote et les enveloppes électorales et d'identification mentionnés à l'article R. 82. Il s'assure que chaque électeur est soustrait aux regards pendant qu'il introduit son bulletin dans l'enveloppe électorale, dans des conditions permettant de respecter le secret du vote et la sincérité du scrutin.

L'électeur admis à voter par correspondance, dont l'identité est vérifiée par tous moyens par le chef de l'établissement pénitentiaire, remet immédiatement à celui-ci son enveloppe d'identification, sur laquelle il a précisé ses nom, prénoms, lieu de détention et numéro d'écrou et qui contient son enveloppe électorale, puis signe l'extrait de la liste des électeurs admis à voter par correspondance. Dans l'enveloppe d'identification est jointe à l'enveloppe électorale une photocopie de la pièce d'identité de l'électeur ou, à défaut, un document attestant de l'identité de l'électeur établi par le chef de l'établissement pénitentiaire.

L'enveloppe d'identification, scellée par l'électeur, est conservée dans un lieu sécurisé. Une fois l'enveloppe scellée, l'électeur ne peut plus revenir sur son vote.

Art. R. 84 *(Décr. n° 2020-1460 du 27 nov. 2020, art. 4)* Le jour du scrutin, le chef de l'établissement pénitentiaire remet au président du bureau de vote où sont inscrites les personnes détenues de son établissement :

1° Les enveloppes d'identification scellées ;

2° L'extrait de la liste des électeurs admis à voter par correspondance ;

3° Un procès-verbal en double exemplaire qui indique le nombre d'électeurs de l'établissement admis à voter par correspondance et le nombre d'électeurs ayant effectivement pris part à ce vote.

Le chef de l'établissement pénitentiaire mentionne toute observation qu'il estime nécessaire à l'information du président du bureau de vote et y joint, s'il y a lieu, les réclamations formulées par les électeurs. Une copie de ce procès-verbal est conservée par le chef de l'établissement pénitentiaire.

Ces documents sont conservés dans un lieu sécurisé, sous la responsabilité du chef de l'établissement pénitentiaire, jusqu'à leur remise au président du bureau de vote.

Art. R. 85 *(Décr. n° 2020-1460 du 27 nov. 2020, art. 4)* Pour chaque enveloppe d'identification, le président ou les membres du bureau de vote qu'il désigne à cet effet vérifient l'identité de l'électeur à partir du document qui en atteste conformément à ce que prévoit le troisième alinéa de l'article R. 83, procèdent à l'émargement en lieu et place de l'électeur, puis introduisent l'enveloppe électorale dans l'urne.

Ne donnent pas lieu à mention sur la liste d'émargement les enveloppes d'identification :

1° Reçues au nom d'un même électeur ;

2° Parvenues après la fermeture du bureau de vote ;

3° Ne comportant pas les mentions précisées au troisième alinéa de l'article R. 83 ;

4° Pour lesquelles le bureau de vote n'a pas authentifié l'identité de l'électeur.

Ces enveloppes et les enveloppes électorales qu'elles contiennent sont annexées au procès-verbal selon les modalités prévues à l'article L. 66.

Art. R. 363-3 Le chef de l'établissement pénitentiaire réceptionne les documents nécessaires à l'exercice du droit de vote par correspondance, dans les conditions prévues par les dispositions de l'article R. 82 du code électoral.

V. C. élect., art. R. 81 à R. 85, ss. C. pénit., art. R. 363-2.

COMMENTAIRE

Reprenant les dispositions du code électoral, l'article R. 363-3, comme l'article précédent, peut faire partie des éléments contenus, conformément à l'article L. 363-1 du code pénitentiaire, dans la procédure passée avec l'autorité compétente permettant l'exercice effectif du droit de vote. En réceptionnant les documents relatifs à l'exercice du droit de vote (propagande, enveloppes électorales, enveloppes d'identifications), l'administration pénitentiaire est ici un partenaire des administrations organisatrices du scrutin.

Cette disposition permet à la propagande électorale diffusée dans le cadre de la campagne électorale de rentrer dans les lieux de détention. Il s'agit du seul article du code à traiter de la diffusion de l'information politique au sein de la détention. En effet, bien que le chapitre 1er de la partie réglementaire soit relatif à l'information des personnes détenues, il n'est pas ici entendu l'information politique, mais uniquement l'information relative à l'exercice du droit de vote (V. comm. ss. livre III, titre VI, chap. I). Pourtant, comme écrit ci-dessus, l'accès à ce type d'information est aussi un prérequis essentiel afin d'impliquer les personnes détenues sur les scrutins auxquels elles sont amenées à se prononcer.

L'obligation mentionnée, qui incombe au chef d'établissement, n'est cependant qu'à destination des personnes votant par correspondance. Ainsi ne sont pas concernées celles votant par procuration. ❑

Art. R. 363-4 Les opérations de vote par correspondance des personnes détenues sont organisées au sein de chaque établissement pénitentiaire avant le scrutin, dans le délai et selon les modalités prévus par les dispositions de l'article R. 83 du code électoral.

V. C. élect., art. L. 79, ss. C. pénit., art. L. 363-2.

V. C. élect., art. R. 83, ss. C. pénit., art. R. 636-3.

COMMENTAIRE

Le déroulement des opérations de vote par correspondance étant précisé dans la partie réglementaire du code électoral, c'est logiquement que le code pénitentiaire y fait référence. Dans chaque établissement, au plus tard le samedi précédant le scrutin, les personnes détenues sont appelées à voter en suivant une procédure qui se conclura par la remise d'une enveloppe d'identification (contenant l'enveloppe électorale et un document attestant de l'identité de l'électeur) au chef d'établissement ou à la personne désignée par celui-ci. La procédure, simple, appelle quelques remarques quant aux différences perceptibles avec la procédure de vote ordinaire.

Une fois le matériel électoral récupéré (bulletins de vote, enveloppes électorales et d'identifications), la personne détenue est amenée à mettre le bulletin dans l'enveloppe, mais sans nécessairement passer par un isoloir. L'article L. 79 du code électoral se borne à proposer une telle modalité de vote. Cette facilité, admise dans la partie réglementaire du code électoral, ne doit pas pour autant contrevenir ni au secret du vote, ni à la sincérité du scrutin. Cette simple disposition, qui écarte une des images communes de l'exercice du scrutin, évite aussi à l'administration une logistique préalable trop importante. Pour autant, une telle disposition ne saurait être évidente compte tenu de la vigilance du juge administratif ou constitutionnel sur la présence effective d'isoloirs (CE 7 janv. 1972, n° 83305 ou encore Cons. const. 25 avr. 2012, n° 2012-152 PDR) et le respect du passage à l'isoloir des électeurs (CE 19 déc. 2014, n° 382835, V. en ce sens l'article de Larralde et Mouchel ainsi que le comm. ss. l'art. L. 62 C. élect., *Dalloz*). A la discrétion des établissements pénitentiaires, des isoloirs peuvent cependant être mis en place (V. Le récit de Babonneau, Jour de vote à la prison de Gradignan, *D. actu. mai 2019*).

Le code reste tout aussi évasif sur la présence ou non d'une urne. En ce sens, la procédure diffère de celle prévue à l'extérieur puisque aucune obligation n'est faite sur le support de recueil des enveloppes d'identifications scellées contenant l'enveloppe de vote. Est seulement prévu que la personne détenue remette son enveloppe au chef d'établissement. À charge pour ce dernier de définir le mode adéquat de recueil des suffrages, enveloppes, urnes, afin de les remettre à l'autorité habilitée. Le juge constitutionnel reste pourtant rigoureux quant à la présence d'une urne, qui plus est transparente, lors du vote en bureau de vote (Cons. const. 28 sept. 2000, n° 2000-29 REF, pt 3. Sur les exigences propres à la présence d'une urne, V. : Élections parlementaires : règles contentieuses générales et contentieux du déroulement des élections – Jean-Pierre Camby – *Févr. 2022, pt 205*).

Ainsi, l'abaissement des exigences électorales par, notamment, l'absence d'urnes, l'absence d'isoloirs, rappelle que ce mode de vote par correspondance n'est pas un vote à l'urne. Malgré les réformes successives, les personnes détenues ne rentrent toujours pas de manière effective dans les bureaux de votes. ❑

Art. R. 363-5 Dans les conditions prévues à l'article R. 84 du code électoral, le chef de l'établissement pénitentiaire conserve les documents mentionnés à cet article et les remet, le jour du scrutin, au président du bureau de vote.

V. C. élect., art. L. 79, ss. C. pénit., art. L. 363-2.

V. C. élect., art. R. 84 et R. 85, ss. C. pénit., art. R. 363-2.

V. Décr. n° 2001-213 du 8 mars 2001 portant application de la loi n° 62-1292 du 6 nov. 1962 relative à l'élection du Président de la République au suffrage universel (JO 9 mars, art. 29-1, VII).

V. Instr. du 25 mars 2022 relative à l'organisation matérielle et déroulement de l'élection du Président de la République (NOR : INTA2204817C, point 5.4).

V. Instr. du 24 mai 2022 relative à l'organisation matérielle et au déroulement des élections législatives (NOR : INTA2214915C, pt 5.3).

COMMENTAIRE

Dans la continuité de l'article L. 79 du code électoral et de l'article R. 84 du même code, le chef d'établissement transmet les plis fermés, contenant les enveloppes de vote et les documents permettant d'attester de l'identité de l'électeur, au président du bureau de vote.

Le chef d'établissement fait ainsi le lien entre l'électeur et le bureau de vote. Aucune disposition ne précise les modalités de conservation et de transmission des documents jusqu'au bureau de vote.

Les dispositions législatives et réglementaires font mention de la remise des bulletins de vote avant la fermeture du bureau de vote. Pour autant, une instruction ministérielle pour les élections législatives de 2022 prévoit la remise des plis lors de l'ouverture du bureau de vote dérogatoire. Une personne libérée la veille du scrutin pourrait préférer voter en personne au bureau de vote, comme l'illustre le récit d'une journée de vote à Gradignan (Babonneau, Jour de vote à la prison de Gradignan, *D. actu. mai 2019*). A cet effet, le chef de l'établissement pénitentiaire lui remet un document attestant qu'elle n'a pas pris part au scrutin concerné, qu'il s'agisse des deux tours ou du seul second tour.

Une fois les enveloppes remises au président du bureau de vote et conformément à l'article R. 85 du code électoral, celui-ci s'assurera de l'identité de l'électeur, à partir de l'enveloppe d'identification et du document joint. Le président du bureau émargera en lieu et place de l'électeur, puis introduira l'enveloppe électorale dans l'urne. Le dépouillement sera effectué de la même manière que pour toutes les autres urnes.

Il est nécessaire de relever une singularité pour les élections présidentielles. En effet, le régime juridique spécifique mis en place implique la concentration des votes par correspondance de toutes les personnes détenues au bureau dérogatoire du ministère de la Justice, place Vendôme (art. 29-1, VII, Décr. n° 2001-213 du 8 mars 2001 portant application de la L. n° 62-1292 du 6 nov. 1962 relative à l'élection du Président de la République au suffrage universel). Les votes seront ici dépouillés par une commission spécialement constituée. ❑

TITRE VII ACCÈS AUX PUBLICATIONS ÉCRITES ET AUDIOVISUELLES

Art. R. 370-1 L'accès des personnes détenues aux publications écrites et audiovisuelles peut s'effectuer :

1° Dans le cadre de l'action culturelle mise en œuvre dans chaque établissement pénitentiaire ;

2° Par l'intermédiaire de la médiathèque de l'établissement pénitentiaire et des bibliothèques territoriales partenaires de l'administration pénitentiaire ;

3° Par l'intermédiaire du centre de ressources audiovisuelles et multimédia de l'établissement pénitentiaire ;

4° Par la réception de l'extérieur de telles publications ;

5° Par l'utilisation collective ou individuelle d'équipements permettant exclusivement la réception de services de radio et de télévision ;

6° Par l'utilisation collective ou individuelle d'équipements informatiques non connectés à des réseaux extérieurs ;

7° Par l'utilisation collective ou individuelle d'équipements terminaux au sens du 10° de l'article L. 32 du code des postes et des communications électroniques.

Art. R. 370-2 La réception ou l'envoi vers l'extérieur des publications écrites et audiovisuelles par les personnes détenues s'effectue :

1° Par apport à l'occasion des visites effectuées dans le cadre d'un permis de visite ou de la venue d'un visiteur de prison agréé ;

2° Par envoi postal de l'éditeur ou des personnes détenues ;

3° Par dépôt à l'établissement pénitentiaire, effectué par les visiteurs de prison agréés ou les personnes titulaires d'un permis de visite, en dehors des visites, après accord du chef de l'établissement ;

4° Par l'intermédiaire de l'administration pénitentiaire.

Dans les hypothèses visées aux 1° et 3°, la publication est remise au personnel pénitentiaire qui la transmet à la personne détenue destinataire.

Lorsque la réception ou l'envoi de publications écrites et audiovisuelles entraîne des frais et que ceux-ci ne sont pas acquittés par l'expéditeur extérieur ou le destinataire extérieur, ces frais sont à la charge de la personne détenue intéressée.

Art. R. 370-3 La médiathèque met gratuitement les publications écrites et audiovisuelles de son fonds à la disposition de chaque personne détenue.

Art. R. 370-4 Chaque personne détenue peut se procurer, par l'intermédiaire de l'administration et selon les modalités que celle-ci détermine, une radio et un téléviseur individuels. Leur utilisation ne doit pas être gênante pour les autres personnes détenues.

Les échanges et les prêts de livres personnels entre personnes détenues sont autorisés.

Art. R. 370-5 L'interdiction pour les personnes détenues d'accéder à une publication écrite ou audiovisuelle contenant des menaces graves contre la sécurité des personnes et des établissements pénitentiaires ou des propos ou signes injurieux ou diffamatoires à l'encontre des agents et collaborateurs du service public pénitentiaire ou des personnes détenues est prise par le garde des sceaux, ministre de la justice, lorsqu'elle concerne l'ensemble des établissements pénitentiaires ou, dans les autres cas, par le directeur interrégional des services pénitentiaires territorialement compétent. Lorsque la décision d'interdiction ne s'applique qu'à un établissement pénitentiaire ou une personne détenue, le directeur interrégional peut en déléguer la signature au chef de l'établissement concerné, placé sous son autorité.

TITRE VIII PROTECTION DE L'IMAGE, DE LA VOIX ET DES PUBLICATIONS

CHAPITRE I DISPOSITIONS COMMUNES

Art. R. 381-1 La sortie des écrits rédigés par une personne détenue en vue de leur publication ou de leur divulgation est autorisée par le directeur interrégional des services pénitentiaires.

Sans préjudice d'une éventuelle saisie par l'autorité judiciaire et sous réserve de l'exercice des droits de la défense, tout manuscrit rédigé en détention peut être retenu pour des raisons d'ordre public et n'être restitué à son auteur qu'au moment de sa libération.

Art. D. 381-2 La diffusion, hors des locaux d'un établissement pénitentiaire, de productions audiovisuelles réalisées dans le cadre d'activités d'insertion est soumise à l'autorisation du directeur interrégional des services pénitentiaires territorialement compétent, sans préjudice de l'application des règles relatives au droit à l'image des personnes détenues, prévues par les dispositions des articles L. 381-1 du présent code et R. 57-6-17 du code de procédure pénale.

CHAPITRE II PROTECTION DE L'IMAGE ET DE LA VOIX DES PERSONNES PRÉVENUES

Art. R. 382-1 La diffusion de l'image et de la voix des personnes prévenues est autorisée dans les conditions prévues par les dispositions de l'article R. 57-6-17 du code de procédure pénale.

LIVRE IV AIDE À LA RÉINSERTION DES PERSONNES DÉTENUES

TITRE I ACTIVITÉS EN DÉTENTION

Le traitement automatisé de données à caractère personnel dénommé « OCTAVE » a pour finalités de permettre : 1° La gestion administrative des dossiers de travail et de formation professionnelle des personnes détenues ; 2° La gestion et le suivi du temps de travail et des formations professionnelles des personnes détenues ; 3° La gestion de la paie des personnes détenues ; 4° L'exploitation des données à des fins statistiques et de pilotage. V. sur ce traitement : Arrêté du 12 janv. 2023 portant création d'un traitement automatisé de données à caractère personnel dénommé « Organisation et coordination du travail et des activités en établissements » (OCTAVE).

CHAPITRE I DISPOSITIONS COMMUNES

SECTION 1 Obligation d'exercer au moins une activité

Art. R. 411-1 Une personne détenue condamnée remplit l'obligation prévue par les dispositions de l'article L. 411-1 lorsqu'elle exerce au moins l'une des activités relevant de l'un des domaines suivants : travail, formation professionnelle, insertion par l'activité économique, enseignement, activités éducatives, culturelles, socio-culturelles, sportives et physiques.

SECTION 2 Consultation des personnes détenues

Art. R. 411-2 Les personnes détenues sont consultées au moins deux fois par an sur les activités proposées en application de l'article R. 411-1.

Art. R. 411-3 Sont associés à ces consultations les membres du personnel pénitentiaire dont le directeur du service pénitentiaire d'insertion et de probation, et, le cas échéant, toute personne extérieure sur invitation du chef de l'établissement pénitentiaire.

Art. R. 411-4 Le chef de l'établissement pénitentiaire informe les personnes détenues et les membres du personnel pénitentiaire des résultats des consultations et des décisions prises pour l'organisation des activités.

Art. R. 411-5 Le chef de l'établissement pénitentiaire communique chaque année au conseil d'évaluation mentionné par les dispositions de l'article D. 136-2 un rapport sur l'organisation et les résultats de ces consultations

Art. R. 411-6 Les modalités des consultations sont définies par le chef de l'établissement pénitentiaire dans le règlement intérieur de l'établissement, défini aux articles L. 112-4 et R. 112-22.

SECTION 3 Déroulement des activités

Art. R. 411-7 Aucune personne détenue ne peut occuper un emploi comportant autorité sur d'autres personnes détenues. Cette interdiction ne fait pas obstacle à ce que certaines responsabilités soient confiées à une personne détenue dans le cadre d'activités dirigées, sous le contrôle effectif du personnel de l'administration pénitentiaire.

Art. R. 411-8 Sous le contrôle d'un personnel pénitentiaire, les personnes détenues peuvent participer à des activités collectives ou à des jeux excluant toute idée de gain.

CHAPITRE II TRAVAIL

(Décr. n° 2022-655 du 25 avr. 2022, art. 1er, en vigueur le 1er mai 2022)

SECTION 1 Dispositions générales

BIBL. ► PALLISSÉ, Les apports du décret du 25 avril 2022 dans la réforme du travail pénitentiaire, *D. actu. 18 mai 2022.*

Art. R. 412-1 Chaque personne détenue, quelle que soit sa catégorie pénale, peut demander à être classée au travail. Elle adresse sa demande écrite au chef de l'établissement pénitentiaire.

Une fois classée au travail, la personne détenue peut adresser au chef de l'établissement pénitentiaire une demande écrite d'affectation sur un poste de travail.

Si le chef de l'établissement pénitentiaire a pris une décision de classement et une décision d'affectation sur un poste de travail, la personne détenue conclut un contrat d'emploi pénitentiaire avec le donneur d'ordre. Elle signe également une convention annexée au contrat définissant les obligations respectives de l'établissement pénitentiaire, de la personne détenue et du donneur d'ordre lorsque ce dernier n'est pas l'administration pénitentiaire.

Le règlement spécifique à chaque activité ainsi que la grille de rémunération sont affichés sur les lieux de travail.

V. art. L. 412-5 et L. 412-6.

COMMENTAIRE

Conformément aux dispositions des articles L. 412-5 et L. 412-6 du code pénitentiaire, l'accès au travail des personnes détenues s'effectue en plusieurs étapes selon une démarche active que l'article R. 412-1 précise. Celle-ci débute par une demande écrite de classement au chef d'établissement qui précise le ou les régimes où la personne détenue souhaite travailler (service général, concession, service de l'emploi pénitentiaire (SEP), structure d'insertion par l'activité économique, entreprise adaptée, structure ou entreprise adaptée. La mention de ces régimes ne lie pas les membres de la commission pluridisciplinaire unique. A compter de la décision de classement, la personne détenue peut faire une demande écrite d'affectation sur un ou plusieurs postes. En pratique, l'offre d'emploi étant inférieure au nombre de demandes, le classement, qui vaut seulement autorisation de travail, permet à la personne détenue d'être inscrite sur une liste d'attente afin de candidater sur un poste ouvert et de conclure *in fine*, après une décision d'affectation, un contrat d'emploi pénitentiaire. Les modalités de candidatures sont mises en place par chaque établissement (formulaire préétabli, candidature écrite sous forme libre, accompagnée éventuellement d'un CV et lettre de motivation…). ❑

Art. R. 412-2 Chaque personne détenue peut bénéficier d'une découverte en milieu professionnel au sein de l'établissement pénitentiaire ayant pour objet :

1° Soit de découvrir un métier ou un secteur d'activité ;

2° Soit de confirmer un projet professionnel ;

3° Soit d'initier une démarche de recrutement.

Cette découverte en milieu professionnel peut être effectuée au service général ou dans le cadre d'une activité de production pour une durée maximale de cinq jours. Elle est prescrite par le service pénitentiaire d'insertion et de probation, une structure d'insertion par l'activité économique, une entreprise adaptée mentionnée à l'article L. 5213-13 du code du travail ou un service de l'État ayant pour mission de développer le travail et l'insertion professionnelle des personnes placées sous main de justice.

COMMENTAIRE

Préalablement à la conclusion d'un contrat d'emploi pénitentiaire, la personne détenue peut bénéficier d'une découverte en milieu professionnel pour une durée maximale de 5 jours sur proposition du SPIP. Cette nouvelle possibilité a pour objectif de promouvoir l'emploi pénitentiaire en milieu carcéral (découverte d'un métier ou d'un secteur d'activité), de confirmer un projet professionnel ou de susciter une démarche de recrutement. Cette période d'immersion est prescrite par l'administration pénitentiaire, par une structure d'insertion par l'activité économique ou par une entreprise adaptée sur demande de la personne détenue ou avec son accord. Il s'agit notamment de permettre à la personne détenue de découvrir une activité avant de faire une démarche effective et de vérifier si ses aspirations correspondent à la réalité de l'emploi. La période d'immersion ne peut être prescrite pour des ateliers de façonnage, ni donner lieu à la conclusion d'un contrat d'emploi pénitentiaire ou à rémunération. ❑

Art. R. 412-3 Conformément aux dispositions de l'article R. 323-1, chaque personne détenue reçoit une alimentation variée, compte tenu de la nature de son travail.

Par dérogation au deuxième alinéa du même article, les horaires des repas peuvent être adaptés au regard de l'activité de travail exercée en détention, dans la limite d'un intervalle d'au moins quatre heure entre les deux principaux repas.

Art. R. 412-4 Conformément aux dispositions de l'article R. 221-4, aucun outil dangereux ne peut être laissé à la disposition d'une personne détenue en dehors du temps de travail.

Art. R. 412-5 Dans toute la mesure du possible et eu égard aux contraintes propres à l'activité exercée, les personnes détenues doivent pouvoir se doucher après le travail, conformément aux dispositions de l'article R. 321-5.

COMMENTAIRE

Si la détention impose fréquemment des restrictions à la personne détenue pour des motifs liés à l'ordre et la sécurité, comme le rappelle l'article R. 412-4 à propos de la manipulation des outils dangereux strictement réservée au temps de travail, le code pénitentiaire, à l'inverse, exige également que la vie en détention tienne compte de la nature du travail pour l'adaptation de certaines règles comme d'offrir une alimentation variée et dans la mesure du possible de permettre au travailleur d'accéder à une douche après une journée de travail. Ces dispositions ne sont pas en soi nouvelles puisqu'elles sont issues du règlement intérieur type (Décr. n° 2013-368, 30 avr. 2013 relatif aux règlements intérieurs types des établissements pénitentiaires, *JO 3 mai*) et conformes aux RPE (art. R. 22-1, App., v° *Conditions de détention*), mais leur codification sous les dispositions des articles R. 412-3 à R. 412-5 les rend beaucoup plus visibles que par le passé. ❑

Art. D. 412-6 L'agence du travail d'intérêt général et de l'insertion professionnelle des personnes placées sous main de justice, au vu des difficultés sociales et professionnelles que peuvent rencontrer les personnes détenues qu'elle prend en charge, leur propose des activités d'insertion, de formation professionnelle et de travail, en vue de leur insertion, de la préparation de leur sortie de détention et de la lutte contre la commission de nouvelles infractions.

Art. D. 412-7 Indépendamment de la surveillance des personnes détenues, les personnels pénitentiaires assurent le respect des règles de discipline et de sécurité sur les lieux du travail.

En production, l'encadrement technique est assuré par un représentant du donneur d'ordre mentionné par les dispositions du 2° de l'article L. 412-3.

Au service général, il doit être assuré par un personnel spécialisé ou par un représentant de l'entreprise délégataire.

Les personnes extérieures sont agréées par le chef de l'établissement pénitentiaire.

SECTION 2 Classement et affectation sur un poste de travail

SOUS-SECTION 1 Décision

Art. R. 412-8 La décision par laquelle le chef de l'établissement pénitentiaire se prononce sur une demande de classement est notifiée par écrit à la personne détenue intéressée.

Une décision de refus de classement peut être prononcée pour des motifs liés au bon ordre et à la sécurité de l'établissement. Cette décision est motivée.

COMMENTAIRE

La décision de classement ou de refus de classement au travail ressort de la seule compétence du chef d'établissement. Afin de prévenir tout refus arbitraire, la décision de refus de classement du chef d'établissement ne peut être prise à compter du 1er mai 2022 que pour des motifs de bon ordre, de sécurité et de prévention des infractions. Ne sauraient donc fonder un refus la seule considération du statut pénal de la personne détenue, un éventuel passif pénal du détenu ou une répartition géographique des cellules au sein de la détention. Quelle que soit la décision prise, celle-ci doit être notifiée à la personne détenue. En outre, la décision de refus de classement, soumise à recours, doit être motivée par le chef d'établissement en considération des critères posés par le texte.

L'évaluation des risques par le chef d'établissement doit donc être en lien avec l'activité liée au travail, motivée et circonstanciée. Si aucun motif de bon ordre, de sécurité ou de prévention des infractions ne justifie un tel refus, la personne détenue est classée, la décision valant autorisation de travailler. ❑

Art. R. 412-9 La décision d'affectation est prise par le chef de l'établissement pénitentiaire au regard du choix opéré par le donneur d'ordre et sous réserve des motifs liés au bon ordre et à la sécurité de l'établissement. Cette décision est formalisée par la signature du contrat d'emploi pénitentiaire.

La décision du chef de l'établissement pénitentiaire refusant l'affectation est motivée et notifiée au donneur d'ordre et à la personne détenue intéressée.

Art. R. 412-10 L'affectation d'une personne prévenue sur un poste de travail au service général nécessite l'accord préalable du magistrat chargé du dossier de la procédure en application des dispositions de l'article 715 du code de procédure pénale.

V. art. R. 233-2 et R. 412-18.

COMMENTAIRE

Apport. Au terme du processus de sélection, le donneur d'ordre transmet ses choix au chef d'établissement qui est lié par eux, sauf motif tenant au bon ordre et à la sécurité de l'établissement. Auquel cas, la décision du chef d'établissement refusant l'affectation doit être notifiée et motivée par le maintien du bon ordre et de la sécurité au sein de l'établissement. Le refus pourrait être motivé à raison de comptes rendus d'incident enregistrés entre le placement de la personne détenue sur liste d'attente et ses entretiens professionnels ou une interdiction de contact entre deux personnes détenues qui partageraient le même poste (Circ. du 18 juill. 2022). En revanche, les difficultés d'organisation interne de l'établissement ne sauraient justifier un tel refus. La décision de refus d'affectation est susceptible de recours, conformément aux dispositions de l'article R. 412-18 du code pénitentiaire. La décision d'affectation est formalisée par la signature du contrat d'emploi pénitentiaire.

Impact. L'accord de volonté à la suite des entretiens professionnels entre le donneur d'ordre et la personne détenue ne suffit pas à emporter l'affectation sur un poste de travail. En effet, l'affectation doit être ordonnée par le chef d'établissement pénitentiaire, sauf pour motif tenant au bon ordre, à la sécurité. En outre, pour les personnes prévenues, l'accord du magistrat saisi du dossier de la procédure doit être sollicité lors de la phase d'affectation sur un poste au service général, sauf si la notice individuelle a déjà été complétée par le magistrat. Malgré la volonté d'un rapprochement avec le droit commun, le chef d'établissement demeure donc celui qui permet ou non d'accéder au travail. A cet égard, doit être signalée la nouvelle sanction disciplinaire de fin d'affectation ajoutée par le décret du 25 avril 2022, prévue à l'article R. 233-2 du code pénitentiaire, qui fait perdre au détenu son emploi, ce dernier restant classé au travail. ❑

Art. D. 412-11 Dans chaque établissement pénitentiaire, des personnes détenues sont affectées au service général de l'établissement.

Elles sont choisies de préférence parmi les personnes condamnées.

Aucune personne détenue ne peut être employée à la régie des comptes nominatifs, au greffe pénitentiaire ou au sein des unités sanitaires en milieu pénitentiaire.

COMMENTAIRE

Le travail en service général est l'un des régimes historiques de travail pénitentiaire. Il est accompli pour le fonctionnement courant de l'établissement en vue de maintenir en état de propreté les locaux de détention et d'assurer les différentes tâches courantes nécessaires à la vie en détention (cuisine, boulangerie, lingerie, bibliothèque, cantine, jardinage, nettoyage, coiffure, maintenance des bâtiments...). Le travail des personnes détenues, qui sont généralement qualifiées d'« auxiliaires », est placé sous le contrôle de l'administration ou d'un groupement privé dans le cas d'une gestion déléguée de l'établissement. L'article D. 412-11 rappelle la place essentielle du travail en service général, *a fortiori* dans les prisons publiques, puisque, à la différence des établissements à gestion déléguée, celles-ci ne peuvent faire appel à des entreprises privées pour accomplir les tâches du quotidien carcéral. A la limitation des tâches dévolues aux personnes détenues, l'article D. 412-11 privilégie le profil des personnes affectées au service général aux personnes condamnées pour éviter un *turnover* trop important au sein des établissements. Par ailleurs, le texte exclut du champ du service général l'ensemble des missions régaliennes (tenue du greffe pénitentiaire, régie des comptes nominatifs) ou les unités sanitaires en milieu pénitentiaire. En effet, la liberté de mouvement qu'implique l'affectation en service général des personnes détenues exclut un certain nombre d'activités « sensibles » ou des profils à risque. ❑

Art. D. 412-12 Les entretiens professionnels organisés par l'administration pénitentiaire en application des dispositions de l'article L. 412-6 sont réalisés par le donneur d'ordre ou son représentant.

V. art. L. 412-6.

COMMENTAIRE

Conformément à l'article L. 412-6, les entretiens professionnels sont réalisés par le donneur d'ordre qui, selon les cas, est l'administration pénitentiaire au service général ou un donneur d'ordre privé en production. Le chef d'établissement ou son délégué organise les entretiens au service général. Même s'il demeure le donneur d'ordre, il peut convier *a minima* le gestionnaire délégué à participer aux entretiens, voire lui confier avec son accord la conduite des entretiens. En production, les entretiens sont menés par le représentant de la structure chargée de l'activité de travail. Cette mission, non délégable à un personnel pénitentiaire, peut néanmoins être confiée à un autre donneur d'ordre implanté au sein de l'établissement. Les entretiens se déroulent après la commission pluridisciplinaire unique. En pratique, les modalités d'entretiens qui peuvent être individuels ou collectifs, en présentiel, par visioconférence ou par téléphone, sont laissées à la liberté de l'établissement tandis que leur déroulement est à l'appréciation du donneur d'ordre, qui, lorsqu'il est privé, peut, pour des raisons de sécurité, solliciter la présence d'un personnel de l'administration pénitentiaire. La procédure de classement est désormais sécurisée puisque le candidat classé en rang 1 sera affecté sur le poste ouvert, sauf motif de bon ordre et de sécurité. Quant aux autres candidats, non classés en rang numéro 1, ils constituent le vivier du recrutement pour le donneur d'ordre. ❑

Art. D. 412-13 Dans le cas prévu au 3° de l'article L. 412-16, le chef de l'établissement pénitentiaire de destination classe la personne détenue transférée au travail conformément à la décision de classement par le chef de l'établissement pénitentiaire de départ, sauf pour un motif lié au bon ordre et à la sécurité de l'établissement.

V. art. L. 412-6.

COMMENTAIRE

En cas de transfert définitif, la personne classée au travail conserve le bénéfice du classement dans son établissement d'accueil et reste orientée, si possible, vers les régimes présélectionnés, au sein du nouvel établissement. Les personnes détenues ne sont pas automatiquement affectées sur un nouveau poste et seront soumises, après inscription sur la liste d'attente, à un nouveau processus de recrutement dans l'établissement d'accueil. ❑

SOUS-SECTION 2 **Suspension et fin**

§ 1 Suspension

Art. R. 412-14 Chaque personne détenue souhaitant suspendre son affectation en application des dispositions de l'article L. 412-8 adresse une demande écrite au chef de l'établissement pénitentiaire qui précise :

1° Les motifs justifiant la suspension de l'affectation ;

2° La durée prévue de suspension de l'affectation.

La décision par laquelle le chef de l'établissement pénitentiaire rejette la demande de suspension de l'affectation est motivée et notifiée par écrit à la personne détenue intéressée.

Le silence gardé pendant un délai de cinq jours vaut acceptation de la demande de suspension de l'affectation.

Art. R. 412-15 L'affectation sur un poste de travail est suspendue de plein droit en cas de suspension totale ou partielle de l'activité de travail en détention, notamment en cas de cessation temporaire de l'activité prévue par le contrat d'implantation ou en cas de suspension du contrat d'implantation. Cette suspension de plein droit est notifiée par écrit à la personne détenue intéressée.

Art. R. 412-16 La suspension de l'affectation sur un poste de travail pour des motifs liés au maintien du bon ordre, à la sécurité de l'établissement pénitentiaire ou à la prévention des infractions prise en application de l'article L. 412-8 est notifiée par écrit à la personne détenue.

COMMENTAIRE

Les articles R. 412-14 à R. 412-16 spécifient les motifs de suspension de l'affectation, qui ne se limitent pas aux seuls motifs à la main du chef d'établissement liés au maintien du bon ordre et à la sécurité ou à la prévention de la récidive. Ainsi, la suspension peut résulter de la demande de la personne détenue formulée par écrit justifiant des raisons de sa demande et de la durée de la suspension souhaitée auprès du chef d'établissement, le silence gardé par le chef d'établissement pendant un délai de 5 jours valant acceptation. Par ailleurs, la suspension de l'affectation peut être liée à l'arrêt de l'activité ou à la cessation temporaire ou la suspension du contrat d'implantation. Dans ce cas, la suspension de l'activité de travail entraîne de plein droit la suspension de l'affectation afférente. Il s'agira le plus souvent de motifs contractuellement prévus, comme la période annuelle de congés de l'entreprise, ou plus rarement d'un cas de force majeure non imputable au titulaire du contrat d'implantation comme une mutinerie, des intempéries nécessitant la fermeture des locaux. Auxquels cas, la suspension ne devra pas excéder la durée nécessaire pour lancer les actions permettant d'y mettre fin. Une fois la cause de suspension éteinte, l'activité pourra être réactivée. La suspension de l'affectation ne doit pas être confondue avec les causes de suspension du contrat d'emploi pénitentiaire. ❑

§ 2 Fin de l'affectation

Art. R. 412-17 Le chef de l'établissement pénitentiaire met fin à l'affectation sur un poste de travail dans le cadre d'une activité de production en cas de cessation de cette activité.

La fin de l'affectation est notifiée par écrit à la personne détenue intéressée.

§ 3 Voies de recours

Art. R. 412-18 La personne détenue qui entend contester une décision de refus de classement, de déclassement, de refus d'affectation ou de fin d'affectation dont elle fait l'objet doit, dans le délai de quinze jours à compter de la notification de la décision, la déférer au directeur interrégional des services pénitentiaires préalablement à tout recours contentieux. Le directeur interrégional dispose d'un délai d'un mois à compter de la réception du recours pour répondre par décision motivée. L'absence de réponse dans ce délai vaut décision de rejet.

COMMENTAIRE

L'article R. 412-18 confirme la possibilité affirmée par la loi de contester devant le juge administratif une décision de refus de classement et l'étend au refus d'affectation. À l'évidence, de telles décisions sont susceptibles de faire grief à la personne détenue, même si par le passé la jurisprudence du Conseil d'État avait pu hésiter à propos d'un refus de classement qu'elle avait qualifié de mesures d'ordre intérieur à l'inverse du déclassement valant grief (CE 14 déc. 2007, n° 290420). Cependant, le texte ne va pas jusqu'à ouvrir à contestation une décision de classement de la personne détenue qui aurait formulé un autre choix. Le texte entérine également la jurisprudence précitée concernant le déclassement et l'étend à la fin d'affectation. Il n'en demeure pas moins que, classiquement, le recours est subordonné au recours préalable devant le directeur interrégional des services pénitentiaires (RAPO) déplaçant le débat de la nature de la décision vers l'effectivité des droits. ❑

1. Recevabilité du recours pour excès de pouvoir. Il résulte des dispositions des art. D. 99 à D. 102 (anciens) que le travail auquel les détenus peuvent prétendre constitue pour eux non seulement une source de revenus mais encore un mode de meilleure insertion dans la vie collective de l'établissement, tout en leur permettant de faire valoir des capacités de réinsertion. Ainsi, eu égard à sa nature et à l'importance de ses effets sur la situation des détenus, une décision de déclassement d'emploi constitue un acte administratif susceptible de faire l'objet d'un recours pour excès de pouvoir. Il en va toutefois autrement des refus opposés à une demande d'emploi ainsi que des décisions de classement, sous réserve que ne soient pas en cause des libertés et des droits fondamentaux des détenus. • CE 14 déc. 2007, n° 290420 A : *AJDA 2008. 128, chron. Boucher et Bourgeois-Machureau ; ibid. 2007. 2404 ; D. 2008. 820, note Herzog-Evans ; ibid. 1015, obs. Céré, Herzog-Evans et Péchillon ; RFDA 2008. 87, concl. Guyomar ; Dr. pénal 2008, n° 25, obs. Maron ; Procédures 2008, n° 61, obs. Deygas.*

2. Droit d'être représenté en cas de déclassement d'emploi. Aux termes de l'art. L. 122-1 CRPA : « Les décisions mentionnées à l'art. L. 211-2 n'interviennent qu'après que la personne intéressée a été mise à même de présenter des observations écrites et, le cas échéant, sur sa demande, des observations orales. » En cas d'engagement d'une procédure de déclassement, il incombe à l'administration pénitentiaire de rappeler à la personne détenue en temps utile de la possibilité de se faire assister d'un conseil ou représenter par un mandataire de son choix. Dans le cas où cette personne a demandé la désignation d'un avocat par le bâtonnier mais que ce dernier n'a pas fait droit à cette demande, il incombe à l'administration, à l'effet de préserver le caractère effectif de la garantie que représente la possibilité de se faire assister par un conseil ou représenter par un mandataire de son choix, d'en informer la personne intéressée avant de prendre sa décision. • TA Châlons-en-Champagne, 25 sept. 2018, n° 1700488 : *AJDA 2019. 211* .

SECTION 3 Contrat d'emploi pénitentiaire

SOUS-SECTION 1 Conclusion

Art. R. 412-19 **Le contrat d'emploi pénitentiaire est signé par la personne détenue intéressée au plus tard dans les deux jours ouvrables suivant la prise de poste.**

COMMENTAIRE

Jusqu'en 2022, la personne détenue signait un « acte d'engagement » avec l'administration pénitentiaire même lorsque « l'employeur » était une entreprise privée. Ledit acte était analysé comme une décision unilatérale de l'administration pénitentiaire. Le grand changement apporté par la loi du 22 décembre 2021 est la contractualisation de la relation, outre un rapprochement ostensible du contrat d'emploi pénitentiaire (CEP) avec celui du contrat de travail. Toutefois, le CEP demeure un contrat de droit public, et même un contrat de droit public *sui generis*. Il se déduit de l'article R. 412-19 que le contrat est d'abord signé par le donneur d'ordre, puis par la personne détenue dans les deux jours ouvrables suivant la prise de poste. Par ailleurs, du fait que le texte vise « le CEP » et non un CEP, peut être déduite une interdiction de cumul de plusieurs CEP sur une même période. Cette prohibition ne vise pas la possibilité pour la personne détenue contractante de suivre une formation professionnelle. Il convient de signaler qu'une trame de CEP est adaptée aux régimes d'emploi correspondants (V. ann. 7 de la Circ. du 18 juill. 2022). ❑

Art. R. 412-20 **Un contrat d'emploi pénitentiaire à durée déterminée, quel que soit son motif, ne peut avoir ni pour objet ni pour effet de pourvoir durablement un emploi lié à l'activité normale et permanente du service, de l'entreprise ou de la structure chargée de l'activité de travail.**

Un contrat d'emploi pénitentiaire à durée déterminée ne peut être conclu que pour l'exécution d'une tâche précise et temporaire, et seulement dans les cas suivants :

1° Remplacement d'une personne détenue en cas d'absence ou de suspension de contrat ;

2° Accroissement temporaire de l'activité de travail concernée ;

3° Poste à caractère saisonnier.

Art. R. 412-21 **Il est interdit de conclure un contrat d'emploi pénitentiaire à durée déterminée en remplacement d'une personne détenue dont le contrat a été suspendu au motif d'une baisse temporaire de l'activité.**

Art. R. 412-22 **Dans les trois mois suivant une résiliation pour motif économique, il est interdit de conclure un contrat d'emploi pénitentiaire à durée déterminée au titre d'un accroissement temporaire de l'activité.**

Cette interdiction porte sur les postes concernés par la résiliation dans l'établissement pénitentiaire.

COMMENTAIRE

Il convient pour le donneur d'ordre de décider du type de contrat, à durée indéterminée ou déterminée, qui sera proposé, conformément à la partie législative du code pénitentiaire. Or, la partie réglementaire est exclusivement consacrée au contrat à durée déterminée, donnant semble-t-il une place centrale à celui-ci en droit pénitentiaire, contrairement au code du travail qui fait du contrat à durée indéterminée le principe. Certes, signe du rapprochement avec le contrat de travail, le recours au CDD est encadré, à commencer par l'interdiction générale transposée du code de travail (C. trav., art. L. 1242-1) selon laquelle : « Un contrat d'emploi pénitentiaire à durée déterminée, quel que soit son motif, ne peut avoir ni pour objet ni pour effet de pourvoir durablement un emploi lié à l'activité normale et permanente du service, de l'entreprise ou de la structure chargée de l'activité de travail. » Il s'agit de vérifier que la succession des CEP n'aurait pas en définitive pour vocation de pourvoir à un emploi permanent. La métonymie se poursuit avec le droit du travail dans l'énumération limitative des cas de recours : le remplacement, l'accroissement temporaire d'activité et le travail saisonnier. Le caractère saisonnier d'un emploi peut être défini comme une tâche normalement appelée à se répéter chaque année en fonction du rythme des saisons ou des modes de vie collectifs. En outre, la variation d'activité doit être indépendante de la volonté du donneur d'ordre. On y retrouve sensiblement les mêmes motifs que ceux énumérés par le code du travail. Enfin, dans la même logique, les articles R. 412-21 et R. 412-22 énumèrent deux autres interdictions radicales. Par ailleurs, l'article R. 412-22 prévoit le seul délai de carence entre deux contrats de tout le code pénitentiaire (contrairement au droit du travail où c'est la règle) dont le délai de trois mois est la moitié moins qu'à l'extérieur (C. trav., art. L. 1242-5). ❑

Art. R. 412-23 **I. – Le contrat d'emploi pénitentiaire à durée déterminée comporte un terme fixé avec précision dès sa conclusion.**

II. – Toutefois, le contrat peut ne pas comporter de terme précis lorsqu'il est conclu dans l'un des cas suivants :

1° Remplacement d'une personne détenue en cas d'absence ou de suspension de contrat ;

2° Poste à caractère saisonnier ;

Le contrat d'emploi pénitentiaire à durée déterminée est alors conclu pour une durée minimale. Il a pour terme la fin de l'absence de la personne remplacée ou la réalisation de l'objet pour lequel il a été conclu.

Art. R. 412-24 **Le contrat d'emploi pénitentiaire peut être renouvelé par le donneur d'ordre, par avenant au contrat d'emploi pénitentiaire et après entretien avec la personne détenue intéressée.**

COMMENTAIRE

Si la fixation de la durée du contrat par les dispositions de l'article R. 412-23 est conforme aux règles applicables en droit du travail qui envisage en la matière un principe et un tempérament, en revanche l'éloignement est patent s'agissant des règles édictées par les dispositions de l'article R. 412-24 en matière de renouvellement du CEP à durée déterminée.

En principe, le terme du contrat doit être fixé avec précision, comme le rappelle l'article R. 412-23, I, alinéa 1er, du code pénitentiaire. Cependant, l'alinéa 2 autorise la conclusion du contrat sans terme précis, dans deux situations : en remplacement d'une personne détenue en cas d'absence ou de suspension et en cas de travail saisonnier. Le choix d'un terme imprécis oblige alors à fixer une durée minimale. Mais à la différence du droit du travail qui limite à deux le nombre de renouvellements sur une période qui ne peut excéder dix-huit mois, le renouvellement du CEP est autorisé sans aucune limitation par l'article R. 412-24. L'agence du travail d'intérêt général et de l'insertion professionnelle des personnes placées sous main de justice (ATIGIP) justifie cette règle dérogatoire par rapport au droit commun du travail par « le fait que les détenus sont par essence en détention pour une durée limitée inférieure aux limites fixées dans le droit commun et n'ont pas vocation à intégrer définitivement l'entreprise ». Il en résulte une plus grande flexibilité de l'emploi pénitentiaire que dans le droit commun. ❑

SOUS-SECTION 2 Contenu et exécution

§ 1 Contenu

Art. R. 412-25 **Le contrat d'emploi pénitentiaire comporte notamment les mentions suivantes :**

1° Le régime de travail ;

2° Le caractère déterminé ou indéterminé de la durée du contrat ;

3° Le cas échéant, une clause de renouvellement ;

4° La date effective du début d'activité et, le cas échéant, la date de fin de contrat ;

5° La durée et les termes de renouvellement ou non de la période d'essai conformément à l'article L. 412-13 ;

6° La description du poste de travail et des missions ;

7° le cas échéant, les risques particuliers liés au poste de travail ;

8° La durée hebdomadaire ou mensuelle du travail ;

9° Les temps de pause et de repos ainsi que les jours fériés ;

10° Le cas échéant, l'organisation des périodes d'astreinte ;

11° Le montant de la rémunération et des primes éventuelles ;

12° Le montant des cotisations sociales ;

13° Les modalités de modification du contrat ;

14° Les modalités de suspension et de fin du contrat.

Lorsque le travail est accompli pour le compte de l'administration pénitentiaire, le contrat d'emploi pénitentiaire comporte également les mentions prévues par les dispositions de l'article R. 412-26.

Lorsque le travail est accompli pour le compte d'une structure d'insertion par l'activité économique ou d'une entreprise adaptée, le contrat d'emploi pénitentiaire prévoit en outre un accompagnement socioprofessionnel visant à faciliter la réinsertion et en précise les modalités.

Les 8° et 10° de l'art. R. 412-25 entrent en vigueur de façon échelonnée entre le 3 janv. 2023 et le 1er juin 2023 selon les distinctions établies par l'Arr. du 1er févr. 2023 modifiant l'Arr. du 30 déc. 2022 portant sur les dispositions relatives au temps de travail des personnes détenues dans le ressort des services déconcentrés de l'administration pénitentiaire. Avant cette date d'entrée en vigueur, les dispositions des 2e et 3e al. de l'art. 15 du règlement intérieur type des établissements pénitentiaires annexé à l'art. R. 57-6-18 C. pr. pén. dans sa rédaction en vigueur avant le 1er mai 2022 demeurent applicables aux personnes détenues ayant conclu un contrat d'emploi pénitentiaire (Décr. n° 2022-655 du 25 avr. 2022, art. 9, et Arr. du 30 déc. 2022, art. 1er, visant par erreur l'art. 8 du Décr. préc. ; Arr. du 1er févr. 2023).

Code de procédure pénale

Art. R. 57-6-18 *[...]*

ANNEXE *[ABROGÉE]*

RÈGLEMENT INTÉRIEUR TYPE DES ÉTABLISSEMENTS PÉNITENTIAIRES

Art. 15 *Le travail. (Abrogé par Décr. n° 2022-479 du 30 mars 2022, art. 8, à compter du 1er mai 2022)* La personne détenue, quelle que soit sa catégorie pénale, peut demander à travailler. Elle adresse sa demande écrite au chef d'établissement.

La durée du travail par jour et par semaine ne peut excéder les horaires pratiqués en milieu libre dans le type d'activité considéré. Les horaires doivent prévoir le temps nécessaire pour le repos, les repas, la promenade et les activités éducatives et de loisirs.

Le respect du repos hebdomadaire et, sous réserve des nécessités liées à la continuité du service, des jours fériés doit être assuré.

Le règlement spécifique de chaque activité ainsi que la grille de rémunération sont affichés sur les lieux de travail.

Art. R. 412-26 La convention mentionnée à l'article L. 412-11 comporte notamment les mentions suivantes :

1° Les absences autorisées ;

2° Les modalités de modification de la convention ;

3° Les voies et délais de recours.

COMMENTAIRE

En prévoyant sous les dispositions des articles R. 412-25 et R. 412-26 des mentions obligatoires, il est conféré au CEP une identité quasi parfaite des droits et obligations du contrat de travail de droit commun. L'énumération des éléments principaux du CEP, hormis les congés, apporte une véritable consistance audit contrat et un encadrement salutaire de l'emploi pénitentiaire. ❑

Art. R. 412-27 I. – Lorsque le travail est accompli pour le compte d'un donneur d'ordre mentionné au 2° de l'article L. 412-3, la convention prévue à l'article L. 412-11 définit les obligations respectives du chef de l'établissement pénitentiaire, du donneur d'ordre et de la personne détenue intéressée, dans le respect des dispositions des II à IV du présent article.

II. – Le chef de l'établissement pénitentiaire prend toute décision relative :

1° Au classement, à l'affectation, à la suspension de l'affectation, à la fin de l'affectation et au déclassement du travail de la personne détenue ;

2° A l'autorisation, à la suspension ou à l'arrêt de l'activité de travail ;

3° A l'autorisation d'utilisation des équipements et outils mis à disposition par le donneur d'ordre.

III. – Dans le cadre de la convention prévue à l'article L. 412-11, le chef de l'établissement pénitentiaire :

1° Organise les mouvements pour assurer la présence de la personne détenue au travail ainsi que la surveillance et la sécurité sur les lieux de travail ;

2° Procède au versement à la personne détenue des rémunérations sur la base des éléments transmis par le donneur d'ordre et de la déclaration aux organismes de sécurité sociale.

IV. – Dans le cadre de la même convention, le donneur d'ordre :

1° Aménage les locaux mis gratuitement à sa disposition, après avoir procédé à une évaluation des risques liés à l'activité professionnelle, et intègre les équipements de travail et moyens de protection nécessaires et adaptés à l'activité qu'il souhaite mettre en œuvre dans le cadre du contrat d'emploi pénitentiaire ;

2° Organise la production, l'encadrement technique et le contrôle de la production, en prenant toute disposition utile pour les assurer directement ;

3° Garantit une formation d'adaptation à l'emploi et la formation à la sécurité de la personne détenue ;

4° Détermine le montant de la rémunération du travail de la personne détenue dans les conditions prévues à l'article D. 412-64 ainsi que celui des primes le cas échéant attribuées en application de l'article D. 412-65 ;

5° Rembourse à l'administration pénitentiaire le montant de la rémunération et des cotisations ;

6° Décide, le cas échéant, de la suspension ou de la fin du contrat d'emploi pénitentiaire.

COMMENTAIRE

L'article R. 412-27 du code pénitentiaire opère une répartition des responsabilités entre l'administration pénitentiaire et le donneur d'ordre, lorsque celui-ci est un opérateur privé. En effet, l'une des difficultés de la réforme réside dans la pluralité des donneurs d'ordre, conduisant à une sorte d'éclatement de la trilogie classique, en droit du travail, des pouvoirs de direction, disciplinaire et réglementaire, dont les modalités de commandement sont concentrées entre les mains de l'employeur (Azuro, Bogard et Dockes, Droit du travail, *Dalloz, 36e éd., 2023, p. 895*). Au chef d'établissement incombe la prérogative de classer et affecter sur un poste de travail la personne détenue que le donneur d'ordre aura choisie (Auvergnon, La réforme de l'encadrement juridique du travail en milieu carcéral : point de vue du travailliste, *in* Le volet répressif de la loi pour la confiance dans l'institution judiciaire *in* Carpentier [dir.], *LexisNexis, p. 83*), le premier conservant le pouvoir disciplinaire de « police carcérale », le second disposant du pouvoir d'organisation et de direction du travail. Cette répartition est rendue d'autant plus complexe que, lorsque le donneur d'ordre est d'origine privée, une convention tripartite entre les deux signataires et l'administration pénitentiaire, dont il est attendu qu'elle fixe les obligations respectives de chacun des acteurs, est annexée au CEP. Il en est ainsi du remboursement à l'administration pénitentiaire du montant de la rémunération et des cotisations qu'elle aura avancées au titre de la rémunération versée à la personne détenue. On pressent néanmoins des difficultés d'articulation entre les deux logiques disciplinaire et travailliste que la convention n'aura pas toujours anticipées. ❑

§ 2 Exécution

Art. R. 412-28 **La durée de la période d'essai, prévue à l'article L. 412-13, se décompte de manière calendaire.**

Art. R. 412-29 **La période d'essai d'une personne détenue travaillant à temps partiel ne peut avoir une durée calendaire supérieure à celle d'une personne détenue travaillant à temps complet.**

Art. R. 412-30 **La période d'essai ne peut excéder une durée calculée à raison d'un jour par semaine, dans les limites prévues par les dispositions de l'article L. 412-13.**

Art. R. 412-31 **Lorsqu'il est mis fin à la période d'essai, la personne détenue ou le donneur d'ordre respecte un délai de prévenance d'au moins vingt-quatre heures.**

COMMENTAIRE

En application des dispositions de l'article L. 412-13 du code pénitentiaire fixant la durée de la période d'essai, les articles R. 412-28 à R. 412-31 en précisent les modalités de calcul. Ainsi, la période d'essai se décompte de manière calendaire, et ne peut, quelle que soit la durée du CEP, excéder une longueur correspondant à un jour par semaine. La caractéristique de la période d'essai est d'autoriser les parties à rompre le contrat à tout moment. La rupture d'essai lorsqu'elle émane de « l'employeur » doit respecter un délai de prévenance. Ainsi, quel que soit le type de contrat à durée déterminée ou indéterminée, l'article R. 412-31 fixe à 24 heures au minimum le délai de prévenance. Ce délai, dont la brièveté doit être soulignée, correspond au minimum existant à l'extérieur pour les salariés dont l'ancienneté est inférieure à 8 jours. L'une des questions en suspens est notamment de savoir si la juridiction administrative reprendra à son compte la jurisprudence de la Cour de cassation sur la rupture abusive de la période d'essai issue de l'interprétation de l'article L. 1221-20 du code du travail, qui indique clairement quelles sont les limites du droit de rompre l'essai. A l'issue de la période d'essai, le CEP acquiert un caractère définitif et ne peut être résilié que pour les motifs prévus par la loi. ❑

Code du travail

Art. L. 1221-20 *(L. nº 2008-596 du 25 juin 2008)* La période d'essai permet à l'employeur d'évaluer les compétences du salarié dans son travail, notamment au regard de son expérience, et au salarié d'apprécier si les fonctions occupées lui conviennent.

Art. D. 412-32 **L'administration pénitentiaire veille à organiser les rendez-vous des personnes détenues en dehors des heures de travail. Néanmoins, lorsque cela n'a pas été possible, constituent notamment des motifs légitimes d'absence :**

1° Les convocations judiciaires et administratives ;

2° Les motifs disciplinaires ;

3° Les convocations aux examens scolaires ou de formation professionnelle ;

4° Les temps d'allaitement ;

5° Les autorisations de sortir sous escorte ;

6° Les visites se déroulant dans les parloirs familiaux ou les unités de vie familiale ;

7° Les évènements familiaux ;

8° Les entretiens de la personne détenue avec son avocat, les services de l'administration pénitentiaire ou les personnes habilitées à intervenir en détention ;

9° Les entretiens réalisés dans le cadre de la préparation à la sortie ;

10° Les rendez-vous médicaux, y compris pour la réalisation d'actes médicaux nécessaires à une assistance médicale à la procréation ;

11° Les permissions de sortir.

COMMENTAIRE

Malgré le rapprochement du CEP avec le droit commun du travail, le régime du travail pénitentiaire reste marqué par les contraintes du milieu carcéral et les adaptations nécessaires à son quotidien. Il s'agit de responsabiliser la personne détenue au regard de son emploi du temps, en tant qu'actrice de sa détention, tout en prenant en compte les contraintes carcérales. Aussi, l'article D. 412-32 prévoit-il les motifs légitimes d'absence en lien avec la vie carcérale dont le planning peut se télescoper avec celui du travail (parloirs, rendez-vous médicaux, autres activités...). Lesdits motifs ne peuvent en aucun cas être des motifs de fin de contrat. Il peut paraître regrettable que le texte ne prévoie qu'une obligation de moyen pour l'administration pénitentiaire de veiller, autant que possible, à organiser les rendez-vous des personnes détenues en dehors des périodes de travail, alors même que l'absence, bien que justifiée, de la personne détenue au travail aura un impact en termes de perte de rémunération pour celle-ci. ❑

SOUS-SECTION 3 **Suspension**

Art. R. 412-33 I. – Conformément à l'article L. 412-15, le contrat d'emploi pénitentiaire peut être suspendu par l'un des donneurs d'ordre mentionnés à l'article L. 412-3 pour l'un des motifs suivants :

1° Des difficultés économiques conjoncturelles ;

2° Des difficultés durables d'approvisionnement en matières premières ou en énergie ;

3° Un sinistre ou des intempéries de caractère exceptionnel ;

4° La transformation, restructuration ou modernisation de la structure, du service, de l'entreprise ou de l'établissement pénitentiaire ;

5° Toute autre circonstance de caractère exceptionnel.

II. – Au service général et conformément à l'article L. 412-15, le contrat d'emploi pénitentiaire peut être suspendu par le chef de l'établissement pénitentiaire dans les cas prévus par les dispositions des 3°, 4° et 5° du I.

COMMENTAIRE

L'article R. 412-33 précise les causes de suspension, autres que de plein droit pour raisons disciplinaires, qui peuvent être invoquées par le donneur d'ordre. Elles sont directement inspirées par le droit commun : la suspension du CEP peut être justifiée par des motifs économiques, en cas de baisse temporaire d'activité ou le cas échéant en cas d'incapacité temporaire de travail pour raison médicale. Bien que temporaire à la différence de la résiliation, la suspension décidée par le donneur d'ordre et signataire du CEP a pour conséquence de suspendre automatiquement l'affectation de la personne détenue et entraîne également la suspension de la rémunération. ❑

Art. R. 412-34 En cas de baisse temporaire de l'activité pour l'un des motifs énoncés aux 1° à 5° de l'article R. 412-33, le donneur d'ordre adresse à l'autorité administrative une demande d'avis en vue de la suspension du ou des contrats d'emploi pénitentiaire concernés.

La demande est écrite et précise :

1° Les motifs justifiant le recours à cette suspension ;

2° La période prévisible de sous-activité ;

3° Le nombre de personnes détenues concernées.

L'autorité administrative est le chef de l'établissement pénitentiaire dans le cadre des activités de production, et la direction interrégionale des services pénitentiaires dans le cadre du service général.

L'avis de l'autorité administrative est notifié par écrit au donneur d'ordre dans un délai de cinq jours à compter de la date de réception de la demande.

Le silence gardé pendant un délai de cinq jours sur une demande de suspension vaut avis favorable.

COMMENTAIRE

Les articles R. 412-34 et R. 412-35 fixent la procédure à respecter par le donneur d'ordre, sur initiative duquel la suspension est sollicitée, étant précisé que celle-ci doit être motivée par une baisse temporaire de l'activité. Le donneur d'ordre doit nécessairement se prévaloir de l'un des cinq motifs envisagés par l'article R. 412-33, 1° à 5°, lorsque la cause de la suspension est générée par une baisse temporaire de l'activité.

Lorsque le donneur d'ordre se trouve dans la situation visée par les textes, il doit adresser une demande d'avis en vue de la suspension d'un ou plusieurs CEP. La demande écrite doit préciser le motif caractérisant la baisse temporaire de l'activité, la période prévisible de sous-activité et le nombre de personnes détenues concernées. Elle est adressée au chef d'établissement dans le cadre de la production, ou à la DISP dans le cadre du service général. L'autorité administrative dispose d'un délai de cinq jours, à compter de la réception de la demande, pour émettre son avis ; à l'issue de ce délai, l'absence de réponse équivaut à un avis favorable de suspension. Une fois l'avis reçu, le donneur d'ordre peut suspendre le CEP ou les CEP concernés pour une durée maximale de trois mois ou six mois dans le cas d'un sinistre ou d'intempéries exceptionnelles. ❑

Art. R. 412-35 Le ou les contrats d'emploi pénitentiaire peuvent être suspendus pour une durée maximale de trois mois à compter de la date de réception de l'avis de l'autorité administrative.

Par dérogation à l'alinéa précédent, dans le cas, mentionné au 3° de l'article R. 412-33, d'un sinistre ou d'intempéries de caractère exceptionnel, le ou les contrats d'emploi pénitentiaire peuvent être suspendus pour une durée maximale de six mois.

Art. R. 412-36 La suspension du contrat d'emploi pénitentiaire est notifiée par écrit à chaque personne détenue concernée.

SOUS-SECTION 4 Résiliation

§ 1 Procédures de résiliation

Art. R. 412-37 Le donneur d'ordre ou la personne détenue souhaitant mettre fin au contrat d'emploi pénitentiaire en application des dispositions du 1° de l'article L. 412-16 adresse une demande écrite à l'autre partie. La demande précise les motifs justifiant la résiliation du contrat.

En cas d'accord, les termes et les conditions de la résiliation sont énoncés dans un accord amiable signé par les deux parties. Chaque partie reçoit un exemplaire de l'accord.

En l'absence d'accord, et si elle est à l'origine de la demande, la personne détenue adresse au donneur d'ordre une lettre de résiliation anticipée du contrat d'emploi pénitentiaire.

V. art. L. 412-6.

COMMENTAIRE

La procédure de résiliation est directement inspirée du code du travail. Celle-ci distingue selon que les causes de résiliation sont d'un commun accord, ou à l'initiative du donneur d'ordre pour des causes inhérentes à la personne détenue ou non inhérentes à la personne détenue (motifs économiques). Lorsqu'elle est effectuée d'un commun accord et en application des dispositions de l'article L. 412-16 du code pénitentiaire, la procédure ne revêt pas un très grand formalisme, puisqu'il suffit d'adresser une demande écrite à l'autre partie indiquant les raisons de la demande. En l'absence d'accord et lorsque la personne détenue est à l'origine de la demande, il suffira d'adresser au donneur d'ordre une lettre de résiliation anticipée. ❑

Art. R. 412-38 Le donneur d'ordre qui envisage de procéder à une résiliation du contrat d'emploi pénitentiaire pour insuffisance professionnelle ou en cas de non-respect de l'accompagnement socioprofessionnel proposé en application des disposi-

tions de l'article L. 412-17 convoque, avant toute décision, la personne détenue intéressée à un entretien préalable.

La convocation est notifiée à la personne détenue sous la forme d'une lettre. Cette lettre indique l'objet de la convocation.

L'entretien préalable ne peut avoir lieu moins de deux jours ouvrables après la notification de la lettre de convocation.

Au cours de l'entretien préalable, le donneur d'ordre indique les motifs de la décision envisagée et recueille les observations de la personne détenue.

La résiliation du contrat d'emploi pénitentiaire est notifiée à la personne détenue sous la forme d'une lettre motivée, au moins un jour ouvrable après la date de l'entretien préalable.

Art. R. 412-39 **Le chef de l'établissement pénitentiaire qui envisage de procéder à une résiliation du contrat d'emploi pénitentiaire pour un motif tenant aux besoins du service en application de l'article L. 412-17 convoque, avant toute décision, la personne détenue intéressée à un entretien préalable dans les conditions fixées par les dispositions de l'article R. 412-38.**

Constitue un motif tenant aux besoins du service, non inhérents à la personne détenue, de nature à justifier la résiliation du contrat d'emploi pénitentiaire :

1° La disparition des besoins du service ou la suppression du poste ayant justifié la conclusion du contrat d'emploi pénitentiaire ;

2° La transformation des besoins du service ou du poste lorsque la personne détenue n'est pas en mesure de s'adapter à cette transformation ;

3° Le refus de la personne détenue d'une modification d'un élément essentiel de son contrat d'emploi pénitentiaire, consécutive notamment à :

***a)* Une modification de la quotité de temps de travail de la personne détenue ;**

***b)* Un changement de poste.**

V. art. L. 412-17.

COMMENTAIRE

Lorsque la résiliation ne résulte pas d'un commun accord, le donneur d'ordre peut mettre fin au CEP. Dans ce cas, la procédure de résiliation pour des motifs inhérents à la personne détenue, soit l'insuffisance professionnelle ou le non-respect de l'accompagnement socioprofessionnel assortissant certains régimes de travail (SIAE, EA) conformément aux dispositions de l'article L. 412-17 du code pénitentiaire, prévoit l'organisation d'un entretien préalable, précédé d'une convocation notifiée à la personne détenue sous forme de lettre. En ce sens, la procédure s'inspire largement de celle de licenciement de droit commun. L'entretien préalable doit avoir lieu au moins deux jours ouvrables après la notification de la lettre de convocation, au lieu de cinq jours ouvrables en droit commun. Cet entretien permet au donneur d'ordre d'indiquer à la personne détenue les motifs de la décision de résiliation qu'il envisage de prendre et à la personne détenue de faire valoir ses observations.

Toutefois et alors que la procédure de licenciement de droit commun prévoit la possibilité pour le salarié de se faire assister par une personne de son choix appartenant au personnel de l'entreprise, le code pénitentiaire demeure silencieux sur les garanties offertes à la personne détenue lors de cet entretien qui ne saurait se transformer en une sorte de comparution devant une « juridiction disciplinaire ». Il est regrettable que le code pénitentiaire n'ait envisagé aucune disposition relative aux droits de la défense de la personne détenue, laquelle doit pouvoir s'exprimer librement pour réfuter le cas échéant les « insuffisances professionnelles » reprochées. Cette absence peut s'expliquer par le fait que l'incompétence professionnelle, notion vague que le code pénitentiaire ne définit pas, était par le passé un motif de déclassement d'emploi prévu par les dispositions de l'article D. 432-4 ancien du code de procédure pénale. Plus vraisemblablement, ce silence est à corréler à l'absence de représentation syndicale et de droits collectifs en prison. Les insuffisances reprochées pourront consister notamment en une incompétence pour les tâches à exécuter, des absences répétées, un manque de productivité, ou encore un manque délibéré aux obligations définies par le contrat.

Si le donneur d'ordre décide de résilier le CEP, il rédige et signe une lettre de résiliation qui sera remise en propre contre décharge à la personne détenue au moins deux jours ouvrables après la date de l'entretien préalable. En cas de refus de signature par la personne détenue, l'agent notificateur en fait mention écrite. En outre, si la personne détenue ne se présente pas à l'entretien préalable, le délai de 24 heures avant la lettre de résiliation est maintenu et son absence devra être notifiée par courrier.

La procédure est transposable au donneur d'ordre en la personne du chef d'établissement qui souhaiterait résilier le CEP pour l'un des motifs tenant aux besoins du service énumérés sous les dispositions de l'article R. 412-39 non inhérents à la personne détenue. ❑

§ 2 Résiliation pour motif économique

Art. R. 412-40 Toute résiliation du contrat d'emploi pénitentiaire pour motif économique est motivée.

Elle est justifiée par une cause réelle et sérieuse.

Art. R. 412-41 Constitue un motif économique de nature à justifier la résiliation du contrat d'emploi pénitentiaire tout motif non inhérent à la personne détenue, résultant d'une suppression ou transformation d'emploi ou d'une modification, refusée par la personne détenue intéressée, d'un élément essentiel de son contrat d'emploi pénitentiaire, consécutive notamment à :

1° Des difficultés économiques caractérisées soit par l'évolution significative d'au moins un indicateur économique tel qu'une baisse durable des commandes ou du chiffre d'affaires, des pertes d'exploitation ou une dégradation de la trésorerie ou de l'excédent brut d'exploitation, soit par tout autre élément de nature à justifier de ces difficultés ;

2° Des mutations technologiques ;

3° Une réorganisation du service, de l'entreprise ou de la structure chargée de l'activité de travail nécessaire à la sauvegarde de sa compétitivité ;

4° La cessation d'activité du service, de l'entreprise ou de la structure chargée de l'activité de travail.

COMMENTAIRE

De nouveau, les procédures en cas de rupture pour motifs économiques évoquent celles du droit du travail, que le code pénitentiaire encadre sous les dispositions des articles R. 412-40 et suivants. Aux termes de ces procédures, le donneur d'ordre gagne en prérogatives, même si par ailleurs toute résiliation pour motif économique doit être motivée.

L'article L. 412-40 *in fine* précise, « elle [la résiliation] est justifiée par une cause réelle et sérieuse ». La compréhension de cette mention est à rechercher dans la définition de la résiliation pour motifs économiques sous les dispositions de l'article R. 412-41, que le code pénitentiaire emprunte *in extenso* à celle du licenciement pour motifs économiques du code du travail (C. trav., art. L. 1233-3). Le code pénitentiaire souffre, par conséquent, de la même ambivalence définitoire du motif économique que le code du travail (Pelissier, La cause économique du licenciement, *RJS 1992. 527*. – Beaugard, La qualification du motif économique, *RDT 2009. 510*). L'article R. 412-41 comme son homologue en droit du travail, renvoie en réalité à deux notions distinctes quoique interdépendantes.

La première partie de l'article R. 412-41 désigne la cause qui permet de qualifier la résiliation économique, laquelle s'entend de tout « motif non inhérent à la personne détenue, résultant d'une suppression ou transformation d'emploi ou d'une modification, refusée par la personne détenue intéressée, d'un élément essentiel de son CEP [...] ». Le motif économique est donc celui qui n'est pas personnel, autrement dit, non inhérent à la personne détenue (insuffisance professionnelle par exemple) ou disciplinaire. La qualification pour motifs économiques a pour effet de déclencher la procédure particulière de résiliation pour motifs économiques sans autres justifications. Dans la seconde partie de l'article, les motifs économiques visent en réalité la cause permettant de justifier la résiliation (Dockes, Droit du travail, *précis Dalloz, 2023, p. 652*). Quoique qualifiée de résiliation pour motifs économiques, celle-ci pourrait ne pas avoir de cause réelle et sérieuse si la rupture n'était pas justifiée par des difficultés économiques caractérisées soit par 1°

l'évolution significative d'un indicateur économique, 2° des mutations technologiques, 3° une réorganisation du service, de l'entreprise ou de la structure chargée de l'activité de travail nécessaire à la sauvegarde de sa compétitivité, 4° la cessation d'activité du service, de l'entreprise ou de la structure chargée de l'activité de travail. ❑

Art. R. 412-42 **Le donneur d'ordre qui envisage de procéder à une résiliation, individuelle ou collective, du contrat d'emploi pénitentiaire pour motif économique convoque, avant toute décision, les personnes détenues concernées à un entretien préalable.**

La convocation est notifiée à la personne détenue intéressée sous la forme d'une lettre. Cette lettre indique l'objet de la convocation.

L'entretien préalable ne peut avoir lieu moins de deux jours ouvrables après la notification de la lettre de convocation.

Au cours de l'entretien préalable, le donneur d'ordre indique les motifs de la décision envisagée et recueille les observations de la personne détenue.

COMMENTAIRE

L'article R. 412-42 décrit et encadre la procédure applicable en cas de résiliation pour motifs économiques, laquelle peut être individuelle ou collective. La procédure à suivre est dépendante du nombre de personnes concernées par la résiliation (moins de dix ou plus de dix). Toutefois et en toutes hypothèses, la procédure se fait au contradictoire de la ou des personnes détenues après notification de sa (leur) convocation(s) à un entretien préalable par lettre, précisant l'objet de la convocation. L'entretien préalable ne peut pas avoir lieu au moins deux jours ouvrables après la notification de la lettre de convocation. ❑

Art. R. 412-43 **La résiliation du contrat d'emploi pénitentiaire est notifiée à la personne détenue intéressée sous la forme d'une lettre motivée, au moins cinq jours ouvrables après la date de l'entretien préalable.**

Dans le cadre d'une résiliation de dix contrats d'emploi pénitentiaire ou plus au cours d'une même période de trente jours, ce délai est porté à dix jours à compter de la notification du projet à l'autorité administrative dans les conditions prévues par l'article R. 412-45.

L'autorité administrative est le chef de l'établissement pénitentiaire dans le cadre des activités de production, et la direction interrégionale des services pénitentiaires dans le cadre du service général.

Art. R. 412-44 **Le donneur d'ordre qui procède à une résiliation de moins de dix contrats d'emploi pénitentiaire au cours d'une même période de trente jours notifie à l'autorité administrative compétente les résiliations prononcées sous la forme d'une lettre.**

COMMENTAIRE

Si le donneur d'ordre prend la décision de résilier moins de dix CEP, il rédige une lettre de résiliation précisant les motifs de rupture. La résiliation est notifiée par un agent de l'administration pénitentiaire par lettre remise en main propre contre décharge à chaque personne concernée au moins cinq jours ouvrables après la date de l'entretien préalable. Si la personne détenue ne se présente pas à l'entretien préalable, le délai de cinq jours avant la lettre de résiliation est maintenu et son absence devra être notifiée dans le courrier. Le donneur d'ordre notifie par écrit également à l'autorité administrative compétente les résiliations prononcées, à la DISP dans le cadre du service général et au chef d'établissement dans le cadre de la production.

Dans le cas où la résiliation porte sur dix CEP ou plus, au cours d'une même période de trente jours, le donneur d'ordre notifie également son projet de résiliation par écrit à l'autorité administrative compétente. En l'absence de réponse de cette dernière dans un délai de dix jours après la notification, le donneur d'ordre peut décider de rédiger les lettres de résiliation à l'intention des personnes détenues. Cette notification à l'autorité administrative compétente (DISP ou chef d'établissement) a pour objet le cas échéant de lui permettre de relever d'éventuelles irrégularités et de formuler des observations. ❑

Art. R. 412-45 **Le donneur d'ordre qui envisage de procéder à une résiliation de dix contrats d'emploi pénitentiaire ou plus au cours d'une même période de trente jours**

notifie à l'autorité administrative compétente son projet de résiliation sous la forme d'une lettre.

L'autorité administrative contrôle la régularité de la procédure mise en œuvre. En cas d'irrégularité, elle adresse au donneur d'ordre un avis précisant la nature des irrégularités constatées, accompagnées de propositions et d'observations.

Le donneur d'ordre répond aux observations de l'autorité administrative. Si cette réponse intervient après le délai prévu à l'article R. 412-43, les lettres de notification de la résiliation des contrats d'emploi pénitentiaire ne peuvent être adressées aux personnes détenues qu'à compter de la date d'envoi de la réponse à l'autorité administrative.

COMMENTAIRE

Dans le cas où le donneur d'ordre envisage de résilier dix CEP ou plus, au cours d'une même période de trente jours, celui-ci notifie à l'autorité administrative compétente son projet de résiliation, afin que celle-ci vérifie la régularité du projet et le cas échéant formule des observations. En l'absence de réponse de la part de l'autorité administrative dans un délai d'au moins dix jours ouvrables à compter de la notification du projet de résiliation, le donneur d'ordre peut décider de résilier les CEP et rédiger les lettres de résiliation en ce sens. Les lettres sont notifiées par un agent de l'administration pénitentiaire, par remise en mains propres aux personnes concernées contre décharge. En cas de refus de signature, l'agent pénitentiaire en fait mention écrite. Si l'administration pénitentiaire a émis un avis négatif, la résiliation ne peut pas être notifiée à la personne détenue avant la réponse du donneur d'ordre aux autorités administratives compétentes. ❑

Art. D. 412-46 La lettre de notification des résiliations prononcées, adressée à l'autorité administrative en application des dispositions de l'article R. 412-44, précise :

1° Le nom et l'adresse du donneur d'ordre ;

2° La nature de l'activité et l'effectif du service, de l'entreprise ou de la structure chargée de l'activité de travail ;

3° Les nom, prénoms et poste du ou des personnes détenues concernées par la mesure ;

4° La date de notification de la résiliation du contrat d'emploi pénitentiaire aux personnes détenues concernées.

Art. D. 412-47 La lettre de notification du projet de résiliation, adressée à l'autorité administrative en application des dispositions de l'article R. 412-45, précise :

1° Le nom et l'adresse du donneur d'ordre ;

2° La nature de l'activité et l'effectif du service, de l'entreprise ou de la structure chargée de l'activité de travail ;

3° Le nombre de résiliations envisagées ;

4° Le cas échéant, les modifications qu'il y a lieu d'apporter aux informations déjà transmises.

SECTION 4 Temps de travail et rémunération

SOUS-SECTION 1 Temps de travail

§ 1 Dispositions générales

Les art. R. 412-48 à R. 412-60 et R. 412-63 entrent en vigueur de façon échelonnée entre le 3 janv. 2023 et le 1er juin 2023 selon les distinctions établies par l'Arr. du 1er févr. 2023 modifiant l'Arr. du 30 déc. 2022 portant sur les dispositions relatives au temps de travail des personnes détenues dans le ressort des services déconcentrés de l'administration pénitentiaire. Avant cette date d'entrée en vigueur, les dispositions des 2e et 3e al. de l'art. 15 du règlement intérieur type des établissements pénitentiaires annexé à l'art. R. 57-6-18 C. pr. pén. dans sa rédaction en vigueur avant le 1er mai 2022 demeurent applicables aux personnes détenues ayant conclu un contrat d'emploi pénitentiaire (Décr. no 2022-655 du 25 avr. 2022, art. 9, et Arr. du 30 déc. 2022, art. 1er, visant par erreur l'art. 8 du Décr. préc. ; Arr. du 1er févr. 2023).

V. l'art. 15 du règlement intérieur type des établissements pénitentiaires annexé à l'art. R. 57-6-18 C. pr. pén., ss. art. R. 412-25.

Art. R. 412-48 Toute modification de la répartition de la durée du travail entre les jours de la semaine ou entre les semaines du mois est portée à la connaissance de la personne détenue en respectant un délai de prévenance d'au moins vingt-quatre heures avant cette modification.

Le refus d'accomplir les heures supplémentaires ou complémentaires proposées par le donneur d'ordre lorsque la personne détenue est informée moins de vingt-quatre heures avant la date à laquelle les heures supplémentaires ou complémentaires sont prévues ne constitue ni une faute disciplinaire ni un motif de résiliation du contrat d'emploi pénitentiaire.

COMMENTAIRE

Par le passé, le temps de travail était saisi, pour l'essentiel, par la fixation des horaires de travail que le décret n° 2013-368 du 30 avril 2013 relatif aux règlements intérieurs types des établissements pénitentiaires, en annexe de l'article R. 57-6-18 du code de procédure pénale et aujourd'hui abrogé, avait heureusement bornés. Ainsi, le droit antérieur énonçait déjà que la durée quotidienne et hebdomadaire du travail ne peut excéder les horaires pratiqués en milieu libre dans le type d'activité considérée (Décr. n° 2013-368 du 30 avr. 2013, art. 15, al. 2). Le code pénitentiaire poursuit l'œuvre de normalisation par le rapprochement de la protection des droits du détenu/travailleur avec la législation sociale. Cette évolution particulièrement visible, s'agissant notamment de l'encadrement du temps de travail, ne doit cependant pas faire oublier certains objectifs poursuivis par l'administration pénitentiaire, comme la flexibilité de l'emploi, et leur traduction par le maintien de dispositions dérogatoires. S'il est normal que le donneur d'ordre puisse, le cas échéant, modifier les horaires de travail sous réserve de respecter un délai de prévenance, le délai fixé à 24 heures par l'article R. 412-48 par sa brièveté, ne permet pas à la personne détenue d'avoir une bonne visibilité de son planning de travail, renforçant ainsi la précarité du travail en détention. Cela est d'autant plus vrai que prévenue 24 heures au moins avant, la personne détenue ne pourra refuser d'effectuer les heures complémentaires. Le rapprochement avec le droit du travail est ici incomplet, puisque le délai est de trois jours à l'extérieur. ❑

Art. D. 412-49 Les dispositions nécessaires doivent être prises pour qu'un travail productif et suffisant pour occuper la durée normale d'une journée de travail soit fourni aux personnes détenues.

§ 2 Durée et aménagements

Art. R. 412-50 La quotité de travail effectif à temps complet de chaque personne détenue est fixée à trente-cinq heures par semaine.

Est considérée comme personne détenue travaillant à temps partiel, la personne détenue dont la durée du travail est inférieure :

1° A la durée prévue au premier alinéa du présent article ;

2° A la durée de travail annuelle résultant de l'application, durant cette période, de la durée prévue au premier alinéa du présent article, soit 1 771 heures.

La quotité de travail minimale hebdomadaire de chaque personne détenue travaillant à temps partiel ne peut être inférieure à dix heures.

Art. R. 412-51 La durée quotidienne de travail effectif par la personne détenue ne peut excéder dix heures.

Les horaires prévoient le temps nécessaire au repos, aux repas, à la promenade et aux activités éducatives et de loisirs, dans le respect des dispositions légales relatives au repos hebdomadaire.

Au cours d'une même semaine, la durée maximale hebdomadaire de travail est de quarante-huit heures.

Art. R. 412-52 La semaine débute le lundi à 0 heure et se termine le dimanche à 24 heures.

Art. R. 412-53 Le donneur d'ordre peut mettre en place un dispositif d'aménagement du temps de travail sur une période de référence supérieure à la semaine. Cette période, dans la limite de cinquante-deux semaines, ne peut excéder la date prévision-

nelle de libération. Les heures supplémentaires ou complémentaires sont décomptées à l'issue de cette période de référence.

Constituent des heures supplémentaires les heures effectuées au-delà de la durée prévue par les dispositions de l'article R. 412-50 et calculée sur la période de référence.

Constituent des heures complémentaires les heures effectuées au-delà de la durée prévue par le contrat d'emploi pénitentiaire et calculée sur la période de référence.

La quotité de travail minimale est fixée à l'équivalent de dix heures par semaine calculé sur la période de référence prévue au premier alinéa.

La quotité de travail effectif à temps complet est fixée à 1 771 heures par an.

COMMENTAIRE

En définissant les heures supplémentaires, les heures complémentaires et les limites dans lesquelles ces heures peuvent être effectuées au-delà de la durée maximale de travail, l'article R. 412-54 poursuit le travail de normalisation du travail par emprunt au droit commun. La normalisation n'est cependant que de surface. L'article R. 412-54, sans en faire la promotion, prévoit en effet la possibilité pour le donneur d'ordre de mettre en place un « régime aménageable » dérogatoire, afin d'adapter le travail pénitentiaire aux fluctuations de l'entreprise. Cette dernière peut fixer un volume hebdomadaire moyen de travail tout en s'autorisant à le répartir librement sur une période de référence qu'elle détermine. Or, c'est moins le principe d'un régime aménagé qui est en cause que ses modalités de mise en œuvre choisies par le gouvernement, qui, fixant à une année la durée maximale de cette période de référence, précarise encore davantage le travail pénitentiaire. Un détenu dont le CEP établirait une durée hebdomadaire de dix heures pourrait travailler 20 heures une semaine et pas du tout la semaine suivante, tout en devant attendre un an pour le paiement de ses heures supplémentaires et complémentaires (Misoffe, Travail en prison : droits au rabais pour une flexibilité maximale, OIP, *1er juill. 2022*). ❑

Art. R. 412-54 **Toute heure accomplie au-delà de la durée prévue par les dispositions de l'article R. 412-50 est une heure supplémentaire qui ouvre droit à une majoration de la rémunération. Les heures supplémentaires se décomptent par semaine.**

Le taux de majoration de la rémunération s'élève à 25 % pour chacune des huit premières heures supplémentaires. Les heures suivantes donnent lieu à une majoration de 50 %.

Les heures supplémentaires peuvent être accomplies dans la limite d'un contingent annuel. Ce contingent est fixé, pour chaque personne détenue, à deux cent vingt heures.

COMMENTAIRE

Les articles R. 412-50 et R. 412-51 du code pénitentiaire sont d'importance en ce qu'ils procèdent à un alignement parfait du droit pénitentiaire sur le droit commun s'agissant de la durée du travail à temps complet qui est fixée à 35 heures par semaine (C. trav., art. L. 3121-27) et de la quotité de travail maximale hebdomadaire et quotidienne fixée respectivement à 10 heures et à 48 heures (C. trav., art. L. 3121-18). Cela implique que, au-delà, le temps de travail soit rémunéré en heures supplémentaires (art. R. 412-53). Le temps partiel, auquel il est fréquemment recouru en prison, est également défini par l'article R. 412-50 du code pénitentiaire. Le temps de travail est qualifié de temps partiel, dès lors qu'il est inférieur à 35 heures par semaine ou à 1 771 heures par année. Dans son rapport de 2011, le CGLPL estimait que la moyenne horaire des détenus ayant un travail était de 32 heures par semaine avec un minimum de 28 heures et un maximum de 37 heures (CGLPL, Rapport annuel 2011, *Dalloz 2012, p. 166*).

Si l'article 15, alinéa 3, du décret du 30 avril 2013 relatif aux règlements intérieurs types (Décr. n° 2013-368 du 30 avr. 2013, *JO 3 mai*) disposait que les « horaires prévoient le temps nécessaire au repos, aux repas, aux promenades ainsi que les activités éducatives et de loisirs », le CGLPL dénonçait dans son avis du 22 décembre 2016 relatif au travail et à la formation professionnelle dans les établissements pénitentiaires (*JO 9 févr.*) quelques mauvaises pratiques. Il avait ainsi pu relever que les personnes détenues travaillant pouvaient parfois être privées de l'essentiel des activités proposées (bibliothèque, enseignement, activités socio-culturelles, sport), de la promenade (malgré l'obligation de permettre aux personnes détenues d'avoir un accès quotidien à l'air libre) et du bénéfice des parloirs. Il avait ainsi constaté que certains travailleurs ne disposaient d'aucune pause (ni pour fumer, ni pour boire) alors qu'ils travaillaient pendant six heures consécutives. Dorénavant, le temps de travail est encadré au moyen de seuils connus, notamment la durée quotidienne du travail de 10 heures, ce qui permet de respecter les temps dédiés au repos. Ainsi, les temps de travail sont fixés en tenant compte du repos, des repas et des activités éducatives et de loisirs. ❑

Code du travail

Art. L. 3121-27 *(L. nº 2016-1088 du 8 août 2016)* La durée légale de travail effectif des salariés à temps complet est fixée à trente-cinq heures par semaine.

Art. L. 3121-28 *(L. nº 2016-1088 du 8 août 2016, art. 8)* Toute heure accomplie au-delà de la durée légale hebdomadaire ou de la durée considérée comme équivalente est une heure supplémentaire qui ouvre droit à une majoration salariale ou, le cas échéant, à un repos compensateur équivalent.

§ 3 Temps partiel

Art. R. 412-55 Des horaires à temps partiel peuvent être pratiqués à l'initiative du donneur d'ordre ou à la demande de la personne détenue.

Art. R. 412-56 Toute heure accomplie par une personne détenue travaillant à temps partiel au-delà de la durée prévue par son contrat d'emploi pénitentiaire est une heure complémentaire qui ouvre droit à une majoration de sa rémunération.

Les heures complémentaires ne peuvent avoir pour effet de porter la durée du travail accomplie par une personne détenue travaillant à temps partiel au niveau de la durée prévue par les dispositions de l'article R. 412-50. Le nombre d'heures complémentaires accomplies au cours d'une même semaine ou d'un même mois ne peut être supérieur à la moitié de la durée de travail hebdomadaire ou mensuelle prévue dans le contrat d'emploi pénitentiaire.

Les heures complémentaires donnent lieu à une majoration de la rémunération de 10 % pour chacune des heures complémentaires accomplies dans la limite du dixième des heures prévues au contrat d'emploi pénitentiaire et de 25 % pour chacune des heures accomplies entre le dixième et la moitié des heures prévues au contrat.

§ 4 Astreintes

Art. R. 412-57 Une période d'astreinte est une période pendant laquelle la personne détenue, sans être sur son lieu de travail et sans être à la disposition permanente et immédiate du donneur d'ordre, doit être en mesure d'intervenir pour accomplir une activité de travail au service du donneur d'ordre.

La durée de cette intervention est considérée comme un temps de travail effectif.

La période d'astreinte fait l'objet d'une contrepartie, soit sous forme financière, soit sous forme de repos.

COMMENTAIRE

Le code pénitentiaire emprunte à nouveau aux notions du droit du travail pour définir l'astreinte. L'article R. 412-57, alinéa 1er, est un copié/collé de l'article L. 3121-9 du code du travail modifié par la loi du 8 août 2016 qui a élargi le champ d'application de la notion, en ne rendant plus obligatoire la localisation de l'intéressé à proximité de son domicile. Il va de soi que la nouvelle définition de l'astreinte par le code du travail n'a, de ce point de vue, que peu d'impact sur la personne détenue qui est privée de liberté. En ce sens, l'astreinte de la personne détenue ressemble davantage à celle d'un médecin de garde de l'hôpital. En revanche, la nouvelle définition de l'astreinte par le code du travail, qui implique simplement pour le travailleur, y compris le travailleur détenu, qu'il soit prêt à répondre à une demande d'intervention du donneur d'ordre, se distingue du temps de permanence qui compte pour un travail effectif. Tel n'est pas le cas de l'astreinte qui compte pour un travail effectif seulement dans le cas d'une intervention et au moment où celle-ci se déroule. Le temps de travail effectif est un temps pendant lequel la personne détenue est à la disposition du donneur d'ordre et doit se conformer à ses directives sans pouvoir vaquer à ses occupations habituelles. C'est ce que confirme l'alinéa 2 de l'article R. 412-57, qui précise en effet que « la durée de cette intervention est considérée comme un temps de travail effectif ». Le travailleur détenu bénéficiera en conséquence d'une contrepartie soit sous forme financière, soit sous forme de repos (al. 3). ❑

Code du travail

Art. L. 3121-9 *(L. n° 2016-1088 du 8 août 2016, art. 8)* Une période d'astreinte s'entend comme une période pendant laquelle le salarié, sans être sur son lieu de travail et sans être à la disposition permanente et immédiate de l'employeur, doit être en mesure d'intervenir pour accomplir un travail au service de l'entreprise.

La durée de cette intervention est considérée comme un temps de travail effectif.

La période d'astreinte fait l'objet d'une contrepartie, soit sous forme financière, soit sous forme de repos.

Les salariés concernés par des périodes d'astreinte sont informés de leur programmation individuelle dans un délai raisonnable.

Art. R. 412-58 Exception faite de la durée de l'intervention, la période d'astreinte est prise en compte pour le calcul de la durée minimale de repos quotidien et des durées de repos hebdomadaires prévues par les dispositions de l'article R. 412-61.

COMMENTAIRE

A nouveau, l'article R. 412-58 transpose les dispositions du code du travail (C. trav., art. L. 3121-10) qui ont été modifiées par la loi du 17 janvier 2003 censurant la position de la chambre sociale de la Cour de cassation qui estimait que le temps d'inactivité assortissant la période d'astreinte ne pouvait être considéré comme un temps de repos. L'article R. 412-58 reprenant *in extenso* l'article L. 3121-10 du code du travail affirme depuis lors que les périodes d'inactivité doivent être prises en compte pour le calcul des durées minimales de repos. Autrement dit, le droit français considère l'astreinte comme un temps de repos. L'articulation entre les deux temporalités a posé et pose encore des difficultés d'interprétation au regard du droit européen. En effet, cette disposition serait susceptible d'être en contradiction avec la position de la CJUE, qui n'envisage en application de la directive n° 93/104/CE du 22 novembre 1993 codifiée par la directive n° 2003/88/CE du 4 novembre 2003 que deux types de temps : le temps de travail effectif et le temps de repos, exclusifs l'un de l'autre et aux définitions autonomes. La CJUE a estimé à propos de la garde de médecins effectuée au sein de l'hôpital, que les périodes d'astreinte constituaient, dans leur intégralité, un temps effectif de travail. La chambre sociale s'est dans la plupart de ses arrêts attachée au fait de savoir si le salarié pouvait ou non « vaquer à ses occupations personnelles » pour articuler l'astreinte avec le repos. On peut cependant s'interroger sur la portée réelle de cette jurisprudence et sa transposition à la personne détenue « en attente » au sein de l'établissement pénitentiaire, soit sur le lieu même de l'activité de travail. Le lieu d'attente étant en effet déterminant pour la définition du temps de travail par la CJUE, comment appréhender la situation de la personne détenue privée de liberté ? Quoi qu'il en soit, les dispositions de l'article L. 3121-10 du code du travail, dont l'article R. 412-58 est la reprise, contestées devant le Comité européen des droits sociaux, ont été jugées contraire à l'article 2, § 1er, de la charte sociale européenne pour violation du droit à une durée raisonnable du travail. ❑

Droit de l'Union. Une période de garde sous régime d'astreinte, au cours de laquelle un travailleur doit uniquement être joignable par téléphone et pouvoir rejoindre son lieu de travail, en cas de besoin, dans un délai d'une heure, tout en pouvant séjourner dans un logement de fonction mis à sa disposition par son employeur sur ce lieu de travail, sans être tenu d'y demeurer, ne constitue, dans son intégralité, du temps de travail que s'il découle d'une appréciation globale de l'ensemble des circonstances de l'espèce, notamment des conséquences d'un tel délai et, le cas échéant, de la fréquence moyenne d'intervention au cours de cette période, que les contraintes imposées à ce travailleur pendant ladite période sont d'une nature telle qu'elles affectent objectivement et très significativement la faculté pour ce dernier de gérer librement, au cours de la même période, le temps pendant lequel ses services professionnels ne sont pas sollicités et de consacrer ce temps à ses propres intérêts. Le caractère peu propice aux loisirs de l'environnement immédiat du lieu concerné est sans pertinence aux fins d'une telle appréciation. • CJUE 9 mars 2021, *D. J. c/ Radiotelevizija Slovenij*, n° C-344/19 : *AJDA 2021. 536 ; AJFP 2021. 195, et les obs. ; Dr. soc. 2021. 715, étude Lacoste-Mary ; RDT 2021. 257, obs. Véricel ; RJS 6/2021, n° 354 ; JSL 2021, n° 521-5, obs. Picard et Noël.*

Art. R. 412-59 **Le mode d'organisation des astreintes et leur compensation sont fixés par le donneur d'ordre, après avis du chef de l'établissement pénitentiaire dans le cadre d'une activité de production, et après information de l'agent de contrôle de l'inspection du travail.**

Les modalités d'information des personnes détenues concernées sont fixées dans le contrat d'emploi pénitentiaire. La programmation individuelle des périodes d'astreinte est portée à leur connaissance une semaine à l'avance, sauf circonstances exceptionnelles et sous réserve qu'ils en soient avertis au moins un jour franc à l'avance.

Art. R. 412-60 **La rémunération du travail effectué sous le régime de l'astreinte par les personnes détenues est fixée par un arrêté du garde des sceaux, ministre de la justice.**

En fin de mois, le donneur d'ordre remet à chaque personne détenue intéressée un document récapitulant le nombre d'heures d'astreinte accomplies par celle-ci au cours du mois écoulé ainsi que la compensation correspondante.

Le donneur d'ordre tient à la disposition de l'inspection du travail, pendant une durée d'un an, le document récapitulant le nombre d'heures d'astreinte accomplies par la personne détenue au cours du mois écoulé ainsi que la compensation correspondante.

COMMENTAIRE

Les articles R. 412-59 et 412-60 organisent les modalités de l'astreinte tout en permettant à la personne détenue de se prémunir d'une preuve des heures effectuées, à travers l'instauration d'un contrôle de l'inspection du travail. L'agent de l'inspection du travail doit être informé de la mise en place d'une période d'astreinte pour les personnes détenues concernées. Tandis que le donneur d'ordre doit tenir à disposition de l'inspection du travail pendant une durée d'un an le document récapitulatif du nombre d'heures d'astreinte accomplies par la personne détenue au cours du mois écoulé. Lesdits articles sont de nouveau largement inspirés du droit du travail sous réserve des adaptations nécessaires au monde carcéral.

De manière générale, la mise en œuvre des astreintes nécessite une information des personnes détenues concernées de la programmation individuelle des astreintes, dans un « délai raisonnable » fixé à une semaine (au lieu de 15 jours en droit commun du travail), sauf circonstances exceptionnelles et sous réserve qu'ils en soient avertis au moins un jour franc à l'avance.

Un arrêté du garde des Sceaux doit fixer la rémunération du travail effectué sous le régime de l'astreinte. ❑

§ 5 Repos et jours fériés

Art. R. 412-61 **Dès que le temps de travail quotidien atteint six heures, la personne détenue bénéficie d'un temps de pause d'une durée minimale de vingt minutes consécutives.**

Toute personne détenue travaillant en détention bénéficie d'un repos quotidien d'une durée minimale de onze heures consécutives.

Il est interdit de faire travailler une même personne détenue plus de six jours par semaine. Le repos hebdomadaire a une durée minimale de vingt-quatre heures consécutives auxquelles s'ajoutent les heures consécutives de repos quotidien.

Dans l'intérêt des personnes détenues, le repos hebdomadaire est donné le dimanche. En cas de travaux urgents dont l'exécution immédiate est nécessaire pour prévenir des accidents imminents ou réparer des dommages survenus au matériel, aux installations ou aux bâtiments de l'établissement, le repos hebdomadaire peut être suspendu pour les personnes détenues chargées de l'exécution de ces travaux. Chacune de ces

personnes détenues bénéficie d'un repos compensateur d'une durée égale au repos supprimé.

COMMENTAIRE

Les temps de repos quotidien et hebdomadaire sont enfin encadrés par le code pénitentiaire sous les dispositions de l'article R. 412-61. La protection des droits du détenu/travailleur est entièrement normalisée, faisant entrer la personne détenue dans la grande communauté des travailleurs. Les premiers sont soumis aux mêmes temps de pause et de repos quotidien que les seconds, fixés respectivement à 20 minutes toutes les six heures de travail quotidien et le temps de repos quotidien d'une durée de onze heures. Ces durées doivent s'entendre *a minima*, il est donc loisible au donneur d'ordre de décider d'octroyer une pause plus longue ou de l'accorder en deçà des six heures de travail consécutives. Cette pause n'est cependant pas rémunérée.

Aucune personne détenue ne peut travailler plus de six jours par semaine, et chacune a le droit de bénéficier d'un repos hebdomadaire d'une durée minimale de 24 heures, auxquelles s'ajoutent les onze heures de repos quotidiennes. En principe, le repos hebdomadaire est donné le dimanche. A titre exceptionnel, et dans le cas de travaux urgents dont l'exécution ne peut être différée pour prévenir des accidents imminents, le repos hebdomadaire peut être suspendu pour les personnes détenues en charge de ces travaux. Dans ce cas, chacune d'elles bénéficie d'un repos compensateur d'une durée égale au repos supprimé. ❑

Art. R. 412-62 **Les jours fériés mentionnés aux articles L. 3133-1 et L. 3133-4 du code du travail sont des jours chômés. Ils ne donnent pas lieu à rémunération.**

Toutefois, au regard des nécessités de bon fonctionnement de l'établissement pénitentiaire, les personnes détenues affectées sur un poste de travail peuvent travailler durant les jours fériés. Ce travail ne fait pas l'objet d'une majoration de la rémunération à l'exception du jour mentionné à l'article L. 3133-4 du code du travail qui donne droit, en plus de la rémunération correspondant au travail accompli, à une indemnité égale au montant de cette rémunération.

Code du travail

Art. L. 3133-1 *(L. nº 2016-1088 du 8 août 2016, art. 8)* Les fêtes légales ci-après désignées sont des jours fériés :

1º Le 1er janvier ;

2º Le lundi de Pâques ;

3º Le 1er mai ;

4º Le 8 mai ;

5º L'Ascension ;

6º Le lundi de Pentecôte ;

7º Le 14 juillet ;

8º L'Assomption ;

9º La Toussaint ;

10º Le 11 novembre ;

11º Le jour de Noël.

Art. L. 3133-4 *(L. nº 2016-1088 du 8 août 2016, art. 8)* Le 1er mai est jour férié et chômé.

SOUS-SECTION 2 **Rémunération**

Art. R. 412-63 **En cas de travail à temps partiel, la rémunération de la personne détenue est proportionnelle à celle de la personne détenue qui, à qualification égale, occupe à temps complet un emploi équivalent pour le compte du même donneur d'ordre.**

Concernant l'entrée en vigueur de l'art. R. 412-63, V. note au-dessus de l'art. R. 412-48.

V. l'art. 15 du règlement intérieur type des établissements pénitentiaires annexé à l'art. R. 57-6-18 C. pr. pén., ss. art. R. 412-25.

COMMENTAIRE

Bien que le droit antérieur ait prohibé la rémunération à la pièce, une telle pratique était encore constatée dans certains établissements pénitentiaires, satisfaisant les détenus les plus productifs. Le gouvernement poursuit la lutte contre cette pratique. Toutefois, sans sacrifier à la productivité, l'article R. 412-63 n'interdit pas le versement d'une prime, tout en rappelant que ce versement suppose le versement d'une rémunération fixe à la personne détenue calculée dans le cadre du travail à temps partiel, désormais réglementé. ❑

Art. D. 412-64 La rémunération du travail accompli dans le cadre du contrat d'emploi pénitentiaire est une rémunération horaire, qui ne peut être inférieure aux taux suivants :

45 % du salaire minimum interprofessionnel de croissance pour les activités de production ;

33 % du salaire minimum interprofessionnel de croissance pour le service général, classe I ;

25 % du salaire minimum interprofessionnel de croissance pour le service général, classe II ;

20 % du salaire minimum interprofessionnel de croissance pour le service général, classe III.

Un arrêté du garde des sceaux, ministre de la justice, détermine la répartition des emplois entre les différentes classes en fonction du niveau de qualification qu'exige leur exécution.

La rémunération versée mensuellement est calculée sur la base de la durée du travail fixée dans le contrat d'emploi pénitentiaire.

COMMENTAIRE

Statu quo ante. C'est assurément à propos du calcul de la rémunération du travailleur/personne détenue que le code pénitentiaire déçoit le plus. En effet, l'article D. 412-64 est sans changement par rapport au droit antérieur issu des décrets d'application de la loi pénitentiaire fixant un barème des rémunérations. Les salaires versés antérieurement à la loi pénitentiaire étaient déjà encadrés par un salaire minimum de rémunération (SMR), lequel avait remplacé l'ancienne dénomination (SMAP) initialement réservée au travail en gestion mixte. Le différentiel entre le SMR et le SMIC a, au demeurant, été contesté devant les juridictions administratives, sans grand succès : le Conseil d'État a admis que le salaire d'un détenu pouvait être inférieur au SMR (CE 12 mars 2014, n° 349683 A : *AJDA 2014. 591* ✎), pour préciser par la suite que le salaire minimum du détenu doit être apprécié au regard de sa rémunération globale (CE 24 avr. 2019, n° 423009 A).

Salaire minimum. La pratique d'un salaire minimum de travail a été consacrée par la loi pénitentiaire et ses décrets d'application, que reprend à son compte le code pénitentiaire. On retrouve sous les dispositions de l'article D. 412-64 la répartition adoptée par le décret du 23 décembre 2010 qui avait inséré au code de procédure pénale un article D. 432-1 fixant les taux de rémunération applicables au détenu salarié. La rémunération du travail pénitentiaire doit respecter différents seuils de rémunération minimum (SMR) en fonction du régime de travail, chacun étant indexé sur le salaire minimum interprofessionnel de croissance (SMIC). Ce minimum doit être considéré comme impératif. Au service général, cette répartition se fait au regard de trois classes d'emploi qui doivent être déterminées par arrêté du garde des Sceaux. La circulaire du 18 juillet 2022 renvoie à un arrêté du 23 février 2011 (*JO 5 mars*) qui fixe « trois classes en fonction du niveau de compétence ou de qualification qu'exige leur exécution :

• Classe I : postes d'ouvriers qualifiés ayant de bonnes connaissances professionnelles et pouvant faire preuve d'autonomie et de responsabilité (SMR de 33 % du SMIC) ;

• Classe II : postes d'appui aux professionnels qualifiés qui nécessitent des compétences particulières ou des connaissances professionnelles de base, acquises par formation et/ou expérience (SMR de 25 % du SMIC) ;

• Classe III : postes constitués de tâches simples ne requérant pas de connaissances professionnelles particulières, sur lesquels la productivité et le savoir-faire peuvent être acquis rapidement (SMR de 20 % du SMIC).

En production, le donneur d'ordre privé doit déterminer dans le CEP les modalités de rémunération garantissant le respect du taux réglementaire de 45 % du SMIC horaire (soit 4,88 € au 1er janv. 2022).

Impact. Le *statu quo* du code pénitentiaire en matière de rémunération fait toujours de la personne détenue/travailleur une personne économiquement vulnérable. Si l'on peut regretter cette occasion manquée par le législateur d'aligner le droit pénitentiaire sur le droit commun, la faible rémunération du détenu/travailleur demeure l'un des aspects majeurs de l'attractivité du travail pénitentiaire en production pour les entreprises (un tel raisonnement ne valant pas pour le travail en service général). La faible rémunération tient également au travail à temps partiel, fortement mobilisé en prison, que le code pénitentiaire encadre dorénavant. Par le passé, l'administration pénitentiaire avait pu justifier la légalité des salaires inférieurs au SMIC à raison de l'absence de contrat de travail (simple acte d'engagement unilatéral). Dès lors, la contractualisation du travail pénitentiaire ne fragilise-t-elle pas la légalité d'une rémunération inférieure au SMIC ? Certes, les voies contentieuses, et périlleuses, avaient été empruntées par le passé pour contester l'insuffisance du salaire minimum par rapport au SMIC devant les juridictions pénales au visa de l'article 225-13 du code pénal ou devant la juridiction prud'homale (Cons. prud'h. Marseille, 18 janv. 2004, NP). Chacune des demandes ayant été déboutée pour incompétence, elles n'ont jamais été examinées au fond. ❑

Art. D. 412-65 Des primes liées à la productivité ou à l'ancienneté ou toute autre prime à caractère exceptionnel peuvent être attribuées à la personne détenue par le donneur d'ordre.

Art. D. 412-66 Les rémunérations des personnes détenues bénéficiant d'un contrat d'emploi pénitentiaire sont versées, sauf prescriptions contraires du juge de l'application des peines, à l'établissement pénitentiaire qui approvisionne le compte nominatif des personnes détenues, conformément aux dispositions de l'article D. 412-68.

V. art. D. 332-10.

COMMENTAIRE

Le système de rémunération échappe toujours au droit commun. Après prélèvements sociaux, le revenu du travail de la personne détenue fait l'objet d'un versement et d'une répartition sur son compte nominatif. Elle ne reçoit donc pas la totalité de la rémunération de son travail. D'une part, « toutes les sommes reçues par les personnes détenues sont considérées comme ayant un caractère alimentaire, si elles n'excèdent pas 200 € chaque mois. Cette somme est doublée à l'occasion des fêtes de fin d'année » (art. D. 332-10, al. 1er). Au-delà de cette part alimentaire, tout ou partie de la rémunération doit donc être considérée comme étant disponible sous réserve des modes d'affectation réglementés sur le compte nominatif. En effet, les sommes sont réparties en trois parts. Une première part est affectée en priorité à l'indemnisation des parties civiles et des créanciers d'aliments, puis une deuxième part de 10 % est constitutive du pécule de libération. Le solde est constitutif de la troisième part qui est la part « disponible », laissée, comme son nom l'indique, à la libre disposition de la personne détenue. ❑

Art. D. 412-67 Les rémunérations pour tout travail effectué par une personne détenue sont versées, sous réserve des dispositions des articles D. 412-66 et D. 424-2, à l'administration qui opère le reversement des cotisations sociales aux organismes de recouvrement et procède ensuite à l'inscription et à la répartition de la rémunération nette sur le compte nominatif des personnes détenues, conformément aux dispositions de l'article D. 412-68.

Ces rémunérations sont soumises à cotisations patronales et salariales selon les modalités fixées, pour les assurances maladie, maternité et vieillesse, par les articles R. 381-97 à R. 381-109 du code de la sécurité sociale. — CSS.

Les taux de rémunération sont portés à la connaissance des personnes détenues par voie d'affichage.

COMMENTAIRE

Le détenu ne possédant qu'un compte nominatif, le versement de la rémunération présente toujours un caractère exorbitant. C'est-à-dire que le donneur d'ordre, autre que l'administration pénitentiaire, continue de verser la rémunération à l'administration pénitentiaire, qui, après versement des cotisations sociales, reversera la rémunération sur le compte nominatif de la personne. Le système de rémunération demeure complexe puisque le versement continue à se faire depuis le compte au trésor du régisseur par l'administration pénitentiaire qui assure la gestion de la paie. Ainsi, la régie des comptes nominatifs de l'établissement pénitentiaire transmet chaque mois les feuilles mensuelles de rémunération, où figurent les montants des rémunérations et les prélèvements dus par chaque donneur d'ordre. Le donneur d'ordre rembourse le montant de la rémunération brute et des cotisations patronales au comptable public de la direction départementale ou régionale des finances publiques (DDFIP ou DRFIP) sur la base d'un relevé établi par le comptable public de l'établissement pénitentiaire. Le paiement devra intervenir au plus tard dans les trente jours à compter de la fin du mois correspondant au travail facturé. ❑

Art. D. 412-68 **La rémunération du travail est répartie conformément aux dispositions des articles D. 332-10, D. 332-12, D. 332-13 et D. 332-15, après qu'ont été précomptées les cotisations à caractère social mises à la charge des personnes détenues.**

SECTION 5 Hygiène et sécurité du travail

COMMENTAIRE

Conformément à l'obligation générale qui pèse sur l'administration pénitentiaire de protéger l'intégrité physique de la personne détenue au travail, les articles D. 412-69 à D. 412-72 du code pénitentiaire renvoient à la quasi-totalité des dispositions visées à la IVe partie du code du travail intitulée « Santé et sécurité au travail », soit les livres I à V et VII ainsi que les décrets pris pour leur application, à l'exception du livre VI intitulé « Institutions et organismes de prévention ». On doit tout d'abord se réjouir de l'application des grands principes indérogeables concernant la sécurité des personnes détenues au travail, déjà consacrés sous les dispositions de l'article D. 433-7 du code de procédure pénale aujourd'hui abrogé. On ne doit nullement s'inquiéter ensuite de l'absence de renvoi au service de santé et au service social du travail dont l'existence s'articulerait mal avec le fonctionnement de la prison, malgré un avis contraire du contrôleur général des lieux de privation de liberté (CGPL avis, 22 déc. 2016). Ainsi, selon une circulaire, les règles relatives à la médecine du travail ne s'appliquent pas en prison, notamment à raison de l'externalisation du service de soins assuré par les unités sanitaires (Circ. commune du ministère de la Justice et du ministère de l'Emploi et de la Solidarité, n° 99-102 du 6 juill. 1999, relative aux modalités d'intervention des services de l'inspection du travail en matière d'hygiène et de sécurité du travail et de la formation professionnelle des détenus, *NOR : JUS E 99 400 10 c/ DAGEM 99 02*). Inversement, lesdites unités sanitaires ne sauraient par exemple attester de l'inaptitude fonctionnelle à l'emploi d'une personne détenue.

Hormis le principe de la protection des détenus travailleurs, les écarts constatés entre le droit du travail et le fonctionnement de l'institution carcérale interrogent sur ce renvoi général au code du travail et la possibilité de transposer en toutes leurs dispositions les règles du droit du travail (V. en ce sens Auvergnon, Répertoire de droit pénal et de procédure pénale, travail pénitentiaire, relations individuelles, *spec. n° 122*). On songe plus particulièrement au droit d'alerte et au retrait du travailleur dont on peine à voir de quelle manière il pourrait s'exercer en prison. Si le droit à la formation est garanti, ses modalités d'exercice en prison diffèrent sensiblement du droit commun. Plus fondamentalement, le silence gardé par la réforme en matière de droits collectifs du travail ne permet pas de garantir la consultation des représentants du personnel qui n'existent pas en prison. Certes, les mesures d'hygiène et de sécurité applicables aux travaux effectués par les personnes détenues peuvent faire l'objet d'un contrôle par l'inspection du travail, à la demande du chef d'établissement, mais le rôle de l'inspection demeure enfermé dans les limites de la sécurité et la santé au travail. On peut y voir une occasion manquée de la réforme quant à l'élargissement du champ d'application de ce contrôle par l'inspection du travail à l'ensemble des nouveaux droits garantis pour en assurer l'effectivité. ❑

Art. D. 412-69 **Indépendamment des dispositions relatives à la prévention et à la réparation des accidents du travail et des maladies professionnelles, les prescriptions destinées à protéger la sécurité et la santé de tout travailleur doivent être observées dans les établissements pénitentiaires.**

COMMENTAIRE

En affirmant que les prescriptions destinées à protéger la sécurité et la santé de tout travailleur doivent être observées dans les établissements pénitentiaires, par renvoi aux règles de droit commun, l'article D. 412-69 est conforme aux règles pénitentiaires européennes (RPE). En effet, la règle n° 26-13 énonce que les mesures prises en matière de sécurité doivent être aussi efficaces et rigoureuses que dans le monde libre (App., v° *Conditions de détention*). Dans la pratique, il est cependant difficile de s'y conformer, à raison de la trop grande vétusté des ateliers ou de l'insuffisante vigilance des différents acteurs (Herzog-Evans, Droit pénitentiaire, *Dalloz 2020/21, n° 2212.201*). ❑

Art. D. 412-70 **Sont applicables aux travaux effectués par les personnes détenues dans les établissements pénitentiaires, sur leur domaine ou à leurs abords immédiats, les mesures d'hygiène et de sécurité prévues par les livres I à V et VII de la quatrième partie du code du travail et les décrets pris pour son application.**

Art. D. 412-71 **Pour l'application des règles d'hygiène et de sécurité aux travaux effectués par les personnes détenues dans les établissements pénitentiaires, sur leur domaine ou à leurs abords immédiats, le chef de l'établissement pénitentiaire compétent peut solliciter l'intervention des services de l'inspection du travail.**

Cette intervention donne lieu à un rapport, adressé au chef de l'établissement pénitentiaire, qui indique, s'il y a lieu, les manquements en matière d'hygiène et de sécurité et recommande les mesures de nature à remédier à la situation.

Le chef de l'établissement pénitentiaire adresse au service de l'inspection du travail, dans les deux mois suivant la réception du rapport, une réponse motivée précisant les mesures qui lui ont fait suite ainsi que celles qui seront prises, accompagnées d'un calendrier de réalisation. Lorsque la situation du travail présente un risque grave et imminent pour la santé ou la sécurité des personnes détenues au travail, ce délai est ramené à quinze jours.

En cas de désaccord sur la nature ou le calendrier de ces mesures, l'agent de contrôle de l'inspection du travail en réfère au directeur régional de l'économie, de l'emploi, du travail et des solidarités qui saisit le directeur interrégional des services pénitentiaires compétent. Ce dernier fait connaître sa réponse dans un délai d'un mois.

BIBL. ▶ AUVERGNON, Répertoire du droit du travail, Travail pénitentiaire, Contrôles et recours extérieurs, *spéc. nos 197 s.* – MANDY, Un inspecteur du travail au pouvoir limité, *Dedans Dehors, 2017, nos 98, p. 24*).

COMMENTAIRE

En tant que lieu d'exécution du travail, l'inspection du travail a toute légitimité pour intervenir en prison. Cependant, le contrôle exercé par l'inspection du travail demeure doublement limité à raison de son champ d'application, lui-même circonscrit à l'hygiène et à la sécurité et à raison de sa saisine par le chef d'établissement, sur son initiative. Si les dispositions nouvelles encadrant les pouvoirs et les prérogatives de l'inspection du travail doivent être précisées par ordonnance, un enseignement peut être tiré de la circulaire commune au ministère de la Justice (DAP) et du ministère de l'Emploi et des solidarités (DAGEMO) du 16 juillet 1999 relative aux modalités d'intervention de l'inspection du travail en matière d'hygiène et de sécurité au travail et à la formation professionnelle (NOR : JUS E 99 400 10 C DAGEMO 99 02). Cette circulaire, fondée sur l'ancien article D. 433-7 du code de procédure pénale, souligne une volonté commune des deux ministères « d'une intervention systématique et régulière des services de l'inspection du travail ». On retrouve dans les termes de l'article D. 412-71 les principales dispositions de la circulaire : le chef d'établissement doit saisir chaque année l'inspecteur du travail compétent pour une visite des lieux ; celui-ci a un droit de visite dans tous lieux de travail sans exception et doit pouvoir s'entretenir avec la personne détenue, hors personnel pénitentiaire ; le chef d'établissement doit répondre au rapport établi par l'inspecteur du travail sur les dysfonctionnements constatés dans un délai de deux mois ; l'inspecteur du travail est légitime à adresser une lettre d'observation classique aux entreprises concessionnaires et dresser procès-verbal ; en cas de désaccord sur la nature ou le calendrier des mesures à prendre, l'inspecteur du travail en réfère au directeur interrégional. Malgré la consolidation dans le code pénitentiaire de l'intervention de l'inspection du travail, on peut craindre, comme le suggérait une ancienne circulaire (AP, Circ. n° 99-102 du 16 juill.

1999 relative aux modalités d'intervention des services de l'inspection du travail en matière d'hygiène et de sécurité du travail et de la formation professionnelle des détenus, *BOMT n° 99/15v p. 131*) la reconduction du rôle limité de l'inspecteur du travail qui se bornerait à celui de conseil en matière d'hygiène et de sécurité (Mandy, Un inspecteur du travail au pouvoir limité, *Dedans Dehors n° 98, 2017, p. 24*). ❑

Art. D. 412-72 **Pour l'application des dispositions de la quatrième partie du code du travail relatives à la santé et à la sécurité au travail, et sans préjudice de celles précisées dans la convention mentionnée à l'article L. 412-11, les obligations du donneur d'ordre et du chef de l'établissement pénitentiaire en matière de santé et sécurité au travail des personnes détenues sont les suivantes :**

I. — Le donneur d'ordre prend les mesures nécessaires pour assurer la sécurité et protéger la santé physique et mentale des personnes détenues conformément à l'article L. 4121-1 du code du travail.

Ces mesures comprennent des actions de prévention des risques professionnels, des actions d'information sur les risques pour la santé et la sécurité, des actions de formation à la sécurité ainsi que la mise en place d'une organisation et de moyens adaptés.

Le donneur d'ordre met en œuvre les principes généraux de prévention énoncés à l'article L. 4121-2 du code du travail.

Il veille à ce que les lieux de travail soient tenus dans un état constant de propreté et présentent des conditions d'hygiène et de salubrité propres à assurer la santé des personnes détenues conformément aux dispositions de l'article L. 4221-1 du code du travail.

Conformément au chapitre V du titre II du livre II de la quatrième partie du code du travail relatif à l'aménagement des postes de travail, le donneur d'ordre garantit aux personnes détenues un confort à leur poste de travail et en particulier la mise à disposition de sièges.

En application du titre II du livre III de la quatrième partie du code du travail relatif aux équipements de travail et aux moyens de protection, il met à disposition des personnes détenues les équipements de travail nécessaires, appropriés au travail à réaliser ou convenablement adaptés à cet effet, en vue de préserver leur santé et leur sécurité. Il leur met également à disposition, en tant que de besoin, les équipements de protection individuelle appropriés.

Il prend les mesures de protection liées à l'exposition des personnes détenues à certains risques pour assurer leur santé et leur sécurité tels que les risques chimiques, les risques biologiques, le bruit, les vibrations mécaniques ou les rayonnements ionisants dans les conditions prévues par le livre IV de la quatrième partie du code du travail.

Lorsqu'il recrute une personne détenue sur un poste de travail, le donneur d'ordre, compte tenu de la nature de l'activité, prend en considération les capacités de l'intéressé à mettre en œuvre les précautions nécessaires pour la santé et la sécurité.

II. — Le chef de l'établissement pénitentiaire prend les mesures nécessaires pour assurer la sécurité et protéger la santé physique et mentale des personnes détenues conformément à l'article L. 4121-1 du code du travail. Il veille à l'adaptation de ces mesures pour tenir compte du changement des circonstances et tendre à l'amélioration des situations existantes.

Il évalue les risques pour la santé et la sécurité des personnes détenues et élabore un document unique d'évaluation des risques professionnels en application de l'article R. 4121-1 du code du travail.

Il met en œuvre les principes généraux de prévention énoncés à l'article L. 4121-2 du code du travail.

Il met ainsi en place une organisation et des moyens immobiliers et mobiliers adaptés, selon les conditions prévues dans le contrat d'implantation.

Les lieux de travail sont aménagés de manière à ce que leur utilisation garantisse la sécurité des personnes détenues conformément à l'article L. 4221-1 du code du travail.

Le chef d'établissement pénitentiaire doit maintenir l'ensemble des installations en bon état de fonctionnement. Conformément au titre II du livre II de la quatrième partie du code du travail relatif aux obligations de l'employeur pour l'utilisation des lieux de travail, il assure le contrôle régulier de l'aération, de l'assainissement et des installations électriques, garantit les personnes détenues des risques d'incendie et d'explosion et leur procure des installations sanitaires et un point d'eau. — ***C. trav.***

SECTION 6 Modalités du travail

SOUS-SECTION 1 TRAVAIL SUR LE DOMAINE AFFECTÉ À L'ÉTABLISSEMENT PÉNITENTIAIRE

Art. D. 412-73 Pour les personnes prévenues, l'affectation sur un poste de travail situé sur le domaine affecté à l'établissement pénitentiaire et à ses abords immédiats est subordonnée à l'autorisation du magistrat en charge du dossier. Le chef de l'établissement pénitentiaire informe le préfet de département.

Pour les personnes condamnées, ce travail est subordonné à l'autorisation du chef de l'établissement pénitentiaire. Ce dernier informe le préfet de département ainsi que l'autorité judiciaire en charge du suivi de la personne détenue.

SOUS-SECTION 2 Période de mise en situation en milieu professionnel

Art. D. 412-74 Les modalités selon lesquelles une personne détenue effectue, en application de l'article L. 412-22, une période de mise en situation en milieu professionnel sont prévues par les articles D. 5135-1 à D. 5135-8 du code du travail.

SECTION 7 Protection sociale

Art. R. 412-75 Lorsque les personnes détenues exécutent un travail en détention, les cotisations salariales et patronales dues au titre de l'assurance vieillesse du régime général de la sécurité sociale sont prises en charge, prélevées, précomptées ou rachetées, et les droits des personnes intéressées sont liquidés, dans les conditions prévues par les dispositions des articles R. 381-105 à R. 381-120 du code de la sécurité sociale.

Art. R. 412-76 Le droit à la prime d'activité des personnes détenues est suspendu ou réévalué dans les conditions prévues par les dispositions de l'article R. 846-8 du code de la sécurité sociale.

Art. D. 412-77 Le droit à la réparation des accidents du travail et des maladies professionnelles est reconnu aux personnes détenues exécutant un travail, selon les modalités du régime spécial établi par les dispositions du code de la sécurité sociale.

SECTION 8 Contrat d'implantation

Les contrats de concession et contrats d'implantation signés antérieurement au 1er mai 2022 demeurent en vigueur, au plus tard, jusqu'au 1er mai 2023 dans leur version antérieure au Décr. n° 2022-655 du 25 avr. 2022. Durant cette période, les structures signataires se voient proposer la signature d'un contrat d'implantation conformément aux dispositions de ce texte (Décr. préc., art. 9).

SOUS-SECTION 1 Conclusion et actualisation du contrat d'implantation

Art. R. 412-78 Le travail fourni aux personnes détenues par des entreprises titulaires de marchés publics dans le cadre d'une activité de production est régi, dans le respect des dispositions du présent code, par les clauses de ces marchés.

A l'exception de ces entreprises et du service de l'État ayant pour mission de développer le travail et l'insertion professionnelle des personnes placées sous-main de justice, l'entreprise ou la structure chargée de l'activité de travail conclut un contrat d'implantation avec le chef de l'établissement pénitentiaire.

Ce contrat autorise toute personne physique ou morale de droit privé ou de droit public à faire réaliser par des personnes des activités de production de biens ou de services au sein de l'établissement pénitentiaire et, le cas échéant, sur le domaine affecté à l'établissement pénitentiaire.

Ce contrat d'implantation est conclu pour une durée maximale de trois ans. Sauf stipulation contraire, il est renouvelable par tacite reconduction.

COMMENTAIRE

La possibilité pour toute personne physique ou morale de droit privé ou de droit public de faire réaliser par des personnes détenues des activités de production, hors régime de la sous-traitance, est sauf exception conditionnée à la signature d'un contrat d'implantation avec le chef d'établissement dont le dispositif est régi par l'article R. 412-78. Le contrat d'implantation est un contrat de droit public qui permet de recourir au travail des personnes détenues pour effectuer des missions au sein des ateliers de travail en prison permettant d'héberger tous types d'activités : industrielles, tertiaires, artisanales ou agricoles. L'implantation de l'entreprise au sein de l'établissement s'effectue à l'issue de négociations avec l'établissement pénitentiaire aux fins de déterminer les conditions d'organisation de l'activité. Outre les mentions obligatoires, le contrat précise la surface de mise à disposition, les horaires d'activités, les horaires d'accès aux ateliers, les horaires de livraison, le matériel entreposé, le nombre minimal de travailleurs [...]. Ledit contrat est conclu pour une durée maximale de trois ans et renouvelable par tacite reconduction, sauf stipulation contraire. Doit être signalé le cas particulier des ateliers ATIGIP qui ne signent pas un contrat d'implantation mais une convention de production contenant cependant les mêmes mentions obligatoires. Toutefois, cette convention est signée pour une durée indéterminée. ❑

Art. R. 412-79 Le contrat d'implantation comporte notamment les mentions obligatoires suivantes :

1° L'identité de ses signataires ;

2° La nature des activités ;

3° La durée du contrat et, le cas échéant, une clause de renouvellement ;

4° Les modalités de modification du contrat ;

5° Les modalités de suspension et de fin du contrat ;

6° Les locaux concédés, les équipements et les règles de participation aux charges de fonctionnement ;

7° La liste des matériels entreposés à demeure par le donneur d'ordre ;

8° Les conditions d'accès et horaires d'ouverture des ateliers ;

9° Le cas échéant, les dispositions particulières à la réalisation de travaux à l'extérieur de l'établissement pénitentiaire ;

10° L'effectif minimal de personnes détenues affectées à un poste de travail ;

11° Les modalités de recrutement des personnes détenues ;

12° Les modalités de fixation et de paiement des rémunérations ;

13° Les modalités de communication des décisions aux personnes détenues ;

14° La couverture assurancielle que doit souscrire le donneur d'ordre ainsi que la répartition des responsabilités ;

15° Les modalités de communication entre le donneur d'ordre et l'administration pénitentiaire ;

16° Le cas échéant, les congés annuels de l'entreprise ;

17° La procédure en cas de non-respect des obligations en matière de santé et sécurité au travail.

Lorsque le travail est accompli pour le compte d'une structure d'insertion par l'activité économique ou d'une entreprise adaptée, le contrat d'implantation prévoit en outre l'accompagnement socioprofessionnel visant à faciliter la réinsertion.

COMMENTAIRE

Toute entreprise qui souhaite s'implanter en prison (entreprise, SIAE, EA ou ESAT) doit signer un contrat d'implantation avec le chef d'établissement pénitentiaire. Ce contrat comporte des mentions obligatoires énumérées par l'article R. 412-79 visant notamment à déterminer les lieux, les périodes de congés... Lorsque l'implantation vise des SIAE ou EA, un accompagnement socioprofessionnel est prévu en raison de l'objet particulier de ces structures visant à inscrire les catégories de travailleurs les plus fragiles (précarité sociale, handicap) dans un parcours d'insertion. Ces structures se sont développées en application de l'article 33 de la loi pénitentiaire.

L'article 33 de la loi pénitentiaire instaurant « un acte d'engagement » avait ouvert la possibilité, nonobstant l'absence de contrat de travail, aux personnes détenues sous les conditions adaptées, de bénéficier des dispositions relatives à l'insertion par l'activité économique prévues aux articles L. 5132-1 à L. 5132-17 du code du travail. Afin d'en faire bénéficier les publics les plus fragiles, le décret n° 2016-531 du 27 avril 2016 relatif à l'insertion par l'activité économique en milieu pénitentiaire (NOR : ETSD1526153D) a modifié le code du travail en conséquence en ajoutant à la liste des bénéficiaires les personnes détenues. Le dispositif ouvert aux personnes détenues a été complété par le décret n° 2016-1850 du 23 décembre 2016 relatif à l'insertion par l'activité économique des personnes détenues (NOR : JUSK1611284D) et le décret n° 2016-1853 du 23 décembre 2016 relatif à l'implantation de structures d'insertion par l'activité économique (SIAE). Après s'être intéressé aux publics en rupture au sein de la détention pour leur permettre d'intégrer par le travail un parcours d'insertion, le gouvernement s'est intéressé à une autre forme de précarité, celle des détenus handicapés. L'article 33 de la loi pénitentiaire a à nouveau été modifié par l'article 77 de la loi du 5 septembre 2018 relative à la liberté de choisir son avenir professionnel pour permettre aux entreprises adaptées (EA) de s'implanter en prison. Les décrets n°s 2021-359 et 2021-362 du 31 mars 2021 relatifs au travail adapté en établissement pénitentiaire ont défini les modalités de cette implantation. Les ESAT ont rejoint les structures spécialisées pouvant s'implanter au sein des établissements pénitentiaires.

L'EA est une entreprise de milieu ordinaire, soumise aux dispositions du code du travail, qui emploie au moins 55 % de travailleurs reconnus handicapés parmi son effectif salarié annuel. Les SIAE et les EA ont pour vocation de soutenir l'identification et la consolidation des projets professionnels et d'accompagner lesdits projets selon un triptyque « emploi-accompagnement-formation » en tenant compte des besoins adaptés des publics considérés. L'implantation de ces structures soutenue par des financements de l'État obéit à un cahier des charges spécifiques, mobilisant différents acteurs (direction départementale et régionale de l'emploi, du travail et des solidarités, direction interrégionale des services pénitentiaires, USMP) aux fins d'instruction du dossier avant acceptation éventuelle du conventionnement. ❑

SOUS-SECTION 2 Suspension et fin du contrat d'implantation

Art. R. 412-80 **Le titulaire qui ne souhaite pas renouveler le contrat d'implantation doit informer par lettre recommandée avec avis de réception le chef de l'établissement pénitentiaire au moins trois mois avant la date prévue de sa tacite reconduction.**

Le titulaire peut également résilier ce contrat à tout moment, lorsqu'il se trouve dans l'impossibilité absolue d'en poursuivre l'exécution.

Cette impossibilité doit être justifiée par un des motifs suivants :

1° La force majeure ;

2° Le décès, la faillite ou l'incapacité civile du titulaire du contrat.

Art. R. 412-81 **Le chef de l'établissement pénitentiaire peut résilier le contrat d'implantation pour un motif d'intérêt général. Dans ce cas, la résiliation donne droit au remboursement des investissements réalisés par le cocontractant.**

La résiliation ne peut intervenir moins de trois mois après l'information du titulaire.

Art. R. 412-82 **I. — Le chef de l'établissement pénitentiaire peut résilier le contrat d'implantation en cas de non-respect des obligations s'imposant au cocontractant.**

Dès constatation du non-respect des obligations, l'administration adresse, par tout moyen permettant de donner date certaine à sa réception, une mise en demeure. Elle doit comporter les mentions suivantes :

1° Les motifs de la mise en demeure ;

2° L'indication d'un délai raisonnable, permettant au cocontractant de remédier à la situation ;

3° La sanction encourue, à savoir la résiliation du contrat d'implantation.

En cas d'urgence, l'administration peut assortir sa mise en demeure d'une suspension de l'exécution du contrat.

S'il n'est pas donné suite à la mise en demeure, l'administration peut résilier unilatéralement et sans délai le contrat d'implantation. Cette décision doit être motivée.

II. — En cas de résiliation de l'une des conventions mentionnées aux articles R. 5132-2 et R. 5132-28 du code du travail ou du contrat mentionné à l'article R. 5213-62 du même code, le chef de l'établissement pénitentiaire résilie le contrat d'implantation.

CHAPITRE III ENSEIGNEMENT ET FORMATION PROFESSIONNELLE

V. comm. ss. art. L. 413-1.

SECTION 1 Dispositions générales

Art. R. 413-1 Les personnes détenues doivent acquérir ou développer les connaissances qui leur seront nécessaires après leur libération en vue d'une meilleure adaptation sociale.

Toutes facilités compatibles avec les exigences de la discipline et de la sécurité doivent être données à cet effet aux personnes détenues aptes à profiter d'un enseignement scolaire et professionnel et, en particulier, aux plus jeunes aux moins instruits et aux personnes rencontrant des difficultés sociales et professionnelles particulières.

SECTION 2 Enseignement

Art. R. 413-2 Les personnes détenues peuvent faire les études de leur choix et suivre toute formation, dans des conditions compatibles avec les nécessités du maintien de l'ordre et de la sécurité.

Elles peuvent être autorisées à disposer dans leur cellule du matériel, des fournitures scolaires et des documents pédagogiques nécessaires.

Les personnes détenues peuvent recevoir et suivre les cours par correspondance organisés par les services du ministère de l'éducation nationale.

Elles peuvent également recevoir d'autres cours par correspondance avec l'autorisation du chef de l'établissement pénitentiaire.

Les personnes détenues supportent les frais qui en découlent, sauf convention particulière entre l'administration pénitentiaire et l'organisme d'enseignement à distance.

Art. D. 413-3 L'enseignement primaire est assuré dans tous les établissements pénitentiaires.

Les personnes détenues condamnées qui ne savent pas lire, écrire ou calculer couramment bénéficient de cet enseignement. Les autres personnes détenues peuvent y être admises sur leur demande.

Des cours spéciaux sont organisés pour les personnes détenues illettrées ainsi que pour celles qui ne parlent ni n'écrivent la langue française.

Le règlement intérieur, défini aux articles L. 112-4 et R. 112-22, détermine les horaires et les modalités de cet enseignement.

Art. D. 413-4 Les personnes détenues qui suivent un enseignement sont admises à subir les épreuves des examens qui le sanctionnent lorsque le service de l'enseignement estime leur préparation suffisante.

Les personnes détenues peuvent, après avis des services compétents du ministère de l'éducation nationale, se présenter aux épreuves écrites ou orales de tous autres examens organisés dans l'établissement pénitentiaire sauf opposition du chef de l'établissement.

Si les épreuves ne peuvent se dérouler dans l'établissement pénitentiaire, les personnes détenues candidates sont extraites de l'établissement ou, si leur situation le permet, bénéficient d'une permission de sortir dans les conditions prévues par les dispositions de l'article D. 143-4 du code de procédure pénale.

Les examens donnent lieu à la délivrance de certificats, brevets ou diplômes qui ne font pas apparaître l'état de détention des personnes intéressées.

Code de procédure pénale

Permissions de sortir

Art. D. 143-4 Des permissions de sortir d'une durée n'excédant pas la journée peuvent être accordées dans les cas suivants aux personnes condamnées à une ou plusieurs peines privatives de liberté d'une durée totale n'excédant pas cinq ans ainsi qu'aux personnes condamnées à une ou plusieurs peines privatives de liberté d'une durée totale supérieure à cinq ans lorsque ces dernières ont exécuté la moitié de leur peine :

1° Présentation des personnes détenues prochainement libérables ou susceptibles d'être admises au bénéfice de la libération conditionnelle ou de la libération sous contrainte ou au régime de semi-liberté ou de placement sous surveillance électronique ou à l'extérieur en application de l'article D. 136, à leurs éventuels employeur ou auprès d'une structure de formation professionnelle, de stage ou d'enseignement ;

2° Présentation aux épreuves d'un examen dans les conditions prévues aux articles D. 436-3 et D. 438-2 ;

3° Présentation à une structure de soins ;

4° Sorties pour la pratique d'activités culturelles ou sportives organisées

5° Exercice par le condamné de son droit de vote.

Art. D. 413-5 Le service de l'enseignement, comme la charge d'aider ou de conseiller les personnes détenues qui ont été admises à poursuivre des études personnelles, sont assurés par des personnes qualifiées et plus particulièrement par des membres du corps enseignant affectés par le ministère en charge de l'éducation nationale et ayant reçu un agrément du directeur interrégional des services pénitentiaires.

Par ailleurs, le directeur interrégional des services pénitentiaires peut accepter le concours bénévole apporté, notamment, par des visiteurs de prison et des associations.

SECTION 3 Formation professionnelle

Art. R. 413-6 Les personnes détenues peuvent entreprendre ou poursuivre individuellement toutes actions de formation professionnelle dans des conditions compatibles avec les nécessités du maintien de l'ordre et de la sécurité.

Elles peuvent recevoir et suivre les cours par correspondance organisés par les services du ministère de l'éducation nationale.

Elles peuvent également recevoir d'autres cours par correspondance avec l'autorisation du chef de l'établissement pénitentiaire.

Les personnes détenues supportent les frais qui en découlent, sauf convention particulière entre l'administration pénitentiaire et l'organisme d'enseignement à distance.

Art. D. 413-7 Une personne détenue susceptible de bénéficier d'une formation professionnelle peut être transférée dans l'établissement pénitentiaire où cette formation est assurée, à condition que sa situation pénale le permette.

Art. D. 413-8 *(Décr. n° 2022-655 du 25 avr. 2022, art. 5, en vigueur le 1er mai 2022)* Pour les personnes prévenues, la participation à une formation professionnelle accomplie sur le domaine affecté à l'établissement pénitentiaire et à ses abords immédiats est subordonnée à l'autorisation du magistrat en charge du dossier. Le chef de l'établissement pénitentiaire informe le préfet de département.

Pour les personnes condamnées, cette formation professionnelle est subordonnée à l'autorisation du chef de l'établissement pénitentiaire. Ce dernier informe le préfet de département ainsi que l'autorité judiciaire en charge du suivi de la personne détenue.

Art. D. 413-9 Les personnes détenues recevant une formation professionnelle subissent les épreuves qui la sanctionnent, dans les conditions fixées par les textes les réglementant.

Si les épreuves ne peuvent se dérouler dans l'établissement pénitentiaire, les personnes détenues candidates sont extraites de l'établissement ou, si leur situation pénale le permet, bénéficient d'une permission de sortir dans les conditions prévues par les dispositions de l'article D. 143-4 du code de procédure pénale.

Les examens donnent lieu à la délivrance de certificats, brevets ou diplômes qui ne font pas apparaître l'état de détention des personnes intéressées.

L'art. D. 413-8 est devenu D. 413-9 (Décr. n° 2022-655 du 25 avr. 2022, art. 5, en vigueur le 1er mai 2022).

Art. D. 413-10 Conformément aux dispositions de l'article D. 6341-24-5 du code du travail, les personnes détenues effectuant un stage de formation professionnelle relevant de l'administration pénitentiaire à l'extérieur de l'établissement sous le régime de la semi-liberté ou du placement à l'extérieur bénéficient des modalités de rémunération prévues par les dispositions des articles D. 6341-24-1 à D. 6341-32-2 du même code.

L'art. D. 413-9 est devenu D. 413-10 (Décr. nº 2022-655 du 25 avr. 2022, art. 5, en vigueur le 1ᵉʳ mai 2022).

CHAPITRE IV ACCÈS AUX ACTIVITÉS CULTURELLES, SOCIO-CULTURELLES ET SPORTIVES

SECTION 1 Organisation des activités socio-culturelles et programmation culturelle

Art. R. 414-1 La médiathèque, quel que soit son emplacement *(Abrogé par Décr. nº 2022-1287 du 4 oct. 2022, art. 8) « de la médiathèque »* dans l'établissement pénitentiaire et sans inscription préalable, assure un accès direct et régulier des personnes détenues aux ouvrages.

Chaque personne détenue emprunteuse des ouvrages de la médiathèque est personnellement responsable des publications empruntées dont elle prend le plus grand soin. Elle ne prête pas ces publications à une autre personne détenue et les restitue dans les délais convenus, et en tous les cas avant tout transfert ou départ de l'établissement pénitentiaire.

Art. D. 414-2 L'approvisionnement ainsi que la formation et l'encadrement des personnes détenues affectées à la médiathèque dans le cadre d'un classement d'emploi sont assurés par un bibliothécaire ou, à défaut, le service pénitentiaire d'insertion et de probation, avec le concours des bibliothèques territoriales partenaires de l'administration pénitentiaire.

Art. D. 414-3 Des activités socio-culturelles sont organisées dans chaque établissement pénitentiaire. Elles ont notamment pour objet de développer les moyens d'expression, les connaissances et les aptitudes des personnes détenues.

Le service pénitentiaire d'insertion et de probation recherche à cet effet le concours de personnes intervenantes extérieures auxquelles peut être confiée l'animation de certaines activités.

L'emploi du temps hebdomadaire doit permettre à toute personne détenue qui le souhaite de participer à ces activités.

Art. D. 414-4 Pour l'animation d'activités par des personnes extérieures, l'autorisation est donnée par le chef de l'établissement pénitentiaire.

Sous le contrôle du service pénitentiaire d'insertion et de probation, des personnes détenues peuvent être associées à l'organisation de ces activités et certaines d'entre elles chargées de les préparer et de les animer.

La liste des personnes détenues autorisées à participer à ces activités est établie par le chef de l'établissement après concertation avec le service pénitentiaire d'insertion et de probation et, éventuellement, avec la personne animatrice extérieure.

Art. D. 414-5 Une programmation culturelle, résultant de la représentation la plus étendue des secteurs de la culture, est mise en œuvre dans chaque établissement pénitentiaire.

Ce programme a pour objectif de développer les moyens d'expression et les connaissances des personnes détenues.

Art. D. 414-6 Le service pénitentiaire d'insertion et de probation, en liaison avec le chef de l'établissement pénitentiaire, est chargé de définir et d'organiser la programmation culturelle de l'établissement.

A cet effet, il sélectionne et met en œuvre, avec l'appui des services compétents de l'État et des collectivités territoriales, des projets proposés par des organismes ou des opérateurs culturels.

SECTION 2 Accès aux activités physiques et sportives

Art. R. 414-7 Toute personne détenue est admise, sauf contre-indication médicale, à pratiquer des activités physiques et sportives.

Toutefois, le chef de l'établissement pénitentiaire peut interdire ces activités à une personne détenue pour des raisons d'ordre et de sécurité.

Une tenue de sport correcte est exigée. Elle peut être fournie à la personne dépourvue de ressources suffisantes qui en fait la demande.

Art. D. 414-8 Une programmation d'activités sportives est mise en œuvre dans chaque établissement pénitentiaire afin de favoriser l'accès de chaque personne détenue à une pratique physique. Ce programme tend au développement des capacités physiques, motrices et relationnelles des personnes détenues.

La pratique des activités physiques et sportives s'effectue en liaison avec les services compétents des ministères chargés de l'éducation nationale et de la jeunesse et des sports.

Art. D. 414-9 Sous réserve des contraintes architecturales, les établissements pénitentiaires sont dotés d'équipements sportifs de plein air et couverts, réglementaires et polyvalents, permettant l'organisation de séances et de rencontres sportives. Dans toute la mesure du possible, la localisation des terrains de sport est différente de celle des cours de promenade.

SECTION 3 Association socio-culturelle et sportive

Art. D. 414-10 Une association fonctionnant sous le régime de la loi du 1er juillet 1901 est constituée auprès de chaque établissement pénitentiaire en vue de soutenir et de développer l'action socio-culturelle et sportive au profit des personnes détenues.

Pour obtenir l'agrément du garde des sceaux, ministre de la justice, les statuts de ces associations doivent remplir les conditions fixées par une instruction de service.

TITRE II PRÉPARATION DE LA SORTIE DE DÉTENTION

RÉP. PÉN. v[is] *Peine : exécution,* par HERZOG-EVANS ; *Prison - Organisation générale,* par CÉRÉ ; *Prison : normes européennes,* par CÉRÉ.

BIBL. GÉN. ▸ V. ss. Livre V, Titre II de la partie législative.

CHAPITRE I DISPOSITIONS GÉNÉRALES

Art. D. 421-1 Le service public pénitentiaire doit permettre à chaque personne détenue de préparer sa sortie dans les meilleures conditions, que ce soit en fin de peine ou dans le cadre d'une mesure d'aménagement de peine.

BIBL. ▸ BOUSSARD (dir.), Les droits des personnes détenues, *Dalloz, coll. Thèmes et commentaires, 2013, 542 p.* - GIACOPELLI (dir.) et PUTMAN (dir.), Les droits fondamentaux des personnes privées de liberté, *Mare&Martin, coll. Droit privé et sciences criminelles, 2015, 422 p.* - PRADEL, *RSC 1977. 723* (l'individualisation de la sanction : essai d'un bilan à la veille d'un nouveau code pénal).

COMMENTAIRE

L'article D. 421-1 fait écho à l'article L. 1 du code pénitentiaire, ainsi qu'à son ancêtre l'article 2 de la loi pénitentiaire du 24 novembre 2009. Volontairement large, cet article prévoit en substance que le condamné doit être mis en mesure de préparer sa sortie dans les « meilleures conditions ». Ce terme recouvre deux sens.

D'une part, la référence vise les conditions de préparation de la sortie, c'est-à-dire le parcours d'exécution de peine ou les activités. L'offre (enseignement, formation, travail, culture, exercice du culte, sport) existe dans les centres de détention, malgré une répartition parfois inégale sur le territoire. La réalité des maisons d'arrêt est toute autre. Les dysfonctionnements, la surpopulation et la durée des peines conduisent souvent à l'inachèvement des projets de réinsertion, ou à la défaillance de certaines démarches et de certains programmes. D'autre part, le terme « meilleures conditions » vise nécessairement les conditions de détention, lesquelles font référence au respect des droits des personnes détenues et constituent le support nécessaire d'un parcours d'exécution de peine réussi, ce qui, on le sait, est loin d'être le cas actuellement. ❑

Art. D. 421-2 Le service pénitentiaire d'insertion et de probation propose au magistrat mandant les aménagements de peine.

Art. D. 421-3 Sans préjudice de l'application des dispositions prévoyant la mise en œuvre d'activités pendant toute la durée de l'exécution de la peine, les personnes

condamnées bénéficient, au cours de la dernière période de la détention, d'une préparation active à leur libération définitive ou conditionnelle, en particulier sur le plan socioprofessionnel. Cette préparation peut comprendre un placement à l'extérieur ou un régime de semi-liberté effectués, le cas échéant, après transfert dans un centre ou un quartier spécialisé.

BIBL. ▶ KENSEY et BENAOUDA, Les risques de récidive des sortants de prison. Une nouvelle évaluation, *Cahier d'études pénitentiaires et criminologiques, mai 2011*. – WARSMANN, Rapport de la mission parlementaire auprès de M. Dominique Perben, garde des Sceaux, ministre de la Justice, sur les peines alternatives à la détention, les modalités d'exécution des courtes peines, la préparation des détenus à la sortie de prison, *18 avr. 2003*.

COMMENTAIRE

La lutte contre les sorties sèches s'est drastiquement renforcée depuis la loi du 15 août 2014. Le droit positif s'est doté de multiples mécanismes de libérations anticipées, au premier rang desquels figure la libération sous contrainte de plein droit. Pour renforcer encore la décarcéralisation des personnes détenues, l'article D. 421-3 crée une nouvelle obligation, lorsque les mécanismes préalables ont tous échoué et qu'aucun aménagement de peine, individualisé ou non, n'a pu être prononcé. Dans pareille hypothèse, le service public pénitentiaire est invité à renforcer les moyens de préparation de la sortie, en particulier sur le plan socioprofessionnel. Autrement dit, ceux qui n'ont pu bénéficier d'une libération sous contrainte, accordée selon des critères totalement étrangers au principe d'individualisation de la peine, devront, dans les derniers moments de leur détention, s'impliquer autant que faire se peut pour réintégrer le milieu libre. S'il s'agit d'une « solution de la dernière chance », cette disposition a le mérite de prévoir que certains aménagements de peine pourront être proposés. ❑

CHAPITRE II PRÉPARATION DES MESURES D'AMÉNAGEMENT DE PEINE

SECTION 1 Libération sous contrainte

BIBL. ▶ GRIFFON-YARZA, *AJ pénal 2015. 80* (la libération sous contrainte, nouvel oxymore juridique).

SOUS-SECTION 1 Dispositions applicables à la libération sous contrainte prévue au I de l'article 720 du code de procédure pénale

(Décr. n° 2022-1261 du 28 sept. 2022, art. 11, en vigueur le 1er janv. 2023)

Code de procédure pénale

Art. 720 *(L. n° 2021-1729 du 22 déc. 2021, art. 11, en vigueur le 1er janv. 2023)* « I. — » *(L. n° 2019-222 du 23 mars 2019, art. 83 et 109-XXII, en vigueur le 1er juin 2019)* « La situation de toute personne condamnée exécutant une ou plusieurs peines privatives de liberté d'une durée totale inférieure ou égale à cinq ans est obligatoirement examinée par le juge de l'application des peines afin que soit prononcée une libération sous contrainte lorsque la durée de la peine accomplie est au moins égale au double de la durée de la peine restant à subir.

« La libération sous contrainte entraîne l'exécution du reliquat de peine sous le régime de la libération conditionnelle, de la détention à domicile sous surveillance électronique, du placement à l'extérieur ou de la semi-liberté. Les conséquences de l'inobservation de ces mesures sont celles prévues au présent code.

« La libération sous contrainte est décidée par le juge de l'application des peines qui, après avis de la commission d'application des peines, détermine, parmi les mesures prévues au deuxième alinéa, celle qui est la mieux adaptée à la situation du condamné.

« Le juge de l'application ne peut refuser l'octroi de la libération sous contrainte qu'en constatant, par ordonnance spécialement motivée, qu'il est impossible de mettre en œuvre une de ces mesures au regard des exigences de l'article 707. »

S'il n'est pas procédé à l'examen de la situation de la personne condamnée conformément aux dispositions du premier alinéa du présent *(L. n° 2021-1729 du 22 déc. 2021, art. 11, en vigueur le 1er janv. 2023)* « I », le président de la chambre de l'application des peines de la cour d'appel peut, d'office ou sur saisine de la personne condamnée ou du procureur de la République, prononcer une mesure de libération sous contrainte dans les conditions prévues au *(L. n° 2019-222 du 23 mars 2019, art. 83 et 109-XXII, en vigueur le 1er juin 2019)* « présent » *(L. n° 2021-1729 du 22 déc. 2021, art. 11, en vigueur le 1er janv. 2023)* « I. »

(L. n° 2019-222 du 23 mars 2019, art. 83 et 109-XXII, en vigueur le 1er juin 2019) « Le présent *(L. n° 2021-1729 du 22 déc. 2021, art. 11, en vigueur le 1er janv. 2023)* « I » n'est pas applicable aux condamnés :

« 1° Qui ont préalablement fait connaître leur refus d'une libération sous contrainte ;

« 2° Pour lesquels une requête en aménagement de peine est pendante devant la juridiction de l'application des peines ; dans ce cas, si les conditions d'exécution de la peine prévues au premier alinéa sont remplies, l'aménagement doit être ordonné sauf s'il est impossible à mettre en œuvre au regard des exigences de l'article 707. »

(L. n° 2021-1729 du 22 déc. 2021, art. 11, en vigueur le 1er janv. 2023) « II. — Lorsqu'il reste au condamné exécutant une ou plusieurs peines privatives de liberté d'une durée totale inférieure ou égale à deux ans un reliquat de peine à exécuter qui est inférieur ou égal à trois mois, la libération sous contrainte s'applique de plein droit, sauf en cas d'impossibilité matérielle résultant de l'absence d'hébergement. Le juge de l'application des peines détermine, après avis de la commission de l'application des peines, la mesure applicable.

« En cas de non-respect de la mesure et des obligations et interdictions le cas échéant fixées, le juge de l'application des peines peut ordonner, selon les modalités prévues à l'article 712-6, le retrait ou la révocation de la mesure et la réincarcération de la personne pour une durée égale au plus au cumul de la peine qu'il lui restait à exécuter au moment de la décision et des réductions de peine octroyées qui n'avaient pas fait l'objet d'un retrait.

« III. — Le II du présent article n'est pas applicable :

« 1° Aux condamnés incarcérés pour l'exécution d'une ou de plusieurs peines dont l'une au moins a été prononcée pour une infraction qualifiée de crime, pour une infraction prévue aux articles 421-1 à 421-6 du code pénal, pour une infraction prévue au titre II du livre II du même code lorsqu'elle a été commise sur la personne d'un mineur de moins de quinze ans ou sur une personne dépositaire de l'autorité publique ou pour une infraction commise avec la circonstance aggravante définie à l'article 132-80 dudit code ;

« 2° Aux personnes détenues ayant fait l'objet, pendant la durée de leur détention, d'une sanction disciplinaire prononcée pour l'un des faits suivants :

« *a)* Exercer ou tenter d'exercer des violences physiques à l'encontre d'un membre du personnel de l'établissement ou d'une personne en mission ou en visite dans l'établissement ;

« *b)* Exercer ou tenter d'exercer des violences physiques à l'encontre d'une personne détenue ;

« *c)* Opposer une résistance violente aux injonctions des membres du personnel pénitentiaire de l'établissement ;

« *d)* Participer ou tenter de participer à toute action collective de nature à compromettre la sécurité de l'établissement ou à en perturber l'ordre. »

Art. D. 422-1 Dans les conditions et selon les modalités prévues par les dispositions de l'article D. 147-17 du code de procédure pénale, l'administration pénitentiaire informe les personnes détenues condamnées exécutant une ou plusieurs peines privatives de liberté d'une durée totale inférieure ou égale à cinq ans qu'elles sont susceptibles de bénéficier d'une libération sous contrainte.

Art. D. 422-2 Conformément aux dispositions de l'article D. 147-17-1 du code de procédure pénale, le service pénitentiaire d'insertion et de probation informe le juge de l'application des peines du refus exprimé par une personne détenue de bénéficier d'une libération sous contrainte.

Art. D. 422-3 En l'absence de refus d'une libération sous contrainte exprimé par une personne détenue, le service pénitentiaire d'insertion et de probation transmet au juge de l'application des peines, selon les dispositions de l'article D. 147-17-2 du code de procédure pénale, un avis sur les éventuelles impossibilités à mettre en œuvre l'une des mesures d'aménagement de peine au regard des exigences énoncées par les dispositions de l'article 707 du même code.

COMMENTAIRE

Les trois premières dispositions de la sous-section 1 organisent la procédure applicable aux personnels du service pénitentiaire d'insertion et de probation lorsqu'une personne détenue est admissible au bénéfice d'une libération sous contrainte. En l'occurrence, il s'agit d'informer la personne détenue d'une telle possibilité (art. D. 422-1), puis d'aviser le juge de l'application des peines de son refus (art. D. 422-2) ou, en cas d'accord (D. 422-3), de lui transmettre un avis sur les impossibilités d'y procéder au regard de l'article 707 du code de procédure pénale. S'il le fallait encore, l'importance du rôle procédural du service pénitentiaire d'insertion et de probation se matérialise ici. ❑

Art. D. 422-4 Le service pénitentiaire d'insertion et de probation situé dans le ressort de l'établissement pénitentiaire où est détenue la personne faisant l'objet d'une libération sous contrainte remet ou fait remettre à celle-ci, au plus tard le jour de sa libération, un avis de convocation à comparaître dans le délai prévu par les dispositions de l'article D. 147-17-5 du code de procédure pénale devant le service pénitentiaire d'insertion et de probation en charge de son suivi.

Code de procédure pénale

Art. D. 147-17-5 *(Décr. nº 2019-508 du 24 mai 2019, art. 6 et 9, en vigueur le 1er juin 2019)* Le service pénitentiaire d'insertion et de probation situé dans le ressort de l'établissement pénitentiaire où est incarcérée la personne faisant l'objet d'une libération sous contrainte remet ou fait remettre à celle-ci, au plus tard le jour de sa libération, un avis de convocation à comparaître devant le service pénitentiaire d'insertion et de probation territorialement compétent pour la suivre après sa sortie.

Le délai maximal de comparution est de cinq jours ouvrables à compter de la sortie de la personne.

(Décr. nº 2022-1261 du 28 sept. 2022, art. 7, en vigueur le 1er janv. 2023) « L'avis de convocation à comparaître comporte une mention informant la personne condamnée des conséquences pouvant résulter du non-respect de cette convocation ou du non-respect de la mesure décidée et, le cas échéant, des obligations et interdictions fixées par le juge. »

SOUS-SECTION 2 Dispositions applicables à la libération sous contrainte de plein droit prévue au II de l'article 720 du code de procédure pénale

(Décr. nº 2022-1261 du 28 sept. 2022, art. 11, en vigueur le 1er janv. 2023)

V. C. pr. pén., art. 720, ss. ss-sect. 1.

Art. D. 422-4-1 Dans les conditions et selon les modalités prévues par les dispositions de l'article D. 147-20 du code de procédure pénale, l'administration pénitentiaire informe les personnes détenues condamnées exécutant une ou plusieurs peines privatives de liberté d'une durée totale inférieure ou égale à deux ans qu'elles sont susceptibles de bénéficier d'une libération sous contrainte de plein droit.

Code de procédure pénale

Art. D. 147-20 *(Décr. nº 2022-1261 du 28 sept. 2022, art. 8, en vigueur le 1er janv. 2023)* Lorsqu'une personne condamnée exécute une ou plusieurs peines privatives de liberté d'une durée totale inférieure ou égale à deux ans, l'administration pénitentiaire l'informe, au moins un mois avant que le reliquat de la peine soit égal à trois mois, ou si la peine est inférieure ou égale à six mois, lors de sa mise sous écrou ou lorsque la peine devient définitive, qu'elle est susceptible de bénéficier d'une libération sous contrainte de plein droit, même si elle s'y oppose.

Les dispositions du présent article et celle de la présente sous-section ne sont pas applicables dans les cas visés au III de l'article 720.

Art. D. 422-4-2 Le service pénitentiaire d'insertion et de probation transmet au juge de l'application des peines, selon les dispositions de l'article D. 147-21 du code de procédure pénale, un avis sur la mesure la plus adaptée et communique, le cas échéant,

tout élément permettant d'apprécier l'éventuelle impossibilité matérielle faisant obstacle à l'application de la libération sous contrainte de plein droit.

Code de procédure pénale

Art. D. 147-21 *(Décr. n° 2022-1261 du 28 sept. 2022, art. 8, en vigueur le 1er janv. 2023)* Le service pénitentiaire d'insertion et de probation transmet en temps utile au juge de l'application des peines, avant la réunion de la commission de l'application des peines au cours de laquelle la situation de cette personne est examinée, son avis sur la mesure la plus adaptée et sur les obligations et interdictions susceptibles d'être prononcées et communique, le cas échéant, tout élément permettant d'apprécier l'éventuelle impossibilité matérielle faisant obstacle à l'application de la libération sous contrainte de plein droit.

Cette impossibilité matérielle est caractérisée lorsque la personne détenue ne dispose d'aucun hébergement ou d'aucun hébergement compatible avec les interdictions de paraître ou de contact susceptibles de lui être imposées à sa libération, y compris auprès d'un tiers ou d'un organisme public ou privé. Il en est de même lorsque sont atteintes les capacités d'accueil des structures recevant des personnes placées en semi-liberté ou en placement à l'extérieur situées dans des lieux compatibles avec les modalités de mise en œuvre de la mesure.

Art. D. 422-4-3 *(Décr. n° 2022-1261 du 28 sept. 2022, art. 11, en vigueur le 1er janv. 2023)* **Le service pénitentiaire d'insertion et de probation situé dans le ressort de l'établissement pénitentiaire où est détenue la personne faisant l'objet d'une libération sous contrainte de plein droit, remet ou fait remettre à celle-ci, au plus tard le jour de sa libération, un avis de convocation à comparaître selon les modalites prévues par les dispositions de l'article D. 147-22 du code de procédure pénale devant le service pénitentiaire d'insertion et de probation territorialement compétent en charge de son suivi.**

COMMENTAIRE

Les articles D. 422-4-1 à D. 422-4-3 organisent la procédure de libération sous contrainte de plein droit, plus particulièrement s'agissant du rôle du service pénitentiaire d'insertion et de probation. A la différence de la procédure de libération sous contrainte prévue par le I de l'article 720 du code de procédure pénale, le consentement de la personne pour l'examen de la demande n'est pas requis par les dispositions commentées. ❑

Code de procédure pénale

Art. D. 147-22 *(Décr. n° 2022-1261 du 28 sept. 2022, art. 8, en vigueur le 1er janv. 2023)* Le service pénitentiaire d'insertion et de probation situé dans le ressort de l'établissement pénitentiaire où est incarcérée la personne faisant l'objet d'une libération sous contrainte remet ou fait remettre à celle-ci, au plus tard le jour de sa libération, un avis de convocation à comparaître devant le service pénitentiaire d'insertion et de probation territorialement compétent pour la suivre après sa sortie. Le délai maximal de comparution est de cinq jours ouvrables à compter de la sortie de la personne.

L'avis de convocation à comparaître comporte une mention informant la personne condamnée des conséquences pouvant résulter du non-respect de cette convocation, ou du non-respect de la mesure décidée et, le cas échéant, des obligations et interdictions fixées par le juge.

SECTION 2 **Libération conditionnelle**

BIBL. ▸ PONCELA, *RSC 2007. 883* (finir sa peine : libre ou suivi ?).

Art. D. 422-5 **La date prévisible de la libération conditionnelle de chaque personne condamnée apparaît dans un fichier tenu et contrôlé dans les conditions prévues par les dispositions de l'article D. 522 du code de procédure pénale.**

Conformément aux mêmes dispositions, le greffe de l'établissement pénitentiaire avise en temps utile les personnes condamnées qu'elles sont admissibles à la libération conditionnelle. – *V. C. pr. pén., art. D. 522.*

Art. D. 422-6 **Dans les conditions prévues par les dispositions de l'article D. 523 du code de procédure pénale, le service pénitentiaire d'insertion et de probation concourt à l'examen par le juge de l'application des peines de la situation des personnes condamnées ayant vocation à la libération conditionnelle.**

COMMENTAIRE

L'article D. 422-6 prévoit que le service pénitentiaire d'insertion et de probation vérifie le sérieux des efforts réalisés par la personne condamnée et détenue et la réalité des garanties qu'elle pourrait faire valoir dans le cadre d'une demande de libération conditionnelle. Si l'enquête vise essentiellement les efforts de réadaptation sociale du condamné en fonction de sa situation personnelle, familiale ou sociale (C. pr. pén., art. D. 523, al. 3), il faut toutefois noter qu'elle n'a qu'un rôle « complémentaire ».

Code de procédure pénale

Art. D. 523 Au moins une fois par an, et même en l'absence de demande de la part des intéressés, le juge de l'application des peines examine en temps utile la situation des condamnés ayant vocation à la libération conditionnelle pour que ces derniers puissent être éventuellement admis au bénéfice de la mesure dès qu'ils remplissent les conditions prévues par la loi. Dans le cas prévu au deuxième alinéa de l'article 730, le juge de l'application des peines peut saisir *(Décr. n° 2004-1364 du 13 déc. 2004, art. 15, en vigueur le 1er janv. 2005)* « le tribunal de l'application des peines » s'il estime que la mesure peut être accordée.

Sauf s'il est envisagé d'assortir le bénéfice de la mesure de l'une des conditions prévues aux 3° et 4° de l'article D. 535, l'examen prévu à l'alinéa précédent porte essentiellement sur les efforts de réadaptation sociale du condamné en fonction de sa situation personnelle, familiale ou sociale.

Des éléments d'information complémentaires sont, en tant que de besoin, recueillis par l'intermédiaire du service pénitentiaire d'insertion et de probation du lieu où le condamné souhaite établir sa résidence.

Art. D. 422-7 **Dans les conditions prévues par les dispositions de l'article D. 523-1 du code de procédure pénale, le service pénitentiaire d'insertion et de probation informe le juge d'application des peines du choix de la personne condamnée appelée à faire savoir si elle s'oppose à toute mesure de libération conditionnelle et lui transmet le rapport concernant la personne dont la situation doit être examinée lors du débat contradictoire statuant sur l'octroi d'une mesure de libération conditionnelle.**

Code de procédure pénale

Art. D. 523-1 *(Décr. n° 2014-1582 du 23 déc. 2014, art. 12, en vigueur le 1er janv. 2015)* Deux mois au moins avant la date prévue pour l'examen prévu par l'article 730-3, la personne condamnée est convoquée par le service pénitentiaire d'insertion et de probation afin de faire connaître si elle s'oppose à toute mesure de libération conditionnelle. Son choix est mentionné dans un procès-verbal signé de l'intéressé. Il est porté sans délai à la connaissance du juge de l'application des peines.

Le service pénitentiaire d'insertion et de probation transmet en temps utile au juge de l'application des peines les rapports concernant les personnes condamnées dont la situation doit être examinée lors du débat contradictoire prévu par cet article.

Si un débat contradictoire n'a pas été tenu dans un délai de quatre mois à compter du jour où la durée de la peine accomplie est égale au double de la peine restant à subir, la chambre de l'application des peines de la cour d'appel peut être saisie directement par le condamné ou par le procureur de la République, ou se saisir d'office. La saisine par le condamné se fait par lettre recommandée avec accusé de réception ou selon les modalités prévues par l'article 503.

Les dispositions de l'article 730-3 ne s'appliquent pas aux personnes en aménagement de peine sous écrou.

Si la condamnation de la personne fait l'objet d'une période de sûreté, elles ne s'appliquent qu'à l'issue de cette période.

Art. D. 422-8 Conformément aux dispositions de l'article D. 524 du code de procédure pénale, la personne détenue dont la demande de libération conditionnelle n'est pas examinée dans les délais prévus par les dispositions de ce même article peut saisir de sa demande la chambre de l'application des peines de la cour d'appel par déclaration auprès du chef de l'établissement pénitentiaire selon les modalités prévues par l'article 503 du même code.

Code de procédure pénale

Art. D. 524 *(Décr. n° 2004-1364 du 13 déc. 2004, art. 16, en vigueur le 1er janv. 2005)* La demande de libération conditionnelle relevant de la compétence du juge de l'application des peines doit être examinée dans les quatre mois de son dépôt, conformément aux dispositions de l'article D. 49-33.

Celle relevant de la compétence du tribunal de l'application des peines doit être examinée dans les six mois de son dépôt, conformément aux dispositions de l'article D. 49-36.

A défaut, le condamné peut directement saisir de sa demande la chambre de l'application des peines de la cour d'appel, par lettre recommandée avec demande d'accusé de réception ou selon les modalités prévues à l'article 503.

Art. D. 422-9 Conformément aux dispositions de l'article D. 527-1 du code de procédure pénale, les personnes condamnées mentionnées à l'article 730-2 du même code ne peuvent bénéficier d'une libération conditionnelle décidée par le tribunal de l'application des peines qu'après une évaluation pluridisciplinaire de dangerosité réalisée dans le cadre d'un placement au Centre national d'évaluation, dont la durée est fixée par l'administration pénitentiaire.

Ces mêmes dispositions fixent les conditions dans lesquelles cette évaluation est transmise au tribunal de l'application des peines.

BIBL. ▶ LAVRIC, *D. actu. 14 déc. 2010* (libération conditionnelle : délai fixé pour l'avis de la commission pluridisciplinaire, Rép. min. n° 57685 : *JOAN Q 23 nov. 2010*).

Code de procédure pénale

Art. D. 527-1 *(Décr. n° 2011-1986 du 28 déc. 2011, art. 3, en vigueur le 1er janv. 2012)* « Conformément aux dispositions de l'article 730-2, la libération conditionnelle ne peut être accordée *(Décr. n° 2019-508 du 24 mai 2019, art. 8)* « qu'après une évaluation pluridisciplinaire de dangerosité assortie d'une expertise médicale, » lorsqu'elle concerne une personne qui a été condamnée à la réclusion criminelle à perpétuité ou qui, quelle que soit la durée de la détention restant à subir, a été condamnée soit à une peine d'emprisonnement ou de réclusion criminelle égale ou supérieure à quinze ans pour une infraction pour laquelle le suivi sociojudiciaire est encouru, soit à une peine d'emprisonnement ou de réclusion criminelle égale ou supérieure à dix ans pour une infraction mentionnée à l'article 706-53-13. »

(Décr. n° 2019-508 du 24 mai 2019, art. 8) « Aux fins de réaliser cette évaluation, le tribunal de l'application des peines ordonne le placement de la personne dans le Centre national d'évaluation prévu aux *(Décr. n° 2022-855 du 7 juin 2022, art. 2)* « articles D. 211-15 et D. 211-23 du code pénitentiaire *[ancienne rédaction : articles D. 81-1 et D. 81-2]* », si ce placement n'a pas déjà été ordonné par le juge de l'application des peines lors de l'instruction de la demande dans les conditions prévues par l'article D. 526.

« La durée du placement au Centre national d'évaluation est déterminée par l'administration pénitentiaire, au regard des informations relatives à la situation du condamné transmises par le juge ou le tribunal de l'application des peines qui a ordonné le placement.

« L'expertise médicale mentionnée au premier alinéa est ordonnée par le juge de l'application des peines conformément à l'article 712-21. A défaut, elle est ordonnée par le tribunal de l'application des peines. Si la personne a été condamnée pour un des crimes mentionnés à l'article 706-53-13, l'expertise est réalisée par deux experts et elle porte sur l'opportunité du recours à un traitement utilisant des médicaments inhibiteurs de libido conformément aux dispositions du 2° de l'article 730-2.

« L'évaluation pluridisciplinaire de dangerosité est transmise au tribunal de l'application des peines au plus tard dans un délai de six mois à compter de la saisine du Centre national d'évaluation dans les conditions prévues au deuxième alinéa. Cette évaluation et l'expertise qui l'assortit sont valables pour une durée de deux ans. »

CHAPITRE III DÉCISIONS RELATIVES AUX AMÉNAGEMENTS DE PEINE

SECTION 1 Audiences sur les aménagements de peine

Art. D. 423-1 Le greffe de l'établissement pénitentiaire informe la personne condamnée de la date du débat contradictoire dans le délai prévu par les dispositions de l'article D. 49-15 du code de procédure pénale.

Code de procédure pénale

Art. D. 49-15 Le condamné est informé dix jours avant la date du débat contradictoire prévu par les articles 712-6, 712-7 et 712-8 par lettre recommandée s'il n'est pas écroué et par le greffe de l'établissement pénitentiaire dans le cas contraire.

S'il est assisté d'un avocat, celui-ci est convoqué par lettre recommandée ou par télécopie au plus tard dix jours avant le débat. Le condamné peut toutefois déclarer expressément renoncer à la convocation de son avocat ou au respect de ces délais.

Art. D. 423-2 Conformément aux dispositions de l'article D. 49-17 du code de procédure pénale, lors des débats contradictoires devant le juge de l'application des peines ou le tribunal de l'application des peines, le représentant de l'administration pénitentiaire peut être invité à développer oralement son avis, à la demande du juge ou du président du tribunal. – *V. C. pr. pén., art. D. 49-17.*

Art. D. 423-3 Conformément aux dispositions de l'article D. 49-29 du code de procédure pénale, l'avis du représentant de l'administration pénitentiaire lors des débats contradictoires prévus par les dispositions des articles 712-6 et 712-7 du même code est versé au dossier sous forme d'un rapport de synthèse des avis des différents services pénitentiaires compétents. – *V. C. pr. pén., art. D. 49-29.*

SECTION 2 Avis de la commission de l'application des peines

Art. D. 423-4 Au sein de la commission de l'application des peines, les personnels de l'administration pénitentiaire apportent leur contribution et, le cas échéant, expriment leur vote dans les conditions et selon les modalités prévues par les dispositions de l'article D. 49-28 du code de procédure pénale.

Conformément aux mêmes dispositions, le chef de l'établissement pénitentiaire peut être représenté au sein de la commission par un membre du personnel de direction. – *V. C. pr. pén., art. D. 49-28.*

SECTION 3 Notification des décisions

Art. D. 423-5 Conformément aux dispositions de l'article D. 49-18 du code de procédure pénale, si la décision de la juridiction de l'application des peines a été mise en délibéré, le jugement est notifié à la personne condamnée par le chef de l'établissement pénitentiaire qui lui en remet une copie contre émargement. – *V. C. pr. pén., art. D. 49-18.*

Art. D. 423-6 Conformément aux dispositions de l'article D. 49-21 du code de procédure pénale, les ordonnances prévues par les dispositions des articles 712-5 et 712-8 du même code sont notifiées à la personne détenue par le chef de l'établissement pénitentiaire qui lui en remet une copie contre émargement.

COMMENTAIRE

L'article D. 423-6 prévoit la notification au condamné des ordonnances concernant les réductions de peine, les autorisations de sortie sous escorte et les permissions de sortir prises après avis de la commission de l'application des peines (C. pr. pén., art. 712-5) et des décisions modifiant ou refusant de modifier les mesures de placement à l'extérieur, de semi-liberté, de fractionnement et de suspension des peines, de détention à domicile sous surveillance électronique et de libération conditionnelle, ou encore qui concernent les peines de suivi sociojudiciaire, d'interdiction de séjour, de travail d'intérêt général, d'emprisonnement avec sursis probatoire ou les mesures d'ajournement avec probation (C. pr. pén., art. 712-8 et 712-6 par renvoi). ❑

Art. D. 423-7 **Conformément aux dispositions de l'article D. 49-44 du code de procédure pénale, les arrêts de la chambre de l'application des peines de la cour d'appel sont notifiés à la personne détenue par le chef de l'établissement pénitentiaire qui lui en remet une copie contre émargement.** – *V. C. pr. pén., art. D. 49-44.*

CHAPITRE IV SEMI-LIBERTÉ, PLACEMENT À L'EXTÉRIEUR, PERMISSION DE SORTIR ET DÉTENTION À DOMICILE SOUS SURVEILLANCE ÉLECTRONIQUE

BIBL. ▸ Bonis et Peltier, Droit de la peine, *LexisNexis, coll. Manuels, 3e éd. 2019.* – Carpentier, Essai d'une théorie générale des aménagements de peine, *Bordeaux, 2016. 779 p.* – Herzog-Evans, Droit de l'exécution des peines 2023/2024, *Dalloz, coll. Dalloz Action, 6e éd., 2022.*

SECTION 1 Dispositions générales

Art. D. 424-1 **Les personnes condamnées admises au régime de la semi-liberté, du placement à l'extérieur sans surveillance en application des dispositions de l'article D. 136 du code de procédure pénale ou de la détention à domicile sous surveillance électronique en application des dispositions de l'article 723-7 du même code sont dispensées de la constitution du pécule de libération.**

Elles demeurent redevables de la part réservée à l'indemnisation des parties civiles et aux créanciers d'aliments, sous réserve de prescriptions particulières déterminées par le juge de l'application des peines.

Ne sont pas dispensées du pécule de libération les personnes condamnées bénéficiaires d'une permission de sortir.

BIBL. ▸ Herzog-Evans, *LPA 1999, no 1, p. 4* (quelques réformes récentes en droit pénitentiaire).

COMMENTAIRE

L'article D. 424-1, relatif à la dispense de constitution d'un pécule de libération, s'inscrit dans la rationalisation substantielle du droit de l'exécution des peines, déjà prévue, depuis une réforme de 1999, par l'article D. 121-1 du code de procédure pénale (Herzog-Evans, *LPA 26 mai 1999, no 1, p. 4*). On comprendrait mal, en effet, que les personnes exécutant partiellement ou totalement leur peine privative de liberté en milieu ouvert aient à verser de l'argent sur leur compte nominatif, alors qu'elles sont déjà intégrées au milieu libre, pour faire face aux dépenses d'une libération déjà intervenue. Dans le cadre de l'exécution d'une mesure de semi-liberté, de placement à l'extérieur ou de détention à domicile sous surveillance électronique, les détenus sont déjà intégrés au milieu libre, dans lequel ils exécutent leur peine (sous la forme d'un aménagement). La logique commande donc qu'ils en soient dispensés. ❑

Art. D. 424-2 *(Décr. no 2022-655 du 25 avr. 2022, art. 6, en vigueur le 1er mai 2022)* **Les rémunérations des personnes condamnées bénéficiant d'un contrat de travail régi par les dispositions du code du travail sont versées directement par l'employeur sur un compte extérieur dont est titulaire la personne condamnée, sauf prescriptions contraires du juge de l'application des peines.**

BIBL. ▸ Auvergnon, *Dr. soc. 2022. 352* (quand la lutte contre la récidive permet et limite les progrès de l'encadrement juridique du travail en prison). – Brimo, *RDSS 2022. 940* (du droit au travail pénitentiaire au droit du travail pénitentiaire). – Maupin, *AJDA 2022. 2041* (droits sociaux des détenus renforcés).

COMMENTAIRE

Si le détenu travailleur perçoit sa rémunération (dont sont d'abord déduites les cotisations sociales par l'administration) sur son compte nominatif (art. D. 412-66), la personne exécutant sa peine sous la forme de l'un des aménagements susvisés en bénéficie sur un compte extérieur. Encore une fois, la logique commandait que la personne placée dans le milieu libre puisse jouir des revenus générés, toujours à l'extérieur, par son activité de travail. ❑

Art. D. 424-3 Les personnes condamnées bénéficiant d'un aménagement de peine sous écrou peuvent, sur autorisation du chef de l'établissement pénitentiaire, disposer de tout ou partie des sommes constituant le pécule de libération afin de leur permettre de faire face aux dépenses nécessaires à la préparation de leur réinsertion.

V. Circ. de la DAP PMJ4 du 19 mai 2009 relative à l'application du Décr. n° 2009-420 du 15 avr. 2009 relatif au compte nominatif des détenus ouvert par les établissements pénitentiaires pour la gestion de leurs valeurs pécuniaires (NOR : JUSK0940001C).

Concernant les permissions de sortie, V. art. D. 424-26.

Art. D. 424-4 Les personnes détenues bénéficiant d'une mesure de semi-liberté ou d'un placement à l'extérieur sans surveillance en application des dispositions de l'article D. 136 du code de procédure pénale, d'une détention à domicile sous surveillance électronique en application des dispositions de l'article 723-7 du même code ou bénéficiaires d'une permission de sortir en application des dispositions de l'article 723-3 du même code sont autorisées à détenir une somme d'argent leur permettant d'effectuer en dehors de l'établissement les dépenses nécessaires et, notamment, de payer les repas pris à l'extérieur, d'utiliser des moyens de transport et de faire face à des frais médicaux éventuels.

Le chef de l'établissement pénitentiaire apprécie, au moment de la sortie des intéressées, l'importance de la somme qui doit leur être remise, par prélèvement sur leur part disponible. Lorsqu'elles réintègrent l'établissement pénitentiaire, et à intervalles réguliers en ce qui concerne les semi-libres, les personnes détenues doivent justifier des dépenses effectuées.

S'agissant des personnes détenues bénéficiaires d'une permission de sortir, lorsque la somme rapportée est d'un montant supérieur à celui remis au départ, ce surplus est soumis à répartition dans les conditions fixées par les dispositions des articles D. 332-10, D. 332-12, D. 332-13 et D. 332-15.

COMMENTAIRE

Si l'article D. 424-4 reprend trait pour trait les prescriptions édictées par son ancêtre, l'article D. 122 du code de procédure pénale, la nouveauté réside ici dans les dispositions nouvelles de l'article D. 424-3 du code pénitentiaire. En effet, là où l'article D. 122 du code de procédure pénale, puis l'article D. 424-4 limitent la somme d'argent que la personne condamnée est autorisée à détenir au prix des repas, aux titres de transports et aux éventuels frais médicaux, l'article D. 424-3 se veut beaucoup plus large et favorable, lorsqu'il s'agit de préparer la réinsertion des personnes détenues. En l'occurrence, la personne condamnée se verra donc attribuer deux sommes, la première pour faire face à certaines dépenses nécessaires, l'autre (issue du pécule de libération) pour préparer ou finaliser un projet de réinsertion. Et cette dernière nouveauté n'est pas dénuée d'intérêt.

Elle présente d'abord un apport logique, puisque la « sortie » réelle de la personne condamnée intervient bel et bien lors de l'aménagement de la peine, le juge de l'application des peines ayant estimé que la personne condamnée était apte à respecter les obligations de la mesure prononcée. Dès lors, on comprendrait mal que le pécule de libération soit accordé à la fin de l'exécution de la peine, plutôt qu'au moment de son aménagement sous écrou. Ensuite, et c'est là que la disposition se veut progressiste, elle n'illustre pas les « dépenses nécessaires » qui peuvent incomber à la personne condamnée dans le cadre de la préparation de sa réinsertion. Autrement dit, que le projet de réinsertion vise un emploi, une formation, une démarche administrative ou sociale, la personne condamnée pourra jouir de son pécule de libération pour y parvenir, sans être contrainte de justifier de la destination exacte des fonds. Cet élargissement notable des droits de la personne détenue quant à l'utilisation des pécuniaires détenues ou acquises durant la période de détention doit ainsi être salué. ❑

Art. D. 424-5 Les personnes détenues autorisées à sortir d'un établissement pénitentiaire en application des dispositions des articles 723, 723-3 et 723-7 du code de pro-

cédure pénale doivent être porteuses d'un document leur permettant de justifier de la régularité de leur situation.

Outre les renseignements d'état civil, ce document doit mentionner les lieux où ces personnes sont autorisées à se rendre ainsi que la date et l'heure auxquelles elles sont dans l'obligation de réintégrer l'établissement pénitentiaire ou le lieu d'assignation désigné par le juge de l'application des peines.

Ce document doit être produit à toute réquisition de l'autorité publique.

COMMENTAIRE

L'article D. 424-5 concerne les personnes admises au bénéfice d'un placement extérieur, d'une permission de sortir ou d'une détention à domicile sous surveillance électronique. ❑

Art. D. 424-6 Les personnes condamnées qui se trouvent en dehors d'un établissement en vertu de l'une des autorisations prévues par les dispositions des articles 723 et 723-3 du code de procédure pénale demeurent soumises à l'ensemble des règles disciplinaires relatives au régime des personnes détenues de leur catégorie, sous la seule réserve des dérogations édictées au présent chapitre.

Toute inobservation de ces règles, tout manquement à l'obligation de bonne conduite, tout incident, doit être signalé au juge de l'application des peines. En cas d'urgence, le chef de l'établissement pénitentiaire peut faire procéder à la réintégration immédiate de la personne détenue intéressée sauf à en rendre compte sans délai à ce magistrat.

Le juge de l'application des peines doit alors statuer dans un délai de dix jours à compter de la réintégration de la personne détenue intéressée sur l'éventuel retrait ou révocation de la mesure, conformément aux dispositions de l'article 712-6 du code de procédure pénale.

Les dispositions du présent article sont également applicables aux personnes condamnées placées sous surveillance électronique.

RÉP. PÉN. v° *Peine : exécution - Mesures d'aménagement de peine,* par HERZOG-EVANS.

COMMENTAIRE

L'article D. 424-6 apporte de nombreuses précisions à l'article D. 124 du code de procédure pénale, dont il est la déclinaison. Il faut préliminairement rappeler que les règles de droit disciplinaire pénitentiaire sont applicables aux personnes condamnées exécutant leurs peines sous la forme d'un aménagement sous écrou. A ce titre, en cas de manquement à l'une de ces règles, deux sanctions d'une sévérité graduelle peuvent intervenir, lesquelles sont édictées par l'article D. 424-6. En cas « d'urgence » (sans toutefois que la notion soit définie), le chef d'établissement peut soit procéder à sa réintégration immédiate, soit rendre compte de l'incident au juge de l'application des peines. Si tel est le cas, l'article D. 424-6 organise le délai et le contenu de la décision qui peut être prise par ce magistrat.

S'il ne s'agit pas d'une nouveauté, il faut tout de même souligner que le maintien de cette disposition dans le code pénitentiaire démontre que la « désistance » est moins prise en compte par le code pénitentiaire et le code de procédure pénale que la sanction des comportements indésirables ou dangereux. ❑

Art. D. 424-7 Les personnes détenues qui, bénéficiant d'une des autorisations prévues par les dispositions des articles 723, 723-3 et 723-7 du code de procédure pénale, n'ont pas regagné l'établissement pénitentiaire ou le lieu d'assignation désigné par le juge de l'application des peines dans les délais fixés, doivent être considérés comme se trouvant en état d'évasion.

Les diligences prévues par les dispositions des articles D. 214-26 et D. 214-29 doivent en conséquence être effectuées, et les personnes intéressées, de même que celles qui auraient tenté de se soustraire à l'obligation de réintégrer l'établissement pénitentiaire, encourent des sanctions disciplinaires sans préjudice des poursuites pénales qui pourraient être exercées en application de l'article 434-29 du code pénal.

RÉP. PÉN. v[is] *Prison : organisation générale,* par CÉRÉ ; *Prison : sanctions disciplinaires,* par CÉRÉ.

BIBL. ▸ CERIBAC, *RPDP 2003. 489* (évasion et mesures d'aménagement de la peine).

COMMENTAIRE

L'article D. 424-7 définit l'évasion assimilée et ses éventuelles sanctions disciplinaire et pénale.

Principe. L'évasion prévue par l'article D. 424-7 est une évasion assimilée. Autrement dit, « L'évasion est [...] constituée lorsqu'une personne détenue condamnée bénéficiant d'une permission de sortir, d'un placement à l'extérieur, d'une semi-liberté [d'une autorisation de sortie sous escorte] ou d'un placement sous surveillance électronique ne réintègre pas l'établissement, ou le lieu d'assignation [...] aux jour et heure précisés par [le] magistrat dans l'ordonnance ou le jugement accordant la mesure » (Circ. du 9 juin 2011, NOR : JUSK1140024C, art. I-I).

Répression pénale. Du point de vue du droit pénal, l'évasion assimilée est réprimée au titre de l'article 434-29 du code pénal. Si certains auteurs se sont questionnés sur le fondement approprié pour engager des poursuites à l'encontre des personnes condamnées exécutant un aménagement de peine (HERZOG-EVANS, Droit de l'exécution des peines 2023/2024, *Dalloz, 2022, n° 0732.93*), au regard de l'article D. 424-7, il ne fait plus aucun doute qu'il s'agit de l'article 434-29, alinéa 2, du code pénal.

Procédure disciplinaire. L'article D. 424-7 prévoit le principe d'une sanction disciplinaire à l'encontre de l'évadé. Le chef d'établissement pénitentiaire (ou son représentant) doit être informé du fait répréhensible, afin qu'il en avise le préfet, le procureur de la République, les forces de police ou de gendarmerie et le juge de l'application des peines (ou le juge d'instruction si la personne en état d'évasion est prévenue). ❑

1. Principe. Doit être entendu comme une évasion tout retard dans la réintégration de l'établissement pénitentiaire par rapport à l'heure fixée dans la décision prononçant une permission de sortir et ses horaires de réintégration. • Crim. 18 févr. 1976, n° 75-92.616 P. ♦ Le fait pour un condamné bénéficiant d'une permission de sortie d'un établissement pénitentiaire de ne pas rejoindre cet établissement à l'expiration de sa permission constitue une évasion. • Crim. 22 juin 1994, n° 93-81.462 P : *D. 1994. 209 ; RSC 1995. 105, obs. Delmas Saint-Hilaire .*

2. Sanctions pénales. Le dernier paragraphe de l'art. 245 C. pén., qui punit « tout condamné qui se sera évadé ou aura tenté de s'évader alors qu'il était employé à l'extérieur d'un établissement pénitentiaire », vise les condamnés qui travaillent hors de l'établissement et ont cessé d'être sous le contrôle du personnel de l'administration pénitentiaire, à l'exclusion de ceux qui, occupés aux jardins ou aux cuisines, demeurent sous cette surveillance. • TGI Beauvais, 24 mars 1961 : *D. 1961. Somm. 66.* ♦ Le fait de s'être enfui alors qu'il tondait la pelouse devant la maison d'arrêt constitue pour le prévenu le délit d'évasion entrant dans les prévisions de l'art. 434-29 C. pén. En effet, il s'est soustrait au contrôle auquel il était soumis alors qu'il faisait l'objet d'un placement à l'extérieur de l'établissement pénitentiaire. • Colmar, 3 sept. 1996 : *D. 1997. 103, note Beau .*

3. Surveillance électronique. La prévenue, placée sous surveillance électronique, est poursuivie pour évasion pour s'être soustraite à la surveillance à laquelle elle était soumise ; elle a appelé la maison d'arrêt pour signaler un différend avec son concubin et son intention de partir du domicile, lieu de son assignation ; le surveillant a ensuite signalé un dysfonctionnement informatique selon lequel le message « le condamné a manqué un appel » ne s'était pas affiché ; il a essayé vainement de contacter la prévenue et le dispositif à domicile apparaissait comme ayant été débranché ; l'évasion est donc caractérisée par le non-respect des créneaux horaires imposés par le bracelet électronique ; la prévenue a été déclarée coupable d'évasion pour s'être soustraite à une mesure de placement sous surveillance électronique. • Douai, 22 juin 2005 : *JCP 2005. IV. 3828.*

4. Est coupable du délit d'évasion le prévenu qui, placé sous surveillance électronique par le juge d'application des peines, n'est pas en mesure de donner des explications probantes à propos de la cessation du fonctionnement du système de surveillance pendant plusieurs heures au cours d'une nuit ; tout d'abord, il ne saurait valablement exciper de l'arrêt d'émission des signaux dû, selon lui, au fait qu'il ait oublié d'éteindre son téléphone sans fil et que ce dernier soit resté allumé en position communication toute la nuit durant : en effet, la transmission des signaux émanant de l'émetteur ne cesse pas pendant les communications téléphoniques ; ensuite, le prétendu dysfonctionnement de l'installation électrique de l'immeuble où vit le prévenu, voire le prétendu mauvais fonctionnement du bracelet électronique ne sont guère plus conformes aux constatations des agents de surveillance de la maison d'arrêt : selon le point de vue de ces techniciens, l'incident en cause est dû au fait que l'émetteur a été débranché pour permettre au prévenu de se soustraire à la surveillance à laquelle il était soumis ; d'ailleurs, l'absence du prévenu à son domicile a été confirmée, puisque l'intéressé n'a pas répondu aux appels téléphoniques qui lui ont été adressés à son domicile au matin, et il n'a pas été en mesure de donner des explications satisfaisantes pour justifier une telle absence. • Toulouse, 3 août 2005 : *JCP 2005. IV. 3692.*

5. Le prévenu a fait l'objet d'une procédure de comparution immédiate pour être jugé sous la prévention d'avoir, étant condamné placé sous surveillance électronique, neutralisé par quelque moyen que ce soit le procédé permettant de détecter à distance sa présence ou son absence dans le lieu désigné par le juge de l'application des peines ; la cour d'appel, après infirmation du jugement de condamnation, a renvoyé le prévenu des fins de la poursuite au motif que l'infraction d'évasion, prévue par l'art. 434-29 C. pén., n'était pas applicable au condamné soumis par le tribunal de l'application des peines à une surveillance électronique mobile après sa libération définitive. • Crim. 13 avr. 2016, n° 15-82.982 : *D. actu. 11 mai 2016, obs. Goetz ; D. 2016. 1538, obs. Décima ; AJ pénal 2016. 389, obs. Herzog-Evans ; Dr. pénal 2016, n° 103, obs. Bonis-Garçon.*

6. Permission de sortir. Le délit prévu par l'art. 245, dernier al., C. pén. est réalisé par le seul fait de l'évasion d'un condamné bénéficiant d'une permission de sortir d'un établissement pénitentiaire. • Crim. 18 févr. 1976, n° 75-92.616. ♦ Constitue une évasion, tant au sens de l'art. 245 que de l'art. 434-29, al. 3, C. pén., le fait pour un condamné bénéficiant d'une permission de sortir d'un établissement pénitentiaire de ne pas rejoindre cet établissement à l'expiration de sa permission. • Crim. 22 juin 1994, n° 93-81.462 : *RSC 1995. 105, obs. Delmas Saint-Hilaire.* ♦ Le délit d'évasion prévu par l'art. 434-29, 3°, C. pén. est un délit instantané, entièrement consommé à la date même où le condamné n'a pas réintégré l'établissement pénitentiaire, à l'issue d'une permission de sortir. Dès lors, l'intervention d'un tiers, postérieurement à cette date, aux fins d'aider l'auteur principal dans sa fuite, ne saurait constituer un acte de complicité punissable, en l'absence d'un accord antérieur à l'infraction. • Crim. 4 mai 2000, n° 99-86.563 : *D. 2000. IR 177 ; Dr. pénal 2000. Comm. 112, obs. Véron ; RSC 2001. 164, obs. Delmas Saint-Hilaire.*

Code pénal

Art. 434-29 Constitue également une évasion punie des mêmes peines le fait :

1° Par un détenu placé dans un établissement sanitaire ou hospitalier, de se soustraire à la surveillance à laquelle il est soumis ;

2° Par tout condamné, de se soustraire au contrôle auquel il est soumis alors qu'il a fait l'objet d'une décision *(L. n° 97-1159 du 19 déc. 1997)* « soit de placement à l'extérieur d'un établissement pénitentiaire, soit de » *(L. n° 2019-222 du 23 mars 2019, art. 74-X et 109-XIX, en vigueur le 24 mars 2020)* « détention à domicile sous surveillance électronique *[ancienne rédaction : placement sous surveillance électronique]* » ou qu'il bénéficie soit du regime de la semi-liberté, soit d'une permission de sortir ;

3° Par tout condamné, de ne pas réintégrer l'établissement pénitentiaire à l'issue d'une mesure de suspension ou de fractionnement de l'emprisonnement *(L. n° 92-1336 du 16 déc. 1992)* « , de placement à l'extérieur, de semi-liberté ou de permission de sortir » ; — *Pr. pén. 723-5.*

(L. n° 97-1159 du 19 déc. 1997) « 4° Par tout condamné *(L. n° 2019-222 du 23 mars 2019, art. 74-X et 109-XIX, en vigueur le 24 mars 2020)* « détenu à domicile sous surveillance électronique *[ancienne rédaction : placé sous surveillance électronique]* », de neutraliser par quelque moyen que ce soit le procédé permettant de détecter à distance sa presence ou son absence dans le lieu désigné par le juge de l'application des peines. »

Art. D. 424-8 **Les personnes condamnées bénéficiant d'une mesure de placement extérieur ou de détention à domicile sous surveillance électronique en application des dispositions des articles 723 et 723-7 du code de procédure pénale, qui exercent une activité professionnelle dans les mêmes conditions que tout travailleur, sont affiliées au régime d'assurance maladie, vieillesse et accidents du travail dont elles relèvent au titre de cette activité.**

La déclaration d'emploi est souscrite à la diligence et sous la responsabilité de l'employeur, conformément aux obligations qui lui incombent selon la nature de son entreprise.

BIBL. ▸ AUVERGNON, *Dr. soc. 2022. 352* (quand la lutte contre la récidive permet et limite les progrès de l'encadrement juridique du travail en prison). – BRIMO, *RDSS 2022. 940* (du droit au travail pénitentiaire au droit du travail pénitentiaire). – GIUDICELLI-DELAGE et MASSÉ, *Dr. soc. 1997. 344* (travail pénitentiaire : absence de contrat de travail). – LORVELLEC, *Rev. pénit. 1997.*

207 (travail et peine). - Maupin, *AJDA 2022. 2041* (les droits sociaux des détenus renforcés). - Tardy, *Rev. pénit. 1997. 227* (le travail en milieu carcéral : essai d'un bilan).

RÉP. PÉN. v° *Travail pénitentiaire - Organisation technique du travail pénitentiaire,* par Auvergnon.

COMMENTAIRE

L'article D. 424-8 entérine les progrès sociaux en matière de travail pénitentiaire. Jusqu'à la loi du 22 décembre 2021, les personnes écrouées (détenues ou bénéficiant d'un aménagement de peine) étaient certes affiliées au régime général de la sécurité sociale, mais ne bénéficiaient que des prestations en nature prévues par les assurances maladie, maternité, invalidité, décès, accidents du travail et maladie professionnelle. Bien qu'ils cotisent à l'assurance vieillesse, les détenus travailleurs ne pouvaient que rarement valider des trimestres de retraite. L'article D. 424-8 ajoute désormais les allocations vieillesses, afin d'inscrire un peu plus les personnes en aménagement de peine dans le droit commun du travail.

En somme, il faut donc retenir que la personne condamnée exécutant un aménagement de peine et exerçant une activité professionnelle rémunérée sera rattachée au régime obligatoire d'assurance maladie dont relève cette activité, et bénéficiera des prestations prévues par ce régime (prise en charge des frais de santé en cas de maladie ou de maternité, versement d'indemnités journalières en cas d'arrêt de travail, etc.). ❑

Art. D. 424-9 **Le chef de l'établissement pénitentiaire ou le directeur du service pénitentiaire d'insertion et de probation qui modifie les horaires d'un aménagement de peine sur autorisation du juge de l'application des peines en informe ce dernier et la personne condamnée dans les conditions et selon les modalités prévues par les dispositions de l'article D. 49-21-1 du code de procédure pénale.**

V. art. L. 424-1.

SECTION 2 Placement à l'extérieur

BIBL. ▸ Cannat, *RSC 1953. 328.* - Liotard, *ibid. 1962. 591.* - Morice, *Rev. pénit. 1967. 152.* - Vialatte, *RSC 1966. 363.*

SOUS-SECTION 1 Dispositions générales

(Décr. n° 2022-655 du 25 avr. 2022, art. 6, en vigueur le 1er mai 2022)

Art. D. 424-10 **En application des dispositions de l'article 723 du code de procédure pénale, les personnes condamnées peuvent être employées en dehors du domaine affecté à l'établissement pénitentiaire sous le contrôle de l'administration.**

Le travail, quelle qu'en soit la nature, peut être accompli pour le compte d'une administration, d'une collectivité publique, d'une personne physique ou morale. — *V. C. pr. pén., art. 723.*

Art. D. 424-11 **Peuvent être désignées pour être employées sous le régime de placement à l'extérieur sous surveillance du personnel pénitentiaire, si elles présentent des garanties suffisantes pour la sécurité et l'ordre public, notamment au regard de leur personnalité, de leurs antécédents, de leur conduite en détention et des gages de réinsertion dont elles ont fait preuve :**

1° Les personnes détenues ayant à subir une durée d'incarcération inférieure ou égale à cinq ans et n'ayant pas été condamnées antérieurement à une peine privative de liberté supérieure à six mois ;

2° Les personnes détenues remplissant les conditions de délai requises pour être proposées au bénéfice de la libération conditionnelle, quels que soient leurs antécédents et la durée de l'incarcération à subir ;

3° Les personnes détenues remplissant les conditions de délai requises pour être admises à la semi-liberté ;

4° Les personnes condamnées pouvant faire l'objet d'un placement extérieur sans surveillance du personnel pénitentiaire, en application des dispositions de l'article D. 424-14.

COMMENTAIRE

Travaux des personnes placées à l'extérieur. Le placement à l'extérieur sous surveillance du personnel de l'administration pénitentiaire revient à faire exécuter, par la personne condamnée et à l'extérieur de l'établissement pénitentiaire, des travaux contrôlés par les personnels de l'administration. Si l'ancien article D. 127 du code de procédure pénale, désormais abrogé, supposait l'ouverture d'un « chantier », le nouvel article D. 424-10 du code pénitentiaire n'y fait plus référence et propose seulement que les personnes placées à l'extérieur soient employées au-dehors de l'établissement pénitentiaire.

Sélection des condamnés. Quant aux personnes condamnées pouvant faire l'objet d'un tel aménagement, seuls certains condamnés y auront accès. Outre les conditions énoncées par l'article D. 424-11, il sera en plus nécessaire que le juge de l'application des peines apprécie l'opportunité de la mesure compte tenu de leurs garanties pour la sécurité et l'ordre public. ❑

Art. D. 424-12 **Le chef de l'établissement pénitentiaire informe le préfet de département de l'emploi de personnes condamnées en dehors du domaine affecté à l'établissement pénitentiaire dans les conditions prévues à l'article D. 424-10.**

Art. D. 424-13 **Les personnes détenues placées à l'extérieur demeurent soumises à la surveillance effective du personnel pénitentiaire. Ce dernier a la charge d'appliquer les prescriptions et règlements relatifs au régime disciplinaire, notamment en ce qui concerne les communications avec les tiers. L'employeur doit se conformer aux indications qui lui sont données à cet égard.**

Le chef de l'établissement pénitentiaire doit s'assurer de la stricte application des consignes données au personnel de surveillance.

A la fin de chaque journée de travail, les personnes détenues sont réintégrées au sein de l'établissement pénitentiaire, à moins que, sur proposition de l'administration pénitentiaire, il n'en soit décidé autrement par le juge de l'application des peines.

Art. D. 424-14 **En cas de placement à l'extérieur sans surveillance, l'administration pénitentiaire est informée de tout incident ou toute absence par l'employeur ou le directeur de l'établissement de formation ou de soins, dans les conditions prévues par les dispositions de l'article D. 136 du code de procédure pénale.**

SOUS-SECTION 2 Agrément des structures de placement à l'extérieur

Art. R.* 424-15 **Nonobstant les dispositions du décret n° 2004-374 du 29 avril 2004 relatif aux pouvoirs des préfets, à l'organisation et à l'action des services de l'État dans les régions et départements, l'agrément prévu à l'article L. 424-4 est délivré par le directeur interrégional des services pénitentiaires de la région pénitentiaire dans laquelle se situe la structure sollicitant l'agrément, sur avis motivé du directeur fonctionnel du service pénitentiaire d'insertion et de probation.**

V. art. L. 424-4.

Art. R. 424-16 **L'agrément prévu à l'article L. 424-4 est délivré au regard :**

1° De la capacité des personnes chargées de l'accueil et de l'accompagnement des personnes placées à l'extérieur ;

2° De l'adaptation des moyens matériels de la structure à l'exécution de mesures de placement à l'extérieur ;

3° De sa capacité financière.

Il appartient au responsable de la structure de s'assurer qu'elle est en conformité avec les lois et règlements relatifs à l'accueil des publics.

V. art. L. 424-4.

COMMENTAIRE

Les articles R.* 424-15 et R. 424-16 organisent les modalités générales (art. R.* 424-15) et les conditions (art. R. 424-16) d'agrément des structures souhaitant accueillir des personnes placées à l'extérieur de l'établissement pénitentiaire. Dans la continuité de la loi du 23 mars 2019 et du décret du 22 décembre 2021, ces dispositions poursuivent la logique de sécurisation entre les structures d'accueil et l'administration pénitentiaire.

Ces deux dispositions font office de piliers de la procédure d'agrément des structures de placement à l'extérieur. Les dispositions suivantes (art. R. 424-17 à R. 424-21) en détaillent les différentes étapes. Il s'agit notamment des documents devant être fournis pour la demande d'agrément (art. R. 424-17), les dispenses exceptionnelles (art. R. 424-18), la décision d'agrément (art. R. 424-19), le retrait de l'agrément (art. R. 424-20) et le recours contre le retrait de l'agrément (art. R. 424-21). ❑

Art. R. 424-17 La personne responsable de la structure sollicite l'agrément par lettre recommandée avec demande d'avis de réception au directeur interrégional des services pénitentiaires. Elle fournit :

1° La liste nominative des personnes chargées de l'accueil et de l'accompagnement des personnes condamnées ainsi que toute pièce attestant de leur intérêt, de leur formation, de leur expérience et de leur capacité à assurer l'accueil et l'accompagnement de personnes placées à l'extérieur ;

2° Toutes pièces démontrant un intérêt pour l'accueil et l'accompagnement des personnes placées à l'extérieur ;

3° Le budget prévisionnel de la structure et, selon son ancienneté, le budget des deux années précédentes ;

4° L'indication des principales modalités d'accueil et d'accompagnement qu'elle entend mettre en œuvre, et notamment la localisation exacte du ou des lieux où se déroulent les principales actions de prise en charge ;

S'il s'agit d'une personne morale, elle joint ses statuts et la liste nominative de ses dirigeants.

Art. R. 424-18 Par dérogation à l'article R. 424-17, lorsqu'une personne placée à l'extérieur doit être accueillie à bref délai au sein d'une structure qui n'accueille pas habituellement de personnes exécutant leur peine sous ce régime, les documents visés par les dispositions du 3° de l'article R. 424-17 n'ont pas à être fournis.

L'agrément ne vaut alors que pour l'accueil et l'accompagnement d'une ou plusieurs personnes nominativement désignées et pour la seule mesure de placement à l'extérieur qui doit être mise à exécution.

Art. R. 424-19 Le directeur interrégional des services pénitentiaires rend une décision motivée dans un délai de quatre mois, ou un mois dans le cas prévu à l'article R. 424-18, à compter de la réception de la demande accompagnée de l'ensemble des pièces mentionnées à l'article R. 424-17 ; le silence gardé pendant ce délai vaut rejet de la demande. La décision d'agrément est valable cinq ans. Elle est renouvelable dans les mêmes formes et conditions que la demande initiale.

Elle mentionne la personne physique ou morale responsable de la structure, le lieu d'exécution des prestations et l'indication des principales modalités d'accueil et d'accompagnement.

Les décisions d'agrément et de retrait sont communiqués au président du tribunal judiciaire et au procureur de la République près ledit tribunal.

Pendant toute la durée de l'agrément, le directeur peut solliciter un nouvel envoi des pièces visées à l'article R. 424-17 afin de vérifier que les conditions qui ont justifié la délivrance de l'agrément sont toujours remplies.

Il appartient à la personne qui exploite la structure de tenir informé le directeur de toute modification liée à son organisation, à ses personnels, à ses locaux ou à la forme juridique de la personne responsable.

Art. R. 424-20 Lorsque la structure ne remplit plus les conditions pour accueillir et accompagner les personnes placées à l'extérieur, le directeur interrégional des services pénitentiaires peut retirer l'agrément à tout moment après avoir mis en mesure la structure de faire valoir ses observations et sur avis motivé du directeur fonctionnel du service pénitentiaire d'insertion et de probation.

Art. R. 424-21 Tout recours contentieux contre une décision relative à l'agrément ou au retrait d'agrément d'une structure de placement est précédé d'un recours formé auprès du garde des sceaux, ministre de la justice.

SECTION 3 Permission de sortir

Art. D. 424-22 **Dans les conditions et selon les modalités prévues par les dispositions de l'article D. 142-3-1 du code de procédure pénale, le chef de l'établissement pénitentiaire peut accorder une permission de sortir à une personne condamnée ayant déjà obtenu l'accord du juge de l'application des peines pour une première permission.**

BIBL. ▶ HERZOG-EVANS, *LPA 21 févr. 1997, p. 15-21* (le juge judiciaire est-il le gardien des libertés des condamnés ?).

COMMENTAIRE

Dans l'optique d'amplifier l'individualisation des peines et de fluidifier les flux judiciaires devant le juge de l'application des peines, les chefs d'établissements pénitentiaires disposent, depuis la loi du 23 mars 2019, du pouvoir de prononcer (ou de refuser) des permissions de sortir, lorsque le juge de l'application des peines en a déjà accordé une.

Nature juridique. Si les personnels de l'administration pénitentiaire ont eu, jusqu'à la loi du 15 août 2014, le pouvoir de prononcer certains aménagements de peine par défaut, cette nouvelle délégation de pouvoir en matière de permission de sortir interroge. La permission de sortir accordée par le juge de l'application des peines est une ordonnance. Ici, prononcée par le chef d'établissement, elle devrait donc revêtir la forme d'un acte administratif. Mais puisqu'elle n'est pas susceptible de recours, il ne peut s'agir d'une décision administrative individuelle. De surcroît, le juge de l'application des peines est compétent en cas de refus par le chef d'établissement d'accorder la mesure. Pour certains, il s'agirait ainsi d'un « équivalent de procédure pénale des mesures d'ordre intérieur du droit administratif » (Herzog-Evans, « Le juge judiciaire est-il le gardien des libertés des condamnés ? », *LPA 21 févr. 1997, p. 15-21*). ❑

Code de procédure pénale

Art. D. 142-3-1 *(Décr. n° 2020-91 du 6 févr. 2020, art. 3)* Lorsque le juge de l'application des peines a accordé à la personne condamnée une permission de sortir, en application des articles D. 143 à D. 145, les permissions de sortir ultérieures prévues par ces mêmes articles peuvent être accordées par le chef d'établissement pénitentiaire, conformement au troisième alinéa de l'article 723-3.

Le cas échéant, le juge de l'application des peines fixe les obligations et interdictions des articles 132-44 et 132-45 du code pénal qui s'appliqueront pour les permissions de sortir ainsi prononcées. Il est également compétent pour les modifier ou ordonner leur mainlevée selon les mêmes formes.

Le juge de l'application des peines peut décider dans la décision octroyant une permission de sortir que les dispositions du troisième alinéa de l'article 723-3 ne sont pas applicables. Suivant les mêmes formes, le juge de l'application des peines peut ordonner ultérieurement soit d'office, soit à la demande du procureur de la République ou du chef d'établissement que ces dispositions ne sont plus applicables. Ces décisions constituent des mesures d'administration judiciaire insusceptibles de recours.

Le chef d'établissement qui accorde une permission de sortir en application des dispositions du présent article statue après avis écrit du service pénitentiaire d'insertion de probation. Il informe immédiatement le juge de l'application des peines et le parquet compétents de sa décision.

Si le chef d'établissement refuse l'octroi de la permission de sortir, il informe le condamné que cette décision ne peut faire l'objet d'aucun recours, mais que celui-ci peut saisir le juge de l'application des peines d'une même demande de permission.

Lorsqu'il est saisi d'une demande relevant des dispositions du dernier alinéa de l'article 723-3, le chef d'établissement doit statuer au plus tard dans un délai de deux mois suivant le dépôt de la demande dans les conditions prévues par l'article D. 49-11. A défaut, le condamné peut directement saisir le juge de l'application des peines dans les mêmes formes.

Art. D. 424-23 **Dans les conditions prévues par les dispositions de l'article D. 142 du code de procédure pénale, les permissions de sortir emportent autorisation de se rendre en un lieu déterminé et peuvent être assorties de conditions consistant en des obligations ou des interdictions ainsi que d'un délai de route.**

Code de procédure pénale

Art. D. 142 *(Décr. nº 2004-1364 du 13 déc. 2004, en vigueur le 1er janv. 2005 ; Décr. nº 2007-1627 du 16 nov. 2007)* La permission de sortir est accordée pour une ou plusieurs sorties. Elle autorise le condamné à se rendre en un lieu situé sur le territoire national. Elle peut être assortie d'une ou plusieurs conditions, et notamment des obligations prévues aux articles 131-36-2, 132-44 *(Décr. nº 2010-1276 du 27 oct. 2010, art. 5)* « et 132-45 » du code pénal. *(Décr. nº 2020-1640 du 21 déc. 2020, art. 10)* « La permission de sortir peut être assortie de l'interdiction faite au condamné d'entrer en relation avec la victime de l'infraction, ou de paraître dans les lieux où celle-ci se trouve habituellement, notamment en cas de crime ou de délit relevant de l'article 132-80 du code pénal. Si le condamné fait l'objet d'une interdiction d'entrer en relation avec une personne, de fréquenter certains condamnés ou de paraître en certains lieux, prononcée en application de l'article 138 du présent code ou des articles 131-6, 131-10 ou 132-45 du code pénal, y compris à l'occasion d'un suivi sociojudiciaire, d'un sursis probatoire ou d'une peine principale ou complémentaire, la permission de sortir est de plein droit assortie de ces interdictions. Ces dernières peuvent être rappelées dans la décision accordant la permission de sortir. Il en est de même si la personne fait l'objet de ces interdictions en application d'une ordonnance de protection prévue par l'article 515-11 du code civil. »

Un délai de route peut être accordé au bénéficiaire de la permission de sortir ; il est calculé en fonction de la durée du trajet et des horaires des moyens de transport utilisés.

(Décr. nº 2016-1222 du 14 sept. 2016, art. 4) « Le juge de l'application des peines peut ordonner le retrait d'une permission de sortir et la réincarcération immédiate du condamné si les conditions qui ont permis l'octroi de celle-ci ne sont plus réunies, si le condamné ne satisfait pas aux obligations qui lui sont imposées ou s'il fait preuve de mauvaise conduite. Ce retrait peut, pour les mêmes motifs, être ordonné avant la mise à exécution de la permission. »

Le juge peut à cette fin décerner un mandat d'amener ou d'arrêt en application des dispositions de l'article *(Décr. nº 2006-385 du 30 mars 2006, art. 20)* « 712-17 ».

(Décr. nº 2020-91 du 6 févr. 2020, art. 3) « Les décisions prévues au troisième alinéa peuvent être prises tant par le juge de l'application des peines que par le chef d'établissement lorsque c'est ce dernier qui a octroyé la permission de sortir en application du troisième alinéa de l'article 723-3 et de l'article D. 142-3-1. »

Art. D. 424-24 Le chef de l'établissement pénitentiaire ayant octroyé une permission de sortir conformément aux dispositions des articles 723-3 et D. 142-3-1 du code de procédure pénale, peut en ordonner le retrait avant ou durant son exécution, pour les motifs déterminés par les dispositions de l'article D. 142 du code de procédure pénale.

V. C. pr. pén., art. D. 142, ss. art. D. 424-23.

COMMENTAIRE

Conformément au pouvoir qui lui est délégué par le juge de l'application des peines, le chef d'établissement dispose du pouvoir d'accorder, de refuser de prononcer une permission de sortir, mais également de la retirer avant ou durant son exécution, pour les mêmes motifs que ceux ouverts au juge de l'application des peines. Se matérialisent ici et de nouveau l'importance du rôle dévolu au chef d'établissement pénitentiaire dans le cadre d'un aménagement ponctuel de la peine et la déjudiciarisation largement entamée par la loi du 23 mars 2019 du droit de l'application des peines. ❑

Art. D. 424-25 Dans les conditions prévues par les dispositions de l'article D. 144 du code de procédure pénale, la date et les modalités d'exécution d'une permission de sortir sont fixées par le directeur du service pénitentiaire d'insertion et de probation, ou, sur sa délégation, par un directeur d'insertion et de probation. — *V. C. pr. pén., art. D. 144.*

Art. D. 424-26 Dans les conditions prévues par les dispositions de l'article D. 142-3 du code de procédure pénale, chaque personne détenue bénéficiaire d'une permission de sortir supporte les frais et les conditions matérielles de sa sortie.

COMMENTAIRE

L'article D. 424-26 est l'occasion de revenir sur la détention d'une somme d'argent par les personnes bénéficiaires d'une permission de sortir. Si l'article D. 424-4 du code pénitentiaire l'autorise effectivement à détenir une somme d'argent pour procéder à ses dépenses nécessaires (payer les repas pris à l'extérieur, utiliser des moyens de transport et faire face à des frais médicaux éventuels), l'article D. 424-26, par renvoi à l'article D. 142-3 du code de procédure pénale, apporte de plus amples précisions sur l'origine des fonds et les modalités de leur remise. Cette « somme d'argent » ne peut provenir que de sa part disponible du compte nominatif. Dès lors, il sera nécessaire qu'elle dispose d'une « somme suffisante » sur le compte. ❑

Art. D. 424-27 **Les personnes condamnées majeures bénéficiaires d'une permission de sortir pour maintien des liens familiaux ou préparation de leur réinsertion professionnelle dans les conditions prévues par les dispositions de l'article D. 143 du code de procédure pénale sont autorisées à sortir de l'établissement pénitentiaire pour une durée maximale de :**

1° Trois jours si elles sont détenues dans une maison d'arrêt, une maison centrale, un centre de semi-liberté ou un établissement pénitentiaire spécialisé pour mineurs dans les conditions prévues par les dispositions de l'article D. 143 du même code ;

2° Cinq jours, et une fois par an dix jours, si elles sont détenues dans un centre de détention dans les conditions prévues par les dispositions de l'article D. 143-1 du même code ;

3° Cinq jours si elles sont détenues dans une structure d'accompagnement vers la sortie dans les conditions prévues par les dispositions de l'article D. 143-2 du même code.

Code de procédure pénale

Art. D. 143 *(Décr. nº 2016-1222 du 14 sept. 2016, art. 5)* Les personnes condamnées incarcérées dans une maison d'arrêt, une maison centrale, un centre de semi-liberté et, lorsqu'elles sont majeures, dans un établissement pénitentiaire spécialisé pour mineurs peuvent bénéficier de permissions de sortir d'une durée maximale de trois jours en vue du maintien des liens familiaux ou de la préparation de la réinsertion professionnelle ou sociale dans les cas suivants :

1° Lorsqu'elles exécutent une ou plusieurs peines privatives de liberté d'une durée totale n'excédant pas un an ;

2° Lorsqu'elles ont exécuté la moitié de la peine et qu'elles n'ont plus à subir qu'un temps de détention inférieur à trois ans ;

3° Lorsque le juge ou le tribunal de l'application des peines ont, en application du 1° de l'article D. 535 et selon la procédure prévue aux articles 712-6 ou 712-7, décidé de subordonner l'octroi de la libération conditionnelle à la condition d'avoir bénéficié d'une ou plusieurs permissions de sortir.

Art. D. 143-1 *(Décr. nº 2016-1222 du 14 sept. 2016, art. 5)* Les personnes condamnées incarcérées dans les centres de détention peuvent bénéficier des permissions de sortir prévues à l'article D. 143, lorsqu'elles ont exécuté le tiers de leur peine.

A leur égard, la durée de ces permissions peut être portée à cinq jours et, une fois par an, à dix jours.

Art. D. 143-2 *(Décr. nº 2016-1222 du 14 sept. 2016, art. 5)* Les personnes condamnées incarcérées dans les *(Décr. nº 2022-339 du 10 mars 2022, art. 1er)* « structures d'accompagnement vers la sortie *[ancienne rédaction : centres pour peines aménagées]* » peuvent bénéficier des permissions de sortir prévues à l'article D. 143 sans condition de délai.

A leur égard, la durée de ces permissions peut être portée à cinq jours.

Art. D. 424-28 **Les personnes condamnées bénéficiaires d'une permission de sortir dans les conditions et pour l'un des motifs prévus par les dispositions de l'article D. 143-4 du code de procédure pénale sont autorisées à sortir de l'établissement pénitentiaire pour une durée maximale d'une journée, conformément aux dispositions du même article.**

Code de procédure pénale

Art. D. 143-4 *(Décr. nº 2016-1222 du 14 sept. 2016, art. 5)* Des permissions de sortir d'une durée n'excédant pas la journée peuvent être accordées dans les cas suivants aux personnes condamnées à une ou plusieurs peines privatives de liberté d'une durée totale n'excédant pas cinq ans ainsi qu'aux personnes condamnées à une ou plusieurs peines privatives de liberté d'une durée totale supérieure à cinq ans lorsque ces dernières ont exécuté la moitié de leur peine :

1° Présentation des personnes détenues prochainement libérables ou susceptibles d'être admises au bénéfice de la libération conditionnelle ou de la libération sous contrainte ou au régime de semi-liberté ou de placement sous surveillance électronique ou à l'extérieur en application de l'article D. 136, à leurs éventuels employeurs ou auprès d'une structure de formation professionnelle, de stage ou d'enseignement ;

2° Présentation aux épreuves d'un examen dans les conditions prévues aux articles D. 436-3 et D. 438-2 ;

3° Présentation à une structure de soins ;

4° Sorties pour la pratique d'activités culturelles ou sportives organisées ;

5° Exercice par le condamné de son droit de vote.

Art. D. 424-29 Les personnes condamnées bénéficiaires d'une permission de sortir dans les conditions et pour l'un des motifs familiaux prévus par les dispositions de l'article D. 143-5 du code de procédure pénale sont autorisées à sortir de l'établissement pénitentiaire pour une durée maximale de trois jours, conformément aux dispositions du même article.

Code de procédure pénale

Art. D. 143-5 *(Décr. nº 2016-1222 du 14 sept. 2016, art. 5)* Des permissions de sortir d'une durée maximale de trois jours peuvent être accordées à l'occasion de la maladie grave ou du décès d'un membre de leur famille proche, ou de la naissance de leur enfant, d'une part, aux personnes condamnées à une ou plusieurs peines privatives de liberté d'une durée totale n'excédant pas cinq ans et, d'autre part, aux personnes condamnées à une ou plusieurs peines privatives de liberté d'une durée totale supérieure à cinq ans lorsqu'elles ont exécuté la moitié de leur peine.

Art. D. 424-30 Les personnes condamnées bénéficiaires d'une permission de sortir dans les conditions et pour l'un des motifs administratifs ou judiciaires prévus par les dispositions de l'article D. 145 du code de procédure pénale sont autorisées à sortir de l'établissement pénitentiaire pour une durée maximale d'une journée, conformément aux dispositions du même article.

Code de procédure pénale

Art. D. 145 *(Décr. nº 2016-1222 du 14 sept. 2016, art. 5)* Une permission de sortir d'une durée n'excédant pas la journée peut être accordée en vue de l'accomplissement d'une obligation exigeant la présence de la personne condamnée à une ou plusieurs peines privatives de liberté d'une durée totale n'excédant pas cinq ans ou à une ou plusieurs peines privatives de liberté d'une durée totale supérieure à cinq ans lorsqu'elle a exécuté la moitié de sa peine, dans les cas suivants :

1° La personne condamnée ne peut être représentée auprès de l'organisme et ce dernier est dans l'impossibilité d'intervenir au sein de l'établissement pénitentiaire ;

2° La personne condamnée est convoquée devant une juridiction judiciaire ou administrative et les conditions de la visioconférence ne sont pas réunies.

SECTION 4 Détention à domicile sous surveillance électronique

Art. R. 424-31 L'administration pénitentiaire participe à la mise en œuvre de la détention à domicile sous surveillance électronique prononcée à titre d'aménagement de peine en application des dispositions de l'article 723-7 du code de procédure pénale, dans les mêmes conditions et selon les mêmes modalités que celles prévues pour l'exécution de la mesure décidée à titre de peine, conformément aux dispositions des articles R. 622-1, R. 622-2, R. 622-4, R. 622-6 à R. 622-16, R. 622-19, R. 622-22 à R. 622-31 du présent code et R. 57-13, R. 57-15 à R. 57-18 du code de procédure pénale.

LIVRE V LIBÉRATION DES PERSONNES DÉTENUES

TITRE I GESTION ADMINISTRATIVE DE LA LIBÉRATION

Art. R. 510-1 Le jour de leur mise en liberté, la sortie effective des personnes détenues a lieu avant midi.

COMMENTAIRE

Pour des raisons de sécurité, l'ancien article D. 289 du code de procédure pénale interdisait à l'administration pénitentiaire de procéder à « l'élargissement » (libération) des personnes détenues « au-delà de midi ». La nouvelle règle établie par l'article R. 510-1 modernise le vocabulaire employé et clarifie l'obligation. Il faudra donc procéder à la libération effective des personnes détenues au maximum à 11 h 59 le jour de leur sortie. Cette modification normative s'explique par la pratique pénitentiaire qui consistait à procéder à la levée d'écrou entre douze et treize heures (CA Aix-en-Provence, 5 nov. 2013, n° 13/00654) et donc à dévoyer de son sens la disposition en cause. ❑

L'art. D. 289 C. pr. pén. permet au personnel de l'administration pénitentiaire, pour des raisons de sécurité, d'étaler les sorties des personnes libérables le même jour, sans que la plus tardive puisse intervenir au-delà de midi ; ainsi, à supposer même que le billet de sortie ait été remis à l'intéressé avant 10 h, l'administration pénitentiaire pouvait retenir celui-ci au plus tard jusqu'à midi. • Aix-en-Provence, 5 nov. 2013, n° 13/00654.

CHAPITRE I FORMALITÉS RELATIVES À LA LIBÉRATION

SECTION 1 Déclarations d'adresse

Art. D. 511-1 Conformément aux dispositions de l'article D. 571 du code de procédure pénale, préalablement à la mise en liberté d'une personne condamnée à l'interdiction de séjour, le lieu où la personne intéressée fixe sa résidence est enregistré par le greffe de l'établissement pénitentiaire et porté à la connaissance du ministère public par le chef de l'établissement.

SECTION 2 Documents remis au moment de la libération

Art. R. 511-2 Un billet de sortie est délivré à toute personne sortant de détention, qu'il s'agisse d'une sortie définitive ou d'une sortie dans le cadre d'une mesure d'aménagement de peine ou de surveillance électronique de fin de peine, hors le cas de la permission de sortir.

Le billet de sortie justifie de la régularité de la situation de la personne détenue intéressée. Celle-ci est invitée à le conserver avec soin.

Un certificat de présence destiné à Pôle emploi peut être remis à la personne détenue intéressée.

Art. D. 511-3 Le billet de sortie remis à chaque personne sortant de détention dans les conditions prévues par les dispositions de l'article R. 511-2 mentionne les indications relatives à son état civil, son numéro d'immatriculation à la sécurité sociale, la date d'entrée et de sortie de détention, les ressources financières dont elle dispose à sa sortie et les secours, sous leurs diverses formes, dont elle a pu éventuellement bénéficier à sa sortie de détention.

Il comporte l'adresse du service pénitentiaire d'insertion et de probation ou de l'antenne locale du lieu de résidence de la personne sortant de détention.

Une copie de ce document peut être remise à Pôle emploi.

CHAPITRE II INFORMATIONS RELATIVES AUX PERSONNES LIBÉRÉES

SECTION 1 Information de la victime

Art. D. 512-1 A la demande du juge de l'application des peines, l'information mentionnée par les dispositions de l'article L. 512-1 ainsi que l'information relative à la libération ou la cessation temporaire de la détention en application de l'article D. 1-11-2 du code de procédure pénale, peuvent être transmises aux victimes ou parties civiles par le service pénitentiaire d'insertion ou de probation, dans les conditions prévues par les dispositions de l'article D. 49-66 du même code.

Code de procédure pénale

Art. D. 1er-11-2 *(Décr. nº 2021-1820 du 24 déc. 2021, art. 2, en vigueur le 1er févr. 2022)* Avant toute libération ou cessation, même temporaire, de l'incarcération d'une personne détenue poursuivie ou condamnée pour des infractions commises au sein du couple relevant de l'article 132-80 du code pénal *(Décr. nº 2022-656 du 25 avr. 2022, art. 2)* « , ou pour l'infraction définie à l'article 227-4-2 du même code », l'autorité judiciaire compétente, après en avoir avisé la victime, apprécie, conformément aux articles 144-2 et 712-16-2 du présent code :

1° Si doit être prononcée une interdiction de contact avec la victime ou de paraître en ertains lieux prévues par l'article 138 du présent code ou par les 9°, 11°, 12°, 13°, 18° et 18° *bis* de l'article 132-45 du code pénal ;

2° Si l'effectivité de cette interdiction doit être renforcée par le recours à un dispositif de téléprotection en application de l'article 41-3-1 du présent code ou à un dispositif mobile antirapprochement en application des articles 138-3 du présent code ou 132-45-1 du code pénal.

Les dispositions du présent article ne sont pas applicables en cas d'autorisation de sortie sous escorte.

(Décr. nº 2022-656 du 25 avr. 2022, art. 2) « Lorsqu'il s'agit d'une personne condamnée, le juge de l'application des peines peut, pour apprécier s'il convient d'appliquer les mesures prévues aux 1° et 2°, faire procéder à une évaluation approfondie de la victime conformément aux dispositions de l'article D. 1er-10. »

....

Art. D. 49-66 Lorsque la juridiction de l'application des peines informe la victime en application des dispositions *(Décr. nº 2011-1986 du 28 déc. 2011, art. 2, en vigueur le 1er janv. 2012)* « du troisième alinéa de l'article 712-16-1 », elle l'avise de sa possibilité d'être assistée par une association d'aide aux victimes.

(Décr. nº 2011-1986 du 28 déc. 2011, art. 2, en vigueur le 1er janv. 2012) « Lorsqu'en application des dispositions du dernier alinéa de l'article 712-16-2 ou de l'article 745 la victime ou la partie civile doit être informée de la libération du condamné intervenant à la date d'échéance de la peine ou de la date de fin *(Décr. nº 2020-81 du 3 févr. 2020, art. 3, en vigueur le 24 mars 2020)* « du sursis probatoire », le juge de l'application des peines peut demander au service pénitentiaire d'insertion et de probation saisi de la mesure de procéder à cette information. »

(Décr. nº 2021-1820 du 24 déc. 2021, art. 2, en vigueur le 1er févr. 2022) « Dans les cas prévus par l'article D. 1er-11-2, il est fait application des dispositions de cet article. »

SECTION 2 Information des forces de sécurité

Art. R. 512-2 Pour l'application de l'article L. 512-2, le chef de l'établissement pénitentiaire communique aux services de police et unités de gendarmerie le nom, les prénoms, la date de naissance, l'adresse déclarée, et la date de la libération des personnes condamnées à une peine d'emprisonnement égale ou supérieure à trois ans.

Les informations mentionnées par les dispositions de l'alinéa précédent sont transmises par écrit au directeur départemental de la sécurité publique, au directeur territorial de la police nationale ou au commandant du groupement de gendarmerie dont relève territorialement l'adresse déclarée par la personne. Lorsque l'adresse déclarée est située à Paris ou dans l'un des départements des Hauts-de-Seine, de la Seine-Saint-Denis et du Val-de-Marne, ces informations sont adressées au directeur de la sécurité de proximité de l'agglomération parisienne et au directeur régional de la police judiciaire de Paris.

SECTION 3 Inscription au fichier judiciaire national automatisé des auteurs d'infractions terroristes

Art. R. 512-3 A la libération d'une personne détenue condamnée pour des faits mentionnés à l'article 706-25-4 du code de procédure pénale, un agent habilité du greffe de l'établissement pénitentiaire enregistre sans délai dans le fichier judiciaire national automatisé des auteurs d'infractions terroristes, le cas échéant et sans délai, les informations mentionnées par les dispositions de l'article R. 50-34 du même code.

Art. R. 512-4 Dans les conditions prévues par les dispositions des articles R. 50-38 et R. 50-41 du code de procédure pénale, les personnes détenues intéressées sont informées par le greffe de l'établissement pénitentiaire de leur inscription au fichier judiciaire national automatisé des auteurs d'infractions terroristes.

L'administration pénitentiaire informe sans délai le procureur de la République des notifications réalisées, dans les conditions prévues par les dispositions de l'article R. 50-42 du même code.

Code de procédure pénale

Art. 706-25-4 *(L. nº 2015-912 du 24 juill. 2015, art. 19)* Lorsqu'elles concernent une ou plusieurs des infractions mentionnées aux articles 421-1 à 421-6 du code pénal *(Abrogé par L. nº 2021-1109 du 24 août 2021, art. 8)* « *, à l'exclusion de celles mentionnées* *(L. nº 2016-731 du 3 juin 2016, art. 18)* « *aux articles 421-2-5 à 421-2-5-2* » *du même code,* » ainsi que les infractions mentionnées *(L. nº 2017-258 du 28 févr. 2017, art. 15)* « aux articles L. 224-1 et L. 225-7 » du code de la sécurité intérieure, sont enregistrées dans le fichier les informations relatives à l'identité ainsi que l'adresse ou les adresses successives du domicile et, le cas échéant, des résidences des personnes ayant fait l'objet :

1º D'une condamnation, même non encore définitive, y compris d'une condamnation par défaut ou d'une déclaration de culpabilité assortie d'une dispense ou d'un ajournement de la peine ;

(Ord. nº 2019-950 du 11 sept. 2019, art. 4 et 9, en vigueur le 30 sept. 2021) « 2º D'une décision même non encore définitive prononçant à l'égard d'un mineur une mesure éducative, une dispense de mesure éducative ou une déclaration de réussite éducative en application du titre Ier du livre Ier du code de la justice pénale des mineurs ; »

3º D'une décision d'irresponsabilité pénale pour cause de trouble mental ;

4º D'une décision de même nature que celles mentionnées aux 1º à 3º prononcées par les juridictions ou les autorités judiciaires étrangères qui, en application d'une convention internationale ou d'un accord international, ont fait l'objet d'un avis aux autorités françaises ou ont été exécutées en France à la suite du transfèrement des personnes condamnées ;

5º D'une mise en examen *(Abrogé par L. nº 2021-1109 du 24 août 2021, art. 8)* « *lorsque le juge d'instruction a ordonné l'inscription de la décision dans le fichier* ».

Le fichier comprend aussi les informations relatives à la décision judiciaire ayant justifié l'inscription et la nature de l'infraction. Les décisions mentionnées aux 1º *(L. nº 2021-1109 du 24 août 2021, art. 8)* « à 3º » sont enregistrées dès leur prononcé.

(L. nº 2021-1109 du 24 août 2021, art. 8) « Les décisions mentionnées aux 1º, 3º et 5º sont enregistrées de plein droit dans le fichier, sauf décision contraire et spécialement motivée de la juridiction compétente. Les décisions mentionnées au 4º sont également inscrites de plein droit dans le fichier, sauf décision contraire et spécialement motivée du procureur de la République. »

Les décisions concernant des mineurs de moins de treize ans ne sont pas inscrites dans le fichier. Les décisions concernant des mineurs de treize à dix-huit ans ne sont pas inscrites dans le fichier, sauf si cette inscription est ordonnée par décision expresse de la juridiction ou, dans les cas prévus aux mêmes 3º et 4º, du procureur de la République.

.....

Art. R. 50-34 *(Décr. nº 2015-1840 du 29 déc. 2015, en vigueur le 1er juill. 2016)* L'agent du greffe pénitentiaire habilité enregistre sans délai dans le fichier la date de mise sous écrou et de libération, l'adresse du domicile déclaré par la personne libérée, si elle est différente du dernier domicile enregistré et la date de la notification à laquelle il a été procédé.

.....

Art. R. 50-38 *(Décr. n° 2015-1840 du 29 déc. 2015, en vigueur le 1er juill. 2016)* L'information des personnes condamnées est faite conformément aux dispositions du présent article.

Lorsque la personne est présente à l'audience, l'information relative à son inscription dans le fichier et la notification de ses obligations sont faites par le président de la juridiction ou le greffier ou l'agent du greffe qu'il désigne. Toutefois, il n'est pas procédé lors de l'audience à la notification de ses obligations à la personne si celle-ci est placée ou maintenue en détention en application de la condamnation justifiant son inscription au fichier.

A défaut, la notification est faite par le procureur de la République, ou par un agent placé sous son autorité ou un délégué du procureur de la République désignés par lui, par lettre recommandée avec demande d'avis de réception. S'il apparaît que l'adresse de la personne est inconnue, le procureur de la République fait inscrire cette personne au fichier des personnes recherchées.

Lorsqu'il résulte de la consultation du fichier effectuée par l'agent du greffe habilité par le chef de l'établissement pénitentiaire conformément au 4° de l'article 706-25-9, que la personne incarcérée n'a pas fait l'objet de l'information mentionnée à l'article 706-25-8, cette information lui est donnée par le greffe de l'établissement pénitentiaire, sur instruction du procureur de la République, soit au moment de sa libération définitive ou préalablement à la première mesure d'aménagement de sa peine entraînant la sortie de l'établissement pénitentiaire, autre qu'une permission de sortir, si elle exécute une peine privative de liberté en application de la condamnation ayant entraîné son inscription au fichier, soit immédiatement, si elle est détenue pour une autre cause.

Dans tous les cas, il lui est remis contre récépissé ou adressé un document récapitulant ses obligations et précisant les conditions selon lesquelles il doit y être satisfait conformément aux dispositions de la section III. Ce document informe la personne inscrite dans le fichier que les administrations de l'État mentionnées à l'article R. 50-52 peuvent directement interroger le fichier en application du 3° de l'article 706-25-9. Le modèle de ce document est établi par le ministre de la justice.

(Abrogé par Décr. n° 2021-682 du 27 mai 2021, art. 2, à compter du 30 sept. 2021) « *Si la personne est mineure, le procureur de la République avise les titulaires de l'autorité parentale, les personnes auxquelles sa garde a été confiée par décision judiciaire ou ses représentants légaux de la notification faite en application du présent article.* » Si la personne est un majeur protégé, le procureur de la République avise *(Décr. n° 2021-682 du 27 mai 2021, art. 2, en vigueur le 30 sept. 2021)* « de la notification faite en application du présent article *[ancienne rédaction : de cette notification]* » son représentant légal.

Art. R. 50-39 *(Décr. n° 2015-1840 du 29 déc. 2015, en vigueur le 1er juill. 2016)* Dans les cas prévus par le 3° de l'article 706-25-4, la notification est faite par le procureur de la République selon les modalités décrites au troisième alinéa de l'article R. 50-38.

Art. R. 50-40 *(Décr. n° 2015-1840 du 29 déc. 2015, en vigueur le 1er juill. 2016)* Dans le cas d'un enregistrement au fichier prévu par le 5° de l'article 706-25-4, l'information de la personne et la remise du document prévu à l'article R. 50-38 sont faites par le juge d'instruction qui ordonne l'inscription au fichier.

Art. R. 50-41 *(Décr. n° 2015-1840 du 29 déc. 2015, en vigueur le 1er juill. 2016)* Dans les cas prévus par le 4° de l'article 706-25-4, l'information de la personne et la remise du document prévu par l'article R. 50-38 sont faites, dans les conditions fixées par les troisième et quatrième alinéas de cet article, soit par le greffe de l'établissement pénitentiaire si la personne est détenue en France, soit par le procureur de la République de Paris.

S'il apparaît que l'adresse de la personne est inconnue, le procureur de la République fait inscrire cette personne au fichier des personnes recherchées.

Art. R. 50-42 *(Décr. n° 2015-1840 du 29 déc. 2015, en vigueur le 1er juill. 2016)* L'administration pénitentiaire informe sans délai le procureur de la République du lieu de condamnation de la notification des obligations à laquelle elle a procédé conformément au quatrième alinéa de l'article R. 50-38.

Si la personne a été condamnée à l'étranger, l'administration pénitentiaire informe le procureur de la République compétent en application de l'article R. 50-31.

SECTION 4 Inscription au fichier judiciaire national automatisé des auteurs d'infractions sexuelles ou violentes

Art. R. 512-5 A la libération d'une personne détenue condamnée pour des faits mentionnés à l'article 706-53-1 du même code, un agent spécialement habilité du greffe de l'établissement pénitentiaire enregistre sans délai dans le fichier judiciaire national automatisé des auteurs d'infractions sexuelles ou violentes les informations à son sujet dans les conditions prévues par les dispositions de l'article R. 53-8-5 du même code.

Art. R. 512-6 Les personnes détenues intéressées sont informées par un agent habilité du greffe de l'établissement pénitentiaire de leur inscription au fichier judiciaire national automatisé des auteurs d'infractions sexuelles ou violentes, dans les conditions prévues par les dispositions des articles R. 53-8-9 et R. 53-8-12-1 du code de procédure pénale.

Dans les conditions prévues par les dispositions de l'article R. 53-8-5 du même code, l'administration pénitentiaire informe sans délai le procureur de la République des notifications réalisées.

Code de procédure pénale

Art. R. 53-8-5 *(Décr. nº 2011-1729 du 2 déc. 2011, art. 2)* L'administration pénitentiaire informe sans délai le procureur de la République du lieu de condamnation, ou celui de Nantes si la personne a été condamnée à l'étranger, de la notification des obligations à laquelle elle a procédé conformément à l'article R. 53-8-9.

L'agent du greffe pénitentiaire spécialement habilité enregistre sans délai dans le fichier la date de mise sous écrou et de libération, l'adresse du domicile déclaré par la personne libérée, si elle est différente du dernier domicile enregistré et, sur instruction du procureur de la République, la date de la notification à laquelle il a été procédé conformément à l'article R. 53-8-9.

....

Art. R. 53-8-9 L'information des personnes condamnées est faite conformément aux dispositions du présent article.

(Décr. nº 2011-1729 du 2 déc. 2011, art. 4) « Lorsque la personne est présente à l'audience, l'information relative à son inscription dans le fichier et la notification de ses obligations sont faites par le président de la juridiction ou le greffier ou l'agent du greffe qu'il désigne. Toutefois, il n'est pas procédé lors de l'audience à la notification de ses obligations à la personne placée ou maintenue en détention en application de la condamnation justifiant son inscription au fichier.

« A défaut, la notification est faite par le procureur de la République, ou par un agent placé sous son autorité ou un délégué du procureur de la République désignés par lui, ou par lettre recommandée avec demande d'avis de réception. S'il apparaît que l'adresse de la personne est inconnue, le procureur de la République fait inscrire cette personne au fichier des personnes recherchées.

« Lorsqu'il résulte de la consultation du fichier effectuée par l'agent du greffe spécialement habilité par le chef de l'établissement pénitentiaire conformément au 4° de l'article 706-53-7, que la personne incarcérée n'a pas fait l'objet de l'information mentionnée à l'article 706-53-6, cette information lui est donnée par le greffe de l'établissement pénitentiaire, sur instruction du procureur de la République, soit au moment de sa libération définitive ou préalablement à la première mesure d'aménagement de sa peine entraînant la sortie de l'établissement pénitentiaire, autre qu'une permission de sortir, si elle exécute une peine privative de liberté en application de la condamnation ayant entraîné son inscription au fichier, soit immédiatement, si elle est détenue pour une autre cause. »

Dans tous les cas, il lui est remis contre récépissé ou adressé en annexe du courrier prévu au deuxième alinéa un document récapitulant ses obligations et précisant les conditions selon lesquelles il doit y être satisfait conformément aux dispositions des articles R. 53-8-13 à R. 53-8-15. *(Décr. nº 2008-1023 du 6 oct. 2008)* « Ce document informe la personne inscrite dans le fichier que les administrations de l'État mentionnées à l'article R. 53-8-24 peuvent directement interroger le fichier en application du premier alinéa du 3° de l'article 706-53-7. » Le modèle de ce document est fixé par le ministre de la justice.

(Décr. nº 2011-1729 du 2 déc. 2011, art. 4) « *(Abrogé par Décr. nº 2021-682 du 27 mai 2021, art. 2, à compter du 30 sept. 2021)* « *Si la personne est mineure, le procureur de la République avise les titulaires de l'autorité parentale, les personnes auxquelles sa garde a été confiée par décision judiciaire ou ses représentants légaux de la notification faite en application du présent article.* » Si la personne est un majeur protégé, le procureur de la République avise *(Décr. nº 2021-682 du 27 mai 2021, art. 2, en vigueur le 30 sept. 2021)* « de la notification faite en application du présent article *[ancienne rédaction : de cette notification]* » son représentant légal nommé par décision judiciaire. »

....

Art. R. 53-8-12-1 *(Décr. nº 2011-1729 du 2 déc. 2011, art. 6)* Dans les cas prévus par le 6° de l'article 706-53-2, l'information de la personne et la remise du document prévu par l'article R. 53-8-9 sont faites, dans les conditions fixées par les troisième et quatrième alinéas de cet article, soit par le greffe de l'établissement pénitentiaire si la personne est détenue en France, soit par le procureur de la République de Nantes. S'il apparaît que l'adresse de la personne est inconnue, le procureur de la République de Nantes fait inscrire cette personne au fichier des personnes recherchées.

CHAPITRE III PROTECTION SOCIALE

Art. R. 513-1 Conformément aux dispositions de l'article R. 161-4-1 du code de la sécurité sociale, la durée, prévue à l'article L. 161-8 du même code, de maintien des droits des personnes libérées mentionnées par les dispositions de l'article L. 513-1 n'est pas suspendue par la période de mise sous écrou.

TITRE II AIDE MATÉRIELLE À LA SORTIE DE DÉTENTION

CHAPITRE I AIDE À L'HÉBERGEMENT

Art. D. 521-1 Le service pénitentiaire d'insertion et de probation s'assure que les personnes sortant de détention bénéficient d'un hébergement dans les premiers temps de leur sortie de détention.

Art. D. 521-2 Le directeur du service pénitentiaire d'insertion et de probation est consulté sur les demandes d'agrément formulées, conformément à la législation relative à l'aide sociale, par les organismes hébergeant les personnes libérées.

Ses avis sont transmis par le garde des sceaux, ministre de la justice, au ministre chargé de la santé.

CHAPITRE II AUTRES AIDES MATÉRIELLES

Art. R. 522-1 Une aide matérielle peut être attribuée à toute personne détenue dépourvue de ressources au moment de sa sortie de détention afin de lui permettre de subvenir à ses besoins pendant le temps nécessaire pour rejoindre le lieu où elle a déclaré se rendre.

L'établissement pénitentiaire fournit, dans toute la mesure possible, des vêtements à toute personne détenue libérable qui n'en posséderait pas et serait dépourvue de ressources suffisantes pour s'en procurer.

L'établissement pénitentiaire peut procéder ou participer à l'acquisition d'un titre de transport pour toute personne détenue qui, à sa sortie de détention, n'aurait pas un solde suffisant sur son compte nominatif pour rejoindre le lieu où elle a déclaré se rendre.

Toute personne détenue dont la levée d'écrou a été régulièrement opérée peut, à sa demande expresse et formulée par écrit, obtenir que sa libération effective soit reportée du soir au lendemain matin, si elle n'est pas assurée d'un gîte ou d'un moyen de transport immédiat.

Art. D. 522-2 Le service pénitentiaire d'insertion et de probation, en liaison avec les services de l'État, des collectivités territoriales et de tous organismes publics ou privés, favorise l'accès de chaque personne sortant de détention aux droits sociaux et aux dispositifs d'insertion et de santé.

Art. D. 522-3 Le service pénitentiaire d'insertion et de probation s'assure, pour les personnes libérées, de la continuité des actions d'insertion engagées en application des dispositions des articles D. 113-63, *(Décr. n° 2022-655 du 25 avr. 2022, art. 7, en vigueur le 1er mai 2022)* « D. 413-9 » et D. 414-6.

Art. D. 522-4 Pendant les six mois suivant sa date de libération, toute personne peut bénéficier, à sa demande, de l'aide du service pénitentiaire d'insertion et de probation du lieu de sa résidence.

Cette aide s'exerce en liaison et avec la participation, le cas échéant, des autres services de l'État, des collectivités territoriales et de tous organismes publics ou privés.

TITRE III LIBÉRATION CONDITIONNELLE

Art. D. 530-1 Dans les conditions prévues par les dispositions de l'article D. 528 du code de procédure pénale, le service pénitentiaire d'insertion et de probation chargé de suivre le bon déroulement d'une mesure de libération conditionnelle dont bénéficie une personne condamnée peut être destinataire d'instructions du juge de l'application des peines précisant les modalités pratiques d'exécution des mesures et conditions imposées à la personne intéressée.

COMMENTAIRE

Lorsqu'il recourt à une mesure de libération conditionnelle, le juge ou le tribunal de l'application des peines doit nécessairement rendre une décision motivée. Le jugement (pour le JAP) ou l'arrêt (pour le TAP) doit ainsi viser le procès-verbal de débat contradictoire, indiquer les garanties de représentation et de resocialisation de la personne et préciser l'ensemble des mesures et conditions imposées au condamné, obligatoires ou facultatives. Les modalités pratiques d'exécution de ces mesures et conditions confiées au service pénitentiaire d'insertion et de probation peuvent en revanche être précisées dans un second temps par une instruction adressée au service chargé de suivre le condamné. ❑

Art. D. 530-2 Les mesures d'aide ont pour objet de susciter et de seconder les efforts de toute personne condamnée en vue de sa réinsertion sociale, familiale et professionnelle.

Elles sont mises en œuvre par le service pénitentiaire d'insertion et de probation en liaison et avec la participation, le cas échéant, des autres services de l'État, des collectivités territoriales et de tous organismes publics ou privés.

Art. D. 530-3 Conformément aux dispositions de l'article D. 533 du code de procédure pénale, les personnes condamnées bénéficiant d'une libération conditionnelle se soumettent aux mesures de contrôle prévues par les dispositions de l'article 132-44 du code pénal mises en œuvre par le service pénitentiaire d'insertion et de probation.

Art. D. 530-4 Conformément aux dispositions de l'article D. 533-1 du code de procédure pénale, les personnes condamnées bénéficiant d'une libération conditionnelle peuvent faire l'objet d'un suivi renforcé par le service pénitentiaire d'insertion et de probation, sur décision de la juridiction d'application des peines.

COMMENTAIRE

Le suivi renforcé d'un condamné peut se justifier au regard de la nature des faits et de sa personnalité. Auquel cas, il doit être précisé soit dans la décision qui accorde la libération conditionnelle, soit postérieurement, par une instruction adressée par le juge de l'application des peines au service en charge du suivi du condamné. ❑

Art. D. 530-5 Les visites que les personnes condamnées sont tenues de recevoir du personnel du service pénitentiaire d'insertion et de probation en application des dispositions du 2° de l'article 132-44 du code pénal peuvent être faites au domicile ou à la résidence du de la personne condamnée, ainsi que, le cas échéant, sur son lieu de travail.

Les visites à domicile ne peuvent intervenir qu'entre 6 heures et 21 heures. Celles réalisées sur le lieu de travail peuvent intervenir pendant les heures de travail, et ne

doivent pas gêner ou perturber l'accomplissement de ce travail, ni les relations professionnelles des personnes condamnées.

Le personnel du service pénitentiaire d'insertion et de probation n'est pas tenu de prévenir à l'avance les personnes condamnées de sa visite.

En cas de difficulté dans l'application des dispositions du présent article, le personnel du service pénitentiaire d'insertion et de probation en informe le juge de l'application des peines.

TITRE IV MESURES DE SURVEILLANCE DES PERSONNES LIBÉRÉES

CHAPITRE I ACCUEIL DES PERSONNES SOUMISES À UNE RÉTENTION DE SÛRETÉ DANS UN CENTRE SOCIO-MÉDICO-JUDICIAIRE DE SÛRETÉ

RÉP. PÉN. v° *Peine (Nature et prononcé)*, par Céré et Grégoire.

BIBL. ▸ Cordier, L'apport de la juridiction nationale de la rétention de sûreté à l'interprétation de la loi 2008-174, modifiée, relative à la rétention de sûreté, *RSC 2020. 525* *s.* – Herzog-Evans, Les textes d'application de la loi rétention de sûreté. L'enracinement des nouvelles orientations de l'exécution des peines, *D. 2008. Chron. 3098*.

▸ **Dossier :** *AJ pénal 2008. 161* et *209* (nouvelle rétention de sûreté : éléments d'analyse et quelles perspectives ?) ; *ibid. 397* (nouveau contexte de l'application des peines) ; *ibid. 2014. 105* (premiers placements sous surveillance de sûreté).

COMMENTAIRE

Le centre socio-médico-judiciaire de sûreté est une structure spécialement créée par la loi n° 2008-174 du 25 février 2008 relative à la rétention de sûreté et à la déclaration d'irresponsabilité pénale pour cause de trouble mental (*JO 26 févr.*), pour accueillir les personnes placées en rétention de sûreté à la fin de l'exécution de leur peine. La rétention de sûreté est l'une des mesures phares de la loi de 2008, qui consiste à imposer une privation de liberté – à titre de sûreté – à une personne condamnée dans les conditions posées aux articles 706-53-13 et suivants du code de procédure pénale et qui, à l'issue de l'exécution de sa peine, présente une « particulière dangerosité caractérisée par une probabilité très élevée de récidive ». Cette privation de liberté est accompagnée, de façon permanente, d'une prise en charge médicale, sociale et psychologique destinée à permettre la fin de la mesure et, évidemment, à faire disparaître la dangerosité du retenu, ou tout au moins à la réduire. La décision de placer une personne sous le régime de la rétention de sûreté est prise, après avis motivé de la commission pluridisciplinaire des mesures de sûreté et à la suite d'une évaluation pluridisciplinaire de la dangerosité du condamné, par une juridiction spécialement créée par la loi de 2008, la juridiction régionale de la rétention de sûreté. Cette dernière détient une compétence de principe pour toute décision relative au prononcé, au renouvellement ou à la fin de la mesure (C. pr. pén., art. R. 53-8-53 et R. 53-8-54). Chaque décision doit être notifiée à la personne concernée, par le chef de l'établissement pénitentiaire ou le directeur des services pénitentiaires du centre socio-médico-judiciaire de sûreté (art. R. 541-1).

Bien que les rédacteurs du code pénitentiaire utilisent quasi systématiquement le pluriel pour décrire « les centres », il faut relever qu'il n'existe aujourd'hui qu'un centre de rétention de sûreté, situé au sein de l'établissement public de santé national de Fresnes, comme le précisent les articles R. 541-17 et R. 541-18. Ce centre, inauguré le 6 novembre 2008, est placé sous l'autorité conjointe du ministre chargé de la santé et du garde des Sceaux (art. R. 112-17) et il a déjà eu l'occasion d'accueillir plusieurs personnes retenues, placées à la suite de la méconnaissance des obligations découlant d'une surveillance de sûreté (hypothèse oubliée par le Conseil constitutionnel lorsqu'il a, à l'époque, déclaré que la rétention de sûreté « n'est ni une peine, ni une sanction ayant le caractère d'une punition », mais que, compte tenu de son « originalité », elle ne peut être rétroactive : Cons. const. 21 févr. 2008, n° 2008-562 DC, consid. n°s 9 et 10).

Les articles R. 541-2 et suivants du code pénitentiaire remplacent plusieurs dispositions contenues jusqu'à présent dans le code de procédure pénale (C. pr. pén., art. R. 53-8-56 s., abrogés par Décr. n° 2022-479 du 30 mars 2022, art. 8).

Les articles R. 541-2 à R. 541-10 précisent le fonctionnement du centre (« des centres » pour reprendre la terminologie du code), ses missions ou encore son organisation. De nombreuses similitudes peuvent être relevées avec le fonctionnement des établissements pénitentiaires, ce qui peut par ailleurs expliquer que parfois, la rétention de sûreté soit traitée comme étant en réalité une « peine après la peine » (Rapp. du jury de consensus remis au Premier ministre, Pour une nouvelle politique publique de prévention de la récidive. Principes d'action et méthodes, *20 févr. 2013, p. 28* ; Salvage, Les peines de peine, *Dr. pénal 2008. Étude 9*). Ainsi, par effet miroir avec la détention « ordinaire », une attention particulière est portée à la légalité de la privation de liberté des personnes accueillies dans les centres de rétention de sûreté (art. R. 541-5, qui rappelle l'art. L. 5 pour la détention). De la même manière, un dossier individuel est établi, afin de rendre compte de l'évolution de la personne retenue et du déroulement de la mesure (art. R. 541-7). Pareillement, la règle de l'hébergement individuel pendant la nuit (art. R. 541-9) remémore celle de l'encellulement individuel. Enfin, en ce qui concerne la surveillance du centre socio-médico-judiciaire de sûreté, il faut se référer aux articles R. 53-8-62 à R. 53-8-65 du code de procédure pénale pour en identifier les contours.

Les articles R. 541-11 à R. 541-16 précisent quant à eux les droits des personnes retenues et les restrictions dont elles peuvent faire l'objet. Bien évidemment, ces personnes ne doivent pas être soumises à un régime pénitentiaire – le centre socio-médico-judiciaire de sûreté n'étant pas une prison – mais si un ensemble de droits leur est attribué (art. R. 541-12 et R. 541-13), des restrictions leur sont également imposées lorsqu'elles sont « strictement nécessaires au maintien de l'ordre et de la sécurité dans les centres, à la protection d'autrui, à la prévention des infractions et de toute soustraction des personnes retenues à la mesure dont elles font l'objet » (art. R. 541-11). Ainsi, lorsque le bon ordre du centre, la sûreté des personnes ou la sécurité des biens semble compromis, le directeur des services pénitentiaires peut prendre toute mesure appropriée à la situation constatée (art. R. 541-15), la mesure de confinement en chambre individuelle faisant, semble-t-il, office de dernier recours (art. R. 541-16). ❑

1. Les droits des personnes retenues. Les dispositions de l'art. R. 53-8-68, 5° et 7°, ne sauraient avoir ni pour objet ni pour effet d'autoriser un contrôle général des correspondances et des communications téléphoniques des personnes retenues, à la seule exception de celles échangées avec leur avocat. En outre, elles n'autorisent le directeur de l'établissement à procéder à un tel contrôle que dans le cas strictement prévu par le dernier al. de ce même art. et par l'art. R. 53-8-66 auquel il renvoie. • CE 21 oct. 2011 : *D. actu. 7 nov. 2011, obs. Fleuriot.*

2. Permission de sortie sous escorte. Le fait d'accorder une autorisation de sortir sous escorte ne constitue pas en soi un traitement inhumain et dégradant au sens de l'art. 3 Conv. EDH. • Crim. 17 mars 2010 : *AJ pénal 2010. 409, note Herzog-Evans* ✎.

SECTION 1 Notification de la décision de rétention de sûreté

Art. R. 541-1 **Dans les conditions prévues par les dispositions de l'article R. 53-8-40 du code de procédure pénale, le chef de l'établissement pénitentiaire ou le directeur des services pénitentiaires du centre socio-médico-judiciaire de sûreté notifie aux personnes détenues intéressées les décisions de rétention de sûreté prises par la juridiction régionale de la rétention de sûreté.**

SECTION 2 Fonctionnement des centres socio-médico-judiciaires de sûreté

Art. R. 541-2 **Les centres socio-médico-judiciaires de sûreté ont pour mission :**

1° De proposer aux personnes placées dans ces structures, de façon permanente, une prise en charge médicale, psychologique et sociale destinée à réduire leur dangerosité et à permettre la fin de la mesure de rétention ;

2° De retenir dans leurs locaux ces personnes, dans des conditions permettant d'assurer la sécurité et le bon ordre du centre socio-médico-judiciaire et d'éviter que ces personnes ne se soustraient à la mesure prononcée, avec la rigueur strictement nécessaire et dans le respect de leur dignité.

La prise en charge peut notamment comporter, après accord écrit de la personne, un traitement utilisant des médicaments qui entraînent une diminution de la libido.

Art. R. 541-3 Les centres sont placés sous la responsabilité conjointe, chacun dans son domaine de compétence, d'un directeur des services pénitentiaires et d'un directeur d'établissement public de santé.

Le directeur des services pénitentiaires assure les missions de sécurité, de surveillance, de maintien de l'ordre, de greffe, d'hébergement et d'organisation de la vie quotidienne des personnes retenues. Il tient compte des prescriptions ou contre-indications médicales liées à l'état d'une personne retenue ainsi que de tout autre élément de nature à le renseigner sur sa situation. Les personnels placés sous son autorité relèvent de l'administration pénitentiaire et demeurent soumis à leur statut particulier.

Le directeur d'établissement public de santé organise la prise en charge médicale et psychologique des personnes retenues. Il peut passer des conventions avec un ou plusieurs établissements publics de santé afin qu'une prise en charge sanitaire et psychologique permanente soit assurée aux personnes retenues.

Le directeur des services pénitentiaires et le directeur d'établissement public de santé organisent conjointement la prise en charge pluridisciplinaire, dont la prise en charge socio-éducative, des personnes retenues destinée à permettre leur sortie du centre.

Le directeur des services pénitentiaires peut autoriser, sur proposition ou après avis favorable du directeur d'établissement public de santé, des intervenants extérieurs spécialisés à prendre part aux activités proposées ou à assister les personnes retenues dont la situation personnelle justifie une prise en charge spécifique, en particulier dans le domaine médico-social. A ce titre, des travailleurs sociaux peuvent être chargés d'aider les personnes retenues, notamment dans l'exercice de leurs droits sociaux, le maintien de leurs liens familiaux et leurs démarches de réinsertion.

Art. R. 541-4 Les autorités judiciaires et le personnel relevant de l'administration pénitentiaire ne peuvent intervenir dans le déroulement des traitements décidés et mis en œuvre par le personnel médical ou soignant.

Les médecins et les psychologues délivrent les attestations permettant aux personnes retenues de justifier auprès du juge de l'application des peines mentionné par les dispositions de l'article R. 53-8-64 du code de procédure pénale du suivi effectif dont elles font l'objet.

Lorsque l'hospitalisation d'une personne retenue est requise, le directeur des services pénitentiaires informe sans délai le juge et le préfet prescrit un dispositif de garde et d'escorte adapté à la dangerosité de la personne retenue.

Art. R. 541-5 Le directeur des services pénitentiaires, ou sous son autorité le responsable du service du greffe, veille à la légalité de la privation de liberté des personnes accueillies dans les centres socio-médico-judiciaires de sûreté ainsi qu'à leur libération immédiate dès la fin de la mesure de rétention.

Art. R. 541-6 Les centres socio-médico-judiciaires de sûreté comportent un service administratif de greffe au sein duquel est tenu un registre de rétention dans lequel sont mentionnées et mises à jour, pour chaque personne faisant l'objet d'une rétention de sûreté, les informations suivantes :

1° Les dates d'arrivée ou de retour dans le centre de la personne ;

2° La date prévue pour la fin de la mesure ;

3° La nature des décisions la concernant prises par la juridiction régionale de la rétention de sûreté, la juridiction nationale de la rétention de sûreté et la Cour de cassation et la date de leur notification à la personne retenue ;

4° Les recours et pourvois formés par la personne retenue contre ces décisions et la date à laquelle elle a déclaré ces recours au greffe ;

5° Les demandes formées par la personne retenue en application des dispositions de l'article 706-53-17 du code de procédure pénale et la date de leur déclaration au greffe ;

6° Les décisions judiciaires qui affectent le déroulement de la mesure ;

7° La date et les motifs de sorties effectives du centre de la personne retenue, qu'elles soient provisoires ou définitives.

Art. R. 541-7 Chacune des personnes retenues dans le centre socio-médico-judiciaire de sûreté fait l'objet d'un dossier individuel, destiné à rendre compte de son évolution et du déroulement de la mesure, tenu par le greffe dans lequel figurent, à l'exclusion de tout document couvert par le secret médical :

1° La décision de placement en rétention de sûreté ;

2° La copie du dossier individuel de la personne retenue établi pendant l'exécution de sa peine et du dossier de suivi des mesures de sûreté dont elle a pu faire l'objet ;

3° Les décisions judiciaires et administratives prises pendant la durée de sa rétention et de ses éventuelles détentions antérieures ;

4° Les évaluations et les expertises dont cette personne fait l'objet pendant la durée de sa rétention ;

5° Les attestations de suivi délivrées périodiquement par les médecins ou psychologues qui participent à la prise en charge de la personne retenue ;

6° Tout document utile à la connaissance de la personnalité et au suivi de l'évolution de la personne retenue.

Art. R. 541-8 Le dossier individuel de la personne retenue est accessible :

1° Au procureur de la République, au juge de l'application des peines, aux membres de la juridiction régionale de la rétention de sûreté et de la juridiction nationale de la rétention de sûreté ;

2° Aux responsables et, dans cette limite, aux personnels du centre chargés de sa prise en charge ;

3° Aux personnes extérieures dont le concours est requis si cet accès est nécessaire à l'accomplissement de leur mission. La consultation se fait sous le contrôle du directeur des services pénitentiaires qui leur donne communication des seules pièces utiles à la prise en charge ou à l'évaluation de la personne retenue. Le bordereau des pièces communiquées est versé au dossier.

Le dossier peut être consulté par l'avocat de la personne retenue.

Art. R. 541-9 Toute personne retenue fait l'objet d'un hébergement individuel pendant la nuit.

Dans la journée, toute personne retenue peut participer aux activités du centre, sauf décision contraire du directeur des services pénitentiaires ou du directeur d'établissement public de santé motivée par des raisons de sécurité ou médicales.

Il est institué, le cas échéant, un quartier spécifique pour les femmes.

Art. R. 541-10 La surveillance des centres socio-médico-judiciaires de sûreté est assurée dans les conditions définies par les dispositions des articles R. 53-8-62 à R. 53-8-65 du code de procédure pénale.

SECTION 3 Régime de rétention des personnes retenues dans les centres socio-médico-judiciaires de sûreté

Art. R. 541-11 L'exercice des droits reconnus aux personnes retenues ne peut faire l'objet d'autres restrictions que celles strictement nécessaires au maintien de l'ordre et de la sécurité dans les centres, à la protection d'autrui, à la prévention des infractions et de toute soustraction des personnes retenues à la mesure dont elles font l'objet.

Art. R. 541-12 Toute personne retenue doit être informée dès le début de sa rétention, dans une langue qu'elle comprend, des droits et obligations liés à sa situation, y compris des recours et requêtes qu'elle peut former, de son droit à être assistée par un avocat de son choix ou commis d'office devant les juridictions de la rétention de sûreté, le juge de l'application des peines et le directeur des services pénitentiaires lors de la procédure mentionnée par les dispositions de l'article R. 541-16.

Pour la procédure prévue par l'article R. 541-16, la rétribution de l'avocat est prise en charge au titre de l'aide juridictionnelle.

Lors de son admission, les règles applicables dans le centre sont portées à la connaissance de la personne retenue. Elles lui sont également rendues accessibles pendant la durée de sa rétention.

Art. R. 541-13 Toute personne retenue dans un centre socio-médico-judiciaire de sûreté a droit :

1° De suivre individuellement ou collectivement des actions d'éducation et de formation, au sein du centre ou par correspondance, sous la direction de professionnels habilités ;

2° D'exercer un emploi compatible avec sa présence au sein du centre soit pour son propre compte soit pour le compte d'employeurs extérieurs. Ces activités s'exercent de façon individuelle ou collective ;

3° De pratiquer, individuellement ou collectivement, des activités religieuses ou philosophiques de son choix, de recevoir les ministres du culte de son choix et de participer aux réunions qu'ils organisent ;

4° De se livrer à des activités culturelles, sportives et de loisir, dont une partie s'effectue obligatoirement en extérieur, organisées par des professionnels habilités ;

5° D'émettre ou de recevoir des correspondances avec toutes personnes de son choix. Les correspondances échangées avec son avocat ou des autorités publiques ne peuvent jamais ni être contrôlées ni être retenues ;

6° De recevoir des visites chaque jour de toute personne de son choix. Sauf décision contraire, ces visites s'effectuent sans dispositif de séparation. Elles peuvent être précédées ou suivies de fouille de la personne retenue ;

7° De téléphoner chaque jour aux personnes de son choix, à ses frais ou aux frais de son correspondant. Les communications téléphoniques échangées avec son avocat ne peuvent jamais être écoutées, enregistrées ou interrompues.

Les restrictions apportées par le directeur des services pénitentiaires à l'exercice de ces droits doivent être dûment justifiées au regard des exigences mentionnées par les dispositions de l'article R. 541-11. Sauf en cas d'urgence, le directeur des services pénitentiaires recueille l'avis du directeur d'établissement public de santé. Il informe sans délai le juge de l'application des peines de ces décisions.

Art. R. 541-14 Conformément aux dispositions de l'article R. 53-8-71 du code de procédure pénale, le directeur des services pénitentiaires est préalablement consulté par le juge de l'application des peines lorsqu'il accorde ou refuse une permission de sortie à une personne retenue dans un centre socio-médico-judiciaire.

Art. R. 541-15 Lorsque le comportement des personnes retenues met en péril le bon ordre du centre, la sûreté des personnes, la sécurité des biens ou cause des désordres persistants, le directeur des services pénitentiaires prend toute mesure appropriée dans le respect des exigences mentionnées par les dispositions de l'article R. 541-11.

Sauf urgence, cette décision est prise après avis du directeur d'établissement public de santé. Elle est communiquée au juge de l'application des peines. Elle est motivée et versée au dossier individuel de la personne accompagnée de ses observations.

Art. R. 541-16 Lorsque l'objectif recherché à l'article R. 541-15 ne peut être atteint par d'autres mesures, le directeur des services pénitentiaires peut décider, à l'égard de la personne retenue :

1° La suspension, totale ou partielle, d'activités mentionnées par les dispositions de l'article R. 541-13 pour une période maximum de vingt et un jours ;

2° Le confinement en chambre individuelle pour une durée maximale de vingt et un jours. Le confinement emporte suspension de toutes activités et de la libre circulation au sein du centre socio-médico-judiciaire de sûreté à l'exception des visites et des activités liées à la prise en charge médicale et psychologique.

La mesure est suspendue si le médecin constate que son exécution est de nature à compromettre l'état de santé de la personne retenue.

La personne retenue peut faire valoir ses observations y compris par son avocat ou par un mandataire agréé par le directeur des services pénitentiaires et remplissant les conditions mentionnées par les dispositions de l'article R. 351-3.

SECTION 4 Centre socio-médico-judiciaire de sûreté de Fresnes

Art. R. 541-17 Le centre socio-médico-judiciaire de sûreté, créé au sein de l'établissement public de santé national de Fresnes institué en application de l'article L. 6141-5 du code de la santé publique, est placé sous la responsabilité conjointe, chacun dans son domaine de compétence, du directeur de l'établissement public de santé national de Fresnes et du directeur d'hôpital mis à la disposition de cet établissement par le ministre chargé de la santé.

Le directeur de l'établissement public de santé national de Fresnes exerce les compétences attribuées au directeur des services pénitentiaires en matière d'organisation du centre et de protection des droits des personnes retenues. Il désigne parmi les personnels sur lesquels il a autorité ceux chargés de la surveillance des personnes retenues et des missions de greffe relevant du centre.

Le directeur d'hôpital exerce les compétences attribuées au directeur d'établissement public de santé en matière d'organisation du centre et de protection des droits des personnes retenues. A ce titre, il passe des conventions entre l'établissement public de santé national de Fresnes et un ou plusieurs établissements publics de santé afin qu'une prise en charge sanitaire et psychologique permanente soit assurée aux personnes retenues.

Art. R. 541-18 Les règles de fonctionnement du centre socio-médico-judiciaire de sûreté de Fresnes et les conditions dans lesquelles s'exercent les droits des personnes retenues prévus par les dispositions des articles R. 53-8-69 à R. 53-8-71 et R. 53-8-74 du code de procédure pénale, et R. 541-11 à R. 541-13, R. 541-15 et R. 541-16 du présent code sont précisées par son règlement intérieur, qui est fixé par arrêté conjoint du garde des sceaux, ministre de la justice, et du ministre chargé de la santé.

CHAPITRE II CONTRÔLE DU RESPECT DE L'OBLIGATION DE SOINS PRONONCÉE EN L'ABSENCE DE SUIVI SOCIO-JUDICIAIRE

Art. D. 542-1 Le service pénitentiaire d'insertion et de probation met en œuvre les mesures de contrôle et veille au respect de l'obligation de soins prononcée à titre de mesure de sûreté en l'absence de suivi sociojudiciaire en application des dispositions des articles 706-136-1 et D. 47-33 à D. 47-37 du code de procédure pénale.

BIBL. ▶ DANET, Sur l'altération du discernement, prudence et mesure de sûreté, mais pour quel résultat ?, *Gaz. Pal. 21 oct. 2014, n° 294, p. 9 s.* – PONCELA, Les peines extensibles de la loi du 15 août 2014, *RSC 2014. 611 s.* – PONSEILLE, Prise en considération de l'état de santé de la personne suspectée ou condamnée par la loi n° 2014-896 du 15 août 2014 relative à l'individualisation des peines et renforçant l'efficacité des sanctions pénales, *RSC 2014. 729 s.*

COMMENTAIRE

L'obligation de soins, pour les condamnés en fin de peine non soumis à un suivi sociojudiciaire, a été instaurée par la loi n° 2014-896 du 15 août 2014 relative à l'individualisation des peines et renforçant l'efficacité des sanctions pénales (*JO 17 août*). Il s'agit d'une nouvelle mesure de sûreté destinée à une population pénale particulière, puisqu'elle peut être prononcée uniquement à l'encontre des « personnes condamnées dans les circonstances mentionnées au second alinéa de l'article 122-1 du code pénal » (C. pr. pén., art. 706-136-1), c'est-à-dire des personnes jugées pénalement responsables mais qui étaient, au moment des faits, atteintes de troubles psychiques ou neuropsychiques ayant altéré – et non aboli – leur discernement ou entravé le contrôle de leurs actes. Justifiée par une volonté évidente d'assurer une continuité des soins qui, par principe, ont dû débuter pendant le temps de la détention, cette obligation de soins représente la première mesure de soins postsentencielle autonome créée par le législateur. Elle est imposée par le juge de l'application des peines après un avis médical « constitué d'au moins une expertise psychiatrique » (C. pr. pén., art. D. 47-35, al. 1), qui doit faire état de la nécessité des soins afin de « prévenir le renouvellement des actes commis par la personne condamnée, pour la protéger, ou pour protéger la victime ou la famille de la victime » (C. pr. pén., art. D. 47-34, al. 1). L'article D. 542-1 confirme la compétence du service pénitentiaire d'insertion et de probation pour la mise en œuvre et le contrôle du respect de cette obligation de soins, cette compétence lui étant dévolue de manière générale par l'article D. 112-35 du même code, qui rappelle que, dans chaque département, un service pénitentiaire d'insertion et de probation est chargé d'exécuter un certain nombre de missions, dont celle prévue par les dispositions de l'article D. 542-1. Pour chaque personne qui fait l'objet d'une obligation de soins prononcée en l'absence de suivi sociojudiciaire, le service pénitentiaire d'insertion et de probation doit constituer un dossier individuel comportant un certain nombre de pièces et d'éléments détaillés par l'article D. 113-34 du code pénitentiaire (des éléments relatifs au suivi de la mesure essentiellement), qui vont lui permettre de mettre en œuvre effectivement l'obligation décidée par le juge d'application des peines, de contrôler son respect et de transmettre à l'autorité judiciaire toute information utile relative à l'exécution de la mesure (art. D. 113-45). ❑

CHAPITRE III CONTRÔLE DU RESPECT DES MESURES DE SURVEILLANCE JUDICIAIRE ET DE SURVEILLANCE DE SÛRETÉ

Art. R. 543-1 **Conformément aux dispositions de l'article R. 53-8-49 du code de procédure pénale, le service pénitentiaire d'insertion et de probation assiste le juge de l'application des peines pour le contrôle des personnes placées sous surveillance de sûreté.**

Art. D. 543-2 **Dans les conditions prévues par les dispositions de l'article D. 147-32 du code de procédure pénale, le greffe de chaque établissement pénitentiaire transmet au procureur de la République et au juge de l'application des peines copie de la fiche pénale des personnes condamnées susceptibles de faire l'objet d'une surveillance judiciaire à leur libération.**

Art. D. 543-3 **Avant la libération de chaque personne soumise à une mesure de surveillance judiciaire, le chef de l'établissement pénitentiaire lui notifie sa convocation devant le juge de l'application des peines dans les conditions prévues par les dispositions de l'article D. 147-40-2 du code de procédure pénale.**

Art. D. 543-4 **Conformément aux dispositions de l'article D. 147-47 du code de procédure pénale, le service pénitentiaire d'insertion et de probation assiste le juge de l'application des peines pour le contrôle du respect des obligations et interdictions auxquelles sont soumises des personnes faisant l'objet d'un suivi en application des dispositions de l'article 721-2 du même code.**

Art. D. 543-5 **Lorsqu'il est fait application du I de l'article 721-2 du code de procédure pénale, le chef de l'établissement pénitentiaire notifie à la personne intéressée sa convocation devant le juge de l'application des peines, dans les conditions prévues par les dispositions de l'article D. 147-48 du même code.**

BIBL. ▸ **Dossier :** *AJ pénal 2014. 105* (premiers placements sous surveillance de sûreté).

COMMENTAIRE

Pour éprouver la capacité du condamné à se conduire convenablement dans la société, le juge de l'application des peines ou le tribunal de l'application des peines peut décider que la libération du condamné soit surveillée par l'intermédiaire de différents mécanismes identifiés par le code de procédure pénale. Ce chapitre III du code pénitentiaire vient compléter les dispositions des parties législatives et réglementaires du code de procédure pénale, s'agissant du contrôle du respect des mesures de surveillance par le condamné, en précisant les compétences et la procédure applicables.

L'article R. 543-1 fait écho à la partie législative du code pénitentiaire car si l'article L. 543-1 prévoit l'assistance du juge de l'application des peines par le service pénitentiaire d'insertion et de probation pour la mise en œuvre et le suivi d'une mesure de surveillance judiciaire des personnes dangereuses, l'article R. 543-1 contient des dispositions similaires, mais applicables à l'hypothèse du prononcé d'une surveillance de sûreté. La surveillance de sûreté a été introduite par la loi n° 2008-174 du 25 février 2008 relative à la rétention de sûreté et à la déclaration d'irresponsabilité pénale pour cause de trouble mental (*JO 26 févr.*). Elle est définie par l'article 706-53-19 du code de procédure pénale et les conditions de sa mise en œuvre sont précisées par les articles R. 53-8-44 et suivants du même code (Décr. n° 2008-1129 du 4 nov. 2008 relatif à la surveillance de sûreté et à la rétention de sûreté, *JO 5 nov.*). De manière générale, il s'agit d'une mesure restrictive de liberté dépourvue d'autonomie, puisqu'elle ne peut être prononcée qu'à la suite d'une rétention de sûreté (C. pr. pén., art. 706-53-19), d'une surveillance judiciaire (C. pr. pén., art. 723-37), d'un suivi socio-judiciaire à toutes les occurrences (C. pr. pén., art. 763-8) ou d'une libération conditionnelle (C. pr. pén., art. 732-1). Elle permet d'astreindre le condamné à des mesures et obligations similaires à celles prévues dans le cadre de la surveillance judiciaire, l'article 706-53-19 du code de procédure pénale faisant en ce sens renvoi aux dispositions de l'article 723-30 du même code. Elle ne peut cependant être prononcée qu'à « l'égard des personnes mentionnées à l'article 706-53-13 » (C. pr. pén., art. R. 53-8-44), ce qui réduit substantiellement son champ d'application.

Les articles D. 543-2 et suivants énoncent ensuite de manière cohérente les compétences dans l'hypothèse du recours à une mesure de libération surveillée en lien avec les réductions de peine. Ainsi, s'agissant de la mise en œuvre et du contrôle des mesures, obligations et interdictions prononcées dans le cadre de la libération d'un condamné sur le fondement du I de l'article 721-2 du code de procédure pénale, l'article D 543-4 désigne logiquement le service pénitentiaire d'insertion et de probation pour en contrôler la bonne exécution.

En outre, lorsqu'une surveillance judiciaire est décidée ou lorsqu'il est fait application du I de l'article 721-2 du code de procédure pénale, c'est au chef de l'établissement pénitentiaire qu'incombe la charge de notifier à la personne intéressée, avant sa libération, sa convocation devant le juge de l'application des peines. C'est ce que rappellent les articles D. 543-3 et D. 543-5, qui font respectivement renvoi aux dispositions de l'article D. 147-40-2 du code de procédure pénale pour la surveillance judiciaire et à celles de l'article D. 147-48 du même code pour la mesure de libération anticipée du I de l'article 721-2. Il faut préciser que pour la surveillance judiciaire, la personne doit être convoquée devant le juge de l'application des peines « dans un délai maximal de huit jours à compter de sa libération » (C. pr. pén., art. D. 147-40-2) alors que pour l'application du I de l'article 721-2, c'est un « délai maximal d'un mois » à compter de la libération qui doit être respecté (C. pr. pén., art. D. 147-48).

Voir également le commentaire sous l'article L. 543-1. ❑

CHAPITRE IV **PLACEMENT SOUS SURVEILLANCE ÉLECTRONIQUE MOBILE À TITRE DE MESURE DE SÛRETÉ**

SECTION 1 **Commission pluridisciplinaire des mesures de sûreté et examen de dangerosité**

Art. R. 544-1 **Conformément aux dispositions de l'article R. 61-8 du code de procédure pénale, le directeur interrégional des services pénitentiaires, ou son représentant, est membre de la commission pluridisciplinaire des mesures de sûreté, qui peut être sollicitée avant que le juge de l'application des peines ne statue sur la durée du placement sous surveillance électronique mobile, ou sur la prolongation de la mesure en application des dispositions de l'article 763-10 du même code.**

Art. R. 544-2 **Conformément aux dispositions de l'article R. 53-21-9 du code de procédure pénale, le directeur interrégional des services pénitentiaires ou son représentant sont destinataires, en qualité de membres de la commission pluridisciplinaire des mesures de sûreté, des informations contenues dans le répertoire des données à caractère personnel collectées dans le cadre des procédures judiciaires dénommé REDEX.**

Art. R. 544-3 **Le chef de l'établissement pénitentiaire porte à la connaissance de chaque personne détenue intéressée :**
1° L'avis de la commission pluridisciplinaire des mesures de sûreté, dans les conditions prévues par les dispositions de l'article R. 61-9 du code de procédure pénale ;
2° Les conclusions de l'examen de dangerosité, dans les conditions prévues par les dispositions de l'article R. 61-11 du même code.

COMMENTAIRE

Les commissions pluridisciplinaires des mesures de sûreté sont des structures *sui generis* instituées à l'article 763-10 du code de procédure pénale par la loi n° 2005-1549 du 12 décembre 2005 relative au traitement de la récidive des infractions pénales (*JO 13 déc.*). La création de ces structures va de pair avec le mouvement de consécration légale des mesures de sûreté et le besoin concomitant de généraliser l'évaluation pluridisciplinaire de dangerosité. Le nombre, la localisation et la compétence de ces commissions ont été établis par arrêté du 23 août 2007 (Arr. du 23 août 2007 fixant le nombre, la localisation et la compétence territoriale des commissions pluridisciplinaires des mesures de sûreté, *JO 12 sept.*) et il en résulte la création de huit commissions dont les sièges sont situés à Bordeaux, Lille, Lyon, Marseille, Nancy, Paris, Rennes et Fort-de-France et dont la compétence territoriale s'étend au ressort de plusieurs cours d'appel. La composition de chacune de ces commissions est déterminée par l'article R. 61-8 du code de procédure pénale, intégré par un décret du 1er août 2007 (Décr. n° 2007-1169 du 1er août 2007 modifiant le code de procédure pénale et relatif au PSEM, *JO 3 août*) et retouché par deux décrets successifs de 2008 (Décr. n° 2008-150 du 19 févr. 2008 modifiant le code de procédure pénale et le code général des collectivités territoriales, *JO 21 févr.* ; Décr. n° 2008-1129 du 4 nov. 2008 relatif à la surveillance de sûreté et à la rétention de sûreté, *JO 5 nov.*). Il en résulte que la commission pluridisciplinaire des mesures de sûreté est composée :

« 1° D'un président de chambre à la cour d'appel désigné pour une durée de cinq ans par le premier président de la cour d'appel dans le ressort de laquelle siège la commission, président ;

2° Du préfet de région, préfet de la zone de défense dans le ressort de laquelle siège la commission, ou de son représentant ;

3° Du directeur interrégional des services pénitentiaires compétent dans le ressort de la cour d'appel où siège la commission, ou de son représentant ;

4° D'un expert psychiatre ;

5° D'un expert psychologue titulaire d'un diplôme d'études supérieures spécialisées ou d'un mastère de psychologie ;

6° D'un représentant d'une association d'aide aux victimes ;

7° D'un avocat, membre du conseil de l'ordre ».

Lorsqu'elle est saisie, la commission rend un avis motivé dans les trois mois de sa saisine (C. pr. pén., art. R. 61-9) par lequel elle s'exprime dans un sens favorable ou défavorable à la mesure de sûreté envisagée. Pour parfaire sa connaissance de la personnalité de l'individu, se prononcer sur sa dangerosité et sur le risque qu'il présente de commettre une nouvelle infraction, la commission, par l'intermédiaire du directeur interrégional des services pénitentiaires ou de son représentant, est destinataire des informations contenues dans le répertoire des données à caractère personnel collectées dans le cadre des procédures judiciaires dénommé REDEX (C. pr. pén, art. 706-56-2 et 53-21-9, auquel l'art. R. 544-2 C. pénit. renvoie). Une fois l'avis rendu, il sera porté à la connaissance du condamné détenu par le chef de l'établissement pénitentiaire qui devra également l'informer des conclusions de l'examen de dangerosité réalisé conformément aux articles 763-10 et R. 61-11 du code de procédure pénale (art. R. 544-3). ❑

SECTION 2 Vérification de la faisabilité de la mesure

Art. R. 544-4 **Conformément aux dispositions de l'article R. 61-23 du code de procédure pénale, le service pénitentiaire d'insertion et de probation peut être chargé par la juridiction de l'application des peines de vérifier la disponibilité du dispositif technique de placement sous surveillance électronique mobile, la faisabilité technique du projet et la situation familiale, matérielle et sociale de la personne condamnée ainsi que celle de la victime, préalablement au prononcé d'un tel placement.**

SECTION 3 Pose et dépose du dispositif

Art. R. 544-5 **Lors de la pose ou de la dépose du dispositif prévu par les dispositions de l'article R. 544-7, les agents de l'administration pénitentiaire peuvent être assistés par les personnes habilitées mentionnées par les dispositions des articles R. 544-11 à R. 544-17.**

Durant le délai prévu à l'article 763-12 du code de procédure pénale, il est procédé aux tests de mise en service, à l'information et à la formation de la personne condamnée intéressée sur les modalités pratiques de fonctionnement du dispositif, notamment par la remise d'un formulaire d'utilisation et de consignes. Il lui est également précisé qu'elle est tenue de respecter ces consignes et notamment de procéder à la mise en charge régulière de la batterie selon les modalités indispensables au bon fonctionnement du dispositif, et que le non-respect de cette exigence constitue une violation des obligations auxquelles elle est astreinte.

Lors de la pose, il est remis à la personne condamnée intéressée un document lui rappelant les dispositions de l'article 723-35 du code de procédure pénale, du quatrième alinéa de l'article 763-10 ou de l'article 733 du même code, ainsi que les dispositions de l'article R. 544-26 du présent code relatif au droit d'accès et de rectification.

Art. D. 544-6 **Le personnel de l'administration pénitentiaire procède également à la pose et à la dépose du dispositif de surveillance électronique mobile dans le cadre et les conditions prévus par l'article D. 51 du code de procédure pénale.**

SECTION 4 Contrôle et suivi de la mesure

Art. R. 544-7 Pour la mise en œuvre du procédé permettant le placement sous surveillance électronique mobile, la personne intéressée porte un dispositif comportant un émetteur.

Cet émetteur transmet des signaux permettant la géolocalisation de la personne intéressée sur l'ensemble du territoire national.

Le dispositif porté par la personne intéressée est conçu de façon à ne pouvoir être enlevé par cette dernière sans que soit émis un signal d'alarme.

Il permet une communication entre le centre de surveillance et la personne intéressée, qui peut faire l'objet d'un enregistrement aux fins de contrôles complémentaires.

Ces dispositifs peuvent être complétés par d'autres procédés de surveillance électronique permettant une authentification biométrique vocale à des fins de vérification à distance de la présence de la personne intéressée.

Le procédé décrit au présent article est homologué par arrêté du garde des sceaux, ministre de la justice.

Art. R. 544-8 Le contrôle du respect de ses obligations par la personne placée sous surveillance électronique mobile se fait notamment par vérifications téléphoniques, visites aux lieux d'assignation, convocations au service pénitentiaire d'insertion et de probation ainsi que par l'exploitation des informations enregistrées par le traitement automatisé prévu par les dispositions de l'article R. 544-18.

Art. R. 544-9 Les agents affectés au centre de surveillance chargés de la mise en œuvre du placement avisent sans délai le juge de l'application des peines compétent ou le magistrat du siège qui le remplace, ou en cas d'urgence et d'empêchement de ceux-ci, le procureur de la République, lorsqu'ils sont alertés notamment de ce qu'une personne placée sous surveillance électronique mobile se trouve dans une zone d'exclusion ou dans une zone tampon ou ne se trouve plus dans une zone qui lui a été assignée ou de ce que le dispositif est détérioré.

Art. R. 544-10 Conformément aux dispositions de l'article R. 61-31 du code de procédure pénale, les décisions relatives aux obligations des personnes condamnées en matière d'horaires d'assignation, de zones d'exclusion, de zones d'inclusion ou de zones tampon sont prises selon la procédure prévue par les dispositions de l'article 712-8 du même code.

SECTION 5 Habilitation des personnes auxquelles peuvent être confiées des prestations techniques concernant la mise en œuvre du placement sous surveillance électronique mobile

Art. R. 544-11 L'habilitation des personnes auxquelles peuvent être confiées par contrat les prestations techniques détachables des fonctions de souveraineté concernant la mise en œuvre du placement sous surveillance électronique mobile est accordée par arrêté du garde des sceaux, ministre de la justice.

L'habilitation est accordée pour une durée de cinq ans renouvelable en fonction des compétences techniques, des garanties financières et des références qu'offrent ces personnes, appréciées au regard de la nature, de l'étendue et du coût des prestations faisant l'objet de ce contrat.

Art. R. 544-12 Pour être habilitées les personnes physiques doivent :

1° Posséder la nationalité française ou celle de l'un des États membres de la Communauté européenne ;

2° Ne pas avoir fait l'objet d'une mesure de révocation de la fonction publique, civile ou militaire, ni d'une condamnation, incapacité ou déchéance justifiant l'inscription au bulletin n° 2 du casier judiciaire.

Art. R. 544-13 L'habilitation ne peut être accordée à une personne morale :

1° Dont le bulletin n° 2 du casier judiciaire comporte une condamnation, une incapacité ou une déchéance ;

2° Dont la situation d'un ou plusieurs de ses dirigeants de droit ou de fait n'est pas conforme aux dispositions du 2° de l'article R. 544-12.

Art. R. 544-14 L'habilitation peut être retirée par le garde des sceaux, ministre de la justice, selon les modalités prévues par les dispositions de l'article R. 544-17, en cas de modification substantielle de la situation des personnes au regard des dispositions des articles R. 544-11, R. 544-12 ou R. 544-13.

Art. R. 544-15 Chaque employé d'une personne mentionnée par les dispositions des articles R. 544-11 à R. 544-14 appelé à accomplir des tâches pour l'exécution du contrat visé par les dispositions de l'article R. 544-11 fait l'objet d'une habilitation individuelle préalable du garde des sceaux, ministre de la justice.

Cette habilitation est accordée pour une durée de cinq ans renouvelable.

Art. R. 544-16 Pour être habilitées, les personnes mentionnées par les dispositions de l'article R. 544-15 doivent :

1° Posséder la nationalité française ou celle de l'un des États membres de la Communauté européenne ;

2° Ne pas avoir fait l'objet d'une mesure de révocation de la fonction publique, civile ou militaire, ni d'une condamnation, incapacité ou déchéance justifiant l'inscription au bulletin n° 2 du casier judiciaire ;

3° Etre titulaire des diplômes ou qualifications correspondant à la nature des fonctions qu'elles sont appelées à exercer ;

4° Avoir donné leur accord écrit au projet de contrat de travail proposé par leur employeur ou à un avenant au contrat existant. Ce document rappelle l'obligation de respecter strictement le secret professionnel prévu par les dispositions des articles 226-13 et 226-14 du code pénal. Il mentionne l'obligation d'adopter, dans l'exercice de leurs fonctions, un comportement conforme à l'honneur, à la probité et aux bonnes mœurs.

Art. R. 544-17 L'habilitation mentionnée par les dispositions de l'article R. 544-15 peut être retirée par le garde des sceaux, ministre de la justice, après qu'ont été recueillies les observations de la personne habilitée, lorsque l'une des conditions prévues par les dispositions des 1° et 2° de l'article R. 544-16 cesse d'être remplie ou en cas d'agissements contraires à l'honneur, à la probité ou aux bonnes mœurs.

En cas d'urgence et pour motif grave, l'habilitation peut être suspendue par le garde des sceaux, ministre de la justice, qui décide, dans le mois suivant la suspension, du maintien ou du retrait de l'habilitation, dans les conditions définies par les dispositions de l'alinéa précédent.

SECTION 6 Traitement automatisé relatif au contrôle des personnes placées sous surveillance électronique mobile

Art. R. 544-18 Le traitement automatisé de données à caractère personnel prévu par les dispositions de l'article L. 544-2 est mis en œuvre par le directeur de l'administration pénitentiaire du ministère de la justice.

Ce traitement est placé sous le contrôle d'un magistrat du parquet hors hiérarchie, nommé pour trois ans par arrêté du garde des sceaux, ministre de la justice.

Il a pour finalité d'assurer le contrôle à distance, par un centre de surveillance, de la localisation, ainsi que le suivi, des personnes majeures placées sous surveillance électronique mobile dans le cadre :

1° D'une mesure d'assignation à résidence sous surveillance électronique mobile ;

2° D'une mesure de suivi sociojudiciaire, de surveillance judiciaire, de surveillance de sûreté ou de libération conditionnelle ;

3° D'une permission de sortie accordée au cours d'une rétention de sûreté ;

4° D'une décision de la chambre criminelle de la Cour de cassation ordonnant la suspension de l'exécution de la condamnation dans le cadre d'une procédure de révision ou de réexamen.

A cet effet, ce traitement permet :

1° D'alerter l'administration pénitentiaire de ce qu'une personne placée sous surveillance électronique mobile se trouve dans un lieu dont la fréquentation lui est interdite dénommé "zone d'exclusion", ou dans une zone intermédiaire dénommée "zone tampon", ou ne se trouve plus dans un lieu qui lui a été assigné, dénommé "zone d'inclusion", ou que le fonctionnement du dispositif de surveillance électronique mobile est altéré ;

2° De connaître la localisation d'une personne lorsque l'alerte prévue au 1° est intervenue, aux fins de permettre le cas échéant sa recherche et son interpellation en cas de non-respect de ses obligations ;

3° De connaître la localisation d'une personne, même en l'absence de l'alerte prévue au 1°, à la demande du procureur de la République, du juge d'instruction ou des officiers de police judiciaire spécialement habilités à l'occasion de recherches intervenant dans le cadre :

a) Soit d'une enquête de flagrance, d'une enquête préliminaire ou d'une information concernant un crime ou un délit ;

b) Soit d'une enquête ou d'une information pour recherche des causes de la mort ou d'une disparition ;

c) Soit d'une enquête en recherche des causes des blessures inconnues ou suspectes ;

d) Soit d'une procédure pour recherche des personnes en fuite ;

4° De connaître de façon différée les lieux dans lesquels s'est trouvée une personne placée sous surveillance électronique mobile ;

5° D'exploiter les données à des fins statistiques.

Art. R. 544-19 Le traitement automatisé relatif au contrôle des personnes placées sous surveillance électronique mobile a pour finalité d'assurer, dans les conditions prévues *(Décr. n° 2022-1287 du 4 oct. 2022, art. 8)* « par les dispositions de la présente section », le contrôle à distance des personnes faisant l'objet d'une décision administrative de placement sous surveillance électronique mobile prise en application :

1° Des dispositions de l'article L. 733-14 du code de l'entrée et du séjour des étrangers et du droit d'asile ;

2° De l'article L. 228-3 du code de la sécurité intérieure ;

3° De l'article 6 de la loi n° 55-385 du 3 avril 1955 modifiée relative à l'état d'urgence.

Art. R. 544-20 Le magistrat mentionné par les dispositions du deuxième alinéa de l'article R. 544-18 s'assure que les conditions dans lesquelles fonctionne le traitement lui permettent de respecter les dispositions *(Décr. n° 2022-1287 du 4 oct. 2022, art. 8)* « de la présente section ».

Il peut procéder à toute vérification sur place et obtenir de l'autorité qui en est responsable tout renseignement relatif au fonctionnement du traitement, sans préjudice de ses possibilités d'accès aux informations enregistrées conformément aux dispositions des articles R. 544-23 et R. 544-28.

Il adresse un rapport annuel au garde des sceaux, ministre de la justice, sur le fonctionnement du traitement.

Art. R. 544-21 Les catégories d'informations enregistrées dans le traitement sont :

1° L'identité de la personne placée sous surveillance électronique mobile : nom de famille, nom d'usage, prénoms, alias, date et lieu de naissance, sexe, nationalité ;

2° La photographie du visage de face, la taille, le poids, la couleur des cheveux, la couleur des yeux, la description des tatouages ou cicatrices de la personne ;

3° L'adresse de résidence de la personne ;

4° La situation professionnelle de la personne : profession, adresse professionnelle ;

5° La décision de condamnation : désignation de la juridiction, nature et contenu de la décision, infraction commise ;

6° La décision de placement : désignation de la juridiction ou de l'autorité administrative, nature et contenu de la décision ;

7° Les décisions modificatives de placement : désignation de la juridiction ou de l'autorité administrative, nature et contenu de la décision ;

8° Le numéro d'identifiant de placement sous surveillance électronique mobile ainsi que le numéro de dossier généré par le traitement dénommé APPI créé par l'article R. 113-49 ;

9° Les dates de début et de fin de la mesure de placement sous surveillance électronique mobile ;

10° Les coordonnées de géolocalisation des zones d'exclusion, des zones tampon et des zones d'inclusion, ainsi que les horaires d'assignation ;

11° Le relevé à intervalles réguliers des positions du dispositif porté par la personne prévu par les dispositions de l'article 763-12 du code de procédure pénale, à l'article

L. 733-14 du code de l'entrée et du séjour des étrangers et du droit d'asile, à l'article 6 de la loi n° 55-385 du 3 avril 1955 et à l'article L. 228-3 du code de la sécurité intérieure ;

12° La liste des alarmes déclenchées, enregistrées par date, heure et position, ainsi que la gestion de ces alarmes par le centre de surveillance ;

13° L'enregistrement des communications prévues au quatrième alinéa de l'article R. 544-7 ;

14° Les données relatives à l'authentification biométrique vocale prévue au cinquième alinéa de l'article R. 544-7 ;

15° Les personnes référentes du suivi de la personne assignée : noms, prénoms, qualités et coordonnées professionnelles.

Art. R. 544-22 Les informations enregistrées dans le traitement sont conservées pendant toute la durée de la mesure et pendant un délai de dix ans après que la surveillance électronique mobile a cessé à l'exception des données visées par les dispositions du 13° de l'article R. 544-21 qui sont conservées trois mois après leur enregistrement, de celles visées par les dispositions du 14° du même article qui ne sont conservées que jusqu'à la fin du placement sous surveillance électronique mobile et des informations enregistrées au titre de l'article R. 544-19 qui sont conservées pendant toute la durée de la mesure et pendant un délai de trois mois après que la surveillance électronique mobile a cessé. A l'issue de ce délai, l'autorité responsable du traitement procède à l'effacement des informations.

Art. R. 544-23 Les personnes ou catégories de personnes qui, à raison de leurs fonctions ou pour les besoins du service, peuvent directement accéder aux informations enregistrées dans le traitement et strictement nécessaires à l'exercice de leurs attributions sont :

1° Les personnels habilités des services centraux et déconcentrés de la direction de l'administration pénitentiaire ;

2° Les autorités judiciaires ainsi que les agents du greffe chargés de les assister, individuellement désignés et spécialement habilités à cet effet par les chefs de juridiction ou de cour ;

3° Les officiers de police judiciaire spécialement habilités à l'occasion de recherches intervenant dans le cadre :

a) Soit d'une enquête de flagrance, d'une enquête préliminaire ou d'une information concernant un crime ou un délit ;

b) Soit d'une enquête ou d'une information pour recherche des causes de la mort ou d'une disparition ;

c) Soit d'une enquête en recherche des causes des blessures inconnues ou suspectes ;

d) Soit d'une procédure pour recherche des personnes en fuite ;

4° Le magistrat chargé de contrôler le traitement mentionné par les dispositions du deuxième alinéa de l'article R. 544-18.

Art. R. 544-24 Peuvent être destinataires des données à caractère personnel enregistrées dans le traitement, dans le cadre de l'organisation et de la mise en œuvre d'une chaîne de permanence au sein du ministère de la justice :

1° Les magistrats de la direction des affaires criminelles et des grâces ;

2° Les agents de la direction de l'administration pénitentiaire.

Art. R. 544-25 Peuvent être destinataires des données à caractère personnel des personnes mentionnées par les dispositions de l'article R. 544-19 dans le cas où la personne concernée ne se trouve plus dans la zone d'inclusion ou lorsque le fonctionnement du dispositif de surveillance électronique mobile est altéré, l'autorité administrative compétente et les agents des services de police et de gendarmerie compétents. L'autorité administrative peut également être destinataire d'un historique de ces événements afin d'apprécier l'opportunité du renouvellement de la mesure d'assignation à résidence relevant de l'article 6 de la loi n° 55-385 du 3 avril 1955 ou de l'obligation mentionnée par les dispositions du 1° de l'article L. 228-2 du code de la sécurité intérieure dans les conditions prévues à l'article L. 228-3 du même code.

Art. R. 544-26 Les droits d'information, d'accès, de rectification, d'effacement et de limitation des données prévus par les dispositions des articles 104 à 106 de la loi n° 78-17 du 6 janvier 1978 relative à l'informatique, aux fichiers et aux libertés s'exerce auprès du directeur de l'administration pénitentiaire.

Art. R. 544-27 Le droit d'opposition prévu par les dispositions de l'article 110 de la loi n° 78-17 du 6 janvier 1978 ne s'applique pas au présent traitement.

Art. R. 544-28 Le traitement conserve pendant une durée de trois ans les informations relatives aux créations, modifications, suppressions et consultations dont il fait l'objet, en précisant la qualité de la personne ou autorité ayant procédé à l'opération.

Ces informations ne peuvent être consultées que par le directeur de l'administration pénitentiaire ou, avec son autorisation, par les personnes qu'il habilite spécialement ainsi que par le magistrat mentionné par les dispositions du deuxième alinéa de l'article R. 544-18.

Elles peuvent donner lieu à des exploitations statistiques.

Art. R. 544-29 Le traitement peut faire l'objet d'une interconnexion avec le traitement de données à caractère personnel dénommé "Application des Peines, Probation et Insertion" (APPI) créé par l'article R. 113-49.

CHAPITRE V MESURE JUDICIAIRE DE PRÉVENTION DE LA RÉCIDIVE TERRORISTE ET DE RÉINSERTION

Art. R. 545-1 Conformément aux dispositions de l'article R. 50-70 du code de procédure pénale, le chef de l'établissement pénitentiaire peut transmettre au procureur de la République, à la demande de ce dernier, les éléments concernant la situation pénale, personnelle, sociale et familiale de la personne condamnée à une peine pour laquelle la mesure judiciaire de prévention de la récidive terroriste et de réinsertion est encourue, ainsi que, le cas échéant, des décisions et rapports relatifs aux mesures de nature à favoriser la réinsertion dont la personne intéressée a pu bénéficier durant l'exécution de sa peine. – ***C. pr. pén.***

Art. R. 545-2 Conformément aux dispositions des articles R. 50-72 et R. 61-8 du code de procédure pénale, le directeur interrégional des services pénitentiaires, ou son représentant, est membre de la commission pluridisciplinaire des mesures de sûreté saisie avant le prononcé d'une mesure judiciaire de prévention de la récidive terroriste et de réinsertion en application de l'article R. 50-71 du même code.

Art. R. 545-3 Conformément aux dispositions de l'article R. 50-73 du code de procédure pénale, le placement prévu par le deuxième alinéa de l'article 706-25-17 du même code a lieu au centre national d'évaluation de l'administration pénitentiaire et sa durée est déterminée par l'administration pénitentiaire.

Conformément aux mêmes dispositions, à l'issue du placement de la personne intéressée, le centre national d'évaluation transmet au président de la commission un rapport d'évaluation pluridisciplinaire de dangerosité, qu'il communique également à la personne intéressée.

Art. R. 545-4 Conformément aux dispositions de l'article R. 50-76 du code de procédure pénale, le service pénitentiaire d'insertion et de probation compétent saisi par le tribunal de l'application des peines de Paris lui communique toute proposition de mesures propres à favoriser la réinsertion de la personne intéressée et l'acquisition des valeurs de la citoyenneté.

Art. R. 545-5 Conformément aux dispositions de l'article R. 50-79 du code de procédure pénale, le service pénitentiaire d'insertion et de probation compétent mandaté par le juge de l'application des peines du tribunal judiciaire de Paris veille au respect des obligations imposées à la personne soumise à une mesure judiciaire de prévention de la récidive terroriste et de réinsertion en application des dispositions de l'article 706-25-16 du même code et rend compte régulièrement à ce magistrat.

LIVRE VI INTERVENTION DE L'ADMINISTRATION PÉNITENTIAIRE AUPRÈS DE PERSONNES NON DÉTENUES

(Décr. n° 2022-479 du 30 mars 2022)

TITRE I PRÉPARATION DE DÉCISIONS JUDICIAIRES

CHAPITRE I ENQUÊTES SOCIALES

Art. D. 611-1 Dans les conditions prévues par les dispositions des articles D. 16 et D. 18 du code de procédure pénale, l'enquête sociale réalisée par le service pénitentiaire d'insertion et de probation en application des dispositions de l'article L. 611-2 est versée au dossier de personnalité de la personne mise en examen.

Enquête objective de personnalité. Si l'enquêteur désigné par le juge d'instruction pour faire son rapport sur la personnalité et la situation matérielle, familiale ou sociale de la personne mise en examen peut, à cette fin, s'entretenir avec celle-ci, hors la présence de son avocat et sans que ce dernier ait été appelé, il ne peut lors de cet entretien recueillir aucune déclaration de l'intéressé sur les faits qui lui sont reprochés. • Crim. 12 avr. 2016, n° 15-86.298 P : *D. actu. 3 mai 2016, obs. Benelli-de Bénazé ; Dr. pénal 2016, n° 100, note Maron et Haas ; Procédures 2016, n° 2011, note Chavent-Leclère.* ♦ Toutefois, l'art. D. 16 C. pr. pén., selon lequel le dossier de personnalité ne saurait avoir pour but la recherche des preuves de la culpabilité, n'a pas pour effet de priver le juge de la possibilité d'en utiliser les éléments pour fonder sa conviction, conformément aux dispositions de l'art. 427 du même code. • Crim. 8 nov. 2016, n° 15-87.771.

Art. D. 611-2 Dans les conditions prévues par les dispositions de l'article D. 32-31 du code de procédure pénale, le service pénitentiaire d'insertion et de probation vérifie la situation matérielle, familiale et sociale de la personne prévenue en attente de débat différé devant le juge des libertés et de la détention.

COMMENTAIRE

Voir le commentaire sous les articles L. 611-2 et suivants. ❑

Absence de réponse du JLD. Les dispositions de l'art. D. 32-31, qui laissent au JLD la faculté d'apprécier s'il y a lieu de saisir le service pénitentiaire d'insertion et de probation, en vue de vérifications prévues à l'art. 81, ne lui imposent pas de répondre à une telle demande de la part de l'intéressé ou de son conseil. • Crim. 24 juill. 2019, n° 19-83.359 P.

CHAPITRE II ENQUÊTES TECHNIQUES PRÉALABLES

Art. D. 612-1 Dans les conditions prévues par les dispositions de l'article D. 32-4 du code de procédure pénale, le service pénitentiaire d'insertion et de probation peut être chargé de vérifier la disponibilité du dispositif technique d'assignation à résidence sous surveillance électronique, la faisabilité technique du projet ainsi que la situation familiale, matérielle et sociale de la personne mise en examen, notamment aux fins de déterminer les horaires et lieux d'assignation préalablement au prononcé d'une telle assignation.

COMMENTAIRE

Voir le commentaire sous les articles L. 612-1 et suivants. ❑

TITRE II INTERVENTION AUPRÈS DE PERSONNES CONDAMNÉES

CHAPITRE I SURSIS PROBATOIRE

COMMENTAIRE

Voir les commentaires sous les articles du chapitre I « Du sursis probatoire » du titre II du livre VI de la partie législative. ❑

SECTION 1 Dispositions communes

SOUS-SECTION 1 Convocation à comparaître

Art. R. 621-1 Pour l'application des dispositions de l'article 741-1 du code de procédure pénale, le service pénitentiaire d'insertion et de probation situé dans le ressort de l'établissement pénitentiaire où la personne est détenue remet ou fait remettre à la personne condamnée à une peine d'emprisonnement assortie pour partie du sursis probatoire, au plus tard le jour de sa libération, un avis de convocation à comparaître devant le service pénitentiaire d'insertion et de probation territorialement compétent pour la suivre après sa libération.

Art. R. 621-2 Le délai maximal de comparution est de huit jours à compter de la libération de la personne intéressée dans les trois cas suivants :

1° Lorsque la personne exécutait une condamnation prononcée pour l'une des infractions pour lesquelles le suivi sociojudiciaire est encouru ;

2° Lorsque figurent au bulletin n° 1 du casier judiciaire de la personne auquel le service pénitentiaire d'insertion et de probation a accès en application des dispositions du dernier alinéa de l'article 774 du code de procédure pénale une ou plusieurs condamnations prononcées pour l'une de ces infractions ;

3° Lorsqu'a été prononcé un sursis probatoire avec suivi renforcé.

Dans les autres cas, le délai maximal de comparution est d'un mois.

Art. R. 621-3 Copie de la convocation mentionnée à l'article R. 621-1 est adressée au juge de l'application des peines et au service pénitentiaire d'insertion et de probation territorialement compétents pour suivre la personne condamnée après sa libération.

Art. R. 621-4 L'avis de convocation comporte une mention informant la personne condamnée que si elle ne se présente pas au service pénitentiaire d'insertion et de probation à la date prévue, le juge de l'application des peines compétent en sera informé et son sursis probatoire pourra être révoqué.

Art. R. 621-5 Les dispositions des articles R. 621-1 à R. 621-4 sont également applicables en cas de libération d'une personne à la suite de l'exécution d'une peine d'emprisonnement non assortie pour partie du sursis probatoire, lorsque celle-ci se trouve dès sa libération placée sous le régime du sursis probatoire, en exécution d'une autre condamnation qui est mentionnée au registre d'écrou de l'établissement pénitentiaire dans lequel la personne est écrouée ou qui est enregistrée et toujours active dans le traitement automatisé de données à caractère personnel dénommé "application des peines, probation et insertion" (APPI) prévu par les dispositions des articles R. 113-49 à R. 113-58.

SOUS-SECTION 2 Contrôle de la mesure

Art. R. 621-6 Dans les conditions prévues par les dispositions de l'article R. 59 du code de procédure pénale, le service pénitentiaire d'insertion et de probation peut être chargé, sur instruction du juge de l'application des peines, de convoquer la personne condamnée à une peine d'emprisonnement assortie du sursis probatoire pour lui rappeler les mesures de contrôle et les obligations auxquelles elle est soumise.

Art. R. 621-7 Lorsque le sursis probatoire comprend l'obligation de suivre un stage, mais que ce dernier n'est pas organisé par le service pénitentiaire d'insertion et de probation, la personne condamnée remet à ce dernier l'attestation qui lui est délivrée par l'organisateur du stage, dans les conditions prévues par les dispositions de l'article R. 132-45 du code pénal.

SOUS-SECTION 3 Information de la victime

Art. D. 621-8 Conformément aux dispositions de l'article D. 49-66 du code de procédure pénale, lorsque la victime ou la partie civile doit être informée de la date de fin du sursis probatoire en application de l'article 712-16-2 du même code, le juge de l'application des peines peut demander au service pénitentiaire d'insertion et de probation saisi de la mesure de procéder à cette information.

SECTION 2 Dispositions applicables au sursis probatoire renforcé

SOUS-SECTION 1 Évaluation de la personne condamnée

Art. D. 621-9 La personne condamnée à une peine d'emprisonnement assortie du sursis probatoire avec suivi renforcé est convoquée à comparaître devant le service pénitentiaire d'insertion et de probation dans les délais et conditions prévus par les dispositions de l'article D. 546-2 du code de procédure pénale.

Art. D. 621-10 Le rapport établi par le service pénitentiaire d'insertion et de probation en application de l'article L. 621-3 doit être adressé au juge de l'application des peines au plus tard trois mois après le prononcé de la condamnation ou, lorsque la personne prévenue n'était pas présente à l'audience, après sa notification. Il est communiqué sans délai au procureur de la République par le service de l'application des peines.

Ce rapport, effectué à la suite de plusieurs entretiens individuels avec la personne condamnée, propose au juge de l'application des peines un projet d'exécution et de suivi de la mesure ainsi que, s'il y a lieu, des obligations afférentes spécifiquement adaptées à la situation et la personnalité de la personne condamnée.

Art. D. 621-11 La réévaluation de la situation de la personne condamnée prévue par le troisième alinéa de l'article L. 621-3 doit intervenir au plus tard un an après le prononcé de la condamnation ou, si la personne prévenue n'était pas présente à l'audience, après sa notification. A cette fin, le service pénitentiaire d'insertion et de probation adresse au juge de l'application des peines un rapport de synthèse sur les conditions d'exécution de la sanction. Ce rapport est communiqué sans délai au procureur de la République par le service de l'application des peines.

SOUS-SECTION 2 Suivi renforcé

Art. D. 621-12 La personne condamnée fait l'objet par le service pénitentiaire d'insertion et de probation d'un suivi soutenu dont l'intensité est individualisée et proportionnée à ses besoins, à la sanction et à la mesure prononcée, et évolue au fur et à mesure de l'exécution du sursis probatoire.

CHAPITRE II DÉTENTION À DOMICILE SOUS SURVEILLANCE ÉLECTRONIQUE PRONONCÉE À TITRE DE PEINE

SECTION 1 Dispositions générales

Art. R. 622-1 Pour la mise en œuvre du procédé permettant la détention à domicile sous surveillance électronique prévu par l'article 723-8 du code de procédure pénale, la personne assignée porte un bracelet comportant un émetteur.

Cet émetteur transmet des signaux à un récepteur placé au lieu d'assignation dont le boîtier envoie par l'intermédiaire d'une ligne téléphonique, à un centre de surveillance relatifs au fonctionnement du dispositif et à la présence de la personne intéressée dans le lieu où il est assigné.

Le bracelet porté par la personne assignée est conçu de façon à ne pouvoir être enlevé par cette dernière sans que soit émis un signal d'alarme.

Le dispositif permet une communication entre le centre de surveillance et la personne assignée qui peut faire l'objet d'un enregistrement aux fins de contrôles complémentaires.

Ces dispositifs peuvent être complétés par d'autres procédés de surveillance électronique permettant une authentification biométrique vocale à des fins de vérification à distance de la présence de la personne intéressée.

V. C. pr. pén., art. 723-8 et C. pénit., art. R. 622-25.

COMMENTAIRE

Le dispositif technique employé pour la surveillance électronique en matière pénale doit remplir un certain nombre de conditions. Pour éviter toute fraude, il est notamment prévu que tout retrait du bracelet entraîne le déclenchement d'une alarme.

Par ailleurs, la mention du recours possible aux données biométriques vocales (liées à l'« empreinte vocale » individuelle) aux fins d'authentification est à relever ici. Il s'agit d'une technologie en développement, et qui pose la question de l'accès encore élargi à des données personnelles, dans le cadre d'une mesure déjà considérablement intrusive dans le droit à la vie privée de l'intéressé. Les modalités du traitement de ces données sont prévues aux articles R. 622-22 et suivants : les données biométriques vocales ne doivent ainsi être conservées que pendant la durée de la mesure de surveillance électronique, contrairement aux autres données qui sont conservées 3 mois (pour les conversations téléphoniques et échanges entre l'intéressé et le centre de surveillance) ou jusqu'à 12 mois après la fin de la mesure (pour les autres données) (art. 622-25). ❑

Art. R. 622-2 Le procédé décrit par les dispositions de l'article R. 622-1 est homologué par arrêté du garde des sceaux, ministre de la justice. Il est annexé au présent code. — *V. Annexe 15 (Arr. du 1er juill. 2002) ci-dessous.*

COMMENTAIRE

La condition de la présence d'une ligne téléphonique pour la mise en œuvre technique du dispositif a pu susciter des difficultés dans certaines régions, comme cela a été relevé concernant des territoires et collectivités d'outre-mer (V. not. sur ce point : CGLPL, Rapport de visite du centre pénitentiaire de Faa'a-Nuutania et du centre de détention d'Uturoa (Polynésie française), *2 au 6 mai 2022, p. 116*). Il est en outre de plus en plus courant de renoncer aux lignes téléphoniques classiques dans les foyers modernes, ce qui entraîne une impossibilité matérielle de satisfaire à ces conditions. En pratique, les contraintes techniques ont donc évolué et il existe des boîtiers recourant aux mêmes réseaux que ceux employés pour la téléphonie mobile. Les textes applicables, datant de 2002 pour la partie technique, nécessitent vraisemblablement une mise à jour, car ces contraintes techniques conditionnent en principe l'octroi de la mesure. ❑

ANNEXE 15

ARRÊTÉ DU 1ER JUILLET 2002 PORTANT HOMOLOGATION DU PROCÉDÉ DE SURVEILLANCE ÉLECTRONIQUE PRIS POUR L'APPLICATION DU DÉCRET N° 2002-479 DU 3 AVRIL 2002 PORTANT MODIFICATION DU CODE DE PROCÉDURE PÉNALE (DEUXIÈME PARTIE : DÉCRETS EN CONSEIL D'ÉTAT) ET RELATIF AU PLACEMENT SOUS SURVEILLANCE ÉLECTRONIQUE

[Arrêté du 1er juill. 2002 portant homologation du procédé de surveillance électronique pris pour l'application de l'article R. 622-2 du code pénitentiaire]

Art. 1er Le procédé de surveillance électronique décrit à l'article R. 57-11 du code de procédure pénale *[C. pénit., art. R. 622-1]* comporte un bracelet-émetteur et un récepteur placé au lieu d'assignation, relié téléphoniquement à un centre de surveillance.

Art. 2 Le bracelet-émetteur est porté par la personne placée sous surveillance électronique, de façon permanente pendant toute la durée de la mesure de placement, au niveau de la cheville ou du poignet. Il a pour fonction d'émettre automatiquement des signaux radio permettant d'attester de la présence, dans le lieu désigné, de la personne qui fait l'objet de la mesure. Il est étanche et anallergique.

Art. 3 Le récepteur est placé au lieu désigné par le magistrat. Il comporte une batterie de secours garantissant une autonomie de fonctionnement d'au moins douze heures, en cas de défaillance du secteur électrique ou de débranchement intempestif. La portée du récepteur est réglée en fonction de la configuration des lieux de l'assignation. Il capte les signaux émis par le bracelet électronique porté par la personne placée sous surveillance électronique, les décode et les transmet au centre de surveillance.

Art. 4 Le centre de surveillance reçoit les messages en provenance des récepteurs situés dans une zone géographique déterminée. L'agent affecté dans ce centre identifie les types d'alarme et les personnes assignées qui en sont à l'origine. Il détermine si l'absence est licite ou non, en fonction des plages horaires d'assignation qui ont été préalablement fixées par le juge.

Art. 5 Afin de vérifier le bon fonctionnement du système, il peut être procédé, *via* le réseau téléphonique, à des opérations de contrôle automatique des récepteurs. Il est également possible de recourir à l'utilisation d'une unité de contrôle mobile, qui permet de capter et décoder les signaux émis par le bracelet-émetteur, à proximité du lieu d'assignation.

SECTION 2 Formalités préalables

Art. R. 622-3 **Conformément aux dispositions de l'article R. 57-13 du code de procédure pénale, le service pénitentiaire d'insertion et de probation peut être chargé, par le magistrat compétent qui envisage de prononcer une mesure de détention à domicile sous surveillance électronique, de s'assurer de la disponibilité du dispositif technique et de vérifier la situation familiale, matérielle et sociale de la personne condamnée ou prévenue, notamment aux fins de déterminer les horaires et lieux d'assignation.**

V. C. pr. pén., art. R. 57-13.

COMMENTAIRE

Voir le commentaire sous l'article L. 612-1. ❑

Art. R. 622-4 *(Décr. n° 2022-1287 du 4 oct. 2022, art. 8)* **La détention à domicile sous surveillance électronique dans un lieu qui n'est pas le domicile de la personne condamnée ne peut intervenir qu'avec l'accord écrit du propriétaire ou du ou des titulaires du contrat de location des lieux où pourra être installé le récepteur, sauf s'il s'agit d'un lieu public. Cet accord est recueilli par le service pénitentiaire d'insertion et de probation, sauf s'il figure déjà au dossier de la procédure.**

Art. D. 622-5 **Le service pénitentiaire d'insertion et de probation est saisi aux fins de pose du dispositif de surveillance électronique par la convocation remise ou adressée à la personne condamnée intéressée, dans les conditions prévues par les dispositions de l'article D. 49-84 du code de procédure pénale.**

Le service informe la personne intéressée qu'elle peut demander qu'un médecin vérifie que la mise en œuvre du dispositif ne présente pas d'inconvénient pour sa santé, dans les conditions prévues par les dispositions du même article.

V. C. pr. pén., art. D. 49-84.

SECTION 3 Pose et dépose du dispositif

Art. R. 622-6 **Le personnel de l'administration pénitentiaire assure la pose et la dépose du bracelet prévu à l'article R. 622-1. Il peut être assisté des personnes habilitées dans les conditions fixées par les dispositions des articles R. 622-11 à R. 622-18.**

Lorsque la décision de détention à domicile sous surveillance électronique est exécutoire, la mise en place du dispositif technique doit intervenir au plus tard, sous réserve de la disponibilité de ce dispositif, dans les cinq jours qui suivent la décision.

Art. R. 622-7 **Chaque personne condamnée à une peine privative de liberté et placée sous surveillance électronique est inscrite au registre d'écrou de l'un des établissements pénitentiaires dépendant du centre de surveillance.**

Art. R. 622-8 **Le contrôle du respect des obligations de chaque personne assignée s'effectue par vérifications téléphoniques, visites au lieu d'assignation, convocations à l'établissement d'écrou ou, dans les cas prévus par les dispositions de l'article R. 622-19, au service pénitentiaire d'insertion et de probation.**

BIBL. ▸ Licoppe et Tuncer, Le travail dans les pôles centralisateurs de surveillance : comment la surveillance électronique transforme le métier de surveillant(e) ?, *Cah. d'études pénitentiaires et criminologiques, 2019. 48.*

COMMENTAIRE

Si la périodicité minimale des vérifications n'est pas prévue dans les textes, leur régularité doit néanmoins être assurée et leur rythme fixé localement, avec une fréquence au moins bimensuelle (Ministère de la Justice, *fiches Peines DACG/DAP/DSJ févr. 2020, La peine de DDSE*). ❑

Art. D. 622-9 **La pose du dispositif de surveillance électronique que doit porter la personne condamnée fait l'objet d'un procès-verbal qui est adressé au juge de l'application des peines.**

(Abrogé par Décr. nº 2022-1287 du 4 oct. 2022, art. 8) ***« La détention à domicile sous surveillance électronique dans un lieu qui n'est pas le domicile de la personne condamnée ne peut intervenir qu'avec l'accord écrit du propriétaire ou du ou des titulaires du contrat de location des lieux où pourra être installé le récepteur, sauf s'il s'agit d'un lieu public. Cet accord est recueilli par le service pénitentiaire d'insertion et de probation, sauf s'il figure déjà au dossier de la procédure. »***

V. désormais art. R. 622-4.

Art. D. 622-10 **Le personnel de l'administration pénitentiaire procède également à la pose et à la dépose du dispositif de surveillance électronique mobile dans le cadre de la détention à domicile sous surveillance électronique dans les conditions prévues par l'article D. 51 du code de procédure pénale.**

V. C. pr. pén., art. D. 51.

COMMENTAIRE

L'article D. 51 du code de procédure pénale concerne les situations dans lesquelles une personne se verrait interdire par une juridiction pénale d'entrer en contact avec certaines personnes, quelle que soit la nature de la mesure ainsi ordonnée (peine, mesure de personnalisation ou d'aménagement de peine, ou mesure de sûreté). Il est alors prévu qu'en cas d'incarcération, les interdictions perdurent, mais que si elles s'accompagnent d'un contrôle par bracelet électronique, celui-ci est retiré (« déposé ») pendant le temps de l'incarcération. Le personnel de l'administration pénitentiaire procédera à nouveau à la pose du dispositif lors de toute cessation – temporaire ou définitive – de l'incarcération jusqu'à la fin de la durée d'interdiction ou de la mesure de surveillance électronique. ❑

SECTION 4 Habilitation des personnes auxquelles peut être confiée la mise en œuvre du dispositif technique de contrôle des personnes placées en détention à domicile

Art. R. 622-11 **L'habilitation des personnes auxquelles peut être confiée par contrat la mise en œuvre du dispositif technique permettant le contrôle à distance de la détention à domicile sous surveillance électronique en application des dispositions de l'article 723-9 du code de procédure pénale est accordée par arrêté du garde des sceaux, ministre de la justice.**

Art. R. 622-12 **L'habilitation est accordée pour une durée de cinq ans renouvelable en fonction des compétences techniques, des garanties financières et des références qu'offrent ces personnes appréciées au regard de la nature, de l'étendue et du coût des prestations faisant l'objet du contrat prévu par les dispositions de l'article R. 622-11.**

Art. R. 622-13 **Pour être habilitées les personnes physiques doivent :**

1° Posséder la nationalité française ou celle de l'un des États membres de la Communauté européenne ;

2° Ne pas avoir fait l'objet d'une mesure de révocation de la fonction publique, civile ou militaire ni d'une condamnation, incapacité ou déchéance justifiant l'inscription au bulletin nº 2 du casier judiciaire.

COMMENTAIRE

L'expression « Communauté européenne » est héritée de l'article R. 57-25 du code de procédure pénale, lui-même issu du décret nº 2004-243 du 17 mars 2004 relatif au placement sous surveillance électronique et modifiant le code de procédure pénale (*JO 20 mars*) : la mise à jour par le décret nº 2022-479 du 30 mars 2022 portant partie réglementaire du code pénitentiaire aurait dû être l'occasion de substituer à cette désignation à présent désuète la dénomination officielle actualisée, celle d'« Union européenne ». ❑

Art. R. 622-14 **L'habilitation ne peut être accordée à une personne morale :**

1° Dont le bulletin nº 2 du casier judiciaire comporte une condamnation, une incapacité ou une déchéance ;

2° Dont la situation d'un ou plusieurs de ses dirigeants de droit ou de fait n'est pas conforme aux dispositions du 2° de l'article R. 622-13.

Art. R. 622-15 L'habilitation peut être retirée par le garde des sceaux, ministre de la justice, selon les modalités prévues par les dispositions de l'article R. 622-18, en cas de modification substantielle de la situation des personnes au regard des dispositions des articles R. 622-12, R. 622-13 ou R. 622-14.

Art. R. 622-16 Chaque employé d'une personne mentionnée par les dispositions des articles R. 622-11 à R. 622-15 appelé à accomplir des tâches pour l'exécution du contrat prévu par les dispositions de à l'article R. 622-11, fait l'objet d'une habilitation individuelle préalable accordée par le garde des sceaux, ministre de la justice.

Cette habilitation est accordée pour une durée de cinq ans renouvelable.

Art. R. 622-17 Pour être habilitées les personnes mentionnées par les dispositions de l'article R. 622-16 doivent :

1° Posséder la nationalité française ou celle de l'un des États membres de la Communauté européenne ;

2° Ne pas avoir fait l'objet d'une mesure de révocation de la fonction publique, civile ou militaire ni d'une condamnation, incapacité ou déchéance justifiant l'inscription au bulletin n° 2 du casier judiciaire ;

3° Etre titulaires des diplômes ou qualifications correspondant à la nature des fonctions qu'elles sont appelées à exercer ;

4° Avoir donné leur accord écrit au projet de contrat de travail proposé par leur employeur ou à un avenant au contrat existant. Ce document rappelle l'obligation de respecter strictement le secret professionnel prévu par les articles 226-13 et 226-14 du code pénal. Il mentionne l'obligation d'adopter, dans l'exercice de leurs fonctions, un comportement conforme à l'honneur, à la probité et aux bonnes mœurs.

COMMENTAIRE

Voir le commentaire sous l'article R. 622-13. ❑

Art. R. 622-18 L'habilitation mentionnée par les dispositions de l'article R. 622-16 peut être retirée par le garde des sceaux, ministre de la justice, après avoir recueilli les observations de la personne habilitée, lorsque l'une des conditions prévues par les dispositions des 1° et 2° de l'article R. 622-17 cesse d'être remplie ou en cas d'agissements contraires à l'honneur, à la probité ou aux bonnes mœurs.

En cas d'urgence et pour motif grave, l'habilitation peut être suspendue par le garde des sceaux, ministre de la justice, qui décide, dans le mois suivant la suspension, du maintien ou du retrait de l'habilitation, dans les conditions définies par les dispositions de l'alinéa précédent.

SECTION 5 Suivi, contrôle et adaptation de la mesure

Art. R. 622-19 Le service pénitentiaire d'insertion et de probation de l'établissement pénitentiaire mentionné par les dispositions de l'article R. 622-7 assure, le cas échéant, le contrôle et le suivi des mesures prévues par les dispositions des articles 132-43 à 132-46 du code pénal et ordonnées par le juge de l'application des peines.

V. C. pén., art. 132-43 et 132-44.

Art. D. 622-20 Lorsque le juge de l'application des peines l'y autorise, le directeur du service pénitentiaire d'insertion et de probation modifie, les horaires d'entrée et de sortie du domicile ou du lieu d'assignation dans les conditions prévues par les dispositions de l'article D. 49-86 du code de procédure pénale.

V. C. pr. pén., art. D. 49-86.

Art. D. 622-21 Le service pénitentiaire d'insertion et de probation assure le contrôle et le suivi des mesures prévues par les dispositions de l'article 131-4-1 du code pénal, décidées par la juridiction de jugement ou ordonnées par le juge de l'application des peines.

V. C. pén., art. 131-4-1.

SECTION 6 Traitement automatisé relatif au contrôle des personnes placées en détention à domicile sous surveillance électronique

Art. R. 622-22 Le traitement automatisé de données à caractère personnel relatif au contrôle des personnes placées en détention à domicile sous surveillance électronique est mis en œuvre par le directeur de l'administration pénitentiaire du ministère de la justice, sous le contrôle du magistrat mentionné par les dispositions de l'article R. 544-18 et dans les conditions prévues par les dispositions de l'article R. 544-20.

Art. R. 622-23 Le traitement automatisé de données à caractère personnel relatif au contrôle des personnes placées sous surveillance électronique a pour finalité d'assurer le contrôle à distance, par un centre de surveillance, ainsi que le suivi des personnes placées sous surveillance électronique, dans le cadre d'une mesure d'assignation à résidence sous surveillance électronique, d'aménagement de la peine d'emprisonnement, ou de libération sous contrainte.

A cet effet, ce traitement permet :

1° D'enregistrer et de suivre les décisions ordonnant ou modifiant des mesures de détention à domicile sous surveillance électronique ;

2° De contrôler, dans le cadre du suivi de la mesure, la présence de la personne placée au lieu d'assignation selon les modalités fixées par la décision de justice ;

3° D'alerter l'administration pénitentiaire qu'une personne placée sous surveillance électronique ne se trouve plus sur son lieu d'assignation ou que le fonctionnement du dispositif de surveillance électronique est altéré ;

4° De vérifier la présence de la personne placée au lieu d'assignation, même en l'absence de l'alerte prévue au 3°, à la demande du procureur de la République, du juge d'instruction ou des officiers de police judiciaire spécialement habilités à l'occasion de recherches intervenant dans le cadre soit d'une enquête de flagrance, d'une enquête préliminaire ou d'une information concernant un crime ou un délit, soit d'une enquête ou d'une information pour recherche des causes de la mort ou d'une disparition, soit d'une enquête en recherche des causes de blessures inconnues ou suspectes, soit d'une procédure pour recherche de personnes en fuite ;

5° D'exploiter les données à des fins statistiques.

Art. R. 622-24 Les catégories d'informations et de données à caractère personnel enregistrées dans le traitement sont :

1° L'identité de la personne assignée : nom de famille, nom d'usage, prénoms, alias, date et lieu de naissance, sexe, nationalité ;

2° Le lieu d'assignation de la personne : adresse (numéro, rue, code postal, commune) et numéros de téléphone, ainsi que les horaires d'assignation ;

3° La situation professionnelle de la personne assignée : profession, adresse professionnelle ;

4° La décision de condamnation : désignation de la juridiction, nature et contenu de la décision, infraction(s) commise(s) ;

5° La décision de placement et les décisions modificatives de placement : désignation de l'autorité ayant pris la décision, nature et contenu de la décision ;

6° Le numéro d'identifiant de détention à domicile sous surveillance électronique, le numéro d'écrou à l'établissement pénitentiaire, ainsi que le numéro de dossier généré par le traitement dénommé "Application des Peines, Probation et Insertion" (APPI) prévu par les dispositions de l'article R. 113-49 ;

7° Les dates de début et de fin de la mesure de détention à domicile sous surveillance électronique ;

8° Les entrées et sorties de la personne au lieu d'assignation, ainsi que les dates et heures de celles-ci ;

9° La liste des alarmes déclenchées, enregistrées par date et heure ainsi que la gestion de ces alarmes par le centre de surveillance ;

10° L'enregistrement des communications prévues par les dispositions du quatrième alinéa de l'article R. 622-1 ;

11° Les données relatives à l'authentification biométrique vocale, prévue par les dispositions du dernier alinéa de l'article R. 622-1 ;

12° Les personnes référentes du suivi de la personne assignée : noms, prénoms, qualités et coordonnées professionnelles.

Art. R. 622-25 Les données à caractère personnel enregistrées dans le traitement sont conservées pendant la période de douze mois suivant la date de fin de la détention à domicile sous surveillance électronique, à l'exception des données mentionnées par les dispositions du 10° de l'article R. 622-24 qui sont conservées trois mois après leur enregistrement et de celles mentionnées par les dispositions du 11° du même article qui ne sont conservées que jusqu'à la fin de la détention à domicile sous surveillance électronique. A l'issue de ces délais, l'autorité responsable du traitement procède à l'effacement de ces données.

V. art. R. 622-1.

Art. R. 622-26 Les personnes ou catégories de personnes qui, à raison de leurs fonctions ou pour les besoins du service, peuvent directement accéder aux données enregistrées dans le traitement et strictement nécessaires à l'exercice de leurs attributions sont :

1° Les autorités judiciaires ainsi que les agents du greffe chargés de les assister, individuellement désignés et spécialement habilités à cet effet par les chefs de juridiction ou de cour ;

2° Les personnels habilités des services centraux et déconcentrés de la direction de l'administration pénitentiaire ;

3° Les personnels habilités des services déconcentrés de la direction de la protection judiciaire de la jeunesse ;

4° Les officiers de police judiciaire spécialement habilités à l'occasion de recherches intervenant dans le cadre soit d'une enquête de flagrance, d'une enquête préliminaire ou d'une information concernant un crime ou un délit, soit d'une enquête ou d'une information pour recherche des causes de la mort ou d'une disparition, soit d'une enquête en recherche des causes de blessures inconnues ou suspectes, soit d'une procédure pour recherche de personnes en fuite.

Art. R. 622-27 Peuvent être destinataires des données à caractère personnel enregistrées dans le traitement, dans le cadre de l'organisation et de la mise en œuvre d'une chaîne de permanence au sein du ministère de la justice :

1° Les magistrats de la direction des affaires criminelles et des grâces ;

2° Les agents de la direction de l'administration pénitentiaire ;

3° Les agents de la direction de la protection judiciaire de la jeunesse.

Art. R. 622-28 Conformément aux dispositions des articles 104 à 106 de la loi n° 78-17 du 6 janvier 1978 relative à l'informatique, aux fichiers et aux libertés, les droits d'information, d'accès, de rectification, d'effacement et de limitation des données s'exercent auprès du directeur de l'administration pénitentiaire.

Art. R. 622-29 Le droit d'opposition prévu par les dispositions de l'article 110 de la loi n° 78-17 du 6 janvier 1978 ne s'applique pas au présent traitement.

V. L. n° 78-17 du 6 janv. 1978, art. 110.

COMMENTAIRE

L'article 110 de la loi dite « Informatique et libertés » prévoit la possibilité pour toute personne physique de s'opposer, pour des motifs légitimes, au traitement de ses données à caractère personnel. Il est toutefois expressément prévu que la loi peut déroger à cette disposition. ❑

Art. R. 622-30 Le traitement conserve pendant une durée de trois ans, dans la limite des durées définies par les dispositions de l'article R. 622-25, les informations relatives aux créations, modifications, suppressions et consultations dont il fait l'objet, en précisant la qualité de la personne ou autorité ayant procédé à l'opération.

Ces informations ne peuvent être consultées que par le directeur de l'administration pénitentiaire ou, avec son autorisation, par les personnes qu'il habilite spécialement.

Elles peuvent donner lieu à des exploitations statistiques.

Art. R. 622-31 Le traitement peut faire l'objet d'une interconnexion avec le traitement de données à caractère personnel dénommé "Application des Peines, Probation, Insertion" (APPI) prévu par les dispositions de l'article R. 113-49.

V. art. R. 113-49.

CHAPITRE III PEINE DE TRAVAIL D'INTÉRÊT GÉNÉRAL

SECTION 1 Modalités d'exécution

Art. R.* 623-1 Nonobstant les dispositions du décret n° 2004-374 du 29 avril 2004 relatif aux pouvoirs des préfets, à l'organisation et à l'action des services de l'État dans les régions et départements, l'habilitation prévue au premier alinéa de l'article 131-8 du code pénal est délivrée par le directeur du service pénitentiaire d'insertion et de probation du département dans lequel le demandeur envisage de mettre en œuvre des travaux d'intérêt général.

V. C. pén., art. 131-8.

Sur le traitement automatisé de données à caractère personnel dénommé « TIG 360° », qui centralise notamment les habilitations et postes de TIG proposés dans chaque département, V. Arr. du 22 nov. 2022 (JO 27 nov.).

Art. R. 623-2 Les personnes morales de droit privé chargées d'une mission de service public ou les associations qui désirent obtenir l'habilitation prévue au premier alinéa de l'article 131-8 du code pénal en font la demande au directeur du service pénitentiaire d'insertion et de probation du département dans lequel elles envisagent de mettre en œuvre des travaux d'intérêt général.

Pour les personnes morales de droit privé chargées d'une mission de service public, la demande comporte :

1° La copie des statuts de la personne morale ;

2° Le numéro unique d'identification ;

3° Une copie des comptes annuels et des bilans du dernier exercice.

Pour les associations, la demande comporte :

1° La copie du *Journal officiel* portant publication de la déclaration de l'association ou, pour les associations déclarées dans les départements du Bas-Rhin, du Haut-Rhin et de la Moselle, une copie du registre des associations du tribunal judiciaire ;

2° La copie des statuts de l'association ;

3° La liste des établissements de l'association avec indication de leur siège ;

4° La mention des nom, prénoms, date et lieu de naissance, nationalité des membres du bureau de l'association ainsi que, le cas échéant, ceux de leurs représentants locaux ;

5° Le dernier procès-verbal de l'assemblée générale annuelle de l'association.

Art. R. 623-3 Le directeur du service pénitentiaire d'insertion et de probation procède à toutes diligences qu'il juge utiles. Il peut, notamment, consulter le préfet. Il sollicite par voie dématérialisée l'avis du procureur de la République et du juge de l'application des peines sur la demande d'habilitation et les éléments d'information recueillis par lui.

Au vu des avis recueillis ou un mois au plus tôt après les avoir sollicités, le directeur du service pénitentiaire d'insertion et de probation se prononce sur la demande d'habilitation.

Le directeur du service pénitentiaire d'insertion et de probation communique par voie dématérialisée sa décision d'habilitation à la structure d'accueil, au président du tribunal judiciaire, au juge de l'application des peines, au procureur de la République et au préfet.

L'habilitation accordée est valable pour une durée de cinq ans. Elle est renouvelée par le directeur du service pénitentiaire d'insertion et de probation après avoir, si nécessaire, sollicité la mise à jour des pièces mentionnées à l'article R. 623-2 et des avis mentionnés au premier alinéa.

Art. R. 623-4 La personne morale habilitée porte à la connaissance du directeur du service pénitentiaire d'insertion et de probation de son département toute modification de l'un des éléments mentionnés à l'article R. 623-2.

Art. R. 623-5 Le directeur du service pénitentiaire d'insertion et de probation du département sur lequel est situé un organisme habilité peut procéder au retrait de son habilitation. A cette fin, il sollicite par voie dématérialisée les avis du juge de l'application des peines, du procureur de la République du ressort concerné et du préfet du département concerné. Il joint à la demande d'avis toutes pièces utiles ainsi que les observations du représentant de la personne morale concernée.

Il prend sa décision au vu des avis recueillis ou un mois au plus tôt après avoir sollicité ceux-ci. Il notifie sa décision par voie dématérialisée à la structure d'accueil, au président du tribunal judiciaire, au juge de l'application des peines, au procureur de la République et au préfet.

Art. R. 623-6 Par dérogation aux articles R. 623-2 à R. 623-5, l'habilitation peut être délivrée par le garde des sceaux, ministre de la justice, lorsqu'il s'agit d'une association ou d'une personne morale de droit privé chargée d'une mission de service public exerçant ou ayant vocation à exercer son activité sur l'ensemble du territoire national.

Pour les associations, la demande d'habilitation comporte la copie du *Journal officiel* portant publication de la déclaration de l'association, un exemplaire des statuts, ainsi que l'identité de ses dirigeants.

Pour les personnes morales de droit privé chargées d'une mission de service public, la demande comporte la copie des statuts de la personne morale ainsi que le numéro unique d'identification.

La personne morale habilitée porte à la connaissance du garde des sceaux, ministre de la justice, toute modification de l'un des éléments mentionnés aux deux alinéas précédents.

Les habilitations sont accordées pour une durée de cinq ans et pour l'ensemble du territoire national.

La liste des personnes morales habilitées est fixée par arrêté du garde des sceaux, ministre de la justice.

COMMENTAIRE

Le ministère de la Justice a développé ces dernières années un nombre considérable de partenariats nationaux, dont quelques-uns concernent des administrations ou personnes morales de droit public (direction générale des patrimoines, ministère de la transition écologique et solidaire, direction générale de la gendarmerie nationale, etc.), mais dont un certain nombre ont été signés avec des fédérations ou associations d'envergure nationale, telles qu'Emmaüs France, la Croix-Rouge française, l'Armée du Salut, la SPA, la Fédération française de rugby, la Fédération des conservatoires des espaces naturels, etc., ou encore avec des grands groupes comme la SNCF, Enedis ou Sodexo. ❑

Art. R. 623-7 Les collectivités publiques, les établissements publics, les personnes morales de droit privé chargées d'une mission de service public et les associations qui désirent faire inscrire des travaux d'intérêt général sur la liste prévue par l'article 131-36 du code pénal en font la demande au directeur du service pénitentiaire d'insertion et de probation du département dans lequel ils envisagent de faire exécuter ces travaux.

Pour les collectivités publiques et les établissements publics, la demande mentionne les nom, prénoms, date et lieu de naissance ainsi que les fonctions des représentants qualifiés.

Pour les personnes morales de droit privé qui ne sont pas encore habilitées, la demande prévue par le premier alinéa du présent article est jointe à la demande d'habilitation. Pour les personnes morales de droit privé déjà habilitées, elle comporte mention de la date de cette habilitation sans qu'il soit nécessaire de demander une nouvelle habilitation.

A la demande est annexée une note indiquant la nature et les modalités d'exécution des travaux proposés, les nom, prénoms, date et lieu de naissance et qualité des responsables du poste de travail ainsi que le nombre de postes de travail susceptibles d'être offerts.

Art. R. 623-8 Le directeur du service pénitentiaire d'insertion et de probation procède à toutes diligences et consultations utiles. A cette fin, il peut notamment adresser par voie dématérialisée copie de la demande au préfet.

Art. R. 623-9 Après que le procureur de la République et le juge de l'application des peines ont donné leur avis par voie dématérialisée ou dix jours au plus tôt après les avoir saisis, le directeur du service pénitentiaire d'insertion et de probation prend sa décision en tenant compte de l'utilité sociale des travaux proposés et des perspectives d'insertion sociale ou professionnelle qu'ils offrent aux personnes condamnées. Il communique sa décision au procureur de la République, au juge de l'application des peines et au préfet.

Art. R. 623-10 La radiation d'un poste de travail inscrit sur la liste peut être décidée selon la procédure prévue par l'article R. 623-9.

La suspension d'un poste de travail peut être décidée à titre provisoire par voie dématérialisée soit par le directeur du service pénitentiaire d'insertion et de probation soit par la structure d'accueil.

Art. R. 623-11 Le directeur du service pénitentiaire d'insertion et de probation ou son représentant fixe, sauf décision par laquelle le juge de l'application des peines conserve sa compétence, les modalités d'exécution du travail d'intérêt général qui peut prendre une forme individuelle, pédagogique ou collective.

Sa décision précise :

1° L'organisme au profit duquel le travail sera accompli ;

2° Le travail ou les travaux que la personne condamnée accomplira ;

3° Les horaires de travail.

La décision prise en application du présent article peut être modifiée à tout moment.

Art. R. 623-12 Le directeur du service pénitentiaire d'insertion et de probation choisit un travail d'intérêt général parmi ceux inscrits sur la liste de son département ou, avec l'accord du directeur du service pénitentiaire d'insertion et de probation ou son représentant territorialement compétent, sur la liste d'un autre département.

Art. R. 623-13 Le directeur du service pénitentiaire d'insertion et de probation notifie sa décision à la personne condamnée et à l'organisme au profit duquel le travail d'intérêt général sera accompli. Il en informe par voie dématérialisée le procureur de la République et le juge de l'application des peines.

SECTION 2 Contrôle de la mesure

Art. R. 623-14 Avant d'exécuter sa peine de travail d'intérêt général, la personne condamnée est soumise à un examen médical lorsque :

1° La personne est mineure ;

2° La personne est en situation de handicap ;

3° La personne est enceinte ;

4° Le travail d'intérêt général s'effectue de nuit au sens du code du travail ;

5° Le travail d'intérêt général s'effectue sur un poste présentant des risques particuliers au sens de l'article R. 4624-23 du code du travail ;

6° Le travail d'intérêt général s'effectue dans un établissement ou organisme public ou privé de prévention ou de soins visé à l'article L. 3111-4 du code de la santé publique et l'expose à un risque de contamination.

Cet examen médical a pour but de s'assurer que la personne condamnée est médicalement apte au travail auquel le directeur du service pénitentiaire d'insertion et de probation envisage de l'affecter.

Si le travail doit s'exercer dans un établissement ou organisme public ou privé de prévention ou de soins visé à l'article L. 3111-4 du code de la santé publique et l'expose à des risques de contamination, l'examen médical doit permettre de s'assurer que la personne condamnée est immunisée contre les maladies mentionnées à cet article.

Si le directeur du service pénitentiaire d'insertion et de probation l'estime nécessaire, il peut également solliciter un examen médical pour toute autre personne condamnée à une peine de travail d'intérêt général.

Lorsque la personne condamnée fait valoir son inaptitude au travail, il lui appartient de produire un certificat médical constatant cette inaptitude.

V. CSP, art. L. 3111-4.

Art. R. 623-15 Lorsque le juge de l'application des peines décide d'exercer, à l'égard d'une personne condamnée à la peine de travail d'intérêt général, la compétence du directeur du service pénitentiaire d'insertion et de probation pour déterminer les modalités d'exécution de cette peine, il rend une ordonnance motivée notifiée à la personne condamnée ainsi qu'au directeur du service pénitentiaire d'insertion et de probation.

Les attributions confiées au directeur du service pénitentiaire d'insertion et de probation par les dispositions des articles R. 623-11 à R. 623-14, R. 623-16 et R. 623-17 sont alors exercées par le juge de l'application des peines.

Art. R. 623-16 Lorsqu'une personne condamnée exerce une activité salariée, la durée hebdomadaire cumulée de cette activité et du travail d'intérêt général ne peut excéder de plus de douze heures la durée légale du travail.

Art. R. 623-17 La durée du travail d'intérêt général n'inclut pas les délais de route et le temps des repas.

Art. R. 623-18 Le juge de l'application des peines s'assure de l'exécution du travail d'intérêt général par l'intermédiaire d'un conseiller pénitentiaire d'insertion et de probation.

Le conseiller pénitentiaire d'insertion et de probation informe par voie dématérialisée le juge de l'application des peines des modalités d'exécution de la peine.

Art. R. 623-19 Pour chaque personne condamnée, l'organisme au profit duquel le travail d'intérêt général est effectué fait connaître au conseiller pénitentiaire d'insertion et de probation l'encadrant technique désigné pour assurer la direction et le contrôle technique du travail.

V. TIG, Le guide du tuteur 2022, 2e édition, Ministère de la Justice et ATIGIP, 2022.

Art. R. 623-20 Le conseiller pénitentiaire d'insertion et de probation s'assure de l'exécution du travail auprès du responsable du poste de travail. Il visite, le cas échéant, la personne condamnée sur son lieu de travail.

Art. R. 623-21 Le responsable du poste informe sans délai le conseiller pénitentiaire d'insertion et de probation de toute violation de l'obligation de travail et de tout incident causé ou subi par la personne condamnée à l'occasion de l'exécution de son travail.

Art. R. 623-22 En cas de danger immédiat pour la personne condamnée ou pour autrui ou en cas de faute grave de la personne condamnée, le responsable du poste peut suspendre l'exécution du travail. Il en informe sans délai le conseiller pénitentiaire d'insertion et de probation.

Art. R. 623-23 L'organisme au profit duquel le travail d'intérêt général a été accompli délivre au conseiller pénitentiaire d'insertion et de probation ainsi qu'à la personne condamnée un document attestant que ce travail a été exécuté.

CHAPITRE IV **PEINE DE STAGE**

BIBL. ▶ J.-Cl. Pénal Code, vº *Fasc. 20 : La peine de stage*, par BRICANT. – CARPENTIER, Loi nº 2019-222, du 23 mars 2019, de programmation 2018-2022 et de réforme pour la justice : aspects de droit de la peine, *Lexbase Pénal, mai 2019*.

COMMENTAIRE

Avant la loi du 23 mars 2019, l'article 131-3 du code pénal ne visait que la peine de stage de citoyenneté, les autres modalités de stage relevant chacune d'un régime propre et alimentant la complexité du recours à ces mesures. L'inscription des « peines de stage » parmi les peines correctionnelles a permis une simplification de l'échelle de ces peines. ❑

Art. R. 624-1 **Dans les conditions prévues par les dispositions de l'article R. 131-7 du code pénal, le service pénitentiaire d'insertion et de probation peut contrôler la mise en œuvre de la peine de stage et en élaborer le contenu.**

V. C. pén., art. R. 131-7.

Art. R. 624-2 **Les modules de stage peuvent être élaborés avec le concours des personnes physiques ou morales mentionnées par les dispositions de l'article R. 131-38 du code pénal.**

V. C. pén., art. R. 131-38.

Art. R. 624-3 **Conformément aux dispositions de l'article R. 131-39 du code pénal, lorsque le stage est mis en œuvre sous le contrôle du service pénitentiaire d'insertion ou de probation, ce dernier reçoit la personne condamnée et lui délivre des informations relatives aux objectifs du stage et aux conséquences du non-respect des obligations résultant de ce stage.**

V. C. pén., art. R. 131-39.

Art. R. 624-4 **Conformément aux dispositions de l'article R. 131-40 du code pénal, lorsque le stage est mis en œuvre sous le contrôle du service pénitentiaire d'insertion ou de probation, la personne condamnée adresse au service l'attestation de fin de stage qui lui est délivrée.**

V. C. pén., art. R. 131-40.

CHAPITRE V BRACELET ANTI-RAPPROCHEMENT IMPOSÉ À UNE PERSONNE CONDAMNÉE

V. ss. livre VI, titre II, chap. 2, BIBL. Surveillance électronique.

BIBL. ▸ J.-Cl. Procédure civile, v° *Fasc. 1. 400 : Violences conjugales*, par Douchy-Oudot et Sebag. – Bouchet, Décryptage et analyse de la loi du 30 juillet 2020 visant à protéger les victimes de violences conjugales, *Lexbase Pénal, sept. 2021.* – Leon, Violences intrafamiliales : l'effectivité des droits des victimes renforcée, *Lexbase Pénal, déc. 2021.* – Matsopoulou, Le bracelet antirapprochement au service de la lutte contre les violences faites aux femmes, *JCP 2020. 10. 488.*

Art. R. 625-1 **Lorsque le bracelet antirapprochement est imposé à une personne condamnée en application des dispositions de l'article 132-45-1 du code pénal, le personnel de l'administration pénitentiaire assure la pose et la dépose du dispositif dans les conditions prévues par les dispositions des articles R. 631-1 et R. 631-3.**

V. C. pén., art. 132-45-1.

V. art. R. 631-1 et R. 631-3.

COMMENTAIRE

Les modalités de mise en œuvre du dispositif antirapprochement imposé à une personne condamnée sont celles qui s'appliquent lorsqu'une telle mesure est prononcée à titre de mesure de sûreté, *infra*, articles R. 631-1 et suivants.

Il convient de relever que le port du bracelet antirapprochement (ou BAR) peut être décidé dans le cadre d'une ordonnance de protection prononcée par le juge aux affaires familiales, d'une mesure de sûreté présentencielle, d'une peine d'interdiction de contact, d'un sursis probatoire, d'un suivi sociojudiciaire, d'un fractionnement ou d'une suspension de peine, d'un aménagement avec ou sans écrou, ou encore d'une mesure de sûreté postcarcérale. ❑

Les dispositions des art. 132-45 et 132-45-1 C. pén., lorsqu'elles permettent l'aménagement d'une peine d'emprisonnement en cours d'exécution, n'ont pas pour résultat d'aggraver la situation du condamné. Les nouvelles dispositions relatives aux obligations liées au bracelet antirapprochement s'appliquent donc aux condamnations prononcées pour des faits commis avant leur entrée en vigueur. • Crim., avis, 22 sept. 2021, n° 21-96.001 : *D. actu. 30 sept. 2021, obs. Dominati ; AJ fam. 2021. 514, obs. Mary ; Dr. pénal 2021, n° 194, obs. Bonis.*

Art. R. 625-2 **Dans le cadre de la mise en œuvre du dispositif du bracelet antirapprochement, le personnel de l'administration pénitentiaire peut être assisté par des**

personnes habilitées, dans les conditions prévues par les dispositions des articles R. 631-3 à R. 631-5.

V. art. R. 631-3 à R. 631-5.

Art. R. 625-3 Le traitement automatisé des données à caractère personnel relatif au dispositif électronique mobile antirapprochement est régi par les dispositions des articles R. 631-6 à R. 631-14.

V. art. R. 631-5 à R. 631-14.

CHAPITRE VI SUIVI SOCIOJUDICIAIRE

Art. R. 626-1 Dans les conditions prévues par les dispositions de l'article R. 61-4 du code de procédure pénale, les personnes condamnées à un suivi sociojudiciaire sont informées de leur convocation à comparaître devant le service pénitentiaire d'insertion et de probation en application des dispositions de l'article 763-7-1 du même code.

V. C. pr. pén., art. 763-7-1 et R. 61-4.

TITRE III EXÉCUTION DE MESURES JUDICIAIRES DE SURVEILLANCE

CHAPITRE I BRACELET ANTI-RAPPROCHEMENT

V. Bibl. et Comm. ss. art. L. 631-1.

SECTION 1 Pose et dépose du dispositif

Art. R. 631-1 Le personnel de l'administration pénitentiaire assure la pose du bracelet anti-rapprochement.

Lors de la pose du bracelet, il est procédé aux tests de mise en service et à l'information de la personne sur les modalités pratiques de fonctionnement du dispositif.

Si la personne porte déjà un dispositif anti-rapprochement en application des dispositions de l'article 515-11-1 du code civil, les dispositions du premier alinéa du présent article ne sont pas applicables. L'information de la personne sur les modalités pratiques de fonctionnement du dispositif peut cependant être renouvelée. Dès que la décision du juge pénal est mise en œuvre, par son enregistrement dans le traitement prévu par les dispositions des articles R. 631-6 à R. 631-14, la mainlevée de la mesure prononcée en application des dispositions de l'article 515-11-1 du code civil est acquise de plein droit conformément aux dispositions de l'article 1136-23 du code de procédure civile.

Le personnel de l'administration pénitentiaire assure la dépose du bracelet anti-rapprochement dans les mêmes conditions que celles de sa pose.

V. C. pénit., art. R. 631-6 à R. 631-14.

V. C. pr. pén., art. 138 et 138-3.

V. C. civ., art. 515-11-1.

V. C. pr. civ., art. 1136-23.

COMMENTAIRE

Le bracelet antirapprochement est envisagé ici dans deux situations : en sa version présentencielle de surveillance d'une part, dans le cadre du contrôle judiciaire (C. pén., art. 138, 17° *bis* et 138-3), et en sa version prononcée par le juge aux affaires familiales d'autre part, dans le cadre d'une ordonnance de protection (C. civ., art. 515-11-1 ; C. pr. civ., art. 1136-23). L'alinéa 3 de l'article R. 631-1 fait apparaître une contradiction avec les dispositions de l'article L. 631-1 car celui-ci indique que lorsque la personne porte déjà un bracelet antirapprochement au titre d'une ordonnance de protection prononcée par le juge aux affaires familiales, l'alinéa 1er du présent article ne s'appliquerait pas, excluant ainsi la compétence de l'administration pénitentiaire dans la pose du bracelet antirapprochement dans ce cas précis, là où l'article L. 631-1 indique au contraire que l'administration pénitentiaire concourt à la mise en œuvre de ces dispositifs tant dans le cas des ordonnances de protection prononcées au civil que dans celui des mesures de surveillance présentencielles. Il s'agit en réalité d'indiquer que lorsque la personne porte déjà un dispositif au titre des mesures prononcées par le juge aux affaires familiales et qu'une mesure pénale comprenant le port d'un bracelet antirapprochement est décidée par la suite, l'administration pénitentiaire ne procédera pas une nouvelle fois à la pose du dispositif. Elle pourra toutefois renouveler l'information relative aux modalités pratiques du port du dispositif. La mise en œuvre de la mesure pénale met fin de plein droit à la mesure prononcée par le juge aux affaires familiales. ❑

Art. D. 631-2 **Le personnel de l'administration pénitentiaire procède également à la pose et à la dépose du dispositif anti-rapprochement dans les conditions prévues par l'article D. 51 du code de procédure pénale.**

V. C. pr. pén., art. D. 51 ; C. pénit., art. D. 622-10.

SECTION 2 Habilitation des personnes auxquelles peuvent être confiées des prestations techniques

Art. R. 631-3 **Le personnel de l'administration pénitentiaire peut être assisté des personnes habilitées, dans les conditions prévues par les dispositions des articles R. 544-11 à R. 544-17.**

V. art. R. 544-11 à R. 544-17.

Art. R. 631-4 **Les personnes privées chargées du contrôle à distance du dispositif mobile électronique anti-rapprochement sont habilitées par arrêté du garde des sceaux, ministre de la justice. Cette habilitation est accordée et peut être retirée dans les conditions prévues par les dispositions des articles R. 544-11 à R. 544-14.**

Les employés des personnes privées chargées du contrôle à distance du dispositif mobile électronique anti rapprochement font l'objet d'une habilitation individuelle par arrêté du garde des sceaux, ministre de la justice. Cette habilitation est accordée et peut être retirée dans les conditions prévues par les dispositions des articles R. 544-15 à R. 544-17.

V. art. R. 544-11 à R. 544-17.

Art. R. 631-5 **Les personnes privées habilitées chargées du contrôle à distance du dispositif mobile électronique anti-rapprochement sont placées sous la supervision d'un agent de l'administration pénitentiaire.**

SECTION 3 Traitement des données à caractère personnel

Art. R. 631-6 **Le garde des sceaux, ministre de la justice (direction de l'administration pénitentiaire) est autorisé à mettre en œuvre le traitement automatisé de données à caractère personnel, dénommé "Bracelet anti-rapprochement", prévu par les dispositions des articles 138-3 du code de procédure pénale, 132-45-1 du code pénal et 515-11-1 du code civil.**

Ce traitement est placé sous le contrôle du magistrat mentionné par les dispositions de l'article R. 544-18 et dans les conditions prévues par les dispositions de l'article R. 544-20.

Il a pour finalité d'assurer le contrôle à distance des personnes placées sous dispositif électronique mobile anti-rapprochement en exécution d'une décision prise en application des articles 138 et 138-3 du code de procédure pénale, des articles 132-45 et 132-45-1 du code pénal ou de l'article 515-11-1 du code civil. Il a pour objet de mettre en œuvre un dispositif technique destiné à garantir l'effectivité de l'interdiction faite à la personne porteuse d'un bracelet anti-rapprochement de rencontrer une personne protégée, victime d'une infraction commise au sein du couple.

A cet effet, ce traitement permet :

1° D'alerter les personnels habilités chargés du contrôle à distance du dispositif électronique mobile anti-rapprochement de ce que la personne porteuse du bracelet s'approche de la personne protégée et méconnaît les distances de pré-alerte ou d'alerte, ainsi qu'en cas d'altération du fonctionnement du dispositif technique ;

2° De localiser la personne protégée et la personne porteuse du bracelet, afin de prendre, lorsque l'alerte prévue à l'alinéa précédent est émise, les mesures de protec-

tion appropriées, en enjoignant notamment au porteur du bracelet de s'éloigner et en permettant, le cas échéant, selon le besoin et les procédures établies, une intervention des forces de police et de gendarmerie, afin d'assurer la protection de la personne menacée.

Le traitement poursuit également une finalité statistique.

V. C. pr. pén., art. 138 et 138-3 ; C. pén., art. 132-45 et 132-45-1 ; C. civ., art. 515-11-1.

Art. R. 631-7 Peuvent être enregistrées, dans la stricte mesure où elles sont nécessaires à la poursuite des finalités prévues par les dispositions de l'article R. 631-6, les données à caractère personnel et les informations suivantes :

1° S'agissant de la personne porteuse du bracelet anti-rapprochement :

a) Son identité : nom de famille, nom d'usage, prénoms, alias, date et lieu de naissance, sexe, nationalité, photographie de son visage ne permettant pas une utilisation à des fins de contrôle biométrique, tout élément relatif à sa situation familiale et toutes autres caractéristiques physiques nécessaires à la pose du bracelet et, le cas échéant, à l'interpellation par les forces de police et de gendarmerie ;

b) Ses coordonnées personnelles : adresse de résidence, numéro de téléphone, adresse de messagerie électronique ;

c) Les données relatives à l'authentification biométrique vocale prévue par les dispositions de l'article R. 24-16 du code de procédure pénale ;

d) Les données transmises sous le contrôle de l'autorité judiciaire, et relatives aux décisions ordonnant un placement sous un dispositif électronique mobile anti-rapprochement et aux décisions prolongeant ou modifiant la mesure : désignation de la juridiction, nature, contenu de la décision, et notamment de la durée du placement sous dispositif électronique mobile anti-rapprochement ;

e) Les données techniques du bracelet anti-rapprochement : numéro de série de l'unité mobile attribuée, numéro de série du bracelet attribué, numéro de série de la carte SIM attribuée, adresse IP ou MAC de l'unité mobile attribuée ;

f) Le relevé à intervalles réguliers des positions GPS du bracelet anti-rapprochement ;

g) La liste des alertes émises : dates, heures, positions GPS, circonstances et gestion de ces alertes par les personnels habilités chargés du contrôle à distance du dispositif électronique mobile anti-rapprochement ;

2° S'agissant de la personne protégée :

a) Son identité : nom de famille, nom d'usage, prénoms, date et lieu de naissance, sexe, nationalité, tout élément relatif à sa situation familiale et toutes autres caractéristiques physiques nécessaires à sa protection par les forces de police et de gendarmerie ;

b) Ses coordonnées personnelles : adresse de résidence, numéro de téléphone, adresse de messagerie électronique ;

c) Les personnes à contacter en cas d'urgence : nom de famille, nom d'usage, prénoms, sexe, adresse de résidence, coordonnées téléphoniques, adresse de messagerie électronique, liens avec la personne protégée ;

d) Les données relatives à l'authentification biométrique vocale prévue par les dispositions de l'article R. 24-16 du code de procédure pénale, le cas échéant après recueil de son consentement ;

e) Les données transmises sous le contrôle de l'autorité judiciaire et relatives aux décisions ordonnant un placement sous un dispositif électronique mobile anti-rapprochement et aux décisions prolongeant ou modifiant la mesure : désignation de la juridiction, nature et contenu de la décision et notamment de la durée du placement sous dispositif électronique mobile anti-rapprochement ;

f) Les données techniques du dispositif de téléprotection : le numéro de série de l'unité mobile attribuée, le numéro de série de la carte SIM attribuée, l'adresse IP ou MAC de l'unité mobile attribuée ;

g) Le relevé à intervalles réguliers des positions GPS du dispositif de téléprotection ;

h) La liste des alertes émises : date, heure, positions GPS, circonstances et gestion de ces alertes par les personnels habilités chargés du contrôle à distance du dispositif électronique mobile anti-rapprochement ;

3° S'agissant des personnels habilités des services centraux et déconcentrés de l'administration pénitentiaire :

a) Leur identité : nom de famille, prénoms, qualité professionnelle, adresse de messagerie professionnelle ;

b) Leur identification technique : matricule d'identifiant SAPHIR, adresse IP ;

4° S'agissant des personnels habilités chargés du contrôle à distance du dispositif électronique mobile anti-rapprochement :

a) Leur identité : nom de famille, prénoms, qualité professionnelle, adresse de messagerie professionnelle ;

b) Leur identification technique : matricule, adresse IP ;

5° S'agissant de l'identité du magistrat chargé du suivi de la décision ordonnant un placement sous dispositif électronique mobile anti-rapprochement : nom de famille, prénoms, qualité professionnelle, coordonnées professionnelles ;

6° Sont en outre enregistrés, pour chacune des alertes mentionnées par les dispositions de l'article R. 631-6, le contenu, la date et l'heure des conversations téléphoniques entre les personnels habilités chargés du contrôle à distance du dispositif électronique mobile anti-rapprochement, la personne porteuse du bracelet, la personne protégée ainsi que, le cas échéant, les personnes à contacter en cas d'urgence mentionnées au 3° du II du présent article, ou les forces de police et de gendarmerie ;

7° Les données enregistrées dans le traitement sont susceptibles de faire apparaître des données mentionnées par les dispositions du I de l'article 6 de la loi n° 78-17 du 6 janvier 1978 relative à l'informatique, aux fichiers et aux libertés. Il est interdit de sélectionner dans le traitement une catégorie particulière de personnes à partir de ces seules données.

V. art. R. 631-6.

V. C. pr. pén., art. R. 24-16.

V. L. n° 78-17 du 6 janv. 1978 relative à l'informatique, aux fichiers et aux libertés, art. 6, I.

COMMENTAIRE

La description des modalités pratiques de mise en œuvre du bracelet antirapprochement met en évidence sa spécificité, à savoir la nécessité de doter non seulement la personne visée par la mesure, mais également la personne protégée, d'un dispositif garantissant leur géolocalisation permanente. Ce système, inspiré en partie du modèle espagnol développé depuis 2013, permet de s'assurer du respect de l'interdiction de rapprochement ou de contact prononcée par le juge, quel que soit le cadre de cette mesure (civil ou pénal), et d'instaurer un périmètre de sécurité autour de la personne protégée. ❑

Art. R. 631-8 Peuvent accéder, à raison de leurs attributions respectives et dans la limite du besoin d'en connaître, à tout ou partie des données à caractère personnel et informations mentionnées par les dispositions de l'article R. 631-7 :

1° Les personnels habilités des services centraux et déconcentrés de l'administration pénitentiaire ;

2° Les personnels habilités chargés du contrôle à distance du dispositif électronique mobile anti-rapprochement ;

3° Le magistrat chargé de contrôler le traitement mentionné par les dispositions de l'article R. 631-6.

V. art. R. 631-6 et R. 631-7.

Art. R. 631-9 Peuvent accéder, à raison de leurs attributions respectives et dans la limite du besoin d'en connaître, à tout ou partie des données à caractère personnel et informations conservées au sein de la base d'archive intermédiaire prévue par les dispositions de l'article R. 631-11, les personnels habilités des services centraux de l'administration pénitentiaire suivants :

1° Les agents assurant la supervision des personnes privées habilitées chargées du contrôle à distance du dispositif mobile électronique anti-rapprochement mentionnés par les dispositions de l'article R. 631-5 ;

2° Les agents chargés des systèmes d'information ;

3° Les agents chargés de l'application de la réglementation informatique et libertés.

V. art. R. 631-11.

Art. R. 631-10 Peuvent également être destinataires de tout ou partie des données et des informations mentionnées par les dispositions de l'article R. 631-7, strictement nécessaires à leur mission, à raison de leurs attributions respectives :

1° Les magistrats et fonctionnaires habilités des tribunaux judiciaires par les chefs de juridiction ;

2° Les officiers ou agents de police judiciaire habilités intervenant pour assurer la protection de la personne protégée ou appréhender la personne porteuse du bracelet anti-rapprochement ne respectant pas l'interdiction de s'approcher à moins d'une certaine distance de la personne protégée ;

3° Les magistrats et fonctionnaires habilités de la direction des affaires criminelles et des grâces, pour les informations qui leur sont transmises en application des dispositions du troisième alinéa de l'article 35 du code de procédure pénale, et dans le seul cadre de l'organisation et de la mise en œuvre de la permanence au sein du ministère de la justice.

V. art. R. 631-7.

V. C. pr. pén., art. 35.

Art. R. 631-11 Les données à caractère personnel et les informations mentionnées par les dispositions de l'article R. 631-7, à l'exception de celles mentionnées par le 4° du même article, sont conservées en base active pendant toute la durée du placement sous dispositif électronique mobile anti-rapprochement.

A la fin du placement, les données et informations suivantes sont conservées :

1° S'agissant des données relatives à l'authentification biométrique vocale : pendant une durée d'un mois en base active ;

2° S'agissant de l'enregistrement des conversations téléphoniques mentionnées par les dispositions du 6° de l'article R. 631-7 : pendant une durée d'un mois en base active puis de deux mois en base d'archive intermédiaire ;

3° S'agissant des données à caractère personnel et informations non mentionnées par les 1° et 2° : pendant une durée d'un mois en base active puis de cinq ans et onze mois en base d'archive intermédiaire.

Les données mentionnées par les dispositions du 4° de l'article R. 631-7 sont conservées, en base active, jusqu'au terme de l'habilitation des agents et personnels concernés.

V. art. R. 631-7.

COMMENTAIRE

Certaines des durées de conservation des données recueillies dans le cadre du dispositif antirapprochement pour le traitement informatisé de données personnelles diffèrent légèrement de celles prévues en matière d'autres mesures de surveillance électronique, telles que la détention à domicile sous surveillance électronique. Ainsi, les données biométriques vocales sont ici conservées au-delà de la fin de la mesure pendant une durée de 1 mois, selon la charte, alors qu'elles ne le sont pas dans le cadre de la détention à domicile sous surveillance électronique (V. art. R. 622-1), sans que cette différence de traitement ni la nécessité de cette conservation ne soient explicitement justifiées. ❑

Art. R. 631-12 Toute opération de collecte, de modification, de consultation, de communication et d'effacement des données à caractère personnel et informations fait l'objet d'un enregistrement comprenant l'identification de l'utilisateur, la date, l'heure et la nature de l'intervention dans ce traitement. Ces informations sont conservées pendant une durée de trois ans.

Art. R. 631-13 Conformément aux dispositions des articles 104 à 106 de la loi n° 78-17 du 6 janvier 1978 relative à l'informatique, aux fichiers et aux libertés, les droits d'information, d'accès, de rectification, d'effacement et de limitation des données s'exercent directement auprès de la direction de l'administration pénitentiaire, sans préjudice des dispositions du code de procédure pénale et du code de procédure civile.

Pour les motifs prévus par les dispositions des 1°, 2° et 5° du I de l'article 107 de la même loi, les droits d'accès et de rectification peuvent faire l'objet de restrictions en application, respectivement, des dispositions du 2° et du 3° du II du même article.

La personne concernée par ces restrictions exerce son droit d'accès auprès de la Commission nationale de l'informatique et des libertés dans les conditions prévues par les dispositions de l'article 108 de la même loi.

Art. R. 631-14 Le droit d'opposition prévu par les dispositions de l'article 110 de la loi n° 78-17 du 6 janvier 1978 relative à l'informatique, aux fichiers et aux libertés ne s'applique pas aux personnes concernées par le présent traitement, à l'exception des personnes à contacter en cas d'urgence mentionnées par les dispositions de l'article R. 631-7.

V. art. R. 631-7.

V. L. n° 78-17 du 6 janv. 1978 relative à l'informatique, aux fichiers et aux libertés, art. 110.

CHAPITRE II ASSIGNATION À RÉSIDENCE SOUS SURVEILLANCE ÉLECTRONIQUE

V. BIBL., ss. livre VI, titre III, chap. II, partie législative.

SECTION 1 Démarches préalables à la mesure

Art. D. 632-1 Le service pénitentiaire d'insertion et de probation recueille l'accord du propriétaire ou du locataire du lieu où peut être installé le récepteur, dans les cas et selon les conditions prévues par les dispositions de l'article D. 32-5 du code de procédure pénale.

V. C. pr. pén., art. D. 32-5 ; C. pénit., art. R. 622-4 (DDSE peine).

COMMENTAIRE

L'accord du propriétaire ou du locataire des lieux est exigé dans les cas où le lieu d'assignation n'est pas le domicile de la personne visée par la mesure. L'accord doit être donné par écrit, donc préalablement à la prise de décision. ❑

SECTION 2 Exécution de la mesure

SOUS-SECTION 1 Pose et dépose du dispositif

Art. D. 632-2 La personne placée sous assignation à résidence avec surveillance électronique fait l'objet d'un enregistrement dans le traitement automatisé prévu par les dispositions des articles R. 622-22 à R. 622-31.

Le personnel de l'administration pénitentiaire assure la pose et la dépose du dispositif de surveillance électronique que doit porter la personne assignée.

La pose du dispositif de surveillance électronique est effectuée, dans un délai de cinq jours au plus tard à compter de l'ordonnance de placement sous assignation à résidence avec surveillance électronique.

En cas de placement sous assignation à résidence avec surveillance électronique mobile ordonné à l'occasion d'une mise en liberté, le dispositif est installé sur la personne avant sa libération.

Il en est de même en cas de mise en liberté assortie du placement sous assignation à résidence avec surveillance électronique lorsque le magistrat a subordonné la mise en liberté à la pose de ce dispositif.

V. art. R. 622-22 à R. 622-31.

Art. D. 632-3 Le personnel de l'administration pénitentiaire procède également à la pose et à la dépose du dispositif de surveillance électronique mobile dans le cadre d'une assignation à résidence, dans les conditions prévues par l'article D. 51 du code de procédure pénale.

V. C. pr. pén., art. D. 51.

SOUS-SECTION 2 Surveillance du dispositif

Art. D. 632-4 Le contrôle et le suivi de la mesure d'assignation à résidence avec surveillance électronique sont assurés par le service pénitentiaire d'insertion et de probation, les dispositions de l'article R. 622-8 étant applicables.

V. art. R. 622-8.

SOUS-SECTION 3 Modification des horaires d'assignation

Art. D. 632-5 Le chef de l'établissement pénitentiaire ou le directeur du service pénitentiaire d'insertion et de probation peut modifier les horaires de présence au domicile ou dans les lieux d'assignation, après accord du juge d'instruction, dans les conditions et selon les formes prévues par les dispositions des articles D. 32-17 et D. 32-18 *(Décr. n° 2022-1288 du 4 oct. 2022, art. 1er-VI)* « du code de procédure pénale ».

V. C. pr. pén., art. D. 32-17 et D. 32-18.

CHAPITRE III CONTRÔLE JUDICIAIRE

RÉP. PÉN. v° *Contrôle judiciaire,* par DOURNEAU-JOSETTE et GIRAULT.

BIBL. ▸ CARDET, Quelle consécration pour le contrôle judiciaire socio-éducatif dans la loi du 15 juin 2000 ?, *RSC 2001. 537* ; L'incontrôlable contrôle judiciaire « socio-éducatif » ?, *D. 2002. Chron. 1221*. – GOMA MACKOUNDI, Réparation des préjudices nés de la détention provisoire et du placement sous contrôle judiciaire, *AJ pénal 2013. 391*.

Art. R. 633-1 Les agents de l'administration pénitentiaire sont au nombre des autorités ou personnes susceptibles d'être désignées par le juge d'instruction ou son délégué pour contribuer à l'application du contrôle judiciaire des personnes mises en examen, dans les conditions prévues par les dispositions des articles 138 et R. 16 du code de procédure pénale.

Ils s'assurent du respect de ses obligations par la personne mise en examen, dans les conditions prévues par les articles R. 16-1 et R. 16-2 du même code.

V. C. pr. pén., art. 138, R. 16 à R. 16-2.

Art. D. 633-2 Conformément aux dispositions de l'article D. 113-41, le suivi et le contrôle des personnes placées sous contrôle judiciaire sont assurés par le service pénitentiaire d'insertion et de probation.

CHAPITRE IV COMPOSITION PÉNALE

Art. R. 634-1 Conformément aux dispositions de l'article R. 15-33-55 du code de procédure pénale, le service pénitentiaire d'insertion et de probation s'assure, à la demande du procureur de la République, de l'exécution du travail non rémunéré prononcé dans le cadre d'une mesure de composition pénale, dans les conditions prévues par les dispositions des articles 41-2, R. 15-33-42 et R. 15-33-54 du même code.

V. C. pr. pén., art. 41-2, R. 15-33-42, R. 15-33-54 et R. 15-33-55.

V. Circ. CRIM 01-14 F1 du 11 juill. 2001 (BOMJ 2001, n° 83, p. 61 s.).

RÉP. PÉN. v° *Composition pénale,* par CÉRÉ.

BIBL. ▸ CÉRÉ, De la composition pénale à la comparution sur reconnaissance préalable de culpabilité, *AJ pénal 2003. 45*. – DANET et GRUNVALD, Brèves remarques tirées d'une première évaluation de la composition pénale, *AJ pénal 2004. 196*. – HEDERER, Un an d'expérimentation de la composition pénale dans un tribunal judiciaire, *AJ pénal 2003. 53*. – LEBLOIS-HAPPE, De la transaction pénale à la composition pénale, *JCP 2000. I. 198*. – LEGRAS, Injonction thérapeutique entre les mains du parquet : quel cadre d'intervention ?, *AJ pénal 2013. 329*. – LUDWICZAC, Les apports de la loi du 8 avril 2021 en matière d'alternatives aux poursuites, *AJ pénal 2021. 234*. – PONCELA, Quand le procureur compose avec la peine, *RSC 2002. 638* ; *ibid. 2003. 139*. – PRADEL, Une consécration du « plea-bargaining » à la française : la composition pénale, *D. 1999. Chron. 379*. – RASCHEL, La déjudiciarisation de la réponse pénale à la délinquance du quotidien, *RSC 2021. 673*. – REGNAULT, Composition pénale : l'exemple du tribunal de Cambrai, *AJ pénal 2003. 55*. – SAAS, De la composition pénale au plaider coupable, le pouvoir de sanction du procureur, *RSC 2004. 827*. – VOLFF, La composition pénale : un essai manqué, *Gaz. Pal. 2000. Doctr. 559*.

COMMENTAIRE

Dans le cadre d'une mesure de composition pénale, le procureur de la République peut proposer à une personne physique reconnaissant les faits, lorsque ceux-ci sont punis d'une peine d'emprisonnement inférieure ou égale à 5 ans ou d'une peine d'amende, d'exécuter un travail non rémunéré au profit de la collectivité auprès d'une personne morale de droit public, d'une personne morale de droit privé chargée d'une mission de service public ou d'une association habilitée. Le travail sera choisi sur la liste des postes de travail d'intérêt général établie par le directeur du service pénitentiaire d'insertion et de probation (V. art. L. 623-2). ❑

TITRE IV EXÉCUTION DE MESURES ADMINISTRATIVES DE SURVEILLANCE

CHAPITRE I MESURES INDIVIDUELLES DE CONTRÔLE ADMINISTRATIF DE SURVEILLANCE

SECTION 1 Enquête technique préalable

Art. R. 641-1 Conformément aux dispositions de l'article R. 228-1 du code de la sécurité intérieure, l'administration pénitentiaire informe le ministre de l'intérieur de la disponibilité d'un dispositif technique et de la faisabilité technique de la surveillance, préalablement au prononcé d'une mesure initiale de placement sous surveillance électronique mobile d'une personne mentionnée par les dispositions de l'article L. 228-1 du même code. – *CSI.*

SECTION 2 Pose et dépose du dispositif

Art. R. 641-2 Le personnel de l'administration pénitentiaire procède à la pose et à la dépose du dispositif de surveillance électronique mobile, dans les conditions et selon les modalités prévues par les dispositions de l'article R. 228-3 du code de la sécurité intérieure. – *CSI.*

SECTION 3 Surveillance de l'exécution de la mesure

Art. R. 641-3 Le personnel de l'administration pénitentiaire informe sans délai les services de police et de gendarmerie compétents dans les cas prévus par les dispositions de l'article R. 228-5 du code de la sécurité intérieure. – *CSI.*

Art. R. 641-4 Conformément aux dispositions de l'article R. 228-6 du code de la sécurité intérieure, le dispositif de localisation à distance ne peut être mis en œuvre que par une personne habilitée dans les conditions d'habilitation prévues par les dispositions des articles R. 544-11 à R. 544-17.

CHAPITRE II MESURES DE SURVEILLANCE DES PERSONNES DE NATIONALITÉ ÉTRANGÈRE ASSIGNÉES À RÉSIDENCE

SECTION 1 Enquête technique préalable

Art. R. 642-1 Conformément aux dispositions de l'article R. 733-15 du code de l'entrée et du séjour des étrangers et du droit d'asile, l'administration pénitentiaire informe l'autorité compétente de la disponibilité d'un dispositif technique et de la faisabilité technique de la surveillance, préalablement au prononcé d'une mesure de placement sous surveillance électronique mobile d'une personne de nationalité étrangère mentionnée par les dispositions de l'article L. 733-14 du même code. – *CESEDA.*

SECTION 2 Pose et dépose du dispositif

Art. R. 642-2 Le personnel de l'administration pénitentiaire procède à la pose et à la dépose du dispositif de surveillance électronique mobile, dans les conditions et selon les modalités prévues par les dispositions de l'article R. 733-17 du code de l'entrée et du séjour des étrangers et du droit d'asile. – *CESEDA.*

SECTION 3 Surveillance de l'exécution de la mesure

Art. R. 642-3 Le personnel de l'administration pénitentiaire informe sans délai les services de police et les unités de gendarmerie compétents dans les cas prévus par les dispositions de l'article R. 733-19 du code de l'entrée et du séjour des étrangers et du droit d'asile.

Art. R. 642-4 Conformément aux dispositions de l'article R. 733-20 du code de l'entrée et du séjour des étrangers et du droit d'asile, le dispositif de localisation à distance peut être mis en œuvre par une personne habilitée, dans les conditions prévues par les dispositions des articles R. 544-11 à R. 544-17. – *CESEDA.*

LIVRE VII DISPOSITIONS RELATIVES À L'OUTRE-MER

TITRE I DISPOSITIONS PARTICULIÈRES AUX COLLECTIVITÉS RÉGIES PAR L'ARTICLE 73 DE LA CONSTITUTION

CHAPITRE I DISPOSITIONS COMMUNES AUX COLLECTIVITÉS RÉGIES PAR L'ARTICLE 73 DE LA CONSTITUTION

Art. R. 711-1 Les dispositions du présent code sont applicables de plein droit en Guadeloupe, en Guyane, à la Martinique, à La Réunion et à Mayotte, sous réserve des adaptations prévues au présent titre.

CHAPITRE II DISPOSITIONS PARTICULIÈRES À LA GUADELOUPE, LA GUYANE, LA MARTINIQUE ET LA RÉUNION

Art. D. 712-1 Pour son application dans les départements de la Guadeloupe, de la Guyane, de la Martinique et de La Réunion, l'article D. 352-1 est applicable aux ministres du culte des services d'aumôneries si l'un des diplômes de formation civile et civique figurant sur la liste mentionnée par les dispositions du quatrième alinéa du même article peut y être obtenu, y compris à distance.

CHAPITRE III DISPOSITIONS PARTICULIÈRES À MAYOTTE

Art. R. 713-1 Pour leur application à Mayotte :

1° Au 1° de l'article R. 227-5 les mots "l'établissement public de santé national de Fresnes et les établissements de santé habilités à recevoir des personnes détenues comportant soit des unités hospitalières sécurisées interrégionales, soit des unités hospitalières spécialement aménagées" sont supprimés ;

2° Au 4° de l'article R. 227-5, les mots : "ainsi que celles des unités hospitalières sécurisées interrégionales, des unités hospitalières spécialement aménagées des établissements de santé habilités à recevoir des personnes détenues et de l'établissement public de santé national de Fresnes" sont supprimés ;

3° Les quatrième et cinquième alinéas de l'article R. 227-6 sont supprimés.

Art. R. 713-2 Pour son application à Mayotte, à l'article R. 331-2, les références aux archives départementales sont remplacées par les références au service des archives compétent.

Art. D. 713-3 Pour son application à Mayotte, l'article D. 352-1 est applicable aux ministres du culte des services d'aumôneries situés sur le territoire de la collectivité, si l'un des diplômes de formation civile et civique figurant sur la liste mentionnée par les dispositions du quatrième alinéa du même article peut y être obtenu, y compris à distance.

Art. R. 713-4 Pour son application à Mayotte, la première phrase du troisième alinéa de l'article R. 623-3 est ainsi rédigée :

"Le directeur du service pénitentiaire d'insertion et de probation communique par voie dématérialisée sa décision d'habilitation à la structure d'accueil, au président du tribunal judiciaire, au procureur de la République, au juge de l'application des peines et au préfet."

Art. R. 713-5 Pour son application à Mayotte, la deuxième phrase de l'article R. 623-8 est ainsi rédigée :

"A cette fin, il peut notamment adresser par voie dématérialisée copie de la demande au préfet ; celui-ci a un mois pour donner son avis."

TITRE II DISPOSITIONS APPLICABLES À SAINT-BARTHÉLEMY

BIBL. ▶ GIRAUDEAU, MAISONNEUVE (dir.), Dictionnaire juridique des Outre-mer *LexisNexis 2021*, v° *Collectivités d'Outre-mer*, par VIDOT, v° *Pénal (Compétence pénale des Outre-mer)*, par GINDRE, v° *Saint-Barthélemy*, par PONGERARD-PAYET, v° *Spécialité législative*, par ROMBAUTS-CHABROL. – J.-CL. Collectivités territoriales v° *Fasc. 460 : Collectivités d'Outre-mer - Saint-Barthélemy - Saint-Martin*, par BÉRINGER.

CHAPITRE I DISPOSITIONS GÉNÉRALES

Art. R. 721-1 Les dispositions du présent code sont applicables de plein droit à Saint-Barthélemy, sous réserve des adaptations prévues au présent titre.

Art. R. 721-2 Pour l'application des dispositions du présent code à Saint-Barthélemy, les références au préfet de département sont remplacées par les références au représentant de l'État dans la collectivité.

COMMENTAIRE

Application du principe d'identité législative. Saint-Barthélemy est une collectivité territoriale ayant évolué vers le statut de collectivité d'outre-mer (COM) de l'article 74 de la Constitution en 2007 (L. org. n° 2007-223 et L. n° 2007-224 du 21 févr. 2007 portant dispositions statutaires et institutionnelles relatives à l'Outre-mer, CGCT, art. L.O. 6211-1 s.). Malgré son statut de COM, elle est encore principalement régie par le principe d'identité législative et les dispositions réglementaires en matière pénitentiaire s'appliquent donc de plein droit, comme le précise l'article R. 721-1. L'État peut cependant les adapter à l'organisation particulière de la collectivité (CGCT, art. L.O. 6213-1), comme en attestent les dispositions réglementaires spécifiques prévues aux articles R. 722-1 et suivants. ❑

CHAPITRE II DISPOSITIONS SPÉCIFIQUES RELATIVES AU LIVRE PREMIER

Art. R. 722-1 Pour son application à Saint-Barthélemy, l'article R. 122-8 est ainsi rédigé :

Art. 122-8 Le personnel de l'administration pénitentiaire prête serment, lors de sa première affectation au sein de l'administration pénitentiaire, en audience publique, devant le président du tribunal de première instance.

Les fonctionnaires déjà affectés au sein de l'administration pénitentiaire à la date d'entrée en vigueur du code de déontologie défini par les dispositions de l'article R. 120-1 peuvent, à leur demande, prêter serment dans les conditions prévues à l'article R. 122-8 ou au premier alinéa du présent article.

La formule du serment est prévue par l'article R. 122-9.

CHAPITRE III DISPOSITIONS SPÉCIFIQUES RELATIVES AU LIVRE DEUXIÈME

Le présent chapitre ne comprend pas de dispositions réglementaires.

CHAPITRE IV DISPOSITIONS SPÉCIFIQUES RELATIVES AU LIVRE TROISIÈME

Art. D. 724-1 Pour son application à Saint-Barthélemy, l'article D. 352-1 est applicable aux ministres du culte des services d'aumôneries situés sur le territoire de la collectivité, si l'un des diplômes de formation civile et civique figurant sur la liste mentionnée par les dispositions du quatrième alinéa du même article peut y être obtenu, y compris à distance.

CHAPITRE V DISPOSITIONS SPÉCIFIQUES RELATIVES AU LIVRE QUATRIÈME

Le présent chapitre ne comprend pas de dispositions réglementaires.

CHAPITRE VI DISPOSITIONS SPÉCIFIQUES RELATIVES AU LIVRE CINQUIÈME

Le présent chapitre ne comprend pas de dispositions réglementaires.

CHAPITRE VII DISPOSITIONS SPÉCIFIQUES RELATIVES AU LIVRE SIXIÈME

Art. R. 727-1 Pour son application à Saint-Barthélemy, le 1° de l'article R. 623-2 est ainsi rédigé :

"1° La copie du *Journal officiel* ou du *Journal officiel* de la collectivité portant publication de la déclaration de l'association."

Art. R. 727-2 Pour son application à Saint-Barthélemy, la première phrase du troisième alinéa de l'article R. 623-3 est ainsi rédigée :

"Le directeur du service pénitentiaire d'insertion et de probation communique par voie dématérialisée sa décision d'habilitation à la structure d'accueil, au président du tribunal de première instance, au juge de l'application des peines, au procureur de la République et au représentant de l'État dans la collectivité."

Art. R. 727-3 Pour son application à Saint-Barthélemy, la deuxième phrase de l'article R. 623-8 est ainsi rédigée :

"Il adresse copie de la demande aux organismes ou services locaux de prévention de la délinquance lorsqu'ils existent ; ceux-ci ont trois mois pour donner leur avis."

TITRE III DISPOSITIONS APPLICABLES À SAINT-MARTIN

BIBL. ▸ GIRAUDEAU, MAISONNEUVE (dir.), Dictionnaire juridique des Outre-mer, *LexisNexis 2021, v° Collectivités d'Outre-mer*, par VIDOT, *v° Pénal (Compétence pénale des Outre-mer)*, par GINDRE, *v° Saint-Barthélemy*, par PONGERARD-PAYET, *v° Spécialité législative*, par ROMBAUTS-CHABROL. – J.-CL. Collectivités territoriales *v° Fasc. 460 : Collectivités d'Outre-mer - Saint-Barthélemy - Saint-Martin*, par BÉRINGER.

CHAPITRE I DISPOSITIONS GÉNÉRALES

Art. R. 731-1 Les dispositions du présent code sont applicables de plein droit à Saint-Martin, sous réserve des adaptations prévues au présent titre.

Art. R. 731-2 Pour l'application des dispositions du présent code à Saint-Martin, les références au préfet de département sont remplacées par les références au représentant de l'État dans la collectivité.

COMMENTAIRE

Application du principe d'identité législative. Voir le code général des collectivités territoriales, articles L.O. 6311-1 et L.O. 6313-1 ; Voir le commentaire sous l'article R. 721-2. ❑

CHAPITRE II DISPOSITIONS SPÉCIFIQUES RELATIVES AU LIVRE PREMIER

Art. R. 732-1 Pour son application à Saint-Martin, l'article R. 122-8 est ainsi rédigé :

Art. R. 122-8 Le personnel de l'administration pénitentiaire prête serment, lors de sa première affectation au sein de l'administration pénitentiaire, en audience publique, devant le président du tribunal de première instance.

Les fonctionnaires déjà affectés au sein de l'administration pénitentiaire à la date d'entrée en vigueur du code de déontologie défini par les dispositions de l'article R. 120-1 peuvent, à leur demande, prêter serment dans les conditions prévues à l'article R. 122-8 ou au premier alinéa du présent article.

La formule du serment est prévue par l'article R. 122-9.

CHAPITRE III DISPOSITIONS SPÉCIFIQUES RELATIVES AU LIVRE DEUXIÈME

Le présent chapitre ne comprend pas de dispositions réglementaires.

CHAPITRE IV DISPOSITIONS SPÉCIFIQUES RELATIVES AU LIVRE TROISIÈME

Art. D. 734-1 Pour son application à Saint-Martin, l'article D. 352-1 est applicable aux ministres du culte des services d'aumôneries situés sur le territoire de la collectivité, si l'un des diplômes de formation civile et civique figurant sur la liste mentionnée par les dispositions du quatrième alinéa du même article peut y être obtenu, y compris à distance.

CHAPITRE V DISPOSITIONS SPÉCIFIQUES RELATIVES AU LIVRE QUATRIÈME

Le présent chapitre ne comprend pas de dispositions réglementaires.

CHAPITRE VI DISPOSITIONS SPÉCIFIQUES RELATIVES AU LIVRE CINQUIÈME

Le présent chapitre ne comprend pas de dispositions réglementaires.

CHAPITRE VII DISPOSITIONS SPÉCIFIQUES RELATIVES AU LIVRE SIXIÈME

Art. R. 737-1 Pour son application à Saint-Martin, le 1° de l'article R. 623-2 est ainsi rédigé :

"1° La copie du *Journal officiel* ou du *Journal officiel* de la collectivité portant publication de la déclaration de l'association."

Art. R. 737-2 Pour son application à Saint-Martin, la première phrase du troisième alinéa de l'article R. 623-3 est ainsi rédigée :

"Le directeur du service pénitentiaire d'insertion et de probation communique par voie dématérialisée sa décision d'habilitation à la structure d'accueil, au président du tribunal de première instance, au juge de l'application des peines, au procureur de la République et au représentant de l'État dans la collectivité."

Art. R. 737-3 Pour son application à Saint-Martin, la deuxième phrase de l'article R. 623-8 est ainsi rédigée :

"A cette fin, il peut notamment adresser par voie dématérialisée copie de la demande au représentant de l'État dans le territoire ; celui-ci a un mois pour donner son avis."

TITRE IV DISPOSITIONS APPLICABLES À SAINT-PIERRE-ET-MIQUELON

BIBL. ▶ GIRAUDEAU, MAISONNEUVE (dir.), Dictionnaire juridique des Outre-mer, *LexisNexis 2021, v° Collectivités d'Outre-mer*, par VIDOT, *v° Pénal (Compétence pénale des Outre-mer)*, par GINDRE, *v° Saint-Pierre-et-Miquelon*, par GIRAUDEAU. – J.-CL. Collectivités territoriales *v° Fasc. 464 : Collectivités d'Outre-mer – Saint-Pierre-et-Miquelon*, par BÉRINGER.

CHAPITRE I DISPOSITIONS GÉNÉRALES

Art. R. 741-1 Les dispositions du présent code sont applicables de plein droit à Saint-Pierre-et-Miquelon, sous réserve des adaptations prévues au présent titre.

COMMENTAIRE

Saint-Pierre-et-Miquelon est une collectivité d'outre-mer de l'article 74 de la Constitution (CGCT, art. L.O. 6411-1). Pour autant, le principe de spécialité législative ne lui est pas applicable, l'article L.O. 6413-1, alinéa 1er du code général des collectivités territoriales lui substituant le principe d'identité législative. Les dispositions législatives et réglementaires intervenant dans les domaines de compétences de l'État lui sont donc applicables de plein droit. L'alinéa 2 de l'article L.O. 6413-1 du code général des collectivités territoriales réserve toutefois la possibilité de les adapter à l'organisation particulière de la collectivité. ❑

Art. R. 741-2 Pour l'application des dispositions du présent code à Saint-Pierre-et-Miquelon, les références à l'administration centrale de la direction générale des finances publiques sont remplacées par les références à la direction des services fiscaux localement compétente.

Art. D. 741-3 Pour l'application des dispositions du présent code à Saint-Pierre-et-Miquelon, sous réserve des dispositions des articles D. 742-3 à D. 742-8 :

1° Les références au service pénitentiaire d'insertion et de probation sont remplacées par les références au conseiller pénitentiaire d'insertion et de probation ;

2° Les références au directeur du service pénitentiaire d'insertion et de probation sont remplacées par les références au *(Décr. n° 2023-200 du 24 mars 2023, art. 1er)* « directeur des services pénitentiaires d'outre-mer », mentionnée aux articles R. 112-8 et R. 112-9.

COMMENTAIRE

Le décret n° 2018-858 du 8 octobre 2018 portant modification de l'article D. 600 et création des articles D. 600-1 et D. 600-2 du code de procédure pénale (*JO 9 oct.*) a permis d'adapter les dispositions du code de procédure pénale relatives au service pénitentiaire d'insertion et de probation (SPIP) à l'organisation particulière de Saint-Pierre-et-Miquelon. La collectivité dispose désormais d'un conseiller pénitentiaire d'insertion et de probation (CPIP) sous l'autorité du directeur des services pénitentiaires d'outre-mer depuis la transformation de la mission des services pénitentiaires de l'outre-mer en direction par le décret n° 2023-200 du 24 mars 2023.

L'Union nationale des syndicats CGT SPIP a formé un recours pour excès de pouvoir contre le décret du 8 octobre 2018, en ce qu'il place le CPIP de Saint-Pierre-et-Miquelon sous l'autorité directe du directeur des services pénitentiaires de l'outre-mer, alors qu'il aurait pu être rattaché au SPIP de la Martinique ou de la Guadeloupe, plus proche géographiquement. Le syndicat appuyait sa requête notamment sur l'article 1er du décret du 23 décembre 2010 portant statut particulier des conseillers pénitentiaires d'insertion et de probation qui place les conseillers pénitentiaires d'insertion et de probation sous l'autorité hiérarchique des directeurs pénitentiaires d'insertion et de probation dans les services pénitentiaires d'insertion et de probation. C'est ce dernier qui est en principe placé sous l'autorité du directeur des services pénitentiaires (C. pr. pén., art. D. 572 anc.).

Dans sa décision rejetant la requête du syndicat (CE 11 déc. 2019, n° 425958), le Conseil d'État valide l'absence d'un échelon hiérarchique intermédiaire au regard de la nécessité d'adapter le droit national à l'organisation particulière de la collectivité (en l'occurrence ici l'absence de SPIP) comme le permet l'article L.O. 6413-1 du code général des collectivités territoriales. Il souligne en outre que les populations pénales suivies par les SPIP de Martinique ou de la Guadeloupe sont très différentes de celles de Saint-Pierre-et-Miquelon, ajoutant alors à la lettre de l'article L.O. 6413-1 du code général des collectivités territoriales un critère d'adaptation aux spécificités locales (en plus du critère légal d'adaptation à l'organisation de la collectivité), pour justifier un rattachement du CPIP à l'échelon central et non à un SPIP voisin de quelques 4 000 km. Le directeur des services pénitentiaires de l'outre-mer dispose donc dans cette collectivité d'une compétence élargie. ❑

L'art. 4 du Décr. n° 2018-858 du 8 oct. 2018, qui place le conseiller pénitentiaire d'insertion et de probation de Saint-Pierre-et-Miquelon sous l'autorité hiérarchique du directeur interrégional de la mission des services pénitentiaires de l'outre-mer, se borne à adapter dans un nouv. art. 600-2 l'art. D. 572 C. pr. pén. (C. pénit., art. D. 112-35 et D. 113-23 nouv.) à l'organisation particulière de la collectivité d'outre-mer, en tenant compte de ses spécificités, comme le permet l'art. L.O. 6413-1 CGCT. • CE 11 déc. 2019, n° 425958, consid. 7.

CHAPITRE II DISPOSITIONS SPÉCIFIQUES RELATIVES AU LIVRE PREMIER

Art. R. 742-1 Pour son application à Saint-Pierre-et-Miquelon, l'article R. 122-8 est ainsi rédigé :

Art. R. 122-8 Le personnel de l'administration pénitentiaire prête serment, lors de sa première affectation au sein de l'administration pénitentiaire, en audience publique, devant le président du tribunal de première instance.

Les fonctionnaires déjà affectés au sein de l'administration pénitentiaire à la date d'entrée en vigueur du code de déontologie défini par les dispositions de l'article R. 120-1 peuvent, à leur demande, prêter serment dans les conditions prévues à l'article R. 122-8 ou au premier alinéa du présent article.

La formule du serment est prévue par l'article R. 122-9.

Art. R. 742-2 **Pour son application à Saint-Pierre-et-Miquelon, l'article R. 113-66 est ainsi rédigé :**

Art. R. 113-66 Le chef de l'établissement pénitentiaire est compétent pour délivrer les autorisations de visiter l'établissement qu'il dirige.

Pour l'exercice des compétences définies par le présent code, le chef d'établissement peut déléguer sa signature à son adjoint ou à un personnel de surveillance.

COMMENTAIRE

La rédaction spécifique de l'article R. 113-66 permet d'adapter la délégation de signature à la petite taille de l'établissement pénitentiaire et au faible nombre d'agents qui ne disposent pas forcément du grade requis par l'article d'origine. ❑

Art. D. 742-3 **Pour leur application à Saint-Pierre-et-Miquelon :**

1° L'article D. 112-35 est ainsi rédigé :

Art. D. 112-35 Un conseiller pénitentiaire d'insertion et de probation est chargé d'exécuter les missions prévues par les articles D. 113-25, D. 113-26, D. 113-36, D. 113-41, D. 113-43, D. 113-44, D. 113-59, D. 113-62, D. 421-2, D. 522-3 et D. 542-1.

2° L'article D. 113-23 est ainsi rédigé :

Art. D. 113-23 Le conseiller pénitentiaire d'insertion et de probation est placé sous l'autorité du *(Décr. n° 2023-200 du 24 mars 2023, art. 1er)* « directeur des services pénitentiaires d'outre-mer », mentionnée aux articles R. 112-8 et R. 112-9.

COMMENTAIRE

Voir le commentaire sous l'article D. 741-3.

L'article D. 112-35 ainsi rédigé énumère les missions qui seront exécutées par le CPIP de Saint-Pierre-et-Miquelon par renvois aux articles concernés. Ces renvois sont plus nombreux que dans la version originale de l'article, mais il s'agit bien de missions déjà dévolues au SPIP. Elles sont donc naturellement confiées au CPIP. ❑

Art. D. 742-4 **Pour son application à Saint-Pierre-et-Miquelon, l'article D. 113-34 est ainsi rédigé :**

Art. D. 113-34 Le conseiller pénitentiaire d'insertion et de probation tient un dossier pour chaque personne faisant l'objet d'une mesure mentionnée par les dispositions des articles D. 113-36, D. 113-41 et D. 542-1. Ce dossier comprend les pièces judiciaires nécessaires au suivi de la mesure, les éléments relatifs au contrôle des obligations ou conditions imposées ainsi que la copie des rapports adressés au magistrat mandant.

Les documents couverts par le secret professionnel ne peuvent être consultés que par le conseiller pénitentiaire d'insertion et de probation, et par le *(Décr. n° 2023-200 du 24 mars 2023, art. 1er)* « directeur des services pénitentiaires d'outre-mer », mentionnée aux articles R. 112-8 et R. 112-9.

En cas de changement de résidence de la personne suivie, le *(Décr. n° 2023-200 du 24 mars 2023, art. 1er)* « directeur des services pénitentiaires d'outre-mer » transmet sous pli fermé ces documents au service pénitentiaire d'insertion et de probation du lieu de la nouvelle résidence.

Le dossier est communiqué à sa demande au magistrat qui a saisi le *(Décr. n° 2023-200 du 24 mars 2023, art. 1er)* « directeur des services pénitentiaires d'outre-mer », sauf pour les renseignements recueillis par voie de confidences auprès des personnes prises en charge.

COMMENTAIRE

L'article D. 742-4 tire les conséquences de la substitution du directeur des services pénitentiaire d'outre-mer au directeur du service pénitentiaire d'insertion et de probation à Saint-Pierre-et-Miquelon. Soumis au secret professionnel par son statut de fonctionnaire, comme le rappelle la décision du Conseil d'État du 11 décembre 2019 (CE 11 déc. 2019, n° 425958, consid. 11), le directeur des services pénitentiaires d'outre-mer peut consulter le contenu des dossiers des personnes suivies. Il devient en outre le destinataire des demandes et saisines des magistrats, ce qui pourrait engendrer des délais de réponses au regard du décalage horaire entre le siège de la direction des services pénitentiaires d'outre-mer et la collectivité. Il peut cependant déléguer sa signature au conseiller pénitentiaire d'insertion et de probation de la collectivité de Saint-Pierre-et-Miquelon pour l'exercice des compétences qu'il détient dans cette collectivité (V. art. D. 742-8). ❑

Aux termes de l'art. 26 de la L. du 13 juill. 1983 portant droits et obligations des fonctionnaires : « Les fonctionnaires sont tenus au secret professionnel dans le cadre des règles instituées dans le code pénal ». Il résulte de ces dispositions que le directeur interrégional de la mission des services pénitentiaires de l'outre-mer est, en sa qualité de fonctionnaire, membre de l'administration pénitentiaire, tenu par sa profession au secret professionnel dans les conditions prévues notamment à l'art. 226-13 C. pén. • CE 11 déc. 2019, n° 425958, cons. 10 et 11.

Art. D. 742-5 **Pour leur application à Saint-Pierre-et-Miquelon :**

1° L'article D. 113-45 est ainsi rédigé :

Art. D. 113-45 Le conseiller pénitentiaire d'insertion et de probation est tenu au secret professionnel dans les conditions prévues par les articles 226-13 et 226-14 du code pénal.

Dans le cadre de l'exécution des mesures mentionnées par les dispositions des articles D. 113-36, D. 113-41 et D. 542-1, le conseiller pénitentiaire d'insertion et de probation ne peut opposer le secret professionnel aux autorités judiciaires, sauf pour les renseignements recueillis par voie de confidences auprès des personnes prises en charge.

2° L'article D. 113-42 est ainsi rédigé :

Art. D. 113-42 Chaque fois que la demande lui en est faite ou à son initiative, le conseiller pénitentiaire d'insertion et de probation fournit à l'autorité judiciaire ou aux services de l'administration pénitentiaire les éléments permettant de mieux individualiser la situation des personnes placées sous main de justice.

Art. D. 742-6 **Pour son application à Saint-Pierre-et-Miquelon, à l'article D. 112-36, les références au directeur interrégional des services pénitentiaires sont remplacées par des références au** *(Décr. n° 2023-200 du 24 mars 2023, art. 1er)* **« directeur des services pénitentiaires d'outre-mer », mentionnée aux articles R. 112-8 et R. 112-9.**

COMMENTAIRE

L'article D. 742-6 illustre avec humour les difficultés de la légistique apparaissant à la lecture combinée des multiples renvois opérés (peut-être encore plus dans les adaptations outre-mer du code). L'article D. 112-36 prévoit en effet : « Chaque année, le directeur du service pénitentiaire d'insertion et de probation transmet un rapport d'activité au directeur interrégional des services pénitentiaires, au président du tribunal judiciaire et au procureur de la République près du tribunal ainsi qu'au juge de l'application des peines. »

L'article D. 741-3, 2°, dispose quant à lui que, pour la collectivité de Saint-Pierre-et-Miquelon : « Les références au directeur du service pénitentiaire d'insertion et de probation sont remplacées par les références au directeur des services pénitentiaires d'outre-mer, mentionnées aux articles R. 112-8 et R. 112-9. »

La double substitution de termes résultant de la combinaison des articles D. 741-3 et D. 742-6 conduit à ce que le directeur des services pénitentiaires d'outre-mer se transmette un rapport d'activité à lui-même. ❑

Art. D. 742-7 **Les articles D. 112-37 et D. 113-68 ne sont pas applicables à Saint-Pierre-et-Miquelon.**

COMMENTAIRE

L'article D. 112-37, relatif aux modalités de fonctionnement financier et comptable du service pénitentiaire d'insertion et de probation, a été abrogé par l'article 4 du décret n° 2022-1710 du 29 décembre 2022.

L'article D. 113-68, relatif à la délégation de signature du directeur du SPIP à un personnel pour ordonner les dépenses courantes de fonctionnement du service, n'est en effet d'aucune utilité à Saint-Pierre-et-Miquelon, pourvu d'un unique conseiller pénitentiaire d'insertion et de probation (V. comm. ss. art. D. 741-3). En revanche, l'article D. 742-8 permet au directeur des services pénitentiaires d'outre-mer de lui déléguer sa signature pour les compétences qu'il détient en tant que supérieur hiérarchique dans la collectivité. ❑

Art. D. 742-8 **Pour son application à Saint-Pierre-et-Miquelon, l'article D. 113-69 est ainsi rédigé :**

Art. D. 113-69 Pour ses compétences définies par la partie réglementaire du présent code, le *(Décr. n° 2023-200 du 24 mars 2023, art. 1er)* « directeur des services pénitentiaires d'outre-mer », mentionnée aux articles R. 112-8 et R. 112-9, peut déléguer sa signature à un conseiller pénitentiaire d'insertion et de probation.

CHAPITRE III DISPOSITIONS SPÉCIFIQUES RELATIVES AU LIVRE DEUXIÈME

Art. R. 743-1 **Pour son application à Saint-Pierre-et-Miquelon, l'article R. 234-1 est ainsi rédigé :**

Art. R. 234-1 Pour l'exercice de ses compétences en matière disciplinaire, le chef de l'établissement pénitentiaire peut déléguer sa signature à son adjoint ou à un personnel de surveillance.

COMMENTAIRE

Voir le commentaire sous l'article R. 742-2. ❑

Art. R. 743-2 **Pour son application à Saint-Pierre-et-Miquelon, l'article R. 234-6 est complété par un alinéa ainsi rédigé :**

"Lorsqu'il n'existe pas dans l'établissement pénitentiaire de personnel de surveillance détenant l'un des grades exigés par le deuxième alinéa, le premier assesseur peut être choisi parmi les personnels de surveillance d'un autre grade."

COMMENTAIRE

Voir le commentaire sous l'article R. 742-2. ❑

Art. R. 743-3 **Pour son application à Saint-Pierre-et-Miquelon, la dernière phrase de l'article R. 234-12 est ainsi rédigée :**

"Dans la mesure du possible, l'auteur de ce compte rendu ne siège pas à la commission de discipline."

Art. R. 743-4 **Pour son application à Saint-Pierre-et-Miquelon, l'article R. 234-13 est complété par deux alinéas ainsi rédigés :**

"Lorsqu'il n'existe pas dans l'établissement pénitentiaire un personnel de surveillance, autre que le chef de l'établissement, détenant l'un des grades exigés par le premier alinéa, le rapport peut être rédigé par un personnel de surveillance d'un autre grade.

"Dans la mesure du possible, l'auteur de ce compte rendu ne siège pas à la commission de discipline."

COMMENTAIRE

Alors que les articles R. 234-12 et R. 234-13 interdisent strictement, et sous le contrôle du juge administratif (V. jurisp. ss. art. R. 234-12 et R. 234-13), aux auteurs du compte rendu d'incident et du rapport d'enquête de siéger dans la commission de discipline afin de garantir l'impartialité de cette dernière, cette interdiction est relativisée pour son application à Saint-Pierre-et-Miquelon. Elle est en effet transformée en obligation de moyen : le président de la commission de discipline devra tout mettre en œuvre, ainsi que le suggère l'expression « dans la mesure du possible », afin de garantir l'impartialité de la commission, sans être tenu à une obligation de résultat difficile à atteindre dans un établissement pénitentiaire d'une si petite capacité (11 places opérationnelles). ❑

CHAPITRE IV DISPOSITIONS SPÉCIFIQUES RELATIVES AU LIVRE TROISIÈME

Art. R. 744-1 Pour son application à Saint-Pierre-et-Miquelon ; à l'article R. 312-1, les mots : "et les directeurs des services pénitentiaires d'insertion et de probation" sont supprimés.

Art. D. 744-2 Pour son application à Saint-Pierre-et-Miquelon, l'article D. 352-1 est applicable aux ministres du culte des services d'aumôneries situés sur le territoire de la collectivité, si l'un des diplômes de formation civile et civique figurant sur la liste mentionnée par les dispositions du quatrième alinéa du même article peut y être obtenu, y compris à distance.

COMMENTAIRE

L'article D. 741-3 du présent code substitue le directeur des services pénitentiaires d'outre-mer au directeur du SPIP. ❑

CHAPITRE V DISPOSITIONS SPÉCIFIQUES RELATIVES AU LIVRE QUATRIÈME

Art. R. 745-1 Pour son application à Saint-Pierre-et-Miquelon, à l'article R. 411-3, les références au directeur des services pénitentiaires d'insertion et de probation sont supprimées.

CHAPITRE VI DISPOSITIONS SPÉCIFIQUES RELATIVES AU LIVRE CINQUIÈME

Le présent chapitre ne comprend pas de dispositions réglementaires.

CHAPITRE VII DISPOSITIONS SPÉCIFIQUES RELATIVES AU LIVRE SIXIÈME

Art. R. 747-1 Pour son application à Saint-Pierre-et-Miquelon, le 1° de l'article R. 623-2 est ainsi rédigé :

"1° La copie du *Journal officiel* ou du *Journal officiel* de la collectivité portant publication de la déclaration de l'association."

Art. R. 747-2 Pour son application à Saint-Pierre-et-Miquelon, la première phrase du troisième alinéa de l'article R. 623-3 est ainsi rédigée :

"Le directeur du service pénitentiaire d'insertion et de probation communique par voie dématérialisée sa décision d'habilitation à la structure d'accueil, au président du tribunal de première instance, au juge de l'application des peines, au procureur de la République et au représentant de l'État dans la collectivité."

Art. R. 747-3 Pour son application à Saint-Pierre-et-Miquelon, la deuxième phrase de l'article R. 623-8 est ainsi rédigée :

"A cette fin, il peut notamment adresser par voie dématérialisée copie de la demande au représentant de l'État dans le territoire ; celui-ci a un mois pour donner son avis."

TITRE V DISPOSITIONS APPLICABLES DANS LES ÎLES WALLIS-ET-FUTUNA

BIBL. ▸ GIRAUDEAU, MAISONNEUVE (dir.), Dictionnaire juridique des Outre-mer, *LexisNexis 2021*, v° *Collectivités d'Outre-mer*, par VIDOT, v° *Pénal (Compétence pénale des Outre-mer)*, par GINDRE, v° *Wallis-et-Futuna*, par RIO. – J.-CL. Collectivités territoriales v° *Fasc. 466 : Collectivités d'Outre-mer – Wallis-et-Futuna*, par BÉRINGER.

▸ **Rapports et avis :** CGLPL, Recommandations en urgence du 30 novembre 2011, *relatives au centre pénitentiaire de Nouméa (Nouvelle-Calédonie) (JO 6 déc.)* ; Recommandations en urgence du 19 novembre 2019, *relatives au centre pénitentiaire de Nouméa (Nouvelle-Calédonie) (JO 18 déc.)*.

CHAPITRE I DISPOSITIONS GÉNÉRALES

Art. R. 751-1 Sous réserve des dispositions applicables de plein droit, les dispositions réglementaires du présent code ne s'appliquent dans les îles Wallis-et-Futuna que dans la mesure et les conditions prévues par le présent titre.

V. L. n° 61-814 du 29 juill. 1961 conférant aux îles Wallis-et-Futuna le statut de territoire d'outre-mer. — Décr. n° 84-577 du 6 juill. 1984 rendant applicable dans les territoires d'outre-mer la troisième partie du code de procédure pénale. — Décr. n° 2022-855 du 7 juin 2022 relatif à la modification du code de procédure pénale, du code de la justice pénale des mineurs et de diverses dispositions [décrets simples] rendue nécessaire par l'entrée en vigueur du code pénitentiaire, et portant modifications du nouveau code.

COMMENTAIRE

Principe de spécialité législative. Wallis-et-Futuna est une collectivité régie par l'article 74 de la Constitution et est soumise, sur ce fondement, au principe de spécialité législative. Les dispositions réglementaires du code pénitentiaire, relevant de la compétence de l'État, lui sont donc étendues sous réserve d'une mention expresse en ce sens, et peuvent être adaptées à ses spécificités (hors les lois de la République applicables de plein droit en raison de leur objet, L. n° 61-814 du 29 juill. 1961 conférant aux îles Wallis-et-Futuna le statut de territoire d'outre-mer, art. 4 a). Les dispositions réglementaires des articles R. 752-1 et suivants constituent donc les mentions expresses nécessaires à l'application des dispositions réglementaires du code pénitentiaire, et les mesures d'adaptation de ces dispositions au contexte particulier de la collectivité.

Abrogation du décret n° 84-577 du 6 juillet 1984 rendant applicable dans les territoires d'outre-mer la troisième partie du code de procédure pénale. L'entrée en vigueur du code pénitentiaire a été l'occasion d'abroger la troisième partie du code de procédure pénale (partie décrets simples) spécifique aux collectivités du Pacifique Sud (Wallis-et-Futuna, Nouvelle-Calédonie et Polynésie française). Cette troisième partie dérogatoire du droit commun, très peu actualisée, non codifiée et souvent méconnue y compris dans les collectivités concernées, comportait des dispositions générales applicables dans les trois collectivités, et des dispositions spécifiques à chacune d'entre elles, concernant les procédures d'exécution (art. DWF 48 à DWF 572 pour Wallis-et-Futuna).

La partie réglementaire du code pénitentiaire rendant applicables les dispositions de droit commun aux collectivités d'outre-mer, avec quelques adaptations, le décret du 6 juillet 1984 modifié a été abrogé par le décret n° 2022-855 du 7 juin 2022 relatif à la modification du code de procédure pénale, du code de la justice pénale des mineurs et de diverses dispositions [décrets simples] rendue nécessaire par l'entrée en vigueur du code pénitentiaire, et portant modifications du nouveau code. Cette réforme a permis d'aligner le droit applicable dans les collectivités d'outre-mer sur le droit commun en le modernisant, en le rendant plus accessible et plus lisible. ❑

Art. R. 751-2 Pour l'application du présent code dans les îles Wallis-et-Futuna, les références énumérées ci-après sont remplacées comme suit :

1° "département" ou "région" par "collectivité d'outre-mer" ;

2° "préfet" et "sous-préfet" par "administrateur supérieur des îles Wallis-et-Futuna" ;

3° "Banque de France" par "Institut d'émission d'outre-mer" ;

4° "tribunal judiciaire" par "tribunal de première instance" ou, le cas échéant, par les termes de "section détachée du tribunal de première instance" ;

5° "procureur de la République" par "procureur de la République près le tribunal de première instance" ;

6° "greffier" par "chef du greffe" ;

7° "comptable principal de la direction générale des finances publiques" ou "comptable de la direction générale des finances publiques" par "agent chargé du recouvrement des amendes" ;

8° "régisseur des recettes" par "agent chargé du recouvrement des amendes" ;

9° "salaire minimum interprofessionnel de croissance" par "salaire minimum horaire garanti" ;

10° "conseil de prud'hommes" par "tribunal du travail" ;

11° "directeur interrégional des services pénitentiaires" par *(Décr. n° 2023-200 du 24 mars 2023, art. 1er)* « "directeur des services pénitentiaires d'outre-mer" » ;

12° "sécurité sociale" par "organisme de protection sociale" ;

13° "services des agences régionales de santé" par *(Décr. n° 2022-1287 du 4 oct. 2022, art. 1er)* « "services de l'agence de santé" » ;

14° "Pôle Emploi ", "l'association pour l'emploi dans l'industrie et le commerce", "services sociaux, éducatifs et médicosociaux", "services de l'inspection du travail", "inspecteur du travail" par "services localement compétents" ;

15° "maire" par "chef de circonscription" ;

16° "commune" par "circonscription" ;

(Abrogé par Décr. n° 2022-1287 du 4 oct. 2022, art. 1er) *« 17° "chef d'établissement" par "l'autorité administrative compétente pour assurer le service public pénitentiaire" ; »*

(Décr. n° 2022-1287 du 4 oct. 2022, art. 1er) « 17° » "avocat", "défenseur" par "citoyen défenseur agréé par le président du tribunal de première instance en application de l'ordonnance n° 92-1147 du 12 octobre 1992" ;

(Décr. n° 2022-1287 du 4 oct. 2022, art. 1er) « 18° » "juge de l'application des peines" par "président du tribunal de première instance" ;

(Décr. n° 2022-1287 du 4 oct. 2022, art. 1er) « 19° » "juge d'instruction" par "président du tribunal de première instance" ;

(Décr. n° 2022-1287 du 4 oct. 2022, art. 1er) « 20° » "établissement de santé" ou "établissement public de santé" par "agence de santé de Wallis-et-Futuna" ;

(Abrogé par Décr. n° 2022-1287 du 4 oct. 2022, art. 1er) *« 21° "service pénitentiaire d'insertion et de probation", "directeur du service pénitentiaire d'insertion et de probation", "membre du service pénitentiaire d'insertion et de probation", "personnel d'insertion et de probation", "représentant du service pénitentiaire d'insertion et de probation" par "président du tribunal de première instance". »*

BIBL. ▶ Gindre, Falxa, Lavric et Vauthier, *RSC 2022. 915* (chronique de droit des outre-mer : la prise en charge des personnes détenues à Wallis-et-Futuna).

COMMENTAIRE

Compétence pénitentiaire. La loi pour la confiance dans l'institution judiciaire (L. n° 2021-1729 du 22 déc. 2021 pour la confiance dans l'institution judiciaire, *JO 23 déc., art. 25*) place la prison de Mata'Utu sous l'autorité de l'administration pénitentiaire, alors qu'elle était placée depuis 1962 sous la responsabilité du ministère de l'Intérieur (V. comm. ss. art. L. 752-1).

En application de cette loi, le décret du 4 octobre 2022 (Décr. n° 2022-1287 du 4 oct. 2022 relatif à la prise en charge des personnes détenues à Wallis-et-Futuna et portant diverses modifications du code pénitentiaire, *JO 5 oct.*) organise les détails du transfert de compétences. Outre l'extension de l'application des articles du code pénitentiaire, éventuellement adaptés, ce décret permet la création d'un service pénitentiaire d'insertion et de probation, dont les missions étaient auparavant confiées au président du tribunal de première instance de Mata'Utu. Le décret abroge donc l'article R. 751-2, 21°.

Compétences en matière de santé des détenus. L'article R. 751-2 substitue la compétence des services de l'agence de santé de Wallis-et-Futuna à la compétence des services des agences régionales de santé mise en œuvre en droit commun. En effet, la collectivité dispose d'une organisation sanitaire particulière, la protection sanitaire de la population étant confiée à une agence de santé, établissement public de santé propre à la collectivité (CSP, art. L. 6431-1 à 6431-17). La loi pour la confiance dans l'institution judiciaire du 22 décembre 2021 a confié à cette agence la compétence en matière de soins aux détenus (CSP, art. L. 6431-4, 5°) et le décret du 4 octobre 2022 en précise les modalités, en ajoutant une sous-section spécifique dans la partie réglementaire du code de la santé publique dédiée à Wallis-et-Futuna (CSP, art. R. 6431-76 à R. 6431-83).

L'agence de santé de la collectivité est donc chargée de dispenser les soins aux détenus (CSP, art. R. 6431-76). Elle est également chargée de participer à l'accueil et au traitement des urgences et de concourir aux actions de prévention et d'éducation pour la santé organisées en milieu pénitentiaire. Les modalités de son intervention sont fixées par un protocole signé par le directeur de l'agence de santé, le directeur des services pénitentiaires d'outre-mer et le chef d'établissement pénitentiaire, dont le contenu est fixé par l'article R. 6431-82 du code de la santé publique. Les soins sont en principe dispensés dans les locaux de l'agence lorsque l'hospitalisation n'est pas nécessaire (CSP, art. R. 6431-79). Le protocole peut cependant préciser les modalités d'intervention des personnels de l'agence de santé au sein de l'établissement pénitentiaire, notamment pour l'examen systématique des détenus arrivants et pour les actions de prévention et d'éducation.

La prise en charge des frais de santé des détenus est en partie attribuée à l'État, ce qui semble désigner l'administration pénitentiaire, l'agence de santé étant un établissement public bénéficiant de l'autonomie administrative et financière (CSP, art. L. 6431-1). L'article R. 6431-81 du code de la santé publique précise en effet que « sont pris en charge par l'État : – les dépenses afférentes aux actions de prévention et d'éducation pour la santé ; – les frais de déplacement des professionnels de santé de l'agence qui interviennent dans l'établissement pénitentiaire ». Le reste des frais de santé des détenus semble supporté par l'agence de santé, mais son budget est principalement abondé par le ministère en charge des Outre-mer. En effet, depuis la loi de finances pour 1972, le service de l'hygiène et de la santé publique est un service de l'État, ce qui signifie que « la réglementation applicable à ce service relève de l'État ; les dépenses correspondantes sont prises en charge par le budget général » (L. n° 71-1061 du 29 déc. 1971, art. 68, *JO 30 déc.*). Bien que l'article L. 6431-8 du code de la santé publique prévoit la participation des usagers selon leurs ressources, c'est un principe de gratuité des soins, y compris pour les détenus, qui s'applique, Wallis-et-Futuna ne disposant pas non plus d'organisme de protection sociale.

Voir aussi le commentaire sous l'article L. 752-4. ❑

Art. R. 751-3 Les références à des dispositions non applicables dans les îles Wallis-et-Futuna sont remplacées par les références aux dispositions ayant le même objet applicables localement.

COMMENTAIRE

Articulation du code pénitentiaire avec les compétences de la collectivité d'Outre-mer. Lorsque le code pénitentiaire fait référence à des dispositions non applicables à Wallis-et-Futuna car relevant des compétences de la collectivité, l'article R. 751-3 prévoit la substitution automatique des références des textes réglementaires applicables localement. Cette technique légistique remet en cause la lisibilité et l'accessibilité du droit, en l'absence d'un code pénitentiaire consolidé dans sa version applicable à Wallis-et-Futuna. ❑

Art. D. 751-4 Dans les îles de Wallis-et-Futuna, les dispositions pécuniaires prévues par les dispositions du présent code sont converties en monnaie locale compte-tenu de la contre-valeur de l'euro dans cette monnaie.

COMMENTAIRE

La monnaie locale en circulation à Wallis-et-Futuna, comme dans les deux autres collectivités du Pacifique Sud, la Polynésie française et la Nouvelle-Calédonie, est le franc pacifique. Sa parité avec l'euro est fixe et s'établit à 1 euro = 119,3317422 francs pacifiques. ❑

CHAPITRE II DISPOSITIONS SPÉCIFIQUES RELATIVES AU LIVRE PREMIER

Art. R. 752-1 Sous réserve des adaptations prévues par le présent chapitre, les dispositions suivantes sont applicables dans les îles Wallis-et-Futuna dans leur rédaction résultant du décret en Conseil d'État n° 2022-479 du 30 mars 2022 sauf mention contraire dans le tableau ci-dessous :

Articles applicables	Dans leur rédaction résultant du décret
R. 112-2 à R. 112-4	
R. 112-7 à R. 112-9	Décret n° 2023-200 du 24 mars 2023
R. 112-15 à R. 112-17	
R. 112-22	Décret n° 2022-655 du 25 avril 2022
R. 112-23 à R. 113-64	
R. 115-21 à R. 136-1	

Tableau mod. par Décr. n° 2023-20 du 24 mars 2023, art. 1er.

Art. R. 752-2 Pour son application dans les îles Wallis-et-Futuna, à l'article R. 112-23, le président du tribunal de première instance exerce les fonctions dévolues au juge de l'application des peines, au tribunal de l'application des peines ou à la juridiction de l'application des peines du premier degré.

Art. R. 752-3 Pour son application dans les îles Wallis-et-Futuna, à l'article R. 113-66, le deuxième alinéa est ainsi rédigé :

"Pour l'exercice des compétences définies par le présent code, le chef de l'établissement pénitentiaire peut déléguer sa signature à son adjoint *(Décr. n° 2022-1287 du 4 oct. 2022, art. 4)* « ou à un personnel de surveillance »."

Art. R. 752-4 Pour son application dans les îles Wallis-et-Futuna, l'article R. 122-8 est ainsi rédigé :

Art. R. 122-8 Le personnel de l'administration pénitentiaire prête serment, lors de sa première affectation au sein de l'administration pénitentiaire, en audience publique, devant le président du tribunal de première instance.

Les fonctionnaires déjà affectés au sein de l'administration pénitentiaire à la date d'entrée en vigueur du code de déontologie défini par les dispositions de l'article R. 120-1 peuvent, à leur demande, prêter serment dans les conditions prévues à l'article R. 122-8 ou au premier alinéa du présent article.

La formule du serment est prévue par l'article R. 122-9.

Art. D. 752-5 Sous réserve des adaptations prévues par le présent chapitre, les dispositions suivantes sont applicables dans les îles Wallis-et-Futuna dans leur rédaction résultant du décret n° 2022-479 du 30 mars 2022 sauf mention contraire dans le tableau ci-dessous : — *Tableau mod. par Décr. n° 2022-1288 du 4 oct. 2022, art. 1er-I, et Décr. n° 2022-1710 du 29 déc. 2022, art. 8.*

Articles applicables	Dans leur rédaction résultant du
D. 112-1 à D. 112-19	
D. 112-20	Décret n° 2022-1710 du 29 décembre 2022
D. 112-21	
D. 112-21-1	Décret n° 2022-1710 du 29 décembre 2022
D. 112-27	
D. 112-28	Décret n° 2022-1710 du 29 décembre 2022
D. 112-29 à D. 112-34	

Articles applicables	Dans leur rédaction résultant du
D. 112-35 à D. 112-36	Décret n° 2022-1288 du 4 octobre 2022
D. 112-38	Décret n° 2022-1288 du 4 octobre 2022
D. 112-39 à D. 113-22	
D. 113-23	Décret n° 2022-1288 du 4 octobre 2022
D. 113-24 à D. 113-28	
D. 113-29 à D. 113-30	Décret n° 2022-1288 du 4 octobre 2022
D. 113-31 et D. 113-32	
D. 113-33	Décret n° 2022-1288 du 4 octobre 2022
D. 113-34 à D. 113-39	
D. 113-40	Décret n° 2022-1288 du 4 octobre 2022
D. 113-41	
D. 113-42	Décret n° 2022-1288 du 4 octobre 2022
D. 113-43 et D. 113-44	
D. 113-45	Décret n° 2022-1288 du 4 octobre 2022
D. 113-46 à D. 113-63	
D. 113-64	Décret n° 2022-1710 du 29 décembre 2022
D. 113-67	
D. 113-69	Décret n° 2022-1288 du 4 octobre 2022
D. 114-1 à D. 136-6	

Art. D. 752-6 *(Décr. n° 2022-1288 du 4 oct. 2022, art. 1er-II)* **Pour son application dans les îles Wallis-et-Futuna, l'article D. 112-35 est ainsi rédigé :**

Art. D. 112-35 Un service pénitentiaire d'insertion et de probation, service déconcentré de l'administration pénitentiaire, est chargé d'exécuter les missions prévues par les dispositions des articles D. 113-36, D. 113-41, D. 113-59, D. 113-62, D. 522-3 et D. 542-1.

Le siège du service pénitentiaire d'insertion et de probation et l'antenne locale d'insertion et de probation y intervenant sont fixés par arrêté du garde des sceaux, ministre de la justice. Cet arrêté est annexé au présent code.

COMMENTAIRE

Voir le commentaire sous l'article R. 751-2.

Art. D. 752-7 *(Décr. n° 2022-1288 du 4 oct. 2022, art. 1er-III)* **Pour son application dans les îles Wallis-et-Futuna, l'article D. 113-69 est ainsi rédigé :**

Art. D. 113-69 Pour l'exercice des compétences définies par les dispositions du présent code, le directeur du service pénitentiaire d'insertion et de probation peut déléguer sa signature à un conseiller pénitentiaire d'insertion et de probation.

Art. D. 752-8 *(Décr. n° 2022-1288 du 4 oct. 2022, art. 1er-IV)* **Pour son application dans les îles Wallis-et-Futuna, l'article D. 136-2 est ainsi rédigé :**

Art. D. 136-2 Le conseil d'évaluation est présidé par l'administrateur supérieur des îles Wallis-et-Futuna.

Le président du tribunal de première instance de Mata'Utu et le procureur de la République près ledit tribunal sont désignés en qualité de vice-présidents.

Le conseil d'évaluation comprend :

1° Le président de l'assemblée territoriale ou son représentant ;

2° Le président du conseil de la circonscription territoriale sur le territoire duquel est situé l'établissement pénitentiaire ou son représentant ;

3° Le président et le procureur de la République des juridictions, autres que celle dans le ressort de laquelle est situé l'établissement concerné, compétentes pour traiter des situations des justiciables pris en charge par l'établissement pénitentiaire ;

4° Le vice-recteur de Wallis-et-Futuna ou son représentant ;

5° Le directeur général de l'agence de santé de Wallis-et-Futuna ou son représentant ;

6° Le commandant de la gendarmerie pour la Nouvelle-Calédonie et les îles Wallis-et-Futuna ou son représentant ;

7° Un représentant des citoyens défenseurs ;

8° Un représentant de chaque association intervenant dans l'établissement ;

9° Un représentant des visiteurs de prison intervenant dans l'établissement ;

10° Un aumônier agréé de chaque culte intervenant dans l'établissement.

Les membres du conseil prévus aux 7° à 9° sont nommés pour une période de deux ans renouvelable par un arrêté de l'administrateur supérieur des îles Wallis-et-Futuna, dont une ampliation est adressée au garde des sceaux, ministre de la justice.

La composition du conseil d'évaluation est arrêtée de l'administrateur supérieur des îles Wallis-et-Futuna.

Le premier président et le procureur général de la cour d'appel de Nouméa peuvent participer à la réunion du conseil d'évaluation ou désigner un représentant à cette fin.

Le chef de l'établissement pénitentiaire, le directeur du service pénitentiaire d'insertion et de probation territorialement compétent et le *(Décr. n° 2023-200 du 24 mars 2023, art. 1er)* « directeur des services pénitentiaires d'outre-mer » ou leurs représentants assistent aux travaux du conseil d'évaluation.

Art. D. 752-9 *(Abrogé par Décr. n° 2022-1288 du 4 oct. 2022, art. 1er-IV)* ***Pour son application dans les îles de Wallis-et-Futuna, l'article D. 136-2 est ainsi rédigé :***

Art. D. 136-2 *Le conseil d'évaluation est présidé par l'administrateur supérieur des îles Wallis-et-Futuna.*

Le président du tribunal de première instance dans le ressort duquel est situé l'établissement et le procureur de la République près ledit tribunal sont désignés en qualité de vice-présidents.

Le conseil d'évaluation comprend :

1° Un représentant désigné par l'assemblée territoriale ;

2° Le président et le procureur de la République des juridictions, autres que celle dans le ressort de laquelle est situé l'établissement concerné, compétentes pour traiter des situations des justiciables pris en charge par l'établissement ;

3° La personne exerçant localement la fonction de directeur académique des services de l'Education nationale ou son représentant ;

4° Le directeur de l'autorité localement compétente en matière de santé ;

5° Le commandant du groupement de gendarmerie de la collectivité ou son représentant ;

6° Un représentant des citoyens défenseurs ;

7° Un représentant de chaque association intervenant dans l'établissement ;

8° Un représentant des visiteurs de prisons intervenant dans l'établissement ;

9° Un aumônier de chaque culte intervenant dans l'établissement ;

Les membres de la commission visés aux 7° et 8° sont nommés pour une période de deux ans renouvelable par un arrêté de l'administrateur supérieur des îles Wallis-et-Futuna dont une ampliation est adressée au garde des sceaux, ministre de la justice.

La composition du conseil d'évaluation est arrêtée par l'administrateur supérieur des îles Wallis-et-Futuna.

Le premier président et le procureur général de la cour d'appel dans le ressort de laquelle est situé l'établissement pénitentiaire peuvent participer à la réunion du conseil d'évaluation ou désigner un représentant à cette fin.

La personne exerçant les fonctions de directeur de l'établissement pénitentiaire et le directeur interrégional, chef de la mission des services pénitentiaires de l'outre-mer, mentionnée aux articles R. 112-8 et R. 112-9, ou leurs représentants assistent aux travaux du conseil d'évaluation.

CHAPITRE III **DISPOSITIONS SPÉCIFIQUES RELATIVES AU LIVRE DEUXIÈME**

Art. R. 753-1 **Sous réserve des adaptations prévues par le présent chapitre, les dispositions suivantes sont applicables dans les îles Wallis-et-Futuna dans leur rédaction résultant du décret en Conseil d'État n° 2022-479 du 30 mars 2022 sauf mention contraire dans le tableau ci-dessous :**

Articles applicables	Dans leur rédaction résultant du décret
(Décr. n° 2022-1287 du 4 oct. 2022, art. 2 et 9) **« R. 211-1 à R. 213-18**	
« R. 212-19	**Décret n° 2022-1287 du 4 octobre 2022**
« R. 213-3 à R. 213-20	
« R. 213-21 à R. 213-35	**Décret n° 2022-1287 du 4 octobre 2022 »**
R. 214-1 à R. 214-24	
(Décr. n° 2022-655 du 25 avr. 2022, art. 8, en vigueur le 1er mai 2022) **« R. 221-4 à R. 224-25**	
« R. 225-1	**Décret n° 2022-655 du 25 avril 2022**
« R. 225-2 à R. 226-1	
(Décr. n° 2022-1287 du 4 oct. 2022, art. 2) **« R. 227-1 a R. 227-11**	**Décret n° 2022-1287 du 4 octobre 2022 »**
« R. 231-1 à R. 233-1	
« R. 233-2	**Décret n° 2022-655 du 25 avril 2022**
« R. 234-1 à R. 240-9 »	

V. CGLPL, Rapport de visite de la maison d'arrêt de Mata'Utu (Wallis-et-Futuna), 14 et 15 oct. 2019, p. 43.

COMMENTAIRE

Les articles R. 215-30 à R. 215-32 ne sont pas rendus applicables à Wallis-et-Futuna car ils sont relatifs au transport des détenus souffrant de troubles mentaux vers des unités hospitalières spécialement aménagées. De telles unités n'existent pas dans la collectivité, qui ne dispose d'ailleurs pas de psychiatre à temps plein. Le CGLPL notait, lors de sa visite de l'établissement pénitentiaire de Mata'Utu en 2019, qu'aucune prise en charge psychiatrique particulière n'est prévue pour les détenus. ❑

Art. R. 753-2 *(Décr. n° 2022-1287 du 4 oct. 2022, art. 2)* **Pour l'application des articles R. 227-3 à R. 227-11 dans les îles Wallis-et-Futuna :**

1° Au 1° de l'article R. 227-5, les mots : "l'Établissement public de santé national de Fresnes et les établissements de santé habilités à recevoir des personnes détenues comportant soit des unités hospitalières sécurisées interrégionales, soit des unités hospitalières spécialement aménagées" sont supprimés ;

2° Au 4° du même article, les mots : "ainsi que celles des unités hospitalières sécurisées interrégionales, des unités hospitalières spécialement aménagées des établissements de santé habilités à recevoir des personnes détenues et de l'Établissement public de santé national de Fresnes" sont supprimés ;

3° Les quatrième et cinquième alinéa*[s]* **de l'article R. 227-6 sont supprimés.**

Art. R. 753-3 *(Décr. n° 2022-1287 du 4 oct. 2022, art. 2)* **Pour les seules nécessités résultant de l'application des dispositions de l'article R. 227-4, les dispositions de l'article R. 311-2 du code de la sécurité intérieure sont applicables dans les îles Wallis-et-Futuna.**

Art. R. 753-4 **Pour son application dans les îles Wallis-et-Futuna, l'article R. 234-1 est ainsi rédigé :**

Art. R. 234-1 Pour l'exercice de ses compétences en matière disciplinaire, le chef de l'établissement peut déléguer sa signature à son adjoint ou à un personnel de surveillance *(Abrogé par Décr. n° 2022-1287 du 4 oct. 2022, art. 4)« d'un autre grade »*.

L'art. R. 753-2 devient l'art. R. 753-4 (Décr. n° 2022-1287 du 4 oct. 2022, art. 2).

Art. R. 753-5 **Pour leur application dans les îles Wallis-et-Futuna :**

1° A l'article R. 234-6, le deuxième alinéa est ainsi rédigé :

"Le premier assesseur est choisi parmi les personnels chargés de la surveillance de l'établissement où siège la commission de discipline." ;

2° L'article R. 234-6 est complété par un alinéa ainsi rédigé :

"Lorsqu'il n'existe pas dans l'établissement pénitentiaire de personnel de surveillance détenant l'un des grades exigés par le deuxième alinéa, le premier assesseur peut être choisi parmi les personnels de surveillance d'un autre grade."

L'art. R. 753-3 devient l'art. R. 753-5 (Décr. n° 2022-1287 du 4 oct. 2022, art. 2).

Art. R. 753-6 **Pour son application dans les îles Wallis-et-Futuna, à l'article R. 234-7, le 4° est ainsi rédigé :**

"4° Les personnels chargés de la surveillance de l'établissement pénitentiaire et les collaborateurs occasionnels du service public pénitentiaire de Wallis-et-Futuna ;".

L'art. R. 753-4 devient l'art. R. 753-6 (Décr. n° 2022-1287 du 4 oct. 2022, art. 2).

COMMENTAIRE

L'article R. 234-7 dresse la liste des incompatibilités pour exercer les missions d'assesseur extérieur siégeant en commission de discipline. Le 4° exclut en droit commun les personnels de l'administration pénitentiaire, de la protection judiciaire de la jeunesse et les collaborateurs occasionnels du service public pénitentiaire. L'article R. 753-6, en proposant une autre rédaction de cette disposition, restreint ces incompatibilités aux personnels surveillants et aux collaborateurs occasionnels du service public pénitentiaire. Par conséquent, d'autres personnels de l'administration pénitentiaire, comme les membres du SPIP nouvellement créé, pourraient obtenir l'habilitation nécessaire à la mission d'assesseur extérieur.

L'absence de service de protection judiciaire de la jeunesse à Wallis-et-Futuna rend l'incompatibilité de droit commun superflue et justifie sa suppression dans le texte applicable. ❑

Art. R. 753-7 **Pour son application dans les îles Wallis-et-Futuna, à l'article R. 234-12, la dernière phrase est ainsi rédigée : "Dans la mesure du possible, l'auteur de ce compte rendu ne siège pas à la commission de discipline."**

L'art. R. 753-5 devient l'art. R. 753-7 (Décr. n° 2022-1287 du 4 oct. 2022, art. 2).

Art. R. 753-8 Pour son application dans les îles Wallis-et-Futuna, l'article R. 234-13 est ainsi rédigé :

Art. R. 234-13 A la suite de ce compte rendu d'incident, un rapport est établi par un agent chargé de la surveillance et adressé au chef de l'établissement pénitentiaire.

Ce rapport comporte tout élément d'information utile sur les circonstances des faits reprochés à la personne détenue et sur la personnalité de celle-ci.

Lorsqu'il n'existe pas dans l'établissement pénitentiaire un personnel de surveillance, autre que le chef d'établissement, détenant l'un des grades exigés par le premier alinéa, le rapport peut être rédigé par un personnel de surveillance d'un autre grade.

Dans la mesure du possible, les auteurs du compte rendu d'incident et du rapport ne siègent pas à la commission de discipline.

L'art. R. 753-6 devient l'art. R. 753-8 (Décr. n° 2022-1287 du 4 oct. 2022, art. 2).

COMMENTAIRE

Voir le commentaire sous l'article R. 743-4.

Art. R. 753-9 Pour leur application dans les îles Wallis-et-Futuna, aux articles R. 234-15, R. 234-16, R. 234-17, R. 234-26 et R. 235-10, les dispositions applicables aux avocats sont également applicables aux personnes agréées qui assistent une personne détenue en application de l'article 23-4 de l'ordonnance n° 92-1147 du 12 octobre 1992.

L'art. R. 753-7 devient l'art. R. 753-9 (Décr. n° 2022-1287 du 4 oct. 2022, art. 2).

COMMENTAIRE

L'ordonnance du 12 octobre 1992 permet au bénéficiaire de l'aide juridictionnelle de faire appel à un avocat ou, dans les îles Wallis-et-Futuna, à une personne agréée par le président de la juridiction d'appel du ressort pour exercer les attributions dévolues par le code de procédure pénale aux conseils des parties (Ord. n° 92-1147 du 12 oct. 1992 relative à l'aide juridictionnelle en matière pénale en Nouvelle-Calédonie et dans les îles Wallis-et-Futuna, art. 13).

Art. R. 753-10 Pour son application dans les îles Wallis-et-Futuna, à l'article R. 234-29, le président du tribunal de première instance exerce les fonctions dévolues au juge de l'application des peines, au tribunal de l'application des peines ou à la juridiction de l'application des peines du premier degré.

L'art. R. 753-8 devient l'art. R. 753-10 (Décr. n° 2022-1287 du 4 oct. 2022, art. 2).

Art. D. 753-10-1 *(Décr. n° 2022-1710 du 29 déc. 2022, art. 11)* **Sous réserve des adaptations prévues par le présent chapitre, les dispositions suivantes sont applicables dans les îles Wallis-et-Futuna dans leur rédaction résultant du décret n° 2022-479 du 30 mars 2022 sauf mention contraire dans le tableau ci-dessous :**

Articles applicables	Dans leur rédaction résultant du
D. 211-2 à D. 212-4	
D. 212-5	Décret n° 2022-1261 du 28 septembre 2022
D. 212-6 à D. 214-17	
D. 214-20 à D. 214-23-1	Décret n° 2022-1261 du 28 septembre 2022
D. 214-25 à D. 221-6	

Articles applicables	Dans leur rédaction résultant du
D. 221-7	Décret n° 2022-1710 du 29 décembre 2022
D. 222-2 à D. 223-10	
D. 223-10-1	Décret n° 2022-1710 du 29 décembre 2022
D. 223-11 à D. 234-11	

Art. D. 753-11 **Pour son application dans les îles Wallis-et-Futuna, à l'alinéa 12 de l'article D. 211-34, les mots : "3° Un représentant des équipes soignantes de l'unité sanitaire en milieu pénitentiaire ou du service médico-psychologique régional désigné par l'établissement de santé de rattachement" sont remplacés par les mots : "3° Un membre des équipes hospitalières intervenant dans l'établissement".**

Le Décr. n° 2022-1288 du 4 oct. 2022, art. 1er, renumérote l'art. D. 753-14 en art. D. 753-11.

COMMENTAIRE

Voir le commentaire sous l'article R. 751-2.

Art. D. 753-12 **Pour son application dans les îles Wallis-et-Futuna, l'article D. 212-4 est ainsi rédigé :**

Art. D. 212-4 Le chef de l'établissement pénitentiaire informe chaque mois l'administrateur supérieur des îles Wallis-et-Futuna, le premier président et le procureur général près la cour d'appel, le président du tribunal de première instance, le procureur de la République près ledit tribunal, le ou les juges de l'application des peines, ainsi que le *(Décr. n° 2023-200 du 24 mars 2023, art. 1er)* « directeur des services pénitentiaires d'outre-mer », mentionnée aux R. 112-8 et R. 112-9, de l'état des effectifs au regard des capacités d'accueil des établissements.

L'art. D. 753-15 devient l'art. D. 753-12 (Décr. n° 2022-1288 du 4 oct. 2022, art. 1er).

Art. D. 753-13 **Pour son application dans les îles Wallis-et-Futuna, le premier alinéa de l'article D. 214-6 est complété par une phrase ainsi rédigée : "Ce dossier contient également les informations relatives à l'inscription de la personne détenue sur les listes électorales et à l'exercice de son droit de vote."**

V. CGLPL, Rapport de visite de la maison d'arrêt de Mata'Utu (Wallis-et-Futuna), 14 et 15 oct. 2019, p. 42.

COMMENTAIRE

Cette adjonction semble répondre à une observation du CGLPL lors de sa visite du centre pénitentiaire de Mata'Utu en 2019, qui remarquait que le sujet du droit de vote ne semblait pas investi (CGLPL, Rapp. de visite, Maison d'arrêt de Mata'Utu, 14 et 15 oct. 2019). La connaissance de l'inscription ou de l'absence d'inscription sur les listes électorales des personnes détenues et de leur intention en ce sens pourrait permettre de mieux garantir l'exercice du droit de vote en détention.

CHAPITRE IV **DISPOSITIONS SPÉCIFIQUES RELATIVES AU LIVRE TROISIÈME**

Art. R. 754-1 **Sous réserve des adaptations prévues par le présent chapitre, les dispositions suivantes sont applicables dans les îles Wallis-et-Futuna dans leur rédaction résultant du décret en Conseil d'État n° 2022-479 du 30 mars 2022, sauf mention contraire dans le tableau ci-dessous :**

Articles applicables	Dans leur rédaction résultant du décret
R. 311-1 à R. 311-13	
(Décr. n° 2022-1287 du 4 oct. 2022, art. 3) « R. 312-1 à R. 312-12	Décret n° 2022-1287 du 4 octobre 2022 »
R. 313-1 à R. 322-12	
R. 322-31 à R. 341-17	
(Décr. n° 2022-1287 du 4 oct. 2022, art. 3) « R. 342-1	Décret n° 2022-1287 du 4 octobre 2022 »
R. 344-1 à R. 382-1	

Art. R. 754-2 *(Décr. n° 2022-1287 du 4 oct. 2022, art. 3)* **Pour son application dans les îles Wallis-et-Futuna, l'article R. 312-1 est ainsi rédigé :**

Art. R. 312-1 Les conditions dans lesquelles sont mis en place au sein des établissements pénitentiaires des dispositifs d'accès au droit sous forme de permanence et de consultations juridiques gratuites, dénommés points d'accès au droit, sont déterminées par une convention entre le représentant de l'État dans la collectivité et les institutions compétentes des îles Wallis-et-Futuna.

COMMENTAIRE

L'adaptation de l'article R. 312-1 par l'article R. 754-2 permet de répondre à une observation du CGLPL lors de sa visite du centre pénitentiaire de Mata'Utu en 2019 qui remarquait l'absence d'accès au droit. En effet, l'accès au droit relève d'une compétence du territoire et le CGLPL préconisait la mise en place par le territoire et l'administration supérieure, d'un dispositif permettant pour les personnes détenues un meilleur accès au droit. ❑

CGLPL. A Wallis-et-Futuna, la bienfaisance, l'assistance sociale, l'accès au droit et la sécurité sociale sont de la compétence du territoire et non de l'État. Il lui appartient, en lien avec l'administration supérieure, de développer un dispositif permettant aux personnes détenues un meilleur accès au droit. * CGLPL, Rapport de visite de la maison d'arrêt de Mata'Utu (Wallis-et-Futuna), *14 et 15 oct. 2019, p. 42, Rec. 19.*

Art. R. 754-3 Pour son application dans les îles Wallis-et-Futuna, à l'article R. 313-14, le président du tribunal de première instance exerce les fonctions dévolues au juge de l'application des peines, au tribunal de l'application des peines ou à la juridiction de l'application des peines du premier degré.

L'art. R. 754-2 devient l'art. R. 754-3 (Décr. n° 2022-1287 du 4 oct. 2022, art. 3).

Art. R. 754-4 Pour leur application dans les îles Wallis-et-Futuna, aux articles R. 313-1, R. 313-2 et R. 313-14 à R. 313-16, les dispositions applicables aux avocats sont également applicables aux personnes agréées qui assistent une personne détenue en application de l'article 23-4 de l'ordonnance n° 92-1147 du 12 octobre 1992.

L'art. R. 754-3 devient l'art. R. 754-4 (Décr. n° 2022-1287 du 4 oct. 2022, art. 3).

COMMENTAIRE

Voir le commentaire sous l'article R. 753-9. ❑

Art. R. 754-5 Pour leur application dans les îles Wallis-et-Futuna :

1° L'article R. 341-5 est ainsi rédigé :

Art. R. 341-5 Pour les personnes condamnées, détenues en établissement pénitentiaire, les permis de visite sont délivrés, refusés, suspendus ou retirés par le chef de l'établissement pénitentiaire.

2° L'article R. 341-6 est ainsi rédigé :

Art. R. 341-6 Lorsque les personnes condamnées sont hospitalisées dans un établissement de santé de la collectivité, les permis de visite sont délivrés, refusés, suspendus ou retirés par l'administrateur supérieur des îles Wallis-et-Futuna.

L'art. R. 754-4 devient l'art. R. 754-5 (Décr. n° 2022-1287 du 4 oct. 2022, art. 3).

COMMENTAIRE

L'article R. 754-5, en réécrivant l'article R. 341-6, adapte le droit de permis de visite à l'organisation sanitaire particulière de la collectivité. L'administrateur supérieur des îles Wallis-et-Futuna est le représentant de l'État, compétent en matière de santé. Il constitue donc l'autorité habilitée à délivrer des permis de visite dans les établissements de santé de la collectivité. ❑

Art. D. 754-6 Sous réserve des adaptations prévues par le présent chapitre, les dispositions suivantes sont applicables dans les îles Wallis-et-Futuna dans leur rédaction résultant du décret n° 2022-479 du 30 mars 2022 sauf mention contraire dans le tableau ci-dessous : — *Tableau mod. par Décr. n° 2022-1710 du 29 déc. 2022, art. 13.*

Articles applicables	Dans leur rédaction résultant du
D. 311-6 à D. 332-8	
D. 332-8-1 et D. 332-8-2	Décret n° 2022-1710 du 29 décembre 2022
D. 332-9 à D. 333-3	
D. 341-3-1	Décret n° 2022-1710 du 29 décembre 2022
D. 341-18 à D. 363-1	
D. 363-6	Décret n° 2022-1710 du 29 décembre 2022
D. 381-2	

L'art. D. 754-5 devient l'art. D. 754-6 (Décr. n° 2022-1287 du 4 oct. 2022, art. 3).

Art. D. 754-7 Pour son application dans les îles Wallis-et-Futuna, à l'alinéa 3 de l'article D. 332-14 les mots "dont la conversion a été rendue obligatoire par le décret n° 59-734 du 15 juin 1959" sont supprimés.

L'art. D. 754-6 devient l'art. D. 754-7 (Décr. n° 2022-1287 du 4 oct. 2022, art. 3).

Art. D. 754-8 Pour son application dans les îles de Wallis-et-Futuna, l'article D. 345-10 est complété par trois alinéas ainsi rédigés :

"Les autorités de la collectivité avec lesquelles les personnes détenues correspondent sous pli fermé sont les suivantes :

"1° Les membres du conseil territorial ;

"2° Les membres de l'assemblée territoriale."

L'art. D. 754-7 devient l'art. D. 754-8 (Décr. n° 2022-1287 du 4 oct. 2022, art. 3).

Art. D. 754-9 Pour son application dans les îles Wallis-et-Futuna l'article D. 352-1 est ainsi rédigé :

Art. D. 352-1 L'agrément des aumôniers est délivré par le *(Décr. n° 2023-200 du 24 mars 2023, art. 1er)* « directeur des services pénitentiaires d'outre-mer », mentionnée aux articles R. 112-8 et R. 112-9, après avis de l'administrateur des îles Wallis-et-Futuna, sur proposition de l'aumônier national du culte concerné.

En vue de leur permettre d'assurer les missions qui leur sont confiées, une indemnité forfaitaire peut être allouée aux aumôniers agréés.

Un aumônier agréé à compter du 1er octobre 2017 ne peut bénéficier du versement d'une indemnité sur la base de vacations horaires que s'il est titulaire de l'un des diplômes de formation civile et civique figurant sur une liste déterminée selon des modalités fixées par arrêté conjoint du ministre de l'intérieur, du ministre chargé de l'enseignement supérieur et du ministre chargé de l'outre-mer.

Toutefois, un aumônier agréé à compter de la même date peut bénéficier du versement de telles indemnités s'il n'est pas titulaire de l'un des diplômes précités dès lors qu'il s'engage à le devenir au cours des deux années qui suivent la décision l'agréant. Au terme de ces deux années, l'indemnité cesse d'être versée si l'aumônier n'a pas obtenu l'un de ces diplômes.

L'indemnité prévue par le présent article n'est cumulable avec aucune autre rémunération publique versée au même titre. Un arrêté conjoint du garde des sceaux, ministre de la justice, et du ministre chargé du budget fixe son montant annuel.

Lorsque son titulaire atteint l'âge de soixante-quinze ans, l'agrément est retiré par le *(Décr. n° 2023-200 du 24 mars 2023, art. 1er)* « directeur des services pénitentiaires d'outre-mer ».

L'art. D. 754-8 devient l'art. D. 754-9 (Décr. n° 2022-1287 du 4 oct. 2022, art. 3).

Art. D. 754-10 **Pour son application dans les îles Wallis-et-Futuna, l'article D. 352-1, tel que rédigé à l'article D. 754-8, est applicable aux ministres du culte des services d'aumôneries situés dans les îles si l'un des diplômes de formation civile et civique figurant sur la liste mentionnée par les dispositions du troisième alinéa de l'article D. 754-8 peut y être obtenu, y compris à distance.**

L'art. D. 754-9 devient l'art. D. 754-10 (Décr. n° 2022-1287 du 4 oct. 2022, art. 3).

CHAPITRE V DISPOSITIONS SPÉCIFIQUES RELATIVES AU LIVRE QUATRIÈME

Art. R. 755-1 Sous réserve des adaptations prévues par le présent chapitre, les dispositions suivantes sont applicables dans les îles Wallis-et-Futuna dans leur rédaction résultant du décret en Conseil d'État n° 2022-479 du 30 mars 2022 sauf mention contraire dans le tableau ci-dessous :

Articles applicables	Dans leur rédaction résultant du décret
(Décr. n° 2022-655 du 25 avr. 2022, art. 8, en vigueur le 1er mai 2022) « R. 411-1 à R. 411-8	
« R. 412-1 à R. 412-82	Décret n° 2022-655 du 25 avril 2022 »
(Décr. n° 2022-1287 du 4 oct. 2022, art. 9) « R. 413-1 à R. 413-6	
« R. 414-1	Décret n° 2022-1287 du 4 octobre 2022
« R. 414-7 à R. 424-31 »	

Art. D. 755-2 Sous réserve des adaptations prévues par le présent chapitre, les dispositions suivantes sont applicables dans les îles Wallis-et-Futuna dans leur rédaction résultant du décret n° 2022-479 du 30 mars 2022 sauf mention contraire dans le tableau ci-dessous :

Articles applicables	Dans leur rédaction résultant du décret
D. 412-6 à D. 412-77	Décret n° 2022-655 du 25 avril 2022

Articles applicables	Dans leur rédaction résultant du décret
D. 413-3 à D. 413-7	
D. 413-8 à D. 413-10	Décret n° 2022-655 du 25 avril 2022
(Décr. n° 2022-1261 du 28 sept. 2022, art. 12, en vigueur le 1er janv. 2023) « D. 414-2 à D. 422-4 *[ancienne rédaction : D. 414-2 à D. 424-1]*	
« D. 422-4-1 à D. 422-4-3	Décret n° 2022-1261 du 28 septembre 2022
« D. 422-5 à D. 424-1 »	
D. 424-2	Décret n° 2022-655 du 25 avril 2022
D. 424-3 à D. 424-9	
D. 424-10 à D. 424-14	Décret n° 2022-655 du 25 avril 2022
D. 424-22 à D. 424-30	

Le tableau ci-dessus résulte du Décr. n° 2022-656 du 25 avr. 2022, art. 8. — Tableau mod. par Décr. n° 2022-1261 du 28 sept. 2022, art. 12, en vigueur le 1er janv. 2023.

Art. D. 755-3 *(Abrogé par Décr. n° 2022-655 du 25 avr. 2022, art. 8, à compter du 1er mai 2022)* ***Pour son application dans les îles Wallis-et-Futuna, l'article D. 412-14*** *[D. 412-64]* ***est ainsi rédigé :***

Art. D. 412-14 [D. 412-64] *Hors les cas visés à la seconde phrase du troisième alinéa de l'article L. 412-1, la rémunération du travail effectué au sein des établissements pénitentiaires par les personnes détenues ne peut être inférieure aux taux horaires suivant :*

45 % du salaire minimum horaire garanti pour les activités de production ;

33 % du salaire minimum horaire garanti pour le service général, classe I ;

25 % du salaire minimum horaire garanti pour le service général, classe II ;

20 % du salaire minimum horaire garanti pour le service général, classe III.

Un arrêté du garde des sceaux, ministre de la justice, détermine la répartition des emplois entre les différentes classes en fonction du niveau de qualification qu'exige leur exécution.

CHAPITRE VI DISPOSITIONS SPÉCIFIQUES RELATIVES AU LIVRE CINQUIÈME

Art. R. 756-1 Sous réserve des adaptations prévues par le présent chapitre, les dispositions suivantes sont applicables dans les îles Wallis-et-Futuna dans leur rédaction résultant du décret en Conseil d'État n° 2022-479 du 30 mars 2022 sauf mention contraire dans le tableau ci-dessous :

Articles applicables	Dans leur rédaction resultant du décret
R. 510-1 à R. 544-18	
R. 544-19 à R. 544-20	Décret n° 2022-1287 du 4 octobre 2022
R. 544-21 à R. 545-5	

Tableau réécrit par Décr. n° 2022-1287 du 4 oct. 2022, art. 9.

Art. R. 756-2 Pour son application dans les îles Wallis-et-Futuna, l'article R. 512-2 est ainsi rédigé :

Art. R. 512-2 Pour l'application de l'article L. 512-2, le chef de l'établissement pénitentiaire communique aux services de police et unités de gendarmerie le nom, les prénoms, la date de naissance, l'adresse déclarée, et la date de la libération des personnes condamnées à une peine d'emprisonnement égale ou supérieure à trois ans.

Les informations mentionnées à l'alinéa précédent sont transmises par écrit au directeur de la sécurité publique ou au directeur territorial de la police nationale ou au commandant territorial de la gendarmerie outre-mer dont relève territorialement l'adresse déclarée par la personne.

Art. D. 756-3 Sous réserve des adaptations prévues par le présent chapitre, les dispositions suivantes sont applicables dans les îles Wallis-et-Futuna dans leur rédaction résultant du décret n° 2022-479 du 30 mars 2022 sauf mention contraire dans le tableau ci-dessous :

Articles applicables	Dans leur rédaction résultant du décret
(Décr. n° 2022-656 du 25 avr. 2022, art. 8, en vigueur le 1er mai 2022) « D. 511-1 à D. 522-2	
« D. 522-3	« Décret n° 2022-655 du 25 avril 2022
« D. 522-4 à D. 544-6 »	

CHAPITRE VII **DISPOSITIONS SPÉCIFIQUES RELATIVES AU LIVRE SIXIÈME**

Art. R. 757-1 Sous réserve des adaptations prévues par le présent chapitre, les dispositions suivantes sont applicables dans les îles Wallis-et-Futuna dans leur rédaction résultant du décret en Conseil d'État n° 2022-479 du 30 mars 2022 sauf mention contraire dans le tableau ci-dessous :

Articles applicables	Dans leur rédaction résultant du décret
R. 621-1 à R. 622-3	
R. 622-4	Décret n° 2022-1287 du 4 octobre 2022
R. 622-6 à R. 642-4	

Tableau réécrit par Décr. n° 2022-1287 du 4 oct. 2022, art. 9.

Art. R. 757-2 Pour son application dans les îles Wallis-et-Futuna, le 1° de l'article R. 623-2 est ainsi rédigé :

"1° La copie du *Journal officiel* ou du *Journal officiel* de la collectivité portant publication de la déclaration de l'association."

Art. R. 757-3 Pour son application dans les îles Wallis-et-Futuna, la première phrase du troisième alinéa de l'article R. 623-3 est ainsi rédigée :

"Le directeur du service pénitentiaire d'insertion et de probation communique par voie dématérialisée sa décision d'habilitation à la structure d'accueil, au président du tribunal de première instance, au juge de l'application des peines, au procureur de la République et au représentant de l'État dans la collectivité."

Art. R. 757-4 Pour son application dans les îles Wallis-et-Futuna, la deuxième phrase de l'article R. 623-8 est ainsi rédigée :

"A cette fin, il peut notamment adresser par voie dématérialisée copie de la demande au représentant de l'État dans le territoire ; celui-ci a un mois pour donner son avis."

Art. R. 757-5 Pour son application dans les îles Wallis-et-Futuna, l'article R. 623-16 est ainsi rédigé :

Art. R. 623-16 Lorsqu'une personne condamnée exerce une activité salariée, la durée hebdomadaire cumulée de cette activité et du travail d'intérêt général ne peut excéder de plus de douze heures la durée légale de travail fixée par le code du travail.

Art. D. 757-6 Sous réserve des adaptations prévues par le présent chapitre, les dispositions suivantes sont applicables dans les îles Wallis-et-Futuna dans leur rédaction résultant du décret n° 2022-479 du 30 mars 2022 sauf mention contraire dans le tableau ci-dessous :

Articles applicables	Dans leur rédaction résultant du décret
D. 611-1 à D. 622-5	
D. 622-9	Décret n° 2022-1287 du 4 octobre 2022
R. 622-10 à D. 633-2	

Tableau réécrit par Décr. n° 2022-1287 du 4 oct. 2022, art. 9. Le Décr. n° 2022-1287 du 4 oct. 2022, art. 9-5°, comporte une erreur de rédaction : ce n'est pas l'art. D. 575-7 mais l'art. D. 575-6 qui est modifié par ledit Décr.

TITRE VI DISPOSITIONS APPLICABLES EN POLYNÉSIE FRANÇAISE

ENCYCL. COLL. LOCALES v° *Outre-mer : Polynésie française (chapitre 3, folio n° 1960)*, par MOYRAND.

BIBL. ▸ GINDRE (dir.), La dignité des personnes détenues dans les prisons des Outre-mer, à la lumière de l'expérience polynésienne, *L'Harmattan, 2023.* – GIRAUDEAU, MAISONNEUVE (dir.), Dictionnaire juridique des Outre-mer, *LexisNexis 2021*, v° *Collectivités d'Outre-mer*, par VIDOT, v° *Pénal (Compétence pénale des Outre-mer)*, par GINDRE, v° *Polynésie française*, par AL WARDI. – J.-CL. Collectivités territoriales v° *Fasc. 315 : Polynésie française*, par FEYMOND-KELLAL.

V. L. org. n° 94-499 du 21 juin 1994 relative au transfert à l'État des compétences du territoire de la Polynésie française en matière pénitentiaire, JO du 22 juin ; Décr. n° 84-577 du 6 juill. 1984, modifié, rendant applicable dans les territoires d'outre-mer la 3e partie du code de procédure pénale ; Décr. n° 2022-855 du 7 juin 2022 relatif à la modification du code de procédure pénale, du code de la justice pénale des mineurs et de diverses dispositions [décrets simples] rendue nécessaire par l'entrée en vigueur du code pénitentiaire, et portant modifications du nouveau code.

CHAPITRE I DISPOSITIONS GÉNÉRALES

Art. R. 761-1 Sous réserve des dispositions applicables de plein droit, les dispositions réglementaires du présent code ne s'appliquent en Polynésie française que dans la mesure et les conditions prévues par le présent titre.

COMMENTAIRE

Principe de spécialité législative. La Polynésie française est une collectivité régie par l'article 74 de la Constitution et soumise sur ce fondement au principe de spécialité législative. Les dispositions réglementaires relevant de la compétence de l'État, dont la réglementation pénitentiaire, lui sont donc étendues sous réserve d'une mention expresse, et peuvent être adaptées à ses spécificités (L. org. n° 2004-197 du 27 févr. 2004, art. 7, hors les lois de la République applicables de plein droit en raison de leur objet, Décis. n° 2004-490 DC du 12 févr. 2004, cons. n° 18). Les dispositions réglementaires des articles R. 762-1 et suivants constituent donc les mentions expresses nécessaires à l'application des dispositions réglementaires du code pénitentiaire, et les mesures d'adaptation de ces dispositions au contexte particulier de la collectivité.

Abrogation du décret n° 84-577 du 6 juillet 1984 rendant applicable dans les territoires d'outre-mer la troisième partie du code de procédure pénale. Voir le commentaire sous l'article R. 751-1. Les articles D.P. 48 à D.P. 588 s'appliquaient à la Polynésie française en matière d'exécution des peines. ❑

Art. R. 761-2 Pour l'application du présent code en Polynésie française, les références énumérées ci-après sont remplacées comme suit :

1° "département" ou "région" par "collectivité d'outre-mer" ;

2° "préfet" et "sous-préfet" par "représentant de l'État" ;

3° "Banque de France" par "Institut d'émission d'outre-mer" ;

4° "tribunal judiciaire" par "tribunal de première instance" ou, le cas échéant, par les termes de "section détachée du tribunal de première instance" ;

5° "procureur de la République" par "procureur de la République près le tribunal de première instance" ;

6° "greffier" par "chef du greffe" ;

7° "comptable principal de la direction générale des finances publiques" ou "comptable de la direction générale des finances publiques" par "agent chargé du recouvrement des amendes" ;

8° "régisseur des recettes" par "agent chargé du recouvrement des amendes" ;

9° "salaire minimum interprofessionnel de croissance" par "salaire minimum horaire garanti" ;

10° "conseil de prud'hommes" par "tribunal du travail" ;

11° "directeur interrégional des services pénitentiaires" par *(Décr. n° 2023-200 du 24 mars 2023, art. 1er)* « "directeur des services pénitentiaires d'outre-mer" » ;

12° "sécurité sociale" par "organisme de protection sociale" ;

13° "services des agences régionales de santé" par "autorités localement compétentes en matière de santé"

14° "Pôle Emploi", "l'association pour l'emploi dans l'industrie et le commerce", "services sociaux, éducatifs et médicosociaux", "services de l'inspection du travail", "inspecteur du travail" par "services localement compétents" ;

(Décr. n° 2022-655 du 25 avr. 2022, art. 8, en vigueur le 1er mai 2022) « 15° "structure d'insertion par l'activité économique" par "association pour l'aide à l'insertion". »

Art. R. 761-3 Les références à des dispositions non applicables en en Polynésie française sont remplacées par les références aux dispositions ayant le même objet applicables localement.

COMMENTAIRE

Articulation du code pénitentiaire avec les compétences de la collectivité d'Outre-mer. Lorsque le code pénitentiaire fait référence à des dispositions non applicables en Polynésie française, car relevant des compétences de la collectivité, l'article R. 761-3 prévoit la substitution automatique des références des textes réglementaires applicables localement. Cette technique légistique remet en cause la lisibilité et l'accessibilité du droit, en l'absence d'un code pénitentiaire consolidé dans sa version applicable en Polynésie française. ❑

Art. R. 761-4 En Polynésie française, les dispositions pécuniaires prévues par les dispositions du présent code sont converties en monnaie locale compte-tenu de la contrevaleur de l'euro dans cette monnaie.

COMMENTAIRE

Voir le commentaire sous l'article D. 721-4. ❑

CHAPITRE II DISPOSITIONS SPÉCIFIQUES RELATIVES AU LIVRE PREMIER

Art. R. 762-1 Sous réserve des adaptations prévues par le présent chapitre, les dispositions suivantes sont applicables en Polynésie française dans leur rédaction résultant du décret en Conseil d'État n° 2022-479 du 30 mars 2022 sauf mention contraire dans le tableau ci-dessous :

Articles applicables	Dans leur rédaction résultant du décret
R. 112-2 à R. 112-4	
R. 112-7 à R. 112-9	Décret n° 2023-200 du 24 mars 2023
R. 112-15 à R. 112-17	
R. 112-22	Décret n° 2022-655 du 25 avril 2022
R. 112-23 à R. 113-64	
R. 115-21 à R. 136-1	

Tableau mod. par Décr. n° 2023-200 du 24 mars 2023, art. 1er.

Art. R. 762-2 **Pour son application en Polynésie française, à l'article R. 112-23, le président du tribunal de première instance exerce les fonctions dévolues au juge de l'application des peines, au tribunal de l'application des peines ou à la juridiction de l'application des peines du premier degré.**

Art. R. 762-3 **Pour leur application en Polynésie française, les dispositions des articles R. 115-21 et R. 115-22 relatives aux médecins des établissements de santé intervenant dans les établissements pénitentiaires et aux unités de soins implantées dans ces établissements sont applicables aux médecins des établissements de santé de la collectivité, chargés des prestations de médecine dans les établissements pénitentiaires dans les conditions fixées par la convention mentionnée par les dispositions de l'article L. 764-2.**

En l'absence de convention, les dispositions des articles visés à l'alinéa précédent sont applicables aux médecins intervenant dans les établissements pénitentiaires.

L'art. R. 762-4 devient l'art. R. 762-3 (Décr. n° 2022-1287 du 4 oct. 2022, art. 7).

BIBL. ▸ GINDRE, Les particularismes des soins dans les murs en Polynésie française, *in* Py et Bricot (dir.), Les relations hôpital/prison, *Nancy, ÉDUL, à paraître.*

COMMENTAIRE

Acteurs de la prise en charge de la santé des détenus. La Polynésie française étant compétente en matière de santé (L. org. n° 2004-192 du 27 févr. 2004, art. 13), mais l'administration pénitentiaire ayant des obligations en matière d'accès aux soins, l'organisation de la santé en détention suppose l'articulation d'une compétence locale avec la compétence pénitentiaire de l'État. Les dispositions du code de la santé publique ne s'appliquent pas en Polynésie française et le code pénitentiaire doit donc adapter les dispositions applicables à l'organisation sanitaire spécifique de la collectivité.

A cette fin, l'article L. 764-2 permet à l'État de conclure des conventions avec les autorités compétentes de la collectivité, pour s'appuyer sur les dispositifs sanitaires locaux. L'article R. 762-3, en rendant applicable les dispositions des articles R. 115-21 et R. 115-22 aux médecins des établissements de santé polynésiens intervenant en détention, impose aux médecins locaux concernés la définition de leurs attributions, ainsi qu'une obligation de veiller à la transmission des informations médicales du détenu transféré dans un autre établissement. Ces obligations s'appliquent selon les conditions définies par la convention, lorsqu'elle existe.

Le code pénitentiaire, s'il vient préciser certaines missions des médecins intervenant en détention, reste assez similaire au droit fixé sur ce point par le décret du 6 juillet 1984, actualisé en 1995, rendant applicable dans les territoires d'outre-mer la troisième partie du code de procédure pénale (art. DP 373 à DP 379).

Ce décret a été abrogé par le décret n° 2022-855 du 7 juin 2022 relatif à la modification du code de procédure pénale, du code de la justice pénale des mineurs et de diverses dispositions [décrets simples] rendue nécessaire par l'entrée en vigueur du code pénitentiaire, et portant modifications du nouveau code.

Le droit applicable en matière pénitentiaire dans les collectivités d'outre-mer a ainsi été largement aligné, avec quelques adaptations tenant compte des spécificités locales, sur le droit commun.

Voir le commentaire sous l'article R. 761-1.

Art. R. 762-4 **Pour son application en Polynésie française, l'article R. 122-8 est ainsi rédigé :**

Art. R. 122-8 Le personnel de l'administration pénitentiaire prête serment, lors de sa première affectation au sein de l'administration pénitentiaire, en audience publique, devant le président du tribunal de première instance.

Les fonctionnaires déjà affectés au sein de l'administration pénitentiaire à la date d'entrée en vigueur du code de déontologie défini par les dispositions de l'article R. 120-1 peuvent, à leur demande, prêter serment dans les conditions prévues à l'article R. 122-8 ou au premier alinéa du présent article.

La formule du serment est prévue par l'article R. 122-9.

L'art. R. 762-5 devient l'art. R. 762-4 (Décr. n° 2022-1287 du 4 oct. 2022, art. 7).

Art. R. 762-5 **Par dérogation à l'article R. 136-1, un conseil d'évaluation unique est institué en Polynésie française auprès de l'ensemble des établissements pénitentiaires.**

L'art. R. 762-6 devient l'art. R. 762-5 (Décr. n° 2022-1287 du 4 oct. 2022, art. 7).

Art. D. 762-6 **Sous réserve des adaptations prévues par le présent chapitre, les dispositions suivantes sont applicables en Polynésie française dans leur rédaction résultant du décret n° 2022-479 du 30 mars 2022 sauf mention contraire dans le tableau ci-dessous :** — *Tableau mod. par Décr. n° 2022-1710 du 29 déc. 2022, art. 9.*

Articles applicables	Dans leur rédaction résultant du
D. 112-1 à D. 112-19	
D. 112-20	Décret n° 2022-1710 du 29 décembre 2022
D. 112-21	
D. 112-21-1	Décret n° 2022-1710 du 29 décembre 2022
D. 112-27	
D. 112-28	Décret n° 2022-1710 du 29 décembre 2022
D. 112-29 à D. 112-63	
D. 113-64	Décret n° 2022-1710 du 29 décembre 2022
D. 113-67 à D. 136-6	

L'art. D. 762-7 devient l'art. D. 762-6 (Décr. n° 2022-1287 du 4 oct. 2022, art. 7).

Art. D. 762-7 **Pour son application en Polynésie française, l'article D. 115-3 est ainsi rédigé :**

Art. D. 115-3 Les missions de diagnostic et de soins ambulatoires et l'organisation d'actions de prévention et d'éducation pour la santé sont assurées par une équipe hospitalière placée sous l'autorité médicale d'un praticien hospitalier et rattachée à un établissement de santé situé à proximité de l'établissement pénitentiaire.

L'art. D. 762-8 devient l'art. D. 762-7 (Décr. n° 2022-1287 du 4 oct. 2022, art. 7).

COMMENTAIRE

Voir le commentaire sous l'article R. 762-3.

L'article D.P. 364 du décret n° 84-577 du 6 juillet 1984, modifié, rendant applicable dans les territoires d'outre-mer la troisième partie du code de procédure pénale, abrogé le 7 juin 2022 (V. comm. ss. art. R. 761-1), prévoyait que le service médical était assuré par plusieurs médecins désignés pour trois ans, auprès de chaque établissement pénitentiaire par le directeur des établissements pénitentiaires de Polynésie, sur proposition du chef d'établissement, après consultation de l'ordre des médecins et avis du haut-commissaire de la République. Cette disposition n'était cependant plus appliquée, bien que n'ayant pas été actualisée, l'adoption de la loi pénitentiaire ayant ouvert la voie à une pratique conventionnelle entre les autorités compétentes au-delà des interventions d'urgence (L. pénit. n° 2009-1436 du 24 nov. 2009, art. 46, tel qu'adapté à la collectivité).

L'article D. 762-7 organise plus clairement la coordination de l'équipe hospitalière intervenant en détention, et précise son rattachement. ❑

Art. D. 762-8 Pour son application en Polynésie française, l'article D. 115-4 est ainsi rédigé :

Art. D. 115-4 Les modalités d'intervention de l'établissement public de santé mentionné par les dispositions de l'article précédent sont fixées par une convention signée par le haut-commissaire de la République, le *(Décr. n° 2023-200 du 24 mars 2023, art. 1er)* « directeur des services pénitentiaires d'outre-mer », mentionnée aux articles R. 112-8 et R. 112-9, le chef de l'établissement pénitentiaire et le directeur de l'établissement de santé concerné, après avis du conseil de surveillance.

L'art. D. 762-9 devient l'art. D. 762-8 (Décr. n° 2022-1287 du 4 oct. 2022, art. 7).

COMMENTAIRE

La pratique conventionnelle prévue par la loi pénitentiaire pour l'accès aux soins d'urgence est ici généralisée (L. pénit. n° 2009-1436 du 24 nov. 2009, art. 46, tel qu'adapté à la collectivité). ❑

Art. D. 762-9 Pour son application en Polynésie française, l'article D. 115-5 est ainsi rédigé :

Art. D. 115-5 L'administration pénitentiaire met à disposition de l'équipe hospitalière des locaux spécialisés destinés aux consultations, aux examens et, le cas échéant, à l'implantation d'une pharmacie à usage intérieur. Elle en assure la maintenance.

Des cellules situées à proximité peuvent être réservées à l'hébergement momentané des personnes détenues malades dont l'état de santé exige des soins fréquents ou un suivi médical particulier, sans toutefois nécessiter une hospitalisation. L'affectation des personnes détenues dans ces cellules est décidée par le chef de l'établissement pénitentiaire, sur proposition du praticien responsable de l'équipe hospitalière.

L'art. D. 762-10 devient l'art. D. 762-9 (Décr. n° 2022-1287 du 4 oct. 2022, art. 7).

Art. D. 762-10 Pour son application en Polynésie française, l'article D. 115-6 est ainsi rédigé :

Art. D. 115-6 La prise en charge psychiatrique des personnes détenues est assurée par une équipe hospitalière placée sous l'autorité médicale d'un psychiatre, praticien hospitalier et rattachée à un établissement de santé situé à proximité de l'établissement pénitentiaire.

Les modalités d'intervention de l'équipe chargée des soins psychiatriques et de sa coordination avec l'équipe chargée des soins médicaux généraux sont fixées dans le cadre d'une convention signée par le haut-commissaire de la République, le *(Décr. n° 2023-200 du 24 mars 2023, art. 1er)* « directeur des services pénitentiaires d'outre-mer », mentionnée aux articles R. 112-8 et R. 112-9, le chef de l'établissement pénitentiaire et le directeur de l'établissement de santé concerné, après avis du conseil de surveillance.

L'administration pénitentiaire met à la disposition de l'équipe chargée des soins psychiatriques des équipements et locaux individualisés et adaptés, nécessaires au bon déroulement de sa mission. Elle en assure la maintenance.

L'art. D. 762-11 devient l'art. D. 762-10 (Décr. nº 2022-1287 du 4 oct. 2022, art. 7).

COMMENTAIRE

La réglementation de la prise en charge psychiatrique était relativement succincte et facultative dans le décret nº 84-577 du 6 juillet 1984, modifié, rendant applicable dans les territoires d'outre-mer la troisième partie du code de procédure pénale (art. DP 395), qui prévoyait l'organisation de consultations d'hygiène mentale par le service territorial de santé. L'article D. 762-10 encadre désormais cette prise en charge par l'obligation de signer une convention entre les autorités compétentes afin d'assurer l'intervention d'une équipe hospitalière spécialisée rattachée à un établissement de santé. Il oblige en outre les établissements pénitentiaires à se doter de locaux individualisés et équipés à leurs frais. Cette disposition modernisée répond sans conteste aux nombreuses observations formulées notamment par le CGLPL dans un avis spécifique (Avis du 14 oct. 2019 relatif à la prise en charge des personnes détenues atteintes de troubles mentaux, *JO 22 nov.*), autant que dans ses rapports de visite des établissements pénitentiaires ultramarins.

Elle ne règle pas pour autant le déficit de personnel qualifié, l'administration pénitentiaire se heurtant à la faible attractivité des outre-mer tandis que les recrutements relèvent de la responsabilité de la collectivité, compétente en matière de santé et d'hygiène publique (L. org. nº 2004-192 du 27 févr. 1004, art. 13).

Le Conseil d'État, dans une décision relative à la Nouvelle-Calédonie, mais qui peut être transposée à la Polynésie française eu égard à une répartition identique des compétences, impose cependant à l'administration pénitentiaire une obligation de moyens en vue de faciliter l'accès aux soins des personnes détenues. Le Conseil d'État peut donc enjoindre à l'administration pénitentiaire de prendre les mesures nécessaires pour qu'un médecin spécialisé (en l'espèce un addictologue, mais la solution pourrait concerner un psychiatre) assure le suivi des personnes détenues (CE 19 oct. 2020, nº 439372 A, pt 29 à 32). Cette solution ne remet pas en cause la compétence sanitaire de la collectivité, le Conseil d'État considérant que l'accès aux soins des détenus se rattache avant tout au service public pénitentiaire.

Voir aussi les commentaires sous les articles L. 744-1 à L. 744-4.

Compétence en matière de santé. S'il n'appartient pas à l'État d'organiser lui-même le recrutement de professionnels de santé affectés au centre pénitentiaire de Nouméa, et s'il ne relève pas de l'office du juge des référés statuant en matière de référé-liberté d'enjoindre à une personne publique de recruter des agents, il appartient à l'administration pénitentiaire d'accomplir toutes diligences en vue de faciliter l'accès aux soins des personnes détenues pour assurer à celles qui en ont besoin la qualité et la continuité des soins garanties par art. 46 L. pénit. • CE 19 oct. 2020, nº 439372 A : *AJDA 2021. 694, note Schmitz ; ibid. 2020. 1991 ; D. 2020. 2121, obs. de Montecler ; AJ pénal 2020. 593, obs. Céré.*

Art. D. 762-11 **Pour son application en Polynésie française, l'article D. 115-8 est ainsi rédigé :**

Art. D. 115-8 Si une intervention médicale paraît nécessaire en dehors des heures de présence de l'équipe chargée des soins médicaux généraux, les personnels pénitentiaires appliquent les directives prévues par la convention mentionnée par les dispositions du premier alinéa de l'article D. 115-4.

L'art. D. 762-12 devient l'art. D. 762-11 (Décr. nº 2022-1287 du 4 oct. 2022, art. 7).

Art. D. 762-12 **Pour son application en Polynésie française, à l'alinéa 2 de l'article D. 115-10 les mots : "Ce rapport est transmis aux signataires des protocoles. Il est présenté à l'instance de concertation constituée en application des dispositions de l'article R. 6111-36 du code de la santé publique ainsi qu'à la commission de surveillance." sont remplacés par les mots : "Ce rapport est transmis aux signataires des conventions. Il est également adressé au conseil d'évaluation ainsi qu'aux instances délibératives et consultatives de l'établissement de santé."**

L'art. D. 762-13 devient l'art. D. 762-12 (Décr. nº 2022-1287 du 4 oct. 2022, art. 7).

Art. D. 762-13 **Pour son application en Polynésie française, l'alinéa 1 de l'article D. 115-14 est remplacé par les dispositions suivantes :**

"Les praticiens et autres personnels médicaux et hospitaliers exerçant dans les équipes visées aux articles D. 115-3 et D. 115-6 sont, préalablement à leur nomination, habilités par le haut-commissaire de la République."

L'art. D. 762-14 devient l'art. D. 762-13 (Décr. n° 2022-1287 du 4 oct. 2022, art. 7).

COMMENTAIRE

Sous l'empire de l'ancien article D.P. 364 du décret n° 84-577 du 6 juillet 1984, modifié, rendant applicable dans les territoires d'outre-mer la troisième partie du code de procédure pénale, le haut-commissaire de la République en Polynésie française donnait simplement un avis à la désignation des médecins par le directeur des établissements pénitentiaires. De même, le chirurgien-dentiste était habilité par le directeur des établissements pénitentiaires après avis du haut-commissaire (art. D.P. 392). La procédure d'habilitation, relevant du représentant de l'État, est désormais plus proche de celle applicable en droit commun, avec les adaptations tenant à l'organisation particulière de la collectivité. ❑

Art. D. 762-14 **Pour son application en Polynésie française, à l'article D. 115-15, les mots : ", après avis du préfet de département et, à Paris, du préfet de police," sont supprimés.**

L'art. D. 762-15 devient l'art. D. 762-14 (Décr. n° 2022-1287 du 4 oct. 2022, art. 7).

Art. D. 762-15 **Pour son application en Polynésie française, à l'article D. 115-18, les mots : "du protocole passé en application des dispositions de l'article R. 6112-16 du code de la santé publique" sont remplacés par les mots : "des conventions mentionnées par les dispositions des articles D. 115-4 et D. 115-6 du présent code".**

L'art. D. 762-16 devient l'art. D. 762-15 (Décr. n° 2022-1287 du 4 oct. 2022, art. 7).

Art. D. 762-16 **Pour son application en Polynésie française, à l'article D. 115-20, les mots : "des centres de soins d'accompagnement et de prévention en addictologie" sont remplacés par les mots : "des structures spécialisées chargées de l'accompagnement et de la prévention en addictologie."**

L'art. D. 762-17 devient l'art. D. 762-16 (Décr. n° 2022-1287 du 4 oct. 2022, art. 7).

Art. D. 762-17 **Pour son application en Polynésie française, l'article D. 115-23 est ainsi rédigé :**

Art. D. 115-23 Les médecins responsables des équipes hospitalieres organisent le suivi médical des personnes détenues et coordonnent les actions de prévention et d'éducation pour la santé mises en œuvre à leur égard, conformément à la réglementation locale applicable.

L'art. D. 762-18 devient l'art. D. 762-17 (Décr. n° 2022-1287 du 4 oct. 2022, art. 7).

Art. D. 762-18 **Pour son application en Polynésie française, à l'article D. 115-26, les mots : "en application des dispositions relatives aux règles de la profession d'infirmier ou d'infirmière prévues par le code de la santé publique" sont remplacés par les mots : "conformément à la réglementation locale applicable".**

L'art. D. 762-19 devient l'art. D. 762-18 (Décr. n° 2022-1287 du 4 oct. 2022, art. 7).

Art. D. 762-19 *(Décr. n° 2022-855 du 7 juin 2022, art. 4)* **Pour son application en Polynésie française, l'article D. 136-2 est ainsi rédigé :**

Art. D. 136-2 Le conseil d'évaluation est présidé par le haut-commissaire de la République en Polynésie française.

Le président du tribunal de première instance de Papeete et le procureur de la République près ledit tribunal sont désignés en qualité de vice-présidents.

Le conseil d'évaluation comprend :

1° Le président de la Polynésie française ou son représentant ;

2° Un membre du gouvernement de la Polynésie française désigné par le président de la Polynésie française, ou son représentant ;

3° Les maires des communes sur le territoire desquelles sont situés les établissements pénitentiaires ou leurs représentants ;

4° Le président et le procureur de la République des juridictions, autres que celle dans le ressort de laquelle sont situés les établissements concernés, compétentes pour traiter des situations des justiciables pris en charge par les établissements pénitentiaires ;

5° Les juges de l'application des peines intervenant dans les établissements pénitentiaires ou leurs représentants désignés par le président du tribunal de première instance de Papeete ;

6° Le juge des enfants exerçant les fonctions définies par l'article R. 251-3 du code de l'organisation judiciaire et intervenant dans les établissements ;

7° Le doyen des juges d'instruction du ressort du tribunal de première instance de Papeete ;

8° Le vice-recteur de la Polynésie française ou son représentant ;

9° Le directeur de l'autorité localement compétente en matière de santé ou son représentant ;

10° Le commandant de la gendarmerie pour la Polynésie française ou son représentant ;

11° Le directeur territorial de la police nationale ou son représentant ;

12° Le bâtonnier de l'ordre des avocats du ressort du tribunal de première instance de Papeete ou son représentant ;

13° Un représentant de chaque association intervenant dans les établissements ;

14° Un représentant des visiteurs de prisons intervenant dans les établissements ;

15° Un aumônier agréé de chaque culte intervenant dans les établissements.

Les membres du conseil prévus aux 13° et 14° sont nommés pour une période de deux ans renouvelable par un arrêté du haut-commissaire de la République en Polynésie française dont une ampliation est adressée au garde des sceaux, ministre de la justice.

La composition du conseil d'évaluation est arrêtée par le haut-commissaire de la République en Polynésie française.

Le premier président et le procureur général de la cour d'appel de Papeete peuvent participer à la réunion du conseil d'évaluation ou désigner un représentant à cette fin.

Les chefs des établissements pénitentiaires, le directeur du service pénitentiaire d'insertion et de probation de Polynésie française, le *(Décr. n° 2023-200 du 24 mars 2023, art. 1er)* « directeur des services pénitentiaires d'outre-mer » et le directeur interrégional de la protection judiciaire de la jeunesse territorialement compétent ou leurs représentants assistent aux travaux du conseil d'évaluation.

L'art. D. 762-20 devient l'art. D. 762-19 (Décr. n° 2022-1287 du 4 oct. 2022, art. 7).

Art. D. 762-20 *(Décr. n° 2022-1710 du 29 déc. 2022, art. 7)* **Les établissements pénitentiaires de Taiohae et d'Uturoa sont placés sous la responsabilité du chef d'établissement du centre pénitentiaire de Faa'a-Nuutania.**

CHAPITRE III **DISPOSITIONS SPÉCIFIQUES RELATIVES AU LIVRE DEUXIÈME**

Art. R. 763-1 Sous réserve des adaptations prévues par le présent chapitre, les dispositions suivantes sont applicables en Polynésie française dans leur rédaction résultant du décret en Conseil d'État n° 2022-479 du 30 mars 2022 sauf mention contraire dans le tableau ci-dessous :

Articles applicables	Dans leur rédaction résultant du décret
R. 211-1 à R. 214-24	
(Décr. n° 2022-656 du 25 avr. 2022, art. 8, en vigueur le 1er mai 2022) « R. 221-4 à R. 224-25	

Articles applicables	Dans leur rédaction résultant du décret
« R. 225-1	« Décret n° 2022-655 du 25 avril 2022
« R. 225-2 à R. 233-1	
« R. 233-2	« Décret n° 2022-655 du 25 avril 2022
« R. 234-1 à R. 240-9 »	

Art. R. 763-2 Pour leur application en Polynésie française, les dispositions des articles R. 213-19, R. 213-21, R. 213-27, R. 213-30, R. 234-31 et R. 235-10 relatives aux médecins des établissements de santé intervenant dans les établissements pénitentiaires et aux unités de soins implantées dans ces établissements sont applicables aux médecins des établissements de santé de la collectivité, chargés des prestations de médecine dans les établissements pénitentiaires dans les conditions fixées par la convention mentionnée par les dispositions de l'article L. 764-2.

En l'absence de convention, les dispositions des articles visés à l'alinéa précédent sont applicables aux médecins intervenant dans les établissements pénitentiaires.

COMMENTAIRE

L'article R. 763-2 rend applicables les dispositions impliquant le recours au médecin en matière de mesures d'isolement, de confinement ou de mise en cellule disciplinaire, aux médecins des établissements de santé de la collectivité chargés des soins en détention. Ces mesures sont exécutées dans le cadre fixé par la convention établie entre l'administration pénitentiaire et les autorités compétentes en matière de santé, mais elles s'appliquent également en l'absence de convention. Cette disposition permet de compléter les missions dévolues aux médecins intervenant dans les établissements pénitentiaires de Polynésie française, en complément des dispositions de l'article R. 762-3. Il ne s'agit cependant pas d'un empiètement sur la compétence de la collectivité en matière de santé, cette disposition relative à l'accès aux soins des détenus étant rattachée à la mise en œuvre du service public pénitentiaire (CE 19 oct. 2020, n° 439372 A, point 31).

Voir le commentaire sous les articles R. 762-3 et D. 762-10. ❑

Art. R. 763-3 Pour l'application des articles R. 227-3 à R. 227-11 en Polynésie française :

1° Au 1° de l'article R. 227-5 les mots : "l'établissement public de santé national de Fresnes et les établissements de santé habilités à recevoir des personnes détenues comportant soit des unités hospitalières sécurisées interrégionales, soit des unités hospitalières spécialement aménagées" sont supprimés ;

2° Au 4° du même article, les mots : "ainsi que celles des unités hospitalières sécurisées interrégionales, des unités hospitalières spécialement aménagées des établissements de santé habilités à recevoir des personnes détenues et de l'établissement public de santé national de Fresnes" sont supprimés ;

3° Les quatrième et cinquième alinéas de l'article R. 227-6 sont supprimés.

Art. R. 763-4 Pour son application en Polynésie française, à l'article R. 234-6, le deuxième alinéa est ainsi rédigé :

"Le premier assesseur est choisi parmi les personnels chargés de la surveillance de l'établissement où siège la commission de discipline."

L'art. R. 763-5 devient l'art. R. 763-4 (Décr. n° 2022-1287 du 4 oct. 2022, art. 7).

Art. R. 763-5 Pour son application en Polynésie française, l'article R. 234-6 est complété par un alinéa ainsi rédigé :

"Lorsqu'il n'existe pas dans l'établissement pénitentiaire de personnel de surveillance détenant l'un des grades exigés par le deuxième alinéa, le premier assesseur peut être choisi parmi les personnels de surveillance d'un autre grade."

L'art. R. 763-6 devient l'art. R. 763-5 (Décr. n° 2022-1287 du 4 oct. 2022, art. 7).

Art. R. 763-6 **Pour son application en Polynésie française, à l'article R. 234-12, la dernière phrase est ainsi rédigée : "Dans la mesure du possible, l'auteur de ce compte rendu ne siège pas à la commission de discipline."**

L'art. R. 763-7 devient l'art. R. 763-6 (Décr. n° 2022-1287 du 4 oct. 2022, art. 7).

Art. R. 763-7 **Pour son application en Polynésie française, l'article R. 234-13 est ainsi rédigé :**

Art. R. 234-13 A la suite de ce compte rendu d'incident, un rapport est établi par un agent chargé de la surveillance et adressé au chef de l'établissement pénitentiaire.

Ce rapport comporte tout élément d'information utile sur les circonstances des faits reprochés à la personne détenue et sur la personnalité de celle-ci.

Dans la mesure du possible, l'auteur de ce rapport ne siège pas à la commission de discipline.

Lorsqu'il n'existe pas dans l'établissement pénitentiaire un personnel de surveillance, autre que le chef d'établissement, détenant l'un des grades exigés par le premier alinéa, le rapport peut être rédigé par un personnel de surveillance d'un autre grade.

Dans la mesure du possible, l'auteur de ce compte rendu ne siège pas à la commission de discipline.

L'art. R. 763-8 devient l'art. R. 763-7 (Décr. n° 2022-1287 du 4 oct. 2022, art. 7).

COMMENTAIRE

Les dispositions des articles R. 763-4 à R. 763-7 adaptent la procédure disciplinaire à l'organisation particulière de la collectivité. En effet, la Polynésie française dispose de quatre établissements pénitentiaires, dont deux de taille extrêmement réduite impliquant un faible nombre de personnels pénitentiaires. La procédure de droit commun est alors assouplie quant aux exigences de grade des surveillants habilités à siéger dans la commission de discipline comme assesseurs pénitentiaires, ou habilités à rédiger le rapport d'enquête. Pour les mêmes raisons, l'interdiction stricte faite par le droit commun au personnel ayant rédigé le compte rendu d'incident ou le rapport d'enquête, de siéger dans la commission de discipline est relativisée et devient une obligation de moyen pour l'administration pénitentiaire, au détriment de l'impartialité de la commission. ❑

Art. R. 763-8 **Pour leur application en Polynésie française, aux articles R. 213-21, R. 234-15, R. 234-16, R. 234-17, R. 234-26 et R. 235-10, les dispositions applicables aux avocats sont également applicables aux personnes agréées qui assistent une personne détenue en application de l'article 23-4 de l'ordonnance n° 92-1147 du 12 octobre 1992.**

L'art. R. 763-9 devient l'art. R. 763-8 (Décr. n° 2022-1287 du 4 oct. 2022, art. 7).

COMMENTAIRE

L'ordonnance n° 92-1147 du 12 octobre 1992 relative à l'aide juridictionnelle en matière pénale dans les territoires d'outre-mer n'est plus applicable en Polynésie française depuis l'ordonnance n° 2007-392 du 22 mars 2007 portant extension et adaptation en Polynésie française de la loi n° 91-647 du 10 juillet 1991 relative à l'aide juridique et extension et adaptation de l'aide juridictionnelle en matière pénale à Mayotte, dans les îles Wallis-et-Futuna et en Nouvelle-Calédonie. Elle reste cependant applicable dans sa version modifiée à Wallis-et-Futuna et à la Nouvelle-Calédonie.

Par conséquent, en Polynésie française, seuls les avocats peuvent assister une personne détenue (L. n° 91-647 du 10 juill. 1991, art. 25). ❑

Art. R. 763-9 **Pour son application en Polynésie française, à l'article R. 234-29, le président du tribunal de première instance exerce les fonctions dévolues au juge de l'application des peines, au tribunal de l'application des peines ou à la juridiction de l'application des peines du premier degré.**

L'art. R. 763-10 devient l'art. R. 763-9 (Décr. n° 2022-1287 du 4 oct. 2022, art. 7).

Art. D. 763-10 **Sous réserve des adaptations prévues par le présent chapitre, les dispositions suivantes sont applicables en Polynésie française dans leur rédaction résul-**

tant du décret n° 2022-479 du 30 mars 2022 sauf mention contraire dans le tableau ci-dessous : — *Tableau mod. par Décr. n° 2022-1261 du 28 sept. 2022, art. 12, en vigueur le 1er janv. 2023, et Décr. n° 2022-1710 du 29 déc. 2022, art. 10.*

Articles applicables	Dans leur rédaction résultant du
D. 211-2 à D. 212-4	
D. 212-5	Décret n° 2022-1261 du 28 septembre 2022
D. 212-6 à D. 214-17	
D. 214-20 à D. 214-23-1	Décret n° 2022-1261 du 28 septembre 2022
D. 214-25 à D. 221-6	
D. 221-7	Décret n° 2022-1710 du 29 décembre 2022
D. 222-2 à D. 223-10	
D. 223-10-1	Décret n° 2022-1710 du 29 décembre 2022
D. 223-11 à D. 234-11	

L'art. D. 763-11 devient l'art. D. 763-10 (Décr. n° 2022-1287 du 4 oct. 2022, art. 7).

Art. D. 763-11 **Pour son application en Polynésie française, à l'alinéa 12 de l'article D. 211-34, les mots : "3° Un représentant des équipes soignantes de l'unité sanitaire en milieu pénitentiaire ou du service médico-psychologique régional désigné par l'établissement de santé de rattachement" sont remplacés par les mots : "3° Un membre des équipes hospitalières intervenant dans l'établissement".**

L'art. D. 763-12 devient l'art. D. 763-11 (Décr. n° 2022-1287 du 4 oct. 2022, art. 7).

Art. D. 763-12 **Pour son application en Polynésie française, l'article D. 212-4 est ainsi rédigé :**

Art. D. 212-4 Le chef de l'établissement pénitentiaire informe chaque mois le haut-commissaire de la République, le premier président et le procureur général près la cour d'appel, le président du tribunal de première instance, le procureur de la République près ledit tribunal, le ou les juges de l'application des peines, ainsi que le *(Décr. n° 2023-200 du 24 mars 2023, art. 1er)* « directeur des services pénitentiaires d'outre-mer », mentionnée aux articles R. 112-8 et R. 112-9, de l'état des effectifs au regard des capacités d'accueil des établissements.

L'art. D. 763-13 devient l'art. D. 763-12 (Décr. n° 2022-1287 du 4 oct. 2022, art. 7).

Art. D. 763-13 **Pour son application en Polynésie française, le premier alinéa de l'article D. 214-6 est complété par une phrase ainsi rédigée : "Ce dossier contient également les informations relatives à l'inscription de la personne détenue sur les listes électorales et à l'exercice de son droit de vote."**

L'art. D. 763-14 devient l'art. D. 763-13 (Décr. n° 2022-1287 du 4 oct. 2022, art. 7).

Art. D. 763-13-1 *(Décr. n° 2022-855 du 7 juin 2022, art. 4)* **Pour son application en Polynésie française, au premier alinéa de l'article D. 216-11, les mots : "la langue française" sont remplacés par les mots : "la langue française ou la langue tahitienne".**

L'art. D. 763-14-1 devient l'art. D. 763-13-1 (Décr. n° 2022-1287 du 4 oct. 2022, art. 7).

BIBL. ▶ Salaün et Vernaudon, Le malentendu linguistique et culturel comme atteinte à la dignité, *in* Gindre (dir.), La dignité des personnes détenues dans les prisons des Outre-mer à la lumière de l'expérience polynésienne, *L'Harmattan, 2023, p. 67 s.*

COMMENTAIRE

L'article D. 763-13-1 vise à restreindre le recours à un interprète aux hypothèses où la personne détenue ne parle ni français ni tahitien et s'il ne se trouve sur place aucune personne capable d'assurer la traduction. Par conséquent, un détenu ne parlant ou ne comprenant que la langue tahitienne ne peut solliciter le recours à un interprète.

Cette disposition adaptative appelle plusieurs observations. Tout d'abord, l'on peut s'interroger sur sa pertinence alors que l'article D. 216-11 figure dans une section relative à la prise en charge de détenus de nationalité étrangère : les détenus originaires de Polynésie française sont français. De même, puisque l'article D. 216-11 impose deux conditions cumulatives pour autoriser le recours à un interprète, la seconde consistant dans le fait qu'il ne se trouve sur place aucune personne capable d'assurer la traduction, sa pertinence apparaît douteuse alors que les deux établissements pénitentiaires principaux se situent sur l'île de Tahiti et que les surveillants majoritairement polynésiens parlent pour la plupart la langue tahitienne. La seconde condition aurait donc été rarement remplie.

Par ailleurs, cette adaptation dispense l'administration pénitentiaire de fournir un interprète pour la traduction d'une langue régionale. La seule reconnaissance de cette langue ici interroge au regard des articles 1er et 2 de la Constitution.

Ensuite, la formulation ne tient pas compte de la diversité des langues polynésiennes parlées en Polynésie française, en limitant l'exclusion à la langue tahitienne. La disposition doit-elle être comprise comme n'excluant le recours à un interprète que pour la langue tahitienne, ou dans une acception extensive, pour toutes les langues polynésiennes ?

Enfin, une telle disposition n'a pas été insérée dans les dispositions adaptatives concernant Wallis-et-Futuna ou relatives à la Nouvelle-Calédonie. Pourquoi cette stigmatisation de la langue tahitienne ? Il est toutefois heureux de noter que l'article D. 216-11 exclut de son champ d'application l'article R. 234-26, qui n'a pas non plus fait l'objet d'une adaptation particulière pour la Polynésie française. Les personnes détenues ne parlant et ne comprenant que le tahitien peuvent donc solliciter le recours à un interprète lors de leur comparution en commission de discipline, ce qui garantit les droits de la défense.

Voir aussi le commentaire sous l'article D. 765-4-1. ❑

Art. D. 763-14 **Pour son application en Polynésie française, à l'alinéa 4 de l'article D. 216-24, les mots : "appartenant à un service de protection maternelle et infantile" sont supprimés.**

L'art. D. 763-15 devient l'art. D. 763-14 (Décr. nº 2022-1287 du 4 oct. 2022, art. 7).

CHAPITRE IV DISPOSITIONS SPÉCIFIQUES RELATIVES AU LIVRE TROISIÈME

Art. R. 764-1 **Sous réserve des adaptations prévues par le présent chapitre, les dispositions suivantes sont applicables en Polynésie française dans leur rédaction résultant du décret en Conseil d'État nº 2022-479 du 30 mars 2022 sauf mention contraire dans le tableau ci-dessous :**

Articles applicables	Dans leur rédaction résultant du décret
R. 311-1 à R. 322-12	
R. 322-31 à R. 382-1	

Art. R. 764-2 **Pour leur application en Polynésie française, à l'article R. 311-2, les dispositions relatives à la sécurité sociale et à Pôle emploi sont applicables aux organismes et services ayant le même objet localement compétents.**

Art. R. 764-3 Pour son application en Polynésie française, l'article R. 312-1 est ainsi rédigé :

Art. R. 312-1 Les conditions dans lesquelles sont mis en place au sein des établissements pénitentiaires des dispositifs d'accès au droit sous forme de permanences et de consultations juridiques gratuites, dénommés points d'accès au droit, sont déterminées par une convention entre le représentant de l'État dans la collectivité et les institutions compétentes de la Polynésie française.

COMMENTAIRE

Voir aussi le commentaire sous l'article R. 754-2. ❑

Art. R. 764-4 Pour son application en Polynésie française, à l'article R. 313-14, le président du tribunal de première instance exerce les fonctions dévolues au juge de l'application des peines, au tribunal de l'application des peines ou à la juridiction de l'application des peines du premier degré.

Art. R. 764-5 Pour leur application en Polynésie française, aux articles R. 313-1, R. 313-2, R. 313-14 à R. 313-16, les dispositions applicables aux avocats sont également applicables aux personnes agréées qui assistent une personne détenue en application de l'article 23-4 de l'ordonnance n° 92-1147 du 12 octobre 1992.

COMMENTAIRE

Voir aussi le commentaire sous l'article R. 763-8. ❑

Art. R. 764-6 Pour son application en Polynésie française, à l'article R. 322-2, les mots : ", conformément aux dispositions de l'article R. 4127-36 du code de la santé publique," et les mots : "en application des dispositions de l'article L. 1111-5 du code de la santé publique" sont supprimés.

Art. R. 764-7 Pour son application en Polynésie française, à l'article R. 322-3, les mots : "conformément à aux dispositions de l'article L. 1121-6 du code de la santé publique" et les mots : "selon les modalités prévues par les dispositions des articles L. 1122-1 et L. 1122-1-1 du même code" sont supprimés.

Art. R. 764-8 Pour son application en Polynésie française, l'alinéa 5 de l'article R. 322-7 est remplacé par les dispositions suivantes :

"Le signalement aux autorités des cas de tuberculose est réalisé conformément aux dispositions de la réglementation locale applicable."

Art. R. 764-9 Pour son application en Polynésie française, l'article R. 322-8 est remplacé par les dispositions suivantes :

"La prophylaxie des maladies vénériennes est assurée dans les établissements pénitentiaires par les services compétents prévus à cet effet par la réglementation locale applicable."

Art. R. 764-10 Pour son application en Polynésie française, l'article R. 322-10 est ainsi rédigé :

Art. R. 322-10 Dans le cadre de la prise en charge globale des personnes détenues présentant une dépendance à un produit licite ou illicite, les établissements de santé favorisent et coordonnent, en collaboration avec les équipes hospitalières mentionnées par les dispositions des articles D. 115-3 et D. 115-6, les interventions, au sein de l'établissement pénitentiaire, des structures spécialisées de soins, notamment celles chargées de l'accompagnement et de la prévention en addictologie.

Art. R. 764-11 Pour son application en Polynésie française, l'article R. 324-1 est ainsi rédigé :

Art. R. 324-1 Les personnes détenues sont affiliées au régime de protection sociale dont elles relèvent conformément à la réglementation locale applicable.

Les personnes détenues bénéficiant d'une mesure de semi-liberté ou de placement à l'extérieur en application des dispositions de l'article 723 du code de procédure pénale et qui exercent une activité professionnelle dans les conditions de droit commun sont affiliées au régime d'assurance maladie dont elles relèvent au titre de la réglementation locale applicable.

BIBL. ▶ Gindre, Les particularismes des soins dans les murs en Polynésie française, *in* Py et Bricot (dir.), Les relations hôpital/prison, *Nancy, ÉDUL, à paraître.*

COMMENTAIRE

L'article R. 764-11 réécrit l'article R. 324-1 pour affilier les détenus polynésiens, ainsi que ceux bénéficiant d'une mesure de semi-liberté ou de placement à l'extérieur et qui exercent une activité professionnelle dans les conditions de droit commun, au régime de protection sociale dont ils relèvent. Cette disposition est une modification majeure du droit social applicable avant l'entrée en vigueur du code pénitentiaire. En effet, les détenus ne bénéficiaient d'aucune protection sociale sous l'empire du décret n° 84-577 du 6 juillet 1984 rendant applicable dans les territoires d'outre-mer la troisième partie du code de procédure pénale, leur affiliation à l'organisme de protection social local (la caisse de prévoyance sociale CPS) étant suspendue à leur entrée en détention. Une telle situation rendait la réafilliation difficile à la sortie, pouvant compromettre certains aspects nécessaires à la réinsertion sociale de la personne détenue. Elle traduisait en outre une rupture brutale entre la société extérieure et la détention en coupant la personne détenue de ses droits sociaux, ce qui peut aussi avoir des conséquences sur d'éventuels ayants droit.

Cependant, la rédaction adoptée par l'article R. 764-11 est bien plus succincte que l'article R. 324-1 applicable en droit commun. En effet, en droit commun, ce dernier précise que l'affiliation des détenus au régime général de la sécurité sociale leur donne accès, ainsi qu'à leurs ayants droit, aux prestations en nature de l'assurance maladie et maternité. La même précision n'est pas donnée pour les personnes détenues en Polynésie, ce qui peut susciter des interrogations. De telles prestations découlent normalement de l'affiliation et l'article R. 324-1 adapté pour la Polynésie française ne les exclut pas. Cette rédaction succincte s'explique par le fait que la compétence en matière de protection sociale appartient à la Polynésie française. Le code pénitentiaire ne peut réglementer que les domaines en lien avec la mise en œuvre du service public pénitentiaire, mais ne peut empiéter sur les compétences de la collectivité, ce qui traduit ici, comme en matière de santé, la difficile conciliation entre la compétence pénitentiaire de l'État et les compétences des collectivités d'outre-mer nécessaires à la mise en œuvre du service public pénitentiaire.

Il appartiendra alors à la Polynésie française d'organiser l'affiliation à l'un des régimes existants ou de créer le cas échéant un régime spécifique aux personnes incarcérées (puisque les personnes placées sous main de justice mais bénéficiant d'une mesure d'aménagement de peine leur procurant une activité professionnelle doivent être affiliées au régime de droit commun). Actuellement, la réglementation locale applicable n'exclut pas les personnes détenues du bénéfice des prestations sociales si elles remplissent les conditions pour être affiliées à l'un des régimes prévus (V. Délib. n° 94-6 AT du 3 févr. 1994 mod., définissant le cadre de la couverture sociale généralisée applicable aux résidents du territoire de la Polynésie française). L'article R. 764-11 pourrait donc s'appliquer.

Pourtant, c'est encore aujourd'hui une interprétation restrictive qui s'applique, consistant pour l'administration pénitentiaire à assurer la gratuité des soins dispensés aux personnes détenues dans et hors les murs, et donc à en assumer le coût intégral. La caisse de prévoyance sociale de la Polynésie française n'intervient que pour les personnes placées sous main de justice bénéficiant d'une mesure de semi-liberté ou de placement à l'extérieur et remplissant les conditions d'ouverture du droit aux prestations du régime d'assurance maladie. ❑

Art. R. 764-12 **Pour leur application en Polynésie française :**

1° L'article R. 341-5 est ainsi rédigé :

Art. R. 341-5 Pour les personnes condamnées, détenues en établissement pénitentiaire, les permis de visite sont délivrés, refusés, suspendus ou retirés par le chef de l'établissement pénitentiaire.

2° L'article R. 341-6 est ainsi rédigé :

Art. R. 341-6 Lorsque les personnes condamnées sont hospitalisées dans un établissement de santé de la collectivité, les permis de visite sont délivrés, refusés, suspendus ou retirés par le représentant de l'État dans la collectivité.

Art. R. 764-13 Pour son application en Polynésie française, au 2° de l'article R. 370-1, les bibliothèques territoriales s'entendent des bibliothèques localement compétentes.

Art. D. 764-14 Sous réserve des adaptations prévues par le présent chapitre, les dispositions suivantes sont applicables en Polynésie française dans leur rédaction résultant du décret n° 2022-479 du 30 mars 2022 sauf mention contraire dans le tableau ci-dessous : — *Tableau mod. par Décr. n° 2022-1710 du 29 déc. 2022, art. 13.*

Articles applicables	Dans leur rédaction résultant du
D. 311-6 à D. 332-8	
D. 332-8-1 et D. 332-8-2	Décret n° 2022-1710 du 29 décembre 2022
D. 332-9 à D. 333-3	
D. 341-3-1	Décret n° 2022-1710 du 29 décembre 2022
D. 341-18 à D. 363-1	
D. 363-6	Décret n° 2022-1710 du 29 décembre 2022
D. 381-2	

Art. D. 764-15 Pour son application en Polynésie française, l'article D. 324-2 est ainsi rédigé :

Art. D. 324-2 Les personnes détenues malades bénéficient gratuitement des soins qui leur sont nécessaires, ainsi que de la fourniture des produits et spécialités pharmaceutiques dont l'emploi est autorisé. Le principe de la gratuité des soins s'étend à tous les examens ou traitements de spécialistes, comme aux prothèses diverses que requiert leur état de santé.

Les personnes détenues bénéficiant d'une mesure de semi-liberté ou de placement à l'extérieur en application des dispositions de l'article 723 du code de procédure pénale continuent à bénéficier de la gratuité des soins jusqu'à ce qu'elles remplissent les conditions d'ouverture du droit aux prestations du régime d'assurance maladie.

Le financement des soins, appareillages, prothèses, traitements ou interventions chirurgicales, dont la nécessité médicale n'est pas reconnue, est à l'entière charge des personnes intéressées, après autorisation du chef de l'établissement pénitentiaire, sous réserve des dispositions relatives aux prestations servies aux personnes détenues en application de la réglementation locale sur les accidents du travail et les maladies professionnelles.

Les frais de séjour des personnes détenues hospitalisées sont imputables sur les chapitres du budget du ministère de la justice relatifs à l'entretien des personnes détenues.

Toutefois, les frais de transfèrement et de séjour des personnes détenues militaires sont à la charge du ministère de la défense lorsque les personnes intéressées sont dirigées vers un hôpital militaire.

BIBL. ▸ GINDRE, Les particularismes des soins dans les murs en Polynésie française, *in* Py et Bricot (dir.), Les relations hôpital/prison, *Nancy, ÉDUL, à paraître.*

COMMENTAIRE

Voir le commentaire sous l'article R. 764-11. Le principe de gratuité des soins, en l'absence de couverture sociale effective pour les détenus, conduit l'administration pénitentiaire à assumer le coût intégral des soins dispensés aux personnes détenues dans les établissements pénitentiaires polynésiens. ❑

Art. D. 764-16 **Pour son application en Polynésie française, à l'alinéa 3 de l'article D. 332-14 les mots "dont la conversion a été rendue obligatoire par le décret n° 59-734 du 15 juin 1959" sont supprimés.**

Art. D. 764-17 **Pour son application en Polynésie française, à l'article D. 332-34, les mots : "Sauf en ce qui concerne le tabac ", sont remplacés par les mots : " Sauf pour les produits dont le prix est réglementé".**

Art. D. 764-18 **Pour son application en Polynésie française, l'article D. 345-10 est complété par un alinéa ainsi rédigé :**

"Les autorités de la collectivité avec lesquelles les personnes détenues correspondent sous pli fermé sont les suivantes :

"1° Le président de la Polynésie française ;

"2° Les membres du gouvernement et du conseil des ministres de la Polynésie française ;

"3° Le président et les représentants de l'assemblée de la Polynésie française."

Art. D. 764-19 **Pour son application en Polynésie française, l'article D. 352-1 est ainsi rédigé :**

Art. D. 352-1 L'agrément des aumôniers est délivré par le *(Décr. n° 2023-200 du 24 mars 2023, art. 1er)* « directeur des services pénitentiaires d'outre-mer », après avis du préfet de département dans lequel se situe l'établissement visité, sur proposition de l'aumônier national du culte concerné.

En vue de leur permettre d'assurer les missions qui leur sont confiées, une indemnité forfaitaire peut être allouée aux aumôniers agréés.

Un aumônier agréé à compter du 1er octobre 2017 ne peut bénéficier du versement d'une indemnité sur la base de vacations horaires que s'il est titulaire de l'un des diplômes de formation civile et civique figurant sur une liste déterminée selon des modalités fixées par arrêté conjoint du ministre de l'intérieur, du ministre chargé de l'enseignement supérieur et du ministre chargé de l'outre-mer.

Toutefois, un aumônier agréé à compter de la même date peut bénéficier du versement de telles indemnités s'il n'est pas titulaire de l'un des diplômes précités dès lors qu'il s'engage à le devenir au cours des deux années qui suivent la décision l'agréant. Au terme de ces deux années, l'indemnité cesse d'être versée si l'aumônier n'a pas obtenu l'un de ces diplômes.

L'indemnité prévue par le présent article n'est cumulable avec aucune autre rémunération publique versée au même titre. Un arrêté conjoint du garde des sceaux, ministre de la justice, et du ministre chargé du budget fixe son montant annuel.

Lorsque son titulaire atteint l'âge de soixante-quinze ans, l'agrément est retiré par le *(Décr. n° 2023-200 du 24 mars 2023, art. 1er)* « directeur des services pénitentiaires d'outre-mer ».

Art. D. 764-20 **Pour son application en Polynésie française, l'article D. 352-1 tel que rédigé à l'article D. 764-19, est applicable aux ministres du culte des services d'aumôneries situés en Polynésie française si l'un des diplômes de formation civile et civique figurant sur la liste mentionnée par les dispositions du troisième alinéa de l'article D. 764-19 peut y être obtenu, y compris à distance.**

CHAPITRE V **DISPOSITIONS SPÉCIFIQUES RELATIVES AU LIVRE QUATRIÈME**

Art. R. 765-1 **Sous réserve des adaptations prévues par le présent chapitre, les dispositions suivantes sont applicables en Polynésie française dans leur rédaction résultant du décret en Conseil d'État n° 2022-479 du 30 mars 2022 sauf mention contraire dans le tableau ci-dessous :**

Articles applicables	Dans leur rédaction résultant du décret
(Décr. n° 2022-655 du 25 avr. 2022, art. 8, en vigueur le 1er mai 2022) « **R. 411-1 à R. 411-8**	
« **R. 412-1 à R. 412-82**	**Décret n° 2022-655 du 25 avril 2022** »
(Décr. n° 2022-1287 du 4 oct. 2022, art. 9) « **R. 413-1 à R. 413-6**	
« **R. 414-1**	**Décret n° 2022-1287 du 4 octobre 2022**
« **R. 414-7 à R. 424-31** »	

Art. D. 765-2 Sous réserve des adaptations prévues par le présent chapitre, les dispositions suivantes sont applicables en Polynésie française dans leur rédaction résultant du décret n° 2022-479 du 30 mars 2022 sauf mention contraire dans le tableau ci-dessous :

Articles applicables	Dans leur rédaction résultant du
D. 412-6 à D. 412-77	**Décret n° 2022-655 du 25 avril 2022**
D. 413-3 à D. 413-7	
D. 413-8 à D. 413-10	**Décret n° 2022-655 du 25 avril 2022**
(Décr. n° 2022-1261 du 28 sept. 2022, art. 12, en vigueur le 1er janv. 2023) « **D. 414-2 à D. 422-4** *[ancienne rédaction : D. 414-2 à D. 424-1]*	
« **D. 422-4-1 à D. 422-4-3**	**Décret n° 2022-1261 du 28 septembre 2022**
« **D. 422-5 à D. 424-1** »	
D. 424-2	**Décret n° 2022-655 du 25 avril 2022**
D. 424-3 à D. 424-9	
D. 424-10 à D. 424-14	**Décret n° 2022-655 du 25 avril 2022**
D. 424-22 à D. 424-30	

Le tableau ci-dessus résulte du Décr. n° 2022-655 du 25 avr. 2022, art. 8. — Tableau mod. par Décr. n° 2022-1261 du 28 sept. 2022, art. 12, en vigueur le 1er janv. 2023.

Le CGLPL relève d'importantes difficultés pour la mise en œuvre de la réforme du travail pénitentiaire (issue du Décr. n° 2022-655 du 25 avr. 2022) qui entrait en vigueur lors de sa visite, les principales portant sur l'accès à des droits sociaux pour les détenus travailleurs et sur une application de grands principes du droit du travail, tel le travail aux 35 heures. Le droit du travail hexagonal ne s'appliquant pas en Polynésie au profit des règles du territoire (ex. durée de travail hebdomadaire de 39 heures), l'adaptation du travail pénitentiaire nécessite un accompagnement renforcé par l'administration centrale. * CGLPL, Rapport de visite du Centre pénitentiaire de Faa'a-Nuutania et du Centre de détention d'Uturoa (Polynésie française), *2 au 6 mai 2022, p. 100, Rec. 48.*

Art. D. 765-3 **Pour son application en Polynésie française, l'article** *(Décr. n° 2022-655 du 25 avr. 2022, art. 8, en vigueur le 1er mai 2022)* **« D. 412-67 » est ainsi rédigé :**

Art. D. 412-67 Les rémunérations pour tout travail effectué par une personne détenue sont versées, sous réserve des dispositions *(Décr. n° 2022-655 du 25 avr. 2022, art. 8, en vigueur le 1er mai 2022)* « des articles D. 412-66 et D. 424-2 », à l'administration qui opère le reversement des cotisations sociales aux organismes de recouvrement et procède ensuite à l'inscription et à la répartition de la rémunération nette sur le compte nominatif des personnes détenues, conformément aux dispositions de l'article *(Décr. n° 2022-655 du 25 avr. 2022, art. 8, en vigueur le 1er mai 2022)* « D. 412-68 ».

Les taux de rémunération sont portés à la connaissance des personnes détenues par voie d'affichage.

L'art. D. 765-4 est devenu l'art. D. 765-3 (Décr. n° 2022-655 du 25 avr. 2022, art. 8, en vigueur le 1er mai 2022).

Ancien art. D. 765-3 *(Abrogé par Décr. n° 2022-655 du 25 avr. 2022, art. 8, à compter du 1er mai 2022)* ***Pour son application en Polynésie française, l'article* D. 412-14** *[D. 412-64]* ***est ainsi rédigé :***

Art. D. 412-14 [D. 412-64] *Hors les cas visés à la seconde phrase du troisième alinéa de l'article L. 412-1, la rémunération du travail effectué au sein des établissements pénitentiaires par les personnes détenues ne peut être inférieure aux taux horaires suivant :*

45 % du salaire minimum horaire garanti pour les activités de production ;

33 % du salaire minimum horaire garanti pour le service général, classe I ;

25 % du salaire minimum horaire garanti pour le service général, classe II ;

20 % du salaire minimum horaire garanti pour le service général, classe III.

Un arrêté du garde des sceaux, ministre de la justice, détermine la répartition des emplois entre les différentes classes en fonction du niveau de qualification qu'exige leur exécution.

Art. D. 765-4 **Pour son application en Polynésie française, à l'alinéa 2 de l'article D. 413-4, les mots : "des services compétents du ministère de l'éducation nationale" sont remplacés par les mots "des services localement compétents".**

L'art. D. 765-5 est devenu l'art. D. 765-4 (Décr. n° 2022-655 du 25 avr. 2022, art. 8, en vigueur le 1er mai 2022).

Art. D. 765-4-1 *(Décr. n° 2022-855 du 7 juin 2022, art. 4)* **Pour son application en Polynésie française, au troisième alinéa de l'article D. 413-3, les mots : "la langue française" sont remplacés par les mots : "la langue française ou la langue tahitienne".**

COMMENTAIRE

L'article D. 413-3 permet d'organiser des cours spéciaux pour les personnes détenues qui ne parlent ni n'écrivent la langue française. L'article D. 765-4-1, en ajoutant la langue tahitienne, permet d'organiser des cours spéciaux pour les détenus qui ne parlent ni n'écrivent la langue française ou la langue tahitienne.

La formulation adoptée est maladroite. Doit-elle se comprendre comme ne permettant pas au détenu ne parlant ni n'écrivant le français, mais parlant et écrivant tahitien de prétendre à des cours spéciaux pour apprendre le français ? Ainsi comprise, cette adaptation apparaîtrait comme une discrimination et serait contraire à l'article L. 411-1 du code pénitentiaire, qui considère l'apprentissage de la langue française comme une activité prioritaire.

Si au contraire la formulation permet à une personne détenue en Polynésie française de prétendre à des cours spéciaux pour l'apprentissage du tahitien, elle implique une reconnaissance de la langue régionale bienvenue dans la collectivité, mais discutable au regard de la Constitution.

Enfin, cette adaptation ne vise que la langue tahitienne et non les autres langues polynésiennes parlées en Polynésie française, et n'est pas reprise dans les dispositions intéressant Wallis-et-Futuna ou la Nouvelle-Calédonie. ❑

Art. D. 765-5 Pour son application en Polynésie française, à l'alinéa 1er de l'article D. 413-5, les mots : "affectés selon les procédures en vigueur à l'éducation nationale et ayant reçu un agrément du directeur interrégional des services pénitentiaires" sont remplacés par les mots : "affectés conformément aux dispositions de la réglementation locale applicable et ayant reçu un agrément du *(Décr. n° 2023-200 du 24 mars 2023, art. 1er)* « directeur des services pénitentiaires d'outre-mer », mentionnée aux articles R. 112-8 et R. 112-9".

L'art. D. 765-6 est devenu l'art. D. 765-5 (Décr. n° 2022-655 du 25 avr. 2022, art. 8, en vigueur le 1er mai 2022).

Art. D. 765-6 Pour son application en Polynésie française, à l'alinéa 2 de l'article D. 414-8, les mots "services compétents des ministères chargés de l'éducation nationale et de la jeunesse et des sports" sont remplacés par les mots "services localement compétents".

L'art. D. 765-7 est devenu l'art. D. 765-6 (Décr. n° 2022-655 du 25 avr. 2022, art. 8, en vigueur le 1er mai 2022).

Art. D. 765-7 Pour son application en Polynésie française, à l'alinéa 2 de l'article D. 414-10, les mots : "du garde des sceaux, ministre de la justice" sont remplacés par les mots "du haut-commissaire de la République".

L'art. D. 765-8 est devenu l'art. D. 765-7 (Décr. n° 2022-655 du 25 avr. 2022, art. 8, en vigueur le 1er mai 2022).

CHAPITRE VI **DISPOSITIONS SPÉCIFIQUES RELATIVES AU LIVRE CINQUIÈME**

Art. R. 766-1 Sous réserve des adaptations prévues par le présent chapitre, les dispositions suivantes sont applicables en Polynésie française dans leur rédaction résultant du décret en Conseil d'État n° 2022-479 du 30 mars 2022 sauf mention contraire dans le tableau ci-dessous :

Articles applicables	Dans leur rédaction résultant du décret
R. 510-1 à R. 544-18	
R. 544-19 à R. 544-20	Décret n° 2022-1287 du 4 octobre 2022
R. 544-21 à R. 545-5	

Tableau réécrit par Décr. n° 2022-1287 du 4 oct. 2022, art. 9.

Art. R. 766-2 Pour son application en Polynésie française, l'article R. 512-2 est ainsi rédigé :

Art. R. 512-2 Pour l'application de l'article L. 512-2, le chef de l'établissement pénitentiaire communique aux services de police et unités de gendarmerie le nom, les prénoms, la date de naissance, l'adresse déclarée, et la date de la libération des personnes condamnées à une peine d'emprisonnement égale ou supérieure à trois ans.

Les informations mentionnées à l'alinéa précédent sont transmises par écrit au directeur de la sécurité publique ou au directeur territorial de la police nationale ou au commandant territorial de la gendarmerie outre-mer dont relève territorialement l'adresse déclarée par la personne.

Art. D. 766-3 Sous réserve des adaptations prévues par le présent chapitre, les dispositions suivantes sont applicables en Polynésie française dans leur rédaction résultant du décret n° 2022-479 du 30 mars 2022 sauf mention contraire dans le tableau ci-dessous :

Articles applicables	Dans leur rédaction résultant du décret
(Décr. n° 2022-656 du 25 avr. 2022, art. 8, en vigueur le 1er mai 2022) « D. 511-1 à D. 522-2	
« D. 522-3	« Décret n° 2022-655 du 25 avril 2022
« D. 522-4 à D. 544-6 »	

CHAPITRE VII DISPOSITIONS SPÉCIFIQUES RELATIVES AU LIVRE SIXIÈME

Art. R. 767-1 Sous réserve des adaptations prévues par le présent chapitre, les dispositions suivantes sont applicables en Polynésie française dans leur rédaction résultant du décret en Conseil d'État n° 2022-479 du 30 mars 2022 sauf mention contraire dans le tableau ci-dessous :

Articles applicables	Dans leur rédaction résultant du décret
R. 621-1 à R. 622-3	
« R. 622-4	Décret n° 2022-1287 du 4 octobre 2022
R. 622-6 à R. 642-4	

Tableau réécrit par Décr. n° 2022-1287 du 4 oct. 2022, art. 9.

Art. R. 767-2 Pour son application en Polynésie française, le 1° de l'article R. 623-2 est ainsi rédigé :

"1° La copie du *Journal officiel* ou du *Journal officiel* de la collectivité portant publication de la déclaration de l'association."

Art. R. 767-3 Pour son application en Polynésie française, la première phrase du troisième alinéa de l'article R. 623-3 est ainsi rédigée :

"Le directeur du service pénitentiaire d'insertion et de probation communique par voie dématérialisée sa décision d'habilitation à la structure d'accueil, au président du tribunal de première instance, au juge de l'application des peines, au procureur de la République et au représentant de l'État dans la collectivité."

Art. R. 767-4 Pour son application en Polynésie française, la deuxième phrase de l'article R. 623-8 est ainsi rédigée :

"A cette fin, il peut notamment adresser par voie dématérialisée copie de la demande au représentant de l'État dans le territoire ; celui-ci a un mois pour donner son avis."

Art. R. 767-5 Pour son application en Polynésie française, le 3° de l'article R. 623-14 est ainsi rédigé :

"3° De s'assurer, si le travail auquel le juge de l'application des peines entend l'affecter doit s'exercer dans un établissement ou organisme public ou privé de prévention ou de soins et l'expose à des risques de contamination, qu'il est immunisé contre les mêmes maladies que celles contre lesquelles doivent être immunisés les personnels exerçant leur activité dans ces établissements, en application de la réglementation applicable localement."

Art. R. 767-6 Pour son application en Polynésie française, l'article R. 623-16 est ainsi rédigé :

Art. R. 623-16 Lorsqu'une personne condamnée exerce une activité salariée, la durée hebdomadaire cumulée de cette activité et du travail d'intérêt général ne peut excéder de plus de douze heures la durée légale de travail fixée par le code du travail.

Art. D. 767-7 Sous réserve des adaptations prévues par le présent chapitre, les dispositions suivantes sont applicables en Polynésie française dans leur rédaction résultant du décret n° 2022-479 du 30 mars 2022 sauf mention contraire dans le tableau ci-dessous :

Articles applicables	Dans leur rédaction résultant du décret
D. 611-1 à D. 622-5	
D. 622-9	Décret n° 2022-1287 du 4 octobre 2022
R. 622-10 à D. 633-2	

Tableau réécrit par Décr. n° 2022-1287 du 4 oct. 2022, art. 9.

TITRE VII DISPOSITIONS APPLICABLES EN NOUVELLE-CALÉDONIE

BIBL. ▶ Giraudeau, Maisonneuve (dir.), Dictionnaire juridique des Outre-mer, *LexisNexis 2021*, v° *Collectivités d'Outre-mer*, par Vidot, v° *Pénal (Compétence pénale des Outre-mer)*, par Gindre, v° *Nouvelle-Calédonie*, par Havard. – J.-CL., Collectivités territoriales v° *Fasc. 330 : Nouvelle-Calédonie*, par Christnacht et Bénéteau.

▶ **Rapports et avis :** CGLPL, Recommandations en urgence du 30 novembre 2011, *relatives au centre pénitentiaire de Nouméa (Nouvelle-Calédonie) (JO 6 déc.)*. – CGLPL, Recommandations en urgence du 19 novembre 2019, *relatives au centre pénitentiaire de Nouméa (Nouvelle-Calédonie) (JO 18 déc.)*.

V. L. org. n° 99-209 du 19 mars 1999 relative à la Nouvelle-Calédonie, JORF 21 mars 1999 ; Décr. n° 84-577 du 6 juill. 1984, modifié, rendant applicable dans les territoires d'outre-mer la troisième partie du code de procédure pénale ; Décr. n° 2022-855 du 7 juin 2022 relatif à la modification du code de procédure pénale, du code de la justice pénale des mineurs et de diverses dispositions [décrets simples] rendue nécessaire par l'entrée en vigueur du code pénitentiaire, et portant modifications du nouveau code.

CHAPITRE I DISPOSITIONS GÉNÉRALES

Art. R. 771-1 Sous réserve des dispositions applicables de plein droit, les dispositions réglementaires du présent code ne s'appliquent en Nouvelle-Calédonie que dans la mesure et les conditions prévues par le présent titre.

COMMENTAIRE

Principe de spécialité législative. La Nouvelle-Calédonie est une collectivité *sui generis* instaurée par la Constitution (titre XIII, art. 76 et 77, issus de la loi constitutionnelle n° 98-610 du 20 juillet 1998 relative à la Nouvelle-Calédonie, *JO 21 juill.*). Elle est régie par un statut particulier la soumettant au principe de spécialité, comme les collectivités d'outre-mer de l'article 74 de la Constitution auxquelles elle est parfois assimilée (loi organique n° 99-209 du 19 mars 1999 relative à la Nouvelle-Calédonie, *JO 21 mars, art.* 6-2). Les dispositions réglementaires relevant de la compétence de l'État, comme la compétence pénitentiaire depuis 1988 (L. n° 88-1028 du 9 nov. 1988 portant dispositions statutaires et préparatoires à l'autodétermination de la Nouvelle-Calédonie en 1998, art. 8, 14°), ne lui sont applicables que sous réserve d'une mention expresse à cette fin, sans préjudice des adaptations au contexte particulier de la collectivité. C'est là l'objet de ce titre VII.

Abrogation du décret n° 84-577 du 6 juillet 1984 rendant applicable dans les territoires d'outre-mer la troisième partie du code de procédure pénale. Voir le commentaire sous l'article R. 751-1.

Les articles D.N.C. 48 à D.N.C. 588 s'appliquaient en Nouvelle-Calédonie en matière d'exécution des peines. ❑

Art. R. 771-2 Pour l'application du présent code en Nouvelle-Calédonie, les références énumérées ci-après sont remplacées comme suit :

1° "département" ou "région" par "collectivité d'outre-mer" ;

2° "préfet" et "sous-préfet" par "représentant de l'État" ;

3° "Banque de France" par "Institut d'émission d'outre-mer" ;

4° "tribunal judiciaire" par "tribunal de première instance" ou, le cas échéant, par les termes de "section détachée du tribunal de première instance" ;

5° "procureur de la République" par "procureur de la République près le tribunal de première instance" ;

6° "greffier" par "chef du greffe" ;

7° "comptable principal de la direction générale des finances publiques" ou "comptable de la direction générale des finances publiques" par "agent chargé du recouvrement des amendes" ;

8° "régisseur des recettes" par "agent chargé du recouvrement des amendes" ;

9° "salaire minimum interprofessionnel de croissance" par "salaire minimum horaire garanti" ;

10° "conseil de prud'hommes" par "tribunal du travail" ;

11° "directeur interrégional des services pénitentiaires" par *(Décr. n° 2023-200 du 24 mars 2023, art. 1er)* « "directeur des services pénitentiaires d'outre-mer" » ;

12° "sécurité sociale" par "organisme de protection sociale" ;

13° "services des agences régionales de santé" par "autorités localement compétentes en matière de santé"

14° "Pôle Emploi", "l'association pour l'emploi dans l'industrie et le commerce", "services sociaux, éducatifs et médicosociaux", "services de l'inspection du travail", "inspecteur du travail" par "services localement compétents" ;

(Décr. n° 2022-655 du 25 avr. 2022, art. 8, en vigueur le 1er mai 2022) « 15° "structure d'insertion par l'activité économique" *[par]* les mots : "structure d'insertion par le travail" ;

« 16° "entreprise adaptée" par "structure d'emploi adapté". »

Art. R. 771-3 Les références à des dispositions non applicables en Nouvelle-Calédonie sont remplacées par les références aux dispositions ayant le même objet applicables localement.

COMMENTAIRE

Voir le commentaire sous l'article R. 761-3. ❑

Art. R. 771-4 En Nouvelle-Calédonie, les dispositions pécuniaires prévues par les dispositions du présent code sont converties en monnaie locale compte-tenu de la contrevaleur de l'euro dans cette monnaie.

COMMENTAIRE

Voir le commentaire sous l'article L. 771-4. ❑

CHAPITRE II DISPOSITIONS SPÉCIFIQUES RELATIVES AU LIVRE PREMIER

Art. R. 772-1 Sous réserve des adaptations prévues par le présent chapitre, les dispositions suivantes sont applicables en Nouvelle-Calédonie dans leur rédaction résultant du décret en Conseil d'État n° 2022-479 du 30 mars 2022 sauf mention contraire dans le tableau ci-dessous :

Articles applicables	Dans leur rédaction résultant du décret
R. 112-2 à R. 112-4	
R. 112-7 à R. 112-9	Décret n° 2023-200 du 24 mars 2023
R. 112-15 à R. 112-17	
R. 112-22	Décret n° 2022-655 du 25 avril 2022
R. 112-23 à R. 113-64	
R. 115-21 à R. 136-1	

Tableau mod. par Décr. n° 2023-200 du 24 mars 2023, art. 1er.

Art. R. 772-2 **Pour son application en Nouvelle-Calédonie, à l'article R. 112-23, le président du tribunal de première instance exerce les fonctions dévolues au juge de l'application des peines, au tribunal de l'application des peines ou à la juridiction de l'application des peines du premier degré.**

Art. R. 772-3 **Pour leur application en Nouvelle-Calédonie, les dispositions des articles R. 115-21 et R. 115-22 relatives aux médecins des établissements de santé intervenant dans les établissements pénitentiaires et aux unités de soins implantées dans ces établissements sont applicables aux médecins des établissements de santé de la collectivité, chargés des prestations de médecine dans les établissements pénitentiaires dans les conditions fixées par la convention mentionnée par les dispositions de l'article L. 774-2.**

L'art. R. 772-4 devient l'art. R. 772-3 (Décr. n° 2022-1287 du 4 oct. 2022, art. 7).

BIBL. ▶ Lavric, Le soin des détenus en Nouvelle-Calédonie, *in* Py et Bricou (dir.), Les relations hôpital/prison, *Nancy, ÉDUL, à paraître.*

COMMENTAIRE

Voir le commentaire sous l'article R. 762-3, et les articles D.N.C. 373 à D.N.C. 379 du décret n° 84-577 du 6 juillet 1984, modifié, rendant applicable dans les territoires d'outre-mer la troisième partie du code de procédure pénale applicables jusqu'au 7 juin 2022 en Nouvelle-Calédonie. ❑

Art. R. 772-4 **Pour son application en Nouvelle-Calédonie, l'article R. 122-8 est ainsi rédigé :**

Art. R. 122-8 Le personnel de l'administration pénitentiaire prête serment, lors de sa première affectation au sein de l'administration pénitentiaire, en audience publique, devant le président du tribunal de première instance.

Les fonctionnaires déjà affectés au sein de l'administration pénitentiaire à la date d'entrée en vigueur du code de déontologie défini par les dispositions de l'article R. 120-1 peuvent, à leur demande, prêter serment dans les conditions prévues à l'article R. 122-8 ou au premier alinéa du présent article.

La formule du serment est prévue par l'article R. 122-9.

L'art. R. 772-5 devient l'art. R. 772-4 (Décr. n° 2022-1287 du 4 oct. 2022, art. 7).

Art. D. 772-5 **Sous réserve des adaptations prévues par le présent chapitre, les dispositions suivantes sont applicables en Nouvelle-Calédonie dans leur rédaction résultant du décret n° 2022-479 du 30 mars 2022 sauf mention contraire dans le tableau ci-dessous :** — *Tableau mod. par Décr. n° 2022-1710 du 29 déc. 2022, art. 9.*

Articles applicables	Dans leur rédaction résultant du
D. 112-1 à D. 112-19	

Articles applicables	Dans leur rédaction résultant du
D. 112-20	Décret n° 2022-1710 du 29 décembre 2022
D. 112-21	
D. 112-21-1	Décret n° 2022-1710 du 29 décembre 2022
D. 112-27	
D. 112-28	Décret n° 2022-1710 du 29 décembre 2022
D. 112-29 à D. 112-63	
D. 113-64	Décret n° 2022-1710 du 29 décembre 2022
D. 113-67 à D. 136-6	

L'art. D. 772-6 devient l'art. D. 772-5 (Décr. n° 2022-1287 du 4 oct. 2022, art. 7).

Art. D. 772-6 **Pour son application en Nouvelle-Calédonie, l'article D. 115-3 est ainsi rédigé :**

Art. D. 115-3 Les missions de diagnostic et de soins ambulatoires et l'organisation d'actions de prévention et d'éducation pour la santé sont assurées par une équipe hospitalière placée sous l'autorité médicale d'un praticien hospitalier et rattachée à un établissement de santé situé à proximité de l'établissement pénitentiaire.

L'art. D. 772-7 devient l'art. D. 772-6 (Décr. n° 2022-1287 du 4 oct. 2022, art. 7).

COMMENTAIRE

Voir le commentaire sous les articles R. 762-3, R. 772-3 et D. 762-7.

L'article D.N.C. 364 du décret n° 84-577 du 6 juillet 1984, modifié, rendant applicable dans les territoires d'outre-mer la troisième partie du code de procédure pénale, confiait le service médical à un ou plusieurs médecins désignés par le haut-commissaire de la République. La nouvelle disposition clarifie la coordination de l'équipe hospitalière et précise son rattachement.

Art. D. 772-7 **Pour son application en Nouvelle-Calédonie, l'article D. 115-4 est ainsi rédigé :**

Art. D. 115-4 Les modalités d'intervention de l'établissement public de santé mentionné par les dispositions de l'article précédent sont fixées par une convention signée par le haut-commissaire de la République, le *(Décr. n° 2023-200 du 24 mars 2023, art. 1er)* « directeur des services pénitentiaires d'outre-mer », mentionnée aux articles R. 112-8 et R. 112-9, le chef de l'établissement pénitentiaire et le directeur de l'établissement de santé concerné, après avis du conseil de surveillance.

L'art. D. 772-8 devient l'art. D. 772-7 (Décr. n° 2022-1287 du 4 oct. 2022, art. 7).

COMMENTAIRE

Voir le commentaire sous l'article D. 762-8.

Art. D. 772-8 **Pour son application en Nouvelle-Calédonie, l'article D. 115-5 est ainsi rédigé :**

Art. D. 115-5 L'administration pénitentiaire met à disposition de l'équipe hospitalière des locaux spécialisés destinés aux consultations, aux examens et, le cas échéant, à l'implantation d'une pharmacie à usage intérieur. Elle en assure la maintenance.

Des cellules situées à proximité peuvent être réservées à l'hébergement momentané des personnes détenues malades dont l'état de santé exige des soins fréquents ou un suivi médical particulier, sans toutefois nécessiter une hospitalisation. L'affectation des personnes détenues dans ces cellules est décidée par le chef de l'établissement pénitentiaire, sur proposition du praticien responsable de l'équipe hospitalière.

L'art. D. 772-9 devient l'art. D. 772-8 (Décr. nº 2022-1287 du 4 oct. 2022, art. 7).

Art. D. 772-9 Pour son application en Nouvelle-Calédonie, l'article D. 115-6 est ainsi rédigé :

Art. D. 115-6 La prise en charge psychiatrique des personnes détenues est assurée par une équipe hospitalière placée sous l'autorité médicale d'un psychiatre, praticien hospitalier et rattachée à un établissement de santé situé à proximité de l'établissement pénitentiaire.

Les modalités d'intervention de l'équipe chargée des soins psychiatriques et de sa coordination avec l'équipe chargée des soins médicaux généraux sont fixées dans le cadre d'une convention signée par le haut-commissaire de la République, le *(Décr. nº 2023-200 du 24 mars 2023, art. 1er)* « directeur des services pénitentiaires d'outre-mer », mentionnée aux articles R. 112-8 et R. 112-9, le chef de l'établissement pénitentiaire et le directeur de l'établissement de santé concerné, après avis du conseil de surveillance.

L'administration pénitentiaire met à la disposition de l'équipe chargée des soins psychiatriques des équipements et locaux individualisés et adaptés, nécessaires au bon déroulement de sa mission. Elle en assure la maintenance.

L'art. D. 772-10 devient l'art. D. 772-9 (Décr. nº 2022-1287 du 4 oct. 2022, art. 7).

COMMENTAIRE

Voir le commentaire sous l'article D. 762-10.

C'est l'article D.N.C. 395 du décret nº 84-577 du 6 juillet 1984, modifié, rendant applicable dans les territoires d'outre-mer la troisième partie du code de procédure pénale qui prévoyait des consultations facultatives d'hygiène mentale en Nouvelle-Calédonie, jusqu'à l'entrée en vigueur du décret d'abrogation (Décr. nº 2022-855 du 7 juin 2022 relatif à la modification du code de procédure pénale, du code de la justice pénale des mineurs et de diverses dispositions [décrets simples] rendue nécessaire par l'entrée en vigueur du code pénitentiaire, et portant modifications du nouveau code). ❑

Compétence en matière de santé. S'il n'appartient pas à l'État d'organiser lui-même le recrutement de professionnels de santé affectés au centre pénitentiaire de Nouméa, et s'il ne relève pas de l'office du juge des référés statuant en matière de référé-liberté d'enjoindre à une personne publique de recruter des agents, il appartient à l'administration pénitentiaire d'accomplir toutes diligences en vue de faciliter l'accès aux soins des personnes détenues pour assurer à celles qui en ont besoin la qualité et la continuité des soins garanties par l'art. 46 de la L. pénit. • CE 19 oct. 2020, nº 439372 A : *AJDA 2021. 694, note Schmitz ; ibid. 2020. 1991 ; D. 2020. 2121, obs. de Montecler ; AJ pénal 2020. 593, obs. Céré.*

Art. D. 772-10 Pour son application en Nouvelle-Calédonie, l'article D. 115-8 est ainsi rédigé :

Art. D. 115-8 Si une intervention médicale paraît nécessaire en dehors des heures de présence de l'équipe chargée des soins médicaux généraux, les personnels pénitentiaires appliquent les directives prévues par la convention mentionnée par les dispositions du premier alinéa de l'article D. 115-4.

L'art. D. 772-11 devient l'art. D. 772-10 (Décr. nº 2022-1287 du 4 oct. 2022, art. 7).

Art. D. 772-11 Pour son application en Nouvelle-Calédonie, à l'alinéa 2 de l'article D. 115-10 les mots : "Ce rapport est transmis aux signataires des protocoles. Il est présenté à l'instance de concertation constituée en application des dispositions de l'article R. 6111-36 du code de la santé publique ainsi qu'à la commission de sur-

veillance." sont remplacés par les mots : "Ce rapport est transmis aux signataires des conventions. Il est également adressé au conseil d'évaluation ainsi qu'aux instances délibératives et consultatives de l'établissement de santé."

L'art. D. 772-12 devient l'art. D. 772-11 (Décr. n° 2022-1287 du 4 oct. 2022, art. 7).

Art. D. 772-12 **Pour son application en Nouvelle-Calédonie, l'alinéa 1 de l'article D. 115-14 est remplacé par les dispositions suivantes :**

"Les praticiens et autres personnels médicaux et hospitaliers exerçant dans les équipes visées aux articles D. 115-3 et D. 115-6 sont, préalablement à leur nomination, habilités par le haut-commissaire de la République."

L'art. D. 772-13 devient l'art. D. 772-12 (Décr. n° 2022-1287 du 4 oct. 2022, art. 7).

COMMENTAIRE

Contrairement à la Polynésie française, l'article D.N.C. 364 du décret n° 84-577 du 6 juillet 1984, modifié, rendant applicable dans les territoires d'outre-mer la troisième partie du code de procédure pénale, prévoyait déjà non une habilitation mais une désignation par le haut-commissaire de la République. ❑

Art. D. 772-13 **Pour son application en Nouvelle-Calédonie, à l'article D. 115-15, les mots : ", après avis du préfet de département et, à Paris, du préfet de police," sont supprimés.**

L'art. D. 772-14 devient l'art. D. 772-13 (Décr. n° 2022-1287 du 4 oct. 2022, art. 7).

Art. D. 772-14 **Pour son application en Nouvelle-Calédonie, à l'article D. 115-18, les mots : "du protocole passé en application des dispositions de l'article R. 6112-16 du code de la santé publique" sont remplacés par les mots : "des conventions mentionnées par les dispositions des articles D. 115-4 et D. 115-6 du présent code".**

L'art. D. 772-15 devient l'art. D. 772-14 (Décr. n° 2022-1287 du 4 oct. 2022, art. 7).

Art. D. 772-15 **Pour son application en Nouvelle-Calédonie, à l'article D. 115-20, les mots : "des centres de soins d'accompagnement et de prévention en addictologie" sont remplacés par les mots : "des structures spécialisées chargées de l'accompagnement et de la prévention en addictologie."**

L'art. D. 772-16 devient l'art. D. 772-15 (Décr. n° 2022-1287 du 4 oct. 2022, art. 7).

Art. D. 772-16 **Pour son application en Nouvelle-Calédonie, l'article D. 115-23 est ainsi rédigé :**

Art. D. 115-23 Les médecins responsables des équipes hospitalières organisent le suivi médical des personnes détenues et coordonnent les actions de prévention et d'éducation pour la santé mises en œuvre à leur égard, conformément à la réglementation locale applicable.

L'art. D. 772-17 devient l'art. D. 772-16 (Décr. n° 2022-1287 du 4 oct. 2022, art. 7).

Art. D. 772-17 **Pour son application en Nouvelle-Calédonie, à l'article D. 115-26, les mots : "en application des dispositions relatives aux règles de la profession d'infirmier ou d'infirmière prévues par le code de la santé publique" sont remplacés par les mots : "conformément à la réglementation locale applicable".**

L'art. D. 772-18 devient l'art. D. 772-17 (Décr. n° 2022-1287 du 4 oct. 2022, art. 7).

Art. D. 772-18 *(Décr. n° 2022-855 du 7 juin 2022, art. 4)* **Pour son application en Nouvelle-Calédonie, l'article D. 136-2 est ainsi rédigé :**

Art. D. 136-2 Le conseil d'évaluation est présidé par le haut-commissaire de la République en Nouvelle-Calédonie.

Le président du tribunal de première instance de Nouméa et le procureur de la République près ledit tribunal sont désignés en qualité de vice-présidents.

Le conseil d'évaluation comprend :

1° Le président du gouvernement de la Nouvelle-Calédonie ou son représentant ;

2° Le président du congrès de la Nouvelle-Calédonie ou son représentant ;

3° Les maires des communes sur le territoire desquelles est situé l'établissement pénitentiaire ou leurs représentants ;

4° Le président et le procureur de la République des juridictions, autres que celle dans le ressort de laquelle est situé l'établissement concerné, compétentes pour traiter des situations des justiciables pris en charge par l'établissement pénitentiaire ;

5° Les juges de l'application des peines intervenant dans l'établissement pénitentiaire ou leur représentant désigné par le président du tribunal de première instance de Nouméa ;

6° Le juge des enfants exerçant les fonctions définies par l'article R. 251-3 du code de l'organisation judiciaire et intervenant dans l'établissement, si le conseil est institué auprès d'un établissement pénitentiaire pour mineurs ou d'un établissement pénitentiaire comportant un quartier des mineurs ;

7° Le doyen des juges d'instruction du ressort du tribunal de première instance de Nouméa ;

8° Le vice-recteur de la Nouvelle-Calédonie ou son représentant ;

9° L'autorité compétente en matière de santé ou son représentant ;

10° Le commandant de la gendarmerie pour la Nouvelle-Calédonie et les îles Wallis-et-Futuna ou son représentant ;

11° Le directeur de la sécurité publique ou directeur territorial de la police nationale, ou son représentant ;

12° Le bâtonnier de l'ordre des avocats du ressort du tribunal de première instance de Nouméa ou son représentant ;

13° Un représentant de chaque association intervenant dans l'établissement ;

14° Un représentant des visiteurs de prisons intervenant dans l'établissement ;

15° Un aumônier agréé de chaque culte intervenant dans l'établissement.

Les membres du conseil prévus aux 13° et 14° sont nommés pour une période de deux ans renouvelable par un arrêté du haut-commissaire de la République en Nouvelle-Calédonie dont une ampliation est adressée au garde des sceaux, ministre de la justice.

La composition du conseil d'évaluation est arrêtée par le haut-commissaire de la République en Nouvelle-Calédonie.

Le premier président et le procureur général de la cour d'appel de Nouméa peuvent participer à la réunion du conseil d'évaluation ou désigner un représentant à cette fin.

Le chef de l'établissement pénitentiaire, le directeur du service pénitentiaire d'insertion et de probation de Nouvelle-Calédonie, le *(Décr. n° 2023-200 du 24 mars 2023, art. 1er)* « directeur des services pénitentiaires d'outre-mer » et le directeur de la protection judiciaire de l'enfance et de la jeunesse de la Nouvelle-Calédonie ou leurs représentants assistent aux travaux du conseil d'évaluation.

L'art. D. 772-19 devient l'art. D. 772-18 (Décr. n° 2022-1287 du 4 oct. 2022, art. 7).

CHAPITRE III DISPOSITIONS SPÉCIFIQUES RELATIVES AU LIVRE DEUXIÈME

Art. R. 773-1 Sous réserve des adaptations prévues par le présent chapitre, les dispositions suivantes sont applicables en Nouvelle-Calédonie dans leur rédaction résultant du décret en Conseil d'État n° 2022-479 du 30 mars 2022 sauf mention contraire dans le tableau ci-dessous :

Articles applicables	Dans leur rédaction résultant du décret
R. 211-1 à R. 214-24	
(Décr. n° 2022-656 du 25 avr. 2022, art. 8, en vigueur le 1er mai 2022) « R. 221-4 à R. 224-25	
« R. 225-1	« Décret n° 2022-655 du 25 avril 2022
« R. 225-2 à R. 233-1	

Articles applicables	Dans leur rédaction résultant du décret
« R. 233-2	« Décret n° 2022-655 du 25 avril 2022
« R. 234-1 à R. 240-9 »	

Art. R. 773-2 Pour leur application en Nouvelle-Calédonie, les dispositions des articles R. 213-19, R. 213-21, R. 213-27, R. 213-30, R. 234-31 et R. 235-10, relatives aux médecins des établissements de santé intervenant dans les établissements pénitentiaires et aux unités de soins implantées dans ces établissements sont applicables aux médecins des établissements de santé de la collectivité, chargés des prestations de médecine dans les établissements pénitentiaires dans les conditions fixées par la convention mentionnée par les dispositions de l'article L. 774-2.

En l'absence de convention, les dispositions des articles visés à l'alinéa précédent sont applicables aux médecins intervenant dans les établissements pénitentiaires.

COMMENTAIRE

Voir le commentaire sous l'article R. 763-2.

Compétence en matière de santé. S'il n'appartient pas à l'État d'organiser lui-même le recrutement de professionnels de santé affectés au centre pénitentiaire de Nouméa, et s'il ne relève pas de l'office du juge des référés statuant en matière de référé-liberté d'enjoindre à une personne publique de recruter des agents, il appartient à l'administration pénitentiaire d'accomplir toutes diligences en vue de faciliter l'accès aux soins des personnes détenues pour assurer à celles qui en ont besoin la qualité et la continuité des soins garanties par l'art. 46 de la L. pénit. • CE 19 oct. 2020, n° 439372 A : *AJDA 2021. 694, note Schmitz ; ibid. 2020. 1991 ; D. 2020. 2121, obs. de Montecler ; AJ pénal 2020. 593, obs. Céré.*

Art. R. 773-3 Pour leur application en Nouvelle-Calédonie, aux articles R. 213-21, R. 234-15, R. 234-16, R. 234-17, R. 234-26 et R. 235-10, les dispositions applicables aux avocats sont également applicables aux personnes agréées qui assistent une personne détenue en application de l'article 23-4 de l'ordonnance n° 92-1147 du 12 octobre 1992.

COMMENTAIRE

L'article R. 773-3 doit être lu en tenant compte de l'ordonnance n° 2007-392 du 22 mars 2007 portant extension et adaptation en Polynésie française de la loi n° 91-647 du 10 juillet 1991 relative à l'aide juridique et extension et adaptation de l'aide juridictionnelle en matière pénale à Mayotte, dans les îles Wallis-et-Futuna et en Nouvelle-Calédonie. En effet, dans sa rédaction modifiée applicable en Nouvelle-Calédonie, l'article 23-4 de l'ordonnance n° 92-1147 du 12 octobre 1992 réserve la possibilité de recourir à l'assistance d'une personne agréée aux seules personnes détenues dans la collectivité de Wallis-et-Futuna.

Voir aussi l'article 10 de cette ordonnance : « L'avocat en Nouvelle-Calédonie, l'avocat ou la personne agréée, dans les îles Wallis-et-Futuna, choisi ou commis d'office […] ».

Art. R. 773-4 Pour l'application des articles R. 227-3 à R. 227-11 en Nouvelle-Calédonie :

1° Au 1° de l'article R. 227-5 les mots : "l'établissement public de santé national de Fresnes et les établissements de santé habilités à recevoir des personnes détenues comportant soit des unités hospitalières sécurisées interrégionales, soit des unités hospitalières spécialement aménagées" sont supprimés ;

2° Au 4° du même article, les mots : "ainsi que celles des unités hospitalières sécurisées interrégionales, des unités hospitalières spécialement aménagées des établissements de santé habilités à recevoir des personnes détenues et de l'établissement public de santé national de Fresnes" sont supprimés ;

3° Les quatrième et cinquième alinéas de l'article R. 227-6 sont supprimés.

Art. R. 773-5 **Pour son application en Nouvelle-Calédonie, à l'article R. 234-6, le deuxième alinéa est ainsi rédigé :**

"Le premier assesseur est choisi parmi les personnels chargés de la surveillance de l'établissement où siège la commission de discipline."

L'art. R. 773-6 devient l'art. R. 773-5 (Décr. n° 2022-1287 du 4 oct. 2022, art. 7).

Art. R. 773-6 **Pour son application en Nouvelle-Calédonie, l'article R. 234-6 est complété par un alinéa ainsi rédigé :**

"Lorsqu'il n'existe pas dans l'établissement pénitentiaire de personnel de surveillance détenant l'un des grades exigés par le deuxième alinéa, le premier assesseur peut être choisi parmi les personnels de surveillance d'un autre grade."

L'art. R. 773-7 devient l'art. R. 773-6 (Décr. n° 2022-1287 du 4 oct. 2022, art. 7).

Art. R. 773-7 **Pour son application en Nouvelle-Calédonie, à l'article R. 234-12, la dernière phrase est ainsi rédigée : "Dans la mesure du possible, l'auteur de ce compte rendu ne siège pas à la commission de discipline."**

L'art. R. 773-8 devient l'art. R. 773-7 (Décr. n° 2022-1287 du 4 oct. 2022, art. 7).

Art. R. 773-8 **Pour son application en Nouvelle-Calédonie, l'article R. 234-13 est ainsi rédigé :**

Art. R. 234-13 A la suite de ce compte rendu d'incident, un rapport est établi par un agent chargé de la surveillance et adressé au chef de l'établissement pénitentiaire.

Ce rapport comporte tout élément d'information utile sur les circonstances des faits reprochés à la personne détenue et sur la personnalité de celle-ci.

Dans la mesure du possible, l'auteur de ce rapport ne siège pas à la commission de discipline.

Lorsqu'il n'existe pas dans l'établissement pénitentiaire un personnel de surveillance, autre que le chef d'établissement, détenant l'un des grades exigés par le premier alinéa, le rapport peut être rédigé par un personnel de surveillance d'un autre grade.

Dans la mesure du possible, l'auteur de ce compte rendu ne siège pas à la commission de discipline.

L'art. R. 773-9 devient l'art. R. 773-8 (Décr. n° 2022-1287 du 4 oct. 2022, art. 7).

COMMENTAIRE

Voir le commentaire sous l'article R. 763-7.

La Nouvelle-Calédonie dispose de deux établissements pénitentiaires pourvus respectivement de 134 (Camp-Est, Nouméa) et 70 (centre pénitentiaire de Koné) surveillants pénitentiaires, ce qui permettrait théoriquement de respecter la procédure disciplinaire de droit commun. Il faut cependant compter avec un fort taux d'absentéisme, comme le relevait le CGLPL (Rapp. de visite, Centre pénitentiaire de Nouméa, *oct. 2019, p. 28*). ❑

Art. R. 773-9 **Pour son application en Nouvelle-Calédonie, à l'article R. 234-29, le président du tribunal de première instance exerce les fonctions dévolues au juge de l'application des peines, au tribunal de l'application des peines ou à la juridiction de l'application des peines du premier degré.**

L'art. R. 773-10 devient l'art. R. 773-9 (Décr. n° 2022-1287 du 4 oct. 2022, art. 7).

Art. D. 773-10 **Sous réserve des adaptations prévues par le présent chapitre, les dispositions suivantes sont applicables en Nouvelle-Calédonie dans leur rédaction résultant du décret n° 2022-479 du 30 mars 2022 sauf mention contraire dans le tableau ci-dessous :** — *Tableau mod. par Décr. n° 2022-1261 du 28 sept. 2022, art. 12, en vigueur le 1er janv. 2023, et Décr. n° 2022-1710 du 29 déc. 2022, art. 10.*

Articles applicables	Dans leur rédaction résultant du
D. 211-2 à D. 212-4	
D. 212-5	Décret n° 2022-1261 du 28 septembre 2022
D. 212-6 à D. 214-17	
D. 214-20 à D. 214-23-1	Décret n° 2022-1261 du 28 septembre 2022
D. 214-25 à D. 221-6	
D. 221-7	Décret n° 2022-1710 du 29 décembre 2022
D. 222-2 à D. 223-10	
D. 223-10-1	Décret n° 2022-1710 du 29 décembre 2022
D. 223-11 à D. 234-11	

L'art. D. 773-11 devient l'art. D. 773-10 (Décr. n° 2022-1287 du 4 oct. 2022, art. 7).

Art. D. 773-11 Pour son application en Nouvelle-Calédonie, à l'alinéa 12 de l'article D. 211-34, les mots : "3° Un représentant des équipes soignantes de l'unité sanitaire en milieu pénitentiaire ou du service médico-psychologique régional désigné par l'établissement de santé de rattachement" sont remplacés par les mots : "3° Un membre des équipes hospitalières intervenant dans l'établissement".

L'art. D. 773-12 devient l'art. D. 773-11 (Décr. n° 2022-1287 du 4 oct. 2022, art. 7).

Art. D. 773-12 Pour son application en Nouvelle-Calédonie, l'article D. 212-4 est ainsi rédigé :

Art. D. 212-4 Le chef de l'établissement pénitentiaire informe chaque mois le haut-commissaire de la République, le premier président et le procureur général près la cour d'appel, le président du tribunal de première instance, le procureur de la République près ledit tribunal, le ou les juges de l'application des peines, ainsi que le *(Décr. n° 2023-200 du 24 mars 2023, art. 1er)* « directeur des services pénitentiaires d'outre-mer », mentionnée aux articles R. 112-8 et R. 112-9, de l'état des effectifs au regard des capacités d'accueil des établissements.

L'art. D. 773-13 devient l'art. D. 773-12 (Décr. n° 2022-1287 du 4 oct. 2022, art. 7).

Art. D. 773-13 Pour son application en Nouvelle-Calédonie, le premier alinéa de l'article D. 214-6 est complété par une phrase ainsi rédigée : "Ce dossier contient également les informations relatives à l'inscription de la personne détenue sur les listes électorales et à l'exercice de son droit de vote."

L'art. D. 773-14 devient l'art. D. 773-13 (Décr. n° 2022-1287 du 4 oct. 2022, art. 7).

Art. D. 773-14 Pour son application en Nouvelle-Calédonie, à l'alinéa 4 de l'article D. 216-24, les mots : "appartenant à un service de protection maternelle et infantile" sont supprimés.

L'art. D. 773-15 devient l'art. D. 773-14 (Décr. n° 2022-1287 du 4 oct. 2022, art. 7).

CHAPITRE IV DISPOSITIONS SPÉCIFIQUES RELATIVES AU LIVRE TROISIÈME

Art. R. 774-1 Sous réserve des adaptations prévues par le présent chapitre, les dispositions suivantes sont applicables en Nouvelle-Calédonie dans leur rédaction résultant du décret en Conseil d'État n° 2022-479 du 30 mars 2022 sauf mention contraire dans le tableau ci-dessous :

Articles applicables	Dans leur rédaction résultant du décret
R. 311-1 à R. 322-12	
R. 322-31 à R. 382-1	

Art. R. 774-2 Pour leur application en Nouvelle-Calédonie, à l'article R. 311-2, les dispositions relatives à la sécurité sociale et à Pôle emploi sont applicables aux organismes et services ayant le même objet localement compétents.

Art. R. 774-3 Pour son application en Nouvelle-Calédonie, l'article R. 312-1 est ainsi rédigé :

Art. R. 312-1 Les conditions dans lesquelles sont mis en place au sein des établissements pénitentiaires des dispositifs d'accès au droit sous forme de permanences et de consultations juridiques gratuites, dénommés points d'accès au droit, sont déterminées par une convention entre le représentant de l'État dans la collectivité et les institutions compétentes de la Nouvelle-Calédonie.

COMMENTAIRE

Voir le commentaire sous l'article R. 754-2. ❑

Art. R. 774-4 Pour son application en Nouvelle-Calédonie, à l'article R. 313-14, le président du tribunal de première instance exerce les fonctions dévolues au juge de l'application des peines, au tribunal de l'application des peines ou à la juridiction de l'application des peines du premier degré.

Art. R. 774-5 Pour leur application en Nouvelle-Calédonie, aux articles R. 313-1, R. 313-2 et R. 313-14 à R. 313-16, les dispositions applicables aux avocats sont également applicables aux personnes agréées qui assistent une personne détenue en application de l'article 23-4 de l'ordonnance n° 92-1147 du 12 octobre 1992.

COMMENTAIRE

Voir le commentaire sous l'article R. 773-3. ❑

Art. R. 774-6 Pour son application en Nouvelle-Calédonie, à l'article R. 322-2, les mots : ", conformément aux dispositions de l'article R. 4127-36 du code de la santé publique," et les mots : "en application des dispositions de l'article L. 1111-5 du code de la santé publique" sont supprimés.

Art. R. 774-7 Pour son application en Nouvelle-Calédonie, à l'article R. 322-3, les mots : "conformément à aux dispositions de l'article L. 1121-6 du code de la santé publique" et les mots : "selon les modalités prévues par les dispositions des articles L. 1122-1 et L. 1122-1-1 du même code" sont supprimés.

Art. R. 774-8 Pour son application en Nouvelle-Calédonie, l'alinéa 5 de l'article R. 322-7 est remplacé par les dispositions suivantes :

"Le signalement aux autorités des cas de tuberculose est réalisé conformément aux dispositions de la réglementation locale applicable."

Art. R. 774-9 Pour son application en Nouvelle-Calédonie, l'article R. 322-8 est remplacé par les dispositions suivantes :

Art. R. 322-8 La prophylaxie des maladies vénériennes est assuree dans les établissements pénitentiaires par les services compétents prevus à cet effet par la réglementation locale applicable.

Art. R. 774-10 Pour son application en Nouvelle-Calédonie, l'article R. 322-10 est ainsi rédigé :

Art. R. 322-10 Dans le cadre de la prise en charge globale des personnes détenues présentant une dépendance à un produit licite ou illicite, les établissements de santé favorisent et coordonnent, en collaboration avec les équipes hospitalières mentionnées par les dispositions des articles D. 115-3 et D. 115-6, les interventions, au sein de l'établissement pénitentiaire, des structures spécialisées de soins, notamment celles chargées de l'accompagnement et de la prévention en addictologie.

Art. R. 774-11 Pour son application en Nouvelle-Calédonie, l'article R. 324-1 est ainsi rédigé :

Art. R. 324-1 Les personnes détenues sont affiliées au régime de protection sociale dont elles relèvent conformément à la réglementation locale applicable.

Lorsque les personnes détenues bénéficiant d'une mesure d'aménagement de peine ou d'exécution de fin de peine dans les conditions prévues par les dispositions du code de procédure pénale exercent une activité professionnelle dans les mêmes conditions que tout travailleur, elles sont affiliées au régime d'assurance maladie et maternité dont elles relèvent au titre de cette activité.

Sont affiliées en application du premier alinéa du présent article, les personnes détenues mentionnées au deuxième alinéa lorsqu'elles n'exercent pas d'activité professionnelle dans les mêmes conditions que tout travailleur ou qu'elles ne remplissent pas les conditions leur permettant de bénéficier des prestations du régime de protection sociale dont elles relèvent au titre de leur activité.

BIBL. ▶ Lavric, Le soin des détenus en Nouvelle-Calédonie, *in* Py et Bricot (dir.), Les relations hôpital/prison, *Nancy, ÉDUL, à paraître.*

COMMENTAIRE

Voir le commentaire sous l'article R. 764-11.

Comme pour la Polynésie française, le principe est posé d'une affiliation des personnes détenues à un organisme de protection sociale gérant le régime dont elles relèvent. La Nouvelle-Calédonie est également compétente en matière de protection sociale et l'adaptation de l'article R. 324-1 doit être comprise comme la stricte mise en œuvre de ses obligations par l'administration pénitentiaire, révélant ici, comme en matière de santé, la difficile conciliation entre la compétence pénitentiaire de l'État et les compétences des collectivités d'outre-mer nécessaire à la mise en œuvre du service pénitentiaire. Cependant, contrairement à la Polynésie française où l'ensemble des régimes de protection sociale est géré par un seul organisme, le régime unifié d'assurance maladie et maternité de Nouvelle-Calédonie est géré par la Caisse d'allocations familiales et des accidents du travail (CAFAT), tandis que le régime d'aide médicale est géré et adapté par les provinces. Si les personnes détenues ont accès au régime d'aide médicale (Délib.-cadre n° 49 du 28 déc. 1989 relative à l'aide médicale et aux aides sociales), elles ne remplissent cependant pas forcément les conditions pour être affiliées au régime unifié d'assurance maladie et maternité, réservé aux salariés, travailleurs indépendants, retraités, fonctionnaires et étudiants (L. du pays n° 2001-016 du 11 janv. 2002, relative à la sécurité sociale en Nouvelle-Calédonie). Si la nouvelle disposition poursuit l'objectif louable de ne pas couper complètement le détenu de la société dans laquelle il sera réinséré, et de ne pas rendre cette réinsertion plus compliquée par des formalités de réaffiliation à la sortie, le premier et le troisième alinéas restent difficilement applicables aujourd'hui. La réglementation locale en matière de protection sociale devra donc tirer les conséquences de l'article R. 774-11, et permettre une affiliation des personnes détenues à la CAFAT, soit en créant un régime de protection *ad hoc*, soit en intégrant l'aide médicale au dispositif unifié, soit en organisant l'affiliation des personnes détenues incarcérées ou bénéficiant d'une mesure d'aménagement de peine à l'un des égimes de protection sociale existants.

En revanche, les personnes bénéficiant d'une mesure d'aménagement de peine et exerçant une activité professionnelle seraient, sans modification des textes applicables, admissibles à une affiliation au régime salarié ou non salarié de la CAFAT selon le cas. ❑

Art. R. 774-12 Pour leur application en Nouvelle-Calédonie :

1° L'article R. 341-5 est ainsi rédigé :

Art. R. 341-5 Pour les personnes condamnées, détenues en établissement pénitentiaire, les permis de visite sont délivrés, refusés, suspendus ou retirés par le chef de l'établissement pénitentiaire.

2° L'article R. 341-6 est ainsi rédigé :

Art. R. 341-6 Lorsque les personnes condamnées sont hospitalisées dans un établissement de santé de la collectivité, les permis de visite sont délivrés, refusés, suspendus ou retirés par le représentant de l'État dans la collectivité.

Art. R. 774-13 Pour son application en Nouvelle-Calédonie, au 2° de l'article R. 370-1, les bibliothèques territoriales s'entendent des bibliothèques localement compétentes.

Art. D. 774-14 Sous réserve des adaptations prévues par le présent chapitre, les dispositions suivantes sont applicables en Nouvelle-Calédonie dans leur rédaction résultant du décret n° 2022-479 du 30 mars 2022 sauf mention contraire dans le tableau ci-dessous : — *Tableau mod. par Décr. n° 2022-1710 du 29 déc. 2022, art. 13.*

Articles applicables	Dans leur rédaction résultant du décret
D. 311-6 à D. 332-8	
D. 332-8-1 à D. 332-8-2	Décret n° 2022-1710 du 29 décembre 2022
D. 332-9 à D. 3333-3	
D. 341-3-1	Décret n° 2022-1710 du 29 décembre 2022
D. 341-18 à D. 363-1	
D. 363-6	Décret n° 2022-1710 du 29 décembre 2022
D. 381-2	

Art. D. 774-15 Pour son application en Nouvelle-Calédonie, l'article D. 324-2 est ainsi rédigé :

Art. D. 324-2 Les personnes détenues malades bénéficient gratuitement des soins qui leur sont nécessaires, ainsi que de la fourniture des produits et spécialités pharmaceutiques dont l'emploi est autorisé. Le principe de la gratuité des soins s'étend à tous les examens ou traitements de spécialistes, comme aux prothèses diverses que requiert leur état de santé.

Les personnes détenues bénéficiant d'une mesure d'aménagement de peine ou d'exécution de fin de peine dans les conditions prévues par les dispositions du code de procédure pénale continuent à bénéficier de la gratuité des soins jusqu'à ce qu'elles remplissent les conditions d'ouverture du droit aux prestations du régime d'assurance maladie. La part qui reste éventuellement à leur charge, après remboursement par l'assurance maladie, et déduction faite du versement par l'administration pénitentiaire de la part des dépenses relative à la dotation annuelle de financement, est prise sur leur compte nominatif. Cependant, l'administration pénitentiaire peut se substituer aux personnes détenues dont les ressources sont insuffisantes.

Le financement des soins, appareillages, prothèses, traitements ou interventions chirurgicales, dont la nécessité médicale n'est pas reconnue, est à l'entière charge des personnes intéressées, après autorisation du chef de l'établissement pénitentiaire, sous réserve des dispositions relatives aux prestations servies en application de la réglementation locale sur les accidents du travail et les maladies professionnelles.

Les frais de séjour des personnes détenues hospitalisées sont imputables sur les chapitres du budget du ministère de la justice relatifs à l'entretien des personnes détenues.

Toutefois, les frais de transfèrement et de séjour des personnes détenues militaires sont à la charge du ministère de la défense lorsque les personnes intéressées sont dirigées vers un hôpital militaire.

COMMENTAIRE

Voir le commentaire sous l'article R. 774-11. Le principe de gratuité des soins, en l'absence de couverture sociale effective pour les détenus, conduit l'administration pénitentiaire à assumer le coût intégral des soins dispensés aux personnes détenues dans les établissements pénitentiaires polynésiens, alors qu'en droit commun, elle ne prend en charge, sous certaines conditions, que le ticket modérateur. ❑

Art. D. 774-16 **Pour son application en Nouvelle-Calédonie, à l'alinéa 3 de l'article D. 332-14 les mots "dont la conversion a été rendue obligatoire par le décret n° 59-734 du 15 juin 1959" sont supprimés.**

Art. D. 774-17 **Pour son application en Nouvelle-Calédonie, à l'article D. 332-34, les mots : "Sauf en ce qui concerne le tabac", sont remplacés par les mots : "Sauf pour les produits dont le prix est réglementé".**

Art. D. 774-18 **Pour son application en Nouvelle-Calédonie, l'article D. 345-10 est complété par un alinéa ainsi rédigé :**

"Les autorités de la collectivité avec lesquelles les personnes détenues correspondent sous pli fermé sont les suivantes :

"1° Le président et les membres du Congrès de Nouvelle-Calédonie ;

"2° Le président et les membres du gouvernement de Nouvelle-Calédonie ;

"3° Les membres du sénat coutumier ;

"4° Les présidents et membres des assemblées de province."

Art. D. 774-19 **Pour son application en Nouvelle-Calédonie, l'article D. 352-1 est ainsi rédigé :**

Art. D. 352-1 L'agrément des aumôniers est délivré par le *(Décr. n° 2023-200 du 24 mars 2023, art. 1er)* « directeur des services pénitentiaires d'outre-mer », après avis du préfet du département dans lequel se situe l'établissement visité, sur proposition de l'aumônier national du culte concerné.

En vue de leur permettre d'assurer les missions qui leur sont confiées, une indemnité forfaitaire peut être allouée aux aumôniers agréés.

Un aumônier agréé à compter du 1er octobre 2017 ne peut bénéficier du versement d'une indemnité sur la base de vacations horaires que s'il est titulaire de l'un des diplômes de formation civile et civique figurant sur une liste déterminée selon des modalités fixées par arrêté conjoint du ministre de l'intérieur, du ministre chargé de l'enseignement supérieur et du ministre chargé de l'outre-mer.

Toutefois, un aumônier agréé à compter de la même date peut bénéficier du versement de telles indemnités s'il n'est pas titulaire de l'un des diplômes précités dès lors qu'il s'engage à le devenir au cours des deux années qui suivent la décision l'agréant. Au terme de ces deux années, l'indemnité cesse d'être versée si l'aumônier n'a pas obtenu l'un de ces diplômes.

L'indemnité prévue par le présent article n'est cumulable avec aucune autre rémunération publique versée au même titre. Un arrêté conjoint du garde des sceaux, ministre de la justice, et du ministre chargé du budget fixe son montant annuel.

Lorsque son titulaire atteint l'âge de soixante-quinze ans, l'agrément est retiré par le *(Décr. n° 2023-200 du 24 mars 2023, art. 1er)* « directeur des services pénitentiaires d'outre-mer ».

Art. D. 774-20 **Pour son application en Nouvelle-Calédonie, l'article D. 352-1 tel que rédigé à l'article D. 774-19, est applicable aux ministres du culte des services**

d'aumôneries situés en Nouvelle-Calédonie si l'un des diplômes de formation civile et civique figurant sur la liste mentionnée par les dispositions du troisième alinéa de l'article D. 774-19 peut y être obtenu, y compris à distance.

CHAPITRE V DISPOSITIONS SPÉCIFIQUES RELATIVES AU LIVRE QUATRIÈME

Art. R. 775-1 Sous réserve des adaptations prévues par le présent chapitre, les dispositions suivantes sont applicables en Nouvelle-Calédonie dans leur rédaction résultant du décret en Conseil d'État n° 2022-479 du 30 mars 2022 sauf mention contraire dans le tableau ci-dessous :

Articles applicables	Dans leur rédaction résultant du décret
(Décr. n° 2022-655 du 25 avr. 2022, art. 8, en vigueur le 1er mai 2022) « **R. 411-1 à R. 411-8**	
« R. 412-1 à R. 412-82	Décret n° 2022-655 du 25 avril 2022 »
(Décr. n° 2022-1287 du 4 oct. 2022, art. 9) « **R. 413-1 à R. 413-6**	
« R. 414-1	Décret n° 2022-1287 du 4 octobre 2022
« R. 414-7 à R. 424-31 »	

Art. D. 775-2 Sous réserve des adaptations prévues par le présent chapitre, les dispositions suivantes sont applicables en Nouvelle-Calédonie dans leur rédaction résultant du décret n° 2022-479 du 30 mars 2022 sauf mention contraire dans le tableau ci-dessous :

Articles applicables	Dans leur rédaction résultant du
D. 412-6 à D. 412-77	Décret n° 2022-655 du 25 avril 2022
D. 413-3 à D. 413-7	
D. 413-8 à D. 413-10	Décret n° 2022-655 du 25 avril 2022
(Décr. n° 2022-1261 du 28 sept. 2022, art. 22, en vigueur le 1er janv. 2023) « **D. 414-2 à D. 422-4** *[ancienne rédaction : D. 412-2 à D. 424-1]*	
« D. 422-4-1 à D. 422-4-3	Décret n° 2022-1261 du 28 septembre 2022
« D. 422-5 à D. 424-1 »	
D. 424-2	Décret n° 2022-655 du 25 avril 2022
D. 424-3 à D. 424-9	
D. 424-10 à D. 424-14	Décret n° 2022-655 du 25 avril 2022
D. 424-22 à D. 424-30	

Le tableau ci-dessus résulte du Décr. n° 2022-655 du 25 avr. 2022, art. 8. — Tableau mod. par Décr. n° 2022-1261 du 28 sept. 2022, art. 12, en vigueur le 1er janv. 2023.

Art. D. 775-3 Pour son application en Nouvelle-Calédonie, l'article *(Décr. n° 2022-655 du 25 avr. 2022, art. 8, en vigueur le 1er mai 2022)* « **D. 412-67** » est ainsi rédigé :

Art. D. 412-67 Les rémunérations pour tout travail effectué par une personne détenue sont versées, sous réserve des dispositions des articles D. 412-66 et D. 424-2, à l'administration qui opère le reversement des cotisations recouvrement et procède ensuite à l'inscription et à la répartition de la rémunérationsociales aux organismes de nette sur le compte nominatif des personnes détenues, conformément aux dispositions de l'article D. 412-68.

Ces rémunérations sont soumises à cotisations patronales et salariales selon les modalités fixées, pour les assurances maladie, maternité et vieillesse, par les articles R. 381-97 à R. 381-109 du code de la sécurité sociale.

Les taux de rémunération sont portés à la connaissance des personnes détenues par voie d'affichage.

L'art. D. 775-4 est devenu l'art. D. 775-3 (Décr. n° 2022-655 du 25 avr. 2022, art. 8, en vigueur le 1er mai 2022).

Ancien art. D. 775-3 *(Abrogé par Décr. n° 2022-655 du 25 avr. 2022, art. 8, à compter du 1er mai 2022)* ***Pour son application en Nouvelle-Calédonie, l'article D. 412-14*** *[D. 412-64]* ***est ainsi rédigé :***

Art. D. 412-14 [D. 412-64] *Hors les cas visés à la seconde phrase du troisième alinéa de l'article L. 412-1, la rémunération du travail effectué au sein des établissements pénitentiaires par les personnes détenues ne peut être inférieure aux taux horaires suivant :*

45 % du salaire minimum horaire garanti pour les activités de production ;

33 % du salaire minimum horaire garanti pour le service général, classe I ;

25 % du salaire minimum horaire garanti pour le service général, classe II ;

20 % du salaire minimum horaire garanti pour le service général, classe III.

Un arrêté du garde des sceaux, ministre de la justice, détermine la répartition des emplois entre les différentes classes en fonction du niveau de qualification qu'exige leur exécution.

Art. D. 775-4 Pour son application en Nouvelle-Calédonie, à l'alinéa 2 de l'article D. 413-4, les mots : "des services compétents du ministère de l'éducation nationale" sont remplacés par les mots : "des services localement compétents".

L'art. D. 775-5 est devenu l'art. D. 775-4 (Décr. n° 2022-655 du 25 avr. 2022, art. 8, en vigueur le 1er mai 2022).

Art. D. 775-5 Pour son application en Nouvelle-Calédonie, à l'alinéa 1er de l'article D. 413-5, les mots : "affectés selon les procédures en vigueur à l'éducation nationale et ayant reçu un agrément du directeur interrégional des services pénitentiaires" sont remplacés par les mots : "affectés conformément aux dispositions de la réglementation locale applicable et ayant reçu un agrément du *(Décr. n° 2023-200 du 24 mars 2023, art. 1er)* « directeur des services pénitentiaires d'outre-mer », mentionnée aux articles R. 112-8 et R. 112-9".

L'art. D. 775-6 est devenu l'art. D. 775-5 (Décr. n° 2022-655 du 25 avr. 2022, art. 8, en vigueur le 1er mai 2022).

Art. D. 775-6 Pour son application en Nouvelle-Calédonie, à l'alinéa 2 de l'article D. 414-8, les mots : "services compétents des ministères chargés de l'éducation nationale et de la jeunesse et des sports" sont remplacés par les mots : "services localement compétents".

L'art. D. 775-7 est devenu l'art. D. 775-6 (Décr. n° 2022-655 du 25 avr. 2022, art. 8, en vigueur le 1er mai 2022).

Art. D. 775-7 Pour son application en Nouvelle-Calédonie, à l'alinéa 2 de l'article D. 414-10, les mots : "du garde des sceaux, ministre de la justice" sont remplacés par les mots "du haut-commissaire de la République".

L'art. D. 775-8 est devenu l'art. D. 775-7 (Décr. n° 2022-655 du 25 avr. 2022, art. 8, en vigueur le 1er mai 2022).

CHAPITRE VI DISPOSITIONS SPÉCIFIQUES RELATIVES AU LIVRE CINQUIÈME

Art. R. 776-1 Sous réserve des adaptations prévues par le présent chapitre, les dispositions suivantes sont applicables en Nouvelle-Calédonie dans leur rédaction résultant du décret en Conseil d'État n° 2022-479 du 30 mars 2022 sauf mention contraire dans le tableau ci-dessous :

Articles applicables	Dans leur rédaction résultant du décret
R. 510-1 à R. 544-18	
R. 544-19 à R. 544-20	Décret n° 2022-1287 du 4 octobre 2022
R. 544-21 à R. 545-5	

Tableau réécrit par Décr. n° 2022-1287 du 4 oct. 2022, art. 9.

Art. R. 776-2 Pour son application en Nouvelle-Calédonie, l'article R. 512-2 est ainsi rédigé :

Art. R. 512-2 Pour l'application de l'article L. 512-2, le chef de l'établissement pénitentiaire communique aux services de police et unités de gendarmerie le nom, les prénoms, la date de naissance, l'adresse déclarée, et la date de la libération des personnes condamnées à une peine d'emprisonnement égale ou supérieure à trois ans.

Les informations mentionnées à l'alinéa précédent sont transmises par écrit au directeur de la sécurité publique ou au directeur territorial de la police nationale ou au commandant territorial de la gendarmerie outre-mer dont relève territorialement l'adresse déclarée par la personne.

Art. D. 776-3 Sous réserve des adaptations prévues par le présent chapitre, les dispositions suivantes sont applicables en Nouvelle-Calédonie dans leur rédaction résultant du décret n° 2022-479 du 30 mars 2022 sauf mention contraire dans le tableau ci-dessous :

Articles applicables	Dans leur rédaction résultant du décret
(Décr. n° 2022-656 du 25 avr. 2022, art. 8, en vigueur le 1er mai 2022) « D. 511-1 à D. 522-2	
« D. 522-3	« Décret n° 2022-655 du 25 avril 2022
« D. 522-4 à D. 544-6 »	

CHAPITRE VII DISPOSITIONS SPÉCIFIQUES RELATIVES AU LIVRE SIXIÈME

Art. R. 777-1 Sous réserve des adaptations prévues par le présent chapitre, les dispositions suivantes sont applicables en Nouvelle-Calédonie dans leur rédaction résultant du décret en Conseil d'État n° 2022-479 du 30 mars 2022 sauf mention contraire dans le tableau ci-dessous :

Articles applicables	Dans leur rédaction résultant du décret
R. 621-1 à R. 622-3	
R. 622-4	Décret n° 2022-1287 du 4 octobre 2022
R. 622-6 à R. 642-4	

Tableau réécrit par Décr. n° 2022-1287 du 4 oct. 2022, art. 9.

Art. R. 777-2 Pour son application en Nouvelle-Calédonie, le 1° de l'article R. 623-2 est ainsi rédigé :

"1° La copie du *Journal officiel* ou du *Journal officiel* de la collectivité portant publication de la déclaration de l'association."

Art. R. 777-3 Pour son application en Nouvelle-Calédonie, la première phrase du troisième alinéa de l'article R. 623-3 est ainsi rédigée :

"Le directeur du service pénitentiaire d'insertion et de probation communique par voie dématérialisée sa décision d'habilitation à la structure d'accueil, au président du tribunal de première instance, au juge de l'application des peines, au procureur de la République et au représentant de l'État dans la collectivité."

Art. R. 777-4 Pour son application en Nouvelle-Calédonie, la deuxième phrase de l'article R. 623-8 est ainsi rédigée :

"A cette fin, il peut notamment adresser par voie dématérialisée copie de la demande au représentant de l'État dans le territoire ; celui-ci a un mois pour donner son avis."

Art. R. 777-5 Pour son application en Nouvelle-Calédonie, le 3° de l'article R. 623-14 est ainsi rédigé :

"3° De s'assurer, si le travail auquel le juge de l'application des peines entend l'affecter doit s'exercer dans un établissement ou organisme public ou privé de prévention ou de soins et l'expose à des risques de contamination, qu'il est immunisé contre les mêmes maladies que celles contre lesquelles doivent être immunisés les personnels exerçant leur activité dans ces établissements, en application de la réglementation applicable localement."

Art. R. 777-6 Pour son application en Nouvelle-Calédonie, l'article R. 623-16 est ainsi rédigé :

Art. R. 623-16 Lorsqu'une personne condamnée exerce une activité salariée, la durée hebdomadaire cumulée de cette activité et du travail d'intérêt général ne peut excéder de plus de douze heures la durée légale de travail fixée par le code du travail.

Art. D. 777-7 Sous réserve des adaptations prévues par le présent chapitre, les dispositions suivantes sont applicables en Nouvelle-Calédonie dans leur rédaction résultant du décret n° 2022-479 du 30 mars 2022 sauf mention contraire dans le tableau ci-dessous :

Articles applicables	Dans leur rédaction résultant du décret
D. 611-1 à D. 622-5	
D. 622-9	Décret n° 2022-1287 du 4 octobre 2022
R. 622-10 à D. 633-2	

Tableau réécrit par Décr. n° 2022-1287 du 4 oct. 2022, art. 9.

Art. D. 777-8 En leur qualité d'institutions coutumières de la Nouvelle-Calédonie et en application de l'article 712-1 A du code pénal, le sénat coutumier et les conseils coutumiers sont habilités à mettre en œuvre des travaux d'intérêt général.

A ce titre, ils peuvent demander, conformément à l'article R. 623-7, l'inscription de travaux sur la liste prévue par l'article 131-36 du code pénal.

Il en est de même des tribus habilitées à cet effet selon la procédure prévue à l'article R. 777-3.

La tribu sollicitant l'habilitation auprès du directeur du service pénitentiaire d'insertion et de probation compétent accompagne sa demande, des informations relatives à son lieu d'établissement, et aux nom, prénoms, date et lieu de naissance, nationalité de son responsable ou représentant. Elle l'informe de toute modification des éléments communiqués à l'occasion de sa demande.

BIBL. ▸ **Ouvrages :** CHAUCHAT, Les institutions en Nouvelle-Calédonie : institutions politiques et administratives, *SCEREN-CDP Nouvelle-Calédonie, coll. Université, 2011.* – GIRAUDEAU et MAISONNEUVE (dir.), Dictionnaire juridique des Outre-mer, *LexisNexis 2021,* v° *Normes coutumières,* par CORNUT, v° *Pluralisme juridique,* par PARISOT et SANA-CHAILLÉ DE NÉRÉ. – J.-CL., Collectivités territoriales v° *Fasc. 330 : Nouvelle-Calédonie,* par CHRISTNACHT et BÉNÉTEAU.

▸ **Articles :** DEMMER, Regards sur les TIG en tribu à partir des expériences menées à Canala et à l'aune du contexte de décolonisation *in* Mouchenik (dir.), Recherche-action sur la pertinence d'une prise en charge spécifique en Outre-mer pour les populations autochtones, *Rapp. pour la Mission des service pénitentiaires d'Outre-mer, juin 2020.*

COMMENTAIRE

La Nouvelle-Calédonie dispose d'une organisation faisant place à la coutume kanak, conformément à la Constitution qui reconnaît l'existence d'un statut civil coutumier (Const., art. 75). Les institutions de la collectivité comprennent par conséquent des institutions représentatives de la coutume. Le sénat coutumier constate la désignation des autorités coutumières et peut participer à l'élaboration de la réglementation locale intéressant la coutume. Des conseils coutumiers représentent chacune des 8 aires coutumières de la Nouvelle-Calédonie et peuvent être consultés sur l'interprétation des règles coutumières. Dans ces 8 aires coutumières se répartissent 341 tribus. Lors des débats précédant l'adoption de la loi n° 2019-222 du 23 mars 2019 de programmation 2018-2022 et de réforme pour la justice, un amendement a été adopté par la commission des lois de l'Assemblée nationale, visant à autoriser les institutions coutumières à accueillir des travaux d'intérêt général (Amendement n° CL109). Un nouvel article 712-1 A a été inséré à cette fin dans le code pénal, et l'article D. 777-8 reprend les termes de l'article D. 712-9 du code pénal, habilitant le sénat coutumier et les conseils coutumiers à mettre en œuvre des travaux d'intérêt général (TIG), et en permettant aux tribus de solliciter leur habilitation selon la procédure prévue à l'article R. 777-3. Cette disposition permet d'impliquer les autorités coutumières dans la réinsertion sociale des condamnés, ce qui permet non seulement d'étendre le champ des structures d'accueil des TIG, mais également de tenir compte des spécificités de la société traditionnelle kanak. ❑

ANNEXE DU CODE PÉNITENTIAIRE

(Arr. du 23 janv. 2023)

LISTE DES ANNEXES DU CODE PÉNITENTIAIRE			
Numéro de l'annexe	**Objet de l'annexe**	**Annexe définie par**	**Annexée au code pénitentiaire en application de son article**
1	Liste des maisons centrales et des quartiers maison centrale	Art. 2 de l'arrêté du 23 janvier 2023 fixant les listes des établissements pénitentiaires et des quartiers des centres pénitentiaires	Article D. 112-18
2	Liste des centres et des quartiers centre de détention	Art. 2 de l'arrêté du 23 janvier 2023 fixant les listes des établissements pénitentiaires et des quartiers des centres pénitentiaires	Article D. 112-19
3	Liste des centres de semi-liberté et des quartiers de semi-liberté	Art. 2 de l'arrêté du 23 janvier 2023 fixant les listes des établissements pénitentiaires et des quartiers des centres pénitentiaires	Article D. 112-20
4	Liste des structures d'accompagnement vers la sortie	Art. 2 de l'arrêté du 23 janvier 2023 fixant les listes des établissements pénitentiaires et des quartiers des centres pénitentiaires	Article D. 112-21
5	Liste des maisons d'arrêt et des quartiers maison d'arrêt	Art. 2 de l'arrêté du 23 janvier 2023 fixant les listes des établissements pénitentiaires et des quartiers des centres pénitentiaires	Article D. 112-27
6	Règles d'accessibilité applicables aux établissements pénitentiaires lors de leur construction	Arrêté du 4 octobre 2010 relatif à l'accessibilité des personnes handicapées dans les établissements pénitentiaires lors de leur construction	Article D. 112-34
7	Règles d'accessibilité applicables aux établissements pénitentiaires existants	Arrêté du 29 décembre 2016 relatif à l'accessibilité des établissements pénitentiaires existants aux personnes handicapées	Article D. 112-34
8	Sièges des services pénitentiaires d'insertion et de probation et liste des antennes locales d'insertion et de probation	Art. 1er de l'arrêté du 23 janvier 2023 fixant le siège des services pénitentiaires d'insertion et de probation et la liste des antennes locales d'insertion et de probation	Article D. 112-35

LISTE DES ANNEXES DU CODE PÉNITENTIAIRE			
9	Conditions dans lesquelles sont agréées les personnes bénévoles participant aux missions des services pénitentiaires d'insertion et de probation	Arrêté du 23 janvier 2023 fixant les conditions dans lesquelles sont agréées les personnes bénévoles participant aux missions des services pénitentiaires d'insertion et de probation	Article D. 113-64
10	Liste des unités hospitalières sécurisées interrégionales	Arrêté du 10 octobre 2022 relatif au ressort territorial et au cahier des charges des unités hospitalières sécurisées interrégionales destinées à l'accueil des personnes détenues	Article R. 115-1
11	Liste des unités hospitalières spécialement aménagées (pour personnes détenues souffrant de troubles psychiatriques)	Art. 1er de l'arrêté du 20 juillet 2010 relatif au ressort territorial des unités spécialement aménagées destinées à l'accueil des personnes incarcérées souffrant de troubles mentaux	Article R. 115-2
12	Montant de l'indemnité forfaitaire perçue par les assesseurs extérieurs à l'administration pénitentiaire qui siègent dans les commissions de discipline des personnes détenues	Arrêté du 17 octobre 2011 fixant le montant de l'indemnité forfaitaire allouée aux assesseurs extérieurs à l'administration pénitentiaire siégeant dans les commissions de discipline des personnes détenues	Article D. 234-9
13	Somme à partir de laquelle les sommes constituant le pécule de libération des personnes détenues sont versées sur un livret A	Arrêté du 23 janvier 2023 fixant la somme à partir de laquelle les sommes constituant le pécule de libération des personnes détenues sont versées sur un livret de caisse d'épargne	Article D. 332-14
14	Liste des objets ou catégories d'objets dont la réception ou l'envoi par une personne détenue est autorisé	Arrêté du 23 janvier 2023 fixant la liste des objets ou catégories d'objets dont la réception ou l'envoi par une personne détenue est autorisé	Article R. 332-42
15	Homologation du procédé permettant la détention à domicile sous surveillance électronique	Arrêté du 1er juillet 2002 portant homologation du procédé de surveillance électronique pris pour l'application de l'article R. 622-2 du code pénitentiaire	Article R. 622-2

APPENDICE

I Conditions de détention

Ensemble de règles minima des Nations unies pour le traitement des détenus (Règles Nelson Mandela)

L'Assemblée générale,

Guidée par les principaux buts de l'Organisation des Nations unies, énoncés dans le Préambule de la Charte des Nations unies et dans la Déclaration universelle des droits de l'homme *[Résol. 217 A (III)]*, et inspirée par la détermination à proclamer à nouveau sa foi dans les droits fondamentaux de l'homme, dans la dignité et la valeur de la personne humaine, sans distinction d'aucune sorte, et dans l'égalité de droits des hommes et des femmes, ainsi que des nations, grandes et petites, à créer les conditions nécessaires au maintien de la justice et du respect des obligations nées des traités et autres sources du droit international et à favoriser le progrès social et à instaurer de meilleures conditions de vie dans une liberté plus grande,

Rappelant toutes les règles et normes en matière de prévention du crime et de justice pénale élaborées à la demande de la Commission pour la prévention du crime et la justice pénale et adoptées ou recommandées par elle-même, ou adoptées par un congrès des Nations unies pour la prévention du crime et le traitement des délinquants et sachant que la Déclaration universelle des droits de l'homme est une source dont s'inspirent les règles et normes de prévention du crime et de justice pénale,

Ayant à l'esprit que l'Organisation des Nations unies se préoccupe de longue date de l'humanisation de la justice pénale et de la protection des droits de l'homme, et soulignant l'importance capitale de ces droits dans l'administration courante de la justice pénale et la prévention de la criminalité,

Consciente que l'Ensemble de règles minima pour le traitement des détenus *[Droits de l'homme : Recueil d'instruments internationaux, Instruments universels [publication des Nations unies, numéro de vente : F.02.XIV.4 (Vol. I, Part. 1)], sect. J, n° 34]* a été l'ensemble de normes minima universellement reconnu en matière de détention des détenus et qu'il a eu un rôle et une influence considérables, en tant que guide, dans le développement des lois, politiques et pratiques pénitentiaires depuis son adoption par le premier Congrès des Nations unies pour la prévention du crime et le traitement des délinquants, tenu en 1955,

Sachant que, dans la "Déclaration de Salvador sur des stratégies globales pour faire face aux défis mondiaux : les systèmes de prévention du crime et de justice pénale et leur évolution dans un monde en mutation" *[Résol. 65/230, ann.]*, les États Membres ont considéré qu'un système de justice pénale efficace, équitable, responsable et humain reposait sur la volonté résolue de faire prévaloir la protection des droits de l'homme dans l'administration de la justice et dans les activités préventives et la lutte contre la criminalité, et reconnu la valeur et l'influence des règles et normes des Nations unies en matière de prévention du crime et de justice pénale dans la conception et l'application des politiques, lois, procédures et programmes nationaux en matière de prévention du crime et de justice pénale,

Tenant compte de l'élaboration progressive de normes internationales dans le domaine du traitement des détenus depuis 1955, dont des instruments internationaux tels que le Pacte international relatif aux droits civils et politiques *[V. Résol. 2200 A (XXI), ann.]*, le Pacte international relatif aux droits économiques, sociaux et culturels *[V. Résol. 2200 A (XXI), ann.]* et la Convention contre la torture et autres peines ou traitements cruels, inhumains ou dégradants *[Nations unies, Recueil des Traités, vol. 1465, n° 24841]* et le Protocole facultatif s'y rapportant *[Ibid., vol. 2375, n° 24841]*,

Rappelant les règles et normes des Nations unies en matière de prévention du crime et de justice pénale portant sur le traitement des détenus et les mesures de substitution à l'emprisonnement adoptées depuis 1955, en particulier les dispositions visant à assurer l'application effective de l'Ensemble de règles minima pour le traitement des détenus *[Résol. 1984/47 du Conseil économique et social, ann.]*, l'Ensemble de principes pour la protection de toutes les personnes soumises à une forme quelconque de détention ou d'emprisonnement *[Résol. 43/173, ann.]*, les Principes fondamentaux relatifs au traitement des détenus *[Résol. 45/111, ann.]*, les Règles minima des Nations unies pour l'élaboration de mesures non privatives de liberté (Règles de Tokyo) *[Résol. 45/110, ann.]* et les Principes fondamentaux concernant le recours à des programmes de justice réparatrice en matière pénale *[Résol. 2002/12 du Conseil économique et social, ann.]*,

Consciente qu'il faut faire preuve de vigilance dans l'administration de la justice face à la situation particulière des enfants, des mineurs et des femmes, surtout lorsqu'ils sont privés de liberté, comme le prévoient l'Ensemble de règles minima des Nations unies concernant l'administration de la justice pour mineurs (Règles de Beijing) *[Résol. 40/33, ann.]*, les Principes directeurs des Nations unies pour la prévention de la délinquance juvénile (Principes directeurs de Riyad) *[Résol. 45/112, ann.]*, les Règles des Nations unies pour la protection des mineurs privés de liberté *[Résol. 45/113, ann.]*, et les Règles des Nations unies concernant le traitement des détenues et l'imposition de mesures non privatives de liberté aux délinquantes (Règles de Bangkok) *[Résol. 65/229, ann.]*,

Rappelant les règles et normes des Nations unies en matière de prévention du crime et de justice pénale adoptées depuis 1955, qui donnent des directives complémentaires au sujet du traitement des détenus et notamment le Code de conduite pour les responsables de l'application des lois *[Résol. 34/169, ann.]*, les Principes d'éthique médicale applicables au rôle du personnel de santé, en particulier des médecins, dans la protection des prisonniers et des détenus contre la torture et autres peines ou traitements cruels, inhumains ou dégradants *[Résol. 37/194, ann.]*, les Principes de base sur le recours à la force et l'utilisation des armes à feu par les responsables de l'application des lois *[8e Congrès des Nations unies pour la prévention du crime et le traitement des délinquants, La Havane, 27 août-7 sept. 1990 : Rapp. établi par le Secrétariat (publication des Nations unies, numéro de vente : F.91.IV.2), chap. I, sect. B.2, ann.]*, les Principes relatifs aux moyens d'enquêter efficacement sur la torture et autres peines ou traitements cruels, inhumains ou dégradants pour établir la réalité des faits *[Résol. 55/89, ann.]* et les Principes et lignes directrices des Nations unies sur l'accès à l'assistance juridique dans le système de justice pénale *[Résol. 67/187, ann.]*,

Ayant à l'esprit les principes et accords régionaux relatifs au traitement des détenus, y compris les Principes et bonnes pratiques de protection des personnes privées de liberté dans les Amériques, les Règles pénitentiaires européennes révisées, la Déclaration de Kampala sur les conditions de détention dans les prisons en Afrique *[Résol. 1997/36 du Conseil économique et social, ann.* , la Déclaration d'Arusha sur la bonne pratique en matière pénitentiaire *[Résol. 1999/27 du Conseil économique et social, ann.]* et les Directives et principes sur le droit à un procès équitable et à l'assistance judiciaire en Afrique,

Rappelant sa résolution 65/230 du 21 décembre 2010, intitulée "Douzième Congrès des Nations unies pour la prévention du crime et la justice pénale", dans laquelle elle a prié la Commission pour la prévention du crime et la justice pénale de créer un groupe intergouvernemental d'experts à composition non limitée chargé d'échanger des informations sur les meilleures pratiques, ainsi que sur les législations nationales et le droit international existant, et de réviser l'ensemble existant des règles minima des Nations unies pour le traitement des détenus, afin qu'elles tiennent compte des progrès récents de la science pénitentiaire et des meilleures pratiques en la matière,

Rappelant également ses résolutions 67/188 du 20 décembre 2012, 68/190 du 18 décembre 2013 et 69/192 du 18 décembre 2014, intitulées "Ensemble de règles minima pour le traitement des détenus", en particulier sa résolution 68/190, dans laquelle elle a pris note avec satisfaction des travaux réalisés par le Groupe d'experts sur l'Ensemble de règles minima pour le traitement des détenus, et sa résolution 69/192, dans laquelle elle a souligné qu'il faudrait s'efforcer de mener ce processus à terme, en s'appuyant sur les recommandations issues des trois réunions du Groupe d'experts et les communications des États Membres,

Ayant à l'esprit que, dans sa résolution 68/190, elle a tenu compte des recommandations du Groupe d'experts en ce qui concerne les questions et les règles devant être examinées aux fins de la révision de l'Ensemble de règles minima dans les domaines suivants :

a) Le respect dû à la dignité et à la valeur inhérentes aux détenus en tant qu'êtres humains (règle 6, par. 1 ; règles 57 à 59 ; et règle 60, par. 1),

b) Les services médicaux et les soins de santé (règles 22 à 26 ; règle 52 ; règle 62 ; et règle 71, par. 2),

c) Les mesures et sanctions disciplinaires, notamment en ce qui concerne le rôle du personnel médical, l'isolement et la réduction de nourriture (règles 27, 29, 31 et 32),

d) La nécessité d'enquêter sur tout cas de décès survenu en détention et sur tout signe ou allégation de torture ou de peine ou traitement inhumains ou dégradants infligés à des détenus (règle 7 et règles proposées 44 *bis* et 54 *bis*),

e) La protection et les besoins spécifiques des groupes vulnérables privés de liberté, notamment dans le contexte des pays en situation difficile (règles 6 et 7),

f) Le droit d'accès à la représentation juridique (règle 30 ; règle 35, par. 1 ; règle 37 ; et règle 93),

g) Les plaintes et l'inspection indépendante (règles 36 et 55),

h) Le remplacement des termes surannés (règles 22 à 26, 62, 82 et 83, entre autres),

i) La formation du personnel concerné à l'application de l'Ensemble de règles minima (règle 47),

Ayant également à l'esprit que, dans sa résolution 69/192, elle a rappelé que les modifications susceptibles d'être apportées à l'Ensemble de règles minima ne devraient en aucun cas abaisser les normes existantes, mais devraient tenir compte des progrès récents de la science pénitentiaire et des bonnes pratiques en la matière, afin de promouvoir la sûreté, la sécurité et le traitement humain des détenus,

Ayant en outre à l'esprit les longues consultations, y compris les consultations préliminaires techniques faisant appel à des experts et les réunions organisées à Vienne, à Buenos Aires et au Cap (Afrique du Sud), qui se sont tenues sur une période de cinq ans pour aboutir aux recommandations du Groupe d'experts, ainsi que l'active participation et l'apport des États Membres de toutes les régions, avec le concours de représentants du réseau du programme des Nations unies pour la prévention du crime et la justice pénale et d'autres entités des Nations unies, comme le Haut-Commissariat des Nations unies aux droits de l'homme, le Sous-Comité pour la prévention de la torture et autres peines ou traitements cruels, inhumains ou dégradants, l'Office des Nations unies contre la drogue et le crime, les organisations intergouvernementales, y compris le Comité international de la Croix-Rouge, les institutions spécialisées des Nations unies, notamment l'Organisation mondiale de la Santé, les organisations non gouvernementales et les experts dans les domaines de la science pénitentiaire et des droits de l'homme,

Rappelant sa résolution 69/172 du 18 décembre 2014, intitulée "Les droits de l'homme dans l'administration de la justice", dans laquelle elle a déclaré mesurer l'importance du principe selon lequel, sous réserve des restrictions légitimes nécessairement liées à leur incarcération, les personnes privées de liberté doivent continuer à jouir de leurs droits individuels intangibles et de tous les autres droits de l'homme et libertés fondamentales, rappelé que la réinsertion et la réadaptation sociales des personnes privées de liberté doivent constituer l'un des objectifs fondamentaux du système de justice pénale de telle sorte que, dans toute la mesure possible, les auteurs d'infractions puissent vivre dans le respect des lois et subvenir à leurs besoins lorsqu'ils reprennent leur place dans la société, et pris note entre autres de l'observation générale n° 21 sur le droit des personnes privées de liberté d'être traitées avec humanité, que le Comité des droits de l'homme a adoptée *[Documents officiels de l'Ass. gén., 47e session, Suppl. no 40 (A/47/40), ann. VI.B.]*,

1. *Exprime sa gratitude et sa reconnaissance* au Gouvernement sud-africain pour avoir accueilli la réunion du Groupe d'experts sur l'Ensemble de règles minima pour le traitement des détenus au Cap (Afrique du Sud), du 2 au 5 mars 2015, et avoir apporté un soutien financier et joué un rôle de premier plan tout au long du processus d'examen et prend note avec satisfaction du consensus réalisé autour des neuf domaines thématiques et des règles correspondantes à amender que le Groupe a identifiés lors de ses réunions précédentes *[V. E/CN.15/2015/17]* ;

2. *Remercie* le Gouvernement argentin d'avoir accueilli et financé la réunion que le Groupe d'experts a tenue à Buenos Aires du 11 au 13 décembre 2012 et le Gouvernement brésilien d'avoir contribué au financement de celle que le Groupe d'experts a tenue à Vienne du 25 au 28 mars 2014 ;

3. *Apprécie* le travail remarquable qu'a accompli le bureau de la réunion du Groupe d'experts à Vienne en 2014 en établissant, avec le concours du Secrétariat, la documentation de la réunion du Groupe d'experts qui s'est tenue au Cap en 2015, en particulier le document de travail révisé et unifié *[UNODC/CCPCJ/EG.6/2015/2]* ;

4. *Note* que, dans la Déclaration de Doha sur l'intégration de la prévention de la criminalité et de la justice pénale dans le programme d'action plus large de l'Organisation des Nations unies visant à faire face aux problèmes sociaux et économiques et à promouvoir l'état de droit aux niveaux national et international et la participation du public, adoptée lors du treizième Congrès des Nations unies pour la prévention du crime et la justice pénale, tenu à Doha du 12 au 19 avril 2015 *[Résol. 70/174, ann.]*, le Congrès a salué les travaux du Groupe d'experts et pris note du projet d'ensemble actualisé de règles minima pour

le traitement des détenus auquel celui-ci a mis la dernière main à sa réunion du Cap en mars 2015 ;

5. *Adopte* le projet de texte révisé de l'Ensemble de règles minima pour le traitement des détenus, intitulé "Ensemble de règles minima des Nations unies pour le traitement des détenus", qui figure en annexe à la présente résolution ;

6. *Approuve* la recommandation du Groupe d'experts tendant à donner à l'Ensemble le nom de "Règles Nelson Mandela" pour rendre hommage à l'œuvre accomplie par l'ancien Président sud-africain, Nelson Rolihlahla Mandela, qui, du fait de son combat mondial en faveur des droits de l'homme, de l'égalité, de la démocratie et de la promotion d'une culture de paix, a passé 27 ans de sa vie en prison ;

7. *Décide* d'étendre la portée de la Journée internationale Nelson Mandela, célébrée chaque année le 18 juillet *[V. Résol. 64/13]*, pour qu'elle serve également à promouvoir des conditions de détention humaines, à sensibiliser l'opinion au fait que les détenus continuent de faire partie de la société et à reconnaître l'importance particulière du travail social accompli par le personnel pénitentiaire et, à cette fin, invite les États Membres, les organisations régionales et les organismes des Nations unies à la célébrer comme il se doit ;

8. *Réaffirme*, en rapport avec le paragraphe 5 ci-dessus, les observations préliminaires relatives aux Règles Nelson Mandela, insiste sur la nature non contraignante de ces Règles, se rend compte que les États Membres ont des cadres juridiques variés et, à cet égard, reconnaît qu'ils peuvent adapter l'application des Règles à leur cadre juridique propre, compte tenu de l'esprit et de l'objet de celles-ci ;

9. *Encourage* les États Membres à s'efforcer d'améliorer les conditions de détention en conformité avec les Règles Nelson Mandela et toutes les autres règles et normes des Nations unies applicables en matière de prévention du crime et de justice pénale, à continuer de mettre en commun leurs bonnes pratiques afin de cerner les obstacles à surmonter pour appliquer les Règles et à partager l'expérience qu'ils ont acquise en faisant face à ces défis ;

10. *Invite* la Commission pour la prévention du crime et la justice pénale à envisager, à ses prochaines sessions, de convoquer à nouveau le Groupe d'experts sur l'Ensemble de règles minima pour le traitement des détenus pour qu'il identifie les enseignements tirés de l'expérience, les moyens de poursuivre l'échange de bonnes pratiques et les problèmes que pose l'application des Règles Nelson Mandela ;

11. *Encourage* les États Membres à promouvoir l'application des Règles des Nations unies pour la protection des mineurs privés de liberté *[Résol. 45/113, ann.]* et des Règles des Nations unies concernant le traitement des détenues et l'imposition de mesures non privatives de liberté aux délinquantes (Règles de Bangkok) *[Résol. 65/229, ann.]* ;

12. *Recommande* que les États Membres continuent de s'efforcer de réduire la surpopulation carcérale et, selon qu'il convient, de recourir à des mesures non privatives de liberté plutôt qu'à la détention provisoire, d'encourager un accès accru aux mécanismes de justice et de défense, de renforcer les mesures de substitution à l'emprisonnement et d'appuyer les programmes de réadaptation et de réinsertion sociale, conformément aux Règles minima des Nations unies pour l'élaboration de mesures non privatives de liberté (Règles de Tokyo) *[Résol. 45/110, ann.]* ;

13. *Note* l'importance d'un échange volontaire de données d'expérience et de bonnes pratiques entre États Membres et entre ces derniers et les organismes internationaux concernés, selon qu'il convient, et de l'apport d'une assistance technique aux États Membres qui le demandent pour une meilleure application des Règles Nelson Mandela ;

14. *Encourage* les États Membres à envisager d'affecter les ressources humaines et financières voulues pour contribuer à améliorer les conditions de détention et appliquer les Règles Nelson Mandela ;

15. *Prie* l'Office des Nations unies contre la drogue et le crime d'assurer une large diffusion aux Règles Nelson Mandela, de concevoir des supports d'orientation et de fournir une assistance technique et des services consultatifs aux États Membres dans le domaine de la réforme pénale, pour qu'ils puissent mettre au point des lois, procédures, politiques et pratiques qui aillent dans le sens desdites Règles ou renforcer celles qui existent déjà ;

16. *Félicite* la Commission pour la prévention du crime et la justice pénale de continuer à contribuer à l'amélioration de l'administration de la justice en définissant et en améliorant les normes et règles internationales applicables à la prévention du crime et à la justice pénale, et invite les États Membres à poursuivre leur action en la matière ;

17. *Prie* l'Office des Nations unies contre la drogue et le crime de continuer à promouvoir l'utilisation et l'application des règles et normes des Nations unies en matière de prévention du crime et de justice pénale, notamment en fournissant aux États Membres qui en font la demande des services consultatifs et une assistance technique, y compris une assistance aux fins de la prévention du crime, de la réforme de la justice pénale et du droit pénal, et de

l'organisation de la formation des agents des services de détection et de répression, de prévention du crime et de justice pénale, et un appui à l'administration et à la gestion de leurs systèmes pénal et pénitentiaire, ce qui contribuera à renforcer leur efficacité et leurs capacités ;

18. *Invite* les États Membres et les autres donateurs à verser des ressources extrabudgétaires à ces fins, conformément aux règles et procédures de l'Organisation des Nations unies ;

19. *Affirme* le rôle important que jouent le réseau du programme des Nations unies pour la prévention du crime et la justice pénale, les organisations intergouvernementales et les organisations non gouvernementales dotées du statut consultatif auprès du Conseil économique et social dans le processus de révision et en contribuant à la diffusion, à la promotion et à l'application pratique des Règles Nelson Mandela, conformément aux dispositions visant à en assurer l'application effective.

ANNEXE

Ensemble de règles minima des Nations unies pour le traitement des détenus (Règles Nelson Mandela)

Observation préliminaire 1

Les règles suivantes n'ont pas pour objet de décrire en détail un système pénitentiaire modèle. Elles ne visent qu'à établir, en s'inspirant des conceptions généralement admises de nos jours et des éléments essentiels des systèmes contemporains les plus adéquats, les principes et les règles d'une bonne organisation pénitentiaire et de la pratique du traitement des détenus.

Observation préliminaire 2

1. Il est évident que toutes les règles ne peuvent pas être appliquées en tout lieu et en tout temps, étant donné la grande variété de conditions juridiques, sociales, économiques et géographiques que l'on rencontre dans le monde. Elles devraient cependant servir à susciter une action de longue haleine pour surmonter les difficultés pratiques que présente leur application, en ayant à l'esprit le fait qu'elles représentent, dans leur ensemble, les conditions minima qui sont jugées acceptables par les Nations unies.

2. D'autre part, ces règles se rapportent à des domaines dans lesquels la pensée est en évolution constante. Elles ne tendent pas à exclure la possibilité de tenter des expériences et d'adopter des pratiques, pourvu que celles-ci soient en accord avec les principes et les objectifs qui se dégagent du texte de l'Ensemble de règles. Dans cet esprit, l'administration pénitentiaire centrale sera toujours fondée à autoriser des exceptions aux règles.

Observation préliminaire 3

1. La partie I de l'Ensemble de règles traite des règles concernant l'administration générale des prisons et est applicable à toutes les catégories de détenus, criminels ou civils, prévenus ou condamnés, y compris les détenus faisant l'objet d'une mesure de sûreté ou d'une mesure rééducative ordonnée par le juge.

2. La partie II contient des règles qui ne sont applicables qu'aux catégories de détenus visés par chaque section. Toutefois, les règles de la section A, applicables aux détenus condamnés, seront également applicables aux catégories de détenus visées aux sections B, C et D, pourvu qu'elles ne soient pas contradictoires avec les règles qui les régissent et à condition qu'elles soient profitables à ces détenus.

Observation préliminaire 4

1. Ces règles n'ont pas pour dessein de déterminer l'organisation des établissements réservés aux jeunes (établissements de détention pour mineurs, instituts de rééducation, etc.). Cependant, d'une façon générale, la partie I de l'Ensemble de règles peut être considérée comme applicable également à ces établissements.

2. La catégorie des jeunes détenus doit comprendre pour le moins tous les mineurs qui relèvent des juridictions pour enfants. En règle générale, ces jeunes délinquants ne devraient pas être condamnés à des peines d'emprisonnement.

I. RÈGLES D'APPLICATION GÉNÉRALE

Principes fondamentaux

Règle 1

Tous les détenus sont traités avec le respect dû à la dignité et à la valeur inhérentes à la personne humaine. Aucun détenu ne doit être soumis à la torture ni à d'autres peines ou traitements cruels, inhumains ou dégradants, et tous les détenus sont protégés contre de tels actes, qui ne peuvent en aucun cas être justifiés par quelque circonstance que ce soit. La sûreté et la sécurité des détenus, du personnel, des prestataires de services et des visiteurs doivent être assurées à tout moment.

Règle 2

1. Les présentes règles doivent être appliquées impartialement. Il ne doit y avoir aucune discrimination fondée sur la race, la couleur, le sexe, la langue, la religion, l'opinion politique ou autre, l'origine nationale ou sociale, la fortune, la naissance ou toute autre situation. Les croyances religieuses et les préceptes moraux des détenus doivent être respectés.

2. Afin de traduire dans les faits le principe de non-discrimination, l'administration pénitentiaire doit prendre en compte les besoins de chaque détenu, en particulier ceux des catégories les plus vulnérables en milieu carcéral. Les mesures requises pour protéger et promouvoir les droits des détenus ayant des besoins particuliers doivent être prises et ne doivent pas être considérées comme discriminatoires.

Règle 3

L'emprisonnement et les autres mesures qui ont pour effet de couper des personnes du monde extérieur sont afflictifs par le fait même qu'ils les dépouillent du droit de disposer d'elles-mêmes en les privant de leur liberté. Sous réserve des mesures de séparation justifiées ou du maintien de la discipline, le système pénitentiaire ne doit donc pas aggraver les souffrances inhérentes à une telle situation.

Règle 4

1. Les objectifs des peines d'emprisonnement et mesures similaires privant l'individu de sa liberté sont principalement de protéger la société contre le crime et d'éviter les récidives. Ces objectifs ne sauraient être atteints que si la période de privation de liberté est mise à profit pour obtenir, dans toute la mesure possible, la réinsertion de ces individus dans la société après leur libération, afin qu'ils puissent vivre dans le respect de la loi et subvenir à leurs besoins.

2. A cette fin, les administrations pénitentiaires et les autres autorités compétentes doivent donner aux détenus la possibilité de recevoir une instruction et une formation professionnelle et de travailler, et leur offrir toutes les autres formes d'assistance qui soient adaptées et disponibles, y compris des moyens curatifs, moraux, spirituels, sociaux, sanitaires et sportifs. Tous les programmes, activités et services ainsi proposés doivent être mis en œuvre conformément aux besoins du traitement individuel des détenus.

Règle 5

1. Le régime carcéral doit chercher à réduire au minimum les différences qui peuvent exister entre la vie en prison et la vie en liberté dans la mesure où ces différences tendent à atténuer le sens de la responsabilité du détenu ou le respect de la dignité de sa personne.

2. Les administrations pénitentiaires doivent apporter tous les aménagements et les ajustements raisonnables pour faire en sorte que les détenus souffrant d'une incapacité physique, mentale ou autre aient un accès entier et effectif à la vie carcérale de façon équitable.

Gestion des dossiers des détenus

Règle 6

Un système uniformisé de gestion des dossiers des détenus doit être mis en place dans tout endroit où des personnes sont détenues. Ce système peut être une base de données électronique ou un registre aux pages numérotées et signées. Des procédures doivent être adoptées pour garantir la sécurité du système de vérification et empêcher l'accès non autorisé aux informations contenues dans le système ou la modification de ces informations.

Règle 7

Aucune personne ne peut être admise dans un établissement sans un ordre d'incarcération valable. Les renseignements ci-après doivent être consignés dans le système de gestion des dossiers des détenus dès l'admission de chaque détenu dans l'établissement :

a) Des informations précises permettant de déterminer son identité propre, en respectant son sentiment d'appartenance à un sexe ;

b) Les motifs de sa détention et l'autorité compétente qui l'a ordonnée, ainsi que la date, l'heure et le lieu de son arrestation ;

c) Le jour et l'heure de l'admission et de la sortie, ainsi que de tout transfèrement ;

d) Toute blessure visible et tout mauvais traitement préalable signalé ;

e) Un inventaire de ses effets personnels ;

f) Le nom des membres de sa famille, y compris, le cas échéant, le nom et l'âge de ses enfants, le lieu où ils se trouvent et les informations relatives à leur garde ou à leur tutelle ;

g) Les coordonnées de la personne à contacter en cas d'urgence et des renseignements sur le parent le plus proche du détenu.

Règle 8

Les renseignements ci-après doivent être consignés, le cas échéant, dans le système de gestion des dossiers des détenus au cours de la détention :

a) Des renseignements ayant trait à la procédure judiciaire, comme la date des audiences et la représentation juridique ;

b) Les rapports d'évaluation initiale et de classification ;

c) Des renseignements concernant le comportement et la discipline ;

d) Les requêtes et plaintes, notamment les allégations de torture et d'autres peines ou traitements cruels, inhumains ou dégradants, sauf si elles sont de nature confidentielle ;

e) Les mesures disciplinaires imposées ;

f) Les circonstances et les causes de toute blessure ou du décès et, dans le deuxième cas, la destination de la dépouille.

Règle 9

Tous les dossiers visés aux règles 7 et 8 doivent être tenus confidentiels et n'être communiqués qu'à ceux qui doivent y avoir accès pour des besoins professionnels. Chaque détenu doit avoir accès aux données le concernant, sous réserve des suppressions autorisées par la législation nationale, et doit pouvoir recevoir une copie officielle de son dossier lors de sa libération.

Règle 10

Les systèmes de gestion des dossiers des détenus seront également utilisés pour recueillir des données fiables sur les tendances et les caractéristiques de la population carcérale, notamment les taux d'occupation, afin de servir à la prise de décisions fondées sur des données factuelles.

Séparation des catégories

Règle 11

Les différentes catégories de détenus doivent être placées dans des établissements ou quartiers distincts, en tenant compte de leur sexe, de leur âge, de leur casier judiciaire, des motifs de leur détention et des exigences de leur traitement ; c'est ainsi que :

a) Les hommes et les femmes doivent être détenus dans la mesure du possible dans des établissements différents ; dans un établissement recevant à la fois des hommes et des femmes, l'ensemble des locaux destinés aux femmes doit être entièrement séparé ;

b) Les prévenus doivent être séparés des condamnés ;

c) Les condamnés à la prison pour dettes ou à une autre peine civile doivent être séparés des détenus pour infraction pénale ;

d) Les jeunes détenus doivent être séparés des adultes.

Locaux de détention

Règle 12

1. Lorsque les détenus dorment dans des cellules ou chambres individuelles, celles-ci ne doivent être occupées la nuit que par un seul détenu. Si pour des raisons spéciales, telles qu'une suroccupation temporaire, il devient nécessaire pour l'administration pénitentiaire centrale de déroger à cette règle, il n'est pas souhaitable que deux détenus occupent la même cellule ou chambre.

2. Lorsqu'on recourt à des dortoirs, ceux-ci doivent être occupés par des détenus soigneusement sélectionnés et reconnus aptes à être logés dans ces conditions. La nuit, ils seront soumis à une surveillance régulière, adaptée au type d'établissement considéré.

Règle 13

Tous les locaux de détention et en particulier ceux où dorment les détenus doivent répondre à toutes les normes d'hygiène, compte dûment tenu du climat, notamment en ce qui concerne le volume d'air, la surface minimale au sol, l'éclairage, le chauffage et la ventilation.

Règle 14

Dans tout local où les détenus doivent vivre ou travailler :

a) Les fenêtres doivent être suffisamment grandes pour que le détenu puisse lire et travailler à la lumière naturelle et être agencées de façon à permettre l'entrée d'air frais, avec ou sans ventilation artificielle ;

b) La lumière artificielle doit être suffisante pour permettre au détenu de lire ou de travailler sans altérer sa vue.

Règle 15

Les installations sanitaires doivent être adéquates pour permettre au détenu de satisfaire ses besoins naturels au moment voulu, d'une manière propre et décente.

Règle 16

Les installations de bain et de douche doivent être suffisantes pour que chaque détenu puisse être à même et tenu de les utiliser, à une température adaptée au climat et aussi fréquemment que l'exige l'hygiène générale selon la saison et la région géographique, mais au moins une fois par semaine sous un climat tempéré.

Règle 17
Tous les locaux fréquentés régulièrement par les détenus doivent être correctement entretenus et être maintenus en parfait état de propreté à tout moment.

Hygiène personnelle

Règle 18
1. Les détenus sont tenus de veiller à leur propreté personnelle et doivent pour ce faire disposer d'eau et des articles de toilette nécessaires à leur santé et à leur hygiène corporelle.
2. Afin de permettre aux détenus d'avoir une bonne apparence personnelle qui leur donne confiance en eux, des services doivent être prévus pour assurer le bon entretien des cheveux et de la barbe et les hommes doivent pouvoir se raser régulièrement.

Vêtements et literie

Règle 19
1. Tout détenu qui n'est pas autorisé à porter ses vêtements personnels doit recevoir une tenue qui soit adaptée au climat et suffisante pour le maintenir en bonne santé. Cette tenue ne doit en aucune manière être dégradante ou humiliante.
2. Tous les vêtements doivent être propres et maintenus en bon état. Les sous-vêtements doivent être changés et lavés aussi fréquemment qu'il est nécessaire pour le maintien de l'hygiène.
3. Lorsque dans des circonstances exceptionnelles, le détenu quitte la prison à des fins autorisées, il doit avoir la permission de porter ses vêtements personnels ou toute autre tenue n'attirant pas l'attention.

Règle 20
Lorsque les détenus sont autorisés à porter leurs vêtements personnels, des dispositions doivent être prises au moment de l'admission en prison pour veiller à ce que ceux-ci soient propres et portables.

Règle 21
Chaque détenu doit disposer, en conformité avec les normes locales ou nationales, d'un lit individuel et d'une literie individuelle convenable, propre à son arrivée puis bien entretenue et renouvelée assez souvent pour en assurer la propreté.

Alimentation

Règle 22
1. Tout détenu doit recevoir de l'administration pénitentiaire aux heures habituelles une alimentation de bonne qualité, bien préparée et servie, ayant une valeur nutritive suffisant au maintien de sa santé et de ses forces.
2. Chaque détenu doit pouvoir disposer d'eau potable lorsqu'il en a besoin.

Activité physique et sportive

Règle 23
1. Chaque détenu qui n'est pas occupé à un travail en plein air doit avoir, si le temps le permet, une heure au moins par jour d'exercice physique approprié en plein air.
2. Les jeunes détenus et les autres détenus dont l'âge et la condition physique le permettent doivent recevoir pendant la période réservée à l'exercice une éducation physique et récréative. Le terrain, les installations et l'équipement nécessaires devraient être mis à leur disposition.

Services de santé

Règle 24
1. L'État a la responsabilité d'assurer des soins de santé aux détenus, ceux-ci devant recevoir des soins de même qualité que ceux disponibles dans la société et avoir accès aux services nécessaires sans frais et sans discrimination fondée sur leur statut juridique.
2. Les services de santé devraient être organisés en relation étroite avec l'administration générale de santé publique et de manière à faciliter la continuité du traitement et des soins, notamment pour le VIH, la tuberculose et d'autres maladies infectieuses, ainsi que pour la toxicomanie.

Règle 25
1. Chaque prison doit disposer d'un service médical chargé d'évaluer, de promouvoir, de protéger et d'améliorer la santé physique et mentale des détenus, une attention particulière étant accordée à ceux qui ont des besoins spéciaux ou des problèmes de santé qui constituent un obstacle à leur réinsertion.
2. Ce service doit être doté d'un personnel interdisciplinaire comprenant un nombre suffisant de personnes qualifiées agissant en pleine indépendance clinique, et disposer de compétences suffisantes

en psychologie et en psychiatrie. Tout détenu doit pouvoir bénéficier des soins d'un dentiste ayant les qualifications requises.

Règle 26

1. Le service médical doit établir et tenir des dossiers médicaux individuels exacts, à jour et confidentiels pour tous les détenus, qui doivent y avoir accès chaque fois qu'ils en font la demande. Un détenu peut désigner un tiers pour accéder à son dossier médical

2. Les dossiers médicaux doivent être transmis au service médical de l'institution d'accueil lors du transfèrement d'un détenu et sont soumis au secret médical.

Règle 27

1. Tous les établissements pénitentiaires doivent garantir l'accès rapide aux soins médicaux en cas d'urgence. Les détenus qui requièrent des traitements spécialisés ou soins chirurgicaux doivent être transférés vers des établissements spécialisés ou vers des hôpitaux civils. Lorsqu'un établissement pénitentiaire dispose de ses propres installations hospitalières, le personnel affecté et le matériel fourni doivent y être suffisants pour assurer un traitement et des soins adéquats aux détenus qui y sont envoyés.

2. Les décisions cliniques ne peuvent être prises que par les professionnels de la santé responsables et ne peuvent être rejetées ou ignorées par le personnel pénitentiaire non médical.

Règle 28

Dans les prisons pour femmes, des installations spéciales doivent être prévues pour tous les soins prénatals et postnatals nécessaires. Dans toute la mesure possible, des dispositions doivent être prises pour que l'accouchement ait lieu dans un hôpital extérieur. Si l'enfant est né en prison, l'acte de naissance ne doit pas faire mention de ce fait.

Règle 29

1. La décision d'autoriser un enfant à séjourner avec un parent en prison doit être prise compte tenu de l'intérêt supérieur de l'enfant. Lorsqu'un enfant est autorisé à séjourner avec un parent en prison, des mesures doivent être prises pour mettre en place :

a) Des structures d'accueil internes ou externes, dotées d'un personnel qualifié, où les enfants seront placés lorsqu'ils ne sont pas sous la garde de leur parent ;

b) Des services de santé spécifiques aux enfants, y compris pour les examens médicaux pratiqués au moment de l'admission et pour un suivi continu de leur développement par des spécialistes.

2. Les enfants vivant en prison avec un parent ne doivent jamais être traités comme des détenus.

Règle 30

Un médecin ou un autre professionnel de la santé ayant les qualifications requises, tenu ou non de faire rapport au médecin, doit voir chaque détenu, lui parler et l'examiner aussitôt que possible après son admission et ensuite aussi souvent que nécessaire. Un soin particulier sera pris pour :

a) Cerner les besoins en matière de soins de santé et prendre toutes les mesures de traitement nécessaires ;

b) Déceler tout mauvais traitement dont les nouveaux détenus pourraient avoir été victimes avant leur admission ;

c) Repérer toute manifestation de tension psychologique ou autre due à l'emprisonnement, y compris, notamment, le risque de suicide ou d'automutilation, ainsi que de symptômes de manque liés à la consommation de stupéfiants, de médicaments ou d'alcool ; et prendre toutes les mesures individualisées, thérapeutiques ou autres, qui s'imposent ;

d) Dans le cas des détenus susceptibles d'être atteints de maladies contagieuses, prévoir leur isolement clinique et leur offrir un traitement adapté pendant la période de contagion ;

e) Déterminer si les détenus sont physiquement aptes à travailler, faire de l'exercice et participer à d'autres activités, selon le cas.

Règle 31

Le médecin ou, le cas échéant, d'autres professionnels de la santé ayant les qualifications requises, doivent pouvoir voir quotidiennement tous les détenus malades ou se plaignant de problèmes de santé physique ou mentale ou de blessures, et ceux sur lesquels leur attention est particulièrement attirée. Tous les examens médicaux doivent être pratiqués en toute confidentialité.

Règle 32

1. La relation entre le médecin ou les autres professionnels de la santé et les détenus est soumise aux mêmes normes déontologiques et professionnelles que celles qui s'appliquent aux patients au sein de la société, notamment :

a) Le devoir de protéger la santé physique et mentale des détenus, et de ne prévenir et traiter les maladies que sur des bases cliniques ;

b) Le respect de l'autonomie des patients dans les décisions concernant leur santé et du consentement éclairé dans la relation médecin-patient ;

c) La confidentialité des informations d'ordre médical, sauf en cas de menace réelle et imminente pour le patient ou pour autrui ;

d) L'interdiction absolue de se livrer, activement ou passivement, à des actes assimilables à la torture ou à d'autres peines ou traitements cruels, inhumains ou dégradants, y compris les expériences médicales ou scientifiques de nature à nuire à la santé du détenu, telles que le prélèvement de cellules, de tissus cellulaires ou d'organes.

2. Sans préjudice de l'alinéa d du paragraphe 1 de la présente règle, les détenus peuvent être autorisés, s'ils donnent leur consentement libre et éclairé, conformément à la loi applicable, à participer à des essais cliniques et à d'autres travaux de recherche médicale organisés dans la société s'il en est attendu un bénéfice direct notable pour leur santé, et à donner des cellules, tissus cellulaires ou organes à leur famille.

Règle 33

Le médecin doit faire rapport au directeur de la prison chaque fois qu'il estime que la santé physique ou mentale d'un détenu a été ou sera affectée par le maintien en détention ou par une des conditions de détention.

Règle 34

Si les professionnels de la santé constatent des signes de torture et d'autres peines ou traitements cruels, inhumains ou dégradants lors des examens pratiqués sur les détenus au moment de l'admission ou lorsque, par la suite, ils dispensent des soins médicaux aux détenus, ils doivent le consigner et le signaler aux autorités médicales, administratives ou judiciaires compétentes. Des précautions procédurales adéquates doivent être prises pour ne pas exposer le détenu ou les personnes associées à des préjudices prévisibles.

Règle 35

1. Le médecin ou l'organisme de santé publique compétent doit faire des inspections régulières et conseiller le directeur de la prison en ce qui concerne :

a) La quantité, la qualité, la préparation et la distribution des aliments ;

b) L'hygiène et la propreté de l'établissement et des détenus ;

c) Les installations sanitaires, la température, l'éclairage et la ventilation de l'établissement ;

d) La qualité et la propreté des vêtements et de la literie des détenus ;

e) L'observation des règles concernant l'éducation physique et sportive lorsque celle-ci est organisée par un personnel non spécialisé.

2. Le directeur de la prison doit prendre en considération les conseils et rapports du médecin, comme prévu au paragraphe 1 de la présente règle et à la règle 33, et prendre immédiatement les mesures voulues pour que ces avis et les recommandations figurant dans les rapports soient suivis. Si ces recommandations ou conseils échappent à sa compétence ou n'emportent pas son accord, il transmet immédiatement à l'autorité supérieure son propre rapport et les conseils et recommandations du médecin ou de l'organisme de santé publique compétent.

Restrictions, discipline et sanctions

Règle 36

L'ordre et la discipline doivent être maintenus sans apporter plus de restrictions qu'il n'est nécessaire pour le maintien de la sécurité, le bon fonctionnement de la prison et le bon ordre de la vie communautaire.

Règle 37

Les éléments ci-après doivent toujours être soumis à une autorisation prévue par la loi ou par le règlement de l'autorité administrative compétente :

a) Conduite constituant une infraction à la discipline ;

b) Nature et durée des sanctions disciplinaires qui peuvent être infligées ;

c) Autorité habilitée à prononcer ces sanctions ;

d) Toute forme de séparation non volontaire du détenu de la population carcérale générale, telle que l'isolement cellulaire, l'isolement, la ségrégation, les unités de soins spéciaux ou les unités de logement restrictives, comme sanction disciplinaire ou pour maintenir l'ordre et la sécurité, y compris l'adoption de politiques et de procédures régissant le recours à toute forme de séparation non volontaire, la révision, le placement et la levée de toute forme de séparation non volontaire.

Règle 38

1. Les administrations pénitentiaires sont encouragées à avoir recours, dans la mesure du possible, à la prévention des conflits, la médiation ou tout autre mécanisme de résolution des différends afin de prévenir les infractions disciplinaires et de résoudre les conflits.

2. L'administration pénitentiaire doit prendre les mesures nécessaires pour atténuer les effets néfastes que peut avoir l'isolement sur les détenus mis à l'écart ou qui l'ont été et sur leur communauté après leur libération.

Règle 39

1. Aucun détenu ne doit être puni sauf s'il l'est conformément aux dispositions de la loi ou du règlement visées à la règle 37 et aux principes d'équité et de procédure régulière. Le détenu ne doit jamais être puni deux fois pour le même acte ou la même infraction.

2. Les administrations pénitentiaires doivent veiller à la proportionnalité de la sanction disciplinaire avec l'infraction correspondante et doivent consigner dans un registre toutes les mesures disciplinaires imposées.

3. Avant d'imposer des sanctions disciplinaires, les administrations pénitentiaires doivent déterminer si une maladie mentale ou des troubles du développement peuvent avoir contribué à la conduite et à la commission de l'infraction ou de l'acte sous-jacent à l'accusation d'infraction disciplinaire. Elles ne doivent pas sanctionner un comportement qui est jugé directement lié à la maladie mentale ou à une déficience intellectuelle du détenu.

Règle 40

1. Aucun détenu ne pourra occuper dans la prison un emploi qui lui confère des pouvoirs disciplinaires.

2. Cette règle ne saurait toutefois faire obstacle au bon fonctionnement des systèmes d'autogouvernement recouvrant des activités ou responsabilités d'ordre social, éducatif ou sportif qui sont exercées, sous contrôle, par des détenus regroupés en vue de leur traitement.

Règle 41

1. Toute allégation d'infraction disciplinaire commise par un détenu doit être rapidement signalée à l'autorité compétente, qui procédera sans retard indu à une enquête.

2. Les détenus doivent être informés, sans retard et dans une langue qu'ils comprennent, de la nature de l'accusation portée contre eux et doivent disposer du temps et des services nécessaires à la préparation de leur défense.

3. Les détenus doivent être autorisés à se défendre, soit personnellement, soit par l'intermédiaire de l'assistance juridique lorsque les intérêts de la justice l'exigent, en particulier dans les cas disciplinaires graves. S'ils ne comprennent ou ne parlent pas la langue dans laquelle se déroule l'audience disciplinaire, ils doivent pouvoir être gratuitement assistés par un interprète compétent.

4. Les détenus doivent pouvoir demander un contrôle juridictionnel des sanctions disciplinaires prises à leur encontre.

5. Lorsqu'un manquement à la discipline est traité comme une infraction, les détenus ont droit à toutes les garanties de procédure régulière applicables en matière pénale, y compris le droit d'avoir librement accès à un conseil juridique.

Règle 42

Les conditions de vie en général prévues dans les présentes règles, notamment pour ce qui est de l'éclairage, l'aération, la température, les installations sanitaires, la nourriture, l'eau potable, l'accès à l'air libre et l'exercice physique, l'hygiène personnelle, les soins de santé et la disponibilité d'un espace personnel suffisant, doivent s'appliquer à tous les détenus sans exception.

Règle 43

1. En aucun cas les restrictions ou sanctions disciplinaires ne peuvent constituer des actes de torture ou autres peines ou traitements cruels, inhumains ou dégradants. Les pratiques suivantes, en particulier, sont interdites :

a) Isolement cellulaire pour une durée indéterminée ;

b) Isolement cellulaire prolongé ;

c) Placement d'un détenu dans une cellule obscure ou constamment éclairée ;

d) Châtiments corporels ou réduction de la ration alimentaire ou de l'eau potable que reçoit le détenu ;

e) Punitions collectives.

2. Les moyens de contrainte ne doivent jamais être utilisés à titre de sanctions disciplinaires.

3. Les sanctions disciplinaires ou mesures de restriction ne doivent pas consister en une interdiction de contacts avec la famille. Les contacts avec la famille ne peuvent être restreints que pour une période limitée, lorsque cela est strictement nécessaire pour assurer le maintien de l'ordre et de la sécurité.

Règle 44

Aux fins des présentes règles, l'isolement cellulaire signifie l'isolement d'un détenu pendant 22 heures par jour ou plus, sans contact humain réel. L'isolement cellulaire prolongé signifie l'isolement cellulaire pour une période de plus de 15 jours consécutifs.

Règle 45

1. L'isolement cellulaire ne doit être utilisé qu'en dernier ressort dans des cas exceptionnels, pour une durée aussi brève que possible, sous contrôle indépendant et uniquement avec l'autorisation d'une autorité compétente. Il ne doit pas être imposé du fait de la nature de la peine du détenu.

2. Le recours à l'isolement cellulaire devrait être interdit pour les détenus souffrant d'une incapacité mentale ou physique lorsqu'il pourrait aggraver leur état. L'interdiction de recourir à l'isolement cellulaire et à des mesures similaires à l'égard des femmes et des enfants, qu'imposent d'autres règles et normes des Nations unies en matière de prévention du crime et de justice pénale *[V. règle 67 des Règles des Nations unies pour la protection des mineurs privés de liberté (Résol. 45/113, ann.) ; et*

règle 22 des Règles des Nations unies concernant le traitement des détenues et l'imposition de mesures non privatives de liberté aux délinquantes (Règles de Bangkok) (Résol. 65/229, ann.)], continue de s'appliquer.

Règle 46

1. Le personnel de santé ne doit jouer aucun rôle dans l'imposition de sanctions disciplinaires ou autres mesures de restriction. Il doit cependant prêter une attention particulière à la santé des détenus soumis à toute forme de séparation non volontaire, notamment en effectuant des visites quotidiennes et en fournissant promptement une assistance médicale et un traitement si le détenu ou le personnel pénitentiaire le demande.

2. Le personnel de santé doit signaler sans tarder au directeur de la prison tout effet néfaste d'une sanction disciplinaire ou autre mesure de restriction sur la santé physique ou mentale du détenu contre lequel elle est prise et informer le directeur s'il estime nécessaire de suspendre ou d'assouplir ladite sanction ou mesure pour des raisons médicales physiques ou mentales.

3. Le personnel de santé doit être habilité à envisager et à recommander des modifications à apporter à la mesure de séparation non volontaire prise contre un détenu pour s'assurer qu'elle n'aggrave pas l'état de santé ou la déficience mentale ou physique de ce dernier.

Moyens de contrainte

Règle 47

1. L'usage de chaînes, fers et autres instruments intrinsèquement dégradants ou douloureux est interdit.

2. D'autres moyens de contrainte peuvent être utilisés mais uniquement si la loi l'autorise et dans les circonstances suivantes :

a) Par mesure de précaution contre une évasion pendant un transfèrement, pourvu qu'ils soient enlevés dès que le détenu comparaît devant une autorité judiciaire ou administrative ;

b) Sur ordre du directeur de la prison, si les autres moyens de maîtriser un détenu ont échoué, afin de l'empêcher de se blesser, de blesser autrui ou de causer des dégâts ; dans ce cas, le directeur doit immédiatement prévenir le médecin ou un autre professionnel de la santé ayant les qualifications requises et faire rapport à l'autorité administrative supérieure.

Règle 48

1. Lorsque l'utilisation de moyens de contrainte est autorisée conformément au paragraphe 2 de la règle 47, les principes suivants s'appliquent :

a) Il ne peut être fait usage de moyens de contrainte que si aucune autre forme de contrôle moins extrême ne permet de réduire les risques liés à la liberté de mouvement ;

b) La méthode de contrainte doit être la méthode la moins attentatoire qui est nécessaire et raisonnablement disponible pour contrôler les mouvements du détenu, compte tenu du niveau et de la nature des risques encourus ;

c) Les moyens de contrainte ne doivent être utilisés que le temps qui est nécessaire et être retirés dès que possible une fois qu'il n'y a plus de risques liés à la liberté de mouvement.

2. Les moyens de contrainte ne doivent jamais être utilisés sur des femmes pendant le travail, l'accouchement ou immédiatement après l'accouchement.

Règle 49

L'administration pénitentiaire doit chercher à avoir accès à des techniques de contrôle qui rendraient inutile le recours à des moyens de contrainte ou réduiraient leur degré d'intrusion, et dispenser une formation à l'utilisation de ces techniques.

Fouilles des détenus et des cellules

Règle 50

Les lois et règlements régissant les fouilles des détenus et des cellules doivent être conformes aux obligations découlant du droit international et tenir compte des règles et normes internationales, sachant qu'il est nécessaire d'assurer la sécurité au sein de l'établissement pénitentiaire. Les fouilles doivent être menées dans le respect de la dignité humaine et de l'intimité de la personne fouillée, ainsi que des principes de la proportionnalité, de la légalité et de la nécessité.

Règle 51

Les fouilles ne doivent pas être un moyen de harceler ou d'intimider un détenu, ou de porter inutilement atteinte à sa vie privée. A des fins de responsabilisation, l'administration pénitentiaire doit conserver des registres appropriés sur les fouilles, en particulier sur les fouilles intégrales, les investigations corporelles internes et les fouilles de cellules, ainsi que sur les motifs de ces fouilles, l'identité des personnes qui les ont effectuées et les éventuels résultats obtenus.

Règle 52

1. Les fouilles personnelles, y compris les fouilles intégrales et les investigations corporelles internes, ne doivent être effectuées que si elles sont absolument nécessaires. Les administrations pénitentiaires doivent être encouragées à trouver des solutions de remplacement aux fouilles personnelles et

à y recourir. Les fouilles personnelles doivent être effectuées en privé et par un personnel qualifié du même sexe que le détenu.

2. Les investigations corporelles internes ne doivent être effectuées que par des professionnels de la santé ayant les qualifications requises autres que le personnel médical principalement chargé des soins dispensés au détenu ou, pour le moins, par du personnel ayant suivi une formation adaptée, dispensée par des professionnels de santé, sur les normes d'hygiène et de sécurité à respecter.

Règle 53

Les détenus doivent pouvoir accéder aux documents relatifs à leur procès, ou être autorisés à les garder en leur possession, sans que l'administration pénitentiaire ne puisse y avoir accès.

Information et droit de plainte des détenus

Règle 54

Lors de son admission, chaque détenu doit rapidement être informé par écrit de ce qui suit :

a) Le droit pénitentiaire et la réglementation pénitentiaire applicable ;

b) Ses droits, y compris les moyens autorisés pour obtenir des renseignements, son droit de bénéficier de conseils juridiques, y compris les dispositifs d'aide juridictionnelle, et les procédures de formulation de demandes et de plaintes ;

c) Ses obligations, y compris les mesures disciplinaires applicables ; et

d) Tous autres points nécessaires pour lui permettre de s'adapter à la vie de l'établissement.

Règle 55

1. Les informations visées à la règle 54 doivent être disponibles dans les langues les plus couramment utilisées, selon les besoins de la population carcérale. Si un détenu ne comprend aucune de ces langues, l'assistance d'un interprète devrait lui être accordée.

2. Si un détenu est illettré, ces informations doivent lui être fournies oralement. Les détenus souffrant de handicap sensoriel doivent être informés par des moyens adaptés à leurs besoins.

3. L'administration pénitentiaire doit afficher bien en vue des résumés des informations dans les parties communes de l'établissement.

Règle 56

1. Tout détenu doit avoir chaque jour la possibilité de présenter des requêtes ou des plaintes au directeur de l'établissement ou au fonctionnaire pénitentiaire autorisé à représenter ce dernier.

2. Des requêtes ou plaintes doivent pouvoir être présentées à l'inspecteur des prisons au cours d'une inspection. Le détenu doit pouvoir s'entretenir librement et en toute confidentialité avec l'inspecteur ou tout autre fonctionnaire chargé d'inspecter, hors la présence du directeur ou d'autres membres du personnel de l'établissement.

3. Tout détenu doit être autorisé à adresser, sans censure quant au fond, une requête ou une plainte concernant le traitement auquel il est soumis, à l'administration pénitentiaire centrale et à l'autorité judiciaire ou autre compétente, y compris les autorités de contrôle ou de recours compétentes.

4. L'exercice des droits énoncés aux paragraphes 1 à 3 de la présente règle est étendu au conseil juridique du détenu. Lorsque ni le détenu ni son conseil n'ont la possibilité d'exercer ces droits, un membre de la famille du détenu ou toute autre personne qui connaît l'affaire peut les exercer.

Règle 57

1. Toute requête ou plainte doit être examinée avec diligence et recevoir une réponse sans tarder. En cas de rejet de la requête ou de la plainte ou en cas de retard excessif, le demandeur est autorisé à saisir une autorité judiciaire ou autre.

2. Des garanties doivent être mises en place pour s'assurer que les détenus peuvent présenter des requêtes ou plaintes en toute sécurité et, s'ils le souhaitent, de manière confidentielle. Le détenu ou toute autre personne visée au paragraphe 4 de la règle 56 ne doivent être exposés à aucun risque de représailles, d'intimidation ou d'autres conséquences négatives pour avoir présenté une requête ou une plainte.

3. Les allégations de torture ou autres peines ou traitements cruels, inhumains ou dégradants de détenus doivent être examinées sans retard et donner lieu immédiatement à une enquête impartiale menée par une autorité nationale indépendante, conformément aux paragraphes 1 et 2 de la règle 71.

Contact avec le monde extérieur

Règle 58

1. Les détenus doivent être autorisés, sous la surveillance nécessaire, à communiquer avec leur famille et leurs amis à intervalles réguliers :

a) Par correspondance écrite et, le cas échéant, par télécommunication électronique, numérique ou d'autres moyens ; et

b) En recevant des visites.

2. Lorsque les visites conjugales sont autorisées, ce droit doit être exercé sans discrimination, et les femmes doivent pouvoir l'exercer au même titre que les hommes. Des procédures doivent être mises en place et des locaux mis à disposition pour assurer un accès juste et égal dans des conditions de sûreté et de dignité.

Règle 59

Les détenus doivent être placés, dans la mesure du possible, dans des prisons situées près de leur domicile ou de leur lieu de réinsertion sociale.

Règle 60

1. Pour pouvoir être admis dans un établissement pénitentiaire, les visiteurs doivent accepter de se soumettre à une fouille. Un visiteur peut retirer son consentement à tout moment, auquel cas l'administration pénitentiaire peut lui refuser l'accès.

2. Les fouilles et les formalités d'entrée applicables aux visiteurs ne doivent pas être dégradantes et doivent être régies par des principes de protection au moins équivalents à ceux visés aux règles 50 à 52. Les investigations corporelles internes devraient être évitées et ne pas être pratiquées sur des enfants.

Règle 61

1. Les détenus doivent pouvoir recevoir la visite d'un conseil juridique de leur choix ou d'un prestataire d'aide juridictionnelle, s'entretenir avec lui et le consulter sur tout point de droit, sans retard, sans aucune interception ni censure et en toute confidentialité, et disposer du temps et des moyens nécessaires à cet effet, conformément au droit national applicable. Ces consultations peuvent se dérouler à portée de vue, mais non à portée d'ouïe, du personnel pénitentiaire.

2. Si les détenus ne parlent pas la langue locale, l'administration pénitentiaire leur facilite l'accès aux services d'un interprète indépendant compétent.

3. Les détenus devraient avoir accès à une aide juridictionnelle effective.

Règle 62

1. Les détenus de nationalité étrangère doivent pouvoir bénéficier de facilités raisonnables pour communiquer avec les représentants diplomatiques et consulaires de l'État dont ils sont ressortissants.

2. Les détenus ressortissants d'États qui n'ont pas de représentants diplomatiques ou consulaires dans le pays, ainsi que les réfugiés et les apatrides, doivent bénéficier des mêmes facilités pour s'adresser au représentant diplomatique de l'État qui est chargé de leurs intérêts ou à toute autorité nationale ou internationale qui a pour mission de les protéger.

Règle 63

Les détenus doivent être tenus régulièrement au courant des événements les plus importants, soit par la lecture de journaux quotidiens, de périodiques ou de publications pénitentiaires spéciales, soit par des émissions, des conférences ou tout autre moyen analogue, autorisés ou contrôlés par l'administration pénitentiaire.

Bibliothèque

Règle 64

Chaque prison doit avoir une bibliothèque qui soit ouverte à toutes les catégories de détenus et dotée de suffisamment d'ouvrages instructifs et récréatifs, et les détenus doivent être encouragés à l'utiliser pleinement.

Religion

Règle 65

1. Si un nombre suffisant de coreligionnaires sont détenus dans la même prison, un représentant qualifié de cette religion doit être nommé ou agréé. Lorsque le nombre de détenus le justifie et que les circonstances le permettent, l'arrangement devrait être à temps complet.

2. Le représentant qualifié, nommé et agréé conformément au paragraphe 1 de la présente règle, doit être autorisé à organiser périodiquement des services religieux et à faire, aux moments qui conviennent, des visites pastorales en privé auprès des détenus de sa religion.

3. Le droit de s'adresser à un représentant qualifié d'une religion ne doit jamais être refusé à aucun détenu. En revanche, si un détenu s'oppose à la visite d'un représentant d'une religion, il faut pleinement respecter son attitude.

Règle 66

Chaque détenu doit être autorisé, dans la mesure du possible, à satisfaire aux exigences de sa vie religieuse, en participant aux services organisés dans la prison et en ayant en sa possession des livres de culte et d'instruction religieuse de sa confession.

Garde des effets personnels des détenus

Règle 67

1. Lorsque le règlement n'autorise pas le détenu à conserver en sa possession l'argent, les objets de valeur, vêtements et autres effets qui lui appartiennent, ceux-ci doivent tous être placés en lieu sûr, lors de son admission en prison. Un inventaire de ces effets doit être dressé et il doit être signé par le détenu. Des mesures doivent être prises pour faire en sorte que ces effets demeurent en bon état.

2. Ces effets et cet argent doivent tous lui être rendus à sa libération, à l'exception de l'argent qu'il a été autorisé à dépenser, des effets qu'il a pu envoyer à l'extérieur ou des vêtements qui ont dû être détruits par souci d'hygiène. Le détenu doit signer une décharge pour les effets et l'argent qui lui sont restitués.

3. Tout argent ou effet provenant de l'extérieur et destiné au détenu est soumis aux mêmes règles.

4. Si le détenu est en possession de médicaments ou de stupéfiants au moment de son admission, le médecin ou un autre professionnel de la santé ayant les qualifications requises décideront de l'usage à en faire.

Notifications

Règle 68

Tout détenu doit avoir le droit, la possibilité et les moyens d'informer immédiatement sa famille ou toute autre personne qu'il aura désignée comme personne à contacter, de sa détention, de son transfèrement vers un autre établissement et de toute maladie ou blessure grave. La communication des données personnelles des détenus est soumise à la législation nationale.

Règle 69

En cas de décès du détenu, le directeur de la prison doit immédiatement en informer son parent le plus proche ou la personne à contacter en cas d'urgence. Les personnes désignées par le détenu pour recevoir des informations sur son état de santé sont averties par le directeur en cas de maladie ou de blessure grave, ou de placement dans un établissement de santé. Si le détenu demande expressément que son conjoint ou parent le plus proche ne soit pas informé en cas de maladie ou de blessure, sa volonté doit être respectée.

Règle 70

L'administration pénitentiaire doit informer immédiatement le détenu de la maladie grave ou du décès d'un proche parent ou de toute autre personne proche. Lorsque les circonstances le permettent, le détenu devrait être autorisé à se rendre au chevet d'un proche parent ou de toute autre personne proche gravement malade ou, en cas de décès, à son enterrement, soit sous escorte, soit librement.

Enquêtes

Règle 71

1. Nonobstant l'ouverture d'une enquête interne, le directeur de la prison signale sans tarder tout décès, toute disparition ou toute blessure grave survenant en cours de détention à une autorité judiciaire ou autre autorité compétente indépendante de l'administration pénitentiaire, qui sera chargée d'ouvrir promptement une enquête impartiale et efficace sur les circonstances et les causes de tels cas. L'administration pénitentiaire est tenue de coopérer pleinement avec cette autorité et de veiller à la conservation de tous les éléments de preuve.

2. L'obligation imposée au paragraphe 1 de la présente règle s'applique également chaque fois qu'on a des raisons de penser qu'un acte de torture a été commis ou que d'autres peines ou traitements cruels, inhumains ou dégradants ont été infligés en prison, qu'une plainte formelle ait été reçue ou non.

3. Lorsqu'on a des raisons de penser qu'un acte visé au paragraphe 2 de la présente règle a été commis, des mesures doivent immédiatement être prises pour garantir qu'aucune des personnes susceptibles d'être impliquées ne participe à l'enquête ni n'ait de contact avec les témoins, la victime ou la famille de la victime.

Règle 72

L'administration pénitentiaire doit traiter la dépouille d'une personne décédée en cours de détention avec respect et dignité. La dépouille devrait être rendue à son parent le plus proche dès que raisonnablement possible, et au plus tard une fois l'enquête achevée. L'administration pénitentiaire doit organiser des funérailles culturellement adaptées, lorsque personne ne souhaite ou ne peut le faire, et consigner tous les faits y relatifs.

Transfèrement des détenus

Règle 73

1. Lorsque les détenus sont amenés à l'établissement ou en sont extraits, ils doivent être exposés aussi peu que possible à la vue du public et des dispositions doivent être prises pour les protéger de toute forme d'insulte, de curiosité ou de publicité.

2. Le transport des détenus dans de mauvaises conditions d'aération ou de lumière, ou par tout moyen leur imposant une souffrance physique inutile, doit être interdit.

3. Le transport des détenus doit se faire aux frais de l'administration pénitentiaire et dans des conditions d'égalité pour tous.

Personnel pénitentiaire

Règle 74

1. L'administration pénitentiaire doit choisir avec soin le personnel de tout grade, car c'est de l'intégrité, de l'humanité, de l'aptitude personnelle et des capacités professionnelles de ce personnel que dépend la bonne gestion des prisons.

2. L'administration pénitentiaire doit avoir le souci constant d'éveiller et de maintenir dans l'esprit du personnel et de l'opinion publique la conviction que la mission ainsi accomplie est un service social d'une grande importance et doit, pour ce faire, recourir à tous les moyens voulus pour éclairer le public.

3. Pour que les fins précitées puissent être atteintes, les membres du personnel pénitentiaire doivent être employés à plein temps en qualité de professionnels, doivent posséder le statut des fonctionnaires de l'État et bénéficier de ce fait de la sécurité de l'emploi sous réserve de leurs seules bonne conduite, efficacité dans le travail et aptitude physique. Pour que soient recrutés et maintenus en service des hommes et des femmes capables, la rémunération proposée doit être suffisante et les prestations offertes et conditions de service doivent tenir compte de la pénibilité du travail.

Règle 75

1. Tous les membres du personnel pénitentiaire doivent avoir un niveau d'instruction suffisant et se voir donner la possibilité et les moyens de s'acquitter de leurs fonctions de manière professionnelle.

2. Tous les membres du personnel pénitentiaire doivent suivre, avant d'entrer en service, une formation générale et spéciale adaptée, qui tienne compte des meilleures pratiques existantes fondées sur l'observation des faits dans le domaine des sciences pénales. Seuls les candidats ayant réussi les épreuves théoriques et pratiques sanctionnant cette formation sont autorisés à intégrer les services pénitentiaires.

3. L'administration pénitentiaire doit continuer d'offrir à son personnel une formation en cours d'emploi qui permette à ce dernier d'entretenir et d'améliorer ses connaissances et ses capacités professionnelles après son entrée en service et tout au long de sa carrière.

Règle 76

1. La formation visée au paragraphe 2 de la règle 75 doit inclure, au minimum, des enseignements concernant :

a) Les lois, réglementations et politiques nationales pertinentes, ainsi que les instruments internationaux et régionaux applicables, dont les dispositions doivent guider le travail et l'interaction du personnel pénitentiaire avec les détenus ;

b) Les droits et devoirs qui s'appliquent aux membres du personnel pénitentiaire dans l'exercice de leurs fonctions, notamment le respect de la dignité humaine des détenus et l'interdiction de certains comportements, en particulier la torture et d'autres peines ou traitements cruels, inhumains ou dégradants ;

c) La sécurité et la sûreté, notamment la notion de sécurité dynamique, l'usage de la force et de moyens de contrainte, ainsi que la prise en charge des délinquants violents, en tenant dûment compte des techniques de prévention et de désamorçage telles que la négociation et la médiation ;

d) Les premiers soins, les besoins psychosociaux des détenus et les dynamiques propres au milieu carcéral, ainsi que la protection et l'assistance sociales, notamment le dépistage précoce des problèmes de santé mentale.

2. Les membres du personnel pénitentiaire qui s'occupent de certaines catégories de détenus, ou qui ont d'autres fonctions spécifiques, reçoivent une formation spécialisée correspondante.

Règle 77

Tous les membres du personnel pénitentiaire doivent en toute circonstance se conduire et accomplir leur tâche de telle manière que leur exemple ait une bonne influence sur les détenus et suscite leur respect.

Règle 78

1. Le personnel pénitentiaire doit, dans toute la mesure possible, comprendre un nombre suffisant de spécialistes tels que psychiatres, psychologues, assistants sociaux, enseignants et instructeurs techniques.

2. Les services des assistants sociaux, des enseignants et des instructeurs techniques doivent être assurés d'une façon permanente, mais sans exclure la possibilité de faire appel à des auxiliaires à temps partiel ou à des bénévoles.

Règle 79

1. Le directeur de la prison doit avoir la personnalité, les capacités administratives, la formation spécialisée et l'expérience voulues pour s'acquitter correctement de sa tâche.

2. Il doit consacrer tout son temps à sa fonction officielle et ne peut pas être nommé à temps partiel. Il doit habiter la prison ou à proximité immédiate de celle-ci.

3. Lorsque deux ou plusieurs prisons sont placées sous l'autorité d'un seul directeur, celui-ci doit se rendre dans chacune à de fréquents intervalles. Chacune de ces prisons doit avoir à sa tête un fonctionnaire résident chargé de la diriger.

Règle 80

1. Le directeur de la prison, son adjoint et la majorité des autres membres du personnel pénitentiaire doivent parler la langue de la plupart des détenus, ou une langue comprise par la plupart d'entre eux.

2. En cas de besoin, il pourra être fait appel aux services d'un interprète compétent.

Règle 81

1. Dans une prison mixte, la section des femmes doit être placée sous la direction d'un membre du personnel de sexe féminin qui conservera toutes les clefs de ce quartier de la prison.

2. Aucun membre du personnel de sexe masculin ne doit pénétrer dans la section réservée aux femmes sans être accompagné d'un membre du personnel de sexe féminin.

3. Seuls des membres du personnel de sexe féminin doivent assurer la surveillance des détenues. Ceci n'exclut pas cependant que des membres du personnel de sexe masculin, notamment des médecins et des enseignants, exercent leurs fonctions dans les prisons ou sections réservées aux femmes.

Règle 82

1. Les membres du personnel des prisons ne doivent, dans leurs rapports avec les détenus, utiliser la force qu'en cas de légitime défense, de tentative d'évasion ou de résistance par la force ou par l'inertie physique à un ordre fondé sur la loi ou les règlements. Les membres du personnel qui recourent à la force doivent en limiter l'emploi au strict nécessaire et signaler immédiatement l'incident au directeur de la prison.

2. Les membres du personnel pénitentiaire doivent subir un entraînement physique spécial qui leur permette de maîtriser les détenus violents.

3. Sauf circonstances spéciales, les membres du personnel pénitentiaire qui assurent un service les mettant en contact direct avec les détenus ne doivent pas être armés. Par ailleurs, aucune arme ne doit être confiée à un membre du personnel pénitentiaire qui n'a pas été entraîné à son maniement.

Inspections internes et externes

Règle 83

1. Pour procéder à l'inspection régulière des établissements et services pénitentiaires, il doit être mis en place un système qui comprend les deux composantes suivantes :

a) Des inspections internes ou administratives menées par l'administration pénitentiaire centrale ;

b) Des inspections externes menées par un organisme indépendant de l'administration pénitentiaire, dont peuvent faire partie des organismes régionaux ou internationaux compétents.

2. Dans les deux cas, les inspections doivent avoir pour objet de veiller à ce que les établissements pénitentiaires soient administrés conformément aux lois, règlements, politiques et procédures en vigueur, dans le but d'atteindre les objectifs des services pénitentiaires et correctionnels, et à ce que les droits des détenus soient protégés.

Règle 84

1. Les inspecteurs ont autorité :

a) Pour avoir accès à tous les renseignements concernant le nombre de détenus, le nombre de lieux de détention et leur emplacement, ainsi qu'à tous les renseignements relatifs au traitement des détenus, y compris à leurs dossiers et conditions de détention ;

b) Pour choisir librement les établissements à visiter, y compris pour entreprendre de leur propre initiative des inspections non annoncées, et choisir les détenus à rencontrer ;

c) Pour s'entretenir en privé et en toute confidentialité avec les détenus et le personnel pénitentiaire lors de leurs visites ;

d) Pour formuler des recommandations à l'intention de l'administration pénitentiaire et d'autres autorités compétentes.

2. Les équipes d'inspection externes doivent être composées d'inspecteurs possédant les qualifications et l'expérience requises et ayant été nommés par une autorité compétente, ainsi que de professionnels de la santé. Elles doivent tenir dûment compte de l'équilibre entre les sexes pour ce qui est de leur composition.

Règle 85

1. Chaque inspection doit donner lieu à un rapport écrit qui sera remis à l'autorité compétente. La diffusion publique des rapports des inspections externes doit être dûment envisagée, à l'exception des données personnelles des détenus qui ne peuvent être divulguées que sur accord exprès de ces derniers.

2. L'administration pénitentiaire ou d'autres autorités compétentes doivent, le cas échéant, indiquer, dans un laps de temps raisonnable, si elles entendent appliquer les recommandations issues de l'inspection externe.

II. RÈGLES APPLICABLES À DES CATÉGORIES SPÉCIALES

A. Détenus condamnés

Principes directeurs

Règle 86

Les principes directeurs exposés ci-après ont pour but de définir l'esprit dans lequel les systèmes pénitentiaires doivent être administrés et les objectifs vers lesquels ils doivent tendre, conformément à la déclaration faite dans l'observation préliminaire 1 des présentes règles.

Règle 87

Avant la fin de l'exécution d'une peine, il est souhaitable que les mesures nécessaires soient prises pour assurer le retour progressif du détenu à la vie en société. Ce but peut être atteint, selon les cas, par un régime préparatoire à la libération, organisé dans la prison même ou dans un autre établissement adapté, ou par une libération avec mise à l'épreuve sous un contrôle qui ne doit pas être confié à la police mais qui comportera une assistance sociale effective.

Règle 88

1. Le traitement des détenus ne doit pas mettre l'accent sur le fait que ceux-ci sont exclus de la société, mais au contraire sur celui qu'ils continuent à en faire partie. A cette fin, il faut, dans la mesure du possible, faire appel au concours d'organismes de la société pour aider le personnel pénitentiaire dans sa tâche de réadaptation sociale des détenus.

2. Chaque prison devrait travailler avec des assistants sociaux qui devraient être chargés de favoriser et d'améliorer les relations du détenu avec sa famille et avec les organismes sociaux qui peuvent lui être utiles. Des dispositions doivent être prises en vue de garantir, pour autant que le permettent la loi et la peine à accomplir, les droits relatifs aux intérêts civils, le bénéfice des droits à la sécurité sociale et les autres avantages sociaux des détenus.

Règle 89

1. La concrétisation de ces principes exige l'individualisation du traitement et, à cette fin, un système souple de classification des détenus en groupes. Il est donc désirable que ces groupes soient placés dans des prisons distinctes où chaque groupe puisse recevoir le traitement nécessaire.

2. Ces prisons ne sont pas tenues d'assurer le même niveau de sécurité pour chaque groupe. Il est souhaitable de prévoir des degrés variables de sécurité selon les besoins des différents groupes. Les prisons ouvertes, par le fait même qu'elles ne prévoient pas de mesures de sécurité physique contre les évasions mais s'en remettent à l'autodiscipline des détenus, offrent les conditions les plus favorables à la réadaptation des détenus sélectionnés avec soin.

3. Il est souhaitable que, dans les prisons fermées, le trop grand nombre de détenus ne nuise pas à l'individualisation du traitement. Dans certains pays, on estime que la population de telles prisons ne devrait pas dépasser 500. Dans les prisons ouvertes, la population doit être aussi réduite que possible.

4. En revanche, il n'est pas souhaitable d'avoir des établissements trop petits pour que les services nécessaires puissent être assurés.

Règle 90

Le devoir de la société vis-à-vis du détenu ne prend pas fin avec la libération de celui-ci. Il faudrait donc que des organismes publics ou privés puissent apporter au détenu libéré une assistance postpénitentiaire effective, qui soit conçue pour diminuer les préjugés à son égard et contribuer à sa réinsertion dans la société.

Traitement

Règle 91

Le traitement des personnes condamnées à une peine d'emprisonnement ou mesure similaire doit avoir pour but, autant que la durée de la condamnation le permet, de leur donner la volonté et les moyens de vivre dans le respect de la loi et de subvenir à leurs propres besoins, après leur libération. Ce traitement doit être de nature à encourager leur respect de soi et à développer leur sens des responsabilités.

Règle 92

1. A ces fins, il faut recourir à tous les moyens voulus, notamment aux soins religieux dans les pays où cela est possible, à l'instruction, à l'orientation et à la formation professionnelles, à l'assistance sociale individuelle, au conseil pour l'emploi, au développement physique et à l'enseignement de la morale, en fonction des besoins de chaque détenu et compte tenu de ses antécédents sociaux et judiciaires, de ses capacités et aptitudes physiques et mentales, de sa personnalité, de la durée de la condamnation et de ses perspectives de réinsertion.

2. Pour chaque détenu condamné à une peine d'une durée adaptée, le directeur de la prison doit recevoir, aussitôt que possible après l'admission, des rapports complets sur tous les points mentionnés au paragraphe 1 de la présente règle. Ces rapports doivent toujours comprendre l'avis d'un médecin ou d'un autre professionnel de la santé ayant les qualifications requises sur l'état physique et mental du détenu.

3. Les rapports et toutes autres pièces pertinentes seront placés dans un dossier individuel. Ce dossier sera tenu à jour et classé de façon à pouvoir être consulté par le personnel responsable, chaque fois que cela est nécessaire.

Classification et individualisation

Règle 93

1. La classification doit avoir pour but :

a) D'écarter les détenus qui, en raison de leurs antécédents judiciaires ou de leur personnalité, sont susceptibles d'avoir une mauvaise influence sur leurs codétenus ;

b) De répartir les détenus en groupes afin de faciliter leur traitement en vue de leur réadaptation sociale.

2. Dans la mesure du possible, des prisons séparées ou des quartiers distincts doivent être prévus pour le traitement des différents groupes de détenus.

Règle 94

Dès que possible après l'admission et après étude de la personnalité de chaque détenu condamné à une peine d'une durée adaptée, un programme de traitement doit être préparé pour celui-ci, à la lumière des données disponibles concernant ses besoins, capacités et dispositions propres.

Privilèges

Règle 95

Un système de privilèges adapté aux différents groupes de détenus et aux différentes méthodes de traitement doit être mis en place dans chaque prison afin d'encourager la bonne conduite, de développer le sens des responsabilités et de susciter l'intérêt et la coopération des détenus en vue de leur traitement.

Travail

Règle 96

1. Les détenus condamnés doivent avoir la possibilité de travailler et de participer activement à leur réadaptation, sous réserve de l'avis d'un médecin ou autre professionnel de la santé ayant les qualifications requises concernant leur aptitude physique et mentale.

2. Il faut fournir aux détenus un travail productif suffisant pour les occuper pendant la durée normale d'une journée de travail.

Règle 97

1. Le travail pénitentiaire ne doit pas avoir un caractère punitif.

2. Les détenus ne doivent pas être soumis à l'esclavage ou à la servitude.

3. Aucun détenu ne doit être tenu de travailler pour le bénéfice personnel ou privé d'un fonctionnaire pénitentiaire quel qu'il soit.

Règle 98

1. Le travail pénitentiaire doit, dans la mesure du possible, être de nature à entretenir ou accroître la capacité des détenus à gagner honnêtement leur vie après leur libération.

2. Une formation professionnelle utile doit être dispensée aux détenus qui sont à même d'en profiter et particulièrement aux jeunes.

3. Dans les limites compatibles avec une sélection professionnelle appropriée et avec les exigences de l'administration et de la discipline pénitentiaires, les détenus doivent pouvoir choisir le type de travail qu'ils souhaitent accomplir.

Règle 99

1. L'organisation et les méthodes de travail en milieu pénitentiaire doivent se rapprocher autant que possible de celles qui caractérisent un travail analogue en dehors de la prison, afin de préparer les détenus aux conditions de la vie professionnelle normale.

2. L'intérêt des détenus et de leur formation professionnelle ne doit toutefois pas être subordonné à la volonté de tirer un profit financier d'une activité exercée en milieu pénitentiaire.

Règle 100

1. Il est préférable que les ateliers et fermes pénitentiaires soient gérés directement par l'administration pénitentiaire et non par des entrepreneurs privés.

2. Lorsque les détenus sont employés pour effectuer des travaux qui ne sont pas contrôlés par l'administration pénitentiaire, ils doivent toujours être placés sous la surveillance du personnel pénitentiaire. A moins que les détenus travaillent pour le compte d'autres organismes d'État, les personnes auxquelles leur main-d'œuvre est fournie doivent verser à l'administration pénitentiaire l'intégralité du salaire normal exigible pour ce travail, compte tenu du rendement des détenus.

Règle 101

1. Les précautions prescrites pour protéger la sécurité et la santé des travailleurs libres doivent être également prises dans les établissements pénitentiaires.

2. Des dispositions doivent être prises pour indemniser les détenus en cas d'accident du travail et de maladie professionnelle, dans des conditions non moins favorables que celles que la loi accorde aux travailleurs libres.

Règle 102

1. Le nombre maximum d'heures de travail des détenus par jour et par semaine doit être fixé par la loi ou par un règlement administratif, compte tenu des normes ou pratiques locales concernant l'emploi des travailleurs libres.

2. Les heures ainsi fixées doivent laisser au détenu un jour de repos par semaine et suffisamment de temps en vue de son instruction ou d'autres activités requises pour assurer son traitement et sa réadaptation.

Règle 103

1. Le travail des détenus doit être rémunéré de façon équitable.

2. Le système en place doit permettre aux détenus d'utiliser au moins une partie de leur rémunération pour acheter des articles autorisés, destinés à leur usage personnel, et d'en envoyer une autre à leur famille.

3. Ce système devrait prévoir également qu'une partie de la rémunération soit mise de côté par l'administration pénitentiaire afin de constituer un pécule qui sera remis au détenu au moment de sa libération.

Éducation et loisirs

Règle 104

1. Des dispositions doivent être prises pour poursuivre l'éducation de tous les détenus capables d'en profiter, y compris l'instruction religieuse dans les pays où cela est possible. L'instruction des détenus analphabètes et des jeunes détenus doit être obligatoire et devra recevoir une attention particulière de la part de l'administration pénitentiaire.

2. Dans la mesure du possible, l'enseignement dispensé aux détenus doit l'être dans le cadre du système éducatif public afin que ceux-ci puissent poursuivre leur formation sans difficulté après la libération.

Règle 105

Des activités récréatives et culturelles doivent être organisées dans toutes les prisons pour assurer le bien-être physique et mental des détenus.

Relations sociales et aide postpénitentiaire

Règle 106

Une attention particulière doit être apportée au maintien et à l'amélioration des relations entre le détenu et sa famille, lorsque cela est souhaitable dans l'intérêt des deux parties.

Règle 107

Dès le début de l'exécution de la peine, il doit être tenu compte de l'avenir du détenu après sa libération et encourager ce dernier à cultiver ou à établir des relations avec des personnes ou des organismes extérieurs à la prison qui puissent favoriser sa réadaptation et les intérêts de sa famille.

Règle 108

1. Les services et organismes, publics ou non, qui aident les détenus libérés à retrouver leur place dans la société doivent, pour autant que cela soit possible et nécessaire, procurer aux détenus qui sortent de prison les documents et pièces d'identité nécessaires, un endroit où loger, du travail, des vêtements corrects et adaptés au climat et à la saison, ainsi que des moyens suffisants pour arriver à destination et pour subvenir à leurs besoins pendant la période qui suit immédiatement la libération.

2. Les représentants agréés de ces organismes doivent avoir toute facilité nécessaire pour accéder à la prison et rendre visite aux détenus et doivent être consultés pour décider du sort de ceux-ci dès le début de leur peine.

3. Il est désirable que l'activité de ces organismes soit autant que possible centralisée ou coordonnée afin qu'elle soit utilisée au mieux.

B. Détenus souffrant d'un handicap mental ou d'autres affections

Règle 109

1. Les personnes qui ne sont pas tenues pénalement responsables, ou chez lesquelles un handicap mental ou une autre affection grave est détectée ultérieurement, et dont l'état serait aggravé par le séjour en prison, ne doivent pas être détenues dans une prison et des dispositions doivent être prises pour les transférer aussitôt que possible dans un service de santé mentale.

2. Si nécessaire, d'autres détenus souffrant d'un handicap mental ou d'une autre affection peuvent être mis en observation et traités dans un service spécialisé, sous la supervision de professionnels de la santé ayant les qualifications requises.

3. Le service de santé doit assurer le traitement psychiatrique de tous les autres détenus qui en ont besoin.

Règle 110

Il est souhaitable que des dispositions soient prises, en accord avec les organismes compétents, pour assurer si nécessaire la poursuite du traitement psychiatrique après la libération, ainsi qu'une assistance postpénitentiaire sociopsychiatrique.

C. Personnes arrêtées ou prévenues

Règle 111

1. Tout individu arrêté ou incarcéré à raison d'une infraction pénale, qui est détenu soit dans des locaux de police soit dans une maison d'arrêt sans avoir encore été jugé, est qualifié de "prévenu" dans les dispositions qui suivent.

2. Le prévenu est présumé innocent et doit être traité comme tel.

3. Sans préjudice des dispositions légales relatives à la protection de la liberté individuelle ou fixant la procédure à suivre à l'égard des prévenus, ces derniers bénéficieront d'un régime spécial dont les règles ci-après définissent les grandes lignes.

Règle 112

1. Les prévenus doivent être séparés des condamnés.

2. Les jeunes prévenus doivent être séparés des adultes et doivent en principe être détenus dans des établissements distincts.

Règle 113

Les prévenus doivent dormir seuls dans des chambres individuelles, sous réserve d'un usage local différent dû au climat.

Règle 114

Dans les limites compatibles avec le bon ordre de l'établissement, les prévenus peuvent, s'ils le désirent, se nourrir à leurs frais en se procurant de la nourriture à l'extérieur soit par l'intermédiaire de l'administration, soit par celui de leur famille ou d'amis. Sinon, l'administration doit pourvoir à leur alimentation.

Règle 115

Le prévenu doit être autorisé à porter ses vêtements personnels si ceux-ci sont propres et convenables. S'il porte l'uniforme de l'établissement, celui-ci doit être différent de celui des condamnés.

Règle 116

Le prévenu doit toujours avoir la possibilité de travailler mais ne peut y être obligé. S'il travaille, il doit être rémunéré.

Règle 117

Le prévenu doit être autorisé à se procurer, à ses frais ou aux frais de tiers, des ouvrages, journaux, fournitures pour écrire et autres moyens de s'occuper, dans les limites compatibles avec l'intérêt de l'administration de la justice et avec la sécurité et le bon ordre de l'établissement.

Règle 118

Le prévenu doit être autorisé à recevoir la visite et les soins de son propre médecin ou dentiste si sa demande est raisonnablement fondée et s'il a les moyens d'assumer les dépenses qui en découlent.

Règle 119

1. Tout prévenu a le droit d'être rapidement informé des raisons de sa détention et de toutes charges pesant sur lui.

2. Si un prévenu ne dispose pas d'un conseil juridique de son choix, il doit avoir le droit de s'en voir commettre un d'office par une autorité judiciaire ou autre dans tous les cas où les intérêts de la justice l'exigent et sans qu'il ait à payer s'il n'en a pas les moyens. Le déni du droit d'accès à un conseil juridique doit sans tarder faire l'objet d'un contrôle indépendant.

Règle 120

1. Les prérogatives et modalités relatives au droit du prévenu à un conseil juridique ou à un prestataire d'assistance juridictionnelle pour assurer sa défense sont régies par les mêmes principes que ceux définis par la règle 61.

2. Le prévenu doit pouvoir, s'il le demande, recevoir de quoi écrire pour rédiger les documents nécessaires à sa défense, y compris des instructions confidentielles destinées à son conseil juridique ou prestataire d'aide juridictionnelle.

D. Condamnés à une peine civile

Règle 121

Dans les pays où la loi autorise l'emprisonnement pour dettes ou pour une peine prononcée à l'issue de toute autre procédure judiciaire non pénale, ces détenus ne doivent pas être soumis à plus de restrictions ni être traités avec plus de sévérité qu'il n'est nécessaire pour assurer leur bonne garde et pour maintenir l'ordre. Leur traitement ne doit pas être moins favorable que celui des prévenus, sous réserve toutefois de l'obligation qui peut leur être faite de travailler.

E. Personnes arrêtées ou incarcérées sans avoir été inculpées

Règle 122

Sans préjudice des dispositions de l'article 9 du Pacte international relatif aux droits civils et politiques *[V. Résol. 2200 A (XXI), ann.]*, les personnes arrêtées ou incarcérées sans avoir été inculpées jouissent de la protection garantie par la partie I et par la section C de la partie II des présentes règles. Les dispositions pertinentes de la section A de la partie II des présentes règles s'appliquent également lorsque cela peut être à l'avantage de cette catégorie spéciale de détenus, à condition que ne soit prise aucune mesure impliquant que la rééducation ou la réadaptation puisse de quelque manière que ce soit être indiquée pour traiter des personnes qui ne sont convaincues d'aucune infraction.

Recommandation Rec(2006)2-rev du Comité des Ministres aux États membres du 1er juillet 2020,

Sur les Règles pénitentiaires européennes [Lors de l'adoption de la recommandation en 2006, et en application de l'art. 10.2.c du Règlement intérieur des réunions des Délégués des Ministres, le Délégué du Danemark a réservé le droit de son gouvernement de se conformer ou non à l'art. 43, § 2, de l'annexe à la recommandation, car il est d'avis que l'exigence selon laquelle les détenus placés en isolement cellulaire doivent être visités par du personnel médical quotidiennement soulève de sérieuses préoccupations éthiques quant au rôle que ce personnel pourrait être appelé à jouer pour décider si ces prisonniers sont aptes à continuer à faire l'objet d'un isolement. Lors de l'adoption de cette recommandation révisée en 2020, et en application de l'art. 10.2.c du Règlement intérieur des réunions des Délégués des Ministres, le Délégué du Danemark a renouvelé cette réserve et a ajouté les nouvelles réserves suivantes.
Articles 53A :
Le Gouvernement du Danemark se réserve le droit de se conformer ou non à l'art. 53A, car il est d'avis que le respect effectif de cet article soulève de graves préoccupations concernant la sécurité et le bien-être du personnel pénitentiaire et qu'il nécessiterait des ressources considérables, en particulier des ressources humaines, dont le Service danois des prisons et de la probation ne dispose pas actuellement.
Article 60.6.a, 60.6.d et 60.6.e :
Le Gouvernement du Danemark se réserve le droit de se conformer ou non à l'art. 60.6.a, 60.6.d et 60.6.e. En ce qui concerne l'art. 60.6.a, la loi danoise n'interdit pas d'imposer l'isolement cellulaire à certaines catégories de détenus. En ce qui concerne l'art. 60.6.d et 60.6.e, la loi danoise ne prescrit pas de durée maximale pendant laquelle l'isolement peut être imposé et ne prévoit pas non plus de période de récupération après une période d'isolement. Un processus de réflexion est actuellement en cours au sujet d'éventuelles modifications des règles disciplinaires, y compris l'isolement cellulaire.]

(Adoptée par le Comité des Ministres le 11 janv. 2006, lors de la 952e réunion des Délégués des Ministres, et révisée et mod. par le Comité des Ministres le 1er juill. 2020, lors de la 1380e réunion des Délégués des Ministres)

Le Comité des Ministres, en vertu de l'article 15.b du Statut du Conseil de l'Europe,

Prenant en compte la Convention de sauvegarde des droits de l'homme et des libertés fondamentales (STE n° 5) ainsi que la jurisprudence de la Cour européenne des droits de l'homme ;

Prenant également en compte le travail mené par le Comité européen pour la prévention de la torture et des peines ou traitements inhumains ou dégradants et plus particulièrement les normes qu'il a développées dans ses rapports généraux ;

Réaffirmant que nul ne peut être privé de sa liberté, à moins que cette privation de liberté constitue une mesure de dernier recours et qu'elle soit en conformité avec des procédures définies par la loi ;

Soulignant que l'exécution des peines privatives de liberté et la prise en charge des détenus nécessitent la prise en compte des impératifs de sécurité, de sûreté et de discipline, et doivent, en même temps, garantir des conditions de détention qui ne portent pas atteinte à la dignité humaine et offrir des occupations constructives et une prise en charge permettant la préparation à leur réinsertion dans la société ;

Considérant qu'il est important que les États membres du Conseil de l'Europe continuent à mettre à jour et à respecter des principes communs au regard de leur politique pénitentiaire ;

Considérant en outre que le respect de tels principes communs renforcera la coopération internationale dans ce domaine ;

Ayant noté les changements sociaux importants qui ont influencé des développements significatifs dans le domaine pénal en Europe lors des deux dernières décennies ;

Approuvant les normes contenues dans les recommandations du Comité des Ministres du Conseil de l'Europe, aux États membres qui traitent des aspects spécifiques des politiques et pratiques pénitentiaires, et plus spécifiquement les Recommandations Rec(89)12 sur l'éducation en prison, Rec(93)6 concernant les aspects pénitentiaires et criminologiques du contrôle des maladies transmissibles et notamment du sida, et les problèmes connexes de santé en prison, Rec(97)12 sur le personnel chargé de l'application des sanctions et mesures, Rec(98)7 relative aux aspects éthiques et organisationnels des soins de santé en milieu pénitentiaire, Rec(99)22 concernant le surpeuplement des prisons et l'inflation carcérale, Rec(2003)22 concernant la libération conditionnelle et Rec(2003)23 concernant la gestion par les administrations pénitentiaires des condamnés à perpétuité et des autres détenus de longue durée ;

Approuvant en outre les Recommandations du Comité des Ministres aux États membres Rec(2006)13 concernant la détention provisoire, les conditions dans lesquelles elle est exécutée et la mise en place de garanties contre les abus, CM/Rec(2008)11 sur les Règles européennes pour les délinquants mineurs faisant l'objet de sanctions ou de mesures, CM/Rec(2010)1 sur les règles du Conseil de l'Europe relatives à la probation, CM/Rec(2012)5 sur le Code européen de déontologie pour le personnel pénitentiaire, CM/Rec(2012)12 relative aux détenus étrangers, CM/Rec(2014)3 relative aux délinquants dangereux, CM/Rec(2014)4 relative à la surveillance électronique, CM/Rec(2017)3 relative aux Règles européennes sur les sanctions et mesures appliquées dans la communauté et CM/Rec(2018)5 concernant les enfants de détenus, ainsi que les Lignes directrices à l'intention des services pénitentiaires et de probation concernant la radicalisation et l'extrémisme violent (adoptées par le Comité des Ministres en 2016) ;

Ayant à l'esprit l'Ensemble de règles minima des Nations unies pour le traitement des détenus telles que modifiées en 2015 (Règles Nelson Mandela) et les Règles des Nations unies concernant le traitement des détenues et l'imposition de mesures non privatives de liberté aux délinquantes (Règles de Bangkok),

Recommande aux gouvernements des États membres :

– de suivre dans l'élaboration de leur législation ainsi que de leurs politiques et pratiques les règles contenues dans l'annexe à la présente recommandation qui remplace la Recommandation n° Rec(87)3 du Comité des Ministres sur les Règles pénitentiaires européennes ;

– de s'assurer que la présente recommandation et son commentaire sont traduits et diffusés de la façon la plus large possible et plus spécifiquement parmi les autorités judiciaires, le personnel pénitentiaire et les détenus eux-mêmes.

Annexe à la Recommandation Rec(2006)2-rev

Partie I Principes fondamentaux

1. Toutes les personnes privées de liberté doivent être traitées dans le respect des droits de l'homme.

2. Les personnes privées de liberté conservent tous les droits qui ne leur ont pas été retirés selon la loi par la décision les condamnant à une peine d'emprisonnement ou les plaçant en détention provisoire.

3. Les restrictions imposées aux personnes privées de liberté doivent être réduites au strict nécessaire et doivent être proportionnelles aux objectifs légitimes pour lesquelles elles ont été imposées.

4. Le manque de ressources ne saurait justifier des conditions de détention violant les droits de l'homme.

5. La vie en prison est alignée aussi étroitement que possible sur les aspects positifs de la vie à l'extérieur de la prison.

6. Chaque détention est gérée de manière à faciliter la réintégration dans la société libre des personnes privées de liberté.

7. La coopération avec les services sociaux externes et, autant que possible, la participation de la société civile à la vie pénitentiaire doivent être encouragées.

8. Le personnel pénitentiaire exécute une importante mission de service public et son recrutement, sa formation et ses conditions de travail doivent lui permettre de fournir un haut niveau de prise en charge des détenus.

9. Toutes les prisons doivent faire l'objet d'une inspection régulière ainsi que du contrôle d'une autorité indépendante.

Champ d'application

10.1 Les Règles pénitentiaires européennes s'appliquent aux personnes placées en détention provisoire par une autorité judiciaire ou privées de liberté à la suite d'une condamnation.

10.2 En principe, les personnes placées en détention provisoire par une autorité judiciaire et les personnes privées de liberté à la suite d'une condamnation ne peuvent être détenues que dans des prisons, à savoir des établissements réservés aux détenus relevant des deux catégories précitées.

10.3 Les règles s'appliquent aussi aux personnes :

a. détenues pour toute autre raison dans une prison ; ou

b. placées en détention provisoire par une autorité judiciaire ou privées de liberté à la suite d'une condamnation, mais qui sont, pour une raison quelconque, détenues dans d'autres endroits.

10.4 Toute personne détenue dans une prison ou dans les conditions mentionnées au paragraphe 10.3.b. est considérée comme un détenu aux fins des présentes règles.

11.1 Les mineurs de 18 ans ne devraient pas être détenus dans des prisons pour adultes, mais dans des établissements spécialement conçus à cet effet.

11.2 Si des mineurs sont néanmoins exceptionnellement détenus dans ces prisons, leur situation et leurs besoins doivent être régis par des règles spéciales.

12.1 Les personnes souffrant de maladies mentales et dont l'état de santé mentale est incompatible avec la détention en prison devraient être détenues dans un établissement spécialement conçu à cet effet.

12.2 Si ces personnes sont néanmoins exceptionnellement détenues dans une prison, leur situation et leurs besoins doivent être régis par des règles spéciales.

13. Les présentes règles doivent être appliquées avec impartialité, sans discrimination aucune fondée notamment sur le sexe, la race, la couleur, la langue, la religion, les opinions politiques ou toutes autres opinions, l'origine nationale ou sociale, l'appartenance à une minorité nationale, la fortune, la naissance ou toute autre situation.

Partie II Conditions de détention

Admission et tenue des registres

14. Aucune personne ne peut être admise ou retenue dans une prison en qualité de détenu sans une ordonnance d'incarcération valable, conformément au droit interne.

15.1 Au moment de l'admission, les informations suivantes concernant chaque détenu doivent immédiatement être consignées :

a. informations concernant l'identité ;

b. motif de sa détention et nom de l'autorité compétente l'ayant décidée ;

c. date et heure de son admission ;

d. liste des effets personnels qui seront placés en lieu sûr, conformément à la règle 31 ;

e. toute blessure visible et toute plainte de mauvais traitements antérieurs ;

f. sous réserve des impératifs relatifs au secret médical, toute information sur l'état de santé significative pour le bien-être physique et mental de ce détenu ou des autres ;

g. le nom et les coordonnées de toute personne désignée par le détenu comme personne à contacter en cas de décès, de blessures graves ou de maladie ; et

h. le nombre d'enfants, leur âge, ainsi que la personne qui en a la charge.

15.2 Au moment de l'admission, chaque détenu doit recevoir les informations prévues à la règle 30.

15.3 Immédiatement après l'admission, une notification de la détention du détenu doit être faite, conformément à la règle 24.9.

16. Dès que possible après l'admission :

a. les informations relatives à l'état de santé du détenu au moment d'admission doivent être complétées par un examen médical, conformément à la règle 42 ;

b. le niveau de sécurité applicable à l'intéressé doit être déterminé, conformément à la règle 51 ;

c. le risque que fait peser l'intéressé doit être déterminé, conformément à la règle 52 ;

d. les informations collectées selon les règles 15.1.g et 15.1.h ainsi que toute autre information existante sur la situation sociale du détenu doivent être évaluées de manière à traiter ses besoins personnels et sociaux immédiats ; et

e. concernant les détenus condamnés, les mesures requises doivent être prises afin de mettre en place des programmes conformément à la partie VIII des présentes règles.

16A1. Les informations consignées à l'admission et dès que possible après l'admission devront être mises à jour et complétées le cas échéant.

16A2. L'information sur chaque détenu doit être consignée en ce qui concerne en particulier :

a. la procédure judiciaire ;

b. les projets individuels d'exécution de la peine, la stratégie de préparation à la libération et la date de la libération ;

c. le comportement et la conduite, y compris le risque pour lui-même ou pour les autres ;

d. les requêtes et les plaintes, à moins qu'elles soient de nature confidentielle ;

e. l'imposition et la durée de la séparation et des sanctions disciplinaires, y compris l'usage de l'isolement cellulaire ;

f. l'utilisation des moyens de contrainte, y compris leur nature et leur durée ;

g. les fouilles personnelles, en particulier les fouilles corporelles internes et les fouilles des cellules ;

h. tout transfèrement ; et

i. les effets personnels.

16A.3 Toute information recueillie à l'admission et ultérieurement doit être tenue confidentielle et n'être communiquée qu'à ceux qui doivent y avoir accès pour des besoins professionnels.

16A.4 Les détenus doivent avoir accès à leurs propres dossiers médicaux et autres, à l'exception de ceux dont l'accès est restreint en vertu du droit interne pour des raisons de sécurité et de sûreté, et être autorisés à en recevoir une copie à leur demande.

16A.5 Le droit interne doit préciser quelles sont les informations qui doivent être recueillies et traitées et contenir des dispositions détaillées concernant ces informations pour veiller au respect des normes relatives à la protection des données.

Répartition et locaux de détention

17.1 Les détenus doivent être répartis autant que possible dans des prisons situées près de leur foyer ou de leur centre de réinsertion sociale.

17.2 La répartition doit aussi prendre en considération les exigences relatives à la poursuite et aux enquêtes pénales, à la sécurité et à la sûreté, ainsi que la nécessité d'offrir des régimes appropriés à tous les détenus.

17.3 Dans la mesure du possible, les détenus doivent être consultés au sujet de leur répartition initiale et de chaque transfèrement ultérieur d'une prison à une autre.

18.1 Les locaux de détention, en particulier ceux qui sont destinés au logement des détenus pendant la nuit, doivent satisfaire aux exigences de respect de la dignité humaine et, dans la mesure du possible, de la vie privée, et répondre aux conditions minimales requises en matière de santé et d'hygiène, compte tenu des conditions climatiques, notamment en ce qui concerne l'espace au sol, le volume d'air, l'éclairage, le chauffage et l'aération.

18.2 Dans tous les bâtiments où des détenus sont appelés à vivre, à travailler ou à se réunir :

a. les fenêtres doivent être suffisamment grandes pour que les détenus puissent lire et travailler à la lumière naturelle dans des conditions normales, et pour permettre l'entrée d'air frais, sauf s'il existe un système de climatisation approprié ;

b. la lumière artificielle doit être conforme aux normes techniques reconnues en la matière ; et

c. un système d'alarme doit permettre aux détenus de contacter le personnel immédiatement.

18.3 Le droit interne doit définir les conditions minimales requises concernant les points répertoriés aux paragraphes 1 et 2.

18.4 Le droit interne doit prévoir des mécanismes garantissant que le respect de ces conditions minimales ne soit pas atteint à la suite du surpeuplement carcéral.

18.5 Les détenus doivent en principe être logés pendant la nuit dans une cellule individuelle, sauf lorsqu'il est préférable pour eux de cohabiter avec d'autres détenus.

18.6 Une cellule doit être partagée uniquement si elle est adaptée à un usage collectif et doit être occupée par des détenus reconnus aptes à cohabiter.

18.7 Dans la mesure du possible, les détenus doivent pouvoir avoir le choix avant d'être contraints de partager une cellule pendant la nuit.

18.8 La décision de placer un détenu dans une prison ou une partie de prison particulière doit tenir compte de la nécessité de séparer :

a. les prévenus des détenus condamnés ;

b. les détenus de sexe masculin des détenus de sexe féminin ; et

c. les jeunes détenus adultes des détenus plus âgés.

18.9 Il peut être dérogé aux dispositions du paragraphe 18.8 en matière de séparation des détenus afin de permettre à ces derniers de participer ensemble à des activités organisées. Cependant, les groupes visés doivent toujours être séparés la nuit, à moins que les intéressés consentent à cohabiter et que les autorités pénitentiaires estiment que cette mesure s'inscrit dans l'intérêt de tous les détenus concernés.

18.10 Les conditions de logement des détenus doivent satisfaire aux mesures de sécurité les moins restrictives possible et compatibles avec le risque que les intéressés s'évadent, se blessent ou blessent d'autres personnes.

Hygiène

19.1 Tous les locaux d'une prison doivent être maintenus en état et propres à tout moment.

19.2 Les cellules ou autres locaux affectés à un détenu au moment de son admission doivent être propres.

19.3 Les détenus doivent jouir d'un accès facile à des installations sanitaires hygiéniques et protégeant leur intimité.

19.4 Les installations de bain et de douche doivent être suffisantes pour que chaque détenu puisse les utiliser, à une température adaptée au climat, de préférence quotidiennement mais au moins deux fois par semaine (ou plus fréquemment si nécessaire) conformément aux préceptes généraux d'hygiène.

19.5 Les détenus doivent veiller à la propreté et à l'entretien de leur personne, de leurs vêtements et de leur logement.

19.6 Les autorités pénitentiaires doivent leur fournir les moyens d'y parvenir, notamment des articles de toilette ainsi que des ustensiles de ménage et des produits d'entretien.

19.7 Des mesures spéciales doivent être prises afin de répondre aux besoins hygiéniques des femmes.

Vêtements et literie

20.1 Tout détenu dépourvu de vêtements personnels adéquats doit recevoir des vêtements adaptés au climat.

20.2 Ces vêtements ne doivent être ni dégradants ni humiliants.

20.3 Ces vêtements doivent être maintenus en bon état et remplacés si nécessaire.

20.4 Quand un détenu obtient la permission de sortir de prison, il ne doit pas être contraint de porter des vêtements faisant état de sa condition de détenu.

21. Chaque détenu doit disposer d'un lit séparé et d'une literie individuelle convenable, entretenue correctement et renouvelée suffisamment souvent pour en assurer la propreté.

Régime alimentaire

22.1 Les détenus doivent bénéficier d'un régime alimentaire tenant compte de leur âge, de leur état de santé, de leur état physique, de leur religion, de leur culture et de la nature de leur travail.

22.2 Le droit interne doit déterminer les critères de qualité du régime alimentaire en précisant notamment son contenu énergétique et protéinique minimal.

22.3 La nourriture doit être préparée et servie dans des conditions hygiéniques.

22.4 Trois repas doivent être servis tous les jours à des intervalles raisonnables.

22.5 Les détenus doivent avoir accès à tout moment à l'eau potable.

22.6 Le médecin, ou un(e) infirmier(ère) qualifié(e) doit prescrire la modification du régime alimentaire d'un détenu si cette mesure apparaît nécessaire pour des raisons médicales.

Conseils juridiques

23.1 Tout détenu a le droit de solliciter des conseils juridiques, et les autorités pénitentiaires doivent raisonnablement l'aider à avoir accès à de tels conseils.

23.2 Tout détenu a le droit de consulter à ses frais un avocat de son choix sur n'importe quel point de droit.

23.3 Lorsque la législation prévoit un système d'aide judiciaire gratuite, cette possibilité doit être portée à l'attention de tous les détenus par les autorités pénitentiaires.

23.4 Les consultations et autres communications – y compris la correspondance – sur des points de droit entre un détenu et son avocat doivent être confidentielles.

23.5 Une autorité judiciaire peut, dans des circonstances exceptionnelles, autoriser des dérogations à ce principe de confidentialité dans le but d'éviter la perpétration d'un délit grave ou une atteinte majeure à la sécurité et à la sûreté de la prison.

23.6 Les détenus doivent pouvoir accéder aux documents relatifs aux procédures judiciaires les concernant, ou bien être autorisés à les garder en leur possession

Contacts avec le monde extérieur

24.1 Les détenus doivent être autorisés à communiquer aussi fréquemment que possible – par lettre, par téléphone ou par d'autres moyens de communication – avec leur famille, des tiers et des représentants d'organismes extérieurs, ainsi qu'à recevoir des visites desdites personnes.

24.2 Toute restriction ou surveillance des communications et des visites nécessaires à la poursuite et aux enquêtes pénales, au maintien du bon ordre, de la sécurité et de la sûreté, ainsi qu'à la prévention d'infractions pénales et à la protection des victimes – y compris à la suite d'une ordonnance spécifique délivrée par une autorité judiciaire – doit néanmoins autoriser un niveau minimal acceptable de contact.

24.3 Le droit interne doit préciser les organismes nationaux et internationaux, ainsi que les fonctionnaires avec lesquels les détenus peuvent communiquer sans restriction.

24.4 Les modalités des visites doivent permettre aux détenus de maintenir et de développer des relations familiales de façon aussi normale que possible.

24.5 Les autorités pénitentiaires doivent aider les détenus à maintenir un contact adéquat avec le monde extérieur et leur fournir l'assistance sociale appropriée pour ce faire.

24.6 Dès réception, toute information reçue du décès ou de la maladie grave d'un proche parent doit être communiquée au détenu.

24.7 Lorsque les circonstances le permettent, le détenu doit être autorisé à quitter la prison – soit sous escorte, soit librement – pour rendre visite à un parent malade, assister à des obsèques ou pour d'autres raisons humanitaires.

24.8 Tout détenu doit avoir le droit d'informer immédiatement sa famille de sa détention ou de son transfèrement dans un autre établissement, ainsi que de toute maladie ou blessure grave dont il souffre.

24.9 En cas d'admission d'un détenu dans une prison, de décès, de maladie grave, de blessure sérieuse ou de transfèrement dans un hôpital, les autorités – sauf demande contraire du détenu – doivent informer immédiatement son conjoint ou son compagnon ou bien, si l'intéressé est célibataire, le parent le plus proche et toute autre personne préalablement désignée par le détenu.

24.10 Les détenus doivent pouvoir se tenir régulièrement informés des affaires publiques, en pouvant s'abonner et en lisant des journaux quotidiens, des périodiques et d'autres publications, et en suivant des émissions de radio ou de télévision, à moins qu'une interdiction n'ait été prononcée par une autorité judiciaire dans un cas individuel et pour une durée spécifiée.

24.11 Les autorités pénitentiaires doivent veiller à ce que les détenus puissent participer aux élections, aux référendums et aux autres aspects de la vie publique, à moins que l'exercice de ce droit par les intéressés soit limité en vertu du droit interne.

24.12 Les détenus doivent être autorisés à communiquer avec les médias, à moins que des raisons impératives s'y opposent au nom de la sécurité et de la sûreté, de l'intérêt public ou de la protection des victimes, des autres détenus et du personnel.

Régime pénitentiaire

25.1 Le régime prévu pour tous les détenus doit offrir un programme d'activités équilibré.

25.2 Ce régime doit permettre à tous les détenus de passer chaque jour hors de leur cellule autant de temps que nécessaire pour assurer un niveau suffisant de contacts humains et sociaux.

25.3 Ce régime doit aussi pourvoir aux besoins sociaux des détenus.

25.4 Une attention particulière doit être portée aux besoins des détenus qui ont subi des violences physiques, mentales ou sexuelles.

Travail

26.1 Le travail en prison doit être considéré comme un élément positif du régime carcéral et en aucun cas être imposé comme une punition.

26.2 Les autorités pénitentiaires doivent s'efforcer de procurer un travail suffisant et utile.

26.3 Ce travail doit permettre, dans la mesure du possible, d'entretenir ou d'augmenter la capacité du détenu à gagner sa vie après sa sortie de prison.

26.4 Conformément à la règle 13, aucune discrimination fondée sur le sexe ne doit s'exercer dans l'attribution d'un type de travail.

26.5 Un travail incluant une formation professionnelle doit être proposé aux détenus en mesure d'en profiter, et plus particulièrement aux jeunes.

26.6 Dans la mesure du possible, les détenus doivent pouvoir choisir le type de travail qu'ils désirent accomplir, sous réserve des limites inhérentes à une sélection professionnelle appropriée et des exigences du maintien du bon ordre et de la discipline.

26.7 L'organisation et les méthodes de travail dans les prisons doivent se rapprocher autant que possible de celles régissant un travail analogue hors de la prison, afin de préparer les détenus aux conditions de la vie professionnelle normale.

26.8 Bien que le fait de tirer un profit financier du travail pénitentiaire puisse avoir pour effet d'élever le niveau et d'améliorer la qualité et la pertinence de la formation, les intérêts des détenus ne doivent cependant pas être subordonnés à cette fin.

26.9 Le travail des détenus doit être procuré par les autorités pénitentiaires, avec ou sans le concours d'entrepreneurs privés, à l'intérieur ou à l'extérieur de la prison.

26.10 En tout état de cause, le travail des détenus doit être rémunéré de façon équitable.

26.11 Les détenus doivent pouvoir consacrer au moins une partie de leur rémunération à l'achat d'objets autorisés destinés à leur usage personnel et à en envoyer une autre partie à leur famille.

26.12 Les détenus peuvent être incités à économiser une partie de leur rémunération et doivent pouvoir récupérer cette somme à leur sortie de prison ou l'affecter à d'autres usages autorisés.

26.13 Les mesures appliquées en matière de santé et de sécurité doivent assurer une protection efficace des détenus et ne peuvent pas être moins rigoureuses que celles dont bénéficient les travailleurs hors de prison.

26.14 Des dispositions doivent être prises pour indemniser les détenus victimes d'accident du travail et de maladie professionnelle dans des conditions non moins favorables que celles prévues par le droit interne pour les travailleurs hors de prison.

26.15 Le nombre quotidien et hebdomadaire maximal d'heures de travail des détenus doit être fixé conformément à la réglementation ou aux usages locaux concernant l'emploi des travailleurs libres.

26.16 Les détenus doivent bénéficier d'au moins une journée de repos hebdomadaire et de suffisamment de temps pour s'instruire et s'adonner à d'autres activités.

26.17 Les détenus exerçant un travail doivent, dans la mesure du possible, être affiliés au régime national de sécurité sociale.

Exercice physique et activités récréatives

27.1 Tout détenu doit avoir l'opportunité, si le temps le permet, d'effectuer au moins une heure par jour d'exercice en plein air.

27.2 En cas d'intempérie, des solutions de remplacement doivent être proposées aux détenus désirant faire de l'exercice.

27.3 Des activités correctement organisées – conçues pour maintenir les détenus en bonne forme physique, ainsi que pour leur permettre de faire de l'exercice et se distraire – doivent faire partie intégrante des régimes carcéraux.

27.4 Les autorités pénitentiaires doivent faciliter ce type d'activités en fournissant les installations et les équipements appropriés.

27.5 Les autorités pénitentiaires doivent prendre des dispositions spéciales pour organiser, pour les détenus qui en auraient besoin, des activités particulières.

27.6 Des activités récréatives – comprenant notamment du sport, des jeux, des activités culturelles, des passe-temps et la pratique d'autres loisirs actifs – doivent être proposées aux détenus et ces derniers doivent, autant que possible, être autorisés à les organiser.

27.7 Les détenus doivent être autorisés à se réunir dans le cadre des séances d'exercice physique et de la participation à des activités récréatives.

Éducation

28.1 Toute prison doit s'efforcer de donner accès à tous les détenus à des programmes d'enseignement aussi complets que possible et répondant à leurs besoins individuels tout en tenant compte de leurs aspirations.

28.2 Priorité doit être donnée aux détenus qui ne savent pas lire ou compter et à ceux qui n'ont pas d'instruction élémentaire ou de formation professionnelle.

28.3 Une attention particulière doit être portée à l'éducation des jeunes détenus et de ceux ayant des besoins particuliers.

28.4 L'instruction doit, du point de vue des régimes carcéraux, être considérée au même titre que le travail et les détenus ne doivent pas être pénalisés, que ce soit financièrement ou d'une autre manière, par leur participation à des activités éducatives.

28.5 Chaque établissement doit disposer d'une bibliothèque destinée à tous les détenus, disposant d'un fonds satisfaisant de ressources variées, à la fois récréatives et éducatives, de livres et d'autres supports.

28.6 Partout où cela est possible, la bibliothèque de la prison devrait être organisée avec le concours des bibliothèques publiques.

28.7 Dans la mesure du possible, l'instruction des détenus :

a. doit être intégrée au système d'éducation et de formation professionnelle public afin que les intéressés puissent poursuivre aisément leur éducation et leur formation professionnelle après leur sortie de prison ; et

b. doit être dispensée sous l'égide d'établissements d'enseignement externes.

Liberté de pensée, de conscience et de religion

29.1 Le droit à la liberté de pensée, de conscience et de religion des détenus doit être respecté.

29.2 Le régime carcéral doit être organisé, autant que possible, de manière à permettre aux détenus de pratiquer leur religion et de suivre leur philosophie, de participer à des services ou réunions menés par des représentants agréés des dites religions ou philosophies, de recevoir en privé des visites de tels représentants de leur religion ou leur philosophie et d'avoir en leur possession des livres ou publications à caractère religieux ou spirituel.

29.3 Les détenus ne peuvent être contraints de pratiquer une religion ou de suivre une philosophie, de participer à des services ou des réunions de nature religieuse, de participer à des pratiques religieuses ou bien d'accepter la visite d'un représentant d'une religion ou d'une philosophie quelconque.

Information

30.1 Lors de son admission et ensuite aussi souvent que nécessaire, chaque détenu doit être informé par écrit et oralement – dans une langue qu'il comprend – de la réglementation relative à la discipline, ainsi que de ses droits et obligations en prison.

30.2 Tout détenu doit être autorisé à garder en sa possession la version écrite des informations lui ayant été communiquées.

30.3 Tout détenu doit être informé des procédures judiciaires auxquelles il est partie et, en cas de condamnation, de la durée de sa peine et de ses possibilités de libération anticipée.

Objets appartenant aux détenus

31.1 Les objets qui ne peuvent pas rester en possession d'un détenu, en vertu du règlement intérieur, doivent être placés en lieu sûr lors de l'admission dans la prison.

31.2 Tout détenu dont les objets sont placés en lieu sûr doit signer un inventaire dressé en conséquence.

31.3 Des mesures doivent être prises pour conserver ces objets en bon état

31.4 S'il s'avère nécessaire de détruire un objet, ce fait doit être consigné et le détenu doit en être informé.

31.5 Les détenus doivent avoir le droit, sous réserve des restrictions et règles relatives à l'hygiène, au bon ordre et à la sûreté, de s'acheter ou d'obtenir des marchandises, y compris des aliments et des boissons, pour leur usage personnel, à des prix qui ne soient pas anormalement supérieurs à ceux pratiqués à l'extérieur.

31.6 Si un détenu est en possession de médicaments au moment de son admission, le médecin doit décider de leur usage.

31.7 Si les détenus sont autorisés à conserver des objets en leur possession, les autorités pénitentiaires doivent prendre des mesures permettant de garder lesdits objets en sécurité.

Transfèrement des détenus

32.1 Au cours de leur transfert vers une prison, ou vers d'autres endroits tels qu'un tribunal ou un hôpital, les détenus doivent être exposés aussi peu que possible à la vue du public et les autorités doivent prendre des mesures pour protéger leur anonymat.

32.2 Le transport des détenus dans des véhicules mal aérés ou mal éclairés, ou bien dans des conditions leur imposant une souffrance physique ou une humiliation évitables doit être interdit.

32.3 Le transport des détenus doit être assuré aux frais des autorités publiques et sous leur direction.

Libération des détenus

33.1 Tout détenu doit être libéré sans tarder dès l'expiration de l'ordonnance prévoyant son incarcération ou dès qu'un tribunal ou une autre autorité en décide ainsi.

33.2 La date et l'heure de la libération doivent être consignées.

33.3 Tout détenu doit bénéficier de dispositions visant à faciliter son retour dans la société après sa libération.

33.4 Lors de sa libération, tout détenu doit récupérer l'argent et les objets dont il a été dépossédé et qui ont été placés en lieu sûr, à l'exception des sommes qu'il a régulièrement prélevées, ainsi que des objets qu'il a été autorisé à envoyer à l'extérieur ou qui ont dû être détruits par mesure d'hygiène.

33.5 Le détenu doit signer une décharge relative aux biens restitués.

33.6 Lorsque la libération est fixée en avance, le détenu doit se voir proposer un examen médical conformément à la règle 42, aussi peu de temps que possible avant l'heure de sa libération.

33.7 Des dispositions doivent être prises pour s'assurer que chaque détenu libéré dispose des documents et pièces d'identité nécessaires, et qu'il reçoit une aide en matière de recherche d'un logement approprié et d'un travail.

33.8 Le détenu libéré doit également être pourvu des moyens immédiatement nécessaires à sa subsistance, être doté de vêtements convenables et appropriés au climat et à la saison, et des moyens suffisants pour arriver à destination.

Femmes

34.1 Des politiques spécifiques intégrant la notion de genre et des mesures positives doivent être prises pour répondre aux besoins particuliers des détenues lors de l'application des présentes règles.

34.2 Outre les dispositions des présentes règles visant spécifiquement les détenues, les autorités doivent également respecter les besoins et les demandes des femmes, entre autres aux niveaux physique, professionnel, social et psychologique, ainsi que leurs responsabilités en matière de prise en charge de leurs proches, au moment de prendre des décisions affectant l'un ou l'autre aspect de leur détention.

34.3 Des efforts particuliers doivent être déployés pour protéger les détenues de toute violence physique, mentale ou sexuelle et pour permettre l'accès à des services spécialisés à celles qui ont des besoins ainsi que mentionné à la règle 25.4, notamment les informer de leur droit de faire appel aux autorités judiciaires, de leur droit à une assistance juridique, à un soutien psychologique ou à des conseils et à des avis médicaux appropriés.

34.4 Des dispositifs doivent toujours être prévus pour que les détenues puissent accoucher en dehors de la prison. Si, malgré tout, un enfant vient à naître dans l'établissement, les autorités doivent fournir l'assistance et les infrastructures nécessaires, en particulier un hébergement spécifique.

Mineurs détenus

35.1 Lorsque des mineurs de 18 ans sont exceptionnellement détenus dans une prison pour adultes, les autorités doivent veiller à ce qu'ils puissent accéder non seulement aux services offerts à tous les détenus, mais aussi aux services sociaux, psychologiques et éducatifs, à un enseignement religieux et à des programmes récréatifs ou à des activités similaires, tels qu'ils sont accessibles aux mineurs vivant en milieu libre.

35.2 Tout mineur détenu ayant l'âge de la scolarité obligatoire doit avoir accès à un tel enseignement.

35.3 Une aide supplémentaire doit être octroyée aux mineurs libérés de prison.

35.4 Lorsque des mineurs sont détenus en prison, ils doivent résider dans une partie de la prison séparée de celles abritant des adultes, sauf si cela est contraire à l'intérêt de l'enfant.

Enfants en bas âge

36.1 Les enfants en bas âge peuvent rester en prison avec un parent incarcéré, uniquement dans l'intérêt de l'enfant concerné. Ils ne doivent pas être considérés comme des détenus.

36.2 Lorsque des enfants en bas âge sont autorisés à rester en prison avec un parent, des mesures spéciales doivent être prises pour disposer d'une crèche dotée d'un personnel qualifié, où les enfants sont placés quand le parent pratique une activité dont l'accès n'est pas permis aux enfants en bas âge.

36.3 Une infrastructure spéciale doit être réservée afin de protéger le bien-être de ces enfants en bas âge.

Ressortissants étrangers

37.1 Des mesures positives doivent être prises pour répondre aux besoins spécifiques des détenus ressortissant étrangers.

37.2 Une attention particulière doit être accordée au maintien et au développement des relations des détenus ressortissants étrangers avec le monde extérieur, notamment les contacts réguliers avec la famille et les amis, les organismes de probation, les organismes communautaires et les bénévoles, et, sous réserve de leur consentement, avec les représentants diplomatiques ou consulaires.

37.3 Les détenus ressortissants d'un pays étranger doivent être informés, sans délai, et dans une langue qu'ils comprennent, de leur droit de prendre contact avec leurs représentants diplomatiques ou consulaires et bénéficier de moyens raisonnables pour établir cette communication.

37.4 Les détenus ressortissants d'États n'ayant pas de représentants diplomatiques ou consulaires dans le pays, ainsi que les réfugiés et les apatrides, doivent bénéficier des mêmes facilités et être autorisés à s'adresser au représentant diplomatique de l'État chargé de leurs intérêts ou à toute autre autorité nationale ou internationale dont la mission est de protéger lesdits intérêts.

37.5 Les autorités pénitentiaires doivent coopérer étroitement avec ces représentants diplomatiques ou consulaires dans l'intérêt des ressortissants étrangers incarcérés qui peuvent avoir des besoins particuliers.

37.6 Des informations portant spécifiquement sur l'aide judiciaire doivent être fournies aux détenus ressortissants étrangers dans une langue qu'ils comprennent.

37.7 Les détenus ressortissants étrangers doivent être informés dans une langue qu'ils comprennent de la possibilité de solliciter le transfert vers un autre pays en vue de l'exécution de leur peine.

37.8 La possibilité de libération anticipée des détenus ressortissants étrangers doit être pleinement examinée dès qu'ils y ont droit, comme c'est le cas pour tous les autres détenus.

Minorités ethniques ou linguistiques

38.1 Des arrangements spéciaux doivent être pris concernant les besoins des détenus appartenant à une minorité ethnique ou linguistique.

38.2 Dans toute la mesure du possible, les pratiques culturelles des différents groupes doivent pouvoir continuer à être observées en prison.

38.3 Les besoins linguistiques doivent être couverts en recourant à des interprètes compétents et en remettant des brochures d'information rédigées dans les différentes langues parlées dans chaque prison.

Partie III Santé

Soins de santé

39. Les autorités pénitentiaires doivent protéger la santé de tous les détenus dont elles ont la garde.

Organisation des soins de santé en prison

40.1 Les services médicaux en prison doivent être organisés en relation étroite avec l'administration générale des services de santé de la collectivité locale ou de l'État.

40.2 La politique sanitaire dans les prisons doit être intégrée à la politique nationale de santé publique et compatible avec cette dernière.

40.3 Les détenus doivent avoir accès aux services de santé proposés dans le pays sans aucune discrimination fondée sur leur situation juridique.

40.4 Les services médicaux de la prison doivent s'efforcer de dépister et de traiter les maladies physiques ou mentales, ainsi que les déficiences dont souffrent éventuellement les détenus.

40.5 A cette fin, chaque détenu doit bénéficier des soins médicaux, chirurgicaux et psychiatriques requis, y compris ceux disponibles en milieu libre.

Personnel médical et soignant

41.1 Chaque prison doit disposer des services d'au moins un médecin généraliste.

41.2 Des dispositions doivent être prises pour s'assurer à tout moment qu'un médecin diplômé interviendra sans délai en cas d'urgence.

41.3 Les prisons ne disposant pas d'un médecin exerçant à plein temps doivent être régulièrement visitées par un médecin exerçant à temps partiel.

41.4 Chaque prison doit disposer d'un personnel ayant suivi une formation médicale appropriée.

41.5 Tout détenu doit pouvoir bénéficier des soins de dentistes et d'ophtalmologues diplômés.

Devoirs du médecin

42.1 Le médecin, ou un(e) infirmier(ère) qualifié(e) dépendant de ce médecin, doit voir chaque détenu le plus tôt possible après son admission et doit l'examiner, sauf si ce n'est manifestement pas nécessaire.

42.2 Le médecin, ou un(e) infirmier(ère) qualifié(e) dépendant de ce médecin, doit examiner les détenus s'ils le demandent avant leur libération et doit sinon examiner les détenus aussi souvent que nécessaire.

42.3 Lorsqu'il examine un détenu, le médecin, ou un(e) infirmier(ère) qualifié(e) dépendant de ce médecin, doit accorder une attention particulière :

a. au respect des règles ordinaires du secret médical ;

b. au diagnostic des maladies physiques ou mentales et aux mesures requises par leur traitement et par la nécessité de continuer un traitement médical existant ;

c. à la consignation et au signalement aux autorités compétentes de tout signe ou indication permettant de penser que des détenus auraient pu subir des violences ;

d. aux symptômes de manque consécutifs à une consommation de stupéfiants, de médicaments ou d'alcool ;

e. à l'identification de toute pression psychologique ou autre tension émotionnelle due à la privation de liberté ;

f. à l'isolement des détenus suspectés d'être atteints de maladies infectieuses ou contagieuses, pendant la période où ils sont contagieux, et à l'administration d'un traitement approprié aux intéressés ;

g. au non-isolement des détenus pour la seule raison qu'ils sont séropositifs ;

h. à l'identification des problèmes de santé physique ou mentale qui pourraient faire obstacle à la réinsertion de l'intéressé après sa libération ;

i. à l'estimation de la capacité de l'intéressé à travailler et à faire de l'exercice ; et

j. à la conclusion d'accords avec les services de la collectivité afin que tout traitement psychiatrique ou médical indispensable à l'intéressé puisse être poursuivi après sa libération, si le détenu donne son consentement à cet accord.

43.1 Le médecin doit être chargé de surveiller la santé physique et mentale des détenus et doit voir, dans les conditions et au rythme prévus par les normes hospitalières, tous les détenus malades, ceux qui se plaignent d'être malades ou blessés, ainsi que tous ceux ayant été spécialement portés à son attention.

43.2 Le médecin, ou un(e) infirmier(ère) qualifié(e) dépendant de ce médecin, doit prêter une attention particulière à la santé des détenus dans des conditions d'isolement cellulaire, doit leur rendre visite quotidiennement et doit leur fournir promptement une assistance médicale et un traitement, à leur demande ou à la demande du personnel pénitentiaire.

43.3 Le médecin doit présenter un rapport au directeur chaque fois qu'il estime que la santé physique ou mentale d'un détenu encourt des risques graves du fait de la prolongation de la détention ou en raison de toute condition de détention, y compris celle d'isolement cellulaire.

44. Le médecin, ou une autre autorité compétente, doit faire des inspections régulières, si nécessaire collecter des informations par d'autres moyens et conseiller le directeur concernant :

a. la quantité, la qualité, la préparation et la distribution des aliments et de l'eau ;

b. l'hygiène et la propreté de la prison et des détenus ;

c. les installations sanitaires, le chauffage, l'éclairage et la ventilation de la prison ; et

d. la qualité et la propreté des vêtements et de la literie des détenus.

45.1 Le directeur doit tenir compte des rapports et des conseils du médecin ou de l'autorité compétente mentionnés dans les règles 43 et 44 et, s'il approuve les recommandations formulées, doit prendre immédiatement des mesures pour les mettre en œuvre.

45.2 Si les recommandations formulées par le médecin échappent à la compétence du directeur ou n'emportent pas son accord, ledit directeur doit immédiatement soumettre l'avis du praticien et son propre rapport aux instances supérieures.

Administration des soins de santé

46.1 Les détenus malades nécessitant des soins médicaux particuliers doivent être transférés vers des établissements spécialisés ou vers des hôpitaux civils, lorsque ces soins ne sont pas dispensés en prison.

46.2 Lorsqu'une prison dispose de son propre hôpital, celui-ci doit être doté d'un personnel et d'un équipement en mesure d'assurer les soins et les traitements appropriés aux détenus qui lui sont transférés.

Santé mentale

47.1 Des établissements ou sections pénitentiaires spécialisées placées sous contrôle médical doivent être organisés pour l'observation et le traitement de détenus atteints d'affections ou de troubles mentaux qui ne relèvent pas nécessairement des dispositions de la règle 12.

47.2 Le service médical en milieu pénitentiaire doit assurer le traitement psychiatrique de tous les détenus requérant une telle thérapie et porter une attention particulière à la prévention du suicide.

Autres questions

48.1 Les détenus ne doivent pas être soumis à des expériences sans leur consentement.

48.2 Les expériences impliquant des détenus et susceptibles de provoquer des blessures physiques, une souffrance morale ou d'autres atteintes à leur santé doivent être interdites.

Partie IV Bon ordre

Approche générale relatif au bon ordre

49. Le bon ordre dans la prison doit être maintenu en prenant en compte les impératifs de sécurité, de sûreté et de discipline, tout en assurant aux détenus des conditions de vie qui respectent la dignité humaine et en leur offrant un programme complet d'activités, conformément à la règle 25.

50. Sous réserve des impératifs de bon ordre, de sûreté et de sécurité, les détenus doivent être autorisés à discuter de questions relatives à leurs conditions générales de détention et doivent être encouragés à communiquer avec les autorités pénitentiaires à ce sujet.

Sécurité

51.1 Les mesures de sécurité appliquées aux détenus individuels doivent correspondre au minimum requis pour assurer la sécurité de leur détention.

51.2 La sécurité assurée par des barrières physiques et d'autres moyens techniques doit être complétée par une sécurité dynamique assurée par des membres du personnel alertes connaissant bien les détenus dont ils ont la charge.

51.3 Aussi rapidement que possible après son admission, le détenu doit être évalué afin de déterminer :

a. le risque qu'il ferait peser sur la collectivité en cas d'évasion ;

b. la probabilité qu'il tente de s'évader seul ou avec l'aide de complices extérieurs.

51.4 Chaque détenu est ensuite soumis à un régime de sécurité correspondant au niveau de risque identifié.

51.5 Le niveau de sécurité nécessaire doit être réévalué régulièrement pendant la détention de l'intéressé.

Sûreté

52.1 Aussi rapidement que possible après son admission, le détenu doit être évalué afin de déterminer s'il pose un risque pour la sécurité des autres détenus, du personnel pénitentiaire ou d'autres personnes travaillant dans la prison ou la visitant régulièrement, ainsi que pour établir s'il présente un risque pour lui-même.

52.2 Des procédures doivent être mises en place pour assurer la sécurité des détenus, du personnel pénitentiaire et de tous les visiteurs, ainsi que pour réduire au minimum les risques de violence et autres incidents qui pourraient menacer la sécurité.

52.3 Tous les efforts possibles doivent être déployés pour permettre aux détenus de participer pleinement et en toute sécurité aux activités journalières.

52.4 Les détenus doivent être en mesure de contacter le personnel à tout instant, y compris la nuit.

52.5 Le droit interne en matière de santé et de sécurité doit s'appliquer également dans les prisons.

Mesures spéciales de haute sécurité ou de sûreté

53.1 Les mesures spéciales de haute sécurité ou de sûreté vont au-delà de celles mentionnées par les règles 51 et 52 et se réfèrent aux mesures imposées aux détenus qui représentent une menace particulière à la sécurité ou à la sûreté.

53.2 Le recours à de telles mesures n'est autorisé que dans des circonstances exceptionnelles et uniquement aussi longtemps que la sécurité ou la sûreté ne peuvent être maintenues par des moyens moins restrictifs.

53.3 De telles mesures peuvent inclure la séparation d'un détenu des autres détenus. Une telle séparation doit se conformer aux exigences de cette règle et également de la règle 53A.

53.4 La nature de telles mesures, leur durée et les motifs permettant d'y recourir, ainsi que les procédures à suivre pour les imposer et les appliquer, doivent être déterminés par le droit interne.

53.5 L'application d'une telle mesure doit être approuvée par l'autorité compétente pour une période donnée et une copie de la décision écrite doit être fournie au détenu ainsi que des informations sur les possibilités de recours contre cette mesure.

53.6 Toute décision d'extension de la durée d'une telle mesure doit faire l'objet d'une nouvelle approbation par l'autorité compétente et une copie de la décision écrite sera fournie au détenu ainsi que des informations sur les possibilités de recours contre cette mesure.

53.7 De telles mesures doivent être appliquées à des individus et non à des groupes de détenus.

53.8 De telles mesures ne peuvent se fonder que sur le risque que représente un détenu à un moment précis, doivent être proportionnées à ce risque et ne doivent pas comporter davantage de restrictions que ce qui est nécessaire pour contrer ce risque.

53.9 Tout détenu soumis à de telles mesures a le droit de déposer une plainte selon la procédure prévue à la règle 70.

Séparation

53A Les dispositions suivantes s'appliquent à la séparation d'un détenu des autres détenus en tant que mesure spéciale de haute sécurité ou de sûreté :

a. les détenus séparés doivent se voir offrir au moins deux heures de contact humain significatif par jour ;

b. la décision de séparation doit prendre en compte l'état de santé des détenus concernés et tout handicap qu'ils pourraient avoir et qui pourrait les rendre plus vulnérables aux effets nuisibles d'une séparation ;

c. la séparation ne doit être mise en place que pour la durée la plus brève possible, nécessaire pour atteindre ses objectifs et doit être revue régulièrement conformément à ces objectifs ;

d. les détenus qui sont séparés ne doivent pas être soumis à d'autres restrictions au-delà de celles qui sont nécessaires pour atteindre le but déclaré de cette séparation ;

e. les cellules utilisées pour la séparation doivent répondre aux normes minimales applicables par les présentes règles aux autres lieux d'hébergement pour détenus ;

f. plus la durée de la séparation d'un détenu est longue, plus des mesures doivent être prises pour en atténuer les effets négatifs en maximisant ses contacts avec des tiers ou en lui donnant accès à des installations et à des activités ;

g. les détenus séparés doivent bénéficier, au minimum, de matériels de lecture et de la possibilité de pratiquer de l'exercice physique pendant une heure par jour, comme cela est spécifié pour les autres détenus à la règle 27.1 et 27.2 ;

h. les détenus séparés doivent recevoir une visite quotidienne, y compris celle du directeur de la prison ou d'un membre du personnel agissant au nom du directeur ;

i. si la séparation a des effets négatifs sur la santé mentale ou physique d'un détenu, des mesures seront prises pour y mettre provisoirement fin ou pour la remplacer par une sanction ou une mesure moins restrictive ;

j. tout détenu séparé a le droit de déposer une plainte selon la procédure prévue à la règle 70.

Fouilles et contrôles

54.1 Le personnel doit suivre des procédures détaillées lorsqu'il fouille :

a. des endroits où des détenus vivent, travaillent et se rassemblent ;

b. des détenus ;

c. des visiteurs et leurs effets ; et

d. des membres du personnel.

54.2 Les situations dans lesquelles ces fouilles s'imposent, ainsi que leur nature, doivent être définies par le droit interne.

54.3 Le personnel doit être formé à mener ces fouilles en vue de détecter et de prévenir les tentatives d'évasion ou de dissimulation d'objets entrés en fraude, tout en respectant la dignité des personnes fouillées et leurs effets personnels.

54.4 Les personnes fouillées ne doivent pas être humiliées par le processus de fouille.

54.5 Les personnes ne peuvent être fouillées que par un membre du personnel du même sexe.

54.6 Aucun examen des cavités corporelles ne peut être effectué par le personnel pénitentiaire.

54.7 Un examen intime dans le cadre d'une fouille ne peut être réalisé que par un médecin.

54.8 Les détenus doivent assister à la fouille de leurs effets personnels, à moins que les techniques de fouille ou le danger potentiel que cela représente pour le personnel l'interdisent.

54.9 L'obligation de protéger la sécurité et la sûreté doit être mise en balance avec le respect de l'intimité des visiteurs.

54.10 Les procédures de contrôle des visiteurs professionnels – avocats, travailleurs sociaux, médecins, etc. – doivent être établies en accord avec leurs organisations représentatives, de manière à trouver un équilibre entre la sécurité et la sûreté d'une part, et le droit d'accès confidentiel à des professionnels d'autre part.

Infractions pénales

55. Toute allégation d'infraction pénale commise en prison doit faire l'objet de la même enquête que celle réservée aux actes du même type commis dans la société libre, et doit être traitée conformément au droit interne.

Discipline et sanctions

56.1 Les procédures disciplinaires doivent être des mécanismes de dernier ressort.

56.2 Dans toute la mesure du possible, les autorités pénitentiaires doivent recourir à des mécanismes de restauration et de médiation pour résoudre leurs différends avec les détenus et les disputes entre ces derniers.

57.1 Seul un comportement susceptible de faire peser une menace sur le bon ordre, la sûreté et la sécurité peut être défini comme une infraction disciplinaire.

57.2 Le droit interne doit déterminer :

a. les actes ou omissions des détenus constituant une infraction disciplinaire ;

b. les procédures à suivre en matière disciplinaire ;

c. le type et la durée des sanctions disciplinaires pouvant être infligées ;

d. l'autorité compétente pour infliger ces sanctions ; et

e. l'instance pouvant être saisie d'un recours et la procédure d'appel.

58. Toute allégation de violation des règles de discipline par un détenu doit être signalée rapidement à l'autorité compétente, qui doit lancer une enquête sans délai.

59. Le détenu accusé d'une infraction disciplinaire doit :

a. être informé rapidement, dans une langue qu'il comprend et en détail, de la nature des accusations portées contre lui ;

b. disposer d'un délai et de moyens suffisants pour préparer sa défense ;

c. être autorisé à se défendre seul ou avec une assistance judiciaire, lorsque l'intérêt de la justice l'exige ;

d. être autorisé à demander la comparution de témoins et à les interroger ou à les faire interroger en son nom ; et

e. bénéficier de l'assistance gratuite d'un interprète s'il ne comprend pas ou ne parle pas la langue utilisée pendant l'audience.

60.1 Toute sanction infligée à la suite de la condamnation d'un détenu ayant commis une infraction disciplinaire doit être conforme au droit interne.

60.2 La sévérité de la sanction doit être proportionnelle à la gravité de l'infraction.

60.3 Les sanctions collectives, les peines corporelles, le placement dans une cellule obscure, ainsi que toute autre forme de sanction inhumaine ou dégradante doivent être interdites.

60.4 La sanction ne peut pas consister en une interdiction totale des contacts avec la famille.

60.5 Les moyens de contrainte ne doivent jamais être utilisés à titre de sanction.

60.6.a L'isolement cellulaire, c'est-à-dire le confinement d'un détenu pour plus de 22 heures par jour sans contact humain significatif, ne doit jamais être imposé aux enfants, aux femmes enceintes, aux mères qui allaitent ou aux parents incarcérés avec des enfants en bas âge.

60.6.b La décision de placement à l'isolement cellulaire doit prendre en compte l'état de santé actuel du détenu concerné. L'isolement cellulaire ne doit pas être imposé aux détenus présentant des handicaps mentaux ou physiques, si leur condition peut être aggravée par un tel isolement. Dans le cas où un placement en isolement cellulaire est décidé, son application doit être arrêtée ou suspendue si l'état mental ou physique du détenu s'est détérioré.

60.6.c L'isolement cellulaire ne doit pas être imposé à titre de sanction disciplinaire, sauf dans des cas exceptionnels et pour une période précise et aussi courte que possible, et ne doit jamais constituer une torture ou une peine ou un traitement inhumain ou dégradant.

60.6.d. La période maximale de placement en isolement cellulaire doit être définie par le droit interne.

60.6.e Si une sanction de placement à l'isolement cellulaire est imposée pour une nouvelle infraction disciplinaire à un détenu qui a déjà passé la période maximale en isolement cellulaire, cette sanction ne pourra être mise en place qu'après avoir autorisé le détenu à récupérer des effets indésirables de la période précédemment passée à l'isolement.

60.6.f Les détenus placés à l'isolement cellulaire doivent recevoir une visite quotidienne, y compris celle du directeur de la prison ou d'un membre du personnel agissant au nom du directeur.

61. Tout détenu reconnu coupable d'une infraction disciplinaire doit pouvoir intenter un recours devant une instance supérieure compétente et indépendante.

62. Aucun détenu ne peut occuper dans la prison un emploi ou un poste lui conférant des pouvoirs disciplinaires.

Double incrimination

63. Un détenu ne peut jamais être puni deux fois pour les mêmes faits ou la même conduite.

Recours à la force

64.1 Le personnel pénitentiaire ne doit pas utiliser la force contre les détenus, sauf en cas de légitime défense, de tentative d'évasion ou de résistance active ou passive à un ordre licite, et toujours en dernier recours.

64.2 La force utilisée doit correspondre au minimum nécessaire et être imposée pour une période aussi courte que possible.

65. Des procédures détaillées doivent régir le recours à la force et préciser notamment :
a. les divers types de recours à la force envisageables ;
b. les circonstances dans lesquelles chaque type de recours à la force est autorisé ;
c. les membres du personnel habilités à appliquer tel ou tel type de recours à la force ;
d. le niveau d'autorité requis pour décider d'un recours à la force ; et
e. les rapports à rédiger après chaque recours à la force.
66. Le personnel en contact direct avec les détenus doit être formé aux techniques permettant de maîtriser avec le minimum de force les individus agressifs.
67.1 Le personnel des autres services de maintien de l'ordre ne doit intervenir sur des détenus à l'intérieur des prisons que dans des circonstances exceptionnelles.
67.2 Les autorités pénitentiaires et le service de maintien de l'ordre concerné doivent auparavant conclure un accord formel, à moins que ces relations soient déjà régies par le droit interne.
67.3 Ledit accord doit stipuler :
a. les circonstances dans lesquelles les membres d'autres services de maintien de l'ordre peuvent entrer dans une prison pour résoudre une situation conflictuelle ;
b. l'autorité dont dispose le service de maintien de l'ordre concerné lorsqu'il est dans la prison et ses relations avec le directeur de l'établissement ;
c. les divers types de recours à la force que les membres de ce service peuvent utiliser ;
d. les circonstances dans lesquelles chaque type de recours à la force est envisageable ;
e. le niveau d'autorité requis pour décider d'un recours à la force ; et
f. les rapports à rédiger après chaque recours à la force.

Moyens de contrainte

68.1 Il ne peut être fait usage des moyens de contrainte que dans les cas autorisés par la loi et lorsqu'aucune autre forme de contrôle moins restrictive ne permet de réduire les risques présentés par un détenu.
68.2 La méthode de contrainte doit être la méthode nécessaire la moins intrusive et raisonnablement disponible pour contrôler les mouvements du détenu, compte tenu du niveau et de la nature des risques encourus.
68.3. Les moyens de contrainte ne doivent être utilisés que le temps qui est nécessaire et être retirés dès qu'il n'y a plus de risque lié à la liberté de mouvement.
68.4 Il doit être interdit d'utiliser des menottes, des camisoles de force et d'autres entraves sauf :
a. au besoin, par mesure de précaution contre une évasion pendant un transfèrement, pourvu qu'elles soient enlevées dès que le détenu comparaît devant une autorité judiciaire ou administrative, à moins que ladite autorité en décide autrement ; ou
b. sur ordre du directeur, lorsque les autres méthodes de contrôle ont échoué, afin d'empêcher un détenu de se blesser, de blesser des tiers ou de provoquer de sérieux dommages matériels, à condition que le directeur prévienne immédiatement le médecin et signale les faits aux autorités pénitentiaires supérieures.
68.5 Les modalités d'utilisation des moyens de contrainte doivent être précisées par le droit interne.
68.6 L'emploi de chaînes, de fers et d'autres moyens de contrainte intrinsèquement dégradants doit être prohibé.
68.7 Les moyens de contrainte ne doivent jamais être utilisés sur des femmes pendant le travail, l'accouchement ou immédiatement après l'accouchement.
68.8 Le recours aux moyens de contrainte doit être correctement recensé dans un registre.

Armes

69.1 Sauf urgence opérationnelle, le personnel pénitentiaire ne doit jamais porter d'armes létales dans le périmètre de la prison.
69.2 Le port visible d'autres armes, y compris des matraques, par des personnes en contact avec des détenus doit être interdit dans le périmètre de la prison, sauf si celles-ci sont nécessaires pour la sécurité et la sûreté lors d'un incident particulier.
69.3 Aucun membre du personnel ne reçoit d'arme sans avoir été formé à son maniement.

Requêtes et plaintes

70.1 Les détenus doivent avoir suffisamment l'occasion de présenter, sans censure quant au fond, des requêtes ou des plaintes au directeur de la prison ou à une autre autorité au sein du système pénitentiaire et à une autorité judiciaire ou une autre autorité indépendante de contrôle et de recours.
70.2 Si une méthode informelle de résolution de la requête ou de la plainte semble appropriée, elle devrait être envisagée en premier lieu.

70.3 Lorsqu'une plainte est déposée pour des mauvais traitements ou d'autres violations graves des droits de l'homme, les méthodes informelles ne doivent pas être envisagées.

70.4 Des informations pratiques sur les procédures de requête et de plainte doivent être efficacement communiquées à tous les détenus.

70.5 Les plaintes concernant un décès ou des mauvais traitements en prison doivent être traitées sans retard et donner lieu à une enquête efficace, conformément à la règle 55.

70.6 Toutes les requêtes et les plaintes doivent être traitées aussi tôt que possible et dans le cadre d'une procédure garantissant, dans toute la mesure possible, la participation effective du détenu.

70.7 En cas de rejet de sa requête ou de sa plainte, les motifs de ce rejet doivent être communiqués sans délai au détenu concerné. Si la décision a été prise par le directeur ou une autre autorité du système pénitentiaire, le détenu doit pouvoir introduire un recours devant une autorité judiciaire ou une autre autorité indépendante de contrôle et de recours.

70.8 Des mesures doivent être mises en place pour que les détenus puissent présenter des requêtes ou des plaintes de manière confidentielle, s'ils le souhaitent.

70.9 Les détenus ne doivent être exposés à aucun risque de sanction, de mesure de rétorsion, d'intimidation, de représailles ou d'autres conséquences négatives pour avoir présenté une requête ou une plainte.

70.10 Les détenus peuvent présenter une requête ou une plainte eux-mêmes ou par l'intermédiaire d'un représentant légal ; ils ont le droit de solliciter un avis juridique sur les procédures de plainte et d'appel, et de bénéficier d'une assistance juridique lorsque l'intérêt de la justice l'exige.

70.11 Aucune plainte par le représentant juridique ou par une organisation défendant le bien-être de la population pénitentiaire ne peut être déposée au nom d'un détenu si l'intéressé s'y oppose.

70.12 L'autorité compétente doit tenir compte de toute plainte écrite émanant de la famille d'un détenu ou de toute autre personne ou organisation défendant le bien-être des détenus.

70.13 L'autorité pénitentiaire compétente doit tenir un registre des requêtes et des plaintes présentées, en tenant dûment compte des principes de confidentialité et de sécurité.

Partie V Direction et personnel

Le travail en prison en tant que service public

71. Les prisons doivent être placées sous la responsabilité des autorités publiques et être séparées des services de l'armée, de police et d'enquête pénale.

72.1 Les prisons doivent être gérées dans un cadre éthique soulignant l'obligation de traiter tous les détenus avec humanité et de respecter la dignité inhérente à tout être humain.

72.2 Le personnel doit avoir une idée claire du but poursuivi par le système pénitentiaire. La direction doit montrer la voie à suivre pour atteindre efficacement ce but.

72.3 Les devoirs du personnel excèdent ceux de simples gardiens et doivent tenir compte de la nécessité de faciliter la réinsertion des détenus dans la société à la fin de leur peine, par le biais d'un programme de prise en charge et d'assistance positifs.

72.4 Le personnel doit exercer son travail en respectant des normes professionnelles et personnelles élevées.

73. Les autorités pénitentiaires doivent accorder une grande importance à l'observation des règles applicables au personnel.

74. La gestion des relations entre le personnel en contact direct avec les détenus et ces derniers doit faire l'objet d'une attention particulière.

75. Le personnel doit en toutes circonstances se comporter et accomplir ses tâches de telle manière que son exemple exerce une influence positive sur les détenus et suscite leur respect.

Sélection du personnel pénitentiaire

76. Le personnel doit être soigneusement sélectionné, convenablement formé – à la fois dans le cadre de son instruction initiale et de sa formation continue, être rémunéré comme une main-d'œuvre spécialisée et être doté d'un statut susceptible de lui assurer le respect de la société civile.

77. Lors de la sélection de nouveaux membres du personnel, les autorités pénitentiaires doivent souligner le besoin d'intégrité, de qualités humaines et de compétences professionnelles des candidats, ainsi que les aptitudes requises pour effectuer le travail complexe qui les attend.

78. Les membres du personnel pénitentiaire professionnel doivent normalement être employés à titre permanent en qualité d'agents de la fonction publique et bénéficier, en conséquence, d'une sécurité de l'emploi ne dépendant que de leur bonne conduite, de leur efficacité, de leur aptitude physique, de leur santé mentale et de leur niveau d'instruction adéquat.

79.1 La rémunération doit être suffisante pour permettre de recruter et de conserver un personnel compétent.

79.2 Les avantages sociaux et les conditions d'emploi doivent être déterminés en tenant compte de la nature astreignante de tout travail effectué dans le cadre d'un service de maintien de l'ordre.

80. Chaque fois qu'il est nécessaire d'employer du personnel à temps partiel, ces critères doivent être appliqués dans la mesure où ils sont pertinents.

Formation du personnel pénitentiaire

81.1 Avant d'entrer en fonction, le personnel doit suivre un cours de formation générale et spéciale, et réussir des épreuves théoriques et pratiques.

81.2 L'administration doit faire en sorte que, tout au long de sa carrière, le personnel entretienne et améliore ses connaissances et ses compétences professionnelles en suivant des cours de formation continue et de perfectionnement organisés à des intervalles appropriés.

81.3 Le personnel appelé à travailler avec des groupes spécifiques de détenus – ressortissants étrangers, femmes, mineurs, malades mentaux, etc. – doit recevoir une formation particulière adaptée à ses tâches spécialisées.

81.4 La formation de tous les membres du personnel doit comprendre l'étude des instruments internationaux et régionaux de protection des droits de l'homme, notamment la Convention européenne des droits de l'homme (STE n° 5) et la Convention européenne pour la prévention de la torture et des peines ou traitements inhumains ou dégradants (STE n° 126), ainsi que l'application des Règles pénitentiaires européennes.

Gestion de la prison

82. Le personnel doit être sélectionné et nommé sur une base égalitaire et sans discrimination aucune fondée notamment sur le sexe, la race, la couleur, la langue, la religion, les opinions politiques ou autres, l'origine nationale ou sociale, l'appartenance à une minorité nationale, la fortune, la naissance ou toute autre situation.

83. Les autorités pénitentiaires doivent promouvoir des méthodes d'organisation et des systèmes de gestion propres :

a. à assurer un fonctionnement des prisons conforme à des normes élevées et à garantir qu'elles disposent d'effectifs suffisants, à tout moment, pour maintenir un environnement carcéral sûr et veiller au respect du droit international et de la législation nationale, y compris les dispositions prévues dans les présentes règles ;

b. à pouvoir régler les urgences opérationnelles et revenir à la normale dès que possible ; et

c. à faciliter une bonne communication entre les prisons et les diverses catégories de personnel d'une même prison et la bonne coordination de tous les services – internes et externes à la prison – qui assurent des prestations destinées aux détenus, notamment en ce qui concerne leur prise en charge et leur réinsertion.

84.1 Chaque prison doit disposer d'un directeur qualifié sur le plan tant de sa personnalité que de ses compétences administratives, de sa formation professionnelle et de son expérience.

84.2 Les directeurs doivent être nommés à plein temps et se consacrer exclusivement à leurs devoirs officiels.

84.3 L'administration pénitentiaire doit s'assurer que chaque prison est, à tout moment, placée sous l'entière responsabilité du directeur, du directeur adjoint ou d'un fonctionnaire autorisé.

84.4 Lorsqu'un directeur est responsable de plusieurs prisons, chacun des établissements concernés doit, en plus, avoir à sa tête un fonctionnaire responsable.

85. Les hommes et les femmes doivent être représentés de manière équilibrée au sein du personnel pénitentiaire.

86. Des dispositions doivent être prises afin que la direction consulte le personnel à titre collectif sur les sujets d'ordre général et notamment les conditions de travail.

87.1 Des dispositions doivent être prises afin d'encourager, dans toute la mesure du possible, une bonne communication entre la direction, les autres membres du personnel, les services extérieurs et les détenus.

87.2 Le directeur, son adjoint et la majorité des autres membres du personnel de la prison doivent pouvoir parler la langue de la plupart des détenus, ou une langue comprise par la majorité d'entre eux.

88. Dans les pays comptant des prisons gérées par des sociétés privées, ces établissements doivent appliquer intégralement les Règles pénitentiaires européennes.

Personnel spécialisé

89.1 Le personnel doit comprendre, dans toute la mesure du possible, un nombre suffisant de spécialistes tels que psychiatres, psychologues, travailleurs sociaux, enseignants, instructeurs techniques, professeurs ou moniteurs d'éducation physique et sportive.

89.2 Des auxiliaires à temps partiel et des bénévoles compétents doivent être encouragés à contribuer, dans toute la mesure du possible, aux activités avec les détenus.

Sensibilisation du public

90.1 Les autorités pénitentiaires doivent informer continuellement le public du rôle joué par le système pénitentiaire et du travail accompli par son personnel, de manière à mieux faire comprendre l'importance de sa contribution à la société.
90.2 Les autorités pénitentiaires devraient encourager les membres de la société civile à intervenir volontairement dans les prisons, lorsque cela est approprié.

Recherche et évaluation

91. Les autorités pénitentiaires doivent soutenir un programme de recherche et d'évaluation portant sur le but de la prison, son rôle dans une société démocratique et la mesure dans laquelle le système pénitentiaire remplit sa mission.

Partie VI Inspection et monitoring

Inspection

92. Les prisons doivent être inspectées régulièrement par un organisme d'État, de manière à vérifier si elles sont gérées conformément aux normes juridiques nationales et internationales, et aux dispositions des présentes règles.

Monitoring indépendant

93.1 Pour veiller à ce que les conditions de détention et la manière dont les détenus sont traités soient conformes aux exigences du droit national et international et aux dispositions des présentes règles, et à ce que les droits et la dignité des détenus soient respectés à tout moment, les prisons doivent être contrôlées par un ou des organes indépendants spécifiquement désignés, dont les conclusions doivent être rendues publiques.
93.2 Ces organes de monitoring indépendants devront avoir les garanties de pouvoir :
a. d'avoir accès à toutes les prisons et parties de prison, ainsi qu'aux registres pénitentiaires, notamment ceux qui sont liés à des requêtes et à des plaintes, ainsi qu'aux informations relatives aux conditions de détention et à la prise en charge des détenus, qu'ils demandent à consulter dans le cadre de leurs activités de monitoring ;
b. de pouvoir choisir les prisons qu'ils vont visiter, notamment en procédant à des visites non annoncées de leur propre initiative, ainsi que des détenus avec lesquels ils souhaitent s'entretenir ; et
c. d'avoir la liberté d'effectuer des entretiens entièrement confidentiels sans témoin avec les détenus et le personnel pénitentiaire.
93.3. Aucun détenu, membre du personnel pénitentiaire ou autre personne ne sera soumis à des sanctions pour avoir fourni des informations à l'organe de monitoring indépendant.
93.4. Les organes de monitoring indépendants doivent être encouragés à coopérer avec les organismes internationaux légalement habilités à visiter les prisons.
93.5 Les organes de monitoring indépendants doivent pouvoir formuler des recommandations à l'administration pénitentiaire et à d'autres organes compétents.
93.6 Les autorités nationales ou l'administration pénitentiaire doivent informer ces organes, dans un délai raisonnable, des mesures prises pour mettre en œuvre ces recommandations.
93.7 Les rapports de monitoring et les réponses à ces derniers seront rendus publics.

Partie VII Prévenus

Statut des prévenus

94.1 Dans les présentes règles, le terme « prévenus » désigne des détenus qui ont été placés en détention provisoire par une autorité judiciaire avant leur procès, leur jugement ou leur condamnation.
94.2 Un État est libre de considérer comme prévenu un détenu ayant été reconnu coupable et condamné à une peine d'emprisonnement, si ses recours en appel n'ont pas encore été définitivement rejetés.

Approche applicable aux prévenus

95.1 Le régime carcéral des prévenus ne doit pas être influencé par la possibilité que les intéressés soient un jour reconnus coupables d'une infraction pénale.
95.2 Les règles répertoriées dans cette partie énoncent des garanties supplémentaires au profit des prévenus.

95.3 Dans leurs rapports avec les prévenus, les autorités doivent être guidées par les règles applicables à l'ensemble des détenus et permettre aux prévenus de participer aux diverses activités prévues par lesdites règles.

Locaux de détention

96. Autant que possible, les prévenus doivent avoir le choix de disposer d'une cellule individuelle, sauf s'il est considéré comme préférable qu'ils cohabitent avec d'autres prévenus ou si un tribunal a ordonné des conditions spécifiques d'hébergement pour un prévenu particulier.

Vêtements

97.1 Les prévenus doivent se voir offrir la possibilité de porter leurs vêtements personnels si ceux-ci conviennent à la vie carcérale.

97.2 Les prévenus ne possédant pas de vêtements adéquats doivent recevoir des vêtements différents de l'uniforme éventuellement porté par les détenus condamnés.

Conseils juridiques

98.1 Les prévenus doivent être explicitement informés de leur droit de solliciter des conseils juridiques.

98.2 Les prévenus accusés d'une infraction pénale doivent se voir fournir toutes les facilités nécessaires pour préparer leur défense et rencontrer leur avocat.

Contacts avec le monde extérieur

99. A moins qu'une autorité judiciaire ait, dans un cas individuel, prononcé une interdiction spécifique pour une période donnée, les prévenus :

a. doivent pouvoir recevoir des visites et être autorisés à communiquer avec leur famille et d'autres personnes dans les mêmes conditions que les détenus condamnés ;

b. peuvent recevoir des visites supplémentaires et aussi accéder plus facilement aux autres formes de communication ; et

c. doivent avoir accès aux livres, journaux et autres moyens d'information.

Travail

100.1 Les prévenus doivent se voir offrir la possibilité de travailler, mais sans y être obligés.

100.2 Lorsqu'un prévenu choisit de travailler, toutes les dispositions de la règle 26 – y compris celles relatives à la rémunération – doivent s'appliquer.

Accès au régime des détenus condamnés

101. Si un prévenu demande à suivre le régime des détenus condamnés, les autorités pénitentiaires doivent satisfaire sa demande, dans la mesure du possible.

Partie VIII Détenus condamnés

Objectif du régime des détenus condamnés

102.1 Au-delà des règles applicables à l'ensemble des détenus, le régime des détenus condamnés doit être conçu pour leur permettre de mener une vie responsable et exempte de crime.

102.2 La privation de liberté constituant une punition en soi, le régime des détenus condamnés ne doit pas aggraver les souffrances inhérentes à l'emprisonnement.

Application du régime des détenus condamnés

103.1 Le régime des détenus condamnés doit commencer aussitôt qu'une personne a été admise en prison avec le statut de détenu condamné, à moins que ce régime ait déjà été mis en place avant.

103.2 Dès que possible après l'admission, un rapport complet doit être rédigé sur le détenu condamné, décrivant sa situation personnelle, les projets d'exécution de peine qui lui sont proposés et la stratégie de préparation à sa sortie.

103.3 Les détenus condamnés doivent être encouragés à participer à l'élaboration de leur propre projet d'exécution de peine.

103.4 Ledit projet doit prévoir dans la mesure du possible :

a. un travail ;

b. un enseignement ;

c. d'autres activités ; et

d. une préparation à la libération.

103.5 Le régime des détenus condamnés peut aussi inclure un travail social, ainsi que l'intervention de médecins et de psychologues.

103.6 Un système de congé pénitentiaire doit faire partie intégrante du régime des détenus condamnés.

103.7 Les détenus qui le désirent peuvent participer à un programme de justice restaurative et réparer les infractions qu'ils ont commises.

103.8 Une attention particulière doit être apportée au projet d'exécution de peine et au régime des détenus condamnés à un emprisonnement à vie ou de longue durée.

Aspects organisationnels de l'emprisonnement des détenus condamnés

104.1 Dans la mesure du possible et sous réserve des exigences de la règle 17, une répartition des différentes catégories de détenus entre diverses prisons ou des parties distinctes d'une même prison doit être effectuée pour faciliter la gestion des différents régimes.

104.2 Des procédures doivent être prévues pour établir et réviser régulièrement les projets individuels des détenus après examen des dossiers pertinents et consultation approfondie du personnel concerné et, dans la mesure du possible, participation des détenus concernés.

104.3 Ces dossiers doivent toujours inclure les rapports du personnel directement responsable du détenu concerné.

Travail des détenus condamnés

105.1 Un programme systématique de travail doit contribuer à atteindre les objectifs poursuivis par le régime des détenus condamnés.

105.2 Les détenus condamnés n'ayant pas atteint l'âge normal de la retraite peuvent être soumis à l'obligation de travailler, compte tenu de leur aptitude physique et mentale telle qu'elle a été déterminée par le médecin.

105.3 Lorsque des détenus condamnés sont soumis à une obligation de travailler, les conditions de travail doivent être conformes aux normes et aux contrôles appliqués à l'extérieur.

105.4 Lorsque des détenus condamnés participent à des programmes éducatifs ou autres pendant les heures de travail, dans le cadre de leur régime planifié, ils doivent être rémunérés comme s'ils travaillaient.

105.5 Lorsque des détenus condamnés travaillent, une part de leur rémunération ou de leurs économies peut être affectée à la réparation des dommages qu'ils ont occasionnés, si un tribunal l'a ordonné ou si le détenu y consent.

Éducation des détenus condamnés

106.1 Un programme éducatif systématique, comprenant l'entretien des acquis et visant à améliorer le niveau global d'instruction des détenus, ainsi que leurs capacités à mener ensuite une vie responsable et exempte de crime doit constituer une partie essentielle du régime des détenus condamnés.

106.2 Tous les détenus condamnés doivent être encouragés à participer aux programmes d'éducation et de formation.

106.3 Les programmes éducatifs des détenus condamnés doivent être adaptés à la durée prévue de leur séjour en prison.

Libération des détenus condamnés

107.1 Les détenus condamnés doivent être aidés, au moment opportun et avant leur libération, par des procédures et des programmes spécialement conçus pour leur permettre de faire la transition entre la vie carcérale et une vie respectueuse du droit interne au sein de la collectivité.

107.2 Concernant plus spécialement les détenus condamnés à des peines de plus longue durée, des mesures doivent être prises pour leur assurer un retour progressif à la vie en milieu libre.

107.3 Ce but peut être atteint grâce à un programme de préparation à la libération, ou à une libération partielle ou conditionnelle sous contrôle, assortie d'une assistance sociale efficace.

107.4 Les autorités pénitentiaires doivent travailler en étroite coopération avec les services sociaux et les organismes qui supervisent et aident les détenus libérés à retrouver une place dans la société, en particulier en renouant avec la vie familiale et en trouvant un travail.

107.5 Les représentants de ces services ou organismes sociaux doivent pouvoir se rendre dans la prison autant que nécessaire et s'entretenir avec les détenus afin de les aider à préparer leur libération et à planifier leur assistance postpénale.

Partie IX Mise à jour des règles

108. Les Règles pénitentiaires européennes doivent être mises à jour régulièrement.

COMMENTAIRE DE LA RECOMMANDATION REC(2006)2 DU COMITÉ DES MINISTRES AUX ÉTATS MEMBRES SUR LES RÈGLES PÉNITENTIAIRES EUROPÉENNES

Commentaire de la Recomm. Rec(2006)2 dans sa version non révisée du 11 janv. 2006.

Introduction

Les normes pénitentiaires reflètent la volonté d'accorder aux détenus un traitement juste et équitable. Ces normes doivent être énoncées clairement car la pression de l'opinion publique peut conduire facilement à porter atteinte aux droits fondamentaux de cette catégorie vulnérable.

La première tentative de définition de normes pénitentiaires en Europe remonte à 1973, avec l'introduction de l'Ensemble des règles minima pour le traitement des détenus dans la Résolution n° R (73) 5 du Conseil de l'Europe. Il s'agissait alors d'adapter à la situation européenne l'Ensemble des règles minima des Nations unies pour le traitement des détenus, initialement formulé dès 1955.

En 1987, les Règles pénitentiaires européennes ont été entièrement révisées afin, comme l'indiquait le rapport explicatif, "de prendre en compte les besoins et les aspirations des administrations pénitentiaires, des détenus et du personnel pénitentiaire au moyen d'une approche systématique en matière de gestion et de traitement qui soit positive, réaliste et conforme aux normes contemporaines".

La révision en cours poursuit le même objectif général. Comme les textes précédents, ces règles révisées s'appuient à la fois sur les règles pénitentiaires antérieures et sur les valeurs fondamentales énoncées dans la Convention européenne des Droits de l'Homme. Depuis 1987, cependant, la législation et les pratiques pénitentiaires ont connu de très nombreux développements en Europe. L'évolution de la société, des politiques de lutte contre la délinquance et la criminalité, des pratiques en matière de condamnations et de la recherche, ainsi que l'accession de nouveaux États membres au Conseil de l'Europe ont modifié de manière importante le contexte de gestion des établissements pénitentiaires et de traitement des détenus.

Le corpus croissant d'arrêts de la Cour européenne des Droits de l'Homme, qui se fonde sur la Convention européenne des Droits de l'Homme pour protéger des droits fondamentaux des détenus, ainsi que les normes de traitement des détenus établies par le Comité européen pour la prévention de la torture et des peines ou traitements inhumains ou dégradants (CPT) ont joué un rôle déterminant dans cette évolution. Celle-ci a amené le Comité européen pour les problèmes criminels (CDPC) à confier au Conseil de coopération pénologique (PC-CP) la tâche d'harmoniser les règles avec les bonnes pratiques actuelles.

La recommandation en vue de la nouvelle version des Règles pénitentiaires européennes reconnaît également la contribution de la Cour européenne des Droits de l'Homme et du CPT. En outre, elle souligne qu'il est important de ne pas perdre de vue le principe dit d'*ultima ratio* selon lequel l'emprisonnement ne devrait constituer qu'une mesure de dernier recours. Ce principe vise à maintenir la population carcérale au niveau le plus bas. L'importance de cet objectif est reconnue dans la Recommandation n° R (99) 22 concernant le surpeuplement des prisons et l'inflation carcérale, qui souligne la nécessité de ne recourir à la privation de liberté que pour les infractions les plus graves. Le principe d'*ultima ratio* devrait être appliqué de façon à restreindre la détention des détenus, condamnés ou non. Il convient par ailleurs d'examiner sérieusement, avant la condamnation, la possibilité de sanctions alternatives permettant d'éviter le recours à la détention. Les États devraient aussi examiner la possibilité de dépénaliser certains délits ou de les reclasser de façon à ce qu'ils ne soient plus passibles d'une peine d'emprisonnement.

Les Règles pénitentiaires européennes jouissent d'un statut renforcé depuis 1987. La Cour européenne des Droits de l'Homme et le CPT font désormais régulièrement référence à ces règles, dont la nouvelle version devrait être d'une utilité encore plus grande pour ces organes dans la mesure où elle prend en compte les développements récents des bonnes pratiques dans le domaine pénitentiaire. Les tribunaux nationaux et les organes d'inspection sont aussi vivement incités à s'appuyer sur ces règles. Au vu des transferts croissants de détenus entre les États membres, il faudrait notamment que tout État qui décide d'un transfert ait l'assurance que le détenu concerné sera bien traité dans le pays de destination.

Les règles révisées abordent certaines questions qui n'étaient pas prises en compte dans les règles de 1987. Elles s'efforcent à l'exhaustivité sans pour autant soumettre les États membres à des exigences irréalistes. Il est reconnu que la mise en œuvre de ces règles demandera un effort considérable de la part de certains États membres du Conseil de l'Europe. Les règles fournissent des orientations aux États membres qui cherchent à moderniser leur législation pénitentiaire et aideront les administrations pénitentiaires à déterminer de quelle façon exercer leur autorité, y compris lorsque les règles n'ont pas encore été pleinement intégrées dans le droit interne. Elles font référence à des mesures devant plutôt être intégrées au "droit interne" qu'à la "législation interne" dans la mesure où elles reconnaissent que cette dernière peut prendre des formes diverses dans les différents États membres du Conseil de l'Europe. Le terme "droit interne" a été créé pour englober non seulement la législation primaire adoptée par un parlement national, mais également toute autre réglementation ou ordonnance ayant force de loi, ou encore la loi dictée par les cours et les tribunaux, et ce aussi longtemps que ces formes d'établissement de la loi sont reconnues par les systèmes juridiques nationaux.

PARTIE I Principes fondamentaux

Dans les nouvelles Règles pénitentiaires européennes, les neuf premières énoncent les principes fondamentaux devant guider l'interprétation et la mise en œuvre de l'ensemble des règles. Ces principes font partie intégrante des règles et ne constituent pas un élément du préambule ou de certaines règles spécifiques. Les administrations pénitentiaires doivent s'efforcer d'appliquer l'ensemble des règles en suivant la lettre et l'esprit de ces principes.

Règle 1

La question des droits de l'homme se pose inévitablement en cas de recours à la privation de liberté. La Règle 1 souligne ce fait en exigeant le respect des détenus. Ce respect implique à son tour la reconnaissance de leur dignité humaine fondamentale.

Règle 2

Cette règle complète la Règle 1 en soulignant que la perte du droit à la liberté que subissent les détenus ne doit pas être comprise comme impliquant automatiquement le retrait de leurs droits politiques, civils, sociaux, économiques et culturels. Il est inévitable que les droits des détenus subissent des restrictions du fait de la privation de liberté, mais ces restrictions doivent être aussi peu nombreuses que possible. L'ensemble des règles énonce quelques-unes des mesures pouvant être prises pour réduire les effets négatifs de la privation de liberté. Toute restriction supplémentaire doit être prévue par la loi et être introduite uniquement si elle est essentielle au maintien de l'ordre, de la sûreté et de la sécurité dans les prisons. Les restrictions imposées ne devraient pas déroger aux nouvelles Règles pénitentiaires européennes.

Règle 3

Cette règle souligne les limites aux restrictions pouvant être imposées aux détenus. Elle rappelle le principe général de proportionnalité devant régir toute restriction de cette nature.

Règle 4

Les gouvernements se voient parfois reprocher de traiter mieux leurs détenus que les autres membres de la société. Bien que de telles allégations soient rarement confirmées dans les faits, la Règle 4 vise à indiquer clairement que le manque de ressources ne peut justifier qu'un État membre laisse se développer des conditions de détention portant atteinte aux droits fondamentaux des détenus. Des politiques et des pratiques banalisant de telles atteintes ne devraient pas non plus être acceptées.

Règle 5

La Règle 5 souligne les aspects positifs de la normalisation. La vie en prison ne peut jamais, bien entendu, être identique à la vie dans une société libre. Toutefois, les autorités pénitentiaires doivent intervenir activement pour rapprocher le plus possible les conditions de vie en prison de la vie normale et veiller à ce que cette normalisation ne puisse pas avoir pour conséquence des conditions de détention inhumaines.

Règle 6

La Règle 6 reconnaît que les détenus, condamnés ou non, retourneront un jour vivre dans la société libre et que la vie en prison doit être organisée de façon à tenir compte de ce fait. Les détenus doivent être maintenus en bonne santé physique et mentale, et avoir la possibilité de travailler et d'étudier. Dans le cas des peines de longue durée, cet aspect de la vie en prison doit être soigneusement planifié afin de réduire au minimum les effets néfastes de l'incarcération et de permettre aux détenus d'utiliser au mieux leur temps de détention.

Règle 7

La Règle 7 insiste sur l'importance d'impliquer des services sociaux externes dans la vie à l'intérieur des prisons. Les Règles pénitentiaires européennes devraient encourager une politique d'inclusion plutôt qu'une politique d'exclusion. Pour ce faire, il est indispensable de promouvoir une étroite collaboration entre l'établissement pénitentiaire et les services sociaux externes et d'impliquer la société civile, par exemple par le biais du bénévolat ou de visites aux prisonniers.

Règle 8

La Règle 8 souligne la place centrale qu'occupe le personnel pénitentiaire dans l'ensemble du processus de mise en œuvre des règles et de développement d'un traitement humain des détenus.

Règle 9

La Règle 9 érige en principe de base la nécessité de l'inspection et du contrôle. L'importance de cette inspection et de ce contrôle est détaillée dans la partie VI des règles.

Champ d'application

Règle 10

La Règle 10 précise quelles sont les personnes qui doivent être considérées comme des détenus aux fins des Règles pénitentiaires européennes. Cette règle souligne que les personnes placées en détention provisoire par une autorité judiciaire ou privées de liberté à la suite d'une condamnation doivent être détenues dans une prison et non dans un quelconque autre lieu. La terminologie varie selon les pays. Les institutions de détention, comme les pénitenciers et les colonies de travail, peuvent également accueillir des détenus et être ainsi considérées comme des prisons aux termes de ces règles.

Cette règle reconnaît que, outre les personnes placées en détention provisoire ou privées de liberté à la suite d'une condamnation, d'autres catégories de personnes, telles que les étrangers en situation irrégulière, peuvent être détenues dans les prisons conformément aux dispositions légales nationales. Ces personnes, dès lors qu'elles sont détenues dans des prisons, doivent aussi être considérées comme des détenus aux fins des Règles pénitentiaires européennes. Une prison, par définition, n'est pas un endroit approprié à la détention d'une personne qui n'est ni suspectée d'avoir commis une infraction pénale, ni condamnée. Les étrangers en situation irrégulière devraient en conséquence être détenus en prison dans des cas exceptionnels uniquement, par exemple en raison de leur tendance connue à la violence ou bien encore lorsqu'une hospitalisation est nécessaire et qu'aucun établissement hospitalier sécurisé n'est disponible.

Les règles s'appliquent non seulement à toute personne détenue à l'intérieur d'une prison, au sens défini par les règles, mais aussi aux personnes qui, bien que ne demeurant pas dans l'enceinte d'une prison, appartiennent néanmoins d'un point de vue administratif à la population carcérale. Par conséquent, les personnes bénéficiant d'une permission de sortie ou participant à des activités en dehors des établissements pénitentiaires et qui sont formellement placées sous la responsabilité de l'administration pénitentiaire doivent être traitées conformément aux règles.

La règle 10 couvre les situations dans lesquelles (par exemple en raison du surpeuplement des prisons) des personnes qui, conformément à cette règle, devraient être placées dans une prison sont détenues (de façon temporaire) dans d'autres établissements, tels que commissariats de police ou autres locaux, qu'elles ne peuvent quitter volontairement. Il va sans dire que la détention dans des établissements autres que les prisons doit être une mesure de dernier recours, d'une durée aussi brève que possible, et que les autorités ayant la responsabilité de ces locaux doivent faire tout leur possible pour appliquer les normes définies dans ces règles et offrir une réparation suffisante en cas de traitement inadéquat.

Règle 11

La Règle 11 est conforme à l'article 37.c de la Convention internationale relative aux droits de l'enfant, qui exige que les mineurs soient détenus dans des centres de détention spéciaux pour les jeunes et interdit leur détention avec des adultes. La convention permet de s'écarter de cette exigence dans un cas précis, à savoir lorsque l'intérêt du mineur le nécessite.

On ne peut exclure tout à fait que, dans certaines situations exceptionnelles, des mineurs soient effectivement détenus dans une prison pour adultes. Par exemple, si les mineurs sont très peu nombreux dans un système carcéral, les garder en détention séparément peut se traduire par leur isolement total. Si des mineurs sont détenus dans une prison pour adultes, ils devraient être traités avec une attention particulière en raison de leur situation et de leurs besoins. Les mineurs emprisonnés, comme tous les autres détenus, sont soumis aux Règles pénitentiaires européennes. Cependant, des réglementations supplémentaires doivent intervenir afin de leur garantir un traitement approprié. La Règle 36 contient des dispositions particulières au sujet des mineurs présents dans une prison en raison de l'incarcération d'un parent.

Règle 12

La Règle 12 reflète très précisément la Règle 11, mais s'applique aux personnes atteintes de déficiences mentales. En effet, il est préférable que de telles personnes ne soient pas détenues au sein de prisons, mais dans des établissements pour déficients mentaux possédant leurs propres normes. Toutefois, les règles reconnaissent que, dans la réalité, des déficients mentaux sont parfois incarcérés dans des prisons. Dans de telles circonstances, des réglementations particulières tenant compte de leur situation et de leurs besoins spécifiques devraient être mises en place. Ces réglementations devraient leur offrir une protection supplémentaire par rapport aux Règles pénitentiaires européennes auxquelles ces personnes sont automatiquement soumises du fait de leur détention en milieu carcéral.

Règle 13

La Règle 13 interdit toute discrimination fondée sur des motifs injustifiés. A cet égard, la règle respecte scrupuleusement les termes du Protocole n° 12 à la Convention européenne des Droits de l'Homme. Cela ne veut cependant pas dire que le principe de l'égalité formelle doive prévaloir dans tous les cas, notamment lorsque l'application de ce principe risquerait d'entraîner une inégalité de fait. La protection des catégories de personnes vulnérables ne constitue pas une forme de discrimination, pas plus que les formes de traitement visant à répondre aux besoins particuliers de certains détenus.

PARTIE II Conditions de détention

Admission

Règle 14

La mise en place de procédures adéquates d'admission et de rétention des détenus est essentielle à la protection de la liberté. La Règle 14, qui transpose dans le contexte pénitentiaire le droit à la liberté et à la sécurité énoncé à l'article 5 de la Convention européenne des Droits de l'Homme, vise à garantir que seules soient admises et retenues en prison les personnes dont la détention est légalement justifiée. Les personnes dont la détention est contraire à la Règle 14 doivent pouvoir faire appel à un tribunal et lui demander d'ordonner leur libération.

Règle 15

L'accent mis dans cette règle sur l'enregistrement des informations relatives aux détenus répond aux mêmes motifs que ceux de la Règle 14. La conservation méticuleuse d'un dossier par détenu doit se faire pendant toute la période de détention. L'accès à un tel dossier devrait être prévu par le droit interne afin de garantir l'équilibre entre le respect de la vie privée des détenus et l'intérêt légitime de l'État. La collecte soigneuse d'informations sur l'état de santé du détenu lors de son admission représente aussi une mesure de protection essentielle. Ces informations doivent, dans l'idéal, être recueillies à la suite d'un examen médical, mais le personnel pénitentiaire doit être en général incité à notifier tout signe de mauvaise santé, y compris les blessures qui pourraient n'être plus visibles au moment de l'examen du détenu par un médecin qualifié.

Règle 16

La Règle 16 énumère un certain nombre de mesures à prendre le plus tôt possible après l'admission. Comme tout ne peut être fait en même temps lors de l'admission, seules les questions à traiter le plus tôt possible sont mentionnées ici et le personnel pénitentiaire se reportera aux autres dispositions prévues à l'occasion de l'admission. Les examens médicaux devraient notamment être réalisés rapidement, idéalement le jour de l'admission, au plus tard dans les vingt-quatre heures qui la suivent. Ces examens devraient également être régulièrement réalisés lors de la réadmission de la personne. La définition du niveau de sécurité et de risque applicable au détenu ne peut pas non plus être différée. Une attention particulière doit également être portée, le plus tôt possible, aux besoins personnels et sociaux des détenus. Pour cela, il est également nécessaire de prendre rapidement contact avec les services sociaux externes. Il est en outre nécessaire de mettre en place rapidement les programmes de traitement et de formation des détenus condamnés.

Répartition et locaux de détention

Règle 17

La Règle 17 souligne l'importance d'une répartition adéquate des détenus. D'une manière générale, les décisions en ce domaine doivent être prises de façon à éviter toute contrainte inutile pour les détenus et leurs familles, notamment pour les enfants de détenus, qui ont besoin de voir leurs parents. Il importe particulièrement, lorsqu'il est fait usage de niveaux de sécurité dans le placement des détenus, d'utiliser les niveaux les moins restrictifs car la détention dans les quartiers de haute sécurité se traduit souvent en pratique par des épreuves supplémentaires pour les détenus. Tous les détenus doivent également être placés aussi près que possible de leur foyer ou de leur centre de réinsertion sociale afin de faciliter la communication avec le monde extérieur, comme requis par la Règle 24. Il importe aussi de n'utiliser que des critères adéquats lors des décisions d'affectation des détenus. La condamnation à une peine de détention à perpétuité, par exemple, ne doit pas nécessairement impliquer le placement dans une prison particulière ou l'imposition d'un régime de détention particulièrement restrictif (voir la Règle 7 de la Recommandation Rec(2003)23 concernant la gestion par les administrations pénitentiaires des condamnés à perpétuité et des autres détenus de longue durée ; voir aussi le rapport du CPT sur la visite effectuée en Ukraine en septembre 2000 (CPT/Inf(2002)23)).

Il convient de reconnaître que les détenus sont directement intéressés par le résultat des décisions relatives à leur affectation. Ils doivent donc être consultés dans la mesure du possible et les requêtes raisonnables de leur part prises en compte, bien que la décision finale revienne aux autorités. Cette consultation doit avoir lieu avant le placement ou le transfèrement des détenus, bien que cela ne soit peut-être pas toujours possible pour une première affectation, lorsque les détenus sont systématiquement affectés à l'établissement pénitentiaire local. Si, exceptionnellement, des considérations de sûreté et de sécurité obligent à effectuer l'affectation ou le transfert avant la consultation des détenus, celle-ci doit avoir lieu ultérieurement. Dans ce cas, il doit être possible de revenir sur la décision lorsqu'un détenu a de bonnes raisons d'être placé dans une autre prison. Conformément à la Règle 70, un détenu peut demander aux autorités compétentes d'être placé ou transféré dans une prison précise. Il peut aussi suivre la même procédure pour tenter de faire annuler une décision d'affectation ou de transfert.

Le transfert de détenus peut être à l'origine de graves dysfonctionnements quant à leur traitement. Même s'il est admis que les transferts sont inévitables et qu'ils peuvent, en certaines occasions, être de l'intérêt majeur d'un détenu, des transferts successifs et non nécessaires devraient être évités. Les avantages et inconvénients d'un transfert devraient être soigneusement appréciés avant qu'il soit entrepris.

Règle 18

Cette règle porte sur les conditions de logement des détenus. L'évolution de la législation européenne en matière de droits de l'homme exige un renforcement des règles à ce propos. Les conditions de logement en général, et le surpeuplement en particulier, peuvent constituer une forme de peine ou de traitement inhumain ou dégradant allant par conséquent à l'encontre de l'article 3 de la Convention européenne des Droits de l'Homme. Ce fait est aujourd'hui pleinement reconnu dans un certain nombre d'arrêts de la Cour européenne des Droits de l'Homme (voir, par exemple, l'arrêt rendu dans l'affaire *Kalachnikov c/ Russie*, Requête n° 47095/99, arrêt du 15/07/2002). Les autorités doivent en outre tenir compte des besoins spéciaux des détenus : maintenir en détention une personne gravement handicapée sans lui fournir certains équipements supplémentaires peut constituer une forme de traitement inhumain ou dégradant (voir l'affaire *Price c/ Royaume-Uni*, Requête n° 33394/96, arrêt du 10/07/2001).

Les conditions d'hébergement des détenus couvrent à la fois la question de l'espace au sol dans les cellules et celles de l'éclairage et de l'aération. L'importance de l'accès à la lumière naturelle et à l'air frais est mentionnée en particulier dans la Règle 18.2 et soulignée dans le 11e Rapport général du CPT (CPT/Inf(2001)16, paragraphe 30). Les fenêtres ne doivent être ni obstruées, ni recouvertes de verre opaque. Il est admis que, en Europe septentrionale, il ne soit pas toujours possible de lire ou de travailler à la lumière du jour en hiver.

La Règle 18 contient quelques éléments nouveaux. Le premier, à la Règle 18.3, vise à obliger les gouvernements à inscrire dans le droit interne des normes spécifiques en ce domaine.

Ces normes doivent tenir compte à la fois des exigences générales de respect de la dignité humaine et des considérations pratiques en matière de santé et d'hygiène. Le CPT, dans son analyse des conditions d'hébergement et de l'espace au sol disponible dans les établissements pénitentiaires de divers pays, a commencé à indiquer quelques normes minimales. Il les estime à 4 m^2 par détenu dans un dortoir et 6 m^2 dans une cellule. Elles doivent cependant être modulées en fonction des résultats d'analyses plus approfondies du système pénitentiaire ; il convient notamment de prendre en compte le temps que les détenus passent effectivement dans leur cellule. Ces valeurs minimales ne doivent pas être considérées comme la norme. Bien que le CPT n'ait jamais établi directement une telle norme, il y a des indications montrant qu'il considère que la taille souhaitable d'une cellule individuelle est de 9 à 10 m^2. Il s'agit d'un domaine dans lequel le CPT peut continuer à apporter des éléments utiles en s'appuyant sur le travail déjà effectué à cet égard. Il est nécessaire de procéder à un examen détaillé des dimensions des cellules pouvant être considérées comme acceptables pour l'hébergement d'un certain nombre de détenus. Le nombre d'heures que les détenus passent enfermés dans leur cellule doit être pris en compte dans la définition des dimensions appropriées. Même dans le cas des détenus passant une grande partie de leur temps en dehors de leur cellule, il convient de définir clairement un espace minimal conforme au respect de la dignité humaine.

La Règle 18.4, qui prévoit l'adoption de stratégies nationales, inscrites dans la législation, pour faire face au surpeuplement des établissements pénitentiaires, constitue aussi une innovation importante. Le niveau de la population carcérale est déterminé tout autant par le fonctionnement du système de justice pénal que par l'évolution du taux de délinquance. Ce fait doit être pris en compte à la fois dans les stratégies générales en matière de justice pénale et dans les directives spécifiques concernant les mesures à prendre lorsque les prisons sont menacées par un niveau de surpopulation risquant d'empêcher l'application des normes minimales exigées par la Règle 18.3. La Règle 18.4 ne précise pas par quels moyens réduire la surpopulation carcérale. Dans certains pays, la pratique consiste, par exemple, à restreindre ou même à interrompre les nouvelles admissions lorsque le taux d'occupation maximal est atteint et à mettre en place une liste d'attente pour l'admission des détenus dont le maintien en liberté ne comporte pas de risques de sécurité graves. Une stratégie pour faire face à la surpopulation des prisons nécessite au moins la définition claire d'un taux maximal d'occupation de toutes les prisons d'un site particulier. La Recommandation n° R (99) 22 du Comité des Ministres concernant le surpeuplement des prisons et l'inflation carcérale doit être prise en compte à la fois lors du développement des stratégies globales et de la définition des règles nationales spécifiques visant à prévenir la surpopulation.

La Règle 18.5 maintient le principe de la cellule individuelle, laquelle devient souvent une "maison" pour les détenus de longue durée ou condamnés à perpétuité, bien que ce principe continue à être très largement enfreint en pratique (la Règle 96 souligne que le même principe s'applique aux détenus non condamnés). La non-application de ce principe est parfois un moyen de faire face au surpeuplement des prisons et est inacceptable en tant que solution à long terme. L'architecture des prisons peut également compliquer l'accueil des détenus dans des cellules individuelles. Toutefois, lors de la construction de nouvelles prisons, le principe de détention dans des cellules individuelles devrait être pris en considération.

La règle reconnaît qu'il peut être fait exception à ce principe de détention en cellule individuelle dans l'intérêt du détenu. Il importe de noter que cette exception porte uniquement sur les cas dans lesquels un détenu peut clairement bénéficier de la cohabitation avec d'autres détenus. Cette condition est soulignée par la Règle 18.6 qui stipule que seuls des détenus reconnus aptes à cohabiter peuvent être logés ensemble. A titre d'exemple, les non fumeurs ne devraient pas être contraints de cohabiter avec des fumeurs. En cas de cohabitation, il convient d'éviter le développement de toute forme de brimades, de menaces ou de violences entre détenus en mettant en place une surveillance adéquate par le personnel pénitentiaire. Le CPT a indiqué (11e Rapport général, CPT/Inf(2001)16, paragraphe 29) que les dortoirs de grande taille sont fondamentalement à éviter. Ceux-ci ne présentent généralement aucun avantage par rapport aux cellules individuelles. L'hébergement des détenus en cellules individuelles pendant la nuit n'implique pas de restriction particulière des contacts entre détenus pendant la journée et l'avantage de la cellule individuelle durant les heures de sommeil est donc à mettre en rapport avec le bénéfice procuré par les contacts humains aux autres moments (voir la Règle 50.1).

Dans la nouvelle version des règles, la nécessité d'assurer aux détenus des conditions d'hébergement adéquates est soulignée par le fait que cette question est traitée conjointement avec celle de la répartition des détenus. Les règles à ce propos ont été renforcées en indiquant clairement et simplement les diverses catégories de détenus qui doivent être séparées les unes des autres. La Règle 18.8.c de séparation des détenus jeunes des détenus plus âgés doit être lue conjointement avec la Règle 11 qui exige qu'aucun jeune de moins de 18 ans ne soit détenu dans une prison pour adultes. La séparation des jeunes détenus des détenus adultes est conforme à la norme impérative du droit international, énoncée à l'article 37.3.c de la Convention des Nations unies relative aux droits de l'enfant, sur la séparation des enfants et des adultes (est considéré comme enfant dans ce contexte tout individu de moins de 18 ans). La Règle 18.8.c vise aussi à permettre la séparation des jeunes détenus, parfois appelés jeunes adultes, qui ont plus de 18 ans mais ne sont pas encore prêts à l'intégration avec les détenus adultes, conformément à la définition plus souple des mineurs contenue dans l'Ensemble des règles minima des Nations unies concernant l'administration de la justice pour mineurs.

On admet aujourd'hui que la séparation entre les diverses catégories de détenus mentionnées dans la Règle 18.8 ne doit pas toujours être comprise de façon stricte. Ce type de séparation, cependant, a été introduit afin de protéger les détenus potentiellement plus faibles, qui demeurent vulnérables à certains mauvais traitements. La Règle 18.9 permet de déroger à l'exigence de séparation stricte mais seulement lorsque les détenus y consentent. Cette dérogation, en outre doit s'inscrire dans le cadre d'une politique délibérée des autorités pénitentiaires conçue dans l'intérêt des détenus ; elle ne peut être envisagée comme un moyen de résoudre un problème pratique comme celui du surpeuplement.

La Règle 18.10, qui prévoit que soient utilisées des mesures de sécurité les moins restrictives possible et compatibles avec le risque que les intéressés s'évadent, se blessent ou blessent d'autres personnes, permet également que soit prise en compte la protection de la société lors de la décision relative à la répartition des locaux de détention.

Hygiène

Règle 19

La Règle 19 met l'accent sur la propreté des locaux et sur l'hygiène personnelle des détenus. L'importance de l'hygiène dans les institutions pénitentiaires a été soulignée par la Cour européenne des Droits de l'Homme dont la jurisprudence indique que le manque d'hygiène et les conditions insalubres, souvent associés au surpeuplement des prisons, peuvent être considérés comme une forme de traitement dégradant (voir les arrêts rendus dans les affaires *Kalachnikov c/ Russie*, Requête n° 47095/99, arrêt du 15/07/2002 ; *Peers c/ Grèce*, Requête n° 28524/95, arrêt du 19/04/2001 ; et *Dougoz c/ Grèce*, Requête n° 40907/98, arrêt du 06/03/2001). Le CPT, d'autre part, a indiqué que "l'accès, au moment voulu, à des toilettes convenables et le maintien de bonnes conditions d'hygiène sont des éléments essentiels d'un environnement humain" (2e Rapport général, CPT/Inf(92)3, paragraphe 49).

La propreté des établissements pénitentiaires et l'hygiène personnelle sont directement liées car les autorités pénitentiaires doivent fournir aux détenus les moyens de veiller à la propreté de leur personne et de leur logement, comme l'exige la Règle 19. Il est important que les autorités prennent la responsabilité générale de l'hygiène, y compris à l'intérieur des cellules où dorment les détenus, et qu'elles assurent la propreté de ces cellules lors de l'admission des détenus. Réciproquement, tous les détenus, s'ils sont en mesure de le faire, doivent veiller à la propreté et à la netteté de leur personne et de leur environnement immédiat. Bien que les règles ne mentionnent pas explicitement la barbe des détenus, comme c'était le cas auparavant, la propreté et la netteté personnelles impliquent le soin du système pileux et, en particulier, la taille et le rasage de la barbe pour lesquels les autorités doivent fournir des moyens adéquats. Cependant, le rasage de la tête, tant comme pratique systématique que comme sanction disciplinaire, est inacceptable en ce qu'elle constitue une mesure qui est par sa nature humiliante pour les détenus (voir l'affaire *Yankov c/ Bulgarie*, Requête n° 39084/97, arrêt du 11/12/2003).

La prise en compte des besoins hygiéniques des femmes, mentionnés à la Règle 19.7, exige notamment de veiller à ce que celles-ci aient accès à des protections hygiéniques et aux moyens d'en disposer. Des mesures doivent aussi être prises pour permettre aux femmes enceintes ou allaitantes de prendre un bain ou une douche plus de deux fois par semaine.

En matière d'hygiène, il est particulièrement important d'assurer l'accès des détenus à divers équipements sanitaires tels que les bains et douches. Les autorités pénitentiaires doivent donc veiller à fournir de tels équipements et à en garantir l'accès aux détenus.

Vêtements et literie

Règle 20

La question des vêtements et de la literie est étroitement liée à celle de l'hygiène : des vêtements inadéquats et une literie mal entretenue peuvent contribuer à créer des conditions allant à l'encontre de l'article 3 de la Convention européenne des Droits de l'Homme. Les dispositions spécifiques énoncées aux Règles 20 et 21 indiquent aux autorités pénitentiaires les mesures concrètes à prendre pour éviter que ne se développent de telles conditions. Les normes de propreté exigent, par exemple, que les sous-vêtements soient changés et lavés aussi souvent que le veut l'hygiène.

Il convient de noter que la Règle 20 doit être lue dans le contexte de la Règle 97, qui donne explicitement aux détenus non condamnés la possibilité de porter leurs propres vêtements. Les règles ne se prononcent pas sur le port obligatoire d'un uniforme par les condamnés. Elles n'interdisent pas cette pratique et ne l'encouragent pas non plus. Toutefois, si les condamnés doivent porter un uniforme, celui-ci doit satisfaire aux critères de la Règle 20.2.

La Règle 20 met l'accent sur le respect de la dignité des détenus du point de vue des vêtements qu'ils reçoivent en prison. Lorsqu'il leur est fourni un uniforme, celui-ci ne doit pas présenter un caractère dégradant ou humiliant ; les uniformes tendant à donner une image caricaturale de "bagnard" sont donc interdits. Le respect de la dignité des détenus exige également que les détenus qui ont la permission de sortir de la prison ne soient pas contraints de porter des vêtements les identifiant comme tels. Il est particulièrement important de leur fournir des vêtements adéquats lorsqu'ils doivent comparaître devant un tribunal.

La disposition de la Règle 20.3 selon laquelle les vêtements doivent être maintenus en bon état implique de prendre les mesures nécessaires pour que les détenus puissent laver et sécher leurs vêtements.

Règle 21

La Règle 21 ne nécessite guère d'explications. Les lits et la literie sont très importants pour les détenus sur un plan pratique. Dans cette règle, il faut entendre par literie tout l'équipement standard d'un lit (sommier, matelas et couverture) par détenu.

Régime alimentaire

Règle 22

Une fonction essentielle des autorités pénitentiaires est de veiller à ce que les détenus reçoivent une alimentation satisfaisante. La modification de l'intitulé de cette section des règles ("Régime alimentaire" au lieu de "Alimentation") vise à souligner ce fait. Des arrangements selon lesquels le détenu assure individuellement son alimentation ne sont pas interdits par la règle mais, si tel devait être le cas, il conviendrait de veiller à ce que le détenu ait trois repas par jour. Dans certains États, les autorités pénitentiaires permettent aux détenus de préparer eux-mêmes leurs repas, car cela leur donne un aperçu des aspects positifs de la vie en communauté. Dans ce cas, elles mettent à leur disposition les installations adéquates ainsi qu'une quantité de nourriture suffisant à satisfaire leurs besoins nutritionnels.

La Règle 22.2 oblige maintenant de façon spécifique les autorités nationales à inscrire les critères de qualité du régime alimentaire dans le droit interne. Ces critères doivent tenir compte des besoins alimentaires de différentes catégories de détenus. Une fois de telles normes spécifiques définies, les systèmes d'inspection interne ainsi que les organes nationaux et internationaux de contrôle disposeront d'une base leur permettant d'établir si les besoins alimentaires des détenus sont satisfaits conformément à la loi.

Conseils juridiques

Règle 23

Cette règle porte sur le droit de tout détenu à bénéficier de conseils juridiques. Elle s'appuie sur le Principe 18 de l'Ensemble de principes des Nations unies pour la protection de toutes les personnes soumises à une forme quelconque de détention ou d'emprisonnement, et non sur les normes pénitentiaires internationales plus anciennes qui étaient axées sur les détenus en attente de procès et ne reconnaissaient pas explicitement le droit de tous les détenus à des conseils juridiques. Ces conseils peuvent porter tant sur les affaires au pénal que sur les affaires au civil et aussi sur d'autres questions comme la rédaction d'un testament. Plus précisément, la définition de "conseils juridiques" et la personne habilitée à les donner peuvent légèrement varier d'un État à un autre, et sont davantage réglementées par le droit interne.

La Règle 23 vise à donner un contenu pratique au droit de chaque détenu à des conseils juridiques. Elle demande aux autorités pénitentiaires d'attirer l'attention des détenus sur l'aide judiciaire et de les aider d'autres façons, par exemple en leur fournissant le matériel nécessaire pour prendre des notes et en affranchissant les courriers adressés à leur avocat si les détenus ne peuvent le faire eux-mêmes (voir l'affaire *Cotlet c/ Roumanie*, Requête n° 38565/97, arrêt du 03/06/2003). Les besoins particuliers des détenus non condamnés en ce qui concerne les conseils juridiques et les moyens d'en bénéficier sont mis en évidence dans la Règle 98.

Les autorités pénitentiaires doivent aussi faciliter la fourniture de conseils juridiques en assurant leur confidentialité. Le droit des détenus à des conseils juridiques confidentiels et à la confidentialité de la correspondance avec leur avocat est bien établi et a été reconnu dans toute une série de décisions de la Cour européenne des Droits de l'Homme et de la Commission européenne des Droits de l'Homme (voir en particulier les affaires *Golder c/ Royaume-Uni*, Requête n° 4451/70, arrêt du 21/02/1975 ; et *Silver et autres c/ Royaume-Uni*, Requêtes n°s 5947/72 et al., arrêt du 25/03/1983). Différents moyens peuvent être utilisés en pratique pour assurer le respect de ce droit. Les normes pénitentiaires prévoient depuis longtemps, par exemple, que les entrevues entre détenu et avocat peuvent être à portée de vue mais non à portée d'ouïe du personnel pénitentiaire (voir Règle 93 de l'Ensemble des règles minima des Nations unies pour le traitement des détenus). Cela est sans doute encore le meilleur moyen d'assurer l'accès des détenus à des conseils juridiques confidentiels, mais d'autres solutions peuvent être envisagées pour parvenir à ce résultat. Il convient aussi d'établir des méthodes spécifiques garantissant la confidentialité de la correspondance juridique.

Il n'est justifié que les autorités pénitentiaires apportent des restrictions à cette confidentialité que si des raisons impérieuses l'exigent, et ces restrictions doivent faire l'objet d'un réexamen (voir *Peers c/ Grèce*, Requête n° 28524/95, arrêt du 19/04/2001, paragraphe 84, et *A.B. c/ Pays-Bas*, Requête n° 37328/97, arrêt du 29/01/2002, paragraphe 83). Lorsque, exceptionnellement, une autorité judiciaire apporte des restrictions à la confidentialité des communications avec les conseillers juridiques dans un cas donné, les raisons justifiant ces restrictions doivent être précisées, et communiquées au détenu par écrit.

La Règle 23.6 vise à aider les détenus en leur donnant accès aux documents juridiques qui les concernent. Quand, pour des raisons de sécurité et d'ordre, il n'est pas acceptable qu'ils conservent ces documents dans leurs cellules, des mesures devraient être prises pour veiller à ce qu'ils puissent y avoir accès.

Contacts avec le monde extérieur

Règle 24

La perte de liberté ne doit pas nécessairement entraîner l'absence de contacts avec le monde extérieur. Au contraire, tous les détenus ont droit à certains contacts et les autorités pénitentiaires doivent s'efforcer de créer les conditions leur permettant de maintenir ces contacts le mieux possible. Traditionnellement, ces contacts prennent la forme de lettres, d'appels téléphoniques et de visites, mais les autorités pénitentiaires doivent être conscientes des nouvelles possibilités de communiquer par voie électronique qu'offre la technologie moderne. A mesure que ces possibilités se développent apparaissent aussi des moyens de les contrôler, si bien que les nouveaux modes de communication électroniques peuvent être utilisés selon des modalités qui ne menacent ni la sûreté, ni la sécurité. Les contacts avec le monde extérieur sont indispensables pour lutter contre les effets potentiellement néfastes de l'emprisonnement (voir aussi les paragraphes 22 et 23 de la Recommandation Rec(2003)23 concernant la gestion par les administrations pénitentiaires des condamnés à perpétuité et des autres détenus de longue durée). La Règle 99 indique clairement que les prévenus doivent aussi pouvoir rester en contact avec le monde extérieur, et que toute restriction éventuellement apportée à ces contacts doit être strictement limitée.

Le terme "famille" devrait être entendu au sens large afin d'englober la relation que le détenu a établie avec une personne ; relation comparable à celle des membres d'une famille, alors même qu'elle peut ne pas avoir été formalisée.

L'article 8 de la Convention européenne des Droits de l'Homme reconnaît le droit de tout individu au respect de sa vie privée et familiale et de sa correspondance, et la Règle 24 peut être lue comme définissant les responsabilités des autorités pénitentiaires pour assurer le respect de ces droits dans les conditions fondamentalement restrictives de la prison. La règle couvre également les visites qui constituent une forme de communication particulièrement importante.

Conformément aux limites définies à l'article 8.2 de la Convention européenne des Droits de l'Homme sur l'ingérence d'une autorité publique dans l'exercice du droit au respect de la vie privée et familiale et de la correspondance, les restrictions aux communications doivent être réduites au minimum. La Règle 24.2, cependant, reconnaît que les communications de toutes sortes peuvent être restreintes et surveillées pour des impératifs liés au bon ordre, à la sûreté et à la sécurité de la prison (pour une discussion générale de ces notions, voir la partie IV). Il peut aussi être nécessaire de limiter les communications en vue de répondre aux besoins des investigations pénales en cours, d'empêcher que d'autres infractions ne soient commises et de protéger les victimes des infractions. Toutefois, une prudence particulière s'impose à propos de ce type de restrictions car celles-ci exigent de prendre des décisions sur des questions qui ne relèvent pas normalement des compétences des autorités pénitentiaires. La décision d'une juridiction devrait donc être requise avant toute imposition de restrictions fondées sur de tels motifs. La surveillance doit elle aussi être proportionnée à la menace que représente une forme de communication donnée, et elle ne doit pas servir à restreindre indirectement les communications. Les difficultés particulières et le retard que pourrait rencontrer un détenu parlant dans une langue qui n'est pas la sienne devraient être réduits.

Les règles déterminant le recours à des restrictions sont aussi importantes : elles doivent être définies clairement, conformément à la loi, comme l'exige l'article 8.2, et ne pas être laissées à la discrétion de l'administration pénitentiaire (voir l'arrêt rendu par la Grande Chambre le 6 avril 2000 dans l'affaire *Labita c/ Italie*, Requête n° 26772/95, arrêt du 06/04/2000). Les restrictions doivent être le moins intrusives possible, compte tenu du risque justifiant leur imposition. La correspondance, par exemple, peut être contrôlée afin de vérifier qu'elle ne contient pas d'articles illégaux mais ne doit être lue que s'il existe une raison spécifique de soupçonner que son contenu pourrait être illégal. Les visites ne doivent pas non plus être interdites lorsqu'il existe un risque en matière de sécurité, mais faire l'objet d'une surveillance proportionnellement accrue. En outre, pour justifier une mesure de restriction des communications, le risque doit être démontrable ; la censure de la correspondance pendant une durée indéterminée, par exemple, n'est pas acceptable. Dans la pratique, les restrictions varieront en fonction du type de communications visé. Les lettres et, avec la technologie moderne, les conversations téléphoniques sont faciles à contrôler. Les communications électroniques comme les courriers électroniques posent encore un risque élevé en matière de sécurité et leur accès doit être réservé à une catégorie réduite de détenus. Les risques de sécurité pouvant évoluer, les règles ne contiennent pas de directives spécifiques à ce propos.

La Règle 24.2 prévoit une limite supplémentaire à ce type de restrictions afin de garantir que même les détenus faisant l'objet de restrictions seront autorisés à maintenir certains contacts avec le monde extérieur. Il serait bon que le droit interne précise le nombre minimal de visites, de lettres et de communications téléphoniques à autoriser dans tous les cas.

La mention d'"une ordonnance spécifique délivrée par une autorité judiciaire" dans la Règle 24.2 vise à répondre aux situations dans lesquelles il est nécessaire d'imposer des restrictions supplémentaires à des personnes en détention provisoire au regard des nécessités liées au bon déroulement des investigations. Toutefois, même ces détenus ne doivent pas être soumis à un isolement total.

Certaines formes de communication ne peuvent pas être interdites du tout. La Cour européenne des Droits de l'Homme s'est opposée explicitement aux tentatives de limiter la correspondance des détenus avec les institutions européennes des droits de l'homme (voir, par exemple, l'affaire *Campbell c/ Royaume-Uni*, Requête n° 13590/88, arrêt du 25/03/1992) et la Règle 24.3 précise que le droit interne doit autoriser ce type de communication, ainsi que la communication avec le médiateur national et les tribunaux nationaux.

La Règle 24.4 souligne l'importance particulière des visites non seulement pour les détenus mais aussi pour leurs familles. Lorsque cela est possible, des visites familiales de longue durée (jusqu'à 72 heures, par exemple, comme cela est le cas dans de nombreux pays d'Europe de l'Est) doivent être autorisées. Ces visites prolongées permettent aux détenus d'avoir des relations intimes avec leur partenaire. Les "visites conjugales" plus courtes autorisées à cette fin peuvent avoir un effet humiliant pour les deux partenaires.

La Règle 24.5 oblige de manière positive les autorités pénitentiaires à aider les détenus à maintenir des liens avec le monde extérieur. Les autorités pénitentiaires doivent en particulier envisager d'autoriser tout détenu à quitter la prison pour des raisons humanitaires, comme le prévoit la Règle 24.7. La Cour européenne des Droits de l'Homme a déclaré que, lorsqu'il n'existe aucun risque de fuite, un détenu doit être autorisé à quitter la prison pour assister aux obsèques d'un proche parent (voir affaire *Ploski c/ Pologne*, Requête n° 26761/95, arrêt du 12.11/2002). Les raisons familiales (la naissance d'un enfant par exemple) sont des raisons humanitaires qui justifient la sortie de prison d'un détenu.

Les Règles 24.6, 24.8 et 24.9 visent à garantir que les détenus reçoivent les informations importantes concernant les membres de leur famille proche et que les informations importantes les concernant parviennent aux personnes intéressées à l'extérieur de la prison. Il conviendrait d'aider les détenus à communiquer de telles informations. La règle s'efforce de maintenir un équilibre entre la reconnaissance du droit des détenus à informer de certains événements les personnes importantes pour eux à l'extérieur de la prison, l'obligation faite aux autorités d'informer ces personnes dans certains cas et la prise en compte du droit des détenus à ne pas communiquer certaines informations les concernant si tel est leur souhait. Dans le cas de détenus se présentant volontairement à la prison, il n'est pas nécessaire que les autorités informent leur famille de leur admission.

La Règle 24.10 porte sur un aspect des contacts avec le monde extérieur, celui de la possibilité de s'informer, qui constitue un élément du droit à la liberté d'expression garant par l'article 10 de la Convention européenne des Droits de l'Homme.

La Règle 24.11 constitue une innovation dans les Règles pénitentiaires européennes ; elle vise à assurer que les autorités pénitentiaires respectent la reconnaissance croissante par la Cour européenne des Droits de l'Homme du droit des détenus à participer aux élections (voir l'affaire *Hirst c/ Royaume-Uni* (n° 2), Requête n° 74025/01, arrêt du 30/03/2004). Dans ce cas également, les autorités pénitentiaires peuvent et doivent faciliter l'exercice du droit de vote et éviter de créer des obstacles à la participation des détenus aux élections (voir l'affaire *Iwanczuk c/ Pologne*, Requête n° 25196/94, arrêt du 15/11/2001). Cette règle s'appuie sur une résolution ancienne, la Résolution (62) 2 du Comité des Ministres relative aux droits électoraux, civils et sociaux du détenu, dont le chapitre B stipule ce qui suit aux paragraphes 5 et 6 :

> "Si la loi permet de voter sans comparution personnelle dans le local de vote, cette faculté est reconnue au détenu dans la mesure où il n'est pas privé de son droit de vote par une disposition légale ou par une décision judiciaire.
>
> Le détenu appelé à voter est mis à même de recevoir les informations utiles pour l'exercice de ce droit."

La Règle 24.12 s'efforce de définir une position équilibrée à propos d'un aspect très fortement controversé de la communication des détenus. Bien que la liberté d'expression soit la norme, les autorités publiques sont autorisées à restreindre cette liberté conformément à l'article 10.2 de la Convention européenne des Droits de l'Homme. L'emploi de l'expression " intérêt public" permet d'interdire ce type de communication pour des raisons autres que celles qui se rapportent aux questions internes de sûreté et de sécurité. Les restrictions en ce domaine peuvent avoir notamment pour but de protéger l'intégrité des victimes, d'autres détenus ou des membres du personnel pénitentiaire. Cependant, l'"intérêt public" doit être interprété en un sens assez restreint afin de ne pas empêcher complètement la communication des détenus avec les médias, qui est autorisée par cette règle.

Régime pénitentiaire

Règle 25

La Règle 25 souligne que les autorités pénitentiaires ne doivent pas concentrer leur attention uniquement sur certaines règles spécifiques comme celles qui portent sur le travail, l'éducation et l'exercice physique, mais doivent examiner l'ensemble du régime de détention de chaque détenu et veiller à ce que celui-ci reste conforme aux normes fondamentales de respect de la dignité humaine. Ces activités ne devraient couvrir que la période d'une journée normale de travail. Il est inacceptable, par exemple, que les détenus passent vingt-trois heures sur vingt-quatre dans leur cellule. Le CPT a indiqué que les diverses activités auxquelles participent les détenus doivent les occuper en dehors de leur cellule au moins huit heures par jour (voir le 2e Rapport général du CPT, CPT/Inf(92), paragraphe 47).

Une attention particulière devrait être apportée au fait d'assurer que les détenus ne travaillant pas, tels que ceux ayant atteint l'âge de la retraite, soient maintenus actifs par d'autres moyens.

Cette règle fait aussi spécifiquement référence aux besoins sociaux des détenus, et encourage ainsi les autorités pénitentiaires à veiller à ce que les multiples besoins sociaux des détenus soient satisfaits, soit par l'administration pénitentiaire, soit par des organismes d'action sociale relevant d'autres secteurs gouvernementaux. La règle fait particulièrement référence à la nécessité d'offrir un soutien aux détenus, hommes et femmes, qui auraient été victimes d'abus physiques, psychologiques ou sexuels.

Il convient aussi de noter que la Règle 101 autorise les prévenus à demander à suivre le régime des détenus condamnés.

Travail

Règle 26

Il convient de noter que le travail des prévenus fait l'objet de la Règle 100, et que le travail des condamnés est traité dans la Règle 105. L'introduction de la Règle 26 dans la section générale constitue une nouveauté très importante par rapport aux normes antérieures car le travail était précédemment envisagé comme accessible uniquement aux condamnés (et obligatoire pour ces derniers). Il est maintenant largement reconnu que les prévenus ont aussi le droit de travailler. Les dispositions contenues dans cette règle s'appliquent à tout type de travail effectué par des détenus, qu'il s'agisse de prévenus choisissant de travailler ou de condamnés éventuellement contraints à travailler.

La Règle 26.1 souligne une nouvelle fois que le travail effectué par un détenu ne doit en aucun cas constituer une punition. Cette disposition vise à lutter contre les risques évidents d'abus en ce domaine. L'aspect positif du travail doit au contraire être mis en avant. Le travail offert aux détenus doit être conforme aux normes et techniques de travail contemporaines et reposer sur des modes de gestion et des processus de production modernes. Il est important également, comme l'indique la Règle 26.4 en termes généraux, que les femmes aient accès à divers types d'emplois et que leur choix ne se limite pas aux emplois traditionnellement considérés comme "féminins". Le travail doit remplir une fonction générale de développement pour tous les détenus ; l'exigence que le travail soit, dans la mesure du possible, de nature à augmenter la capacité des détenus à gagner leur vie va également dans ce sens.

Le principe de normalisation découlant de la Règle 5 sous-tend le détail des dispositions relatives au travail contenues dans la Règle 26. Par exemple, les mesures appliquées en matière d'hygiène et de sécurité, les heures de travail et même l'affiliation aux systèmes nationaux de sécurité sociale doivent être alignées sur celles dont bénéficient les salariés à l'extérieur de la prison. Cette approche est conforme à celle adoptée par le Comité des Ministres dans sa Résolution (75) 25 sur le travail des détenus. Une approche identique doit déterminer le niveau de rémunération des détenus. Les détenus employés par des entreprises privées doivent obligatoirement recevoir "un salaire normal complet" mais, dans l'idéal, tous les détenus devraient recevoir une rémunération conforme aux salaires pratiqués dans l'ensemble de la société.

La Règle 26 contient également des dispositions visant à empêcher l'exploitation du travail des détenus. La Règle 26.8, en particulier, a pour but d'assurer que les motivations financières ne conduisent pas à ignorer le rôle positif du travail pour l'amélioration de la formation des détenus et la normalisation de leur vie en prison.

La Règle 26.17 souligne que, si le travail peut occuper une grande partie de l'emploi du temps des détenus, il ne doit cependant pas les empêcher de pratiquer d'autres activités. Il est explicitement fait référence à l'instruction, mais les contacts avec des partenaires extérieurs, tels que des organismes d'action sociale, peuvent former une composante essentielle du régime d'un détenu.

Exercice physique et activités récréatives

Règle 27

L'emplacement de la Règle 27 vise à souligner la nécessité de l'exercice physique et des activités récréatives (qui ne doivent cependant pas être obligatoires) pour tous les détenus, y compris pour ceux sujets à des sanctions disciplinaires. Des possibilités d'exercice physique et des activités récréatives doivent être offertes à tous les détenus et non uniquement dans le cadre des programmes de traitement et de formation des détenus condamnés, mais ces activités ne doivent pas être obligatoires. Cela est conforme à l'Ensemble des règles minima des Nations unies pour le traitement des détenus, qui couvre l'exercice physique et le sport. L'importance de l'exercice physique pour tous les détenus est soulignée par le CPT dans son 2e Rapport général (CPT/Inf(92)3, paragraphe 47). La séance d'exercice physique d'une heure par jour est un minimum qui doit être appliqué à tous les détenus qui ne font pas suffisamment d'exercice dans le cadre de leur travail. Il faut prévoir des aménagements suffisants destinés à l'exercice physique réalisé à l'extérieur afin de permettre aux détenus de s'exercer pleinement physiquement.

Les possibilités d'exercice physique doivent être complétées par des propositions d'activités récréatives visant à rendre la vie en prison aussi normale que possible. L'organisation d'activités sportives et récréatives est le moyen idéal de faire participer les détenus à un aspect important de la vie en prison et de les aider à développer leurs aptitudes sociales et interpersonnelles. Elle peut aussi fournir aux détenus l'occasion d'exercer leur droit d'association. Ce droit, protégé par l'article 11 de la Convention européenne des Droits de l'Homme, n'est pas entièrement aboli dans le contexte pénitentiaire, bien que soumis à de fortes restrictions liées aux exigences de bon ordre (voir aussi le commentaire de la Règle 52.3 dans la partie IV).

La Règle 27.5 concerne les détenus ayant besoin d'un exercice physique d'une nature particulière : par exemple un détenu blessé pourrait avoir besoin d'exercices complémentaires afin de se remuscler.

Éducation

Règle 28

Cette règle contient des dispositions générales en vue de l'éducation de tous les détenus. Des dispositions complémentaires relatives à l'éducation des détenus condamnés figurent dans la Règle 106. Les autorités pénitentiaires doivent accorder une attention spéciale à l'éducation des jeunes détenus et à ceux ayant des besoins éducatifs spéciaux, tels que les détenus d'origine étrangère, les personnes handicapées et autres. Cela est conforme à la Recommandation n° R (89) 12 du Comité des Ministres sur l'éducation en prison, qui mentionne de manière spécifique les besoins éducatifs de tous les détenus. La règle souligne la nécessité pour les autorités pénitentiaires de répondre aux besoins des détenus qui ont des problèmes particuliers en matière d'éducation et d'intégrer l'instruction des détenus dans le système d'éducation publique. D'autre part, lorsque des détenus obtiennent une qualification formelle pendant leur séjour en prison, il importe que l'attestation correspondante ne fasse pas mention du lieu d'obtention.

La bibliothèque devrait être considérée comme un équipement ouvert à tous les détenus et comme une activité récréative importante. Elle joue aussi un rôle essentiel en vue de l'éducation des détenus. Elle devrait être convenablement approvisionnée et offrir des livres dans les différentes langues lues par les détenus. La bibliothèque devrait aussi permettre aux détenus de consulter des textes juridiques et, en particulier, les Règles pénitentiaires européennes et d'autres instruments semblables, ainsi que les diverses réglementations s'appliquant à la vie en prison. D'autres matériaux pourront être conservés dans la bibliothèque sous forme électronique.

Liberté de pensée, de conscience et de religion

Règle 29

Les règles pénitentiaires ont considéré jusqu'ici la place de la religion en prison comme non problématique et se sont limitées à formuler des recommandations positives sur les meilleurs moyens d'organiser la vie religieuse en prison. Cependant, l'augmentation dans certains pays du nombre de détenus animés de fortes convictions religieuses nécessite une approche mieux fondée quant aux principes, ainsi que l'adoption d'exigences positives.

La Règle 29.1 vise à assurer la reconnaissance de la liberté de religion et de la liberté de pensée et de conscience, conformément à l'article 9 de la Convention européenne des Droits de l'Homme.

La Règle 29.2 ajoute l'obligation positive pour les autorités pénitentiaires de faciliter la pratique religieuse et le respect des croyances des détenus. Diverses mesures pourront être prises à cet égard. La Règle 22 prévoit déjà que les exigences liées à des convictions religieuses soient prises en compte dans le régime alimentaire des détenus. Dans la mesure du possible, des lieux de culte et de réunion doivent être fournis dans chaque prison aux détenus de diverses religions et confessions. Lorsqu'une prison contient un nombre suffisant de détenus appartenant à une même religion, un représentant de cette religion doit être agréé. Lorsque le nombre de détenus le justifie et si les conditions le permettent, la personne désignée devra remplir cette fonction à plein temps. Le représentant qualifié doit être autorisé à tenir des services réguliers, à organiser des activités et à avoir des entretiens en privé avec les détenus appartenant à sa religion. Aucun détenu ne doit se voir refuser l'accès au représentant agréé d'une religion.

La Règle 29.3 vise à protéger les détenus de toute pression indue en matière religieuse. Ces questions sont abordées dans la section générale afin de souligner que la pratique religieuse ne doit pas être conçue principalement comme un aspect du programme de détention, mais comme une question d'intérêt général concernant tous les détenus.

Information

Règle 30

Cette règle met l'accent sur l'importance d'informer les détenus sur leurs droits et sur leurs obligations dans une langue qu'ils comprennent. Des démarches doivent également être entreprises afin de s'assurer qu'ils restent correctement informés. Les détenus ne s'intéressent pas seulement à leurs conditions matérielles et formelles de détention mais aussi aux progrès de la procédure les concernant et, s'ils ont été condamnés, au temps qu'il leur reste à passer en prison et à leurs possibilités de bénéficier d'une libération anticipée. C'est la raison pour laquelle il est important que l'administration pénitentiaire maintienne sur ces questions un dossier accessible aux détenus. Afin de leur permettre de mieux comprendre le traitement accordé aux détenus, les familles doivent aussi avoir accès à la réglementation déterminant les conditions de détention de leur proche.

Objets appartenant aux détenus

Règle 31

La protection des objets appartenant aux détenus (argent, objets de valeur et autres effets) peut être en pratique source de problèmes en raison des risques de vol. La Règle 31 définit en détail les procédures à suivre dès l'admission afin de prévenir ces risques. Ces procédures permettent aussi de protéger le personnel pénitentiaire contre toute allégation de détournement de biens appartenant à des détenus. Cette règle prévoit également, sous certaines conditions restrictives, que les détenus peuvent acheter ou se procurer des biens qui leur seraient nécessaires en prison. S'agissant de nourriture ou de boissons, voir également l'obligation des autorités de procurer une alimentation satisfaisante, conformément aux dispositions de la Règle 22.

Transfèrement des détenus

Règle 32

Les détenus sont particulièrement vulnérables lors de leur transport en dehors de la prison. La Règle 32 a par conséquent pour but de leur fournir certaines protections. La Règle 32.3 est spécifiquement conçue pour empêcher les pratiques visant à faire supporter aux détenus les frais de transport. Elle indique également que les autorités publiques demeurent responsables des détenus pendant leur transport. Des exceptions peuvent être prévues lorsque les détenus choisissent de participer à des actions civiles.

Libération des détenus

Règle 33

Cette règle reconnaît que la question de la libération des détenus ne concerne pas uniquement les détenus condamnés. Il est important que les détenus ne pouvant légalement être maintenus plus longtemps en détention soient libérés sans retard (voir l'affaire *Quinn c/ France*, Requête n° 18580/91, arrêt du 22/03/1995). Les diverses mesures à prendre au titre de la Règle 33 visent à assurer que tous les détenus, y compris les prévenus, bénéficient d'une aide en vue de leur retour dans la société.

Femmes

Règle 34

Cette règle est une nouvelle disposition visant à tenir compte du fait que les détenues femmes, en tant que minorité au sein du système pénitentiaire, peuvent facilement être l'objet de discriminations. Elle vise à aller au-delà de la proscription de la discrimination négative et à sensibiliser les autorités à la nécessité de prendre des mesures positives à cet égard. Ces mesures positives doivent reconnaître, par exemple, que les détenues femmes, en tant que minorité au sein des prisons, peuvent facilement être l'objet de discriminations du fait de leur isolement. Ces stratégies doivent donc être élaborées de manière à remédier à cet isolement. De même, la Règle 26.4 selon laquelle aucune discrimination ne doit se faire sur la base du sexe du détenu, et ce quel que soit le type de travail, doit être complétée par des initiatives positives afin de garantir que les femmes ne soient plus, dans la pratique, victimes de cette discrimination qui consiste à les loger dans de petits quartiers qui proposent moins de travail, voire du travail moins intéressant.

La nécessité pour les détenues femmes d'accéder à certains services spéciaux est énoncée en termes généraux afin de tenir compte du développement inventif d'une série de mesures positives. Cependant, comme le reconnaît la Règle 34.2, un domaine n'est pas abordé. Les femmes détenues sont particulièrement susceptibles d'avoir été victimes d'abus physiques, psychologiques ou sexuels avant leur emprisonnement. Leurs besoins spécifiques à cet égard sont mis en valeur et viennent s'ajouter à l'attention générale devant être accordée à l'ensemble de ces détenues femmes en vertu de la Règle 25.4. La Règle 30.b de la Recommandation Rec(2003)23 concernant la gestion par les administrations pénitentiaires des condamnés à perpétuité et des autres détenus de longue durée met en avant de façon similaire les besoins des femmes à cet égard.

Il importe de reconnaître que les besoins particuliers des femmes couvrent des aspects très divers et ne doivent pas être considérés comme essentiellement d'ordre médical. C'est la raison pour laquelle les dispositions relatives à l'accouchement et aux facilités à apporter aux parents avec enfants en prison ont été retirées du contexte médical et placées dans la présente règle et dans la suivante.

Lorsqu'une femme est transférée dans un établissement non pénitentiaire, elle doit être traitée avec dignité. Par exemple, il est inacceptable qu'une femme accouche enchaînée à un lit ou à un autre meuble.

Mineurs

Règle 35

Cette règle vise en premier lieu à maintenir les mineurs hors des prisons, qui sont des établissements de détention des adultes. Conformément à l'article 1 de la Convention des Nations unies relative aux droits de l'enfant, les mineurs sont définis comme toute personne âgée de moins de 18 ans.

Les Règles pénitentiaires européennes, dans leur conception générale, portent essentiellement sur les conditions de détention des adultes. Néanmoins, les règles couvrent les mineurs placés en détention provisoire ou condamnés à une peine de détention dans une institution, quelle qu'elle soit. Les Règles protègent par conséquent les mineurs en prison, ce qui est d'autant plus important qu'ils continuent d'être détenus dans des prisons "ordinaires", bien que cette pratique soit largement considérée comme inacceptable. En outre, ces règles, bien qu'axées sur les adultes, peuvent offrir des indications générales utiles sur les normes minimales qui doivent s'appliquer aussi aux mineurs détenus dans d'autres institutions.

Les mineurs constituant une catégorie extrêmement vulnérable, les autorités pénitentiaires doivent assurer la conformité de leur régime de détention avec les principes pertinents énoncés dans la Convention des Nations unies relative aux droits de l'enfant et dans la Recommandation n° (87) 20 sur les réactions sociales à la délinquance juvénile, et veiller particulièrement :

— à les protéger de toute forme de menace, violence ou abus sexuel ;
— à leur offrir une éducation et une formation appropriées ;
— à les aider à maintenir des contacts avec leur famille ;
— à leur offrir un soutien et un accompagnement en matière de développement émotionnel ; et
— à leur proposer des activités sportives et de loisirs appropriées.

Ces dispositions, qui figurent au paragraphe 32 de la Recommandation Rec(2003)23 concernant la gestion par les administrations pénitentiaires des condamnés à perpétuité et des autres détenus de longue durée, devraient être appliquées à tous les mineurs.

Les mesures particulières de protection des mineurs doivent s'appuyer sur les instruments spécialisés tels que l'Ensemble des règles minima des Nations unies concernant l'administration de la justice pour les mineurs et les Règles des Nations unies pour la protection des mineurs privés de liberté (dites "Règles de La Havane", adoptées le 14 décembre 1990, en vertu de la Résolution 45/113 de l'Assemblée générale). Il est fait indirectement référence à ces normes dans la Règle 35.3.

La Règle 35.4 prévoit le principe général selon lequel les mineurs ne devraient pas être détenus au même endroit que les adultes. Elle prévoit une exception dans l'intérêt du mineur. En pratique, toutefois, il sera normalement dans l'intérêt des mineurs d'être détenus séparément. Dans les rares circonstances où cela n'est pas le cas, par exemple lorsqu'il y a peu de mineurs dans le système carcéral, des précautions devraient être prises pour veiller à ce qu'ils ne soient pas exposés à un risque d'abus de la part de détenus adultes (ces précautions sont plus amplement détaillées dans l'Ensemble des règles minima des Nations unies concernant l'administration de la justice pour les mineurs (Règle 26.3) ; les Règles des Nations Unies pour la protection des mineurs privés de liberté (Règle 29) et dans le 12e Rapport général du CPT (CPT/Inf(99)12, paragraphe 25).

Enfants en bas âge

Règle 36

La question de savoir si les enfants en bas âge doivent être autorisés à rester en prison avec l'un de leurs parents et, dans l'affirmative, pour combien de temps est fortement controversée. Dans l'idéal, les parents des enfants en bas âge ne devraient pas être incarcérés, ce qui n'est pas toujours possible. La solution adoptée ici est de souligner que la décision doit être déterminée par l'intérêt de l'enfant en bas âge. Cependant, l'autorité parentale de la mère, si celle-ci ne lui a pas été retirée, doit être reconnue, de même que celle du père. Il doit être souligné que lorsque les enfants en bas âge sont incarcérés, ils ne doivent pas être considérés comme des détenus. Ils conservent tous les droits des enfants en bas âge en milieu libre. La règle ne définit aucune limite supérieure en ce qui concerne l'âge à partir duquel un enfant en bas âge doit être séparé de son parent détenu. Il existe des différences culturelles très importantes à ce propos. En outre, les besoins de chaque enfant en bas âge sont extrêmement variables et l'intérêt de l'enfant peut dicter que celui-ci continue à vivre avec son parent en prison au-delà du délai normal.

Ressortissants étrangers

Règle 37

L'introduction d'une règle distincte au sujet des ressortissants étrangers reflète l'importance croissante des questions relatives aux étrangers dans les prisons européennes. Cette règle s'applique à tous les détenus étrangers, condamnés ou non. Elle suit de près la Règle 38 de l'Ensemble des règles minima des Nations unies pour le traitement des détenus et est conforme à la Convention de Vienne sur les relations consulaires. Le principe essentiel sur lequel repose cette règle est que les ressortissants nationaux peuvent avoir besoin d'une aide particulière lorsqu'un État autre que le leur prend la décision de les maintenir en détention. Cette aide doit leur être fournie par les représentants de leur pays. Le personnel pénitentiaire devrait aussi garder à l'esprit que les détenus étrangers sont susceptibles de bénéficier d'un transfert en vertu de la Convention sur le transfèrement des personnes condamnées, ou en application d'accords bilatéraux, et il devrait informer ces détenus de cette possibilité (voir le paragraphe 25 de la Recommandation Rec(2003)23 concernant la gestion par les administrations pénitentiaires des condamnés à perpétuité et des autres détenus de longue durée).

La Règle 37.3 rappelle que les détenus étrangers peuvent avoir des besoins particuliers. Dans certains pays, les détenus peuvent également recevoir la visite de représentants d'organisations chargées du bien-être des détenus étrangers. Des précisions sur la manière de répondre aux besoins de tels détenus figurent dans la Recommandation n° R (84) 12 concernant les détenus étrangers.

Minorités ethniques ou linguistiques

Règle 38

En raison de la diversification croissante de la population carcérale en Europe, il est nécessaire d'introduire une nouvelle règle pour assurer la prise en compte spécifique des besoins des minorités ethniques ou linguistiques. La Règle 38 énonce cette idée en termes généraux. Le personnel pénitentiaire doit être sensibilisé aux pratiques culturelles des différents groupes afin d'éviter les risques de malentendus.

PARTIE III Santé

Soins de santé

Règle 39

Cette règle est nouvelle et se fonde sur l'article 12 du Pacte international relatif aux droits économiques, sociaux et culturels, qui établit "le droit qu'a toute personne de jouir du meilleur état de santé physique et mentale qu'elle soit capable d'atteindre". Parallèlement à ce droit fondamental qui s'applique à toutes les personnes, les détenus disposent de protections supplémentaires en raison de leur statut. Lorsqu'un pays prive des personnes de leur liberté, il prend la responsabilité de s'occuper de leur santé au regard des conditions de détention et du traitement individuel qui peut s'avérer nécessaire du fait de ces conditions. Les administrations pénitentiaires ont la responsabilité non seulement d'assurer l'effectivité de l'accès des détenus aux soins médicaux mais également de créer les conditions qui favorisent le bien-être des détenus et du personnel pénitentiaire. Les détenus ne devraient pas quitter la prison en plus mauvaise santé que lors de leur admission. Cela s'applique à tous les aspects de la vie carcérale et notamment aux soins de santé.

Ce principe est renforcé par la Recommandation n° R (98) 7 du Comité des Ministres aux États membres relative aux aspects éthiques et organisationnels des soins de santé en milieu pénitentiaire ainsi que par le CPT, notamment dans son 3e Rapport général (CPT/Inf(93)12). A cela s'ajoute un ensemble juridique de plus en plus important résultant de la jurisprudence de la Cour européenne des Droits de l'Homme, qui confirme qu'il appartient aux États de protéger la santé des détenus dont ils ont la garde.

Organisation des soins de santé en prison

Règle 40

Le mode d'application le plus efficace de la Règle 40 serait que les autorités sanitaires nationales soient également responsables des soins de santé dispensés dans les prisons, à l'instar de ce qui se pratique dans de nombreux pays européens. Lorsque ce n'est pas le cas, il conviendrait de mettre en place la relation la plus étroite possible entre les prestataires des soins de santé à l'intérieur des prisons et les services de santé à l'extérieur des prisons. Il ne s'agit pas uniquement d'assurer le suivi des traitements mais également de mettre les détenus et le personnel en situation de bénéficier des développements les plus larges dans les traitements, les normes professionnelles et les formations.

La Recommandation n° R (98) 7 du Comité des Ministres prévoit que "la politique de santé en milieu carcéral devrait être intégrée à la politique nationale de santé et être compatible avec elle". Outre le fait que ce soit dans l'intérêt des détenus, il y va également de la santé de la population dans son ensemble, notamment au regard de la politique relative aux maladies infectieuses susceptibles de se propager des prisons vers la communauté la plus large.

Le droit des détenus de bénéficier d'un accès sans restriction aux services de santé disponibles dans l'ensemble du pays est confirmé par le Principe 9 des Principes fondamentaux des Nations unies relatifs au traitement des détenus. Le 3e Rapport général du CPT attache de même une grande importance au droit des détenus à des soins de santé équivalents. Il est également fondamental que les détenus aient accès aux soins de santé sans frais (Principe 24 de l'Ensemble des principes des Nations unies pour la protection de toutes les personnes soumises à une forme quelconque de détention ou d'emprisonnement). De nombreux pays connaissent des difficultés importantes à dispenser des soins de santé de grande qualité à l'ensemble de la population. Toutefois, quelles que soient les circonstances, les détenus ont le droit de bénéficier des meilleurs dispositifs de soins de santé, et cela sans frais. Le CPT a précisé que, même lors de périodes de grandes difficultés économiques, rien ne peut dégager un État de sa responsabilité de fournir les produits de première nécessité aux personnes privées de liberté, soulignant que ces produits de première nécessité incluent des fournitures médicales suffisantes et adaptées (voir par exemple le Rapport sur la République de Moldova, CPT/Inf(2002)11).

Rien dans ces règles n'empêche un État de permettre aux détenus de consulter leur propre médecin à leurs propres frais.

Personnel médical et soignant

Règle 41

Cette règle concerne la demande fondamentale d'assurer aux détenus un accès effectif aux soins de santé chaque fois que cela est nécessaire, ce qui implique qu'un médecin devrait être nommé dans chaque établissement pénitentiaire. Ce praticien devrait avoir les qualifications requises. Dans les grands établissements, un nombre suffisant de médecins devrait être engagé sur des postes à plein temps. Dans tous les cas, il devrait être possible de s'assurer à tout moment des services d'un médecin pour intervenir dans les cas d'urgence. Cette exigence est confirmée dans la Recommandation n° R (98) 7 du Comité des Ministres.

Outre les médecins, il devrait y avoir un personnel soignant convenablement qualifié. Dans certains pays d'Europe de l'Est, des praticiens paramédicaux (parfois appelés feldsher) faisant rapport au médecin peuvent également dispenser des soins de santé. Un autre des groupes les plus importants est celui des infirmières dûment formées. En 1998, le Conseil international des infirmières a publié une déclaration qui énonce, entre autres choses, que les associations nationales d'infirmières devraient offrir des avis, des conseils et un soutien confidentiels aux infirmières des établissements pénitentiaires ("le rôle des infirmières dans les soins aux prisonniers et aux détenus", Conseil international des infirmières, 1998).

Dans leurs relations avec les détenus, les médecins devraient appliquer les mêmes principes et normes professionnels que ceux qu'ils appliqueraient dans l'exercice de leurs fonctions à l'extérieur de la prison. Ce principe a été confirmé par le Conseil international des services médicaux pénitentiaires lorsqu'il a approuvé le Serment d'Athènes :

> "Nous, professionnels de santé qui travaillons dans les établissements pénitentiaires, réunis à Athènes le 10 septembre 1979, prenons ici l'engagement, en accord avec l'esprit du serment d'Hippocrate, que nous entreprendrons de procurer les meilleurs soins de santé à ceux qui sont incarcérés quelle qu'en soit la raison, sans préjugé et dans le cadre de nos éthiques professionnelles respectives".

Cela est également réclamé par le premier des Principes d'éthique médicale des Nations unies applicables au rôle du personnel de santé, en particulier des médecins, dans la protection des prisonniers et des détenus contre la torture et autres peines ou traitements cruels, inhumains ou dégradants.

Devoirs du médecin

Règle 42

A l'instar de la Recommandation n° R (98) 7 relative aux aspects éthiques et organisationnels des soins de santé en milieu pénitentiaire, le principe qui sous-tend le devoir des médecins exerçant en milieu pénitentiaire est la prestation de soins médicaux et de conseils appropriés à toutes les personnes détenues dont ils sont cliniquement responsables. En outre, les évaluations cliniques relatives à la santé des personnes incarcérées devraient être fondées uniquement sur des critères médicaux. La Règle 42 précise que la tâche des praticiens commence dès qu'une personne est admise en prison. Il existe plusieurs raisons importantes pour lesquelles les détenus devraient se voir proposer un examen médical à leur arrivée dans l'établissement. Cet examen doit :

— permettre au personnel médical d'identifier tout état pathologique préexistant et de s'assurer que le traitement adapté est bien dispensé,

— permettre d'apporter un soutien adapté aux personnes susceptibles de souffrir des effets du sevrage à l'égard de la drogue,

— contribuer à identifier des traces de violences éventuelles subies antérieurement à leur admission, et

— permettre au personnel formé à cet effet d'évaluer l'état mental d'un détenu et d'offrir un soutien approprié aux personnes susceptibles de s'automutiler.

Un examen médical ne pourra être considéré comme manifestement inutile que s'il n'est requis ni par l'état de santé du détenu, ni par des besoins de santé publique.

Les détails relatifs à toute blessure constatée doivent être communiqués aux autorités compétentes.

Après ce premier examen, le médecin devrait visiter tous les détenus aussi souvent que leur santé le requiert. Ce point est particulièrement important pour les détenus qui peuvent souffrir de maladies mentales ou de troubles mentaux, qui doivent faire face aux symptômes de manque dus à l'arrêt de la consommation de drogue ou d'alcool, ou qui ressentent une tension émotionnelle particulière du fait de leur incarcération. La Recommandation n° R (98) 7 du Comité des Ministres met l'accent sur les soins apportés aux détenus alcooliques ou toxicomanes et appelle l'attention sur les recommandations du Groupe de coopération en matière de lutte contre l'abus et le trafic illicite des stupéfiants (Groupe Pompidou) du Conseil de l'Europe. Dans un arrêt d'avril 2003 (*McGlinchey et autres c/ Royaume-Uni*, Requête n° 50390/99, arrêt du 29/04/2003), la Cour européenne des Droits de l'Homme a conclu à une violation de l'article 3 de la Convention européenne des Droits de l'Homme au regard du traitement médical d'une personne héroïnomane décédée au cours de sa détention.

Plusieurs pays européens sont réellement préoccupés par la transmission des maladies infectieuses telles que la tuberculose, qui constituent une menace pour la santé des détenus et du personnel pénitentiaire ainsi que pour la collectivité dans son ensemble. Cet état de fait a été reconnu par les chefs de gouvernement des pays baltes qui ont fait une déclaration conjointe en juin 2002, faisant observer que "les prisons surpeuplées accueillant des détenus contaminés et présentant des conditions d'hygiène et des équipements sanitaires médiocres constituent un risque majeur sur le plan des maladies transmissibles dans cette région". Les médecins exerçant en milieu pénitentiaire doivent être particulièrement vigilants lors des examens de personnes récemment admises en prison afin d'identifier tout individu atteint d'une maladie transmissible. Dans le cas d'établissements surpeuplés ou d'hygiène médiocre, il conviendrait d'organiser des dépistages réguliers. Le cas échéant, il faudrait instaurer un programme de traitement des détenus souffrant de ces maladies. Dans l'un de ses rapports pays par pays, le CPT a fait observer l'insuffisance de la fourniture de médicaments antituberculeux, ce qui est d'une importance vitale puisque la fourniture sporadique de ces médicaments peut conduire à l'apparition d'une tuberculose résistant aux antibiotiques, et invoqué le principe selon lequel les autorités pénitentiaires sont explicitement tenues de dispenser les médicaments régulièrement (Rapport au Gouvernement letton, CPT/Inf(2001)27). Il convient de procéder à des aménagements si des raisons d'ordre clinique le requièrent afin d'isoler ces détenus, dans leur propre intérêt et pour la sécurité des autres personnes. La Recommandation n° R (98) 7 du Comité des Ministres estime que la vaccination contre l'hépatite B devrait être proposée aux détenus ainsi qu'au personnel.

Ces dernières années ont vu augmenter le nombre des détenus porteurs du VIH. Dans certains pays, la réponse a été l'isolement automatique desdits détenus. Il n'existe aucune justification d'ordre clinique pour agir de la sorte et cette pratique devrait être évitée. A ce propos, on peut se référer aux normes présentées dans la Recommandation n° R (93) 6 du Comité des Ministres aux États membres concernant les aspects pénitentiaires et criminologiques du contrôle des maladies transmissibles et notamment du sida, et les problèmes connexes de santé en prison. La Recommandation n° R (98) 7 du Comité des Ministres renforce ce point et souligne qu'un test VIH ne devrait être effectué qu'avec le consentement du détenu concerné et de façon anonyme.

Les directives de l'Organisation mondiale de la santé (directives de l'OMS sur l'infection au VIH et le sida dans les prisons, Genève, 1993) stipulent sans ambiguïté que les tests du VIH ne devraient pas être obligatoires et que les détenus contaminés ne devraient pas être isolés des autres, sauf en cas de maladie nécessitant de bénéficier de soins médicaux spécialisés.

La Règle 42.2 prévoit que si un détenu est libéré avant la fin de son traitement, il est important que le médecin établisse un lien avec les services médicaux extérieurs afin de permettre au détenu de poursuivre son traitement après la libération. Ce point est particulièrement important lorsque le détenu libéré souffre d'une maladie infectieuse telle que la tuberculose ou lorsqu'une maladie ou une malformation mentale ou physique est susceptible de faire obstacle à la réussite de sa réinsertion au sein de la société.

Règle 43

Cette règle signifie que chaque détenu a droit à un accès régulier et confidentiel à des consultations médicales du niveau requis, qui soient au moins l'équivalent de celles qui existent dans la société civile. Les conditions dans lesquelles se déroule l'entretien avec un détenu sur ses problèmes de santé doivent être équivalentes à celles qui prévalent dans l'exercice de la médecine civile. Dans la mesure du possible, l'entretien devrait se dérouler dans un cabinet de consultation convenablement équipé. Il est inacceptable qu'une consultation ait lieu par groupes de détenus ou en présence d'autres détenus ou de personnel non médical. Les détenus ne doivent pas être menottés ou séparés physiquement du médecin pendant les consultations médicales.

En aucun cas les détenus ne devraient avoir à énoncer les raisons motivant leur demande de consultation médicale aux personnels pénitentiaires s'ils sont tenus de déposer une demande de visite d'un médecin extérieur. Les dispositions relatives aux demandes de consultation médicale devraient être expliquées aux détenus dès leur admission dans la prison.

Les archives médicales de chaque détenu devraient rester sous le contrôle du médecin et ne pas être communiquées sans l'autorisation écrite préalable du détenu. Dans certains pays, les services de soins de santé en prison appartiennent à la sphère d'attribution des soins de santé civils. Outre les avantages mentionnés plus haut dans la partie relative aux soins de santé, ces dispositions contribuent à établir clairement que les archives médicales ne font pas partie des archives générales des établissements pénitentiaires.

Le traitement prescrit à la suite d'une consultation et d'un diagnostic devrait être celui qui sert au mieux les intérêts de chaque détenu. Les diagnostics et traitements médicaux devraient être fondés sur les besoins de chaque détenu et non pas sur les nécessités de l'administration pénitentiaire. La Recommandation n° R (98) 7 du Comité des Ministres souligne que les détenus devraient donner leur consentement éclairé préalablement à tout examen ou traitement médical, ce que préconise également le 3e Rapport général du CPT.

La Recommandation n° R (98) 7 du Comité des Ministres fait observer la nécessité d'accorder une attention spéciale aux besoins des détenus présentant un handicap physique, et de leur fournir des équipements pour les aider, comme cela se pratique à l'extérieur de la prison. Dans un arrêt de 2001 (*Price c/ Royaume-Uni*, Requête n° 33394/96, arrêt du 10/07/2001), la Cour européenne des Droits de l'Homme a conclu à une violation de l'article 3 de la Convention européenne des Droits de l'Homme au regard du traitement d'une détenue gravement handicapée, malgré l'absence de preuve d'une quelconque intention de la part des autorités pénitentiaires d'humilier ou d'avilir la requérante.

Conséquence de l'allongement des peines dans certaines juridictions, l'administration pénitentiaire doit désormais faire face aux besoins du nombre croissant de personnes âgées. Dans certains États, la nouvelle tendance à prononcer des peines d'emprisonnement à perpétuité ou de longue durée sans possibilité de remise a conduit à une élévation significative du nombre de détenus qui vieilliront en prison. L'administration pénitentiaire devra apporter une attention particulière aux différents problèmes, tant sociaux que médicaux, de ce groupe de détenus. Cela peut impliquer la fourniture d'une série d'équipements spécialisés afin de régler les problèmes dus à une perte de mobilité ou à l'apparition d'une détérioration mentale.

Une attention spéciale sera accordée aux détenus atteints d'une maladie en phase terminale et il s'agira parfois de prendre une décision quant à l'opportunité d'une libération anticipée desdits détenus. Tout diagnostic ou conseil émanant du personnel médical pénitentiaire devrait être fondé sur des critères professionnels et au mieux des intérêts du détenu. La Recommandation n° R (98) 7 du Comité des Ministres indique que la décision relative au fait de transférer lesdits patients vers des unités de soins extérieures devrait être prise sur des critères médicaux. Dans un arrêt de novembre 2002 (*Mouisel c/ France*, Requête n° 67263/01, arrêt du 14/11/2002), la Cour européenne des Droits de l'Homme a conclu à une violation de l'article 3 de la Convention européenne des Droits de l'Homme au regard du traitement médical d'un détenu en phase terminale. Elle a fait observer l'obligation positive de l'État d'offrir le traitement médical adapté, et réprouvé le fait que le détenu ait été menotté sur son lit d'hôpital. Dans une autre affaire jugée en octobre 2003 (*Hénaf c/ France*, Requête n° 65436/01, arrêt du 27/11/2003), la Cour a conclu à une violation de l'article 3 de la Convention européenne des Droits de l'Homme au regard du traitement d'un détenu malade qui avait été enchaîné au lit d'hôpital.

La Recommandation n° R (98) 7 du Comité des Ministres aborde le traitement des détenus en grève de la faim. Elle souligne que l'examen clinique d'un gréviste de la faim ne devrait être effectué qu'avec le consentement explicite du patient, sauf s'il souffre de troubles mentaux graves qui requièrent son transfert dans un service psychiatrique. Lesdits patients devraient recevoir une explication détaillée des éventuels effets nuisibles de leur action sur leur santé à long terme. Toute mesure prise par le praticien (médecin) doit être conforme au droit interne et aux normes professionnelles.

Un médecin ou un(e) infirmier(ère) qualifé(e) ne devrait pas être tenu(e) de déclarer un détenu apte à subir une sanction mais il (elle) peut conseiller l'administration pénitentiaire au regard du risque que certaines mesures peuvent constituer pour la santé des détenus. Il (elle) a un devoir particulier à l'égard des prisonniers qui sont détenus dans des conditions d'isolement cellulaire, quelle qu'en soit la raison : à des fins disciplinaires ; en raison de leur "dangerosité" ou de leur "comportement difficile" ; dans l'intérêt d'une enquête pénale ; à leur propre demande. Conformément à une pratique établie (voir par exemple la Règle 32.3 de l'Ensemble des règles minima des Nations unies pour le traitement des détenus), de tels détenus devraient recevoir des visites médicales quotidiennes. De telles visites ne peuvent en aucun cas être considérées comme une acceptation ou une légitimation d'une décision de mettre ou de garder des prisonniers dans des conditions d'isolement cellulaire. En outre, les médecins devraient répondre rapidement aux demandes de traitement formulées par les prisonniers détenus dans de telles conditions ou par le personnel carcéral, ainsi que le prévoit le paragraphe 66 de la Recommandation n° R (98) 7 relative aux aspects éthiques et organisationnels des soins de santé en milieu pénitentiaire.

Règles 44 et 45

Ces deux règles concernent le devoir du médecin de contrôler et d'émettre des avis sur les conditions de détention. Les conditions dans lesquelles sont incarcérés les détenus auront un impact majeur sur leur santé et leur équilibre. Pour faire face à ces responsabilités, l'administration pénitentiaire devrait dès lors veiller à l'application de normes appropriées dans tous les domaines qui peuvent affecter la santé et l'hygiène des détenus. Les conditions matérielles des cellules, la nourriture et les installations hygiéniques et sanitaires devraient être conçues de manière à contribuer au rétablissement des personnes souffrantes et à empêcher la propagation de l'infection à la population en bonne santé. Le médecin joue un rôle de premier plan en vérifiant que l'administration pénitentiaire fait face à ses obligations à cet égard. Dans le cas contraire, le médecin devrait attirer l'attention des autorités pénitentiaires sur ce manquement. La Recommandation n° R (98) 7 du Comité des Ministres fait observer que le ministère de la Santé a un rôle à jouer en matière de contrôle de l'hygiène dans les prisons.

Administration des soins de santé

Règle 46

Cette règle demande à l'administration pénitentiaire, outre les équipements destinés aux soins de médecine générale, dentaire et psychiatrique, de s'assurer de l'existence des dispositions nécessaires pour permettre des consultations spécialisées et des soins hospitaliers. Cela requiert une relation étroite entre l'établissement pénitentiaire et les services médicaux de la société civile puisqu'il est peu probable que les services de soins de santé pénitentiaires soient en mesure d'assurer toutes les spécialisations médicales. S'agissant des soins spécialisés, il conviendrait d'apporter une attention particulière aux besoins des groupes vulnérables, notamment des femmes et des détenus âgés.

L'accès à des installations spécialisées peut fréquemment impliquer le transfert du détenu dans un autre lieu. L'administration pénitentiaire devra s'assurer que les dispositions prévues pour escorter les détenus sont appropriées et n'entraînent pas à leur égard un retard de traitement ou une angoisse accrue. Les conditions de transport des détenus devraient tenir compte de leur état pathologique.

Santé mentale

Règle 47

Cette règle traite des problèmes de santé mentale. Les conditions d'incarcération peuvent avoir des conséquences graves sur l'équilibre mental des détenus. L'administration pénitentiaire devrait s'efforcer de réduire leur portée et établir des procédures visant à contrôler ces effets sur chaque détenu. Il conviendrait de prendre des mesures permettant d'identifier les détenus susceptibles de s'automutiler ou de se suicider. Le personnel devrait être convenablement formé à reconnaître les signes avant-coureurs d'une automutilation potentielle. Lorsque des détenus sont diagnostiqués malades mentaux, ils ne devraient pas être maintenus en prison mais transférés dans un établissement psychiatrique doté d'installations adaptées. Dans un arrêt d'avril 2001 (*Keenan c/ Royaume-Uni*, Requête n° 27229/95, arrêt du 03/04/2001), la Cour européenne des Droits de l'Homme a conclu à une violation de l'article 3 de la Convention européenne des Droits de l'Homme dans le cas d'un détenu qui s'était suicidé, considérant l'absence d'avis médicaux et l'absence de surveillance psychiatrique et d'isolement incompatibles avec le traitement d'une personne souffrant de troubles mentaux. Dans son 3e Rapport général, le CPT indique que la prévention des suicides constitue un domaine relevant de la compétence d'un service de santé pénitentiaire. Celui-ci devrait assurer une sensibilisation à ce problème au sein de l'établissement, ainsi que la mise en place de dispositifs appropriés.

La Recommandation Rec(2004)10 du Comité des Ministres aux États membres relative à la protection des droits de l'homme et de la dignité des personnes atteintes de troubles mentaux précise, dans son article 35, que les personnes atteintes de troubles mentaux ne devraient pas faire l'objet d'une discrimination dans les établissements pénitentiaires. En particulier, le principe de l'équivalence des soins avec ceux qui sont assurés en dehors des établissements pénitentiaires devrait être respecté en ce qui concerne les soins nécessités par leur santé. Elles devraient être transférées de l'établissement pénitentiaire à l'hôpital si leur santé l'exige. Les personnes atteintes de troubles mentaux, détenues dans les établissements pénitentiaires, devraient pouvoir bénéficier d'options thérapeutiques appropriées. Le traitement involontaire pour des troubles mentaux ne devrait pas avoir lieu dans les établissements pénitentiaires, sauf dans des services hospitaliers ou médicaux adaptés au traitement des troubles mentaux. Un système indépendant devrait contrôler le traitement et les soins dont bénéficient les personnes atteintes de troubles mentaux dans les établissements pénitentiaires.

Autres questions

Règle 48

Le 3e Rapport général du CPT souligne la nécessité d'"une approche très prudente" au regard de toute question de recherche médicale avec des détenus, compte tenu de la difficulté d'être certain que la délivrance des consentements n'est pas conditionnée par le fait d'être détenu. Toutes les normes éthiques internationales et nationales applicables relatives à l'expérimentation humaine devraient être respectées.

PARTIE IV Bon ordre

Approche générale

Règle 49

Se référant à la Règle 49, il faut rappeler qu'il est important que le bon ordre soit, à tout moment, maintenu dans les prisons en assurant un équilibre adéquat entre les considérations de sécurité, de sûreté, de discipline et l'obligation découlant de l'article 10 du Pacte international sur les droits civils et politiques de "traiter toute personne privée de sa liberté avec humanité et avec le respect de la dignité inhérente à la personne humaine". Dans son rapport sur les émeutes de Strangeways (prison de Manchester), le juge Woolf souligne que, pour éviter les troubles dans les prisons, il est essentiel de traiter les détenus avec justice, impartialité et équité.

La majorité des détenus acceptent la réalité de leur situation et ne seront pas tentés de s'évader ou de perturber gravement la vie en détention, dès lors qu'ils sont soumis à des mesures de sécurité appropriées et traités avec équité. Toute communauté bien ordonnée, notamment les prisons, a besoin, pour fonctionner, d'un ensemble de principes et de règles que ses membres estiment équitables et justes. Dans les prisons, ces règles visent à assurer la sécurité de chacun, celle du personnel pénitentiaire et des détenus, et chaque groupe est tenu de respecter ces principes et ces règles. Il arrive parfois que des individus s'écartent de ces règles. C'est pourquoi il faut un système clairement défini de procédures, de discipline et de sanctions qui soient appliquées d'une manière juste et impartiale.

Certains détenus peuvent être tentés de s'évader. Les autorités pénitentiaires devraient donc pouvoir évaluer le danger que présente chaque détenu et faire en sorte que chacun soit soumis aux conditions de sécurité adéquates, ni excessives, ni insuffisantes.

Ce n'est que dans des circonstances extrêmes et en dernier ressort que l'usage de la force peut constituer une méthode légitime pour rétablir l'ordre. Afin d'éviter les abus, un ensemble de procédures spécifiques et claires permettant au personnel de recourir à la force doit être défini.

Règle 50

La Règle 50 énonce d'autres principes directeurs supplémentaires pour éviter que le droit de communiquer des détenus ne fasse l'objet de restrictions inutiles. Le bon ordre dans tous ses aspects a des chances d'être obtenu lorsqu'il existe des voies de communication claires entre toutes les parties. Dans cet esprit et à condition que cela ne pose pas de problèmes de sécurité connexes, les détenus devraient être autorisés à discuter de questions relatives à leurs conditions générales de détention. Il est dans l'intérêt de tous les détenus que les prisons fonctionnent sans heurts et il n'est pas exclu qu'ils aient des suggestions utiles à faire. Pour cela et d'autres raisons, il serait souhaitable qu'ils puissent faire part de leurs points de vue à l'administration pénitentiaire. Il revient aux administrations pénitentiaires nationales de décider de la forme que prendront les communications entre détenus. Certaines administrations peuvent permettre à leurs détenus d'élire des représentants et de constituer des commissions capables d'exprimer les sentiments et les intérêts de leurs codétenus. D'autres peuvent choisir diverses formes de communication. Lorsque les détenus se voient accorder un droit d'association, sous quelque forme que ce soit, le personnel et l'administration pénitentiaire devraient empêcher les organes représentatifs d'exercer une quelconque influence sur les autres détenus ou encore d'abuser de leur situation pour influencer, de manière négative, la vie du centre de détention. Les réglementations pénitentiaires peuvent stipuler que les représentants des détenus ne sont pas habilités à agir au nom d'un détenu en particulier.

Sécurité

Règle 51

Les mesures de sécurité font l'objet de la Règle 51. Il y a trois raisons principales pour exiger que les mesures de sécurité appliquées aux détenus correspondent au minimum requis pour assurer la sécurité de leur détention :

— si les détenus sont en nombre restreint, le personnel identifiera plus facilement ceux d'entre eux qui exigent un niveau de sécurité élevé ;

— les détenus seront traités avec d'autant plus d'humanité que le niveau de sécurité est peu élevé ;

— la sécurité est d'autant plus coûteuse que son niveau est élevé. Il y a donc un intérêt financier à ne pas placer les détenus dans une catégorie de sécurité plus élevée que nécessaire.

Les dispositifs de sécurité physiques et techniques sont des composantes essentielles de la vie en prison, mais sont en eux-mêmes insuffisants pour assurer le bon ordre. La sécurité dépend aussi d'un personnel vigilant qui communique avec les détenus, sait ce qui se passe dans la prison et veille à ce que les détenus soient actifs. Cette approche, qualifiée de "sécurité dynamique", est plus qualitative que celle reposant entièrement sur des mesures de sécurité statique et tire sa force de sa capacité d'anticipation, qui permet d'identifier de manière précoce une menace pour la sécurité. Lorsque le personnel et les détenus ont des contacts réguliers, un membre du personnel vigilant et bien formé sera plus réceptif à des situations anormales pouvant constituer une menace pour la sécurité et donc mieux en mesure de prévenir efficacement les tentatives d'évasion. Ce sujet est évoqué dans la Recommandation Rec(2003)23 du Comité des Ministres aux États membres concernant la gestion par les administrations pénitentiaires des condamnés à perpétuité et des autres détenus de longue durée, point 18.a.

L'évaluation du risque peut aider à identifier les détenus qui constituent une menace pour leur propre personne, le personnel, les autres détenus et, au-delà, la société. La Règle 51.3 énumère les principaux objectifs de l'évaluation du risque que constitue chaque détenu pour la sécurité. Des critères pour cette évaluation ont été mis au point dans de nombreux pays. Ils englobent la nature du délit pour lequel le détenu a été condamné, le risque que le détenu ferait peser sur la collectivité en cas d'évasion, les antécédents d'évasion et d'appel à des complicités extérieures, l'éventualité de menaces sur les autres détenus et, s'agissant de détenus placés en détention provisoire, la menace qu'ils représentent pour les témoins. L'évaluation des risques effectuée en prison devrait tenir compte des évaluations faites par d'autres services compétents tels que la police.

De nombreux systèmes carcéraux partent du principe que tous les prévenus doivent être soumis à des conditions de haute sécurité, ce qui n'est pas toujours nécessaire. Il devrait être possible de procéder, comme c'est le cas pour les détenus condamnés, à une évaluation du risque que constituerait cette catégorie de détenus s'ils venaient à s'évader.

Dans certains pays, le juge qui prononce le jugement précise le niveau de sécurité du régime qu'il convient d'appliquer au détenu. Dans d'autres pays, les détenus condamnés à perpétuité ou en vertu d'une loi spéciale sont automatiquement soumis au régime de haute sécurité, sans considération de l'évaluation, au cas par cas, du risque qu'ils constituent.

La Règle 51.5 impose de réévaluer à intervalles réguliers, pendant l'exécution de la peine, le niveau de sécurité nécessaire. Il arrive souvent que le risque qu'un détenu représente pour la sécurité diminue à mesure que la durée de la peine déjà accomplie augmente. La perspective d'évoluer, en cours de détention, vers une catégorie de sécurité inférieure peut également inciter le détenu à bien se conduire.

Sûreté

Règle 52

Les prisons devraient être des lieux où chacun est et se sent en sécurité. La Règle 52 s'applique en conséquence aux détenus, au personnel et aux visiteurs. S'il ne sera jamais possible d'éliminer complètement le risque de violence et d'autres faits tels que les incendies, il devrait être possible de les réduire par un ensemble de procédures adéquates. A l'instar de la sécurité, la sûreté implique un équilibre entre différentes considérations. Les techniques de la sécurité dynamique mentionnées à la Règle 51 peuvent également contribuer à améliorer la sûreté dans les prisons. Un contrôle excessif peut être aussi préjudiciable qu'un contrôle insuffisant. L'environnement est d'autant plus sûr que des procédures claires sont appliquées de manière cohérente. Ainsi les prisons devraient, dans tous les cas, être équipées d'un système adéquat de lutte contre les incendies, et le mode d'emploi, les modalités de déclaration des incendies, les directives d'évacuation des bâtiments, les points de rassemblement externes et les procédures visant à s'assurer de la présence de tous les détenus et du personnel être affichés.

L'importance de procéder à une évaluation adéquate des risques que représente chaque détenu pour la sécurité et la sûreté est mise en exergue par la Cour européenne des Droits de l'Homme (voir *Edwards c/ Royaume-Uni*, Requête n° 46477/99, arrêt du 14/03/2002, dans lequel la Cour conclut, en raison des circonstances de l'espèce, à la violation du droit à la vie d'un détenu, piétiné et frappé à mort dans sa cellule par son codétenu).

Dans certains systèmes carcéraux, il est de plus en plus fréquent d'isoler des catégories de détenus ou des individus. A la place, les autorités pénitentiaires devraient s'efforcer de créer un environnement dans lequel tous les détenus sont à l'abri des actes de violence et disposer d'un ensemble de procédures permettant à tous les détenus d'avoir des activités en commun sans craindre les agressions ou d'autres actes de violence, notamment en faisant en sorte qu'ils puissent contacter le personnel à tout instant, y compris la nuit. Les individus ou groupes de détenus qu'il est nécessaire d'isoler en raison de leur vulnérabilité particulière (par exemple les délinquants sexuels, les détenus souffrant de troubles mentaux ou ceux appartenant à une minorité ethnique ou à un groupe religieux) devraient avoir la possibilité de participer pleinement à un maximum d'activités journalières.

Mesures spéciales de haute sécurité ou de sûreté

Règle 53

Depuis la publication des Règles pénitentiaires européennes en 1987, le nombre d'États appliquant des mesures spéciales de haute sécurité ou de sûreté à des détenus isolés ou à des groupes de détenus s'est considérablement accru. C'est la raison pour laquelle il a semblé opportun d'établir une nouvelle règle couvrant ces pratiques.

La Règle 53.1 souligne que les mesures spéciales de haute sécurité ou de sûreté ne peuvent être appliquées que dans des circonstances exceptionnelles. La raison en est que, si un grand nombre de détenus sont affectés aux quartiers de haute sécurité, il existe un risque que, pour beaucoup d'entre eux, ces conditions soient excessives et disproportionnées par rapport à la menace réelle qu'ils constituent. En principe, seuls les détenus dont le comportement a montré qu'ils représentaient une menace telle pour la sécurité ou la sûreté que l'administration pénitentiaire n'a pas d'autre choix devraient être soumis à des mesures spéciales de haute sécurité ou de sûreté. La soumission à de telles conditions devrait être aussi courte que possible et donner lieu à un examen continu du comportement individuel du détenu.

Certains dispositifs de sécurité spéciaux entraînent l'isolement presque total des détenus. Ces questions sont évoquées au point 20 de la Recommandation Rec(2003)23 du Comité des Ministres aux États membres concernant la gestion par les administrations pénitentiaires des condamnés à perpétuité et des autres détenus de longue durée.

Les détenus de longue durée ne constituent pas en tant que tels des détenus dangereux et le régime applicable à ces derniers ne devrait pas leur être étendu. Le traitement des détenus dangereux fait l'objet de la Recommandation n° R (82) 17 relative à la détention et au traitement des détenus dangereux.

La Cour européenne des Droits de l'Homme a rendu plusieurs arrêts portant sur l'application, à des détenus, de mesures de sécurité spéciales. Dans quatre affaires, elle conclut à la violation de l'article 3 (interdiction de la torture) de la Convention européenne des Droits de l'Homme (affaire *Indelicato c/ Italie*, Requête n° 31143/96, arrêt du 18/10/2001) ; affaire *Labita c/ Italie*, Requête n° 26772/95, arrêt du 06/04/2000 ; affaire *Van der Ven c/ Pays-Bas*, Requête n° 50901/99, arrêt du 04/02/2003 ; et affaire *Lorse et autres c/ Pays-Bas*, Requête n° 52750/99, arrêt du 04/02/2003). Dans une autre affaire, elle a jugé contraires à l'article 8 (droit au respect de la vie privée et familiale) et à l'article 13 (droit à un recours effectif) de la Convention européenne des Droits de l'Homme les entraves apportées à la correspondance et l'impossibilité pour le plaignant d'introduire un recours effectif contre les décisions portant extension des mesures spéciales de sécurité qui lui étaient appliquées (affaire *Messina c/ Italie*, Requête n° 25498/94, arrêt du 28/09/2000). De son côté, le Comité contre la torture des Nations unies s'inquiète de la sévérité des conditions de détention de certains prisonniers figurant dans la catégorie de sécurité la plus élevée dans un État membre (CAT/C/CR/29/3, Conclusions et recommandations du Comité contre la torture, Espagne, 23/12/2002). Le CPT a également formulé des observations critiques sur les mesures de sécurité spéciales appliquées à des détenus dans certains États, qu'il a visités.

Fouilles et contrôles

Règle 54

Cette règle énonce que chaque prison doit disposer d'un ensemble de procédures bien comprises décrivant en détail les situations dans lesquelles des fouilles s'imposent, les méthodes à employer et leur fréquence. Ces procédures doivent être conçues de manière à prévenir les tentatives d'évasion ainsi qu'à protéger la dignité des détenus et de leurs visiteurs.

Il conviendrait de prévoir des procédures permettant de mener régulièrement des fouilles dans les locaux tels que les cellules et les dortoirs, de s'assurer qu'il n'a pas été touché aux dispositifs de sécurité, notamment aux portes et aux serrures, aux fenêtres et aux judas. Selon la catégorie de sécurité dont relève le détenu, les biens personnels du détenu devraient également, de temps à autre, faire l'objet de fouilles. Le personnel qui est chargé de mener ces fouilles doit être spécialement formé en vue de détecter et de prévenir les tentatives d'évasion ou de dissimulation d'objets entrés frauduleusement, tout en respectant la dignité des détenus fouillés et leurs biens personnels. Les détenus devraient normalement assister à la fouille de leur espace de vie ou de leurs biens personnels.

Les détenus individuels, en particulier ceux soumis à des restrictions de sécurité moyennes ou maximales, doivent également faire l'objet de fouilles régulières en vue de s'assurer qu'ils ne portent pas d'objets pouvant servir, lors de tentatives d'évasion, à blesser d'autres personnes ou à se blesser eux-mêmes, ou d'objets non autorisés tels que les drogues illicites. L'intensité de ces fouilles varie en fonction des situations. Il est par exemple normal que les détenus, de retour en grand nombre de leur lieu de travail, soient soumis à une fouille avant de réintégrer leur cellule, cette fouille consistant à tâter le corps de haut en bas. Compte tenu de son caractère intrusif, il convient d'être particulièrement attentif au respect de la dignité de la personne lors de sa réalisation. Les fouilles des personnes ne devraient pas être employées lorsqu'elles ne présentent aucune utilité et ne devraient jamais être utilisées comme une forme de sanction.

En d'autres occasions, en particulier s'il y a lieu de penser qu'un détenu cache quelque chose sur lui ou s'il est considéré comme un détenu à haut risque, il faudra procéder à des "fouilles personnelles" consistant à exiger des détenus qu'ils se dévêtent complètement et montrent qu'ils n'ont rien dissimulé sur eux. La règle énumère les considérations dont doivent tenir compte les procédures traitant des fouilles personnelles des détenus. La Cour européenne des Droits de l'Homme a jugé que constitue une violation de l'article 3 de la Convention le fait d'amener un détenu à se dénuder en présence de femmes (affaire *Valasinas c/ Lituanie*, Requête n° 44558/98, arrêt du 24/07/2001) ou de procéder à certaines fouilles corporelles compte tenu de la fréquence et de la méthode utilisées (affaire *Van der Ven c/ Pays-Bas*, Requête n° 50901/99, arrêt du 04/02/2003). Les détenus ne devraient jamais avoir à se dévêtir complètement pour les besoins d'une fouille.

Le personnel pénitentiaire ne devrait jamais procéder à des fouilles corporelles intimes, par exemple en insérant un doigt ou tout instrument dans les cavités corporelles d'un détenu, quel qu'en soit le motif. S'il y a lieu de penser qu'un détenu a dissimulé de la drogue ou tout autre objet interdit dans son corps, des mesures devraient être prises pour le garder sous étroite surveillance jusqu'à ce qu'il expulse l'objet avalé. Si des fouilles corporelles sont effectuées par un médecin, une attention particulière devrait être accordée à la Déclaration de l'Association médicale mondiale sur les fouilles corporelles de prisonniers (octobre 1993). La Règle 54.6 n'exclut pas la possibilité d'utiliser la technologie moderne afin de scanner le corps du détenu.

Il devrait y avoir des procédures clairement définies pour s'assurer que les visiteurs des prisonniers ne violent pas les exigences raisonnables de sécurité, par exemple en introduisant des objets non autorisés dans la prison. Ces procédures peuvent comprendre le droit de mener des fouilles sur les visiteurs en personne en tenant compte du fait que ces derniers ne sont pas eux-mêmes des détenus et qu'il faut maintenir un équilibre entre l'obligation de protéger la sécurité de la prison et le droit du visiteur au respect de son intimité. Les procédures pour mener des fouilles sur des femmes et des enfants doivent tenir compte de leurs besoins propres, par exemple en veillant à ce qu'il y ait suffisamment de femmes parmi le personnel menant les fouilles. Des fouilles personnelles ne devraient pas être effectuées en public.

Il peut être nécessaire de fouiller les visiteurs professionnels tels que les avocats, les travailleurs sociaux et les médecins, en veillant à ne pas porter atteinte au droit à la confidentialité des visites professionnelles, notamment par la définition d'un protocole de fouilles avec les organismes professionnels compétents.

Infractions pénales

Règle 55

La Règle 55 précise qu'il est important que l'État de droit ne s'arrête pas au seuil de la prison. Dans l'intérêt des victimes, une procédure d'enquête similaire à celle mise en œuvre dans la société civile devrait être diligentée lorsqu'un acte criminel se produit ou est suspecté de s'être produit dans une prison. Dans certains États, des juges ou des procureurs spéciaux sont nommés pour exercer cette fonction dans les prisons. Dans d'autres, le procureur public ou la police en sont informés et ont la possibilité d'enquêter comme si le délit avait été commis à l'extérieur. Il peut arriver que les services de la police judiciaire considèrent que tel incident, grave dans le contexte de la prison, n'appelle pas d'enquête. Dans certains États, l'un des moyens de régler ces questions consiste, pour les autorités pénitentiaires et les services de la police judiciaire, à s'accorder sur les incidents à déférer au procureur ou à la police.

Discipline et sanctions

Règle 56

Cette règle souligne que les procédures disciplinaires doivent être des mécanismes utilisés en dernier ressort. Les prisons sont, par nature, des institutions fermées où un grand nombre d'individus, généralement du même sexe, sont détenus contre leur volonté dans des conditions restrictives. Il est inévitable que, de temps à autre, quelques détenus enfreignent, de multiples façons, les principes et les règles pénitentiaires. Il faut donc un ensemble de procédures claires pour traiter pareils incidents.

Règle 57

La Règle 57 indique que les infractions disciplinaires doivent être précisément définies et les procédures réglementées, dans le respect des principes de justice et d'équité, ce qui implique l'existence d'un règlement au statut juridiquement clairement défini, énumérant avec précision les actes ou les omissions constitutifs d'une infraction disciplinaire et susceptibles de donner lieu à une action de ce chef. Tous les détenus devraient ainsi connaître à l'avance les principes et les règles de la prison. Le statut juridique de ces règlements devrait être clair. Dans de nombreux pays, ils sont soumis à l'approbation du parlement. La Règle 57.2 énumère les éléments qui devraient figurer dans ces règlements.

Règle 58

Cette règle énonce que toute allégation de violation des règles de discipline par un détenu doit être signalée rapidement à l'autorité compétente. Dans certains États, il est de coutume, pour les infractions disciplinaires mineures, de donner un avertissement informel avant de recourir à une action disciplinaire, ce qui constitue pour le détenu un premier avertissement. Il faut toutefois veiller à ce que l'usage qui est fait de ces avertissements soit juste et cohérent, et ne donne pas naissance à un système de sanctions informelles.

Les faits reprochés doivent être examinés, dans les meilleurs délais, par l'autorité compétente. Dans certains États, des magistrats indépendants ou des juges spécialisés sont nommés pour en connaître, ce qui assure les garanties résultant de l'indépendance judiciaire et permet d'accroître la probabilité du respect des procédures. Dans d'autres États, il existe un conseil spécial pour les procédures disciplinaires. Dans d'autres enfin, ces affaires sont examinées par le directeur de la prison. Dans les cas où les procédures disciplinaires relèvent de la direction de la prison, il est important de veiller à ce que ces responsables aient reçu une formation adéquate et n'aient pas eu, préalablement, connaissance de l'affaire qu'ils sont appelés à examiner.

Règle 59

Conformément à cette règle, tout détenu poursuivi dans le cadre d'une procédure disciplinaire a le droit de connaître à l'avance le détail des accusations portées contre lui et de disposer d'un délai suffisant pour préparer sa défense. En cas de placement du détenu en isolement cellulaire dans l'attente de l'audience, la procédure ne devrait subir aucun retard injustifié, notamment en raison de l'enquête interne ou externe. Dans tous les cas, le détenu poursuivi pour une infraction disciplinaire devrait pouvoir assister à l'audition de l'affaire.

Le CPT a, dans bon nombre de ses rapports, repris à son compte plusieurs éléments de la Règle 59 (par exemple CPT/Inf(2003)1, Rapport au gouvernement de Chypre relatif à la visite effectuée à Chypre par le Comité européen pour la prévention de la torture et des peines ou traitements inhumains ou dégradants (CPT) du 22 au 30 mai 2000. Strasbourg, 15 janvier 2003 ; CPT/Inf(2001)27, Rapport au gouvernement de Lettonie relatif à la visite effectuée en Lettonie par le Comité européen pour la prévention de la torture et des peines ou traitements inhumains ou dégradants (CPT) du 24 janvier au 3 février 1999. Strasbourg, 22 novembre 2001 ; CPT/Inf(2002)16, Rapport au gouvernement de Malte relatif à la visite effectuée à Malte par le Comité européen pour la prévention de la torture et des peines ou traitements inhumains ou dégradants (CPT) du 13 au 18 mai 2001. Strasbourg, 27 août 2002).

Le droit d'un détenu accusé d'une infraction grave à être représenté par un avocat est confirmé par la Cour européenne des Droits de l'Homme (affaire *Ezeh et Connors c/ Royaume-Uni*, Requêtes n°s 39665/98 et 40086/98, arrêt du 09/10/2003).

Règle 60

Cette règle implique que la liste précise et publiée des infractions disciplinaires soit accompagnée de la liste complète des sanctions encourues par les détenus qui en sont les auteurs. Ces sanctions devraient toujours être justes et proportionnées à l'infraction commise. La liste des sanctions devrait être consignée dans un acte juridique approuvé par l'autorité compétente. Le personnel ne doit pas disposer d'un système de sanctions informelles distinct ignorant les procédures officielles.

Dans l'affaire Ezeh et Connors précitée, la Cour européenne des Droits de l'Homme conclut à la violation de l'article 6 (droit à un procès équitable) de la Convention européenne des Droits de l'Homme en raison du droit qu'ont les directeurs de prison, en Angleterre et au pays de Galles, d'ajouter jusqu'à 42 jours à la durée passée en prison par un détenu.

Les peines peuvent comprendre un avertissement formel consigné par écrit l'exclusion du travail, la confiscation des salaires (versés en contrepartie du travail effectué en prison), la limitation de la participation à des activités récréatives, la limitation de l'usage de certains biens personnels, la limitation des déplacements à l'intérieur de la prison. Les restrictions relatives aux contacts avec la famille, et non une interdiction totale, peuvent également servir de peine. Une peine de ce type devrait être utilisée seulement quand le délit a un rapport avec les contacts avec la famille ou quand le personnel est agressé dans le contexte d'une visite.

Toutes les procédures disciplinaires devraient être conduites à titre individuel. A titre d'exemple, si plusieurs détenus refusent de se plier à un ordre ou s'ils participent à une agression, le cas de chacun d'entre eux doit être examiné et les sanctions infligées doivent être individualisées.

Toutes les formes de peines corporelles, de sanctions consistant à placer le détenu dans une cellule obscure et toutes les autres sanctions inhumaines ou dégradantes font l'objet d'une interdiction spécifique. La Cour européenne des Droits de l'Homme considère que raser le crâne d'un détenu à titre de mesure disciplinaire est contraire à l'article 3 (interdiction de la torture) de la Convention européenne des Droits de l'Homme (affaire *Yankov c/ Bulgarie*, Requête n° 39084/97, arrêt du 11/12/2003). De nos jours, la diminution de la ration alimentaire est, conformément au point de vue des professionnels qui s'est développé au cours des dernières années, largement considérée comme une forme de châtiment corporel constitutive d'un traitement inhumain.

L'isolement cellulaire mentionné à la Règle 60.5 renvoie à toutes les formes de mise à l'écart d'un détenu de la population carcérale placé seul dans une cellule ou une pièce. Cet isolement ne devrait pas être considéré comme une sanction appropriée, hormis dans des circonstances très exceptionnelles. Cette règle est confirmée par le Principe 7 des Principes fondamentaux des Nations unies relatifs au traitement des détenus. L'isolement cellulaire peut revêtir diverses formes, la forme la plus extrême consistant à livrer entièrement à lui-même un individu en l'exposant à une privation sensorielle dans une cellule communément appelée "cellule obscure", faute de pouvoir accéder à la lumière, aux bruits et à l'air frais. Cette forme d'isolement ne devrait jamais être infligée à titre de sanction. Une autre forme d'isolement cellulaire consiste à placer un détenu dans une cellule individuelle d'où il peut accéder à la lumière et à l'air, et entendre les bruits des pas des autres détenus circulant dans les pièces attenantes. Ce type de sanction devrait être appliqué dans des circonstances exceptionnelles et pour de courtes durées seulement. Pendant cette période, le personnel pénitentiaire devrait régulièrement et relativement souvent prendre contact avec les détenus (voir à cet égard les commentaires liés à la Règle 42). Le CPT porte une attention particulière à la mise à l'isolement et à tous autres régimes de détention analogues. Il observe que "la mise à l'isolement peut, dans certaines circonstances, constituer un traitement inhumain et dégradant. En tout cas, toutes les formes de mise à l'isolement devraient être les plus brèves possibles." (CPT, 2e Rapport général d'activités du CPT, paragraphe 56).

Il convient de souligner que la disposition selon laquelle tout détenu a droit, chaque jour, à une heure d'exercice en plein air (Règle 27.1) s'applique également aux détenus faisant l'objet d'une mesure disciplinaire d'isolement cellulaire. Il faut aussi fournir à ces détenus de quoi lire. Les mêmes remarques s'appliquent aux détenus soumis à des mesures spéciales de haute sécurité (Règle 53).

La Règle 60.6 vise le recours à des moyens de contrainte aux fins d'assurer la sécurité ou de prévenir les dommages aux personnes. Ils ne doivent jamais être utilisés à titre de sanction. Les moyens de contrainte comprennent les menottes, les chaînes, les fers, les camisoles de force et toutes les formes de surveillance électronique d'une personne.

Règle 61

Cette règle établit que le détenu qui est reconnu coupable a le droit de former un recours devant une autorité supérieure indépendante. Les règles disciplinaires devraient préciser de quelle autorité il s'agit et comment préparer et introduire un recours. Elles devraient en outre garantir une conclusion rapide de la procédure d'appel.

Règle 62

Dans certains États, il est d'usage de désigner des détenus à la tête de groupes, souvent dans les unités de vie ou de travail, en leur demandant parfois de faire rapport aux autorités du comportement des autres détenus et d'émettre des recommandations qui influent sur la manière dont ils sont traités. En d'autres situations, dans les unités de sanction ou de ségrégation, des détenus sont investis d'un pouvoir sur d'autres détenus.

Double incrimination

Règle 63

Aucun détenu ne peut être puni deux fois pour la même infraction. Cette règle devrait être interprétée à la lumière des engagements internationaux des États membres, notamment des obligations prises dans le cadre de la mise en œuvre des traités internationaux qui contiennent les dispositions sur la règle du *"non bis in idem"*.

Recours à la force

Règle 64

La Règle 64 renforce le principe selon lequel le personnel pénitentiaire ne peut recourir à la force que dans des limites clairement définies et pour faire face à une menace à la sécurité ou au bon ordre.

Par principe, il vaut toujours mieux prévenir un incident violent que devoir le gérer. Un personnel avisé, connaissant les détenus, saura identifier les éléments perturbateurs et prévenir les actes de violence.

De bonnes relations professionnelles entre le personnel et les détenus sont un élément essentiel de la sécurité dynamique pour désamorcer des incidents éventuels ou rétablir l'ordre par le dialogue et la négociation. Le rétablissement de l'ordre au moyen de méthodes physiques ne devrait être envisagé qu'en cas d'échec ou si ces méthodes sont jugées inappropriées. Si le personnel doit faire usage de la force à l'encontre des détenus pour rétablir l'ordre, il faut que cet usage soit contrôlé et limité au strict minimum nécessaire.

Règle 65

Cette règle énumère les principaux points dont les procédures existantes devraient disposer, en matière de recours à la force (types de recours à la force légitimes, circonstances dans lesquelles le recours à la force est autorisé, membres du personnel habilités à en faire usage, personnes habilitées à en autoriser l'usage et mécanismes de rapports à respecter après chaque recours à la force).

Règle 66

Cette règle indique que le personnel ne doit pas tenter de maîtriser les détenus peu commodes par le biais de démonstrations de force physique. Il existe une grande variété de techniques de contrôle et de contrainte auxquelles le personnel peut être formé et qui lui permettront de maîtriser les détenus agressifs sans se blesser ni blesser les détenus concernés. La direction devrait connaître ces techniques et veiller à ce que l'ensemble du personnel en possède les bases et qu'une partie suffisante de celui-ci soit formée aux techniques de pointe.

Règle 67

Cette règle porte sur l'intervention à l'intérieur des prisons d'autres services de maintien de l'ordre. Il se peut que, dans des circonstances exceptionnelles, la violence des détenus atteigne un niveau tel que le personnel pénitentiaire ne soit pas en mesure de le contenir et doive en appeler à d'autres services de maintien de l'ordre tels que la police. Cette option doit être traitée avec précaution. En luttant contre la violence, le personnel pénitentiaire n'oubliera jamais qu'il lui faudra s'occuper de ces détenus après que l'incident aura été résolu et que la vie aura repris son cours normal. Cela signifie qu'il essaiera généralement d'éviter le recours à la force et, en tout état de cause, qu'il rechignera à faire un usage disproportionné ou discriminatoire de la force. Cette considération n'entrera pas nécessairement en ligne de compte pour les autres services de maintien de l'ordre qui normalement ne travaillent pas dans l'établissement pénitentiaire et y pénètrent uniquement pour mettre fin à un incident violent. Pour prévenir un usage démesuré de la force en pareilles circonstances, il est conseillé aux autorités pénitentiaires de conclure un protocole permanent avec la direction des autres services susceptibles d'être appelés en renfort pour mettre un terme à un incident violent. Le contenu de ce protocole devrait être porté à la connaissance de l'ensemble du personnel susceptible de participer à de telles opérations avant qu'il pénètre à l'intérieur de la prison.

Moyens de contrainte

Règle 68

Cette règle est quasiment identique à la Règle 39 des versions précédentes. Depuis la publication des Règles pénitentiaires européennes en 1987, le recours, dans des situations variées, aux moyens de contrainte s'est accru dans bon nombre d'États. Dans l'intervalle, les principes applicables à l'emploi de moyens de contrainte n'ont toutefois pas évolué. Le paragraphe pertinent du rapport explicatif des règles de 1987 mérite d'être reproduit : "Le recours à un tel matériel pour maîtriser les détenus est moralement contraire à un comportement civilisé. Il faut donc en réglementer strictement l'usage et, si possible, l'éviter. Il est cependant des cas où il est nécessaire de recourir à la contrainte physique à l'aide d'appareils ou d'instruments spécialement conçus pour empêcher les détenus en question ou le personnel de subir des préjudices corporels et pour se prémunir contre les évasions ou les dégâts inadmissibles. Les présentes règles visent à fixer les limites à l'intérieur desquelles ces moyens de contrainte peuvent être raisonnablement employés."

Le recours systématique à des moyens de contrainte (pour conduire un détenu dans un établissement pénitentiaire, par exemple) n'est pas acceptable.

L'ancienne Règle 39.b, qui autorisait l'emploi de moyens de contrainte pour des raisons médicales, sur indication et sous la surveillance du médecin, a été supprimée. Les situations couvertes par la nouvelle Règle 68.2.b (ex-Règle 39.c) permettent toujours d'employer, exceptionnellement, des moyens de contrainte en s'appuyant sur la nécessité de protéger le détenu ou d'autres personnes.

La Règle 68.4 énonce que l'emploi de moyens de contrainte doit être déterminé par la loi ou les règlements et ne pas être laissé à l'appréciation de l'administration pénitentiaire.

Armes

Règle 69

Cette règle régit le recours aux armes à l'intérieur et aux alentours des prisons. Le personnel qui est en contact direct avec les détenus peut porter des armes telles que des bâtons et des matraques pour sa propre défense. La bonne pratique veut que ces armes ne soient pas portées de manière ostentatoire ou intimidante, tout en étant facilement accessibles. Les matraques longues ne devraient pas être portées habituellement, mais stockées en des endroits stratégiques de sorte à pouvoir les atteindre rapidement en cas d'urgence. Outre des situations de force majeure ou d'urgence, ce n'est pas une bonne pratique de permettre au personnel qui travaille directement avec les détenus de porter des armes à feu ou des armes similaires qui risquent soit d'être utilisées à mauvais escient, soit de tomber entre les mains des détenus. Le CPT a également abordé cette question dans ses rapports sur le Portugal (CPT/Inf(96)31, paragraphe 149) et la Slovénie (CPT/Inf 2002(36), paragraphes 13 et 14).

Dans certains systèmes pénitentiaires, le personnel chargé de garder l'extérieur de la prison porte des armes à feu. Ce personnel devrait avoir des directives claires sur les circonstances dans lesquelles il peut faire usage de ces armes, à savoir uniquement dans le cas où la vie de l'agent en question ou de toute autre personne est directement menacée. Un détenu en fuite peut être stoppé par l'utilisation d'une arme à feu s'il constitue une menace directe pour la vie d'une autre personne ou s'il ne peut pas être arrêté par d'autres moyens. Les Principes de base des Nations unies sur le recours à la force et l'utilisation des armes à feu par les responsables de l'application des lois sont tout à fait explicites sur ce point : "quoi qu'il en soit, ils ne recourront intentionnellement à l'usage meurtrier d'armes à feu que si cela est absolument inévitable pour protéger des vies humaines" (Principe 9).

Les administrations pénitentiaires devraient établir des principes directeurs et des procédures claires pour l'usage d'armes à feu en même temps qu'un programme de formation du personnel autorisé à utiliser ces armes. Ces procédures devraient comporter des mécanismes formels pour enquêter sur tout incident impliquant l'usage d'armes à feu.

Requêtes et plaintes

Règle 70

Cette règle opère une distinction entre la présentation d'une requête et l'introduction d'une plainte. Les détenus doivent avoir des possibilités suffisantes de présenter des requêtes et d'introduire des plaintes tant à l'intérieur qu'à l'extérieur du système pénitentiaire. Les autorités pénitentiaires ne doivent pas faire obstacle au dépôt de requêtes ou de plaintes (ni punir les détenus qui utilisent cette procédure) mais faciliter l'exercice effectif des droits énoncés dans la présente règle. Cela n'empêche pas d'instaurer des mécanismes juridiques permettant de traiter sommairement des questions mineures.

Les requêtes des détenus concernent l'octroi de faveurs ou de services qui ne leur sont pas dus de droit mais qu'il est loisible à l'administration pénitentiaire ou aux autorités compétentes de leur accorder. Dans certains systèmes carcéraux, des visites supplémentaires sont, par exemple, autorisées mais les détenus n'ont aucun droit à cet égard. Pareillement, un détenu peut déposer une requête en vue d'obtenir une permission de sortie pour assister à l'enterrement d'un proche, ou en vue d'obtenir son transfèrement dans un établissement pénitentiaire précis, ou dans un quartier précis au sein d'un établissement. Le plus souvent, le directeur est habilité à prendre une décision mais, dans certains systèmes, les requêtes spécifiques peuvent être traitées uniquement par les autorités judiciaires ou au niveau ministériel.

Les plaintes sont des contestations formelles des décisions, des actions ou du défaut d'action de l'administration pénitentiaire ou d'autres autorités compétentes. Dans certains systèmes, on emploie les termes de "contestation" ou "recours". Toutefois, dans la présente règle, le terme de recours désigne uniquement l'action en justice dirigée contre le rejet d'une requête ou d'une plainte.

Par ailleurs, des procédures de plainte spécifiques peuvent être prévues. Idéalement, le droit interne devrait aussi permettre aux détenus d'adresser, aux instances disciplinaires nationales compétentes en matière médicale, des plaintes concernant une décision, une action ou une omission du personnel médical.

La présente règle n'impose pas de présenter les requêtes et les plaintes par écrit. Compte tenu de l'illettrisme de nombreux détenus, le détenu devrait pouvoir demander à rencontrer le fonctionnaire ou l'organe compétent en vue de lui transmettre la requête ou la plainte verbalement (CPT/Inf(96)18, Visite en Slovénie en 1995), à charge pour ces autorités de la mettre par écrit.

Les autorités compétentes devraient examiner les requêtes et les plaintes rapidement, et y répondre de façon motivée, en indiquant clairement si des mesures seront prises et, dans l'affirmative, lesquelles. Il en va de même pour les requêtes et les plaintes émanant de la famille d'un détenu et des organisations mentionnées à la Règle 70.6.

Les plaintes pouvant amener les parties intéressées à adopter des attitudes hostiles susceptibles de nuire aux relations entre les détenus et le personnel, il paraît sensé de tenter d'abord de résoudre le différend par la médiation. Cela suppose d'introduire un mécanisme de médiation dans la législation pénitentiaire. La fonction de médiateur pourrait être confiée, par exemple, à un membre d'une commission locale de surveillance ou à une autorité judiciaire. Le détenu conserve le droit d'introduire une plainte formelle si le conflit ne peut pas être résolu par la médiation. Le droit national peut prévoir que les plaintes portant sur des questions mineures sont irrecevables.

Les requêtes sont soumises à l'administration pénitentiaire ou à une autre autorité habilitée à se prononcer. Les détenus doivent pouvoir adresser des plaintes à toute autorité chargée de l'inspection ou de la supervision de la prison, quelles que soient les autres plaintes déposées antérieurement ou simultanément. Lorsque cette autorité n'est pas habilitée à traiter la plainte elle-même, elle devrait la transmettre à l'instance compétente.

Les plaignants doivent être autorisés à communiquer de manière confidentielle avec les autorités indépendantes chargées d'examiner les plaintes et les recours, et les décisions rendues par ces autorités doivent être rendues accessibles aux détenus.

Les requêtes et les plaintes devraient être enregistrées dans l'intérêt de l'administration pénitentiaire elle-même et pour l'inspection des organes effectuant des visites dans les prisons

(CPT/Inf(2002)1, Visite en Bulgarie en 1999, et CPT/Inf(2001)20, Visite dans "l'ex-République yougoslave de Macédoine" en 1998). L'analyse du contenu des requêtes et des plaintes peut contribuer à améliorer la gestion de l'établissement.

Le droit de présenter des requêtes et de déposer des plaintes est accordé aux détenus principalement, mais le droit interne peut autoriser un tiers à agir en leur nom, notamment lorsque l'état mental ou physique d'un détenu l'empêche de le faire ou qu'un détenu n'est pas représenté par un avocat. La famille du détenu est habilitée à introduire une plainte alléguant de violations des droits du détenu, les organisations défendant les intérêts de la population carcérale pouvant y être autorisées par le directeur de la prison. La Règle 70.6 prévoit toutefois que le détenu peut s'y opposer.

Si, après avoir été débouté dans le cadre d'un recours interne, un plaignant obtient gain de cause devant une autorité indépendante extérieure, il doit être assuré que la décision de cette autorité sera pleinement et rapidement exécutée par l'administration pénitentiaire.

Pour garantir un exercice effectif du droit de recours, les formulaires de plainte, le matériel et les fournitures de papeterie et, au besoin, les timbres devraient être fournis aux détenus. Les formulaires de plainte devraient être tenus à la libre disposition des détenus en quelques endroits spécifiques (par exemple la bibliothèque), leur évitant ainsi d'avoir à les demander spécifiquement. Il faut mettre au point un système de transmission évitant au détenu de devoir remettre l'enveloppe d'accès confidentiel au personnel pénitentiaire (CPT/Inf(91)15, Visite au Royaume-Uni : Angleterre et pays de Galles, en 1990).

Il est essentiel que le détenu puisse communiquer de manière confidentielle avec les organes nationaux et internationaux habilités à recevoir des plaintes. La règle n'impose pas un modèle unique de procédure d'examen des plaintes, mais énonce les conditions essentielles auxquelles ces procédures doivent satisfaire pour être considérées comme des recours effectifs, au sens de l'article 13 de la Convention européenne des Droits de l'Homme (voir l'affaire *Van der Ven c/ Pays-Bas*, Requête n° 50901/99, arrêt du 04/02/2003). Ce qui importe, c'est que la procédure de plainte aboutisse à une décision définitive, à caractère obligatoire, rendue par une autorité indépendante. Les États membres ont toute latitude pour désigner l'autorité indépendante chargée d'examiner les plaintes. Il peut s'agir du médiateur ou d'un juge (juge de l'application des peines ou juge de l'exécution des peines ou juge superviseur), du procureur de surveillance, d'un tribunal ou d'un avocat commis d'office (CPT/Inf(2002)14, Visite en Géorgie en 2001).

Les autorités chargées d'examiner les plaintes devraient régulièrement échanger leurs points de vue et expériences, dans le but d'harmoniser dans la mesure du possible leur pratique (CPT/Inf(96)9, Visite en Espagne en 1991).

PARTIE V Direction et personnel

La prison en tant que service public

Règle 71

Cette règle stipule que les prisons doivent être placées sous la responsabilité des autorités publiques, et être séparées des services de l'armée, de la police et des enquêtes criminelles. Les prisons devraient être placées sous le contrôle du pouvoir civil. L'emprisonnement fait partie des procédures de la justice répressive et, dans les sociétés démocratiques, les décisions d'emprisonner sont prises par des juges indépendants. Les prisons ne devraient pas être directement administrées par l'armée ni par tout autre pouvoir militaire. Dans certains pays, la direction de l'administration pénitentiaire est assurée par un membre des forces armées en service actif, détaché ou affecté temporairement à ce poste. Lorsque tel est le cas, cette responsabilité doit être assumée à titre civil.

Il importe également d'effectuer une séparation organisationnelle claire entre l'administration policière et l'administration pénitentiaire. Dans la plupart des États européens, l'administration de la police dépend du ministère de l'Intérieur tandis que celle des prisons dépend du ministère de la Justice. Le Comité des Ministres du Conseil de l'Europe a indiqué qu'"une nette distinction doit être établie entre le rôle de la police et celui du système judiciaire, du parquet et du système pénitentiaire" (Recommandation Rec(2001)10 sur le Code européen d'éthique de la police).

Règle 72

Cette règle souligne l'aspect éthique de l'administration pénitentiaire. En l'absence d'une éthique forte, une situation où un groupe se voit octroyer un pouvoir substantiel sur un autre peut aisément conduire à une situation abusive. Le respect de l'éthique ne doit pas seulement caractériser le comportement des membres du personnel pénitentiaire à l'égard des détenus.

Les responsables des prisons et des systèmes pénitentiaires doivent faire preuve d'un grand discernement et d'une forte détermination pour assumer dans le respect des plus hautes normes éthiques la gestion des prisons.

Travailler dans les prisons exige donc une combinaison de talent personnel et de compétences professionnelles. Le personnel pénitentiaire doit faire appel à ses qualités humaines lorsqu'il traite avec les détenus, afin d'agir avec impartialité, humanité et justice.

Règle 73

Cette règle met l'accent sur l'obligation positive des autorités pénitentiaires d'assurer le respect des règles prescrites au personnel.

Règle 74

Cette règle régit les rapports entre les détenus et le personnel en contact direct avec eux. Ce personnel doit faire l'objet d'une attention particulière en raison de la dimension humaine du contact avec les détenus.

Règle 75

Cette règle a pour objet la conduite des membres du personnel dans l'exercice de leurs fonctions. Ceux-ci doivent traiter les détenus de manière décente, humaine et juste, assurer leur sécurité, prévenir les évasions, maintenir l'ordre et fournir aux détenus la possibilité de faire bon usage de leur temps d'incarcération afin de favoriser leur réinsertion. Ces tâches exigent compétence et intégrité et ceux qui les assument doivent s'efforcer de gagner le respect des détenus. De hautes normes éthiques et professionnelles devraient être escomptées de tous les membres du personnel pénitentiaire et particulièrement de ceux et de celles amenés à entrer en rapport direct avec les détenus.

Sélection du personnel pénitentiaire

Règle 76

Cette règle se rapporte à la sélection, à la formation et aux conditions de recrutement du personnel pénitentiaire. La question de son recrutement revêt une importance particulière. Les autorités pénitentiaires devraient adopter une politique claire d'encouragement à la candidature à l'égard des personnes remplissant les conditions voulues et informées des règles d'éthique requises.

De nombreuses autorités pénitentiaires connaissent de grandes difficultés pour recruter du personnel de qualité, en raison notamment des salaires peu élevés, de la faible valorisation de ce travail par la société, et de la concurrence d'autres services de maintien de l'ordre tels que la police. Les autorités pénitentiaires devraient donc mener une politique active de recrutement.

Règle 77

Cette règle se rapporte aux critères de sélection du personnel pénitentiaire. L'administration pénitentiaire devrait mettre en place une procédure claire permettant d'évaluer les qualités humaines et l'intégrité des candidats et leur réaction probable face aux situations difficiles, et de s'assurer que seuls les candidats souhaitables seront effectivement sélectionnés.

Règle 78

Cette règle découle de la Règle 71. Si on attend du personnel pénitentiaire qu'il s'attache durablement à son travail, il convient de lui garantir la sécurité de l'emploi. Dans les pays où les prisons sont gérées par des entreprises privées, les membres du personnel pénitentiaire employés par celles-ci devraient être approuvés par les autorités pénitentiaires avant de travailler directement avec les détenus. Ils devraient également être employés à titre permanent.

Règle 79

Cette règle souligne la nécessité de garantir au personnel pénitentiaire une rémunération et des conditions de travail attrayantes. La valorisation d'une profession dépend dans une grande mesure de sa rémunération. Les gouvernements devraient reconnaître le droit du personnel pénitentiaire à une rémunération appropriée et en rapport avec le caractère de service public de leur travail en prison, ainsi que la nature complexe et parfois dangereuse de ce travail, en tenant compte du fait qu'un niveau de rémunération insuffisant peut inciter à la corruption.

Dans de nombreux pays, les prisons sont construites dans des endroits très isolés, privant ainsi le personnel pénitentiaire et leur famille d'un accès aisé aux écoles, aux centres médicaux, aux commerces et autres lieux d'activités sociales. De plus, le personnel pénitentiaire est parfois tenu à des mutations régulières dans des établissements pouvant être très éloignés, provoquant le déracinement des familles. Dans certains États, le personnel pénitentiaire souhaite continuer à relever du ministère de l'Intérieur pour bénéficier d'un statut plus protecteur (accès gratuit aux soins médicaux, à l'éducation, au logement, aux transports, et congés payés). Dans de telles circonstances, les avantages accordés à l'embauche sont aussi importants que le niveau de rémunération offert, et devraient faire l'objet d'un examen attentif.

Règle 80

Cette règle concerne l'emploi de personnel à temps partiel. Dans les établissements pénitentiaires de petite taille, il peut se révéler nécessaire de recruter du personnel à temps partiel, notamment pour les emplois spécialisés. Ces personnes devraient bénéficier des mêmes conditions d'emploi que leurs collègues à temps plein, au prorata du temps de travail.

Formation du personnel pénitentiaire

Règle 81

Cette règle énonce les conditions de la formation initiale des candidats récemment sélectionnés. Cette formation doit être adéquate et les sensibiliser à la dimension éthique du travail.

Le personnel doit recevoir la formation technique nécessaire et être conscient des exigences en matière de sécurité. Il lui faut également apprendre quelles informations il importe de consigner par écrit et comment les consigner.

La formation adéquate du personnel est une exigence commençant dès le recrutement et se poursuivant jusqu'à la retraite. Quels que soient leur âge et leur rang, les membres du personnel devraient avoir accès à une formation continue régulière.

La formation devrait également inclure l'étude des nombreuses normes internationales et régionales des droits de l'homme sur la privation de liberté (normes dégagées par la Cour européenne des Droits de l'Homme et le CPT).

Système de gestion de la prison

Règle 82

Cette règle rappelle que toute discrimination en matière d'embauche du personnel pénitentiaire est proscrite. Les femmes devraient avoir les mêmes opportunités de travail que les hommes, bénéficier des mêmes salaires, de la même formation et des mêmes possibilités d'avancement et d'affectation à des postes requérant des aptitudes spécifiques. Ces principes doivent être appliqués au personnel appartenant à des minorités raciales, culturelles, religieuses ou sexuelles. Dans certaines prisons, un nombre non négligeable de détenus sont issus de telles minorités et les autorités pénitentiaires devraient dans ce cas s'efforcer de recruter, dans des proportions suffisantes, du personnel de même appartenance.

Règle 83

Cette règle requiert que les États membres s'assurent que les prisons sont gérées selon des normes conformes aux instruments des droits de l'homme internationaux. Une façon de parvenir à ce but est d'instaurer un système de contrôle interne et d'inspection, permettant de vérifier que le droit interne est effectivement appliqué, distinct et complémentaire des organes de contrôle indépendants mentionnés dans la partie VI des règles.

La disposition 83.b se rapporte à la nécessité d'établir un bon niveau de communication entre établissements pénitentiaires et à l'intérieur de chacun d'eux. Etant donné la complexité de plus en plus grande du fonctionnement quotidien des prisons et du règlement pénitentiaire, le personnel d'encadrement doit faciliter et encourager un mode de travail permettant l'échange d'informations et d'expériences entre les membres du personnel, afin d'en faire bénéficier les détenus sous leur garde.

Règle 84

Cette règle concerne les directeurs des prisons. Etant donné le contenu des règles précédentes sur la nécessité pour le directeur de définir un but, de posséder le sens du commandement et de défendre une certaine idée de l'homme, chaque prison devrait se doter d'un directeur soigneusement sélectionné pour son aptitude à mener à bien une tâche parmi les plus difficiles du service public.

Règle 85

L'équilibre des genres au niveau du personnel pénitentiaire est censé avoir un effet positif et contribuer à la normalisation de la vie en prison. Cet équilibre devrait également servir à réduire le risque de harcèlement sexuel ou de maltraitance des détenus.

Règle 86

Cette règle concerne la nécessité d'organiser des consultations sur les conditions de travail entre les responsables et le personnel. Que le système pénitentiaire soit une organisation hiérarchisée ne justifie en aucune façon que le personnel soit traité abusivement ou sans respect pour ses fonctions. Dans la plupart des pays, il est autorisé à adhérer à un syndicat. En l'absence de syndicat, le personnel devrait au moins mettre en place un mécanisme de négociation reconnu par les autorités pénitentiaires. Les chefs syndicaux et autres représentants du personnel ne devraient pas être pénalisés pour leurs activités de porte-parole de leurs collègues.

Règle 87

Les prisons sont des institutions où l'humain est prioritaire et où les relations interpersonnelles sont primordiales. La Règle 87 souligne que leur fonctionnement repose sur une bonne communication.

Dans la plupart des prisons, les étrangers constituent une partie non négligeable de la population carcérale et beaucoup d'entre eux ne parlent pas la langue du pays.

Le directeur et la plupart des membres du personnel devraient parler la langue de la majorité des détenus. Cependant, les besoins des autres détenus doivent également être pris en considération et une certaine proportion du personnel devrait posséder la langue des minorités présentes en nombre important dans la prison. Lorsque nécessaire, il devrait être possible de recourir aux services d'un interprète ainsi que le stipule la disposition 37.4.

Règle 88

Dans un petit nombre d'États membres certaines prisons sont aujourd'hui gérées par des entreprises privées. La Règle 88 souligne que toutes les règles pénitentiaires européennes sans exception s'appliquent également à ces prisons.

Personnel spécialisé

Règle 89

Cette règle stipule la nécessité que, pour le bien-être des détenus, la prison se dote d'un nombre suffisant de spécialistes dans certains domaines. La santé est une question importante dans les prisons et les détenus ont droit à des soins médicaux satisfaisants. La partie III des règles traite de ce point en détail. Une façon de garantir aux détenus des soins médicaux satisfaisants est de s'assurer qu'un médecin ayant les qualifications requises soit toujours disponible en cas d'urgence médicale.

Si les prisons doivent remplir leurs fonctions et favoriser la réinsertion des détenus, il leur faut se doter de personnels spécialisés dans une proportion suffisante. Ces spécialistes devraient travailler aux côtés du personnel chargé de la garde des détenus et de façon complémentaire. Etant donné que presque tous les détenus réintégreront un jour la collectivité, il importe d'encourager des volontaires issus de cette collectivité à participer aux activités proposées aux détenus.

Sensibilisation du public

Règle 90

Cette règle souligne l'importance de sensibiliser le public et les médias aux principes éthiques éclairant la gestion des prisons. L'administration pénitentiaire devrait entretenir de bonnes relations avec le public et les médias locaux, et les informer sur la réalité quotidienne de l'univers pénitentiaire. Les administrations pénitentiaires devraient encourager les directeurs des prisons à rencontrer régulièrement des organismes et associations de la société civile, notamment des organisations non gouvernementales, et les inviter à visiter les établissements s'ils le jugent approprié. Les médias et représentants des collectivités locales devraient également être encouragés à se rendre dans les prisons, étant entendu que des mesures seront prises pour protéger la vie privée des détenus.

Recherche et évaluation

Règle 91

Le présent ensemble de règles constitue la troisième version de l'ensemble connu sous le nom de "Règles pénitentiaires européennes" depuis 1973. Ces règles seront probablement amenées à subir des mises à jour en fonction de l'évolution de la société civile, de l'augmentation de la jurisprudence issue de la Cour européenne des Droits de l'Homme et des rapports du Comité pour la prévention de la torture et des peines ou traitements inhumains ou dégradants. La Règle 91 reconnaît cela en encourageant le développement d'un programme de recherche et d'évaluation portant sur le but de la prison, son rôle dans une société démocratique et la mesure dans laquelle le système pénitentiaire remplit sa mission.

PARTIE VI Inspection et contrôle

Règles 92 et 93

Ces règles tendent à établir une distinction claire entre, d'une part, l'inspection des prisons par des organismes gouvernementaux responsables de l'utilisation effective et pertinente du budget alloué, et, d'autre part, la surveillance des conditions de détention et du traitement des détenus par un organe indépendant.

Les rapports des ONG nationales et internationales, les abus mis au jour par le CPT et un certain nombre de décisions de la Convention européenne des Droits de l'Homme montrent que, même dans les pays où les systèmes pénitentiaires sont les mieux développés et relativement transparents, la surveillance indépendante des conditions de détention et du traitement des détenus est essentielle à la prévention des traitements inhumains et injustes et à l'amélioration de la qualité de vie et de la gestion dans les prisons. La création de commissions nationales et indépendantes de surveillance, qui viennent s'ajouter au dispositif d'inspection gouvernemental, ne devrait pas être considérée comme l'expression d'une défiance vis-à-vis de la qualité du contrôle gouvernemental, mais comme un moyen supplémentaire et efficace d'éviter que les détenus ne soient victimes de mauvais traitements.

Ces règles sont conformes aux exigences du protocole facultatif à la Convention contre la torture et autres peines ou traitements cruels, inhumains ou dégradants (A/RES/57/199, adopté par l'Assemblée générale des Nations unies le 18 décembre 2002), concernant la création et le fonctionnement de mécanismes nationaux de prévention, appelés dans ces règles "instances indépendantes de surveillance".

Les Règles pénitentiaires européennes permettent à ces commissions de surveillance de prendre des formes très diverses. Certains pays opteront pour un médiateur pénitentiaire, d'autres pour une commission nationale de supervision. Les règles n'interdisent pas la création d'autres types d'instances, à condition qu'elles soient indépendantes et à même de remplir leurs fonctions.

Inspection gouvernementale

Règle 92

Cette règle fait usage de l'expression "organisme gouvernemental", qui est neutre. Ces organismes peuvent être rattachés à un ministère, par exemple au ministère de la Justice ou de l'Intérieur, ou à plusieurs ministères. L'essentiel est que tout organisme de ce type ou toute inspection soient créés par les plus hautes autorités et relèvent d'elles.

Les modes opératoires des organismes d'inspection gouvernementaux vont de la simple vérification de la tenue des livres aux visites minutieuses et ponctuelles sur les lieux, incluant tous les aspects de la gestion des établissements et du traitement des détenus. Il importe que les conclusions de ces inspections soient communiquées sans retard aux autorités compétentes et mises à la disposition des autres parties intéressées.

Ces règles ne définissent pas l'organisation des mécanismes de surveillance et la planification des inspections, qui relèvent des autorités gouvernementales.

Contrôle indépendant

Règle 93

Au sein des États membres du Conseil de l'Europe, la surveillance indépendante des conditions d'emprisonnement peut prendre différentes formes. Dans certains pays, c'est un médiateur qui détient les pouvoirs nécessaires à l'accomplissement de cette tâche ; dans d'autres, cette mission est confiée aux autorités judiciaires qui détiennent en outre le pouvoir de recevoir et de gérer les griefs des détenus. Cette règle n'a pas pour objectif la description d'une seule forme de surveillance, mais met l'accent sur la nécessité que cette surveillance indépendante soit de grande qualité. Cela présuppose que ces instances nationales de surveillance puissent s'appuyer sur un personnel qualifié et faire appel à des experts indépendants.

Il importe que les conclusions de ces instances, ainsi que les éventuelles observations formulées par la direction de la prison concernée, soient portées à la connaissance du public. Les rapports des instances de surveillance peuvent contenir des propositions et des observations relatives à la législation en vigueur ou à des projets de loi.

Les organes indépendants de surveillance devraient être encouragés à faire parvenir des exemplaires de leurs rapports ainsi que les réponses des gouvernements concernés aux organes internationaux habilités à observer la situation pénitentiaire ou à inspecter les établissements, comme le Comité européen pour la prévention de la torture. Ces informations sont susceptibles d'aider les organes internationaux à planifier leurs visites et de leur permettre de prendre régulièrement le pouls des systèmes pénitentiaires nationaux. Etant donné leurs ressources financières limitées et le nombre croissant d'États à visiter, les organes internationaux doivent s'appuyer de plus en plus sur les contacts avec les instances nationales et indépendantes de surveillance.

Dans de nombreux systèmes pénitentiaires, les établissements sont inspectés d'une manière ou d'une autre par des commissions de visiteurs, constituées de volontaires (professionnels) recrutés dans la collectivité. Le plus souvent, les membres de ces commissions effectuent à tour de rôle des visites dans les prisons, conseillent les détenus quant à leurs préoccupations et à leurs griefs et agissent, dans la majorité des cas, comme médiateurs auprès des responsables pénitentiaires afin de dégager des solutions.

Bien qu'il semble évident que l'existence des commissions locales garantisse une surveillance plus intensive et complexe, la prise en charge de la surveillance indépendante par une instance nationale pourrait s'avérer suffisante dans de petits États ne comptant que quelques établissements pénitentiaires et une faible population carcérale.

PARTIE VII Prévenus

Statut des prévenus

Règle 94

Cette règle est avant tout une définition. Elle implique qu'un détenu finalement condamné à une peine d'emprisonnement pour un délit mais en attente d'une décision pour un autre devrait être considéré comme un détenu condamné.

Approche applicable aux prévenus

Règle 95

Cette règle décrit en termes positifs l'approche fondamentale applicable aux prévenus. Elle souligne leur droit à un traitement correct : en effet, leurs droits ne sauraient être restreints puisqu'ils n'ont pas été reconnus coupables d'une infraction pénale. La Convention européenne des Droits de l'Homme a souligné que cette présomption s'appliquait également au statut juridique régissant les droits des détenus et à leur traitement par les gardiens de prison (affaire *Iwanczuk c/ Pologne*, Requête n° 25196/94, arrêt du 15/11/2001, paragraphe 5). Ils doivent bénéficier de la protection de l'État.

Tous les prévenus ont droit à la présomption d'innocence. La disposition 95.2 énonce donc des garanties supplémentaires à leur profit.

La disposition 95.3 souligne que les prévenus ont le droit de jouir de toutes les protections énoncées dans la partie II et de participer aux activités qu'elle mentionne, telles que travail, exercice physique et activités récréatives. La partie VII a globalement pour but d'aider les prévenus à mieux connaître et à exiger les garanties supplémentaires auxquelles leur statut leur donne droit.

Locaux de détention

Règle 96

Cette règle réaffirme le bien-fondé de la détention en cellules individuelles (voir la disposition 18.5) en ce qui concerne les prévenus. Etant donné que leur période de détention est souvent assez courte, ils devraient disposer de cellules individuelles. Dans la mesure où les prévenus passent fréquemment davantage de temps dans leurs cellules que les autres détenus, ces cellules doivent être de taille suffisante.

Il convient de s'assurer que même les personnes détenues pour une courte période peuvent participer aux activités physiques, activités récréatives et activités communes, ainsi qu'il est requis dans la partie II, afin d'éviter que leur séjour en cellule individuelle ne s'apparente à une mise à l'isolement.

Vêtements

Règle 97

Cette règle doit être lue dans le contexte de la Règle 20. Elle souligne que les prévenus ont le droit de porter leurs propres vêtements. S'ils ne possèdent pas de vêtements adéquats, les autorités pénitentiaires doivent leur fournir des vêtements ou des uniformes qui permettent de les distinguer des détenus condamnés.

Conseils juridiques

Règle 98

Cette règle rappelle que les autorités pénitentiaires doivent s'efforcer de prêter assistance aux détenus accusés d'une infraction pénale. Elle doit être lue à la lumière de la Règle 23.

Contacts avec le monde extérieur

Règle 99

Cette règle souligne que les restrictions concernant les contacts avec le monde extérieur devraient être les moins contraignantes possibles dans le cas des prévenus. Cette règle doit être lue dans le contexte de la Règle 24.

Travail

Règle 100

Le droit au travail est un droit souvent négligé en ce qui concerne les prévenus, même si le travail ne devrait en aucun cas être obligatoire. La seule exception étant que, conformément aux règles d'hygiène énoncées à la disposition 19.5, les détenus peuvent être tenus de veiller à la propreté et à la netteté de leur personne, de leurs vêtements et de leur logement. La Règle 100 souligne l'importance de fournir aux prévenus aussi la possibilité de travailler, et insiste sur la nécessité de s'assurer de leur traitement correct et de l'octroi d'une rémunération équitable.

Accès au régime des détenus condamnés

Règle 101

Cette règle reconnaît l'éventualité que les détenus non condamnés souhaitent, avant la décision du tribunal à leur égard, accéder aux mêmes régimes de traitement et de formation que les détenus condamnés, par exemple en cas de délits liés à la toxicomanie ou à l'alcoolisme, ou de nature sexuelle. Il convient d'informer les détenus non condamnés sur les traitements et les formations auxquels ils peuvent prétendre pendant leur période de détention, afin qu'ils puissent demander à en bénéficier.

PARTIE VIII Objectif du régime des détenus condamnés

Règle 102

Cette règle énonce les objectifs du régime applicable aux détenus en termes positifs et simples. Elle met l'accent sur l'élaboration de mesures et de programmes pour les détenus condamnés basés sur le développement du sens des responsabilités plutôt que sur la stricte prévention de la récidive.

Cette nouvelle règle est conforme aux exigences des instruments internationaux tels que l'article 10.3 du Pacte international relatif aux droits civils et politiques (PIDCP), stipulant que "le régime pénitentiaire comporte un traitement des condamnés dont le but essentiel est leur amendement et leur reclassement social". Cependant, contrairement au PIDCP, la formulation utilisée par la Règle 102 évite de façon délibérée l'emploi du terme "amendement", pouvant prêter au traitement un caractère moralisateur. Elle met au contraire l'accent sur l'importance de donner aux détenus condamnés, souvent issus de milieux défavorisés, le goût et les moyens de mener une vie responsable et exempte de crime.

A cet égard, la Règle 102 offre la même approche que la Règle 58 de l'Ensemble des règles minima des Nations unies pour le traitement des détenus. Il s'agit d'une règle favorisant l'application des règles qui suivent. Cette nouvelle règle remplace les règles 64 et 65 actuelles, dont les principes généraux applicables à tous les détenus sont contenus dans les parties I et II des nouvelles règles.

Application du régime des détenus condamnés

Règle 103

Cette règle déroge aux objectifs habituels des régimes pénitentiaires en ce qui concerne les détenus condamnés. Elle insiste sur la nécessité de prévoir leur traitement et leur formation suffisamment tôt pour qu'ils puissent participer à la planification de leur séjour en prison et tirent ainsi le maximum de profit des programmes et facilités offerts. La planification de la peine s'y inscrit comme un élément essentiel ; toutefois, il est admis que de tels plans doivent être établis pour les détenus purgeant une peine de courte durée. Il importe que cette planification se fonde sur des informations pertinentes, issues de sources fiables, aussi diverses que possible. Elle devrait tenir compte des évaluations faites par les services de probation ou d'autres organismes, si ces évaluations sont disponibles.

La Règle 103 donne aussi un aperçu des diverses stratégies possibles pour un régime de ce type. Les programmes (de travail, d'enseignement et d'autres activités) y sont mentionnés de la même manière que dans les autres règles de cette partie, mais ne constituent pas les seules stratégies envisageables. La disposition 103.5 insiste sur l'importance de prévoir, le cas échéant, l'intervention de médecins, de psychologues et de travailleurs sociaux en complément à ces programmes.

La Règle 103.6 précise qu'une planification systématique d'un congé pénitentiaire régulier doit faire partie intégrante du traitement global des détenus. L'utilisation potentielle de ce congé devrait être prise en compte dans la planification du temps de peine pour les détenus condamnés, dès qu'ils ont ce statut. Cette disposition s'inspire de la Recommandation n° R (82) 16 du Comité des Ministres sur le congé pénitentiaire, plus détaillée, en particulier de la reconnaissance du congé pénitentiaire comme facteur important de réintégration sociale.

La Règle 103.7 prend acte de ce que les programmes de justice restauratrice sont de plus en plus reconnus comme des moyens de réparation directe ou indirecte des infractions commises, pour ceux des détenus qui souhaitent y participer. Il importe que cette participation reste volontaire et ne constitue pas une forme de punition indirecte venant s'ajouter à la peine. Cette disposition fait référence aux normes qu'énoncent la Recommandation n° R (87) 21 sur l'assistance aux victimes et la prévention de la victimisation, et la Recommandation n° R (99) 19 sur la médiation en matière pénale.

La Règle 103.8 souligne l'importance de la Recommandation Rec(2003)23 du Comité des Ministres concernant la gestion par les administrations pénitentiaires des condamnés à perpétuité et des autres détenus de longue durée.

Aspects organisationnels de l'emprisonnement des détenus condamnés

Règle 104

Cette règle exige que l'emprisonnement des détenus condamnés soit organisé de manière à faciliter la gestion de leur régime : ils devraient être logés et regroupés en conséquence. La règle indique comment mettre en œuvre les programmes prévus. Il convient de définir les étapes pratiques de la révision éventuelle du régime initialement décidé pour chaque détenu.

Les impacts possibles du transfèrement des détenus sur les projets individuels devraient être gardés à l'esprit. Lors de l'arrivée des détenus à la prison où ils viennent d'être transférés, leur projet individuel devrait être modifié afin de prendre en compte tout changement nécessaire.

Travail des détenus condamnés

Règle 105

Cette règle traite du travail des détenus condamnés seulement. Elle devrait être lue dans le contexte de la Règle 26, qui régit le travail des détenus en général. La Règle 105 reflète l'importance du rôle du travail dans le régime pénitentiaire des détenus condamnés, mais souligne également que le travail ne devrait en aucun cas constituer une forme de punition supplémentaire. Toutes les garanties énoncées dans la Règle 26 valent pour les détenus condamnés également.

Bien que les autorités pénitentiaires aient encore le droit de rendre le travail obligatoire, ce droit est soumis à des restrictions, à savoir que les conditions de travail doivent être conformes à toutes les normes applicables et à tous les contrôles pratiqués à l'extérieur.

La Règle 105.4 requiert que tous les détenus condamnés se portant volontaires pour travailler aient droit à une rémunération. La reconnaissance de ce principe contribuera à assurer que la possibilité de travailler ne constitue pas le prétexte à des traitements de faveur dans la distribution du travail. Elle encouragera également les détenus condamnés à se porter volontaires tant pour le travail que pour la participation aux programmes, éducatifs par exemple.

La Règle 105.5 relative à la déduction d'une partie de la rémunération des détenus à des fins de réparation offre d'autres possibilités d'appliquer aux régimes des détenus condamnés les méthodes de justice restauratrice mentionnées à la Règle 103.7.

Éducation des détenus condamnés

Règle 106

Cette règle traite de l'éducation des détenus condamnés seulement. Elle devrait être lue dans le contexte de la Règle 26 énonçant les dispositions générales relatives à l'éducation des détenus. La Règle 106 souligne le rôle central de l'éducation et de la vocation dans les régimes des détenus condamnés, et insiste sur le devoir des autorités pénitentiaires d'établir des programmes éducatifs adéquats et d'encourager les détenus à y participer.

Libération des détenus condamnés

Règle 107

La Règle 107.1 complète au sujet des détenus condamnés les dispositions de la Règle 33 relative à la libération des détenus en général. La Règle 107 devrait être mise en parallèle avec la Recommandation Rec(2003)22 du Comité des Ministres concernant la libération conditionnelle. Comme cette recommandation l'exige, il convient d'aider les détenus condamnés à se réinsérer dans la société dans le respect des lois. Les programmes de préparation à la libération devraient se focaliser sur cet objectif et établir des liens avec la communauté comme l'indiquent la Règle 107 et, de façon plus détaillée, la Recommandation Rec(2003)22.

Les "organismes" mentionnés dans la Règle 107.4 englobent notamment les services de probation car, si un détenu est libéré sous condition, il importe tout particulièrement que les autorités pénitentiaires coopèrent avec l'organisme chargé de superviser la libération conditionnelle.

PARTIE IX Mise à jour des règles

Règle 108

Les connaissances sur les meilleures pratiques pénitentiaires évoluent en permanence, et il est essentiel que les Règles pénitentiaires européennes tiennent compte de cette évolution. Il convient donc de créer un mécanisme permettant de faire en sorte que les Règles soient mises à jour régulièrement. Ces mises à jour doivent reposer sur des recherches scientifiques et un examen minutieux de la relation entre les règles et les autres instruments, normes et recommandations applicables en matière pénitentiaire. La nécessité d'une mise à jour régulière des Règles pénitentiaires européennes a été mise en avant dans la Résolution 4 de la 26e Conférence des ministres européens de la Justice (MJU-26 (2005) Résolution 4 définitive, paragraphe 11).

Révision des Règles pénitentiaires européennes

Rapport contextuel de Andrew Coyle, expert scientifique

Introduction

Tout au long de la seconde moitié du XXe siècle, le consensus s'est renforcé sur le besoin d'une réglementation internationale des peines, en particulier de celle que nous connaissons comme la peine judiciaire de détention. Très peu de temps après l'approbation de la Déclaration universelle des droits de l'homme par les Nations unies, l'Assemblée générale des Nations unies approuvait l'Ensemble des règles minima pour le traitement des détenus (ERMNU). C'était reconnaître en 1957 qu'il est un certain nombre de règles qui doivent être appliquées universellement partout où des êtres humains sont privés de leur liberté.

Le Conseil de l'Europe, développant son rôle d'institution régionale de défense des droits de l'homme, a décidé qu'il fallait renforcer l'Ensemble des règles minima à l'échelon régional et lui donner une perspective européenne. Il a donc adopté l'Ensemble européen des règles minima pour le traitement des détenus en 1973 (Résolution n° R (73) 5). A cette époque, le Conseil de l'Europe comptait 15 États membres. Au début de 1987, le Conseil comptait 21 États membres et, en février 1987, le Comité des Ministres adoptait un nouvel ensemble de règles pénitentiaires européennes (Recommandation n° R (87) 3). A l'occasion de l'adoption de cette recommandation, en février 1987, le Comité des Ministres a noté que :

"l'évolution de la société et les changements concernant le traitement des détenus sont tels qu'ils exigent une révision de l'Ensemble des règles minima pour le traitement des détenus élaborées par le Conseil de l'Europe (Résolution n° R (73) 5) afin d'appuyer et d'encourager les conceptions les plus appropriées et d'offrir un cadre aux modifications ultérieures".

Au cours des années suivant 1987, la composition du Conseil de l'Europe s'est élargie bien au-delà de ce qu'avaient pu imaginer ses membres fondateurs. A partir de la fin des années 1980, le Conseil de l'Europe a accueilli d'abord les États d'Europe centrale parmi ses États membres, puis d'autres situés plus loin à l'est et au sud. En 2006, il rassemble 46 États allant de l'Atlantique à l'océan Pacifique et de l'Arctique au Caucase.

Les États qui font aujourd'hui partie du Conseil de l'Europe possèdent des traditions diverses en matière de détention et n'ont pas la même conception de ses éléments essentiels. Dans bon nombre des États membres fondateurs, la détention était réservée traditionnellement aux délinquants qui avaient commis les délits les plus graves ou qui étaient considérés comme une menace véritable pour la sécurité publique. De plus, l'application de la détention aux personnes faisant l'objet d'une enquête ou en attente de jugement était, au moins en principe, limitée à celles d'entre elles qui étaient accusées de délits très graves, dont on estimait qu'elles risquaient de s'enfuir pour échapper à la justice ou qu'elles étaient susceptibles de menacer des témoins. La peine de mort avait été abolie dans tous ces États et remplacée, le plus souvent, par la détention à vie. Dans beaucoup d'États, il était entendu que la privation de liberté constituait la peine principale dans une peine de détention et que l'expérience de la détention ne devait pas comporter d'autres éléments punitifs.

La situation était plus compliquée dans certains des États qui ont adhéré au Conseil de l'Europe à partir de la fin des années 1980. Les taux de détention étaient jusqu'à cinq ou six fois plus élevés que dans les États fondateurs. La détention provisoire était la norme pour toute personne faisant l'objet d'une enquête pénale et les conditions de cette détention en isolement étaient inhumaines et dégradantes. La surpopulation des établissements de détention provisoire était souvent si grave que jusqu'à trois détenus devaient partager un même lit et dormir par roulement. En raison du manque d'espace, d'aération et de clarté ainsi que de la mauvaise qualité de l'alimentation, ces prisons étaient des lieux où il était quasiment impossible de rester en bonne santé. Les maladies infectieuses étaient courantes, jusqu'à 10 % des détenus souffrant de tuberculose active. La plupart de ces mêmes États appliquaient encore la peine de mort au moment de leur adhésion au Conseil de l'Europe, mais ont dû appliquer un moratoire immédiat et s'engager à abolir cette peine dans les deux ans suivant leur adhésion. Dans certains États, la loi prévoyait que le caractère punitif du régime pénitentiaire devait être renforcé à l'égard de certaines catégories de détenus.

Depuis 1987, l'usage de la détention s'est modifié considérablement dans de nombreux pays, qu'il s'agisse des États fondateurs ou des États devenus membres plus récemment. De plus, à partir de 1990, le Comité pour la prévention de la torture et des peines ou traitements inhumains ou dégradants (CPT) a effectué plusieurs visites dans chaque État membre et a publié des rapports détaillés sur les conditions de détention dans chacun d'eux, tout en faisant des recommandations sur un ensemble de questions plus vastes dans ses rapports généraux. La Cour européenne des Droits de l'Homme a jugé recevables un nombre croissant de requêtes déposées par des personnes de nombreux États membres ou au nom de ces personnes, qui alléguaient de violations de la Convention en raison de leurs conditions de détention.

Depuis 1987, le Comité des Ministres a également approuvé de nombreuses recommandations importantes concernant les détenus et la détention. Il s'agit notamment des suivantes :

— Recommandation n° R (89) 12 sur l'éducation en prison ;

— Recommandation n° R (92)16 relative aux règles européennes sur les sanctions et mesures appliquées dans la Communauté ;

— Recommandation n° R (93) 6 concernant les aspects pénitentiaires et criminologiques du contrôle des maladies transmissibles et notamment du sida, et les problèmes connexes de santé en prison ;

— Recommandation n° R (97) 12 sur le personnel chargé de l'application des sanctions et mesures ;

— Recommandation n° R (98) 7 relative aux aspects éthiques et organisationnels des soins de santé en milieu pénitentiaire ;

— Recommandation n° R (99) 22 concernant le surpeuplement des prisons et l'inflation carcérale ;

— Recommandation Rec(2000)22 concernant l'amélioration de la mise en œuvre des règles européennes sur les sanctions et mesures appliquées dans la Communauté ;

— Recommandation Rec(2003)22 concernant la libération conditionnelle ;

— Recommandation Rec(2003)23 concernant la gestion par les administrations pénitentiaires des condamnés à perpétuité et des autres détenus de longue durée.

Pour toutes ces raisons, il convient de réviser à nouveau les règles pénitentiaires énoncées dans la Recommandation n° R (87) 3, ce qui a été fait, les règles révisées ayant été éditées en tant que Recommandation Rec(2006)2.

L'objet du présent rapport était de mettre en évidence :

— les grands problèmes et les possibilités nouvelles de gestion des systèmes pénitentiaires ;

— les résultats de la recherche récente sur la gestion des prisons et des détenus ;

— le besoin de dispositions sur des matières qui ne figurent pas dans les règles pénitentiaires actuelles ;

— les exemples de bonne pratique pénitentiaire contemporaine.

Dans la mise en exécution de ce mandat, un certain nombre de grands thèmes régionaux se sont dégagés et forment la base du présent rapport.

Augmentation des niveaux de population pénitentiaire et surpeuplement qui en résulte

> "Le surpeuplement carcéral et la croissance de la population pénitentiaire sont des problèmes majeurs pour les administrations pénitentiaires et pour l'ensemble du système de justice pénale, à la fois du point de vue des droits de l'homme et pour la gestion efficace des institutions pénales." *[Comité des Ministres du Conseil de l'Europe, Recomm. n° R (99) 22 du Comité des Ministres aux États membres concernant le surpeuplement des prisons et l'inflation carcérale]*

Les populations pénitentiaires sont en augmentation dans beaucoup d'États membres du Conseil. Dans plusieurs pays, cependant, notamment la République tchèque, la Lettonie, la Lituanie et la Russie, des réductions sensibles sont intervenues ces dernières années, tandis que dans d'autres, comme Chypre, l'Estonie, Malte et la Slovénie, les chiffres ont été à peu près stables. D'après le nombre de détenus pour 100 000 habitants, les plus hauts niveaux de détention dans les États membres du Conseil se situent en Russie (532), en Ukraine (416), en Estonie (339) et en Lettonie (337) et les niveaux les plus bas en Islande et à Monaco (39), à Chypre (50) et au Liechtenstein (53).

Taux de détention et évolutions dans certains pays *[World Prison Brief Online (Dossier du monde) sur www.prisonstudies.org, diffusé en août 2005]*

	Dernièrement	1998	1995
Fédération de Russie	550	688	622
Estonie	339	330	295
Pologne	209	148	163
Slovaquie	165	138	138
Hongrie	164	132	124
Royaume-Uni : Angleterre et Pays de Galles	144	125	99
Espagne	141	114	102
Portugal	124	146	124
Pays-Bas	123	85	66
Italie	97	85	87
Allemagne	96	96	81
Turquie	95	102	82
France	91	86	89
République d'Irlande	85	71	57
Grèce	82	68	56

	Dernièrement	1998	1995
Suède	81	60	65
Finlande	71	50	59
Danemark	70	64	66
Croatie	68	46	51
Slovénie	56	38	41
Islande	39	38	44

Dans beaucoup d'États membres, le nombre de places de prison disponibles n'a pas évolué au même rythme que le nombre des détenus. Il en est résulté un surpeuplement considérable. Souvent, ce surpeuplement est concentré dans les établissements de détention provisoire. Il est parfois difficile d'obtenir une vision précise des niveaux de surpeuplement car peu de pays possèdent une définition quantitative précise de l'espace auquel chaque détenu a droit. D'après les rapports du CPT, il est évident qu'un surpeuplement considérable existe dans de nombreux pays qui affirment pourtant qu'ils ont une capacité suffisante pour leur population pénitentiaire. Pour juger du caractère suffisant des installations et du surpeuplement, il est important de regarder au-delà de l'espace personnel dont les détenus disposent dans leur cellule ou leur chambre. Le surpeuplement a aussi des conséquences graves dues à la pression qu'il exerce sur les ressources de cuisine, sur les installations hygiéniques et d'assainissement, sur les possibilités de travail et d'éducation et sur les autres moyens, ainsi que sur l'espace disponible pour les visites.

Facteurs qui influent sur l'augmentation du recours à la détention

Il n'y a guère de preuve que l'augmentation de la population pénitentiaire ait un rapport quelconque avec une variation des taux de délinquance. Elle semble, au contraire, s'expliquer par d'autres facteurs. Comme les chefs des administrations pénitentiaires européennes l'ont constaté à leur 12e conférence, en novembre 2002 :

> "Au cours de la présente conférence, il nous a été rappelé plusieurs fois que la manière dont les prisons sont gérées dans les différents pays est étroitement liée aux structures sociales de chaque État. Les prisons n'existent pas isolément. Dans une large mesure, elles reflètent les valeurs auxquelles chaque société adhère. L'usage de la détention par une société en fournit l'exemple. Plusieurs intervenants (...) ont estimé que le niveau de détention dans chaque pays est généralement influencé bien davantage par les décisions politiques que par le niveau de la délinquance ou le taux de répression de la délinquance. Une société peut choisir d'avoir un taux de détention élevé ou bas et ce choix s'exprime à travers les peines prononcées par les magistrats. Ces dernières années, de nombreux pays européens, spécialement en Europe de l'Ouest, ont décidé, consciemment ou par défaut, d'augmenter leur taux de détention. Ils l'ont fait en adoptant une législation plus répressive ou par des campagnes des milieux politiques et des médias qui ont encouragé les autorités judiciaires à envoyer davantage de personnes en prison pour de plus longues durées." *[Comité pour les problèmes criminels 2002 : cdap\docs 2002\cdap (2002) 28]*

De même, la diminution des taux de détention est souvent influencée par des décisions politiques de portée générale et par des modifications de l'administration de la justice pénale. La baisse la plus spectaculaire du taux de détention parmi tous les États membres ces dernières années s'est produite en Russie où la population

pénitentiaire, qui atteignait 1 009 863 détenus en 1998, était tombée à 763 054 en janvier 2005. En 2002, le vice-ministre russe de la Justice, Iouri Kalinine, déclarait :

> "Le système pénal ne peut pas évoluer tout seul, indépendamment de la société tout entière. Sa réforme n'est possible que dans le cadre d'un ensemble plus vaste de mesures visant à créer un État démocratique et à introduire des réformes juridiques et judiciaires." *[Kalinine, I., Le système pénal russe, passé, présent et futur, Londres, Centre international d'études pénitentiaires, 2002]*

Procédant à une vaste analyse des modifications en cours en Russie, Kalinine a montré comment elles alliaient une volonté politique, des changements législatifs, la participation des secteurs clés des mécanismes de justice pénale, spécialement les services judiciaires et les services des poursuites, et la nécessité de rassurer le public et les médias en les convainquant que la transformation du système pénitentiaire ne créera pas de menaces pour la sécurité publique.

La Finlande est un bon exemple de ce que les taux de détention peuvent être soumis à d'autres influences que le taux de criminalité. Dans les années 1950, le taux de détention finlandais était l'un des plus élevés en Europe de l'Ouest. Quatre fois plus élevé que celui de ses voisins nordiques, il atteignait environ 187 détenus pour 100 000 habitants. Il a considérablement diminué au cours des décennies qui ont suivi passant à 154 en 1960, 113 en 1970, 106 en 1980, 69 en 1990 et à 55 en 2000. Cette diminution ne doit rien au hasard. Au contraire, elle est le fruit de choix politiques délibérés, systématiques et à long terme *[Lappi-Seppälä, Le prononcé des peines et les peines en Finlande : le déclin de l'idéal répressif, in Punishment and Penal Systems in Western Countries (Peines et systèmes pénaux dans les pays occidentaux), édité par M. Tonry et R. Frase, New York, Oxford University Press, 2001]*. Avant tout, il existait une volonté et un consensus politique clairs d'hommes politiques, de personnalités du gouvernement et d'universitaires de premier plan pour réduire le nombre de détenus. Le pouvoir judiciaire y a été étroitement associé en mettant en œuvre les modifications. A certains égards, la pratique relative au prononcé des peines avait même anticipé la nouvelle législation. Il faut relever qu'en Finlande la maîtrise de la criminalité n'a jamais été un thème de campagne électorale pour les partis politiques. Enfin les médias ont joué un rôle essentiel en s'abstenant de rendre compte de manière populiste des affaires criminelles.

En 1995, au Danemark comme aux Pays-Bas, le taux de détention était de 66 détenus pour 100 000 habitants. En 2004, ce niveau s'était accru, passant à 70 détenus au Danemark alors qu'aux Pays-Bas il avait quasiment doublé pour atteindre 123 détenus. Cette augmentation différente qui s'est produite dans deux pays largement comparables ne s'explique pas seulement par des éléments de justice pénale. De même, il est nécessaire de regarder au-delà des considérations de justice pénale pour expliquer pourquoi en Espagne le taux de détention s'élève à 141 détenus tandis que, dans la France voisine, il est de 91 détenus, ou pourquoi en Hongrie il atteint 164 détenus alors que dans la Slovénie voisine il n'est que de 56 détenus.

Les finalités de l'emprisonnement

Qui veut essayer de connaître les raisons pour lesquelles, dans de nombreux pays, les taux de détention ont augmenté alors même que le taux de délinquance ou la gravité des délits n'ont pas connu d'évolution comparable doit d'abord s'intéresser au but que la prison est censée atteindre et aux attentes de la société à son égard. Cette question du but est importante car, s'il n'y a pas un minimum de clarté à ce sujet, il sera difficile de déterminer si la détention est ou non utile. Pour savoir si la prison atteint ou non les objectifs qui lui sont assignés, il nous faut d'abord les identifier. Dans la tradition occidentale, quatre raisons essentielles sont en général avancées pour justifier l'incarcération d'un délinquant : sanctionner, dissuader, amener le délinquant à se corriger et protéger la population.

Selon les normes internationales, une personne accusée est censée ne pas être placée en détention provisoire sauf s'il y a des raisons spécifiques de le faire. Dans le cadre européen, ce principe a été confirmé par la Recommandation n° R (80) 11 du Comité des Ministres. En général, les motifs de la détention sont les suivants : l'accusé peut présenter un risque véritable pour la sécurité publique, il pourrait tenter de se soustraire à la justice, essayer de menacer des témoins ou tenter de toute autre manière de pervertir le cours de la justice. Il en découle donc que l'emprisonnement d'accusés vise avant tout à prévenir un de ces risques. Voici la règle pénitentiaire européenne clé à cet égard (n° 95.1) :

> "Le régime carcéral des détenus [non condamnés] ne doit pas être influencé par la possibilité que les intéressés soient un jour reconnus coupables d'une infraction pénale."

a. Sanctionner

Dans un État démocratique, la détention se caractérise essentiellement par le fait qu'il s'agit d'une sorte de sanction ou de châtiment qui est infligé à un individu par une autorité judiciaire légitime en réaction à un agissement illégal de sa part. Tous les États membres du Conseil de l'Europe ont aboli les sanctions judiciaires que sont la peine de mort et les châtiments corporels. La détention est désormais la peine la plus lourde dont disposent les tribunaux. Un élément essentiel qui influe sur les niveaux de détention d'un pays tient à la sévérité de la peine que la société souhaite voir infliger aux délinquants. Il est plus que probable que pareille décision ne repose pas uniquement sur des considérations de justice pénale telles que le taux de délinquance, mais aussi sur des facteurs politiques et sociaux. Le comprendre aide, dans une certaine mesure, à expliquer la disparité qui existe entre les niveaux de détention de pays dont les taux de délinquance ne semblent pas présenter de différences sensibles.

Pendant la majeure partie du XXe siècle, il existait un consensus dans la plupart des pays d'Europe occidentale pour réserver la peine d'emprisonnement aux auteurs des délits les plus graves, et ceci reste l'avis du Conseil de l'Europe. Cependant, ce principe n'est plus universellement admis et l'augmentation des taux de détention que l'on observe dans de nombreux pays peut être attribuée aux tendances récentes qui consistent à incarcérer des délinquants qui, antérieurement, auraient bénéficié de peines de substitution et aussi à infliger des peines plus longues que par le passé *[En nov. 2004, le chef du Service national de gestion des délinquants d'Angleterre et du pays de Galles relevait qu'au cours de l'année précédente, "les tribunaux avaient incarcéré 3 000 personnes pour des vols tels que des vols à l'étalage ou de bicyclette même si elles n'avaient jamais été condamnées auparavant" (The Guardian, 17 nov. 2004)].* En outre, on tend de plus en plus dans certaines situations à faire appel à des formes de détention préventive, par exemple par le biais de peines de durée indéterminée.

Un autre facteur important qui influe sur le nombre de personnes incarcérées est que la plupart des pays ont décidé de répondre au problème social majeur que constitue l'usage de stupéfiants par la voie de la justice pénale. L'accord est général pour considérer qu'il faudrait infliger de lourdes peines aux principaux fournisseurs de drogues. Il n'est pas certain que le fait d'adopter pareille approche répressive à l'égard des personnes qui sont concernées en tant qu'usagers de drogues illégales ou qui sont impliquées dans de petits trafics de stupéfiants pour nourrir leur dépendance personnelle soit une méthode efficace pour s'attaquer au problème social que constitue l'usage de stupéfiants. Il n'y a pas lieu, dans ce rapport, d'entamer une discussion à ce sujet. Il convient toutefois de relever que cette approche a eu pour conséquence directe l'incarcération d'un nombre croissant d'usagers de stupéfiants et de personnes ayant commis des atteintes aux biens pour satisfaire leur toxicomanie. En général, punir de telles personnes en les envoyant en prison ne les incite guère à se défaire de leur habitude et bon nombre d'entre elles sont des délinquants récidivistes.

b. Dissuader

En matière de justice pénale, il existe deux grands formes de dissuasion : individuelle et générale. La dissuasion individuelle s'opère lorsque la perspective d'être envoyé en prison dissuade un individu de commettre un délit donné ou lorsque le fait d'avoir été incarcéré détermine un individu à ne plus jamais recommencer. La dissuasion générale existe lorsque nous assistons à l'incarcération d'une autre personne pour la commission d'un délit et que celle-ci nous amène à considérer qu'il vaudrait mieux ne pas commettre d'infraction analogue par crainte que cela nous arrive aussi.

Les niveaux très élevés de récidive des personnes ayant exécuté une peine de prison donnent à penser que l'incarcération n'est pas un moyen efficace pour dissuader les individus de perpétrer des délits même si nous ne pouvons pas déterminer le nombre de délits qui sont évités grâce à l'effet dissuasif qu'exerce la perspective de l'incarcération sur les délinquants potentiels. En matière de dissuasion, le facteur le plus important est la prévisibilité ou, tout au moins, la forte probabilité d'être découvert plutôt que l'anticipation de la peine.

Même si l'efficacité dissuasive de la prison n'est pas démontrée, dans un certain nombre d'États européens, les hommes politiques ont répondu aux préoccupations relatives à la délinquance en durcisssant la législation pénale et en préconisant d'appliquer des peines plus répressives. Ces éléments ont contribué à l'accroissement de la population carcérale.

c. Se corriger

L'idée d'une prison conçue comme un lieu pour engager une réforme personnelle s'est développée dans plusieurs pays d'Europe occidentale à partir du XIXe siècle. L'idée que la prison puisse être un endroit où l'on apprend aux individus à changer leur comportement est intéressante à plusieurs égards. Tout d'abord, elle fournit une justification positive à ce qui autrement serait une forme négative de sanction du délinquant. L'idée de la prison comme endroit où il est possible d'organiser et de favoriser un changement personnel est aussi intéressante pour le personnel pénitentiaire qui, sur le plan professionnel, souhaite faire davantage que simplement priver les détenus de leur liberté. Cette idée a souvent été qualifiée de "réinsertion" qui, d'un point de vue technique, signifie aider les détenus à revêtir à nouveau l'habit de la citoyenneté.

L'idée d'utiliser la prison comme un lieu pour engager une réforme personnelle a toutes les chances d'être particulièrement intéressante si elle peut être associée, dans une certaine mesure, à des efforts pour réduire la délinquance. Il est toutefois très difficile d'établir un lien direct entre le recours à la détention et les taux nationaux de délinquance. Ces dernières années, quelques États ont fixé un nouvel objectif aux prisons, celui de "réduire la récidive" ou de "réduire le risque de recommettre un délit". Si l'on considère que les délits sont le fait d'un groupe relativement restreint d'individus identifiables qui diffèrent de la majorité des citoyens respectueux du droit, alors l'objectif visant à changer le comportement de ce petit groupe à la suite de leur expérience de la prison devrait conduire à une réduction du nombre de délits qu'ils sont susceptibles de commettre après leur libération. Affirmer que ce petit groupe d'individus risque fort d'être responsable d'un nombre disproportionné de délits signifie que toute diminution de leur taux de délinquance emportera, le moment venu, une réduction de la délinquance dans son ensemble. Cet argument a séduit les hommes politiques qui se doivent de trouver des réponses à la peur que suscite la criminalité dans l'opinion.

Le principe général selon lequel les êtres humains peuvent être encouragés à changer, pour le meilleur, leurs habitudes de comportement est valable mais il paraît très problématique que cela puisse se faire dans les conditions de captivité.

La réalité est que la prison est essentiellement un monde à part, différent de la normalité. Les liens qui unissent bon nombre de détenus aux structures sociales que, nous autres, tenons pour acquises sont, au mieux, ténus. Il est exact que, dans de nombreuses prisons, des surveillants accomplissent un travail remarquable en essayant de donner aux détenus la possibilité de se corriger et de changer leur comportement. Il n'est pas exclu que l'expérience de la prison transforme en mieux certains individus mais ils resteront toujours une petite minorité, et il peut être soutenu que pareil changement s'opère en dépit de, plutôt que grâce à, l'environnement carcéral. Dans de nombreux cas, le personnel pénitentiaire peut au mieux espérer réduire les effets négatifs de la détention et aider les détenus à utiliser le temps passé en prison pour mettre en place une infrastructure personnelle qui les aidera à leur sortie de prison. Selon les termes du service pénitentiaire et de la probation suédois (KVV) :

> "Il y a une contradiction inévitable, innée, entre les motivations qui poussent la société à mettre sous les verrous une personne et le désir concomitant de la réinsérer dans la vie normale. Il faudrait, en conséquence, que la prison soit façonnée de sorte à favoriser la réinsertion des détenus dans la société et à contrecarrer les conséquences néfastes de la privation de liberté." *[Cité sur le site internet de KVV : www.kvv.se]*

d. Protéger la population

Un autre objectif déclaré de la détention est de protéger la population des délinquants, en particulier des délinquants multirécidivistes. Cet argument, qui est connu sous le terme d'"incapacitation", peut être valable à court terme, en particulier lorsqu'il s'agit de protéger la population dans des quartiers précis où un nombre important de délits sont commis par des individus identifiables. Ce type de délits, qui donnent lieu à de courtes peines de prison, tend cependant à être en nombre réduit. Les personnes concernées peuvent être soustraites à la société pour une courte période mais elles ont toutes les chances d'y retourner rapidement. Un autre problème est qu'il ne suffit pas d'éloigner un ou deux individus pour résoudre bon nombre des délits qui déstabilisent les sociétés. A titre d'exemple, il ne s'agit souvent que d'une question de jours, voire d'heures, jusqu'à ce que les petits trafiquants de drogues occasionnels qui ont été éloignés d'un quartier soient remplacés par d'autres.

Les personnes dont le comportement constitue une menace sérieuse pour la sécurité de la société posent aussi un problème de protection de la population. Certaines d'entre elles sont peut-être déjà en prison, condamnées pour des délits graves, en particulier pour violence sur personne, leur comportement laissant à penser que si elles étaient libérées elles représenteraient toujours une réelle menace pour la sécurité de la population. Peut-être bien est-il nécessaire de maintenir ces personnes en prison aussi longtemps qu'elles constituent une menace pour la population, si longue que puisse être cette détention. Force est cependant de constater que, dans tous les pays, le nombre de personnes relevant de cette catégorie a toutes les chances d'être peu élevé.

Dans plusieurs pays, les gouvernements ont réagi à la menace terroriste en réduisant les garanties juridiques régissant le recours à la détention. En Italie, par exemple, l'on s'est inquiété du recours à l'article 41 *bis* de la loi relative à l'administration pénitentiaire (Loi 354/75). A la suite de l'inquiétude manifestée en 1995, le CPT a, dans son rapport de 2003 *[CPT/Inf (2003) 27, Rapp. au Gouvernement de l'Italie relatif à la visite effectuée en Italie par le Comité européen pour la prévention de la torture et des peines ou traitements inhumains ou dégradants du 13 au 25 févr. 2000. Strasbourg, 29 janv. 2003]*, émis de sérieuses réserves quant à l'application de cette disposition que le Gouvernement italien a, par la suite, rejetée *[CPT/Inf (2003) 17, Rapp. au Gouvernement de l'Italie relatif à la visite effectuée en Italie par le Comité européen pour la prévention de la torture et des peines ou traitements inhumains ou dégradants du 13 au 25 févr. 2000. Strasbourg, 29 janv. 2003]*. L'article 41 *bis* octroie des pouvoirs d'urgence pour suspendre le régime carcéral normal et soumettre les détenus concernés à un régime de sécurité renforcée, assorti de limitations drastiques en matière de contacts avec leurs codétenus et de communication avec le monde extérieur. Au départ, ces pouvoirs étaient limités dans le temps et devaient être confirmés à nouveau par le Sénat. L'article 41 *bis* a été modifié en décembre 2002 de façon à conférer un caractère permanent à l'attribution des pouvoirs d'urgence et à en étendre l'application aux auteurs présumés ou condamnés pour actes de terrorisme. Antérieurement, il s'appliquait uniquement à ceux qui étaient mêlés au crime organisé, à savoir à la Mafia. La Cour européenne des Droits de l'Homme a rendu plusieurs arrêts à ce sujet *[A titre d'exemple, dans les arrêts Labita c/ Italie (CEDH 6 avr. 2000, n° 26772/95) et Indelicato c/ Italie (CEDH 18 oct. 2001, n° 31143/96), la Cour constate des manquements à l'art. 3 de la Conv. Dans l'arrêt Indelicato, elle s'est prononcée sur l'interdiction absolue de la torture et des peines ou traitements inhumains, y compris dans les situations d'urgence résultant de la lutte contre le terrorisme et le crime organisé. La Cour s'est, dans de nombreuses affaires portant sur la détention dans le cadre du système de l'art. 41 bis, prononcée sur la violation de l'art. 8 de la Conv. Dans l'affaire Messina c/ Italie (CEDH 28 sept. 2000, n° 25498/94), la Cour conclut à la violation par l'Italie de l'art. 8 de la Conv. en raison des restrictions imposées à la correspon-*

dance et de l'art. 13 de la Conv. en ce que le requérant ne disposait pas d'un recours effectif contre les décisions portant extension des restrictions de l'art. 41 bis].

Au Royaume-Uni, le gouvernement a complété la loi de 2001 relative à la lutte contre le terrorisme, le crime et la sécurité en adoptant une ordonnance dérogeant à l'article 5 de la Convention européenne des Droits de l'Homme qui autorise le ministre de l'Intérieur à déclarer et à maintenir en détention des ressortissants étrangers suspectés de participation au terrorisme international. Le Conseil privé, composé de politiques de haut rang issus de tous les partis, qui a examiné la loi, a vivement recommandé de remplacer d'urgence ces pouvoirs de détention illimitée par une nouvelle législation qui n'exigera pas de déroger à la Convention européenne des Droits de l'Homme *[Commission de contrôle du Conseil privé, examen de la loi de 2001 de lutte contre le terrorisme, le crime et la sécurité, Rapp., déc. 2003, Imprimerie nationale, Londres]*. Le gouvernement a rejeté cette recommandation *[Réponse au Rapp. relatif à l'examen de la loi de 2001 de lutte contre le terrorisme, le crime et à la sécurité, Référence : Stat055/2003.]*. Ultérieurement la Chambre des communes a estimé que la détention dans de telles conditions était illégale (*R c/ Ministre de l'Intérieur,* ex parte A et autres, X et autre, [2002] UKHL 56).

e. Exil

En Union soviétique et dans ses pays alliés, la détention était principalement justifiée comme un moyen de réagir à ce qui était considéré comme une atteinte à la loyauté indéfectible due à l'État. Le même principe s'appliquait à l'époque des tsars. La détention revêtait habituellement la forme de l'exil vers des contrées éloignées qui avaient besoin de main-d'œuvre pour exploiter les ressources naturelles. Plus tard, sous l'ère soviétique, des zones économiques ont tout spécialement été créées pour tirer profit du travail des condamnés. Le système carcéral qui en est résulté (initialement connu sous le nom de *Goulag* et ultérieurement sous celui de *Guin*) était devenu l'un des plus importants contributeurs de l'économie soviétique.

A la suite de l'effondrement de l'Union soviétique, cette justification de l'incarcération s'en est d'abord trouvée affaiblie avant de disparaître complètement dans la plupart des pays concernés. L'adhésion au Conseil de l'Europe de nombreux pays d'Europe centrale et orientale a accéléré ce processus. Dans certains de ces pays, l'adhésion à la fin des années 1980 et au début des années 1990, entre autres, conduit à une réduction importante du nombre de personnes incarcérées à la fin des années 1980 et au début des années 1990. Cette diminution s'est poursuivie dans quelques pays, en particulier en Russie, comme mentionné antérieurement dans ce rapport. Par la suite, certains pays ont cependant connu des augmentations qui se poursuivent aujourd'hui. On peut discuter de la mesure dans laquelle ces augmentations récentes trouvent leur source dans l'adoption par ces pays des justifications qu'utilisait, comme il a été décrit précédemment, l'Europe occidentale par le passé ; adoption qui, en partie au moins, est due aux débats qui se sont déroulés sous les auspices du Conseil de l'Europe.

Administration et personnel pénitentiaires

a. Le ministère responsable

Dans les pays démocratiques, la responsabilité de l'administration pénitentiaire ressort d'un ministère national ou régional. Le Conseil de l'Europe recommande vivement de confier cette charge au ministère de la Justice, s'il en est un, le considérant comme le plus adapté à cet effet. Depuis la fin des années 1980, le Conseil de l'Europe a exigé de tous les nouveaux États adhérents de transférer leur administration pénitentiaire à ce ministère. Tous l'ont fait hormis deux d'entre eux : en Espagne, mais pas en Catalogne, elle relève du ministère de l'Intérieur. Il en va de même en Angleterre et au pays de Galles, qui n'ont pas de ministère de la Justice. La principale raison à l'origine de cette exigence du Conseil de l'Europe tient au fait qu'elle permet de séparer les fonctions des services de la police, qui, en général, ont en charge d'enquêter sur les délits et d'arrêter leurs auteurs présumés, de celles qui incombent au service pénitentiaire qui est responsable de la détention, ordonnée par les tribunaux, des prévenus et des condamnés. Le Comité des Ministres a confirmé dans sa recommandation qu'"une nette distinction doit être établie entre le rôle de la police et celui du système judiciaire, du parquet et du système pénitentiaire ; la police ne doit avoir aucun pouvoir de contrôle sur ces organes."*[Recomm. Rec(2001)10 du Comité des Ministres aux États membres sur le Code européen d'éthique de la police]*

b. Un contexte déontologique

Il ne faut jamais oublier que tous les détenus sont des personnes. Peu importe le délit dont ils sont accusés ou pour lequel ils sont condamnés, ils restent des êtres humains qui ont droit au respect. Ce principe est énoncé à l'article 10 du Pacte international relatif aux droits civils et politiques des Nations unies (PIDCP) :

"Toute personne privée de sa liberté est traitée avec humanité et avec le respect de la dignité inhérente à la personne humaine."

Ce principe, qui devrait guider le personnel pénitentiaire dans l'exercice de chacune de ses fonctions, est aussi la pierre angulaire d'une bonne gestion des prisons. L'obligation d'agir dans le cadre prévu par l'article 10 du PIDCP est universelle. Elle fait partie des éléments qui définissent une bonne gestion des prisons. S'y conformer est l'assurance que la torture et les traitements inhumains et dégradants, sous quelque forme que ce soit, seront toujours interdits et que le personnel pénitentiaire s'efforcera en priorité de traiter tous les détenus avec humanité et respect.

c. Les fonctions du personnel pénitentiaire

Le système pénitentiaire peut, à certains égards, être qualifé de "composante la plus oubliée de la justice pénale". Peu de personnes savent ou, à vrai dire, se soucient vraiment de savoir ce qui se passe derrière les murs élevés des prisons. Or, le travail dans les prisons est un élément très important de la mission de service public. Le personnel pénitentiaire assume trois grandes fonctions, la relation entre chacune d'entre elles pouvant être complexe.

Sécurité publique

Le personnel pénitentiaire contribue à la sécurité publique en assurant la détention d'un nombre important de délinquants dont certains représentent un réel danger pour autrui. Cela signifie que la sécurité doit toujours constituer un élément important dont il convient de tenir compte. Le personnel a l'obligation de veiller à ce que les détenus, surtout ceux qui sont dangereux, ne s'évadent pas.

Bon ordre

Les prisons devraient être des lieux où chacun est et se sent en sécurité. Cela englobe les détenus, le personnel pénitentiaire et toute autre personne appelée à se rendre en prison. La plupart des prisons sont de grands établissements anonymes où des groupes de personnes, pour l'essentiel des hommes jeunes dont beaucoup ont des problèmes psychologiques ou sociaux, sont détenus contre leur volonté avec de rares occasions de participer à des activités motivantes. Dans ce genre d'environnement, maintenir une ambiance positive et prévenir les agitations sporadiques, voire les actes de violence, relèvent du défi.

Réintégration dans la société

Les prisons ne devraient pas simplement être des lieux de détention. Au contraire, pendant leur détention les détenus devraient avoir la possibilité de développer leurs aptitudes et leurs relations personnelles afin de prévenir la récidive à leur sortie de prison. Aider les détenus à atteindre ces objectifs demande un investissement important du personnel pénitentiaire.

Maintenir un juste équilibre entre ces trois fonctions est un défi pour le personnel pénitentiaire. Les trois fonctions qui consistent à assurer la sécurité publique, à maintenir le bon ordre et à favoriser la réinsertion des détenus peuvent être considérées comme les trois pieds d'une même chaise. Si l'équilibre se rompt, la chaise de la bonne gestion des prisons tombe. Cela risque, par exemple, de se produire si le contrôle est insuffisant ou, à l'opposé, trop répressif. Le Comité des Ministres a reconnu que le travail dans les prisons constituait un défi *[Recomm. n° R (97) 12 sur le personnel chargé de l'application des sanctions et mesures du Comité des Ministres du Conseil de l'Europe]*.

d. Recrutement, formation et soutien du personnel pénitentiaire

Les administrations pénitentiaires doivent tout d'abord avoir une vision claire du rôle qu'elles entendent faire jouer au personnel pénitentiaire, puis définir un ensemble de règles qui garantiront que le personnel recruté sera effectivement apte à exécuter cette mission de service public. Il ne suffit pas, comme cela arrive encore dans certaines régions du monde, d'employer des conscrits qui effectuent une année ou deux de service militaire obligatoire en tant que surveillants de prison. Le recrutement du personnel pénitentiaire doit s'effectuer avec autant de soin que celui des autres fonctionnaires tels que les agents de police, les enseignants ou les infirmières.

Après avoir veillé à recruter du personnel compétent, la prochaine obligation est de lui dispenser une formation appropriée. Il ne suffit pas d'envoyer immédiatement les nouvelles recrues travailler dans une prison et d'attendre d'elles qu'elles apprennent le métier du personnel plus expérimenté. La plupart des administrations pénitentiaires des États membres du Conseil de l'Europe dispensent aujourd'hui une certaine formation aux nouvelles recrues même si leur durée et leur qualité diffèrent grandement. La durée de la formation initiale va de quelques semaines, comme en Angleterre et au pays de Galles, à deux ans, comme au Danemark. Dans quelques pays, en particulier en Europe orientale, la formation du personnel de rang inférieur reste très étroitement liée à celle de la police. Elle met souvent l'accent sur des aspects militaires tels que les exercices et le maniement des armes. Dans d'autres pays tels que les Pays-Bas, le programme de formation du personnel pénitentiaire est étroitement lié à celui des autres personnels d'établissements, tels ceux des hôpitaux psychiatriques et des centres sociaux pour jeunes. Dans certains pays d'Europe orientale tels que la

Russie, la formation du futur personnel pénitentiaire supérieur comprend l'équivalent d'une formation universitaire d'une durée de quatre ans.

Tout au long de sa carrière, le personnel pénitentiaire a besoin d'avoir le soutien de la direction et de se voir offrir régulièrement la possibilité d'accroître ses compétences et d'être informé des nouvelles évolutions de la profession, des progrès techniques et des expériences internationales respectives. Cela revêt une importance particulière dans le contexte européen en raison du travail accompli par le Conseil de l'Europe dans le domaine pénitentiaire, notamment celui de la Cour européenne des Droits de l'Homme et du Comité européen pour la prévention de la torture et des peines ou traitements inhumains ou dégradants (CPT). Il existe à ce sujet une jurisprudence de plus en plus abondante de la Cour européenne des Droits de l'Homme ; par ailleurs, le CPT a élaboré un ensemble de normes exhaustives qu'il entend faire observer dans les prisons qu'il visite. Le personnel doit avoir connaissance de tout cela. Le Conseil de l'Europe organise régulièrement des séminaires sur ces questions et d'autres analogues, sur une base à la fois multilatérale et bilatérale avec les États membres.

Conditions de vie

La mise sur pied des systèmes pénitentiaires modernes date du XIXe siècle. Une grande partie des bâtiments qui servent actuellement de prisons dans un certain nombre de pays européens ont été construits entre le milieu du XIXe et le milieu du XXe siècle. Ils ne conviennent souvent pas aux conditions de fonctionnement du XXIe siècle et leur entretien laisse beaucoup à désirer. Dans chacun de ses rapports sur les pays, le CPT s'intéresse de près aux conditions matérielles de détention et relève régulièrement qu'elles sont bien loin de satisfaire aux normes acceptables en matière de respect de la dignité humaine, qu'il s'agisse des conditions de couchage, d'hygiène, d'accès aux salles d'eau, d'évacuation des eaux usées ou de restauration. Lorsqu'elle est peu satisfaisante sur l'un de ces plans, la situation peut avoir un effet néfaste sur le personnel.

Dans de nombreux pays, les prisons tendent à l'autosuffisance. En temps normal, tous les besoins quotidiens des détenus sont satisfaits à l'intérieur des prisons qui disposent de leur propre cuisine, leur propre laverie et leur propre unité de soins, et probablement d'ateliers et de salles de classes. Elles disposent aussi de chambres ou de cellules que les détenus occupent lorsqu'ils ne participent pas à des activités.

Dans la majorité des pays d'Europe occidentale, la tradition voulait que les détenus soient logés en cellule individuelle pendant la nuit. Lorsque le Conseil de l'Europe a publié, en 1973, ses premières règles pénitentiaires et même lorsqu'il les a révisées en 1987 et publiées sous la dénomination "Règles pénitentiaires européennes" (RPE), tout le monde s'attendait à ce que les détenus condamnés passent la majeure partie de leur journée hors de leur cellule, occupés à travailler ou à participer à des activités de formation ou d'éducation et qu'ils occupent leur cellule pour dormir et pour d'autres courtes périodes uniquement. Cette perspective se retrouve dans le libellé de la RPE 14.1 : "les détenus doivent en principe être logés pendant la nuit dans des chambres individuelles (...)" La législation pénale de bon nombre d'États continue d'indiquer que les détenus devraient disposer d'activités tout au long de la journée mais, dans de nombreux pays, la réalité est celle d'un nombre croissant de détenus qui passent quotidiennement de longs moments enfermés à clé dans leur cellule. En pareille situation, la superficie de la cellule et les équipements dont elle dispose acquièrent plus d'importance. Cela est plus important encore lorsque, du fait du surpeuplement carcéral précédemment décrit, deux ou davantage de détenus sont appelés à cohabiter dans une cellule qui, à l'origine, était prévue pour recevoir une seule personne.

La tradition dans les pays d'Europe centrale et orientale était très différente. L'hébergement en cellule individuelle était réservé aux détenus très dangereux et à ceux qui avaient enfreint le règlement pénitentiaire et qui, de ce fait, étaient punis. La nuit, la majorité des détenus étaient logés dans de grandes chambres, souvent avec des dizaines d'autres détenus. Là aussi l'on s'attendait à ce que tous ces détenus se rendent chaque jour dans les ateliers où ils participeraient à une production quelconque. Le soir ou à d'autres moments de la journée où ils ne travailleraient pas, les détenus auraient généralement accès à une enceinte ou au jardin qui entoure les unités de logement. Dans beaucoup de ces pays, les industries pénitentiaires se sont réduites comme peau de chagrin. Désormais, les détenus passent beaucoup de leur temps confinés dans leur unité de logement.

Les conditions de vie et de repos en prison devraient refléter la culture de la société locale. Cela étant, l'aspect le plus important à prendre en considération est d'utiliser la pièce selon sa conception. A titre d'exemple, une petite cellule censée servir uniquement pour dormir la nuit suffira effectivement à cet effet.

Il en ira différemment si un détenu doit passer, chaque jour, 23 heures dans cet espace. De même, il n'y a rien à redire si une cellule a été conçue pour accueillir quatre détenus pendant la nuit et qu'il en est effectivement ainsi. En revanche, la situation est inacceptable si ces quatre détenus s'y trouvent confinés jour et nuit, et sortent à l'air libre une heure par jour seulement. Elle devient même franchement intolérable si la cellule qui a été construite pour recevoir une personne héberge entre deux et dix détenus pour des périodes prolongées ou si celle conçue pour quatre personnes en héberge une douzaine, voire davantage. Si les lieux de vie doivent être partagés, il importe de bien choisir les détenus, de manière à prévenir les brimades et les intimidations.

Tous les systèmes pénitentiaires en Europe sont, pour ainsi dire, confrontés, à des degrés divers, à ce genre de problèmes. Ils attirent l'attention critique du CPT et, de plus en plus souvent, celle de la Cour européenne des Droits de l'Homme.

Activités et régimes des détenus

> "Le système pénitentiaire comprend le traitement des détenus qui a pour but essentiel d'assurer leur rééducation et leur réinsertion sociale." *[PIDCP, art. 10.3]*

Les règles pénitentiaires européennes et les autres normes internationales en matière de droits de l'homme exigent que les prisons ne soient pas des lieux d'ennui et de monotonie. Il faut que les détenus puissent employer positivement le temps qu'ils passent en prison afin d'améliorer leur éducation, d'acquérir de nouvelles capacités personnelles et professionnelles, et de se préparer à leur mise en liberté. La plupart des administrations pénitentiaires adoptent ce point de vue, mais leur capacité d'offrir un programme complet d'activités à tous les détenus est souvent limitée. Dans plusieurs États membres, les détenus passent chaque jour de longues périodes enfermés dans leur cellule ou leur chambre, sans guère de moyens de s'occuper. Même lorsqu'il existe des possibilités de travailler ou d'exercer d'autres activités, les tâches sont souvent de basse qualité et ne présentent guère de valeur rééducative. Souvent, le travail ne va pas au-delà du nettoyage et de l'entretien domestique, sans rien qui indique que les détenus acquièrent des capacités qui leur seront utiles lorsqu'ils retrouveront la liberté. Par ailleurs, dans un certain nombre de pays, il est de plus en plus difficile de trouver un travail approprié pour les types de plus en plus divers de détenus, y compris ceux qui souffrent de troubles mentaux ou qui abusent de drogue. Dans beaucoup d'États membres, les formes traditionnelles de travail pour détenus ne conviennent plus dans un marché du travail en mutation, si bien qu'il est nécessaire de trouver de nouveaux systèmes de travail et d'activités. Ce problème se fait particulièrement sentir dans un certain nombre de pays d'Europe orientale.

La plupart des systèmes pénitentiaires cherchent à donner une forme d'éducation aux détenus mais elle n'est souvent disponible que pour une petite proportion de l'effectif total. Beaucoup de prisons offrent un accès limité à des activités culturelles et sportives, et quelques-unes proposent un minimum d'aide psychologique aux détenus à titre individuel. En général, cependant, il est difficile d'affirmer que la prison prépare efficacement les détenus à leur retour dans la société.

Tous ces aspects font l'objet d'observations du CPT dans les rapports qu'il publie sur ses visites dans les États membres. Il suffira de citer deux exemples parmi bien d'autres. En 2000, le Comité a constaté qu'en Finlande, dans certaines prisons, un grand nombre de détenus passaient jusqu'à 23 heures par jour enfermés dans leur cellule, sans guère de moyens d'occuper leur temps *[CPT/Inf (2000) 14, Rapp. de suivi du Gouvernement finlandais en réponse au Rapp. du Comité européen pour la prévention de la torture et des peines ou traitements inhumains ou dégradants relatif à sa visite effectuée en Finlande du 7 au 17 juin 1998]*. En 2001, le Comité a constaté une situation analogue en Grèce où la grande majorité des détenus qu'il a rencontrés passait l'essentiel de ses journées dans une inactivité totale *[CPT/Inf (2001) 18 (Partie 2), Rapp. au Gouvernement grec relatif à la visite en Grèce effectuée par le Comité européen pour la prévention de la torture et des peines ou traitements inhumains ou dégradants du 26 oct. au 2 nov. 1999]*.

Contacts familiaux et autres

Les détenus attachent une grande importance au contact avec leur famille et leurs amis proches, et tous les États membres reconnaissent la nécessité de maintenir et de développer ce type de relations, bien que les méthodes suivies à cette fin varient amplement. De grandes différences existent aussi dans les dispositions prises pour les visites entre les États qui étaient membres avant 1987 et ceux qui ont adhéré ultérieurement au Conseil.

Dans beaucoup d'États membres, les contacts entre les détenus en attente de jugement et leur famille et leurs amis doivent être approuvés par les services des poursuites ou par les autorités judiciaires. Il arrive fréquemment que ce type de décisions se fonde davantage sur des facteurs liés à l'enquête en cours que sur le droit des détenus d'avoir des relations avec leur famille.

Dans tous les États où ces contacts ont lieu, ils sont généralement soumis à la surveillance directe du personnel et limités à une brève durée. Le CPT exprime régulièrement sa préoccupation au sujet des restrictions imposées aux visites rendues aux détenus en attente de jugement au Danemark. Malgré les recommandations antérieures, le CPT a constaté, au cours de sa visite de 2002, que l'imposition de restrictions (visites hebdomadaires sous surveillance limitées à 30 minutes, confiscation ou surveillance de la correspondance, interdiction des appels téléphoniques) relevait toujours de la seule discrétion de la police qui n'avait reçu aucune instruction quant aux circonstances dans lesquelles ces restrictions pouvaient s'appliquer *[CPT/Inf (2002) 18, Rapp. au Gouvernement danois relatif à la visite en Grèce [au Danemark] effectuée par le Comité européen pour la prévention de la torture et des peines ou traitements inhumains ou dégradants du 28 janv. au 4 févr. 2002]*. Ces restrictions ne sont pas universelles. En Espagne, par exemple, la loi pénitentiaire générale et les réglementations pénitentiaires n'établissent pas de distinction entre les détenus en attente de jugement et les détenus condamnés pour ce qui concerne les visites et les communications.

Dans tous les pays, les détenus condamnés sont autorisés à entretenir des contacts avec leur famille et leurs amis, mais les conditions de déroulement des visites varient énormément. En Angleterre et au pays de Galles, par exemple, elles ont lieu le plus souvent dans une salle générale des visites où le personnel peut voir, mais pas nécessairement entendre, tout ce qui se passe. Souvent, les détenus sont obligés de porter un vêtement particulier qui les identifie. Les visiteurs, y compris les enfants des détenus, doivent s'asseoir de l'autre côté d'une table. Les visites ont une durée maximale de deux heures, même dans le cas des détenus condamnés à de longues peines. En Autriche, pour les détenus condamnés, les visites ont une durée maximale de 30 minutes par semaine. Au cours de la visite effectuée en Irlande en 2002, le CPT a constaté dans une prison que :

> "(...) les dispositions prises pour les visites ne sont toujours pas satisfaisantes (...) les installations pour les visites n'offrent aucune intimité et deviennent très bruyantes dès lors que plusieurs détenus reçoivent des visites en même temps. En bref, les détenus et leurs visiteurs n'ont toujours pas la possibilité de se rencontrer dans des conditions favorables à l entretien de relations positives." *[CPT/Inf (2003) 36, Rapp. au Gouvernement irlandais relatif à la visite en Irlande effectuée par le Comité européen pour la prévention de la torture et des peines ou traitements inhumains et dégradants du 20 au 28 mai 2002]*

En Espagne, les détenus qui n'ont pas droit à un congé dans les foyers peuvent recevoir chaque mois une visite familiale ou une visite intime d'une durée d'au moins une heure et de trois heures au plus. Tous les établissements pénitentiaires fermés doivent disposer d'installations aménagées pour les visites familiales/intimes. De nombreux systèmes pénitentiaires scandinaves appliquent des dispositions similaires pour les visites généralement qualifiées de visites conjugales. Dans certains de ces pays, le détenu et le visiteur sont autorisés à se rendre dans une pièce meublée d'un lit et équipée d'une douche, qu'ils peuvent occuper pendant un maximum de trois heures.

Les modalités les plus humanisées pour les visites de parents des détenus sont observées dans un certain nombre de pays d'Europe de l'Est où les détenus peuvent recevoir des visites privées de leur conjoint, partenaire, et de leur famille à intervalles réguliers, pour une durée allant jusqu'à trois jours. Ces visites se déroulent dans de petits appartements situés dans l'enceinte de sécurité de la prison. Les visiteurs apportent avec eux suffisamment de nourriture pour la durée de leur visite. Les espaces communs comprennent généralement une salle de séjour, des installations de cuisine et des aires de jeu, auxquelles s'ajoutent jusqu'à une douzaine de chambres séparées pour les détenus et leur partenaire. Durant ces quelques jours, les détenus peuvent mener une existence relativement normale avec les membres de leur famille.

Dans tous les pays, les détenus condamnés sont autorisés à envoyer et à recevoir de la correspondance personnelle, même s'il arrive qu'elle soit soumise au contrôle du personnel pénitentiaire. La plupart des systèmes autorisent aujourd'hui les détenus à utiliser des téléphones payants, moyennant certaines restrictions. Les communications sont souvent surveillées par le personnel pour des motifs de sécurité.

Dans beaucoup de pays, de plus en plus souvent, des restrictions importantes sont imposées aux détenus en régime de haute sécurité quand ils rencontrent leurs parents ou amis. En Angleterre et au pays de Galles, par exemple, ces détenus sont séparés de leurs visiteurs par un écran de verre. Des conditions de visite très restrictives s'appliquent aux détenus en régime de haute sécurité dans des pays comme l'Italie et les Pays-Bas.

Soins de santé

Le profil de santé des détenus est très défavorable par rapport à celui de la collectivité dans son ensemble *[Coyle, A. et Stern, V., "Captive Populations : Prison health care" in Healy J. et McKee M., Accessing health care : Responding to diversity, Oxford, OUP, 2004]*. Les soins de santé sont un grand problème dans les établissements pénitentiaires européens, et des insuffisances dans la fourniture des soins de santé existent dans beaucoup d'États. En 1998, le Comité des Ministres du Conseil de l'Europe a adopté une recommandation sur les soins de santé dans les prisons *[Comité des Ministres du Conseil de l'Europe, Recomm. n° R (98) 7 du Comité des Ministres aux États membres relative aux aspects éthiques et organisationnels des soins de santé en milieu pénitentiaire (adoptée par le Comité des Ministres le 8 avr. 1998 à la 627e réunion des Délégués des Ministres)]*. La recommandation précise que les soins de santé dans les établissements pénitentiaires doivent être d'un niveau équivalant à celui des soins reçus dans la communauté extérieure ; elle demande que les principes éthiques qui guident la pratique générale s'appliquent aussi à la pratique en milieu carcéral ; elle précise que les besoins de santé du détenu devraient toujours constituer la préoccupation première du médecin, dont toutes les décisions devraient être fondées uniquement sur des critères médicaux.

Le CPT, au cours de ses visites régulières, attache une attention particulière à la fourniture des services médicaux et les évalue par référence aux normes internationales des droits de l'homme relatives aux soins de santé en milieu pénitentiaire. L'observation suivante figure dans son onzième rapport général :

> "Le CPT n'ignore pas qu'en période de difficultés économiques... des sacrifices s'imposent, y compris dans les établissements pénitentiaires. Cependant, quelles que soient les difficultés rencontrées à un moment donné, le fait de priver une personne de sa liberté implique toujours l'obligation de la prendre en charge ; cette obligation impose des méthodes efficaces de prévention, de dépistage et de traitement. Le respect de cette obligation par les pouvoirs publics prend une importance particulière dans le cas des soins nécessaires pour traiter des maladies qui peuvent mettre la vie en danger." *[CPT/Inf (2001) 16, Comité européen pour la prévention de la torture et des peines ou traitements inhumains ou dégradants, 11e Rapp. général sur les activités du CPT portant sur la période du 1er janv. au 31 déc. 2000]*

Le personnel médical exerce des fonctions importantes par rapport aux obligations que les droits de l'homme imposent aux États à l'égard des détenus. Il peut jouer un rôle dans la prévention de la torture en assurant que, si des détenus qui viennent d'être maintenus en garde à vue par la police sont blessés ou si des détenus sont blessés en prison, ces faits soient dûment consignés et signalés aux autorités compétentes. En 2002, l'Irlande a été critiquée par le CPT parce qu'elle omettait d'enregistrer correctement les blessures présentées par les détenus à leur arrivée *[CPT/Inf (2003) 36, Rapp. au Gouvernement irlandais relatif à la visite en Irlande effectuée par le Comité européen pour la prévention de la torture et des peines ou traitements inhumains et dégradants du 20 au 28 mai 2002]*.

Des problèmes de santé particuliers existent dans les établissements pénitentiaires de nombreux États membres d'Europe centrale et orientale. Dans beaucoup d'entre eux, la tuberculose constitue un problème majeur, bien que des interventions récentes de l'Organisation mondiale de la santé, de l'Union européenne, du Conseil des États de la mer Baltique, du Comité international de la Croix-Rouge et d'autres organisations aient permis de maîtriser le problème dans certains États. La tuberculose multirésistante (TB-MR) est une forme plus grave de la maladie qui peut apparaître à cause de pratiques de prescription irrégulières ou par transmission par une personne infectée. Par exemple, une mission d'experts du Conseil des États de la mer Baltique qui s'est rendue en Lituanie en 2003 a constaté un grave problème de tuberculose de ce type dans les prisons *[Arnadottir, T., Lycke Ellingsen, I. et Tsereteli, Z., "Assessment of Communicable Disease Control in Lithuanian prisons", rapport d'une mission d'expertise en Lithuanie du 17au 21 mars 2003]*.

La proportion de détenus porteurs du virus VIH est désormais un problème majeur pour certains États membres, comme le sont les hépatites B et C. Les directives de l'Organisation mondiale de la santé (OMS) *[Programme global sur le sida, Directives de l'OMS sur l'infection à VIH et le sida dans les prisons, OMS, Genève 1993]*, la Recommandation n° R (98) 7 du Conseil de l'Europe et le CPT *[CPT/Inf (93) 12, 3e Rapp. général sur les activités du CPT portant sur la période du 1er janv. au 31 déc. 1992]* indiquent tous très clairement que le dépistage de l'infection à VIH ne doit pas être obligatoire et que les détenus séropositifs ne doivent pas être isolés des autres, sauf s'ils sont malades et ont besoin de soins médicaux spécialisés. Néanmoins, le CPT constate que des tests de dépistage sont régulièrement effectués dans de nombreux pays et que les détenus infectés sont automatiquement séparés des autres détenus.

Les administrations pénitentiaires se trouvent parfois devant un dilemme en essayant de maintenir un équilibre entre les impératifs de sécurité en milieu carcéral et les mesures de santé publique nécessaires pour contenir l'expansion des maladies transmises par le sang comme le VIH/sida et les hépatites B et C. Ainsi les fonctionnaires de la santé publique risquent-ils fort de se faire les chantres de la distribution de préservatifs aux détenus pour prévenir la transmission par voie sexuelle, de celle de matériel de désinfection pour le nettoyage des aiguilles et seringues partagées, et d'aiguilles et de seringues propres en échange des aiguilles et seringues usagées. Ces mesures sont très problématiques dans les milieux pénitentiaires car elles supposent que les administrations pénitentiaires reconnaissent que l'activité sexuelle et l'usage des drogues injectées ont effectivement lieu. L'OMS demande, dans sa récente déclaration sur la santé en prison, que "la réduction du préjudice devienne le principe directeur de la politique de prévention du VIH/sida et de la transmission de l'hépatite dans les systèmes pénitentiaires" *[Déclaration faite par la conférence annuelle du Réseau européen de l'OMS pour les prisons et la santé qui s'est tenue à Moscou du 23 au 25 oct. 2003]*.

Dans beaucoup d'États membres, les suicides de détenus sont un problème inquiétant. Des taux comparés de suicide sont difficiles à obtenir mais des chiffres existent pour la France (120 suicides en 2003, soit un taux de 22,8 pour 100 000 détenus *[Country Report on Human Rights Practices 2003, France. Bureau of Democracy, Human Rights and Labor, US Department of State, févr. 2004]*), le Portugal (19 suicides en 2002) et l'Angleterre et le pays de Galles (94 en 2003). Disposant à maintes reprises de détenus malades mentaux et suicidaires dans ses observations, le CPT a critiqué sévèrement le traitement d'un détenu suicidaire en Allemagne : l'intéressé avait été attaché sur un lit par les mains et les pieds durant 36 heures *[CPT/Inf (2003) 20, Rapp. au Gouvernement allemand relatif à la visite en*

Allemagne effectuée par le Comité européen pour la prévention de la torture et des peines ou traitements inhumains ou dégradants du 3 au 15 déc. 2000]. En 2001, la Cour européenne des Droits de l'Homme a jugé que le Royaume-Uni avait violé l'article 3 de la Convention, qui interdit la torture et les peines ou traitements inhumains ou dégradants, dans le cas d'un détenu qui s'était suicidé. Le jugement était motivé par le manque de fiches médicales, l'absence de surveillance psychiatrique et l'isolement incompatible avec le traitement à réserver à une personne atteinte de maladie mentale. *[Keenan c/ Royaume-Uni, n° 27229/95]*

L'OMS et le Conseil de l'Europe militent pour l'existence de liens étroits entre les établissements pénitentiaires et les services de santé publique, et il est intéressant de constater, à ce sujet, que la France, en 1994, et l'Angleterre et le pays de Galles, en 1998, ont entrepris de placer la gestion des services de santé des établissements pénitentiaires sous le contrôle des services de santé publique *[Healy, J. and McKee, M., Accessing Health Care : Responding to Diversity, Oxford, OUP, 2004]*. Les premiers résultats tendent à montrer que le transfert de responsabilité a amélioré la qualité des soins de santé dispensés aux détenus *[CPT/Inf (2001) 10, Rapp. au Gouvernement de la République française relatif à la visite en France effectuée par le Comité européen pour la prévention de la torture et des peines ou traitements inhumains ou dégradants du 14 au 26 mai 2000]*. Des dispositions similaires s'appliquent en Norvège depuis de nombreuses années.

Durée des peines et réclusion à perpétuité

Les ministres européens de la Justice ont constaté que l'augmentation du nombre et de la durée des peines de détention de longue durée a contribué à la hausse totale du nombre de détenus dans beaucoup de pays européens *[24e Conférence des ministres européens de la Justice, 4 et 5 oct. 2001, Moscou (Fédération de Russie), Résol. n° 2 sur l'exécution des peines de longue durée]*. Cette tendance peut recevoir différentes explications, parmi lesquelles la préoccupation croissante que suscite le niveau général de délinquance, ainsi qu'une réaction à certaines formes de délinquance comme les délits sexuels. En Angleterre et au pays de Galles, par exemple, la législation a été modifiée récemment pour prévoir que, dans certains cas, une peine de réclusion à perpétuité signifiera désormais le maintien effectif en détention pour la durée de la vie naturelle *[L. de 2003 relative à la justice pénale, art. 21]*.

Lorsqu'ils adhèrent au Conseil de l'Europe, les États sont tenus d'imposer un moratoire immédiat sur la peine de mort et d'abolir cette peine dans les deux ans qui suivent. En conséquence, la peine de mort n'est plus appliquée dans aucun État membre et elle est remplacée dans la plupart des États par la peine de réclusion à perpétuité. Les conditions de la réclusion à perpétuité varient largement dans les États membres. En Europe de l'Ouest, les tribunaux fixent la durée de la peine, laissant les conditions de la détention, notamment le niveau de sécurité, à l'appréciation de l'administration pénitentiaire. Dans beaucoup d'États d'Europe centrale et orientale, la tradition est que les tribunaux fixent aussi le degré de rigueur du régime applicable à chaque détenu selon la nature du délit et les antécédents criminels de l'intéressé. Dans certains États, cette pratique continue de s'appliquer en partie à la nouvelle catégorie de détenus condamnés à la réclusion à perpétuité. Dans certains d'entre eux, il est prévu que les condamnés à la réclusion à perpétuité doivent passer jusqu'à dix ans en situation d'isolement ou, au mieux, en n'ayant de contact qu'avec un petit nombre de détenus de la même catégorie. Durant cette période, les intéressés ont un accès très limité aux activités et les contacts avec le monde extérieur sont réduits au minimum. Ces dispositions ont éveillé la préoccupation des ministres européens de la Justice qui, à l'occasion de leur réunion de 2001, ont estimé qu'il fallait accorder des conditions de détention décentes aux personnes qui exécutent des peines de prison de longue durée et des peines de réclusion à perpétuité, sans compromettre la sécurité, l'ordre ni la discipline dans les établissements pénitentiaires *[24e Conférence des ministres européens de la Justice, 4-5 oct. 2001, Moscou (Fédération de Russie), Conclusions, Rapport du Secrétaire Général du Conseil de l'Europe]*. Le Conseil de l'Europe s'est saisi de la question et la Recommandation (2003)23 du Comité des Ministres concernant la gestion par les administrations pénitentiaires des condamnés à perpétuité et des autres détenus de longue durée fixe les normes applicables au traitement de ces détenus.

Discipline pénitentiaire

Jusqu'à une date récente, les méthodes appliquées pour maintenir la discipline et pour imposer des sanctions disciplinaires dans les prisons ne retenaient guère l'attention du monde extérieur. La situation a commencé à évoluer ces dernières années. En 2002, la Cour européenne des Droits de l'Homme a jugé que le Royaume-Uni contrevenait à l'article 6 de la Convention, qui énonce le droit à un procès équitable *[Aff. Ezeh et Connors c/ Royaume-Uni : respectivement nos 39665/98 et 40086/98]*. Les faits se rapportaient à la situation dans laquelle les directeurs d'établissements pénitentiaires imposent des sanctions aux détenus en ajoutant des jours supplémentaires à la peine qui doit être exécutée, réduisant d'autant la remise de peine à laquelle les détenus sont en droit de prétendre. La Cour a jugé que cette procédure disciplinaire contredisait la garantie d'un procès équitable. A la suite de cette jurisprudence, les décisions disciplinaires graves sont soumises désormais à une autorité indépendante et les détenus accusés peuvent se faire représenter à l'audience par un avocat.

A Chypre, les règles pénitentiaires prévoient qu'un détenu ne peut pas être sanctionné s'il n'a pas d'abord été informé de la faute dont il est accusé ni sans avoir la possibilité de se défendre lui-même. Cependant, en 2000, le CPT a constaté que, à Chypre, les détenus ne recevaient pas d'avis écrit des accusations portées contre eux, ni de la date et de l'heure de l'audience *[CPT/Inf (2003) 1, Rapp. au Gouvernement chypriote relatif à la visite effectuée à Chypre par le Comité européen pour la prévention de la torture et des peines ou traitements inhumains ou dégradants du 22 au 30 mai 2000]*. De plus, ils n'avaient pas le droit de citer des témoins en leur faveur et aucune disposition ne prévoyait la possibilité de se faire représenter par un avocat. En Lettonie, en 1999, le CPT a appris que les détenus ne comparaissaient en personne qu'en cas de faute disciplinaire très grave. Dans les autres situations, les détenus avaient la possibilité de faire connaître leur point de vue par écrit. Le CPT a recommandé qu'une procédure orale ait lieu dans toutes les affaires disciplinaires *[CPT/Inf (2001) 27, Rapp. au Gouvernement letton relatif à la visite effectuée en Lettonie par le Comité européen pour la prévention de la torture et des peines ou traitements inhumains ou dégradants du 24 janv. au 3 févr. 1999]*. A la suite de sa visite à Malte en 2001, le CPT a indiqué dans son rapport que les détenus n'étaient pas autorisés à citer des témoins en leur faveur et ne pouvaient pas soumettre les preuves à charge à un contre-examen, ni faire des déclarations atténuantes s'ils étaient déclarés coupables par le directeur de l'établissement *[CPT/Inf (2002) 16, Rapp. au Gouvernement maltais relatif à la visite effectuée à Malte par le Comité européen pour la prévention de la torture et des peines ou traitements inhumains ou dégradants du 13 au 18 mai 2001]*.

Isolement cellulaire

> "Des efforts tendant à l'abolition du régime cellulaire ou à la restriction du recours à cette peine doivent être entrepris et encouragés." *[Principes fondamentaux des Nations unies relatifs au traitement des détenus, Principe n° 7]*
>
> "La mise à l'isolement peut, dans certaines circonstances, constituer un traitement inhumain et dégradant. En tous cas, toutes les formes de mise à l'isolement devraient être de la durée la plus brève possible." *[CPT/Inf (92) 3, 2e Rapp. général sur les activités du CPT portant sur la période du 1er janv. au 31 déc. 1991]*

Le CPT a fait part de sa préoccupation dans de nombreux rapports sur les conditions d'isolement cellulaire dans plusieurs pays. En 2000, il a indiqué que, dans chacun des quatre établissements pénitentiaires visités en France, les conditions présentées par les cellules d'isolement ne répondaient pas à la norme minimale à plus d'un égard *[CPT/Inf (2001) 10, op. cit.]*. Il a considéré que, en Lettonie, les conditions de détention dans les cellules disciplinaires de la prison centrale étaient inacceptables *[CPT/Inf (2001) 27, Rapp. au Gouvernement letton relatif à la visite effectuée en Lettonie par le Comité européen pour la prévention de la torture et des peines ou traitements inhumains ou dégradants du 24 janv. au 3 févr. 1999]*.

Il s'est inquiété aussi de la pratique, constatée dans de nombreux pays, qui consiste à considérer comme normal que de nombreux détenus en attente de jugement soient maintenus en situation d'isolement cellulaire durant de longues périodes. Dans le cas du Danemark, la détention en situation d'isolement cellulaire des personnes placées en détention provisoire par décision des tribunaux durant l'enquête est l'un des grands thèmes du dialogue qui se poursuit entre le CPT et les autorités danoises. Le Comité a souligné que toutes les formes d'isolement cellulaire sans stimulation mentale ou physique appropriée sont susceptibles d'avoir des effets dommageables à long terme et d'entraîner une dégradation des facultés mentales et des capacités sociales *[CPT/Inf (1997) 4, Rapp. au Gouvernement danois relatif à la visite au Danemark effectuée par le Comité européen pour la prévention de la torture et des peines ou traitements inhumains ou dégradants du 29 sept. au 9 oct. 1996]*. L'usage général de la détention en isolement cellulaire sur l'ordre du juge diminue progressivement depuis quelques années. Malgré cette évolution, le CPT continue d'exprimer sa préoccupation à ce sujet *[CPT/Inf (2002) 18, op. cit.]*.

En décembre 2003, la Convention européenne des Droits de l'Homme a jugé recevable selon l'article 3 de la Convention *[Aff. Rohde c/ Danemark, n° 69332/01]* l'affaire soumise par un prisonnier danois, qui avait été gardé en isolement lors de sa détention provisoire. Le CPT se déclare également préoccupé depuis plusieurs années par les conditions sévères dans lesquelles les détenus en attente de jugement sont placés en Suède. A la suite de sa visite effectuée en 1998, il a demandé que la loi soit modifiée de manière à permettre les recours contre les restrictions imposées *[CPT/Inf (99) 4, Rapp. au Gouvernement suédois relatif à la visite en Suède effectuée par le Comité européen pour la prévention de la torture et des peines ou traitements inhumains ou dégradants du 15 au 25 févr. 1998]* et, en 2003, il a constaté qu'aucune mesure satisfaisante n'avait encore été prise *[CPT/Inf (2003) 27,*

Observations préliminaires faites par la délégation du Comité européen pour la prévention de la torture et des peines ou traitements inhumains ou dégradants qui a effectué une visite en Suède du 27 janv. au 5 févr. 2003].

Ces dernières années, de nombreux systèmes pénitentiaires ont introduit des régimes spéciaux de sécurité maximale applicables à certains détenus considérés comme présentant un risque particulier pour l'État ou pour les autres détenus. Souvent, il s'agit soit de la détention en isolement cellulaire, soit de la détention en isolement en très petit groupe. Le Comité des Ministres a adopté une recommandation particulière relative à la gestion des détenus dits dangereux *[Comité des Ministres du Conseil de l'Europe, Recomm. n° R (82) 17 du Comité des Ministres aux États membres relative à la détention et au traitement des détenus dangereux (adoptée par le Comité des Ministres le 24 sept. 1982 à la 350e réunion des Délégués des Ministres)]*. En règle générale, les détenus ne devraient être placés en isolement restreint que si leur comportement a montré qu'ils créent une menace pour la sûreté et la sécurité telle qu'il est impossible de les détenir autrement.

Dans certains pays, les détenus sont placés en isolement cellulaire presque total non pas à titre de sanction mais en raison seulement de la nature du délit qu'ils ont commis ou de la menace qu'ils sont censés représenter pour l'État. Ces dernières années, par exemple, il est devenu de plus en plus fréquent, dans certains États, de placer automatiquement en situation d'isolement cellulaire les détenus poursuivis ou condamnés pour des infractions de terrorisme ou de criminalité organisée. Le CPT a formulé des observations critiques sur les dispositions prises aux Pays-Bas *[CPT/Inf (2002) 30, Rapp. aux autorités du Royaume des Pays-Bas relatif aux visites dans le Royaume en Europe et aux Antilles néerlandaises effectuées par le Comité européen pour la prévention de la torture et des peines ou traitements inhumains ou dégradants en févr. 2002]*, en Turquie *[CPT/Inf (2002) 8, Rapp. au Gouvernement turc relatif à la visite en Turquie effectuée par le Comité européen pour la prévention de la torture et des peines ou traitements inhumains ou dégradants du 2 au 14 sept. 2001]* et au Royaume-Uni *[CPT/Inf (2002) 6 et CPT/Inf (2003) 18, Rapports du CPT au Gouvernement du Royaume-Uni]*. La Cour européenne des Droits de l'Homme a rendu plusieurs arrêts contre l'Italie au sujet de la gestion de cette catégorie de détenus *[Labita c/ Italie, n° 26772/95 ; Indelicato c/ Italie, n° 31143/96 ; Messina c/ Italie, n° 5498/94]*. Dans le cas de l'Espagne, le Comité des Nations unies contre la torture s'est inquiété des conditions sévères de détention des détenus soumis au niveau maximal de sécurité *[CAT/C/CR/29/3, Conclusions et recommandations du Comité contre la torture, Espagne, 23 déc. 2002]*.

Séparation des détenus

C'est une erreur que de considérer que les détenus forment un groupe homogène et de les traiter tous de manière identique. Les différences entre les sexes devraient être respectées, les femmes séparées des hommes et, à maints égards, traitées différemment. De même faudrait-il tenir les détenus mineurs à l'écart des adultes matures, à la fois pour les protéger et pour leur donner des occasions supplémentaires de se corriger. Les détenus devraient également être séparés en fonction de leur statut juridique : ceux qui sont dans l'attente de leur jugement ou qui n'ont été reconnus coupables d'aucune infraction devraient être séparés des détenus condamnés. Des observations particulières relatives à ces différentes catégories de détenus figurent plus avant dans ce rapport.

Il a déjà été fait allusion à l'obligation du personnel pénitentiaire de faire en sorte que les prisons soient des lieux sûrs. Cela signifie qu'aucun détenu ne peut faire l'objet de violence verbale ou physique ou de menaces d'un codétenu, quel qu'il soit, ou de membres du personnel. Les prisons peuvent être des lieux intimidants, en particulier pour ceux qui diffèrent de la majorité, du fait, par exemple, de leur personnalité, de leurs préférences sexuelles ou de l'infraction commise. Les autorités pénitentiaires ont parfois tendance à réagir à ces situations de manière négative en limitant les activités des groupes vulnérables, en les enfermant dans leur cellule à l'écart des autres détenus, livrés à eux-mêmes. Une conséquence probable de cette façon qu'ont les autorités de réagir est que, bien qu'ils n'aient commis aucune faute, ces détenus seront soumis à un régime très pauvre en activités, ne pouvant accéder à bon nombre de celles qui sont proposées aux autres détenus. Contrairement à ce qui se produit pour les catégories susmentionnées telles que les femmes, les mineurs et les détenus en attente de leur jugement, il n'existe, en principe, aucune raison qui empêcherait ces autres groupes vulnérables de participer pleinement aux activités proposées en prison. La mesure consistant à les enfermer "pour leur propre sécurité" dans leur cellule à l'écart de leurs codétenus ne devrait intervenir qu'en dernier recours, en cas d'absolue nécessité. En premier lieu, les autorités devraient indiquer clairement, à la fois par leurs propres actions et par le règlement applicable, que les mauvais traitements qui seraient infligés aux détenus vulnérables ne seront pas tolérés et que leurs auteurs, s'ils sont découverts, seront punis.

Détention provisoire

> "Étant présumé innocent tant que la preuve de sa culpabilité n'a pas été établie, aucun prévenu ne doit être placé en détention provisoire, à moins que les circonstances ne rendent cette détention strictement nécessaire. La détention provisoire doit ainsi être considérée comme une mesure

exceptionnelle et ne jamais être obligatoire ni utilisée à des fins punitives." *[Conseil de l'Europe, Comité des Ministres, Recomm. n° R (80) 11 du Comité des Ministres aux États membres concernant la détention provisoire (adoptée par le Comité des Ministres le 27 juin 1980, lors de la 321e réunion des Délégués des Ministres)]*

La situation des prisonniers en détention provisoire et les problèmes qui existent dans de nombreux États membres au sujet de leurs conditions de détention ont déjà été mentionnés à plusieurs reprises. Ces conditions devraient être au moins aussi bonnes que celle des détenus condamnés. Malheureusement, dans beaucoup d'États membres, le surpeuplement est le plus grave parmi cette catégorie ; les détenus de ce type sont ceux pour lesquels les installations sont les pires et ceux qui ont le moins accès aux équipements des établissements pénitentiaires. A cause du manque d'espace, dans de nombreux États, les prisonniers en détention provisoire ne sont pas séparés des détenus condamnés. Dans certains pays, les autorités chargées des enquêtes peuvent restreindre le nombre des visites autorisées pour les prisonniers en détention provisoire et décider des personnes qui sont autorisées à leur rendre visite. Les activités accessibles à ces détenus sont limitées dans beaucoup de pays.

En 2001, le Comité des Ministres a approuvé le mandat du comité d'experts sur la détention provisoire et ses conséquences pour la gestion des établissements pénitentiaires adopté par le Comité européen pour les problèmes criminels (CDPC) *[Décis. cdpc/ 117/ 22060]*, lequel a été chargé de mettre à jour la Recommandation n° R (80) 11 concernant la détention provisoire, à la lumière des nouvelles tendances observées dans ce domaine, en tenant compte de la Recommandation 1245 (1994) relative à la détention de personnes en attente de jugement adoptée par l'Assemblée parlementaire, et de la réponse donnée par le Comité des Ministres le 11 septembre 1995. Le travail a été suspendu jusqu'à l'adoption de la recommandation relative aux nouvelles Règles pénitentiaires européennes et il est prévu que le projet de recommandation concernant la détention provisoire sera adopté courant 2006. Cette recommandation traitera en particulier la justification légale et judiciaire actuelle du recours à la détention provisoire, les moyens d'empêcher que les personnes en détention provisoire soient victimes d'une restriction abusive de leurs droits ou de mauvais traitements, la mise à disposition de moyens leur permettant de préparer leur défense, etc.

Mineurs et jeunes

La Convention des Nations unies relative aux droits de l'enfant définit comme un enfant toute personne mineure de 18 ans, sauf disposition contraire de la législation nationale. Elle déclare que les enfants ne doivent pas être privés de liberté sauf s'il n'existe absolument aucun autre moyen et, dans ce cas, pour la durée la plus brève possible.

Des différences notables existent dans la politique des États membres envers les délinquants mineurs. Malgré un durcissement apparent des attitudes dans les dernières années à l'égard des jeunes délinquants, dans la plupart des pays actuellement membres de l'Union européenne, les mesures d'éducation et de rééducation prédominent *[Muncie, J., "Youth Justice : globalisation and multi-modal governance" in Newburn, T. and Sparks, R., (Eds.) Criminal Justice and Political Cultures, Willan, UK, 2004]*. En Allemagne, par exemple, les mineurs âgés de 14 à 17 ans relèvent de la loi sur les tribunaux des mineurs qui indique clairement que le but exclusif est la rééducation. Le tribunal des mineurs est tenu de choisir parmi une série de sanctions expressément applicables aux mineurs. Les tribunaux peuvent décider de traiter les jeunes adultes, âgés de 18 à 20 ans, comme s'ils étaient mineurs et de leur appliquer les sanctions prévues pour les mineurs. Plus de 60 % des jeunes adultes sont condamnés en tant que mineurs. En France, la loi applicable aux mineurs privilégie les mesures de protection, d'assistance, de supervision et d'éducation. Les mesures d'éducation ont la priorité sur les mesures pénales. Les mineurs de 13 ans ne peuvent jamais faire l'objet de mesures pénales *[Coyle, A., "Penal Policy" in Compston, H., (Ed.), Handbook of Public Policy in Britain, France and. German, Palgrave, Cambridge, 2004]*. Les mineurs ne peuvent être placés en détention provisoire en attente de jugement que pour une durée d'un mois, renouvelable une fois. En Belgique et en Écosse, le principe du bien-être de l'enfant est le déterminant prioritaire du traitement de la délinquance des mineurs. En Belgique, la plupart des services de police ont des brigades spéciales pour les mineurs, souvent composées d'agents ayant reçu une formation au travail social. En Écosse, grâce au "système d'écoute des enfants" qui s'applique depuis 1968, le bien-être de l'enfant est le principal facteur à prendre en considération lorsque des mesures doivent être prises *[Muncie, J., "Youth Justice : globalisation and multi-modal governance" in Newburn, T. et Sparks, R., (Eds.), Criminal Justice and Political Cultures, Willan, UK, 2004]*. En Angleterre et au pays de Galles, les enfants âgés de 12 ans et plus peuvent faire l'objet d'une "décision de détention et de formation" d'une durée maximale de deux ans. La moitié de cette période doit être accomplie en détention et la moitié sous la supervision de la communauté. D'autre part, plusieurs centaines de mineurs âgés de 12 à 14 ans sont détenus dans des "centres de formation protégés" en dehors du système pénitentiaire mais à l'intérieur du système répressif. Le traitement des mineurs détenus en Angleterre et au pays de Galles a été critiqué par le Comité des droits de l'enfant des Nations unies qui a constaté avec préoccupation "qu'entre avril 2000 et février 2002, 296 enfants avaient subi des blessures à cause des restrictions et des mesures de contrainte appliquées dans les prisons". Le Comité s'est inquiété également du placement d'enfants en détention et en isolement total dans les prisons *[ONU, Comité des droits de l'enfant, Examen des rapports soumis par les États parties en vertu de l'art. 44 de la convention, Observations finales, Royaume-Uni de Grande-Bretagne et d'Irlande du Nord, CRC/C/15/Add 188 9 oct. 2002]*. Dans une recommandation basée sur son troisième rapport périodique sur le Luxembourg (15 mai 2002), le Comité des Nations unies contre la torture a recommandé que le Luxembourg s'abstienne de placer les mineurs dans les établissements de détention pour adultes à des fins disciplinaires *["Le Comité contre la torture présente ses conclusions et recommandations sur le Luxembourg et l'Arabie saoudite. Il demande au Luxembourg de mettre fin au placement de mineurs en prison et de limiter puis d'abolir le recours au régime d'isolement cellulaire. Il recommande à l'Arabie saoudite de réexaminer la question des châtiments corporels et d'incorporer le crime de torture dans la législation nationale" (communiqué de presse), 28e session, 15 mai 2002]*.

Femmes

La proportion de femmes dans les prisons des pays européens varie fortement dans une fourchette étroite. La plus forte proportion se rencontre au Portugal (8,1 %) et la plus basse, en Irlande du Nord (2,1 %). Les proportions sont supérieures à la moyenne en Espagne (7,9 %), aux Pays-Bas (6,8 %), en Finlande et au Luxembourg (6,1 %), ainsi qu'en Hongrie et en Lettonie (6 %). Les pays où la proportion est inférieure à 3 % sont la Lituanie (2,8 %), la Pologne (2,7 %) et la Slovaquie (2,5 %) *[Ces chiffres proviennent de World Prison Brief Online, mars 2004]*. Les femmes ont été particulièrement touchées par le renforcement, dans certains pays, de la législation contre les stupéfiants, qui est à l'origine d'une augmentation beaucoup plus rapide du taux de détention des femmes par rapport à celui des hommes.

Les instruments, les normes et les principes directeurs internationaux et européens des droits de l'homme ont largement négligé la situation des femmes détenues jusqu'à présent *[Stern, V., A Sin Against the Future, Penguin, Londres, 1998, p. 218]*. Les instruments n'accordent guère d'attention aux problèmes particuliers rencontrés par les femmes en tant que premières responsables des soins aux enfants, ni au contexte d'origine des femmes détenues, souvent caractérisé par les abus et la violence *[Hooper, C., Abuse, Interventions and Women in Prison : A Literature Review, Home Office and Her Majesty's Prison Service, Londres, 2003]*. Le petit nombre des femmes détenues, qui ne dépasse jamais un dixième de la population pénitentiaire totale, soulève des difficultés pour les administrations pénitentiaires qui doivent décider s'il faut regrouper les femmes en un seul endroit, au risque de les éloigner de leur foyer, ou les détenir dans de petites unités plus près de leur famille, au risque, cette fois, que les installations dont elles ont besoin ne soient pas disponibles.

Le CPT a cherché à combler ce vide en énonçant, dans son 10e Rapport général, les normes souhaitables pour le traitement des femmes détenues *[CPT/Inf (2000)13, 10e Rapp. général sur les activités du CPT concernant la période du 1er janv. au 31 déc. 1999]*. Le Comité estime, par exemple, que les détenues ne devraient être fouillées que par du personnel du même sexe et que toute fouille comportant l'obligation pour les détenues de se dévêtir devrait avoir lieu hors de la vue du personnel du sexe opposé. En principe, les femmes devraient être détenues séparément des hommes. Cependant, le Comité reconnaît que certaines formes de mixité dans les prisons peuvent être positives, sous réserve que les détenus y consentent et soient dûment supervisés. Les enfants ne devraient pas naître en prison. Les femmes enceintes ne devraient jamais être enchaînées ni attachées à un lit ou à un autre meuble.

Malades mentaux

Dans de nombreux pays, on rencontre beaucoup de détenus qui ont des problèmes mentaux *[En Angleterre et au pays de Galles, l'Office des statistiques nationales a constaté que 78 % des personnes placées en détention provisoire, 64 % des détenus condamnés de sexe masculin et 50 % des détenues souffrent de troubles de la personnalité (Office de la statistique nationale [ONS]), Psychiatric morbidity among prisoners in England and Wales, Londres, HMSO, 1998]*. Les règles pénitentiaires européennes soulignent assez clairement combien le maintien en prison des malades mentaux est peu approprié :

> "Les détenus souffrant de problèmes mentaux graves ne doivent pas rester dans des prisons ordinaires, mais doivent être rapidement transférés vers des établissements spécialisés de traitement des malades mentaux."

En pratique, beaucoup d'États membres ont du mal à définir le stade où l'état de santé mentale d'une personne est incompatible avec sa détention en prison. Il s'agit là d'une décision clinique plutôt que juridique. Il y a inévitablement des "zones grises" où l'on convient qu'une personne souffre de troubles mentaux, sans qu'on sache bien si son état de santé est incompatible avec sa détention en prison. Le fait qu'un grand nombre de détenus soit dans ce cas peut rendre très difficile le choix d'un traitement humain digne de ce nom.

Détenus âgés

Traditionnellement, l'immense majorité des détenus était des hommes jeunes. Ces dernières années cependant, dans un certain nombre de pays, l'âge moyen des détenus s'est accrû. Cette évolution s'est produite pour diverses raisons, l'allongement progressif des peines qui est survenu dans certains pays n'étant pas la moindre d'entre elles. L'abolition de la peine de mort dans tous les États européens a également contribué à l'augmentation du nombre de détenus accomplissant de très longues peines.

La structure des prisons et le mode d'organisation de la vie quotidienne reflètent le fait que, jusqu'à présent, la plupart des détenus étaient des personnes relativement jeunes et en bonne santé. Dans bon nombre de prisons, les bâtiments des détenus comptent plusieurs étages reliés entre eux par des escaliers pentus et n'ont pas d'ascenseur. Les cellules collectives sont souvent équipées de lits superposés, sans marche ou échelle pour accéder au niveau le plus élevé. Les détenus sont censés passer rapidement d'un endroit à un autre ; par exemple, lorsqu'ils se déplacent en groupe important pour se rendre à l'aire d'exercices en plein air, au parloir ou dans les ateliers. Il n'est guère tenu compte de la situation particulière des détenus âgés qui ne peuvent pas se déplacer rapidement.

Dans certains systèmes pénitentiaires, des unités équipées de rampes, d'ascenseurs, de mains courantes et de fauteuils roulants ont été prévues pour les détenus âgés. Tout porte à croire que le besoin de disposer de telles installations perdurera et même qu'il augmentera. A moins que la législation ne prévoie de libérer les détenus âgés, en particulier ceux qui commencent à souffrir de divers handicaps, les prisons devront bel et bien construire des unités gériatriques pour prendre soin de ces détenus d'une manière humaine.

Étrangers et minorités ethniques

Dans tous les pays, les prisons ont toujours hébergé un nombre disproportionné de groupes de citoyens marginaux et minoritaires. Ces dernières années, le phénomène est devenu de plus en plus manifeste du fait d'un certain nombre de facteurs comme la marginalisation croissante de certains groupes et le développement de la mobilité entre les pays. Dans beaucoup d'États membres, une proportion croissante de détenus est de nationalité étrangère. En Autriche, en Estonie, en Italie, à Malte et aux Pays-Bas, cette proportion dépasse 30 % ; elle est supérieure à 40 % en Belgique et à Chypre. Au Luxembourg, elle atteint 63,9 % sur un total de 352 détenus *[Tous les chiffres proviennent de "World Prison Brief Online", mars 2004]*. En Angleterre et au pays de Galles, 11 % de tous les détenus sont de nationalité étrangère et le chiffre correspondant s'élève à 20 % pour les femmes *[Home Office, Prison Statistics England and Wales, The Stationery Office, Londres, 2002]*.

Il semble également que les groupes de minorités ethniques soient surreprésentés dans beaucoup de systèmes pénitentiaires, mais il est difficile d'être précis à ce sujet car beaucoup de pays ne recueillent pas de statistiques concernant l'origine ethnique. L'Angleterre et le pays de Galles font exception et ont indiqué que 22 % des hommes détenus et 29 % des femmes détenues venaient de minorités ethniques et que 35 % du total étaient de nationalité étrangère *[Ibid.]*. En rapport avec ce qui précède, un certain nombre de pays ont connu une augmentation de la proportion de détenus qui sont des résidents étrangers.

Une grande partie des préjugés présents dans la société à l'égard des groupes minoritaires se retrouve dans le monde pénitentiaire. Le rapport de la Commission européenne contre le racisme et l'intolérance (ECRI) au sujet du racisme et de la xénophobie en lien avec la détention contient de nombreuses références à des abus commis dans les prisons. Le rapport de la Commission sur l'Autriche *[ECRI (99) 7, Rapp. sur l'Autriche rendu public le 13 mars 1999]* a fait état de dénonciations de mauvais traitements imposés à des non-citoyens, des demandeurs d'asile notamment, par le personnel de police et le personnel pénitentiaire. Dans son troisième rapport sur la Belgique *[ECRI (2004) 1, 3e Rapp. sur la Belgique adopté le 27 juin 2003, rendu public le 27 janv. 2004]*, tout en constatant que le pays déclarait une diminution de la durée moyenne de la détention, la Commission a déploré l'usage toujours largement répandu de la détention dans le cas des demandeurs d'asile en Belgique, particulièrement à l'égard des mineurs accompagnés et non accompagnés. Il est difficile de trouver des chiffres précis mais il n'est guère contesté que la population Rom soit surreprésentée dans un certain nombre de systèmes pénitentiaires d'Europe centrale. Dans le cas de l'Italie, des mauvais traitements par la police, les gardes des établissements pénitentiaires ou les autres détenus envers les immigrants et les détenus non citoyens de l'UE, spécialement d'origine nord-africaine, ont été dénoncés. Certaines ONG ont indiqué que les autorités sont lentes à réagir à ces dénonciations et que les peines imposées sont minimes et souvent assorties du sursis *[ECRI (98) 48]*.

Il est probable que les dangers de la discrimination, du racisme et de la xénophobie en milieu pénitentiaire nécessiteront une vigilance croissante dans tous les pays dans un proche avenir.

Le détenu en tant que personne

Si l'on veut que les prisons soient des lieux où la décence et l'humanité sont respectées, il faut que les personnes qui s'y trouvent incarcérées ne soient pas simplement considérées comme des détenus ; il faut aussi y voir des personnes et, dans les limites des restrictions liées à leur détention, les traiter comme des citoyens. Ce fait est de mieux en mieux admis dans un certain nombre de pays, de diverses manières. Ces quinze dernières années, par exemple, le service pénitentiaire écossais a conduit à intervalles réguliers des enquêtes auprès des détenus pour découvrir leurs priorités dans des domaines tels que les contacts avec leur famille, les rapports avec le personnel pénitentiaire, le régime alimentaire, la propreté et l'hygiène ainsi que la prestation de soins médicaux *[V. par ex., la 7e enquête sur les détenus, publiée par le service pénitentiaire écossais en 2005]*. Les réponses à ces enquêtes ont servi à fixer les priorités de services aux fins d'opérer des changements.

Il existe également des moyens indirects pour permettre aux détenus de s'exprimer sur le traitement qui leur est réservé, par exemple par l'entremise des activités menées par les organisations non gouvernementales qui sont présentes dans beaucoup de pays. Les ONG peuvent également servir de moyen de communication entre le détenu et le monde extérieur, afin d'accroître la compréhension de part et d'autre. L'organisation française GENEPI (Groupement étudiant national d'enseignement aux personnes incarcérées) qui, depuis 1976, contribue à la réinsertion des détenus en établissant des liens entre le milieu pénitentiaire français et les étudiants de l'enseignement supérieur, en est un bon exemple. Certaines ONG ne s'intéressent pas seulement au traitement des détenus mais accomplissent également un important travail en aidant les familles des détenus à faire face aux conséquences de l'incarcération d'un membre de leur famille.

Contrôle indépendant des prisons

Les prisons sont, par nature, des lieux secrets. Les murs élevés et les clôtures qui entourent les prisons ne maintiennent pas seulement les détenus à l'intérieur mais aussi le public à l'extérieur. Les prisons fonctionnent toutefois à l'initiative des citoyens et de leurs gouvernements qui ont en charge de contrôler, en leur nom, ce qui se passe à l'intérieur des établissements pénitentiaires. Ce contrôle est le plus efficace lorsque les prisons fonctionnent avec la plus grande transparence possible, en encourageant la population à visiter les prisons, à apporter son concours avec des activités telles que des activités éducatives ou religieuses et, le cas échéant, à se lier d'amitié avec des détenus individuels. Lorsque les impératifs de sécurité le permettent, les détenus devraient aussi être autorisés à sortir de temps à autre de prison.

Cependant, ce type de transparence n'est, en soi, pas suffisant. Les rapports des ONG nationales et internationales, les constatations du CPT et un certain nombre de décisions de la Cour européenne des Droits de l'Homme montrent que, même dans les pays où les systèmes pénitentiaires sont bien développés et relativement transparents, le contrôle indépendant des conditions de détention et du traitement des détenus est essentiel à la prévention des traitements inhumains et injustes et à l'amélioration de la qualité de vie et de la gestion des prisons.

Les États membres du Conseil de l'Europe ont des traditions différentes en matière de contrôle indépendant des prisons. Dans un certain nombre de pays, comme la France et l'Espagne, le contrôle des prisons est essentiellement exercé par les tribunaux. En France, il y a aussi une commission nationale *[La Commission nationale de déontologie et de sécurité]*, qui contrôle les prisons et autres lieux de détention. Ce contrôle tend à mettre l'accent sur le traitement de chaque détenu en particulier plutôt que sur une surveillance plus générale du système pénitentiaire.

En Europe orientale, le contrôle des prisons est souvent le fait du ministère public. Un autre modèle est celui qui a été mis en place, en 2005, aux Pays-Bas avec un corps d'inspecteurs basé au sein du ministère de la Justice mais séparé du système pénitentiaire. Le Royaume-Uni dispose de corps d'inspecteurs séparés depuis 1982 et de conseils de contrôle indépendants pour chaque prison depuis le XIXe siècle.

Le Protocole facultatif à la Convention contre la torture et autres peines ou traitements cruels, inhumains ou dégradants qui a été adopté par les Nations unies en 2002 crée une importante incitation à mettre en place des organes nationaux de surveillance indépendants. Ce protocole facultatif exige des États signataires qu'ils mettent sur pied un ou plusieurs organes nationaux indépendants pour effectuer des visites dans les lieux de détention tels que les prisons (art. 2 et 3).

Révision future des Règles pénitentiaires européennes

Les Règles pénitentiaires européennes ont à présent été révisées deux fois depuis leur première publication en 1973. Ces révisions ont été effectuées pour refléter les différentes traditions en matière de détention dans le nombre croissant d'États membres et aussi en raison de "l'évolution de la société et [d]es changements concernant le traitement des détenus", selon le constat effectué par le Comité des Ministres en 1987. Suivant les indications actuelles, cette "évolution de la société et [c]es changements" concernant les milieux pénitentiaires risquent fort de se poursuivre dans un avenir prévisible. Les principes fondamentaux relatifs au traitement des détenus demeurent inchangés et doivent toujours être respectés. Ils ont été réitérés dans les versions successives des Règles pénitentiaires européennes. Des changements pourraient toutefois être apportés à certains aspects portant sur l'application desdites normes car des situations nouvelles apparaissent. La façon d'envisager les liens que les détenus entretiennent avec leur famille et leurs amis, et d'en favoriser le maintien est un exemple de changement intervenu ces dernières années. Un autre domaine qui a connu une évolution importante est celui des soins de santé.

Les Règles pénitentiaires européennes sont fondées sur des principes de droits de l'homme anciens qui ont peu de chance de changer alors que le détail contenu dans les règles individuelles évolue en permanence. Cela étant, les règles ne devraient pas être considérées comme des plaques commémoratives mais plutôt comme des règles dynamiques et vivantes. A l'avenir, leur interprétation sera influencée, comme l'est la révision actuelle, par la jurisprudence croissante de la Cour européenne des Droits de l'Homme et les recommandations d'organes tels que le Comité pour la prévention de la torture. C'est pourquoi il est nécessaire de suivre de près et en permanence ces règles. Leur révision est une lourde tâche pour le Conseil de l'Europe, mais c'est une tâche qu'il est, sans nul doute, une fois encore, nécessaire de mener à bien dans des délais raisonnables.

Recommandation Rec(2006)13 du Comité des Ministres aux États membres,

Concernant la détention provisoire, les conditions dans lesquelles elle est exécutée et la mise en place de garanties contre les abus.

(Adoptée par le Comité des Ministres le 27 sept. 2006, lors de la 974ᵉ réunion des Délégués des Ministres)

Le Comité des Ministres, en vertu de l'article 15.b du Statut du Conseil de l'Europe

Considérant l'importance fondamentale de la présomption d'innocence et le droit à la liberté individuelle ;

Conscient du préjudice irréversible que le placement en détention provisoire peut causer à des personnes qui sont finalement déclarées innocentes ou bénéficient d'un non-lieu, ainsi que de l'impact nuisible que la détention provisoire peut avoir sur le maintien des relations familiales ;

Prenant en considération les conséquences financières de la détention provisoire pour l'État, les intéressés et l'économie en général ;

Notant le nombre considérable de personnes placées en détention provisoire et les problèmes posés par le surpeuplement des prisons ;

Prenant en considération la jurisprudence de la Cour européenne des Droits de l'Homme, les rapports du Comité européen pour la prévention de la torture et des peines ou traitements inhumains ou dégradants et les avis des organes de suivi des instruments des Nations unies relatifs aux droits de l'homme ;

Prenant en compte la Recommandation Rec(2006)2 du Comité des Ministres sur les Règles pénitentiaires européennes et la Recommandation n° R (99) 22 du Comité des Ministres concernant le surpeuplement des prisons et l'inflation carcérale ;

Considérant la nécessité de veiller à ce que l'usage de la détention provisoire soit toujours exceptionnel et toujours justifié ;

Ayant à l'esprit les libertés et droits fondamentaux de toutes les personnes privées de liberté et la nécessité spécifique de faire en sorte que les personnes placées en détention provisoire soient non seulement en mesure de préparer leur défense et de maintenir leurs liens avec leur famille, mais ne soient pas non plus détenues dans des conditions incompatibles avec leur statut juridique de présumés innocents ;

Considérant l'importance de l'élaboration de normes internationales régissant les circonstances dans lesquelles l'usage de la détention provisoire est justifié, les procédures selon lesquelles elle est imposée ou maintenue et les conditions de détention des personnes visées, ainsi que des mécanismes de mise en œuvre efficace de ces normes ;

Recommande aux gouvernements des États membres de veiller à ce que leur législation et leur pratique soient inspirées des principes énoncés dans l'annexe à la présente recommandation, qui remplace la Résolution (65) 11 sur la détention préventive et la Recommandation n° R (80) 11 du Comité des Ministres aux États membres concernant la détention provisoire, et à diffuser ces principes.

Annexe à la Recommandation Rec(2006)13

Règles concernant l'usage de la détention provisoire, les conditions dans lesquelles elle est exécutée et la mise en place de garanties contre les abus

Préambule.

Les présentes règles visent :

a. à fixer de strictes limites à l'usage de la détention provisoire ;

b. à encourager l'application de mesures alternatives dans toute la mesure du possible ;

c. à requérir que le placement en détention provisoire et les mesures alternatives ainsi que leur maintien soient décidés par une autorité judiciaire ;

d. à veiller à ce que les conditions de détention des personnes placées en détention provisoire et le régime auquel elles sont soumises soient appropriés à leur statut juridique de présumés innocents ;

e. à exiger la mise à disposition d'installations et la mise en œuvre d'une gestion appropriées à la détention des personnes placées en détention provisoire ;

f. à veiller à la mise en place de garanties efficaces contre d'éventuels manquements aux règles.

Les présentes règles tiennent compte des libertés et des droits fondamentaux de toutes les personnes, mais plus particulièrement de l'interdiction de la torture et des traitements inhumains ou dégradants, du droit à un procès équitable et des droits à la liberté et à la sécurité et au respect de la vie privée et familiale.

Les présentes règles sont applicables à toutes les personnes soupçonnées d'avoir commis une infraction, mais contiennent des prescriptions particulières pour les mineurs et les autres personnes plus spécialement vulnérables.

I *Définitions et principes généraux.*

Définitions.

1. [1] "Détention provisoire" s'entend de toute période de détention d'un suspect ordonnée par une autorité judiciaire et antérieure à la condamnation. Elle s'entend aussi de toute période de détention résultant des règles relatives à la coopération judiciaire internationale et à l'extradition, selon les modalités spécifiques qu'elles prévoient. Elle ne s'entend pas d'une privation initiale de liberté par la police ou les forces de l'ordre (ou par toute autre personne habilitée) en vue d'un interrogatoire avant l'inculpation.

[2] L'expression "détention provisoire" s'applique aussi à toute période de détention postérieure à la condamnation, dès lors que des personnes attendent soit le prononcé de leur peine, soit la confirmation de leur culpabilité ou de leur peine, et continuent d'être traitées comme des personnes non condamnées.

[3] Les "prévenus" sont des personnes qui ont été placées en détention provisoire et qui ne purgent pas déjà une peine de prison ou qui ne sont pas détenues à un autre titre.

2. [1] Les "mesures alternatives" à la détention provisoire peuvent comprendre par exemple : l'engagement de comparaître devant une autorité judiciaire selon les modalités prescrites, de ne pas entraver la bonne marche de la justice et de ne pas adopter tel ou tel comportement, même si celui-ci est lié à une certaine profession ou à un certain poste ; l'obligation de se présenter quotidiennement ou régulièrement devant une autorité judiciaire, la police ou une autre autorité ; l'obligation d'accepter la surveillance d'une instance désignée par l'autorité judiciaire ; l'obligation de se soumettre à une surveillance électronique ; l'assignation à résidence, assortie ou non de conditions concernant les heures auxquelles il faut s'y trouver ; l'interdiction de quitter des lieux ou régions spécifiques ou d'y pénétrer sans autorisation ; l'interdiction de rencontrer certaines personnes sans autorisation ; l'obligation de rendre son passeport ou d'autres pièces d'identité ; et l'obligation de produire une caution financière ou autre pour garantir la bonne conduite de la personne durant le procès.

[2] Dans la mesure du possible, on appliquera des mesures alternatives dans l'État où un suspect réside normalement, s'il ne s'agit pas de l'État dans lequel l'infraction aurait été commise.

Principes généraux.

3. [1] Tenant compte à la fois de la présomption d'innocence et de l'argument en faveur de la liberté, le placement en détention provisoire de personnes soupçonnées d'une infraction doit être l'exception plutôt que la règle.

[2] Le placement en détention provisoire des personnes (ou catégories de personnes) soupçonnées d'une infraction ne doit pas être obligatoire.

[3] On ne doit avoir recours à la détention provisoire, dans chaque cas d'espèce, que lorsque cela est strictement nécessaire et en dernier ressort ; la détention provisoire ne doit jamais être utilisée à des fins punitives.

4. Pour éviter le recours inopportun à la détention provisoire, on doit disposer d'un éventail le plus large possible de mesures alternatives, mesures moins restrictives applicables à la conduite d'un suspect.

5. Les personnes placées en détention provisoire doivent être soumises aux conditions appropriées à leur statut juridique ; cela suppose l'absence de restrictions autres que celles nécessaires pour l'administration de la justice, la sécurité de l'institution, la sûreté des détenus et du personnel et la protection des droits d'autrui et plus spécifiquement le respect des exigences formulées par les Règles pénitentiaires européennes et les autres règles présentées dans la partie III du présent texte.

II *L'usage de la détention provisoire.*

Justification.

6. La détention provisoire ne doit, en principe, être appliquée qu'aux personnes soupçonnées d'avoir commis une infraction dont l'auteur est passible d'une peine d'emprisonnement.

7. Une personne ne pourra être placée en détention provisoire que si les quatre conditions suivantes sont toutes satisfaites :

a. lorsqu'il y a des raisons plausibles de la soupçonner d'avoir commis une infraction ; et

b. lorsqu'il y a des raisons sérieuses de croire que, si elle était laissée en liberté, elle i) se soustrairait à la justice, ou ii) commettrait une infraction grave, ou iii) entraverait la bonne marche de la justice ou iv) représenterait une grave menace pour l'ordre public ; et

c. lorsqu'il n'est pas possible de recourir à des mesures alternatives pour répondre aux préoccupations visées à l'alinéa b. ; et

d. lorsqu'il s'agit d'une mesure prise dans le cadre d'une procédure pénale.

8. [1] Afin de déterminer si les préoccupations visées à la règle 7.b existent ou continuent d'exister, et s'il serait possible d'y remédier de manière satisfaisante en recourant à des mesures alternatives, il faudrait que les autorités judiciaires chargées de statuer sur le placement ou le maintien de suspects en détention provisoire appliquent des critères objectifs.

[2] La charge d'établir l'existence d'un risque substantiel et de l'impossibilité de l'éviter incombe au ministère public ou à l'autorité judiciaire en charge de l'instruction.

9. [1] La détermination de tout risque doit être fondée sur les circonstances de l'espèce, mais une attention particulière doit être accordée :

a. à la nature et la gravité de l'infraction alléguée ;

b. à la peine susceptible d'être infligée dans l'éventualité d'une condamnation ;

c. à l'âge, l'état de santé, la personnalité, les antécédents et la situation personnelle et sociale de l'intéressé(e), en particulier ses attaches sociales ; et

d. à sa conduite, notamment la manière dont il ou elle a rempli les obligations qui ont pu lui être imposées lors de procédures pénales antérieures.

[2] Le fait que la personne visée n'est pas ressortissante du pays où l'infraction est censée avoir été commise ou n'a aucun autre lien avec celui-ci, n'est pas, en soi, suffisant pour conclure qu'il y a risque de fuite.

10. Autant que possible la détention provisoire doit être évitée aux suspects qui ont la charge principale d'enfants en bas âge.

11. Pour se prononcer sur le maintien en détention provisoire, il faut toujours garder à l'esprit que les éléments factuels particuliers au vu desquels le recours à une telle mesure avait semblé approprié ou le recours à des mesures alternatives avait semblé inadéquat ont pu devenir moins convaincants avec le temps.

12. Un manquement à une mesure alternative peut donner lieu à une sanction, mais il ne doit pas, automatiquement, justifier un placement de l'intéressé(e) en détention provisoire. En pareils cas le remplacement des mesures alternatives par le placement en détention provisoire doit faire l'objet d'une motivation spécifique.

Autorisation judiciaire.

13. La responsabilité du placement, du maintien en détention provisoire et du choix d'imposer des mesures alternatives doit toujours incomber à une autorité judiciaire.

14. [1] Après sa privation initiale de liberté par un membre des forces de l'ordre (ou par toute autre personne autorisée), une personne soupçonnée d'avoir commis une infraction doit être traduite sans délai devant une autorité judiciaire afin que celle-ci puisse déterminer si cette privation de liberté est ou non justifiée et nécessite ou non prolongation, ou si l'autorité judiciaire estime nécessaire de requérir ou d'ordonner son placement en détention provisoire ou d'ordonner une mesure alternative.

[2] Il ne devrait pas de préférence s'écouler plus de quarante-huit heures entre la privation initiale de liberté et cette comparution devant une telle autorité ; un délai beaucoup plus bref encore doit suffire dans la plupart des cas.

15. Un état d'urgence au sens de l'article 15 de la Convention européenne des Droits de l'Homme ne doit pas entraîner un intervalle de plus de sept jours entre la privation initiale de liberté et la comparution devant une autorité judiciaire en vue d'un placement en détention provisoire, à moins qu'il ne soit absolument impossible de procéder à cette comparution.

16. L'autorité judiciaire chargée de se prononcer sur le placement ou le maintien en détention provisoire, ou d'imposer des mesures alternatives, doit statuer sans délai.

17. [1] L'existence de motifs justifiant le maintien en détention provisoire doit être réexaminée périodiquement par une autorité judiciaire, qui ordonne la libération du suspect dès lors qu'elle constate qu'une ou plusieurs des conditions définies dans les Règles 6 et 7 a, b, c et d ne sont plus réunies.

[2] L'intervalle entre les réexamens ne doit en principe pas être supérieur à un mois, à moins que la personne concernée ne dispose du droit de présenter et de faire examiner, à tout moment, une demande de remise en liberté.

[3] La responsabilité de la mise en œuvre de ces réexamens incombe au ministère public ou à l'autorité judiciaire en charge de l'instruction et, en l'absence de demande visant au maintien en détention provisoire, faite par le ministère public ou ladite autorité, toute personne faisant l'objet d'une telle mesure est automatiquement remise en liberté.

18. Toute personne placée ou maintenue en détention provisoire, ou soumise à une mesure alternative, doit avoir le droit de faire appel de cette décision et être informée de ce droit lorsque cette décision est prise.

19. [1] Tout prévenu doit avoir le droit, indépendamment de toute autre considération, de contester rapidement la légalité de sa détention devant une autorité judiciaire.

[2] Ce droit peut être exercé dans le cadre des réexamens périodiques de la détention provisoire, dès lors que ces derniers permettent de soulever toutes les questions relatives à la contestation précitée.

20. L'existence d'un état d'urgence, au sens de l'article 15 de la Convention européenne des Droits de l'Homme, ne portera pas atteinte au droit d'un prévenu de contester la légalité de sa détention provisoire.

21. [1] Toute décision d'une autorité judiciaire prononçant le placement ou le maintien en détention provisoire ou ordonnant des mesures alternatives doit être motivée et les motifs invoqués doivent être notifiés par écrit à l'intéressé(e).

[2] Dans des circonstances exceptionnelles, ces motifs pourraient ne pas être notifiés le même jour que la décision.

Durée.

22. [1] La détention provisoire ne doit durer qu'autant que toutes les conditions énoncées dans les Règles 6 et 7 restent réunies.

[2] En tout état de cause, cette durée ne doit pas excéder celle de la peine susceptible d'être prononcée pour l'infraction en question, ni normalement être disproportionnée par rapport à cette peine

[3] La détention provisoire ne doit en aucun cas porter atteinte au droit de l'intéressé d'être jugé dans un délai raisonnable.

23. Le fait qu'une durée maximale soit prévue pour la détention provisoire ne doit pas empêcher d'examiner régulièrement la nécessité réelle du maintien en détention dans les circonstances de l'espèce.

24. [1] Il incombe au ministère public ou à l'autorité judiciaire en charge de l'instruction de diriger l'enquête avec la diligence requise et de veiller à ce que les motifs de la détention provisoire soient constamment réexaminés.

[2] Il faudrait toujours donner la priorité aux affaires dans lesquelles une personne a été placée en détention provisoire.

Assistance d'un avocat, présence personnelle de l'intéressé et interprétariat.

25. [1] L'intention de placer une personne en détention provisoire et les raisons de le faire doivent être communiquées sans délai à l'intéressé(e) dans une langue qu'il ou elle comprend.

[2] La personne dont la mise en détention provisoire sera requise doit avoir droit à l'assistance d'un avocat lors de la procédure de mise en détention provisoire et doit avoir des possibilités adéquates de consulter ledit avocat pour préparer sa défense. La personne sera informée de ces droits dans une langue qu'elle comprend et dans un délai suffisant pour pouvoir les exercer.

[3] L'assistance d'un avocat sera assurée aux frais de l'État si la personne dont la mise en détention provisoire sera requise n'a pas les moyens d'y subvenir elle-même.

[4] Un état d'urgence, au sens de l'article 15 de la Convention européenne des Droits de l'Homme, ne devrait normalement pas avoir d'incidence sur le droit d'accès à un avocat et de consultation avec celui-ci dans le cadre de la procédure devant l'autorité judiciaire chargée de se prononcer sur le placement en détention provisoire.

26. Une personne dont la mise en détention provisoire sera requise et son avocat doivent avoir un accès, en temps utile, aux documents en rapport avec la décision à prendre.

27. [1] Une personne qui est ressortissante d'un autre pays, et dont la mise en détention provisoire sera requise, doit avoir le droit de faire aviser de cette éventualité le consul dudit pays, dans un délai suffisant pour qu'elle puisse obtenir son aide et ses conseils.

[2] Ce droit devrait, dans la mesure du possible, être étendu aux personnes ayant la nationalité à la fois du pays où leur mise en détention provisoire sera requise et celle d'un autre pays.

28. Une personne dont la mise en détention provisoire sera requise doit toujours avoir le droit à comparaître devant l'autorité judiciaire chargée de se prononcer sur le placement en détention provisoire. Dans certaines conditions cette comparution peut être faite par le biais de liaisons vidéo appropriées.

29. Des services d'interprétation adéquats doivent être accessibles, aux frais de l'État, auprès de l'autorité judiciaire chargée de se prononcer sur le placement en détention provisoire, lorsque la personne concernée ne comprend ou ne parle pas la langue normalement employée lors de la procédure.

30. Les personnes qui comparaissent devant l'autorité judiciaire chargée de se prononcer sur leur placement en détention provisoire doivent avoir la possibilité de se laver, et, pour les hommes, de se raser avant toute comparution, sauf si cela risque d'entraîner une altération fondamentale de leur apparence normale.

31. Les Règles de cette section s'appliquent également en cas de maintien en détention provisoire.

Avertissement de la famille.

32. [1] Une personne dont la mise en détention provisoire sera requise (ou maintenue) doit avoir le droit de faire aviser en temps utile les membres de sa famille, du jour et du lieu où se déroulera la comparution devant l'autorité judiciaire chargée de se prononcer sur la détention provisoire, à moins que cela ne risque de causer un préjudice grave à l'administration de la justice ou à la sécurité nationale.

[2] En tout état de cause, la décision de prendre contact avec les membres de la famille doit appartenir à la personne dont la mise en détention provisoire sera requise (ou maintenue), à moins qu'elle ne soit pas apte selon la loi à prendre une telle décision ou qu'il n'existe un autre motif impérieux pour le lui refuser.

Déduction de la détention provisoire de la peine proprement dite.

33. [1] La période de détention préalable à la condamnation, où qu'elle se soit déroulée, doit être imputée sur la durée de la peine d'emprisonnement prononcée par la suite.

[2] Elle pourrait aussi être prise en considération, dans la fixation de la peine prononcée, même lorsque celle-ci n'est pas une peine d'emprisonnement.

[3] La nature et la durée des mesures alternatives à la détention provisoire exécutées antérieurement pourraient également être prises en considération dans la fixation de la peine.

Indemnisation.

34. [1] Une réparation doit être envisagée dans le cas où des prévenus ne sont pas reconnus coupables de l'infraction pour laquelle ils ont été placés en détention provisoire. Cette réparation pourrait compenser une perte de revenus, la perte d'une chance et un préjudice moral.

[2] Aucune indemnité n'est due au prévenu lorsqu'il est établi soit que son comportement a contribué activement à la légitimité des soupçons à son encontre, soit qu'il a délibérément entravé l'enquête relative à l'infraction alléguée.

III *Conditions de la détention provisoire.*

Dispositions générales.

35. Les conditions de détention provisoire relèvent des Règles pénitentiaires européennes et sont complétées par les Règles suivantes.

Sortie provisoire de l'établissement de détention provisoire.

36. [1] Un prévenu ne doit quitter l'établissement pénitentiaire pour un complément d'enquête que si cela est autorisé par un juge ou un procureur, ou avec le consentement exprès du prévenu et pour une période brève.

[2] De retour dans l'établissement pénitentiaire, le prévenu doit à nouveau être soumis, s'il le demande, à un examen médical complet par un médecin ou, exceptionnellement par un(e) infirmier(e) qualifié(e) dès que possible.

Poursuite d'un traitement médical.

37. [1] Des dispositions doivent être prises pour permettre aux prévenus de poursuivre un traitement médical ou des soins dentaires nécessaires commencés avant d'être placés en détention, s'il en est ainsi décidé par le médecin ou le dentiste de l'établissement pénitentiaire, si possible en concertation avec le médecin ou le dentiste traitant.

[2] Les prévenus doivent avoir la possibilité de consulter leur propre médecin ou dentiste et d'être soigné *[soignés]* par lui, si une nécessité médicale ou dentaire l'exige.

[3] Le rejet d'une demande de consultation avec son médecin ou dentiste traitant faite par le prévenu doit être motivé.

[4] Les frais encourus ne doivent pas être à la charge de l'administration pénitentiaire.

Correspondance.

38. Aucune restriction ne doit en principe être apportée au nombre de lettres envoyées et reçues par les prévenus

Vote.

39. Les prévenus doivent pouvoir voter lors d'élections et de référendums publics ayant lieu pendant la période de détention provisoire.

Enseignement.

40. La détention provisoire ne doit pas perturber inconsidérément l'instruction des enfants et des jeunes ni les empêcher d'avoir accès aux études supérieures.

Discipline et sanctions.

41. Aucune sanction disciplinaire décidée contre un prévenu ne doit avoir pour effet de prolonger sa détention provisoire ou de nuire à la préparation de sa défense.

42. L'imposition à un prévenu d'un régime d'isolement en tant que sanction ne doit pas affecter l'accès à son avocat et elle doit permettre le maintien d'un contact minimal avec la famille à l'extérieur. Elle ne devrait pas affecter ses conditions de détention, s'agissant de la literie, de l'exercice physique, de l'hygiène, ainsi que de l'accès à la lecture et à des représentants religieux agréés.

Personnel pénitentiaire.

43. Le personnel en contact direct avec les prévenus doit être sélectionné et formé de manière à tenir compte à part entière du statut et des besoins particuliers des prévenus.

Procédures de plainte.

44. [1] Il convient de mettre à la disposition de tout prévenu les moyens de formuler une plainte tant interne qu'externe au système pénitentiaire et de lui accorder l'accès confidentiel aux autorités compétentes pour recevoir cette plainte.

[2] Ces moyens doivent s'ajouter au droit d'agir en justice.

[3] Il convient de traiter les plaintes le plus rapidement possible.

Recommandation (UE) 2023/681 de la Commission du 8 décembre 2022,

Relative aux droits procéduraux des suspects et des personnes poursuivies faisant l'objet d'une détention provisoire ainsi qu'aux conditions matérielles de détention.

LA COMMISSION EUROPÉENNE,

vu le traité sur le fonctionnement de l'Union européenne, et notamment son article 292, considérant ce qui suit :

(1) Conformément à l'article 2 du traité sur l'Union européenne, l'Union européenne est fondée sur les valeurs de respect de la dignité humaine, de liberté, de démocratie, d'égalité, de l'état de droit, ainsi que de respect des droits de l'homme, y compris des droits des personnes appartenant à des minorités. Les articles 1er, 4 et 6 de la charte des droits fondamentaux de l'Union européenne (ci-après dénommée la "Charte") disposent que la dignité humaine est inviolable et doit être respectée et protégée, que nul ne peut être soumis à la torture, ni à des peines ou traitements inhumains ou dégradants et que toute personne a droit à la liberté et à la sûreté. Les articles 7 et 24 de la Charte consacrent le droit à la vie familiale et les droits de l'enfant. L'article 21 de la Charte dispose que nul ne peut faire l'objet d'une discrimination. Les articles 47 et 48 de la Charte reconnaissent le droit à un recours effectif et à accéder à un tribunal impartial, ainsi que la présomption d'innocence et les droits de la défense. L'article 52 de la Charte prévoit que toute limitation de l'exercice des droits fondamentaux reconnus dans cette même Charte doit être prévue par la loi et respecter le contenu essentiel desdits droits et libertés ainsi que les principes de nécessité et de proportionnalité.

(2) Les États membres sont déjà juridiquement liés par les instruments existants du Conseil de l'Europe relatifs aux droits de l'homme et à l'interdiction de la torture et des traitements inhumains ou dégradants, en particulier la Convention européenne de sauvegarde des droits de l'homme et des libertés fondamentales (CEDH), ses protocoles, la jurisprudence de la Cour européenne des droits de l'homme et la Convention européenne pour la prévention de la torture et des peines ou traitements inhumains ou dégradants de 1987. Tous les États membres sont en outre parties à la Convention des Nations unies contre la torture et autres peines ou traitements cruels, inhumains ou dégradants.

(3) Un certain nombre d'instruments juridiquement non contraignants qui traitent plus précisément des droits des personnes privées de liberté doivent également être pris en considération, notamment : au niveau des Nations unies, l'ensemble de règles minima pour le

traitement des détenus (règles Nelson Mandela) ; les règles minima des Nations unies pour l'élaboration de mesures non privatives de liberté (règles de Tokyo) ; ainsi que, au niveau du Conseil de l'Europe, la recommandation Rec(2006)2-rev sur les règles pénitentiaires européennes ; la recommandation Rec(2006)13 concernant la détention provisoire, les conditions dans lesquelles elle est exécutée et la mise en place de garanties contre les abus ; la recommandation CM/Rec(2017)3 relative aux règles européennes sur les sanctions et mesures appliquées dans la communauté ; la recommandation CM/Rec(2014)4 relative à la surveillance électronique ; la recommandation CM/Rec(2010)1 sur les règles du Conseil de l'Europe relatives à la probation ; et le livre blanc sur le surpeuplement carcéral.

(4) En outre, il existe d'autres instruments ciblant certains groupes de personnes privées de liberté, notamment : au niveau des Nations unies, les règles des Nations unies pour la protection des mineurs privés de liberté et les règles des Nations unies concernant le traitement des détenues et l'imposition de mesures non privatives de liberté aux délinquantes (règles de Bangkok) ; la Convention des Nations unies relative aux droits de l'enfant (CNUDE) ; ainsi que, au niveau du Conseil de l'Europe, la recommandation CM/Rec(2008)11 sur les règles européennes pour les délinquants mineurs faisant l'objet de sanctions ou de mesures ; la recommandation CM/Rec(2018)5 concernant les enfants de détenus ; la recommandation CM/Rec(2012)12 relative aux détenus étrangers ; ainsi que, au niveau international non gouvernemental, les principes sur l'application de la législation internationale des droits humains en matière d'orientation sexuelle et d'identité de genre (principes de Jogjakarta), élaborés par la Commission internationale de juristes et le Service international pour les droits de l'homme.

(5) La Cour de justice de l'Union européenne a reconnu, dans l'arrêt *Aranyosi/Căldăraru* et des arrêts ultérieurs *[Arrêt de la Cour de justice du 5 avr. 2016, Aranyosi et Căldăraru, C-404/15 et C-659/15 PPU, ECLI :EU :C :2016 :198. Arrêt de la Cour de justice du 25 juill. 2018, Generalstaatsanwaltschaft, C-220/18 PPU, ECLI :EU :C :2018 :589, et du 15 oct. 2019, Dimitru-Tudor Dorobantu, C-128/18, ECLI :EU :C :2019 :857]* , l'importance des conditions de détention dans le contexte de la reconnaissance mutuelle et de l'application de la décision-cadre 2002/584/JAI du Conseil *[Décision-cadre 2002/584/JAI du Conseil du 13 juin 2002 relative au mandat d'arrêt européen et aux procédures de remise entre États membres (JO L 190 du 18 juill. 2002, p. 1)]* relative au mandat d'arrêt européen. La Cour européenne des droits de l'homme s'est également prononcée sur l'incidence des mauvaises conditions de détention sur l'exécution du mandat d'arrêt européen *[Bivolaru et Moldovan c/ France, arrêt du 25 mars 2021, 40324/16 et 12623/17]*.

(6) Dans les conclusions du Conseil de décembre 2018 "Favoriser la reconnaissance mutuelle en renforçant la confiance mutuelle", les États membres étaient encouragés à recourir à des mesures autres que la détention afin de réduire la population de leurs centres de détention, favorisant ainsi l'objectif de réhabilitation sociale tout en tenant compte du fait que la confiance mutuelle est souvent compromise par de mauvaises conditions de détention et par le problème de la surpopulation carcérale *[https://data.consilium.europa.eu/doc/document/ST-14540-2018-INIT/fr/pdf]*.

(7) Dans les conclusions du Conseil de décembre 2019 sur les mesures alternatives à la détention, les États membres se sont engagés à prendre plusieurs mesures dans le domaine de la détention à l'échelon national, telles que l'adoption de mesures alternatives à la détention *[https://data.consilium.europa.eu/doc/document/ST-14075-2019-INIT/en/pdf]*.

(8) Dans les conclusions du Conseil de juin 2019 concernant la prévention et la lutte contre la radicalisation dans les prisons et la gestion des délinquants terroristes et extrémistes violents après leur libération, les États membres se sont engagés à prendre d'urgence des mesures efficaces dans ce domaine *[https://data.consilium.europa.eu/doc/document/ST-9727-2019-INIT/fr/pdf]*.

(9) Depuis plusieurs années, le Parlement européen exhorte la Commission à prendre des mesures pour résoudre la question des conditions matérielles de détention et à faire en sorte que la détention provisoire reste une mesure exceptionnelle, à laquelle il convient de recourir dans le respect de la présomption d'innocence. Cette demande a été réitérée dans le rapport du Parlement européen sur le mandat d'arrêt européen *[{2019/2207(INI)}, tel qu'adopté le 20 janv. 2021]*.

(10) L'Agence des droits fondamentaux, à la demande de la Commission et avec le soutien financier de celle-ci, a mis au point une base de données sur les conditions de détention, qui a été publiée en décembre 2019 et qui est accessible au public *[Consultez le site https://fra.europa.eu/en/databases/criminal-detention]*. La base de données de l'Agence sur les conditions de détention pénale rassemble des informations sur les conditions de détention dans

tous les États membres. S'appuyant sur les normes nationales, les normes de l'Union et les normes internationales, la jurisprudence et les rapports de suivi, elle fournit des informations sur certains aspects essentiels des conditions de détention, notamment la taille des cellules, les conditions sanitaires, l'accès aux soins de santé et la protection contre la violence.

(11) Les statistiques disponibles sur le mandat d'arrêt européen montrent que, depuis 2016, les États membres ont refusé ou retardé son exécution pour des motifs liés à un risque réel de violation des droits fondamentaux dans près de 300 affaires, y compris sur la base de conditions matérielles inadéquates de détention *[Période couverte : 2016-2019. Pour de plus amples informations, V. : https://ec.europa.eu/info/publications/replies-questionnaire-quantitative-information-practical-operation-european-arrest-warrant_fr]*.

(12) Les autorités judiciaires nationales ont demandé des orientations plus concrètes sur la manière de traiter ces affaires. Les problèmes mis en évidence par les praticiens concernent le manque d'harmonisation, la dispersion et le manque de clarté des normes de détention dans l'ensemble de l'Union, autant d'obstacles à la coopération judiciaire en matière pénale *[Neuvième série d'évaluations mutuelles et conclusions de la conférence de haut niveau sur le mandat d'arrêt européen, organisée par la présidence allemande du Conseil de l'Union européenne en sept. 2020]*.

(13) La moitié des États membres qui ont fourni à la Commission des statistiques sur leur population carcérale ont indiqué qu'ils faisaient face à un problème de surpopulation dans leurs centres de détention, avec un taux d'occupation supérieur à 100 %. Le recours trop fréquent ou inutile à la détention provisoire, tout comme la durée excessive de celle-ci, contribuent également au phénomène de surpopulation dans les centres de détention, ce qui entrave considérablement l'amélioration des conditions de détention.

(14) Il existe des divergences profondes entre les États membres en ce qui concerne certains aspects importants de la détention provisoire, tels que le recours à cette dernière en dernier ressort et le réexamen des décisions de détention préventive *[V. DG Justice et consommateurs, Droits des suspects et des personnes poursuivies faisant l'objet d'une détention provisoire (étude préliminaire) : rapport final, Office des publications de l'Union européenne, 2022, https://data.europa.eu/doi/10.2838/293366 ; DG Justice et consommateurs, Droits des suspects et des personnes poursuivies faisant l'objet d'une détention provisoire (étude préliminaire). Annexe 2, fiches pays, Office des publications de l'UE, 2022, https://data.europa.eu/doi/10.2838/184080]*. **La durée maximale de la détention provisoire varie également d'un État membre à l'autre : elle oscille entre moins d'un an et plus de cinq ans** *[Moins d'un an en Autriche, en Allemagne, au Danemark, en Estonie, en Lettonie, en Suède et en Slovaquie ; entre un et deux ans en Bulgarie, en Grèce, en Lituanie, à Malte, en Pologne et au Portugal ; entre 2 et 5 ans en Tchéquie, en France, en Espagne, en Croatie et en Hongrie ; plus de 5 ans en Italie et en Roumanie ; pas de limite de temps en Belgique, à Chypre, en Finlande, en Irlande, au Luxembourg, aux Pays-Bas]*. **En 2020, la durée moyenne de la détention provisoire dans les différents États membres variait de deux à treize mois** *[En 2020, d'un peu moins de 2 mois et demi à Malte à près de 13 mois en Slovénie. Moyenne par État membre : Autriche - 2,9 mois ; Bulgarie - 6,5 mois ; Tchéquie - 5,1 mois ; Estonie - 4,7 mois ; Finlande - 3,7 mois ; Grèce - 11,5 mois ; Hongrie - 12,3 mois ; Irlande - 2,5 mois ; Italie - 6,5 mois ; Lituanie - 2,8 mois ; Luxembourg - 5,2 mois ; Malte - 2,4 mois ; Pays-Bas - 3,7 mois ; Portugal - 11 mois ; Roumanie - 5,3 mois ; Slovaquie - 3,9 mois ; Slovénie - 12,9 mois ; Espagne - 5,9 mois. Aucune donnée n'était disponible pour l'année 2020 pour la Belgique, le Danemark, la France, la Lettonie, la Pologne, l'Allemagne, la Croatie, Chypre et la Suède]*. **Le nombre de personnes en détention provisoire par rapport à la population carcérale totale varie aussi considérablement d'un État membre à l'autre, allant de moins de 10 % à plus de 40 %** *[Moins de 10 % en Bulgarie, en Tchéquie et en Roumanie et plus de 45 % au Luxembourg en 2019]*. **Des divergences aussi profondes semblent injustifiées dans un espace européen commun de liberté, de sécurité et de justice.**

(15) Des rapports récents du Comité européen pour la prévention de la torture et des peines ou traitements inhumains ou dégradants du Conseil de l'Europe attirent l'attention sur la persistance de graves dysfonctionnements dans certains États membres, tels que le mauvais traitement, le caractère inapproprié des équipements ainsi que l'absence d'activités utiles et de soins de santé appropriés dans les centres de détention.

(16) En outre, la Cour européenne des droits de l'homme continue de trouver des États membres en violation de l'article 3 ou de l'article 5 de la CEDH dans le contexte de la détention.

(17) Compte tenu du grand nombre de recommandations formulées par les organisations internationales dans le domaine de la détention pénale, il se peut que celles-ci ne soient pas toujours facilement accessibles aux différents juges et procureurs des États membres qui doivent évaluer les conditions de détention avant de prendre leurs décisions, que ce soit dans le cadre d'un mandat d'arrêt européen ou d'un mandat d'arrêt national.

(18) Dans l'Union, et notamment dans l'espace de liberté, de sécurité et de justice, des normes minimales propres à l'Union, applicables au système de détention de tous les États membres de la même façon, sont nécessaires pour renforcer la confiance mutuelle entre les États membres et faciliter la reconnaissance mutuelle des jugements et des décisions de justice.

(19) Afin de renforcer la confiance des États membres dans leurs systèmes respectifs de justice pénale et, par conséquent, d'améliorer la reconnaissance mutuelle des décisions en matière pénale, six mesures relatives aux droits procéduraux dans le cadre des procédures pénales, à savoir les directives **2010/64/UE** *[Dir. 2010/64/UE du Parlement européen et du Conseil du 20 oct. 2010 relative au droit à l'interprétation et à la traduction dans le cadre des procédures pénales (JO L 280 du 26 oct. 2010, p. 1)]*, **2012/13/UE** *[Dir. 2012/13/UE du Parlement européen et du Conseil du 22 mai 2012 relative au droit à l'information dans le cadre des procédures pénales (JO L 142 du 1er juin 2012, p. 1)]*, **2013/48/UE** *[Dir. 2013/48/UE du Parlement européen et du Conseil du 22 oct. 2013 relative au droit d'accès à un avocat dans le cadre des procédures pénales et des procédures relatives au mandat d'arrêt européen, au droit d'informer un tiers dès la privation de liberté et au droit des personnes privées de liberté de communiquer avec des tiers et avec les autorités consulaires (JO L 294 du 6 nov. 2013, p. 1)]*, **(UE) 2016/343** *[Dir. (UE) 2016/343 du Parlement européen et du Conseil du 9 mars 2016 portant renforcement de certains aspects de la présomption d'innocence et du droit d'assister à son procès dans le cadre des procédures pénales (JO L 65 du 11 mars 2016, p. 1)]*, **(UE) 2016/800** *[Dir. (UE) 2016/800 du Parlement européen et du Conseil du 11 mai 2016 relative à la mise en place de garanties procédurales en faveur des enfants qui sont des suspects ou des personnes poursuivies dans le cadre des procédures pénales (JO L 132 du 21 mai 2016, p. 1]* et **(UE) 2016/1919** *[Dir. (UE) 2016/1919 du Parlement européen et du Conseil du 26 oct. 2016 concernant l'aide juridictionnelle pour les suspects et les personnes poursuivies dans le cadre des procédures pénales et pour les personnes dont la remise est demandée dans le cadre des procédures relatives au mandat d'arrêt européen (JO L 297 du 4 nov. 2016, p. 1)]* du Parlement européen et du Conseil, ainsi que la recommandation de la Commission du 27 novembre 2013 relative à des garanties procédurales en faveur des personnes vulnérables soupçonnées ou poursuivies dans le cadre des procédures pénales *[JO C 378 du 24 déc. 2013, p. 8]*, ont notamment déjà été adoptées. Ces mesures visent à garantir le respect des droits procéduraux des suspects et des personnes poursuivies dans le cadre des procédures pénales, y compris lorsque la détention provisoire est imposée. A cette fin, ces directives prévoient certaines garanties procédurales pour les suspects et les personnes poursuivies qui sont privés de liberté. La directive (UE) 2016/800 contient des dispositions spécifiques sur les conditions de détention provisoire des enfants, visant à préserver leur bien-être lorsqu'ils font l'objet d'une telle mesure coercitive. Il convient de compléter les normes relatives aux droits procéduraux établies dans ces directives et dans la recommandation de 2013, ainsi que, dans le cas de la directive (UE) 2016/800, les normes pertinentes relatives aux conditions matérielles de détention des enfants faisant l'objet d'une détention provisoire.

(20) La Commission entend consolider et développer ces normes minimales, établies dans le cadre du Conseil de l'Europe, ainsi que dans la jurisprudence de la Cour de justice et de la Cour européenne des droits de l'homme. A cette fin, il est nécessaire de fournir une vue d'ensemble des normes minimales sélectionnées en matière de droits procéduraux des suspects et des personnes poursuivies faisant l'objet d'une détention provisoire et des conditions matérielles de détention dans les domaines prioritaires de la coopération judiciaire en matière pénale entre les États membres.

(21) En ce qui concerne les droits procéduraux des suspects et des personnes poursuivies faisant l'objet d'une détention provisoire, les orientations contenues dans la présente recommandation devraient porter sur les principales normes relatives au recours à la détention provisoire en tant que mesure de dernier ressort et aux alternatives à la détention, aux motifs justifiant la détention provisoire, aux exigences relatives à la prise de décision par les autorités judiciaires, au réexamen périodique de la détention provisoire, à l'audition des suspects ou des personnes poursuivies en vue de la prise de décisions relatives à la détention provisoire, aux voies de recours effectives et au droit de recours, à la durée de la détention provisoire et à la reconnaissance du temps passé en détention provisoire sous la forme d'une réduction de la durée de la condamnation définitive.

(22) En ce qui concerne les conditions matérielles de détention, des orientations devraient être fournies concernant les principales normes en matière de locaux de détention, de répartition des détenus, d'hygiène et d'assainissement, de nutrition, de régimes de détention au regard de l'exercice et des activités hors de la cellule, de travail et d'éducation, de soins de santé, de prévention de la violence et des mauvais traitements, de contacts avec le monde extérieur, d'accès à l'assistance juridique, de procédures de requête et de plainte, ainsi que

d'inspection et de contrôle. En outre, il convient d'émettre des orientations sur la protection des droits des personnes pour lesquelles la privation de liberté constitue une situation de vulnérabilité particulière, telles que les femmes, les enfants, les personnes handicapées ou souffrant de graves problèmes de santé, les personnes LGBTIQ et les ressortissants étrangers, ainsi que sur la prévention de la radicalisation dans les prisons.

(23) La détention provisoire devrait toujours être utilisée en tant que mesure de dernier ressort sur la base d'une évaluation au cas par cas. Un éventail le plus large possible de mesures moins restrictives autres que la détention (mesures alternatives) devrait être mis à disposition et utilisé dans la mesure du possible. Les États membres devraient également veiller à ce que les décisions de détention provisoire ne soient pas discriminatoires et ne soient pas automatiquement imposées aux suspects et aux personnes poursuivies en fonction de certaines caractéristiques, telles que la nationalité étrangère.

(24) Des conditions matérielles de détention adéquates sont essentielles pour préserver les droits et la dignité des personnes privées de liberté et pour prévenir les violations de l'interdiction de la torture et des peines ou traitements inhumains ou dégradants (mauvais traitements).

(25) Afin de garantir des normes de détention appropriées, les États membres devraient fournir à chaque détenu un minimum d'espace vital individuel, conformément aux recommandations du Comité européen pour la prévention de la torture (CPT) et à la jurisprudence de la Cour européenne des droits de l'homme.

(26) Lorsque des personnes sont privées de liberté, elles sont particulièrement vulnérables à la violence et aux mauvais traitements ainsi qu'à l'isolement social. Afin de garantir leur sécurité et de faciliter leur réinsertion sociale, la répartition et la séparation des détenus devraient tenir compte des différences entre les régimes de détention ainsi que de la nécessité de protéger les détenus dans une situation de vulnérabilité particulière contre les abus.

(27) Les régimes de détention ne devraient pas limiter indûment la liberté de circulation des détenus à l'intérieur du centre de détention ni leur accès à l'exercice, aux espaces extérieurs, aux activités utiles et aux interactions sociales, afin de leur permettre de préserver leur santé physique et mentale et de favoriser leur réinsertion sociale.

(28) Les victimes de crimes commis en détention ont souvent un accès limité à la justice, malgré l'obligation pour les États de prévoir des voies de recours effectives en cas de violation de leurs droits. Conformément aux objectifs de la stratégie de l'UE relative aux droits des victimes (2020-2025), il est recommandé aux États membres de garantir des voies de recours effectives en cas de violation des droits des détenus, ainsi que des mesures de protection et de soutien. L'assistance juridique et les mécanismes de dépôt des requêtes et des plaintes devraient être facilement accessibles, confidentiels et efficaces.

(29) Les États membres devraient tenir compte des besoins particuliers de certains groupes de détenus, notamment les femmes, les enfants, les personnes âgées, les personnes handicapées ou souffrant de graves problèmes de santé, les personnes LGBTIQ, les personnes issues d'une minorité raciale ou ethnique et les ressortissants étrangers, dans toutes les décisions relatives à la détention de ces derniers. En particulier, lorsque le détenu est un enfant, son intérêt supérieur doit toujours être une considération primordiale.

(30) En ce qui concerne les délinquants terroristes et extrémistes violents, les États membres devraient prendre des mesures efficaces pour prévenir la radicalisation dans les prisons et mettre en œuvre des stratégies de réhabilitation et de réinsertion, compte tenu du risque que posent les délinquants terroristes et extrémistes violents ou les délinquants radicalisés pendant leur incarcération et du fait qu'un certain nombre de ces délinquants seront libérés dans un bref délai.

(31) La présente recommandation ne donne qu'une vue d'ensemble des normes sélectionnées et devrait être examinée à la lumière et sans préjudice des orientations plus détaillées fournies dans les normes du Conseil de l'Europe et de la jurisprudence de la Cour de justice et de la Cour européenne des droits de l'homme. Elle est sans préjudice du droit de l'Union en vigueur ni de son évolution ultérieure. Elle est également sans préjudice de l'interprétation du droit de l'Union que la Cour de justice pourrait donner et qui ferait autorité.

(32) La présente recommandation devrait également faciliter l'exécution des mandats d'arrêt européens au titre de la décision-cadre 2002/584/JAI, ainsi que la reconnaissance des jugements et l'exécution des peines au titre de la décision-cadre 2008/909/JAI du Conseil *[Décision-cadre 2008/909/JAI du Conseil du 27 nov. 2008 concernant l'application du principe de reconnaissance mutuelle aux jugements en matière pénale prononçant des peines ou des mesures privatives de*

liberté aux fins de leur exécution dans l'Union européenne (JO L 327 du 5 déc. 2008, p. 27)] concernant l'application du principe de reconnaissance mutuelle aux jugements prononçant des peines ou des mesures privatives de liberté.

(33) La présente recommandation respecte et promeut les droits fondamentaux reconnus par la charte des droits fondamentaux de l'Union européenne. La présente recommandation vise en particulier à promouvoir le respect de la dignité humaine, le droit à la liberté, le droit à la vie familiale, les droits de l'enfant, le droit à un recours effectif et à accéder à un tribunal impartial, ainsi que la présomption d'innocence et les droits de la défense.

(34) Dans la présente recommandation, les références aux mesures appropriées visant à garantir aux personnes handicapées un accès effectif à la justice devraient s'entendre à la lumière des droits et obligations découlant de la convention des Nations unies relative aux droits des personnes handicapées, à laquelle l'Union européenne et tous ses États membres sont parties. En outre, il convient de veiller à ce que les personnes handicapées, si elles sont privées de leur liberté dans le cadre d'une procédure pénale, aient droit, sur la base de l'égalité avec les autres, aux garanties prévues par le droit international des droits de l'homme et soient traitées conformément aux buts et principes de la Convention des Nation*[s]* unies relative aux droits des personnes handicapées, y compris en bénéficiant d'aménagements raisonnables pour répondre à des besoins particuliers et en garantissant l'accessibilité,

A ADOPTÉ LA PRÉSENTE RECOMMANDATION :

OBJECTIF DE LA RECOMMANDATION

(1) La présente recommandation définit des orientations à l'intention des États membres pour qu'ils prennent des mesures efficaces, appropriées et proportionnées visant à renforcer les droits de tous les suspects et personnes poursuivies dans le cadre de procédures pénales qui sont privés de liberté, qu'il s'agisse des droits procéduraux des personnes faisant l'objet d'une détention provisoire ou des conditions matérielles de détention, afin de garantir que les personnes privées de liberté sont traitées avec dignité, que leurs droits fondamentaux sont respectés et qu'elles ne sont privées de liberté qu'en dernier ressort.

(2) La présente recommandation consolide les normes établies dans le cadre des stratégies existantes à l'échelon national, à l'échelon de l'Union et à l'échelon international en ce qui concerne les droits des personnes privées de liberté à l'issue de procédures pénales, qui revêtent une importance capitale dans le contexte de la coopération judiciaire en matière pénale entre les États membres.

(3) Les États membres peuvent élargir les orientations définies dans la présente recommandation afin d'assurer un niveau de protection plus élevé. Ce niveau plus élevé de protection ne devrait pas constituer un obstacle à la reconnaissance mutuelle des décisions de justice que ces orientations visent à faciliter. Ce niveau de protection ne devrait jamais être inférieur aux normes établies par la Charte ou la CEDH, telles qu'elles sont interprétées par la jurisprudence de la Cour de justice et de la Cour européenne des droits de l'homme.

DÉFINITIONS

(4) Aux fins de la présente recommandation, on entend par "détention provisoire" toute période de détention d'un suspect ou d'une personne poursuivie dans le cadre d'une procédure pénale ordonnée par une autorité judiciaire et antérieure à la condamnation. Elle ne devrait pas inclure la privation initiale de liberté imposée par la police ou les forces de l'ordre (ou par toute autre personne habilitée) en vue d'interroger ou de sécuriser le suspect ou la personne poursuivie jusqu'à ce qu'une décision de détention provisoire ait été prise.

(5) Aux fins de la présente recommandation, on entend par "mesures alternatives" les mesures moins restrictives autres que la détention.

(6) Aux fins de la présente recommandation, on entend par "détenus" les personnes privées de liberté en détention provisoire et les personnes condamnées purgeant une peine d'emprisonnement. Par "centre de détention", on entend tout établissement pénitentiaire ou autre destiné à la détention de détenus au sens de la présente recommandation.

(7) Aux fins de la présente recommandation, on entend par "enfant" toute personne âgée de moins de 18 ans.

(8) Aux fins de la présente recommandation, on entend par "jeune adulte" toute personne âgée de plus de 18 ans et de moins de 21 ans.

(9) Aux fins de la présente recommandation, on entend par "personnes handicapées", conformément à l'article 1er de la Convention des Nation*[s]* unies relative aux droits des personnes handicapées, les personnes qui présentent des incapacités physiques, mentales,

intellectuelles ou sensorielles durables dont l'interaction avec diverses barrières peut faire obstacle à leur pleine et effective participation à la société sur la base de l'égalité avec les autres.

PRINCIPES GÉNÉRAUX

(10) Les États membres ne devraient recourir à la détention provisoire qu'en dernier ressort. Les mesures alternatives à la détention devraient être privilégiées, en particulier lorsque l'infraction n'est passible que d'une courte peine d'emprisonnement ou lorsque l'auteur de l'infraction est un enfant.

(11) Les États membres devraient veiller à ce que les détenus soient traités avec respect et dignité et conformément à leurs obligations respectives en matière de droits de l'homme, notamment à l'interdiction de la torture et des peines ou traitements inhumains ou dégradants prévue à l'article 3 de la Convention européenne des droits de l'homme et à l'article 4 de la charte des droits fondamentaux de l'Union européenne.

(12) Les États membres sont encouragés à faire en sorte que la détention facilite la réinsertion sociale des détenus, en vue de prévenir la récidive.

(13) Les États membres devraient appliquer la présente recommandation sans distinction aucune, notamment d'origine raciale ou ethnique, de couleur, de sexe, d'âge, de handicap, d'orientation sexuelle, de langue, de religion, d'opinions politiques ou autres, d'origine nationale ou sociale, de fortune, de naissance ou de tout autre statut.

NORMES MINIMALES RELATIVES AUX DROITS PROCÉDURAUX DES SUSPECTS ET DES PERSONNES POURSUIVIES FAISANT L'OBJET D'UNE DÉTENTION PRÉVENTIVE

La détention provisoire à titre de mesure de dernier ressort et les alternatives à la détention

(14) Les États membres ne devraient imposer la détention provisoire que lorsque cela est strictement nécessaire et à titre de mesure de dernier ressort, en tenant dûment compte des circonstances propres à chaque cas particulier. A cette fin, les États membres devraient, lorsque cela est possible, recourir à des mesures alternatives.

(15) Les États membres devraient adopter une présomption en faveur de la libération. Les États membres devraient exiger des autorités nationales compétentes qu'elles supportent la charge de la preuve de démontrer la nécessité d'imposer la détention provisoire.

(16) Afin d'éviter un recours abusif à la détention provisoire, les États membres devraient mettre à disposition l'éventail le plus large possible de mesures alternatives, incluant celles mentionnées dans la décision-cadre 2009/829/JAI du Conseil *[Décis.-cadre 2009/829/JAI du Conseil du 23 oct. 2009 concernant l'application, entre les États membres de l'UE, du principe de reconnaissance mutuelle aux décisions relatives à des mesures de contrôle en tant qu'alternative à la détention provisoire (JO L 294 du 11 nov. 2009, p. 20)]* concernant l'application du principe de reconnaissance mutuelle aux décisions relatives à des mesures de contrôle en tant qu'alternative à la détention provisoire.

(17) Parmi ces mesures pourraient figurer : a) l'engagement de comparaître devant une autorité judiciaire selon les modalités prescrites, de ne pas entraver la bonne marche de la justice et de ne pas adopter tel ou tel comportement, même si celui-ci est lié à une certaine profession ou à un certain poste ; b) l'obligation de se présenter quotidiennement ou régulièrement devant une autorité judiciaire, la police ou une autre autorité ; c) l'obligation d'accepter la surveillance d'une instance désignée par l'autorité judiciaire ; d) l'obligation de se soumettre à une surveillance électronique ; e) l'assignation à résidence, assortie ou non de conditions concernant les heures auxquelles il faut s'y trouver ; f) l'interdiction de quitter des lieux ou régions spécifiques ou d'y pénétrer sans autorisation ; g) l'interdiction de rencontrer certaines personnes sans autorisation ; h) l'obligation de rendre son passeport ou d'autres pièces d'identité ; et i) l'obligation de produire une caution financière ou autre pour garantir la bonne conduite de la personne durant le procès.

(18) Les États membres devraient en outre exiger que, lorsqu'une caution financière est fixée comme condition préalable à la libération, le montant soit proportionnel aux moyens du suspect ou de la personne poursuivie.

Raisons plausibles de soupçonner et motifs de détention provisoire

(19) Les États membres ne devraient imposer la détention provisoire que lorsqu'il y a des raisons plausibles, établies à la suite d'une évaluation minutieuse au cas par cas, de soupçon-

ner que le suspect a commis l'infraction en question, et devraient restreindre les motifs juridiques de la détention provisoire : a) au risque de soustraction à la justice ; b) au risque de récidive ; c) au risque que le suspect ou la personne poursuivie entrave la bonne marche de la justice ; ou d) au risque de menace pour l'ordre public.

(20) Les États membres devraient veiller à ce que la détermination de tout risque soit fondée sur les circonstances particulières de l'espèce, mais aussi à ce qu'une attention particulière soit accordée : a) à la nature et à la gravité de l'infraction alléguée ; b) à la peine susceptible d'être infligée dans l'éventualité d'une condamnation ; c) à l'âge, à l'état de santé, à la personnalité, aux condamnations antérieures et à la situation personnelle et sociale du suspect, et en particulier à ses attaches sociales ; et d) à la conduite du suspect, notamment la manière dont il a rempli les obligations qui ont pu lui être imposées lors de procédures pénales antérieures. Le fait que le suspect n'est pas ressortissant du pays où l'infraction est censée avoir été commise ou n'a aucun autre lien avec celui-ci, n'est pas, en soi, suffisant pour conclure qu'il y a risque de fuite.

(21) Les États membres sont encouragés à imposer la détention provisoire uniquement pour les infractions passibles d'une peine privative de liberté minimale d'un an.

Motivation des décisions de détention provisoire

(22) Les États membres devraient veiller à ce que toute décision prise par une autorité judiciaire d'imposer une détention provisoire, de prolonger une détention provisoire ou d'imposer des mesures alternatives soit dûment motivée et justifiée et se réfère à la situation spécifique du suspect ou de la personne poursuivie pour justifier sa détention. La personne concernée devrait recevoir une copie de la décision, qui devrait également indiquer les raisons pour lesquelles les alternatives à la détention provisoire ne sont pas jugées appropriées.

Réexamen périodique de la détention provisoire

(23) Les États membres devraient veiller à ce que le bien-fondé des motifs pour lesquels un suspect ou une personne poursuivie est placé en détention provisoire fasse l'objet d'un réexamen périodique par une autorité judiciaire. Dès que les motifs de détention de la personne cessent d'exister, les États membres devraient s'assurer que le suspect ou la personne poursuivie est libéré sans retard injustifié.

(24) Les États membres devraient permettre que le réexamen périodique des décisions de détention provisoire soit entrepris à la demande du défendeur ou, d'office, par une autorité judiciaire.

(25) Les États membres devraient, en principe, limiter l'intervalle entre les réexamens afin qu'il ne dépasse pas un mois, sauf dans les cas où le suspect ou la personne poursuivie dispose du droit de présenter, à tout moment, une demande de remise en liberté et de recevoir une décision concernant cette demande sans retard injustifié.

Audition du suspect ou de la personne poursuivie

(26) Les États membres devraient veiller à ce qu'un suspect ou une personne poursuivie soit entendu, en personne ou par l'intermédiaire d'un représentant légal, dans le cadre d'une audition contradictoire devant l'autorité judiciaire compétente statuant sur la détention provisoire. Les États membres devraient veiller à ce que les décisions relatives à la détention provisoire soient prises sans retard injustifié.

(27) Les États membres devraient respecter le droit du suspect ou de la personne poursuivie d'être jugé dans un délai raisonnable. Plus particulièrement, les États membres devraient veiller à ce que les affaires dans lesquelles la détention provisoire a été imposée soient traitées d'urgence et avec toute la diligence requise.

Voies de recours effectives et droit de recours

(28) Les États membres devraient garantir que les suspects ou les personnes poursuivies qui sont privés de liberté ont accès à une procédure devant une juridiction compétente pour contrôler la légalité de leur détention et, le cas échéant, pour ordonner leur libération.

(29) Les États membres devraient accorder aux suspects ou aux personnes poursuivies faisant l'objet d'une décision de détention provisoire le droit de recours contre une telle décision et les informer de ce droit lorsque la décision est prise.

Durée de la détention provisoire

(30) Les États membres devraient s'assurer que la durée de la détention provisoire n'excède pas celle de la peine susceptible d'être prononcée pour l'infraction en question, et n'est pas disproportionnée par rapport à cette peine.

(31) Les États membres devraient veiller à ce que la durée de la détention provisoire imposée ne porte pas atteinte au droit d'une personne détenue d'être jugée dans un délai raisonnable.

(32) Les États membres devraient examiner en priorité les affaires dans lesquelles une personne fait l'objet d'une détention provisoire.

Déduction du temps passé en détention provisoire de la durée de la condamnation définitive

(33) Les États membres devraient déduire toute période passée de détention provisoire avant la condamnation, y compris lorsqu'elle est exécutée dans le cadre de mesures alternatives, de la durée de toute peine d'emprisonnement prononcée par la suite.

NORMES MINIMALES RELATIVES AUX CONDITIONS MATÉRIELLES DE DÉTENTION

Locaux de détention

(34) Les États membres devraient faire en sorte que chaque détenu dispose, dans le cas d'une cellule individuelle, d'une surface minimale d'au moins 6 m^2 et, dans le cas d'une cellule collective, de 4 m^2. Les États membres devraient veiller à ce que l'espace personnel dont dispose chaque détenu, y compris dans une cellule collective, soit égal ou supérieur à un minimum absolu de 3 m^2 par détenu. Le fait que l'espace personnel dont dispose un détenu est inférieur à 3 m^2 fait naître une forte présomption de violation de l'article 3 de la CEDH. Le calcul de l'espace disponible devrait inclure la surface occupée par le mobilier mais pas celle occupée par les sanitaires.

(35) Les États membres devraient veiller à ce que toute réduction exceptionnelle de la surface égale ou supérieure à un minimum absolu de 3 m^2 par détenu soit courte, occasionnelle, mineure et accompagnée, hors de la cellule, d'une liberté de circulation suffisante et d'activités appropriées. En outre, les États membres devraient veiller à ce que, dans de tels cas, l'établissement offre de manière générale des conditions de détention décentes et à ce que la personne concernée ne soit pas soumise à d'autres éléments considérés comme des circonstances aggravantes de mauvaises conditions de détention, tels que d'autres manquements aux exigences structurelles minimales applicables aux cellules ou aux installations sanitaires.

(36) Les États membres devraient s'assurer que les détenus ont accès à la lumière naturelle et à l'air frais dans leurs cellules.

Répartition

(37) Les États membres sont encouragés et, dans le cas des enfants, devraient veiller, à répartir les détenus, dans la mesure du possible, dans des centres de détention situés près de leur domicile ou dans d'autres lieux adaptés aux fins de leur réhabilitation sociale.

(38) Les États membres devraient veiller à ce que les personnes placées en détention provisoire soient séparées des détenus condamnés. De même, les femmes devraient être séparées des hommes et les enfants ne devraient pas être détenus avec des adultes, à moins qu'il ne soit considéré dans l'intérêt supérieur de l'enfant de procéder de la sorte.

(39) Lorsqu'un enfant placé en détention atteint l'âge de 18 ans, et, selon le cas, pour les jeunes adultes de moins de 21 ans, les États membres devraient prévoir la possibilité pour cette personne de poursuivre sa détention séparément des adultes si cela est justifié, compte tenu de sa situation personnelle, pour autant que cela soit compatible avec l'intérêt supérieur des enfants qui sont détenus avec cette personne.

Hygiène et conditions sanitaires

(40) Les États membres devraient veiller à ce que les installations sanitaires soient accessibles à tout moment et à ce qu'elles préservent suffisamment l'intimité des détenus, notamment au moyen d'une séparation structurelle réelle des espaces de vie dans les cellules collectives.

(41) Les États membres devraient mettre en place des mesures concrètes pour maintenir des normes d'hygiène satisfaisantes au moyen de la désinfection et de la fumigation. Les États membres devraient en outre veiller à ce que des produits d'hygiène de base, y compris des serviettes hygiéniques, soient fournis aux détenus et à ce que les cellules disposent de l'eau chaude et courante.

(42) Les États membres devraient fournir aux détenus des vêtements et de la literie propres et convenables, ainsi que les moyens de les maintenir propres.

Alimentation

(43) Les États membres devraient veiller à ce que la nourriture soit fournie en quantité et en qualité suffisantes pour répondre aux besoins nutritionnels des détenus et à ce que les aliments soient préparés et servis dans le respect des conditions d'hygiène. En outre, les États membres devraient veiller à ce que les détenus aient accès à tout moment à l'eau potable.

(44) Les États membres devraient permettre aux détenus de bénéficier d'un régime alimentaire tenant compte de leur âge, de leur handicap, de leur état de santé, de leur état physique, de leur religion, de leur culture et de la nature de leur travail.

Temps passé hors de la cellule et à l'extérieur

(45) Les États membres devraient permettre aux détenus de faire de l'exercice en plein air pendant au moins une heure chaque jour et, à cette fin, fournir des installations et des équipements spacieux et appropriés.

(46) Les États membres devraient permettre aux détenus de sortir de leur cellule pendant un délai raisonnable afin qu'ils s'adonnent à des activités professionnelles, éducatives et récréatives, dans la mesure où elles sont nécessaires pour assurer un niveau suffisant de contacts humains et sociaux. Afin de prévenir toute violation de l'interdiction de la torture et des peines ou traitements inhumains ou dégradants, les États membres devraient veiller à ce que toute exception à cette règle, dans le cadre des régimes et des mesures de sécurité spéciaux, y compris l'isolement cellulaire, soit nécessaire et proportionnée.

Travail et éducation des détenus afin de favoriser leur réinsertion sociale

(47) Les États membres devraient investir dans la réhabilitation sociale des détenus, en tenant compte de leurs besoins personnels. Pour ce faire, les États membres devraient s'efforcer de proposer des emplois rémunérés et utiles. Dans l'optique de favoriser la bonne réinsertion des détenus dans la société et sur le marché du travail, les États membres devraient privilégier les emplois incluant une formation professionnelle.

(48) Afin d'aider les détenus à préparer leur libération et de faciliter leur réintégration dans la société, les États membres devraient veiller à ce que tous les détenus aient accès à des programmes éducatifs sûrs, inclusifs et accessibles (y compris à l'apprentissage à distance), qui répondent à leurs besoins personnels tout en tenant compte de leurs aspirations.

Soins de santé

(49) Les États membres devraient veiller à ce que les détenus aient accès en temps utile à l'assistance médicale, y compris psychologique, dont ils ont besoin pour préserver leur santé physique et mentale. A cette fin, les États membres devraient s'assurer que les soins de santé dispensés dans les centres de détention répondent aux mêmes normes que ceux du système national de santé publique, y compris en ce qui concerne les traitements psychiatriques.

(50) Les États membres devraient assurer un suivi médical régulier et promouvoir les programmes de vaccination et de dépistage médical portant notamment sur les maladies transmissibles (VIH, hépatite virale B et C, tuberculose et maladies sexuellement transmissibles) et non transmissibles (dépistage du cancer notamment), suivis d'un diagnostic et de la mise en place d'un traitement si nécessaire. Les programmes d'éducation sanitaire peuvent contribuer à améliorer les taux de dépistage et les connaissances en matière de santé. Les États membres devraient en particulier veiller à ce qu'une attention particulière soit accordée au traitement des détenus atteints de toxicomanie, à la prévention et aux soins des maladies infectieuses, à la santé mentale et à la prévention du suicide.

(51) Les États membres devraient exiger qu'un examen médical soit effectué sans retard injustifié au début de toute période de privation de liberté et après tout transfert.

Prévention de la violence et des mauvais traitements

(52) Les États membres devraient prendre toutes les mesures raisonnables pour garantir la sécurité des détenus et prévenir toute forme de torture ou de mauvais traitements. En particulier, les États membres devraient prendre toutes les mesures raisonnables pour veiller à ce que les détenus ne fassent l'objet d'aucune violence ni d'aucun mauvais traitement de la part du personnel du centre de détention et à ce qu'ils soient traités dans le respect de leur dignité. Les États membres devraient également exiger du personnel du centre de détention et de toutes les autorités compétentes qu'ils protègent les détenus contre la violence ou les mauvais traitements infligés par d'autres détenus.

(53) Les États membres devraient s'assurer que le respect de ce devoir de diligence et que tout recours à la force par le personnel du centre de détention fassent l'objet d'un contrôle.

Contacts avec le monde extérieur

(54) Les États membres devraient permettre aux détenus de recevoir la visite de leur famille et d'autres personnes, comme des représentants légaux, des travailleurs sociaux et des médecins. Les États membres devraient également permettre aux détenus de correspondre librement avec ces personnes par lettre et, aussi souvent que possible, par téléphone ou par d'autres formes de communication, y compris des moyens de communication alternatifs pour les personnes handicapées.

(55) Les États membres devraient mettre à disposition des structures appropriées pour que les visites familiales aient lieu dans des conditions adaptées aux enfants, c'est-à-dire qu'elles soient compatibles avec les exigences de sécurité mais moins traumatisantes pour eux. Ces visites familiales devraient garantir le maintien de contacts réguliers et significatifs entre les membres de la famille.

(56) Les États membres devraient envisager de permettre la communication par des moyens numériques, tels que les appels vidéo, afin, entre autres, que les détenus puissent entretenir des contacts avec leur famille, postuler à des emplois, suivre des cours de formation ou chercher un logement en vue de leur libération.

(57) Les États membres devraient veiller à ce que, lorsqu'il est exceptionnellement interdit aux détenus de communiquer avec le monde extérieur, cette mesure restrictive soit strictement nécessaire et proportionnée et ne soit pas appliquée pendant une période prolongée.

Assistance juridique

(58) Les États membres devraient garantir aux détenus l'accès effectif à un avocat.

(59) Les États membres devraient respecter la confidentialité des rencontres et de toute autre forme de communication, y compris de la correspondance juridique, entre les détenus et leurs conseillers juridiques.

(60) Les États membres devraient accorder aux détenus l'accès aux documents relatifs à leur procédure judiciaire ou leur permettre de les garder en leur possession.

Requêtes et plaintes

(61) Les États membres devraient veiller à ce que tous les détenus soient clairement informés des règles applicables dans leur propre centre de détention.

(62) Les États membres devraient faciliter l'accès effectif à la procédure permettant aux détenus de contester officiellement certains aspects de leur vie en détention. Plus particulièrement, les États membres devraient veiller à ce que les détenus puissent introduire librement, au moyen de mécanismes de traitement des plaintes internes et externes, des requêtes et des plaintes confidentielles relatives à leur traitement.

(63) Les États membres devraient s'assurer que les plaintes des détenus sont examinées rapidement et effectivement par une autorité ou un tribunal indépendant habilité à ordonner des mesures de redressement, en particulier des mesures visant à mettre fin à toute violation du droit de ne pas être soumis à la torture ou à des traitements inhumains ou dégradants.

Mesures spéciales en faveur des femmes et des filles

(64) Les États membres devraient tenir compte des besoins particuliers des femmes et des filles, entre autres aux niveaux physique, professionnel, social et psychologique, ainsi que des exigences en matière d'hygiène et de soins de santé, au moment de prendre des décisions affectant l'un ou l'autre aspect de leur détention.

(65) Les États membres devraient autoriser les détenues à accoucher dans un hôpital situé en dehors du centre de détention. Cependant, si un enfant venait à naître dans l'établissement, les États membres devraient fournir toute l'assistance et les infrastructures nécessaires, soins de santé prénataux et postnataux appropriés compris, pour protéger le lien entre la mère et l'enfant et pour préserver leur bien-être physique et mental.

(66) Les États membres devraient autoriser les détenues ayant des enfants en bas âge à les garder avec elles dans le centre de détention, dans la mesure où cette mesure est compatible avec l'intérêt supérieur de l'enfant. Les États membres devraient prévoir une infrastructure spéciale et prendre toutes les mesures raisonnables en faveur des enfants afin de garantir la santé et le bien-être des enfants concernés tout au long de l'exécution de la peine.

Mesures spéciales pour les ressortissants étrangers

(67) Les États membres devraient veiller à ce que les ressortissants étrangers et les autres détenus ayant des besoins linguistiques particuliers qui sont privés de liberté aient un accès raisonnable à des services professionnels d'interprétation et à la traduction de documents écrits dans une langue qu'ils comprennent.

(68) Les États membres devraient s'assurer que les ressortissants étrangers sont informés, sans délai injustifié, de leur droit de prendre contact avec le service diplomatique ou consulaire du pays dont ils ont la nationalité et de bénéficier de moyens raisonnables pour établir cette communication.

(69) Les États membres devraient veiller à ce que des informations sur l'assistance juridique soient fournies.

(70) Les États membres devraient veiller à ce que les ressortissants étrangers soient informés de la possibilité de demander que l'exécution de leur peine ou de leurs mesures de contrôle présentencielles soit transférée dans le pays dont ils ont la nationalité ou leur pays de résidence permanente, comme le prévoient la décision-cadre 2008/909/JAI et la décision-cadre 2009/829/JAI.

Mesures spéciales pour les enfants et les jeunes adultes

(71) Les États membres devraient veiller à ce que l'intérêt supérieur de l'enfant soit une considération primordiale dans toutes les questions liées à sa détention et à ce que ses droits et besoins spécifiques soient pris en compte au moment de prendre des décisions influençant un quelconque aspect de sa détention.

(72) Pour les enfants, les États membres devraient mettre en place un régime de détention approprié et pluridisciplinaire, qui garantit et préserve leur santé et leur développement physique, mental et émotionnel, leur droit à l'éducation et à la formation, l'exercice effectif et régulier de leur droit à la vie familiale et leur accès à des programmes qui favorisent leur réinsertion dans la société.

(73) Tout recours à des mesures disciplinaires, y compris à l'isolement cellulaire, à des contraintes ou à la force, devrait être subordonné à des considérations de nécessité et de proportionnalité strictes.

(74) Lorsque cela est approprié, les États membres sont encouragés à appliquer le régime de détention des mineurs aux jeunes délinquants âgés de moins de 21 ans.

Mesures spéciales en faveur des personnes handicapées ou souffrant de maladies graves

(75) Les États membres devraient veiller à ce que les personnes handicapées ou souffrant de maladies graves reçoivent des soins appropriés, comparables à ceux fournis par le système national de santé publique, et qui répondent à leurs besoins particuliers. Plus particulièrement, les États membres devraient s'assurer que les personnes atteintes de troubles de la santé mentale reçoivent des soins de la part de professionnels spécialisés, si nécessaire dans des établissements spécialisés ou des sections dédiées du centre de détention, sous surveillance médicale, et que la continuité des soins de santé soit assurée pour les détenus prêts à sortir de prison, le cas échéant.

(76) En ce qui concerne les conditions matérielles de détention et les régimes de détention, les États membres devraient veiller tout particulièrement à répondre aux besoins des détenus handicapés ou souffrant de maladies graves et à garantir leur accessibilité. Cela devrait inclure la mise en place d'activités appropriées leur étant destinées.

Mesures spéciales visant à protéger les détenus ayant des besoins ou des vulnérabilités particuliers

(77) Les États membres devraient veiller à ce que le placement en détention n'aggrave pas la marginalisation des personnes en raison de leur orientation sexuelle, de leur origine raciale ou ethnique ou de leurs convictions religieuses ou de tout autre motif.

(78) Les États membres devraient prendre toutes les mesures raisonnables pour prévenir tout acte de violence ou tout autre mauvais traitement, tel que des abus physiques, mentaux ou sexuels, commis à l'encontre de personnes en raison de leur orientation sexuelle, de leur origine raciale ou ethnique, de leurs convictions religieuses ou de tout autre motif, de la part du personnel du centre de détention ou d'autres détenus. Les États membres devraient veiller à ce que des mesures de protection spéciales soient appliquées lorsqu'il existe un risque de tels actes de violence ou de mauvais traitements.

Inspections et contrôle

(79) Les États membres devraient faciliter la réalisation, par une autorité indépendante, d'inspections régulières destinées à vérifier si les centres de détention sont gérés conformément aux exigences du droit national et international. Les États membres devraient en particulier accorder un accès sans entrave au Comité pour la prévention de la torture et des peines ou traitements inhumains ou dégradants et au réseau des mécanismes nationaux de prévention.

(80) Les États membres devraient accorder l'accès aux centres de détention aux parlementaires nationaux et sont encouragés à accorder ce même accès aux députés au Parlement européen.

(81) Les États membres devraient également envisager d'organiser ces visites régulières dans les établissements et autres centres de détention destinées aux juges, aux procureurs et aux avocats de la défense, dans le cadre de leur formation judiciaire.

Mesures spécifiques visant à lutter contre la radicalisation dans les prisons

(82) Les États membres sont encouragés à procéder à une évaluation initiale des risques afin de définir le régime de détention approprié applicable aux détenus soupçonnés ou condamnés pour des infractions terroristes et extrémistes violentes.

(83) Sur la base de cette évaluation des risques, ces détenus peuvent être regroupés dans une aile distincte réservée aux terroristes ou être dispersés dans la population carcérale générale. Dans ce dernier cas, les États membres devraient empêcher ces individus d'avoir des contacts directs avec des détenus dans une situation de vulnérabilité particulière.

(84) Les États membres devraient veiller à ce que l'administration pénitentiaire procède régulièrement à des évaluations des risques supplémentaires (au début de la détention, pendant la détention et avant la libération des détenus soupçonnés ou condamnés pour des infractions terroristes et extrémistes violentes).

(85) Les États membres sont encouragés à dispenser une formation générale de sensibilisation à l'ensemble du personnel, ainsi qu'une formation au personnel spécialisé, en vue de reconnaître les signes de radicalisation à un stade précoce. Les États membres devraient également envisager de désigner un nombre approprié d'aumôniers de prison bien formés et issus de différentes religions.

(86) Les États membres devraient mettre en œuvre des mesures prévoyant la mise en place de programmes de réhabilitation, de déradicalisation et de désengagement en prison, en vue de la libération des détenus, ainsi que de programmes faisant suite à cette libération, afin de favoriser la réinsertion des détenus condamnés pour des infractions terroristes et extrémistes violentes.

SUIVI

(87) Les États membres devraient informer la Commission du suivi de la présente recommandation dans un délai de 18 mois à compter de son adoption. Sur la base de ces informations, la Commission devrait suivre et évaluer les mesures prises par les États membres et présenter un rapport au Parlement européen et au Conseil dans les 24 mois suivant son adoption.

II Mesures non privatives de liberté

Recommandation CM/Rec(2017)3 du Comité des Ministres aux États membres,

Relative aux Règles européennes sur les sanctions et mesures appliquées dans la communauté.

(Adoptée par le Comité des Ministres le 22 mars 2017, lors de la 1282e réunion des Délégués des Ministres)

Le Comité des Ministres, en vertu de l'article 15.b du Statut du Conseil de l'Europe,

Considérant qu'il est dans l'intérêt des États membres du Conseil de l'Europe d'établir des principes communs en matière de politiques pénales intégrées, afin de renforcer la coopération internationale dans ce domaine ;

Constatant le développement considérable, dans les États membres, du recours aux sanctions et mesures pénales dont l'exécution a lieu dans la communauté ;

Considérant que ces sanctions et mesures constituent des moyens importants de lutter contre la criminalité, de réduire les dommages qu'elle cause et de renforcer la justice, et qu'elles évitent les effets négatifs du placement en détention provisoire et de l'emprisonnement ;

Considérant l'intérêt porté au développement de normes internationales pour la création, le prononcé et la mise à exécution de ces sanctions et mesures ;

Conscient qu'avec le temps apparaissent de nouvelles possibilités pour une utilisation plus efficace des sanctions et mesures appliquées dans la communauté, et que, par conséquent, l'emprisonnement ne doit être qu'une mesure de dernier recours ;

Reconnaissant en outre que les développements importants et les pratiques nouvelles en matière de sanctions et mesures appliquées dans la communauté, de même que les problèmes identifiés par les États membres, appellent une mise à jour régulière des dispositions contenues dans les Règles européennes sur les sanctions et mesures appliquées dans la communauté ;

Insistant sur le fait que le recours aux sanctions et mesures, ainsi que leur mise à exécution, doivent toujours être guidés par le respect des garanties légales fondamentales, telles qu'elles figurent dans la Convention européenne des droits de l'homme (STE n° 5), et par le respect des principes inscrits dans les Règles européennes sur les sanctions et les mesures appliquées dans la communauté ;

Reconnaissant l'intérêt que revêtent, pour la présente recommandation, les Recommandations du Comité des Ministres suivantes : Rec(92)17 relative à la cohérence dans le prononcé des peines, Rec(97)12 sur le personnel chargé de l'application des sanctions et mesures, Rec(99)19 concernant la médiation en matière pénale, Rec(99)22 concernant le surpeuplement des prisons et l'inflation carcérale, Rec(2003)22 concernant la libération conditionnelle, CM/Rec(2010)1 sur les règles du Conseil de l'Europe relatives à la probation et CM/Rec(2014)4 relative à la surveillance électronique ;

Ayant à l'esprit les Règles minima des Nations unies pour l'élaboration de mesures non privatives de liberté (Règles de Tokyo) ;

Remplace par le texte de la présente recommandation :

– la Recommandation Rec(2000)22 concernant l'amélioration de la mise en œuvre des règles européennes sur les sanctions et mesures appliquées dans la communauté ; et

– la Recommandation Rec(92)16 relative aux règles européennes sur les sanctions et mesures appliquées dans la communauté ;

Recommande aux gouvernements des États membres :

– de s'inspirer des normes et des principes énoncés dans l'annexe à la présente recommandation lorsqu'ils revoient leur politique, leur législation et leur pratique quant à la création, au prononcé et à la mise à exécution de sanctions et mesures appliquées dans la communauté ;

– de s'assurer que la présente recommandation et son commentaire sont traduits dans leur(s) langue(s) nationale(s) et diffusé(s) le plus largement possible, plus spécifiquement auprès des autorités judiciaires, des services de probation et des services sociaux, des administrations pénitentiaires, ainsi que des médias et du public en général.

Annexe

Champ d'application et objectif

Les présentes règles sont destinées :

a. à établir un ensemble de normes aidant les législateurs nationaux, les autorités de décision et d'exécution, et les praticiens à assurer une utilisation juste et efficace des sanctions et mesures appliquées dans la communauté. Cette application doit tenir compte de la nécessité de protéger la société et de maintenir l'ordre juridique, et, dans le même temps, de favoriser la réadaptation sociale, tout en permettant aux auteurs d'infraction de réparer le préjudice qu'ils ont causé ;

b. à fournir aux États membres des orientations sur l'introduction et l'utilisation des sanctions et mesures appliquées dans la communauté, afin de tirer pleinement parti de leurs bénéfices et de protéger les droits fondamentaux de toutes les personnes concernées. De même, convient-il de se prémunir contre toute forme d'abus qui pourrait, par exemple, résulter d'un recours à ces sanctions et mesures au détriment de certains groupes sociaux. Aussi les avantages et les désavantages sociaux, de même que les risques potentiels résultants ou susceptibles de résulter de telles sanctions ou mesures doivent-ils être examinés soigneusement. Les sanctions et mesures appliquées dans la communauté devraient être utilisées uniquement lorsqu'elles sont opportunes ;

c. à proposer aux personnels chargés de faire exécuter les sanctions et mesures appliquées dans la communauté, et à tous ceux qui, dans la communauté, sont impliqués à cet égard, des règles de conduite claires pour s'assurer que cette exécution est conforme aux conditions et obligations définies par le prononcé, et, partant, à conférer de la crédibilité aux sanctions ou aux mesures. L'exécution ne doit pas être conçue de manière rigide ou formaliste, mais devrait être menée dans un souci constant d'individualisation, de manière à ce que les sanctions et mesures appliquées dans la communauté soient adaptées à l'infraction et aux caractéristiques du prévenu ou de l'auteur d'infraction. De plus, le fait de pouvoir se référer à un ensemble de règles établi au niveau international devrait favoriser les échanges d'expériences, notamment en ce qui concerne les méthodes de travail.

Les présentes règles s'appliquent aux personnes qui font l'objet de sanctions et mesures appliquées dans la communauté. Les auteurs d'infraction condamnés peuvent se voir imposer des sanctions ou mesures appliquées dans la communauté. Le terme "prévenu" renvoie aux personnes qui n'ont pas été condamnées, mais qui ont pu se voir imposer des mesures par l'autorité judiciaire ou une autre autorité, définie par la loi. Cependant, les sanctions et mesures spécifiques concernant les mineurs relèvent de de la Recommandation CM/Rec(2008)11 du Comité des Ministres sur les Règles européennes pour les délinquants mineurs faisant l'objet de sanctions ou de mesures.

Définitions.

Aux fins de cette recommandation :

L'expression "**sanctions et mesures appliquées dans la communauté**" se réfère aux sanctions et aux mesures qui maintiennent le prévenu ou l'auteur d'infraction dans la communauté et qui impliquent certaines restrictions de sa liberté par le prononcé de conditions et/ou d'obligations. Cette expression désigne toute sanction décidée par une autorité judiciaire ou administrative et toute mesure prise avant la décision qui définit la sanction ou à la place d'une telle décision, de même que celles consistant en une modalité d'exécution d'une peine d'emprisonnement hors d'un établissement pénitentiaire.

L'expression "**autorité de décision**" désigne toute autorité judiciaire, administrative ou autre habilitée par le droit en vigueur à prononcer ou à révoquer une sanction ou mesure appliquée dans la communauté, ou à modifier ses conditions et obligations.

L'expression "**autorité d'exécution**", signifie l'organisme ou les organismes habilité(s) à décider d'une sanction ou d'une mesure appliquée dans la communauté, et responsable(s) de la mise à exécution, dans la pratique, d'une telle sanction ou mesure. Dans de nombreux pays, cette autorité d'exécution est le service de probation.

Chapitre I *Principes fondamentaux.*

1. Les sanctions et mesures appliquées dans la communauté peuvent fournir un contrôle, un encadrement et une aide justes et efficaces aux prévenus ou auteurs d'infraction sans avoir recours à la privation de liberté. Elles peuvent améliorer les perspectives d'insertion sociale dont dépend généralement la désistance.

2. Le droit national doit prévoir un éventail de sanctions et mesures appliquées dans la communauté suffisamment large et varié, et qui soit disponible dans la pratique.

3. La nature et la durée des sanctions et mesures appliquées dans la communauté doivent à la fois être proportionnées à la gravité de l'infraction pour laquelle une personne a été condamnée ou dont elle a été accusée, et prendre en considération la situation individuelle de cette personne.

4. Les sanctions et mesures appliquées dans la communauté doivent être mises à exécution d'une manière qui respecte les droits de l'homme et qui permette au prévenu ou à l'auteur d'infraction d'assumer ses responsabilités en tant que membre de la communauté, et l'encourage à le faire. Aucune sanction ou mesure appliquée dans la communauté ne doit être créée ou prononcée si cela est contraire aux normes internationales concernant les droits de l'homme et les libertés fondamentales.

5. Une sanction ou mesure appliquée dans la communauté ne doit jamais comporter de traitement médical ou psychologique non conforme aux normes éthiques reconnues sur le plan international.

6. Il ne doit y avoir aucune discrimination dans le prononcé et l'exécution des sanctions et mesures appliquées dans la communauté pour des motifs de race, de couleur, d'origine ethnique, de nationalité, de sexe, d'âge, de handicap, d'orientation sexuelle, de langue, de religion, d'opinion politique ou autre, de situation économique, sociale ou autre, ou de condition physique ou mentale. L'exécution des sanctions et mesures appliquées dans la communauté doit tenir compte de la diversité et des besoins individuels des prévenus et des auteurs d'infraction.

7. Les sanctions et mesures appliquées dans la communauté doivent être accessibles aux prévenus et auteurs d'infraction qui sont ressortissants étrangers, et elles doivent être exécutées de façon juste et en conformité avec les principes énoncés par les présentes règles, en tenant compte des différences pertinentes de leurs situations.

8. La nature, le contenu et les méthodes d'exécution des sanctions et mesures appliquées dans la communauté doivent respecter les principes de dignité et la vie privée des prévenus et des auteurs d'infraction, de leur famille ainsi que de toute autre personne.

9. Chaque fois que les sanctions et mesures appliquées dans la communauté entraînent un contact avec les victimes, les droits de ces dernières doivent être respectés conformément aux normes éthiques internationalement reconnues dans ce domaine.

10. Dans des cas appropriés, et en tenant dûment compte des droits et des besoins des victimes d'infraction, les auteurs d'infraction doivent pouvoir réparer le préjudice qu'ils ont causé aux victimes ou à la communauté, et être encouragés à le faire.

11. Les sanctions et mesures appliquées dans la communauté doivent être exécutées d'une manière qui n'aggrave pas leur nature afflictive. Les droits des auteurs d'infraction ne sauraient être restreints

lors de l'exécution de la sanction ou mesure appliquée dans la communauté à un degré plus important que nécessaire pour la mise en application de la décision définissant cette sanction ou mesure.

12. Il ne doit y avoir aucune disposition dans la loi quant à la conversion automatique en peine d'emprisonnement d'une sanction ou mesure appliquée dans la communauté en cas de non observation des conditions ou obligations prononcées par cette sanction ou mesure. Cela n'exclut pas l'option de renvoyer en prison les auteurs d'infraction qui n'ont pas rempli leurs obligations liées à la libération conditionnelle.

13. La législation nationale doit prévoir une inspection régulière et un suivi indépendant de l'activité des autorités d'exécution. Cette inspection et ce contrôle doivent être effectués par des personnes qualifiées et expérimentées.

Chapitre II *Cadre juridique.*

Législation.

14. Le recours à des sanctions et mesures appliquées dans la communauté, leur type, leur durée et les modalités de leur exécution doivent être prévus par la loi.

15. Les conditions et obligations dont sont assorties les sanctions et mesures appliquées dans la communauté doivent être définies par des dispositions claires et explicites, de même que les conséquences qui peuvent résulter du non-respect de ces conditions et obligations.

16. Les autorités chargées de prendre la décision concernant le prononcé, la modification et la révocation des sanctions et mesures appliquées dans la communauté doivent être prévues par la loi, de même que leurs pouvoirs et responsabilités.

17. Les autorités chargées de la mise à exécution des sanctions et mesures appliquées dans la communauté doivent être prévues par la loi, ainsi que leurs fonctions et responsabilités. Les pouvoirs de ces autorités de décider des méthodes d'exécution, de déléguer, le cas échéant, leurs prérogatives quant à l'exécution à des tiers, ou encore de passer des accords en vue de cette exécution doivent également être prévus par la loi.

18. Le droit national doit permettre la réduction du recours aux peines d'emprisonnement en prévoyant des sanctions ou mesures non privatives de liberté comme réponse appropriée à certaines infractions.

19. Tout obstacle formel, y compris juridique, empêchant l'utilisation de sanctions et mesures appliquées dans la communauté pour des auteurs d'infraction récidivistes ou ayant commis des infractions graves, ou pour certains types d'infraction, ainsi que toute autre limitation prévue par la loi devraient être revus et supprimés si approprié.

20. Le droit au bénéfice du système de protection sociale existant ou tout autre droit civique ne doit pas être limité par le prononcé ou l'exécution d'une sanction ou mesure appliquée dans la communauté (sauf pour des restrictions faisant partie de la peine).

Imposition de sanctions et mesures appliquées dans la communauté.

21. La durée des sanctions ou mesures appliquées dans la communauté doit être fixée par l'autorité habilitée à prendre la décision, comme prévu par la loi.

22. La nature et la durée d'une sanction ou mesure appliquée dans la communauté doivent être proportionnées à la gravité de l'infraction et au dommage causé aux victimes, et tenir compte des risques évalués ainsi que des besoins et de la situation de la personne.

23. En général, une sanction ou mesure appliquée dans la communauté doit avoir une durée déterminée. Lorsque, à titre exceptionnel, la loi prévoit que la durée de la sanction ou mesure appliquée dans la communauté peut être prolongée, l'autorité de décision doit réexaminer régulièrement la situation pour évaluer si ces circonstances exceptionnelles sont encore d'actualité et, si ce n'est pas le cas, mettre fin à la sanction ou mesure en question.

24. Tout avis communiqué au tribunal ou au ministère public concernant la préparation, le prononcé ou l'exécution d'une sanction ou mesure appliquée dans la communauté ne peut être fourni que par le personnel d'une organisation prévue par la loi.

25. Les prévenus et les auteurs d'infraction doivent avoir le droit d'exercer un recours devant une autorité judiciaire contre la décision les soumettant à une sanction ou mesure appliquée dans la communauté.

26. Les autorités de décision et d'exécution devraient développer des canaux de communication entre elles, qui facilitent des échanges réguliers au sujet des aspects pratiques concernant le prononcé et la mise en œuvre de sanctions et mesures appliquées dans la communauté.

Chapitre III *Méthodes et exécution des sanctions et mesures appliquées dans la communauté.*

Généralités.

27. Le prononcé et l'exécution des sanctions et mesures appliquées dans la communauté doivent poursuivre le but de développer chez l'individu le sens des responsabilités envers la communauté. Ces sanctions et mesures appliquées dans la communauté devraient par conséquent être conçues de manière à ce qu'elles aient la plus grande signification possible pour les prévenus et les auteurs

d'infraction, et doivent viser à contribuer à leur développement personnel et social. Les méthodes de surveillance doivent poursuivre ces objectifs.

28. L'autorité d'exécution doit s'assurer que les informations concernant les droits et les obligations de ceux qui font l'objet de sanctions et mesures appliquées dans la communauté sont mises à leur disposition et leur fournir une aide pour leur permettre d'exercer ces droits et d'honorer ces obligations. Le personnel de cette autorité, les organisations participantes et les individus issus de la communauté doivent être informés de leurs devoirs à cet égard.

29. La mise à exécution de sanctions ou mesures appliquées dans la communauté doit viser à obtenir la coopération des prévenus et des auteurs d'infraction, et à leur faire comprendre que la sanction ou mesure appliquée dans la communauté est une réaction équitable et raisonnable à l'infraction commise. Par conséquent, ils doivent avoir le droit de faire des observations orales ou écrites avant toute décision concernant l'exécution d'une sanction ou mesure appliquée dans la communauté et devraient participer, autant que possible, au processus de décision.

30. Les décisions concernant l'exécution d'une sanction ou mesure appliquée dans la communauté doivent être expliquées de manière claire aux prévenus ou aux auteurs d'infraction dans une langue qu'ils comprennent. Les instructions qui leur sont données par l'autorité d'exécution doivent être concrètes et précises.

31. L'exécution des sanctions et mesures appliquées dans la communauté doit se fonder sur le développement de relations de travail entre le prévenu ou l'auteur d'infraction et la personne assurant sa prise en charge et toute organisation participante ou individu issu de la communauté, concentrée sur la réduction de la récidive et la réinsertion sociale.

32. Les méthodes d'exécution doivent être adaptées individuellement aux circonstances particulières de chaque cas, et les autorités et le personnel chargé de l'exécution doivent, par conséquent, disposer d'une latitude suffisante pour qu'il puisse en être ainsi.

33. Lorsqu'il apparaît qu'un individu a besoin d'une aide personnelle, sociale ou matérielle particulière, pour l'exécution de la sanction ou mesure, celle-ci doit lui être fournie de manière équitable et appropriée pour lui permettre d'honorer ses obligations.

34. Les activités de contrôle doivent être exercées uniquement dans les limites où elles sont nécessaires à une exécution adéquate de la sanction ou de la mesure prononcée. Elles doivent être proportionnées à l'infraction commise ou alléguée, et tenir compte de la situation individuelle du prévenu ou de l'auteur d'infraction, notamment des facteurs liés aux risques et aux besoins, et des droits et des intérêts de la victime. De telles activités doivent être limitées aux buts de la sanction ou de la mesure prononcée.

35. Les autorités d'exécution doivent recourir à des méthodes de travail fondées sur des données validées et conformes aux normes professionnelles établies.

36. Les frais directs d'exécution d'une sanction ou mesure appliquée dans la communauté ne devraient pas, en principe, être mis à la charge du prévenu ou de l'auteur d'infraction.

Supervision et travail d'intérêt général.

37. Les sanctions et mesures appliquées dans la communauté doivent toujours avoir pour but d'encourager la désistance, même si elles impliquent des niveaux élevés de surveillance ou de contrôle.

38. Les programmes et interventions favorisant la réadaptation des auteurs d'infraction doivent se fonder sur différentes méthodes. L'affectation des prévenus ou des auteurs d'infraction à des programmes et interventions spécifiques doit se faire selon des critères explicites.

39. Les tâches confiées aux auteurs d'infraction effectuant un travail d'intérêt général doivent être socialement utiles et signifiantes, et leur permettre de faire usage et/ou de développer autant que possible leurs aptitudes.

40. Le travail d'intérêt général ne doit pas être exécuté dans un but lucratif au bénéfice des autorités d'exécution ou de leur personnel, ou pour réaliser un profit commercial.

41. Les conditions de travail et d'emploi des auteurs d'infraction effectuant un travail d'intérêt général doivent être conformes à la législation en vigueur en matière de santé et de sécurité. Les auteurs d'infraction doivent être assurés contre les accidents et les dommages résultant de l'exécution, de même qu'en matière de responsabilité civile.

Dossier individuel, protection des données et confidentialité.

42. L'autorité d'exécution établit un dossier individuel pour chaque auteur d'infraction. Ce dossier doit être tenu à jour afin, notamment, qu'il soit possible d'établir tout rapport nécessaire quant au degré d'observation par la personne des conditions ou obligations qui lui incombent au titre de la sanction ou mesure.

43. Les informations contenues dans le dossier individuel ne doivent comporter que les aspects intéressant la sanction ou la mesure prononcée et sa mise à exécution. Ces informations doivent être aussi objectives et fiables que possible.

44. La personne assurant la prise en charge d'un prévenu ou d'un auteur d'infraction doit normalement l'informer du contenu du dossier et de tout rapport qu'elle a rédigé, et lui en expliquer le contenu.

45. Le prévenu ou l'auteur d'infraction, ou une personne agissant en son nom, doit avoir accès à son dossier individuel à condition qu'il n'y ait aucune atteinte au respect de la vie privée d'autrui.

46. Le prévenu ou l'auteur d'infraction doit avoir le droit de contester le contenu du dossier. Le contenu de tout différend non résolu doit être consigné dans le dossier.

47. Les informations figurant dans tout dossier individuel ne doivent être divulguées qu'aux personnes ayant le droit légal d'y accéder. Toute information divulguée doit se limiter à ce qui est pertinent pour répondre au but légal de l'autorité qui la demande.

48. A l'issue de l'exécution de la sanction ou mesure appliquée dans la communauté, les dossiers que possède l'autorité d'exécution doivent être détruits ou archivés conformément à la législation nationale sur la protection des données.

49. La nature et le volume d'informations sur les personnes, communiquées aux organismes assurant le placement en travail d'intérêt général ou fournissant une aide personnelle et sociale de tout type, doivent être définis dans le cadre de l'action menée avec l'auteur d'infraction et limités à cet objet. En seront notamment exclues, en règle générale, les informations sur l'infraction.

Chapitre IV *Participation de la communauté.*

50. La réinsertion dans la société est un objectif important des sanctions et mesures appliquées dans la communauté ; les autorités d'exécution doivent coopérer activement avec d'autres organisations publiques ou privées et avec les communautés locales pour répondre aux besoins des prévenus ou des auteurs d'infraction, faciliter leur insertion sociale et renforcer la sécurité de la communauté.

51. La communauté, incluant aussi bien des particuliers que des organisations et services privés et publics, doit être encouragée à participer à l'exécution des sanctions et mesures appliquées dans la communauté. Des tentatives doivent être faites pour aider les prévenus et les auteurs d'infraction à développer des liens significatifs avec la communauté, à élargir leurs possibilités de contact et de soutien, et à encourager la communauté à contribuer de façon positive à leur réinsertion sociale.

52. La participation de la communauté ne doit jamais être entreprise pour dégager un profit financier au bénéfice de particuliers ou d'organisations.

53. L'encadrement ne peut être exercé par des organisations participantes et par des particuliers issus de la communauté que s'il est prévu par la loi ou défini par les autorités responsables du prononcé ou de l'exécution des sanctions ou mesures appliquées dans la communauté. Dans ce cas, les autorités de décision ou d'exécution continuent d'assumer la responsabilité globale de la bonne exécution de la sanction ou mesure appliquée dans la communauté, et elles doivent faire tout leur possible pour assurer la probité, la sécurité et l'intégrité de tous les participants.

54. Les organisations participantes et les individus issus de la communauté sont tenus par les exigences de confidentialité et de respect des droits des prévenus et des auteurs d'infraction.

55. Lorsque l'autorité d'exécution traite directement avec une organisation ou un individu pour fournir des services destinés aux prévenus ou aux auteurs d'infraction soumis à une sanction ou mesure appliquée dans la communauté, un accord devrait être conclu pour préciser notamment la nature de leurs tâches et la manière dont elles seront accomplies.

Chapitre V *Consentement, coopération et exécution.*

56. Une sanction ou mesure appliquée dans la communauté ne doit être prononcée que lorsque les conditions ou les obligations appropriées ont été décidées et que l'on peut s'attendre à ce que le prévenu ou l'auteur d'infraction coopère et respecte ces conditions et obligations.

57. Lorsqu'un consentement du prévenu ou de l'auteur d'infraction est requis, il doit être donné de manière éclairée et explicite.

58. Un tel consentement ne saurait avoir pour conséquence de priver les prévenus ou les auteurs d'infraction de l'un de leurs droits fondamentaux.

59. Le consentement d'un prévenu doit être recueilli avant toute mesure appliquée dans la communauté imposée avant son procès, ou à la place d'une décision sur une sanction, à moins que la loi n'en dispose autrement.

60. Toutes les conditions ou obligations définies dans une sanction ou mesure appliquée dans la communauté doivent être déterminées en prenant en compte les besoins et la situation de la personne, ainsi que ses risques de récidive (en particulier le risque de provoquer des dommages graves).

61. Outre le document formel, le prévenu ou l'auteur d'infraction doit être clairement informé, avant que commence l'exécution, de la nature de cette sanction ou mesure et du but poursuivi, ainsi que des conditions ou obligations à respecter, dans une langue qu'il comprend, voire par écrit si nécessaire.

Chapitre VI *Non-respect et révocation.*

62. Au début de la mise à exécution d'une sanction ou mesure appliquée dans la communauté, le prévenu et l'auteur d'infraction doivent être informés sur le contenu de la sanction ou mesure, et

sur ce que l'on attend d'eux. Ils doivent également être informés des conséquences du non-respect des conditions et obligations énoncées dans la décision, et des circonstances dans lesquelles ils pourront être renvoyés devant l'autorité de décision, eu égard à l'inexécution ou à l'exécution inadéquate de la sanction ou mesure.

63. L'autorité d'exécution doit définir clairement les procédures à suivre en cas d'inexécution ou d'exécution inadéquate par le prévenu ou l'auteur d'infraction des conditions ou obligations qui sont prononcées à son égard.

64. Les manquements mineurs qui ne nécessitent pas le recours à la procédure de révocation de la sanction ou mesure doivent être réglés rapidement dans le cadre du pouvoir discrétionnaire ou, si nécessaire, par une procédure administrative. Dans ce cas, le prévenu ou l'auteur d'infraction doit avoir la possibilité de faire des observations. La procédure et l'issue du recours doivent être inscrites dans le dossier individuel et expliquées rapidement et clairement à la personne concernée.

65. Tout manquement significatif au respect des conditions ou obligations fixées par une sanction ou mesure appliquée dans la communauté doit sans délai être signalé par écrit à l'autorité de décision par l'autorité d'exécution.

66. Tout rapport écrit sur le manquement aux conditions ou obligations de la sanction ou mesure doit contenir des informations objectives et détaillées sur la manière dont a eu lieu le manquement et sur les circonstances dans lesquelles il s'est produit.

67. La décision relative à la modification ou à la révocation d'une sanction ou d'une mesure appliquée dans la communauté doit être prise par une autorité définie par la loi. Il ne peut être statué par cette autorité de décision sur la modification ou la révocation partielle ou totale d'une sanction ou mesure qu'après un examen détaillé des faits rapportés par l'autorité d'exécution.

68. La décision de révoquer une sanction ou mesure appliquée dans la communauté ne doit pas nécessairement aboutir à prononcer une peine d'emprisonnement.

69. Lorsqu'elle statue sur la modification ou la révocation partielle ou totale d'une sanction ou mesure appliquée dans la communauté, l'autorité de décision doit s'assurer que le prévenu ou l'auteur d'infraction a eu l'opportunité d'examiner les documents pertinents et de présenter sa défense concernant la violation prétendue de toute condition ou obligation prononcée. Le prévenu ou l'auteur d'infraction a droit à une assistance juridique.

70. Lorsque la révocation d'une sanction ou mesure appliquée dans la communauté est envisagée, il doit être tenu compte de la manière dont, et de la mesure dans laquelle, les conditions et obligations fixées par cette sanction ou mesure ont été respectées. Lorsqu'une violation de la sanction ou de la mesure par l'auteur d'infraction conduit à une incarcération, le mérite pour tout respect satisfaisant de ses obligations devrait être reflété dans la durée de la peine d'emprisonnement.

71. Toute condition ou obligation fixée par une sanction ou mesure appliquée dans la communauté peut être modifiée par l'autorité de décision, en fonction des changements dans la situation et/ou des progrès accomplis par le prévenu ou l'auteur d'infraction. Une demande de modification des conditions ou des obligations peut être introduite par le prévenu ou l'auteur d'infraction ou par l'autorité d'exécution, ou comme prévu par la loi.

72. Conformément à la loi, l'autorité de décision doit pouvoir mettre fin avant terme à une sanction ou mesure, lorsqu'il est établi que le prévenu ou l'auteur d'infraction a respecté les conditions et obligations requises, et dès lors qu'il ne s'avère plus nécessaire de les maintenir pour atteindre le but de cette sanction ou mesure. La demande de mettre fin pour ces motifs à une sanction ou mesure peut être formulée par le prévenu ou l'auteur d'infraction, ou par l'autorité d'exécution.

Chapitre VII *Organisation, personnel et ressources.*

Généralités.

73. La structure, le statut et les ressources des organismes d'exécution doivent correspondre au volume et à la complexité des tâches et des responsabilités qui leur sont confiées, et refléter l'importance des services qu'ils assurent.

74. Les autorités d'exécution doivent travailler en coopération avec d'autres organismes du système judiciaire, avec des organismes d'appui et avec la société civile pour s'acquitter de leurs tâches et fonctions efficacement et équitablement.

75. L'activité des autorités chargées de l'exécution des sanctions et mesures appliquées dans la communauté doit reposer sur une déclaration de principes explicite qui en décrit la fonction, les objectifs et les valeurs fondamentales. Cette déclaration de principes devrait être complétée par des plans de service écrits, ainsi que par des instructions et des orientations pratiques.

76. Les autorités d'exécution doivent établir des systèmes internes de contrôle afin de suivre leur propre performance et celle des membres de leur personnel.

Personnel.

77. Les autorités d'exécution devraient disposer d'un personnel doté de grandes qualités professionnelles, recruté, formé et employé conformément aux principes énoncés dans les textes pertinents du Conseil de l'Europe relatifs au personnel chargé de l'application des sanctions et mesures.

78. Le personnel est responsable devant l'autorité d'exécution. Cette autorité doit définir les obligations, les droits et les responsabilités de son personnel, et prendre toutes dispositions pour en assurer la gestion et la supervision, et évaluer l'impartialité, la productivité et l'efficacité de son travail.

79. Des dispositions doivent être prises pour que la direction consulte le personnel à titre collectif sur les sujets d'ordre général, et, plus spécifiquement, sur ses conditions de travail.

80. Pour le recrutement, la sélection et la promotion du personnel, nul ne peut faire l'objet d'une discrimination fondée sur la race, la couleur, l'origine ethnique, le sexe, l'orientation sexuelle, la religion, l'opinion politique ou toute autre opinion, ou la situation économique ou sociale.

81. Le recrutement et la sélection du personnel devraient tenir compte des besoins spécifiques de catégories particulières de personnes et de la diversité des prévenus ou auteurs d'infraction à prendre en charge.

82. Le personnel chargé de l'exécution doit être en nombre suffisant pour assumer effectivement les diverses tâches qui lui incombent. Il doit avoir les qualités personnelles et les qualifications professionnelles nécessaires à l'exercice de ses fonctions.

83. Le personnel chargé de l'exécution doit recevoir une formation adéquate lui permettant d'avoir une bonne compréhension de son champ d'activité particulier, de ses tâches concrètes et des exigences déontologiques de son travail. Sa formation devrait l'encourager à contribuer à la valorisation de son travail. Ses compétences professionnelles doivent être régulièrement développées par des cours de perfectionnement, des analyses et des évaluations de son travail.

84. Les salaires et les conditions d'emploi doivent correspondre aux compétences et responsabilités du personnel. Le personnel doit être nommé selon des conditions juridiques, financières et de durée de travail qui garantissent la continuité de développement professionnel et personnel, permettent de renforcer son sens des responsabilités et lui assurent un statut correspondant à celui d'autres personnels professionnels exerçant des fonctions comparables.

Recours au bénévolat.

85. L'autorité d'exécution devrait envisager le recrutement de bénévoles pour contribuer à ses activités en vue de renforcer la participation de la communauté à l'exécution des sanctions et mesures.

86. Les bénévoles peuvent apporter une contribution importante à l'exécution des sanctions et mesures appliquées dans la communauté, mais ils ne devraient pas effectuer de tâches qui incombent au personnel professionnel.

87. Les autorités d'exécution doivent définir des critères et procédures selon lesquelles des individus bénévoles issus de la communauté sont sélectionnés, informés concernant leurs tâches, responsabilités, limites de leur compétence, les personnes auxquelles ils doivent rendre compte, et tout autre élément utile. Une formation adaptée doit être assurée.

88. Les bénévoles doivent être guidés et soutenus par le personnel professionnel, et être mis en position de mener à bien les tâches qui correspondent à leurs capacités et à leurs centres d'intérêt, dans les limites de leur rôle.

89. Les bénévoles doivent être couverts par une assurance contre les accidents et préjudices corporels, de même qu'en matière de responsabilité civile, lorsqu'ils exercent les fonctions qui leur sont assignées par l'autorité d'exécution. Il appartient à l'autorité d'exécution de veiller à ce qu'ils soient assurés de manière adéquate. Les dépenses nécessaires engagées lors du travail de ces personnes doivent leur être remboursées.

Ressources financières.

90. Les autorités d'exécution doivent disposer des ressources financières adéquates, fournies par les fonds publics. Des tiers peuvent apporter une contribution financière ou toute autre contribution, mais les autorités d'exécution ne doivent jamais dépendre financièrement de ceux-ci.

91. Dans le cas où les autorités d'exécution disposent de la contribution financière de tiers, des règles devront définir les procédures à suivre, les personnes investies de responsabilités spécifiques dans ce domaine et les modalités de contrôle de l'utilisation des fonds.

Chapitre VIII *Procédures d'inspection, de suivi et de recours.*

92. Les autorités d'exécution doivent faire l'objet d'un contrôle et soumettre régulièrement aux autorités compétentes des rapports généraux et des retours d'information concernant leur travail. Les autorités d'exécution doivent également faire l'objet d'une inspection et/ou d'un suivi et doivent coopérer pleinement avec toutes ces formes de contrôle. Les conclusions d'inspections gouvernementales et d'organes de suivi indépendants doivent être rendues publiques.

93. Une procédure de recours équitable, simple et impartiale doit être disponible concernant une décision rendue par l'autorité d'exécution, ou le manque de prise d'une telle décision, ou, en général, concernant l'effet donné à la sanction ou la mesure.

94. En première instance, les autorités d'exécution doivent prendre en considération et examiner les recours concernant l'exécution d'une sanction ou mesure. Le recours doit être examiné et faire l'objet d'une décision dans les meilleurs délais.

95. Les personnes chargées d'examiner le recours doivent obtenir toutes les informations nécessaires pour leur permettre de prendre leur décision. Il convient d'examiner soigneusement l'opportunité d'entendre le plaignant en personne, particulièrement lorsqu'un tel souhait a été exprimé.

96. La décision des personnes chargées d'examiner le recours et les raisons justifiant la décision doivent être communiquées par écrit au plaignant, à l'autorité chargée de l'exécution et aux membres du personnel concernés.

97. Un plaignant peut être conseillé ou assisté par une personne de son choix et, si nécessaire, recevoir une assistance juridique.

Chapitre IX *Recherche, évaluation, relations avec les médias et le public.*

98. La recherche sur les sanctions et mesures appliquées dans la communauté devrait être encouragée. Celles-ci devraient être régulièrement évaluées. Les programmes et interventions devraient être structurés conformément aux enseignements tirés des travaux de recherche pertinents en la matière.

99. Des critères d'efficacité et de performance devraient être définis de manière à permettre d'évaluer sous différents angles les avantages et les inconvénients des programmes et interventions, afin d'améliorer autant que possible la qualité des résultats qu'ils produisent. Il convient d'établir des normes et des indicateurs de performance pour la mise en œuvre de ces programmes et interventions.

100. De nouvelles sanctions et mesures appliquees dans la communauté, conformes aux normes éthiques approuvées au niveau international, pourraient être introduites à titre d'essai. Tout projet pilote ou expérimentation devrait être menés en respectant l'esprit des présentes règles et faire l'objet d'un suivi minutieux et d'une évaluation approfondie.

101. Les responsables politiques, les législateurs, les autorités judiciaires et le grand public devraient recevoir régulièrement des informations sur les intérêts économiques et sociaux résultant d'un recours réduit aux peines d'emprisonnement, ainsi que sur les avantages des sanctions et mesures appliquées dans la communauté. Une politique de communication vers le public devrait être lancée.

102. Il convient de s'employer activement à diffuser des informations sur la nature et le contenu des sanctions et mesures appliquées dans la communauté ainsi que sur les diverses modalités de leur exécution, afin que le grand public puisse en comprendre le bien-fondé et les considérer comme des réponses adéquates et crédibles aux comportements délinquants.

103. Les autorités judiciaires et autres autorités de décision devraient être associées au processus d'élaboration et de révision des politiques concernant le recours aux sanctions et mesures appliquées dans la communauté, et devraient être informées de leurs résultats, en vue d'assurer une large compréhension des points forts et des limitations des sanctions et mesures appliquées dans la communauté.

104. Les autorités d'exécution doivent donner la possibilité aux prévenus et aux auteurs d'infraction de s'informer sur la façon dont se déroule leur prise en charge, et les encourager à le faire, afin que les politiques et les pratiques puissent être améliorées. Si lesdites autorités travaillent avec des victimes, elles doivent également s'efforcer de recueillir l'avis de ces dernières.

Chapitre X *Réexamen des règles.*

105. Les présentes règles seront réexaminées régulièrement.

Recommandation CM/Rec(2014)4 du Comité des Ministres aux États membres,

Relative à la surveillance électronique.

(Adoptée par le Comité des Ministres le 19 févr. 2014, lors de la 1192e réunion des Délégués des Ministres)

Le Comité des Ministres, en vertu de l'article 15.b du Statut du Conseil de l'Europe,

Considérant que le but du Conseil de l'Europe est de réaliser une union plus étroite entre ses membres ;

Convenant de la nécessité de développer davantage la coopération internationale en matière d'exécution des sanctions pénales ;

Considérant qu'une telle coopération devrait contribuer à améliorer la justice, à sanctionner les auteurs d'infraction efficacement et dans le plein respect de leurs droits et de leur dignité ainsi qu'à réduire la fréquence des infractions ;

Estimant que la privation de liberté devrait être utilisée comme une mesure de dernier recours et que la plupart des prévenus et auteurs d'infraction peuvent être pris en charge efficacement et à moindre coût en milieu ouvert ;

Considérant que l'augmentation constante de la population carcérale peut conduire à des conditions de détention contraires à l'article 3 de la Convention de sauvegarde des droits de l'homme et des libertés fondamentales (STE n° 5), comme le montre la jurisprudence pertinente de la Cour européenne des droits de l'homme ;

Réaffirmant que le surpeuplement des prisons et l'augmentation de la population carcérale posent un problème majeur aux administrations pénitentiaires et au système de justice pénale dans son ensemble, que ce soit en termes de droits de l'homme ou de gestion efficace des établissements pénitentiaires ;

Reconnaissant que l'utilisation de mesures de surveillance électronique dans le cadre du processus de justice pénale peut contribuer à limiter le recours à la privation de liberté, tout en garantissant une surveillance efficace des prévenus et des auteurs d'infraction en milieu ouvert et, ce faisant, en concourant à prévenir la criminalité ;

Reconnaissant par ailleurs que les technologies de surveillance électronique devraient être utilisées de manière dûment réglementée et proportionnée afin de réduire leurs éventuelles répercussions négatives sur la vie privée et familiale de la personne placée sous surveillance électronique et des tiers concernés ;

Convenant par conséquent qu'il convient de définir des règles relatives aux limites, types et modalités d'utilisation des technologies de surveillance électronique pour guider les gouvernements des États membres dans leur législation, leur politique et leur pratique dans ce domaine ;

Convenant aussi que des normes éthiques et professionnelles doivent être établies concernant l'utilisation efficace de la surveillance électronique pour guider les autorités nationales, en particulier les juges, les procureurs, les administrations pénitentiaires, les services de probation, la police ainsi que les organismes fournissant l'équipement ou chargés de surveiller les prévenus ou auteurs d'infraction ;

Prenant en considération :

– la Convention de sauvegarde des droits de l'homme et des libertés fondamentales (STE n° 5) ;

– la Convention européenne pour la surveillance des personnes condamnées ou libérées sous condition (STE n° 51) ;

– la Recommandation Rec(92)16 relative aux règles européennes sur les sanctions et mesures appliquées dans la communauté ;

– la Recommandation Rec(92)17 relative à la cohérence dans le prononcé des peines ;

– la Recommandation Rec(97)12 sur le personnel chargé de l'application des sanctions et mesures ;

– la Recommandation Rec(99)22 concernant le surpeuplement des prisons et l'inflation carcérale ;

– la Recommandation Rec(2000)22 concernant l'amélioration de la mise en œuvre des règles européennes sur les sanctions et mesures appliquées dans la communauté ;

– la Recommandation Rec(2003)22 concernant la libération conditionnelle ;

– la Recommandation Rec(2006)2 sur les Règles pénitentiaires européennes ;

– la Recommandation CM/Rec(2008)11 sur les Règles européennes pour les délinquants mineurs faisant l'objet de sanctions ou de mesures ;

– la Recommandation CM/Rec(2010)1 sur les Règles du Conseil de l'Europe relatives à la probation ;

– Recommandation CM/Rec(2012)5 sur le Code européen de déontologie pour le personnel pénitentiaire ;

Gardant à l'esprit :

– les Règles minima des Nations unies pour l'élaboration de mesures non privatives de liberté (Règles de Tokyo) (Résolution 45/110) ;

– les Règles des Nations unies concernant le traitement des femmes détenues et les mesures non privatives de liberté pour les femmes délinquantes (Règles de Bangkok) (Résolution 2010/16) ;

– l'Ensemble des règles minima des Nations unies concernant l'administration de la justice pour mineurs (Règles de Beijing) (Résolution 40/33) ;

– la Décision cadre 2008/947/JAI du Conseil de l'Union européenne concernant l'application du principe de reconnaissance mutuelle aux jugements et aux décisions de probation aux fins de la surveillance des mesures de probation et des peines de substitution ;

– la Décision cadre 2009/829/JAI du Conseil de l'Union européenne concernant l'application, entre les États membres de l'Union européenne, du principe de reconnaissance mutuelle aux décisions relatives à des mesures de contrôle en tant qu'alternative à la détention provisoire,

Recommande aux gouvernements des États membres :

– de prendre, lors de la révision de leur législation et pratique pertinentes, toutes les mesures appropriées pour appliquer les principes établis en annexe de la présente recommandation ;

– d'assurer la diffusion la plus large possible de cette recommandation et de son commentaire auprès des autorités et organismes compétents, en particulier auprès des ministères compétents, de l'administration pénitentiaire, des services de probation, de la police et d'autres organismes compétents en matière de maintien de l'ordre ainsi que de tout autre organisme fournissant l'équipement de surveillance électronique ou chargé de contrôler des personnes placées sous surveillance électronique dans le cadre du processus de justice pénale.

Annexe à la Recommandation CM/Rec(2014)4

I *Champ d'application.*

La présente recommandation a pour but de définir un ensemble de principes fondamentaux, liés aux aspects éthiques et aux normes professionnelles dont l'application permettra aux autorités nationales de veiller à un usage juste, proportionné et efficace de différentes formes de surveillance électronique dans le cadre du processus de justice pénale, dans le plein respect des droits des personnes concernées.

Elle vise également à attirer l'attention des autorités nationales sur la nécessité, dans le cadre de la surveillance électronique, de prendre garde à ne pas compromettre ou remplacer l'instauration de relations professionnelles constructives entre les prévenus ou auteurs d'infraction et les agents compétents qui les prennent en charge dans leur communauté. Il est à souligner que le placement sous surveillance électronique peut être une mesure utile en complément des moyens existants de prise en charge directe de tout prévenu ou auteur d'infraction sur les plans social et psychologique, comme défini dans les recommandations pertinentes du Comité des Ministres et, en particulier : la Recommandation Rec(92)16 relative aux Règles européennes sur les sanctions et mesures appliquées dans la communauté ; la Recommandation Rec(97)12 sur le personnel chargé de l'application des sanctions et mesures ; la Recommandation Rec(2006)2 sur les Règles pénitentiaires européennes ; la Recommandation CM/Rec(2010)1 sur les règles du Conseil de l'Europe relatives à la probation ; et la Recommandation CM/Rec(2012)5 sur le Code européen de déontologie pour le personnel pénitentiaire.

II *Définitions.*

*"**Surveillance électronique**"* est un terme général par lequel on désigne diverses formes de suivi de la localisation, des déplacements et du comportement spécifique de certaines personnes dans le cadre du processus de justice pénale. Les formes de surveillance électronique actuellement utilisées sont le suivi par radio, le suivi biométrique et le suivi par satellite. Elles requièrent généralement un dispositif fixé sur la personne surveillée et un suivi à distance.

Selon les dispositions juridiques nationales, la surveillance électronique peut être utilisé *[utilisée]* dans l'un ou plusieurs des cas ci-après :

— lors de la phase préalable au procès ;

— en tant que condition d'un sursis ou de l'exécution d'une peine de prison ;

— en tant que moyen autonome d'exécution d'une peine de prison ou d'une mesure pénale dans la communauté ;

— en association avec d'autres interventions de probation ;

— en tant que mesure préparatoire à la libération ;

— dans le cadre d'une libération conditionnelle des prisonniers ;

— en tant que mesure intensive d'orientation et de contrôle pour certains types d'auteurs d'infraction après leur sortie de prison ;

— pour surveiller les mouvements des auteurs d'infraction à l'intérieur des prisons et/ou dans le périmètre des prisons ouvertes ;

— en tant que moyen de protection des victimes des certaines infraction *[infractions]*, pour les protéger des prévenus ou des auteurs de ces infractions.

Lorsque la surveillance électronique est mise en œuvre comme une modalité d'exécution d'une peine de prison, dans certains ordres juridiques, les auteurs d'infraction placés sous surveillance électronique sont considérés par les autorités comme étant des détenus.

Dans certains ordres juridiques, la surveillance électronique est gérée directement par les services pénitentiaires, de probation ou de police, ou un autre organisme public compétent ; dans d'autres, elle est mise en œuvre par des entreprises privées dans le cadre d'un contrat de service avec un organisme étatique.

Dans certains ordres juridiques, le prévenu ou l'auteur d'infraction porteur du dispositif est contraint de contribuer aux frais de fonctionnement, tandis que dans d'autres le coût de la surveillance électronique est exclusivement pris en charge par l'État.

Dans certains ordres juridiques, la surveillance électronique peut être utilisée pour les prévenus ou auteurs d'infraction d'âge mineur, tandis que dans d'autres ordres juridiques cette mesure n'est pas applicable aux mineurs.

*"**Prévenu**"* : désigne toute personne dont il est allégué qu'elle a commis une infraction pénale ou en est suspectée mais qui n'a pas encore été jugée pour celle-ci.

*"**Auteur d'infraction**"* : désigne toute personne qui a été reconnue coupable d'une infraction pénale.

*"**Organisme fournissant l'équipement de surveillance électronique**"* : en général, une entreprise privée qui fabrique, commercialise, vend, loue ce type d'équipement et en assure la maintenance.

*"**Organisme chargé de contrôler les personnes sous surveillance électronique**"* : organisme public ou privé chargé par les autorités compétentes de contrôler la localisation, les déplacements ou le comportement spécifique d'un prévenu ou d'un auteur d'infraction sur une période donnée.

*"**Service de probation**"* : organe responsable de l'exécution, en milieu ouvert, de sanctions et de mesures prévues par la loi et prononcées à l'encontre d'un auteur d'infraction. Ses missions comprennent un ensemble d'activités et d'interventions destinées notamment à assurer un suivi et à offrir des conseils et une assistance en vue de l'intégration sociale des auteurs d'infraction, et à contribuer à la sécurité collective. Il peut aussi, suivant le système juridique national, remplir une ou plusieurs des fonctions suivantes : informer et conseiller les autorités judiciaires et les autres autorités décisionnaires pour les aider à prendre des décisions équitables en connaissance de cause ; guider et soutenir les auteurs d'infraction pendant leur détention pour préparer leur libération et leur réinsertion ; suivre les personnes bénéficiant d'une libération anticipée et leur apporter une assistance ; mettre en œuvre des interventions de justice réparatrice ; et offrir une assistance aux victimes d'infraction.

Un service de probation peut aussi, suivant le système juridique national, être "l'organisme chargé de contrôler les personnes sous surveillance électronique".

III *Principes fondamentaux.*

1. L'utilisation ainsi que les types, la durée et les modalités d'exécution de la surveillance électronique dans le cadre de la justice pénale doivent être régis par la loi.

2. Les décisions de placement ou de cessation du placement sous surveillance électronique doivent être prises par un juge ou pouvoir faire l'objet d'un contrôle juridictionnel.

3. Lorsque la surveillance électronique est utilisée préalablement au procès, une attention particulière doit être portée à ce que son utilisation ne soit pas élargie abusivement.

4. Le type et les modalités d'exécution de la surveillance électronique doivent être proportionnés, pour ce qui est de la durée et du degré d'intrusion, à la gravité de l'infraction présumée ou commise, tenir compte de la situation personnelle du prévenu ou de l'auteur de l'infraction et être régulièrement réexaminés.

5. La surveillance électronique ne doit pas être mise en œuvre d'une manière qui restreigne les droits et libertés fondamentaux du prévenu ou de l'auteur de l'infraction au-delà de ce qui est prévu dans la décision imposant cette mesure.

6. Le placement sous surveillance électronique et la détermination de son type, de sa durée et des modalités de son exécution devraient tenir compte de son impact sur les droits et les intérêts de la famille et des tiers sur le lieu d'habitation où le prévenu ou l'auteur d'infraction est assigné.

7. Le placement sous surveillance électronique et son exécution ne doivent donner lieu à aucune discrimination fondée sur le sexe, la race, la couleur, la nationalité, la langue, la religion, l'orientation sexuelle, les opinions politiques ou autres, l'origine nationale ou sociale, la fortune, l'appartenance à une minorité nationale ou l'état physique ou mental.

8. La surveillance électronique peut être utilisée comme une mesure autonome afin d'assurer un suivi et de réduire le risque criminogène pendant la durée spécifique de sa mise en œuvre. Pour que l'effet de prévention de la récidive soit plus durable, ce type de surveillance devrait être assorti d'autres interventions professionnelles et de mesures de soutien visant à faciliter la réinsertion sociale des auteurs d'infraction.

9. Lorsque des organismes du secteur privé participent à la mise en œuvre des décisions de placement sous surveillance électronique, il incombe aux autorités publiques de veiller à ce que les personnes concernées soient traitées de manière efficace et conformément aux normes éthiques et professionnelles internationales applicables.

10. Les autorités publiques doivent veiller à ce que toutes les informations relatives à la participation du secteur privé à la mise en œuvre de la surveillance électronique soient transparentes et réglementer l'accès du public à de telles informations.

11. Lorsque les prévenus ou les auteurs d'infractions porteurs participent aux frais de fonctionnement du dispositif de surveillance électronique, le montant de cette contribution doit être proportionné à leur situation financière et être réglementé par la loi.

12. Le traitement et la mise en commun des données collectées par les organismes compétents concernant le placement sous surveillance électronique et son exécution doivent être spécifiquement régis par la loi.

13. Les agents chargés de la mise en œuvre des décisions de placement sous surveillance électronique doivent être en effectif suffisant et convenablement et régulièrement formés pour pouvoir s'acquitter de leurs fonctions efficacement, avec professionnalisme et en conformité avec les normes éthiques les plus élevées. Les questions relatives à la protection des données doivent figurer au programme de leur formation.

14. Les organismes chargés de la mise en œuvre de la surveillance électronique conformément au droit national doivent être régulièrement inspectés par l'État et des possibilités de contrôle par une autorité indépendante doivent être prévues.

IV *Conditions de mise en œuvre de la surveillance électronique aux différentes phases de la procédure pénale.*

15. Pour que le prévenu ou l'auteur d'infraction se conforme à la décision, différentes mesures peuvent être mises en œuvre conformément à la législation nationale. En particulier son consentement et sa coopération peuvent être recherchés, ou des sanctions dissuasives peuvent être prises.

16. Les modalités d'exécution de la surveillance électronique préalablement au procès pénal et le degré d'intrusion correspondant doivent être proportionnés à la gravité de l'infraction présumée avoir été commise et reposer sur une évaluation précise du risque de fuite, d'entrave à la justice, de menace grave pour l'ordre public ou de commission d'une nouvelle infraction

17. La législation nationale doit définir la manière avec laquelle la durée du placement sous surveillance électronique préalablement au procès pourrait être déduite, par le tribunal, de la durée totale de la peine ou de la mesure définitive prononcée.

18. Lorsque la surveillance électronique est utilisée dans le cadre d'un dispositif de protection de la victime afin de surveiller les mouvements d'un prévenu ou d'un auteur d'infraction, il est essentiel de recueillir le consentement préalable de la victime et tous les efforts doivent être entrepris pour que la victime comprenne les possibilités et les limites de la technologie.

19. Lorsque la surveillance électronique est associée à une interdiction de pénétrer dans certaines zones ou à une obligation de rester dans une zone, des efforts doivent être entrepris afin de s'assurer que les conditions de mise en œuvre ne soient pas restrictives au point d'empêcher une qualité de vie correcte dans la communauté au quotidien.

20. Lorsqu'un abus de substances doit être contrôlé, il convient de tenir compte de l'effet intrusif et des potentiels thérapeutiques et éducatifs respectifs des solutions électroniques ou traditionnelles utilisées avant de prendre une décision concernant l'approche qui doit être utilisée.

21. Les mesures de surveillance électronique imposant à l'auteur d'infraction de ne pas sortir de son lieu d'habitation doivent être évitées autant que possible afin de prévenir les effets néfastes de l'isolement lorsque la personne concernée vit seule, et de protéger les droits des tiers susceptibles de vivre au même endroit.

22. Afin de préparer la libération de l'auteur d'infraction et selon le type d'infraction et de programme de prise en charge, la surveillance électronique peut être utilisée pour augmenter le nombre des permissions de sortie de courte durée, les possibilités de travail en milieu ouvert ou de placement en prison ouverte.

23. La surveillance électronique peut être utilisée comme alternative à une peine d'emprisonnement, auquel cas sa durée doit être réglementée par la loi.

24. La surveillance électronique peut être mise en œuvre, si besoin est, dans le cadre d'une libération anticipée. Dans ce cas, sa durée doit être proportionnée à la durée de la peine restante à effectuer.

25. Lorsque la surveillance électronique est utilisée, si besoin est, au terme d'une peine d'emprisonnement comme mesure postérieure à la libération, sa durée et le degré d'intrusion doivent être soigneusement définis, en tenant pleinement compte des répercussions pour les anciens détenus, leurs familles et les tiers.

V *Aspects éthiques.*

26. L'âge, le handicap et d'autres conditions spécifiques ou circonstances personnelles pertinentes à chaque prévenu ou auteur d'infraction doivent être pris en compte lorsqu'il est décidé si et, selon quelles modalités une mesure de surveillance électronique peut être imposée.

27. Un équipement de surveillance électronique ne peut en aucun cas être utilisé pour causer des souffrances ou des dommages physiques ou psychologiques intentionnels à un prévenu ou à un auteur d'infraction.

28. Les règles relatives à l'utilisation de la surveillance électronique doivent être périodiquement réexaminées afin de tenir compte des évolutions technologiques dans le domaine et d'éviter un degré d'intrusion excessif dans la vie privée et familiale des prévenus ou auteurs d'infraction et des autres personnes concernées.

VI *Protection des données.*

29. Les données recueillies dans le cadre du placement sous surveillance électronique doivent être soumises à une réglementation particulière, fondées sur les normes internationales, applicables en matière de stockage, d'utilisation et de partage des données.

30. Une attention particulière doit être portée à ce que l'utilisation et le partage de ces données dans le cadre des enquêtes et procédures pénales soient strictement réglementés.

31. Un système de sanctions efficaces doit être mis en place en cas d'utilisation ou de traitement impropres, intentionnels ou par négligence, de ces données.

32. Les organismes privés fournissant l'équipement de surveillance électronique ou chargés de contrôler les personnes sous surveillance électronique doivent être soumis aux mêmes lois et règlements pour le traitement des données en leur possession.

VII *Personnel.*

33. Toutes les règles se rapportant au personnel énoncées dans la Recommandation Rec(92)16 relative aux Règles européennes sur les sanctions et mesures appliquées dans la communauté, la Recommandation Rec(97)12 sur le personnel chargé de l'application des sanctions et mesures, la Recommandation CM/Rec(2010)1 sur les règles du Conseil de l'Europe relatives à la probation et la Recommandation CM/Rec(2012)5 sur le Code européen de déontologie pour le personnel pénitentiaire sont applicables.

34. Le personnel doit être formé afin de communiquer avec sensibilité avec les prévenus et les auteurs d'infraction, et de les informer, d'une manière et dans un langage qu'ils comprennent, sur l'utilisation de la technologie, ses répercussions sur leur vie privée et familiale, et sur les conséquences de son utilisation abusive.

35. Le personnel doit être formé à la prise en charge des victimes dans le cas où la surveillance électronique est utilisée en tant que dispositif de soutien aux victimes.

36. Lors de la mise en place d'un système de surveillance électronique, il convient de tenir compte de l'intérêt respectif d'une réponse humaine ou d'une réponse automatique aux données collectées par le centre de contrôle, en tenant compte des avantages de chacune de ces deux solutions.

37. Le personnel chargé du placement sous surveillance électronique ou de sa mise en œuvre doit être régulièrement tenu informé des évolutions et formé à la manipulation, à l'utilisation et aux effets de l'équipement sur les personnes concernées.

38. Le personnel doit être formé à la pose et à la désinstallation de l'équipement, et apporter une assistance et un support techniques afin de garantir son fonctionnement efficace et fiable.

VIII *Travail avec le public, études et évaluation.*

39. Le grand public doit être informé des aspects éthiques et technologiques liés à l'utilisation de la surveillance électronique, de son efficacité, de son objectif et de son intérêt en tant que moyen pour limiter la liberté des prévenus ou des auteurs d'infraction. Il doit aussi être sensibilisé au fait que la surveillance électronique ne peut pas remplacer à elle seule l'assistance et l'intervention de professionnels auprès des prévenus ou auteurs d'infraction.

40. Des études ainsi que des évaluations et des contrôles indépendants doivent être réalisés pour aider les autorités nationales à prendre des décisions éclairées concernant les aspects éthiques et professionnels de l'utilisation de la surveillance électronique dans le cadre d'une procédure pénale.

Recommandation CM/Rec(2010)1 du Comité des Ministres aux États membres,

Sur les règles du Conseil de l'Europe relatives à la probation.

(Adoptée par le Comité des Ministres le 20 janv. 2010, lors de la 1075e réunion des Délégués des Ministres)

Le Comité des Ministres, en vertu de l'article 15.b du Statut du Conseil de l'Europe,

Considérant que le but du Conseil de l'Europe est de réaliser une union plus étroite entre ses membres, en particulier par l'harmonisation des législations sur des questions d'intérêt commun ;

Considérant que le but de la probation est de contribuer à l'équité de la justice pénale ainsi qu'à la sécurité publique en prévenant et en réduisant la commission d'infraction ;

Considérant que les services chargés de la probation font partie des services essentiels de la justice et que leur travail a un impact sur la diminution de la population carcérale ;

Eu égard :

– à la Déclaration et au Plan d'action adoptés lors du Troisième Sommet des Chefs d'État et de Gouvernement du Conseil de l'Europe (Varsovie, 16-17 mai 2005), en particulier pour ce qui concerne la sécurité des citoyens ;

– à la Résolution n° 2 (paragraphe 19) adoptée par la 26e Conférence des ministres européens de la justice (Helsinki, 7-8 avril 2005) ;

Prenant en compte :

– la Convention de sauvegarde des droits de l'homme et des libertés fondamentales (STE n° 5) ;

– la Convention européenne pour la surveillance des personnes condamnées ou libérées sous condition (STE n° 51) ;

– la Convention européenne sur la valeur internationale des jugements répressifs (STE n° 70) ;

– la Recommandation n° R (92) 16 relative aux règles européennes sur les sanctions et mesures appliquées dans la communauté ;

– la Recommandation n° R (97) 12 sur le personnel chargé de l'application des sanctions et mesures ;

– la Recommandation n° R (99) 19 sur la médiation pénale

– la Recommandation n° R (99) 22 concernant le surpeuplement des prisons et l'inflation carcérale ;

– la Recommandation Rec(2000)22 concernant l'amélioration de la mise en œuvre des règles européennes sur les sanctions et mesures appliquées dans la communauté ;

– la Recommandation Rec(2003)22 concernant la libération conditionnelle ;

– la Recommandation Rec(2003)23 concernant la gestion par les administrations pénitentiaires des condamnés à perpétuité et des autres détenus de longue durée ;

– la Recommandation Rec(2006)2 sur les Règles pénitentiaires européennes ;

– la Recommandation Rec(2006)8 sur l'assistance aux victimes d'infractions ; et

– la Recommandation Rec(2006)13 concernant la détention provisoire, les conditions dans lesquelles elle est exécutée et la mise en place de garanties contre les abus ;

Prenant également en compte :

– les Règles minima des Nations unies pour l'élaboration de mesures non privatives de liberté (Règles de Tokyo),

Recommande aux gouvernements des États membres :

– d'être guidés, dans l'élaboration de leurs législations et de leurs politiques ainsi que de leurs pratiques, par les règles figurant dans les annexes à la présente recommandation ;

– de s'assurer que la présente recommandation et son commentaire sont traduits et diffusés de la façon la plus large possible et plus particulièrement auprès des autorités judiciaires, des services de probation, des services pénitentiaires, ainsi que des médias et du grand public.

Annexe I à la Recommandation CM/Rec(2010)1

Partie I *Portée, champ d'application, définitions et principes fondamentaux.*

Portée et champ d'application.

Les présentes règles énoncent les principes qui doivent guider la création et le bon fonctionnement des services de probation. Elles s'appliquent aussi à d'autres organisations lorsqu'elles accomplissent les tâches couvertes par ces règles, y compris d'autres organismes publics, ainsi que des organisations non gouvernementales et commerciales.

Elles ne sauraient en aucune manière être interprétées comme faisant obstacle à l'application de normes et instruments internationaux pertinents relatifs aux droits de l'homme plus favorables à la prise en charge des auteurs d'infraction.

Les présentes règles doivent être lues en parallèle avec la Recommandation n° R (92) 16 relative aux règles européennes sur les sanctions et mesures appliquées dans la communauté.

De plus, ces règles complètent les dispositions pertinentes de la Recommandation n° R (97) 12 sur le personnel chargé de l'application des sanctions et mesures, de la Recommandation n° R (99) 19 sur la médiation pénale, de la Recommandation Rec(2000)22 concernant l'amélioration de la mise en œuvre des règles européennes sur les sanctions et mesures appliquées dans la communauté, de la Recommandation Rec(2003)22 concernant la libération conditionnelle, de la Recommandation Rec(2003)23 concernant la gestion par les administrations pénitentiaires des condamnés à perpétuité et des autres détenus de longue durée, de la Recommandation Rec(2006)2 sur les Règles pénitentiaires européennes, de la Recommandation Rec(2006)8 sur l'assistance aux victimes d'infractions, et de la Recommandation Rec(2006)13 concernant la détention provisoire, les conditions dans lesquelles elle est exécutée et la mise en place de garanties contre les abus, et doivent être interprétées ensemble.

Définitions.

Probation : ce terme décrit l'exécution en milieu ouvert de sanctions et mesures définies par la loi et prononcées à l'encontre d'un auteur d'infraction. Elle consiste en toute une série d'activités et d'interventions, qui impliquent suivi, conseil et assistance dans le but de réintégrer socialement l'auteur d'infraction dans la société et de contribuer à la sécurité collective.

Service de probation : tout organisme désigné par la loi pour remplir les tâches et responsabilités décrites ci-dessus. Suivant le système national, le travail du service de probation peut également inclure la transmission d'informations et d'avis aux autorités judiciaires et aux autres autorités décisionnaires pour les aider à prendre des décisions équitables en connaissance de cause ; le conseil et l'assistance aux auteurs d'infraction pendant leur détention pour préparer leur libération et leur réinsertion ; l'assistance aux personnes en libération anticipée et leur contrôle ; des interventions de justice réparatrice ; et l'offre d'une assistance aux victimes de crime.

Sanctions et mesures appliquées dans la communauté : sanctions et mesures qui maintiennent l'auteur d'infraction dans la communauté et impliquent certaines restrictions de liberté par l'imposition de conditions et/ou d'obligations. L'expression désigne les sanctions décidées par une autorité judiciaire ou administrative et les mesures prises avant la décision imposant la sanction ou à la place d'une telle décision, de même que les modalités d'exécution d'une peine d'emprisonnement hors d'un établissement pénitentiaire.

Aide à la réadaptation : processus consistant à réintégrer de manière volontaire dans la société un auteur d'infraction, après sa sortie définitive de prison, d'une manière à la fois positive, planifiée et encadrée. Dans les présentes règles, ce terme est distinct du terme "réinsertion", qui fait référence à une intervention prévue par la loi et mise en place après la sortie.

Principes fondamentaux.

1. Les services de probation ont pour but de réduire la commission de nouvelles infractions en établissant des relations positives avec les auteurs d'infraction afin d'assurer le suivi (y compris un contrôle, le cas échéant), de les guider et de les assister pour favoriser la réussite de leur insertion sociale. De cette manière, la probation contribue à la sécurité collective et à la bonne administration de la justice.

2. Les services de probation sont tenus de respecter les droits fondamentaux des auteurs d'infraction. Dans toutes leurs interventions, ils tiennent dûment compte de la dignité, de la santé, de la sécurité et du bien-être des auteurs d'infraction.

3. Dans tous les cas où les services de probation traitent des questions relatives aux victimes d'infraction, ils sont tenus de respecter les droits et les besoins de ces dernières.

4. Les services de probation tiennent pleinement compte des particularités, de la situation et des besoins individuels des auteurs d'infraction, de manière à ce que chaque cas soit traité avec justice et équité. Les interventions des services de probation sont menées sans discrimination fondée notamment sur le sexe, la race, la couleur, la langue, la religion, le handicap, l'orientation sexuelle, les opinions politiques ou autres, l'origine nationale ou sociale, l'appartenance à un groupe ethnique minoritaire, la fortune, la naissance ou toute autre situation.

5. En exécutant toute sanction ou mesure, les services de probation ne doivent pas imposer à l'auteur d'infraction des charges ou des restrictions de ses droits supérieures à ce qui a été prévu par la décision judiciaire ou administrative et qui résulte dans chaque cas particulier de la gravité de l'infraction ou du risque de récidive convenablement évalué.

6. Dans toute la mesure du possible, les services de probation recherchent le consentement éclairé et la coopération d'auteurs d'infraction pour toutes les interventions qui les concernent.

7. Chaque intervention préalable à l'établissement définitif de la culpabilité doit se faire avec le consentement éclairé de l'auteur d'infraction et ne doit pas porter atteinte à la présomption d'innocence.

8. Les services de probation, leurs missions et leurs responsabilités, ainsi que leurs relations avec les pouvoirs publics et d'autres organismes, sont définis par le droit national.

9. La probation reste de la responsabilité des pouvoirs publics, même dans les cas où les services sont assurés par d'autres organismes ou par des bénévoles.

10. Les services de probation bénéficient d'un statut et d'une reconnaissance correspondant à leur mission et sont dotés de ressources suffisantes.

11. Les autorités décisionnaires utilisent, si approprié, les conseils et le suivi professionnels des services de probation afin, d'une part, de réduire le risque de récidive et, d'autre part, de développer l'usage des mesures alternatives à la privation de liberté.

12. Les services de probation coopèrent avec d'autres organismes publics ou privés et les communautés locales pour promouvoir l'insertion sociale des auteurs d'infraction. Un travail pluridisciplinaire et interorganisationnel, coordonné et complémentaire est nécessaire pour répondre aux besoins souvent complexes des auteurs d'infraction et renforcer la sécurité collective.

13. Toutes les activités et interventions des services de probation respectent les normes déontologiques et professionnelles nationales et internationales les plus avancées.

14. Des procédures accessibles, impartiales et efficaces de dépôt de plainte concernant la pratique probatoire doivent être établies.

15. Les services de probation sont soumis à une inspection gouvernementale régulière et/ou à un contrôle indépendant.

16. Les autorités compétentes soutiennent l'efficacité des mesures de probation en encourageant la recherche scientifique, dont les résultats doivent orienter les politiques et les pratiques en matière de probation.

17. Les autorités compétentes et les services de probation informent les médias et le grand public de l'action des services de probation afin de mieux faire comprendre leur rôle et leur valeur pour la société.

Partie II *Organisation et personnel.*

Organisation.

18. La structure, le statut et les ressources des services de probation doivent correspondre au volume des tâches et des responsabilités qui leur sont confiées et doivent refléter l'importance du service public qu'ils assurent.

19. Les services de probation, qu'il s'agisse d'organismes publics ou privés, sont tenus de se conformer aux instructions et aux règles formelles de la politique d'intervention établies par les autorités compétentes.

20. Tout organisme privé assurant des services de probation pour les auteurs d'infraction doit être agréé par les autorités compétentes, conformément au droit national.

Personnel.

21. Les services de probation doivent agir de façon à gagner la crédibilité des autres organes de justice et de la société civile pour le statut et le travail effectué par leur personnel. Les autorités compétentes s'efforcent de faciliter à atteindre ce but en lui fournissant des ressources adéquates, en veillant à ce que le personnel soit sélectionné et recruté de façon ciblée, correctement rémunéré et placé sous l'autorité d'une direction compétente.

22. Le personnel est recruté et sélectionné en fonction de critères approuvés qui doivent insister sur l'intégrité, les qualités humaines, les compétences professionnelles et les aptitudes personnelles nécessaires à la tâche complexe qui l'attend.

23. Tous les membres du personnel doivent avoir accès à des formations adaptées à leur rôle et à leur degré de responsabilité professionnelle.

24. Une formation initiale est dispensée à tous les membres du personnel dans le but de leur transmettre les compétences, les connaissances et les valeurs nécessaires. Le personnel est évalué selon des modalités reconnues et des qualifications, qui valident le niveau de compétence atteint, sont décernées.

25. Le personnel doit, tout au long de sa carrière, entretenir et améliorer ses connaissances et ses compétences professionnelles grâce à des formations et au développement continus qui lui sont proposés.

26. Le personnel doit être formé et habilité à agir selon son appréciation dans le respect de la loi, de l'éthique, des principes de l'institution, des normes professionnelles actualisées et du code déontologique.

27. Le personnel travaillant ou amené à travailler avec les auteurs qui ont commis des infractions de nature particulière reçoit une formation spécialisée à cet effet.

28. La formation prend en compte les auteurs d'infraction et, le cas échéant, les victimes particulièrement vulnérables ou qui ont des besoins particuliers.

29. Les effectifs des services de probation doivent être suffisants pour qu'ils puissent assurer pleinement leur mission. Le nombre de dossiers que chaque agent a à traiter doit lui permettre de surveiller, guider et assister efficacement les auteurs d'infraction, de manière humaine et, si cela est approprié, de travailler avec leur famille et, le cas échéant, les victimes. Si la demande est excessive, il est de la responsabilité de la direction de chercher des solutions et d'indiquer au personnel les tâches prioritaires.

30. La direction assure la qualité du travail de probation en dirigeant, guidant, supervisant et motivant le personnel. Ce dernier doit rendre compte de ses actes.

31. La direction veille à développer et à entretenir de bonnes relations de travail et de bons contacts avec d'autres services et partenaires, avec les bénévoles, les pouvoirs publics, les médias et le grand public.

32. Des dispositions prévoient la consultation collégiale du personnel par la direction sur des questions d'ordre général relatives à l'activité professionnelle et aux conditions d'emploi y afférant.

33. La rémunération, les avantages sociaux et les conditions d'emploi du personnel doivent être en rapport avec le statut de la profession et doivent correspondre à la nature astreignante de leur travail pour permettre de recruter et de conserver un personnel compétent.

34. Des bénévoles peuvent être impliqués dans certains aspects du travail de probation. Ils font l'objet d'une sélection, d'un soutien et de l'attribution des ressources adéquates.

Partie III *Responsabilités et relations avec d'autres organismes.*

35. En accord avec le droit national, les services de probation sont en contact avec les autorités judiciaires et, si nécessaire, avec d'autres autorités compétentes, et leur fournissent des informations. Ils leur communiquent en règle générale des informations de portée générale ainsi que relatives à des cas particuliers concernant notamment l'impact probable de la détention et l'opportunité d'appliquer des sanctions et mesures non privatives de liberté. Dans les hypothèses où des rapports relatifs à des cas particuliers sont requis, l'information à communiquer doit être clairement définie.

36. Les services de probation soumettent régulièrement aux autorités compétentes des rapports et des comptes rendus sur l'ensemble de leur action.

37. Les services de probation coopèrent avec d'autres organes du système judiciaire, avec les services de soutien et avec la société civile pour s'acquitter efficacement de leurs missions et obligations.

38. Les services de probation incitent et aident les services de soutien à assumer les responsabilités qui sont les leurs en ce qui concerne l'assistance à porter aux auteurs d'infraction en tant que membres de la société.

39. Indépendamment du fait qu'ils fassent ou non partie d'une même organisation, les services de probation et les services en milieu fermé travaillent en étroite coopération pour contribuer à un passage réussi de la vie carcérale à la vie en société.

40. En cas de besoin, des accords interorganisationnels de portée générale ou concernant des cas particuliers et précisant les conditions de coopération et d'assistance sont conclus entre différents partenaires.

41. Le droit national doit établir des règles formelles et claires relatives au secret professionnel, à la protection des données et à l'échange d'informations. En cas d'établissement de partenariat, il est fait expressément mention de ces règles.

Partie IV *Le travail de probation.*

Rapports présencentiels [présententiels].

42. En fonction du système juridique national, les services de probation peuvent établir des rapports présentenciels sur des auteurs présumés d'infraction particulière dans le but, le cas échéant, d'aider les autorités judiciaires à statuer sur l'opportunité des poursuites ou sur la sanction ou la mesure appropriée. Dans ce cas, ils communiquent régulièrement avec les autorités judiciaires pour déterminer les situations dans lesquelles ce type de rapport peut être utile.

43. Les rapports présentenciels se fondent sur des informations clairement identifiées. Dans la mesure du possible, elles doivent être vérifiées et mises à jour pendant le déroulement de la procédure.

44. Les auteurs présumés d'infraction doivent avoir la possibilité de participer à l'établissement du rapport, dans lequel leur avis, si disponible, doit être reflété et dont le contenu doit leur être communiqué personnellement ou par l'intermédiaire de leur représentant légal.

Autres rapports consultatifs.

45. En fonction du système juridique national, les services de probation peuvent établir les rapports nécessaires à la prise des décisions par les autorités compétentes. Ces rapports donnent un avis :

a. sur la possibilité de libérer l'auteur d'infraction ;

b. sur les conditions particulières dont doit éventuellement être assortie la décision de libération de l'auteur ;

c. sur toute prise en charge nécessaire pour préparer l'auteur d'infraction à sa libération.

46. Les auteurs d'infraction doivent avoir la possibilité, le cas échéant, de participer à l'établissement de ce rapport, dans lequel leur avis, si disponible, doit être reflété et dont le contenu doit leur être communiqué personnellement ou par l'intermédiaire de leur représentant légal.

Le travail d'intérêt général.

47. Le travail d'intérêt général est une sanction ou mesure appliquée dans la communauté qui implique l'organisation et le suivi par les services de probation d'un travail bénévole au service de la collectivité à titre de réparation effective ou symbolique du préjudice causé par l'auteur d'infraction. Le travail d'intérêt général ne doit pas être de nature à stigmatiser les auteurs d'infraction et les services de probation doivent chercher à identifier et à utiliser des tâches propices au développement des compétences et à l'insertion sociale des auteurs d'infraction.

48. Le travail d'intérêt général ne doit pas être exécuté au bénéfice des services de probation, de leur personnel ou dans un but commercial.

49. Lors de la sélection des tâches qui se prêtent au travail d'intérêt général, les services de probation prennent en compte la sécurité de la collectivité et des bénéficiaires directs de ce travail.

50. La protection des auteurs d'infraction affectés à un travail d'intérêt général doit être assurée par des mesures adéquates d'hygiène et de sécurité. Ces mesures ne peuvent pas être moins rigoureuses que celles applicables aux autres travailleurs

51. Les services de probation conçoivent des programmes de travail d'intérêt général prévoyant toute une série de tâches correspondant aux différentes aptitudes des auteurs d'infraction et à la diversité de leurs besoins. En particulier, des tâches adaptées doivent être prévues pour les femmes, pour les personnes handicapées, pour les jeunes adultes et pour les personnes âgées.

52. Les auteurs d'infraction doivent être consultés sur les types de travail qu'ils peuvent effectuer.

Les mesures de suivi.

53. En accord avec le droit national, les services de probation peuvent assurer un suivi avant, pendant et après le procès, tel un suivi dans le cadre d'une libération provisoire, d'une libération sous caution, d'abandon conditionnel des poursuites, d'une peine conditionnelle ou avec sursis, ou d'une libération anticipée.

54. Pour garantir le respect de la mesure, il est nécessaire que le suivi soit pleinement adapté à la diversité des auteurs d'infraction et à leurs besoins.

55. Le suivi ne doit pas être considéré comme un simple contrôle, mais aussi comme un moyen de conseiller, d'aider et d'accompagner les auteurs d'infraction. En cas de besoin, il doit être complété par d'autres interventions, proposées par les services de probation ou d'autres organismes, telles que des formations, le développement de compétences, des offres d'emploi et des dispositifs de soins.

Le travail avec la famille de l'auteur d'infraction.

56. En cas de besoin, et conformément au droit national, les services de probation offrent, directement ou par l'intermédiaire de services partenaires, soutien, conseil et information aux familles des auteurs d'infraction.

La surveillance électronique.

57. Lorsque la surveillance électronique est mise en place dans le cadre du suivi probatoire, elle doit être complétée par des interventions conçues pour mener à la réintégration et aider le désistement.

58. Le niveau de surveillance technologique ne doit pas être plus intrusif que nécessaire en fonction de chaque cas particulier et il doit tenir compte de la gravité de l'infraction commise et des risques pour la sécurité collective.

La réinsertion.

59. Lorsque des services de probation sont chargés du suivi d'auteurs d'infraction après leur remise en liberté, ils coopèrent avec les autorités pénitentiaires, les auteurs, leur famille et la collectivité afin de préparer leur libération et leur réinsertion dans la société. Ils établissent des contacts avec les services compétents en milieu fermé afin d'aider leur réinsertion sociale et professionnelle après la sortie.

60. Les services de probation doivent disposer de tous les accès nécessaires aux détenus afin de pouvoir les aider à préparer leur libération et à organiser leur reinsertion dans le but d'assurer la continuité d'une prise en charge fondée sur tout travail constructif entrepris pendant leur détention.

61. Le suivi après une libération anticipée doit avoir pour but de combler les besoins de réinsertion de l'auteur d'infraction tels que l'emploi, le logement, l'éducation et d'assurer le respect des conditions de libération dans le but de réduire les risques de récidive et de préjudices graves.

L'aide à la réadaptation.

62. Lorsque toutes les obligations postérieures à la libération sont levées, les services de probation devraient pouvoir continuer, lorsque le droit national le permet, à offrir une aide à la réadaptation aux anciens délinquants qui le demandent pour les aider à poursuivre leur vie dans le respect des lois.

Le travail de probation avec les auteurs d'infraction de nationalité étrangère et les ressortissants nationaux sanctionnés à l'étranger.

63. Les services de probation offrent des services accessibles aux auteurs d'infraction de nationalité étrangère, tout particulièrement en ce qui concerne le suivi en milieu ouvert et la réinsertion.

64. Lorsqu'il existe des dispositions prévoyant le transfert des interventions de probation concernant des auteurs d'infraction de nationalité étrangère, ceux-ci doivent être informés de leurs droits à ce sujet. Une coopération étroite et continue doit être établie et maintenue autant que possible avec les services de probation du pays d'origine afin de faciliter le suivi nécessaire au retour de l'auteur d'infraction dans son pays.

65. Les services de probation doivent viser à faciliter, avec l'accord des autorités nationales, les contacts et le soutien déjà établis avec les ressortissants nationaux sanctionnés à l'étranger qui leur sont connus, et à les encourager à utiliser les services de soutien appropriés à leur retour.

Partie V *Le processus de suivi.*

Appréciation.

66. Avant et pendant la mise en place du suivi d'un auteur d'infraction, ce dernier fait l'objet, le cas échéant, d'une appréciation qui analyse de façon systématique et approfondie sa situation particulière, y compris les risques, les facteurs positifs et les besoins, les interventions nécessaires pour répondre à ces besoins ainsi qu'une appréciation de la réceptivité de l'auteur d'infraction à ces interventions.

67. Dans la mesure du possible, les auteurs d'infraction doivent avoir la possibilité de participer activement à cette appréciation formelle, ce qui implique notamment que leurs avis et souhaits personnels soient dûment pris en compte, de même que leurs qualités personnelles et leur sens des responsabilités pour éviter la récidive.

68. Les auteurs d'infraction sont informés de la procédure et des conclusions de l'appréciation.

69. L'appréciation est un processus continu dont l'exactitude et la pertinence doivent être examinées périodiquement.

70. L'appréciation est recommandée :

a. au moment où la peine ou mesure la plus appropriée est déterminée ou lorsqu'une solution autre que la procédure pénale formelle est envisagée ;

b. au début d'une période de suivi ;

c. en cas de changements importants dans la vie de l'auteur d'infraction ;

d. lorsqu'il est envisagé de modifier la nature ou le niveau de suivi ;

e. à la fin de la mesure de suivi.

71. Le personnel doit être formé à effectuer des appréciations conformément aux présentes règles. Lorsque les systèmes nationaux ont recours à des instruments d'appréciation, le personnel doit être formé à comprendre la valeur potentielle et la limite de tels instruments, et à les utiliser pour étayer son appréciation professionnelle.

Planification.

72. Un plan d'exécution pour la mise en œuvre de toutes les sanctions et mesures est établi par les autorités compétentes, et consigné dans le dossier de l'intéressé. Ce plan guide le travail des services de probation et permet au personnel et aux auteurs d'infraction d'évaluer les progrès réalisés pour atteindre les objectifs fixés.

73. Le plan d'exécution est négocié et établi dans toute la mesure du possible en concertation avec l'auteur d'infraction.

74. Le plan s'appuie sur l'appréciation initiale et présente les interventions qui seront mises en place.

75. A chaque fois que l'appréciation est revue, le plan d'exécution doit être révisé, si nécessaire.

Interventions.

76. Les interventions ont pour but la réintégration et le désistement, et doivent donc être constructives et proportionnelles à la sanction ou mesure imposée.

77. Les services de probation doivent pouvoir recourir à diverses méthodes, fondées sur une approche pluridisciplinaire et des connaissances solides issues de la recherche scientifique dans ce domaine.

78. Les auteurs d'infraction doivent être pleinement informés à l'avance de toute intervention proposée. Tout doit être entrepris pour s'assurer de leur participation active à ces interventions.

79. Pour la mise en place des interventions et l'orientation de l'intéressé vers les organismes appropriés, les services de probation font appel, le cas échéant, à des services de soutien.

80. Quel que soit le nombre de personnes amenées à travailler avec un auteur d'infraction, ce dernier relève de la responsabilité d'un membre identifié du personnel. Son rôle est d'évaluer, d'élaborer et de coordonner le plan d'exécution général, d'assurer les contacts avec l'auteur d'infraction et de veiller au respect du dispositif. Ce mode de fonctionnement est d'autant plus important dans les cas où les auteurs d'infraction font l'objet de plusieurs interventions ou lorsque plusieurs organismes sont impliqués.

Évaluation.

81. Les progrès réalisés par les auteurs d'infraction sont évalués à intervalles réguliers et se répercutent sur le plan d'exécution pour la durée de suivi restant à courir. L'évaluation est consignée dans le dossier de l'intéressé et, si nécessaire, jointe au rapport de suivi adressé à l'autorité décisionnaire.

82. L'évaluation reflète également dans quelle mesure le plan d'exécution a été défini, mis en œuvre et a produit les effets attendus. Les services de probation sont habilités à proposer à l'autorité décisionnaire de modifier les modalités de suivi ou de mettre un terme à ce dernier lorsque cela est approprié.

83. L'avis de l'auteur d'infraction quant à la pertinence du suivi est à joindre à l'évaluation.

84. A la fin de la période de suivi, une évaluation finale est effectuée. Les auteurs d'infraction doivent être informés que cette évaluation restera dans leur dossier et pourra être utilisée par après.

Exécution et respect des obligations.

85. Les services de probation veillent à ce que les auteurs d'infraction respectent activement le suivi dont ils font l'objet et toutes les obligations imposées. Pour obtenir la coopération des auteurs d'infraction, les services de probation évitent de recourir à la seule perspective de sanctions en cas de non-respect des obligations.

86. Les auteurs d'infraction sont pleinement informés de ce que l'on attend d'eux, des devoirs et responsabilités du personnel de probation et des conséquences du non-respect des obligations prescrites.

87. Lorsque l'auteur d'infraction ne respecte pas les obligations imposées, le personnel de probation doit réagir de manière active et rapide. La réaction doit tenir pleinement compte des circonstances du non-respect de ces obligations.

Dossiers, informations et confidentialité.

88. Tous les services de probation tiennent un compte rendu formel, précis et à jour de leur travail. Ce compte rendu comprend normalement les données personnelles des personnes concernées, qui sont nécessaires à l'exécution de la sanction ou de la mesure prononcée, un historique des contacts des intéressés avec le service de probation et les actions entreprises dans leur cas. Y sont également consignés les appréciations, plans d'exécution, interventions et évaluations.

89. Les dossiers individuels sont soumis aux principes de confidentialité et de protection des données tels que prévus par le droit national. Les informations confidentielles ne peuvent être communiquées qu'aux organismes concernés, conformément à des procédures strictes de traitement et d'utilisation à des fins bien définies.

90. Les dossiers individuels sont un moyen important de garantir la responsabilité de tous les intervenants. Ils doivent être régulièrement contrôlés par la direction et être présentés à la demande lors d'inspections et de contrôles formels.

91. Les services de probation doivent être en mesure d'informer la justice et les autres autorités compétentes des actions en cours, des progrès de l'auteur d'infraction et de la mesure dans laquelle il respecte ses obligations.

92. L'auteur d'infraction a accès à ses dossiers dans la mesure où c'est prévu par le droit national et ne porte pas atteinte au droit à la vie privée de tierces personnes. L'auteur d'infraction a le droit de contester le contenu de ces dossiers.

Partie VI *Autres missions des services de probation.*

Travail avec les victimes.

93. Si les services de probation sont amenés à intervenir auprès des victimes d'infraction, ils doivent les aider à surmonter les conséquences de l'infraction commise, en tenant pleinement compte de la diversité de leurs besoins.

94. Si nécessaire, les services de probation se mettent en contact avec les services d'aide aux victimes pour s'assurer que les besoins de ces dernières sont pris en compte.

95. Si les services de probation sont amenés à entrer en contact avec les victimes et/ou leur demandent leur avis, celles-ci doivent être clairement informées que les décisions relatives à la sanction des auteurs d'infraction sont prises en fonction de plusieurs facteurs et pas seulement en fonction du préjudice infligé à une victime donnée.

96. Même si les services de probation ne travaillent pas directement avec les victimes, leurs interventions doivent respecter les droits et besoins de ces dernières, et viser à sensibiliser l'auteur d'infraction au préjudice subi par les victimes, et l'amener à en assumer la responsabilité.

Pratiques de justice réparatrice.

97. Si les services de probation sont amenés à participer à des actions de justice réparatrice, les droits et responsabilités des auteurs d'infraction, des victimes et de la collectivité doivent être clairement définis et reconnus. Une formation appropriée doit être proposée au personnel de probation. Quelle que soit la forme d'intervention retenue, le but principal doit être de réparer le préjudice causé.

Prévention de la criminalité.

98. Lorsque le droit national le prévoit, l'expertise et l'expérience des services de probation doivent être utilisées pour le développement de stratégies de réduction de la criminalité. Cela peut prendre la forme d'interventions communes et de partenariats.

Partie VII *Procédures de dépôt des plaintes, inspection et contrôle.*

99. Le droit national prévoit des procédures claires, accessibles et efficaces pour instruire les plaintes relatives à la pratique de probation, et y répondre.

100. Ces procédures doivent être équitables et impartiales.

101. En tout état de cause, le requérant est dûment informé de l'état d'avancement de la procédure et des conclusions de l'instruction.

102. Les services de probation veillent à ce que des systèmes internes fiables soient en place pour pouvoir contrôler et améliorer leur propre fonctionnement, et veiller à ce qu'il réponde aux critères requis.

103. Les services de probation sont responsables devant les autorités compétentes et soumis à des inspections régulières de la part du gouvernement et/ou à un contrôle indépendant. Ils sont tenus de coopérer pleinement à tous ces contrôles. Les résultats du contrôle des organismes indépendants doivent être rendus publics.

Partie VIII *Recherche scientifique, évaluation, action auprès des médias et du public.*

104. La politique et la pratique en matière de probation doivent autant que possible s'appuyer sur des faits. Les autorités fournissent les ressources nécessaires à une recherche scientifique et à une évaluation rigoureuse.

105. La révision des lois, politiques et pratiques existantes s'appuie sur de solides connaissances et études scientifiques répondant aux critères approuvés au niveau international.

106. Des informations factuelles sur le travail des services de probation sont régulièrement communiquées aux médias et au public, qui doivent être informés des buts et des résultats de ce travail afin que le rôle et l'importante mission de ces services dans la société soit *[soient]* mieux compris.

107. Les autorités compétentes sont encouragées à publier des rapports réguliers sur les évolutions observées dans le domaine de la probation.

108. Les déclarations officielles exposant les politiques et pratiques des services de probation sont mises à la disposition des autres organismes, des usagers des services et du grand public, aussi bien sur le plan national qu'international, de manière à favoriser la confiance et à améliorer les normes et pratiques en matière de probation.

Annexe II à la Recommandation CM/Rec(2010)1

Glossaire des termes utilisés.

Aide à la réadaptation : processus consistant à réintégrer de manière volontaire dans la société un auteur d'infraction, après sa sortie définitive de prison, d'une manière à la fois positive, planifiée et encadrée. Dans les présentes règles, ce terme est distinct du terme "réinsertion", qui fait référence à une intervention prévue par la loi et mise en place après la sortie.

Appréciation : processus d'estimation des risques, des besoins et des points forts d'un auteur d'infraction avant de préparer une intervention et/ou de conseiller les autorités judiciaires ou autres autorités compétentes. L'appréciation s'efforce en outre d'identifier les causes de l'infraction et de voir si des mesures peuvent être prises pour réduire les risques de récidive.

Assistance : doit faire intégralement partie du suivi à côté du contrôle. Généralement, elle couvre un ou plusieurs des services suivants : une aide pour trouver un logement, un emploi, une formation, une aide à la famille, etc. Dans certains systèmes juridiques, l'assistance peut être fournie par des services distincts.

Auteur d'infraction : toute personne soupçonnée d'avoir commis ou ayant effectivement commis une infraction pénale. Aux fins de la présente recommandation et sans préjudice de la présomption d'innocence et de l'établissement de la culpabilité par une décision de justice, le terme "auteur d'infraction" s'entend de toute personne faisant l'objet d'une procédure pénale.

Autorité décisionnaire : toute autorité judiciaire, administrative ou autre habilitée par la loi à prononcer ou révoquer une sanction ou une mesure appliquée dans la communauté, ou à modifier les conditions et obligations dont elle s'accompagne.

Autorité judiciaire : ce sont les tribunaux, les juges ou les procureurs.

Bénévole : personne qui fournit à titre gratuit des services liés à la probation. Les bénévoles peuvent néanmoins percevoir une petite somme en défraiement des dépenses liées à leur travail.

Conditions et obligations : ensemble des prescriptions dont s'accompagne la sanction ou la mesure imposée par l'autorité décisionnaire et qui en sont partie intégrante.

Contrôle : désigne les activités qui se limitent à vérifier ou à s'assurer du respect effectif par l'auteur d'infraction de l'ensemble des conditions ou obligations imposées par la sanction ou la mesure. En règle générale, de telles activités comprennent le recours effectif ou la menace de recourir aux sanctions ou mesures plus restrictives en cas de violation de ces conditions ou obligations. La notion de contrôle est plus étroite que celle de suivi.

Désistement : processus par lequel, avec ou sans l'intervention des services de justice pénale, l'auteur d'infraction met un terme à ses activités délinquantes et mène une vie respectant la loi par le développement de son capital humain (par exemple ses capacités individuelles et ses connaissances) et son capital social (par exemple l'emploi, la création d'une famille, les relations et les liens sociaux, et l'engagement dans la société civile).

Droit national : non seulement l'ensemble des textes de loi adoptés par le législateur national, mais aussi tous les autres textes réglementaires et textes d'application de ces lois, ainsi que la jurisprudence des cours et des tribunaux, dans la mesure où ces formes de création de la loi sont reconnues par le système juridique national.

Évaluation : examen approfondi de la mesure dans laquelle les objectifs définis au préalable ont été atteints. Ce processus mène à la prise de décision sur les suites à donner.

Exécution : ensemble des aspects pratiques de l'action des services de probation visant à garantir qu'une sanction ou mesure appliquée dans la communauté est mise en œuvre comme il se doit.

Intervention : toute action entreprise pour assurer le suivi des auteurs d'infraction, les prendre en charge, leur apporter assistance ou conseil afin de les empêcher de commettre de nouvelles infractions et de les aider à vivre dans le respect des lois. Par conséquent, le terme "intervention" ne comprend pas la fourniture d'informations ou la rédaction des rapports.

Libération anticipée : comprend toutes formes de sortie de prison avant que la peine d'emprisonnement ait été pleinement purgée, telles que la libération provisoire, la libération conditionnelle ou la grâce conditionnelle.

Justice réparatrice : comprend des approches et des programmes fondés sur plusieurs postulats : a. la réponse apportée au délit doit permettre de réparer, dans toute la mesure possible, le préjudice causé à la victime ; b. il faut amener les auteurs d'infraction à comprendre que les actes commis par eux ne sont pas acceptables et qu'ils ont de réelles conséquences pour la victime et la communauté ; c. les auteurs d'infraction peuvent et doivent assumer la responsabilité de leurs actes ; d. les victimes doivent avoir la possibilité d'exprimer leurs besoins et d'être associées aux réflexions visant à déterminer comment l'auteur d'infraction doit réparer, au mieux, le préjudice qu'il a causé et ; e. la communauté est tenue de contribuer à ce processus.

Plainte : désigne à la fois un recours auprès d'une autorité judiciaire et le dépôt d'une plainte auprès d'un organe administratif.

Prévention de la criminalité : toute politique et pratique mise en œuvre par les services de justice pénale et d'autres services compétents en vue de prévenir (ou du moins de limiter) les infractions pénales.

Probation : ce terme décrit l'exécution en milieu ouvert de sanctions et mesures définies par la loi et prononcées à l'encontre d'un auteur d'infraction. Elle consiste en toute une série d'activités et d'interventions, qui impliquent suivi, conseil et assistance dans le but de réintégrer socialement l'auteur d'infraction dans la société et de contribuer à la sécurité collective.

Réinsertion : commence pendant la période de détention. C'est le processus conduisant le prisonnier à réintégrer la société d'une manière positive et bien menée. Aux fins des présentes règles, le terme "réinsertion" se rapporte à la période de suivi après la sortie de prison de l'auteur d'infraction, tandis que celui-ci fait encore l'objet de certaines obligations prévues par la loi – par exemple une période de libération conditionnelle. Il convient de distinguer ce terme du terme "aide à la réadaptation".

Réintégration : c'est un concept large qui comprend une grande variété d'interventions visant à encourager le désistement et à rétablir l'auteur d'infraction en tant que personne menant sa vie dans le respect des lois.

Sanctions et mesures appliquées dans la communauté : sanctions et mesures qui maintiennent l'auteur d'infraction dans la communauté et impliquent certaines restrictions de liberté par l'imposition de conditions et/ou d'obligations. L'expression désigne les sanctions décidées par une autorité judiciaire ou administrative et les mesures prises avant la décision imposant la sanction ou à la place d'une telle décision, de même que les modalités d'exécution d'une peine d'emprisonnement hors d'un établissement pénitentiaire.

Service de probation : tout organisme désigné par la loi pour remplir les tâches et responsabilités susmentionnées. Suivant le système national, le travail du service de probation peut également inclure la transmission d'informations et d'avis aux autorités judiciaires et aux autres autorités décisionnaires pour les aider à prendre des décisions équitables en connaissance de cause ; le conseil et l'assistance aux auteurs d'infraction pendant leur détention pour préparer leur libération et leur réinsertion ; l'assistance aux personnes en libération anticipée et leur contrôle ; des interventions de justice réparatrice ; et l'offre d'une assistance aux victimes de crime.

Suivi : désigne à la fois les activités d'assistance, menées par ou pour une autorité d'exécution dans le but de maintenir l'auteur d'infraction au sein de la collectivité et les actions entreprises pour garantir que l'auteur d'infraction respecte les conditions et obligations qui lui ont été imposées, y compris un contrôle le cas échéant. Le suivi peut être obligatoire ou volontaire (à la demande d'auteurs d'infraction).

Suivi postérieur à la libération : suivi pendant la période de libération anticipée.

Victime : toute personne physique qui a subi un préjudice, y compris une atteinte à son intégrité physique ou mentale, une souffrance morale ou un préjudice économique, causé par des actes ou des omissions violant le droit pénal. Le terme "victime" inclut également, le cas échéant, la famille immédiate ou les personnes à charge de la victime directe.

III Règles particulières

Règles des Nations unies du 21 décembre 2010,

Concernant le traitement des détenues et l'imposition de mesures non privatives de liberté aux délinquantes (Règles de Bangkok).

L'Assemblée générale,

Rappelant les règles et normes des Nations unies en matière de prévention du crime et de justice pénale portant principalement sur les questions relatives au traitement des personnes détenues, en particulier l'Ensemble de règles minima pour le traitement des détenus, les dispositions visant à assurer l'application effective de l'Ensemble de règles minima pour le traitement des détenus *[Résol. 1984/47 du Conseil économique et social, ann.]*, l'Ensemble de principes pour la protection de toutes les personnes soumises à une forme quelconque de détention ou d'emprisonnement *[Résol. 43/173, ann.]* et les Principes fondamentaux relatifs au traitement des détenus *[Résol. 45/111, ann.]*,

Rappelant également les règles et normes des Nations unies en matière de prévention du crime et de justice pénale qui portent principalement sur les mesures de substitution à l'emprisonnement, en particulier les Règles minima des Nations unies pour l'élaboration de mesures non privatives de liberté (Règles de Tokyo) *[Résol. 45/110, ann.]* et les Principes fondamentaux concernant le recours à des programmes de justice réparatrice en matière pénale *[Résol. 2002/12 du Conseil économique et social, ann.]*,

Rappelant en outre sa résolution 58/183 du 22 décembre 2003, dans laquelle elle a invité les gouvernements, les organes internationaux et les organes régionaux compétents ainsi que les organismes nationaux et les organisations non gouvernementales qui s'occupent des droits de l'homme à prêter une attention accrue à la question des femmes en prison, y compris les enfants de prisonnières, en vue de cerner les principaux problèmes qui se posent et d'examiner les moyens de s'y attaquer,

Considérant les mesures de substitution à l'emprisonnement prévues par les Règles de Tokyo et tenant compte des spécificités de chaque sexe et, partant, de la nécessité de donner la priorité à l'imposition de mesures non privatives de liberté aux femmes qui ont affaire au système de justice pénale,

Ayant présente à l'esprit sa résolution 61/143 du 19 décembre 2006, dans laquelle elle a invité instamment les États Membres à, entre autres, prendre des mesures concrètes pour combattre les causes structurelles de la violence à l'égard des femmes et à renforcer les activités destinées à prévenir les pratiques et normes sociales discriminatoires, notamment à l'égard des femmes auxquelles les politiques de lutte contre la violence doivent accorder une attention particulière, telles que les femmes internées ou détenues,

Ayant également présente à l'esprit sa résolution 63/241 du 24 décembre 2008, dans laquelle elle a engagé tous les États à prêter attention à l'impact qu'ont sur les enfants la détention et l'emprisonnement de leurs parents et, en particulier, à définir et à encourager les bonnes pratiques eu égard aux besoins et au développement physique, affectif, social et psychologique des nourrissons et des enfants en cas de détention ou d'emprisonnement de leurs parents,

Tenant compte de la Déclaration de Vienne sur la criminalité et la justice : relever les défis du XXIe siècle *[Résol. 55/59, ann.]*, dans laquelle les États Membres se sont engagés, entre autres, à élaborer des recommandations pratiques fondées sur les besoins particuliers des détenues et des délinquantes, et des plans d'action concernant la mise en œuvre de la Déclaration *[Résol. 56/261, ann.]*,

Appelant l'attention sur la Déclaration de Bangkok intitulée "Synergies et réponses : alliances stratégiques pour la prévention du crime et la justice pénale" *[Résol. 60/177, ann.]*, en ce qu'elle concerne spécifiquement les femmes placées en détention ou dans un établissement pénitentiaire ou autre,

Rappelant que, dans la Déclaration de Bangkok, les États Membres ont recommandé que la Commission pour la prévention du crime et la justice pénale envisage d'examiner la pertinence des règles et des normes relatives à la gestion des prisons et au traitement des détenus,

Ayant pris note du fait que la Haut-Commissaire des Nations unies aux droits de l'homme a désigné la semaine du 6 au 12 octobre 2008 "Semaine de la dignité et de la justice pour les détenus", l'accent étant mis en particulier sur les droits fondamentaux des femmes et des filles,

Considérant que les détenues constituent l'un des groupes vulnérables qui ont des nécessités et des besoins particuliers,

Consciente du fait qu'un grand nombre d'établissements pénitentiaires dans le monde ont été conçus principalement pour des détenus de sexe masculin, mais que le nombre de détenues a considérablement augmenté au fil des ans,

Reconnaissant qu'un certain nombre de délinquantes ne constituent pas un risque pour la société et que, comme pour tous les délinquants, leur emprisonnement peut rendre leur réinsertion sociale plus difficile,

Se félicitant de l'élaboration par l'Office des Nations unies contre la drogue et le crime du *Handbook for Prison Managers and Policymakers on Women and Imprisonment* (Manuel sur les femmes et l'emprisonnement à l'intention des administrateurs de prisons et des décideurs),

Se félicitant également du fait que, dans la résolution 10/2 du Conseil des droits de l'homme en date du 25 mars 2009 *[V. Documents officiels de l'Ass. gén., soixante-quatrième session, Suppl. n° 53 (A/64/53), chap. II, sect. A]*, les gouvernements, les organismes internationaux et régionaux compétents, les institutions nationales de défense des droits de l'homme et les organisations non gouvernementales aient été invités à accorder une plus grande attention à la question des femmes et des filles en prison, y compris à la question des enfants de détenues, en vue de cerner et de traiter les aspects proprement féminins du problème et les difficultés qui y sont liées,

Se félicitant en outre de la collaboration entre le Bureau régional de l'Organisation mondiale de la Santé pour l'Europe et l'Office des Nations unies contre la drogue et le crime, et prenant note de la Déclaration de Kiev sur la santé des femmes en prison *[V. Bureau régional de l'Organisation mondiale de la Santé pour l'Europe et Office des Nations unies contre la drogue et le crime, La santé des femmes en milieu carcéral : éliminer les disparités entre les sexes en matière de santé dans les prisons (Copenhague, 2009)]*,

Prenant note des Lignes directrices relatives à la protection de remplacement pour les enfants *[Résol. 64/142, ann.]*,

Rappelant la résolution 18/1 de la Commission pour la prévention du crime et la justice pénale, en date du 24 avril 2009, dans laquelle la Commission a prié le Directeur exécutif de l'Office des Nations unies contre la drogue et le crime de réunir en 2009 un groupe intergouvernemental d'experts à composition non limitée chargé d'élaborer, conformément à l'Ensemble de règles minima pour le traitement des détenus et aux Règles de Tokyo, des règles supplémentaires concernant spécifiquement le traitement des femmes placées en détention et dans un établissement pénitentiaire ou autre, s'est félicitée de l'offre faite par le Gouvernement thaïlandais d'accueillir la réunion du groupe d'experts et a prié celle-ci de présenter les résultats de ses travaux au douzième Congrès des Nations unies pour la prévention du crime et la justice pénale, qui s'est réuni par la suite à Salvador (Brésil) du 12 au 19 avril 2010,

Rappelant également que les quatre réunions préparatoires régionales du douzième Congrès ont favorablement accueilli l'idée de l'élaboration d'un ensemble de règles supplémentaires concernant spécifiquement le traitement des femmes placées en détention et dans un établissement pénitentiaire ou autre *[V. A/CONF.213/RPM.1/1, A/CONF.213/RPM.2/1, A/CONF.213/RPM.3/1 et A/CONF.213/RPM.4/1]*,

Rappelant en outre la Déclaration de Salvador sur des stratégies globales pour faire face aux défis mondiaux : les systèmes de prévention du crime et de justice pénale et leur évolution dans un monde en mutation *[Résol. 65/230, ann.]*, dans laquelle les États Membres ont recommandé que la Commission pour la prévention du crime et la justice pénale considère comme une question prioritaire le projet de règles des Nations unies concernant le traitement des détenues et l'imposition de mesures non privatives de liberté aux délinquantes pour y donner la suite appropriée,

1. *Prend note* avec satisfaction des travaux réalisés par le groupe d'experts chargé d'élaborer des règles supplémentaires concernant spécifiquement le traitement des femmes placées en détention et dans un établissement pénitentiaire ou autre lors de la réunion qu'il a tenue à Bangkok du 23 au 26 novembre 2009 ainsi que de l'issue de la réunion *[V. A/CONF.213/17]* ;

2. *Remercie* le Gouvernement thaïlandais d'avoir accueilli la réunion du groupe d'experts et d'avoir apporté un appui financier à son organisation ;

3. *Adopte* les Règles des Nations unies concernant le traitement des détenues et l'imposition de mesures non privatives de liberté aux délinquantes, jointes en annexe à la présente résolution, et approuve la recommandation du douzième Congrès des Nations unies pour la prévention du crime et la justice pénale tendant à ce qu'elles soient désignées sous le nom de "Règles de Bangkok" ;

4. *Considère* que, compte tenu de la grande diversité des conditions juridiques, sociales, économiques et géographiques existant dans le monde, toutes les règles ne peuvent être appliquées de la même façon en tout lieu et en tout temps mais devraient néanmoins inciter à chercher sans relâche comment surmonter les difficultés pratiques qui s'opposent à leur application, étant donné qu'elles représentent, dans leur ensemble, les aspirations mondiales s'inscrivant dans le cadre de l'objectif commun qui est d'améliorer la situation des détenues, de leurs enfants et de leurs communautés ;

5. *Encourage* les États Membres à adopter une législation pour prendre des mesures de substitution à l'emprisonnement et donner la priorité au financement de telles formules, ainsi qu'à l'élaboration des mécanismes nécessaires à leur mise en œuvre ;

6. *Encourage* les États Membres qui ont mis en place une législation, des procédures, des politiques ou des pratiques concernant les détenues ou des mesures de substitution à l'emprisonnement pour les délinquantes à mettre les informations correspondantes à la disposition des autres États et des organisations internationales, régionales et intergouvernementales ainsi que des organisations non gouvernementales intéressées, et à aider ces États et organisations à mettre au point et à mener des activités de formation ou autres en rapport avec ces législations, procédures, politiques ou pratiques ;

7. *Invite* les États Membres à prendre en compte les besoins et les réalités propres aux détenues lors de l'élaboration d'une législation, de procédures, de politiques et de plans d'action sur cette question et à s'inspirer, selon qu'il conviendra, des Règles de Bangkok ;

8. *Invite également* les États Membres à rassembler, tenir à jour, analyser et publier, le cas échéant, des données précises sur les détenues et les délinquantes ;

9. *Souligne* qu'au moment de déterminer la peine à imposer à une femme enceinte ou à une femme qui est le seul ou le principal soutien d'un enfant, ou de décider des mesures à appliquer à son égard avant le procès, il faudrait privilégier les mesures non privatives de liberté lorsque cela est possible et approprié, et n'envisager l'incarcération qu'en cas d'infraction grave ou violente ;

10. *Demande* à l'Office des Nations unies contre la drogue et le crime de fournir une assistance technique et des services consultatifs aux États Membres qui en font la demande pour mettre en place une législation, des procédures, des politiques et des pratiques – ou, le cas échéant, renforcer celles dont ils disposent déjà – concernant les détenues et les mesures de substitution à l'emprisonnement pour les délinquantes ;

11. *Demande également* à l'Office des Nations unies contre la drogue et le crime de prendre des mesures, selon qu'il conviendra, pour assurer une large diffusion aux Règles de Bangkok, en tant que complément de l'Ensemble de règles minima pour le traitement des détenus et des Règles minima des Nations unies pour l'élaboration de mesures non privatives de liberté (Règles de Tokyo) *[Résol. 45/110, ann.]*, et pour assurer l'intensification des activités d'information dans ce domaine ;

12. *Demande en outre* à l'Office des Nations unies contre la drogue et le crime de renforcer sa coopération avec les autres entités des Nations unies compétentes et avec les organisa-

tions intergouvernementales et régionales ainsi qu'avec les organisations non gouvernementales concernées pour fournir une assistance aux pays dans ce domaine, et de déterminer les besoins et capacités des pays en vue d'accroître la coopération entre eux et la coopération Sud-Sud ;

13. *Invite* les institutions spécialisées des Nations unies ainsi que les organisations intergouvernementales et non gouvernementales régionales et internationales intéressées à participer à l'application des Règles de Bangkok ;

14. *Invite* les États Membres et les autres donateurs à fournir des ressources extrabudgétaires à cette fin, conformément aux règles et procédures de l'Organisation des Nations unies.

ANNEXE

Règles des Nations unies concernant le traitement des détenues et l'imposition de mesures non privatives de liberté aux délinquantes (Règles de Bangkok)

Observations préliminaires

1. L'Ensemble de règles minima pour le traitement des détenus s'applique à toutes les personnes sans distinction ; sa mise en œuvre doit par conséquent tenir compte des réalités et besoins particuliers de toutes ces personnes, y compris les détenues. Toutefois, ces règles qui ont été adoptées il y a plus de 50 ans, ne prêtent pas suffisamment attention aux besoins particuliers des femmes. Au vu de l'augmentation du nombre de détenues dans le monde, il est devenu d'autant plus important et urgent de faire mieux ressortir ces considérations.

2. Constatant la nécessité d'élaborer des règles mondiales concernant les dispositions particulières qui devraient s'appliquer aux détenues et aux délinquantes et tenant compte d'un certain nombre de résolutions pertinentes adoptées par différents organes de l'Organisation des Nations unies qui engagent les États Membres à répondre de manière appropriée aux besoins des délinquantes et des détenues, les présentes règles ont été élaborées pour compléter comme il convient, l'Ensemble de règles minima pour le traitement des détenus et les Règles minima des Nations unies pour l'élaboration de mesures non privatives de liberté (Règles de Tokyo) *[Sixième Congrès des Nations unies pour la prévention du crime et le traitement des délinquants, Caracas, 25 août-5 sept. 1980 : Rapp. du Secrétariat, chap. I, sect. B, résol. 9]* en ce qui concerne le traitement des détenues et les mesures de substitution à l'emprisonnement pour les délinquantes.

3. Les présentes règles ne se substituent en aucune manière à l'Ensemble de règles minima pour le traitement des détenus ni aux Règles de Tokyo et, par conséquent, toutes les dispositions pertinentes figurant dans ces deux séries de règles continuent de s'appliquer à toutes les personnes détenues et délinquantes sans distinction. Certaines des présentes règles précisent comment les dispositions existantes de l'Ensemble de règles minima pour le traitement des détenus et des Règles de Tokyo s'appliquent aux détenues et aux délinquantes, tandis que d'autres abordent de nouvelles questions.

4. Ces règles s'inspirent de principes figurant dans diverses conventions et déclarations des Nations unies et sont donc conformes aux dispositions du droit international existant. Elles s'adressent aux autorités pénitentiaires et aux organes de justice pénale (décideurs, législateurs, services des poursuites, juges et services de probation) intervenant dans l'administration des peines non privatives de liberté et des mesures en milieu ouvert.

5. Les impératifs propres à la situation des délinquantes ont été mis en lumière à l'Organisation des Nations unies dans diverses instances. Par exemple, en 1980, le sixième Congrès des Nations unies pour la prévention du crime et le traitement des délinquants a adopté une résolution sur les besoins particuliers des détenues *[Sixième Congrès des Nations unies pour la prévention du crime et le traitement des délinquants, Caracas, 25 août-5 sept. 1980 : Rapp. du Secrétariat, chap. I, sect. B, résol. 9]*, dans laquelle il recommandait que, dans l'application des résolutions adoptées par le sixième Congrès et touchant directement ou indirectement au traitement des délinquants, l'on tienne compte des problèmes particuliers des détenues et de la nécessité de prévoir des moyens pour résoudre ces problèmes ; que, dans les pays qui ne l'avaient pas encore fait, les programmes et services utilisés comme solution de remplacement à l'incarcération soient ouverts aux délinquantes dans les mêmes conditions qu'aux délinquants de sexe masculin ; et que l'Organisation des Nations unies, les organisations gouvernementales et non gouvernementales dotées du statut consultatif auprès de l'Organisation des Nations unies et toutes les autres organisations internationales poursuivent leurs efforts en vue d'assurer aux délinquantes un traitement équitable et juste pendant leur détention préventive, leur procès, leur jugement et leur incarcération éventuelle, en accordant une attention spéciale aux problèmes particuliers auxquels avaient à faire face les délinquantes, comme la grossesse et le soin des enfants.

6. Les septième, huitième et neuvième Congrès ont également formulé des recommandations concrètes pour les détenues *[V. Septième Congrès des Nations unies pour la prévention du crime et le traitement des délinquants, Milan, 26 août-6 sept. 1985 : rapport établi par le Secrétariat, chap. I, sect. E, résol. 6 (sur l'équité du traitement réservé aux femmes dans l'appareil de justice pénale)] [V. Huitième Congrès des Nations unies pour la prévention du crime et le traitement des délinquants, La Havane, 27 août-7 sept. 1990 : rapport établi par le Secrétariat, chap. I, sect. A. 5 (Principes fondamentaux relatifs au traitement des détenus (V. égal. résol. 45/111 de l'Assemblée générale, annexe)) ; et ibid., sect. C, résol. 17 (sur la détention provisoire), 19 (sur la gestion de la justice pénale et l'élaboration de principes en matière de peines) et 21 (sur la coopération internationale et interrégionale en matière d'administration des prisons, de sanctions communautaires et autres questions)] [V. A/CONF.169/16/Rev.1, chap. I, résol. 1 (sur les recommandations relatives aux quatre grands thèmes du neuvième Congrès des Nations unies pour la prévention du crime et le traitement des délinquants), 5 (sur l'application pratique de l'Ensemble de règles minima pour le traitement des détenus) et 8 (sur l'élimination de la violence contre les femmes)].*

7. Dans la Déclaration de Vienne sur la criminalité et la justice : relever les défis du XXIe siècle, adoptée par le dixième Congrès *[Résol. 55/59, ann.]*, les États Membres se sont engagés à prendre en compte et à traiter, dans le cadre du programme des Nations unies pour la prévention du crime et la justice pénale ainsi que dans le cadre des stratégies nationales de prévention du crime et de justice pénale, le problème posé par l'impact différent des programmes et politiques sur les femmes et sur les hommes (par. 11), et à élaborer des recommandations pratiques fondées sur les besoins particuliers des femmes en tant que détenues et délinquantes (par. 12). Les plans d'action concernant la mise en œuvre de la Déclaration de Vienne *[Résol. 56/261, ann.]* comportent une section distincte (sect. XIII) consacrée aux mesures recommandées pour donner suite aux engagements pris par les États aux paragraphes 11 et 12 de la Déclaration, notamment revoir, évaluer et, si nécessaire, modifier leur législation et leurs politiques, procédures et pratiques en matière pénale, d'une manière compatible avec leur système juridique, pour garantir aux femmes un traitement équitable dans le système de justice pénale.

8. Dans sa résolution 58/183 du 22 décembre 2003, intitulée « Les droits de l'homme dans l'administration de la justice », l'Assemblée générale a demandé qu'une attention accrue soit accordée à la question des détenues et à celle de leurs enfants en vue de cerner les principaux problèmes et d'examiner les moyens de s'y attaquer.

9. Dans sa résolution 61/143 du 19 décembre 2006, intitulée « Intensification de l'action menée pour éliminer toutes les formes de violence à l'égard des femmes », l'Assemblée générale a souligné que l'expression « violence à l'égard des femmes » s'entendait de tout acte de violence sexiste causant ou pouvant causer à la femme un préjudice ou des souffrances physiques, sexuelles ou psychologiques, y compris la privation arbitraire de liberté, que ce soit dans la vie publique ou dans la vie privée, et invité instamment les États à examiner et, s'il y avait lieu, à réviser, modifier ou abroger toutes les lois, réglementations, politiques, pratiques et coutumes qui étaient discriminatoires ou avaient des effets discriminatoires à l'égard des femmes, et de veiller à ce que les dispositions de leurs divers systèmes juridiques, s'ils en avaient plusieurs, soient conformes aux obligations, engagements et principes internationaux relatifs aux droits de l'homme, notamment le principe de la non discrimination ; à prendre des mesures positives pour combattre les causes structurelles de la violence à l'égard des femmes et à renforcer les activités destinées à prévenir les pratiques et normes sociales discriminatoires, notamment à l'égard des femmes auxquelles les politiques de lutte contre la violence devaient accorder une attention particulière, telles que les femmes vivant en institution ou incarcérées ; à dispenser une formation sur l'égalité des sexes et les droits des femmes aux fonctionnaires de police et aux magistrats et à renforcer leurs capacités dans ces domaines. Cette résolution reconnaît le fait que la violence à l'égard des femmes a des incidences sur leurs relations avec le système de justice pénale, ainsi que sur leur droit d'être protégées contre la victimisation lors de leur détention. La sécurité physique et psychologique est essentielle pour garantir les droits fondamentaux et améliorer les conditions faites aux délinquantes, ce dont tiennent compte les présentes règles.

10. Enfin, dans la Déclaration de Bangkok intitulée « Synergies et réponses : alliances stratégiques pour la prévention du crime et la justice pénale », adoptée à l'unanimité par le onzième Congrès des Nations unies pour la prévention du crime et la justice pénale le 25 avril 2005 *[Résol. 60/177, ann.]*, les États Membres ont déclaré qu'ils étaient attachés à la création et au maintien d'institutions de justice pénale équitables et efficaces, qui notamment traitent avec humanité toutes les personnes en détention provisoire ou purgeant une peine conformément aux normes internationales applicables (par. 8), et recommandé que la Commission pour la prévention du crime et la justice pénale envisage d'examiner la pertinence des règles et des normes relatives à la gestion des prisons et au traitement des détenus (par. 30).

11. Comme pour l'Ensemble de règles minima pour le traitement des détenus, il est évident que toutes les règles ci-après ne peuvent être appliquées de la même façon en tout lieu et en tout temps, étant donné la grande diversité des situations juridiques, sociales, économiques et géogra-

phiques existant dans le monde. Elles devraient cependant inciter à chercher sans relâche comment surmonter les difficultés pratiques qui s'opposent à leur application, étant donné qu'elles représentent, dans leur ensemble, les aspirations mondiales dont l'Organisation des Nations unies estime qu'elles s'inscrivent dans l'objectif commun qui est d'améliorer la situation des détenues, de leurs enfants et de leurs communautés.

12. Certaines de ces règles abordent des questions pouvant s'appliquer à toutes les personnes détenues, hommes et femmes, notamment celles ayant trait aux responsabilités parentales, à certains services médicaux, aux méthodes de fouille et à d'autres questions apparentées mais, dans l'ensemble, les règles traitent principalement des besoins des femmes et de leurs enfants. Toutefois, étant donné que l'accent est notamment mis sur les enfants des détenues, il est indispensable de reconnaître le rôle central des deux parents dans la vie des enfants. Par conséquent, certaines règles s'appliquent également aux pères détenus ou délinquants.

Introduction

13. Les règles suivantes ne se substituent en aucune manière à l'Ensemble de règles minima pour le traitement des détenus ni aux Règles de Tokyo. Toutes les dispositions énoncées dans ces deux séries de règles continuent par conséquent de s'appliquer à toutes les personnes détenues ou délinquantes, sans discrimination.

14. La section I des présentes règles, qui traite de l'administration générale des établissements, est applicable à toutes les catégories de femmes privées de liberté, que ce soit ou non pour des raisons d'ordre pénal, prévenues ou condamnées, y compris les détenues faisant l'objet d'une mesure de sûreté ou d'une mesure rééducative ordonnée par un juge.

15. La section II contient des règles qui ne sont applicables qu'aux catégories particulières de détenues visées dans chaque sous-section. Toutefois, les règles de la sous-section A, applicables aux détenues condamnées, sont également applicables à la catégorie de détenues visée dans la sous-section B, pour autant qu'elles ne soient pas en contradiction avec les règles qui régissent cette catégorie et à condition qu'elles soient favorables aux intéressées.

16. Les sous-sections A et B prévoient des règles supplémentaires pour le traitement des détenues mineures. Il est toutefois important de noter que, conformément aux normes internationales, et en particulier à l'Ensemble de règles minima des Nations unies concernant l'administration de la justice pour mineurs (Règles de Beijing) *[Résol. 40/33, ann.]*, aux Principes directeurs des Nations unies pour la prévention de la délinquance juvénile (Principes directeurs de Riyad) *[Résol. 45/112, ann.]*, aux Règles des Nations unies pour la protection des mineurs privés de liberté *[Résol. 45/113, ann.]* et aux Directives relatives aux enfants dans le système de justice pénale *[Résol. 1997/30 du Conseil économique et social, ann.]*, il faut concevoir des stratégies et politiques distinctes pour le traitement et la réadaptation de cette catégorie de détenues, et éviter, dans toute la mesure possible, le placement en institution.

17. La section III comporte des règles portant sur l'application de sanctions et mesures non privatives de liberté aux femmes et aux délinquantes mineures à tous les stades du processus de justice pénale, de l'arrestation à la phase d'exécution de la peine en passant par la phase préalable au procès et la phase du prononcé de la peine.

18. La section IV est consacrée à la recherche, la planification, l'évaluation, la sensibilisation du public et l'échange d'informations et s'applique à toutes les catégories de délinquantes visées par les présentes règles.

I. RÈGLES D'APPLICATION GÉNÉRALE

1. PRINCIPE FONDAMENTAL

[Complète la règle 6 de l'Ensemble de règles minima pour le traitement des détenus, V. App., v° Conditions de détention]

Règle 1

Afin de traduire dans les faits le principe de non-discrimination énoncé dans la règle 6 de l'Ensemble de règles minima pour le traitement des détenus, il convient de prendre en compte, lors de l'application des présentes règles, les besoins particuliers des détenues. Les mesures adoptées pour satisfaire à ces besoins dans un souci d'égalité des sexes ne doivent pas être considérées comme discriminatoires.

2. ADMISSION

Règle 2

1. Il convient de prêter l'attention voulue aux procédures d'admission des femmes et des enfants, particulièrement vulnérables à un tel moment. Les détenues nouvellement arrivées doivent avoir accès à des moyens leur permettant de contacter leurs proches et à des conseils juridiques, doivent

être informées du règlement de la prison, du régime carcéral et des moyens d'obtenir de l'aide, en cas de besoin, dans une langue qu'elles comprennent, et, dans le cas des étrangères, doivent également avoir accès à leurs représentants consulaires.

2. Avant ou au moment de leur admission, les femmes ayant à leur charge des enfants doivent être autorisées à prendre pour eux des dispositions, dont éventuellement l'obtention d'une suspension raisonnable de leur détention, compte tenu de l'intérêt supérieur des enfants.

3. REGISTRE

[Complète la règle 7 de l'Ensemble de règles minima pour le traitement des détenus, V. App., v° Conditions de détention]

Règle 3

1. Le nombre des enfants des femmes admises en prison doit être enregistré au moment de l'admission ainsi que leurs données personnelles. Doivent figurer au dossier, sans préjudice des droits de la mère, au moins le nom et l'âge des enfants, et s'ils n'accompagnent pas leur mère, l'adresse où ils se trouvent et les informations relatives à leur garde ou à leur tutelle.

2. Tous les renseignements relatifs à l'identité des enfants doivent rester confidentiels et n'être utilisés qu'en conformité avec l'obligation de prendre en compte l'intérêt supérieur des enfants.

4. AFFECTATION

Règle 4

Les femmes doivent être affectées, dans la mesure du possible, dans une prison située près de leur domicile ou de leur lieu de réadaptation sociale, compte tenu de leurs responsabilités parentales, ainsi que de leurs préférences personnelles et de l'offre de programmes et services appropriés.

5. HYGIÈNE PERSONNELLE

[Complète les règles 15 et 16 de l'Ensemble de règles minima pour le traitement des détenus, V. App., v° Conditions de détention]

Règle 5

Les locaux hébergeant les détenues doivent comporter les installations et les fournitures nécessaires pour répondre aux besoins spécifiques des femmes en matière d'hygiène, notamment des serviettes hygiéniques fournies gratuitement, et doivent être régulièrement approvisionnés en eau pour les soins personnels des femmes et de leurs enfants, en particulier pour les femmes devant cuisiner, les femmes enceintes, les mères allaitantes ou les femmes ayant leurs menstruations.

6. SERVICES MÉDICAUX

[Complète les règles 22 à 26 de l'Ensemble de règles minima pour le traitement des détenus, V. App., v° Conditions de détention]

a) Examen médical à l'admission

[Complète la règle 24 de l'Ensemble de règles minima pour le traitement des détenus, V. App., v° Conditions de détention]

Règle 6

L'examen médical des détenues doit être complet, de manière à déterminer leurs besoins en matière de soins de santé primaires et à faire apparaître :

a) La présence de maladies sexuellement transmissibles ou de maladies transmissibles par le sang ; selon les facteurs de risque, il peut aussi être offert aux détenues de se soumettre à un test de dépistage du VIH, précédé et suivi d'un soutien psychologique ;

b) Les besoins en matière de soins de santé mentale, et notamment les troubles de stress post-traumatique et les risques de suicide ou d'automutilation ;

c) Les antécédents de la détenue en matière de santé de la reproduction, notamment une grossesse en cours ou une grossesse ou un accouchement récents et toute autre question liée à la santé de la reproduction ;

d) La présence d'une dépendance à la drogue ;

e) Les violences sexuelles et autres formes de violence qui ont pu être subies avant l'admission.

Règle 7

1. Si des violences sexuelles ou d'autres formes de violence subies avant ou pendant la détention sont diagnostiquées, la détenue doit être avisée de son droit de saisir la justice et être pleinement informée des procédures et mesures que cela implique. Si elle décide d'engager une action en justice, le personnel concerné doit en être averti et saisir immédiatement l'autorité compétente afin qu'une enquête soit menée. Les autorités pénitentiaires doivent aider les détenues se trouvant dans une telle situation à accéder à une aide judiciaire.

2. Quelle que soit la décision de la détenue concernant une action en justice, les autorités pénitentiaires doivent veiller à assurer à celle-ci un accès immédiat à un soutien ou une aide psychologiques spécialisés.

3. Des mesures concrètes doivent être mises en place pour éviter toute forme de représailles à l'encontre des détenues qui dénoncent de telles violences ou qui saisissent la justice.

Règle 8

Le droit des détenues à la confidentialité de leur dossier médical, y compris plus précisément leur droit de refuser la divulgation d'informations concernant leurs antécédents en matière de santé de la reproduction ou de se soumettre à des examens médicaux liés à ces antécédents, doit toujours être respecté.

Règle 9

Si la détenue est accompagnée d'un enfant, celui-ci doit également subir un examen médical, de préférence réalisé par un pédiatre, pour déterminer les traitements et soins médicaux qui pourraient être nécessaires. Des soins de santé adaptés, au moins équivalents à ceux qui sont offerts à l'extérieur, doivent lui être dispensés.

Règle 10

1. Des services de santé spécifiques aux femmes au moins équivalents à ceux offerts à l'extérieur doivent être assurés aux détenues.

2. Si une détenue demande à être examinée ou traitée par une femme médecin ou une infirmière, sa demande doit être satisfaite dans la mesure du possible, sauf lorsque la situation exige une intervention médicale d'urgence. Si l'examen est effectué par un homme, contrairement aux desiderata de la détenue, un membre du personnel de sexe féminin doit y assister.

Règle 11

1. Le personnel médical est le seul présent lors des examens médicaux, sauf si le médecin estime que les circonstances sont exceptionnelles ou qu'il demande la présence d'un membre du personnel pénitentiaire pour des raisons de sécurité ou encore si la détenue demande expressément une telle présence comme indiqué au paragraphe 2 de la règle 10 ci-dessus.

2. Si la présence d'un membre du personnel pénitentiaire non médical est nécessaire lors d'un examen médical, il doit être fait appel à une femme et l'examen doit être réalisé de manière à garantir le respect de la vie privée, la dignité et la confidentialité.

c) Santé mentale et soins correspondants

Règle 12

De vastes programmes de soins de santé mentale et de réadaptation personnalisés et tenant compte des différences entre les sexes et des traumatismes subis doivent être offerts, en prison ou en milieu non carcéral, aux détenues nécessitant des soins de santé mentale.

Règle 13

Le personnel pénitentiaire doit être sensibilisé aux situations susceptibles d'être particulièrement difficiles pour les femmes, de sorte qu'il soit réceptif et veille à ce que celles-ci reçoivent le soutien voulu.

d) Prévention de la transmission du VIH, traitement, soins et soutien en cas d'infection à VIH

Règle 14

Pour l'élaboration de mesures pour faire face au VIH/sida dans les établissements pénitentiaires, les programmes et services doivent répondre aux besoins particuliers des femmes et porter notamment sur la prévention de la transmission de la mère à l'enfant. Dans ce contexte les autorités pénitentiaires doivent encourager et appuyer la mise au point d'initiatives concernant la prévention, le traitement et les soins, telles que l'éducation par les pairs.

e) Programmes de traitement des toxicomanies

Règle 15

Les services de santé pénitentiaires doivent offrir ou faciliter des programmes de traitement spécialisés pour les femmes toxicomanes, en tenant compte de leur passé de victimes, des besoins particuliers des femmes enceintes et des femmes accompagnées d'enfants, ainsi que de la diversité des milieux culturels.

f) Prévention du suicide et de l'automutilation

Règle 16

L'élaboration et l'application de stratégies, en consultation avec les services de soins de santé mentale et de protection sociale, pour prévenir le suicide et l'automutilation chez les détenues et l'offre, aux personnes à risque, d'un appui spécialisé approprié tenant compte des différences entre les sexes doivent faire partie de toute politique globale de soins de santé mentale dans les prisons pour femmes.

g) Services de santé préventifs

Règle 17

Les détenues doivent recevoir une éducation et des informations au sujet des mesures de santé préventives, notamment en ce qui concerne le VIH, les maladies sexuellement transmissibles et les autres maladies transmissibles par voie sanguine, ainsi que les pathologies propres à leur sexe.

Règle 18

Les mesures de santé préventives particulièrement importantes pour les femmes, comme le test de Papanicolaou et le dépistage du cancer du sein et des cancers gynécologiques, doivent être offertes aux détenues au même titre qu'aux femmes du même âge à l'extérieur.

7. SÛRETÉ ET SÉCURITÉ

[Complète les règles 27 à 36 de l'Ensemble de règles minima pour le traitement des détenus, V. App., v° Conditions de détention]

a) Fouilles

Règle 19

Des mesures concrètes doivent être prises pour préserver la dignité et l'estime de soi des détenues pendant les fouilles corporelles, qui ne doivent être réalisées que par du personnel féminin dûment formé aux méthodes de fouille appropriées et conformément aux procédures établies.

Règle 20

D'autres méthodes de détection utilisant, par exemple, des scanners doivent être conçues pour remplacer les fouilles à nu et les fouilles corporelles intégrales et éviter ainsi les effets psychologiques, et éventuellement physiques, préjudiciables de telles fouilles.

Règle 21

Le personnel pénitentiaire doit faire preuve de compétence, de professionnalisme et de sensibilité et préserver l'estime de soi et la dignité des enfants lors des fouilles d'enfants qui séjournent en prison avec leur mère ou qui rendent visite à des personnes détenues.

b) Discipline et punitions

[Complète les règles 27 à 32 de l'Ensemble de règles minima pour le traitement des détenus, V. App., v° Conditions de détention]

Règle 22

Le régime cellulaire ou l'isolement disciplinaire ne doivent pas s'appliquer comme punition aux femmes qui sont enceintes, qui allaitent ou qui ont avec elles un enfant en bas âge.

Règle 23

Les sanctions disciplinaires applicables aux détenues ne doivent pas comporter l'interdiction des contacts familiaux, en particulier avec les enfants.

c) Moyens de contrainte

[Complète les règles 33 et 34 de l'Ensemble de règles minima pour le traitement des détenus, V. App., v° Conditions de détention]

Règle 24

Les moyens de contrainte ne doivent jamais être utilisés sur des femmes pendant le travail, l'accouchement ou immédiatement après l'accouchement.

d) Information et plaintes des détenues ; inspections

[Complète les règles 35 et 36 et en ce qui concerne les inspections la règle 55 de l'Ensemble de règles minima pour le traitement des détenus, V. App., v° Conditions de détention]

Règle 25

1. Les détenues qui font état de mauvais traitements doivent recevoir une protection, un appui et un soutien psychologique immédiats, et leur plainte doit faire l'objet d'une enquête de la part d'autorités compétentes et indépendantes, menée dans le respect du principe de confidentialité. Les mesures de protection doivent tenir compte en particulier des risques de représailles.

2. Les détenues qui ont été victimes de violences sexuelles, et en particulier celles qui sont tombées enceintes à la suite de telles violences, doivent recevoir un avis et des conseils médicaux appropriés et se voir offrir les soins de santé physique et mentale, l'appui et l'aide juridique requis.

3. Les services d'inspection, les missions de visite ou de contrôle ou les organes de supervision chargés de suivre les conditions de détention et le traitement des détenues doivent comprendre des femmes.

8. CONTACTS AVEC LE MONDE EXTÉRIEUR

[Complète les règles 37 à 39 de l'Ensemble de règles minima pour le traitement des détenus, V. App., v° Conditions de détention]

Règle 26

Les contacts des détenues avec leur famille, notamment leurs enfants, les personnes qui ont la garde de leurs enfants et les représentants légaux de ceux-ci doivent être encouragés et facilités par tous les moyens raisonnables. Des mesures doivent, si possible, être prises pour compenser le handicap que représente une détention dans un établissement éloigné du domicile.

Règle 27

Lorsque les visites conjugales sont autorisées, les détenues doivent pouvoir exercer ce droit au même titre que les hommes.

Règle 28

Les visites auxquelles des enfants prennent part doivent se dérouler dans un cadre et un climat propres à faire de la visite une expérience positive, y compris le climat résultant de l'attitude du personnel pénitentiaire, et doivent permettre des contacts directs entre la mère et l'enfant. Les visites supposant un contact prolongé avec les enfants devraient être, si possible, encouragées.

9. PERSONNEL PÉNITENTIAIRE ET FORMATION

[Complète les règles 46 à 55 de l'Ensemble de règles minima pour le traitement des détenus, V. App., v° Conditions de détention]

Règle 29

Le renforcement des capacités du personnel des prisons pour femmes doit permettre à celui-ci de répondre aux besoins particuliers de réinsertion sociale des détenues et de gérer des structures sûres et propices à la réinsertion. Les mesures de renforcement des capacités du personnel féminin doivent aussi inclure l'accès à des postes de haut niveau comportant des responsabilités décisives en matière d'élaboration de politiques et de stratégies relatives au traitement et à la prise en charge des détenues.

Règle 30

La direction des administrations pénitentiaires doit se montrer clairement et durablement résolue à prévenir et à combattre toute discrimination fondée sur le sexe à l'égard du personnel féminin.

Règle 31

Des politiques et réglementations claires sur la conduite du personnel pénitentiaire visant à procurer aux détenues une protection maximale contre toutes violences physiques ou verbales ou toutes exactions liées à leur sexe et contre tout harcèlement sexuel doivent être élaborées et mises en œuvre.

Règle 32

Le personnel pénitentiaire féminin doit avoir le même accès à la formation que le personnel masculin, et tout le personnel participant à la gestion des prisons pour femmes doit recevoir une formation sur la façon d'éviter le sexisme ainsi que sur l'interdiction de la discrimination et du harcèlement sexuel.

Règle 33

1. Tout le personnel travaillant avec des détenues doit recevoir une formation sur les besoins spécifiques des femmes et sur les droits fondamentaux des détenues.

2. Une formation de base sur les principales questions liées à la santé des femmes doit être dispensée au personnel pénitentiaire travaillant dans les prisons pour femmes, en sus de la formation sur les premiers secours et sur les soins médicaux de base.

3. Lorsque les enfants sont autorisés à rester avec leur mère en prison, des cours de sensibilisation au développement de l'enfant et une formation de base en soins pédiatriques doivent aussi être dispensés au personnel pénitentiaire afin que celui-ci puisse intervenir efficacement en cas de besoin ou d'urgence.

Règle 34

Des programmes de renforcement des capacités concernant le VIH doivent faire partie du cursus normal de formation du personnel pénitentiaire. Outre la prévention et le traitement du VIH/sida ainsi que les soins et le soutien aux personnes malades ou infectées, des questions telles que les femmes et les droits fondamentaux, envisagées en particulier dans l'optique de leur lien avec le VIH, la stigmatisation et la discrimination, doivent également être intégrées au cursus.

Règle 35

Le personnel pénitentiaire doit être formé à la détection des besoins en santé mentale et des risques d'automutilation et de suicide chez les détenues, qu'il doit aider en leur apportant un soutien et en renvoyant leur cas à des spécialistes.

10. DÉTENUES MINEURES

Règle 36

Les autorités pénitentiaires doivent mettre en place des mesures pour répondre aux besoins de protection des détenues mineures.

Règle 37

Les détenues mineures doivent avoir le même accès à l'éducation et à la formation professionnelle que leurs homologues masculins.

Règle 38

Les détenues mineures doivent avoir accès à des programmes et services expressément conçus pour leur sexe et leur âge, tels qu'un soutien psychologique en cas de violences sexuelles. Elles doivent recevoir une éducation sur la santé féminine et avoir régulièrement accès à des gynécologues, tout comme les détenues adultes.

Règle 39

Si elles sont enceintes, les détenues mineures doivent recevoir un appui et des soins médicaux équivalents à ceux dispensés aux détenues adultes. Leur état de santé doit être suivi par un spécialiste, compte tenu du fait qu'elles peuvent courir un plus grand risque de complications pendant la grossesse en raison de leur âge.

II. RÈGLES APPLICABLES À DES CATÉGORIES PARTICULIÈRES

A. Détenues condamnées

1. CLASSIFICATION ET INDIVIDUALISATION

[Complète les règles 67 à 69 de l'Ensemble de règles minima pour le traitement des détenus, V. App., v° Conditions de détention]

Règle 40

L'administration pénitentiaire doit élaborer et appliquer des méthodes de classification qui prennent en compte les besoins et situations propres aux détenues, de façon à assurer une planification et une exécution appropriées et individualisées susceptibles de hâter leur réadaptation, leur traitement et leur réinsertion dans la société.

Règle 41

L'évaluation des risques et la classification des détenues qui en résulte doivent :

a) Tenir compte du risque relativement faible que présentent généralement les détenues pour autrui, ainsi que des effets particulièrement négatifs que des mesures de haute sécurité et des niveaux renforcés d'isolement peuvent avoir sur elles ;

b) Permettre que des informations essentielles sur le passé des femmes, comme les violences qu'elles ont pu subir, leurs antécédents en termes de troubles mentaux et de toxicomanie, ainsi que leurs responsabilités en tant que mères ou dispensatrices de soins à un autre titre, soient prises en considération dans le processus d'affectation et la planification de la peine ;

c) Faire en sorte que le plan d'exécution de la peine des femmes comprenne des programmes et services de réadaptation qui répondent aux besoins propres à leur sexe ;

d) Faire en sorte que les détenues nécessitant des soins de santé mentale soient hébergées dans des quartiers à l'environnement non restrictif et où est appliqué le régime de sécurité le moins strict possible et reçoivent un traitement approprié, au lieu d'être placées dans un quartier à sécurité renforcée uniquement du fait de leurs problèmes de santé mentale.

2. RÉGIME CARCÉRAL

[Complète les règles 65, 66 et 70 à 81 de l'Ensemble de règles minima pour le traitement des détenus, V. App., v° Conditions de détention]

Règle 42

1. Les détenues doivent avoir accès à un programme d'activités équilibré et diversifié tenant compte des besoins propres à leur sexe.

2. Le régime carcéral doit être suffisamment souple pour répondre aux besoins des femmes enceintes, des femmes qui allaitent et des femmes accompagnées d'enfants. Des structures ou des dispositifs d'accueil des enfants doivent être prévus dans les prisons pour permettre aux détenues de participer aux activités de la prison.

3. Des efforts particuliers doivent être faits pour offrir des programmes appropriés aux femmes enceintes, aux femmes qui allaitent et aux femmes accompagnées d'enfants.

4. Des efforts particuliers doivent être faits pour offrir des services appropriés aux détenues nécessitant un soutien psychosocial, en particulier celles qui ont été victimes de maltraitance physique, psychologique ou sexuelle.

Relations sociales et aide postpénitentiaire

[Complète les règles 79 à 81 de l'Ensemble de règles minima pour le traitement des détenus, V. App., v° Conditions de détention]

Règle 43

Les autorités pénitentiaires doivent encourager et, si possible, faciliter les visites aux détenues car elles sont très importantes pour assurer leur santé mentale et leur réinsertion sociale.

Règle 44

Les détenues étant tout particulièrement susceptibles d'avoir été victimes de violence familiale, elles doivent être dûment consultées au sujet des personnes, notamment les membres de leur famille, dont il convient d'autoriser les visites.

Règle 45

Les autorités pénitentiaires doivent, dans toute la mesure possible, avoir recours à des formules comme les permissions de sortir, les prisons ouvertes, les foyers de transition et les programmes et services à assise communautaire pour les détenues afin de faciliter le passage de l'emprisonnement à la liberté, de réduire la stigmatisation et de permettre à ces femmes de renouer avec leur famille le plus tôt possible.

Règle 46

Les autorités pénitentiaires, en coopération avec les services de probation ou les services d'aide sociale, les associations locales et les organisations non gouvernementales, doivent concevoir et exécuter de vastes programmes de réinsertion préalables et postérieurs à la libération, qui tiennent compte des besoins propres aux femmes.

Règle 47

Après la libération, un appui supplémentaire doit être fourni, en coopération avec des services extérieurs, aux anciennes détenues nécessitant une aide psychologique, médicale, juridique ou pratique pour assurer le succès de leur réinsertion sociale.

3. FEMMES ENCEINTES, MÈRES ALLAITANTES ET MÈRES SÉJOURNANT AVEC LEURS ENFANTS EN PRISON

[Complète la règle 23 de l'Ensemble de règles minima pour le traitement des détenus, V. App., v° Conditions de détention]

Règle 48

1. Les détenues qui sont enceintes ou qui allaitent doivent recevoir des conseils sur leur santé et leur régime alimentaire dans le cadre d'un programme établi et suivi par un professionnel de la santé qualifié. Les femmes enceintes, les nourrissons, les enfants et les mères allaitantes doivent disposer gratuitement d'une nourriture adéquate et apportée en temps voulu, d'un environnement sain et de la possibilité de faire régulièrement de l'exercice.

2. Les détenues ne doivent pas être dissuadées d'allaiter leur enfant, si ce n'est pour des raisons de santé bien précises.

3. Les besoins médicaux et nutritionnels des détenues ayant récemment accouché, mais dont l'enfant ne séjourne pas avec elles en prison, doivent être inclus dans les programmes de traitement.

Règle 49

La décision d'autoriser un enfant à séjourner avec sa mère en prison doit être fondée sur l'intérêt supérieur de l'enfant. Les enfants en prison avec leur mère ne doivent jamais être traités comme des détenus.

Règle 50

Il faut faire en sorte que les détenues séjournant en prison avec leurs enfants puissent passer le plus de temps possible avec eux.

Règle 51

1. Les enfants vivant avec leur mère en prison doivent pouvoir bénéficier à tout moment de services de soins de santé primaires et leur développement doit être suivi par des spécialistes, en collaboration avec des services de santé de l'extérieur.

2. Les conditions dans lesquelles l'enfant est élevé doivent être aussi proches que possible de celles dont bénéficie un enfant vivant hors du milieu carcéral.

Règle 52

1. Les décisions concernant le moment où l'enfant sera séparé de sa mère doivent être prises sur la base d'évaluations individuelles et de l'intérêt supérieur de l'enfant, dans les limites des lois nationales applicables.

2. Le transfert de l'enfant hors de la prison doit être opéré avec tact, uniquement lorsqu'une autre solution de prise en charge a été trouvée et, dans le cas d'une détenue de nationalité étrangère, en consultation avec les autorités consulaires.

3. Lorsque les enfants ont été séparés de leur mère et placés dans la famille ou chez des parents, ou ont été pris en charge d'une autre manière, les détenues doivent se voir accorder le maximum de possibilités et de facilités pour les rencontrer si cela correspond à l'intérêt supérieur des enfants et ne compromet pas la sécurité publique.

4. RESSORTISSANTES ÉTRANGÈRES

[Complète la règle 38 de l'Ensemble de règles minima pour le traitement des détenus, V. App., v° Conditions de détention]

Règle 53

1. Lorsqu'il existe des accords bilatéraux ou multilatéraux pertinents, le transfèrement des détenues étrangères non résidentes vers leur pays d'origine, en particulier si celles-ci ont des enfants qui y vivent, doit être envisagé au stade le plus précoce possible de leur incarcération, à leur demande ou avec leur consentement en connaissance de cause.

2. Lorsqu'un enfant vivant avec une détenue de nationalité étrangère non résidente doit quitter la prison, son rapatriement dans son pays d'origine devrait être envisagé, compte tenu de ce qui sert au mieux ses intérêts et en consultation avec la mère.

5. MINORITÉS ET POPULATIONS AUTOCHTONES

Règle 54

Les autorités pénitentiaires doivent tenir compte du fait que les détenues appartenant à des religions différentes et issues de cultures différentes ont des besoins distincts et peuvent être confrontées à de multiples formes de discrimination qui leur interdisent l'accès à certains programmes et services tenant compte de leur sexe et de leur culture. Elles doivent par conséquent offrir des programmes et services diversifiés qui répondent à ces besoins, en consultation avec les détenues elles-mêmes et les groupes concernés.

Règle 55

Les services offerts avant et après la libération doivent être examinés, en consultation avec les groupes concernés, pour faire en sorte qu'ils soient appropriés et accessibles aux détenues autochtones et aux détenues appartenant à des groupes ethniques et raciaux particuliers.

B. Personnes arrêtées ou en attente de jugement

[Complète les règles 84 à 93 de l'Ensemble de règles minima pour le traitement des détenus, V. App., v° Conditions de détention]

Règle 56

Le risque particulier de maltraitance que courent les femmes lors de la détention provisoire doit être pris en compte par les autorités pénitentiaires, qui doivent adopter des politiques et des mesures d'ordre pratique propres à garantir la sécurité des femmes pendant cette période. (Voir également la règle 58 ci-après concernant les mesures de substitution à la détention provisoire.)

III. MESURES NON PRIVATIVES DE LIBERTÉ

Règle 57

Les dispositions des Règles de Tokyo doivent guider l'élaboration et l'application de mesures appropriées pour les délinquantes. Il convient que les États Membres adoptent, dans le cadre de leur système juridique, des mesures de déjudiciarisation, des mesures de substitution à la détention provisoire et des peines de substitution expressément conçues pour les délinquantes, en prenant en compte le passé de victime de nombre d'entre elles et leurs responsabilités en tant que dispensatrices de soins.

Règle 58

Compte tenu des dispositions de la règle 2.3 des Règles de Tokyo, les délinquantes ne doivent pas être séparées de leurs familles ni de leurs communautés sans que leur situation et leurs liens familiaux aient été dûment pris en compte. S'il y a lieu et à chaque fois que possible, des mesures de substitution, telles que les mesures de déjudiciarisation, les mesures de substitution à la détention provisoire et les peines de substitution, doivent être appliquées aux femmes qui commettent des infractions.

Règle 59

De manière générale, des moyens de protection non privatifs de liberté, par exemple le placement dans des centres d'hébergement gérés par des organismes indépendants, des organisations non gouvernementales ou d'autres services ancrés dans la communauté, doivent être utilisés pour protéger les femmes qui ont besoin de l'être. Des mesures temporaires privatives de liberté ne doivent être appliquées pour protéger une femme que si cela est nécessaire et expressément demandé par l'intéressée ; de telles mesures doivent, dans tous les cas, être supervisées par les autorités judiciaires ou d'autres autorités compétentes. Ces mesures de protection ne doivent pas être maintenues contre la volonté de l'intéressée.

Règle 60

Des ressources appropriées doivent être mises à disposition afin de mettre en place pour les délinquantes des formules adaptées qui associent des mesures non privatives de liberté à des interventions visant à s'attaquer aux problèmes les plus courants qui conduisent les femmes à entrer en contact avec le système de justice pénale, telles que des séances de thérapie et de soutien psychologique pour les victimes de violence familiale et de violences sexuelles, un traitement adapté pour les personnes souffrant de troubles mentaux, et des programmes d'enseignement et de formation pour améliorer l'employabilité. Ces programmes doivent tenir compte de la nécessité d'assurer une prise en charge des enfants et des services réservés aux femmes.

Règle 61

Pour apprécier la peine à appliquer aux délinquantes, les tribunaux doivent être habilités à envisager de faire jouer des circonstances atténuantes telles que l'absence d'antécédents judiciaires et la non-gravité relative et la nature du comportement criminel, en tenant compte des responsabilités qu'ont les intéressées en tant que dispensatrices de soins et de leur situation particulière.

Règle 62

L'offre, au sein de la collectivité, de programmes de traitement de la toxicomanie, réservés aux femmes et adaptés à leurs besoins et à leurs traumatismes, et l'accès des femmes à ce type de traitement doivent être améliorés dans l'intérêt de la prévention du crime ainsi qu'aux fins de la déjudiciarisation et de l'application de peines de substitution.

1. APPLICATION DES PEINES

Règle 63

Les décisions relatives à la libération conditionnelle anticipée doivent tenir dûment compte des responsabilités des détenues en tant que dispensatrices de soins ainsi que de leurs besoins particuliers de réinsertion sociale.

2. FEMMES ENCEINTES ET FEMMES AYANT DES ENFANTS À CHARGE

Règle 64

Les peines non privatives de liberté doivent être privilégiées, lorsque cela est possible et indiqué, pour les femmes enceintes et les femmes ayant des enfants à charge, des peines privatives de liberté étant envisagées en cas d'infraction grave ou violente ou lorsque la femme représente encore un danger et après la prise en compte de l'intérêt supérieur de l'enfant ou des enfants, étant entendu que des solutions appropriées doivent avoir été trouvées pour la prise en charge de ces derniers.

3. DÉLINQUANTES JUVÉNILES

Règle 65

Le placement en institution des enfants délinquants doit être évité dans toute la mesure du possible. La vulnérabilité, due à leur sexe, des délinquantes juvéniles doit être prise en compte lors de la prise des décisions.

4. RESSORTISSANTES ÉTRANGÈRES

Règle 66

Tout doit être fait pour ratifier la Convention des Nations unies contre la criminalité transnationale organisée *[Nations unies, Recueil des Traités, vol. 2225, n° 39574]* et le Protocole additionnel à la Convention des Nations unies contre la criminalité transnationale organisée visant à prévenir, réprimer et punir la traite des personnes, en particulier des femmes et des enfants *[Ibid., vol. 2237, n° 39574]*, et pour mettre pleinement en œuvre leurs dispositions de façon à assurer une protection maximale aux victimes de la traite afin d'éviter une victimisation secondaire de nombreuses ressortissantes étrangères.

IV. RECHERCHE, PLANIFICATION, ÉVALUATION ET SENSIBILISATION DU PUBLIC

1. RECHERCHE, PLANIFICATION ET ÉVALUATION

Règle 67

Des efforts doivent être faits pour organiser et promouvoir des travaux de recherche approfondis et axés sur les résultats concernant les infractions commises par les femmes, les raisons qui amènent les femmes à avoir des démêlés avec le système de justice pénale, l'impact de la contamination par le milieu criminogène et de l'incarcération sur les femmes, les caractéristiques des délinquantes ainsi que les programmes de réduction de la récidive chez les femmes, travaux qui doivent servir de base à la planification, à la mise au point de programmes et à la formulation de politiques permettant effectivement de répondre aux besoins de réinsertion sociale des délinquantes.

Règle 68

Des efforts doivent être faits pour organiser et promouvoir des travaux de recherche sur le nombre d'enfants dont la mère a des démêlés avec le système de justice pénale, et en particulier dont la mère est incarcérée, ainsi que sur l'impact que cette situation a sur eux, afin de contribuer à la formulation de politiques et à la mise au point de programmes qui tiennent compte de l'intérêt supérieur des enfants.

Règle 69

Des efforts doivent être faits pour examiner, évaluer et rendre publics périodiquement les tendances, problèmes et facteurs liés au comportement délictueux des femmes et l'efficacité des réponses aux besoins de réinsertion sociale des délinquantes, ainsi que de leurs enfants, afin de réduire la stigmatisation et l'impact négatif que des démêlés avec le système de justice pénale peut avoir sur eux.

2. SENSIBILISATION DU PUBLIC, ÉCHANGE D'INFORMATIONS ET FORMATION

Règle 70

1. Les médias et le public doivent être informés des raisons qui amènent les femmes à avoir des démêlés avec le système de justice pénale ainsi que des moyens les plus efficaces de réagir pour permettre la réinsertion sociale des femmes, en tenant compte de l'intérêt supérieur de leurs enfants.
2. La publication et la diffusion de travaux de recherche et d'exemples de bonnes pratiques doivent faire partie intégrante des politiques visant à améliorer les choses et à faire en sorte que les mesures de justice pénale concernant les délinquantes soient équitables pour ces femmes et leurs enfants.
3. Les médias, le public et les personnes exerçant des responsabilités professionnelles à l'égard des détenues et délinquantes doivent recevoir régulièrement des informations factuelles sur les questions traitées dans les présentes règles et sur leur mise en œuvre.
4. Des programmes de formation sur les présentes règles et sur les résultats de la recherche doivent être élaborés à l'intention des personnels de justice pénale concernés et appliqués afin de mieux faire connaître à ces derniers leurs dispositions et de les sensibiliser aux questions traitées.

Recommandation CM/Rec(2012)12 du Comité des Ministres aux États membres,

Relative aux détenus étrangers.

(Adoptée par le Comité des Ministres le 10 oct. 2012, lors de la 1152e réunion des Délégués des Ministres)

Le Comité des Ministres, en vertu de l'article 15.b du Statut du Conseil de l'Europe,

Considérant que le but du Conseil de l'Europe est de réaliser une union plus étroite entre ses membres, en particulier par l'harmonisation des législations sur des questions d'intérêt commun ;

Considérant le grand nombre de détenus étrangers incarcérés dans les prisons de ses États membres ;

Reconnaissant les difficultés auxquelles peuvent être confrontés ces détenus en raison de facteurs tels que la différence de langue, de culture, de coutumes et de religion, et l'absence de liens familiaux et de contacts avec le monde extérieur ;

Désireux d'atténuer l'isolement potentiel des détenus étrangers et de faciliter leur prise en charge en vue de leur réinsertion sociale ;

Considérant que la prise en charge devrait tenir compte des besoins spécifiques des détenus étrangers, du fait qu'ils sont détenus dans un État dont ils ne sont ni ressortissants ni résidents, afin de leur garantir des chances égales à celles des autres détenus ;

Prenant en compte :

– la Convention de sauvegarde des droits de l'homme et des libertés fondamentales (STE n° 5) ;

– la Convention sur le transfèrement des personnes condamnées (STE n° 112) ;

– le Protocole additionnel à la Convention sur le transfèrement des personnes condamnées (STE n° 167) ;

– la Recommandation Rec(92)16 relative aux règles européennes sur les sanctions et mesures appliquées dans la communauté ;

– la Recommandation Rec(92)17 relative à la cohérence dans le prononcé des peines ;

– la Recommandation Rec(93)6 concernant les aspects pénitentiaires et criminologiques du contrôle des maladies transmissibles et notamment du sida, et les problèmes connexes de santé en prison ;

– la Recommandation Rec(97)12 sur le personnel chargé de l'application des sanctions et mesures ;

– la Recommandation Rec(98)7 relative aux aspects éthiques et organisationnels des soins de santé en milieu pénitentiaire ;

– la Recommandation Rec(99)22 concernant le surpeuplement des prisons et l'inflation carcérale ;

– la Recommandation Rec(2003)22 concernant la libération conditionnelle ;

– la Recommandation Rec(2006)2 sur les Règles pénitentiaires européennes ;

– la Recommandation Rec(2006)13 concernant la détention provisoire, les conditions dans lesquelles elle est exécutée et la mise en place de garanties contre les abus ;

– la Recommandation CM/Rec(2008)11 sur les Règles européennes pour les délinquants mineurs faisant l'objet de sanctions ou de mesures ;

– la Recommandation CM/Rec(2010)1 sur les règles du Conseil de l Europe relatives à la probation ;

Ayant à l'esprit :

L'accord type des Nations unies relatif au transfert des détenus étrangers et les recommandations relatives au traitement des détenus étrangers (1985) ;

Les Règles des Nations unies concernant le traitement des femmes détenues et les mesures non privatives de liberté pour les femmes délinquantes (Résolution 2010/16) ;

La décision-cadre du Conseil de l'Union européenne 2008/909/JAI concernant l'application du principe de reconnaissance mutuelle aux jugements en matière pénale prononçant des peines ou des mesures privatives de liberté aux fins de leur exécution dans l'Union européenne ;

La décision cadre du Conseil de l'Union européenne 2008/947/JAI concernant l'application du principe de reconnaissance mutuelle aux jugements et aux décisions de probation aux fins de la surveillance des mesures de probation et des peines de substitution ;

La décision-cadre du Conseil de l'Union européenne 2009/829/JAI concernant l'application, entre les États membres de l'Union européenne, du principe de reconnaissance mutuelle aux décisions relatives à des mesures de contrôle en tant qu'alternative à la détention provisoire ;

Considérant que la Recommandation Rec(84)12 du Comité des Ministres aux États membres concernant les détenus étrangers doit être remplacée par une nouvelle recommandation reflétant les développements qui sont survenus dans le domaine de la politique pénale, les pratiques de condamnation ainsi que de gestion des prisons en général en Europe ;

Tenant compte des principes constitutionnels, des traditions juridiques et de l'indépendance des magistrats dans ses États membres ;

Reconnaissant que toute une série d'autorités et de services interviennent auprès des étrangers qui font l'objet de poursuites pénales, sanctions ou mesures, et que ces entités ont besoin d'un ensemble cohérent de principes directeurs conformes aux normes du Conseil de l'Europe,

Recommande aux gouvernements des États membres :

– de s'inspirer dans leur législation, leurs politiques et leurs pratiques des règles contenues dans l'annexe à la présente recommandation qui remplace la Recommandation Rec(84)12 du Comité des Ministres aux États membres concernant les détenus étrangers ;

– de s'assurer que la présente recommandation et son commentaire soient traduits et diffusés de façon la plus large possible et plus spécifiquement parmi toutes les autorités concer-

nées, organismes, professionnels et associations chargés de la prise en charge des détenus étrangers et parmi les détenus eux-mêmes.

Annexe à la Recommandation CM/Rec(2012)12

I *Définitions et champ d'application.*

Définitions.

1. Au titre de la présente recommandation :

a. une **personne étrangère** désigne toute personne qui ne possède pas la nationalité et qui n'est pas considérée comme résidente par l'État dans lequel elle se trouve ;

b. un **prévenu étranger** désigne toute personne étrangère dont il est allégué qu'elle a commis une infraction pénale mais qui n'a pas encore été jugée pour celle-ci ;

c. un **délinquant étranger** désigne toute personne étrangère qui a été jugée pour une infraction pénale ;

d. une **prison** désigne tout établissement réservé essentiellement pour détenir des prévenus ou des délinquants ;

e. un **détenu étranger** désigne une personne étrangère détenue dans une prison ou un prévenu ou un délinquant étranger détenus dans d'autres endroits ;

f. une **autorité judiciaire** désigne un tribunal, un juge ou un procureur.

Champ d'application.

2. Cette recommandation s'applique aux détenus étrangers et aux autres personnes étrangères qui ne sont pas en prison mais qui font l'objet de poursuites pénales ou de sanctions ou mesures pénales et qui pourraient être ou qui ont été privées de leur liberté.

II *Principes fondamentaux.*

3. Les détenus étrangers doivent être traités dans le respect des droits de l'homme et en tenant compte de leur situation particulière et de leurs besoins individuels.

4. Les prévenus et les délinquants étrangers ont droit à ce que leur cas soit examiné en vue d'être soumis aux mêmes sanctions et mesures non privatives de liberté que les autres prévenus ou délinquants ; ils ne doivent pas être exclus d'un tel examen au motif de leur statut.

5. Les prévenus et les délinquants étrangers ne doivent pas être placés en détention provisoire ou condamnés à des peines privatives de liberté en raison de leur statut, mais, tout comme les autres prévenus et délinquants, uniquement lorsque cela est strictement nécessaire et en tant que mesure de dernier recours.

6. Les délinquants étrangers condamnés à une peine d'emprisonnement doivent bénéficier d'un examen complet de leur demande de libération anticipée.

7. Des mesures positives doivent être prises pour éviter toute discrimination et pour résoudre les problèmes spécifiques auxquels les personnes étrangères peuvent être confrontées lorsqu'elles sont soumises à des sanctions ou des mesures appliquées dans la communauté, en prison, lors de leur transfert et après leur libération.

8. Les détenus étrangers, qui en font la demande, doivent bénéficier d'un accès approprié à des services d'interprétation et de traduction, et avoir la possibilité d'apprendre une langue qui leur permettra de communiquer plus efficacement.

9. Le régime pénitentiaire doit prendre en compte les besoins sociaux particuliers des détenus étrangers et doit les préparer en vue de leur remise en liberté et de leur réinsertion sociale.

10. Les décisions de transférer des détenus étrangers vers un État avec lequel ils ont des liens doivent être prises dans le respect des droits de l'homme, dans l'intérêt de la justice et dans l'optique de la réinsertion sociale de ces détenus.

11. Des ressources suffisantes doivent être allouées pour faire face efficacement à la situation particulière et aux besoins spécifiques des détenus étrangers.

12. Une formation appropriée pour la prise en charge des prévenus et délinquants étrangers doit être dispensée aux autorités, organismes, professionnels et associations compétents qui ont des contacts réguliers avec de telles personnes.

III *Usage de la détention provisoire.*

13.1. Afin de garantir que la détention provisoire n'est appliquée aux prévenus étrangers qu'en cas de nécessité absolue et qu'en tant que mesure de dernier recours, comme cela est le cas avec les autres prévenus, elle sera régie par la Recommandation Rec(2006)13 concernant la détention provisoire, les conditions dans lesquelles elle est exécutée et la mise en place de garanties contre les abus.

13.2. Il convient en particulier :

a. de toujours étudier la possibilité de recourir à des mesures alternatives à la détention provisoire dans le cas d'un prévenu étranger ; et

b. de ne pas considérer que le fait que le prévenu n'étant n ressortissant ni résident de l'État concerné ou n'ayant aucun autre lien avec celui-ci est suffisant, en soi, pour conclure à un risque de fuite.

IV *Prononcé des peines.*

14.1. Afin de s'assurer que les sanctions privatives de liberté sont uniquement imposées aux délinquants étrangers lorsque c'est strictement nécessaire et en tant que mesure de dernier recours, comme c'est le cas avec les autres délinquants, la peine devra tenir compte de la Recommandation Rec(92)17 relative à la cohérence dans le prononce des peines. En particulier, les délinquants étrangers devront être soumis à la même gamme de sanctions ou de mesures non privatives de liberté que les délinquants nationaux.

14.2. Les autorités judiciaires doivent se voir communiquer, lorsque c'est possible et approprié, des rapports présentenciels au sujet de la situation personnelle des délinquants étrangers et de leur famille, de l'impact possible des diverses sanctions sur ces derniers ainsi que de la possibilité et de l'opportunité de leur transfert après le prononcé de la peine.

14.3. Pour éviter des difficultés et des obstacles disproportionnés à la réinsertion sociale, l'impact que les différentes peines peuvent avoir sur chaque délinquant et sur les personnes à sa charge doit être pris en compte lors du prononcé de la peine, sans porter atteinte à l'indépendance judiciaire.

V *Conditions de détention.*

Admission.

15.1. Au moment de l'admission et pendant toute la détention, les détenus étrangers doivent se voir communiquer des informations dans une langue qu'ils comprennent, concernant :

a. leurs droits et devoirs en tant que détenus, y compris en ce qui concerne les contacts avec leurs représentants consulaires ;

b. les principales caractéristiques du régime pénitentiaire et le règlement intérieur ;

c. les règles et procédures de présentation des requêtes et des plaintes ; et

d. leurs droits au conseil et à une assistance juridiques.

15.2. Immédiatement après l'admission, les autorités pénitentiaires doivent aider les détenus étrangers qui le souhaitent, à avertir de leur détention leur famille, conseillers juridiques, représentants consulaires et autres personnes ou organismes compétents susceptibles de les aider.

15.3. Aussitôt que possible après l'admission, les détenus étrangers doivent se voir communiquer des informations, oralement ou par écrit, dans une langue qu'ils comprennent, sur les possibilités de transfèrement international.

Répartition.

16.1. Les décisions relatives à la répartition des détenus étrangers doivent tenir compte de la nécessité d'atténuer leur isolement éventuel et de faciliter leurs contacts avec le monde extérieur.

16.2. Sous réserve des exigences relatives à la sécurité et à la sûreté et des besoins individuels des détenus étrangers, il convient d'envisager le placement de ces détenus dans des prisons situées à proximité de moyens de transport permettant à leur famille de leur rendre visite.

16.3. Le cas échéant, et sous réserve des exigences relatives à la sécurité et à la sûreté, les détenus étrangers doivent être placés dans des prisons où il y a d'autres détenus de même nationalité, culture ou religion, ou qui parlent leur langue.

Hébergement.

17. Les décisions concernant le regroupement de détenus étrangers doivent se fonder principalement sur leurs besoins individuels et viser à faciliter leur réinsertion sociale tout en assurant un environnement sécurisé et sûr pour les détenus et le personnel.

Hygiène.

18.1. Les installations sanitaires et d'hygiène doivent, dans la mesure du possible, satisfaire les préférences culturelles et religieuses des détenus étrangers tout en maintenant des normes médicales appropriées.

18.2. Les règles qui obligent les détenus à paraître propres et soignés doivent être interprétées de manière à respecter leurs préférences culturelles et religieuses tout en maintenant des normes médicales appropriées.

Vêtements.

19.1. Les vêtements fournis par les autorités pénitentiaires ne doivent pas offenser les sensibilités culturelles ou religieuses des détenus étrangers.

19.2. Lorsque les vêtements ne sont pas fournis par les autorités pénitentiaires, les détenus doivent être autorisés à porter des vêtements qui reflètent leurs traditions culturelles et religieuses, sous réserve des exigences relatives à la sécurité et à la sûreté.

Régime alimentaire.

20. Outre un régime alimentaire qui tient compte des exigences culturelles et religieuses des détenus, les autorités pénitentiaires doivent, autant que possible, offrir aux détenus la possibilité d'ache-

ter et de cuisiner des aliments leur permettant d'avoir un régime alimentaire davantage adapté à leur culture et de prendre leurs repas à des heures qui correspondent à leurs exigences religieuses.

Conseil et assistance juridiques.

21.1. Les détenus étrangers doivent être informés, dans une langue qu'ils comprennent, de leur droit au conseil juridique concernant des questions liées à leur détention ou à leur statut.

21.2. Les détenus étrangers doivent être informés de l'aide judiciaire possible et, si nécessaire, être aidés pour accéder à cette aide.

21.3. Les détenus étrangers qui ont besoin de communiquer avec leur conseiller juridique doivent avoir accès à des services d'interprétation si nécessaire.

21.4. Les autorités pénitentiaires doivent faciliter l'accès à l'assistance administrative et juridique proposée aux détenus étrangers par des organismes externes agréés.

21.5. Les détenus étrangers faisant l'objet d'une procédure disciplinaire doivent être assistés, si nécessaire, d'un interprète.

Contacts avec le monde extérieur.

22.1. Pour atténuer l'éventuel isolement des détenus étrangers, une attention particulière doit être accordée au maintien et au développement de leurs relations avec le monde extérieur, y compris les contacts avec la famille et les amis, les représentants consulaires, les organismes de probation, les organismes communautaires et les bénévoles.

22.2. Sauf s'il existe des préoccupations spécifiques liées à des cas individuels concernant la sécurité et la sûreté, les détenus étrangers doivent être autorisés à utiliser une langue de leur choix lors de ces contacts.

22.3. Les règles régissant les appels téléphoniques (entrants et sortants) ainsi que d'autres formes de communication doivent être appliquées avec souplesse afin de s'assurer que les détenus étrangers qui communiquent avec des personnes à l'étranger bénéficient d'un accès correspondant aux moyens de communication dont bénéficient les autres détenus.

22.4. Les détenus étrangers indigents doivent bénéficier d'une aide pour la prise en charge des coûts de communication avec le monde extérieur.

22.5. Afin d'optimiser les contacts, les visites aux détenus étrangers par des membres de leur famille vivant à l'étranger doivent être organisées de manière souple, ce qui peut inclure le fait d'autoriser les détenus à cumuler leurs droits de visite.

22.6. Du soutien et des informations doivent être fournis, dans la mesure du possible, pour permettre aux membres de la famille habitant à l'étranger de visiter les détenus étrangers.

22.7. Des mesures spéciales doivent être prises pour encourager et permettre aux détenus étrangers de maintenir des contacts réguliers et significatifs avec leurs enfants.

22.8. Des dispositions doivent être prises pour faciliter les visites, la correspondance et d'autres formes de communication entre les enfants et leur parent incarcéré, en particulier lorsqu'ils vivent dans un État différent.

22.9. Les autorités doivent s'efforcer de s'assurer que les détenus étrangers sont en mesure d'informer les membres de leur famille de la prison ou tout autre établissement dans lequel ils sont incarcérés ou vers lequel ils sont transférés.

22.10. Dans des cas d'urgence et lorsque le détenu étranger a donné un accord au préalable, les autorités pénitentiaires doivent s'efforcer d'informer les membres de la famille du décès, de toute maladie grave ou de toute blessure grave de ce détenu.

22.11. Les autorités doivent s'efforcer de disposer d'informations à jour concernant les coordonnées des membres de la famille des détenus étrangers.

23.1. Les détenus doivent pouvoir se tenir régulièrement informés des actualités publiques, en s'abonnant à des journaux, des périodiques ou d'autres publications dans une langue qu'ils comprennent.

23.2. Dans la mesure du possible, les détenus étrangers doivent avoir accès aux émissions de radio ou de télévision, ou à d'autres formes de communication dans une langue qu'ils comprennent.

23.3. Les organismes de probation, les associations et les bénévoles agréés apportant un soutien aux détenus étrangers doivent avoir accès aux détenus qui souhaitent être en contact avec eux.

Contact avec les représentants consulaires.

24.1. Les détenus étrangers ont droit d'avoir des contacts réguliers avec leurs représentants consulaires.

24.2. Les détenus étrangers doivent bénéficier de moyens raisonnables pour communiquer avec leurs représentants consulaires.

24.3. Les détenus étrangers qui n'ont pas de représentation consulaire dans le pays où ils sont détenus ont droit à un contact régulier et à des moyens de communiquer avec les représentants de l'État chargés de défendre leurs intérêts.

24.4. Les détenus étrangers qui sont réfugiés, demandeurs d'asile ou apatrides ont droit de communiquer avec les représentants des autorités nationales ou internationales chargés de défendre les intérêts de ces détenus.

25.1. Les autorités pénitentiaires doivent informer les détenus étrangers de leur droit à solliciter un contact avec leurs représentants consulaires ou avec les représentants des autorités nationales ou internationales chargés de défendre leurs intérêts.

25.2. Les autorités pénitentiaires doivent, à la demande du détenu, informer les représentations consulaires de la détention de leurs ressortissants.

25.3. Les autorités pénitentiaires doivent coopérer pleinement avec les représentants consulaires et les autorités nationales ou internationales chargées de défendre les intérêts des détenus étrangers.

25.4. Les autorités pénitentiaires doivent tenir un registre des cas où des détenus étrangers renoncent à leur droit de contacter leurs représentants consulaires ainsi qu'un registre des visites effectuées par les représentants consulaires.

Régime pénitentiaire.

26.1. Afin de s'assurer que les détenus étrangers ont un égal accès à un programme d'activités équilibré, les autorités pénitentiaires doivent, le cas échéant, prendre des mesures spécifiques pour surmonter les difficultés auxquelles les détenus étrangers peuvent être confrontés.

26.2. L'accès aux activités ne doit pas être limité par le fait que les détenus concernés peuvent être transférés, extradés ou expulsés.

Travail.

27.1. Les détenus étrangers doivent avoir accès, selon le cas, à un travail et à une formation professionnelle convenables, y compris à des programmes en dehors de la prison.

27.2. Des mesures spécifiques doivent être prises, s'il y a lieu, pour veiller à ce que les détenus étrangers aient accès à un travail rémunéré.

27.3. Les détenus étrangers peuvent transférer au moins une partie de leurs revenus aux membres de leur famille qui résident à l'étranger.

27.4. Les détenus étrangers qui travaillent et qui contribuent au système de sécurité sociale de l'État où ils sont détenus doivent être autorisés, dans la mesure du possible, à transférer les bénéfices de ces contributions à leur État de nationalité ou à un autre État.

Exercice physique et activités récréatives.

28.1. Les activités physiques et récréatives doivent être organisées de façon flexible afin que les détenus étrangers puissent y participer d'une manière qui respecte leur culture.

28.2. Les autorités pénitentiaires doivent encourager les activités qui favorisent des relations positives entre détenus de même culture et entre détenus d'origines différentes.

Éducation et formation.

29.1. Afin de permettre aux détenus étrangers de communiquer efficacement avec d'autres détenus et avec le personnel, ils doivent se voir offrir l'opportunité d'apprendre et être encouragés à apprendre une langue leur permettant de converser avec leur entourage et d'étudier la culture et les traditions locales.

29.2. Afin d'assurer une formation scolaire et professionnelle aussi efficace que possible aux détenus étrangers, les autorités pénitentiaires doivent tenir compte des besoins et aspirations de chacun, ce qui peut inclure le souhait de suivre un apprentissage en vue d'acquérir ces qualifications reconnues et pouvant être poursuivi dans le pays où ils sont susceptibles de résider après leur libération.

29.3. La bibliothèque de la prison doit, dans la mesure du possible, disposer d'un fonds de matériel de lecture et d'autres ressources qui reflètent les besoins linguistiques et les préférences culturelles des détenus étrangers et qui sont facilement accessibles.

Liberté de religion de croyance.

30.1. Les détenus doivent avoir le droit d'exercer ou de changer de religion ou de croyance et doivent être protégés de toute contrainte à cet égard.

30.2. Les autorités pénitentiaires doivent, dans la mesure du possible, accorder aux détenus étrangers l'accès à des représentants agréés de leur religion ou croyance.

Santé.

31.1. Les détenus étrangers doivent avoir accès aux mêmes soins et traitements sanitaires que les autres détenus.

31.2. Des ressources suffisantes doivent être allouées pour faire face aux problèmes de santé spécifiques auxquels peuvent être confrontés les détenus étrangers.

31.3. Le personnel médical et sanitaire travaillant en prison doit disposer des moyens nécessaires afin de pouvoir prendre en charge les problèmes et les maladies spécifiques auxquels les détenus étrangers pourraient être exposés.

31.4. Afin de faciliter les soins des détenus étrangers, une attention doit être accordée à tous les aspects de la communication. Cette communication peut nécessiter le recours à un interprète convenant au détenu concerné et respectant le secret médical.

31.5. Les soins de santé doivent être prodigués d'une manière qui ne porte pas atteinte aux sensibilités culturelles des détenus étrangers et les demandes d'examen des détenus étrangers par un médecin du même sexe doivent autant que possible être acceptées.

31.6. Lorsque c'est possible, les soins de santé psychiatrique et mentale doivent être dispensés par des spécialistes qui disposent d'une expertise dans le traitement de personnes de différentes origines religieuses, culturelles et linguistiques.

31.7. Il convient de veiller la prévention de l'automutilation et des suicides parmi les détenus étrangers.

31.8. Il importe de prendre en considération le transfèrement des détenus étrangers, diagnostiqués en phase terminale d'une maladie et qui souhaitent être transférés, dans un pays avec lequel ils ont des liens sociaux étroits.

31.9. Des mesures doivent être prises pour faciliter la poursuite du traitement médical des détenus étrangers devant être transférés, extradés ou expulsés, ce qui peut inclure la fourniture de médicaments à utiliser lors du transport vers cet État et, avec le consentement du détenu, le transfert de dossiers médicaux aux services médicaux d'un autre État.

Bon ordre, sécurité et sûreté.

32.1. Le personnel pénitentiaire doit veiller au maintien du bon ordre, de la sécurité et de la sûreté grâce à un processus de sécurité et d'interaction dynamique avec les détenus étrangers.

32.2. Le personnel pénitentiaire doit être vigilant aux conflits potentiels ou réels entre groupes au sein de la population carcérale pouvant découler des différences culturelles ou religieuses ou des tensions interethniques.

32.3. Pour assurer la sécurité en prison, tout doit être mis en œuvre pour renforcer le respect mutuel et la tolérance, et pour empêcher que des conflits surgissent entre les détenus, le personnel pénitentiaire ou d'autres personnes travaillant dans l'établissement ou visitant la prison, provenant de milieux différents.

32.4. La nationalité, la culture ou la religion d'un détenu ne doivent pas être des facteurs déterminants dans l'évaluation du risque que pose ce détenu pour la sécurité et la sûreté.

Femmes.

33.1. Des mesures spéciales doivent être prises pour lutter contre l'isolement des détenues étrangères.

33.2. Il convient de veiller à répondre aux besoins psychologiques et médicaux des détenues étrangères, en particulier de celles qui ont des enfants.

33.3. Les dispositions et installations concernant les soins prénatals et postnatals doivent respecter la diversité culturelle et religieuse.

Enfants en bas âge.

34.1. Lorsqu'une décision doit être prise sur le point de savoir s'il est dans l'intérêt supérieur d'un enfant en bas âge d'un(e) détenu(e) étranger(ère) d'être gardé en prison, une attention particulière doit être portée :

a. aux conditions dans lesquelles l'enfant serait gardé en prison ;

b. aux conditions qui s'appliqueraient si l'enfant était gardé à l'extérieur de la prison ; et

c. à l'avis des représentants légaux de l'enfant.

34.2. Les dispositions et installations relatives à la prise en charge des enfants en bas âge, qui se trouvent en prison avec leur parent, doivent respecter la diversité culturelle et religieuse.

34.3. Le statut juridique des enfants en bas âge en prison avec leur parent étranger doit être déterminé le plus tôt possible au cours de la peine purgée par ce parent, en veillant tout particulièrement à résoudre les cas où les enfants nés en prison ont une nationalité différente de celle de leurs parents.

VI *Remise en liberté.*

Préparation à la remise en liberté.

35.1. La préparation à la remise en liberté des détenus étrangers doit commencer au moment opportun et de manière à faciliter leur réinsertion dans la société.

35.2. Afin de faciliter la réinsertion des détenus étrangers dans la société :

a. leur statut juridique et leur situation après libération doivent être déterminés le plus tôt possible pendant qu'ils purgent leur peine ;

b. le cas échéant, les congés pénitentiaires et autres formes de mise en liberté provisoire doivent leur être accordés ; et

c. ils seront assistés dans l'établissement ou le rétablissement d'un contact avec leur famille et leurs amis ainsi qu'avec les organismes d'assistance appropriées *[appropriés]*.

35.3. Lorsque les détenus étrangers doivent rester dans l'État où ils ont été détenus après leur libération, un soutien et une assistance doivent leur être dispensés par des services pénitentiaires, de probation et tout autre organisme spécialisé dans l'assistance aux détenus.

35.4. Lorsque les détenus étrangers doivent être expulsés de l'État où ils sont détenus, des efforts doivent être faits, si les détenus y consentent, pour contacter les autorités de l'État où ils doivent être envoyés afin d'assurer un soutien immédiat à leur retour et de faciliter leur réinsertion dans la société.

35.5. Afin de faciliter la continuité de la prise en charge et des soins lorsque les détenus étrangers doivent être transférés dans un autre État pour y purger le reste de leur peine, les autorités compétentes doivent, si le détenu y consent, fournir les renseignements suivants à l'État où les détenus doivent être envoyés :

a. la prise en charge dont les détenus ont bénéficié ;
b. les programmes et les activités auxquels ils ont participé ;
c. les dossiers médicaux ; et
d. toute autre information qui facilitera la continuité de la prise en charge et des soins.

35.6. Lorsque des détenus étrangers peuvent être transférés vers un autre État, ils doivent être assistés dans la recherche d'un avis indépendant sur les conséquences d'un tel transfèrement.

35.7. Lorsque les détenus étrangers doivent être transférés dans un autre État afin d'y purger le reste de leur peine, les autorités de cet État doivent fournir aux détenus des informations sur les conditions de détention, le régime pénitentiaire et les possibilités de libération.

Examen en vue d'une libération anticipée.

36.1. Comme pour tout autre détenu, la possibilité de libération anticipée des détenus étrangers doit être examinée dès qu'ils y ont droit et ils ne doivent faire l'objet d'aucune discrimination à cet égard.

36.2. En particulier, il convient de veiller à ce que la détention ne soit pas indûment prolongée par des retards liés à la régularisation du statut d'immigrant d'un détenu étranger.

Sortie de prison.

37.1. Afin d'aider les détenus étrangers à réintégrer la société après leur libération, des mesures concrètes doivent être prises pour leur fournir les documents et les papiers d'identité appropriés ainsi qu'une assistance au voyage.

37.2. Lorsque les détenus étrangers retournent dans un pays avec lequel ils ont des liens et si les détenus y consentent, les représentants consulaires doivent les aider autant que possible à cet égard.

VII *Personnes travaillant avec des détenus étrangers.*

Sélection.

38. Les personnes qui travaillent avec des détenus étrangers doivent être sélectionnées sur la base de critères qui comprennent une sensibilité culturelle, des capacités d'interaction et des compétences linguistiques.

Formation.

39.1. Le personnel impliqué dans l'admission des détenus étrangers doit être formé de manière appropriée pour les prendre en charge.

39.2. Les personnes qui travaillent avec des détenus étrangers doivent être formées à respecter la diversité culturelle et être sensibilisés aux problèmes particuliers auxquels sont confrontés ces détenus.

39.3. Ce type de formation peut comprendre l'apprentissage des langues parlées le plus souvent par les détenus étrangers.

39.4. Les programmes de formation doivent être évalués et revus régulièrement afin de s'assurer qu'ils reflètent l'évolution des populations et du contexte social.

39.5. Les personnes qui travaillent avec des prévenus et des délinquants étrangers doivent être tenues informées du droit et des pratiques nationales en vigueur, ainsi que des lois et normes internationales et régionales relatives aux droits de l'homme concernant leur prise en charge, y compris la présente recommandation.

Spécialisation.

40. Des spécialistes formés de manière appropriée doivent être engagés pour travailler avec les détenus étrangers et pour assurer la liaison avec les organismes, les professionnels et les associations pertinents sur les questions liées à ces détenus.

VIII *Évaluation des politiques.*

41. Les autorités doivent évaluer régulièrement leurs politiques pour la prise en charge des prévenus et des délinquants étrangers en se fondant sur des recherches scientifiquement validées et réviser ces politiques, le cas échéant.

IV Transfèrements

Convention du 21 mars 1983,

Sur le transfèrement des personnes condamnées.

Les États membres du Conseil de l'Europe et les autres États, signataires de la présente Convention,

Considérant que le but du Conseil de l'Europe est de réaliser une union plus étroite entre ses membres ;

Désireux de développer davantage la coopération internationale en matière pénale ;

Considérant que cette coopération doit servir les intérêts d'une bonne administration de la justice et favoriser la réinsertion sociale des personnes condamnées ;

Considérant que ces objectifs exigent que les étrangers qui sont privés de leur liberté à la suite d'une infraction pénale aient la possibilité de subir leur condamnation dans leur milieu social d'origine ;

Considérant que le meilleur moyen d'y parvenir est de les transférer vers leur propre pays,

Sont convenus de ce qui suit :

Article 1 *Définitions.*

Aux fins de la présente Convention, l'expression :

a. "condamnation" désigne toute peine ou mesure privative de liberté prononcée par un juge pour une durée limitée ou indéterminée en raison d'une infraction pénale ;

b. "jugement" désigne une décision de justice prononçant une condamnation ;

c. "État de condamnation" désigne l'État où a été condamnée la personne qui peut être transférée ou l'a déjà été ;

d. "État d'exécution" désigne l'État vers lequel le condamné peut être transféré ou l'a déjà été, afin d'y subir sa condamnation.

Article 2 *Principes généraux.*

1. Les Parties s'engagent à s'accorder mutuellement, dans les conditions prévues par la présente Convention, la coopération la plus large possible en matière de transfèrement des personnes condamnées.

2. Une personne condamnée sur le territoire d'une Partie peut, conformément aux dispositions de la présente Convention, être transférée vers le territoire d'une autre Partie pour y subir la condamnation qui lui a été infligée. A cette fin, elle peut exprimer, soit auprès de l'État de condamnation, soit auprès de l'État d'exécution, le souhait d'être transférée en vertu de la présente Convention.

3. Le transfèrement peut être demandé soit par l'État de condamnation, soit par l'État d'exécution.

Article 3 *Conditions du transfèrement.*

1. Un transfèrement ne peut avoir lieu aux termes de la présente Convention qu'aux conditions suivantes :

a. le condamné doit être ressortissant de l'État d'exécution ;

b. le jugement doit être définitif ;

c. la durée de condamnation que le condamné a encore à subir doit être au moins de six mois à la date de réception de la demande de transfèrement, ou indéterminée ;

d. le condamné ou, lorsqu'en raison de son âge ou de son état physique ou mental l'un des deux États l'estime nécessaire, son représentant doit consentir au transfèrement ;

e. les actes ou omissions qui ont donné lieu à la condamnation doivent constituer une infraction pénale au regard du droit de l'État d'exécution ou devraient en constituer une s'ils survenaient sur son territoire ; et

f. l'État de condamnation et l'État d'exécution doivent s'être mis d'accord sur ce transfèrement.

2. Dans des cas exceptionnels, des Parties peuvent convenir d'un transfèrement même si la durée de la condamnation que le condamné a encore à subir est inférieure à celle prévue au paragraphe 1.c.

3. Tout État peut, au moment de la signature ou du dépôt de son instrument de ratification, d'acceptation, d'approbation ou d'adhésion, par une déclaration adressée au Secrétaire Général du Conseil de l'Europe, indiquer qu'il entend exclure l'application de l'une des procédures prévues à l'article 9.1.a et b dans ses relations avec les autres Parties.

4. Tout État peut, à tout moment, par une déclaration adressée au Secrétaire Général du Conseil de l'Europe, définir, en ce qui le concerne, le terme "ressortissant", aux fins de la présente Convention.

Article 4 *Obligation de fournir des informations.*

1. Tout condamné auquel la présente Convention peut s'appliquer doit être informé par l'État de condamnation de la teneur de la présente Convention.

2. Si le condamné a exprimé auprès de l'État de condamnation le souhait d'être transféré en vertu de la présente Convention, cet État doit en informer l'État d'exécution le plus tôt possible après que le jugement soit devenu définitif.

3. Les informations doivent comprendre :
a. le nom, la date et le lieu de naissance du condamné ;
b. le cas échéant, son adresse dans l'État d'exécution ;
c. un exposé des faits ayant entraîné la condamnation ;
d. la nature, la durée et la date du début de la condamnation.
4. Si le condamné a exprimé auprès de l'État d'exécution le souhait d'être transféré en vertu de la présente Convention, l'État de condamnation communique à cet État, sur sa demande, les informations visées au paragraphe 3 ci-dessus.
5. Le condamné doit être informé par écrit de toute démarche entreprise par l'État de condamnation ou l'État d'exécution en application des paragraphes précédents, ainsi que de toute décision prise par l'un des deux États au sujet d'une demande de transfèrement.

Article 5 *Demandes et réponses.*
1. Les demandes de transfèrement et les réponses doivent être formulées par écrit.
2. Ces demandes doivent être adressées par le Ministère de la Justice de l'État requérant au Ministère de la Justice de l'État requis. Les réponses doivent être communiquées par les mêmes voies.
3. Toute Partie peut, par une déclaration adressée au Secrétaire Général du Conseil de l'Europe, indiquer qu'elle utilisera d'autres voies de communication.
4. L'État requis doit informer l'État requérant, dans les plus brefs délais, de sa décision d'accepter ou de refuser le transfèrement demandé.

Article 6 *Pièces à l'appui.*
1. L'État d'exécution doit, sur demande de l'État de condamnation, fournir à ce dernier :
a. un document ou une déclaration indiquant que le condamné est ressortissant de cet État ;
b. une copie des dispositions légales de l'État d'exécution desquelles il résulte que les actes ou omissions qui ont donné lieu à la condamnation dans l'État de condamnation constituent une infraction pénale au regard du droit de l'État d'exécution ou en constitueraient une s'ils survenaient sur son territoire ;
c. une déclaration contenant les renseignements prévus à l'article 9.2.
2. Si un transfèrement est demandé, l'État de condamnation doit fournir les documents suivants à l'État d'exécution, à moins que l'un ou l'autre des deux États ait déjà indiqué qu'il ne donnerait pas son accord au transfèrement :
a. une copie certifiée conforme du jugement et des dispositions légales appliquées ;
b. l'indication de la durée de la condamnation déjà subie, y compris des renseignements sur toute détention provisoire, remise de peine ou autre acte concernant l'exécution de la condamnation ;
c. une déclaration constatant le consentement au transfèrement tel que visé à l'article 3.1.d ; et
d. chaque fois qu'il y aura lieu, tout rapport médical ou social sur le condamné, toute information sur son traitement dans l'État de condamnation et toute recommandation pour la suite de son traitement dans l'État d'exécution.
3. L'État de condamnation et l'État d'exécution peuvent, l'un et l'autre, demander à recevoir l'un quelconque des documents ou déclarations visés aux paragraphes 1 et 2 ci-dessus avant de faire une demande de transfèrement ou de prendre la décision d'accepter ou de refuser le transfèrement.

Article 7 *Consentement et vérification.*
1. L'État de condamnation fera en sorte que la personne qui doit donner son consentement au transfèrement en vertu de l'article 3.1.d le fasse volontairement et en étant pleinement consciente des conséquences juridiques qui en découlent. La procédure à suivre à ce sujet sera régie par la loi de l'État de condamnation.
2. L'État de condamnation doit donner à l'État d'exécution la possibilité de vérifier, par l'intermédiaire d'un consul ou d'un autre fonctionnaire désigné en accord avec l'État d'exécution, que le consentement a été donné dans les conditions prévues au paragraphe précédent.

Article 8 *Conséquences du transfèrement pour l'État de condamnation.*
1. La prise en charge du condamné par les autorités de l'État d'exécution a pour effet de suspendre l'exécution de la condamnation dans l'État de condamnation.
2. L'État de condamnation ne peut plus executer la condamnation lorsque l'État d'exécution considère l'exécution de la condamnation comme étant terminée.

Article 9 *Conséquences du transfèrement pour l'État d'exécution.*

1. Les autorités compétentes de l'État d'exécution doivent :

a. soit poursuivre l'exécution de la condamnation immédiatement ou sur la base d'une décision judiciaire ou administrative, dans les conditions énoncées à l'article 10 ;

b. soit convertir la condamnation, par une procédure judiciaire ou administrative, en une décision de cet État, substituant ainsi à la sanction infligée dans l'État de condamnation une sanction prévue par la législation de l'État d'exécution pour la même infraction, dans les conditions énoncées à l'article 11.

2. L'État d'exécution doit, si la demande lui en est faite, indiquer à l'État de condamnation, avant le transfèrement de la personne condamnée, laquelle de ces procédures il suivra.

3. L'exécution de la condamnation est régie par la loi de l'État d'exécution et cet État est seul compétent pour prendre toutes les décisions appropriées.

4. Tout État dont le droit interne empêche de faire usage de l'une des procédures visées au paragraphe 1 pour exécuter les mesures dont ont fait l'objet sur le territoire d'une autre Partie des personnes qui, compte tenu de leur état mental, ont été déclarées pénalement irresponsables d'une infraction et qui est disposé à prendre en charge ces personnes en vue de la poursuite de leur traitement peut, par une déclaration adressée au Secrétaire du Conseil de l'Europe, indiquer les procédures qu'il suivra dans ces cas.

Article 10 *Poursuite de l'exécution.*

1. En cas de poursuite de l'exécution, l'État d'exécution est lié par la nature juridique et la durée de la sanction telles qu'elles résultent de la condamnation.

2. Toutefois, si la nature ou la durée de cette sanction sont incompatibles avec la législation de l'État d'exécution, ou si la législation de cet État l'exige, l'État d'exécution peut, par décision judiciaire ou administrative, adapter cette sanction à la peine ou mesure prévue par sa propre loi pour des infractions de même nature. Cette peine ou mesure correspond, autant que possible, quant à sa nature, à celle infligée par la condamnation à exécuter. Elle ne peut aggraver par sa nature ou par sa durée la sanction prononcée dans l'État de condamnation ni excéder le maximum prévu par la loi de l'État d'exécution.

Article 11 *Conversion de la condamnation.*

1. En cas de conversion de la condamnation, la procédure prévue par la législation de l'État d'exécution s'applique. Lors de la conversion, l'autorité compétente :

a. sera liée par la constatation des faits dans la mesure ou ceux-ci figurent explicitement ou implicitement dans le jugement prononcé dans l'État de condamnation ;

b. ne peut convertir une sanction privative de liberté en une sanction pécuniaire ;

c. déduira intégralement la période de privation de liberté subie par le condamné ; et

d. n'aggravera pas la situation pénale du condamné, et ne sera pas liée par la sanction minimale éventuellement prévue par la législation de l'État d'exécution pour la ou les infractions commises.

2. Lorsque la procédure de conversion a lieu après le transfèrement de la personne condamnée, l'État d'exécution gardera cette personne en détention ou prendra d'autres mesures afin d'assurer sa présence dans l'État d'exécution jusqu'à l'issue de cette procédure.

Article 12 *Grâce, amnistie, commutation.*

Chaque Partie peut accorder la grâce, l'amnistie ou la commutation de la peine conformément à sa Constitution ou à ses autres règles juridiques.

Article 13 *Révision du jugement.*

L'État de condamnation, seul, a le droit de statuer sur tout recours en révision introduit contre le jugement.

Article 14 *Cessation de l'exécution.*

L'État d'exécution doit mettre fin à l'exécution de la condamnation dès qu'il a été informé par l'État de condamnation de toute décision ou mesure qui a pour effet d'enlever à la condamnation son caractère exécutoire.

Article 15 *Informations concernant l'exécution.*

L'État d'exécution fournira des informations à l'État de condamnation concernant l'exécution de la condamnation :

a. lorsqu'il considère terminée l'exécution de la condamnation ;

b. si le condamné s'évade avant que l'exécution de la condamnation ne soit terminée ; ou

c. si l'État de condamnation lui demande un rapport spécial.

Article 16 *Transit.*

1. Une Partie doit, en conformité avec sa législation, accéder à une demande de transit d'un condamné par son territoire, si la demande est formulée par une autre Partie qui est ellemême convenue avec une autre Partie ou avec un État tiers du transfèrement du condamné vers ou à partir de son territoire.

2. Une Partie peut refuser d'accorder le transit :

a. si le condamné est un de ses ressortissants, ou

b. si l'infraction qui a donné lieu à la condamnation ne constitue pas une infraction au regard de sa législation.

3. Les demandes de transit et les réponses doivent être communiquées par les voies mentionnées aux dispositions de l'article 5.2 et 3.

4. Une Partie peut accéder à une demande de transit d'un condamné par son territoire, formulée par un État tiers, si celui-ci est convenu avec une autre Partie du transfèrement vers ou à partir de son territoire.

5. La Partie à laquelle est demandé le transit peut garder le condamné en détention pendant la durée strictement nécessaire au transit par son territoire.

6. La Partie requise d'accorder le transit peut être invitée à donner l'assurance que le condamné ne sera ni poursuivi, ni détenu, sous réserve de l'application du paragraphe précédent, ni soumis à aucune autre restriction de sa liberté individuelle sur le territoire de l'État de transit, pour des faits ou condamnations antérieurs à son départ du territoire de l'État de condamnation.

7. Aucune demande de transit n'est nécessaire si la voie aérienne est utilisée au-dessus du territoire d'une Partie et aucun atterrissage n'est prévu. Toutefois, chaque État peut, par une déclaration adressée au Secrétaire Général du Conseil de l'Europe au moment de la signature ou du dépôt de son instrument de ratification, d'acceptation, d'approbation ou d'adhésion, exiger que lui soit notifié tout transit au-dessus de son territoire.

Article 17 *Langues et frais.*

1. Les informations en vertu de l'article 4, paragraphes 2 à 4, doivent se faire dans la langue de la Partie à laquelle elles sont adressées ou dans l'une des langues officielles du Conseil de l'Europe.

2. Sous réserve du paragraphe 3 ci-dessous, aucune traduction des demandes de transfèrement ou des documents à l'appui n'est nécessaire.

3. Tout État peut, au moment de la signature ou du dépôt de son instrument de ratification, d'acceptation, d'approbation ou d'adhésion, par déclaration adressée au Secrétaire Général du Conseil de l'Europe, exiger que les demandes de transfèrement et les pièces à l'appui soient accompagnées d'une traduction dans sa propre langue ou dans l'une des langues officielles du Conseil de l'Europe ou dans celle de ces langues qu'il indiquera. Il peut à cette occasion déclarer qu'il est disposé à accepter des traductions dans toute autre langue en plus de la langue officielle, ou des langues officielles, du Conseil de l'Europe.

4. Sauf l'exception prévue à l'article 6.2.a, les documents transmis en application de la présente Convention n'ont pas besoin d'être certifiés.

5. Les frais occasionnés en appliquant la présente Convention sont à la charge de l'État d'exécution, à l'exception des frais occasionnés exclusivement sur le territoire de l'État de condamnation.

Article 18 *Signature et entrée en vigueur.*

1. La présente Convention est ouverte à la signature des États membres du Conseil de l'Europe et des États non membres qui ont participé à son élaboration. Elle sera soumise à ratification, acceptation ou approbation. Les instruments de ratification, d'acceptation ou d'approbation seront déposés près le Secrétaire Général du Conseil de l'Europe.

2. La présente Convention entrera en vigueur le premier jour du mois qui suit l'expiration d'une période de trois mois après la date à laquelle trois États membres du Conseil de l'Europe auront exprimé leur consentement à être liés par la Convention, conformément aux dispositions du paragraphe 1.

3. Pour tout État signataire qui exprimera ultérieurement son consentement à être lié par la Convention, celle-ci entrera en vigueur le premier jour du mois qui suit l'expiration d'une période de trois mois après la date du dépôt de l'instrument de ratification, d'acceptation ou d'approbation.

Article 19 *Adhésion des États non membres.*

1. Après l'entrée en vigueur de la présente Convention, le Comité des Ministres du Conseil de l'Europe pourra, après avoir consulté les États contractants, inviter tout État non membre du Conseil et non mentionné à l'article 18.1, à adhérer à la présente Convention, par une

décision prise à la majorité prévue à l'article 20.d du Statut du Conseil de l'Europe, et à l'unanimité des représentants des États contractants ayant le droit de siéger au Comité.

2. Pour tout État adhérant, la Convention entrera en vigueur le premier jour du mois qui suit l'expiration d'une période de trois mois après la date du dépôt de l'instrument d'adhésion près le Secrétaire Général du Conseil de l'Europe.

Article 20 *Application territoriale.*

1. Tout État peut, au moment de la signature ou au moment du dépôt de son instrument de ratification, d'acceptation, d'approbation ou d'adhésion, désigner le ou les territoires auxquels s'appliquera la présente Convention.

2. Tout État peut, à tout autre moment par la suite, par une déclaration adressée au Secrétaire Général du Conseil de l'Europe, étendre l'application de la présente Convention à tout autre territoire désigné dans la déclaration. La Convention entrera en vigueur à l'égard de ce territoire le premier jour du mois qui suit l'expiration d'une période de trois mois après la date de réception de la déclaration par le Secrétaire Général.

3. Toute déclaration faite en vertu des deux paragraphes précédents pourra être retirée, en ce qui concerne tout territoire désigné dans cette déclaration, par notification adressée au Secrétaire Général. Le retrait prendra effet le premier jour du mois qui suit l'expiration d'une période de trois mois après la date de réception de la notification par le Secrétaire Général.

Article 21 *Application dans le temps.*

La présente Convention sera applicable à l'exécution des condamnations prononcées soit avant soit après son entrée en vigueur.

Article 22 *Relations avec d'autres conventions et accords.*

1. La présente Convention ne porte pas atteinte aux droits et obligations découlant des traités d'extradition et autres traités de coopération internationale en matière pénale prévoyant le transfèrement de détenus à des fins de confrontation ou de témoignage.

2. Lorsque deux ou plusieurs Parties ont déjà conclu ou concluront un accord ou un traité sur le transfèrement des condamnés ou lorsqu'ils ont établi ou établiront d'une autre manière leurs relations dans ce domaine, ils auront la faculté d'appliquer ledit accord, traité ou arrangement au lieu de la présente Convention.

3. La présente Convention ne porte pas atteinte au droit des États qui sont Parties à la Convention européenne sur la valeur internationale des jugements répressifs de conclure entre elles des accords bilatéraux ou multilatéraux, relatifs aux questions réglées par cette Convention, pour en compléter les dispositions ou pour faciliter l'application des principes dont elle s'inspire.

4. Si une demande de transfèrement tombe dans le champ d'application de la présente Convention et de la Convention européenne sur la valeur internationale des jugements répressifs ou d'un autre accord ou traité sur le transfèrement des condamnés, l'État requérant doit, lorsqu'il formule la demande, préciser en vertu de quel instrument la demande est formulée.

Article 23 *Règlement amiable.*

Le Comité européen pour les problèmes criminels suivra l'application de la présente Convention et facilitera au besoin le règlement amiable de toute difficulté d'application.

Article 24 *Dénonciation.*

1. Toute Partie peut, à tout moment, dénoncer la présente Convention en adressant une notification au Secrétaire Général du Conseil de l'Europe.

2. La dénonciation prendra effet le premier jour du mois qui suit l'expiration d'une période de trois mois après la date de réception de la notification par le Secrétaire Général.

3. Toutefois, la présente Convention continuera à s'appliquer à l'exécution des condamnations de personnes transférées conformément à ladite Convention avant que la dénonciation ne prenne effet.

Article 25 *Notifications.*

Le Secrétaire Général du Conseil de l'Europe notifiera aux États membres du Conseil de l'Europe, aux États non membres qui ont participé à l'élaboration de la présente Convention ainsi qu'à tout État ayant adhéré à celle-ci :

a. toute signature ;

b. le dépôt de tout instrument de ratification, d'acceptation, d'approbation ou d'adhésion ;

c. toute date d'entrée en vigueur de la présente Convention conformément à ses articles 18.2 et 3, 19.2 et 20.2 et 3 ;
d. tout autre acte, déclaration, notification ou communication ayant trait à la présente Convention.

Protocole additionnel à la Convention sur le transfèrement des personnes condamnées du 18 décembre 1997

Les États membres du Conseil de l'Europe, et les autres États signataires du présent Protocole,

Désireux de faciliter l'application de la Convention sur le transfèrement des personnes condamnées, qui a été ouverte à la signature à Strasbourg le 21 mars 1983 (ci-après dénommée "la Convention") et, en particulier, de poursuivre ses objectifs énoncés de servir les intérêts d'une bonne administration de la justice et de favoriser la reinsertion sociale des personnes condamnées ;

Conscients du fait que de nombreux États ne peuvent pas extrader leurs propres ressortissants ;

Considérant qu'il est par ailleurs souhaitable de compléter la Convention à certains égards,

Sont convenus de ce qui suit :

Article 1 *Dispositions générales.*
1. Les termes et expressions employés dans le présent Protocole doivent être interprétés au sens de la Convention.
2. Les dispositions de la Convention sont applicables dans la mesure où elles sont compatibles avec les dispositions du présent Protocole.

Article 2 *Personnes évadées de l'État de condamnation.*
1. Lorsqu'un ressortissant d'une Partie, qui a fait l'objet d'une condamnation définitive prononcée sur le territoire d'une autre Partie, vise à se soustraire à l'exécution ou à la poursuite de l'exécution de la condamnation dans l'État de condamnation, en se réfugiant sur le territoire de la première Partie avant d'avoir accompli la condamnation l'État de condamnation peut adresser à la première Partie une requête tendant à ce que celle-ci se charge de l'exécution de la condamnation.
2. A la demande de la Partie requérante, la Partie requise peut, avant la réception des pièces à l'appui de la requête ou dans l'attente de la décision relative à cette requête, procéder à l'arrestation de la personne condamnée ou prendre toute autre mesure propre à garantir qu'elle demeure sur son territoire dans l'attente d'une décision concernant la requête. Toute demande dans ce sens est accompagnée des informations mentionnées dans le paragraphe 3 de l'article 4 de la Convention. L'arrestation à ce titre de la personne condamnée ne peut pas conduire à une aggravation de sa situation pénale.
3. Le transfert de l'exécution ne nécessite pas le consentement de la personne condamnée.

Article 3 *Personnes condamnées frappées d'une mesure d'expulsion ou de reconduite à la frontière.*
1. Sur demande de l'État de condamnation, l'État d'exécution peut, sous réserve de l'application des dispositions de cet article, donner son accord au transfèrement d'une personne condamnée sans le consentement de cette dernière lorsque la condamnation prononcée à l'encontre de celle-ci ou une décision administrative prise à la suite de cette condamnation comportent une mesure d'expulsion ou de reconduite à la frontière ou toute autre mesure en vertu de laquelle cette personne, une fois mise en liberté, ne sera plus admise à séjourner sur le territoire de l'État de condamnation.
2. L'État d'exécution ne donne son accord aux fins du paragraphe 1er qu'après avoir pris en considération l'avis de la personne condamnée.
3. Aux fins de l'application de cet article, l'État de condamnation fournit à l'État d'exécution :

a. une déclaration contenant l'avis de la personne condamnée en ce qui concerne son transfèrement envisagé, et

b. une copie de la mesure d'expulsion ou de reconduite à la frontière ou de toute autre mesure en vertu de laquelle la personne condamnée, une fois mise en liberté, ne sera plus admise à séjourner sur le territoire de l'État de condamnation.

4. Toute personne qui a été transférée en application de cet article n'est ni poursuivie, ni jugée, ni détenue en vue de l'exécution d'une peine ou d'une mesure de sûreté, ni soumise à toute autre restriction de sa liberté individuelle, pour un fait quelconque antérieur au transfèrement, autre que celui ayant motivé la condamnation exécutoire, sauf dans les cas suivants :

a. lorsque l'État de condamnation l'autorise : une demande est présentée à cet effet, accompagnée des pièces pertinentes et d'un procès-verbal judiciaire consignant les déclarations de la personne condamnée ; cette autorisation est donnée lorsque l'infraction pour laquelle elle est demandée entraînerait elle-même l'extradition aux termes de la législation de l'État de condamnation, ou lorsque l'extradition serait exclue uniquement à raison du montant de la peine ;

b. lorsque, ayant eu la possibilité de le faire, la personne condamnée n'a pas quitté, dans les 45 jours qui suivent son élargissement définitif, le territoire de l'État d'exécution, ou si elle y est retournée après l'avoir quitté.

5. Nonobstant les dispositions du paragraphe 4 du présent article, l'État d'exécution peut prendre les mesures nécessaires conformément à sa législation, y compris le recours à une procédure par défaut, en vue d'une interruption de la prescription.

6. Tout État contractant peut, par une déclaration adressée au Secrétaire Général du Conseil de l'Europe, indiquer qu'il ne prendra pas en charge l'exécution de condamnations sous les conditions énoncées dans le présent article.

Article 4 *Signature et entrée en vigueur.*

1. Le présent Protocole est ouvert à la signature des États membres du Conseil de l'Europe et des autres États signataires de la Convention. Il sera soumis à ratification, acceptation ou approbation. Un signataire ne peut ratifier, accepter ou approuver le présent Protocole sans avoir antérieurement ou simultanément ratifié, accepté ou approuvé la Convention. Les instruments de ratification, d'acceptation ou d'approbation seront déposés près le Secrétaire Général du Conseil de l'Europe.

2. Le présent Protocole entrera en vigueur le premier jour du mois qui suit l'expiration d'une période de trois mois après la date du dépôt du troisième instrument de ratification, d'acceptation ou d'approbation.

3. Pour tout État signataire qui déposera ultérieurement son instrument de ratification, d'acceptation ou d'approbation, le Protocole entrera en vigueur le premier jour du mois qui suit l'expiration d'une période de trois mois après la date du dépôt.

Article 5 *Adhésion.*

1. Tout État non membre qui a adhéré à la Convention pourra adhérer au présent Protocole après son entrée en vigueur.

2. Pour tout État adhérant, le Protocole entrera en vigueur le premier jour du mois qui suit l'expiration d'une période de trois mois après la date du dépôt de l'instrument d'adhésion.

Article 6 *Application territoriale.*

1. Tout État peut, au moment de la signature ou au moment du dépôt de son instrument de ratification, d'acceptation ou d'adhésion, désigner le ou les territoires auxquels s'appliquera le présent protocole.

2. Tout État contractant peut, à tout autre moment par la suite, par une déclaration adressée au Secrétaire Général du Conseil de l'Europe, étendre l'application du présent Protocole à tout autre territoire désigné dans la déclaration. Le Protocole entrera en vigueur à l'égard de ce territoire le premier jour du mois qui suit l'expiration d'une période de trois mois après la date de réception de la déclaration par le Secrétaire Général.

3. Toute déclaration faite en vertu des deux paragraphes précédents pourra être retirée, en ce qui concerne tout territoire désigné dans cette déclaration, par notification adressée au Secrétaire Général. Le retrait prendra effet le premier jour du mois qui suit l'expiration d'une période de trois mois après la date de réception de la notification par le Secrétaire Général.

Article 7 *Application dans le temps.*

Le présent Protocole sera applicable à l'exécution des condamnations prononcées soit avant soit après son entrée en vigueur.

Article 8 *Dénonciation.*

1. Tout État contractant peut à tout moment dénoncer le présent Protocole en adressant une notification au Secrétaire Général du Conseil de l'Europe.

2. La dénonciation prendra effet le premier jour du mois qui suit l'expiration d'une période de trois mois après la date de réception de la notification par le Secrétaire Général.

3. Toutefois, le présent Protocole continuera à s'appliquer à l'exécution des condamnations de personnes transférées conformément aux dispositions de la Convention ou du présent Protocole avant que la dénonciation ne prenne effet.

4. La dénonciation de la Convention entraîne de plein droit celle du présent Protocole.

Article 9 *Notifications.*

Le Secrétaire Général du Conseil de l'Europe notifiera aux États membres du Conseil de l'Europe, à tout Signataire, à toute Partie et à tout autre État qui a été invité à adhérer à la Convention :

a. toute signature ;

b. le dépôt de tout instrument de ratification, d'acceptation, d'approbation ou d'adhésion ;

c. toute date d'entrée en vigueur du présent Protocole conformément à ses articles 4 et 5 ;

d. tout autre acte, déclaration, notification ou communication ayant trait au présent Protocole.

TABLE DE CONCORDANCE

PARTIE LÉGISLATIVE DU CODE PÉNITENTIAIRE :

Textes d'origine	Articles du code
Nouvel article :	L. 3
	L. 226-2
	L. 227-3
	L. 362-1
	L. 631-1
	L. 711-1
	L. 721-1
	L. 721-2
	L. 721-3
	L. 731-1
	L. 731-2
	L. 731-3
	L. 741-1
	L. 741-2
	L. 741-3
	L. 741-4
	L. 751-1
	L. 751-2
	L. 751-3
	L. 751-4
	L. 752-1
	L. 753-1
	L. 754-1
	L. 755-1
	L. 756-1
	L. 757-1
	L. 761-1
	L. 761-2
	L. 761-3
	L. 761-4
	L. 762-1
	L. 763-1
	L. 764-1
	L. 765-1
	L. 766-1
	L. 767-1
	L. 771-1
	L. 771-2
	L. 771-3
	L. 771-4
	L. 772-1
	L. 773-1
	L. 774-1
	L. 775-1
	L. 776-1
	L. 777-1
Code civil :	
Art. 79	L. 214-8 (RV)

Textes d'origine	Articles du code
Art. 84	L. 214-8 (RV)
Art. 85	L. 214-8 (RV)
Code de l'action sociale et des familles :	
Art. L. 345-2-6	L. 521-1 (RV)
Code de la commande publique :	
Art. L. 2171-4	L. 112-5 (RV)
Code de la défense :	
Art. L. 2171-1	L. 114-6 (RV)
Code de la justice militaire :	
Art. L. 211-21	L. 212-3 (RV)
Art. L. 212-105	L. 212-3 (RV)
Art. L. 212-106	L. 212-3 (RV)
Art. L. 212-119	L. 212-3 (RV)
Art. L. 212-159	L. 212-3 (RV)
Art. L. 222-20	L. 212-3 (RV)
Art. L. 231-7	L. 315-3 (RV)
Code de la santé publique :	
Art. L. 1110-4	L. 322-4 (RV)
Art. L. 1431-2	L. 115-1 (RV)
Art. L. 3214-1	L. 322-8 (RV)
Art. L. 3214-2	L. 322-8 (RV)
Art. L. 3214-3	L. 322-8 (RV)
Art. L. 6111-1-2	L. 115-2 (RV)
Art. R. 4127-4	L. 322-4 (RV)
Code de la sécurité intérieure :	
Art. L. 132-10-1	L. 113-13 (RV)
Art. L. 855-1	L. 113-11 (RV)
Code de la sécurité sociale :	
Art. L. 161-13-1	L. 513-1 (RV)
Art. L. 381-30-4	L. 412-24 (RV)
Art. L. 381-31	L. 412-25 (RV), L. 413-2 (RV)
Code de procédure pénale :	
Art. D. 70, al. 2	L. 112-2
Art. D. 269, phr. 1	L. 225-4
Art. D. 283-6	L. 227-2
Art. R. 57-8-8, al. 1er, phr. 1	L. 341-5
Art. 41	L. 611-1 (RV)
Art. 81	L. 611-2 (RV)

Textes d'origine	Articles du code
Art. 81, al. 10	L. 315-5 (RV)
Art. 115	L. 313-1 (RV)
Art. 122, al. 6	L. 212-1 (RV)
Art. 122, al. 8	L. 212-2 (RV)
Art. 123	L. 311-4 (RV)
Art. 135	L. 212-2 (RV)
Art. 142-6	L. 612-1 (RV)
Art. 142-9	L. 632-1 (RV)
Art. 145-4	L. 341-6 (RV)
Art. 145-4-1, al. 2	L. 213-7
Art. 148-3	L. 511-2 (RV)
Art. 148-7	L. 315-7 (RV)
Art. 148-8	L. 315-7 (RV)
Art. 167	L. 311-3 (RV)
Art. 173	L. 315-8 (RV)
Art. 175	L. 311-3 (RV)
Art. 183	L. 311-3 (RV)
Art. 187-1	L. 311-5 (RV)
Art. 197	L. 311-3 (RV)
Art. 217	L. 311-3 (RV)
Art. 257	L. 113-3 (RV)
Art. 380-13	L. 315-2 (RV)
Art. 390-1	L. 311-3 (RV)
Art. 397-1-1	L. 315-6 (RV)
Art. 490-1	L. 315-2 (RV)
Art. 503	L. 315-2 (RV)
Art. 503-1	L. 511-2 (RV)
Art. 555-1	L. 311-2 (RV)
Art. 577	L. 315-2 (RV)
Art. 627-18	L. 212-4 (RV)
Art. 627-19	L. 212-4 (RV)
Art. 695-34	L. 511-2 (RV)
Art. 696-19	L. 511-2 (RV)
Art. 696-36	L. 315-4 (RV)
Art. 706-25-9	L. 113-12 (RV), L. 212-7 (RV), L. 512-3 (RV)
Art. 706-25-16	L. 545-1 (RV)
Art. 706-47-1	L. 211-7 (RV)
Art. 706-53-7	L. 212-8 (RV), L. 512-4 (RV)
Art. 706-71	L. 315-1 (RV), L. 423-2 (RV)
Art. 712-1	L. 113-6 (RV)
Art. 712-3	L. 423-1 (RV)
Art. 712-4-1	L. 423-4 (RV)
Art. 712-6	L. 423-2 (RV)
Art. 712-7	L. 423-2 (RV)
Art. 712-8	L. 424-1 (RV)
Art. 712-10	L. 424-2 (RV)
Art. 712-13	L. 423-3 (RV)
Art. 712-16-2	L. 512-1 (RV)
Art. 714, al. 1er	L. 211-1
Art. 714, al. 2	L. 112-3
Art. 714, al. 3, 4 et 5	L. 211-2
Art. 715-1	L. 313-3
Art. 716, al. 1er, phr. 1	L. 213-2
Art. 716, al. 1er, phr. 2 s.	L. 213-5

Textes d'origine	Articles du code
Art. 716-1 A	L. 223-7
Art. 717	L. 211-3
Art. 717-1, al. 1er, phr. 2 et 3	L. 211-5
Art. 717-1, al. 1er, phr. 1	L. 212-9
Art. 717-1, al. 2	L. 211-4
Art. 717-1, al. 9	L. 115-3
Art. 717-2, al. 1er	L. 213-3
Art. 717-2, al. 2	L. 213-6
Art. 717-3, al. 1er et 2, ecqc la formation professionnelle	L. 413-1
Art. 717-3, ecqc le travail	L. 412-1
Art. 719	L. 132-1 (RV)
Art. 719-1	L. 512-2
Art. 719-2	L. 412-2
Art. 719-3	L. 412-3
Art. 719-4	L. 412-4
Art. 719-5	L. 412-21
Art. 719-6, al. 1er	L. 412-5
Art. 719-6, al. 2	L. 412-6
Art. 719-7 (I)	L. 412-7
Art. 719-7 (II)	L. 412-8
Art. 719-7 (III)	L. 412-9
Art. 719-8	L. 412-10
Art. 719-9, al. 1er et 2	L. 412-11
Art. 719-9, al. 3 et 4	L. 412-12
Art. 719-10	L. 412-13
Art. 719-11 (I)	L. 412-16
Art. 719-11 (II)	L. 412-17
Art. 719-12 (I)	L. 412-14
Art. 719-12 (II)	L. 412-15
Art. 719-13	L. 412-18
Art. 719-14	L. 412-20
Art. 719-15	L. 412-19
Art. 719-16	L. 412-22
Art. 719-17 (I)	L. 412-23
Art. 721, al. 10	L. 214-6 (RV)
Art. 721, al. 11	L. 214-4 (RV)
Art. 721, al. 5	L. 421-1 (RV)
Art. 721, al. 1er, 2, 3 et 4	L. 214-5 (RV)
Art. 721-4	L. 214-7 (RV)
Art. 723	L. 424-3 (RV)
Art. 723-3	L. 424-5 (RV)
Art. 723-6-1	L. 424-4
Art. 723-9	L. 622-2 (RV)
Art. 723-29	L. 543-1 (RV)
Art. 723-33	L. 543-1 (RV)
Art. 724, al. 1er	L. 112-1
Art. 724, al. 2 et 3	L. 212-6
Art. 724-1, al. 1er	L. 214-1
Art. 724-1, al. 2 et 3	L. 214-2
Art. 725	L. 5
Art. 726, al. 10	L. 231-2
Art. 726, al. 11	L. 231-3
Art. 726, al. 1er à 8	L. 231-1
Art. 726-1, al. 4	L. 213-9

Textes d'origine	Articles du code
Art. 726-1, al. 1er, 2 et 3	L. 213-8
Art. 726-2, al. 1er	L. 224-1
Art. 726-2, al. 2	L. 224-2
Art. 726-2, al. 5	L. 224-4
Art. 726-2, al. 3 et 4	L. 224-3
Art. 727-1 (I)	L. 223-1
Art. 727-1 (II)	L. 223-2
Art. 727-1 (III)	L. 223-3
Art. 727-1 (III), ecqc les données	L. 223-4
Art. 727-1 (IV)	L. 223-5
Art. 728	L. 112-4
Art. 728-1, al. 1er	L. 332-1
Art. 728-1, al. 3 à 5	L. 332-4
Art. 728-1, al. 6 et 7	L. 332-2
Art. 728-1, al. 2 et 8	L. 332-3
Art. 728-2	L. 212-5 (RV)
Art. 728-3	L. 212-5 (RV)
Art. 731	L. 530-1 (RV)
Art. 740	L. 621-1 (RV)
Art. 741-1	L. 511-3 (RV)
Art. 741-2, al. 1er, 2 et 5	L. 621-3
Art. 745	L. 621-2 (RV)
Art. 758	L. 216-1
Art. 763-1	L. 626-1 (RV)
Art. 763-7	L. 211-6 (RV)
Art. 763-12	L. 544-1 (RV)
Art. 763-13, al. 1er	L. 544-2
Art. 763-14, sauf phr. 1 et 2	L. 544-3
Art. 774	L. 113-7 (RV), L. 214-3 (RV)
Art. 803	L. 226-1 (RV)
Art. 803-8	L. 315-9 (RV)
Art. 868-3	L. 765-2, L. 775-2
Art. 868-4	L. 755-2
Art. 901	L. 713-1
Art. 934-1	L. 743-1
Code électoral :	
Art. L. 12-1	L. 362-2 (RV)
Art. L. 18-1	L. 362-3 (RV)
Art. L. 79	L. 363-2 (RV)
Art. L. 80	L. 363-3 (RV)
Code pénal :	
Art. 131-4-1	L. 622-1 (RV)
Art. 131-22	L. 623-1 (RV)
Art. 131-23	L. 623-1 (RV)
Art. 131-36	L. 623-2 (RV)
Art. 132-46	L. 113-10 (RV)
Art. 132-70-1	L. 113-9 (RV)
Décret n° 2010-1711 du 30 décembre 2010 portant code de déontologie du service public pénitentiaire :	
Art. 3, al. 1er	L. 2
Loi n° 87-432 du 22 juin 1987 relative au service public pénitentiaire :	
Art. 2, phr. 2	L. 111-3
Art. 3	L. 112-6
Loi n° 88-1243 du 30 décembre 1988 autorisant l'approbation d'une convention européenne pour la prévention de la torture et des peines ou traitements inhumains ou dégradants :	
Art. 1er	L. 135-1 (RV)
Loi n° 2009-1436 du 24 novembre 2009 pénitentiaire :	
Art. 2	L. 1
Art. 2-1, al 1er et 2	L. 111-1
Art. 2-1, al 3 et 4	L. 111-2
Art. 3	L. 111-3
Art. 4, al. 1er	L. 133-1
Art. 4, al. 2	L. 133-2
Art. 10	L. 131-1
Art. 11, al. 1er	L. 113-1
Art. 11, al. 2, 3 et 4	L. 120-1
Art. 12, al. 4	L. 227-1
Art. 12, al. 1er à 3	L. 113-4
Art. 12-1, al. 1er	L. 223-17
Art. 12-1, al. 2	L. 223-18
Art. 12-1, al. 3	L. 223-19
Art. 13, al. 2, phr. 2	L. 113-8
Art. 13, al. 1er et 2, phr. 1	L. 113-5
Art. 15, al. 2	L. 113-2
Art. 17	L. 114-1
Art. 18	L. 114-2
Art. 19	L. 114-3
Art. 20	L. 114-4
Art. 21	L. 114-5
Art. 22	L. 6
Art. 23	L. 311-1
Art. 24	L. 312-1
Art. 25	L. 313-2
Art. 26	L. 351-1
Art. 27	L. 411-1
Art. 28	L. 411-3
Art. 29	L. 411-2
Art. 30, 1°, phr. 2	L. 363-1
Art. 30, al. 5	L. 511-1
Art. 30, al. 1er, 2 (1° 1re phr.), 3 (2°) et 4 (3°)	L. 312-2
Art. 31	L. 333-1
Art. 34	L. 342-1
Art. 35, al. 1er, phr. 1, sauf "soit..."	L. 341-1
Art. 35, al. 1er, phr. 2, sauf "et les..."	L. 341-2

Textes d'origine	Articles du code
Art. 35, al. 1er, phr. 2, ecqc "et les ..."	L. 341-3
Art. 35, al. 4	L. 341-5
Art. 35, al. 5	L. 341-4
Art. 35, al. 2 et 3	L. 341-7
Art. 36	L. 341-8
Art. 38	L. 216-2
Art. 39, ecqc les condamnés	L. 345-5
Art. 39, ecqc les prévenus	L. 345-6
Art. 40, al. 1er, ecqc les prévenus	L. 345-1
Art. 40, al. 1er, ecqc les condamnés	L. 345-2
Art. 40, al. 3	L. 345-4
Art. 40, al. 2 et 4	L. 345-3
Art. 41	L. 381-1
Art. 42	L. 331-1
Art. 43	L. 370-1
Art. 44, al. 3, ecqc surveillance spécifique	L. 221-1
Art. 44, al. 1er	L. 7
Art. 44, al. 2	L. 8
Art. 44, al. 3, ecqc l'encellulement individuel	L. 213-1
Art. 44, al. 4	L. 344-1
Art. 45	L. 322-3
Art. 46, al. 3	L. 115-4
Art. 46, al. 5	L. 320-1
Art. 46, al. 1er, 2 et 4	L. 322-1
Art. 47	L. 322-9
Art. 48	L. 322-2
Art. 49	L. 322-12
Art. 50	L. 322-11
Art. 51, al. 1er	L. 322-6
Art. 52	L. 322-10
Art. 53	L. 322-7
Art. 54	L. 322-5
Art. 57, al. 1er	L. 225-1
Art. 57, al. 2	L. 225-2

Textes d'origine	Articles du code
Art. 57, al. 3 et 4	L. 225-3
Art. 58	L. 223-6
Art. 58-1, al. 23	L. 223-15
Art. 58-1, al. 8	L. 223-10
Art. 58-1, al. 14 et 15	L. 223-12
Art. 58-1, al. 16 à 19	L. 223-13
Art. 58-1, al. 1er à 4	L. 223-8
Art. 58-1, al. 20 à 22	L. 223-14
Art. 58-1, al. 5 à 7	L. 223-9
Art. 58-1, al. 9 à 13	L. 223-11
Art. 59	L. 4
Art. 61	L. 213-1, L. 216-2, L. 221-1, L. 223-16, L. 225-5, L. 311-1, L. 312-3, L. 313-2, L. 320-1, L. 322-13, L. 331-1, L. 341-9, L. 342-1, L. 345-7, L. 351-1, L. 370-1, L. 381-1, L. 411-4, L. 511-1
Art. 99 (I *bis*)	L. 752-3, L. 762-3, L. 772-4
Art. 99 (II)	L. 772-2
Art. 99 (II *bis*)	L. 762-2, L. 772-3
Art. 99 (III)	L. 762-5, L. 764-2, L. 772-6, L. 774-2
Art. 99 (VIII)	L. 754-2, L. 764-3, L. 774-3
Art. 99 (XI)	L. 762-4, L. 772-5
Art. 99 (XI *bis*)	L. 752-4
Art. 99 (XII)	L. 764-4, L. 774-4
Art. 99 (II *ter*)	L. 752-2
Art. 99 (VI)	L. 745-1
Art. 100	L. 213-4
Loi organique nº 2011-333 du 29 mars 2011 relative au Défenseur des droits :	
Art. 4	L. 133-3 (RV)

La mention (ecqc) signifie en ce qui concerne.
La mention (RV) signifie renvoi.

PARTIE RÉGLEMENTAIRE DU CODE PÉNITENTIAIRE :

Textes d'origine	Articles du code	Textes d'origine	Articles du code
Nouvel article :	D. 112-6		R. 412-52
	R. 113-37		R. 412-53
	D. 113-38		R. 412-54
	R. 120-1		R. 412-55
	R. 341-9		R. 412-56
	R. 351-5		R. 412-57
	R. 412-2		R. 412-58
	R. 412-3		R. 412-59
	R. 412-4		R. 412-60
	R. 412-5		R. 412-61
	R. 412-8		R. 412-62
	R. 412-9		R. 412-63
	D. 412-12		D. 412-65
	D. 412-13		D. 412-72
	R. 412-14		D. 412-73
	R. 412-15		R. 412-78
	R. 412-16		R. 412-79
	R. 412-17		R. 412-80
	R. 412-18		R. 412-81
	R. 412-19		R. 412-82
	R. 412-20		D. 413-8
	R. 412-21		R. 424-31
	R. 412-22		R. 625-1
	R. 412-23		R. 625-2
	R. 412-24		R. 625-3
	R. 412-25		D. 633-2
	R. 412-26		R. 711-1
	R. 412-27		R. 721-1
	R. 412-28		R. 721-2
	R. 412-29		R. 731-1
	R. 412-30		R. 731-2
	R. 412-31		R. 741-1
	D. 412-32		R. 741-2
	R. 412-33		D. 741-3
	R. 412-34		R. 751-1
	R. 412-35		R. 751-2
	R. 412-36		R. 751-3
	R. 412-37		D. 751-4
	R. 412-38		R. 752-1
	R. 412-39		D. 752-5
	R. 412-40		D. 752-6
	R. 412-41		D. 752-7
	R. 412-42		D. 752-8
	R. 412-43		D. 752-9
	R. 412-44		R. 753-1
	R. 412-45		D. 753-9
	D. 412-46		D. 753-10
	D. 412-47		D. 753-11
	R. 412-48		D. 753-12

Textes d'origine	Articles du code	Textes d'origine	Articles du code
	D. 753-13		R. 766-1
	D. 753-14		D. 766-3
	D. 753-15		R. 767-1
	R. 754-1		D. 767-7
	D. 754-5		R. 771-1
	D. 754-6		R. 771-2
	D. 754-7		R. 771-3
	R. 755-1		R. 771-4
	D. 755-2		R. 772-1
	D. 755-3		D. 772-6
	R. 756-1		D. 772-7
	D. 756-3		D. 772-8
	R. 757-1		D. 772-9
	D. 757-6		D. 772-10
	R. 761-1		D. 772-11
	R. 761-2		D. 772-12
	R. 761-3		D. 772-13
	R. 761-4		D. 772-14
	R. 762-1		D. 772-15
	D. 762-7		D. 772-16
	D. 762-8		D. 772-17
	D. 762-9		D. 772-18
	D. 762-10		D. 772-19
	D. 762-11		R. 773-1
	D. 762-12		D. 773-11
	D. 762-13		D. 773-12
	D. 762-14		D. 773-13
	D. 762-15		D. 773-15
	D. 762-16		R. 774-1
	D. 762-17		R. 774-6
	D. 762-18		R. 774-7
	D. 762-19		R. 774-8
	D. 762-20		R. 774-9
	R. 763-1		R. 774-10
	D. 763-11		R. 774-11
	D. 763-12		D. 774-14
	D. 763-13		D. 774-15
	D. 763-15		D. 774-16
	R. 764-1		D. 774-17
	R. 764-6		D. 774-18
	R. 764-7		R. 775-1
	R. 764-8		D. 775-2
	R. 764-9		D. 775-3
	R. 764-10		D. 775-4
	R. 764-11		D. 775-5
	D. 764-14		D. 775-6
	D. 764-15		D. 775-7
	D. 764-16		D. 775-8
	D. 764-17		R. 776-1
	D. 764-18		D. 776-3
	R. 765-1		R. 777-1
	D. 765-2		D. 777-7
	D. 765-3	***Arrêté du 4 octobre 2010 relatif à l'accessibilité des personnes handicapées dans les établissements pénitentiaires lors de leur construction :***	
	D. 765-4		
	D. 765-5		
	D. 765-6		
	D. 765-7		
	D. 765-8	Art. 1er, al. 1er	D. 112-33

Textes d'origine	Articles du code
Art. 1er, al. 3	D. 112-34
Arrêté du 22 mai 2014 portant règlement d'emploi des fonctions spécialisées exercées par les personnels pénitentiaires :	
Art. 38	D. 112-11
Art. 39	D. 112-12
Arrêté du 21 mai 2019 portant gestion des personnels affectés en pôle de rattachement des extractions judiciaires :	
Art. 1er	D. 112-13
Arrêté du 21 mai 2019 portant gestion des personnels affectés en équipes locales de sécurité pénitentiaire :	
Art. 1er	D. 112-29
Arrêté du 21 mai 2019 portant gestion des personnels affectés en unités hospitalières :	
Art. 1er	D. 112-31
Art. 2, ecqc le chef d'établissement	D. 112-31
Arrêté du 21 mai 2019 portant gestion des personnels affectés en équipes locales de sécurité pénitentiaire :	
Art. 2, ecqc les missions PREJ	D. 112-30
Arrêté du 21 mai 2019 portant gestion des personnels affectés en pôle de rattachement des extractions judiciaires :	
Art. 2, ecqc DISP	D. 112-13
Arrêté du 21 mai 2019 portant gestion des personnels affectés en équipes locales de sécurité pénitentiaire :	
Art. 2, ecqc le chef d'établissement	D. 112-29
Arrêté du 21 mai 2019 portant gestion des personnels affectés en pôle de rattachement des extractions judiciaires :	
Art. 2, ecqc les missions PREJ	D. 112-14
Arrêté du 21 mai 2019 portant gestion des personnels affectés en unités hospitalières :	
Art. 2, ecqc les missions UH	D. 112-32
Arrêté du 21 mai 2019 portant gestion des personnels affectés en pôle de rattachement des extractions judiciaires :	
Art. 3	D. 112-14
Arrêté du 21 mai 2019 portant gestion des personnels affectés en équipes locales de sécurité pénitentiaire :	
Art. 3	D. 112-30
Arrêté du 21 mai 2019 portant gestion des personnels affectés en unités hospitalières :	
Art. 3	D. 112-32
Arrêté du 29 mai 2019 portant création et organisation d'un service à compétence nationale dénommé "Service national du renseignement pénitentiaire" :	
Art. 1er	D. 112-3
Art. 2	D. 112-3
Code de justice administrative :	
Art. R. 776-1	R. 315-3 (RV)
Art. R. 776-19	R. 315-3 (RV)
Art. R. 776-31	R. 315-3 (RV)
Code de l'action sociale et des familles :	
Art. D. 312-154-1	D. 115-13 (RV)
Art. R. 262-45	R. 324-4 (RV)
Code de l'urbanisme :	
Art. R. 331-4	R. 112-26 (RV)
Art. R.* 421-8	R. 112-24 (RV)
Art. R.* 421-13	R. 112-25 (RV)
Code de la santé publique :	
Art. R. 1112-30	R. 322-13 (RV)
Art. R. 1112-31	R. 322-13 (RV)
Art. R. 1112-32	R. 322-13 (RV)
Art. R. 1112-33	R. 322-13 (RV)
Art. R. 3214-1	R. 115-2 (RV)
Art. R. 3214-2	R. 115-2 (RV)
Art. R. 3214-3	R. 115-2 (RV)
Art. R. 3214-5	R. 322-15
Art. R. 3214-6	R. 322-16

Textes d'origine	Articles du code
Art. R. 3214-7	R. 322-17
Art. R. 3214-8	R. 322-18
Art. R. 3214-9	R. 322-19
Art. R. 3214-10	R. 322-20
Art. R. 3214-11	R. 322-21
Art. R. 3214-12	R. 322-22
Art. R. 3214-13	R. 322-23
Art. R. 3214-14	R. 322-24
Art. R. 3214-15	R. 322-25
Art. R. 3214-16	R. 322-26
Art. R. 3214-17	R. 322-27
Art. R. 3214-18	R. 322-28
Art. R. 3214-19	R. 322-29
Art. R. 3214-20	R. 322-30
Art. R. 3214-21	R. 215-30
Art. R. 3214-22	R. 215-31
Art. R. 3214-23	R. 215-32
Art. R. 3221-5	R. 115-12 (RV)
Art. R. 6111-27	R. 115-1 (RV)
Art. R. 6111-28	R. 115-1 (RV)
Art. R. 6111-29	R. 115-1 (RV)
Art. R. 6111-30	R. 115-1 (RV)
Art. R. 6111-32	R. 115-1 (RV)
Art. R. 6111-33	R. 115-1 (RV)
Art. R. 6111-34	R. 115-1 (RV)
Art. R. 6111-35	R. 115-1 (RV)
Art. R. 6111-36	R. 115-1 (RV)
Art. R. 6111-37	R. 115-1 (RV)
Art. R. 6111-38	R. 115-1 (RV)
Art. R. 6111-39	R. 115-1 (RV)
Art. R. 6111-40	R. 115-1 (RV)
Code de la sécurité intérieure :	
Art. D. 132-6	D. 113-18 (RV)
Art. L. 855-1	R. 112-2 (RV)
Art. R. 132-6-1	R. 113-15 (RV)
Art. R. 228-1	R. 641-1 (RV)
Art. R. 228-3	R. 641-2 (RV)
Art. R. 228-5	R. 641-3 (RV)
Art. R. 228-6	R. 641-4 (RV)
Art. R. 811-2	R. 112-2 (RV)
Art. R. 855-1	R. 112-2 (RV)
Code de la sécurité sociale :	
Art. L. 821-1	R. 324-3 (RV)
Art. L. 821-6	R. 324-3 (RV)
Art. R. 161-4-1	R. 513-1 (RV)
Art. R. 381-105	R. 412-75 (RV)
Art. R. 381-106	R. 412-75 (RV)
Art. R. 381-107	R. 412-75 (RV)
Art. R. 381-110	R. 412-75 (RV)
Art. R. 381-111	R. 412-75 (RV)
Art. R. 381-114	R. 412-75 (RV)
Art. R. 381-115	R. 412-75 (RV)
Art. R. 381-116	R. 412-75 (RV)
Art. R. 381-117	R. 412-75 (RV)
Art. R. 381-118	R. 412-75 (RV)

Textes d'origine	Articles du code
Art. R. 381-119	R. 412-75 (RV)
Art. R. 381-120	R. 412-75 (RV)
Art. R. 821-8	R. 324-3 (RV)
Art. R. 846-8	R. 412-76 (RV)
Code de l'entrée et du séjour des étrangers et du droit d'asile :	
Art. R. 632-5	R. 311-9 (RV)
Art. R. 733-15	R. 642-1 (RV)
Art. R. 733-17	R. 642-2 (RV)
Art. R. 733-19	R. 642-3 (RV)
Art. R. 733-20	R. 642-4 (RV)
Code de l'organisation judiciaire :	
Art. R. 131-2	R. 113-14 (RV)
Art. R. 212-64	R. 113-13 (RV)
Art. R. 312-13	R. 113-12 (RV)
Art. R. 312-85	R. 113-13 (RV)
Code de procédure pénale :	
Art. A. 43	D. 216-8
Art. A. 43-1	D. 216-9
Annexe à l'art. R. 57-6-18, préambule RI-type, al. 3	R. 232-1
Annexe à l'art. R. 57-6-18, art. 1er RI-type	R. 211-1
Annexe à l'art. R. 57-6-18, art. 2 RI-type	R. 212-14
Annexe à l'art. R. 57-6-18, art. 3 RI-type, al. 1er et 2	R. 212-18
Annexe à l'art. R. 57-6-18, art. 3 RI-type, al. 3	R. 212-16
Annexe à l'art. R. 57-6-18, art. 3 RI-type, al. 4	R. 212-17
Annexe à l'art. R. 57-6-18, art. 4 RI-type	R. 213-5
Annexe à l'art. R. 57-6-18, art. 5 RI-type, al. 1er	R. 231-1
Annexe à l'art. R. 57-6-18, art. 5 RI-type, al. 2	R. 411-7
Annexe à l'art. R. 57-6-18, art. 5 RI-type, al. 3	R. 213-10
Annexe à l'art. R. 57-6-18, art. 5 RI-type, al. 5	R. 221-4

Textes d'origine	Articles du code	Textes d'origine	Articles du code
Annexe à l'art. R. 57-6-18, art. 5 RI-type, al. 6 et 7	R. 332-44	Annexe à l'art. R. 57-6-18, art. 15 RI-type, al. 1er et 4	R. 412-1
Annexe à l'art. R. 57-6-18, art. 5 RI-type, al. 9 et 10	R. 212-15	Annexe à l'art. R. 57-6-18, art. 15 RI-type, al. 2	R. 412-50
Annexe à l'art. R. 57-6-18, art. 6 RI-type, al. 3 (I)	R. 231-2	Annexe à l'art. R. 57-6-18, art. 15 RI-type, al. 3	R. 412-51
Annexe à l'art. R. 57-6-18, art. 6 RI-type, II	R. 235-1	Annexe à l'art. R. 57-6-18, art. 16 RI-type	R. 413-6
Annexe à l'art. R. 57-6-18, art. 6 RI-type, III, al. 1er et 2	R. 235-7	Annexe à l'art. R. 57-6-18, art. 17 RI-type	R. 413-2
Annexe à l'art. R. 57-6-18, art. 6 RI-type, III, al. 3 à 5	R. 235-9	Annexe à l'art. R. 57-6-18, art. 18 RI-type, al. 2	R. 351-1
Annexe à l'art. R. 57-6-18, art. 7 RI-type, I	R. 213-20	Annexe à l'art. R. 57-6-18, art. 18 RI-type, al. 3	R. 351-4
Annexe à l'art. R. 57-6-18, art. 7 RI-type, II	R. 225-5	Annexe à l'art. R. 57-6-18, art. 18 RI-type, al. 4	R. 345-8
Annexe à l'art. R. 57-6-18, art. 7 RI-type, III, sauf phr. 1	R. 226-1	Annexe à l'art. R. 57-6-18, art. 19 RI-type, I	R. 370-1
Annexe à l'art. R. 57-6-18, art. 7 RI-type, IV	R. 213-6	Annexe à l'art. R. 57-6-18, art. 19 RI-type, II, al. 1er	R. 370-3
Annexe à l'art. R. 57-6-18, art. 8 RI-type, al. 1er, 2 et 3	R. 213-7	Annexe à l'art. R. 57-6-18, art. 19 RI-type, II, al. 2 et 3	R. 414-1
Annexe à l'art. R. 57-6-18, art. 8 RI-type, al. 4	R. 213-8	Annexe à l'art. R. 57-6-18, art. 19 RI-type, III	R. 370-2
Annexe à l'art. R. 57-6-18, art. 9 RI-type	R. 323-1	Annexe à l'art. R. 57-6-18, art. 19 RI-type, IV	R. 370-4
Annexe à l'art. R. 57-6-18, art. 10 RI-type, al. 1er, 2 et 3 (I)	R. 332-35	Annexe à l'art. R. 57-6-18, art. 19 RI-type, V	R. 381-1
Annexe à l'art. R. 57-6-18, art. 10 RI-type, II	R. 321-6	Annexe à l'art. R. 57-6-18, art. 19 RI-type, VI	R. 411-8
Annexe à l'art. R. 57-6-18, art. 11 RI-type	R. 321-4	Annexe à l'art. R. 57-6-18, art. 19 RI-type, VII	R. 332-41
Annexe à l'art. R. 57-6-18, art. 12 RI-type	R. 321-5	Annexe à l'art. R. 57-6-18, art. 20 RI-type	R. 414-7
Annexe à l'art. R. 57-6-18, art. 14 RI-type, I	R. 322-11	Annexe à l'art. R. 57-6-18, art. 21 RI-type, al. 1er et 2	R. 212-19
Annexe à l'art. R. 57-6-18, art. 14 RI-type, II	R. 322-12	Annexe à l'art. R. 57-6-18, art. 21 RI-type, al. 3	R. 345-6

Textes d'origine	Articles du code
Annexe à l'art. R. 57-6-18, art. 21 RI-type, al. 4	R. 345-7
Annexe à l'art. R. 57-6-18, art. 22 RI-type	R. 332-2
Annexe à l'art. R. 57-6-18, art. 23 RI-type	R. 332-1
Annexe à l'art. R. 57-6-18, art. 24 RI-type, I	R. 332-45
Annexe à l'art. R. 57-6-18, art. 24 RI-type, II	R. 332-37
Annexe à l'art. R. 57-6-18, art. 24 RI-type, III	R. 332-38
Annexe à l'art. R. 57-6-18, art. 24 RI-type, IV	R. 332-39
Annexe à l'art. R. 57-6-18, art. 25 RI-type	R. 332-33
Annexe à l'art. R. 57-6-18, art. 27 RI-type, al. 2 et 3	R. 345-11
Annexe à l'art. R. 57-6-18, art. 28 RI-type	R. 313-10
Annexe à l'art. R. 57-6-18, art. 29 RI-type, al. 2 et 3	R. 341-12
Annexe à l'art. R. 57-6-18, art. 30, al. 1er, 2 et 3	R. 332-3
Annexe à l'art. R. 57-6-18, art. 30 RI-type, al. 4	R. 344-1
Annexe à l'art. R. 57-6-18, art. 31 RI-type	R. 311-2
Annexe à l'art. R. 57-6-18, art. 32 RI-type, I	R. 332-42
Annexe à l'art. R. 57-6-18, art. 32 RI-type, II	R. 332-43
Annexe à l'art. R. 57-6-18, art. 33 RI-type	R. 341-17
Annexe à l'art. R. 57-6-18, art. 33-1 RI-type	R. 223-1
Annexe à l'art. R. 57-6-18, art. 34 RI-type, al. 1er	R. 314-1
Annexe à l'art. R. 57-6-18, art. 34 RI-type, al. 2	R. 131-1
Annexe à l'art. R. 57-6-18, art. 34 RI-type, al. 3	R. 315-2
Annexe à l'art. R. 57-6-18, art. 36 RI-type	R. 511-2
Annexe à l'art. R. 57-6-18, art. 37 RI-type	R. 522-1
Annexe à l'art. R. 57-6-18, art. 38 RI-type	R. 213-3
Annexe à l'art. R. 57-6-18, art. 39 RI-type	R. 313-12
Annexe à l'art. R. 57-6-18, art. 40 RI-type	R. 332-40
Annexe à l'art. R. 57-6-18, art. 41 RI-type, al. 1er	R. 213-17
Annexe à l'art. R. 57-6-18, art. 42 RI-type	R. 213-11
Annexe à l'art. R. 57-6-18, art. 43 RI-type	R. 332-36
Annexe à l'art. R. 57-6-18, art. 44 RI-type	R. 412-10
Annexe à l'art. R. 57-6-18, art. 45 RI-type, ecqc les prévenus	R. 332-4
Annexe à l'art. R. 57-6-18, art. 45 RI-type, ecqc le magistrat compétent	R. 332-5
Annexe à l'art. R. 57-6-18, art. 46 RI-type	R. 213-12
Annexe à l'art. R. 57-6-18, art. 47 RI-type	R. 213-13
Annexe à l'art. R. 57-6-18, art. 48 RI-type, I	R. 213-14
Annexe à l'art. R. 57-6-18, art. 48 RI-type, II	R. 213-15
Annexe à l'art. R. 57-6-18, art. 49 RI-type, I	D. 112-21

Textes d'origine	Articles du code	Textes d'origine	Articles du code
Annexe à l'art. R. 57-6-18, art. 49 RI-type, II et III	R. 213-16	Art. D. 56-2	D. 211-8 (RV)
		Art. D. 58	D. 213-4
		Art. D. 66, al. 2	D. 313-9
Art. D. 16	D. 611-1 (RV)	Art. D. 70, al. 1er	R. 112-15
Art. D. 18	D. 611-1 (RV)	Art. D. 70, al. 3	R. 112-16
Art. D. 32-1-1	D. 211-6 (RV)	Art. D. 71	D. 112-18
Art. D. 32-4	D. 612-1 (RV)	Art. D. 72	D. 112-19
Art. D. 32-5	D. 632-1 (RV)	Art. D. 72-1	D. 112-20
Art. D. 32-14, al. 1er à 5	D. 632-2	Art. D. 74	D. 211-9
Art. D. 32-14, al. 6	D. 632-4	Art. D. 75	D. 211-10
Art. D. 32-17	D. 632-5 (RV)	Art. D. 76	D. 211-11
Art. D. 32-18	D. 632-5 (RV)	Art. D. 77	D. 211-12
Art. D. 32-31	D. 611-2 (RV)	Art. D. 78	D. 211-13
Art. D. 43-4	D. 315-7 (RV)	Art. D. 79	D. 211-14
Art. D. 45-2-4	D. 212-2 (RV)	Art. D. 80, al. 4, phr. 1	D. 211-19
Art. D. 45-26	D. 315-5 (RV)	Art. D. 80, al. 4, phr. 2, al. 5 et 6	D. 211-20
Art. D. 46-2	D. 311-6 (RV)		
Art. D. 47-1-6	D. 215-11 (RV)	Art. D. 80, al. 7	D. 211-21
Art. D. 47-12-4	D. 311-8 (RV)	Art. D. 80, al. 8	D. 211-22
Art. D. 47-12-6	D. 315-1 (RV)	Art. D. 80, al. 1er, 2 et 3	D. 211-18
Art. D. 48-2-4	D. 212-3 (RV)	Art. D. 81	D. 211-24
Art. D. 48-5-1	D. 113-19 (RV)	Art. D. 81-1	D. 211-23
Art. D. 48-5-4	D. 113-20 (RV)	Art. D. 81-2	D. 211-15
Art. D. 49-11	D. 315-6 (RV)	Art. D. 82, al. 1er et 7	D. 211-26
Art. D. 49-15	D. 423-1 (RV)	Art. D. 82, al. 2, 3, 4, 5 et 6	D. 211-27
Art. D. 49-17	D. 423-2 (RV)		
Art. D. 49-18	D. 113-46 (RV), D. 423-5 (RV)	Art. D. 82-1	D. 211-28
		Art. D. 82-2	D. 211-29
Art. D. 49-21	D. 423-6 (RV)	Art. D. 82-3	D. 211-30
Art. D. 49-21-1	D. 424-9 (RV)	Art. D. 82-4	D. 211-16
Art. D. 49-24	D. 113-39 (RV)	Art. D. 83	D. 212-4
Art. D. 49-27	D. 113-31 (RV)	Art. D. 84	D. 211-31
Art. D. 49-28	D. 423-4 (RV)	Art. D. 85	D. 421-3
Art. D. 49-29	D. 423-3 (RV)	Art. D. 87	D. 211-25
Art. D. 49-30	D. 215-22 (RV)	Art. D. 88	D. 211-32
Art. D. 49-44	D. 113-47 (RV), D. 423-7 (RV)	Art. D. 89	D. 211-33
		Art. D. 90	D. 211-34
Art. D. 49-66	D. 512-1 (RV), D. 621-8 (RV)	Art. D. 91	D. 211-35
		Art. D. 92	D. 211-36
Art. D. 49-81	D. 113-32 (RV)	Art. D. 93	D. 213-1
Art. D. 49-81-2	D. 311-7 (RV)	Art. D. 94	D. 213-2
Art. D. 49-81-4	D. 311-7 (RV)	Art. D. 95	R. 213-9
Art. D. 49-83, al. 1er et 2	D. 622-9	Art. D. 115	D. 214-18 (RV)
Art. D. 49-83, al. 3	D. 622-21	Art. D. 115-2	D. 214-19 (RV)
Art. D. 49-84	D. 622-5 (RV)	Art. D. 115-14	D. 214-20 (RV)
Art. D. 49-86	D. 622-20 (RV)	Art. D. 115-13	D. 214-23 (RV)
Art. D. 51	D. 544-6 (RV), D. 622-10 (RV), D. 631-2 (RV), D. 632-3 (RV)	Art. D. 121, al. 1er	D. 424-2
		Art. D. 121, al. 2	D. 412-66
		Art. D. 121-1	D. 424-1
		Art. D. 122	D. 424-4
Art. D. 52	D. 211-3 (RV)	Art. D. 123	D. 424-5
Art. D. 53	D. 211-4	Art. D. 124	D. 424-6
Art. D. 54, al. 1er	D. 112-27	Art. D. 125	D. 424-7
Art. D. 54, al. 2 et 3	D. 112-28	Art. D. 125-1	D. 424-8
Art. D. 55	D. 211-5 (RV)	Art. D. 126	D. 424-10
Art. D. 55-1	D. 211-6 (RV)	Art. D. 127	D. 424-12
Art. D. 56, al. 1er	D. 211-7 (RV)	Art. D. 128	D. 424-11
Art. D. 56, al. 2	D. 313-17 (RV)	Art. D. 130	D. 424-13

Textes d'origine	Articles du code	Textes d'origine	Articles du code
Art. D. 131	D. 424-13	Art. D. 177	D. 131-3
Art. D. 136	D. 424-14 (RV)	Art. D. 178	D. 131-4
Art. D. 142, al. 3, 4 et 5	D. 424-24 (RV)	Art. D. 179	D. 131-5
Art. D. 142, al. 1er et 2	D. 424-23 (RV)	Art. D. 187	R. 341-10
Art. D. 142-3	D. 424-26 (RV)	Art. D. 187-1	D. 133-2
Art. D. 142-3-1	D. 424-22 (RV)	Art. D. 190	D. 112-1
Art. D. 143	D. 424-27 (RV)	Art. D. 196	D. 113-1
Art. D. 143-1	D. 424-27 (RV)	Art. D. 196-1	D. 113-2
Art. D. 143-2	D. 424-27 (RV)	Art. D. 197	D. 113-3
Art. D. 143-4	D. 363-1 (RV), D. 424-28 (RV)	Art. D. 198	D. 113-11
		Art. D. 216	D. 113-4
Art. D. 143-5	D. 424-29 (RV)	Art. D. 216-1	D. 113-21
Art. D. 144	D. 424-25 (RV)	Art. D. 217	D. 113-22
Art. D. 145	D. 424-30 (RV)	Art. D. 219, al. 1er	R. 122-12
Art. D. 147	D. 215-29 (RV)	Art. D. 219, al. 2	R. 122-3
Art. D. 147-1	D. 322-36 (RV)	Art. D. 219, al. 3	R. 122-5
Art. D. 147-2	D. 322-36 (RV)	Art. D. 220, al. 1er, 4 et 5	D. 121-4
Art. D. 147-3	D. 322-36 (RV)		
Art. D. 147-12, al. 2	D. 214-21 (RV)	Art. D. 220, al. 2 et 3	R. 122-10, R. 123-1
Art. D. 147-12, al. 3	D. 214-22 (RV)		
Art. D. 147-17	D. 422-1 (RV)	Art. D. 220, al. 6, 7, 8 et 9	R. 122-14, R. 123-3
Art. D. 147-17-1	D. 422-2 (RV)		
Art. D. 147-17-2	D. 422-3 (RV)		
Art. D. 147-17-5	D. 422-4 (RV)	Art. D. 220, al. 10	R. 122-14
Art. D. 147-32	D. 543-2 (RV)	Art. D. 221	R. 122-15, R. 123-2
Art. D. 147-34	D. 211-17 (RV)		
Art. D. 147-40-2	D. 543-3 (RV)	Art. D. 222	D. 211-2
Art. D. 147-47	D. 543-4 (RV)	Art. D. 223	D. 113-7
Art. D. 147-48	D. 543-5 (RV)	Art. D. 224	D. 113-8
Art. D. 148	D. 212-6	Art. D. 225	D. 113-9
Art. D. 149, al. 1er	D. 212-7	Art. D. 226	D. 113-10
Art. D. 149, al. 2	D. 212-8	Art. D. 227	D. 113-5
Art. D. 149, al. 3	D. 212-9	Art. D. 228	D. 113-6
Art. D. 149, al. 4	D. 212-10	Art. D. 229	D. 134-1
Art. D. 149, al. 5	D. 212-11	Art. D. 231	D. 134-2
Art. D. 149, al. 6	D. 212-12	Art. D. 232	D. 134-3
Art. D. 149-1	D. 214-4	Art. D. 233	D. 130-1
Art. D. 149-2	D. 214-5	Art. D. 234	D. 136-2
Art. D. 149-3	D. 332-24	Art. D. 235	D. 136-3
Art. D. 150	D. 214-2	Art. D. 236	D. 136-4
Art. D. 150-1	D. 212-5	Art. D. 237	D. 136-5
Art. D. 151	D. 212-13	Art. D. 238	D. 136-6
Art. D. 152	D. 214-3	Art. D. 249	D. 234-11 (RV)
Art. D. 153	D. 214-3	Art. D. 250	D. 234-11 (RV)
Art. D. 154	D. 214-25	Art. D. 258	D. 113-67
Art. D. 156	D. 214-10	Art. D. 258-1	R. 311-5
Art. D. 157	D. 214-11	Art. D. 262	D. 345-10
Art. D. 159	D. 214-12	Art. D. 263	D. 346-1
Art. D. 160	D. 214-12	Art. D. 264	D. 346-2
Art. D. 162	D. 113-35, D. 214-13	Art. D. 265	D. 221-1
		Art. D. 266	D. 221-2
Art. D. 163	D. 214-14	Art. D. 268	D. 221-3
Art. D. 163-1	D. 214-7	Art. D. 269, phr. 2	R. 225-6
Art. D. 164	D. 214-8	Art. D. 270	D. 223-8
Art. D. 165	D. 214-15	Art. D. 271	D. 223-9
Art. D. 166	D. 214-16	Art. D. 272	D. 223-10
Art. D. 167	D. 214-17	Art. D. 274	D. 221-5
Art. D. 176	D. 131-2	Art. D. 276	D. 221-6

Textes d'origine	Articles du code
Art. D. 276-1	D. 223-11
Art. D. 277	D. 222-2
Art. D. 278	D. 222-3
Art. D. 279	D. 222-4
Art. D. 280	D. 214-26
Art. D. 281	D. 214-27
Art. D. 282	D. 214-28
Art. D. 283	D. 214-29
Art. D. 283-3	D. 231-3
Art. D. 287	D. 214-30
Art. D. 289	R. 510-1
Art. D. 290	D. 215-1
Art. D. 291	D. 215-2
Art. D. 292	D. 215-3
Art. D. 293	D. 215-4
Art. D. 294	D. 215-5
Art. D. 295	D. 215-6
Art. D. 296	D. 215-7
Art. D. 297	D. 215-8
Art. D. 298	D. 215-9
Art. D. 299	D. 215-10
Art. D. 300	D. 215-12
Art. D. 301	D. 215-13
Art. D. 302	D. 215-14
Art. D. 304	D. 112-5
Art. D. 305	D. 112-10
Art. D. 306	D. 215-16
Art. D. 307	D. 215-15
Art. D. 308	D. 215-17
Art. D. 310	D. 215-18
Art. D. 311	D. 215-19
Art. D. 312	D. 215-20
Art. D. 313-1	D. 215-21
Art. D. 314	D. 215-23
Art. D. 314-1	D. 215-24
Art. D. 314-2	D. 215-25, D. 322-14
Art. D. 315	D. 215-26
Art. D. 316	D. 215-27
Art. D. 317	D. 215-28
Art. D. 319	D. 332-9
Art. D. 320	D. 332-10
Art. D. 320-1	D. 332-12
Art. D. 320-2	D. 332-13
Art. D. 320-3	D. 332-15
Art. D. 322	D. 332-16
Art. D. 324, al. 4, ecqc "toutefois..."	D. 424-3
Art. D. 324, sauf ecqc "toutefois..."	D. 332-14
Art. D. 325	D. 332-11
Art. D. 327	D. 332-23
Art. D. 330	D. 332-17
Art. D. 332	D. 332-18
Art. D. 332-1	D. 332-19
Art. D. 333	D. 332-20
Art. D. 334	D. 332-21
Art. D. 334-1	D. 332-22
Art. D. 339	D. 332-7
Art. D. 341, al. 1er	D. 332-8
Art. D. 344	D. 332-34
Art. D. 347-1 (I)	D. 333-1
Art. D. 347-1 (II)	D. 333-2
Art. D. 347-1 (III)	D. 333-3
Art. D. 348-1	D. 134-5
Art. D. 349	R. 321-1
Art. D. 350	R. 321-2
Art. D. 351	R. 321-3
Art. D. 353	D. 412-69
Art. D. 360	R. 322-5
Art. D. 362	R. 322-2
Art. D. 363	R. 322-3
Art. D. 364	R. 322-4
Art. D. 365	R. 322-1
Art. D. 366	R. 324-1
Art. D. 367	D. 324-2
Art. D. 368	D. 115-3
Art. D. 369	D. 115-4
Art. D. 370	D. 115-5
Art. D. 372	D. 115-6
Art. D. 373	D. 115-7
Art. D. 374	D. 115-8
Art. D. 375	D. 115-9
Art. D. 376	D. 115-10
Art. D. 378	D. 115-11
Art. D. 379	D. 115-23
Art. D. 380	D. 115-24
Art. D. 382	D. 115-25
Art. D. 383	D. 115-26
Art. D. 384	R. 322-6
Art. D. 384-1	R. 322-7
Art. D. 384-2	R. 322-8
Art. D. 384-3	R. 322-9
Art. D. 385	R. 322-10
Art. D. 386	D. 115-14
Art. D. 386-1	D. 115-15
Art. D. 387	D. 115-16
Art. D. 388	D. 115-17
Art. D. 389	D. 115-18
Art. D. 390	D. 115-19
Art. D. 390-1	D. 115-20
Art. D. 400	R. 322-34
Art. D. 400-1	D. 216-21
Art. D. 401	D. 216-22
Art. D. 401-1	D. 216-23
Art. D. 401-2	D. 216-24
Art. D. 403, al. 1er et 2	R. 341-1
Art. D. 403, al. 3 s.	R. 341-2
Art. D. 404	R. 341-8
Art. D. 406	R. 341-11
Art. D. 424	D. 343-1
Art. D. 428, al. 2 et 3	D. 214-31
Art. D. 432-1	D. 412-64
Art. D. 432-2	D. 412-49
Art. D. 433-1	D. 412-6
Art. D. 433-3	D. 412-11

Textes d'origine	Articles du code	Textes d'origine	Articles du code
Art. D. 433-4	D. 412-67	Art. D. 521-1	D. 216-20
Art. D. 433-5	D. 412-7	Art. D. 522	D. 422-5 (RV)
Art. D. 433-7	D. 412-70	Art. D. 523	D. 422-6 (RV)
Art. D. 433-8	D. 412-71	Art. D. 523-1, al. 1er	D. 422-6 (RV)
Art. D. 433-9	D. 412-77	Art. D. 523-1, al. 2	D. 422-7 (RV)
Art. D. 434	D. 412-68	Art. D. 524	D. 422-8 (RV)
Art. D. 435	R. 413-1	Art. D. 527-1	D. 422-9 (RV)
Art. D. 436	D. 413-3	Art. D. 528	D. 530-1 (RV)
Art. D. 436-3	D. 413-4	Art. D. 532	D. 530-2
Art. D. 437	D. 413-5	Art. D. 533	D. 530-3 (RV)
Art. D. 438, al. 2	D. 113-63	Art. D. 533-1	D. 530-4 (RV)
Art. D. 438, al. 3	D. 413-7	Art. D. 533-2	D. 530-5
Art. D. 438-2	D. 413-9	Art. D. 544	D. 522-4
Art. D. 439	D. 352-1	Art. D. 545, al. 1er	R. 621-1
Art. D. 439-1	D. 352-2	Art. D. 545, al. 4	R. 621-3
Art. D. 439-2	D. 352-3	Art. D. 545, al. 5	R. 621-4
Art. D. 439-3	D. 352-4	Art. D. 545, al. 6	R. 621-5
Art. D. 439-4	D. 352-5	Art. D. 545, al. 2 et 3	R. 621-2
Art. D. 439-5	D. 352-6	Art. D. 546-2	D. 621-9 (RV)
Art. D. 440	D. 414-3	Art. D. 546-3	D. 621-10
Art. D. 441	D. 414-5	Art. D. 546-5	D. 621-12
Art. D. 441-1	D. 414-6	Art. D. 546-6	D. 621-11
Art. D. 442	D. 414-10	Art. D. 571	D. 511-1 (RV)
Art. D. 443-1	D. 414-2	Art. D. 572, al. 2	D. 113-23
Art. D. 445	D. 381-2	Art. D. 572, al. 1er et 3	D. 112-35
Art. D. 446	D. 414-4	Art. D. 573, al. 1er	D. 113-62
Art. D. 459-1, al. 3	D. 113-61	Art. D. 573, al. 2	D. 522-3
Art. D. 459-1, al. 1er et 2	D. 414-8	Art. D. 573, al. 3	D. 113-59
Art. D. 459-2	D. 414-9	Art. D. 574, al. 4	D. 542-1
Art. D. 460	D. 113-60	Art. D. 574, al. 1er et 2	D. 113-41
Art. D. 461	D. 113-40	Art. D. 574, al. 3 et 5	D. 113-36
Art. D. 462	D. 214-9	Art. D. 575, al. 1er	D. 113-25
Art. D. 463	D. 113-24	Art. D. 575, al. 2	D. 113-26
Art. D. 472	D. 341-18	Art. D. 575, al. 3	D. 113-43
Art. D. 473	D. 341-20	Art. D. 575, al. 3, ecqc les	
Art. D. 474	D. 341-21	aménagements de peine	D. 421-2
Art. D. 475	D. 341-19	Art. D. 575, al. 4 et 5	D. 113-44
Art. D. 478, al. 1er	D. 421-1	Art. D. 576	D. 113-28 (RV)
Art. D. 478, al. 2, phr. 2	D. 521-1	Art. D. 577, al. 1er	D. 113-29 (RV)
Art. D. 478, al. 2, phr. 1	D. 522-2	Art. D. 577, al. 2	D. 113-30 (RV)
Art. D. 479	D. 511-3	Art. D. 578	D. 113-48 (RV)
Art. D. 487	D. 216-1	Art. D. 579	D. 113-33
Art. D. 490	D. 216-2	Art. D. 580	D. 113-34
Art. D. 491	D. 216-3	Art. D. 581, al. 2	D. 113-42
Art. D. 492	D. 216-4	Art. D. 581, al. 1er et 3	D. 113-45
Art. D. 493	D. 216-5	Art. D. 582	D. 112-38
Art. D. 494	D. 216-6	Art. D. 583	D. 113-64
Art. D. 495	D. 216-7	Art. D. 584	D. 112-36
Art. D. 505	D. 216-10	Art. D. 585	D. 521-2
Art. D. 506	D. 216-11	Art. D. 586	D. 112-37
Art. D. 507	D. 216-12	Art. D. 587	D. 113-68
Art. D. 508	D. 216-13	Art. D. 588	D. 113-69
Art. D. 509	D. 216-14	Art. D. 589	D. 214-32 (RV)
Art. D. 510	D. 216-15	Art. D. 594-3	D. 313-13 (RV)
Art. D. 511	D. 216-16	Art. D. 600-2 (I)	D. 742-3
Art. D. 512	D. 216-17	Art. D. 600-2 (III)	D. 742-4
Art. D. 513	D. 216-18	Art. D. 600-2 (IV)	D. 742-5
Art. D. 521	D. 216-19	Art. D. 600-2 (V)	D. 742-6

Textes d'origine	Articles du code
Art. D. 600-2 (VI)	D. 742-7
Art. D. 600-2 (VII)	D. 742-8
Art. D. 155, sauf phr. 3	D. 214-6
Art. R. 15-33-42	R. 634-1 (RV)
Art. R. 15-33-54	R. 634-1 (RV)
Art. R. 15-33-55	R. 634-1 (RV)
Art. R. 15-42	R. 311-10
Art. R. 15-43	R. 311-11
Art. R. 15-44	R. 311-12
Art. R. 15-45	R. 311-13
Art. R. 16	R. 633-1 (RV)
Art. R. 16-1	R. 633-1 (RV)
Art. R. 16-2	R. 633-1 (RV)
Art. R. 24-23, al. 1er, 2 et 3, sauf "assisté"	R. 631-1
Art. R. 24-23, al. 1er, ecqc assisté	R. 631-3
Art. R.* 49-24	R. 315-4 (RV)
Art. R. 50-34	R. 512-3 (RV)
Art. R. 50-38	R. 512-4 (RV)
Art. R. 50-41	R. 512-4 (RV)
Art. R. 50-42	R. 512-4 (RV)
Art. R. 50-51, al. 2, ecqc SNRP	R. 112-4 (RV)
Art. R. 50-52	R. 113-16 (RV)
Art. R. 50-70	R. 545-1 (RV)
Art. R. 50-71	R. 545-2 (RV)
Art. R. 50-72	R. 545-2 (RV)
Art. R. 50-73	R. 545-3 (RV)
Art. R. 50-76	R. 545-4 (RV)
Art. R. 50-79	R. 545-5 (RV)
Art. R. 53-8-5	R. 512-5 (RV), R. 512-6 (RV)
Art. R. 53-8-9	R. 512-6 (RV)
Art. R. 53-8-12-1	R. 512-6 (RV)
Art. R. 53-8-24	R. 113-17 (RV)
Art. R. 53-8-40	R. 541-1 (RV)
Art. R. 53-8-49	R. 543-1 (RV)
Art. R. 53-8-55, al. 1er	R. 112-17
Art. R. 53-8-55, al. 2 à 5	R. 541-2
Art. R. 53-8-56	R. 541-3
Art. R. 53-8-57	R. 541-4
Art. R. 53-8-58, ecqc le DSP	R. 541-5
Art. R. 53-8-58, sauf ecqc le DSP	R. 541-6
Art. R. 53-8-59	R. 541-7
Art. R. 53-8-60	R. 541-8
Art. R. 53-8-61	R. 541-9
Art. R. 53-8-62	R. 541-10 (RV)
Art. R. 53-8-66	R. 541-11
Art. R. 53-8-67	R. 541-12
Art. R. 53-8-68	R. 541-13
Art. R. 53-8-71	R. 541-14 (RV)
Art. R. 53-8-72	R. 541-15
Art. R. 53-8-73	R. 541-16
Art. R. 53-8-75	R. 541-17
Art. R. 53-8-76	R. 541-17
Art. R. 53-8-78	R. 541-18
Art. R. 53-21-9	R. 544-2 (RV)
Art. R. 57-3	R. 113-27 (RV)
Art. R. 57-4-1	R. 113-49
Art. R. 57-4-2	R. 113-50
Art. R. 57-4-3	R. 113-51
Art. R. 57-4-4	R. 113-52
Art. R. 57-4-5	R. 113-53
Art. R. 57-4-6	R. 113-54
Art. R. 57-4-7	R. 113-55
Art. R. 57-4-8	R. 113-56
Art. R. 57-4-9	R. 113-57
Art. R. 57-4-10	R. 113-58
Art. R. 57-4-11	R. 132-1
Art. R. 57-4-12	R. 132-2
Art. R. 57-6-1	R. 331-1
Art. R. 57-6-2	R. 311-3
Art. R. 57-6-3	R. 311-4
Art. R. 57-6-4	R. 331-2
Art. R. 57-6-5	R. 313-14
Art. R. 57-6-6	R. 313-15
Art. R. 57-6-7	R. 313-16
Art. R. 57-6-8	R. 313-1
Art. R. 57-6-9	R. 313-2
Art. R. 57-6-10	R. 313-3
Art. R. 57-6-11	R. 313-4
Art. R. 57-6-12	R. 313-5
Art. R. 57-6-13	R. 313-11
Art. R. 57-6-14	R. 313-6
Art. R. 57-6-15	R. 313-7
Art. R. 57-6-16	R. 313-8
Art. R. 57-6-17	R. 382-1 (RV)
Art. R. 57-6-18, al. 1er	R. 112-22
Art. R. 57-6-18, al. 2	R. 112-23
Art. R. 57-6-19	R. 112-23
Art. R. 57-6-20	R. 311-1
Art. R. 57-6-21	R. 312-1
Art. R. 57-6-22	R. 312-2
Art. R. 57-6-23	R. 113-65
Art. R. 57-6-24	R. 113-66
Art. R. 57-7	R. 232-2
Art. R. 57-7-1	R. 232-4
Art. R. 57-7-2	R. 232-5
Art. R. 57-7-3	R. 232-6
Art. R. 57-7-4	R. 232-3
Art. R. 57-7-5	R. 234-1
Art. R. 57-7-6	R. 234-2
Art. R. 57-7-7	R. 234-3
Art. R. 57-7-8	R. 234-6
Art. R. 57-7-9	R. 234-4
Art. R. 57-7-10	R. 234-7
Art. R. 57-7-11	R. 234-5
Art. R. 57-7-12	R. 234-8
Art. R. 57-7-13	R. 234-12
Art. R. 57-7-14	R. 234-13
Art. R. 57-7-15	R. 234-14
Art. R. 57-7-16, al. 1er et 2 (I)	R. 234-15

Textes d'origine	Articles du code	Textes d'origine	Articles du code
Art. R. 57-7-16, al. 3 (II).	R. 234-16	Art. R. 57-7-80	R. 225-2
Art. R. 57-7-16, al. 4, 5, 6, 7, 8 (III et IV)	R. 234-17	Art. R. 57-7-81	R. 225-3
		Art. R. 57-7-82	R. 225-4
Art. R. 57-7-17	R. 234-18	Art. R. 57-7-83	R. 227-1
Art. R. 57-7-18	R. 234-19	Art. R. 57-7-84	R. 227-2
Art. R. 57-7-19	R. 234-20	Art. R. 57-7-84-1	R. 224-1
Art. R. 57-7-20	R. 234-21	Art. R. 57-7-84-2	R. 224-2
Art. R. 57-7-21	R. 234-22	Art. R. 57-7-84-3	R. 224-3
Art. R. 57-7-22	R. 234-23	Art. R. 57-7-84-4	R. 224-4
Art. R. 57-7-23	R. 234-24	Art. R. 57-7-84-5	R. 224-5
Art. R. 57-7-24	R. 234-25	Art. R. 57-7-84-6	R. 224-6
Art. R. 57-7-25	R. 234-26	Art. R. 57-7-84-7	R. 224-7
Art. R. 57-7-26	R. 234-27	Art. R. 57-7-84-8	R. 224-8
Art. R. 57-7-27	R. 234-28	Art. R. 57-7-84-9	R. 224-9
Art. R. 57-7-28	R. 234-29	Art. R. 57-7-84-10	R. 224-10
Art. R. 57-7-30	R. 234-30	Art. R. 57-7-84-11	R. 224-11
Art. R. 57-7-31	R. 234-31	Art. R. 57-7-84-12	R. 224-12
Art. R. 57-7-32	R. 234-43	Art. R. 57-7-84-13	R. 224-13
Art. R. 57-7-33	R. 233-1	Art. R. 57-7-84-14	R. 224-15
Art. R. 57-7-34	R. 233-2	Art. R. 57-7-84-15	R. 224-16
Art. R. 57-7-38	R. 235-2	Art. R. 57-7-84-16	R. 224-17
Art. R. 57-7-39	R. 235-3	Art. R. 57-7-84-17	R. 224-18
Art. R. 57-7-40	R. 235-4	Art. R. 57-7-84-18	R. 224-19
Art. R. 57-7-41	R. 235-5	Art. R. 57-7-84-19, al. 1er (I)	R. 224-14
Art. R. 57-7-43	R. 235-6		
Art. R. 57-7-44	R. 235-8	Art. R. 57-7-84-19, al. 2 à 4 (II)	R. 224-20
Art. R. 57-7-45	R. 235-10		
Art. R. 57-7-46	R. 235-11	Art. R. 57-7-84-20	R. 224-21
Art. R. 57-7-47	R. 235-12	Art. R. 57-7-84-21	R. 224-22
Art. R. 57-7-49	R. 234-32	Art. R. 57-7-84-22	R. 224-23
Art. R. 57-7-50	R. 234-33	Art. R. 57-7-84-23	R. 224-24
Art. R. 57-7-51	R. 234-34	Art. R. 57-7-84-24	R. 224-25
Art. R. 57-7-54	R. 234-35	Art. R. 57-7-85	R. 512-2
Art. R. 57-7-55	R. 234-36	Art. R. 57-7-86	R. 332-6
Art. R. 57-7-56	R. 234-37	Art. R. 57-7-87	R. 332-25
Art. R. 57-7-57	R. 234-38	Art. R. 57-7-88	R. 332-26
Art. R. 57-7-58	R. 234-39	Art. R. 57-7-89	R. 332-27
Art. R. 57-7-59	R. 234-40	Art. R. 57-7-90	R. 332-28
Art. R. 57-7-60	R. 234-41	Art. R. 57-7-91	R. 332-29
Art. R. 57-7-61	R. 234-42	Art. R. 57-7-92	R. 332-30
Art. R. 57-7-62	R. 213-18	Art. R. 57-7-93	R. 332-31
Art. R. 57-7-63	R. 213-19	Art. R. 57-7-94	R. 332-32
Art. R. 57-7-64	R. 213-21	Art. R. 57-7-95	R. 361-1
Art. R. 57-7-65	R. 213-22	Art. R. 57-7-96	R. 361-2
Art. R. 57-7-66	R. 213-23	Art. R. 57-7-97	R. 361-3
Art. R. 57-7-67	R. 213-24	Art. R. 57-8-1	R. 115-21
Art. R. 57-7-68	R. 213-25	Art. R. 57-8-2	R. 115-22
Art. R. 57-7-69	R. 213-26	Art. R. 57-8-3	R. 322-31
Art. R. 57-7-70	R. 213-27	Art. R. 57-8-4	R. 322-32
Art. R. 57-7-71	R. 213-28	Art. R. 57-8-5	R. 322-33
Art. R. 57-7-72	R. 213-29	Art. R. 57-8-6, al. 2, 3 et 4	R. 322-35
Art. R. 57-7-73	R. 213-30		
Art. R. 57-7-74	R. 213-31	Art. R. 57-8-7	R. 342-1
Art. R. 57-7-75	R. 213-32	Art. R. 57-8-8, al. 1er, phr. 2	R. 341-13
Art. R. 57-7-76	R. 213-33		
Art. R. 57-7-77	R. 213-34	Art. R. 57-8-8, al. 2	R. 341-4
Art. R. 57-7-78	R. 213-35	Art. R. 57-8-9	R. 341-7
Art. R. 57-7-79	R. 225-1	Art. R. 57-8-10, al. 1er	R. 341-5

Textes d'origine	Articles du code	Textes d'origine	Articles du code
Art. R. 57-8-10, al. 2	R. 341-6	Art. R. 57-29	R. 622-17
Art. R. 57-8-11	R. 341-3	Art. R. 57-30	R. 622-18
Art. R. 57-8-12	R. 341-13	Art. R. 57-30-1	R. 622-22
Art. R. 57-8-13	R. 341-15	Art. R. 57-30-2	R. 622-23
Art. R. 57-8-14	R. 341-16	Art. R. 57-30-3	R. 622-24
Art. R. 57-8-15	R. 341-14	Art. R. 57-30-4	R. 622-25
Art. R. 57-8-16, al. 1er	R. 345-3	Art. R. 57-30-5	R. 622-26
Art. R. 57-8-16, al. 2 et		Art. R. 57-30-6	R. 622-27
3	R. 345-1	Art. R. 57-30-7	R. 622-28
Art. R. 57-8-17	R. 345-2	Art. R. 57-30-8	R. 622-29
Art. R. 57-8-18	R. 345-4	Art. R. 57-30-9	R. 622-30
Art. R. 57-8-19	R. 345-5	Art. R. 57-30-10	R. 622-31
Art. R. 57-8-20	R. 345-9	Art. R.* 57-31	R.* 424-15
Art. R. 57-8-21	R. 345-12	Art. R. 57-32	R. 424-16
Art. R. 57-8-22	R. 345-13	Art. R. 57-33	R. 424-17
Art. R. 57-8-23	R. 345-14	Art. R. 57-34	R. 424-18
Art. R. 57-8-24	R. 223-2	Art. R. 57-35	R. 424-19
Art. R. 57-8-25	R. 223-3	Art. R. 57-36	R. 424-20
Art. R. 57-8-26	R. 223-4	Art. R. 57-37	R. 424-21
Art. R. 57-8-27	R. 223-5	Art. R. 59	R. 621-6 (RV)
Art. R. 57-8-28	R. 223-6	Art. R. 61-1	R. 212-1 (RV)
Art. R. 57-8-29	R. 223-7	Art. R. 61-4	R. 626-1 (RV)
Art. R. 57-9-1	R. 411-1	Art. R. 61-3	R. 544-1 (RV)
Art. R. 57-9-2	R. 412-25	Art. R. 61-9	R. 544-3 (RV)
Art. R. 57-9-2-1	R. 411-2	Art. R. 61-11	R. 544-3 (RV)
Art. R. 57-9-2-2	R. 411-3	Art. R. 61-12	R. 544-18
Art. R. 57-9-2-3	R. 411-4	Art. R. 61-12-1	R. 544-19
Art. R. 57-9-2-4	R. 411-5	Art. R. 61-13	R. 544-20
Art. R. 57-9-2-5	R. 411-6	Art. R. 61-14	R. 544-21
Art. R. 57-9-3	R. 351-2	Art. R. 61-15	R. 544-22
Art. R. 57-9-4	R. 351-3	Art. R. 61-17	R. 544-23
Art. R. 57-9-5	R. 352-7	Art. R. 61-17-1	R. 544-24
Art. R. 57-9-6	R. 352-8	Art. R. 61-17-2	R. 544-25
Art. R. 57-9-7	R. 352-9	Art. R. 61-18	R. 544-26
Art. R. 57-9-8	R. 370-5	Art. R. 61-18-1	R. 544-27
Art. R. 57-9-18	R. 240-1	Art. R. 61-19	R. 544-28
Art. R. 57-9-19	R. 240-2	Art. R. 61-20	R. 544-29
Art. R. 57-9-20	R. 240-3	Art. R. 61-22	R. 544-7
Art. R. 57-9-21	R. 240-4	Art. R. 61-23	R. 544-4 (RV)
Art. R. 57-9-22	R. 240-5	Art. R. 61-27	R. 544-5
Art. R. 57-9-23	R. 240-6	Art. R. 61-28	R. 544-8
Art. R. 57-9-24	R. 240-7	Art. R. 61-29	R. 544-9
Art. R. 57-9-25	R. 240-8	Art. R. 61-31	R. 544-10 (RV)
Art. R. 57-9-26	R. 240-9	Art. R. 61-36	R. 544-11
Art. R. 57-11	R. 622-1	Art. R. 61-37	R. 544-12
Art. R. 57-12	R. 622-2	Art. R. 61-38	R. 544-13
Art. R. 57-13	R. 622-3 (RV)	Art. R. 61-39	R. 544-14
Art. R. 57-14	R. 622-4	Art. R. 61-40	R. 544-15
Art. R. 57-19	R. 622-6	Art. R. 61-41	R. 544-16
Art. R. 57-20	R. 622-7	Art. R. 61-42	R. 544-17
Art. R. 57-21	R. 622-19	Art. R. 61-43	R. 631-6
Art. R. 57-22	R. 622-8	Art. R. 61-44	R. 631-7
Art. R. 57-23	R. 622-11	Art. R. 61-45	R. 631-8
Art. R. 57-24	R. 622-12	Art. R. 61-46	R. 631-9
Art. R. 57-25	R. 622-13	Art. R. 61-47	R. 631-10
Art. R. 57-26	R. 622-14	Art. R. 61-48	R. 631-11
Art. R. 57-27	R. 622-15	Art. R. 61-49	R. 631-12
Art. R. 57-28	R. 622-16	Art. R. 61-50	R. 631-13

Textes d'origine	Articles du code
Art. R. 61-51	R. 631-14
Art. R. 61-52	R. 631-4
Art. R. 61-53	R. 631-5
Art. R. 69	R. 214-24 (RV)
Art. R. 79	R. 222-1 (RV)
Art. R. 80	R. 222-1 (RV)
Art. R. 249-10	R. 214-1 (RV)
Art. R. 249-17	R. 315-8 (RV), R. 315-10 (RV)
Art. R. 249-18	R. 315-8 (RV), R. 315-10 (RV)
Art. R. 249-19	R. 315-9 (RV)
Art. R. 249-20	R. 315-9 (RV)
Art. R. 249-21	R. 315-8 (RV), R. 315-10 (RV)
Art. R. 249-22	R. 315-8 (RV), R. 315-10 (RV)
Art. R. 249-23	R. 315-8 (RV), R. 315-10 (RV)
Art. R. 249-24	R. 315-8 (RV), R. 315-10 (RV)
Art. R. 249-25	R. 315-8 (RV), R. 315-10 (RV)
Art. R. 249-26	R. 315-8 (RV), R. 315-10 (RV)
Art. R. 249-27	R. 315-8 (RV), R. 315-10 (RV)
Art. R. 249-28	R. 315-8 (RV), R. 315-10 (RV)
Art. R. 249-29	R. 315-8 (RV), R. 315-10 (RV)
Art. R. 249-30	R. 315-8 (RV), R. 315-10 (RV)
Art. R. 249-31	R. 315-8 (RV), R. 315-10 (RV)
Art. R. 249-32	R. 315-8 (RV), R. 315-10 (RV)
Art. R. 249-33	R. 315-8 (RV), R. 315-10 (RV)
Art. R. 249-34	R. 315-8 (RV), R. 315-10 (RV)
Art. R. 249-35	R. 315-8 (RV), R. 315-10 (RV)
Art. R. 249-36	R. 315-8 (RV), R. 315-10 (RV)
Art. R. 249-37	R. 315-8 (RV), R. 315-10 (RV)
Art. R. 249-38	R. 315-8 (RV), R. 315-10 (RV)
Art. R. 249-39	R. 315-8 (RV), R. 315-10 (RV)
Art. R. 249-40	R. 315-8 (RV), R. 315-10 (RV)
Art. R. 249-41	R. 315-8 (RV), R. 315-10 (RV)
Art. R. 250-1 (a)	R. 744-1
Art. R. 250-1 (b)	R. 742-2
Art. R. 250-1 (c)	R. 743-1

Textes d'origine	Articles du code
Art. R. 250-1 (d)	R. 743-2
Art. R. 250-1 (e)	R. 743-3
Art. R. 250-1 (f)	R. 743-4
Art. R. 250-1 (g)	R. 745-1
Art. R. 288 (I, 1, a)	R. 774-13
Art. R. 288 (I, 1, b)	R. 774-2
Art. R. 288 (I, 2)	R. 764-3, R. 774-3
Art. R. 288 (I, 3)	R. 762-4, R. 763-2, R. 772-4, R. 773-2
Art. R. 288 (II, 1, a)	R. 764-13
Art. R. 288 (II, 1, b)	R. 764-2
Art. R. 288-2 (I)	R. 753-2, R. 763-4, R. 773-5
Art. R. 288-2 (II)	R. 753-3, R. 763-6, R. 773-7
Art. R. 288-2 (III)	R. 753-5, R. 763-7, R. 773-8
Art. R. 288-2 (IV)	R. 753-6, R. 763-8, R. 773-9
Art. R. 288-3 (I)	R. 753-8, R. 754-2, R. 763-10, R. 764-4, R. 773-10, R. 774-4
Art. R. 288-3 (II)	R. 753-7, R. 754-3, R. 763-9, R. 764-5, R. 773-3, R. 774-5
Art. R. 288-3 (III)	R. 752-3, R. 762-3, R. 772-3
Art. R. 288-3 (V)	R. 753-3, R. 763-5, R. 773-6
Art. R. 288-3 (VI)	R. 753-4
Art. R. 288-3 (VIII)	R. 753-6, R. 763-8, R. 773-9
Art. R. 288-3 (X)	R. 754-4, R. 764-12, R. 774-12
Art. R. 288-3 (I), ecqc Wallis-et-Futuna	R. 752-2
Art. R. 288-3 (I), ecqc la Polynésie française	R. 762-2
Art. R. 288-3, I, ecqc la Nouvelle-Calédonie	R. 772-2
Art. R. 288-4	R. 756-2, R. 766-2, R. 776-2
Art. R. 375-1	R. 713-2
Art. 41-2	R. 634-1 (RV)
Art. 138	R. 633-1 (RV)
Art. 142-9	D. 632-5 (RV)
Art. 720-1-1	D. 322-36 (RV)
Art. 721-2	D. 543-4 (RV)
Art. 730-2	D. 422-9 (RV)
Art. 763-7-1	R. 626-1 (RV)
Art. 763-10	R. 544-1 (RV)
Code du travail :	
Art. D. 5135-1	D. 412-74 (RV)
Art. D. 5135-2	D. 412-74 (RV)

Textes d'origine	Articles du code
Art. D. 5135-3	D. 412-74 (RV)
Art. D. 5135-4	D. 412-74 (RV)
Art. D. 5135-5	D. 412-74 (RV)
Art. D. 5135-6	D. 412-74 (RV)
Art. D. 5135-7	D. 412-74 (RV)
Art. D. 5135-8	D. 412-74 (RV)
Art. D. 6341-24-1	D. 413-10 (RV)
Art. D. 6341-24-2	D. 413-10 (RV)
Art. D. 6341-24-3	D. 413-10 (RV)
Art. D. 6341-24-5	D. 413-10 (RV)
Art. D. 6341-24-6	D. 413-10 (RV)
Art. D. 6341-24-7	D. 413-10 (RV)
Art. D. 6341-25	D. 413-10 (RV)
Art. D. 6341-26	D. 413-10 (RV)
Art. D. 6341-28-1	D. 413-10 (RV)
Art. D. 6341-28-2	D. 413-10 (RV)
Art. D. 6341-28-3	D. 413-10 (RV)
Art. D. 6341-28-4	D. 413-10 (RV)
Art. D. 6341-29	D. 413-10 (RV)
Art. D. 6341-30	D. 413-10 (RV)
Art. D. 6341-31	D. 413-10 (RV)
Art. D. 6341-32	D. 413-10 (RV)
Art. D. 6341-32-1	D. 413-10 (RV)
Art. D. 6341-32-2	D. 413-10 (RV)
Code électoral :	
Art. R. 81	R. 363-2 (RV)
Art. R. 82	R. 363-3 (RV)
Art. R. 83	R. 363-4 (RV)
Art. R. 84	R. 363-5 (RV)
Code pénal :	
Art. D. 712-9	D. 777-8
Art. R.* 131-11-2	R.* 623-1
Art. R. 131-12	R. 623-2
Art. R. 131-13	R. 623-3
Art. R. 131-15	R. 623-4
Art. R. 131-16	R. 623-5
Art. R. 131-16-1	R. 623-6
Art. R. 131-17	R. 623-7
Art. R. 131-18	R. 623-8
Art. R. 131-19	R. 623-9
Art. R. 131-20	R. 623-10
Art. R. 131-23	R. 623-11
Art. R. 131-24	R. 623-12
Art. R. 131-25	R. 623-16
Art. R. 131-26	R. 623-17
Art. R. 131-27	R. 623-13
Art. R. 131-28	R. 623-14
Art. R. 131-28-1	R. 623-15
Art. R. 131-29	R. 623-18
Art. R. 131-30	R. 623-19
Art. R. 131-31	R. 623-20
Art. R. 131-32	R. 623-21
Art. R. 131-33	R. 623-22
Art. R. 131-34	R. 623-23
Art. R. 131-37	R. 624-1 (RV)
Art. R. 131-38	R. 624-2 (RV)
Art. R. 131-39	R. 624-3 (RV)
Art. R. 131-40	R. 624-4 (RV)
Art. R. 132-45	R. 621-7 (RV)
Art. R. 712-3	R. 727-1, R. 737-1, R. 747-1, R. 757-2, R. 767-2, R. 777-2
Art. R. 712-4	R. 727-2, R. 737-2, R. 747-2, R. 757-3, R. 767-3, R. 777-3
Art. R. 712-5	R. 727-3, R. 737-3, R. 747-3, R. 757-4, R. 767-4, R. 777-4
Art. R. 712-6	R. 757-5, R. 767-6, R. 777-6
Art. R. 712-7	R. 767-5, R. 777-5
Art. R. 722-3	R. 713-4
Art. R. 722-4	R. 713-5
Art. 131-36-1	R. 212-1 (RV)
Décret nº 2000-1328 du 26 décembre 2000 relatif à l'École nationale d'administration pénitentiaire :	
Art. 1er	R. 112-43
Art. 2	R. 112-44
Art. 3	R. 112-45
Art. 4	R. 112-46
Art. 5	R. 112-47
Art. 6	R. 112-48
Art. 7	R. 112-49
Art. 8	R. 112-50
Art. 8-1	R. 112-51
Art. 9	R. 112-52
Art. 10	R. 112-53
Art. 11	R. 112-54
Art. 11-1	R. 112-55
Art. 12	R. 112-56
Art. 12-1	R. 112-57
Art. 13	R. 112-58
Art. 14	R. 112-59
Art. 15	R. 112-60
Art. 16	R. 112-61
Art. 18	R. 112-62
Art. 19	R. 112-63
Art. 20	R. 112-64
Art. 21	R. 112-65
Art. 22	R. 112-66
Art. 23	R. 112-43
Décret nº 2008-246 du 12 mars 2008 relatif au Contrôleur général des lieux de privation de liberté :	
Art. 13	R. 133-1 (RV)
Art. 14	R. 133-1 (RV)
Décret nº 2010-1711 du 30 décembre 2010 portant code de déontologie du service public pénitentiaire :	
Art. annexe au décret nº 2010-1711	R. 122-9
Art. 2	R. 121-2
Art. 3, al. 2	R. 121-1

Textes d'origine	Articles du code
Art. 4	R. 120-2
Art. 5	R. 120-3
Art. 6	R. 121-3
Art. 7	R. 122-1
Art. 8	R. 122-2
Art. 9	R. 122-3
Art. 10	R. 122-4
Art. 11	R. 122-5
Art. 12	R. 122-6
Art. 13	R. 122-7
Art. 14, al. 2	R. 722-1, R. 732-1, R. 742-1, R. 752-4, R. 762-5, R. 772-5
Art. 14, sauf al. 2	R. 122-8
Art. 15	R. 122-10
Art. 16	R. 122-11
Art. 17	R. 122-12
Art. 18	R. 122-13
Art. 19	R. 122-14
Art. 20	R. 122-15
Art. 21	R. 122-16
Art. 22	R. 122-17
Art. 23	R. 122-18
Art. 24	R. 122-19
Art. 25	R. 122-20
Art. 26	R. 122-21
Art. 27	R. 122-22
Art. 28	R. 122-23
Art. 29	R. 122-24
Art. 30	R. 123-1
Art. 31	R. 123-2
Art. 32	R. 123-3
Art. 33	R. 123-4
Art. 34	R. 123-5
Décret nº 2011-740 du 27 juin 2011 fixant les modalités de mise en œuvre de la réserve civile pénitentiaire :	
Art. 1er	D. 114-1
Art. 2	D. 114-2
Art. 3	D. 114-3
Art. 4	D. 114-4
Art. 5	D. 114-5
Art. 6	D. 114-6
Art. 7	D. 114-7
Art. 8	D. 114-8
Art. 9	D. 114-9
Art. 10	D. 114-10
Art. 11	D. 114-11
Art. 12	D. 114-12
Art. 13	D. 114-13
Art. 14	D. 114-14
Art. 15	D. 114-15
Art. 16	D. 114-16

Textes d'origine	Articles du code
Décret nº 2011-980 du 23 août 2011 relatif à l'armement des personnels de l'administration pénitentiaire :	
Art. 1er	R. 227-3
Art. 2	R. 227-4
Art. 3	R. 227-5
Art. 4	R. 227-6
Art. 5	R. 227-7
Art. 6	R. 227-8
Art. 7	R. 227-9
Art. 8	R. 227-10
Art. 9	R. 227-11
Art. 10	R. 763-3, R. 773-4
Art. 11	R. 713-1
Décret nº 2011-1312 du 17 octobre 2011 portant création d'une indemnité allouée aux assesseurs extérieurs à l'administration pénitentiaire siégeant dans les commissions de discipline des personnes détenues :	
Art. 1er	D. 234-9
Art. 2	D. 234-10
Décret nº 2016-1675 du 5 décembre 2016 portant création de l'inspection générale de la justice :	
Art. 2	D. 134-4 (RV)
Art. 7	D. 134-4 (RV)
Art. 16	D. 134-4 (RV)
Décret nº 2016-1877 du 27 décembre 2016 relatif au ressort territorial, à l'organisation et aux attributions des directions interrégionales des services pénitentiaires et de la mission des services pénitentiaires de l'outre-mer :	
Art. 1er	R. 112-7
Art. 2	R. 112-8
Art. 3	R. 112-8
Art. 4	R. 112-9
Décret nº 2017-756 du 3 mai 2017 relatif aux aumôniers militaires, hospitaliers et pénitentiaires et à leur formation civile et civique :	
Art. 6	D. 713-3, D. 724-1, D. 754-8, D. 754-9, D. 764-19, D. 764-20, D. 774-19,

Textes d'origine	Articles du code
	D. 774-20, D. 712-1, D. 734-1, D. 744-2
Décret nº 2018-1098 du 7 décembre 2018 portant création d'un service à compétence nationale dénommé "Agence du travail d'intérêt général et de l'insertion professionnelle des personnes placées sous main de justice" :	
Art. 1er	D. 112-39
Art. 2	D. 112-40
Art. 3	D. 112-41
Art. 4	D. 112-42
Décret nº 2021-666 du 26 mai 2021 relatif aux informations figurant dans le dossier individuel des personnes détenues :	
Art. 1er	D. 753-16, D. 763-14, D. 773-14
Loi nº 2009-1436 du 24 novembre 2009 pénitentiaire :	
Art. 5	R. 136-1
Art. 99 (V)	R. 762-6

La mention (ecqc) signifie en ce qui concerne.
La mention (RV) signifie renvoi.

TABLE CHRONOLOGIQUE

2002	3 avr.	Homologation du procédé de surveillance électronique pris pour l'application du décret n° 2002-479 du 3 avril 2002 portant modification du code de procédure pénale et placement sous surveillance électronique. – V. Annexe 15, ss. art. R. 622-2.
2010	20 juill.	Ressort territorial des unités spécialement aménagées destinées à l'accueil des personnes incarcérées souffrant de troubles mentaux. – V. Annexe 11, ss. art. R. 115-2.
2010	4 oct.	Arrêté. Accessibilité des personnes handicapées dans les établissements pénitentiaires lors de leur construction. – V. Annexe 6, ss. art. D. 112-34.
2011	9 juin	Circulaire. Régime disciplinaire des personnes détenues. – V. ss. art. L. 231-1.
2011	17 oct.	Arrêté. Montant de l'indemnité forfaitaire allouée aux assesseurs extérieurs à l'administration pénitentiaire siégeant dans les commissions de discipline des personnes détenues. – V. Annexe 12, ss. art. D. 434-9.
2012	20 févr.	Circulaire. Maintien des liens extérieurs des personnes détenues par les visites. NOR: JUSK1140029C. – V. ss. art. R. 341-1.
2016	29 déc.	Arrêté. Accessibilité des établissements pénitentiaires existants aux personnes handicapées. – V. Annexe 7, ss. art. D. 112-34.
2021	20 juill.	Note. Précisions sur les règles encadrant les visites des avocats en établissements pénitentiaires et les modalités d'assistance et de représentation des personnes détenues lors des procédures disciplinaires. – V. ss. art. R. 313-14.
2022	30 mars	Ordonnance n° 2022-478. Partie législative du code pénitentiaire. – V. C. pénit., art. L. 1 à L. 777-1.
2022	30 mars	Décret n° 2022-479. Partie réglementaire du code pénitentiaire. – V. C. pénit., art. D. 112-1 à D. 777-8.
2022	25 avr.	Décret n° 2022-656. Travail des personnes détenues et modification du code pénitentiaire. – V. C. pénit., art. R. 112-22, R. 233-2, D. 413-8 à D. 413-10, R. 225-1, R. 412-1 à R. 412-82, D. 424-2, D. 424-10 à D. 424-14, D. 522-3, R. 752-1, R. 753-1, R. 755-1, D. 755-2, D. 756-3, D. 755-3, R. 761-2, R. 762-1, R. 763-1, R. 765-1 à D. 765-7, D. 766-3, R. 771-2, R. 772-1, R. 773-1, R. 775-1 à R. 775-7, D. 776-3.
2022	7 juin	Décret n° 2022-855. Modification du code de procédure pénale, du code de la justice pénale des mineurs et de diverses dispositions

		(décrets simples) rendue nécessaire par l'entrée en vigueur du code pénitentiaire, et portant modifications du nouveau code. – V. C. pénit., art. D. 762-20, D. 763-14-1, D. 765-4-1, D. 772-19.
2022	24 août	Décret n° 2022-1174. Mise en œuvre des compétences du préfet de police et de celles du préfet de police des Bouches-du-Rhône. – V. C. pénit., art. R. 341-6.
2022	24 août	Décret n° 2022-1175. Organisation et action des services de l'État dans le département des Bouches-du-Rhône. – V. C. pénit., art. D. 115-15, D. 352-1, D. 352-3.
2022	28 sept.	Décret n° 2022-1261. Libération sous contrainte de plein droit et réductions de peine. – V. C. pénit., art. D. 212-5, D. 214-18 à D. 214-23-1, D. 422-4-1 à D. 422-4-3, R. 753-9, D. 763-11, D. 773-11, D. 755-2, D. 765-2, D. 775-2.
2022	4 oct.	Décret n° 2022-1287. Prise en charge des personnes détenues à Wallis-et-Futuna et diverses modifications du code pénitentiaire. – Art. 1er à 4, 6 à 9. – V. C. pénit., art. R. 112-22, R. 212-19, R. 240-3, R. 414-1, R. 544-19, R. 544-20, R. 622-4, D. 622-9, R. 751-2, R. 752-3, R. 753-1 à R. 753-11, R. 754-1 à R. 754-10, R. 755-1, R. 756-1, R. 757-1, D. 757-6, R. 762-3 à D. 762-20, R. 763-4 à D. 763-15, R. 765-1, R. 766-1, R. 767-1, D. 767-7, R. 772-3 à D. 772-19, R. 773-5 à D. 773-15, R. 775-1, R. 776-1, R. 777-1, D. 777-7.
2022	4 oct.	Décret n° 2022-1288. Modification des dispositions de la partie réglementaire du code pénitentiaire (décrets simples) applicables dans les îles Wallis-et-Futuna. – V. C. pénit., art. D. 632-5, D. 752-5 à D. 752-9, D. 753-11 à D. 753-13.
2022	10 oct.	Arrêté. Ressort territorial et cahier des charges des unités hospitalières sécurisées interrégionales destinées à l'accueil des personnes détenues. – V. Annexe 10, ss. art. R. 115-1.
2022	19 oct.	Ordonnance n° 2022-1336. Droits sociaux des personnes détenues : – V. C. pénit., art. L. 324-1 à L. 324-12, L. 411-3 à L. 411-11, L. 412-3, L. 412-5, L. 412-15, L. 412-17, L. 412-20-1 à L. 412-20-11, L. 412-24 à L. 412-54, L. 713-2, L. 713-3, L. 744-1, L. 751-2, L. 754-1, L. 755-1, L. 761-2, L. 764-1, L. 765-1, L. 771-2, L. 774-1, L. 775-1. – V. CSS, art. L. 382-34 à L. 382-36, ss. C. pénit., art. L. 324-3; art. L. 382-38 à L. 382-42, L. 382-49, ss. C. pénit., art. L. 324-2.
2022	22 déc.	Décret n° 2022-1605. Application de l'ordonnance n° 2022-408 du 23 mars 2022 relative au régime de responsabilité financière des gestionnaires publics et modification de diverses dispositions relatives aux comptables publics. – V. C. pénit., art. R. 332-25, R. 332-32.
2022	29 déc.	Décret n° 2022-1710. Modification de la partie réglementaire du code pénitentiaire. – V. C. pénit., art. D. 112-20, D. 112-21-1, D. 112-28, D. 112-37, D. 113-64, D. 216-2 à D. 216-9, D. 332-8-1, D. 332-8-2, D. 752-5, D. 753-10-1, D. 754-6, D. 762-6, D. 762-20, D. 763-10, D. 764-14, D. 772-5, D. 773-10, D. 774-14.

2022	30 déc.	Arrêté. Temps de travail des personnes détenues. – V. C. pénit., art. R. 412-25 (note), R. 412-48 (note) à R. 412-60, R. 412-63 (note).
2023	23 janv.	Arrêté. Annexe du code pénitentiaire, **p. 947.**
2023	23 janv.	Arrêté. Listes des établissements pénitentiaires et des quartiers des centres pénitentiaires. – V. Annexes 1 à 5, ss. art. D. 112-21.
2023	23 janv.	Arrêté. Siège des services pénitentiaires d'insertion et de probation et la liste des antennes locales d'insertion et de probation. – V. Annexe 8, ss. art. D. 112-35.
2023	23 janv.	Arrêté. Conditions dans lesquelles sont agréées les personnes bénévoles participant aux missions des services pénitentiaires d'insertion et de probation. – V. Annexe 9, ss. art. D. 113-64.
2023	23 janv.	Arrêté. Somme à partir de laquelle les sommes constituant le pécule de libération des personnes détenues sont versées sur un livret de caisse d'épargne. – V. Annexe 13, ss. art. D. 332-14.
2023	23 janv.	Arrêté. Liste des objets ou catégories d'objets dont la réception ou l'envoi par une personne détenue est autorisé. – V. Annexe 14, ss. art. R. 332-42.
2023	1er févr.	Arrêté. Temps de travail des personnes détenues. – V. C. pénit., art. R. 412-25, R. 412-48 à R. 412-60, R. 412-63.
2023	24 mars	Décret n° 2023-200 du 24 mars 2023 substituant la dénomination « direction des services pénitentiaires d'outre-mer » à la dénomination « mission des services pénitentiaires de l'outre-mer ». – Art. 1er. – V. C. pénit., art. R. 112-7 à R. 112-9, D. 741-3, D. 742-3, D. 742-4, D. 742-6, D. 742-8, R. 751-2, R. 752-1, D. 752-8, D. 753-12, D. 754-9, R. 761-2, R. 762-1, D. 762-8, D. 762-10, D. 762-19, D. 763-12, D. 764-19, D. 765-5, R. 771-2, R. 772-1, D. 772-7, D. 772-9, D. 772-18, D. 773-12, D. 774-19, D. 775-5.

TABLE ALPHABÉTIQUE

NOTA. Les nombres renvoient aux articles du code pénitentiaire, non aux pages. Ceux qui sont précédés des lettres R. et D. renvoient à la 2e partie du code (Décrets). Les mots qui sont en caractères gras et précédés d'une flèche renvoient à un autre mot en caractères gras de la table.

A

Accès au droit, L. 311-1 s., L. 312-1, R. 311-1 s.

Accident du travail, L. 324-5.

Accompagnant, L. 322-12.

Accouchement, L. 226-2, L. 322-10.

Accueil en détention
▸ V. ***Admission.***

Acte d'écrou, L. 5, L. 212-6 s.

Activités, L. 411-1 s., R. 411-1 s., R. 414-1 s.
- Compte d'engagement citoyen, L. 411-9.
- Compte personnel d'activité, L. 411-4 s.
- Compte personnel de formation, L. 411-7.
- Consultation des personnes détenues, R. 411-2 s.
- Culturelles et socioculturelles, R. 414-1 s.
- Obligation d'activité, L. 411-1, R. 411-1.
- Sportives, R. 414-7 s.
  ▸ V. ***Travail.***

Addiction, L. 322-6, D. 115-20, R. 322-10.

Administration pénitentiaire, L. 111-2.
- Direction, D. 112-1.
- Direction des services pénitentiaires d'outre-mer, R. 112-7 s.
- Directions interrégionales, R. 112-7 s.
  - compétences du directeur interrégional, R. 113-65.
- École nationale d'administration pénitentiaire, L. 113-2, R. 112-43 s.
- Fonctions de direction, de surveillance et greffe, L. 111-2.
- Mission des services pénitentiaires de l'outre-mer, R. 112-7.

▸ V. ***Établissement pénitentiaire, Personnels de l'administration pénitentiaire, Renseignement pénitentiaire.***

Admission, L. 212-9, L. 311-1, R. 212-14 s.

Affectation, L. 211-1 s., D. 211-3 s.

Agence nationale du travail d'intérêt général et de l'insertion professionnelle des personnes placées sous main de justice, D. 112-39 s., D. 412-6.

Agences régionales de santé, L. 115-1.

Alcool,
- Interdiction pour les personnels, D. 121-4.
  ▸ V. ***Addiction.***

Alimentation, L. 320-1 R. 323-1, R. 412-3.

Aménagement de peine, L. 423-1 s., D. 422-1 s., D. 424-1 s.
- Audiences, L. 423-1 s., D. 423-1 s.
- Commission d'application des peines, L. 423-4, D. 423-4.
- Conférence régionale, D. 113-19.
- Dispositions communes, D. 424-1 s.
- Enquête sociale, L. 611-1.
- Horaires d'entrée ou de sortie, L. 424-1.
- Modification, L. 424-1.
- Proposition du service pénitentiaire d'insertion et de probation, D. 113-43.
- Visioconférence, L. 423-3.

▸ V. ***Libération conditionnelle, Libération sous contrainte, Permission de sortir, Placement à l'extérieur.***

Appel,
- Déclaration d'appel, L 315-2, D. 315-5.

Argent
▸ V. ***Valeurs pécuniaires.***

Arme
▸ V. ***Usage des armes.***

Assignation à résidence sous surveillance électronique, L. 632-1 D. 632-1 s.
- Faisabilité technique, L. 612-1, D. 612-1.

Association, L. 111-1.

Assurance chômage, L. 324-6 s.

Aumônerie
▸ V. ***Religion.***

Autorisation d'accès, R. 222-1 s.

Autorisation de sortie sous escorte, D. 112-30.

Autorité judiciaire,
– Visite des établissements, L. 131-1.

Autorités administratives indépendantes, L. 132-1 s.
▸ V. ***Contrôleur général des lieux de privation de liberté, Défenseur des droits.***

Avocat, L. 313-1 s.
– Confidentialité des échanges, R. 313-10 s.
– Liberté de communication, L. 313-2 s., L. 345-4, R. 313-15.
– Permis de communiquer, R. 313-14 s.
– Représentation, R. 313-1 s.
– Visites en établissement, Note du 20 juill. 2021, ss. art. R. 313-14.
▸ V. ***Droits de la défense.***

B

Bénévole,
– Mission des SPIP, D. 113-64.

Bijoux, R. 332-37 s.

Bilan de personnalité, L. 212-9.

Bilan de santé, L. 322-6.

Bonne conduite, L. 412-1, L. 413-1.

Bracelet anti-rapprochement, L. 631-1, R. 625-1 s., R. 631-1 s.
– Traitement de données, R. 631-6 s.

C

Cantine, R. 332-33 s.

Casier judiciaire, L. 113-7, L. 214-3.

Cassation (pourvoi), L. 315-2.

Cellule,
– Contrôle de la présence des personnes, D. 223-8 s.
– Disciplinaire, R. 235-6 s.
– Entretien par la personne détenue, R. 321-4.
▸ V. ***Confinement en cellule, Encellulement, Hygiène.***

Centre de détention, R. 112-15 s.
▸ V. ***Établissement pénitentiaire.***

Centre de semi-liberté, D. 112-20.
– Liste, Annexe 3, D. 112-20.

Centre national d'évaluation, D. 112-6.

Centre pénitentiaire, L. 112-1, R. 112-16.
– Liste, Annexe 2, Arr. du 23 janv. 2023, ss. art. D. 112-21.

Centre socio-médico-judiciaire de sûreté, R. 112-17, R. 541-1 s.

Certificat de présence, R. 311-2.

Charte des droits fondamentaux de l'Union européenne, L. 2 (J. 17).

Chef d'établissement,
– Recours hiérarchique, R. 315-2.
– Requête ou pliante, R. 314-1.
▸ V. ***Personnels de l'administration pénitentiaire.***

Code de déontologie
▸ V. ***Déontologie.***

Colis, R. 332-42 s., R. 341-1 s.
– Liste des objets, R. 332-42.

Comité européen de prévention de la torture et des peines ou traitements inhumains ou dégradants (CPT), L. 135-1.
– Valeur des recommandations, L. 2 (J. 16).

Commission d'application des peines, L. 423-4.

Commission de discipline, R. 234-2 s.
– Assesseur extérieur, R. 234-6 s.

Commission de l'exécution et de l'application des peines, D. 113-20.

Commission pluridisciplinaire unique, D. 211-34 s.

Communication téléphonique, L. 345-5 s., R. 345-11 s.

Compétence du juge administratif, L. 1 (J.).

Composition pénale, R. 634-1.

Compte nominatif, L. 332-1 s., R. 332-6, D. 332-9.
- Liquidation à la libération, R. 322-21 s.
- Saisies, transmissions et retenues, L. 332-3, D. 332-18 s.

Compte personnel d'activité, L. 411-4 s.

Conditions de détention, L. 1 (comm.).
▸ V. ***Dignité.***

Confinement en cellule, L. 231-2, R. 235-1 s.

Conseil départemental de prévention de la délinquance, D. 113-18.

Conseil d'évaluation, R. 136-1 s.

Consultation juridique gratuite, L. 312-1, R. 312-1 s.

Contrainte judiciaire, L. 216-1, D. 332-23.

Contrat d'emploi pénitentiaire, L. 412-10 s., R. 412-19 s.
- Compétence juridictionnelle, L. 412-18.
- Fin, L. 412-16 s.
- Période d'essai, L. 412-13.
- Suspension, L. 412-14 s.
▸ V. ***Travail.***

Contrat d'implantation, R. 412-78 s.

Contrôle des visiteurs et des tiers, L. 223-17 s.

Contrôle judiciaire, R. 633-1 s.

Contrôleur général des lieux de privation de liberté, L. 133-1 s., R. 133-1.

Convention avec les autres services de l'État, L. 111-2.

Convention européenne de sauvegarde des droits de l'Homme et des libertés fondamentales, L. 2.

Convention européenne sur le transfèrement des personnes condamnées, App., v° *Transfèrements.*

Correspondance, L. 345-1 s., R. 345-1 s.
- Avocat, R. 313-16.
- Protégée, L. 345-4, R. 345-6 s.

Cour pénale internationale, L. 212-4.

Culte
▸ V. ***Religion.***

D

Décès, L. 8, L. 214-8, D. 214-28, R. 331-2, D. 332-8.
- Acte de décès, L. 214-8
- Information du décès d'un proche, R. 344-1.
▸ V. ***Suicide.***

Décision administrative individuelle faisant grief, L. 1 (Comm. et J.).
▸ V. ***Affectation, Isolement.***

Décision de justice,
- Notification par le chef d'établissement, L. 311-2.

Défenseur des droits, L. 133-3, D. 133-2.

Délégation de signature,
- Chef d'établissement, R. 113-66.
  • procédure disciplinaire, R. 234-1.
- Directeur du SPIP, D. 113-68 s.

Déontologie, L. 120-1 s., R. 120-1 s.
- Code de déontologie du service public pénitentiaire, L. 120-1 R. 120-1 s.
- Contrôle de la déontologie de la sécurité du Défenseur des droits, L. 133-3.

Dépendance
▸ V. ***Addiction.***

Détention à domicile sous surveillance électronique (aménagement de peine), R. 424-31 s.

Détention à domicile sous surveillance électronique (peine), L. 622-1 s., R. 622-1 s.

Détention arbitraire, L. 5.

Détention provisoire,
- Recommandation (UE) 2023/681 du 8 déc. 2022, App., v° *Conditions de détention.*
▸ V. ***Personnes prévenues.***

Détenu particulièrement signalé, D. 223-11.
- Surveillance nocturne, L. 133-3 (J. 8).
- Incompétence du garde des Sceaux, L. 1 (J. 7).

Dignité, L. 1 (Comm.), L. 2 (J. 5), L. 6, L. 320-1 s.
- Recours compensatoire, L. 6 (J. 34 s.).
- Recours effectif, L. 6 (J. 14 s.).
- Recours judiciaire, L. 6 (J. 29 s.), L. 315-9, R. 315-8 s.
- Recours préventif, L. 6 (J. 21 s.).

Directeur
▸ V. ***Chef d'établissement, Personnels de l'administration pénitentiaire.***

Direction des services pénitentiaires d'outre-mer
▸ V. ***Administration pénitentiaire.***

Direction interrégionale de l'administration pénitentiaire
▸ V. ***Administration pénitentiaire.***

Discipline
▸ V. ***Régime disciplinaire.***

Dispositif de droit commun, L. 111-1.
- Convention de partenariat, L. 111-2.

Documents à notifier, L. 311-3.

Documents personnels, L. 331-1, R. 331-1.

Domiciliation,
- A l'établissement pénitentiaire, L. 312-2.
  • droit de vote, L. 362-1.
- Auprès d'un organisme en vue de la libération, L. 511-1.

Dommages matériels, L. 332-3.

Dossier d'orientation, D. 211-9 s.

Dossier individuel, L. 214-1, D. 113-34 s., D. 214-6 s.

Dossier médical
▸ V. ***Santé des personnes détenues.***

Dossier pénal numérique, R. 214-1.

Droit à l'image, L. 381-1, R. 382-1.

Droit à l'instruction, L. 413-1 (J.).

Droit de vote, L. 362-1 s., R. 361-1 s.

Droits,
- Garantie des droits, L. 6.
- Information sur les droits, L. 311-1.

Droits de la défense, L. 313-1 s.
- Décision défavorable, R. 313-1.
- Liberté fondamentale, L. 2 (J. 4).
- Permis de communiquer, L. 313-1 (J.).
▸ V. ***Avocat.***

Dualisme juridictionnel, L. 1 (J.), L. 131-1 (Comm.).

E

École nationale d'administration pénitentiaire, L. 113-2, R. 112-43 s.

Élection de domicile, L. 312-2, L. 511-1.

Émeute, D. 112-12.

Encellulement, R. 213-5 s.

Encellulement individuel, L. 213-1 s., D. 213-1 s.
- Dérogations, L. 213-4 s.
- Personnes condamnées, L. 213-3, L. 213-6.
- Personnes prévenues, L. 213-2, L. 213-5.

Enfants
▸ V. ***Mineurs.***

Enquête sociale
▸ V. ***Service pénitentiaire d'insertion et de probation.***

Enseignement, L. 413-1 s., R. 413-1 s.

Entrée en détention, R. 212-1 s.

Équipes de sécurité des unités hospitalières, D. 112-31.

Équipes locales de sécurité pénitentiaire, D. 112-29 s.

Équipes régionales d'intervention et de sécurité, L. 227-3 (Comm.), D. 112-11 s.

Établissement pénitentiaire,
- Catégories, L. 112-1, R. 112-15.
- Chef d'établissement, R. 113-66 s.
- Conseil d'évaluation, R. 136-1.
- Construction, R. 112-24 s.
  • par un opérateur privé, L. 112-5, R. 112-26.
- Contrôle du domaine et des abords, L. 223-17 s.
- Établissement public pénitentiaire, L. 112-6.
- Liste des établissements, Annexes 1 et 2, R. 112-15 s.
- Taux d'occupation, D. 212-2 s.
- Visites, L. 131-1 s., R. 113-66, D. 130-1, R. 131-1 s.
  ► V. *Centre pénitentiaire, Établissement pour peine, Maison d'arrêt, Quartier spécifique.*

Établissement pour peine, L. 112-1, R. 112-15.
- Liste, Annexes 1 et 2, D. 112-19.
- Personne condamnée, L. 112-1, L. 211-3.
- Personne prévenue, L. 112-2, L. 211-1.

Établissement spécialisé pour mineurs, R. 112-15, D. 112-21-1.

État,
- Responsabilité sans faute, L. 8.

Étranger
► V. *Personne détenue étrangère.*

Évasion, L. 332-4, D. 214-29, D. 332-8-1 s.

Extraction, D. 112-13 s., D. 112-30, D. 215-1 s.

Extradition,
- Requête en nullité, L. 315-4.

F

Faute de l'administration
► V. *Responsabilité de l'État.*

Femme, L. 322-9 s., R. 211-1 s. ; Règles des Nations unies du 21 déc. 2010 concernant le traitement des détenues et l'imposition de mesures non privatives de liberté aux délinquantes (Règles de Bangkok), App., v° *Règles particulières.*
- Grossesse, L. 412-27 s., R. 322-34.
- Séparation avec les hommes, R. 211-1.
► V. *Maternité, Accouchement.*

Fiche pénale, L. 214-4.

Fichier judiciaire national automatisé des auteurs d'infractions sexuelles ou violentes, L. 212-8, L. 512-4, R. 113-17, R. 512-5 s.

Fichier judiciaire national automatisé des auteurs d'infractions terroristes, L. 113-12, L. 212-7, L. 512-3, R. 112-4, R. 113-16, R. 512-3 s.

Formation professionnelle, L. 413-1 s., R. 413-1, R. 413-6 s.
- Compte personnel de formation, L. 411-7 s.

Fouilles, L. 225-1 s., D. 221-5 s.

G

Garde des Sceaux,
- Responsabilité de l'administration pénitentiaire L. 111-1

Genre, L. 6.

Gestion informatisée des détenus en établissement (GIDE), L. 322-4 (J.).

H

Handicap, L. 6, L. 412-32, R. 322-35.
- Accessibilité, D. 112-33 s.
- Désignation d'un aidant, L. 322-11.

Hospitalisation, L. 322-8 s., R. 322-12 s.
- Équipes de sécurité des unités hospitalières, D. 112-31.
- Permis de visite, R. 341-6.
► V. *Santé des personnes détenues.*

Hygiène, L. 320-1, R. 321-1 s.
- Douche, R. 321-5, R. 412-5.
- Locaux, R. 321-1 s.
- Personnelle, R. 321-5.

I

Indemnisation des parties civiles, L. 322-2.

Indigence, L. 333-1, D. 333-1 s.

Individualisation de la situation pénale, D. 113-40 s.

Infirmier, D. 115-26.
▸ V. ***Santé des personnes détenues.***

Insalubrité, L. 320-1.

Insertion
▸ V. ***Réinsertion.***

Inspection générale de la justice, D. 134-4.

Intégrité physique (protection), L. 7.

Interception de correspondance électronique, L. 223-1.

Isolement, L. 213-7 s., R. 213-17 s.
- Administratif, L. 213-8.
- Arrivée en détention, R. 212-14.
- Décision, R. 213-17 s.
- Demande de la personne, R. 213-27 s.
- Durée, R. 213-23 s.
- Judiciaire, L. 213-7.
- Régime de détention, R. 213-18 s.

J

Jeu impliquant un gain, R. 411-8.

Juridiction de l'application des peines,
- Délégation de signature en matière d'aménagements de peine, L. 424-1.
- Relations avec les services pénitentiaires d'insertion et de probation, L. 113-6.
- Saisine, D. 315-6.

Juridiction étrangère, L. 212-5.

Justice militaire, L. 212-3, L. 315-3.

L

Légalité (principe de), L. 1.

Libération, L. 511-1 s., R. 510-1 s.
- Aide matérielle, L. 521-1 s., D. 521-1 s.
  - hébergement, L. 521-1, D. 521-1.
- Déclaration d'adresse, L. 511-2, D. 511-1.
- Documents remis, L. 511-3, R. 511-2 s.
- Information,
  - de la victime, L. 512-1, D. 512-1.
  - des forces de l'ordre, L. 512-2, R. 512-2.
- Liquidation des biens, R. 322-21 s.
- Pécule de libération, D. 332-14.
- Protection sociale, L. 513-1, R. 513-1.
- Sursis probatoire, L. 511-3.
- Visite médicale, L. 322-7.

Libération conditionnelle, L. 530-1, D. 422-5 s., D. 530-1 s.
▸ V. ***Aménagement de peine.***

Libération sous contrainte,
- Libération sous contrainte de plein droit (peine inférieure ou égale à deux ans), D. 422-4-1 s.
- Peine inférieure ou égale à cinq ans, D. 422-1 s.

▸ V. ***Aménagement de peine.***

Libertés fondamentales, L. 2 (J.).
- Liberté d'opinion, de conscience et de religion, L. 351-1.

Livre, L. 370-1, R. 370-1.

M

Maintien des liens familiaux, L. 133-3 (J.).
- Affectation, L. 211-4 (J.).
- Rapprochement familial, L. 342-1.
  ▸ V. ***Visite (des personnes détenues).***

Maison centrale, R. 112-15 s.
- Liste, Annexe 1, D. 112-18.

Maison d'arrêt, L. 112-1.
- Liste, Annexe 5, D. 112-27.
- Personne condamnée, L. 112-2, L. 211-3.
- Personne prévenue, L. 112-1, L. 211-1.
- Ressort, L. 112-3, D. 112-27 s.

Mandat d'arrêt, L. 212-1.

Mandat de dépôt, L. 212-2.
- Effet différé, D. 212-3.

Marché public, L. 111-3.

Mariage, D. 343-1.

Matériel informatique, L. 223-1 s., R. 332-41.
- Enseignement et formation, L. 413-1 (Comm., J.).

Maternité, L. 216-2, L. 226-2, D. 216-21 s., R. 322-34.
- Congé, L. 324-4.
- Jeune enfant en détention, D. 216-21 s.

Mauvaise conduite,
- Retrait de réduction de peine, L. 214-6.

Médecin intervenant en détention, D. 113-5, R. 115-21 s.
- Absence de choix du praticien, R. 322-1.
- Expertise médicale (non), L. 322-2.
- ▸ V. *Santé des personnes détenues.*

Médecine du travail, L. 412-47 s.

Médiathèque, R. 414-1 s.

Médicament
- ▸ V. *Santé des personnes détenues.*

Menottes ou entraves, L. 226-1 s., R. 226-1.
- Accouchement ou examen gynécologique, L. 226-2, L. 322-10.

Mère
- ▸ V. *Maternité.*

Mesure administrative de surveillance, R. 641-1 s.

Mesure appliquée dans la communauté,
- Recommandation CM/Rec (2017)3 du 27 mars 2017, App., v° *Mesures non privatives de liberté.*

Mesure de surveillance de personne de nationalité étrangère assignée à résidence, R. 642-1 s.

Mesure d'ordre intérieur, L. 1 (Comm.).

Mesure judiciaire de prévention de la récidive terroriste et de réinsertion, L. 545-1, R. 545-1 s.

Militaire, L. 212-3, D. 216-13 s., D. 346-1.

Mineurs, L. 4.
- Conférence annuelle, R. 113-12.
- Établissement spécialisé pour mineurs, R. 112-15, D. 112-21-1.
- Jeune enfant en détention, D. 216-21 s.

Ministère de la Justice,
- Protection des bâtiments, L. 113-4.

Missions régaliennes, L. 111-1 s.

Moyen de télécommunication audiovisuel
- ▸ V. *Visioconférence.*

Moyens de contrôle et de surveillance, L. 223-1 s., R. 223-1 s.

N

Notifications, L. 311-2 s.
- Décision, L. 311-2.
- Expertise, L. 311-3.
- Mandat, L. 311-4.

O

Objets,
- Interdits, R. 221-4 s.
- Personnels, R. 332-38, R. 332-44 s.
- ▸ V. *Colis.*

Obligation de soins, D. 542-1.

Opposition, L. 315-2.

Organisation des Nations unies
- ▸ V. *Règles de Bangkok, Règles Mandela.*

Orientation des personnes condamnées, D. 211-9 s.

Outre-mer, L. 711-1 s., R. 711-1 s.
- Guadeloupe, L. 711-1, R. 711-1 s.
- Guyane, L. 711-1, R. 711-1 s.
- La Martinique, L. 711-1, R. 711-1 s.

- La Réunion, L. 711-1, R. 711-1 s.
- Mayotte, L. 711-1, L. 713-1 s., R. 711-1 , R. 711-1 s.
- Nouvelle-Calédonie, L. 771-1 s., R. 771-1 s.
- Polynésie française, L. 761-1 s., R. 761-1 s.
- Saint-Barthélémy, L. 721-1 s., R. 721-1 s.
- Saint-Martin, L. 731-1 s., R. 731-1 s.
- Saint-Pierre-et-Miquelon, L. 741-1 s., R. 741-1 s.
- Wallis-et-Futuna, L. 751-1 s., R. 751-1 s.

P

Pacte civil de solidarité, D. 343-1.

Parcours d'exécution de la peine, L. 211-5, L. 412-2, D. 211-32.

Parloir
▸ V. ***Visite (des personnes détenues).***

Partie civile,
- Indemnisation, L. 332-1 s., D. 332-11 s.

Peine,
- Ordre d'exécution, D. 212-5.

Permis de communiquer,
- Permis de construire, R. 112-24.

▸ V. ***Droits de la défense.***

Permission de sortir, L. 424-5, D. 424-22 s.
- Autorisation du chef d'établissement, L. 424-5.

▸ V. ***Aménagement de peine.***

Personne détenue étrangère, L. 214-2, D. 216-10 s., D. 346-2 ; Recomm. CM/Rec(2012)12 du Comité des ministres du Conseil de l'Europe aux États membres relative aux détenus étrangers du 12 oct. 2012, V. App., v° *Règles particulières*.
- Commission d'expulsion, R. 311-9.
- Enquête sociale, L. 611-1.
- Interprète, D. 216-11.

Personnels de l'administration pénitentiaire, L. 113-1, D. 113-1 s.
- Devoirs à l'égard des personnes confiées, R. 122-10 s.
- Devoirs généraux, R. 122-1 s.
- Formation, L. 113-2, D. 113-4.
- Gratification exceptionnelle, D. 113-10.
- Incompatibilité avec les fonctions de juré, L. 113-3.
- Logement, D. 113-7 s.
- Missions de sécurité intérieure, L. 113-11 s.
- Personnels de direction, R. 113-65 s.
- Personnels d'insertion et de probation, L. 113-5 s.
- Personnels de surveillance, L. 113-4 s., D. 113-21 s.
- Protection fonctionnelle et statutaire, R. 122-22.
- Sanction disciplinaire, R. 121-3.
- Serment, L. 120-1, R. 122-8 s.
- Soins, D. 113-5 s.

▸ V. ***Déontologie, Chef d'établissement, École nationale d'administration pénitentiaire, Service pénitentiaire d'insertion et de probation.***

Personnes condamnées,
- Affectation, L. 211-3 s., D. 211-9 s.
- Condamnation par une juridiction étrangère, L. 212-5.
- Encellulement individuel, L. 213-3, L. 213-6.
- Orientation, D. 211-9 s.
- Régime de détention, L. 211-4.

Personnes prévenues, L. 315-5 s.
- Affectation, L. 211-1 s., D. 211-3 s.
- Demande de mise en liberté, L. 315-7.
- Demandes d'actes, L. 315-5 s.
- Encellulement individuel, L. 213-2, L. 213-5.
- Interdiction de communiquer, D. 211-7.
- Isolement, D. 211-7.
- Modalités de détention, D. 211-5 s.
- Requête devant la chambre de l'instruction, D. 315-7.
- Requête en nullité, L. 315-8.
- Traitement différencié, L. 3 (J.).

Placement à l'extérieur, L. 424-3, D. 424-10 s.
- Structure agréée, L. 424-4, R.* 424-15 s.

▸ V. ***Aménagement de peine.***

Placement sous surveillance électronique
▸ V. ***Surveillance électronique mobile à titre de mesure de sûreté.***

Point d'accès au droit
▸ V. ***Consultation juridique gratuite.***

Pourvoi en cassation, L. 315-2.

Préparation à la sortie, L. 421-1, D. 421-1.
▸ V. ***Libération.***

Probation,
– Recommandation CM/Rec(2010)1 du 20 janv. 2010, App., v° *Mesures non privatives de liberté.*

Procédure d'orientation, D. 211-9 s.

Promenade, L. 133-2 (J.), R. 321-5.
– Cellule disciplinaire, Circ. du 9 juin 2011, ss. art. L. 231-1.

Protection de la vie, L. 7.

Protection sociale, L. 324-1 s., L. 412-24 s., L. 513-1, R. 324-1 s., R. 412-75 s.
– Assurance chômage, L. 324-6 s.
– Personne libérée, R. 513-1.
– Régime de retraite, L. 324-1.
▸ V. ***Libération.***

Publication écrite ou audiovisuelle, L. 370-1, R. 370-1, D. 381-2.

Q

Quartier disciplinaire, L. 231-3.

Quartier spécifique, L. 224-1 s.
– Personne violente, R. 113-37, R. 224-1 s.
– Radicalisation, R. 113-37, R. 224-13 s.

Question prioritaire de constitutionnalité, R. 315-4.

R

Rapprochement familial, L. 342-1, R. 342-1.
▸ V. ***Maintien des liens familiaux.***

Réception et envoi d'objet
▸ V. ***Colis.***

Recours effectif, L. 6 (J. 14 s.).

Réduction de peine, L. 214-4 s., D. 214-18 s.
– Contrainte judiciaire, L. 216-1 (Comm.).
– Exceptionnelle, L. 214-7.
– Retrait, L. 214-6, D. 214-22 s.
– Saisine d'office du JAP, L. 214-6 (Comm.).

Référé-liberté, L. 2 (J. 23 s.), L. 6 (J. 21 s.).
– Rôle des avis du CGLPL, L. 133-2.
– Urgence, L. 6 (J. 26).
▸ V. ***Dignité, Régime disciplinaire, Surpopulation carcérale.***

Régime de détention, L. 211-4, L. 311-1, R. 112-15 s.
– Infraction politique ou de presse, D. 216-2 s.
– Régime spécifique, D. 216-2 s.
▸ V. ***Encellulement individuel, Isolement, Quartier spécifique.***

Régime disciplinaire, L. 231-1 s., R. 231-1 s.
– Circulaires d'application, V. Comm. ss. intitulé partie I, livre II, titre III, chap. I *Dispositions générales.*
– Fautes disciplinaires, R. 232-1 s.
– Placement préventif en cellule disciplinaire, L. 231-2.
– Procédure, R. 234-1 s.
– Recours, R. 234-41 s.
  • recours administratif obligatoire préalable, L. 231-1 (Comm.).
– Saisine du juge des référés, L. 231-3.
– Sanctions disciplinaires, R. 233-1 s., R. 234-32 s.

Registre d'écrou, L. 212-6 s., D. 212-6 s.

Registres et écritures tenus par le greffe, R. 214-1 s.

Règlement intérieur, R. 112-23.
– Mise à disposition, R. 311-1.

Règlement intérieur type, L. 112-4, R. 112-22.

Règles de Bangkok, App., v° *Règles particulières.*

Règles Mandela, App., v° *Conditions de détention.*

Règles pénitentiaires européennes, App., v° *Conditions de détention.*

Réinsertion, L. 411-1 s., R. 411-1 s.
– Aide matérielle, D. 113-59.
– Efforts sérieux, L. 412-1, L. 413-1.
– Liberté fondamentale (non), L. 1 (J.).
– Réserve citoyenne de réinsertion, L. 411-10.

Religion, L. 2 (J. 13), L. 351-1, R. 351-1 s ; Note du 16 juill. 2014 relative à l'exercice du culte en détention, ss. art. L. 351-1.
– Isolement, L. 213-8 (J. 22 et 25).

Renseignement pénitentiaire, L. 113-11, R. 112-2 s.

Réserve civile, L. 114-1 s., D. 114-1 s.

Responsabilité de l'État, L. 1 (Comm.).
– Dignité, L. 1 (Comm), L. 6 (J. 35 s.).
▸ V. *Suicide, Violences entre personnes détenues.*

Rétention de sûreté, R. 541-1 s.

Rotations de sécurité, L. 211-4 (J. 23).

S

Sanitaires, R. 321-3.

Santé des personnes détenues, L. 6, L. 115-1 s.
– Accès aux soins, L. 322-1 s., R. 322-1 s.
– Agences régionales de santé, L. 115-1, D. 134-5.
– Commission santé, L. 115-3.
– Consentement aux actes, R. 322-2 s.
– Dossier médical, D. 115-9.
  • électronique, L. 322-5.
– Échange d'informations, L. 115-3, L. 211-7.
– Établissement public de santé de rattachement, R. 115-1 s.
  • ressort territorial, Annexe 10, ss. art. R. 115-1.
– Grève de la faim, R. 322-4.
– Liberté fondamentale (non), L. 7 (J. 8).
– Maladies transmissibles, R. 322-6 s.
– Médicament, L. 115-2 (J.), R. 322-11.
– Personnel de santé, D. 115-14 s.
– Psychiatrie, D. 115-3, D. 115-6, R. 322-15 s.
– Responsabilité su service public hospitalier, L. 115-2 (Comm.).
– Secret médical, L. 322-3 s.
– Soins dispensés par les établissements de santé, L. 115-2.
– Suspension médicale de peine, D. 322-36.
– Transfèrement, R. 322-5, R. 322-13.
– Urgences, L. 115-4, D. 115-8.
▸ V. *Handicap, Hospitalisation, Service médico-psychologique régional, Unité hospitalière spécialement aménagée, Unité sanitaire en milieu pénitentiaire (ex-Unités de consultations de soins ambulatoires), Travail, Troubles psychiques.*

Secret médical
▸ V. *Santé des personnes détenues.*

Sécurité de l'établissement, D. 221-1 s.

Sécurité et bon ordre des établissements pénitentiaires, L. 6, D. 221-1 s.
– Équipes de sécurité des unités hospitalières, D. 112-31 s.
– Équipes locales de sécurité, D. 112-29 s.
– Équipes régionales d'intervention et de sécurité, D. 112-11 s.

Sécurité intérieure, L. 113-4, L. 113-11 s.

Sécurité sociale, L. 324-1 s., R. 324-1 s.
– Stage, L. 413-2.
▸ V. *Protection sociale.*

Service médico-psychologique régional, R. 115-12 s.

Service national des transfèrements, D. 112-5.

Service pénitentiaire d'insertion et de probation, L. 113-5 s., D. 112-35 s., D. 113-23 s.
– Agrément des bénévoles, Annexe 9, ss. art. D. 113-64.
– Aide matérielle, D. 113-59.
– Aménagement de peine, D. 113-43.
– Avis au juge de l'application des peines, L. 421-1.
– Communication avec l'autorité judiciaire, D. 113-43 s.
– Directeur, L. 113-7.
– Enquête sociale, L. 113-8, L. 611-1 s., D. 113-41, D. 611-1 s.
– Évaluation des personnes, R. 113-37.
– Individualisation, D. 113-40 s.
– Information des juridictions de l'application des peines, L. 113-6, L. 421-1.
– Insertion et réinsertion, D. 113-59 s.
– Investigation pour permettre le prononcé d'une peine adaptée, L. 113-9.
– Libération conditionnelle, L. 530-1.
– Mesures de contrôle, D. 113-36.
– Permanence, D. 112-38.
– Préparation de la sortie, L. 421-1.
– Secret professionnel, D. 113-45.
– Sièges, Annexe 8, ss. art. D. 112-35.

– Surveillance judiciaire, L. 543-1.
– Suivi des personnes, R. 113-27 s.
▸ V. ***Sursis probatoire, Traitement automatisé de données à caractère personnel «APPI».***

Service public pénitentiaire, L. 1 s., L. 111-1 s.
– Personne concourant au service public pénitentiaire, R. 123-1 s.
▸ V. ***Déontologie.***

Soins, L. 322-1 s.
– Défaut de soins appropriés, L. 322-1 (J.).
▸ V. ***Santé des personnes détenues.***

Sortie, L. 421-1, D. 421-1 s.
▸ V. ***Libération, Structure d'accompagnement vers la sortie.***

Sport, R. 414-7 s.

Stage,
– Formation professionnelle, L. 413-2.
– Peine, R. 624-1 s.

Structure d'accompagnement vers la sortie, D. 112-20 s.

Suicide, L. 7 (J. 4 s.), L. 322-1 (J.), L. 344-1.

Suivi socio-judiciaire, L. 211-6, L. 626-1, R. 322-31, R. 626-1.

Surpopulation carcérale, L. 213-1 s., L. 320-1 (Comm.) et (J.).
– Détermination de la date d'entrée en détention, D. 212-2.
– Information mensuelle du président du tribunal judiciaire, D. 212-4.

Sursis probatoire, L. 511-3, L. 621-1 s., R. 621-1 s.
– Surveillance renforcée, L. 621-3, D. 621-9 s.
▸ V. ***Service pénitentiaire d'insertion et de probation.***

Surveillance électronique,
– Homologation du procédé, Annexe 15, ss. art. R. 622-1.
– Recommandation CM/Rec(2014)4 du 19 févr. 2014, App., v° *Mesures non privatives de liberté.*

Surveillance électronique mobile à titre de mesure de sûreté, L. 544-1 s., R. 544-1 s.

Surveillance judiciaire et surveillance de sûreté, L. 543-1, R. 543-1 s.

Surveillant
▸ V. ***Personnels de l'administration pénitentiaire.***

Suspension médicale de peine, D. 322-36.

Syndicat, R. 122-23.

T

Tabac,
– Autorisation de fumer des personnes détenues, R. 213-10.
– Interdiction de fumer des personnels, D. 121-4.
– Tabagisme passif, L. 320-1 (J. 13).

Téléphone
▸ V. ***Communication téléphonique.***

Terrorisme,
– Suivi du SPIP, D. 113-32.
▸ V. ***Fichier judiciaire national automatisé des auteurs d'infractions terroristes, Mesure judiciaire de prévention de la récidive terroriste et de réinsertion, Quartier spécifique.***

Titre de détention, L. 5.

Traitement automatisé de données à caractère personnel « APPI », R. 113-49 s.

Traitement automatisé de données à caractère personnel relatif au contrôle des personnes placées en détention à domicile sous surveillance électronique, R. 622-22 s.

Traitement de données à caractère personnel relatif à la gestion nationale des personnes détenues en établissement pénitentiaire (Genesis), R. 240-1 s.

Transfèrement, D. 215-1 s.
– Convention européenne sur le transfèrement des personnes condamnées, App., v° *Transfèrements.*
– Directeur interrégional, D. 112-10.
– Santé, R. 322-5.
▸ V. ***Service national des transfèrements.***

Travail, L. 412-1 s., R. 412-1 s.
- Accident du travail, L. 324-5.
- Classement et affectation, L. 412-5 s., R. 412-8 s.
- Contrat d'emploi pénitentiaire
  ▸ V. *Contrat d'emploi pénitentiaire.*
- Cotisations sociales, L. 324-2, L. 324-11.
- Discrimination, L. 412-24 s.
  • charge de la preuve, L. 412-34.
  • compétence du juge administratif, L. 412-34 (Comm., J.).
- Donneur d'ordre, L. 412-3.
- Durée, L. 412-19.
- Établissement ou service d'aide par le travail, L. 412-43 s.
- Faute disciplinaire, L. 412-7.
- Finalités, L. 412-2.
- Grossesse, L. 412-27 s.
- Harcèlement,
  • charge de la preuve, L. 412-42.
  • moral, L. 412-36 s.
  • sexuel, L. 412-38 s.
- Inspection du travail, L. 412-20-4 s.
- Médecine du travail, L. 412-31, L. 412-47 s.
- Pour son propre compte, L. 412-4.
- Rémunération, L. 324-2, L. 412-20.
- Santé et sécurité au travail, L. 412-20-1 s., D. 412-69 s.
- Suspension et fin, L. 412-7 s., R. 412-14 s.
- Temps de travail et rémunération, L. 412-19 s., R. 412-48 s.

▸ V. *Protection sociale.*

Travail d'intérêt général, L. 623-1 s., R.* 623-1 s.
- Agence nationale, D. 112-39 s.

Troubles psychiques, L. 322-8, R. 115-2, D. 115-6, R. 322-15 s.
▸ V. *Service médico-psychologique régional, Unité hospitalière spécialement aménagée.*

U

Uniforme, D. 113-22.

Unité hospitalière sécurisée interrégionale, R. 115-1.
- Ressort, Annexe 10, ss. art. R. 115-1.

Unité hospitalière spécialement aménagée, L. 322-8, R. 115-2, R. 322-15 s.
- Ressort, Annexe 11, ss. art. R. 115-2.
- Transport et escorte, R. 215-30 s.

Unité pour malades difficiles
▸ V. *Quartier spécifique.*

Unité pour personne détenue violente, R. 113-37.

Unité sanitaire en milieu pénitentiaire (ex-Unités de consultations de soins ambulatoires), D. 115-3 s.

Unités de vie familiale, L. 341-8, R. 341-16.

Usage de la force, L. 227-1, R. 122-6, R. 227-1.

Usage des armes, L. 227-1, R. 227-2 s.

V

Valeurs pécuniaires, L. 332-1 s., R. 332-1 s., D. 221-5.
▸ V. *Compte nominatif.*

Vêtement, R. 321-6, R. 332-35 s.

Victime,
- Information sur la fin du sursis probatoire, D. 621-8.
- Information sur la libération, L. 512-1, D. 512-1.

▸ V. *Partie civile.*

Vidéosurveillance, L. 223-6 s.
- Espaces collectifs, L. 223-6 s.
- Cellule, L. 223-8 s.

Vie privée
▸ V. *Correspondance, Maintien des liens familiaux.*

Violences entre personnes détenues, L. 7, L. 221-1.
- Décès d'une personne détenue, L. 8.
- Encellulement individuel, L. 213-1.

Visioconférence, L. 315-1.
- Juge des libertés et de la détention, D. 311-8.

Visite (des établissements pénitentiaires)
▸ V. *Établissement pénitentiaire.*

Visite (des personnes détenues), L. 341-1, R. 341-1 s.
- Avocat, Note du 20 juill. 2021, ss. art. R. 313-14.
- Contrôle de l'identité et fouille, L. 223-17.
- Fréquence, L. 341-2, L. 341-3.
- Parloir, R. 341-1 s., R. 341-11 s.
- Permis de visite, L. 341-4 s., R. 341-1 s.
  • hospitalisation, R. 341-6.
- Unités de vie familiale, L. 341-8.
- Visiteur de prison, R. 341-17 s.

► V. ***Maintien des liens familiaux.***

Photocomposé, traité sur ordinateur par :
JOUVE SAS, 561 rue Saint Léonard - 53100 MAYENNE

Achevé d'imprimer en octobre 2023 sur les presses de
Druckerei C.H.Beck
Dépôt légal : novembre 2023
722411 – OSB - P 60 – JOU – (HCH)
Imprimé en Allemagne

Codes Dalloz

	Parution
PÉNAL	
Code pénal	juin
Code de la justice pénale des mineurs, *commenté*	août
Code de procédure pénale	juin
Code de la route, *commenté*	février
IMMOBILIER	
Code des baux, *commenté*	janvier
Code de la construction et de l'habitation, *commenté*	avril
Code de la copropriété, *commenté*	janvier
Code de l'urbanisme, *commenté*	avril
PUBLIC	
Code de la commande publique, *commenté*	janvier
Code constitutionnel et des droits fondamentaux, *commenté en ligne*	août
Code de l'éducation, *commenté*	août
Code électoral, *commenté*	novembre
Code de l'entrée et du séjour des étrangers et du droit d'asile, *commenté*	octobre
Code de l'environnement, *commenté*	mars
Code général de la fonction publique, *commenté*	mars
Code général des collectivités territoriales, *commenté en ligne*	novembre
Code général de la propriété des personnes publiques, *commenté*	mai
Code de justice administrative, *commenté*	septembre
Code des relations entre le public et l'administration, *commenté*	septembre
Code rural et de la pêche maritime, *commenté*	avril